HISTORIA DE LA LITERATURA ESPAÑOLA
TOMO I

JUAN LUIS ALBORG

HISTORIA DE LA LITERATURA ESPAÑOLA

EDAD MEDIA Y RENACIMIENTO

SEGUNDA EDICIÓN AMPLIADA

EDITORIAL GREDOS
MADRID

© JUAN LUIS ALBORG, 1975.

EDITORIAL GREDOS, S. A.
Sánchez Pacheco, 81, Madrid. España.

Primera edición, mayo 1966.
Segunda edición, mayo 1970.
   1.ª reimpr., octubre 1972.
   2.ª reimpr., noviembre 1975.

Depósito Legal: M. 35724-1975.

ISBN 84-249-3124-6. Obra completa.
ISBN 84-249-3126-2. Tomo I.

Gráficas Cóndor, S. A., Sánchez Pacheco, 81, Madrid, 1975. — 4502.

A mis hijos, Concha y Juan Luis.

NOTA PRELIMINAR A LA SEGUNDA EDICIÓN

La segunda edición de este primer volumen de nuestra *Historia de la literatura española*, aunque conserva el andamiaje esencial de la primera, puede llamarse sin demasiada impropiedad un libro nuevo. Muy pocas páginas reaparecen en su forma anterior, y buen número de capítulos han sido reelaborados íntegramente, tales, por ejemplo, los referentes al teatro medieval, al Arcipreste de Hita, a *La Celestina*, al *Lazarillo*, etc. En ocasiones, las partes añadidas respetan los conceptos básicos expuestos en la versión primera y se proponen tan sólo completar aspectos que no fueron tratados con la debida amplitud; en otras —quizá sean las más—, la misma concepción fundamental respecto de un autor o problema ha sido modificada de raíz a consecuencia de un estudio más detenido o de la aparición de nuevos trabajos que exigen desterrar pretéritas interpretaciones. En uno u otro caso, no hemos sentido empacho alguno en retirar ideas si las creemos ahora equivocadas, variar el punto de enfoque o desarrollar una exposición en forma diferente, sin que esta implícita declaración de nuestro error o deficiencia anteriores haya cohibido nuestros esfuerzos para conseguir una nueva versión más acertada y más completa. En todo momento nos hemos esforzado por alejar la tentación de hacer meros retoques apresurados o composturas de superficie, y hemos construido lentamente de nueva planta cada vez que nos ha parecido necesario. Creemos que sólo así podemos corresponder al lector por la benevolencia con que ha recibido la primera edición de este volumen.

Nos había seducido la idea de aprovechar esta oportunidad para exponer los propósitos y método de nuestro trabajo; pero nos ha parecido al cabo que esta modesta tarea de vulgarización no tiene secreto alguno que revelar ni mayor justificación que la que cada lector esté dispuesto a concederle. En esta nueva salida se somete, pues, a su fallo, aun a sabiendas de que serán muy varios y hasta contradictorios.

Lo que hayamos logrado mejorar esta edición segunda debe no poco a las sugerencias de toda índole que numerosos críticos y profesores han tenido la amabilidad de hacernos en público o en privado; citarlos por su nombre podría parecer, por ser la lista larga, más un despliegue de vanidad que testimonio público de gratitud. Pero deseamos dar constancia de ella, aunque sea de manera global, con el ruego de que sigan dispensándonos la atención de su crítica, tanto más deseable cuanto más exigente. Es forzoso, no obstante, mencionar aquí de manera expresa a nuetro colega, el docto medievalista Profesor Samuel G. Armistead, por sus muchos y valiosos consejos y por la ilimitada generosidad con que puso en nuestras manos los libros y papeles de su rica colección de especialista. Queremos también dar públicamente las gracias al corrector de la "Editorial Gredos", don Segundo Álvarez, que ha cuidado de la edición y confeccionado el índice.

Purdue University, Noviembre de 1969.

INTRODUCCIÓN

CARACTERES Y DIVISIÓN DE LA LITERATURA ESPAÑOLA

LITERATURA ESPAÑOLA, LITERATURA CASTELLANA

Determinar los límites de lo que debe ser el campo de un libro de esta especie parece, de primera intención, un problema sencillo. La literatura española está ligada a la existencia de la lengua, que es su vehículo, y no puede hablarse con propiedad de aquélla hasta que ésta no se muestre constituida como una entidad suficientemente diferenciada de las demás, tanto de sus hermanas romances como del latín, tronco común de todas.

La aparición del castellano, como resultado que es de un prolongado proceso de evolución y desarrollo, no puede, por supuesto, situarse en un tiempo preciso. Mas para fijar el límite inicial de su literatura resultaba posible atenerse a datos bien concretos: hasta fechas muy recientes, la primera obra conservada, escrita en romance castellano, era el *Poema de Mío Cid,* perteneciente al siglo XII; y como su instrumento lingüístico, aunque muy imperfecto y rudo aún, está ya formado entonces con caracteres inequívocos, aquella obra y siglo se han venido aceptando como el comienzo seguro de la literatura castellana.

No obstante —según hemos de ver en su lugar oportuno— descubrimientos recientes han aportado inesperadas muestras de una elemental poesía lírica, escrita en formas muy primitivas de nuestro romance, que hacen retroceder en muchos años los comienzos aceptados de nuestra historia literaria. Los límites posibles se encuentran, pues, ahora en una insegura fluctuación. Nuevos hallazgos pueden hacerlos variar; pero además habremos de enfrentarnos con manifestaciones literarias compuestas en una lengua romance tan poco formada todavía, que sólo por tratarse del estado incipiente de lo que había de ser el castellano posterior, puede calificarse de castellana. La relación entre ambas es de la misma índole que la existente entre un recién nacido y el futuro hombre adulto; no es, pues, improcedente llamar literatura de nuestro idioma a toda aquella que se compone en el romance más primitivo y balbuciente; si bien hay que renunciar ya por entero a la precisa delimitación cronológica que suponía el comenzar con una obra de la importancia y significación del *Mío Cid*.

Otro aspecto debe ser considerado. Muchos tratadistas o historiadores de nuestra literatura han comenzado su exposición anteponiéndole, como capítulos de ella, los escritores hispano-latinos de la época romana, o los latino-medievales tanto de la época visigótica como de los mozárabes; así como también los escritores árabes y judíos radicados en el área geográfica española. Si se atiende a criterios puramente idiomáticos, está fuera de duda que la literatura producida en lengua latina —clásica o medieval—, judía o árabe, no pertenece al ámbito de la castellana. Otra cosa muy distinta es el aspecto de su repercusión en el posterior proceso cultural español; problema que apenas si podemos rozar aquí porque nos desviaría mucho de nuestro camino.

Tradicionalmente se viene comenzando la historia de nuestra patria desde los más antiguos pobladores de su suelo, considerando luego la época iberoceltíbera, romana, visigoda o árabe como capítulos de un indisoluble conjunto; y semejante concepción se suele hacer extensiva a sus literaturas respectivas. Menéndez y Pelayo, admitiendo la indisoluble continuidad de aquéllas con la literatura castellana, se preguntaba: "¿No sería acéfala nuestra historia si en ella faltase la literatura hispano-romana, ya gentil, ya cristiana?"[1]. Y eran estas ideas, de general aceptación, las que daban por admitida la persistente veta del espíritu senequista a lo largo de toda nuestra historia, o aceptaban el precedente "barroco andaluz" de la poesía de Lucano, o hablaban del conceptismo epigramático de Marcial, o del influjo de la poesía cristiana del gran poeta Prudencio o el pensamiento enciclopédico de San Isidoro: factores todos considerados como decisivos en la gestación de nuestras tendencias o ideas más peculiares.

La aceptación histórica de estos factores, que no debe considerarse soslayada en absoluto, ha sido, sin embargo, sometida a revisión en nuestros días por Américo Castro, en su notable libro *La realidad histórica de España*. Para Castro, no puede hablarse con propiedad de "historia de España" ni de la existencia de lo "español" hasta que éstos no tienen auténtica conciencia de tales; hecho que sólo se produce —dice el historiador— como resultado de la invasión musulmana y del comienzo de la Reconquista, es decir, entre los siglos VIII y X. Para Castro, pues, supone un anacronismo hablar del "españolismo" de los escritores hispano-romanos o hispano-visigodos.

Por el contrario, Menéndez Pidal, defensor de conceptos "tradicionalistas", que ha aplicado con gran rigor —según hemos de ver— a numerosos aspectos

---

[1] "Programa de literatura española", en *Estudios y discursos de crítica histórica y literaria*, ed. nacional. Santander, 1941, vol. I, pág. 9.

de la historia de nuestras letras, admite, reforzándola con nuevas y profundas apreciaciones, la persistencia de ciertos caracteres culturales desde los tiempos más remotos [2]. Ante este hecho —dándolo por sentado— importa poco que los españoles tuvieran conciencia o no de su realidad histórica antes del siglo X (fecha, por lo demás, que para otros historiadores debe llevarse a tiempos bastante más modernos) y que el nombre de tales pueda otorgárseles con más o menos propiedad; que Séneca "se sintiera español", o que su pensamiento y su carácter sean exactamente —según afirma Castro— los de un "romano helenizado", creemos que encierra menos interés que el hecho cierto de que la esencia de su pensamiento haya informado concretamente la obra de muchos escritores españoles de todas las épocas y viva diluida en numerosas vetas peculiarísimas de nuestro pueblo [3].

Pero esta controversia debe quedar aquí orillada. En cada caso concreto podremos considerar el posible influjo recibido por uno u otro escritor de estos factores, llámense o no "españoles", tanto en el campo del pensamiento como en el de las formas literarias. Aquí nos atenemos —hemos de repetir—, y casi más diríamos que por la necesidad de reducir un campo ya de sí vastísimo, a la literatura creada en la lengua que ha venido a fundirse sustancialmente con el proceso y la historia de nuestra nacionalidad. Por "literatura española" entendemos, pues, la literatura escrita en español; aunque los ríos que la nutren —esto es otro problema— puedan provenir de todos los puntos cardinales.

Al asimilar la denominación de "literatura española" a la de "literatura castellana" (nombres que usaremos indistintamente) no hacemos sino seguir un criterio generalmente aceptado [4]; lo justifica sobradamente el predominio con-

---

[2] Por lo que se refiere a los visigodos, Claudio Sánchez-Albornoz, en famosa polémica, ha contradicho la opinión de Américo Castro en su libro *España, un enigma histórico*, 2 vols., Buenos Aires, 1962, conviniendo sustancialmente con Menéndez Pidal. Éste, por su parte (según veremos en su lugar correspondiente), al defender el origen germánico de nuestra épica, sitúa a los visigodos en la más estrecha relación literaria con la futura poesía castellana; sin contar la probada contribución de la lengua visigoda a la formación de nuestro romance. Para la valoración, en conjunto, de la función cultural de los visigodos, véase J. A. Maravall, *El concepto de España en la Edad Media*, Madrid, 1954, también coincidente en este punto con Menéndez Pidal y Sánchez-Albornoz.

[3] Castro, no obstante, niega también este hecho tan insistentemente afirmado por multitud de comentaristas; véase en *La realidad histórica de España*, México, 1954, el parágrafo titulado "Séneca no era español ni los españoles son senequistas", págs. 642-645. Apoya la tesis de Castro, Segundo Serrano Poncela, "Séneca entre españoles", en *Collected Studies in honour of Américo Castro's eightieth year*, Oxford (England), 1965, págs. 383-396.

[4] Por tomar unos ejemplos muy a mano entre los infinitos que podrían señalarse, baste recordar que Guillermo Díaz-Plaja, que ha dirigido una *Historia General de las Literaturas Hispánicas*, con inclusión de todas las peninsulares y ultramarinas, ha compuesto su historia de *La poesía lírica española* reduciéndola expresamente —según decla-

seguido por lo que nació siendo un dialecto castellano, por la proyección universal de su literatura, por haberse asociado tan íntimamente a la vida de la nacionalidad española, y por la fecunda multiplicación de su estirpe en las tierras del Nuevo Mundo [5].

Nada de esto, sin embargo, supone desconocer la gran importancia de otras literaturas producidas en el territorio peninsular. Galicia y Cataluña han creado literaturas de primer orden; se adelantaron en varios aspectos a la castellana, de la que han sido acreedoras en varios momentos de su historia; y han conocido —la catalana muy especialmente— un espléndido renacimiento en nuestros días, desarrollado ya desde el pasado siglo. Su exclusión de estas páginas no tiene otras razones que las apuntadas para las literaturas precastellanas; reducirlas a modestos apéndices nos parece menos oportuno que dejarlas en manos de quienes pueden estudiarlas adecuadamente con el espacio requerido y plena autoridad.

Otro tanto puede decirse de las diversas ramas desarrolladas en las naciones ultramarinas. Muchas de ellas, desde que se produjo la escisión política del tronco patrio en la pasada centuria, han creado literaturas nacionales de indiscutible calidad, con el mismo vehículo del idioma español. Pero no creemos acertado el criterio de reunirlas con la nuestra en un estudio de conjunto, aun por razones de mera claridad y comodidad que apenas necesitan ser explicadas.

CARACTERES PECULIARES DE LA LITERATURA ESPAÑOLA

La determinación de caracteres específicos en la literatura de un país es problema tan difícil como discutido; en el fondo no es sino parte del intento de precisar los rasgos o peculiaridades nacionales, de las que la lengua y la literatura quizá constituyan los componentes de mayor intensidad.

---

ración hecha en el prólogo— a la producida en España y lengua castellana; asimismo, José Luis Cano ha reunido su antología titulada *El tema de España en la poesía española contemporánea*, prescindiendo —también según expresa declaración preliminar— de las otras lenguas peninsulares. Véase la terminante declaración de Max Aub a este respecto en su *Manual de Historia de la Literatura Española* (México, 1966), vol. I, cap. II, páginas 19-20, bajo el epígrafe de "Definición y limitaciones".

[5] Cfr. Ramón Menéndez Pidal "La lengua castellana se hace lengua española", en *España y su Historia*, vol. II, Madrid, 1957, págs. 671-685. Véase en especial el apartado titulado "¿Lengua española? ¿Lengua castellana?", del cual reproducimos el siguiente párrafo: "El término *castellano* puede tener un valor preciso para designar la lengua de Alfonso el Sabio y del Arcipreste de Hita, cuando la unidad nacional no se había consumado, y cuando el leonés y el aragonés eran lenguas literarias. Pero desde fines del siglo xv, la lengua que comprendió en sí los productos literarios de toda España (pues en ella colaboraron hasta los más grandes autores portugueses, como Gil Vicente y Camoens) no puede sino ser llamada *española*. Las otras lenguas que se hablan en la Península son ciertamente españolas también, pero no son *el español* por antonomasia" (pág. 673).

Pretender aquella caracterización es empresa arriesgada por dos razones fundamentales: de un lado, por el ingente número de raíces básicas que sirven de soporte común a muchos pueblos —y tal es el caso, en lo español, de las naciones que se nutren de la herencia clásica greco-romana—; de otro, por los cambios que tales pueblos experimentan al correr de la historia, la aparición de nuevas corrientes dominantes, la transformación —a veces sustancial— de todas las circunstancias de la vida. En medio de esa incesante variación, que muchas gentes a su vez reflejan de parecida manera, los supuestos rasgos permanentes pueden ser muy difíciles de asir. Con todo, tendemos siempre inequívocamente a la atribución de caracteres diferenciadores —presida o no el acierto—, lo que supone la general creencia en su realidad.

Por lo que afecta al hecho literario —que aquí nos importa— creen unos que la creación de una obra es siempre el resultado del genio individual, lo que les lleva a considerarla como un producto en sí mismo, sin apenas raíces colectivas o tradicionales; no existen, pues, rasgos de este tipo, cuya realidad afirman otros por el contrario. Estos encontrados pareceres han dado origen a dos conocidas teorías, la "individualista" y la "tradicionalista", cuya aplicación a muchos campos de nuestra historia literaria tendremos repetida ocasión de enfrentar.

Menéndez Pidal, que ha defendido, como dijimos, el concepto tradicionalista aplicado a la literatura, sostiene consecuentemente la existencia de caracteres dominantes, y a precisarlos ha dedicado uno de sus más luminosos trabajos, titulado *Caracteres primordiales de la literatura española*, que debe completarse con otro —más orientado hacia el lado histórico y político-social—: *Los españoles en la historia. Cimas y depresiones en la curva de su vida política*[6]. Menéndez Pidal considera un hecho de experiencia común "la enorme coacción que sobre el individuo ejercen las ideas y sentimientos de sus coetáneos, y más aún de sus antepasados", y que el acto más independiente de creación individual "participa de los caracteres dominantes en lo común tradicional de cada nación"[7].

El mayor problema —por los motivos que apuntamos— consiste en demostrar que tales caracteres nacionales perduran a través de los siglos. Sin poder entrar ahora en el examen detenido de las razones aducidas para su prueba por Menéndez Pidal, digamos que éste admite la perduración de tales caracteres; lo que no supone, sin embargo, la aceptación de ningún estrecho determinismo geográfico, puesto que aquéllos, nacidos principalmente de cierta propensión étnica y de la "imitación cultural de los coterráneos, tanto próximos como antepasados", pueden en todo momento ser alterados, contrarrestados o incluso suspendidos.

---

[6] Reproducidos ambos en *España y su Historia*, cit.: el primero, en el volumen II, págs. 611-667; el segundo, en el volumen I, págs. 13-130 (véase la "Bibliografía general" al final del capítulo).

[7] *Caracteres primordiales...*, ed. cit., pág. 612.

Exponemos a continuación, en breve síntesis, algunos de los caracteres tenidos como perdurables por Menéndez Pidal en nuestra historia literaria, bien entendido que tratamos tan sólo de los que están en inmediata relación con las creaciones estéticas, únicas que fundamentalmente nos interesan aquí (no importa que, a su vez, muchos de aquéllos se manifiesten igualmente en otros varios aspectos de nuestra historia y carácter).

Sobriedad, espontaneidad, improvisación. El alma hispana tiende a usar aquellas formas conceptuales y de expresión sencillas y espontáneas, que se obtienen por una intuición vigorosa de la realidad, sin ulteriores investigaciones. Ello es producto, según decía Gracián y Menéndez Pidal recuerda, de la "impaciencia de ánimo", que permite vencer las dificultades pero no llevar hasta el final la victoria. A esta disposición de espíritu se debe que haya en nuestra historia cultural "más precursores olvidados que maestros reconocidos", y "más improvisadores geniales que maestros consumados"[8]. El genio español tiende más al frecuente renuevo de su producción que al perfeccionamiento de la obra, de donde nace la dispersión poligráfica: San Isidoro, Alfonso el Sabio, Lope de Vega, Menéndez y Pelayo, Galdós, pueden ser arquetipos de este carácter. Hasta en los más grandes escritores españoles de todos los tiempos la confianza en el primer acierto, la improvisación, es norma bastante general; y esta confianza en la suficiencia de lo espontáneo trae la negligencia en el estudio, sobre todo de las literaturas extranjeras: "Falta esta erudición, indispensable para estimular y perfeccionar la propia creación poética y para ilustrar el trabajo de la crítica; y si bien la plena espontaneidad con su natural frescura llega a producir grandes aciertos en el arte, conduce más comúnmente a una abandonada facilidad." "La crítica doctrinal y objetiva no está suficientemente desarrollada; no subsigue regularmente a cada hecho importante de creación literaria, así que no ejerce sobre los escritores la debida presión." "Las escuelas literarias se constituyeron pocas veces y eso bajo principios poco rigurosos. Sus más geniales batallas no fueron reñidas en favor de determinadas reglas, sino para librarse de las reglas"[9].

Verso amétrico, asonancia. La dicha tendencia a la expresión más espontánea se patentiza en el lenguaje versificado. En comparación con las otras literaturas hermanas, la española se distingue por el empleo de formas métricas menos cuidadas. Así, nuestra épica medieval se caracteriza por los versos amétricos y la rima asonantada, caracteres que la épica francesa abandonó muy pronto para adoptar el verso de medida regular y la rima consonante. Aquella rima asonantada, propia del llamado luego "verso de romance", no sólo perdura cuando sobreviene el triunfo de los perfectos metros italianos en

---

[8] Ídem, íd., pág. 618.
[9] Ídem, íd., pág. 619.

el siglo XVI, sino que se acrecienta en forma arrolladora hasta convertirse en el metro más natural de nuestra lengua; había sido el cauce de expresión de todo el *Romancero* y pasa luego al teatro nacional, en el que se sobrepone a todas las otras combinaciones estróficas consonantadas de metro corto. Fue incluso utilizada en gran parte de la lírica culta. En los tiempos modernos el romance asonantado perdura con idéntica frescura; se mantiene a lo largo del siglo XVIII, pese a la adversa presión de las tendencias clasicistas y afrancesadas; entra triunfante en la época romántica, en la que iba a encarnar lo más característico de su poesía narrativa, del teatro y aun de la lírica; encuentra en Bécquer un afortunado cultivador, y llega a nuestros días, en que lo cultivan hasta los poetas líricos de tendencia más exquisita y artificiosa.

Arte para la vida; pragmatismo. El arte se concibe más como impulso vital que como profesión de especial estudio; no el "arte por el arte", sino el arte para la vida. La discutida antítesis entre "las armas y las letras" se convierte en síntesis efectiva en numerosísimos casos de escritores españoles, en quienes la contemplación se alía estrechamente con la energía más activa, sea ésta militar, política, religiosa o aventurera: don Juan Manuel, el canciller Ayala, el marqués de Santillana, Jorge Manrique, Garcilaso de la Vega, Ercilla, Santa Teresa, San Juan de la Cruz, Cervantes, Lope, son sólo hitos destacados de una cadena innumerable; y aun en los tiempos modernos, de menos genuina actividad, abundan también los nombres, desde Cadalso al duque de Rivas.

Esta intención "vital", no dirigida a cenáculos de las letras, se manifiesta de igual manera en la vieja *epopeya* española, que "conserva su primitivo sentido político e historiográfico más vivo y por mucho más tiempo que en Francia"[10], en el *Romancero*, en el que se funde el valor artístico con el mismo sentido "práctico historial" —ajeno a la canción epicolírica de otros países—; en las *crónicas*, "memoria política y nacional del pasado", entre las cuales ocupan destacado lugar las narraciones particulares que idealizan el tipo del hombre de esfuerzo y aventura, o refieren los hechos de soldados, descubridores o viajeros; en el *teatro* nacional, en el que se tiende sobre todo a la creación de un espectáculo eminentemente popular, diversión indiscriminada para todos, y, atendiendo a su contenido, "haciéndose cátedra no ya sólo de costumbres, sino en todo saber ciudadano, historia, tradiciones regionales, política, religión, filosofía escolástica"[11]. A lo cual todavía añadiríamos nosotros la *novela moderna y contemporánea*, en la que predomina visiblemente la atención a la anécdota vital válida por sí misma, o incluso la tendencia a la visión polémica de la realidad, con criterio político o partidista, con gran predominio sobre la creación de índole más personal e íntima, y exclusión —prácticamente total—

---

[10] Ídem, íd., pág. 622.
[11] Ídem, íd., pág. 623.

de aspectos intelectuales; hecho, este último, manifestado en la general desestima de lo que, en términos peyorativos, se denomina entre nosotros "novela-ensayo", tan cultivada en otras literaturas, sobre todo en la francesa, pero no menos en cualquiera de las europeas.

Consecuencia de los rasgos dichos es el deseo de todo escritor nuestro de hacerse comprensible a todos y crear, por tanto, un arte dedicado a las mayorías, que es lo que viene designándose comúnmente con el nombre de "popularismo", atribución que parece consustancial a nuestras letras. Pueblo —puntualiza Menéndez Pidal— que no debe confudirse con el "vulgo". Por haberse dirigido a un "pueblo", entendido como totalidad de gentes de toda condición, pudo Lope de Vega crear un teatro que fuese a la vez popular y docto, y tratar en él todos los temas que pudiesen interesarle: "la propia epopeya, la propia historia y política, la historia y las ficciones novelísticas universales, las altas cuestiones teológicas, los problemas morales y filosóficos, y, sobre todo, la vida cotidiana, maestra siempre de sabiduría" pudieron alzarse por el esfuerzo de Lope, "como en ninguna literatura antes, a la dignidad de gran tema dramático"[12]. Tras detenerse en el comentario de otros casos numerosos a lo largo de nuestra historia literaria, considera Menéndez Pidal la personalidad de Galdós, en quien se dan aspectos abundantes, paralelos a los descritos de Lope de Vega: "La producción de Galdós —dice—, la más copiosa de ese tiempo, se aplica asiduamente a los problemas más candentes que agitaban la opinión de esas multitudes, y se dilata en larga serie de 'Episodios' épicos, nuevas gestas y romancero en prosa sobre cuantos temas históricos contemporáneos atraían el interés del pueblo"[13].

Colectivismo, colaboración, refundiciones, variantes en la transmisión de las obras literarias. Menéndez Pidal estudia luego otros aspectos capitales de nuestra literatura, en los cuales se apoya en particular para la formulación de sus teorías "tradicionalistas", cuya repetida aplicación veremos oportunamente.

Paralelo al deseo del autor de identificarse con su pueblo, está el deseo de éste de entrometerse en las creaciones de aquél; con lo cual la obra literaria viene a convertirse en una propiedad colectiva, sujeta a constantes mudanzas, refundiciones y variaciones, de todas las cuales hay abundantes muestras en la literatura española en forma no igualada por ninguna otra. Menéndez Pidal aduce especialmente el caso de las *crónicas*, la *epopeya* y el *Romancero*, que se reelaboran sin cesar a través de cuatro o seis siglos, durante los cuales no conocemos el nombre de un solo autor. "Cada códice —dice— de 'Crónicas generales de España' (y hay centenares de ellos) es un individuo aparte, en el cual desconocidos colaboradores introdujeron particulares retoques o adicio-

---

[12] Ídem, íd., pág. 625.
[13] Ídem, íd., pág. 629.

nes que lo hacen inasociable con cualquier otro de los manuscritos conocidos" [14].

Esta tendencia a poner las manos en la obra ajena tiene manifestación muy singular también en el caso de nuestro teatro áureo; la mayoría de las comedias han llegado a nosotros no en su forma original, sino corregidas o retocadas por manos desconocidas; son asimismo incontables las comedias que circularon sin nombre de autor, y, habiendo llegado anónimas a nuestros días, crean difíciles problemas de atribución, complicados por evidentes alteraciones e interpolaciones en el texto. La más popular y famosa de las novelas de caballerías, el *Amadís de Gaula*, fue obra de varias manos y conoció diversas versiones en muchos de sus episodios, y hasta la añadidura de un libro completo. El caso del *Libro de Buen Amor*, del Arcipreste de Hita, cuyos tres códices conservados ofrecen versiones diferentes, puede ser ejemplo típico de un fenómeno cien veces repetido en nuestra literatura medieval. Incluso en pleno Renacimiento, cuando ya la imprenta facilitaba la propagación y fijación del texto original, son infinitos los casos de alteraciones y variantes, hasta en los autores más escrupulosos y preocupados por la transmisión de sus escritos. "En obras de la antigüedad o de las literaturas modernas —dice Menéndez Pidal— se pueden encontrar ciertos casos de retoques o de interpolaciones en el texto de un autor, o dudas sobre la paternidad de tal o cual poesía; lo que afirmo es que eso no ocurre en ninguna parte con tal profusión e intensidad como en España" [15].

A este mismo orden de cosas pertenece la frecuencia con que se producen las "continuaciones" y "segundas partes" de una obra de éxito, realizadas por autores distintos, que se apropian la idea básica de la ficción artística o del personaje, y prolongan sus hechos a su gusto; apenas existe producción notable en nuestras letras que no haya sido continuada, y bastaría citar los casos sobresalientes de *La Celestina*, del *Lazarillo* y del *Quijote*, aparte el mencionado *Amadís*, padre de dilatada estirpe literaria.

Pero no es solamente esta continuación, de índole en cierta manera limitada, la que demuestra la típica tradicionalidad de nuestra literatura. La falta de respeto por las obras concretas está en inversa proporción con la persistencia de los temas inspiradores de aquellas obras. Nuestra literatura medieval —de modo particular la épica y la lírica— se ha perdido casi por entero a diferencia de lo sucedido en otros países; el setenta por ciento —recuerda Menéndez Pidal— de las comedias de Lope ha desaparecido igualmente [16]. En

---

[14] Ídem, íd., pág. 633. Cfr. Ramón Menéndez Pidal, "Tradicionalidad de las Crónicas Generales de España. A propósito de los trabajos de L. F. Lindley Cintra", en *Boletín de la Real Academia de la Historia*, CXXXVI, abril-junio 1955, págs. 131-197.

[15] Ídem, íd., pág. 636.

[16] Sobre las enormes pérdidas de textos literarios españoles, véase del mismo Menéndez Pidal *Reliquias de la poesía épica española*, Madrid, 1951, págs. XVI-XVIII. Comentando esta misma pérdida de nuestros textos literarios, escribe Karl Vossler: "En ninguna parte como en España tiene tan poca importancia el papel del lado o aspecto escrito y

cambio, se producen con gran frecuencia extensos ciclos en torno a un personaje o suceso, prolongados a través de los tiempos y sirviéndose de todos los géneros literarios. Así, numerosos temas de la épica medieval, que en otras literaturas —aun antes de concluirse aquella edad— se extinguen faltos de vida, fructifican nuevamente en nuestras letras, dando origen al *Romancero*, inspirando comedias incontables del gran teatro nacional de los siglos áureos, reapareciendo en la épica y la dramática del Romanticismo y llegando en ocasiones hasta nuestros mismos poetas contemporáneos. Esta persistencia de temas había tenido una existencia semejante en los tiempos de la literatura griega clásica, y en mucho más corta medida en el teatro inglés de la época isabelina, inspirado en leyendas patrias; pero sin que pueda compararse ni en duración ni en amplitud con lo sucedido entre nosotros. Tan notable es esta característica, que se da el caso —dice Menéndez Pidal— "de que ciñéndose exclusivamente a las obras que tratan del Cid se ha podido formar una Antología donde están representados todos los siglos y la mayor parte de los géneros literarios cultivados por las letras hispanas; para seguir en su desarrollo la leyenda de los Infantes de Lara o la del último rey godo es preciso esbozar un compendio de literatura española, en el que figuran las épocas, las escuelas, las formas y los gustos principales. Cosa semejante no puede hacerse con la producción artística de ningún otro pueblo"[17].

Austeridad moral. La austeridad moral en nuestra literatura es rasgo fisonómico de los más persistentes a través de todos los tiempos, "el más claramente delineado", dice Menéndez Pidal. En la lírica popular francesa del

---

libresco de la poesía, de lo literario, y ésta ha sido también la razón por la que la transmisión de textos se haya descuidado tanto hasta los tiempos modernos, dejada un poco así como al azar. La crítica filológica se encuentra en España en una difícil situación, que nada tiene que ver con lo sucedido en Italia y Francia. Acerca del poco respeto a la propiedad literaria y al texto de una obra, tenemos testimonios irrefutables: Lope de Vega sufrió mucho toda su vida a causa de ello, y Tirso de Molina y Quevedo se burlan donosamente de estos hechos. ¿Qué importancia iban a dar a la letra estos hombres acostumbrados al aire libre? Todos está convencidos de que el espíritu de sus antepasados se conserva mejor en el alma que en los libros. La poesía se baila y canta más que se declama o que se lee, y se prefiere improvisarla a escribirla." ("La fisonomía literaria y lingüística del español", en *Algunos caracteres de la cultura española*, 2.ª ed. Buenos Aires, 1943, págs. 51-52).

Refiriéndose en particular a la lírica del Siglo de Oro, y en relación con la mencionada pérdida de textos y los grandes problemas de transmisión de las obras poéticas, Antonio Rodríguez Moñino ha publicado un interesantísimo trabajo, titulado *Construcción crítica y realidad histórica en la poesía española de los siglos XVI y XVII. Discurso pronunciado en la Sesión Plenaria del IX Congreso Internacional de la 'International Federation for Modern Languages and Literatures', que se celebró en New York el 27 de agosto de 1963*, Madrid, 1965.

[17] *Caracteres primordiales...*, ed. cit., pág. 663. Sobre esta perduración de temas literarios, aunque referida concretamente a la lírica, véase Eduardo M. Torner, *Lírica Hispánica. Relaciones entre lo popular y lo culto*, Madrid, 1966.

Introducción 21

siglo XIII predominan los casos de amor adúltero con cínica mofa del marido burlado, pero ni una sola muestra de este tipo puede encontrarse en toda la lírica galaica o castellana medieval; las "cantigas de amigo" son, por el contrario, manifestaciones del más honesto amor en las doncellas enamoradas. En la literatura narrativa basta comparar el caso de don Juan Manuel con su contemporáneo el italiano Boccaccio, cuyo *Decamerón* es proverbial por su procacidad, o con gran parte de los *fabliaux* franceses, o con las colecciones de cuentos renacentistas de estos dos países. Temas innumerables de la literatura europea incorporados a la nuestra son variados en su significación para conducir los amores pecaminosos hacia los cauces de una pasión idealizada. Claro está que no faltan las infracciones de esta norma, "pero no frecuentes ni demasiado atrevidas"[18].

Realismo. "Sobriedad estética", pareja a la templanza ética, llama Menéndez Pidal a este realismo español, cualidad atribuida desde siempre a nuestro arte como una de sus principales características, aunque no por eso menos discutida. Resulta muy difícil precisar el exacto concepto del realismo y trazar sus límites, que en ningún caso deben ser tomados a la letra. Ni es posible nunca la copia exacta de la realidad, ni el conseguirlo constituye tampoco un alto índice de valor, ya que en interpretarla y transfundirla según una sensibilidad peculiar —que no otra cosa es la personalidad inalienable del artista que crea— radica la suprema excelencia. Por otra parte, según Menéndez Pidal recuerda, "lo estrictamente real nunca es artístico"[19].

También, de otro lado, suele confundirse fácilmente el realismo con la exageración y violencia de los rasgos escogidos, aspecto que no constituye una prueba de "realidad", sino más bien de deformación caricaturesca, cuyo nombre más apropiado sería el de convencional estilización. A este tipo pertenece buena parte de nuestra novela picaresca y de los escritos satírico-burlescos de Quevedo, que, muy españoles sin duda alguna, no representan el realismo genuino a que aludimos[20]. El realismo español, según define muy precisamente Menéndez Pidal, consiste "en concebir la idealidad poética muy cerca de la realidad, muy sobriamente", o, como dice luego, en "ejercitar la inventiva creadora en la selección poética de los hechos por todos conocidos"[21]. Lo que

---

[18] Ídem, íd., pág. 641.
[19] Ídem, íd., pág. 641.
[20] Sobre el discutido realismo de la novela picaresca, y sin perjuicio de examinarlo convenientemente en su lugar, véase Américo Castro, "El Lazarillo de Tormes", en *Semblanzas y Estudios españoles*, Princeton, 1956, págs. 93-98.
[21] *Caracteres primordiales...*, ed. cit., págs. 641 y 646. Karl Vossler apunta también muy acertadamente a la verdadera esencia del realismo español, cuando dice: "En las crónicas, en los cantares de gesta, en los romances y en la escena de los españoles se mueven héroes y santos de una manera tan viva y natural como si no hubieran muerto nunca. A pesar de toda la veneración por la persona de estos héroes y santos, de todo el respeto y temor ante su grandeza y santidad, la poesía épica no puede elevarse hasta

explica —y esto sí es bien característico— la escasez en nuestra literatura de elementos maravillosos y fantásticos. Esta condición —como veremos detenidamente en su lugar— se echa ya de ver en nuestra épica primitiva, sustancialmente histórica (hasta el punto de haberse convertido en fuente de las crónicas), frente a la abundancia de personajes sobrehumanos o de sucesos imposibles en la épica francesa y germánica [22].

Entendido así el realismo, en forma menos estrecha y literal de lo que frecuentemente suele hacerse, no contradice demasiado la existencia, bien abundante también, de corrientes contrarias. En un agudo ensayo, titulado "Escila y Caribdis de la literatura española" [23], Dámaso Alonso ha destacado el error de considerar tan sólo en nuestras letras el lado realista, popular, localista, que suelen estimarse en ellas como consustanciales, con exclusión de la caudalosa veta idealista, de selección minoritaria, de alcance universal, que tiene cultivadores de tanta o mayor importancia que los que más sobresalgan en la opuesta vertiente. Dámaso Alonso recuerda algunos de los casos más destacados, presentes en nuestra literatura desde su origen hasta nuestros días, que fácilmente pueden ampliarse: don Juan Manuel, Santillana, Juan de Mena, toda la gran corriente de la lírica culta renacentista y barroca con Garcilaso, Herrera y Góngora, las fantasías de la novela caballeresca y las idealizaciones de la pastoril, la poesía mística de San Juan de la Cruz, y en nuestros días la obra entera de nuestros líricos más destacados, con Juan Ramón Jiménez, Jorge Guillén y Vicente Aleixandre entre otros muchos.

No es esto sólo, sino que la corriente culta y minoritaria, la idealista y quimérica, el primor y la estilización se dan en permanente y deslumbrador contraste en casi todas las obras y escritores de más ponderado realismo; bastaría recordar el idealismo de Don Quijote frente a la avulgarada realidad de Sancho, o la misma existencia de *La Galatea* y del *Persiles* entre los

---

la sensación artística de la distancia, hasta la perspectiva histórica y hasta la dignidad del símbolo; en una palabra, hasta las maneras abstractas de la divinización. No puede, o, mejor, no quiere, porque con ello perdería el sentido primigenio de lo real. Hasta en su transfiguración y divinazación, el protagonista arrastra consigo jirones de humanidad." ("Realismo en la literatura española del Siglo de Oro", en *Algunos caracteres de la cultura española,* ed. cit., pág. 69.)

[22] Comentando este aspecto, estudiado tantas veces por Menéndez Pidal, escribe Farinelli: "Si penetramos en lo más íntimo de esta poesía hispánica primitiva, cierto que hallaremos como virtud particular un fuerte sentimiento de la realidad y una especie de adhesión firme y amorosa a la tierra donde nace y de la que jamás desaparece. El poeta, el juglar o el rapsoda no tiende hacia otras esferas que las bien visibles y tangibles de su hogar y de su patria. Su Musa es austera, llana y sencilla; huye de la exaltación, no pretende inventar; los hechos observados constituyen su dominio preferido; y procede enlazándose fraternalmente con la historia, desdeñando sueños y quimeras." ("Consideraciones sobre los caracteres fundamentales de la Literatura Española", en *Divagaciones hispánicas,* vol. I, Barcelona, 1936, pág. 93.)

[23] Reproducido en *Estudios y ensayos gongorinos,* 2.ª ed., Madrid, 1960, págs. 11-27.

escritos del gran "realista" Cervantes; o idéntica antítesis entre el realismo más descarnado y la refinada idealización renacentista en *La Celestina*; o la constante contraposición en Gil Vicente entre sus gracias más populares y la más encumbrada inspiración religiosa y caballeresca; y en todo el teatro de Lope de Vega, en donde alterna el mundo de sus galanes, del amor y del honor, de los sutiles discretos, con el bajo de los criados, del mezquino interés, de la rudeza y la chocarrería. Dámaso Alonso llega a dos conclusiones básicas: de un lado, a la necesidad de no considerar tan sólo la corriente realista de la literatura española, y mucho menos como esencial, sino de colocar en el mismo grado de atención toda la opuesta vertiente; y de otro, a la constatación de que la existencia simultánea de estos contrarios, su mutua acción y reacción, su oscilación en crítico equilibrio, son los auténticos caracteres no sólo de nuestra literatura, sino de todo nuestro arte en general: "Este dualismo —dice—, esta constante yuxtaposición de elementos contrarios en la literatura de España tendría aún una nota distintiva más: la terrible exageración de las dos posiciones. Así, por el lado idealista llegaremos a las más altas cumbres de selecta espiritualidad —San Juan de la Cruz— o de antirrealismo —Góngora—, etc.; y del mismo modo, en la dirección de lo material, llegaremos a las procacidades del género lupanario o a las groserías nauseabundas de un Góngora o de un Quevedo". Y añade luego: "Este eterno dualismo dramático del alma española será también la ley de unidad de su literatura. Y es probablemente también esta tremenda dualidad la que da su encanto agrio, extraño y virginal a la cultura española, y es ella —la dualidad misma y no ninguno de los elementos contrapuestos que la forman, considerados por separado— lo que es peculiarmente español" [24].

Con palabras no tan cortantes define también Menéndez Pidal, en el estudio citado, este mismo aspecto de la literatura española, y rechaza lo que él llama "falsa apreciación de caracteres"; quienes sólo reconocen como español y "castizo" el realismo y el popularismo, califican —dice— de "advenedizo y antiespañol cuanto a esas notas no se ajusta, con lo cual apartan la literatura hispana de toda universalidad equiparable a la de las otras grandes literaturas europeas" [25]. Luego denuncia el error de suponer que las cualidades realistas no admiten la existencia de sus contrarias, y se extiende en amplia exposición de obras y autores que podemos llamar, globalmente, de índole minoritaria. Pero las preferencias de Menéndez Pidal se inclinan del lado del "popularismo": "El arte de mayoría —dice— [es] predominante no sólo en volumen, sino en significación" [26]. Y después de comparar ambas corrientes, añade: "No hay duda que la segunda línea [la minoritaria] es tan esencial en el desarrollo de la literatura, tan nacional como la primera. Pero sin duda no es tan amplia-

---

[24] Ídem, íd., pág. 27.
[25] *Caracteres primordiales...*, ed. cit., pág. 650.
[26] Ídem, íd., pág. 658.

mente representativa como la otra, no es la más característica o definidora. En la línea del arte mayoritario entra todo aquello por lo que la literatura española de los siglos pasados es generalmente conocida, todo aquello que abrió alguna huella en la literatura de otros pueblos"[27].

Capacidad de síntesis y originalidad. Lo dicho anteriormente nos lleva a la conclusión de que en la literatura española existen caracteres de difícil apreciación y deslinde por lo que tienen de flujo y reflujo de contrarios; esto explica los pareceres tan divergentes que pueden formularse según el particular ángulo de enfoque, y los grandes errores de apreciación que ha cometido la crítica, sobre todo la producida por extranjeros. Al comienzo del trabajo que estamos siguiendo como guía de esta exposición, Menéndez Pidal nos pone en guardia respecto del "criterio de analogía" aplicado por numerosos investigadores al estudio de nuestras letras; según este criterio —que lleva al extremo las directrices de la literatura comparada— los hechos que no tienen su exacta correspondencia en las otras literaturas europeas, son rechazados o valorados en forma negativa, como desviaciones anómalas de la corriente general. Parecida advertencia formula también, entre otros, Federico de Onís cuando denuncia a quienes han pretendido "encajar lo español en un marco que, a veces, no corresponde a sus peculiaridades"[28]; y Américo Castro, con perspectiva aun más amplia, dice: "Se ha solido enjuiciar la vida española partiendo del principio de que las formas más logradas de la llamada civilización occidental eran la meta suprema hacia la que debían haber dirigido su curso todos los pueblos de la tierra"[29].

---

[27] Ídem, íd., pág. 659.

[28] "El concepto del Renacimiento aplicado a la literatura española", en *España en América*, Ediciones de la Universidad de Puerto Rico, 1955, pág. 286 (este trabajo había sido publicado anteriormente en *Ensayos sobre el sentido de la cultura española*, Madrid, Residencia de Estudiantes, 1932, págs. 197-223). Nos parece oportuno reproducir completo el párrafo a que la cita pertenece, porque aclara alguna de las razones que han conducido a la errónea aplicación del mencionado "criterio de analogía" para explicar aspectos fundamentales de nuestra historia literaria: "En el estado de relativo atraso en que se encuentra el estudio de la literatura española respecto del de otras, tiene fatalmente que acudir a ideas y concepciones que no han nacido de ella misma, sino que han sido creadas para explicar realidades muy diferentes. En general, cuando se ha hecho algo, se han traído a la literatura los conceptos de épocas de la historia literaria de otros países en forma estereotipada y rígida, y se ha tratado de encajar lo español en un marco que a veces no corresponde a sus peculiaridades. Este sistema ha dado algunos resultados claros cuando se trata de épocas en que España ha sido dependiente y discípula de otros países, como ocurre desde el siglo XVIII hasta hoy y en cierto modo en la Edad Media. Pero aun en esas épocas, aunque España ofrezca una réplica de movimientos extranjeros y haya, por tanto, una coincidencia cronológica, el verdadero carácter, las fuerzas actuantes y los productos de ellas son en el fondo muy distintos, como se ha probado ya respecto de la Edad Media y como llegará a probarse cuando se estudien bien los siglos XVIII y XIX y la literatura hispanoamericana."

[29] *España en su Historia*, Buenos Aires, 1948, pág. 604.

Introducción

Por una serie de razones históricas, en cuya exposición y análisis no podemos detenernos aquí, es evidente que la cultura española se nos muestra constituida por componentes muy especiales dentro del concierto europeo: su posición excéntrica, en la geografía continental, que la convierte en lugar de encrucijada de dos mares y de dos continentes con la consiguiente mezcla de culturas; la larga convivencia de siglos con árabes y judíos; las diferencias ideológicas, desde los días críticos de la Reforma, con las naciones que toman las riendas del pensamiento europeo, seguidas a poco por nuestra decadencia política y económica, contribuyen —aparte otras muchas causas— a forjar la peculiar fisonomía de todo nuestro paisaje cultural. De aquí el carácter de inquietud, de dramatismo íntimo, de aspiraciones y de renuncias, de posiciones encontradas, que tan profundamente se reflejan en nuestras letras. Pero en fundirlas y amalgamarlas en personalísimas síntesis está precisamente la gran originalidad, muy difícil de comprender a veces, de nuestra literatura. Honor y picardía, idealismo y realidad, sensualismo y amor idealizado, caballería y hampa, misticismo y sentido práctico, refinamiento y vulgaridad, orgullo y pobreza, religión y obscenidad, sentido de la muerte y goce de vivir, andan revueltos en problemática armonía para constituir esa dualidad dramática a que Dámaso Alonso alude. Con inmejorable fórmula, Américo Castro ha llamado a esta enorme capacidad de síntesis, el "integralismo español".

Los "frutos tardíos". Esta fusión de contrarios, así como también la amalgama de elementos culturales que en otras literaturas se dan separados o se producen en épocas distintas, tiene una de sus más peculiares manifestaciones en lo que Menéndez Pidal ha definido con la fórmula de "frutos tardíos". Muchos géneros que, al concluir la Edad Media, se agotan con ella en las restantes literaturas europeas, adquieren en España un desarrollo posterior en los siglos influidos ya por el Renacimiento, sin que se produzca la abrupta ruptura con el pasado, que para todas las otras supone el siglo XVI. "Tal ruptura —dice Menéndez Pidal— en España nunca fue tan completa como en otros países, y ciertos viejos géneros literarios pudieron reflorecer después, dando frutos que, precisamente por su tardía madurez, tuvieron mejor sazón y fueron apreciados, como venidos en época más adelantada que la que en otros países los había producido" [30].

Menéndez Pidal enumera varios de estos *frutos tardíos*, que producen precisamente "las más fecundas actividades de nuestros siglos de oro": los *libros de caballerías*, que restauran, según gusto de actualidad, los viejos ideales caballerescos convertidos en el siglo XVI en manual de cortesanía; el *Romancero*, a cuya tradición se incorporan los escritores más notables de los siglos áureos, "más cultos que los que colaboraron en la balada medieval de los demás países"; la *mística*, producto típicamente medieval, que se reelabora en

---

[30] *Caracteres primordiales...*, ed. cit., pág. 664.

España dentro del ambiente moderno de la Contrarreforma; los *autos religiosos,* supervivencia del teatro primitivo, "escritos para un público superiormente adoctrinado en una filosofía escolástica renovada por los grandes pensadores del Renacimiento" [31]; la *comedia,* que recogiendo también gran parte de las corrientes medievales [32], crea la primera manifestación nacional de un teatro moderno; el *drama de honor,* fundado sobre arcaicas normas sociales, pero que, influido asimismo por el Renacimiento, rebasa la exclusividad de la clase noble para hacerse extensivo al hombre popular, sin distinción de clase alguna.

Consecuencia fundamental de esta penetración de tan numerosos elementos medievales en la época moderna es el carácter especialísimo de nuestro Renacimiento. Mientras en los otros países de Europa supone éste el rechazo de todo el espíritu medieval, España lo recoge y transforma, fundiéndolo con las nuevas corrientes, en una de sus síntesis más notables. Lo cual ha dado origen a la famosa y larga polémica no sólo sobre el carácter sino acerca de la existencia misma de nuestro Renacimiento; aspecto que estudiaremos detenidamente en su lugar y que es bastante, de momento, dejar sugerido aquí.

DIVISIÓN CRONOLÓGICA DE LA LITERATURA ESPAÑOLA

No menor que la dificultad de establecer caracteres inequívocos y perdurables en una literatura cualquiera es la de dividirla convenientemente en épocas o períodos. El paso de unos a otros nunca es tan concreto que pueda determinarse con precisión; todo cambio supone un proceso lento y la compleja colaboración de muy diversos factores. Si tomamos obras características de ciertos momentos culminantes y bien definidos y las comparamos entre sí, las diferencias pueden ser tan profundas que no hay duda posible de que nos encontramos en distinta edad; pero el límite que las separa es tan fluido como el alba o el ocaso de cada día.

A semejante fluidez contribuye un hecho de fácil experiencia, bien comprobado en alguno de los rasgos de nuestra literatura que acabamos de señalar: nunca un período rompe por entero con el anterior —en ningún aspecto de la historia, que no sólo en las letras—; muchos factores penetran en la época

---

[31] Idem, íd.

[32] Unas palabras de Vossler pueden ampliar, creemos, esta sugerencia de Menéndez Pidal: "El pueblo español —escribe— es el único de los pueblos románicos cuyo arte escénico sigue el mismo derrotero desde sus orígenes religiosos hasta la época de su esplendor, desde la Edad Media hasta la Edad Moderna. El Renacimiento no produce ningún corte, como en Francia, ni ninguna caída en el melodrama, como en Italia, sino que da sólo lugar a un enriquecimiento y desarrollo exuberante de su primitivo estilo. La coexistencia de asuntos religiosos y profanos, bíblicos y anecdóticos, no supuso nunca, o rara vez, la simultaneidad de concepciones distintas, sino un contraste ideal, un sueño dramático, en cuya tensión tiene su origen la vida escénica." ("La fisonomía literaria y lingüística del español", en *Algunos caracteres de la cultura española,* ed. cit., pág. 56.)

siguiente, bien por su mayor capacidad de resistencia o bien porque representan adquisiciones fundamentales (por encima de modas o tendencias efímeras) a las que ya no se puede renunciar; otros, en cambio, se presentan como audaces intuiciones, que se anticipan a los tiempos futuros. De esta forma, cada período funde, con sus propios rasgos, corrientes viejas —o simplemente rezagadas— y tendencias futuras, haciendo tan problemáticos los límites de entrada como los de salida. De donde se deduce que toda separación que se establezca ha de tener no poco de discutible o de convencional.

Pese a tan ciertas dificultades y sin desconocer el descrédito en que ha caído la división por siglos —esa división "tan de almanaque como la centuria", según Menéndez Pidal la llama [33]—, no cabe negar que cada uno de aquéllos suele diferenciarse de los demás por caracteres que en buena medida pueden precisarse; no porque los hechos de cultura ajusten su andar a las revoluciones astronómicas, sino porque cien años suelen representar un lapso de tiempo suficiente para que el paso del tiempo cumpla su misión. Bien entendido que no todos los siglos tienen en el proceso cultural la misma duración; hay siglos "largos" y siglos "comprimidos", que se encogen entre el desborde del anterior y el prematuro alborear del subsiguiente.

Mas como, a su vez, también un siglo puede ser una etapa demasiado dilatada para suponer la persistencia invariable de rasgos específicos, se hace precisa la subdivisión en períodos de mayor o menor extensión, acerca de la cual existen los criterios más variados. Hoy goza de general prestigio entre nosotros —sobre todo para aplicarla a los tiempos más recientes— la división por generaciones, suponiendo que las personas de la misma edad, sometidas al influjo de factores idénticos, tienen que constituir un grupo de cierta afinidad. Pero tampoco existen generaciones "puras", como no existen siglos "puros". Sobre cualquier grupo humano ejerce siempre su presión la generación declinante que con él convive todavía y la nueva que se apresta a sustituirlo; por lo que, salvo en casos muy especiales, la división generacional puede ser tan caprichosa y discutible como otra cualquiera.

En líneas generales, los grandes períodos de nuestra historia literaria coinciden con los de las otras literaturas fundamentales de Europa; afirmación que también ha de ser aceptada con cierta elasticidad. El Renacimiento, por ejemplo, se anticipa en Italia —su gran creadora y maestra— en más de un siglo a nuestro país; nuestro período neoclasicista, de imitación francesa, comienza a adquirir significación cuando en la misma Francia se inicia su abandono, retraso que ha de influir después en la asincronía de todos nuestros movimientos literarios del siglo XIX respecto al general ritmo europeo.

Sin embargo, como quiera que todos estos fenómenos han de ser convenientemente matizados en su momento oportuno, y dado que —con toda su

---

[33] "El lenguaje del siglo XVI", reproducido en *Mis páginas preferidas. Estudios lingüísticos e históricos*, Madrid, 1957, pág. 9.

problemática exactitud— se hace inevitable trazar algún género de división por razones de simple distribución de nuestra materia, aceptamos —como esquema provisional y simplificador— la más admitida clasificación de nuestra historia literaria en los períodos siguientes:

1) **Edad Media.** Se extiende desde las primeras manifestaciones de nuestra historia literaria —límite muy impreciso hoy, como sabemos— hasta fechas prácticamente coincidentes con las establecidas para el comienzo político de nuestra Edad Moderna, es decir, hasta el principio del reinado de los Reyes Católicos. Dentro de tan larga etapa suelen establecerse las siguientes subdivisiones: *a*) época comúnmente denominada "anónima", que concluye con el siglo XIII; *b*) siglo XIV, caracterizado por la aparición de las primeras personalidades literarias —don Juan Manuel, Arcipreste de Hita, Canciller Pero López de Ayala—, durante el cual se manifiestan evidentes síntomas de descomposición del mundo medieval y aparecen los primeros destellos del espíritu renacentista con el comienzo de la influencia clásica e italiana; *c*) los dos primeros tercios del siglo XV, auténtico prerrenacimiento español, durante el cual se producen los primeros intentos de adaptación de las corrientes italianistas.

2) **Renacimiento y Época Barroca,** que representan en su conjunto la *Edad de Oro* de nuestra literatura. Un período previo, o de preparación, corresponde al último tercio del siglo XV y primeros años del XVI (época de los Reyes Católicos); el humanismo de Nebrija, el teatro y la poesía de Juan del Encina, las quimeras caballerescas del *Amadís de Gaula* y el portento de *La Celestina* representan las más altas creaciones de este momento inicial.

El Renacimiento cubre, en términos aproximados, la totalidad del siglo XVI, y en él suelen distinguirse dos períodos, las dos mitades del siglo, correspondientes casi exactamente a los reinados de Carlos V y de Felipe II. Durante el primero se introducen y difunden las nuevas ideas y formas artísticas en un ambiente de universalismo, de alegría vital y de pagana libertad. Al tiempo de Felipe II corresponde la aclimatación y nacionalización del nuevo mundo ideológico, dentro de un clima de firme sentido religioso, como corresponde a las directrices de la Contrarreforma, de las que España es la mantenedora principal: es el momento de la mística. Es frecuente denominar a estas dos partes como Primero y Segundo Renacimiento Español, calificados respectivamente de "pagano" y "cristiano".

En el último tercio del siglo XVI la aludida nacionalización del mundo renacentista, superado y desarrollado ya en muchos sentidos, y su fusión con las nuevas actitudes espirituales traídas por la Contrarreforma preparan el advenimiento del Barroco, muchos de cuyos elementos se manifiestan ya en los escritores de este período. Sirviendo de lazo de unión a ambas centurias, de las cuales constituyen incomparables síntesis, encontramos los dos genios mayores de nuestra historia literaria, Cervantes y Lope de Vega, que crean respectivamente la novela y el teatro de los tiempos modernos, con fórmulas de validez nacional y universal al mismo tiempo.

El siglo XVII, con la plena maduración del Barroco, representa la total nacionalización de los temas y el espíritu renacentista; se desarrolla la picaresca y el teatro y se intensifican —en acelerado proceso— el conceptismo y el culteranismo, tendencias específicamente barrocas, al tiempo que se acrecienta el aislamiento ideológico de España respecto de las demás naciones europeas. La muerte de Calderón, cima del teatro de este período, en 1681, suele considerarse como el fin de la época y a la vez del período áureo español en su literatura. Los años que siguen hasta el comienzo de la nueva centuria, conservan los caracteres generales del siglo, pero en medio de una decadencia general.

3) **El siglo XVIII** es uno de esos siglos "cortos" a que nos hemos referido. Su nota característica es la penetración de la influencia francesa, no sólo en las formas del neoclasicismo literario, sino en el espíritu ideológico general, inspirado en las corrientes enciclopedistas y reformadoras. En ambos campos se enciende en nuestro país la lucha entre innovadores y tradicionalistas, abriéndose con ello la gran escisión entre dos conceptos antagónicos que aún no se ha cerrado, con síntesis fecunda, hasta el momento presente. Bajo el aspecto literario el neoclasicismo —detenido por la tenaz penetración del espíritu barroco anterior— no da sus primeros frutos válidos hasta las primeras publicaciones de Feijoo (1726) y la aparición de la *Poética* de Luzán y del *Diario de los Literatos* en 1737; de aquí la aludida "brevedad" del siglo. Su final asiste ya a la aparición de los primeros brotes románticos, que limitan también, en su desenlace, la plenitud y duración de la época neoclásica en cuanto a creación literaria se refiere.

4) **El siglo XIX** puede dividirse, sin demasiada arbitrariedad, en dos períodos perfectamente diferenciados: Romanticismo hasta 1850, y tendencias realistas y naturalistas hasta 1898, fecha de la famosa "Generación", que inicia la época contemporánea. El Romanticismo, aunque ya perceptible al fin del período anterior, retrasa también su plena aceptación hasta el final del primer tercio del siglo, cuando había pasado ya su plenitud en las otras naciones europeas —Alemania, Inglaterra, Francia—, que se nos habían adelantado.

Por el contrario, aunque las más acusadas características de lo que puede denominarse "romanticismo de época" pueden estimarse liquidadas al coronar la media centuria, muchos aspectos románticos persisten vigorosamente durante la época posterior, dejando sentir su influjo de manera especial en el teatro y hasta en la misma "novela realista".

Esta última —el género literario más representativo de esta tendencia— conoce un período que puede considerarse como de preparación, que se extiende aproximadamente de 1850 hasta la llamada "revolución de Septiembre" en 1868. El momento de plenitud corresponde a la denominada "época de la restauración", entre 1875 y 1898. En estos años florecen los más notables escritores del realismo —Alarcón, Pereda, Valera, Leopoldo Alas, Pardo Bazán, Galdós— que escriben entonces sus obras capitales; aunque algunos dilaten su producción hasta bien entrado el siglo actual, y otros novelistas rezagados —Blasco Ibáñez, Palacio Valdés— conserven la vigencia del realismo en medio de otras corrientes más modernas.

5) **La época contemporánea.** Las tendencias renovadoras (reacciones idealistas, en su conjunto, contra el realismo que dominaba la literatura europea), como el simbolismo francés y otras corrientes "fin de siglo", desembocan en la literatura española en el llamado "modernismo", que se inicia casi a la par de la "generación del 98", aunque sólo tenga con ella algunos puntos de contacto. El "modernismo" puede darse por terminado al fin de la primera guerra mundial; no obstante, muchos de sus gérmenes son desarrollados —en la época de entreguerras— por otros movimientos poéticos, aún más efímeros que su progenitor. La "generación", en cambio, así llamada por iniciarse aproximadamente en torno al 98, fecha clave en que se pierden los últimos restos de nuestro imperio colonial, representa el grupo creador más importante, que llena —abarcando la casi totalidad de los géneros literarios— la primera mitad del siglo en que vivimos.

El año de 1936 —guerra civil española— supone también una fecha crítica, en la cual puede considerarse asimismo iniciada una nueva etapa literaria. Su proximidad y consecuente fluidez no permiten trazar aún las directrices capitales en esta rápida caracterización; sus variados aspectos serán considerados con toda la matización posible en su lugar oportuno.

BIBLIOGRAFÍA GENERAL

(Hacemos aquí mención, en todos los apartados siguientes, de sólo aquellas obras de carácter general que son utilizables para el conjunto de la literatura española o para la totalidad de sus épocas. Los estudios sobre aspectos particulares o períodos concretos serán mencionados en su lugar correspondiente.)

Historias Generales de la Literatura Española. George Ticknor, *History of Spanish Literature,* 1849, 6.ª ed., 3 vol., Boston, 1888. Traducción española, con adiciones y notas de Pascual Gayangos y E. de Vedia, Madrid, 1851-1856, 4 vols. Traducción española revisada, Buenos Aires, 1947.

James Fitzmaurice-Kelly, *A History of Spanish Literature,* Londres, 1898. Traducción española con notas de A. Bonilla y San Martín, bajo el título de *Historia de la literatura española desde los orígenes hasta 1900,* Madrid, 1901. *A New History of Spanish Literature* (nueva versión, corregida, de la obra anterior), Londres, 1926. Traducción española de esta última, Madrid, 1926; nueva edición, Buenos Aires, 1942.

Ernest Mérimée, *Précis d'histoire de la littérature espagnole,* París, 1908. *A History of Spanish Literature,* traducción al inglés y revisión de S. G. Morley, Nueva York, 1930.

Introducción 31

José Amador de los Ríos, *Historia crítica de la literatura española,* 7 vols., Madrid, 1861-1865 (alcanza sólo hasta los Reyes Católicos, pero, aunque incompleta, ofrece numerosos aspectos de interés).
J. D. M. Ford, *Main Currents of Spanish Literature,* New York, 1919.
Julio Cejador y Frauca, *Historia de la lengua y literatura castellana,* 14 vols., Madrid, 1915-1922.
Ángel Salcedo Ruiz, *Literatura Española,* 5 vols., Madrid, 1915-1923.
César Barja, *Libros y autores clásicos,* Brattleboro, Vermont, 1922; *Libros y autores modernos. Siglos XVIII y XIX,* ed. revisada, Los Ángeles, 1933; *Libros y autores contemporáneos,* Madrid, 1935.
G. T. Northup, *An Introduction to Spanish Literature,* 2.ª ed., Chicago, 1936.
A. F. G. Bell, *Castilian Literature,* Oxford, 1938. Traducción española, Barcelona, 1947.
Narciso Alonso Cortés, *Historia de la Literatura Española,* 6.ª ed., Valladolid, 1943.
Juan Chabás, *Nueva historia manual de la literatura española,* La Habana, 1944.
Manuel de Montolíu, *Literatura Castellana,* 5.ª ed., Barcelona, 1947.
Ramón Domingo Perés, *Historia de la Literatura Española e Hispanoamericana,* Barcelona, 1947.
Juan Hurtado y Ángel González Palencia, *Historia de la literatura española,* 6.ª ed., corregida y aumentada, Madrid, 1949.
Miguel Romera Navarro, *Historia de la Literatura Española,* 2.ª ed., Boston, 1949.
Julio Torri, *La literatura española,* México, 1952.
José García López, *Historia de la Literatura Española,* Barcelona, 1955.
Gerald Brenan, *The Literature of the Spanish people from Roman time to present day,* Cambridge; nueva ed., 1957.
Guillermo Díaz-Plaja, *Historia general de las literaturas hispánicas* (dirigida por..., con intervención de numerosos especialistas), 6 vols., Barcelona, 1949-1957.
Ugo Gallo, *Storia della letteratura spagnuola,* Milano, 1952; 2.ª ed., 1958.
Nicholson B. Adams y John E. Keller, *A Brief Survey of Spanish Literature,* Paterson, New Jersey, 1960.
Emiliano Díez-Echarri y José María Roca Franquesa, *Historia de la Literatura Española e Hispanoamericana,* Madrid, 1960.
Guido Mancini, *Storia della letteratura spagnnola,* Milán, 1961.
Richard R. Chandler y Kessel Schwartz, *A new History of Spanish Literature,* Louisiana State University Press, 1961.
Ángel del Río, *Historia de la Literatura Española,* nueva edición revisada, Nueva York, 1963.
Ángel Valbuena Prat, *Historia de la Literatura Española,* 6.ª ed., 3 vols., Barcelona, 1960; 7.ª ed., íd., íd., 1964.
Emilio González López, *Historia de la Literatura Española* (vol. I, "Edad Media y Siglo de Oro", Nueva York, 1962; vol. II, "La Edad Moderna. Siglos XVIII y XIX", Nueva York, 1965).
Max Aub, *Manual de Historia de la Literatura Española,* 2 vols., México, 1966.

Antologías. (Existen escasas Antologías de carácter general que abarquen todas las épocas y géneros. Mencionamos primeramente las de esta especie y luego las que sólo recogen algún género en particular.)
Juan Hurtado y Ángel González Palencia, *Antología de la literatura española,* 2.ª ed. Madrid, 1940.

Juan Chabás, *Antología general de la literatura española* (Verso y prosa), La Habana, 1955.

Guillermo Díaz-Plaja, *Antología mayor de la literatura española,* 4 vols., Barcelona, 1958-1960.

Ángel del Río y Amelia A. de del Río, *Antología general de la literatura española,* 2.ª ed., Nueva York, 1960 (2 vols.).

Miguel Romera Navarro, *Antología de la Literatura Española desde los orígenes hasta los principios del siglo XIX,* Nueva York, 1933.

Walter T. Pattison, *Representative Spanish Authors. A first book of Spanish Literature,* Nueva York, 1942.

Linton Lomas Barrett, *Five Centuries of Spanish Literature,* New York-Toronto, 1962.

J. D. M. Ford, *Old Spanish Readings Selected on the basis of critically edited texts,* Boston, 1939.

Fernando Gutiérrez, *Los primitivos,* Barcelona, 1950.

L. Biancolini, *Literatura española medieval* (del *Cid* a la *Celestina*), Roma, 1955.

Eugene Kohler, *Antología de la Literatura Española de la Edad Media (1140-1500),* París, 1960.

Tatiana Fotitch, *An Anthology of Old Spanish,* Washington, 1962.

Ramón Menéndez Pidal, *Crestomatía del español medieval,* 2 vols., Madrid, 1965 y 1966.

D. J. Gifford y F. W. Hodcroft, *Textos lingüísticos del Medioevo español,* Oxford, 1959; 2.ª ed., 1967.

Marcelino Menéndez y Pelayo, *Antología de poetas líricos castellanos,* volúmenes XVII-XXVI de la edición nacional de sus "Obras Completas", Santander, 1944-1945 (alcanza sólo hasta Boscán, pero es la colección más importante de poesía medieval, tanto por los textos reunidos como por los estudios preliminares).

J. D. M. Ford, *A Spanish Anthology. A collection of lyrics from the thirteenth century down to the present time, with introduction and notes by...,* 2.ª ed., Nueva York, 1917.

Adolfo Bonilla y San Martín, *Antología de poetas de los siglos XIII al XV* (en "Clásicos de la Literatura española", núm. 10), Madrid, 1917; del mismo, *Flores de poetas ilustres de los siglos XVI y XVII* (en íd., íd., núm. 11), Madrid, 1917; del mismo, *Parnaso español de los siglos XVIII y XIX* (en íd., íd., núm. 12), Madrid, 1917.

Julio Cejador, *La verdadera poesía castellana. Floresta de la antigua lírica popular,* 9 vols. más índice, Madrid, 1921-1930.

José María Souvirón, *Poesía Española. Antología general desde los momentos primitivos hasta nuestros días,* Santiago de Chile, 1938.

Federico Carlos Sáinz de Robles, *Historia y antología de la poesía castellana (del siglo XII al XX),* Madrid, 1948.

Pedro Henríquez-Ureña, *Cien de las mejores poesías castellanas,* nueva edición, Buenos Aires, 1939.

The Oxford Book of Spanish Verse (selección de J. Fitzmaurice-Kelly), nueva ed. con correcciones de J. B. Trend y J. Johnson, Oxford, 1942.

E. Allison Peers, *A Critical Anthology of Spanish Verse,* London, 1948.

Enrique Moreno Báez, *Antología de la poesía lírica española,* Madrid, 1952.

Diego Marín, *Poesía española. Estudios y Textos (siglo XV al XX),* México, 1958.

Dámaso Alonso, *Poesía de la Edad Media y poesía de tipo tradicional,* Madrid, 1935; nueva edición, Buenos Aires, 1942.

Dámaso Alonso y José Manuel Blecua, *Antología de la poesía española. Poesía de tipo tradicional,* Madrid, 1956.

José Manuel Blecua, *Floresta de lírica española,* 2.ª ed., corregida y aumentada, 2 vols., Madrid, 1963.

Margit Frenk Alatorre, *Lírica hispánica de tipo popular,* México, 1966.

Ten Centuries of Spanish Poetry: An Anthology in English Verse with Original Texts from the XIth Century to the Generation of 1898, ed. by E. L. Turnbull with introduction by Pedro Salinas, Baltimore, 1955.

José Bergua, *Las mil mejores poesías de la lengua castellana (1113-1949),* 16.ª ed. Madrid, 1951.

Rafael Morales, *Los 100 poetas mejores de la lírica castellana. Antología,* Madrid, 1967.

Roque Esteban Scarpa, *Poesía del amor español. Antología,* Santiago de Chile, 1941.

Adolfo Maíllo, *Cancionero español de Navidad,* Madrid, 1942.

Santiago Magariños, *Canciones populares de la Edad de Oro,* Barcelona, 1944.

José María Valverde, *Antología de la poesía española e hispanoamericana,* 2 vols. México, 1962.

Ramón Menéndez Pidal, *Antología de prosistas españoles,* 7.ª ed. (en la Colección "Austral"), Madrid, 1956.

José Bergua, *Las mejores páginas de la lengua castellana. Antología de prosistas. Siglo X al XX. Mil años de Literatura Española,* 2.ª ed., Madrid, 1946.

Arturo Marasso Roca, *Antología didáctica de la prosa española,* Buenos Aires, 1951.

Federico Carlos Sáinz de Robles, *El teatro español, Historia y Antología,* 7 vols. Madrid, 1949.

Francisco Yndurain, *Antología de la novela española,* Madrid, 1954.

Diccionarios de Literatura Española[1]. *Diccionario de Literatura Española,* dirigido por Julián Marías y Germán Bleiberg, 2.ª ed., Madrid, 1953, 3.ª ed., 1964.

Federico Carlos Sáinz de Robles, *Ensayo de un Diccionario de la Literatura;* el volumen II está dedicado a los "Escritores españoles e hispanoamericanos", Madrid, 1949.

Repertorios bibliográficos. La bibliografía de la literatura española desde 1914 se encuentra recogida en la *Revista de Filología Española,* que en su volumen XLIII, 1960, alcanza la cifra de 47.970 citas bibliográficas. Para los años precedentes, desde 1905 a 1917, véase: *Bibliographie Hispanique, 1905-1917,* publicada por "The Hispanic Society of America", New York, 1909-1919.

Además de la *Revista de Filología Española,* otras varias publicaciones periódicas dedican una sección especial a los repertorios bibliográficos; merecen destacarse la *Revista de Filología Hispánica,* que se publicó en Buenos Aires desde 1939 a 1946; la *Nueva Revista de Filología Hispánica,* publicada en México desde 1947; y la *Revista Hispánica Moderna,* que se edita en Nueva York desde 1934.

R. Foulché-Delbosc y L. Barrau-Dihigo, *Manuel de l'Hispanisant,* New York, I, 1920, II, 1925; nueva edición. New York, 1959.

---

[1] Incluimos en nuestra primera edición la obra de Maxim Newmark, *Dictionary of Spanish Literature,* New York, 1956, pero la retiramos ahora, no sin advertir que los errores y omisiones en que abunda la hacen absolutamente irrecomendable. Véase sobre dicho libro el minucioso comentario de Samuel G. Armistead en *Modern Language Forum,* XLII, junio 1957, págs. 69-77.

A. Palau Dulcet, *Manual del librero hispano-americano*, Barcelona, 1923-1927, 7 vols.; nueva edición, con adiciones, en curso de publicación, Barcelona, 1946 y ss.

R. L. Grismer, *A New Bibliography of the Literatures of Spain and Spanish America*, en curso de publicación.

Homero Serís, *Manual de Bibliografía de la Literatura Española*, en curso de publicación, 2 volúmenes hasta la fecha, Syracuse, 1948-1954.

José Simón Díaz, *Bibliografía de la literatura hispánica*, en curso de publicación. Madrid, 1950 y ss.; van aparecidos por el momento 6 volúmenes.

José Simón Díaz, *Manual de bibliografía de la literatura española*, Barcelona, 1963. *Suplemento - I*, Barcelona, 1966.

List of Books printed before 1601 in the Library of the Hispanic Society of America, compiled by Clara Louisa Penney, New York, 1929.

List of Books printed 1601-1700 in the Library of the Hispanic Society of America, compiled by Clara Louisa Penney, New York, 1938.

Printed Books 1468-1700 in the Hispanic Society of America. A listing by Clara Louisa Penney, New York, 1965.

Henry Thomas, *Short-title catalogues of Spanish, Spanish-American and Portuguese Books, printed before 1601*, in the British Museum, London, 1966.

R. L. Grismer, J. E. Lepine y R. H. Olmsted, *A Bibliography of Articles on Spanish Literature*, Minnesota, 1933-1935.

Fernand Baldensperger y Werner P. Friederich, *Bibliography of Comparative Literature*, Chapel Hill, 1950.

H. A. Hatzfeld, *A Critical Bibliography of the New Stylistics, 1900-1952*, Chapel Hill, 1953 (traducción española, Madrid, 1955).

Historia de la Lengua. Métrica. Ramón Menéndez Pidal, *Manual de Gramática Histórica*, 8.ª ed., Madrid, 1949.

Federico Hanssen, *Gramática histórica de la lengua castellana*, nueva edición, Buenos Aires, 1945.

Rafael Lapesa, *Historia de la Lengua Española*, 6.ª ed., Madrid, 1965.

W. J. Entwistle, *The Spanish Language*, Oxford, 1936.

R. K. Spaulding, *How Spanish Grew*, Los Ángeles, 1943, nueva ed., 1962.

Jaime Oliver Asín, *Historia de la Lengua Española*, 6.ª ed., Madrid, 1941.

Amancio Bolaño e Isla, *Manual de Historia de la Lengua Española*, México, 1959.

Samuel Gili Gaya, *Nociones de gramática histórica española*, 5.ª ed., Barcelona 1966.

Gerhard Rohlfs, *Manual de Filología Hispánica. Guía bibliográfica, crítica y metódica*. Traducción española, Bogotá, 1957.

Homero Serís, *Bibliografía de la lingüística española*, Instituto Caro y Cuervo, Bogotá, 1964.

Enciclopedia Lingüística Hispánica, dirigida por M. Alvar, A. Badía, R. de Balbín y L. F. Lindley Cintra, C. S. I. C., Madrid, tomo I, 1960; Suplemento al tomo I, 1962; tomo II, 1967.

Martín de Riquer, *Resumen de versificación española*, Barcelona, 1950.

Dorothy Clotelle Clarke, *A Chronological Sketch of Castilian Versification together with a list of its Metrics Terms*, Berkeley and Los Angeles, 1952.

Alfredo Carballo Picazo, *Métrica española*. Monografías bibliográficas V - VI. Instituto de Estudios Madrileños, Madrid, 1956.

Tomás Navarro, *Métrica Española*, Syracuse, 1956.

Pedro Henríquez-Ureña, *La versificación irregular en la poesía castellana*, Madrid 1920, 2.ª ed., 1933; del mismo, *Estudios de versificación española*, Buenos Aires, 1961.

Rafael de Balbín, *Sistema de rítmica castellana*, Madrid, 1963.

Sobre caracteres generales y sentido de la literatura y cultura españolas. M. Milá y Fontanals, "Carácter de la Literatura Castellana. Discurso leído en la apertura del curso de 1865 a 1866 en la Universidad de Barcelona", incluido en *De la poesía heroico-popular castellana*, Barcelona, 1874, págs. I-XLV; nueva edición preparada por Martín de Riquer y Joaquín Molas, Barcelona, C. S. I. C., 1959.

Ramón Menéndez Pidal, "Caracteres primordiales de la literatura española", en *España y su Historia*, vol. II, Madrid, 1957, págs. 611-667. (Trabajo sustancialmente reproducido en otras varias publicaciones.)

Arturo Farinelli, "Consideraciones sobre los caracteres fundamentales de la literatura española", en *Divagaciones Hispánicas*, vol. I, Barcelona, 1936, págs. 79-115.

Fidelino de Figueiredo, *Características da Litteratura Hespañola*, Santiago de Compostela, 1935.

Karl Vossler, *Algunos caracteres de la cultura española*, 2.ª ed., Buenos Aires, 1943.

Guillermo Díaz-Plaja, *Hacia un concepto de la literatura española*, 3.ª ed., Buenos Aires, 1948.

Ángel Valbuena Prat, *El sentido católico en la literatura española*, Barcelona, 1941.

Antonio Almagro, *Constantes de lo español en la historia y en el arte*, Madrid, 1955.

Havelock Ellis, *El alma de España*. (Traducción española de la 8.ª ed. inglesa), Barcelona, 1928.

Manuel de Montolíu, *El alma de España y sus reflejos en la literatura del siglo de oro*, Barcelona, s. a.

Salvador de Madariaga, "El genio español" y "Carácter de la literatura española", en *De Galdós a Lorca*, Buenos Aires, 1960; del mismo, *Spain. A modern History*, New York, 1958.

Federico de Onís, *España en América. Estudios, ensayos y discursos sobre temas españoles e hispanoamericanos*, Ediciones de la Universidad de Puerto Rico, 1955.

Miguel de Unamuno, "En torno al casticismo", en *Ensayos, I*. (Diversas ediciones.)

José Ortega y Gasset, *España invertebrada*. (Diversas ediciones.)

Ramiro de Maeztu, *Defensa de la Hispanidad*, Madrid, 1934.

Ramón Menéndez Pidal, "Los españoles en la historia. Cimas y depresiones en la curva de su vida política"; Prólogo a la *Historia de España*, dirigida por..., vol. I, Madrid, 1947 (reproducido en *España y su Historia*, vol. I, Madrid, 1957, págs. 13-130).

Américo Castro, *España en su historia*, Buenos Aires, 1948; obra revisada y ampliada con el nombre de *La realidad histórica de España*, México, 1954; edición renovada, México, 1962; reimpresión de la edición anterior, pero con nuevo prólogo, México, 1966. Del mismo, *Origen, ser y existir de los españoles*, Madrid, 1959; edición renovada bajo el título de *Los españoles: cómo llegaron a serlo*, Madrid, 1965. Del mismo, *Aspectos del vivir hispánico. Espiritualismo, mesianismo, actitud personal en los siglos XIV al XVI*, Santiago de Chile, 1949. Del mismo, *Dos ensayos*, México, 1956. Del mismo, *Santiago de España*, Buenos Aires, 1958. Del mismo, *De la edad conflictiva*, I, 2.ª ed., Madrid, 1961.

Claudio Sánchez-Albornoz, *España, un enigma histórico*, 2 vols., Buenos Aires, 1956; 2.ª ed., 1962. Del mismo, *Españoles ante la historia*, Buenos Aires, 1958.

Álvaro Fernández Suárez, *España, árbol vivo*, Madrid, 1961.

Otis H. Green, *Spain and the Western Tradition*, 4 vols., Madison, 1963-1966.

Imposible recoger aquí las numerosas obras de interés sobre la Historia de España y su cultura; deben mencionarse, sin embargo, la citada *Historia de España*, dirigida por Ramón Menéndez Pidal, en curso de publicación, Madrid, 1947 y ss.; Antonio Ballesteros Beretta, *Historia de España*, nueva edición, 12 vols., Barcelona, 1953; *Historia de la*

Cultura Española, editada por "Seix y Barral" (varios autores), 6 vols., Barcelona, 1953 y ss.; Rafael Altamira y Pío Zavala, *Historia de España y de la civilización española,* 6 vols., Barcelona, 1913-1930; Pedro Aguado Bleye, *Manual de Historia de España* 7.ª ed., 3 vols., Madrid, 1954-1956.

EDAD MEDIA

CAPÍTULO PRIMERO

ÉPICA MEDIEVAL
LOS CANTARES DE GESTA. EL "POEMA DE MÍO CID"

LA ÉPICA PRIMITIVA

Las más antiguas manifestaciones conocidas de la literatura castellana corresponden a la poesía épica; más concretamente a la epopeya. El reciente descubrimiento de unas pequeñas formas líricas, llamadas *jarchas* (que estudiaremos en el capítulo siguiente) anticiparía en más de un siglo los límites cronológicos de nuestra literatura y exigiría comenzar su historia por la poesía lírica como más antigua. Optamos, sin embargo, por seguir la más extendida costumbre de estudiar la épica en primer lugar: de un lado, porque las citadas jarchas más que poesía castellana propiamente dichas son fragmentos muy breves de romance mozárabe adheridos a composiciones líricas arábigas y hebreas; y además, porque siendo escasa también la diferencia cronológica, el valor intrínseco del *Poema de Mío Cid*, primera obra épica conservada, excede hasta tal punto a las jarchas líricas, que bien merece ser el pórtico de nuestra historia literaria. Digamos de pasada que la prioridad de aparición entre la épica y la lírica constituye un problema de solución casi imposible. Dejando aparte el dato concreto y real de que pertenezcan a uno o a otro género los primeros monumentos conservados —hecho que puede variar de una a otra literatura—, es muy difícil precisar cuál de los dos géneros poéticos está más entrañablemente arraigado en los hontanares psicológicos de los pueblos, y cuál nace primero, por lo tanto: si el deseo de conocer, de informar, de comunicar los hechos de interés común, que está en la raíz misma de la épica, o la necesidad de exteriorizar los sentimientos propios, estimulados por las pasiones individuales o por los acontecimientos colectivos. La pregunta casi es ociosa; lo más probable es que épica y lírica nacieran a la vez, y que ni siquiera se distinguieran en sus comienzos, al menos no en la medida en que el tiempo y su propia evolución las habían de diferenciar.

Los juglares. La difusión, y casi la existencia, de esta épica primitiva está ligada íntimamente a la persona del juglar. La obra épica no se componía para ser difundida por escrito, sino por vía oral, por mediación de los llamados *juglares,* cuya estampa humana es inseparable del paisaje cultural de la Edad Media [1]. Estos hombres recorrían los pueblos y castillos, en incesante peregrinar, recitando relatos de varia índole y cantando composiciones líricas que acompañaban con instrumentos musicales; recibían su paga de los mismos oyentes, que aguardaban su aparición con apasionado interés.

No debemos, sin embargo, imaginarnos que las gentes de la Edad Media esperasen ansiosas la llegada del juglar porque vivieran preocupadas por la literatura. El juglar ejercía muy diversas actividades, y el difundir las creaciones épicas es posible que no fuera de las más importantes, aunque a nosotros nos interesa ahora especialmente: con su carga de relatos y de noticias, que representaban el lado informativo de su actividad, vino a constituir al mismo tiempo, durante siglos, una de las contadas diversiones con que el pueblo podía solazarse. En conjunto puede decirse que el juglar era a la vez la información y el espectáculo. Porque juglares los había de muchas especies, según fuera su habilidad y su público, y poseían recursos muy diversos: hacían pantomimas, bailes, acrobacias y juegos de manos, se acompañaban de animales amaestrados, tocaban diversos instrumentos y llevaban frecuentemente consigo mujeres para el baile o el canto, que hacían más deleitosas sus actuaciones. Éstas lo mismo tenían lugar ante míseras gentes aldeanas que en las cortes de reyes y de nobles, en fiestas, bodas y bautizos, conmemoraciones y solemnidades; en una palabra, siempre y en cualquier parte donde se apeteciera esparcimiento.

Según fueran las artes que en el juglar predominaran, o su carácter, recibía distintos nombres: zaharrones, trasechadores —o prestidigitadores—, remedadores, cazurros, bufones, truhanes; algunos se dedicaban también, o con

---

[1] Cfr. Ramón Menéndez Pidal, *Poesía juglaresca y orígenes de las literaturas románicas,* 6.ª ed. corregida y aumentada, Madrid, 1957; obra fundamental sobre la materia (las ediciones anteriores llevaban el nombre de *Poesía juglaresca y juglares*). Véase además, Edmond Faral, *Les jongleurs en France au Moyen Âge,* París, 1910. G. Bonifacio, *Giullari e Uomini di Corte nel 200,* Nápoles, 1907. Jean Rychner, *La chanson de geste. Essai sur l'art épique des jongleurs,* Genève-Lille, 1955. Aunque siempre se había señalado la condición esencialmente oral que tiene, en su difusión, esta épica primitiva, los más recientes estudios tienden a subrayarla de manera particular, para destacar caracteres que afectan fundamentalmente a la naturaleza de esta *literatura cantada* o *recitada* y la distinguen de la escrita. Por de pronto, parece imponerse la denominación de *literatura oral,* propuesta por Milman Parry, para designar a la épica primitiva de tradición oral y popular. René Louis, en su artículo "Qu'est-ce que l'Épopée Vivante" *(La Table Ronde,* núm. 132, 1958), rechaza las habituales denominaciones de *epopeya popular* y *epopeya culta,* basándose en que aquella es más bien de carácter aristocrático y se dirige con preferencia a la clase de los señores y gentes militares; y propone en sustitución los términos de *epopeya viviente* y *epopeya literaria.* Véase además el mencionado libro de Rychner y los trabajos citados luego, en la nota 54, sobre las teorías del formulismo en la épica tradicional.

preferencia, al recitado de composiciones narrativas, y éstos son los que nos importan aquí; su actuación vendría a ser entonces algo así como una representación dramática con un solo personaje.

Los juglares fueron mirados con gran prevención por los moralistas y legisladores; paralelo al afán popular con que se les buscaba, corrió el estigma oficial, idéntico al que hasta tiempos todavía muy próximos persiguió a las gentes de la farándula. Alfonso el Sabio distingue, sin embargo, en sus *Partidas* entre los juglares que recitaban cantares de grandes hechos de armas y los que ejercían actividades menos nobles; aquéllos gozaron de toda su estima, y aún encarece la costumbre de que los caballeros, cuando estuvieren a la mesa, oyeran dichos cantares, porque así "les cresçían los corazones et esforzábanse faciendo bien".

El oficio o arte de estos juglares es lo que se conoce en la historia literaria con el nombre de "mester de juglaría", es decir, "menester" o "ministerio", que vendría a significar "ocupación" o "profesión".

Digamos finalmente que el juglar no debe ser confundido con el trovador. Aquél no componía, generalmente, las obras que recitaba, pero hacía, en cambio, negocio de este trabajo; el trovador, por el contrario, escribía pero no solía hacer profesión de recitar, al menos en la guisa ambulante de los juglares. Por lo demás, la poesía trovadoresca, dada con preferencia al género lírico, era más refinada y cortesana, a diferencia de la de "juglaría", mucho más ruda y popular, como veremos.

Los "cantares de gesta". Los relatos épicos que difundía el juglar reciben el nombre de *cantares de gesta*. Eran poemas de carácter en general heroico, y tenían por objeto la vida de personajes importantes, sucesos notables o acontecimientos de la vida nacional que merecieran ser divulgados. La palabra *gesta* ha venido así a convertirse en sinónimo de "hecho hazañoso"; pero, en realidad, este vocablo, derivado del verbo latino *gero*, que significa "hacer", alude a "cosas hechas" o "sucedidas", para señalar la contraposición con la lírica, que se nutre de cosas imaginadas o sentidas por el propio autor. El nombre de gesta con el sentido de "hazaña", aparece ya citado por el Rey Sabio en el mencionado pasaje de las *Partidas*.

Las gestas se componen y difunden porque satisfacen dos profundas necesidades del pueblo: una, la curiosidad admirativa ante el suceso notable que provoca un interés de índole podríamos decir novelesca; otra, el afán de conocer aquellos hechos que de alguna manera afectaban al destino de la comunidad. Podría decirse que todos los modernos medios de difusión puestos al servicio de la noticia —periódicos, revistas, radio, televisión—, se condensaban durante aquellos siglos en la persona del juglar y en los cantos que recitaba. Menéndez Pidal ha definido perfectamente el carácter esencialmente informativo de estos poemas: "El cantar de gesta nace como substitutivo de la inexistente historiografía, cuando a falta de amplios relatos en prosa, se daba noticia de los sucesos importantes en el canto que los popularizaba..."[2]. Y explica luego más ampliamente: "Es aquella edad en que todo un pueblo, llevado de un vivo interés nacional bastante unánime, poseído de un sentimiento político cálido y afectivo, más que práctico, requiere una habitual información sobre sus propios acontecimientos presentes y pasados, y no habiendo llegado aún, en su desarrollo cultural, a poseer una literatura regularmente escrita, ni menos un género prosístico historiográfico en lengua vulgar, emplea el metro, la rima y el canto como medios de publicación (en parte más poderosos que la escritura) para fijar y difundir los relatos de interés común. Multitud de noticias cantadas en esa edad parecen efímeras, pero se salvan aquellas que los oyentes eligen, las preferidas del público, y el canto que goza de favor colectivo, refundiéndose de generación en generación, perpetúa al héroe, confiriéndole consagración poética inmortal. La edad heroica dura aquellos siglos en que un pueblo de epopeya conserva viva la costumbre de divulgar en forma cantada los acontecimientos coetáneos. Pero en el curso de esos siglos, a la vez que la noticia actual, se cantan también los sucesos que fueron noticiados en el pasado y que perduraron en el interés común. Así la Epopeya es un género literario hermano de la Historia. La epopeya románica es la hermana mayor de la historiografía; nace cuando la historia no existía o sólo se escribía en latín, lengua extraña a la comunidad"[3].

Estas gestas reciben con propiedad el nombre de "cantar" porque no estaban destinadas a la lectura, sino al canto o la recitación. Se las conoce con el nombre genérico de "épica medieval" para distinguirlas de la antigua clásica y de la posterior renacentista; y también "romance" para "señalar la lengua, en esta ocasión histórica, en que la dominante es el latín". A lo que habría que añadir todavía el dictado de "popular" con que generalmente se la designa; no sólo para diferenciarla de las dos "épicas cultas" citadas —la renacentista y la clásica—, sino para señalar positivamente dos rasgos: primero, el que fuera dirigida a todo el pueblo sin discriminación, entendido en su más amplio sentido social, desde el rey hasta el más humilde lugareño; segundo, que tratara fundamentalmente de asuntos contemporáneos y, por tanto, perfectamente inteligibles para todo género de oyentes sin especial información o preparación. De modo principal se nutrió de temas o personajes nacionales, y con preferencia castellanos, pero también dio entrada a motivos extranjeros: "La juglaría —escribe López Estrada— recogió no sólo obras religiosas y épicas, sino otras de moda en el tiempo, que tomaban de otros países y adaptaban a la lengua y a los gustos de España... La diversidad de su arte obedece

---

[2] "Problemas de la poesía épica", en *Mis páginas preferidas. Temas literarios*, Madrid, 1957, pág. 43 (este trabajo está incluido también en *Los godos y la epopeya española*, Madrid, 1956).
[3] Ídem, íd., pág. 45.

Épica medieval

a estas condiciones señaladas; tuvo que servir los gustos de un público muy diverso. Unos preferían la tradición, de modo que había asuntos que no envejecían porque el pueblo gustaba siempre de oírlos. Otros querían la renovación de las modas, impuestas por la variedad de un arte que entretiene por oficio. Pero esta intención popular que pudo tener la obra del juglar por razón de la lengua y de los asuntos, no se ha de entender como propia de un arte descuidado... La escuela de juglaría tuvo también su propio sentido artístico manifestado en una técnica literaria de escuela" [4].

Este sentido o conciencia de escuela no limita, en cambio, en absoluto, la libertad con que el juglar trata los poemas que difunde; según los gustos del auditorio, añade, suprime y modifica versos o pasajes completos, y cuando la curiosidad de los oyentes exigiera mayor detalle sobre algunos episodios de su gusto, no es difícil imaginar al juglar forjándolos de su propia minerva. Este aspecto de la transmisión de los cantares debe ser tenido muy en cuenta para entender algunos caracteres de la épica que veremos luego [5].

---

[4] *Introducción a la literatura medieval española*, 3.ª ed., Madrid, 1966, págs. 183-184.

[5] La crítica más reciente tiende en efecto, a valorar en medida muy superior a la tradicional el papel del juglar "como portavoz y recreador" de la poesía que difundía, y, por lo tanto, su importancia como refundidor y artista personal. Después de referirse a la gran diversidad existente entre los juglares —desde el recitador particular al servicio de los reyes hasta el truhán más bajo que cantaba coplas por las calles— escribe Edmund de Chasca: "Entre estos dos extremos había otras clases de juglares y tipos afines, pero, dentro de su variedad, todos compartían la función profesional de actuar ante un público. Muchos no eran meros ejecutantes, sino poetas. Los poetas orales tenían que ser competentes en su mester de juglaría, en el canto y en el tañer de instrumentos. Esto suponía una maestría artística mayor de la que a tales poetas les concedía el jactancioso autor del *Libro d'Alexandre*, cuando hacía alarde de su *curso rimado* y sus *sílabas cuntadas*. En efecto, la disciplina de los juglares era más rigurosa que la de los poetas que escribían, porque las condiciones de la actuación oral exigían el dominio absoluto de la versificación popular y de los procedimientos formularios, procedimientos predominantemente habituales pero recreados por el poeta. Por un lado, la ejecución musical y, por otro, la siempre renovada composición poética, exigían, pues, primero talento natural y, después, la aplicación de este talento al servicio de un arte más o menos establecido. Los poetas anónimos, que a través de varios siglos desempeñaron la doble función de entretener y educar, heredaron una tradición profesional. Sólo dando la debida importancia a los cultivadores individuales de esta tradición, comprenderemos con la necesaria exactitud el término *poesía tradicional*" (*El arte juglaresco en el 'Cantar de Mío Cid'*, Madrid, 1967, págs. 14-15). Y añade luego: "Las modificaciones acertadas muchas veces representarían una callada censura o una colaboración del público. El juglar, que se gana la vida actuando ante este público, tiene que complacerle. La tensión que resulta de su relación profesional con sus oyentes sensibiliza su gusto, al tono del de éstos, determinando indirectamente lo que se ha de quitar, lo que se debe añadir, lo que es preciso cambiar. En la poesía tradicional hay que tener presente, pues, al juglar individual, que, a pesar de su actitud impersonal, es, sin embargo, una persona; es decir, tanto al artista consciente de su arte y técnicamente competente, como a su público, árbitro final" (íd., pág. 16).

Las gestas perdidas. El primer problema con que se enfrenta el estudio de la épica es la gran escasez de textos conservados. Menéndez Pidal lo declara con palabras desoladoras: "La tradición española, lo mismo en su edad heroica primitiva que en la de su mayor florecimiento literario, pierde todos o casi todos sus textos; de su época más floreciente sólo se han salvado cinco miserables manuscritos, todos despiadadamente maltratados, faltos de muchas hojas y alguno representado muy pobremente tan sólo por un par de folios"[6]. No es de extrañar, por lo demás, la pérdida casi completa de estos textos. Claro está que, al menos en su primera redacción, tuvieron que escribirse, pero nunca debieron existir copias muy abundantes por la escasez y alto precio del pergamino y porque el texto se confiaba, sobre todo, a la memoria del juglar, que introducía a su vez incesantes modificaciones; el poema se destinaba exclusivamente a la recitación, como se advierte en las numerosas expresiones del texto con que se solicita la atención de los oyentes. "Toda la literatura en lengua vulgar —dice Menéndez Pidal— se propagaba más por el oído que por la vista, pero, sobre todo, la literatura juglaresca. Hasta un trovador noble en el siglo XII, el príncipe de Blaye, Jaufre Rudel, envía a un su amigo cierto poema, no en hoja de pergamino, sino confiado al canto del juglar Filhol..."[7]. Además de esto, el rigor del tiempo y la incuria de las gentes han destruido implacablemente los escasos ejemplares que debieron de existir de cada poema.

La única gesta castellana conservada casi íntegramente es, como veremos, el *Poema de Mío Cid*, de mediados del siglo XII, pero esto no quiere decir que no existieran antes de él otros muchos cantares de la misma índole, y que éste represente el comienzo de la épica medieval. El problema ha sido largamente discutido y ha dado origen a dos posiciones fundamentales que se contraponen radicalmente. El francés Bédier ha sostenido la que se denomina teoría "individualista"; para él, los grandes poemas que se conservan son los primeros existentes —la *Chanson de Roland*, en Francia; el *Poema de Mío Cid*, en España—, y ambos son obra de poetas individuales. La teoría de Bédier afirma, en síntesis, que las canciones de gesta no fueron escritas hasta varios siglos después de los sucesos y sin relación directa con ellos; fueron, en consecuencia, creación de poetas cultos, de carácter clerical, que tomaron los datos para sus obras de fuentes escritas, conservadas en alguna abadía o monasterio[8]. Frente a esta opinión, el gran maestro Menéndez Pidal ha defendido lo que él llama la "teoría tradicionalista". "Piensa el tradicionalismo —dice— que los orígenes de las literaturas románicas son muy anteriores a los textos hoy subsistentes, y que éstos no pueden ser explicados sin tener en

---

[6] *Problemas de la poesía épica,* ed. cit., pág. 51.
[7] *Reliquias de la poesía épica española,* Madrid, 1951, pág. XIX.
[8] Joseph Bédier, *Les légendes épiques. Recherches sur la formation des chansons de geste,* 4 vols., 3.ª ed., Paris, 1926-1929.

cuenta una larga tradición de textos perdidos, en los cuales, lentamente, se han ido modelando la forma y el fondo de los diversos "géneros literarios". Si el *Roland* o el *Mío Cid* se contasen realmente entre las primeras obras escritas en francés o en español, sería un milagro literario absolutamente incomprensible; tuvieron que precederles muchos siglos de trabajo para que la vulgaridad de uno y otro idioma naciente, y la de sus hablantes, fuese elevada a la necesaria dignidad artística. En los textos conservados el genio épico aparece constituido con caracteres formales e ideológicos totalmente extraños a las obras latinas antiguas y alto-medievales que se pretende hayan sido inspiradoras únicas" [9].

Rasgo fundamental de esta poesía heroica es su carácter anónimo: "Las literaturas romances nacen ignorándose a sí mismas, desconociendo por completo el valor y la consideración debidas a la creación artística, y gran anacronismo comete la teoría individualista al exaltar ese valor, esa consideración, en los tiempos remotos, al igual de lo que hoy sucede. El autor de cada obra primitiva no sospecha la permanencia de la producción artística, acude simplemente a la necesidad recreativa de un momento efímero, confundiéndose con la colectividad a la cual sirve, abismándose en los gustos e ideas de ella, y muy asombrado quedaría si se le dijera que su nombre de bautismo debía ir unido a aquella obra; él recibe de la comunidad un legado cultural anónimo, ya en forma imprecisa, ya reducido a verso, y versifica de nuevo o reescribe la obra anterior, sintiéndose tan anónimo como los otros. Esta anonimia es ley general en toda época de orígenes literarios, observándose siempre en los primeros textos conservados; sólo más tarde empiezan a aparecer algunas obras que llevan nombre de autor, con las cuales empieza la época del arte personal, mientras la anonimia continúa abundante, aunque decreciendo, a lo largo de toda la Edad Media" [10]. Lo que conduce al estado de constante refundición de que es objeto la obra: "...entonces la refundición de la obra de un autor por otro no es un accidente fortuito, sino que se hace de modo habitual y regular. Y si cada refundición puede tener varios autores simultáneos y siempre supone autores sucesivos, comete un ingenuo anacronismo la crítica que se da por satisfecha con decir que la *Chanson de Roland* comienza con Turoldo y con él termina. Más profundiza Gaston Paris cuando dice que los autores del *Roland* fueron legión" [11].

---

[9] *Reliquias de la poesía épica*, ed. cit., pág. IX. Menéndez Pidal ha expuesto su "teoría tradicionalista", con diversa amplitud, en distintos lugares de sus obras. Aunque escogemos, por su concisión, el texto citado, el estudio más completo y extenso ocupa la primera parte, capítulo I y II, de su libro *La Chanson de Roland y el neotradicionalismo. (Orígenes de la épica románica)*, Madrid, 1959. Véase además su libro *Romancero Hispánico (Hispano-Portugués, Americano y Sefardí)*, 2 vols., Madrid, 1953, en particular el capítulo II, y *Dos teorías sobre la épica medieval*, La Laguna de Tenerife, 1952.
[10] *Reliquias...*, ed. cit., pág. XI.
[11] Ídem, íd., pág. XII.

De todo lo cual deduce Menéndez Pidal que la épica española, en su época primitiva, vivió varios siglos en constante variación y en estado latente; no había textos escritos, sino textos orales limitados a cada ocasión. Fuera de éstas, la obra permanecía en estado latente, asegurada su persistencia por la fuerza de la tradición que la mantenía y difundía.

No podemos detenernos en la exposición detallada de las razones aducidas por Menéndez Pidal para sostener la existencia de gestas épicas con anterioridad al *Poema del Cid;* digamos, en resumen, que su existencia está comprobada por abundantes testimonios, en especial por las prosificaciones de que fueron objeto en las Crónicas, como luego veremos. El carácter de información que hemos atribuido como fundamental a estos poemas, exigía que fueran compuestos a raíz de los sucesos, y muchos de aquéllos tratan de asuntos o personajes muy anteriores al Cid, por lo que lógicamente tuvieron que precederle. Por otra parte, las aludidas "prosificaciones" recogen datos que sólo eran posibles en poemas coetáneos o apenas posteriores a los sucesos. Menéndez Pidal ha insistido sobre este importante aspecto en numerosos pasajes de sus estudios; dado el habitual estilo cronístico —resumimos— en ninguna crónica se escribieron los innumerables pormenores en que el *Poema del Cid,* concretamente, concuerda con la historia y con la realidad; ninguna crónica recoge la abundancia de personajes de segundo y tercer orden que figuran en aquel Poema; en consecuencia, cuando vemos que los cantares prosificados en las crónicas se extienden en este torrente de detalles, podemos estar seguros de que los tomaron de la misma vida coetánea —sin pretensión de hacer historia— y no de lecturas eruditas en fuentes cronísticas o archivales, donde tales datos no han sido recogidos jamás [12].

Estas teorías de Menéndez Pidal, por largo tiempo sostenidas y razonadas, han recibido recientemente una importante confirmación en un descubrimiento realizado en 1954 por Dámaso Alonso [13]. Se trata de un pequeño texto, llamado por él *Nota Emilianense* (por proceder del Monasterio de San Millán), en el cual aparece un breve relato de la derrota de Roncesvalles; que sigue en líneas generales la *Chanson de Roland* y da los nombres de los principales héroes de esta gesta. La *Nota* ha sido fechada, después de estudios rigurosos, entre 1054 y 1076, es decir, de treinta a cincuenta años antes de la composición de la *Chanson,* con la cual, según Bédier, había comenzado la epopeya fran-

---

[12] Además de las obras de Menéndez Pidal citadas, consúltese del mismo "Poesía e historia en el Mío Cid", en *De primitiva lírica española y antigua épica,* Buenos Aires, 1951, pág. 14 y "Poema de Mío Cid", en *España y su Historia,* vol. I, Madrid, 1957, pág. 645. Véase además: Pierre Le Gentil, "La notion d'état latent et les derniers travaux de R. Menéndez Pidal", en *Bulletin Hispanique,* LV, 1953, págs. 142 y ss. Del mismo, "Le Traditionalisme de D. Ramón Menéndez Pidal (d'après un ouvrage récent)" (alude a la nueva versión de *Poesía juglaresca y orígenes de las literaturas románicas),* en *Bulletin Hispanique,* LXI, 1959, págs. 183-214.

[13] Dámaso Alonso, "La primitiva épica francesa a la luz de una nota emilianense", en *Primavera temprana de la literatura europea,* Madrid, 1961, págs. 83-200.

cesa. El hecho demuestra inequívocamente la difusión del tema épico de Roldán mucho antes de la gesta conocida y, por tanto, la existencia de primitivas redacciones de la leyenda, es decir, "la existencia de toda una actividad épica latente"; que es justamente la teoría tradicionalista de Menéndez Pidal [14].

Formación de los poemas. Desconocida hasta época reciente la existencia de los cantares de gesta castellanos, se supuso por largo tiempo que la primera manifestación de nuestra épica la habían constituido los romances. Los estudios de Milá y Fontanals [15] y de Menéndez y Pelayo [16] iniciaron el adecuado conocimiento y valoración de nuestra épica primitiva, que luego ha sido estudiada de manera amplísima y profunda, en todos sus aspectos, por don Ramón Menéndez Pidal.

El problema de la formación de las gestas ha pasado por dos etapas principales. En la primera, anterior a los trabajos de los investigadores citados, se supuso que cada cantar de gesta resultaba de la agregación de numerosos poemas cortos, de índole épico-lírica, que, en nuestro caso, hubieran sido los romances; claro está que no los que ahora conocemos, evidentemente posteriores a los largos poemas épicos, pero sí otros primitivos, desconocidos hoy. Aplicando a la epopeya medieval la teoría de Wolf —formulada en 1795— sobre la formación de los poemas homéricos por aglutinación de breves rapsodias anteriores, defendieron la teoría de la agregación algunos de los primeros románticos alemanes —Wolf, Uhland, Grimm—, Agustín Durán [17], el propio Milá, en la primera etapa de sus investigaciones [18], y posteriormente el francés Gaston Paris [19] —con su famosa teoría de las "cantilenas". Pero las investigaciones posteriores, de Milá, de Menéndez y Pelayo, de Menéndez Pidal y del francés Bédier —de acuerdo en esto con Menéndez Pidal— permiten asegurar que los poemas largos fueron compuestos primero, y que los romances —como veremos detenidamente en su lugar— proceden de una fragmentación tardía de las gestas, cuando, al correr de los tiempos, decayó el gusto por las compo-

---

[14] Menéndez Pidal ha dedicado todo el capítulo X de su libro *La Chanson de Roland y el neotradicionalismo,* citado, págs. 353-410, a glosar y completar el trabajo de Dámaso Alonso. Véase allí la mención o comentario de otros estudios, provocados por la publicación de la *Nota.*

[15] *De la poesía heroico-popular castellana,* Barcelona, 1874.

[16] *Antología de poetas líricos castellanos,* ed. nacional, vol. I, Santander, 1944, capítulo II, págs. 121-150. *Estudios sobre el teatro de Lope de Vega,* ed. nacional, Santander, 1949. *Tratado de romances viejos,* vol. VI, VII, VIII y IX, de la citada *Antología,* íd., íd.; "La primitiva poesía heroica", en *Estudios y discursos de crítica histórica y literaria,* ed. nacional, vol. I, Santander, 1941, págs. 143-160.

[17] Discurso preliminar de sus *Romances caballerescos e históricos,* Madrid, 1833; y prólogo a su *Romancero general,* 1.ª ed., Madrid, 1849, en *BAE,* vol. X; nueva edición 1945.

[18] *Observaciones sobre la poesía popular,* Barcelona, 1853.

[19] *Histoire Poétique de Charlemagne,* París, 1865. *La littérature française au Moyen-Âge (XIᵉ-XIVᵉ siècles),* París, 1888. *Extraits de la Chanson de Roland,* 5.ª ed., París, 1896.

siciones de gran extensión y sólo se conservaron de ellas los pasajes de mayor interés, más o menos reelaborados, en forma de romances. La consistencia científica de estas conclusiones ha movido después al propio Gaston Paris a rectificar noblemente su punto de vista anterior y aceptar para la épica española la posterioridad de los romances respecto de las gestas [20].

Las deducciones de Menéndez Pidal guardan, sin embargo, con la teoría romántico-tradicional, algunos puntos de contacto que conviene aclarar para evitar toda confusión. Supone nuestro gran investigador que "los viejos relatos españoles no solían pasar de 500 ó 600 versos", pero que luego fueron creciendo en longitud al ampliarse en refundiciones sucesivas, hasta llegar a dimensiones mucho mayores, como el *Poema del Cid,* por ejemplo, que se aproxima a los cuatro mil versos. Menéndez Pidal admite, pues, la existencia de poemas menores que son como los gérmenes primeros de las gestas; sólo que éstas no resultaron de aglutinar estos poemas breves —tarea que las viejas teorías atribuían a un poeta culto, consciente de su labor artística—, sino de su natural desarrollo o crecimiento, en virtud de las sucesivas refundiciones a que las someten los poetas anónimos en prolongada y múltiple creación: tal es —ya lo hemos visto— la teoría de Menéndez Pidal por él llamada "neotradicionalismo".

Todavía, sin embargo, la prioridad de los romances ha sido sostenida por algunos investigadores como H. R. Lang [21] y Pío Rajna [22]. Este último, que había combatido con Menéndez Pidal la teoría de las "cantilenas" para la épica francesa por la ausencia total de pruebas concluyentes, expone, en cambio, objeciones en el caso de la épica española; sigue creyendo en la antigüedad de los romances y se muestra escéptico en cuanto a su posible derivación de los cantares, basándose particularmente en que tan sólo en nuestra épica se da este hecho de la descomposición de una gesta en cantos más breves. Pero Menéndez Pidal, que ha rearguido contra las objeciones de Rajna, expone que éste precisamente es el hecho diferencial de nuestra épica: su persistencia tradicional y su capacidad de evolución y transformación, de las que volveremos a ocuparnos luego.

Origen de la épica castellana. El segundo problema, mucho más discutido que el anterior, es el que concierne al origen de nuestra épica. Tres teorías han sido propuestas: la francesa, la germánica y la arábigo-andaluza.

La francesa, defendida por Gaston Paris y por Eduardo de Hinojosa [23], sostiene que la épica española procede de la francesa, basándose en el hecho

---

[20] "La légende des Infants de Lara", en *Journal des Savants,* 1898.
[21] "Notes on the metre of the Poem of the Cid", en *Romanic Review,* V, 1914, páginas 1-30, 295-349; VIII, 1917, págs. 241-278, 401-433; IX, 1918, págs. 48-95.
[22] *Origini dell'epopea francese,* Florencia, 1884. "Osservazioni e dubbi concernenti la storia delle romanze spagnuole", en *The Romnanic Review,* VI, 1915, págs. 1-41.
[23] *Discursos en la Academia Española.* Marzo, 1904.

de ciertas semejanzas entre las dos y en la prioridad cronológica de la francesa respecto de la española. Menéndez Pidal, al formular su propia teoría, admite el influjo francés, pero sólo a partir de comienzos del siglo XII; en esta época es manifiesta la presencia de numerosos elementos de la cultura francesa en diversos campos de la nuestra, debido al gran número de juglares de la nación vecina que vienen a la península con ocasión de las peregrinaciones a Santiago y que difunden aquí los grandes cantos épicos del ciclo carolingio; a la intensificación de las relaciones políticas entre la corte castellana y la francesa; al establecimiento en España de los monjes cluniacenses y a la llegada también de numerosos caballeros de Francia, dos de los cuales llegan a casar con sendas hijas del monarca castellano; todo lo cual provoca influjos abundantes. El que se ejerce sobre nuestra épica no sería más que un aspecto de aquella influencia general. Ahora bien; esta aportación, según ha precisado Menéndez Pidal, debe considerarse como un afluente, que acarrea elementos nuevos a nuestra épica cuando ya se encuentra enteramente formada, pero que en modo alguno le da origen; recordemos la conclusión, ya citada, de que nuestros grandes poemas épicos, como compuestos a raíz de los sucesos que refieren, son en su mayor parte anteriores a los comienzos declarados del influjo francés [24].

---

[24] Menéndez Pidal ha precisado los elementos del *Poema de Mío Cid* imitados de la épica francesa, los cuales quedan reducidos a simples detalles accesorios: repetición del indefinido "tanto" en las enumeraciones descriptivas, generalmente encabezadas por el verbo "veríais":

Veriedes tantas lanças premer e alçar,
tanta adágara foradar e passar,
tanta loriga falssar e desmanchar,
tantos pendones blancos salir vermejos en sangre,
tantos buenos cavallos sin sos dueños andar... (v. 726-731);

las oraciones narrativas, como las varias en que doña Jimena pide protección al cielo por el Cid desterrado; y la manifestación del dolor por medio de lágrimas. Menéndez Pidal, que ha puntualizado repetidamente la inconfundible peculiaridad de la épica castellana y sus radicales diferencias con la francesa, resume así su pensamiento: "En los tiempos de Wolf, en que se desconocía la épica castellana y hasta se negaba la posibilidad de su existencia, era natural que, apareciendo el *Poema del Cid* como nota aislada de la literatura española frente a la rica producción épica francesa, se le calificase de simple remedo semi-erudito de modelos franceses. Pero hoy que vemos ese Poema como parte de una completa poesía heroica castellana de carácter muy diferente de la francesa, no puede menos de reconocerse que los pormenores, el argumento y el espíritu general del Poema son completamente otros que los de las *chansons*; el estilo sólo en muy pequeña parte es semejante; el verso mismo, con ser análogo, es muy diferente en aquella y en estas obras literarias. De modo que la cuestión puede quedar en terreno firme, reconociéndose en el Cantar un fondo de tradición poética indígena y una forma algo renovada por la influencia francesa" ("Poema de Mío Cid", en *España y su Historia*, ob. cit., pág. 667). Consúltense asimismo las obras de Menéndez Pidal, ya citadas, *passim*, y además: la Introducción a su edición del *Poema de Mío Cid*, Madrid, 1913,

Menéndez Pidal defiende el origen germánico de nuestra épica, idéntico, pues, al que se admite para la francesa [25]. Los visigodos, lo mismo que los otros pueblos germanos, tenían desde antiguo cantos guerreros, cuya existencia está confirmada por diversos historiadores —Tácito, Jordanes—, y que siguieron cultivando después de establecerse en la península: "Pasada la época de las emigraciones, los pueblos germanos que se establecieron en las provincias del derruido imperio romano occidental siguieron usando sus cantos historiales antiguos, a la vez que siguieron noticiando en cantos nuevos los sucesos recientes, ensalzando los personajes hazañosos de la actualidad, creando nuevos héroes, y nuevas leyendas, es decir, continuaron la edad heroica que antes vivían. Salvo que los héroes de ahora no alcanzaban la fama común de antes, extendida a las varias estirpes germánicas, sino que su gloria quedaba reducida al ámbito de su propia nación nueva" [26].

Menéndez Pidal ha documentado minuciosamente los componentes de esta épica visigoda que pueden rastrearse luego en los primeros cantos épicos castellanos.

Se ha objetado que los visigodos, por estar ya muy romanizados al llegar a España, habían perdido sus cantos épicos antiguos; pero Menéndez Pidal ha rebatido esta duda recordando los numerosos elementos germanos que existen fuertemente arraigados en tantos aspectos de la cultura medieval, y que penetran hasta los mismos tiempos modernos. Por lo que a la epopeya se refiere, afirma: "Esta negación, fundada en conceptos románticos sobre la esencia de la epopeya, no tiene hoy fuerza alguna. Cuando no pensamos que la epopeya tenga un origen mítico, sino historigráfico, debemos suponer que la cristianización y romanización de los godos, comenzada en el siglo IV, en el imperio de Oriente, en tiempo de Fritigerno, no contrariaba los cantos historiales de ese pueblo, sino en lo que acaso tuviesen de mitología pagana inci-

---

págs. 38-48; y "Orígenes de la epopeya castellana", en *La epopeya castellana a través de la literatura española,* Madrid, 1959, págs. 11-40. Merece la pena repetir las palabras de Gaston Paris, que Menéndez Pidal reproduce al final de este último trabajo citado. Paris, defensor primeramente del origen francés de nuestra épica, reconoce luego su indiscutible personalidad: "La epopeya española —dice— tiene un carácter particular en todo y un mérito absolutamente original... Ofrece a nuestra admiración una dignidad constante, un noble porte muy español y, a veces, una ternura que conmueve y encanta como flor delicada aparecida de pronto en las quiebras de un áspero peñasco. Su estilo es también muy suyo, y superior al de la epopeya francesa, al menos tal como nos ha sido transmitida: sobrio, enérgico, eficaz, sin lugares comunes, pero rico en esas bellas fórmulas consagradas que desde Homero forman parte del estilo de la verdadera epopeya, impresiona por su sencilla grandeza y sorprende a menudo por un brillo intenso y poderoso. España bien puede estar orgullosa de su epopeya medieval, lamentando las desdichadas circunstancias que han causado la gran pérdida de sus textos."

[25] Cfr.: *Orígenes de la epopeya castellana,* cit., y *Los godos y el origen de la epopeya española,* reproducido en "Los godos y la epopeya española", en *España y su Historia,* vol. I, y en *Mis páginas preferidas. Temas literarios,* ediciones citadas.

[26] "Los godos y el origen de la epopeya española", en *España y su Historia,* pág. 281.

dentalmente. Y pensando esto, si los antiguos cantos de los franceses estaban en uso aún en el siglo IX, y los cantos heroicos de los visigodos eran usuales aún en el siglo V en Aquitania en los funerales de Teodoredo, no es verosímil que hubiesen caído en olvido entre los godos establecidos al sur de los Pirineos, cuando los godos coetáneos de fuera de España seguían usando esos cantos, según testimonio de Jordanes"[27]. Menéndez Pidal aduce luego un texto de San Isidoro, *Institutionum disciplinae*, escrito para la educación de los jóvenes nobles, en donde el santo escritor recomienda, junto a las enseñanzas de carácter clásico, que "en el ejercicio de la voz debe cantar al son de la cítara gravemente, con suavidad, y no cantares amatorios o torpes, sino preferir los *cantos de los antepasados (carmina maiorum)*, por los cuales se sientan los oyentes estimulados a la gloria"; alusión clara —dice— a los cantos heroicos que estaban, pues, en uso[28]. Y añade más abajo: "Siglo y medio antes que Carlomagno mandase que los cantos bárbaros y antiquísimos de los francos fuesen aprendidos de memoria, disponía Isidoro igualmente entre los visigodos que antes de llegar a la adolescencia cantasen los muchachos nobles las hazañas de los antepasados"[29].

En confirmación de su teoría recuerda Menéndez Pidal los temas de la épica goda que han pasado a la épica española, y que nos sirven como evidente lazo de unión entre ambas. Destacan entre ellos los referentes a la ruina de la monarquía hispano-visigoda bajo sus dos últimos reyes Vitiza y Rodrigo; este último, especialmente, origina uno de los ciclos épicos de mayor amplitud y duración en la literatura española. Muy importante es asimismo —en apoyo de la misma demostración— la persistencia en la épica tardía de un tema godo —el de Walther de España o de Aquitania, recogido en el romance de *Gaiferos y Melisenda*— perteneciente todavía al tiempo de las grandes migraciones germanas; y también el de aquella leyenda según la cual el pueblo godo se liberta de su servidumbre por "el precio de un caballo", tema que arranca de los orígenes de aquel pueblo y que llega hasta Fernán González, libertador del condado castellano del poder del reino leonés por idéntico procedimiento.

La teoría árabe-andaluza ha sido defendida por el docto arabista Julián Ribera[30]. Los árabes no parece que cultivaron la poesía épico-narrativa, pero en las crónicas musulmanas aparecen restos de leyendas de origen indígena, hecho que para Ribera equivale a la prosificación en las crónicas castellanas de la épica posterior. Ribera cree, en consecuencia, que hubo una épica popular andaluza, vivamente nacionalista, difundida por los cristianos residentes en la zona musulmana, pero que luego, falta del necesario ambiente, desapa-

---
[27] Ídem, íd., pág. 283.
[28] Ídem, íd., pág. 284.
[29] Ídem, íd., pág. 285.
[30] Discurso pronunciado en la Academia de la Historia, 1915.

reció sin dejar otra huella que el indicado rastro en las crónicas árabes. Ribera ha tratado asimismo de señalar puntos de contacto entre alguna de estas leyendas hispano-árabes, en particular la de Izrac ben Mont, o Montell, señor de Guadalajara, con cantares de gesta españoles o franceses.

La tesis de Ribera para explicar el origen de la epopeya medieval romance ha perdido la mayor parte de su importancia ante los argumentos de Menéndez Pidal en favor de la suya, germánica; con todo, resulta cierto que algunos elementos, puramente accesorios, de procedencia arábiga, referentes a determinadas costumbres, se incorporaron a nuestra épica; fenómeno bien natural, por lo demás, dado el intenso y prolongado contacto entre ambos pueblos.

Caracteres de la épica española. Aunque, por la comunidad de origen que hemos visto, la épica española tiene semejanzas muy abundantes con la de otros pueblos de Europa, y con la francesa especialmente, posee a su vez caracteres peculiarísimos que la distinguen. El primero de ellos es el *realismo*, o, lo que en este caso vendría a ser lo mismo, la historicidad. La epopeya española es básicamente histórica, se ocupa de sucesos reales, se sujeta a los datos topográficos y ambientales; no quiere decirse que se trate por eso de simples crónicas rimadas desprovistas de poetización, sino que están ausentes de ellas los elementos maravillosos o fantásticos, las fuerzas sobrehumanas, los prodigios de la tierra o del cielo, que tanto abundan, por el contrario, en la épica francesa o germana. Lo maravilloso queda reducido a aquellos elementos —sueños, conjuros— que eran entonces realidades para la creencia popular. Nuestra épica pone la poesía muy cerca de la realidad, o, como dice Menéndez Pidal muy bellamente, "siente poética la historia", "ejercita la inventiva creadora en la selección poética de los hechos por todos conocidos, en la estructuración de la multiforme actualidad, en la dramatización de las situaciones familiares a todos"[31]. "Parece —escribe López Estrada— como si los mismos hechos valieran por sí mismos para colmar la medida de la imaginación que el pueblo de Castilla pedía a sus juglares"[32].

Compuestas, como sabemos, a raíz de los sucesos que narraban, nuestras gestas llegaron a ser consideradas como fuente esencial para la historia; y así, fueron prosificadas en las crónicas a partir del siglo XII; es decir, que no sólo se tomaron de ellas los datos oportunos, sino que fueron prácticamente incorporadas en su totalidad al texto histórico, sobre todo en la *Primera Crónica General*, de Alfonso el Sabio, deshaciendo apenas su estructura externa y llegando a copiarse a veces largos fragmentos rimados[33]. "Pero no sería exacto —aclara Menéndez Pidal— atribuir la mayor verosimilitud e historici-

---

[31] "Caracteres primordiales de la literatura española", en *España y su Historia*, ed. cit., vol. II, pág. 646.

[32] *Introducción al estudio de la literatura medieval española;* cit., pág. 193.

[33] Cfr. R. Menéndez Pidal, "Alfonso X y las leyendas heroicas", en *De primitiva lírica española y antigua épica*, ed. cit. (bellísimo y apretado trabajo).

dad de la epopeya castellana únicamente a la proximidad en que se halla respecto a los sucesos cantados; hay que explicar esas cualidades por otra causa más general: la fuerte tendencia realista que predomina en todas las épocas de la literatura española, realismo que es, a la vez, la causa de la misma proximidad y contemporaneidad mencionadas" [34]. Lo que quiere decir que es el instinto realista castellano el que se sentía profundamente atraído por la realidad, sintiéndose capaz de elevarla a nivel poético en lugar de dejarse seducir por maravillosas invenciones o hechos remotos sobre los que hubiera que fantasear.

El otro carácter que destaca en nuestra épica medieval es su *tradicionalidad*, o mejor, su enorme capacidad de resistencia al tiempo y su perduración; lo que también podría llamarse su vitalidad. (Recuérdense ahora las objeciones de Pío Rajna expuestas más arriba). Es éste un fenómeno que tendremos múltiple ocasión de comprobar a lo largo de nuestra historia literaria, y al que habremos de aludir, consecuentemente, repetidas veces; pero que ahora debe quedar ya puntualizado. Mientras Francia al declinar la Edad Media abandona los temas épicos, que ya no han de tener eco alguno en su literatura posterior, en España rebrotan una y otra vez para alimentar siglo tras siglo una de las corrientes más características de nuestra literatura nacional. Menéndez Pidal, que ha expuesto en repetidas ocasiones este carácter, escribe estas palabras al definir los rasgos esenciales de nuestras letras: "Lo excepcional de la literatura española no se funda sólo en este carácter de su teatro, sino en el continuo renovarse las leyendas históricas en más géneros poéticos que en ninguna otra literatura. Cada uno de los asuntos heroicos recibe formas varias en la epopeya, en las crónicas, en el romancero, en la comedia clásica, en el drama neoclásico, romántico o moderno, en la poemática y en la lírica de varios tiempos, en la novela...". Y añade luego las palabras que dejamos transcritas a propósito de los rasgos más generales de nuestras letras, es decir: que sólo con las obras que tratan del Cid "se ha podido formar una Antología donde están representados todos los siglos y la mayor parte de los géneros literarios cultivados por las letras hispanas; para seguir en su desarrollo la leyenda de los Infantes de Lara o la del último rey godo, es preciso esbozar un compendio de literatura española, en el que figuran las épocas, las escuelas, las formas y los gustos principales. Cosa semejante no puede hacerse con la producción artística de ningún otro pueblo" [35].

En lo que atañe al aspecto formal, la épica española se distingue por dos rasgos fundamentales: por el empleo de la rima asonante y por el metro irregular, es decir, no sometido a ninguna cuenta en su número de sílabas. La épica francesa utilizaba en sus comienzos la rima asonante, como la española, pero pronto comienzan a predominar los poemas consonantados hasta que al fin la rima asonante queda eliminada. En cambio, "en España el asonante

---

[34] *Orígenes de la epopeya castellana,* ed. cit., pág. 38.
[35] *Caracteres primordiales...,* ed. cit., pág. 663.

reina inconmovible, desde el siglo XII hasta el XV, lo mismo en el *Mío Cid* que en *Roncesvalles*, en los *Infantes de Salas* y en el *Rodrigo*" [36].

En cuanto al metro, la epopeya española; desde el principio hasta el final "nos muestra un verso de desigual número de sílabas, dividido en dos hemistiquios, los cuales ora tienen 7 + 7 sílabas, ora 6 + 7, 7 + 8, 6 + 8, 8 + 8, etc., sin regularidad apreciable" [37]. Por el contrario el verso francés se somete desde los comienzos a sílabas contadas. Durante mucho tiempo se ha discutido la irregularidad silábica del *Mío Cid,* que varios eruditos negaron, atribuyéndola a meros errores del copista. Menéndez Pidal ha demostrado, en cambio, que se trata de un carácter común a la poesía primitiva anglonormanda, norteitaliana y española, y que solamente la regularidad métrica de la juglaría francesa constituye la excepción.

Este apego a la rima asonante y a la irregularidad métrica demuestra "el carácter extremadamente arcaico y tradicionalista de la epopeya española respecto de la francesa. Nos han mostrado también un desarrollo muy independiente de la una con relación a la otra, respondiendo a la gran diferencia de espíritu e inspiración que las separa" [38]. Se supone que la épica francesa debió de conocer una primera etapa de versificación irregular, pero que luego abandonó por las formas perfectas [39].

Problema importante, bajo el aspecto de la rima, es el empleo en nuestra épica de una *e* añadida a las palabras agudas al final de los versos, (como "cibdade", de "cibdad"), llamada paragógica desde los estudios de Nebrija, por considerarla como una licencia poética para hacer asonantes; opinión aceptada en un principio por Menéndez Pidal. Éste, en cambio, ha rectificado después sosteniendo que dicha *e* fue una forma usada realmente en el primitivo

---

[36] "La forma épica en España y en Francia", en *De primitiva lírica española y antigua épica*, ed. cit., pág. 37.

[37] Ídem, íd., pág. 41.

[38] Ídem, íd., pág. 43.

[39] Sobre los complejos problemas concernientes a la métrica de la épica española consúltese, además del trabajo anterior citado: R. Menéndez Pidal, *Cantar de Mío Cid. Texto, gramática y vocabulario,* 3.ª ed., Madrid, 1954, vol. I, págs. 76-103; del mismo, *Poesía juglaresca y orígenes de las literaturas románicas,* ed. cit.; del mismo, "Roncesvalles. Un nuevo cantar de gesta español del siglo XIII", cit. luego. Pedro Henríquez-Ureña, *La versificación irregular en la poesía castellana,* Madrid, 1933. T. Navarro Tomás, *Métrica española,* Syracuse, 1956. E. C. Hills, "Irregular epic metres. A comparative study of the metro of the Poem of the Cid and of certain Anglo-norman, Franco-italian and Venetian Epic Poems", en *Homenaje a Menéndez Pidal,* I, Madrid, 1925, páginas 759-777. La mayoría de los críticos admite hoy ya las opiniones de don Ramón Menéndez Pidal sobre la irregularidad métrica de nuestras gestas, pero existen todavía quienes la impugnan. Cfr. Ch. V. Aubrun, "La métrique du 'Mio Cid' est régulière", en *Bulletin Hispanique,* XLIX, 1947, págs. 332-372; del mismo, "De la mesure des vers anisosyllabiques médiévaux, en *Bulletin Hispanique,* LIII, 1951, págs. 351-374. Sobre otros críticos que defienden también la regularidad, véase referencia en Menéndez Pidal, edición del *Cantar de Mío Cid,* citada, vol. III, "Adiciones", págs. 1.174-1.176.

romance y que la épica conservó por arcaísmo; la *e* sería, pues, etimológica y no paragógica, y este arcaísmo constituye una prueba más del peculiar carácter de nuestras gestas y, por tanto, de la independencia de su origen y particular evolución respecto de la francesa [40].

CRONOLOGÍA

Menéndez Pidal distingue cuatro etapas en el camino de nuestra épica: *a)* una primera o *de formación,* desde los orígenes —en época que no se puede precisar, pero que no debe ser posterior al siglo X— hasta 1140; en esta etapa se componen cantares breves —hasta de 500 ó 600 versos—, sobre el tema de don Rodrigo en sus diversas ramas, Fernán González, la Condesa Traidora, el "Infant García", último conde castellano, los hijos de Sancho el Mayor de Navarra, una primera versión del Cerco de Zamora, y los Infantes de Lara en su forma primitiva (véase luego, en el párrafo sobre "Otras gestas castellanas"). Al final del período se inicia la difusión de los temas franceses por los juglares que penetran a lo largo de la ruta de Compostela; *b) etapa de florecimiento o plenitud,* desde 1140, fecha en que se supone escrito el *Poema de Mío Cid,* hasta 1236, año correspondiente al *Chronicon Mundi,* de Lucas de Tuy, primera obra historiográfica que utiliza extensamente las gestas como fuentes históricas. En esta etapa los cantares épicos ganan en perfección y longitud, y se acusan los influjos franceses a que hemos aludido; a ella, a más del *Poema del Cid,* pertenecen —entre otros— los temas de Bernardo del Carpio y la Mora Zaida; *c)* desde 1236 hasta mediados del siglo XIV, *etapa de las prosificaciones,* entre las cuales sobresalen la *Primera Crónica General* de Alfonso el Sabio, la *Crónica de Castilla* (cuya primera parte se imprimió en 1512 como *Crónica Particular del Cid),* la *Crónica Portuguesa de 1344* (escrita por el conde de Barcelos), sus refundiciones, y la *Crónica de Veinte Reyes*[41]; *d) época de decadencia,* hasta mediados del siglo XV; hinchazón y grandilocuencia de la épica. Bajo el influjo de nuevas condiciones sociales y de nuevas formas poéticas, se pierde el gusto por los viejos cantares épicos de robusta severidad, al mismo tiempo que se da entrada en ellos a elementos novelescos o legendarios; se acentúan los efectos dramáticos y se tiende a la desordenada glorificación del héroe. Los largos poemas se fraccionan y sólo sobreviven aquellos episodios culminantes o más gustosos que,

---

[40] *La forma épica en España y en Francia,* citada, págs. 38-41.
[41] Cfr. L. F. Lindley Cintra, *Crónica Geral de Espanha de 1344,* 3 vols., Lisboa, 1951, 1954 y 1961 (Vol. I, "Introdução"). Ramón Menéndez Pidal, *Primera Crónica General de España,* 2.ª ed., 2 vols., Madrid, 1955 (vol. I, págs. XV y ss.); del mismo, "Tradicionalidad de las Crónicas Generales de España. A propósito de los trabajos de L. F. Lindley Cintra", en *Boletín de la Real Academia de la Historia,* CXXXVI, abril-junio 1955, páginas 131-197. Diego Catalán Menéndez-Pidal, *De Alfonso X al conde de Barcelos,* Madrid, 1962.

desgajados del tronco, quedan como breves poemas independientes. Estos fragmentos que elaborados bajo el nuevo estilo constituyen los llamados *romances*, no suponen de hecho la destrucción, sino la evolución de la épica; representan la forma original que aquélla adopta para penetrar, como veremos en su momento, en los siglos áureos [42].

EL "POEMA DE MÍO CID"

Fecha y autor del Poema. El *Poema de Mío Cid* es el primer monumento escrito que se conserva de nuestra épica medieval (prácticamente el primero de nuestra literatura, si exceptuamos los balbucientes restos de la lírica a que ya aludimos). El hecho de que se hayan perdido todas las gestas anteriores, pertenecientes a la época de formación, ha dejado como pórtico de nuestra historia literaria esta obra que supone una auténtica cumbre, no sólo dentro de su género, sino con valor absoluto, y representativo, por añadidura, de muchos caracteres que van a ser consustanciales a nuestra literatura nacional.

El Poema fue desconocido hasta que en 1779 lo publicó Tomás Antonio Sánchez en el volumen I de su *Colección de poesías castellanas anteriores al siglo XV*. Menéndez Pidal le ha dedicado estudios completísimos y definitivos, y todo cuanto se diga de la obra no puede ser sino resumen de sus conclusiones [43].

---

[42] La bibliografía sobre la poesía épica medieval en estos últimos tiempos es tan numerosa como importante. Además de las obras citadas en las notas precedentes, consúltese, sobre problemas de la épica en general o en relación con España: Léon Gautier, *Les Épopées françaises. Étude sur les origines et l'histoire de la littérature nationale*, 2.ª ed., París, 1878-1894. G. Kurth, *Histoire poétique des Mérovingiens*, París, 1893. Pío Rajna, *Origini dell'epopea francese*, Florencia, 1884. Italo Siciliano, *Le origini delle canzioni di gesta*, Padua, 1940 (traducción francesa. París, 1951). Luigi Foscolo Benedetto, *L'epopea di Roncisvalli*, Florencia, 1941. Jules Horrent, *La Chanson de Roland dans les littératures française et espagnole au Moyen Âge*, Lieja, 1951. Maurice Delbouille, *Sur la genèse de la Chanson de Roland*, Bruselas, 1954. Pierre Le Gentil, *La Chanson de Roland*, París, 1955. J. Rychner, *La chanson de geste*, Ginebra, 1955; Erich von Richthofen, *Estudios épicos medievales*, Madrid, 1954; del mismo, "Interpretaciones histórico-legendarias de la épica medieval", en *Arbor*, XXX, núm. 110, 1955, págs. 177-196. Martín de Riquer, *Los cantares de gesta franceses. Sus problemas, su relación con España*, Madrid, 1952; traducción francesa, refundida, París, 1957. C. Guerrieri Crocetti, *L'Epica spagnola*, Milán, 1944. F. Meregalli, *Questioni riguardanti l'épica spagnuola*, Milán, 1949. Cecil Maurice Bowra, *Primitive Song*, New York, 1962.

[43] Las ediciones básicas del Poema son las de Menéndez Pidal: *Poema de Mío Cid*, "Clásicos Castellanos", Madrid, 1913 (8.ª ed., 1958); fijación definitiva del texto, en *Cantar de Mío Cid. Texto, gramática y vocabulario*, 3 vols., Madrid, 1908-1911 (3.ª ed., Madrid, 1954-1956). Edición de A. M. Huntington: texto, traducción inglesa, estudio y notas; 3 vols. Nueva York, 1897-1903. Edición facsímil por la Dirección General de Archivos y Bibliotecas, para conmemorar la donación del Códice de Per Abbat hecha a la Biblioteca Nacional de Madrid el 20 de diciembre de 1960. Madrid, 1961.

El Poema ha llegado hasta nosotros en copia única, hecha en 1307 por un tal Per Abbat, pero debió de ser compuesto hacia 1140. Consta de 3.730 versos, y al códice que lo contiene le falta la hoja del principio y dos en el interior. Menéndez Pidal ha reconstruido el texto de estas lagunas tomándolo de la prosificación del Cantar hecha en la *Crónica de Veinte Reyes,* versión casi idéntica a la copiada por Per Abbat. Nada se sabe sobre la persona de éste, aparte el hecho de que figura su nombre en otros varios documentos de la época, pero tampoco es posible precisar si la palabra Abbat indica un apellido o una dignidad religiosa.

Se ignora quién fue el autor del Poema. Desde sus primeros estudios Menéndez Pidal estableció que debía de tratarse de algún juglar de Medinaceli o de sus alrededores, opinión —indiscutida, por supuesto— que el gran medievalista ha repetido en sucesivos trabajos. El autor del Poema, aunque menciona ciudades de toda la península y describe itinerarios que coinciden, en parte, con las grandes vías romanas, sólo da pormenores topográficos —de los que revelan directo conocimiento del lugar descrito— a lo largo del camino, muy de segundo orden, que conducía de Burgos a Valencia, y sobre todo de los alrededores de Medinaceli, región ésta última repetidas veces mencionada, a pesar de que en ella no sucede ningún acontecimiento esencial para la acción del Poema, salvo que algunos personajes, en sus idas y venidas, pasan por allí. Con parejo detalle es descrita también la región de San Esteban de Gormaz, en cuyas proximidades se sitúa el robledal de Corpes; no sólo se dan minuciosas informaciones de estos parajes, sino que "la afrenta", "episodio central de toda la acción del poema", pertenece exclusivamente a la tradición local de San Esteban, sin que la historia posea noticia alguna de tal suceso. Aunque San Esteban de Gormaz dista unos ochenta kilómetros en línea recta de Medinaceli, Menéndez Pidal admitía que un mismo poeta podía conocer perfectamente ambas regiones y recoger los peculiares dialectalismos de las dos, que es otro de los grandes indicios para fijar la patria del juglar del Cid.

Pero toda esta hipótesis, acreditada por la autoridad de Menéndez Pidal, ha sido rebatida recientemente por el propio autor en un interesantísimo trabajo titulado *Dos Poetas en el 'Cantar de Mío Cid'* [44]. Trataremos de resumir los resultados de esta investigación, que viene a modificar también buena parte de los puntos de vista anteriormente admitidos.

Hubo un poeta de San Esteban de Gormaz, bastante antiguo, buen conocedor de los tiempos pasados, que escribía muy cerca de la realidad histórica, y otro poeta de Medinaceli, más tardío, consecuentemente alejado de los hechos del Cid, que poetizaba más libremente. La intensa actividad noticiera provocada por el Campeador desde muy joven cristalizó, a poco de su muerte, en la *Historia Roderici,* escrita entre 1103 y 1109; por aquellos mismos años, afir-

---

[44] Publicado en *Romania,* LXXXII, 1961, págs. 145-200; reproducido en *En torno al Poema del Cid,* Barcelona, 1963, págs. 109-162 (citamos por esta edición).

ma ahora Menéndez Pidal, debió de escribir su *Cantar de Mío Cid* el poeta de Gormaz. En cambio, el refundidor de Medinaceli debió de llevar a cabo su obra alrededor de 1140, fecha propuesta anteriormente por el gran investigador para la totalidad del Poema.

Al poeta de San Esteban pertenece el plan total de la obra; a él se debe el enfoque de la figura del héroe, no como conquistador afortunado, sino atendiendo a su penosa lucha contra la envidia de una clase social superior, hasta llegar al supremo encumbramiento de emparentar con las casas soberanas de España. Al poeta de San Esteban —en el texto hoy conservado— pertenece íntegro al *Cantar del destierro* (lleno de recuerdos topográficos de las cercanías de aquella localidad, referente a los primeros hechos del Cid desterrado; hechos por lo general poco importantes, pero históricamente comprobados), pero son ya considerables las alteraciones en el *Cantar de las bodas,* y muy notables las de la *afrenta de Corpes,* todas ellas debidas a la posterior intervención del juglar de Medinaceli. Éste, mucho más alejado de los sucesos, introduce adiciones novelescas; todas las referencias a Medinaceli y sus cercanías son un continuo anacronismo, pues el rey Alfonso VI no poseyó aquella fortaleza hasta cuatro años después de muerto el Cid; el poeta modifica detalles de muchos episodios en el Cantar segundo; y en el tercero intensifica todos los hechos que contribuyen a poner de relieve la cobardía y vileza de los de Carrión, con la posterior reivindicación del héroe en las Cortes de Toledo y la derrota en duelo de los infantes. Menéndez Pidal admite ahora que no existió la supuesta boda del Poema, pero sí quizá unos esponsales, que los de Carrión rompieron, dejando abandonadas a las hijas del Cid en las cercanías de San Esteban durante el viaje de regreso a Burgos, al enterarse de que el rey había roto de nuevo con el Campeador por no haberle éste ayudado en la defensa del castillo de Aledo. No habiendo, pues, ruptura de matrimonio, no podía darse la reclamación del Cid de que se habla en el *Cantar,* ni tampoco, lógicamente, el desafío y la infamia de los infantes. Pero el poeta de Medinaceli modifica los hechos y encarece la alevosía de los de Carrión para tejer una trama dramática y alzar sobre ella la gloria de los nuevos matrimonios de las hijas del Cid. Éste, pues, tan sólo pudo reclamar la devolución de la dote y regalos de sus hijas, y la condena de los infantes no sucedió en realidad.

Menéndez Pidal que afirma las diferencias en el grado de verismo histórico entre uno y otro poeta, sostiene en cambio que ambos se hermanan —siendo bien distintos— en la excelencia de la creación literaria. El poeta de Medinaceli "...agranda el escenario de los sucesos; el matrimonio, en vez de los esponsales, y la cruel alevosía de los infantes eleva la acción a un plano superior, en el que se desarrollan la trágica escena de Corpes, la admirable sesión de la corte de Toledo y los retos y duelos finales. Sólo ahora el excelente Cantar antiguo adquiere un supremo valor poemático" [45].

---

[45] Ídem., íd., pág. 161.

En lo que atañe a la versificación Menéndez Pidal distingue dos modalidades que contribuyen a reforzar su convicción en la hipótesis de los dos autores. El poeta de San Esteban procura una versificación variada con frecuente cambio de asonantes, y, dada la dificultad de muchos de éstos, hace frecuentemente tiradas de menos de diez versos; este sistema domina por completo en el primer Cantar, disminuye en el segundo y casi desaparece en el tercero. Por el contrario, el poeta de Medinaceli tiende a una versificación de gran sencillez, suprime los asonantes difíciles, eliminando las tiradas de esta índole, y consigue largas tiradas homogéneas [46].

Admitida la nueva hipótesis del gran investigador del Cid, seguiremos, sin embargo, refiriéndonos, para mayor comodidad, al *autor* del Poema como único.

División. Según Menéndez Pidal el Poema puede dividirse en tres partes que él ha denominado Cantar del destierro; de las bodas de las hijas del Cid; y de la afrenta de Corpes. La hoja primera, según la reconstrucción de Menéndez Pidal, debía de referir la expedición del Cid para cobrar las parias de los moros andaluces, su incidente con el conde García Ordóñez y la venganza de éste que acusa al Cid ante el rey de haberse quedado con parte de los tributos; irritado el monarca, destierra al Cid. Y aquí comienza el texto conservado del Cantar, refiriéndonos el instante mismo en que aquél abandona su casa y sale de Vivar.

El desarrollo de los hechos es como sigue. Cantar I (hasta el verso 1.085): El Cid sale de Vivar, dejando sus palacios desiertos, y llega a Burgos, donde nadie se atreve a darle asilo por temor a las represalias del rey. Una niña de nueve años le ruega desde una ventana que no intente la ayuda por la fuerza para no perjudicar a los moradores; la escena es inolvidable:

> *Non vos osaríemos   abrir nin coger por nada;*
> *si non, perderíemos   los averes e las casas,*
> *e aun demás   los ojos de las caras.*
> *Çid, en el nuestro mal   vos non ganades nada;*
> *mas el Criador vos vala   con todas sus vertudes santas.*
> *Esto la niña dixo   e tornós pora su casa* (v. 44-49).

En la ciudad, su sobrino Martín Antolínez le consigue dinero engañando a los judíos Raquel y Vidas, de quienes toman un préstamo entregándoles en prenda dos arcas llenas de arena, en las que finge que guarda sus tesoros. El Cid se

---

[46] Sobre algunos problemas suscitados por la doble autoría, véase: M. Laza Palacios, *La España del Poeta de Mío Cid*, Málaga, 1964, en especial págs. 68-70. J. Horrent, "Tradition poétique du 'Cantar de Mío Cid' au XIIe siècle", en *Cahiers de Civilisation Médiévale*, VII, 1964, págs. 451-477. Edmund de Chasca, *El arte juglaresco en el 'Cantar de Mío Cid'*, Madrid, 1967 ("Apéndice. Creación y re-creación en el *Poema de Mío Cid*", págs. 308-316).

dirige luego a San Pedro de Cardeña para despedirse de su esposa doña Jimena y de sus hijas, que deja confiadas al abad del monasterio. Llega hasta la frontera de Castilla, atraviesa el Duero y pernocta en Figueruela, donde se le aparece en sueños el arcángel Gabriel que le anima y le predice grandes victorias. Entra en tierra de moros, asalta la villa de Castejón, pone sitio a Alcocer, vence a los moros de Calatayud, que acuden en socorro de la villa, y recoge un rico botín del que envía un espléndido regalo al monarca por medio de Alvar Fáñez. El rey permite entonces que se alisten nuevas tropas en las filas del Cid. Con este ejército reforzado ataca a los moros en Huesa, y aliado con el rey moro de Zaragoza derrota a los moros de Lérida ayudados por el conde de Barcelona; hace a éste prisionero, pero lo deja luego en libertad.

Cantar II (hasta el verso 2.277): El Cid se encamina hacia Valencia. Se apodera de Jérica, Onda, Almenara y Murviedro, sitia a Valencia y la conquista después de derrotar a un ejército de socorro enviado por los moros de Sevilla y Murcia. Envía nuevo presente al rey de Castilla y le pide que deje ir a su lado a su esposa e hijas; el rey accede a la petición; llegan aquéllas a Valencia, acompañadas de Alvar Fáñez, y son recibidas con todo honor. El Cid, desde la Torre del Alcázar, les muestra la ciudad y la belleza de su huerta. Poco después Valencia es sitiada por un ejército del rey de Marruecos; el Cid lo derrota y envía un tercer presente al rey Alfonso. Los infantes de Carrión solicitan a las hijas del Cid en matrimonio; el rey de Castilla interviene para lograr el consentimiento de aquél y lo perdona solemnemente. Con los preparativos de las bodas termina el Cantar.

Cantar III: Los infantes de Carrión muestran muy pronto su cobardía en diversos hechos de armas. Un día se escapa un león de palacio y los infantes se esconden vergonzosamente, lo que provoca las burlas de los hombres del Cid. Dolidos los infantes, piden permiso para marchar con sus esposas a Carrión, y al pasar por el robledal de Corpes las desnudan y maltratan, dejándolas luego abandonadas. Un sobrino del Cid, Félez Muñoz, las encuentra en el monte y las devuelve a su padre. El Cid, irritado por tan inicua afrenta, pide justicia al rey. Éste concova Cortes en Toledo, a las que acuden los infantes y el Cid; éste les pide la devolución de las espadas Colada y Tizona, que les había regalado, y la dote de sus hijas, y los desafía para reparar su honor. Los mantenedores del Cid vencen a los de Carrión. Y el anuncio de que los infantes de Navarra y de Aragón solicitan en matrimonio a doña Elvira y doña Sol pone fin al poema.

Historicidad y realismo del Cantar. De acuerdo con el carácter que dijimos consustancial a nuestra épica, el *Poema de Mío Cid* destaca por su condición eminentemente histórica [47]. De los poemas nacionales de la literatura uni-

---

[47] La personalidad histórica del Cid ha sido rigurosamente documentada por Menéndez Pidal en una de sus obras magistrales, verdadero monumento de nuestra historio-

versal es éste el que recoge hechos más próximos a la fecha de su composición; es muy probable incluso que el autor hubiera conocido al Cid o por lo menos a personas que lo trataron. No sólo el héroe, sino casi todos los personajes que aparecen en el poema, aun los menos importantes, tuvieron existencia real, que ha sido exactamente documentada; tan sólo unos pocos llevan algunos cambios en sus nombres, así, por ejemplo, las hijas del Cid, que no se llamaban Elvira y Sol, sino Cristina y María. Igualmente históricos son la inmensa mayoría de los sucesos políticos y militares que se refieren. Sólo unos pocos carecen de exactitud histórica o están ligeramente modificados: El Cantar habla de una sola prisión del conde de Barcelona, pero fueron dos en realidad; el sitio de Valencia se prolonga en el poema por espacio de tres años, cuando no pasó de veinte meses; según el poema, la conquista de Murviedro y la batalla de Játiba precedieron a la toma de Valencia, cuando de hecho fueron posteriores. El casamiento de las hijas del Cid con los infantes de Carrión fue considerado legendario por Menéndez y Pelayo, pero Menéndez Pidal ha demostrado que no se efectuaron los matrimonios por la corta edad de las doncellas, pero sí quizá unos esponsales. No es cierto tampoco que una de las hijas casara con un infante de Aragón, sino con el conde de Barcelona, Ramón Berenguer III. A poco más de estos detalles se reducen las inexactitudes históricas del Poema. Igualmente exiguos son los elementos maravillosos o fantásticos: la aparición del arcángel Gabriel (que, por serlo en sueños, no es hecho de maravilla), el episodio de las arcas de arena y el del león que asustó a los de Carrión son apenas los únicos con sabor de cosa novelesca.[48]

La parte histórica referente a los personajes musulmanes es, sin embargo, en el Poema bastante menor. Según Menéndez Pidal, sólo Yúçef de Marruecos es un personaje real, es decir, Yúsuf ben Texufin primer emperador de Marruecos. Pero resulta difícil identificar a Búcar con alguno de los Abu Beker contemporáneos del Cid; asimismo, es fabuloso el rey de Valencia Tamín, y no hay noticia histórica alguna sobre sus dos vasallos Fáriz y Galve. De todos

---

grafía, titulada *La España del Cid*, 4.ª ed., 2 vols., Madrid, 1947; 5.ª ed., 1956 (existe una versión abreviada, publicada en la Colección "Austral", núm. 1000, con el título de *El Cid Campeador*). Como trabajo de divulgación es útil el libro de Stephen Clissold, *In Search of the Cid*, London, 1965.

[48] El mismo episodio del león no nos parece tan novelesco como generalmente se afirma, ni aun suponiendo que existan anécdotas semejantes en otros poemas franceses, que pudieran haber inspirado al juglar del Cid. El mismo Menéndez Pidal, que incluye el pasaje entre los "elementos ficticios" del Cantar, admite su perfecta posibilidad histórica: "en la realidad misma —dice— podían repetirse algunas de las circunstancias del episodio del Poema, dada la costumbre de mantener fieras enjauladas en los palacios de los grandes" ("Poema del Mío Cid", en *España y su Historia*, I, cit., págs. 663-664). Cfr. María Goyri de Menéndez Pidal, "Leones domésticos", en *Clavileño*, año II, núm. 9, mayo-junio 1951, págs. 16-18. Cesáreo Bandera-Gómez, "El sueño del Cid en el episodio del león", en *Modern Language Notes*, LXXX, 2, marzo 1965, págs. 245-251.

modos, la fundamental historicidad del poema apenas se resiente por estas incrustaciones novelescas o confusiones de personajes.

Más notable todavía que la veracidad histórica es la exactitud geográfica y topográfica. Todos los lugares y poblaciones que se mencionan en el poema existen realmente y en el punto en que se les sitúa. Ahora bien: el detalle en las descripciones varía notablemente según los pasajes: el autor, como vimos, es muy minucioso en todo el camino que va de Burgos a Valencia y sobre todo cuanto más se aproxima a Medinaceli, pero es bastante más impreciso al alejarse de estas zonas; así —puntualiza Menéndez Pidal— mientras sólo dedica 130 versos al largo asedio de Valencia, emplea 450 para narrar la conquista de los pequeños lugares fronterizos, Castejón y Alcocer, próximos a Medinaceli. En las cercanías de éste último menciona cinco lugares, tres de los cuales son ahora campos o montes deshabitados; así como en una distancia de 20 kilómetros en las proximidades de San Esteban de Gormaz se nombran diez lugares y lugarejos hoy desconocidos. En cambio, de ninguna otra región de España, tan importante incluso como Burgos, Valencia, o Toledo, da el poeta detalle alguno de lugares vecinos, grandes o chicos.

A la par de esta esencial historicidad está el carácter realista de todo el poema; realismo que alcanza en igual medida al tono vital de los sucesos y personas, al alma toda de su Castilla contemporánea, de la que es reflejo fidelísimo, como a la exactitud en los datos más variados de la vida ordinaria. Menéndez Pidal ha destacado la gran variedad de sentimientos recogidos por el poeta, que corresponden a la amplitud del panorama social y humano que describe. Así, por ejemplo, en el *Roland* todos los personajes piensan y obran como guerreros sólo preocupados por sus deberes militares; al héroe francés nada le importa sino el deseo de servir bien a su emperador, y su misma catástrofe —como nuestro gran crítico destaca— se funda en ideas puramente feudales: sólo por un pundonor militar, tan extremo como incomprensible, se condena con 20.000 personas a morir sin pedir el auxilio necesario. Muy al contrario, según comenta Menéndez Pidal a continuación, "en vez de fundarse en estas costumbres propias de una aristocracia desaparecida, el Poema del Cid busca base inconmovible en sentimientos de valor humano perenne, y afirma así su interés. El vasallaje ocupa una parte del poema, pero no la principal, que está consagrada a la afrenta de las hijas del héroe. Los personajes no son únicamente ejércitos de cristianos y moros, sino que toman parte en la acción gentes extrañas a la vida militar, mujeres, niños, monjes, burgueses, judíos, los cuales en su obrar nos hacen ver la vida pacífica de las ciudades, la contratación, las despedidas, los viajes, los saludos y alegrías del encuentro, las bodas, las reuniones íntimas, para tratar de asuntos familiares o para bromear, la siesta, los atavíos, las entrevistas solemnes, los oficios religiosos. La guerra misma es mucho más variada e interesante en el Cid que en el Roland" [49]. Por

---

[49] "El Poema de Medinaceli", en *En torno al Poema del Cid*, cit., pág. 46. Américo Castro, que ha escrito páginas espléndidas sobre la épica castellana, compara la *Chanson*

esto mismo, el propio Menéndez Pidal ha podido escribir todo un capítulo de su introducción al texto del Cantar, dedicado a mostrar su riguroso valor arqueológico; en medida muy superior a la de todas las fuentes historiográficas, el *Poema del Cid* es un documento incomparable para el conocimiento de las

───────

de Roland con el *Cantar* del Cid en párrafos afortunados, de los que damos unos fragmentos a continuación: "Diríamos que la *Chanson* fue escrita para el pueblo, y el *Cantar* lo fue desde el punto de vista del pueblo. La grandiosa desdicha de Roldán y sus pares se exponía a la admiración de todos, en lengua popular, en imágenes audibles y visibles, que servían de vehículo a doctrinas espirituales y ofrecían, en paradigma, el ideal monárquico y nobiliario, consustancial con Francia. No hay en la *Chanson* personajes plebeyos, porque el intento era dar que admirar al pueblo y no materia en que intervenir. La *Chanson* es como un solemne retablo, colocado a altura conveniente para ser visto y no para ser manoseado; está lleno de imágenes refulgentes que recuerdan las figuras bíblicas de un pórtico románico, con las que se convive sólo en espíritu". Y oponiendo luego el carácter humano y realista del *Poema*, escribe: "El tema literario de este *Cantar* no flota por encima del poeta y de sus oyentes según acontecía en la *Chanson*; los personajes no son formas estilizadas sin un dentro que hacer visible, sin perspectiva íntima y exterior; el mito no está visto desde lejos para ser meramente contemplado y venerado. Lo mismo que 'amanecer' y 'anochecer' llegan a convertirse en fenómenos incorporados a la experiencia del que habla, así también el tema épico se actualiza en la vida inmediata del artista y de sus oyentes:

¡Dios, que buen vasallo! ¡si oviese buen señore!

El Cid es, entonces, no sólo la figura ideal que cabalga sobre estos versos, sino además la persona que quizá conoció el juglar, y sin duda alguna conocieron muchos de los oyentes; otros oyeron hablar de él a sus padres, y sabían que el rey que había desterrado al Cid era el abuelo de Alfonso VII, que en el presente momento reinaba. El poeta proyectó su anhelo efectivo en el héroe, porque el Campeador era algo más que una figura venerable a la cual sólo se accede por la escala mística de la veneración: era un personaje y a la vez una persona al alcance de la experiencia de los oyentes". Añade luego: "La obra poética es a la vez una crónica novelada, y su forma expresiva está más cerca de la prosa que del verso. La proximidad familiar, la desnudez ingenua de lo expresado, no cabría en versos artificiosos (los de *La Farsalia* y la *Chanson*) que implican ya ingresar en una realidad desusada, inaccesible, solemne, que nunca hubiéramos acertado a verter en las pobres palabras de nuestro hablar cotidiano. El nombre 'poema', sacado de los tratados de retórica, no conviene en verdad a este 'cantar', que es algo sin cabida en los rótulos de la historia literaria; se trata de un género *centáurico* en el que se confunden la experiencia de lo trascendente poético y la experiencia de lo efectivamente vivido o vivible para el oyente o lector". Y comenta, finalmente, más abajo: "Las gestas castellanas nunca exaltaron a un rey como personaje central, y nada en ellas corresponde a las *chansons* del ciclo carolingio. Muy por el contrario, los grandes héroes de la épica castellana tuvieron que oponerse a los reyes, o fueron víctimas de su trato injusto: Bernardo del Carpio, Fernán González y el Cid. Las gentes de abajo daban así su aliento a creaciones artísticas que forzosamente habrían de permanecer en el ámbito de aquéllas; quienes recompensaban al juglar con vino y dineros, incluso los que no eran plebe, veían en el héroe del cantar una magnificación de sus proyectos de vida, una encarnación de altos, lejanos, pero no imposibles destinos. Bernardo, Fernán González y el Cid fueron espléndidos superlativos de pueblo; ahí radica el sentido de que

costumbres, instituciones, armas y técnicas guerreras, viviendas, vestidos, alimentos. Y atendiendo a lo que más comúnmente llamamos realismo, en el sentido de técnica artística o descriptiva, el Poema es el primer gran paradigma del siempre tan ponderado realismo hispano. Del Poema están ausentes, sin embargo, las notas extremosas de crueldad y brutalidad tan frecuentes en otras obras épicas, pero el autor no elude, sin embargo, los rasgos fuertes e intensos que den color y viveza a la narración. En varias ocasiones describe con gran plasticidad la eficacia batalladora del héroe:

>   ...diol tal espadada   con el so diestro braço,
>   cortól por la çintura,   el medio echó en campo...
>
> (v. 750-751).

>   ...al rey Fariz   tres colpes le avie dado;
>   los dos le fallen,   y el únol ha tomado,
>   por la loriga ayuso   la sangre destellado...
>
> (v. 760-762).

>   Alcançólo el Çid a Búcar   a tres braças del mar
>   arriba alçó Colada,   un grant colpe dádol ha,
>   las carbonclas del yelmo   tollidas gelas ha,
>   cortól el yelmo e,   librado todo lo hal,
>   fata la çintura   el espada llegado ha...
>
> (v. 2.420-2.424).

o la de algunos de sus hombres:

>   Martín Antolínez   un colpe dio a Galve,
>   las carbonclas del yelmo   echó gelas aparte,
>   cortól el yelmo   que llegó a la carne...
>
> (v. 765-767).

Y el poeta desliza a continuación esta puntada de humor:

>   sabet, el otro   non gel osó esperar.
>
> (v. 768).

En suma: el poeta observa y reproduce siempre los detalles necesarios para su objeto con minuciosa exactitud; y con una atención que sólo parece posible en un testigo de los hechos, anota menudos aspectos que le sirven a maravilla para caracterizar una situación o un personaje.

---

los Infantes de Carrión, auténticos aristócratas, aparezcan en el Cantar del Cid bajo luz muy desfavorable, primero escarnecidos por su cobardía, y luego castigados por su vileza" (*La realidad histórica de España*, México, 1954, págs. 264, 268-269, 270 y 274).

Los valores humanos del Poema.

Este carácter realista del Poema tiene su más amplia confirmación en el sentido humano que resplandece en toda la obra. El Cid es siempre un personaje heroico, pero nunca fantástico como el francés Roldán o el germano Sigfrido; sus hechos son extraordinarios, pero tienen siempre lugar dentro de la escala de las fuerzas humanas. Todas las pasiones que animan al héroe son igualmente humanas y naturales; en los momentos de mayor intensidad no estallan con descomedida violencia ni le impulsan a tomar venganzas personales, sino que se producen con energía viril pero siempre equilibrada y serena; así, pese a la ira que despierta en su ánimo la baja venganza de los infantes de Carrión, lleva la queja ante el rey para obtener una reparación legal y justa. A su denuedo y valentía une el Cid una cautelosa prudencia y no pequeña astucia también para sacar partido de las circunstancias. No duda en recurrir al engaño para burlar a los judíos en el episodio de las arcas de arena, pero tiene conciencia de la maldad del hecho; por eso se justifica con su apremiante necesidad y trata de que el engaño no sea conocido para no provocar escándalo. En sus relaciones con el rey procede siempre con un profundo sentido de lealtad; sabe que aquél le trata injustamente, pero lo justifica por las insidias de sus enemigos que lo ponen a mal con el monarca; nunca quiere enfrentarse con su señor natural y le envía regalo tras regalo hasta conseguir la rehabilitación y tornar a su gracia.

De especial importancia para valorar todo el sentido humano del héroe son sus relaciones familiares; trata a su esposa e hijas con sobria ternura y emocionada naturalidad, de las que son ejemplo las escenas de la despedida en San Pedro de Cardeña y la llegada de aquéllas a Valencia. Con sencillez conmovedora refiere el poeta el encuentro del Campeador con los suyos:

> *Enclinó las manos   la barba vellida,*
> *a las sues fijas   en braço las prendía,*
> *llególas al coraçón,   ca mucho las quería.*
> *Llora de los ojos,   tan fuerte mientre sospira:*
> *"Ya doña Ximena,   la mi mugier tan complida,*
> *commo a la mie alma   yo tanto vos quería."*
>
> (v. 274-279).

Al amanecer del día siguiente tiene lugar la tierna despedida:

> *La oración fecha,   la missa acabada la an,*
> *salieron de la eglesia,   ya quieren cavalgar.*
> *El Çid a doña Ximena   ívala abraçar;*
> *doña Ximena al Çid   la manol va besar,*
> *llorando de los ojos,   que non sabe qué se far.*
> *E él a las niñas   tornólas a catar:*
> *"a Dios vos acomiendo,   e al Padre spirital;*
> *agora nos partimos,   Dios sabe el ajuntar".*

> *Llorando de los ojos, que non vidiestes atal,*
> *assis parten unos d'otros commo la uña de la carne.*
>
> (v. 366-375).

Hasta tal punto son llanos y entrañables los sentimientos conyugales y paternales del Cid, que ha podido verse en él un carácter excesivamente cotidiano y normal, bien diferente de otros héroes épicos con sus gestos teatrales y desmedidos. Pero esta condición no es sino reflejo del gran realismo del poema, que capta los hechos en toda su sencilla verdad.

Los valores artísticos del Poema. Entre los grandes méritos artísticos del *Poema de Mío Cid*, Menéndez Pidal, siguiendo las ideas expuestas por Fernando Wolf, encarece la perfección en la arquitectura general de la obra, en "la pericia, tino y finura de selección admirable para convertir el caótico montón de materiales, que la vida ofrece, en un edificio de líneas sobrias y magníficas"; así, por ejemplo (y el dato sirve para desacreditar la vieja crítica que sólo vio en el Cantar una simple crónica rimada), el poeta reduce a una las dos prisiones del conde de Barcelona y a uno también los dos destierros del Cid, y simplifica "con verdadero arte las bruscas alternativas de enojo y favor de Alfonso VI, reduciéndolas a una sola y trabajosa progresión en que el desterrado va ganando el favor real"[50]. Ponderando esta misma perfección de su estructura total dice Edmund de Chasca que "el Cantar castellano es el más poético de los cantares de gesta europeos, si por *poético* entendemos el efecto total de la fábula como creación y la acertada disposición de todos y cada uno de sus elementos constitutivos para lograrlo"[51]. Y encarece luego la perfecta ordenación de todos los elementos del Cantar en torno al núcleo principal, que es la honra del héroe, según había ya notado Pedro Salinas: "Tiene la obra como tema —dice De Chasca— el restablecimiento de la perdida honra del héroe. Empieza con el destierro de éste y termina con su triunfo jurídico en las Cortes de Toledo. Y todo lo que ocurre entre este principio y este fin contribuye al engrandecimiento progresivo de Rodrigo: le enaltece la serie de victorias obtenidas desde Castejón hasta Valencia; le enriquecen los fabulosos caudales que estas victorias le proporcionan; los infantes de Carrión, 'de natura tan alta', le honran al querer casarse con sus hijas aunque sea por la codicia de sus bienes; y, paradójicamente, su mayor deshonor, la afrenta de sus hijas, es la ocasión imprevista de su mayor honra, el segundo casamiento de las muchachas —esta vez con los Infantes de Navarra y de Aragón—, que le hace familiar de los reyes de España"[52].

---

[50] *Poema de Mío Cid*, cit., págs. 656 y 661.

[51] *Estructura y forma en el "Poema de Mío Cid"*, State University of Iowa Press, 1955, pág. 25.

[52] Ídem, íd., págs. 28-29. Cfr. Pedro Salinas, *El Cantar de Mío Cid, Poema de la honra*. Universidad Nacional de Colombia, IV, 1945, págs. 9-24. Gustavo Correa, "El tema

Destaca sobremanera en el Poema la sobriedad, la severa grandeza, la contención con que el poeta elimina todo lo inútil, todo efectismo rebuscado, todo adorno imaginativo por los cuales no se preocupa; la poesía brota de la misma llana verdad de los hechos. La figura del Cid aparece así muy escasamente idealizada, pero no por eso pierde la gigante proyección de un héroe épico. El Cid, según puntualiza Menéndez Pidal —precisamente porque "España, la de los frutos tardíos, vive en retraso la última edad heroica del mundo"— es el postrer personaje que "pudo aparecer ante la fantasía humana con los atributos del héroe épico", cuando ya las fuentes históricas documentales se habían multiplicado, y por eso pudo ser a la vez un personaje mítico e histórico; así, añade, mientras de Aquiles y de Sigfrido la historia no recuerda dato alguno y de Roldán apenas la noticia de su muerte, el Cid real aparece ampliamente retratado en multitud de historias árabes y latinas. A los cuarenta años de muerto su héroe, el poeta no puede fantasear maravillosos sucesos, y su genialidad consiste en elevar a poesía la misma realidad; el poeta tiene tan sólo que consagrar el tipo heroico; por eso, decíamos, el personaje da su talla sin necesidad de idealizaciones. "A través —dice De Chasca— de todos sus lances y trabajos, el Cid ejemplifica las más altas virtudes caballerescas: hombría, lealtad, religiosidad, cortesía y, sobre todo, moderación y mesura. De ahí que su comportamiento ejerza tan puntualmente en nuestro ánimo el efecto propio de la epopeya: la admiración. La virtud de producir este efecto está en la forma del Poema, que celebra la grandeza del héroe"[53].

Para pormenorizar los procedimientos artísticos de que se vale el poeta del Cid, podemos resumir los enunciados por De Chasca en su citado estudio: *a)* Variedad en el movimiento. Cada cantar tiene su propio tempo: rápida marcha militar en el primero, marcha triunfal en el segundo, trágica cabalgata en el tercero. Desde que el rey decreta el destierro del Cid hasta la conquista de Valencia, éste no se detiene sino para tender celadas, sitiar y tomar algún descanso. *b)* Rápida enumeración de lugares para sugerir el movimiento. El poeta sugiere aquel avance irresistible con tan ejemplar parquedad de medios que a veces se limita a mencionar los lugares de la ruta:

> *Salieron de Medina, e Salón passavan,*
> *Arbuxuelo arriba privado aguijavan,*
> *el campo de Taranz luégol atravessavan,*
> *vinieron a Molina, la que Avengalvón mandava.*
>
> (v. 1.542-1.545).

---

de la honra en el Poema de Mío Cid", en *Hispanic Review*, XX, 1952, págs. 185-199. Del mismo, "Estructura y forma en el *Poema del Cid*", en *Hispanic Review*, XXV, 1957, páginas 280-290.

[53] De Chasca, *Estructura...*, cit., pág. 29.

c) Sensación del tiempo. El poeta acierta magistralmente a dar la sensación del tiempo que transcurre, registrando una y otra vez el amanecer y anochecer de las jornadas:

el día es exido, la noch querie entrar...

(v. 311).

ya vedes que entra la noch, el Çid es presurado...

(v. 137).

Ca a mover ha mío Çid ante que cante el gallo...

(v. 169).

Andidieron de noch, que vagar non se dan...

(v. 434).

o aquel verso maravilloso, que se ha citado tantas veces:

apriessa cantan los gallos e quieren crebar albores...

(v. 235).

d) Movimiento dramático. Los procesos psicológicos marchan progresivamente en la esfera de lo afectivo; así, la confianza del Cid en sí mismo, que va desde la incertidumbre de la partida (al salir de Castilla dice: "non sé si entraré y más en todos los míos días", v. 220; y al despedirse de Jimena: "agora nos partimos, Dios sabe el ajuntar", v. 373) hasta la absoluta seguridad después de la victoria contra los moros de Marruecos:

mis fijas e mi mugier veerme an lidiar,
en estas tierras agenas verán las moradas cómmo se fazen,
afarto verán por los ojos cómmo se gana el pan...

(v. 1.641-1.643).

e) Presentación de personajes. El poeta los presenta siempre con la economía de elementos tantas veces aludida y siempre con gran oportunidad; nunca los amontona, de modo que distraigan la atención del hilo principal o de la persona del héroe. f) Transiciones. El poeta acrecienta el interés dramático saltando oportunamente de una a otra acción sin enumerar todos los pasos que las relacionan, pero dejando muy claro el puente imaginativo en la atención de los oyentes; estos saltos son tan frecuentes dentro de la acción narrada como en la dramatizada. g) Parquedad del pensamiento. El elemento reflexivo está reducido en el Poema a lo mínimo; los personajes dan a conocer su carácter a través de sus acciones, son hombres de acción, nunca hay soliloquios; sus silencios meditativos son raros, pero muy significativos sin embargo. h) Sentido formal de las palabras. Muchos vocablos son usados en un sentido transcendente, que se repite además frecuentemente en el Poema con hondo valor poético; así, el verbo "cabalgar" no es en muchas ocasiones el mero acto de ir a caballo, sino de obrar o de actuar en su más amplia significación:

> *Cavalgad, Çid, el buen Campeador,*
> *ca nunqua en tan buen punto cavalgó varón...*
>
> (v. 407-408).

A todos estos rasgos podrían todavía añadirse algunas peculiaridades. Primeramente, la maestría con que el autor escoge los rasgos característicos de cada personaje, para fijarlos con sintéticos epítetos, de formidable sabor épico, tan sencillo como profundo: el Cid es "el que en buen hora nació"; Martín Antolínez es "el burgalés complido"[54]. Otro aspecto importante: el poeta corta frecuentemente la técnica narrativa y para dar mayor viveza e intensidad a su relato se dirige al oyente con expresiones que reclaman su atención:

> *Tanta cuerda de tienda í veríades crebar...*
>
> (v. 1.141).

o presenta la acción en directa forma dramática, o se introduce él mismo con siempre moderados y breves comentarios, pero que subrayan el dato necesario; estos subrayados suponen a veces todo un juicio global, como en el citadísimo verso:

> *¡Dios, qué buen vasallo, si oviesse buen señore!*
>
> (v. 20).

o apuntan sólo a rasgos físicos o morales de los personajes, o consisten en leves pinceladas con que se apoya una descripción o un paisaje:

> *¡Ixíe el sol, Dios, qué fermoso apuntava!...*
>
> (v. 457).

---

[54] Últimamente se ha suscitado el interés de los críticos por la dicción formulística en la poesía épica. Véase la monografía fundamental de Ruth House Webber, *Formulistic Diction in the Spanish Ballad*, Berkeley and Los Ángeles, 1951. De la misma, "The Diction of the *Roncesvalles* Fragment", en *Homenaje a Rodríguez-Moñino*, II, Madrid, 1966, páginas 311-321. A. D. Deyermond, "The Singer of Tales and Mediaeval Spanish Epic", en *Bulletin of Hispanic Studies*, XLII, 1965, págs. 1-8. Para la teoría del formulismo de la épica tradicional en otras literaturas europeas, cfr., los trabajos fundamentales de Albert B. Lord, *The Singer of Tales*, Cambridge, Mass., 1964, y Francis P. Magoun, Jr., "The Oral-Formulistic Character of Anglo-Saxon Narrative Poetry", en *An Anthology of Beowulf Criticism*, University of Notre Dame Press, 1963, págs. 189-221. Consúltese también Tatiana Fotitch, "The *Chanson de Geste* in the Light of Recent Investigations of Balkan Epic Poetry", en *Linguistic and Literary Studies in Honor of Helmut A. Hatzfeld*, Washington, 1964, págs. 149-162.

Atendiendo ahora a lo que llama Dámaso Alonso "estilo creativo", es decir, el que pone el poeta "en la figuración de su mundo imaginado", resalta la maestría con que el juglar del Cid sabe mostrarnos el vivir psicológico de sus criaturas, poniendo ante nuestros ojos sus matizadas evoluciones "con tal variedad, con tal profundidad, con tal riqueza —dice el crítico mencionado— que aquí veo una de las notas que más justifican el tener al *Poema del Cid* por obra maestra de nuestro arte"[55].

Al estudiar diversas secuencias relativas al rey y a las relaciones entre el Cid y los infantes de Carrión, destaca Dámaso Alonso la admirable concisión del poeta, que en muy pocos versos deja planteado el problema, sin descripciones, haciendo hablar brevemente a sus personajes, escogiendo los datos indispensables, sin echar mano de incidentes insólitos, presentando directamente el proceso de la acción; y todo, de tal modo que el lector entra de lleno en la situación, se embebe de ella como en materia realísima y puede captar en toda su profundidad las reacciones íntimas y los matices de las palabras y de los caracteres.

En el trazado de éstos sobresale el poeta por la nitidez con que acierta a diferenciarlos, por la vida individual de que los anima, por la intensidad y fuerza del retrato; y siempre —el crítico no se cansa de repetirlo— con asombrosa parquedad de elementos, con matices apenas indicados, con tenues coloraciones, con trazos ligerísimos: "moderación, falta de insistencia en la pincelada, insinuación, refreno"[56], tal es su técnica.

Entre los rasgos más notables del *Cantar* destaca además Dámaso Alonso la presencia de uno, el *humor*, quizá no subrayado por nadie con anterioridad a su estudio. *El Poema de Mío Cid* anticipa la mezcla de lo serio y lo cómico, llamada a ser tan característica de nuestra literatura, particularmente en el teatro áureo. Esta intrusión de elementos cómicos se da también en la épica francesa, pero de forma muy distinta, con tendencia a lo chocarrero y grotesco que en ocasiones, como en el *Pèlerinage de Charlemagne,* degenera en una bufonada épica, o en la risa gruesa y jocunda, como en el *Baudouin de Sebourg.* En la *Chanson de Roland* se encuentran baladronadas de los moros o injurias grotescas de los paganos contra los dioses porque no les ayudan en la batalla, junto a muy escasos pasajes irónicos; "pero nada semejante —dice Dámaso Alonso— al dibujo de trazo fino, al estudio matizado, que es nota constante de los caracteres cómicos en el *Cantar...* En esto del humor el anónimo creador del *Mío Cid* es un artista de una intuición mucho más poderosa, pero también de una técnica más avanzada y de un gusto mucho menos fácil que su supuesto modelo francés"[57]. Asuntos cómicos, como la escena del león

---

[55] "Estilo y creación en el *Poema del Cid*", en *Ensayos sobre poesía española,* Madrid, 1944, pág. 83.
[56] Ídem, íd., pág. 99.
[57] Ídem, íd., pág. 92.

—que siglos más tarde había de inspirar a Quevedo una parodia chocarrera de muy dudoso gusto— son tratados en el poema con unos pocos versos, en los que la desairada situación queda patente sin una sola pincelada sucia o grotesca. En la escena de la persecución de Búcar por el Cid, a orillas del mar, de nuevo dos o tres versos le bastan al poeta para iluminar el lado cómico del lance, sirviéndose tan sólo de las palabras del Cid y de la respuesta de Búcar:

> *Acá torna, Búcar! Venist dalent mar.*
> *Veerte has con el Cid, el de la barba grant,*
> *saludar nos hemos amos, e tajaremos amistad!*
> *Respuso Búcar al Cid: Confonda Dios tal amistad!*
> *Espada tienes en mano e veot aguijar;*
> *así como semeja, en mí la quieres ensayar* [58].

En el pasaje de la prisión y libertad del conde de Barcelona, también destacado por Dámaso Alonso, una ironía suavemente matizada sirve para revelar la índole del personaje, vanidoso y petulante, que promete no probar bocado en protesta contra los "malcalzados" que le prendieron en la batalla, pero que luego a los tres días se lanza a comer con voraz apetito cuando le oye decir al Cid que, si lo hace, le pondrá en libertad. Ejemplar asimismo de esta fina comicidad rebosante de ironía es todo el episodio de los judíos Raquel y Vidas, en el cual el poeta se abstiene de definir el carácter de los protagonistas y deja todo el efecto cómico, maliciosamente sutil, a las propias palabras de los actores y a la gracia de la situación. Y siempre, como a lo largo de todo el poema, con ejemplar escasez de medios; en lo cómico, lo mismo que en los momentos dramáticos o en el juego psicológico de los caracteres, "insinuar y no recargar": tal parece ser el lema estilístico del poeta.

Sería vano, naturalmente, tratar de hallar en el *Poema de Mío Cid* las rebuscadas delicadezas o los refinamientos propios de una poesía sometida a siglos de desarrollo y elaboración; es éste un arte sencillo, de primitiva rudeza; el lenguaje todavía es áspero y duro. Pero dentro de estas inevitables limitaciones el Poema es una auténtica obra maestra absolutamente viva, a la que aún añade mayor encanto y sabor su misma reciedumbre elemental, propia más bien de la época y de la tosquedad del instrumento lingüístico que debida a impericia del poeta; éste es un artista personalísimo, con plena conciencia de sus propósitos, que maneja numerosos y fértiles recursos para modelar artísticamente su intención. Así, ha podido decir del Poema Américo Castro que "es tan complejo y de estructura tan trabada y consecuente, que está excluida la hipótesis de que nos hallemos ante un primario balbuceo" [59].

---

[58] Citado por Dámaso Alonso, en ídem, íd., págs. 94-95.
[59] "Poesía y realidad en el Poema del Cid", en *Semblanzas y Estudios españoles*, Princeton, New York, 1956, pág. 3.

Valor nacional del Poema. Al tratar de la significación del Poema fuera ya de sus valores literarios, se piensa siempre en él, un poco instintivamente, como encarnación del espíritu castellano y primera manifestación de la conciencia nacional en aquellos momentos en que se estaba forjando el ser mismo del pueblo español.

Pero no todos los comentaristas han visto en el Poema este mismo espíritu; recordemos que al tratar de la estructura del Cantar se ha ponderado en él la concentración de sus partes en torno a la honra del héroe, tema y eje central de la composición. Haciendo hincapié, precisamente, en este aspecto, Karl Vossler afirma inequívocamente: "No nos encontramos ante una cuestión puramente nacional, religiosa ni ética como en *La Chanson de Roland* o en *Los Nibelungos,* sino ante algo esencialmente personal, porque del Cid, y nada más que del Cid, de su honra y de su gloria, es de lo que en él se trata... La poesía sólo proyecta su luz sobre aquellas partes de su vida en que está planteada la cuestión de su prestigio personal, y en la que éste se impone victoriosamente. No se trata tampoco de la vida interior del héroe, ni de hazañas ni obras en beneficio de la comunidad, ni mucho menos de glorias externas, sino, precisamente, de la reparación y defensa de su honor personal. Esta honra que el Cid consigue —con lo cual parece el poema llegar al pináculo de su perfección— es la que el héroe ha hecho votos de alcanzar en el momento de salir de San Pedro de Cardeña y despedirse de Jimena..." [60]. A su vez, Leo Spitzer considera al Cid más como encarnación del general espíritu caballeresco europeo que de Castilla en particular, insistiendo incluso en que la ponderada lealtad del Cid hacia su rey injusto es una genérica virtud caballeresca, y que nada pesan en su ánimo motivos de índole política nacional [61].

Las afirmaciones de estos hispanistas no carecen de peso. El mismo Menéndez Pidal, que tan vigorosamente ha defendido la plena conciencia histórica que dirigió los actos del Cid, reconoce que "no hay en el *Poema del Cid* una idea patriótica tan precisamente concebida como en la *Chanson de Roland*"; y admite luego que "el *Poema del Cid* no es nacional por el patriotismo que en él se manifieste, sino más bien como retrato del pueblo donde se escribió" [62]. Y en este sentido, copia de la realidad como sabemos que es en toda su extensión, el Poema recoge fielmente el espíritu castellano y, a través de él, todas aquellas cualidades que habían de ascender a rasgos de índole nacional, y modelar el alma de España para muchos siglos futuros. Menéndez Pidal las enumera de este modo: "En el Cid se reflejan las más nobles cualidades del pueblo que le hizo su héroe: el amor a la familia, que anima la ejecución hasta de las más altas y absorbentes empresas; la fidelidad inquebrantable;

---

[60] "Carta española a Hugo von Hofmannsthal", en *Algunos caracteres de la cultura española,* Buenos Aires, 1943, pág. 11.

[61] "Sobre el carácter histórico del Cantar de Mío Cid", en *Nueva Revista de Filología Hispánica,* II, 1948, págs. 105-117.

[62] *Poema de Mío Cid,* citado, pág. 683.

la generosidad magnánima y altanera aun para con el Rey; la intensidad del sentimiento y la leal sobriedad de la expresión. Es hondamente nacional el espíritu democrático encarnado en ese 'buen vasallo que no tiene buen señor' en ese simple hidalgo, que despreciado por la alta nobleza y abandonado de su rey, lleva a cabo los más grandes hechos, somete todo el poder de Marruecos y ve a sus hijas llegar a ser reinas. Además, el *Poema del Cid*, apartándose de la hostilidad regional que respiran otros castellanos, extiende su respeto y su amor a 'quant grant es España': mira a ésta unida en su mayor parte por el imperio de Alfonso sobre 'portogaleses, gallizianos, leoneses y castellanos'; la considera también toda bajo el nombre de la 'limpia cristiandad', empleada en la común guerra contra los moros y honrada en sus diversas familias reales por la sangre del Cid: 'oy los reyes de España sos parientes son' "[63]. El mismo Vossler, líneas más arriba de las que hemos transcrito, admite: "El *Cantar de Mío Cid*, en el que el historiador de la literatura pretende ver tantas características francesas, tiene, en realidad, una fisonomía muy original, muy castellana y muy humana"[64].

En nuestros días Edmund de Chasca ha dedicado su esfuerzo a sistematizar los puntos esenciales de estos problemas; los había ya expuesto en su primer estudio mencionado —*Estructura y forma en el 'Poema de Mío Cid'*—, pero insiste con mayor rigor y detenimiento en su nuevo libro, *El arte juglaresco en el 'Cantar de Mío Cid'* [65], ampliación del anterior.

El primer aspecto, al que ya nos hemos referido, es el que afecta al tema central del poema, la honra del héroe, en torno al cual el autor del *Cantar* dispone con el mayor acierto los acontecimientos. El sistema total de incidentes ocasionados por lo que exige la honra del Cid —dice De Chasca— constituye la acción principal; el factor determinante es la relación entre el rey Alfonso y su vasallo Rodrigo de Vivar; por lo tanto, son éstos los dos principales personajes de la acción. De Chasca estudia el proceso de estas relaciones, cuya línea divisoria sitúa en el centro mismo del poema, cuando en el ánimo real comienza a verificarse el cambio que hace posible el perdón, y que viene determinado no por benevolencia del monarca, sino como resultado de los propios hechos del héroe: de su persistente engrandecimiento y de su generosa conducta para con su rey. Hay un punto que importa destacar. Pedro Salinas en un hermoso estudio titulado "La vuelta al esposo" [66], había analizado con gran penetración el lado humano, el matiz íntimo y entrañable de la relación entre Rodrigo y su mujer, como una muestra de la sensibilidad y finura psicológica del poeta del Cid. De Chasca, sin renunciar, por supuesto, a esta certera interpretación del episodio, lo incorpora también agu-

---

[63] Idem, íd., págs. 683-684.
[64] *Carta española*..., cit., pág. 11.
[65] Citado en la nota 46.
[66] Pedro Salinas, "La vuelta al esposo: ensayo sobre estructura y sensibilidad en el *Cantar de Mío Cid*", en *Bulletin of Hispanic Studies*, XXIV, 1947, págs. 79-88.

damente al tema principal: la honra del héroe. Cuando Jimena queda a merced de la generosidad del abad del Monasterio de Cardeña, siente —dice De Chasca— algo más que el dolor personal de la separación, y a su manera típicamente femenina "comparte con su esposo la vergüenza social de la deshonra"[67]; durante los tres años que duró el destierro del esposo, Jimena y sus hijas, dependientes de la caridad ajena, viven encerradas entre paredes monacales, sin comunicación con sus amigos, temerosos del ceño real. Jimena sugiere en un solo verso del poema la transcendencia de su liberación, cuando al reunirse con Rodrigo en Valencia, le dice: "Sacada me avedes de muchas verguenças malas". "Estas palabras —dice el citado comentarista— identifican a Jimena con el drama político del Poema y le hacen formar parte integrante del tema"[68].

Semejante valoración del *Cantar* bajo la perspectiva de este núcleo temático entraña el riesgo de otras problemáticas interpretaciones. Acabamos de ver cómo Vossler niega la significación pública o nacional de los actos del Cid, y acentúa su solo carácter personal, puesto que "nada más que del Cid, de su honra y de su gloria, es de lo que se trata". Con mayor rotundidad todavía, el hispanista norteamericano George Tyler Northup defiende el aspecto puramente personal de los hechos del Cid: "bajo el influjo —dice— de una tardía tradición solemos mirar al Cid como el defensor de la Cruz contra la media luna y como el campeón que extendió las fronteras de la España cristiana. Tales ideas debemos desecharlas en su totalidad para comprender el poema. Nuestro poeta no para mientes en la importancia política y religiosa de la carrera de su héroe"[69]. De Chasca, por el contrario, apoyándose en los juicios de Menéndez Pidal, rechaza las interpretaciones personalistas de dichos críticos, así como también la arriba mencionada de Spitzer, y subraya el sentido político del poema, que no se opone en modo alguno al proceso de los asuntos personales del héroe. Destaca el comentarista una serie de hechos, perfectamente puestos de manifiesto en el *Cantar*: la expatriación, más que el resultado de una discordia privada entre un rey envidioso y un vasallo inocente, es un problema público, cuyas consecuencias hubieran sido desastrosas para Alfonso y para España si el Cid se hubiera portado vengativamente; el desterrado nunca admite el rompimiento con el rey, con quien "no querría lidiar", e insiste en compartir con él sus ganancias, en lugar de hacerle la guerra como tenía derecho según las normas feudales; en todo momento subordina su interés al del monarca y su regionalismo a su espíritu nacional; a pesar de que Alfonso le hostiliza en la conquista de Valencia, cede la ciudad al rey; cuando pide justicia para su afrenta, recurre a un procedimiento jurídico, no a una

---

[67] *El arte juglaresco...*, cit., pág. 79.
[68] Ídem, íd., págs. 79-80.
[69] George Tyler Northup, "The Poem of the Cid viewed as a Novel", en *Philological Quarterly*, XXI, 1942, pág. 18. Citado por De Chasca en *El arte juglaresco...*, págs. 147-148.

venganza armada; cuando el rey decide hacer de casamentero, lo hace por razón de estado, como galardón para un héroe cuyas hazañas le convertían en un bienhechor público, lo que concede al enlace interés político; cuando los mensajeros de Navarra y de Aragón llegan a Toledo para pedir la mano de las hijas del Cid, no sólo se dirigen al Campeador como a un potentado, sino como a una gran figura política, cuyas nuevas "alent del mar andan", y cuya causa era lo bastante importante para que se convocaran por él las Cortes de España.

Queda por fin —y está unido estrechamente con el punto anterior— el de la valoración personal del Cid. Bajo el influjo de los prejuicios anticidianos difundidos por Dozy —recuerda De Chasca— se ha venido negando que la obra del Cid histórico obedeciera al impulso de la reconquista. Menéndez Pidal ha demostrado cumplidamente que el Cid real actuó con plena conciencia de su misión histórica. Pero sigue discutiéndose el problema de si el *Cantar* refleja efectivamente dicha actitud. Spitzer, Northup, Gerald Brenan [70] y Carmelo Gariano [71] sostienen que en el *Poema*, a diferencia de las *chansons* francesas, no se trata de cruzada alguna: el Cid no pretende sino *ganar averes*, la conquista de tierras y botín, su personal engrandecimiento "para rescatar su honor ante el monarca". Frente a ellos Thomas R. Hart [72] y Edmund de Chasca defienden el espíritu de cruzada que animó al Cid en la conquista de Valencia y mencionan distintos pasajes del *Cantar* en donde queda patente la intención política y religiosa de sus campañas. Todo lo cual no obsta para que queden no menos destacados los móviles humanos que estimulan al héroe y a los guerreros que lo acompañan (lo contrario supondría una casta de hombres quiméricos, ingenuamente idealizados, ajenos por entero al saber concreto y realista que impregna todo el *Poema*): el gozo ante la riqueza conquistada, la necesidad de adquirirla para la mera subsistencia, sobre todo para cimentar su propia calidad y honor.

La lengua en el 'Poema de Mío Cid'. El lenguaje épico. Nos hemos referido anteriormente a la distancia que separa la fecha probable de redacción del *Poema* a la de su única copia llegada hasta nosotros: doscientos años de *transmisión fluida* y no documentada, durante los cuales cada copista modernizaba el lenguaje, sustituyendo palabras o construcciones anticuadas por otras vigentes en el momento de la copia. Las mismas rimas fueron objeto de modernización; así la copia de Per Abbat dice *fuert, muert, aluén,* donde la consonancia hubiera exigido *fuort, muort, aluón;* y quizá también hayan sido eliminadas otras formas dialectales no castellanas que pudo tener el poema, com-

---

[70] Gerald Brenan, *The Literature of the Spanish People*, New York, 1957, págs. 44-45.
[71] Carmelo Gariano, "Lo religioso y lo fantástico en el *Poema de Mío Cid*", en *Hispania*, XLVII, 1964, págs. 67-78.
[72] Thomas R. Hart Jr., "Hierarchal Patterns in the *Cantar de Mío Cid*", en *Romanic Review*, LIII, págs. 161-173.

puesto originalmente fuera del territorio castellano. De todos modos, predominan en el *Cantar* los rasgos viejos y dialectales, que han permitido localizarlo en el espacio y en el tiempo.

Aunque la épica nace primordialmente con fines de información, poco a poco —como dice Lapesa— se va convirtiendo en "poesía del pasado"[73]. Semejante condición sitúa los hechos en un pretérito cada vez más lejano transformando la realidad en hazañas ejemplares, camino del mito; se diluye lo particular histórico y se destaca poco a poco su esencia más íntima y durable. En este proceso, los poetas tienden a la idealización, de la cual forma parte el tipo de lenguaje que escogen; se eliminan frecuentemente las palabras cotidianas, propias del habla vulgar, y se prefieren tipos de expresión más ennoblecidos y estilizados. Así, se evitan vocablos como *perro, izquierdo* y *pobre* —existentes desde muy antiguo en el vocabulario conversacional— y se utilizan *can, siniestro* y *menguado,* que se tenían por más nobles. Con ello se procuraba como una atmósfera de lejanía, que contribuía a situar los hechos en un pasado más idealizado. Influía también, probablemente, el hecho, recordado por Lapesa[74], de que las gestas iban destinadas con preferencia a un público señorial, según aquella condición subrayada por René Louis en el estudio mencionado[75], y que le lleva hasta el extremo de rechazar la denominación, tradicionalmente utilizada, de "epopeya popular". A este afán de ennoblecimiento —contrario, pero, al mismo tiempo, paralelo a la frecuente modernización del lenguaje— pertenece también la costumbre de los juglares de conservar en las rimas la *e* final latina, como en *laudare, mortaldade, male, preguntare, trinidade, cibdade, señore,* y aún añadirla a palabras que no la tenían en su origen, como *sone, vane, estane, dirade, tomove;* con lo cual, a la vez, se facilitaba el hallazgo de asonancias. De hecho, cuando a partir del siglo XI se extiende la vacilación entre la conservación y supresión de la *e* final, los juglares se sirven de ambas formas indistintamente como una práctica de cómoda licencia poética[76].

Se funden de este modo usos arcaicos con audaces innovaciones, que dan al lenguaje de la épica carácter muy particular; lo más común es, sin embargo, la persistencia de rasgos arcaizantes, que a veces se perpetúan en creaciones posteriores, manteniendo en vigor usos desaparecidos en el habla ordinaria desde varios siglos atrás. "El lenguaje épico —resume Lapesa— es una cadena cuyos eslabones están forjados en épocas muy diversas. El arcaísmo se convierte en licencia poética del género o en fórmula estereotipada, y puede alcan-

---

[73] Rafael Lapesa, "La lengua de la poesía épica", en *De la Edad Media a nuestros días,* Madrid, 1967, pág. 13.
[74] Rafael Lapesa, *Historia de la lengua española,* 6.ª ed., Madrid, 1965, pág. 158.
[75] Véase nota 1.
[76] Cfr. Rafael Lapesa, "La apócope de la vocal en castellano antiguo. Intento de explicación histórica", en *Estudios dedicados a Menéndez Pidal,* II, 1951, págs. 185-226.

zar una libertad de aplicación y un uso sistemático que nunca tuvo mientras fue práctica espontánea del habla diaria"[77].

El aludido propósito de ennoblecimiento del pasado requiere dotar a las personas y a las cosas de cualidades excelentes; de aquí, el empleo, ya aludido, de epítetos magnificadores, que acaban por convertirse en expresiones cristalizadas como fórmulas rituales: al Cid se le llama *el que en buen hora nació* o *el que en buen ora çinxó espada;* los caballeros del Campeador son *ardidas lanzas*. Con frecuencia se designa a una persona u objeto con una cualidad que se le atribuye por antonomasia; el procedimiento sintáctico consiste en anteponer el artículo al adjetivo, con lo cual se le individualiza, atribuyéndole la posesión en exclusiva: *Babieca el corredor, Castiella la gentil, Castilla la bien nombrada, Valencia la clara;* o en colocar tras el nombre propio un sustantivo común precedido de artículo o de un demostrativo: *Burgos la casa, Atiença las torres*. Las fórmulas épicas, así como el empleo de epítetos caracterizadores, ponderativos, afectivos, etc., o los procedimientos estilísticos convencionales, propios del lenguaje de estos poemas, son innumerables y es imposible exponerlos aquí en detalle. Importa, sin embargo, aludir, cuanto menos, a un problema. Es tal la variedad y número de dichas fórmulas que los modernos "oralistas" han pretendido reducir el lenguaje épico a la aplicación casi mecánica y tópica de un caudal convencional. De Chasca, en su último libro mencionado [78], reacciona contra esta simplificación y estudia la rica complejidad del poeta del Cid, que alcanza la carga afectiva, intencional y estética oportuna en cada caso, mediante el empleo de los más variados recursos estilísticos y el arte de particularizar cada fórmula con matices especiales. "Igual que su héroe, dice bellamente Lapesa, el poeta de Medinaceli sabía encontrar la expresión justa y comedida; como el *Cid, fablaba bien e mesurado*. En su obra, el idioma presentaba ya sus caracteres más permanentes: aliento vital y movilidad afectiva"[79].

En el uso de los tiempos verbales el lenguaje épico, y concretamente el del *Cid*, ofrece una variedad muy difícil de precisar y de enjuiciar; y, en consecuencia, largamente discutida por los investigadores[80]. El narrador salta fácil-

---

[77] "La lengua de la poesía épica", cit., pág. 14.

[78] *El arte juglaresco en el 'Cantar de Mío Cid'*, cit.; véanse especialmente los capítulos V, VIII, IX y X. Cfr. también, R. Menéndez Pidal, "Fórmulas épicas en el *Poema del Cid*", en *Romance Philology*, VII, 1953-1954, págs. 261-267; y Rita Hamilton, "Epic epithets in the *Poema de Mío Cid*", en *Revue de Littérature Comparée*, XXXVI, 1962, págs. 161-178.

[79] *Historia...*, cit., pág. 161.

[80] Stephen Gilman en su libro *Tiempo y formas temporales en el 'Poema de Mío Cid'*, Madrid, 1961, ha tratado de encontrar el sistema estilístico peculiar que guía al poeta en el empleo de los tiempos, basándose en el significado de cada acción, en la índole de la acción verbal, en la calidad del sujeto —protagonista o secundario, individual o múltiple—, en el contenido semántico del verbo, etc., etc., y pretende llegar a precisiones muy concretas. M. Sandmann en su trabajo "Narrative Tenses of the

mente de un punto de vista a otro, de un enfoque al opuesto; con el propósito, probablemente, de vivificar la narración y evitar la monotonía, el poeta presenta los hechos desde distintas perspectivas y distancias; constantemente, dice Lapesa [81], pasa de una lejana objetividad (pretérito indefinido) a una actualidad inmediata, o la acompaña —describiéndola— en su realización (imperfecto); y hasta el pretérito anterior o el pluscuamperfecto pierden su valor fundamental de prioridad relativa para convertirse en simples pasados:

Partiós de la puerta, por Burgos *aguijaba*
llegó a Sancta María, luego *descavalga*,
fincó los inojos, de coraçon *rógava*... [82]

Mío Cid de lo que *vidié* mucho *era* pagado;
ifantes de Carrión bien *an cavalgado*.
Tórnanse con las dueñas, a Valencia *an entrado*;
ricas *fueron* las bodas en el alcáçer ondrado [83].

Contribuye igualmente a dar al Cantar su movilidad característica la frecuencia con que el poeta pasa de la narración al discurso directo, infundiendo a la acción ese carácter dramático, de "semirrepresentación", que ha sido se-

---

Past in the *Cantar de Mío Cid*" (en *Studies in Romance Philology and French Literature Presented to John Orr*, Manchester, 1953, págs. 258-281), distingue entre los pasajes narrativos y los dialogados; pero no encuentra, a diferencia de Gilman, ninguna norma específica, y piensa que los tiempos han sido escogidos por el poeta arbitrariamente, por meros propósitos de decoración estilística, lo que equivaldría a decir a tenor de su gusto literario. Thomas Montgomery en un reciente estudio —"Narrative Tense in the *Mío Cid*" (en *Romance Philology*, XXI, 3, febrero 1968, págs. 253-274)— examina las teorías propuestas, especialmente la de Gilman; llega a la conclusión de que el *Poema* refleja, aunque en forma imperfecta y borrosa, un arcaico esquema lingüístico relacionado con el lenguaje épico de otros países; pero considera arriesgada la pretensión de Gilman de atribuir una particular intención estilística a cada tiempo verbal. El primitivo arte del *Cantar*, aun con todas sus excelencias, difícilmente podía expresar los matices temporales, propios de un poeta moderno. El valor del tiempo dependía en gran parte del contexto (sobre este problema véase L. Warnant, "Le rôle du contexte dans les valeurs de l'imparfait", en *Mélanges Delbouille*, I, 1964). El poeta tenía que emplear una forma convencional de lenguaje que le permitiera ser aceptado y entendido; y era muy difícil que inventara distinciones gramaticales o estilísticas para imponer a sus oyentes sentidos particulares de su propia lengua poética. Cfr. además: Stephen Gilman, "The imperfect tenses in the *Poema del Cid*", en *Comparative Literature*, VIII, 1956, págs. 291-366. Sobre la condición desrealizadora del imperfecto, véase Samuel Gili Gaya, *Imitación y creación en el habla infantil*, Discurso de ingreso en la Real Academia Española, Madrid, 1961. Oliver T. Myers, "Assonance and Tense in the *Poema del Cid*", en *PMLA*, LXXXI, 1966, págs. 493-498.

[81] *Historia*, cit., pág. 159.
[82] Citado por Lapesa, en íd., pág. 159.
[83] Citado por Lapesa en "La lengua...", cit., pág. 19.

ñalado por Dámaso Alonso [84]. Junto a dicha dramatización, que da al *Poema* su "andadura estilística rapidísima y modernísima", señala el citado crítico el desligamiento de las oraciones y la sencillez de éstas, la escasez de frases subordinadas y la ausencia casi total de los enlaces, que hacen tan pesada la prosa de las crónicas y en buena parte también los versos de clerecía. Resultado del predominio de las oraciones desligadas, "puestas ahí enteras, diríamos que brutalmente ante el cerebro del lector" [85], es el triunfo de los elementos afectivos sobre los lógicos. Otras características sintácticas señala también Lapesa: la abundancia de construcciones inversas —*vagar non se dan; pues que a fazer lo avemos*—; la frecuente omisión del verbo *decir* ante su oración subordinada —*el mandado llegaba que es presa Valencia*—; la sustitución del orden lógico por la frase quebrada y viva, llena de repeticiones y cambios de construcción —*a los de Mío Cid ya les tuellen el agua; todas essas tierras, todas las preava; el moro, quando lo sopo, plógol de corazón*—; el paso a la oración principal de miembros de la oración subordinada —*verán las moradas cómmo se fazen*—, etc.

Difusión y éxito del Poema. Resumamos apretadamente la exposición de Menéndez Pidal sobre este punto. El *Poema del Cid*, "compuesto principalmente sobre tradiciones locales de Medinaceli", se hizo pronto popular fuera de su tierra; los juglares posteriores —*Poema de Fernán González, Gesta del Abad de Montemayor*—, se inspiraron en él repetidas veces. En los siglos XIII y XIV —aunque todavía en este último la copia de Per Abbat recoge el texto viejo— circula el Cantar no en su forma primitiva sino refundido, y con estas variantes lo prosifica la *Primera Crónica General*; otros arreglos del Poema se reflejan en la *Crónica de 1344* y en la *Crónica de los Reyes de Castilla*, cuya impresión parcial se conoce bajo el título de *Crónica Particular del Cid*. De las refundiciones entonces existentes se derivan en el siglo XV diversos romances populares [86]. Pero a pesar de estos romances y de las viejas crónicas, el *Poema del Cid* no inspiró a ninguno de los grandes poetas dramáticos del siglo XVII: la figura del Cid se había ido enriqueciendo con inventados episodios y aditamentos más del gusto de los nuevos tiempos, hasta convertirse en un ser legendario, que hizo olvidar el viejo poema; y éste quedó ignorado hasta que fue publicado por Tomás Antonio Sánchez, en 1779.

---

[84] "Estilo y creación en el 'Poema del Cid'", cit., pág. 70.
[85] Ídem, íd., pág. 74. Sobre algunos aspectos sintácticos del *Poema* cfr. Antonio M. Badía Margarit, "Dos tipos de lengua, cara a cara", en *Studia Philologica. Homenaje ofrecido a Dámaso Alonso*, vol. I, Madrid, 1960, págs. 115-139. Véase también Américo Castro, *La realidad histórica de España*, México, 1954, en el Capítulo IX, "La épica castellana", el parágrafo titulado "Aspectos del estilo", págs. 276-281.
[86] Véase sobre todo R. Menéndez Pidal, "Poesía popular y Romancero", en *Revista de Filología Española*, I, 1914, págs. 357-377. Del mismo, *Romancero Hispánico*, I, Madrid, 1953, págs. 222-229.

Esta edición no consiguió tampoco darle inmediata popularidad; aparecía en pleno auge del neoclasicismo, la Edad Media —casi ignorada— no había despertado todavía ningún interés, y aún faltaba medio siglo para que en Francia y Alemania se dieran a conocer sus poemas nacionales sobre Roldán y los Nibelungos. Los críticos neoclásicos —Capmany, Quintana, Martínez de la Rosa— tuvieron en muy poco aprecio el Poema. El comienzo de su valoración tuvo lugar con el fervor romántico, y sus primeros entusiastas fueron los escoceses Southey y Hallam; este último lo antepuso en valor a todo lo que la literatura europea había producido antes del Dante, juicio que repitió el norteamericano Ticknor en su *Historia de la Literatura Española*. Los románticos alemanes participaron de la misma admiración iniciada por Federico Schlegel en 1811; Fernando Wolf dedicó al Poema en 1831 uno de los estudios más justos y profundos, que había de tardar largo tiempo en ser aventajado. La estimación del Poema se fue extendiendo a lo largo del siglo XIX, y Damas Hinard y L. de Monge lo antepusieron claramente a la *Chanson de Roland;* el venezolano Andrés Bello le dedicó también ponderados elogios.

Entretanto la crítica española reaccionaba más lentamente. Amador de los Ríos en 1863 inició el camino de la valoración; y al fin, en 1874, Milá y Fontanals colocó por primera vez el Poema en el puesto justo dentro de la literatura épica castellana, desconocida prácticamente hasta entonces. Menéndez y Pelayo en su *Tratado de romances viejos* dedicó al Cantar una digresión pero, con todo, importantísima, con juicios de gran penetración. Finalmente, Menéndez Pidal ha consagrado gran parte de su fecunda vida al estudio del Cantar, que queda después de sus trabajos exhaustivamente considerado en todos sus problemas: como resultado de sus sabias investigaciones el *Poema de Mío Cid* es hoy, en la apreciación general, no sólo el primero de nuestros poemas épicos, sino una cumbre indiscutible de las letras universales.

En nuestros días el tema del Cid, basándose ya en el cantar antiguo, ha sido llevado al teatro por Eduardo Marquina, en *Las hijas del Cid;* el episodio de la niña burgalesa ha inspirado a Manuel Machado una bella y popularísima composición lírica. Varias versiones del Poema han sido realizadas al castellano moderno: Alfonso Reyes en prosa, y Pedro Salinas, Luis Guarner, Francisco López Estrada y Camilo José Cela en versos de romance [87].

[87] Además de las obras citadas en notas anteriores, consúltese: E. C. Hills, "The Unity of the Poem of the Cid", en *Hispania,* XII, 1929, págs. 113-118. Hermenegildo Corbató, "La sinonimia y la unidad del *Poema del Cid*", en *Hispanic Review,* IX, 1941. Eleazar Huerta, *Poética del Mío Cid,* Santiago de Chile, 1948. Mack Singleton, "The Two Techniques of the *Poema de Mio Cid*: An Interpretative Essay", en *RP,* V, 1951-1952, págs. 222-227. E. R. Curtius, "Zur Literarästhetik des Mittelalters", en *Zeitschrift für romanische Philologie,* LVIII, 1938, págs. 1-50; 129-232 y 433-479. R. Menéndez Pidal, "La épica española y la 'Literarästhetik des Mittelalters' de E. R. Curtius" (contestación al citado artículo de Curtius), en *Castilla, la tradición y el idioma,* Buenos Aires, 1945. Del mismo, "La fecha del 'Cantar de Mío Cid'", en *Studia Philologica. Homenaje ofrecido a Dámaso Alonso,* vol. III, Madrid, 1963, págs. 7-11 (contestación al artículo

OTRAS GESTAS CASTELLANAS

Dijimos en un apartado anterior que, aunque tan sólo ha llegado hasta nosotros en forma prácticamente completa el *Poema de Mío Cid,* habían sido muy numerosas las gestas épicas compuestas a lo largo de varios siglos. Se ha venido en conocimiento de ellas a través sobre todo de sus prosificaciones en las crónicas, en las cuales —según quedó ya dicho— fueron utilizadas como fuentes históricas [88]. Los temas de dichas gestas fueron muy variados; la mayoría se refieren a personajes o sucesos importantes de interés general, con preferencia de Castilla, pero también fueron cantados acontecimientos notables

---

de Antonio Ubieto Arteta, "Observaciones al 'Cantar de Mío Cid'", en *Arbor,* junio 1957). G. Bertoni, *Il Cantare del Cid,* Bari, 1912. Eduardo de Hinojosa, "El Derecho en el Poema del Cid", en *Homenaje a Menéndez y Pelayo,* vol. I, Madrid, 1898, páginas 541-581. Jules Horrent, *El Cantar de Mío Cid frente a la tradición Rolandina,* Zaragoza, 1956. F. Mateu Llopis, "La moneda en el Poema del Cid. Un ensayo de interpretación numismática del 'Cantar de Mio Cid'", en *Boletín de la Real Academia de Buenas Letras,* Barcelona, XX, 1947, págs. 43-56. J. Giménez Casalduero, "Sobre la 'oración narrativa' medieval; estructura, origen, supervivencia", en *Anales de la Universidad de Murcia,* XVI, 1958. H. Ramsden, "The taking of Alcocer, Cantar de Mío Cid, vss. 574-610", en *Bulletin of Hispanic Studies,* XXXVI, 1959, págs. 129-134. José Camón Aznar, "El Cid, personaje mozárabe", en *Revista de Estudios Políticos,* XVII, 1947, págs. 109-141. E. Li Gotti, "El *Cantar de Mío Cid,* cantar del *buen vasallo*", en *Letterature Moderne,* Milán, II, 1951, págs. 521-543. P. S. Russell, "Some problems of Diplomatic in the *Cantar de Mío Cid* and their Implications", en *Modern Language Review,* XLVII, 1952, págs. 340-349. Edmund de Chasca, "The King-vassal relationship in *El Poema de Mío Cid*", en *Hispanic Review,* XXI, 1953, págs. 183-192. Emilio Orozco Díaz, "Sobre el sentimiento de la naturaleza en el *Poema del Cid*", en *Clavileño,* 1955, núm. 31, págs. 1-6. Thomas Montgomery, "The Cid and the Count of Barcelona", en *Hispanic Review,* XXX, 1962, págs. 1-11. Ildefonso Manuel Gil, "Paisaje y escenario en el *Cantar de Mío Cid*", en *Cuadernos Hispano-Americanos,* 1963, núm. 158, págs. 246-258. Jules Horrent, "La prise de Castejón. Remarques littéraires sur un passage du *Cantar de Mío Cid*", en *Le Moyen Âge,* LXIX, 1963, págs. 289-297. Del mismo, "Tradition poétique du *Cantar de Mío Cid* au XIIe siècle", en *Cahiers de Civilisation Médiévale,* VII, 1964, págs. 451-477. Anthony Zahareas, "The Cid's Legal Action at the Court of Toledo", en *The Romanic Review,* LV, 1964, págs. 161-172. Sobre el episodio de Raquel y Vidas, cfr.: Seymour Resnick, "The Jew as portrayed in early Spanish literature", en *Hispania,* XXXIV, 1951, págs. 54 y ss. Emilio García Gómez, "Esos dos judíos de Burgos", en *Al-Andalus,* XVI, 1951, págs. 224-227. F. Cantera Burgos, "Raquel e Vidas", en *Boletín de la Institución Fernán González,* XXXIV, 1955, págs. 631-633. Del mismo, "Breves palabras más sobre Raquel y Vidas", en íd., íd., XXXV, 1956, páginas 26-27. Del mismo, "Raquel y Vidas", en *Sefarad,* XVIII, 1958, págs. 99-108. E. Salomonski, "Raquel e Vidas", en *Vox Romanica,* Zurich, 1956, núm. 2, págs. 215-230. Raymond E. Barberá, "The *Pharmakos* in the *Poema de Mío Cid*", en *Hispania,* L, 1967, págs. 236-241. Sobre el problema de los judíos y la polémica suscitada, véase también Edmund de Chasca, *El arte juglaresco...,* cit., págs. 127-134.

[88] Cfr. las dos obras citadas de Menéndez Pidal, *Alfonso X y las leyendas heroicas* y *Reliquias de la poesía épica española;* esta última es el estudio fundamental sobre el tema.

de interés más particular, así como asuntos de procedencia francesa, en especial sobre la figura de Carlomagno, tan difundida por la épica de toda Europa.

Vamos a dar sucinta idea de los temas épicos principales:

a) *Cantar del rey Rodrigo y de la pérdida de España.* La importancia de este asunto explica que se compusieran sobre él, probablemente, varias gestas; es éste el tema épico nacional más antiguo del que se tiene noticia, y su origen es indudablemente mozárabe. Sus huellas prosificadas aparecen en numerosas crónicas, antes y después de la General de Alfonso el Sabio. La leyenda del rey don Rodrigo, a cuya formación contribuyeron paralelamente elementos musulmanes y cristianos, se bifurcó, en las etapas arcaicas de su desarrollo, en dos ramas principales: una, que atribuía la pérdida de España a los hijos de Vitiza; otra, que culpaba al rey don Rodrigo. En la forma en que cuaja la leyenda entre los españoles cristianos del norte, la narración se divide en tres episodios fundamentales: la Cueva de Hércules o la Casa encantada de Toledo; los amores de don Rodrigo con la Cava, la hija del conde don Julián; y la penitencia de don Rodrigo en Viseo. Estas tres ramas épicas dieron origen posteriormente a sendos ciclos o grupos de romances, que acogen variantes numerosísimas, detenidamente estudiadas por don Ramón Menéndez Pidal [89].

b) *El Conde Fernán González.* Uno de los episodios del cantar legendario del libertador del condado de Castilla fue parcialmente resumido en la *Crónica Najerense* (mediados del siglo XII). Éste es el único, entre los grandes héroes populares, que fue objeto posteriormente de un poema de clerecía, basado principalmente en un cantar de gesta (nos ocuparemos de dicho poema en su lugar oportuno). Otra versión tradicional de la epopeya del conde la absorbe la *Crónica de 1344,* en forma prosificada que conserva múltiples asonantes del original poético. Este cantar de gesta tardío de Fernán González, que subraya el carácter altivo y rebelde del protagonista, es el que empalma con los romances tradicionales de siglos posteriores [90].

c) *Cantar de la condesa traidora y del conde Sancho García.* Fue prosificado muy por extenso en la *Primera Crónica General* [91].

---

[89] Cfr. Juan Menéndez Pidal, *Leyendas del último rey godo (notas e investigaciones),* Madrid, 1906. Alexander H. Krappe, *The Legend of Rodrick last of the Visigoth Kings and the Ermanarick Cycle,* Heildelberg, 1923. Ramón Menéndez Pidal, *El rey godo en la literatura,* Madrid, 1924. Del mismo, *Romancero Tradicional,* I, Madrid, 1957, páginas 3-12. Del mismo, *Floresta de Leyendas heroicas españolas. Rodrigo, el último godo,* 3 vols., Madrid, 1925-1927 ("Clásicos Castellanos"), y *Reliquias de la poesía épica española,* citada.

[90] Cfr. R. Menéndez Pidal, *Reliquias...,* cit., págs. 156 y ss. Del mismo, *Romancero Tradicional,* II, Madrid, 1963, págs. 3-17. Georges Cirot, "Sur le *Fernán González.* Le thème de la femme qui délivre le prisonnier", en *Bulletin Hispanique,* XXX, 1928, páginas 118 y ss.

[91] Cfr. Menéndez Pidal, "Relatos poéticos en las crónicas medievales. Nuevas indicaciones", en *Revista de Filología Española,* X, 1923, págs. 329 y ss. Del mismo, "Realismo de la epopeya española. Leyenda de la Condesa Traidora", en *Historia y Epopeya,* Madrid, 1934, págs. 4-27.

d) *Romanz dell Infant García.* Con este título se le designa en la prosificación de la *Primera Crónica General.* Fue también parcialmente recogido en las Crónicas latinas del Tudense y del Toledano [92].

e) *Gesta de Ramiro y García, hijos de Sancho el Mayor.* Prosificada en la *Crónica del Toledano* y en la *General de 1344* [93].

f) *Cantar de la muerte del rey don Fernando.* Prosificado en la *Crónica de 20 Reyes* y en *la de 1344.* Su contenido versa sobre la partición de los reinos entre los hijos de Fernando I. Sirve de prólogo a la catástrofe que se narra en el *Cantar de Sancho II* [94].

g) *Cantar de Sancho II de Castilla y Cerco de Zamora.* Mencionado en la *Crónica Najerense,* y prosificado extensamente en otras varias, sobre todo en la *Primera Crónica General* y en la *Crónica Particular del Cid.* Basándose en ellas, Julio Puyol y Alonso ha podido reconstruir muchos fragmentos del Poema [95].

h) *Cantar de la Jura de Santa Gadea.* Epílogo del *Cantar de Sancho II,* que prepara a su vez la enemistad entre el Cid y Alfonso VI, base de los acontecimientos capitales del *Cantar de Mío Cid* [96].

i) *Cantar de los Siete Infantes de Lara.* Ha sido reconstruido casi íntegramente —en uno de sus más notables trabajos— por Menéndez Pidal, basándose principalmente en las prosificaciones de la *Primera Crónica General, la de 1344,* una refundición de ésta, y en una amplificación de la *Tercera General.* Menéndez Pidal afirma que el Poema tiene señales inequívocas de haber sido compuesto a raíz de los sucesos, ocurridos en los últimos años del siglo X [97].

---

[92] Cfr. Menéndez Pidal, "El 'Romanz del Infant García' y Sancho de Navarra antiemperador", en *Historia y Epopeya,* cit., págs. 33-98. Véase también, del mismo, "Relatos poéticos...", cit. en la nota anterior.

[93] Véase R. Menéndez Pidal, "Relatos poéticos...", cit.

[94] Cfr. M. Menéndez y Pelayo, *Antología de poetas líricos castellanos,* ed. nacional, vol. VI, Santander, 1944, págs. 283 y ss. R. Menéndez Pidal, *Reliquias...,* cit., páginas 240 y ss.

[95] Cfr.: Julio Puyol y Alonso, *El Cantar de don Sancho II de Castilla,* Madrid, 1911. Miguel Ángel Prado, *Estudio comparado de las derivaciones eruditas y populares del Cantar de don Sancho II de Castilla,* Stanford, XVII, 1942. Carola Reig, *El Cantar de Sancho II y cerco de Zamora,* anejo XXXVII de la *Revista de Filología Española,* Madrid, 1947, Julio Horrent, "La Jura de Santa Gadea. Historia y poesía", en *Studia Philologica. Homenaje ofrecido a Dámaso Alonso,* vol. II, Madrid, 1961, págs. 241-265. José Fradejas Lebrero, *Estudios épicos: El cerco de Zamora,* Ceuta, 1963.

[96] Cfr. Julio Horrent, "La jura de Santa Gadea...", cit.

[97] Cfr.: R. Menéndez Pidal, *La leyenda de los Infantes de Lara,* Madrid, 1896 (nueva edición, Madrid, 1934); del mismo, *Reliquias...,* cit. J. O. Anderson, "The 'Letter of Death' Motiv in the *Leyenda de los Siete Infantes de Lara*", en *Hispania,* XIII, 1930. A. M. Espinosa, "Sobre la leyenda de los Infantes de Lara", en *Romanic Review,* XII, 1920. M. Menéndez y Pelayo, "La leyenda de los Infantes de Lara por Menéndez Pidal", en *Estudios y discursos de crítica histórica y literaria,* vol. I, ed. nacional, Santander, 1941, págs. 119-142.

j) *Cantar de la mora Zaida*. Conservado en resúmenes prosificados en el Tudense, el Toledano y la *Primera Crónica General*.

k) *Poema de Bernardo del Carpio*. Tiene numerosas variantes, una de las cuales recoge la *Primera Crónica General* [98].

l) *Gesta del Abad don Juan de Montemayor*. Tema de origen portugués, aunque el poema, según Menéndez Pidal, acusa gran influjo de las gestas castellanas. Prosificado en el *Compendio Historial*, de Diego Rodríguez de Almella (último tercio del siglo XV), e impreso además en un librito "de cordel" de fines del mismo siglo [99].

m) *Cantar de Roncesvalles*. Se conserva de él tan sólo un pequeño fragmento de 100 versos, hallados en 1916 en el Archivo Provincial de Pamplona, y publicado y estudiado profundamente por Menéndez Pidal [100]. Es la más importante muestra de los poemas españoles de tema francés. Según Menéndez Pidal, el poeta español no sigue directamente, salvo en el tema, las gestas francesas; no se limita a traducir, sino que imita con gran libertad. La métrica del fragmento, completamente irregular como la del *Poema de Mío Cid*, ha servido para robustecer la opinión de Menéndez Pidal sobre este carácter métrico de nuestras gestas.

Perteneciente a fecha posterior, y dentro ya del período de transformación de la épica castellana, es el *Cantar de las Mocedades de Rodrigo*, que será estudiado en el capítulo correspondiente.

---

[98] Cfr.: Theodor Heinermann, *Untersuchungen zur Entstehung der Sage von Bernardo del Carpio*, Halle (Saale), 1927. A. B. Franklin, "A study of the origins of the legend of Bernardo del Carpio", en *Hispanic Review*, V, 1937, págs. 286 y ss. W. J. Entwistle, "The cantar de gesta of Bernardo del Carpio", en *Modern Language Review*, XXIII, 1928. M. Defourneaux, "La légende de Bernardo del Carpio", en *Bulletin Hispanique*, XLV, 1943, págs. 116-138. Ramón de Abadal, "El comte Bernat de Ribagorça y la llegenda de Bernardo del Carpio", en *Estudios dedicados a Menéndez Pidal*, vol. III, Madrid, 1951, págs. 463-487.

[99] Edición de R. Menéndez Pidal, Dresde, 1903. Cfr.: Menéndez Pidal, "La leyenda del abad don Juan de Montemayor", en *Historia y Epopeya*, citada, págs. 99-234.

[100] R. Menéndez Pidal, "Roncesvalles. Un nuevo cantar de gesta español del siglo XIII", en *Revista de Filología Española*, IV, 1917, págs. 105-204 (reproducido, en extracto, en *Tres poetas primitivos*, Buenos Aires, 1948, págs. 49-79). Cfr. Menéndez Pidal, *La Chanson de Roland desde el punto de vista del tradicionalismo*, Facultad de Filosofía y Letras, Zaragoza, 1956. J. Saroïhandy, "La légende de Roncevaux", en *Homenaje a Menéndez Pidal*, vol. II, Madrid, 1925, págs. 259 y ss. Jules Horrent, *Roncesvalles. Étude sur le fragment de cantar de gesta conservé à l'Archivo de Navarra (Pamplona)*, Bibliothèque de Philosophie et Lettres, Lieja, 1951. A. Burger, "La légende de Roncevaux avant la *Chanson de Roland*", en *Romania*, LXX, 1948-1949, págs. 433-473. Ch. V. Aubrun, "De la mesure des vers anisosyllabiques médiévaux. Le *Cantar de Roncesvalles*", en *Bulletin Hispanique*, LIII, 1951, págs. 351-374. Para todos los temas épicos mencionados, cfr. *Leyendas épicas españolas*, estudio preliminar de Enrique Moreno Báez, "Odres Nuevos", 2.ª ed., Madrid, 1966.

CAPÍTULO II

LA PRIMITIVA LÍRICA CASTELLANA

EL PROBLEMA DE LOS ORÍGENES

Los orígenes de la lírica castellana están envueltos en problemas muy semejantes a los que hemos conocido para la épica. El primero de ellos es la escasez o, casi mejor diríamos, la ausencia casi total de textos conservados. Hasta el descubrimiento —muy reciente— de las *jarchas*, que han venido a modificar enteramente el panorama de nuestros conocimientos sobre la lírica primitiva, se carecía de textos concretos en que apoyarse para cualquier deducción segura. Era posible encontrar ligeras muestras de poesía lírica esparcidas en obras de otra especie, como en los poemas religiosos de Berceo, a mediados del siglo XIII, o entre las creaciones misceláneas y personalísimas del Arcipreste de Hita y del Canciller Ayala en la plenitud del XIV. Mas para dar con las primeras manifestaciones de la lírica propiamente dicha, exenta digamos, había que llegar al *Cancionero de Baena,* compilado a mediados del siglo XV, y en el cual figuran algunos escritores que pueden remontarse todo lo más a fines de la centuria anterior.

Con estos datos se llegaba a la conclusión de que la lírica popular no había florecido en Castilla; sólo al final de los siglos medios había conocido la aparición de una lírica cortesana, favorecida y estimulada por la poesía gallega: opinión abonada por el hecho de que todavía en el *Cancionero de Baena,* según hemos de ver, gran parte de los poetas seleccionados había comenzado por escribir en la lengua de aquella región. Al historiar el género, en su gran *Antología de poetas líricos castellanos,* daba por sentado Menéndez y Pelayo que la lírica se desarrolla mucho más tardíamente que la épica; ésta —dice— aparece ya en los tiempos heroicos, pero aquélla necesita llegar a épocas más cultas y reflexivas; por esto, mientras la lengua castellana cuajaba ya en obras maestras de poesía épica, como el *Poema del Cid,* a mediados del siglo XII, no acertaba a manifestarse en el campo de la lírica, y los poetas de Castilla tenían que acudir al uso del gallego.

LA LÍRICA GALLEGO-PROVENZAL

Aunque su estudio propiamente dicho es ajeno al objeto de estas páginas, resulta imprescindible hacer una mención de las líricas catalana y gallega para podernos referir a sus relaciones con la castellana.

En la península se producen dos importantes núcleos de poesía lírica: el gallego y el catalán, tenidos ambos por hijos de la poesía provenzal, tradicionalmente admitida como la primera manifestación lírica de la Europa medieval y maestra, por tanto, de toda lírica en lengua romance. Su privilegiado emplazamiento en terrenos fértiles de clima suave, el alejamiento de peligrosas zonas de guerra, con la riqueza consiguiente y la vida fácil que de todo ello se derivaba, hicieron de Provenza un lugar ideal para el cultivo de la poesía. En este ambiente floreció a partir del siglo XII una brillante escuela de trovadores cortesanos, cuyo influjo y magisterio se extendió por todas las naciones de Europa. Guillermo de Poitiers, duque de Aquitania, que vivió de 1086 a 1127, es el primer trovador de nombre conocido, y sus composiciones —según palabras del famoso investigador provenzalista Alfredo Jeanroy—, son las más antiguas de la poesía lírica en una lengua moderna [1]. Caracterizaban esta poesía su refinamiento y artificiosidad, la idealización de la mujer, la complicación y variedad de su métrica y el rebuscamiento en la expresión; todo lo cual hacía de ella un juego elegante y culto de manifiesto estilo cortesano. Como géneros principales creó la *canción*, de asunto amoroso; el *serventesio*, de intención satírica; y la *tensó, disputa* o *partiment,* donde el ingenio de los poetas se esgrimía en torneos verbales sobre los más variados temas.

Esta poesía provenzal influye directamente sobre la poesía catalana, que vendría a ser como una prolongación artística y geográfica de aquélla (desde los estudios de Milá y Fontanals [2], la vinculación de la lírica catalana a la provenzal constituía un capítulo concluso y seguro de nuestra historia literaria). A Galicia, en cambio, llega el influjo de Provenza a través del camino de Santiago; la afluencia de peregrinos de todos los países que acudían a visi-

---

[1] Cfr.: Alfredo Jeanroy, *Les chansons de Guillaume IX*, en "Classiques français du Moyen Âge", París, 1927; del mismo, *Les origines de la poésie lyrique en France au Moyen Âge*, 3.ª ed., París, 1925; del mismo, *La poésie lyrique des troubadours*, 2 vols., París, 1934; del mismo, *Histoire sommaire de la poésie occitane, dès origines à la fin du XVIIIᵉ siècle*, París, 1945.

[2] *De los trovadores en España. Estudio de lengua y poesía provenzal.* (Parte IV: *Influencia provenzal en España),* Barcelona, 1861. (Nuevas ediciones, Barcelona, 1889 y 1966). Véase además M. Menéndez y Pelayo, *Antología de poetas líricos castellanos,* vol. I, ed. nacional, Santander, 1944, págs. 103 y ss.

tar la tumba del Apóstol, atrajo a Galicia gran cantidad de trovadores provenzales en busca de público oyente para sus cantos; y su ejemplo, favorecido por el temprano desarrollo de la lengua gallega, la especial disposición de sus habitantes y la riqueza y paz de aquel rincón igualmente privilegiado, suscitó la aparición de una gran corriente trovadoresca con rasgos muy peculiares, pero sustancialmente imitados de la lírica provenzal. El congénito sentimentalismo del pueblo gallego y la dulzura de su lengua le infundieron a aquella lírica importada la sensibilidad característica de la región; bien entendido que no quedaba ésta limitada al sólo territorio gallego, sino que se extendía a la tierra portuguesa para formar con ella una sola provincia poética [3].

Estas dos provincias líricas peninsulares conservan textos bien conocidos: en la catalana, la obra de sus trovadores; en la gallega, los tres famosos cancioneros: *de Ajuda*[4] *de la Vaticana*[5] y *de Colocci Brancutti*[6] recopilados en el siglo XIII, contienen una espléndida colección de la lírica de la época. Aquélla y ésta son manifestaciones de una lírica cortesana y aristocrática, compuesta según las reglas de la "gaya ciencia" provenzal.

Tres principales clases de canciones se encuentran en los citados Cancioneros gallego-portugueses: las *cantigas de amor*, en que los caballeros se lamentan del desdén de la amada o de los rigores de su ausencia; las *cantigas de amigo*, puestas en boca de la joven enamorada que llora también la ausencia del amado, haciendo confidencias a su madre o amigas, o dialogando con los pájaros o los árboles; y *cantigas de escarnio* o de *maldecir*, equivalentes a los serventesios provenzales —"crónica escandalosa y burlesca de la corte"—, sátiras contra personas principales, poetas rivales, damas casadas o doncellas. La métrica de estas composiciones es muy variada (en ella tiene especial interés el endecasílabo llamado "de gaita gallega", cuyo ritmo era apropiado para el canto y la danza) y sus asuntos se desarrollan, por lo común, en una forma artificiosa, de gran habilidad técnica; a menudo el estilo, "más que lírico es razonador y trabajo por frecuentes conjunciones", según dice Menéndez Pidal.

La ausencia de raíces populares y autóctonas en esta poesía se daba en un principio por descontada; pese a lo cual, el propio Menéndez y Pelayo advirtió ya luego la presencia de elementos populares "de rara ingenuidad y belleza", que no parecían llegados del sur de Francia. Menéndez Pidal en sus primeros estudios sobre los orígenes de nuestra lírica amplió y profundizó sobre estas

---

[3] Como información de conjunto, consúltese José Filgueira Valverde, "Lírica medieval gallega y portuguesa", en *Historia General de las Literaturas Hispánicas*, dirigida por G. Díaz-Plaja, vol. I, Barcelona, 1949, págs. 545-642, con abundante bibliografía.

[4] Edición crítica de Carolina Michaëlis de Vasconcelos, 2 vols., Halle, 1904. Edición diplomática de H. H. Carter, Oxford University Press, 1941. Edición popular de Marques Braga, Lisboa, 1943.

[5] Edición de E. Monaci, Halle, 1875.

[6] Edición de Elza Paxeco Machado y José Pedro Machado, Lisboa, 1947.

conclusiones. Los poetas gallego-portugueses —dice— olvidan a veces las reglas de la poesía provenzal, "abandonan la estrofa amplia y complicada y cantan en una estrofa corta o en un pareado apoyado por un estribillo. Entonces la expresión poética toma gran soltura lírica y se vivifica por un sentimiento que, descuidado ya de todo artificio, fluye sincero, fresco, candoroso, lleno de verdadera emoción"[7]. Este fenómeno se produce especialmente en las "cantigas de amigo", que toman entonces la forma típica del paralelismo: "el lirismo desborda en repeticiones; éstas agrupan entre sí dos pareados iguales en la idea, iguales casi en las palabras, salvo con rima diversa, formando así un acorde musical de dos frases paralelas; a estos pareados gemelos siguen otros dos, que repiten la mitad de los anteriores, y en estas reiteraciones insistentes el efecto del alma se dilata, se remansa, reposa. La repetición paralelística adquiere en la lírica galaico-portuguesa un predominio muy característico; no obstante, con menos desarrollo es también conocida en muchas literaturas, pues es muy humano que el lenguaje simple de los grandes afectos no se sacie de repetir su sencilla expresión emotiva"[8]. (Luego quedará de manifiesto la importancia de tales palpitaciones de lírica popular que se auscultan en medio de la habitual artificiosidad de los cancioneros gallego-portugueses mencionados; ellas demuestran la existencia de una primitiva lírica, popularmente espontánea, anterior a los influjos provenzales.)

Por lo que atañe a la lírica castellana se ha dado mucho tiempo por concluso el capital influjo que la lírica gallega había tenido en sus orígenes. Hasta finales del siglo XIV o comienzos del XV los poetas de Castilla habían recurrido al uso del gallego para expresar sus sentimientos líricos. Alfonso el Sabio, auténtico creador de la prosa castellana, había escrito en gallego sus *Cantigas* a la Virgen, y los más antiguos poetas del *Cancionero de Baena* cultivaban todavía el gallego o lo alternaban con sus primeros tanteos en castellano, siendo necesario llegar a los más modernos de la colección para encontrarnos con exclusivos cultivadores de esta lengua. En consecuencia, la lírica castellana había recibido de la gallega, con el impulso que la originaba, no sólo su espíritu sino todas las reglas de su arte, los géneros líricos, la variedad de sus canciones y las combinaciones métricas.

LA TEORÍA DE LOS ORÍGENES ARÁBIGOS.
EL "CANCIONERO" DE ABÉN GUZMÁN

En 1912 Julián Ribera, defensor, como vimos, del influjo arábigo en los orígenes de nuestra épica, propuso a su vez —frente a la teoría de los oríge-

---

[7] "La primitiva lírica castellana", en *España y su Historia*, vol. I, Madrid, 1957, página 759. (Con el título de "La primitiva poesía española" está incluido este mismo trabajo en *Estudios Literarios*, 7.ª ed., Buenos Aires, 1952.)

[8] Ídem, íd., pág. 760.

nes gallego-provenzales— el origen arábigo-andaluz de nuestra lírica[9], y sus ideas han sido recogidas y ampliadas posteriormente, entre otros por el arabista checo A. R. Nykl[10], el arabista español Emilio García Gómez[11] y el gran maestro Menéndez Pidal [12]. Vamos a tratar de resumir el desarrollo y resultados de todas estas investigaciones.

Por testimonio de dos escritores árabes del siglo XII se sabe que un conocido poeta de Cabra (provincia de Córdoba), llamado Mucáddam ben Muafa el Cabrí, apodado "el Ciego", que floreció en los últimos años del siglo IX y primeros del X, inventó un género poético, la *muwashshaha* (usaremos en adelante el término hispanizado *moaxaja*, propuesto por García Gómez), composición en versos cortos que rompía con las normas de la poesía árabe clásica —de versos largos y bimembres— y admitía en su última estrofa versos en árabe vulgar o en el romance de los cristianos. Hermana de la moaxaja es la estrofa llamada *zéjel*, diferente de aquélla en que no llevaba al final el cantarcillo en lengua vulgar; pero, en cambio, escrita en árabe conversacional, podía mezclar palabras o frases enteras romances en cualquiera de sus versos (a efectos prácticos y simplificadores podemos usar ambas denominaciones indistintamente).

La moaxaja consta de un trístico monorrimo con diferente rima para cada estrofa; de un cuarto verso, o "vuelta", con rima igual para todas las estrofas; y de un estribillo (o villancico, como lo llama Dámaso Alonso), repetido al final de cada una de aquéllas, de rima igual a la "vuelta", y al que ésta servía de introducción o incitación. Debemos añadir que la moaxaja no exigía una medida determinada en los versos, la cual podía variar a gusto del autor; y que la forma descrita, que es la primitiva o fundamental, admitió diversas transformaciones, pero persistió como esencial característica el verso de "vuelta" y el estribillo o villancico. Estas estrofas eran canciones de tipo coral y popular: un solista, acompañado de instrumentos musicales —flauta, laúd, tambor o castañuelas—, entonaba la estrofa, y el público cantaba el estribillo cada vez que el solista acababa el verso de "vuelta", especie de llamada para que el coro interviniese.

---

[9] En un discurso leído en la Real Academia Española, incluido en *Disertaciones y Opúsculos*, Madrid, 1928.

[10] "L'influence arabe-andalouse sur les troubadours", en *Bulletin Hispanique*, XLI, 1939; *Hispano-Arabic Poetry and its Relations with the old Provençal Troubadours*, Baltimore, 1946.

[11] "La lírica hispano-árabe y la aparición de la lírica románica", en *Al-Andalus*, XXI, 1956, págs. 303-333 (véanse otras obras del mismo autor citadas luego).

[12] "La primitiva lírica hispana y los orígenes de las literaturas románicas", "Poesía árabe y poesía europea" y "Tradicionalidad en la literatura española", en *España y su Historia*, vol. I, edición citada; *Los orígenes de las literaturas románicas*, Santander, 1951; "Cantos románicos andalusíes", en *Boletín de la Real Academia Española*, XXXI, 1951, págs. 187-270; reimpreso en *España, eslabón entre la Cristiandad y el Islam*, Madrid, 1956, págs. 61-153.

Un poeta de Córdoba, Abén Guzmán, que vivió a finales del siglo XI y comienzos del XII, compuso un *Cancionero* que ha llegado hasta nosotros y ha sido publicado por Nykl [13], gracias al cual podemos conocer a la perfección este género de poesía, tal como se cantaba en aquella época entre las gentes de Al-Andalus. Julián Ribera y Nykl suponen que el mencionado zéjel árabe-andaluz, y con él numerosos elementos de la ideología amorosa a que servía de vehículo, influyeron en los comienzos de la poesía provenzal, y sobre todo en el primero de los trovadores conocidos de dicha escuela, Guillermo de Aquitania.

Los defensores del magisterio de la lírica gallego-portuguesa sobre la castellana, como M. Rodrigues Lapa [14], o de la primacía absoluta de la poesía provenzal sobre toda la lírica europea, como el alemán C. Appel [15] y el francés Jeanroy [16], rechazan la argumentación de Ribera y de Nykl alegando, aparte algunas diferencias estróficas, la imposibilidad cronológica de que la poesía de Abén Guzmán, contemporáneo de Guillermo de Aquitania, influyera sobre éste. Ahora bien: los mismos historiadores árabes, que nos informan del invento de la moaxaja, nos hablan también con gran detalle de otros varios poetas que la cultivaron con gran éxito y la difundieron por todo el mundo árabe mucho antes de Abén Guzmán. Éste no es, pues, en modo alguno, el punto de partida para cualquier comparación con la lírica provenzal; su importancia estriba tan sólo en la fortuna de habérsenos conservado íntegro su *Cancionero;* pero, dos siglos antes de que comenzara la lírica provenzal, la poesía zejelesca había sido cultivada por varias generaciones de maestros, y muy intensamente, por cierto, desde el invento de la moaxaja por Mucáddam ben Muafa.

Menéndez Pidal, que ha hecho suya la teoría arábigo-andaluza para explicar los orígenes de la lírica no sólo la castellana, sino incluso la provenzal, recoge y amplía las ideas de Ribera y de Nykl en una rigurosa exposición, que los últimos descubrimientos, como veremos, han confirmado plenamente. Pero antes de resumir sus argumentos es necesaria una aclaración.

A semejanza de cuanto dijimos en el capítulo anterior a propósito de los orígenes y difusión de la poesía épica, no podemos imaginarnos tampoco que el pueblo se sintiera interesado por la lírica como una pura forma literaria. La poesía era entonces simplemente —como para infinitas gentes lo es todavía hoy— la letra de sus canciones, y sólo considerándola bajo tal aspecto puede ser entendida. Piénsese primero que, a falta de otras diversiones, el pueblo

---

[13] *El Cancionero de Abén Guzmán*, Madrid, 1933. Cfr.: E. García Gómez, "Abén Guzmán, una voz en la calle", en *Cinco poetas musulmanes. Biografías y estudios*, Buenos Aires, 1944.

[14] *Das origens da poesia lírica em Portugal*, Lisboa, 1929.

[15] "Zur Formenlehre des provenzalischen Minnesangs", en *ZRPh*, LIII, 1933, páginas 151-171.

[16] Véanse las obras citadas en la nota núm. 1.

de aquellas épocas debió sentir la necesidad del canto y de la danza como medio irrenunciable de esparcimiento; ahora mismo, en nuestros días, sobre todo en ciertos medios populares y en especial entre las gentes andaluzas, como alivio del tedio o del trabajo salta la canción, y ella sola es un motivo de fiesta. Todavía más: la poesía, letra de un cantar, brota instintiva e inevitablemente en circunstancias innumerables de la vida; la inspira la ociosidad de los cuarteles o de los campamentos, las fiestas cívicas o religiosas, la soledad del campo o sus tareas, la presencia o la nostalgia del ser amado, el gozo de una victoria, la alegría reposada o báquica, las romerías, la vela de las guardas, la ronda nocturna. La poesía así entendida inunda la vida toda, brota en los labios de cualquiera como expresión espontánea cada vez que se enciende una chispa de emoción y forma como un caudal inagotable de sentimiento lírico popular. Si la épica, como vimos, necesitó para su difusión del vehículo de los juglares, no cabe negar que éstos fueron también parte muy importante para crear y difundir la lírica (como elemento que era de diversión que ellos monopolizaban), pero creemos que en proporción infinitamente menor; cualquiera podía inventar o repetir en infinitas circunstancias la letra de una copla. De aquí la existencia de un inmenso sustrato de lírica popular, tradicionalmente conservada e incesantemente renovada, que es necesario suponer aunque falten los textos que nos la muestren. Así lo afirma Menéndez Pidal al sostener para la lírica las mismas ideas de la teoría tradicionalista, que había defendido para la épica: "Hay que pensar —escribía en uno de sus primeros trabajos sobre la lírica castellana— que todo género literario que no sea una mera importación extraña, surge de un fondo nacional, cultivado popularmente antes de ser tratado por los más cultos... La indígena popular está siempre como base de toda la producción literaria de un país, como el terreno donde toda raíz se nutre, y del cual se alimentan las más exóticas semillas que a él se lleven. La sutileza de un estudio penetrante hallará lo popular casi siempre, aun en el fondo de las obras de arte más personal y refinado"[17]. A falta de textos concretos, Menéndez Pidal aducía en el citado estudio diversos testimonios, sacados de las crónicas, en que se daban noticias de cantos populares entonados con diversos motivos, en especial con ocasión de triunfos militares; y todos ellos datan de fechas muy remotas, anteriores incluso a la redacción del *Poema del Cid* y, por tanto, también anteriores a la fecha admitida para el comienzo de la poesía provenzal.

En un estudio posterior, *Poesía árabe y poesía europea*, Menéndez Pidal hace hincapié en que el zéjel inventado por Mucáddam es un producto híbrido de las culturas árabe y románica, tanto por sus caracteres métricos (el estribillo, característico del zéjel, es un elemento extraño a la poesía árabe) como por los temas en que se ejercita; lo que conduce a admitir la previa existencia de una primitiva lírica popular nacida en el mismo suelo andaluz, cantada

---

[17] *La primitiva lírica castellana*, ed. citada, págs. 755-756.

por las gentes mozárabes. Menéndez Pidal prueba luego la amplísima difusión lograda por el zéjel en todo el mundo arábigo, y a su vez en todos los países de la Romania, en circunstancias que explican perfectamente su influjo sobre la misma poesía del duque de Aquitania, autor de varias composiciones de innegable carácter zejelesco (cinco entre las once suyas conservadas): "La canción árabe andaluza —escribe—, apadrina así el nacimiento de la poesía lírica de las naciones modernas de Europa" [18].

Estas deducciones habían sido negadas por los provenzalistas basándose, como vimos, en dificultades de orden cronológico, pero también porque —según ellos— existen profundas diferencias entre la ideología amorosa de la lírica árabe y de la europea, ya que aquélla, frente al "amor cortés" de ésta, cultiva los temas escabrosos e incluso obscenos. Pero, dice Menéndez Pidal, "después de publicados los estudios de Asín sobre Abén Házam de Córdoba, después de divulgada la traducción de Abén Guzmán y del mismo Abén Házam por Nykl, después de los estudios de García Gómez sobre los poetas arábigo-andaluces [19], después del libro de H. Pérès [20] sobre la poesía andaluza en árabe clásico, es insostenible la creencia de un amor exclusivamente sensual en la poesía árabe, antípoda del amor cortés" [21]. Y luego de aducir repetidas muestras de esta ideología amorosa en la lírica árabe —sobre la condición real de la mujer musulmana, la superioridad de la amada, la obediencia y servicio amoroso, el gozo en el amor sin recompensa, el dulce sufrimiento de amor—, concluye: "Bastan las comparaciones hechas para establecer una relación histórica entre la canción andaluza, cuyo primer poeta aparece a fines del siglo IX, y la canción provenzal, cuyos primeros cultivadores escriben en los comienzos del siglo XII. La concepción idealista del amor data en la literatura árabe oriental desde los tiempos preislámicos; los poetas andaluces la frecuentan y desarrollan cantando, desde el mismo siglo IX, el poder dignificador que el amor tiene en sus esclavos. Estas ideas no aparecen en las literaturas románicas hasta el tiempo de los primeros trovadores del siglo XII. Debemos reconocer que entre ambas literaturas hay relaciones tan singulares y tan únicas que son inexplicables sin un influjo de la una sobre la otra" [22].

---

[18] *Poesía árabe y poesía europea,* ed. citada, pág. 530.

[19] Alude Menéndez Pidal a la obra del mencionado autor titulada *Cinco poetas musulmanes. Biografía y estudios* (citada en nota 13) y también a los *Poemas arábigo-andaluces,* precedidos de un capital estudio (1.ª ed., Madrid, 1930, 3.ª ed., Madrid, 1949). Véase, asimismo, del propio García Gómez, *Poesía arábigo-andaluza (Breve síntesis histórica),* Madrid, 1952; y su edición de *Ibn Hazm de Córdoba, 'El collar de la paloma. Tratado sobre el amor y los amantes',* traducción de Emilio García Gómez, prólogo de José Ortega y Gasset, Madrid, 1952; 2.ª ed., 1967.

[20] Alude a la obra del mencionado autor, *La poésie andalouse en arabe classique au XIème siècle,* París, 1937; 2.ª ed., 1953.

[21] *Poesía árabe y poesía europea,* ed. cit., pág. 550.

[22] Idem, íd., págs. 554-555. Cfr.: Edmond Faral, *Les Arts poétiques du XIIe et du XIIIe siècle,* París, 1923. M. Rodrigues Lapa, *Das origens da poesia lírica em Portugal na*

EL DESCUBRIMIENTO DE LAS "JARCHAS" ROMANCES

Hasta hace unos pocos años los testimonios de los historiadores árabes citados sobre el carácter de la estrofa zejelesca y de la inclusión en ella de voces o frases romances populares habían encontrado tan sólo una solitaria y mínima confirmación: el zéjel número 82 del *Cancionero de Abén Guzmán*, única colección de zéjeles manejables, en el cual se incluye un verso entero romance, perteneciente sin duda a una "albada" mozárabe, "por donde vemos —dice Menéndez Pidal— que el género literario de la albada era popular entre los cristianos de Andalucía, medio siglo antes que se escribiesen las primeras albadas provenzales hoy conservadas, las cuales pertenecen a fines del siglo XII" [23].

La prueba era importante, pero manifiestamente escasa, y todos los esfuerzos de los investigadores para ampliarla habían fracasado.

Pero en 1948 el hebraísta S. M. Stern dio a conocer un sensacional hallazgo: veinte moaxajas hebreas [24], imitadas en todo de las árabes, provistas de versos finales en lengua romance muy arcaica; estos versos finales es lo que se denomina *jarchas* [25]. Poco después el mismo Stern dio a conocer una

---

Idade-Média, Lisboa, 1929. Carolina Michaëlis de Vasconcelos, *Das origens da poesia peninsular*, Lisboa, 1931. Guido Errante, *Sulla lirica romanza delle origini*, New York, 1943. Del mismo, *Marcabru e le fonti sacre dell'antica lirica romanza*, Florencia, 1946 (Errante defiende, en general, contra las teorías que exponemos en estas páginas, el decisivo influjo que la poesía en latín ejerce sobre el nacimiento de las literaturas romances). A. González Palencia, *Moros y cristianos en la España Medieval*, Madrid, 1945. Claudio Sánchez-Albornoz, *La España Musulmana, según los autores islamitas y cristianos medievales* (importante colección de textos), 2 vols., Buenos Aires, 1946. Pierre Balperron, *La joie d'amour. Contribution à l'étude des troubadours et de l'amour courtois*, París, 1948.

[23] *La primitiva lírica hispana y los orígenes de las literaturas románicas*, ed. citada, pág. 502.

[24] "Les vers finaux en espagnol dans les *muwaššahs* hispano-hébraïques. Une contribution à l'histoire du *muwaššah* et à l'étude du vieux dialecte espagnol 'mozarabe'", en *Al-Andalus*, XIII, 1948, págs. 299-346; reeditado en forma más completa bajo el título de *Les chansons mozarabes: les vers finaux ('kharjas') en espagnol dans les 'muwashshahs' arabes et hébreux*, Palermo, 1953; 2.ª ed. (reimpresión), Oxford, 1964. Cfr.: José María Millás Vallicrosa, "Sobre los más antiguos versos en lengua castellana", en *Sefarad*, VI, 1946, págs. 362-371. Francisco Cantera, "Versos españoles en las *muwaššahas* hispanohebreas", en *Sefarad*, IX, 1949, págs. 197-234.

[25] Para la adaptación al castellano de los términos "muwashshaha" y "jarcha" han sido propuestas diversas formas, ninguna de las cuales ha sido todavía unánimemente aceptada; en nuestro texto usamos, como quedó dicho, los vocablos "moaxaja" y "jarcha", propuestos por García Gómez. Pero adviértase que este mismo arabista en sus trabajos más antiguos se sirve todavía de las palabras árabes; lo que explica las diferencias de sus distintos textos citados.

moaxaja árabe con su correspondiente "jarcha" romance [26]. El más antiguo poeta de aquellas moaxajas hebreas, Yósef el Escriba, pertenece a la primera mitad del siglo XI; otros, como Mosé ben Ezra y Judá Ha-Leví, a la segunda mitad del XI y comienzos del XII [27]. Al menos la composición de Yósef el Escriba (n. 18 de la colección de Stern) se supone escrita antes de 1042. "Si fuera así —dice Dámaso Alonso—, se trataría no sólo del texto poético más antiguo —con mucho— en romance español (anterior un siglo a la fecha atribuida por Pidal al *Poema del Cid),* sino —también con mucho— del más antiguo texto lírico de la Romania y de Europa: enormemente anterior al primer trovador provenzal, Guillermo de Poitiers" [28]. Se comprende, pues, el valor, verdaderamente sensacional, del descubrimiento de estas moaxajas, que vienen a confirmar plenamente las teorías de Ribera, luego defendidas por Menéndez Pidal: "así —dice este sabio investigador—, el estado latente de la primitiva lírica española ha perdido de un golpe dos siglos" [29].

Dos siglos que quizá pueden ampliarse todavía. En el citado comentario sobre el descubrimiento de Stern, y ampliando ideas de éste, Dámaso Alonso puntualiza el hecho de que los versos de las "jarchas" estaban tomados de poesías populares en romance, y que estos versos formaban la base métrica y musical sobre la que se construía la moaxaja. "Todo hace pensar —dice— que esta lírica de las jaryas es el punto de nacimiento de las muwaššahas y no viceversa. Y entonces se vislumbran profundidades cronológicas verdaderamente alucinantes" [30]. Y añade luego: "Digámoslo de una vez: el centro de interés debe desplazarse del zéjel al villancico. Estos ejemplos de villancicos mozára-

---

[26] "Un *muwaššah* arabe avec terminaison espagnole", en *Al-Andalus,* XIV, 1949, páginas 214-228.

[27] Cfr.: José María Millás Vallicrosa, *La poesía sagrada hebraico-española,* Madrid, 1940; del mismo, *Yĕhudá ha-Leví como poeta y apologista,* Madrid-Barcelona, 1947.

[28] "Cancioncillas 'de amigo' mozárabes", en *Primavera temprana de la literatura europea,* Madrid, 1961, págs. 26-27. Este trabajo —comentario y estudio de los descubrimientos de Stern— apareció, a poco de publicados éstos, en *Revista de Filología Española,* XXXIII, 1949, págs. 297-349. Importa sobremanera destacar esta fecha, porque fue precisamente este comentario el que atrajo la atención sobre el hallazgo de Stern, pero sobre todo porque valoró bajo el punto de vista de la historia literaria lo que aquél tenía de sensacional, y extrajo, con asombrosa intuición, las conclusiones que estudios posteriores han dejado confirmadas. El mismo García Gómez lo ha proclamado así con ejemplar sinceridad: "Debo advertir —escribe—, porque es importante, que ni el autor del artículo, ni su editor, que era yo, ni incluso don Ramón Menéndez Pidal, a quien se consultó por indicación de Stern antes de la publicación, nos dimos entonces cuenta de toda la trascendencia literaria del sensacional descubrimiento. ¡Tal es el deslumbramiento que la novedad inesperada produce! Nos fijamos sólo de momento en el aspecto puramente filológico. El primer toque de atención sobre la mencionada trascendencia literaria vino acaso de Dámaso Alonso en su artículo..." *(La lírica hispanoárabe y la aparición de la lírica románica,* cit. Las palabras transcritas son de la página 307).

[29] *La primitiva lírica hispana...,* citada, pág. 513.

[30] *Cancioncillas 'de amigo' mozárabes,* ed. cit., pág. 53.

bes del siglo XI, puestos al lado de toda la tradición castellana tardía, prueban perfectamente que el núcleo lírico popular en la tradición hispánica es una breve y sencilla estrofa: un villancico. En él está la esencia lírica intensificada: él es la materia preciosa. Sobre él puede formarse una muwaššaha o un zéjel árabe en el siglo XI o XII, una glosa zejelesca en castellano en el XIV o en el XV, o una nueva glosa en el XVII. Él es precisamente lo que da una prodigiosa unidad a la poesía tradicional castellana. La glosa es el metal del engaste. El villancico es la piedra preciosa que, por su concentradísima brevedad, necesita ser engastada. Es posible que esto no lo puedan comprender o sentir bien investigadores extranjeros. Apelo a cualquier español de sensibilidad. El centro de interés de la investigación sobre lírica española ha de ser el villancico. El desenvolvimiento (o, más bien, "envolvimiento") zejelesco es, aunque muy interesante, secundario"[31]. Admitiendo, pues, la existencia previa de un núcleo romance, ya tradicional, como base de las moaxajas, la antigüedad de la lírica se puede suponer insospechadamente dilatada.

La mayoría de las "jarchas" son estrofas amatorias puestas en boca de una muchacha enamorada, que invoca como confidente de su desahogo amoroso a su madre o, en ocasiones, a sus hermanas; condición que emparenta estrechamente estas composiciones con las llamadas "canciones de amigo" de la lírica gallega. Lo cual plantea la posibilidad de que ésta última —hasta en sus formas más arcaicas— tenga también su origen en la lírica mozárabe andaluza; problema muy debatido aún. Se viene admitiendo —sobre todo entre los investigadores más recientes— la necesidad de una ascendencia tradicional, autóctona y popular, en la región gallega, sobre la que habría venido luego a posarse la corriente trovadoresca provenzal con sus artificiosos preciosismos. Pues bien, este sustrato tradicional pudo ser muy bien —o haberlo, al menos, provocado— la lírica mozárabe: "comprobada —dice Dámaso Alonso— la existencia de una lírica popular de amigo en la España mozárabe de los siglos XI y XII, ésta ha de ser considerada como uno de los ascendientes de la lírica gallego-portuguesa"[32], que no ha podido documentarse por el momento más allá del año 1200. Tampoco esto excluye la posibilidad de que "el lirismo gallego-portugués de los cancioneros naciera de esos dos progenitores: tradición de la canción de amigo mozárabe y tradición de una lírica arcaica gallega. No hay imposibilidad de admitir que hechos semejantes (herencia de la unidad visigótica) ocurrieran en el Sur y en el Norte: que hubiera lirismo "de amigo" a la par en mozarabía y en Galicia"[33], pero hoy por hoy, sólo el mozárabe es un hecho comprobado.

Del mismo modo es posible también admitir la existencia de una lírica tradicional, autóctona y espontánea, en cualquiera de los otros países románicos; sólo que no tuvieron, como en Andalucía, ninguna cultura superior que incor-

---

[31] Ídem, íd., págs. 61-62.
[32] Ídem, íd., pág. 70.
[33] Ídem, íd., pág. 71.

porara a formas más perfectas, dignas de conservarse por escrito, aquellos balbuceos primitivos y de ese modo los salvara para la posteridad, como ha sucedido con las moaxajas: auténticos frascos de alcohol, según las llama Dámaso Alonso.

La relación, ahora ya bien visible, entre la lírica mozárabe y la gallego-portuguesa de un lado, y la castellana de otro, ha venido a dar coherencia y sentido a los orígenes de toda la lírica peninsular. "Las tres ramas —dice Menéndez Pidal—, que antes se veían asociadas sólo conjeturalmente, conjetura impugnada por la crítica individualista, aparecen ahora, con gran evidencia, como un conjunto dotado de unidad y continuidad tradicional"[34].

Los descubrimientos de Stern habían hecho ya posible replantear por entero el problema de nuestra lírica primitiva y llegar a las conclusiones básicas que hemos dejado expuestas. Pero el camino ha proseguido, y al penetrar en el campo de la lírica árabe ha quedado abierto un paisaje de insospechables posibilidades.

Hemos dicho que el propio Stern dio a conocer también el hallazgo de una sola jarcha en una moaxaja árabe. Ahora bien: el arabista Emilio García Gómez publicó en 1952 veinticuatro jarchas romances pertenecientes a otras tantas moaxajas árabes, contenidas en el manuscrito de Ibn Bushrà, propiedad del sabio francés G. S. Colin[35]. A ellas añadió otras dos, extraídas del mismo manuscrito, que publicó en 1954[36]; ha podido conocer otras catorce más, contenidas en un texto de Ibn al-Jatib; y otra, ignorada hasta entonces, de Ibn Quzman. Habida cuenta que algunas de estas jarchas están repetidas en diferentes moaxajas, árabes o hebreas, el número total de las conocidas hasta hoy es el de cuarenta y tres. García Gómez no había podido dar a conocer en un principio el texto de las jarchas unido a sus moaxajas correspondientes, "defecto fundamental" que él mismo lamentaba. Pero, al fin, en su más reciente libro —*Las jarchas romances de la serie árabe en su marco*, Madrid, 1965—, ha publicado íntegra la serie de moaxajas con sus jarchas hasta el momento descubiertas; primera obra de esta naturaleza que ha visto la luz.

La existencia de tan considerable material ha permitido ahondar extraordinariamente en las investigaciones, y si por una parte ha multiplicado los problemas, hace posible a la vez llegar a conclusiones muy importantes. Algunas de ellas fueron ya formuladas por García Gómez en 1956[37]. De esta comunicación extraemos algunos puntos principales:

---

[34] *La primitiva lírica hispana...*, ed. cit., pág. 513.
[35] "Veinticuatro jaryas romances en muwaššahas árabes", en *Al-Andalus*, vol. XVII, fasc. I, 1952, págs. 57-127.
[36] "Dos nuevas jaryas romances (XXV y XXVI) en muwaššahas árabes (ms. G. S. Colin)", en *Al-Andalus*, vol. XIX, fasc. II, 1954, págs. 369-391.
[37] *La lírica hispano-árabe y la aparición de la lírica románica*, cit. Este trabajo constituyó la ponencia leída por su autor en el XII "Convegno Internazionale Volta", Roma-Florencia, mayo-junio de 1956, reproducida luego en *Al-Andalus*, cit., nota 11.

"Hemos llegado probablemente a captar el secreto del género llamado *muwaššaha*, que consiste en ser una composición donde lo esencial es la *jarỹa*. La 'estrofa zejelesca' —la estructura general del poema— ha perdido para nosotros interés. El zéjel ha pasado de momento a segundo término. El primer término y el interés lo ocupan las *jarỹas*" [38] (palabras que, después de las de Dámaso Alonso arriba transcritas, no necesitan aclaración, dado que vienen a confirmar sus intuiciones).

"En las *jarỹas* romances podemos ver una milagrosa supervivencia de la poesía romance preexistente a las *muwaššahas* de que hablaba Ribera" [39].

"¿Cómo era esta poesía lírica *al estilo de los cristianos*? Para mí —que acepto su supervivencia en las *jarỹas* romances y la utilizo aquí en hipótesis de trabajo— era una poesía en piezas sumamente cortas, como las *jarỹas* a que aludo: cancioncillas de dos, tres, cuatro o muy pocos versos más, de aire popular y tono lírico. El que fueran tan breves no es raro. Hoy todavía la poesía popular española, en casi todas las regiones, se expresa en *coplas* de estas dimensiones, como antes estuvo representada por lo que llamamos *villancicos*" [40].

"La *muwaššaha* resulta así un género híbrido, de compromiso, de un lado entre poesía árabe y poesía romance, al fin fundidas; de otra parte, entre un género culto y otro popular. Para entendernos: es algo así como las *glosas* o las *letrillas* que tanto abundan en nuestros cancioneros o en nuestros mejores clásicos sobre *villancicos* antiguos populares, o, más modernamente, como esas canciones actuales españolas, tan divulgadas, en que una *copla* muy conocida aparece como estribillo de unas variaciones o historias inventadas por el poeta contemporáneo. Diríamos, pues, que la *muwaššaha* es obra de unos folkloristas *avant la lettre*, y estos folkloristas habrían sido —artífices de una audaz fusión— árabes más bien de tendencia aristocrática, pero aficionados a las cosas populares, según una tendencia *plebeyizante* (sin dar al término el menor sentido peyorativo) que ha constituido y sigue constituyendo una de las constantes de la cultura española" [41].

"No son [las jarchas] simples frases, destinadas a dar un colorido local o exótico, ni una simple algarabía (a pesar de las dificultades que su desciframiento presenta), sino diminutas y autónomas criaturas de arte, todas bellas, algunas de subidos quilates, que aún pueden hacer vibrar a oyentes españoles, quienes por tradición y por sentido de la lengua materna tienen voto de calidad en la materia" [42].

La afirmación de que las jarchas eran fragmentos de poesía popular ha provocado discusiones y hasta tajantes negativas por parte, sobre todo, de algu-

---

[38] Ídem, íd., pág. 309.
[39] Ídem, íd., pág. 309.
[40] Ídem, íd., págs. 310-311.
[41] Ídem, íd., pág. 314.
[42] Ídem, íd., pág. 320.

nos arabistas no españoles; algunas jarchas permiten suponer cierta reelaboración a cargo de poetas árabes cultos, y puede que hasta la total invención de la pequeña pieza poética. Quienes no comparten, o no han entendido quizá, la teoría propuesta por don Ramón Menéndez Pidal sobre la "poesía tradicional", han querido ver en las jarchas una invención culta y negado, por tanto, la autenticidad —entiéndase la existencia— de tales cancioncillas mozárabes. En su reciente libro, García Gómez ha tenido que aclarar nuevamente la debatida cuestión. Por su importancia y porque viene, una vez más, a puntualizar la "teoría tradicionalista", permítasenos aducir tan importante testimonio, aun a riesgo de excedernos en las citas: "Modesta pero firmemente sostengo, al lado de muchos otros estudiosos —escribe García Gómez—, que las jarchas constituyen —sin meternos ahora en precisiones— una rama de la literatura romance; que son la comprobación palmaria de la existencia, genialmente postulada por Ribera, de *una literatura romanceada* en al-Andalus, cada vez más afirmada además por otras fuentes, y que entran, en su génesis, en su estructura y en su desenvolvimiento, dentro de lo que Menéndez Pidal ha definido como *poesía tradicional*... No hay que pensar en que las jarchas —con arreglo a la vieja idea romántica— hayan nacido *del pueblo mismo*. No; tienen un autor concreto e individual. Naturalmente, no hay por qué creer que son una *poesía femenina* en el sentido de que estén compuestas por las mismas mujeres en cuya boca se ponen. No; se trata seguramente de una convención. Puede discutirse que hayan nacido en un medio urbano o rural: daría lo mismo. ¿Que han intervenido en ellas poetas cultos? Evidentemente; poetas cultos han recogido tal cual éstas, han modificado aquéllas y han inventado, sin duda, algunas, dentro del estilo popular ciertas veces, y otras saliéndose un poco del estilo, conscientemente o a pesar suyo. En poesía tradicional apenas cuentan las diferencias entre poeta popular y poeta culto, porque son diferencias que la poesía tradicional supera o integra, como tampoco cuentan mucho en ella las variaciones de época, porque la poesía tradicional tiene una cáscara muy fija y resistente al paso del tiempo. Sus piezas son piedras que arrastra el río del lenguaje: piedras duras, aunque cada vez más redondas y con menos aristas, o, al revés, a fuerza de rodar, rotas o desconchadas. ¿Qué es, pues, lo esencial en la poesía tradicional? De un lado, el tratarse de géneros —tan convencionales como se quiera— de una extraordinaria duración de vigencia (patente en toda la literatura hispánica), porque no son géneros mantenidos por individuos, sino por la colectividad. De otro lado, el importantísimo problema de la *autoría*. Los poetas que componen en el estilo tradicional pueden ser indoctos o doctos; los unos ascienden y los otros descienden... hasta coincidir en un mismo nivel o terreno intermedio: un gusto *plebeyo* (en el buen sentido del vocablo) y *común*. La *comunidad* es esencial. El autor, sea popular o culto, se desentiende de su obrilla, porque la entrega, como anónima, a la *comunidad*. A este requisito ha de añadirse otro: que la *comunidad* prohije esa obrilla y la considere suya. Cumplidas ambas condiciones y cerrado el toma y daca, la obrilla queda ahí, como bien mostrenco, a la disposición de todos. Todos pueden usarla, manosearla, modificarla, pulirla, deformarla, transmitirla, gastarla. Es un ejido poético" [43].

Ya antes, en la citada comunicación, buscando una aclaración a su tesis con ejemplos más próximos, García Gómez se había referido a la semejanza —más bien identidad— existente entre las jarchas y los pequeños poemas utilizados o glosados por los grandes poetas de los siglos áureos: "Tal villancico o estribillo que encontramos en Lope de Vega, en Góngora o en Tirso, ¿es un poemilla popular tal como corría entre el pueblo, ha quedado modificado en alguna medida por el gran poeta que lo emplea, o ha sido incluso inventado por él en el estilo tradicional? ¡Qué difícil resulta decidirlo! Pues bien, remontémonos unos siglos, pasemos del mundo cristiano al árabe, pongamos *jarŷa* en vez de *villancico*, y al Ciego de Tudela, a Ibn Baqi o al Kumayt donde antes decíamos Lope, Góngora o Tirso, y la situación es exactamente la misma" [44].

---

[43] *Las jarchas romances de la serie árabe en su marco*, cit., págs. 34-36.
[44] *La lírica hispano-árabe...*, cit., pág. 327. Otros trabajos de Emilio García Gómez sobre aspectos diversos en relación con las jarchas o los orígenes de la lírica romance: "Sobre el nombre y la patria del autor de la muwaššaḥa", en *Al-Andalus*, II, 1934, págs. 215-222. "Dos notas de poesía comparada (sobre la técnica del *tasmīt*)", en *Al-Andalus*, VI, 1941, págs. 401-410. "El apasionante cancionerillo mozárabe", en *Clavileño*, I, 1950, págs. 16-21. "Nuevas observaciones sobre las jarŷas en muwaššaḥas hebreas", en *Al-Andalus*, XV, 1950, págs. 157-177. "Sobre un posible tercer tipo de poesía arábigo-andaluza", en *Estudios dedicados a Menéndez Pidal*, II, Madrid, 1951, págs. 397-408. "La muwaššaḥa de Ibn-Baquī de Córdoba", en *Al-Andalus*, XIX, 1954, págs. 43-52. "Una pre-muwaššaḥa atribuida a Abū Nuwās", en *Al-Andalus*, XXI, 1956, págs. 406-414. "Las jarŷas mozárabes y los judíos de *Al-Andalus*", en *Boletín de la Real Academia Española*, XXXVII, 1957, págs. 337-394. "Una muwaššaḥa andaluza 'con eco'", en *Studia Philologica. Homenaje ofrecido a Dámaso Alonso*, vol. II, Madrid, 1961, páginas 73-78.

Los estudios sobre las jarchas y los problemas suscitados en torno a los orígenes de la lírica romance componen ya una bibliografía tan crecida que rebasa las posibilidades de estas notas; recogemos tan sólo a continuación algunos de los trabajos de mayor interés sobre dicha materia: Ettore Li Gotti, "Precisazioni sullo strambotto", en *Convivium*, 1949, págs. 698-708. Del mismo, "Postilla sullo strambotto", en *Annali del Museo Pitrè*, anni II-IV, 1951-1953, págs. 3-8. Del mismo, *La Tesi arabe sulle Origini della lirica romanza*, Palermo, 1955. W. Hoenerbach, "La teoría del 'zejel' según Safī al-Dīn Hillī", en *Al-Andalus*, XV, 1950. Emilio Alarcos Llorach, "Sobre las jarŷas mozárabes", en *Revista de Letras*, Universidad de Oviedo, 1950, págs. 297-299. Del mismo, "Una nueva edición de la lírica mozárabe", en *Archivum*, Oviedo, III, 1953, págs. 242-250. Theodor Frings, "Altspanische Mädchenlieder aus des Minnesangs Frühling, anlässlich eines Aufsatzes von Dámaso Alonso", en *Beiträge zur Geschichte der deutschen Sprache und Literatur*, 73 Band, 1951. P. F. Ganz, "The *Cancionerillo mozárabe* and the origin of the middle high german *frauenlied*", en *Modern Language Review*, XLVIII, 1953, páginas 301-309. E. Lévi-Provençal, "Le *zaǧal* hispanique dans le Mugrib d'Ibn Sa<id", en *Arabica*, enero 1954, págs. 44-52. Del mismo, "Quelques observations à propos du déchiffrement des ḫarǧas mozarabes" y "Les vers arabes de la chanson V de Guillaume

EL GÉNERO DE LOS "DEBATES"

Aludimos arriba a la existencia, en la lírica provenzal, de un género poético denominado "recuesta" (también "tensó" o "partiment"), en que gustaban de ejercitar su ingenio los poetas cortesanos de aquella región. Afín con este géne-

---

IX d'Aquitaine", en *Arabica,* mayo 1954, págs. 201-208 y 208-211. Aurelio Roncaglia, "Di una tradizione lirica pretrovadoresca in lingua volgare", en *Cultura Neolatina,* XI, 1951, págs. 213-249. Del mismo, *La lirica arabo-ispanica e il sorgere della lirica romanza fuori della Peninsola Iberica,* leído en el Coloquio Volta de 1956, publicado en 1957. Del mismo, *Poesie d'amore spagnole d'ispirazione melica popolaresca. Dalle "kharge" mozarabiche a Lope de Vega* (antología y comentarios), Módena, 1953. Juan Corominas, "Para la interpretación de las jarchas recién halladas", en *Al-Andalus,* XVIII, 1953, págs. 140-148. Pierre Le Gentil, *Le virelai et le villancico. Le problème des origines arabes,* París, 1954. Del mismo, "Discussions sur la versification espagnole médiévale", en *Romance Philology,* XII, 1958, págs. 1-32. Del mismo "La strophe zadjalesque, les kharjas et le problème des origines du lyrisme roman", en *Romania,* LXXXIV, 1963, págs. 1-27 y 209-250. Eugenio Asensio, "Los cantares paralelísticos castellanos: tradición y originalidad", en *Revista de Filología Española,* XXXVI, 1953, págs. 150-167. Del mismo, *Poética y realidad en el cancionero peninsular de la Edad Media,* Madrid, 1957. Alessandro Bansani, "La tradizione araboislamica nella cultura europea", en *Humanitas* (Brescia), 1957, págs. 809-928. Francisco Cantera, *La canción mozárabe,* Santander, 1957. S. Pellegrini, *Studi su trove e trovatori della prima lirica ispano-portoghese (postilla sur les 'khardjas'),* Bari, 1959. Margit Frenk Alatorre, "Glosas de tipo popular en la antigua lírica", en *Nueva Revista de Filología Hispánica,* XII, 1958, págs. 301-334. Rodolfo A. Borello, *Jaryas andalusies,* Bahía Blanca, 1959. R. R. Bezzola, *Les origines et la formation de la littérature courtoise en Occident (500-1200),* tres vols., París, 1958 y 1960. Ramón Menéndez Pidal, "La primitiva lírica europea; estado actual del problema", en *Revista de Filología Española,* XLIII, 1960, págs. 279-354 (luminosísimo resumen; imprescindible para el estudio de todos estos problemas). Michael S. Pincus, "The present state of research regarding the *kharjas*", en *Kentucky Foreign Language Quarterly,* VII, 1960, págs. 100-104. Irenée M. Cluzel, "Les jaryas et l'amour courtois", en *Cultura Neolatina,* 1960, págs. 1-18. Max Aub, "Orígenes de la poesía lírica española", en *Humboldt,* año 7, núm. 27, 1960, págs. 68-75. Rafael Lapesa, "Sobre el texto y lenguaje de algunas jarchyas mozárabes", en *Boletín de la Real Academia Española,* XL, 1960, págs. 53-65. Del mismo, "¿Amor cortés o parodia? A propósito de la primitiva lírica de Castilla", en *De la Edad Media a nuestros días,* Madrid, 1967, págs. 48-52. Henri Davenson, *Les Troubadours,* París, 1961. Demetrio Gazdaru, "La más antigua jarya mozárabe. Nueva transcripción e interpretación", en *Filología,* IX, 1963, págs. 69-77. Leo Spitzer, "La lírica mozárabe y las teorías de Theodor Frings", en *Lingüística e historia literaria,* 2.ª ed., Madrid, 1961, págs. 55-86. Sylvestre Fiore, "Arabic traditions in the history of the Tuscan Lauda and Ballata", en *Revue de Littérature Comparée,* XXXVIII, 1964, págs. 5-17. Brian Dutton, "Some new evidence for the romance origins of the *muwashshahas*", en *Bulletin of Hispanic Studies,* XLII, 1965, págs. 73-81. James T. Monroe, "The muwashshahat", en *Collected Studies in honour of Américo Castro's 80th year,* Oxford (England), 1965, págs. 335-371. Un estudio básico de todo el problema puede encontrarse en Klaus Heger. *Die bisher veröffentlichten Ḥarǧas und ihre*

ro encontramos otro tipo de "debates" de especie más dialéctica, que no se producía por separado entre dos poetas que enfrentaban su habilidad, sino entre sujetos diferentes dentro de una composición única. Estos poemas no fueron sólo patrimonio del mundo provenzal, sino muy difundidos por todas las naciones de la Europa cristiana, sobre todo en los tiempos de la plenitud de la Escolástica; y gozaron de idéntica difusión en la literatura latina de la época y en el mundo árabe. "La disputa —dice Menéndez Pidal—, como armazón para desarrollar un tema literario, pertenece a la literatura universal"[45].

Estas disputas o debates podían tener lugar entre personas reales, de carne y hueso, o entre abstracciones y seres de carácter alegórico a los que se atribuían condiciones humanas. La boga de estas discusiones se ha prolongado —según recuerda el citado autor— hasta nuestros mismos días "en los pliegos de cordel que se venden aún en las aldeas y en las plazas de los suburbios"[46]; en la época barroca, tan inclinada a la dialéctica y la alegoría, los temas de las viejas disputas volvieron a encarnar con frecuencia bajo formas dramáticas.

Las "disputas" —según habremos de indicar en el capítulo correspondiente— han sido consideradas por algunos investigadores entre los gérmenes que pudieron dar origen al teatro medieval, precisamente por lo que tenían de rudimentaria acción dramática, e incluso llegan a estudiarlas bajo tal aspecto. Aquí nos interesan por los abundantes elementos líricos que a su vez contienen. La literatura castellana nos ha conservado varios de esos debates.

La "Disputa del alma y el cuerpo". Esta composición debe de pertenecer a los últimos años del siglo XII o primeros del XIII. Fue encontrada en el Archivo Histórico Nacional, en un pergamino procedente del monasterio de Oña de 1201, y publicada y estudiada por Menéndez Pidal[47]. Consta de 37 versos agrupados en pareados, y está inspirada en el poema francés *Débat du Corps et de l'Ame*, versión a su vez de otro poema latino, *Rixa animae et corporis*. Su tema consiste en la discusión que entablan el cuerpo y el alma de un difunto, atribuyéndose recíprocamente la culpa de sus pecados. Adquirió difusión en todas las literaturas europeas[48], y en la castellana persistió bajo ver-

---

Deutungen, Tübingen, 1960; incluye todas las jarchas románicas publicadas hasta la fecha, con excepción de algunos pocos textos, de muy difícil interpretación, dados a conocer últimamente por Jefim Schirmann, *New Hebrew poems from the Genizah*, Jerusalén, 1965 (para estos nuevos textos véanse págs. 355, 369 y 372).

[45] "Elena y María", en *Tres poetas primitivos*, Buenos Aires, 1948, pág. 13.
[46] Ídem, íd., pág. 13.
[47] En *Revista de Archivos, Bibliotecas y Museos*, 3.ª época, tomo IV, agosto-septiembre de 1900. Había sido publicada anteriormente por Pedro José Pidal, en *Diario Español*, 22 junio 1856, y reproducida en sus *Estudios Literarios*, Madrid, 1890, págs. 133-148. J. D. M. Ford la incluye en su antología, *Old Spanish Readings*, Boston, 1939, págs. 21-22.
[48] Cfr.: Th. Batiouchkof, "Le débat de l'Ame et du Corps", en *Romania*, XX, 1891. L. E. Kastner, "Débat du Corps et de l'Ame en provençal", en *Revue des Langues Romanes*, XLVIII, 1905. A. García Solalinde, "La 'Disputa del Alma y del Cuerpo'", en

siones diferentes: en los comienzos de la escuela alegoricodantesca, fines del siglo XIV, reaparece con el título de *Revelación de un ermitaño;* influye en la *Farsa racional del libre albedrío en que se representa la batalla que hay entre el espíritu y la carne;* y penetra hasta la época de Calderón, que lo utiliza en uno de los "autos sacramentales" de su primera época, titulado *El pleito matrimonial del Cuerpo y el Alma.*

La "Razón de amor" y los "Denuestos del agua y el vino". Fueron hallados estos dos poemitas en un códice de la Biblioteca Nacional de París y publicados por Morel-Fatio en 1887 [49]; al final de ellos figura el nombre de Lope de Moros, pero, a juzgar por la fórmula empleada y el lugar de su colocación, es seguro que se trata no del autor, sino de un mero copista. Los poemas son, pues, anónimos y se suponen pertenecientes a principios del siglo XIII.

La *Razón de amor* ha venido siendo considerada desde su publicación, y hasta el descubrimiento de las "jarchas", como la primera composición lírica que se nos ha conservado en castellano. Desde sus versos iniciales el poema se nos muestra enraizado en los refinamientos de la lírica provenzal o del "dolce stil novo" de los primeros poetas toscanos. El personaje masculino, que se presenta como un poeta "que siempre dueñas amó", aparece en medio de un delicado y hermoso huerto lleno de árboles, hierbas y flores y en la proximidad de una fuente; es el momento de la siesta; el poeta toma una flor y descubre entonces a una doncella que ha preparado a su vez un vaso de vino y otro de agua, resguardándolos bajo una sombra, para ofrecérselos a su amante. La doncella, que reúne todas las prendas de la más delicada belleza, viene cantando una "canción de amigo"; el poeta la toma de la mano, y entablan un diálogo de amor, con mutuas quejas. Cuando la joven se marcha, el poeta queda desconsolado. Una paloma, que entonces aparece, derrama el agua sobre el vino y comienza con ello la segunda parte, o el segundo poema independiente; ya que la relación entre ambos ha sido diversamente estimada por los varios comentaristas [50].

Hispanic Review, I, 1933, págs. 196-207. Menéndez y Pelayo, *Antología de poetas líricos castellanos,* ed. nacional, vol. I, págs. 143-144. Manuel Alvar, "Rasgos dialectales en la *Disputa del alma y el cuerpo* (siglo XIV)", en *Strenae. Estudios de filología e historia dedicados al Profesor Manuel García Blanco,* Salamanca, 1962.

[49] En *Romania,* XVI, 1887. Han sido editados también por E. Monaci, Roma, 1891 y R. Menéndez Pidal, en *Poema del Cid y otros monumentos de la primitiva poesía española,* Madrid, 1919. M. Menéndez y Pelayo, en su *Antología de poetas líricos castellanos,* ed. citada, vol. IV, págs. 77-79, incluye sólo el primero de los poemas. Nueva edición de *Razón de Amor* junto con la disputa de *Elena y María* por Mario di Pinto, Pisa, 1959.

[50] Niegan la relación entre ambos poemas: Morel-Fatio en su edición citada, G. Petraglione, en *Studi di Filologia Romanza,* y C. Michaëlis de Vasconcelos, en *Revista Lusitana,* VII, 1902; defienden la unidad, Menéndez Pidal y E. Monaci en sus ediciones mencionadas, y Leo Spitzer, en *Romania,* LXXI, 1950; reproducido en *Sobre antigua*

Los *Denuestos* guardan notable afinidad con parecidas obras francesas o latinas, ya que el debate entre el agua y el vino es un tópico muy repetido de la literatura medieval. El agua y el vino discuten sobre sus respectivas excelencias y le reprochan al contrario sus defectos. La discusión oscila entre razones de índole muy material, con evidente intención cómica, y motivos de valor teológico; así, el vino reprocha al agua que lo estropea cuando se le acerca, y ésta alega los pésimos efectos que aquél produce en la cabeza de quien lo bebe; el vino dice luego que él puede convertirse en la sangre de Cristo, y el agua que es la materia del bautismo. Al fin, jocosamente, terminan la disputa pidiendo vino para alegrarse.

Dentro de su brevedad, la *Razón de amor* y los *Denuestos* presentan aspectos muy complejos y valores literarios de positivo interés. Al referirse a estos poemas en su *Poesía juglaresca y orígenes de las literaturas románicas*, Menéndez Pidal escribe: "Esta obra, aunque se dice rimada por un escolar que aprendió cortesía en Alemania, Francia e Italia, es de tono muy juglaresco por su metro irregular, por estar escrita en pareados, y por mezclar consonantes con asonantes. Pero a pesar de ese popularismo, es poesía muy artificiosa, tanto que se presta a muchas discusiones"[51]. Él mismo, en efecto, había dicho anteriormente que "el que escribió este poemita, a principios del siglo XIII, no aspiraba, sin duda, a ser un tipo ajuglarado, sino trovadoresco: 'Un escolar la rimó Que siempre dueñas amó, Mas siempre ovo criança En Alemania y en Francia, Moró mucho en Lombardía Por aprender cortesía'; en otro pasaje se declara 'clérigo e non cavallero', que 'sabe muito de trobar, de leyer e de cantar' "[52]. Este último aspecto ha debido de imponerse a la consideración de Menéndez Pidal, pues aunque insiste a su vez en algunos aspectos de su popularismo —"el autor se dirige indudablemente a un público abigarrado, medio cortesano o burgués, medio callejero"—[53] propone en su aludida última versión de *Poesía juglaresca* el lírico título de *Siesta de abril*, que serviría además para subrayar la unidad del poema[54]. Refiriéndose a este encanto lírico de la composición, escribe Díaz-Plaja: "Cuanto más leemos esta obrilla más valoramos, de una parte, lo que tiene de finura expresiva; de otra, lo que tiene de microcosmos temático. En su breve contexto hay lugar para la expresión del

---

poesía española, Buenos Aires, 1962, págs. 41-58. Cfr. además: T. H. Handor, "The Medieval Debate between Wine et Water", en *The Modern Language Association*, Baltimore, XXVIII, 1913. Menéndez y Pelayo, *Antología...*, citada, vol. I, págs. 144-147. A. Jacob, "The 'Razón de amor' as Christian Symbolism", en *Hispanic Review*, XX, 1952, págs. 282-301. G. Díaz-Plaja, "Poesía y diálogo. 'Razón de amor'", en *Estudios Escénicos*, V, 1960; reproducido en *Soliloquio y coloquio. Notas sobre lírica y teatro*, Madrid, 1968, págs. 15-39.

[51] Ramón Menéndez Pidal, *Poesía juglaresca y orígenes de las literaturas románicas*, Madrid, 1957, pág. 138.
[52] Ídem, íd., pág. 31.
[53] Ídem, íd., pág. 138.
[54] Ídem, íd.

sentimiento amoroso en un ciclo completo que va desde el anhelo y el presentimiento hasta el goce físico, pasando por la más emocionada ternura, sin que falte la expresión de los celos y el dolor de la separación. El retrato de cada uno de los protagonistas a través de la mirada enamorada del otro es una pura delicia, así como la sabia, lenta gradación en las etapas del reconocimiento, después del encuentro" [55].

Por su parte, Spitzer, que interpreta simbólicamente el poema, señala la originalidad del autor al fundir el debate entre el agua y el vino con el de la *Castidad* y la *Lujuria* que desarrolla en la primera parte; pero no a la manera abstracta, propia del pensamiento medieval, sino con un "debate en acción". En ambas partes queda patente la idea fundamental de la armonía de contrarios: aunque el vino y el agua disputen sin fin, alegando los *pros* y *contras* tradicionales, queda patente el hecho de que el vino y el agua, lo mismo que el desvarío y la santidad, son igualmente necesarios al mundo.

La disputa de "Elena y María". Este debate fue dado a conocer y minuciosamente estudiado por Menéndez Pidal en 1914 [56]. Se conserva en un minúsculo cuadernillo, formado por trozos irregulares de papel, de no más de seis centímetros de lado. Menéndez Pidal lo supone escrito hacia 1280, y su autor debía de proceder —según se deduce de ciertas formas lingüísticas— de tierras de León, Zamora o Salamanca. Consta la obra de 402 versos, predominantemente octosílabos, agrupados en pareados, consonantes en su mayoría.

La poesía contenida en este manuscrito refiere una disputa habida entre dos hermanas nobles o hidalgas: María, enamorada de un abad, y Elena, amiga de un caballero, sobre cual de ambos amantes es mejor.

"María estima en su clérigo la vida tranquila y regalada que lleva; come abundantemente, duerme en bien mullida cama, tiene dinero, ropas y servidores en abundancia, mulas y caballos; cuando sale de mañana a sus maitines, si hay grandes hielos, va bien envuelto en su capa forrada de pieles corderinas, y a este tenor, su amiga no carece de nada..." [57].

María satiriza a continuación al caballero amante de Elena, pero ésta "responde muy enojada que el caballero anda siempre entre nobles gentes, y recibe en palacio buena soldada con que mantiene a sus escuderos, se entretiene en los más nobles deportes, en el torneo combatiendo por el amor de su dama, en la caza de ribera con halcones persiguiendo garzas y avutardas. El clérigo es desapuesto, barbirrapado y gordo de pescuezo, que parece un sapo. Todo su trabajo

---

[55] *Soliloquio y coloquio...*, cit., pág. 36.
[56] En *Revista de Filología Española*, I, 1914, págs. 52-96. Un resumen de dicho trabajo, que incluye también el texto del poema, es el citado "Elena y María" de la nota 45. Nueva edición de Mario di Pinto (véase nota 49).
[57] "Elena y María", íd., íd., pág. 14.

> *es su salterio rezar*
> *y sus monaguillos enseñar...*" [58]

Para dirimir la disputa, ambas hermanas se encaminan a la corte del rey Oriol, "gran juez en casos amorosos"; llegadas a su presencia, en medio de una corte fastuosa animada por todo género de regocijos y bellezas, Elena comienza a defender su caso, pero a los pocos versos se interrumpe desgraciadamente el manuscrito, falto también del comienzo y con algunas lagunas en su mitad, y quedamos sin conocer el desenlace.

El tema de este "debate" había también conocido diversas versiones en varias literaturas europeas, y había sido recogido igualmente por la literatura latina medieval, a veces en poemas descaradamente satíricos —como el que describe el concilio de las monjas benedictinas del monasterio de San Romarico— o en forma mesurada y cortés, como la *Altercatio Phyllidis et Florae*, ambos escritos probablemente hacia mediados del siglo XII. La disputa de Filis y Flora fue imitada por un poeta francés que escribió —a fines del siglo XII o comienzos del XIII— *Le Juguement d'Amour*, obra que tuvo enorme éxito y fue repetidamente imitada y refundida. Una de sus imitaciones, *Hueline et Eglantine*, acentuaba mucho más los rasgos satíricos, a diferencia de *Le Juguement*, que acoge numerosos elementos decorativos y fantásticos, artificiosamente poéticos. La intención satírica del *Hueline* fue continuada e intensificada por dos poemas anglonormandos: *Florence et Blancheflour* y *Melior et Idoine*, que ya descienden a detalles de la realidad vulgar, a veces incluso grosera.

Dos aspectos distintos deben destacarse en estas disputas sobre las excelencias amorosas del clérigo y del caballero. De un lado puede verse en ellos la contraposición del mundo de las armas y el de las letras —tema que había de continuar vigente durante muchos siglos—. Así sucede con preferencia en los poemas más antiguos; todavía entonces la palabra "clérigo" se tomaba en un sentido genérico de "hombre de letras" o de "estudio", y la disputa llevaba implícita la contraposición entre la clase más culta de los letrados y la rudeza de los caballeros. Mas con el tiempo la voz "clérigo" concretó su significación en el sentido de "hombre de iglesia", con lo cual —y aquí el segundo aspecto— la disputa adquiría ya un carácter moral y se encaminaba resueltamente hacia la sátira contra las costumbres del clérigo.

El poema castellano se desenvuelve en esta última línea. De él se excluyen casi todos los elementos poéticos y decorativos de carácter incidental, y la discusión se centra sobre el tema básico, apoyándose además en numerosos detalles de la realidad inmediata, que el autor no podía tomar de ninguno de sus modelos. En esto, sobre todo, consiste la evidente originalidad del poema español. "Se coloca —dice Menéndez Pidal— a gran distancia de todas las

---

[58] Ídem, íd., pág. 15.

redacciones extranjeras, pues mientras todas ellas, más o menos, conservan el carácter de poesía refinada, artificiosa y clerical o erudita, *Elena* es poesía francamente juglaresca, de marcado tono popular, por su métrica irregular, por su desprecio del adorno postizo, por su abstención de todo afectado rebuscamiento, por su grata llaneza siempre sostenida. Esa métrica anisosilábica, esa sobriedad ornamental y ese acentuado realismo son también exponentes de caracteres perdurables en la literatura española"[59]. Y refiriéndose luego al contenido satírico del debate, añade: "Además, nuestro autor, al olvidar cuanto era posible los elementos fantásticos en que el debate andaba envuelto fuera de España, se aplica a desarrollar la sátira apicarada, atenta muy de cerca al menudo pormenor de la realidad cotidiana. Esto añade valor muy especial a *Elena y María*. La vida de un infanzón estante en córte y la de un clérigo de misa y olla en el siglo XIII, están vistas con ojos maliciosos, pintadas en sus incidentes más vulgares, como en ninguna otra parte se puede hallar durante esa centuria. En este aspecto, que interesa a la historia social y literaria, es *Elena* texto único en nuestra literatura medieval, sólo comparable a las coetáneas composiciones satíricas que en otra lengua peninsular nos ofrecen los cancioneros galaicoportugueses. El autor de *Elena*, que así nos da una primera muestra del género satírico, debe, aun por esto, ocupar un señalado lugar en la historia literaria, como temprano y muy inspirado precursor de otro poeta, grande y también ajuglarado, el genial Arcipreste de Hita, de cuyo vigor cómico tiene mucho el anónimo leonés"[60].

Insistiendo en el aspecto satírico de la "disputa", subraya Díaz-Plaja que el elogio que hace María de su amante carece de todo matiz espiritual; sólo pondera la bien provista despensa, el arca repleta y el nutrido guardarropa del clérigo, alude a los "diezmos e primencias" que gana, a la vida de "rico ome" que se da y, en general, a lo poltrón y regalado de su existencia. En cambio, ninguno de los denuestos de Elena contra el clérigo comodón alude al hecho de su barraganía o trato con mujer, costumbre, sin duda, que no debía de asombrar entre los clérigos de la época. En sus mutuos ataques —añade el citado crítico— las interlocutoras no rehuyen los insultos más violentos ni los más despiadados sarcasmos; sus reproches apuntan malignamente hacia los aspectos más desvalorizados del rival; es, pues, una actitud como la del pícaro, "cuyo rencor le lleva a presentar el aspecto menos loable de cada uno de los estamentos que conoce en su intimidad, como *desde abajo*. Y nótese que esta actitud negativa actúa sobre las dos capas sociales que regentan la sociedad de entonces: la Milicia y el Sacerdocio, lo que da la medida del alcance satírico de la obra"[61].

---

[59] Ídem, íd., pág. 33.
[60] Ídem, íd., págs. 33-34.
[61] Guillermo Díaz-Plaja, "Elena y María", en *Soliloquio y Coloquio...*, cit., págs. 41-51 (la cita es de la pág. 48). Cfr. Mario di Pinto, *Due contrasti d'amore nella Spagna medievale*, Pisa, 1959.

POEMAS HAGIOGRÁFICOS DE CARÁCTER JUGLARESCO

A la par de este género de los *debates*, se difunde, una literatura de poemas narrativos en versos cortos, sobre motivos hagiográficos. Aunque esencialmente narrativos, un perceptible contrapunto lírico da a estos poemas la peculiar tonalidad, que permite justificar su consideración en este capítulo. Asimismo, sus metros cortos les diferencian a la vez de la épica heroica y de los poemas de clerecía, aproximándolos simultáneamente al tono lírico.

Dos tan sólo de estos poemas nos han sido conservados: el *Libro de la infancia y Muerte de Jesús (Libre dels tres Reys d'Orient)* y la *Vida de Santa María Egipciaca*, pertenecientes ambos a la difundida temática de las leyendas hagiográficas, vidas de santos y relatos sacados principalmente de los *Evangelios apócrifos*.

El verso predominante en los dos poemas es el de nueve sílabas, pero con gran frecuencia el verso eneasílabo es sustituido por el de ocho sílabas, mucho más gustoso para el oído castellano, como que había de convertirse en el verso nacional. De todos modos, lo que caracteriza la métrica de estos poemas es su irregularidad. Menéndez Pidal, defensor persuadido de este carácter de nuestra poesía primitiva —épica y lírica—, presenta incluso a estos dos poemas como ejemplos representativos del verso irregular. "Los juglares españoles —dice—, aun traduciendo e imitando un metro regular francés, usaban versos de medida cambiante. En la Vida de santa María Egipciaca dominan los versos de nueve sílabas por influencia del modelo francés, aunque no les son muy inferiores en abundancia los versos de diez y los de ocho sílabas; ya son más raros los de once y los de siete; pero, en suma, el metro es irregular, siguiendo los hábitos de la poesía juglaresca española" [61 bis].

El **"Libro de la infancia y muerte de Jesús"** (Libre dels tres Reys d'Orient). Este poema, conservado junto con la *Vida de Santa María Egipciaca* en un manuscrito de El Escorial, fue publicado por don Pedro José Pidal en 1841 [62]. Consta de 242 versos agrupados en pareados. Venía titulándose *Libre dels tres Reys d'Orient*, a pesar de que apenas se ocupa de la adoración de los Reyes, sólo mencionada en unos versos del comienzo; su asunto lo constituyen diversos episodios de la infancia de Jesús, tomados en parte de los Evan-

---

[61 bis] Ramón Menéndez Pidal, *Poesía juglaresca y juglares*, Madrid, 1924, págs. 347-348.

[62] Pedro José Pidal, *Colección de algunas poesías castellanas anteriores al siglo XV, para servir de continuación a la publicada por Don Tomás Antonio Sánchez*, Madrid, 1841 (había sido ya publicado por el mismo en el año anterior en la *Revista de Madrid*, IV). Otras ediciones: Eugenio de Ochoa, *Colección de los mejores autores españoles antiguos y modernos*, París, 1842. F. Janer, *Poetas castellanos anteriores al siglo XV*, en BAE, vol. LVII, Madrid, 1864; nueva ed., 1952. Edición facsímil del manuscrito, Nueva York, 1904.

gelios apócrifos. Manuel Alvar, en su edición de 1965 [63], ha propuesto el cambio de título, que adoptamos. He aquí la línea argumental del poema. Al regresar los Reyes a Oriente sin darle cuenta a Herodes, éste ordena degollar a los niños recién nacidos, y la Sagrada Familia huye a Egipto, pasaje que constituye la parte central del poema; durante el viaje, la Sagrada Familia es apresada por dos bandoleros, uno de los cuales quiere dar muerte al Niño, pero el otro lo salva e invita a los fugitivos a pasar la noche en su cueva. El hijo de este piadoso bandolero, enfermo de lepra, sana al bañarse en la misma agua que ha servido para Jesús, y, andando el tiempo, viene a ser Dimas, el "buen ladrón" que es crucificado a la derecha de Cristo en el Calvario, mientras que el hijo del bandolero que quiso matar al Niño es Gestas, crucificado a su izquierda.

Aun desde mucho antes de su publicación se ha venido insistiendo en que el *Libro de la infancia y muerte de Jesús* procedía de un texto francés o provenzal; así lo afirmó Milá y Fontanals, lo repitió Menéndez y Pelayo y, a su zaga, todos cuantos mencionan el poema hasta nuestros días. Se ha dicho asimismo, como prueba, que el título está en catalán, y Pérez Bayer, el famoso erudito del siglo XVIII, sostuvo —sin haber visto el poema, evidentemente— que estaba compuesto en *lemosín*. Todo ello conducía a situar el *Libro de la infancia y muerte de Jesús* dentro de la corriente general del influjo francés, propio de la época, en obras de esta especie. En nuestros días Manuel Alvar, que ha editado y estudiado rigurosamente el poema, ha rebatido la insistente afirmación de dicho influjo y planteado el problema sobre nuevas bases, llegando a la conclusión de que el *Libro* es independiente de toda deuda provenzal o francesa. Ni en los tres textos provenzales conocidos —dice Alvar—, que tratan de la infancia de Jesús, ni en sus eventuales antecedentes, se encuentra el episodio de los ladrones, que es el tema básico y más extenso del poema español. Estudia Alvar la mutua interdependencia de los dos mesteres que tradicionalmente se contraponen: *juglaría* y *clerecía;* por este camino indaga los motivos de carácter culto que hubieron de llegar al autor del *Libro*, más aún por tratarse en este caso particular de un tema religioso, y encuentra afinidades muy estrechas entre el poema anónimo y varias estrofas de los *Loores de Nuestra Señora* de Gonzalo de Berceo. La fuente concreta del *Libro de la infancia y muerte de Jesús* sigue sin precisarse todavía, pero Alvar supone que en su formación pudieron confluir los elementos dichos del mester de clerecía, aportaciones de transmisión oral —perfectamente lógicas, dado su carácter juglaresco— y muy posiblemente motivos de inspiración plástica, tomados de la iconografía de la época, como la matanza de los inocentes. En cuanto a las razones de orden lingüístico, que han contribuido a forjar la equivocada

---

[63] Manuel Alvar, *Libro de la infancia y muerte de Jesús (Libre dels tres Reys d'Orient)*, "Clásicos Hispánicos", C. S. I. C., Madrid, 1965. Otra edición de Alvar: *Poemas hagiográficos de carácter juglaresco* (con una introducción que resume su amplio estudio de la edición anterior), Madrid, 1967.

teoría francesa, Alvar afirma: que el título de *Libre dels tres Reys d'Orient* fue añadido, evidentemente, después de copiado el poema, y en todo caso nada arguye para el resto de la obra; y que el estudio riguroso del texto —sistema fonético, uso de la apócope, morfología, sintaxis— confirman su absoluto castellanismo. Alvar supone que el poema fue copiado por un escriba, inequívocamente aragonés, a fines del siglo XIV, y redactado hacia mediados del XIII.

Al ocuparse de la interpretación del *Libro*, Alvar define a su autor como muy familiarizado con los ciclos no dogmáticos de la vida de Cristo (arte, pues, juglaresco, pero amamantado en fuentes clericales, a la inversa de lo sucedido con el *Poema de Fernán González);* los Evangelios apócrifos trataban de llenar los huecos que la biografía de Jesús presentaba en los Canónicos, y naturalmente se insistía en los años anteriores a su vida pública; en dicha época adquiría un especial relieve la figura de María, protagonista de los desvelos hacia el hijo todavía inerme, lo cual es aquí bien patente en toda la aventura de la huida a Egipto y en el episodio de los ladrones. Alvar sostiene que el *Libro* es casi un poema de apología mariana; sólo que frustrado en su propósito en la segunda mitad porque Dimas y Gestas se alzan al final con el papel de personajes principales [64].

La "Vida de Santa María Egipciaca". Este poema de 1.451 versos [65], escrito probablemente en los comienzos del siglo XIII y conservado, como dijimos, en el mismo manuscrito escurialense que el *Libro de la infancia y muerte de Jesús*, relata la leyenda de la famosa pecadora de Egipto, que después de una vida disipada se convierte cuando dos ángeles le impiden la entrada en el templo. El poema tiene bellos pasajes, como la descripción de la pecadora en su juventud y en su vejez, la maldición de que le hacen objeto sus padres, el encuentro con el ermitaño Gozimás, el viaje de María a Jerusalén, su purificación en el Jordán, la penitencia en el desierto durante largos años y su muerte ejemplar.

Manuel Alvar, que ha estudiado el proceso de formación y desarrollo de esta vida legendaria, supone que el arzobispo de Jerusalén, Sofronio, muerto en 638, fue el autor de la primera biografía de Santa María Egipciaca, compuesta no con el propósito de enaltecer a la pecadora arrepentida, sino para demostrar que los mayores rigores del régimen claustral podían ser superados

---

[64] Cfr.: Margaret Chaplin, "The episode of the robbers in the *Libre dels tres Reys d'Orient*", en *Bulletin of Hispanic Studies*, XLIV, abril 1967, págs. 88-95.

[65] Ediciones: las de Pedro José Pidal, Ochoa y Janer, señaladas en la nota 62, incluyen también la *Vida de Santa María Egipciaca*. Otras ediciones: Foulché-Delbosc, en *Textos castellanos antiguos*, I, Barcelona, 1907. Manuel Alvar, "Clásicos Hispánicos", C. S. I. C., 3 vols., Madrid, 1968. Otra edición de Alvar, en *Poemas hagiográficos de carácter juglaresco*, cit. María S. de Andrés Castellanos, *La vida de Santa María Egipciaca, traducida por un juglar anónimo hacia 1215*, Anejo XI del *Boletín de la Real Academia Española*, Madrid, 1964.

por las renunciaciones de una mujer. Las versiones se multiplicaron desde su fuente oriental y hubo narraciones en latín, griego y lenguas romances, además de poemas también latinos y romances. En la composición de la leyenda participaron los más extraños elementos, y María Egipciaca fue prudentemente excluida por la Iglesia de la lista de los santos. Pero su *vida* se convirtió en arquetipo de arrepentidas y no sólo conservó por largo tiempo su eficacia ejemplar entre las gentes, sino que ha venido inspirando a poetas, pintores y escultores hasta el día de hoy; para la plástica barroca fue tema predilecto.

A diferencia del *Libro de la infancia y muerte de Jesús*, es evidente la dependencia del poema castellano respecto de fuentes francesas. Se conocen siete manuscritos franceses sobre la vida de María Egipciaca, pero tienen entre sí notables diferencias y resulta difícil precisar cuál de dichos textos siguió particularmente el poeta español; no obstante, parece más estrecha la relación con el "manuscrito de Oxford" conservado en el Colegio de Corpus Christi. Nuestro poeta traduce generalmente el texto, pero con bastante frecuencia se aparta de la versión original añadiendo versos o pequeños pasajes, ampliando el modelo o haciendo supresiones; no faltan momentos en los que el poeta, por deficiencias idiomáticas, traduce mal y resultan extrañas interpretaciones.

Menéndez Pidal había subrayado aspectos juglarescos en la *Vida de Santa María Egipciaca*, particularmente en las llamadas al auditorio y sobre todo en la del comienzo, literalmente tomada del texto francés [66]. Alvar señala, a su vez, los elementos de clerecía existentes en el poema: "Si escucharedes esta palabra / mas vos valdra que huna fabla", se dice casi al principio; Alvar comenta el desdén contra las *gestas* que encierran estos versos y el consciente mester de clérigo que parece profesar el autor. En conjunto, puede afirmarse que ambas modalidades se interfieren: un arte de clerecía, puesto de manifiesto en el carácter de la narración hagiográfica, en la sapiencia culta de adaptador, en sus conocimientos de traductor, se mezcla con otros muchos elementos de raigambre popular, que sirven para acercar el relato a la mentalidad de los oyentes. Alvar señala también la gran cantidad de cultismos que se incorporan al poema, muchos de los cuales —*adorar, áspero, ave, bella, cano, cristal, dulce, morar, invidia*— habían de formar parte en el siglo XVII del léxico culto de Góngora.

Respecto de la métrica, Alvar admite el anisosilabismo atribuido por Menéndez Pidal al poema de la Egipciaca, pero sostiene por su parte que se ha exagerado este carácter, ya que, si hay versos irregulares, son mucho más numerosos los de medida exacta; el poeta no contaba con rigor, pero parece que trataba de escribir versos regulares decasilábicos.

En cuanto a sus valores literarios la *Vida de Santa María Egipciaca*, dice Alvar, no es un modelo de perfecciones, pero encierra valores que demuestran ya una indudable maestría en el arte nada fácil de la traducción. Por su parte,

---

[66] R. Menéndez Pidal, *Poesía juglaresca y orígenes de las literaturas románicas*, cit., págs. 272-273.

Lírica primitiva

María S. de Andrés Castellanos, sin ver en la *Vida* ninguna cumbre de nuestra poesía medieval, encuentra en ella, precisamente en los pasajes que el autor añade o recrea, "un cierto afán de superación del modelo, un deseo, quizá inconsciente, de aclarar, de acercar a su público lo que el poeta francés apenas ha insinuado. Es precisamente en los momentos de mayor altura estética donde el poeta español se desliga de su modelo, superándole en los detalles, en las metáforas, en ese frecuente puntualizar y actualizar por medio de motivos de la vida real: los dos retratos de María, deliciosos ambos en la idealización de su belleza y en el realismo de su penitencia; y el del monje Gozimás, humanizando la descripción fría y breve del original" [67].

En la *Vida* de la Egipciaca se han señalado también aspectos raciales muy característicos, como el regusto de sensualidad que florece en los encantos de la hermosa arrepentida y en el contraste de color y ascética severidad que, a tantos años de distancia, parece preludiar la sensibilidad barroca. Menéndez y Pelayo [68] ya había subrayado uno de los pasajes aludidos por De Andrés, en que se describe a la pecadora:

Abié redondas las orejas,
blanquas como leche d'ovejas;
ojos negros e sobreçejas;
alba fruente, fasta las çernejas.
La faz tenié colorada,
como la rosa cuando es granada;
boque chica e por mesura,
muy fermosa la catadura.
Su cuello e su petrina,
tal como la flor dell espina.
De su tetiellas bien es sana,
tales son como maçana.
Braços e cuerpo e tod' lo al
blanco es como cristal.
En buena forma fue tajada,
nin era gorda nin muy delgada;
nin era luenga nin era corta,
mas de mesura bona [69].

---

[67] Edición cit., pág. 80.
[68] *Antología de poetas líricos castellanos*, ed. nacional, vol. I, págs. 141-143.
[69] Edición Alvar, cit., pág. 82. Cfr.: F. Delmas, "Remarques sur la vie de Sainte Marie l'Egyptienne", en *Échos d'Orient*, IV, 1900 y V, 1901. A. T. Baker, "Vie de Sainte Marie l'Egyptienne", en *Revue de Langues Romanes*, LIX, 1916-1917, págs. 145-401. A. M. Monti, *La leggenda di Santa Maria Egiziaca nella letteratura medioevale italiana e spagnola*, Bolonia, 1938. J. W. Rees, "Notes on the text of the *Vida de Santa Maria Egipciaca*", en *Hispanic Studies in honour of I. González Llubera*, Oxford, 1959, páginas 259-268.

CAPÍTULO III

EL MESTER DE CLERECÍA

CARACTERES GENERALES

Los clérigos y su "mester". Frente al *mester de juglaría* caracterizado, como hemos visto, por el contenido popular y la irregularidad métrica, surge en el siglo XIII una nueva escuela narrativa de carácter erudito: el llamado *mester de clerecía,* cultivado por clérigos, aunque entendiendo siempre por tales no sólo a quienes lo eran propiamente, sino también —según la conocida definición— a todo hombre culto y letrado, que poseyera la educación latino-eclesiástica.

Los caballeros, lo mismo que los reyes, vivían entregados casi con exclusividad a los negocios de la política y al oficio de las armas, y con frecuencia desconocían hasta los rudimentos de la escritura; durante los siglos de la Alta Edad Media, sobre todo, fueron numerosos los monarcas que no supieron firmar. El "pueblo" por su parte, entendido incluso en su más amplio sentido de clase media o burguesa, tenía que tardar aún largo tiempo en incorporarse al mundo de la cultura literaria con el nacimiento y desarrollo de las ciudades.

El saber se refugia, pues, en los monasterios y durante siglos es esencial patrimonio de los clérigos, de donde nace la atribución de este carácter a quienes se entregan al estudio, aunque no fuese aquélla su condición real: *clerecía y saber se hacen sinónimos.*

Estos "clérigos" letrados habían escrito hasta entonces sus obras en latín, pero debido al uso creciente de la lengua romance y, por tanto, al hecho de que cada día iba siendo menor el número de los que podían entender el idioma clásico, acaban por descender al cultivo de la lengua popular con el propósito de difundir entre las gentes el saber que atesoraban sus bibliotecas:

Quiero fer una prosa en román paladino
en el qual suele el pueblo fablar a su veçino...[1]

---
[1] Estrofa 2.

dice Gonzalo de Berceo en el comienzo de su *Vida de Santo Domingo de Silos.*
Y al principio del *Martyrio de Sant Laurençio* escribe:

> *Quiero fer la passión de sennor Sant Laurent*
> *en romanz que la pueda saber toda la gent...* [2]

El mester de clerecía no desplazó, sino que coexistió con el de juglaría y con las diversas formas y escuelas líricas, pero sin confundirse jamás con ellas. Mantuvo siempre su carácter peculiar y no fue nunca ni la poesía del pueblo ni la de la clase militar, y mucho menos —como tantas veces la lírica—, mera letra de canciones para las fiestas y diversiones de la multitud.

Y, sin embargo, la separación entre uno y otro mester —el de juglaría y el de clerecía— no siempre es tan radical como podría parecer a primera vista. Por lo pronto emplean ya el mismo idioma y se dirigen a un mismo tipo de público; además, no es infrecuente que los "clérigos" utilicen temas extraídos de la cantera popular o de la tradición épica, al menos como elementos accesorios. Por otra parte, su condición de vulgarizadores de temas religiosos o eruditos convierte a los "clérigos" en competidores o rivales de los juglares andariegos con su bagaje de espectáculo y diversión. Existe una como "juglaría a lo divino" que pretende —disputándole la "clientela"— contrarrestar con sus relatos los efectos que entonces se consideraban pecaminosos, y hasta profundamente inmorales, del juglar profano. Berceo se llama a sí mismo juglar de Santo Domingo y trovador de la Virgen. Y al explicar las razones del mester que cultiva, pide a sus oyentes —en los conocidísimos versos— una recompensa por su trabajo, como el más modesto juglar:

> *...bien valdrá, como creo, un vaso de bon vino* [3].

Pese a todo lo cual, las diferencias entre los dos tipos de arte son notorias.

---

[2] Estrofa 1.

[3] *Vida de Santo Domingo de Silos,* estrofa 2. Sobre las numerosas interferencias que se producen entre *clérigos* y juglares, véase R. Menéndez Pidal, *Poesía juglaresca y orígenes de las literaturas románicas,* Madrid, 1957, págs. 272-282 y 376-384. Con su precisa claridad habitual escribe don Ramón: "Aunque es común presentar la poesía romance de los clérigos como antagónica de la de los juglares, esta manera de ver no se ajusta a una exacta apreciación de las obras de inspiración clerical. La poesía romance de los clérigos no nace en son de guerra, ni mucho menos; Berceo siente humildemente de sí, pues, aunque clérigo, confiesa que no es bastante letrado para escribir la lengua de los doctos; sólo sabe algo de latín para entenderlo, y quiere entonces servir de intermediario entre la ciencia de los clérigos y la ignorancia del vulgo... El público para quien Berceo escribe es, en esencia, el mismo para quien cantan los juglares. Al público desigual de los iletrados quiere servir el clérigo piadosamente, hablándole en el romance claro y llano 'en el cual suele el pueblo fablar a su vecino'... Se trata, pues, de una poesía escrita para el *pueblo* (pueblo en sentido amplio); por tanto, una poesía popular, que aunque procure ensayar novedad de tema y elevación de lenguaje, no se desvive tras lo extraño y rebuscado. El clérigo piensa siempre en el público iletrado para quien

Métrica, lenguaje y temática. Los rasgos esenciales que definen el mester de clerecía [4] pueden resumirse en los siguientes:

a) Todos los poemas de este mester están escritos en estrofas de cuatro versos alejandrinos [5] (de catorce sílabas, divididos en dos hemistiquios de siete), con una sola rima consonante, que reciben el nombre de tetrástrofo monorrimo —denominación de discutible exactitud, pero generalmente utilizada— o cuaderna vía. (Discuten los críticos acerca del origen de esta forma métrica, pero

escribe, y al cual se dirige a menudo con fórmulas juglarescas para pedir atención o para anunciar un descanso en la sesión de recitado público: 'Señores, si quisiéredes atender un poquiello...'; 'Señores e amigos, por Dios e caridat, oid otro miraclo fermoso por verdat'... Berceo no se aparta, pues, desdeñoso de la juglaría. Muy lejos de eso, en él debemos ver representado lo mucho que colaboraban los clérigos para enriquecer el repertorio de los juglares... Además, los juglares eran los habituales propagadores de toda literatura y en ellos tenían que pensar los clérigos al escribir. Decimos esto porque también resulta inexacta la idea, corriente desde Amador de los Ríos, de que los poemas de clerecía se destinaban a la lectura privada de los doctos y no a ser recitados o leídos en público" (íd., págs. 274, 275 y 276). La afirmación de Menéndez Pidal de que la poesía romance de los clérigos no es antagónica de la de los juglares, no se opone, según creemos, a nuestra afirmación del texto, que los supone competidores o rivales, en cuanto que el *clérigo* pretende contrarrestar el influjo profano del juglar. Les empareja el público a quien se dirigen, la pretensión vulgarizadora, el servirse de idéntico instrumento de difusión: los propios juglares; pero el clérigo pretende sustituir —y en esto es rival— el repertorio juglaresco —frecuentemente histriónico— por otros temas, si no precisamente de religión, por lo menos más elevados y nobles. Equivaldría en nuestros días al propósito de llevar a la escena una dramática superior para reemplazar a otra más banal o libre, sirviéndose naturalmente del mismo entramado disponible: locales, actores, organización. El propio Menéndez Pidal, un poco más abajo, confirma nuestra interpretación, en el sentido de que los clérigos pretenden reemplazar la temática de los juglares por otra que estiman de mayor dignidad y elevación, aunque siempre destinada a la recitación pública: "De Berceo a Juan Lorenzo de Astorga —escribe— vemos acentuarse las diferencias entre la poesía de los clérigos y la de los juglares; mas aunque los clérigos que tratan materia de la antigüedad clásica buscan agradar a un círculo de personas más ilustrado y restringido que el que disfrutaba de las gestas y de las vidas de santos, no por eso dejan de manifestar sus conexiones con los juglares, porque no dejan de aspirar a ser recitados por juglares ante un auditorio menos cerradamente cortesano y trovadoresco que el que se recreaba con la docta poesía lírica" (íd., págs. 279-280). Sobre las relaciones entre juglaría y clerecía, véase también, Brian Dutton, "Gonzalo de Berceo and the 'Cantares de gesta' ", en *Bulletin of Hispanic Studies*, XXXVII, 1961, págs. 197-205; y el artículo de Gybbon-Monypenny citado luego, nota 36.

[4] Sobre el *mester de clerecía* véase el estudio de conjunto de Menéndez y Pelayo, en *Antología de poetas líricos castellanos,* edición nacional, vol. I, Santander, 1944, páginas 151-211. Consúltese además G. Cirot, "Sur le mester de clerecía", en *Bulletin Hispanique,* XLIV (1942), págs. 5-16. Del mismo, "Inventaire estimatif du mester de clerecía", en *Bulletin Hispanique,* XLVIII, 1946, págs. 193-209. Raymond S. Willis, "Mester de clerecía. A definition of the *Libro de Alexandre*", en *Romance Philology*, X, 1956-1957, págs. 212-224.

[5] Se admite que dicho nombre provino de la frecuencia con que se utilizó para cantar en la Edad Media los hechos de Alejandro.

El mester de clerecía   113

Menéndez Pidal la supone procedente de Francia [6].) A diferencia de la habitual irregularidad métrica de las gestas, los poetas de clerecía parecen respetar todo lo posible, con tenaz constancia, su riguroso canon métrico, de forma que todo verso mal medido puede estimarse como descuido involuntario o falta de destreza. Resulta aventurado, sin embargo, precisar en qué medida las numerosas imperfecciones que se encuentran en los poetas de clerecía se deben a su propia impericia, a falta de preocupación por la métrica o a los errores de los copistas. Por otra parte —y esto es capital— no deben olvidarse las profundas diferencias de pronunciación experimentadas desde entonces; tampoco podemos desconocer el distinto criterio que se seguía respecto a la sinalefa, el hiato, la sinéresis y la diéresis [7].

b) El lenguaje de clerecía pretende ser mucho más cuidado y selecto que el de los juglares, perfección de la que a veces se jactan sus cultivadores así como de las mayores dificultades métricas:

> *Mester trago fermoso, non es de ioglaría,*
> *mester es sen pecado, ca es de clerezía,*
> *fablar curso rimado por la quaderna vía*
> *a sílabas cuntadas, ca es grant maestría* [8].

dice el autor anónimo del *Libro de Alexandre*. También el *Libro de Apolonio* nos habla de la *nueva maestría*:

> *En el nombre de Dios e de Santa María,*
> *Si ellos me guiassen estudiar querría*
> *Componer hun romançe de nueva maestría* [9].

---

[6] Sobre el origen y difusión de la cuarteta alejandrina monorrima, véase Ramón Menéndez Pidal, *Poesía juglaresca y orígenes...*, cit., pág. 277. Acerca de los diversos problemas del alejandrino y la cuaderna vía, cfr.: Carlos Barrera, "El verso alejandrino", en *Bulletin Hispanique*, XXI, 1918, págs. 1-26. A. Marasso Roca, "El verso alejandrino (Apuntes para su estudio)", en *Humanidades*, La Plata, XIII, 1923, págs. 123-170. Pedro Henríquez Ureña, *La versificación irregular en la poesía castellana*, Madrid, 1933. Del mismo, "La cuaderna vía", en *Revista de Filología Hispánica*, VII, 1945, págs. 45-47. Del mismo, "Sobre la historia del alejandrino", en *Revista de Filología Hispánica*, VIII, 1946, págs. 1-11. Harrison H. Arnold, *The octosyllabic "maderna vía" of Juan Ruiz*, en *Hispanic Review*, VIII, 1940, págs. 125-138. Tomás Navarro, *Métrica Española*, Syracuse, 1956.

[7] Cfr.: Federico Hanssen, *Sobre la pronunciación del diptongo 'ie' en la época de Gonzalo de Berceo*, Santiago de Chile, 1895. Del mismo, "Sobre el hiato en la antigua versificación castellana", en *Anales de la Universidad de Chile*, Santiago, 1898. Del mismo, "La elisión y la sinalefa en el *Libro de Alexandre*", en *Revista de Filología Española*, III, 1916, págs. 345-356. Harrison H. Arnold, "Synalepha in Old Spanish Poetry", en *Hispanic Review*, IV, 1936, págs. 141-158. Del mismo, "Notes on versification of *El Libro de Alexandre*", en *Hispania*, Stanford, XIX, 1936. J. Saavedra Molina, "El verso de clerecía. Sus irregularidades y las doctrinas de D. Federico Hanssen", en *Boletín de Filología*, Santiago de Chile, VI, 1950-1951, págs. 253-346.

[8] Estrofa 2.

[9] Estrofa 1.

Esta perfección, sin embargo, puede también deberse en buena parte tanto al avance natural sobre los escritores precedentes como a sostenida intención, pues el poeta utiliza con frecuencia un lenguaje familiar, llano y sencillo, animado con expresiones pintorescas y vulgares comparaciones. Ya hemos dicho que el poeta de clerecía ha dejado el latín y emplea el romance, precisamente para que el pueblo le comprenda, lo que le obliga a ponerse a su nivel. Justamente por esto, y sin perjuicio de su mayor perfección formal y frecuente exhibición erudita, el mester de clerecía —paradójicamente— relata sus historias en tono menos elevado que el de la épica, pues ésta por el carácter heroico de sus temas tiende habitualmente a levantar el tono narrativo de su relato.

c) Mas la característica fundamental del mester de clerecía radica en su temática. Suele decirse a veces —quizá por la sugestión del mismo nombre del mester— que éste se ocupa con preferencia de temas religiosos. Pero es lo cierto que, con excepción de los libros de Berceo, ninguna obra específica de esta escuela es religiosa. Lo esencial reside en que el mester de clerecía trata de temas eruditos, es decir, de materias que no han sido tomadas de la directa observación de la vida ordinaria, de la experiencia o de los acontecimientos del país, accesibles al conocimiento de todos y, en general, contemporáneos, como hacían los juglares, sino del saber escrito al que no se tenía acceso sin una dedicación estudiosa. La vida de Alejandro, por ejemplo, que es objeto de un característico poema de "clerecía", fue —naturalmente— popular en su tiempo, pero no lo era cuando el poeta español del siglo XIII refirió su vida. Para conocer, en cambio, al Cid, bastaba con haber vivido en la península, sin necesidad de ningún estudio libresco.

Cronológicamente el mester de clerecía se prolongó desde mediados del siglo XIII hasta finales del XIV. Durante el primero de estos siglos se atuvo casi con absoluto rigor a los moldes métricos que hemos descrito. Pero a partir del siglo XIV, aunque manteniéndose en sustancia dentro de ellos, abre las cerradas filas de sus tetrástrofos para dar entrada a formas poéticas distintas de carácter lírico y metro más breve. Otras veces, por el contrario, aparecen los versos de diez y seis sílabas —probablemente bajo el influjo de las formas épicas que tienden ya hacia el cauce definitivo del romance— o se encogen en cuartetas heptasílabas (*Proverbios morales*, de Sem Tob) como resultado de separar los dos hemistiquios del alejandrino.

Otra diferencia esencial separa la "clerecía" de ambos siglos. Al primero de ellos corresponden obras anónimas —con la sola excepción de Berceo—, de carácter mucho más impersonal, más rígido y, literariamente, más "objetivo"; el natural primitivismo de la época no consiente todavía —salvo en corta medida— la proyección personal del escritor. Pero el siglo XIV contempla ya la aparición de grandes figuras literarias, y el mester de clerecía, pese a su innegable rigidez, acoge obras de inconfundible personalidad, como la severa requisitoria moral del Canciller Ayala y el gran retablo humorístico del Arcipreste, verdadera comedia humana de su siglo.

LOS POETAS DE CLERECÍA: GONZALO DE BERCEO

Vida y obras. Gonzalo de Berceo, primer poeta español de nombre conocido, el más genuino representante del mester de clerecía y puede que su introductor, da noticias de sí mismo en diversos pasajes de sus obras. Por ellos sabemos que nació —a fines, probablemente, del siglo XII— en el pequeño pueblo de Berceo, diócesis de Calahorra, en la Rioja, se educó en el monasterio benedictino de San Millán de la Cogolla y estuvo agregado a este monasterio como clérigo secular.

> *Gonzalo fue so nomne qui fizo est tractado,*
> *en Sant Millán de suso fue de ninnez criado,*
> *natural de Berçeo, ond Sant Millán fue nado...* [10]

> *Yo, Gonzalo por nomne, clamado de Berceo,*
> *de Sant Millán criado, en la su merçed seo...* [11]

Debió de morir bastante viejo; por diversas escrituras notariales se sabe que vivía aún en 1264. Pero fuera de esto, poco más es lo que se conoce de su vida, que debió de transcurrir plácidamente entre gentes sencillas, entregada a sus deberes religiosos y a componer sus obras [12].

Todas las de Berceo son religiosas: tres vidas de santos —*Santo Domingo de Silos, San Millán de la Cogolla y Santa Oria*—; tres poemas dedicados a la Virgen —*Loores de Nuestra Señora, Planto que fizo la Virgen el día de la Passión de su Fijo Jesu Christo y Milagros de Nuestra Señora*—; y tres poe-

---

[10] *Vida de San Millán*, estrofa 489, última del poema.
[11] *Vida de Santo Domingo de Silos*, estrofa 757.
[12] Cfr.: Émile Mâle, "Manuscrits relatifs à Gonzalo de Berceo", en *Bulletin Hispanique*, II, 1900, pág. 152. Narciso Hergueta, "Documentos referentes a Gonzalo de Berceo", en *Revista de Archivos, Bibliotecas y Museos*, X, 1904, págs. 178-179. Antonio García Solalinde, "Gonzalo de Berceo y el obispo don Tello", en *Revista de Filología Española*, IX, 1922, págs. 398-400. Justo Pérez de Urbel, "Manuscritos de Berceo en el archivo de Silos", en *Bulletin Hispanique*, XXXII, 1930, págs. 5-15. Del mismo, *El claustro de Silos*, Burgos, 1930. Del mismo, *El monasterio en la vida española de la Edad Media*, Barcelona, 1942. Brian Dutton, "The profession of Gonzalo de Berceo and the Paris manuscript of the *Libro de Alexandre*", en *Bulletin of Hispanic Studies*, XXXVII, 1960, págs. 137-145. Del mismo, "¿Ha estado Gonzalo de Berceo en Silos?", en *Berceo*, Logroño, XVI, 1961, págs. 11-14. Del mismo, "Gonzalo de Berceo: unos datos biográficos", en *Actas del Primer congreso internacional de hispanistas*, Oxford, 1964, págs. 249-254. Véase también, Dom Marius Férotin, *Histoire de l'Abbaye de Silos*, París, 1897, y *Recueil des chartes de l'Abbaye de Silos*, París, 1897.

mas de asunto religioso vario —*El Sacrificio de la Misa, De los signos que aparescerán antes del Juicio* y *Martirio de Sant Laurençio*—. También se le atribuyen tres himnos.

Los "Milagros de Nuestra Señora". El arte literario de Berceo. Los *Milagros de Nuestra Señora* [13] constituye la más importante y extensa obra de Ber-

---

[13] Ediciones: Tomás Antonio Sánchez, en *Colección de poetas castellanos anteriores al siglo XV,* vol. II, Madrid, 1780; reedición —aumentada con otros textos— por Eugenio de Ochoa, en *Colección de los mejores autores españoles antiguos y modernos,* París, 1842; nueva reedición, con otras adiciones, por Florencio Janer en BAE, vol. LVII, *Poetas castellanos anteriores al siglo XV,* Madrid, 1864, nueva ed., 1952. (Todas estas ediciones comprenden la obra completa de Berceo). *Milagros de Nuestra Señora,* edición de Antonio García Solalinde, "Clásicos Castellanos", núm. 44, Madrid, 1922. *Cuatro poemas de Berceo (Milagros de la Iglesia robada y de Teófilo y Vidas de Santa Oria y de San Millán),* edición de Charles Carroll Marden, Anejo IX de la *Revista de Filología Española,* Madrid, 1928. *Veintitrés Milagros. Nuevo manuscrito de la Real Academia Española,* edición de Charles Carroll Marden, Anejo X de la *Revista de Filología Española,* Madrid, 1929. *Milagros de Nuestra Señora,* selección de Gonzalo Menéndez Pidal, "Clásicos Ebro", núm. 27, Zaragoza, 1941. *Milagros de Nuestra Señora,* "Colección Austral", núm. 716, Buenos Aires, 1947 (reproduce el texto anticuado de Janer). *Milagros de Nuestra Señora,* edición en versión moderna de Daniel Devoto, "Odres Nuevos", Valencia, 1957. *Milagros de Nuestra Señora. Vida de Santo Domingo de Silos. Vida de San Millán de la Cogolla. Vida de Santa Oria. Martirio de San Lorenzo,* edición de Amancio Bolaño e Isla, México, 1965 (texto original, acompañado de versión moderna, en prosa, pero siguiendo la exacta distribución de las estrofas). *Milagros de Nuestra Señora,* edición de Cesco Vian, Milán, "La Goliardica", 1965. Cfr.: M. Menéndez y Pelayo, *Antología de poetas líricos castellanos,* cit., vol. I, págs. 164 y ss. Th. de Puymaigre, *Les vieux auteurs castillans,* 2 vols., París, 1861-1862. Erasmo Buceta, "Un dato para los *Milagros* de Berceo", en *Revista de Filología Española,* IX, 1922, páginas 400-402. Harrison Heikes Arnold, "Irregular Hemistichs in the *Milagros de Nuestra Señora* of Gonzalo de Berceo", en *PMLA,* L, 1935, págs. 335-351. Vicente Mengod, "Sobre los milagros mariales de Berceo", en *Atenea,* Chile, XCIII, 1949, págs. 234-249. José Ferrer, "Berceo. *Milagros de Nuestra Señora:* aspectos de su estilo", en *Hispania,* XXXIII, 1950, págs. 46-50. F. Gutiérrez Lasanta, "Gonzalo de Berceo, cantor de la Gloriosa", en *Berceo,* V, 1950, págs. 733-740. Juan Loveluk, "En torno a los *Milagros* de Gonzalo de Berceo", en *Atenea,* CVIII, 1951, págs. 669-684. Lina Ruiz y Ruiz, "Gonzalo de Berceo y Alfonso el Sabio, 'Los Milagros de Nuestra Señora' y 'Las Cantigas'", en *Universidad de San Carlos,* Guatemala, XXIV, julio-septiembre 1951, págs. 22-90. Claudio Vilá, "Estudio mariológico de los *Milagros de Nuestra Señora*", en *Berceo,* VIII, 1953, págs. 343-360. E. Lunardi, *Il miracolo di Teofilo in Gonzalo de Berceo. Spiriti e forme del Medioevo. Studio critico, testo, traduzione, glossario e note,* Lugano, "Quaderni del Cenobio", 9, 1956. Daniel Devoto, "Notas al texto de los 'Milagros de Nuestra Señora' de Berceo", en *Bulletin Hispanique,* LIX, 1957. Patrik J. Gargoline, *The 'Milagros de Nuestra Señora' of Gonzalo de Berceo. Versification, language and Berceo's treatment of his Latin source,* Columbia, 1959. Thomas Montgomery, "Fórmulas tradicionales y originalidad en los *Milagros de Nuestra Señora*", en *Nueva Revista de Filología Hispánica,* XVI, 1962, págs. 424-430. Valeria Bertolucci, "Contributo allo studio della letteratura miracolista", en *Miscellanea di Studi Ispanici,* Pisa, VI, 1963, págs. 5-72.

ceo, y se compone de veinticinco narraciones precedidas de una introducción alegórica [14]. Se trata de otros tantos milagros que verifica la Virgen en favor de sus devotos para salvar su alma o protegerles de algún mal. Un ladrón devoto de la Virgen va a ser ahorcado, pero la Virgen coloca sus manos entre el cuello y la soga y le salva de la muerte; un monje se ahoga en un torrente al regresar de una aventura pecaminosa, pero la Virgen le resucita para que pueda hacer penitencia y salvar su alma; un clérigo ignorante es acusado ante el obispo de no saber otra misa que la de la Virgen y se le retiran las licencias, pero acude en demanda de consejo a María, que se le aparece —indignada— al obispo y le ordena que permita al clérigo celebrar su misa como tenía por costumbre; Teófilo, especie de Fausto medieval, vende su alma al diablo movido de la codicia, pero se arrepiente luego y la Virgen rescata el documento de venta; en un pleito de dinero el Niño Jesús, que la Virgen sostiene en sus brazos, habla en defensa del acreedor que la había puesto como testigo de su préstamo; un clérigo y un lego tratan de robar una iglesia, pero al intentar el clérigo despojar a la Virgen de su manto, se le quedan adheridas a él sus manos que ya no le es posible despegar, prodigio que le vale el perdón de la justicia —al ser luego apresado—, pues en él se reconoce la protección que la Virgen quería dispensar al pecador, etc., etc.

Sobre todos estos milagros y leyendas piadosas existía en todos los países de la Europa medieval una abundantísima literatura latina, de la que son modelos típicos y más populares el *Speculum Historiale*, de Vicente de Beauvais, la *Leyenda Áurea*, de Jacobo de Vorágine y —en romance francés— *Les Miracles de la Sainte Vierge*, de Gautier de Coincy. El erudito francés Puymaigre supuso que Berceo había tomado sus temas de este último, pero ya Menéndez y Pelayo hizo notar la improbabilidad de que el poeta riojano hubiera podido conocer la obra del francés. Parecía más verosímil que ambos se hubiesen inspirado en modelos comunes —de aquí la razón de sus coincidencias—. Richard Becker encontró, efectivamente, en la Biblioteca de Copenhague un manuscrito latino en el que se incluyen 24 de los 25 "milagros" relatados por Berceo [15]. Éste suprime cuatro de los del manuscrito y añade por su parte el

---

[14] Cfr.: Agustín del Campo, "La técnica alegórica en la Introducción a los 'Milagros de Nuestra Señora'", en *Revista de Filología Española*, XXVIII, 1944, págs. 15-57. Carlos Foresti Serrano, "Sobre la Introducción en los 'Milagros de Nuestra Señora' de Berceo", en *Anales de la Universidad de Chile*, CVII, 1957, págs. 361-367.

[15] Richard Becker: *Gonzalo de Berceo's Milagros und ihre Grundlagen, mit einem Anhange: Mitteilungen aus der Lat. Hs. Kopenhagen, Thott 128,* Inaugural Dissertation, Strassburg, 1910. Sobre las leyendas mariales en la Edad Media, sus redacciones latinas y su relación con las versiones españolas, véase además: Adolfo Mussafia, "Studien zu den mittelalterlichen Marienlegenden", en *Sitzungsberichte der philosophisch-historischen Klasse der Kaiserlichen Akademie der Wissenschaften*, Viena, 5 fascículos, 1887-1898. A. Poncelet, "Index miraculorum Beatae Virginis Mariae quae saeculis VI-XV latine conscripta sunt", en *Analecta Bollandiana*, Bruselas, XXI, 1902, págs. 241-360. Agapito Rey, "Correspondence of the Spanish miracles of the Virgin", en *Romanic Review*, XIX,

25 —el último de los que hemos resumido—, además de la Introducción, pero sigue fielmente incluso el orden de los que utiliza. Todo, pues, hace suponer que Berceo se sirvió —como Gautier de Coincy— de algún texto latino similar al de Copenhague, de gran circulación entonces por toda Europa.

Berceo, pues, no inventa sus asuntos; trata tan sólo de difundir en lengua romance las historias marianas escritas en latín. Vulgariza, no crea. Con gran frecuencia hace alusión al libro que toma como modelo, y a veces se detiene tímidamente ante un dato que ignora, porque no está escrito en las páginas que lee, o porque la letra o el mal estado del texto no se lo dejan entender:

> *El nombre de la madre deçir non lo sabría.*
> *Commo non fué escripto non lo devinaría...* [16].

dice el poeta al referirse a los padres de Santo Domingo de Silos. He aquí otros pasajes semejantes:

> *...Non departe la villa muy bien el pergamino,*
> *Ca era mala letra, en cerrado latino,*
> *Entender non lo pudi, por sennor San Martino* [17].

> *De quál guisa salió deçir non lo sabría,*
> *Ca fallesçió el libro en que lo aprendía;*
> *Perdióse un quaderno, mas non por culpa mía,*
> *Escribir a ventura seríe grant folía* [18].

Y en muchas ocasiones escribe frases como éstas: "Lo que non es escripto non lo afirmaremos", "dizlo la escriptura", "diz el cartulario", "escripto lo tenemos", "escripto lo fallamos", etc. Su respeto, casi supersticioso, por lo que dice la letra escrita, corre a la par de su exigencia de ser creído por los oyentes, pues lo que dice se basa en el testimonio irrecusable del texto escrito que maneja:

> *Qui en esto dubdare que nos versificamos,*
> *Que non es esta cosa tal commo nos contamos,*
> *Pecará duramientre en Dios que adoramos:*
> *Ca nos quanto deçimos, escrito lo fallamos* [19].

1928, págs. 151-153. John E. Keller, *Motif-Index of medieval Spanish exempla*, Knoxville, University of Tennessee Press, 1949.

[16] *Vida de Santo Domingo de Silos*, estrofa 8.
[17] Ídem, íd., estrofa 609.
[18] Ídem, íd., estrofa 751.
[19] *Vida de Santa Oria*, estrofa 203.

Pero esta falta de originalidad temática no rebaja, sin embargo, la personalidad de Berceo como poeta. El autor modifica, amplifica y enriquece sus modelos, vistiéndolos con rasgos de las costumbres cotidianas de su región. Sabe escoger con hábil tacto los matices precisos, los motivos populares, las expresiones pintorescas para hacerse comprender mejor del vulgo sencillo que le escucha. Merced a lo cual va como humanizando y dando plasticidad y calor a las heladas arideces del texto latino. El propósito de Berceo de dar sabor de cosa próxima y vivida a lo que cuenta —precisamente por la condición de la gente sencilla a que se dirige— es manifiesto en toda su obra; y en ello ha de buscarse la raíz de su esencial popularismo. Se esfuerza por ser gráfico y familiar, para lo cual recurre a comparaciones de prácticas de los labriegos, a locuciones campesinas, a nombres de utensilios domésticos, a refranes. Así es como los temas que utiliza, universales —y no menos convencionales también— en la literatura de su tiempo, adquieren en sus manos sabor de inmediata realidad, de paisaje habitual, de familiar localización. El mundo que captaban sus ojos desde el tranquilo claustro de su monasterio, salta a sus páginas poéticamente transmutado. Y en esta capacidad de asimilación, que es auténtica fuerza creadora, reside toda la gracia poética de Berceo y el milagro de su personalidad. Dámaso Alonso escribe del poeta riojano: "Nadie más aferrado que él a los modelos; pero siempre, a través de las apretadas ringleras de la cuaderna vía, traspasando la historia misma que interpreta, sentimos el borboteo humilde de su oración, el cándido y estremecido anhelo de su alma. Tan peculiar, tan creativo de un estilo personal, que, dentro de la literatura española, resella, como firma auténtica, cuanto escribió, y le da un encanto inolvidable"[20]. Por su parte Valbuena Prat resume su juicio en estas elogiosas palabras: "Realmente el cantor de San Millán y de la Gloriosa es

---

[20] Dámaso Alonso, *Berceo y los topoi*, citado, pág. 82. En su reciente estudio sobre los *Milagros*, Carmelo Gariano establece inequívocamente la independencia artística de Berceo —y, consecuentemente, su originalidad poética— frente a sus conocidos modelos latinos. Reproducimos sus conclusiones sobre este punto: "El vínculo entre Berceo y las fuentes es secundario: pertenece a la historia de la cultura y de la literatura, pero poco o casi nada a las manifestaciones estilísticas y aciertos artísticos que dan valor a la obra. Poco han influido las fuentes en el habla del autor, quien ha vuelto a elaborar la forma de manera personal. Algo, quizás, pudiera decirse que hayan influido sobre la estructura general del poema, pues consiste en una colección de episodios casi independientes, aunque el marco hispánico que los encierra y el alegorismo que los introduce son rasgos estilísticos individuales. En lo artístico, las fuentes han influido aún menos, pues donde sentimos palpitar la nota auténtica de poesía, allí vemos el triunfo de un alma poética y no de un versificador rastrero.

"Los juicios críticos que presentan al autor de los *Milagros* como un imitador sin originalidad no tienen validez; Berceo es un poeta original en todo pasaje en que logra ser poeta, y tan original que hace poesía sobre la base de un devocionario latino árido e impoético" (*Análisis estilístico de los 'Milagros de Nuestra Señora' de Berceo*, Madrid, 1965, págs. 201-202).

uno de los primeros poetas —sentido de la expresión, ternura, arte de los detalles— de la literatura castellana"[21].

Buena parte de esa plasticidad que logra Berceo en sus relatos se debe a la casi constante presencia del poeta en la narración y al hecho de que su público está allí, inmediato y atento a su palabra. No aludimos a la *presencia artística* del escritor, que infunde a todo su sello personal (condición que, por otra parte, no puede discutírsele a Berceo): nos referimos a la misma presencia *física*. Berceo dirige el curso de sus historias en primera persona, como un maestro o predicador:

> *Cambiemos la materia, en otro son cantemos...* [22]
> *Dexémonos de aquesto, de lo meior digamos...* [23]
> *Mas sigamos el curso, tengamos nuestra vía...* [24]

y habla de los sucesos como vistos por él:

> *Yo la vi, asy vea la faz del Criador...* [25]
> *Assí pueda la gloria del Criador aver,*
> *Commo por mis oreias las oy yo tanner...* [26]

o describe los lugares como familiares a su experiencia:

> *Avía en la coluna escalones e gradas:*
> *Veer solemos tales en las torres obradas:*
> *Yo sobí por algunas, esto muchas vegadas*[27].

---

[21] Ángel Valbuena Prat, *Historia de la Literatura Española*, vol. I, 7.ª ed., Barcelona, 1964, pág. 93.
[22] *Loores de Nuestra Señora*, estrofa 103.
[23] Ídem, íd., estrofa 117.
[24] *Vida de Santo Domingo de Silos*, estrofa 8.
[25] Ídem, íd., estrofa 109.
[26] *Vida de San Millán*, estrofa 487.
[27] *Vida de Santa Oria*, estrofa 39. En su estudio mencionado sobre los *Milagros*, Carmelo Gariano ha destacado la transcendencia de esta directa intervención del yo del poeta y su importancia estética dentro de nuestra historia literaria: "La afirmación del yo en la obra —escribe— representa un adelanto considerable en la técnica de la poesía española. Ya el autor tiene conciencia de sí mismo, y no se oculta como el trovador de la épica popular tras el protagonista de la obra, la cual se incorpora a la historia literaria en forma anónima. Con nuestro autor se crea una situación nueva: ante todo, él quiere salir de la anonimia, renovando la costumbre practicada entre los autores clásicos y anticipando la que iba a convertirse en práctica corriente entre los poetas de las generaciones futuras. La presencia de su yo se acentúa en la introducción, pues no sólo establece la paternidad de la obra, sino que se constituye en el protagonista humano, el que tiene la visión de la pradera, contempla sus símbolos y goza de su beneficio. Desde el punto de vista estilístico esto representa un gran adelanto, pues al injertarse el yo del poeta en su mundo artístico se abre una nueva modalidad literaria: el narrador épico, aparentemente tan despegado de los hechos y personajes de su relato, hace lugar para el narrador lírico, en quien la materia del canto aun adherido al bulto narra-

El mester de clerecía 121

Y cuenta siempre con la realidad inmediata de sus oyentes, a los que invita a escuchar:

> *Sennores, si quisiéredes attender un poquiello...* [28]
> *Sennores e amigos, por Dios e caridat*
> *Oíd otro miraclo fermoso por verdat...* [29]

o a los que supone a veces impresionados por sus palabras:

> *Onçe veçes cien milia judíos y murieron.*
> *Su muerte non vos duela, ca bien la merescieron...* [30]

o quizá cansados por la longitud del relato:

> *Sennores, si quisiéssedes, mientre dura el día,*
> *Destos tales miraclos aún más vos dizría...* [31]

En ocasiones, aunque los sabe fatigados, les exige que sigan escuchándole:

> *Maguer vos enoyedes, devedes vos soffrir,*
> *Vos dizredes que era bueno de escrevir...* [32].

en otras, sin embargo, no quiere abusar de su atención y corta su discurso para no causarles fastidio:

> *Non querré, si podiero, la razón alongar,*
> *Ca vos avriedes tedio, io podríe peccar* [33].

---

tivo se coloca y se presenta con arreglo a la visión personal" (*Análisis estilístico...*, cit., págs. 53-54). Américo Castro, que ya había señalado este carácter de la obra de Berceo, afirma que su "estilo autobiográfico" es distinto del de ciertas obras francesas coetáneas, que, observadas superficialmente, pudieran parecer análogas —los franceses escriben *memorias;* aquél *confesiones autobiográficas*—; y atribuye la peculiaridad del poeta riojano, de acuerdo con sus conocidas interpretaciones históricas, al influjo islámico-judaico, particularmente al de las creencias suffíes: "los milagros de Berceo —escribe— siendo cristianos en su esencia y en su tradición, aparecen vividos desde una vida en enlace con la peculiar tradición hispano-islámica; de otro modo no se incluiría dentro de la poesía la conciencia de estar la persona *haciendo* su poema" ("Gonzalo de Berceo", en *La realidad histórica de España*, México, 1954, págs. 341-350; la cita, pág. 347). Claudio Sánchez-Albornoz contradice esta opinión en su libro *España, un enigma histórico* —2.ª ed., Buenos Aires, 1962—, en el capítulo "Berceo horro del impacto de lo islámico" (páginas 423-438). Pero más que la discusión de este problema nos importa ahora el hecho de que Berceo aporta efectivamente su "presencia biográfica", con las consecuencias estético-literarias que hemos señalado.

[28] *De los signos que aparescerán antes del juicio*, estrofa 1.
[29] *Milagros de Nuestra Señora*, estrofa 182.
[30] *Loores de Nuestra Señora*, estrofa 123.
[31] *Milagros de Nuestra Señora*, estrofa 583.
[32] *Vida de Santo Domingo de Silos*, estrofa 335.
[33] *Milagros de Nuestra Señora*, estrofa 704.

Diríamos que de todos los recursos literarios de que el autor dispone —y son muchos, sin duda, dentro de su aparente sencillez— ninguno tan eficaz ni tan poético como su arte incomparable para bajar el cielo a lo vulgar y tender un puente de familiar comunicación entre el oyente y sus palabras.

En esta frecuencia con que se dirige a quienes le escuchan ha de verse una prueba más de la varia comunicación entre clerecía y juglaría, a que antes aludíamos. Todas estas llamadas al oyente inmediato no son mera retórica, sino que apelan a una situación real y refutan la vieja teoría de que tales poemas se destinaban a la lectura privada. Berceo siente una acuciante preocupación por el espectador oyente, a quien trata, una y otra vez, de introducir en su propio relato. Al hecho de que Berceo se llama a sí mismo repetidamente *juglar* de sus Santos, y a esta constante y amorosa llamada a su auditorio, se refiere Menéndez Pidal cuando escribe: "No se comprendería bien el espíritu de Berceo si no pensamos que ese sentimiento de juglaría por él manifestado es tan sincero como el de san Francisco de Asís" [34].

Se ha discutido, sin embargo, aun por aquellos que admiten todos estos rasgos juglarescos del clérigo de San Millán, la condición del oyente a quien se dirigía; es problemático que pueda aceptarse un auditorio idéntico al de los juglares, como afirma Menéndez Pidal, pero tampoco parece admisible un público selecto y aristocrático como sostiene Gicovate [35]. Georges Cirot [36] piensa que Berceo ni siquiera podía dirigirse a los peregrinos extranjeros que pasaban por el camino próximo de Santo Domingo de la Calzada, porque ni hubieran entendido su lengua ni los primores de su estilo; sino que escribía para sus amigos y gentes de su parroquia, para los mismos monjes, para los habitantes de su propia tierra, para los castellanos que acudían a orar a alguno de los monasterios de la región, pero aun dentro de ellos Cirot se inclina a pensar en algo así como unas *veladas* de aldea, a las cuales asistiría lo más selecto de aquel mundo campesino. Semejante interpretación, nada improbable, se opone un tanto al paralelo con el Santo de Asís, cuya desbordada efusión, no limitada a unos santos comarcales y ni siquiera a las alabanzas de la Gloriosa, tenía un alcance más universal, capaz de incluir en su llamada a todo lo creado.

Un aspecto sobre el que se ha insistido siempre al tratar del estilo de Berceo es su prosaísmo. Para muchos comentaristas, la frecuente utilización que hace el poeta de locuciones vulgares, del habla familiar, de nombres de uten-

---

[34] *Poesía juglaresca y orígenes...*, cit., pág. 274.

[35] Bernard Gicovate, "Notas sobre el estilo y originalidad de Berceo", en *Bulletin Hispanique*, LXII, 1960, págs. 5-15.

[36] Georges Cirot, "L'expression dans Gonzalo de Berceo", en *Revista de Filología Española*, IX, 1922, págs. 154-170. Cfr. además sobre este problema: C. Guerrieri Crocetti, "La lingua di Gonzalo de Berceo", en *Studi Medievali*, XV, 1942, págs. 163-188. G. Gybbon-Monypenny, "The Spanish *mester de clerecia* and its intended public", en *Medieval Miscellany presented to Eugène Vinaver*, Manchester, 1965, págs. 230-244.

silios y objetos de la vida común, así como la sencillez y naturalidad que busca como más adecuada para su público, rebajan frecuentemente su palabra al nivel de la prosa. Pero, muy al contrario, todo el encanto de Berceo, lo que forja precisamente su inconfundible personalidad, es el haber alzado a poesía lo cotidiano y lo trivial y descubierto las frágiles finezas de las cosas y las palabras ordinarias. Jorge Guillén, que ha escrito unas bellas páginas sobre este aspecto de Berceo, ha titulado su comentario *Lenguaje poético*[37]. En este arte virgen, limpio aún de afeites rebuscados, *primitivo* —si se entiende la palabra como elogio a su cristalina sencillez y no como mengua de balbuciente insuficiencia—, el poeta sabe encontrar la belleza que tienen las cosas mismas con sólo nombrarlas, y su acierto, su incomparable acierto, consiste en traer limpiamente la palabra precisa y encenderla a la luz de su relato. Con esta asombrosa sencillez describe, por ejemplo, Berceo el momento tremendo de la muerte de Cristo en el *Duelo de la Virgen*:

> *Inclinó la cabeza commo qui quier dormir,*
> *Rendió a Dios la alma e dessóse morir* [38].

Así define Berceo la sigilosa huida de los demonios, que abandonan su presa, en el milagro XI, cuando oyen el nombre de la Virgen:

> *Derramáronse todos como una neblina...* [39]

o así pondera, con rudo primor, la blancura de unas palomas en la *Vida de Santa Oria*:

> *Más blancas que las nieves que no son coçeadas* [40].

En la *Vida de Santo Domingo*, el mensajero del rey se dirige al abad y a los monjes hambrientos con estas palabras:

> *Los monges que madrugan a los gallos primeros*
> *Trasayunar non pueden como otros obreros...* [41]

Recuérdese la gráfica descripción de la abadesa encinta:

> *Fol creciendo el vientre en contra las terniellas,*
> *Fueronseli faciendo peccas ennas masiellas,*
> *Las unas eran grandes, las otras más poquiellas,*
> *Ca ennas primerizas caen estas cosiellas* [42].

---

[37] Jorge Guillén, "Lenguaje poético. Berceo", en *Lenguaje y poesía*, Madrid, 1962, págs. 13-39.
[38] Estrofa 108.
[39] *Milagros*, est. 278.
[40] Estrofa 30.
[41] Estrofa 458.
[42] *Milagros*, estrofa 508.

O esta incomparable invocación a María, en el milagro de la deuda pagada, que encuentra la más alta alabanza en la alusión al alimento más cotidiano:

> *Reýna de los cielos, madre del pan de trigo* [43].

A este repetido prodigio de la *prosaica poesía* de Berceo, cuadra bien aquella conocida anécdota que Antonio Machado atribuía a Mairena: "—...Salga usted a la pizarra y escriba: 'Los eventos consuetudinarios que acontecen en la rúa'. El alumno escribe lo que se le dicta. —Vaya usted poniendo eso en lenguaje poético. El alumno, después de meditar, escribe: 'Lo que pasa en la calle' ". Berceo, como el alumno de Mairena, conoce el secreto poético de las cosas desnudas, que sólo es necesario nombrar.

Los comentaristas han estudiado con acierto y muy al por menor la multitud de recursos técnicos y estilísticos que pueden descubrirse en los versos del clérigo riojano [44]. Sería difícil precisar en qué medida existe en el poeta una auténtica conciencia estética [45], dada la corta tradición en que podía aprenderla y moldearla. Sería vano también hablar de simple intuición; pero es preciso siempre concederle su lugar al genio que descubre caminos; si atendemos a lo que hay antes de él, el arte de Berceo parece surgir prodigiosamente. En ese mundo de Berceo, que parece desconocer los límites entre la tierra y el mundo extraterreno, se hace poético lo vulgar con una especial gracia alada, que no se puede definir apelando a los meros recursos literarios científicamente clasificables.

Digamos finalmente que la religiosidad de Berceo no se manifiesta en elevadas teologías, sino en una devota familiaridad, tierna y humana, con las cosas más altas. Con piadosa naturalidad sabe, no obstante, pulsar todos los resortes que estimulan a la filial devoción por la Virgen y por los santos. Según Gariano puntualiza, Berceo no se sirve de términos o giros propios de la teología, doctrinal o mística, y "hasta en la Introducción de los *Milagros*, en que los nombres marianos derivan de varias fuentes teológicas, se ve que a Berceo le preocupa más el aspecto poético que lo demás" [46]. Su ascetismo es sencillo y devoto, "los seres divinos se humanizan y las muecas de los dia-

---

[43] Ídem, íd., estrofa 659.

[44] Cfr.: Gonzalo Sobejano, "El epíteto en Gonzalo de Berceo", en *El epíteto en la lírica española*, Madrid, 1956, págs. 185-191. Joaquín Artiles, *Los recursos literarios de Berceo*, Madrid, 1964. Carmelo Gariano, *Análisis estilístico de los 'Milagros de Nuestra Señora'*, cit.

[45] Refiriéndose precisamente al pasaje citado de la muerte de Cristo en el *Duelo de la Virgen*, escribe Artiles: "Queramos o no, hay un buscado artificio en estos ejemplos de Berceo, una distribución intencionada de palabras y de conceptos, una búsqueda de ritmos y contrastes, un propósito estético. Estamos ante un escritor con voluntad de belleza" (*Los recursos...*, cit., pág. 123).

[46] *Análisis estilístico...*, cit., pág. 154.

blos se vacían de todo horror". El papel de María como mediadora eternamente eficaz infunde a la obra de Berceo un optimismo, que hasta en los momentos más dramáticos promete un desenlace feliz; no cabe en la obra de Berceo, escribe el comentarista, "una visión de hondo pesimismo sobre el destino del hombre; las puertas del infierno no pueden prevalecer sobre las del cielo"[47]. De aquí ese abrazo tan natural de lo humano con lo divino, y su familiaridad, repetidamente aludida, con las cosas de lo alto, que le permiten al poeta fundir en sus relatos motivos triviales y divinos, porque para Berceo, dice Guillén, "nunca es pequeña una realidad en perspectiva sacra"[48], y en su mundo, sólidamente establecido, cielo y tierra no son sino planos diversos de una misma realidad global.

Ese optimismo básico de la obra de Berceo explica su casi constante sonrisa, que forma parte asimismo de su llana bondad. Ésta, por su parte, nunca es obstáculo para una socarrona malicia, cómica a veces, que sabe llegar al alma del oyente por el camino de lo vulgar, por el vehículo del habla aldeana que anima y da sabor a todo lo que toca. "Su humorismo es rudo, sano —escribe Solalinde—, y nunca desperdicia la ocasión que sus fuentes le presentan para producir una sonrisa de inteligencia, aunque nunca brote, como de la lectura del Arcipreste, la franca risotada"[49].

Concha Zardoya ha querido ver en Berceo cierto espíritu goliardesco[50]; Gariano no lo admite, pero reconoce a su vez la existencia de cierta maliciosa picardía en varios pasajes, y algunas alusiones satíricas, que son precisamente de la minerva del poeta, ajenas a sus fuentes; así, por ejemplo, la que alude, en el milagro de la abadesa encinta, a los administradores de la justicia.

> *Levólo a la gloria, a seguro logar,*
> *Do ladrón nin merino nunqua puede entrar*[51].

Las vidas de santos de Berceo. Otras obras de Berceo. Después de los *Milagros*, las vidas de santos representan lo más importante de su producción. También para la composición de estas obras se inspiró en modelos escritos: para la *Vida de Santo Domingo de Silos*[52] en la historia latina del abad Gri-

---

[47] Ídem, íd.
[48] *Lenguaje y poesía*, cit., pág. 27.
[49] Edición de los *Milagros*, cit., pág. XII. Cfr.: G. Cirot, "L'humour de Berceo", en *Bulletin Hispanique*, XLIV, 1942, págs. 160-165.
[50] Concha Zardoya, "Lo religioso y lo humano en el arte de Berceo", en *Atenea*, Chile, XXXVII, 1937, págs. 147-165 (citado por Gariano en *Análisis estilístico...*, cit., páginas 154-155).
[51] *Milagros*, estrofa 581.
[52] Ediciones: véanse las de Tomás Antonio Sánchez, Ochoa y Janer, mencionadas para los *Milagros;* asimismo, la de Amancio Bolaño e Isla, cit. en íd. *Vida de Santo Domingo de Silos,* edición de John D. Fitz-Gerald, París, 1904. Edición crítico-paleográfica del códice del siglo XIII por fray Alfonso Andrés, O. S. B., Madrid, 1958. En "Colección

maldo; para la de *San Millán*[53] en el original latino de San Braulio; y para la de *Santa Oria*[54] en el relato de Munio, confesor de la Santa.

Al limitarse a un solo personaje fundamental cada uno de estos libros, carecen de la movida variedad que caracteriza a los *Milagros de Nuestra Señora*, pero, en cambio, se acentúa en ellos el rasgo realista, vivo y popular. El poeta se enfrenta ahora con modelos más próximos, moradores de su mismo monasterio, habitantes de los paisajes y los pueblos que le eran familiares. En las vidas de San Millán y de Santo Domingo de Silos, Berceo rinde su tributo de gratitud al monasterio en que se educó y vivió, cantando las glorias de la orden benedictina, los repetidos milagros de sus santos, sus vidas humildes y esforzadas. Es notable, en la *Vida de Santo Domingo de Silos* —extenso poema de 777 estrofas—, el pasaje en que el Santo defiende los bienes del convento de San Millán contra la codicia del rey navarro don García. Recuérdense aquellos versos donde parece anticiparse la insobornable dignidad popular de las palabras de Pedro Crespo:

Puedes matar el cuerpo, la carne mal traer,
Mas non as en la alma, rey, ningún poder... [55]

En la *Vida de San Millán* cabe destacar el fragmento en que se narra la batalla de Simancas, único episodio de carácter bélico en toda la obra del poeta. Algunos pasajes son característicos de la sencilla y rústica espontaneidad de Berceo —aliada la delicadeza con el mayor sentido práctico—, como

---

Austral", núm. 344 se reproduce la *Vida de Santo Domingo de Silos y Vida de Santa Oria, virgen,* de la edición Janer. Cfr.: John D. Fitz-Gerald, *Versification of the cuaderna via as found in Berceo's 'Vida de Santo Domingo'*, Nueva York, Columbia University Press, 1905. Federico Hanssen, "Notas a la 'Vida de Santo Domingo de Silos'", en *Anales de la Universidad de Chile,* CXX, 1907, págs. 715-763. Fray Alfonso Andrés, "Notable manuscrito de los tres primeros hagiógrafos de Santo Domingo de Silos", en *Boletín de la Real Academia Española,* IV, 1917, págs. 172-194 y 445-458. Frida Weber de Kurlat, "Notas para la cronología y composición literaria de las vidas de Santos de Berceo", en *Nueva Revista de Filología Hispánica,* XV, 1961.

[53] Ediciones: véanse las citadas de Sánchez, Ochoa, Janer y Bolaño. *Estoria de San Millán,* edición de Gerhard Koberstein, Münster, 1964. Brian Dutton, *La 'Vida de San Millán de la Cogolla' de Gonzalo de Berceo,* estudio y edición crítica, Londres, 1967. Cfr.: H. R. Lang, "A passage in Gonzalo de Berceo's *Vida de San Millán*", en *Modern Language Notes,* II, 1887. Jules Horrent, "*Vida de San Millán* de Gonzalo de Berceo", en *La Chanson de Roland dans les littératures française et espagnole au moyen âge,* París, 1951.

[54] Ediciones: véanse las mencionadas de Sánchez, Ochoa, Janer y Bolaño, y el número 344 de "Colección Austral" también citado. *La Vida de Santa Oria,* edición y estudio de Giovanna Maritano, Milano-Varese, 1964. Cfr.: María Rosa Lida de Malkiel, "Notas para el texto de la 'Vida de Santa Oria'", en *Romance Philology,* X, 1956, páginas 19-33.

[55] *Vida de Santo Domingo de Silos,* estrofa 153.

aquél en que se lamenta del retraso con que los pueblos de la comarca entregan al monasterio sus tributos [56].

La *Vida de Santa Oria*, escrita por Berceo en su vejez, revela ya el cansancio del escritor, pero también al mismo tiempo se acendra en estas estrofas su religiosidad que en ocasiones se ilumina y caldea con cierto fervor místico. El poeta, empapado de ternura y melancolía, parece desear —y ver aproximarse—

---

[56] Dispuestas ya las páginas de este capítulo para la presente edición, llega a nuestras manos el "estudio y edición crítica" de la *Vida de San Millán de la Cogolla* preparada por Brian Dutton y que recogemos en la nota bibliográfica correspondiente. Dutton no dedica atención a los valores literarios de la *Vida*, sino que orienta su estudio hacia las fuentes y sobre todo a los propósitos que guiaron al escritor al componer su obra. Como resultado de estas investigaciones, muy minuciosas, cambia notablemente la imagen tradicionalmente admitida de la persona y obra de Berceo, y muchos de sus rasgos habrán, quizá, de ser modificados en futuros estudios. De momento, sólo podemos resumir aquí las líneas capitales de la tesis de Dutton. Berceo —dice— escribió la *Vida de San Millán* para propagar la fama del santo y contribuir a la prosperidad económica de su monasterio, comprometida desde que nuevos centros de peregrinaje le hicieron perder su casi monopolio en la región navarro-castellana. Los donativos a San Millán, que tradicionalmente se cobraban, tenían su base en unos supuestos votos ofrecidos al Santo por Fernán González en 934, según un documento amañado con este fin y cuya falsedad está ya demostrada. Berceo estructura con gran habilidad todo su poema en torno a dichos votos ("La vida del santo es casi una introducción al episodio de los votos, al cual se dedican muchísimas más coplas que a cualquier otro episodio", pág. 172), y sobre el breve hilo de la *Vida de San Millán,* escrita por San Braulio, dispone libremente diversos elementos tomados de tradiciones locales o inventados por él o por sus colegas, con el fin de dar una base jurídica actual a las donaciones tradicionales y voluntarias, y urgir su pago. Menéndez y Pelayo había ya advertido, en efecto, aunque sin extraer las consecuencias, el sentido práctico que se desprende del poema de Berceo y la desenvoltura con que éste pide limosnas para su monasterio. Aparte las donaciones concretas que se solicitan, es de advertir que los santuarios eran entonces sanatorios a donde acudían los enfermos en busca de salud; la exposición de los milagros atribuidos al santo tenía, pues, que estimular a los posibles peregrinos con el provecho consiguiente. Dicho propósito, visiblemente interesado, claro está que no empece para la sincera religiosidad del poeta ni mucho menos para que utilice felizmente en él sus evidentes dotes literarias: "Lejos de sugerir —escribe Dutton— que Berceo carecía de devoción sincera o que no era más que un hábil componedor de anuncios, creo que en efecto la *Vida de San Millán* es producto de una devoción hondamente sentida, pero con todo un producto motivado por consideraciones económicas y condicionado por la sociedad en que vivía, tomando una forma concreta de expresión en las dotes literarias de Berceo. Se escribió la *Vida de San Millán* porque todos estos factores —problemas económicos, devoción al santo, dotes literarias— estaban presentes a una misma vez. Berceo, muy devoto de su monasterio, juzgó injusta su fortuna decayente y en sus habilidades literarias descubrió una manera de contribuir algo a rectificar la situación" (pág. 173).

Propósitos semejantes al que inspira la *Vida de San Millán* originaron las otras *Vidas*, escritas con posterioridad, aunque el comentarista admite que en forma menos vocinglera. La *Vida de Santo Domingo de Silos,* dice Dutton, debe su existencia al éxito obtenido por su predecesora: Silos y San Millán tenían un pacto de cooperación y ayuda mutua, firmado en 1190 y renovado en 1236; esta renovación, sugiere Dutton, pudo ser la ocasión que inspirara la vida del santo silense. La *Vida de Santa Oria* parela gloria celestial, llena de resplandores, en la que había situado el triunfo de sus santos.

Sin alcanzar en su conjunto la armonía poética de los *Milagros*, tienen estas tres *Vidas* su misma graciosa sencillez de delicado retablo primitivo, llenas de encanto, de agreste sentido popular y sabroso humorismo.

Giovanna Maritano, en el bello estudio que precede a su edición citada, hace notar en la *Vida de Santa Oria* la preponderancia de elementos líricos en relación con las dos *Vidas* anteriores: "nos encontramos —dice— frente a una obra auténticamente lírica"; subraya asimismo la frecuencia de los motivos de color, principalmente el blanco y el oro, lo que le lleva a comparar el poema de Berceo con las pinturas de sus contemporáneos Giotto y el Duccio; y señala, finalmente, que, mientras en las obras restantes predomina la narración, ésta es una sucesión de cuadros vivos. Y un dato de interés: Maritano encuentra en la descripción de la Gloria, a la que la Santa sube en ascensión rapidísima siguiendo con los ojos el vuelo de la paloma, un manifiesto influjo de las descripciones del Paraíso en las leyendas de Mahoma con sus jardines verdes y floridos; descripciones desconocidas en la Europa cristiana hasta el siglo XIII, pero que desde los días de Berceo comienzan a incorporarse a las leyendas místicas. Recuerda a este propósito lo demostrado por Asín Palacios respecto de la *Divina Comedia*, y estudia luego el posible influjo de comunes fuentes árabes sobre Dante y Berceo. Lo que vendría a robustecer la mencionada tesis islámica de Américo Castro.

Las obras restantes están muy lejos de la importancia de las ya comentadas. Berceo carece todavía en estos libros —puesto que parecen representar el

---

ce que fue escrita con mayor "desinterés", pero Berceo pone buen cuidado en advertir que la santa vivió y fue enterrada en San Millán.

Las deducciones de Brian Dutton sitúan a Berceo, evidentemente, ante una nueva luz. De acuerdo con aquéllas resulta ya muy aventurado hablar de su "ingenuidad candorosa" y mucho más sostener la opinión de Menéndez Pidal de que el poeta quería "servir piadosamente" al público iletrado actuando de intermediario entre la ciencia de los clérigos y la ignorancia del vulgo; más lejos queda todavía el entusiasta paralelo con san Francisco de Asís. Lo que sí aparece luminosamente aclarado es que Berceo no compuso sus obras para la lectura individual y solitaria, sino para ser recitadas ante las gentes y con la mayor difusión posible (de aquí el empleo de tantas fórmulas juglarescas, bien señaladas ya, pero que Dutton estudia con mayor detalle y amplitud); se trataría de que llegaran, al menos, a toda la región abarcada por el "privilegio" de los votos; quizá se servirían de juglares piadosos asalariados, o de los propios monjes o hermanos legos, en el mismo San Millán y en las numerosas dependencias del monasterio esparcidas por Castilla y Navarra; y este propósito de presentación oral afecta al estilo, como sabemos.

Por supuesto que nada de lo dicho —admitiendo en toda su integridad la interpretación de Brian Dutton— afecta al arte poético de Berceo que hemos tratado de exponer; modifica tan sólo su perfil humano, materializa su tradicional silueta idealizada, que resulta ahora más humana quizá.

aprendizaje del autor en el manejo de su "mester"— de la poética inspiración que daba acentos tan personales a sus otras páginas por encima de todos los modelos. Los *Loores de Nuestra Señora*, mezcla de relatos bíblicos acabados con un elogio de la Virgen, y el *Planto o Duelo que fizo la Virgen el día de la Passión de su Fijo Jesu Christo*[57], inspirado probablemente en un sermón de San Bernardo, distan un trecho infinito de la gracia poética de los *Milagros*. En este último libro se encuentra, sin embargo, el conocido cantar popular *Eya velar*, puesto por Berceo en boca de los guardas de la tumba de Jesús, que lo cantan para ahuyentar el sueño. Se trata de una "cantiga de veladores" compuesta de trece pareados irregulares, seguidos del estribillo

¡Eya velar!
Que non vos furten el Fijo de Dios.
¡Eya velar!

que probablemente sería cantado a coro. Esta cantiga, unánimemente calificada de joya lírica, es inequívocamente de origen popular; como todas las de su especie, destinada al canto; y quizá procedía de algún Auto de la Pasión perdido. Su inclusión por Berceo —único caso en toda su obra de ruptura de la métrica alejandrina— revela el fino sentido lírico del poeta[58]. *El Sacrificio de la Misa*[59], *Los signos que aparescerán antes del Juicio* y el *Martirio de Sant Laurençio*[60] no pasan de ser auténticas *prosas* rimadas; y aunque el autor llama así a todos sus escritos, tan sólo en éstos hace literalmente cierta la afirmación[61].

---

[57] Cfr.: J. Oroz Reta, "Paralelismo literario entre el 'Duelo' de Berceo y el 'De lamentatione' y 'Los Evangelios'", en *Helmantica*, Salamanca, II, 1951, págs. 324-340.

[58] Cfr.: Germán Orduña, "La estructura del 'Duelo de la Virgen' y la cántica 'Eya Velar'", en *Humanitas*, Tucumán, núm. 10, 1958. Leo Spitzer, "Sobre la cántica 'Eya Velar'", en *Nueva Revista de Filología Hispánica*, IV, 1950, págs. 50-56; reproducido en *Sobre antigua poesía española*, Buenos Aires, 1962, págs. 29-38. J. B. Trend, "Sobre el 'Eya Velar' de Berceo", en *Nueva Revista de Filología Hispánica*, V, 1951, págs. 226-228. Bruce W. Wardropper, "Berceo's 'Eya Velar'", en *Romance Notes*, II, 1960.

[59] Ediciones: *El Sacrificio de la Misa*, edición y estudio de A. García Solalinde, Madrid, 1913. Cfr.: Teresa Clara Goode, *Gonzalo de Berceo, 'El Sacrificio de la Misa'. A Study of its Symbolism and of its Sources*, Washington, The Catholic University of America, 1933. H. L. Schug, *Latin Sources of Berceo's 'Sacrificio de la Misa'*, Nashville, George Peabody College, 1936.

[60] Ediciones: *Martirio de San Lorenzo*, ed. de Charles Carroll Marden, en *PMLA*, XLV, 1930, págs. 501-515. Cfr.: Marcial J. Bayo, "De Prudencio a Berceo. El tema del martirio de San Lorenzo", en *Berceo*, VI, 1951, págs. 5-26.

[61] El nombre de "prosa" significaba también en la Edad Media "himno" o "poema", y con tal sentido lo utiliza Berceo en varias ocasiones; recuérdese el verso citado:

Quiero fer una prosa en román paladino...

Pero también designa a sus escritos con otros diversos nombres: "dictado" (palabra con que alude igualmente a sus fuentes literarias latinas), "coplas", "tractado", "romance",

Berceo fue totalmente desconocido de los siglos clásicos (no importa que los temas de sus *Milagros,* propagados por la continuidad de la herencia medieval, hayan podido inspirar a comediógrafos, poetas y novelistas de los Siglos de Oro y de la época romántica). Tomás Antonio Sánchez lo editó por vez primera en 1780, pero todavía el siglo XIX le dedicó escasa atención y menos aprecio, hasta que Menéndez y Pelayo destacó su particular importancia como el mayor poeta culto del siglo XIII. Los críticos y escritores contemporáneos le han valorado al fin, especialmente por el encanto de su primitivismo incomparable, y a la par de los estudios eruditos se han prodigado las glosas de los poetas —Rubén Darío, Pérez de Ayala, Manuel Machado, Antonio Machado, Enrique de Mesa— [62] y los comentarios literarios de toda

---

"escriptura", "libriello", "lecçión"; y alude a su tarea poética llamándola "fer una prosa", "meter en escripto", "cantar", "haçer un romance", "componer una rima", "romanzar un dictado", "controbar", etc. (véase Joaquín Artiles, *Los recursos literarios de Berceo,* cit., págs. 13-16). Para los problemas métricos y gramaticales en las obras de Berceo, cfr.: Federico Hanssen, "Sobre la prosodia de Gonzalo de Berceo", en *Miscelánea de versificación castellana,* Santiago de Chile, 1895. Del mismo, "Sobre la conjugación de Gonzalo de Berceo", en *Anales de la Universidad de Chile,* XC, 1895. Del mismo, "Sobre la formación del imperfecto en las poesías de Gonzalo de Berceo", en *Anales de la Universidad de Chile,* XC, 1895. Del mismo, *Metrische Studien zu Alfonso und Berceo,* Valparaíso, 1903. Rufino Lanchetas, *Gramática y vocabulario de las obras de Gonzalo de Berceo,* Madrid, 1900. Erasmo Buceta, "Sobre una paronomasia en Gonzalo de Berceo", en *Revista de Filología Española,* VIII, 1921, págs. 63-64. Edith L. Kelly, "Fer, far, facer, façer, fazer in three works of Berceo", en *Hispanic Review,* III, 1935, págs. 127-137. G. Tilander, "La terminación *i* por *e* en los poemas de Gonzalo de Berceo", en *Revista de Filología Española,* XXIV, 1937, págs. 1-10. J. Vallejo, "Español antiguo 'rades' y un pasaje de Berceo", en *Revista de Filología Española,* XXVIII, 1944, págs. 58-63. J. M. Lope Blanch, "La expresión temporal en Berceo", en *Nueva Revista de Filología Hispánica,* X, 1956, págs. 36-41.

Como complemento de la bibliografía mencionada, cfr.: Azorín, "Berceo", en *Al margen de los clásicos,* Madrid, 1915. C. Guerrieri Crocetti, *Studi sulla poesia di Gonzalo de Berceo,* Turín, 1942. Del mismo, *Gonzalo de Berceo,* Brescia, 1947. M. Sánchez Ruipérez, "Un pasaje de Berceo", en *Revista de Filología Española,* XXX, 1946. José Fradejas Lebrero, "Berceo, conocedor del Nuevo Testamento", en *Berceo,* VI, 1951, págs. 187-192. J. B. Trend, *Berceo,* Cambridge, 1952. Marcelino de Juan Martín, "Naturalismo y medicina en la obra de Berceo", en *Berceo,* X, 1953, págs. 271-273. Daniel Devoto, *Gonzalo de Berceo et la musique. Étude sur deux mots espagnols anciens,* París, 1955. Manuel Ovejas, "Toponimia en las obras de Berceo", en *Berceo,* XI, 1956, páginas 297-300. Carlos Foresti Serrano, "Esquemas descriptivos y tradición en Gonzalo de Berceo (locus amoenus-locus eremus)", en *Boletín de Filología,* Chile, XV, 1963, páginas 5-31.

[62] Recordados por Solalinde, ed. citada, pág. XIV. Para el proceso de la fama literaria de Berceo, cfr.: John D. Fitz-Gerald, "Gonzalo de Berceo in Spanish Literary Criticism before 1780", en *Romanic Review,* I, 1910, págs. 290-301. Hjalmar Kling [R. Foulché-Delbosc]. "A propos de Berceo", en *Revue Hispanique,* LXXXVII, 1915, páginas 77-90. Ludwig Pfandl, "Zu Gonzalo de Berceo", en *Archiv für das Studium der Neueren Sprachen und Literaturen,* Brunswick, CXLIII, 1922, págs. 103-105.

índole, como los de Azorín. La creciente atención a la obra de Berceo es una de las notas más destacadas en los actuales estudios medievalistas.

OTRAS OBRAS DE CLERECÍA

El "Libro de Apolonio". Aunque en el estudio del mester de clerecía hemos antepuesto a Berceo por su especial significación dentro de él, es muy posible que la primera producción de esta especie haya sido el *Libro de Apolonio* [63], obra anónima del siglo XIII, escrita probablemente hacia 1240. El propósito, manifestado por el poeta en el verso tercero de la obra, de "componer hun romançe de nueva maestría", ha hecho suponer que se trata, en efecto, del primer poema de este género, pero no parece que el contexto de la estrofa exija admitir necesariamente la primacía absoluta del *Libro de Apolonio;* la *nueva maestría* podía muy bien ser ya conocida y el poeta declara simplemente su intención de escribir en ella. El texto, de 2.624 versos, ha llegado hasta nosotros en un manuscrito único de El Escorial, el mismo que contiene, como vimos, la *Vida de Santa María Egipciaca* y el *Libro de la infancia y muerte de Jesús* o *Libre dels tres Reys d'Orient*. Debido al lugar de nacimiento del autor del poema, o más probablemente por haber sido copiado por un aragonés, conserva algunos rasgos de este dialecto.

Las cuartetas monorrimas del *Apolonio* ofrecen algunas irregularidades métricas; no obstante —y habida cuenta, además, de las que puedan ser debidas al copista— no son muchas en proporción; más bien sorprende, dada la novedad del mester que maneja, que el poeta domina su técnica con gran per-

---

[63] Ediciones: Pedro José Pidal, descubridor de la obra, la publicó junto con las otras dos que la acompañan, en la *Revista de Madrid*, IV, 1840, y las reprodujo en un volumen, *Colección de algunas poesías castellanas anteriores al siglo XV, para servir de continuación a la publicada por D. Tomás Antonio Sánchez*, Madrid, 1841; fueron a su vez reproducidas por Eugenio de Ochoa en su nueva edición de la *Colección* de Sánchez, París, 1842, y por Florencio Janer en el vol. LVII de la BAE, *Poetas castellanos anteriores al siglo XV*, Madrid, 1864, nueva ed., Madrid, 1952. *Libro de Apolonio*, edición de Charles Carroll Marden: I, *Text and Introduction;* II, *Grammar, notes and vocabulary*, Baltimore, 1917-1922. *Libro de Apolonio*, edición en versión moderna de Pablo Cabañas, "Odres Nuevos", Valencia, 1955. Cfr.: M. Menéndez y Pelayo, *Antología...*, cit., vol. I, págs. 188-190. Federico Hanssen, "Sobre la conjugación del *Libro de Apolonio*", en *Anales de la Universidad de Chile*, XCI, 1895, págs. 637-665. Charles Carroll Marden, "Notes on the text of the *Libro de Apolonio*", en *Modern Language Notes*, XVIII, 1903, págs. 18-20. Del mismo, "Unos trozos oscuros del *Libro de Apolonio*", en *Revista de Filología Española*, III, 1916, págs. 290-297. Harrison Heikes Arnold, "A reconsideration of the metrical form of *El Libro de Apolonio*", en *Hispanic Review*, VI, 1938, págs. 46-56. Manuel García Blanco, "La originalidad del *Libro de Apolonio*", en *Revista de Ideas Estéticas*, 1945, págs. 351-378. J. Pérez Vidal, "Dos notas al *Libro de Apolonio*", en *Revista de Dialectología y Tradiciones Populares*, IX, 1953, págs. 89-94.

fección y logra dar al relato una plasticidad y movimiento sorprendentes en obra tan primeriza.

El tema de la obra está tomado de una novela "bizantina", género equivalente durante las centurias medievales a lo que podría ser en nuestros días una novela de aventuras de las que aquéllas son el remoto precedente. Su original griego no ha sido hallado, aunque gozó de gran difusión en la Europa de su tiempo como otras muchas obras de su especie. El poeta español debió de inspirarse en un arreglo francés o provenzal, tomado a su vez de las varias versiones latinas que circularon; una de ellas se encuentra en los *Gesta Romanorum;* se conserva además la *Historia Apollonii regis Tyri,* versión latina atribuida a Simposio, y un poema del siglo X titulado *Gesta Apollonii.* Pero el poeta español se aparta frecuentemente del modelo para amplificar o reducir el original o introducir modificaciones, que tienden a hacer los hechos más familiares al mundo habitual de sus oyentes; consigue así dar nueva vida a los datos de la leyenda y crear a veces animados cuadros de costumbres medievales castellanas, como la salida de Tarsiana a la plaza para ejercer sus artes de juglaresa: episodio ponderado por Menéndez y Pelayo y que ha merecido asimismo la atención de todos los comentaristas.

El asunto del libro consiste en las aventuras de Apolonio, rey de Tiro, que al cabo de muchos años y complicadas peripecias recobra a su perdida mujer, Luciana, y a su hija Tarsiana, a la que encuentra convertida en juglaresa. Este tipo de novelas tomaba como remoto modelo a la *Odisea,* y el ingenio y la astucia juegan en ellas mayor papel que el valor guerrero propio de los cantares de gesta o de los libros caballerescos.

El protagonista, experto en las artes musicales y en todos los juegos de la cortesía, encarna un mundo refinado y poético en el que la aventura vale por sí misma. Lances de toda especie, encuentros inesperados, raptos y naufragios se suceden profusamente, sin que la verosimilitud importe en absoluto.

La obra, con su acumulación de novelescos episodios, revela en el autor una habilidad narrativa, superior a la de todos los demás poetas de clerecía, un estilo vivo y animado y un innegable arte para disponer los elementos de la acción.

Pablo Cabañas califica el *Libro de Apolonio* de "una de las obras más bellas de la literatura medieval española", y subraya la importancia del diálogo y la bien estudiada gradación de contrastes: "A una técnica dinámica —dice— de rapidísimos bosquejos, de cambios de lugar, de enumeración de hechos y situaciones, suelen suceder pasajes de estudiada morosidad, de estatismo poemático, en los que el poeta se recrea pormenorizándonos los hechos con deliberada lentitud". Son notables asimismo las descripciones musicales, hasta el punto —dice el mismo comentarista— de que el libro "es en realidad un poema de exaltación a la música"[64]: todos los personajes principales —Apo-

---

[64] Ed. citada.

lonio, su esposa Luciana, Tarsiana— poseen, como cualidad personal más destacada, su habilidad musical; Tarsiana con su arte para cantar y tocar la vihuela, enriquece al "señor de soldaderas" que la había comprado y evita su perdición moral. Esta Tarsiana, juglaresa aunque ocasional, es un tipo delicioso de mujer que ha corrido importantes avatares en la literatura posterior, entre los que pueden recordarse a Preciosa, la protagonista de *La Gitanilla* de Cervantes, y a Esmeralda, la famosa juglaresa de *Nuestra Señora de París* de Victor Hugo.

El "Libro de Alexandre". Este poema [65], el más extenso del mester de clerecía puesto que rebasa los diez mil versos, se ha conservado en dos manuscritos. El más antiguo, en pergamino, de fines del siglo XIII o principios del XIV, perteneció a la biblioteca del Duque de Osuna y se guarda hoy en la Biblioteca Nacional de Madrid; muestra leonesismos en su lenguaje y en la última estrofa se afirma que lo "escrevió" Juan Lorenzo de Astorga [66]. El otro manuscrito, en papel, del siglo XV, se conserva en la Biblioteca Nacional de París, tiene algún aragonesismo y su estrofa final lo atribuye a Gonzalo de Berceo.

Esta diversa atribución ha planteado el problema, muy complicado, de la autoría. Antes de conocerse el manuscrito de París, se admitió en general la paternidad de Juan Lorenzo, pero, tras el descubrimiento de aquél, el alemán Baist aceptó la atribución a Gonzalo de Berceo, opinión compartida por otros investigadores, como E. Müller. Menéndez Pidal, defensor del origen leonés del poema, sostiene la autoría de Juan Lorenzo, parecer que apoya R. I. Moll y, con cierta cautela, Federico Hanssen. Pero la asignación a Berceo parece insostenible —aparte los problemas que presenta la interpretación de los textos— dadas las profundas diferencias entre el *Alexandre* y los poemas del clérigo riojano: nada más alejado del carácter, temas y estilo de Berceo, que este largo relato —profano, militar y seudoclásico— de la vida y hazañas de Alejandro Magno. Berceo olvida frecuentemente los nombres latinos y griegos y confunde a menudo los datos geográficos e históricos, mientras que el autor del *Alexandre* —desde los versos primeros en que encarece la perfección de su

---

[65] Ediciones: Fue editado primeramente por Tomás Antonio Sánchez en su *Colección...*, cit., y reproducido por Ochoa y Janer en sus respectivas colecciones, también cits. Edición de A. Morel-Fatio, Dresden, 1906. Edición de Raymond S. Willis, *El Libro de Alexandre. Texts of the Paris and the Madrid Manuscripts prepared with an introduction by...*, Princeton, 1934, Elliott Monographs 32. Edición crítica de las estrofas 321-773 por Emilio Alarcos Llorach, en *Investigaciones sobre el Libro de Alexandre*, Anejo XLV de la *Revista de Filología Española*, Madrid, 1948.

[66] El primer editor del *Libro*, Tomás Antonio Sánchez, leyó en esta estrofa Juan Lorenzo *Segura* de Astorga; pero, después de los estudios de Baist y sobre todo de Willis ha sido definitivamente rechazada la lectura *Segura de Astorga* por la de *natural de Astorga* (véase de éste último págs. XXVII-XXVIII de su edición citada).

arte: *Mester trago fermoso, non es de ioglaría...—* hace gala una y otra vez de su condición de *clérigo* y de su extenso saber, en cuya exhibición se envanece. Por otra parte, dado que el poema parece compuesto muy a comienzos del siglo, pertenecería a la época juvenil de Berceo, lo que hace aún más inverosímil la atribución, pues habrían de ser mayores las muestras de su corta cultura, bastante limitada aun en sus obras auténticas, que son sin duda alguna posteriores. En cuanto a Juan Lorenzo parece lo más probable que se trate de un simple copista, como lo fue Per Abbat del *Cantar de Mío Cid,* opinión apoyada por Alarcos [67]. La paternidad del *Alexandre* continúa, pues, sin resolver.

También se desconoce la fecha en que el *Libro* fue compuesto, pero se acepta generalmente que en la primera mitad del siglo XIII; Raymond S. Willis llega a remontar la data hasta 1201 ó 1202 [68]. Se ha discutido muy por extenso, a la vista de los leonesismos y aragonesismos que ofrecen respectivamente los dos manuscritos conservados, cuál fue el dialecto original en que se escribió el *Alexandre*. Alarcos Llorach, después de estudiar detenidamente las diversas teorías, llega a la conclusión de que el autor se sirvió del dialecto castellano; las palabras que a primera vista no parecen peculiares de Castilla deben estimarse como arcaísmos precastellanos, arrinconados por aquél en los dialectos limítrofes [69].

En lo que concierne a la versificación, Alarcos Llorach admite que el autor del *Alexandre* consigue en su poema la perfección que anuncia en el comienzo de su obra, y se inclina a considerar como errores o descuidos de los copistas los versos mal medidos o los frecuentes casos de asonancia. Rechaza la opinión de Henríquez Ureña, según el cual el *Alexandre* ofrece mucho mayor irregularidad que las obras de Berceo, a causa probablemente del octosilabismo que ya comenzaba entonces a hacer sentir su influjo, pero que, en todo caso, revela en el poeta "verdadera impericia técnica". Alarcos supone, por el contrario, que la probada maestría del autor en tantos otros aspectos y su vasta cultura no podían fallar precisamente en lo más mecánico y fácil

---

[67] Véase una minuciosa exposición de este problema en Alarcos, *Investigaciones...*, cit., págs. 47-57. Cfr.: A. Morel-Fatio, "Recherches sur le texte et les sources du *Libro de Alexandre*", en *Romania,* IV, 1875, págs. 7-90; véase también la introducción a su edición citada. Ramón Menéndez Pidal, "El dialecto leonés", en *Revista de Archivos, Bibliotecas y Museos,* LVII, 1906, págs. 128 y ss. y 294 y ss.; se ocupa del *Alexandre* en págs. 133 y ss. Del mismo, "El Libro de Alixandre", en *Cultura Española,* VI, 1907, páginas 545-552. R. Cillero, "Sobre el *Libro de Alexandre*", en *Boletín de la Real Academia Española,* III, 1916, págs. 308-314.

[68] Raymond S. Willis, *The relationship of the Spanish 'Libro de Alexandre' to the Alexandreis' of Gautier de Chatillon,* Princeton, 1934, Elliott Monographs 31. Del mismo, *The debt of the Spanish 'Libro de Alexandre' to the French 'Roman d'Alexandre',* Princeton, 1935, Elliott Monographs 33.

[69] Véase Alarcos, *Investigaciones...*, cit., págs. 17-46.

de su tarea, después de haber afirmado la superioridad de las "sílabas cuntadas" y del "curso rimado" que se había propuesto seguir [70].

Otro problema ofrece también interés. Hemos aludido repetidamente en las páginas anteriores a las frecuentes interferencias entre los mesteres de *juglaría* y *clerecía* y al hecho de que las obras de este último se destinaban lo mismo que las de aquél al recitado público y no a la lectura particular; opinión insistentemente defendida por Menéndez Pidal y compartida por la crítica más reciente. No obstante, Ian Michael, en un interesante estudio, ha puesto en duda este principio en lo que respecta concretamente al *Libro de Alexandre*. Michael examina las fórmulas épicas del *Poema de Mío Cid* y las compara, en número y carácter, con las que se utilizan en aquél; de su mucho menor frecuencia y de la muy inferior destreza del poeta para su empleo, deduce Michael que no se trata aquí de una composición destinada a la presentación oral ante un público habituado a los recitados épicos tradicionales. Y se pregunta el investigador si el poeta renuncia deliberadamente al empleo de los recursos épicos, como parte de su proclamado desprecio a la juglaría —y consecuentemente, pensamos, a su público—, o hay que ver simplemente en el *Alexandre* la decadencia de lo que habían sido hasta entonces florecientes convencionalismos del lenguaje épico [71].

El poema refiere —desde su infancia hasta su muerte— la vida de Alejandro Magno, que interrumpe para intercalar variados episodios, como el relato de la guerra de Troya —larga digresión en 1.688 versos—, que cuenta el propio Alejandro a sus capitanes al contemplar las ruinas de la ciudad; el sermón satiricomoral sobre la corrupción de las costumbres [72]; la descripción de la bajada a los infiernos, etc.

---

[70] Ídem, íd., págs. 67-76. Cfr.: Federico Hanssen, "La elisión y la sinalefa en el *Libro de Alejandro*", en *Revista de Filología Española*, III, 1916, págs. 345-356. Harrison Heikes Arnold, "Notes on the versification of *El Libro de Alexandre*", en *Hispania*, XIX, 1936, págs. 245-254 (véanse, del mismo, los estudios mencionados a propósito de Berceo y del *Libro de Apolonio*).

[71] Ian Michael, "A comparison of the use of epic epithets in the *Poema de Mío Cid* and the *Libro de Alexandre*", en *Bulletin of Hispanic Studies*, XXXVIII, 1961, págs. 32-41.

[72] La extensión de las disertaciones morales en el *Alexandre* es tal que ha podido pensarse que en el poema son aquéllas lo verdaderamente importante y la vida del rey sólo un pretexto para insertarlas; véase Lucia Pistolesi, "Del posto che spetta il *Libro de Alexandre* nella storia della letteratura spagnuola", en *Revue des Langues Romanes*, XLVI, 1903, págs. 255-281. Dicha interpretación, así formulada, peca de simplista, pero las tales disertaciones no son tampoco un mero relleno o caprichosa digresión, sino que le sirven al autor para desarrollar juicios morales que afectan a todo el conjunto del *Libro* y sobre todo a la interpretación de la conducta del héroe; cfr. María Rosa Lida de Malkiel, *La idea de la fama en la Edad Media castellana*, México, 1952, págs. 196-197; y, particularmente, Ian Michael, "Interpretation of the *Libro de Alexandre*: the author's attitude towards his hero's death", en *Bulletin of Hispanic Studies*, XXXVII, 1960, págs. 205-214.

El autor del *Libro de Alexandre* alardea, decíamos —y la posee, desde luego—, de una copiosa erudición. Aunque a través de compendios y refundiciones, conocía a Homero, a Ovidio, a Quinto Curcio y a gran número de autores —arábigos y cristianos— representativos de la cultura de su época. Las fuentes principales de la obra son dos poemas: uno latinomedieval, el *Alexandreis*, de Gualterio de Chatillon que sigue a su vez la historia de Quinto Curcio, y otro francés, el *Roman d'Alexandre*, de Lambert le Tort y Alejandro de Bernay o de París[73]. Pero existen además otras muchas fuentes secundarias de variada procedencia. García Gómez ha estudiado los elementos arábigos incorporados por el poeta español, como el invento que hace Alejandro de la máquina voladora[74]. Las dos cartas en prosa de Alejandro a su madre que figuran añadidas al final del ms. de Osuna, proceden también probablemente de colecciones arábigas de sentencias o, incluso, de versiones musulmanas de la leyenda alejandrina.

Aludiendo a toda esta vasta erudición acumulada en el poema, decía de él Menéndez y Pelayo que era la obra poética de más aliento entre las del siglo XIII "además de poder considerarse como un repertorio de todo el saber de clerecía, y un alarde de la instrucción verdaderamente enciclopédica de su autor que fue sin duda uno de los hombres más doctos de su tiempo"[75]. Raymond S. Willis ha dedicado un minucioso estudio a definir la importancia y significación del *Alexandre* dentro del *mester de clerecía* y ha destacado sobre todo la plena conciencia "científica" con que el poeta despliega su saber[76]. Para el autor del *Alexandre*, dice Willis, su *mester* es mucho más que el mero cuidado de alinear estrofas correctamente construidas; su intención excede al simple propósito de Berceo de hablar al pueblo en *román paladino*, o a la patriótica y piadosa finalidad del *Poema de Fernán González*, o a la circunspecta exhibición del *Apolonio* de servirse de la *nueva maestría*. En el siglo siguiente, el propio Arcipreste, a pesar de sus reminiscencias clásicas, respira un clima muy distinto, y en el fondo desprecia a los que *estudian clerecía y en cabo saben poco*; el mismo Canciller en ningún sentido es un *clérigo* como el del *Alexandre*. Este poema, en cambio, está construido como un verdadero monumento de erudición; su asunto, en primer lugar, la historia de Alejandro, representa un notable incremento para la literatura erudita en España; el texto está compuesto de acuerdo con los más exigentes cánones de retórica y poética; los elementos decorativos suponen un derroche de todas las ramas del

---

[73] Para las fuentes del *Alexandre* véase el artículo mencionado de Morel-Fatio y las monografías de Willis citadas en la nota 68.

[74] Emilio García Gómez, *Un texto árabe occidental de la leyenda de Alejandro según el manuscrito árabe XXVII de la Biblioteca de la Junta para Ampliación de Estudios*, Madrid, 1929.

[75] *Antología...*, ed. cit., vol. I, pág. 191.

[76] Raymond S. Willis, "Mester de clerecía. A definition of the *Libro de Alexendre*", en *Romance Philology*, X, 1957, págs. 212-224.

saber, concebidas por el autor como un conjunto científico; el héroe del poema está moldeado por el autor como un arquetipo, no simplemente con las tradicionales virtudes de justicia y valor atribuidas a los reyes, sino como un hombre letrado, diversamente instruido en todas las ciencias por su maestro Aristóteles. El autor expone inequívocamente al principio de su obra cuál es la primordial intención que le mueve a escribir el libro: para el poeta del *Alexandre* su *mester* no significa tan sólo una particular habilidad formal sino toda una ciencia adquirida y, además, la obligación de difundirla entre las gentes menos letradas con toda la capacidad que él posee; sin esta entrega a su magisterio, el poeta creería haber traicionado su misión. Willis recuerda la significativa estrofa del comienzo que define el propósito del poema:

Señores, se quisierdes mio servicio prender,
querríavos de grado servir de mio mester;
deve de lo que save omne largo seer,
se non podrie en culpa o en yerro caer.

En tan largo poema no es de extrañar que sean numerosos los fragmentos en los que desmaya la inspiración del escritor. Esto le sucede preferentemente en los momentos narrativos; pero es, en cambio, extraordinaria su habilidad descriptiva, su colorido y exuberancia de detalles, su sentido de la decoración y del movimiento. Los largos viajes de Alejandro le dan ocasión para frecuentes y variadas descripciones, algunas verdaderamente brillantes: como la de la tienda de Alejandro con la alegoría de los meses y las estaciones, la de las magnificencias de Babilonia y de los palacios del rey Poro, las de asuntos fantásticos como los hombres sin cabeza, el ave fénix, el viaje aéreo de Alejandro y las expediciones submarinas, y la de Calestrix, la reina de las amazonas, el más antiguo retrato de mujer de nuestra poesía, según Menéndez y Pelayo.

Siempre se ha hecho notar la abundancia de anacronismos y de episodios inverosímiles en el *Alexandre*: Alejandro, acompañado de los Doce Pares, recibe la orden de Caballería y una espada de don Vulcano; el *conde* don Demóstenes arrastra con su elocuencia a los atenienses; la madre de Aquiles esconde a éste en un convento de monjas, etc. Sería vano tratar de encontrar una exactitud arqueológica que reflejara la realidad del mundo clásico. El autor ve la época de Alejandro a través de la inmediata presencia de la Edad Media; y esta deformación ha sido muchas veces estimada como un demérito del libro. Pero semejante interpretación es estrecha y pedante. Menéndez y Pelayo había dicho ya a propósito de estos anacronismos: "No todo es ignorancia ni candor del poeta, sino forzosa adaptación al medio y necesidad de hablar a su público en la única lengua que entendía"[77]. Valbuena Prat escribe estos juicios, que compartimos en su totalidad: "Alejandro vive en una Edad Media

---
[77] Menéndez y Pelayo, *Antología*, cit., vol. I, pág. 192.

como las figuras del mundo antiguo en los cuadros de la época. De la misma manera que en una tabla sobre la Crucifixión o aun sobre el tiempo de Adán y Caín (pensemos en el Museo de Vich) los fondos copian las murallas o los templos góticos medievales, el poeta concibe los estudios del protagonista a base de silogismos y de las siete artes enseñado por don Aristótil (Aristóteles), concebido como un escolástico. Las procesiones, el canto del Te Deum, los capellanes de Júpiter, alternan con los hechos heroicos de la historia del héroe de Macedonia. Indudablemente estos anacronismos dan un color de verdad extraordinario a los hechos contados, pues nos permiten reconstruir, como la plástica, las costumbres y usos de la Edad Media: el asunto antiguo es sólo un pretexto" [78].

El *Libro de Alexandre* influyó considerablemente en la literatura posterior, en el *Poema de Fernán González*, en el libro del Arcipreste, en la *Crónica de don Pero Niño*, etc. [79]. Resumiendo su significación general, escribe Manuel de Montolíu: "En su conjunto, el Poema d'Alexandre viene a ser el primer precursor de los libros de caballería en la literatura española. Alejandro, en efecto, está en él pintado en figura del perfecto caballero medieval, y espiritualmente emparentado con los héroes carolingios y aún más con los caballeros de la corte del rey Artús; el ambiente poético y maravilloso que le rodea es el mismo del mundo fantástico en que más tarde habían de respirar los Lanzarotes y Amadises" [80].

El "Poema de Fernán González". Completa la serie de grandes obras del mester de clerecía en el siglo XIII el *Poema de Fernán González* [81], escrito

---

[78] Valbuena Prat, *ob. cit.*, vol. I, pág. 96.

[79] Cfr.: G. Davis, "The debt of the *Poema de Alfonso Onceno* to the *Libro de Alexandre*", en *Hispanic Review*, XV, 1947, págs. 436-452.

[80] Manuel de Montolíu, *Literatura castellana*, Barcelona, 1937, pág. 54. Como complemento de la bibliografía mencionada, cfr.: Federico Hanssen, "Las coplas 1788-1792 del *Libro de Alexandre*", en *Revista de Filología Española*, II, 1915, págs. 345-356. J. Berzunza, "A digression in the *Libro de Alexandre*: the Story of the elephant", en *Romanic Review*, XVIII, 1927, págs. 238-245. Antonio García Solalinde, "El juicio de París en el *Alexandre* y en la *General Estoria*", en *Revista de Filología Española*, XV, 1928, páginas 1-51. Julia Keller, *Contribución al vocabulario del Poema de Alixandre*, Madrid, 1932. Georges Cirot, "La guerre de Troie dans le *Libro de Alexandre*", en *Bulletin Hispanique*, XXXIX, 1937, págs. 328-339. María Rosa Lida de Malkiel, "Notas para el texto del *Alexandre* y para las fuentes del *Fernán González*", en *Revista de Filología Hispánica*, VII, 1945, págs. 47-51. Niall J. Ware, "The date of composition of the *Libro de Alexandre*: a re-examination of stanza 1799", en *Bulletin of Hispanic Studies*, XLII, 1965, páginas 252-255.

[81] Ediciones: Bartolomé José Gallardo, en *Ensayo de una biblioteca española de libros raros y curiosos*, vol. I, Madrid, 1863. Ed. de Florencio Janer, en BAE, vol. LVII, cit. Ed. de Charles Carroll Marden, Baltimore, 1904. Ed. del P. Luciano Serrano, Madrid, 1943. Ed. de Alonso Zamora Vicente, "Clásicos Castellanos", núm. 128, Madrid, 1946. Ed. de Ramón Menéndez Pidal, en *Reliquias de la poesía épica española*, Madrid, 1951,

probablemente, en opinión de Menéndez Pidal y Carroll Marden, hacia mediados de la centuria y conservado en un solo manuscrito, defectuoso y mutilado, del siglo XV, que se guarda en la biblioteca de El Escorial. Se supone que fue su autor un monje de San Pedro de Arlanza, monasterio cuya fundación se atribuye al famoso conde de Castilla y es centro principal de sus tradiciones.

Sobre Fernán González debió de componerse muy pronto algún cantar de gesta. La *Crónica Najerense*, de mediados del siglo XII, refiere ya la prisión del conde por el rey García de Navarra y su libertad por mediación de la hermana del rey, previa promesa de casamiento; relatos procedentes, sin duda, de algún cantar antiguo, hoy desconocido. Basándose indudablemente en él, el monje de Arlanza, autor de clerecía, compuso su poema, transportando el viejo cantar al nuevo *mester*, acomodándolo a sus propósitos y amoldándolo a la técnica y exigencias cultas de dicha escuela.

La *Primera Crónica General* prosificó este poema de clerecía, y de ella pasó a sus derivados; en cambio, *la de 1344* dio preferencia a una gesta popular sobre el mismo asunto, de la cual hay resonancias en alguna gesta francesa. De este cantar derivaron probablemente algunos romances tradicionales.

Se han señalado numerosos puntos de contacto entre el *Poema* y los otros autores de clerecía de su tiempo, particularmente Berceo y el *Libro de Alexandre*. El autor, según norma de su mester, alude en ocasiones a las *escrituras* en donde se informa, como prueba de la verdad de lo que narra; se admite que

---

págs. 34-156. Ed. de Erminio Polidori, con traducción italiana, Taranto, 1961. Edición en versión moderna de Emilio Alarcos Llorach, "Odres Nuevos", Valencia, 1955. Cfr.: M. Menéndez y Pelayo, *Antología...*, ed. cit., vol. I, págs. 206-209. Charles Carroll Marden, "An episode in the *Poema de Fernán González*", en *Revue Hispanique*, VII, 1900, págs. 22-27. Federico Hanssen, "Sobre el metro del *Poema de Fernán González*", en *Anales de la Universidad de Chile*, CXV, 1904. Georges Cirot, "Fernán González dans la Chronique léonnaise", en *Bulletin Hispanique*, XXIII, 1921 y XXIV, 1922. Del mismo, "Sur le *Fernán González*. Le thème de la femme qui délivre le prisonnier", en *Bulletin Hispanique*, XXX, 1928, págs. 113-146. Del mismo, "Sur le *Fernán González*. Le poème et la Chronique Générale", en *Bulletin Hispanique*, XXXIII, 1931. K. Sneyders de Vogel, "Le *Poema de Fernán González* et la *Crónica General*", en *Neophilologus*, Amsterdam, VIII, 1923, págs. 161-180. Adalbert Hämel, "Das älteste Drama vom Conde Fernán González", en *Estudios in Memoriam de A. Bonilla y San Martín*, vol. II, Madrid, 1930. Fray Justo Pérez de Urbel, *Fernán González*, Madrid, 1943. Del mismo, "Historia y leyenda en el *Poema de Fernán González*", en *Escorial*, XIV, 1944, págs. 319-352. María Rosa Lida de Malkiel, "Notas para el texto del *Alexandre* y para las fuentes del *Fernán González*", cit. E. Correa Calderón, *La leyenda de Fernán González (Ciclo poético del conde castellano)*, Madrid, 1946. Del mismo, "Reminiscencias homéricas en el *Poema de Fernán González*", en *Estudios dedicados a Menéndez Pidal*, IV, Madrid, 1953, págs. 359-389. P. Valdecantos García, "Los godos en el *Poema de Fernán González*", en *Revista de la Universidad de Madrid*, VI, 1957, págs. 500-530. F. Arocena, "Guipúzcoa en el *Poema de Fernán González*", en *Boletín de la Real Sociedad Vascongada de Amigos del País*, XV, 1959, págs. 3-7. A. D. Deyermond, "Una nota sobre el *Poema de Fernán González*", en *Hispania*, III, 1960, págs. 35-38.

entre estas fuentes se encuentra el *Epitoma Imperatorum* o crónica rimada escrita a mediados del siglo VIII por el anónimo de Córdoba, la *Crónica* de Turpin, el *Chronicon Mundi* del Tudense, de donde toma algunos episodios sobre los godos y parte de su elogio de España, y la *Historia Gothorum* de San Isidoro. Hay también vestigios del *Poema del Cid* y de la *Chanson de Roland,* y, por descontado, de la Biblia.

El *Poema,* que en una larga introducción de 160 estrofas resume la historia de España desde la aparición del Cristianismo hasta la caída de los visigodos, relata la vida entera del conde castellano y combina datos históricos con todos los elementos legendarios que adornan la vida del héroe: la profecía del ermitaño de Arlanza a consecuencia de la cual funda el conde el monasterio, el episodio de la venta del caballo y el azor al rey de León don Sancho, la independencia del Condado, la prisión del conde libertado por doña Sancha, la anécdota del arcipreste que pide la honra de aquella a cambio de su silencio, etc. El poeta de Arlanza, a pesar de su condición de clérigo, sabe adaptarse a maravilla al ambiente heroico y guerrero que anima todo el relato, y son precisamente los episodios bélicos los que alcanzan mayor perfección formal y una entonación más robusta. El *Poema de Fernán González* resulta así, según señala Zamora Vicente, el más influido, entre los de clerecía, por la poesía popular: "en todos estos episodios se percibe, disimulado, encubierto bajo el monorrítmico metro del monje arlantino, el hálito de la gesta antigua" [82].

Esta combinación de técnica y espíritu de clerecía con el tema épico, así como la presencia de elementos eruditos, tomados de las *escrituras,* al lado de fórmulas y recursos propios de la épica popular, hacen del *Poema de Fernán González* un caso de especial interés como fusión de ambos mesteres; y bajo tal aspecto se le suele considerar y valorar. Pero, la existencia de semejante peculiaridad no ha debido de producirse sin razones, aunque los investigadores no parecen haberles dedicado demasiada atención. A ellas, sin embargo, pueden quizá guiarnos los interesantes estudios de John P. Keller [83] sobre el poema del monje de Arlanza. Vamos a tratar de resumirlos.

El *Poema de Fernán González* fue compuesto para ensalzar las virtudes y hazañas del héroe castellano. Berceo, agregado al monasterio navarro de San Millán de la Cogolla, en su *Vida* de este santo habían arrancado de hecho al famoso conde de su Castilla nativa y exagerado su conexión con su propio monasterio. Uno de los fines principales que movieron al autor del *Poema* fue, pues, restituir al conde a su solar de origen y restablecer su preponderante rela-

---

[82] Edición citada, pág. XXIII.
[83] John P. Keller, "The hunt and prophecy episode of the *Poema de Fernán González*", en *Hispanic Review,* XXIII, 1955, págs. 251-258. Del mismo, "Inversion of the prison episodes in the *Poema de Fernán González*", en *Hispanic Review,* XXII, 1954, páginas 253-263. Del mismo, "The structure of the *Poema de Fernán González*", en *Hispanic Review,* XXV, 1957, págs. 235-246. Del mismo, "El misterioso origen de Fernán González", en *Nueva Revista de Filología Hispánica,* X, 1956, págs. 41-44.

El mester de clerecía

ción con San Pedro de Arlanza. Berceo cuenta en su *Vida* mencionada la historia de los *votos* a San Millán, ofrecidos a este monasterio por el conde en acción de gracias al santo por la ayuda que le había prestado en una batalla. Esta *historia* convertía de hecho a San Millán en el *santo patrono* del conde castellano, pero el poeta de Arlanza, empujado por su patriotismo regional, tenía que modificar tal situación; era Arlanza el que había recibido primero los obsequios del conde, y debido a su predilección por dicho monasterio había querido que su cuerpo fuera enterrado en él.

Para llevar a cabo su propósito ideó el poeta el episodio de la caza y la profecía del ermitaño y lo enlazó con las leyendas sobre el conde que estaba reescribiendo, episodio que, en opinión de Keller, tomó y adaptó de la *Vida de San Eustaquio*, muy difundida por toda la Europa cristiana. En el *Poema* el monje Pelayo profetiza al conde su poder futuro y el triunfo contra Almanzor en la batalla del día siguiente, y el conde le promete a Pelayo el quinto del botín para fundar allí una iglesia y un monasterio capaz para cien monjes; y expresa además su deseo de ser allí enterrado. Tal había sido el origen de la casa de Arlanza.

Cumplida la primera parte de su propósito, el poeta necesitaba destruir la conexión entre su héroe y el santo de la Cogolla. Berceo, en su *Vida*, refería que san Millán, en una visión, había prometido a Fernán González la victoria sobre Almanzor, y confirma luego que la presencia de Santiago y san Millán durante la batalla había proporcionado el triunfo. En el *Poema*, san Millán se aparece también al conde, efectivamente, y le promete su asistencia; pero no se presenta después; es solo Santiago. Los comentaristas han señalado esta incomparecencia del santo navarro como un descuido u olvido del poeta, pero Keller subraya, por el contrario, la bien estudiada habilidad del monje de Arlanza: san Millán quedaba así inequívocamente desligado del triunfo del conde; si conservó en el relato la promesa, fue para hacer más evidente que el santo de Berceo había faltado a su palabra y no había tenido parte alguna en la victoria del castellano. De esta manera, dice el comentarista, el poeta de Arlanza completaba su tarea de repatriación y de restauración. Keller comenta, no sin gracia, que el autor del *Poema* no era más escrupuloso con la verdad que el monje de la Cogolla que había falsificado el documento de los *votos*, porque el monasterio de Arlanza existía ya antes de que Fernán González le ofreciera sus primeros regalos.

A la luz de esta exposición parece ahora transparente el motivo que estimuló a un monje de la casa de Arlanza a escribir el poema de un héroe épico: "el *Poema de Fernán González* —dice Keller— es probablemente la primera obra de la literatura española escrita con una intención claramente propagandística"[84]. Nos permitimos, sin embargo, una leve rectificación: el

---

[84] "The hunt and prophecy...", cit., pág. 257 ("The *Poema de Fernán González* is probably the first work of Spanish literature which was composed with so definite a propagandistic purpose in mind").

Poema debió de ser la *segunda*, dado que la *Vida de San Millán*, según hemos podido ver en el recientísimo estudio de Brian Dutton [85], había sido escrita con idénticos fines, sólo que de signo contrario. Así sucede que dos de nuestras más famosas producciones de clerecía, destinadas a cantar a un héroe y a un taumaturgo, nacieron de una rivalidad de clérigos, celosos de la honra y el provecho de sus respectivos monasterios.

Ninguno de los comentaristas del *Poema* ha dejado de insistir en el intenso patriotismo que lo caldea; pero, dentro de España, el poeta aprieta su entusiasmo en su región de Castilla —de "exacerbado" califica Zamora Vicente el "sentido castellanista" del *Poema*— [86] y aun dentro de Castilla concentra su amor en la *Vieja*, en la *Montaña*, como cimiento y raíz que es, a su juicio, de la futura nacionalidad. Este patriotismo, cuya sinceridad no puede discutirse, cobra, sin embargo, una nueva dimensión si lo consideramos a la luz de la pasión regional y monástica que hemos comprobado. De hecho, el poema, que durante el resumen preliminar se desenvuelve con languidez, se yergue con ímpetu poético desde el momento en que comienza la historia de Castilla:

Entonçe era Castyella un pequenno rryncón... [87].

En relación también —en buena medida— con este patriotismo, existe un problema de interpretación textual, muy discutido por los varios editores del *Poema*, y que Samuel G. Armistead ha descifrado al cabo agudamente [88] El en-

---

[85] Véase nota 56.

[86] Edición cit., pág. XXVII. Cfr.: Gifford Davis, "National sentiment in the *Poema de Fernán González* and in the *Poema de Alfonso Onceno*", en *Hispanic Review*, XVI, 1948, págs. 61-68.

[87] Estrofa 170.

[88] Samuel G. Armistead, "La perspectiva histórica del *Poema de Fernán González*", en *Papeles de Son Armadans*, LXI, 1961, págs. 9-18. Se trata de la estrofa 80, en que se anuncia la derrota de los godos por los invasores musulmanes; dice así:

> *Era la cosa puesta e de Dios otorgada*
> *que seryan los de España metidos a espada*
> *a los dueños primeros serya tornada*
> *tornaron en el canpo ellos otra vegada.*

El tercer verso de esta estrofa se suponía equivocado, pues no tenía sentido el suponer que, con la caída de los godos, tornara la península a sus "dueños primeros". Los editores y comentaristas del *Poema* han sugerido diversas correcciones. Pero Samuel Armistead hace ver que en el último verso de la estrofa 59 el autor expone la misma idea de que los moros ocupaban el país antes que los visigodos:

> *¡mal grado a los moros que la solían tener!*

dice don Rodrigo. La perspectiva patriótica que preside todo el poema, según exponemos en el texto, unida a esta aclaración, permite la correcta interpretación del discutido pasaje.

tusiasmo del autor proyectaba sobre la "destruición" de España por los musulmanes lo que él imaginaba que había sido la situación y actividad conquistadora del conde Fernán González, de la que veía a su vez una ampliación en las conquistas andaluzas de San Fernando, llevadas a cabo pocos años antes de escribirse el poema. El autor contemplaba los humildes comienzos de Castilla desde la cumbre de su glorioso presente y atribuía a los héroes del pasado unas hazañas paralelas a las victorias del momento actual. En este espejismo engrandecedor, el poeta concibe la Reconquista como un proceso glorioso y perenne de la vida española, y, consecuentemente, imagina al rey don Rodrigo como un mortal enemigo de los moros; pero —y esto es lo curioso—, ya desde antes de la invasión conocida el poeta da por admitido —antihistóricamente— que España estuvo ocupada por los moros —unos místicos moros pregóticos— antes que por los godos; éstos se la arrebataron, para perderla de nuevo y recomenzar la magna empresa en la que al conde castellano le cabía tan gloriosa participación.

En lo que respecta a sus valores literarios el *Poema* presenta ángulos diversos. Alarcos Llorach lo considera bastante inferior a Berceo en "limpia inmediatez", al *Libro de Apolonio* en fluidez narrativa y al *Alexandre* en vigor; "pocos hallazgos expresivos originales —dice— le podemos sorprender"[89]. Zamora Vicente destaca, en cambio, la personalidad del conde, creado "con indiscutible altura épica"; "su carácter fundamental —escribe— es la mesura, el hieratismo. Está concebido a la manera de una escultura románica, con un contenido gesto de vida interior que afluye a los demás sólo en manifestaciones dogmáticas. El conde juzgador, prudentísimo, de las coplas 566-571 refleja perfectamente la concepción plástica del famoso Bautista de la iglesia de Santiago, en Sepúlveda. Su personalidad se exhibe de una manera que podríamos llamar procesional, en constante posesión de su jerarquía, elevada a la contemplación de los demás. Jamás pierde esta mesura típica del héroe"[90]. Keller, en su estudio citado sobre la estructura del *Poema*, examina minuciosamente el curioso plan de composición que se ha trazado el autor y que sigue rígidamente hasta en los menores detalles; el número tres parece ejercer sobre él como una mágica fascinación, y organiza toda su obra en torno a esta estructura tripartita, con secciones y subsecciones de tres partes cada una, sin contar con la repetida aparición de dicho número para las cosas más diversas: ejércitos, animales, días de batalla, etc. Obligado a encerrarse en este esquema matemático, corta en ocasiones o aumenta en otras las partes episódicas del poema, exigencia que puede explicar a veces ciertas arbitrariedades y la imperfección de algunas porciones. Según Keller, el *Poema de Fernán González* es el primer ejemplo, en nuestra literatura, de una obra que sufre las consecuencias de un plan demasiado preconcebido y complejo[91].

---

[89] Edición cit., pág. 12.
[90] Edición cit., pág. XXIII.
[91] "The structure...", cit., pág. 245.

OTROS POEMAS: EL "PLANTO POR LA CAÍDA DE JERUSALÉN"

El acervo literario del siglo XIII se ha enriquecido recientemente con tres nuevos poemas, descubiertos y dados a conocer por María del Carmen Pescador del Hoyo [92]. La copia, dice la investigadora, parece pertenecer a los últimos años del siglo XIV o primeros del XV, pero las obras debieron de ser compuestas durante el siglo XIII.

El primero de dichos poemas es un relato del pecado original; consta de 51 versos que oscilan entre diez y trece sílabas, pero con predominio de los de once y doce, distribuídos en cuartetos y tercetos monorrimos —una sola de las estrofas es un pareado—, de rima consonante en su mayoría. El segundo poema, titulado *¡Ay Iherusalem!*, o *Planto por la caída de Jerusalén*, es una lamentación por la pérdida de los Santos Lugares y una descripción de los horrores que la acompañaron. El tercero es una breve exposición, en siete pareados, de los Diez Mandamientos.

Ni la primera ni la tercera composición tienen gran interés literario, particularmente la última que se reduce a la estricta enumeración rimada de los Diez Mandamientos, con muy pocas palabras más, indispensables para colmar las estrofas. Todavía en el primer poema pueden señalarse algunos aspectos curiosos, que dan cierto encanto a su ingenuo primitivismo; así, por ejemplo, la fruta prohibida no es la manzana tradicional, sino el higo; Eva —a quien no se menciona por el nombre, sino sólo con el de *Muger*— se harta primero de ellos y luego le ofrece uno a Adán; por tal razón, éste se justifica ante el Creador diciendo que no sabía de qué fruta se trataba:

> *Dixo: "¡Ay, Sennor! ¡Por malo fue nasçido!*
> *La muger que me distes me ay vendido:*
> *de su mano dado me avía vn figo,*
> *no sé sy era del árbol defendido"* [93].

Por su parte, Eva alega la mala calidad de la costilla de que había sido formada:

> *"¡Ay, Sennor! ¡El culebro me ay muerta,*
> *pues tú me feziste de una costilla tuerta!"* [94].

El poema de mayor interés es el *Planto* por la pérdida de Jerusalén, que Eugenio Asensio ha tratado de valorar y situar literariamente, en una primera

---

[92] María del Carmen Pescador del Hoyo, "Tres nuevos poemas medievales", en *Nueva Revista de Filología Hispánica*, XIV, 1960, págs. 242-250.
[93] Ed. Pescador, versos 34-37, págs. 243-244.
[94] Ídem, íd., versos 40-41, pág. 244.

tentativa de interpretación [95] que vamos a resumir. La versificación de este *planto narrativo*, dice Asensio, adelanta la aparición del dodecasílabo de Juan de Mena y contradice la arraigada persuasión de que Castilla, atenta a su propia reconquista, se volvió de espaldas a las Cruzadas de Oriente; "el género —añade— nos ofrece un extraño mestizaje de lirismo y gesta, de planto y narración épica. No encontramos dentro de nuestro parnaso medieval nada con que compararlo" [96]. Asensio sitúa su redacción en los días de Alfonso el Sabio, con ocasión, probablemente, del Segundo Concilio de Lyón, reunido en 1274, con el propósito de estimular la Cruzada y rescatar la Ciudad Santa, nuevamente perdida. Según recuerda el crítico, provenzales, franceses y alemanes cultivaron el *canto de cruzada*, poemas cantables que invitaban a tomar la cruz, a padecer por Cristo, a vengar las injurias de los mahometanos y a liberar los Santos Lugares. Pero el *planto* castellano difiere de sus hermanos por su orientación legendaria —"la historia entra más como aroma que como material"— [97] y por su entonación juglaresca, libre de refinamientos cortesanos; combina además ciertas fórmulas épicas de las gestas castellanas con el lamento lírico. Asensio advierte también una mezcla de rasgos juglarescos y clericales, que vendría a comprobar una vez más la frecuente ósmosis entre ambos; de los primeros señala ciertos lugares comunes, fórmulas y ardides técnicos predominantes en la poesía juglaresca —aunque tampoco desconocidos en la culta—; y de los segundos, numerosos vocablos y alusiones que denotan la familiaridad del poeta con la cultura de la Iglesia. Idéntica fusión descubre el crítico en la métrica. Cada estrofa, de las 22 de que se compone el poema, consta de dos versos dodecasílabos pareados seguidos de tres hexasílabos, aconsonantados los dos primeros y el tercero a modo de estribillo con el nombre de la Ciudad Santa, repetido con diversas preposiciones:

....
Bien querría más convusco plannir,
llorar noches e días, gemir e non dormir,
que contarvos prosas
de nueuas llorosas
de Iherusalem.

....
De Iherusalem vos querría contar,
del Sepulcro Santo que es allende el mar:
moros lo çercaron
e lo derribaron,
a Iherusalem.

---

[95] Eugenio Asensio, "¡*Ay, Iherusalem!* Planto narrativo del siglo XIII", en *Nueva Revista de Filología Hispánica*, XIV, 1960, págs. 251-270.
[96] Ídem, íd., pág. 251.
[97] Ídem, íd., pág. 257.

*Estos moros perros a la casa santa
siete años e medio la tienen çercada;
non dubdan morir
por la conquerir
    a Iherusalem.*

....

*Ia todos acuerdan con el Patriarcha:
Para el Padre Santo escriuen vna carta
con letras de sangre,
que mueren de fanbre
    en Iherusalem.*

....

*Léese la carta en el Çonçilio santo:
papa e cardenales fazían grand llanto,
ronpen sus vestidos,
dan grandes gemidos
    por Iherusalem.
Mandan dar pregones por la christiandad,
alçan sus pendones, llaman Trinidad.
"¡Valed, los christianos,
a vuestros hermanos
    en Iherusalem!"...* [98].

Esta versificación, explica Eugenio Asensio, fluctúa entre la popular base hexasílaba de los tres últimos versos de la estrofa, que asoma también en las rimas internas de varias de ellas, y el verso dodecasílabo de arte mayor, llamado a tan grande porvenir en manos de Juan de Mena. Al situar el *planto* dentro de nuestra historia literaria, Asensio llega a conclusiones del mayor interés: "Claras afinidades de forma y espíritu entroncan nuestro poema con los narrativos de juglaría y clerecía que le preceden, y con los romances épico-líricos que le siguen" [99]. Al aducir la comparación con el Romancero dice que el *planto* comparte con él ciertos rasgos expresivos: "la brillantez epigramática que se complace en la antítesis y el paralelismo, el estilo abierto, sin fronteras entre lo subjetivo y lo objetivo. Me recuerda especialmente el relato condensado 'De Antequera salió el moro', que se abre con la presentación del moro anunciando su 'triste mensajería' e incitando al llanto, para contarnos luego en *tempo* rápido el sitio de la ciudad, las cartas con sangre, el socorro estéril y la caída en manos del enemigo" [100] "Ciertos fenómenos de composición y estilo —añade luego— no encajan en los módulos de los poemas narra-

---

[98] Ed. Pescador, estrofas 2, 4, 5, 9, 11 y 12; págs. 244-245.
[99] "¡Ay, Iherusalem!...", cit., pág. 268.
[100] Ídem, íd.

tivos que conocemos en castellano. Si no me engaño, nos invitan a postular una rama lírica perdida, colindante de un lado con la poesía latina —especialmente con la secuencia—, de otro lado con el planto" [101]. Y concluye con una serie de interrogaciones, que invitan a tentadores comentarios: "Confluyen en nuestro poema elementos clericales y juglarescos, giros estilísticos tradicionales y otros de origen misterioso. ¿Será el acierto aislado de un poeta que supo plegar una estrofa angosta y difícil a variadas inflexiones del sentimiento, sublimar un molde hecho para el canto hasta la grandiosidad de la gesta? ¿O estaremos frente a un género poético del que sólo se salvó una muestra? No podemos decidir el problema de si hay una solución de continuidad en nuestra transmisión de la lírica. Personalmente me inclino a creer que un tipo de planto narrativo, más adecuado para el canto que para la recitación, se ha soterrado viviendo tal vez largos años en lo que Menéndez Pidal ha llamado *estado de latencia*" [102].

---

[101] Ídem, íd.
[102] Ídem, íd., pág. 270.

CAPÍTULO IV

LOS COMIENZOS DE LA PROSA. ALFONSO X EL SABIO

LA PROSA ANTES DE ALFONSO EL SABIO

Los primeros vagidos de la prosa romance. Aunque, como hemos visto, no pueden darse fechas precisas para las primeras manifestaciones de la lírica o de la épica, está fuera de duda que estos dos géneros precedieron con mucho a la aparición de la prosa romance escrita, cuyos primeros testimonios no se presentan hasta comienzos del siglo XIII y no deben ser anteriores al reinado de San Fernando. Hasta dicha centuria, tanto los documentos —oficiales o privados— como las historias, las leyes, los libros de religión y de moral y los doctrinales de cualquier especie, se siguen redactando en latín, pues a la lengua romance no se le reconoce todavía categoría o calidad para esa especie de escritos. Adviértase también que, aparte este problema de la dignidad literaria del lenguaje vulgar —no considerado teóricamente hasta entonces sino como una jerga bárbara para la comunicación familiar y usos más triviales de la vida ordinaria—, el naciente romance carecía en sí mismo de posibilidades para ser utilizado en la prosa literaria, tanto por su rigidez sintáctica como por la escasez de vocabulario y la anárquica diversidad propia de un idioma no sometido aún a ninguna disciplina. Por todo esto el latín, aunque en extrema corrupción, seguía siendo el instrumento único de la prosa escrita.

Sin embargo, por entre los hilos de aquella capa artificiosa del latín oficial se iba filtrando la realidad del romance hablado. Frecuentemente se escapaban palabras de la lengua vulgar, bien por inadvertencia del escritor, bien por la necesidad de designar nuevas realidades, desconocidas en el idioma clásico [1]

---

[1] Cfr.: Ramón Menéndez Pidal, "Sobre el habla de la época", prólogo al libro de Claudio Sánchez-Albornoz *Una ciudad hispano-cristiana hace un milenio,* Buenos Aires, 1947; reproducido, con el título de "El habla del reino de León en el siglo X", en *El idioma español en sus primeros tiempos,* "Colección Austral", núm. 250 (había prolo-

Otras veces, sobre los mismos documentos latinos, alguien iba anotando la traducción vulgar de ciertos vocablos, al modo como los estudiantes en todo tiempo "ilustran", para aclararlos, sus textos. A dichas "ilustraciones" se las denomina "glosas".

Mediante el estudio de estos elementales testimonios, han podido los eruditos reconstruir lo que debió de ser el romance hablado hasta el momento de aparecer los primeros monumentos literarios conocidos; y en este sentido son inapreciables. Pero, claro está, tan rudimentarias manifestaciones de la prosa escrita nunca tuvieron pretensiones literarias, y ni siquiera llegan, en la mayoría de los casos, a constituir frases completas. Sólo en dos ocasiones el texto romance añadido alcanza a tener una cierta estructura: son las *Glosas Emilianenses* y *Silenses,* así llamadas por los monasterios —de San Millán y de Silos— en que fueron encontradas. Unas y otras corresponden, según la opinión de Menéndez Pidal, al siglo X, y vienen siendo consideradas como la primera manifestación escrita de la prosa española; "primer vagido de la lengua" las denomina con muy graciosa exactitud —y mayor propiedad— Dámaso Alonso [2]. "Primer vagido" [3] tanto por su carácter balbuciente como porque preceden, en efecto, a los mismos monumentos de la épica y de la lírica más antiguos que conocemos por el momento.

Primeras manifestaciones literarias. Pero las primeras manifestaciones de la prosa propiamente dicha no se presentan, como decíamos, hasta llegar el siglo XIII. Poco a poco —lo mismo que había sucedido en la poesía con los temas guerreros, líricos o de aventuras—, el romance, al comenzar esta centuria, va sustituyendo al latín en las colecciones de apólogos, tratados doctrinales y morales, y obras históricas. El hecho es transcendental. "Con la prosa —escribe Ángel del Río— nace un nuevo espíritu y se abren a la literatura medieval nuevos campos: la ciencia, la historia, el pensamiento. Hasta aquí el didactismo de la poesía culta se ha limitado a la exposición de temas religiosos o a divulgar una visión semifabulosa de las culturas antiguas. El nuevo didactismo de la prosa alfonsina trae, en cambio, un propósito de conocimiento científico del mundo y de la historia (hasta donde hoy podemos conceder valor científico a la mentalidad del medioevo), juntamente con una actitud doctrinal y moral encaminada a dar modelos de conducta al hombre en sus diferentes estados" [4].

gado también una edición anterior de Sánchez-Albornoz titulada *Estampas de la vida en León durante el siglo X,* Madrid, 1934).

[2] Dámaso Alonso, *De los siglos oscuros al de Oro.* ("El primer vagido de nuestra lengua"). Madrid, 1958, págs. 13 y ss. Véase edición paleográfica de las *Glosas* en Ramón Menéndez Pidal, *Orígenes del español,* 3.ª ed., Madrid, 1950, págs. 3 y ss.

[3] De hecho, sólo en una plegaria que aparece en las *Glosas Emilianenses,* puede hablarse de frases completas; en las *Silenses* no se trata sino de palabras aisladas.

[4] Ángel del Río, *Historia de la Literatura Española,* 4.ª ed., Nueva York, 1956, vol. I, pág. 54.

La importancia que tiene en esta transformación la cultura árabe es extraordinaria. Castilla se convierte en el centro intelectual del mundo arábigo, y la escuela de traductores de Toledo viene a constituirse en el lazo de unión de las tres culturas: la hebrea, la arábiga y la latino-eclesiástica. Los modelos árabes, sobre todo, influyen en los textos romances y determinan su orientación [5].

Alfonso el Sabio, como veremos en seguida, es el gran impulsor de la prosa castellana que con él adquiere su primer momento de rango y calidad. Pero antes de él, durante el reinado de su padre San Fernando, aparecen algunas producciones en prosa, carentes de auténtica finalidad e importancia literarias, pero que preparan el camino para la gran obra del rey Sabio.

Estas primeras manifestaciones de la prosa pueden dividirse en dos grupos: obras de tendencia didáctico-doctrinal, y obras de forma narrativa. Destacan entre las primeras: el despiadado e incluso procaz *Diálogo o Disputa del cristiano y el judío* [6] (comienzos del siglo XIII —quizá nuestro texto más antiguo en prosa vulgar—, tema llamado a tener gran difusión en la literatura medieval europea bajo la forma de debates entre individuos de distinta religión); los *Diez Mandamientos* [7], obra de un fraile navarro (primera mitad del siglo XIII), especie de manual para auxilio de confesores; *El libro de los doce sabios o Tratado de la nobleza y lealtad* [8], en el cual un grupo de sabios instruye a un joven rey sobre sus deberes, forma ésta muy típica de los libros orientales y repetidamente utilizada en las obras españolas de la época; *El Libro de los cien capítulos* —que no tiene sino cincuenta en realidad—, colección de máximas morales y políticas destinadas a la formación no sólo de los reyes, sino también de toda persona en general, donde aparece por primera vez en la prosa española la forma —todavía rudimentaria— del apólogo. De este libro, compuesto probablemente en tiempos de Fernando el Santo, como todos los anteriores, se extrajeron durante el reinado de Alfonso X las *Flores de Filosofía* [9], libro de clara influencia senequista. También merecen citarse el *Libro*

---

[5] Sobre el carácter y la importancia de la difusión de la cultura arábiga a través de la Escuela de Traductores de Toledo, véase R. Menéndez Pidal, "España y la introducción de la ciencia árabe en Occidente", en *España y su Historia*, Madrid, 1957, vol. I, páginas 725-752 (incluido también en *España, eslabón entre la Cristiandad y el Islam*, Madrid, 1956, págs. 33-60). Además: G. Menéndez Pidal, "Cómo trabajaron las escuelas alfonsíes", en *Nueva Revista de Filología Hispánica*, V, 1951, págs. 363-380. C. Vossler, "La ilustración medieval en España y su trascendencia europea", en su libro *Estampas del mundo románico*, Buenos Aires, 1946, págs. 131-148. A. Galmés de Fuentes, "Influencias lingüísticas del árabe en la prosa medieval castellana", en *Boletín de la Real Academia Española*, XXXV-XXXVI, 1955-1956.

[6] Ed. Américo Castro, en *Revista de Filología Española*, I, 1914, págs. 173-180.

[7] Ed. A. Morel-Fatio, en "Textes castillans inédits du XIIIe siècle", en *Romania*, XVI, 1887, págs. 379-382.

[8] Ed. Miguel de Manuel Rodríguez, en *Memorias para la vida del santo rey Fernando III*, Madrid, 1800, págs. 188-206.

[9] Ed. H. Knust, *Dos obras didácticas y dos leyendas*, Madrid, 1878, Sociedad de Bibliófilos españoles.

de los buenos proverbios, atribuidos a filósofos griegos, latinos y árabes; el *Bonium* o *Bocados de Oro* [10], seguramente anterior al reinado de Alfonso X, en el que se utiliza la ficción novelesca del viaje de un rey persa a la India en busca de la sabiduría para enhebrar diversas sentencias de filósofos orientales, griegos y latinos y alguna biografía ejemplar; y el *Poridat de poridades (Secreto de los secretos)* [11], florilegio asimismo de proverbios morales y normas de conducta, de procedencia arábiga.

Entre las obras de forma narrativa ocupa un lugar de gran importancia el *Libro de Calila e Dimna* [12], que Alfonso el Sabio mandó traducir del árabe al castellano siendo todavía infante. Este libro es una colección de fábulas indias, procedentes en su mayor parte del *Panchatantra*, recogidas por un médico del rey persa Cosroes I y traducidas al árabe hacia el año 750 por Abdalá Ben Almocaffa. Del árabe fueron vertidas a su vez a distintos idiomas además del castellano.

El libro recibe nombre del primero de sus cuentos, que es el más largo. Calila y Dimna son dos lobos hermanos que viven en la corte del león. Dimna induce a éste con engaños para que mate a su privado, el buey Senceba, pero descubierta luego la maldad es condenado a morir de hambre. Las conversaciones de los dos lobos, así como las preguntas y demandas de consejo entre un filósofo y un rey, dan ocasión para multitud de fábulas —la de la gulpeja y el atambor, la del ximio con las lentejas, la del piojo y la pulga, la de la liebre y los ele-

---

[10] Ed. H. Knust, en *Mitteilungen aus dem Eskurial*, Tübingen, 1879, págs. 63-498; 538-601.

[11] Ed. H. Knust, *Dos obras didácticas y dos leyendas*, cit. Edición de Lloyd A. Kasten, Seminario de Estudios Medievales Españoles de la Universidad de Wisconsin, Madrid, 1957.

[12] Ediciones: Ed. Pascual de Gayangos, en BAE, vol. LI, Madrid, 1860; nueva edición, Madrid, 1952. Ed. C. G. Allen, Mâcon, 1906. Ed. J. Alemany Bolufer, Madrid, 1915. Ed. A. García Solalinde, Madrid, 1917 (Nueva ed. 1945). Ed. Alberto Franco, Buenos Aires, 1948. Edición crítica con el título de *El Libro de Calila e Digna*, por John E. Keller y Robert White Linker, C. S. I. C., Madrid, 1967. Cfr.: Pedro Penzol, "Las traducciones del *Calila e Dimna*", en *Erudición ibero-ultramarina*, Madrid, II, 1931, páginas 201-216. Raúl M. Pérez, *Vocabulario clasificado de Kalila et Digna*, The University of Chicago Press, 1943. A. Hottinger, *Kalila und Dimna. Ein Versuch zur Darstellung der arabisch-altspanischen Übersetzungskunst*, Berna, 1958. J. Pensado, "Anotaciones lexicográficas al *Exemplario contra los engaños y peligros del mundo*", en *Archivo de Filología Aragonesa*, XII-XIII, 1961-1962, págs. 265-269. I. Montiel, "Un incunable desconocido. El *Libro de Calila e Dimna* en la segunda edición castellana del *Exemplario contra los engaños y peligros del mundo*", en *Boletín de la Biblioteca Menéndez Pelayo*, XXXIX, 1963, págs. 28-52. Antonio García Solalinde en su reseña de la edición de Alemany y después en el prólogo de su propia edición del *Calila*, citada, negó que el libro hubiera sido traducido por iniciativa del entonces infante don Alfonso. El problema ha sido discutido por varios investigadores, pero hoy es generalmente aceptada la atribución tradicional. Véase Gonzalo Menéndez Pidal, "La cuestión de *Calila*", en "Cómo trabajaron las escuelas alfonsíes", cit., págs. 376-380, y el prólogo de Keller y Linker a su edición citada, págs. XX-XXII.

fantes, la del diablo y el ladrón—, bien entre animales, bien entre seres humanos. Preciosa entre todas es la de "El ratón cambiado en niña". Estaba un ermitaño sentado a la ribera de un río, cuando pasó volando un milano que traía un ratón en las uñas, lo soltó y le cayó al religioso en su falda. El ermitaño lo recogió y atendió, pero, temiendo que no lo podría cuidar, rogó al Señor que lo mudase en niña. Dios lo transformó, efectivamente, en una niña muy hermosa, que el ermitaño crió consigo hasta la edad de doce años. Pensó entonces que era tiempo de casarla y desembarazarse de ella, pero la niña dijo que no casaría sino con alguien que no tuviera "par en valentía nin en fuerça nin en nobleza nin en poder". El ermitaño dijo que únicamente el sol poseía estas cualidades y le pidió que casara con la niña, pero aquél dijo que eran más fuertes las nubes que lo ocultaban; respondieron éstas a su vez que más lo era el viento que las arrastraba; el viento dijo que era más fuerte el monte que lo detenía; y el monte, al fin, aseguró al ermitaño que mucho más fuerte era el ratón que lo socavaba, sin que pudiera defenderse de él. La niña, entonces, aceptó casar con el ratón, para lo cual la convirtió el Señor en rata a ruegos del ermitaño: de esta manera se sintió feliz "porque tornava a su rrayz e a su natura". El cuento del religioso que ahorraba la miel y la manteca y se forjaba ambiciosos planes para el futuro, ha dado origen a la tan popular fábula de la lechera. Otros muchos cuentos del *Calila* han pasado a la literatura posterior y revivido bajo distintas formas en todas las literaturas.

El libro, como tantas otras colecciones de apólogos, encierra una manifiesta intención moral, pero de tipo pragmático: una moral basada en la prudencia y en la astucia, que enseña a defenderse contra las asechanzas de la vida.

Ligeramente posterior al *Calila e Dimna* debió de ser la redacción del *Sendebar o Libro de los engaños et los asayamientos de las mugeres*[13], colección también de cuentos de origen indio, vertidos luego al persa y de éste al árabe. Lo hizo traducir al castellano en 1253 el infante don Fadrique, hermano de Alfonso X. Consta de veintiséis cuentos o "enxiemplos" unidos entre sí por una ficción muy parecida a la de *Las mil y una noches:* un príncipe es acusado por su madrastra de haberla querido violentar, y el rey —su padre— lo condena a muerte. La ejecución se demora, sin embargo, durante siete días, en los que siete sabios discuten con la acusadora. Todos los relatos de aquéllos tienden a demostrar la astucia y malas artes de las mujeres. Al fin se descubre el engaño y la madrastra es condenada al fuego. Por su intención, el *Sendebar* entronca estrechamente con una corriente misógina y antifeminista de gran difusión en las literaturas medievales.

---

[13] Ediciones: D. Comparetti, en *Ricerche intorno al libro di Sindibad,* Milano, 1864. A. Bonilla y San Martín, Barcelona, 1904. John E. Keller, Chapel Hill, 1953; reimpreso con introducción y glosario en español, Valencia, 1959. Cfr.: A. González Palencia, *Versiones castellanas del Sendebar,* Madrid, 1946. Del mismo, *Historia de la literatura arábigo-española,* Barcelona, 2.ª ed., 1945. J. E. Keller, *Motif-Index of Mediaeval Spanish Exempla,* Knoxville, 1949.

También a principios del siglo XIII comienzan a redactarse en romance los libros de historia. En la misma forma en que se habían escrito hasta entonces los cronicones latinos —secas y escuetas listas de sucesos y fechas— aparecen desde este momento algunos cronicones castellanos. Son obras, pues, de interés para el historiador o para el lingüista, pero de muy escaso valor literario. Así sucede, por ejemplo, con el *Liber Regum*[14], que recoge la serie de reyes desde la Biblia y los emperadores romanos hasta Alfonso VIII en Castilla y Ramiro el Monje en Aragón. Mayor importancia literaria tiene la versión castellana de la *Historia Gótica* latina del arzobispo de Toledo don Rodrigo Jiménez de Rada, el más notable historiador español antes de Alfonso el Sabio. Don Rodrigo, a instancias del rey Fernando III, escribió su *Historia*, llamada también *De rebus Hispaniae*, en un latín cuidado y elegante que supone un notable avance sobre los secos cronicones anteriores o contemporáneos. Con el nombre de *Estoria de los Godos* se hizo un arreglo y traducción de dicho libro, probablemente por persona distinta del autor [15].

En el campo jurídico es importante la traducción al castellano del *Forum Judicum*, mandada hacer por San Fernando; aunque el texto que se conoce parece pertenecer al reinado siguiente [16].

ALFONSO X EL SABIO

El monarca. Alfonso X el Sabio sucedió en el trono de Castilla a su padre Fernando III en 1252, y reinó hasta 1284. Es un lugar común hablar de su diversa eficacia como gobernante y como hombre de letras. Solalinde recuerda la inexactitud del juicio del padre Mariana, según el cual el rey Alfonso había fracasado repetidamente en sus empresas políticas por olvidar la tierra y preocuparse demasiado de las estrellas. Porque el rey Sabio no descuidó en absoluto las cosas de la tierra; quizá, por el contrario, intervino en más asuntos de lo que hubiera sido menester. Lo que sí resulta innegable es que su

---

[14] Ediciones del *Liber Regum*: M. Serrano y Sanz, en *Boletín de la Real Academia Española*, VI, 1919, págs. 192-220 y VIII, 1921, págs. 367-382. Louis Cooper, Zaragoza, 1960. Cfr.: Luis Filipe Lindley Cintra, *Crónica Geral de Espanha de 1344*, vol. I, Lisboa, 1951. Diego Catalán Mz. Pidal, *De Alfonso X al conde de Barcelos*, Madrid, 1962.

[15] Cfr.: Benito Sánchez Alonso, "Las versiones en romance de las Crónicas del Toledano", en *Homenaje a Menéndez Pidal*, I, Madrid, 1925, págs. 341-354. Ramón Menéndez Pidal, "Noticia sobre la traducción ampliada del Toledano", en *Primera Crónica General de España*, 2.ª ed., vol. I, Madrid, 1955, págs. LXIX-LXXII. José Gómez Pérez, "La más antigua traducción de las Crónicas del Toledano", en *Hispania*, Madrid, LXXXVII, 1962, págs. 1-17. Diego Catalán, "El Toledano romanzado y las *Estorias del Fecho de los Godos* del siglo XV", en *Estudios dedicados a James Homer Herriot*, Universidad de Wisconsin, 1966, págs. 9-102.

[16] Edición de la Real Academia Española, Madrid, 1815. Cfr.: M. Rodríguez y Rodríguez, *Fuero juzgo: su lenguaje, gramática y vocabulario*, Santiago, 1905. Víctor Fernández Llera, *Gramática y vocabulario del Fuero Juzgo*, Madrid, 1929.

temperamento de hombre de letras, moderado y meditador —indeciso y presto a rectificar, cual corresponde a un espíritu científico— se avenía mal con la expeditiva resolución que hubiera sido precisa para actuar con éxito frente a los hombres y los problemas de su tiempo. No se volvió de espaldas a la actividad propia de un gobernante; pero, evidentemente, sólo se hallaba en su verdadero elemento delante de sus libros y en la compañía de los sabios, sus colaboradores, de los poetas y los artistas de su cámara.

Siendo infante, había intervenido Alfonso activamente al lado de su padre, en cuyo nombre conquistó el reino de Murcia. A principios de su propio reinado reconquistó algunas plazas perdidas y tomó después Cádiz, Cartagena y Niebla. Pero luego fracasó sucesivamente en una serie de empresas: disputó sin éxito la región del Algarve al rey de Portugal; pretendió conquistar Navarra prosiguiendo la vieja política de Castilla, pero tuvo que desistir de su intento; trató de ocupar el ducado de Gascuña, que los ingleses habían dado como dote a la esposa de Alfonso VIII, y acabó por aceptar un tratado poco feliz. Su mayor empresa política, el proyecto de coronarse emperador de Alemania al extinguirse allí la casa de los Suabia, de quienes era heredero por su madre, le costó grandes esfuerzos y enormes sumas de dinero, sin que al fin consiguiera su propósito a pesar de que llegó a ser elegido emperador. Finalmente, su falta de autoridad y las indecisiones de sus varios testamentos, desataron la rebelión de su hijo Sancho IV, y cuando murió, en plena guerra civil, no le obedecía más que la ciudad de Sevilla en la que estaba sitiado. Frente a esta serie de fracasos políticos, su papel, en cambio, en la historia de las letras españolas es excepcional.

Importancia y carácter de su obra. Alfonso X representa una de las cimas culturales más elevadas de la Edad Media europea. Agrupó en su corte a numerosos sabios de todas las razas, religiones y nacionalidades, y con su auxilio y colaboración prosiguió la gran tarea de reunir, sistematizar y traducir toda la ciencia conocida en su tiempo, con un criterio de tolerancia y universalidad que constituyen su mayor gloria.

En cuanto al idioma, Alfonso el Sabio es el creador de la prosa castellana. En tiempo de su padre, como hemos visto, se escriben las primeras obras en prosa romance; pero tan sólo bajo la dirección y el impulso de Alfonso X adquiere esta prosa la categoría de un idioma nacional.

La lengua romance había sido utilizada desde sus comienzos para la poesía, estimada por entonces como una manifestación literaria de importancia menor: era el género apropiado para las canciones del pueblo, las diversiones juglarescas, los relatos épicos, que no eran sino noticia oralmente trasmitida. Sin embargo, existía una radical dualidad para la prosa: se hablaba en romance, pero se seguía escribiendo en latín porque sólo a esta lengua se le reconocía dignidad para redactar los documentos, las historias, los libros gravemente doctrinales. Mas el estudio de este idioma latino, debido al analfabetismo general, no era posible sino en el ámbito —muy limitado— de los monasterios, por lo que cada vez era menor el número de quienes eran capaces de entenderlo. A medida que avanzaba la Reconquista y se incorporaban a Castilla grandes focos de cultura árabe, se advertía mejor el hecho de que este pueblo poseía una lengua viva, a la vez escrita y hablada, propia de toda gran nación, tal como en la antigüedad había sido el caso de Grecia y de Roma. Se imponía, pues, el retorno a la unidad lingüística no sólo por el deseo natural de emular a aquellos pueblos en la posesión de un vehículo nacional de cultura, sino porque sólo con un idioma único podía hacerse la divulgación eficaz de todo el saber científico. Los colaboradores hebreos de Alfonso X el Sabio, como ha hecho notar Américo Castro, fueron quienes más influyeron sobre el monarca para decidirle al empleo del idioma vulgar como lengua didáctica, apartándose del latín, idioma de la Iglesia, y siguiendo en esto la natural secularización de la cultura que poco a poco se venía imponiendo en toda Europa [17]. La consecución de esta unidad idiomática es la gran empresa literaria del siglo XIII y Alfonso el Sabio su propulsor y realizador genial.

Entiéndase que la gran tarea del monarca no es original, sino en lo que atañe a los problemas de la lengua. Los sabios musulmanes y judíos le traducían los textos árabes y hebreos, donde a su vez se había recogido la casi totalidad de la cultura griega, y el monarca los seleccionaba y hacía escribir, o escribía él mismo, en castellano. Luego, ponía todo su cuidado en la mayor perfección de esta prosa que él estaba imponiendo como lengua oficial. Él en persona estudiaba la propiedad de las palabras: "tolló las razones que entendió eran sovejanas et dobladas et que non eran en castellano drecho, et puso las otras que entendió que complían; et quanto en el lenguaje endreçólo él por sise", se dice en el prólogo del *Libro de la Ochava Esfera* [18].

Con este fin huía de todo cultismo o latinismo innecesario y utilizaba las voces castellanas obtenidas por evolución popular. La novedad del intento tropezaba con dificultades. Frecuentemente el monarca no puede soslayar giros tomados de las propias lenguas traducidas, en especial del árabe, con el que tiene su prosa grandes concomitancias sintácticas, e incluso del latín. También por otro lado, echa mano una y otra vez de expresiones tomadas a los juglares. La lengua del rey Sabio, en su conjunto, tiene un carácter más reflexivo y estu-

---

[17] Acerca del papel de los judíos en la obra cultural de Alfonso el Sabio, no sólo como colaboradores inmediatos sino como inspiradores de sus directrices, véase Américo Castro, *La realidad histórica de España*, México, 1954, cap. XIII —"Los judíos españoles"— y especialmente el parágrafo "Alfonso el Sabio y los judíos", págs. 451-468.

[18] Véase A. García Solalinde, "Intervención de Alfonso X en la redacción de sus obras", en *Revista de Filología Española*, II, 1915, págs. 283-288. Además: E. S. Procter, *Alfonso X of Castile. Patron of Literature and Learning*, Oxford, 1951. Gonzalo Menéndez Pidal, "Cómo trabajaron las escuelas alfonsíes", cit. Para una bibliografía más extensa sobre estos problemas, cfr.: Samuel G. Armistead, "New Perspectives in Alfonsine Historiography", en *Romance Philology*, XX, 1966, pág. 207, nota 12.

diado que la espontánea de las gestas o de la lírica. Y el intenso trabajo de adaptación a que se la somete la deja apta para la expresión de todo un mundo de ideas, que hasta entonces le habían sido extrañas.

En esta tarea de descubrir o forjar el léxico y las expresiones necesarias para acoger todo el caudal de realidades nuevas con que se enfrentaba —no tratadas hasta entonces en castellano— y expresarlas con tino y propiedad, reside la principal tarea literaria del rey Sabio, la que supone un mayor esfuerzo y consigue mayor éxito. A este respecto dice Solalinde: "El lenguaje constituía, en efecto, una noble preocupación de Alfonso; gracias a este interés la prosa castellana, reducida antes a traducciones infelices y a documentos notariales, da un gigantesco paso. Las obras del rey Sabio, por la variedad de sus asuntos, por la multiplicidad de sus fuentes, obligaban a la creación de un vocabulario abundante. Así, los científicos que forman los libros astronómicos o el *Lapidario* adaptan y traducen una buena cantidad de palabras árabes y latinas; en el *Libro de Ajedrez* se introducen multitud de neologismos. Y nada digamos de la enciclopedia medieval de las *Partidas*, donde se tocan todos los puntos esenciales de la vida, sin que en su expresión se eche de menos la palabra precisa, o de las obras históricas, en que por la misma calidad del asunto y por los modelos que habían de imitarse o traducirse —Ovidio, Lucano, Paulo Orosio, Plinio, los escritos bíblicos y sus comentaristas— hubo que forjar todo un nuevo léxico literario. Y si aún se repiten las frases introductivas con cierta monotonía, si las copulaciones son torpes, en cambio en conjunto se percibe la encantadora sencillez de las frases o la rotundidad y la fluidez de las expresiones. Con razón ha podido afirmarse que las bases de la lengua oficial de las Castillas fueron echadas en la cancillería del rey Sabio"[19].

Hemos dicho que la obra de don Alfonso en lo científico consiste en la recopilación de todo el saber de su época en una unidad de cultura que abarca todas las disciplinas: el derecho, la historia, la astronomía, la poesía y los juegos señalan sus principales directrices. No fue el monarca realizador directo de todas las obras que habitualmente se acogen a su nombre, sino su inspirador y su arquitecto; pero como tal, a él se deben con absoluta propiedad. No sólo por el carácter de su trabajo, sino por la eficacia de sus realizaciones[20].

---

[19] A. García Solalinde, *Antología de Alfonso X el Sabio*, Madrid, 1922, vol. I, pág. 27.

[20] Sin rebajar en absoluto la importancia de la intervención personal de Alfonso el Sabio en las obras realizadas bajo su dirección o estímulo, Américo Castro insiste en destacar, por encima de lo que es habitual, la participación directa del "equipo" que trabajó a sus órdenes. Sin el deseo de ilustración de Alfonso, dice, difícilmente se hubiera producido la serie de obras que hacen glorioso su nombre; asimismo, "su voluntad de limpieza y claridad expresiva dieron al castellano un carácter definido frente a las hablas limítrofes". Pero duda Castro que, incluso en lo que afecta al lenguaje, tuviera el monarca tiempo y paciencia suficientes para someter a corrección todas las páginas que salieron de su *scriptorium*, sobre todo si se incluye en ellas el Antiguo y el Nuevo Testamento. "Debiéramos acentuar más de lo que se hace —escribe como resumen— el

Alfonso el Sabio tiene un lugar preeminente en la cultura de la Edad Media. Al comparar su trabajo con el efectuado, por ejemplo, en Francia, escribe Menéndez Pidal: "No fue un escritor particular, un Villehardouin, un Gautier de Metz, sino un rey con todos los recursos de que un rey dispone: prestigio, autoridad, colaboradores, recursos pecuniarios; un rey apasionado por la ciencia, empeñado en renovarla y en libertarla de su envoltura latina para que pudieran participar de ella gentes de todas las capas sociales de su reino" [21].

Resumiendo la labor de Alfonso el Sabio, dice Solalinde con palabras no exentas de cierto énfasis a que le mueve su admiración: "Hay antes —claro es— precedentes de todas las manifestaciones de su actividad. Antes que él la historia ha florecido en otros países, y aún en España, el Tudense y el Toledano recogieron la esencia de nuestros hechos memorables; pero Alfonso realiza el mayor esfuerzo historiográfico de la Edad Media con su *Crónica de España* y

---

carácter anónimo de las obras jurídicas e históricas puestas bajo el nombre del rey; son éstas, en general, un conglomerado de traducciones, unidas por una sabiduría de tipo comunal. En cuanto a los libros astronómicos, sus autores y, sobre todo, sus traductores debieron figurar al frente de ellos, no Alfonso X: 'Nos, rey don Alfonso, toviemos por bien et mandamos al dicho Rabí Çag que fiziesse este libro bien complido' (*Saber de astronomía*, IV, 3). El autor es, por consiguiente, el judío sabio y no Alfonso, por noble e indispensable que fuera su papel de promotor, de mecenas y de corrector de estilo" (*La realidad histórica de España*, cit., págs. 463-464).

[21] Américo Castro ha estudiado también el sentido de este propósito de vulgarización que informa a todas las producciones de la corte alfonsí: "la *escuela de traductores* del siglo XIII —dice— puso en lengua vulgar, no en latín, lo que en la civilización islámica servía para aclarar la visión alfonsina de lo *humano:* lo que el hombre ha sido históricamente, lo que debe ser moral y jurídicamente, lo que las estrellas hacen que sea. El problema *teórico* de la realidad de las cosas no preocupó lo más mínimo al Rey Sabio —una situación intelectual que, por lo demás, cuadraba bien con la perspectiva del judío, interesado en moral, leyes, astrología y ciencia aplicada más que en matemáticas y filosofía pura" (*La realidad histórica...*, cit., pág. 455). Los judíos, en su papel de canalizadores de los tesoros ocultos en la lengua del Islám que trataban de verter al castellano, acuciaban el deseo del rey de leer en su propia lengua la enciclopedia del saber cristiano-islámico-judío; los judíos, siempre despiertos, dice Castro, proponían una "era alfonsí" y henchían la lengua hablada de materias compatibles con la especial forma del vivir castellano: "Sólo así se hace inteligible que a un rey, considerado como sabio, se le ocurra vulgarizar y no latinizar la historia, el derecho y la ciencia, formas de cultura sólo expresables en latín, en la cristiandad occidental, a mediados del siglo XIII" (Id. pág. 457). Más abajo comenta: "En el prólogo al *Libro de las armellas* dice don Alfonso: 'Mandamos a nuestro sabio Rabí Çag el de Toledo [Isaac ben Cid] que lo fiziesse bien cumplido et *bien llano de entender,* en guisa que pueda obrar con el *qual ome quier* cate en este libro', una frase que ilumina lo que el rey entendía por ciencia, una llana vulgarización que no calentara la cabeza. Si a don Alfonso le hubiera interesado en verdad la astronomía, habría pensado en sus problemas y no en que otros los entendieran sin molestias" (Id. págs. 457-458). A todo lo cual hay que añadir el ningún interés que habrían de sentir los judíos castellanos por el latín, medio expresivo de la unidad cristiana de Occidente, y en el muy grande que desde el siglo XIII había de inspirarles el castellano, como idioma de su única patria posible.

con su *Grande e General Estoria* o Historia Universal. Antes que él las leyes tienen su expresión en los Fueros particulares de cada población o en los generales de un reino; pero Alfonso corona todos esos esfuerzos legislativos con sus *Partidas*. Antes que él la poesía florece en el occidente de la Península con una maestría poco común; pero ningún cancionero tiene la unidad artística de las *Cantigas*, ni hay obra alguna anterior en que se encierre tan gran caudal de música y de pintura españolas como encierran los manuscritos de estos milagros alfonsíes. Antes que él la astronomía había producido descubrimientos que en sí tienen más transcendencia científica que la recopilación del rey. Y, en fin, lapidarios y ajedreces andaban por encima de las mesas de los palacios orientales. Alfonso no alcanzó la originalidad. Frase por frase, hasta palabra por palabra, puede encontrarse todo en escritos anteriores; mas la originalidad no es una virtud medieval. Y el rey sabio tiene otra originalidad: la del esfuerzo. Reunida su obra en impresión moderna, no daría menos de veinte gruesos volúmenes. Y ¿de qué escritor medieval puede decirse lo mismo, sobre todo si se tiene en cuenta la variedad de la producción alfonsina? Claro que no atribuimos sólo a Alfonso X este magno esfuerzo. Supo congregar a su alrededor a todos los sabios de su país, y constituyó en sus palacios una verdadera academia, en la que judíos y mahometanos conversaban con los cristianos —frailes, sacerdotes o seglares—. Así nos los presentan, en amigable convivencia, las miniaturas de los Códices reales..."[22]. Por su parte Ángel del Río sintetiza de este modo su juicio sobre Alfonso el Sabio: "Su obra, aunque inferior quizá en rango, representa un impulso análogo a la síntesis filosófica de Santo Tomás, a la síntesis poética de Dante, a la cultura de las grandes universidades, o a la arquitectónica de las primeras catedrales góticas"[23].

Obras jurídicas. "Las Partidas". *Las Partidas* o *Libro de las Leyes* constituyen el código más importante de toda la Edad Media y la más amplia recopilación legislativa llevada a cabo desde los tiempos de los grandes jurisconsultos romanos[24]. Según afirma el mismo rey, comenzó su tarea en Sevilla

---

[22] Solalinde, *Antología*, vol. I, pág. 24.
[23] Ángel del Río, *ob. cit.*, vol. I, pág. 55.
[24] Ediciones: Real Academia de la Historia, Madrid, 1807, 3 vols. Berni y Catalá (con las glosas de Gregorio López), Valencia, 1767. *Las Siete Partidas*. Translation and notes by S. Parsons Scott. Introduction, table of contents and index by Ch. Summer Lobingier. Bibliography by J. Vance, New York, 1931. Cfr.: D. Pérez Mozún, *Diccionario alfabético y ortográfico de las voces que en sus Siete célebres Partidas usó el rey don Alfonso el Sabio, y al presente (año de 1789) ignoran los que se gradúan de doctos en este siglo ilustrado*. Madrid, 1790. *Suplemento al Diccionario alfabético de las voces antiguas de las Siete Partidas del Rey D. Alfonso el Sabio*, Madrid, 1791. F. Martínez Marina, *Ensayo histórico-crítico sobre la antigua legislación y principales cuerpos legales de los reinos de León y Castilla, especialmente sobre el código de don Alfonso el Sabio, conocido por el nombre de las Siete Partidas*, Madrid, 1808. J. M. Dihigo, "*Las Siete Partidas*. Estudio lingüístico", en *Revista de la Facultad de Letras y Ciencias*, La Habana, XXXIII,

en 1251, y le ayudó una comisión de juristas compuesta principalmente por el maestro Jacobo Ruiz, el notario de León Juan Alfonso, el maestro Roldán y Fernando Martínez. Tres objetivos se propuso el rey Sabio: llevar a cabo la gran recopilación y reforma jurídica deseada por San Fernando; ayudar y dirigir a los juristas y a los monarcas que reinasen después; y dar los medios a sus súbditos para que conociesen el derecho y la razón.

Las Partidas se refieren a las siete materias siguientes: 1.ª "al estado eclesiástico e christiana religión", que viene a ser un verdadero código canónico sobre las obligaciones de los clérigos y aun sobre materias dogmáticas; 2.ª sobre "los emperadores, reyes e otros grandes señores de la tierra", donde define las excelsas prerrogativas del emperador y expone los derechos y deberes de los gobernantes; 3.ª de la justicia y su administración; 4.ª "que fabla del humano ayuntamiento matrimonial e del parentesco que ha entre los homes"; 5.ª sobre los "empréstitos e compras e cambios e todos los otros pleitos e posturas que fazen los homes entre sí"; 6.ª sobre los testamentos y herencias; y 7.ª sobre las "acusaciones e malfechos que fazen los homes e de las penas e escarmientos que han por ellos", es decir, sobre los delitos y las penas. Representan, en suma, *Las Partidas,* como puede advertirse por la sola enumeración de las materias, un vastísimo conjunto de normas para regular las más diversas acciones humanas y las relaciones entre sí de los individuos y de las clases. En todo el cuerpo legislativo está especialmente presente el deseo del monarca de escoger —para cada caso— la más equitativa y moderada disposición, según al comienzo declara. Y este propósito de justicia y rectitud, que son la esencia de la ley —"todos los mandamientos de ella deben ser leales e derechos e complidos según Dios e según justicia"—, en pocos pasajes queda tan de manifiesto como al disponer —con un espíritu de tolerancia todavía más asombroso en su tiempo— la libertad de que debían gozar judíos y musulmanes en la práctica de su culto y en el ejercicio de cualquier actividad social y mercantil [25].

1923, págs. 1-71. "*Las Siete Partidas*". *Incunabula in the Library of the Hispanic Society of America,* New York, 1928. A. García Solalinde, "Una fuente de las Partidas. La 'Disciplina clericalis' de Pedro Alfonso", en *Hispanic Review,* II, 1934, págs. 241-242. Kenneth H. Vanderford, "El 'Setenario' y su relación con las 'Siete Partidas' ", en *Revista de Filología Hispánica,* III, 1941, págs. 233-262. A. García Gallo, "El *Libro de las Leyes* de Alfonso el Sabio. Del *Espéculo* a las *Partidas*", en *Anuario de Historia del Derecho Español,* XXI-XXII, 1951-1952, págs. 345-528. L. García de Valdeavellano, "Las *Partidas* y los orígenes medievales del Juicio de residencia", en *Boletín de la Real Academia de la Historia,* CLIII, 1963, págs. 204-246.

[25] Américo Castro se ocupa repetidamente, en *La realidad histórica de España,* cit., de esta doctrina de la tolerancia tal como se refleja en *Las Partidas.* Esta tolerancia era producto del gran ascendiente de que gozaron los judíos junto a los grandes señores hasta su expulsión en 1492, de la doctrina de la tolerancia recogida en el Alcorán e incorporada a *Las Partidas* por el monarca, y sobre todo del hecho real de la convivencia de los tres pueblos y las tres religiones sobre el suelo de Castilla. Sobre este último punto escribe Américo Castro: "Hay que tener presente que la armonía vital y legal, entre los creyentes españoles, no era un aspecto del orden teológico y metafísico de

Junto a las normas y disposiciones legales —enriquecidas por comentarios doctrinales y exposición de principios filosóficos— una multitud de aspectos cotidianos están minuciosamente anotados en cada una de las partes de la obra, lo que además del interés jurídico ofrece el de informarnos sobre muchos curiosos detalles de la vida medieval: costumbres, diversiones, ocupaciones y oficios, vida doméstica, prácticas religiosas, derechos de las distintas clases, vestidos y enseres, aparecen descritos con realista precisión en las páginas de *Las Partidas,* constituyendo el más variado y vivo cuadro del medioevo que pueda imaginarse; inagotable fuente de información y de curiosidad para investigadores y lectores modernos. Y nada digamos de su importancia —ya aludida— en cuanto al idioma.

Aunque en *Las Partidas* Alfonso el Sabio acoge, como es lógico, multitud de prácticas y normas jurídicas propias de su tiempo, se inspira a su vez intensamente en las directrices del Derecho Romano y de Justiniano, y también en las ideas de Aristóteles, Séneca y San Isidoro: dirección unificadora y universalista que representa una de las mayores originalidades —en plena Edad Media— de la síntesis legislativa intentada por el monarca. En este aspecto, *Las Partidas* estaban particularmente influidas por las doctrinas jurídicas de los *romanistas* de la llamada "escuela de Bolonia". Esto explica el hecho, ya aludido, de que alternen las disposiciones sobre realidades concretas de la vida coetánea con normas y nociones de índole teórica y normativa, frecuentemente alejadas de las prácticas consuetudinarias e incluso legales del momento, pero que el monarca aspira a convertir en guía de la futura legislación; algo así como una meta ideal hacia la que aquélla debe encaminarse.

Obras históricas. La "Crónica General" y la "Grande e General Estoria". Dos son las obras históricas del Rey Sabio: la *Crónica General de España,* y la *Grande e General Estoria* o Historia Universal.

La *Crónica General* es la primera de esta especie en nuestra historiografía, pero el texto llegado hasta nosotros presenta complicadísimos problemas. Procedentes del taller alfonsí se conocen alrededor de un centenar de Crónicas Generales [26], que reproducen porciones más o menos extensas de lo que hubo de ser, o pudo ser, la *Estoria de España* concebida por Alfonso el Sabio y compuesta bajo su dirección. Don Ramón Menéndez Pidal, tras largos años de estudio dedicados a ordenar esta frondosa y enmarañada producción historiográfica, publicó en 1906 la que ha llamado *Primera Crónica General de Espa-*

---

la llamada Edad Media, cuya máxima expresión fueron Dante y Tomás de Aquino. En esa época España era algo muy singular, según nos hace ver la totalidad de su historia. La tolerancia española era expresión de un *modus vivendi* y no de una teología" (pág. 222).

[26] Cfr.: Ramón Menéndez Pidal, *Crónicas Generales de España,* 3.ª ed., Madrid, 1918.

ña (*Estoria de España que mandó componer Alfonso el Sabio y se continuaba bajo Sancho IV en 1289*), reeditada en 1955 con un magistral estudio [27]. Esta edición, que ha venido teniéndose por definitiva, como versión *oficial* de la *Estoria* concebida por el monarca, se basa en dos códices regios, conservados en la biblioteca escurialense, denominados E$_1$ y E$_2$: el primero, manuscrito bajo el propio Alfonso X; el segundo, que se dice continuación del otro, compuesto durante el reinado de Sancho IV. La parte contenida en el códice E$_1$ abarca desde los primeros pobladores de la Península hasta la entrada de los árabes; la segunda, se extiende desde aquel suceso hasta el reinado de Fernando el Santo. Sobre este texto se ha verificado el examen y valoración de la obra histórica del Rey Sabio.

Pero el estudio de la historiografía de Alfonso X acaba de entrar en una nueva fase debido a los recientes trabajos de Diego Catalán [28]. Según este investigador, la *Primera Crónica General* editada por Menéndez Pidal no puede identificarse con la *Estoria de España* de Alfonso X, aunque en líneas generales sea su más directo representante. El manuscrito E$_2$ no fue redactado bajo Sancho IV, según se suponía, sino que es un códice artificioso compuesto de diversos textos ensamblados hacia mediados del siglo XIV, posiblemente en conexión con los planes historiográficos de Alfonso XI, que pretendía continuar la *Estoria* hasta su propio reinado. La subida al trono de Sancho IV, sigue explicando Diego Catalán, debió de representar la paralización, si no la disolución, de las escuelas alfonsíes; pero en la cámara regia quedaron atesorados los códices y cuadernos de trabajo del taller alfonsí, que contenían, bien secciones ya concluidas de la *Estoria*, bien fragmentos en curso de elaboración. Aprovechando estos materiales, el ordenador, anónimo, de la *Primera Crónica General* trató de componer una historia rellenando por su parte los huecos existentes.

---

[27] *Primera Crónica General de España que mandó componer Alfonso el Sabio y se continuaba bajo Sancho IV en 1289*, publicada por R. Menéndez Pidal, 2.ª ed., 2 vols., Madrid, 1955. Cfr.: R. Menéndez Pidal, *La Crónica General de España*, Discurso leído ante la Real Academia de la Historia, Madrid, 1916 (incluido en sus *Estudios Literarios*, 8.ª ed., Madrid, 1957, págs. 137-195).

[28] Diego Catalán, "La versión regia de la Crónica General de España de Alfonso X" y "La versión alfonsí de la Estoria de España", en *De Alfonso X al Conde de Barcelos. Cuatro estudios sobre el nacimiento de la historiografía romance en Castilla y Portugal*, Madrid, 1962, págs. 17-94 y 95-204. Del mismo, "El taller historiográfico alfonsí. Métodos y problemas en el trabajo compilatorio", en *Romania*, LXXXIV, 1963, páginas 354-375. Del mismo, "Crónicas generales y cantares de gesta. El *Mío Cid* de Alfonso X y el del pseudo Ben-Alfaray", en *Hispanic Review*, XXXI, 1963, págs. 195-215 y 291-306. Cfr. además, L. F. Lindley Cintra, *Crónica Geral de Espanha de 1344*, 3 vols., Lisboa, 1951, 1954 y 1961. R. Menéndez Pidal, "Tradicionalidad de las Crónicas Generales de España. A propósito de los trabajos de L. F. Lindley Cintra", en *Boletín de la Real Academia de la Historia*, CXXXVI, 1955, págs. 131-197. José Gómez Pérez, "Elaboración de la *Primera Crónica General de España* y su transmisión manuscrita", en

La *Estoria de España,* dice Catalán, no fue redactada avanzando progresivamente de un capítulo a otro; la estructuración de cada parte y su conjuntación con el resto exigió la intervención de numerosos especialistas, de acuerdo con el método de trabajo en equipo, propio de la escuela alfonsí; lo que significa que cada fragmento pasó por una serie de etapas elaborativas. La obra de Jiménez de Rada, *De rebus Hispaniae,* sirvió al comienzo de fuente básica y después se incorporó la obra del Tudense, tratando de armonizar ambos relatos; a este tronco se le sumó a su vez toda una serie de narraciones de carácter particular sobre diversos personajes, y posteriormente los dramáticos relatos de la poesía épica popular, tan rica en detalles informativos, para completar la seca historiografía latina que sólo dibujaba los hechos a grandes rasgos. A la espinosa tarea de armonizar tan varios materiales se sumaba la gran dificultad en encajarlos en años concretos de reinado, y más aún la de conjuntar la historia de la monarquía castellano-leonesa con la de los otros reinos de la Península, según el concepto de totalidad nacional característico del pensamiento alfonsí. Todavía se tenía que abordar después, avanzando un estadio más en el camino de esta concepción universalizante, la confrontación de la historia nacional con los grandes acontecimientos de la historia universal, particularmente con la de los papas, los emperadores y los reyes de Francia; y asimismo había que lograr el ajuste cronológico entre las varias eras.

Según Diego Catalán, el proceso compilatorio no se llevó a cabo de una manera regular, sino que los historiadores alfonsíes dejaban para una posterior revisión aquellos pasajes en que era más difícil armonizar las fuentes y estructurar un relato aceptable. Así se explica el diferente estado de elaboración en que quedaron los materiales históricos conservados en los manuscritos de la cámara real. Para los reinados de Fernando I, Sancho II y Alfonso VI, el compilador de la *Primera Crónica General* —texto *postalfonsí*, afirma categóricamente Diego Catalán— dispuso de un texto elaborado casi plenamente por los colaboradores del Rey Sabio, pero a partir de Alfonso VII se contentó con aprovechar cuadernos de trabajo, todavía inconclusos, y salió del paso como pudo sin completar siquiera la tarea informativa. De aquí —dice Catalán—, el tan desigual nivel de confianza que las distintas secciones de la *Primera Crónica* deben merecer. Quienes después de la muerte de Alfonso el Sabio, trataron de completar su historia, se limitaron a reescribir, amplificando retóricamente, partes compuestas —y más o menos acabadas— en los días de aquél, con lo cual nos han dejado sin una versión *oficial* de la obra alfonsí, y llenos de dudas —dice Catalán— sobre el valor que, más acá de los reyes asturianos, puedan tener las diferentes partes de la *Primera Crónica General* como representantes de la *Estoria de España* de Alfonso X.

Scriptorium, Bruselas, XVII, 2, 1963, págs. 233-276. Un riguroso estudio de conjunto de todos estos problemas en el art. cit. de Samuel G. Armistead, "New Perspectives in Alfonsine Historiography", en *Romance Philology,* XX, 1966, págs. 204-217.

Esta "relativa desvalorización de la *Primera Crónica General*", dice el mismo investigador, aumenta en cambio el valor de otras redacciones de la Crónica, como la de *Veinte Reyes*, la *Manuelina* y la de *Castilla*, más antiguas de lo que se venía suponiendo, que se basan más directamente en los trabajos preparatorios de Alfonso X conservados en su taller, manejaron sus materiales libres aún de todas las correcciones y ampliaciones posteriores, y siguieron fielmente los métodos compilatorios del Rey Sabio en aquellos trechos en que la tarea de éste había quedado más incompleta. Asimismo, cobran hoy mayor importancia los manuscritos inéditos que conservan la forma llamada "vulgar" o primitiva, es decir, los borradores preliminares de la *Estoria*, mucho más próximos a la concepción original del monarca.

En resumen: la *Primera Crónica General de España*, editada por Menéndez Pidal a base de los manuscritos E_1 y E_2 como *versión oficial* definitiva, no lo es; lo cual impide, en el estado actual del problema, valorar rigurosamente desde el punto de vista literario la *Estoria* del Rey Sabio. No obstante, las consideraciones de índole general sobre el conjunto de su obra en sus grandes líneas políticas y directrices literarias esenciales —tal como quedan especialmente fundamentadas en la primera parte— siguen siendo válidas y podemos resumirlas a continuación.

Las historias anteriores habían sido redactadas en latín y comenzaban siempre con la entrada de los godos. Pero Alfonso el Sabio, de acuerdo con su sentido de totalidad de la historia española, no sólo supera la sequedad de exposición de todas las obras históricas precedentes, sino también su carácter localista y estrecho, extendiéndose en el tiempo hasta los orígenes más remotos y englobando a su vez a todos los reinos de la Península: "ca esta nuestra Estoria de las Espannas general —dice el monarca— la leuamos Nos de todos los reyes dellas, et de todos los sus fechos que acaescieron en el tiempo passado et de los que acaescen en el tiempo present en que agora somos, tan bien de moros como de cristianos et aun de judios si y acaesciesse en que". Refiriéndose a este aspecto capital del pensamiento historiográfico alfonsí, escribe Menéndez Pidal: "La historiografía castellana, libre de la limitación que se observa en la de las otras regiones, es índice de una de las cualidades morales características de Castilla, a la que ésta debe su grandeza. Castilla creó la nación por mantener su pensamiento ensanchado hacia la España toda".

Las fuentes de la *Crónica General* son muy variadas [29]. Al comienzo de ella dice el monarca que "mandamos ayuntar quantos libros pudimos aver de istorias en que alguna cosa contassen de los fechos d'España"; y enumera a continuación los numerosos escritores que habían sido aprovechados, entre los cuales se incluyen no sólo historiadores nacionales, como el arzobispo don Rodrigo, el Tudense, Orosio, Idacio y otros varios, así como documentos de

---

[29] Para el estudio detallado de las fuentes de la *Primera Crónica General* véanse las tablas puestas por R. Menéndez Pidal al frente de su edición cit.

los Concilios de Toledo, sino también geógrafos y viajeros de la antigüedad clásica, como Ptolomeo, Dion Casio, Pompeyo Trogo, historiadores latinos que trajesen alguna noticia sobre España, e incluso poetas como Ovidio y Lucano [30]. Además de los mencionados autores, se sirve también de numerosas fuentes árabes, como, por ejemplo, una crónica de Ben-Alcama sobre los hechos del Cid en Valencia. Deseoso el rey de penetrar hasta los mismos orígenes de la nación, rastrea toda referencia a nuestro país en la historia más lejana e incluso en la mitología; y de esta manera, escribe, "compusiemos este libro de todos fechos que fallar se pudieron della desdel tiempo de Noé".

El Rey Sabio encuadra la participación española durante la época romana o cartaginesa dentro del marco de cada gobernante o emperador, buscando la proyección más amplia posible de los hechos patrios con un criterio de universalidad que define perfectamente la mente del autor, según quedó ya dicho al tratar de *Las Partidas*.

Esta ambiciosa y universal amplitud de miras no empece sino que intensifica el amor nacional; por una y otra parte se muestran los sentimientos del historiador ante las glorias o las tragedias de la patria, expresadas a veces con fervoroso lirismo de gran belleza literaria. Particularmente famoso es el *Elogio de España*, reproducido innumerables veces, y que sin duda alguna ha contribuido a forjar un juicio de nuestro país más enamorado que verídico en lo que atañe a sus condiciones geográficas y propiedades del suelo: "Esta Espanna que dezimos tal es como el parayso de Dios, ca riega se con cinco rios cabdales.... e cada uno dellos tiene entre si et ell otro grandes montannas et tierras; e los valles et los llanos son grandes et anchos, et por la bondad de la tierra et ell humor de los rios lievan muchos fructos et son abondados. Espanna la mayor parte della se riega de arroyos et de fuentes et nunqual minguan poços cada logar o los a mester. Espanna es abondada de miesses, deleytosa de fructas, viciosa de pescados, sabrosa de leche et de todas las cosas que se della fazen; lena de venados, et de caça, cubierta de ganados, loçana de cavallos, provechosa de mulos, segura et bastida de castiellos, alegre por buenos vinos, ffolgada de abondamiento de pan; rica de metales, de plomo, de estanno, de argent vivo, de fierro, de arambre, de plata, de oro, de piedras preciosas, de toda manera de piedra marmol, de sales de mar, et de salinas de tierra, et de sal en pennas, et dotros mineros muchos; azul, almagra, alumbre et otros muchos de quantos se fallan en otras tierras... briosa de sirgo et de quanto se

---

[30] Cfr.: Antonio García Solalinde, "Una fuente de la *Primera Crónica General:* Lucano", en *Hispanic Review,* IX, 1941, págs. 235-242. Dorothy Donald, "Suetonius in the *Primera Crónica General* through the *Speculum Historiale*", en *Hispanic Review,* XI, 1943, págs. 95-115. A. Badía Margarit, "La frase de la *Primera Crónica General* en relación con sus fuentes latinas. Avance de un trabajo de conjunto", en *Revista de Filología Española,* XLII, 1958-1959, págs. 179-210. Del mismo, "Los *Monumenta Germaniae Historica* y la *Primera Crónica General* de Alfonso el Sabio", en *Strenae. Homenaje al Profesor García Blanco,* Salamanca, 1962, págs. 69-75.

faze dél, dulce de miel et de açucar, alumbrada de cera, complida de olio, alegre de açafran. Espanna sobre todas es engennosa, atrevuda, et mucho esforçada, ligera en affan, leal al Sennor, affincada en estudio, palaciana en palabra, complida de todo bien; non a tierra en el mundo que la semeie en abondança, nin se eguale ninguna a ella en fortalezas, et pocas a en el mundo tan grandes como ella. Espanna sobre todas es adelantada en grandez et más que todas preciada por lealdad. ¡Ay Espanna! non a lengua nin engenno que pueda contar tu bien" [31].

Aspecto muy importante de la *Crónica* en su segunda parte es la utilización —repetidamente aludida— que en ella se hace de los cantares de gesta, muchos de los cuales fueron prosificados por estimarlos de positivo valor histórico; caso único de la literatura europea en que se funde estrechamente lo histórico y lo épico. Merecen destacarse entre estos cantares prosificados los del Cid —en una versión distinta de la copiada por Per Abbat—, el Cantar de Zamora, las leyendas de los Infantes de Lara y de Bernardo del Carpio, etc. [32]. Alfonso el Sabio había iniciado ya el camino, en la primera parte, de este aprovechamiento de fuentes épicas, incorporando como información histórica algunos poemas clásicos, especialmente la *Farsalia* de Lucano.

En esta segunda mitad la *Crónica* —nos referimos ahora, naturalmente, a la versión editada por Menéndez Pidal— pierde en gran parte el sentido universalista de la primera y se acentúan, por el contrario, los aspectos particulares; en lo que influye evidentemente el carácter de los acontecimientos referidos y la inclusión de las gestas con su vigoroso sabor castellano. La *Crónica* gana, en cambio, en muchos pasajes, en agilidad narrativa, y se beneficia del avance —léxico y sintáctico— experimentado por la prosa después del ingente esfuerzo del Rey Sabio [33].

---

[31] Ed. Menéndez Pidal, cit., vol. I, pág. 311a. Cfr.: Gifford Davis, "The Development of National Theme in Medieval Castilian Literature", en *Hispanic Review*, III, 1935, págs. 149-161. Stephen Reckert, *The Matter of Britain and the Praise of Spain*, Cardiff, University of Wales Press, 1967.

[32] Cfr.: Georges Cirot, "La Chronique Générale et le Poème du Cid", en *Bulletin Hispanique*, XL, 1938, págs. 306-309. R. Menéndez Pidal, "Alfonso X y las leyendas heroicas", en *De primitiva lírica española y antigua épica*, Buenos Aires, 1951.

[33] Sobre otros varios aspectos de la *Crónica*, cfr.: Melchor M. Antuna, "Una versión árabe compendiada de la *Estoria de España* de Alfonso el Sabio", en *Al-Andalus*, I, 1933, págs. 105-154. Antonio García Solalinde, "Las legiones romanas según la *Primera Crónica General*", en *Hispanic Review*, VI, 1938, págs. 1-3. C. E. Dubler, "Los asedios musulmanes de Constantinopla en la *Primera Crónica General* de Alfonso el Sabio", en *Al-Andalus*, IX, 1944, págs. 141-165. A. Letsch-Lavanchy, "Éléments didactiques dans la *Crónica General*", en *Vox Romanica*, Berna, julio-diciembre 1956, págs. 231-240. Fernando Lázaro Carreter, "Sobre el 'modus interpretandi' alfonsí", en *Ibérida*, Río de Janeiro, núm. 6, diciembre 1961, págs. 97-114. G. Emmons, "Notes on antifrench attitudes expressed in the *Primera Crónica General*", en *Hispania*, XLV, 1962, páginas 692-696.

Es muy probable que Alfonso el Sabio interrumpiera o descuidara la redacción de la *Estoria de España* para entregarse a la composición de la *Grande e General Estoria*, empresa que quizá le atraía más porque superaba, naturalmente, en universalidad a la primera, y porque el Rey Sabio tuvo siempre especial inclinación hacia las obras de tipo monumental "que suponían un gran esfuerzo y necesitaban un amontonamiento mayor de libros para su consulta y traducción", según afirma Solalinde.

La *Grande e General Estoria*[34] es una historia universal —la más antigua de esta especie escrita en una lengua vulgar—, que comienza con la creación del mundo pero que no alcanzó, a pesar de su extensión, sino hasta el nuevo Testamento. En la forma en que ha llegado hasta nosotros consta de seis partes, de las que sólo las cuatro primeras están completas.

Trata la *Grande e General Estoria* de todos los pueblos de la Antigüedad que los conocimientos históricos de la época permitían: hebreos, egipcios, griegos, romanos y españoles. Su fuente principal es la Biblia, a la que sigue en todo el Antiguo Testamento, pero cita también a numerosos escritores clásicos, historiadores árabes y cronistas latinos de España y de otros países. Al lado de la Biblia, las *Antigüedades judaicas* de Josefo y la *Historia Scholastica* de Pedro Coméstor, constituyen los ejes principales sobre los que se construye la *General Estoria*.

---

[34] Ediciones: *Primera parte*, ed. de Antonio García Solalinde, Madrid, 1930; *Segunda parte*, I, Madrid, 1957; II, 1961 (con la participación de Ll. A. Kasten y V. R. B. Oelschläger). Cfr.: Antonio García Solalinde, "El juicio de Paris en el *Alexandre* y en la *General Estoria*", en *Revista de Filología Española*, XV, 1928, págs. 1-51. Del mismo, "El *Physiologus* en la *General Estoria* de Alfonso X", en *Mélanges offerts à F. Baldensperger*, II, 1930, págs. 251-254. Del mismo, "Adiciones y correcciones al primer volumen de la *General Estoria* de Alfonso X", en *Revista de Filología Española*, XVII, 1930, págs. 422-424. Del mismo, "Fuentes de la *General Estoria* de Alfonso el Sabio", en *Revista de Filología Española*, XXI, 1934, págs. 1-28 y XXIII, 1936, págs. 113-142. Del mismo, "La expresión 'nuestro latín' en la *General Estoria* de Alfonso el Sabio", en *Homenatge a Antoni Rubió i Lluch*; I, Barcelona, 1936, págs. 133-140. Lawrence B. Kiddle, "A Source of the *General Estoria*. The French Prose Relaction of the *Roman de Thèbes*", en *Hispanic Review*, IV, 1936, págs. 264-271. Del mismo, "The Prose *Thèbes* and the *General Estoria*. An Illustration of the Alphonsine Method of using Source Material", en *Hispanic Review*, VI, 1938, págs. 120-132. Antonio Ballesteros Beretta, "Alfonso el Sabio considerado como historiador", en *Boletín de la Real Academia de la Historia*, CXVI, 1944, págs. 35-42. O. H. Hauptmann, "The *General Estoria* of Alfonso el Sabio and Escorial Biblical Manuscript I, j, 8", en *Hispanic Review*, XIII, 1945, páginas 45-69. F. Rubio Álvarez, "Andanzas de Hércules por España según la *General Estoria* de Alfonso el Sabio", en *Archivo Hispalense*, XXIV, 1956, págs. 41-55. Del mismo, "Breve estudio de la magia en la *General Estoria* de Alfonso el Sabio", en *La Ciudad de Dios*, El Escorial, CLXXII, 1959, págs. 485-498. María Rosa Lida de Malkiel, "Josefo en la *General Estoria*", en *Hispanic Studies in honour of I. González Llubera*, Oxford, 1959, págs. 163-181. Margherita Morreale, "La fraseología bíblica en la *General Estoria*. Observaciones para su estudio", en *Linguistic and Literary Studies in honor of Helmut A. Hatzfeld*, Washington, 1964, págs. 269-278.

Otorga el autor especial importancia a la mitología, a la que considera como una historia desfigurada y a la que con explicaciones, a veces muy curiosas, trata de interpretar. Debido a esta tendencia se explica el amplio espacio que concede la *Estoria* al latino Ovidio, hecho que puede resultar sorprendente, dada la difundida opinión de que Ovidio fue poco conocido en la Edad Media. Del poeta latino son las *Metamorfosis* la obra más utilizada, pues el pensamiento eclesiástico de la época veía en ella algo así como la Biblia de los gentiles —habida cuenta que se presenta como una historia continua desde la creación—; del mismo modo que en los *Fastos* ovidianos encontraban "el equivalente de las partes rituales del Pentateuco y de los martirologios"[35]. Para la mentalidad medieval las *Metamorfosis* ofrecían especial interés debido a su denso contenido alegórico, que numerosos comentadores en todos los países de Europa se habían entretenido en descifrar. Alfonso el Sabio se esfuerza asimismo en desentrañar el sentido de las fábulas paganas, que no le escandalizan por su irreverencia o su sensualidad, sino por su complacencia en lo fantástico, tras el cual se desfigura u oculta frecuentemente el meollo de su enseñanza; por eso Alfonso trata de ilustrar con detalles realistas los relatos del poeta, los interrumpe con glosas explicativas y extrae al fin su contenido didáctico. Después de Ovidio es Plinio, entre los latinos, el escritor aprovechado con mayor frecuencia y amplitud, debido evidentemente a la afición de Alfonso por las ciencias naturales.

A pesar de haber quedado interrumpida, la *Grande e General Estoria* nos ofrece una concepción histórica de universal amplitud, no superada en la Edad Media ni siquiera por el famoso *Speculum Historiale* de Vicente de Beauvais. Conocedor de numerosas fuentes, Alfonso el Sabio combina los datos aportados por los escritores árabes con las obras tradicionales de los cronistas latinos. Además de los hechos historiados, la obra abunda en digresiones y disquisiciones variadas que casi representan una antología de los más diversos saberes, y revelan el afán enciclopedista de la época así como la preocupación universalista del monarca.

Lida de Malkiel ha destacado muy bien en la *Estoria*, junto a este carácter enciclopedista y universalizante, el ansia de saber exhaustivo propio de aquel siglo; *el propósito del Rey Sabio es contarlo todo:* "Nos, que queremos contar la estoria toda como contescio e non dexar della ninguna cosa de lo que dezir fuesse...". El criterio valorativo, por tanto, dice Lida, para seleccionar las fuentes es el de su mayor extensión y detallismo, pues la suprema aspiración del autor es lograr la suma de todos los saberes dispersos; y cuando no se encuentran fuentes bastante explícitas, se adorna el relato con un cúmulo de pormenores imaginarios o digresiones didácticas, frecuentemente ajenas al asunto.

---

[35] María Rosa Lida de Malkiel, "La *General Estoria:* notas literarias y filológicas", en *Romance Philology*, XII, 1958, págs. 111-142, y XIII, 1959, pág. 30 (la cita, XII, pág. 113).

Esta tendencia conduce a uno de los más acusados rasgos estilísticos de la *Estoria*, la amplificación; aunque "de ningún modo por simple pujo retórico, sino como expresión forzosa del didactismo y realismo racionalista que presiden a la concepción de toda la obra. Alfonso quiere traer al castellano *todo* lo que dicen en sus lenguas respectivas las fuentes y por eso no escatima palabras... No es que Alfonso no sepa cómo ser conciso, pero parecería que la concisión le suena a palabra hablada, sin valor doctrinal, y por eso la limita al discurso directo; dentro de la narración, amplifica por sistema, y por sistema rechaza la frase epigramática, y la glosa demoradamente" [36]. Esta redundancia sistemática permite a veces, sin embargo, acentuar rasgos oportunos, agregar símiles plásticos o actualizar deliciosamente —no importa el anacronismo, tan típicamente medieval— aspectos de las fuentes que hubieran sido misteriosos para el lector.

Tratados científicos. Obras de recreo. Además de las obras históricas y jurídicas, que también pueden considerarse como científicas, reciben más específicamente este nombre una serie de libros a los cuales el rey Sabio debió en gran parte su fama entre los contemporáneos: los *Libros del Saber de Astronomía*, las *Tablas Alfonsíes*, el *Lapidario* y el *Setenario*.

Los *Libros del Saber de Astronomía*[37] consisten en una recopilación de las doctrinas de Ptolomeo en la que trata de sistematizar los movimientos de los astros y de las constelaciones. El rey utilizó textos traducidos del árabe y del hebreo y se sirvió del concurso de diversos sabios cuyas tareas presidía y dirigía. Hizo que éstos le construyesen aparatos astronómicos nuevos y trató de corregir y modernizar los conocimientos de las fuentes originales. El interés científico de la obra es ya para nosotros muy escaso, pero tiene gran impor-

---

[36] Ídem, íd., págs. 122-123.

[37] Ediciones: M. Rico y Sinobas, Madrid, 1863-1867, 5 vols. Cfr.: F. Hanssen, "Estudios ortográficos sobre la Astronomía del rey don Alfonso X", en *Anales de la Universidad de Chile*, XCI, 1895, págs. 281-312. O. J. Tallgren, "Observation sur les manuscrits de l'Astronomie d'Alphonse X", en *Neuphilologische Mitteilungen*, X, 1908, págs. 110-114. Del mismo, "Sur l'astronomie espagnole d'Alphonse X et son modèle arabe", en *Studia Orientalia*, I, 1925, págs. 342-346. Del mismo, "Los nombres árabes de las estrellas y la transcripción alfonsina. Ensayo hispano-árabe fundado sobre un cotejo personal de los manuscritos", en *Homenaje a Menéndez Pidal*, II, Madrid, 1925, págs. 633-718. Del mismo, "Acerca del literalismo arábigo-español de la astronomía alfonsina", en *Al-Andalus*, II, 1934. Del mismo, "Un point d'astronomie gréco-arabo-romance. À propos de l'Astronomie espagnole d'Alphonse X", en *Neuphilologische Mitteilungen*, XXIX, 1928, págs. 471-475. Antonio G. Solalinde, "Alfonso X, astrólogo", en *Revista de Filología Española*, XIII, 1926, págs. 350-356. J. Domínguez Bordona, "El libro de los juicios de las estrellas traducido para Alfonso X el Sabio", en *Revista de la Biblioteca, Archivo y Museo del Ayuntamiento de Madrid*, VIII, 1931, págs. 171-176. José M. Millás Vallicrosa, "Una nueva obra astronómica alfonsí: el tratado del cuadrante 'sennero'", en *Al-Andalus*, XXI, 1956, págs. 59 y ss.

tancia todo cuanto se refiere al idioma, que el rey Sabio pulía y trabajaba de su mano. Otra obra de conocimientos astrológicos es el *Libro de las cruces*, sobre las conjunciones de las estrellas, los signos del zodíaco y sus efectos sobre la vida humana [38].

Las *Tablas Alfonsíes* son el resultado de miles de observaciones realizadas en el observatorio que el rey hizo construir en el famoso castillo de San Servando de Toledo. Tratan del sol, de la luna, de los planetas y de algunas estrellas importantes; y estudian los eclipses y sus fechas y la medida del tiempo.

El *Lapidario* [39] trata de las propiedades de las piedras preciosas a las cuales se atribuyen virtudes mágicas según el signo del Zodíaco del cual dependan. Es una rara mezcla de ciencia y superstición muy de acuerdo con el espíritu medieval. Junto a pueriles afirmaciones, se encuentran comentarios de Aristoteles sobre temas cosmogónicos.

El *Setenario* [40] es un libro de miscelánea. Encierra fragmentos de temas jurídicos, algunos de los cuales pasaron luego a *Las Partidas*, y otros de tipo didáctico como los referentes al "trivium" y al "quatrivium", las siete artes medievales.

Merecen especial mención entre las obras de Alfonso el Sabio los *Libros de açedrex, dados e tablas* [41], que mandó redactar a la vista de originales árabes y que es el más bello tratado sobre dicho juego compuesto en la Edad Media. Alfonso el Sabio tenía gran preocupación por los juegos y deportes, que servían, como dice en el primero de los libros del tratado, para descansar de los trabajos y preocupaciones de la vida. Distingue el monarca entre los juegos que se sirven de los miembros, como el cabalgar, luchar, correr, echar piedras o

---

[38] Edición de Lloyd A. Kasten y Lawrence B. Kiddle, Madrid-Madison, 1961.

[39] Ediciones: J. Fernández Montaña (reproducción cromolitográfica del códice escurialense), Madrid, 1881. Cfr.: P. de Madrazo, "Sobre la edición cromolitográfica del códice del Lapidario de Alfonso X", en *Boletín de la Academia de la Historia*, I, 1877, páginas 471-475. J. Evans, "The 'Lapidary' of Alfonso the Learned", en *Modern Language Review*, XV, 1919, págs. 424-426. M. Barrington, "The Lapidario of king Alfonso X", en *The Connoisseur*, London, XIV, 1906, págs. 31-36. J. H. Nunemaker, "The *Lapidary* of Alfonso X", en *Philological Quarterly*, VIII, 1929, págs. 248-254. Del mismo, "Noticias sobre la alquimia en el 'Lapidario' de Alfonso X", en *Revista de Filología Española*, XVI, 1929, págs. 161-168. Del mismo, "The Chaldean Stones in the *Lapidary* of Alfonso X", en *PMLA*, XLV, 1930, págs. 444-453. Del mismo, "An additional chapter on magic in mediaeval Spanish literature", en *Speculum* (Cambridge, Mass.), VII, 1932, págs. 556 y ss. J. Evans, "In pursuit of the sources of the Alfonsine Lapidaries", en *Speculum*, XIV, 1939, págs. 483-89.

[40] Ed. y estudio de K. H. Vanderford, Buenos Aires, 1945 (Instituto de Filología).

[41] Ediciones: Edición fotográfica: *The Spanish Treatise on Chess Play, written by order of King Alfonso the Sage in the year 1283*. Manuscript of the Royal Library of the Escorial, with an introduction specially written for the work by J. G. White, Leipzig, 1913, 2 vols. A. Steiger, con gramática y glosario, Zurich, 1941. Cfr.: J. B. Trend, "Alfonso el Sabio and the game of chess", en *Revue Hispanique*, LXXXI, 1933, págs. 393-403.

dardos, esgrimir o jugar a la pelota; y los que "se facen seyendo", estando sentados, adecuados para practicarlos tanto de noche como de día, aptos para las mujeres y los viejos, para los que no gustan del ruido, están en prisión o viven en el mar. Según Solalinde, el libro de ajedrez "representa en su materia un avance sobre algunos libros orientales y un paso para llegar al moderno ajedrez de problemas".

La obra lírica de Alfonso el Sabio. Además de ser el creador de la prosa literaria castellana y de impulsar y dirigir todo el caudal de trabajos que acabamos de ver, el rey Sabio ocupa también un destacado lugar dentro de la historia de la lírica, como autor de un libro de *Cantigas*, que es su única obra personal.

Las *Cantigas*[42] son una colección de 420 composiciones, escritas en gallego, idioma que prefirió el monarca por ser mucho más musical y poético que el

---

[42] Ediciónes: Edición de la Real Academia Española con una introducción histórica y crítica y un extenso glosario por el marqués de Valmar, Madrid, 1889, 2 vols. Ed. de Walter Mettman, 3 vols., Coímbra, 1959, 1961 y 1964. Julián Ribera, *La música de las Cantigas*, Madrid, 1922 (tercer volumen, publicado por la Real Academia Española, de la edición de las Cantigas). *Veinticuatro cantigas de Alfonso el Sabio*, armonizadas por Julián Ribera (parte segunda del volumen anterior). Publicaciones de la Real Academia Española, Madrid, 1922. Higinio Anglés, *La música de las Cantigas de Santa María del rey Alfonso el Sabio*, edición facsímil, transcripción y estudio, Barcelona, 1943. Cfr.: M. Menéndez y Pelayo, "Las Cantigas del Rey Sabio", en *Estudios y discursos de crítica histórica y literaria*, vol. I, págs. 161-189, ed. nacional, Santander, 1941. A. F. G. Bell, "The Cantigas de Santa María of Alfonso X", en *Modern Language Review*, X, 1915, págs. 338-348. A. García Solalinde, "El códice florentino de las 'Cantigas' y su relación con los demás manuscritos", en *Revista de Filología Española*, V, 1918, págs. 143-179. Nella Aita, "O Codice Florentino das Cantigas do Rey Alfonso o Sabio", en *Revista de Lingua Portuguesa*, Río de Janeiro, 1922, págs. 22 y ss. F. Hanssen, "Los versos de las Cantigas de Santa María", en *Anales de la Universidad de Chile*, CVIII, 1901, págs. 337-373 y 501-546. Del mismo, "Los endecasílabos de Alfonso X", en *Bulletin Hispanique*, XV, 1913, págs. 284-299. H. Collet y L. Villalba, "Contribution à l'étude des 'Cantigas' d'Alphonse le Savant (d'après les codices de l'Escorial)", en *Bulletin Hispanique*, XIII, 1911, págs. 280-290. P. Aguado Bleye, *Santa María de Salas en el siglo XIII. Estudio sobre algunas Cantigas de Alfonso el Sabio*, Bilbao, 1916. S. Gili Gaya, "Una nota para las 'Cantigas'", en *Revista de Filología Española*, VIII, 1921, págs. 60-63. Agapito Rey, "Índice de nombres propios y de asuntos importantes de las Cantigas de Santa María", en *Boletín de la Real Academia Española*, XIV, 1927, págs. 327-448. C. de Lollis, *Cantigas de amor e de maldizer di Alfonso el Sabio*. Studi di filologia romanza, 1887, II, páginas 31-36. Del mismo, "Dalle Cantigas di amor a quelle di amigo", en *Homenaje a Menéndez Pidal*, I, 1925. A. Cotarelo Valledor, "Una cantiga célebre del Rey Sabio" *(La leyenda de sor Beatriz)*, Madrid, 1904. J. Filgueira Valverde, *La cantiga CIII. Noción del tiempo y gozo eterno en la narrativa medieval*, Santiago de Compostela, 1936. P. Fidel Fita, "La cantiga LXIX de Alfonso el Sabio. Fuentes históricas", en *Boletín de la Academia de la Historia*, vol. XV, págs. 79 y ss. Teresa Marullo, "Osservazioni sulle 'Cantigas' di Alfonso X e sulli 'Miracles' di Gautier de Coincy", en *Archivum Romanicum*, XVIII, 1934, págs. 495-539. M. Peláez, "La legenda della Madona delle Neve e la Can-

castellano en el momento de la evolución en que se hallaba entonces [42a]. Se nos han conservado en varios códices. De ellos, los dos de El Escorial constituyen verdaderas maravillas bibliográficas por el número y la belleza de sus miniaturas; inapreciable monumento informativo para la indumentaria y costumbres de aquel tiempo. Aunque don Alfonso cultivó también los temas profanos —cantigas de amor y de maldecir, sátiras desenvueltas que llegan a veces hasta la obscenidad— tiene mucho mayor importancia el grupo religioso al que pertenecen las famosas *Cantigas de Santa María*. Contienen éstas una serie de alabanzas y de milagros de la Virgen, con lo cual se incorpora su autor a la gran tradición mariana de la Edad Media. Son de distintos tipos, desde las puramente líricas —"cantigas de loor", en número de unas cuarenta— hasta las narrativas —mucho más numerosas—, y ofrecen gran variedad de metros aunque la mayoría tienen la forma de zéjel árabe. Probablemente fueron compuestas para ser cantadas con música ya existente. Este acompañamiento musical no es accesorio en todo caso; las *Cantigas*, como ha precisado Américo Castro [43], en especial las narrativas, tienen en muchas ocasiones un tono de

---

tiga de Santa Maria n. CCCIX di Alfonso el Sabio", en *Homenaje a Menéndez Pidal*, I, 1925. F. Sánchez Castañer, "Antecedentes celestinescos en las Cantigas de Santa María", en *Mediterráneo*, Valencia, 1943. J. Guerrero Lovillo, *Las Cantigas,* Madrid, 1949 (estudio arqueológico de sus miniaturas). D. C. Clarke, "Versification in Alfonso el Sabio's Cantigas", en *Hispanic Review*, XXIII, 1955. John Esten Keller, "Folklore in the *Cantigas* of Alfonso el Sabio", en *Southern Folklore Quarterly*, XXIII, núm. 3, 1959, páginas 175-183. John Esten Keller y Robert White Linker, "Some Spanish Summaries of the *Cantigas de Santa María*", en *Romance Notes*, II, núm. 1, Fall 1960, págs. 1-5. John Esten Keller, "Daily Living as revealed in King Alfonso's *Cantigas*", en *Kentucky Foreign Language Quarterly*, VII, núm. 4, diciembre 1960, págs. 207-210. Gonzalo Menéndez Pidal, "Los manuscritos de las *Cantigas*", en *Boletín de la Real Academia de la Historia*, CL, 1962, págs. 25-51.

[42a] Ésta, al menos, es la opinión común sostenida por todos los comentaristas, comenzando por el propio Solalinde. En cambio, Emilio Carilla, en un ceñido estudio sobre dichas composiciones —"El rey de las *Cantigas*", en *Estudios de Literatura Española*, Rosario, Argentina, 1958, págs. 7-23—, aventura una interesante hipótesis. Resulta extraño, dice Carilla, que al mismo tiempo que Alfonso el Sabio trataba de imponer la prosa castellana dándole categoría literaria, utilizara otra lengua para el verso. La paradoja sólo podría explicarse por la ambición artística del rey de *afirmar una lengua poética diferente a la de la prosa;* para lo cual se sirvió del gallego, de firme tradición lírica en Castilla, mas no como mero vehículo lírico, sino como *intento sin distinciones de actitud poética.* La mayor aptitud del gallego para la expresión del sentimiento lírico, dice Carilla, no resuelve el problema, pues la mayor parte de las *Cantigas* son de carácter narrativo, y en este campo la poesía gallega carecía de tradición, mientras que ya la tenía el castellano. Tampoco puede hablarse de caprichoso sometimiento a la moda, ya que, según parece, Alfonso no compuso las *Cantigas* en su juventud, sino a lo largo de muy espaciados años. El propósito alfonsí sería, pues, equivalente al de los poetas italianistas del siglo XV, que pretendieron crear una particular lengua poética, pero dentro del castellano y erigida sobre cultismos de raíz clásica.

[43] "Las *Cantigas* de Alfonso el Sabio", en *La realidad histórica de España*, cit., págs. 351-356.

charla prosaica, que la música conseguiría atenuar, acentuando su lirismo.

Las *Cantigas,* que ofrecen un precioso conjunto de leyendas medievales, deben gran parte de sus asuntos a conocidas fuentes de la época, como el *Speculum Historiale* de Vicente de Beauvais, extensa colección de leyendas piadosas, *Los milagros de la Virgen* de Gautier de Coincy y las obras de Berceo que conoció probablemente. La mayor parte de los milagros referidos en las *Cantigas* pertenecen, por tanto, a la tradición europea, pero el monarca utilizó también muchos asuntos locales y aun inventados.

Bajo el influjo de la lírica trovadoresca y provenzal, la poesía del Rey Sabio es artificiosa y se resiente con frecuencia de ciertos virtuosismos. En relación con Berceo, Alfonso el Sabio se muestra más musical, pero el poeta riojano le aventaja en vivacidad y gracia narrativa, en sencillez y en realismo gráfico y pintoresco.

La intención de las *Cantigas* es, como en los *Milagros* de Berceo, demostrar la eficacia de la devoción a la Virgen que siempre ayuda a sus devotos. He aquí algunos de sus argumentos. Una monja cede a las tentaciones del demonio y se enamora de un caballero. Huye con él después de dejar las llaves en el altar de la Virgen. Pero ésta toma la figura de la pecadora y hace sus veces en el convento hasta que la monja, arrepentida, regresa y comprueba que nadie ha notado su ausencia. Una mujer dedicada al trabajo de la seda ofrece a la Virgen tejerle una toca en pago de un favor, pero lo olvida luego. Un día regresa a casa y ve que los mismos gusanos están tejiendo la toca prometida. Una dama casada acepta unos zapatos de un galán enamorado, pero al querer probárselos, le es imposible quitarse los que lleva puestos. Considerando el hecho como un aviso del cielo, permanece fiel a su marido y da gracias a la Virgen que ha impedido su pecado. Un monje devoto de la Virgen quiere conocer las delicias del paraíso. Un día, junto a una fuente, queda suspenso oyendo a una avecilla. Al despertar vuelve al convento pero advierte que no conoce a ninguno de los frailes, pues lo que él había creído un deliquio momentáneo, había durado trescientos años. Un guerrero llega tarde al combate porque en el camino se había detenido para oír tres misas. Cuando espera las más duras censuras, queda asombrado al ver que sus compañeros le felicitan por su heroica intervención que ha decidido la batalla. Ha ocurrido que la Virgen, de quien era muy devoto, ha tomado su figura y combatido por él para ocultar su ausencia.

Numerosos temas de las *Cantigas* han influido en la literatura posterior e inspirado obras de toda especie. Así, por ejemplo, *La buena guarda,* de Lope de Vega, *La abadesa del cielo,* de Vélez de Guevara y *Margarita la tornera,* de Zorrilla, reproducen, además de otros varios, la leyenda de la monja escapada con el galán. *Lo que puede el oir misa,* de Mira de Amescua, *La devoción de la misa,* de Vélez de Guevara y *Por oir misa y dar cebada nunca se perdió jornada,* de Antonio de Zamora, se inspiran en el relato del caballero que llegó tarde al combate.

LA PROSA EN EL REINADO DE SANCHO IV

Los "Castigos e documentos". La prosa didáctico-novelesca, que hemos podido ver tan estrechamente ligada a los comienzos de la prosa castellana, sigue cultivándose en los últimos decenios del siglo XIII: de ella es muestra importante el libro conocido bajo el título de *Castigos e documentos para bien vivir, que don Sancho IV de Castilla dio a su fijo.*

La obra nos ha llegado en cuatro manuscritos, aparte algunos fragmentos bastante extensos[44]. Ninguno de aquéllos conserva la portada con el título, pero ha prevalecido el de *Castigos e documentos,* dado por J. Rodríguez de Castro en su *Biblioteca Española,* publicada en 1786. La versión original constaba de cincuenta capítulos, pero uno de los manuscritos, el denominado A (Biblioteca Nacional de Madrid), fue interpolado después de mediados del siglo XIV con la versión y glosa del *Regimiento de príncipes* de Egidio Romano y con otros materiales de diferente asunto y origen; con ello, el número de capítulos se eleva a noventa. Éste ha sido el único texto publicado —por Pascual de Gayangos, en el volumen LI de la *Biblioteca de Autores Españoles*— [45] hasta la edición de Agapito Rey[46], que nos sirve de guía.

La paternidad de la obra así como la fecha de su composición han sido objeto de discusiones eruditas. Repetidas alusiones, esparcidas por el texto, atribuyen el libro inequívocamente al propio monarca Sancho IV. El historiador Zurita y Nicolás Antonio apuntaron, con todo, algunas dudas; Amador de los Ríos aceptó, en cambio, a don Sancho como autor personal de la obra; pero Gayangos, en el prólogo de su edición, lo niega, basándose para ello en algunas inexactitudes cronológicas y sobre todo en el carácter del propio rey, cuya cultura y condiciones no parecen avenirse con el contenido de los *Castigos.* En 1906 publicó Paul Groussac un artículo[47] en el que niega decididamente la paternidad del rey Bravo, apoyándose también principalmente en la naturaleza y educación del rey, y rechaza además la supuesta fecha de composición, que traslada a mediados del siglo XIV, basándose en ciertas alusiones

---

[44] Cfr.: M. Serrano y Sanz, "Fragmentos de un códice de los *Castigos e documentos* del rey Sancho IV", en *Boletín de la Real Academia Española,* XVII, 1930, págs. 688-695. J. P. Carmona, "Fragmentos de otro códice de los *Castigos e documentos* atribuidos a Sancho IV", en *Boletín de la Real Academia Española,* XXXIX, 1959, págs. 73-84.

[45] Madrid, 1860; nueva edición, 1952.

[46] *Castigos e documentos para bien vivir ordenados por el rey don Sancho IV,* edición por Agapito Rey, Indiana University Publications. Humanities Series, núm. 24, Bloomington, 1952.

[47] Paul Groussac, "Le livre des *Castigos e Documentos* attribué au roi D. Sanche IV", en *Revue Hispanique,* XV, 1906, págs. 212-339.

de los *Castigos* a obras y sucesos de dicho siglo. Foulché-Delbosc [48], en otro artículo del mismo año, apoya también las deducciones de Groussac.

Agapito Rey, tras el examen de los cuatro manuscritos existentes, ha desautorizado la argumentación de Groussac, montada tan sólo sobre la edición de Gayangos, que contiene las interpolaciones que hemos dicho, y en las cuales se encuentran precisamente todos los anacronismos señalados por el crítico francés. Agapito Rey, sirviéndose básicamente del manuscrito de El Escorial —el llamado E—, que no contiene interpolaciones, acepta la plena paternidad de Sancho IV, aunque no es necesario, naturalmente, admitir que se trate de una obra escrita de puño y letra del monarca, sin ayuda ni intervención ajena; en el prólogo dice don Sancho de sí mismo: "con ayuda de científicos sabios ordené fazer este libro para mi fijo". El procedimiento no difiere del seguido por el Rey Sabio en las obras que se le atribuyen. La principal ayuda, o hasta el autor directo, pudo ser alguno de los capellanes reales, quizás incluso alguno de los antiguos colaboradores de Alfonso X; según hemos visto en los recientes estudios de Diego Catalán, la actividad científica en equipo de la corte de Alfonso el Sabio se interrumpió durante el reinado de su hijo, pero nada impide admitir que miembros aislados siguieran en la corte y pudieran ayudar al monarca en este trabajo particular. De hecho, permanecieron en ella muchos personajes del reinado anterior, y la estrecha dependencia que guardan los *Castigos* con las obras alfonsíes es argumento de mucho peso.

El "científico sabio" que ayudó a don Sancho a compilar los *Castigos*, sigue, en efecto, muy de cerca, como dice en su estudio Agapito Rey, los procedimientos empleados por los redactores de las obras alfonsíes: toma ejemplos morales de las Sagradas Escrituras y los ilustra con apólogos orientales y dichos de los sabios antiguos, buscando siempre la enseñanza moral y política del futuro gobernante. Las numerosas citas de Séneca, Boecio, Pedro Lombardo, San Bernardo, Novaciano, etc., están siempre sacadas de libros alfonsíes, así como los ejemplos de la historia de España; especialmente utilizadas para las lecciones morales son las *Siete Partidas*, de las cuales se toman también citas de la *Política* de Aristóteles y consejos de éste a su discípulo Alejandro; el asunto del relato de la monja que quería abandonar el convento y es abofeteada por un crucifijo se halla igual en la *cantiga* 59 de Alfonso el Sabio, y el proverbio del alcaraván pertenece al último cuento del *Calila*.

Los *Castigos*, obra de gran densidad moral, como corresponde a la materia ejemplar allí acumulada, hubo de ejercer gran influencia en buena parte de la literatura didáctica de los siglos XIV y XV [49].

---

[48] R. Foulché-Delbosc, "Les *Castigos e Documentos* de Sancho IV", en *Revue Hispanique*, XV, 1906, págs. 340-371.

[49] Cfr. además: A. García de la Fuente, "Los *Castigos e documentos* del rey don Sancho IV", en *Religión y Cultura*, El Escorial, XXVI, 1934, págs. 235-248 y 347-365;

"La Gran Conquista de Ultramar". Este libro, primer ejemplo de literatura caballeresca en castellano, pertenece también muy probablemente a los años del reinado de Sancho IV, aunque su datación es insegura y ha sido discutida. Menéndez Pidal [50] lo fecha alrededor de 1293; Paul Groussac [51] y Gaston París [52] lo sitúan en el siglo siguiente, basándose en que en el texto se menciona la supresión de la orden de los Templarios que tuvo lugar en 1310. Agapito Rey [53] supone que este pasaje es una interpolación tardía y admite la fecha propuesta por Menéndez Pidal. También Northup [54] acepta la época de Sancho IV. La obra fue impresa en Salamanca en 1503, y se conservan de ella tres manuscritos de distinta época que reproducen partes del texto. Gayangos los utilizó imperfectamente para su edición de 1858 [55].

El asunto central de la *Gran Conquista* es el relato de las Cruzadas a Tierra Santa que tuvieron lugar durante el siglo XII. La obra española sigue principalmente el *Roman d'Eracle*, adaptación francesa de la *Historia rerum in partibus transmarinis gestarum* del Arzobispo Guillermo de Tiro, pero aprovecha también otros textos franceses y provenzales, como la *Chanson de Jérusalem*, las dos *Chanson d'Antioche* —la provenzal y la francesa— y los *Chétifs*, que traduce literalmente o resume, intercalándolos como capítulos del texto básico, que llegan así a la cifra de 1100 [56].

Con el relato de las Cruzadas se entrelazan numerosas leyendas de muy diverso asunto de gran interés por su relación con las gestas y con la literatura caballeresca. Entre dichas leyendas destacan las referentes al nacimiento y juventud de Carlomagno, llamado *Mainete*, y la del *Caballero del Cisne*, introducida en la *Gran Conquista* para establecer la genealogía de Godofredo de Bouillon, héroe de la primera Cruzada, a quien los poetas medievales atribuyeron fantásticos antepasados; otras leyendas tienen también por objeto el fijar la genealogía de algún cruzado distinguido.

La leyenda de *Mainete* es distinta de la que se inserta en la *Primera Crónica General* y en el poema de *Roncesvalles;* se funde además con la leyenda de Berta, primera versión de este tema conocida en España. En la *Gran Con-*

XXVII, 1934, págs. 315-322; XXVIII, 1934, págs. 71-90 y 380-399; XXIX, 1935, páginas 27-41.

[50] R. Menéndez Pidal, *Poesía árabe y poesía europea*, Buenos Aires, 1941, pág. 77.
[51] En el artículo "Le livre des *Castigos e documentos...*", cit., pág. 277.
[52] Gaston Paris, "La *Chanson d'Antioche* provençale et *La Gran Conquista de Ultramar*", en *Romania*, XVII, 1888, págs. 513-541; XIX, 1890, págs. 562-591; XXII, 1893, págs. 345-363.
[53] Agapito Rey, "Las leyendas del ciclo carolingio en la *Gran conquista de Ultramar*", en *Romance Philology*, III, 1949-1950, págs. 172-181.
[54] George Tyler Northup, "*La Gran Conquista de Ultramar* and its problems", en *Hispanic Review*, II, 1934, págs. 287-302.
[55] "Biblioteca de Autores Españoles", vol. XLIV, Madrid, 1858; nueva ed., 1951.
[56] Cfr.: S. Duparc-Quioc. "La *Chanson de Jérusalem* et *La Gran Conquista de Ultramar*", en *Romania*, LXVI, 1940-1941, págs. 32-48.

quista, Berta es hija única de Flores y Blancaflor, "reyes de Almería", no de Hungría, como se dice en todas las demás versiones de la famosa leyenda carolingia, menos una, por lo que la españolización de los padres de Berta no es invención de la *Gran Conquista.* Cuando a la muerte del rey Pepino los hijos de la falsa Berta traman la muerte de Mainete, el joven Carlos huye a España, y comienza así la leyenda propia de *Mainete,* una de las primeras en España del ciclo carolingio. La leyenda del *Caballero del Cisne,* tema literario de gran difusión recogido por Wagner en su *Lohengrin,* penetra también en España por primera vez en *La Gran Conquista de Ultramar* [57].

---

[57] Cfr.: Emeterio Mazorriaga, *La leyenda del Caballero del Cisne,* Madrid, 1914. Sobre la leyenda de *Mainete,* cfr.: José Gómez Pérez, *Leyendas Medievales Españolas del Ciclo Carolingio,* Universidad del Zulia. Facultad de Humanidades y Educación, Maracaibo, Venezuela, 1964. Del mismo, *Leyendas Carolingias en España,* en íd., íd., 1966.

CAPÍTULO V

LOS ORÍGENES DEL TEATRO MEDIEVAL
EL "AUTO DE LOS REYES MAGOS"

EL TEATRO EN LA EDAD MEDIA

Los orígenes del teatro medieval: sus problemas. Los textos conservados del primitivo teatro medieval son todavía más escasos que los de la épica o la lírica, y de importancia literaria muchísimo menor. Tal escasez, no sólo de obras sino incluso de información y testimonios en que apoyar su estudio, hace particularmente difícil la reconstrucción de la historia de nuestra dramática desde sus orígenes hasta la aparición de Juan del Encina a fines del siglo xv. Lo arduo del tema y la falta de material han detenido también la curiosidad de los estudiosos; de donde resulta que, hasta hoy mismo, ningún aspecto de nuestra historia literaria ha merecido menos trabajos monográficos —y, consecuentemente, menos exposiciones de conjunto— que nuestro teatro primitivo. Los investigadores que han estudiado los orígenes del drama religioso en Europa apenas han aportado dato alguno sobre nuestro teatro medieval. La colección de representaciones litúrgicas de Semana Santa hecha por C. Lange [1] no contiene, entre sus 224 piezas, más que dos textos españoles, y otros tantos nos proporciona la magna obra de Karl Young [2], fundamental en esta materia.

Para llenar este vacío, cuantos se han ocupado del teatro primitivo han aplicado a nuestra Península los resultados obtenidos en los demás países de Europa —Francia, Italia, Inglaterra, Alemania—, suponiendo que al sur de los Pirineos hubo de tener lugar necesariamente un proceso parecido. Así lo afirma, por ejemplo, Cirot [3]. Richard B. Donovan, al encarecer la importancia

---

[1] C. Lange, *Die lateinischen Osterfeiern*, Munich, 1887.
[2] Karl Young, *The Drama of the Medieval Church*, 2 vols., Oxford, 1933; reimpresión en 1951.
[3] Georges Cirot, "Pour combler les lacunes de l'histoire du drame religieux en Espagne avant Gómez Manrique", en *Bulletin Hispanique*, XLV, 1943, págs. 55-62.

del teatro primitivo español para la cabal comprensión del europeo, declara rotundamente que aquel drama litúrgico primitivo "fue de carácter internacional, y que sus influencias se extendieron constantemente de un país a otro; lo que se practicaba en una nación reflejaba con gran frecuencia las costumbres y usos de otra"[4]. Venía admitiéndose comúnmente que el drama litúrgico había sido traído a España desde Francia por los monjes de Cluny durante los siglos XI y XII, y se aceptaba sin ninguna duda que esta literatura dramática había sido abundantísima en la Península; sólo que los textos o se habían perdido al correr de los siglos o estaban todavía por descubrir en el fondo de los archivos. Tan sólo Edmund Chambers[5] sugirió la posibilidad de que el desarrollo del drama religioso en la Península hubiera seguido desde el comienzo rutas distintas a las del resto de Europa.

En 1958 el ya mencionado Richard B. Donovan, benedictino canadiense, publicó su importantísimo trabajo sobre el drama litúrgico en la España medieval, planteando el problema sobre nuevas bases. Donovan ha aplicado los procedimientos de investigación de Young a numerosos textos españoles, es

---

[4] Richard B. Donovan, *The Liturgical Drama in Medieval Spain*, Pontifical Institute of Medieval Studies, Toronto, 1958, pág. 4. Movido por este convencimiento, afirma Donovan que ningún país puede dejarse aparte en la historia del drama de la iglesia medieval, con tanta mayor razón puesto que en todas partes se han perdido innumerables documentos de aquel tiempo. Cita a continuación, calificándolas de *muy acertadas*, unas palabras de Cirot, pertenecientes al trabajo mencionado, que debemos reproducir: "Le drame religieux a partout la même provenance: la liturgie chrétienne; il a pour domaine tout l'ancien monde catholique. On ne peut laisser en dehors aucune partie comme *incognita*, telle l'Espagne. C'est pourtant bien un peu ce qu'on fait quand on étudie cette importante branche de la littérature européenne" (pág. 61). Por el contrario, Lázaro Carreter, en el trabajo citado luego, rechaza la opinión de Cirot, porque, dice, "el teatro es, de todas las artes, la más sensible al medio, la más expuesta a configuraciones tan diversas como diferentes son las sociedades que lo nutren" (pág. 10). Pero el sentir de Lázaro, incuestionable cuando se trate de un teatro adulto, nos parece inadmisible en el caso del primitivo teatro medieval, que hasta muchos siglos después no pudo absorber peculiaridades nacionales, dado que, si algo le caracteriza en su etapa naciente, es la gran semejanza del medio religioso en que se produce, común a toda Europa; más aún por la sencilla estructura de aquel teatro: unos rudimentarios parlamentos entre pastores, ángeles y Magos, o entre Marías que visitan el sepulcro de Cristo, casi calcados de la misma liturgia —que a muy poco más de esto se reduce el teatro religioso de la Edad Media durante siglos— no puede ser sensible todavía a ningún medio nacional o regional. Seguimos, pues, creyendo —en líneas generales y como cuestión de método— en la absoluta validez de aquella opinión, según la cual puede aceptarse todo género de paralelismos entre los países europeos al estudiar los problemas del primitivo teatro religioso. Gustave Cohen, para fijar desde el primer instante la índole de los hechos que se dispone a estudiar, comienza su *Histoire de la mise en scène dans le théâtre religieux français du Moyen Âge* con estas palabras inequívocas: "Le drame liturgique se développa au moyen âge dans toutes les églises de l'Occident" (nueva ed., París, 1951, pág. 15). Y cita a continuación, a guisa de ejemplo, diversos países y lugares de Europa, entre ellos España; concretamente, Silos.

[5] Edmund Chambers, *The Medieval Stage*, 2 vols., Oxford, 1903.

decir: ha examinado en los archivos catedralicios y monásticos el mismo tipo de obras —*Liber consuetudinum, directorium, agenda, consueta, processionaria, libri responsales*— que ha proporcionado a Young su espléndida cosecha en los archivos de Europa; pero el escasísimo número de piezas españolas encontrado en aquéllas parece indicar que en la Península tuvo muy escaso cultivo el teatro litúrgico tan difundido por todo el continente. La interpretación tradicional quedaba, pues, seriamente en entredicho.

Casi al mismo tiempo que el libro de Donovan, publicó Fernando Lázaro Carreter su *Teatro Medieval*[6] (colección de textos modernizados), en cuyo prólogo aborda también el problema de esta inquietante y misteriosa ausencia dramática, y aunque con muy leves atenuantes concluye la inexistencia en Castilla de los *milagros* y *misterios*, tan suntuosamente celebrados en otros países de Europa; la falta de textos no es, pues, una pérdida o un desconocimiento más o menos provisional, sino la prueba de su total carencia. En su nueva edición de 1965[7] Lázaro Carreter ha ampliado y profundizado notablemente su estudio; sirviéndose de las investigaciones de Donovan y de otros muchos autores no utilizados tampoco entonces, ha llegado a conclusiones mucho más matizadas y prudentes, aunque, en conjunto, persiste la duda acerca del florecimiento del drama litúrgico —y, en general, de todo el teatro religioso— en la Castilla medieval y el convencimiento en un proceso y características muy peculiares.

En fecha muy reciente, Humberto López Morales ha publicado un estudio[8], cuyo primer capítulo —"Castilla y el teatro medieval"— está dedicado al problema que nos ocupa. La sabia cautela de Donovan y la matizada prudencia de Lázaro Carreter se han convertido en las manos de Humberto López en una tesis dogmática que no deja lugar a la más remota posibilidad: las pruebas de la positiva inexistencia del teatro litúrgico en Castilla son *abrumadoras*; la creencia implícita de Donovan y de Lázaro Carreter en la existencia de teatro litúrgico y semilitúrgico en lengua vulgar *es insostenible*[9]; los más recientes estudios sobre nuestro teatro medieval se asombran ante el vacío de los primeros tiempos, "pero ya ni intentan explicarlo ni acarician ilusiones"[10]; "es difícil imaginar la presencia de un teatro litúrgico"[11]; fuera de Toledo, excepción —dice— producida por "una irregularidad no muy fácilmente explicable"[12], "no hay el menor rastro de drama litúrgico"[13]; "el

---

[6] Fernando Lázaro Carreter, *Teatro Medieval* (textos en versión modernizada), "Odres Nuevos", Valencia, 1958.
[7] Con el mismo título y en la misma colección, Madrid, 1965.
[8] Humberto López Morales, *Tradición y creación en los orígenes del Teatro Castellano*, Madrid, 1968.
[9] Ídem, íd., pág. 42, nota 2.
[10] Ídem, íd., pág. 43.
[11] Ídem, íd., pág. 46.
[12] Ídem, íd., pág. 51.
[13] Ídem, íd., pág. 61.

hecho de que en Castilla no haya existido el teatro litúrgico es una realidad demasiado abrumadora" [14]; "el drama fue un elemento extraño en Castilla en los tiempos medios" [15], etc., etc.; sólo en las conclusiones se incluyen unas cautelosas palabras, puestas allí como un postizo de última hora, que aluden a lo sucedido con la lírica y la épica primitivas, cuya existencia, como sabemos, había sido negada hasta días muy recientes.

Antes de proseguir en nuestra exposición es necesario destacar las diferencias existentes entre Castilla y los territorios del Este de la Península —Cataluña, Valencia y Baleares—, donde los abundantes testimonios conservados en los libros litúrgicos acreditan la existencia indudable de una rica actividad dramático-religiosa; aparte otras prácticas dramáticas más tardías de que hablaremos luego [16]. Donovan explica este hecho por el retraso con que se introduce en Castilla el rito romano, al que se tiene por portador de los elementos literario-musicales que conducen al drama litúrgico. Cataluña se incorporó probablemente al rito romano en los días de Carlomagno —comienzos del siglo IX—, que se esforzó por introducirlo en sus dominios en sustitución de la liturgia nacional; las varias diócesis catalanas dependieron por mucho tiempo de la metropolitana de Narbona, y los prelados catalanes mantuvieron estrecho contacto con Francia y con Italia. El país estuvo, pues, asociado culturalmente a aquellas naciones de Europa que desarrollaron la tradición de las representaciones litúrgicas. En el Este español no se produjeron aquéllas en virtud de una importación, sino como parte de un proceso común; Donovan admite [17] que tales prácticas pudieron comenzar en Cataluña al mismo tiempo que en los otros países europeos y que incluso las catedrales y monasterios catalanes —Seo de Urgel, Ripoll especialmente— desempeñaron un papel importante en su evolución.

En Castilla, por el contrario, el rito *hispánico* o *mozárabe* no fue abolido oficialmente hasta el concilio de Burgos de 1080 (ó 1081) y su efectiva anulación debió de producirse con lentitud. La reforma romana fue impulsada a partir de entonces por los monjes de Cluny, que desde la consagración de Bernardo de Sahagún como primer arzobispo de Toledo, después de su reconquista en 1085, llegan en gran número a Castilla. Venía afirmándose que estos monjes cluniacenses habían traído a tierras castellanas la tradición de las representaciones litúrgicas, pero las recientes investigaciones demuestran, por

---

[14] Ídem, íd., pág. 62.
[15] Ídem, íd., pág. 74.
[16] Por dicha razón, en todo este capítulo nos referimos siempre al teatro *castellano* como una realidad específica que no debe confundirse con la dramática de los territorios orientales de la Península de habla catalana. Las tierras propiamente aragonesas quedan para este efecto unidas a Castilla; Donovan estudia el drama litúrgico en sendos capítulos dedicados *a Cataluña* y *al oeste de Cataluña*: esta división le permite, como veremos, incorporar Huesca y Zaragoza al grupo castellano.
[17] *The Liturgical Drama...*, cit., pág. 29.

el contrario, que Cluny fue muy poco inclinada a este género de prácticas, y de hecho apenas se ha encontrado muestra alguna de ellas en los monasterios cluniacenses. Su influjo en Castilla debió, pues, de representar más bien un freno que un estímulo para la difusión del drama litúrgico, por lo que éste no pudo desarrollarse sino en virtud de nuevas y extrañas influencias. La diferencia de situación, concluye Donovan [18], tenía que condicionar profundamente la historia del drama en las dos regiones de la Península.

Los orígenes litúrgicos. En todo lo que precede venimos refiriéndonos al teatro litúrgico como célula engendradora del teatro de la Edad Media. Ha sido muy debatido y es difícil determinar si en el alumbramiento de la dramática romance pudo influir algún vestigio del teatro de la antigüedad; pero la respuesta parece negativa salvo en sus formas más vulgares, como diremos luego. El teatro clásico latino, poco abundante, de importancia más bien limitada y escasamente difundido por las provincias del Imperio, debió de olvidarse por entero durante los siglos que siguieron a las invasiones. Incluso en los últimos tiempos de la época imperial el teatro propiamente dicho había desaparecido en favor de los *mimos* e histriones que practicaban modalidades muy variadas de espectáculo, realizaban ejercicios circenses, hacían parodias satíricas o representaban pantomimas sobre asuntos frecuentemente procaces, ejecutadas con actitudes desvergonzadas y bailes lascivos. La Iglesia de los primeros siglos luchó denodadamente contra estos espectáculos, y el teatro en general fue objeto de repetidas disposiciones conciliares y papales. Se dice que San Jerónimo, en el siglo IV, enseñaba latín con las comedias de Terencio; este autor, que es mencionado con cierta frecuencia en la Edad Media [19], tuvo incluso una tardía imitadora en la monja alemana Hroswitha (siglo X), de la cual se conservan algunos dramas religiosos, nunca representados. Pero, en todo caso, el conocimiento de Terencio no salió de círculos restringidos y no ejerció influjo alguno hasta los días del Renacimiento con la llamada *comedia humanista*.

El teatro medieval hubo, pues, de nacer de gérmenes nuevos; fue necesario que el instinto dramático del pueblo encontrase campos propicios para hacerlo brotar otra vez. El factor que viene estimándose comúnmente como más decisivo para la génesis del teatro en la Edad Media es el que se deriva de las festividades religiosas, de cuya liturgia vino a ser aquél como una ampliación o desenvolvimiento [20]. Las fiestas de la Iglesia encerraban abundantes elemen-

---

[18] Ídem, íd.
[19] Cfr.: Edwin J. Webber, "The Literary Reputation of Terence and Plautus in Medieval and Renaissance Spain", en *Hispanic Review*, XXIV, 1956, págs. 191-206.
[20] Aparte algunas importantes excepciones que señalaremos oportunamente, la aceptación de la liturgia cristiana como núcleo engendrador del drama medieval es, de hecho, unánime. El concepto fue afianzándose a lo largo del siglo XIX y en nuestros días la bibliografía sobre el tema es extensísima. Aparte los estudios citados de Chambers y

tos de carácter teatral, no sólo por lo pomposo y espectacular de sus ceremonias, sino también por el tono dramático de muchos diálogos litúrgicos en la misa y en los oficios. Los mismos cantos alternados, las antífonas y los responsos y el acompañamiento musical tenían no poco de representación dramática. El más antiguo texto en que se describe con detalle el ritual cristiano primitivo es el famoso documento titulado *Peregrinatio Aetheriae* [21], atribuido generalmente a la dama gallega de aquel nombre, que peregrinó a Jerusalén en el siglo IV. La obra da una curiosa información de las ceremonias practicadas durante la Semana Santa en aquella ciudad con objeto de revivir en forma realista los sucesos de la Pasión de Cristo según se cuentan en los Evangelios; clérigos y pueblo tomaban parte en lo que bien puede calificarse de *representación*. Idéntico deseo de recrear el relato evangélico se extendió por la Europa cristiana. No se sabe cuándo pasaron a Occidente las costumbres litúrgicas introducidas en Tierra Santa, pero parece probable —en opinión de Donovan— [22] que fuesen ya conocidas en casi todas las naciones europeas antes del siglo VII. De este modo, lo que había sido parte del texto sagrado se convirtió en un espectáculo religioso de tipo popular. La Iglesia favoreció estas *representaciones* porque contribuían a robustecer el gusto de los fieles por los actos del culto, y es forzoso admitir que provocaron el interés de toda clase de gentes por lo mucho que encerraban también de mera diversión. Nunca debe olvidarse que —con la excepción de los juglares, bien que bajo sus formas más diversas— el hombre medieval no conocía otros espectáculos que las fiestas religiosas; y, aparte, naturalmente, lo que éstas le importaran por su carácter sagrado, trataba de gozarlas en todos los aspectos de esparcimiento que le ofrecían.

Adviértase que, aunque las aludidas prácticas de Semana Santa se asociaron más tarde con el drama religioso, el germen primero de las representaciones litúrgicas estuvo constituido por los llamados *tropos*. El *tropo*, que fue primeramente un término musical, designó después, según la definición de Donovan

---

Young, cfr. especialmente: L. Gautier, *Histoire de la poésie liturgique au Moyen Âge; les Tropes*, Paris, 1886. Marius Sepet, *Le Drame chrétien au Moyen Âge*, Paris, 1878. Del mismo, *Origines catholiques du théâtre moderne*, Paris, 1901. G. Duriez, *La théologie dans le drame religieux en Allemagne*, Lille, 1914. V. De Bartholomaeis, *Le Origini della poesia drammatica italiana*, Bolonia, 1924. Maria De Vito, *L'Origine del dramma liturgico*, "Biblioteca della Rassegna", vol. XXI, 1938. Grace Frank, *The Medieval French Drama*, Oxford, 1954. Hardin Craig, *English Religious Drama of the Middle Ages*, Oxford, 1955. O. B. Hardison, Jr., *Christian Rite and Christian Drama in the Middle Ages*, Baltimore, 1965. El mayor definidor, probablemente, de la función de la Iglesia como generadora del drama es Gustave Cohen, particularmente en su libro *Le Théâtre en France au moyen âge: I, Le Théâtre religieux*, Paris, 1928.

[21] *Eteria. Itinerario a los Santos Lugares*, traducción y notas de Pascual Galindo, Zaragoza, 1924. Cfr.: F. Cabrol, *Les Églises de Jérusalem: la discipline et la liturgie au quatrième siècle*, Paris, 1895.

[22] *Ob. cit.*, pág. 8.

"una ampliación verbal de algunos pasajes de la liturgia, ya como introducción, como interpolación o como conclusión, o bien como combinación de varias de estas formas"[23]. Los tropos parecen estar ya en pleno florecimiento desde el siglo IX, y se suponen originados en algún monasterio del norte de Francia; un monje que huyó de allí ante el saqueo de los normandos, llevó dicha práctica al monasterio suizo de Saint Gall, que se convirtió en el centro difusor de esta nueva costumbre.

El más antiguo tropo conocido es el famoso *Quem quaeritis,* que se cantaba antes del introito de la misa el domingo de Pascua; un cantor o grupo de cantores se acerca al sepulcro en busca del cuerpo del Redentor, y un grupo de ángeles, que protegen la entrada, les formulan aquella pregunta, con lo cual comienza el diálogo. La primera muestra conservada del *Quem quaeritis* se encuentra en un manuscrito de San Marcial de Limoges, copiado entre 923 y 934, y las primeras indicaciones explícitas para su escenificación, "con el fin de edificar a los fieles", han sido halladas en la *Regularis Concordia,* compuesta por San Etelwoldo, obispo de Winchester, entre 965 y 975. En este texto, en lugar del coro, es ya un monje solo el que canta las partes del texto y otro solo igualmente quien encarna al ángel, al mismo tiempo que otros tres, representando a las tres Marías, acuden al sepulcro con ungüentos para ungir el cuerpo de Cristo. Todo lo que se requería, dice Donovan[24], para que el diálogo primero se transformara en *drama litúrgico* era que los cantores de las varias preguntas y respuestas personificaran las figuras históricas que se representaban. Alrededor del año 1000 representaciones pascuales, como las descritas, florecían en Inglaterra, Francia y Alemania, y se iban añadiendo al núcleo primitivo otras escenas relacionadas con la Resurrección, como la aparición de Cristo a la Magdalena; el lunes de Pascua se representaba otra pieza litúrgica, que se tituló el *Peregrinus,* para conmemorar la aparición de Cristo a sus discípulos en el camino de Emaús.

El éxito de estos dramas litúrgicos hizo que muy pronto se extendieran a la fiesta de Navidad, y, a semejanza del *Quem quaeritis,* se introdujo la escena de los pastores que buscaban al Niño-Dios recién nacido, dando así origen a lo que se conoce bajo el nombre de *Officium Pastorum,* cuya más antigua muestra de dramatización se conserva en un códice de la catedral de Rouen, perteneciente al siglo XII. Junto al *Officium Pastorum* se difundió también el *Ordo Prophetarum* o *Procesión de los Profetas,* derivado no de la liturgia, como los anteriores, sino de un sermón escrito probablemente en el siglo V o VI, pero atribuido falsamente a San Agustín. A lo largo de este sermón, que se leía generalmente durante los maitines del día de Navidad, varias figuras del Viejo Testamento —Jeremías, Daniel, Moisés— eran requeridas para testi-

---

[23] Ídem, íd., pág. 10. Para una extensa información sobre los tropos véanse especialmente los estudios citados de Gautier y de Young.
[24] *Ob. cit.,* pág. 11.

moniar la divinidad de Cristo; pronto estos personajes, encarnados por clérigos, vestidos con trajes apropiados, comenzaron a recitar sus partes respectivas y así nació este *drama litúrgico*. Además de los profetas formaba parte de la *Procesión* la Sibila Eritrea que, según una vieja tradición, había profetizado también la venida de Cristo. Un antiguo poema griego, atribuido a esta Sibila, fue incorporado por San Agustín a su *Ciudad de Dios* y posteriormente fue introducido en el sermón mencionado; de aquí se derivó igualmente la práctica de hacer recitar a continuación de los profetas el *Canto de la Sibila*, que vino a convertirse en una de las partes más espectaculares. Como *personaje dramático* la Sibila se registra por primera vez en el siglo XI en sendos textos de Limoges y de Einsiedeln. Finalmente, el *Ordo* u *Officium Stellae*, sobre la adoración de los Reyes Magos, se originó asimismo de viejas leyendas piadosas documentadas en Francia desde el siglo V; la más antigua pieza escenificada que se conoce fue encontrada en un ritual de Nevers, de mediados del siglo XI.

La sustitución del latín en estas piezas por la lengua vulgar es un fenómeno paralelo al que tiene lugar en otros géneros literarios; puede considerarse en marcha a lo largo del siglo XII, aunque en el género que nos ocupa se efectuó menos cumplidamente mientras las piezas dramáticas estuvieron vinculadas a la liturgia y a los actos del culto. En muchas ocasiones el empleo de la lengua vulgar quedó limitado a sólo unas partes de la representación. Los historiadores del teatro señalan tres períodos en el drama religioso: el *drama litúrgico*, desde sus comienzos hasta 1200; el *drama semilitúrgico*, que se extiende en una época de variable longitud; y el *drama religioso*, constituido cuando las representaciones aparecen ya completamente secularizadas.

Debe puntualizarse, sin embargo, que estas tres etapas no corresponden necesariamente a tres sucesivos estratos cronológicos, pues la existencia de *dramas religiosos* enteramente secularizados no supone la necesaria desaparición de los *dramas litúrgicos*, incluso a veces de los más elementales y primitivos, que quedan en muchos casos como prácticas litúrgicas o semilitúrgicas, incorporadas a los servicios religiosos, aun en el caso de servirse parcialmente de la lengua vulgar. De las cerca de seiscientas piezas de teatro litúrgico publicadas por Young, casi la mitad han sido halladas en manuscritos de los siglos XV y XVI. El hecho es importantísimo por una doble razón: primera, porque demuestra, según hemos dicho, que el drama religioso completamente secularizado convive, o puede convivir, con el litúrgico primitivo; segunda, porque el hecho de encontrarse una representación litúrgica en un texto relativamente tardío no niega en modo alguno la posibilidad de que proceda de tiempos mucho más remotos; es su carácter, comparado con el correspondiente a otros lugares, el que tiene que determinar su fecha [25].

---

[25] Donovan subraya la importancia de estos hechos, que exigen rectificar —dice— el concepto común según el cual el drama litúrgico se extingue para dar paso sucesivamente al drama semilitúrgico y al vernáculo. El drama litúrgico pervive hasta el si-

El drama litúrgico en Castilla. Los más antiguos *dramas litúrgicos* hallados en tierras castellanas proceden del monasterio benedictino de Silos [26]. Ambos pertenecen al ciclo pascual de la *Visitatio Sepulchri* y fueron compuestos en el siglo XII. Es de advertir que, aunque de rito romano-francés, su escritura y numeración son mozárabes. Otro texto ha sido descubierto por el benedictino padre Germán Prado en un códice de Compostela; pertenece también al ciclo de la Pascua de Resurrección y corresponde a mediados del siglo XII. Donovan aduce, como prueba de que el tropo es un verdadero *drama litúrgico*, otro códice compostelano de mediados del siglo XV, que contiene exactamente el mismo tropo y da las instrucciones para escenificarlo. Este hecho es una prueba, además, de que los dramas litúrgicos se conservaban durante siglos sin variación, independientemente de lo que sucediera con el teatro religioso secularizado.

Otros dos tropos —uno correspondiente al *Officium Pastorum* y otro al *Quem quaeritis*— han sido hallados en el archivo de la catedral de Huesca, ambos pertenecientes a fines del siglo XI o principios del XII. El texto no da detalles de su escenificación, pero lo mencionado arriba en el caso de Compostela permite conjeturar con la máxima probabilidad, por un elemental paralelismo, que los tropos debieron de ser escenificados, aunque se omitieran, por harto conocidas, las instrucciones pertinentes. Por otra parte, la proximidad cronológica de la reconquista de Huesca, incorporada por Pedro I de Aragón en 1096, hace suponer que el manuscrito fue compuesto en Francia y traído de allí; ahora bien, si es cierto que en el país vecino dichos tropos eran escenificados, ha de admitirse que semejante práctica hubo de importarse con el texto o, en todo caso, que también en Francia se escenificaban los tropos sin particulares instrucciones. Consta además en los libros de cuentas de la catedral de Huesca que durante el siglo XVI se celebraban en ella los dramas litúrgicos *tradicionales* de la Resurrección y de Navidad y que un siglo antes se representaban piezas dramáticas en honor de San Vicente, martirizado en dicha ciudad: "con toda probabilidad —dice Donovan— estas representaciones tenían lugar en lengua vernácula, y aparte de toda estricta asociación con la liturgia" [27].

---

glo XVI, concretamente hasta 1568, año de la reforma del *Breviario romano* (págs. 4 y 39). Importa recordar estos hechos cuando se hable de la supuesta *petrificación* de nuestros dramas litúrgicos, como una prueba del anquilosamiento de nuestra dramática medieval; el fenómeno es consustancial al género y se produjo en todas partes; independientemente, claro está, de que el teatro en lengua vulgar floreciese o no.

[26] Para toda la información que sigue véase Donovan, *ob. cit.*, cap. V, págs. 51-66. Donovan sistematiza todos los datos adquiridos hasta el momento sobre el drama litúrgico en Castilla, agrupando los textos aportados por otros investigadores y los descubiertos por él mismo en su reciente exploración. Sus páginas establecen, pues, el estado actual del problema en este punto tan imperfectamente estudiado hasta el presente.

[27] *Ob. cit.*, pág. 57. Lázaro Carreter recoge el dato para señalar muy oportunamente que, aunque un ritual del siglo XV no alude a prácticas dramáticas de ningún género en

El mismo tropo pascual de Huesca aparece copiado en un misal del siglo XV hallado en la iglesia del Pilar de Zaragoza. Un códice de 1606, descubierto en el archivo de la misma iglesia, contiene un resumen de lo que llama la "consueta antigua" de la catedral, en el que se describen ciertas representaciones de la fiesta de Pascua; no se especifica la fecha, pero se dan como de antigüedad tradicional. En dicho manuscrito se incluye una copia de un ceremonial titulado *Las buenas y loables costumbres e ceremonias que se guardan en la santa yglesia de Granada y en el coro de ella*, en donde se informa que el drama litúrgico de la fiesta de Pascua se estableció apenas reconquistada la ciudad. Donovan da cuenta de haber hallado copia de este escrito en cuatro diferentes bibliotecas de Europa, una de ellas en la catedral de Segovia, lo que le permite confirmar que las representaciones litúrgicas se difundían de ciudad en ciudad por todo el continente y que las costumbres de una diócesis eran simplemente copiadas por las demás [28]. El texto de Granada explica con notable amplitud las ceremonias que debían efectuarse el día de Resurrección; habían de aparejarse tres altares, donde tenían lugar otras tantas escenas de la "representación", con intervención de ángeles, caída de la piedra del sepulcro, disparo de escopetas, etc., etc. Según Donovan, la ceremonia parece consistir más bien en un "movimiento dramático" que en un drama propiamente dicho, dado que la parte hablada que se menciona es muy escasa; pero resulta evidente que al autor de las instrucciones le interesa muchísimo más el lado espectacular de la fiesta que el texto hablado; a éste alude en una ocasión con un *etc.*, mientras se demora en aspectos tan curiosos como el encarecer que se busquen "algunas personas que sepan hazer música de aves". Donovan supone que la "representación" de Granada debió de ser traída allí por el arzobispo Antonio de Rojas, que lo fue de Mallorca desde 1496 a 1508, período de máximo florecimiento del teatro religioso en la isla, que fue a su vez "uno de los más importantes centros europeos del drama litúrgico en la Edad Media". ¿Resulta lógico suponer que el arzobispo Rojas, que pudo llevar a su nueva diócesis tan detalladas instrucciones para el "movimiento dramático", se dejara en la isla las "palabras"?

Información de actividades muy semejantes a las descritas en el ordinario granadino ha sido precisada por Donovan en la catedral de Palencia y en la de León. Según un manuscrito de la catedral de esta última, que se fecha en el siglo XIII, el *Canto de la Sibila* se representaba en forma semejante a la practicada en Toledo (véase luego), y desde el siglo XV se conservan cuentas de gastos para el traje de dicha Sibila, los arreos del caballo y el acompañamiento de mozos con tambores, trompetas, sonajas y rabeles.

---

la catedral aragonesa, el hecho no constituye prueba concluyente, dado que por las mismas fechas se representaba allí, según noticias ciertas, la mencionada pieza sobre el santo.

[28] Recuérdese lo dicho más arriba, particularmente en la nota 4.

El drama litúrgico en Toledo requiere una especial consideración. El texto capital para conocer las actividades dramático-religiosas en Toledo es un manuscrito redactado a mediados del siglo XVIII por el canónigo don Felipe Fernández Vallejo, que fue después arzobispo de Santiago. El manuscrito, conservado en la Academia de la Historia y publicado en la parte que nos importa por Joseph Gillet [29], se titula *Memorias i disertaciones que podrán servir al que escriba la historia de la iglesia de Toledo desde el año MLXXXV en que conquistó dicha ciudad el rei don Alfonso VI de Castilla*. Los dos capítulos referentes al aspecto que nos ocupa se titulan *Disertación V. sobre la música*, y *Disertación VI. sobre las Representaciones poéticas en el Templo, y Sybila de la noche de Navidad*. Vallejo afirma que las prácticas que describe representan una antigua tradición dramática y que los detalles están tomados de un manuscrito redactado por Juan Chaves de Arcayos, racionero de la Catedral, entre 1589 y 1643. En la primera *Disertación* citada Vallejo describe minuciosamente una representación de Navidad con todos los detalles de su dramatización, en la cual se incluye un canto alternante en lengua vernácula. Donovan confirma que la ceremonia descrita por Vallejo corresponde efectivamente a una tradición dramática medieval, según permite comprobar el cotejo con otros textos franceses por él examinados. Vallejo afirma, en efecto, que el original de aquella representación fue traído a España desde los monasterios benedictinos franceses y que las coplas castellanas se añadieron en el siglo XIII. Vallejo no aduce pruebas de este aserto, que da por supuestas, pero Lázaro Carreter [30] admite "que una serie de indicios coincidentes permiten aproximar el canto alternante castellano a una fecha cercana a la supuesta por Fernández Vallejo"; la evidente modernización del texto, dice Lázaro, no le ha arrebatado algunos rasgos que califica de "extraordinariamente arcaicos" y que estudia a continuación en detalle basándose en los trabajos lingüísticos de Menéndez Pidal y de Lapesa.

En la *Disertación* dedicada a la Sibila, Vallejo habla de ella como de "una ceremonia antiquísima, y venerable, que en lo sustancial no ha padecido alteración". Supone que al principio los versos se cantarían en latín. "Pero como el fin de esta Ceremonia era instruir al pueblo —añade— y cantando los versos en latín... las gentes rústicas no entendían la fuerza de ella, quisieron sensibilizarla más vistiendo un Niño a la Oriental, y poniendo en la boca de éste unos versos Castellanos y que en el concepto dixesen lo mismo que los otros". En defensa de este cambio alega el uso seguido en aquella iglesia desde el siglo XIII de cantar en castellano los milagros de Nuestra Señora y la práctica de hacer en el mismo idioma "las Representaciones de los misterios de nuestra Religión, que ya eran comunes en los Templos. Como a los fines del siglo XIII

---

[29] Joseph Gillet, "The *Memorias* of Felipe Fernández Vallejo and the History of the Early Spanish Drama", en *Essays and Studies in Honor of Carleton Brown*, Nueva York, 1940, págs. 264-280.

[30] Est. cit., pág. 28.

o principios del XIV infiero es la traducción del sentido de esta Profecía Latina al idioma vulgar". Donovan, con su extremada prudencia, concluye: que la mención más antigua comprobada de la representación toledana de Navidad se registra en un breviario del siglo XIV, pero no existe *evidencia* del uso de la lengua vulgar en dicha ceremonia hasta fines del siglo XV; la misma fecha señala también como *evidente* para el empleo del castellano en el *Canto de la Sibila,* pero admite que pudo ser una costumbre de Toledo desde época mucho más temprana [31].

Nos importa por nuestra parte señalar un detalle. En un manuscrito de fines del siglo XV o comienzos del XVI, conservado en la antigua Biblioteca Universitaria de Madrid, se describe también la ceremonia de la Sibila, correspondiente, según Donovan, *a una forma más antigua e íntimamente unida a la liturgia que la descrita por Arcayos*; en el texto se detallan con notable minuciosidad los movimientos de los participantes, pero al llegar el momento de la intervención de la Sibila, se indica solamente: "y luego diga la sibila lo que a de dezir". La omisión del cronista nos deja, manifiestamente, sin *evidencia* alguna respecto a la lengua —latina o castellana— utilizada por el personaje, pero nos la proporciona, y bien cumplida, del hecho que ya dejamos señalado a propósito de Granada, es decir, de que los textos castellanos prestaban mucho mayor atención a las descripciones de la ceremonia que a recoger las palabras —conservadas, sin duda, en otro género de escritos o transmitidas tradicionalmente por vía oral—, y, en consecuencia, la mera omisión de partes habladas no arguye en absoluto contra su existencia.

Omitimos de momento, para no cortar el hilo de nuestra exposición, el estudio particular del llamado *Auto de los Reyes Magos,* descubierto en Toledo también precisamente, y correspondiente a la misma época en que según Arcayos y Vallejo comenzó a emplearse el castellano en los dramas religiosos.

Prescindiendo de este texto —primera obra dramática llegada hasta nosotros en la lengua de Castilla y cuya importancia detallaremos—, los mencionados hasta aquí son los únicos conservados que pueden proporcionarnos *evidencia* de una actividad dramático-litúrgica en Castilla a lo largo de la Edad Media. Según nuestro entender, son suficientes para elaborar las conclusiones que expondremos luego. De todos modos, es innegable que su número es escaso, puesto en comparación con los conocidos en otros países de Europa y en las regiones orientales de la Península. Donovan se pregunta la razón de este hecho —aceptémoslo así provisionalmente— que si no denuncia la ausencia total del drama litúrgico en Castilla —como pretenden las opiniones más radicales—, parece indicar al menos una diferencia de intensidad. Las razones sugeridas por Donovan [32] son las siguientes: 1.ª, el rito romano-francés fue introducido como una reforma de la liturgia, por lo que los monjes y clérigos encargados

---

[31] Para todo este asunto véase el cap. IV de Donovan, págs. 30-50.
[32] Véase cap. VI, págs. 67-73.

de ella no debieron sentir particular interés en introducir ceremonias no esenciales, como eran los dramas litúrgicos. 2.ª, la mayoría de los monjes dichos procedían de Cluny o de monasterios cluniacenses, hostiles a la práctica de aquellas representaciones; por lo que afecta a España, parece una prueba importante el hecho de que Silos, el único monasterio en que se conservan dramas litúrgicos, no fue afectado por la reforma de Cluny. 3.ª, la fecha del cambio de liturgia en Castilla fue tardía; precisamente se produjo cuando la literatura en lengua vulgar comenzaba a adquirir importancia.

Este último punto nos lleva a un aspecto cardinal de la cuestión. Recientes estudios —que veremos luego— sobre el *Auto de los Reyes Magos*, compuesto hacia 1150, parecen demostrar que la fuente de éste no fue litúrgica, sino alguna obra francesa, dramática o narrativa, pero en lengua vernácula. Esto quiere decir que el teatro francés en lengua vulgar había comenzado ya a desarrollarse antes de mediados del siglo XII, es decir, al mismo tiempo que los otros géneros poéticos. Si existían, pues, en tales fechas representaciones dramáticas en francés y en castellano, se hizo innecesario introducir los elementales dramas litúrgicos en latín. Donovan acepta plenamente esta posibilidad: "en nuestra opinión —dice— cualquiera que sea la razón, y cualquiera que sea la fecha, cuando las representaciones religiosas comenzaron a introducirse en Castilla en gran escala, lo fueron ya en lengua vulgar"[33]. Esto explica —añade el mismo investigador— que se hayan perdido en mucho mayor número que las piezas escritas en latín, dado que éstas se conservaron en manuscritos dedicados al servicio litúrgico, mientras que aquéllas se escribieron a lo más en hojas sueltas, que se perdieron o destruyeron más fácilmente, o fueron transmitidas simplemente por vía oral.

Un decreto de las "Partidas". La escasez de textos dramáticos en la Edad Media castellana ha otorgado siempre especial valor a un texto de las *Partidas*, aducido por todos los historiadores de nuestro teatro como prueba de su existencia en aquellos tiempos; dice así: "Los clérigos no deben ser fazedores de juegos de escarnio porque los vengan a ver gentes, como se fazen. E si otros omes los fizieren, non deben los clérigos y venir, porque fazen y muchas villanías e desaposturas. Nin deben otrosí estas cosas fazer en las Eglesias: antes dezimos que les deben echar dellas desonrradamente a los que lo fizieren; ca la Eglesia de Dios es fecha para orar e non para fazer escarnios en ella... Pero representación ay que pueden los clérigos fazer, así como de la nascencia de Nuestro Señor Jesú Christo, en que muestra cómo el ángel vino a los pastores e cómo les dixo cómo era Jesú Christo nacido. E otrosí de su aparición, cómo los tres Reyes Magos lo vinieron a adorar. E de su Resurrección, que muestra que fue crucificado e resucitado al tercer día: tales cosas como éstas que mueven al ome a fazer bien e a aver devoción en la fe, pueden las fazer, e demás,

---

[33] Ídem, íd., pág. 73.

porque los omes ayan remembranza que según aquéllas fueron las otras fechas en verdad. Mas esto deven fazer apuestamente e con gran devoción, e en las ciudades grandes donde ovieran arzobispos e obispos, e con su mandado dellos, e de los otros que tovieren sus vezes; e non lo deven fazer en las aldeas nin los lugares viles, nin por ganar dineros con ellas"[34].

En su conocida *Historia de la literatura y del arte dramático en España*, Schack comentaba de este modo el texto de las *Partidas*: "Despréndese claramente de esta notable ley: 1.º, que a mediados del siglo XIII eran frecuentes en España las representaciones de dramas religiosos y profanos; 2.º, que se verificaban dentro y fuera de las iglesias; 3.º, que se representaban, no sólo por clérigos, sino también por legos; 4.º, que el arte dramático se consideraba como un medio de vivir; y 5.º, que las piezas representadas no consistían sólo en mudas pantomimas, sino que también se recitaban. Esto último se colige de la mención hecha en ella del nacimiento de Cristo, 'en que muestra cómo el ángel vino a los pastores, e cómo les *dijo* cómo era Jesú Christo nacido' "[35].

La opinión de Schack ha sido generalmente aceptada por cuantos se han ocupado de este texto; pero la última "postura" consiste en ignorarlo o en rechazar el valor de su testimonio. En la primera versión de su citado "Prólogo"[36], Lázaro Carreter admite que dicha ley "testimonia la persistencia de dramas litúrgicos, representados por clérigos, que desarrollaban temas navideños y pascuales". Pero, en páginas posteriores, supone, con razones poco concretas, que el drama litúrgico se detuvo en una fase muy primitiva y precaria ante la competencia de los juegos de escarnios y de los espectáculos juglarescos, de dentro y fuera del templo; los clérigos —dice— cedieron a esas casi paganas actividades y dejaron intacto y sin atención el drama litúrgico. En medio de tales consideraciones el testimonio de las *Partidas* se diluye sin mayores consecuencias. En la nueva versión, superior en muchos conceptos, como dijimos, escribe: "Es imposible negar que, antes de la época alfonsí, se celebrasen en los templos representaciones sacras: el fragmentario dramita toledano [alude al *Auto de los Reyes Magos*] lo atestigua por sí mismo". Pero, líneas más arriba, desautoriza su opinión anterior de que las *Partidas* testimonian "la persistencia de dramas litúrgicos" y supone ahora que las palabras del Rey Sabio, "si se leen con atención y sin prejuicios", lo que hacen es *estimular* y *autorizar* a los clérigos a que celebren representaciones de Navidad, Epifanía y Resurrección[37]. Semejante interpretación, aunque harto improbable, no es absurda sin duda; pero, aun admitiéndola, no niega sino que confirma la existencia de las representaciones a que alude: que ya se practicaban antes de la *recomendación* del monarca lo atestigua el *Auto*, según admite el

---

[34] Partida I, ley 34, tít. VI.
[35] Adolfo Federico conde de Schack, *Historia de la literatura y del arte dramático en España*, trad. de Eduardo de Mier, tomo I, Madrid, 1885, pág. 220.
[36] Pág. 18.
[37] Págs. 38 y 39.

propio crítico; ante la proliferación de abusos, el legislador señala a los clérigos el camino que debían andar, pero que por fuerza habría de serles bien conocido aunque no lo practicaran: sería absurdo que les recomendara el cultivo de algo que no tenían vivo delante de los ojos, porque en aquellos tiempos no era tan llano como podría serlo en nuestros días —y tampoco lo es mucho— decirles a los clérigos: "Observen lo que sucede en Francia o en Inglaterra y cópienlo".

La posición extrema frente al texto que comentamos la representa Humberto López. Más que en ningún otro pasaje de su libro actúa en estas páginas con el estilo de un abogado que defiende a un cliente para "sacarlo" a todo evento, cualesquiera sean los hechos o los textos que haya que retorcer. Para demostrar [38] que las *Partidas* no reflejaban la realidad sino que eran un *corpus* de puro carácter teórico, aduce el testimonio del manual de literatura de González López, añadiendo la aclaración, un tanto aldeana, de que este autor fue con anterioridad profesor de Derecho. Pero resulta que González López dice claramente, y con toda verdad, que al recoger el Rey Sabio las nuevas doctrinas de los romanistas de Bolonia se proponía ordenar un cuerpo legal que fuera "no ya norma de la legislación vigente en el reino, sino luz y guía de las nuevas generaciones de juristas"; es decir, no *sólo* norma o regla a que debía ajustarse la actividad presente [39], *sino también* guía para los legisladores futuros. Basándose en esta autoridad e interpretándola por añadidura torcidamente, concluye Humberto López, para recusarlas sin apelación, que las *Partidas* no son "un reflejo de la realidad de su momento" [40]. Por si no era bastante, aduce todavía, repitiendo el mismo procedimiento *abogacil*, el testimonio de Menéndez Pidal. Sabido es que don Ramón ha tomado cien veces textos de las *Partidas* en apoyo de sus afirmaciones. En un pasaje, sin embargo, de su *Poesía juglaresca*, el ilustre maestro —que distingue perfectamente cuándo aquel texto es *norma* de lo presente y cuándo *guía* teórica para el futuro— rechaza la autoridad del texto jurídico, y escribe: "la explicación de

---

[38] *Tradición y creación...*, cit., págs. 68-69.
[39] El *Diccionario de la Academia* —decimoctava edición, Madrid, 1956— define el término *norma*, en su segunda acepción, con estas palabras: "regla que se debe seguir o a que se deben ajustar las operaciones".
[40] Para *reforzar* su argumentación, el mencionado autor dice en nota 45, pág. 70, que a las *Partidas* no se les dio curso legal hasta el siglo XIX (afirmación asombrosa; a las *Partidas* les dio vigencia Alfonso XI en el *Ordenamiento de Alcalá* en 1348), cosa que, aun siendo cierta, no importaría en absoluto para el caso; daría lo mismo que hubieran sido sepultadas eternamente en un cajón. Lo que se trata de aclarar, tuvieran o no vigencia jurídica alguna vez, es si el rey Sabio, cuando hablaba de las costumbres que se practicaban en las iglesias con motivo de las representaciones, soñaba en las estrellas o describía realidades contemporáneas. Las *Partidas*, como documento capital para el conocimiento de la vida social y costumbres del siglo XIII, han sido siempre ponderadas por todos los comentaristas; véase, por ejemplo, Solalinde, la gran autoridad sobre Alfonso X, aunque nunca fuera profesor de Derecho.

esto es que nuestro código no hace *aquí* sino traducir disposiciones del Derecho romano o canónico, sin preocuparse de la actualidad castellana". Humberto López subraya el texto de Menéndez Pidal a partir de las palabras *sino traducir*, desentendiéndose del *aquí*, es decir, de la palabra clave que remite al caso particular de que el autor está tratando. Y de dicho pasaje, leído como hubiera podido hacerlo el mismísimo Crispín benaventino, infiere esta asombrosa conclusión: "Menéndez Pidal ha sido el primero —que yo sepa— en desautorizarlas [a las *Partidas*] como testimonio fehaciente de su época"[41]. Tras esto, las palabras del rey Alfonso sobre las representaciones teatrales en la Edad Media castellana quedan alegremente borradas para toda ulterior consideración.

Al lado de las *Partidas* cumple también citar el testimonio del Concilio de Aranda (1473), que, a imitación de aquéllas, trató de poner coto a los excesos que se cometían en los templos durante las festividades, introduciendo espectáculos profanos de diversa índole. Evidentemente, los *ludi theatrales, spectacla, monstra* y *diversa figmenta*, a que en dicho texto se alude, no deben entenderse como géneros teatrales propiamente dichos, sino como meras pantomimas, máscaras, danzas, etc. En cambio, resulta bastante explícita la referencia que se hace en el párrafo final a las *representaciones religiosas y honestas*, que, por su contraposición a las diversiones profanas anteriores, no pueden referirse sino a cualquier especie de representación dramática, sea la que fuere. Aunque menos explícito que el texto de las *Partidas*, el del Concilio de Aranda posee también considerable valor. El canon completo dice así[42]: "Como a causa de cierta costumbre admitida en las iglesias metropolitanas, catedrales y otras de nuestra provincia, y así en las fiestas de la Natividad de Nuestro Señor Jesucristo y de los Santos Esteban, Juan e Inocente, como en ciertos días festivos y hasta en las solemnidades de las misas nuevas (mientras se celebra el culto divino), se ofrecen en las iglesias juegos escénicos, máscaras, monstruos, espectáculos y otras diversas ficciones, igualmente deshonestas, y haya en ellas desórdenes, y se oigan torpes cantares y pláticas burlescas, hasta el punto de turbar el culto divino y de hacer indevoto al pueblo, prohibimos unánimes todos los presentes esta corruptela, con aprobación del concilio, y que se repitan tales máscaras, juegos, monstruos, espectáculos, ficciones y desórdenes, así como los cantares torpes y pláticas ilícitas, tanto en las iglesias metropolitanas, como en las catedrales y en las demás de nuestra provincia, mientras se celebra el culto divino: asimismo decretamos que los clérigos que mezclasen las diversiones o ficciones deshonestas indicadas con los oficios divinos, o que las consintieren indirectamente, si fuesen beneficiados de

---

[41] *Ob. cit.*, pág. 69. En todos los restantes pasajes, sin excepción, de su *Poesía juglaresca...*, Menéndez Pidal aduce textos de las *Partidas* para apoyarse en ellos.

[42] Reproducimos la traducción de Eduardo de Mier, incluida en el vol. I de la *Historia...* de Schack, cit., nota al pie, pág. 248. El texto latino se encuentra también en la misma nota, págs. 247-248.

dichas iglesias metropolitanas o catedrales, han de ser castigados, privándoseles por un mes de sus distribuciones cotidianas; si de iglesias parroquiales, han de pagar una multa de 30 reales, y si no de 15, y en uno y otro caso se ha de aplicar por partes iguales su producto a las fábricas de las iglesias y al tercio sinodal. No se entienda por esto que prohibimos también las representaciones religiosas y honestas, que inspiran devoción al pueblo, tanto en los días prefijados como en otros cualesquiera" [43].

Posibles elementos concomitantes de la dramática. La lírica dialogada.
Empujados por el deseo de llenar ese doloroso vacío de textos en nuestra dramática medieval, casi todos los historiadores del teatro y, en general, de la literatura castellana, han recurrido a textos de carácter más o menos híbrido, sustancialmente líricos, o narrativos, pero desarrollados en forma dialogada, para ofrecerlos como muestra de una dramática embrionaria a falta de teatro propiamente dicho. Así, vienen siendo estudiadas frecuentemente en el capítulo del teatro primitivo obras como la *Razón de amor* y la *Disputa de Elena y María*; Díaz-Plaja, aunque bajo el epígrafe de "Poesía lírica dialogada", las incluye, junto con la *Disputa del alma y el cuerpo,* en su capítulo sobre "La literatura dramática peninsular" [44]; Lázaro Carreter lleva a su *Teatro Medieval* el *Diálogo entre el Amor y un viejo* de Rodrigo de Cota, la *Égloga* de Francisco de Madrid, la *Danza general de la muerte,* etc., en las cuales, aparte el diálogo, pueden señalarse evidentes rasgos de índole dramática y frecuentes sugerencias de una posible escenificación, aunque su condición específicamente teatral puede ser impugnada con no muy difíciles razones.

El carácter de "sustitutivo dramático" que han adquirido estas obras en la historia de nuestra literatura está conduciendo a desprestigiar su empleo, y quienes niegan ahora de manera absoluta la existencia de un teatro medieval castellano, toman en ello, precisamente, un argumento más para su tesis, ya que, si existieran las obras inequívocamente dramáticas, no se aducirían —dicen— textos de tan problemático carácter teatral.

---

[43] Con ocasión de este canon, Humberto López ofrece una nueva prueba de sus procedimientos dialécticos. Tan sólo al paso, a propósito de los posibles desórdenes en los templos, menciona —en media línea— el Concilio de Aranda, pero sin decir siquiera lo que fue ni cuándo tuvo lugar y sin hacer referencia alguna a las palabras que en él se contienen sobre las representaciones dramáticas; y esto, a pesar de haberlo traído a colación en el parágrafo titulado "Los testimonios". Luego, en nota al pie (n. 46, pág. 70), reproduce en latín el canon del Concilio, a palo seco, sin comentario ni noticia bibliográfica sobre la procedencia del texto. Además —y esto es lo grave— lo interrumpe, poniendo punto final en medio de una frase, que queda absurdamente sin sentido, y omite los últimos renglones del canon en que se alude precisamente a las representaciones. Como dato curioso quizá valga añadir que el fragmento reproducido contiene nueve errores de copia.

[44] En la *Historia General de las Literaturas Hispánicas,* dirigida por él mismo, vol. I, Barcelona, 1949, págs. 405-423.

Sin duda esto es así. Pero si la atribución, más o menos oportunista, de ciertas obras al dominio de la dramática puede ser impugnada en cada caso concreto desde el lado estrictamente metodológico, no es menos cierto —entendido en forma genérica— que la lírica o la épica dialogada aportaron ejemplos, estímulos y técnicas al trabajoso alumbramiento de la poesía dramática. Nunca se olvide que el teatro medieval no nace adulto y equipado, como Minerva de la cabeza de Júpiter, sino que —a semejanza, en esto, del griego antiguo— brota, y se desarrolla, de gérmenes minúsculos y camina largo trecho entre tanteos balbucientes sin conciencia incluso de su propia realidad. Como tenemos visto, son abundantes los géneros de la primitiva lírica medieval que adoptan la forma de diálogo, lo mismo en la de origen provenzal —caracterizada especialmente por el empleo de dicha disposición: debates, recuestas, serventesios, pastorelas— que en la más antigua lírica castellana. Bien cierto que no todo diálogo supone la existencia de una poesía dramática. Menéndez Pidal afirma que "la disputa como armazón para desarrollar un argumento literario pertenece a la literatura universal", es decir, que el diálogo no es sino un recurso habitual, difundidísimo, de la poesía lírica o narrativa, pero sin carácter ni propósito alguno de representación.

De todos modos, parece igualmente innegable que el ejemplo constante de esta poesía dialogada, de gran movilidad y —con frecuencia— de aguda réplica, generalmente polémica, encerraba un germen de acción, que por muy natural camino pudo desembocar en los cauces del drama representado. Y es muy difícil precisar, a falta de informaciones suficientes, hasta qué punto tenían o no, en la práctica, este carácter. El hecho, bien conocido, de que la tragedia griega hubiera tenido su origen en el desarrollo de la lírica coral dialogada, hace verosímil el paso —por caminos idénticos— de aquella primitiva lírica romance a la forma dramática, siquiera fuese la más elemental. En cualquier caso, pudo ser un precioso elemento coadyuvante. Lo innegable es que los límites entre la lírica y la dramática primitivas no siempre son fáciles de precisar en ninguna literatura. El conde Schack advierte, con razones que apenas cabe contradecir, que en los períodos iniciales de cualquier literatura no se muestran los géneros literarios —y menos la dramática— con los caracteres específicos e inconfundibles en que cristalizan más tarde, llegados a su mayoría de edad: "El que desee conocer todas las fases del naciente drama —escribe— no ha de contentarse con examinar su forma más perspicua y concreta, sino antes bien rastrearla bajo sus más extraños disfraces. Si en épocas más adelantadas aparecen la épica, la lírica y la dramática como especies poéticas distintas, no acontece así en su principio, porque entonces aún no existe esa separación" [45]. Y recuerda luego que los rapsodas griegos recitaban las poesías homéricas de una manera casi dramática, "acompañándolas con mímica expre-

---

[45] *Historia...,* cit., vol. I, pág. 94.

siva y dándoles entonación variable, cual requería la diversidad de los asuntos y caracteres de los personajes que hablaban"[46].

Refiriéndose no al momento inicial del teatro sino a una etapa posterior, Lázaro Carreter apunta también —en una sugerencia cargada de posibilidades, que quizá no extrae del todo— a la mencionada ambivalencia de géneros. Aludiendo a las cortes literarias del siglo XV —concretamente a la de Juan II de Castilla— recuerda que los debates y las recuestas de los siglos XII y XIII vuelven a resucitar entonces e impregnan de literatura hasta las formas más extravagantes de las fiestas palaciegas, como los *momos*, por ejemplo. Sucede entonces que "la necesaria exhibición que estos poetas —nobles o plebeyos, cristianos o judíos— tienen que hacer de sus creaciones poéticas, dota a muchas de éstas de posibilidades representativas. Por eso, sin poderse acoger, en general, a estructuras teatrales netas, muchas de esas creaciones tienen aspectos dramáticos, mezclados con otros líricos, didácticos o narrativos"[47]. Tales obras —dice luego en otro pasaje— exigen la representación ante un público, por muy restringido que sea, "mediante la personificación de los personajes que intervienen en el coloquio"; y aunque no son éstas creaciones teatrales propiamente dichas, se trata al menos "de una configuración dramática que la literatura recibe en la segunda mitad del siglo XV español"[48].

Justamente esta nueva configuración nos parece muy importante porque ha de dar origen, según nuestro entender, al primer teatro renacentista, que nace al calor —y anda sus primeros pasos— de salas palatinas o ducales, como un auténtico *teatro de cámara,* en sentido real y figurado, que tiene que *renacer de nuevo* —no es redundancia—, y que apenas deberá nada al teatro estrictamente popular, al que venía haciéndose en la calle. Precisamente porque *nace segunda vez,* con otros propósitos, técnica y medios que las representaciones medievales propiamente dichas, religiosas o profanas, se explica su nueva e inevitable elementalidad inicial. Por no entender esta diferencia, los negadores a ultranza de la existencia de la dramática medieval castellana, deducen equivocadamente de la sencillez de este primer teatro renacentista —Encina, Lucas Fernández, Naharro— que no existía tras ellos ninguna tradición. Pero de esto, en su lugar.

Los juglares y el teatro. Si no en su alumbramiento —que las teorías propuestas sobre los orígenes litúrgicos parecen explicar satisfactoriamente—, parece lógico admitir el influjo que pudieron ejercer los juglares en la vida del teatro, dentro por lo menos de etapas posteriores, aunque todavía muy juveniles, de su desarrollo. Ya hemos destacado el carácter de genuino "espectáculo" que los juglares poseían, incluso en sus recitaciones de las gestas. Dámaso

---
[46] Ídem, íd., pág. 95.
[47] Est. cit., pág. 59.
[48] Ídem, íd., pág. 67.

Alonso, en su estudio sobre el *Mío Cid*[49], subraya este hecho, recordando cómo el lector del poema tendría que imitar cada voz, cada carácter, so pena de no ser entendido frecuentemente por su auditorio. Y, aparte su papel como recitador, toda la actuación del juglar, cualquiera que fuese el instrumento utilizado —palabras, gesto, pirueta, baile o canción— era una invitación, cuando no una realidad ya conseguida, al "hecho" teatral.

Lázaro Carreter supone, en cambio, que los juglares pudieron hasta representar un positivo obstáculo para el desarrollo del arte dramático: "El arte juglaresco constituía una vía negada al nacimiento del drama... No sólo vía muerta, sino también obstáculo puesto en el camino del arte dramático nos parece el arte juglaresco", escribe en la primera versión de su "Prólogo"[50]; y apenas varía las palabras en la segunda. Pero el hecho —según él dice— de que el teatro fuera "el resultado del esfuerzo constante y progresivo de determinadas colectividades", apoyadas en una cierta estabilidad y en una evidente riqueza, mientras que el juglar actúa solo y casi siempre en forma rudimentaria, no parece explicar que este último fuera el enemigo del primero. Más bien creemos lo contrario, es decir: el juglar quedó desbordado cuando la proliferación de otros espectáculos —la misma difusión de las representaciones dramáticas, los desfiles procesionales, el mayor esplendor de las fiestas cívicas, conmemoraciones, recepciones de reyes y altos personajes, fiestas callejeras— lo hicieron parecer rudimentario, con sus viejos y elementales medios de diversión[51]. Subsistió de hecho, evolucionando y transformándose en *cómico de la legua*, es decir, pasándose al teatro, o, mejor aún, apoderándose de él. De aquellas ocho diversas formas de compañías y representantes de que habla Agustín de Rojas a comienzos del siglo XVII en su *Viaje entretenido*, dos o tres por lo menos están mucho más cerca del juglar medieval que de cualquier organización dramática "moderna". Véanse, al menos, las dos primeras especies descritas por Rojas, que son juglares puros, transportados al siglo XVI, pues los recuerdos de Rojas debían de referirse a cierto tiempo atrás: "El

---

[49] Dámaso Alonso, "Estilo y creación en el *Poema del Cid*", en *Ensayos sobre poesía española*, Madrid, 1944, págs. 69-111; véase en especial págs. 70-71.

[50] Págs. 11 y 12.

[51] Y aun esto creemos que ha de referirse al juglar más solitario y desvalido. Lázaro Carreter parece, en esta ocasión, tener del juglar un concepto demasiado estrecho. Como es bien sabido, juglares los había de las especies más varias. Menéndez Pidal ha demostrado, con derroche de ejemplos, que los juglares eran requeridos para tomar parte en todo género de fiestas públicas y amenizar ceremonias de índole oficial, como coronación de reyes, visitas de personajes principales, etc.; asimismo actuaban en las procesiones y actos religiosos. De hecho los juglares más que una "institución", como se dice, formaban una "clase" social, abarcaban todo el proteico mundo de la farándula, como hoy lo es —salvadas todas las diferencias— la específica fauna que hace vivir el espectáculo en sus más diversas formas: cine, teatro, variedades, animadores de fiestas, agrupaciones musicales, cantantes, que constantemente se interfieren y se complementan, se funden o actúan por separado. Juglares, como hoy *divertidores* públicos, los hubo desde los más errabundos y miserables hasta los más estables y bien remunerados.

bululú es un representante solo, que camina a pie y pasa su camino, entra en el pueblo, habla al cura y dícele que sabe una comedia y alguna loa, que junte al barbero y sacristán y se la dirá porque le den alguna cosa para pasar adelante. Júntanse éstos y él súbese sobre un arca y dice: ahora sale la dama, y dice esto y esto, y va representando, y el cura pidiendo limosna en un sombrero, y junta cuatro o cinco cuartos, algún pedazo de pan y escudilla de caldo que le da el cura, y con esto sigue su estrella y prosigue su camino hasta que halla remedio; *ñaque* es dos hombres...; éstos hacen un entremés, algún poco de un auto, dicen unas octavas, dos o tres loas, llevan una barba de zamarro, tocan el tamborino y cobran a ochavo y en esotros reinos a dinerillo...; viven contentos, duermen vestidos, caminan desnudos, comen hambrientos y espúlganse el verano entre los trigos y en el invierno no sienten con el frío los piojos"[52].

Al ocuparnos del teatro profano volveremos sobre el problema de los juglares, entendido hoy de muy distinto modo, pero podemos avanzar que la opinión casi unánime de los historiadores ha convenido en afirmar que cuando las representaciones litúrgicas lograron vida independiente y se trasladaron a la calle, cualquiera que fuese el grado de dependencia que conservaran con la fiesta religiosa, tuvieron que contar con la participación de los juglares, profesionales de la diversión pública, que aportaron, con sus recursos y experiencia, muchos elementos de secularización. El propio Lázaro Carreter aduce ejemplos de lo sucedido en otros países: en Italia, el famoso *Contrasto* de Cielo d'Alcamo (siglo XIII) se representaba por juglares; en Inglaterra, en el mismo siglo, hubo a modo de teatros permanentes a cargo de juglares, que se reunían para celebrar exhibiciones burlescas y representaciones edificantes[53]. Podemos añadir por nuestra parte que en Francia los juglares no sólo pudieron contribuir a las representaciones dramáticas, sino que las escribieron; dos de las más antiguas y famosas piezas francesas de teatro fueron compuestas por juglares: *El Milagro de San Nicolás* (finales del siglo XII) por Jean Bodel, juglar de Arras, y *El Milagro de Teófilo* (siglo XIII) por Rutebeuf, juglar residente en París; así al menos, *simples juglares*, los denomina Jeanroy[54]. Claro está que, como sabemos, el solo paralelo con lo sucedido en otros países no basta como prueba, y mucho menos con las supuestas diferencias que, en torno al teatro, pueden existir entre Castilla y el resto de Europa. De todos modos, los ejemplos aducidos parecen demostrar suficientemente que no existe en principio la supuesta incompatibilidad entre los juglares y la dramática, y que no constituyen vía muerta ni, menos, obstáculo para su difusión. Baste con esto de momento.

---

[52] Agustín de Rojas, *El viaje entretenido*, ed. de Manuel Cañete, Madrid, 1901, página 149.
[53] Citados, respectivamente, en pág. 14, nota 17, y pág. 15, nota 19.
[54] A. Jeanroy, *Le Théâtre Religieux en France du onzième siècle au treizième siècle*, Paris, 1964, págs. 17-18.

EL "AUTO DE LOS REYES MAGOS"

Como hemos venido diciendo, ofrece esta pieza el interés especialísimo de ser la primera obra dramática llegada hasta nosotros en la lengua de Castilla [55] y la única que poseemos, en su especie, hasta bien avanzado el siglo XV. El texto conservado es un fragmento de 147 versos polimétricos, que fue descubierto por el mencionado Felipe Fernández Vallejo en un códice de comentarios bíblicos de la catedral toledana; copió el texto en sus *Memorias y disertaciones...* aludidas. Lo publicó por primera vez Amador de los Ríos en 1863 [56], y él y Manuel Cañete [57] fueron los primeros en destacar la importancia de la obra. Menéndez Pidal lo estudió y editó en 1900 [58], y antes y después ha atraído la atención de numerosos investigadores, que han examinado aspectos diversos del *Auto*: fuentes, fecha, fonética, lenguaje, grafía, medida de los versos, relación con otros textos ingleses o franceses, etc. [59]. Menéndez Pidal, en su edición citada, basándose en datos paleográficos, supuso compuesta la obra a finales del siglo XII o principios del XIII; pero ocho años más tarde propuso adelantar la fecha hasta mediados del siglo XII. De ser así, el *Auto de los Reyes Magos* habría sido escrito pocos años después que el *Poema de Mío Cid*. El nombre de *Auto* le fue asignado por Menéndez Pidal en su edición de 1900, y es el que ha prevalecido; con todo, él mismo lo denominó *Misterio* en ocasiones posteriores. Como quiera que uno y otro término no se documentan hasta bastante tiempo después, Lázaro Carreter [60] propone el título de *Representación*, que es el utilizado en las *Partidas* para designar las dramatizaciones litúrgicas en los templos.

---

[55] Una, además —según testimonia Donovan— de las más antiguas representaciones medievales en lengua vulgar, que poseemos en cualquier idioma (pág. 30).

[56] *Historia crítica de la literatura española*, vol. III, págs. 17-29.

[57] "Sobre el drama religioso antes y después de Lope de Vega", en *Memorias de la Real Academia Española*, vol. I, 1870, págs. 368-412.

[58] En *Revista de Archivos, Bibliotecas y Museos*, IV, 1900, págs. 453-463; lo ha reeditado después en *Poema de Mío Cid y otros monumentos de la primitiva poesía española*, Madrid, 1919, págs. 183-191. Antes de Menéndez Pidal lo habían editado: V. E. Lidforss, 1871; K. A. M. Hartmann, Bautzen, 1879; G. Baist (edición paleográfica), Erlangen, 1887; A. Keller, Leipzig, 1890; E. Monaci, Roma, 1891; E. Gorra, Milán, 1898, y E. de la Barra, Valparaíso, 1898. Después de él, J. D. M. Ford, en *Old Spanish Readings*, Boston, 1939, págs. 6-12 (reproduce la ed. de Menéndez Pidal), y Sebastião Pestana, "com prefácio, vocabulário, notas e índices", Lisboa, 1965-1966 (también reproduce el texto de Menéndez Pidal).

[59] Además de los estudios que acompañan a las ediciones mencionadas, cfr.: A. M. Espinosa, "Versification of *El Misterio de los Reyes Magos*", en *The Romanic Review*, VI, 1915, págs. 378-401. F. Giner de los Ríos, "El Auto de los Reyes Magos", en *Tierra Nueva*, México, 1940, núms. 4-5, págs. 242-251. Véanse otros estudios citados luego.

[60] Est. cit., págs. 31-32.

Desde las primeras investigaciones se aceptó el hecho de que el *Auto*, o *Representación, de los Reyes Magos* era una adaptación castellana de algún drama litúrgico francés; tan sólo Arturo Graf [61] defendió su carácter indígena, pero sin razones positivas. Los estudios de Winifred Sturdevant [62] han confirmado el origen francés de las fuentes del *Auto*, pero además han puesto de relieve que no se trata de representaciones litúrgicas, como se imaginaba, sino muy probablemente de obras en lengua vulgar, conclusión a la que llega mediante la comparación de la obra española con los dramas litúrgicos conocidos sobre el tema de los Reyes Magos. Para Sturdevant las semejanzas se encuentran, por el contrario, en diversos poemas narrativos franceses sobre la infancia de Jesús, tales como el *Évangile de l'Enfance*, basado en el apócrifo *Evangelium Infantiae*, atribuido a San Mateo; y no es de descartar tampoco el influjo de alguna representación vernácula francesa.

Donovan, apoyándose a la vez en los trabajos de otros investigadores, desarrolla [63] las implicaciones que pueden derivarse del estudio de Sturdevant. Resulta que el *Jeu d'Adam* francés, el más antiguo texto conocido de una representación escrita en dicha lengua, muestra tan sólo un punto de contacto con los dramas litúrgicos —la procesión de los profetas—; pero ninguna de sus otras partes —la deliciosa escena de Adán y Eva, el episodio de Caín y Abel— ha sido hallada en especie alguna de representación litúrgica. A semejanza del *Auto de los Reyes Magos* castellano tenemos, pues, un ilustre ejemplo francés que no se origina por desarrollo de tropos litúrgicos, sino independientemente, de otras fuentes, sean bíblicas, narrativas o cualesquiera otras. De tales hechos se deducen importantísimas consecuencias: primero, que la no existencia incluso de tropos litúrgicos no arguye en absoluto contra la práctica de las representaciones en lengua vulgar —los dos más antiguos ejemplos conocidos, en castellano y en francés, lo prueban claramente—; y segundo, que la existencia de dramas religiosos en lengua vulgar tenía lugar en Francia y en Castilla un siglo antes de que Alfonso el Sabio se refiriera a ellos en las *Partidas* como una realidad habitual. Que la práctica de las representaciones en lengua vernácula es mucho más antigua de lo que venía admitiéndose lo prueba el caso del *Sponsus* francés, primer drama litúrgico en que aparece parcialmente la lengua vulgar; la máxima autoridad en esta pieza —según recuerda Donovan—, L.-P. Thomas, en su edición crítica de la obra [64], afirma que fue compuesta en los últimos años del siglo XI, y como se trata de la adaptación de otra pieza escrita en el norte francés, el original, consecuentemente, es aún más antiguo. Recuérdese ahora la hipótesis de Donovan a que

---

[61] *Studi Drammatici*, Turín, 1878, págs. 257-277.

[62] *The Misterio de los Reyes Magos: Its Position in the Development of the Medieval Legend of the Three Kings*, "The John's Hopkins Studies in Romance Literatures and Languages", X, Baltimore, 1927.

[63] *Obra cit.*, págs. 72-73.

[64] París, 1951.

aludimos arriba: la muy temprana introducción de las representaciones vernáculas en Castilla pudo hacer innecesario el desarrollo de las equivalentes litúrgicas; la índole material de los manuscritos en que aquellas se conservaban —en los casos en que así fuera— hizo perfectamente posible la pérdida total, o casi total, de tales textos.

Volviendo al origen de las fuentes del *Auto* cumple añadir que su estudio textual, en particular de sus "rimas anómalas", ha permitido a Rafael Lapesa [65] señalar influencias gasconas en su vocabulario. Para explicar este hecho Lapesa recuerda que desde el día de la reconquista toledana se había instalado en Toledo numerosa población *franca* (con lo cual se entendía a catalanes, franceses del Norte y del Sur y extranjeros de todas las procedencias); la Catedral —añade— hubo de ser, desde los días del arzobispo don Bernardo, un foco de galicanización, y numerosos francos ocuparon cargos catedralicios. Estos francos, dice Lapesa, tenían actividad literaria, y de entre ellos nació la gesta de *Maynet* o *Mocedades de Carlomagno,* para la que aprovecharon episodios de la leyenda toledana relativa a los amores de Alfonso VI con la mora Zaida. Cualquiera de estos francos, perteneciente bien al sector eclesiástico o al seglar, pudo componer el *Auto,* a semejanza de la práctica ya en uso en su país de origen. Nada, pues, de extraño tiene la presencia de restos lingüísticos gascones, dado que a aquellos *francos* los "hemos de suponer bilingües durante algún tiempo, hasta que se consumara su total incorporación a la sociedad que les rodeaba. El abandono de la lengua nativa tardaría más o menos, según la antigüedad de la inmigración y el mayor o menor acomodo al ambiente" [66]. Y concretando las implicaciones de su estudio, escribe Lapesa: "El *Auto de los Reyes Magos* queda así encuadrado en los hechos históricos más representativos del siglo XII en el Centro y Occidente de España: la asimilación de los inmigrantes *francos* y la conseccuente oleada europeísta, una de las que a lo largo de nuestra Edad Media contrapesaron el influjo oriental... De todos modos, su autor se esforzó por escribirlo en la lengua más general a la heterogénea población toledana de entonces: castellano con fuertes residuos mozárabes o mozárabe fuertemente castellanizado. No es mi propósito determinar ahora la parte que corresponde a cada uno de estos dos factores, indígena y reconquistador; sólo he intentado probar la existencia de un tercer elemento, el *franco,* gascón o catalán: más probablemente gascón" [67].

La práctica de las representaciones dramático-religiosas en lengua vernácula puede explicarse, consecuentemente, como una importación del país vecino. Lo cual nada demuestra contra cualquier género de difusión imaginable, den-

---

[65] Rafael Lapesa, "Sobre el *Auto de los Reyes Magos*: sus rimas anómalas y el posible origen de su autor", en *Homenaje a Fritz Krüger*, II, Universidad Nacional de Cuyo, Mendoza, 1954; reproducido en *De la Edad Media a nuestros días. Estudios de historia literaria,* Madrid, 1967, págs. 37-47 (citamos por esta edición).

[66] Ídem, íd., pág. 46.

[67] Ídem, íd., págs. 46-47.

tro de un proceso más o menos rápido de castellanización; del mismo modo que los reconocidos influjos franceses en nuestra épica y en nuestra lírica, o en cualesquiera otros géneros, nada prueban contra la existencia de tales géneros en nuestra lengua, con su natural crecimiento y plenitud [68].

Lázaro Carreter admite igualmente el hecho de que clérigos franceses introdujeron en Castilla el teatro religioso, pero lo hace después de ciertos titubeos y no sin contradicciones. Se pregunta, comentando la hipótesis de Donovan, de dónde tomaron sus modelos esos supuestos dramas religiosos populares; él mismo contesta: los trajeron o imitaron de Francia. Aunque parece ver en ello algo como una anormalidad; "¿qué remedio queda —se pregunta— sino atribuir a influjo francés la introducción y el desarrollo de nuestro teatro religioso?" [69]. Bien: ¿qué remedio? Pero el problema que se discute no es el origen, sino la existencia y difusión de dicho teatro. En las conclusiones finales, al referirse a la importación francesa, parece aludir de nuevo a algo hecho como de tapadillo y a modo de cura de urgencia: "la clerecía francesa, numerosísima e influyente en aquella época, importó apresuradamente..." [70]. ¿Por qué *apresuradamente*? A la velocidad que fuera.

El *Auto*, o *Representación, de los Reyes Magos*, compuesto en versos de nueve, siete y catorce sílabas, comienza con los tres monólogos de los Reyes, en los que cada uno de éstos afirma haber visto una estrella desconocida, lo interpreta como señal del nacimiento del Mesías y decide ir a adorar al recién nacido. Puestos en marcha, los tres Reyes se encuentran y convienen en caminar juntos. Melchor se pregunta cómo conocerán la divinidad de Jesús y Baltasar propone que le ofrezcan oro, mirra e incienso; si escoge este último

---

[68] Parecería ingenuo aclarar que el drama litúrgico, o el religioso, hubo de ser importado en todas partes —menos en el foco primero donde se originó— y comenzó por ser una práctica extraña hasta adquirir arraigo. Pero la perogrullada deja de serlo después de leer frases como ésta: "Aun cuando no supiésemos que el *Auto de los Reyes Magos* fue escrito por un gascón, y que, por lo tanto, no tiene nada que ver con una hipotética tradición castellana..." (H. López, pág. 63); o como la que sigue: "Si tanto las fuentes como el autor del *Auto* son ajenos a Castilla, no queda más que considerarlo como una flor exótica con lo cual quedan alejadas las esperanzas de encontrar fundamentos textuales para un teatro litúrgico castellano" (íd., pág. 66). Resulta pintoresco reclamar una "tradición castellana" para el *Auto de los Reyes Magos*: una de las más antiguas obras dramáticas —recuérdese— escritas en cualquier idioma vulgar; era el *Auto*, precisamente, el que comenzaba a crearla. No cabe decir que con esto de la *tradición* se alude a los tropos litúrgicos: primero, porque aun para ellos era temprana la fecha (en muchos lugares se introdujeron posteriormente); y segundo, porque, como ponemos de relieve en todas estas páginas, el drama religioso pudo originarse de fuentes muy diversas, no necesariamente del litúrgico. Lo del *origen gascón* del *Auto* ha sido expuesto rigurosamente por Lapesa con toda su significación debida; en cambio, a través del comentario de H. López parece desprenderse que cierto gascón escribió el *Auto* en su casa de Francia, y se lo envió por correo a un amigo de Toledo.

[69] Est. cit., pág. 39.

[70] Ídem, íd., pág. 87.

será prueba de que es el rey del cielo. Los tres Magos acuden entonces a visitar al rey Herodes; éste, sorprendido, les ruega que busquen al nuevo rey y que vuelvan a darle noticia. Al salir los Magos, Herodes se enfurece, llama a sus consejeros y les pide información, pero aquéllos fingen no saber nada. Y aquí se interrumpe el texto conservado. Cabe imaginar que la obra concluirá con la adoración de los Magos en el portal de Belén y que la representación quedaría cerrada con el canto de un villancico.

El arte del *Auto* es muy elemental, según es de esperar en la misma infancia de un género, pero posee una deliciosa ingenuidad poética, corre con fluidez y no carece de momentos acertados, como la duda de los Magos —sobre todo del rey moro, Baltasar—, el recelo de Herodes y los embustes de los rabinos, que debían de constituir, con sus aspavientos, el elemento cómico de la obra. Hay un intento, aunque rudimentario, de caracterizar a los personajes, ciertos rasgos de humor y pinceladas realistas de sabor muy castellano. Lázaro Carreter, que acepta en la obra "rasgos de casi segura precocidad"[71] y que la llama luego, con entusiasmo algo subido, "espléndido drama religioso"[72], ha demostrado en su versión modernizada que bastan unos leves toques de poética escenificación, para extraer muy bellos resultados de tan sencillo texto. Sin duda, fue representado en su tiempo con ayuda de ciertos recursos que coadyuvarían al efecto plástico de la obra. Ni siquiera nos parece necesario suponer en aquella etapa tan primitiva —aunque es perfectamente posible— la "escena múltiple horizontal" que propone Díaz-Plaja"[73]; quizás, y era ya suficiente, los tres Reyes aparecían y recitaban sus monólogos en distintos lugares de la iglesia, claustro o plaza donde tenía lugar la representación, mientras otro emplazamiento semejante, de fácil preparación, simulaba el palacio de Herodes; el ámbito utilizado ofrecería más que sobrado lugar para el peregrinar de los tres Magos.

Menéndez y Pelayo subrayó ya la forma polimétrica del *Auto*, que aunque sería excesivo relacionar con aquella peculiaridad del teatro español del Siglo de Oro, en cierto modo la prefigura o anticipa; y destacó también certeramente el instinto dramático con que el poeta procura acomodar los metros a las situaciones[74].

EL TEATRO PROFANO. LOS JUEGOS DE ESCARNIO

Como hemos podido ver en el texto de las *Partidas* y del Concilio de Aranda, junto al teatro religioso se mencionan otras representaciones de tipo

---

[71] Ídem, íd., pág. 34.
[72] Ídem, íd., pág. 87. Cfr.: B. W. Wardropper, "The Dramatic Texture of the *Auto de los Reyes Magos*", en *Modern Language Notes*, LXX, 1955, págs. 46-50.
[73] "El Auto de los Reyes Magos", en *Soliloquio y coloquio. Notas sobre lírica y teatro*, Madrid, 1968, págs. 53-71; lo aludido, en págs. 58-60.
[74] *Antología de poetas líricos castellanos*, edición nacional, vol. I, Santander, 1944, pág. 149.

profano de las que se encuentran también frecuentes alusiones en las crónicas y textos legislativos —aparte las disposiciones mencionadas—; pero no conservamos pieza alguna.

A estas representaciones se las alude preferentemente con el nombre de *juegos de escarnio*. No sabemos exactamente en qué pudieron consistir. Lo más verosímil es que se tratara de escenas bufas, de pantomimas satíricas o burlescas, dadas con frecuencia a lo grosero y hasta inmoral, no sólo por el texto, sino también por los gestos, las canciones y las actitudes de los representantes. Éstos recibían distintos nombres: histriones, remedadores y "facedores de los zaharrones", y también simplemente juglares, lo que da claramente a entender que fueron estos mismos en gran medida los que, al par que difundían los cantares de gesta, hacían oficio de divertir a las gentes con juegos, danzas y representaciones histriónicas.

Admitida, sin duda posible, la difusión de estos juegos de escarnio, se nos plantea el problema de sus orígenes. Para quienes aceptan como más verosímil el origen litúrgico del teatro medieval, el teatro profano no fue sino la natural derivación hacia lo secular de aquel teatro litúrgico, bien por desarrollo de los abundantes gérmenes de tal especie que en sí mismo encerraba, o bien por el ejemplo que pudo proporcionar para un teatro de índole profana.

Hemos de advertir, para que sea debidamente entendido lo que sigue, que no se trata, una vez más, de extender a España los datos comprobados en otras literaturas europeas y suponer gratuitamente un paralelismo, que no puede apoyarse en textos conocidos ni en *evidencia* alguna. Pero, cualesquiera que sean las peculiaridades de los distintos países, es mucho más poderoso todavía el sustrato cultural que hace comunes la inmensa mayoría de las prácticas de la vida ordinaria; por otra parte, es ridículo sostener que las diversas disposiciones de los legisladores, concilios, etc., se limitaban a repetir mecánicamente textos estereotipados de siglos y ocasiones remotas, sin conexión con la inmediata realidad; habría que desautorizar miles de páginas de historia, apoyadas en el testimonio de tales documentos. Claro está que resulta mucho más sencillo y expeditivo aceptar el hecho de la ausencia, en nuestra historia medieval, de textos de teatro profano, y proseguir el camino sin más explicaciones. Lo sucedido en otros países puede ayudar al menos a colmar nuestra laguna y dar mayor o menor verosimilitud a las hipótesis imprescindibles. En este caso concreto, si la presencia de los mencionados *juegos de escarnio*, o sus equivalentes, puede documentarse como algo vivo en otras partes, es evidente que las menciones de nuestros legisladores no aluden a quimeras sino a concretas realidades.

Nos referimos antes a la probable persistencia de las farsas latinas de tipo popular, llamadas *mimos* y *atelanas*, por las que la plebe romana sentía gran pasión, y que solían representarse en las tabernas de los barrios bajos, en los campamentos militares, etc. Para Bonilla y San Martín [75] era indudable la per-

---
[75] *Las Bacantes o del origen del teatro*, Madrid, 1921.

vivencia, a lo largo de los siglos, de aquellas groseras farsas latinas, que con escasas diferencias adoptaron en España la forma y nombre de juegos de escarnio. De este teatro profano, transformado "a lo divino", habría surgido luego el teatro religioso, exigido por el espíritu cristiano de los tiempos. Esta opinión parece haber caído en total descrédito desde que los esfuerzos combinados de los historiadores de la cultura y del teatro han proclamado el origen litúrgico del drama medieval; Cohen resume el problema por todos ellos cuando afirma que toda religión "est elle-même génératrice de drame et que tout culte prend volontiers et spontanément l'aspect dramatique et théâtral"[76].

Pero los orígenes litúrgicos del teatro distan mucho de haber sido aceptados por todos, y la creencia en una fuente profana sigue teniendo defensores hasta hoy mismo. Uno de los más caracterizados, Benjamin Hunningher, después de refutar el paralelismo, siempre admitido, entre los orígenes religiosos del drama griego y el cristiano medieval, sostiene taxativamente que "la ley de Cohen no es aplicable al Cristianismo ni a la Iglesia Cristiana"[77].

Lo que de estos esfuerzos nos importa es subrayar cómo está siendo afirmada en nuestros días no sólo la persistencia sino la actividad primordialísima de los antiguos *mimos* a lo largo de los siglos medios, y su papel decisivo en el desarrollo del drama profano. El mismo conde Schack había sostenido muy parecidos puntos de vista[78], tenidos luego por anticuados e insostenibles, pero que vienen a recibir en nuestros días inesperado apoyo con la tesis de Hunningher. Schack, aun admitiendo la común creencia de que el teatro clásico latino había caído en el olvido por entero, creía, sin embargo, que los espectáculos populares de la vieja Roma se mantuvieron sin interrupción durante los siglos medios, aunque modificados a tenor de las circunstancias, hasta desembocar en los moldes del nuevo teatro romance. En su opinión, los antiguos mimos, farsas y representaciones, reiterada y vanamente prohibidos por la Iglesia de los primeros siglos como vestigios paganos, acabaron por ser aceptados y asimilados —estimulados incluso— por aquélla, que trató de incorporarlos a sus festividades con el fin de hacer olvidar la vieja superstición. De esta manera, desde época muy remota, se asociaron a las conmemoraciones religiosas espectáculos profanos henchidos de elementos dramáticos, con bailes, bufonadas, cantos y recitaciones. Cambiada, pues, la ocasión, las viejas farsas seguían celebrándose. Por otra parte, los gérmenes de aquellas representaciones religiosas, que hemos descrito, se habían manifestado ya en la liturgia cristiana —bajo el estímulo quizá de las fiestas populares— en época mucho más antigua de lo que se supone. Así pues, las diversiones espectaculares, de esencia dramática —sigue diciendo Schack—, de que el pueblo nunca había podido prescindir como ingénita que es su afición a todo hombre, se habían

---

[76] *Le Théâtre en France au Moyen Âge,* cit., vol. I, pág. 5.
[77] Benjamin Hunningher, *The Origin of the Theater,* Nueva York, 1961, pág. 61.
[78] Consúltense especialmente los capítulos I, II y III del vol. I de la obra citada.

venido desarrollando sin interrupción. La Iglesia no hizo sino llevar sus propios motivos temáticos y argumentales —con fines de proselitismo y enseñanza— al hecho general del espectáculo. El teatro profano y el teatro religioso habrían corrido paralelos en la práctica, prestándose sus mutuas incitaciones y recursos, pese a la gran diversidad de su contenido. No cabría, pues, hablar de un nuevo *nacimiento* del teatro, sino de la prolongación de un viejo río, que recibía, en los tiempos medios, jóvenes afluentes: los nuevos temas de la Iglesia, la variada y rica lección de la lírica dialogada, el ejemplo constante de los juglares, que hacían uso de todo recurso espectacular y dramatizaban el recitado de sus gestas. Con ello, el nuevo teatro viene a ser el resultado de un conjunto de variadas aportaciones igualmente valiosas, ninguna de las cuales lo hace nacer, sino que todas contribuyen por igual a su proceso y desarrollo [79].

Ante la imposibilidad de resumir ahora la exposición de Hunningher y de aducir su copiosa documentación, hemos de indicar al menos algunos puntos capitales que completan la tesis clásica de Schack.

El antiguo término *mimo* designa una compleja actividad que engloba al comediante, prestidigitador, danzarín, remedador, que hace a la vez chistes satíricos sobre hechos y personajes; su propósito, junto a la parte espectacular, consiste en ser un reflejo de la vida. En nuestros días subsiste invariable en los llamados *shows* —nombre ya internacional—, que en su amplísima gama albergan desde la exhibición total del cuerpo hasta la sátira política más intencionada. De hecho, durante la Edad Media, vinieron a ser uno y lo mismo con los juglares. Recuérdese que P. Meyer, Gautier y Faral suponían también a estos últimos simples herederos de los *mimos* romanos; Rajna y Gaston Paris admitieron esta herencia, pero fundida a su vez con la tradición de los *scopas* o cantores germanos, que les da su famoso papel en la historia de la épica. Menéndez Pidal [80] acepta plenamente dicha interpretación y añade aún otro componente: el del poeta árabe, semejante al juglar en tantos aspectos.

Estos *divertidores* públicos, en sus varios géneros, siempre condenados por la Iglesia por estimar pecaminosa su actividad espectacular, colaboraron no obstante con ella, en la cuerda floja de los temores y concesiones, por un deseo de moralizar aquel espectáculo y de ganarlo a la vez para la mayor eficacia del culto sobre las gentes. Estos *mimi joculatores* tampoco necesitaban particular invitación para llevar a donde fuera la actividad de la que vivían, y

---

[79] Nada de todo esto —entiéndase bien— obstaría para que la Iglesia introdujera y desarrollara los tropos litúrgicos o semilitúrgicos y practicara estas representaciones, como parte de sus ceremonias, dentro de un marco limitadamente eclesiástico. Luego hemos de insistir, precisamente, en el hecho de su petrificación, o, al menos, de su muy limitada evolución a lo largo de los siglos medios.

[80] *Poesía juglaresca y orígenes de las literaturas románicas*, Madrid, 1957, pág. 7. Tomamos del mismo Menéndez Pidal la referencia a los autores mencionados.

eran los que con tanta frecuencia convertían las ceremonias religiosas en aquellas profanas explosiones, que la Iglesia trataba de contener, pero siempre en vano porque representaban la diversión del pueblo. Tales abusos son los que condenaron cien concilios de Europa, en todos los tiempos y lugares, y a los que se refieren entre nosotros —concreta y objetivamente— Alfonso el Sabio y el Concilio de Aranda. Entre los testimonios de la actividad de los *joculatores* en las iglesias, aducidos por Hunningher, encontramos uno particularmente revelador: uno de los más antiguos troparios de la Abadía de San Marcial de Limoges —centro, como sabemos, de la dramática litúrgica—, conservado en la Biblioteca Nacional de París, está ilustrado ampliamente con figuras de *joculatores*, dibujados entre los mismos tropos, actuando en diversas formas. Existen pruebas igualmente de que determinadas iglesias, ciertos días del año, cedían el templo a los *mimos* o juglares para celebrar representaciones religiosas [81].

Estos profesionales del espectáculo, que, según Hunningher, habían continuado ejerciendo sin interrupción toda la gama de sus posibilidades tradicionales de índole profana, emprendieron también por su cuenta la producción de un teatro religioso, más o menos contaminado de elementos profanos, y que sobrepasó inmediatamente al teatro puramente litúrgico. Las pruebas parecen concluyentes. Las representaciones litúrgicas se mantuvieron en todas partes sin apenas variación ni progreso desde el siglo X hasta el XVI; hecho, pues, que contrariamente a lo que se afirma, no es privativo de Castilla. En cambio, se desarrollaron grandemente aquellas mismas representaciones religiosas efectuadas al margen de la liturgia propia. En la Semana Santa, por ejemplo, la Iglesia se atuvo siempre a las sencillas escenas del sepulcro y de la Resurrección y desconoció por completo el drama espectacular de la Pasión celebrado en las calles; en la famosa de Innsbruck así como en la representación de Pascua de San Gall tuvieron una crecida participación los personajes cómicos a los que los *mimos* llevaron su viejo repertorio de tipos y situaciones, según ha detallado Hunningher.

Es de suma importancia, a nuestro entender, la existencia de lo que otro investigador, O. B. Hardison, Jr., ha llamado "The vernacular tradition". Hardison, enteramente opuesto a la tesis *mimo-profana* de Hunningher —no sospechoso, pues, por este lado— y defensor tenaz del origen religioso del drama medieval, ha dedicado, bajo el título mencionado, el último capítulo de su libro [82] a estudiar el hecho de una tradición vernácula, independiente por entero de la liturgia. Las dos obras dramáticas más antiguas conservadas, escritas por entero en lengua vulgar, y que, según el propio Hardison, pueden enfrentar la comparación con las más elaboradas representaciones cíclicas del siglo XIV, son *Le Mystère d'Adam* y *La Seinte Resureccion*, ambas escritas a

---

[81] *Obra cit.*, págs. 73 y 76.
[82] *Christian Rite and Christian Drama in the Middle Ages*, cit. en la nota 20.

mediados del siglo XII. La segunda, de la que sólo se conservan unos 500 versos, alcanzaba, según la opinión menos optimista, alrededor de los 2000. Una y otra son completamente ajenas a los modelos litúrgicos, no sólo en el argumento sino en la técnica de composición, en su carácter "de representación y no de ceremonia" y en las instrucciones de escenificación que —en la segunda— ocupan más de ochenta líneas en el corto fragmento conservado; los diálogos se evaden por entero de los latinos convencionales, y ni siquiera los cantos tienen carácter procesional. Hardison se ve obligado a reconocer la existencia de una tradición vernácula, que sería —supone— una rama de la tradición litúrgica, pero que debió de desarrollarse antes de que el drama litúrgico alcanzara sus formas típicas, y que siguió un camino propio y peculiar. Las obras mencionadas hacen patente la existencia de una técnica distinta por entero en la organización del material dramático; y más aún: cuando la *Resureccion* fue escrita —admite Hardison— la misma técnica de la representación tenía que estar lo suficientemente desarrollada para que su autor emprendiera aquella tarea. Estas obras están basadas evidentemente en fuentes no dramáticas; recuérdese ahora nuestro *Auto de los Reyes Magos*, que no es, por tanto, un hecho anómalo y extraño, sin conexión, sino enlazado evidentemente con una práctica documentada en otras partes de Europa. Finalmente, Hardison reconoce que la ausencia de dramas latinos acerca de la mayoría de los episodios esenciales del *Viejo Testamento* indica que éstos constituyeron la tarea de escritores vernáculos más bien que de dramaturgos litúrgicos.

Hardison señala todavía la existencia de otro problema. Tras la altura alcanzada por el *Mystère* y por la *Resureccion*, siguen dos centurias durante las cuales los escasos textos conservados de esta especie parecerían indicar un claro retroceso hasta llegar a los grandes misterios cíclicos de los siglos XIV y XV. El problema no ha sido contestado satisfactoriamente; pero, en relación con lo sucedido en Castilla, nos importa tan sólo puntualizar el paralelismo de la situación, es decir: la posibilidad de una pérdida masiva de textos, que no demuestra en absoluto su inexistencia, como queda bien demostrado en el resto de Europa. Nuestro *Auto* no es un hecho aislado, carente de significación, del mismo modo que el *Mystère* y la *Resureccion* no son estrellas fugaces, desaparecidas misteriosamente en la noche, sino eslabones de una cadena, de la que ni siquiera las literaturas más afortunadas han conservado otra cosa que fragmentos dispersos.

Por lo que afecta al hecho de la reveladora tradición vernácula, Hardison se limita a constatar su vigencia y la importancia de tal fenómeno, pero sin extraer las lógicas consecuencias. Hunningher ha sentado, en cambio, conclusiones muy contundentes, de las que sólo reproducimos un fragmento: "La base del arte de Adam de la Halle y del poeta o poetas de *Abele spelen*, de Rutebeuf y del autor de *De Buskenblaser* y de *Un Noch* era el arte del *mimo*, que se transmitió tradicionalmente de generación en generación la técnica y la maestría que hicieron posible la excelencia de los primeros dramas en lengua vulgar registrados en Europa. El drama religioso careció por entero de este respaldo: sus autores fueron clérigos, bien poetas de talento como Wipo, que escribió ocasionalmente algún verso sublime, o predicadores que escribieron para enseñar. El ejercicio dramático, el pensamiento dramático, el sentimiento dramático les faltó totalmente; y, como hemos visto, tuvieron que recurrir a los *mimos* para sus representaciones y para el desarrollo de su drama"[83].

Tal como vemos el estado actual del problema, parece evidente que se incrementa la valoración del *mimo* antiguo, superviviente de todos los climas y transformaciones, fundido con las más variadas formas del juglar occitánico, y elemento activísimo en el nuevo alumbramiento y desarrollo de las formas dramáticas de Europa, religiosas y profanas. Esto supuesto, resulta insostenible la afirmación de que nada significó el juglar para el género dramático y de que nada, fuera de elementos aislados e intrascendentes, aportó a la historia del drama.

CONCLUSIONES E HIPÓTESIS

Los hechos resumidos en las páginas precedentes deben permitirnos extraer unas consecuencias y aventurar unas hipótesis.

Por el momento existe un hecho incontrovertible: la casi total ausencia de textos de teatro religioso medieval y la completa de teatro profano hasta casi las postrimerías del cuatrocientos. Quienes pretendan estudiar literariamente realidades palpables, carecen —claro está— de la materia más imprescindible como objeto de comentario. Ahora bien: esta pobreza textual, que deja sin blanco a la crítica literaria, tampoco es tan extrema que autorice al historiador del teatro —hay casos recientes— a sortear el riesgo de hacer alguna luz en esa oscuridad, reconstruir con los leves restos existentes el posible edificio derrumbado, tratar de interpretar lo que poseemos y, sobre todo, revelar —si es que las hay— las misteriosas razones que expliquen nuestro aparente yermo dramático de varios siglos. Lo que creemos inadmisible a todas luces es sentar el principio de que el teatro medieval —religioso y profano— *fue un elemento extraño en Castilla*. Es absurdo pensar, mientras no se nos den razones positivas para ello, que mientras el espectáculo dramático, en una u otra forma, se difundió por todos los países de Europa, tan sólo en Castilla dejase de prender como una planta inarraigable. Ninguna de las raíces esenciales que engendraron y fecundaron la dramática europea, estuvo ausente en nuestro país: sentimientos religiosos, si quiere pensarse únicamente en un teatro inspirado por la más reverente piedad, y afán de fiesta y diversión, si entendemos el teatro de aquellos tiempos —y hubo de serlo en

---

[83] *Obra cit.*, pág. 83.

gran medida, sin duda posible— como ocasión de espectáculo y de regocijo. El permanente contacto de Castilla con el resto de Europa, las múltiples corrientes de mutuos influjos, la presencia constante —hasta en los más oscuros momentos de la Reconquista— de extranjeros de todos los países, hacen absolutamente improbable que mientras nuestra épica, nuestra lírica, nuestra prosa narrativa, nuestra didáctica, nuestro idioma, nuestras costumbres, nuestra liturgia y nuestras leyes fueron poderosa e ininterrumpidamente fecundadas por toda especie de gérmenes de allende las fronteras, tan sólo para el teatro —la más popular y apetecida de todas las formas literarias, y más si apenas lo era— nos hubiéramos mantenido refractarios; por simple imitación, por importación de textos ya hechos.

La teoría del estado latente, aplicada por don Ramón Menéndez Pidal a la lírica y a la épica, tercamente rechazada durante bastante tiempo por algunos recalcitrantes buscadores de "evidencias" pero universalmente aceptada ya, puede servir en todos sus puntos para los primeros siglos de nuestro teatro. Es una pena auténtica que el gran maestro, especialmente atento al estudio de los géneros mencionados, haya omitido la extensión de sus teorías a la historia de nuestra dramática, tan sólo muy incidentalmente aludida en sus escritos. *Nuestro teatro primitivo no ha tenido su Menéndez Pidal; eso es todo.* Al estudiar, en su *Poesía juglaresca*, al juglar como poeta primitivo ha escrito don Ramón unas páginas insuperables que son enteramente válidas, hasta en los mínimos detalles, para el problema del teatro, aunque orientado, como decimos, hacia otra meta, silencie esta cuestión. Menéndez Pidal considera imposible que los pueblos románicos pudieran "estarse sin ningún recreo literario medio milenio largo antes de este siglo XI en que se suponen nacidas las literaturas neolatinas. El canto del juglar, como espectáculo público, debió empalmar con el espectáculo público del histrión y del thymélico"[84]; es la reciente teoría de Hunningher, recuérdese. Su segundo apartado lo titula concretamente Menéndez Pidal "Los juglares preceden a los clérigos", y en él afirma la evidente existencia —"tan *tangible* como si la tuviéramos delante de los ojos"— de "una elemental poesía recreativa", que no podía ser, pensamos, sino parte de las múltiples artes del *mimo*, prolongado, sin corte alguno, en el juglar.

Sin embargo —sigue diciendo don Ramón, al ocuparse de la *latencia* de la literatura primitiva— las literaturas románicas, después del nacimiento de sus propias lenguas tardaron muchos siglos en aparecer a nuestra vista. "Francia, el país de cultura más poderosa, que ejerció un influjo hegemónico sobre los demás de Europa, nos ofrece los testimonios más tempranos... media docena de textos en el espacio de trescientos años. Es imposible que las necesidades piadosas, intelectuales y recreativas del pueblo francés se satisficiesen con eso"[85]. Del inmenso número de obras perdidas, cuya existencia hemos for-

---

[84] *Poesía juglaresca...*, cit., pág. 335.
[85] Ídem, íd., pág. 340.

zosamente de admitir, nos certifican, dice Menéndez Pidal, los moralistas, a quienes sólo importaban bajo ese aspecto, y sus noticias son más que suficientes; la Iglesia encontraba pecaminosos —equivocadamente a veces, aunque tampoco siempre— los cantos amatorios, los bailes, las fiestas populares, las representaciones de todo género; ni siquiera literariamente podía considerarlas dignas de estima, por tenerlas como propias de gente inferior y compuestas en una lengua ruda, aunque ni aun bajo este aspecto literario —dice— podemos siempre aceptar su despectiva calificación, dada la inevitable mentalidad de aquellos clérigos. De todos modos, insiste el investigador en el valor capital del testimonio eclesiástico como irrefutable prueba de la existencia de tales obras; y en el caso concreto del teatro —fuese el que fuese—, hemos de añadir, el testimonio de las *Partidas,* de los concilios, de los sínodos, de los legisladores, es igualmente irrecusable aunque traten algunos de rechazarlo obstinadamente.

Parece innecesario volver aquí sobre los problemas de nuestra épica y nuestra lírica primitiva, negadas de siempre [86], y a las cuales Menéndez Pidal ha levantado prodigiosamente de la mayor oscuridad, con una evidencia de aceptación ya universal. La pérdida de textos medievales, general en todas las literaturas, alcanza en la nuestra extremos que se convierten en una de sus peculiaridades; ejemplo máximo el *Poema de Mío Cid,* prácticamente único en medio de lo que fue una frondosísima producción épica (en Francia mismo es un hecho admitido que se ha perdido también enorme cantidad de textos épicos); las obras —publicadas ya en letra de imprenta— conservadas en un ejemplar único, así como las ediciones totalmente perdidas, son innumerables; la más inevitable analogía exige suponer otro tanto para el teatro —¿no se han perdido miles de obras dramáticas de nuestro Siglo de Oro, que es casi de ayer?— y más aún dada la índole de lo que debieron de ser los textos dramáticos medievales.

Pero quizá más que estos hechos tan repetidos importe recordar otro, menos tenido en cuenta para el caso: nos referimos a los romances. Sabido es (véase luego en el capítulo correspondiente) que, hasta principios de este siglo, aun los más diligentes investigadores y amantes de este género poético —Durán, Amador de los Ríos, Menéndez y Pelayo— habían aceptado la total e irremediable desaparición de los romances de la tradición oral. En 1900 publicó Menéndez Pidal su primera colección de romances recogidos de esta

---

[86] En 1865 Gaston Paris escribía de forma tajante en su *Histoire Poétique de Charlemagne*: "L'Espagne n'a pas eu d'épopée. D'habiles critiques ont démontré ce fait et en ont donné les raisons"; y repetía las mismas palabras —pág. 203— en la reedición de 1905. Del *Poema de Mío Cid* y de las *Mocedades* había dicho Fernando Wolf que sólo representaban "un desdichado e imposible esfuerzo para aclimatar en España un género poético que le era totalmente extraño, la epopeya francesa". Tan espectaculares desaciertos parece que deberían aconsejar un mínimo de cautela; pero, muy al contrario, se están repitiendo casi cómicamente, a propósito del teatro, idénticas palabras.

fuente y desde entonces los descubrimientos de romances han sido tan sensacionalmente copiosos en cualquier región de España, en todo el mundo hispánico y en toda el área de dispersión judía, y aun fuera de ella, que hoy constituyen una de las más espléndidas ramas de nuestra poesía; "éste es sin duda —dice don Ramón— el ejemplo más impresionante de cómo un uso literario social permanece en latencia impenetrable para los coetáneos más interesados en encontrarlo" [87]. Sin duda que el teatro, aun el más elemental, como texto dividido entre varios interlocutores, es mucho más difícil de conservar en aquella forma y, consecuentemente, parece bastante más remota la posibilidad de redescubrirlo; quizá su pérdida sea, pues, más irremediable y total. Lo único que deseamos ahora destacar es el evidente paralelismo de situaciones [88].

En lo que queda dicho, hemos aceptado dialécticamente la inexistencia de textos dramáticos para insistir tan sólo en la semejanza con otros géneros literarios igualmente perdidos y rechazar el supuesto de que Castilla descono-

---

[87] *Poesía juglaresca...*, cit., pág. 339.
[88] Tenemos muy en cuenta que el apelar a pérdidas masivas de textos suele parecer un medio cómodo para lanzar hipótesis y justificar lagunas textuales. Lázaro Carreter, por ejemplo, califica irónicamente de "recurso infalible" (est. cit., pág. 23, nota 34) otra supuesta pérdida de textos de teatro profano que, según J. Frappier y A.-M. Gossart, tuvo lugar precisamente en Francia esta vez (según estos autores, que no aceptan tampoco el origen litúrgico del drama medieval, el teatro profano precedió al litúrgico, pero la inevitable pérdida de sus textos, que no serían nunca escritos, hace parecer al drama religioso como precursor. Es lo mismo que piensa Hunningher, por cierto. Y Menéndez Pidal, según acabamos de ver, sienta asimismo como base de su argumentación que "los juglares precedieron a los clérigos" y que de sus obras, *todas perdidas*, sólo tenemos noticia porque los clérigos las denostaban). Pero semejante apelación deja de ser un "recurso" a poco que se piense en los otros géneros mencionados. Es forzoso insistir: sin Menéndez Pidal *careceríamos* de épica —género *totalmente extraño en Castilla*, no se olvide—, de lírica hasta el cuatrocientos, y de romances de tradición oral. Por el momento *carecemos* ya sólo de teatro, otro género *extraño*, cuya existencia "ni siquiera es imaginable". Permítasenos repetirlo: nuestro teatro de la Edad Media no ha tenido —y eso es todo— el Menéndez Pidal capaz de valorar adecuadamente los documentos y textos existentes y de alumbrar la necesaria información para reconstruir el edificio derruido. Basten dos posibles ejemplos de estos últimos, tomados del propio Lázaro Carreter, pues los textos en que se apoya nos han sido inasequibles. Primero: El Concilio de Sevilla de 1512 prohibe las "repraesentationes Passionis Domini Jesu Christi" que no estén expresamente autorizadas (pág. 40). Luego se representaban *Pasiones* en Andalucía bastante antes de que se escribiera (véase luego) la muy famosa *de Cervera*. ¿Quién se ha cuidado, en cambio, de indagar qué "Pasiones" fueron éstas, en qué consistían, cómo y desde cuándo se celebraban? Segundo: En algunas aldeas leonesas se conserva la tradición de ciertas sencillas representaciones navideñas, de cuyo texto "en muchos casos no existe copia alguna y es preciso recogerlo de labios de los más ancianos" (págs. 36-37). ¿Ha rastreado alguien con seriedad las vetas de estas tradiciones, que, como en el caso de los romances de tradición oral, pueden quizá revelarnos realidades sorprendentes, hasta ahora invisibles y negadas?

ció el teatro en la Edad Media por razones *esenciales*, es decir, como algo que le era *connaturalmente extraño*.

Pero es el caso que los textos llegados hasta nosotros, aunque escasos, son más que suficientes para dar fe del edificio desaparecido y rehacer sus líneas; con muchos menos elementos se han reconstruido planos de ciudades y hasta civilizaciones perdidas, al parecer con garantías científicas bastantes, y el caso de nuestro teatro no es tan arriesgado. Los textos aducidos por Donovan testimonian sobradamente la existencia del drama litúrgico en muy diversas regiones del suelo castellano, y las semejanzas fundamentales con las prácticas seguidas en otros lugares de Europa, de donde hubieron de importarse, autoriza a pensar que no pudieron diferenciarse mucho aunque algunos detalles variaran. Donovan sostiene, como vimos, que el drama litúrgico primitivo fue de carácter internacional y que las costumbres de una nación se copiaban y difundían en las demás. La relativa ausencia de textos en los libros litúrgicos examinados por Donovan puede explicarse por distintas razones. Una de ellas es la que él expone; si los cluniacenses eran hostiles al drama litúrgico, es natural que no lo practicaran en sus monasterios y demás lugares sometidos a su influencia. Pero fuera de su círculo debieron de quedar abundantes catedrales, colegiatas y parroquias, de carácter mucho más popular, donde los dramas litúrgicos pudieron desarrollarse sin obstáculo; lo pregonan los textos conservados en Silos, Huesca, Zaragoza, Palencia, León, Toledo y Compostela. Por otra parte, el poderío cluniacense entró en decadencia hacia finales del siglo xii y es ilógico pensar que su positiva oposición, si es que la hubo, pudiese seguir teniendo efecto en todas partes. Que las mencionadas parroquias o catedrales populares prescindieran de copiar en sus *agenda* o sus *consueta* los textos de los dramas litúrgicos parece lo más llano; Menéndez Pidal ha ponderado mil veces la aridez de nuestros documentos históricos —en contraste con lo sucedido en otros países, de informaciones tan minuciosas— que apenas reseñan esquemáticamente hechos de capital importancia para el reino, y la incuria en la conservación de textos y documentos básicos. Ni siquiera, pues, cabe imaginar que los buenos clérigos seculares se entretuvieran pacientemente en copiar unos elementales textos dramático-litúrgicos, que todos se sabían de coro. Eso quedaba para los monjes, bien provistos de tiempo y de paciencia; por eso son tan ricos los troparios de los benedictinos ingleses y franceses; y el hecho es que en Silos, monasterio benedictino, se han encontrado tropos. A los cluniacenses, en cambio, que hubieran podido entretenerse en tal ocupación, no les gustaba.

Las representaciones de Toledo, registradas por Arcayos y Vallejo, son un documento incontrovertible; allí, como correspondía a la magnificencia y riqueza de la catedral, alguien se encargó de registrar minuciosamente los detalles de la representación, con una complacencia en lo espectacular que pone de relieve la actitud con que el pueblo sencillo —y también el que no lo era— aguardaba y contemplaba las idas y venidas de ángeles y pastores. Recuérdese, según arriba quedó dicho, que, cuando se llega a la parte que ha de recitar la Sibila, se dice simplemente: "y luego diga la Sibila lo que ha de decir", lo que demuestra que el texto se lo sabían de memoria, y a vueltas de tan larga descripción no consideraron de interés copiar un parlamento.

Ante testimonio tan abrumador de la existencia de representaciones religiosas, resulta irritante —y asombroso— leer que tales representaciones se produjeron en Toledo "por una irregularidad no muy fácilmente explicable"; dado que, aun suponiendo que se tratara de una excepción —que no lo es, según tenemos visto—, es deber del historiador explicar el porqué de la irregularidad —en este caso, importantísima—; nunca afirmar gratuitamente que lo es y seguir de largo sin más aclaraciones.

Importa destacar que Donovan, aunque señala con escrupuloso rigor la escasez numérica de las piezas dramático-litúrgicas conservadas en Castilla, no deduce en manera alguna la inexistencia de dicho teatro en la Castilla medieval, aunque piensa, efectivamente, que tuvo limitada extensión. Ya vimos las razones que aduce para explicarla; una de ellas justamente es la sospecha de que la temprana difusión del drama religioso en lengua vulgar hizo innecesaria la vida del litúrgico. En consecuencia, el estudio de Donovan no concluye la ausencia del teatro castellano: sólo, y en parte, del litúrgico. Donovan limita su investigación a este último; al drama religioso vernáculo sólo se refiere accidentalmente, y así, sólo de pasada y por su necesaria implicación menciona el *Auto de los Reyes Magos*. Importa dejar esto en claro porque algunos parecen servirse del estudio del padre canadiense como una prueba contra la existencia de nuestra dramática medieval.

En cualquier caso, de los hechos expuestos hasta ahora podemos llegar a las siguientes conclusiones: el drama litúrgico y el religioso no siempre se excluyen ni se complementan necesariamente; contra la más común interpretación que supone el drama litúrgico célula primera y única del teatro religioso hay que sentar que puede existir el uno sin el otro, proceder el segundo de la evolución del primero hacia las formas vernáculas, o surgir de otras fuentes independientes —esto último, no sólo por lo que afecta a los asuntos, sino por la mano que lo crea—; la tradición vernácula, destacada por Hardison, fuerza a reconocer —ilustres ejemplos franceses lo acreditan y hasta posiblemente nuestro *Auto de los Reyes Magos*— la intervención de escritores al margen de la tradición litúrgica, fueran ellos los *mimi joculatores*, como pretende Hunningher, fueran de cualquier otra clase social, clérigos o laicos; la petrificación del teatro litúrgico en sus formas primeras es un hecho general en todos los países y nada prueba contra la existencia o contra el fértil desarrollo del teatro religioso en lengua vulgar.

Para valorar debidamente la corta producción conservada de nuestro teatro medieval en relación con la parte oriental de la Península y con las otras literaturas europeas es necesario añadir todavía alguna consideración. Quisiéramos que lo que sigue fuera bien entendido y que no se viera en ello ningún propósito de justificar la hipotética mengua del teatro castellano sobre la negación de los demás.

Con optimismo algo ligero se alude a la copiosa producción teatral de la Edad Media conservada en otros países europeos. Ciñámonos a Francia, la más afortunada y próxima a nuestra literatura. Docena y media de piezas teatrales conservadas, entre la dramática religiosa y la profana, en el espacio de cinco siglos, no es demasiado en un país que ha salvado un centenar bien cumplido de poemas épicos. Alguna de aquéllas posee innegable belleza y perfección, dentro de su forzosa elementalidad, pero no debemos deslumbrarnos ante una valoración sistemáticamente entusiasta. No intentamos decir, en absoluto, que el teatro francés de la Edad Media sea un producto forjado por los críticos franceses, pero sí hay que admitir que éstos han escrito, afinado, sutilizado sobre aquellas obritas más que nosotros sobre el *Quijote*; y ese montaje sugestiona. Por otra parte, los mismos críticos de Francia han señalado incesantemente la parquedad de la materia teatral que les quedaba entre los dedos; Gaston Paris hablaba de las grandes lagunas que presenta el teatro medieval de su país, concretamente la que se extiende desde los siglos XII al XV, y comentando este pasaje decía Cohen que los grandes esfuerzos de la crítica contemporánea habían tratado de "*entrever* lo que había podido ser aquel teatro durante el largo período que separa el drama litúrgico de los siglos XI y XII y los grandes misterios del XV"[89]. En otro trabajo el propio Cohen[90] (las citas serían infinitas) habla de los escasos restos —entiéndase "meras referencias"— que poseemos del teatro —del suyo— durante el siglo XIII. La diferencia estriba en que los críticos franceses han examinado al microscopio, con tanto talento como fervor, cada partícula posible; mientras que quienes se ocupan del nuestro *no ven el menor rastro, no pueden imaginar la presencia del teatro litúrgico en Castilla,* y ya *ni siquiera acarician ilusiones*. Recuérdese finalmente que los grandes misterios europeos, concretamente los franceses, que siempre se ponderan, pertenecen a los siglos XV y XVI; fechas que hablan por sí solas.

Con luminosa objetividad, Martín de Riquer, en su *Història de la Literatura Catalana*[91], al ocuparse del teatro de la Edad Media, afirma que "solamente los especialistas o los fanáticos del teatro, noblemente entusiasmados, se acercan con amor a estas piezas pre-clásicas inglesas, castellanas o francesas, como antecedentes de un teatro que se sabe de antemano que ha de ser

---

[89] "Le Théâtre à Paris et aux environs à la fin du XIVᵉ siècle", en *Études d'Histoire du Théâtre en France au Moyen-Âge et à la Renaissance*, 2.ª ed., París, 1956, pág. 169.

[90] "La scène des pèlerins d'Emmaüs. Contribution à l'étude des origines du théâtre comique", en *Études...*, cit., pág. 111.

[91] Martín de Riquer, *Història de la Literatura Catalana*, vol. III, Barcelona; este volumen lleva, como los dos primeros, la fecha de 1964, pero ha debido de publicarse posteriormente, dado que incluye fotografías de representaciones de 1965.

El teatro medieval

impresionante y duradero" [92]. Y declara unas líneas más abajo: "el historiador de la literatura no puede engañar al lector". Habla Riquer, obsérvese, del teatro inglés y del francés. Veamos ahora lo que sucede con el valenciano-catalán, también muy encomiado.

Martín de Riquer comenta las recientes representaciones —a partir de 1962— de teatro medieval catalán, celebradas en la sala del Tinell del antiguo Palacio Real de Barcelona, escenificadas con finísima escenografía, con acompañamiento de música y masas corales, asistidas por ese público *noblemente entusiasta*, encuadradas en el espléndido y apropiado marco del Palacio, y que han podido, en consecuencia, convertirse en un espectáculo impresionante por todos esos aditamentos, que son de la esencia del teatro, sin duda, que constituyen el ropaje y el complemento de la palabra teatral, pero que no la sustituyen. Riquer afirma en conjunto de todas las piezas de que va a tratar en el capítulo, que "son pobres, ingenuas, frecuentemente mal compuestas y más frecuentemente mal escritas" [93]; que leídas en privado "parecían desprovistas de todo mérito" [94], aunque la mencionada escenificación haya podido transfigurarlas; que "todo nuestro antiguo teatro —quiere decir, el catalán— es insignificante cuando se lee" [95]. Del teatro profano dice en forma tajante "que es virtualmente inexistente" [96].

Riquer recorre luego las distintas piezas conservadas del ciclo de Navidad, de la representación de la Sibila, del ciclo de Pascua y de la Asunción de la Virgen. Es indudable que todas estas representaciones remontan su origen a la Edad Media, cuyas tradiciones conservan en muchos puntos, pero sus textos, dice Riquer, están frecuentemente rehechos "de cap a peus" [97] —de pies a cabeza—, y es imposible precisar lo que pudo ser el texto primitivo. Muchas de estas piezas, conservadas en manuscritos de los siglos XVI y XVII, pueden ser en principio —dice Riquer— "derivaciones de textos medievales, pero esto puede conducirnos fácilmente a un terreno peligroso y, de hecho, pocas veces podemos tener la certeza de que lo sean" [98].

Las representaciones de la Pasión debieron de alcanzar en Cataluña particular importancia y espectacularidad, pero de los textos originales se conservan fragmentos muy pequeños o sólo referencias; del siglo XV existen noticias abundantes, alusivas a representaciones en Lérida, Tarragona y Sóller, pero "no se conserva un solo texto" [99]. En cambio, la famosa *Pasión de Cervera* fue compuesta por Pere Pons y Baltasar Sança en 1534; y la no menos

---

[92] Ídem, íd., pág. 493.
[93] Ídem, íd., pág. 495.
[94] Ídem, íd.
[95] Ídem, íd., pág. 496.
[96] Ídem, íd., pág. 500.
[97] Ídem, íd., pág. 503.
[98] Ídem, íd., pág. 499.
[99] Ídem, íd., pág. 507.

famosa *de Olesa* se representaba *ya* en 1642. De la *Representació de l'Assumció de Madona Sancta Maria*, llamada de Prades, se conserva su texto del siglo XIV, "sencillo e ingenuo" [100]; la moderna representación, dice Riquer, ha puesto de relieve sus valores dramáticos "que difícilmente capta el lector delante del texto impreso" [101]. De otro drama de la Asunción, valenciano, de gran duración y representado por numerosa gente, perteneciente también al siglo XV, tan sólo se conserva el texto de María, aunque las indicaciones escénicas son del mayor interés [102].

Atención especial merece el famosísimo *Misterio de Elche*, que todavía se representa con creciente asistencia turística, objeto —dice Riquer— "de una enorme y poco segura bibliografía" [103]; lo cual sabemos lo que quiere decir. Esta representación *está atestiguada desde los años primeros del siglo XVII* y el texto se conserva en tres consuetas, de 1625, 1639 y 1709. Se supone de "antigüedad inmemorial", pero J. Romeu —"tan partidario de otorgar antigüedad a los textos dramáticos", dice Riquer— [104] afirma que el núcleo primitivo debió de ser escrito en la segunda mitad del siglo XV. La constante representación anual —los días 14 y 15 de agosto— desde la fecha que sea, ha modificado enteramente no sólo el texto sino la estructura de la pieza y las melodías, conservadas en las dos últimas consuetas. Desconocemos lo que pudo ser el supuesto texto medieval, pero del hoy vigente dice Riquer que "afortunadamente la melodía alarga de tal manera la frase que con frecuencia no puede seguirse bien el contenido de los versos, lo cual disimula su escaso valor literario" [105]. En su comentario sobre el *Misterio*, Eduardo Juliá Martínez señala que la particularidad de esta zona oriental —alude, naturalmente, a la de Alicante— es el empleo de la música, "llegándose a quedar proscrito lo narrativo en la obra de que hablamos, *constituyendo el Misterio una verdadera ópera*" [106].

Cabe añadir, junto a estos ciclos capitales, algunos otros sobre temas del *Antiguo Testamento* y vidas de santos, atestiguados por referencias documentales de comienzos del siglo XV, pero que sólo se conservan en copias del XVI, rehechas probablemente de antiguas versiones perdidas. Son de señalar tres piezas valencianas, el *Misteri d'Adam i Eva*, el *Misteri de Sant Cristófor* y

---

[100] Ídem, íd., pág. 511.

[101] Ídem, íd., pág. 512.

[102] Cfr.: W. T. Shoemaker, *Los escenarios múltiples en el teatro español de los siglos XV y XVI*, "Cuadernos del Instituto del Teatro, 2", Barcelona, 1957. Shoemaker (pág. 42) pondera la grandiosidad de la escenificación de esta obra valenciana, que compara a las modernas de Max Reinhardt. Véase también Henri Mérimée, *L'Art dramatique à Valencia depuis les origines jusqu'au commencement du XVIIe siècle*, Toulouse, 1913.

[103] Ídem, íd., pág. 514.

[104] Ídem, íd., pág. 514, nota 11.

[105] Ídem, íd., pág. 520.

[106] "La Asunción de la Virgen y el teatro primitivo español", en *Boletín de la Real Academia Española*, XLI, 1961, págs. 179-334; la cita es de la pág. 233.

El teatro medieval 217

el *Misteri del Rei Herodes* [107], llamado por el pueblo *La Degolla* por la que fue ordenada por el tetrarca, que se representaban en la fiesta del Corpus, y sólo se conservan en una copia de 1672. Como juicio de conjunto sobre este teatro, dice Riquer, puede afirmarse que la mayoría de sus piezas son de mediano valor literario, aunque frecuentemente tienen importancia bajo el aspecto escenográfico y de movimiento.

Tras este recorrido, de la mano de una autoridad como Riquer, quizá el lector no pueda evitar un sentimiento de desilusión ante un teatro *medieval* —ya hemos visto lo que se conserva de él y con qué garantías de autenticidad—, al que se alude frecuentemente como *grandioso*.

Queda aún, sin embargo, el problema de los *entremeses* y desfiles espectaculares y su relación con este teatro. Los *entremeses* comenzaron por tener una acepción entre culinaria y escenográfica en los banquetes regios, y vinieron luego a designar artefactos maravillosos que representaban animales —águilas, serpientes— u objetos fantásticos, utilizados en las cabalgatas y fiestas públicas: algo así como las carrozas de los modernos desfiles [108]. En aquellas carrozas, que acabaron por reservarse el dicho nombre de *entremés,* solían colocarse estatuas de significado alegórico, que luego fueron reemplazadas en ocasiones por personas (como en los desfiles de todos los tiempos, igualmente), y también a veces grupos de cantores o danzantes. Tales cabalgatas, propias primeramente de las fiestas cortesanas, se incorporaron luego a las religiosas, y sobre todo a la procesión del Corpus, documentada en Barcelona desde 1322, en Valencia desde 1355 y en Palma de Mallorca desde 1371. En los *entremeses* de esta procesión —llamados *rocas* en Valencia, donde se usan todavía— se instalaban figuras escultóricas con escenas del *Antiguo Testamento,* grupos navideños, estampas de la Resurrección, apóstoles, etc.

La parte estrictamente literaria de estos monumentales desfiles "debió limitarse —dice Lázaro Carreter—, durante los siglos XIV y XV, a los cánticos. Al menos esto es cuanto nos permite inducir lo que sabemos de la procesión del Corpus en Valencia, sin duda la más importante del Levante español" [109]. Al correr del tiempo —posterior por tanto al siglo XV—, en ciertos lugares del recorrido procesional, los *entremeses* se detenían y sus *figuras vivas* representaban un *misterio*; los tres de que se tiene noticia son los señalados arriba: el *d'Adam i Eva,* el *de Sant Cristófor* y *La Degolla,* que tienen respectivamente 278, 95 (está incompleto) y 593 versos. "Los misterios catalanes, valencianos y mallorquines —escribe Lázaro— no comenzaron a representarse en las peanas o entremeses antes de fines del XV o principios del XVI. Eran, sin duda, las mismas piezas poéticas que, en época inmediatamente anterior,

---

[107] Edición y estudio de Hermenegildo Corbató, *Los misterios del Corpus de Valencia,* "University of California Publications in Modern Philology", XVI, 1932-1933.

[108] Cfr.: Manuel Milá y Fontanals, "Orígenes del teatro catalán", en *Obras Completas,* VI, Barcelona, 1895, págs. 205-379.

[109] Est. cit., pág. 50.

se escenificaban en los templos, las que ahora se incorporan a las *rocas* en un alarde espectacular" [110]. Retengamos de estas palabras dos puntos capitales; primero: los *misterios* representados en los *entremeses* eran los mismos que antes se escenificaban en los templos; segundo: no comenzaron a representarse en las peanas o *entremeses* hasta fines del xv o principios del xvi, es decir, estamos ya en plena Edad Moderna. Resulta, pues, inevitable el preguntarse: ¿dónde está el gran teatro valenciano-catalán, esos grandes misterios medievales de que se nos habla?

Riquer, con su sabia prudencia, ni siquiera se ocupa de todo esto en su estudio sobre el teatro medieval; tan sólo una vez alude a los entremeses y dice lo siguiente: "Los juegos, entremeses, mojigangas y actuaciones parecidas de que tenemos constancia en relaciones de fiestas reales y cortesanas o en conmemoraciones religiosas, como la procesión del Corpus, nos proporcionan detalles importantes para comprender algunos aspectos de las representaciones medievales, pero no lo son y, en la mayoría de los casos, sólo las conocemos por descripciones contemporáneas resumidas" [111].

---

[110] Ídem, íd., págs. 51-52. Hermenegildo Corbató, en quien seguramente se apoya Lázaro Carreter para hacer esta afirmación, dice en su estudio mencionado a propósito de estos *misterios* valencianos y de su incorporación a la procesión del Corpus: "Procedentes de la iglesia, permanecieron fieles a su carácter primitivo". En una palabra: la fiesta del Corpus ofrecía a estas sencillas piezas antiguas el marco esplendoroso del desfile procesional y además con el auxilio escenográfico de los *entremeses*, pero no suponía progreso alguno sobre su texto literario anterior.

[111] *Historia...*, cit., pág. 497. Los estudiosos del teatro vienen insistiendo en el valor dramático de las procesiones del Corpus, pero evidentemente exageran o deforman su significación en este sentido. N. D. Shergold, la mayor autoridad, sin duda, en los problemas de nuestra dramática bajo el aspecto escenográfico, estudia en un reciente libro —*A History of the Spanish Stage from Medieval Times until the End of the Seventeenth Century*, Oxford, 1967— toda la información conocida por el momento y, tras el examen de cada caso, afirma que aquellas procesiones conservaron casi siempre el carácter de desfiles monumentales que habían tenido desde su origen; tan sólo en época bastante tardía —en los años y modo que hemos señalado en el texto— se representaban algunas breves piezas. A veces tenían lugar también ciertas "acciones dramáticas"; los Magos, por ejemplo, en determinado momento de la procesión, descabalgaban y adoraban al Niño en el pesebre, que, con todos los aditamentos tradicionales, ocupaba una de las carrozas; pero no hay noticia de parlamentos ni recitado. Los documentos a lo largo del siglo xv proporcionan amplia información sobre el carácter de las carrozas o *entremeses*, pero ninguna sobre posibles representaciones dramáticas ni aun diálogos. Por lo demás, con el nombre de "representación" se designaban indistintamente los *entremeses* y las *rocas*, es decir, los grupos escultóricos, frecuentemente combinados con figuras vivas, montados en los carros. Un notable pasaje del *Llibre de les solemnitats de Barcelona*, comentado por Shergold (págs. 56-57), informa sobre la procesión del Corpus de 1424 y da detalles de su organización y del orden seguido. Debía de tratarse, sin duda, de un impresionante desfile: tomaban parte las banderas y cruces de todas las parroquias, los estandartes de los gremios, la clerecía secular y regular, grupos de ángeles y comparsas de diablos, un incontable número de personajes bíblicos desde Adán y Eva hasta el rey Herodes, con vestiduras apropiadas y sus correspondientes atributos y

Lo que antecede, limitado a unas sugerencias mínimas dado el espacio que nos podemos permitir, puede bastarnos quizá para extraer algunas conclusiones. La diferencia evidente entre ambas regiones de la Península, que da la superioridad a la oriental, se apoya esencialmente en razones de espectacularidad, de colorido y de *soroll*. Quizá un sentido más severo de la religiosidad, un clima y circunstancias menos propicias, posiblemente también una mayor pobreza, impidieron que Castilla prodigara en sus fiestas religiosas el aparato espectacular que con cualquier ocasión desbordaba en todo el Levante; y sigue desbordándose. Castilla desconoce las cabalgatas, los festejos coloristas y multitudinarios, sean religiosos o cívicos, que puedan parangonarse con los que es capaz de organizar cualquier aldea levantina; es un problema de raza, de tradición, de luz, de habilidad artesana, de todos esos componentes que han cristalizado en múltiples fenómenos culturales, artes plásticas, música, costumbres folklóricas, y sobre todo en fiestas callejeras. Baste mencionar la fantasía espectacular que supone la batalla de flores de la feria de julio de Valencia, con sus carrozas deslumbrantes, o las fallas —espectáculo popular sin rival posible—, que se mantienen con una organización prácticamente idéntica —calles o barrios, equivalentes a las cofradías o gremios medievales— a la que sostenía las viejas procesiones del Corpus, con mucho más espectáculo que literatura. Los gremios o instituciones diversas competían en la riqueza, la novedad, el aparato de los *misterios* y *entremeses* que patrocinaban; su preparación durante largos meses, la distribución de papeles, el adiestramiento de los participantes, sus trajes, las carrozas, ocupaban y divertían por igual: exactamente lo que sucede ahora con la preparación de las fallas, trabajo y fiesta a un mismo tiempo para sus organizadores durante gran parte del año. En el montaje de los misterios medievales levantinos el afán de sorprender al espectador debía de estimular a los más agudos ingenios. El acto de descabezar o quemar a los mártires había alcanzado técnicas perfectas; en la *Consueta de Santa Águeda* una acotación exigía a los actores que hacían el papel de soldados, que simularan cortar los pechos de la Santa "con la mayor crueldad posible"; en la *Consueta de Sant Jordi* la lucha del Santo montado a caballo con el dragón que echaba llamas por la boca, rebasaba todas las emociones que un espectador medieval pudiera apetecer; unas cuentas valencianas de 1404 incluyen una crecida cantidad para el pago de *sangre para la*

---

acompañamiento, grupos alusivos a diversos misterios, santos de la devoción popular, etc., etc., y 108 *representaciones,* es decir, 108 carrozas, cuyo orden hubo de ser establecido con todas las formalidades del caso; pero no existe, en cambio, ninguna indicación sobre diálogos ni representaciones dramáticas. Es fuerza admitir que aquellas 108 *representaciones* eran tan sólo cuadros plásticos sobre los carros, pues a poca participación hablada que hubiera tenido cada uno, habrían necesitado medio año para desfilar. En un edicto de 1448 se habla ya de señalar lugares para hacer "les representacions e jochs". Desconocemos, dice Shergold (pág. 58) el exacto carácter de aquéllos, pero es evidente, afirma, que no se desarrollaron todavía en el sentido de representaciones dramáticas propiamente dichas.

matanza de los inocentes: sin duda, un pelotón de legionarios romanos corría por las calles descabezando muñecos y salpicando de sangre, mediante algún ingenioso truco, a los pasmados espectadores. Admitimos plenamente la opinión de Martín de Riquer de que "*nostre vell teatre... només parcialment pertany a la literatura*" [112].

La observación —según el mismo Riquer sugiere, como vimos— puede extenderse, casi exactamente, a los misterios de otros países, incluso a los de Francia, la más afortunada —ya lo sabemos— en materia de drama medieval. Rouanet, por ejemplo, comenta los portentos escenográficos del cuadro treceno de la famosa *Diablerie de Chaumont*, por la analogía que encuentra entre aquélla y el *Misterio de Elche*: los ángeles yendo y viniendo por los aires batiendo sus alas, la subida de la Virgen hasta lo alto de la bóveda de la iglesia, el Padre Eterno apareciendo sentado en una nube, etc., etc.; el espectáculo, dice, era una de las maravillas de aquel tiempo, y la curiosidad que despertaba atraía hacia Dieppe gran afluencia de turistas. La maravilla se prolongó durante años y más años, hasta que un buen día acertó a pasar por Dieppe, en la fiesta de la Asunción, el rey Luis XIV y la reina Regente. El espectáculo les impresionó, en efecto, pero de muy mala manera; ordenaron que fuera suprimido en el futuro y que la cofradía organizadora conservara tan sólo el derecho de ir en procesión por la ciudad. Es fuerza admitir que lo que hubo de irritar a los regios visitantes no fue el texto del drama.

Con lo que precede hemos querido decir que el teatro de la Edad Media es, en todas partes, el menos maduro, el más elemental —y casi diríamos, pueril— de todos los géneros literarios. Si esto es así, debe entenderse que los pequeños, casi insignificantes restos del teatro castellano salvados del naufragio distan de lo conservado en otras partes —de los textos, no del espectáculo— bastante menos de lo que admiten los negadores obstinados. Castilla parece que desconoció, en efecto —y aún no es seguro del todo— los *grandes* misterios y milagros, es decir, los *grandes carnavales* —franceses, italianos, ingleses, alemanes, catalanes, valencianos—, en que el pretexto de la religión patrocinaba las apetencias multitudinarias de fiesta y de jolgorio. Es, pues, posible que el teatro de Castilla, con menos tramoya y más palabras, más grave, más austero, sobriamente limitado a los atrios de las iglesias, a los pequeños claustros, a las severas plazas porticadas, contuviera mayor enjundia literaria que los guiones que en otras lenguas servían de soporte a la magnificencia espectacular. Claro está que, como sabemos, esa dramática hipotética, salvo pequeños restos, aún no ha sido alumbrada y quizá no lo sea jamás; ni siquiera existe la *evidencia* que desean los eruditos, no posee apenas realidad tangible, pero la vemos —como ha dicho Menéndez Pidal de la lírica primitiva— como si la tuviéramos delante de los ojos, porque no existe razón lógica alguna para negar su realidad. Si ese teatro, que imaginamos modesto y sobrio, se nos hace

---

[112] *Història...*, cit., pág. 496.

visible alguna vez, puede que su misma modestia y sobriedad representen su personalidad y su grandeza. Lo que queremos afirmar, en suma, es que la existencia de teatro medieval en Castilla no es asunto zanjado, sino tarea abierta, en la que muchas cosas —quizá las más importantes— están todavía por decir [113].

---

[113] Además de los estudios mencionados en las páginas precedentes cfr.: Alexander A. Parker, "Notes on the Religious Drama in Mediaeval Spain and the Origins of the *Auto Sacramental*", en *Modern Language Review*, XXX, 1935, págs. 170-182. Charles V. Aubrun, "Sur les débuts du théâtre en Espagne", en *Hommage à Ernest Martinenche*, París, 1937, págs. 293-314. J. P. Wickersham Crawford, *Spanish Drama before Lope de Vega*, ed. revisada, Filadelfia, 1937. Carl J. Stratman, *Bibliography of Medieval Drama*, University of California Press, Berkeley and Los Ángeles, 1954 (el cap. XII está dedicado expresamente al teatro español, pero también los cuatro primeros capítulos, sobre problemas generales, recogen bibliografía de interés para nuestra dramática medieval). Para información bibliográfica sobre cualquiera de los puntos tratados véase especialmente la que incluyen, en sus obras mencionadas, Richard B. Donovan y N. D. Shergold; para el teatro del Levante peninsular, además de estas dos últimas, véase la bibliografía aportada por Martín de Riquer en las notas al cap. correspondiente de su *Història de la Literatura Catalana*, cit.

CAPÍTULO VI

EL SIGLO XIV Y LA APARICIÓN DE LAS PRIMERAS PERSONALIDADES.

EL ARCIPRESTE DE HITA

LAS NUEVAS TENDENCIAS LITERARIAS

El siglo XIV representa la eclosión de una crisis, un viraje de orientación que afecta a los aspectos más diversos de la cultura. El advenimiento de esta centuria es algo así como llegar a la cumbre de un otero desde la cual puede dilatarse la vista por inesperados y sorprendentes panoramas.

Uno de los hechos más destacados es el ascenso de la burguesía cuyo nacimiento había tenido ya lugar en la centuria precedente. Esta clase social, de importancia cada vez mayor frente al poder tradicional de la Iglesia y de la Nobleza determina la aparición de una nueva literatura de tono realista y satírico, en la que la habilidad, la astucia y el dinero prevalecen sobre las preocupaciones religiosas y los ideales caballerescos. Esta literatura, que pretende ser un reflejo directo de la vida ordinaria, tiende también hacia las enseñanzas morales, pero entendidas éstas no exactamente como un ideal de virtud, sino como regla pragmática de vida, como un consejo que ayude a manejarse entre las dificultades cotidianas, los peligros y las insidias de las gentes, aunque tampoco faltan, sin embargo, las obras de grave carácter doctrinal, dada la vena ascética tan peculiar de la literatura española. Ante la general corrupción de costumbres, agravada por las luchas nobiliarias, que es otro de los rasgos de la época, nos vamos a encontrar con una doble corriente literaria: la de los escritores que reaccionan jocosamente, con desenvuelta sátira, como el Arcipreste de Hita, y los de ceño adusto y amarga pluma como el Canciller. Entre ambos, que representan las dos posiciones extremas, cabe toda la peculiar variedad del siglo XIV.

Adviértase que la burguesía castellana, menos refinada y rica que la de otros países de Europa, inspira lógicamente una literatura también más popular y rústica, que favorece y explica la insistencia en nuestro realismo tradicional. Dada la gran extensión en la península del elemento árabe y judío, en cuyas manos están preferentemente la industria y el comercio, nuestra burguesía no sólo es más limitada en número, sino más próxima al pueblo.

Otro aspecto definidor del siglo XIV, que se refleja ampliamente en su literatura, es la crisis de los ideales religiosos. La Edad Media es el tiempo de la Teología y del amor de Dios, al que se sitúa por encima de todas las cosas; la tierra es sólo un valle de lágrimas, camino para la vida venidera, moneda con que se adquiere la bienaventuranza del más allá, pero no un bien en sí misma. La muerte no es, pues, un mal, sino la puerta que abre al fin la cárcel de lo terreno, con cuya renuncia se nutre la vida del espíritu. Casi todo el pensamiento y la literatura de la antigüedad clásica que había puesto al hombre en el centro del Universo, o habían sido olvidados por el hombre del Medio Evo o considerados como paganismo repudiable.

Pero poco a poco este ideal ascético va cediendo el camino a una concepción más humanista, se aprende el goce de vivir, se descubren los placeres del cuerpo, se desea —y aprueba— el amor en toda su plenitud carnal; la vida ya no se concibe como un destierro transitorio, sino como un positivo valor. Morir ya no es, por tanto, la partida para una feliz eternidad, sino la pérdida terrible y sin remedio de todos los bienes de este mundo.

Este cambio de frente, que ha venido manifestándose de modo paulatino, se muestra ya ostensiblemente a lo largo del siglo XIV, pórtico brillante de lo que luego ha de hacer su triunfal estallido en el Renacimiento. Los grandes autores de esta época luchan todavía entre el espíritu y la carne, entre el renunciamiento y el ansia de gozar, y nos ofrecen así un mundo de contrastes que es la tónica del siglo. Dante, en el siglo XIII, señala todavía el predominio del espíritu, aunque ya el amor humano se incrusta en algunos episodios de su *Comedia;* en Petrarca, aunque idealizada, la mujer es ya el centro del pensamiento del poeta; con Boccaccio, por fin, la mujer ya no es un concepto metafísico, espiritual, sugeridor de quimeras poéticas, sino materia inmediata, instrumento de placer sensual, ser real, próximo y concreto. Los autores más significativos de la época —Chaucer en Inglaterra, Boccaccio en Italia, el Arcipreste en España— representan ya el triunfo pleno del amor mundano, del apetito de vivir, de la feliz exaltación de todo cuanto alegre y placentero pueda exprimirse de las cosas.

Didáctica, realismo, sátira, humor, sentido práctico de la existencia, gusto por lo inmediato, afán de goce, aunque frecuentemente retorcido y atormentado por una soterraña y tradicional preocupación ascética, son las más sobresalientes características de las producciones literarias durante el siglo que vamos a estudiar.

Otros aspectos son asimismo importantes. En primer lugar la aparición de fuertes personalidades literarias. Hasta el siglo XIV sólo dos nombres de autores nos son conocidos: Berceo y Alfonso el Sabio. Sin ignorar la influencia que en dicha pérdida de nombres ha podido tener la escasez de medios técnicos para la reproducción de las obras y el carácter preferentemente oral de su transmisión, es preciso admitir la escasa preocupación del hombre medieval por legar su nombre a la posteridad. Todavía no ha surgido entonces el orgullo literario y, con él, el cultivo de un estilo personal, quizá porque la rudeza del instrumento lingüístico tampoco lo permite.

Pero con el advenimiento del siglo XIV, y bajo el influjo del humanismo que brota pujante en Italia y se transmite a España a través de Dante y de Petrarca, el autor comienza a sentir el orgullo de su obra y, en consecuencia, la preocupación por hallar un tono peculiar que le distinga. El anonimato precedente desaparece, y a partir de este momento la obra sin autor conocido será ya la excepción. El escritor va dejando de ser el productor de un pasatiempo para la diversión de públicos colectivos y se dirige ya preferentemente al lector individual.

Complemento de este hecho es la desaparición de la literatura científica a la manera enciclopédica de Alfonso el Sabio, obra de equipo anónimo que toma materiales de todas las procedencias. El escritor ahora sigue bebiendo en todas las fuentes, pero tratando de hacer suya la herencia que recibe, apropiándosela a través de su personal estilo.

Esta aparición de las personalidades influye también en la descomposición de los géneros anteriores. La cuaderna vía, que el siglo XIII había respetado como norma invariable, se mezcla con formas métricas nuevas que rompen su continuidad, como en el caso del Arcipreste. El siglo XIV se presenta, en fin, como una etapa innovadora en la que la huella personal predomina sobre el mismo estilo de época.

JUAN RUIZ, ARCIPRESTE DE HITA

El Arcipreste. Vida y personalidad. Muy pocos datos se poseen de la vida del Arcipreste de Hita, llamado Juan Ruiz. En el códice de Salamanca, uno de los tres en que se ha conservado el *Libro de Buen Amor*[1], su famoso poema,

---

[1] Los dos primeros —el llamado de Gayoso (propiedad actual de la Real Academia Española) y el de Toledo (hoy en la Biblioteca Nacional de Madrid)— contienen una primera redacción, más breve, de la obra, que fue terminada en 1330. El tercero, llamado de Salamanca (estuvo en la Biblioteca del Palacio Real de Madrid y se conserva hoy en la Universitaria de Salamanca), está fechado en 1343 y tiene, sobre los otros dos, algunas adiciones: "la oración inicial en que el autor ruega por verse libre de la prisión; el prólogo, en prosa, disculpando la intención de la obra; la cántica de loores de Santa María, quejándose del agravio que sufre, sin duda, en la prisión (copla 1.671), y los dos episodios, 910-949 y 1.318-1.331, donde figura la Trotaconventos Urraca". Véase Ramón Menéndez Pidal —cuya es la cita entrecomillada—, en "Notas al libro del Arcipreste de Hita", en *Poesía árabe y poesía europea*, 5.ª ed., Madrid, 1963, página 149; también, del mismo, su reseña de la edición de Ducamin del *Libro de Buen Amor*, en *Romania*, XXX, 1901. Cfr. también: G. B. Gybbon Monypenny, "The Two

se lee: "Fija, mucho vos saluda uno quë es de Alcalá"[2] lo que induce a suponer que nació en Alcalá de Henares —probablemente hacia finales del siglo XIII— o a lo menos vivió habitualmente en dicha región o en sus tierras colindantes, a las cuales corresponde la mayoría de las menciones geográficas de la obra. Puede suponerse que Juan Ruiz estudió en Toledo, centro entonces de confluencia de las culturas europeocristiana, musulmana y hebraica. Fue Arcipreste de Hita, y, por causas que se desconocen, parece que sufrió prisión durante cierto tiempo por orden del Cardenal Gil de Albornoz, arzobispo de Toledo. Posiblemente escribió en la cárcel parte de su poema; el escritor alude concretamente a su encarcelamiento en varios pasajes de su libro, todos ellos pertenecientes a la segunda redacción, es decir, a la conservada en el códice de Salamanca. En las tres primeras estrofas habla de la prisión en que se encuentra:

> *Señor Dios, que a [los] judiós,   pueblo de perdición,*
> *saqueste de cativo   del poder de Fa⟨raón⟩,*
> *a Danïel saqueste   del pozo [de] babilón:*
> *sacä a mí, coitado,   d'esta mala presión.*
>
> *Señor, tú diste gracia   a Ëster la reína:*
> *ant' el rey Assüero   ovo tu gracia dina;*
> *Señor, dame tu gracia   e tu mercet aína:*
> *sácam[e] d'esta lazeria,   d'esta presión ⟨mesquina⟩.*
>
> *Señor, tú que saqueste   al profeta del lago,*
> *de poder de gentiles   saqueste a Santïago,*
> *e del vientre libreste   a Marina, del drago,*
> *librä a mí, Dios mío,   d'esta presión do ya⟨go⟩*[3].

y vuelve a mencionar su prisión en una de las cánticas de Loores de Santa María:

> *del mundo salut e vida,*
> *de muerte destruïmiento,*

Versions of the *Libro de Buen Amor:* the extent and nature of the author's revision", en *Bulletin of Hispanic Studies,* XXXIX, 1962, págs. 205-221 (de las partes añadidas en la "segunda versión", Gybbon deduce consecuencias para la interpretación y carácter moralizador del libro, que, en su conjunto, acepta; véase luego). Para el estudio de las dos versiones y de los tres manuscritos conservados véase asimismo el Prólogo de Joan Corominas a su edición crítica del *Libro* —luego citada—, págs. 15-37.

[2] Estrofa 1.510a (ed. Corominas). En el códice de Gayoso se lee: "uno que mora en Alcalá" (véase ed. crítica de M. Criado de Val y Eric W. Naylor, cit. luego, pág. 507).

[3] Estrofas 1-3 (ed. Corominas). Cuando reproducimos un comentario que encierre algún pasaje del *Libro de Buen Amor,* respetamos la versión aceptada por cada autor; cuando citamos al Arcipreste por nuestra cuenta, nos atenemos siempre a la edición de Corominas (véase luego la cita bibliográfica, nota 69).

> *de gracia llena, cumplida,*
> *de coitados salvamiento:*
> *de aqueste dolor que siento*
> *en presión, sin merecer,*
> *tú me deña ëstorcer*
> *con el tu defendimiento...* [4].

En otras dos ocasiones habla del "espanto" y "grand mal" que padece:

> *Reína, Virgen, ¡mi esfuerço!*
> *yo só puesto en tal espanto!,*
> *por lo qual a ti bendigo*
> *que me guardes de quebranto...* [5].

> *Sufro grand mal*
> *sin merecer, a tuerto,*
> *esquivo tal,*
> *por que pienso ser muerto...* [6].

En otro pasaje pide protección al cielo contra los "traidores" y "mescladores":

> *Señor, tú sey comigo,   guárdame de traid⟨ores⟩* [7],

> *...faz que todo se torne   sobre los mescladores...* [8].

Finalmente el manuscrito de Salamanca concluye con este *explicit*, puesto por el copista Alfonso de Paradinas: "Éste es el libro del Arcipreste de Hita, el qual compuso seyendo preso por mandado del Cardenal don Gil, Arçobispo de Toledo" [9].

De acuerdo con tales datos se había aceptado siempre, sin posible equívoco, que se trataba de una prisión real, "de cal y canto". Pero, desde hace unos cuarenta años, insignes investigadores —Salvatore Battaglia [10], Leo Spit-

---

[4] Est. 1.674, ed. cit., págs. 619-621.
[5] Est. 1.670, ed. cit., pág. 619.
[6] Est. 1.683, ed. cit., pág. 623.
[7] Est. 7d, ed. cit., pág. 73.
[8] Est. 10c, ed. cit., pág. 73.
[9] Ed. cit., pág. 631. Sobre el copista del libro del Arcipreste, cfr.: Manuel García Blanco, "Don Alonso de Paradinas, colegial de San Bartolomé, copista del 'Libro de Buen Amor'", en *Seis estudios salmantinos*, Salamanca, 1961; y R. Menéndez Pidal en "Notas al libro...", cit.
[10] Salvatore Battaglia, "Saggio sul *Libro de Buen Amor* dell'Arcipreste de Hita", en *Nuova Cultura*, IX, 1930, págs. 721-735.

zer [11], Félix Lecoy [12], María Rosa Lida de Malkiel [13], Otis H. Green [14], Giorgio Chiarini [15], Lucius Gaston Moffat—[16] vienen poniendo en duda el efectivo encarcelamiento de Juan Ruiz, y se inclinan por una interpretación alegórica: según ésta, el poeta se refiere a la cárcel del pecado o de la vida temporal, y los "mescladores" y "traidores" serían los demonios; asimismo, los dos versos en que dice "yo só muchö agraviado / en esta cibdat seyendo" [17] habrían de entenderse como oposición entre la ciudad del mundo y la de Dios, a la manera agustiniana. Semejante interpretación ha sido rechazada por Gonzalo Menéndez Pidal [18], Wilhelm Kellermann [19], Ramón Menéndez Pidal [20] y Dámaso Alonso [21], a los cuales se adhieren Rafael Lapesa [22] y Joan Coromi-

---

[11] Leo Spitzer, "En torno al arte del Arcipreste de Hita", en *Lingüística e historia literaria*, 2.ª ed., Madrid, 1961, págs. 87-134.

[12] Félix Lecoy, *Recherches sur le Libro de Buen Amor*, París, 1938.

[13] María Rosa Lida de Malkiel, "Notas para la interpretación, influencia, fuentes y texto del *Libro de Buen Amor*", en *Revista de Filología Hispánica*, II, 1940, págs. 105-150; y "Nuevas notas para la interpretación del *Libro de Buen Amor*", en *Nueva Revista de Filología Hispánica*, XIII, 1959, págs. 17-82.

[14] Otis H. Green, *Spain and the Western Tradition*, vol. I, The University of Wisconsin Press, Madison, 1963.

[15] Giorgio Chiarini, prólogo a su edición crítica del *Libro de Buen Amor*, Milano-Napoli, 1964.

[16] Lucius Gaston Moffat, "The Imprisonment of the Arcipreste", en *Hispania*, XXXIII, 1950, págs. 321-327.

[17] Est. 1.671ab, ed. cit., pág. 619.

[18] Gonzalo Menéndez Pidal, "El Arcipreste de Hita", en *Historia General de las Literaturas Hispánicas*, vol. I, Barcelona, 1949, pág. 477.

[19] Wilhelm Kellermann, "Zur Charakteristik des *Libro del Arcipreste de Hita*", en *Zeitschrift für Romanische Philologie*, LXVII, 1951, págs. 231-233.

[20] Ramón Menéndez Pidal, *Poesía juglaresca y orígenes de las literaturas románicas*, Madrid, 1957. De hecho, don Ramón no pierde demasiado tiempo en discutir este problema; en nota al pie (1, pág. 210) dice concretamente: "Prisión efectiva. No puedo comprender cómo en el decenio 1930 varios autores convinieron en decir que la prisión de que habla Juan Ruiz era prisión alegórica de los pecados. Un pecador nunca dice que padece sin merecerlo e injustamente, 1674, 1683, y por insidias de traidores, 6, 7, 10, etc. No fue sin duda su prisión ocasionada por el libro, como habría que suponer según Lecoy, *Recherches*, pág. 331".

[21] Dámaso Alonso, "La cárcel del Arcipreste", en *Cuadernos Hispanoamericanos*, febrero 1957, págs. 165-177. Dámaso Alonso expone con singular viveza sus argumentos, que nos parecen convincentes. Lida de Malkiel, que había tratado la cuestión en sus "Notas" casi de pasada, añadió a sus "Nuevas notas" un *Apéndice* titulado "La prisión del Arcipreste", en que contesta a Dámaso Alonso, con gran despliegue erudito, en diez macizas páginas, rematadas con unas agrias frases de alusión personal que no refuerzan sus razones. Cfr.: Rafael M. de Hornedo, "Pasión en torno a la crítica del Arcipreste", en *Razón y Fe*, junio, 1961, págs. 610-615.

[22] Rafael Lapesa, "El tema de la muerte en el *Libro de Buen Amor*", en *De la Edad Media a nuestros días*, Madrid, 1967. Lapesa resume, en realidad, con gran precisión, los argumentos de Dámaso Alonso: "El poeta —escribe— declara repetidamente no merecer el mal que sufre: 'Mexías, Tú me salva *sin culpa* e sin pena' (5d); 'aqueste

nas [23]; con ello se ha dado pie para una controversia, mantenida en alguna ocasión no sin cierto apasionamiento.

Se desconoce cuándo murió Juan Ruiz; pero en 1351 el arciprestazgo de Hita ya no estaba regentado por él.

El Arcipreste nos informa en su libro de que compuso muchos cantares para gentes dadas a diversión o dedicadas al oficio juglaresco, lo que permite ver que fue su vida harto desenvuelta y que andaba en compañías poco apropiadas para su condición sacerdotal:

*Después muchas cantigas   fiz de dança e troteras
para judías e moras   e para ëntenderas;
para ën estrumentes,   comunales maneras:
el cantar que non sabes,   oílö a cantaderas.*

*Cantares fiz algunos   de los que dizen ciegos
e para ëscolares   quë andan nocherniegos,
e para otros muchos   por puertas andariegos,
caçurros e de burlas: non cabrién en diez pliegos* [24].

---

dolor que siento / en presión *sin meresçer* (1.674f); 'sufro grand mal, *sin meresçer, a tuerto*' (1.683a). No importa que otras veces solicite la ayuda celestial declarando no merecerla o reconozca que por otros pecados se ha hecho indigno de ella: esto no quita que se sienta víctima de una injusticia, como dice, sin vuelta de hoja, con la locución *a tuerto*. Y esto sería inconcebible, tanto si se tratara de la cárcel del pecado como si se refiriese a la vida mundanal. Ese *a tuerto* reclama sentido directo para los agravios y la ciudad del mencionado verso 1.671a, así como para las maquinaciones de los 'mescladores'", (págs. 59-60). Y en nota al pie, aludiendo a la exposición de Lida de Malkiel, insiste: "Tampoco se puede admitir referencia a que la prisión del pecado sea sin méritos para el alma: la puntualización *a tuerto* excluye toda anfibología. Se trata de quejas ante una injusticia, por la que el poeta se siente 'agraviado', como ha dicho poco antes en el verso 1.671a" (nota 11, págs. 59-60).

[23] Corominas, al comentar el mencionado verso 10c —"faz que todo se torne sobre los mescladores"—, escribe: "Como se ha observado, la frase 'que todo se torne sobre los mescladores', *los calumniadores*, sólo puede entenderse como referente a los enemigos personales y terrenos del Arcipreste que le han puesto en la *coita* presente, a que tan insistentemente alude en este prólogo y en otros pasajes del libro, sea tal cuita la prisión u otra, probablemente aquélla. Si se tratara de los diablos, podría pedir que le librara de ellos la Virgen, pero no que las consecuencias de la acusación, calumnia o intriga se volvieran sobre ellos, contra ellos, puesto que ya están en el infierno y no pueden sufrir ninguna agravación de su pena eterna e inemperable. El empeño de Li [Lida de Malkiel] *1959*, 77, en buscar para ello un modelo bíblico, a todo trance era inútil, pues es en vano siempre echar mano de la erudición contra la evidencia" (edición citada, pág. 74).

[24] Ests. 1.513-1.514, ed. cit., pág. 565.

Juan Ruiz fue, efectivamente, un clérigo ajuglarado, doñeador alegre, que "sabe los estrumentes e todas juglarías" [25], de vigorosa y sensual humanidad, en cuya obra se encuentran los únicos ecos de la poesía goliardesca en lengua castellana. Menéndez Pidal dice que como base de todo comentario al *Libro de Buen Amor* deberíamos poner el Concilio de Toledo de 1324, que se lamenta de que los mismos prelados de aquella archidiócesis se gocen en el liviano espectáculo de las soldaderas. Juan Ruiz, clérigo del mismo arzobispado, no representa, en consecuencia, un caso escandaloso por el hecho de convivir con soldaderas, troteras y cazurros; no es, pues, un clérigo rebelde, mal avenido con su hábito, sino producto típico de una época desmoralizada [26].

Menéndez y Pelayo, que ya señaló el carácter goliardesco de la obra del Arcipreste, niega que exista en él ninguna nota de insurrección contra la autoridad espiritual ni ataque alguno a los dogmas, con lo cual rechaza uno de los elementos de la poesía goliardesca; pero, acepta el otro componente, que es su afición al tema tabernario. Menéndez Pidal afirma, en cambio, que éste no existe en el *Libro de Buen Amor*, pues Juan Ruiz, quizá bajo el influjo de Ovidio, "sermonea contra el vino y la gula, contra los dados y el tablero" [27]. No existiendo, pues, ni rebeldía espiritual ni motivos tabernarios, nada goliardesco quedaría en el *Libro*. Pero Menéndez Pidal subraya los muchos aspectos de otra índole, comunes al *Libro de Buen Amor* y a los *Carmina Burana* o a los poemas atribuidos al ficticio Golías o al arcediano de Oxford, Gualterio Map: la tendencia a la erudición escolástica, en especial de los autores clásicos; la multitud de pensamientos y asuntos referidos al amor, o más bien al apetito amoroso; las sátiras contra el clero, los prelados [28] y la curia romana; la parodia de los rezos clericales; las propiedades del dinero; el esmero en el

---

[25] Est. 1.489b, ed. cit., pág. 555.
[26] *Poesía juglaresca y orígenes...*, cit., pág. 203.
[27] Ídem, íd., pág. 204. El problema, no obstante, debería ser matizado con detención aquí imposible. Carmelo Gariano advierte que "tanta atención dedica el Arcipreste al cuerpo humano que hasta destaca la necesidad de la buena comida para estar bien aparejado a hacer pleitesía con Venus" (*El mundo poético de Juan Ruiz*, Madrid, 1968, pág. 36). Respecto del vino, lo que rechaza Juan Ruiz es el abuso, porque —comenta el propio Gariano— "afea al enamorado: eso es imperdonable para un clérigo ansioso de caer bien". "Guárdate, sobre todo, mucho vino bever", dice el Arcipreste (528b, Corominas). Pero jamás se declara abstemio; después de ponderar los muchos contratiempos, físicos y morales, que puede acarrear el mucho beber, añade:

> Es el vino muy bueno   en su mesma natura,
> muchas bondades tiene   si s' toma con mesura

(548ab).

[28] Señala Menéndez Pidal que la *Cántiga de los clérigos de Talavera*, que ha sido tenida como reflejo de una actitud real, sostenida por aquellos clérigos contra las órdenes del arzobispo, está tomada directamente de la *Consultatio Sacerdotum*, tantas veces tratada un siglo antes en los poemas atribuidos a Gualterio Map, de los cuales debió de conocer el Arcipreste varias versiones (*Poesía juglaresca y orígenes...*, cit., págs. 205-206).

arte de versificar, en hacer trovas "sin pecado"; y sobre todo "es muy goliárdico el deleite en el áspero choque entre lo religioso y lo profano, entre lo serio y lo burlesco, entre el buen amor y el amor loco"[29]; es goliárdica, finalmente, la misma abigarrada contextura del *Libro,* que se corresponde en cierto modo con la *Confessio Goliae* "hasta en el metro de cuartetas monorrimas en que las dos obras están escritas"[30]. Las diferencias son, a su vez, fundamentales: así como Golías se acusa tanto de los pecados de Venus como de los del juego, de la ebriedad y de la glotonería, Juan Ruiz sólo retiene los temas amorosos, pero rechaza el juego y la taberna; y no se arrepiente, en absoluto, de esos desórdenes amatorios, sino que los acepta como tributo irrecusable a las vitales exigencias de la naturaleza.

Este carácter amatorio, paganamente gozador, que parece rezumar por todo el poema, unido, por otra parte, a las repetidas declaraciones moralizadoras que hace el autor, ha planteado desde antiguo el problema de discernir la auténtica personalidad del Arcipreste, y, consecuentemente, la verdadera intención de su *Libro.* Amador de los Ríos consideraba a Juan Ruiz como severo moralista y clérigo ejemplar, aceptando las afirmaciones del propio poeta, que declara su intención en dicho sentido: "si es cierto —dice— que cuenta de sí mismo mil picardías, lo hace para ofrecerse como víctima expiatoria de los pecados de su tiempo, acumulándolos sobre su inocente cabeza"[31]. El conde de Puymaigre veía, en cambio, en Juan Ruiz a un precursor de Rabelais y hasta del libre pensamiento, apoyándose en sus alusiones irónicas contra la Curia de Aviñón y la simonía de los clérigos[32]. Menéndez y Pelayo, tratando de reaccionar contra estas conclusiones desmedidas, aceptaba el carácter goliardesco de la obra de Juan Ruiz, y opinaba que el Arcipreste era tan sólo un producto típico de la corrupción de la época, pero sin que fuera más allá de la desenvoltura en la expresión, y negaba que hubiera en el *Libro* ningún ataque a los dogmas[33].

En nuestros días —y coincidiendo con la creciente estima por la obra del Arcipreste y el auge de sus estudios— ha vuelto a replantearse y discutirse este problema; la decisión casi puede decirse que corre paralela con la opinión sostenida sobre el sentido real o alegórico de la prisión de Juan Ruiz. Don Ramón Menéndez Pidal no niega la mezcla o fusión en el *Libro de Buen Amor* de intención moralizadora con ironías y desenvolturas: "sería absurdo —dice— tener las muchas cantigas que el Arcipreste dedicó a Santa María como obra de un descreído, y también inexacto el verlas imbuidas de una fe

---

[29] *Poesía juglaresca y orígenes...,* cit., pág. 205.

[30] Ídem, íd.

[31] José Amador de los Ríos, *Historia crítica de la literatura española,* vol. IV, Madrid, 1863.

[32] Conde de Puymaigre, *Les vieux auteurs castillans,* vol. II, París, 1862.

[33] M. Menéndez y Pelayo, *Antología de poetas líricos castellanos,* edición nacional, vol. I, Santander, 1944, págs. 266 y ss.

viva, pues es *fides sine operibus*, algo así como la fe del salteador de caminos que lleva sobre el pecho un devoto escapulario" [34]; enumera las concepciones contradictorias que pueblan el libro —sobre las cuales hemos de volver—, y concluye que las moralizaciones del Arcipreste "si bien son un brote natural del espíritu ejemplificante que había producido Disciplinas, Documentos y Castigos en abundancia, son un brote muy tardío; Juan Ruiz está situado al final de esa serie y su *Buen Amor* es la despedida humorística a la época didáctica de la literatura medieval" [35].

La opinión de Menéndez Pidal es compartida —con diferentes matizaciones— por otros varios estudiosos. Otto Tacke cree que el Arcipreste moraliza para encubrir su propia vida licenciosa, para excusarse a sí mismo y para conservar la libertad de decir lo que se propone [36]. Wilhelm Kellermann se enfrenta abiertamente a la interpretación didáctico-moralizante del *Libro de Buen Amor*, afirmando que en Juan Ruiz existe una ruptura entre lo ético-religioso y lo erótico-mundano, oposición que se refleja constantemente en el predominio del debate [37].

Parecidas ideas, pero con mucha mayor extensión y contundencia, que casi podría calificarse de apasionada, defiende Claudio Sánchez-Albornoz en su *España, un enigma histórico*. Para este famoso historiador no existe duda sobre el carácter más cínico que moralista, más hipócrita que piadoso de Juan Ruiz; su repetido sermoneo no es sino el modo de encubrir su auténtica intención. Su erotismo literario y humano, su ímpetu vital, su apicarada juglaría, pueden sentirse frenados por inhibiciones subconscientes —dictadas por la herencia moral de Castilla y por las proyecciones éticas de su fe sincera y robusta— y también por conscientes temores, a que su inmoralidad personal y literaria podía exponerle; de aquí que envuelva su epicureísmo con la insistente cantilena de sus propósitos moralizadores, demasiado repetidos y declarados e innecesariamente puestos de relieve si el carácter de su poema no hubiera dado lugar a serias dudas. "Creo que el Arcipreste —escribe— fue un juglar apicarado y que se propuso escribir a las claras y *ab initio* no un libro moralizante sino una obra alegre para entretenimiento de las gentes que la leyeran o que la oyeran recitar... Todo el *Libro de Buen Amor* está encerrado entre dos declaraciones: una liminar: 'Sy queredes, señores, oyr un buen solás', y otra final: 'Por vos dar solás a todos fablévos en jogaría'. Sí; el Arcipreste se propuso escribir una obra, no dionisíaca, claro está, pero sí regocijada y bufa; una obra en que cantaba y exaltaba el *loco amor*, como él llama al amor carnal, y se burlaba de lo divino y de lo humano. Su sensualidad desbordante y su ironía torrencial eran incompatibles con la redacción de un libro

---

[34] *Poesía juglaresca y orígenes...*, cit., pág. 207.
[35] Ídem, íd., pág. 209.
[36] Otto Tacke, *Die Fabeln des Erzpriesters von Hita*, Breslau, 1911.
[37] Wilhelm Kellermann, "Zur Charakteristik...", cit.

moralizante y didáctico"[38]. Y añade un poco más abajo: "Es difícil explicar que un auténtico moralista se embalase a campo traviesa por los barbechos de la sensualidad, como hizo Juan Ruiz. Para admitir que el Arcipreste se propuso *ab initio* ejemplarizar sería preciso borrar la mayor parte y las mejores páginas del *Buen Amor*"[39].

Américo Castro, que ha dedicado largas y espléndidas páginas a estudiar la persona y la obra del Arcipreste, también defiende que el *Libro de Buen Amor* no es un libro didáctico: "El *Libro de Buen Amor* —escribe— no cabe en los límites de la poesía didáctica, en la cual la vida es contemplada desde fuera de ella, puesta entre paréntesis y vista en la firme realidad ideal del deber ser, no en la realidad problemática de su existir"[40]. Para Castro, el amor no es ni siquiera la única cima a donde convergen los demás valores; el amor es el punto de partida, y también la luz que alumbra otros aspectos valiosos en sí mismos; "pero el tema primario y orientador —dice— sería, más bien, la tensa y animada actividad del vivir voluntarioso, atraída por el amor y espoleada por la alegría"[41]. Al referirse al comentario que el Arcipreste hace de un texto de Aristóteles (estrofas 71-73) sobre la conducta de todo ser vivo, añade: "La diferencia entre el Filósofo y Juan Ruiz no sólo consiste en el tono humorístico, que falta en el griego, sino en que Aristóteles escribe para explicar el ser de la naturaleza, en tanto que el Arcipreste se

---

[38] Claudio Sánchez-Albornoz, *España, un enigma histórico*, 2 vols., Buenos Aires, 2.ª ed., 1962, dedica a Juan Ruiz el capítulo VIII, "Frente al supuesto mudejarismo del Arcipreste", vol. I, págs. 451-533 (la cita es de las páginas 515-516). Véase también del mismo Sánchez-Albornoz, "Originalidad creadora del Arcipreste frente a la última teoría sobre el Buen Amor", en *Cuadernos de Historia Española*, XXXI-XXXII, 1960, páginas 275-289.

[39] Idem, íd., pág. 516. Sánchez-Albornoz trata de aclarar en qué medida puede o no calificarse de hipócrita la actitud del poeta: "Puede y no puede —escribe— hablarse por ello de hipocresía al referirse al juego en doble vertiente del *Libro de Buen Amor*. El español en quien se entrecruzan, más o menos confusamente, una firme religiosidad, un rígido ideal de vida moral y una sensualidad extrema, no debe ser calificado de hipócrita; no lo es el pecador sino cuando ocultando la claudicación de su caída quiere aparentar virtudes que le faltan; y eso no lo hizo el Arcipreste. Al contraponer su moral sermoneo a los desbordes de su alegría vital, inducido por la firmeza de su fe y por su conciencia de pecado, no cayó en hipocresía, siguió hispanas corrientes temperamentales que continúan fluyendo por el río caudal de la vida católica española. Tampoco podemos llamar hipócrita al hombre, por ley de vida, forzado a precaverse de la miseria o de la prisión, pero que no incurre en obsecuencia adulatoria; en otro caso habría hoy en el mundo millones de hipócritas. No fue ese el caso de Juan Ruiz, pues en la cantiga de los clérigos de Talavera llegó incluso a alzarse contra el arzobispo que le tenía encarcelado. Pero bordeó la hipocresía y al cabo cayó en ella cuando, para guardarse, declaró muchas veces que su libro tenía un misterioso doble sentido" (*España, un enigma...*, págs. 501-502).

[40] Américo Castro, "El *Libro de Buen Amor* del Arcipreste de Hita", en *Comparative Literature*, Eugene (Oregon), IV, 1952, págs. 193-213 (la cita, de la pág. 195).

[41] Idem, íd., pág. 193.

sirve del vital impulso de la existencia humana para construir su obra poética sobre un frenético y omniabarcante dinamismo. Lo que en Aristóteles es teoría aparece aquí como esforzante vitalidad: el hombre *trabaja, quiere*, se mueve incitado por *toda cosa*. A Juan Ruiz no le interesa qué sea el hombre; le fascina, en cambio, sentirlo afanándose, queriendo, o incluso pecando:

> *el ome quando peca, bien ve que desliza;*
> *mas no se parte ende, ca natura lo entiza* (75).

Afanes y cuidados aguijonean al hombre y le preocupan. La busca de la mujer deriva de su básico estar en el vivir afanoso... El libro de Juan Ruiz es más que un *Ars amandi;* su tema radical sería más bien el trabajo e inquietud anejos a la necesidad de amar" [42]. Y amplía luego su interpretación con palabras que nos parecen luminosas: "La naturaleza, la costumbre y el hado a la vez impulsan y obstaculizan la marcha del vivir. La conciencia de ser así la vida interviene auténticamente en la compleja estructura de la obra del Arcipreste, pese a todas las bromas de su irrefrenable humorismo. El *Libro* se mueve dialécticamente, menos entre las nociones de virtud y pecado, que entre las vivencias de impulso vital (esfuerzo, ligereza, alegría, etc.) y del obstáculo encontrado (rechazo, desengaño, tristeza, etc.). La interpretación del *Libro* como obra burlona y salaz (goliardismo) impedía captar lo que hay de seriamente humano tras su estilo alegre, juguetón y juvenil" [43].

Al referirse a la posible tradición que canaliza hacia el libro los diversos componentes, Castro recuerda que semejante oposición entre el amor divino y el profano puede encontrarse en otros muchos lugares de la literatura cristiano-europea —según vienen señalando los comentaristas—, pero tales extremos no se producen interfiriéndose incesantemente unos a otros en la forma fluida y deslizante característica del Arcipreste, siempre ambigua, que no permite distinguir en última instancia entre lo profano y lo divino, y que a cada paso reciprocan sus valores. Semejante modo de entender la realidad sostiene Castro que es la propia de la estructura oriental de la vida, y descubre concretamente el profundo influjo islámico que existe en el libro de Juan Ruiz. Castro se extiende en la exposición de estos puntos de vista, que pertenecen a lo más peculiar de sus conocidas interpretaciones históricas y en lo que no podemos detenernos ahora [44].

---

[42] Ídem, íd., pág. 194.

[43] Ídem, íd., pág. 195.

[44] Aunque para facilitar la síntesis de nuestra exposición hemos tomado las palabras de Castro del artículo mencionado, su estudio capital sobre Juan Ruiz se encuentra en su libro *La realidad histórica de España*, edición de 1954, donde, bajo el mismo título del artículo, ocupa el capítulo XII, págs. 378-442. Es imposible no traer aquí algunos pasajes a lo menos, en los que expone Castro la peculiar actitud de Juan Ruiz, nacida de su enraizamiento en el mundo islámico. "Si el Arcipreste —escribe— hubiera sido musulmán, la transición continua de uno a otro plano habría acontecido con ingenua

La actitud contraria, es decir, la interpretación del *Libro de Buen Amor* como una obra de intención didáctica, ha sido sostenida principalmente por Leo Spitzer y por María Rosa Lida de Malkiel.

sencillez, sin sorpresa ni esfuerzo, siendo cristiano (aunque imbuido de tradición islámica), tenía por fuerza que reflejar el contraste entre la espontaneidad sensible y la reflexión moral. Un escritor cristiano no podía aparecer, en una misma alentada, como pecador y moralista, cosa que el Arcipreste veía y leía acontecer entre musulmanes, para quienes vivir en la carne no significaba necesariamente alejarse del espíritu, ni viceversa. El cristiano medieval no se abstenía de vivir en la carne, pero sabía que era pecado hacerlo, aunque se obstinara en él y lo convirtiese en tema de literatura *cómica*... Mas a este o a otro cristiano no se le ocurrió escribir poemas que incluyeran a la vez lo alegre y lo moralizante; Juan Ruiz, muy familiarizado con la vida islámica, pudo hacerlo, aunque tendiendo un puente humorístico entre sensualidad y moralidad —con un humorismo suyo, no islámico—. Esta combinación *centáurica* entre dos modos de vida confunde y desorienta cuando nos acercamos al Arcipreste... Visto en adecuada perspectiva, el Arcipreste deja de parecer cínico o hipócrita; su arte (porque arte es y no abstracta didáctica) consistió en dar sentido cristiano a formas literarias de algunos ascetas islámicos, y es así paralelo al de las construcciones mudéjares tan frecuentes en su tiempo. El amor puede hacer bien a los sentidos y al espíritu; por eso su libro, entretejido de cristianismo e islamismo, divierte y adoctrina. La mujer bella aparece aquí como deseable y deseada, aunque luego se moralice sobre los riesgos humanos, no ultraterrenos del amor" (págs. 387-388). "El *Libro de Buen Amor* fue fruto ambigüo de la alegría vital y de los frenos moralizantes; ambos temas chocan y se entremezclan en el juego complejo de su estilo. No veló ciertamente su predilección por el goce sensible del mundo próximo y gustoso. Su impulso vehemente transciende en su expresión, en su desdén por el perezoso y el inerte; tanto don Amor como el Arcipreste coinciden en la estima del esfuerzo ágil: 'Prueva fazer ligerezas e fazer valentía' (518), como 'el buen galgo ligero, corredor y valiente' (1.357), verso raudo y certero como una saeta. Poesía activa, andariega, alegre y sensual, lejano antecedente de la literatura de andar y ver, de ver y gustar lo más posible de este mundo, aspiración que un día satisfará la sensualidad sin orillas de Lope de Vega" (págs. 393-394). "El autor no afirma plúmbea y dogmáticamente 'esto es mejor que aquello'; nos hace ver con ágil ironía el movimiento valorativo hacia lo uno o lo otro. Característica radical de esta obra es el aire de alegre juego... Alegría, jugueteo, ingenuidad emotiva, caminar y moverse sin reposo, tomar alternados puntos de mira en las peleas, cada primavera renovada, entre los placeres y las abstinencias —todo esto es forma y aspecto de una estructura abierta y enraizada en la sensibilidad de la persona. En ella hace entrar el Arcipreste cuanto del mundo sabe, ve y entiende" (pág. 397). "Al Arcipreste no le interesaba la verdad que buscaban los glosadores de la Biblia o de los textos legales. Lo que claramente dice es que el *Libro* es como esos instrumentos que describe y anima en varios lugares de su Cancionero, un instrumento creador de fluencias abiertas y reiterables, tan unidas al arte del poeta como al gusto interpretativo del lector. El Amor (¿loco? ¿bueno?) es, por lo mismo, más una incitación reiterada que una ocasión para dogmatismos moralizantes, incompatibles en absoluto con el tono y estilo de la obra. Las personas aman o desaman; los animales corren, luchan o nadan; los instrumentos tañen. Y el lector, a su vez, ha de tañer el libro e interpretarlo. ¿Cómo? Juan Ruiz no lo dice; únicamente le interesa el movimiento como tal, como función movediza y deslizante" (págs. 399-400). Y en una breve nota al pie (núm. 47, pág. 418), Américo Castro reduce a síntesis su pensamiento sobre la actitud global del escritor: "No digo que el Arcipreste sea un amoralista, ni

En síntesis, la posición de Spitzer en este punto podría decirse que apenas difiere de la mantenida por Amador de los Ríos: el Arcipreste, dice, ofrece los detalles de su propia vida como un ejemplo de pecado, es decir, el héroe literario comete los pecados de que todo hombre es capaz para mostrar de qué manera la debilidad del hombre le conduce a olvidarse del *buen amor*; pero así como para Menéndez Pidal el humorismo del Arcipreste es parte de su espíritu mundano, para Spitzer forma parte del propósito religioso del autor: "el *Libro de Buen Amor* cuenta *locuras*, porque la necia conducta de los hombres entra también en el orden querido por Dios. No constituyó problema ninguno para Juan Ruiz lo que tantas dificultades parece crear a los críticos modernos, es, a saber, cómo un libro acerca del buen amor, del amor divino, puede tratar tanto del amor necio, del amor pecaminoso. La *Locura* está ahí en el mundo; el mundo es locura a los ojos de Dios, pero sólo ella completa el mundo: sin necedad no hay verdad. Puede parecer que el Arcipreste se detiene demasiado morosamente en el pecado de la lascivia, en vez de practicar el *guarda e passa*; pero desde el punto de vista dogmático-teológico estaba a cubierto: estaba a cubierto —por sí mismo, como cristiano medieval— y no tenía necesidad de *tomar precauciones* como piensan algunos modernos críticos" [45].

María Rosa Lida de Malkiel es una defensora tenaz del carácter didáctico del *Libro de Buen Amor*. En un primer trabajo hace suya la interpretación de Spitzer, de la cual dice: "El estudio de Spitzer no deja dudas sobre el sentido del *Buen Amor* como tratado didáctico" [46]. Bastantes años después volvió sobre el tema para desarrollarlo con mucho mayor detalle y amplio aparato erudito, siguiendo paso a paso las afirmaciones en contrario de Américo Castro, Kellermann y Menéndez Pidal, cuyos trabajos le sirven como de frontón en donde hacer rebotar sus propios juicios. En nota al pie de este último trabajo rectifica *varios errores*, según los llama, de su primer estudio, y puntualiza su criterio diciendo: "No es el *Buen Amor*, desde luego, tratado didáctico, es decir, libro de orientación escuetamente doctrinal y no estética, ni tampoco poema didáctico que exponga directamente un saber objetivo, como las *Geórgicas* o el *Dittamondo*, sino obra de poesía amena con intención didáctica (siendo la conducta humana la materia principal pero no exclusiva de su didactismo), en enlace íntimo con obras de idéntica intención de la literatura árabe y la hebrea" [47]. Y precisando más sus conceptos, dice en páginas posteriores: "Insisto en que ni por asomo entiendo que el *Buen Amor* sea un 'código de moralidades', una 'abstracta didáctica' o un poema didascálico a la manera

---

que le sean indiferentes los valores morales; lo que afirmo es que el interés y la gracia estilística de su arte se centran en el constante estar pasando de una a otra orilla. Esto es un juego artístico, no un código de moralidades".

[45] "En torno al arte del Arcipreste de Hita", cit., pág. 109.
[46] "Notas...", cit., pág. 106.
[47] "Nuevas notas...", cit., pág. 20, nota 11.

grecorromana y neoclásica. Lo que sostengo es que estamos ante una obra de literatura amena y provechosa a la vez, porque su autor, conforme a la tendencia de su época, patente también en el *Conde Lucanor*..., se ha propuesto hacer un libro 'que los cuerpos alegre e a las almas preste'. Si subrayo la finalidad de enseñanza más bien que la de regocijo es a causa de que, por no ser hoy familiar tal asociación, se rechaza el propósito edificante, con grave detrimento del sentido e integridad del *Libro*"[48].

Acepta Lida, en líneas generales, la tesis arábiga de Castro, pero afirma que las relaciones entre Juan Ruiz y la tradición islámica no consisten en la fluida ambigüedad del *Libro de Buen Amor*, sino en sus propósitos didácticos. Sostiene, por su parte, el influjo de la literatura semítica, y defiende que la obra del Arcipreste está emparentada con el género hispanohebreo de las *maqāmāt*, cuyo principal propósito es el moralizar; y resume sus conclusiones afirmando que el *Libro de Buen Amor* es una obra mudéjar, que engarza los motivos cristianos dentro de la estructura de la *maqāmāt* hispanohebrea[49].

Anthony N. Zahareas en un reciente libro, muy sugestivo, sobre el arte de Juan Ruiz[50], enfoca su interpretación desde distinto ángulo. Según explica, los trabajos más importantes sobre el Arcipreste han concentrado su atención en las fuentes tradicionales del *Libro*, en su forma autobiográfica y en su propósito, didáctico o no. En cambio, su estudio bajo el aspecto artístico ha sido descuidado o, a lo sumo, tomado sólo como complemento de las otras investigaciones. Zahareas, que se propone considerar la obra de Juan Ruiz como un todo, partiendo de la plena conciencia estética del escritor, resume su punto de vista con estas palabras, que no dudaríamos en suscribir: "Así como para María Rosa Lida el *Libro* es una composición artística con propósitos didácticos, yo diría, por el contrario, que es un libro didáctico con propósitos artísticos". Según Zahareas, al examinar la intervención del Arcipreste como narrador de sus aventuras amorosas y comentador de su significación moral, queda patente su deliberada ambigüedad, su empleo sistemático de la ironía, y el modo cómo se quiebra la supuesta distancia entre el comentador y el narrador. Juan Ruiz sabe aprovechar artísticamente y con propósito de diversión las posibles contradicciones de las formas didácticas tradicionales; el efecto cómico y divertido consiste en el juego entre la aceptación de una fórmula —alegórica o moral— y la sorprendente desviación que hace de ella Juan Ruiz. Mientras que para la mayoría de los críticos —sigue explicando Zahareas— lo más importante es el uso que hace el poeta de la estructura didáctica, para él dicha estructura es sólo importante como molde en el que el Arcipreste derrama su genio cómico.

---

[48] Ídem, íd., pág. 51.
[49] Ídem, íd., págs. 24 y ss.
[50] Anthony N. Zahareas, *The Art of Juan Ruiz, Archpriest of Hita*, Madrid, 1965. Sobre esta obra véase el comentario de A. D. Deyermond, en *Bulletin of Hispanic Studies*, XLIV, 1967, págs. 211-215.

Si comprendemos bien las ideas de Zahareas, podría decirse —el paralelo es nuestro— que así como Cervantes se valió del entramado de la novela de caballerías y del relato paródico para verter en él el prodigio de su ironía y su concepto personal del mundo y de la novela, el Arcipreste se instala dentro de las formas didácticas medievales para disparar desde ellas la ambigua variedad de sus intenciones y su humorística visión de la realidad.

Dicho se está, que semejante interpretación —riquísima de posibilidades— se opone radicalmente al concepto didáctico atribuido al poema por Spitzer y María Rosa Lida; el Arcipreste juega a mostrarnos las múltiples formas ambivalentes de las cosas, haciendo que unas a otras se iluminen, pero sin que el poeta se decida dogmáticamente por ninguno de sus significados. De aquí ese constante cruce de contrarios, de burla y de gravedad, de afirmación y de equívoco, según vimos también en el citado comentario de Castro; es el lector quien "ha de tañer el libro e interpretarlo", porque la realidad es movediza y deslizante:

>   ...el axenuz, de fuera   negro más que caldera,
>   es de dentro muy blanco,   más que la peñavera;
>   blanca farina yaze   so negra cobertera;
>   açúcar dulç' e blanco   está en vil cañavera;
>
>   so la ëspina yaze   la rosa, noble flor,
>   en fea letra está   saber de gran dotor:
>   como so mala capa   yaze buen bevedor,
>   assí so mal tabardo   está ël buen amor [51].

De hecho, la novedad del estudio de Zahareas está en el rastreo intensivo de la capacidad artística del Arcipreste para lograr su salto irónico desde la plataforma de las formas didácticas; pues la valoración del *Libro de Buen Amor* como disolución del didactismo medieval ya había sido definida por Menéndez Pidal lo mismo que por Castro. Concretamente al ocuparse del nombre de *Libro de Buen Amor* dado por el poeta a su obra, dice Menéndez Pidal que aquél no fue sino su más genial humorada: "El nombre del libro es, precisamente, todo lo contrario de lo que debiera ser, y el mismo Arcipreste, con su humorismo acostumbrado, nos cuenta las buenas razones que tuvo para escoger tan hermoso título; se lo aconsejó Trotaconventos, en ocasión en que se había vengado con saña de él por una palabra ofensiva dicha sin discreción:

>   Nunca digas nombre malo nin de fealdad,
>   *Llamatme buen amor*, e faré yo lealtad
>   Ca de buena palabra páguese la vesindat;
>   El buen desir non cuesta más que la necedat.
>
>   (Copla 906).

---
[51] Estrs. 17-18, ed. cit., pág. 83.

Entonces aprendió el Arcipreste que no podía llamar a la vieja *trotera*, aunque la viera cada día correr en su servicio, y que no era conveniente dar el nombre apropiado a su libro, que podía muy bien hacer los mismos oficios de 'señuelo, garabato, aguijón, aldaba, jáquima, anzuelo' y qué sé yo cuántos otros más que hacía la vieja Urraca, sin que por eso sufriera que se lo dijesen.

> Por amor de la vieja e por decir rasón
> *Buen amor dixe al libro e a ella toda sazón.*
>
> (Copla 907).

Éste es el verdadero título y ésta es su historia"[52]. Y añade luego: "El Arcipreste, conservando la forma cuentística de antes, pone en el fondo un signo negativo y escarnece el antiguo propósito doctrinal. Así el *Libro de Buen Amor* es la despedida burlona de la época didáctica. Pretende dar 'castigos de salvación' a nombre de 'la fe cathólica'; cosas del tiempo. Muy pocos años después hará lo mismo Boccaccio: el cuento más deshonesto e impío, el del 'Padrenuestro de San Julián', por ejemplo, lo califica como 'novella di cose cattoliche', y al fin del *Decamerón* bendice a Dios por la ayuda que la divina gracia le prestó para acabar libro de tan excelentes enseñanzas"[53].

Digamos, como resumen que, aun prescindiendo de la postura íntima de Juan Ruiz en lo que concierne a sus discutidos propósitos moralizadores, una cosa parece manifiesta, y es la glotona y sensual complacencia con que relata muchas de las traviesas aventuras de que está sembrada su obra. Pese a todas sus aparentes protestas, el *Libro de Buen Amor* rezuma carnalidad y paganismo por los cuatro costados. El amor de mujer, los placeres de la mesa, la jocunda alegría de vivir, impregnan todo el libro y se avienen a maravilla con los datos personales —reales o fingidos— que da de su propia persona el Arcipreste. Si pretendió moralizar —y, en teoría, lo hace con frecuencia— no cabe duda que lo que queda en el ánimo del lector es el sabor a vida placentera, y que sus audaces y desenvueltas descripciones son de eficacia mucho mayor que sus pretendidas teorías moralizadoras o intenciones didácticas. Incluso algunos comentaristas que aceptan la posible sinceridad de la intención moral del Arcipreste, como Lecoy y Battaglia, han reconocido que el poeta es muy superior cuando refiere picantes historias amorosas que cuando trata cosas de religión, o como dice el segundo de dichos críticos, Juan Ruiz fracasa a veces en su propósito de definir la vida como debe ser, pero acierta siempre cuando pinta la vida como es [54].

---

[52] "Notas al libro del Arcipreste de Hita", cit., págs. 143-144.
[53] Ídem, íd., pág. 145.
[54] Sánchez-Albornoz ha definido también este hecho incontrovertible; su opinión sería aquí menos valiosa, dado su criterio radicalmente opuesto a toda intención moral de Juan Ruiz, pero sus palabras son ejemplarmente precisas: "Juan Ruiz —dice— escribe con brío cuando nada a gusto en el océano de lo salaz y de lo burlesco. Fuera de este

Muy significativas del tono general que va a predominar en todo el poema, son esas frases, citadísimas, del comienzo, donde es difícil no reconocer un fuerte acento irónico, cuando no un burlón y travieso desenfado. Después de muchos preparativos moralizadores, citas religiosas y denuestos contra el "loco amor", escribe lo siguiente: "Empero, porque es umanal cosa el pecar, si algunos, lo que non les consejo, quisieren usar del loco amor, aquí fallarán algunas maneras para ello. E assí este mi libro, a todo omne o mujer, al cuerdo e al non cuerdo, al que entendiere el bien e escogiere salvación, e obrare bien amando a Dios, otrossí al que quisiere el amor loco, en la carrera que andudiere, puede cada uno bien dezir: *Intellectum tibi dabo et caetera*" [55].

Parece evidente que la obra de Juan Ruiz es, por encima de todo, fiel expresión de aquel nuevo espíritu pagano que en el siglo XIV comenzaba a manifestarse. Lo que por otra parte no excluye tampoco un fuerte sentimiento religioso, no menos intenso, en el autor. En realidad, en Juan Ruiz, como en tantos otros escritores de nuestra historia literaria, se dan en fuerte abrazo los más extremos contrastes, agravados en el Arcipreste por el mismo carácter contradictorio de la época, que tiene en él a su representante más genuino.

Con este resumen de las más difundidas teorías sobre el propósito del Arcipreste, podrían quedar trazadas las directrices capitales que orientan la exégesis contemporánea sobre su libro. Pero, de hecho, el problema sigue en pie, y el creciente interés que está provocando en nuestros días estimula el alumbramiento de nuevas interpretaciones. Para muchos críticos, el sentido del *Libro de Buen Amor* habría de decidirse tratando de encontrar la genuina significación dada por el poeta a los términos *bueno* y *loco*. Gonzalo Sobejano ha examinado distintas acepciones que el *buen amor* tiene en la obra del Arci-

---

ancho mar sólo destacan por su belleza algunas de sus cantigas a Nuestra Señora y su enfrentamiento con la muerte. Por español, su socarronería y su inverecundia eran al cabo compatibles con una férvida devoción a María; y el tema de la muerte ha exaltado de antiguo al *homo hispanus*. Su frecuente sermoneo moral no cae siempre en lo frío, lo monótono y lo pedregoso porque el Arcipreste era un gran poeta. Compárese sin embargo 'De cuales armas se debe armar todo Xristiano para vencer al diablo, el mundo e la carne' con 'De las propiedades que las dueñas chicas han' y con su bufonesco retrato de don Furón —están inmediatas en el Libro— y se advertirá la distancia estilística que separa lo moralizante de lo apicarado" *(España, un enigma histórico,* cit., págs. 616-617). En su trabajo posterior, "Originalidad creadora...", cit., insiste sobre el tema con mayor contundencia todavía: "Nadie —dice— puede ver en él ni siquiera un indirecto enfervorecimiento del amor del hombre a Dios. Es caprichoso juzgar edificantes sus parodias litúrgicas, sus ironías sobre la incontinencia del clero, su burla de los ayunos y de las penitencias, sus referencias jocosas al bautismo, al paraíso, a los mártires... Es imposible ver en la sátira de Juan Ruiz un intento de mover a hombres y mujeres hacia la vida virtuosa; los humoristas de su calidad o de su calaña no han pretendido ser reformadores" (pág. 285).
[55] Ed. Corominas, cit., pág. 79.

preste [56]; pero su estudio, apoyado particularmente en las conclusiones de Spitzer y Lida de Malkiel, apenas enriquece los resultados anteriores. Su interpretación global acepta el propósito moralizador del Arcipreste. Gybbon-Monypenny [57], después de resumir los diversos sentidos dados al *buen amor* por los críticos precedentes, lleva a cabo una exhaustiva búsqueda de dicho término en el poema y analiza cada pasaje para encontrar al cabo la intención global del autor que, no sin distingos y salvedades, supone también moralizadora. Brian Dutton [58], que ha dedicado un largo artículo a glosar a su vez el trabajo de Monypenny, no consigue llegar tampoco a conclusiones más definitivas, aunque se inclina asimismo por los propósitos moralizadores, cuya ambigüedad se ve forzado a admitir. Roger Walker [59], en otro artículo reciente ha tratado de interpretar el sentido de los sucesivos fracasos amorosos del protagonista —tema insistentemente tratado por Lida de Malkiel— para aceptar una vez más la intención didáctica del poema.

Por su parte A. D. Deyermond [60], en un comentario tan breve como enjundioso, se propone mostrar lo inconsistente de algunas interpretaciones propuestas. Examina dos de los *exemplos* que han sido tomados en apoyo de la intención moralizadora del libro: el de la disputa entre los griegos y los romanos, y el del horóscopo del hijo del rey Alcaraz, propuestos por el mismo Arcipreste para invitar al lector a que interprete bien sus palabras y descubra su verdadero sentido por debajo de su apariencia literal. Pero, según Deyermond nos advierte, en la primera de las historietas se contraponen dos interpretaciones de un hecho, ambas falsas, y cinco en la segunda, todas verdaderas. Forzados a escoger, es muy difícil averiguar cuál de ellas supone correcta el Arcipreste para aplicarla a la interpretación del *Libro* como un todo. Es decir: la ambigüedad subsiste, pues aunque el autor nos asegure luego que se propone moralizar, la afirmación parece quedar invalidada por la ambivalencia irónica del ejemplo.

Otis H. Green, que ha dedicado a Juan Ruiz un largo y denso capítulo de su *Spain and the Western Tradition*, lo titula "La risa en la Edad Media" [61]. Green, que no se opone a reconocer la existencia en el *Libro de Buen Amor*

---

[56] Gonzalo Sobejano, "Escolios al 'buen amor' de Juan Ruiz", en *Studia Philologica. Homenaje ofrecido a Dámaso Alonso,* vol. III, Madrid, 1963, págs. 431-458.

[57] G. B. Gybbon-Monypenny, "'Lo que buen amor dize, con rrazón te lo pruevo'", en *Bulletin of Hispanic Studies,* XXXVIII, 1961, págs. 13-24.

[58] Brian Dutton, "'Con Dios en buen amor': A semantic analysis of the title of the *Libro de Buen Amor*", en *Bulletin of Hispanic Studies,* XLIII, 1966, págs. 161-176.

[59] Roger Walker, "Towards an Interpretation of the *Libro de Buen Amor*", en *Bulletin of Hispanic Studies,* XLIII, 1966, págs. 1-10.

[60] A. D. Deyermond, "The Greeks, the Romans, the Astrologers and the meaning of the *Libro de Buen Amor*", en *Romance Notes,* V, núm. 1, 1963, págs. 1-4. Véase luego, sobre este mismo punto, el estudio de Zahareas, que examina con idéntico criterio, pero con mayor detención, el ejemplo "de los griegos y los romanos".

[61] Otis H. Green, *Spain and the Western Tradition,* vol. I, cit., cap. II, "Medieval Laughter: The *Book of Good Love*", págs. 27-71.

de propósitos moralizadores, pero que dista igualmente de considerar al Arcipreste bajo su solo aspecto mundano y sensual, admite la fusión de dos intenciones igualmente poderosas en la compleja personalidad de Juan Ruiz: la didáctica y la cómica, pero no supone en manera alguna que ésta última sea un mero aderezo. Al llegar a las conclusiones de su estudio afirma que, si la *doctrina* es la principal intención *oficial*, la *burla* y el *solaz*, la *parodia* y la *diversión* tienen la última palabra; propone para designar esta divertida mezcolanza el nombre de *juglaría sagrada*, que bien puede estar al servicio de Dios y del Bien, pero en la cual lo burlesco y lo paródico están en el meollo del poema. Muy a tono con la costumbre y gusto medievales, esta particular combinación permite concederle a Juan Ruiz la condición de adoctrinador; pero el Arcipreste —concluye Green— está bastante menos interesado en enseñar que en su obra de artista. Por esto mismo aventaja a todos los demás poetas de su tiempo en la proporción de mil a uno.

Es indispensable, finalmente, hacer cuenta de otras dos interpretaciones, la primera de ellas poco difundida, según creemos: aludimos al libro de Jorge Guzmán, *Una constante didáctico-moral del 'Libro de Buen Amor'* [62]. Sus teorías sobre la finalidad educativo-moral de la obra de Juan Ruiz quizá sean más convincentes y eficaces que la farragosa erudición de Lida de Malkiel o las disquisiciones de Spitzer. Un cuidadoso estudio de las aventuras amorosas del *Libro*, en especial la de doña Endrina, le permite a Guzmán llegar a una conclusión que no creemos haber encontrado en ninguna otra parte. Juan Ruiz —viene a decirnos el comentarista— compuso su poema para advertir a las mujeres que se guarden de las viejas terceras y de la aparente buena voluntad de los hombres, aprendiendo con el ejemplo de las engañadas cuál puede ser su propia suerte; las advertencias, de todo género, que Guzmán va subrayando y glosando, permiten descubrir la constancia de este propósito a lo largo de todo el poema.

Como es sabido, todas las aventuras del protagonista concluyen mal, es decir, no logran nunca sus propósitos, exceptuando el caso de doña Endrina y el de la joven del episodio inmediato, que fue añadido —importante detalle— en la segunda redacción. Todas las otras mujeres rechazan al amante; en tales casos se las describe invariablemente como "cuerdas", "de buen seso", y que "non saben de villeza", y los ejemplos que se aducen en cada ocasión tienden a demostrar que hicieron bien en no fiarse de promesas de amantes, apremiados por su ansia amorosa —que siempre ofrecen más de lo que están dispuestos a cumplir—, y prefirieron conservar su virtud o su buen nombre sin arriesgarlos por un corto placer. En el episodio de la monja doña Garoza se describe el proceso de una bien trabajada seducción por parte de la tercera; la monja flaquea en su decisión y acaba por recibir en su amistad al Arcipreste; pero

---

[62] Jorge Guzmán, *Una constante didáctico-moral del 'Libro de Buen Amor'*, Iowa University Studies in Spanish Language and Literature, vol. XIV, 1963.

muere súbitamente a los dos meses, lo que entraña en sí mismo una grave advertencia moral. El Arcipreste busca entonces remedio a su aflicción en la aventura de la mora; pero ésta rechaza a la alcahueta —"non la quiso escuchar"— y de nuevo el poeta comenta que "ella fizo buen seso".

En el pasaje de doña Endrina —que sirve de núcleo a Jorge Guzmán para su comentario— el poeta nos muestra asimismo muy al vivo cómo se cumplía una seducción preparada por Trotaconventos; cierto que la aventura acaba en boda esta vez, aunque no sin amargos sobresaltos, bien destacados por Juan Ruiz, y en ellos justamente señala Guzmán las modificaciones introducidas por el poeta respecto de su modelo, el *Pamphilus*. No obstante, parece que si la aventura concluía en casamiento, el ejemplo podía no ser muy eficaz sobre los oyentes femeninos, y Juan Ruiz, consciente de ello —piensa Guzmán— trató de remediarlo. Con este fin —y esto explicaría la discutida interpolación de las estrofas 910-949— añadió Juan Ruiz en su segunda redacción, y a seguido del referido episodio de doña Endrina, el de la joven que se deja cazar por Trotaconventos y se entrega al amante; pero ahora las cosas no terminan bien: no existe boda, y la muchacha muere a los pocos días.

Señala Guzmán —y creemos que es un importante aspecto del problema— que en las palabras del prólogo en prosa se alude separadamente a los hombres y a las mujeres; al referirse a los primeros —de cuyo lado quedan también sus servidoras, las alcahuetas— habla de "sus malas maestrías" y de "sus muchas engañosas maneras que usan para pecar e engañar a las mujeres". En toda la obra no existe razón para pensar —sigue diciendo el crítico— que quienes "usan maestrías para conseguir el loco amor sean las mujeres, porque no vemos de su parte acción alguna destinada a seducir al protagonista, con excepción de las *serranas*, que tienen un sentido alegórico especial o, en todo caso, muestran un realismo grotesco destinado más a la crítica burlesca de la *pastourelle* cortés y los conceptos que la informan que a cualquier otra cosa"[63]. Existen, pues, dos clases de elementos morales dentro del *Libro*: de un lado, los destinados a advertir a las mujeres; de otro, los que tienden a pintar descarnadamente las mañas del varón, a quien se presenta en todos los casos bajo el aspecto de su egoísta afán de goce, desvergonzado y rijoso, siempre dispuesto para "fazer esta locura". Lo cual no supone, por otra parte, que Juan Ruiz idealice a la mujer; precisamente porque conoce bien sus muchas flaquezas, sabe cuán necesario es el consejo; y sabiendo que a la mujer hay que tomarla como es, no se pierde en abstractas teorías utópicas, sino que muestra en crudo la realidad concreta; es decir, las cosas como son. Lo cual justifica las crudezas del decantado *realismo* del *Libro*.

Semejante interpretación permitiría además aclarar otro de los aspectos más debatidos del *Libro*, que es la coexistencia en él de las mayores desenvolturas

---

[63] Idem, íd., pág. 95.

con la ternura de las coplas líricas a la Virgen. "¿No podría pensarse —dice Guzmán— que la raíz de la intención de adoctrinar mujeres, de enseñarles *ad oculos* cuáles son los caminos que llevan a la perdición, pudiera tener origen en su devoción mariana? Américo Castro ha notado que las 'únicas expresiones de amor *directo* en el *Libro* están dirigidas a María, con lo cual, me parece, quiere decir que el poeta, al hablar por sí mismo en el lenguaje subjetivo y personal de la lírica, que no admite desdoblamientos en dos *yoes* de sentido opuesto, no habla sino a María" [64]. Y añade luego: "En vista de la continuidad con que el *Libro* expresa devoción mariana, de la ternura con que *sirve* a María en sus poemas, del papel que María parece haber jugado como razón para reivindicar y defender a las mujeres; en vista de todo esto, me parece que no es aventurado suponer en Juan Ruiz una relación de causa a efecto entre su intención moralizante de ser útil a las mujeres y la poesía mariana que leemos en su *Libro*, y cuya sinceridad nadie hasta ahora ha puesto en duda" [65].

En cuanto al hecho de que sea el Arcipreste quien protagonice las aventuras amorosas de la obra, Guzmán acepta con alguna restricción la idea de Bertini de que Juan Ruiz hizo en el *Libro* una sátira despiadada de la corrupción clerical de su tiempo; por eso atribuyó al protagonista tantas desvergüenzas, y recogió la sacrílega parodia de las horas canónicas y describió el júbilo con que monjas y curas salían a recibir a don Amor.

No se nos oculta que las páginas de Guzmán —donde dejamos aún sin comentar muchos aspectos importantes, como las diversas acepciones de *buen amor*, en los que ya no podemos detenernos— suscitarán innumerables problemas de interpretación de acuerdo con el sentido que estamos siempre dispuestos a concederle al poema de Juan Ruiz. Pero creemos que su exégesis merece una detenida atención y puede encerrar fecundo estímulo para nuevas investigaciones.

La segunda interpretación a que nos referíamos es la propuesta por Francisco Márquez Villanueva en su artículo titulado "El buen amor" [66]. Como otros muchos críticos, trata éste también de penetrar en el sentido dado por el poeta a los términos *bueno* y *loco*, pero desde una nueva perspectiva. Márquez estudia primeramente lo que los trovadores provenzales calificaban de amor *bueno, fino* o *verdadero,* sobre el cual se tiene comúnmente la idea de una veneración platónica, idealizada y distante, pareja incluso de la adoración religiosa. Pero el hecho es que los poetas provenzales aluden frecuentemente a prácticas amorosas de crudo contenido sexual, lo que resulta incompatible con aquella supuesta idealización. Márquez Villanueva, apoyándose en los

---

[64] Ídem, íd., pág. 125.
[65] Ídem, íd., pág. 126.
[66] Francisco Márquez Villanueva, "El buen amor", en *Revista de Occidente*, núm. 27, junio 1965, págs. 269-291.

recientes estudios de Alexander J. Denomy [67], explica el verdadero sentido que el *fino* y *buen* amor tenía para los provenzales, sentido que está relacionado con el *amor udrí* de la tribu de los Banû Udra. Para sus seguidores, el *fino* amor debía abstenerse solamente del último acto sexual, pero todo lo demás quedaba permitido; los amantes habían de privarse de consumar el placer, porque así eternizaban su amor mediante la perpetuación del deseo. Semejante abstención, si de un lado era una fuente de sufrimiento, proporcionaba la alegría del relativo triunfo sobre la carne y mantenía vivas las nobles aspiraciones que la pasión puede alimentar. Las caricias más atrevidas eran, en cambio, indispensables para mantener encendida la llama del deseo, pero el amante debía permanecer esforzadamente en guardia para resistir, con gozoso sufrimiento, la última caída.

Un amor de esta índole, según parece, es el que merece la adhesión del Arcipreste, un amor que, según ha puntualizado Américo Castro, puede ennoblecer y estimular, aguzar los ingenios, levantar las almas y alegrar los cuerpos a la vez. Por este camino, un amor que busca y se deleita incluso en los más sabrosos escarceos físicos, puede llamarse con toda justicia *buen amor;* y a esta luz, también parecen cobrar sentido los referidos fracasos amorosos que sufre Juan Ruiz, sobre los cuales se han propuesto tan diversas interpretaciones (recordemos que para Lida de Malkiel estos fracasos eran una de las pruebas mayores de la intención didáctico-moral del *Libro):* no importa el goce último ni la posesión final, sino el estímulo entusiasta para tensar "el arco del deseo". "El tema del deseo —escribe Márquez Villanueva— no sólo ofrece una presencia cuantitativa muy superior a la del goce, sino que en el lado artístico suele espolear alguno de los grandes momentos del libro: ese mareo voluptuoso ante el donaire de doña Endrina que se acerca por la plaza, aquel llamear ante la monja Garoça, cuya posesión se anhela por encima del orden divino y le hace retorcerse las manos todo desesperado. Cuesta trabajo reconocer detrás de estas espléndidas oleadas de vida las mismas exigencias internas que motivaron las cerebrales rijosidades de los trovadores occitánicos, pero es evidente que en uno y otro caso no hacemos sino dar fondo en la esencia conceptual del *buen amor"* [68].

Ahora bien: este supuesto que no ve pecado en el ejercicio amoroso sino fuente de todo género de perfecciones y estímulos, y puede, por tanto, conciliarse con la piedad, no era un concepto cristiano, sino bebido por Juan Ruiz

---

[67] Alexander J. Denomy, "*Fin' Amors:* the Pure Love of the Troubadours, its Amorality and Possible Source", en *Mediaeval Studies,* VII, 1945, págs. 139-207. Del mismo, "The *De amore* of Andreas Capellanus and the Condemnation of 1277", en *Mediaeval Studies,* VIII, 1946, págs. 107-149. Del mismo, "Concerning the Accesibility of Arabic Influences to the Earliest Provençal Troubadours", en *Mediaeval Studies,* XV, 1953, páginas 147-158. Del mismo, *The Heresy of Courtly Love,* New York, 1947 (cit. por Márquez Villanueva, nota 1, pág. 291).

[68] "El buen amor", cit., pág. 279.

desde sus raíces mudéjares. El problema del límite a que puede llegarse en este difícil vaivén, implica las repetidas justificaciones del autor y sus muchas y misteriosas contradicciones. La "forzadísima interpretación ascética" añadida como prólogo en la segunda versión y algunas otras interpolaciones de ésta misma, responden, pues, al íntimo torcedor del poeta.

El segundo problema consiste en precisar por qué caminos pudo llegarle a Juan Ruiz este peculiar concepto del *buen amor;* la poesía provenzal, tan distante, por otra parte, con su virtuosismo intelectual y técnico, del realismo castellano del Arcipreste, era ya también una moda olvidada por aquellos días en que él escribía su poema; las teorías árabes, difundidas en ambientes minoritarios y aristocráticos, difícilmente pudieron serle asequibles. Márquez Villanueva admite el hecho de una difusión lenta, filtrada a través de los años; ideas de los círculos selectos de Bagdad en el siglo x podían, en el siglo xiv, ser bienes mostrencos de toda la gente mora y judía con la que tan bien se avenía Juan Ruiz. Las suyas no eran fuentes eruditas; hay que buscarlas, precisamente por el carácter popular que tiene todo el *Libro de Buen Amor*, en los conceptos difusos absorbidos por un mundo en íntimo contacto con lo musulmán; hecho que constituye, según la fundamental interpretación de Castro, lo esencial de la cultura española.

El "Libro de Buen Amor". Toda la obra del Arcipreste está encerrada en el poema aludido, que al principio solía denominarse *El Libro de los Cantares* (así lo titula todavía Janer en su edición), pero modernamente ha prevalecido el nombre de *Libro de Buen Amor*[69], sugerido en algu-

---

[69] Ediciones: Florencio Janer en BAE, vol. LVII, nueva ed., Madrid, 1952. Edición paleográfica de J. Ducamin, Bibliothèque Méridiōnale, 7, Toulouse, 1901. Julio Cejador y Frauca, "Clásicos Castellanos", 2 vols., Madrid, 1913; 8.ª ed., 1960. Alfonso Reyes, Biblioteca Calleja, Madrid, 1917. F. F. Corso, Biblioteca Clásica Universal, Buenos Aires, 1939. "Colección Austral", núm. 98, varias reimpresiones. María Rosa Lida de Malkiel, selección, Buenos Aires, 1941. María Brey Mariño, versión moderna, "Odres Nuevos", Valencia, 1954. Edición y versión moderna de Amancio Bolaño e Isla, México, 1967. Recientemente, y con escaso intervalo, se han publicado tres ediciones críticas: la de Giorgio Chiarini, col. "Documenti di Filologia", Milán-Nápoles, 1964; la de Manuel Criado de Val y Eric W. Naylor, col. "Clásicos Hispánicos", C. S. I. C., Madrid, 1965; y la de Joan Corominas, "Biblioteca Románica Hispánica", Gredos, Madrid, 1967 (sobre ciertas peculiaridades de esta última, en especial la alteración del orden de algunas estrofas, cfr. Martín de Riquer, "Ordenación de estrofas en el *Libro de Buen Amor*", en *Boletín de la Real Academia Española*, XLVII, 1967, págs. 115-124). Sobre aspectos textuales, lingüísticos, morfológicos, etc., cfr.: Francisco Javier Sánchez Cantón, "Siete versos inéditos del *Libro de Buen Amor*", en *Revista de Filología Española*, V, 1918, págs. 43-45. José María Aguado, *Glosario sobre Juan Ruiz, poeta castellano del siglo XIV*, Madrid, 1929. Américo Castro, "*Estultar*. Una corrección al texto del Arcipreste", en *Revista de Filología Española*, XVI, 1929, págs. 272-273. Henry B. Richardson, *An Etymological Vocabulary to the 'Libro de Buen Amor' of Juan Ruiz, Arcipreste de Hita*, Yale University Press, New Haven, 1930. F. Castro Guisasola, "Una laguna del

nos pasajes de la misma obra, y propuesto por don Ramón Menéndez Pidal [70].

Se trata de un extenso poema de 1.709 estrofas de carácter misceláneo, donde tiene cabida lo religioso y lo profano, la narración junto a fragmentos líricos, la fábula y la sátira, la observación personal y las influencias literarias más diversas, lo popular y lo culto. Sin embargo, pese a esta heterogeneidad de elementos, el poema posee una fundamental unidad derivada del estilo, del tono que lo informa y, sobre todo, de la poderosísima personalidad del autor, que convierte en sustancia propia todo cuanto pasa por sus manos. Menéndez y Pelayo calificó el *Libro de Buen Amor* de "comedia humana de su centuria", y ninguna otra definición podría ser más apropiada.

Libro de Buen Amor", en *Revista de la Biblioteca, Archivo y Museo de Madrid*, VI, 1930, págs. 124-130. María Rosa Lida de Malkiel, "Tunbal, 'retunbante' (*Libro de Buen Amor*, 1487a)", en *Revista de Filología Hispánica*, I, 1939, págs. 65-67. Carlos Clavería, "*Libro de Buen Amor* 699, 'Estas viejas troyas'", en *Nueva Revista de Filología Hispánica*, II, 1948, págs. 268-272. Lore Terracini, *L'uso dell'articolo davanti al possesivo nel 'Libro de Buen Amor'*, Publicazioni della Facoltà di Lettere e Filosofia, Università di Torino, 1951. Lucius Gaston Moffat, "Pitas Pajas", en *South Atlantic Studies for E. Leavit*, Washington, Scarecrow Press, 1953. Stephen Reckert, "Avrás dueña garrida", en *Revista de Filología Española*, XXXVII, 1953, págs. 227-237. Manuel García Blanco, "Sobre un pasaje del *Libro de Buen Amor*", en *Miscelánea filológica dedicada a Monseñor A. Griera*, C. S. I. C., Barcelona, 1955. Rita Hamilton, "A Note on Juan Ruiz" (trata de las estrofas 1.178-1.179), en *Modern Language Review*, L, 1955, págs. 504-506. Joseph E. Gillet, "Escote la merienda y party me dalgueva", en *Hispanic Review*, XXIV, 1956, pág. 64. Jaime Oliver Asín, "La expresión 'ala ud' en el *Libro de Buen Amor*", en *Al Andalus*, XXI, 1956, págs. 212-214. J. A. Chapman, "A Suggested Interpretation of the Stanzas 528 to 549a of the *Libro de Buen Amor*", en *Romanische Forschungen*, LXXIII, 1961, págs. 29-39. G. B. Gybbon-Monypenny, "'¿...avrás buena guarida?'. Sobre el verso 64d del *Libro de Buen Amor*", en *Revista de Filología Española*, XLV, 1962, págs. 319-321. Joan Corominas, "Sur un mot de l'Archiprêtre de Hita et l'origine de l'espagnol *badulaque*", en *Mélanges de linguistique romane et de philologie offerts à M. Maurice Delbouille*, Gembloux, 1964. Pierre L. Ulman, "Stanzas 140-150 of the *Libro de Buen Amor*", en *PMLA*, LXXIX, 1964, págs. 200-205. Margherita Morreale, "*Libro de Buen Amor*, 869c", en *Hispanic Review*, XXIV, 1956, págs. 232-234. De la misma, "Apuntes para un comentario literal del *Libro de Buen Amor*", en *Boletín de la Real Academia Española*, XLIII, 1963, págs. 249-371. De la misma, "Más apuntes para un comentario literal del *Libro de Buen Amor*, con otras observaciones al margen de la reciente edición de G. Chiarini", en *Boletín de la Real Academia Española*, XLVII, 1967, págs. 213-286. De la misma, "Glosario parcial del *Libro de Buen Amor*: palabras relacionadas por su posición en el verso", en *Homenaje. Estudios de Filología e Historia Literaria lusohispanas e iberoamericanas, publicados para celebrar el tercer lustro del Instituto de Estudios Hispánicos, Portugueses e Iberoamericanos de la Universidad Estatal de Utrecht*, La Haya, 1966, págs. 391-448. Para la bibliografía sobre el Arcipreste véase Rigo Mignani, "Bibliografia compendiaria sul *Libro de Buen Amor*", en *Cultura Neolatina*, XXV, núms. 1-2, 1965, págs. 62-90.

[70] Menéndez Pidal —véase la primera de las "Notas al libro del Arcipreste de Hita", antes citadas— propuso en 1898 el nombre de *Libro de Buen Amor* que fue adoptado a poco por Ducamin en su edición paleográfica y por todos los editores y comentaristas posteriores.

Los elementos de que consta el *Libro de Buen Amor* fueron establecidos por Menéndez y Pelayo [71] del siguiente modo: a) Una novela picaresca de forma autobiográfica (lo sea o no en el fondo), cuyo protagonista es el propio autor y que se dilata por todo el libro, pero que se interrumpe frecuentemente para dar paso a otros elementos. b) Una copiosa colección de fábulas, bien de origen oriental —aunque el poeta pudo tomarlas de fuentes latinas o romances—, bien procedentes de los *fabliaux* franceses. Por esta aportación el Arcipreste se convierte en el primer fabulista de nuestra historia literaria. c) Una serie de digresiones morales, ascéticas y satíricas, como la censura contra los pecados capitales, los dicterios contra la Muerte, el elogio de las mujeres chicas o de las propiedades del dinero, y multitud de reflexiones moralizadoras a propósito de diversos episodios narrativos. d) Una glosa del *Ars Amandi* de Ovidio y del *Pamphilus,* del que toma el episodio de don Melón y de doña Endrina. e) Una serie de episodios alegóricos, como la batalla entre doña Cuaresma y don Carnal, la descripción de los meses en la tienda de don Amor, la llegada de éste y el recibimiento que le hacen los hombres, etc. f) Finalmente, una serie de composiciones líricas.

La mencionada novela central que sirve como de soporte o hilo conductor de todo el libro, podría resumirse en la siguiente forma. Después de una invocación a Dios y explicación de sus propósitos, comenta el poeta un pasaje de Aristóteles y afirma que el mundo se afana por dos cosas: procurarse el sustento y buscar el trato de mujer. Confiesa su gran inclinación hacia las mujeres y comienza a narrar sus aventuras. Fracasa en sus primeras tentativas y disputa entonces con don Amor, a quien reprocha sus engaños; don Amor le da sagaces consejos, que completa doña Venus, y Juan Ruiz emprende su cuarta aventura: enamorado de la joven viuda doña Endrina, busca los buenos oficios de una vieja tercera, Trotaconventos, con cuya intervención concluye la empresa fácilmente (es de advertir que en este episodio el amador de doña Endrina es a veces otro galán, don Melón de la Huerta, en quien se transmuta la persona del Arcipreste). Tras otros breves sucesos, el Arcipreste va "a provar la sierra" y tiene encuentros con cuatro serranas, que le inspiran otras tantas composiciones. Se acerca entonces el tiempo de Cuaresma, y el poeta describe, en un largo episodio, la pelea alegórica entre aquélla y don Carnal; la Cuaresma vence primeramente en el miércoles de ceniza, pero don Amor regresa triunfante el día de Pascua haciendo huir a su enemiga. El retorno de don Amor, a quien salen a recibir todas las gentes —clérigos e legos e fraires e monjas e duenas e joglares— es descrito como una auténtica apoteosis. Vuelven a reanudarse las aventuras galantes y Juan Ruiz se enamora de la monja doña Garoza, que le recibe "por su buen servidor", pero muere aquélla, y Juan Ruiz busca consuelo pretendiendo a una mora. Muere a su vez Trotaconventos, y el Arcipreste "faze su planto, denostando e maldiziendo la

---

[71] *Antología...,* cit., págs. 274-275.

muerte". Después de algunas digresiones sobre "las propiedades que las dueñas chicas an", sobre el criado pícaro don Furón, "moço del Arcipreste", y de cómo "se ha de entender este su libro", siguen varios gozos de Santa María, cantares de escolares y de ciegos, Cánticas de Loores a la Virgen, y termina el poema con la cantica de los clérigos de Talavera. A lo largo de la narración se intercalan las mencionadas fábulas o cuentos, en número de treinta y dos, que se ponen en boca de los personajes que dialogan o aconsejan.

Los componentes de varia procedencia, recogidos por Juan Ruiz en su multiforme creación, han sido estudiados principalmente por el francés Lecoy. El Arcipreste, buen canonista y extraordinario hombre de letras, estaba familiarizado por su formación con el saber eclesiástico, que aparece diseminado por todo el libro. Ya vimos al principio, por las palabras de Menéndez Pidal, el contacto de Juan Ruiz con el docto escolasticismo de la poesía de los goliardos. De los autores antiguos cita a Platón, Aristóteles, Ptolomeo, Hipócrates y el Pseudo Catón, aunque quizá su conocimiento era poco extenso —mayor el de este último— y sólo se redujera a colecciones de sus aforismos, aprendidos de su paso por las escuelas. En cinco ocasiones menciona a Ovidio, aunque es muy probable que no lo conociera directamente, pues fue casi ignorado en la Edad Media; los consejos de don Amor no parece que se inspiren en el *Ars Amandi*, como suponía Menéndez y Pelayo [72]. Todo el episodio de doña Endrina procede de una comedia latina del siglo XII, el *Pamphilus*, cuyo texto sigue de cerca Juan Ruiz, aunque castellanizándolo y dándole un vigor y plasticidad inexistentes en el modelo, e introduciendo además algunas modificaciones: reemplaza hábilmente a la doncella Galatea del original por la viuda joven doña Endrina (quizá, como sugiere Lida de Malkiel, porque así "Trotaconventos juzga más hacedera la empresa, insistiendo en el desamparo en que cae toda viuda") [73] e introduce el afortunado tipo de Trotaconventos [74]. Para las fábulas de ascendencia esópica se sirvió, dice Lecoy, de la recopilación de Walter el Inglés, que sigue muchas veces paso a paso.

---

[72] Cfr.: Rudolph Shevill, "Ovide and the Renaissance", en *Modern Philology*, IV, 1913-1916, págs. 1-268. Edward K. Rand, *Ovid and his influence*, Boston, 1925. Edwin J. Webber, "Juan Ruiz and Ovid", en *Romance Notes*, II, 1960, págs. 54-57.

[73] "Nuevas notas...", cit., pág. 136. Sobre el episodio de doña Endrina, cfr.: Carmelo M. Bonet, "Amores de doña Endrina y don Melón de la Huerta", en *Humanidades*, X, 1925, págs. 189-202. Georges Cirot, "L'épisode de Doña Endrina dans le *Libro de Buen Amor*", en *Bulletin Hispanique*, XLV, 1943, págs. 139-156. Fernando Lázaro, "Los amores de don Melón y doña Endrina", en *Arbor*, XXIII, 1951, págs. 210-236.

[74] Cfr.: Adolfo Bonilla y San Martín, "Antecedentes del tipo celestinesco", en *Revue Hispanique*, XV, 1906, págs. 373-387. H. Petriconi, "Trotaconventos, Celestina, Gerarda", en *Die Neueren Sprachen*, XXXII, 1924, págs. 232-239. Alejandro Miró Quesada Garland, "La Trotaconventos: origen latino del célebre personaje del Arcipreste de Hita", en *Letras*, Lima, IX, 1943, págs. 408-414. Raymond S. Willis, "Two Trotaconventos", en *Romance Philology*, 353-362. Américo Castro, *La realidad histórica de España*, cit., parágrafo "Hacia el sentido de Trotaconventos", págs. 429-442.

Los conocimientos de Juan Ruiz de las literaturas en lengua vulgar, aparte la propia, eran extensos, aunque probablemente le habían llegado a través de versiones o refundiciones castellanas. Se creyó en un principio que el influjo francés sobre la obra del Arcipreste era más profundo, pero se tiende a rebajarlo; Menéndez y Pelayo lo reducía ya a cinco o seis cuentos: la disputa entre el doctor griego y el ribaldo romano; la historia de los dos perezosos que querían casar con una dueña; la del garzón que quería casar con tres mujeres; la del ladrón que fizo carta al diablo de su ánima; la del ermitaño que se embriagó y cayó en pecado, y la de don Pitas Payas, pintor de Bretaña, tan desenvuelta y maliciosa. Pero Lecoy sostiene que Juan Ruiz pudo encontrar estos cuentos morales "allí donde sus compañeros franceses habían ido a buscarlos, es decir, en las colecciones latinas de *exempla*". "Sería —añade— ofender a los juglares españoles creerlos incapaces de difundir también ellos estas historias que han hecho reir a la Europa de todos los tiempos, sin contar una parte de Asia". Lecoy supone, contra lo admitido anteriormente, que el Arcipreste no conocía el francés. La batalla entre doña Cuaresma y don Carnal se ha supuesto derivación de un poema francés del siglo XIII, la *Bataille de Caresme et de Carnage*, pero son tan notables las diferencias, que sin duda proceden de variaciones distintas de un asunto tradicional muy difundido.

En cambio, tiende a valorarse de forma creciente el influjo árabe, sostenido principalmente por Américo Castro y secundado por Lida de Malkiel, aunque prolijamente discutido por Sánchez-Albornoz. Aun no aceptando en toda su integridad las tesis de Castro respecto a las distintas fuentes en que supone inspirado el *Libro de Buen Amor*, muchos aspectos revelan la amplitud de la influencia árabe: la intervención de personajes moros, su conocimiento de los instrumentos que convienen en los cantares de arábigo, los que compuso para troteras y danzaderas moriscas, el empleo del zéjel para los abundantes fragmentos líricos, y multitud de palabras de origen y estructura árabe.

Al lado de todo su bagaje cultural arábigo o latinoeuropeo, que hace de Juan Ruiz uno de los más genuinos representantes del mester de clerecía, hay que situar, con tanta o mayor importancia, la parte juglaresca de su poema o de su obra; vertiente que hace decir a Menéndez Pidal que "gran parte o todo lo que nos queda del incompleto *Libro de Buen Amor* es arte juglaresco" [75]. De su intención juglaresca nos habla el poeta cuando pide a sus oyentes la merced de un *Paternoster* como única soldada:

> *Señores, hevos servido   con poca sabidoría:*
> *por vos dar solaz a todos   fablévos en juglería;*
> *yo ún galardón vos pido: que por Dios, en romería,*
> *digades un paternóster   por mí ë avemaría* [76].

---
[75] *Poesía juglaresca y orígenes...*, cit., pág. 203.
[76] Est. 1.633, ed. cit., pág. 603.

"Este *fablévos en juglería* —dice Menéndez Pidal— no tiene un valor figurado, sino muy real. Hay juglaría en el metro irregular del *Libro de Buen Amor*, exento de toda preocupación erudita de 'sílabas cuntadas'; hay juglaría en los temas poéticos; en las serranillas, predilectas, sin duda, de los juglares que pasaban y repasaban los puertos entre la meseta de Segovia y Ávila y la de Madrid y Toledo; hay juglaría en las oraciones, loores, gozos de Santa María; en los ejemplos, cuentos y fábulas con que ciegos, juglaresas y troteras se hacían abrir las puertas más recatadas y esquivas; la hay en las trovas cazurras, en las cantigas de escarnio, que eran el pan de cada día para el genio desvergonzado y maldiciente del juglar; en las pinturas de toda la vida burguesa, propias para un público no cortesano; en la parodia de gestas caballerescas, cuando luchan doña Cuaresma y don Carnal; la hay sobre todo en la continua mezcla de lo cómico y lo serio, de la bufonada y la delicadeza, de la caricatura y de la idealización. Así el Arcipreste tuvo el osado arranque de aplicar su fuerte genio poético a la producción juglaresca de las calles y plazas, desentendiéndose de la moda de los palacios, y en esta vulgaridad consiste su más íntima originalidad, porque el *Libro de Buen Amor* debe en gran parte a la cazurrería de los juglares castellanos sus cualidades distintivas, su jovial desenfado, su humorismo escéptico y malicioso, y esa verbosidad enumeratoria, ese ameno desbarajuste total"[77].

Juan Ruiz tiene plena conciencia del carácter juglaresco de su obra, hasta el punto —como ha puntualizado también Menéndez Pidal— de que la devuelve al pueblo de donde la tomó para que todos quiten y pongan lo que les venga en gana, como si fuera propiedad común:

Qualquier omne que l' oya   si bien trobar sopiere,
puede i más añedir   e emendar si quisiere:
ande de mano en mano   a quienquier que l' pediere
como pella a las dueñas: tómelo quien podiere[78].

Comentando estos mismos versos escribe Dámaso Alonso: "Juan Ruiz era, entrañablemente, pueblo, hasta tal punto que entre los muchos valores de su libro, ninguno más evidente que el de ser un genial estallido de expresión hispánica. Ya se pueden afanar los eruditos en buscarle fuentes. Su ciencia es sobre todo y ante todo ciencia popular, folklore; él toma el semierudito mes-

---

[77] *Poesía juglaresca y orígenes...*, cit., pág. 204.
[78] Est. 1.629, ed. cit., pág. 603. Subraya Menéndez Pidal que este carácter juglaresco y el deseo de que su libro viva a través de la transmisión juglaresca no quiere decir que se trate de un arte poco cuidado; si el Arcipreste parece descuidar el metro en ocasiones (aunque siempre es difícil precisar lo que se debe a error del copista) se esmera, en cambio, en las combinaciones estróficas, en la coordinación de sus fuentes y en la estructura general del libro; no cree que la poesía sea una manifestación espontánea ni que baste sólo la emoción; más bien, si ésta es demasiado viva, puede embargar el ánimo y no dejar lugar bastante para el arte. (*Poesía juglaresca y orígenes...*, pág. 210).

ter de clerecía y le infunde un espíritu juglaresco, al mismo tiempo que, irregularizando su forma, le hace instrumento mucho más apropiado para finos matices estilísticos; él entrega su obra al pueblo, invitándole a ser su colaborador" [79].

El propósito de Juan Ruiz de entregar al pueblo su obra se cumplió en buena parte al menos. Menéndez Pidal ha recogido el testimonio de un juglar cazurro del siglo XV, que al sentir desfallecer el interés de sus oyentes, trata de estimular su atención con estas mágicas palabras: "Agora comencemos del *Libro del Arcipreste*".

Ha de tenerse en cuenta, además, que los elementos juglarescos debían de ser mucho mayores aun de lo que aparece en el texto conservado. Juan Ruiz anuncia repetidas veces cantares que los copistas han suprimido, o reducen el número de los que se indican; en la segunda versión se añaden varias cantigas. El número de obras de esta índole esparcidas por el *Libro de Buen Amor* es tan crecido —habida cuenta, además, de las partes mutiladas— que Menéndez Pidal ha podido afirmar que el Arcipreste concibió su libro "como una 'lección e muestra de metrificar', como un vasto cancionero, engastado en una biografía humorística" [80]; opinión, sin embargo, no compartida por otros comentaristas [81].

---

[79] Dámaso Alonso, "Pobres y ricos en los libros de *Buen Amor* y de *Miseria de Omne*", en *De los siglos oscuros al de Oro*, 2.ª ed., Madrid, 1964, pág. 108.

[80] *Poesía juglaresca...*, pág. 211.

[81] María Rosa Lida de Malkiel rechaza por entero toda interpretación que no reconozca la absoluta unidad del *Libro*, y rebate los pareceres opuestos de Lecoy, Kellermann, Spitzer y del propio Menéndez Pidal (véase "Nuevas notas...", cit., págs. 17-19). También Américo Castro —aunque sin detenerse en ello de manera particular— sostiene la plena conciencia creadora de Juan Ruiz al componer su obra como un todo (véase *La realidad histórica de España*, ed. cit., págs. 379-380). Corominas, por el contrario, no sólo hace suyas las opiniones de Lecoy, sino que las extiende a otras partes del poema no consideradas por el crítico francés. Después de citar unas palabras de éste, escribe: "No sólo todo esto me parece seguro (aunque pueda contener alguna expresión algo extremada como 'poète de circonstance', 'improvisateur'), sino que creo se aplica igualmente, y ante todo, a piezas del Libro a las que Lecoy también alude, seguramente, pero no en forma tan clara y explícita: las fábulas, los cuentos ejemplares y muchas de las exposiciones morales, satíricas, didácticas, más importantes dentro de la obra. Eran en gran parte piezas que el autor, cuando nos dio sus dos versiones, de 1330 y 1343 tenía ya compuestas desde años antes. No es muy difícil advertir, para quien lea bien atentamente la obra, que fueron engarzadas, a veces hasta mal zurcidas, dentro de este conjunto, pero el poeta las tenía ya, como hoy diríamos 'en cartera', desde tiempos atrás los 'Siete Pecados Mortales', las 'Armas del Cristiano', el 'Tratado de la Confesión', la 'Tienda de Don Amor' (y en particular la pintura de los meses), etc. De alguno de otros episodios más ligeros y pintorescos, como el cuento de Don Hurón, ni siquiera se puede decir que se tomara la molestia de zurcirlo; el de los Clérigos de Talavera permaneció evidentemente desatado del todo. Pero en cuanto a las Fábulas, los Cuentos ejemplares y algún trozo semejante, se tomó muy en serio la tarea de integrarlos dentro de su gran obra" (Prólogo a su edición crítica, cit., págs. 52-53). También Lapesa, aunque limitándose a un

La pluralidad de elementos, de tradiciones, de influencias, de cultura erudita y saber popular, de clerecía y de juglaría, plantea el problema de cómo el *Libro* posee, en cambio, esa unidad esencial que se impone a la atención del lector. Dos cosas, sin duda, contribuyen a realizar el portento: la personalidad del poeta, y la forma autobiográfica que constituye la estructura de la obra. El Arcipreste es una de las personalidades más vigorosas y originales, no ya de su siglo, sino de toda nuestra literatura. Había en él demasiada fuerza creadora para que todo género de herencias no pasasen de ser mera sustancia de la que en buena parte se nutría, pero que él asimilaba y transformaba en algo intensamente personal. A pesar, incluso, de que muchas veces sigue fielmente el hilo de las fuentes que maneja, en sus manos cobran una vida peculiar, como de nueva creación. El poeta localiza la acción en Castilla y sabe recrear los episodios con innumerables rasgos originales, les insufla su propio espíritu y los caracteriza con detalles costumbristas o locales de primera mano.

El Arcipreste se mueve siempre en el terreno de lo inmediato y lo real. Ningún escritor en toda la Edad Media tiene su capacidad de observación, su agudeza para captar la realidad ambiente. Posee el arte de la pincelada exacta y expresiva, del rasgo justo y vigoroso. Tipos, vestidos, costumbres, escenas de la calle, fiestas, diversiones, objetos son descritos por él con una animación y colorido pocas veces superados. Ningún aspecto del vivir de su tiempo ha escapado a su pluma, por lo que su libro representa una pintura vivísima de aquella sociedad.

Algunos críticos, en especial franceses, han desconocido incomprensiblemente estas cualidades esenciales de Juan Ruiz. Contra las palabras de Puymaigre: "Ruiz n'a guère d'espagnol que sa langue, et encore y mêle-t-il grand nombre de mots d'origine étrangère", Cejador proclama casi enfáticamente la españolísima raíz del Arcipreste: "Yo, a salida de tal calibre, sólo le respondería que hasta hoy, por lo menos, no se ha dado en Francia escritor alguno del temple, de la fuerza y color que el Arcipreste de Hita; que sus grandes escritores y artistas son de otro jaez; que Juan Ruiz es el artista y escritor más español y más de raza que conozco. Sus cualidades son las de nuestra literatura y enteramente encontradas y opuestas a las de la literatura francesa"[82]. Ya vimos antes las palabras, parecidas, de Dámaso Alonso sobre la personalidad y el españolismo de Juan Ruiz y su opinión sobre las vanas pretensiones de buscarle fuentes. En otro trabajo sobre el Arcipreste rechaza el mismo Dámaso Alonso las opiniones de Félix Lecoy sobre determinadas influencias francesas y hace, en cambio, hincapié sobre el influjo árabe, al mismo tiempo que proclama nuevamente la personalidad irrestañable de nuestro poeta. Comparándole con

---

caso concreto —la invectiva contra la muerte que acompaña al "planto" por Trotaconventos— admite la posibilidad de partes compuestas previamente e ingeridas luego (véase más abajo, pág. 274).

[82] Edición cit., pág. XXIX.

Chaucer y Boccaccio —con quienes forma la gran trinidad de escritores del siglo XIV en Europa—, escribe: "Lo mismo, exactamente lo mismo que los otros dos, imita con frecuencia modelos que nos son conocidos. Y, de los tres, es el que agarra y plasma las formas de la vida con una intuición más hiriente. Está, en cambio, mucho más en agraz y tiene mucho menos oficio que sus dos compañeros. Por eso su arte es mucho más difícil de paladear"[83].

El segundo lazo, decíamos, que agavilla la derramada pluralidad del *Libro de Buen Amor* es su estructura autobiográfica. Este carácter ha suscitado, sin embargo, largas controversias. Por de pronto, es casi imposible deslindar en el *Libro* lo que pudo ser sucedido, o posible al menos, de la mera invención. Cuando se trata de pasajes tomados de otros autores resulta manifiesta la ficción del fragmento, aunque el autor prosiga la narración en primera persona. Por otra parte, la aludida ausencia de documentos sobre la vida del Arcipreste impide comprobar lo que hay de cierto en los datos de apariencia biográfica que se encuentran en el poema; y ni siquiera podemos asegurar que su mismo retrato físico, tan celebrado y tantas veces glosado como auténtico, sea algo más que una fantasía. El Arcipreste pudo gozarse incluso forjando la divertida y apicarada traza en que se envuelve, como un elemento más de su derroche imaginativo[84].

---

[83] Dámaso Alonso, "La bella de Juan Ruiz, toda problemas", en *De los siglos oscuros al de Oro*, 2.ª ed., Madrid, 1964, págs. 86-99 (la cita, pág. 87).

[84] Es imprescindible, aun siendo tan conocido, reproducir aquí el formidable autorretrato, auténtico o fantaseado, que no puede faltar en todo comentario sobre Juan Ruiz:

...el cuerpö ha bien largo,   miembros grandes, trefudo,
la cabeça non chica,   vellosö, pescuçudo,
el cuello non muy luengo,   cabelprieto, orejudo;
*   las cejas, apartadas,   prietas como carbón;*
el sü andar, infiesto,   bien como de pavón;
el passo, sessegado   e de buena razón;
la su nariz es luenga: esto le descompón;
*   las enzías, bermejas,   e la fabla, tumbal;*
la boca, non pequeña,   labros al comunal,
más gordos que delgados,   bermejos como coral;
las espaldas, bien grandes;   las moñecas, atal;
*   los ojos ha pequeños,   es un poquillo baço;*
los pechos delanteros;   bien trefudö el braço;
bien cumplidas las piernas;   el pie, chico pedaço.
....
*   Es ligero, valiente,   bien mancebo de días,*
sabe los estrumentes   e todas juglarías;
doñeador alegre.   ¡Par las çapatas mías!...

(estr. 1.485-1.489, ed. Corominas, cit. En el texto de Corominas la palabra *luenga* se imprime como *lengua*; errata evidente, que corregimos). Cfr.: Elisha K. Kane, "The

Claro está que esto no importaría nada. La verdadera autobiografía de Juan Ruiz es de tipo moral, no físico ni anecdótico. El Arcipreste se retrata de cuerpo entero —de espíritu entero, queremos decir—, porque toda su obra es una proyección perfecta de su yo más íntimo, una exultante confesión, un entero volcarse en ininterrumpida autodefinición, que salta —inconfundible y personalísima— de su manera de absorber y retratar la vida. Nos complace, por supuesto, imaginar a Juan Ruiz con el robusto y un poco caricaturesco físico con que se describe: parece ser buena envoltura para su entraña. Pero, ¿por qué no pudo ser de otra manera bien distinta? ¿Por qué ha de ser consustancial con su glotona sensualidad la robusta fachada, un poco rabelesiana, de su catadura? ¿No había dicho él mismo que "so mala capa yaze buen bebedor", y, hablando de las dueñas chicas, que "es pequeño el grano de la buena pimienta"? [85].

Esta dificultad, pues, de separar lo biográfico de lo inventado, explica los muchos aspectos que vienen siendo debatidos en torno a la persona del Arcipreste, de modo particular en lo que concierne al hecho de su prisión, según vimos. Pero sería tan ingenuo rechazar toda posibilidad de datos biográficos ciertos, como aceptarlos, sin más, por las propias palabras del poeta. Hay una zona sutilísima, de especial vibración, sólo discernible por la afinada sensibilidad del intérprete, que puede descubrir el límite entre los hechos ciertos y la ficción; de aquí la importancia de auscultar ese temblor de autenticidad, ese *crujido* a que apelaba Dámaso Alonso —después, por supuesto, de apurar los argumentos eruditos— para decidir, por ejemplo, en el problema del encarce-

---

Personal Appearance of Juan Ruiz", en *Modern Language Notes*, XLV, 1930, páginas 103-108.

[85] Manuel Criado de Val en su libro *Teoría de Castilla la Nueva. La dualidad castellana en los orígenes del español*, Madrid, 1960, no sólo expone opiniones que acreditan la nuestra, sino que va todavía mucho más allá: "La tajante afirmación —resume— que hoy cabe hacer es ésta: nada sabemos históricamente del supuesto Arcipreste de Hita; ni siquiera podemos afirmar que fuese tal Arcipreste. Los datos concretos que aparecen en su libro y que parecen garantizar esta realidad son desvalorizados en buena proporción por las características textuales que permiten sospechar una interpolación" (página 158). Y en nota al pie de la página siguiente, escribe: "El mismo nombre de Juan Ruiz puede no tener más valor que el de un seudónimo, escogido precisamente por su misma vulgaridad". Y al ocuparse en otro lugar del supuesto carácter autobiográfico del *Libro de Buen Amor,* añade: "Ha preocupado mucho a los críticos del Arcipreste el averiguar si las aventuras que cuenta en su libro fueron suyas, ajenas o imaginadas. Sin tener documentación ni la posibilidad de alcanzarla, es inútil y tendencioso plantear este tema con una finalidad histórica. Sólo cabe indicarlo con fines literarios. Juan Ruiz es el adaptador en nuestra literatura de lo que llamaremos *autobiografía estilística*. Se prescinde del narrador y la acción es referida a una primera persona protagonista. El resultado de esta técnica es bien conocido: al suprimirse el intermediario se hace más próxima la acción. En esta proximidad del *Libro de Buen Amor* está seguramente su principal virtud lírica" (pág. 269).

lamiento; aunque María Rosa Lida de Malkiel rechace tales razones despectivamente.

Otro problema es la razón por la que Juan Ruiz escogió para su libro el vehículo autobiográfico. Menéndez y Pelayo lo aceptó, simplemente, como la forma "más natural y cómoda" de que el poeta podía servirse para su objeto. No muy distante parece quedar la opinión de Lapesa de que "pudo influir también la costumbre juglaresca de vivificar la narración presentándose como actor o testigo de los hechos"[86]. Sánchez-Albornoz afirma —con aseveración calificada de temeraria por Zahareas— que "fue hallazgo personal de Juan Ruiz el autobiografismo".

Pero los investigadores más recientes no han aceptado tan sencillas explicaciones. Américo Castro ha sido el primero que ha señalado una fuente literaria concreta para explicar la forma autobiográfica del libro del Arcipreste. Según él, existe indudable relación entre el poema de Juan Ruiz y la autobiografía erótica del cordobés Abenhazam del siglo XI, *El Collar de la paloma* o *Tratado sobre el amor y los amantes*. Castro destaca el carácter subjetivo de la obra del cordobés, que refiere muchos incidentes de su propia experiencia erótica (aspecto común con el *Libro de Buen Amor*), y la alternancia de prosa y verso, así como en el Arcipreste se produce entre lo narrativo o moral y el verso lírico; y puntualiza muchos motivos concretos, actitudes, ideas y hasta expresiones que concuerdan en ambos libros[87].

Pero la teoría de Castro ha sido impugnada por otros investigadores. Para García Gómez[88] y Jaime Oliver Asín[89] es imposible llevar tan adelante el paralelo propuesto por Américo Castro, dado que las semejanzas son demasiado generales, y muy grandes, en cambio, las diferencias existentes entre las obras aludidas en lo que concierne al medio en que se producen y al carácter de ambos autores: *El Collar*, además, dice García Gómez, es básicamente una obra didáctica de tono aristocrático; finalmente, es muy improbable que Juan Ruiz hubiera podido conocer el libro de Abenhazam, dada la índole de su difusión, aun en el supuesto de que Juan Ruiz conociera efectivamente el árabe.

También Gybbon-Monypenny ha rechazado la tesis de Castro tras un detenido examen[90]. Según este crítico, el *Libro de Buen Amor* es una parodia de las formas *autobiográficas* del *amor cortés,* cuyos métodos imita el autor, aun-

---

[86] *Diccionario de Literatura Española,* Revista de Occidente, 3.ª ed., Madrid, 1964, pág. 45, art. "Arcipreste de Hita".

[87] Américo Castro, *La realidad histórica de España,* cit.; parágrafos "Reflejos de la literatura árabe" y "El Arcipreste de Hita e Ibn Hazm", págs. 406-429.

[88] Emilio García Gómez, *El 'Collar de la paloma' de Ibn Hazm de Córdoba,* Madrid, 1952. Véase Introducción, págs. 51 y ss.

[89] Jaime Oliver Asín, "Historia y prehistoria del castellano 'alaroza'", en *Boletín de la Real Academia Española,* XXX, 1950, págs. 389-421; véase en particular pág. 402.

[90] G. B. Gybbon-Monypenny, "Autobiography in the *Libro de Buen Amor* in the light of some literary comparisons", en *Bulletin of Hispanic Studies,* XXXIV, 1957, páginas 63-78.

que, claro está, con diferentes propósitos; las palabras —dice Gybbon— con que se anuncian las composiciones líricas, imitan la forma autobiográfica con que los poetas cortesanos, tales como Ulrich y Machaut, presentan las suyas.

Embiéle esta cantiga que es deyuso puesta.

El *Libro de Buen Amor* sería una caricatura de aquellas prácticas *corteses;* el *amor cortés*, código de devoción y sacrificio, se convierte en un procedimiento de seducción "por poderes", en una batalla de picardías entre una astuta tercera y la presunta víctima; el rendido amador degenera en un amante perpetuamente chasqueado; y la grave poesía amorosa se reduce a una fórmula vacía.

Lida de Malkiel subraya que la autobiografía del *Libro de Buen Amor* es extraordinariamente singular en el ambiente cultural de la España cristiana del siglo XIV; es más, asegura que la estructura autobiográfica es muy rara en la Europa occidental, tanto en la Antigüedad como en la Edad Media, lo mismo en la literatura latina que en las vulgares, y, de hecho, no aparece hasta el siglo XIII con Ulrico de Lichtenstein y la *Vita Nuova* del Dante. Lida coincide con Castro en suponer que el modelo para el *Libro de Buen Amor* es de fuente oriental, pero distinto del que aquél propone. Desde el siglo XII al XIV los judíos de Cataluña y el *Midi* francés habían cultivado un género emparentado con las *maqāmāt* árabes, pero reelaborado con gran originalidad; en estas composiciones el autor "muestra mucha mayor conciencia de su libro y coincide con Juan Ruiz en glosar profusamente su origen, intención literaria y moral, contenido y excelencias, junto con alternadas profesiones de maestría y de modestia. También coincide con Juan Ruiz en que su héroe no es un pícaro, y en que las poesías insertas son variación lírica de lo expuesto antes en forma narrativa" [91]. Lida aduce el ejemplo concreto del *Libro de delicias* del médico de Barcelona Yosef ben Meir ibn Sabarra, "donde protagonista y narrador aparecen fundidos en un solo personaje, identificado con el autor, el cual interviene en una sola y bastante floja narración que sirve para encuadrar debates, disertaciones, aforismos, proverbios, retratos, parodias, cuentos y fábulas que, a su vez, pueden introducir otros cuentos y fábulas. El *Libro de delicias* comienza y acaba con piezas explanatorias y dedicatorias de la obra, en verso lírico al principio y en prosa rimada al final, lo que recuerda la versión de 1330 del *Libro de Buen Amor*, con sus líricas a la Virgen al principio y su epílogo en verso narrativo" [92]. En esta autobiografía ficticia, el médico catalán vierte además su experiencia personal, que es médica en este caso y no eclesiástica como en Juan Ruiz; pero semejante diferencia de contenido no excluye su semejanza estructural. Lida recuerda a su vez otras *maqāmāt* hispanohebreas

---

[91] María Rosa Lida de Malkiel, *Dos obras maestras españolas. El Libro de Buen Amor y la Celestina*, Buenos Aires, 1966, págs. 31-32.
[92] Ídem, íd., pág. 32.

donde se insiste especialmente en aventuras amorosas. Tales composiciones habrían sido, pues, los modelos del Arcipreste.

Se pregunta a continuación por qué Juan Ruiz escogió el molde de estas *maqāmāt* en lugar del marco novelístico en forma de cuentos, propio de las *Mil y una noches,* tal como lo ofrecían diversas colecciones árabes traducidas al castellano, como el *Calila e Dimna,* por ejemplo. "La verdad —responde— es que si algo resalta en el *Libro de Buen Amor* es una personalidad exuberante, irreprimible, que no podía satisfacerse con ese marco novelístico impersonal donde el autor no asoma". Pero obsesionada con la preocupación didáctica que atribuye al Arcipreste, añade: "De aquí que Juan Ruiz prefiera la flexible autobiografía ficticia de las *maqāmāt* hispanohebreas, que le permiten figurar en primer plano para proclamar su experiencia aleccionadora, verdadera o imaginaria. Pues el presentar en primera persona las aventuras amorosas siempre fallidas cuadraba con la intención didáctica que guiaba su pluma, según declara su autor y demuestra el *Libro.* Cabalmente un modo, al parecer espontáneo, de subrayar la eficacia pedagógica de una enseñanza es presentarla como experiencia personal del maestro" [93].

Métrica del poema. La métrica predominante en el *Libro de Buen Amor* es la *cuaderna vía,* con excepción de la parte propiamente lírica, escrita en versos de arte menor, y a la cual pertenecen las cantigas o loores a la Virgen, las serranillas, las trovas cazurras, de ciegos, de escolares, etc., que luego veremos. Pero en la *cuaderna vía* de Juan Ruiz alternan o se combinan los versos de 14 y los de 16 sílabas, lo que origina uno de los problemas más interesantes en la métrica del poema. En todo tiempo, y sobre todo desde que Henríquez Ureña publicó su libro *La versificación irregular en la poesía castellana,* se daba por bueno que Juan Ruiz se había servido caprichosamente de los versos de una y otra medida, y hasta se tenían dudas sobre la autenticidad de los octosílabos, que muchos estimaban descuidos del poeta o errores del copista, corregibles en una edición crítica. Joan Corominas ha dedicado la mayor parte del prólogo, en su edición crítica del *Libro,* al estudio de esta cuestión, con resultados que van a invalidar, según creemos, la mayoría de las opiniones sostenidas hasta el presente.

Las investigaciones de Corominas permiten afirmar que la versificación del *Libro* es mucho más sistemática de lo que se ha venido admitiendo. En primer lugar, puede asegurarse que no existen casos de combinación en un mismo verso de dos hemistiquios con diferente número de sílabas. Cejador, por el contrario, en su edición admitió este hecho como muy frecuente, pero la crítica textual ha permitido a Corominas concluir que todas las veces en que parecen combinarse hemistiquios septenarios con octonarios se trata de un error de

---

[93] Ídem, íd., pág. 34. Véase además "Nuevas notas...", cit., parágrafo "Autobiografía", págs. 20-28.

transmisión, acreditado por la lectura de los otros manuscritos o fácilmente subsanable con "una enmienda que se impone"[94]. Asimismo, tampoco existen cuartetas en que se mezclen ambos ritmos; el cambio de uno a otro se verifica siempre en el paso de una a otra cuarteta; las tres o cuatro en todo el *Libro*, que parecen constituir una excepción, pueden ser reducidas a la norma general, a juicio de Corominas, mediante fáciles y convincentes enmiendas. Más aún: tampoco se encuentran cuartetas aisladas octosilábicas o heptasilábicas; siempre hay por lo menos dos cuartetas seguidas, y, cuando no lo son, es porque forman parte de una alternancia que obedece a la fórmula 1 por 1, 1 por 2, 1 por 3. Las excepciones de esta última regla son a su vez reducidísimas y, en opinión del comentarista, están encaminadas a producir un determinado efecto.

Comprobados estos hechos, se ha preguntado Corominas si la alternancia de ambos ritmos se produce en realidad de modo fortuito o caprichoso, o atiende, por el contrario, a ciertas normas y propósitos perseguidos por el poeta. Los críticos anteriores, particularmente José M. Aguado[95], habían ya advertido que la proporción de cuartetas octosilábicas era muy distinta en las diversas partes del *Libro*; Lecoy sugirió, aunque de pasada, que los cambios coincidían a veces con el principio o fin de ciertos episodios, y que podían quizá responder a ciertas intenciones del autor, pero no llegó a conclusiones aprovechables[96]. Corominas sostiene que la combinación de octosílabos y de alejandrinos fue utilizada por Juan Ruiz con propósitos definidos, aunque obedeciendo a criterios de índole diversa, frecuentemente entrelazados y no siempre fáciles de precisar[97]. Uno de ellos, meramente formal, pretendía rom-

---

[94] Edición cit., pág. 39.

[95] *Glosario sobre Juan Ruiz...*, cit. Tratado cuarto, "Métrica", págs. 93-175. Véase también, Harrison Heikes Arnold, "The Octosyllabic *Cuaderna Vía* of Juan Ruiz", en *Hispanic Review*, VIII, 1940, págs. 125-138. Julio Saavedra Molina, "El verso de clerecía. Sus irregularidades y las doctrinas métricas de D. Federico Hanssen", en *Boletín de Filología*, Chile, VI, 1950-1951, págs. 253-346.

[96] También María Rosa Lida de Malkiel, según recuerda el propio Corominas, había sugerido, aunque muy al paso y sin insistir posteriormente sobre ello, alguna posible significación de la alternancia de ambos ritmos pero sólo en un determinado pasaje: "La distribución de los versos de 14 y 16 sílabas en la Historia de Doña Endrina es comparable al reparto de prosa y verso en Shakespeare" (cit. por Corominas, ed. cit., página 43; la frase de Lida pertenece al prólogo de su edición antológica del *Libro de Buen Amor*, cit., pág. 21).

[97] Aunque, evidentemente, el estudio de Corominas, que tratamos de condensar arriba, estudia el tema con mucha mayor amplitud, recogiendo sus diversos aspectos y razonándolo en cada caso, es cierto asimismo que las conclusiones a que llega habían sido claramente expuestas por María Brey Mariño en el estudio preliminar a su edición modernizada del *Libro de Buen Amor*, cit.; dice concretamente: "El *Libro de Buen Amor* está escrito siguiendo la cuaderna vía: estrofa de cuatro versos alejandrinos en rima consonante, pero las catorce sílabas del alejandrino se convierten en dieciséis (ritmo más grato al oído castellano), en pasajes más o menos extensos, con una oscilación que

per la monótona andadura de la *cuaderna vía* y producir una variedad de ritmo que avivara la atención de los oyentes. Pero en otras ocasiones el cambio responde al tipo de la acción o al fondo del relato; así, por ejemplo, conduce a subrayar o encuadrar el discurso entero de un personaje, sobre todo cuando sirve para caracterizarlo. Al mismo tiempo, cada uno de los metros parece identificarse en cierta medida con alguno de los personajes. El verso alejandrino, como importación transpirenaica, era más propio de los medios intelectuales; el octosílabo, por el contrario, típico de los zéjeles arábigos y eminentemente popular, parece convenir a gentes de esta índole e incluso aplebeyada; por ello, los discursos más significativos de Trotaconventos están en verso octosilábico, a veces, dice Corominas, dentro de un mar de alejandrinos. Por otra parte, el octosílabo se aviene mejor con los momentos de carácter enfático y solemne: y en él están escritos pasajes adoctrinadores como la moraleja del cuento de Pitas Payas, el *sermón* sobre la caída de doña Endrina, el episodio de la mora, etc.; o los momentos apasionados, fuertemente retóricos, entre doña Endrina y don Melón.

Corominas encuentra que el octosílabo se aviene también a determinados tonos de estilo, y asimismo a lo subjetivo, lo femenino y lo sentimental; así, Trotaconventos y doña Endrina hablan en octosílabos, pero cuando aquélla va a llevar a don Melón la noticia de su victoria, retorna el alejandrino como más apropiado para la narración; y en él, efectivamente, están escritos la mayoría de los cuentos y toda la historia de doña Garoza. También es este metro más adecuado para el tema objetivo —Trotaconventos abandona el octosílabo en unas estrofas en que trata de tranquilizar a doña Endrina—, para las largas enumeraciones, como los nombres de la alcahueta, instrumentos músicos, etc., o para los asuntos prosaicos. Corominas no pretende que todos estos supuestos encajen exactamente dentro de un esquema conscientemente ordenado por el autor; pero queda fuera de duda la extrema sensibilidad de Juan Ruiz para los recursos poéticos y las complejas matizaciones expresivas de los distintos metros. Las deducciones de Corominas abren al menos rutas muy tentadoras en los estudios sobre el *Libro de Buen Amor*.

Este convencimiento en la consciencia artística del poeta y, sobre todo, en su casi estricta regularidad métrica, parece enfrentarse con el carácter emi-

---

no parece casual, sino deliberada, según el momento de la composición. Este voluntario paso de una a otra medida se observa, sobre todo, a partir de la aventura cuarta (doña Endrina); las quejas de amor, los razonamientos ceremoniosos, las frases dichas con melancolía o solemnidad van expresadas en versos de dieciséis sílabas, mas cuando se trata de hablar con energía o pasión, el verso adquiere el ritmo más rápido del alejandrino, preferido también al relatar. Así, en la primera entrevista de don Melón con doña Endrina, comienza don Melón mesurado y reverente, en versos de dieciséis sílabas; pero ya en plena declaración de amor, al emplear frases encendidas, pasa a las catorce, y el volver, más calmado, al tono serenamente persuasivo, emplea de nuevo el verso de dieciséis. La última vez que éste aparece es en el pasaje amonestador que Juan Ruiz dedica a las Armas del Cristiano" (pág. 29).

nentemente juglaresco que hemos atribuido a Juan Ruiz y acerca del que tanto insiste Menéndez Pidal; recordemos que éste enumera entre sus más acusados rasgos de juglaría la ausencia de preocupación erudita por las *sílabas cuntadas*. Corominas recoge estas palabras del gran maestro y hace notar que Menéndez Pidal expuso aquella opinión cuando tenía que adoptar en esta materia una postura extrema para combatir la dogmática resistencia de quienes no admitían la versificación irregular en nuestra poesía medieval ni siquiera en aquellos géneros en que era indiscutible; luego, en cambio, ha matizado su parecer [98]. Corominas concluye que si el juicio de Menéndez Pidal es inatacable en cuanto al tono literario del *Libro*, se impone hacer reservas en el aspecto métrico: "El Arcipreste —dice— podía escribir ajuglaradamente, pero no era un juglar: era un literato" [99].

En lo que concierne a las rimas es cierto que pueden hallarse en el *Libro* algunos casos de rima imperfecta, pero, según Corominas, en un poema de casi 8.000 versos, apenas pasan del 1 %, y aun en muchos casos serían discutibles. Surge, sin embargo, el paralelo inevitable con Berceo. Éste es mucho más perfecto en la versificación y, además, mucho más sistemático; en todos los casos en que el idioma, naciente, vacilaba todavía, Berceo tiende a adoptar una solución única. Lo mismo sucede en cuanto a los procedimientos métricos; así, por ejemplo, rechaza la sinalefa, con carácter total y sin excepciones, y cuando emplea la sinéresis o la diéresis en un vocablo determinado, respeta siempre su propia ley.

Pero Juan Ruiz no había vivido, como Berceo, en una sola zona lingüística, pues viajó con relativa amplitud; su condición y gusto le llevaban a tratar con gentes de todos los niveles sociales; todas las variantes de una lengua en rápida evolución le parecían igualmente legítimas; admite con plena naturalidad duplicados lingüísticos, diversas formas prosódicas. En materia de sinalefa e hiato adopta la misma postura de tolerancia y flexibilidad. Este criterio verdaderamente liberal puede justificar ciertos descuidos que su genio

---

[98] El pasaje en que puede advertirse la *matización* de Menéndez Pidal, aludida por Corominas, figura en el estudio sobre la *Historia Troyana Polimétrica* (Anejo XVIII de la *Revista de Filología Española*, Madrid, 1934; reproducido en extracto en *Tres poetas primitivos*, "Austral" núm. 800, Buenos Aires, 1948, págs. 83-148), en donde admite "que el octosilabismo mezclado al heptasilabismo pertenece al sistema del Arcipreste de Hita y debe conservarse en una edición crítica del *Libro de Buen Amor*" (pág. 109 de "Austral"). La aparente contradicción de fechas entre el texto de Menéndez Pidal reproducido más arriba por nosotros perteneciente a 1957 y la "posterior matización" de don Ramón se debe a que las dichas palabras sobre el Arcipreste figuraban ya en la edición de *Poesía juglaresca* de 1924 y han sido repetidas en todas las siguientes, incluso en la nueva versión de 1957. Por otra parte, las palabras de Menéndez Pidal en la *Historia Troyana* no niegan tampoco la frecuente irregularidad juglaresca de Juan Ruiz, aun dentro del *sistema*, sino que afirman tan sólo la existencia de ambos ritmos; todo ello, además, antes de la publicación de las recientes ediciones críticas del *Libro*.

[99] Ed. cit., pág. 602; en el comentario al verso 1.633b.

desatendía, pero también explica, junto con la constante alternancia —mal comprendida— del alejandrino y el octosílabo, la prolongada desorientación de los críticos, empeñados en medir y juzgar la obra de Juan Ruiz de acuerdo con normas que no fueron las suyas. También hace comprensible, dice Corominas, que los copistas, sin poderse asir a la regularidad de un Berceo, se equivocaran más fácilmente en la transcripción y nos hayan legado un texto con tan graves alteraciones.

La parte propiamente lírica del poema, decíamos, se encuentra en un número, bastante crecido, de composiciones de arte menor, diversamente esparcidas por todo el *Libro*. Consisten en cuatro *Gozos de Santa María*, cuatro *serranas*, cuatro cánticas de *Loores a la Virgen*, dos cánticas a la Pasión de Cristo, un Ave María, una trova cazurra, dos cantares, de escolares, dos de ciegos y una cantiga contra la Fortuna. Probablemente, según dejamos apuntado, las composiciones líricas del *Libro* fueron muchas más, pues el autor las ofrece en varias ocasiones —ocho por lo menos— en que no aparecen, o son en número menor del que se indica; seguramente las omitieron los copistas.

El Arcipreste se sentía orgulloso de su pericia como versificador, y llega a decir en el prólogo que uno de los propósitos que tuvo al escribir su libro fue dar "leción e muestra de metrificar e rimar, e de trobar" [100]; en la segunda versión de la obra —la concluida en 1343— la porción más extensa añadida pertenece precisamente a la parte lírica, es decir, a composiciones para ser cantadas sueltas. Recordemos que este rico muestrario de coplas ha sugerido en buena parte la teoría de que el *Libro de Buen Amor* resultó de agrupar un variado repertorio de recitados juglarescos compuestos aisladamente.

En estas composiciones de arte menor se sirve el Arcipreste de gran variedad de ritmos, y en su obra tenemos la primera manifestación de semejante variedad dentro de nuestra historia literaria. Antes del Arcipreste —con la sola excepción de la única poesía en castellano que se atribuye al rey Sabio y del *Auto de los Reyes Magos*— nada poseemos con semejante variedad de ritmos y tan compleja diversidad estrófica; todo se reduce a las series monorrimas de las gestas, a pareados, o a las cuartetas monorrimas del mester de clerecía. No debe pensarse, sin embargo, que fuese el Arcipreste el creador de esta riqueza rítmica; toda una selva de lírica popular —como dice Henríquez Ureña—, hoy desaparecida, y cuya pujante existencia ha sido explicada por Menéndez Pidal, hubo de preceder al Arcipreste. La mayor importancia de estas incrustaciones líricas de su obra está justamente en reflejar la existencia de aquella poesía popular, que "en parte corría en boca del pueblo mismo, en parte en boca de juglares" [101]. El Arcipreste, como sabemos, declara haber escrito gran número de composiciones para juglares, escolares y ciegos, en lo

---

[100] Ed. cit., pág. 79.
[101] Pedro Henríquez Ureña, "El Arcipreste de Hita", en *Plenitud de España. Estudios de Historia de la cultura*, 2.ª ed., Buenos Aires, 1945, págs. 83-99.

cual no hacía sino recoger y prolongar una caudalosa tradición en formas poéticas de dominio colectivo.

Entre la mencionada variedad de ritmos y estrofas predomina la de tipo zejelesco, debido sin duda alguna al influjo de la juglaría morisca, con la cual sabemos tan familiarizado a Juan Ruiz. Esta forma estrófica es la que recibía entonces el nombre de *estribote*, la más difundida entre los juglares castellanos. Consta, según la describe Menéndez Pidal [102], de un dístico o villancico que enuncia el tema lírico de la composición; este tema es glosado luego en varias estrofas, cada una de las cuales consta de tres versos monorrimos, y un verso llamado *vuelta* porque torna a la rima del villancico inicial, al que da entrada de nuevo. En esta forma compuso el Arcipreste una trova cazurra, para referir lo que le aconteció con su mensajero Ferrand García, que trató en provecho propio los amores de Cruz:

> *Mis ojos no verán luz*
> *pues perdidö he a Cruz.*
> *¿Cruz? ¡cruzada! Panadera*
> *tomé por entendedera:*
> *tomé senda por carrera*
> *como haz el andaluz...* [103].

La misma disposición tienen los dos cantares de escolares:

> *Señores, al escolar*
> *dat, que vos vien demandar.*
> *Dat limosna ë ración:*
> *faré por vos oración,*
> *que Dios vos dé salvación;*
> *queret por Dios a mí dar...* [104]

En los primeros *Gozos de Santa María* el estribillo adopta la forma de una cuarteta tetrasílaba monorrima:

> *¡O María!,*
> *luz del día,*
> *tú me guía*
> *todavía;*
> *dame gracia ę bendeción,*
> *de Jesú consolación:*
> *que pueda, con devoción,*
> *cantar de tü alegría...* [105].

---

[102] *Poesía juglaresca y orígenes...*, cit., pág. 212.
[103] Ests. 115-116. Ed. cit., pág. 115.
[104] Ests. 1.650-1.651. Ed. cit., pág. 609.
[105] Ests. 20-21. Ed. cit., pág. 83.

El *estribote* era forma muy adecuada para la poesía popular y el canto coreado; el juglar solo entona los cuatro primeros versos de la glosa y da entrada al estribillo, que cantan a coro los oyentes.

Los terceros *Gozos de Santa María* tienen una disposición muy original; cada estrofa consta de ocho versos de tres medidas diferentes, según este esquema: 8, 7, 8, 7, 4, 4, 8, 7, rimados a b a b c c c b:

> *Madre de Dios, glorïosa,*
> *Virgen Santa María,*
> *fija ë leal esposa*
> *del tu fijo Mexía;*
> *tú, señora,*
> *dame agora*
> *la tu gracia toda ora,*
> *que t' sirva todavía...* [106].

Las más famosas, sin duda, entre las composiciones líricas del *Libro de Buen Amor* son las cuatro *cánticas de serrana*. El Arcipreste va "a provar la sierra" y se encuentra sucesivamente con cuatro serranas: una en el puerto de Malagosto o Malangosto; otra al pasar por Riofrío; una tercera junto a la venta del Cornejo, y una cuarta al bajar de Tablada. Primeramente refiere el poeta en *cuaderna vía* el encuentro con cada una de dichas mujeres, y luego incluye la respectiva *cántica* glosando el suceso en forma lírico-dramática.

Estas *serranillas* del Arcipreste son la primera manifestación de dicho género que conservamos en la literatura castellana. Alfredo Jeanroy y Menéndez y Pelayo suponían que procedían de una imitación de las pastorales provenzales y francesas, bien directamente, bien por intermedio de las imitaciones gallego-portuguesas, anteriores a las castellanas. Menéndez Pidal ha rechazado en cambio la dependencia del supuesto modelo francés y concretado las diferencias que las separan [107]. En la *pastorela* francesa se nos muestra —en medio de un paisaje de dulzura primaveral— a un caballero que se enamora, al pasar, de una bella pastora que está tejiendo una guirnalda y cantando un cantarcillo de amor. La pastora no cree en la repentina pasión de tan noble caballero y lo rechaza; insiste éste, describiendo las galas y riquezas que la joven merece, y al ser de nuevo rechazado ofrece él mismo dejar su casa y hacerse pastor para vivir con la bella. Este género, de lirismo cortesano, todavía se dulcifica en la poesía gallego-portuguesa, donde frecuentemente ni siquiera se trata de una pastora real, sino de una dama disfrazada.

---

[106] Est. 1.635. Ed. cit., pág. 605.
[107] Ramón Menéndez Pidal, "La primitiva poesía lírica española", en *Estudios literarios*. (Col. "Austral", núm. 28), 7.ª ed., Buenos Aires, 1952, págs. 201-274; en particular, págs. 223-233. Cfr., Mia I. Gerhardt, *La pastorale. Essai d'analyse littéraire*, Assen, 1950.

Pero las serranas del Arcipreste son enteramente distintas; son mujeres forzudas, armadas de honda y cayado, que guardan los pasos de la sierra y asaltan al caminante exigiéndole regalos para dejarle el camino libre. Cuando accede el pasajero, obligado por el cansancio y el frío, la serrana es capaz incluso de echárselo a cuestas en los pasajes difíciles y lo lleva a su cabaña donde le da de comer y de beber y su propio lecho en ocasiones. El Arcipreste describe a estas serranas con rasgos caricaturescos, como monstruos de fealdad, chatas, hombrunas; tan sólo a veces pondera su vestido o la buena color de su rostro.

Este tipo de *serrana* se nos presenta, dice Menéndez Pidal, como algo tradicional, y es el mismo que un siglo más tarde volveremos a encontrar en el marqués de Santillana, aunque en un ambiente de mayor idealidad y finura aristocrática, luego en la corte napolitana de Alfonso V con Carvajales, y durante el Siglo de Oro en manos de Lope de Vega, Valdivielso y Vélez de Guevara.

El origen del género supone Menéndez Pidal que hay que buscarlo en una tradición de villancicos o cantarcillos populares que cantan temas de viajes. El caminante, cansado o perdido en la noche, llama pidiendo ayuda en un momento difícil del camino:

Pásesme, por Dios, barquero,
de aquesa parte del río;
¡duélete del dolor mío!

O este otro, donde está ya desarrollado el tema mismo de la *serrana*:

¿Por dó pasaré la sierra,
gentil serrana morena?

Di, serrana, por tu fe,
si naciste en esta tierra,
¿por dó pasaré la sierra?

En estos olvidados cantares, que son auténticas serranillas populares, ve Menéndez Pidal el germen o tema inicial de las serranillas literarias. Lo cual no niega en absoluto que la pastorela provenzal influyera de hecho en el desarrollo de la serranilla o incluso estimulara a los poetas a glosar en forma dialogada los villancicos del caminante de la sierra. Por lo demás el sistema métrico de las serranillas se aparta también del de las pastorelas y adopta las formas tradicionales de Castilla. La primera serranilla del Arcipreste consta de coplas de siete versos octosílabos, en rima consonante, con este esquema: a b a b c c b. En la segunda, después de un estribillo de tres versos a a b:

> *Siempre me verná ëmiente*
> *desta serrana valiente,*
> *Gadea de Riofrío* [108]

siguen coplas de nueve versos octosílabos —a b a b a b a b c— con la peculiaridad de que la rima c es la misma en todas las estrofas, reminiscencia del *estribote*. La tercera se compone de coplas de siete versos octosílabos, como la primera, mas con distinto esquema rítmico: a b a b a b b. La cuarta, quizá la más bella y famosa, está compuesta en versos hexasílabos; el estribillo consta de cuatro versos de rima única, menos el tercero que queda libre, aunque asonantado; las coplas son de cinco versos, pareados dos a dos, y el quinto en todas ellas repite el monorrimo del estribillo:

> *Cerca la Tablada,*
> *la sierra passada,*
> *falléme con Alda*
> *a la madrugada.*
>
> *Encima del puerto*
> *cuidéme ser muerto*
> *de nieve e de frío,*
> *e desse rucio*
> *e de grand elada.*
>
> *Ya ä la decida,*
> *di una corrida:*
> *fallé una serrana,*
> *fermosa, loçana*
> *e bien colorada...* [109]

De particular belleza y finura y de no menor destreza métrica es la tercera *Cántica de Loores de Santa María*, ya hacia el final del *Libro*, que consta de coplas de siete versos, pentasílabos los 1, 3, 5 y 6, y heptasílabos los restantes, con rima a b a b a a b:

> *Quiero seguir*
> *a ti, ¡flor de las flores!;*
> *siempre dezir,*
> *cantar, de tus loores;*
> *non me partir*
> *de te servir,*
> *¡mejor de las mejores!* [110]

---

[108] Est. 987. Ed. cit., pág. 387.
[109] Ests. 1.022-1.024. Ed. cit., pág. 403.
[110] Est. 1.678. Ed. cit., pág. 621. Sobre la lírica del Arcipreste, cfr.: Federico Hanssen, "Un himno de Juan Ruiz", en *Anales de la Universidad de Chile*, 1899, págs. 737-745.

El arte de Juan Ruiz. Decíamos arriba, al referirnos a la poderosa asimilación que hace el poeta de las fuentes de que se nutre, que uno de los rasgos más sobresalientes en el *Libro de Buen Amor* es la múltiple captura que su autor realiza de la vida en torno. Hemos visto que esta irrupción en la obra literaria de la realidad inmediata había tenido también lugar en nuestra épica lo mismo que en el mester de clerecía o en la didáctica, pero nunca en medida semejante a la llevada a cabo por Juan Ruiz; gracias a su visión concreta de las cosas y a su capacidad de actualizar y hacer vivir plásticamente, la alegoría medieval y la fábula adoctrinadora —atenta sólo a la lección moral, genéricamente válida, pero ajena a cualquier lugar y circunstancia determinados— se convierte en Juan Ruiz en tangibles e inmediatos sucesos; la ciencia libresca se transforma en saber popular, condensado en gráficas palabras vulgares, y los textos latinos en familiares y cotidianas experiencias. Semejante portento no sólo es obra de habilidad literaria o técnica, sino de la apetencia vital del escritor, volcado vorazmente hacia todo género de gentes, objetos, animales, pasiones, sensaciones, impulsos, todos ellos golosamente gustados y vividos. Esa apetencia irrefrenable de Juan Ruiz es la que canaliza hacia su obra el torrente de un mundo nuevo que no había tenido hasta

---

Del mismo, "Los metros de los cantares de Juan Ruiz", en *Anales de la Universidad de Chile*, 1902, págs. 161-220. Félix Lecoy, *Recherches...*, cit., págs. 83 y ss. Ester Pérez de King, "El realismo en las cantigas serranas de Juan Ruiz, Arcipreste de Hita", en *Hispania*, XXI, 1938, págs. 85-104. Laurence D. Bailiff, "Juan Ruiz and Íñigo López de Mendoza. Their *serranillas*", en *The Modern Language Forum*, XXIII, 1938 (febrero, núm. 1), págs. 1-11. C. Canales Toro, "El *Libro de Buen Amor* de Juan Ruiz. Interpretación, versificación. Segunda parte", en *Anales de la Universidad de Chile*, XCIX, 1941, núm. 42, págs. 155-255; núm. 43, págs. 13-114. Ferruccio Blasi, "La poesia lirica dell'Arcipreste de Hita", en *Messana*, Universidad de Messina, I, 1950, págs. 73-86. Pierre Le Gentil, *La poésie lyrique espagnole et portugaise à la fin du Moyen Âge;* vol. I, *Les thèmes et les genres*, Rennes, 1949; vol. II, *Les formes*, Rennes, 1952. Del mismo, "L'Ave María de l'Archiprêtre de Hita", en *Mélanges de philologie française offerts à Robert Guiette*, Amberes, 1961, págs. 283-295. Del mismo, "À propos de *las cánticas de serranas* de l'Arcipreste de Hita", en *Wort und Text: Festschrift für Fritz Schalk*, Francfort, 1963, págs. 133-141. D. MacMillan, "Juan Ruiz's use of the 'estribote'", en *Hispanic Studies in honour of I. Gonzalez Llubera*, Oxford, 1959, págs. 183-192. John David Danielson, "*Pastorelas* and *Serranillas*, 1.130-1.550. A Genre Study", University of Michigan, 1960. Anthony N. Zahareas, "Troba cazurra: An example of Juan Ruiz's Art", en *Romance Notes*, V, 1964, págs. 1-5. Para el origen y desarrollo del estribote, cfr.: H. R. Lang. "The original meaning of the metrical forms *estrabot, strambotto, estribote, estrambote*", en *Scritti in onore di Rodolfo Renier*, Turín, 1912, págs. 613-621. Del mismo, "The Spanish *estribote, estrambote* and related poetics forms", en *Romania*, XLV, 1919, págs. 397-421. Cfr. también: Pedro Henríquez Ureña, *La versificación irregular en la poesía castellana*, Madrid, 1920. Del mismo, *Estudios de versificación española*, Buenos Aires, 1961. Tomás Navarro, *Métrica Española. Reseña histórica y descriptiva*, Syracuse, 1956. Para el uso que hace Juan Ruiz de las varias formas de estribote, véase Pierre Le Gentil, *Le virelai et le villancico. Le problème des origines arabes*, París, 1954, págs. 325-327.

entonces vida literaria. Las palabras con que Américo Castro ha comentado esta condición son insustituibles para definir la novedad que el *Libro* aporta: "Realidades —dice— antes mudas para el arte, surgen ahora valoradas poéticamente: pregones callejeros, diálogos cargados de intenciones, una muchacha que habla en árabe, el ajuar de la cocina y las faenas a que da motivo, operaciones agrícolas, 'las viejas, tras el fuego, ya dizen sus pastrañas' (copla 1.273). También por vez primera se habla de la manera de ser de ciertos españoles: 'tomé senda por carrera, como faz el andaluz' (116). Tal despliegue de fenómenos sensibles, de experiencia cotidiana, carece de antecedente en castellano. Se dice ahora en rimas lo que acontece en la intimidad de las almas y en el mundo en que se vive; sentimos la presencia de ciudades de Castilla, el bullir de tres castas y tres creencias, se habla de astrólogos, de alcahuetas, de libros doctos; se alude a labriegos, a caballeros servidores de España, a damas, frailes y monjas; hay holgorio de músicas y cantares, guisos apetecibles, fiestas litúrgicas, puertos de la Sierra de Guadarrama, lenguaje exquisito e improperios plebeyos. Todo revuelto y confuso, y presentado en una orgía de sensaciones que alternan con un derroche de moralidades abstractas. Quien así escribió era un artista original y poderoso, y no sólo un moralista ingenuo, o un cínico en trance de juguetear con el vicio y la moral. Ni es simplemente un juglar buhonero que transporte los tópicos legados por una tradición anónima e intemporal" [111].

El prodigio de Juan Ruiz es tan notable por su misma variedad y amplitud, que protegió su libro de la disolución anónima. Sabemos que el Arcipreste había invitado a su público a tomarlo como propio, añadiendo o enmendando lo que quisiere; su difusión y popularidad fue indiscutiblemente inmensa, pero no sabemos —según comenta el propio Castro— que fuese aceptada aquella invitación, porque la fuerza personal derramada por todo el libro no admitía refundiciones. No hay temas o sucesos "remanejables", como sucede en tantos otros de nuestra literatura; era la obra como un conjunto, con toda su abigarrada variedad fundida por una personalidad irreemplazable, la que se imponía al oyente o al lector: se trataba, nada menos, de una *experiencia* comunicada desde las vivencias del propio autor. Cuando los juglares animaban su espectáculo ofreciendo trozos del *Libro*, según ha descubierto Menéndez Pidal, no ofrecían este o aquel episodio concreto, sino "agora comencemos del Libro del Arcipreste": "persistía —dice Castro— el tono personal de un autor fundido con su obra, y su propiedad literaria no se disolvió en anonimato" [112].

Esta presencia tan desbordante de la personalidad, que se derrama globalmente sobre el poema, puede explicar, a su vez, que ninguna de las figuras que en él asoman —con la sola excepción de Trotaconventos— se destaque

---
[111] *La realidad histórica de España*, cit., págs. 378-379.
[112] Ídem, íd., pág. 380.

con vitalidad suficiente: el propio dinamismo del *Libro* las arrolla: "la realidad más valiosamente poética del *Libro* aparece en aspectos sueltos, discontinuos" [113], dice Castro. Además, el Arcipreste no podía todavía convertir sus figuras en personajes literarios, porque éstos se manifestaban aún encuadrados en una estructura "con su vida ya hecha dentro de una trascendencia épica, religiosa, didáctica, alegórica o truhanesca" [114]; y Juan Ruiz no consigue hacerlos salir de los esquemas en que estaban tradicionalmente encajados, individualizarlos y secularizarlos. Semejante hazaña no tendría lugar hasta *La Celestina*. El marco todavía, las cosas, las circunstancias, el torrente vital atraen más la atención poética de Juan Ruiz que las personas concretas: "Lo no individualizado —dice Castro— cae más del lado de la experiencia de lo 'convivible' que lo pretendidamente individualizado: el labriego, en enero, 'Fazía cerrar sus cubas, fenchirlas con embudo, echar de yuso yelos, que guardan vino agudo' (1276). Los asnos, 'fasta que pasa agosto non dexan de rebuznar' (1285). En julio, 'la mosca mordedor faz traher las narizes a las bestias por tierra' (1293). Etc. El mundo, la tierra, en cuanto motivo o escenario para las acciones humanas, están más próximos a la experiencia personal que los seres humanos situados en aquel escenario. La razón de ello es obvia: el frío de la sierra, las cubas de vino, el rebuzno de los asnos, o el andar rítmico de una linda muchacha por el ámbito de una plaza no eran realidades 'categorizadas' literaria y tradicionalmente" [115].

No obstante, esta dinámica vida impersonalizada la encierra Juan Ruiz en formas expresivas eficacísimas, en fábulas y ejemplos, en un constante flujo de acción donde se mezclan estratos literarios de desigual extensión, densidad o sentido, que impiden clasificar la obra dentro de un género específico, pero que tienen en su misma desarmonía y variedad la principal razón de su encanto.

Una de las mayores aportaciones de Juan Ruiz al mundo poético, según recuerda Carmelo Gariano, es el descubrimiento del cuerpo humano. La belleza física en la Edad Media no dejó de ser exaltada, pero siempre como reflejo de la divina; la suma hermosura estaba condensada en la Virgen; y los trovadores cantaban la beldad de la mujer amada como un ideal estético. En cambio, el apetito irrefrenable que siente el Arcipreste por las cosas de la vida "lo lleva a fijar su mirada sobre el cuerpo humano —dice Gariano— con un enfoque realista. Con esto, la poesía medieval regresa de sus torres de marfil al mundo de todos los días" [116]. Las descripciones del Arcipreste en materia de belleza femenina idealizan tan sólo en cuanto que buscan o apetecen perfecciones que no es común hallar reunidas en un solo ejemplar; pero los

---

[113] Ídem, íd., pág. 385. Véase también el citado artículo de Willis, "Two Trotaconventos...".
[114] Ídem, íd., pág. 387.
[115] Ídem, íd., pág. 386.
[116] *El mundo poético de Juan Ruiz*, cit., pág. 31.

términos de su deseo son físicos y concretos, no se expresan en metáforas literarias sino en tangibles perfecciones de inmediata realidad; la belleza no es una quimera poética, sino bulto corpóreo del que se espera un goce físico y sonante. He aquí la descripción de la mujer tal como don Amor se la recomienda al Arcipreste:

> ...busca mujer, de talla,   de cabeça, pequeña;
> cabellos amarillos,   non sean dë alheña;
> las cejas, apartadas,   luengas, altas, en peña;
> ancheta de caderas: ésta es talla de dueña;
>   ojos grandes, someros,   pintados, reluzientes
> e de luengas pestañas,   bien claras, parecientes;
> las orejas, pequeñas,   delgadas: páral mientes
> si ha ël cuellö alto: atal quieren las gentes;
>   la nariz, afilada;   los dientes, menudillos,
> eguales e bien blancos,   poquillo apartadillos;
> las enzías, bermejas,   colmillos, agudillos;
> los labros de la boca,   bermejos, angostillos;
>   la su boca pequeña,   assí, de buena guisa;
> la su faz sea blanca,   sin pelos, clara e lisa.
> Puna de aver muger   que la vea syn camisa,
> que la talla del cuerpo   te dirá: ësto aguisa... [117].

El mismo sentido realista del poeta enciende su capacidad para humanizar y aproximar cualquier género de realidades, sean animales o ideas abstractas; los conceptos se expresan constantemente en imágenes plásticas, pero pertenecientes además a cosas de experiencia y uso común, lo que le da al lector la impresión de algo fresco, recién creado por la mirada intuitiva del poeta; nada es conceptuoso o cerebral: los ojos del caballo extenuado son "ojos fondos, bermejos como pies de perdizes" (242d); los monjes que guardan avaramente el dinero "en vasos o en tazas", "más condesijos tienen que tordos nin picaças" (504d); "en el bezerrillo vey omnë el buey qué fará" (730d); "es la biuda, tan sola, como vaca, corrida" (743c); "contécem como al galgo viejo, que nada caça" (1356d): " 'señora', diz, 'el ave muda non faz agüero' " (1483d).

La sensación de vivencia inmediata no afecta sólo al detalle o a la pincelada concreta sino al conjunto todo del poema, y en esta realidad se disuelven todos los acarreos eruditos, abstractos o doctrinales. Criado de Val ha señalado agudamente que la literatura épico-heroica de la Castilla nórdica no se continúa en la toledana, la joven Castilla, caracterizada por una nueva literatura irónica, picaresca y coloquial, en la que pueden rastrearse muchas

---

[117] Estrs. 432-435, ed. cit., págs. 207 y 209.

alusiones irónicas al *Poema de Mío Cid* y otros cantares épicos. El *Libro de Buen Amor* es el gran exponente de este distinto espíritu literario, que incorpora el diálogo popular y naturalista, los refranes y locuciones del habla vulgar, todo el ambiente medieval de las villas toledanas, recorridas y auscultadas por Juan Ruiz en sus numerosos itinerarios. Criado de Val ha precisado la autenticidad de las imágenes transmitidas por el poeta confrontándolas con la realidad histórica o actual de los lugares que se mencionan en el *Libro*; imágenes extraídas de los usos agrícolas y ganaderos, de las comidas, de los animales de labor, de las prácticas cinegéticas, costumbres domésticas, riesgo en los viajes. Claro está que no faltan las alusiones tomadas de textos literarios o adquiridas por simples referencias, pero en su gran mayoría proceden de la experiencia del escritor: "Juan Ruiz —dice Criado— encabeza la lista de autores castellanos que tienen como cualidad característica el ser andariegos. Su *Libro* es un archivo de datos geográficos recogidos con gran fidelidad; galería de imágenes directas y precisas, tomadas, día por día, en pueblos y caminos" [118].

Aspecto capital en el *Libro de Buen Amor* es el humor; Juan Ruiz es uno de los mayores humoristas de nuestra literatura, quizá tan sólo superado por el genio extraordinario de Cervantes. Su humorismo no surge de un malévolo deseo de fustigar ni se retuerce en acritudes sarcásticas, sino que brota gozosamente de su mismo concepto de la vida, que le permite ver la gracia de una situación, lo pintoresco de un personaje, los rasgos cómicos de un gesto. Su larga experiencia de la vida le da una aguda malicia. Conoce demasiado bien a los hombres para tenerlos en mucha estima y sin embargo, no los zahiere con rencor porque sabe que sus debilidades son las propias, y aun se complace en ellas con divertida jovialidad; no necesita perdonarlos, como no se perdona a sí mismo, porque sus caídas son el mismo placer tras el que anda y en el que se complace. Su risa sana, fuerte y sensual, a veces estrepitosa y un tanto ruda, resuena con acentos inconfundibles en el ámbito de su centuria.

Con frecuencia, puesto en su teórico papel de moralista, comienza con graves amonestaciones, pero pronto su ironía retozona estalla en una salida jovial que quiebra la seriedad de la prédica y delata su fondo de hombre satisfecho. Otras veces los temas religiosos le sirven para deducir una curiosa moraleja

---

[118] *Teoría de Castilla la Nueva...*, cit., pág. 184. Sobre Juan Ruiz itinerante y sus caminos cfr.: C. Bernaldo de Quirós, "La ruta del Arcipreste de Hita por la sierra de Guadarrama", en *La Lectura*, III, 1915, págs. 145-160. Gonzalo Menéndez Pidal, "El viaje del Arcipreste de Hita por la Sierra", en *Los caminos en la historia de España*, Madrid, 1951, págs. 58-60. José Sanz y Díaz, "Tránsito serrano y aventuras del Arcipreste", en *Nueva Democracia*, III, 1958, págs. 70-75. Manuel Criado de Val, "Los itinerarios en el libro del Arcipreste", en *Teoría de Castilla la Nueva...*, cit., págs. 239-252.

profana. Y en esta superposición de gravedad y desenfado está uno de los principales y más originales recursos de su veta humorística. Sería imposible negar —y esto no es sino consecuencia de la desbordante personalidad del Arcipreste— que se deja llevar más de una vez de cierta propensión a la caricatura y a la exageración un tanto plebeya.

Carmelo Gariano ha resumido los diferentes medios estilísticos en que se expresa el humor de Juan Ruiz [119]. El escritor no desconoce ninguno de los procedimientos para hacer circular eficazmente por todo el poema su congénita jovialidad, el esencial optimismo que le permite contemplar la vida como un divertido espectáculo. El vehículo humorístico se mueve dentro de un ancho campo de posibilidades, desde la más sencilla hasta la más recóndita y sutil. A veces depende de un mero juego de palabras —lo que podría llamarse un chiste— o se expresa mediante una gráfica imagen, con gran frecuencia tomada del mundo animal, por el que Juan Ruiz siente afición inextinguible: "él comió la vïanda e a mí fazié rumiar" (113d). Con frecuencia se sirve de la parodia con fines burlescos, tomando fórmulas o estilos, tradiciones o instituciones serias con espíritu de chacota; así, por ejemplo, parodia los procedimientos judiciales con las intrigas y sobornos adyacentes, presiones y enredos, en la fábula del pleito "qu'el lobo e la raposa ovieron ante don Ximio, alcalde de Bugía". En las cartas de reto y contra-reto entre don Carnal y doña Cuaresma ridiculiza los usos de las lides entre caballeros; "en realidad —dice Gariano— todo el movido episodio de Carnal y Cuaresma es una fina parodia de una estilo y una cultura"; concretamente, lo es del estilo épico y caballeresco. Una de las más famosas parodias del *Libro,* conectada con la anterior, es la de las horas canónicas, de que se sirve el Arcipreste contra don Amor, considerada por muchos comentaristas —Julio Cejador, Elisha K. Kane, Félix Lecoy, Otis H. Green— como blasfema y altamente lasciva, pero cuyo sentido irónico ha puesto en claro Zahareas [120].

En muchas ocasiones el humor desciende hasta la caricatura y el grotesco. Juan Ruiz se goza en abultar los rasgos cuando tiene ocasión de ello; tal sucede en las personificaciones de doña Cuaresma y don Carnal. Pero el procedimiento es más frecuente y vivaz, según Gariano advierte, cuando se trata de personajes humanos, como el tuerto y el cojo en el "ensiemplo de los dos perezosos que querían casar con una dueña", y sobre todo en el retrato de la serrana de Tablada, en la cual se ensaña el Arcipreste, en una de esas exageraciones aplebeyadas a que arriba aludíamos.

Los apólogos ofrecen a Juan Ruiz una excelente oportunidad para el ejercicio de su humor. Tales apólogos han sido traídos —cierta o ficticiamente; luego hemos de verlo— con el propósito pedagógico propio del género; pero,

---

[119] *El mundo poético...,* cit., págs. 87 y ss.
[120] *The Art of Juan Ruiz...,* cit., págs. 93-99. Cfr.: Otis H. Green, "On Juan Ruiz's Parody of the Canonical Hours", en *Hispanic Review,* XXVI, 1958, págs. 12-34.

lo más importante, en cualquier caso, en dichos apólogos no es la finalidad didascálica, sino la vena humorística que el Arcipreste les infunde y los sabrosos detalles con que adereza el relato tradicional. "Es así —dice Gariano— como un género literario que parecía agotado y condenado a esfumarse en lo convencional, tanto en su contenido como en sus fines, con nuestro poeta se satura de vitalidad y se renueva en producto original impregnado de alegría y efectos humorísticos. De tal modo, el numen poético del Arcipreste transforma en obra de arte hasta una simple fábula esópica, imprimiendo el sello de su personalidad y el signo de lo hispánico en lo que era material del dominio público" [121].

Todos estos procedimientos son, sin embargo, *menores*, podríamos decir, y su solo uso —ni aun llegando a la intensidad y viveza que logra frecuentemente Juan Ruiz— no le alzaría a mayor altura que la de ser un poeta cómico, por grande que se quiera. Sus más altas conquistas están, en cambio, en el manejo casi constante de la ironía como procedimiento artístico que informa todo el libro, y que nunca es mero aderezo sino nervio esencial que define mejor que ningún otro su carácter y puede conducirnos al secreto de su contenido. Anthony Zahareas ha valorado este componente del *Libro de Buen Amor* con gran rigor y profundidad [122]. En páginas anteriores, al referirnos a la interpretación dada al *Libro* por este investigador, dijimos que, para él, la obra de Juan Ruiz se basaba en el constante empleo de la ironía, en la cual se expresa justamente la deliberada ambigüedad de la obra y está la razón de ser de su arte. Bajo un aparente esquema didáctico, el *Libro de Buen Amor* hace vivir el permanente conflicto entre los valores realistas del amor humano y el código abstracto del amor divino. Juan Ruiz, explica Zahareas, somete la convención didáctica del *buen amor* a las mayores tensiones; una convención, literaria o ideológica, se sostiene mientras no existen elementos inaceptables para la convención, pero ésta queda destruida cuando aquéllos irrumpen: es lo que le sucedería a una *Arcadia*, invadida por el tufo de las ovejas. Y es lo que hace Juan Ruiz al introducir sus humorísticos comentarios sobre el amor humano en los argumentos morales del amor divino. Como moralista, Juan Ruiz debería escoger entre los dos; mas como artista no le es posible. Tendría que creer que el amor, con toda su corte de placenteras tiranías, puede someterse de algún modo a la razón o a las normas de la moral. Pero, precisamente, lo que divierte a Juan Ruiz en la actitud didáctica y convencional hacia el amor es la pretensión de gobernarlo por un conjunto de reglas. En su reacción ante este hecho está la fuerza irrestañable del humor que mana de su obra.

Zahareas lleva a cabo un sagaz estudio para establecer el valor respectivo de la alegoría y de la ironía y la peculiar utilización de ambas por Juan Ruiz. Gran número de comentaristas —señaladamente, Spitzer y Lida de Malkiel—

---

[121] *El mundo poético...*, cit., pág. 118.
[122] *The Art of Juan Ruiz...*, cit.; véanse especialmente págs. 42-60 y 202-206.

han insistido en el frecuente empleo que de la alegoría hace el Arcipreste, para defender su interpretación del *Libro de Buen Amor* como obra didáctica. Juan Ruiz se sirve, en efecto, de repetidas fábulas o ejemplos alegóricos e insiste en que debajo de la historieta divertida yace otro sentido más valioso y sutil, que debe ser captado por el lector. Pero, según aclara Zahareas, la alegoría no designa lo opuesto de lo que se dice, sino algo distinto que queda oculto, y que el lector, con ayuda del poeta, debe descubrir, dentro siempre de unos supuestos establecidos y, consecuentemente, inequívocos y precisos; de lo contrario, la alegoría no tendría utilidad ni significado, y el propósito didáctico que se atribuye a toda obra medieval, y concretamente al *Libro*, quedaría fallido. La ironía, en cambio, insinúa y sugiere otro significado contrario a lo que se afirma, con lo cual el resultado es la paradoja o la ambigüedad. Y éste es el caso de Juan Ruiz. Constantemente se sirve de la estructura alegórica, mas no para llegar a una lección precisa, sino que, retorciendo el sentido, deja flotando una ambivalente solución, irónica por tanto y no clara y concreta como en la alegoría; en consecuencia, no didáctica. El procedimiento, cien veces repetido, es particularmente revelador en la "historia de los griegos y los romanos", justamente el escogido por Spitzer para probar su tesis contraria. En esta historia, según ya dijimos arriba [123], el poeta nos previene que la entendamos rectamente, pero lo único que cabe deducir de la fábula es que cada uno comprende las cosas según como las mira; los griegos y los romanos partían de supuestos distintos y no lograban entenderse: ambos tenían razón... y ninguno.

Juan Ruiz sabe pulsar a la perfección todos los matices del procedimiento irónico; comienza, por ejemplo, a explicarnos que "todas las cosas del mundo son vanidat, sinon amar a Dios" (recordemos que acaba de sufrir un desengaño amoroso); pero inmediatamente salta este comentario:

>   *Si Dios, quando formó   el omnë, entendiera*
> *quë era mala cosa   la mujer, non la diera*
> *al omne por compaña   nin dél non la feziera;*
> *si para bien non fuera,   tan noble non saliera...* [124].

Esta irónica, ambivalente, escurridiza actitud de Juan Ruiz —para quien todas las cosas tienen su cara y su cruz, como las monedas— y que es raíz de todo su arte incomparable, podría expresarse quizá cumplidamente con un solo verso; está comparando la manzana con otras frutas y resume así su juicio:

>   *mas ante pudren quę otra   pero dan buen olor* [125].

---

[123] Véase el estudio de A. D. Deyermond, cit. en la nota 60.
[124] Est. 109, ed. cit., pág. 113.
[125] Est. 163d, ed. cit., pág. 127.

El precioso estudio de Rafael Lapesa que ya hemos mencionado —"La muerte en el *Libro de Buen Amor*"— podría ayudarnos aún a comprender algo más la raíz del humorismo del Arcipreste, su risa burlesca, su alegría. Dos veces —nos explica Lapesa— trunca la muerte las aventuras amorosas de Juan Ruiz: primero, es la joven que muere "a pocos días" de haberla conseguido el enamorado; después, la monja doña Garoça, muerta a los dos meses de haberlo recibido como a servidor. En ninguna de las dos ocasiones provoca la muerte "planto" alguno, y la reacción vital se impone enseguida, tras la breve amargura, con la búsqueda de nuevas amantes. En cambio, la muerte de Trotaconventos le arranca al poeta una amarga invectiva. Lo curioso del caso es que el largo lamento contra la muerte, en el que el poeta alcanza acentos casi patéticos, está encuadrado entre un comienzo de claro tono paródico y un final burlesco que culmina con las desenvolturas del irreverente epitafio. Para explicar lo extraño de esta mezcla, Lapesa sugiere la hipótesis de que Juan Ruiz escribiera independientemente la imprecación contra la muerte y la injiriese luego, mediante algún pequeño retoque, en el "planto" por Trotaconventos, que queda así escindido en las dos porciones extremas. Ahora bien: ni en su dramática invectiva ni en otros pasajes en que alude a la muerte, se refiere a ella Juan Ruiz como liberación de una vida ingrata, al modo de los estoicos, ni mucho menos —a la manera de los místicos— como trance apetecido para lograr su unión con Dios, y ni siquiera como niveladora de los hombres —en el sentido que expresa la *Danza de la muerte*— complaciéndose, justiciera, en la caída de los poderosos y la ruina de las humanas vanidades.

Lo que en la muerte ve nuestro poeta es la fatal e inapelable destrucción de todos los bienes corporales —reconocidos como tales bienes—: la belleza, la fuerza, los sentidos, y también las cualidades morales que de aquéllas derivan o son parte: la gracia, la lozanía, la alegría, la limpieza, aquellas cosas, en suma, que "dan agrado a la persona, dignifican el amor, suavizan el trato, hacen amable a la humanidad y por medio de ella al mundo todo" [126]. Juan Ruiz llama a la muerte "enemiga del bien" y la define como "el mal primero", anterior al mismo infierno, pues para él, inversamente a la doctrina teológica, fue la muerte la engendradora del pecado y por ende de todos los males. Juan Ruiz, poeta de la vida —y es aquí a donde deseábamos llegar por ser clave del *Libro*— no identifica el bien y el mal con *espíritu* y *carne* sino con *vida* y *muerte:* [127] "contra el propósito moralizante —dice Lapesa—, impuesto a

---

[126] Lapesa, estudio cit., pág. 65.

[127] Quizá puedan ser ahora mejor entendidas las palabras de Américo Castro que citamos anteriormente, en las que define la esencia del *Libro* como "esforzante vitalidad", como lucha entre las vivencias de impulso vital (esfuerzo, ligereza, alegría) y el obstáculo encontrado (rechazo, desengaño, tristeza). Deseamos reproducir todavía algunas palabras más de Castro, tomándolas ahora de *La realidad histórica de España:* "Ni siquiera cabría decir, rigurosamente, que sea el Amor la única cima hacia donde con-

Juan Ruiz por el didacticismo en que se formó y vive, se conjuran dos cosas: el espanto que le produce la idea de la muerte, y la necesidad vital de olvidarse de ella". Y añade luego: "Para esquivar esa pesadilla hacen falta al poeta risas que la anulen: de ahí que su más honda expresión de esperanza trascendental y de angustia inmediata figure como parte de un "planto" burlesco, y que la mayor elevación religiosa tenga por contrapartida la explosión más irreverente de humorismo e hilaridad" [128].

El lenguaje del Arcipreste es tan vario y complejo, tan difícil de asir y concretar en una fórmula, como el contenido del poema. A la diversidad de su carácter, genial "conciliador del mester culto y del vulgar", corresponden sus variedades estilísticas: "el *Buen Amor* —escribe Lida de Malkiel— ofrece un estilo sabio cuya retórica es más rica que la de Berceo y la del Alejandre, como es más rica la calidad de su saber, y, junto a tal medio erudito y en transición difícil de graduar, presenta un estilo popular que es probablemente su más fecunda novedad" [129].

El carácter que más parece atraer la atención de los comentaristas en el *Libro de Buen Amor* es la frecuencia de la amplificación retórica, manifestada en largas enumeraciones: así, la de las prendas de doña Endrina o de don Furón, las penas del enamorado, las propiedades del dinero, los funestos efectos del vino; a las que había que añadir las enumeraciones de máximas, ejemplos y comparaciones, como en el elogio de las dueñas chicas, o de simples términos, como en los nombres de la alcahueta. En ocasiones, el poeta cede al placer de emparejar sinónimos; en tales casos, así como en alguna de sus enumeraciones, parece tratarse de una abundancia viciosa. Pero aceptamos en este punto el parecer de Gariano [130]: el poeta casi nunca se deja llevar de la mera afluencia de palabras, y, cuando esto sucede, no se trata de vacías tautologías sino de recursos encaminados a producir determinado efecto. Tal sucede, por ejemplo, en la lista de los nombres de la alcahueta, modelo clásico de preterición, en que el autor, al par que enumera los nombres que no pueden decirse, porque afectan a aspectos que la definen y la ofenden, vuelca un torrente de chispeantes sugerencias, implícitas en la misma riqueza y variedad

---

verjan los demás valores. El Amor es aquí punto de partida, sin duda alguna, y también luz que alumbra otros aspectos en sí mismo valiosos: la versificación, el lujo verbal, el son de los instrumentos, el dinamismo creador del dinero, el arte incitante de las alcahuetas, el juego-pelea entre las huestes del placer y de la abstinencia, o el universal alegrarse de cuanto posee expresión en la vida. Mas no obstante todo eso, el tema primario y orientador sería, más bien, la tensa y animada actividad del vivir voluntarioso, atraída por el amor y espoleada por la alegría" (pág. 381).

[128] Est. cit., págs. 73-74.
[129] "Introducción" a su edición cit. del *Libro de Buen Amor*, págs. 21-22.
[130] *El mundo poético...*, cit.; sobre estos aspectos del *Libro* véase el cap. V, "El verbo poético", págs. 148 y ss.

verbal. Del mismo modo en el alborotado recibimiento que se hace a don Amor, las largas listas de gentes con su acompañamiento de objetos y de instrumentos musicales sirven a maravilla para definir el entusiasmo y la exaltación gozosa de la fiesta; y mucho más eficaz aún, si cabe, es la abigarrada multitud de animales acuáticos y terrestres que se alinean en las filas guerreras de doña Cuaresma y don Carnal. La misma caótica enumeración de los lectuarios de las monjas, de que habla Trotaconventos, y que parece una broma del poeta, provoca una intencionada resonancia de manejos monjiles, secretos y refinados, que prepara picarescamente la atmósfera del pasaje. En cualquiera de los casos, lo más notable es el genio de Juan Ruiz para inyectar gracia y viveza inéditas a una prosaica lista, como si los objetos se iluminaran al solo tacto de sus dedos.

Otro rasgo estilístico de Juan Ruiz es el empleo de diminutivos, que maneja con muy variados matices poéticos: para destacar la gracia de un rasgo físico femenino —"¡qué cabellos, qué *boquilla*, qué color, qué buen andança!", dice de doña Endrina (653c)—; para reflejar un encarecimiento propio del habla popular —"*mancebillo* de verdat" (727c), "*mancebillo* guisado" (738c), define Trotaconventos a don Melón—; o para expresar una tensión afectiva —"*amarilla* e *magrilla*" (757c) estaba doña Endrina a consecuencia de su viudez—; o para sugerir una situación de desamparo —"*murezillo*" (1429b) llama el poeta al mur, cuando logra escapar de las garras del león—; o para acentuar el especial carácter de una cosa —vino "*agrillö* e ralo" (1030d) dióle Alda, la serrana, al Arcipreste. Aclara Gariano que Juan Ruiz —contra lo que a veces suele afirmarse— es muy parco en el diminutivo; de aquí la eficacia de su utilización.

En las páginas del *Libro* aparece por primera vez en nuestra literatura el habla viva con valor artístico. Este nuevo lenguaje poético exige formas sintácticas peculiares; el orden lógico cede constantemente al impulso emotivo o al interés narrativo de cada pasaje y los términos se invierten dando a la frase una especial vivacidad:

El talente de mujeres ¡quién lo podría entender!
las sus malas maëstrías e su mucho mal saber... [131]

El lenguaje popular entra a raudales en el libro de Juan Ruiz bajo la forma, siempre elogiada, de refranes y máximas, que tienen en sus páginas el primer gran exponente de nuestra historia. Estos refranes y sentencias van desde la forma más corriente y populachera hasta la máxima cargada de sabiduría, y ambas dan a la obra cierto carácter gnómico, que no debe confundirse —dice muy bien Gariano— "con el método o fin didáctico" del *Libro* como conjunto. El Arcipreste se sirve de las sentencias y refranes con fines muy diversos y casi siempre con gran oportunidad, subrayando un estado de ánimo, dando

---

[131] Est. 469ab, ed. cit., pág. 219.

realce e intención a un pasaje, o haciéndolo derivar hacia el apetecido sentido irónico:

> Dixǫ: 'Uno cuida ęl vayo ë otrǫ el que lǫ ensilla'.
> Redréme de la dueña e creí la fablilla
> que diz: 'Por lo perdido nǫ estés manǫ en mexilla' [132].

> Cierta cosa ës ésta: molinǫ andando gana;
> uerta mijor labrada da la mijor mançana;
> mujer mucho seguida siemprë anda loçana... [133]

> ...fablar mucho con el sordo es mal sesǫ e mal recabdo... [134].

Finalmente, es también Juan Ruiz nuestro primer maestro del diálogo, que no va a tener igual hasta los días de *La Celestina*. Estos diálogos, que en muchas ocasiones alcanzan la vivacidad y tensión de escenas teatrales, son otra puerta por donde penetra el habla popular, con réplicas ágiles que recogen las formas más naturales de expresión. He aquí, como ejemplo, un animado diálogo de la historia de doña Garoça:

> Yo l' dix: 'Trotaconventos, escúchamę un poquillo:
> ¿yö entrar cómo puedo dǫ non sé tal portillo?'
> Ella diz: 'Yo lö ando en pequeño ratillo;
> quien faze la canasta, fará ël canastillo'.
> Fuésë a una monja quë avía servida,
> díxom que l' preguntara: '¿Qual fue la tu venida?
> ¿Cómo te va, mi vieja, cómo passas tu vida?'
> 'Señora', dixǫ, 'assí, a c̆umunal medida;
> desque m' partí de vos a ųn acipreste sirvo,
> mancebo, bienandante, de sü ayuda bivo;
> para quë a vos sirva cada día lǫ abivo:
> señora, del convento no l' fagades esquivo'.
> Dixo doña Garoça: '¿Embïótę él a mí?'
> Díxole: 'Non, señora, mas yo m' lo comedí:
> por el bien que m' fezistes en quanto vos serví,
> para vos lo querría tal, que mijor non vi' [135].

El *Libro de Buen Amor* permaneció ignorado casi por entero durante el Siglo de Oro, como la mayoría de nuestras producciones medievales, hasta que en 1790 Tomás Antonio Sánchez (el mismo que dio a conocer el *Poema de*

---

[132] Est. 179bcd, ed. cit., pág. 131.
[133] Est. 473abc, ed. cit., pág. 219.
[134] Est. 663b, ed. cit., pág. 275.
[135] Estrs. 1.343-1.346, ed. cit., págs. 511 y 513.

Mío Cid) lo sacó del olvido en el volumen cuarto de su *Colección de poesías castellanas anteriores al siglo XV*, pero expurgado de ciertos pasajes escabrosos.

Este oscurecimiento temporal no niega, sin embargo, la huella profundísima dejada por el *Libro* en nuestra literatura. Es un dato importante el hecho de haberse conservado tres manuscritos del poema, cifra excepcional en nuestra historia literaria. Consta que el libro de Juan Ruiz figuraba en la biblioteca del rey don Duarte de Portugal, y de su gran popularidad es indicio la traducción portuguesa existente ya a fines del siglo XIV [136]. El *Libro de Buen Amor* ejerció positiva influencia sobre el *Rimado de Palacio* del Canciller Ayala, sobre todo en la parte doctrinal, y los poetas del *Cancionero de Baena* no sólo recogen formas y géneros que por primera vez aparecen en el *Libro*, sino que repiten imágenes y hasta situaciones del poema de Juan Ruiz. El marqués de Santillana lo menciona en su *Carta al Condestable de Portugal*. El Arcipreste de Talavera en su *Corbacho* lo toma como guía para los pasajes de costumbres y habla populares. Pero la huella capital del *Libro* hay que buscarla en *La Celestina* —y bastaría este solo dato como ponderación de su importancia—, para cuyo personaje central proporciona el modelo Trotaconventos: "De no haberla eclipsado su colega Celestina —dice Américo Castro— Trotaconventos habría sido el nombre español de la alcahueta" [137]; y también son visibles sus influjos en otros pasajes de la obra, como en la primera entrada de Celestina en la casa de Melibea, que rememora las visitas de Trotaconventos a doña Endrina, aparte otros aspectos como el lenguaje sentencioso de la vieja, que se convierte —dice Lida de Malkiel— "en rasgo convencional de la lengua castellana".

Américo Castro, que proclama, como vimos, lo irrefundible del poema de Juan Ruiz, en virtud de su irreemplazable personalidad, afirma al mismo tiempo que "por la misma vía de la expresión íntima, abierta simultáneamente por Don Juan Manuel y por Juan Ruiz, discurrirán más tarde, ensanchándola, las figuras poéticas del *Corbacho*, de *La Celestina* y del *Quijote*" [138].

Desde la primera edición del *Libro*, y con ligeras excepciones —como la de Quintana— de críticos no preparados todavía para gustar de la poesía medieval, el alto valor del Arcipreste ha ido confirmándose día a día; los hombres del 98 le dedicaron cariñosa atención y bellos comentarios, la erudición contemporánea ha puesto a Juan Ruiz en la cima de sus preferencias. En 1960, no aparecidas aun siquiera ninguna de las ediciones críticas que tanto se echaban de menos —incluida, por supuesto, la suya—, ni menos los numerosos, y algunos capitales, estudios recientes, escribió Criado de Val: "El

---

[136] Cfr.: Antonio García Solalinde, "Fragmentos de una traducción portuguesa del *Libro de Buen Amor* de Juan Ruiz", en *Revista de Filología Española*, I, 1914, páginas 162-172. Lucius Gaston Moffat, "An Evaluation of the Portuguese Fragments of the *Libro de Buen Amor*", en *Symposium*, X, 1956, págs. 107-111.

[137] *La realidad histórica de España*, cit., pág. 435.

[138] Idem, íd., pág. 380.

Libro de Buen Amor, es, sin duda, la creación literaria española que en mayor proporción ha subido en el interés de la crítica moderna" [139]. En nuestros días es ya un concepto común que el *Libro de Buen Amor,* junto con el *Poema de Mío Cid,* el *Romancero, La Celestina,* el *Lazarillo* y el *Quijote,* componen el grupo incuestionable de nuestras letras inmortales.

---

[139] *Teoría de Castilla la Nueva...,* cit., pág. 157.
Como complemento de la bibliografía mencionada a lo largo del capítulo cfr.: Julio Puyol y Alonso, *El Arcipreste de Hita. Estudio crítico,* Madrid, 1906. F. Castro Guisasola, "El horóscopo del hijo del rey Alcaraz en el *Libro de Buen Amor",* en *Revista de Filología Española,* X, 1923, págs. 396-398. Erasmo Buceta, "La *Política* de Aristóteles, fuente de unos versos del Arcipreste de Hita", en *Revista de Filología Española,* XII, 1925, págs. 56-60. J. P. W. Crawford, "El horóscopo del hijo del rey Alcaraz en el *Libro de Buen Amor",* en *Revista de Filología Española,* XII, 1925, págs. 184-190. Salvatore Battaglia, "Il *Libro de Buen Amor",* en *La Cultura,* IX, 1930, págs. 721-735. Del mismo, "Motivi d'arte nel *Libro de Buen Amor",* en *La Cultura,* X, 1931, páginas 15-33. Elisha K. Kane, "The Electuaries of the Archpriest of Hita", en *Modern Philology,* XXX, 1933, págs. 263-266. Stephen Gilman, "The Juvenile Intuition of Juan Ruiz", en *Symposium,* IV, 1950, págs. 290-303. Joseph-Sébastien Pons, "L'Archiprêtre de Hita: esquisse pour un portrait", en *Bulletin Hispanique,* LII, 1950, págs. 303-312. Samuel Gili Gaya, "El Arcipreste de antes y de ahora", en *Clavileño,* año II, núm. 11, 1951, págs. 31-32. Luiz Vázquez de Parga, "En el centenario del Arcipreste de Hita. Juan Ruiz entre Islam y Occidente", en *Clavileño,* año II, núm. 8, 1951, págs. 32-36. Fernando Capecchi, "Il *Libro de Buen Amor* di Juan Ruiz, Arcipreste de Hita", en *Cultura Latina,* XIII, 1953, págs. 135-164 y XIV, 1954, págs. 59-90. Lucius Gaston Moffat, "Alvar Gómez de Castro's Verses from *Libro de Buen Amor",* en *Hispanic Review,* XXV, 1953, págs. 247-251. A. H. Schutz, "La tradición cortesana en dos coplas de Juan Ruiz", en *Nueva Revista de Filología Hispánica,* VIII, 1954, págs. 63-71. Evelyne Lang, "El tema de la alegría en el *Libro de Buen Amor",* en *Revista Hispánica Moderna,* XXII, 1956, págs. 1-5 y 13-17. Gonzalo Sobejano, "El epíteto en Juan Ruiz", en *El epíteto en la lírica española,* Madrid, 1956, págs. 191-203. Irma Césped, "Los *fabliaux* y dos cuentos de Juan Ruiz", en *Boletín de Filología,* Chile, IX, 1956-1957, págs. 33-65. Thomas R. Hart, *La alegoría en el Libro de Buen Amor,* Madrid, 1959. María Rosa Lida de Malkiel, "Una interpretación más de Juan Ruiz (*Zur dichterischen Originalität des Arcipreste de Hita,* by Ulrich Leo)", en *Romance Philology,* XIV, 1961, págs. 228-237. Walter Mettmann, "Ancheta de caderas, *Libro de Buen Amor,* 432 ss.", en *Romanische Forschungen,* LXXIII, 1961, págs. 141-147. Anthony N. Zahareas, "Juan Ruiz's Envoi: The Moral and Artistic Pose", en *Modern Language Notes,* LXXIX, 1964, 206-211. Del mismo, "The Stars: Worldly Love and Free Will in the *Libro de Buen Amor",* en *Bulletin of Hispanic Studies,* XLII, 1965, págs. 82-93.

CAPÍTULO VII

DON JUAN MANUEL Y EL CANCILLER AYALA. OTRAS MANIFESTACIONES LITERARIAS

Mientras que la poesía del siglo XIV está representada por la exuberante personalidad de Juan Ruiz —genialmente espontáneo y popular, polifacético y anárquico—, la prosa cuenta con dos escritores de primer rango —Don Juan Manuel y el Canciller Pero López de Ayala— representantes de una nueva aristocracia letrada y cortesana, que en este siglo comienza a sustituir a la nobleza, ruda y campesina, de las épocas precedentes. Se inicia con ellos la serie de escritores que hermanan las armas y las letras y que en las dos centurias inmediatas han de encarnar el ideal de totalidad del hombre del Renacimiento. Pertenecientes a las clases más altas, ni Don Juan Manuel ni el Canciller poseen el carácter desenvuelto y popular que distinguía al Arcipreste. Cultivan, por el contrario, una literatura doctrinal, de tono grave y moralizador, como corresponde al ideal de gobierno y dirección de la clase superior a que pertenecen.

El Canciller López de Ayala es a la vez el más importante cultivador de la poesía durante su generación —segunda mitad del siglo XIV—, y si como prosista no iguala a Don Juan Manuel y queda muy atrás como poeta en comparación con la genial personalidad del Arcipreste, ofrece por el conjunto de su producción un especial valor, en el que importa tanto su significación humana como el carácter de su obra.

DON JUAN MANUEL

Su vida y sus escritos. Don Juan Manuel, sobrino del rey Sabio y nieto de San Fernando —como hijo que era del Infante Don Manuel—, nació en Escalona, en 1282. Por la importancia de su persona y de su linaje y dueño además de inmensas propiedades y recursos, desempeñó desde muy joven importantes cargos políticos. Durante los reinados de Fernando IV y Alfonso XI intervino activamente en las luchas nobiliarias tomando partido según las conveniencias del momento y los intereses de su casa, y en una ocasión no tuvo inconveniente en aliarse con el rey moro de Granada. En el reinado de Alfonso XI, del que había sido regente, afianzada ya su posición política, peleó dignamente en la batalla del Salado y en la conquista de Algeciras. Fue Adelantado del Reino de Murcia, señor de Villena y Alarcón y uno de los nobles más poderosos e influyentes de su tiempo. Siendo de avanzada edad se retiró al Monasterio de frailes predicadores de Peñafiel —que él mismo había fundado— para entregarse al reposo y al cuidado de su obra. Murió probablemente en 1349 [1].

Don Juan Manuel, que representa, como hemos dicho, el punto culminante de la prosa castellana en el siglo XIV, fue también poeta, pero su *Libro de los Cantares* o *de las Cantigas* no ha llegado hasta nosotros. Junto a éste pertenecen al grupo de las consideradas como sus obras *menores*: el *Libro de la Caza;* la *Crónica Abreviada*, que es un resumen de la *Primera Crónica General;* el *Libro de los castigos o consejos que fizo don Johan Manuel para su fijo*, llamado también *Libro Infinido*, obra muy al gusto de la tradición didáctica de la época; el *Libro de las armas*, de carácter autobiográfico, escrito para glorificación de sí mismo y de su familia mediante la explicación de sus armas y atributos heráldicos y un *Tractado* religioso en defensa de la Asunción en cuerpo y alma de la Virgen al Paraíso. Se discute la atribución a Don Juan Manuel de la *Crónica Cumplida*, y se ha perdido además otro libro suyo titulado *De las reglas como se debe trovar*.

Aparte de éstas, sus obras capitales quedan reducidas a tres: el *Libro del Caballero et del Escudero*, el *Libro de los Estados* y el *Conde Lucanor* o *Libro de Patronio* [2].

---

[1] Sobre la personalidad literaria y humana de Don Juan Manuel consúltense, como estudios de conjunto: Menéndez y Pelayo, *Orígenes de la Novela*, vol. I, Madrid, 1925, págs. LXXXII-XCI. Andrés Giménez Soler, *Don Juan Manuel. Biografía y estudio crítico*, Zaragoza, 1932. Mercedes Gaibrois de Ballesteros, *El príncipe don Juan Manuel y su condición de escritor*, Madrid, 1945. (Publicaciones del Instituto de España). M. Ruffini, "Les sources de don Juan Manuel", en *Les Lettres Romanes*, VII, 1953, págs. 27-49. F. Huerta y Tejadas, "Vocabulario de las obras de don Juan Manuel", en *Boletín de la Real Academia Española*, XXXIV, 1954, págs. 85-134, 285-310 y 413-451; XXXV, 1955, págs. 85-132, 277-294 y 453-455; XXXVI, 1956, págs. 133-150. Cfr. además: A. Giménez Soler, "Un autógrafo de don Juan Manuel", en *Revue Hispanique*, XIV, 1906, páginas 606-607. Mercedes Gaibrois de Ballesteros, "Los testamentos inéditos de Don Juan Manuel", en *Boletín de la Academia de la Historia*, XCIX, 1931, págs. 25-59. Antonio Ballesteros, "El agitado año de 1325 y un escrito desconocido de Don Juan Manuel", en *Boletín de la Academia de la Historia*, CXXIV, 1949, págs. 9-58. F. J. Sánchez Cantón, "Cinco notas sobre Don Juan Manuel", en *Correo Erudito*, I, 1940, págs. 63-64. Para la biografía de Don Juan Manuel véase también, José María Castro y Calvo, *El arte de gobernar en las obras de Don Juan Manuel*, C. S. I. C., Barcelona, 1945, páginas 29-40.

[2] Ediciones: Pascual de Gayangos, en *Biblioteca de Autores Españoles*, vol. LI, nueva edición, Madrid, 1952 (contiene las obras completas de Don Juan Manuel, a excepción

Carácter, estilo y significación de su obra. Don Juan Manuel es el primer escritor castellano preocupado por la posteridad y por la conservación y transmisión de sus escritos. En el prólogo del *Conde Lucanor* nos dice que "vio e sabe que en los libros acontescen muchos yerros en los trasladar porque las letras semejan unas a otras —cuidando por una letra que es la otra, en escribiéndolo múdase toda la razón, et por aventura confóndese—, et los que después fallan aquello escripto ponen la culpa al que fizo el libro"[3]; y en consecuencia nos advierte que, antes de hacerle responsable de alguna mengua, confronten las copias con el original de sus escritos —cuidadosamente corregidos de su mano— que él había depositado para su custodia en el monasterio de Peñafiel: "que si fallaren alguna palabra mal puesta, que non pongan la culpa a él fasta que vean el libro mismo que don Johan fizo, que es emendado en muchos logares de su letra".

En el prólogo general de sus obras cuenta que un caballero de Perpignan compuso una cantiga de gran belleza y que pasando por una calle oyó a un zapatero que la cantaba de modo que la dejaba "muy mal fecha". El caballero penetró airadamente en la tienda del zapatero y le tajó cuantos zapatos allí tenía. Al protestar éste ante el rey, el caballero se justificó diciendo que él no había hecho con los zapatos del artesano sino lo mismo que éste había hecho con su cantiga.

En numerosos lugares de sus libros puede advertirse que Don Juan Manuel —no menos susceptible como hombre que como escritor— se atormentaba vi-

---

del *Libro de la Caza). Obras de don Juan Manuel,* ed. de J. M. Castro y Martín de Riquer (en curso de publicación), vol. I *(Libro del Caballero y del Escudero, Libro de las armas, Libro Enfinido),* Barcelona, 1955. *Don Juan Manuel y los cuentos medievales,* selección y notas por María Goyri de Menéndez Pidal, Madrid, 1936 ("Biblioteca Literaria del Estudiante"). *Antología,* selección y prólogo de Manuel Cardenal Iracheta, Madrid, 1942 ("Breviarios del Pensamiento Español"). El *Conde Lucanor:* Ed. Argote de Molina, Sevilla, 1574 (contiene sólo la primera parte; fue reeditada en Madrid, 1642; Stuttgart, 1839, y Barcelona, 1853, con prólogo de Milá y Fontanals). Hermann Knust, Leipzig, 1900. Eugenio Krapf, Vigo, 1898 y 1900. F. J. Sánchez Cantón, Madrid, 1920. M. L. Ray y R. A. Bahret, Boston, 1922. Eduardo Juliá, Madrid, 1932 (contiene un importante "Ensayo bibliográfico"). Enrique Moreno Baez, versión moderna, "Odres Nuevos", Valencia, 1953. El *Libro de los Estados:* Ed. A. Benavides, en *Memorias de Don Fernando IV de Castilla,* Madrid, 1860, I, págs. 352-362 y 444-599. El *Libro del Caballero et del Escudero:* Ed. de Graefenberg, en *Romanische Forschungen,* VII, 1893, págs. 427-550. El *Libro de la Caza:* Ed. de J. Gutiérrez de la Vega, Madrid, 1879 (Biblioteca Venatoria). G. Baist, Halle, 1880. José M. Castro y Calvo, Barcelona, 1947 (C. S. I. C.). El *Libro de las Armas:* Ed. de A. Giménez Soler, en *Universidad,* Zaragoza, VIII, 1931, págs. 483-516; reproducida en *Don Juan Manuel, Biografía y estudio crítico,* citado, págs. 677-691. El *Libro infinido y Tratado de la Asunpçion de la Virgen:* Ed. de José Manuel Blecua, en *Universidad,* Zaragoza, XV, 1938, págs. 3-28 y 165-208. *Crónica Abreviada:* ed. de Raymond L. Grismer y Mildred B. Grismer, Minneapolis, 1958.

[3] Edición Juliá, cit. pág. 1.

vamente, por el concepto que tuviesen los demás sobre los rasgos de su prosa, el contenido de sus obras o incluso su condición de escritor. De aquí las frecuentes alusiones que hace a su propio estilo y su prurito de razonarlo y justificarlo.

Es constante el cuidado de Don Juan Manuel por el perfeccionamiento —hasta en lo material— de sus trabajos literarios. Cuando le remite al arzobispo de Toledo una copia del *Libro del Caballero et del Escudero*, le advierte que no se lo envía escrito en buena letra ni en buen pergamino porque es posible que no le agrade, pero que si le gusta lo rehará "más apostado".

Nada más diferente entre esta postura de escritor —siempre en alerta por su obra— y la despreocupación que siente por la suya el Arcipreste de Hita, quien no duda, como vimos, en invitar a sus oyentes a que dispongan de sus versos a su antojo. El Destino, sin embargo, jugó una mala pasada al celoso Don Juan Manuel, pues los manuscritos, tan cuidadosamente guardados, que había depositado en Peñafiel, fueron destruidos por un incendio. Se han conservado medianas copias de otras procedencias, pero algunas de sus obras, como dijimos, se han perdido totalmente.

Paralelo al cuidado por la integridad y conservación de sus escritos está el afán de Don Juan Manuel por disponer de un estilo propio; también él es el primero de nuestras letras afanado en la búsqueda de un arte literario personal.

Alfonso el Sabio había tratado de dar el máximo realce posible al idioma de Castilla y de no emplear sino las palabras vulgares utilizadas por todas las gentes. Don Juan Manuel es en esto un directo discípulo de su tío, a quien se propone como modelo. Trata de deslindar bien las palabras latinas de las puramente castellanas, y cuando se ve obligado a utilizar latinismos, lo declara explícitamente. "Usad —dice a su hijo en el *Libro de los castigos*— de las viandas que llaman en latín licores, así como miel e azeite e vino e sidra de manzanas..."

La claridad de estilo es el objetivo fundamental de Don Juan Manuel que él estima esencial de todo buen lenguaje. Claridad y parquedad de palabras, de las que no quiere usar —también a imitación de Alfonso el Sabio— sino las necesarias; pero sin que la concisión se logre nunca a costa de la claridad. Satisfecho de su propia obra, afirma en el *Libro de los Estados* que escribe "muy declaradamente, en guisa que todo home que buen entendimiento haya et voluntad de lo aprender, que lo podrá bien entender". Y en el *Libro de Patronio* afirma que todos sus ejemplos "son muy llanos et muy declarados". A su hijo le dice que escriba sus cartas "en las menos palabras que pudiéredes, con verdad e derechamente".

No obstante, por influencia de don Jaime de Xérica, uno de los magnates de Aragón, amigo muy querido de Don Juan Manuel y a quien había enviado la parte primera del *Conde Lucanor*, modificó su estilo temporalmente. El noble aragonés "tenía por mengua de sabidoría fablar de las cosas muy llana e declaradamente", y Don Juan Manuel trató de complacerle, no sin antes advertir que era a don Jaime a quien había que echar la culpa [4]. El nuevo estilo consistió en utilizar una serie de refranes y proverbios, enhebrándolos en un juego conceptista de vocablos que parece anticipar la corriente literaria del siglo XVII. Pero el experimento duró poco. Al llegar al libro cuarto de la obra tornó a su primero y personal estilo [5].

La sencillez y claridad insistentemente buscadas, no le impiden a Don Juan Manuel la selección y el cuidado literario de su prosa, a lo que alude en más de una ocasión con manifiesta vanagloria; así en el *Libro de los Estados* el personaje Julio elogia el estilo del autor diciendo: "...es muy buen libro et muy provechoso, et todas las razones que en él se contienen son dichas por muy buenas palabras et por los muy fermosos latines que yo nunca oí decir en libro que fuese fecho en romance, et poniendo declaradamente complida la razón que quiere decir, pónelo con las menos palabras que pueden seer". En el prólogo del *Conde Lucanor* dice el autor: "...fiz este libro compuesto de las más apuestas palabras que yo pude..." Y un poco más abajo alude a las palabras "falagueras e apuestas que en él fallarán" y que no deben apartar la atención del lector de la doctrina contenida en los ejemplos.

En conjunto, la prosa de Don Juan Manuel aunque todavía enclavada en la órbita de su tío, de la que conserva mucha reminiscencia (giros sintácticos de sabor oriental, repetición de la copulativa "et", ambigüedad en el empleo del pronombre "él" y reiterada utilización del verbo "decir"), representa un notable avance sobre la de Alfonso el Sabio y acusa una poderosa originalidad personal. Resumiendo sus juicios sobre este punto, dice Giménez Soler: "La prosa castellana sale de la pluma de Don Juan Manuel remozada y renovada; ya no es la del tiempo de su tío Alfonso el Sabio, y aunque no llega a ser la del siglo de oro, está en el punto medio de las dos y tal vez, tal vez más próxima a la segunda que a la primera. La variedad de asuntos que trató le obligaron a usar un abundantísimo vocabulario y a formar frases, para cuya formación carecía de modelos. Con dificultad se hallará en ninguna literatura un escritor nacido y formado en el siglo XIII que haya fijado la lengua nacional de su país con

---

[4] "...los que non las entendieren non pongan la culpa a mí, ca yo non lo quería fazer sinon commo fiz los otros libros, mas pónganla a don Jayme que me lo fizo assí fazer, e a ellos porque lo non pueden entender". (Ed. Juliá, cit., pág. 324).

[5] Las preferencias de Don Juan Manuel caían manifiestamente, pese a sus reiterados distingos, del lado del estilo amplio y bien declarado, porque la claridad debía estar por encima de todo. Así dice: "Ca tengo que mejor es que la escriptura seya ya cuanto más luenga, en guisa quel la ha de aprender la pueda bien aprender, que non que el que la faze, reçelando que lo ternán por muy fablador, que la faga tan abreviada que sea tan escura que non la pueda aprender el que la aprende" *(Libro de los Estados,* LXI; citado por Giménez Soler, pág. 140). Por otra parte, le preocupaba el ser tachado de difuso: "... mas porque he tanto fablado, tomo rreçelo que vos et los que este libro leyeren, me ternedes por muy fablador" (íd., íd.). Don Juan Manuel, muy puntilloso, aunque nada tenía de "fablador", cedió temporalmente a las sugerencias del señor de Xérica.

la nobleza y riqueza con que Don Juan Manuel fijó la castellana. Algo posterior al Dante y contemporáneo de Boccaccio, aventaja a éstos en la riqueza del vocabulario por aventajarles en la variedad de los asuntos... Don Juan, tan gran señor y que no se desprendía nunca, según parece, de su alto rango, aprendió, sin embargo, el castellano de boca de gentes ignorantes, pero que conocían los nombres de las cosas, que formaban si era preciso neologismos, que hallaban siempre la frase adecuada, y Don Juan, no obstante su nobleza y su alta alcurnia, no desdeñó ese hablar y lo usó, pero comunicándole la nobleza de su estilo. Todos sus libros presentan ese carácter y tienen ese mérito de haber legado a la posteridad el habla de Castilla tal como era en su tiempo y tal como aún es, en cuanto al vocabulario, en muchas partes de ese reino y fuera de él..." [6].

En la obra de Don Juan Manuel predomina —sobre cualquier otro aspecto— el elemento didáctico-moral, fundamentalmente inspirado en la religión cristiana y en los conceptos tradicionales de la Edad Media [7]. Esta intención didáctica

---

[6] *Don Juan Manuel...,* cit., págs. 142-143. Cfr.: José Vallejo, "Sobre un aspecto estilístico de Don Juan Manuel", en *Homenaje a Menéndez Pidal,* II, Madrid, 1925, páginas 63-85.

[7] "Don Juan —escribe Giménez Soler— es, ante todo, un didáctico; su propósito es enseñar, difundir la cultura; como su tío, veía la sociedad de su tiempo alejada del saber, demasiado enfrascada en negocios mundanos todos pequeños, y se propuso contribuir, a su manera y como él podía, a sacarla de aquel estado. A esto le incitó seguramente el afán de parecerse a su tío Alfonso el Sabio, de quien hace un gran elogio en el *Libro de la caza,* por el empeño que puso en "acrescentar el saber quanto pudo... et tanto cobdició que los de los sus reynos fuessen muy sabidores". Siguiendo sus huellas lo tomó por modelo, pero más personalmente y con fin más concreto. Don Juan expuso las excelencias del saber a su hijo en el prólogo del *Libro de los Castigos:* "La mejor cosa que omne puede aver es el saber... por el saber es el omne apartado de todas las animalias... et por el saber se onran et se apoderan et se enseñorean los unos omnes de los otros. Et por saber se acrescientan las buenas venturas et por saber se contrallan las fuertes ocasiones" (Giménez Soler, ob. cit., pág. 144). Lida de Malkiel en la primera de sus "Tres notas sobre don Juan Manuel" —*Estudios de Literatura Española y Comparada,* Buenos Aires, 1966, págs. 92-133— trata de explicar la tendencia didáctica de Don Juan Manuel y, de modo particular, el uso de los *exemplos,* por el influjo de los dominicos, orden religiosa a la que aquél muestra constante adhesión. Creemos que la argumentación de Lida, de la que no están ausentes ciertas pinceladas tendenciosas, fuerza los hechos y extrae deducciones inaceptables. El empleo de los apólogos con fines didácticos o moralizadores se había propagado por el mundo oriental y luego a través de toda Europa mucho antes de aparecer los dominicos; que éstos se sirvieran de tan vulgar y cómodo instrumento para amenizar y hacer más asequible su predicación, nada tiene de extraño, y Don Juan Manuel no precisaba de su influjo para servirse de la misma técnica en sus escritos: innumerables colecciones, desde el *Panchatantra* hasta los *Castigos* podían señalarle el camino. Con mayor motivo puede prescindirse de la influencia dominicana para explicar a Don Juan Manuel como "escritor de moral, política y religión en romance", según pretende Lida; su afán de saber y de difundir la cultura en su nativa lengua vulgar (recuérdense las palabras transcritas arriba en esta misma nota) así como el ejemplo del Rey Sabio, a quien admiraba, justifican sobradamente la

es tan manifiesta que en un libro de cuentos como es el *Conde Lucanor,* se ve precisado a justificarse del carácter aparentemente divertido de la obra. Don Juan Manuel desea que se entienda bien la finalidad moralizadora de su libro y no se confunda con un puñado de relatos de mero entretenimiento. Por eso en el prólogo explica que lo escribe en forma de cuentos porque sólo así, con el señuelo de la amenidad, puede ser leído por toda clase de lectores, que quizá lo rechazarían en forma de árida lección. Y explica con curiosas razones: "Esto fiz según la manera que hacen los físicos, que cuando quieren facer alguna melecina que aproveche al fígado, por razón que naturalmente el fígado se paga de las cosas dulces, mezclan con aquella melecina que quieren melecinar el fígado azúcar o miel o alguna cosa dulce; et por el pagamiento que el fígado ha de la cosa dulce, en tirándose para sí, lleva con ella la melecina quel ha de aprovechar..." [8]. De la misma manera —sigue explicando el autor— la curiosidad del vulgo por los relatos novelescos le empuja a devorar el cuento divertido, y se traga el anzuelo de la moraleja que el escritor ha escondido arteramente bajo la gracia de la invención.

Realmente, existe aquí de modo visible un curioso problema que ha de preocupar al escritor hasta bien entrados los tiempos modernos. En un principio, el escritor de intención no didáctica no posee la consideración social —teórica al menos— que ha de lograr siglos más tarde, porque su ocupación está ligada estrechamente a la diversión de las multitudes. Un autor épico o lírico no es sino un hombre que compone versos o relatos para proveer la distracción espectacular del público. Como tal, goza de estima poco mayor que el hacedor de títeres; ya se sabe que el juglar fue un ser socialmente despreciable durante toda la Edad Media. En consecuencia, un escritor que tiene un alto concepto de sí mismo, como Don Juan Manuel [9] y que se ve obligado al uso del idioma vulgar porque ya no lo entienden las gentes si escribe en latín, teme, lógicamente, que se le tome por un juglar callejero, y de ahí su cuidado

---

obra literaria del autor del *Libro de Patronio.* La vulgarización del saber estaba en el aire de la época, y el servirse de la lengua romance representaba un paso decisivo en el camino de su secularización (Américo Castro lo ha demostrado cumplidamente). La propia Lida, con manifiesta inconsecuencia, puntualiza en su "Nota tercera" que Don Juan Manuel es el autor medieval que menos se sirve de autoridades latinas, clásicas o eclesiásticas. Lo cual no empece para su atormentada fe religiosa y su adhesión a la orden de Santo Domingo, ni mucho menos para que utilizara algunos apólogos recogidos también por los dominicos en sus abundantes sermonarios, y que no fueron en tal caso sino vehículo ocasional.

[8] Edición Juliá, cit., pág. 5.
[9] Es proverbial, y lo era ya en su tiempo, el alto orgullo que tenía Don Juan Manuel de su honra y linaje y de la calidad moral y prestigio social que acompañaban a su persona: "Non ha omne en España de mayor grado que vos, si non es rey", le dice a su hijo en el *Libro de los Castigos.* Y añade luego que exceptuando "el rey de Castiella o su fijo heredero" no existe en su tierra infante ni persona alguna que no sea inferior a él.

en puntualizar que escribe obra didáctica y doctrinal, único aspecto que puede establecer la necesaria diferenciación. Cuando, ante el temor de que el público se le retraiga si le ofrece la escueta lección moral, se ve forzado por añadidura a utilizar formas de narración amenas, las inquietudes del escritor suben de punto, y, por tanto, también las medidas para definir la superior condición de su trabajo.

Quizá en el fondo, lo único que realmente le importaba a Don Juan Manuel, artista nato, era la calidad literaria de su obra; pero en su tiempo la sola belleza en sí misma, sin una finalidad didáctica o moral, no le justificaba. Por eso se sintió constreñido a dar una explicación —a sí mismo incluso— para poder hacer arte, y aún escribir, sin inspirar, ni sentir él mismo, desprecio por su obra [10]. Una preocupación semejante hemos de ver más tarde en Cervantes. La confesada intención de escribir un libro contra las extravagancias caballerescas, quizá no esconde en el fondo, sino la autodefensa contra la pedante opinión de los doctos, mientras el autor —abroquelado tras esta confesión— puede dar rienda suelta a su fantasía creadora y urdir el más divertido, extravagante y genial de los libros de caballerías.

La orgullosa conciencia que tiene Don Juan Manuel de su personalidad como escritor, se pone de relieve en un aspecto más, bien señalado por Lida de Malkiel [11]. Don Juan Manuel huye siempre de autorizarse con libros ajenos o con ejemplos y enseñanzas de la Antigüedad, frente a lo que era práctica tan común en todos los florilegios morales y obras didácticas de la época; prefiere, por el contrario, ofrecerse a sí mismo como modelo, como autoridad y como fuente, y mostrar su obra como un producto original, fruto de su experiencia y no de sus lecturas. Un inventario de sus muchos conocimientos permite casi asegurar que Don Juan Manuel tenía conocimientos de latín; y, sin embargo, en varios pasajes hace ostentación de no poseer dicha lengua y hasta de ser un ingenio lego [12]. El orgullo de su casta nobiliaria y de su posición

---

[10] El mismo hecho de componer libros —tarea tan vital para Don Juan Manuel— debía hacérsele problemático en más de una ocasión, según arriba sugerimos; sus colegas de la nobleza, aves de rapiña de la política y la guerra, debían de pensar que aquella ocupación de escribir era poco adecuada para tan gran intrigante y guerrero. Don Juan Manuel acusa esta preocupación en más de un pasaje de sus obras: "et commo quier que yo sé [que] algunos profaçan de mí porque fago libros, digovos que por eso non lo dexaré... Et pues en los libros que yo fago ay en ellos pro et verdad et non danno, por ende non lo quiero dexar por dicho de ninguno... Ca devedes saber que todas las cosas que los grandes sennores fazen, todas deven seer guardando primeramente su estado et su honra. Mas esto guardado, cuanto más an en sí de bondades, tanto son más complidos... Et pienso que es meior pasar el tiempo en fazer libros que en jugar los dados o fazer otras viles cosas" (*Castigos,* cap. último; citado por Giménez Soler, págs. 139-140).

[11] "Tres notas...", cit.: nota III, "Don Juan Manuel, la Antigüedad y la cultura latina medieval", págs. 111-133.

[12] "Yo, que so lego, que nunca aprendí nin leí ninguna sciencia...", dice en la dedicatoria del *Libro del Caballero et del Escudero.* Y anteponiendo, con retórica ostentación,

social se alía estrechamente con el convencimiento de la importancia de sus trabajos literarios, que encierran para él un valor intrínseco y personal, originado en la calidad del autor y no acreditado por escritores o libros latinos. Posiblemente también, este género de cultura le parecía demasiado clerical e impropio de un caballero, y, de hecho, en ningún otro escritor de la Edad Media son tan escasas las referencias librescas. En cambio, Don Juan Manuel recomienda frecuentemente sus propios libros e ilustra sus doctrinas con ejemplos de su propia experiencia; hasta en los temas más abstractos e intemporales busca el modo de relacionarlos consigo mismo o al menos con gentes de su familia o trato. Con ello, el autor se introduce constantemente en el plano de la ficción, fundiendo su magisterio personal con el valor de su original creación artística, que se realzan así mutuamente.

De este mismo sentido individualista deriva también el concepto que Don Juan Manuel tiene del lenguaje. Ya vimos arriba cómo distingue cuidadosamente las palabras latinas de las propiamente castellanas; el mismo orgullo que tiene por su obra, lo siente por la lengua suya en que escribe. Está persuadido de "la autonomía lingüística del castellano y de su fondo patrimonial", y aunque trata de enriquecer su prosa con los recursos retóricos de la lengua culta, se muestra rigurosamente purista respecto al léxico: no cree que el idioma castellano sea "una materia amorfa en que pueda incrustarse cómodamente cualquier latinismo". Por esto —recuerda Lida de Malkiel— su proporción de latinismos sorprende por lo baja.

Aspecto básico de la personalidad de Don Juan Manuel es el influjo oriental que acoge en su obra [13]. Parece indudable que habría de conocer los libros árabes que circulaban y se traducían en la corte del Rey Sabio; su actividad política y militar hubo de ponerlo en frecuente contacto con los musulmanes

---

el saber vivo al libresco, escribe en el cap. XXXI de esta misma obra: "Et como quiera que yo nunca leí nin aprendí ninguna sciencia, so mucho anciano e guarecí en casa de muchos señores, oí departir a muchos homes sabios. Et bien creed que los legos no han tan buena escuela en el mundo como criarse home et servir en casa de los señores; ca y se ayuntan muchos buenos et muchos sabios, et el que ha sabor de aprender cosas por que vala más, en ningún logar non las puede mejor aprender" (cit. por Castro y Calvo en *El arte de gobernar...*, cit., pág. 57). Castro y Calvo no cree que semejante confesión fuese sincera, ni tampoco real, a lo menos de manera absoluta; las obras de Don Juan Manuel dan la sensación —dice el mencionado investigador— de ser "resumen y condensación de toda una serie de escritores" (pág. 57). Su sola experiencia, a la que apela siempre no sin altivez, y la misma vía oral, difícilmente pueden explicar el conjunto de saberes que se transparentan en sus obras: "Don Juan Manuel —dice Castro y Calvo en otro lugar— es acaso en su época, no sólo un hombre sabio, sino un hombre cuya sabiduría es enciclopédica; lo abarca todo. La Edad Media viva y palpitante, con sus instituciones, sus Estados, su ciencia, su religión, su saber, pasa por los libros del gran prosista, con tanta perfección descrita y pintada, que son un fiel documento, un testimonio muy objetivo de la historia interna de la época" (pág. 7).

[13] Cfr. Diego Marín, "El elemento oriental en D. Juan Manuel: síntesis y revaluación", en *Comparative Literature*, Eugene, Oregon, VII, 1955, págs. 1-14.

españoles, enemigos unas veces, aliados otras. Con todo, no es seguro que don Juan Manuel conociese el árabe, al menos con cierta profundidad. La libertad con que maneja los asuntos derivados de la tradición árabe ha hecho pensar a los investigadores que aquéllos llegaron a su conocimiento por vía oral, incorporados ya al folklore hispano-cristiano; pero el argumento nos parece sofístico —conociera, o no, el árabe Don Juan Manuel— e inadecuado para lo que se intenta probar: carácter tan independiente y artista tan personal como él era, debió de sentir el prurito de elaborar los viejos temas a su modo, y, de hecho, con idéntica libertad trata también los motivos de origen occidental o latino. En cualquier caso, nueve por lo menos de los "ensiemplos" del *Conde Lucanor* proceden de tradiciones árabes; y otros varios, más o menos modificados, fueron tomados del *Barlaam y Josafat*, del *Calila e Dimna*, de la *Disciplina clericalis* y de otras colecciones.

De todos modos, más que en las fuentes literarias concretas —y sin omitir la visible simpatía hacia el mundo árabe y las frecuentes alusiones a sus costumbres, dichos[14] y saberes— lo oriental debe buscarse en Don Juan Manuel en una particular actitud de espíritu, que se refleja también, naturalmente, en muchos aspectos literarios. Uno de éstos —insistentemente puntualizado por Américo Castro— es el cultivo de formas personales, la constante presencia del yo en la obra, la repetida apelación a su propia experiencia; rasgos todos desconocidos hasta entonces en la literatura europea —anónima y colectiva, preferentemente entregada a los géneros épico y didáctico—, pero familiares a los árabes, cultivadores de formas personales en el sufismo, el lirismo, y el autobiografismo. Afín también con el pensamiento árabe es el sentido pragmático del saber: "Por saber se acrescientan las buenas venturas et por saber se contrallan las fuertes ocasiones"; "ca cierto es que el saber puede guardar el haber, et haber non puede guardar el saber". Igualmente árabe es el convencimiento de que puede servirse a Dios en cualquier estado y que la vida ascética y contemplativa no es superior a la vida activa en el mundo. Bajo el aspecto más específicamente literario, Don Juan Manuel debe a la literatura oriental la técnica de encerrar un conjunto de apólogos dentro de un marco general, y también la de ilustrar las reglas morales por medio de cuentos y ejemplos.

Todos estos rasgos tienen, no obstante, su contrapartida en otros que ponen de relieve el lado cristiano-occidental de Don Juan Manuel: "La diferencia formal más aparente —dice Diego Marín— es la sustitución de la estructura evanescente e informe típica de la literatura árabe con sus despliegues de fantasía, sus intrincados cruces de motivos, su alternancia de prosa y verso, por una sobria y bien construida organización de historias y temas. El sentido arquitectónico del Oeste, cuya manifestación más genial es el arte gótico, se

---

[14] Cfr.: A. R. Nykl, "Arabic phrases in *El Conde Lucanor*", en *Hispanic Review*. X, 1944, págs. 12-17.

afirma literariamente en nuestro autor frente al virtuosismo imaginativo del Este... La estructura se simplifica en D. Juan Manuel omitiendo la inserción de demasiados cuentos subalternos, separando el elemento proverbial del cuerpo narrativo, resaltando el efecto dramático más que el imaginativo o lírico" [15].

Esta castellana austeridad de forma —explica el mismo crítico— justifica la deliberada omisión, en toda la obra de Don Juan Manuel, de motivos eróticos, tan abundantes en la tradición árabe; hasta los temas meramente femeninos aparecen sólo muy de pasada. Quizá por esto mismo es el *Sendebar*, entre los libros orientales, el que deja menos rastro en su obra. Para Don Juan Manuel la política y la religión constituían las dos preocupaciones básicas, pues afectaban directamente a su vida en lo temporal y en lo eterno; en cambio, las historias sobre los "engannos" de las mujeres no debieron de parecerle lo bastante importantes para merecer su atención.

Las obras principales. El *Libro del Caballero et del Escudero* trata de diversos problemas del arte de la caballería en forma de consejos que da un caballero anciano a un escudero joven de humilde condición, pero de nobles cualidades. Un rey ha convocado a unas Cortes a las que acude el escudero, pero desconociendo las leyes de la caballería recurre al dicho anciano que le instruye además acerca del fin para el que Dios creó los ángeles, el paraíso, el infierno, los planetas, los árboles, las piedras, etc. El anciano, que había dejado la caballería para convertirse en ermitaño, muere luego, y el joven asiste respetuosamente a su entierro. El libro, presidido por el ideal caballeresco y el sentimiento religioso, es una especie de enciclopedia de los conocimientos de su tiempo sobre filosofía, teología y ciencias naturales, y viene a ser a la vez una pintura interesante de las costumbres de aquella sociedad.

El autor afirma que se propuso escribir su libro "en una manera que llaman en Castilla *fabliella*", es decir, en forma de relato o cuento que sirva como de soporte o hilo conductor a la materia doctrinal que es el meollo de la obra. Pero las consideraciones morales y didácticas se sobreponen al elemento novelesco que todavía es aquí poco importante. El autor está influido especialmente por el *Llibre del ordre de cavalleria*, de Raimundo Lulio, y por las obras de San Isidoro, de Alfonso el Sabio y de Vicente de Beauvais.

En el *Libro de los Estados* ya se equilibran bastante más los elementos novelescos y los didácticos. En él se cuenta la educación de Johás, hijo del rey pagano Morován, por el maestro Turín, que debe ocultarle a su pupilo las cosas desagradables de la existencia, sobre todo la muerte. Pero en cierta ocasión encuentran a un difunto —mientras "sus parientes et sus amigos et muchas gentes que estaban y ayuntadas facían muy grant duelo por él"— y Johás insta con sus preguntas a Turín que ha de explicar a su discípulo la fatal condi-

---

[15] "El elemento oriental...", cit., pág. 12.

ción humana: nacer, crecer, morir son contingencias impuestas por igual a todos los humanos, a los que sólo distingue el estado o la función que desempeñan mientras viven. No pudiendo Turín responder a ciertos problemas que le plantea su discípulo, llama en su auxilio a su ayo cristiano Julio, que explica los misterios de su religión y la doctrina sobre cada uno de los estados sociales, y acaba por convertir al Cristianismo a los tres personajes.

El encuentro de Johás con el difunto es una versión cristiana de la leyenda de Buda, que había sido ya incorporada a la literatura de la Edad Media en el *Barlaam y Josafat*[16]. Pero así como en este libro se trata de un triple encuentro —con un ciego, un leproso y un viejo—, Don Juan Manuel concentra el momento dramático en la sola visión del cadáver. Las diferencias entre el *Barlaam* y el *Libro de los Estados* no se limitan, sin embargo, a este solo detalle. En la obra de Don Juan Manuel se estudian problemas en torno a las tres religiones que el autor resuelve, naturalmente, a favor del Cristianismo. Pero en el libro del castellano se suprimen muchos aspectos religiosos de la fuente, tales como la persecución de los cristianos y las intervenciones milagrosas en su favor, la lucha contra la fe y la castidad del príncipe y el contraste entre el reino "bueno" del hijo cristiano y el "malo" del padre infiel. El esencial propósito religioso, e incluso ascético, del original, se transforma en manos de Don Juan Manuel en un tratado práctico de gobierno, que, aunque acoge la preocupación por el destino del alma, queda preferentemente absorbido por los problemas inmediatos del mundo, de los que traza un extenso y animado cuadro[17]. Diego Marín dice con exactitud que Don Juan Manuel lleva a cabo en su libro la secularización del *Barlaam* y que en él nos da el autor el primer tratado del arte de gobernar escrito en lengua romance[18].

En medida mucho más amplia y sistemática que en sus restantes libros, desarrolla en éste Don Juan Manuel las ideas fundamentales sobre la estructura de la sociedad de su tiempo, tomando el esquema común a todas las naciones

---

[16] Cfr.: G. Moldenhauer, *Die Legende von Barlaam und Josaphat auf der iberischen Halbinsel*. Halle, 1929.

[17] Giménez Soler, comentando la gran variedad de temas, aspectos y direcciones que confluyen en esta obra, escribe: "...el libro éste, falto de unidad, no podría clasificarse en ningún género literario y éste, su mayor y casi único defecto, ha perjudicado su difusión y ha oscurecido su mérito. Mas por lo mismo que es tan vario de asuntos y pasa de un capítulo místico a otro de arte militar o a la exposición del *Génesis* o del *Evangelio*, ofrece la mejor muestra de la ductilidad alcanzada ya por el castellano para expresar el pensamiento humano; el talento de Don Juan adaptaba maravillosamente la forma al fondo de los asuntos. Si dentro de la literatura universal es famoso este libro del nieto de San Fernando, por su asunto debiera serlo para los españoles por su gran valor histórico. Personalmente es casi una biografía del autor; en sus capítulos andan esparcidas noticias de la vida de Don Juan, difíciles de hallar en otra parte; con relación a Castilla es una historia de las instituciones castellanas, y sobre todo es un tratado de arte militar, demasiado desdeñado por los historiadores de la Reconquista y del arte de la guerra" (obra citada, pág. 195).

[18] "El elemento oriental...", cit., págs. 5 y 7.

de Occidente, pero añadiendo las peculiaridades existentes en la España cristiana. Punto esencial de su exposición es el estudio de los estamentos o grupos sociales básicos de la sociedad medieval —*oradores, defensores* y *labradores*— organizados en escala jerárquica, con su diferente estado jurídico y sistema de privilegios —entendidos éstos como derechos o libertades privativos de cada grupo—; organización que el pensamiento religioso y político de la Edad Media estimaba querido por Dios y, consecuentemente, inamovible. Don Juan Manuel, hombre de su tiempo, define como una realidad incuestionable aquel sistema social.

Lida de Malkiel, al referirse en su estudio mencionado a las ideas políticas y sociales de Don Juan Manuel, destaca aquel hecho en un tono irritado, que sorprende por lo que tiene de injusto y de anacrónico: "su estricta sujeción a la ortodoxia oficial...", "a tal extremo llega Don Juan Manuel en su empeño de exaltar las jerarquías sociales —como que la sanción eclesiástica, y sobre todo dominica, de la sociedad se avenía muy bien a su personal orgullo de casta..."; "Don Juan Manuel demuestra tal adhesión a la orden que más había sobresalido en el aniquilamiento de la civilización occitánica..."; "Semejante actitud, típica del pensador español, incapaz de meditación objetivamente desvinculada de sus circunstancias personales...". A Lida de Malkiel parece desazonarle que aquel magnate omnipotente del siglo XIV no se exprese con las más radicales ideas democráticas del siglo XX; hubiera sido el más inesperado de los milagros. Justamente, lo que en la obra de Don Juan Manuel provoca sorpresa y merece mayor elogio —dentro siempre de aquellos supuestos que, para un hombre como él, hubiera sido imposible concebir de distinta manera— es que exponga una y otra vez sabios conceptos de tolerancia, humanidad, dignidad, sentido del deber, obligación de justificar con obras su rango, uniendo su sentido de privilegio al de servicio: "ca cierto creed —dice en el *Libro de los Estados*— que en mal punto fue nascido el home que quiso valer más por las obras de su linaje que por las suyas". Y en otro pasaje: "Que bien así como una manziella parescía muy peor en un paño muy presciado que en otro muy feo et muy vil, que bien así quanto el señor es de mayor estado et deve fazer siempre mayores fechos et dar de sí mayores enxiemplos a las gentes, parescía muy peor et faría mayor maldat en fazer cada una destas cosas contra el su natural que el que éste las fiziese contra él".

Con un criterio justo y ponderado, que contrasta con las apasionadas apreciaciones de Lida, enjuicia Luciana de Stefano la personalidad político-social de Don Juan Manuel; semblanza que, pese a su extensión, es forzoso reproducir completa: "Unos pocos años —dice— separan a Don Juan Manuel del Arcipreste de Hita, y apenas una generación del canciller López de Ayala. Sus obras se enmarcan en un mismo siglo, el XIV; pero las diferencias en la visión que cada uno nos da de su tiempo y de su sociedad son mayores que los años que transcurren entre ellos. Es Don Juan Manuel el que representa de modo más fiel el espíritu del hombre que pasa de la Alta Edad Media a la baja, y más restringidamente el de una *clase* guerrera que reunía a la vez poder y riqueza. Fue de los hombres formados en la nobleza del espíritu de un pasado que se mantenía vivo; detrás de sí tenía un Rey Santo y un Rey Sabio, y una época de grandes hazañas en la que su clase era portadora de las virtudes que la llevaban a ser la cabeza de la sociedad. Para Don Juan Manuel aún se mantenía vigente el espíritu caballeresco que había animado a los hombres que realizaron la Reconquista. Ese espíritu, exaltado por él en el *Libro del cavallero*, todavía no se había convertido, como un poco más tarde, en puro juego de formas reducido a la vida de corte. Ya sentía, sin embargo, que la Castilla de su tiempo no poseía aquella honra que mantuvieron con sus gestas heroicas sus antepasados y que no recobraría 'fasta que Dios quiera que los castellanos enmienden sus vidas e fagan enmienda de sus pecados para que pierda Dios saña de ellos'. Como representante de una clase orgullosa, segura de su poderío y de su significación, Don Juan Manuel no pudo o no quiso ver los cambios que se acercaban, aunque ya presentía con dolor la fuerza que iba adquiriendo el dinero, y que haría decir al espíritu burgués del Arcipreste (coplas 510-511):

> *El dinero del mundo es grand rrebolvedor:*
> *señor faze del siervo, de señor servidor,*
> *toda cosa del siglo se faze por su amor...*

El Arcipreste se va a burlar de todo lo que era la tradición y las formas de vida de la Edad Media, y López de Ayala va a descubrir los males de esa sociedad que ya no respondía a los principios que habían sido su fundamento. Pero Don Juan Manuel la captó tal como fue y como según él debía seguir siendo, dejando de lado lo accidental, que aún no trastornaba su cuadro estratificado y fijo" [19].

El *Conde Lucanor* o *Libro de Patronio* es, con mucho, la obra más importante y popular de Don Juan Manuel; a ella debe su fama, puesto que las

---

[19] Luciana de Stefano, "La sociedad estamental en las obras de Don Juan Manuel", en *Nueva Revista de Filología Hispánica*, XVI, 1962, págs. 329-354 (la cita en las páginas 353-354). Véase además José María Castro y Calvo, *El arte de gobernar...*, cit., passim. Cfr.: V. R. B. Oelschläger, "Dos correcciones al texto del *Libro de los Estados* de Don Juan Manuel", en *Revista de Filología Española*, XXI, 1934, págs. 399-400. M. Torres López, "La idea del imperio en el *Libro de los Estados* de Don Juan Manuel", en *Cruz y Raya*, núm. 2, 1933, págs. 61-90. Del mismo, "El arte y la justicia de la guerra en el *Libro de los Estados*", en *Cruz y Raya*, núm. 8, 1933, págs. 33-72. J. M. Sarabia, "La Romanidad en el *Libro de los Estados* del infante don Juan Manuel", en *Miscelánea Comillas*, I, 1943, págs. 27-43. J. Beneyto, *Los orígenes de la ciencia política en España (Don Juan Manuel y el Canciller Ayala)*, Madrid, 1949. D. L. Ísola, "Las instituciones en la obra de Don Juan Manuel", en *Cuadernos de Historia de España*, XXXI-XXXII, 1954, págs. 70-145.

otras, con toda su importancia, pertenecen al ámbito de los lectores especializados.

El *Libro de Patronio* es una colección de cincuenta apólogos en que se dan consejos para muy diversos problemas: unos que atañen a la salvación de las almas y otros que sirven a las honras, "faciendas" y estados y a múltiples cuestiones de orden material. Cada cuento consiste en un problema que plantea el Conde Lucanor a su ayo Patronio. Éste le contesta con un apólogo o ejemplo, al cabo del cual añade una moraleja, en forma de dístico, que lo resume.

Los cuentos son de tipo muy vario: hay fábulas esópicas y orientales, alegorías, relatos fantásticos y heroicos, parábolas y cuentos satíricos. Y tan diversas como sus especies son, según ya vimos, las fuentes que utiliza Don Juan Manuel: fábulas clásicas, libros árabes u orientales, relatos evangélicos, crónicas, etc.; sin contar los temas de su invención o los recogidos de fuente oral. Con todo ello consigue el autor reunir la más variada y bella colección de apólogos, género tan estimado y popular en la Edad Media.

Sin embargo, Don Juan Manuel dista infinitamente de ser un mero coleccionista refundidor de obras ajenas; él sabe recrear y dar nueva dimensión a cada asunto vistiéndolo de observaciones particulares, rasgos y detalles de su propia minerva, aspectos de la vida diaria, trocando —en algunos casos— los animales protagonistas por personajes humanos, lo que le lleva a animarlos con agudos rasgos psicológicos. Pero, sobre todo, Don Juan Manuel convierte en suyo propio cada asunto que toma por el acento inconfundible de su estilo y de su encanto personalísimo en el que debe destacarse su intencionada y fina ironía. Todo el caudal existente de apólogos había sido utilizado en la Edad Media con una absoluta intención moralizadora y didáctica; pero sólo Don Juan Manuel, sin prescindir de la enseñanza, levantó aquellos relatos a la altura de obras de arte. Con él deja de ser el apólogo una utilitaria fábula moral y se convierte en un cuadro vivo de humanidad y de gracia literaria. Por este logro, es, el puente que reúne —superándola— toda la tradición novelesca medieval y conduce a las creaciones de nuestros grandes novelistas clásicos [20]. Don

---

[20] "El libro de *El Conde Lucanor* —escribe Américo Castro— es como una épica en que el autor saliese de su escondrijo poético y pusiera el relato en un tiempo y en un lugar en que lector y autor coincidiesen y participasen de las íntimas peripecias de las personas contadas: 'Señor conde Lucanor —dijo Patronio—, don Lorenzo Xuárez Gallinato vivía con el rey de Granada, et vivió con él allá grant tiempo, et después que plogo a Dios que vino a la mercet del rey don Fernando...'. En el cuento de don Pero Meléndez de Valdés, un 'caballero mucho honrado del reino de León', que se rompió una pierna, oímos cómo la gente le dice: '¡Ah, don Pero Meléndez! Vos que decides siempre "lo que Dios faze, esto es lo mejor", tened vos agora este bien que Dios vos ha fecho'. En la épica, el tema poético era el gran suceso de dimensión nacional o colectiva; el tema del cuento castellano es ahora la anécdota, en donde el suceso no rebasa la dimensión de la persona. Lo público se convierte en privado y personal, y prepara así el camino para la poesía lírica, el Romancero del siglo xv y para la auténtica novela. La presencia del narrador Patronio simboliza la relación entre el cuento y la atmósfera

Juan Manuel es un extraordinario narrador y muchos de sus cuentos son verdaderas piezas maestras, modelo —a distancia de siglos— de la moderna novelística universal en sus formas breves.

El *Conde Lucanor* fue concluido, sin embargo, en 1335, es decir, trece años antes de que fuera compuesto el *Decamerón*, de Boccaccio, al que no cede en ninguna de las cualidades que han hecho este libro mundialmente famoso. Grandes diferencias existen, sin embargo, entre estas dos obras capitales. Frente al sentido materialista y pagano del *Decamerón* con su insistencia en el amor carnal, el libro de Don Juan Manuel se distingue por el grave y viril concepto de la vida y una severa postura de dignidad moral, visible en todos sus escritos, pero acentuada quizá en el *Conde Lucanor*, cuyo carácter novelesco pudo ser más propicio para cierta desenvoltura. Pero Don Juan Manuel, que toca las más variadas cuestiones en su libro, no aborda un solo caso referente al amor carnal. Los frecuentes rasgos de mordaz ironía y su feliz sentido del humor atemperan constantemente la gravedad del contenido y favorecen la agilidad y seducción de todos estos relatos. Nunca, sin embargo, asoma el incentivo de la carne; a lo sumo en escueta referencia, pero nunca con el deleite descriptivo que caracteriza al *Decamerón*.

Al trazar el paralelo entre ambas obras, escribe Menéndez y Pelayo: "El cuadro de la ficción general que enlaza los diversos cuentos es infinitamente más artístico en Boccaccio que en Don Juan Manuel; las austeras instrucciones que el Conde Lucanor recibe de su consejero Patronio, no pueden agradar por sí solas como agradan las introducciones de Boccaccio, cuyo arte es una perpetua fiesta para la imaginación y los sentidos. Además, el empleo habitual de la forma indirecta del diálogo comunica cierta frialdad y monotonía a la narración; en este punto capital, Boccaccio lleva notable ventaja a Don Juan Manuel y marca un progreso en el arte. Y, sin embargo, el que lea los hermosísimos apólogos... no echa de menos el donoso artificio del liviano novelador de Certaldo y se encuentra virilmente recreado por un arte mucho más noble, honrado y sano, no menos rico en experiencia de la vida y en potencia gráfica para representarla e incomparablemente superior en lecciones de sabiduría práctica..."[21].

En cambio, la posición general de Don Juan Manuel ante la vida no siempre es inspirada por puros motivos de religión o moralidad; al menos, su sentido práctico de las cosas, aludido por Menéndez y Pelayo, nunca se deja llevar de ingenuas o quiméricas idealizaciones. Frecuentemente aconseja el disimulo, la cautela o la astucia como las armas más eficaces, no sin cierto matiz de

---

mítica de donde procede, entre la peripecia individual y la trascendencia moral. Como un eco de tal proceso histórico aparecerá aún Cide Hamete Benengeli —el Patronio del Quijote" (*La realidad histórica de España*, México, 1954, pág. 373).

[21] *Orígenes de la novela*, ed. cit., pág. LXXXIX.

cínico utilitarismo [22]. Toda la ciencia del vivir que hay atesorada en estos cincuenta relatos del *Conde Lucanor* revelan al político avisado, zarandeado por múltiples azares, que más que bellas normas abstractas quiere enseñarnos la lección de la prosaica realidad de cada día. Debe tenerse en cuenta, sin embargo, que esta actitud de astucia y de cautela, que le imponía a Don Juan Manuel su condición de hombre de gobierno pero además su propia ambición de poder y la necesidad de manejarse frente a rivales parejos, no es privativa del *Conde Lucanor* sino de toda su obra literaria; sus principios morales y religiosos, sentidos con una sinceridad que no cabe poner en duda, se replegaban según las exigencias de la necesidad o de la estrategia política. Así ha podido decirse del *Libro de los Estados* que es una anticipación del *Príncipe* de Maquiavelo.

Hay un aspecto de particular interés en la obra de Don Juan Manuel, que se suele tener menos en cuenta o no se interpreta quizá adecuadamente: aludimos a la gran porción que en ella acoge de elementos autobiográficos. No debe esto entenderse en el sentido de que los hechos que frecuentemente atribuye a otros personajes o a sí mismo, posean realidad histórica y deban tomarse siempre como datos de valor biográfico. Llevamos dicho que Don Juan Manuel, artista de primer orden, puede hacer suyos los más distantes materiales y aproximarlos a su vida inmediata en virtud de su estilo personalísimo y su capacidad de transformar lo imaginario en un suceso de apariencia real. El "biografismo" de Don Juan Manuel a que aquí nos referimos es, pues, de índole muy distinta que podríamos calificar de *moral:* es decir, no canaliza hacia su obra sino aquellos temas que le afectan o preocupan íntimamente. Refiriéndose al conjunto de sus libros dice Giménez Soler: "Don Juan en todas sus obras vacía su propia conciencia y expresa en todas y en cada capítulo el estado de la misma" [23]. Y luego: "Todas las obras de Don Juan son personalísimas y subjetivas; todas giran alrededor de él mismo y son incomprensibles sin un conocimiento completo de su vida..." [24]. Lo cual no contradice la multiplicidad de materiales que el escritor acoge y manipula; Don Juan Manuel no toma un texto latino, árabe o francés y lo transporta al castellano por puro juego o deporte literario, sino tan sólo cuando responde a problemas, preocupaciones, temores de conciencia, y no pocas veces también al deseo de aclarar o justificar su propia conducta. Sobre mil aspectos de ésta trata de hacerse luz en sus escritos. Más claramente que en ninguna otra obra, Don Juan Manuel se personifica en el Conde Lucanor, en forma que deja atrás con mucho la mera ficción literaria. Giménez Soler estudia en detalle muchos de estos

---

[22] No en vano tenía que admirarlo siglos más tarde Gracián, otro hombre tan objetivo y desengañado como él. Cfr.: Erasmo Buceta, "La admiración de Gracián por el infante don Juan Manuel", en *Revista de Filología Española,* XI, 1924, págs. 63-66.

[23] *Don Juan Manuel...,* cit., pág. 192.

[24] Ídem, íd., pág. 193.

"ensiemplos", pero baste mencionar uno de ellos por su especial interés: "El III, *Del salto que fizo el Rey Richalte de Inglaterra en la mar contra los moros*, comienza con rasgos biográficos que resumen su vida y termina resucitando la tesis del *Libro de los Estados*: *vos sabedes muy bien que yo non so ya muy mancebo et acaescióme así que desde que fuy nascido fasta agora que siempre me crié et visqué en muy grandes guerras a vezes con cristianos et a vezes con moros et lo demás siempre lo ove con rreys mis sennores et mis vezinos*. Don Juan, sosegado y tranquilo, después de 1330, sentía remordimientos por los desastres que causó con su conducta *et quando lo ove con cristianos commo quier que siempre me guardé que nunca se levantasse ninguna guerra a mi culpa, pero non se podía excusar de tomar muy gran danno muchos que lo non merescieron. Et lo uno por esto et por otros yerros que yo fiz contra nuestro sennor Dios... si por mi desventura fuere hallado en cosa porque Dios con derecho haya de ser contra mí so cierto que en ninguna manera non pudie escusar de ir a las penas del infierno*"[25]. Don Juan Manuel tenía graves temores sobre su salvación repasando su ajetreada vida política y, en su vejez había pensado seriamente en dejar el mundo y tomar un hábito religioso; Patronio podía tranquilizarle haciéndole ver la posibilidad "de fazer enmienda a Dios de los yerros que fezistes, guardando vuestro estado et vuestra onra sin tomar vida de orden o de otro apartamiento", y asegurándole que, a semejanza del rey Richalte, luchando contra los moros había hecho más por la cristiandad y en expiación de sus propias culpas, que si hiciera penitencia como ermitaño.

No pocos de los cuentos del *Conde Lucanor* han pasado a la literatura posterior en forma más o menos transformada. Así, el "de lo que acontesció a un ome que por pobreza et mengua de otra vianda comía altramuces" fue glosado en una décima de Calderón en *La vida es sueño*, "Cuentan de un sabio que un día..."; el del "mancebo que casó con una mujer muy fuerte e muy brava" constituye el tema de *La fierecilla domada*, de Shakespeare; el de los burladores que tejieron el paño mágico, imitado en *El retablo de las maravillas*, de Cervantes; el de doña Truhana, tomado a su vez del *Calila*, y origen del famoso cuento de la lechera, tantas veces aprovechado por los fabulistas posteriores. Y así otros muchos [26].

---

[25] Ídem, íd., págs. 199-200.
[26] Cfr.: J. Millé Jiménez, "La fábula de la lechera a través de las diversas literaturas", en *Estudios de Literatura Española*, La Plata, 1925. Georges Cirot, "L'hirondelle et les petits oiseaux dans El Conde Lucanor", en *Bulletin Hispanique*, XXXIII, 1931, páginas 140-143. A. H. Krappe, "Le faucon de l'infant dans *El Conde Lucanor*", en *Bulletin Hispanique*, XXXV, 1933, págs. 284-290. R. Menéndez Pidal, "Nota sobre una fábula de don Juan Manuel y de Juan Ruiz", en *Hommage à Ernest Martinenche. Études hispaniques et américaines*, París, 1939, págs. 183-186. María Goyri de Menéndez Pidal, "Sobre el ejemplo 47 de *El Conde Lucanor*", en *Correo Erudito*, I, 1940, págs. 103-104. Ángel Benito Durán, *El hombre en sus pasiones y en su ordenación hacia el último fin según el Infante Don Juan Manuel en el 'Libro del Conde Lucanor'*, Instituto de Estudios

EL CANCILLER PERO LÓPEZ DE AYALA

Su personalidad. El Canciller Pero López de Ayala es la figura sobresaliente de nuestras letras en la segunda mitad del siglo XIV y una de las primeras de nuestra historia literaria. Cortesano y hombre de armas, fue pieza importantísima de la vida política, social, militar y diplomática de su tiempo. Su dilatada vida le permitió asistir a cuatro reinados cuyos hechos historió con maestría émula de Tito Livio —al que tradujo en parte— y de Salustio.

Nació el Canciller en 1332 en Vitoria y murió en Calahorra, en 1407. Tenía ya diez y ocho años cuando comenzó a reinar Pedro I el Cruel y fue a sus órdenes Alguacil Mayor de Toledo y Capitán de la Flota. Cuando el bastardo Don Enrique se proclamó rey y la situación de Don Pedro comenzó a ser comprometida, se pasó al servicio de aquél como tantos otros caballeros, y asistiéndole en la batalla de Nájera como Alférez Mayor de la Orden de la Banda fue aprisionado por los ingleses del Príncipe Negro. Ya libre, fue nombrado Alcalde Mayor de Vitoria y luego de Toledo, y como embajador en la corte de Carlos VI de Francia le ayudó con sus consejos en la batalla de Rosebeck, lo cual le valió una pensión de mil francos de oro. En la batalla de Aljubarrota, bajo el reinado de Juan I, fue apresado por los portugueses, que le tuvieron prisionero durante más de un año hasta que fue pagado un crecido rescate por su mujer y los reyes de Castilla y Francia. Como embajador concertó la paz con la casa de Lancaster, defensora de los derechos de Don Pedro, y más tarde el acuerdo con Portugal, durante el reinado de Enrique III que le nombró Canciller de Castilla. Durante la minoría de este último había sido también Consejero de su Regencia.

Vivió el Canciller en época de grandes turbulencias, conflictos políticos y calamidades de toda índole, guerras internacionales y civiles y grave crisis religiosa provocada por el Cisma; y aunque en los años de su juventud fue más bien un político oportunista y astuto —condición que trocó en su madurez por una fervorosa lealtad y alto sentido patriótico— su persona representa el espíritu aristocrático y la moral severa frente al concepto popular y la traviesa despreocupación del Arcipreste. Ha podido decirse que ante la corrupción e inmoralidad de su tiempo fue su postura la que siglos más tarde tenían que encarnar hombres como Quevedo, Feijoo, Cadalso y Larra. Por eso sus obras tienen el tono acre y fustigador de quien ve tambalearse la sociedad en un caos tanto moral como político.

Manchegos, Ciudad Real, 1948. A. Mazzei, "Un ejemplo de *El Conde Lucanor*", en *Boletín de la Academia Argentina de Letras,* Buenos Aires, XVII, 1948, págs. 71-73. J. Fradejas Lebrero, "Un cuento de don Juan Manuel y dos comedias del Siglo de Oro", en *Revista de Literatura,* VIII, 1955, págs. 67-80.

Al trazar su vigorosa semblanza del Canciller, Menéndez y Pelayo concreta de este modo su silueta humana: "Acertó a atravesar con fama de hombre honrado y de buen caballero el calamitoso siglo XIV, sin mancharse, como casi todos sus contemporáneos, con actos de brutal fiereza, sin cometer ninguna acción positivamente indigna, pero sin descuidar un punto el propio provecho, sacando partido hasta de sus desgracias y reveses, para acumular sin tasa, pero también sin escándalo de nadie, señoríos, alcaldías, tenencias, heredamientos y buena cantidad de sonantes doblas... Su larga vida, que le permitió alcanzar cinco reyes en Castilla, fue una obra maestra de engrandecimiento y medro personal, una verdadera obra de arte más interesante que su *Rimado de Palacio*, aunque menos noble y severa que sus *Crónicas*. Es cierto que la fortuna no le desamparó nunca, pero fue porque él supo forzar a la fortuna y someterla a la fría combinación de sus cálculos, que no le fallaron ni una vez sola, porque iban fundados en profunda observación de la naturaleza humana. Quien escriba la historia de nuestra Edad Media, verá en él el primer tipo de hombre moderno" [27].

A la par que un hombre de acción, López de Ayala fue un apasionado por la cultura: "los libros que constituían el fondo común y principal de la erudición de los tiempos medios —dice Menéndez y Pelayo—, pasaron casi todos por las manos del Canciller" [28]; y fue a la vez un auténtico precursor del Renacimiento, conocedor de los clásicos en la medida que en su tiempo era posible. Tradujo tres *Décadas*, de Tito Livio (la I, II y IV) y tradujo también, o hizo traducir, otras diversas obras como el *De Consolatione*, de Boecio, las *Morales*, de San Gregorio el Magno, y parte del *De casibus virorum illustrium*, de Boccaccio, que de este modo hace su entrada en la literatura castellana, donde tenía que ejercer tan hondo influjo. Su versión de la *Crónica Troyana* revela su afición por los temas caballerescos, confesada claramente después en el *Rimado de Palacio*. Apasionado asimismo por la caza y por las mujeres, su figura es la más exacta representación —en el crepúsculo de la Edad Media— del hombre total que había de constituir después el ideal renacentista. Menéndez y Pelayo resume de este modo su significación global en la historia de nuestras letras: "El Canciller Ayala no es un escritor enciclopédico, como Alfonso el Sabio; pero es, después de Don Juan Manuel, el tipo más perfecto que nuestra Edad Media ofrece del prócer escritor, del moralista práctico, del político que cosecha su doctrina, no en abstractos aforismos, sino en las andanzas y conflictos de la vida. Y es al mismo tiempo, sin controversia alguna, nuestro más grande historiador de los tiempos medios, el único que, sin desdoro, puede hombrearse con los grandes narradores de la edad de oro, desde Mendoza hasta Melo. Y es, finalmente (aunque no del modo exclusivo que pretendía

---

[27] *Antología de poetas líricos castellanos*, edición nacional, Santander, 1944, vol. I, pág. 346.
[28] Ídem, íd., pág. 351.

Floranes), iniciador y fautor de un movimiento intelectual, derivado en parte de la cultura francesa y en parte de la erudición latino-eclesiástica; mediante el cual se abren las puertas de Castilla a un nuevo género de prosa de tendencias clásicas, muy diversa de la deleitable prosa semioriental que campea en los patriarcales escritos del Rey Sabio, de su hijo y de su sobrino"[29].

Su obra poética: el "Rimado de Palacio". La obra poética del Canciller se concreta en el *Rimado de Palacio* (también llamado *Libro del Palacio* o *De las maneras de Palacio*)[30], extenso poema de unos 8.200 versos, escritos en su mayor parte en "cuaderna vía", de la que es prácticamente la postrera manifestación, si bien —a semejanza del Arcipreste— el autor interrumpe en ocasiones la regularidad de este mester, en trance de agotamiento ya y cada vez más alejado de los nuevos gustos, para dar paso a variadas combinaciones métricas.

La primera parte del poema, que puede considerarse acabada en la estrofa 705, está compuesta en su totalidad en la cuaderna vía. En la segunda parte, que se prolonga hasta la estrofa 887, se da entrada a diversas formas estróficas,

---

[29] Ídem, íd., pág. 350. Cfr.: Rafael de Floranes, "Vida literaria del Canciller Ayala", en *Colección de documentos inéditos para la historia de España,* vol. XIX, Madrid, 1851, págs. 5-574 y XX, 1852, págs. 5-49. M. Díaz de Arcaya, *El gran Canciller don Pero López de Ayala. Su estirpe, su casa, vida y obras,* Vitoria, 1900. Juan de Contreras y López de Ayala, Marqués de Lozoya, *Introducción a la biografía del canciller Ayala,* Madrid, 1941 (Discurso de recepción en la Real Academia de la Historia). Del mismo, *El canciller Ayala* (conferencia), Bilbao, 1943. Amada López de Meneses, "Nuevos datos sobre el Canciller Ayala", en *Cuadernos de Historia de España,* X, 1948, páginas 112-128. Franco Meregalli, *La vida política del Canciller Ayala,* Varese-Milano, 1955. L. Suárez Fernández, *El Canciller Ayala y su tiempo (1332-1407),* Vitoria, 1962. F. Branciforte, "Regesto delle opere di Pero López de Ayala", en *Saggi e ricerche in memoria di Ettore Li Gotti,* I, Roma, 1962, págs. 289-317. Para un estudio de conjunto, véase Rafael Lapesa, "El canciller Ayala", en *Historia General de las Literaturas Hispánicas,* dirigida por G. Díaz-Plaja, vol. I, Barcelona, 1949, págs. 493-512.

[30] Ediciones: Florencio Janer en *Biblioteca de Autores Españoles,* vol. LVII, nueva edición, Madrid, 1952. Albert F. Kuersteiner, New York, 1920, 2 vols. (Biblioteca Hispánica). Cfr.: Albert F. Kuersteiner, "A textual study of the first 'Cantiga sobre el fecho de la Iglesia' in Ayala's 'Rimado'", en *Studies in honour of A. Marshall Elliot,* Baltimore, 1911, II, págs. 237-256. Del mismo, "The use of the relative pronoun in the 'Rimado de Palacio'", en *Revue Hispanique,* XXIV, 1911, págs. 46-70. José M. de Cossío, "Una estrofa del Canciller Ayala", en *Boletín de la Biblioteca Menéndez y Pelayo,* V, 1923, página 340. S. Griswold Morley, "Pero López de Ayala: el 'Rimado de Palacio'", en *Homenaje a A. M. Huntington,* Wellesley, 1952. Helen L. Sears, "The 'Rimado de Palacio' and the 'De regimine principum' tradition of the Middle Ages", en *Hispanic Review,* XXI, 1952. D. C. Clarke, "Hiatus, Synalepha and Line Length in López de Ayala's Octosyllables", en *Romance Philology,* I, 1948, págs. 347-356. E. B. Strong, "The *Rimado de Palacio*: López de Ayala's Proposals for Ending the Great Schism", en *Bulletin of Hispanic Studies,* XXXVIII, 1961, págs. 64-77. G. R. Orduña, "Una nota para el texto del *Rimado de Palacio:* Venecia, Venençia, Abenençia", en *Bulletin of Hispanic Studies,* XLI, 1964, págs. 111-113.

ligeras y cantables, imitadas de los trovadores galaico-portugueses y provenzales, bien directamente o a través de los *gozos y loores* de Juan Ruiz. Consisten, preferentemente, en canciones a la Virgen en demanda de protección o haciendo votos de peregrinar a sus santuarios: Montserrat, Guadalupe, Rocamador, Santa María la Blanca de Toledo. Otras veces la cuaderna vía se sustituye por pareados con rima interior y final —que pudieron influir, al fragmentarse el verso, en la aclimatación de las cuartetas y redondillas—, o por sextinas de alejandrinos, rimando los tres primeros versos con el quinto y el cuarto y sexto entre sí. La parte llamada *Deytado sobre el cisma de Occidente* es "una de las primeras composiciones extensas que se escribieron en octavas de versos dodecasílabos"[31]. En la parte final retorna a la cuaderna vía, utilizada con absoluta regularidad.

El poema, de fondo variadísimo, también como el del Arcipreste, recibe su unidad de la persona del autor, y pueden distinguirse en él tres partes esenciales: en la primera, después de algunas consideraciones religiosas sobre los vicios y las virtudes, traza una sátira vivísima de la sociedad de su tiempo, comenzando por la Iglesia, siguiendo por los reyes y sus privados y acabando por las distintas profesiones y la administración del reino. En esta parte se encuentran los pasajes más intensos de la obra y las más vigorosas pinceladas de su sátira social, que se extiende desde elevadas consideraciones teóricas hasta los más nimios detalles. Son numerosísimos los fragmentos de crudo realismo, escritos con admirable fluidez y profusión de imágenes de sorprendente fuerza. Importantísimo es el pasaje llamado *Libro de los fechos de palacio* —que da título a la obra— donde se describen los peligros y molestias de la vida cortesana, la impertinencia de los servidores y la multitud de asistentes que embarazan y obstaculizan la vida misma del príncipe:

> *El príncipe, por çierto, debe ser enojado*
> *Que de tantos ojos asy es atormentado,*
> *Que non puede a la boca levar sólo un bocado*
> *Que de tresientos omnes non le sea contado...*

Los vicios de la Iglesia, la corrupción que se había seguido del cautiverio de Aviñón y del Cisma subsiguiente, son atacados por el Canciller con un rigor que no retrocede ni ante las jerarquías más elevadas: "El Canciller Ayala —dice Menéndez y Pelayo— no era teólogo: él propio se llama *ome simple et non letrado;* pero era, aunque tan pecador, hombre de fe ardorosísimo y de un tal celo por la casa de Dios, que le hacía romper y atropellar con libertad cristiana toda consideración de falso respeto humano, y ponía en sus labios de lego palabras de insólita audacia, que recuerdan las más terribles de **Dante y Petrarca**:

---

[31] Menéndez y Pelayo, *Antología...,* cit., ídem, íd., pág. 366.

Agora el Papadgo es puesto en riqueza;
De lo tomar cualquier non toman a pereza!
Et maguer sean viejos, nunca sienten flaqueza,
Ca nunca vieron Papa que moriesse en pobreza.
  En el tiempo muy sancto non podía haber
Uno que este estado se atreviesse tener;
Agora (¡mal pecado!), ya lo podedes ver,
Do se dan a puñadas quién Papa podrá ser.
....

  Si éstos son ministros, sónlo de Satanás,
Ca nunca buenas obras tú facer los verás:
Gran cabaña de fijos siempre les fallarás
Derredor de su fuego: que nunca y cabrás.
  En toda la aldea non ha tan apostada
Como la su manceba et tan bien afeytada.
Cuando él canta misa, ella le da el oblada,
Et anda (¡mal pecado!) tal orden bellacada".

Los reyes no le merecían mayor respeto, si no acreditaban con sus obras el derecho de ejercer tan alta autoridad:

  El que bien a su pueblo gobierna et defiende,
Éste es rey verdadero, tírese el otro dende.
De un padre et de una madre todos descendemos:
Una naturaleza ellos et nos avemos;
De bevir et morir por una ley tenemos,
Salvo que obediencia de les tener debemos.

Después de atacar con tal viril desenvoltura a las cabezas coronadas del poder eclesiástico y civil, poco empacho había de causarle la fauna menuda —pero no menos diligente en el ejercicio de la rapiña y la injusticia— de los arrendadores, los letrados, los contadores, los logreros de todas las variedades:

  Si toviere el malfechor algunas cosas que dar,
Luego fallo veinte leyes con que le puedo ayudar[32].

En la segunda parte están los fragmentos de tipo más lírico, como las aludidas Cantigas a la Virgen de Guadalupe, de Montserrat, etc., con las oraciones de súplica por su libertad y promesas de peregrinaciones; pues el Canciller

---

[32] Textos citados por Menéndez y Pelayo; ídem, íd., págs. 359, 361, 363 y 364. Sobre algunos aspectos de la religiosidad del Canciller, véase Américo Castro, "Lo hispánico y el erasmismo", II, en *Revista de Filología Hispánica*, IV, 1942, págs. 4-11.

escribió gran parte del poema estando preso por los portugueses en la cárcel de Oviedes.

En la tercera parte, compuesta en los últimos años de su vida, López de Ayala vuelve, como dijimos, a la uniformidad del tetrástrofo monorrimo, y escribe una glosa muy extensa del Libro de Job y de las *Morales*, de San Gregorio. Abundan las disquisiciones de tipo religioso-moral y las consideraciones sobre vicios y virtudes, pero el libro discurre ahora sobre temas más abstractos, a diferencia de la sátira concreta, gráfica, vigorosa y directa de la parte primera.

En conjunto, el poema del Canciller es un poderoso alegato social y colectivo, caracterizado por su enérgica franqueza y libertad de exposición. Esta intención doctrinal y moralizadora explica su carácter frecuentemente prosaico y realista; por lo que el *Rimado de Palacio* no es un libro de ágiles vuelos creadores, pero sí, en cambio, un espejo sin igual de las costumbres y los hombres del siglo XIV.

Muchas veces se ha hecho notar el paralelo entre el *Rimado de Palacio* y el *Libro de Buen Amor*. Uno y otro son sátiras vivísimas de la sociedad de su tiempo; uno y otro son la expresión de poderosas personalidades, capaces de fundir en un todo inconfundible los materiales más diversos. Pero así como el espectáculo de la vida despierta en el Arcipreste un regocijo epicúreo y sensual, el Canciller no se divierte ante los vicios de sus contemporáneos, sino que estalla en una diatriba amarga y rigurosa. Mientras el Arcipreste anda entre la gente del pueblo y alterna con escolares nocherniegos y danzaderas moras, el Canciller vive en palacio y conoce las sutiles maneras de los políticos, la codicia de los pretendientes, la venalidad de los oficiales reales, la presunción de los cortesanos, los amaños de la vida oficial; toda una vida retorcida y falsa que no tiene el contrapeso de la alegre desenvoltura de las gentes de Juan Ruiz.

Su obra histórica: las "Crónicas". El Canciller Ayala escribió las crónicas particulares de los cuatro reyes a quienes sirvió: Pedro I, Enrique II, Juan I y Enrique III, la de este último interrumpida por la muerte del escritor [33]. Después de la *Crónica General* del rey Sabio, que nos da la historia

---

[33] Ediciones: E. Llaguno Amírola (con las enmiendas de Zurita), en *Crónicas de los Reyes de Castilla*, Madrid, 1779. C. Rosell, en *Biblioteca de Autores Españoles*, volúmenes LXVI y LXVIII, nueva edición, Madrid, 1953. Cfr.: Georges Cirot, "Le témoignage de López de Ayala au sujet de D. Fadrique, frère de Pierre le Cruel", en *Hispania*, París V, 1922, págs. 70-76. Ch. H. Haskins, "Some early treatises on falconry", en *Romanic Review*, VIII, 1922, págs. 18 y ss. W. J. Entwistle, "The 'Romancero del Rey Don Pedro' in Ayala and the 'Cuarta Crónica General'", en *Modern Language Review*, XXV, 1930, págs. 306 y ss. Benito Sánchez Alonso, *Historia de la Historiografía Española*, I, Madrid, 1941. Claudio Sánchez-Albornoz, "El Canciller Ayala, historiador", en *Españoles ante la historia*, Buenos Aires, 1958. Juan de Contreras y López de Ayala, Marqués de

"poética y legendaria" de la Edad Media española, las crónicas del Canciller representan la aparición en nuestra literatura de la historia dramática, viva, concebida como una obra de arte. Ayala, que se había adiestrado cumplidamente en las páginas de Tito Livio, es maestro en escoger los rasgos psicológicos que definen certeramente a un personaje; anima la narración con toda clase de circunstancias que pueden seducir la atención del lector, observa y agrupa cuidadosamente los hechos, y se extiende en observaciones morales de la mayor agudeza. Los relatos áridos y secos de los cronistas anteriores quedan anulados ante este nuevo arte de historiar que sabe dar a los hechos la viveza, la animación y el dramático interés de una novela. Para lo cual es parte muy importante la sobriedad, precisión y energía descriptiva del estilo, el uso frecuente del diálogo, la inclusión de epístolas y arengas y la composición de escenas en las que el autor hace vivir directamente a sus personajes. "En la serie de nuestros monumentos históricos —dice Menéndez y Pelayo hablando de las cuatro Crónicas del Canciller— van inmediatamente después de las Crónicas de Alfonso XI y de sus tres inmediatos antecesores, anónimas hasta el presente; pero si se atiende a la perfección de estilo y arte, parece que un siglo entero las separa. El cronista de Alfonso XI, aunque narrador diligente, bien informado y bastante copioso, no tiene ni el candor épico de la *Crónica General,* venerable repertorio de nuestra tradición poética, ni la profunda observación moral, el sentido humano penetrante y seguro y el vigor trágico que admiramos en Ayala. Si el rey Sabio y los que le ayudaron en su compilación nos habían dado la epopeya histórica, el Canciller nos presentó por primera vez el drama de la historia. Nada hay semejante en las literaturas extranjeras antes del fin del siglo XV. Froissart y Mateo Villani son cronistas pintorescos y deleitables; Ayala es historiador" [34]. Pocas páginas antes había escrito: El Canciller "es el primero de la Edad Media en quien la historia aparece con el mismo carácter de reflexión humana y social que habían de imprimir en ella mucho después los grandes narradores del Renacimiento italiano" [35].

De las cuatro crónicas, la de Don Pedro ha sido considerada como la obra maestra del Canciller. Posiblemente la misma personalidad del biografiado y su vida, tejida con violencias incontables y las peripecias más dramáticas, facilitaba la tarea del historiador. Se ha discutido repetidamente la fidelidad histórica de Ayala; pero el cotejo con las otras fuentes coetáneas, no sólo de Castilla, sino también de otras procedencias —Cataluña, Francia, Portugal, Italia—, ha demostrado la veracidad del Canciller no sólo en lo esencial, sino hasta en los detalles. Por lo que atañe en particular a la crónica del rey Don

---

Lozoya, "El cronista don Pedro López de Ayala y la historiografía portuguesa", en *Boletín de la Real Academia de la Historia,* CII, 1933, págs. 115-157. R. B. Tate, "López de Ayala, Humanist Historian", en *Hispanic Review,* XXV, 1957, págs. 157-174.

[34] *Antología...,* cit. íd., íd., págs. 353-354.
[35] Ídem, íd., pág. 345.

Pedro, su testimonio parecía ser sospechoso por el hecho de su deserción. Pero la opinión de los historiadores modernos parece convenir en que el cronista no falsificó los acontecimientos ni le atribuyó cargo alguno contrario a la realidad [36]. Ayala tampoco acentúa los crímenes de Don Pedro con reproches que subrayen sus culpas. Si existió en el Canciller la animadversión hacia el monarca que se le supone, tan sólo se echa de ver en el modo hábil con que parece evitar a su vez todo comentario que lo justifique, y posiblemente en la eliminación de hechos favorables, que pudieran atenuar las culpas del rey. Ayala relata los sucesos con impasible y severa frialdad, como si personalmente no le importasen; y la figura del monarca va surgiendo no con la aureola de justiciero, con que había de consagrarlo la literatura, sino movido por crueldad de perturbado que al fin, trágica y fatalmente, expía sus maldades. Lo que no puede controvertirse es que la pluma de Ayala, por el poder de su caracterización, nos ha legado de Don Pedro un retrato tan enérgico y vivaz, que ha vencido los siglos, inequívoca propiedad de las grandes creaciones literarias. "Quizás a él —dice Menéndez y Pelayo—, tenido por malévolo detractor de Don Pedro, debe aquel monarca la mayor parte del prestigio poético que rodea su nombre, porque nada avasalla tanto el ánimo de quien lee en las páginas de un historiador, como la intensa realidad, la plenitud de vida que de ellas se desprende" [37]. Por su parte Lomba y Pedraja escribe: "La *Crónica* de Ayala, a pesar de sus detractores y a pesar también de la rehabilitación de Don Pedro, siguió disfrutando de gran favor. Los severos historiadores podían hacer de ella el objeto de su crítica escrupulosa; mas para los poetas, en cambio, era inagotable tesoro de asuntos dramáticos. El carácter violento del Rey; las luchas incesantes con sus hermanos bastardos; sus amores; sus venganzas dentro de su propia familia; las terribles predicciones sobre su muerte, y, finalmente, la tragedia de Montiel, eran motivos dramáticos de primer orden. Ninguna crónica castellana (exceptuando la *General*, de Don Alfonso el Sabio), los contenía más ni mejores" [38]. Según el mismo Lomba recuerda, Ya Milá y Fontanals había demostrado que, con la sola excepción de dos, todos los romances viejos sobre Don Pedro y sucesos de su reinado se inspiran, más o menos directamente, en la *Crónica* de Ayala [39].

No ofrecen menor interés ni calidad las tres crónicas restantes, aunque la fama de la primera las ha oscurecido a todas. En cuanto al arte literario, el escritor progresa todavía, como corresponde al mayor dominio de su oficio. Con todo, la crónica de Enrique II es la de menor intensidad dramática, parte por la propia índole del rey y sucesos de su reinado, parte por la cautela y gratitud con que el autor parece situarse ante su monarca.

---

[36] Cfr. Benito Sánchez Alonso, *Historia de la historiografía*, cit., vol. I, págs. 297-299.
[37] *Antología...*, cit., íd., íd., pág. 354.
[38] "El rey Don Pedro en el teatro", en *Homenaje a Menéndez y Pelayo*, vol. II, Madrid, 1899, págs. 257-339, (la cita es de las págs. 277-278).
[39] Ídem, íd., pág. 275.

La crónica de Juan I vuelve a mostrar, en cambio, al Canciller en la plenitud de sus recursos, que igualan, cuando no superan, a los empleados en la de Don Pedro. La persona del rey, su carácter débil y hasta sus meras condiciones físicas distaban mucho de la fiereza del Justiciero; el cronista diríase que se compadece de este monarca poco afortunado, que cruza por la crónica con su figura blanca y rubia, mansa y sosegada, de pequeño cuerpo y hartas dolencias. Pero no escasearon los hechos del mayor interés en cuyo relato podía emplearse el escritor; de todos aquéllos ocupa el punto central la batalla de Aljubarrota contra los portugueses, en la que el propio autor fue hecho prisionero. Ayala describe los preparativos de la batalla, los consejos tomados por el rey, el desarrollo de la lucha, la huida tras el desastre, con un movimiento dramático que supera incluso al conseguido en la narración de la batalla de Nájera, en la crónica de Don Pedro, donde también por cierto fue capturado el Canciller. Otro bello momento es el correspondiente a la muerte de Juan I de una caída de caballo en Alcalá de Henares. Ayala, que fue pieza muy importante de la política interior e internacional de Juan I, le aconsejó siempre y le amonestó no pocas veces con severidad. Obsesionado el rey con la posesión de Portugal, pensó abdicar y repartir el reino entre sus hijos, para lo cual convocó las Cortes de Guadalajara de 1390; Ayala se opuso enérgicamente a este proyecto en un discurso, que llevó luego a su *Crónica*, y que Menéndez y Pelayo califica de una "de las más antiguas muestras de nuestra oratoria política"[40]. La afición, cada vez mayor, del escritor hacia el mundo clásico se echa de ver en esta crónica, en la que se sirve a veces de cartas y discursos de sus modelos latinos, siguiéndolos muy de cerca, aunque adaptándolos, naturalmente, a los momentos que historiaba.

Murió Ayala sin poder terminar la crónica de Enrique III. Destacan en ella los capítulos en que refiere las persecuciones y matanzas contra los judíos, que tuvieron lugar en distintas ciudades, y que él condena —tachándolas de mero afán de robo— con su habitual sinceridad y nobleza.

Próspero Mérimée calificaba al Canciller como uno de los primeros cronistas medievales de toda Europa, y su versión modernizada de la *Crónica de Don Pedro* ofrece un interés superior al de cualquiera de sus más famosas novelas [41].

Aparte las traducciones antes mencionadas y de un libro sobre el *Linaje de Ayala*, que no se conserva, merece también citarse, aunque se trate de una obra de tono menor, el *Libro de las aves de caza*, o *de la caza de las aves* [42],

---

[40] *Antología...*, cit., íd., íd., pág. 349.
[41] Cfr.: H. Petriconi, "La Historia de Don Pedro I de Mérimée y la Crónica del Canciller López de Ayala", en *Investigación y Progreso*, Madrid, V, 1913, págs. 54-55.
[42] Ediciones: *El libro de las aves de caça*, ed. de Pascual de Gayangos, Madrid, 1869, "Sociedad de Bibliófilos Españoles", V, *Libro de la caza de las aves, et de sus plumages, et dolencias, et melecinamientos*, ed. de José Gutiérrez de la Vega, Madrid, 1879,

como propone Fradejas Lebrero, que escribió el Canciller mientras estaba preso en Portugal. Ayala toma como base la obra de Pero Menino, halconero del rey portugués Fernando I, que traduce literalmente, aunque intercala muchas aclaraciones y comentarios propios; añade además 23 capítulos completos de su propia minerva. Aunque el libro trata exclusivamente del tema que le es propio, en forma diríamos profesional o técnica, su lectura ofrece el interés de un cuadro de costumbres, escrito con gran amenidad y en una prosa justa y expresiva. La obra fue tenida en mucho aprecio y gozó de gran difusión hasta el siglo XVII, de lo cual son prueba los numerosos manuscritos que se conservan.

ÚLTIMOS POEMAS DEL MESTER DE CLERECÍA

Al lado de estas figuras capitales que representan la culminación de la poesía y de la prosa en su siglo y que preludian a su vez la aparición de los grandes clásicos de las centurias inmediatas, apenas existen otros escritores durante el siglo XIV que exijan una consideración demasiado detenida. Dentro de la corriente didáctico-moral tan característica de la época y como postreras manifestaciones del mester de clerecía merecen, sin embargo, citarse, por algún rasgo peculiar, el *Poema de Yuçuf*, el *Libro de miseria de omne* y los *Proverbios morales* del Rabí Don Sem Tob de Carrión.

El *Poema de Yúçuf*[43] pertenece a la literatura aljamiada, es decir, escrita en romance con caracteres arábigos, y es un curioso ejemplo del influjo del

---

"Biblioteca Venatoria", III. *Libro de la caza de las aves,* versión moderna de José Fradejas Lebrero, Valencia, 1959, "Odres Nuevos". En el prólogo de esta excelente versión, Fradejas Lebrero rechaza el título propuesto en la edición de Gayangos, basándose en la lectura de los diversos manuscritos por él examinados; nada, pues, que objetar. Pero la modificación de Gayangos nos parece más que justificada si nos atenemos al contenido de la obra, porque es incuestionable que el libro del Canciller no trata de la caza de las aves, sino de las aves de caza. Se ocupa de aquélla, naturalmente, pero de modo muy accidental, porque lo que de veras le importa, y llena el libro por entero, es el modo de preparar, criar, adiestrar, alimentar, ejercitar y curar las aves de caza. La segunda parte del título no deja tampoco lugar a dudas: se habla de las *dolencias* y *melecinamientos* de las aves, cosa que habría de preocupar muy poco en las ya cazadas y listas para el puchero, pero mucho sin duda en las que se cuidaban para el ejercicio de aquél deporte.

[43] Ediciones: Florencio Janer (del manuscrito de la Biblioteca Nacional de Madrid), en *Biblioteca de Autores Españoles,* vol. LVII, nueva edición, Madrid, 1952. Ramón Menéndez Pidal (del manuscrito A de la Academia de la Historia), en *Revista de Archivos, Bibliotecas y Museos,* Madrid, 3.ª época, VII, 1902, págs. 91-129, 276-309 y 347-362. Reedición con el título de *Poema de Yúçuf. Materiales para su estudio,* "Colección Filológica", I, Universidad de Granada, 1952. Cfr.: J. Saroïhandy, "Remarques sur le *Poème de Yuçuf*", en *Bulletin Hispanique,* VI, 1904, págs. 182-194. A. R. Nykl, "A Compendium of Aljamiado Literature", en *Revue Hispanique,* LXXVII, 1929, páginas 409-611.

romance castellano entre los musulmanes sometidos. Debió de ser compuesto probablemente por un morisco aragonés, y narra la historia de José más según la versión coránica que de acuerdo con el relato bíblico. Su fecha es incierta (Menéndez Pidal lo supone de la segunda mitad del siglo), sus versos (más de 1.200) pertenecen a la cuaderna vía aunque con gran irregularidad, y su interés —fuera de los motivos dichos— es muy escaso.

El *Libro de miseria de omne* [44] es una larga paráfrasis del libro *De contemptu mundi*, del papa Inocencio III, ampliada con algunos pasajes tomados de otras fuentes sagradas y profanas. Debió de escribirse en los años postreros de la centuria y es una de las últimas composiciones del mester de clerecía, con la particularidad de que sus estrofas monorrimas son ya persistentemente de versos de dieciséis sílabas, divididos en dos hemistiquios de ocho, lo que revela la influencia del metro popular que tenía que engendrar el romance. El poema, de muy escaso valor poético, que adopta un tono de negro pesimismo y repudio de todas las cosas de la vida, es la más violenta antítesis de la sabrosa creación de su casi contemporáneo, el Arcipreste.

Mucho más importantes que las dos obras anteriores son los *Proverbios morales* [45] del rabino Don Sem Tob o Santob, nacido en Carrión de los Condes, de cuya aljama fue un miembro prominente. González Llubera, editor de la obra, supone que fue compuesta lentamente; algunos pasajes quizá fueron escritos durante el reinado de Alfonso XI, pero el poema completo fue reunido en tiempos de Pedro el Cruel, a quien el autor lo dedicó. Los *Proverbios* están escritos en pareados alejandrinos, que además de la rima final llevan

---

[44] Edición de Miguel Artigas, "Un nuevo poema por la cuaderna vía", en *Boletín de la Biblioteca Menéndez y Pelayo*, I, 1919, págs. 31-37; 87-95; 328-338; II, 1920, páginas 233-254. Cfr.: Dámaso Alonso, "Pobres y ricos en los libros de *Buen Amor* y de *Miseria de omne*", en *De los siglos oscuros al de Oro*, Madrid, 1958, págs. 105-113.

[45] Ed. de Ticknor, en *History of Spanish literature*, Boston, 1849, vol. III, págs. 475-503. (Traducción española de P. de Gayangos y Enrique de Vedia), Madrid, 1850. Florencio Janer, en *Biblioteca de Autores Españoles*, vol. LVII, nueva edición, Madrid, 1952. I. González Llubera, Cambridge, 1947. Del mismo, "A Transcription of Ms. C of Santob de Carrion's 'Proverbios Morales'", en *Romance Philology*, IV, 1950, págs. 217-256 (transcripción sola del Códice de la Biblioteca de Cambridge, escrito en caracteres rabínicos españoles). Cfr.: P. Mazzei, "Valore biografico e poetico delle *Trobas* del Rabí Don Santo", en *Archivum Romanicum*, IX, 1925, págs. 177-189. I. González Llubera, "The Text and Language of Santob de Carrion's 'Proverbios Morales'", en *Hispanic Review*, VIII, 1940, págs., 113-124. A. A. Neuman, *The Jews in Spain: their social, political and cultural life during the Middle Ages*, 2 vols., Filadelfia, 1942. M. Menéndez y Pelayo, *Antología de poetas líricos castellanos*, ed. cit., vol. I, págs. 324-336. J. A. Tamayo Rubio, "La rosa y el judío" (Sem Tob), en *Finisterre*, I, págs. 377-383. R. A. Turi, "Las coplas del rabbi Don Sem Tob", en *Universidad* (Santa Fe), núm. 17, 1945, págs. 89-113. E. Alarcos Llorach, "La lengua de los 'Proverbios Morales' de don Sem Tob", en *Revista de Filología Española*, XXXV, 1951, págs. 249-309. S. Serrano Poncela, "Machado y Don Sem Tob", en *Cultura Universitaria*, Caracas, núm. 59, 1959, págs. 7-15.

rima interna; sólo unas pocas estrofas (34-39) constan de dos pareados heptasílabos. Esta rima interna y la intensidad con que se señala la pausa entre hemistiquios explican que los versos se transcriban a veces, equivocadamente, como cuartetas heptasílabas. El autor usa frecuentemente del encabalgamiento, no sólo entre dos versos sino a veces entre dos estrofas consecutivas.

Los *Proverbios* representan la introducción en nuestra lengua de la poesía gnómica o sentenciosa, tan peculiar de la literatura hebrea: "un intento deliberado de expresar el pensamiento judío en una lengua romance, no por medio de traducciones sino adaptándolo a una técnica poética".

Los *Proverbios* del rabino de Carrión habían sido apenas estudiados y apreciados por los críticos del siglo XIX, pero la edición de González Llubera parece haber iniciado su creciente estima. Américo Castro los considera —quizá con cierto exagerado entusiasmo— como el primer caso de auténtica expresión lírica en castellano; el Arcipreste, dice, todavía necesitaba el apoyo de narraciones, descripciones o sucesos para disparar su impulso creador, pero Santob nos da ya una realidad poética, con un sentimiento objetivado en ella, sin enlace inmediato con ningún humano suceso [46]. Santob amaba profundamente los libros y renunció al comercio para dedicarse oscuramente al estudio, contento con un mediano pasar. En esto, más que un reflejo de estoica moderación a la manera clásica nos atreveríamos a señalar una veta de altiva independencia cínica, que parece preludiar uno de los aspectos más genuinos de la novela picaresca:

Omre rrafez, astroso,   Tal que non a verguença,
Este bive viçioso: Que non le faze fuerça

De que nunca mas vala,   Nin es menoscabado
Por vestir capa mala;   Robando del mercado

Dos panes, se gobierna, E de fruta que furta,
E en cada tauerna   Beve fasta ques farta.

Este solo en mundo   Byve sabrosa vyda [47].

Este último verso resume inequívocamente la filosofía que habían de exponer, casi con idénticas palabras, algunos pícaros famosos del siglo XVII: "Florida picardía" tenía que llamar a la suya Guzmán de Alfarache; "era bocado sin hueso, lomo descargado, ocupación holgada y libre de todo género de pesadumbre". "Con el provecho de estos percances —diría Estebanillo González—, ración y salario que ganaba, comía con sosiego, dormía con reposo, no

---

[46] Américo Castro, "El judío en la literatura y en el pensamiento españoles. Don Santob de Carrión", en *La realidad histórica de España*, cit., págs. 525-561.

[47] Estrofas 402-405; ed. González Llubera, cit., págs. 114-115.

me despertaban celos, no me molestaban deudores...". "Si he de decir lo que siento —diría de sí mismo Lázaro de Tormes, en la continuación escrita por H. de Luna— la vida picaresca es vida, que las otras no merecen este nombre...".

La renuncia al mundo no conduce a Santob a conclusiones religiosas, sino al racionalismo escéptico: todo es relativo; las cosas son lo que cada uno quiere o puede entender según el punto desde el que las contempla:

> *El sol la sal atiesta   E la pez enblandesçe;*
> *La mexilla faz prieta,   El lienço enblanquesçe...* [48].

Pero el racionalismo de Santob tampoco lleva al quietismo ni a la inhibición; el estudio, la seguridad de saberse superior al necio satisfecho, la conversación con el sabio, el propio esfuerzo, valen por sí mismos. Santob es, pues, un escéptico que no renuncia a la vida y que actúa a pesar de todo. Su poesía filosófica posee, consecuentemente, una tonalidad extraña, como ha señalado Castro, que resuena como algo muy personal y distinto en la literatura cristiana de su tiempo. Sánchez-Albornoz llama a Santob nuestro primer intelectual puro [49]; en ningún escritor de su época puede encontrarse tan bello elogio del saber y de los libros: lugar común de la literatura oriental, pero que en su siglo había de sonar a novedad. Las virtudes más apreciadas por el rabino de Carrión son de tipo intelectual y puramente mundanas: mesura, franqueza, discreción, saber, cordura, llaneza. "Por su estima de la inteligencia —dice Castro— llega Santob a valorar la relación entre los hombres y a dar a sus *Proverbios* un aire de llano y suelto humanismo, sin parejo en la Castilla cristiana del siglo XIV" [50].

Con todo, la peculiaridad de Santob se enraíza también muy hondamente en lo castellano de su tiempo: su tono sentencioso, tan vinculado por una parte con la poesía sapiencial de los hebreos, debe a su vez muchísimo al saber popular español, concretado en refranes y sentencias innumerables —moneda de circulación común—, muchos de los cuales son incorporados a sus *Proverbios*, del mismo modo que el Arcipreste los había llevado a su *Libro de Buen Amor*. Es muy posible que esta riqueza de refranes atrajera la atención del Marqués de Santillana, tan aficionado también a la sabiduría gnómica popular, que recuerda a Santob en su *Carta Proemio* al Condestable de Portugal; de él cita unos versos, que son quizá los más famosos, y que definen esa dramática "actitud defensiva" de los judíos, siempre inseguros en medio de una sociedad hostil:

---

[48] Est. 80, ed. cit., pág. 72.
[49] Claudio Sánchez-Albornoz, "Literatura y vida después del Arcipreste. I. Don Sem Tob en su tiempo", en *España, un enigma histórico*, vol. I, 2.ª ed., Buenos Aires, 1962, págs. 535-556.
[50] "El judío en la literatura...", cit., pág. 527.

Por nasçer en el espino,   Non val la rrosa çierto
Menos, nin el buen vyno   Por salyr del sarmiento.

Non val el açor menos   Por nasçer de mal nido,
Nin los exemplos buenos Por los dezyr judío [51].

LOS ÚLTIMOS POEMAS ÉPICOS

Las "Mocedades de Rodrigo". El siglo XIV contempla las últimas formas, ya degeneradas, de los grandes poemas épicos. La necesidad de reanimar un género que contaba con nuevos competidores en el plano de la diversión pública, estimulaba a los juglares a introducir episodios nuevos en la vida de los viejos héroes. Consistían generalmente en invenciones fabulosas, sobre todo de la época de su juventud, menos conocida y no tratada por lo común en los grandes poemas primitivos.

A este tipo de composiciones corresponde el cantar de las *Mocedades de Rodrigo* —llamado también *Cantar de Rodrigo, Refundición de las Mocedades de Rodrigo* o *Crónica rimada del Cid*—, compuesto probablemente a finales del siglo XIV, o a comienzos del XV según opinión de Menéndez Pidal. No sólo los hechos que narra de la juventud del Cid son en gran parte fantásticos (peregrinación a Compostela, encuentro con San Lázaro, guerra contra Francia, entrevista con el Papa, desafío a los Doce Pares, etc.), sino que toda la figura humana del héroe castellano queda desfigurada. El Cid aparece convertido en un personaje insolente y fanfarrón, propio de una época decadente. El autor del poema no duda en recurrir a las mayores exageraciones con tal de sugestionar la imaginación del oyente, y tampoco le importa la verosimilitud histórica ni la continuidad tradicional.

El poema se ha conservado casualmente —y no ha sido uno más en la crecida lista de los cantares épicos perdidos— por haber sido copiado en los folios finales de un manuscrito de la *Crónica de los reyes de Castilla;* texto único, hoy en la Biblioteca Nacional de París. Pero la obra está incompleta —el copista se detuvo en el verso 1.164, dejando a continuación cuatro folios en blanco— y llena además de errores, transposiciones y lagunas. La pésima calidad de la copia y el carácter literario del poema, a que hemos aludido, explica que los críticos lo hayan desestimado casi por entero, y aunque ha sido objeto de varias ediciones [52], no ha merecido ningún estudio literario de autén-

---

[51] Estrofas 63-64, ed. cit., pág. 70.
[52] Aparte las tres primeras ediciones, imperfectas, de F. Michel (1846), F. Wolf (1847) y Agustín Durán (1851), las tres más importantes son: edición facsímil por Archer M. Huntington, Nueva York, 1904 (Hispanic Society of America); B. P. Bourland, "The Rimed Chronicle of the Cid (El Cantar de Rodrigo)", en *Revue Hispanique*, XXIV, 1911, págs. 310-357; Ramón Menéndez Pidal, en *Reliquias de la poesía épica española*, Madrid, 1951, págs. 257-289. Cfr.: Ramón Menéndez Pidal, *Poema de Mío Cid y otros*

tica importancia. Ochoa, que descubrió el poema, lo consideraba falto de ilación y casi ininteligible en muchos pasajes; Durán decía que semejaba a un zurcido de retazos; Puymaigre lo calificaba de mosaico compuesto por un artista inhábil; Menéndez y Pelayo lo comparó al "cuaderno de apuntaciones de un juglar degenerado".

No obstante, en fecha recentísima, dos eruditos —el norteamericano Samuel G. Armistead y el inglés Alan D. Deyermond— han emprendido el estudio de las *Mocedades* y señalado los muchos puntos de interés que la obra puede encerrar para la historia literaria. Armistead [53], apoyándose en la edición y comentario de Menéndez Pidal, ha tratado de hallar en el poema una positiva estructura, no reconocida anteriormente, aunque admite lo difuso de la acción y la escasa habilidad del poeta para establecer la proporción de los episodios. Para Armistead, las *Mocedades* serían el resultado de acoplar dos cantares distintos: en el primero, que llama el *Cantar de las cinco lides*, el Cid promete al rey Fernando lograr cinco victorias antes de poder vivir con su esposa, con la que había verificado ya los esponsales; el desarrollo de este *cantar* consiste en el logro de estos cinco triunfos, a los cuales siguen las bodas. Celebradas éstas, comienza la segunda parte del poema, o *Cantar de la invasión de Francia*. Pero el estado de conservación del texto existente deja en la incertidumbre si la quinta victoria se cumple antes de las bodas o la supone el autor durante la expedición francesa; confusión que ha contribuido a los problemas de interpretación que irritaban a los comentaristas. Armistead sostiene la existencia de otro cantar de gesta sobre las *mocedades de Rodrigo*, compuesto a finales del siglo XIII o comienzos del XIV, del cual hay huellas prosificadas en la *Crónica de los reyes de Castilla*. Pero resulta muy difícil precisar el grado de dependencia que guarda la versión conservada de las *Mocedades* respecto de la prosificada en la *Crónica*, o ambas incluso respecto de otra posible versión anterior. En todo caso, Armistead califica a las *Mocedades* de

---

monumentos de la primitiva poesía española, Madrid, 1919. Del mismo, *La epopeya castellana a través de la literatura española*, 2.ª ed., Madrid, 1959 (cap. IV, "El Cid y Jimena"). Del mismo, *Romancero Hispánico*, vol. I, Madrid, 1953, págs. 215-221. Del mismo, *Poesía juglaresca y orígenes de las literaturas románicas*, Madrid, 1957, págs. 315-319.

[53] Samuel G. Armistead, "The Structure of *Refundición de las Mocedades de Rodrigo*", en *Romance Philology*, XVII, 1963, págs. 338-345. Véase además, del mismo: "Para el texto de la *Refundición de las Mocedades de Rodrigo*", en *Anuario de Estudios Medievales*, Barcelona, 3, 1966, págs. 529-540. Samuel G. Armistead y Joseph H. Silverman, "Sobre unos versos del cantar de gesta de las *Mocedades de Rodrigo* conservados tradicionalmente en Marruecos", en *Anuario de Letras*, México, VI, 1964, págs. 95-107. Para las manifestaciones ulteriores de la leyenda, véase Samuel G. Armistead, *A Lost Version of the "Cantar de gesta de las Mocedades de Rodrigo" Reflected in the Second Redaction of Rodríguez de Almela's "Compendio historial"*, University of California Publications in Modern Philology, vol. 38, núm. 4, págs. 299-336.

"un trabajo completamente antitradicional", pues su autor parece complacerse en alterar caprichosamente la herencia épica.

El estudio de Alan D. Deyermond [54] ha planteado problemas diferentes, tremendamente sugestivos, que sólo podemos esbozar aquí. Basándose en la introducción en prosa que lleva el poema de las *Mocedades*, en el visible interés del poeta por la diócesis de Palencia, en la insistencia sobre sus fueros y privilegios y sobre el carácter semimilagroso de su fundación, en el deseo manifiesto de asociar al Cid, el gran héroe nacional, a dicha diócesis como patrono y defensor de ella, etc., sugiere Deyermond que existe en el poema un fuerte influjo eclesiástico, no señalado hasta el presente, ya que se daba por inconcuso —dentro de las teorías tradicionalistas de Menéndez Pidal— que las *Mocedades* eran de inequívoco origen juglaresco. Hay que advertir que la diócesis de Palencia, preeminente en otros tiempos, había decaído muchísimo de su importancia debido al proceso de la Reconquista, hasta el punto de que en la época en que se supone compuesto el poema litigaba constantemente para recuperar rentas, territorios y jurisdicciones, atribuidos a otras nuevas diócesis. A la vista de tales hechos, Deyermond sugiere la hipótesis de que *no un juglar sino un clérigo* palentino refundió a mediados del siglo XIV —introduciendo las modificaciones que le convenían— un poema épico antiguo, con manifiesta intención propagandística a favor de la diócesis palentina [55], y lo entregó a los juglares para su difusión. El poema debió de transmitirse, pues, por exclusiva vía oral, y luego un juglar dictó el poema a un copista, lo que explica la forma tan incorrecta del único texto conservado.

La transcendencia de la hipótesis de Deyermond radica en el hecho de que si se comprueba la intervención eclesiástica y erudita en la confección de un poema épico, considerado siempre como eminentemente juglaresco, la teoría tradicionalista, según la cual la epopeya española es exclusivamente juglaresca sin mezcla de rasgos eruditos ni eclesiásticos, puede ponerse en trance de revisión, al menos en el caso concreto de las *Mocedades*. Hay que aguardar otros trabajos más detenidos sobre el tema, que Deyermond promete.

De todos modos, resulta cierto —sin desconocer la degeneración producida en la obra a causa de su transmisión y los desaciertos del copista— que las *Mocedades* no son en modo alguno un buen poema; las aludidas razones que conducen a la decadencia de la gran épica nacional con su antigua función colectiva, se ejemplifican perfectamente en este poema heroico tardío.

[54] Alan D. Deyermond, "La decadencia de la epopeya española: *Las Mocedades de Rodrigo*", en *Anuario de Estudios Medievales*, Barcelona, 1, 1964, págs. 607-617.

[55] Recuérdese lo que dejamos dicho en páginas anteriores a propósito de algunas "vidas" de Berceo y del *Poema de Fernán González*. Deyermond no alude a estos hechos en el trabajo mencionado, pero el paralelismo respecto al motivo interesado y propagandístico, que pudo originar la redacción de tales poemas, es manifiesto. Creemos que por este camino pueden abrirse panorámicas insospechadas y del más alto interés en el estudio de algunas obras medievales, sólo consideradas hasta ahora desde ángulos exclusivamente literarios.

Y, sin embargo, pese a su escaso mérito literario, las *Mocedades* estaban llamadas a tener una fecunda descendencia; importancia que no les había sido discutida ni aun por los menos entusiastas de sus comentadores. Sucede que, mientras la vieja epopeya sobre el Cid quedó olvidada a partir de esta misma centuria, las *Mocedades de Rodrigo* —o, al menos, los sucesos, reales o fantásticos, de la vida del Cid en ellas recogidos— fueron la fuente en que se originaron las numerosas versiones posteriores sobre la figura del héroe castellano: los romances, las comedias de Juan de la Cueva, de Guillén de Castro (ésta, la más famosa) y de Lope de Vega en el Siglo de Oro, la de Hartzenbusch en el Romanticismo, y las de todos los extranjeros que han tratado el tema, particularmente Corneille, que se inspiró en Guillén de Castro. Debe aclararse, sin embargo, que a partir del Siglo de Oro las *Mocedades* ya no orientaron los temas cidianos directamente, sino a través de las prosificaciones cronísticas, sobre todo de la *Crónica General* editada por Ocampo.

El "Poema de Alfonso Onceno". Otro poema heroico del siglo XIV es el *Poema de Alfonso Onceno*. Fue descubierto en el siglo XVI por Don Diego Hurtado de Mendoza; olvidado o perdido nuevamente, fue redescubierto en el siglo XIX y publicado por primera vez, en edición muy imperfecta, por Florencio Janer en 1863 e incluido luego (1864) en el volumen LVII de la *Biblioteca de Autores Españoles* [56].

La estrecha relación existente entre el *Poema* y la *Crónica de Alfonso XI* hizo pensar en un principio que procedían ambos de la misma mano; luego se ha venido aceptando la opinión del historiógrafo Benito Sánchez Alonso de que la *Crónica* se sirvió del *Poema* como fuente, debido a su exactitud histórica. Diego Catalán [57] ha replanteado el problema sobre nuevas bases al descubrir en 1950 una redacción desconocida de la *Crónica de Alfonso XI* —a la que llama la *Gran Crónica*— de la que el viejo texto conocido sería una abreviación, compuesta durante el reinado de Enrique II; o la *Grande* una ampliación de la primera [58]. En todo caso, contrastadas la *Gran Crónica* y el *Poema*, Diego Catalán ha llegado a la conclusión de que este último es una

---

[56] En nuestros días ha sido editado nuevamente, con la edición paleográfica frente a la crítica, por Yo Ten Cate, *El Poema de Alfonso Onceno*, Anejo LXV de la *Revista de Filología Española*, Madrid, 1956. Cfr.: Diego Catalán, "Hacia una edición crítica del *Poema de Alfonso Onceno*", en *Hispanic Studies in honour of I. González Llubera*, Oxford, 1959, págs. 1-14. Del mismo, "Las estrofas mutiladas en el MS. E del *Poema de Alfonso Onceno*", en *Nueva Revista de Filología Hispánica*, XIII, 1959, págs. 325-334.

[57] Diego Catalán, *Poema de Alfonso Onceno. Fuentes, dialecto, estilo*, Madrid, 1953.

[58] Diego Catalán sostuvo la primera tesis en el mencionado estudio sobre el *Poema*, pero ha modificado sus propias conclusiones en trabajos posteriores; véanse sus estudios, *Un prosista anónimo del siglo XIV*, Universidad de La Laguna, 1955, y "La historiografía en verso y en prosa de Alfonso XI a la luz de nuevos textos: prioridad de la *Crónica* respecto a la *Gran Crónica*", en *Anuario de Estudios Medievales*, Barcelona, 2, 1965, págs. 257-301.

versificación del texto cronístico que el poeta puso en metro, párrafo tras párrafo, lo más literalmente posible, haciendo de este modo una crónica rimada. El autor del poema, dice Catalán, es así un precursor de los rimadores de crónicas de mediados del siglo XVI (Burguillos, Alonso de Fuentes, Sepúlveda), que trataron de divulgar en romances la historia contenida en la *Crónica General de España,* recién publicada por Ocampo. Aunque a diferencia de aquéllos, que usaban sólo la asonancia cada dieciséis sílabas, el autor del *Poema de Alfonso Onceno* acomete la empresa de encerrar la prosa en cuartetas de ocho sílabas de rima consonante, sin retroceder ante las cifras ni las fechas, por lo que abunda inevitablemente en ripios y prosaísmos y con frecuencia quita belleza y energía al texto que pretende poetizar.

Se ha discutido si el nombre de Ruy Yáñez, que aparece en la copla 1.841, es el de un mero copista o el del autor del *Poema;* Diego Catalán, contra el parecer de casi todos los comentaristas, lo acepta como autor. La lengua del *Poema,* fuertemente influida por lusismos y galleguismos, hace también muy problemático su origen; pudo tratarse de un escritor gallego poco conocedor del castellano, en que pretendía escribir, o más probablemente es ésta una de las últimas obras de la literatura leonesa, que se movía entre las opuestas solicitaciones del castellano y el portugués, y que en este caso se resuelve en una "lengua arbitraria, mixta de caracteres contrapuestos"[59]. Todos los indicios hacen suponer que el *Poema* fue redactado durante el reinado del propio Alfonso XI, probablemente entre 1344, año de la conquista de Algeciras, con que termina el relato, y 1350 en que muere el rey.

Quizá el problema de mayor interés en torno a esta crónica rimada sea el de fijar su filiación literaria dentro de la corriente juglaresca o la de clerecía. Hurtado de Mendoza, en carta al historiador Zurita al remitirle el poema, clasificó la obra entre las *gestas,* opinión aceptada por Menéndez y Pelayo, que la consideraba como el último eco del mester de juglaría, por su ausencia de todo rasgo erudito, y además por sus versos de dieciséis sílabas que señalan el tránsito de los cantares de gesta a los romances históricos y fronterizos. Menéndez Pidal ha rechazado esta opinión, sosteniendo que el *Poema de Alfonso Onceno* está escrito "con un propósito biográfico e historial muy alejado de la forma de composición de un cantar de gesta"[60]; en cuanto a la métrica hace notar la diferencia entre las cuartetas octosílabas con dos consonantes diferentes, usadas en el *Poema,* y las series indefinidas de asonantes uniformes propias de los romances del siglo XV. Menéndez Pidal afirma que el *Poema de Alfonso Onceno* no es un paso entre gestas y romances, sino una obra producida "fuera enteramente del sistema armónico que forman las gestas con los romances"[61]. En conjunto, el *Poema* está más cerca, por su metro, de la *Crónica Tro-*

---

[59] Diego Catalán, *Poema de Alfonso Onceno...,* cit., pág. 46.

[60] R. Menéndez Pidal, *Poesía juglaresca y orígenes...,* cit., pág. 298. Cfr.: Menéndez y Pelayo, *Antología...,* cit., vol. I, págs. 317-324.

[61] Ídem, íd., pág. 299.

yana polimétrica, obra de clerecía. Finalmente, dice, el *Poema* no es una historia popular, sino, como hemos visto en el estudio de Diego Catalán, una metrificación de la historia particular del rey; y cuando el autor se sale de esta estricta tarea y añade elementos poéticos por su parte, los toma de poemas de clerecía, como el *Alexandre* y el *Fernán González* [62].

Añadamos, no obstante, que al lado de estas incrustaciones de origen culto, son numerosos también los rasgos juglarescos, bien destacados por el propio Diego Catalán, tales como la forma de mencionar a los combatientes en una batalla, el empleo de invocaciones y gran número de fórmulas típicas de la literatura juglaresca. Todo esto nos obliga a deducir que el *Poema* es una obra muy particular, de problemático encasillamiento, y que su neta filiación a la corriente de clerecía, por la que se deciden Menéndez Pidal y Diego Catalán, ofrece puntos objetables. El mismo Catalán, al buscar razones para fechar la obra en los días de Alfonso XI, las halla, entre otras, en que el poema es una exaltación de la persona del rey; digamos, pues, que se trata de una biografía *popular,* en un tono, o matiz al menos, que la diferencia de la *Crónica,* más objetiva. Y otro punto importante: el *Poema,* apartándose en ello de la *Crónica* abiertamente, defiende el concubinato del rey y ensalza a la favorita en dieciséis estrofas consecutivas, ponderando su belleza como una bendición de Dios, y encareciendo su abundante prole de nobles hijos. Diego Catalán se ve forzado a admitir en otro pasaje que esta "inverecunda santificación del amor delictivo" [63] está mucho más cerca de las populares alabanzas de Juan Ruiz a la fuerza omnipotente del amor, que de aquellas palabras del *Alexandre,* cuando su autor renuncia a describir la belleza de la reina Caléstrix para no suscitar en los lectores pensamientos carnales:

*de la su fermosura no quiero más contar,
temo fer alguno de voluntad pecar.*

LA LITERATURA CABALLERESCA

"El Libro del Cavallero Zifar". Este libro, cuyo nombre completo es *Historia del Cavallero de Dios que avía por nombre Cifar, el qual por sus virtuosas obras et azañosas fue rey de Menton* [64], fue compuesto probablemente

---

[62] Cfr.: Gifford Davis, "The debt of the *Poema de Alfonso Onceno* to the *Libro de Alexandre*", en *Hispanic Review,* XV, 1947, págs. 436-452. Del mismo, "National Sentiment in the *Poema de Fernán Gonçález* and in the *Poema de Alfonso Onceno*", en *Hispanic Review,* XVI, 1948, págs. 61-68.

[63] *Poema de Alfonso Onceno...,* cit., pág. 140.

[64] Ediciones: Pascual de Gayangos (citada luego). Charles Philip Wagner, *El Libro del cauallero Zifar,* I: Texto (el segundo volumen, con el estudio de la obra, no ha sido publicado por muerte del autor), Ann Arbor, University of Michigan, 1929. Martín de Riquer, *El Cavallero Zifar,* "Selecciones Bibliófilas", 2 vols., Barcelona, 1951 (esta edi-

a comienzos del siglo XIV y es considerado como la más antigua manifestación en nuestra lengua de las novelas de caballerías. Ha sido atribuido al arcediano de Madrid Ferrán Martínez, pero debe tenerse por anónimo. Su núcleo central lo constituye un relato caballeresco, emparentado con los del ciclo bretón, que cuenta las aventuras del Caballero Zifar y de sus hijos Garfín y Roboán, aparte otras historias como la de la Dama del Lago; pero contiene a su vez una extensa parte didáctica, extraída de los numerosos florilegios morales y compilaciones de ejemplos, tan difundidos en su época, y tomada también de *Las Partidas* y del *Libro de los castigos* [65].

Cuando a comienzos de este siglo C. P. Wagner publicó su estudio sobre las fuentes del *Cavallero Cifar*, señalaba la escasa estima que el libro había merecido de los investigadores; incluso Gayangos que lo editó junto con otros libros de caballerías en el volumen correspondiente de la *Biblioteca de Autores Españoles* [66], muestra tenerlo en poco aprecio; Amador de los Ríos ni lo menciona siquiera en su conocida *Historia crítica*. Desde entonces ha sido objeto, ciertamente, de ediciones y estudios, aparte algunos comentarios ocasionales más o menos amplios, pero en general, se le tiene por una obra híbrida, de muy relativo interés: no llega a ser una novela típica de caballerías sino un centón misceláneo. Menéndez y Pelayo opinaba que la fábula del *Zifar* es desordenada e incoherente, y calificaba de poco hábil la fusión de las partes didácticas y novelescas así como la mezcla de elementos bizantinos y célticos [67]; Entwistle considera también que la obra no constituye un todo sino una mescolanza [68]; Thomas la juzga como obra inmatura y de transición y destaca la falta de unidad y de propósito [69]; Lida de Malkiel opina que es "un no logrado maridaje de narración didáctica y de novela caballeresca" [70]; el mis-

---

ción, y consecuentemente su estudio preliminar, nos ha sido inasequible). Felicidad Buendía reproduce el texto de Wagner en su edición de *Libros de caballerías españoles*, 2.ª ed., Madrid, 1960. Cfr.: Erasmo Buceta, "Algunas notas históricas al prólogo del Cavallero Cifar", en *Revista de Filología Española*, XVII, 1930, págs. 18-36. Del mismo, "Nuevas notas históricas al prólogo del Cavallero Cifar", en *Revista de Filología Española*, XVII, 1930, págs. 419-422.

[65] Cfr.: Charles Philip Wagner, "The sources of *El Cavallero Cifar*", en *Revue Hispanique*, X, 1903, págs. 5-104. Del mismo, "The *Caballero Zifar* and the *Moralium Dogma Philosophorum*", en *Romance Philology*, VI, 1953, págs. 309-312.

[66] Vol. XL, Madrid, 1857; nueva ed., 1950.

[67] M. Menéndez y Pelayo, *Orígenes de la novela*, vol. I, edición nacional, Madrid, 1961, pág. 296. Cfr. Además: A. H. Krappe, "Le mirage celtique et les sources du *Chevalier Cifar*", en *Bulletin Hispanique*, XXXIII, 1931, págs. 97-103. Del mismo, "Le Lac enchanté dans le *Chevalier Cifar*", en *Bulletin Hispanique*, XXXV, 1933, págs. 107-125.

[68] W. J. Entwistle, *The Arthurian Legend in the Literatures of the Spanish Peninsula*, London and Toronto, 1925, pág. 72.

[69] Henry Thomas, *Spanish and Portuguese Romances of Chivalry*, Cambridge, 1920, págs. 11 y 19.

[70] María Rosa Lida de Malkiel, *La idea de la fama en la Edad Media castellana*, México, 1952, pág. 259. Véase también de la misma, "La literatura artúrica en España y

mo Wagner, devoto investigador del *Zifar*, admite, como inevitable en obras de su especie, la existencia en el libro de varios componentes, desligados unos de otros [71].

El *Zifar* parece haber encontrado al fin al estudioso capaz de descubrir las cualidades que le habían regateado los demás. Roger Walker, en un excelente artículo [72], subraya precisamente, contra todos los críticos anteriores, la unidad de la obra y el consciente propósito que guía al autor en su composición. La condición que diferencia esencialmente al *Zifar* de los otros libros de caballerías, dice Walker, es su realismo. La inclusión de ciertos episodios maravillosos parece contradecir esta afirmación, pero la existencia de lo maravilloso pertenece a la esencia misma de lo caballeresco; el héroe de estos libros es siempre un ser excepcional, y el lector debe estar preparado para habérselas con sucesos que no pertenecen al hombre común. Obligado a servirse de lo fantástico, el autor del *Zifar* lo distribuye armoniosamente de acuerdo con una estructura, que se repite en las tres partes de la obra —los Libros I, II y IV— que tratan de aventuras: primero se sucede una serie de éstas de índole realista —estamos, pues, entonces en un mundo de personas normales—; sigue después un episodio maravilloso, se retorna luego al mundo real, y asistimos finalmente al reparto de premios y castigos a los diversos protagonistas de cada libro. Los tres episodios sobrenaturales —el milagroso rescate de Grima, la esposa de Zifar, las aventuras del Caballero Atrevido en el Lago Encantado y las de Roboán, el hijo de Zifar, en las Islas Dotadas— se intercalan respectivamente en el centro de los libros dichos para quebrar su habitual andadura realista.

Cada uno de dichos episodios, además, encierra la significación de una "prueba" a que se somete al héroe respectivo para saber si es digno de las mercedes que le aguardan: Grima vence y queda en posesión de sus riquezas; pero los otros dos caballeros ceden a la avaricia y a la ambición y son expulsados de sus posesiones. El tema cardinal, dice Walker, claramente mantenido en todo el *Zifar*, es, pues, el de la ascensión hasta el triunfo, pero este triunfo es el resultado de una conducta virtuosa y de la plena aceptación de la divina voluntad. El carácter de los tres episodios mencionados, con su diversa procedencia bizantina o céltica, que disgusta a otros críticos, está también temáticamente unido con el libro respectivo en que se inserta.

Portugal", en *Estudios de Literatura Española y Comparada*, Buenos Aires, 1966, páginas 142-143.

[71] "The sources...", cit., pág. 13.

[72] Roger M. Walker, "The Unity of *El Libro del Cavallero Zifar*", en *Bulletin of Hispanic Studies*, XLII, 1965, págs. 149-159. Walker, según él mismo declara, desarrolla la idea —en lo que se refiere a la *unidad*, pero extendiendo su estudio a otros aspectos— apuntada por Justina Ruiz de Conde en su libro *El amor y el matrimonio secreto en los libros de caballerías*, Madrid, 1948, págs. 46-57. Cfr. además, K. R. Scholberg, "The Structure of the *Caballero Cifar*", en *Modern Language Notes*, LXXIX, 1964, págs. 113-124.

Señala Walker finalmente, que el paso de lo real a lo maravilloso así como el de la aventura al plano de la moralización es preparado por el autor cuidadosamente para evitar todo cambio abrupto; en el primer caso, con ciertos hechos insólitos que nos conducen insensiblemente a la ruptura del mundo real; en el segundo, mediante la combinación inicial de breves historias morales con la enseñanza teórica, queda luego ésta desnuda, y reaparecen aquéllas después para introducirnos de nuevo en el siguiente ciclo de aventuras; así sucede, explica Walker, en el Libro III, el de los *Castigos del rey de Menton*, preferentemente didáctico.

La sugestiva interpretación de Walker devuelve al *Zifar* parte al menos del valor literario que un arriesgado paralelo con los famosos libros caballerescos posteriores le habían negado hasta ahora. De todos modos, es indudable que el libro, con su abundante flete didáctico, ocupa un estadio intermedio —interesante, sin embargo, por esto mismo— entre los tradicionales ejemplarios moralizadores y la novela caballeresca pura, que iba a desarrollarse tan prodigiosamente en los siglos siguientes.

El *Zifar* contiene, en fin, otro motivo de interés, que es la figura del escudero Ribaldo, a quien se viene teniendo como antecesor de Sancho Panza por su afición a los refranes y su carácter apicarado y socarrón. El paralelo quizá esté un tanto forzado, porque Ribaldo dice menos refranes que su amo, actúa de consejero y emisario de Zifar, tiene clara conciencia de su saber y de sus dotes, y, más que necio o cobarde, es el que induce a su señor a ciertas aventuras, como a la decisiva de romper el cerco de Menton; tampoco es rústico, sino cortés y "muy mesurado en todas cosas"[73].

---

[73] Cfr.: Jules Piccus, "Consejos y consejeros en *El Libro del Cauallero Zifar*", en *Nueva Revista de Filología Hispánica*, XVI, 1962, págs. 16-30.

SIGLO XV

CAPÍTULO VIII

LA LÍRICA EN EL SIGLO XV

CARACTERES DEL SIGLO XV Y SU DIVISIÓN

El siglo XV representa un cambio muy profundo respecto a la centuria anterior, tanto bajo el aspecto político-social como en el campo literario. Todo él es una época de transición en que se funden y dan la mano —en que se enfrentan también— las formas culturales y los problemas de la Edad Media con las nuevas corrientes que han de desembocar en el Renacimiento.

Por muy diferente que sea, sin embargo, el siglo XV, sus principales rasgos no aparecen de modo repentino: nunca hay saltos violentos en la Historia. Paulatinamente, a lo largo del siglo XIV, han ido ya manifestándose determinados caracteres que luego en el XV se desarrollan y completan.

A partir de las luchas dinásticas entre Pedro I y Enrique II de Trastamara se debilita el poder real, y la nobleza aumenta su poder a costa de los reyes, creando una situación de anarquía que se convierte en endémica. La Reconquista, que había sido fundamental preocupación a lo largo de siglos, queda prácticamente abandonada y sustituida por las luchas nobiliarias. Al entrar en el siglo XV se agrava esta situación y los reyes son cada vez más débiles. Sin embargo, el concepto de la monarquía centralizada se va abriendo camino en la mente de muchos pensadores y aun de los mismos reyes, aunque no son éstos los que defienden su poder, sino "privados" o favoritos en su lugar. Esto estimula aún más la rebelión de la nobleza, que se resiste a perder su fuerza y privilegios, y en el reinado de Enrique IV se llega a una situación de verdadero caos político.

Pese a todo, y en virtud del natural proceso de los hechos, esta nobleza levantisca se afina en sus costumbres, se aficiona al arte y a las letras, le gusta rodearse de escritores o serlo ellos mismos, y se concentra en torno al rey —al que combate, sin embargo, políticamente— para gozar del nuevo ambiente cortesano, que favorecen de modo principal las aficiones del monarca Juan II.

Los nobles gustan de exhibirse en las diversiones y fiestas de la corte, en torneos y en certámenes poéticos. Si el siglo XIII había sido una centuria de exaltación religiosa, siglo de los "clérigos", y el XIV había visto, con la pujante aparición de la burguesía, el florecimiento de vigorosas personalidades literarias, el XV toma un carácter esencialmente cortesano que ha de condicionar, como veremos, todo su arte y su literatura [1].

Otro rasgo fundamental del siglo XV es la radical disminución del influjo francés y la aparición de nuevas corrientes literarias: la influencia italiana y la difusión cada vez mayor de la cultura greco-latina [2]. Tampoco es éste un fenómeno que se manifieste de repente; ya hemos visto cómo en el siglo XIV el Arcipreste posee conocimientos de la antigüedad clásica, aunque incompletos y deficientes, y el Canciller Ayala traduce a Tito Livio. Pero es en el siglo XV cuando el descubrimiento de las letras antiguas se convierte en una corriente poderosa. Este descubrimiento no se efectúa, al principio, de manera directa, sino a través de la literatura italiana que se había anticipado a esta conquista cultural en cerca de dos siglos. Por eso los grandes escritores italianos de los siglos XIII y XIV —Dante, Petrarca y Boccaccio—, no sólo por su propia importancia, sino por ser el vehículo de la cultura clásica, se convierten en los modelos admirados que todos los escritores del XV tratan de imitar [3].

---

[1] Sobre las costumbres y caracteres generales de la época y su influjo sobre la literatura, véase: J. Amador de los Ríos, *Historia crítica de la Literatura Española*, Madrid, 1861-1865, vol. VI y VII. Marcelino Menéndez y Pelayo, *Antología de poetas líricos castellanos*, edición nacional, vol. II, Santander, 1944, cap. VIII. Conde de Puymaigre, *La cour littéraire de Don Juan II*, París, 1873. J. Rubió y Balaguer, *Vida española en la época gótica*, Barcelona, 1943. F. Vera, *La cultura española medieval*, 2 vols., Madrid, 1933-1934. P. Henríquez Ureña, "Cultura española de la Edad Media", en el libro *Obra crítica*, México, 1960, págs. 506-529. J. Bühler, *Vida y cultura en la Edad Media*, trad. española, México, 1946. J. L. Romero, *La Edad Media*, México, 1949. J. Huizinga, *El otoño de la Edad Media*, 4.ª ed., Madrid, 1952 (aunque no se refiere a España, contiene numerosas noticias de interés general).

[2] Son varios, sin embargo, los comentaristas (F. B. Luquiens, "The 'Roman de la Rose' and medieval Castilian Literature", en *Romanische Forschungen*, XX, 1907, págs. 284-320; Chandler R. Post, *Medieval Spanish Allegory*, Cambridge, Mass., 1915; Pierre Le Gentil, *La poésie lyrique espagnole et portugaise à la fin du Moyen Âge*, vol. I, Rennes, 1949 y II, Rennes, 1952; Amédée Pagès, "Le thème de la tristesse amoureuse en France et en Espagne du XIVᵉ au XVᵉ siècle", en *Romania*, LVIII, 1932, págs. 29-43) que —con discutibles razones— defienden la importancia del influjo francés sobre diversos autores castellanos del siglo XV, especialmente en el campo de la lírica; y muchas de sus afirmaciones están siendo controvertidas por nuestros críticos. Rafael Lapesa en el libro sobre Santillana a que nos remitimos repetidas veces a lo largo de este capítulo, discute numerosos aspectos de este problema en relación con dicho autor. Sobre otros poetas se encontrará la necesaria información en la bibliografía correspondiente.

[3] Consúltese: B. Sanvisenti, *I Primi Influssi di Dante, del Petrarca e del Boccaccio sulla Letteratura Spagnuola*, Milano, 1902. A. Farinelli, *Italia e Spagna*, 2 vols., Torino, 1929 (véanse otros estudios monográficos de este autor sobre el tema en Homero Serís, *Manual de Bibliografía de la Literatura Española*, Syracuse N. Y., 1948, págs. 62 y ss.).

No importa que, al menos durante todo este primer período, las letras griegas y latinas se conozcan muy imperfectamente. El entusiasmo que se siente por ellas es suficiente para que influyan del modo más eficaz sobre la literatura castellana. Desde este momento, puestas en comparación con las elevadas producciones de los clásicos antiguos y la refinada elegancia y sutileza de los maestros italianos, las obras de la Edad Media comienzan a parecer toscas y despreciables, propias para entretener a públicos poco exigentes, mas no para contentar a estos primeros humanistas envanecidos con sus nuevos conocimientos. Los cantares de gesta, la lírica popular, los mismos romances se estiman —así tenía que afirmarlo el Marqués de Santillana— como de "gente baja y servil".

Aquel ambiente cortesano a que hemos aludido, junto con la corriente clásica e italianista, orientan las nuevas producciones literarias hacia un refinamiento artificioso, culto y con frecuencia amanerado, que si produce de una parte obras de recargada pedantería, conduce por otra a una poesía de sutiles alambicamientos conceptistas y preciosismos formales, pero frívola e intrascendente, como el ambiente cortesano en que se crea.

El idioma se impregna, a su vez, de innumerables latinismos e italianismos que refuerzan el carácter culto de esta literatura. Se estima que la lengua romance es imperfecta y dura e incapaz de expresar muchos matices de las cosas, y se recurre a vocablos latinos e italianos que se castellanizan, produciéndose con ello una transfusión lingüística de incalculables consecuencias, como veremos.

Pese a todas las imperfecciones de esta primera época humanista, su importancia es excepcional. Con la absorción de tantas y tan poderosas corrientes, el siglo xv prepara y hace posible la formidable explosión cultural de los dos siglos inmediatos que constituyen la Época de Oro de las letras españolas, y de las cuales esta centuria es la incompleta pero necesaria y fecunda introducción.

Todo lo dicho respecto al predominio de una literatura refinadamente cortesana no ha de hacernos creer que la literatura popular desaparezca por completo. La insuperable vitalidad de los romances prueba con creces la persistencia de lo popular, que constituye precisamente uno de los rasgos más notables de nuestra literatura. Además, a mediados de la centuria decimoquinta, en los mismos escritores de tendencia culta se opera una saludable reacción que incorporando —mediante glosas o reelaboraciones— anchos caudales de la lírica popular, siempre floreciente, y combinando ambas corrientes, da los primeros frutos de nuestra gran época clásica.

Tres períodos literarios pueden distinguirse fácilmente en el siglo xv, que coinciden en esencia con los tres momentos políticos: la Corte de Juan II,

---

R. Rossi, *Dante e la Spagna*, Milán, 1929. C. B. Bourland, "Boccaccio and the 'Decameron' in Castilian and Catalan Literature", *Revue Hispanique*, XII, 1905, págs. 1-232. A. G. de Amezúa, *Fases y caracteres de la influencia del Dante en España*, Madrid, 1922.

donde se dan en forma paradigmática los caracteres generales que acabamos de ver expuestos; el reinado de Enrique IV —en que llega a su colmo el desprestigio de la realeza y la anarquía nobiliaria—, de escaso interés para las letras, con la excepción de la noble figura de Jorge Manrique y el desarrollo alcanzado por la literatura satírica; y, finalmente, el reinado de los Reyes Católicos en que se sedimenta y decanta, ampliándose a su vez, notablemente, el conocimiento de la Antigüedad, que se asimila ahora perfectamente. Las intensas relaciones con Italia, la llegada de grandes humanistas a nuestro país, la protección de los reyes y las favorables condiciones políticas orientan aquel primer movimiento desordenado de la Corte de Juan II hacia una perfecta fusión de nuestro espíritu tradicional con las nuevas corrientes culturales.

CANCIONEROS DEL SIGLO XV

LA POESÍA CORTESANA Y LOS "CANCIONEROS"

Venimos aludiendo repetidamente a la poesía cortesana que tuvo su gran momento a lo largo del siglo xv, y de modo particular durante el reinado de Juan II. En esencia, esta poesía representa la tardía aclimatación o transplante de la poesía trovadoresca provenzal, que había tenido luego su brillante expansión en la lírica gallego-portuguesa desde mediados del siglo XIII hasta mediados del XIV, y que a partir de este momento es acogida por la lengua castellana, para tener en ella su tercera y postrera etapa de florecimiento.

Ahormada ya —por tan prolongada tradición— dentro de moldes muy precisos, esta lírica trovadoresca en lengua castellana recibe todo un depósito de motivos, temas y normas expresivas; y aunque admite una rica variedad, su principal inspiración la constituye el llamado "amor cortés", es decir, el amor de un caballero por una dama, según aquella exaltación idealizada —de culto laico y enamorado vasallaje— tan característica de los últimos siglos medios. Esta poesía, con el nombre de "gaya ciencia", había consistido siempre en un alarde de virtuosismos, de refinadas sutilezas conceptistas y complejas combinaciones métricas. Tal especie de poesía no podía desarrollarse, pues, fuera del marco de una *corte;* sólo allí podía encontrarse el oyente preparado para apreciarla y el ambiente indispensable para florecer, con las galanterías de damas y caballeros, las fiestas de palacio y la anécdota regocijada o picante; de donde procede la general denominación de *poesía cortesana* [4].

---

[4] Consúltese: Gaston Paris, "Lancelot du lac. Le conte de la Charrette", en *Romania*, XII, 1883, págs. 459-534 (artículo fundamental sobre el "amor cortés"). M. Lot-Borodine, "Sur les origines et les fins du service d'amour", en *Mélanges Jeanroy*, París, 1928, páginas 223-242. A. Jeanroy, *La poésie lyrique des troubadours*, París, 1934, 2 vols. Otis H.

La nómina de sus cultivadores —dice Lapesa en un precioso estudio [5]— era muy extensa y comprendía gentes de muy diversa condición social: monarcas, como Juan II de Castilla; personajes de sangre real, como el Infante don Enrique de Aragón o el Condestable don Pedro de Portugal; figuras dominantes de la política, como don Álvaro de Luna; magnates poderosos, como el Marqués de Santillana o los Manrique; profesionales de las letras, como Juan de Mena; religiosos como fray Íñigo de Mendoza y fray Ambrosio Montesino; poetas pedigüeños y ajuglarados como Villasandino y Antón de Montoro; y hasta algún truhanesco representante de la auténtica juglaría, como Juan de Valladolid.

Con todo, el mismo ambiente cortesano favorecía a la vez el desarrollo de una lírica menos intrascendente o festiva; las intrigas y el vaivén político de la corte inspiraban *plantos*, consideraciones morales y sátiras agresivas, formas complementarias y no menos características de aquel poético florecer. A veces, también, dice Lapesa, esta lírica cortesana llevaba el temblor de una emoción auténtica, o revelaba la conquista de un nuevo matiz, o manifestaba un arte reflexivo orientado "hacia el logro de una forma ostentosa" o bien a condensar y profundizar el pensamiento. "La tensión entre cortesanía frívola y tono libresco o grave se refleja en los dos nombres que están en curso para designar a los creadores de esta poesía: el más arraigado, el de *trovador*, representa principalmente los aspectos más superficiales; el de *poeta* suele ser índice de aspiraciones más elevadas. Por eso dice Santillana que no llamaría

---

Green, "Courtly Love in the Spanish Cancioneros", *PMLA*, LXIV, 1949, págs. 247-301. B. W. Wardropper, *Historia de la poesía lírica a lo divino en la Cristiandad Occidental*, Madrid, 1958. Pierre Le Gentil, *La poésie lyrique espagnole et portugaise à la fin du Moyen Âge*, vol. I, cit. Hannah M. M. Closs, "Courtly love in literature and art", *Symposium*, 1947, I, n. 3, págs. 5-19. Martín de Riquer, *La lírica de los trovadores*, Barcelona, 1948. R. Menéndez Pidal, *Poesía juglaresca y orígenes de las literaturas románicas*, 6.ª ed., Madrid, 1957. C. S. Lewis, *The Allegory of Love*, New York, Oxford University Press, 1958. Y los estudios, clásicos y fundamentales, de M. Milá y Fontanals, *De los trovadores en España*, Barcelona, 1861 (nuevas ediciones en 1889 y 1966) y M. Menéndez y Pelayo, *Antología de poetas líricos castellanos*, vol. y cap. citados. Debe también consultarse la obra *Andreae Capellani regis Francorum. De Amore libri tres*, publicada por Amadeo Pagès, Sociedad Castellonense de Cultura, Castellón de la Plana, 1930. Samuel Gili Gaya, en la introducción a su edición de las *Obras de Diego de San Pedro*, Madrid, 1958, traza un breve, pero preciso, cuadro de los caracteres esenciales del *amor cortés*. Sobre las relaciones entre el *amor cortés* y la poesía arábigo-andaluza, véanse las obras fundamentales de A. R. Nykl, *Hispano-Arabic Poetry and its Relations with the old Provençal Troubadours*, Baltimore, 1946; y Henri Pérès, *La poésie andalouse en arabe classique au XIe siècle*, París, 1937, 2.ª ed. 1953. Sobre el género de los debates o disputas entre trovadores, cfr. J. G. Cummins, "Method and Conventions in the 15th Century poetic Debate", en *Hispanic Review*, XXXI, 1963, págs. 307-323.

[5] Rafael Lapesa, "Poesía de cancionero y poesía italianizante", en *Strenae. Estudios de Filología e Historia dedicados al Profesor Manuel García Blanco*, Salamanca, 1962; reproducido en *De la Edad Media a nuestros días. Estudios de historia literaria*, Madrid, 1967, págs. 145-171 (citamos por esta edición).

'trovador, mas poeta' a micer Francisco Imperial, el genovés-sevillano que había introducido en Castilla la imitación dantesca y la poesía retórica"[6].

De hecho, corrientes encontradas llevan el agua a un mismo molino: el ingenioso virtuosismo de la "gaya ciencia", el influjo italianista, más o menos preciso aún, y la creciente marea del humanismo clásico confluyen en la creación de una poesía altamente elaborada, que si a cada momento cae en vacíos preciosismos o rebuscados juegos conceptistas, está también frecuentemente dirigida por un ideal de arte y perfección, de pretensiones minoritarias.

Gran parte de esta lírica nos ha llegado en los llamados "cancioneros". Aunque el nombre de "cancionero" puede también utilizarse para la producción de un solo autor, se designa generalmente con el nombre de "cancioneros" a diversas recopilaciones de poesía lírica —especie de colecciones antológicas, como diríamos hoy—, que van siendo reunidas desde comienzos del siglo xv. Se conservan en número considerable[7], y en ellos tuvieron cabida poetas de las más diversas condiciones y tendencias; pero, aun cuando son relativamente abundantes las composiciones de intención doctrinal o las inspiradas en las direcciones de la poesía alegórica del Dante —de pretensiones, pues, más elevadas—, el tono general que predomina en estos "cancioneros" es el de aquella poesía artificiosa y convencional, a que aludimos, basada en sutilezas y habilidades de ingenio, juegos de imágenes y todo género de recursos retóricos al servicio de discreteos amorosos, requiebros, adulaciones y composiciones de circunstancias; con lo que tales compilaciones vienen a ser la más genuina representación del mundo frívolo y cortesano, a que nos hemos referido anteriormente, y que es producto de las nuevas condiciones político-sociales de la centuria.

Debido a este carácter predominante y a pesar del crecido número de autores que escapan a tal clasificación, viene utilizándose el nombre de "poetas de cancionero" y "poesía de cancionero" para designar genéricamente, y sin posible equívoco, a los autores y a la tendencia lírica caracterizados por los rasgos dichos.

Con todo, y pese a su aparente intranscendencia, los "cancioneros" del siglo xv permiten penetrar cumplidamente en el ambiente y las costumbres de la época; y si, miradas a distancia, la mayoría de estas composiciones parécennos vacías y carentes de verdadero calor lírico, son, sin duda, exponente de una

---

[6] Ídem, íd., pág. 147.

[7] Para la bibliografía y descripción de los Cancioneros cfr.: Francisca Vendrell de Millás, "Los Cancioneros del siglo xv", en *Historia General de las Literaturas Hispánicas*, vol. II, Barcelona, págs. 64-69. Charles V. Aubrun, "Inventaire des sources pour l'étude de la poésie castillane au XVe siècle", en *Estudios dedicados a Menéndez Pidal*, vol. IV, Madrid, 1953, págs. 297-330. Pierre Le Gentil, *La poésie lyrique*..., cit. Véanse además las referencias bibliográficas correspondientes en Homero Serís, *Manual de Bibliografía*..., cit., págs. 217-270 y 801-830; y J. Simón Díaz, *Bibliografía de la Literatura Hispánica*, vol. III, págs. 301-509.

sociedad muy característica, que estaba tratando de suavizar la rudeza de un mundo todavía feudal —erizado de violencias, banderías y odios personales— con el brillo de unas costumbres cortesanas y el cultivo de habilidades poéticas en las cuales se consideraba excelente el destacar. Las cortes de Castilla, de Navarra, de Aragón y, sobre todo, la más brillante de Nápoles recién conquistada por Alfonso V el Magnánimo, viven en las páginas de estos "cancioneros", tanto en sus versos como en las bellas escenas de sus miniaturas.

Literariamente estos "cancioneros" nos interesan, en primer lugar, porque representan el triunfo definitivo de la lírica castellana sobre la gallega. Hemos visto que el rey Sabio compuso en gallego sus cantigas por estimar dicha lengua más trabajada y conveniente para la lírica. (Era el momento culminante de la escuela trovadoresca galaico-provenzal). Esta primacía del gallego se mantiene hasta bien corrido el siglo XIV. Todavía los poetas más antiguos del *Cancionero de Baena*, que corresponden al final de dicho siglo, alternan la lengua gallega con la castellana, para llegar, al fin, al absoluto predominio de ésta como lengua de la lírica, apenas cruzada la vertiente del siglo XV.

Hemos dicho que en estos "cancioneros" se mezclan poesías de las más variadas tendencias. En general parecen haber sido reunidas sin criterio determinado. Cada compilador seleccionaba las obras según su gusto propio o el de la persona a quien iba dedicado el volumen, o dejándose llevar de la amistad con los autores, o del odio a veces, para excluirlos, como se echa de ver en algunos poetas sistemáticamente ausentes de algunos cancioneros [8], o de las preferencias del momento, o de la fama que beneficiaba a determinados escritores.

Entre los "cancioneros" conservados ofrecen especial interés el llamado *de Baena* —quizá el más popular de todos—, indispensable para conocer la corte de Juan II de Castilla, y el *de Stúñiga*, que recoge a los poetas de la corte napolitana del Magnánimo.

LOS GRANDES CANCIONEROS

El "Cancionero de Baena". El *Cancionero de Baena*[9], llamado así de su recopilador Juan Alfonso de Baena, escribano de Juan II de Castilla, es una

---

[8] De Santillana no se incluye ni una sola composición en el *Cancionero de Baena*.
[9] Ediciones: Pedro José Pidal, *El Cancionero de Juan Alfonso de Baena (Siglo XV)*, Madrid, 1851. *El Cancionero de Baena*, publicado por Francisque Michel, con las notas y los índices de la edición de Madrid de 1851, 2 vols., Leipzig, 1860. H. R. Lang, edición facsímil del manuscrito, The Hispanic Society of America, New York, 1926. *El Cancionero de Juan Alfonso de Baena (Siglo XV). Con notas y comentarios*, "Ediciones Anaconda", Buenos Aires, 1940 (reproduce la edición de Pedro José Pidal). *Cancionero de Juan Alfonso de Baena*, edición crítica por José María Azáceta, 3 vols., "Clásicos Hispánicos", C. S. I. C., Madrid, 1966. Cfr.: Marqués de Valmar, "El Cancionero de Baena", en *Estudios de historia y crítica literaria*, Madrid, 1900. M. Menéndez y Pelayo, *Antología...*,

colección de casi seiscientas composiciones líricas pertenecientes a 56 autores, que fue dedicada al monarca hacia 1445. Se conserva en un manuscrito único, hoy en la Biblioteca Nacional de París, a donde llegó en 1836, tras complicados y a veces misteriosos avatares, después de haber pertenecido largo tiempo a la Biblioteca de El Escorial [10]. El manuscrito contiene detalles decorativos de interés, aun sin llegar a los primores de los códices de las *Cantigas* alfonsíes o de los procedentes de la corte de Alfonso V de Nápoles, pero está compuesto con gran esmero y se conserva en buen estado salvo algunas pequeñas lagunas. No se sabe si es este códice el mismo que fue ofrecido a Juan II o copia de él; su editor Azáceta supone que se trata del original. Tampoco es posible precisar si Juan II, tan amante de la poesía, encargó a Baena la tarea de recoger los materiales poéticos que contiene el códice, o aquél lo emprendió por cuenta propia. Debió de emplear largos años y no pocos esfuerzos en recoger y ordenar tantas composiciones, pertenecientes a un período cronológico tan dilatado. A continuación de la *tabla* o índice del volumen, que sigue al prólogo, se despide con una especie de aleluya, que no deja de ser reveladora: *Johan Alfonso de Baena / lo conpuso con grand pena.*

A diferencia de otros compiladores, Baena parece tener un criterio más firme para seleccionar y agrupar sus composiciones, pero sería vano esperar una rigurosa sistematización de acuerdo con una norma cronológica, estética, de escuela poética o tendencia literaria. Por de pronto, los poetas más destacados del siglo XV no figuran o están apenas representados en el *Cancionero* (Santillana, como dijimos, no se incluye en él); otras veces se prefieren poemas que hoy estimamos muy inferiores a los excluidos; las obras de la vieja escuela galaico-provenzal se mezclan con las pertenecientes a las nuevas tendencias de procedencia italiana; andan también revueltos los poetas de los varios reinados que forman el ámbito cronológico de la selección. La norma general que parece presidir la ordenación de los seleccionados consiste en agrupar en lo posible las obras de cada poeta, repartiéndolas en tres secciones: cantigas, decires, y preguntas y respuestas. Pero Baena no consigue aislar totalmente las composiciones de cada autor, dado que abundan los debates, las preguntas y las adivinanzas, y entonces no es posible prescindir de la respuesta correspondiente, pues habrían quedado sin sentido muchas de las obras.

---

cit., vol. I, cap. VII. H. R. Lang, "Las formas estróficas y términos métricos del *Cancionero de Baena*", en *Estudios in memoriam de A. Bonilla y San Martín*, vol. I, Madrid, 1927, págs. 485-523. Del mismo, "Observações às rimas do *Cancionero de Baena*", en *Miscelânea de estudos em honra de D. Carolina Michaëlis de Vasconcellos*, Coímbra, 1933, págs. 476-492. Véanse además los estudios que acompañan a las ediciones citadas de Pidal, Lang y Azáceta, en especial el de este último.

[10] Cfr.: Antonio Rodríguez-Moñino, "Sobre el *Cancionero de Baena*. Dos notas bibliográficas", en *Hispanic Review*, XXVII, 1959, págs. 139-149. Véase también Azáceta, "Historia del manuscrito", cap. IX de la introducción a su edición cit., págs. LXXVIII-LXXXIII.

No obstante, existen casos de pregunta sin respuesta, o de réplica a una pregunta que no está formulada en la colección [11].

Al frente de cada obra incluye Baena una pequeña noticia biográfica del autor y alguna referencia al estilo y circunstancias de la composición, tema, persona a quien se dedica, etc. Con ello, el *Cancionero*, aparte de la importancia que encierra por su mismo contenido poético, interesa también por sus informaciones políticas y literarias, de gran utilidad para reconstruir el medio histórico de la época.

Sus autores, que corresponden a los reinados de Pedro I, Enrique II, Juan I, Enrique III y Juan II, pueden agruparse en dos escuelas o tendencias principales: la galaico-provenzal y la alegórico-dantesca. A la primera pertenecen los poetas más antiguos que recogen los temas de la poesía gallega, que ésta había tomado a su vez de la poesía provenzal. En esta época se ha verificado ya el triunfo de la poesía castellana sobre la gallega, pero todavía son varios los poetas que escriben en gallego y los castellanos que utilizan frecuentes galleguismos [12]. Predominan en las composiciones de este grupo los versos tradicionales de arte menor, y los géneros más cultivados son el "serventesio", los "decires" satíricos y las "recuestas" o disputas entre dos trovadores, el segundo de los cuales tenía que responder en la misma consonante empleada por el primero.

A la segunda escuela —cuyas composiciones están todas escritas en castellano— pertenecen los poetas de la nueva tendencia italianista. Utilizan habitualmente las "coplas de arte mayor" que vimos ya empleadas por el Canciller, y que consisten en estrofas de ocho versos dodecasílabos. En esta estrofa serán escritos casi todos los poemas italianistas del siglo XV.

En el *Cancionero de Baena* predominan los poetas de la primera escuela en virtud de las preferencias del coleccionista, que, según dice Lapesa, se aferraba a los usos antiguos y consideraba el virtuosismo de rimador como supremo don poético. Los caracteres de la poesía gallego-provenzal, reforzados por el ambiente cortesano de la época, florecen en triviales asuntos de rebuscada ingeniosidad, en que se atiende más al artificio de la forma que a la intimidad del auténtico lirismo. Existen, pues, muchas composiciones de circunstancias, meros juegos de habilidad en el decir, manidos tópicos de la eterna vena amorosa.

Entre los poetas de este grupo merecen citarse sobre todos Macías y Villasandino, pero, antes que ellos, el propio colector del *Cancionero*, Juan Alfonso de Baena, que une a esta importancia la de su propia producción.

JUAN ALFONSO DE BAENA. Muy pocos datos se conocen de su vida, todos ellos deducidos de sus propias composiciones o de las réplicas que provocaron.

---

[11] Véase Azáceta, "Criterio sistematizador de Juan Alfonso de Baena", cap. IV de íd., íd., págs. XXXIV-XLI.

[12] Véase Rafael Lapesa, "La lengua de la poesía lírica desde Macías hasta Villasandino", en *Romance Philology*, VII, 1953, págs. 51-59.

Nació, sin duda alguna, en la villa que tomó para su apellido, en los últimos lustros del siglo XIV, y debió de morir en los primeros de la segunda mitad del XV. Era de origen judío, pero se convirtió al cristianismo [13]. Su cargo de "escribano del rey", de que se envanecía, debió de limitarse a ciertas tareas burocráticas en la corte. Aun sin haber cursado estudios, poseía notables conocimientos sobre historia y filosofía moral, y se tenía por muy entendido en las artes poéticas provenzales. En las numerosas composiciones propias que incluyó en el *Cancionero* anda metido en constantes polémicas sobre los temas más varios, desde los más intrascendentes hasta intrincados problemas teológicos. Poseía una gran facilidad para versificar y era muy ducho en tejer raras combinaciones métricas con gran lujo de rimas. Esta destreza y su ingenio sutil le hicieron particularmente apto para aquellos certámenes y desafíos poéticos, tan de su época, en los que muchas veces resultó vencedor. Pero la soltura de sus versos sirve casi siempre "para envolver pensamientos burdos, insultos groseros, palabras chabacanas. El Baena de los *debates* resulta pendenciero, burlón y de baja calidad humana, y hasta presume de la facilidad de su lengua para el mal hablar:

> ...que esta mi lengua polida, que taja
> más que delgada e linda navaja...

De inelegante y hasta rastrera se puede tachar su postura en las demandas de ayuda" [14]

Toda su poesía tiene un marcado tinte cortesano; se inspira en efímeros motivos palaciegos y prodiga alabanzas a los poderosos junto a insolentes peticiones de dinero. Ya viejo, perdió el favor de la corte y hubo de retirarse a su villa natal, desde donde dirigió constantes peticiones al rey, a don Álvaro de Luna y a muchos personajes influyentes.

Este retrato de la personalidad de Baena, acreditado por sus propias obras seleccionadas, queda en buena parte contrarrestado por otras composiciones suyas, que no incluyó en el *Cancionero*, quizá por su extensión o por haber sido escritas posteriormente. A ellas pertenece el *Desir que fiso Juan Alfonso de Baena*, dirigido al rey, en que denuncia con gran sentido patriótico la peligrosa situación del reino, minado por las querellas nobiliarias, y da luego consejos de gran sabiduría política y moral para atender a su remedio. Amador de los Ríos, Menéndez y Pelayo y en nuestros días Azáceta consideran esta composición como la más inspirada de Baena. Varios centenares de sus versos, entre los mil setecientos cuarenta y nueve de que consta, son, en opinión de Azáceta, "realmente felices", "dignos, nobles y sentidos, a la vez que espontá-

---

[13] Azáceta, ídem, íd., págs. V-VII. Cfr.: Juan Bautista Avalle-Arce, "Sobre Juan Alfonso de Baena", en *Revista de Filología Hispánica*, VIII, 1946, págs. 141-147.

[14] Azáceta, ed. cit., pág. IX.

neos y apartados de todo artificio"[15]. Resultan también inapreciables como documento para conocer la situación interior de Castilla en este período de su historia.

MACÍAS, principal representante de la escuela gallega en el *Cancionero* y quizá el más antiguo de los seleccionados, más que por sus versos (en el *Cancionero de Baena* se incluyen sólo cinco o seis poesías suyas, algunas de dudosa atribución) es famoso por la leyenda de sus amores. A lo largo del siglo XV tuvieron gran difusión, de entre las suyas, algunas poesías de amor escritas en gallego, que hablan de profundas nostalgias y pasiones desesperadas[16]. El tema de sus versos pudo contribuir a forjar su leyenda amorosa: decíase que, enamorado de una dama casada, fue asesinado por el marido, convirtiéndose así en personaje imprescindible —como tantos otros amantes trágicos— de los numerosos *Infiernos de Amor* que fueron escritos durante el siglo XV. Así aparece en el *Infierno de los enamorados* del Marqués de Santillana, en el *Laberinto* de Juan de Mena, en el *Infierno de Amor* de Garci Sánchez de Badajoz, y en la *Residencia de Amor* de Gregorio Silvestre, dentro ya del siglo XVI; pero lo mencionan además otros muchos poetas, entre ellos fray Íñigo de Mendoza en su *Vita Christi*, Rodrigo Cota en el *Diálogo entre el Amor y un viejo*, Mosén Pere Torrellas en el poema *Desconort*, contenido en el *Cancionero catalán de la Universidad de Zaragoza*, Juan de Andújar, uno de los poetas del *Cancionero de Stúñiga*, en su *Visión de Amor*, y Rodríguez del Padrón hacia el final de su novela *El siervo libre de amor* y en sus libros *Cadira del honor* y *Triunfo de las donas*; en Portugal, donde tuvo todavía más fama que en España, aparece mencionado varias veces en el *Cancioneiro Geral de Garcia de Resende*[17]. La fama de Macías corrió profusamente a través de

---

[15] Azáceta, ídem, íd., pág. XVI. Menéndez y Pelayo reprodujo este *Desir* en su *Antología*, cit., vol. IV, págs. 364-372, pero con omisión de algunas estrofas, lecturas incorrectas y modificaciones en el texto. Jules Piccus ha publicado la transcripción paleográfica del *Desir*, sin interpretación ni comentario alguno, en *Nueva Revista de Filología Hispánica*, XII, 1958, págs. 335-356. Finalmente, Azáceta la incluye como apéndice en su edición del *Cancionero*, cit., vol. III, págs. 1159-1221. El *Desir* se encuentra en el llamado *Cancionero de Gallardo*, estudiado también por Azáceta: "El Cancionero de Gallardo de la Real Academia de la Historia", en *Revista de Literatura*, VI, 1954, págs. 239-270; VII, 1955, págs. 134-180 y VIII, 1955, págs. 271-294.

Para evitar confusiones —en las que incurren, entre otros, J. Simón Díaz y Homero Serís— entre el mencionado *Cancionero* y otro también llamado *Cancionero de Gallardo*, que es el descrito por éste en su *Ensayo*, Jules Piccus, en el trabajo mencionado, propone reservar tal título para este último y dar al primero, donde figura el *Desir* de Baena, el de *Cancionero de San Román*, según figura clasificado en la Academia de la Historia.

[16] Ed. de sus poesías, Hugo A. Rennert en *Macías o namorado. A galician troubadour*, Philadelphia, 1900. Ed. de H. R. Lang en *Cancioneiro gallego castelhano*, New York, 1902. Carlos Martínez Barbeito, *Macías el "Enamorado" y Juan Rodríguez del Padrón. Estudio y Antología*, Santiago de Compostela, 1951.

[17] Cfr.: Kenneth H. Vanderford, "Macías in Legend and Literature", en *Modern Philology*, XXXI, 1933-1934, págs. 35-63.

toda la época áurea —Lope de Vega lo convirtió en protagonista de su drama *Porfiar hasta morir*— y llegó hasta el Romanticismo en el que Larra, otro "mártir del amor" como él, le dedicó el drama *Macías* y la novela *El doncel de don Enrique el Doliente*.

ALFONSO ÁLVAREZ DE VILLASANDINO, el poeta de quien conserva el *Cancionero* mayor número de composiciones [18], era un escritor de ingenio fácil, grosero y pedigüeño, que vendía su pluma a los nobles para solicitar o agradecerles algún favor; con frecuencia se ponía al servicio de amores ajenos por dinero, adulaba, difamaba si le pagaban bien, cantaba las excelencias de lo que le propusieran o componía poesías de circunstancias. Cultivó todos los géneros y pasó por todas las escuelas de su tiempo: comenzó escribiendo en gallego y acabó componiendo dentro de la escuela alegórica castellana. Como ejemplar humano fue un hombre a lo Villon, de vida irregular, jugador y bebedor, zarandeado entre pecados y arrepentimientos, entre coplas soeces y cantos a la Virgen. Fue, sin embargo, muy apreciado por los poetas de su tiempo, que estimaban en él su innegable agudeza, sus habilidades de virtuoso y sus muestras de ingenio aunque éste fuese muchas veces meramente formal. Villasandino, poeta de inspiración muy desigual e intermitente, consigue en no pocas ocasiones felices aciertos de expresión, sobre todo en las poesías amorosas y en los metros cortos. Menéndez y Pelayo resumía su opinión sobre Villasandino con estas palabras: "En el *Cancionero de Baena*, donde abundan los buenos versificadores, especialmente en los metros cortos, Villasandino lleva la palma a todos, si no en las estancias dodecasílabas, a lo menos en las coplas de pie quebrado, en las redondillas encadenadas y en los villancicos. Grande es su penuria de sentimientos y de imágenes; pero a veces llega a disimularla, y la lengua en sus manos parece ya blanda cera. Este mérito es muy positivo, aunque secundario, y en un autor de principios del siglo xv muy digno de tenerse en cuenta. Quizá las serranillas y otros versos cortos del Marqués de Santillana no hubiesen llegado al punto de primor y lindeza que tienen, si Villasandino no hubiese educado antes la lengua poética para tal empleo, comunicándole las condiciones de la poesía cantable de los trovadores gallegos" [19].

Otro aspecto importante puede atribuirse además a la poesía de Villasandino. Erasmo Buceta, al estudiar una de sus composiciones de difícil interpreta-

---

[18] "Alfonso Álvarez de Villasandino. *Cantigas*", ed. de R. Foulché-Delbosc, en *Cancionero castellano del siglo XV*, II, Madrid, 1915, págs. 312-439 (*Nueva Biblioteca de Autores Españoles*, vol. XXII). *Poesías*, selección y prólogo de F. Carreres y Calatayud, Valencia, 1940. Cfr. E. Levi, "L'ultimo re dei giullari", en *Studi Medievali*, I, 1928. Del mismo, "La regalità di Villasandino", en *Studi Medievali*, II, 1929, págs. 450-453. Dorothy Clotelle Clarke, "Notes on Villasandino's versification", en *Hispanic Review*, XIII, 1945, págs. 185-196. F. Blasi, "La poesía de Villasandino", en *Messana*, I, 1950, págs. 89-102.

[19] *Antología de la poesía lírica castellana*, ed. citada, vol. I, págs. 380-381.

ción y largamente discutida por los eruditos [20], hace notar cuán difícil resulta en muchas ocasiones entender cumplidamente la intención del poeta sin un estudio previo de los datos históricos; de donde deduce la estrecha relación que guarda la poesía de Villasandino con los acontecimientos de la época y, consecuentemente, el interés que aquélla puede encerrar a su vez para conocerlos y valorarlos. Rasgo común, sin duda, a muchos escritores del *Cancionero*, pero en ninguno quizá tan acusado como en éste.

Entre los escritores de la escuela alegórico-dantesca destaca sobre todos MICER FRANCISCO IMPERIAL, nacido en Génova pero avecindado durante mucho tiempo en Sevilla. Es el primero que utilizó en nuestro idioma el endecasílabo italiano y el que introdujo en nuestra patria el gusto por la alegoría imitada del Dante, iniciando, por tanto, la corriente italianista de que hemos hablado. Figura en el *Cancionero* con su *Dezir a las siete virtudes*, que es una adaptación de diversos fragmentos del Purgatorio y el Paraíso de la *Divina Comedia*. Como en la mayoría de los poemas alegóricos del siglo xv, el *Dezir* comienza con un sueño en que el poeta entra en el paraíso terrestre donde Dante viene a su encuentro y le invita a contemplar las siete estrellas que simbolizan las virtudes; en el centro de cada una hay una dueña y en cada rayo una doncella, que personifica alguna virtud menor o cierta cualidad de las virtudes mayores. Dante explica al caminante la naturaleza de las virtudes y le hace ver las siete serpientes, que le han acompañado sin que lo advirtiera, y que simbolizan los vicios o pecados. Dante lanza luego una invectiva contra la ciudad de Sevilla, haciendo ver que las siete serpientes anidan en ella, y profetiza la llegada de Enrique III para imponer la justicia y corregir los abusos. Prosigue el viaje y llega al Empíreo. Acabada la visión, el poeta despierta en medio de un deleitoso jardín, teniendo abierta en las manos la *Divina Comedia*. Frente a la intrascendente ingeniosidad de los poetas del primer grupo, la obra de Imperial resuena con voz solemne y grave, dada a temas de mucha mayor profundidad y manifestada en formas de más reposado ritmo. Su poesía ya no puede ser apta para el canto o el baile, sino para la meditación y la lectura atenta. Ésta es la gran distancia que media entre ambos mundos poéticos.

Los poetas que, en su tiempo, siguieron a Imperial lo estimaron en mucho, pero la crítica contemporánea ha discutido su importancia, a veces con no disimulada pasión. Rafael Lapesa, en un estudio muy ponderado [21], hace histo-

---

[20] Erasmo Buceta, "Ensayo de interpretación de la poesía de Villasandino, núm. 199 del *Cancionero de Baena*", en *Revista de Filología Española,* XV, 1928, págs. 354-374. Del mismo, "Fecha probable de una poesía de Villasandino y de la muerte del poeta", en *Revista de Filología Española*, XVI, 1929, págs. 51-58.

[21] Rafael Lapesa, "Notas sobre Micer Francisco Imperial", en *Nueva Revista de Filología Hispánica*, VII, 1953, págs. 337-351; reproducido en *De la Edad Media a nuestros días*, cit., págs. 76-94 (citamos por esta edición).

ria de los bandazos críticos que ha experimentado en nuestro siglo la obra de Imperial. Menéndez y Pelayo lo estima como el mayor poeta del *Cancionero de Baena* y afirma que, aunque se apropia numerosos pasajes de la *Divina Comedia*, hasta el punto de que apenas hace más que traducirla, había llegado "a la comprensión total de su modelo"[22]. Farinelli[23] y Post[24] no ven, por el contrario, en Imperial sino un rimador inhábil, que no entendió al Dante ni fue capaz de inaugurar en España una tradición literaria nueva. Mario Casella[25] y Nelson W. Eddy[26] defienden de nuevo la primacía de Imperial sobre los poetas coetáneos, admitiendo su influjo sobre muchos de ellos. Pero en 1946 Edwin B. Place[27] ha regateado otra vez sus méritos, presentándolo como un versificador sin eco alguno, y cuyo dantismo era sólo un medio para acreditarse entre la nobleza y favorecer sus negocios de traficante en joyas; le acusa además de haber excitado con sus versos a la matanza de judíos, que ensangrentó la aljama de Sevilla en 1391. María Rosa Lida de Malkiel[28] ha refutado esta última acusación de Place, rechazando la interpretación del pasaje en que éste se funda; y Archer Woodford[29] supone que, lejos de incitar a la persecución contra los judíos, Imperial trató de estimular al rey Enrique III al castigo de aquéllos que, dirigidos por el arcediano de Écija, Fernando Martínez, habían perpetrado las matanzas.

Lapesa, basándose en investigaciones de doña Mercedes Gaibrois de Ballesteros, destaca la elevada posición social del poeta, que llegó a ser nombrado teniente de Almirante de Castilla, y no necesitaba, por tanto, servirse de la poesía dantesca para medrar. Estudia luego la fecha de composición del *Dezir*

---

[22] *Antología...*, cit., vol. I, págs. 394-399 (las palabras citadas, en pág. 397).

[23] Arturo Farinelli, "Appunti su Dante in Ispagna nell'Età Media", en *Dante in Spagna, Francia, Inghilterra, Germania*, Torino, 1922.

[24] Chandler R. Post, "The Beginnings of the Influence of Dante in Castilian and Catalan Literature", en *26th Annual Report of the Dante Society*, Cambridge, Mass., 1907. Del mismo, *Mediaeval Spanish Allegory*, Cambridge, Mass., 1915.

[25] Mario Casella, recensión sobre Post en el *Bullettino della Società Dantesca Italiana*, XXVII, 1920, págs. 33-61.

[26] Nelson W. Eddy, "Dante and Ferrán Manuel de Lando", en *Hispanic Review*, IV, 1936, págs. 124-136.

[27] Edwin B. Place, "The exaggerated reputation of Francisco Imperial", en *Speculum*, XXI, 1946, págs. 457-473. Del mismo, "Francisco Imperial y las violencias sevillanas de 1391", en *Nueva Revista de Filología Hispánica*, II, 1948, págs. 194-195.

[28] María Rosa Lida de Malkiel, "Un decir más de Francisco Imperial: Respuesta a Fernán Pérez de Guzmán", en *Nueva Revista de Filología Hispánica*, I, 1947, págs. 170-175.

[29] Archer Woodford, "Francisco Imperial's Dantesque *Dezir a las syete virtudes*: a Study of Certain Aspects of the Poem", en *Italica*, XXVII, 1950, págs. 88-100. Del mismo, "Edición crítica del *Dezir a las syete virtudes* de Francisco Imperial", en *Nueva Revista de Filología Hispánica*, VIII, 1954, págs. 268-294 (va acompañada de un prólogo y abundantes notas). Del mismo, "More about identity of Micer Francisco Imperial" en *Modern Language Notes*, LXVIII, 1953, págs. 386-388.

a las siete virtudes, dato de gran importancia para las deducciones finales. Amador de los Ríos había supuesto que el *Dezir* era anterior a las otras composiciones de Imperial en metros castellanos, y que, fracasada la prueba de implantar el endecasílabo italiano, había tenido que servirse luego del *arte real* y del *arte mayor.* Pero Lapesa llega a un resultado opuesto: el *Dezir* no es la obra de un autor novel, "sino la última obra de un poeta cuya producción sigue una marcada línea ascendente en cuanto a progresiva ampliación de aspiraciones"[30]; es decir: Imperial había comenzado escribiendo poesías amatorias dentro de la tradición gallego-castellana enriquecida con elementos de la poesía cortés francesa y del *dolce stil nuovo,* y el dantismo sólo se reducía a mencionar al poeta florentino e imitarle en algún detalle aislado; en cambio —continuando el proceso, visible ya en otras composiciones, como el *Dezir de los siete planetas*—, en el *Dezir a las siete virtudes* se propone ya la imitación total del Dante y el empleo sistemático del endecasílabo, y así lo advierte, en efecto, en las estrofas iniciales, anunciando "su innovación con plena conciencia de lo que se proponía"[31]. Pero la muerte le impidió seguir ejercitándose en el nuevo metro y en la nueva manera. "Sin insistencia ni perfeccionamiento —resume Lapesa—, la tentativa de Imperial no pudo arraigar. Precursor de precursores, la suerte del poeta genovés fue, en cuanto a la métrica, la de un Boscán primerizo cuando todavía no era posible Garcilaso"[32].

Imperial se sirve aún imperfectamente del endecasílabo italiano; con frecuencia se le deslizan endecasílabos de gaita gallega (con acento en la séptima) o de versos de arte mayor. Pero, si sus inhabilidades métricas impidieron el arraigo total de sus innovaciones, su éxito fue mucho mayor en lo que se refiere a la alegoría: "si no fue seguido —dice Lapesa— por todos sus contemporáneos, dejó huella muy perceptible en Santillana y, a través de él, en la poesía del resto del siglo. Por último, en cuanto a estilo, lenguaje y afán por crear una poesía sabia, le cupo ser el más destacado iniciador del movimiento que en nuestra literatura es paralelo al de los *rhétoriqueurs* franceses. En este sentido la influencia de Imperial no fue sólo duradera sino también inmediata"[33].

---

[30] "Notas...", cit., pág. 93.

[31] Ídem, íd., pág. 93. Es de justicia advertir que Menéndez y Pelayo había definido la imitación dantesca de Imperial con casi idénticas palabras que las transcritas de Lapesa; dice así el polígrafo montañés: "Imperial... debe ser considerado, no sólo como el más antiguo imitador de Dante en España, sino como legítimo predecesor de Boscán, y como el primer artífice que entre nosotros manejó el hermoso instrumento del endecasílabo italiano. Y esto no de un modo casual y fortuito, sino reflexivo e intencional. *El poeta italo-andaluz tenía plena conciencia de la magnitud de la empresa que acometía,* y un como presentimiento de los grandiosos resultados que, no entonces, sino un siglo después, habían de verse cumplidos" (*Antología...,* cit., vol. I, pág. 394).

[32] "Notas...", cit., pág. 93.

[33] Ídem, íd., págs. 93-94.

El cambio de temas y perspectivas poéticas, así como del modo de tratarlos, que la innovación de Imperial supone, ha sido precisado por el propio Lapesa en otro de sus estudios. Refiriéndose, como un movimiento de conjunto, a la escuela poética representada por Imperial y sus seguidores, escribe:

"Pagados de su agudeza escolástica la ostentan en retorcimientos de concepto y juegos de palabras que Baena llama "metáforas escuras". Su curiosidad y atrevimiento alcanzan a las más diversas cuestiones... cómo se mueven los astros, qué columnas sirven de apoyo a los elementos, dónde se encuentra el Empíreo, cuándo se inflaman los planetas Saturno y Marte y qué influencias ejercen entonces. Los problemas teológicos despiertan especial interés: profesionales y aficionados se preguntan si Dios era Trinidad antes de la Encarnación, o discuten si la Virgen fue concebida sin pecado. Los temas que más apasionan son los que atañen al destino humano: la muerte, la caducidad de las glorias mundanas; la predestinación, el libre albedrío y el origen del mal; la Fortuna, hados y Providencia. En algún caso —Ferrant Sánchez de Calavera— las preguntas revelan efectiva y torturada inquietud. La huella de Ayala es bien perceptible en estas preocupaciones, así como en las frecuentes citas y reminiscencias de la Biblia, sobre todo del Libro de Job. Tan fuerte didactismo halla forma adecuada en la alegoría, favorecida por el ejemplo de Dante y del *Roman de la Rose:* según Fray Diego de Valencia, tal modo de poetizar entraba ya dentro de la filosofía. Imperial tiene conciencia de lo importante que para las letras castellanas había de ser la alegoría dantesca, introducida por él..."[34].

También contiene el *Cancionero de Baena* algunos poetas de tono doctrinal y sentencioso, de clara ascendencia castellana. Destaca entre ellos FERRÁN SÁNCHEZ DE TALAVERA O CALAVERA, que trata cuestiones sobre la predestinación y el libre albedrío o la fugacidad de la vida. Es autor de un *Desir* compuesto a la muerte de Ruy Días de Mendoza, famoso porque parece preludiar las inmortales coplas de Manrique:

¿Que se fisieron los emperadores,
papas e rreyes, grandes perlados,
duques e condes, cavalleros famados,
los rricos, los fuertes e los sabidores,
e quantos servieron lealmente amores
fasiendo sus armas en todas las partes,
e los que fallaron çiençias e artes,
doctores, poetas e los trobadores?...
Pues ¿do los imperios, e do los poderes,
rreynos, rrentas e los señorios,
a do los orgullos, las famas e brios,
a do las enpresas, a do los traheres,

---

[34] *La obra literaria del Marqués de Santillana,* Madrid, 1957, págs. 32-34.

a do las ciençias, a do los saberes,
a do los maestros de la poetria:
a do los rrymares de grant maestria,
a do los cantares, a do los tañeres? [35].

Otro poeta de interés es GONZALO MARTÍNEZ DE MEDINA. Hombre de "iracundia dantesca", cultivador de la sátira política en versos mordaces o en tono sentencioso propio de la filosofía moral, ataca virilmente los vicios de la corte, la venalidad de los oficiales, la rapiña de los escribanos y recaudadores, sin retroceder ante las más altas jerarquías de la Iglesia, romana o nacional. De su *Desir que fue fecho sobre la justiçia e pleytos e de la gran vanidad d'este mundo* decía Menéndez y Pelayo que "es un cuadro de costumbres judiciales que nos recuerda lo más agrio del *Rimado de Palacio*"[36]. La paternidad de esta composición ha sido discutida, pero Azáceta acepta también la atribución a Martínez de Medina, defendida por Menéndez y Pelayo.

Considerando el *Cancionero de Baena* en su conjunto y atendiendo sobre todo a su importancia como reflejo de una sociedad, es imprescindible reproducir aquí algunos juicios de Menéndez y Pelayo en su *Antología*: "Nada de la intimidad de sentimiento, de la vaga y misteriosa ternura, del perfume idílico que exhalan algunos deliciosos fragmentos del *Cancionero de la Vaticana*, ha pasado a estos nuevos trovadores, que sólo tienen inspiración y fuerza en las diversas formas de la sátira y del serventesio político. Es la parte más robusta del *Cancionero de Baena* y es también históricamente la más interesante. Cantos de alabanza o de vituperio que nos conducen desde el advenimiento de Enrique II hasta la privanza de Don Álvaro de Luna y reflejan con la minuciosidad de un periódico los cambios de la opinión, los vaivenes de la fortuna, las caídas de los poderosos, el encumbramiento de los audaces, las difamaciones de la crónica escandalosa..." Y más abajo: "Históricamente, la compilación de Baena no tiene precio. Es el mejor suplemento a los anales de tres, y aun pudiéramos decir de cuatro reinados, y no sólo revela el aspecto exterior de la vida de Castilla en todo aquello que no sale a la superficie de las crónicas, atentas principalmente a la relación de guerras, conjuras y pactos hechos y rotos, sino que mediante ella nos es dado conocer el fondo de ideas heterogéneas que informaban aquella extraña y abigarrada sociedad, en que los hábitos de la barbarie se mezclan de un modo tan pintoresco con el refinamiento y la frivolidad mundana: la cultura pedantesca con el cinismo licencioso y desmandado"[37].

---

[35] *Cancionero de Baena*, número 530, ed. Azáceta, cit., vol. III, págs. 1075 y 1076.
[36] *Antología...*, cit., vol. I, pág. 403.
[37] Ídem, íd., págs. 374 y 416.

El *Cancionero de Baena* contiene además, sin duda, aspectos todavía no bien explorados. Un estudio reciente de Charles F. Fraker [38] trata de rastrear la huella ideológica que dejaron en sus composiciones los judíos conversos incluidos en la colección, lo que permitiría señalar corrientes de pensamiento vigentes en aquella centuria, alguna de las cuales había de persistir en el futuro. Según Fraker, son perceptibles en el *Cancionero* ciertas actitudes intelectuales o morales de amplia vigencia nacional originadas en las tradiciones doctrinales de los conversos, tales como el *senequismo* en cuanto filosofía de la vida, y el *fatalismo* derivado de la importancia concedida al temperamento como fuerza irresistible. Otras deducciones pueden extraerse también, según Fraker, del concepto de la poesía, concebida como "una graçia infusa del Señor Dios", tal como la define el propio Baena en el prólogo, y que es compartida por otros poetas; con ello se enfrenta el saber natural a la ciencia aprendida, problema que en algunos debates, sobre todo de Ferrán Manuel de Lando, se hacen extensivos a profundas cuestiones de índole religiosa.

El "Cancionero de Stúñiga". Cuando el rey de Aragón Alfonso V el Magnánimo conquistó el reino de Nápoles en 1443, se formó en su torno una corte literaria donde poetas castellanos, aragoneses y catalanes se pusieron en contacto con lo más destacado del Renacimiento italiano y, consecuentemente, abrieron la puerta a uno de los más eficaces caminos que canalizaron su influjo hacia nuestra Península. Los numerosos humanistas italianos, protegidos por el rey aragonés, que fueron atraídos por su corte, compusieron sus obras preferentemente en latín, mientras los cortesanos españoles lo hacían en su lengua. El llamado *Cancionero de Stúñiga* (o *Estúñiga*) [39] recoge buena muestra de las composiciones de estos últimos y viene a ser respecto de la corte del Magnánimo lo que el *de Baena* para la de Castilla. La colección fue formada

---

[38] Charles F. Fraker, Jr., *Studies on the Cancionero de Baena*, University of North Carolina, Studies in the Romance Languages and Literature, núm. 61, Chapel Hill, 1966.
[39] Ed. del Marqués de la Fuensanta del Valle y J. Sancho Rayón, en *Colección de Libros Españoles raros o curiosos*, vol. IV, Madrid, 1872. Cfr.: Víctor Balaguer, *Alfonso V y su corte de literatos*, Barcelona, 1856. Benedetto Croce, *La Corte spagnuola di Alfonso d'Aragona a Napoli*, Nápoles, 1894. F. de Bofarull y Sans, "Alfonso V de Aragón en Nápoles", en *Homenaje a Menéndez y Pelayo*, I, Madrid, 1899, págs. 615-635. M. Menéndez y Pelayo, *Antología...*, cit., vol. II, cap. XIV. Francisca Vendrell, "La corte literaria de Alfonso V de Aragón y tres poetas de la misma", en *Boletín de la Real Academia Española*, XIX y XX, 1932 y 1933. P. Bach y Rita, *The Works of Pere Torroella*, New York, Instituto de las Españas, 1930. Eugenio Mele, "Torrellas e Pontano", en *La Rinascità*, Florencia, 1938. Ezio Levi, "Un juglar español en Sicilia: Juan de Valladolid", en *Homenaje a Menéndez Pidal*, III, Madrid, 1925, págs. 419-439. (Adviértase que este Juan de Valladolid, llamado también por antonomasia *Juan Poeta*, anduvo en la corte de Alfonso V, cuyos favores disfrutó, pero sus versos no figuran en el *Cancionero de Stúñiga* sino en el *de burlas*. Fue un coplero medio bufón y mendicante, judío converso, de vida aventurera y a veces desgraciada, que atrajo las burlas de muchos poetas de su tiempo).

seguramente en Nápoles y, al parecer, después de la muerte de Alfonso V, puesto que contiene algunas alusiones a este hecho. El *Cancionero* ha tomado el nombre del comendador de Guadalcanal, Lope de Stúñiga, por el hecho de encabezarse el libro con una de sus poesías, pero ni él fue probablemente su colector ni figura en el *Cancionero* con más que nueve composiciones. Stúñiga merece un recuerdo, aparte sus versos, por haber acompañado a Suero de Quiñones en el famoso *Paso Honroso,* donde lidió y venció a muy renombrados caballeros, por lo que quedó rescatado, lo mismo que aquél, de su esclavitud amorosa.

Aunque la poesía recogida en el *Cancionero de Stúñiga* no difiere esencialmente de la que floreció en la corte de Juan II, presenta algunos matices de interés. En primer lugar, y contra lo que podría esperarse, parece menos influida que aquélla por el Renacimiento clásico y acoge diversas formas populares, como los villancetes, los motes, las glosas y sobre todo los romances. Menéndez y Pelayo señala el hecho de que dos de ellos, debidos al poeta Carvajal —o Carvajales— figuran entre los más antiguos de nombre y fecha conocidos. Consecuentemente, el tono de esta poesía es más lírico que el de la contenida en el *de Baena* y, en general, son mucho más breves las composiciones. Debe advertirse que los romances aludidos no son tradicionales ni narrativos, sino líricos, pero alienta en ellos, no obstante, el eco de los viejos romances, sin cuyo recuerdo difícilmente hubieran nacido éstos. Menéndez y Pelayo reproduce unos versos de uno de los mencionados de Carjaval, destinado a consolar a la reina María por la prolongada ausencia de su esposo, de sorprendente belleza:

Vestida estaba de blanco,
Un parche de oro cennia...
Pater noster en sus manos,
Corona de palmería...
Maldigo la mi fortuna
Que tanto me perseguía;
Para ser tan mal fadada,
Muriera cuando nacía... [40].

El *Cancionero de Stúñiga* está lleno de recuerdos históricos y permite seguir el curso de la vida cortesana y guerrera del Magnánimo. Muchas de las composiciones aluden a los lances militares de la conquista de Nápoles, así como otras ensalzan a las damas de la corte y sobre todo a las favoritas del rey; abundan igualmente los meros juegos de ingenio a la manera superficial que hemos visto en el *Cancionero de Baena.*

Entre los poetas del *Cancionero de Stúñiga* merecen destacarse el propio Stúñiga, aunque sus mejores composiciones, de carácter político, no se encuen-

---

[40] *Antología...,* cit., vol. II, pág. 268.

tran recogidas en éste sino en otros cancioneros. Mosén Pere Torrellas, ayo del Príncipe de Viana, poeta en catalán, es de los primeros de su lengua que cultiva también la castellana; adquirió notoriedad por sus invectivas contra las mujeres, en particular sus *Coplas de las calidades de las donas*, que fueron impugnadas por otros trovadores. Ya hemos mencionado a Carvajales, el más ampliamente representado en el *Cancionero* con cuarenta y cinco composiciones, el mejor de la colección a juicio de Dámaso Alonso, y casi el único, según Menéndez y Pelayo, "que acierta alguna vez con rasgos de poesía agradable y ligera, con cierto dejo candoroso y popular, que es muy raro en los trovadores de esta escuela. A veces glosa letras conocidamente populares, como la de *la ninna lozana:*

> *Lavando a la fontana,*
> *Las manos sobre la trenza...*

En el género de las *serranillas* especialmente, tiene mucha facilidad y mucha gracia, y se le debe contar entre los mejores discípulos del marqués de Santillana" [41].

Deben también citarse Juan de Andújar, uno de los pocos poetas alegóricos del *Cancionero de Stúñiga;* Juan de Tapia, que sigue a Carvajales en el número de composiciones seleccionadas; y Mosén Juan de Villalpando, único poeta del siglo XV que hizo sonetos después de Santillana, aunque no de endecasílabos sino en versos de arte mayor. Es también importante Juan de Dueñas, autor de una fantasía alegórica, *Nao de Amor,* y de versos políticos, recogidos en diversos cancioneros; tiene especial interés su diálogo, "con trazas de dramático", titulado *El pleyto que ovo Juan de Dueñas con su amiga,* especie de paso o entremés con una rudimentaria acción.

LOS GRANDES POETAS DE LA CORTE DE JUAN II

EL MARQUÉS DE SANTILLANA

Su personalidad. Don Íñigo López de Mendoza, señor de Hita y de Buitrago, primer marqués de Santillana y conde del Real de Manzanares, es, junto con Mena, el hombre más representativo de su tiempo, si bien es en lo humano el total reverso de aquél. Hijo del Almirante de Castilla, Don Diego Hurtado de Mendoza, nació en Carrión de los Condes en 1398. Intervino activamente en la política de su tiempo, luchando unas veces a favor y otras en contra de su rey, Juan II. Peleó contra los moros tomándoles Huelma "a sacomano"

---
[41] Ídem, íd., pág. 269.

como Capitán Mayor de la frontera de Jaén. Asistió a la batalla de Olmedo —esta vez al lado del monarca—, intervención que le valió los títulos de Marqués de Santillana y Conde del Real de Manzanares, y se distinguió por su enemiga contra Don Álvaro de Luna, al que combatió sin interrupción y a cuya caída contribuyó directamente. "Hombre de su época —escribe García de Diego— y hombre preeminente y selecto, el Marqués de Santillana compendia en su vida social y literaria gran parte de los vicios y todas las manifestaciones de vida y de cultura de la revuelta y poética corte de Don Juan II. Nacido en medio de aquella turbulenta nobleza, en la que bajo el pulcro manto de cortesanas y teatrales galanterías alentaba aún la primitiva rudeza caballeresca y feudal, intervino en las rebeliones contra el Rey y en las feroces luchas de banderizos, manteniendo, sin embargo, en tal ambiente de sangre, de odio y de ambición un cierto espíritu de rectitud y de magnanimidad" [42].

Al par que militar y hombre político, fue Santillana un notable poeta y un humanista apasionado por los estudios. Parece que no conocía el latín, pero sí el italiano, el francés, el gallego y el catalán. Se rodeaba de hombres doctos y estimuló, y aun ayudó económicamente, la traducción de numerosas obras clásicas. En su castillo de Guadalajara reunió una importante colección de libros haciendo copiar manuscritos con extremo cuidado. Todos los autores importantes, que representan la cultura de su tiempo, están presentes en su biblioteca [43]. Su afán por el saber, su vida activa y estudiosa a un mismo tiempo y sus sobresalientes condiciones personales hacen de Santillana un gran señor, uno de nuestros primeros magnates humanistas, ejemplo de lo que había de ser el ideal del cortesano en la época renacentista. Sobre la excepcional importancia de Santillana como propulsor del humanismo, escribe Lapesa: "Difícil es resumir en unas líneas la tarea de Santillana como patrocinador de la empresa cultural más importante de su tiempo: la propagación del saber humanístico. Sin embargo, toda semblanza del Marqués quedaría trunca si no tratara este importantísimo aspecto de su actividad. La carta que dirigió a su hijo Don Pedro González de Mendoza para que le tradujera la Ilíada nos ha dado ocasión de ver a Don Íñigo en su afán de conocer y asimilar el legado espiritual grecolatino. No obstante, necesitamos lanzar una mirada sobre el extraordinario conjunto de la obra que apadrinó, sólo superada en grandeza y transcendencia por la gigantesca suma de las traducciones y compilaciones alfonsíes. Lo mismo que el rey Sabio, el prócer de Guadalajara suscitó el esfuerzo de un equipo de hombres doctos: allí estaban, respondiendo a las iniciativas de su señor, su capellán Pero Díaz de Toledo, su "físico" o médico

---

[42] Vicente García de Diego, *Marqués de Santillana. Canciones y Decires*, "Clásicos Castellanos", Madrid, 1913, pág. XIX.

[43] Para el conocimiento de esta famosa biblioteca es fundamental la obra de M. Schiff, *La bibliothèque du Marquis de Santillane*, París, 1905. Consúltese también R. Runcini, 'La biblioteca del marchese di Santillana", en *Letterature Moderne*, VIII, 1958, páginas 626-636.

Martín González de Lucena, su escudero Martín de Ávila, su viejo servidor Antón Zorita. También el Bachiller Alfonso Gómez de Zamora trabajaba por encargo de Don Íñigo, quien, además, pedía en obsequio a la amistad el concurso de nobles como Don Enrique de Villena o jerarcas de la Iglesia como el Tostado; y no bastándole la aportación española, acudía a italianos ilustres como Leonardo Bruni de Arezzo y Pier Cándido Decembri para que vertiesen del griego al latín los textos que de otro modo serían inaccesibles en una Castilla donde todavía no había helenistas. En Italia se hallaba su pariente Nuño de Guzmán como agente destacado a la mira de novedades, encargando para el Marqués traducciones y copias. Estos códices italianos entraban después en la biblioteca guadalajareña con encuadernaciones en que todavía lucen las armas de Mendoza y de la Vega acompañadas por el lema cortés y devoto 'Dius et vus'. Gracias a esta labor conjunta corrieron en castellano obras clásicas fundamentales..." [44].

Lucena, en su *Tratado de vita beata*, decía del Marqués que "ni las armas sus estudios ni los estudios empachan sus armas", y Hernando del Pulgar, en sus *Claros Varones de Castilla*, escribe: "Fue omme de mediana estatura, bien proporcionado en la compostura de sus miembros, e fermoso en las facciones de su rostro, de linaje noble castellano e muy antiguo... Era omme agudo e discreto, y de tan grand coraçón, que ni las cosas grandes le alteraban ni en las pequeñas le plazía entender. En la continencia de su persona e en el raçonar de su fabla mostraba ser omme generoso e magnánimo. Fablaba muy bien, e nunca le oían dezir palabra que no fuese de notar, quier para dotrina quier para plazer. Era cortés e honrrador de todos los que a el venían, especialmente de los ommes de ciencia". "Tenía —añade— siempre en su casa doctores e maestros con quienes platicava en las ciencias e leturas que estudiava" [45].

Obras en prosa. Santillana escribió en prosa y en verso. De sus obras en prosa destacan sobre todo la *Carta Prohemio al Condestable Don Pedro de Portugal* y los *Refranes que dicen las viejas tras el fuego*.

---

[44] *La obra literaria del Marqués de Santillana*, cit., págs. 309-310. Cfr.: Manuel Durán, "Santillana y el Prerrenacimiento", en *Nueva Revista de Filología Hispánica*, XV, 1961, págs. 343-363.
[45] Ed. J. Domínguez Bordona, "Clásicos Castellanos", Madrid, 1923, págs. 39-40 y 48. Cfr.: R. Foulché-Delbosc, "Testament du Marquis de Santillana", en *Revue Hispanique*, XXV, 1911, págs. 114-133. M. Olivar, "Documents per a la biografia del Marqués de Santillana", en *Estudis Universitaris Catalans*, XI, 1926, págs. 110-120. E. Varela Hervias, "Autógrafos del Marqués de Santillana en el Archivo de la Villa", en *Revista de la Biblioteca, Archivo y Museo del Ayuntamiento de Madrid*, IV, 1927, págs. 215-217. F. Rubio Álvarez, "El Marqués de Santillana visto por los poetas de su tiempo", en *La Ciudad de Dios*, El Escorial, CLXXI, 1958, págs. 419-443. Jules Piccus, "El Marqués de Santillana y Juan de Dueñas", en *Hispanófila*, núm. 1, 1960, págs. 1-10 y núm. 10, 1961, págs. 1-7. J. Tudela, "El Marqués de Santillana por tierras de Soria", en *Celtiberia*, Soria, núm. 27, 1964, págs. 57-77.

La *Carta*[46] es una especie de introducción o prólogo que antepuso al conjunto de sus propias poesías que le envió al citado Condestable. Encierra una importancia capital por ser el primer intento realizado en nuestro idioma de historia y crítica literarias, y a la vez porque expone las ideas y preferencias del autor que son —en líneas generales—, las que definen los rasgos de su época. Santillana, llevado de su concepto aristocrático de la poesía, menosprecia las producciones que tienden a "cosas vanas e lascivas" y que no tienen otro propósito sino divertir. La poesía es para él, según su famosa definición, "un fingimiento de cosas útiles, cubiertas e veladas con muy fermosa cobertura...", es decir, que exige para la buena poesía un contenido profundo —"útil"— al mismo tiempo que una cuidada envoltura formal; y así destaca la belleza y elevación de los libros bíblicos, en especial de los Salmos, los libros salomónicos y el de Job.

De acuerdo con este criterio divide la poesía en "sublime", que es la de los clásicos griegos y latinos; en "mediocre", que pertenece a la de sus imitadores en romance; e "infima": "Infimos son aquellos que sin ningunt orden, regla ni cuento facen estos romances e cantares de que la gente baxa e servil se alegra". Ya hemos visto anteriormente esta preocupación de todo escritor de la Edad Media que se conceptúa a sí mismo como de calidad, por separar su obra de la que se produce sin una segunda intención de utilidad, o de una finalidad moral que la densifique, o de belleza culta que la avale. Don Juan Manuel y el Canciller Ayala representaban ya, como vimos, esta postura, que llega a su máximo por el momento con los poetas cultos de la Corte de Juan II. Pasará mucho tiempo todavía hasta que el escritor se considere justificado por el simple hecho de producir una página bella carente de ulteriores preocupaciones, sin el riesgo de ser confundido con un bufón de la sociedad. Santillana, en efecto, se cuida mucho de destacar el lado útil de la *buena* poesía: "...yerran aquellos que pensar quieren o dezir que solamente las tales cosas [alude, na-

---

[46] Ediciones modernas: "Il proemio del marchese di Santillana", ed. Luigi Sorrento, en *Revue Hispanique*, LV, 1922, págs. 1-49. *Letter of the Marqués de Santillana to Don Peter, constable of Portugal*. With introduction and notes by A. R. Pastor and E. Prestage, Oxford, 1927. *Marqués de Santillana. Prose and verse chosen by J. B. Trend*, London, 1940 (incluye el "Proemio" completo; citamos por esta edición). Cfr.: F. Street, "Some reflexions on Santillana's 'Prohemio e Carta'", en *Modern Language Review*, LII, 1957, págs. 230-233. William C. Atkinson. "The Interpretation of *Romançes e Cantares* in Santillana", en *Hispanic Review*, IV, 1910, págs. 1-10. Dorothy C. Clarke, "The Marqués de Santillana and the Spanish Ballad Problem", en *Modern Philology*, LIX, 1961, núm. 1, págs. 13-24. Edwin J. Webber, "Plautine and Terentian *Cantares* in Fourteenth-century Spain", en *Hispanic Review*, XVIII, 1950, págs. 93-107. Del mismo, "Further Observations on Santillana's *Dezir Cantares*", en *Hispanic Review*, XXX, 1962, págs. 87-93 (estudia Webber en sus dos artículos el problemático significado de una frase de Santillana en su *Carta*, cuando alude a las formas poéticas puestas en práctica por su abuelo don Pero González de Mendoza: "Usó una manera de dezir cantares así commo cénicos plautinos e terencianos, tanbién en estrinbotes commo en serranas"; ed. Trend, cit., pág. 14).

turalmente, a "la poesía, que en nuestro vulgar gaya sciencia llamamos"] consistan e tiendan a cosas vanas e lascivas"; porque "los onbres bien nascidos e doctos [la distinción, adviértase bien, es fundamental] a quien estas sciencias de arriba son infusas, usan de aquellas e de tal exercicio, segund las hedades". Y así se justifica de que habiéndole gustado en su mocedad aquellas "obretas" intranscendentes, se aplique ahora a trabajos de más profunda intención.

Debe tenerse en cuenta, sin embargo, que al establecer aquella distinción entre poesía sublime, mediocre e ínfima, Santillana parece hacer hincapié tanto o más que en el estilo y el contenido, en el idioma utilizado. Aunque este hecho no invalida la apreciación que acabamos de establecer. La calidad del idioma constituía entonces por sí misma un criterio estético: ningún tema se estimaba banal mientras hubiera estado expresado en las excelsas lenguas griega o latina, cuya sola dificultad le confería un grado superior. En cambio, las composiciones vaciadas en el instrumento de la lengua popular —patrimonio casi exclusivo todavía del vulgo ínfimo— sólo podían redimirse con la declarada excelencia de su contenido didáctico o moral, que compensaba la vulgaridad y rudeza del idioma.

Y, sin embargo, el mismo Santillana, pese a sus teorías, debe su fama mayor, según veremos, a las composiciones de forma popular y motivos tradicionales. Pero en su propio concepto no era así; él estimaba que el billete para la Fama iban a dárselo los poemas de estilo alegórico, saturados de cultismos, cargados de docta erudición y saber clásico, que pocos son hoy capaces de leer, fuera del erudito o el profesional de la literatura.

Aparte su contenido teórico, el *Prohemio* interesa además porque en él da Santillana importantes datos sobre nuestra historia literaria y sobre las otras literaturas romances, de las que cita a considerable número de autores. Manifiesta su particular admiración por los grandes escritores italianos —preferencia de genuino renacentista— y es el primero que hizo notar la influencia de la lírica gallega sobre los orígenes de la lírica castellana de índole cortesana.

Los *Refranes que dicen las viejas tras el fuego* [47] es la primera colección de refranes que existe en nuestra lengua. También resulta curioso que Santillana no aplicase sus teorías a estas manifestaciones de sabiduría popular; pero quizá le interesaron por lo que tenían de doctrinal o sentencioso más que por sus orígenes populares. En todo caso, la atribución ha sido discutida. Foulché-Delbosc, en el estudio a su edición citada, pone en duda que la colección fuera

---

[47] Ed. de Urban Cronan (seudónimo de Foulché-Delbosc), en *Revue Hispanique*, XXV, 1911, págs. 114-219. Ed. de G. M. Bertini, "Il 'Refranero' attribuito al Marqués de Santillana", en *Quaderni Ibero-Americani*, III, 1955, págs. 13-23. Ed. de J. B. Trend, obra citada. Cfr.: F. Sánchez y Escribano, "Santillana y la colección de *Refranes*, Medina del Campo, 1550", en *Hispanic Review*, X, 1942, págs. 254-258. G. M. Bertini, "La congiunzione nei *refranes* attribuiti al Marqués de Santillana", en *Hispanic Studies in honour of I. González Llubera*, Oxford, 1959, págs. 77-86. R. Lapesa, *La obra literaria...*, cit., páginas 260-263.

debida al Marqués, aduciendo el aludido argumento de la aparente inconsecuencia y el hecho de que los *Refranes* no fueran publicados hasta unos cincuenta años después de su muerte y en un impreso volandero sin indicación de lugar ni año. Lapesa, por el contrario, alega que Santillana engastó algunos refranes en sus versos, y aunque es seguro que no los estimaba como tesoro de sabiduría popular, podía apreciarlos por su gracia y plasticidad expresiva. Posiblemente, los reunió a ruegos del monarca, según se afirma en el título, pero no los tuvo por dignos de juntarlos a sus otras obras —aparte que no era autor de ellos sino sólo su colector. En cambio, hacia 1500, dice Lapesa, triunfaba el gusto por lo popular —días de Encina, del *Cancionero Musical*, de Fernando de Rojas—, y aquellos refranes, coleccionados por el Marqués, pudieron juzgarse entonces dignos de ser impresos.

Otras manifestaciones de la prosa de Santillana pueden encontrarse en la introducción y glosas a sus propios *Proverbios* y en los prólogos a varias de sus obras poéticas.

Obras en verso. Las obras en verso del Marqués de Santillana pueden dividirse en tres grupos: las de influencia italiana y estilo alegórico; las de tipo didáctico-moral y las de origen trovadoresco [48].

1. Las obras de influencia italiana pretenden seguir las huellas del Dante por su general disposición alegórica, pero ninguna de ellas alcanza la importancia, ya no digamos de la obra genial del florentino, sino ni siquiera del *Laberinto*, de Juan de Mena. Las alegorías de Santillana se reducen, por lo común, a un sueño o visión inicial y a la aparición repetida de desmayadas figuras simbólicas. Es frecuente también la intervención de personajes literarios o mitológicos, pero sin que unos y otros pasen de ser un aderezo erudito que el poeta no alcanza a fundir en una perfecta orquestación. Cronológicamente, todas estas obras pertenecen en conjunto a la época de plenitud del autor, que dispone ya de todos los recursos de su arte y tiene plena conciencia del ideal poético que se propone realizar. Abandona entonces el octosílabo que había utilizado para sus anteriores composiciones amatorias, y emplea el verso de

---

[48] Lapesa, en su libro citado, distingue tres períodos en la producción poética del Marqués: en el primero, en que "conquistó la jefatura de su generación literaria a fuerza de brillantes novedades y ansia de superación", recibió el directo influjo de don Enrique de Villena, por el cual entró en conocimiento de Virgilio y Dante, así como de las preceptivas poéticas provenzales y catalanas; en el segundo, muerto Villena, produce las "obras de fondo más grandioso y mayor riqueza ornamental"; en el tercero "concede menos importancia al lujo formal y busca en ocasiones la expresión apretada y sobria; en vez de la poesía de gran aparato, prefiere la que surge en estrecha ligazón con sus inquietudes y circunstancias personales" (págs. 4 y 5). En los tres períodos escribió obras pertenecientes a los tres grupos a que nos hemos referido (aunque la producción trovadoresca corresponde, con preferencia, al primero), y a éstos vamos a atenernos sin cuidarnos de la cronología, por otra parte incierta, para mayor comodidad en la exposición.

arte mayor, más adecuado para la deseada grandilocuencia de su estilo y la exhibición erudita de sus saberes clásicos.

Merecen citarse en este grupo —dejando aparte obras menores como el *Triunfete de amor* y el *Sueño*— la *Comedieta de Ponça*[49] y el *Infierno de los enamorados*. La primera —el más ambicioso, el más conseguido también de los poemas narrativos de Santillana, dentro de la tendencia alegórica— que ya en el título, aunque en diminutivo, pretende recordar la obra de Dante, tiene por tema el desastre naval de Alfonso V de Aragón, que fue apresado con sus dos hermanos junto a Ponza durante su lucha por la conquista del reino de Nápoles. El poema comienza con una visión en que la reina madre Doña Leonor y las esposas de los tres prisioneros exponen su dolor a Boccaccio, que se les aparece al oir sus quejas. Doña Leonor cuenta la derrota y prisión de sus tres hijos y muere al terminar su relato. Entonces se presenta la Fortuna, que se justifica de las acusaciones de las damas y predice la libertad del rey aragonés y de sus hermanos, y sus glorias futuras. El poeta, siguiendo ideas de Benvenuto de Imola, explica las razones por las que llama "comedia" a su poema: "Comedia es aquella cuyos comienços son trabajosos e después el medio e el fin de sus días alegre, goçoso e bien aventurado; e desto usó Terencio peno e Dante en su libro, donde primero dice aver visto los dolores e penas infernales, e después el purgatorio, e alegre e bien aventuradamente después el paryso". Y el marqués conocía ya, efectivamente, si no los triunfos finales, al menos la liberación del Magnánimo y de los dos infantes en el momento de redactar su poema. La obra, de elevada entonación, exaltación brillante de los valores aristocráticos encarnados por los tres príncipes, tiene momentos felices de singular vivacidad, como la descripción de la batalla, que puede competir con los mejores pasajes épicos de *Las Trescientas*, y la paráfrasis del *Beatus ille*, de Horacio —la primera de nuestra literatura— puesta en boca de la mujer del infante Don Enrique que habla quejándose de la Fortuna, enemiga de los poderosos, y alabando los oficios vulgares y la vida retirada [50]:

---

[49] Ed. en *Obras de don Íñigo López de Mendoza*, por J. Amador de los Ríos, Madrid, 1852, y "Cancionero del Marqués de Santillana", en *Cancionero castellano del siglo XV*, por Foulché-Delbosc, cit., I, Madrid, 1912. Cfr.: Rafael Lapesa, "La fecha de la 'Comedieta de Ponza'" en *Archivum*, Oviedo, IV, 1954, págs. 81-86. J. M. Azáceta y G. Albéniz, "Italia en la poesía de Santillana", en *Revista de Literatura*, III, 1953, págs. 17-54. E. J. Webber, "Santillana's Dantesque Comedy", en *Bulletin of Hispanic Studies*, XXXIV, 1957, págs. 37-40.

[50] Desde que Menéndez y Pelayo sugirió el carácter de esta paráfrasis, se ha discutido cómo pudo Santillana conocer el épodo de Horacio, sin existir aún ninguna traducción en lengua romance ni saber el poeta suficiente latín para entender el original (véase Lapesa, ob. cit., pág. 146, y las notas donde recoge la oportuna bibliografía). ¿No pudo, sin embargo —preguntamos—, conocer Santillana los versos horacianos por simple comunicación verbal de cualquiera de los humanistas que los conocían y con quienes tuvo tan intenso trato? La brevedad e intensidad de la composición de Horacio podían dejar profunda huella —que en la *Comedieta*, por otra parte, es un tanto difusa— en un hombre como Santillana, con sólo haberla oído una vez.

*¡Benditos aquellos que con el açada
sustentan su vida e viven contentos,
e de quando en quando conosçen morada
e sufren paçientes las lluvias e vientos!
Ca estos no temen los sus movimientos,
nin saben las cosas del tiempo passado,
nin de las presentes se fazen cuidado,
nin las venideras do han nasçimientos.*

*¡Benditos aquellos que siguen las fieras
con las gruesas redes e canes ardidos,
e saben las trochas e las delanteras
e fieren del arco en tiempos devidos!
Ca éstos por saña non son conmovidos
nin vana cobdiçia los tiene subjetos;
nin quieren tesoros, nin sienten defetos,
nin turban temores sus libres sentidos.*

*¡Benditos aquellos que quando las flores
se muestran al mundo, desçiben las aves,
e fuyen las pompas e vanos honores
e ledos escuchan sus cantos suaves!
¡Benditos aquellos que en pequeñas naves
siguen los pescados con pobres traynas!
Ca éstos non temen las lides marinas,
nin çierra sobre ellos Fortuna sus llaves* [51].

En la *Comedieta de Ponça*, Santillana, noble intrigante y banderizo, da expresión, sin embargo, a un fuerte sentimiento nacional, que se venía fortaleciendo desde la elevación de Fernando de Antequera al trono aragonés. Nobles de los tres reinos —Castilla, Navarra y Aragón— participan, con fines de armonía o discordia, en empresas comunes, y de día en día se hacía más intenso el trasiego de personajes de uno a otro estado. El mismo Santillana había vivido seis años de su temprana juventud en la corte de Aragón al lado del rey Fernando y del futuro Alfonso V. Podía, pues, sentir a la perfección el alcance nacional de la derrota del Magnánimo y ponderar en su poema que en la batalla de Ponza tomaban parte, con idéntica responsabilidad, gentes de toda España.

En el *Infierno de los enamorados* [52] cultiva Santillana un tema que tuvo gran boga durante todo el siglo. El poeta, que aquí se inspira en el canto VI del *Infierno*, del Dante, después del consabido sueño es asaltado en una selva

---

[51] Estrofas 16-18 (edición Foulché-Delbosc, cit., pág. 463).
[52] En Amador de los Ríos y Foulché-Delbosc, ediciones citadas.

por toda clase de fieras; de ellas le salva Hipólito, que le acompaña luego al "infierno de los enamorados". Allí están pagando sus penas de amor todos los enamorados célebres de la mitología, la historia y la leyenda, desde los tiempos antiguos hasta los días del Marqués: Hero y Leandro, Orfeo y Eurídice, Dido y Eneas, hasta Macías, que dice los más conocidos y mejores versos del poema:

> La mayor cuyta que aver
> puede ningún amador
> es membrarse del plazer
> en el tiempo del dolor;
> e ya sea que el ardor
> del fuego nos atormenta,
> mayor dolor nos augmenta
> esta tristeça e langor [53].

De muy parecida disposición son otros dos poemas: la *Coronaçión de Mossén Jordi* y la *Defunssión de Don Enrique de Villena* [54]. En el primero, Santillana paga tributo de admiración al poeta valenciano, al que había recordado también en algunos pasajes de sus obras [55]; es el primer modelo de panegírico

---

[53] Copla 62 (ed. Foulché-Delbosc, pág. 550). "En las selvas temerosas —dice Lapesa— todo se conjura para convencer al poeta de "que amor es desesperança"; la lobreguez del infierno se ilumina sólo con las llamas que salen del pecho de los condenados. En un escenario de irremediable y desolada tristeza se situaba, por primera vez en la literatura peninsular, una figuración que, referida por el autor al castigo eterno, era fácilmente aplicable para representar en general los padecimientos que el amor trae consigo. No es de extrañar que despertase larga serie de imitaciones y que éstas, en su mayoría, se desentendieran del fin moralizador. La alegoría se convirtió así en un recurso más para describir las cuitas del amante", obr. cit., págs. 131-133. Para la descendencia de imitadores del *Infierno* de Santillana, véase Chandler R. Post, *Medieval Spanish Allegory*, cit., y Pierre Le Gentil, *La poésie lyrique espagnole...*, cit., vol. I (comentarios de Lapesa, obra cit., pág. 132).

[54] En Amador de los Ríos y Foulché-Delbosc, ed. citadas.

[55] El poema a Sant Jordi tiene interés porque señala otra de las rutas por donde pudo llegarle a Santillana su italianismo y también su débito con la lírica francesa y provenzal. Cataluña se había adelantado al resto de España en el interés por Petrarca y Boccaccio, había incorporado primicias del nuevo humanismo a través de Bernat Metge, traductor de Petrarca, y de otras versiones de clásicos grecolatinos, que sirvieron en ocasiones de intermediarias para las traducciones castellanas; también Cataluña, por su proximidad geográfica, vivía la poesía provenzal en todas sus vicisitudes. Santillana, por su estancia en la corte aragonesa, había podido ponerse más directamente en contacto con este movimiento literario, sobre todo a través de la poesía de Ausias March y de Jordi de Sant Jordi, ambos italianizantes, ligados a su vez a la lírica trovadoresca, y amigos suyos y admirados por él. Cfr.: Martín de Riquer, "Relaciones entre la literatura renacentista castellana y la catalana de la Edad Media", en *Escorial*, 1941. José María Azáceta, "Santillana y los reinos orientales", en *Revista de Literatura*, V, 1954, págs. 157-186.

en la poesía castellana, no aventajado hasta que Mena celebró al propio Santillana, siguiendo su ejemplo. El segundo poema consta sólo de 22 octavas de arte mayor, pero en ellas el poeta tiene tiempo de desarrollar complejas alegorías con manifiesto predominio de elementos paganos. Santillana, como dejamos dicho (nota 48), debió mucho de su formación literaria al influjo de Don Enrique, que le dedicó su *Arte de Trobar*; se comprenden, pues, perfectamente los extremos de su dolor, cuya sinceridad no logra asfixiar la acumulación de personajes mitológicos.

En el grupo de las obras de influencia italiana pueden incluirse los 42 *Sonetos fechos al itálico modo* [56]. Estos sonetos, de tema muy variado —amorosos, morales, políticos, religiosos—, más que por sus cualidades intrínsecas interesan por ser la primera manifestación en nuestra lengua de esta combinación métrica que había de tener tan dilatada y gloriosa historia. El modelo es aquí el *Cancionero* del Petrarca y las poesías de la *Vita Nuova*, del Dante. Pero el propósito de introducir entre nosotros la métrica italiana no pasa de ser un frustrado intento. El mismo Santillana no había captado bien el nuevo ritmo y sus versos suenan con frecuencia como endecasílabos gallegos —con acento en la cuarta, séptima y décima sílabas—, o versos de arte mayor. De tarde en tarde aparecen, sin embargo, versos aislados que recuerdan la armonía de sus modelos y preludian el trasplante feliz que en el siglo siguiente tenían que lograr Boscán y Garcilaso, a quienes estaba reservada la gloria de esta aclimatación. Pero el esfuerzo del Marqués, como en tantos otros aspectos del siglo XV, prepara el camino. Aparte de sus fallos métricos y musicales tampoco acertó Santillana a captar la íntima belleza, cargada de emoción, de sus modelos. "La aclimatación definitiva —escribe Lapesa— requería un humanismo más profundo y, en consecuencia, más sobrio; una sensibilidad más espontánea, mayor efusión lírica y una lengua más fijada. El Marqués intuye con certero sentido cuál era la renovación poética necesaria para el futuro, se esfuerza por abrirle camino y muestra poseer dones capaces de superar muchas veces las limitaciones impuestas por su formación y por su ambiente" [57].

---

[56] Ed. de Ángel Vegue y Goldoni, *Los sonetos 'al italico modo' de don Íñigo López de Mendoza, Marqués de Santillana. Estudio crítico y nueva edición de los mismos*, Madrid, 1911; selección, en Trend, ob. cit.; *Poesías, serranillas y sonetos*, selección y prólogo de Manuel Segalá, Valencia, 1941. Cfr.: A. Morel-Fatio, "L'arte mayor et l'hendécasyllabe dans la poésie castillane du XVe siècle et du commencement du XVIe siècle", en *Romania*, XXIII, 1894, págs. 209-231. Evelina Vanutelli, "Il Marchese di Santillana e Francesco Petrarca", en *Rivista d'Italia*, 15 feb. 1924, págs. 138-150. Arturo Farinelli, *Italia e Spagna*, cit., I, págs. 74-78. Mario Penna, "Notas sobre el endecasílabo en los sonetos del Marqués de Santillana", en *Estudios dedicados a Menéndez Pidal*, vol. V, Madrid, 1954, págs. 253-282. Rafael Lapesa, "El endecasílabo en los sonetos de Santillana", en *Romance Philology*, X, 1957, págs. 180-185. Sobre el influjo de Petrarca en los sonetos de Santillana, véase además José María Azáceta, "Italia en la poesía de Santillana", cit. págs. 38-50.

[57] *La obra literaria...*, cit., pág. 201. Indica Lapesa que los sonetos de Santillana

2. A las obras didáctico-morales pertenecen unos pocos poemas doctrinales que granjearon a Santillana muy alta popularidad entre sus contemporáneos.

En el *Diálogo de Bías contra Fortuna*[58], el filósofo —uno de los llamados "siete sabios" de Grecia— reprocha a aquélla lo vano y transitorio de las cosas mundanas. El conocido caudal de las ideas senequistas y de la ascética cristiana adquiere en las 180 coplas del poema una dignidad de expresión, una suelta y atrayente profundidad que cuenta entre lo mejor, dentro de este género, escrito por Santillana; decía Menéndez y Pelayo que "es imposible exponer con más gracia una doctrina más severa". "Ningún poema del siglo XV español —comenta a su vez Lapesa— ofrece una exposición tan rotunda y plena de la moral estoica". Y refiriéndose a su estilo añade más abajo: "Por otra parte, el *Bías*, rico de ideas robustas, marcó el principio de una orientación estilística más sobria. Su autor empezaba a practicar en su poesía lo que con otro motivo escribía por entonces a su hijo, el futuro Cardenal: se contentaba con las materias de la literatura grecolatina, ya que las formas resultaban inasequibles. Lo que no sabía era que renunciando al ornato desmedido emprendía el camino hacia la verdadera forma clásica, que sólo se alcanzaría plenamente después, con la ejemplar sencillez de Jorge Manrique y Garcilaso"[59].

El *Doctrinal de privados*[60] es una tremenda diatriba contra Don Álvaro de Luna, al que presenta, después de muerto, haciendo pública confesión de sus pecados, si bien al fin se le permite, arrepentido, gozar del Paraíso. Consta la obra de 52 coplas en octosílabos de gran fuerza, estimulada por el implacable encono del autor. "Si en la obra de Santillana la *Comedieta* marca la cima del estilo brillante, el *Doctrinal* lo es de un tipo muy distinto de poesía, nerviosa y rápida. La tendencia iniciada en el *Bías* hacia la sobriedad formal se acentúa grandemente. Sin galas eruditas ni latinizantes, la expresión se vigoriza distendiendo antítesis, o se retuerce en laberintos de palabras y conceptos"[61].

Finalmente deben mencionarse los *Proverbios de gloriosa doctrina e fructuosa enseñanza*[62], en unas cien estrofas de pie quebrado, que fueron compuestos para la educación del príncipe Don Enrique. Su elegante y rotunda conci-

---

constituyen una serie de ensayos repetidos a lo largo de veinte años, los últimos de su vida. No se trataba, pues, de un capricho pasajero, sino de un reiterado afán de introducir un tipo de composición meditadamente escogido. No obstante, la falta de continuidad impidió, sin duda, que cada esfuerzo sirviera de adiestramiento para el siguiente; la diferencia técnica entre los primeros y los últimos es muy escasa (ídem, íd., páginas 179-181).

[58] Edición facsímil de la de Sevilla, 1502, por A. M. Huntington, New York, 1902.

[59] *La obra literaria...*, cit., págs. 217 y 223. Cfr.: Otis H. Green, "Sobre las dos fortunas: de tejas arriba y de tejas abajo", en *Studia Philologica. Homenaje ofrecido a Dámaso Alonso*, vol. II, Madrid, 1961, págs. 143-154.

[60] En Amador de los Ríos y Foulché-Delbosc, ed. citadas.

[61] Lapesa, *La obra literaria...*, cit., pág. 232.

[62] Ed. de J. Rogerio Sánchez, Madrid, 1928. Ed. de A. Pérez Gómez, Valencia, 1965.

sión le ganaron a Santillana el nombre de "el Marqués de los Proverbios". Señala Lapesa que, entre la abundante producción gnómica de la Edad Media, los *Proverbios* de Santillana ofrecen carácter muy especial; no son, dice, un conjunto desordenado de sentencias "sino expresión orgánica de un altísimo ideal humano: diseñan el modelo de un príncipe amador de sus vasallos y accesible a ellos, clemente, generoso y magnífico, a cuya fe cristiana se suman las virtudes caballerescas y la serenidad procedente de la sabiduría antigua"[63]. Para trazar este arquetipo, Santillana reunió lecciones de sabiduría tomadas de las fuentes más diversas, históricas o literarias, y aportó su propia experiencia fundiendo el conjunto con un acento muy personal. La prolongada tradición que tuvo en la Edad Media la literatura didáctica, hace difícil, y muchas veces vana, la tarea de señalar las numerosas fuentes que confluyeron en la colección sentenciosa del Marqués. Lapesa discute algunos de los influjos señalados por los comentaristas, particularmente los de origen francés[64]; subraya, en cambio, la deuda contraída por el autor con la Biblia, en particular los libros sapienciales, y sobre todo con Cicerón y Séneca, aunque Santillana varía sustancialmente la interpretación de algunos ejemplos tomados de éste último. Advierte, finalmente, el mencionado investigador que Santillana prefirió inspirarse en la Biblia y en los clásicos, por encima de los compendios medievales de larga difusión, aunque tomando de aquéllos lo que se avenía con su ideal humano, que ni era el modelo bíblico del varón justo ni el estoico del sabio imperturbable, sino el arquetipo del caballero medieval, con sus mejores cualidades de grandeza y señorío.

3. Pero las obras que, por curiosa ironía, han dado a Santillana fama más perenne son sus composiciones populares a la manera provenzal y galaico-portuguesa. Constan de una serie de *Canciones y deçires* y de diez *Serranillas*[65]. El poeta que despreciaba en teoría el arte popular, dio en esta cuerda los sones más delicados y escribió algunas de las más celebradas composiciones de esta especie de toda nuestra literatura, tan rica en tales motivos. Cierto, sin embargo, que el popularismo de tema y de origen adquieren en las manos del Marqués una delicada estilización.

---

[63] Rafael Lapesa, "Los *Proverbios* de Santillana. Contribución al estudio de sus fuentes", en *Hispanófila*, I, 1957; reproducido en *De la Edad Media a nuestros días...*, cit., págs. 95-111 (citamos por esta edición; la cita, pág. 95).

[64] Cfr.: Joseph Seronde, "A Study of the Relations of Some Leading French Poets of the XIV and XV Centuries to the Marqués de Santillana", en *The Romanic Review*, VI, 1915, págs. 60-86. Charles V. Aubrun, "Alain Chartier et le marquis de Santillana", en *Bulletin Hispanique*, XL, 1938, págs. 129-149. Pierre Le Gentil, *La poésie lyrique espagnole...*, cit., vol. I, pág. 453.

[65] Ediciones: *Canciones y decires,* ed. V. García de Diego, "Clásicos Castellanos", Madrid, 1913. *Canciones, decires, serranillas,* ed. J. Mallorquí Figuerola, Buenos Aires, 1940 (Colección Literaria Clásica); y las selecciones citadas de Trend y Manuel Segalá.

En las *Canciones y deçires* [66] glosa o parafrasea algún cantar popular, pero que procede con frecuencia de algún poeta culto y se ha popularizado luego.

Las *Canciones,* conservadas en número de diecinueve, son breves por lo general, y sus temas son los habituales sobre el amor en la "poesía cortés". Su factura suele ser sencilla, sin exceso de imágenes ni retorcimiento de conceptos. El poeta parece moverse sin esfuerzo (lo que no supone la ausencia de una exquisita elaboración, bien que cuidadosamente disimulada), con naturalidad graciosa, buscando el efecto poético de ligeras pero eficaces repeticiones, y tratando de conseguir la adecuación al ritmo de la música para la que iban destinadas. Los *Deçires* son de más varia condición. Los que comienzan "Non es humana la lumbre", "Gentil dama tal paresçe" y "Quando la fortuna quiso" "inauguran en la poesía castellana un tipo de composición amatoria extensa, el que más tarde había de llamarse 'consideración' o 'lamentación'" [67]. Otros son más ligeros de contenido y de extensión. Todos, en cambio, por lo general, como no destinados a la música, sino a la lectura, abundan en galas retóricas, en virtuosismos, en alarde de conceptos y tópicos mitológicos, vestido todo ello con el ropaje latino y culto que constituía para el Marqués el ideal de la poesía sabia.

---

[66] Lapesa define la diferencia entre ambas formas poéticas: "Entre 1360 y 1425 —escribe— se perfila con progresiva claridad la distinción entre la poesía cortesana destinada al canto (*cantigas*) y la compuesta para la recitación o la lectura (*dezires*). Los cancioneros gallego-portugueses habían llamado *cantigas* a todas sus composiciones, de cualquier asunto y forma que fuesen. En los epígrafes del *Cancionero de Baena* correspondientes a producciones más antiguas —casi todas en metros cortos— *cantigas* ya no es el término único, pero conserva todavía un dominio muy amplio: se aplica a poesías con estribillo o sin él; vale para todas las religiosas y de amores, éstas últimas bien sean puramente líricas, bien contengan elementos narrativos; y hasta incluye alguna obra de burlas o de loor, aunque de ordinario entran en la categoría de *dezires* igual que los epitafios y peticiones. Hacia 1400 el área del *dezir* recibe doble incremento: de una parte por la boga que alcanzan los poemas extensos en verso de arte mayor, raros antes; de otra parte, porque también crecen los géneros de poesía recitada en metros cortos: a principio del siglo xv hay decires de amor, didácticos, etc., en octosílabos o hexasílabos. La diferencia con las *cantigas* no consiste sólo en el carácter musical de éstas, sino también en la forma poética: la *cantiga* toma como estructura casi exclusiva la de estribillo y glosa con vuelta; el *dezir*, salvo casos excepcionales, carece de estribillo y sus estrofas pueden no tener entre sí más rasgo común que el ajustarse a un mismo esquema de metros y rimas. A veces queda patente que el criterio clasificador no era muy seguro; pero en líneas generales los dos grupos estaban bien definidos al acabar el primer cuarto del siglo xv. Entonces la palabra *cantiga* (o *cántica,* también usada por Baena) estaba ya envejecida o en trance de anticuarse ante el avance de *canción*" (*La obra literaria...,* cit., págs. 21-23). Cfr.: Francisca Vendrell de Millás, prólogo a su edición de *El Cancionero de Palacio,* C. S. I. C., Barcelona, 1945, págs. 95 y 97. Pierre Le Gentil, *La poésie lyrique...,* cit., vol. I.

[67] Lapesa, *La obra literaria...,* cit., pág. 86.

En las *Serranillas* adopta la forma típica del género: una pastora y un caballero se encuentran en un paisaje agreste que el poeta describe con primor; después de la alabanza de la serrana comienza el debate de los dos personajes, los requiebros del enamorado y la negativa de la pastora que alega su desigual condición; al final, ella se marcha y en algunos casos —los menos— se consuma el idilio.

Pero así como la forma tradicional castellana había hecho de las serranas seres toscos y agresivos —recuérdense las del Arcipreste— las de Santillana —quizá bajo el influjo de las "pastorelas" provenzales— se estilizan y pulen, y trenzan con el caballero un diálogo de refinada ingeniosidad, atemperada en ocasiones por una moderada rudeza, que da a toda la composición un tono delicadamente poético. Despojado de la rebuscada pedantería de sus composiciones italianistas y doctrinales y a la vez del vacío virtuosismo cortesano, tan de la época, Santillana alcanza en sus *Serranillas* una perfección que pocas veces en la lírica popular ha sido superada.

Debe advertirse, sin embargo, que existe un evidente proceso de refinamiento y estilización a partir de la tercera serranilla, que sigue en aumento hasta el final. Todavía las dos primeras y también la cuarta (ésta, probablemente, es la más antigua) conservan semejanza con las del Arcipreste. Pero a partir de la tercera se suavizan los rasgos más crudos y se eleva la calidad humana de las protagonistas; ya "ni siquiera se llama serranas a la mozuela de Bores ni a la vaquera de la Finojosa". A la de Bores se dirige el poeta con la reverencia debida a una dama:

mandar me podedes
como a servidor...

Estas dos últimas serranillas aludidas —la VI y la IX—, que son posiblemente las más bellas, parecen incluso amagar el vuelo hacia una idealización bucólica; son las dos que inducen particularmente a pensar en una probable influencia, más o menos difusa, de la pastorela francesa o provenzal. Pero el gradual ennoblecimiento del tema y la creciente poetización del paisaje que realiza Santillana en el conjunto de sus "serranillas", nunca eliminan la nota realista captada por el poeta de primera mano y limpia, por tanto, de los convencionales tópicos bucólicos. Más aún: como hizo notar Cirot [68], estas diez composiciones del Marqués constituyen una "geografía poética de Castilla", con sus descripciones de paisajes, ambientes y trajes femeninos; la feliz intuición del escritor aprovecha la evocadora sonoridad de nombres geográficos reales —Bores, Espinama, el puerto Calatraveño— y levanta su delicada estilización sobre escenarios conocidos, en los que la naturaleza no ha retirado ninguno de sus ásperos elementos para moderar el vuelo de la fuga poética.

---

[68] G. Cirot, "La topographie amoureuse du Marquis de Santillane", en *Bulletin Hispanique*, XXXVII, 1935, págs. 392-395.

En la primera de las serranillas —"Serranillas de Moncayo — Dios vos dé buen año entero"— la protagonista, al modo de las del Arcipreste, se abalanza sobre el viajero creyéndolo un montero aragonés, pero, cuando aquél le aclara quien es, le ofrece participar en su comida y quizá en sus amores, pues le había fallecido su compañero. En la segunda composición —"En toda la su montaña — de Trasmoz a Verantón — non vi tan gentil serrana"— es el poeta quien trata de apresar a la montañesa, pero ésta le rechaza amenazándole con su dardo pedrero, porque va a casar a los pocos días con un vaquerizo. En la serranilla cuarta, Menga de Manzanares defiende un alto valle del Guadarrama, por donde no deja pasar sino a un pastor amigo. Menga le exige el cinto al viajero a menos que quiera luchar con ella, pero, aceptada la lucha, la serrana es vencida y cae a tierra "cerca de unos tomellares". A pesar del parentesco de estas composiciones con las de Juan Ruiz "nos hallamos en un clima estético distinto"; estas mujeres no tienen la rusticidad de las del Arcipreste; Menga de Manzanares, como también las dos serranas del Moncayo, es hermosa, su canto es atractivo y sus palabras carecen de rusticidad. Su vencimiento en la lucha sugiere levemente la posterior entrega amorosa, pero el poeta no se complace en procacidades.

En la tercera serranilla, sencillamente deliciosa, en hexasílabos, ya no hay violencia ninguna El caminante queda sorprendido ante la belleza de la serrana, que detiene con firme dignidad los posibles atrevimientos del señor:

...¿e soys vos villana?"

"Sí soy, caballero;
si por mí lo avedes,
dezid, ¿qué queredes?
Fablad verdadero".

Y la admiración del caminante sólo acierta a decir:

"Juro por Santana
que no soys villana" [69].

En la quinta serranilla —una "serranilla fronteriza", como la llama Lapesa— la belleza de la muchacha atrae también de tal manera al caballero que éste, de no tener presa su voluntad en otra parte, no se pudiera excusar "de ser preso en su cadena". El poeta se limita a prevenir a la joven contra posibles incursiones de los moros cercanos, y aquélla rechaza llanamente su protección porque los mozos de los pueblos vecinos también están en ello y han salido para atajar.

---

[69] Todas las citas de las *serranillas* corresponden a la ed. Trend, cit., págs. 85-113.

La serranilla sexta —"Moça tan fermosa"— así como la novena —"Moçuela de Bores"—, ambas en hexasílabos, son sin duda las más difundidas. En la primera, los requerimientos del señor son rechazados una vez más; en la segunda, el amoroso ofrecimiento del viajero de convertirse incluso en pastor para servir a la serrana, es aceptado, y el "final feliz" se insinúa con la más delicada gracia poética:

> *Asy concluymos*
> *el nuestro processo*
> *sin fazer excesso,*
> *e nos avenimos.*
> *E fueron las flores*
> *de cabe Espinama*
> *los encubridores.*

Menos importancia tienen la séptima y la octava, muy breves, y la décima, que sitúa el poeta en la frontera de Álava [70].

La técnica narrativa de las serranillas de Santillana parece influida por el estilo habitual de los romances: el poeta nos introduce repentinamente "in medias res" y corta a su vez abruptamente el desenlace, que en ocasiones queda tan sólo levemente sugerido y en otras ni se apunta siquiera; el poeta —tal es el caso de la vaquera de la Finojosa— se ha detenido solamente para dejar constancia de su asombro ante aquella belleza, y nada concreto se nos dice de lo que pudo luego suceder. El autor no apura el relato, y en esta vaga insinuación, que deja abiertas y flotando todas las posibilidades, está a nuestro juicio el mayor encanto poético de estas serranillas.

Próximas al ciclo de éstas quedan otras dos composiciones de Santillana: el "Cantar que fizo a sus hijas loando la su fermosura" y el "Villancico a sus tres hijas". En la primera —una canción con vuelta— el poeta canta la belleza de sus hijas a la manera que había usado con las serranas, si bien aquéllas prueban con su atuendo y modales que no son "vezadas de ganado", y la pintura ahora, como corresponde a tales damas, es un retrato en oros y pedrerías y supremas bellezas corporales, artificiosamente cortesano, pero bello y vistoso como un halago, que al cabo era.

---

[70] Cfr.: Lapesa, *La obra literaria...*, cit., págs. 46-73. A. Leforestier, "Note sur deux *serranillas* du Marquis de Santillane", en *Revue Hispanique*, XXXVI, 1916, págs. 150-158. Ferrucio Blasi, "La *serranilla* spagnuola", en *Archivum Romanicum*, XXV, 1941, págs. 86-139. José M. de Cossío, "Geografía de una serranilla del Marqués de Santillana", en *Correo Erudito*, II, 1941, págs. 52-53. José Terrero, "Paisajes y pastoras en las serranillas del Marqués de Santillana", en *Cuadernos de Literatura*, VII, 1950, páginas 169-202. Francisca Vendrell, "Una nueva interpretación de la segunda serranilla", en *Revista de Filología Española*, XXXIX, 1955, págs. 24-45. A. H. Weiss, "A Note on Santillana's Serranilla V", en *Modern Language Notes*, LXXII, 1957, págs. 343-344. J. Villegas Morales, "En torno a la Vaquera de la Finojosa", en *Revista de Educación*, VI, 1961, págs. 177-182.

La segunda composición no es propiamente un villancico, aunque así se titule, ya que no existe un estribillo como punto de partida de la composición, glosado luego en las estrofas. Por el contrario, son las estrofas descriptivas y narrativas las que concluyen con un estribillo de carácter popular: el poeta que ha descubierto a sus tres hijas caminando "por una gentil floresta", se esconde entre las ramas y escucha indiscretamente las palabras con que aluden a sus cuitas de amor:

> "*Aguardan a mí;*
> *nunca tales guardas vi*".

> "*La ñina que amores ha,*
> *sola ¿cómo dormirá?*".

Cuando el poeta se deja ver de las jóvenes, éstas se alejan rechazando su compañía; y aquél comenta:

> *Sospirando yva la niña,*
> *e non por mí,*
> *que yo bien se lo entendí.*

Estas dos últimas composiciones no fueron recogidas en los principales manuscritos que coleccionaron las obras del Marqués. La primera de ellas, descubierta por Menéndez Pidal [71], no parece ofrecer problemas; pero la segunda, publicada a nombre de Santillana en un Cancionero del siglo XVI y en un pliego suelto de romances, ha suscitado dudas sobre su autoría, ya que en otras dos colecciones figura, con variantes, a nombre de Suero de Ribera [72]. Lapesa se inclina, no obstante, por la tradicional atribución a Santillana.

JUAN DE MENA

El más representativo poeta de las corrientes que tienen su manifestación en la Corte de Juan II, el que en mayor medida da el "tono" de la época —quizá con la excepción o, en todo caso, a la par del Marqués de Santillana—, es Juan de Mena, cordobés, nacido en 1411. Viene afirmándose que se conocen pocos detalles de su vida, en contraste con la fama de que gozó en su tiempo y a lo largo de todo el siglo inmediato. Florence Street ha demostrado, sin

---

[71] Ramón Menéndez Pidal, "Poesías inéditas del Marqués de Santillana", en *Poesía árabe y poesía europea*, "Colección Austral", núm. 190, págs. 93-102.

[72] Cfr.: Margit Frenk Alatorre, "¿Santillana o Suero de Ribera?", en *Nueva Revista de Filología Hispánica*, XVI, 1962, pág. 437 (se inclina por la atribución al **segundo autor**).

embargo, en un trabajo minucioso [73], que no son tan escasas las noticias que se poseen del poeta, extraídas de la biografía escrita por Hernán Núñez, de las propias obras del autor y de documentos conservados en Córdoba, Sevilla, Madrid y Simancas; muchas, en realidad, habida cuenta del carácter y condición del escritor, cuya vida se desenvuelve en torno a su sola aventura intelectual.

María Rosa Lida [74] dio prácticamente por seguro que Mena descendía de una familia de conversos, opinión recogida por Américo Castro y aceptada generalmente después. Florence Street sostiene, por el contrario, después de examinarlas una a una, que las razones aducidas por Lida no son terminantes y que el judaísmo de Mena no puede afirmarse sin nuevas pruebas; a idéntico resultado llega también Alfredo Carballo Picazo [75].

Mena estudió en Salamanca, donde debió de obtener el grado de Maestro en Artes —una copia del siglo XV de su *Omero romançado* está firmada por *dominum Johanem de Mena*—, y luego en Roma, posiblemente con la protección del cardenal don Juan de Cervantes, de quien era amigo y en cuya casa había trabajado investigando documentos históricos. Debido a sus grandes conocimientos en la lengua latina, cuyos clásicos admiraba [76], Juan II le nombró su "secretario de cartas latinas" y desde entonces pasó la mayor parte del tiempo en la corte, alternando con estancias en su ciudad natal donde fue nombrado "Veinticuatro", cargo que habían ya ostentado otros dos miembros de su familia. Su posición en la corte le puso en directa relación —con frecuencia, de estrecha amistad— con los más sobresalientes políticos y escritores de su tiempo, comenzando por el propio rey y don Álvaro de Luna. Por encargo del monarca escribió la traducción resumida de la *Ilíada*, antes de concluir la redacción de su *Laberinto*; don Álvaro de Luna le pidió un prólogo para su *Libro de las virtuosas e claras mujeres*, e intercambió versos con gran número de poetas cortesanos. Como recompensa por haber compuesto el *Laberinto* fue nombrado cronista real, aunque no se conoce ninguna obra histó-

---

[73] Florence Street, "La vida de Juan de Mena", en *Bulletin Hispanique*, LV, 1953, págs. 149-173.

[74] María Rosa Lida, "Para la biografía de Juan de Mena", en *Revista de Filología Hispánica*, III, 1941, págs. 150-154.

[75] Alfredo Carballo Picazo, "Juan de Mena: un documento inédito y una obra atribuida", en *Revista de Literatura*, I, 1952, págs. 269-299.

[76] "Si tomamos como modelo la figura de su amigo el marqués de Santillana —escribe Blecua— y comparamos las lecturas de uno y otro, veremos cómo le vence nuestro poeta en el conocimiento directo de los clásicos latinos. Mientras don Íñigo nos viene a confesar que su conocimiento del latín no es muy seguro, Juan de Mena conoció directamente, y casi nos atreveríamos a afirmar que se sabía de memoria, parte de las obras de Virgilio, Lucano y, sobre todo, Ovidio. En los comentarios a *La Coronación* el autor más veces citado es este último, y especialmente las *Metamorfosis*, de donde proceden los mitos y alusiones clásicas más frecuentes" (prólogo a su edición de *El Laberinto de Fortuna*, págs. XXIII-XXIV).

rica salida de sus manos. En medio de aquella corte, revuelta por todo género de intrigas y partidos, Mena permaneció siempre fiel al rey, del que recibió frecuentes mercedes y donaciones, y a don Álvaro de Luna, de quien hizo un fervoroso panegírico en el *Laberinto,* sin que esto le impidiera mantener estrecha amistad con Santillana, enconado enemigo de don Álvaro. Murió el poeta probablemente en 1456, en Torrelaguna: según Hernán Núñez, de "un dolor de costado"; según Gonzalo Fernández de Oviedo, de una caída de su cabalgadura [77].

Juan de Mena es el prototipo del intelectual puro, apartado no menos de las armas que de toda lucha política, y entregado con absorbente dedicación al estudio y a la creación de su obra. Su retrato, quizá por razones de enemistad política, no figura ni en las *Generaciones y Semblanzas,* ni en los *Claros varones de Castilla,* pero no carecemos de alguna descripción, que nos muestra los peculiares rasgos de su persona. Juan de Lucena en su *Tratado de Vita Beata* lo describe, por boca de sus interlocutores, con las carnes "magrescidas por las grandes vigilias tras el libro, mas no durescidas ni callosas de dormir en el campo; el vulto pálido, gastado del estudio, más no roto ni recosido por los encuentros de lanza", y tan abstraído en su trabajo que "olvidados todos aferes, trascordado el yantar y aun la cena, se piensa estar en gloria". Refiriéndose a la gran pasión del poeta por el estudio del latín, el mismo Lucena pone en boca de Santillana estas palabras: "Si con Johan de Mena fablases a solas, latino sermón razonarías".

Mena gozó de fama inmediata y las ediciones de su *Laberinto* fueron numerosísimas. En la de Sevilla de 1499 Hernán Núñez, llamado *el comendador griego,* incluyó el breve bosquejo de la vida del poeta, a que nos hemos referido, y un gran caudal de anotaciones para aclarar y glosar los innumerables pasajes del poema oscuros y cargados de erudición clásica; trató además de mejorar el texto a la vista de nuevos manuscritos. De "monumento de erudición" ha calificado Bataillon [78] esta primera edición glosada, que Núñez trató todavía de perfeccionar en la de 1505. Mena, pues, se había convertido en un clásico. Como tal le conceptúa Nebrija, para quien Mena era "el poeta" por excelencia; cuarenta veces se autoriza en su *Gramática* con ejemplos tomados de Mena para ilustrar sus teorías sobre las figuras y licencias poéticas,

---

[77] Cfr.: José María Aguado, "Descripción y vicisitudes de unas heredades que pudieron pertenecer al poeta Juan de Mena", en *Boletín de la Real Academia Española,* XIX, 1932, págs. 499-508. V. Beltrán de Heredia, "Nuevos documentos inéditos sobre el poeta Juan de Mena", en *Salmanticensis,* III, 1956, págs. 502-508. M. Muñoz Vázquez, "Aportación documental a la biografía de Juan de Mena", en *Boletín de la Real Academia de Ciencias, Bellas Letras y Nobles Artes de Córdoba,* XXVIII, 1957, págs. 147-165; número dedicado a Juan de Mena (esta publicación nos ha sido inasequible).

[78] Marcel Bataillon, "La edición princeps del *Laberinto* de Juan de Mena", en *Estudios dedicados a Menéndez Pidal,* II, Madrid, 1951, págs. 325-334; reproducido, en español, en *Varia lección de clásicos españoles,* Madrid, 1964, págs. 9-20.

mientras sólo en cuatro ocasiones cita a Santillana. A finales del siglo XVI el Brocense publicó otra nueva edición glosada de las *Trescientas,* con idéntico propósito que *el comendador griego.*

Pero, en contraste con esta temprana gloria, la crítica moderna hasta fines del siglo pasado dedicó a Mena escasa atención. Recuerda Carballo [79] que hasta 1900 no existían sobre Mena otros estudios que las páginas de Puymaigre [80], de Menéndez y Pelayo [81] y de Morel Fatio [82]. Pero a partir de aquella fecha el interés por Mena ha crecido constantemente, y puede afirmarse que el poeta cordobés figura entre los más favorecidos por los medievalistas contemporáneos; una larga serie de trabajos y ediciones de Foulché-Delbosc, Groussac, Chandler R. Post, Inez MacDonald, Aguado, Blecua, Lida de Malkiel, Martín de Riquer, Aubrun, Bataillon, Carballo, Lapesa, López Estrada, Pérez Gómez, Florence Street —entre otros varios— que irán siendo citados, jalonan la importancia reconocida en nuestros días al poeta de las *Trescientas.*

Obras en prosa. Aunque Mena es esencialmente un poeta, nos ha dejado una considerable producción en prosa: el *Omero Romançado* [83], traducción verificada sobre un resumen latino de la Ilíada hecho por Ausonio; el *Comentario* a su propio poema *La Coronación;* y el proemio al *Libro de las virtuosas e claras mujeres,* de Don Álvaro de Luna.

Los méritos de Mena como prosista venían siendo subestimados en virtud del juicio poco favorable de Menéndez y Pelayo, pero la crítica moderna tiende a rehabilitarle: Valbuena Prat, José Manuel Blecua y María Rosa Lida de Malkiel han rectificado, al menos en parte, aquel juicio. Mena, como tantos otros escritores de su tiempo, encuentra inexpresiva y pobre la lengua castellana en comparación con la latina y aun con la italiana, y trata de crear una lengua literaria diferente de la vulgar injertándole voces y giros latinos en una proporción hasta entonces desconocida. La versión que Mena hace de Homero da apenas —evidentemente— un trasunto de su grandeza épica, aunque contribuyó en gran medida a la difusión del gusto por la literatura clásica; pero su labor como prosista es muy estimable en el camino que conduce hacia el perfeccionamiento y enriquecimiento culto del idioma. Valbuena Prat escribe: "En Mena no hay sólo el loable propósito de un estilo elevado en prosa, sino la realización de una *prosa poética* dentro de las limitaciones del lenguaje de su tiempo, que no desaparecieron tampoco en los versos de arte mayor.

---

[79] "Juan de Mena: un documento...", cit., pág. 269.
[80] Th. de Puymaigre, "Juan de Mena", en *Le Correspondant,* I, 1869, págs. 216-247.
[81] M. Menéndez y Pelayo, *Antología...,* cit., II, págs. 139-193.
[82] A. Morel-Fatio, "Les deux *Omero* castillans", en *Romania,* XXV, 1896, págs. 111-129; reproducido en *Études sur l'Espagne,* París, 1925, págs. 88-118.
[83] Edición, prólogo y glosario por Martín de Riquer, "Selecciones Bibliófilas", Barcelona, 1949.

La lírica en el siglo XV

Un hipérbaton sin medida, un empleo exagerado de latinismos, dan cierta violencia ampulosa y retórica a la mayoría de las páginas del comentario en prosa a la *Coronación* y del *Homero romançeado*; pero a la vez se encuentran en estas obras frases sonoras, robustez y cadencia grandilocuente, nuevas en la lengua castellana [84].

Blecua, por su parte, al tratar del *Comentario* a *La Coronación*, escribe: "Como en la versión anterior [se refiere a la del *Omero Romançado*] los recursos estilísticos latinos se aplican con todo rigor en estos comentarios, cuya lectura ha sido desdeñada por los eruditos, cuando en ella se encontraba precisamente la clave a muchos problemas de interés planteados en el siglo XV" [85].

Cuáles sean algunos de estos problemas puede colegirse del reivindicativo comentario de María Rosa Lida sobre la prosa de Juan de Mena; aludiendo a las fábulas mitológicas incluidas en el *Comentario* a *La Coronación*, escribe: "El poeta cuenta por contar, hecho importantísimo frente a la narración medieval, de esencia didáctica. Parecería que Mena va tomando conciencia de su posición de narrador artístico". "Ese novelar desinteresado —añade casi a continuación— sobre temas y ambientes enteramente imaginarios y prestigiados con el brillo del mito antiguo apunta, inequívocamente, al Renacimiento" [86]. Y alude luego en distintas partes al propósito del escritor de crear una prosa culta al servicio de aquel ideal de arte, para acabar diciendo que "...la misma abundancia, la misma exornación retórica, el mismo apego a la construcción latina se hallan en los trozos de elocuencia de otros coetáneos: el Arcipreste de Talavera en su estilo docto, Juan Rodríguez de la Cámara, Ruy Sánchez de Arévalo, Alfonso de Cartagena, Juan de Lucena y Alfonso de la Torre (ambos desmesuradamente alabados por Menéndez y Pelayo), los cronistas de Don Álvaro de Luna y de Miguel Lucas de Iranzo, Fernán Pérez de Guzmán y Hernando del Pulgar, hoy reconocidos como maestros de la prosa artística del XV" [87].

Obras en verso. A pesar de todo, de mucho mayor interés que la obra en prosa de Juan de Mena son sus producciones en verso, que pueden dividirse en dos grupos: las de tipo tradicional y las que siguen la corriente italianizante y clásica.

A las primeras —que constituyen lo que se ha llamado "primer estilo" de Juan de Mena— pertenecen una serie de composiciones en general breves, de metros cortos, que siguen la moda de la poesía trovadoresca y cortesana, es

---

[84] *Historia de la Literatura Española*, vol. I, 7.ª ed., Barcelona, 1964, pág. 239.
[85] "Los grandes poetas del siglo XV", en *Historia General de las Literaturas Hispánicas*, vol. II, Barcelona, 1951, pág. 81.
[86] María Rosa Lida de Malkiel, *Juan de Mena, poeta del Prerrenacimiento español*, México, 1950, págs. 130-31.
[87] Idem, íd., págs. 148-49.

decir: abundan en juegos de ingenio, habilidades discursivas —que en Mena adquieren el tono de un subido intelectualismo—, trivialidades sentimentales y virtuosismos de forma. Sus asuntos evolucionan desde lo más frívolamente amoroso a los temas graves y doctrinales, pero el molde externo sigue siendo el mismo. En estas obras Mena no llega a ser un poeta de primer orden; no es mejor ni peor que la mayoría de los incontables poetas cortesanos de su tiempo, y sólo por estas obras menores ni hubiera conquistado la fama que disfrutó ni logrado la importancia que en nuestra historia literaria tiene. Sin embargo, consigue frecuentemente aciertos de gran delicadeza y musicalidad y encuentra bellas imágenes y finos matices de auténtica poesía [88].

El "segundo estilo" de Mena, donde se revela el poeta típicamente culto que desprecia el juicio de la multitud y se dirige a una minoría capaz de comprenderle, está representado por dos obras menores —el *Claro-escuro* y *La Coronación del marqués de Santillana*—, y una obra capital: *El Laberinto de Fortuna*, también conocido por el nombre de *Las Trescientas*, debido al número aproximado de estrofas de que consta.

El *Claro-escuro*[89] es una combinación de formas alegóricas y poesía de cancionero, en la que sobre un fondo compuesto según la línea culta del poeta —con profusión de imágenes y de cultismos y premeditada oscuridad léxica y sintáctica— se teje el hilo de un episodio amoroso dipuesto según las formas de la poesía cortesana. A la diferencia de tono poético corresponde la dualidad métrica de la composición: estrofas de ocho versos de arte mayor para lo "escuro" y coplas de octosílabos para la narración más sencilla; experimentos que —dice María Rosa Lida— "dan testimonio de una aguda conciencia de la métrica como medio expresivo del tono de la poesía".

La Coronación[90] es un poema alegórico que consta de 51 quintillas dobles de arte menor, en el que el autor, después de describir las penas del infierno, se ve arrebatado al Monte Parnaso, donde ve coronar como excelso poeta al marqués de Santillana. Mena utiliza aquí todas las galas de su estilo culto y los recursos habituales de las alegorías de su tiempo, aunque vertiéndolos en la forma más ligera del metro de arte menor. En conjunto, *La Coronación* representa la transición o puente entre su primero y su segundo estilo.

Pero la obra que representa la cima del autor, aquella en que puso mayores ambiciones y cuidados, y también la de más transcendencia artística y mayor

---

[88] Textos en Foulché-Delbosc, "Cancionero de Juan de Mena", en *Cancionero castellano del siglo XV*, cit., I. Cfr.: Alberto Várvaro, *Premesse ad un'edizione critica delle poesie minori di Juan de Mena*, Liguori-Napoli, 1964 (contiene varias composiciones inéditas).

[89] Ed. Foulché-Delbosc, "Cancionero de Juan de Mena", cit.

[90] Edición Foulché-Delbosc, íd., íd. Cfr. Inez McDonald, "The 'Coronacion' of Juan de Mena: Poem and comentary", en *Hispanic Review*, VII, 1939, págs. 125-144. Ed. facsímil por A. Pérez Gómez, Cieza, 1964.

influjo en la poesía de su tiempo, es *El Laberinto de Fortuna*, culminación de la corriente culta y alegórica comenzada por Imperial.

El Laberinto[91], poema alegórico a semejanza de la *Divina Comedia* del Dante, está formado por un tema general de carácter mitológico, y una serie de episodios históricos intercalados. El poeta, arrebatado por el carro de la diosa Belona, es transportado al palacio de la Fortuna. Guiado por la Providencia contempla allí la "máquina mundana" y en ella tres ruedas: dos inmóviles, que representan el pasado y el porvenir, y una en movimiento que simboliza el presente. Cada rueda consta de siete círculos influidos por los siete planetas, en los que va colocando el autor los más diversos personajes. En la rueda del pasado incluye Mena personajes históricos y mitológicos; en la del presente hace una verdadera síntesis de la historia de España escogiendo destacadas personalidades de reyes, poetas y magnates, con bellísimos fragmentos como el del trovador Macías, la pintura de Don Enrique de Villena contemplando los astros, la del conde de Niebla muerto en la conquista de Gibraltar, el episodio de Doña María Coronel que se quemó bárbaramente antes de ceder a los deseos de Don Pedro, la muerte de Lorenzo Dávalos, y otros muchos. En la rueda del futuro pronostica grandes éxitos a Juan II —"Al muy prepotente Don Juan el segundo", a quien dedica su poema en una introducción que comienza con dichas palabras—, en quien deseaba ver encarnado el robusto poder capaz de enfrenar las querellas nobiliarias, y suprimir las guerras que aborrecía, y realizar su ideal de unidad y gloria nacional. Pero cuando quiere

---

[91] Edición Foulché-Delbosc, Mâcon, 1904; reproducida, sin el aparato crítico, en el *Cancionero...*, cit. Ed. José Manuel Blecua, "Clásicos Castellanos", Madrid, 1943. Ed. facsímil de la de Sevilla de 1496, por A. Pérez Gómez, Valencia, 1955. Cfr.: R. Foulché-Delbosc, "Étude sur le *Laberinto* de Juan de Mena", en *Revue Hispanique*, IX, 1902, págs. 73-138 (contiene una lista completa de ediciones y estudios). Del mismo, "Le *Commandeur Grec* a-t-il commenté le *Laberinto*?", en *Revue Hispanique*, X, 1903, páginas 105-116. Paul Groussac, "Le commentateur du *Laberinto*", en *Revue Hispanique*, XI, 1904, págs. 164-224. J. Schmit, "Sul verso di arte mayor", en *Rendiconti della R. Accademia dei Lincei*, XIV, 1905, págs. 109-133. F. Hanssen, "El Arte Mayor de Juan de Mena", en *Anales de la Universidad de Chile*, LXVIII, 1906, págs. 179-200. Chandler R. Post, "The sources of Juan de Mena", en *Romanic Review*, III, 1912, págs. 223-279. Erasmo Buceta, "La crítica de la oscuridad sobre poetas anteriores a Góngora", en *Revista de Filología Española*, VIII, 1921. José Manuel Blecua, "Algunos aspectos del *Laberinto*", en *Castilla*, I, 1940, págs. 115-131 (véase también, del mismo, el prólogo a su edición citada). Florence Street, "The Allegory of Fortune and the Imitation of Dante in the *Laberinto* and *Coronaçion* of Juan de Mena", en *Hispanic Review*, XXIII, 1955, págs. 1-11. Del mismo, "The Text of Mena's *Laberinto* in the *Cancionero de Ixar* and its Relationship to Some Other Fifteenth-Century MSS.", en *Bulletin of Hispanic Studies*, XXXV, 1958, págs. 63-71. F. López Estrada, "Sentido poético en el *Laberinto* de Mena", en el *Boletín de la Real Academia... de Córdoba*, cit., págs. 91-103. José Gimeno Casalduero, "La numeración de los reyes de Castilla en el *Laberinto* de Juan de Mena", en *Monteagudo*, Murcia, 1960, núm. 29, págs. 14-18. Del mismo, "Notas sobre el *Laberinto de Fortuna*", en *Modern Language Notes*, LXXIX, 1964, págs. 125-139. Y la obra fundamental de Lida de Malkiel, cit.

ver más claro y abraza a la hermosa doncella que simboliza a la Providencia, la visión se desvanece.

En la disposición general del poema es manifiesta la influencia del Dante; sin embargo, frente al concepto tradicional que atendía insistentemente a la fundamental huella dantesca en el poema de Mena, se tiende hoy a destacar otros influjos mucho más profundos que aquél. Post, en 1912, había hecho ya notar que la idea del palacio de la Fortuna pudo sugerírsela al autor uno cualquiera de los muchos poemas alegóricos medievales, en los que la Casa de la Fortuna o de la Fama constituyen un recurso habitual. Y Blecua escribe: "La influencia dantesca es más bien difusa que concreta, fuera, naturalmente, de que de él arranque todo el movimiento alegórico, que tiene en *El Laberinto* la más acabada expresión española" [92].

Aunque la idea de los círculos de los siete planetas está tomada evidentemente del *Paraíso*, por encima de la influencia del Dante —en lo que a pasajes concretos se refiere— hay que destacar sobre todo la presencia de dos grandes poetas clásicos: Virgilio y Lucano. El episodio del Libro IX de la Eneida en que la madre de Euríalo contempla la cabeza de su hijo [93], inspira el llanto de la madre de Lorenzo Dávalos al encontrarse con el ensangrentado cadáver del suyo (uno de los más intensos momentos de *El Laberinto*); del Libro I de las *Geórgicas* están tomados los presagios de la tempestad en el episodio de la muerte del conde de Niebla. Mucho mayor es el influjo de Lucano. Mena, que en varias ocasiones anteriores había mostrado su entusiasmo por este gran poeta cordobés, su coterráneo [94], toma de él diversos momentos, pero sobre todo el del conjuro de la maga de Valladolid, a quien acuden los enemigos de Don Álvaro para conocer su fin: episodio imitado —con toda su impresionante

---

[92] *Los grandes poetas del siglo XV*, cit., pág. 85.

[93] Menéndez y Pelayo, siguiendo una sugerencia hecha ya por Quintana, sostiene que el citado episodio del libro IX de la Eneida es el que inspira el pasaje de Mena en *Las Trescientas*; y así lo repiten todos los comentaristas posteriores, entre ellos Blecua, que afirma: "El impresionante vigor de Juan de Mena no queda, para mi gusto, inferior a Virgilio" (prólogo a su edición de *El Laberinto*, cit., pág. LIV). En cambio, María Rosa Lida de Malkiel, en su libro citado sobre Juan de Mena, funda la imitación del poeta cordobés en otro pasaje distinto: la desesperación del anciano Evandro cuando contempla el cadáver de su hijo Palante, episodio perteneciente al libro XI de la Eneida. Cierto que ambos fragmentos virgilianos guardan semejanza, y cualquiera de ellos pudo inspirar a Mena por igual; pero parece que el de la madre de Euríalo tiene, en efecto, muchos más puntos de contacto con los versos del poema español, aparte el hecho de ser también una mujer, y no un hombre, la protagonista de la trágica lamentación.

[94] "Después de Virgilio —dice Blecua— su poeta preferido fue Lucano. Y no sería extraño que esta preferencia se debiese a dos razones: una patriótica, su devoción por todo lo cordobés; y otra, literaria, ya que Lucano realiza cumplidamente el sueño de Mena de crear una insólita lengua poética, cuyos resultados había de admirar un poeta tan interesado por este problema. Estos tres clásicos [el comentarista alude también a Ovidio, citado anteriormente] son los que más profunda huella dejaron en el ánimo y en la obra de Juan de Mena" (prólogo a la citada edición de *El Laberinto*, pág. XXVI).

La lírica en el siglo XV 363

fuerza trágica— del pasaje del Libro VI de la *Farsalia*, cuando Sexto Pompeyo consulta el oráculo de la maga Ericto de Tesalia antes de la batalla con César.

La esencial preocupación de Mena por la dignificación y elevación poética de la lengua castellana explica su preferencia absoluta por los autores clásicos y condiciona su peculiar imitación del Dante. Es indudable que Mena poseía largos conocimientos de la literatura francesa y mucho más aún de la italiana, pero, cualesquiera que sean los influjos absorbidos de obras en romance, nunca desciende a referirse a ellas en concreto; sus citas, así como los pasajes en verso visiblemente tomados en préstamo, son siempre de obras latinas, con la sola excepción del Dante [95]. Si su admiración hacia éste no era aún mayor, es porque su *Comedia* estaba escrita en la lengua vernácula. Florence Street afirma que Mena miraba la empresa del Dante en Italia como paralela a la que él estaba intentando en castellano, y que probablemente no advertía la distancia en calidad que separaba su propia obra de la del florentino. Lo que en éste admira es su adoración por los clásicos, el deseo de ennoblecer su lengua nativa, su deleitación en el simbolismo y las imágenes, su aversión hacia el vicio y la corrupción y su robusta indignación moral. Mena toma la obra de Dante como un estímulo y ejemplo; por todas partes se deslizan reminiscencias de la *Divina Comedia* pero cuando desea que su imitación sea más obvia, es a los clásicos a quien se dirige. Mena se proponía, como el Dante, renovar su propia lengua por medio de los clásicos, pero no a través de ninguna otra lengua vulgar [96]. Al trazar la estructura de su *Laberinto*, escoge una disposición alegórica ampliamente difundida, pero la enriquece y complica con todo el saber clásico que es capaz de allegar. Así, los préstamos del Dante, el gran maestro de la alegoría en romance, son siempre accidentales y nunca hace exhibición de ellos.

Todas estas influencias, sin embargo, y otras muchas no menos importantes, no rebajan la personal originalidad de Juan de Mena, que asimila profundamente los más diversos elementos haciéndolos suyos y españoles; sus mismas alegorías no responden a motivos teológicos, como las del Dante, sino a razones históricas y patrióticas. De aquí el carácter eminentemente *nacional* de *El Laberinto*, no sólo por el tema y la interpretación de los múltiples asuntos que rellenan el esquema alegórico, sino por la admiración del poeta hacia su patria, que le hace soñar en un futuro Imperio, por la lealtad hacia su rey y la devoción hacia Don Álvaro, en quien se hace realidad la fuerza cohesiva de la autoridad central, y por el ideal de una península enteramente unida. Los humanistas de nuestra Edad de Oro vieron en *El Laberinto* una obra de capital importancia en la literatura peninsular, y Menéndez y Pelayo afirma que "de

---

[95] Florence Street, "The Allegory of Fortune...", cit.
[96] En todo el largo comentario a la *Coronación*, Dante es el único poeta citado en su lengua vernácula; Boccaccio es sólo mencionado por su *De claris mulieribus*; Mena parece ignorar las obras de Boccaccio en romance.

todos los poemas eruditos compuestos en Europa antes de *Os Lusiadas,* quizá no haya ninguno más histórico ni más profundamente nacional que éste de *Las Trescientas*"[97]. "Lo que salvará siempre al poema —escribe Blecua— no es precisamente su parte alegórica, sino el apasionado fondo épico y nacional. No cabe duda que Mena se propuso crear un poema nacional, tomando como base un modelo alegórico, para lo cual ni le faltaba dignidad épica ni hondo y sincero patriotismo. Y si no lo consigue de un modo definitivo es por el lastre que le amontona la alegoría y por la insuficiencia épica de su tiempo"[98]. Y comparando, bajo el aspecto histórico-político, el poema de Mena con la *Comedieta,* de Santillana, dice Lapesa: "En 1444, el mismo año en que enviaba la *Comedieta* a doña Violante de Prades, otro poeta entregaba al rey de Castilla el *Laberinto de Fortuna,* donde se exhortaba a los castellanos para que dejaran sus contiendas civiles y acabasen con el reino granadino. Los dos poemas, el de Santillana y el de Mena, defienden una tesis providencialista; los dos rebosan exaltación nacional y anuncian algo que los Reyes Católicos habían de consumar: si uno reclama el fin del señorío musulmán en España, otro manifiesta cómo se iba operando la compenetración vital de la comunidad hispana, preparando así la unificación política"[99].

No todo el interés de las *Trescientas* —aunque quizá éste sea el mayor— descansa, sin embargo, en este carácter político o histórico-nacional. Lapesa ha destacado la gran importancia que el elemento moral ocupa en el poema[100]; su autor no pretende tan sólo halagar el orgullo de la nación, sino mover a los castellanos a cobrar conciencia de su destino y a servirlo con el ejercicio del valor y de la virtud. Pero, esta llamada a la voluntad y a la recta conducta enfrenta al poeta con uno de los más curiosos problemas de su tiempo: la intervención de la Fortuna en los hechos de los hombres. El resurgir de las ideas de la antigüedad pagana sobre los hados y la Fortuna se enfrentaba al concepto providencial cristiano, según el cual todos los hechos estaban ordenados por Dios, y no por un acaso ciego. El filósofo Boecio, en un intento de conciliación, había sostenido que la Fortuna no es señora sino sierva de la Providencia, que la dirige como instrumento de sus decisiones; y esta misma interpretación es la que incorpora Dante a su *Comedia.* También Santillana había aceptado esta teoría en su *Comedieta de Ponza,* tomando a la Fortuna como delegada de Dios, aunque en el *Bías,* por el contrario, según recuerda Lapesa, la presenta como la enemiga caprichosa frente a la cual el varón sabio sólo puede emplear las armas de la fortaleza estoica. Otis H. Green ha estu-

---

[97] *Antología de poetas líricos castellanos,* ed. citada, vol. II, pág. 177.
[98] *Los grandes poetas del siglo XV,* citado, pág. 85.
[99] *La obra literaria del Marqués de Santillana,* cit., pág. 151.
[100] Rafael Lapesa, "El elemento moral en el *Laberinto* de Mena: su influjo en la disposición de la obra", en *Hispanic Review,* XXVII, 1959, págs. 257-266; reproducido en *De la Edad Media a nuestros días...,* cit., págs. 112-122.

diado el problema [101], distinguiendo lo que llama "fortuna de tejas arriba" de la de "tejas abajo"; en la primera —y ésta es la concepción española durante siglos— lá Fortuna es la apoderada de la Providencia, pero en la segunda se alude a la *terrestre,* única a la que es posible denostar. Con todo, la antinomia no se resolvía tan fácilmente, y, contra todas las teorías, la Fortuna dejaba sentir a cada instante su caprichosa actividad. Mena diríase que fluctúa entre el providencialismo y la tendencia pagana, más inclinada a considerar la suerte de los hombres como producto de un azar ciego. Entonces, sólo la dignidad o bajeza de las intenciones y del esfuerzo pueden determinar la calidad de sus actores y decidir su valor ejemplar o su repulsa; de este modo, el conde de Niebla perece frente a Gibraltar, pero se halla "sublimado al trono mavorçio", y la Fortuna, que ha dispuesto su hora para la muerte, no puede arrebatarle la corona de su heroísmo.

Estilo. Juan de Mena es el primer poeta castellano que se plantea el problema de crear un lenguaje poéticamente literario privativo de la expresión artística y distinto de la lengua vulgar (lo que equivale a decir que es, en nuestras letras, el primer poeta puro) [102]. En este aspecto, la lengua castellana le debe una profunda renovación y la incorporación de nuevos elementos, puesto que, si sus innovaciones poéticas y lingüísticas se dirigieron tan sólo a un público minoritario, al ser asimiladas por el torrente idiomático popular, han representado uno de los enriquecimientos más notables experimentados por nuestro idioma. En este camino y sentido del lenguaje Mena había tenido un precursor en la literatura clásica, el cordobés Lucano (lo que explica su gran admiración por él), y tiene un seguidor glorioso en la figura de otro cordobés, Góngora, que lleva a sus últimas consecuencias y perfecciones la aspiración poética del secretario de Juan II.

José Manuel Blecua resume de este modo los medios empleados por el poeta del cuatrocientos para el logro de su propósito: empleo frecuente del hipérbaton latino ("las maritales tragando cenizas", "divina me puedes llamar

---

[101] Otis H. Green, "Sobre las dos fortunas...", cit.

[102] No quiere esto decir que semejante preocupación fuera exclusiva de Mena, sino que en éste el problema adquiere una vigencia más intensa y que su esfuerzo por resolverlo es más sistemático y tenaz. Ya vimos como para Santillana el solo idioma era criterio suficiente para su famosa clasificación de las obras poéticas: un escritor griego o latino era automáticamente *sublime,* mientras que los poetas en la lengua vulgar eran necesariamente mediocres; y Santillana era también un gran admirador del Dante. Villena, al traducir la *Eneida,* decía en su dedicatoria a don Juan de Navarra que no podía considerar el castellano como digno de "los angélicos concebimientos virgilianos". El Tostado afirmaba que si San Jerónimo encontró dificultades para verter las obras griegas en latín, mucho mayores eran las suyas para poner las latinas en castellano. El propio Mena se lamenta del "rudo y desierto romançe", porque teme que esa "humilde y baxa lengua" no pueda hacer justicia a las glorias de Homero (véase Florence Street, "The Allegory...", cit., pág. 10).

Providencia"); utilización de cultismos, es decir, de palabras tomadas directamente del latín, con las que sustituye otras existentes en el léxico popular ("novelo" por nuevo, "vulto" por rostro, "flutuoso" por oscilante, "esculto" por esculpido, "exilio" por destierro, "poluto" por sucio); sustitución de un nombre por una perífrasis —Ortega y Gasset tenía que afirmar que "la poesía consiste en eludir el nombre cotidiano de las cosas"— ("la ciudad cercada de fuego" por Madrid, aludiendo a que lo estaba por murallas hechas de pedernal); frecuente referencia a ejemplos mitológicos ("no me acontesciese como a Polifemo..."); complicación sintáctica de la frase con oraciones incidentales y subordinadas. Gusta además del empleo de sustantivos esdrújulos (diáfano, panetífero, nubífero, sulfúreo), con lo que consigue efectos de peculiar sonoridad [103].

Toda esta acumulación de recursos expresivos da a la poesía de Juan de Mena un carácter típicamente barroco y recargado, pero de gran sentido musical y rotunda fuerza expresiva. En la literatura española representa inconfundiblemente una voz nueva. Su innovación, realizada sobre un idioma todavía rudo y en medio de un empacho de cultura clásica llegada en aluvión y no digerida todavía, está muy lejos de la calidad definitiva que había de lograr con Góngora, pero Mena tiene toda la importancia de un precursor, imprescindible para explicar muchos fenómenos de nuestra posterior historia literaria. "La ambición de Mena —resume con exactitud Dámaso Alonso— era esencialmente épica: necesitaba enriquecer el castellano para tener una lengua digna de cantar grandes acciones (por eso introdujo tantas voces latinas). Si la latinización a que sometió el idioma (mucho más intensa y más súbita que la de Góngora) fue poco prudente, no cabe duda de que sacó los mayores frutos que entonces se podían obtener del verso: el de arte mayor, pesado por naturaleza, Mena sabe aligerarlo, matizándolo y aumentando su poder de expresión. Santillana y Mena dan un impulso extraordinario a la lengua poética: es seguro que el instrumento que del pueblo recibían era ya más apto para empresas literarias, pero no hay duda de que mucho se debió también al genial esfuerzo de ambos escritores" [104].

LA POESÍA EN EL REINADO DE ENRIQUE IV

El reinado de Enrique IV representa el punto más bajo en que se hunde la monarquía castellana durante los lustros que cierran la Edad Media. La anarquía feudal llega al mismo extremo que el descrédito personal del rey. Nada hubiera impedido, sin embargo, que en tales circunstancias floreciese la li-

---

[103] Prólogo a la edición citada, págs. LXIX y ss.
[104] *Poesía española. Antología. Poesía de la Edad Media y poesía de tipo tradicional*, Madrid, 1935, págs 537-38.

teratura, puesto que también en épocas de gran decadencia política han aparecido en todas partes grandes escritores; pero es lo cierto que el reinado de Enrique IV representa casi un paréntesis en la brillante época literaria que había comenzado con el siglo. Un poeta único —y, ciertamente, de los más importantes y perennes en toda la historia de nuestras letras— llena este reinado: Jorge Manrique. Fuera de él —y de su tío Gómez Manrique, que estudiaremos en el capítulo correspondiente a la dramática—, tan sólo la poesía satírica alcanza un amplio cultivo, y en esto sí que se manifiestan perfectamente los caracteres de época, puesto que nada como la corrupción moral y la decadencia del Estado estimulan la sátira.

JORGE MANRIQUE

Biografía y perfil humano. Jorge Manrique, hijo del Conde de Paredes don Rodrigo Manrique, que fue Maestre de Santiago, nació, según viene diciéndose tradicionalmente, en Paredes de Nava, provincia de Palencia, en 1440, pero ni el lugar ni el año pueden afirmarse con seguridad. Pertenecían los Manrique a una de las más antiguas familias de Castilla; estaban entroncados con el linaje de los Lara y eran parientes remotos de la misma casa reinante. Hombres de frontera y cabeza de facción nobiliaria, participaron sin descanso en las campañas de reconquista y en todas las contiendas interiores durante los reinados de Juan II y Enrique IV. Sumamente prolíficos en todas sus ramas, los Manrique cubrían ancha zona de influencia y ocupaban puestos y territorios clave en la vida de Castilla; pero sobre todos los miembros de la dilatada y poderosa familia sobresalió el Maestre don Rodrigo, protagonista de las famosas *Coplas*, político intrigante y esforzado militar. En el seno de este clan familiar, dirigido por la potente personalidad del Maestre, y en semejante ambiente político y guerrero, se formó y vivió Jorge Manrique. Aunque siempre eclipsado en buena medida por la sombra de don Rodrigo, don Jorge ocupó un lugar de cierto relieve: fue caballero santiaguista, Trece de la Orden, comendador de Montizón y capitán de la hermandad del Reino de Toledo. Al lado de su padre y de su tío Gómez Manrique, también famoso poeta, abrazó el partido del infante don Alfonso contra Enrique IV y después de la muerte del infante el de doña Isabel, de quien fue entusiasta seguidor. En sostenimiento de sus derechos luchó en diversas ocasiones: combatió en el Campo de Calatrava contra el Marqués de Villena y contribuyó al cerco de Uclés al lado de su padre. Peleando asimismo contra las tropas de Villena, defensor de la Beltraneja, murió heroicamente frente al castillo de Garci-Muñoz, en 1479. Fue enterrado en la iglesia del convento de Uclés, pero se ignora hoy el paradero de sus restos. Por su doble dedicación a las armas y a las letras y por su trágica muerte en plena juventud, la vida de Jorge Manrique ha sido comparada a la de Garcilaso, poeta, cortesano y hombre de armas como él.

Jorge Manrique, como asegura quien debe ser considerado como el primero [105], no había tenido hasta ahora ningún biógrafo; la fama de las *Coplas* ha oscurecido totalmente la personalidad del propio autor. Los mismos historiadores de la época aluden sólo a don Jorge como "fijo del Maestre don Rodrigo Manrique", pero no se olvidan, en cambio, de indicar que fue el autor de las *Coplas*, "tan celebradas". Así pues, aunque las noticias concretas sobre su actividad pública no escasean, su perfil humano queda borroso y es muy difícil de reconstruir. Serrano de Haro intenta un retrato del poeta que parece humano y verosímil. Educado por su padre bajo un ideal de fortaleza heroica, había en él otras posibilidades de ternura, lirismo y cortesanía, puestas en tensión por el conflicto entre su propio natural y la norma de vida libremente aceptada. Esta tensión desarrolla en don Jorge una fuerte tendencia reflexiva y explica que, según parece, no se moviera con naturalidad en los ambientes cortesanos: "no era ingenioso ni agudo —dice Serrano—, se le ve hacer esfuerzos para conseguir humor y sus obras de burla son un destemplado intento" [106]. Recuerda luego el biógrafo la frecuencia con que el propio poeta alude a su carácter silencioso, y aun descontando lo que pueda haber en ello de convencionalismo literario, se aviene muy bien con la imagen del hombre "que, a través de tópicos y rasgos personales, emerge de su cancionero" [107].

Ante el mundo femenino también parece que don Jorge se desenvuelve con inseguridad. Casó el poeta con doña Guiomar de Castañeda, hermana de la tercera esposa del Maestre; su segunda madrastra por lo tanto. A doña Guiomar —no es seguro si antes o después de su matrimonio— dedicó Manrique dos composiciones, en las cuales advertía Menéndez y Pelayo [108] la ternura conyugal del poeta. Pero el matrimonio no fue, probablemente, demasiado feliz; en un documento aducido por Serrano de Haro [109], doña Guiomar, muerto su marido, solicita la devolución de su dote, de la que habían dispuesto su esposo y el Maestre sin contar con su asentimiento y sin que ella pudiera oponerse —dice— por el temor que sentía de contradecir a su marido y el peligro que corría su persona por los malos tratos que le daba. Aunque el testimonio de doña Guiomar, para lograr sus pretensiones, es muy posible que fuera por lo menos exagerado, quedan claros dos hechos: la directa intervención del Maestre en los bienes de su hijo, aun procediendo de su esposa, y el genio irascible del poeta.

De Jorge Manrique no se conserva retrato alguno ni tampoco descripción física. El cronista Alonso de Palencia dice de él que al enfrentarse con sus enemigos "les infundía espanto con su natural fortaleza", lo que interpreta

---

[105] Antonio Serrano de Haro, *Personalidad y destino de Jorge Manrique*, Madrid, 1966.
[106] Ídem, íd., pág. 78.
[107] Ídem, íd., pág. 79.
[108] *Antología...*, cit., II, pág. 388.
[109] Obra cit., págs. 119-120.

Serrano como indicio de una naturaleza vigorosa, adecuada a sus dotes de capitán, señaladas también por el cronista.

Las poesías amorosas. De Jorge Manrique se conservan unas cincuenta composiciones [110], la mayoría de las cuales —exceptuadas las *Coplas* y tres pequeños poemas burlescos— son poesías amorosas al gusto trovadoresco y cortesano de la época. La fama de las *Coplas* pesa de tal manera sobre el resto de su producción, que casi todos los críticos relegan dichas poesías como algo muy secundario. Es casi seguro que de haber escrito tan sólo aquellas composiciones no pasaría de ser tenido por un poeta más entre los innumerables que colman los cancioneros de su siglo; Serrano de Haro afirma que nunca permitirían compararle con el Marqués de Santillana, Juan de Mena o el propio tío de don Jorge, Gómez Manrique, sino con los Álvarez Gato, Fray Íñigo de Mendoza y otros poetas menores. Pero la sola paridad con estos últimos no dejaría de justificar una mención nada desdeñable. Menéndez y Pelayo admitía que las poesías amatorias de Jorge Manrique "aunque no pasen de una discreta medianía, se dejan leer sin fastidio" [111], y valora a seguido su importancia para el conocimiento de la intimidad sentimental del escritor. En algunas de estas composiciones señala también una agradable sencillez de expresión, que contrasta con el general alambicamiento de la lírica cortesana de su tiempo.

En todo caso, tenemos por seguro que la lírica amatoria de Manrique no carece en conjunto de valor. Cierto que estos poemas son de mérito bastante desigual; merecen destacarse los que comienzan: "Es una muerte escondida", "Con dolorido cuidado", "Quien no estuviera en presencia" y "Ved qué congoja la mía", o el titulado "Porque estando él durmiendo le besó su amiga", así como la glosa al mote "Sin Dios y sin vos y mí". Aunque trenzada con retorcidos discreteos, alienta en el cancionero lírico-amoroso de Jorge Manrique una persistente obsesión por el tema de la muerte, un como cansancio de vivir que impregna de melancolía hasta las composiciones de índole más ligera y frívola. No cabe desconocer lo que en estos poemas hay de virtuosismo y de afición a cierto conceptismo retórico muy de época. Pero diríase también, al mismo tiempo, que vibra una palabra de emoción en algunas llamadas

---

[110] Ediciones: R. Foulché-Delbosc, en *Cancionero Castellano del siglo XV*, cit., II, Madrid, 1915, págs. 228-256. Augusto Cortina, *Jorge Manrique. Cancionero*, "Clásicos Castellanos", 5.ª ed., Madrid, 1966. Del mismo, *Jorge Manrique. Obra completa*, "Colección Austral", núm. 135. J. García López, *Jorge Manrique. Obras Completas*, Barcelona, 1942. J. M. Alda-Tesán, *Jorge Manrique. Poesía*, Salamanca-Madrid-Barcelona, 1965. Rafael Ferreres, *Poesías* (selección), Valencia, 1940. Joaquín de Entrambasaguas, *Poesías* (selección), en *Los Manriques*, "Clásicos Ebro", Zaragoza, 4.ª ed., 1956. Para las *Coplas*, además de las ediciones mencionadas, véase R. Foulché-Delbosc, *Nueva edición crítica*, Barcelona, 1902, 1907 y 1912, y Madrid, 1905.

[111] *Antología...*, cit., pág. 388.

a la muerte, en la que el poeta parece buscar el codiciado descanso a los trabajos:

>...Porque después de morir
>no ay otro mal ni penar... [112].
>...No tardes, Muerte, que muero;
>ven, porque biva contigo;
>quiéreme, pues que te quiero,
>que con tu venida espero
>no tener guerra conmigo... [113].

Despréndese frecuentemente de estas composiciones un melancólico encanto, que triunfa sobre el amaneramiento de escuela y produce sinceras notas personales. En sus mejores momentos —y no son escasos— creemos que Jorge Manrique no queda muy por debajo de los mejores poetas de cancionero.

Pedro Salinas, en su bello estudio sobre el poeta de las *Coplas*[114], afirma que sus breves composiciones amorosas, de aspecto a veces ligero, no son livianas poesías ocasionales —aunque leídas sueltas puedan engañarnos—, sino que ofrecen el aire de una construcción intelectual bien diseñada. Existen todas —dice Salinas— en relación con una concepción orgánica y coherente de la vida sentimental, la cual, a su vez, actúa como centro de la actividad vital entera del hombre: "Servir al amor —dice— es un camino de perfección, aunque bien doloroso. Desinterés frente a egoísmo, paciencia frente a arrebato, obediencia frente a soberbia, nobleza frente a traición. Es el camino de la superación de las flaquezas, es la vía de la perfección del hombre. Por ese *estado de amante* se va a lo máximo del rendimiento de las nobles potencias humanas"[115]; y añade luego: "Del arte amatorio se pasa a las normas para la vida toda. El amor, a fuerza de exigirse a sí mismo virtudes, abnegaciones y esfuerzos, puede mirarse como una escuela de conducta moral. La influencia de la mujer sobre la rudeza de las almas y las costumbres medievales se hace, así, incalculable"[116]. Tal concepción, como sabemos, no es sino la típica del *amor cortés*, seguida por cientos de poetas; pero representa un mérito singular, dice Salinas, el que Jorge Manrique nos haya dado de ella "el mejor compendio en verso castellano. Ningún elemento se echa de menos en esta abreviada construcción poética... todo está allí, como en un muestrario primorosamente trasladado de dechados antiguos"[117]. Y, sin embargo, añade

---

[112] Ed. Cortina, *Cancionero*, cit., pág. 46 (citamos en lo sucesivo por esta edición, con muy ligeras modificaciones ortográficas).
[113] Ídem, íd., pág. 65.
[114] Pedro Salinas, *Jorge Manrique o tradición y originalidad*, 2.ª ed., Buenos Aires, 1952.
[115] Ídem, íd., pág. 22.
[116] Ídem, íd., pág. 26.
[117] Ídem, íd., pág. 42.

el comentarista, resulta evidente que algo falta: es la total adhesión del autor a la obra que está escribiendo; en una palabra: se trata de una tradición poética pasivamente restaurada, porque Manrique, que amaba esa tradición y por eso la imita, no está unido a ella con la profunda afinidad que permite al poeta recrearla, no compromete su alma y no pasa, por tanto, de ser "un *académico* de lo provenzal" [118].

Pocos críticos han dejado de señalar el tono militar que alienta en la lírica amorosa de Manrique y que se transparenta en el vocabulario y en la índole de las metáforas e imágenes, llenas de motivos castrenses. "Sus poemas —dice Serrano de Haro— tienen frecuentemente aire de reto, se enfrentan, y preferentemente con el poderoso, llámese amor o fortuna. En este enfrentamiento con el más fuerte se vislumbran no sólo móviles de justicia, sino también un gusto psicológico por la violencia en sí, por el riesgo. Don Jorge reclama con armas y no con lirismos sus pretensiones, y asume la muerte como mal menor" [119]. Su vocabulario —dice luego— reúne gran cantidad de términos violentos: fuerza, porfía, rabia, amenaza, contienda. "El amor en don Jorge es siempre vencimiento. Lucha contra la amada, contra sí mismo, contra la ausencia. Sus versos son sobrios y un poco toscos, como armas; a veces los lanza impacientemente, con gesto acusador: hasta uno de sus más dulces momentos —lo había besado su amiga— es recogido después en una canción que se inicia con esta intemperancia: 'Vos cometistes traycion'" [120]. Menéndez y Pelayo había ya señalado esta característica a propósito de su *Castillo de amor*:

> *La fortaleza nombrada*
> *está'n los altos alcores*
> *d'una cuesta,*
> *sobre una peña tajada,*
> *maçiça toda d'amores,*
> *muy bien puesta;*
> *y tiene dos baluartes*
> *hazia el cabo c'a sentido*
> *ell olvidar,*
> *y cerca a las otras partes,*
> *un río mucho crescido,*
> *qu'es membrar.*
> *El muro tiene d'amor,*
> *las almenas de lealtad,*
> *la barrera*
> *qual nunca tuvo amador,*

---

[118] Ídem, íd., pág. 43.
[119] *Personalidad y destino...*, cit., pág. 126-127.
[120] Ídem, íd., pág. 127.

> *ni menos la voluntad*
> *de tal manera;*
>
> ....
>
> *En la torre d'omenaje*
> *está puesto toda ora*
> *un estandarte,*
> *que muestra por vassallaje*
> *el nombre de su señora*
> *a cada parte...* [121].

"No nos parece estar en presencia de un castillo alegórico —dice Menéndez y Pelayo— sino ver flotar la bandera del Comendador de Montizón sobre las torres de su encomienda" [122]. "En pleno siglo XV —resume Serrano de Haro— D. Jorge es todavía en gran medida un guerrero medieval. Vive y escribe como guerrero" [123].

Igualmente expresivas de este espíritu son sus bellas coplas *A la Fortuna*. En el desafío a esta diosa tornadiza y todopoderosa radica, para Manrique, la verdadera actitud heroica: el hombre podrá ser derrotado, pero le dignifica su tesón y su fe; no es de extrañar que increpe a la Fortuna con su predilecto tono castrense:

> *Y pues esto visto tienes,*
> *que jamás podrás conmigo*
> *por herirme,*
> *torna agora a darme bienes,*
> *porque tengas por amigo*
> *ombre tan firme;*
> *mas no es tal tu calidad*
> *para que hagas mi ruego,*
> *ni podrás,*
> *c'ay muy gran contrariedad*
> *porque tú te mudas luego;*
> *yo, jamás* [124].

Escribió también Manrique tres composiciones burlescas, dentro de la tradición de las cantigas de escarnio y de maldecir, cuyo cultivo, como veremos luego, encontraba campo propicio en el ambiente de la época. Las de Manrique ni son particularmente mordaces ni afortunadas; ya vimos cómo la capacidad humorística del poeta parece que fue muy limitada. En la primera de

---

[121] Ed. cit., págs. 22 y 25.
[122] *Antología...*, cit., pág. 389.
[123] *Personalidad y destino...*, cit., pág. 128.
[124] Ed. cit., págs. 11-12.

dichas composiciones, de sólo nueve versos, escarnece a una prima suya que le estorbaba unos amores. La segunda va enderezada a una borracha que hablaba mal del poeta, y a la que éste acusa de beber fiado sobre su brial; y, fingiendo como una letanía que reza diariamente la "devota señora", enumera una buena porción de lugares vinícolas, desde San Martín de Valdeiglesias hasta Úbeda y Baeza. La tercera composición está dirigida a su madrastra doña Elvira, la hermana de su esposa doña Guiomar, que fue muy mal aceptada por don Jorge y sus hermanos. Son unos versos groseros en que se describe un grotesco convite ofrecido a doña Elvira y a sus damas en un establo, con regular acompañamiento de suciedades que ni siquiera tienen gracia. Estas estrofas suenan como algo extraño al lado de su restante obra poética [125].

Las Coplas. Jorge Manrique debe su fama imperecedera a sus inimitables *Coplas de Jorge Manrique a la muerte de su padre, el Maestre don Rodrigo*, una de las creaciones líricas más profundas y bellas de toda nuestra literatura. Con ella quiso el poeta rendir tributo de admiración y de piedad filial a quien había sido su permanente ejemplo en la vida; e inmortalizando al héroe se inmortalizó a sí mismo.

Consta el poema de 40 coplas de pie quebrado, estrofa que puede ofrecer variadas combinaciones. La forma escogida por Manrique —parejas de sextillas constituidas a su vez por una doble serie de dos octosílabos más un tetrasílabo, con rima abc, abc— había sido utilizada primeramente por Juan de Mena, pero adquiere su mayor difusión en los días de Manrique —Álvarez Gato, Guevara—, que es quien la emplea en mayor número de composiciones; por esto y por la popularidad recibida de la más famosa de ellas, han venido también a llamarse por antonomasia "coplas manriqueñas" [126].

---

[125] Serrano de Haro comenta la relación que puede establecerse entre el tono y objeto de estas obras burlescas y la posición del poeta ante la mujer, según puede intuirse de sus composiciones amorosas. Reproducimos sus palabras porque pueden aportar alguna nueva luz para el bosquejo de la etopeya de Manrique: "Advertimos —dice— al considerar las composiciones burlescas de Jorge Manrique cómo podía ser significativo el hecho de que las tres que escribió vayan destinadas a escarnecer mujeres, no obstante ser la mayor parte de su obra un tributo rendido a la mujer. También puede ser significativo, y algún comentarista lo ha señalado [alude a Teófilo Ortega en *La voz del paisaje*, págs. 110 y 111], que en las Coplas el amor está prácticamente ausente salvo en una leve alusión al amor cortesano, y ello pese a que en este poema se congregan todos los incentivos y promesas que el autor ha descubierto en la vida. Pero lo que encuentro más expresivo es el carácter eminentemente paradójico de la propia poesía amatoria de Jorge Manrique. En sus poemas no hay generosidad hacia la mujer; los transportes de amor y el continuo clamor de sacrificio no esconden el que en la mujer no ve a un ser excelso, sino cruel, y la crueldad es una forma de mezquindad, con la que choca" (*Personalidad y destino...*, cit., pág. 301).

[126] Cfr.: Tomás Navarro Tomás, "Métrica de las Coplas de Jorge Manrique", en *Nueva Revista de Filología Hispánica*, XV, 1961, págs. 169-179.

El poema puede considerarse dividido en tres partes [127]. Las trece primeras estrofas contienen una consideración general sobre la fugacidad de la vida; el tema se plantea en forma universal, sin ninguna particularización: el poeta exhorta al hombre para que recuerde su condición mortal y su destino divino. En la segunda parte —desde la estrofa XIV a la XXIV— lo dicho anteriormente se ilustra con ejemplos concretos, que prueban el engaño fascinador de gentes y grandezas tan pronto alzadas como tragadas por la muerte. A partir de la estrofa XXV hace su entrada el Maestre, motivo originario de la composición, y comienza con ello la tercera parte, en cuya primera mitad el autor hace el elogio del héroe, sus virtudes naturales y sus hazañas; después aparece la Muerte, que dialoga con don Rodrigo, y éste acepta con cristiana resignación su tránsito final. A estas tres partes convienen las que vienen denominándose "las tres vidas", o las tres "dimensiones" de la vida: la perdurable o eterna, la mortal o perecedera, y la de la fama que vive en el recuerdo de la posteridad.

El estudio de Salinas sobre las *Coplas* ha definido, en forma que ya parece clásica, los dos elementos que deben considerarse en el famoso poema de Manrique: la tradición que recoge el poeta, en temas y en formas expresivas, y la aportación personal que le permite recrear aquella herencia y levantar con los más conocidos materiales el prodigio de su construcción originalísima.

El primer aspecto destacable ha de ser la propia naturaleza del poema. Las *Coplas* son inequívocamente una *elegía* a la muerte del Maestre, género de largo cultivo en la Edad Media bajo los nombres, principalmente, de *planto* o *defunción*. El *planto* de Juan Ruiz a la muerte de Trotaconventos viene estimándose como la primera y quizá la más alta manifestación castellana de esta especie poética antes de las *Coplas;* luego los escribieron el Marqués de Santillana —*Defunción de don Enrique de Villena* y *El planto de la reina Margarida*—, Gómez Manrique, autor de una *Defunción* al caballero Garci Lasso de la Vega y un *Planto* a la muerte del propio Santillana, Fernán Pérez de Guzmán —a don Alonso de Cartagena y al almirante de Castilla don Diego Hurtado de Mendoza—, y otros varios poetas del *Cancionero de Baena* —el propio colector, Fr. Migir, Alfonso Álvarez, Gonzalo Martínez de Medina—, entre los que debe destacarse a Ferrán Sánchez Talavera, autor de un *Decir* a la muerte de Ruy Díaz de Mendoza.

Para aliviar la monotonía del tema, al que era ya difícil extraer nuevos registros, Santillana llevó al género elegíaco los recursos de la alegoría al modo italiano, agobiándolos de cultismos y haciéndolos acompañar de todo género de personajes, divinidades y eminencias grecorromanas. Gómez Manrique, en su *Defunción* citada, acertó a encontrar en algunos pasajes vibraciones más

---

[127] Cfr.: Rosemarie Burkart, "Leben, Tod und Jenseits bei Jorge Manrique und François Villon", en *Kölner Romanistische Arbeiten,* I, Marburg, 1931. Burkart ha sido el primer crítico que se ha ocupado con rigor de la división tripartita de las *Coplas.*

humanas —es el *acento manriqueño,* como dice Salinas— [128]; pero en el *Planto* al Marqués se deja invadir una vez más por el aparato alegórico, con sus viajes dantescos, intervención de doncellas y virtudes, y el teatral elogio al difunto, aderezado con impertinente erudición y abundante oratoria.

Explica Salinas que estas elegías medievales son *poesía moral,* se canta al difunto como emblema de ejemplaridad y guía de conducta, volcando sobre él tales elogios de virtudes abstractas que se le deshumaniza e introduce también en el reino de lo alegórico; en tales composiciones se invita al lector a que, dejando atrás el cadáver del protagonista, se aplique al ejercicio de los valores morales, que aquel encarnó en su vida terrena.

Ningún aspecto de las *Coplas* está, sin embargo, tan inserto en la tradición como el tema fundamental que se nos impone desde los versos primeros: el de la muerte, con sus corolarios inevitables, fugacidad del tiempo y de la fortuna y la consecuente insignificancia de los bienes terrenos en una vida mortal [129]. El tema venía formulado desde el *vanitas vanitatum* del *Eclesiastés,* y de hecho es la concepción medular del Cristianismo; puede, pues, encontrársele glosado bajo todas las formas imaginables en toda la literatura cristiana, que encuentra en el espíritu religioso de la Edad Media plena aceptación. El *De consolatione philosophiae* de Boecio y el *De contemptu mundi* de Inocencio III habían contribuido a la vulgarización de estas doctrinas, y consta que ambas obras las tuvo muy a mano Jorge Manrique en la biblioteca de su tío don Gómez [130].

Sin necesidad de recurrir a tales fuentes, el autor de las *Coplas* contaba en la literatura castellana con modelos próximos que habían de serle muy conocidos: los poemas de Berceo, el *Rimado de Palacio* del Canciller con su glosa a las *Morales* de San Gregorio, numerosos poetas del *Cancionero de Baena* —Fr. Migir, Sánchez Talavera—, Santillana en su *Bías contra Fortuna.* Quizá el modelo más cercano no sólo en el tiempo sino hasta en su sabor lo tenía el poeta en las *Coplas para el señor Diego Arias de Ávila* de su tío Gómez Manrique, donde parecen vibrar los mismos acentos y hasta la semejanza de la forma estrófica contribuye a hacerlos más patentes. Por doquiera resuena en la Edad Media —tema obsesivo de moralistas y predicadores— la pregunta del *ubi sunt?* y circulan, arraigadísimos, los mismos conceptos capi-

---

[128] *Jorge Manrique...,* cit., pág. 70.
[129] Cfr.: Anna Krause, *Jorge Manrique and the Cult of Death in the Cuatrocientos,* "Publications of the University of California at Los Angeles in Languages and Literatures", I, 1937, págs. 79-176.
[130] Sobre el influjo de algunos autores de la Antigüedad clásica y de la literatura patrística sobre las *Coplas* de Manrique, cfr.: María Rosa Lida, "Una copla de Jorge Manrique y la tradición de Filón en la literatura española", en *Revista de Filología Hispánica,* IV, 1942, págs. 152-171. E. P. Bergara, *Jorge Manrique. Fuentes bíblicas de sus Coplas,* "Biblioteca de Cultura Uruguaya", Montevideo, 1945.

tales sobre la muerte y la Fortuna [131]. En ninguna ocasión diríase, pues, que es más superflua la diligencia de los eruditos para encontrar las fuentes de un poeta.

Ante este hecho se impone la pregunta inevitable: ¿en qué consiste la importancia y la originalidad de las *Coplas* de Jorge Manrique, si el género, los temas, el molde conceptual en que se exponen, la misma forma métrica habían sido utilizados hasta la saciedad antes de él? Es bien sabido que el concepto de originalidad del escritor en la Edad Media difiere por entero del que se tiene en nuestros días, y de hecho este concepto, o, mejor aún, preocupación por la originalidad temática, es un fenómeno *moderno*. Salinas dedica buena parte de su estudio citado a exponer, y elogiar, los grandes *lugares comunes* que constituían el sustento del pensamiento medieval y —como base que eran de su cultura— representaban el soporte firmísimo sobre el que el hombre de aquellos siglos apoyaba la seguridad de su existencia y el sentido de sus actos.

Pero creemos que casi es inútil tal aclaración; el hecho actúa lo mismo sobre todos los otros escritores que trataron idénticos temas. Por lo que, después de saber que el poema de Manrique ahinca en el patrimonio ideológico más común de toda la Edad Media —y de todos los tiempos— y que el mostrarse original no constituía entonces preocupación, continuamos ignorando por qué las *Coplas* son insuperables. La indagación sobre los *topoi* y la gran tradición sirven sólo para demostrar —con argumento negativo— que lo manido del asunto no le impidió a Manrique componer un extraordinario poema.

Parece, pues, resultar, pese a todo el cúmulo de exégesis, que el portento de las *Coplas* es más para ser captado intuitivamente —como pedía Azorín— que para ser desmenuzado con procedimientos de crítica literaria; dicho llanamente, consiste en haber expresado con sin igual fortuna los grandes lugares comunes de la literatura ascética y aun de toda reflexión sobre la vida;

---

[131] Suelen también aducirse, como un antecedente más de las *Coplas,* las *Danzas de la muerte,* de que más abajo nos ocupamos; pero las diferencias de espíritu y propósito entre aquéllas y el poema de Manrique son profundas, según podremos ver a continuación: Manrique elimina enteramente lo macabro, característico de las *Danzas,* y el propósito democrático o igualador apenas queda levemente insinuado en un pasaje. Sobre este problema escribe Serrano de Haro: "Las Danzas de la Muerte señaladas por Cortina no parece que ni por un momento pesaran en el ánimo de Jorge Manrique. Es de gran interés anotarlas en cuanto a síntoma ambiental, una manifestación más, y muy poderosa, del tema de la muerte en la Baja Edad Media. Menos interés aún tiene, a mi ver, la famosa casida de Abul Beka maliciosamente traducida por don Juan Valera en coplas de pie quebrado, y en relación con su posible influjo nos atenemos al juicio denegatorio de Menéndez y Pelayo" (*Personalidad y destino...,* cit., pág. 275). La casida a que alude es la que compuso en tiempos de San Fernando el poeta de Ronda, Abul Beka, para llorar la pérdida de Córdoba, Sevilla, Murcia y Valencia; Valera la tradujo en coplas manriqueñas, con lo que se acentúa el parecido en varias estrofas. Menéndez y Pelayo opina que sólo se trata de algunas semejanzas casuales (*Antología...,* cit., páginas 396-398).

de tal manera que, para todo aquel que haya leído una sola vez sus versos, no existen ya palabras más precisas, más espontáneas ni justas que las de Manrique, ni pueden venirle a los labios otras frases para encerrar aquellos conceptos que las rotundas coplas manriqueñas.

La ligera forma estrófica utilizada por el autor y que podría teóricamente parecer poco apropiada para la gravedad de la elegía [132], contribuye, sin embargo, con su musical flexibilidad a la fluidez del pensamiento: genial intuición del gran poeta, que expresa sus profundas ideas con asombrosa naturalidad, sin retorcimientos conceptistas ni altisonantes comparaciones, sin asomo de afectación, sin pedantes cultismos, casi sin hipérbaton; con supresión total de vanos adjetivos, para concretarse en el meollo de lo sustantivo con intemporal y rara elegancia que le deja a cubierto de modas transitorias o de caducos gustos de época. Pocas veces unas palabras y un ritmo poético se han ceñido tan magistralmente a un pensamiento [133].

De hecho, todo el acierto de Manrique se basa en un esfuerzo de sobriedad y de eliminación, algo, pues, que debe ser definido como *clasicismo;* de aquí ese sentido de latitud y permanencia que permite hablar, con palabras de Serrano de Haro, de "cierta calidad litúrgica en las Coplas" [134].

Nos referíamos arriba a los excesos de retórica pedantesca que caracterizan a las elegías del cuatrocientos; era inevitable la acumulación de nombres y más nombres de todos los lugares y épocas de la historia para ilustrar la caducidad de lo humano. Manrique actúa, en cambio, por reducción radical,

---

[132] De hecho, lo ha parecido a ciertos críticos; Quintana, por ejemplo, decía del metro escogido por Manrique que era "tan cansado, tan poco armonioso, tan ocasionado a aguzar los pensamientos en concepto o en epigrama" (cit. por Menéndez y Pelayo en *Antología...*, cit., págs. 408-409).

[133] En un hermoso estudio, quizá no demasiado conocido, subrayaba Luis Cernuda esta excelsitud de las *Coplas* de Manrique: "A Garcilaso —dice— le es posible todavía mantener en la palabra su significado singular, utilizando al mismo tiempo la gama de significaciones accesorias. La palabra rosa trae para él la presencia de la flor pero cuando así le conviene puede irisarse de matices derivados: primavera, hermosura, juventud, y con tal sugerente vaguedad redoblar la magia poética. Dicha actitud es opuesta a la de Manrique, y de ahí el singular valor expresivo de las *Coplas,* donde la palabra es una con su significación primera. Otros poetas podrán tener más sensualidad, como Garcilaso; más esplendor, como Góngora; más pasión, como Bécquer; pero ninguno tan perfecto dominio del pensamiento sobre la palabra. El estilo de Manrique, al desdeñar la riqueza alusiva que el ingenio de otros persigue, limita su contenido, pero se hace más acendrado, y en él dicción y expresión forman un todo. Lo que pretende es despertar las almas, no adormecerlas; depurarlas, no hechizarlas. Su austeridad y su reticencia han hallado pocos adeptos en nuestro lirismo subsiguiente, y no es de extrañar, dada la afición vernácula a la redundancia y al énfasis. Algunos creyeron conocerle, y autorizarse de él copiando la forma de sus estrofas, sin comprender que metro y rima son en Manrique proyección material de su pensamiento, indisoluble de éste y por éste determinada" ("Tres poetas metafísicos", en *Bulletin of Spanish Studies,* XXV, 1948, págs. 109-118; la cita en la página 110).

[134] *Personalidad y destino...*, cit., pág. 316.

según ha explicado Salinas [135]: reduce el radio de extensión histórica, el área geográfica y el número de ilustres desaparecidos, para quedarse con sólo siete nombres que se confinan además al tiempo del poeta o al inmediatamente anterior; las borrosas fisonomías de los héroes habituales se acercan y se humanizan, las sombras del Panteón histórico se convierten en figuras de carne y hueso; los abstractos desfiles del *ubi sunt? se contemporanizan;* son *muertos vivos:*

> *Dexemos a los troyanos,*
> *que sus males non los vimos,*
> *ni sus glorias;*
> *dexemos a los romanos,*
> *haunque oymos e leymos*
> *sus estorias,*
>   *non curemos de saber*
> *lo d'aquel siglo passado*
> *qué fue d'ello;*
> *vengamos a lo d'ayer,*
> *que tan bien es olvidado*
> *como aquello.*
>   *¿Qué se hizo el rey don Juan?*
> *Los Infantes d'Aragón*
> *¿qué se hizieron?*
> *¿Qué fue de tanto galán,*
> *¿qué [fue] de tanta invinción*
> *que truxeron?*
>
> ....
>
>   *Pues aquel grand Condestable,*
> *maestre que conoscimos*
> *tan privado,*
> *non cumple que dél se hable,*
> *mas sólo cómo lo vimos*
> *degollado...* [136].

Y aun a cuatro de los siete personajes seleccionados no se les cita por su nombre: sólo se les alude en su desgracia, para que el lector piense por sí mismo lo que calla el poeta, persuadido de que todo el mundo ha de identificarlos sin esfuerzo.

Manrique enriquece, en cambio, su sobria reducción por otros medios; ha encontrado —dice Salinas— [137] algo de alcance más significativo que un varón

---

[135] *Jorge Manrique...,* cit., pág. 165 y ss.
[136] Ed. cit., págs. 96 y 99.
[137] *Jorge Manrique...,* cit., pág. 174.

La lírica en el siglo XV

eminente para encarnar la pretendida ejemplaridad: es ese personaje plural de las damas, los trovadores, los galanes de la corte, en la que se concentran los más exquisitos placeres terrenales, y que el poeta evoca a su vez con un temblor de nostálgica sensualidad:

> *¿Qué se hyzieron las damas*
> *sus tocados e vestidos,*
> *sus olores?*
> *¿Qué se hizieron las llamas*
> *de los fuegos encendidos*
> *d'amadores?*
> *¿Qué se hizo aquel trobar,*
> *las músicas acordadas*
> *que tañían?*
> *¿Qué se hizo aquel dançar,*
> *aquellas ropas chapadas*
> *que trayan?* [138].

Tras el desfile de ejemplaridad le llega su momento al Maestre, objeto de la elegía, y con él se alcanza el punto de máxima humanización y aproximación, aunque no sin una leve escapada del marco, que tenemos por el único fallo del poema. Manrique, después de enumerar las cualidades de don Rodrigo en una estrofa que nos hace recordar versos de Lorca en su *Llanto* a la muerte de Sánchez Mejías, intercala otras dos en las que trae a cuento diversos héroes y personajes de la Antigüedad, en su mayoría emperadores romanos. Curtius [139] hizo un erudito comentario de esta galería heroica, cuyo desfile considera un acierto, y a lo cual asiente Salinas [140] aunque no sin distingos y precauciones. Menéndez y Pelayo había dicho simplemente de aquellas dos estrofas que eran pedantescas [141], juicio que nos parece cierto; diríamos más aún: anulan y contradicen cuanto acabamos de exponer en elogio del poeta sobre este mismo punto. Salinas, cauto, dice que Menéndez y Pelayo "errando en la valoración cultural del pasaje, quizá acertaba al mirarlo con cierta desestima" [142], pero torna luego a insistir en su justificación. Pensamos que el poeta no pudo resistir la tentación retórica, tan de su tiempo, y cedió unos instantes para enderezarse al punto y recuperar su humanísima andadura [143].

---

[138] Ed. cit., pág. 97.
[139] E. R. Curtius, "Jorge Manrique und der Kaisergedanke", en *Zeitschrift für Romanische Philologie*, LII, 1932, págs. 129-152. Reproducido en *Gesammelte Aufsätze zur Romanischen Philologie*, Berna y Munich, 1960, págs. 353-372.
[140] *Jorge Manrique...*, cit., págs. 186 y ss.
[141] *Antología...*, cit., pág. 408.
[142] *Jorge Manrique...*, cit., pág. 189.
[143] Curtius basa su argumentación en el hecho de que los personajes aducidos por Manrique en las dos coplas mencionadas no proceden de las habituales enumeraciones

A aquella misma sobriedad clásica a que nos referíamos, creemos que pertenece también la peculiar presencia de la muerte en las *Coplas*, aspecto bellamente estudiado por Gilman [144]. La muerte gravita densamente en toda la parte central de la composición, pero tan sólo vemos sus efectos, pues el poeta omite su mención casi por entero; está sólo sobreentendida. Con breves, bellísimas y sugerentes imágenes, alude el poeta a los efectos destructores de la muerte:

> *Las justas e los torneos,*
> *paramentos, bordaduras*
> *e çimeras,*
> *¿fueron sino devaneos?*

—tantas veces repetidas en el siglo xv— extraídas de la pedantesca erudición sobre la Antigüedad, sino de la *Primera Crónica* alfonsí; Manrique trata, pues, de enlazar a su padre con aquellos gloriosos nombres dentro de una tradición imperial de raíz hispánica, teoría aprobada por María Rosa Lida ("Para la primera de las Coplas de don Jorge Manrique por la muerte de su padre", en *Romance Philology*, XVI, 1962, páginas 170-173).

Casi ningún investigador ha dejado de prestar atención a este pasaje. Cortina (ed. cit., págs. LXVIII-LXX) admite también la interpretación de Curtius; la lista de Manrique —dice— se distingue de otras, como la del *Planto* de Gómez Manrique, en que se barajan personajes históricos y legendarios de diversas jerarquías y países, pero concede luego: "Que las dos estrofas son inoportunas es incontestable: obstruyen la clara y honda vena lírica, quiebran la simplicidad aparente de quintaesenciados conceptos y metáforas con jactanciosa lista de nombres que, aunque muy significativos, no son ciertamente oro puro de poesía". Serrano de Haro duda incluso de la tesis de Curtius: "El documentado estudio no creemos, sin embargo, que demuestre el consciente empleo por Jorge Manrique de un *canon imperial*" (*Personalidad y destino...*, cit., pág. 277, nota 126). Pero escribe, en cambio, en el texto: "No recordamos ninguna enumeración de este tipo entre las de su época tan densa y prolongada al mismo tiempo. Es un cuerpo extraño en la elegía, una procesión pagana que se cruza inesperadamente en la fúnebre comitiva cristiana de don Rodrigo. Pero su paso discurre con gran dignidad y es como un homenaje más que don Jorge tributa excepcionalmente a su padre con la cultura de su tiempo" (ídem, íd., pág. 277). Gualtiero Cangiotti, después de estudiar la posible contradicción entre "el ideal cristiano del poeta" y el paralelo del Maestre con los aducidos personajes paganos, escribe acerca de la oportunidad literaria de su presencia dentro de la estructura de la obra: "Sono nomi chiamati a costituire termini di paragone: troppo abbondanti questi ultimi, a dire del più, e soprattutto tali che, *inopportunamente indulgendo al gusto del tempo, spezzano il grande costrutto lirico delle 'coplas'*. Ma indipendentemente da ogni osservazione su quello che è stato chiamato uno sfoggio di erudizione o un catalogo non pertinente, bisogna riconoscere che questi paragoni, *construiti con espedienti tecnici discutibili*, più che un catalogo di personaggi costituiscono, come vuole il Salinas, un 'catalogo di qualità'" (*Le Coplas di Manrique tra Medioevo e Umanesimo*, Bolonia, 1964, págs. 93-94; el estudio de Cangiotti acompaña al texto de las *Coplas* y a su traducción italiana. Los subrayados son nuestros).

[144] Stephen Gilman, "Tres retratos de la muerte en las *Coplas* de Jorge Manrique", en *Nueva Revista de Filología Hispánica*, XIII, 1959, págs. 305-324.

¿qué fueron sino verduras
de las eras?
....

Las dádivas desmedidas,
los edeficios reales
llenos d'oro,
las baxillas tan febridas,
los enriques e reales
del thesoro...
¿qué fueron sino rocíos
de los prados?
....

Sus infinitos thesoros,
sus villas e sus lugares,
su mandar,
¿qué le fueron sino lloros?
¿qué fueron sino pesares
al dexar?
....

...aquella prosperidad
qu'en tan alto fue subida
i ensalzada,
¿qué fue sino claridad
que quando más encendida
fue amatada? [145].

Lo que hace más cruda y agresora esta muerte de Manrique, que sentimos y no vemos, es que se acerca *tan callando,* con enorme desproporción cósmica —dice Gilman— [146] entre víctima y verdugo: lo que el sol es a la gota de rocío, el segador a la hierbecilla, el criado a la candela, eso es la muerte al individuo. Manrique rechaza la truculenta y macabra presencia de la muerte, propia de las *Danzas,* como un recurso superficial, porque sabe que el verdadero horror de la muerte se debe a que no tenemos contacto con ella y sólo podemos sugerirla con metáforas. Al final del poema, cuando la muerte dialoga con don Rodrigo, se presenta más bien como un caballero armado [147], como un hombre de honor, digno de la vida de honor que va a caer bajo su brazo, y así se expresa con lenguaje caballeresco y hace su reto con toda cortesía. De hecho, ni siquiera se presenta la muerte; sólo oímos su voz. No hay detalles plásticos, ni aspectos efectistas ni truculencias empavorecedoras.

---

[145] Ed. cit., págs. 97, 98, 99 y 100; en la primera de las sextillas citadas invertimos el orden seguido por Cortina, para ajustarnos a la disposición más frecuente, preferida por casi todos los editores.

[146] Est. cit., pág. 316.

[147] Salinas, ob. cit., pág. 310.

Aunque el concepto cristiano-medieval de la caducidad de todo lo humano y terrestre parece representar el tema básico de las *Coplas,* y de hecho es el que se impone a lo largo de sus dos primeras partes —las más conocidas y siempre preferidas—, el poema de Manrique, en su concepción global, es "un canto sereno, reposado y alentador", según dice Américo Castro [148]. "Del Maestre de Santiago más es lo que nos queda que lo que se desvanece, y la impresión última es gloriosa y afirmativa". La muerte es inevitable, pero puede ser vencida por una vida de honor y de heroísmo, que no sólo conquista el premio justo en una salvación eterna, sino también una nueva vida terrena, la de la fama.

Y es nada menos que la misma muerte —detalle que hay que valorar en toda su importancia para la comprensión total del poema— [149] quien se la ofrece a don Rodrigo cuando va a llamar a su puerta "en la su villa de Ocaña", después de pedir casi disculpa por presentarse a recoger el indeclinable tributo:

Non se os haga tan amarga
la batalla temerosa
qu'esperáys,
pues otra vida más larga
de la fama gloriosa
acá dexáys,
    (haunqu'esta vida d'onor
tampoco no es eternal
ni verdadera);
mas, con todo, es muy mejor
que la otra temporal,
peresçedera [150].

El poeta, evidentemente, no deja, como vemos, de insinuar que también la fama participa de la caducidad de todo lo humano, pero, con todo, la última resonancia de las *Coplas* es la fe "en la eficacia de toda enérgica vitalidad" [151], es decir, constituye una afirmación de la vida.

---

[148] Américo Castro, "Muerte y belleza. Un recuerdo a Jorge Manrique", en *Hacia Cervantes,* 3.ª ed., Madrid, 1967, págs. 78-85; la cita en la pág. 84. El mismo trabajo, con algunas variaciones, puede leerse también en *Semblanzas y estudios españoles,* Princeton, 1956, págs. 45-51.

[149] Cfr.: Leo Spitzer, "Dos observaciones sintáctico-estilísticas a las *Coplas* de Manrique", en *Nueva Revista de Filología Hispánica,* IV, 1950, págs. 1-24 (véase concretamente pág. 9). El trabajo de Spitzer, de evidente importancia, ahonda sagazmente en la interpretación de muchos aspectos fundamentales de las *Coplas:* estilo didáctico, significación de la muerte y de la fama, ejemplaridad ideal y particularismo realista en el Maestre, etc.; para este último punto, de gran interés, véanse en especial págs. 13-14.

[150] Ed. cit., pág. 106.

[151] Américo Castro, "Muerte y belleza...", cit., pág. 84.

La cual nos lleva a una última consideración. Cuando el poeta se pregunta en la segunda parte del poema por lo que fue de los reyes o los infantes desaparecidos, por las damas y sus olores, no se conduele de su irremediable destrucción material, que sería lamento pueril, sino de que su gloria, hasta sus mismos nombres, que lo llenaban todo ayer mismo, se hayan desvanecido como la ceniza de sus propios cuerpos. Implícitamente, el poeta justifica esta catastrófica destrucción porque la de aquellos reyes y cortesanos era una *fama* sin *honor*, es decir, una apariencia sin realidad; la de su padre, en cambio, radicaba en su propio ser, en la verdad indestructible de sus hechos heroicos:

> *Después de puesta la vida*
> *tantas vezes por su ley*
> *al tablero...* [152].

Por eso la misma muerte puede ofrecerle el galardón

> *que en este mundo ganastes*
> *por las manos* [153].

Las *Coplas* se muestran así como un conjunto perfectamente estructurado, del que no podemos tomar tan sólo pasajes o sentencias aisladas, aunque su lapidaria formulación pueda tan justamente seducirnos. La última parte del poema, la elegía al Maestre, no sólo completa sino que da sentido a su meditación sobre la muerte en las dos primeras partes y a sus respectivas confrontaciones con la vida [154].

---

[152] Ed. cit., pág. 105.

[153] Ídem, íd., pág. 107. Sobre este pasaje de las *Coplas* véase Américo Castro, "Cristianismo, Islam, poesía en Jorge Manrique", en *Los españoles: cómo llegaron a serlo*, Madrid, 1965, págs. 179-196. Castro estudia aquí la influencia ideológica del Islamismo en las *Coplas*. Al ensalzar las hazañas del Maestre contra los moros, Jorge Manrique —dice Castro— sostiene la doctrina, propia del cristianismo español, de que el derramamiento de sangre infiel es un medio de alcanzar la vida eterna tan legítimo como la oración ferviente, forma de fe paralela a la musulmana, que había establecido la "guerra santa" como el camino más seguro para el Paraíso, por encima del prometido a los sedentarios.

[154] Además de las obras mencionadas, cfr.: J. Nieto, *Estudio biográfico de Jorge Manrique e influencia de sus obras en la literatura española,* Madrid, 1902. Erasmo Buceta, "Dos papeletas referentes a las *Coplas* de Jorge Manrique", en *Bulletin Hispanique*, XXIX, 1927, págs. 407-412. José María de Cossío, "El realismo de Jorge Manrique", en *Escorial*, I, 1940, págs. 337-340. Luigi Sorrento, *Jorge Manrique,* Palermo, 1941. Del mismo, "Nel quinto centenario di Jorge Manrique: l'esemplare del soldato e del poeta cristiano della Spagna", en *Italia e Spagna. Saggi sui rapporti storici, filosofici ed artistici tra le due civiltà,* Florencia, 1941, págs. 123-154. V. Borghini, *Giorgio Manrique. La sua poesia e i suoi tempi,* Génova, Istituto Universitario di Magistèro, 1952. Jorge Martínez Villada, "Jorge Manrique", en *Revista de la Universidad de Córdoba,* Argentina, XXXIX, 1952, págs. 1065-1088. Antonio Gómez Galán, "Contribución al estudio de las

La fama de Manrique. Pocas composiciones en nuestra historia literaria han gozado de tan universal e indiscutida fama como las *Coplas* de Manrique; ni tampoco tan inmediata. "Sus Coplas —recuerda Serrano de Haro— se imprimen entre los primerísimos incunables españoles. Es un triunfo fulminante el estrenar prácticamente las prensas españolas con sus versos. Un triunfo precedido por la gran difusión que ya tenían en códices y copias manuscritas"[155]. No se sabe cuál es la edición princeps ni su fecha; se supone que fue la de Zamora, hacia 1480, en que acompañan a la *Vita Christi* de Fray Íñigo de Mendoza y a dos poemas de Gómez Manrique[156]. También con la *Vita Christi* aparecen en una edición de Zaragoza de 1492, y dos años antes se habían incluido en el *Cancionero de Ramón de Llavia*, editado asimismo en Zaragoza (no es segura, sin embargo, la fecha de su publicación). El *Cancionero General* de Hernando del Castillo no las incluyó en sus primeras ediciones —"sin duda por muy sabidas", supone Menéndez y Pelayo—[157], pero ya las recoge a partir de la edición sevillana de 1535. En 1501 se editó en Lisboa la glosa del licenciado Alonso de Cervantes, que comienza la serie de ocho que se imprimieron a lo largo del siglo XVI[158], y aunque todas ellas, con excepción de las de Jorge de Montemayor y Gregorio Silvestre, son escasamente afortunadas, acreditan el interés que provocaba la famosa composición.

Su influjo literario fue tan extenso y rápido como su fama. La huella de las *Coplas* se advierte ya en poetas contemporáneos de Manrique, como Antón de Montoro, Diego de San Pedro, Quirós, Juan de Padilla. La gloria de Manrique se ha mantenido siempre viva a lo largo de nuestra historia literaria; son incontables los juicios, siempre favorables, de escritores y preceptistas: Nebrija, Juan del Encina, Juan de Valdés, Castillejo, Lope de Vega, Quevedo, Mira de Amescua, Gracián. Ni siquiera el Neoclasicismo discutió su nombre. El siglo XIX trajo la renovación de los estudios manriqueños, a partir de Amador de los Ríos y de Menéndez y Pelayo, y los escritores del 98 proclamaron su predilección por el poeta de las *Coplas*. Éstas han sido objeto de armonizaciones musicales y de muchas versiones parciales o totales; Juan Hurtado de Mendoza las tradujo al latín en 1540[159], y Longfellow —en 1833—

Coplas de Jorge Manrique", en *Arbor*, feb. 1960, págs. 56 y ss. Francisco Rico, "Unas coplas de Jorge Manrique y las fiestas de Valladolid en 1428", en *Anuario de Estudios Medievales*, Barcelona, 2, 1965, págs. 515-524.

[155] *Personalidad y destino...*, cit., pág. 38.

[156] Cfr.: Antonio Pérez Gómez, "Notas para la bibliografía de Fr. Íñigo de Mendoza y Jorge Manrique", en *Hispanic Review*, XXVII, 1959, págs. 30-40.

[157] *Antología...*, cit., pág. 412.

[158] Han sido reeditadas por Antonio Pérez Gómez —*Glosas a las "Coplas" de don Jorge Manrique*—, Cieza, 1961-1963. Cfr.: Nellie E. Sánchez Arce, *Las glosas a las "Coplas" de Jorge Manrique*, Madrid, 1956.

[159] Ed. de R. Foulché-Delbosc —"La traduction latine des *Coplas* de Jorge Manrique"— en *Revue Hispanique*, XIV, 1906, págs. 9-21. Cfr.: Guillermo Antolín, "Sobre el

al inglés, en una versión que pasa por modélica. Es inconcebible una antología de nuestra lírica que no incluya las *Coplas*, y hasta fuera del campo literario muchas de sus sentencias se han convertido en frases de uso común como aforismos de sabiduría.

LA SÁTIRA SOCIAL

Hemos dicho anteriormente que la anarquía política y la corrupción moral del siglo XV ofrecían amplio campo para el florecimiento de la poesía satírica, que se manifiesta en dos vertientes: la social y la política.

La sátira social tiene una interesante manifestación en la llamada *Danza de la muerte*, versión castellana de un tema que tuvo gran difusión en la literatura y la plástica europeas durante los siglos XIV y XV [160], y hasta en la misma danza y las representaciones teatrales. La muerte va llamando a todos los estados y clases sociales del mundo, a los que invita a participar en su danza macabra, alternando las graves amonestaciones con detalles de tétrico humorismo, a veces descoyuntados y extremosos [161].

Dos rasgos fundamentales aparecen en este género de aceptación tan popular durante el último período de la Edad Media. En primer lugar su significación democrática que le da ese carácter de sátira social a que venimos aludiendo. De los horrores de la muerte ninguna clase social, ningún hombre por poderoso que sea, puede sentirse excluido: la vida crea desigualdades y jerarquías, pero la muerte todo lo nivela. Por eso, el pobre mortal que tiene que sufrir la autoridad o los desmanes de los grandes se venga asistiendo complacido al macabro espectáculo de la muerte que no cede ante los lastimeros gemidos del Papa, o los gritos de angustia del rey llamando a sus vasallos, o el lloro del obispo que deja su palacio o los gemidos del médico a quien no salva su ciencia.

El otro carácter de la *Danza* es el cambio de posición ante la muerte que experimenta el hombre al doblar el promontorio del siglo XV. Para el cris-

---

traductor latino de las *Coplas* de Jorge Manrique", en *Revue Hispanique*, XIV, 1906, págs. 22-34.

[160] La más famosa entre estas últimas es la que, acompañada de inscripciones, se pintó en el pórtico del Cementerio de los Inocentes de París demolido dos siglos más tarde.

[161] Para el estudio general de las Danzas, cfr.: E. H. Langlois, *Essai historique, philosophique et pittoresque sur les Danses de la Mort*, Rouen, 1815. L. Dimier, *Les danses macabres et l'idée de la mort dans l'art chrétien*, París, 1905. M. Fehse, *Der Ursprung der Totentänze*, Halle, 1907. Mâle, *L'Art religieux de la fin du Moyen Âge*, París, 1908. Leonard P. Kurtz, *The Dance of Death and the Macabre Spirit in European Literature*, New York, 1934. Emilio P. Vuolo, "Origine della Danza macabra", en *Cultura Neolatina*, II, 1942. Wolfgang Stammler, *Die Totentänze des Mittelalters*, Munich, 1922. Del mismo, *Der Totentanz*, Munich, 1949. J. Clark, *The Dance of Death in the Middle Ages and the Renaissance*, Glasgow, 1950. H. Rosenfeld, *Der mittelalterliche Totentanz*, Munster-Colonia, 1954.

tiano medieval la muerte —dijimos— es la liberación de la cárcel de esta vida, el salto hacia el mundo definitivo de la eternidad. Una muerte que es promesa de tantos bienes, puede ser recibida serenamente, y así vemos que la aceptan los santos de Berceo. En el siglo XIV la robusta vitalidad del Arcipreste, golosamente enamorado de la vida, se estremece ya ante el rostro terrible de la muerte y la denuesta con violentos apóstrofes. En el siglo XV la muerte se ha convertido en angustiosa obsesión porque el hombre va descubriendo cada día nuevos motivos de goce en el vivir y sustituyendo su vieja concepción ascética por la interpretación pagana que le traen los primeros albores del Renacimiento. La *Danza de la Muerte* recoge ahora ese mundo de pesadilla, de visiones macabras, de obsesivo terror que se manifiesta en su característico humorismo convulsionado y violento.

La versión castellana de la *Danza* consta de 79 octavas de arte mayor, es de autor anónimo y su redacción debe situarse hacia mediados del siglo XV, sin mayores precisiones en la fecha[162]. La *Danza* se supone de importación europea y por vía erudita; no se ha encontrado entre nosotros rastro alguno de ella con anterioridad. Algunos años más tarde, sin embargo, durante el reinado de Fernando el Católico, el archivero catalán Pere Miquel Carbonell compuso en su lengua una *Dança de la mort* con las características propias del género[163]. A la *Danza* se le viene suponiendo un modelo francés[164], del que pudo haber sido mera traducción; al comienzo de la obra se dice: "Prólogo en la *trasladación*"; pero el vocablo no puede tomarse en sentido literal. En su estudio citado sobre la *Danza* castellana, Werner Mulertt recoge las opiniones de varios investigadores europeos —Appel, Fehse, Stammler, a los que podríamos añadir, entre otros, Whyte y Kurtz— y todos convienen en colocar el valor literario de la *Danza* castellana muy por encima de los diversos textos europeos. De las dos ramas o familias de redacciones que sirvieron de base a todas estas versiones, la segunda supera la simple secuencia de monólogos yuxtapuestos para aproximarse a la forma propiamente dialogada y perfeccionar, a la vez, con tacto artístico, el encadenamiento de las varias escenas. En opinión de Fehse, la *Danza* castellana viene a representar el apogeo de esta segunda versión, muy por encima de la francesa de París y

---

[162] Moratín, Florence Whyte y Pedro Bohigas —cits. luego— colocan la redacción del poema hacia finales del siglo XIV; Margherita Morreale —también citada luego— lo supone compuesto entre 1430 y 1440.

[163] Algunos investigadores han supuesto que las *Danzas de la Muerte* pudieron tener su origen en Cataluña, pero la hipótesis no ha tenido aceptación. Cfr.: Florence Whyte, *The Dance of Death in Spain and Catalonia,* Baltimore, 1931. Werner Mulertt, "Sur les danses macabres en Castille et en Catalogne", en *Revue Hispanique,* LXXXI, 1933, páginas 443-455. Véanse también las reseñas de Pedro Bohigas a los libros citados de Whyte y de Kurtz, en *Revista de Filología Española,* XX, 1933, págs. 75-78 y XXII, 1935, págs. 305-308, respectivamente.

[164] Véase el estudio de Rosenfeld, cit.

la alemana de Lübeck, de parecidas características. Ante este hecho, Stammler supone que el modelo de la *Danza* castellana —así como de la alemana y la francesa dichas— hubo de ser un poema latino de notable perfección, muy diferente de las otras versiones populares. La hipótesis de Stammler se aviene con la opinión de Menéndez y Pelayo, que atribuía a nuestra *Danza* carácter mucho más culto y, consecuentemente, como apuntamos arriba, de penetración erudita. Por esta razón, mientras las *Danzas* europeas —dice Mulertt— [165] han sido relegadas al campo del folklore a causa de su escaso valor literario, la castellana ocupa con toda razón un merecido puesto en nuestra historia de la literatura.

Problema de gran interés es el de la posible escenificación o representación de la *Danza* castellana. Parece seguro que las europeas fueron danzadas y representadas, al menos en alguna ocasión [166]; Moratín y Milá y Fontanals afirmaron lo mismo para la nuestra, pero Menéndez y Pelayo no aceptaba este parecer basándose en su condición más literaria, a que hemos aludido, opinión que comparte Valbuena Prat. Lázaro Carreter confiesa su incertidumbre: "Hay circunstancias —dice— que invitan a pensar en el carácter teatral de *La Danza*. Así, ciertas fórmulas de presentación del tipo 'Estas dos donzellas, que vedes fermosas' (v. 66); pero pueden ser residuos de su primitivo carácter de ilustración de escenas gráficas. En contra de su posible escenificación obran indicios como su rígida disposición estrófica, la inexistencia de diálogo propiamente dicho por carencia de réplicas, y el número desmesurado de los personajes. Nuestra indecisión es favorable a considerar este poema como obra destinada a la lectura, aunque de notables posibilidades dramáticas" [167]. Movido por estas razones incluye la *Danza* en su colección de *Teatro Medieval*.

De los dos aspectos capitales a que nos hemos referido —el democrático o igualador y el de su regodeo en lo macabro, con su ronda de espectros y su feroz humorismo de calaveras y cementerios— la *Danza* española acoge el primero, pero se aleja en buena parte de lo trágico y terrorífico que distingue a las *Danzas* de otros países, aunque tampoco carece de ese goce despiadado en el triunfo de la destrucción. La *Danza* castellana, además de los habituales personajes de las europeas, da entrada a tipos nacionales como el rabí y el alfaquí, desconocidos en aquéllas [168].

Se conserva la obra en un manuscrito único de la biblioteca de El Escorial. Pero en 1520 se imprimió en Sevilla una nueva versión de la *Danza* con bas-

---

[165] Artículo cit., págs. 454-455.
[166] Véase el estudio de Clark, cit.
[167] Fernando Lázaro Carreter, *Teatro Medieval*, "Odres Nuevos", Valencia, 1965, páginas 85-86. Cfr.: E. Segura Covarsí, "Sentido dramático y contenido litúrgico de las *Danzas de la Muerte*", en *Cuadernos de Literatura*, V, 1949, págs. 251-271.
[168] Cfr.: J. M. Solá-Solé, "El rabí y el alfaquí en la *Dança general de la Muerte*", en *Romance Philology*, XVIII, 1965, págs. 272-283.

tantes variantes y 54 coplas más [169], intercaladas en el texto, en las cuales se da cabida a gran número de personajes y de oficios propios de nuestra nación [170].

Durante el siglo XV el tema de la *Danza* no parece que gozó, ni remotamente, en España, de la boga que tuvo en otras naciones europeas. En cambio prolongó su popularidad mucho más allá. Derivaciones de este tema hemos de verlas durante el siglo siguiente en la *Trilogía de las Barcas*, de Gil Vicente, en el *Diálogo de Mercurio y Carón*, de Alfonso de Valdés, en una extensa producción teatral de la segunda parte del quinientos, en un capítulo del *Quijote* y en algunas comedias sacras de Lope y de Mira de Amescua; y reaparece en los "Autos", de Calderón y en los *Sueños*, de Quevedo.

LA SÁTIRA POLÍTICA

La sátira política florece particularmente durante el reinado de Enrique IV y no tiene el carácter social y colectivo de la *Danza*, sino concreto y personal. Trátase aquí de un fenómeno característico de la época, que debe ser destacado. Hasta llegar a este momento, la sátira apunta hacia objetivos generales y abstractos que nunca se concretan en personas particulares. El Arcipreste y el Canciller escriben sátiras intencionadísimas, cuyo alcance general es bien fácil de determinar, pero sin que nunca se ataque al individuo. El siglo XV, sin embargo, inaugura la sátira violenta contra escritores, nobles, monarcas, concretamente citados y crudamente aludidos hasta en su mayor intimidad. La época renacentista vuelve a dejar de lado este tipo de sátira, pero el período barroco (enconadas agresiones literarias de Lope, Góngora, Quevedo) lo torna a poner al día.

Entre estas sátiras, que más que un valor poético ofrecen un interés histórico y representativo de época, son famosas las *Coplas del Provincial*, de

---

[169] El manuscrito de El Escorial ha sido editado varias veces: Florencio Janer, París, 1856 (texto reproducido en B A E, vol. LVII, nueva ed., Madrid, 1952); R. Foulché-Delbosc, en *Textos castellanos antiguos*, II, Barcelona, 1907; F. de Icaza, con los grabados de Holbein, Madrid, 1919; M. Menéndez y Pelayo, en *Antología...*, cit., vol. IV, págs. 244-262 (reproduce el texto de Icaza); Margherita Morreale, "Para una antología de literatura castellana medieval: la *Danza de la Muerte*", en *Anali del Corso di Lingue e Letterature Straniere presso l'Università di Bari*, VI, 1963; versión modernizada de F. Lázaro Carreter, en *Teatro Medieval*, cit., págs. 227-248. El texto de la edición de Sevilla ha sido reeditado solamente por Amador de los Ríos en su *Historia crítica de la Literatura Española*, vol. VII, 1865, págs. 507 y ss.

[170] Además de los estudios mencionados, cfr.: A. Fernández Merino, *La Danza macabra. Estudio crítico-literario*, Madrid, 1884. A. Lasso de la Vega, "La Danza de la Muerte en la poesía castellana", en *Revista Europea*, Madrid, X, págs. 707 y ss. H. R. Lang, "A Passage in the *Danza de la Muerte*", en *The Romanic Review*, III, 1912, páginas 415-421.

autor anónimo, que constan de 149 cuartetas octosílabas. El autor simboliza a la corte en un convento cuyo provincial dirige a los caballeros y damas, a los que cita por sus nombres propios, los más atroces insultos. Muchos linajes de Castilla salieron tan mal parados que en el siglo XVI se trató de hacer desaparecer las *Coplas* valiéndose incluso del Santo Oficio, que las prohibió, pero no se consiguió sino aumentar su popularidad. El texto, a pesar de la prohibición, circuló de mano en mano, sufriendo añadiduras y correcciones.

Menéndez y Pelayo comenta las *Coplas* [171] en tono de retórica indignación, tan extremada como pocas veces habrá salido de su pluma. Habla de "lo soez de su forma, lo brutal y tabernario de sus personalísimos ataques", de su "desvergüenza tan procaz y desaliñada, que impide todo efecto artístico"; afirma que "afrentan por igual a la sociedad que pudo dar el modelo para tales pinturas, y a la depravada imaginación y mano grosera que fueron capaces de trazarlas, deshonrándose juntamente con sus víctimas"; dice que las *Coplas* son "una sátira digna de Sodoma o de los peores tiempos de la Roma imperial" que provoca náuseas, y supone que ni en las tablillas que envió Petronio a Nerón se encontraría tal cúmulo de abominaciones. Líneas más abajo, para justificar el ocuparse de esta composición en gracia a su posible interés histórico, aduce el testimonio del cronista Alonso de Palencia, quien "en sus *Décadas* latinas, prueba que no era todo calumnia lo contenido en los metros del Provincial, y que éste dio *en la mitad del fiel* más veces de lo que al decoro de nuestra historia conviniera". Parece, pues, que la irritación de Menéndez y Pelayo debía inspirarla mucho más la sociedad que hizo posibles las *Coplas* que el poeta que las escribió, y que aquéllas tenían menos de libelo que de saludable ajuste de cuentas. Si la corte enriqueña era como Palencia la describe, no se excedió demasiado el autor del *Provincial* con dedicarle 149 cuartetas octosílabas. Por lo demás, la forma de las *Coplas* no nos parece tan desaliñada ni tosca; claro está que sería vano pedir calidades poéticas a una composición que no se escribió con tal propósito, ni el género lo permitía; pero en muchos momentos tienen innegable gracia y sus malicias se recortan, ceñidas, en ágiles versos adecuados a la situación. Sirvan de ejemplo los siguientes:

> *Decid, señora marquesa,*
> *¿cómo os va con el marqués?*
> *Más a ya, padre, de un mes*
> *que no como yo a su mesa.*
> *No tengáis pena ninguna,*
> *que si el apetito inflama,*
> *ay está don Juan de Luna,*
> *que nunca os falta en la cama.*
> ....

---

[171] *Antología...*, cit., II, págs. 288 y 289.

> *Vos, doña Isabel de Estrada,*
> *declaradme sin contienda,*
> *pues tenéis avierta tienda,*
> *¿a cómo pagan de entrada?*
>
> ....
>
> *Dícenme, doña María,*
> *que por hazer buena masa,*
> *se ha pasado a vuestra casa*
> *toda la chancillería...* [172].

Menéndez y Pelayo suponía que las *Coplas del Provincial*, no publicadas hasta entonces, no saldrían en tiempo alguno "de lo más recóndito de la necrópolis literaria"; a título de curiosidad incluyó en nota al pie las 37 cuartetas que le parecieron "más honestas y menos infamatorias". Pero poco tiempo después las publicaba íntegras Foulché-Delbosc [173].

Las *Coplas* han sido atribuidas a diversos escritores: a Hernando del Pulgar, al cronista Palencia, a Rodrigo de Cota y a Antón de Montoro. Menéndez y Pelayo rechaza todas las candidaturas con razones tan poco sólidas como las que se esgrimen para su atribución. Foulché-Delbosc se limita a señalar que los argumentos aducidos contra la posible autoría de Cota no son convincentes [174].

Durante el reinado de Carlos V se escribió una segunda parte de las *Coplas del Provincial*, a la que convendría muchísimo mejor la invectiva dirigida por Menéndez y Pelayo contra la primera. Su autor conserva 93 cuartetas del original y las envuelve con otras muchas de su cosecha —ya que no de su minerva— hasta llegar al número de 306. Sin sombra siquiera de la agilidad ni la gracia de la sátira enriqueña, esta continuación machaca monótonamente sobre motivos repetidos una y otra vez, de modo inhábil y profuso. Menéndez y Pelayo suponía perdida esta versión, pero Foulché-Delbosc la encontró en un manuscrito de la Biblioteca Nacional de París y la editó también íntegra [175]. En ella se dice que las coplas primitivas fueron compuestas por M.... de Acuña; en cambio, en un comentario a las *Coplas* hallado en la Biblioteca Nacional de Madrid, y también publicado por Foulché-Delbosc [176],

---

[172] Estrofas 100, 101, 108 y 112. Edición Foulché-Delbosc, cit. a continuación, página 263.

[173] *Revue Hispanique*, V, 1898, págs. 255-266. Cfr.: R. Foulché-Delbosc, "Notes sur Las Coplas del Provincial", en *Revue Hispanique*, VI, 1899, págs. 417-446.

[174] En el estudio citado en la nota anterior, págs. 426-428.

[175] En ídem, íd., págs. 428-446.

[176] En ídem, íd., págs. 417-424. Cfr.: Narciso Alonso Cortés, "Las Coplas del Provincial segundo", en *Miscelánea vallisoletana*, 5.ª serie.

se da el nombre de Diego de Acuña, "cavallero mozo y vano", al autor de la continuación.

Mayor valor poético que las del *Provincial* tienen las *Coplas de Mingo Revulgo* [177], sátira política contra Enrique IV. En forma alegórica —que hasta para los mismos contemporáneos tuvo necesidad de comentario— y en tono más grave y doctrinal dialogan un profeta o adivino, Gil Arribato, con el pueblo, Mingo Revulgo, sobre los males de su tiempo. Mingo Revulgo afirma que aquéllos se deben al abandono en que lo tiene el pastor Candaulo, que personifica al rey. Aunque la actitud censoria es también muy rígida, la forma es mucho más moderada y digna que en las *Coplas del Provincial*. Consta la obra de 32 coplas de nueve versos, formados por la adición de una redondilla y una quintilla.

Las *Coplas de Mingo Revulgo* siguen teniéndose como anónimas, pero han sido atribuidas a diversos autores. El Padre Mariana las supuso escritas por Hernando del Pulgar, debido a que este autor había compuesto una glosa o comentario sobre ellas; la misma opinión sostuvo en el siglo XVIII el Padre Sarmiento. El editor Sancha, que publicó las *Coplas* con los comentarios de Pulgar y de Martínez de Barros (mediados del siglo XVI), las atribuyó a Rodrigo de Cota. Bartolomé José Gallardo lo hizo a favor del cronista Alonso de Palencia. Para Menéndez y Pelayo tan sólo Pulgar merecía ser tomado en consideración, aunque tampoco aceptaba su autoría. En nuestros días J. Rodríguez-Puértolas sugiere la candidatura de Fr. Íñigo de Mendoza [178]. Menéndez y Pelayo había dicho, por cierto, aludiendo al carácter de su posible autor: "El autor o autores de las *Coplas del Provincial* pudieron ser maldicientes vulgares, ajenos a toda literatura; pero del que escribió la sátira de *Mingo Revulgo* no puede dudarse que era hombre culto y reflexivo, aunque afectadamente quisiese imitar la llaneza del pueblo" [179].

El mismo Menéndez y Pelayo llama la atención, en las *Coplas de Mingo Revulgo*, sobre su forma dialogada —un diálogo sin acción, que no puede, pues, calificarse de dramático, pero que no pudo dejar de influir indirectamente en el teatro de la época— y también sobre su ambiente pastoril, lleno de notas realistas y prosaicas, "especie —dice— de églogas de nuevo cuño" [180], que por no tener parentesco con las bucólicas clásicas ni tampoco con la tradición lírica de las serranillas castellanas, venían a introducir un nuevo género de representación de la vida de los pastores, más próximo al natural, llamado a larga vigencia en nuestra escena.

---

[177] Ediciones: Bartolomé José Gallardo, en *Ensayo de una biblioteca de libros raros y curiosos*, I. Madrid, 1863. Menéndez y Pelayo, en *Antología...*, cit., IV, págs. 409-417.
[178] "Sobre el autor de las *Coplas de Mingo Revulgo*", en *Homenaje a Rodríguez-Moñino*, II, Madrid, 1966, págs. 131-142.
[179] *Antología...*, cit., II, pág. 296.
[180] Ídem, íd., pág. 298.

Dignas de mención son también las *Coplas de ¡Ay, panadera!* [181], así llamadas por el estribillo que se repite al final de cada copla de ocho versos. Se ataca en ellas a los caballeros castellanos que huyeron cobardemente en la batalla de Olmedo frente a las tropas de Juan II.

OTROS POETAS

Otros dos poetas merecen ser citados para completar el panorama de la lírica en este período: Antón de Montoro y Juan Álvarez Gato.

Antón de Montoro [182]. Debió de nacer por los primeros años del siglo, desarrolló su actividad poética a lo largo de tres reinados, pero alcanzó su mayor importancia en la vejez, correspondiente, pues, a la época del *Impotente*. Fue natural de Montoro (Córdoba), de donde tomó el nombre. Era judío converso; pero, a diferencia de tantos de sus correligionarios, nunca ocultó esta condición, antes bien la recuerda frecuentemente y aun alude a parientes próximos que no se habían bautizado. Hacia el final de su vida, en una composición dirigida a la reina Católica, alude Montoro a su condición de converso en un tono humorístico, que no esconde del todo su amargura:

> *Nunca juré al Criador;*
> *Fize el Credo, e adorar;*
> *Ollas de tocino grueso,*
> *Torreznos a medio asar,*
> *Oir misas e rezar,*
> *Sanctiguar e persinar,*
> *E nunca pude matar*
> *Este rastro de confeso...* [183].

Cuando en 1474 estalló de nuevo violenta persecución contra los judíos en Castilla y Andalucía, mientras los más elevados de los conversos "renegaban de su origen y hacían causa común con los degolladores de su grey", Antón de Montoro se dirigió a los Reyes en elocuentes y conmovedoras coplas: "una

---

[181] Ediciones: Bartolomé José Gallardo, en *Ensayo de una biblioteca de libros raros y curiosos*, I, Madrid, 1863. Manuel Artigas, "Nueva redacción de las *Coplas de la Panadera*", en *Estudios eruditos in memoriam de Adolfo Bonilla y San Martín*, I, Madrid, 1927, págs. 75-89.

[182] *Cancionero de Antón de Montoro*, edición de E. Cotarelo y Mori, Madrid, 1900. Cfr.: R. Ramírez de Arellano, "Antón de Montoro y su testamento", en *Revista de Archivos*, IV, 1900, págs. 484-489. Del mismo, "Ilustraciones a la biografía de Antón de Montoro", en íd., íd., págs. 923-935. Erasmo Buceta, "Antón de Montoro y el 'Cancionero de obras de burlas'", en *Modern Philology*, XVII, 1919, págs. 651-658. M. Menéndez y Pelayo, *Antología...*, cit., II, págs. 303-320.

[183] Citado por Menéndez y Pelayo, en íd., pág. 305.

La lírica en el siglo XV

sola voz —dice Menéndez y Pelayo— subió hasta las gradas del trono pidiendo justicia en nombre de los míseros neófitos, inmolados más por la codicia y por el odio de sangre, que por el fanatismo"[184]. Montoro dirigió igualmente unos versos injuriosos a su antiguo correligionario Rodrigo de Cota, que figuraba entre los desertores.

Era Antón de Montoro sastre o "ropero", sobrenombre por el que también se le conoce. No era entonces frecuente que gente de tan humilde oficio cultivase la poesía y muchos de sus émulos le hicieron por ello objeto de sus burlas. El propio poeta alude irónicamente a su profesión:

> *Pues non cresce mi caudal*
> *El trobar, nin da más puja,*
> *Adorémoste, dedal,*
> *Gracias fagamos te, aguja*[185].

A semejanza de Villasandino, practicó Montoro abundantemente la mendicidad poética, para solicitar no sólo dinero, sino regalos en especie; y cuando las peticiones le fallaban, replicaba con sátiras feroces, llenas de insultos desvergonzados. Fue en este campo de la sátira donde Montoro adquirió mayor notoriedad, y como asiduo cultivador de ella ocupa un lugar muy de su época. Distinguió especialmente con sus ataques al llamado Juan Poeta o Juan de Valladolid, y la lluvia de vituperios que entre ambos se cruzó, divirtió no poco a sus contemporáneos. Algunos de los mayores poetas de su tiempo le estimaron mucho, en especial Juan de Mena y Santillana. Como éste le hubiera pedido el cancionero de sus poesías, el *Ropero* se excusó con ingeniosa delicadeza:

> *¡Qué obra tan de excusar*
> *Vender miel al colmenero,*
> *Y pensar crecer el mar*
> *Con las gotillas del Duero...*[186].

Aunque la sátira y el epigrama insultante eran su fuerte, también cultivó Montoro la poesía seria, pero con no mucha fortuna. Escribió algunas poesías amorosas a la manera de "cancionero" de la época. Y hasta trató a veces de elevarse a los temas épicos o trágicos, como en las coplas de arte mayor dirigidas al duque de Medina Sidonia, o el poema *A la muerte de los dos hermanos Comendadores* —sobre el mismo asunto que había de inspirar a Lope *Los Comendadores de Córdoba*—, pero el carácter de su inspiración se resistía a estas materias.

Al referirse a la significación del *Ropero* en la poesía de su época, dice Menéndez y Pelayo que cabría considerarle como el prototipo de aquellos ver-

---

[184] Ídem, íd., pág. 319.
[185] Ídem, íd., pág. 308.
[186] Ídem, íd., pág. 312.

sificadores semi-artísticos, semi-populares, que, salidos de las filas del vulgo, conservaron siempre muchos rasgos de su origen, pero esto a su vez les salva del amaneramiento de los trovadores cortesanos y da a su poesía un valor histórico y social que aquéllos frecuentemente no tienen.

Juan Álvarez Gato, perteneciente a una familia de conversos, nació en Madrid entre 1440 y 1450 y se sabe que vivía aún en abril de 1510. Se había supuesto que, siendo ya poeta famoso, gozó del favor de Juan II que le visitó durante una enfermedad y le armó caballero; pero las investigaciones de Jenaro Artiles [187] y de Francisco Márquez Villanueva [188] han desmentido aquella información y retrasado en varias décadas tanto el nacimiento como la muerte del poeta. No pertenece éste, pues, al reinado de Juan II, en cuyo tiempo no pudo todavía florecer, sino al de Enrique IV y al de los Reyes Católicos.

Álvarez Gato brujuleó primeramente en torno al favorito don Beltrán de la Cueva, a quien dedicó una elogiosa composición, y sirvió después por algún tiempo en Segovia a los Arias Dávila. El atentado urdido contra el jefe de esta casa por el marqués de Villena en complicidad con el propio rey, le apartó del servicio del *Impotente* y le llevó al partido del infante don Alfonso y luego al de doña Isabel. Tras el triunfo de ésta desempeñó diversos cargos en la casa real: contino, escribano de cámara y mayordomo de la reina; varios documentos acreditan que en los últimos años de su vida recibió especiales atenciones económicas en pago a sus eficaces servicios en asuntos administrativos y burocráticos. Álvarez Gato hubo, pues, de vivir habitualmente en Madrid, pero también residió algún tiempo en Guadalajara, en torno a la corte de los Mendoza. Mantuvo asimismo estrecha relación con Fr. Hernando de Talavera, de quien recibió fuerte influjo moral, y trató a distintos poetas en la corte y en la casa de los Mendoza, sobre todo a Hernán Mexía, a Gómez Manrique y a Hernando del Pulgar, a los cuales debió buena parte de la formación literaria que no había adquirido en estudios regulares.

Álvarez Gato no parece que fue muy conocido como poeta fuera de un limitado círculo de amistades; después de su muerte cayó en olvido [189] y sólo

---

[187] Jenaro Artiles Rodríguez, *Obras completas de Juan Álvarez Gato*, con introducción y notas, "Los Clásicos Olvidados", vol. IV, Madrid, 1928. Con anterioridad, el propio Artiles había publicado otro estudio: "Juan Álvarez Gato, poeta madrileño del siglo xv. Nuevos datos bio-bibliográficos y recopilación de los conocidos", en *Revista de la Biblioteca, Archivo y Museo del Ayuntamiento de Madrid*, V, 1927, págs. 15-37 y 209-212; pero todas sus aportaciones han sido incorporadas al estudio preliminar de la edición citada.

[188] Francisco Márquez Villanueva, *Investigaciones sobre Juan Álvarez Gato. Contribución al conocimiento de la literatura castellana del siglo XV*, Anejo IV del *Boletín de la Real Academia Española*, Madrid, 1960.

[189] Más de cien años después de muerto el poeta publican las primeras noticias biográficas acerca de él Gil González Dávila, *Teatro de la grandeza de la Villa de Madrid, corte de los Reyes Católicos de España*, Madrid, 1623, y Jerónimo Quintana, *Historia*

en el siglo XIX comenzó a ser rescatado su nombre: Gallardo en su *Ensayo*[190] y Amador de los Ríos en su *Historia*[191] se ocuparon del escritor madrileño, y Menéndez y Pelayo le dedicó —en opinión de Márquez Villanueva—[192] "uno de los más bellos y logrados [estudios] que desde el punto de vista literario hay en toda la *Antología*"[193]; a principios de siglo Emilio Cotarelo reunió sus poesías, aunque en mediocre edición[194], y Foulché-Delbosc lo incluyó en su *Cancionero Castellano del siglo XV*[195]; Jenaro Artiles publicó en 1928 la excelente edición, citada, de su obra en verso y en prosa; y, tras un estudio de Mario Ruffini[196] y algunas aportaciones menores de diversos eruditos[197], Francisco Márquez Villanueva le ha dedicado su notable estudio monográfico mencionado, en el que al lado de su obra literaria, que es objeto de profunda revalorización, investiga especialmente la significación de Álvarez Gato dentro del mundo y el pensamiento de los conversos.

Gato divide sus poesías en tres partes: de amores, de cosas "de razón", y "espirituales, provechosas y contemplativas", que en la edición de Artiles quedan clasificadas en "poesías amorosas", "morales y políticas" y "religiosas". Todos los comentaristas coinciden en aceptar la superioridad de las amorosas, que ocupan además el mayor volumen en su producción. Exhibe en ellas Gato el habitual virtuosismo de los poetas de cancionero al tratar los temas de amor

---

de la Antigüedad, Nobleza y Grandeza de Madrid, Madrid, 1629. Otro siglo y medio ha de transcurrir para que Nicolás Antonio reproduzca los mismos datos proporcionados por Dávila. Márquez Villanueva, recogiendo una indicación de Ruffini, señala que la obra de Álvarez Gato permaneció prácticamente ignorada hasta época contemporánea, con la excepción casi única de una redondilla muy difundida, aunque siempre anónima y maltratada muchas veces por extrañas variantes. Hela aquí:

> *En esta vida prestada,*
> *do bien obrar es la llave,*
> *aquél que se salva, sabe;*
> *el otro no sabe nada.*
>
> (Ed. Artiles, núm. 90, pág. 154).

[190] Vol. I, col. 173 y ss.
[191] Vol. VI, págs. 557 y ss., y vol. VII, págs. 122 y ss.
[192] *Investigaciones...*, cit., págs. 27-28.
[193] Véase en vol. II, págs. 321-334.
[194] *Cancionero inédito de Juan Álvarez Gato, poeta madrileño del siglo XV*, Madrid, 1901. Había comenzado a publicarse aquel mismo año en el vol. I de la *Revista Española de Literatura, Historia y Arte*.
[195] Vol. I, págs. 222-269.
[196] *Observaciones filológicas sobre la lengua poética de Álvarez Gato*, Sevilla, 1953.
[197] Carolina Michaëlis de Vasconcelos, "Nuevas disquisiciones acerca de Juan Álvarez Gato", en *Revista Lusitana*, VII, 1902, págs. 241-244. Narciso Alonso Cortés, "Un documento de Juan Álvarez Gato", en *Cuadernos de Literatura*, VIII, 1950, págs. 251-253. Para otros comentarios más o menos extensos de María Rosa Lida, Margherita Morreale, José Manuel Blecua, Pierre Le Gentil, véase la bibliografía de Márquez Villanueva, págs. 423-454.

con retorcidos conceptismos, pero llevado siempre por una nota de humor, de "ironía refinada y moderna", que representa su personal peculiaridad. Márquez destaca un grupo de poesías breves, en las que trata algún tema de psicología amorosa, ateniéndose "mucho más a la experiencia, a lo observado y meditado, que a las armazones conceptuales que encuadraban entonces la expresión literaria del amor" [198]. Así, la canción novena, en la edición de Artiles, que Puymaigre tradujo al francés:

> *Ninguno sufra dolor*
> *por correr tras beneficios,*
> *que las fuerças del amor*
> *no se ganan por servicios...* [199].

En ocasiones deriva a burlas, que parecen anticipar la musa de Quevedo, como en aquella composición que deleitaba a Menéndez y Pelayo:

> *Dezís: "casemos los dos,*
> *porque deste mal no muera".*
> *Señora, no plega a Dios,*
> *syendo mi señora vos,*
> *cos haga mi compañera...* [200].

El poeta mezcla frecuentemente motivos amorosos y sagrados con gran desenvoltura; a veces diríase que en su exaltación pasional resuenan las blasfemas hipérboles de Calisto anteponiendo su amada al mismo Dios, si no fuera porque el tono irónico, que asoma de inmediato, roba a la irreverencia su condición de tal. Más bien parece que el poeta se divierte jugando a la exageración. Pero el problema ha preocupado a los críticos, dado el tono de algunos atrevimientos. Márquez ha recogido un buen florilegio de opiniones sobre el caso [201], y ha señalado por su parte que idéntico fenómeno se produce

---

[198] *Investigaciones...*, cit., pág. 215.
[199] Ed. Artiles, núm. 9, págs. 17-18.
[200] Ídem, íd., núm. 36, págs. 42-43.
[201] Pedro Salinas, *Jorge Manrique o tradición y originalidad*, Buenos Aires, 1947, págs. 26-27; Leo Spitzer, "En torno al arte del Arcipreste de Hita", en *Lingüística e historia literaria*, Madrid, 1955, pág. 130, nota 20; Pierre Le Gentil, *La poésie lyrique...*, vol. I, pág. 203; Eugenio Asensio, en su reseña sobre el libro de Le Gentil, *Revista de Filología Española*, XXXIV, 1950, págs. 286-304; Marcel Bataillon, "¿Melancolía renacentista o melancolía judía?", en *Varia lección de clásicos españoles*, Madrid, 1964, páginas 39-54; Charles V. Aubrun, *Le Chansonnier espagnol d'Herberay des Essarts*, Burdeos, 1951, pág. LXXXVIII; María Rosa Lida, *Juan de Mena, poeta del prerrenacimiento español*, México, 1950, págs. 93-94; de la misma, "Para la biografía de Juan de Mena", en *Revista de Filología Hispánica*, III, 1941, pág. 154; de la misma, "La hipérbole sagrada en la poesía castellana del siglo XV", en *Revista de Filología Hispánica*, VIII, 1946, pág. 126; Anna Krause, "El tractado novelístico de Diego de San Pedro", en *Bulletin Hispanique*, LIV, 1952, págs. 268-269; Francisca Vendrell, "La corte lite-

entonces en la literatura de elogio político y entre los poetas musulmanes. Confesamos que en el caso de Álvarez Gato las supuestas impiedades no nos parecen tan extremas; son tópicos de enamorado —fingido o verdadero, tanto monta para el aspecto literario—, que, con leves diferencias de matiz, los manejaron infinitos poetas y se dieron por igual en todas las literaturas. De los pareceres propuestos tenemos por más llano el de Salinas, para el cual el culto casi idolátrico a la mujer, propio del amor cortés y de la poesía provenzal, se había apropiado las formas expresivas de la religión [202]; y por el menos aceptable, el que atribuye el fenómeno al influjo de los conversos. El español, puesto a la lisonja política y al ditirambo de una dama, deja atrás a cualquier mortal: de lo primero tenemos buenos ejemplos recientes, cuando los conversos ya no parecen constituir problema ni conservar influjo alguno; de lo segundo, en toda nuestra historia.

Las poesías religiosas de Álvarez Gato, muy inferiores a las amorosas, poseen, en cambio, el mayor interés porque glosan frecuentemente letras y cantares populares, volviéndolos *a lo divino*. Con ello, Gato introduce esta importantísima innovación, que se hace desde entonces característica de nuestra literatura [203]. Del acierto, además, con que el poeta escogió entre el caudal lírico popular, da idea el hecho de que varios de sus temas fueron reelaborados en más de una ocasión. De entre estas composiciones merecen destacarse las que llevan por estribillo. "Ay, onbre, tú me truxiste"; "Quita allá, que no quiero, — mundo enemigo; — quita allá, que no quiero — pendencias contigo"; "Que agora es tiempo de ganar — esta soldada"; "Solíades venir, amor; — agora non venides, non".

---

ria de Alfonso V de Aragón", en *Boletín de la Real Academia Española*, XX, 1953, páginas 83-84; Menéndez y Pelayo, *Antología...*, cit., vol. II, pág. 237. (*Investigaciones...*, págs. 234-240).

[202] Al ocuparse de este mismo problema a propósito de la poesía amorosa de Jorge Manrique, Serrano de Haro en el estudio mencionado afirma concretamente del autor de las Coplas lo que Salinas extiende a la generalidad de los líricos eróticos de la época: "Se ha llegado —dice— a ésta [hipérbole sacro-profana] a base de utilizar la religión como cantera única e inagotable de cultura. La doctrina amorosa medieval se ha construido con nobles materiales tomados de la religión y ese origen se transparenta en las formas y el lenguaje. Las expresiones de la poesía erótica están muy cerca de las de la poesía mística y sus razonamientos muy cerca de los del proceso ascético. La obra de Jorge Manrique confirma en el fondo y en la forma este fenómeno" (pág. 72). Y añade poco después: "En estos estratos caballerescos el cristianismo está escasamente problematizado y puede reducirse a una fe firme y una piedad sencilla, aunque la moral esté relajada, lo que origina sombras, frivolidad y poco entusiasmo en la conducta" (pág. 73).

[203] Eugenio Asensio en su comentario a Le Gentil, cit., niega que Álvarez Gato fuera el primero en volver *a lo divino* un cantarcillo, pues Alfonso el Sabio ya contrahizo una maya en idéntica forma. Márquez admite este hecho, pero sostiene que es el poeta madrileño quien usa este recurso con propósito deliberado y mayor amplitud y logra de hecho su aclimatación (*Investigaciones...*, cit., pág. 253).

Álvarez Gato siente absoluta preferencia por los metros cortos, cantables y vivaces, que maneja con gran habilidad y gracia, en especial las coplas de pie quebrado y las quintillas; tan sólo en dos ocasiones se sirvió, poco felizmente, de las coplas de arte mayor.

Márquez Villanueva ha valorado por primera vez la corta producción en prosa de Álvarez Gato, publicada por Artiles —12 cartas— sólo como una curiosidad lingüística, y a la que ha añadido otra interesante *Carta que embía Juan Álvarez Gato a un su amigo que se metió frayle, consolándole e eforçándole* [204], hallada en un manuscrito de la Biblioteca Nacional. En opinión de Márquez, el poeta, al llegar a la edad madura, debió de experimentar una grave crisis moral, que le hizo variar el tono de su poesía, inspirándole no sólo las composiciones religiosas sino las políticas sobre el estado interior del reino en los últimos años de Enrique IV, y las cartas mencionadas. Márquez señala en ellas determinados aspectos que preludian la corriente de los alumbrados y apuntan a una nueva ideología sobre las clases sociales y sobre la vida ascética y moral, en relación con la actitud general de los conversos. Refiriéndose concretamente a la *Carta* mencionada, escribe Márquez: "Lo que realmente confiere fuerza a estas páginas de Álvarez Gato es la transposición del tópico al plano de la intimidad, mediante el recurso a la propia experiencia, con lo que todo el conjunto adquiere las resonancias más extrañas e inesperadas. Álvarez Gato ha dado así con la fórmula de sus más vivaces páginas en prosa, donde la confesión de sus ambiciones frustradas, de sus temores, de sus hipocresías y de sus humillaciones alcanza un perfil de franca modernidad" [205].

---

[204] La publica en sus *Investigaciones...*, como apéndice XVI, págs. 387-392.
[205] Ídem, íd., pág. 284.

CAPÍTULO IX

LA ÉPICA POPULAR, EL ROMANCERO

CARACTERES Y FORMACIÓN DEL ROMANCERO

Definición. Historia de la palabra "romance". Desígnanse con el nombre de *romances* unas composiciones de carácter épico o épico-lírico, en general breves, compuestas originariamente para ser cantadas al son de un instrumento o recitadas con acompañamiento de éste. En su forma más simple están formados los romances por un número indefinido de versos octosílabos, rimados en asonante los pares mientras quedan libres los impares, siendo por lo común una sola la asonancia de toda la composición. Éste es el resultado de escribir como versos diferentes los dos hemistiquios del verso heroico; pero en su condición más estricta "la forma métrica del Romancero es una tirada de versos de dieciséis sílabas con asonancia monorrima; es, en substancia, la misma versificación de las gestas medievales"[1]. En su totalidad, o al menos en su parte más notable, son los romances obras de poetas anónimos y en su conjunto constituyen una de las más sobresalientes y personalísimas manifestaciones de nuestro arte literario popular y nacional.

---

[1] R. Menéndez Pidal, Proemio de *Flor Nueva de Romances Viejos*, reeditado, en *Mis páginas preferidas. Temas Literarios*, Madrid, 1957, pág. 172. Casi a continuación de las palabras transcritas aclara el autor la importancia de este carácter métrico de los romances: "Verdad es que las canciones épico-líricas francesas, provenzales o piamontesas, emplean bastante la tirada monorrima, análoga a la de las gestas; pero usan mucho más los dísticos, los tercetos y otras varias estrofas. Esta mezcla de los dos sistemas es lo más natural: la canción puramente lírica necesita un metro dividido en estrofas, pues éstas regularizan las reiteraciones, tan propias de la poesía lírica como de las cadencias del baile, acompañamiento primitivo de la canción; por su parte, la poesía épica pide una serie ininterrumpida de versos, forma adecuada para seguir una larga narración, sin divisiones periódicas internas que la embaracen. Ahora bien: el Romancero, al usar exclusivamente, o poco menos, la versificación épica, revela una vez más las condiciones especiales de sus orígenes, más ilustres que los de la canción epicolírica de los otros pueblos".

La palabra "romance", hasta llegar a ser utilizada en la acepción concreta a que estamos refiriéndonos, pasó por una serie de avatares que no es ocioso recordar. Sabido es que con el nombre de "romance" se designó primeramente —y así ha continuado hasta el día de hoy— a la lengua vulgar por oposición al latín. Pero ya desde la Edad Media se designaban también vagamente con este nombre, dentro del campo literario, "composiciones varias redactadas en la lengua común y no en el latín de los clérigos". Con su característica precisión Menéndez Pidal —a quien nos hemos de referir como autoridad impar y fuente capitalísima en todo lo concerniente al Romancero— hace historia de los casos más significativos. En las *Partidas* —hacia mediados del siglo XIII— se habla de "las estorias e los romances e los otros libros que fablan de aquellas cosas de que los homes reciben alegría e placer". Por aquel mismo tiempo Berceo aplica a sus obras religiosas esta denominación: "el romance es cumplido", dice al finalizar el *Sacrificio de la Misa*, y "este romance" llama a los *Loores de Nuestra Señora*. También alrededor de 1250 el autor del *Libro de Apolonio* lo designa como "un romance de nueva maestría", y del mismo nombre se sirve el Arcipreste —al acabar el primer tercio del siglo XIV— para referirse a la totalidad de su poema, entendido como un conjunto misceláneo de trozos narrativos, doctrinales y líricos, o tan sólo —en otro pasaje— a una fábula concreta. Hacia 1300 San Pedro Pascual censura la afición a "oir fablillas e romances de amor e de otras vanidades", nueva acepción de la palabra que debe entenderse aquí como relato de ficción más o menos novelesco. Sin embargo, en medio de tanta vaguedad, el vocablo "romance" va quedando limitado a los cantares de carácter narrativo, a las gestas épicas, en particular a las más tardías. Y aunque en las primeras décadas del siglo XV sigue todavía, según la anterior indeterminación, dándose el nombre de romance indistintamente a páginas en prosa, relatos imaginativos, etc., etc., a lo largo del siglo se acentúa el uso de la "palabra especializada en el sentido en que hoy lo está" para designar concretamente los mismos temas y episodios de los cantares de gesta que se cantaban o recitaban fragmentariamente en forma de breves canciones épico-líricas. Y así se refiere a ellas el Marqués de Santillana [2] y así queda ya definitivamente adoptada en los cancioneros que se recogen a partir del último tercio del siglo XV. "Bien puede afirmarse —resume Menéndez Pidal— que a partir de mediados del siglo XV es completamente excepcional el antiguo empleo de la palabra *romance* para designar otras diversas obras literarias en prosa o en estrofas consonantadas". "Tan fijada estaba ya la palabra romance —añade luego— para designar composición monorrima, asonantada en un octosílabo no y otro sí, es decir, en los versos pares, que en el último tercio

---

[2] En relación con las posibles interpretaciones del conocido pasaje de Santillana sobre los romances, cfr.: W. C. Atkinson, "The Interpretation of *Romançes e cantares* in Santillana", en *Hispanic Review,* IV, 1936, págs. 1-10. Dorothy Clotelle Clarke, "The Marqués de Santillana and the Spanish Ballad Problem", en *Modern Philology*, LIX, 1961, páginas 13-24.

del siglo XVII, cuando nuestros poetas inventaron imitar esa alternación de rimas con versos de once sílabas, asonantado uno no y otro sí, llamaron a la nueva forma poética 'romance heroico', 'romance real' o 'romance endecasílabo'. Se llamó también 'romance' a los decasílabos con asonante alterno" [3].

Bien pronto también el nombre de "romances", así como el de "romanceros" aplicado a sus colecciones, se difundió por Francia, por Italia y por Alemania; se consideraba que los romances eran la especie más perfecta de la canción narrativa popular, y así se adoptó no sólo para designar las producciones españolas de esta índole, sino también las de tipo más o menos análogo en otros idiomas.

Origen. Evolución. Los romances más antiguos —con excepción de unos pocos que se remontan a fines del XIV— pertenecen al siglo XV y reciben el nombre de *romances viejos* para distinguirlos de los llamados *nuevos* o *artísticos*, que fueron compuestos por poetas cultos a partir de la segunda mitad del siglo XVI.

Cuando el Romanticismo despertó la afición por la poesía popular, se planteó el problema de su origen, que los eruditos de la época explicaron —según dejamos visto oportunamente— diciendo que los romances eran la más antigua manifestación de aquella poesía, y que los grandes cantares de gesta no eran sino la reunión, en un vasto conjunto, de series de romances sobre el mismo personaje o tema. Posteriormente, como explicamos, Milá y Fontanals [4] y Menéndez y Pelayo [5] rebatieron aquella teoría y sostuvieron la posición contraria que en nuestros días Menéndez Pidal ha completado y establecido de manera definitiva en una serie de estudios fundamentales [6]. He aquí, muy resumidos,

---

[3] R. Menéndez Pidal, *Orígenes del Romancero*, reeditado en *España y su Historia*, vol. I, Madrid, 1957, págs. 847-850.

[4] *De la poesía heroico-popular castellana*, Barcelona, 1874, vol. VII de sus obras completas; nuevas eds., Barcelona, 1896, y Barcelona, 1959.

[5] *Tratado de los romances viejos*, vol. VI y VII de la *Antología de poetas líricos castellanos*, edición nacional, Santander, 1944.

[6] Menéndez Pidal ha expuesto sus puntos de vista sobre el Romancero en numerosos trabajos, algunos de los cuales han sido reeditados en publicaciones diversas; por otra parte, ha vuelto, con mayor o menor extensión, sobre algunas de sus ideas básicas en diferentes ocasiones al ocuparse repetidamente de este tema. Esto entendido, su obra fundamental —que lo es, a la vez, en toda esta materia—, donde recoge y compendia todas sus investigaciones anteriores, es el *Romancero Hispánico (Hispano-portugués, americano y sefardí). Teoría e Historia*, Madrid, 1953, 2 vols. Son también de especial importancia: *El Romancero español*, The Hispanic Society of America, New York, 1910; "Poesía popular y romancero", en *Revista de Filología Española*, I, 1914, págs. 357-377, II, 1915, págs. 1-20, 105-136, 329-338, III, 1916, págs. 233-289; "Poesía popular y poesía tradicional en la literatura española", conferencia incluida en *Los romances de América y otros estudios*, Buenos Aires, 5.ª ed., 1948, y reeditada en *Mis páginas preferidas. Temas literarios*, Madrid, 1957; el Proemio a *Flor nueva de romances viejos*, Buenos Aires, 1939, también reeditado en *Mis páginas preferidas*, íd., íd.: el precioso resumen titulado "El Romancero", capítulo V del libro *La epopeya castellana a través de la literatura*

los resultados de dichas investigaciones. Las primeras creaciones épicas fueron los cantares de gesta, cuya transmisión se efectuaba, según sabemos, por vía oral. Al producirse, con el tiempo, la decadencia del género, también el gusto popular se apartó de los largos poemas antiguos, y, probablemente bajo el influjo de las nuevas corrientes poéticas, en especial de la lírica, se aficionó

---

española, Madrid, 2.ª ed., 1959; y algunos otros trabajos recogidos en *España y su Historia* (como el citado *Orígenes del Romancero*), donde también se incluyen varios de los mencionados. Debe consultarse asimismo: *Poesía tradicional en el Romancero hispano-portugués*, comunicación leída ante la Academia das Ciências de Portugal, Lisboa, 1943, y el libro *Poesía juglaresca y juglares*, Madrid, 1926 (Sexta edición, corregida y aumentada, con el nombre de *Poesía juglaresca y orígenes de las literaturas románicas*, Instituto de Estudios Políticos, Madrid, 1957). Un sucinto y útil compendio de la evolución de las ideas sobre los romances desde el Romanticismo hasta nuestros días se encuentra en las páginas primeras de *Poesía popular y poesía tradicional en la literatura española*, cit.

Estudios importantes de otros autores sobre problemas varios del *Romancero*: Carolina Michaëlis de Vasconcelos, "Estudos sôbre o Romanceiro peninsular", en *Revista Lusitana*, Lisboa, II, 1890-1892, págs. 156-179 y 193-240. R. Foulché-Delbosc, *Essai sur les origines du Romancero. Prélude*, París, 1912; traducción española, Madrid, 1914 (véase el trabajo de R. Menéndez Pidal, *Orígenes del Romancero*, cit., con el que contesta al ensayo de Foulché-Delbosc). Pio Rajna, "Osservazioni e dubbi concernenti la storia delle romanze spagnuole", en *The Romanic Review*, VI, 1915, págs. 1-45. H. A. Kenyon, "Color Symbolism in Early Spanish Ballads", en *The Romanic Review*, VI, 1915, págs. 327-340. G. J. Geers, "El problema de los romances", en *Neophilologus*, V, 1920, págs. 193-199. W. P. Ker, *Spanish and English Ballads*, Londres, 1920. Aurelio M. Espinosa, *El Romancero español. Sus orígenes y su historia en la literatura universal*, Madrid, 1931. Vittorio Santoli, "Problemi di poesia popolare", en *Annali della R. Scuola Normale Superiore di Pisa*, IV, 1935, págs. 93-119. Leo Spitzer, "Notas sobre romances españoles", en *Revista de Filología Española*, XXII, 1935, págs. 153-174 y 290-291. Benedetto Croce, "Poesia *popolare* e poesia *d'arte*. Considerazioni teorico-storiche", en *Critica*, XXVII, 1929, págs. 321-339 (reproducido en su libro *Poesia popolare e poesia d'arte*, Bari, 1933). Del mismo, "Studi su poesie antiche e moderne. Romanze spagnuole", en *Critica*, 1940, págs. 65-76. William J. Entwistle, *European Balladry*, Oxford, 1939; nueva ed., 1951. Del mismo, "La chanson populaire française en Espagne", en *Bulletin Hispanique*, LI, 1949, págs. 255-268. Daniel Devoto, "Un ejemplo de la labor tradicional en el Romancero viejo", en *Nueva Revista de Filología Hispánica*, VII, 1953, págs. 383-394. Del mismo, "Sobre el estudio folklórico del Romancero español. Proposiciones para un método de estudio de la transmisión tradicional", en *Bulletin Hispanique*, LVII, 1955, págs. 233-291. Eugenio Asensio, "*Fonte frida* o encuentro del romance con la canción de Mayo", en *Nueva Revista de Filología Hispánica*, VIII, 1954, págs. 365-388 (reproducido en *Poética y realidad en el Cancionero peninsular de la Edad Media*, Madrid, 1957, págs. 241-277). R. Menéndez Pidal-Diego Catalán-Álvaro Galmés, *Cómo vive un romance. Dos ensayos sobre tradicionalidad*, Madrid, 1954. Diego Catalán, "El motivo y la *variación* en la transmisión tradicional del Romancero", en *Bulletin Hispanique*, LXI, 1959, págs. 149-182. Edward M. Wilson, *Tragic Themes in Spanish Ballads*, Londres, 1958. Un buen estudio de conjunto sobre los diversos aspectos del Romancero y sus problemas, con abundante bibliografía, es el de Manuel García Blanco, "El Romancero", en *Historia General de las Literaturas Hispánicas*, vol. II, Barcelona, 1951, págs. 1-51. Un excelente resumen sobre los aspectos capitales del Romancero lo constituye la introa formas más breves. Esto, y la imposibilidad de retener completas aquellas extensas gestas, hizo que la atención se concentrara sobre los episodios más notables. "Los oyentes —dice Menéndez Pidal— se hacían repetir el pasaje más atractivo del poema que el juglar les cantaba; lo aprendían de memoria y al cantarlo ellos a su vez, lo popularizaban, formando con esos pocos versos un canto aparte, independiente del conjunto: un romance"[7]. Estos fragmentos de los viejos poemas que se conservaban en la memoria de las gentes, y que desgajados de su tronco tendían a cobrar nueva vida independiente, bien que no en su estricta forma original, sino más o menos transformados por una nueva redacción, son los denominados romances *épicos tradicionales*. Después, ante el éxito extraordinario que alcanzaron, los juglares compusieron otros muchos sobre aquellos temas épicos o históricos que eran familiares al pueblo, o sobre nuevos asuntos nacionales o extranjeros, por ejemplo los de la épica

---

ducción de C. Colin Smith a su antología de romances, *Spanish Ballads*, Oxford-London-New York, 1964.

Sobre problemas cronológicos, véase: G. Cirot, "Deux notes sur les rapports entre romances et chroniques", en *Bulletin Hispanique*, XXX, 1928, págs. 250-255. W. C. Atkinson, "The Chronology of Spanish Ballad Origins", en *Modern Language Review*, XXXII, 1937, págs. 44-61. S. Griswold Morley, "Spanish Ballad Problems. The Native Historical Themes", *University of California Publications in Modern Philology*, XIII, 1925, págs. 207-228. Del mismo, "Chronological List of Early Spanish Ballads", en *Hispanic Review*, XIII, 1945, págs. 273-287; y la citada obra de W. J. Entwistle, *European Balladry*.

Sobre la música y los romances, cfr.: F. Asenjo Barbieri, *Cancionero musical de los siglos XV y XVI*, Madrid, 1890; nueva ed., Buenos Aires, 1945. E. Martínez Torner, "Indicaciones prácticas sobre la notación musical de los romances", en *Revista de Filología Española*, X, 1923, págs. 389-394. Del mismo, "Ensayo de clasificación de las melodías de romance", en *Homenaje a Menéndez Pidal*, II, Madrid, 1925, págs. 391-402. J. B. Trend, "The Music of the *Romancero* in the 16th Century", en su libro *The Music of Spanish History*, Oxford, 1926. Higinio Anglés, "Das spanische Volkslied", en *Archiv für Musikforschung*, III-IV, 1938-1939, págs. 331-362. Del mismo, *La música en la corte de los Reyes Católicos*, Barcelona, 1947. Del mismo, *La música en la corte de Carlos V*, Barcelona, 1944. K. Schindler, *Folk Music and Poetry of Spain and Portugal*, Nueva York, 1941. Gonzalo Menéndez Pidal, "Ilustraciones musicales", Apéndice al libro de R. Menéndez Pidal, *Romancero Hispánico*, cit., vol. I, págs. 367-402. Isabel Pope, "Notas sobre la melodía del *Conde Claros*", en *Nueva Revista de Filología Hispánica*, VII, 1953, págs. 395-402. Daniel Devoto, "Sobre la música tradicional española", en *Revista de Filología Hispánica*, V, 1943, págs. 344-366 (se ocupa aquí de la música en el Romancero nuevo). Israel J. Katz, "Toward a Musical Study of the Judeo-Spanish *Romancero*", en *Western Folklore*, University of California Press, Berkeley and Los Angeles, XXI, 1962, págs. 83-91. Del mismo, "A Judeo-Spanish *Romancero*", en *Ethnomusicology*, Wesleyan University Press, Middletown, Connecticut, XII, 1968, págs. 72-85.

Sobre los problemas generales de la métrica: P. Henríquez Ureña, *La versificación irregular en la poesía castellana*, Madrid, 2.ª ed., 1933. Tomás Navarro Tomás, *Métrica española*, Syracuse, 1956. Para los problemas particulares de la métrica de los romances véase luego, nota 12.

[7] "El Romancero", en *La Epopeya castellana a través de la literatura española*, ed. cit., pág. 139.

carolingia, difundida ya en España desde mucho tiempo antes. A estos romances se les conoce con el nombre de *juglarescos,* y se diferencian de los primeros por su mayor extensión y la novedad de sus temas, por el tono más narrativo y menos dramático, y por ser su relato "más pormenorizado, menos rápido y, sobre todo, más prosaico, falto de la agilidad y viveza, falto de la liricidad que caracteriza a los romances de tradición oral"[8]. Además de los típicamente épicos los hay también específicamente líricos, sentimentales o amorosos, novelescos, etc., con multitud de asuntos que no habían sido objeto de cantares de gesta ni en España ni en otros países.

Menéndez Pidal ha estudiado y expuesto minuciosamente el proceso de fragmentación que conduce desde el cantar de gesta primitivo a las nuevas versiones de los romances. En la primera época del predominio de las gestas era ya frecuente que los juglares no recitasen completo un poema y ni siquiera dividido en dos o tres sesiones, sino que escogían para sus actuaciones aquellos fragmentos más conocidos y gustados o de mayor intensidad y, por tanto, de más seguro éxito entre sus oyentes (no de distinto modo se seleccionan ahora para el de nuestros días las porciones más notables de obras extensas —óperas, por ejemplo—, que se ofrecen en recitales por separado o se editan en los modernos discos; práctica asimismo habitual con fragmentos de composiciones musicales de considerable longitud). La necesidad de presentar e introducir de algún modo estos fragmentos desgajados exigía del juglar algún retoque, o añadidura o poda, con lo que fue extendiéndose la práctica entre aquéllos de refundir con gran libertad el texto de las gestas primitivas. (Lo que da origen a las llamadas por Pidal *gestas tardías,* verdadero puente entre la vieja épica y los romances.) Así, los fragmentos preferidos fueron adquiriendo cada vez mayor sustantividad e independencia, hasta convertirse en la nueva versión de los romances. Esta etapa de refundiciones la supone prolongada Menéndez Pidal hasta bien avanzado el siglo XIV, fecha de transición en que coexisten las gestas con las nuevas formas romancísticas, para llegar al absoluto predominio de éstas ya a partir de los comienzos del siglo XV.

Completando su exposición respecto a la gestación de los romances en el amplio y fecundo vientre de los cantares de gesta, y sólo dentro de él, Menéndez Pidal hace ver que únicamente los asuntos que fueron objeto de algún cantar de gesta primitivo, produjeron los romances heroicos considerados como viejos. Incontables anécdotas o pasajes mucho más apasionantes y dramáticos, con frecuencia, que los acogidos en los cantares, poblaban las páginas de las crónicas; y, sin embargo, no fueron tema de romances durante toda la primera etapa de su formación[9]. Tan sólo más tarde, dentro ya del siglo XVI, y a consecuencia del éxito cada día mayor del Romancero y de la estima creciente por esta modalidad literaria popular, se acudió a las crónicas en busca de nuevos

---

[8] Ídem, íd., pág. 145.
[9] Cfr.: Menéndez Pidal, *Romancero Hispánico,* vol. I, cap. VI, n. 26.

asuntos y héroes, no aprovechados hasta entonces [10]. A los romances de esta procedencia se les conoce con el nombre de *cronísticos*.

Importa, finalmente, hacer notar la aparición en los romances, de caracteres específicos que diferencian esta nueva forma épica de las anteriores, introduciendo elementos más líricos y subjetivos; lo que justifica la denominación de composiciones épico-líricas dada a los romances. Debe tenerse en cuenta que todo ese proceso a que venimos refiriéndonos, desde la gesta antigua a la moderna forma romancística, requiere ya la actuación de un poder selectivo de imaginación y gusto personal, que trata de quedarse con lo más sugerente y expresivo. Esto supone siempre la eliminación de componentes narrativos considerados no esenciales, el olvido de los antecedentes y consiguientes que el fragmento tenía en la acción total del poema, y el desarrollo de elementos líricos que poetizan e intensifican subjetivamente las partes seleccionadas, de acuerdo también con la nueva sensibilidad característica de la época. Aludiendo a este fenómeno, dice Menéndez Pidal: "El abandono de la narración amplia por la breve indica ya un profundo cambio en el gusto de la épica: tendencia a la contemplación de una escena y desvío de la narración seguida. Así esos primitivos romances, que consistían en unos cuantos versos felices más o menos fielmente recordados y repetidos por los oyentes de las gestas, al rodar en la memoria, en la fantasía y en la recitación de muchos individuos y generaciones, aflojaban su trabazón interna, propia de un relato circunstanciado y ligado a un conjunto, e iban desentrañando de sí mismos otros elementos poéticos diversos de los que antes constituían el fragmento; se aligeraba la narración, se olvidaban algunos detalles objetivos ininteresantes en un fragmento breve, y se desarrollaban o añadían, en cambio, elementos subjetivos y sentimentales, que, en más o menos grado, venían a dar al nuevo estilo el carácter de una viva intuición épico-lírica de aquella escena fragmentaria". Y en otro pasaje: "Intuición, liricidad, dramatismo. El estilo épico tradicional no gusta de la narración trabada; tiende a una visión intuitiva, instantánea, inmediata. Cuando prolonga una relación de sucesos, desarticula sus partes con transiciones bruscas, pues suprime selectivamente todo lo narrativo inesencial; introduce, en

---

[10] "Sólo a mediados del siglo XVI —escribe Menéndez Pidal— sobreviene un viraje completo. En los siglos XIV y XV los literatos no estimaban en nada los romances, sino sólo veían en los de tema histórico una fidedigna noticia popular que corría de boca en boca. Por el contrario, en el siglo XVI, con el adelanto de la historiografía, los romances históricos perdían a los ojos de muchos el crédito de documentos fehacientes, y los calificaban de 'harto mentirosos', mientras, en cambio, los literatos los apreciaban y el público todo los tenía por canto de moda; era entonces natural que algunos romancistas quisiesen aprovechar el gusto general que por tales cantos existía, para difundir bajo esa forma de moda algunos episodios históricos autorizados por las crónicas. Entonces se les ocurrió a Alonso de Fuentes y a Lorenzo de Sepúlveda el tomar en la *Crónica General* asuntos para escribir romances, y entonces, claro es, los escribieron no sólo sobre temas épicos prosificados en la *Crónica*, sino sobre temas sacados de las otras páginas cronísticas no épicas". *Romancero Hispánico*, cit., vol. I, págs. 239-240.

cambio, tonalidades líricas emotivas, reiteraciones, enumeraciones simétricas, exclamaciones. Por eso desde el siglo pasado se califica ese estilo narrativo de baladas o romances con el adjetivo de *épico-lírico* o *lírico-épico*. Verdad es que también las baladas manejan mucho el diálogo con otros recursos dramáticos, de modo que tanto pueden decirse impregnadas de dramatismo como de liricidad. Usan del uno y de la otra para sustituir la narración discursiva, propia de la épica, mediante una visión directa, rápida y viva, del suceso que tratan; por eso pudiéramos adoptar con ventaja la denominación de estilo *épico-intuitivo*" [11].

Métrica. Ya dejamos dicho que, del mismo modo que respecto a su contenido, también en cuanto a la métrica proceden los romances de las gestas. Como sabemos, éstas constaban de largas series monorrimas de versos irregulares, pero con tendencia creciente hacia el verso de dieciséis sílabas, dividido en dos hemistiquios de ocho, de donde se originó el típico ritmo del romance. Se tendió a recitar estos hemistiquios como versos separados —verso corto—, de forma que las partes primeras de cada verso dieron los impares libres, quedando los pares con rima asonantada. Frente a la reposada solemnidad de las gestas, los romances adquirieron con su nueva estructuración un ritmo más vivo, favorecido también por la mayor agilidad y brevedad de los asuntos. Esta mayor rapidez e intensidad y, a la vez, evidentes razones de comodidad material para la escritura, impusieron la norma del verso corto —favorecida por los preceptistas a partir de Juan del Encina— desde los primeros días del romance, y fue la adoptada por los impresores, aunque Nebrija había defendido el uso del verso largo, seguido también por los músicos Narváez (1538) y Salinas (1577). En los tiempos modernos ambas formas han sido apoyadas por diversos investigadores; Milá y Fontanals y Menéndez y Pelayo defendieron el verso largo, del cual se sirvió este último al publicar su colección de romances, pero la mayoría de los editores sigue prefiriendo el verso corto. Menéndez Pidal, según quedó ya dicho, sostiene la impresión en forma larga como derivada del verso épico, apoyándose además en las viejas melodías de los romances: "las más antiguas y más sencillas —dice— son frases musicales correspondientes a un verso largo bimembre; otras son de 32 notas, pero no las hay de ocho" [12].

---

[11] *Romancero Hispánico*, cit., vol. I, pág. 60.
[12] *Romancero Hispánico*, cit., I, pág. 98. En su edición del *Romancero Tradicional*, luego cit., Menéndez Pidal se sirve del verso largo épico para los romances tradicionales, y del corto para los eruditos y artificiosos, dado que así los concibieron sus autores.
Para todos los problemas de la métrica de los romances véase especialmente *Romancero Hispánico*, I, cap. IV, págs. 81-147. Cfr. además: S. G. Morley, "Are the Spanish *romances* written in quatrains?, and other questions", en *Romanic Review*, VII, 1916, págs. 42-82. Georges Cirot, "Le mouvement quaternaire dans les *romances*", en *Bulletin Hispanique*, XXI, 1919, págs. 103-142. Dorothy C. Clarke, "Remarks on the Early *ro-*

En cuanto a la rima es frecuente que sea una sola la asonancia de toda la composición, aunque a veces existen dos o tres asonantes diversos, que suelen corresponder a otras tantas partes del cantar refundidas en el romance. Por lo común, este cambio de rimas suele ser indicio, precisamente, de que el romance es *viejo*. Otros romances posteriores, *viejos* asimismo, compuestos por lo tanto en el siglo XV, pero no épico-históricos sino *fronterizos* o *carolingios*, nunca suelen tener más de una sola asonancia, cualquiera que sea su extensión. A finales del siglo XV y durante el siguiente algunos romances antiguos, al ser refundidos, fueron reducidos también a una sola serie de asonancias. Digamos finalmente que fue tal la difusión del ritmo de romance de asonancia uniforme, que absorbió muchos asuntos líricos, o epicolíricos, o de tema novelesco no histórico, y asimismo las distintas formas líricas en que todos éstos se expresaban, para desembocar en una comunidad de forma épica, que es lo que distingue el Romancero español de las canciones narrativas de los demás países.

En cuanto a su extensión los romances poseen una gran variedad, y en esta materia el gusto varió notablemente; el *romance del prisionero*, por ejemplo, al menos en una de sus versiones, tiene sólo 16 versos, mientras que el famoso del Conde Dirlos pasa de los 1350. Los romances épicos, extremando la aludida tendencia a la fragmentación, con el comienzo abrupto y el final truncado, son breves en general, y esta norma se prolongó hasta las primeras décadas del siglo XVI. En cambio, los romances juglarescos —incluso los viejos— se dilatan en pormenores, gozándose en referir historias completas, en forma mucho más semejante a las baladas de otros países. Los romances *nuevos* y las nuevas versiones de los *viejos* tornan a las narraciones extensas y detalladas. En general puede decirse que un romance viejo de tipo medio oscila entre los 50 y los 60 versos.

SU TRANSMISIÓN Y VARIANTES

Transmisión y tradición romancística. Durante el siglo XV los romances no fueron, en general, escritos, por lo que su transmisión continuó siendo oral. Debido a esto sucedía con frecuencia que el juglar o recitador o incluso el mismo oyente introducían cambios en el texto, suprimiendo o intercalando fragmentos, modificando palabras o expresiones, que unas veces los mejoraban y otras los empeoraban, según la capacidad y gusto de cada uno. El romance vivió así, durante generaciones, sometido a una constante elaboración, en un perpetuo movimiento o cambio. Y ahora interesa repetir la conocida teoría de Menéndez Pidal sobre la *poesía popular* y la *poesía tradicional*. Habían sosteni-

---

mances and *cantares*", en Hispanic Review, XVII, 1949, págs. 89-123. De la misma, "Metric Problems in the *Cancionero de romances*", en Hispanic Review, XXIII, 1955, págs. 188-199.

do los románticos que la épica primitiva —a la cual creyeron que pertenecían los romances— era el producto divino y misterioso de todo un pueblo, no de un poeta determinado. Los defensores del criterio individualista —capitaneados, sobre todo, por el francés Bédier—, que han arrumbado por entero la teoría romántica del pueblo-autor, sostienen que todo poema antiguo es tan obra de un escritor único y de una fecha determinada como una creación cualquiera de nuestros tiempos. La opinión de Menéndez Pidal, apoyada en minuciosas investigaciones, puede resumirse de este modo. Existe una radical diferencia entre la poesía popular y la tradicional: la popular es la que puede agradar a todos en general y perdurar en el gusto público durante largo tiempo, pero que el pueblo repite sin alterarla ni rehacerla, porque tiene conciencia de que es obra ajena. Sin embargo, "existe —dice— otra clase de poesía más encarnada en la tradición, más arraigada en la memoria de todos, de recuerdo más extendido y más reiterado; el pueblo la ha recibido como suya, la toma como propia de su tesoro intelectual, y al repetirla, no lo hace fielmente de un modo casi pasivo como en los casos precitados, sino que sintiéndola suya, hallándola incorporada en su propia imaginación, la reproduce emotiva e imaginativamente y, por tanto, la rehace en más o en menos, considerándose él como una parte del autor. Esta poesía que se rehace en cada repetición, que se refunde en cada una de sus variantes, las cuales viven y se propagan en ondas de carácter colectivo a través de un grupo humano y sobre un territorio determinado, es la poesía propiamente *tradicional,* bien distinta de la otra meramente *popular.* La esencia de lo tradicional está, pues, más allá de la mera recepción o aceptación de una poesía por el pueblo que señala John Meier; está en la reelaboración de la poesía por medio de las variantes" [13]. Unas líneas más arriba había resumido: "Frente al principio antirromántico de que cada poesía tiene un autor, una patria y una fecha, creo que es preciso afirmar categóricamente este otro: cada verso o cada detalle de una canción popular puede ser refundido en un tiempo, en un país y por un autor diverso de los que refundieron cada uno de los otros versos o variantes de la misma canción. Frente a la afirmación moderna de que una poesía tradicional es anónima simplemente porque se ha olvidado el nombre de su autor, hay que reconocer que es anónima porque es el resultado de múltiples creaciones individuales que se suman y entrecruzan; su autor no puede tener nombre determinado, su nombre es legión" [14].

De hecho, pues, cada romance fue variando en el tiempo y en el espacio y las versiones distintas llegaron a ser numerosísimas. El mismo Pidal ha podido estudiar hasta 164 versiones diferentes del romance de *Gerineldo* y 12 del de *Arnaldos.* Ante estas realidades, el "neotradicionalismo" no niega, en absoluto, el importante papel desempeñado por el autor individual que hubo de re-

---

[13] "Poesía popular y poesía tradicional en la literatura española", en *Mis páginas preferidas. Temas Literarios,* cit., págs. 149-150.
[14] Ídem, íd., pág. 148.

dactar, inevitablemente, la versión primera de cada composición; pero insiste de modo particular en la continuada participación de la colectividad y en el proceso evolutivo que ha conducido a cada uno de los romances al estado en que hoy podemos conocerlo. La transmisión oral posee, en consecuencia, una virtualidad creadora que radica en la misma naturaleza de este género literario y en su peculiar desenvolvimiento. Como ha dicho Paul Bénichou con frase feliz "tradición, en este sentido, es creación"[15].

Resulta así tan imposible como vana la persecución de la forma original, de la que fueron desgajándose las variantes. A veces han padecido los eruditos, como dice Daniel Devoto[16], la nostalgia de un prototipo, que el exégeta debe recomponer a añorar en su inalcanzable lejanía. La suma de las distintas formas constituye la vida propia de cada romance; y aunque el lector podrá legítimamente preferir esta o aquella versión, es improcedente tratar de reconstruir, mediante la combinación de variantes, una supuesta forma primitiva, que nada nos autoriza a suponer como existente.

Con frecuencia, por deficiente comprensión del texto, tenían lugar deformaciones populares muy curiosas: así —y el ejemplo es ya un lugar común— el romance que presenta a Nerón contemplando el incendio de Roma desde la roca Tarpeya, y que comienza:

Mira Nero de Tarpeya
a Roma como se ardía...

fue modificado en esta forma:

Marinero de Tarpeya...

Pero el proceso no siempre era deformador ni mucho menos; con gran frecuencia sucedía lo contrario. Y en numerosos casos la intervención feliz, que produjo la más afortunada versión, había sido precedida de otros muchos intentos menos hábiles. La ya aludida propensión a lo fragmentario intervenía para reducir las primitivas redacciones mucho más minuciosas y prosaicas, y —como en el caso, tan representativo, del Conde Arnaldos— sólo se llegaba al supremo acierto tras repetidas podas, en una versión poéticamente truncada, que, al suprimir muchas de las circunstancias concretas de la narración, envolvía el romance en esa vaga atmósfera poética, que engendra uno de sus mayores atractivos.

En muchas ocasiones, la variante del romance se produce por una contaminación; la tradición no siempre significa, necesariamente, continuidad de un texto, sino que a veces consiste en la combinación de varios de ellos o en la invención parcial a partir de recuerdos incompletos. Paul Bénichou, que ha

---

[15] Paul Bénichou, *Creación poética en el Romancero tradicional*, Madrid, 1968, pág. 7.
[16] "Sobre el estudio folklórico del Romancero español...", cit., pág. 235.

dedicado sagaces estudios a este campo del Romancero, afirma que los romances viejos de tema épico-nacional que inventaron libremente, distanciándose de las gestas, debieron su especial encanto y su fuerza irresistible a haber sido, en su principio, "el descubrimiento de tierras poéticas nuevas"[17]. "El autor-legión —añade luego— en sus tanteos, variantes y rehacimientos, hace lo mismo —fundamentalmente— que el poeta culto en sus correcciones y borradores. Luchan en la tradición y se combinan, como en el espíritu del escritor, la materia heredada y la iniciativa creadora, las asociaciones mecánicas y la intención estética, las dudas racionales y las tentaciones oscuras. La diferencia —no la única, claro está— es que en la poesía tradicional tenemos mejor a la vista el cuadro de la creación en sus diversos episodios e incidentes. Aquí es donde se ve, mejor que en cualquier otra parte, nacer y vivir la poesía"[18].

Entre los varios romances estudiados por Bénichou para ilustrar estos asertos, merece recordarse uno sobre el destierro del Cid; es el que comienza: "—¿Ánde habéis estado, el Cid, que a Corte no habéis entrado?—". En este romance se han fundido recuerdos de todos los episodios de la leyenda del Cid que lo presentan en conflicto con su rey. Pero, además, se agregan pasajes relativos a otros personajes conocidos por parecidas circunstancias, tales como Bernardo del Carpio y Fernán González; las leyendas de los tres héroes, vasallos arrogantes en rebelión contra su señor, se confundían y comunicaban con otras en la imaginación de unas gentes que simpatizaban con el vasallo injustamente tratado, y la tradición oral reunió en un solo poema "con segura intuición y memoria creadora, todo cuanto, en las leyendas épicas de Castilla, ilustraba ese tema"[19].

Primeras ediciones. La invención de la imprenta contribuyó poderosamente a la difusión de los romances, ya entonces tan en boga, y a partir del siglo XVI comenzaron a ser coleccionados y publicados. La más clara muestra —dice Menéndez Pidal— del éxito literario alcanzado por el Romancero tradicional es la gran atención que le dedicaron los primeros impresores establecidos en la Península. "De todos los géneros poéticos españoles —escribe—, se puede decir sin error que el romancero fue el que más ocupó las prensas del siglo XVI"[20]. Los romances se publicaron al principio en hojas sueltas, sin encuadernar ni coser, porque ocupaban un solo pliego que hacía 8 ó 16 páginas. Muy pocos de estos "pliegos sueltos", que se vendían en los mercados o en las calles, han llegado hasta nuestros días, y los escasos que han sobrevivido se estiman hoy como tesoros bibliográficos. Los más antiguos que se conocen salieron de la imprenta zaragozana del alemán Jorge Coci, y el primero de ellos debió de ser impreso en 1506 o poco más tarde. Casi a continuación comenza-

---

[17] *Creación poética...*, pág. 8.
[18] Ídem, íd., pág. 9.
[19] Ídem, íd., pág. 15.
[20] *Romancero Hispánico*, cit., II, pág. 66.

ron a divulgar romances las prensas de Jacobo Cromberger en Sevilla, las de Fadrique Alemán en Burgos y las de Carles Amorós en Barcelona; al comenzar el segundo tercio del siglo se publicaban también pliegos sueltos de romances en Valencia, Salamanca, Medina del Campo, Alcalá de Henares y otras ciudades. La tradición se robustecía y fijaba con estas ediciones, cuyo bajísimo coste facilitaba la difusión [21].

Ninguno de los numerosos cancioneros castellanos del siglo XV había acogido romances; pero se incluyen ya unos pocos en el *Cancionero General* de Hernando del Castillo, publicado en Valencia en 1511 [22], y aunque la costumbre de recitarlos o cantarlos se había convertido en una moda general, el paso de las ediciones en pliegos sueltos a la forma más digna y duradera del libro se hizo esperar aún bastantes años. Venía admitiéndose que el librero de Amberes, Martín Nucio, había sido el primero que reunió en volumen una colección de romances, pero según ha demostrado recientemente Antonio Rodríguez-Moñino [23], hacia 1525 ó 1530 se publicó un *Libro en el qual se contienen 50 romances con sus villancicos y desechas*, que puede, pues, considerarse como el primer cancionero de romances y que antecede en casi un cuarto de siglo a la fecha admitida para el comienzo de este género de publicaciones.

---

[21] Ediciones modernas de pliegos sueltos: H. Thomas, *Romance del conde Dirlos printed by G. Coci, Saragossa, c. 1510*, Cambridge, 1927. Del mismo, *Romance de don Gayferos printed by J. Cromberger, Seville, c. 1515*, Cambridge, 1927. Del mismo, *Trece romances españoles impresos en Burgos, 1516-1517, existentes en el British Museum*, Barcelona, 1931. Vicente Castañeda y Amalio Huarte, *Colección de pliegos sueltos, agora de nuevo sacados*, Madrid, 1929. De los mismos, *Nueva colección de pliegos sueltos*, Madrid, 1933. *Pliegos poéticos góticos de la Biblioteca Nacional*, ed. de la Dirección General de Archivos y Bibliotecas, 6 vols., Madrid, 1957-1961. *Pliegos poéticos españoles en la Universidad de Praga*, ed. de la Dirección General de Archivos y Bibliotecas, 2 vols., Madrid, 1960. Antonio Rodríguez-Moñino, *Los pliegos poéticos de The Hispanic Society of America (siglo XVI). Noticia bibliográfica*, Nueva York, 1961. Del mismo, *Doscientos pliegos desconocidos, anteriores a 1540. Noticias bibliográficas*, México, 1961; reproducido en *Nueva Revista de Filología Hispánica*, XV, 1961, págs. 81-106. Del mismo, *Los pliegos poéticos de la colección del Marqués de Morbecq (siglo XVI)*, Valencia, 1962. Del mismo, "Los pliegos poéticos de la colección Campo Alange en la Biblioteca Nacional de Madrid (siglo XVI)", en *Romance Philology*, XVII, 1963-1964, páginas 373-380.

[22] Se reimprimió hasta nueve veces, casi siempre con variantes, siendo la última la edición de Amberes de 1573. Ediciones modernas: José Antonio de Balenchana, Sociedad de Bibliófilos Españoles, 2 vols., Madrid, 1882. Edición facsímil de la de 1520, por Archer M. Huntington, Nueva York, 1904. Edición de la Real Academia Española, facsímil de la de 1511, con un fundamental estudio de Antonio Rodríguez-Moñino, Madrid, 1958. Del mismo, *Suplemento al Cancionero general de Hernando del Castillo*, que contiene todas las poesías que no figuran en la primera edición y fueron añadidas desde 1514 hasta 1557, Valencia, 1959. En 1552 se publicó en Zaragoza una *Segunda parte del Cancionero General, agora nuevamente copilado de lo más gracioso y discreto de muchos afamados trovadores*; edición y estudio de Antonio Rodríguez-Moñino, Valencia, 1956.

[23] *Los pliegos poéticos de la colección del Marqués de Morbecq...*, cit., págs. 48-51.

De todos modos, parece que el impulso más eficaz hay que seguir atribuyéndolo al mencionado editor de Amberes, Martín Nucio. Su *Cancionero de romances*[24] apareció en dicha ciudad sin fecha —de aquí que se le conozca por el nombre de "Cancionero sin año"—, pero debió de ser impreso entre 1547 y 1549. Contiene este volumen más de 150 romances, de los cuales —según ha demostrado Menéndez Pidal[25]— 118 proceden de pliegos sueltos o del *Cancionero General,* aunque Nucio en su prólogo no confiesa esta deuda; afirma, sin embargo, que mejoró algunos textos que "estaban muy corruptos", dando a entender que los tomó de boca de gentes que los sabían de memoria, aseveración sólo aceptable respecto de unos pocos de la colección. El libro, impreso en tamaño "de bolsillo", obtuvo tal éxito que se hicieron de él tres reimpresiones o refundiciones en 1550: una en Medina del Campo por Guillermo de Miles, otra en Zaragoza por Esteban de Nájera y otra por el propio Nucio, que le añadió 25 romances más. Esta segunda edición[26] de Martín Nucio establece el texto que había de reeditarse a su nombre en 1555, 1568 y 1581. Por su parte, Esteban de Nájera publicó su colección con el nombre de *Silva de varios romances* —dos volúmenes en 1550 y un tercero en 1551— en la que añadió, sobre la de Nucio, más de 45 composiciones. Las *Silvas,* reimpresas parcialmente, fueron compendiadas en 1561 en la *Silva* de Barcelona[27], "raíz y fuente —dice Rodríguez-Moñino— de la propagación del romancero viejo"[28].

---

[24] Edición facsímil de R. Menéndez Pidal, Madrid, 1945.

[25] Véase la "Introducción" a su edición citada. Un resumen de todos estos problemas en *Romancero Hispánico,* II, págs. 69-71.

[26] "Editorial Castalia" tiene anunciada su edición, para fecha próxima, a cargo de Antonio Rodríguez-Moñino.

[27] Edición de Antonio Rodríguez-Moñino, Valencia, 1953.

[28] Ediciones modernas de romances. — La gran obra que dé a conocer en su totalidad el inmenso tesoro del romancero hispánico ha comenzado ya a publicarse bajo la dirección de Ramón Menéndez Pidal y María Goyri, con el nombre de *Romancero tradicional de las lenguas hispánicas (español-portugués-catalán-sefardí).* Han aparecido dos volúmenes: el primero comprende los *Romanceros del Rey don Rodrigo y de Bernardo del Carpio,* edición y estudio de Rafael Lapesa, D. Catalán, A. Galmés y J. Caso, Madrid, 1957; el volumen segundo, los *Romanceros de los Condes de Castilla y de los Infantes de Lara,* edición y estudio de D. Catalán, A. Galmés, J. Caso y M. J. Canellada, Madrid, 1963.

Hasta que quede completa esta colección pueden manejarse: *Romancero General,* de Agustín Durán, Madrid, nueva edición, 1945, 2 vols. (*BAE,* X y XVI). *Primavera y Flor de Romances,* de F. J. Wolf y C. Hofmann, Berlín, 1856, 2 vols. Marcelino Menéndez y Pelayo, volúmenes VIII y IX (en la edición nacional, Santander, 1944), de su *Antología de poetas líricos castellanos,* en los que incluye la *Primavera y Flor de Romances,* de Wolf y Hofmann, la tercera parte de la *Silva de Romances,* de Esteban de Nájera, y numerosas adiciones del propio Menéndez y Pelayo, que comprenden versiones recogidas de la tradición oral. También: L. Santullano, *Romancero español,* Madrid, 1943. A. G. Solalinde, *Cien romances escogidos,* Madrid, 1919 y Buenos Aires, 1940. G. Menéndez Pidal, *Romancero,* Madrid, 1933 (Biblioteca Literaria del Estudiante, vol. XXV);

Estas colecciones, aunque dedicadas casi por entero a los romances viejos, acogieron ya algunos pocos de los llamados *cronísticos*[29] y de los *artificiosos*. Al avanzar los años en la segunda mitad del XVI, continuaron reimprimiéndose pliegos sueltos de romances —paralelamente a las ediciones en volumen— en un gran número de ciudades españolas —Sevilla, Valencia, Barcelona, Cuenca y sobre todo Burgos, centro entonces de la propagación romancística—; muchos de ellos eran mera reproducción de los antiguos, pero en otros se mezclan ya en proporción cada vez mayor los romances viejos con los de nueva creación. El principal representante de esta conjunción del romancero tradicional con el nuevo es el poeta y librero valenciano Juan de Timoneda, que en 1573 publicó en su ciudad un romancero en cuatro partes —también en tamaño "de bolsillo"— tituladas *Rosa de Amores, Rosa española, Rosa Gentil* y *Rosa Real*[30]. Se agrupan en ellas alrededor de 190 romances, con predominio de los compuestos por autores modernos y por el propio Timoneda, pero con muchos también de los viejos: aparecidos unos en anteriores colecciones, aunque aquí se repiten con notables variantes, y otros 14 que sólo se conocen a través de esta colección, lo que demuestra —dice Menéndez Pidal— "cuán viva era la tradición romancística en Valencia"[31].

En las dos últimas décadas del siglo se acentúa el éxito editorial del romancero nuevo. Grandes poetas —Cervantes, Juan de Salinas, Góngora, Lope,

---

2.ª ed., 1936. S. G. Morley, *Spanish Ballads (Romances escogidos)*, Nueva York, 1946. Margit Frenk Alatorre, *Cancionero de romances viejos*, México, 1961. Franco Meregalli, *Romances viejos*, Milán, 1961. C. Colin Smith, *Spanish Ballads*, Oxford-London-New York, 1964; y la ya citada *Flor Nueva de Romances Viejos*, de Ramón Menéndez Pidal, Buenos Aires, 1939, notable por lo depurado de sus versiones, en las que el coleccionista ("Yo me encuentro así que soy el español de todos los tiempos que haya oído y leído más romances") aporta su gusto y experiencia en la materia para introducir también algunas variantes de su propia inventiva.

[29] Sobre la boga alcanzada en este período por este tipo de romances y su peculiar significación véanse las palabras de Menéndez Pidal que hemos transcrito en nuestra nota núm. 10. Este nuevo giro de la producción romancística recibió particular impulso cuando Florián de Ocampo, cronista de Carlos V, publicó en Zamora en 1541 *La Crónica de España que mandó componer el rey don Alfonso el Sabio* (*Romancero Hispánico*, II, págs. 109-112). Entre los cultivadores de estos romances *cronísticos* debe destacarse el mencionado Lorenzo de Sepúlveda, que en 1551 publicó en Amberes sus *Romances nuevamente sacados de historias antiguas de la Crónica de España* (ed. facsímil de la Hispanic Society of America, Nueva York, 1903; Rodríguez-Moñino tiene anunciada la publicación de una reedición de la de Sevilla de 1584). Sepúlveda se proponía sustituir los romances antiguos, "harto mentirosos y de muy poco fruto", por otros basados directamente en la historia; y es tal su intención didáctica, dice Menéndez Pidal, "que, en los sucesos memorables, hasta el año y el día habían de entrar en el verso; y entraban según el arcaico cómputo de la era hispana, seguido por la Crónica" (*Romancero Hispánico*, II, pág. 111).

[30] *Rosas de romances de Juan de Timoneda* (*Valencia, 1573*), edición de A. Rodríguez-Moñino y Daniel Devoto, Valencia, 1963.

[31] *Romancero Hispánico*, cit., II, pág. 114.

Liñán de Riaza— se apoderan de él, en lugar de los ramplones imitadores de las décadas precedentes y de los rimadores de crónicas, y el Romancero emprende una nueva vida bajo un estilo nuevo: "Muy nuevo estilo —dice Menéndez Pidal—, aunque siempre conservando fuertes raíces en el pasado... tales como la anonimia, gran parte de la temática, muchos rasgos del estilo intuitivo y hasta el calor de actualidad, aunque de singular manera" [32]. La imprenta abandona la publicación de los romances antiguos y tradicionales y se dedica a la producción *nueva*, ponderando esta condición como señuelo para la conquista de los lectores. Se multiplican los romancerillos, bien en forma de cuadernos, bien de volúmenes de mayor precio y tamaño, y desde 1589 a 1597 aparecen en diversas ciudades españolas hasta nueve partes, bajo el título casi siempre de *Flor de romances nuevos,* frecuentemente reeditadas. Al fin, en 1600, se publica en Madrid la gran compilación titulada *Romancero general en que se contienen todos los romances que andan impressos en las nueve partes de Romanceros, ahora nuevamente impresso, añadido y enmendado*[33], de la que están ya eliminados todos los romances viejos. En 1605 se editaba en Valladolid una *Segunda parte del Romancero General y Flor de diversa poesía*, mientras seguían publicándose nuevas partes de *Flores*, hasta llegar al número 13, que fueron incorporadas a la nueva edición del *Romancero General* de 1604.

Con el triunfo de este romancero se inicia una nueva etapa en la historia de esta poesía. Muchos de sus romances, particularmente los *moriscos*, fueron apreciadísimos por los críticos románticos, que los confundieron frecuentemente con los *viejos*; después, al establecerse rigurosamente su separación, el romancero nuevo fue mirado con cierto desdén, como una copia o remedo del tradicional. En nuestros días, sin embargo, toda aquella producción romanceril, que comienza en las décadas finales del siglo XVI e invade las primeras del XVII, ha sido objeto de total revalorización y de ediciones cuidadosas. Pero su estudio ya no pertenece a este lugar.

CLASIFICACIÓN DE LOS ROMANCES

Hemos hablado ya de la división de los romances en *viejos* (los compuestos durante el siglo XV y primer cuarto del siglo XVI) y *artísticos* (escritos después de esa fecha), y de la de los viejos en *tradicionales* y *juglarescos*. Los tradicionales se llaman también *históricos* por estar inspirados en las gestas, cuyo esencial carácter histórico fue ya explicado en su lugar correspondiente. Se dividen éstos en tantos grupos o ciclos como fueron los cantares que los

---

[32] Ídem, íd., pág. 117.
[33] Edición facsímil por Archer M. Huntington, 2 vols., Nueva York, 1903; reedición en 1937. Edición, con prólogo e índices, de Ángel González Palencia, 2 vols., Madrid, 1947. Antonio Rodríguez-Moñino, *Las fuentes del Romancero general de 1600*, 12 vols., Madrid, 1957; reúne la serie de romancerillos que entraron en la composición de dicho *Romancero*.

originaron: así tenemos el del rey don Rodrigo y la pérdida de España; el de Bernardo del Carpio; el del Conde Fernán González; el de los Infantes de Lara; el del Cid; y algunos más sobre otros temas históricos.

Los *juglarescos* son de muy diverso origen, como hemos dicho. Merecen destacarse los inspirados por la figura del rey don Pedro el Cruel; los *fronterizos*, que refieren episodios de las últimas etapas de la lucha contra los moros y que han sido calificados por Milá y Fontanals como "joya incomparable de la poesía castellana"; los *carolingios*, extraídos de las gestas francesas; los del *ciclo bretón*, tomados de la leyenda del rey Artús; los *novelescos* sueltos inspirados en los más variados asuntos, generalmente de tipo sentimental; los *históricos de tema no castellano*; y, finalmente, los *líricos*, semejantes a los novelescos en la invención.

a) Históricos. Los del ciclo de don Rodrigo tratan preferentemente de sus amores con la Cava, la hija del conde don Julián, de la venganza de éste que permite el paso de los árabes a la península, y de la muerte del rey que, por instigación de un ermitaño se encierra vivo en un sepulcro con una serpiente de dos cabezas para purgar sus culpas. Todos los romances de este ciclo son relativamente tardíos; los más antiguos corresponden a la segunda mitad del siglo XV y derivan de un relato novelesco en prosa, la *Crónica Sarracina*, de Pedro del Corral, escrita hacia 1430. Sin embargo, la leyenda de don Rodrigo había sido uno de los temas más antiguos de la épica española, como que se remonta a la misma época de los godos de la cual es el único tema que ha sobrevivido, sin duda por la misma importancia histórica de lo que relata. Probablemente, los cantares o relaciones versificadas de estos sucesos —en opinión de Menéndez Pidal—, por su misma antigüedad y carácter arcaico habían quedado agotados y fueron desbordados, en los siglos del apogeo épico, por los cantares dedicados a los héroes castellanos, más apasionantes y ligados a la realidad inmediata. Cuando más tarde el rey don Rodrigo y el gran tema de la pérdida de España fueron remozados en las narraciones en prosa, durante los siglos XIV y XV, adquirieron, con su recobrada popularidad, un "espíritu religioso mucho más intenso y expresivo que las otras leyendas castellanas, y el rey pecador fue santificado en una espantosa penitencia de grandioso y bárbaro simbolismo" a la par que se enriquecían con rasgos caballerescos y novelescos; esto explica la aparición de múltiples aspectos pasionales, sentimentales, ascéticos o sombríamente violentos, que dan al romancero del último rey godo un carácter novelesco tan peculiar. Son notables dentro de este ciclo los romances que comienzan: "Después que el rey don Rodrigo a España perdido avía...", "Las huestes de don Rodrigo...", "Los vientos eran contrarios...", etc. [34].

---

[34] Cfr.: Ramón Menéndez Pidal, *Floresta de leyendas heroicas españolas. Rodrigo, el último godo*, Madrid, 3 vols., 1925, 1926, 1927 ("Clásicos Castellanos", núms. 62, 71 y 84). Del mismo, *Romancero tradicional...*, cit., I, págs. 3-139.

Los romances sobre Bernardo del Carpio, único héroe fabuloso de nuestra épica, refieren su oposición contra Alfonso II cuando éste pretende convertirse en vasallo de Carlomagno, la ayuda prestada por Bernardo a los moros de Zaragoza en la derrota de Roncesvalles y sus tratos con el rey para lograr la libertad de su padre encarcelado durante largos años. Sobre este conjunto de leyendas debió de existir un poema muy antiguo utilizado por el Tudense a mediados del siglo XIII y prosificado, con arreglo a otra versión, en la *Primera Crónica General*. Bernardo del Carpio representa la aportación leonesa al gran retablo de la épica nacional, y en torno a su figura legendaria se agrupan hechos históricos e imposibles, acontecimientos de interés general y dramas personales. Merece citarse el romance que empieza: "Con cartas y mensajeros el rey al Carpio enbió...", uno de los pocos, según Menéndez Pidal, directamente relacionados con el cantar antiguo [35].

Sobre Fernán González —acerca del cual debió de existir un antiguo poema juglaresco que fue utilizado en diversas crónicas y en el poema de clerecía del siglo XIII— es famoso el romance "Castellanos y leoneses tienen grandes dibisiones..." y no menos los que comienzan "Preso está Fernán González el buen conde castellano...", y "Buen conde Fernán González, el rey enbía por vos..." [36].

Por su parte, los Infantes de Lara inspiraron romances notables como "A Calatrava la Vieja la combaten castellanos", "Ay Dios, qué buen caballero fue don Rodrigo de Lara...", "Pártese el moro Alicante víspera de sant Cebrián..." y "A caçar va don Rodrigo y aun don Rodrigo de Lara..." [37].

La gran figura del Cid inspiró multitud de romances que Menéndez y Pelayo agrupó en tres series: las mocedades de Rodrigo; la partición de los reinos y cerco de Zamora; y la conquista de Valencia y castigo de los condes de Carrión. Estos romances se derivan preferentemente del *Cantar de las mocedades de Rodrigo*, o de otro texto anterior perdido, y de la *Crónica particular del Cid*, y sólo la última serie acoge leves derivaciones del primitivo cantar de gesta; existen casos también de novelización más o menos extrema, y de contami-

---

[35] Cfr.: A. B. Franklin, "A Study of the origins of the legend of Bernardo del Carpio", en *Hispanic Review*, V, 1937, págs. 286-303. W. M. Langford, "Bernardo del Carpio", en *Hispania*, XX, 1937, págs. 253-264. M. de Fourneaux, "La légende de Bernardo del Carpio", en *Bulletin Hispanique*, XLV, 1943, págs. 117 y ss. R. Menéndez Pidal, *Romancero tradicional...*, cit., I, págs. 143-269.

[36] Cfr.: Ramón Menéndez Pidal, "Notas para el Romancero del Conde Fernán González", en *Homenaje a Menéndez y Pelayo*, I, Madrid, 1899, págs. 429-507. Del mismo, "Romancero del conde Fernán González", en *Romancero tradicional...*, cit., II, páginas 3-81. E. Correa Calderón, *La leyenda de Fernán González. Ciclo poético del Conde castellano*, selección, prólogo y notas, Madrid, 1946.

[37] Cfr.: Ramón Menéndez Pidal, "Romancero de los Infantes de Salas", en *Romancero tradicional...*, cit., II, pág. 252.

nación de fuentes varias y aun a veces de diversos ciclos o héroes [38]. Quiere decirse que el Cid que se incorpora al Romancero está muy distante del personaje histórico: se amplían y desfiguran los hechos, se inventan personajes, intercálanse episodios y, sobre todo, se modifica la psicología del héroe que no conserva aquí la sobria grandeza del poema épico. De la primera serie son famosos los romances "Cabalga Diego Laínez al buen rey besar la mano..." y "En Burgos está el buen rey...". De la segunda "Doliente estaba, doliente ese buen rey Don Fernando...", "Afuera, afuera, Rodrigo, el soberbio castellano...", "Rey don Sancho, rey don Sancho, no digas que no te aviso...", "Riberas del Duero arriba...", "Junto al muro de Zamora...", "Ya cabalga Diego Ordóñez...", "Por aquel postigo abierto..." y "En Santa Gadea de Burgos..." donde se cuenta el famoso juramento tomado por el Cid al rey Alfonso VI. Destaca en la tercera parte "Helo, helo, por do viene el moro por la calzada..." y "Tres cortes armara el rey, todas tres a una sazón..." en que comparecen los Infantes de Carrión que habían deshonrado a las hijas del Cid [39].

b) Fronterizos. Hemos aludido a su extraordinaria importancia y a la característica de ser fundamentalmente históricos. En su mayoría fueron compuestos durante la última etapa de la Reconquista en las fronteras de los reinos moros —de aquí su nombre—, con preferencia en el de Granada, al compás de los mismos hechos que refieren y de los que (pese al artificio de que suelen revestirse, a su lujo descriptivo, a la ampliación novelesca y a su profundo lirismo) constituyen una auténtica información; así se continuaba la tradición medieval de hacer servir los relatos poéticos para contar al pueblo los sucesos que interesaban a toda la colectividad. No se basan, pues, estos romances ni en las antiguas gestas ni en las crónicas, sino en la misma realidad, bien que más o menos poetizada. Menéndez Pidal los ha definido como "instantáneas recogidas por el ojo sobresaltado del algarador, diálogos vibrantes que más que referidos parecen escuchados, rápidas pinturas que más parecen vistas que descritas" [40]. El tema principal de estos romances son episodios de guerra consis-

---

[38] Para los problemas de la derivación de estos romances respecto de las gestas es fundamental el estudio de Menéndez Pidal en *Romancero Hispánico*, cit., I, cap. VI, en especial las páginas 215-243. Véase también, Paul Bénichou, "El destierro del Cid" y "El Cid y Búcar", en *Creación poética en el Romancero tradicional*, cit., págs. 13-39 y 125-159. Samuel G. Armistead y Joseph H. Silverman, "Sobre unos romances del Cid recogidos en Tetuán", en *Sefarad*, XXII, 1962, pág. 391, n. 16.

[39] Cfr.: Ramón Menéndez Pidal, *La España del Cid*, y diversas ediciones del Poema, ya citadas en cap. II. Del mismo, *El Cid. Romances viejos*, Madrid, 1915. S. Richardson, "Un nuevo romance del Cid", en *Revista de Filología Española*, XXII, 1935, págs. 287-289. S. Griswold Morley, "Seis romances del Cid", en *Revista de Filología Hispánica*, I, 1939, pág. 172.

[40] "El Romancero", en *La epopeya castellana a través de la literatura española*, ed. cit., pág. 149. Cfr.: del mismo: *Poesía popular y romancero*, cit., sobre todo los apartados I y II.

tentes en sorpresas, arriesgadas incursiones, rápidos encuentros, que se producen generalmente en torno a un personaje heroico; destacan entre éstos los mismos reyes de Castilla y de Granada, Rodrigo de Narváez, el Adelantado Diego de Ribera, el Conde de Niebla, el Marqués de Calatrava, Garcilaso de la Vega, Pérez del Pulgar, Alonso de Aguilar (el hermano del Gran Capitán), y otros muchos. El más antiguo romance conocido de este grupo pertenece todavía al siglo XIV: "Cercada tiene a Baeza ese arráez Audalla Mir...", alusivo a la defensa que de Baeza hicieran en 1368 los partidarios de Enrique de Trastamara contra el rey moro de Granada, y su aliado el rey don Pedro. Son ya del siglo XV —éste es el más antiguo— "Moricos, los mis moricos, los que ganáis mi soldada...", que alude al sitio de Baeza por el rey de Granada en 1407; "De Antequera partió el moro tres horas antes del día...", referente a la toma de dicha plaza por don Fernando de Antequera; "Abenámar, Abenámar, moro de la morería...", una de las perlas más bellas de este romancero: el rey don Juan llega a la vista de Granada acompañado del moro Abenámar, a quien ha prometido colocar en el trono de aquel reino, y se hace señalar por él los deslumbrantes edificios de la ciudad, a la que requiebra como un enamorado; "De Granada partió el moro que se llama Ben Zulema...", "Álora, la bien cercada, tú que estás en par del río...", que refiere el cerco de Álora y la herida mortal que recibe ante ella el Adelantado; "Sobre Baza estaba el rey, lunes después de yantar...", alusiva al cerco de Baza, y "Cercada está Santa Fe...", que figuran entre los romances más bellos. Particularmente notable entre los que aluden a la guerra de Granada, es la elegía a la pérdida de Alhama con su estribillo de gran valor musical:

> *Paseábase el rey moro   por la ciudad de Granada,*
> *desde la puerta de Elvira   hasta la de Vivarrambla.*
> *¡Ay de mi Alhama!*
> *Cartas le fueron venidas   que Alhama era ganada;*
> *las cartas echó en el fuego   y al mensajero matara.*
> *¡Ay de mi Alhama!*

Un aspecto de particular interés nos ofrecen, entre los fronterizos, los romances moriscos; aunque compuestos aquéllos del lado del vencedor, es curioso advertir cómo, casi desde el comienzo, junto a los héroes cristianos aparecen también los héroes musulmanes que son tratados con manifiestos sentimientos de consideración y hasta de simpatía. Más aún: el mundo moro, a través de los versos de este romancero, queda envuelto de una aureola caballeresca, brillante y llena de color, se reconoce la nobleza de sus paladines, y junto a la respetuosa compasión por las desgracias del vencido, se admiran sus costumbres refinadas, sus cortesanas galanterías, su lujosa ostentación oriental. Explicando estos sentimientos que ha calificado de *maurofilia*, escribe Menéndez Pidal: "Cuando la superioridad de los cristianos se hizo indisputable, cuando quedó sólo sobre el suelo de la Península el reino de Granada como vasallo tributario de Castilla, sin representar ninguna importante amenaza, cesó el afán de la reconquista durante los siglos XIV y XV; y los castellanos, lejos de sentir repulsión hacia los pocos musulmanes refugiados en su último reducto de Granada, se sintieron atraídos hacia aquella exótica civilización, aquel lujo oriental en el vestuario, aquella espléndida ornamentación de los edificios, aquella extraña manera de vida, aquel modo de cabalgar, de armarse y de combatir; aquella esmerada agricultura en la vega granadina. Varios caballeros castellanos, sobre todo los desterrados, se avecindaron en Granada; muchos señores, dentro de Castilla, se servían de alarifes moros para construir y decorar sus palacios; muchos, incluso el rey Enrique IV, seguían costumbres y trajes moriscos. La maurofilia, en fin, se hizo moda, maurofilia que está pidiendo un estudio especial por parte de los arabistas. Bajo esa moda se inició la última guerra de Granada, cuando los Reyes Católicos decidieron la reconquista de aquel último reino musulmán..."[41]. El romance a la pérdida de Alhama arriba citado, es un precioso ejemplo: el poeta, cristiano, no lo compuso desde el entusiasmo de los vencedores por la conquista de tan importante plaza militar, sino desde el dolor de los vencidos por boca del propio rey de Granada; asimismo, en el romance de Abenámar, es la ciudad mora la que desprecia los requerimientos del rey cristiano; y en "Moricos, los mis moricos" la composición se concentra en la arenga del rey granadino a sus hombres, pero sin que se aluda a su posterior fracaso ante Baeza. Basada en los antiguos romances moriscos, esta maurofilia estaba llamada a tener larga progenie. En la segunda mitad del siglo XVI lo que en aquéllos quedaba del antiguo espíritu heroico y nacional, quedó olvidado bajo el exceso de los brillantes pormenores y el tejido de galanterías caballerescas y novelescos lances que, de ser decoración circunstancial, se convirtieron en centro del cuadro. Esta segunda forma, y época, de los romances moriscos degeneró en una moda literaria que "cundió como mala hierba en el Romancero"[42]; y aunque en manos de los mejores poetas pudo adquirir notable categoría artística (así en las de Lope, principal impulsor del género), llegó a ser más bien un habitual disfraz de toda especie de sentimientos líricos y acabó hasta por desatar una corriente de sátiras y parodias. También la prosa recogió la herencia morisca. El siglo XVI conoció ya la *Historia del Abencerraje y de la hermosa Jarifa,* anónima, y la *Historia de las guerras civiles de Granada,* de Ginés Pérez de Hita[43], en la que los episodios guerreros y sus bizarros paladines —en particular los moros, presentados como dechado de caballerosidad— se encuadran en un marco de deslumbrante colorido. Pérez de Hita intercaló en el texto cerca de cuarenta romances moriscos, entre viejos y nuevos, de los que manifiestamente prefería éstos últimos. Difundidos por Eu-

---

[41] "La maurofilia", en *España y su Historia,* cit., vol. II, págs. 276-277.
[42] "El Romancero", íd., íd., pág. 154.
[43] Véase luego, cap. XXI.

ropa, dieron origen estos libros a nuevas novelas y refundiciones, que conducen, en pleno triunfo del Romanticismo, hasta los populares libros de Chateaubriand, *El último Abencerraje*, y de Washington Irving, *La conquista de Granada* y las *Leyendas de la Alhambra*[44].

c) **De los ciclos carolingio y bretón.** El romancero castellano acogió también una multitud de temas tomados de la épica francesa, hasta el punto de crear todo un ciclo de romances sobre Carlomagno y los personajes y sucesos en derredor suyo: Roldán, los Doce Pares, Gaiferos, Montesinos, la derrota de Roncesvalles, el conde Dirlos, el paje Gerineldo, Rosaflorida y Melisenda, etc., etc. Se mezclan en estas composiciones numerosos rasgos característicos de su origen francés con otros que arguyen la interpretación o elaboración

---

[44] Cfr.: R. Menéndez Pidal, "Un nuevo romance fronterizo", en *Los romances de América y otros estudios*, ed. cit. M. Gaspar y Remiro, "Con motivo del Romancero. Investigación sobre los reyes nazaríes de Granada. ¿Quién fue el sultán Jusuf-Aben-Almoul o Aben-Almao de nuestra crónica?", en *Revista del Centro de Estudios Históricos de Granada*, IV, 1914, págs. 139-148. E. Buceta, "Un dato sobre la historicidad del romance 'Abenámar, Abenámar'", en *Revista de Filología Española*, VI, 1919, págs. 57-59. Del mismo, "Notas acerca de la historicidad del romance 'Cercada está Santa Fe'", en *Revista de Filología española*, IX, 1922, págs. 367-383. Del mismo, "Anotaciones sobre la identificación del Fajardo en el romance 'Jugando estaba el rey moro'", en *Revista de Filología Española*, XVIII, 1931, págs. 24-33. H. A. Deferrari, *The Sentimental Moor in Spanish Literature before 1600*, Filadelfia, 1927. G. Cirot, "Deux notes sur les rapports entre romances et chroniques", en *Bulletin Hispanique*, XXX, 1928, págs. 250-255. Del mismo, "Le romance sur la capture de Boabdil", en *Bulletin Hispanique*, XXXI, 1929, págs. 268-270. Del mismo, "Sur les romances 'del Maestre de Calatrava'", en *Bulletin Hispanique*, XXXIV, 1932, págs. 5-26. E. Primicerio, *La historia del Abencerraje y los romances de Granada*, Nápoles, 1929. José M. de Cossío, "Noticias literarias. Sobre Abenámar", en *Boletín de la Biblioteca de Menéndez y Pelayo*, XI, 1929, págs. 266-267. L. Spitzer, "Los romances españoles: El romance de Abenámar", en *Asomante*, I, Puerto Rico, 1945, págs. 7-29; reproducido en *Sobre antigua poesía española*, Buenos Aires, 1962, págs. 61-84. B. González de Escandón, "Notas estilísticas sobre los romances fronterizos", en *Universidad*, Zaragoza, XXII, 1945, págs. 442-462. J. Torres Fontes, "El Fajardo del 'Romance del juego de ajedrez'", en *Revista Bibliográfica y Documental*, II, Madrid, 1948, págs. 305-314. Juan de Mata Carriazo, "Cartas de la frontera de Granada", en *Al-Andalus*, XI, 1946, págs. 69-130. Del mismo, "Un alcalde entre los cristianos y los moros", en *Al-Andalus*, XIII, 1948, págs. 35-96. M. S. Carrasco, *El moro de Granada en la literatura*, Madrid, 1956. Manuel Alvar, *Granada y el romancero*, Universidad de Granada, 1956. F. López Estrada, "La conquista de Antequera en el romancero y en la épica de los Siglos de Oro", en *Anales de la Universidad Hispalense*, XVI, 1955, págs. 133-192. Del mismo, *El Abencerraje y la hermosa Jarifa*, Madrid, 1957. Del mismo, "Sobre el romance fronterizo de Ben Zulema", en *Boletín de la Real Academia Española*, XXXVIII, 1958, págs. 421-428. L. Seco de Lucena, *Investigaciones sobre el romancero. Estudio de tres romances fronterizos*, Universidad de Granada, 1958. Diego Catalán, "Un nuevo romance fronterizo", en *Ibérida*, I, 1959, págs. 69-79. Samuel G. Armistead y Joseph H. Silverman, "Dos romances fronterizos en la tradición sefardí oriental", en *Nueva Revista de Filología Hispánica*, XIII, 1959, págs. 88-98. Paul Bénichou, "Abenámar", en *Creación poética en el Romancero tradicional*, cit., págs. 61-92.

propia del sentir castellano. Pero, en su conjunto, se encuentran en todos los romances de este ciclo matices inconfundibles que los diferencian: predominio, y complicación, de la peripecia novelesca sobre la severidad del hecho heroico; gran variedad anecdótica; carácter caballeresco de los héroes; mayor intensificación pasional y sentimental de lo que es propio en los romances históricos de tema español; intervención de lo sobrenatural y maravilloso; galanterías y atrevimientos amorosos; acentuación del lirismo y de los aspectos pintorescos; prolijas descripciones de trajes y de joyas y frecuentes anacronismos. Como fuente de inspiración de estos romances se habían venido suponiendo —según las opiniones de Milá y Fontanals y luego las de Menéndez y Pelayo— los libros de caballerías franceses, por estimar que el conocimiento de la vieja épica francesa se había perdido en el momento de la redacción de estos romances. Menéndez Pidal supone, en cambio, que las gestas francesas inspiraron a los juglares españoles otras gestas más breves y ligeras que difundieron ampliamente por la península los temas épicos franceses, y de las cuales derivan por tradición oral, lo mismo que en el caso de las gestas españolas, los romances carolingios. La pérdida total de estas gestas carolingias españolas, dice Menéndez Pidal, ha hecho suponer la independencia de los romances respecto de las viejas gestas; pero la existencia de un fragmento de un poema español del siglo XIII sobre la batalla de Roncesvalles parece ser una prueba concluyente de la teoría de nuestro gran medievalista [45].

Pero no todos estos romances salieron de las gestas, pues los de origen juglaresco, cuya conexión con fuentes francesas es tan difícil de explicar, son tan notables como numerosos. Los temas del ciclo carolingio se hicieron tan populares y fueron tratados con tanta libertad que la galería de personajes se pobló de figuras no sólo extrañas a la tradición peninsular, sino también a la misma épica francesa; así sucede, por ejemplo, con el conde Dirlos, o con el heroico caballero Durandarte, personificación poética de la famosa espada de Roldán.

Los más antiguos romances de este ciclo son, probablemente, los relativos a Roncesvalles. Destacan entre ellos: "Ya comiençan los franceses con los moros pelear..."; "En París está doña Alda, la esposa de don Roldán...", que cuenta el sueño de esta dama, precursor de la muerte de su esposo; "Por la matanza va el viejo, por la matanza adelante...", que presenta al padre de don Beltrán buscando a su hijo entre los muertos de Roncesvalles; y el del conde Guarinos: "Mala la visteis, franceses, la caza de Roncesvalles...". También es importante en este ciclo el romance del conde Dirlos, de gran extensión, y el del conde Claros de Montalván, intensamente lírico: "Medianoche era por filo, los gallos querían cantar; Conde Claros con amores no podía repo-

---

[45] Cfr.: *Romancero Hispánico*, I, cap. VII, págs. 244-300. Cfr.: Jules Horrent, *La Chanson de Roland dans les littératures française et espagnole au Moyen Âge*, París, 1951.

sar...". Igualmente los referentes a Gaiferos y el del paje Gerineldo, que enamora a la hija del rey: "Levantóse Gerineldo, que el Rey dejara dormido...".

Los temas del ciclo bretón tuvieron una acogida mucho menor en el Romancero. A diferencia de los temas carolingios, su conocimiento en la península fue mucho más tardío y no dieron origen a ninguna tradición épica oral. A fines del siglo XIII se incorporaron a la literatura castellana, pero no en forma de gestas sino de versiones o adaptaciones novelescas que inspiraron luego a su vez los primeros libros de caballerías. De aquellas adaptaciones derivaron luego los romances del ciclo bretón. Y aunque sus temas tuvieron gran aceptación en la península, lo mismo que en todas las otras naciones europeas, sin embargo, debido al hecho de su transmisión más específicamente literaria y a lo ajenos y distantes que resultaban muchos de sus asuntos a la sensibilidad castellana, fue bastante menor el número de los romances bretones. Con todo, la novelística medieval contribuyó a popularizar entre nosotros algunos de sus más famosos héroes, como Tristán y Lanzarote. De todo este ciclo sólo tres romances parecen auténticamente viejos: dos sobre Lanzarote ("Nunca fuera caballero de damas tan bien servido..." y "Tres hijuelos había el rey...") y uno sobre Tristán ("Ferido está don Tristán de una muy mala lanzada...") [46].

---

[46] Cfr.: *a)* Sobre los romances carolingios: Pio Rajna, "Rosaflorida", en *Mélanges offerts à M. Émile Picot,* vol. II, París, 1913, págs. 115-134. R. Menéndez Pidal, "*Roncesvalles.* Un nuevo cantar de gesta español del siglo XIII", en *Revista de Filología Española,* IV, 1917, págs. 105-204. Del mismo, "Sobre *Roncesvalles* y la crítica de los romances carolingios", en *Revista de Filología Española,* V, 1918, págs. 397-398. Del mismo, "La *Chanson des Saisnes* en España", en *Mélanges de Linguistique et de Littérature Romanes offerts à Mario Roques,* I, París, 1950, págs. 229-244. J. Saroïhandy, "La légende de Roncevaux", en *Homenaje a Menéndez Pidal,* II, Madrid, 1925, páginas 280 y ss. H. S. Craig, "A Study in *Los romances del ciclo carolingio*", en *The Modern Language Forum,* XXV, 1940, págs. 117-124. W. J. Entwistle, "Concerning Certain Spanish Ballads in the French Cycles of *Aymery, Aiol* and *Ogier de Dinamarche*", en *A Miscellany of Studies in Romances Languages and Literatures, presented to Leon E. Kastner,* Cambridge, 1932, págs. 207-216. Del mismo, "El Conde Dirlos", en *Medium Aevum,* X, 1941, págs. 1-14. Del mismo, "La Odisea, fuente del romance del Conde Dirlos", en *Estudios dedicados a Menéndez Pidal,* I, Madrid, 1950, págs. 265-273. Jules Horrent, "Sur les romances carolingiens de Roncevaux", en *Les Lettres Romanes,* IX, 1955, págs. 161-176.

b) Sobre los romances del ciclo bretón: J. de Perott, "Reminiscencias de romances en libros de caballerías", en *Revista de Filología Española,* II, 1915, págs. 289-292. E. de la Iglesia, "*Tres hijuelos había el rey.* Orígenes de un romance popular castellano", en *Revista Crítica Hispano-Americana,* III, 1916, págs. 5-36. Alfonso Reyes, "Influencia del ciclo artúrico en la literatura castellana", en *Boletín de la Academia Argentina de Letras,* VI, 1938, págs. 59-68. Martín de Riquer, "Sobre el romance 'Ferido está don Tristán'", en *Revista de Filología Española,* XXXVII, 1953, págs. 225-227. Diego Catalán, sobre el *Lanzarote y el ciervo del pie blanco,* en "La recolección romancística en Canarias", prólogo al *Romancerillo canario* de Mercedes Morales y María Jesús López de Vergara, Universidad de la Laguna, 1955.

d) **Romances novelescos y líricos.** Ya hemos dicho que son estos romances los nacidos de la libre invención de los poetas, aunque enraízan frecuentemente con alguno de los grupos temáticos citados, cuyos pasajes se modifican o amplían. Su producción es, en muchos casos, simultánea de la de los romances heroico-históricos y muy semejante también el proceso de su formación respecto de sus fuentes respectivas. Éstas pueden ser muy varias; así se encuentran entre ellas los temas y personajes bíblicos, mitológicos o de historia clásica; los derivados de las novelas medievales, con preferencia de la especie caballeresca; poemas eruditos o imaginativos; acontecimientos dramáticos de índole privada o familiar, que impresionaban la imaginación de las gentes, acaecidos dentro o fuera del país, pero que se modificaban o aderezaban para "nacionalizarlos" en los detalles; canciones épico-líricas de asunto novelesco, a veces de amplia difusión en toda Europa, que se asimilaban al Romancero mediante un doble proceso de transformación, métrico y temático, etc.

Entre los romances novelescos son particularmente famosos el de la adúltera castigada: "Blanca sois, señora mía, más que no el rayo del sol..."; el de la bella mal maridada: "La bella mal maridada, de las más bellas que vi, / si habéis de tomar amores, vida, no dejéis a mí..."; el de la infantina encantada: "A cazar va el caballero, a cazar como solía..."; y el bellísimo que puede relacionarse con los romances fronterizos: "Yo me era mora Moraima, morilla de un bel catar; cristiano vino a mi puerta, cuitada, por me engañar...".

Entre los más específicamente líricos merecen recordarse "Fontefrida, fontefrida, fontefrida y con amor...", el del conde Arnaldos: "¡Quién hubiera tal ventura sobre las aguas del mar...!"; el que narra la aparición de la esposa muerta: "En la ermita de San Jorge una sombra oscura vi...", y el del prisionero: "Por el mes era de Mayo cuando hace la calor..."[47].

---

[47] R. Menéndez Pidal, *Romancero Hispánico*, I, págs. 335-365. Del mismo, "Un episodio de la fama de Virgilio en España", en *Studi Medievali*, V, 1932, págs. 332-341. Del mismo, "Los romances de don Bueso", en *Bulletin Hispanique*, L, 1948, págs. 305-312. S. G. Morley, "El romance del *palmero*", en *Revista de Filología Española*, IX, 1922, págs. 298-310. Américo Castro, "Romance de la mujer que fue a la guerra", en *Lengua, enseñanza y literatura*, Madrid, 1924, págs. 259-280. E. Levi, "El romance florentino de Jaume de Olesa", en *Revista de Filología Española*, XIV, 1927, págs. 134-160. María Rosa Lida, "El romance de la misa de amor", en *Revista de Filología Hispánica*, III, 1941, págs. 24-42. José M. de Cossío, "Ecos de un tema patético *(El Conde Alarcos)*", en *Correo Erudito*, II, 1941, págs. 120-121. Del mismo, "Notas al Romancero. Caracteres de la feminidad en *La doncella que va a la guerra*", en *Escorial*, VI, 1942, págs. 413-423. Joseph-Sébastien Pons, "Poésie courtoise et poésie populaire. La Dame d'Aragón", en *Mélanges offerts a M. le Professeur Henri Gavel*, Toulouse, 1948, págs. 71-76. I. S. Révah, "Edition critique du 'romance' de Don Duardos et Flérida", en *Bulletin d'Histoire du Théâtre Portugais*, III, 1952, núm. 1, págs. 107-139. W. J. Entwistle, "The Adventure of *Le Cerf au pied blanc* in Spanish and elsewhere", en *Modern Language Review*, XVIII, 1925, págs. 435-448. Del mismo, "Blancaniña", en *Revista de Filología Hispánica*, I, 1939, págs. 159-164. Del mismo, "El Conde Sol, o La Boda Estorbada", **en** *Revista*

ESTILO, IMPORTANCIA Y DIFUSIÓN DEL ROMANCERO

A pesar de la enorme variedad de sus temas, el Romancero posee unas características inconfundibles, a las cuales contribuye el empleo del ritmo octosílabo, tan típicamente español. Más que un género literario, los romances constituyen una forma especial de tradición y de cultura. Como acabamos de ver, el Romancero se nutrió frecuentemente de asuntos no españoles, pero, con idéntica capacidad de asimilación que había de distinguir al teatro del Siglo de Oro, los nacionalizó y reselló con la impronta peculiarísima de su estilo. A diferencia de lo sucedido en otros países, cuyas baladas adoptaron formas muy diversas, los romances no poseen sino un molde único. Esta uniformidad, que podría —teóricamente— ser ocasión de monotonía, es, por el contrario, una de las razones de su poder asimilador y de su vitalidad, pues facilitaba el aprendizaje y retención memorizada de los poemas al mismo tiempo que hacía suyos, forjándolos a su estilo, los temas más dispares. Notas esenciales de este estilo son: la asombrosa sencillez de recursos con los cuales llega a producir los más variados efectos poéticos; la parquedad de la adjetivación; la eficacia poética conseguida por la repetición de algunas palabras y el empleo de paralelismos; la viveza narrativa; la rápida composición del escenario y el arte de captar inmediatamente la atención del lector, introduciéndole sin preámbulos en el centro del tema; el movimiento dramático conseguido con rápidos diálogos; la inmediata aproximación a la realidad, que da a la descripción una tremenda fuerza plástica; la casi total ausencia de elementos fantásticos o maravillosos; la acertada delicadeza y capacidad de evocación en los momentos poéticos; y la fina elegancia que armoniza lo popular con una expresión poética del más alto valor estético.

---

de Filología Española, XXXIII, 1949, págs. 251-264. Del mismo, "La chanson populaire française en Espagne", en *Bulletin Hispanique*, LI, 1949, págs. 253-268. Del mismo, "La Dama de Aragón", en *Hispanic Review*, VI, 1938, págs. 185-192. Del mismo, "A Note on *La Dama de Aragón*", en *Hispanic Review*, VIII, 1940, págs. 156-159. Del mismo, "El Conde Olinos", en *Revista de Filología Española*, XXXV, 1951, págs. 237-248. Del mismo, "Second Thoughts Concerning *El Conde Olinos*", en *Romance Philology*, VII, 1953, págs. 10-18. Leo Spitzer, "Observaciones sobre el romance florentino de Jaume de Olesa", en *Revista de Filología Española*, XXII, 1935, págs. 153-158. Del mismo, "The Folkloristic Pre-stage of the Spanish *romance* 'Count Arnaldos'", en *Hispanic Review*, XXIII, 1955, págs. 173-187. "Addenda" en íd., XXIV, 1956, págs. 64-66; reproducidos ambos en español, en *Sobre antigua poesía española*, cit., págs. 87-103. Eugenio Asensio, "Fontefrida o encuentro del romance con la canción de mayo", cit. Edward Glaser, "Un Patriarca bíblico en el Romancero", en *Sefarad*, XVI, 1956, págs. 113-123. T. R. Hart, "*El Conde Arnaldos* and the Medieval Scriptural Tradition", en *Modern Language Notes*, LXXII, 1957, págs. 281-285. Daniel Devoto, "El mal cazador", en *Studia Philologica. Homenaje ofrecido a Dámaso Alonso*, I, Madrid, 1960, págs. 481-491. J. M. Solá-Solé, "En torno al romance de la morilla burlada", en *Hispanic Review*, XXXIII, 1965, págs. 136-146.

A estas notas, que afectan preferentemente a los aspectos estilísticos, hay que añadir uno de los más peculiares caracteres de los romances, ya aludido arriba, que es su tendencia a lo fragmentario, lo mismo en el comienzo que al final de la composición; recurso que rasga horizontes imaginativos y provoca toda suerte de resonancias líricas. Menéndez Pidal, al explicar la ruta que conduce desde el largo cantar antiguo a la nueva forma romancística y el gran papel desempeñado por la voluntad selectiva para ceñirse a lo esencial, describe magistralmente la referida peculiaridad de los romances: "La principal diferencia entre la exposición épica y la épico-intuitiva consiste en que ésta, ejercitando la selección eliminadora, tiende a prescindir de preliminares, incidentes y desenlace, para destacar sólo una situación elegida, o una rápida serie de sucesos nucleares. Se entra en materia sin exponer antecedentes de la acción, *in medias res*:

> *Con cartas sus mensajeros   el rey al Carpio envió;*
> *Bernaldo, como es discreto,   de traición se receló;*
> *las cartas echó en el suelo   y al mensajero habló...*

No se dice quién es el rey ni quién es Bernaldo, ni la causa del enojo de éste, y sólo fugazmente lo declaran las alusiones deslizadas en el resto del romance. El oyente antiguo podía suplir el conjunto inexpresado, pues recordaría la leyenda de Bernardo, que trágicamente consagra su vida hazañosa a lograr la libertad de su padre, sin conseguirla; pero si no recordaba nada de esto, basta la decisión de ese Bernardo que sabe imponer mesura al rey injusto. Puede olvidarse la leyenda que sirve de apoyo. El romance se basta a sí mismo; busca en su concisión la totalidad de su ser"[48]. Para lograr esta rápida zambullida en la materia de la composición, el Romancero dispone de recursos inconfundibles, típicamente suyos, y no por eso menos variados. Con gran frecuencia basta el primer verso para darnos el tono de la acción y sugerir el clima del poema, sin recurrir a mayores circunstancias ni aducir motivos: "En Burgos está el buen rey   asentado a su yantar..."; "Castellanos y leoneses   tienen grandes divisiones..."; "Por Guadalquivir arriba   cabalgan caminadores..."; "A Calatrava la Vieja   la combaten castellanos...". En numerosas ocasiones es suficiente citar en el primer verso el nombre del protagonista: "Cabalga Diego Laínez   al buen rey besar la mano..."; "Preso está Fernán González   el gran conde de Castilla..."; "Por el val de las Estacas   el buen Cid pasado había...". Al mismo género de introducción abrupta pertenecen otros recursos estilísticos a que hemos de referirnos luego, tales como el apóstrofe a los oyentes o al mismo protagonista que se supone presente ante el auditorio.

Más significativa todavía que estos comienzos abruptos es la tendencia de los romances a dejar truncada la narración en el momento de mayor intensidad, como invitando a la fantasía del oyente a que complete el relato del poe-

---

[48] *Romancero Hispánico*, cit., I, pág. 71.

ma; recurso éste que refuerza de manera especial la intensidad de la sugestión lírica, provocando estados de ánimo inefablemente afectivos. Menéndez Pidal, que ha expuesto en repetidas ocasiones este carácter del Romancero y sus enormes posibilidades de belleza, lo hace con sin igual fortuna a propósito del romance del Conde Arnaldos, en su estudio, varias veces citado, *Poesía popular y poesía tradicional*. Y defendiendo el acierto estético de este "saber callar a tiempo", que se convierte en "una verdadera creación poética", escribe en otra parte: "El fragmentismo del romancero viene a ser una suspensión del interés, pero no como la del arte dramático, suspensión que espera un desenlace. El romance no hace esperar nada; conduce la imaginación hacia un punto culminante del argumento y, abandonándola ante un tajo de abismo impenetrable, la deja lanzar su vuelo a una lejanía ignota, donde se entrevé mucho más de lo que pudiera hallarse en cualquier realidad desplegada ante los ojos. Cualquier desenlace previsto sería un descenso, una caída" [49].

Con frecuencia, el romance posee una intensa carga emocional, pero nunca se insiste sobre ella ni se la desarrolla en forma lírica, sino que se deriva de modo natural de los mismos sucesos referidos. El romance tampoco moraliza jamás; la traición o la cobardía reciben su condigno castigo, que el poema no necesita subrayar ni comentar. En este aspecto, los romances difieren por entero de la literatura moralizante o didáctica, tan arraigada en la Edad Media. Numerosos romances se ocupan de asuntos amorosos, pero nunca hay lirismos sentimentales, al modo tan frecuente en la poesía cortesana o en las baladas de otras literaturas. El desenlace trágico es bastante común, no menos frecuente que los finales felices, pero tanto en uno como en otro caso una grave dignidad informa siempre la narración. Los romances, tan *nacionales,* no son *nacionalistas,* en el sentido moderno que podría darse a esta palabra; el patriotismo está sobreentendido, pero no se apela a él especialmente. Hasta en los mismos romances sobre los temas de mayor transcendencia para la historia nacional, se trata siempre, más bien, de conflictos de ámbito personal: rivalidades, odios, venganzas, problemas de jerarquía o dignidad, dramas amorosos; la proyección nacional, propia de la gran épica, se humaniza y concreta en el plano del individuo. En los romances sobre el Cid, pongamos por caso, el interés de la épica antigua por el conjunto de su empresa desciende ahora con frecuencia a una serie de asuntos personales, consistentes a veces en conflictos de amor que se sobreponen al interés de la acción épica, aunque ésta, más o menos aludida, proporcione el fondo del cuadro. Así, en el famoso romance "Afuera, afuera, Rodrigo, el soberbio castellano...", sobre la perspectiva bélica del cerco de Zamora, que ni siquiera se menciona, el poema trata exclusivamente de la queja amorosa de doña Urraca contra el Cid, por no haber éste casado con ella y haber preferido a Jimena: "Bien casaste tú,

---

[49] Ídem, íd., pág. 75.

Rodrigo, muy mejor fueras casado; / dejaste hija de rey por tomar de su vasallo..."; y un buen puñado de romances de este mismo ciclo tiene por protagonista a Jimena, ocupada en querellas no muy diferentes.

Concretando ligeramente algunos de los rasgos mencionados podemos añadir que en los romances, sobre todo en los tradicionales, no se narran los hechos en forma objetiva y discursiva, sino que se actualizan de manera inmediata ante los ojos del oyente. Cuando se acude a la descripción es casi siempre un enumeración de carácter intuitivo. Para conseguir aquella actualización se recurre a variados procedimientos: unas veces se comienza con un apóstrofe dirigido a los oyentes, encabezado con el verbo "ver" ("...viérades moros y moras todos huir al castillo..."), o con el adverbio demostrativo "he" ("Helo, helo por do viene el Infante vengador..."; "Helo, helo por do viene el moro por la calzada..."), o con el adverbio "ya" ("Ya cabalga Diego Ordóñez..."), o con alguna especie de exclamación ("Ay, Dios, qué buen caballero..."; "Quién hubiera tal ventura..."). A veces es el propio narrador quien se presenta como testigo del suceso ("Junto al muro de Zamora vide un caballero erguido..."), o se coloca la acción en boca del protagonista ("Yo me era mora Moraima..."; "Yo salí de la mi tierra..."), o se comienza el relato dirigiendo un apóstrofe al protagonista que se supone presente ("Buen alcalde de Cañete, mal consejo habéis tomado..."), o al lugar de la acción, al que se le personifica ("Álora la bien cercada, tú que estás en par del río...").

El sustancial verismo a que hemos aludido es mayor en las versiones más antiguas, que quedan más cerca de la realidad inmediata, de acuerdo con el carácter general de las gestas primitivas; luego disminuye a medida que se van produciendo en los romances sucesivas refundiciones. Las versiones más tardías aceptan datos geográficos, por ejemplo, con notable despreocupación. Y el rechazo a todo lo maravilloso o fantástico no excluye el gusto, de la más pura raíz poética, por los pasajes enigmáticos, imprecisos o escasamente motivados, con lo que se intensifica el libre juego con la realidad.

"La principal figura retórica usada en el estilo tradicional es la repetición —escribe Menéndez Pidal—. El lirismo gusta remansarse reiterando sus efusiones. Esta reiteración, común a toda la lírica en general, es sin duda lo que más distingue el estilo épico-lírico de los romances respecto al estilo propiamente épico de las gestas"[50]. Estas repeticiones, de las cuales se deriva frecuentemente un fuerte efecto dramático, tienen lugar con preferencia en los primeros versos del romance. Puede consistir en vocablos seguidos —"Rey don Sancho, rey don Sancho..."; "Afuera, afuera, Rodrigo..."; "Abenámar, Abenámar, moro de la morería..."—, o reiterados al comienzo de cada hemistiquio —"...errado lleva el camino, errada lleva la guía..."; "De Francia partió la niña, de Francia la bien guarnida..."—, o dentro del mismo hemistiquio pero con alguna palabra intercalada —"Que por mayo era, por mayo...";

---

[50] *Romancero Hispánico*, cit., I, pág. 78. Para todos estos caracteres del Romancero véase completo el capítulo III de dicho volumen, págs. 58-80.

"Doliente estaba, doliente..."—. Con tales repeticiones pueden conseguirse los más variados efectos estilísticos o afectivos. A veces tan sólo se persigue crear la necesaria atmósfera poética del relato arrancándonos de la inmediata realidad, o subrayar el nombre del protagonista o del emplazamiento geográfico, o acrecentar la calidad musical de un nombre de índole exótica —"Fontefrida, Fontefrida, Fontefrida y con amor..."; "Gerineldos, Gerineldos, mi caballero pulido..."; "Durandarte, Durandarte, buen caballero probado..."—, preferentemente en los romances carolingios o novelescos. Pero en muchas ocasiones, la sola repetición se carga de una intención afectiva de muy vario significado; así, en el *romance del prisionero*, la repetición inicial —"Que por mayo era, por mayo..."— crea instantáneamente la angustia del encierro, justamente en los días del mes más hermoso para ser gozado en libertad; o el repetido apóstrofe al monarca —"Rey don Sancho, rey don Sancho..."— dispara el trágico presentimiento de su muerte inmediata.

Notable importancia tiene también el uso de la aliteración: "Yo me era mora Moraima, morilla de un bel catar..."; "En Castilla está un castillo...".

Importa, finalmente, destacar la frecuente presencia en los romances de fórmulas épicas [51], heredadas de las gestas antiguas, gratas a los oyentes no menos que a los propios juglares y que ni a unos ni a otros habían dejado de serles familiares. A dichas fórmulas pertenecen casi en su totalidad los procedimientos expuestos arriba para producir la actualización del relato; a éstos habría que añadir la descripción enumeratoria:

muchas armas reluciendo, mucha adarga bien labrada,
mucho caballo ligero, mucha lanza relumbrada...

encabezada a veces con la exclamación *cuánto*, para acentuar la variedad y riqueza de una escena:

cuánto del hidalgo moro, cuánta de la yegua baya,
cuánta de la lanza en puño, cuánta de la adarga blanca...

Con frecuencia el Romancero no hace sino intensificar y multiplicar estos *procedimientos intuitivos* usados en las gestas, pero esta diferencia cuantitativa tiene un valor cualitativo, esencial para definir el estilo del Romancero [52].

---

[51] Cfr.: R. H. Webber, "Formulistic Diction in the Spanish Ballads", *University of California Publications in Modern Philology*, XXXIV, 1948-1952, págs. 175-277.

[52] *Romancero Hispánico*, I, pág. 65. Para las peculiaridades estilísticas del Romancero, además de las páginas fundamentales de Menéndez Pidal en su *Romancero Hispánico*, repetidamente citado, cfr.: Leo Spitzer, "Stilistisch-Syntaktisches aus den spanisch-portugiesischen Romanzen", en *Zeitschrift für Romanische Philologie*, XXXV, 1911, págs. 193-230 y 257-308. Véase también, del mismo, "Los romances españoles: El romance de Abenámar", cit.; creemos, sin embargo, que la mayoría de sus salvedades a las opiniones de Menéndez Pidal sobre la novedad del estilo romancístico y su capacidad creadora, han perdido su razón de ser ante las posteriores publicaciones de don

Problema del mayor interés es el uso tan peculiar que de los tiempos verbales hace el Romancero, en forma tal que ha podido estimarse como verdaderamente anárquica. Pero los estudios de los filólogos han puesto de relieve que el empleo de los tiempos en el lenguaje épico responde a un sistema estilístico especial, encaminado a producir efectos muy diversos. Como recuerda muy bien Lapesa [53], en toda narración prolongada hay el peligro de que los hechos se refieran con abrumadora monotonía, dado que todos los tiempos son pretéritos. Para evitarlo no existe otro medio que variar el punto de mira, adoptando diferentes perspectivas y distancias, práctica seguida desde la antigüedad y que la épica medieval manejó con tanta frecuencia como eficacia. El Romancero continúa también las fórmulas estilísticas de las gestas en cuanto al uso de los tiempos verbales, haciendo con ellos —según comparación que viene ya repitiéndose— lo mismo que los operadores de cine en nuestros días con la alternancia y diversidad de los planos y las imágenes.

Nos parece vano negar la parte que en semejante libertad temporal del Romancero tienen en muchos casos las razones métricas y la necesidad de disponer de fáciles asonancias, sobre todo en un género de transmisión oral y tan influido por la improvisación. Por otra parte, el esquema verbal de la conjugación castellana no estaba todavía fijado en la época de la creación del Romancero viejo, cuyo lenguaje, además, abunda en arcaísmos, ya rechazados entonces por la prosa. No obstante, según han demostrado los lingüistas, los frecuentísimos cambios de enfoque verbal no son caprichosos ni debidos a mera comodidad, sino que responden a razones estilísticas que hay que suponer conscientes en multitud de ocasiones o, por lo menos —dada la índole del autor-legión que distingue a esta poesía—, regida por un instintivo gusto poético de rara perspicacia.

Los factores que orientan dicho sistema estilístico pueden depender de la calidad del sujeto —protagonista o secundario, individual o colectivo—, de la clase de la acción verbal, del contenido semántico del verbo, del significado de cada acontecimiento dentro del desarrollo global de la acción, etc., etc.; todos los cuales se alían con otros de carácter general, como el deseo de dar viveza y variedad a la narración o el propósito de recrear los sucesos, infundiéndoles la ilusión de lo inmediato, a diferencia de las crónicas que relatan de modo más objetivo.

Joseph Szertics ha estudiado en una minuciosa monografía [54] las muy complejas formas que adopta el sistema verbal del Romancero, y que por su am-

---

Ramón, en especial su *Romancero Hispánico*. Consúltese también el trabajo de Lapesa, citado en la nota siguiente.

[53] Rafael Lapesa, "La lengua de la poesía épica en los cantares de gesta y en el Romancero viejo", en *De la Edad Media a nuestros días. Estudios de historia literaria*, Madrid, 1967, págs. 9-28.

[54] Joseph Szertics, *Tiempo y verbo en el Romancero viejo*, Madrid, 1967. Todos los ejemplos que aducimos a continuación, están tomados del estudio de Szertics.

plitud no podemos siquiera resumir aquí. Basten sólo unos ejemplos para dar cuenta de su variedad.

El presente puede indicar acciones de sujetos anónimos, mientras que el pretérito destaca hechos individuales:

> Los moros *siguen* victoria   hasta la Peña Horadada;
> *hízoles* cara Pelayo,   esse duque de Cantabria.

Otras veces el presente muestra personajes en movimiento mientras que el pretérito indica acciones perfectivas:

> *Toman* postas y caballos   los más ligeros y flacos,
> *caminan* días y noches   con camino apresurado:
> *llegaron* presto a Toledo;   en un lugar muy poblado...

En ocasiones, el pretérito indica la consecuencia o culminación de los hechos actualizados por el presente:

> *Tantas* caricias se *hacen*   y con tanto fuego vivo,
> que al cansancio se *rindieron*   y al fin *quedaron* dormidos.

La irrupción del pretérito en el presente, al expresar la perfección, puede sugerir el paso del tiempo, como en estos versos:

> *Namorado s'había* de ella   ese conde de Sandalla.
> *Van* días y *vienen* días,   Ximena *quedó* empreñada.

El presente inicia la acción y el pretérito la lleva adelante abruptamente:

> ...*Vuélvese* para su amiga   donde *fue* bien recibido.

El presente refiere la acción en su desenvolvimiento, y el pretérito subraya un hecho notable o el momento culminante de él:

> Ya se *arma* Lanzarote   de gran pesar conmovido,
> *despídese* de su amiga,   *pregunta* por el camino,
> *topó* con el orgulloso   debajo de un verde pino...

En el siguiente romance de don Rodrigo

> El rey *va* tan desmayado   que sentido no *tenía*;
> muerto *va* de sed y hambre   que de velle *era* manzilla;
> *iva* tan tinto de sangre   que una brasa *parecía*.
> Las armas *lleva* abolladas   que *eran* de gran pedrería;
> la espada *lleva* hecha sierra   de los golpes que *tenía*...

el presente describe el estado en que se halla el rey, y el imperfecto indica la razón de tal estado.

De gran interés es el llamado *imperfecto desrealizador,* con el cual se pretende una irrealidad de expresión, que deja flotando hechos y palabras como en un estado de indecisión temporal, altamente poética. Ejemplo precioso es el popularísimo romance de Abenámar:

¿Qué castillos son aquéllos? ¡Altos son y relucían!
—El Alhambra era, *señor, y la otra la mezquita...*
El otro el Generalife, huerta que par no tenía...
...el moro que a mí me tiene, muy grande bien me quería.

Muy típica del Romancero es la forma en *-ra* con valor de pretérito indefinido, alternando bien con éste:

puso la niña en las ancas y él subiérase *en la silla...*

bien con el presente:

—Bien se te emplea, *buen rey, buen rey, bien se te* empleara...

bien con diversos tiempos a la vez:

Confesóle el ermitaño, pena grande le ponía,
y le diera *penitencia con una culebra viva...*

...encontróle con la lanza y en el suelo lo derriba;
cortárale *la cabeza, sin le hacer cortesía...*

Asimismo, la forma en *-ra* puede usarse con valor de imperfecto:

En esto que aquí he fablado no os he fecho agravio alguno,
que esto debiera *al rey Sancho como leal vasallo suyo...*

o de pluscuamperfecto:

En Toledo estaba Alfonso, que non cuidaba reinar;
desterrárale *don Sancho por su reino le quitar...*

El Romancero constituye la poesía nacional por excelencia: un "inmenso poema disperso y popular", que representa una de esas pocas cumbres excelsas en la literatura de todos los países, capaces de llegar al alma de todo un pueblo sin distinción de clases ni de preparación intelectual.

Dentro de nuestra historia ninguna forma literaria ha tenido tan intenso cultivo hasta nuestros días. El Romancero es además una genuina manifestación de nuestro genio literario, sin equivalencia en ninguna otra literatura.

Mientras los otros países europeos, con la llegada del Renacimiento dejan de lado la tradición épica y orientan sus producciones por el camino de la antigüedad clásica que le marcaban las nuevas tendencias, España conserva toda aquella vieja tradición popular y épica, dándole una nueva vida en el regazo de su Romancero. Francia, concretamente, poseyó una poesía heroica más abundante que la española y que se prolongó también, como ésta, hasta el siglo XIV, cuando la canción epicolírica comenzaba a difundirse por todas las literaturas de Europa; sin embargo, Francia, lo mismo que Inglaterra, Alemania y los países escandinavos, olvidó por completo aquella herencia épica, mientras España, con fecunda originalidad, la recogía en la prodigiosa floración de sus romances. Éstos a su vez, como un puente de oro, trasvasan a nuestra literatura posterior todo ese caudal, nutriendo intensamente el cuerpo y el espíritu de nuestro teatro áureo, de nuestra lírica y de nuestra épica, y a través del Romanticismo llegan hasta nuestros días para conocer un nuevo florecimiento. Gran número de comedias de los Siglos de Oro están basadas o inspiradas en romances, o cuando menos son personajes de las comedias quienes con frecuencia los recitan. El más genial hallazgo, sin duda alguna, entre las complejas facetas que componen la obra teatral de Lope, consistió en haber sabido aprovechar las inmensas posibilidades dramáticas, de fuerza plástica y de acción que alentaban en el Romancero, y haberle dado nueva vida en la escena, convirtiendo en activa representación teatral los asuntos narrados en los romances; los casos en que Lope llevó a cabo estas versiones dramáticas fueron tan numerosos que casi agotó prácticamente los temas susceptibles de este tratamiento.

Cuando a partir del último tercio del siglo XVI Lope y Cervantes, y posteriormente Góngora y Quevedo, aparte otros muchos poetas menores, compusieron multitud de romances *artísticos* [55], no perdió el viejo Romancero su difusión y popularidad. El siglo XVIII, que rechazó casi por entero otras manifestaciones de nuestra literatura tradicional y popular, cultivó también el romance con manifestaciones tan notables como las de Nicolás F. de Moratín y Meléndez Valdés. Durante el Romanticismo, Zorrilla y el Duque de Rivas, principalmente, los compusieron también, y de nuevo los antiguos romances influyeron sobre el teatro histórico, puesto que el del Romanticismo lo es esencialmente, de esta época.

Con la Generación del 98 comienza para el romance otro momento de general estima, que podría considerarse iniciado con la famosa composición de Antonio Machado *La tierra de Alvargonzález*; posteriormente García Lorca ha dado nueva vida a los romances infundiéndoles un peculiar sabor con su refinado y artificioso popularismo; en uno u otro tono, muy pocos poetas

---

[55] Sin perjuicio de ocuparnos en su lugar de los romances *nuevos* o *artísticos* véase el trabajo, lleno de sugerencias, de José F. Montesinos, "Algunos problemas del Romancero nuevo", en *Romance Philology*, VI, 1953, págs. 231-247; reproducido en su libro *Ensayos y estudios de literatura española*, México, 1959, págs. 75-98. También, R. Menéndez Pidal, *El Romancero nuevo*, Madrid, 1949.

contemporáneos han dejado de cultivarlos, y algunos, Rubén Darío, Unamuno, Manuel Machado, Díez Canedo, Juan Ramón Jiménez, Pérez de Ayala, Rafael Alberti, Fernando Villalón, Jorge Guillén, Gerardo Diego, con singular fortuna. Viejos romances han vuelto a inspirar nuevas obras líricas o producciones dramáticas a nuestros escritores, como *El Conde Alarcos*, de Jacinto Grau. En una forma más o menos degenerada y ruda, el romance ha sido en todo tiempo la expresión preferida del pueblo para cantar los hechos que de modo más vivo han herido su imaginación; en romances "de ciego" se cantan todavía las truculencias y sucesos del país, y cuando se presenta algún acontecimiento de resonancia nacional, es el romance la expresión viva que lo recoge y difunde. Nuestra pasada guerra civil asistió a un extenso florecimiento de romances populares, meramente narrativos o de intención política o satírica, que recogían acontecimientos de los frentes, a semejanza de los viejos romances fronterizos, y que eran escuchados en rueda por los soldados, como en los tiempos lejanos del romancero primitivo.

Paralela a su pervivencia en el tiempo ha corrido la expansión del Romancero en el espacio como una prueba más de su perenne vitalidad. Durante los años en que fueron compuestos los romances viejos, siglo XV y primera mitad del XVI, saltaron ya a Cataluña y Portugal, las dos áreas peninsulares de habla no castellana, y allí recibieron acogida al mismo tiempo que nuevas elaboraciones y aportes muy singulares [56]. Con la expansión imperial de España los

---

[56] Apenas existe región alguna en la Península que no demuestre con los acervos romancísticos sacados a luz la constancia de esta difusión y perennidad. Un índice bibliográfico de las colecciones de romances procedentes de las varias regiones y de los estudios publicados sería aquí imposible; baste sólo la indicación de algunos de ellos. a) Regiones de habla castellana. Juan Menéndez Pidal, *Poesía popular. Colección de los viejos romances que se cantan por los asturianos en la danza prima, esfoyazas y filandones*, recogidos y anotados por..., Madrid, 1885. D. Ledesma, *Folk-lore o Cancionero salmantino*, Madrid, 1907. Narciso Alonso Cortés, *Romances populares de Castilla*, Valladolid, 1906. Del mismo, "Romances tradicionales", en *Revue Hispanique*, L, 1920, páginas 198-268. Aurelio M. Espinosa, "Traditional Ballads from Andalucia", en *Flügel Memorial Volume*, Stanford University, California, 1916, págs. 93-107. A. Sevilla, *Cancionero popular murciano*, Murcia, 1921. M. F. Fernández Núñez, *Folk-lore leonés*, Madrid, 1931. José M. de Cossío y T. Maza Solano, *Romancero popular de La Montaña: Colección de romances tradicionales*, 2 vols., Santander, 1933-1934. P. Pérez Clotet y G. Álvarez Beigbeder, *Romances de la Sierra de Cádiz*, Larache, 1940. A. Sánchez Fraile, *Nuevo cancionero salmantino: Colección de canciones y temas folklóricos inéditos*, Salamanca, 1943. B. Gil, *Romances populares de Extremadura recogidos de la tradición oral*, Badajoz, 1944. *Romances tradicionales y canciones narrativas existentes en el Folklore español*, Instituto Español de Musicología, Barcelona, 1945. C. Petit Caro, *Quince romances andaluces*, Sevilla, 1946. S. Córdova y Oña, *Cancionero popular de la provincia de Santander*, 4 vols., Santander, 1949-1955. P. Marín, "Contribución al Romancero español (Cinco versiones aragonesas)", en *Archivo de Filología Aragonesa*, Zaragoza, III, 1950, págs. 261-273. Del mismo, "Contribución al Romancero español (dos versiones aragonesas)", en íd., íd., V, 1953, págs. 125-141. P. Echevarría Bravo, *Cancionero musical popular manchego*, Madrid, 1951. L. Hernáez Tobías, "Romancero caballeresco en La

romances corrieron por toda Europa en boca de sus soldados, y es un hecho muy revelador el que sea en Amberes donde se publiquen las primeras colecciones del Romancero.

Cuando los judíos fueron expulsados de España llevaron consigo un amplio caudal de romances que difundieron por todo el norte de África y el Mediterráneo Oriental: Grecia, Turquía e islas del Egeo, países en donde se asentaron. Allí perdura al cabo de los siglos como una tradición viva, y de boca de sus gentes han podido ser recogidas manifestaciones muy numerosas. Es frecuente que estas versiones sefardíes de los romances ofrezcan notables variantes temáticas respecto al caudal peninsular (lógicamente explicables) y un carácter en general más arcaico por haber vivido enquistados en sociedades extrañas y no haber participado de la posterior evolución literaria del género en España. Muchos de estos romances han sido influidos por el ambiente oriental circundante, pero en otros casos, sobre todo en los romances de Marruecos, se han mantenido con tal fidelidad y pureza que han podido servir para completar algunas líneas temáticas parcialmente perdidas en la península. La recolección, estudio y sistematización de todo este tesoro de romances de la

---

Rioja", en *Berceo*, Logroño, VI, 1951, págs. 235-242. A. Puig Campillo, *Cancionero popular de Cartagena*, Cartagena, 1953. B. Gil, *Cancionero popular de Extremadura*, 2 vols., Badajoz, 1961 (2.ª ed. del primer vol.) y 1956. J. M. Feito, "Romances de la tierra somedana", en *Boletín del Instituto de Estudios Asturianos*, Oviedo, XII, 1958, págs. 288-304 y XIII, 1959, págs. 121-132. M. García Matos, M. Schneider, J. Tomás Pares y J. Romeu Figueras, *Cancionero popular de la provincia de Madrid*, 3 vols., Barcelona-Madrid, 1951, 1952 y 1960. H. Kundert, "Romancerillo sanabrés", en *Revista de Dialectología y Tradiciones Populares*, XVIII, 1962, págs. 37-124. B. Gil, *Romances tradicionales de La Rioja*, tirada aparte de *Berceo*, Logroño, 1962. J. Pérez Vidal, "Romancero tradicional canario (Isla de la Palma)", en *Revista de Dialectología y Tradiciones Populares*, V-VII, 1949-1951. M. Morales y M. J. López de Vergara, *Romancerillo canario*, cit. R. Menéndez Pidal, "El romance tradicional en las Islas Canarias", en *Anuario de Estudios Atlánticos*, Madrid-Las Palmas, I, 1955, págs. 3-10.

b) Cataluña, Galicia y Portugal. M. Milá y Fontanals, *Romancerillo catalán: Canciones tradicionales*, 2.ª ed., Barcelona, 1882. M. Aguiló y Fuster, *Romancer popular de la terra catalana: Cançons feudals cavalleresques*, Barcelona, 1893. *Obra del cançoner popular de Catalunya: Materials*, 3 vols., Barcelona, 1926, 1928 y 1929. J. Amades, *Folklore de Catalunya: Cançoner (Cançons - Refrans - Endevinalles)*, Barcelona, 1951. M. Milá y Fontanals, "De la poesía popular gallega", en *Obras Completas*, vol. V, Barcelona, 1893, págs. 363-399. C. Sampedro y Folgar y J. Filgueira Valverde, *Cancionero musical de Galicia*, 2 vols., Madrid, 1942. L. Carré Alvarellos, *Romanceiro popular galego de tradizón oral*, Oporto, 1955. Th. Braga, *Romanceiro geral português*, 2.ª ed., 3 vols., Lisboa, 1906, 1907 y 1909. J. Leite de Vasconcellos, *Romancero português*, 2 vols., Coímbra, 1958-1960. R. Menéndez Pidal, "A propósito del *Romanceiro português* de J. Leite de Vasconcellos", en *Actas do III Colóquio Internacional de Estudos Luso-Brasileiros*, I, Lisboa, 1959, págs. 493-499.

Véase además M. Menéndez y Pelayo, "Apéndices" y "Suplemento" a la *Primavera y Flor de romances*, incluidos en el volumen IX de su *Antología*, cit., en donde recoge numerosos romances de la tradición oral, procedentes de casi todas las regiones de España.

El romancero 435

tradición judeoespañola es inseparable del nombre de don Ramón Menéndez Pidal. Antes de él la tarea había sido comenzada, pero sólo de él arranca el extraordinario avance conseguido durante el último medio siglo. Menéndez Pidal publicó el primer catálogo de romances judeoespañoles en 1906-1907 en *Cultura Española*[57], pero es preferible remitir al lector al libro citado, *Los romances de América y otros estudios*[58] —de muy fácil hallazgo—, donde el dicho catálogo ha sido reproducido en forma ligeramente abreviada. Bajo el estímulo de Menéndez Pidal diversos investigadores han realizado búsquedas de romances y publicado estudios y colecciones. En nuestros días, el romancero judeoespañol representa una de las ramas de más interesante y fecunda actividad[59].

---

[57] I, 1906, págs. 1045-1077; V, 1907, págs. 161-199. También se incluye en *El Romancero: Teorías e investigaciones*, cit., págs. 101-183.

[58] 6.ª ed., Madrid, 1958, págs. 114-179.

[59] Como estudio fundamental, aparte el trabajo mencionado, cfr. el *Romancero Hispánico*, II, cap. XX, págs. 306-365. Lo mismo que en el caso del Romancero en la Península, tan sólo podemos acoger en esta nota un corto número de las innumerables colecciones y estudios publicados; la relación que sigue, da apenas idea de la copiosa bibliografía existente sobre el romancero sefardí. A. Sánchez Moguel, "Un romance español en el dialecto de los judíos de Oriente", en *Boletín de la Real Academia de la Historia*, XVI, 1890, págs. 497-509. A. Danon, "Recueil de romances judéo-espagnoles chantées en Turquie", en *Revue des Études Juives*, París, XXXII, 1896, págs. 102-123 y 263-275; XXXIII, 1896, págs. 122-139 y 255-268. A. Galante, "Quatorze romances judéo-espagnols", en *Revue Hispanique*, X, 1903, págs. 594-606. L. Wiener, "Songs of the Spanish Jews in the Balkan Peninsula", en *Modern Philology*, I, 1903-1904, págs. 205-216 y 259-274. Rodolfo Gil, *Romancero judeo-español*, Madrid, 1911. M. Manrique de Lara, "Romances españoles en los Balkanes", en *Blanco y Negro*, enero 1916, núm. 1285. E. Giménez Caballero, "Monograma sobre la judería de Escopia", en *Revista de Occidente*, VIII, núm. LXXXI, págs. 356-376. Guillermo Díaz-Plaja, "Aportación al cancionero judeo español del Mediterráneo oriental", en *Boletín de la Biblioteca de Menéndez y Pelayo*, XVI, 1934, págs. 44-61. M. L. Ortega, *Los hebreos en Marruecos*, 4.ª ed., Madrid, 1934. A. Hemsi, *Coplas sefardíes (Chansons judéo-espagnoles)*, Alejandría, 1932-1937 (5 fascículos). Ignacio González-Llubera, "Three Jewish Spanish Ballads in MS. British Museum Add. 26967", en *Medium Aevum*, VII, 1938, págs. 15-28. M. Molho, "Cinq élégies en judéo-espagnol", en *Bulletin Hispanique*, XLII, 1940, págs. 231-235. Paul Bénichou, "Romances judeo-españoles de Marruecos", en *Revista de Filología Hispánica*, VI, 1944, págs. 36-76, 105-138, 255-279 y 313-381. P. José Antonio de San Sebastián, *Canciones sefardíes para canto y piano*, Tolosa, 1945. María Rosa Lida de Malkiel, "Una colección de romances judeo-españoles", en *Davar*, Buenos Aires, X, 1947, págs. 5-26. S. G. Morley, "A New Jewish-Spanish *Romancero*", en *Romance Philology*, I, 1947, págs. 1-9. R. R. MacCurdy y D. D. Stanley, "Judaeo-Spanish Ballads from Atlanta, Georgia", en *Southern Folklore Quarterly*, Gainesville, Florida, XV, 1951, páginas 221-238. Arcadio de Larrea Palacín, *Romances de Tetuán*, 2 vols., Madrid, 1952. Del mismo, *Canciones rituales hispano-judías*, Madrid, 1954. Manuel Alvar, "Romances de Lope de Vega vivos en la tradición oral marroquí", en *Romanische Forschungen*, LXIII, 1951, págs. 282-305. Del mismo, "El romance de Gerineldo entre los sefarditas marroquíes", en *Boletín de la Universidad de Granada*, XXIII, 1951, págs. 127-144. Del mismo, "Cinco romances de asunto novelesco recogido en Tetuán", en *Estudis Romà-*

Finalmente América fue la última gran zona de la expansión de los romances, que fueron llevados allí por los conquistadores, según consta en numerosos pasajes de las crónicas del Descubrimiento. De su difusión y vitalidad en el Nuevo Mundo da fácil idea el hecho de su dilatada existencia actual. Como en el caso de los sefardíes, también Menéndez Pidal ha sido el primero en recoger una preciosa colección de estos viejos romances españoles frecuentemente injertados de savia americana, de la sensibilidad y el sabor nacidos de las nuevas condiciones culturales. Siguiendo las huellas del maestro, otros investigadores han reunido en fechas recientes otras interesantes colecciones en las diversas zonas de lo que fue el ámbito de su portentosa difusión. Era común la opinión —apoyada por eminentes historiadores de la literatura hispanoamericana— de que no existían vestigios de los romances españoles entre el pueblo de América; opinión sólo puesta en duda por la genial intuición de Menéndez y Pelayo.

---

nics, Barcelona, III, 1951-1952, págs. 57-87. Del mismo, "Los romances de *La bella en misa* y de *Virgilios* en Marruecos", en *Archivum,* Oviedo, IV, 1954, págs. 264-276. Del mismo, "Amnón y Tamar en el romancero marroquí", en *Vox Romanica,* XV, 1956, págs. 241-258. Del mismo, *Poesía tradicional de los judíos españoles,* México City, 1966. M. Attias, *Romancero sefardí: romanzas y cantes populares en judeo-español,* Jerusalén, 1956; 2.ª ed., 1961. L. Algazi, *Chants séphardis,* Londres, 1958. I. Levy, *Chants judéo-espagnols,* Londres, 1959. M. Molho, *Literatura sefardita de Oriente,* Madrid-Barcelona, 1960. H. Avenary, "Études sur le Cancionero judéo-espagnol (XVIᵉ et XVIIᵉ siècle)", en *Sefarad,* XX, 1960, págs. 377-394. M. Frenk Alatorre, "El antiguo cancionero sefardí", en *Nueva Revista de Filología Hispánica,* XIV, 1960, págs. 312-318. A. Arce, "Cinco nuevos romances del Cid", en *Sefarad,* XXI, 1961, págs. 69-75. J. Martínez Ruiz, "Poesía sefardí de carácter tradicional (Alcazarquivir)", en *Archivum,* Oviedo, XIII, 1963, páginas 79-215. Samuel G. Armistead y Joseph H. Silverman, "Dos romances fronterizos en la tradición sefardí oriental", en *Nueva Revista de Filología Hispánica,* XIII, 1959, págs. 88-98. De los mismos, "Hispanic Balladry among the Sephardic Jews of the West Coast", en *Western Folklore,* Berkeley, XIX, 1960, págs. 229-244. De los mismos, "El romance de *Celinos y la adúltera* entre los sefardíes de Oriente", en *Anuario de Letras,* México City, II, 1962, págs. 5-14. De los mismos, *Diez romances hispánicos en un manuscrito sefardí de la Isla de Rodas* (con un prólogo de R. Menéndez Pidal), Pisa, 1962. De los mismos, "Sobre unos romances del Cid recogidos en Tetuán", en *Sefarad,* XXII, 1962, págs. 385-396. De los mismos, "Judeo-Spanish Ballads in a MS by Salomon Israel Cherezli", en *Studies in Honor of M. J. Benardete,* Nueva York, 1965, págs. 367-387. De los mismos, "Un romancerillo de Yacob Abraham Yoná", en *Homenaje al Profesor Rodríguez-Moñino,* I, Madrid, 1966, págs. 1-8. De los mismos, "Algo más para la bibliografía de Yacob Abraham Yoná", en *Nueva Revista de Filología Hispánica,* XVII, págs. 315-337. De los mismos, "Christian Elements and De-christianization in the Sephardic *Romancero*", en *Collected Studies in honor of Américo Castro's Eightieth Year,* Oxford, 1965, págs. 1-18. De los mismos, "A New Collection of Judeo-Spanish Ballads", en *Journal of the Folklore Institute,* Indiana University, III, 1966, págs. 133-153. I. J. Katz, "A Judeo-Spanish *Romancero*", en *Ethnomusicology,* Wesleyan University Press, Middletown, Connecticut, XII, 1968, págs. 172-185.

Véase además M. Menéndez y Pelayo, "Romances castellanos tradicionales entre los judíos de Levante", sección sexta del "Suplemento" a la *Primavera y Flor,* mencionado en la nota precedente.

Un viaje a Hispano-América efectuado por Menéndez Pidal en 1904 fue el punto de partida de tales investigaciones [60].

[60] Véase el trabajo de Menéndez Pidal que da título a "Los romances de América y otros estudios", y el capítulo del *Romancero Hispánico,* citado en la nota anterior. De otros autores: J. Vicuña Cifuentes, *Romances populares y vulgares recogidos de la tradición oral,* Santiago de Chile, 1912 (Biblioteca de Escritores de Chile, vol. VII). Ciro Bayo, *Romancerillo del Plata. Contribución al estudio del romancero río-platense,* Madrid, 1913. J. M. Chacón y Calvo, *Romances tradicionales en Cuba. Contribución al estudio del folklore cubano,* La Habana, 1914, Del mismo, "Nuevos romances en Cuba. Gerineldo, Conde Olinos", en *Revista Bimestre Cubana,* IX, 1914, páginas 199-210. C. Poncet, "El romance en Cuba", en *Revista de la Facultad de Letras y Ciencias,* La Habana, XVIII, 1914, págs. 180-261 y 278-322. Aurelio M. Espinosa, "Romancero nuevo-mejicano", en *Revue Hispanique,* XXXIII, 1915, págs. 446-560. Del mismo, "Romances de Puerto Rico", en *Revue Hispanique,* XLIII, 1918, págs. 309-364. Del mismo, "Los romances tradicionales en California", en *Homenaje a Menéndez Pidal,* vol. I, Madrid, 1925, págs. 299-313. Del mismo, "Traditional Spanish Ballads in Nuevo México", en *Hispania,* XV, 1932, págs. 89-102. Del mismo, "Romances españoles tradicionales que cantan y recitan los indios de los pueblos de Nuevo Méjico", en *Boletín de la Biblioteca de Menéndez y Pelayo,* XIV, 1932, págs. 97-109. P. Henríquez Ureña, "Romances en América", en *Cuba Contemporánea,* III, 1913, págs. 347-366. Del mismo, *Romances de Santo Domingo,* 1917. P. Henríquez Ureña y B. D. Wolfe, "Romances tradicionales en Méjico", en *Homenaje a Menéndez Pidal,* vol. II, Madrid, 1925, págs. 375-390. C. Poncet, *Romances de Pasión. Contribución al estudio del Romancero,* La Habana, 1930. R. Angarita Arvelo, "Ilustraciones del Romancero castellano. Cancionero y romancero venezolano", en *Cultura Venezolana,* XLIII, 1930, págs. 65-93. V. T. Mendoza, *El romance español y el corrido mexicano. Estudio comparativo,* México, 1939. Del mismo, *Cincuenta romances. Escogidos y armonizados,* México, 1940. I. J. Pardo, "Viejos romances españoles en la tradición popular venezolana", en *Revista Nacional de Cultura,* Caracas, V, 1943, páginas 35-74. E. Garrido, *Versiones dominicanas de romances españoles,* Ciudad Trujillo, 1946. E. Mejía Sánchez, *Romances y corridos nicaragüenses,* México, 1946. Arthur L. Campa, *Spanish Folk-Poetry in New Mexico,* Albuquerque, 1946. S. Toscano, "Los romances viejos en México en el siglo XVI y un romance anónimo a Cortés", en *Filosofía y Letras,* XIV, México, 1947, págs. 127-132. E. Romero, *El romance tradicional en el Perú,* México City, 1952. S. Romero, *Cantos populares do Brasil,* 2 vols., Río de Janeiro, 1954. G. M. Bertini, *Romanze novellesche spagnole in America,* Turín, 1957. G. Santos Neves, "Presença do Romanceiro peninsular na tradição oral do Brasil", en *Revista Brasileira de Folclore,* Río de Janeiro, I, 1961, págs. 44-62. M. E. Simmons, *A Bibliography of the 'Romance' and Related Forms in Spanish America,* Bloomington, 1963.

CAPÍTULO X

LA DIDÁCTICA, LA NOVELA Y LA HISTORIA

RASGOS GENERALES

Del mismo modo que la poesía, también la prosa del siglo xv ofrece notables diferencias en relación con la del siglo precedente. Si la prosa hasta entonces se había inspirado con preferencia en modelos orientales o latino-eclesiásticos, al llegar el siglo xv se lanza a la imitación de los autores latinos de la antigüedad clásica. La sobriedad de estilo, que hemos estimado como las notas características de Don Juan Manuel y del Canciller Ayala, cede el paso a una prosa cuajada de latinismos en su vocabulario y su sintaxis, de hipérbaton, de rebuscadas adjetivaciones, de largos y complicados períodos que le dan un tono de pedante afectación. La artificiosidad y cultismo de esta prosa se deleita en la acumulación de términos sinónimos, en el empleo de similicadencias, antítesis o cláusulas simétricas, de paralelismos y frases rimadas que la aproximan al lenguaje poético. Tan sólo la Historia conserva un estilo de más sobria elegancia, sin estar tampoco exenta por completo de los caracteres que señalamos.

Frente a esta afectación y rebuscamiento predominantes, es de notar también la aparición de una corriente opuesta: la valoración literaria del lenguaje popular, con sus refranes y sentencias, que por primera vez tiene entrada en la prosa escrita. El Arcipreste de Talavera con su *Corbacho* será el principal representante de esta tendencia. Hacia finales de siglo la pedante indigestión del estilo culto es vencida por una equilibrada mesura en la asimilación de los modelos clásicos, y lo culto y lo popular se dan la mano en síntesis feliz. *La Celestina*, obra capital de la prosa del siglo xv, hace triunfar en nuestras letras esta armonización.

LA DIDÁCTICA DURANTE EL REINADO DE JUAN II

Don Enrique de Villena. Más que a sus obras, don Enrique de Villena, nacido en 1384, debe la fama de que ya gozó entre sus contemporáneos a la leyenda que rodea a su persona. Descendiente de la Casa Real de Aragón por su padre don Pedro, y de la de Castilla por su madre doña Juana, hija bastarda de Enrique II, no fue marqués, como a veces se le llama, sino Maestre de Calatrava. Desde su juventud sintió gran afición por las letras. Al morir en Aljubarrota su padre, fue llevado a Aragón donde residía su abuelo don Alfonso, primer marqués de Villena, que no se sentía muy dispuesto en favor de las precoces aficiones literarias de su nieto. "Naturalmente fue inclinado a las ciencias e artes más que a la cavallería e aun a los negocios ceviles nin curiales —escribe Fernán Pérez de Guzmán en su semblanza sobre don Enrique—, ca non aviendo maestro para ello nin alguno lo constriñiendo a aprender, antes defendiéndogelo el marqués su avuelo, que lo quisiera para cavallero, él en su niñez, cuando los niños suelen por fuerza ser llevados a las escuelas, él, contra voluntad de todos, se dispuso a aprender. Tan sotil e alto engenio avía, que ligeramente aprendía cualquier ciencia e arte a que se dava, ansí que bien parecía que lo avía a natura" [1].

Su general curiosidad, quizá su vanidad, como asegura Menéndez y Pelayo, y su avidez por todo lo extraordinario y sobrenatural, le llevó al cultivo de la magia; tenía fama de brujo y decían las gentes que había hecho pacto con el diablo. Pérez de Guzmán añade que "porque entre las otras ciencias e artes se dio mucho a la estrología, algunos, burlando, dizían dél que sabía mucho en el cielo e poco en la tierra. E ansí este amor de las escrituras non se deteniendo en las ciencias notables e católicas, dexóse correr a algunas viles e rehezes artes de adevinar e interpretar sueños e estornudos e señales e otras cosas tales que nin a príncipe real e menos a católico christiano convenían" [2].

La leyenda de su fantástica personalidad pasó a la literatura e inspiró a no pocos autores: Ruiz de Alarcón (*La cueva de Salamanca*), Rojas Zorrilla (*Lo que quería ver el marqués de Villena*), Quevedo (lo cita en *El mundo por de dentro*); y todavía durante el Romanticismo lo convirtió Hartzenbusch en protagonista de su *Redoma encantada*. Juan II ordenó a su confesor fray Lope de Barrientos que quemara los libros de Villena después de la muerte de éste. Barrientos, que no era ajeno a las aficiones de don Enrique, no los quemó todos, y aún aprovechó algunos de sus escritos para su propio *Tractado de las especies de adivinanzas*. Juan de Mena se lamenta en su *Laberinto* de esta destrucción cuya importancia se ha exagerado, sin embargo. Era Villena hombre muy de su tiempo por sus aficiones y su curiosidad, por su epicúreo humanismo que le hacía gran gozador de la mesa y de las mujeres; pero estaba falto de la necesaria gravedad y parece que muchos de sus contemporáneos le estimaron en poco. Pérez de Guzmán asegura que "fue avido en pequeña reputación de los reyes de su tiempo y en poca reverencia de los cavalleros" [3]. De

---
[1] Fernán Pérez de Guzmán, *Generaciones y Semblanzas*, ed. J. Domínguez Bordona, Madrid, 1924, págs. 101-102.
[2] Ídem, íd., pág. 102.
[3] Ídem, íd., pág. 103.

hecho, las bajezas que realizó para alcanzar, sin conseguirlo, el título de Marqués, accediendo incluso al divorcio para que su mujer, doña María de Castilla, se convirtiera en manceba de Enrique III, son demasiado significativas. Sin embargo, Juan de Mena y el Marqués de Santillana le dedicaron entusiastas elogios y se honraron con su amistad. Pérez de Guzmán que, como hemos visto, le juzga severamente, admite, con todo, que "fue muy sotil en la poesía e grant estoriador e muy copioso e mezclado en diversas ciencias. Sabía fablar muchas lenguas"[4].

A la muerte del rey de Aragón, Fernando de Antequera, que le había protegido, se retiró Villena a su señorío de Iniesta, donde pasó sus últimos años entregado a la lectura y a las ciencias y a la redacción de sus libros. Murió en Madrid en 1434 durante un viaje ocasional.

Entre las obras de Villena ofrece interés el *Tractado del arte del cortar del cuchillo* o *Arte cisoria,* manual de etiqueta cortesana que es a la vez un libro de cocina y una enumeración de manjares y de recetas culinarias: primera obra de su especie escrita en una lengua vulgar. Libro pintoresco, tiene más importancia para el conocimiento de las costumbres de su tiempo y de las comidas y bebidas que méritos literarios. Influyó en obras posteriores sobre el tema hasta finales del siglo XVI [5].

Sus *Doce trabajos de Hércules,* escritos primero en catalán y traducidos después por el propio autor al castellano, son una mezcla de mitología y de ética medieval [6], o, por mejor decir, de mitología pagana vista con ojos de Edad Media. En forma alegórica, que revela influencia de Dante y de Petrarca, simboliza en los trabajos de Hércules, propuestos por el autor como un "espejo actual a los gloriosos cavalleros", la victoria de las virtudes sobre los vicios. Después de describir cada "trabajo", explica su sentido alegórico y la enseñanza que se desprende, aplicando cada uno de aquéllos a distinta clase social. En algunos aspectos la obra de Villena recuerda el *Libro de los Estados* y el del *Caballero y el Escudero,* de don Juan Manuel. Es importante advertir la posición de Villena frente a los temas mitológicos, que son la base de su libro, para estimar el proceso que en esta etapa prerrenacentista experimenta la valoración del mundo clásico. Villena capta de los antiguos un caudal léxico y sintáctico que, aunque muy imperfectamente digerido, incorpora a su lenguaje; pero todavía está ciego para percibir la pura belleza poética de los mitos, de los que él se sirve únicamente para sus fines de moralista. Su humanismo está, pues, clavado todavía en la Edad Media; de aquí el parentesco que acabamos de atribuirle con don Juan Manuel. Mucho más avanzado que él en el camino

---

[4] Idem, íd., pág. 103.

[5] Ed. de Felipe Benicio Navarro, Madrid-Barcelona, 1879.

[6] Ed. de Margherita Morreale, Madrid, 1958. Cfr.: Margherita Morreale, " 'Los doce trabajos de Hércules' de Enrique de Villena. Un ensayo medieval de exégesis mitológica", en *Revista de Literatura,* V, 1954, págs. 21-34.

del Renacimiento, como que representa la madurez de este período, su contemporáneo Mena, aunque cita todavía a sus admirados Virgilio y Ovidio como "filósofos y cientes", es ya capaz de valorar a la perfección sus condiciones estrictamente literarias, que no podían percibirse en la versión en lengua vulgar, como poéticas que eran y no de mero contenido.

El *Libro de aojamiento o fascinología*, el único de los escritos astrológicos de Villena que escapó de la destrucción del obispo Barrientos, y el que más ha contribuido a sostener su fama de nigromante, es obra muy característica de su personalidad; estudia el mal de ojo, en el que creía, y los diversos procedimientos para remediarlo. Es un curioso revoltijo de medicina y superstición, de noticias curiosas y de prácticas pintorescas [7].

Villena fue también poeta, pero sus versos se han perdido. Sin embargo, se conserva, aunque sólo fragmentariamente, su *Arte de trovar*, dedicado al Marqués de Santillana, especie de preceptiva poética al modo provenzal, que da importantes noticias sobre la organización y desarrollo de los Juegos Florales. Villena había presidido los que se celebraron en Zaragoza cuando fue elegido rey de Aragón Fernando de Antequera, su protector, a quien acompañó durante casi todo su reinado. El *Arte de trovar* interesa además porque informa acerca del influjo de la poesía provenzal y catalana sobre la lírica de Castilla y da las primeras nociones sobre fonética castellana [8]. En este campo de la poesía su influjo fue, sin duda, superior a sus méritos personales y a la importancia de su obra. Recuérdese lo que dijimos respecto al estímulo que ejerció Villena sobre la curiosidad del Marqués de Santillana, a quien puso en el camino de los viejos clásicos y de los grandes poetas italianos. En los períodos de fervorosa exaltación, y lo era aquel primer fermentar de una sensibilidad nueva, vale tanto el prestigio personal, aun el logrado por caprichosos azares, como la realidad de la obra creada. Hoy es difícil comprender la importancia de Villena, pero Santillana pudo saludarlo como a su maestro.

A Villena se le deben precisamente, y he aquí una breve razón de lo que acabamos de decir, las primeras versiones al castellano de la *Eneida* y de la *Divina Comedia*, que, aun a pesar de sus imperfecciones, señalan una fecha importante para la historia del humanismo en nuestra patria. La *Eneida* la tradujo estimulado por Juan II de Aragón que deseaba conocer la obra (no existía hasta entonces, sino un resumen en catalán y otro en italiano) [9], y

---

[7] Edición en *Revista Contemporánea*, IV, 1876, págs. 140-154.

[8] Ediciones: Menéndez y Pelayo, en *Antología de poetas líricos castellanos*, vol. IV, edición nacional, Santander, 1944, pág. 7-19. Conde de la Viñaza, en *Biblioteca Histórica de la Filología Castellana*, Madrid, 1893. F. J. Sánchez Cantón, en *Revista de Filología Española*, V, 1919, págs. 158-180; nueva edición en *Biblioteca Española de Divulgación Científica*, Madrid, II, 1923.

[9] Cfr: D. Méndez Rayón, "La 'Eneida' de Virgilio traducida por don Enrique de Villena", en *Revista Ibérica*, I, págs. 443 y ss. P. U. González de la Calle, "Contribución al estudio de la primera versión castellana de la Eneida", en *Anales de la Universidad de Madrid*, II-III, 1933-1934.

adolece de la hinchazón y ampulosidad propias del autor, aparte de muchas deficiencias interpretativas. La versión de la *Divina Comedia* fue estimulada por el Marqués de Santillana [10]. Es un trabajo apresurado y deficiente, pero que, lo mismo que el anterior, abrió el camino para más importantes interpretaciones de los futuros humanistas [11].

El Arcipreste de Talavera. Poco se sabe de la vida de este importante autor, llamado Alfonso Martínez de Toledo, y mucho más conocido por el nombre de Arcipreste de Talavera. Nació probablemente en 1398, en Toledo según parece, donde desempeñó temporalmente un beneficio en la Capilla de los Reyes Viejos; vivió algún tiempo en tierras de la Corona de Aragón (Valencia, Barcelona y Tortosa), fue racionero de la Catedral de Toledo, Arcipreste de Talavera y capellán de Juan II. Debió de morir hacia 1470.

El Arcipreste, hombre con aficiones de bibliófilo y lector infatigable, escribió la *Vida de San Ildefonso* y la de *San Isidoro* [12], y una obra de historia titulada *Atalaya de las crónicas*. Abarca esta historia desde Walia hasta Juan I de Castilla, pero el manuscrito conservado en el British Museum se extiende además hasta el comienzo del reinado de Enrique IV. Esta diferencia de contenido y la duda de si fue o no el propio Arcipreste autor de la continuación han preocupado a los historiógrafos. Bajo el punto de vista literario el problema más interesante se plantea en torno a la posible dependencia de la *Atalaya* respecto a las *Generaciones y semblanzas* de Fernán Pérez de Guzmán y también respecto a otras dos crónicas: la *Refundición* y la *Abreviación del Halconero* [13]. Cirot supuso que Pérez de Guzmán se había servido de la obra

---

[10] Cfr.: M. Schiff, "La première traduction espagnole de la Divine Comédie", en *Homenaje a Menéndez y Pelayo*, I, Madrid, 1899, págs. 269-307.

[11] Otras ediciones de don Enrique de Villena: *Libro de la guerra*, ed. Lucas de Torre, en *Revue Hispanique*, XXXVIII, 1916, págs. 497-531. *Tres tratados* (I: De la consolación; II: Del aojamiento; III: De lepra), ed. paleográfica, sin notas ni estudio, por J. Soler (seudónimo de Foulché-Delbosc), en *Revue Hispanique*, XLI, 1917, págs. 110-214. *Tratado de astrología*, ed. Francisco Vera, en *Erudición Ibero Ultramarina*, I, Madrid, 1930, págs. 18-67. *El 'Libro de Astrología' de don Enrique de Villena*, edición de J. M. Millás Vallicrosa, en *Revista de Filología Española*, XXVII, 1943, págs. 1-29. Otros estudios sobre diversos aspectos de la personalidad y obra de Villena: E. Cotarelo y Mori, *Don Enrique de Villena. Su vida y sus obras*, Madrid, 1896. M. Serrano y Sanz, "El mágico Villena", en *Revista de España*, CXLII, 1892, págs. 303-311. Conde de Puymaigre, "Don Enrique de Villena et sa bibliothèque", en *Revue des Questions Historiques*, París, XI, 1872. L. G. A. Getino, *Vida y obras de Fray Lope Barrientos*, Salamanca, 1927. Tomás Crame, *Don Enrique de Villena*, Madrid, 1944. Martín de Riquer, "Don Enrique de Villena en la corte de Martín I", en *Miscelánea en homenaje a Mons. Higinio Anglés*, II, Barcelona, 1958-59, págs. 717-721.

[12] Edición José Madoz y Moleres, S. J., "Clásicos Castellanos", Madrid, 1952. Cfr.: José Madoz, S. J., *San Ildefonso de Toledo a través de la pluma del Arcipreste de Talavera*, Madrid, 1943 (Biblioteca de Antiguos Escritores Cristianos Españoles, vol. II).

[13] Cfr. G. Cirot, "Notes sur l'Atalaya de l'Archiprêtre de Talavera", en *Homenaje a Menéndez Pidal*, I, Madrid, 1925, págs. 355-369. Del mismo, "Notes complémentaires

del Arcipreste; pero Madeleine Pardo, después de admitir que existen razones igualmente importantes para defender una y otra dependencia, se inclina por tener al Arcipreste como acreedor.

Su obra capital, por la que tiene un puesto de primer orden en la historia de nuestras letras, es el *Corbacho* o *Reprobación del amor mundano,* título que no le dio su autor [14], pero que ha prevalecido por las concomitancias que se le atribuyeron a la obra del Arcipreste con la famosa sátira de Boccaccio contra las mujeres. Consta la obra de cuatro partes: la primera es un tratado moral contra la lujuria; la segunda, la más importante de todas, consiste en una sátira contra "los vicios, tachas e malas condiciones de las perversas mujeres" y contra sus tretas y sus artes de seducción; la tercera trata sobre las "complisiones de los hombres" (sus temperamentos) y su disposición para el amor; la cuarta se ocupa de las supersticiones sobre "fados, fortunas, signos y planetas", aparte de otras disquisiciones teóricas de orden moral [15].

De todas estas partes es la segunda la verdaderamente original, la que concede al libro del Arcipreste toda su importancia. El moralista genérico y teorizador abandona sus prédicas abstractas y se convierte en un satírico concreto y realista, lleno de regocijo y desenfado. Nada menos alegórico y abstracta-

---

sur l'Atalaye de l'Archiprêtre de Talavera", en *Bulletin Hispanique,* XXVIII, 1926, páginas 140-154. Benito Sánchez Alonso, *Historia de la Historiografía Española,* vol. I, Madrid, 1947, pág. 316. R. A. del Piero, "La Crónica de Mahomad del Arcipreste de Talavera", en *Nueva Revista de Filología Hispánica,* XIV, 1960, págs. 21-29. Madeleine Pardo, "Remarques sur l'*Atalaya* de l'Archiprêtre de Talavera", en *Romania,* LXXXVIII, 1967, págs. 350-398. Véase la descripción de los manuscritos en R. Menéndez Pidal, *Crónicas Generales de España,* Madrid, 1918, págs. 167-169.

[14] El libro, que fue impreso por vez primera en 1498, apareció sin título por voluntad expresa del autor: "Sin bautismo sea por nombre llamado Arcipreste de Talavera donde quier que fuere levado". Como encabezamiento llevaba estas palabras: "El Arcipreste de Talavera que fabla de los vicios de las malas mujeres et complexiones de los hombres". Pero en el colofón se hacía constar que ya entonces era conocida la obra con los nombres de *Corbacho* y *Reprobación del amor mundano.*

[15] Ediciones: Cristóbal Pérez Pastor, Madrid, 1901 (Sociedad de Bibliófilos Españoles). José Rogerio Sánchez, Madrid, 1930 (Biblioteca Clásica). Lesley Byrd Simpson, Berkeley, 1939. Martín de Riquer, Barcelona, 1949 (Selecciones Bibliófilas, V). Mario Penna, Turín, 1955. Cfr.: Menéndez y Pelayo, *Orígenes de la novela,* edición nacional, vol. I, 2.ª ed., Madrid, 1962, cap. III. Verardo García Rey, "El Arcipreste de Talavera, Alonso Martínez de Toledo", en *Revista de la Biblioteca, Archivo y Museo del Ayuntamiento de Madrid,* V, 1928, págs. 298-306. Aubrey F. G. Bell, "The Archpriest of Talavera", en *Bulletin of Spanish Studies,* V, 1928, págs. 60-67. A. Krause, "Further remarks on the 'Archpriest of Talavera'", en *Bulletin of Spanish Studies,* VI, 1929, págs. 57-60. E. von Richthofen, "Alfonso Martínez de Toledo und sein 'Arcipreste de Talavera'. Ein kastilisches Prosawerk des 15 Jahrhunderts", en *Zeitschrift für romanische Philologie,* LXI, 1941, págs. 417-537. A. Baradat, "Qui a inspiré son livre à l'Archiprêtre de Talavera?", en *Mélanges offerts à M. le prof. Henri Gavel,* Toulouse, 1948, págs. 3-12. R. A. del Piero, "El Arcipreste de Talavera y Juan de Ausim", en *Bulletin Hispanique,* LXII, 1960, págs. 125-135.

mente doctrinal que toda esta parte tejida de innumerables observaciones personales, descripciones directamente tomadas del cotidiano vivir, comentarios, refranes, anécdotas, picarescos retratos de hombres y mujeres con que ejemplariza y concreta lo general, relatos llenos de fresca gracia y de intencionada malicia, encaminados sobre todo a describir las vanidades, las modas, las costumbres íntimas, los recursos, los amaños y las codicias femeninas. A pesar de su condición eclesiástica se muestra el autor conocedor muy minucioso de las prácticas mundanas de su tiempo, de los trajes, composturas y afeites de las mujeres. Posiblemente todos estos conocimientos y el tono antifeminista de muchos fragmentos no son ajenos a su propia experiencia de amador frustrado o arrepentido [16]. A semejanza del de Hita, el Arcipreste de Talavera escribe su sátira sobre el mundano amor recreándose en la pintura de los mismos defectos que teóricamente trata de denostar y extrayendo de ellos sus más divertidos y animados cuadros.

El paralelo entre ambos Arciprestes, a que acabamos de aludir, es casi inevitable. Parece evidente que el de Talavera conocía a fondo al primero, al que cita en varias ocasiones y del que toma, por ejemplo, nombres tan evocadores como el de Trotaconventos. Ambos tienen en común la opulencia y despilfarro de su vocabulario, la profusión de adagios y proverbios, la capacidad de apresar en su fresca realidad el mundo que les entra por los ojos y la potencia gráfica para expresarlo con el mayor desenfado. Por todo ello se tiende también a suponerle al de Talavera el mismo carácter golosamente sensual que le rebosa a Juan Ruiz; pero creemos que en esto yerra el paralelo. Porque detrás de la exuberancia de su prosa y su pintoresquismo descriptivo parece alentar en el segundo Arcipreste una rigidez de moralista, poco propicia a condescender con las flaquezas humanas, y una aridez de espíritu que nada tienen en común con la generosa tolerancia del de Hita, cuya traviesa ironía perdona en la misma medida que comprende. En el de Talavera se agazapa un clérigo sermoneador, que imparte lecciones desde la altura de su eminencia moral; lo que sucede es que su lenguaje, rebosante de travesuras, y su

---

[16] ¿Por qué no pensar también en la frustración del célibe, nostálgico de la compañía femenina, no gustada? Es particularmente significativo que en el epílogo del libro —que no figura, por cierto, en el códice del Escorial— refiera el Arcipreste un sueño, en el cual se le aparecen las mujeres para vengarse de él, tirándole golpes "de ruecas y chapines, puñadas e remesones", al tiempo que le dicen: "Loco atrevido, ¿dó te vino osar escribir ni hablar de aquéllas que merecen del mundo la victoria? Ten, ten memoria de cuando en algún tiempo pasado fuiste de nos agasajado. Pues no digas aún de este agua no beberé, que a la vejez acostumbra a entrar el diablo artero en la cabeza vieja del torpe vil asno". Y al despertar, espantado, comenta: "Dios lo sabe, que quisiera tener cabe mí compañía para me consolar. ¡Ay del que duerme solo!...". E insiste todavía al final: "¡Ay del cuitado que siempre solo duerme con dolor de axaqueca, e en su casa rueca nunca entra en todo el año: este es el peor daño!". Al lector quizá le sea lícito sospechar que la larga diatriba contra las mujeres no fuera sino pretexto para ocuparse de ellas.

radical inclinación hacia el popularismo, esconden con frecuencia una actitud intransigentemente adusta. La obra es superior al hombre esta vez. Está, por ejemplo, tratando de las cuatro maneras de casamientos: "las tres son rreprobadas e la una de loar". La primera entre las reprobables es cuando "el moço casa con la vieja"; el Arcipreste subraya el riesgo de que el joven esposo gaste el dinero de la vieja en mantener amantes jóvenes. Y a continuación dispara a la infeliz consorte esta andanada sin piedad: "Esto demanda e busca la buena madre señora en sus postrimeros días por tomar marido o amigo moço, que se pensava de nescia quel moço avía de ser contento de su cuero rrugado, o esperava aver fijos dél en su loca vejedad la Marta piadosa, huesos de luxuria. Pues, téngase lo que le viniere la vieja desmolada, canas de ynfierrno; muera e rrebyente la vieja grifa maldita que buscó rrefresco en la última hedad. Aconórtese con la mala vejedad, con su cuero curtido, su vientre rrugado, su boca fedionda e dientes podridos; que para moço moça fermosa, e que la quemen a la vieja rranciosa; y para moça moço gracioso e que rrebyente el viejo enojoso"[17]. Para el matrimonio entre viejos, que pudieran buscar lícito alivio a su soledad común, no tiene el Arcipreste más generosa comprensión. Después de doce líneas de interjecciones, que pone en boca de los viejos, comenta el moralista por su cuenta: "Todo el día e toda la noche están rregañando, dando maldiciones a quien los syrve; de sy mesmos non se contentan; non les paresce cosa byen; las cejas todavía lançadas, la color abuhada, tristes, pensativos; guasajados aborrescen; plazeres los tormentan; podridos en la carne, carrnosos en los huesos, suzios y gargajosos. Non les vale rriqueza nin dinero, nin les ayuda cosa desta vida a su vejés, nin dolor, penar, morir, estar quedos. ¡Verés qué negro casamiento y qué solaz, qué amores y qué duelo, qué gala y qué dicha buena! ¡Y buena pro vos faga el casamiento, don viejo, pues, pues sóes contento, y a vos, madre bendita! ¡Bevid con tal pepita!"[18]. Es imposible imaginar siquiera en Juan Ruiz semejante adustez, tal ausencia de tolerancia y de humor ni ante la cómica situación del primer matrimonio ni mucho menos ante la humana, quizá doliente, del segundo. El valor del *Corbacho*, repetimos, reside fundamentalmente en el estilo; mucho más en el cómo que en el qué.

Este estilo del Arcipreste acusa en buena parte de su libro los caracteres que hemos recordado como habituales en la prosa del siglo XV: hipérbaton latino, empleo de neologismos, hinchazón retórica, acumulación de sinónimos, etc. Pero en medio de esta abundancia recargada y culta hace su aparición brillantemente en nuestra prosa escrita, y dentro, sobre todo, de la parte de su obra que hemos comentado, el lenguaje popular, rápido y descriptivo, lleno de giros y de vocablos familiares, directamente tomado de boca de las gentes, rebosante de lozanía y espontaneidad, tallado en breves y animadas frases. "La len-

---

[17] Ed. Simpson, cit., págs. 233-234.
[18] Ídem, íd., pág. 238.

gua desarticulada y familiar —escribe Menéndez y Pelayo—, la lengua elíptica, expresiva y donairosa, la lengua de la conversación, de la plaza y del mercado, entró por primera vez en el arte con una bizarría, con un desgarro, con una libertad de giros y movimientos que anuncian la proximidad del gran arte realista español". "Si de algo peca el estilo del Arcipreste de Talavera —añade luego— es de falta de parsimonia, de exceso de abundancia y lozanía. Su vena es irrestañable, su imaginación ardiente y multicolor apura todos los tonos y matices, pero tanta acumulación de modos de decir, por chistosos y peregrinos que sean, tantas repeticiones de una misma idea, tantos refranes y palabras rimadas, pueden fatigar en una lectura seguida. Así y todo, ¿quién no le perdona de buen grado sus interminables enumeraciones, sus diálogos y monólogos sin término? ¿Quién no se deja arrastrar por aquel raudal de palabras vivas, que no son artificial trasunto de la realidad, sino la realidad misma trasladada sin expurgo ni selección a las hojas de su libro?" Y más abajo: "Salvo algunos textos históricos, cuya excelencia es de otra índole, no hay prosa del siglo XV que ni remotamente pueda compararse con la sabrosa y castiza prosa del *Corbacho*. Castiza he dicho con toda intención, porque en sus buenos trozos no hay vestigio alguno de imitación literaria, sino impresión directa de la realidad castellana. Es el primer libro español en prosa picaresca; *La Celestina* y *El Lazarillo de Tormes* están en germen en él" [19]. En este estilo y en el caudal de observaciones personales reside toda la importancia de la obra del Arcipreste. Y si por su lenguaje es el *Corbacho* nuestro primer gran intento de conceder categoría artística al habla popular, por la lozanía y frescura del mundo que describe es un documento insustituible de las costumbres de su tiempo.

Afirma Menéndez y Pelayo que el libro del Arcipreste influyó como pocos en el desarrollo de la literatura novelesca, sacando a la prosa de la abstracción y aridez didáctica de que sólo don Juan Manuel había acertado a librarse, y vigorizando los lugares comunes de la moral con la directa observación de las costumbres y la caudalosa incorporación del habla del pueblo. El Arcipreste tuvo evidente instinto dramático y adivinó el arte del diálogo; en muchos aspectos el autor de la *Celestina* tenía que aprender no poco de él. Pero su lección para el futuro arte de novelar está mucho más en el boceto costumbrista, en el que nadie, sin duda, le aventaja antes de la época clásica, en los monólogos enmarañados y pintorescos de las mujeres, por ejemplo, que en su capacidad como narrador. El propio Menéndez y Pelayo, que se entusiasma ante las excelencias dichas, ha de reconocer que los numerosos cuentos con que sazona el libro —tomados de las más conocidas colecciones medievales— son

---

[19] *Orígenes de la novela*, ed. citada, vol. I, págs. 175, 177 y 181. Sobre la lengua del Arcipreste cfr.: Arnald Steiger, "Contribución al Estudio del Vocabulario del Corbacho", en *Boletín de la Real Academia Española*, IX, 1922, págs. 503-525; X, 1923, págs. 158-288. También, Joaquín González Muela, *El infinitivo en el "Corbacho" del Arcipreste de Talavera*, Colección Filológica de la Universidad de Granada, núm. 8, 1954.

vulgarísimos casi todos; y no son vulgares, pensamos, en razón de su contenido, sino porque el Arcipreste los cuenta sin gracia ni habilidad, apresuradamente y como en esquema, enhebrándolos monótonamente unos tras otros con el solo propósito de extraer su moraleja antifeminista, al modo de ejemplos aducidos por un predicador. Dámaso Alonso, en unas sagaces notas sobre el Arcipreste [20], señala que el autor es un moralista que ejerce su ministerio por medio de la sátira y que está andando *sin querer* los caminos que harían posible llegar a la novela moderna. En las famosas lamentaciones de la mujer que perdió el huevo y de la que perdió la gallina, el Arcipreste no nos presenta estampas de un suceso único, sino un muestrario de variadas posibilidades (de hecho está refiriendo lo que podrían decir diversas mujeres; esto o lo otro: no hace para el caso, pues lo que importa es que charlan sin parar); es decir, no se centra en el hecho individual, que sería lo novelesco, sino en un abanico de alternativas para que su intención moralizadora alcance la mayor generalidad posible. Su poderosa retina, como de pintor, le permite apresar entonces el lenguaje directo de la mujer múltiple, con toda la movilidad afectiva de su habla, disparada como en borbotón, sin enlaces explicativos, en un puro fluir dramático. Pero el escritor, moralista, no se propone hacer novela ni teatro; de aquí la exactitud de ese *sin querer* que le permite acertar de lleno en la descripción, en el monólogo y el diálogo, "sin finalidad novelesca alguna", pero que fracasa en el momento de la narración.

Y, sin embargo, debe afirmarse con Menéndez y Pelayo, que el Arcipreste, el único prosista popular, el único pintor de costumbres domésticas en tiempo de Juan II, enterró el antiguo género didáctico-simbólico y abrió las puertas de un arte nuevo.

Se suelen hacer notar las influencias recibidas por el Arcipreste de Talavera de Boccaccio, de dos famosos antifeministas de su época: el catalán Francisco Eximenis y el valenciano Jaume Roig, y del Arcipreste de Hita, aparte las inevitables de procedencia clásica. El influjo de este último es el más notable, como ya quedó sugerido arriba; aunque no por los temas ni en detalles concretos, sino por la raíz más honda de su arte, torrencial y desordenando pero vigorosamente expresivo y hondamente popular. De los otros dos autores, el catalán y el valenciano [21], dista el Arcipreste casi tanto como de todos los otros libros compuestos durante el siglo XV en alabanza o vituperio de las mujeres, que se nutren, en general, de ejemplos históricos, heroínas bíblicas y

---

[20] "El Arcipreste de Talavera a medio camino entre moralista y novelista", en *De los siglos oscuros al de Oro*, 2.ª ed., Madrid, 1964, págs. 125-136.

[21] Respecto de la deuda con el *Llibre de les dones o Espill*, de Jaume Roig, a la que suelen referirse muchos comentaristas, debe rechazarse, porque si bien la primera edición del libro del Arcipreste data de 1498, la obra fue concluida en 1438, mientras que el libro de Roig no vio la luz hasta 1460. Cfr. R. Miquel y Planas, *Jaime Roig*, "*El Espejo o libro de los Consejos*", Barcelona, 1942 (contiene una introducción al libro del Arcipreste y un estudio comparativo de ambos autores).

clásicas, y se adornan con todo género de autoridades, ensartándolas en razonamientos escolásticos. El arte directo y vivo del Arcipreste de Talavera, que ya ha quedado descrito, pertenece a otro mundo literario.

Mayores puntos de contacto pueden señalarse entre la obra del Arcipreste y el *Corbaccio* de Boccaccio. El de Talavera conocía bien al italiano, a quien cita varias veces y del que toma incluso algunos pasajes de sus obras latinas. Pero las diferencias entre ambos libros son profundísimas y sólo les une un cierto aire de familia, procedente sobre todo de la común intención antifeminista. Comentando la posible deuda del Arcipreste para con aquél, afirma Dámaso Alonso rotundamente que "le viene poquísimo". Y amplía luego: "La distancia entre el *Corbaccio* y el libro español es muy grande: del lado del plan y de la precisión intelectual, todo es ventaja para el libro italiano; pero por lo que toca al más intuitivo desentrañar del alma humana por medio del lenguaje directo, el libro del Arcipreste es un enorme avance. Un enorme avance en dirección hacia los métodos y posibilidades expresivas de la novela moderna"[22]. Después de reproducir la escena de la mujer que, fingiéndose insultada, enzarza al marido en una pelea con los vecinos, escribe Dámaso Alonso: "¿Qué es esto? Sencillamente el diálogo y el monólogo realista. No se busque nada igual en el *Decamerón,* porque allí, en las *novelle* hieráticas y trágicas, los personajes hablan numerosa y ponderosamente: belleza y filosofía... Es un acercamiento a la realidad por medios intelectuales: en el mismo lenguaje directo que emplea, predominan los engarces explicativos sobre los puramente intuitivos y casi de puro reflejo, que son los preferidos de nuestros dos Arciprestes. En el arte del de Talavera no había ningún caso extraordinario, ninguna historia especialmente interesante que narrar; lo que él quería era mostrar la realidad desnuda de las almas. Por eso en todo el arte magnífico del *Decamerone* no se encontrará ninguna escena de tan continua movilidad afectiva como la que hemos transcrito, ninguna en la que el alma de los personajes, sin intervención del mecanismo intelectual del razonamiento, esté así, a cada segundo, de un modo tan directo, casi brutal"[23]. Refiriéndose al título del libro, que ha contribuido a mantener la opinión de su semejanza con el de Boccaccio, escribe: "No hay ni que decir que el título de *Corbacho* con que se ha conocido mucho tiempo el libro del Arcipreste de Talavera es una perfecta estupidez mantenida por la rutina. La obra española no tiene que ver con la italiana. El mismo Farinelli... tuvo que confesar, después de minucioso cotejo con el *Corbaccio* boccacciano, la originalidad del Arcipreste de Talavera"[24].

---

[22] "El Arcipreste de Talavera...", cit., pág. 126.
[23] Ídem, íd., págs. 132-133.
[24] Ídem, íd., pág. 126, nota 3. Cfr. Arturo Farinelli, "Note sulla fortuna del *Corbaccio* nella Spagna medievale", en *Homenaje a Adolfo Mussafia,* Halle, 1905, págs. 400-460.

LA NOVELA SENTIMENTAL

La narración novelesca se nos muestra en el siglo XV con caracteres muy diferentes a los que tuvo en las dos anteriores centurias. Hasta este momento había predominado la influencia oriental manifestada bajo la forma tan común de la fábula y el cuento. Pero a mediados del siglo XV comienza a desarrollarse en España una nueva corriente novelesca, que coloca el estudio psicológico y la pasión amorosa como eje del relato. Por el fondo emotivo de estas narraciones se las denomina habitualmente con el título genérico de *novela sentimental*[25]. Desde que Menéndez y Pelayo resumió la historia y rasgos capitales de esta especie literaria en unas famosas páginas de sus *Orígenes de la Novela*, se la ha tenido hasta nuestros días por una forma bien diferenciada que, consecuentemente, llena un capítulo de límites precisos, autónomo y cerrado. Para Menéndez y Pelayo la *novela sentimental* deriva en buena parte de la novela de caballerías, de la cual conserva muchos rasgos característicos, aunque está inspirada por un concepto de la vida muy diverso. En ella —dice— se da al amor más importancia que al esfuerzo, sin que falten lances de armas, bizarrías y gentilezas caballerescas, pero siempre subordinadas al amor, que es el alma de la obra. Sus autores tratan de describir los sentimientos de los personajes; es, pues, un intento de novela íntima y no meramente de acción exterior como habían sido las anteriores. Y aunque el propósito no podía cuajar en obras maestras, porque no había llegado aún el tiempo del análisis psicológico, dejaron bellas muestras de retórica apasionada y aportaron a la literatura de ficción importantes elementos nuevos. Aparte las novelas caballerescas, que habrían proporcionado como el álveo fundamental del nuevo género, Menéndez y Pelayo le asignó dos influjos capitales: la *Fiammetta* de Boccaccio, "curiosísimo ensayo de psicología femenina", y la *Historia de duobus amantibus Eurialo y Lucretia*, compuesta en 1444 por Eneas Silvio Piccolomini, futuro papa con el nombre de Pío II.

Mas algunos modernos investigadores no han aceptado este encuadre tan preciso. En 1952 Lida de Malkiel[26] afirmó rotundamente que la obra de Ro-

---

[25] Cfr.: Menéndez y Pelayo, *Orígenes de la Novela*, ed. cit., vol. II, cap. VI, págs. 3-88. C. B. Bourland, "Boccaccio and the Decameron in castilian and catalan Literature", en *Revue Hispanique*, XII, 1905, págs. 1-232. Gustave Reynier, *Le roman sentimental avant l'Astrée*, París, 1908. Rudolf Schevill, *Ovid and the Renaissance in Spain*, University of California Publications in Modern Philology, IV, 1913. A. Krause, *La novela sentimental: 1440-1513, Humanistic Theses*, VI, Chicago, 1929. Ch. E. Kany, *The beginnings of the Epistolary Novel in France, Italy and Spain*, Berkeley, 1937. Casi todos los estudios particulares, que luego se mencionan, contienen juicios de interés para el conjunto de la *novela sentimental*; véanse especialmente la introducción a las respectivas ediciones de Paz y Meliá y Gili Gaya, y los trabajos de Bárbara Matulka y Anna Krause, citados en las notas siguientes.

[26] En el primero de los dos estudios sobre Rodríguez del Padrón, citados en la nota 32.

dríguez del Padrón —uno de los más caracterizados representantes del género— nada debía a las supuestas fuentes de Boccaccio y de Eneas Silvio, y que ni siquiera podía clasificarse dentro del molde novelesco que se le atribuía. Más recientemente, Carmelo Samonà [27] ha puesto en duda la existencia de la misma *novela sentimental* como un género bien delimitado, de netos perfiles y desarrollo gradual. Para Samonà, los autores englobados en su estudio por Menéndez y Pelayo ofrecen rasgos tan dispares —algunas de estas obras ni siquiera pueden ser llamadas novelas—, influjos tan diversos, que es imposible definir la *novela sentimental* del siglo XV con una fórmula concreta, y su estudio sólo es correcto examinando por separado cada libro, como manifestaciones singulares de arte literario. Ciertamente, Menéndez y Pelayo había advertido el riesgo de su propia sistematización, y de hecho había anticipado en pocas palabras los distingos recientes de Samonà: "Los libros españoles de que voy a tratar —explica— se escribieron durante un período de dos siglos, y no todos obedecen a las mismas influencias, aunque en todos ellos persiste el tipo esencial y orgánico, mezcla de lo caballeresco y erótico, combinación del *Amadís* y de la *Fiammetta*. Por lo demás, estas producciones tienen mucho de original e interesante, y su corto volumen y la variedad de los motivos poéticos que tratan las hacen más amenas y de más fácil digestión que los libros de caballerías". La síntesis, todo lo convencional que quiera suponerse, de Menéndez y Pelayo obedecía —como reconoce el propio Samonà— a la necesidad de dar un cierto sentido coherente a libros afines, muchos de los cuales eran apenas conocidos o totalmente inéditos entonces. Ciertamente, tampoco era posible dejar de lado la cronología; aun limitándonos al siglo XV y concretamente a las dos obras más representativas —*El siervo libre de amor*, de Juan Rodríguez del Padrón, y la *Cárcel de Amor*, de Diego de San Pedro— es de advertir que las separa medio siglo, tiempo sobrado para abrir y cerrar ciclos diversos.

Samonà se pregunta asimismo si lectores y autores tenían conciencia de una *novela sentimental* en el momento de producirse estos libros, es decir, si fueron escritos con un deliberado, y común, propósito. Samonà asegura que esta conciencia del género sólo se produce durante el quinientos, cuando aparecen las imitaciones —como las confusamente llamadas novelas *erótico-bizantinas*— y se tipifica el género.

Creemos, no obstante —sin perjuicio de todas las precisiones oportunas respecto a cada libro en concreto— que la última deducción del crítico italiano es igualmente aplicable a muchos otros fenómenos literarios; por ejemplo, y nada menos, a la novela picaresca. Crear un género es siempre un poco como partir para la guerra de los Treinta Años; y nunca hay conciencia de

---

[27] Carmelo Samonà, *Studi sul romanzo sentimentale e cortese nella letteratura spagnola del quattrocento*, Facoltà di Magistero dell'Università di Roma, Seminario di letteratura spagnola, Roma, 1960.

escuela hasta que no aparecen los discípulos. Qué cosa sea lo picaresco y en qué medida lo acoja cada una de las novelas tenidas por tales, qué clasificación quepa hacer de ellas y, sobre todo, cuándo nació la conciencia de su peculiaridad, nos parece tan arduo como decidir acerca de estos mismos problemas a propósito de la *novela sentimental*. Lo cual no obsta para que con distingos, salvedades y controversias aún no acabadas, podamos —básicamente al menos— saber de qué se habla cuando de novelas picarescas se trata. Un excesivo afán de precisión puede ser muchas veces más esterilizador que cierta laxa tolerancia en las definiciones y en los límites.

En consecuencia, pues, pensamos que puede seguir hablándose de la *novela sentimental* del siglo xv como de un hecho literario con suficiente entidad para ser rotulado y descrito; aunque sea forzoso conceder que el número de novelas a las que puede convenir la definición es muy reducido [28].

Como rasgos más característicos de estas novelas *sentimentales* pueden señalarse la artificiosidad de la aventura y del estilo, la minuciosa descripción de los sentimientos, la idealista exaltación de los personajes, cierta dulzura femenina y recompuesta que se desenvuelve, sin embargo, en medio de un ambiente caballeresco, tendencia feminista y vaguedad lírica. Todos estos caracteres hacen pensar en un género novelesco de tipo cortesano, emparentado con la lírica de la época.

José Luis Varela, en su excelente análisis del género [29], nos proporciona abundantes ángulos con que enriquecer esta esquemática definición. Se trata, dice Varela, de narraciones extraordinarias, pero sin monstruos ni ínsulas fabulosas; pretenden ser relatos de ejemplares cortesanos y amadores, no de esforzados héroes. Al igual que en la novela picaresca, se afecta el tono autobiográfico, pero de un *yo* ejemplar y retórico, humanamente conmovedor "que, cuando no es sujeto mismo de la acción, es espectador cualificado de la misma". Se desarrolla una historia de amor, estirándola y apurándola góticamente hasta lo ejemplarmente inimitable. A diferencia de los héroes de caballerías,

---

[28] Martín de Riquer ha dado cuenta de otra *novela sentimental*, prácticamente desconocida: "*Triste deleytación*, novela castellana del siglo xv", *Revista de Filología Española*, XL, 1956, págs. 33-65, de la cual promete una edición completa y estudio detallado. Vale la pena señalar que, en opinión de Riquer, "el influjo de la *Fiammetta* de Boccaccio parece evidente en el tono de esta parte de la novela" (pág. 64), —alude a la primera; toda la segunda está escrita en verso—. Entre los motivos de interés, aparte el literario, subraya Riquer "que es, sin duda alguna, una de las primeras manifestaciones del cultivo de la prosa castellana por parte de escritores catalanes" (pág. 65).

Otra manifestación del género *sentimental*, también prácticamente desconocida, aunque había sido mencionada por Gallardo, ha sido recientemente estudiada por J. Scudieri Ruggieri, "Un romanzo sentimentale: il *Tratado notable de amor* di Juan de Cardona", *Revista de Filología Española*, XLVI, 1963, págs. 49-79.

[29] José Luis Varela, "Revisión de la novela sentimental", en *Revista de Filología Española*, XLVIII, 1965, págs. 351-382.

estos amadores hablan de lágrimas, las vierten como doncellas, suspiran. Estas novelas pretenden adentrarse en la psicología femenina y desarrollar los procesos eróticos, aunque, temprano todavía el momento para mayores introspecciones, atienden más a las manifestaciones externas de los personajes que a penetrar analíticamente en su intimidad. El tipo de amor que exponen dichas novelas se ajusta a las convenciones del amor cortés, que llega a ellas después de tres centurias de ejercicio literario. Los amadores corteses tienen conciencia de pertenecer a una comunidad selecta merced a la intensidad de su sentimiento; el sentimiento singulariza y dignifica. Esta hipertrofia del sentimiento determina ciertas características de estas novelas: la realidad carece de autonomía, estamos en un mundo fundamentalmente subjetivo; no hay, pues, distancia, ni tiempo que hiera a estos héroes siempre inflexibles ante su pasión. Por otra parte, la realidad inmediata y vulgar nada tiene que ver con lo grande y noble del sentimiento. Esta idealización se acrecienta por el hecho de que la sumisión y el servicio del amante ni espera ni recibe recompensa: "La dama no concede galardones. Es inasequible, inflexible, cruel; si accediese, la novela no sería sentimental, ni puramente cortés el amor. Estamos ante la misma figura de la *belle dame sans merçie* de los trovadores franceses, ante *la más cruel señora que vive*...". En su conjunto —dice Varela—, la novela sentimental se nos ofrece como un espléndido documento de la espiritualización de lo mundano que consuma el Gótico tardío con el paso de lo caballeresco a lo cortesano; es manifestación —añade— del modo peculiar con que una minoría cortesana trata de singularizarse mediante la expresión literaria del amor.

Los convencionalismos idealizadores de esta *novela sentimental* explican sobradamente que el lector moderno le haya negado su atención, considerándola además como una etapa precursora, de *primitivos*, de las formas más o menos afines, que fueron luego cultivadas en la Época de Oro. Pero, "el atractivo de estas novelas —dice Varela—, como el de cualquier creación artística en realidad, ha de buscarse en sí mismas, en sus propios límites formales, genéricos e ideológicos. Y algo pujante y audazmente nuevo brota en estos relatos —algo que frisaba en lo prohibido, algo que parecía contener una rebelión a lo establecido en las costumbres y lo ordenado por las leyes— cuando toda Europa fatigaba sus prensas semivírgenes con ediciones y ediciones de sus obras"[30]. Y refiriéndose concretamente a la *Cárcel de Amor*, de Diego de San Pedro, escribe Wardropper: "Las objeciones de algunos historiadores de la literatura —estilo *retórico*, falta de diálogo y de originalidad, estructura desmañada, pesadas digresiones, en una palabra: todo lo que identifica la obra con su tiempo— proceden de una falsa interpretación de los propósitos del autor y del logro de esos propósitos. La inmediata popularidad de la novela —unas 25 ediciones en castellano y 20 en otros idiomas— demuestra el error

---

[30] Idem, íd., pág. 351.

de los que buscan espíritu moderno en una obra ejemplar de la tardía Edad Media"[31].

RODRÍGUEZ DEL PADRÓN O DE LA CÁMARA corre parejas con Macías por la leyenda de sus amores, favorecida por los escasos datos seguros que se poseen de su vida. Lida de Malkiel lo emparenta con Mena por sus rasgos genéricos de intelectual laborioso, aunque se diferencie por entero de él en otros muchos aspectos. Padrón, hidalgo gallego, educado en la corte de Juan II, entró al servicio del cardenal Cervantes con quien estuvo en Italia y a quien posiblemente acompañó al concilio de Basilea. Es muy probable que visitara distintos países de la Europa Central y Oriental, y también que profesara como franciscano en Jerusalén para acabar sus días en el convento gallego de Herbón. Lo más sonado de su vida es cierto lance de amor al que alude en alguno de sus versos y en su novela *El siervo libre de amor*[32]. Según se deduce de ésta, que parece autobiográfica en cierta medida, se enamoró de él una dama de la corte, pero debido a sus indiscreciones jactanciosas, la dama le retiró su trato, y el poeta, desesperado, se refugió en los montes de Galicia de donde al cabo salió para hacerse fraile en Jerusalén.

Lida describe a Rodríguez del Padrón como muy poseído de su casta nobiliaria, no obstante su condición de hidalgo pobre; le atraen sobre todo los problemas de la nobleza, enfrentada en aquellos días con el poder real representado por don Álvaro de Luna, y todos sus escritos revelan su doble tradicionalismo, ideológico y literario.

Su novela cuenta en primera persona la dolorida historia de sus supuestos o reales amores, de los cuales hace un análisis entre alegórico y psicológico, con inclusión de varias poesías líricas. En general, la novela de Padrón está compuesta en una prosa rebuscada, con abundancia de alegorías y citas mitológicas, que le dan al conjunto un tono convencional y farragoso. Lida discute al libro su condición de novela, y afirma que emparenta más bien con las alegorías amorosas en verso, que en los siglos XIV y XV florecieron al otro lado de los Pirineos. En la tercera parte, de prosa menos afectada, se intercala la *Estoria de dos amadores, Ardanlier y Liesa*, breve relato trágico de aventuras

---

[31] Bruce W. Wardropper, "El mundo sentimental de la *Cárcel de amor*", cit. luego, pág. 168.

[32] Edición, *Obras*, A. Paz y Meliá, Madrid, 1884 (Sociedad de Bibliófilos Españoles, 22). Cfr.: P. J. Pidal, "Vida del trovador Juan Rodríguez del Padrón", en *Estudios Literarios*, II, Madrid, 1890, págs. 7-37. Atanasio López, O. F. M., *La literatura crítico-histórica y el trovador Juan Rodríguez de la Cámara o del Padrón*, Santiago de Compostela, 1918. Carlos Martínez Barbeito, *Macías el enamorado y Juan Rodríguez del Padrón. Estudio y antología*, Santiago de Compostela, 1951. María Rosa Lida de Malkiel, "Juan Rodríguez del Padrón. Vida, obras", en *Nueva Revista de Filología Hispánica*, VI, 1952, págs. 313-351. De la misma, "Juan Rodríguez del Padrón: Influencia", en *Nueva Revista de Filología Hispánica*, VIII, 1954, págs. 1-38. Carmelo Samonà, *Per una interpretazione del 'Siervo libre de amor'*, Roma, 1960; y las obras de carácter general citadas en la nota 25.

por tierras extranjeras, en que, sobre un escenario mitad agreste mitad cortesano, se exalta la convención caballeresca y el servicio y la lealtad amorosa. Lida, según ya dijimos arriba, rechaza el influjo, afirmado por Menéndez y Pelayo, de la *Fiammetta* de Boccaccio y de la *Historia de duobus amantibus* de Eneas Silvio, a pesar de que Padrón traduce literalmente su título para el relato de los amores de Liesa y Ardanlier. Esta tercera parte ofrece además especial interés porque en ella aparece por vez primera, aunque todavía vagamente, la poética valoración del paisaje, con recuerdos concretos de la tierra gallega, descrita a veces con toda precisión, cosa desconocida en la literatura de la época, donde apenas es posible encontrar la pintura de un paisaje que no sea quimérico.

Rodríguez del Padrón escribió también el *Triunfo de las donas*, apología de las mujeres frente a la nutrida corriente de literatura antifeminista de aquel tiempo, y la *Cadira de Honor*, en defensa de la nobleza. Es autor además de otras dos obras que no han llegado hasta nosotros: la *Oriflama*, tratado de heráldica, y un *Compendio de los linajes de Galicia*.

Fue asimismo Padrón discreto poeta. Aparte las varias composiciones intercaladas en su novela, se encuentran poesías suyas en diversos cancioneros, entre ellos el *de Baena* y el *de Stúñiga*. Según Lida de Malkiel, la poesía de Padrón no altera en lo más mínimo las convenciones externas de la lírica cortesana tradicional; Padrón reconoce plena vigencia a las formas viejas, y, a diferencia de Mena y Santillana, su obra poética "no sugiere modelos latinos, franceses ni italianos, antes bien se revela anclada en la antigua tradición de la lírica galleogoportuguesa"[33]. Se le ha supuesto autor de los famosísimos romances del *Conde Arnaldos*, de la *Infantina* y de *Rosa Florida*, que se le atribuyen en un manuscrito del Museo Británico, y cuya definitiva autoría ha preocupado ampliamente a numerosos eruditos —Baist, Rennert, Rajna, Menéndez Pidal, Aubrun— desde Menéndez y Pelayo que la negó hasta Lida de Malkiel que la acepta[34].

Mucho más importante que la novela de Padrón es la de DIEGO DE SAN PEDRO[35], *Cárcel de Amor*[36], que fue el libro de moda de su tiempo, obligada

---

[33] "Juan Rodríguez del Padrón. Vida...", cit., pág. 323. Menéndez y Pelayo había ya calificado a Padrón de "último trovador de la escuela gallega".

[34] Sobre este problema véase el trabajo citado de Lida de Malkiel, nota 10, páginas 320-321.

[35] Muy poco es lo que se sabe de la vida de este escritor. En 1459 era Bachiller, probablemente en Derecho, y fue por largo tiempo apoderado o administrador del Maestre de Calatrava don Pedro Girón, en cuyo nombre fue *teniente* de la fortaleza de Peñafiel. Debió de vivir en medios cortesanos, según se deduce de sus dedicatorias y de sus poesías amorosas, una de las cuales va dirigida a una dama de la reina Católica. En la *Miscelánea* de Luis de Zapata se cuentan dos chistes, enderezados muy probablemente a Diego de San Pedro, haciendo referencia a su ascendencia judía. Emilio Cotarelo dio a conocer una serie de documentos —"Nuevos y curiosos datos biográficos del

lectura en los palacios y casas de los nobles, breviario del amor ideal y de la cortesía, espejo de amor apasionado y libro de deleitosa y suave lectura. Fue traducido a varios idiomas, y aunque el Santo Oficio lo estigmatizó y lo condenaron sesudos moralistas como lectura perniciosa y vana, se prolongó su popularidad hasta bien avanzado el siglo XVI y alcanzó 25 ediciones en castellano y cerca de 20 en lenguas extranjeras. "La *Cárcel de Amor* y el *Amadís* —escribe Gili Gaya— son los dos grandes éxitos universales de las letras españolas del siglo XV, y sólo algo más tarde *La Celestina* podrá compararse con ellos en su difusión por Europa" [37]. Usoz, en frase que ha hecho fortuna, ha calificado a la *Cárcel de Amor* como el *Werther* del siglo XV.

La novela, escrita en gran parte en forma epistolar, como lo fue después el *Werther*, describe los tormentos amorosos que en alegórica *cárcel de amor* sufre el enamorado Leriano por la bella Laureola, hija del rey de Gaula. El autor, que hace de intermediario entre los amantes, logra interesar a la dama y favorece un intercambio de cartas donde se analiza la pasión amorosa con aguda sutileza. Después de complicados incidentes, nacidos de los celos y de la oposición del rey, Laureola se niega a ver a Leriano ofendida por el peligro en que éste ha puesto su reputación y su vida con sus requerimientos amorosos, y aquél se deja morir de hambre, a pesar de las desesperadas quejas de su madre, después de beber en una copa las cartas de su amada.

Aunque el libro de San Pedro recoge todos los elementos artificiosos propios del género y no se libra de la tara retórica y amanerada de la prosa de su tiempo, supone la superación indiscutible de todos los otros libros de su especie. Diego de San Pedro era un prosista hábil, dueño de recursos muy variados, y no menos ducho en el arte de interesar a los lectores a quienes se dirigía, que en este caso eran, de preferencia, las mujeres. Su sostenido tono sentimental y el absoluto predominio del amor explican bien que su novela fuera lectura predilecta de las damas cuyos sentimientos procura siempre halagar [38]. Cuando

---

famoso trovador y novelista Diego de San Pedro", en *Boletín de la Real Academia Española*, XIV, 1927, págs. 305-326— que parecen demostrar su origen converso. Keith Whinnom, uno de los más caracterizados estudiosos de Diego de San Pedro, rechaza, en cambio, las deducciones de Cotarelo —"Was Diego de San Pedro a *converso*?", en *Bulletin of Hispanic Studies*, XXXIV, 1957, págs. 187-200— y arguye que las pruebas no son concluyentes; pese a lo cual, Julio Caro Baroja, en su libro *Los judíos en la España moderna y contemporánea*, vol. II, Madrid, 1962, pág. 353, da como un hecho la naturaleza judía del escritor. Cfr.: James S. Cummins y Keith Whinnom, "An Appropiate Date for te Death of Diego de San Pedro", en *Bulletin of Hispanic Studies*, XXXVI, 1959, págs. 226-229.

[36] Ediciones: Foulché-Delbosc, *Biblioteca Hispánica*, XV, Madrid-Barcelona, 1904. Menéndez y Pelayo, *Orígenes de la Novela*, en la edición de la "Nueva Biblioteca de Autores Españoles", vol. II, págs 1-35. J. Rubió Balaguer, Barcelona, 1941. *Obras*, Samuel Gili Gaya, "Clásicos Castellanos", Madrid, 1950 y nueva edición en 1958.

[37] Prólogo a la edición cit., pág. XI.

[38] Tratando precisamente de la gran difusión que obtuvo en toda Europa la novela, comenta Anna Krause que la traducción al inglés fue hecha por instancia de Lady

Leriano se encuentra ya casi a la muerte, uno de sus amigos, para disuadirle de su suicidio, pronuncia una invectiva contra las mujeres, que Leriano rebate exponiendo quince razones por las que yerran quienes las atacan.

No debe pensarse, sin embargo, que la prodigiosa aceptación que conoció en su tiempo la *Cárcel de Amor* fuera debida solamente al hecho de haber interesado a la blanda sensibilidad de un público femenino. Diego de San Pedro poseía, evidentemente, habilidades propias de un escritor profesional. En la carta que sirve de introducción al *Desprecio de la fortuna* expresa lo que podría llamarse su teoría literaria: "para que toda materia sea agradablemente oyda, conviene que el razonamiento del que la dize sea conforme a la condición de el que oye"[39]. "El bachiller Diego de San Pedro —comenta Sherman Vivian— debía de considerarse a sí mismo como un profesional de la pluma con varios *estilos* a su disposición; valerse de uno u otro no dependía de sus preferencias sino de las demandas de sus lectores"[40]. Pero su arte de agradar estaba al servicio de intenciones nada deleznables; prueba de ello es que su significación ideológica y literaria está mereciendo en nuestros días la creciente atención de los estudiosos. Uno de ellos, Anna Krause[41], ha señalado numerosos puntos de interés que ofrece la obra de Diego de San Pedro, y en especial la *Cárcel de Amor*. Sus materiales —dice— son esencialmente medievales: temas de la poesía amorosa de cancionero, costumbrismo cortesano, tipos novelísticos convencionales —la dama, el mártir del amor; pero en sus manos cobran nueva vida; el escritor los interpreta en forma realista y en términos de sensibilidad contemporánea, poniéndolos al día, por así decir: "El episodio del rescate está relatado en el vigoroso estilo de las crónicas contemporáneas de hazañas caballerescas, especialmente la *Crónica de Don Pedro Niño*, lo que realza la convicción por parte del lector de que estos incidentes

---

Elisabeth Carewe, y la italiana, de Lelio Manfredi, a ruegos de Isabel de Gonzaga. Y refiriéndose en conjunto a las dos novelas de San Pedro, escribe: "Son esencialmente literatura de mujeres, no sólo en el sentido de que tuvieron su génesis en el siglo en que se debatió por excelencia en España la cuestión feminista, sino por haberse concebido *Arnalte y Lucenda* para mujeres, *las virtuosas damas de la reina Isabel*, y por encarnar una sensibilidad en materia amorosa grata a ellas. Las numerosas impresiones de los siglos XVI y XVII se deben en gran parte, supongo, a un éxito entre lectoras, mujeres de rango deseosas de enaltecer la dignidad femenina. Acentúase en las etapas de su difusión la nota de gentileza y refinamiento que imprimió en ellas el oidor San Pedro. Anticiparon por su popularidad la fortuna del *best seller* del siglo XX. Y, lo que resulta más importante, fueron portaestandartes de un internacionalismo hacia el cual aspira nuestra época". ("Apunte bibliográfico sobre Diego de San Pedro", en *Revista de Filología Española*, XXXVI, 1952, págs. 126-130; la cita en la pág. 130).

[39] Ed. Gili Gaya, cit., pág. 235.

[40] Dorothy Sherman Vivian, "*La Passión Trobada*, de Diego de San Pedro, y sus relaciones con el drama medieval de la Pasión", en *Anuario de Estudios Medievales*, Barcelona, I, 1964, págs. 451-470 (la cita en la pág. 453).

[41] Anna Krause, "El *tractado* novelístico de Diego de San Pedro", en *Bulletin Hispanique*, LIV, 1952, págs. 245-275.

representan sucesos reales y relaciones entre seres vivos" [42]. Esta acertada combinación de fantasía y realidad cuaja en una fórmula de grandes posibilidades para el futuro de la novela; goticismo sin duda, quintaesencia del idealismo amoroso medieval, pero estilizado y orientado hacia una nueva sensibilidad. "La originalidad de San Pedro —resume Anna Krause— va más allá de este sabor de época recogido en reacciones emotivas ejemplares. Como novelista ha afirmado un realismo netamente español que adelanta el desarrollo de un género novelístico nacional" [43].

El influjo de la *Cárcel de Amor* fue, en efecto, de no escasa importancia; baste mencionar su huella en varios pasajes de *La Celestina* (aunque en ésta la intensidad humana de sus personajes venció la delicada artificiosidad de su modelo), en las *Novelas Ejemplares* de Cervantes, y en los episodios sentimentales intercalados en el *Quijote*.

Pero alcanza también a otros aspectos más amplios. Según Anna Krause, Diego de San Pedro eleva el galanteo a un plano de adoración y de renunciación e implanta las normas sociales restrictivas que habían de prevalecer con insistencia en el siglo XVI: la honra de la dama, el casamiento como solución a los contratiempos del amor, el retiro religioso como suprema consolación al amor recíproco desdichado. Por otra parte, A. Giannini [44] señaló hace ya tiempo, ampliando una sugerencia de Menéndez y Pelayo, el influjo ejercido por la *Cárcel de Amor* en el *Cortesano* de Castiglione, particularmente en sus conceptos sobre las cualidades de las mujeres. Y refiriéndose a la importancia que tiene en el libro la parte epistolar, escribe Anna Krause: "El *proceso de cartas* recoge la innovación adoptada por Eneas Silvio. Con todo, en sus estilizados modelos de trato cortés y sus reacciones ejemplares al conflicto emotivo, esta nueva versión del tractado de amores bien podría llamarse un manual de gentileza, anticipo de la época que produjo el *Cortegiano* de Baltasar de Castiglione" [45].

Como estilista, Diego de San Pedro mira inequívocamente del lado del Renacimiento, si bien es preciso señalar la evolución que se produce en sus escritos. Keith Whinnom ha dedicado un atento estudio a la prosa de la *Cárcel de Amor* y resume en cuatro puntos el avance que representa sobre las obras anteriores del propio San Pedro: abandono de latinismos sintácticos, tales como la colocación del verbo al final, procedimiento monótonamente utilizado en su primera novela, *Arnalte y Lucenda*; severa reducción de vacías figuras retóricas; contención en el uso de la prosa rítmica; y una visible preocupación por la brevedad, sobre todo en las partes narrativas. En el progreso que representa este segundo estilo, señala Whinnom el influjo del Humanismo español,

---

[42] Ídem, íd., pág. 257.
[43] Ídem, íd., pág. 275.
[44] A. Giannini, "La *Cárcel de Amor* y el *Cortegiano* de B. Castiglione", en *Revue Hispanique*, XLVI, 1919, págs. 547-568.
[45] "El *tractado* novelístico...", cit., pág. 256.

capitaneado por Nebrija, y que San Pedro, educado en la vieja retórica de la Universidad de Salamanca, aprendió después probablemente entre las mismas damas de la corte, ganadas por el "buen gusto" de las nuevas corrientes renacentistas. San Pedro es un ejemplo más del cambio de sensibilidad verificado en los días de los Reyes Católicos, según la fórmula que Menéndez Pidal ha denominado "del retoricismo al humanismo"[46]. Con todo, la trabajada prosa de San Pedro debe ser calificada de *artística*, y, como tal, "constituye un eslabón en la cadena que va de Juan de Mena a Fernando de Rojas"[47]. Anna Krause pide que sea estudiada en relación con otras manifestaciones de prosa artística del siglo XV, según la dirección señalada por Lida de Malkiel en su *Juan de Mena*; sólo así, dice, "se reconocerá imparcialmente lo que tiene de original y de tradicional la elocuencia pre-renacentista de San Pedro"[48].

Aspecto de gran interés en la *Cárcel de Amor*, en lo que afecta al contenido ideológico, es la extrema tensión a que eleva el amor cortés; la adecuación o equiparación del amor profano con el religioso alcanza una medida nunca igualada en toda la anterior literatura amatoria, lo cual ha permitido calificar esta novela de "libro religioso a lo profano", contrapartida de tantas obras de nuestra literatura vertidas "a lo divino". La obra, como quedó apuntado, fue prohibida por la Inquisición, en parte por el suicidio del protagonista, pero sobre todo por aquel exacerbado misticismo amoroso, que hoy se tiende a considerar relacionado con las corrientes heterodoxas de la época y con el pensamiento religioso de los conversos.

El mismo sentimiento de exaltado feminismo se echa de ver en su *Sermón de amores*[49], compuesto a petición de sus admiradoras, o en la dedicatoria a las damas de la reina, puesta al frente de otra novela suya de menor renombre que la *Cárcel de Amor*: el *Tractado de amores de Arnalte y Lucenda*[50], publicado un año antes que aquélla, escrito casi por entero en forma epistolar.

Diego de San Pedro fue también ingenioso poeta de cancionero, persistente cultivador de temas amorosos, y poeta didáctico-moral en los días de su vejez,

---

[46] Keith Whinnom, "Diego de San Pedro's Stylistic Reform", en *Bulletin of Hispanic Studies*, XXXVII, 1960, págs. 1-15. Cfr.: Carmelo Samonà, "Diego de San Pedro dall'*Arnalte e Lucenda* alla *Cárcel de Amor*", en *Studi in onore di P. Silva*, Florencia, 1957, págs. 261-277.

[47] Ídem, íd., pág. 272.

[48] Ídem, íd., pág. 274. Además de las obras mencionadas, cfr.: Erasmo Buceta, "Algunas relaciones de la *Menina e Moça* con la literatura española y sobre todo con las novelas de Diego de San Pedro", en *Revista de la Biblioteca, Archivo y Museo del Ayuntamiento de Madrid*, X, 1933, págs. 290-307. S. Serrano Poncela, "Dos *Werther* del Renacimiento español", en *Asomante*, V, 1949, págs. 87-103. Bruce W. Wardropper, "Allegory and the Role of *El autor* in the *Cárcel de Amor*", en *Philologial Quarterly*, XXXI, 1952, págs. 39-44.

[49] Edición en *Obras*, de Gili Gaya, citada, págs. 99-111.

[50] Edición en *Obras*, de Gili Gaya, págs. 1-98. Foulché-Delbosc, en *Revue Hispanique*, XXV, 1911, págs. 220-281, edición enteramente superada por la de Gili Gaya.

cuando, mirando aquellas obras de juventud como "salsa para pecar" que le inspiraba remordimientos, escribió su *Desprecio de la Fortuna*[51].

Compuso asimismo Diego de San Pedro otra obra de la mayor importancia, *La Passión Trobada*[52], poema de 248 estrofas, que Menéndez y Pelayo relacionaba con el *Desprecio de la Fortuna*, suponiendo que ambas entrañaban la repulsa de sus juveniles obras de amores. Pero la cronología de nuestro escritor presenta complicados problemas[53]. Keith Whinnom[54] supone que la *Passión* fue escrita con anterioridad a sus novelas amorosas, lo que anularía por entero aquella hipótesis. Sherman Vivian[55] recuerda a este propósito la mencionada "teoría literaria" del hábil escritor, según la cual había que escribir al gusto de los lectores; es, pues, posible que así como San Pedro compuso sus obras de amores a petición de admiradoras o personajes cortesanos, escribiera también su *Passión* —muy lejos todavía de maduros arrepentimientos— a petición esta vez de una "devota monja" y dentro de una atmósfera religiosa de absoluta aceptación popular. Lo cierto es que Diego de San Pedro acertó a interpretarla tan felizmente que su *Passión* ha sido "una de las creaciones más difundidas de toda la literatura española"[56] y todavía se hacían ediciones populares de ella en el siglo XIX. Es curioso el hecho —quizá no ajeno a su éxito— de que en este poema religioso abunda la terminología asociada al amor cortesano, en forma no muy distante a veces de la que luego había de utilizar su autor —o había antes utilizado— en sus novelas. Diego de San Pedro, siguiendo en todo a las más conocidas fuentes tradicionales para su poema, escoge, en cambio, con gran habilidad las escenas más eficaces para "impresionar de manera gráfica, dolorosa y popular" la imaginación de los oyentes. Se expresa con gran simplicidad, sin plegarias, ni simbolismos, ni dogmas ni "autoridades", dejando el relato despojado de todo lo ajeno al diálogo y a la acción esencial. El tono llano y desnudo de la obra —tan eficaz, sin embargo— hace decir a Gili Gaya que es la obra "de un coplero vulgar"[57] sin méritos literarios que puedan interesar al lector de hoy. Sherman Vivian sostiene, por el contrario, que "en el cuadro de la literatura española

---

[51] Edición en *Obras*, de Gili Gaya, págs. 233-249.
[52] Véase Antonio Pérez Gómez, "La Pasión Trobada de Diego de San Pedro", en *Revista de Literatura*, I, 1952, págs. 147-161.
[53] Para la datación, totalmente hipotética, de las obras de Diego de San Pedro véanse los estudios citados de Menéndez y Pelayo y Emilio Cotarelo, y el prólogo de Gili Gaya a su ed. cit.
[54] Keith Whinnom, "The Religious Poems of Diego de San Pedro: Their Relationship and Their Dating", en *Hispanic Review*, XXVIII, 1960, págs. 1-15. Véase, del mismo, "The First Printing of San Pedro's *Passión Trobada*", en *Hispanic Review*, XXX, 1962, págs. 149-151.
[55] Estudio cit. en nota 40.
[56] Ídem, íd., pág. 451.
[57] Prólogo a la ed. cit., pág. XXXV.

constituye una valiosa muestra de vital y dramática aproximación a una vieja tradición medieval"[58].

La citada investigadora sitúa, en efecto, la mayor originalidad de la *Passión Trobada* "en sus vigorosas cualidades dramáticas". La *Passión*, como *La Celestina* —dice— fue compuesta para su lectura en voz alta, y tenemos por lo menos un testimonio de que fue representada como obra teatral[59]. Tan sólo una pequeña parte de la obra corresponde a las intervenciones del narrador y el resto se distribuye casi por igual entre la acción y el diálogo; "en lugar de discursos meditados —dice Sherman Vivian— encontramos diálogos muy espontáneos", y la actitud de los personajes se define con rapidez y trazos muy concisos; cuando el narrador exhorta al lector a contemplar, siempre se trata de una visión concreta y como presente. Por todo ello —resume Sherman Vivian— "constituye la más larga obra de características teatrales escrita antes de la *Celestina* y la más estricta aproximación castellana al drama medieval de la Pasión o a todo otro teatro religioso de cierta extensión"[60]. La *Passión*, en suma, ofrece una muestra curiosísima de ciertas formas dramáticas, que urge estudiar a fondo y situar convenientemente dentro de ese desierto apenas explorado de nuestra dramática medieval. La mencionada investigadora supone que la *Passión* de San Pedro sería análoga a la *Pasión juglaresca* de los siglos XII o XIII, antecedente de los dramas franceses de la Pasión. Pero, después de haber señalado tan sagazmente lo original de su significado y apuntar a sus posibles alcances, cede enseguida a la cómoda aceptación de nuestro vacío dramático en la Edad Media, sin advertir quizá las valiosas posibilidades de la pista que tiene entre las manos, para aportar alguna luz a ese capítulo no escrito de nuestra historia literaria.[61].

De menos importancia, pero casi tan difundidas como las obras de Diego de San Pedro, fueron las dos novelas "sentimentales" del catalán JUAN DE FLORES, *Historia de Grisel y Miravella, con la disputa de Torrellas y Braçayda* y el *Breve Tratado de Grimalte y Gradisa*[62], publicadas poco después de la *Cárcel*

---

[58] Estudio cit., pág. 470.
[59] Véase ídem, íd., págs. 456-457.
[60] Ídem, íd., pág. 469.
[61] Véase nuestro cap. V, en especial la nota 88.
[62] Edición y estudio de Bárbara Matulka, *The novels of Juan de Flores and their European Diffusion*, New York, 1931. Edición facsímil de la Real Academia Española sobre la de Lérida de 1495, Madrid, 1954. Cfr.: E. Ward Olmsted, "Story of Grisel and Mirabella", en *Homenaje a Menéndez Pidal*, II, 1925, págs. 369-373. A. Steiger, "Juan de Flores, Barclay and Georges de Scudéry", en *The Romanic Review*, XXXII, 1931, páginas 323 y ss. J. A. van Praag, "Algo sobre la fortuna de Juan de Flores", en *The Romanic Review*, XXXVI, 1935, pág. 349. F. L. Smieja, "A Sixteenth Century Polish Translation of Flores' *Grisel y Mirabella*", en *Bulletin of Hispanic Studies*, XXXV, 1958, páginas 34-36. Carmelo Samonà, "Un esempio di lettura: il *Grisel y Mirabella* di Juan

de Amor. En *Grisel y Miravella*, traducida en seguida a varios idiomas, se combinan las dos corrientes de la novela boccacciana, la psicológico-sentimental y la antifeminista. En su primera parte se cuentan los trágicos amores de los protagonistas; la segunda consiste en un largo debate sobre las mujeres, sostenido por Torrellas y Bracayda. Vence Torrellas, que culpa de todo mal a la mujer, pero las damas de la reina le dan muerte en venganza de su sátira. *Grimalte y Gradisa*, donde el autor pretende continuar la *Fiammetta*, de Boccaccio, ofrece menos interés.

La evolución del género "sentimental" —que tuvo todavía otros cultivadores menores— hacia nuevas formas novelescas será estudiada en páginas posteriores.

LOS LIBROS DE CABALLERÍAS. EL "AMADÍS DE GAULA"

El ideal caballeresco. Si la novela sentimental recoge el ideal amoroso tal como lo sentía la sociedad cortesana del siglo XV, la novela de caballerías es a su vez la encarnación del otro gran ideal que estimuló las energías del hombre de su época: la aventura caballeresca.

En la introducción al siglo XV hemos aludido a la gran transformación que experimentó la nobleza feudal durante el último período de la Edad Media. Al hacerse cortesana y trocar su rudeza primitiva por gustos más refinados, la afición a la poesía y el ejercicio del valor personal en justas y torneos de mayor espectacularidad que riesgo bélico, dieron origen a un concepto del caballero más idealizado, gustador de discreteos y cortesanías, de acuerdo con los nuevos sentimientos de aquella sociedad. Este caballero se siente desde ahora inspirado por dos poderosos móviles: el amor y el heroísmo individual. La energía de los hombres feudales había quedado amansada por el poder político que la nueva época ponía en manos de los reyes. Y así como su antigua vida de acción, en los siglos anteriores, había inspirado el mundo épico, convertida ahora en mera fantasmagoría sin realidad, se manifiesta en ficciones literarias que son una novelesca degeneración de la vieja poesía heroica.

Si se compara, efectivamente, la novela caballeresca con la épica antigua, de la que en parte, aunque por vía indirecta, procede, se advierten en seguida rasgos distintivos que aclaran ese último carácter dicho. El protagonista de las antiguas gestas conserva todavía una rudeza muy elemental, pero actúa movido por ideales positivos, llámense patria, tierra o religión; el héroe caballeresco, refinado y galante, se lanza, en cambio, a sus aventuras empujado por una exaltación individualista, quimérica y gratuita, sin finalidad ninguna más allá de su propia satisfacción o el enamorado servicio hacia su dama. De hecho, el

---

de Flores", parte segunda de su libro *Studi sul romanzo sentimentale e cortese*, cit., páginas 109-151. P. Waley, "Juan de Flores y Tristán de Leonís", en *Hispanófila*, 1961, núm. 12, págs. 1-14.

amor había ocupado escasísimo lugar en las gestas heroicas, mientras que viene a serlo todo en las novelas de caballerías. Al mismo tiempo, aquella actividad del héroe épico se había encerrado en límites geográficos reales, tan concretos y conocidos como los móviles de su acción; mientras que las novelas caballerescas suceden en lugares tan variados como imaginarios, que sólo importan como escenario indispensable de las aventuras.

En la gestación, o en la gran difusión al menos, de esta literatura caballeresca influyó también la transformación social de la burguesía. Este hombre nuevo gustaba de creaciones literarias más novelescas y ligeras, buscando en ellas sobre todo que alimentaran su fantasía y fueran motivo de diversión. Y aquellos libros, en que se acumulaban las peripecias apasionantes, la proporcionaban a manos llenas. Se comprende bien la absoluta popularidad del género.

Origen y precedentes. La novela de caballerías a pesar de haber tenido enorme difusión en España y producido en ella el libro más perfecto en su género, no nació aquí, sino en Francia. La evolución del señor feudal a que acabamos de aludir, dio origen en el país vecino a un tipo de novela en verso denominada *roman courtois* o novela cortesana, inspirada en los ideales dichos, que tomó sus temas de fuentes muy diversas: leyendas clásicas, como Alejandro o la guerra de Troya, relatos orientales; pero prefirió, sobre todo, los asuntos derivados de las leyendas de Bretaña: Tristán e Iseo, los caballeros del Santo Grial, como Parsifal y Merlín, el rey Artús, Lanzarote y los caballeros de la Tabla Redonda, etc., etc.[63]. En un ambiente de fantasía y de aventura rodeada de un vago lirismo tan peculiar de la literatura nórdica, fueron surgiendo estas narraciones que luego, al prosificarse, dieron origen a las novelas de caballerías.

Cada uno de estos libros tenía por héroe a un caballero andante, en quien se encarnaba a la vez el heroísmo y la fidelidad amorosa más extremada, defensor de la justicia y de los oprimidos, que afrontaba las más extraordinarias aventuras contra fantásticos personajes. El amor idealizado hacia una dama, asimismo ideal, que polarizaba los pensamientos del caballero, era parte fundamental de estas narraciones: a ella ofrecía la gloria de sus hazañas y rendía el

---

[63] A pesar de la variedad de temas y origen, la materia de los libros de caballerías se concentra de hecho en torno a tres ciclos, que son los mencionados en el conocido pareado de Jean Bodel:

Ne sont que trois matières à nul homme attendant,
De France et de Bretaigne et de Rome le grant.

La "materia" de Roma es la menos abundante. La de Francia tiene por centro la figura de Carlomagno, tan difundida en España desde los mismos días de la épica. Pero es la "materia de Bretaña", de origen celta, la de mayor importancia en la gestación de los libros de caballerías.

tributo de su amor más fiel. Este amor a mujer, el mismo "amor cortés" que había inspirado la lírica de los cancioneros, no era sino una paganización del ideal religioso de la Edad Media: lo que hasta entonces había sido la lucha por la fe, lo llena ahora la conquista de la mujer amada. Se conserva el ideal místico, pero ofrendado a un amor humano.

España poseía en el siglo XIV dos precedentes notables de los libros de caballerías: *La Gran Conquista de Ultramar* y *El Caballero Cifar*, que fueron ya estudiados en su lugar correspondiente. Durante todo el siglo XIV se difundieron por toda la península los principales libros caballerescos europeos, sobre todo los del ciclo bretón, en forma de adaptaciones o traducciones; y aún existen indicios de que, al menos en la región gallega, venían siendo conocidos durante el siglo anterior. A juzgar por las frecuentes alusiones, la época del Canciller y de los más antiguos poetas del *Cancionero de Baena* debió de ser la de mayor popularidad de las leyendas artúricas, que se prolonga luego hasta bien avanzado el siglo XV[64]. De los dos libros arriba citados, y que atestiguan la gran difusión de las novelas de caballerías, el primero, como vimos, es traducción de un original francés desconocido, realizada, según se cree, durante el reinado de Sancho IV (finales del siglo XIII); el segundo, en cambio, escrito probablemente en los primeros años del XIV, debe considerarse como la más antigua novela caballeresca originariamente escrita en español. Pero, si no cronológicamente la primera, la más difundida y la más importante obra a su vez de este fecundo género, aparece en el siglo XV: es el *Amadís de Gaula*.

El "Amadís de Gaula". Los orígenes del *Amadís* son muy oscuros. En la forma en que hoy se conoce debió de ser escrito hacia 1492, y en 1508 apareció

---

[64] Cfr.: E. Faral, *La légende arthurienne. Les plus anciens textes: I. Dès origines à Geoffroy de Monmouth; II. Geoffroy de Monmouth: III. Documents*, París, 1929 (Bibliothèque de l'École de Hautes Études, fasc. 255-257). W. J. Entwistle, *The Arturian legend in the literatures of the Spanish Peninsula*, London y Toronto, 1925. J. Rubió, "Noticia de dos manuscrits d'un Lançalot català", en *Revista de Bibliografía Catalana*, III. K. Pietsch, *Spanish Grail fragments. El libro de Josep Abarimatia, la Estoria de Merlín, Lançarote*, vol. I: *Text*; vol. II: *Commentary*, Chicago, Illinois, The University of Chicago Press, 1924-1925. Del mismo, "On the language of the Spanish Graal fragments", en *Modern Philology*, XIII, 1915, págs. 369-378 y 625-646. Del mismo, "The Madrid manuscript of the Spanish Graal fragments", en *Modern Philology*, XVIII, 1920, págs. 147-156. P. Bohigas Balaguer, "El *Lanzarote* español del manuscrito 9.611 de la Biblioteca Nacional", en *Revista de Filología Española*, XI, 1924, págs. 282-297. Del mismo, *Los textos españoles y gallegoportugueses de la Demanda del Santo Grial*, Madrid, 1925 (*Revista de Filología Española*, Anejo VII). M. Rodrigues Lapa, *A demanda do Santo Graal. Prioridade do texto portugués*, Lisboa, 1930. Alfonso Reyes, "Influencia del ciclo artúrico en la literatura castellana", en *Capítulos de literatura española*, Segunda serie, México, 1945, págs. 129-137. Trae una extensa bibliografía sobre el tema Pedro Bohigas Balaguer, en "Orígenes de los libros de caballerías" (*Historia General de las Literaturas Hispánicas*, vol. I, págs. 539-541). Martín de Riquer, *La leyenda del Graal*, Madrid, 1968.

la primera edición en Zaragoza [65] firmada por Garci Rodríguez de Montalvo (Garci Ordóñez en las siguientes ediciones) [66]. Pero éste no es su verdadero autor, o por lo menos el de su primera redacción original. Se sabe que mucho tiempo antes era conocido en España un *Amadís* en dos o tres libros. La primera mención de él que se conoce es la de fray Juan García de Castrojeriz en su traducción del difundido tratado *De regimine principum* de Egidio de Colona, en 1350. Lo cita asimismo (con anterioridad a 1379) Pero Ferrús, que compuso versos a la muerte de Enrique II y figura entre los más antiguos poetas del *Cancionero de Baena*; también lo menciona el Canciller Ayala (copla 162 de su *Rimado de Palacio*), que enumera entre los pecados de su juventud el haber perdido el tiempo con la lectura de este libro fantástico; y asimismo Fernán Pérez de Guzmán, aparte de otros varios testimonios, como Imperial y Alfonso Álvarez de Villasandino. Se desconoce, sin embargo, la fecha de su primera redacción, pero puede afirmarse con seguridad que existía antes de 1325 [67].

---

[65] Es bastante probable que existiera una edición anterior, impresa en Sevilla. La primera conocida de esta ciudad, de 1511, parece no estar basada en la de Zaragoza. Véase Edwin B. Place, "Fictional Evolution: The Old French Romances and the Primitive *Amadís* Reworked by Montalvo", en *PMLA*, LXXI, 1956, págs. 521-529; nota número 2. Y, del mismo, la "Bibliografía descriptiva de las ediciones, traducciones y arreglos del *Amadís*, libros I-IV", en su edición del libro, luego cit., vol. I, págs. XIII-XIV y XXIII.

[66] Narciso Alonso Cortés en su investigación sobre la persona de Garci Rodríguez de Montalvo —"Montalvo, el del *Amadís*", en *Revue Hispanique*, LXXXI, Première Partie, 1933, págs. 434-442— llega a la conclusión de que fue *Rodríguez* su verdadero nombre y no el de *Ordóñez*, que figura en las ediciones de la novela a partir de la segunda. *Ordóñez* es, pues, un error o una errata que se ha hecho perdurable, aunque pudo también tratarse de una "de aquellas supercherías fraudulentas que tan frecuentes eran entre los impresores y editores de la época" (pág. 442).

[67] En esta fecha comenzó su reinado Alfonso IV de Portugal, quien años antes, siendo todavía infante, ordenó corregir el episodio de la princesa Briolanja, según se dice en el texto de Montalvo: "el señor Ynfante Don Alfonso de Portugal, habiendo piedad de esta fermosa doncella, de otra guisa lo mandó poner" (libro I, capítulo XL). Existía, pues, un Amadís antes de comenzar Alfonso IV su reinado. Con todo, no faltan dudas sobre la identidad de este personaje. Según algunos eruditos, el "Ynfante Don Alfonso" no era el futuro rey de Portugal, sino un tío suyo —hermano del monarca don Dionís y cuñado de don Juan Manuel— que residió, efectivamente, en Castilla, donde se naturalizó, durante el último tercio del siglo XIV. De ser este segundo Alfonso el corrector del episodio de Briolanja, perdería valor aquella fecha, que podría ser más tardía. Place propone un "tercer" infante don Alfonso: el primer marido de la princesa Isabel, la hija mayor de los Reyes Católicos. Montalvo, al referirse al infante don Alfonso como de alguien familiar a sus lectores contemporáneos, difícilmente podía aludir —piensa Place— a un remoto príncipe, desaparecido casi dos siglos antes. Montalvo escribió su libro en Medina del Campo, residencia real entonces, y no es improbable que el joven infante portugués pudiera tener trato con Montalvo, regidor de la ciudad. En tal caso, la mención del infante no sirve en absoluto para establecer la cronología del primitivo *Amadís*, aunque existen otros diversos datos para situar aproximadamente su existencia. ("Fictional Evolution...", cit., págs. 525-526).

Tan complejo como el problema cronológico del primitivo *Amadís* es el de su autor y el de la lengua en que fue originariamente escrito. Portugal y Francia se han atribuido la paternidad de la novela. Hasta mediados del siglo XV no se conoce mención alguna a favor de un autor portugués, pero en una crónica de 1454 su autor, Gómez Eannes de Azurara, afirma terminantemente que el *Amadís* fue escrito por un Vasco de Lobeira, y en otros textos mucho más tardíos se dan otros diversos nombres. La identificación del dicho Vasco de Lobeira, cuya autoría ya nadie admite, y la discusión de los otros candidatos ha dado origen a una complicada y larga polémica, todavía no abandonada. En cuanto al origen francés sólo se apoya en el testimonio de Herberay des Essarts, traductor del *Amadís* por orden de Francisco I, según el cual había existido un libro "en langage picard", del que —dice— todavía se conservaban fragmentos en su tiempo, y que había sido el original de la famosa novela. Edwin B. Place asegura, como resumen de la cuestión, que "la pretensión portuguesa sigue careciendo de pruebas concluyentes, mientras que hoy día casi nadie atribuye importancia a las reclamaciones francesas"[68]. Es muy posible, sin embargo, que en el siglo XV circulara una versión portuguesa del *Amadís*, cuyo tercer libro hubo de ser añadido, según Place, antes de 1379. De todos modos, el único vestigio de versiones manuscritas que hoy se conserva consiste en unos fragmentos escritos en un dialecto español occidental, que se transcribirían a principios del siglo XV. Desconocida, pues, la fecha del Amadís primitivo, y no sólo el nombre sino incluso la nacionalidad de su autor, el único texto conocido por el momento es el de Montalvo y a él hay que atenerse.

No pudiendo enfrentarlo al texto original, no era posible valorar el carácter de la participación de Montalvo en la redacción definitiva del *Amadís*. Pero, recientemente han sido dados a conocer por Antonio Rodríguez-Moñino[69] los mencionados fragmentos manuscritos, pertenecientes a cuatro capítulos del libro III. De su estudio lingüístico deduce Lapesa que puede tratarse de una versión modernizada de comienzos del siglo XV, pero que corresponde a un texto redactado en época muy anterior. Rodríguez-Moñino comparándole con el de Montalvo llega a la conclusión de que éste —al menos en los fragmentos conservados— no amplió la obra, según venía creyéndose hasta el presente, sino que la redujo lo menos en una tercera parte.

De la vida de Montalvo apenas se tienen noticias fuera de lo que dice él mismo en su libro: que era vecino y regidor de Medina del Campo; que siguió

---

[68] "Nota literaria e histórica" a su ed. cit., vol. I, pág. IX. Cfr.: A. K. Jameson, "Was there a French Original of the *Amadís de Gaula?*", en *Modern Language Review*, XXVIII, 1933, págs. 176-193.

[69] "El primer manuscrito del *Amadís de Gaula* (Noticia bibliográfica)", en *Boletín de la Real Academia Española*, XXXVI, 1956, págs. 199-216; sigue una "Nota paleográfica sobre el manuscrito del *Amadís*", págs. 217-218, de Agustín Millares Carlo; y un estudio de Rafael Lapesa, "El lenguaje del *Amadís* manuscrito", págs. 219-225.

la carrera de las armas desde muy joven; que era ya de avanzada edad cuando compuso las *Sergas de Esplandián*; que conoció a bastantes reyes en Castilla y que era hombre con más imaginación que sentido práctico de las cosas, lo que bien se echa de ver a poco que se lea de su libro. En el prólogo de su edición asegura Montalvo que la obra, en la forma entonces existente, era producto de varios autores y constaba de cuatro libros: él "corrigió" y modernizó los tres primeros, "trasladó" y "enmendó" el cuarto y "añadió" de su minerva el quinto, titulado las *Sergas de Esplandián,* el hijo de Amadís.

El libro [70] imitación libérrima de las novelas del ciclo bretón [71] es un tejido de las más variadas y maravillosas aventuras. El relato comienza con el nacimiento de Amadís (hijo de los amores clandestinos del rey Perión de Gaula con la princesa Elisena de Inglaterra), que fue encerrado en una caja por su madre y arrojado a un río. Sigue después la crianza del héroe en casa del escudero Gandales de Escocia, el idilio de sus tempranos amores con la princesa Oriana, hija del rey Lisuarte de la Gran Bretaña, la ceremonia de armarse caballero, el reconocimiento de sus padres, el encantamiento de Amadís en el palacio de Arcalaus y la manera como fue desencantado por dos sabias doncellas, el combate entre los dos hermanos, Amadís y Galaor, sin conocerse, la prueba del Arco de los Leales Amadores que sólo podían pasar los amantes que habían guardado fidelidad absoluta, la caballeresca penitencia que, con el nombre de Beltenebros, hace Amadís en la Peña Pobre por haber sido rechazado por Oriana, el combate y victoria de Amadís sobre el monstruo Endriago en la isla del Diablo y el casamiento final del invencible caballero

---

[70] Ediciones: Pascual de Gayangos, en *Biblioteca de Autores Españoles,* XL, nueva edición, Madrid, 1950. Edwin B. Place, 3 vols., Madrid, 1959-1965. Felicidad Buendía, en *Libros de caballerías españoles,* 2.ª ed., Madrid, 1960. Refundición y modernización por A. Rosenblat, Buenos Aires, 1940. Cfr.: Menéndez y Pelayo, *Orígenes de la Novela,* citada, vol. I, cap. IV y V. R. Foulché-Delbosc, "La plus ancienne mention d'Amadis", en *Revue Hispanique,* XV, 1906, págs. 8-15. C. Moreno García, "La novela de Amadís de Gaula", en *Revista Castellana,* III, IV y V, 1917-1918-1919. Werner Mulertt, "Der Amadisroman und seine zweite Heimat", en *Spanien,* Hamburgo, I, 1919, págs. 194-201. Del mismo, *Studien zu den letzten Büchern des Amadisroman,* Halle, 1923. Bárbara Matulka, "On the Beltenebros episode in the 'Amadis'", en *Hispanic Review,* III, 1935, páginas 338-340. A. Bonilla y San Martín, "Notas sobre dos leyes del Fuero de Navarra en relación con el *Amadís de Gaula",* en *Homenaje a Don Carmelo de Echegaray,* San Sebastián, 1928, págs. 671-675. P. Félix G. Olmedo, *El Amadís y el Quijote,* Madrid, 1947. S. Gili Gaya, *Amadís de Gaula,* Barcelona, 1956. J. B. Avalle-Arce, "El arco de los leales amadores en el *Amadís",* en *Nueva Revista de Filología Hispánica,* VI, 1952, págs. 149-156. Edwin B. Place, "Amadís of Gaul, Wales, or what?", en *Hispanic Review,* XXIII, 1955, págs. 99-107. M. Martins, "O elemento religioso em *Amadís de Gaula",* en *Brotéria,* Lisboa, LXVIII, 1959, págs. 639-650.

[71] Cfr.: Grace S. Williams, "The *Amadis* Question", en *Revue Hispanique,* XXI, 1909, págs. 1-167. Edwin B. Place, "The *Amadis* Question", en *Speculum,* XXV, 1950, págs. 357-366.

con Oriana. Toda esta acción fundamental está además interrumpida por numerosos episodios secundarios donde se cuentan peripecias de otros personajes.

Las aventuras del *Amadís* tienen lugar en numerosos países de Europa, por lo que bien podría calificársela de novela cosmopolita; pero sin que puedan encontrarse en sus descripciones, según norma característica del género, genuinos rasgos de ambiente, pues el autor desconoce por entero los escenarios de su acción y no le importa el verismo geográfico ni diferenciar unas de otras las distintas regiones. Según había ya subrayado Wolf y comenta Menéndez y Pelayo, es absoluta en el *Amadís* la ausencia de toda base nacional; en este aspecto no es ni castellano ni portugués ni de ninguna otra parte de España: es una creación artificial, que pudo aparecer en cualquier país. "No es obra nacional, es obra *humana*, y en esto consiste el principal secreto de su popularidad sin ejemplo"[72] Las maravillas y los hechos aproximadamente reales andan mezclados y se suceden por doquiera, porque cualquier lugar es bueno para que vuele la fantasía del autor. Éste se dilata con preferencia en la pintura de los palacios asombrosos o de los prodigios innumerables o de los artificios con que los personajes someten las fuerzas de la naturaleza. Los personajes o son seres malvados, orgullosos y violentos, o nobles caballeros generosos, dispuestos a todos los heroísmos. Mas por encima de todos ellos se impone la figura de Amadís, capaz de llevar a feliz término las imposibles hazañas que los restantes héroes no consiguen realizar.

El *Amadís* es una curiosa mezcla del mundo heroico y del lírico. El protagonista es el prototipo del héroe invencible, caballeresco y noble, pero sus aventuras flotan en un ambiente de idealismo sentimental que envuelve y hace más sugestivas las fantásticas hazañas que se encadenan sin interrupción. La gravedad española modera, sin embargo, el demasiado sentimentalismo de los modelos franceses y, al restarle frivolidad, hace más próximos y humanos los arrebatos amorosos de Amadís. El libro está escrito en un estilo elegante y atractivo, sin los rebuscamientos de la prosa humanista ni los excesos y enrevesamientos en que tenían que caer las posteriores imitaciones del género. Dentro de él, el *Amadís* es la obra maestra indiscutible.

Aunque tomara no pequeña herencia de los modelos franceses, el *Amadís* —entiéndase aquí conjuntamente, tanto en su primera versión como en la parte añadida por Montalvo— los supera a todos por la facilidad con que desarrolla la acción, el interés que sabe comunicar a su relato, la habilidad con que dispone de los más variados recursos echando mano de todos los que las modas de su tiempo hacían agradables y, sobre todo, por el encanto singular que se desprende de los dos amantes —Amadís y Oriana—, cuyas figuras se incorporaron inmediatamente a las grandes parejas de enamorados legendarios.

Señala Menéndez y Pelayo que, a pesar del prodigioso número de aventuras y personajes, que forman a veces enmarañado laberinto, es patente la uni-

---

[72] *Orígenes de la novela*, cit., pág. CCIII.

dad orgánica del libro y la habilidad con que están combinados todos los accidentes de la fábula. El actual desconocimiento del primitivo original nos impide precisar la parte que corresponde a Montalvo en la acertada organización de la trama novelesca, o si ésta llegó ya así a sus manos; en cualquier caso, su autor, individual o múltiple, supo disponer perfectamente el proceso de la acción y coordinar hasta los más pequeños episodios hacia la meta final de la novela. Los referidos fragmentos del *Amadís* primitivo, publicado por Rodríguez-Moñino, han puesto de relieve otro interesante punto. Se venía admitiendo que Esplandián, el hijo de Amadís, era una invención de Montalvo. Menéndez y Pelayo —y todos los comentaristas tras él— pensaba que las varias menciones que de aquél se hacen en el libro, habían sido introducidas para preparar y justificar las *Sergas,* con las que Montalvo se disponía a continuar el *Amadís.* Pero resulta que Esplandián se encuentra mencionado tres veces en uno de los dichos fragmentos, de acuerdo precisamente con la opinión que Lida de Malkiel [73] había sostenido sobre este punto. Rodríguez-Moñino duda además, ateniéndose, claro está, a lo poco que permite la confrontación de tan breves fragmentos, de que la intervención de Montalvo beneficiara en general la originaria concepción de la novela.

Afirma Menéndez y Pelayo que el *Amadís* introdujo un nuevo género de caballerías, que venía a refinar y ennoblecer la literatura caballeresca anterior. Amadís —dice— encarna el tipo del perfecto caballero, espejo del valor y de la cortesía, dechado de vasallos leales y de constantes amadores, amparo de débiles y menesterosos y brazo armado al servicio del orden moral y de la justicia. Sus flaquezas le declaran humano, pero no empañan sus virtudes; su condición afable y humana le convierte en un héroe moderno. De aquí que su libro adquiriera tan alto valor didáctico y social y se convirtiera en el código del honor para varias generaciones, manual del buen tono, oráculo de la elegante conversación y repertorio de las buenas maneras. Ni siquiera el *Cortesano* de Castiglione —añade— le arrebató del todo esta palma [74].

Por todas estas razones se comprende que el *Amadís* obtuviera un éxito inmenso, uno de los mayores que han conocido las letras españolas, y hasta los más sesudos y elevados personajes de todos los países de Europa le dispensaron su admiración. Podría parecer incomprensible que un relato tejido con tan fantásticas aventuras pudiese apasionar sin desfallecimientos a lo largo de más de una centuria. Pero aquel tipo de novelas representaba además para los lectores de su tiempo la sola posibilidad de evasión, el único alimento de su fantasía, y su aceptación no parece más disparatada de lo que hoy resulta la general admiración que despierta el cine con sus inverosímiles acciones y sus galanes invencibles, burgués remedo del heroico Amadís. La exalta-

---

[73] María Rosa Lida de Malkiel, "El desenlace del *Amadís* primitivo", en *Romance Philology,* VI, 1953, págs. 283-289.

[74] *Orígenes de la novela,* cit., pág. CCXII.

ción producida en las mentes del siglo XVI por la lectura de los libros de caballerías fue parte importante en el proceso de nuestros místicos (casi todos ellos fueron en su juventud grandes lectores de estos libros: recuérdese el caso de San Ignacio de Loyola y de Santa Teresa); imbuidos por su fantasmagoría, marchaban al Nuevo Mundo los conquistadores, y las mismas maravillas que descubrían, influían de rechazo en la admiración por unas novelas que no eran siempre más fantásticas que las nuevas, y bien reales, gestas ultramarinas [75].

La difusión del *Amadís* y sus continuaciones por todos los países de Europa fue tan dilatada o aun mayor que en la misma Península. Nuestras estrechas relaciones políticas con Italia explican que fuera este país el que primeramente acogió dichos libros, antes incluso de ser traducidos a su lengua. Afirma Thomas [76] que una de las principales contribuciones para el mantenimiento del crédito literario español en Italia fueron los libros de caballerías, cuyas ediciones se multiplicaron. Pareja popularidad obtuvieron en Francia, favorecida por el renacimiento de las ideas caballerescas que allí se produce con el reinado de Francisco I. Este monarca conoció sin duda el *Amadís* durante su prisión en Madrid y, como ya sabemos, ordenó a su oficial de artillería Nicolás de Herberay, señor de Essarts, que lo tradujera al francés; desde entonces los testimonios de su popularidad en todas las clases sociales son tan abundantes como en la misma España. A mediados del siglo apareció en París una versión abreviada del *Amadís* bajo el nombre de *Le Trésor des livres d'Amadís,* de la cual se publicaron 20 ediciones en cincuenta años. Edwin B. Place, que ha estudiado la difusión e influjo de esta versión en el país vecino, resume sus conclusiones con estas palabras: "El *Trésor d'Amadís* no sólo entra plenamente en la categoría de manual de urbanidad cortesana, sino que, como tal, ejerció más influencia en la tosca clase superior francesa del Renacimiento que ningún otro *courtesy book*. Le van muy en zaga el *Cortegiano* del conde Baldassar Castiglione y el *Galateo* de Giovanni della Casa —traducción francesa en 1573, con pocas ediciones—; aquél sufre en Francia un eclipse casi total entre 1540 y 1585, época que presenció la salida de die-

---

[75] Cfr.: sobre este último aspecto, el bello libro de Irving A. Leonard, *Romances of chivalry in the Spanish Indies with some Registros of shipments of books to the Spanish Colonies,* Berkeley, California, 1933 (existe traducción española con el título de *Los libros del Conquistador,* "Fondo de Cultura Económica", México, 1953). Véanse además: Alberto Sánchez, "Los libros de Caballerías en la conquista de América", en *Anales Cervantinos,* VII, 1958, págs. 237-259. J. Hernández, "La influencia de los libros de Caballerías sobre el conquistador", en *Estudios Americanos,* XIX, 1960 págs. 235-256. Stephen Gilman, "Bernal Díaz del Castillo and *Amadís de Gaula*", en *Studia Philologica. Homenaje a Dámaso Alonso,* II, Madrid, 1961, págs. 99-114.

[76] Henry Thomas, *Las novelas de caballerías españolas y portuguesas. Despertar de la novela caballeresca en la Península Ibérica y expansión e influencia en el extranjero.* Anejo X de la *Revista de Literatura,* Madrid, 1952, pág. 137.

ciocho ediciones del *Trésor*" [77]. Es de advertir que, en opinión del mismo investigador, es Montalvo quien, pese al parecer de muchos eruditos franceses, se destaca como estilista, mientras que la traducción francesa, lejos de ampliar y mejorar la versión original de Montalvo, parece la obra de un discípulo que se aplica y aprovecha sin llegar nunca a igualar a su maestro [78]. En Alemania fue también la influencia cortesana la que abrió el camino para la intensa penetración del *Amadís*, y, según afirma Thomas, desempeñó en aquella nación la misma función que en Francia como manual de cortesía. En Holanda, dice el propio Thomas, los libros peninsulares de caballerías tuvieron mayor influencia que en ninguna otra parte, con excepción quizá de la misma España. Y no menor fue la difusión e influjo, social y literario, que el *Amadís* y sus continuaciones conquistaron en Inglaterra [79].

En lo que respecta a la huella específicamente literaria del *Amadís*, tan sólo cabe hacer aquí algunas menciones. Gil Vicente lo utilizó para su *Tragicomedia de Amadís de Gaula*; Ariosto en su *Orlando Furioso* recuerda varios pasajes de la novela; Bernardo Tasso, padre del famoso autor de *La Jerusalén Libertada*, escribió un largo poema sobre el héroe, siguiendo el hilo del libro de Montalvo; el *Amadís* proporciona tema para varios romances del siglo XVI e inspira comedias de Rey de Artieda, Lope de Vega y Pérez de Montalbán. Juan de Valdés, en su *Diálogo de la Lengua*, lo considera de los mejores libros de su especie, y Cervantes, en el conocido escrutinio de los libros de caballerías, exceptúa de la destrucción al *Amadís* por estimarlo "el mejor de todos los libros que deste género se han compuesto".

Es necesario puntualizar, sin embargo, que paralela a la general aceptación del público lector corrió la desaprobación de innumerables moralistas y hombres doctos, que veían en los libros de caballerías un manantial de nocivas influencias para la vida moral y un peligroso estimulante de quimeras y necedades; algunos llegaron incluso a solicitar su absoluta prohibición. López Pinciano, Pedro Mexía, Alonso de Ulloa, Diego Gracián, Venegas del Busto, Alonso de Fuentes, Melchor Cano, Arias Montano, fray Luis de Granada, Malón de Chaide pueden contarse en la larga lista de los denostadores de los libros de caballerías, a la que habría que añadir nombres no menos ilustres en todos los países, como el alemán Justus Lipsius, para el cual el *Amadís* era "el libro más nocivo que jamás ha existido, nacido para adulterar e incluso pervertir a los jóvenes" [80]. Pero las críticas adversas fueron ineficaces en todas partes, como siempre lo han sido contra los libros, diversiones o espectáculos apetecidos por la multitud; sin contar con que escritores y personalidades

---

[77] Edwin B. Place, "El *Amadís* de Montalvo como manual de cortesanía en Francia", en *Revista de Filología Española*, XXXVIII, 1954, págs. 151-169; la cita en pág. 168.

[78] Ídem, íd., pág. 169.

[79] Para todos estos problemas véase en especial el capítulo VI del mencionado libro de Thomas.

[80] Citado por Thomas en ídem, íd., pág. 173.

igualmente famosos proclamaron su entusiasmo por aquellos libros y encarecieron sus excelencias.

El éxito del *Amadís* provocó una legión de imitadores —algunos ya aludidos— y el siglo XVI conoció la más prolífica manifestación de un género. A las *Sergas de Esplandián*, escritas por Montalvo, añadió inmediatamente Páez de Ribera un sexto libro. Poco después apareció el séptimo, de autor desconocido, donde se narran las aventuras de Lisuarte de Grecia, hijo de Esplandián. En el octavo libro el bachiller Juan Díaz hizo morir de viejo a Amadís, ante la desilusión de sus admiradores, pero volvió a resucitarlo Feliciano de Silva en el noveno *Amadís de Grecia*, y prolongó sus aventuras en otros libros más, *Don Florisel de Niquea* y *Don Rogel de Grecia*, en los que la ampulosidad, casi grotesca a veces, del estilo y la complicación y extravagancia de las aventuras se precipitan hacia una sima de excesos, que había de traer la irremediable decadencia de las novelas de caballerías. Famosísima fue también la serie de los *Palmerines* (*Palmerín de Oliva*, *Primaleón*, ambos de autor desconocido, y el *Palmerín de Inglaterra*, el mejor y más famoso de todos, escrito por el portugués Francisco de Moraes, aunque la traducción castellana apareció antes que la edición en lengua original, etc.) y de otros incontables personajes [81].

El "Tirant lo Blanc". Aunque pertenece a la literatura catalana, es indispensable hacer al menos mención —debido a su gran importancia— de otro libro de caballerías, *Tirant lo Blanc* (*Tirante el Blanco*) [82], publicado en Valencia en 1490 y escrito en su mayor parte por el caballero valenciano Joanot Martorell. A su muerte, acabó el libro Martí Joan de Galba, que compuso

---

[81] Cfr.: Adolfo Bonilla y San Martín, "Libros de Caballería", en *Nueva Biblioteca de Autores Españoles*, Madrid, 1907-1908, edición y estudio preliminar. Carolina Michaëlis de Vasconcelos, "Palmerín de Inglaterra", en *Zeitschrift für romanische Philologie*, VI, 1882, págs. 37-66 y 217-255. W. E. Purser, *Palmerin of England*, Dublín-Londres, 1904. R. Foulché-Delbosc, "Sergas", en *Revue Hispanique*, XXIII, 1910, págs. 591 y ss. J. Givanel y Mas, "Una papeleta crítico-bibliográfica referente al 'octavo libro de Amadís de Gaula'", en *Homenaje a Menéndez Pidal*, I, Madrid, 1925, págs. 390-401. Emilio Cotarelo, "Nuevas noticias biográficas de Feliciano de Silva", en *Boletín de la Real Academia Española*, XIII, 1926, 129-131. Erasmo Buceta, "Algunas noticias referentes a la familia de Feliciano de Silva", en *Revista de Filología Española*, XVIII, 1931, págs. 390-392. Narciso Alonso Cortés, "Feliciano de Silva", en *Boletín de la Real Academia Española*, XX, 1933, págs. 382-404. S. Gili Gaya, "Las Sergas de Esplandián como crítica de la Caballería bretona", en *Boletín de la Biblioteca Menéndez Pelayo*, XXII, 1947, págs. 103-111. María Rosa Lida de Malkiel, "Dos huellas del *Esplandián* en el *Quijote* y en el *Persiles*", en *Romance Philology*, IX, 1955, págs. 156-162. Rafael Schiaffino, *La medicina en los libros de caballería andante*, Buenos Aires, 1943. Justina Ruiz de Conde, *El amor y el matrimonio secreto en los libros de caballerías*, Madrid, 1948.

[82] Edición facsímil de la príncep, Nueva York, 1904. Ed., en castellano, de Felicidad Buendía, en *Libros de caballerías españoles*, cit. Ed. de Martín de Riquer, con estudio fundamental, Barcelona, 1947. Ed. de la traducción castellana de 1511, Martín de Riquer, "Asociación de Bibliófilos de Barcelona", Barcelona, 1947.

la "cuarta parte", aunque no se sabe donde comienza ésta ni si el segundo autor retocó o modificó la obra del primero.

Menéndez y Pelayo dijo del *Tirant* que era "uno de los mejores libros de caballerías que se han escrito en el mundo, para mí el primero de todos después del *Amadís,* aunque de género muy diverso" [83]. Y Dámaso Alonso comienza su estudio de la novela con esta frase que de buenas a primeras podría parecer hiperbólica: "Una de las obras extraordinarias que he leído en mi vida es *Tirant lo Blanc*" [84]. Su difusión hubo de ser, sin embargo, bastante limitada; a diferencia de los otros libros de caballerías, casi todos traducidos a diversos idiomas y repetidamente editados, el *Tirant* no tuvo en su lengua original sino dos ediciones, ambas en el siglo XV, y una sola en su versión al castellano, la de Valladolid de 1511. De ésta se hizo la traducción italiana publicada en Venecia en 1538 y la adaptación francesa de casi mediados del siglo XVIII. Las tres ediciones aparecidas en la Península se cuentan entre los libros más raros del mundo [85], y apenas se conocen menciones del *Tirant* fuera de los elogios de Cervantes. Éste, en el escrutinio de los libros de Don Quijote, afirma que el *Tirant* es "por su estilo el mejor libro del mundo", y alaba en él su verosimilitud y realismo, pues "aquí comen los caballeros y duermen, y mueren en sus camas, y hacen testamento antes de su muerte, con otras cosas de que todos los demás libros deste género carecen".

Tirant lo Blanc, según subraya Menéndez y Pelayo, no es, de hecho, un caballero andante que consume su actividad en delirios y quimeras, sino un hábil capitán que pone su espada al servicio de la cristiandad amenazada por los turcos; sus artes no son debidas a magos ni encantadores, sino a prudentes cálculos y a muy sagaces maniobras. "Tenemos aquí —añade— un libro de caballerías de especie nueva, escrito por un hombre sensato, de espíritu burgués y algo prosaico, que modifica el sentido del heroísmo y cambia el concepto del amor para caer de lleno en el más extremado sensualismo" [86].

Dámaso Alonso, que acepta en conjunto el juicio de Menéndez y Pelayo, va más allá y afirma que el *Tirant* no es un libro de caballerías, "aunque haya muchas caballerías en sus páginas". La novela, que amontona, en efecto, peripecias innumerables [87] en un relato que iguala la extensión del *Amadís,* parece ideada por un espíritu científico, que necesita darle al lector —y dársela

---

[83] *Orígenes de la novela,* cit., págs. CCXXXVI-CCXXXVII.

[84] "*Tirant-lo-Blanc,* novela moderna", en *Primavera temprana de la literatura europea,* Madrid, 1961, págs. 201-253.

[85] Menéndez y Pelayo, *Orígenes de la novela,* cit., pág. CCXLII.

[86] Ídem, íd., pág. CCXLI.

[87] La acción, que comienza en Inglaterra, sigue como hilo básico la expedición de catalanes y aragoneses al Oriente con las hazañas de Roger de Flor, libremente desfigurada para los fines novelescos que el autor se propone, aunque, en el fondo, son puestos muy de relieve los intereses políticos de la casa aragonesa en el Mediterráneo y los ideales religiosos de la cristiandad; lo cual no empece para la constante injerencia de anécdotas amorosas, cuyos más íntimos pormenores describe el novelista con incansable fruición.

a sí mismo— exacta cuenta de cada detalle, buscando siempre la mayor racionalidad y rechazando lo prodigioso. Pero más todavía que en esto, el realismo del *Tirant* descansa en una nueva técnica de narrar, en una naturalidad que encuentra como sin esfuerzo los detalles, actitudes, palabras de la vida diaria, con unos medios de expresión propios de un arte distinto, sin nada semejante en la Edad Media, de una simplicidad y verismo naturalista que quedan muy cerca de la novela moderna. Escenas incontables diríase que están "como musicalmente escritas en un tiempo alegre, humorístico, impulsivo, desenfadado y primaveral" [88], que no parece deber nada a modelos ni antecedentes tradicionales. Dámaso Alonso advierte que no sería justo silenciar que en el nuevo realismo del *Tirant* colabora con enorme eficacia la despreocupación moral del autor, a quien no cohiben, evidentemente, las mayores desenvolturas. Esto es cierto, sin duda. Pero creemos que influye no menos —diríamos que mucho más— el alma de la lengua valenciana en que escribe Martorell, tan apropiada, tan insustituible para la ironía guasona, para el descaro, para la burla gráfica, para expresar el pormenor vulgar y cotidiano, sin tufo alguno de parla culta o saber libresco; que de tal índole son precisamente los episodios más felices del libro y los que aportan esa novedad que entusiasma a Dámaso Alonso. Tales episodios, vertidos al castellano, quedan poco menos que destruidos; o, por lo menos, a una distancia sideral. El *Tirant* podría ilustrar, en este aspecto, un hecho de capital importancia. Cuando la novela se produce, la lengua valenciano-catalana parece estar sobre un promontorio de posibilidades, que nada debe envidiar al castellano. El inmediato predominio de éste trae las innumerables ventajas que no precisa repetir aquí; pero ahoga a su vez la expresión de una literatura, con acentos peculiarísimos, que no iba a ser capaz de sustituir. En castellano no podían escribirse entonces —no fueron escritas— las sabrosísimas desvergüenzas del *Tirant*, ni alcanzarse el realismo *circunstancial* y *cotidiano* que la novela valenciana prodiga.

Dámaso Alonso subraya la enorme y fructífera huella que la lectura del *Tirant* había de dejar en Cervantes. En cambio, la ausencia de éxito popular quizá se debió precisamente a que la novela, con su realismo prematuro y sus descarnadas crudezas, no llenaba las exigencias de los habituales lectores de los libros de caballerías [89].

LA HISTORIA

Como llevamos dicho, la Historia es el género en prosa que durante el siglo XV logra evadirse en mayor medida del rebuscado amaneramiento traído

---

[88] Dámaso Alonso, estudio cit., pág. 244.
[89] Esta limitada aceptación popular no elimina, sin embargo, el influjo literario del *Tirant*. Aparte su impacto sobre Cervantes, que bastaría para definir su importancia, la novela valenciana deja sentir su presencia sobre notables escritores, como Giovio, Ariosto y Bandello (véase el citado estudio preliminar de la edición de Martín de Riquer).

por la preocupación cultista y la imitación estilística de los clásicos. Pero entiéndase que esto es solamente en lo referente a la expresión formal. En todo lo demás, la Historia del siglo XV acusa para su bien una marcada influencia de los historiadores de la Antigüedad (César, Salustio, Tito Livio, Suetonio), ya iniciada por el Canciller en el XIV, gracias a la cual rebasa enormemente la sequedad y esquematismo de las crónicas medievales, amplía el círculo de temas que atraen su interés, profundiza en el estudio psicológico y moral de los personajes, atiende a multitud de aspectos que permiten una más perfecta comprensión de los hechos (topografía, costumbres, vida íntima), y cuaja en una belleza de exposición que produce en multitud de ocasiones auténticas obras de arte.

La Historiografía del siglo XV es abundante en nombres: buena prueba de la importancia adquirida por el *hombre* al calor de las nuevas corrientes humanistas. No sólo el personaje de calidad dinástica es objeto —como hasta entonces— de la atención del historiador, sino también los de modesto origen siempre que adquieran notoriedad por sus hechos; y asimismo solicitan su curiosidad los sucesos de índole particular. Con lo que viene a completarse e ilustrarse, bajo muchos aspectos, el panorama histórico de los cronistas oficiales. Claro es que no todos los historiadores siguen esta tendencia clásica a que aludimos. Todavía son numerosas las obras que refunden las crónicas anteriores; pero éstas, naturalmente, son las menos importantes [90].

Los que, siguiendo la corriente iniciada por Ayala, imitan a los historiadores clásicos, pueden dividirse en tres grupos principales: cronistas de un reinado, biógrafos e historiadores de hechos particulares.

Cronistas. Entre los cronistas de un reinado, que en mayor o menor medida toman como ejemplo las *Crónicas* del Canciller, merece destacarse la *Crónica de don Juan II*, obra notable por su abundante información y rigor histórico (pese a la escasa simpatía manifestada hacia don Álvaro) así como por la soltura y naturalidad de su estilo, que se alía en muchas ocasiones con la severidad y elegancia del modelo. Aparte la figura del rey, da noticias preciosas sobre otros muchos personajes de la Corte (don Fernando de Antequera, don Álvaro de Luna, el Marqués de Santillana, los infantes don Enrique y don Jaime, etc., etc.) y sobre sucesos y costumbres de la época. La primera parte de la *Crónica*, unos dos tercios de la obra, se cree fundadamente obra de Álvar García de Santa María, judío converso, y la segunda ha sido atribuida a

---

[90] Cfr.: Menéndez y Pelayo, "La historia considerada como obra artística", en *Estudios y discursos de crítica histórica y literaria*, ed. nacional, vol. VII, Santander, 1942, págs. 3-30. José Luis Romero, "Sobre la biografía española del siglo XV y los ideales de vida", en *Cuadernos de Historia de España*, Buenos Aires, 1944 (reproducido en *Sobre la biografía y la historia*, Buenos Aires, 1945, págs. 47-87). Benito Sánchez Alonso, *Historia de la Historiografía española*, 3 vols., Madrid, 1941-1950 (obra fundamental).

varios autores: Juan de Mena, Rodríguez de la Cámara, Mosén Diego de Valera, Fernán Pérez de Guzmán, y otros [91].

De tanta o mayor importancia para la historia del reinado de Juan II es la llamada *Crónica del Halconero,* Pedro Carrillo de Albornoz (su verdadero nombre era Carrillo de Huete), obra de gran valor documental y escrita con gran imparcialidad y sentido crítico. Testigo de muchos hechos importantes, da de ello un testimonio directo. Sobre don Álvaro de Luna, la discutidísima figura del reinado, el *Halconero,* poco dado a las intrigas de la política, mantiene una posición de absoluta independencia, sin aventurar juicios que deja a la posteridad. La *Crónica de Juan II* tomó muchas noticias de la del *Halconero,* de la que hizo una refundición el famoso obispo Lope de Barrientos [92].

Sobre el reinado de Enrique IV destacan las obras de Diego Enríquez del Castillo y Alfonso de Palencia, favorable el primero y enemigo el segundo del discutido monarca.

Fue Castillo capellán, consejero y embajador de Enrique IV a quien permaneció siempre fiel, granjeándose con ello la enemistad de los nobles rebeldes. Después de la batalla de Olmedo fue apresado por sus enemigos que saquearon su casa y se apoderaron de sus papeles, entre ellos el original de su crónica que fue entregada al cronista rival, Alfonso de Palencia. Castillo tuvo después que rehacer el libro de memoria, por lo cual son frecuentes sus errores cronológicos. Su parcialidad a favor del rey no se observa en los hechos que relata, sino en sus comentarios; omite además las cosas que pueden perjudicar con exceso a su biografiado, pero es objetivo en los sucesos que refiere. Como obra literaria, la crónica de Castillo posee singular importancia por la viveza y fuerza dramática de su estilo, algo declamatorio a veces [93].

Alfonso de Palencia, nacido en Osma, en 1423, tuvo una sólida preparación humanística. Pasó muy joven a Italia, donde figuró entre los familiares del cardenal Bessarion y los discípulos del humanista griego Jorge de Trebisonda. A su regreso a España sucedió a Mena en el cargo de secretario de cartas latinas de Enrique IV. Se pasó después al bando del infante don Alfonso e intervino en las negociaciones para la boda entre doña Isabel y don Fernando. Palencia se adelantó a Nebrija en la redacción de un diccionario castellano

---

[91] Cfr.: Charles V. Aubrun, "Álvar García de Santa María", en *Cuadernos de Historia de España,* IX, Buenos Aires, 1948, págs. 140-146. Francisco Cantera Burgos, *Álvar García de Santa María, cronista de Juan II de Castilla,* Madrid, 1951. Del mismo, *Alvar García de Santa María y su familia de conversos. Historia de la judería de Burgos y sus conversos más egregios,* Madrid, 1952. Lore Terracini, "Intorno alla *Crónica de Juan II*", en *Studi romanzi,* Roma, XXXIII, 1961.

[92] Edición y estudio por Juan de Mata Carriazo, en *Colección de Crónicas Españolas,* Madrid, 1940-1946.

[93] Edición C. Rosell, en *Biblioteca de Autores Españoles,* vol. LXX, nueva ed., Madrid, 1953. Cfr.: Julio Puyol, "Los cronistas de Enrique IV", en *Boletín de la Real Academia de la Historia,* LXXVIII, 1921, págs. 391-415 y 486-496; LXXIX, 1921, págs. 11-28 y 118-124.

(*Universal vocabulario en latín y romance*) [94], tradujo a Plutarco y a Josefo y publicó distintas obras en castellano y en latín. Su crónica de Enrique IV, libro capital de su producción, fue redactada en latín con el nombre de *Gesta hispaniensia ex annalibus suorum dierum* [95]. Ha sido discutida la veracidad de esta obra, pues Palencia se muestra enemigo irreductible del rey. La comparación con otros documentos de la época parece darle la razón, pero posiblemente está más cerca de la verdad cuando enjuicia a otros personajes de la corte que cuando traza la semblanza del monarca. De todos modos, ambas historias, la de Palencia y la de Castillo, se completan, y hasta en sus mismas discrepancias contribuyen a perfilar el cuadro de aquella época luctuosa. De la habilidad de Palencia como cronista dice el historiógrafo Sánchez Alonso que "pocos le igualan en dar vida en breves rasgos a un personaje, en presentar los antecedentes de los sucesos con brevedad y eficacia, en explicarlos sagacísimamente, en dar amenidad e interés a lo que narra. En vez de intercalar discursos, suele resumirlos con gran tino, procedimiento que aplica también a los documentos de que se sirve, con lo que la atención del lector, sin enredarse en pormenores insustanciales, mantiénese en creciente tensión. Sólo puede reprochársele una cierta satisfacción de sí mismo, que se revela en la complacencia con que destaca siempre su actuación, en vez de mantener el anónimo que corresponde a un historiador; cierto que en ocasiones fue ella tan importante, que forzosamente tenía entonces que adaptar su relato al tono de memorias personales" [96].

Cronista a la vez de Enrique IV y de los Reyes Católicos fue Mosén Diego de Valera, servidor y consejero palatino durante ambos reinados, activo político, viajero por varias cortes de Europa y fecundo escritor. Se conservan de él, entre otros varios libros, una notable colección de *Epístolas* [97] dirigidas a diversos personajes; el pequeño tratado *Providencia contra Fortuna*, que se estima

---

[94] Cfr.: John M. Hill, *Alfonso de Palencia: Universal vocabulario. Registro de voces españolas internas*, Real Academia Española, Madrid, 1957.

[95] Traducción castellana, con el nombre de *Crónica de Enrique IV*, por A. Paz y Meliá, Madrid, 1904-1908, 4 vols. ("Colección de escritores castellanos", núms. 126, 127, 130 y 134). Cfr.: del mismo Paz y Meliá, *El cronista Alfonso de Palencia. Su vida y sus obras; sus "Décadas" y las "Crónicas" contemporáneas; ilustraciones de las "Décadas" y notas varias*, Madrid, 1914. Antonio María Fabié, *Vida y escritos de Alfonso Fernández de Palencia*, Madrid, 1875 (Discurso de ingreso en la Academia de la Historia). G. Cirot, "Les Décades d'Alfonso de Palencia, la Chronique Castillane de Henri IV attribuée à Palencia et le 'Memorial de diversas hazañas' de Diego de Valera", en *Bulletin Hispanique*, XI, 1909, págs. 425-442. Gregorio Marañón, *Ensayo biológico sobre Enrique IV de Castilla y su tiempo*, Madrid, 1930. J. Álvarez Delgado, "Alfonso de Palencia (1423-1492) y la historia de Canarias", en *Anuario de Estudios Atlánticos*, Madrid-Las Palmas, 1963, núm. 9, págs. 51-80; y el estudio de Puyol citado en la nota anterior.

[96] *Historia de la Historiografía española*, cit., vol. I, pág. 391.

[97] Ed. de J. A. de Balenchana, Madrid, 1878. Cfr.: C. Real de la Riva, "Un mentor del siglo XV: Diego de Valera y sus epístolas", en *Revista de Literatura*, XX, 1961, páginas 279-305.

entre la mejor prosa de su tiempo; un *Doctrinal de Príncipes* [98], y tres obras de historia: la *Crónica abreviada de España* o *Valeriana,* resumen que abarca desde los tiempos primitivos hasta el reinado de Juan II, tomado de muy variadas fuentes y donde admite todo género de fábulas y leyendas; el *Memorial de diversas fazañas,* correspondiente al reinado de Enrique IV; y la *Crónica de los Reyes Católicos.* Para el *Memorial,* libro de escasa originalidad [99], se sirvió Valera muy de cerca de una *Crónica castellana del Impotente* (todavía inédita) y de la obra de Palencia, con lo que queda declarada su actitud hostil contra Enrique IV. La *Crónica de los Reyes Católicos* [100] llega sólo hasta 1488; de sus dos partes, la segunda, que narra principalmente la guerra de Granada, es la más interesante y original. El estilo de Valera peca con gran frecuencia de afectación y engolamiento, y abunda en citas pedantescas.

Historiador también de los Reyes Católicos fue Andrés Bernáldez, llamado el Cura de los Palacios, antiguo capellán de doña Isabel y el primero que dejó completa la crónica de este reinado con el nombre de *Historia de los Reyes Católicos don Fernando y doña Isabel* [101]. Sin dejarse influir apenas por las nuevas corrientes humanistas, en un estilo sin pretensiones, incluso a veces familiar, como que se dirigía a las gentes comunes para informarles de las "buenas cosas" que en su tiempo habían sucedido, escribió Bernáldez un precioso relato abundante en pormenores, de inapreciable valor histórico. Especialísimo interés encierran los capítulos que dedica al descubrimiento de América, primera información extensa que se posee de este magno suceso, para los cuales pudo servirse del mismo *Diario* de Colón, gran amigo suyo y a quien tuvo hospedado en su casa. Trata además de muchos acontecimientos ocurridos fuera de su patria, como la conquista de las Canarias y las guerras y política con Francia, Italia, Portugal y África.

---

[98] Cfr.: Juan de Mata Carriazo, "Lecciones al Rey Católico. El *Doctrinal de Príncipes* de Mosén Diego de Valera", en *Anales de la Universidad Hispalense,* XVI, 1955, páginas 73-132. Mario Penna, "El Príncipe según Diego de Valera y el Príncipe según Maquiavelo", en *Revista de Estudios Políticos,* Madrid, núm. 84, 1955, págs. 121-138.

[99] Edición y estudio de Juan de Mata Carriazo, en *Colección de Crónicas Españolas,* citada, vol. IV, 1941.

[100] Edición y estudio de Juan de Mata Carriazo, Madrid, 1927, *Revista de Filología Española,* Anejo VIII. Cfr.: A. Bonilla y San Martín, "Nuevos datos acerca de Mosén Diego de Valera", en *Boletín de la Biblioteca Menéndez y Pelayo,* II, 1920, págs. 284-294. L. de Torre y Franco-Romero, *Mosén Diego de Valera. Apuntaciones biográficas, seguidas de sus poesías y varios documentos,* Madrid, 1914 (tirada aparte del *Boletín de la Real Academia de la Historia).* S. de Melgar, "Sobre Mosén Diego de Valera. Notas y documentos inéditos", en *Revista del Ateneo,* Jerez de la Frontera, IX, 1932, págs. 5-8 y 32-34. Ángel González Palencia, "Mosén Diego de Valera en Cuenca", en su libro *Moros y cristianos en la España Medieval,* Madrid, 1945, págs. 255-273. José Simón Díaz, "El judaísmo de Mosén Diego de Valera", en *Revista de Bibliografía Nacional,* Madrid, VI, 1945, págs. 98-101.

[101] Ediciones: M. Lafuente y Alcántara. Granada, 1870-1875, 2 vols. (Sociedad de Bibliófilos Andaluces). C. Rosell, en *Biblioteca de Autores Españoles,* vol. LXX, nueva edición, Madrid, 1953.

Biógrafos. Entre los autores de relatos biográficos, el siglo XV ofrece dos nombres insignes: Fernán Pérez de Guzmán y Hernando del Pulgar.

FERNÁN PÉREZ DE GUZMÁN (1376-1460), señor de Batres, sobrino del Canciller Ayala y tío del Marqués de Santillana, alternó como ellos las armas y las letras, intervino con cierta intensidad en las banderías nobiliarias y luchó, en el reinado de Juan II, contra don Álvaro de Luna que le aprisionó. Al perder el favor de la corte, se retiró a su señorío, no se sabe si obligado o por propia voluntad, donde permaneció gran parte de su larga vida entregado al estudio y al cultivo de la literatura. Gran humanista, no leía, sin embargo, el latín, aunque tradujo a Séneca y a Cicerón, valiéndose de versiones italianas, e hizo traducir a Salustio.

Fue poeta de no más que discretas dotes, aunque sus contemporáneos tuvieron estima por sus versos y algunos eruditos de hoy pretenden hacer subir el aprecio hacia esa parte de su obra. Escribió poesías de cancionero al gusto de la época (como tal, figura en varias de aquellas colecciones y, sobre todo, en el de Baena); obras de tendencia didáctica y moral, filosófica y religiosa, a las que le llevaron "sus dolorosas experiencias" de cortesano desengañado y desterrado; y, ya en su ancianidad, un largo poema de más de cuatrocientas estrofas titulado *Loores de los claros varones de España* [102], que compuso para consolarse de las realidades presentes, glorificando a las figuras más notables de la historia de su nación desde los tiempos míticos hasta el Papa Luna. Como en casi todas sus composiciones de esta especie, la tendencia didáctico-moralizadora ahoga en prosa rimada los escasos brotes de auténtica poesía.

Pero Fernán Pérez de Guzmán debe su fama y el importante lugar que ocupa en nuestras letras a su obra histórica *Generaciones y Semblanzas*, incluida a continuación de la titulada *Mar de historias* [103]. Es ésta una extensa compilación dividida en dos partes: la primera trata "de los emperadores e de sus vidas e príncipes gentiles e católicos"; la segunda "de los santos e sabios e de sus vidas e de los libros que hicieron". El breve tratado que les sigue, conocido con el nombre de *Generaciones y Semblanzas* [104], comprende un conjunto

---

[102] Edición R. Foulché-Delbosc, en *Cancionero Castellano del siglo XV*, cit., I, páginas 575-579.

[103] Edición R. Foulché-Delbosc, en *Revue Hispanique*, XXVIII, 1913, págs. 442-662 (reimpresión de la de 1512). Cfr.: W. J. Entwistle, "A Note on Fernán Pérez de Guzmán. *Mar de Historias*. Cap. XCVI: 'Del santo grial' ", en *Modern Language Review*, XVIII, 1923, págs. 206-208.

[104] Ediciones: C. Rosell, en *Biblioteca de Autores Españoles*, vol. LVIII, págs. 697-719. R. Foulché-Delbosc, Mâcon, 1907. J. Domínguez Bordona, Madrid, 1924, "Clásicos Castellanos", y nueva ed. en 1941 (seguida de capítulos inéditos de *Mar de Historias*). *Generaciones, semblanzas y obras*, ed. crítica de B. Tate, Londres, 1965. Cfr.: R. Foulché-Delbosc, "Étude bibliographique sur Fernán Pérez de Guzmán", en *Revue Hispanique*, XVI, 1907, págs. 26-55. José Luis Romero, "Fernán Pérez de Guzmán y su actitud histórica", en *Cuadernos de Historia de España*, Buenos Aires, III, 1945, págs. 117-151 (re-

de biografías de personajes de su época, pertenecientes a los reinados de Enrique III y Juan II.

Las dos primeras partes de *Mar de historias*, a pesar del brillante y animado estilo, son mucho menos importantes; sintetiza a otros historiadores y mezcla con frecuencia personajes históricos con otros fantásticos, aunque considerados en su tiempo como seres reales. Las *Generaciones y Semblanzas* son, en cambio, un trabajo de primera mano y constituyen nuestra primera colección de retratos o biografías breves. En esta parte de su obra Fernán Pérez de Guzmán crea, evidentemente, un género. El historiador, que habría tratado íntimamente a todos los personajes que describe, traza de ellos una silueta inconfundible tanto en sus rasgos físicos como morales. Con pequeños detalles, pero intensamente significativos, que sabe escoger con gran penetración, realiza profundos análisis psicológicos de los más notables hombres de su tiempo, convirtiéndose en testigo inapreciable de aquella sociedad. Su pluma es gráfica y nerviosa, apasionada en la contundencia y energía de la palabra, pero imparcial en los juicios. Su estilo conciso y sin retorcimientos sintácticos marcha derecho a las cosas, lo que añade vivacidad a sus retratos incomparables. "No faltaron a este espíritu crítico —escribe Domínguez Bordona— independencia de carácter y excelente *retórica para poner la estoria en fermoso e alto estilo,* requisitos que él mismo juzgaba indispensables en el historiador. Las *Generaciones y Semblanzas* no son exactamente historia ni biografía; son retratos, o más bien, bocetos de personas a quienes el autor conoció y observó, y a muchas de las cuales amó y odió cordialmente. En los retratos de tales personas, tan contradictorias en vicios y virtudes como los tiempos en que vivieron, el espíritu de toda una época se manifiesta con actualidad palpitante. Para lograr esto no bastan condiciones de historiador, hacen falta también dotes de poeta. Fernán Pérez fue observador profundo e independiente, y conoció la importancia de los aspectos externos como reflejos del mundo moral, pero más que en su decantada imparcialidad y gravedad, tal vez el lector moderno halla un particular encanto en la pasión humana de que se impregnan las páginas de las *Generaciones,* juntamente con la espontaneidad, concisión y nerviosidad de estilo" [105].

De la prudencia de sus juicios y de la firme intención adoctrinadora, que en estas páginas tienen su adecuado lugar y afortunada expresión, así como de su escrupuloso afán por la verdad, son buena prueba las condiciones que Pérez de Guzmán exige del historiador, y que en él se encuentran cumplidas:

---

producido en *Sobre la biografía y la historia,* cit., págs. 89-151). Francisco López Estrada, "La retórica de las *Generaciones y Semblanzas* de Fernán Pérez de Guzmán", en *Revista de Filología Española,* XXX, 1946, págs. 310-352. Carlos Clavería, "Sobre la biografía española del siglo xv", en *Escorial,* XVI, 1944, págs. 133-140. Del mismo, "Notas sobre la caracterización de los personajes en *Generaciones y Semblanzas*", en *Anales de la Universidad de Murcia,* X, 1951-1952, págs. 481-526.

[105] Prólogo a la edición citada, pág. XXII.

"E, a mi ver, para las estorias se fazer bien e derechamente son neçesarias tres cosas: la primera, que el estoriador sea discreto e sabio, e aya buena retórica para poner la estoria en fermoso e alto estilo; porque la buena forma onra e guarneçe la materia. La segunda, que él sea presente a los prinçipales e notables abtos de guerra e de paz; e porque seríe inposible ser él en todos los fechos, a lo menos que él fuese así discreto, que non reçibiese información sinon de personas dignas de fe e que oviesen seýdo presentes a los fechos. E esto guardado, sin error de vergueña puede el coronista usar de información ajena... La terçera, es que la estoria non sea publicada biviendo el rey o príncipe en cuyo tiempo e señorío se hordena, porque el estoriador sea libre para escrivir la verdad sin temor" [106].

HERNANDO DEL PULGAR nació, probablemente, en Toledo (1436-1493), vivió en la corte de Juan II y de Enrique IV, de quien fue consejero, y sirvió después a la reina Católica, que le envió de embajador a Roma y a París y le nombró su secretario y cronista. En ambas cortes gozó de alto prestigio y consideración por sus reconocidas condiciones de político avisado y escritor notable, así como por la honradez y dignidad de su persona.

Aparte de una *Crónica de Enrique IV*, de dudosa atribución y que, en todo caso, no ha llegado hasta nosotros, Pulgar escribió, siendo ya viejo, la *Crónica de los señores Reyes Católicos don Fernando y doña Isabel*, que alcanza hasta el año 1490 y que Nebrija tradujo, en forma más reducida, al latín por encargo de la reina [107]. Pulgar imita a los clásicos, en especial a Tito Livio, con sus discursos, arengas, etc. El propio autor confiesa su propósito de seguir las huellas de Livio y de otros historiadores antiguos "que hermosean mucho sus crónicas con los razonamientos que en ellos leemos, envueltos en mucha filosofía e buena doctrina". La preocupación literaria por ordenar su obra según la bella disposición de los viejos modelos y vestirla con elegante prosa, no le aparta de manejar las fuentes de primera mano —cartas, relaciones, informes dirigidos a los reyes—, y mucho menos de ejercitar su observación personal. Así, la *Crónica* resulta de gran valor histórico porque su autor seguía siempre a la corte, aunque en la parte primera hay, no obstante, alguna confusión de fechas y omisiones de importantes sucesos.

Tienen también interés histórico sus *Letras* [108], colección de cartas a personajes destacados, escritas en estilo más llano y natural que el de la *Crónica*. Alternan en ellas las referencias a sucesos políticos o militares, los comentarios filosóficos o simplemente adoctrinadores y las referencias autobiográficas; todo ello en tonos muy diversos, que oscilan desde la gravedad profunda hasta la alusión sarcástica, desde la pincelada ingeniosa hasta la confidencia íntima. En

---

[106] Edición Domínguez Bordona, págs. 5-6.

[107] Edición y estudio de la primera versión completa por Juan de Mata Carriazo, en *Colección de Crónicas Españolas*, vol. V y VI, Madrid, 1946.

[108] Edición J. Domínguez Bordona, "Clásicos Castellanos", Madrid, 1929 (seguidas de la *Glosa a las Coplas de Mingo Revulgo*).

su conjunto constituyen una inapreciable glosa de la vida de su tiempo, al margen de la información oficial de las crónicas, y una reveladora semblanza del autor.

Con todo, la obra más importante de Hernando del Pulgar son sus *Claros varones de Castilla*[109], colección de 24 retratos de personajes famosos de la corte de Enrique IV (el propio rey, el Marqués de Santillana, el conde de Haro, el almirante don Fadrique, el Marqués de Villena, el arzobispo Carrillo, etc.). Pulgar sigue las huellas de Pérez de Guzmán, a quien admiraba, y compone como él breves retratos de gran intensidad expresiva, aunque menos concisos y enérgicos que los de su modelo, pues intercala citas y ejemplos tomados de la antigüedad clásica y frecuentes digresiones anecdóticas y eruditas. Posee quizá mejor instinto aún para escoger los rasgos esenciales y definitorios, pero suele ser, en cambio, más condescendiente y contemporizador en sus juicios. "Con un sentido absolutamente moderno —escribe Domínguez Bordona—, fija su atención tan sólo en los rasgos personales, aquellos que dando carácter al biografiado nos revelan mejor sus matices espirituales, sus pasiones, sus virtudes, sus debilidades, sus vicios... Le preocupan más las ideas que los hechos, el relato de los cuales no multiplica, tendiendo siempre a valorar el trazo personal que, desde el primer momento, descubre con tal justeza de frase, que una sola suya tiene, en ocasiones, más comprensión que muchas páginas de una crónica"[110].

También se conserva de Hernando del Pulgar la *Glosa a las Coplas de Mingo Revulgo*, en grave tono doctrinal.

Historiadores de hechos particulares. En la biografía individual merece destacarse la *Crónica de don Pero Niño, conde de Buelna*, llamada también *El Victorial*[111], escrita hacia mediados del siglo XV por Gutierre Díez de Games, criado de la casa del conde, compañero de sus viajes y testigo de casi todos los

---

[109] Edición J. Domínguez Bordona, "Clásicos Castellanos", Madrid, 1923. Nueva edición en 1942. Cfr.: José Luis Romero, "Hernando del Pulgar y los claros varones de Castilla", en *Sobre la biografía y la historia*, cit., págs. 153-169.

[110] Introducción a la edición citada, pág. XX-XXI. Cfr.: Francisco Cantera, "Fernando de Pulgar y los conversos", en *Sefarad*, IV, 1944, págs. 295-348. Juan Marichal, "El proceso articulador del siglo XV: de Cartagena a Pulgar", en *La voluntad de estilo*, Barcelona, 1957, págs. 21-52.

[111] Edición y estudio de Juan de Mata Carriazo, en *Colección de Crónicas Españolas*, citada, vol. I, 1940. Cfr.: Ángel González Palencia, "Don Pero Niño y el Condado de Buelna", en *Moros y Cristianos...*, cit. Juan Marichal, "Gutierre Díez de Games y su Victorial", en *La voluntad de estilo*, cit., págs. 53-76. María Rosa Lida de Malkiel, *La idea de la fama en la Edad Media castellana*, México, 1952, págs. 232-240. De la misma, "Alejandro en Jerusalén", en *Romance Philology*, X, 1957, págs. 185-196 (sobre Díez de Games y sus fuentes, págs. 193-194). A. Torres Fernández, "Los usos del artículo en *El Victorial* de Gutierre Díez de Games. Contribución al estudio de la sintaxis del castellano en el siglo XV", en *Boletín de Filología*, Lisboa, XVII, 1958, págs. 66-146. Martín de Riquer, "Pero Niño visto por Bernat Metge", en *Studia Philologica. Homenaje ofrecido a Dámaso Alonso*, III, Madrid, 1963, págs. 215-223.

hechos que refiere. La *Crónica* cuenta las andanzas de don Pero persiguiendo a los piratas por el Mediterráneo o ayudando a Carlos VII de Francia contra los ingleses, sus viajes por Europa y su participación en la guerra de Granada. Con todos estos hechos el autor, que no andaba escaso de conocimiento ni de talento literario, va mezclando diversas consideraciones sobre los temas más dispares, anécdotas de la vida de la corte, noticias de personas y sucesos, logrando, en su conjunto, un libro de gran amenidad. Todo él refleja el ambiente caballeresco de su tiempo, y aunque el héroe nos es presentado como espejo ideal de hombre valiente, cortesano y galante, no se desorbitan sus esenciales calidades humanas.

Importante es también la *Crónica de don Álvaro de Luna* [112], de autor anónimo, aunque atribuida con mucho fundamento a Gonzalo Chacón, contador de los Reyes Católicos. La obra fue escrita en manifiesta reivindicación del Condestable, aunque sin llegar al panegírico desmedido. El autor debió de servirse probablemente de un manuscrito de la *Crónica de Juan II*, pero la fuente principal es su propia observación, ya que se trata de sucesos en los que participó o presenció a lo menos. No tiene esta *Crónica* la pintoresca diversidad de *El Victorial*, pero le sobrepuja en la importancia histórica del personaje y en la profundidad de su pintura. "Pocas veces —escribe Sánchez Alonso— la psicología de un personaje histórico nos llega tan acabada. El autor se esfuerza, además, por dar la mayor variedad a su historia, multiplicando los discursos, los diálogos, las sentencias, los apóstrofes. Construye con artificio sus capítulos, que inicia con algunas reflexiones y, cuando hay materia, con relatos de hechos antiguos, análogos a los que va a referir. Aplica asimismo, y no sin gracia, refranes y frases populares. Pero al revés de otros autores que parecen haber hecho su aprendizaje literario en el curso de sus libros, la Crónica de Luna va perdiendo, al acercarse a la catástrofe final, por el tono afectado y sermonario que adquiere, acentuando así un defecto que era muy tolerable en la primera parte de la obra" [113].

Al reinado de Enrique IV pertenece una obra de especial interés, titulada *Crónica del Condestable Miguel Lucas de Iranzo* [114], que nos ha llegado anónima, aunque ha sido atribuida a Pedro de Escavias, gobernador de Andújar, y a Luis del Castillo, secretario del biografiado. Éste era alcaide de la ciudad de Jaén, y la crónica, escrita sin pretensiones literarias pero con gran abundancia de detalles, describe todo género de acontecimientos en la vida diaria de la ciudad —fiestas, solemnidades, ceremonias, duelos, banquetes, torneos,

---

[112] Edición y estudio de Juan de Mata Carriazo, en *Colección de Crónicas Españolas*, citada, vol. II, 1940.

[113] *Historia de la Historiografía española*, cit. vol. I, págs. 349-350.

[114] Ediciones: P. de Gayangos, en *Memorial Histórico Español*, VIII, 1855, págs. 1-521. Juan de Mata Carriazo, en *Colección de Crónicas Españolas*, citada, vol. III. Cfr.: Charles V. Aubrun, "La Chronique de Miguel Lucas de Iranzo", en *Bulletin Hispanique*, XLIV, 1942.

vestidos y manjares—, constituyendo por todo ello un documento incomparable de las costumbres de la época. Como tal, ha sido calificada justamente de "crónica de la vida provinciana española de mediados del siglo XV". Algunas de sus descripciones de festejos han proporcionado datos de interés para el estudio del teatro medieval, en especial sobre la escenografía.

Entre las narraciones de hechos particulares merece un puesto de excepción el *Libro del Paso honroso de Suero de Quiñones* [115], escrito por Pero Rodríguez de Lena, escribano real que asistió para dar fe de los hechos que se cuentan. Suero de Quiñones, caballero de 25 años, había prometido llevar todos los jueves un anillo de hierro en el cuello como señal del cautiverio amoroso en que su dama lo tenía. Para librarse de tal promesa se comprometió a defender, en unión de nueve caballeros amigos, el puente de San Marcos sobre el Órbigo, cerca de León. Se invitó a cuantos caballeros de dentro y fuera de España quisieran asistir y se presentaron sesenta y ocho antagonistas, todos los cuales quedaron heridos, y uno de ellos murió, después de setecientos combates. El autor da fe de ello con la mayor naturalidad, lo que demuestra que no estaban tan lejos de la verdad muchas de las asombrosas aventuras relatadas en los libros de caballerías. Como documento de época, la crónica del *Paso honroso* es inapreciable.

Merecen mención también la *Historia del Gran Tamorlán* [116], primer libro de viajes, pese a su título, de la literatura castellana, en la que Ruy González de Clavijo refiere el que fue llevado a cabo por él como embajador de Enrique III a la corte de aquel famoso personaje, mezclando informaciones curiosas con fantásticos relatos; y las *Andanzas e viajes de Pero Tafur por diversas partes del mundo avidos* [117], que cuenta las correrías del autor, cordobés, caballero de la corte de Juan II, por Italia, Grecia, próximo Oriente y norte de África, movido por la sola curiosidad de conocer nuevas tierras y gentes.

---

[115] Edición facsímil de la de Salamanca de 1588, por A. M. Huntington, Nueva York, 1902. Cfr.: P. G. Evans, "A Spanish knight in flesh and blood. A study of the chivalric spirit of Suero de Quiñones", en *Hispania*, XV, 1932, págs. 142-152. Werner Mulertt, "La fecha del ms. escurialense del *Paso Honroso*", en *Homenaje a Miguel Artigas*, II, Santander, 1932, págs. 242-245.

[116] Ediciones: F. López Estrada, Madrid, 1943. Narciso Alonso Cortés, Madrid, 1947. Cfr.: M. Serrano y Sanz, en *Autobiografías y Memorias* (Nueva Biblioteca de Autores Españoles, Madrid, 1905, págs. XLII-XLVI). F. López Estrada, "Sobre el ms. de la *Embajada a Tamorlán* del British Museum", en *Archivo de Filología Aragonesa*, Zaragoza, VIII-IX, 1956-1957, págs. 121-126.

[117] Edición de M. Jiménez de la Espada, Madrid, 1874 (Colección de libros españoles raros y curiosos, 8). Cfr.: R. Ramírez de Arellano, "Pedro Tafur", en *Boletín de la Real Academia de la Historia*, XLI, 1902, págs. 273-292. M. Serrano y Sanz, *Autobiografías y Memorias*, cit., págs. XLVII-XLIX. A. Vasiliev, "Pero Tafur. A spanish traveler of the fifteenth century", en *Byzantion*, Bruselas, VII, 1932, págs. 75-122. Del mismo, "A note on Pero Tafur", en *Byzantion*, X, 1935, págs. 65-68. J. Vives, "Andanças e viajes de un hidalgo español: Pedro Tafur, 1436-1439", en *Analecta Sacra Tarraconensia*, XIX, 1946, págs. 123-216. Franco Meregalli, *Cronisti e viaggiatori castigliani del quattrocento*, Milán, 1957.

CAPÍTULO XI

EL TEATRO EN EL SIGLO XV

Al tratar en el capítulo V de los orígenes del teatro de la Edad Media dejamos dicho nuestro parecer sobre el largo vacío de dos siglos que sigue al *Auto de los Reyes Magos*, y arriesgamos unas hipótesis para explicar tan singular paréntesis. Cualesquiera que sean, no obstante, las teorías y conclusiones que se acepten sobre la controvertida situación de nuestra dramática medieval, el hecho cierto es que apenas existen en dicho tiempo leves huellas de lo que hubo de ser una ininterrumpida tradición. Pero, al fin, bien avanzado el siglo xv, recuperamos el hilo perdido y comienza la historia cierta de nuestro teatro con dos autores que a sus méritos propios unen el singularísimo de cerrar definitivamente la etapa de oscuridad y darnos a su vez los primeros nombres conocidos de la dramática española: Gómez Manrique y Juan del Encina. Por lo que respecta al primero, no creemos justificado, sin embargo, como veremos inmediatamente, el peculiar papel que en este caso se le asigna, aunque cedemos al criterio unánime de abrir con él la dramática castellana del siglo xv. Encina, en cambio, tiene en la historia de nuestra literatura un especial relieve, tradicionalmente definido bajo el rótulo de "patriarca del teatro español", frase tópica pero de indiscutible exactitud.

GÓMEZ MANRIQUE

Vida. Gómez Manrique, nacido en la Tierra de Campos, en 1412, fue, como todos los varones de su familia, destacado político y hombre de armas a lo largo de su dilatada existencia que cubre casi la totalidad del siglo xv. Fue enemigo de don Álvaro de Luna, contra quien guerreó en varias ocasiones, partidario del infante don Alfonso en tiempo de Enrique IV y, a la muerte de aquél, de la futura reina doña Isabel, en cuyo servicio se distinguió. No asistió personalmente al destronamiento del monarca en Ávila, aunque es casi seguro que se adhirió al hecho, pero entregó luego a doña Isabel aquella ciudad, de la que había sido corregidor en nombre de don Alfonso. Estuvo presente en los Toros de Guisando, y al frente de cien caballeros le correspondió el honor de ir a recibir a don Fernando de Aragón cuando venía a Castilla para casarse con la reina Católica. Como corregidor de Toledo contuvo a su arzobispo don Alfonso Carrillo, que quería entregar la plaza a la Beltraneja, y fue después en nombre de los reyes de Castilla a retar al rey Alfonso V de Portugal. Restauró el puente de Alcántara y mandó grabar en las Casas Consistoriales toledanas la famosa inscripción:

> *Nobles, discretos varones*
> *que gobernáis a Toledo,*
> *en aquestos escalones*
> *desechad las aficiones,*
> *codicias, amor y miedo.*
>
> *Por los comunes provechos*
> *dexad los particulares:*
> *pues vos fizo Dios pilares*
> *de tan riquísimos techos,*
> *estad firmes y derechos.*

Murió en Toledo hacia 1490, y en el inventario de sus bienes se enumeró su nutrida y selecta biblioteca que casi puede compararse con la de Santillana.

Obra poética. Hombre dado tanto a las letras como a las armas (aunque se estimaba mucho más a sí mismo como soldado que como escritor, pues para lo primero tuvo como maestro a su famoso hermano el Maestre don Rodrigo, y las letras ni en parte alguna ni de nadie las aprendió), Gómez Manrique, como su famoso sobrino Jorge Manrique, fue notable poeta. Menéndez y Pelayo opinaba que era el mejor del siglo XV después de Santillana y Mena, pero la crítica contemporánea estima aventurada esta opinión. Su *Cancionero* [1]

---

[1] Ediciones: A. Paz y Meliá, Madrid, 1885 (Colección de Escritores Castellanos, volúmenes 36 y 39). R. Foulché-Delbosc, *Cancionero Castellano del siglo XV*, II, Madrid, 1915, págs. 2-154 (Nueva Biblioteca de Autores Españoles, XXII). *Poesías*, selección y prólogo de T. Ortega, Valencia, 1941. *Regimiento de príncipes y otras obras*, prólogo, selección y vocabulario de Augusto Cortina, Col. "Austral", núm. 665. Cfr.: Amador de los Ríos, *Historia Crítica de la Literatura Española*, vol. VI, págs. 103-116. Menéndez y Pelayo, *Antología de poetas líricos castellanos*, ed. nacional, vol. II, Santander, 1944, págs. 339-378. C. Rodríguez, "El teatro religioso de Gómez Manrique", en *Religión y Cultura*, XXVII, 1934, págs. 327-342. Narciso Alonso Cortés, "Gómez Manrique", en *Sumandos biográficos*, Valladolid, 1939, págs. 9-20. C. Palencia Flores, *El poeta Gómez Manrique, corregidor de Toledo*, Toledo, 1943. María Teresa Leal, *Gómez Manrique, su tiempo y su obra*, Recife, 1958.

consta de 108 composiciones de muy varios asuntos, que pueden resumirse en dos tendencias: obras amorosas, a la manera galaico-provenzal, inspiradas en el gusto cortesano de la época; y poesías doctrinales, morales y elegíacas dentro de la corriente de Mena y Santillana, a cuya muerte dedicó un sentido *Planto*.

Dentro del primer grupo escribió Gómez Manrique numerosos poemas, en forma, sobre todo, de preguntas y respuestas y composiciones de circunstancias, con la misma facilidad y gracia que otro cualquiera de los más hábiles poetas de su tiempo, y también con los mismos convencionalismos retóricos y virtuosismo formal propio de aquella escuela. Merecen citarse las composiciones que comienzan "A ti, señora, de quien", "Con la beldad me prendistes" y "Vuestros ojos me prendieron". En el segundo grupo destacan *La exclamación o querella de la gobernación,* breve tratado sobre el gobierno municipal, que encierra una indirecta censura sobre el estado de la nación en tiempos de Enrique IV; el *Regimiento de príncipes,* tratado doctrinal de buen gobierno dirigido a los Reyes Católicos y, sobre todo, las *Coplas para el señor Diego Arias de Ávila,* contador de Enrique IV, la mejor obra de Manrique y el más inmediato precedente de las *Coplas* de su sobrino por la noble y poética lección sobre la fragilidad de las cosas humanas. En estas coplas el autor reúne una sátira política contra el monarca, un desahogo contra el contador, de quien había recibido graves ofensas, y una profunda lección moral, inspirada en las ideas cristianas y en la corriente estoica, cien veces glosadas en su tiempo, pero que tiene en Manrique una de las voces más afortunadas. El poeta maneja en esta composición un lenguaje mucho más sobrio y natural, digno y grave, igualmente alejado de las pedanterías cultas que de las trivialidades preciosistas de sus poesías de cancionero. Sin llegar a la rotunda concisión de la elegía de su sobrino, algunas de sus estrofas parecen anunciarle, hasta por la sugerencia musical de su misma forma métrica:

O, tú, en amor hermano,
nascido para morir,
pues lo no puedes fuyr,
el tiempo de tu bivir
no lo despiendas en vano;
que vicios, bienes, honores
  que procuras,
pássanse como frescuras
  de las flores!
En esta mar alterada
por do todos navegamos,
los deportes que pasamos
si bien lo consideramos,
no duran más que roçiada.

O, pues, tú, ombre mortal,
mira, mira
la rueda quán presto gira
mundanal!
....
Pues sy son perecederos
y tan caducos y vanos
los tales bienes mundanos,
procura los soberanos,
para siempre duraderos;
que so los grandes estados
e riquezas,
fartas fallarás tristezas
e cuydados... [2].

Tiene también Manrique algunas composiciones humorísticas, como el *Razonamiento de un rocín a su paje* y *En nombre de una mula*, ambas en versos de pie quebrado, y las dirigidas a Juan Poeta, llenas de duros dicterios.

Obra dramática. Las dos obras que otorgan a Gómez Manrique el lugar a que nos hemos referido, son dos piezas religiosas: la *Representación del Nacimiento de Nuestro Señor* y las *Lamentaciones fechas para Semana Santa.* La tendencia que tiene Gómez Manrique a la dramatización es manifiesta en muchas de sus composiciones líricas, como en la *Batalla de amores,* donde los distintos interlocutores son presentados por el poeta como con cierta técnica teatral. Esta inclinación del autor encarna al fin de modo algo más intenso en las dos obras mencionadas.

La *Representación* fue compuesta a ruegos de su hermana doña María, vicaria en el monasterio de Calabazanos, donde se representó. Comienza con los celos de José, expresados no sin cierta crudeza de tono realista y popular:

Oh viejo desventurado!
Negra dicha fue la mía
en casarme con María,
por quien fuesse desonrrado.
Yo la veo bien preñada,
non sé de quién, nin de quánto;
dizen que de Espíritu Santo,
mas yo desto non sé nada.

---

[2] Ed. Foulché-Delbosc, págs. 87 y 89.

A lo que sigue la conmovedora súplica de la Virgen:

> *Mi solo Dios verdadero,*
> *cuyo ser es inmovible,*
> *a quien es todo posible,*
> *fáçil e bien fazedero!*
> *Tú, que sabes la pureza*
> *de la mi virginidad,*
> *alumbra la çeguedad*
> *de Josep, e su sinpleza* [3].

Vienen a continuación las tradicionales escenas navideñas del Nacimiento de Jesús, la adoración de los pastores y el canto de los ángeles, resueltas con graciosa ternura y estilizada delicadeza, que revelan la conjunción de un gran poeta y un autor de certero instinto dramático. Un precioso villancico cantado por las monjas desde el coro para acallar el llanto del recién nacido, pone fin a la obra:

> *Callad vos, Señor,*
> *nuestro redentor,*
> *que vuestro dolor*
> *durará poquito.*
> *Ángeles del cielo,*
> *venid dar consuelo*
> *a este moçuelo*
> *Jhesús tan bonito...* [4].

Aunque la *Representación*, según el título dice, trata fundamentalmente del Nacimiento de Nuestro Señor, se suceden dentro de ella una serie de escenas con el desfile de los futuros instrumentos de la Pasión —el cáliz, la soga, la columna, los azotes, la corona de espinas, la cruz, los clavos y la lanza— llevados por los ángeles, que se los van presentando al niño después de adorarlo; por lo que casi cabría decir que la obra no pertenece específicamente a ninguno de los ciclos religiosos definidos.

Las *Lamentaciones fechas para Semana Santa*, entroncadas dentro del ciclo de la Pasión, son de mérito menor; digamos más bien, de importancia muchísimo menor bajo el aspecto teatral. Consisten en una sucesión de escenas sin apenas trama dramática, con predominio manifiesto del elemento lírico. No consta que fueran representadas, y ni siquiera podría afirmarse que fueron expresamente escritas para su representación teatral. Las acotaciones para indicar la intervención de los personajes son muy sucintas, y aquélla se reduce a una sucesión de "lamentaciones": primero de la Virgen y luego de San Juan

---

[3] Ídem, íd., pág. 53.
[4] Ed. citada, pág. 56.

Evangelista, en presencia de la Magdalena que no habla. A continuación pregunta María a San Juan si está vivo su hijo; San Juan confirma entonces la muerte del Redentor e invita a las dos mujeres a visitar el Sepulcro. Lázaro Carreter señala muy oportunamente que las *Lamentaciones,* o *Coplas,* "no son otra cosa que una versión admirable del *Planctus Mariae,* oficio litúrgico muy antiguo y con abundantes versiones, mezclado con el tópico del mensaje fatal"[5]; y recuerda diversas *laudas* italianas, en las que se produce la misma situación del mensajero —en una de ellas es el propio San Juan— que lleva a la Virgen y a la Magdalena la noticia de la Pasión y Muerte de Cristo.

A la *Representación* de Manrique se le atribuye una significación muy superior a la que habría de corresponderle dentro de la historia del drama castellano. El conturbador vacío de nuestra dramática medieval, que comentamos oportunamente, otorga a la obra de Manrique el valor de un hito representativo: es algo así como el primer brote de verdura que pone fin a un páramo y anuncia el comienzo de una tierra fértil, ya sin límites. Los comentaristas se agarran entonces a la *Representación* y le asignan características que no posee y que fueron ajenas a los propósitos del autor. Valbuena Prat, por ejemplo dice que "la *Representación* es ya un auto de nacimiento sin faltar ninguno de sus elementos capitales, y con mayor cantidad de acción y diversidad de elementos dramáticos que en la mayoría de los siguientes"[6]. Y comentando la desconfianza de José con que se inicia la obra, llega a decir que aquél se expresa en términos "casi propios de un marido lopesco o calderoniano"[7]. Ambos juicios, creemos, desorbitan el valor dramático de la *Representación* y la sitúan bajo una luz que provoca la equivocada interpretación de que es objeto. La contextura dramática de la pieza es, incuestionablemente, muy rudimentaria. La duda de José parece prometer un conflicto que no aparece en absoluto; después, ya ni siquiera se producen diálogos entre los personajes, salvo un levísimo coloquio entre los pastores, y todo se reduce a las palabras que los propios pastores y los ángeles dirigen independientemente al Niño o a María; no existe, pues, desarrollo de ninguna especie en la acción. Comparando la *Representación* con el *Auto de los Reyes Magos,* Crawford afirma que la obra de Manrique muestra escaso progreso, si es que existe alguno en realidad[8]; y Lázaro Carreter con más radical, pero exacto, criterio sostiene que si la pieza muestra evidentes contactos con el primitivo *officium pastorum,* "por su técnica, por la casi ausencia de diálogo, revela un completo retroceso"[9].

---

[5] Fernando Lázaro Carreter, *Teatro Medieval,* "Odres Nuevos", 2.ª ed., Valencia, 1965, pág. 62.

[6] *Literatura Dramática Española,* Barcelona, 1930, pág. 17.

[7] Idem, íd.

[8] J. P. W. Crawford, *Spanish Drama Before Lope de Vega,* ed. revisada, University of Pennsylvania Press, 1937, pág. 6.

[9] *Teatro Medieval,* cit., pág. 61.

Pero aquí se produce, según entendemos, la torcida interpretación y se extraen equivocadas consecuencias para la historia de nuestro teatro. Nos hemos asido todos, un poco a la desesperada, a la primera sombra de cierta configuración dramática que pasa a nuestro alcance con nombre conocido, le otorgamos el papel capital de cerrar un paréntesis de oscuridad y tratamos de situarla dentro de un proceso, que imaginamos orgánico y coherente, como un Guadiana que asomara al fin después de un largo curso subterráneo. Vista entonces la parquedad de este hilillo dramático, se deduce la insignificancia de todo lo anterior. Lázaro Carreter, cuya posición en este problema ya conocemos, escribe: "En cualquier caso, un hecho está claro; sobre Manrique no han obrado unos niveles dramáticos superiores en técnica dramática a la *Representación de los Reyes Magos*"[10]. Y líneas más abajo: "La pieza de Manrique es, pues, un testimonio indirecto, pero claro, del páramo teatral en que surge"[11]. El error, evidente para nosotros, consiste en suponer la *Representación* de Manrique como un eslabón preciso de la cadena dramática medieval. Lo curioso es que el propio Lázaro Carreter unas líneas más arriba de los dos pasajes que acabamos de reproducir, intuye sagazmente el nudo del problema; pero, tras la obsesión de documentar el *páramo teatral,* que da como incuestionable, no advierte la trascendencia de su propio descubrimiento y lo deja escapar de entre las manos. "Pienso —dice— que no es correcto hablar de avance o de retroceso, porque esto implicaría la suposición de que la pieza manriqueña es un punto en la evolución del drama litúrgico, y lo cierto es que, salvo en su pobreza teatral, está fuera de ella"[12]. Atiéndase bien: salvo en su *pobreza teatral.* Si la *Representación no es un punto en la evolución del drama litúrgico y está fuera de ella,* ¿por qué su inexistente condición dramática se utiliza para establecer su filiación dentro de un género que le es ajeno y fijar además el proceso del género en cuestión? Estamos persuadidos de que la pieza manriqueña no sirve en ningún caso para determinar la situación de la dramática precedente ni de la coetánea, cualquiera que ella fuese. Gómez Manrique, poeta lírico, hilvanó a ruegos de su hermana una pequeña composición, fundamentalmente lírica, para celebrar, en la recogida intimidad de un convento de monjas, la fiesta navideña. Gómez Manrique no se propuso escribir un drama litúrgico, que ni correspondía a la índole de sus facultades literarias ni hubiera sido viable entre las gentes y en el medio a que se destinaba; las monjitas de Calabazanos pretendían tan sólo conmemorar el Nacimiento de Cristo ante el sencillo Belén de su iglesia, con una piadosa fiesta poética que el escritor compuso a varias voces, sirviéndose de los personajes tradicionales congregados ante el pesebre. Un poeta cualquiera podría componerla hoy mismo en forma parecida para una situación y objeto semejantes.

---

[10] Ídem, íd.
[11] Ídem, íd.
[12] Ídem, íd.

Lo que sucediera —grande o pequeño, recoleto o multitudinario— en los grandes templos públicos y en las calles o plazas de las ciudades, nada tenía que ver allí. Manrique dio a su composición la leve estructura dramática de que fue capaz porque ese era el molde que a tal celebración correspondía según era costumbre desde siglos. Resumimos: la *Representación* de Manrique no cierra ningún paréntesis de inexistencia o desconocimiento, ni es ningún eslabón con cifra concreta en ningún proceso dramático, ni vale por lo tanto para determinar el tono ni probar la existencia del teatro medieval; pero tampoco sirve para negarla, sencillamente porque se trata de otra cosa: son cantidades heterogéneas, hablando en términos matemáticos.

La proclividad manifestada por Manrique hacia las formas dialogadas de mayor o menor intensidad dramática así como los numerosos ejemplos de hibridismo en que lo dramático se inserta en las formas líricas —tal es el caso del *Diálogo entre el Amor y un viejo* de Cota, la *Égloga* de Francisco de Madrid, las *Coplas* de Puertocarrero, la *Danza de la Muerte,* etc., etc.— demuestran, a nuestro entender, lo contrario de lo que se les viene atribuyendo. Ante la imposibilidad de colmar el vacío de la dramática medieval perdida, se supone que aquellas obras mencionadas *son* el teatro de la época, de donde se infiere lógicamente su corta entidad; ninguna de ellas, es en efecto, teatro de ninguna especie, y el error de los críticos consiste en querer tenerlas como tal. En cambio, esa constante tendencia hacia lo teatral puede significar más bien la existencia de un contagio: las formas líricas, ajadas ya en gran parte, se dejaban impregnar de géneros literarios más vivaces, más directos y sugestivos, que ejercían su influjo precisamente porque vivían con pujanza e irradiaban un creciente interés. Los investigadores han señalado insistentemente la presencia en la corte castellana de variadas formas literarias de representación con que se solazaban los nobles, y que eran recitadas o interpretadas por ellos mismos, combinándolas con otros juegos y bailes de máscaras o disfraces; los *entremeses* y los *momos* no eran sino variantes de esta actividad seudoteatral desarrollada en los salones. Este interés por lo teatral —digamos, si se prefiere, por lo literario dialogado y representable— que prende entre la nobleza castellana desde los días de Juan II, responde al deseo de llevar al salón cortesano, como recreo particular estilizado y refinado, los espectáculos sólo posibles hasta entonces en medios populares y multitudinarios; consecuentemente, varían su tono y su contenido para adaptarse no sólo al gusto y propósito de aquellos espectadores "de salón" sino incluso a las inalienables exigencias físicas de éste. Deducir de tales fiestas cortesanas cuál pudiera ser el estado del teatro popular representado en los templos o en las plazas es tan incongruente como lo sería calcular el nivel de la escena francesa en tiempos de Luis XIV por el carácter de los saraos de palacio.

---

[13] Ídem, íd., pág. 59.

Para demostrar "la detención que, en lo espectacular y en lo literario, había experimentado el teatro sacro castellano" [13] se aduce, por ejemplo, la descripción que en la *Crónica del condestable Miguel Lucas de Iranzo* se hace de las representaciones navideñas en su palacio de Jaén. La *Crónica* describe, no sin detalle, la entrada de la Sagrada Familia en el palacio con la Virgen montada en un asno, según la estampa tradicional, y la adoración de los Magos, uno de los cuales, con derroche de magnificencias, representaba el propio condestable. Aquella pantomima palaciega parece pobre a los comentaristas, e infieren que no hace sino reflejar "la falta de vigor que el teatro de los templos presentaba" [14]. Pensamos, por el contrario, que aquella representación "a domicilio" pone muy de relieve el propósito de una nobleza poderosa, que por primera vez se complacía en refinamientos cortesanos, de montar para su propia diversión personal y ostentación de su riqueza los tradicionales espectáculos de la calle. Claro está que en el interior de un palacio jienense del siglo XV, ni aun siendo el del condestable, no cabían los amplios tablados de que se nos habla en los *misterios* franceses ni los desfiles multitudinarios ni grandes lujos escénicos. Pero semejante reproducción "a escala de palacio" hubiera sido imposible sin el estímulo de un parejo espectáculo popular, que al convertirse en *interior* había de modificar del todo su estructura y encoger drásticamente su volumen.

Creemos que el hecho de mayor trascendencia que se produce en la dramática a finales del siglo XV consiste en su paso desde la calle al interior; salto sólo posible en virtud de la aparición de núcleos cortesanos influidos por los gustos renacentistas. El cambio se orienta en el sentido de una creciente literaturización y exige radicales transformaciones respecto del teatro popular, masivo y callejero. Los nuevos rumbos requieren la invención de nuevas formas dramáticas, otro estilo y diverso contenido. Inaugurar esta etapa es la excepcional significación de Juan del Encina. No ha de extrañar que su obra sea elemental en tantos aspectos, puesto que en muchos es un iniciador; la tradición popular, como conjunto, no le sirve; había sido otra cosa. Por esto mismo —hemos de insistir— es absolutamente inaceptable deducir de sus tanteos e inseguridades el escaso vigor de la dramática popular coetánea, de cualquier índole que fuese.

JUAN DEL ENCINA

Vida y formación. Juan del Encina nació en 1468 en Salamanca, en cuya Universidad estudió, quizá bajo el directo magisterio de Nebrija. Se graduó de bachiller en leyes y recibió órdenes hasta el diaconado. Muy joven aún entró al

---

[14] Ídem, íd., pág. 60.

servicio del segundo duque de Alba, don Fadrique Álvarez de Toledo, en cuyo palacio se representaron sus primeras obras dramáticas. Encina, que era excelente músico, solicitó en la catedral de Salamanca una plaza de cantor, que obtuvo, sin embargo, su discípulo Lucas Fernández. Encina que, aparte las cartas de introducción de la casa de Alba, estaba más que provisto de simpatía, habilidad y recursos personales, y que sabía bien utilizar sus dotes de músico y poeta para medros muy positivos, marchó poco después a Roma —probablemente en 1499 ó 1500—, donde conquistó sucesivamente la atención y estima de tres papas: Alejandro VI, Julio II y León X, de cuya capilla formó parte como cantor. En distintos viajes pasó largos años en Italia, y aunque le fueron concedidos diversos cargos en España, no consta que tomase posesión de ellos. Al fin volvió como Arcediano de Málaga, sin estar ordenado in sacris, y retornó a Roma —por la que sentía inextinguible admiración— a pesar de las protestas del Cabildo, contra las cuales consiguió Encina dispensas del propio Papa. Encina se hallaba como en su centro en medio de aquella brillante corte papal, donde al calor de los pontífices y los magnates eclesiásticos renacía la pagana alegría de vivir entre esplendores de arte, fiestas y placeres de la inteligencia y de los sentidos. En 1513, en el palacio del cardenal Arborea y en presencia del Papa Julio II, del embajador español y de otros muchos personajes de la curia, se representó su égloga *Plácida y Victoriano* o alguna otra de sus obras. Al fin, en 1519, a los cincuenta de su edad, decidió ordenarse de sacerdote y marchó a Jerusalén, donde celebró su primera misa. Pasó los últimos años de su vida en León, en cuya catedral había obtenido un cargo, y murió hacia 1529 [15].

Viene aceptándose, según una interpretación muy difundida, que las tres ciudades en que había vivido las tres etapas principales de su existencia condicionan de modo fundamental la personalidad de Juan del Encina. En la renacentista Salamanca adquirió su gusto por Virgilio y la antigüedad clásica; pero también por el tradicionalismo popular de la antigua poesía pastoril y del drama litúrgico y por el lenguaje "pintoresco y dialectal", de donde habían de brotar sus representaciones populares para Navidad y Carnestolendas. En Roma vive la gloria pagana del Renacimiento en medio de la corte pontificia saturada de todos los refinamientos de la vida y del arte. Final-

---

[15] Cfr.: Rafael Mitjana, *Sobre Juan del Encina músico y poeta. Nuevos datos para su biografía*, Málaga, 1895. Del mismo, "Nuevos documentos relativos a Juan del Encina", en *Revista de Filología Española*, I, 1914, págs. 275-288. Eloy Díaz-Jiménez, *Juan del Encina en León*, Madrid, 1900. Del mismo, "En torno a Juan del Encina", en *Revista de Segunda Enseñanza*, Madrid, V, 1928, págs. 398-401. Ricardo Espinosa Maeso, "Nuevos datos biográficos de Juan del Encina", en *Boletín de la Real Academia Española*, VIII, 1921, págs. 640-656. Ernesto Giménez Caballero, "Hipótesis a un problema de Juan del Encina", en *Revista de Filología Española*, XIV, 1927, págs. 59-69. M. Menéndez y Pelayo, *Antología de poetas líricos castellanos*, ed. cit., vol. III, págs. 221-297.

mente Jerusalén le devuelve, en el crepúsculo de su existencia, su vieja raíz de poeta cristiano y castellano.

Pero si estos tres *momentos* pueden señalar diversas etapas en la vida humana del poeta, tienen apenas significación, o probablemente ninguna, en la gestación de su obra literaria. A excepción de dos de sus obras —el poema *Trivagia* y la égloga de *Plácida y Victoriano*, compuesta en una fecha que aún no ha podido precisarse—, todos sus escritos conocidos fueron compuestos antes de su primer viaje a Italia, cuando el poeta contaba treinta años de edad. La primera edición de su *Cancionero* [16] —donde se contienen ocho églogas y toda su obra lírica, con excepción de unas pocas composiciones incluidas en el *Cancionero musical de los siglos XV y XVI*, editado por Barbieri— [17] apareció en Salamanca en 1496, teniendo entonces Encina veintiocho. En posteriores ediciones se añadieron algunas églogas más, pero incluso la de *Fileno y Zambardo*, que figura en la edición salmantina de 1509, fue representada, según ha demostrado Cotarelo [18], antes de 1497; y lo mismo sostiene respecto a la de *Cristino y Febea*, que no se incluyó en ninguna edición del *Cancionero* y fue publicada suelta en fecha desconocida. Resulta, pues, que Juan del Encina fue un poeta de gran precocidad, pero abandonó pronto las letras y consumió sus días en la vida fácil de Roma, donde residió más de veinte años, y en sus manejos ambiciosos para obtener sinecuras eclesiásticas que le permitieran mantenerse en la Ciudad Eterna. Al final de su vida, en el poema *Trivagia*, se lamenta del tiempo malgastado y promete componer obras de mayor gravedad, pero ya no tuvo ocasión de ello. Su obra, pues, con las dos excepciones dichas, corresponde a la *época de Salamanca*, y los influjos renacentistas, que en ella se echan de ver, no proceden de su contacto directo con Italia: no hay *época de Roma*. Consecuentemente, esta cronología de sus obras exige situar plenamente a Encina en la época de los Reyes Católicos; como poeta y dramaturgo pertenece de lleno al siglo XV.

Poeta y músico. Tres aspectos son inseparables en la obra de Encina: su condición de poeta, de músico y de autor dramático. Su mencionado *Cancionero*, contiene muchas poesías sobre temas religiosos y profanos, temas que no siempre se muestran separados, sino a veces en estrecha conjunción, constituyendo uno de los numerosos puntos característicos de la obra de Encina, en que se cruzan las corrientes medievales con la nueva sensibilidad del hombre del Renacimiento. En dos aspectos se echa de ver esta fundamental condición que define a Encina como hombre y como escritor situado en la divisoria de dos edades: de un lado, el abrazo de la severa religiosidad medieval con el

---

[16] Reproducción facsímil por la Real Academia Española, Madrid, 1928, con estudio preliminar de Emilio Cotarelo.

[17] Madrid, 1890.

[18] Estudio preliminar cit., págs. 24-26.

pagano goce de vivir; de otro, la combinación de la sencilla y popular lírica tradicional con los refinamientos aprendidos en la lectura de los clásicos resucitados. En este segundo aspecto Encina destaca, sobre todo, por sus maravillosos villancicos pastoriles en que funde prodigiosamente los temas populares con una delicadeza y artificiosidad erudita, pocas veces superada a lo largo de la historia de nuestra lírica.

Para muchos de aquellos villancicos, que utilizó también al final de algunas de sus piezas dramáticas, compuso música Encina con perfecta fusión del elemento musical y el lírico. Para Encina la condición musical es la principal razón de ser de sus versos; por esto supo adaptar su música a la frase lírica con una perfección que su editor Barbieri ha hecho notar como principal característica de nuestro autor y en la que excede sin disputa a todos sus contemporáneos. Destacan entre estos villancicos pastoriles, sacros y profanos, los que comienzan: "¿A quién debo yo llamar, - vida mía, - sino a ti, Virgen María?"; "Montesina era la garza - e de muy alto volar; - no hay quien la pueda tomar"; "Decidme, pues sospirasteis..."; "Tan buen ganadico..."; "Vencedores son tus ojos, - mis amores, - tus ojos son vencedores"; "Ermitaño quiero ser - por ver..."; y el bello poemita "No te tardes, que me muero, - carcelero...".

Para estimar, sin embargo, adecuadamente el valor de la poesía de Encina y su lugar en el marco prerrenacentista español, es preciso destacar que toda la producción contenida en el mencionado *Cancionero* fue compuesta, según declara él mismo, entre sus catorce y sus veinticinco años; obra, pues, toda ella de juventud. Y después, muy pocas otras composiciones salieron de su pluma. Su evolución en el camino de lo específicamente renacentista avanzó en la lírica bastante menos de lo que había de hacerlo su dramática. Hay todavía en sus poesías muchos viejos temas y artificios métricos que habían ya agotado sus posibilidades en la lírica de los cancioneros. Encina no llegó a intuir la gran revolución que iba a gestarse en nuestra poesía, y queda mirando con preferencia del lado del pasado, sin renovarlo apenas, aunque manejándolo con gran agilidad y destreza. Sólo en los villancicos, como dejamos dicho, la vieja poesía tradicional recibe el fecundo tacto de la nueva sensibilidad y cuaja en un verdadero primor lírico. Pero sigue siendo poesía medieval esencialmente. El prolongado silencio de Encina durante tantos años de su madurez, deja en el misterio las posibilidades de su evolución.

Al frente del *Cancionero* antepuso Juan del Encina un *Arte de la Poesía castellana*, a modo de preceptiva del siglo XV, en la que todavía son más visibles los rasgos de que hablábamos. Las teorías trovadorescas están inequívocamente influidas por las ideas renacentistas aprendidas del mismo Nebrija; pero son aquéllas y no éstas las que llenan con preferencia su tratado; y de trovadores y del arte de trovar y de los formulismos métricos de la lírica cancioneril se ocupa sobre todo. Si en esto, como en toda su obra, es Encina un puente que une la tradición con las nuevas ideas, en su *Arte de la Poesía* el lado más sólido se apoya en la orilla del pasado.

Afirma Dorothy Clotelle Clarke [19] que el *Cancionero* de Encina lo muestra como versificador ecléctico pero no inventivo. Fue, sin embargo, capaz de seleccionar y ofrecer las mejores, o al menos las más perdurables, cualidades de la versificación desarrolladas por los poetas del siglo xv, y que fueron precisamente la base de las formas métricas más cultivadas a continuación en la poesía castellana. A diferencia de Nebrija, el teórico, que pretendió imponer las reglas de la métrica clásica o, cuando menos, de interpretar la versificación castellana de acuerdo con ellas, Encina, que practicó lo que enseñaba, supo llegar al núcleo de los más genuinos metros castellanos y actuó como un filtro entre dos épocas.

Hacia el final de su vida Encina refirió las incidencias de su peregrinación a Jerusalén en un largo poema en estrofas de arte mayor titulado *Trivagia*, de muy escaso valor poético, y cuyo interés radica tan sólo en el aspecto autobiográfico.

El dramaturgo. La mayor importancia de Juan del Encina reside en su producción dramática [20]. En ésta pueden distinguirse dos direcciones o, mejor,

---

[19] Dorothy Clotelle Clarke, "On Juan del Encina's *Una arte de poesía castellana*", en *Romance Philology*, VI, 1953, págs. 254-259. Cfr.: Manuel García Blanco, "Juan del Encina como poeta lírico", en *Revista de la Universidad de Oviedo*, 1944, núm. 19-20, págs. 5-36. R. O. Jones, "Encina y el Cancionero del British Museum", en *Hispanófila*, V, 1961, págs. 1-21.

[20] Ediciones: *Teatro completo de Juan del Encina*, edición de la Real Academia Española, con "Proemio" de Manuel Cañete y "Adiciones al Proemio" de Francisco Asenjo Barbieri, Madrid, 1893. *Églogas de Juan del Encina*, ed. de Humberto López Morales, Nueva York, 1963. Contienen obras diversas de Encina: J. N. Böhl de Faber, *Teatro español anterior a Lope de Vega*, Hamburgo, 1832, págs. 3-38. Eugenio de Ochoa, *Tesoro del Teatro Español*, I, París, 1838, págs. 134-138. *Representaciones de Juan del Encina*, ed. de Eugen Kohler, Estrasburgo, s. a. (1914). Bartolomé José Gallardo, *Ensayo de una biblioteca española de libros raros y curiosos*, II, Madrid, 1866, cols. 825-836. Cfr.: Emilio Cotarelo y Mori, "Juan del Encina y los orígenes del teatro español", en *Estudios de historia literaria de España*, Madrid, 1901, págs. 103-181. P. Mazzei, *Contributo allo studio delle fonti italiane del teatro di Juan del Encina e Torres Naharro*, Lucca, 1922. Georges Cirot, "Le théâtre religieux d'Encina", en *Bulletin Hispanique*, XLIII, 1941, págs. 5-35. Del mismo, "À propos d'Encina. Coup d'oeil sur notre vieux drame religieux", en la misma revista y número, págs. 123-153. José Caso González, "Cronología de las primeras obras de Juan del Encina", en *Archivum*, Oviedo, III, 1953, págs. 362-372. J. Richard Andrews, *Juan del Encina: Prometheus in Search of Prestige*, Berkeley and Los Angeles, 1959. Bruce W. Wardropper, "Metamorphosis in the theatre of Juan del Encina", en *Studies in Philology*, LIX, 1962, págs. 41-51. Véase también, J. P. W. Crawford, "Juan del Encina", en *Spanish Drama Before Lope de Vega*, ed. revisada, University of Pennsylvania Press, 1937, págs. 12-30. Ronald Boal Williams, *The Staging of Plays in the Spanish Peninsula Prior to 1555*, University of Iowa, Studies in Spanish Language and Literature, núm. 5, 1935, págs. 17-24. Para muchos de los problemas relacionados con los primeros tiempos de nuestro teatro, cfr.: Cayetano A. de la Barrera, *Catálogo bibliográfico y biográfico del Teatro antiguo español*, Madrid, 1860.

dos momentos sucesivos, aunque apenas separados en realidad. Al primero pertenecen composiciones muy sencillas, sin apenas complicación argumental, que pueden dividirse en obras religiosas, como las *Églogas* de Navidad y las *Representaciones* de la Pasión y Resurrección, y profanas como la *Égloga de Carnaval* o *de Antruejo*, el *Auto del repelón*, la *Égloga de Mingo, Gil y Pascuala* y *El Triunfo del Amor*.

Encina, al comienzo de su producción, se había ejercitado en traducciones de las *Églogas* de Virgilio —adaptaciones de gran libertad, mejor dicho— sustituyendo a los personajes por otros contemporáneos como, por ejemplo, el rey Católico[21]. De este ejercicio había tomado la disposición de sus propias obras y el nombre de *Églogas* que adoptó generalmente, pero que no hay que confundir con el que corresponde a las producciones, más propiamente líricas, del modelo. En Encina la *égloga* es una representación dramática; aunque en varias de ellas, como advirtió Menéndez y Pelayo, no exista más acción que en las bucólicas antiguas, "y sólo se distingan de ellas en su carácter realista y a las veces prosaico y de actualidad, y en la menor presencia de elementos descriptivos". Nuevamente encontramos aquí un ejemplo de la fluctuación entre las formas líricas dialogadas y la dramática propiamente dicha, de modo semejante a lo que hicimos notar respecto de Gómez Manrique. La diferencia estriba en que en éste, situado en la vertiente de la Edad Media, la ósmosis se realiza desde las formas tradicionales de la lírica provenzal, mientras que en Encina actúan ya también como estímulo las refinadas formas clásicas de las églogas virgilianas.

De las obras citadas, las *églogas* de la Navidad, en número de tres, se prestan especialmente a la alegría y a la intervención de los pastores, tan frecuentes en las obras de Encina. Las dos primeras forman como un todo y se representaron una a continuación de la otra en el palacio de los duques de Alba durante la noche de Navidad de 1492. En la primera el pastor Juan, que representa al propio autor, ofrece unas coplas a la duquesa y hace a continuación grandes elogios de los duques que le habían tomado a su servicio. Entra después el pastor Mateo, que encarna a los maldicientes y detractores del poeta, y éste le replica ponderando sus propios méritos y prometiendo la pronta publicación de sus escritos. Semejante práctica de hacer servir su obra dramática para situarse en primer plano, halagar a sus señores y tratar de sus problemas personales tenía que seguirla Encina sin perder apenas oportunidad. En la segunda *égloga* se añaden a los dos pastores primeros otros dos, Lucas y Marco, con lo que pretende Encina simbolizar ahora a los cuatro Evangelistas. Alternando sus parlamentos, los cuatro interlocutores refieren el cumplimiento de las profecías, dando noticia del nacimiento de Jesús y se encaminan a Belén para adorarle después de cantar un villancico. De hecho,

---

[21] Cfr.: Ronald M. Macandrew, "Notes on Juan del Encina's *Églogas Trobadas de Virgilio*", en *Modern Language Review*, XXIV, 1929, págs. 454-458.

la *égloga* es un recitado a cuatro voces y no existe acción de ninguna índole; se relatan sucesos, ninguno de los cuales tiene lugar ante el espectador, y ni siquiera presenciamos la adoración del Niño, según la práctica habitual en tales ocasiones. El villancico que se canta, y que no tendría sentido sin la presencia del Nacimiento, se justifica como un ensayo para después: "Y dos a dos cantiquemos / Porque vamos ensayados".

Si aplicáramos ahora a esta *égloga* de Encina el razonamiento de que nos hemos ocupado a propósito de Gómez Manrique, habría que admitir que ni siquiera la adoración en el pesebre de Belén existía en una tradición anterior; lo que sería bien ridículo. Sucede simplemente —y aquí reside la gran significación de esta efemérides literaria— que Encina acomoda su obra a las nuevas circunstancias de la representación, se encuentra con una situación escénica nueva y saca de ella el mayor partido posible, literario y personal. En aquella noche de Navidad, no tendrían los duques el menor propósito de emular en el interior de su palacio los desfiles callejeros de magos y pastores, pues se trataría tan sólo de celebrar la fiesta navideña en la intimidad de su casa; ni cabría pensar en el aparato escenográfico de la iglesia o de la plaza abierta, al modo tradicional, con que se hacían revivir los sucesos de la Natividad, de la Pasión o de la Resurrección. Encina no disponía sino de aquella sala —en que habían de agruparse actores y espectadores— y del diálogo. El poeta cumple entonces esquemáticamente con el obligado tema navideño, en la única forma viable, y aprovecha a la vez aquella proximidad "de interior" para saltar como poeta y como hombre a primera fila. Lo teatral acaba de emprender un nuevo camino. Esta limitación forzada al mero diálogo —sin el movimiento usual y las situaciones tradicionales en tales fiestas litúrgicas—, que convierte la obra en un puro relato carente de acción dramática, es lo que determina el carácter elemental de estas primeras églogas de Encina y les da esa estructura tan rudimentaria; pero le lleva por otra parte al intenso ejercicio del diálogo, con lo que siembra el germen de la escena futura, del que él mismo recoge ya los frutos al abordar los temas puramente humanos en las piezas profanas de su segunda época.

La *égloga* tercera —en el orden del *Cancionero*—, a la Pasión y Muerte de Cristo, se produce de idéntica manera. Dos ermitaños, que hablan como padre e hijo, van camino del Sepulcro, delante del cual se les une la Verónica, y entre los tres refieren los sucesos de la Pasión. Posteriormente se presenta un ángel, que dirige un canto lírico al Sepulcro, y termina la obra con el correspondiente villancico. Los personajes aparecen, pues, cuando el drama ha terminado ya, y la *égloga* no constituye sino el dolorido comentario de los protagonistas. Lo mismo sucede en la *égloga* de la Resurrección, en que José de Arimatea y la Magdalena se informan mutuamente de la aparición de Cristo resucitado.

La llamada *Égloga de Carnaval* o *de Antruejo*, representada en dicho día del año 1494, también en presencia de los duques de Alba, consta en realidad

El teatro en el siglo XV 499

de dos partes —son las églogas V y VI en el *Cancionero*—, que, como en el caso de las dos primeras sobre la Navidad, fueron representadas una a continuación de la otra. En la primera parte los pastores comentan los rumores de la guerra con Francia y se duelen de la inminente partida del duque. Un pastor, que llega últimamente, desmiente la noticia y todos juntos entonan un villancico pidiendo a Dios por la paz. Ver en este ruego una ulterior intención de índole social o filosófica nos parece un error de mucho bulto; Encina, según su costumbre, aprovecha el posible riesgo del duque y la soledad de la duquesa para adularles, haciendo alarde de su amor por ellos; sus leves denuestos a la guerra sólo se sugieren porque a causa de ella se van a quedar temporalmente sin la presencia, amantísima, de su señor. La segunda parte es una invitación a la diversión carnavalesca, que los mismos cuatro pastores de la *égloga* anterior celebran con una comilona, salpicada de frases y modales de hechura realista, a veces un tanto groseros, como corresponde a la rudeza de los comensales. Encina exagera en este caso el tono de los personajes y sus diálogos, buscando un efecto cómico por el exceso en la glotonería; el recurso era adecuado a la ocasión y es la única vez que los pastores de Encina alcanzan semejante nivel caricaturesco. En uno de los parlamentos se hace un remedo de la batalla entre Doña Cuaresma y Don Carnal, evidentemente imitada del famoso pasaje de Juan Ruiz. Al final de la obra se canta un villancico, invitando a refocilarse antes de que lleguen los ayunos cuaresmales:

> *Hoy comamos y bebamos*
> *Y cantemos y holguemos,*
> *Que mañana ayunaremos.*
>
> *Por honra de Sant Antruejo,*
> *Parémonos hoy bien anchos,*
> *Embutamos estos panchos,*
> *Recalquemos el pellejo.*
> *Que costumbre es de concejo*
> *Que todos hoy nos hartemos,*
> *Que mañana ayunaremos...* [22].

El tema del amor, predilecto en la lírica de Encina, encarna en las dos partes de una *égloga* de su primera época —la llamada de *Mingo, Gil y Pascuala*—, donde el sentido gozoso de la vida se proclama ostensiblemente ("busquemos siempre el placer, / qu'el pesar / viénese sin le buscar") y el amor impone su dulce tiranía a todos los personajes, según se canta en el villancico con que termina la segunda parte:

---

[22] Ed. Cañete, cit., pág. 87.

> *Ninguno cierre las puertas*
> *Si Amor viniese a llamar,*
> *Que no le ha de aprovechar* [23].

En estas dos églogas amorosas se echa especialmente de ver la deuda de Encina con la temática de los cancioneros. A diferencia de la *Égloga de Antruejo*, los protagonistas de éstas dos son apenas rústicos. La obra, por su tema, podría compararse con un debate amoroso a la manera provenzal —o cabría pensar en una *serranilla* de Santillana escenificada—: Mingo, un pastor, y Gil, un escudero, pretenden a una misma pastora, Pascuala; Gil le promete los halagos de la corte, pero Pascuala, desconfiada ante la posible competencia de las señoras, acepta su amor a condición de que se convierta en pastor. Pascuala es una criatura delicada, y el propio Mingo dista infinitamente de la zafiedad de los anteriores pastores; sus ofrecimientos de adornos, frutos y animales del campo muestran un poético derroche de graciosa finura lírica. En la segunda parte aparece el tema, tan insistentemente cultivado durante el Renacimiento, de la oposición entre la vida de la aldea y la de la corte. Gil decide volver a palacio, y tras convencer de ello a Pascuala, arrastra también consigo a Mingo y a Menga, su mujer, para acabar convertidos todos en cortesanos. La mayor importancia de la *égloga* consiste, sin embargo, en el enorme avance que supone, respecto a las anteriores obras de Encina, en el camino del teatro. En estas dos piezas los pastores dejan de ser meros instrumentos narrativos al servicio de un tema evangélico, y con la completa secularización de la trama llegamos al planteamiento y desarrollo de un auténtico conflicto dramático: en la primera parte, la rivalidad por el amor de la pastora; en la segunda, la confrontación de dos actitudes, la valoración de dos mundos diversos, no contrapuestos abstractamente sino encarnados en la circunstancia concreta de los personajes y todo ello directamente vivido ante los ojos del espectador.

De mucho menor interés es, sin embargo, una *representación* escenificada en presencia del príncipe don Juan, que se viene llamando habitualmente *El Triunfo del Amor*, según el título que le dió Gallardo al reimprimirla en *El Criticón* en 1835. El Amor, que es el protagonista, proclama su irresistible poder frente a varios pastores y un escudero, que son los otros personajes. Uno de los pastores, que se atreve a desafiarle, queda por él malherido, y al preguntarle al escudero si cree que está para morir, éste le consuela graciosamente, diciéndole:

> *Mira bien, pastor, é cata*
> *Qu'el Amor es de tal suerte*

---

[23] Ídem, íd., pág. 132.

Que de mil males de muerte
Que nos trata,
El pëor es que no mata... [24].

La pieza, que no carece de movimiento escénico, no posee, en cambio, la estructura dramática de las dos églogas anteriores; de hecho, es una composición alegórica dialogada. Debió de escribirse en 1497, pues en este año vivió y murió en Salamanca el príncipe don Juan, en cuyo palacio, como parece lógico, hubo de representarse.

Notable importancia encierra, por el contrario, la llamada *Égloga de las grandes lluvias*, representada en Alba en la Nochebuena de 1498 e incluida en las ediciones del *Cancionero* de 1507, 1509 y 1516. Procede el título, dado por Böhl de Faber al incluirla en su *Teatro anterior a Lope de Vega*, de las alusiones que hace el poeta a los grandes temporales que poco antes habían sobrevenido y que causaron graves daños. Después que los cuatro pastores protagonistas de la *égloga* han comentado este percance, uno de ellos, Juan, que representa al autor, trae a cuento el asunto de la provisión de la plaza de cantor en la catedral de Salamanca, que fue dada, según sabemos, a Lucas Fernández. Encina alude a sus rivales y detractores y manifiesta su temor de ser excluido, por lo que trata de interesar en el asunto a los duques. Casi al final de la *égloga*, y cuando los pastores se disponen a jugar un rato, se presenta un ángel para anunciarles el nacimiento del Redentor; deciden entonces, en una bella escena, lo que ha de llevarle cada uno, y salen para Belén sin cantar esta vez ningún villancico. Por esta última parte se considera también a esta *égloga* como "de Navidad", pero es evidente que el poeta, aunque se ve forzado a ceder a la ocasión, siente ya escaso interés por el tema navideño, del que se ocupa lo menos posible, y dedica toda su atención a los sucesos de la actualidad y, sobre todo, a tratar sus propios problemas sin el menor rebozo. Con esta *égloga* el teatro literario de Encina y, consecuentemente, *el Teatro*, avanza un trecho notable en el camino de su secularización.

En el grupo del teatro profano ocupa un lugar bien determinado el *Auto del repelón*, reminiscencia de lo que pudo ser el "teatro de escolares" y los "juegos de escarnio", y la más antigua pieza que se nos ha conservado del teatro cómico-popular en toda la literatura española. Su asunto consiste en las burlas que los estudiantes de Salamanca hacen a dos pastores, Piernicurto y Juan Paramás, a los que pelan. Éstos se refugian en casa de un noble donde, para información del espectador, refieren lo sucedido; allí llega un estudiante para seguir la broma, pero los dos pastores se vengan en él y le echan a palos de la sala. La estructura de la pieza es muy rudimentaria y el autor se sirve en tal medida de la jerga pastoril, que en algunos pasajes es de difícil comprensión. El *Auto* más que una burla de los pastores es una sátira contra

---

[24] Ídem, íd., págs. 181-182.

los estudiantes que emplean su pretendida superioridad para abusar de los aldeanos. En no pocas frases se advierte un resentimiento amargo contra "tanto bellacón" y su "ruin sabencia", en los cuales "no hay más concencia que en perros". Aunque la índole formal de la pieza conviene al "teatro de escolares", su espíritu es inequívocamente antiestudiantil, y en ella tendríamos una actitud de protesta que no sería excesivo calificar de "social". Pero, muy posiblemente, el *Auto del repelón,* tenido siempre como una de las más características obras de Encina, no le pertenece; Oliver T. Myers[25] expone razones, que estimamos de mucho peso, para discutirle al salmantino la autoría tradicional. El *Auto* fue incluido por vez primera en la edición del *Cancionero* de 1509 y retirado luego en las restantes; simultáneamente a la edición dicha apareció una *suelta* sin nombre de autor. Estos hechos y un minucioso estudio estilístico comparativo llevan a Myers a la conclusión de que el *Auto del repelón* no es obra de Encina.

Al segundo momento o época de Encina pertenecen sus tres obras capitales: las *Églogas* de *Fileno, Zambardo y Cardonio,* la de *Plácida y Victoriano* y la de *Cristino y Febea.* En ellas desarrolla Juan del Encina una nueva dirección: bajo el punto de vista técnico hay una trama más compleja, un ambiente mucho más refinado. Y al mismo tiempo se da allí el paso decisivo desde el mundo medieval al renacentista y se expone un nuevo concepto de la vida con el triunfo inequívoco del amor pagano.

Fileno, Zambardo y Cardonio corresponde al tema de los amores trágicos, todavía asomados a la vertiente medieval. Fileno, enamorado de la pastora Cefira, que le desdeña, cuenta sus penas a los otros dos pastores, y como no encuentra solución a su amor, se suicida. A la obra se le han señalado discutibles influencias italianas[26], pero probablemente son mayores las que recibe de otros autores españoles, que habían ya tratado los mismos problemas amorosos: Diego de San Pedro, Rodrigo de Cota, el Arcipreste de Talavera, *La Celestina,* y por encima de todos el *Amadís,* cuya amada Oriana se cita repetidamente. En su *Diálogo de la Lengua,* Juan de Valdés ponderó la *égloga* de Encina, encareciéndola entre lo que debía leerse para "hacer buen estilo". Y Manuel Cañete le dedica entusiastas elogios: "Escrita en octavas aconsonantadas de arte mayor —escribe— ofrece ya todos los caracteres propios del verdadero drama moderno, con su exposición, nudo y trágico desenlace. Gallardo la estima también por drama 'muy bien sentido' añadiendo que 'el títu-

---

[25] Oliver T. Myers, "Juan del Encina and the *Auto del repelón*", en *Hispanic Review,* XXXII, 1964, págs. 189-201.
[26] Las ha defendido J. P. W. Crawford en dos trabajos: "The Source of Juan del Encina's *Égloga de Fileno y Zambardo*", en *Revue Hispanique,* XXXVIII, 1916, páginas 218-231; y "Encina's *Égloga de Fileno, Zambardo y Cardonio* and Antonio Tebaldeo's Second Eclogue", en *Hispanic Review,* II, 1934, págs. 327-333. Emilio Cotarelo, que rechaza este parecer, ha respondido al primer trabajo de Crawford en su estudio preliminar a la citada edición del *Cancionero,* págs. 24-26.

lo no muda su naturaleza'. Revela en ella el poeta, no solamente que conocía a fondo los misterios del amor y los estragos que causa en corazones apasionados y mal regidos, sino que era capaz de caracterizar las figuras como pudiera hacerlo en nuestros días el escritor que más atentamente observase el curso de los afectos humanos" [27]. Los tres personajes encarnan, en efecto, caracteres bien contrastados: Fileno lleno de ideas renacientes, de sentimientos aristocráticos y sutiles, de complejos problemas espirituales, noblemente impetuoso y apasionado; Cardonio es también, como Fileno, el hombre cultivado ganado por las ideas de su tiempo, pero moderado y razonador; mientras que Zambardo es el rústico pastor, representante de la vieja incomprensión aldeana y zafia, del sentido práctico más vulgar, que piensa en sus ovejas y se duerme mientras oye las enamoradas quejas de Fileno. La naturaleza entera es invocada por éste para que se asocie a su dolor:

> ¡Oh montes, oh valles, oh sierras, oh llanos;
> Oh bosques, oh prados, oh fuentes, oh ríos...! [28]

con renacentistas acentos que parecen preludiar los versos de Garcilaso.

La trama, o intriga argumental, de la obra, es sin embargo, escasa; mucho menor, evidentemente, que la desarrollada en las dos églogas de *Mingo, Gil y Pascuala*. A lo largo de su primera mitad, en sus lamentos amorosos, el protagonista derrocha un exceso de retórica para describir las angustias de su pasión a los otros dos pastores. Pero la escena que precede al suicidio —un largo monólogo— posee una intensidad dramática que da a toda la obra su fuerza y su sentido. Con acentos de honda emoción Fileno, momentos antes de clavarse su propio cuchillo, se despide de todos sus objetos familiares y parte en pedazos el rabel con el que nunca había conseguido "un punto mover aquella enemiga". El momento cómico cuando Zambardo se duerme oyendo las quejas del enamorado Fileno, parece anticipar exactamente la técnica en el manejo del gracioso que había de imperar en la *comedia nueva*; la cómica rusticidad de Zambardo se contrapone sin claroscuros a las sutilezas de Fileno, cuya tensión a la vez amorosa y literaria interrumpe y rebaja abruptamente.

Plácida y Victoriano es la obra más extensa de Encina y de importancia singular en nuestra historia literaria porque supone ya el triunfo del nuevo amor humano sobre las viejas concepciones de la renuncia medieval, según las cuales el amor apasionado no podía terminar sino en tragedia: castigo ejemplar contra las excesivas pretensiones humanas. Y así había concluido en la *égloga* anterior. También Plácida, desdeñada por Victoriano, se suicida; lo que parece semejarse al desenlace de *Fileno*. Mas el mundo ha cambiado:

---

[27] Proemio a la ed. citada, pág. XLVI.
[28] Ed. Cañete, págs. 191-192.

después de una "oración a Venus", Victoriano, cuyo desamor ha sido sólo transitorio, piensa matarse también, pero Venus detiene la mano del suicida y ordena a Mercurio que resucite a la enamorada. "Los dioses del paganismo están ya en el horizonte y no pueden consentir la tragedia", dice Valbuena; los amantes, ahora, pueden vivir felices.

Plácida y Victoriano encierra una gran riqueza de episodios y de personajes; la construcción teatral todavía es rudimentaria, pero la variedad de situaciones y el movimiento escénico [29] suponen un avance tan considerable sobre las otras piezas de Encina, que más que a dos épocas de un escritor parecen corresponder a dos etapas bien diferenciadas de un proceso literario. La escena en que Victoriano corteja a Flugencia —avispada dama de corte, con cuyo galanteo pretende olvidar el amor de Plácida— parecería tomada de una comedia de Lope o sus discípulos; faltan sólo unos puntos en el chispeante discreteo de los dos interlocutores, para que creamos estar oyendo un momento equivalente en los días más prósperos de la comedia áurea. Lo mismo puede decirse de la escena entre la dicha Flugencia y la vieja Eritea, Celestina de tono menor aunque más por lo breve de su intervención que por la talla que promete. Las palabras de Eritea son además de un desgarro realista, propio del tipo, que dicen mucho sobre la profana desenvoltura de Encina y el carácter de aquella corte pontificia donde la comedia fue representada.

Tomada en su conjunto, esta *égloga* de Encina abre al teatro tales posibilidades y lo deja en tal punto de madurez que no le conviene del todo la calificación de primitivo con que se le designa; no pocos autores bastante más próximos a Lope parecen más primitivos que él. Sin duda alguna hay que atribuir estos logros al talento poético y dramático del salmantino; al menos, mientras persista nuestra ignorancia frente al teatro del período que le precede, es imposible deslindar lo que corresponde a su inventiva y lo que recoge de una herencia tradicional. En cualquier caso, si en su teatro religioso la falta de atención a los caracteres que hemos señalado pueden explicar las deducciones —para nosotros equivocadas— de algunos críticos, en lo que respecta a las églogas profanas de Encina de su segunda época, nada autoriza a hablar de un páramo dramático circundante. Exista o no dicha tradición, lo que queremos decir es que la índole de estas tres grandes *églogas* no induce a pensar en la necesaria existencia de un vacío anterior.

Plácida y Victoriano fue incluida en el índice de libros prohibidos (lo que explica la dificultad para encontrar su texto, según explica Cañete en el prólogo de su edición), probablemente porque el autor pone en boca de Victoriano, cuando contempla a Plácida muerta, unas preces del ritual religioso vertidas a

---

[29] Sobre las últimas *canciones* que figuran al fin de la *Égloga* y que no pertenecen a Encina, véase Carolina Michaëlis de Vasconcellos, "Nótulas sobre cantares e vilhancicos peninsulares e a respeito de Juan del Enzina", en *Revista de Filología Española*, V, 1918, págs. 337-366.

lo erótico, mezclando los mismos versículos latinos con sus propias lamentaciones; a lo que sigue luego la aludida oración a Venus. Plácida, a su vez, en el instante de darse muerte, le había ofrecido a Cupido, "dios del amor", el sacrificio de su vida. También en la égloga anterior, cuando Cardonio solicita que recen a Dios por el enamorado Fileno, Zambardo dice que no lo hagan porque es un santo y van a pedir al Papa que lo canonice. Estas estrofas, últimas de la égloga, que figuran en la edición suelta, sin fecha, fueron suprimidas en la edición del *Cancionero* de 1509 [30]. La paganización renacentista de Encina era manifiesta.

En *Cristino y Febea* todavía es más notorio el triunfo de la vida gozosa. El pastor Cristino decide retirarse del mundo y hacer penitencia como ermitaño. Pero irritado Cupido le envía la ninfa Febea, que con sus encantos hace desistir a Cristino. La obra no está exenta de cierto desenfadado humorismo. A Cristino, después de conocer a la traviesa ninfa, le parece muy bien que los santos ermitaños hayan vencido las tentaciones, porque eran viejos:

> *Las vidas de los hermitas*
> *son benditas,*
> *mas nunca son hermitaños*
> *sino viejos de cient años...* [31].

Pero Cristino no lo es, y su fuerza y juventud ceden al amor desenvuelta y alegremente. Ya no vemos aquí ni asomos de tragedia. Por otra parte el amor no es tampoco, según el viejo concepto medieval, pecado que lleva a la condenación: se puede gozar del amor sin renunciar al cielo. Febea se lo explica claramente a su enamorado:

> *Vivir bien es gran consuelo*
> *Con buen celo*
> *Como santos gloriosos:*
> *No todos los religiosos*
> *Son los que suben al cielo;*
> *También servirás a Dios*
> *Entre nos;*
> *Que más de buenos pastores*
> *Hay que frailes, y mejores,*
> *Y en tu tierra más de dos* [32].

---

[30] Véanse en la ed. de Cañete, págs. 225-226, nota al pie
[31] Ídem, íd., pág. 401.
[32] Ídem, íd., pág. 394.

Con toda su agilidad y gracia, la *Égloga de Cristino y Febea* no posee las calidades teatrales de las dos églogas anteriores. De hecho, está más en la línea de la invención alegórica a la manera de *El Triunfo del Amor;* los mismos nombres de Cristino y Febea son evidentemente simbólicos, y el Amor dirige la sencilla trama de forma tan cómoda como fácilmente previsible. No obstante, las dudas de Cristino —sería excesivo hablar de una "lucha" o "conflicto interior"— entre las que cuenta también el respeto al qué dirán de los vecinos, están matizadas con habilidad dentro del rápido desarrollo que exige la situación. Hay que advertir que esta *égloga,* aunque bajo el aspecto de la paganización humanista pueda colocarse, como hemos dicho, al cabo de un proceso, fue compuesta casi sin duda antes de las dos anteriores, que representan desde el punto de vista de su construcción teatral y valor dramático la culminación de la obra de Encina.

Emilio Cotarelo ha resumido en las siguientes líneas la gama de posibilidades, mejor aún, de gérmenes vivos que podemos hallar en la obra dramática del salmantino, y cuya sola enumeración define su importancia: "En sus representaciones de la 'Pasión' y de la 'Resurrección' hay un esbozo del drama religioso, que ha de alcanzar luego su más alta y perfecta expresión en el auto sacramental. La comedia de costumbres y de intriga se presiente en las églogas séptima y octava; el drama trágico se anuncia en la de 'Fileno y Zambardo'; adivínanse las comedias heroicas en las farsas de 'Plácida y Victoriano' y de 'Cristino y Febea', y se columbra la alegoría calderoniana en ese hermoso joyel titulado 'El Triunfo del Amor'. El entremés, el sainete y acaso la comedia de figurón tienen un digno antecesor en el 'Auto del Repelón', que no desmerece al lado de los graciosísimos pasos del batihoja sevillano, y hasta las futuras 'loas' están representadas en la primera parte de las églogas primera y quinta, en la de las 'grandes lluvias' y en el introito de la de 'Plácida y Victoriano' " [33].

Hemos visto que Encina se sirve de los pastores como personajes predominantes en sus obras dramáticas. Su intervención en las piezas navideñas venía dada desde la más remota tradición del *officium pastorum,* y en el caso de Encina puede pensarse que su gusto por lo pastoril debía además no poco al influjo de las *Bucólicas* de Virgilio, no importa cuál fuera su interpretación de la poesía del mantuano [34]. Pero lo nuevo en Encina es el tono y carácter de dichos pastores, así como la lengua en que dialogan. Los pastores de la *Representación* de Manrique se mantienen fieles a la tradición litúrgica, se expresan con ingenuidad evangélica y carecen de todo color local; son sombras pálidas y blandas, sin duda por exigirlo así el marco monjil a que se

---

[33] *Estudios de historia literaria de España,* cit., pág. 181.
[34] Cfr.: Marcial José Bayo, *Virgilio y la pastoral española del Renacimiento,* Madrid, 1959. J. Richard Andrews, *Juan del Encina: Prometheus...,* cit., págs. 33-53.

destinaban; probablemente, el poeta limaría todos los excesos populares que en tales personajes se habían acumulado. Fray Íñigo de Mendoza en su poema narrativo *Coplas de Vita Christi* introduce una escena dialogada entre pastores, que reciben asustados el mensaje del ángel, acuden al portal y cuentan luego lo que han visto. La mezcla de elementos narrativos impide afirmar que se trata de una auténtica pieza dramática, aunque revela al menos la constante infiltración de lo dramático en todos los géneros literarios, según hemos dicho anteriormente. Lo que importa ahora, en todo caso, es señalar que fray Íñigo de Mendoza había dado un ejemplo de la utilización, con fines cómicos, de unos pastores navideños de hechura popular y lenguaje realista; introduciéndolos, por añadidura, en una obra de calidad literaria y religiosa al mismo tiempo. Es de suponer que los pastores de Mendoza hubieron de influir poderosamente en Encina, aunque no nos parece indispensable que la incitación pastoril le llegara a éste sólo a través de modelos literarios; el campo de Salamanca es tierra de pastores, y éstos intervendrían efectivamente con sus canciones y usos tradicionales en las fiestas navideñas de los templos.

Los pastores de Encina, decíamos, son seres próximos y populares; lo dicen ya los nombres vulgares que exhiben y los temas contemporáneos de que se ocupan. Pero el elemento capital para dotarlos de aquella condición es la jerga en que hablan, un dialecto rústico llamado tradicionalmente "sayagués", por suponerlo hablado en realidad en la comarca zamorana de Sayago. Los estudiosos contemporáneos [35] han puesto insistentemente de relieve que se trata de una lengua convencional —forjada, pues, con fines literarios—, que aunque pueda tener por base un dialecto leonés, reúne elementos de muy diversa procedencia: arcaísmos y vulgarismos castellanos, lusismos, cultismos arrusticados o, como dice Frida Weber de Kurlat, "latinismos disfrazados de dialectalismos rústicos" [36], tomados del lenguaje escolar universitario.

La presencia de los pastores y de su caprichosa jerga dialectal tiene en Encina una evidente finalidad cómica, según la práctica seguida también por fray Íñigo. Lázaro Carreter ha señalado atinadamente que semejante valoración cómica de la rusticidad procedía de una conciencia superior, humanística, favorecida especialmente por el ambiente universitario; la frecuentación de los pastores virgilianos en las aulas salmantinas debía de hacer resaltar, con carácter cómico, la presencia de los aldeanos del campo charro en las calles

---

[35] Cfr.: Joseph E. Gillet, "Notes on the Language of the Rustics in the Drama of the Sixteenth Century", en *Homenaje a Menéndez Pidal*, I, Madrid, 1925, págs. 443-453. John Lihani, "Some Notes on *Sayagués*", en *Hispania*, XLI, 1958, págs. 165-169. Paul Teyssier, "Le Sayagais", en *La langue de Gil Vicente*, París, 1959. Frida Weber de Kurlat, "Latinismos arrusticados en el sayagués", en *Nueva Revista de Filología Hispánica*, I, 1947, págs. 166-170. De la misma, "El dialecto sayagués y los críticos", en *Filología*, Buenos Aires, I, 1949, págs. 43-50. De la misma, *Lo cómico en el teatro de Fernán González de Eslava*, Buenos Aires, 1963, págs. 32-41.

[36] "Latinismos arrusticados...", cit., pág. 170.

y en el mercado de la ciudad: "Era —dice— el nuevo espíritu humanista y culto. La rusticidad es sólo visible por conciencias no rústicas. Y sólo desde fuera de lo *espontáneo,* de lo *natural,* pueden gozarse tales hechos como valores" [37]. Pero es indudable que Encina, con plena conciencia de autor dramático, se sirve sistemáticamente del "sayagués", al lado de la mencionada comicidad por contraste, con fines más hondos que Ruiz Ramón ha destacado: personalización realista en un tiempo y un espacio concretos, y originalidad y libertad expresivas, no trabadas por tradición literaria alguna. "Con este lenguaje —dice— el pastor dramático se diferenciaba del pastor lírico, así como de los lenguajes de los *Cancioneros* cortesanos. Asimismo, gracias a ese lenguaje, las situaciones dramáticas y los personajes que las vivían cobraban, de golpe, una gran autonomía expresiva. Su voz era ya inconfundible. Por otra parte, ese lenguaje conlleva en sí una tal violencia, que debía detonar en el medio palaciego y cortesano en que era dicho y, al mismo tiempo, sirve *dramáticamente* a la violencia de lo representado... No es, pues, este lenguaje, contra lo que pudiera parecer, y pese a lo que de él suele decirse, un lenguaje primitivo, sino el hallazgo de un escritor dramático, consciente de su voluntad creadora. Este lenguaje supone una intención y, por tanto, una voluntad de estilo, y como tal no es obra del azar ni de la improvisación, sino fruto de la inteligencia alerta de su creador. El primer lenguaje del teatro español supone ya un nivel estético" [38].

Recordemos, no obstante, que el teatro de Encina, según arriba quedó dicho, no persiste en el mismo tono, sino que experimenta un proceso de estilización, más patente en las tres últimas églogas, pero ya iniciado antes con las dos partes de *Mingo, Gil y Pascuala.* En dichas obras estamos ya próximos a la bucólica renacentista, pero sin que falten tampoco los momentos populares a cargo de los pastores típicos de Encina, con su cómico realismo y su conocida jerga rústica.

LUCAS FERNÁNDEZ

El teatro castellano del siglo XV se completa con otro ingenio, Lucas Fernández, que aunque nacido casi en la misma fecha que Encina, ha de tenerse como discípulo del "patriarca", con el que tiene no pocas cosas en común.

Nació Lucas Fernández en Salamanca en 1474. Estudió en su Universidad hasta graduarse de bachiller en artes y ordenarse de sacerdote. Comenzó su carrera como mozo de coro en la catedral, y cuando en 1498 quedó vacante la plaza de cantor, aspiró a ella en competencia, como sabemos, con Juan del Encina, a quien venció gracias al apoyo de uno de sus tíos, beneficiado de aquella iglesia. Acumuló diversas rentas y beneficios que le permitieron vivir

---
[37] *Teatro Medieval,* cit., pág. 80.
[38] Francisco Ruiz Ramón, *Historia del Teatro Español desde sus orígenes hasta mil novecientos,* Madrid, 1967, págs. 30-31.

en Salamanca como clérigo bien acomodado, y en 1522 obtuvo una cátedra de música en la Universidad, que desempeñó hasta su muerte en 1542 [39].

De Lucas Fernández, aparte de un *Diálogo para cantar,* se conservan seis *Farsas y églogas al modo y estilo pastoril y castellano* [40], reunidas en un volumen que, bajo dicho título, fue publicado en Salamanca en 1514. De estas seis obras tres son de asunto profano y tres religiosas. A excepción de la última de éstas, el *Auto de la Pasión,* todas ellas se desenvuelven dentro del mundo pastoril de Encina, del que es un evidente imitador. No obstante, según juicio compartido por casi todos los críticos, Lucas Fernández, aunque hubo de vivir el ambiente renovador de la universidad salmantina, se aleja de la corriente renacentista de su maestro y rival Encina para mantenerse más arraigado en el espíritu tradicional español, popular, castizamente castellano y hondamente religioso; tal es el rasgo que le define. Recientemente, sin embargo, Alfredo Hermenegildo [41] ha pretendido desterrar esta apreciación que califica de mero tópico; pero su trabajo, que es una madeja de contradicciones [42], no parece llamado a modificar la tradicional silueta del dramaturgo. Es curioso que después de haber intentado demostrar el *renacentismo* humano de Lucas Fernández [43], destruya prácticamente toda posible valoración de signo positivo en su

---

[39] Cfr.: Ricardo Espinosa Maeso, "Ensayo biográfico del maestro Lucas Fernández (¿1474?-1542)", en *Boletín de la Real Academia Española,* X, 1923, págs. 386-424; "Apéndice de documentos", en ídem, íd., págs. 567-603. J. J. Herrero y C. Roda, *Tres músicos españoles: Juan del Encina, Lucas Fernández y Manuel Doyagüe,* Discursos en la Real Academia de Bellas Artes de San Fernando, Madrid, 1912. Véanse además los estudios preliminares a las ediciones citadas luego.

[40] *Farsas y églogas,* ed. de la Real Academia Española con prólogo de Manuel Cañete, Madrid, 1867. Reproducción facsímil de la primera edición de 1514, por la Real Academia Española, con prólogo de Emilio Cotarelo, Madrid, 1929.

[41] "Nueva interpretación de un primitivo: Lucas Fernández", en *Segismundo,* número 3, Madrid, 1966, págs. 9-43.

[42] Sería largo detallar las que afectan al contenido ideológico del artículo, pero alguna, más trivial, puede servir de ejemplo. Hermenegildo califica el estudio de Cañete, en la edición citada, de "primerizo, elemental, ingenuo" (pág. 10), pero vuelve luego a tratar de él y dice que es "un extenso prólogo, bien nutrido de ideas aprovechables" (pág. 15), afirmación que parece darse de palos con la anterior. Cotarelo se incluye en la lista de los que han divagado en torno a la "serie de tópicos" expuestos por Cañete, pero se dice luego que publicó la edición facsímil con un "sustancioso prólogo" (pág. 15).

[43] Los razonamientos de Hermenegildo para demostrar el carácter renacentista de Lucas Fernández son pintorescos en ocasiones. Aduce, por ejemplo, que se cambió de nombre "al quedar huérfano y asomar su alma inquieta a los claustros salmantinos", lo que prueba que "no fue un retrasado, sino alguien que vivía con su época, con el Humanismo" (pág. 13) (el padre del dramaturgo se llamaba Alonso González y su madre María Sánchez; la innovación onomástica no fue tampoco demasiado audaz, ésa es la verdad). Otras pruebas son las intrigas de que hubo de servirse para derrotar a Encina y el hecho de que durante su etapa de cantor catedralicio "consiguió varios aumentos de sueldo" (pág. 14). No cabe duda que aquí se maneja una interpretación del Renacimiento un tanto casera.

obra. De sus cinco piezas conservadas, aparte el *Auto,* afirma Hermenegildo que abusan "de un tipo de escenas prefiguradas de antemano" (sic), "especie de moldes estéticos, de clichés, que Lucas Fernández coloca en determinados momentos, bien sea para llenar lagunas, bien sea por seguir una corriente general en el teatro de su época, bien sea a causa de la presencia subterránea de Encina"; otro rasgo de inferioridad —dice— radica "en la sucesión de escenas", en "la falta de agilidad para introducir los personajes en la acción"; en ninguna de las cinco obras se encuentran "caracteres definidos y diferenciados con rasgos individuales": Lucas Fernández se limita a diseñar tipos abstractos; y, finalmente, las cinco obras dramáticas en cuestión "son reflejo de influencia de Encina y, en consecuencia, adolecen de falta de espontaneidad y originalidad creadora"[44]. Como resulta que esto último, el magisterio de Encina, era uno de los tópicos más resistentes que había que destruir, tenemos que con semejante abogado sea difícil ganar el pleito, y por lo tanto parece que Fernández va a continuar por ahora con el sambenito de ser un discípulo de aquél. Por otra parte, no sabemos en qué pueda fundarse el *renacentismo* de un escritor, tan absolutamente desprovisto de valores en todas aquellas obras en que sigue al *renacentista* Encina; habrá que reducir al mínimo la importancia de Fernández como autor dramático, o admitir al menos que dentro de aquella corriente era incapaz de urdir una sola escena valiosa; tan sólo al sumergirse en el mundo tradicional del *Auto de la Pasión* daba toda su talla; lo cual, en buena parte, vendría a ser la apreciación tradicional de la crítica.

Dejando, pues, de lado la nebulosa exégesis de Hermenegildo, he aquí lo que, a nuestro entender, puede afirmarse sobre la obra dramática de Fernández.

Como en el caso de Encina —ateniéndonos, por supuesto, a las obras conservadas—, Lucas Fernández es también un escritor que da tempranamente su obra; no importa que viviera hasta 1542: su único volumen conocido es de 1514[45]. Fernández sigue, pues, a Encina muy de cerca, estética y cronológicamente; le menciona en diversas ocasiones con preocupación de imitador y de rival; su pretensión es igualarle. Parece evidente que Encina le aventaja en el dominio del idioma y en la musicalidad y gracia de sus versos, cuya deliciosa calidad lírica no es asequible a la peculiar capacidad de Lucas Fernández. Al tratar el tema del amor, sentimiento capital en todas las piezas de ambos escritores, Fernández queda siempre muy lejos de los refinamientos cortesa-

---

[44] Est. cit., págs. 17-18.
[45] Las obras fueron escritas, sin duda alguna, mucho antes, aunque es aventurado dar fechas precisas. Cotarelo supone que la *Comedia* de Bras-Gil, la más antigua, es de 1496, pues se alude a ella en la segunda *Farsa o cuasi comedia,* escrita en 1497, fecha cierta. La *Égloga del Nascimiento* es de 1500. No es posible datar las otras obras con seguridad; Lihani (art. cit. luego, pág. 256) da como posible la fecha de 1503 para el *Auto de la Pasión,* pero no aduce razones. En lo que atañe a la representación de estas piezas no se poseen noticias de ninguna índole, ni respecto al lugar ni al modo. Cfr.: Ronald Boal Williams, *The Staging of Plays...,* cit., pág. 25-29.

nos a que llega Encina, por ejemplo, en la égloga de *Mingo, Gil y Pascuala*. Pero estas diferencias no son necesariamente menguas o retrocesos del segundo respecto a su maestro. El mundo pastoril de Lucas Fernández aunque prolonga el de Encina en sus rasgos más visibles y superficiales, en sus tretas lingüísticas y su aprovechamiento cómico, es muy de otra índole, en realidad. En las églogas de su primera época Encina está mucho más preocupado en sus propios problemas y su relación personal con los duques que en retratar un mundo campesino más o menos próximo. Pero esto es lo que hace precisamente Lucas Fernández. Los pastores de sus *farsas* y *églogas* no hablan por boca del autor, y a su servicio, sino que son en la intención de aquél copia de algo real, aunque puedan resultar deformados por algún exceso caricaturesco. Es exactísimo, pues, hablar de un realismo más vigoroso en las piezas de Lucas Fernández y de un castellanismo más arraigado. Sus pastores tienen una consistencia mucho más humana que los convencionales y literarios de Encina, y en sus diálogos dramáticos componen escenas que son inequívocos cuadros de costumbres. En la *Comedia en lenguaje y estilo pastoril*, Bras-Gil requiebra a Beringuella muy por lo llano y verdadero; los sorprende el abuelo de ésta, Juan Benito, y sus recelos y denuestos podrían oírse hoy mismo en semejante medio y ocasión. Un vecino que llega, Miguel-Turra, trata de poner paz y sugiere que se casen los chicos por lo que pueda haber tronado, pero el abuelo no encuentra bueno al muchacho por la diferencia de calidad. Bras-Gil describe entonces el árbol de sus ascendientes, que resulta una espléndida caricatura de la general preocupación por el linaje, tan viva entonces en toda España[46]. Al fin cede el abuelo y anuncia los regalos que ofrecerá a los desposados; Bras-Gil enumera también los que piensa hacerle a la novia y ésta se ruboriza ante las insinuaciones de la mujer de Miguel-Turra, que llega últimamente. El sencillo cuadro tiene, en palabras y en hechos, toda la verdad que pueda desearse; y los personajes de este elemental suceso rústico dan la medida exacta de lo que son dentro de él.

En la *Farsa o cuasi comedia* en que se introduce una Doncella, un Pastor y un Caballero —sin nombres—, hemos de ver bastante más que la abstracta oposición entre el mundo rústico y el cortesano; así como en la segunda *Farsa o cuasi comedia*, de dos pastores, un soldado y una pastora, hay mucho más que la mera anécdota sobre las diferencias entre el soldado y el pastor. Lo capital en estas piezas de Fernández es el sabor de autenticidad de los personajes, que se definen llanamente a través de sus propias palabras, y la eficacia de éstas para dar el tono de dichas gentes, su condición y pulso humano. Pedir en estas breves *farsas* personalidades fuertemente definidas sería bien ridículo; es inevitable que los personajes abunden en rasgos genéricos —lo que, al cabo, es peculiar de la comedia hasta en sus más altos mo-

---

[46] Cfr.: John Lihani, "Lucas Fernández and the Evolution of the Shepherd's Family Pride in Eearly Spanish Drama", en *Hispanic Review*, XXV, 1957, págs. 252-263.

mentos—, pero es ya mucho el acento tan realista, es decir, tan de allí y de entonces con que cada tipo se expresa.

En este aspecto, creemos que las obras profanas de Fernández aventajan a las primeras pastoriles de Encina; los pastores de aquél hacen algo más que servir intereses del autor, hablan por sí mismos, les acontecen cosas concretas de valor humano que habían de reaparecer miles de veces sobre las tablas en todos los tonos, no son ficciones literarias sino pastores y campesinos de solar conocido, ni son tan simples como a primera vista puede parecer, pues abordan temas de largo alcance satírico que el propio Quevedo había de utilizar.

La *Égloga o farsa del Nascimiento* y el *Auto o farsa del Nascimiento* —denominaciones que no parecen encerrar diferencia alguna para su autor— tienen una estructura semejante: comienzan con una escena pastoril y alguien llega después para anunciar a los presentes el nacimiento de Cristo. Lo que diferencia a estas piezas, una vez más, de las de Encina es el realismo innegable, característico, con que están compuestas, y su mayor densidad argumental y humana; como los pastores no aparecen allí para decir disfrazadamente cosas que sólo importan a su autor, tratan de sus propios asuntos, es decir, componen por eso mismo una escena o cuadro costumbrista, realista, vivo y actual del mundo pastoril del campo de Salamanca. Encina literaturiza a sus pastores en el fondo, aunque los disfrace de tales con toques exteriores y sobre todo con el uso intensivo del sayagués; pero Lucas Fernández, menos renacentista, incuestionablemente, más agarrado al suelo, más castellano, menos literato, menos libresco, bastante más prosaico y mucho más tradicional, reproduce actitudes y palabras de los pastores que conoce[47].

En lo que atañe al aspecto religioso creemos que las *Églogas* navideñas de Lucas Fernández son menos ricas de lirismo que las de Encina pero bastante más densas de contenido; las explicaciones teológicas de Macario —en la primera— encierran graves conceptos, y el profundo sentido del Nacimiento de Cristo que viene a traer la paz sobre las desuniones y el odio de los hombres, adquiere todo su significado en las palabras de los pastores.

El *Auto de la Pasión* ha sido siempre tenido como la más importante obra de Lucas Fernández. Características de ella son su profundo dramatismo y fuerza realista que, según muchas veces se ha notado, la emparentan con el patetismo impresionante de los imagineros castellanos. Se viene afirmando que el *Auto* fue representado en la catedral de Salamanca, aunque nada se sabe de cierto sobre ello; sí parece evidente que está concebido al menos para serlo en el interior de una iglesia, según se deduce de las acotaciones: así, por ejemplo, sobre las actitudes de los personajes ("entran las tres Marías con este llanto, cantándolo a tres voces de canto de órgano"; "aquí se han de

---

[47] Cfr.: A. Morel-Fatio, "Notes sur la langue des *Farsas y églogas* de Lucas Fernández", en *Romania*, X, 1881, págs. 239-244.

hincar de rodillas los recitadores delante del monumento, cantando esta canción..."), o la imprevista aparición de un "Ecce Homo para provocar la gente a devoción", o de una cruz mostrada "repente a deshora, la cual han de adorar todos los recitadores hincados de rodillas", o sobre el canto de los villancicos.

Los valores teatrales del *Auto de la Pasión* han sido repetidamente ponderados por los críticos, algunos de los cuales han llegado a encontrarle puntos de contacto con las tragedias griegas de Esquilo [48]; no faltan tampoco, por el contrario, quienes han denunciado sus escasas calidades dramáticas, haciendo ver que los incidentes están narrados más que presentados [49]. Creemos que en esta obra religiosa de Fernández debe distinguirse cuidadosamente la capacidad de dramatización que posee el poeta para infundirle prodigiosamente dicha cualidad a un relato, y los verdaderos caracteres de pieza dramática que el *Auto* contiene; porque parece que a veces se juega un poco a las palabras o se utilizan con cierta confusión cuando de dicha obra se trata. Tras esta advertencia arriesgamos nuestro parecer de que el *Auto* no es una pieza dramática propiamente dicha, sino un "sermón trobado"; ningún suceso de la Pasión sucede ante los ojos del espectador, sino que toda ella es referida por diversos testigos, que evocan los hechos presenciados añadiéndoles comentarios o el contrapunto de su propio dolor. San Pedro, San Mateo, las tres Marías, son narradores-testigo, mientras San Dionisio, que tiene un importante papel, formula preguntas y hace reflexiones que estimulan a los demás a proseguir; Jeremías intercala sus trenos y confirma el cumplimiento de las profecías [50].

El *Auto* es una pieza de iglesia, destinada a servir como una parte de la liturgia o las ceremonias; más aún, creemos que estaba destinada a sustituir al Sermón de la Pasión que se predicaba durante los oficios del Viernes Santo, con el fin de mover a los fieles a mayor devoción bajo esta forma literaria dramáticamente intensificada. Una tradición oratoria de siglos podría mostrarnos en todo el orbe cristiano, pero quizá en España de manera particular, cómo los sermones de dicha festividad son en sustancia el *Auto* de Lucas Fernández, es decir, un intento de hacer revivir por medio de la palabra aun-

---

[48] Cfr.: Georges Cirot, "*L'Auto de la Pasión* de Lucas Fernández", en *Bulletin Hispanique*, XLII, 1940, págs. 285-291.

[49] Cfr.: J. P. W. Crawford, *Spanish Drama before Lope de Vega*, cit., págs. 44-45.

[50] La ausencia de Cristo y de su Madre en el *Auto de la Pasión* no parece que pueda ser explicada por meras razones de respeto religioso —según nosotros mismos habíamos aceptado anteriormente— ni mucho menos, como algunos sugieren, por motivos de eficacia dramática. Cristo no podía, en absoluto, salir a escena sin transformar por entero la índole misma de la representación; protagonista esencial de la Pasión, no podía referir nada, tenía que vivirlo, lo que hubiera entrañado la participación de toda la comparsería habitual, desde el Huerto hasta el Gólgota, que es justamente lo que aquella nueva forma dramático-religiosa de Lucas Fernández, según luego explicamos, trataba de evitar. En el fondo, pues, sí eran razones de respeto religioso, pero es en la raíz de la misma concepción dramática donde hay que situarlas.

que del modo más dramático y plástico posible los acontecimientos de la Pasión buscando su mayor eficacia piadosa por el camino de la emoción y el sentimiento.

Es difícil, sin duda, fijar el puesto que le corresponde al *Auto* dentro de nuestra historia literaria. Creemos, no obstante, que podría atribuírsele una significación igual a la que le hemos asignado al teatro de Encina —y, consecuentemente, al del propio Fernández— pero dentro del marco religioso, es decir: el *Auto* es teatro litúrgico "de cámara"; reemplazaba toda la tramoya espectacular de la Pasión callejera con azotes, vía dolorosa, Cireneo, centuriones romanos, etc., etc., con mucho estruendo y poquísima literatura, por una evocación literaria en el ambiente severo y recoleto de la iglesia. Vendría a ser algo así como un intento de recuperar para el culto lo que se había convertido en un desfile histriónico. La tarea de Lucas Fernández es menos innovadora en este campo religioso de lo que era su propio teatro profano y el de Encina; la tradición litúrgica era mucho mayor y tenía además a mano el manantial de los relatos evangélicos que no eran difíciles de dramatizar. Por eso, el *Auto de la Pasión,* que se beneficia también de toda la madurez literaria del momento, alcanza un punto que era imposible todavía en las piezas profanas destinadas a los nuevos medios más cerrados y minoritarios, y cuya técnica, temas, recursos dramáticos, tono y estilo había que descubrir. De todos modos, la significación de los dos autores, Encina y Fernández, se cumple por igual en la dramática profana y en la religiosa; en ambos se produce el mismo proceso de literaturización desde formas de popular espectacularidad.

Si el *Auto de la Pasión* no es una pieza propiamente dramática, porque se renuncia premeditada y conscientemente a la acción directa para acomodar la obra al nuevo propósito, resulta en cambio incuestionable la capacidad del autor para dramatizar su relato y extraer de la sola palabra sorprendentes resultados plásticos; en este sentido sí puede hablarse aquí de la potencia dramática de Lucas Fernández. Los hechos no se narran, diríamos, sino que se *pintan,* se describen con tal vigor que parecen más intensos que si fueran directamente vividos, porque la palabra gráfica, tensa, apasionada, está subrayando y potenciando cada rasgo. La *Pasión* resulta en muchos momentos patéticamente conmovedora, pero tampoco debe olvidarse que a este resultado contribuye la absoluta severidad religiosa de la representación; es una obra *en serio,* desde el principio hasta el final; no hay pastores, ni centuriones, ni intermedios cómicos, ni trucos espectaculares que distraigan. El *Auto,* repetimos, es un sermón de la Pasión, un acto del culto. El poeta se asocia felizmente a esta finalidad y la enriquece con todos sus recursos literarios. Que deben, por cierto, mucho más a su sincero fervor religioso que a primores de estilo; el lenguaje es, con gran frecuencia, rudo, abundan los versos incorrectamente medidos, hay ripios a montón, a veces casi cómicos de tan simples y tan a la fuerza traídos para colmar un verso o llenar una rima. Pero el hervor que brota como desde un manantial apasionado arrolla imperfecciones y encuentra los más profundos y vibrantes acentos. La canción y el villancico finales son auténticas oraciones cantadas al órgano que debían de emocionar al mismo pueblo que las entonaba.

Creemos que Lucas Fernández es, evidentemente, distinto de Encina, aunque lo imite y sea casi inconcebible sin él. Se diferencia en muchos aspectos: es mucho más realista, más castellano y tradicional, menos artista de la palabra y menos lírico, pero más observador e hijo de su tierra; caracteres repetidamente señalados y que no son tópicos ni vaciedades sino rasgos inequívocamente definidores. Por otra parte, no es un vulgar segundón, sino un continuador de primordial importancia, que en muchos aspectos —son, por supuesto, los que constituyen su personalidad— completa o incluso aventaja a su maestro.

CAPÍTULO XII

LA ÉPOCA DE LOS REYES CATÓLICOS (I)
NEBRIJA. LA POESÍA

CARÁCTER DE LA ÉPOCA

La época de los Reyes Católicos representa en lo político un momento crucial de importancia pocas veces igualada en nuestra Historia. En el aspecto interior los monarcas liquidan de un golpe, en virtud de tajantes medidas, con rapidez y eficacia asombrosas, los diversos motivos que habían producido la debilidad política de los reinados de Juan II y Enrique IV: la rebelión feudal, la privanza de favoritos, la anarquía interior, los partidos y banderías, entronizando en su lugar un poderío indiscutido y obedecido por todos. Cuanto la España de los siglos inmediatos tenía que realizar, estaba no sólo en germen, sino conseguido en gran parte por la mano de estos monarcas, que bajo muchos aspectos representan una cima no alcanzada por ninguno de sus sucesores.

Al logro de esta unidad y paz interior, que modifica ya por sí misma las circunstancias y hasta los caracteres del país, se suma una serie de fenómenos de excepcional importancia, a consecuencia de los cuales queda inaugurada sustancialmente para España una nueva época. Con la conquista de Granada termina la secular tarea de la Reconquista y es anulada para el futuro la cultura musulmana; Colón descubre América y se abren posibilidades y recursos sin límites a la actividad de los españoles; con la creciente intervención en los asuntos de Italia no sólo se acrecienta el papel de España en la política europea, sino que se intensifican las relaciones con el mundo renacentista italiano; se introduce la imprenta y se multiplican las ediciones que difunden la cultura; se expulsa a los judíos y se establece la Inquisición [1].

---

[1] Cfr.: William Thomas Walsh, *Isabel de España* (trad. española), Madrid, 1943, 4.ª ed. M. Ballesteros-Gaibrois, *La obra de Isabel la Católica*, Segovia, 1953. J. M. Doussinague, *La política internacional de Fernando el Católico*, Madrid, 1944. Jaime Vicens Vives,

En el aspecto cultural, y en virtud de buena parte de los hechos aludidos, se amplía y perfecciona el conocimiento de la antigüedad grecolatina. Lo que en los dos reinados anteriores había sido una desordenada curiosidad, pedantesca y mal digerida, se decanta y convierte en auténtico saber, que afecta no sólo a las letras, sino a direcciones del pensamiento e intenciones políticas [2]. Influye en este acrecimiento del saber clásico la decidida protección de los Reyes y la llegada a España de grandes maestros italianos. En el aspecto formal el rebuscamiento y afectación de la época de Juan II cede el paso a un moderado equilibrio en que se combinan las nuevas direcciones humanísticas con las corrientes tradicionales y se prepara la madurez clásica de los inmediatos Siglos de Oro.

Esta fusión de lo renacentista con lo tradicional, que origina en las artes plásticas el estilo "plateresco" tan representativo de la época de los Reyes Católicos, combinación de las líneas grecorromanas con la ornamentación del gótico florido, se manifiesta en la lírica de los poetas coetáneos y alcanza su punto culminante en ese prodigio armónico de Renacimiento y Edad Media que es *La Celestina*. Ya hemos visto idéntica fusión en el teatro de Juan del Encina.

Esta persistencia de lo tradicional, amalgamado al renacentismo culto, es carácter peculiarísimo de nuestras letras y que nos distingue, por tanto, radicalmente de las otras literaturas europeas (la misma persistencia del mundo épico medieval dejamos advertida en el florecimiento de los romances). En el siglo inmediato, el triunfo del italianismo con Boscán y Garcilaso de la Vega parecerá que señala momentáneamente la interrupción de esta característica; pero se ha de mantener, como veremos, hasta en sus mismos contemporáneos opuestos a la italianización, y triunfará después espléndidamente de nuevo con la aparición de la gran figura de Lope.

EL HUMANISMO Y EL IDIOMA

El entusiasmo de la corte de Juan II por el latín prosigue en la de los Reyes Católicos con creciente intensidad, estimulada por la propia reina que había sido discípula de la célebre humanista Beatriz Galindo. Con la reina estudiaban latín sus hijas y el príncipe don Juan. La infanta doña Juana, la futura madre de Carlos V, lo aprendió con tanto provecho que años más tarde era capaz en Flandes de improvisar discursos en dicho idioma. Los nobles imi-

---

Fernando el Católico, Príncipe de Aragón, Rey de Sicilia, Madrid, 1952. Ramón Menéndez Pidal, "Significación del reinado de Isabel la Católica según sus coetáneos" y "Los Reyes Católicos según Maquiavelo y Castiglione", en *España y su historia*, vol. II, Madrid, 1957, págs. 9-45; el segundo de los trabajos, reproducido también en *Mis páginas preferidas. Estudios lingüísticos e históricos*, Madrid, 1957, págs. 209-231.

[2] Para el estudio en conjunto del Renacimiento y de su carácter, problemas y repercusión en los diversos campos de la cultura, véase el capítulo siguiente con la correspondiente bibliografía.

taban el ejemplo de los reyes, trayéndose los mejores maestros del mundo, como Lucio Marineo Sículo y el que luego fue famoso historiador de América, Pedro Mártir de Anglería, y los albergaban en sus palacios. El entusiasmo de los estudiantes en las Universidades era tan grande por el latín que alzaban en hombro a Pedro Mártir cuando éste se dirigía a su clase para explicar las sátiras de Juvenal [3].

Esta afición al latín no se detenía, naturalmente, en el aspecto filológico, sino que buscaba a través de las obras de la antigüedad el espíritu de aquellas culturas, con su peculiar concepto de la vida, pero muy en particular el ejemplo de Roma para las nacientes ambiciones imperiales. Entre éstas contaba primordialmente la expansión del idioma. Imponiendo su lengua única, Roma había hecho posible la fusión de pueblos diversos y geográficamente separados; y España, por el mismo camino, tiende entonces a realizar idéntica universalidad idiomática en las tierras de su imperio para que fuese a la par de la unificación política. Ante el ejemplo del rey Fernando, que abandonaba las formas dialectales aragonesas, Aragón se dio al cultivo del castellano lo mismo que Cataluña y Valencia. Numerosos poetas catalanes de la corte de Alfonso V habían ya compuesto sus poesías en lengua castellana en el *Cancionero de Stúñiga*; ahora son los poetas valencianos quienes cultivan la lengua de Castilla en el *Cancionero General*, publicado en Valencia en 1511. En Portugal, su más grande poeta después de Camoens, Gil Vicente, recitaba en castellano, en presencia de la reina María, hija de los Reyes Católicos, la primera obra de teatro que se representaba en la nación vecina. La conquista de Granada había planteado el problema de que los moros de aquel reino usasen la lengua castellana; para ello, su primer Arzobispo, fray Hernando de Talavera, impulsó, bajo la dirección del fraile Pedro de Alcalá, la publicación en 1505 de un *Diccionario hispano-árabe*, primero que se componía en el mundo para traducir a la arábiga una lengua moderna. Idéntico problema, pero en proporción infinitamente mayor, se presentaba en relación con los pobladores de América, a los que era fuerza enseñar la lengua de la metrópoli para llegar a su auténtica incorporación.

He aquí, pues, de qué modo el ejemplo del latín, vehículo común de la Roma imperial, impulsaba el idioma de Castilla por el camino de su expansión. En esta tarea encontraron los Reyes un eficacísimo auxiliar en Elio Antonio de Nebrija.

---

[3] Cfr.: M. Bernays, *Petrus Martyr Anglerius und sein Opus epistolarum*, Estrasburgo, 1891. G. Noto, *Lucio Marineo, umanista siciliano*, Catania, 1901. Pietro Verrua, *Precettori italiani in Spagna durante il regno di Fernando il Catolico*, Andria, 1906. Del mismo, *Epistolario di Marineo Siculo*, Città di Castello, 1940. C. Lynn, *A College Professor of the Renaissance: Lucio Marineo Siculo among the Spanish Humanists*, University of Chicago Press, 1937.

NEBRIJA

Elio Antonio de Nebrija, figura cumbre del Humanismo español en la época de los Reyes Católicos y a quien se debe la definitiva introducción de la ciencia filológica en nuestra patria, nació en Lebrija (Nebrissa en latín), provincia de Sevilla, probablemente en 1444. Estudió cinco años en Salamanca, y a los diecinueve, viendo la poca importancia que allí se daba al bien decir y deseando aprender a fondo latín y griego, pasó a Italia donde vivió durante un decenio estudiando diversas disciplinas en las Universidades de Roma, Padua, Pisa y Florencia, pero sobre todo filología clásica. A su regreso estuvo tres años al servicio de don Alfonso de Fonseca, arzobispo de Sevilla, y marchó después a Salamanca en cuya Universidad enseñó durante diez años Gramática y Retórica, mucho antes de que vinieran a enseñarla desde Italia Lucio Marineo Sículo y Pedro Mártir de Anglería.

Dejó luego su cátedra y vivió por bastante tiempo en la casa del Maestre de Alcántara don Juan de Zúñiga, que le ofreció su protección y, con ella, el reposo necesario para dedicarse a escribir. Muerto el Maestre, regresó —después de una ausencia de casi 20 años— a su cátedra de Salamanca, aunque por breve tiempo, pues habiendo sido nombrado cronista real, se trasladó a la corte. Por entonces el cardenal Cisneros le encargó la revisión de los textos latino y griego de la *Políglota Complutense*, aunque no es seguro que interviniese en dicho trabajo hasta bastantes años más tarde. Nuevamente, en 1509, desempeñó Nebrija la cátedra de Retórica en Salamanca, pero cuando en 1513 quedó vacante la de Gramática, fue pospuesto a uno de sus discípulos; resolución que no parece honrar demasiado al claustro de la famosa Universidad, pero que se explica porque Nebrija, que tenía un carácter asaz altivo y muy alto concepto de la importancia de su trabajo, se había atraído la hostilidad de muchos de sus colegas ridiculizando su escaso latín y las deficiencias de su preparación. Violentamente despechado, salió Nebrija de Salamanca, pero Cisneros, que conocía perfectamente su valor, lo llamó a la cátedra de Retórica de la Universidad de Alcalá, en cuyo desempeño pasó los últimos años de su vida. Murió en dicha ciudad el 2 de julio de 1522.

Como todos los grandes humanistas de su tiempo, Nebrija, convencido de que un filólogo o gramático debe poseer conocimientos enciclopédicos, aspiró a formarse una visión completa del Universo, y por eso trabajó en las materias más diversas: Teología, Derecho, Ciencias Naturales, Cosmografía y Geodesia. Escribió numerosas y notables obras: las *Quinquagenae*, sobre filología bíblica; el *Lexicon iuris civilis*, sobre derecho; las *Antigüedades de España*, sobre arqueología (Nebrija fue el primero que exploró las ruinas romanas de Mérida); *De liberis educandis*, sobre pedagogía; libros de retórica y de historia, etc.

Pero el latín y el español fueron sus principales preocupaciones. Se vanagloriaba, con altanería muy característica en él, aunque bien justificada, de haber introducido la ciencia filológica en España: "Yo fui el primero —escribe— que abrí tienda de la lengua latina en España, y todo lo que en ella se sabe de latín, se ha de referir a mí". Difundió los nuevos métodos del gran filólogo italiano Lorenzo Valla, y consiguió desterrar la rutina de las viejas normas. "Nunca dexé de pensar —dice Nebrija— alguna manera por donde pudiese desbaratar la barbarie por todas las partes de España tan ancha y luengamente derramada". Sus principales obras de Gramática son las *Introductiones in latinam grammaticam*, en cinco libros, traducidas más tarde al castellano por el propio Nebrija, el *Dictionarium Latino-hispanicum et Hispanico-latinum*, la *Orthografía castellana*, y, sobre todo, el *Arte de la lengua castellana*, que es la primera gramática sobre una lengua vulgar [4]. Con ella dignificó la lengua castellana, equiparándola al latín, y proclamándola política y artísticamente digna émula de la de Roma. Fue bastantes años después de Nebrija cuando otros países, Italia, Francia y Alemania, comenzaron a estudiar y revalorizar sus respectivas lenguas vulgares.

Tres fueron los propósitos de Nebrija al redactar su *Gramática Castellana*: establecer las normas que fijasen de manera definitiva la estructura del idioma castellano; facilitar a su vez, mediante su perfecto conocimiento, el estudio del latín; y forjar el instrumento conveniente para que los pueblos que entrasen a formar parte de los dominios de Castilla pudiesen aprender su idioma.

Cuando Nebrija terminó su *Gramática*, en el año 1492, fue a mostrársela a la Reina acompañado de su amigo fray Hernando de Talavera, entonces obispo de Ávila. Todavía no había sido descubierto el Nuevo Mundo, pero Nebrija parecía ya presentirlo. "El propósito de una gramática vulgar era cosa tan nueva", según dice Menéndez Pidal, que la Reina le preguntó cuál era la utilidad de aquella obra, y Talavera respondió por él con las palabras que hubiera empleado el propio Nebrija y que éste repite en el prólogo de su libro refiriendo la anécdota: "El tercer provecho deste mi trabajo puede ser aquel que cuando en Salamanca di la muestra de aquesta obra a Vuestra Real Majestad e me preguntó para que podía aprovechar, el mui reverendo padre obispo de Ávila me arrebató la respuesta e respondiendo por mí dixo, que después que Vuestra Alteza metiese debaxo de su iugo muchos pueblos bárbaros e naciones de peregrinas lenguas e con el vencimiento aquellos ternían necessidad de recibir las leyes quel vencedor pone al vencido e con ellas nuestra lengua, entonces, por este mi Arte, podrían venir en el conocimiento della, como agora nosotros deprendemos el Arte de la Gramática Latina por deprender el Latín" [5].

---

[4] Ediciones: reproducción fototípica de la ed. príncipe de 1492, por E. Walberg, Halle, 1909; ed. González Llubera, Oxford, 1926; ed. José Rogerio Sánchez, Madrid, 1931; ed. crítica de Pascual Galindo y Luis Ortiz Muñoz en dos volúmenes, Madrid, 1946.

[5] Citado por Menéndez Pidal en "El lenguaje del siglo XVI", en *Mis páginas preferidas*, cit., pág. 11; trabajo reproducido en *España y su historia*, cit., vol. II, págs. 130-140, y

La influencia de la dirección filológica de Nebrija fue fundamental para corregir los excesos cultistas de la época precedente. Menéndez Pidal, en *El lenguaje del siglo XVI,* escribe a este respecto: "Contra todo lo que pudiera pensarse, este aparecer del Humanismo trajo el comienzo de la reacción. Bajo la sabia dirección de Nebrija, la latinidad no podía propender a la exageración jactanciosa; y, por su parte, la Reina Católica traía a menudo en los labios una expresión desconocida en tiempo de Juan de Mena: *buen gusto,* hija de un nuevo factor moral que el Humanismo fomentaba. Solía decir la Reina Isabel que "el que tenía buen gusto llevaba carta de recomendación", y en este dicho de la Reina vemos lanzada, por primera vez en nuestro idioma, esa afortunada traslación del sentido corporal para indicar la no aprendida facultad selectiva que sabe atinar, lo mismo en el hacer que en el decir, con los modales más agradables, los que más dulzor y grato paladeo dejan de sí" [6]

---

en *La lengua de Cristóbal Colón,* "Austral" 280, varias ed. Cfr.: Eugenio Asensio, "La lengua compañera del Imperio. Historia de una idea de Nebrija en España y Portugal", en *Revista de Filología Española,* XLIII, 1960, págs. 399-413.

[6] Cfr.: P. Lemus y Rubio, "El maestro Elio Antonio de Lebrixa, 1441-1522", en *Revue Hispanique,* XXII, 1910, págs. 459-508 y XXIX, 1913, págs. 13-120. H. Keniston, "Notes on the *De liberis educandis* of Antonio de Nebrija", en *Homenaje a Menéndez Pidal,* III, Madrid, 1925, págs. 126-141. José Francisco Pastor, "Dante y Nebrija", en *Revista de Filología Española,* XXI, 1934, págs. 165-167. A. E. de Asís, "Nebrija y la crítica contemporánea de su obra", en *Boletín de la Biblioteca Menéndez y Pelayo,* 1935. P. Félix G. Olmedo, *Humanistas y pedagogos españoles: Nebrija (1441-1522), debelador de la barbarie, comentador eclesiástico, pedagogo y poeta,* Madrid, 1942. Del mismo, "Nuevos datos y documentos sobre Nebrija", en *Razón y Fe,* CXXVIII, 1943, págs. 121-135. Del mismo, *Nebrija en Salamanca,* Madrid, 1944. José Bellido, *La patria de Nebrija. Noticia histórica,* Madrid, 1945. Pedro U. González de la Calle, "Elio Antonio de Lebrija (Aelius Antonius Nebrissensis). Notas para un bosquejo biográfico", en *Boletín del Instituto Caro y Cuervo,* I, 1945, págs. 80-129. Joaquín Balaguer, "Las ideas de Nebrija acerca de la versificación española", en ídem., íd. Bajo el título de *Miscelánea Nebrija,* la *Revista de Filología Española* le dedicó el vol. XXIX, 1945; se incluyen en él trabajos de Antonio Calderón y Tejero ("La casa natal de Antonio de Nebrija", páginas 1-16), M. García Blanco ("La casa de Nebrija en Salamanca", págs. 17-40), M. Bassols de Climent ("Nebrija en Cataluña", págs. 49-64), P. Ignacio Errandonea ("¿Erasmo o Nebrija?", págs. 65-96), B. Sánchez Alonso ("Nebrija, historiador", págs. 129-152), Antonio Marín Ocete ("Nebrija y Pedro Mártir de Anglería", págs. 161-174), Antonio de la Torre ("La casa de Nebrija en Alcalá de Henares y la casa de la imprenta de la *Biblia Políglota Complutense*", págs. 175-212), José María Madurell ("Algunas ediciones de Nebrija en Barcelona", págs. 281-288), Antonio Griera ("Transfusión lexical en los vocabularios de Nebrija", págs. 293-296), etc., etc. C. Bermúdez Plata, "Las obras de Antonio de Nebrija en América", en *Anuario de Estudios Americanos,* III, 1946, páginas 1029-1032. Celestino López Martínez, *Elio Antonio de Nebrija, maestro y publicista,* Sevilla, 1947. Julio Casares, "Nebrija y la Gramática castellana", en *Boletín de la Real Academia Española,* XXVI, 1947, págs. 335-367. J. Simón Díaz, "La Universidad de Salamanca y la reforma del Arte de Nebrija", en *Aportación documental para la erudición española,* 8.ª Serie, 1951, págs. 1-7. Amado Alonso, "Examen de las noticias de Nebrija sobre antigua pronunciación española", en *Nueva Revista de Filología Hispá-*

LA POESÍA

La poesía en la época de los Reyes Católicos sigue en buena parte la corriente alegórico-dantesca de los reinados precedentes, aunque influida a su vez por una revalorización de la poesía popular que los grandes poetas de la época anterior habían despreciado; con lo que se tiende hacia aquella característica fusión de formas a que nos hemos referido anteriormente. Continúa cultivándose también la poesía doctrinal y moralizante así como la de cancionero en todas sus artificiosas modalidades. Pero al mismo tiempo, junto a la aludida poesía popular que encuentra su cauce en los romances, en las canciones, en los villancicos pastoriles, comienza a manifestarse un cuidado más vivo por la musicalidad de los versos y una mayor afición hacia la sutileza de conceptos y cierto intelectualismo que habían de merecer los elogios de los futuros tratadistas del Barroco.

Notable desarrollo alcanza en esta época la poesía religiosa. Si no puede hablarse verdaderamente de una revolución en la poesía religiosa tradicional —dice Michel Darbord que ha dedicado a este campo literario un bello y amplio estudio— [7] la época de los Reyes Católicos aporta, por lo menos, una curiosa innovación; la vieja hagiografía es definitivamente eliminada y todo se centra en torno al texto evangélico: Evangelio de la Infancia y sobre todo Evangelio de la Pasión, sobre los cuales se componen auténticas homilías en verso que pretenden la conversión del pecador por la contemplación de la Santa Agonía y los misterios de la Redención. Las enseñanzas de Cristo ocupan, sin embargo, escaso lugar, poco también la alabanza de los santos, pero se celebran, en cambio, los personajes que desempeñan un papel en torno a Jesús o que han recibido directamente las gracias venidas del Calvario, como San Francisco de Asís. El aspecto dramático y sangriento de la Pasión sobresale en particular, según una tradición realista muy española pero también muy europea, sin que se olvide tampoco la otra tradición del simbolismo medieval. La figura de la Virgen adquiere especial relieve, pero quedan muy en segundo plano sus milagros tradicionales para destacar su condición, más humana, de madre amante y de asociada a la Pasión de su Hijo. La enseñanza moral es cultivada especialmente, buscando su aproximación a la realidad cotidiana.

Estas nuevas corrientes de poesía religiosa, que coinciden con la reforma del gran franciscano Cisneros, y cuyos representantes principales pertenecen a

---

nica, III, 1949, págs. 1-82. D. C. Clarke, "Nebrija on Versification", en *PMLA*, LXXII, 1957, págs. 27-42. R. B. Tate, "Nebrija the Historian", en *Bulletin of Hispanic Studies*, XXXIV, 1957, págs. 125-146.

[7] Michel Darbord, *La poésie religieuse espagnole des Rois Catholiques à Philippe II*, París, 1965, pág. 15. Cfr.: Iole Ruggieri, *Poeti del tempo dei Re Cattolici*, Roma, 1955.

la misma orden, podrían llevar el nombre, dice Darbord [8], de *poesía franciscana*, siempre que no se encierre esta definición en un formulismo demasiado estrecho. Su intención fundamental consiste en utilizar el atractivo del verso para divulgar los libros piadosos dentro de la peculiar interpretación espiritual deseada por aquella reforma. Por otra parte, es ésta, a la vez, una poesía cortesana, puesto que sus autores viven en torno a los Reyes; varios de ellos fueron sus predicadores oficiales, y fue la reina quien estimuló en ocasiones la publicación de sus obras.

Tres poetas sobresalen en este grupo: fray Íñigo de Mendoza, fray Ambrosio Montesino y Juan de Padilla.

FRAY ÍÑIGO DE MENDOZA, uno de los poetas favoritos de la reina Isabel, descendía por su padre de la familia de los Mendoza, y por su madre, doña Juana de Cartagena, era bisnieto del famoso obispo converso don Pablo de Santa María; por una y otra rama estaba emparentado con ilustres personajes y grandes escritores, entre ellos el marqués de Santillana, de quien era sobrino en tercer grado, y Jorge Manrique, su primo segundo. Probablemente nació en Burgos hacia 1425. Profesó en la orden de San Francisco siendo muy joven todavía al parecer, figuró ya en la corte de Enrique IV y fue luego ardiente seguidor de los Reyes Católicos; la reina Isabel le favoreció generosamente y le nombró su predicador. Fray Íñigo tenía cierta fama entre sus contemporáneos de clérigo galante y contra él se ejercitaron los libelistas; pero tal imputación ha sido discutida. De ser cierta, no parece que hubiera podido gozar del favor que la reina le dispensaba; no obstante, es también posible que su vida durante la etapa cortesana en tiempo de Enrique IV hubiera sido menos ejemplar y se vengaran de él los mismos nobles a quienes él había censurado ásperamente; el propio rey Católico no sentía demasiado afecto por fray Íñigo y consta que azuzó contra él a otros poetas. En sus últimos años se retiró de la corte, ejerció en su Orden actividades de cierta importancia y debió de morir hacia 1507 [9].

Fray Íñigo escribió algunas obras de carácter político, como el *Dechado... a la muy escelente reyna doña Ysabel*, y el *Sermón trobado* al rey don Fernando; otras de intención moralizadora, como las doce *Coplas... en vituperio de las malas hembras que no pueden las tales ser dichas mugeres. E doze en loor de las buenas mugeres que mucho triumpho de honor merecen;* y algunas más de índole religiosa [10]. Su fama mayor la debe a la *Vita Christi por co-*

---

[8] Ídem, íd., pág. 17.

[9] Cfr.: Julio Rodríguez-Puértolas, *Fray Íñigo de Mendoza y sus "Coplas de Vita Christi"*, Madrid, 1968; ed. de las *Coplas* precedida de un amplio estudio. Véase también M. Menéndez y Pelayo, *Antología de poetas líricos castellanos*, ed. nacional, III, Santander, 1944, págs. 41-56.

[10] "Cancionero" de fray Íñigo de Mendoza, ed. de R. Foulché-Delbosc en *Cancionero castellano del siglo XV*, I, Madrid, 1912, págs. 1-120, *Nueva Biblioteca de Autores*

plas [11] —compuesta a petición de su madre—, que consta de casi cuatrocientas quintillas dobles, forma métrica que había de hacerse clásica en la poesía evangélica de la escuela castellana, pero que a pesar de su título y extensión llega poco más allá de la degollación de los Inocentes. La *Vita Christi* es una fusión de popularismo y cultismo, aunque con evidente predominio del primero; en contraste con Juan de Mena y los poetas de su escuela, apenas hay en ella serias preocupaciones estilísticas ni rebuscados cultismos, aunque es también visible la condición intelectual del escritor, que no renuncia en bastantes ocasiones a exhibir su erudición, y su carácter de poeta cortesano. En cambio, es muy intensa la veta de popularismo tradicional, no sólo estilístico sino también ideológico, según precisa Puértolas, "debido tanto a su situación de fraile menor —inmerso por lo tanto en la corriente popularista de su orden— como a sus ideas políticas y sociales" [12]. Whinnom supone que la inspiración franciscana de fray Íñigo más que de la primitiva poesía de los *menores* proviene de los sermones franciscanos en lengua vulgar [13]. Darbord, al estudiar el valor literario de su obra, afirma [14] que Mendoza, que dista en realidad de ser un gran poeta, no es un franciscano por la dulzura y emoción, de las cuales ca-

---

Españoles, vol. XIX. Cfr.: Antonio Pérez Gómez, "Notas para la bibliografía de fray Íñigo de Mendoza y de Jorge Manrique", en *Hispanic Review*, XXVII, 1959, págs. 30-41. Keith Whinnom, "Ms. Escurialense K-III-7: el llamado *Cancionero de fray Íñigo de Mendoza*", en *Filología*, Buenos Aires, VII, 1961, págs. 161-172. Del mismo, "The Printed Editions and the Text of the Works of fray Íñigo de Mendoza", en *Bulletin of Hispanic Studies*, XXXIX, 1962, págs. 137-152.

[11] Ed. crítica de Rodríguez-Puértolas, cit.

[12] Ídem., íd., pág. 149.

[13] Whinnom define los caracteres de la predicación franciscana, en la cual supone en gran parte inspirada la poesía religiosa de estos escritores: "Con el advenimiento de los frailes mendicantes —dice— aparece también un nuevo tipo de predicación. Es evangélica y misionera. Es como si toda predicación estuviese dirigida a gentiles y paganos, porque, en realidad, el objeto de esta predicación era *convertir* a los oyentes y despertar, en ellos, el verdadero amor a Cristo. Se dirige, pues, al vulgo, en la lengua vernácula, en el propio idioma de la gente en el sentido más amplio de *idioma*; es una predicación 'llena de los hechos crudos y sencillos de la vida diaria, con pocos remilgos en cuanto al estilo: clara, franca y enérgica', que no desdeña ningún modo de reforzar su eficacia. Los elementos cómicos, hasta verdaderas payasadas, la crítica a menudo brutal de los ricos y los grandes, la declamación dramática con gestos mímicos, el explotar la experiencia diaria de la congregación mediante el empleo de las comparaciones y los ejemplos basados en la vida cotidiana, todo esto es típico de la predicación vernácula de los siglos postreros de la Edad Media... De esta tradición mendicante debemos derivar tanto el *estilo grosero* de Mendoza como las imágenes de Montesino y Román" (Keith Whinnom, "El origen de las comparaciones religiosas del Siglo de Oro: Mendoza, Montesino y Román", en *Revista de Filología Española*, XLVI, 1962, págs. 263-285; la cita en págs. 280-281. Cfr.: del mismo, "The Supposed Sources of Inspiration of Spanish Fifteenth-Century Narrative Religious Verse", en *Symposium*, XVII, 1963, págs. 268-291).

[14] *La poésie religieuse...*, cit., págs. 69 y ss.

rece, sino por la truculencia y demasía de las metáforas populares; su inspiración parece venirle de la gente campesina, y la mayor parte de sus comparaciones están tomadas de la naturaleza y empapadas de realismo familiar; rasgos todos que acusan el mencionado influjo de la oratoria franciscana vernácula. La *Vita Christi* está frecuentemente interrumpida por digresiones satíricas contra los cortesanos, los desafueros y excesivas riquezas de los nobles, la desenvoltura de las damas; algunas de estas sátiras son muy violentas y en ellas menciona por su nombre a altos personajes y al mismo rey Enrique IV, lo que le forzó a corregir el texto en algunos puntos y escribir una segunda versión.

Mendoza intercala en su *Vita* algunos villancicos, un romance que en opinión de Morley puede ser el primero que se haya impreso nunca [15], y una bella "deshecha":

> *Heres niño y as amor;*
> *¿qué farás cuando mayor?*

que es una de las primeras muestras de conversión "a lo divino". De gran interés es además la *égloga* pastoril que se inicia a partir de la estrofa 122, y que puede estimarse como una pequeña obra dramática de Navidad, aunque alternan en ella las partes narrativas con las dialogadas. Menéndez y Pelayo fue el primero que llamó la atención [16] sobre el valor de esta pieza para los orígenes de nuestro teatro, y posteriormente ha sido considerada bajo tal aspecto por Bonilla y San Martín [17], Crawford [18], Juliá Martínez [19], etc. Recientemente ha merecido un serio estudio de Charlotte Stern [20], cuyas conclusiones pueden ser de la mayor importancia para el estudio de nuestra dramática medieval.

FRAY AMBROSIO MONTESINO, franciscano como el anterior, vulgariza temas teológicos e incluso místicos, utilizando formas de poesía popular (villancicos, romances, canciones) en un tono de sencillez extrema y espontánea sinceridad a las que no les faltan momentos de la más exquisita delicadeza. Montesino, dice

---

[15] S. Griswold Morley, "Chronological List of Early Spanish Ballads", en *Hispanic Review*, XIII, 1945, pág. 279; cit. por Puértolas en *Fray Íñigo*..., cit., pág. 151.
[16] *Antología*..., cit., III, pág. 48.
[17] *Las Bacantes o del origen del teatro,* Madrid, 1921, págs. 89-90.
[18] *Spanish Drama before Lope de Vega,* Londres, 1927, pág. 7.
[19] "La literatura dramática peninsular en el siglo XV", en *Historia General de las Literaturas Hispánicas,* dirigida por G. Díaz-Plaja, II, Barcelona, 1951, págs. 244-245.
[20] Charlotte Stern, "Fray Íñigo de Mendoza and Medieval Dramatic Ritual", en *Hispanic Review,* XXXIII, 1965, págs. 197-245. Por haber llegado a nuestro conocimiento este trabajo de Stern bastante después de haber concluido y entregado al editor el capítulo correspondiente al teatro medieval, nos ha sido imposible recoger sus valiosos conceptos, alguno de los cuales hubiera podido apoyar los puntos de vista que hemos desarrollado allí. Como el comentario requerido por el trabajo de Stern exigiría repetir ahora una exposición fuera de lugar, hemos de diferirlo para una nueva ocasión.

Darbord [21], podría pasar por un jefe de escuela; si no innova respecto a la versificación y permanece fiel al octosílabo, a la décima con pie quebrado o sin él y al romance, y si no ha creado propiamente la canción piadosa, le ha dado en cambio tal amplitud y una forma tan ágil que sus rasgos han quedado así definitivamente fijados. La poesía de Montesino comprende multitud de motivos cultos, pero disueltos en un arte popular acrecentado todavía por la fácil soltura del escritor, siempre proclive a derramarse en amplificaciones y exuberancias verbales, que rebajan frecuentemente su calidad. Sus poesías están reunidas en un *Cancionero* propio que fue publicado en 1508 [22]. Destacan entre ellas el *Tratado del Santísimo Sacramento*, las *Coplas del árbol de la Cruz* y las *Coplas al destierro de Nuestro Señor para Egipto*. Por encargo de los Reyes Católicos hizo una notable traducción en prosa de la *Vita Christi*, de Landulfo de Sajonia, muy gustada en el siglo XVI por el Beato Juan de Ávila y Santa Teresa, y un arreglo de una versión antigua de las *Epístolas y Evangelios*. Dámaso Alonso declara su admiración por el poeta con estas palabras: "Montesino tiene alguna de las notas del arte de Fray Íñigo de Mendoza: la facilidad y las frecuentes caídas. Pero en sus momentos felices su manera de decir candorosa, delicada y pintoresca, su sentido del color, su golosa sensualidad, su acierto en la interpretación de lo popular; en fin, la intensidad de su fervor y la frescura de su verso hacen de él un poeta sólo excedido hacia 1508, aunque entre en el cotejo Encina, por las condiciones geniales de un Gil Vicente" [23]. Vale la pena reproducir algunos versos de esa maravilla de sentimiento fervoroso y gracia alada que se llama *La noche santa*:

>   *No la debemos dormir*
>   *La noche santa,*
>   *No la debemos dormir*
>   *La Virgen a solas piensa*
>   *Qué hará*
>   *Cuando al Rey de luz inmensa*
>   *Parirá;*
>   *Si de su divina esencia*
>   *Temblará,*
>   *O qué le podrá decir...*
>   *También piensa si le hable*
>   *En gran seso,*
>   *Por ser el Dios perdurable*
>   *De amor preso;*

---

[21] *La poésie religieuse...*, cit., pág. 143.

[22] "Cancionero de diversas obras de nuevo trovadas", edición Justo de Sancha, en *Biblioteca de Autores Españoles*, vol. XXXV, nueva edición, Madrid, 1950, págs. 401-466.

[23] *Poesía española. Antología. Poesía de la Edad Media y poesía de tipo tradicional*, Madrid, 1935, pág. 540.

O si por hijo entrañable
Le dé un beso
Cuando le vea reír...
Deseaba esta Señora
Ver cuál era
La cara remediadora
De la tierra,
Que en su vientre se tesora
De manera,
Que es miraglo de sentir... [24].

Montesino cultivó con cierta amplitud las "versiones a lo divino", de las que en diez ocasiones a lo menos nos da la fuente popular, mas no en el sentido de parafrasear un texto profano dándole un contenido religioso, sino tomando tan sólo una música profana conocida para acompañar sus versos y con el simple propósito de hacer el texto más agradable y fácil de retener. Con frecuencia Montesino se presenta como un modesto *juglar* que responde solamente a la demanda de damas y señores que le pedían que compusiera versos, cosa que hizo en particular bajo la forma mencionada de escribir canciones piadosas para música conocida.

Aunque la mayoría de sus obras son religiosas, es también frecuente en fray Ambrosio Montesino la vena satírica de la que hace blanco principal a los clérigos y a las mujeres [25].

JUAN DE PADILLA, llamado comúnmente "El Cartujano" por haber sido monje de la Cartuja de Santa María de las Cuevas de Sevilla, es el mejor imitador del Dante después de Mena, a quien no tomó por lo común como modelo indirecto, sino que volvió a la fuente original. Escribió extensos poemas alegóricos en coplas de arte mayor en un estilo rebuscado y lleno de latinismos, pero abierto también a la fresca inspiración de las tradiciones populares. Tiene momentos felices de gran intensidad poética, sobre todo en las descripciones de índole dramática, que no desmerecen del modelo. Darbord afirma [26] que el

---

[24] Edición Justo de Sancha, cit., págs. 438-439.

[25] Cfr.: Marcel Bataillon, "Chanson pieuse et poésie de dévotion", en *Bulletin Hispanique*, XXVII, 1925, págs. 228-238. Erasmo Buceta, "Fray Ambrosio Montesino fue obispo de Sarda en Albania", en *Revista de Filología Española*, XVI, 1929, págs. 267-271. José M. de Cossío, "Sobre Fray Ambrosio Montesino", en *Revista de Filología Española*, XVIII, 1931, págs. 38-39. J. Simón Díaz, "Una obra de fray Ambrosio Montesino vista por la Inquisición", en *Aportación documental para la erudición española*, 8.ª Serie, 1951, págs. 12-17. E. R. Berndt, "Algunos aspectos de la obra poética de fray Ambrosio Montesino", en *Archivum*, IX, 1959, págs. 56-71. M. Menéndez y Pelayo, *Antología...*, cit., III, págs. 56-72.

[26] *La poésie religieuse...*, cit., págs. 107 y ss.

Cartujano ofrece el ejemplo más grandioso, a pesar de sus imperfecciones, de poesía evangélica narrativa. Muy al corriente, dice, de la cultura de su tiempo, pero despreciador de los placeres mundanos y los provechos materiales, Juan de Padilla, a diferencia de Mendoza, es un monje en todo el sentido de la palabra, que canta los beneficios de la soledad en un tono absolutamente sincero. A pesar de los numerosos puntos de contacto en sintaxis y vocabulario con las *Trescientas* de Juan de Mena, nunca menciona a este escritor, pues pretende alejar de la memoria de los lectores obra tan profana, de la cual intenta dar él una réplica religiosa. Las obras capitales del Cartujano son *Los doce triunfos de los doce Apóstoles* y el *Retablo de la Vida de Cristo* [27], título, este último, que parece ya aludir a cierta profusión decorativa de cuadro de iglesia; consta, en efecto, de cuatro "tablas", correspondientes a los cuatro Evangelios y a los cuatro ríos del Paraíso terrenal. El *Retablo* comprende la vida entera de Cristo, con todos sus milagros y enseñanzas. El Cartujano es, esencialmente, un poeta del Evangelio; anuncia que no desea servirse de tradiciones apócrifas, sino seguir en todo las Escrituras y el comentario de los Doctores, pero no se limita a la sola paráfrasis del texto canónico sino que lo ilustra con exégesis escolásticas de su época y añade sabrosos comentarios personales. *Los doce triunfos* se basan en las Actas de los Apóstoles y son, en realidad, la continuación del *Retablo*; pero este tema fundamental está envuelto en simbolismos científicos, geográficos, históricos, etc., con gran lujo de complicadas alegorías de imitación dantesca, sembradas a su vez de episodios de historia nacional como en las *Trescientas*. Del mismo modo, sus episodios enfáticos y altisonantes se mezclan frecuentemente con alusiones a lugares y actividades de la vida diaria, descritos con gran fuerza expresiva. El Cartujano es el último cultivador de las coplas de arte mayor y uno de los últimos representantes de la escuela alegórica, que ya pertenecía al pasado [28].

Aparte de estos tres poetas citados merece tenerse en cuenta el *Cancionero General*, de HERNANDO DEL CASTILLO, ya mencionado [29], editado en Valencia en 1511, que abarca casi un millar de composiciones de unos doscientos poetas, pertenecientes en su mayor parte a la época de los Reyes Católicos; en él se

---

[27] Ed. Foulché-Delbosc en *Cancionero castellano del siglo XV*, cit., I, págs. 288-449; incluye *Los doce triunfos* completos y fragmentos del *Retablo*.

[28] Cfr.: B. Sanvisenti, *I primi influssi di Dante, del Petrarca e del Boccaccio sulla letteratura spagnuola*, Milán, 1902, págs. 224-239. M. Herrero García, "Nota al Cartujano", en *Revue Internationale des Études Basques*, XV, 1924, págs. 589-591. María Rosa Lida de Malkiel, *Juan de Mena poeta del prerrenacimiento español*, México, 1950, páginas 427-445. J. Tarré, "El retablo de la vida de Cristo compuesto por el Cartujo de Sevilla", en *Archivum Historicum Societatis Iesu*, Roma, XXV, 1956, págs. 243-253. J. Gimeno, "Sobre el Cartujano y sus críticos", en *Hispanic Review*, XXIX, 1961, págs. 1-14. Menéndez y Pelayo, *Antología...*, cit., III, págs. 77-79.

[29] Véase pág. 411 y nota 22.

recoge prácticamente el ocaso de la poesía galante y artificiosa, cortesana y retórica, de los cancioneros del Cuatrocientos. Destaca entre los poetas allí incluidos Garci Sánchez de Badajoz, de quien se conserva gran número de composiciones, famoso, cual un nuevo Macías, por sus amores, que le llevaron a enloquecer, autor, aparte de canciones, decires y villancicos, de las *Liciones de Job,* parodia sacrílega de este libro; del *Infierno de Amor,* de tendencia alegórica; y de las *Lamentaciones de amores,* en bellas coplas de pie quebrado, publicadas aparte del *Cancionero* [30].

Dignos de mención son igualmente el Marqués de Astorga, autor de las *Coplas a su amiga,* una de las mejores composiciones del *Cancionero;* el Comendador Escrivá, valenciano, embajador del Rey Católico en la Santa Sede, autor de la famosa canción "Ven, muerte, tan escondida...", y el Caballero Cartagena, autor de lindísimas canciones.

Pero de mayor importancia es, quizá, entre los poetas incluidos en el mencionado *Cancionero,* RODRIGO COTA, judío converso, toledano, autor del *Diálogo entre el Amor y un viejo,* mezcla de lirismo y acción dramática [31]. Consta la obra de setenta estrofas de nueve versos octosílabos, a lo largo de los cuales un viejo, escarmentado del Amor y retirado a la soledad, discute con éste hasta

---

[30] Edición L. de Usoz y Río, en *Cancionero de Obras de burlas,* Madrid, s. f.; Londres, 1841, págs. 207-209; edición R. Foulché-Delbosc, en *Revue Hispanique,* XLV, 1919, págs. 29-33. Las demás obras en el *Cancionero General,* de Hernando del Castillo, y en el *Cancionero Castellano del siglo XV,* de Foulché-Delbosc, cit., II, págs. 624-654. Cfr.: Emilio Cotarelo, en *Estudios de historia literaria de España,* Madrid, 1901, págs. 33-52. J. López Prudencio, *Sánchez de Badajoz. Estudio crítico, biográfico y bibliográfico,* Madrid, 1915. José Martín Jiménez, "Cancionero de Garci Sánchez de Badajoz. Su vida atormentada, sus decires, sus dichos agudos, sus desesperanzas", *Archivo Hispalense,* VIII, 1947, págs. 37-67. M. Menéndez y Pelayo, *Antología...* cit., III, págs. 138-153.

[31] Edición en el *Cancionero General* citado; edición R. Foulché-Delbosc, en *Cancionero Castellano del siglo XV,* cit., II, págs. 580-591; ed. de A. Cortina, Buenos Aires, 1929, reimpresa en *Boletín de la Academia Argentina de Letras,* IV, 1936, págs. 219-247; edición Elisa Aragone, Florencia, 1961. Menéndez y Pelayo en su *Antología de poetas líricos castellanos,* cit., reproduce la edición de Foulché-Delbosc, vol. V, págs. 151-159. Cfr.: A. Miola, "Un testo dramatico spagnuolo del XV secolo", en *In memoriam de Napoleone Caix e Ugo Angelo Canello. Miscellanea di Filologia e Linguistica,* Florencia, 1886, págs. 175-189. R. Foulché-Delbosc, "Deux lettres inédites d'Isabelle la Catholique concernant la famille de Rodrigo Cota", en *Revue Hispanique,* I, 1894, págs. 85-87. E. Cotarelo y Mori, "Algunas noticias nuevas acerca de Rodrigo Cota", en *Boletín de la Real Academia Española,* XIII, 1926, págs. 11-17. Del mismo, "Adición a las 'Noticias acerca de Rodrigo Cota'", en íd., íd., págs. 140-143. Augusto Cortina, "Rodrigo Cota", en *Revista de la Biblioteca, Archivo y Museo del Ayuntamiento de Madrid,* VI, 1929, págs. 151-165. M. Menéndez y Pelayo, *Antología...,* cit., III, págs. 199-202. J. Artiles, "El ejemplar del *Diálogo entre el Amor y un Viejo* que leyó Iriarte", en *Symposium,* VII, 1953, págs. 353-357. J. E. Gillet, "Las ochavas en cadena: a Proverb in Rodrigo Cota and Diego Sánchez de Badajoz", en *Romance Philology,* VI, 1953, págs. 264-267. Ch. H. Leighton, "Sobre el texto del *Diálogo entre el Amor y un viejo*", en *Nueva Revista de Filología Hispánica,* XII, 1958, págs. 385-389.

que es vencido por las artes de su enemigo. En una segunda parte, el Amor, logrado su triunfo, se burla del viejo enamorado, haciendo escarnio de su ruina física. El *Diálogo*, escrito en versos fáciles y armoniosos, posee un hondo sentido humano que aventaja a la mayoría de las superficiales composiciones reunidas en el *Cancionero*. Su importancia se acrece todavía por el lugar que se le otorga en la historia de la dramática castellana. Moratín, en sus *Orígenes del teatro español*, no dudó en atribuirle carácter dramático, afirmando que el *Diálogo* posee acción, nudo y desenlace, y que supone decoración escénica máquina y aparato. Menéndez y Pelayo aceptó el juicio de Moratín y calificó el *Diálogo* de "drama en miniatura, de tema filosófico y humano, que tiene cierta analogía con el remozamiento del doctor Fausto". "No sabemos —añade— si fue representado alguna vez, pero reúne todas las condiciones para serlo" [32]. Y explica luego que en esto difiere de todos los demás diálogos que tanto abundan en los *Cancioneros*, puesto que lo esencial en dichas composiciones "es el debate, al paso que en el diálogo de Cota el debate está subordinado a la acción, que es el vencimiento del Viejo por el Amor, y el desengaño que sufre después de su mentida transformación" [33]. Debe advertirse, sin embargo, que la parte primera conserva más el tono de una "disputa" medieval, con la alternancia de argumentos y ausencia de progreso en la acción, pero en la parte segunda se acentúan los rasgos propiamente dramáticos. La mayoría de estudiosos han atribuido al *Diálogo* la condición de obra representable, negada, sin embargo, por G. Baist, E. Kohler, Cortina y F. Weber [34]. Elisa Aragone sostiene que el *Diálogo* "fue destinado no sólo a la lectura sino también a la representación", y considera "muy probable que fuera, en efecto, representado aunque en el ámbito más restringido de un salón palatino o nobiliario y quizá con la ayuda de recursos escénicos más felices de lo que podemos hoy imaginar" [35]. Lázaro Carreter, que acepta también resueltamente la condición dramática de la obra de Cota, manifiesta por ella una gran estima: "Su originalidad —escribe— estriba en el aliento poético que Cota comunica al choque: la hosca prudencia, la cólera del viejo frente a la sutileza del Amor que maneja todas las armas del triunfo: la humildad, la insinuación, el alarde, la provocación... Los símbolos casi se quiebran por la fuerza humana que cobijan: no son ya la Vejez y el Amor, sino un viejo muy concreto frente a un ser equívoco y cruel" [36]; estima que han compartido casi todos los investigadores, quizá con la sola excepción de Valbuena Prat, quien comparando la *Representación del Amor*, de Encina, con el *Diálogo*, escribe: "Encina era un temperamento fino, europeo, opuesto al realismo semita de Cota, que en su obrita

---

[32] *Antología...*, cit., III, pág. 201.
[33] Ídem, íd., pág. 202.
[34] Citados por Elisa Aragone en la introducción a su ed. cit., pág. 41.
[35] Ídem, íd., pág. 42.
[36] *Teatro Medieval*, 2.ª ed., Madrid, 1965, pág. 74.

no ha eliminado notas feas y sucias que restan interés a las excesivamente alabadas bellezas del coloquio"[37]. Cualquiera que sea, no obstante, la condición y calidad dramática que se conceda al *Diálogo* de Cota, parece evidente el influjo que ha ejercido sobre dos obras de Encina: la aludida *Representación del Amor* y la *Égloga de Cristino y Febea*; y también han sido señalados ciertos puntos de contacto con *La Celestina*. Téngase presente que el propio Rojas, como veremos en las páginas siguientes, sugirió que Cota podía ser el autor del primer acto de la obra, atribución generalmente rechazada pero que no carece todavía de defensores[38].

[37] *Literatura dramática española*, Barcelona, 1930, pág. 29.
[38] Véase Aragone, ed. cit., págs. 48-54.

CAPÍTULO XIII

LA ÉPOCA DE LOS REYES CATÓLICOS (II)
LA CELESTINA

LA CELESTINA

Todas las corrientes literarias venidas de los más opuestos derrames medievales, así como las nuevas tendencias que en el mundo de la vida y del arte había desatado o estimulado el Renacimiento, convergen hacia finales del siglo en una felicísima fusión para dar origen al prodigio de *La Celestina*, la obra capital del siglo XV y una de las más sobresalientes de toda nuestra literatura y aun de la universal. Menéndez y Pelayo afirmaba que, de no existir el *Quijote*, *La Celestina* ocuparía el primer lugar entre los libros de imaginación compuestos en España. El personaje que da nombre a la obra figura al lado de las grandes creaciones humanas de cualesquiera tiempos y países, y junto con Don Quijote, Sancho y Don Juan compone la gigante tetralogía de las incorporadas por España a la galería de tipos universales.

El argumento de *La Celestina* —pues nos hemos de referir a él constantemente—, resumido en breves palabras, es como sigue. Calisto, joven de noble familia, entra un día persiguiendo a un halcón en el jardín de Melibea, de la que apasionadamente se enamora. Al ser rechazado por ella habla con su criado Sempronio, quien le aconseja que acuda a la vieja Celestina, maestra en el arte de componer amores, para lograr sus propósitos. Celestina se entrevista con la doncella y logra convencerla de que ceda a los requerimientos del enamorado. Sempronio y Pármeno, criados y confidentes de Calisto, tratan de explotar la pasión de su amo y se conciertan con la vieja, pero riñen por el reparto del dinero y la asesinan; la justicia los prende y son degollados. Una noche, estando Calisto en el jardín de Melibea oye ruidos en la calle, y, al escalar precipitadamente la tapia, pierde pie matándose de la caída. Melibea, desesperada, se suicida arrojándose desde lo alto de una torre. La obra termina con el llanto de Alisa y de Pleberio, padres de Melibea. El resumen llamado

"Argumento general", que se antepone al del Acto I desde la segunda edición conocida, sugiere con transparente comentario, en su párrafo final, el sentido que se pretende dar a la obra, y que también, por la insistencia de que ha de ser objeto, es necesario reproducir aquí: "Por solicitud del pungido Calisto, vencido el casto propósito della —enterveniendo Celestina, mala y astuta muger, con dos sirvientes del vencido Calisto, engañados y por ésta tornados desleales, presa su fidelidad con anzuelo de codicia y de deleyte— vinieron los amantes, y los que los ministraron, en amargo y desastrado fin. Para comienço de lo qual dispuso el adversa fortuna lugar oportuno, donde a la presencia de Calisto se presentó la desseada Melibea"[1]. Este argumento va precedido a su vez de una introducción, que dice: "Síguese la comedia de Calisto y Melibea, compuesta en reprehensión de los locos enamorados, que, vencidos en su desordenado apetito, a sus amigas llaman e dizen ser su Dios. Assímismo fecha en aviso de los engaños de las alcahuetas y malos y lisongeros sirvientes"[2].

PRIMERAS EDICIONES. LOS PROBLEMAS DE LA AUTORÍA

Existen varios y difíciles problemas en torno a la composición de *La Celestina*, ninguno de los cuales puede todavía tenerse por resuelto. La obra nos ha llegado en dos versiones: la primera, titulada *Comedia de Calisto y Melibea*, en dieciséis actos; y una segunda, *Tragicomedia de Calisto y Melibea*, en veintiuno. Las primeras ediciones, hasta que *La Celestina* adquiere su forma definitiva de veintiún actos, se concretan —según Criado de Val— en tres estados bien definidos. Al primero corresponde la edición, considerada como princeps, impresa, al parecer, en Burgos por Fadrique de Basilea en 1499, de la cual se conoce un ejemplar único, falto de hojas al principio y al fin; carece de título y comienza con el argumento del Acto I[3] El segundo estado lo cons-

---

[1] Ed. Criado-Trotter, luego cit., pág. 19.
[2] Ídem, íd., pág. 18.
[3] Reimpresión de esta edición por Foulché-Delbosc, "Bibliotheca Hispanica", XII, Barcelona-Madrid, 1902. Edición facsímil por Archer M. Huntington, Nueva York, 1909. Edición, prólogo y vocabulario de Pedro Bohigas, Barcelona, 1952.
Se ha discutido, y no está demostrado en realidad, que sea ésta la edición princeps. Foulché-Delbosc suponía la existencia de una edición anterior —"Observations sur *La Célestine*", en *Revue Hispanique*, VII, 1900, págs. 28-80— basándose en las palabras "con los argumentos nuevamente añadidos" que figuran en el título de la edición de Sevilla de 1501 (Foulché no tuvo noticia todavía de la edición de Toledo de 1500, que lo incluye igualmente); semejante título no existe en la supuesta princeps, pues falta la hoja primera, pero como quiera que los argumentos ya se incluyen allí, cabe suponer que el título mencionado se copió de esta edición y que existía otra anterior sin los "argumentos". Para la determinación del lugar y fecha de la supuesta princeps, véase la información aducida por Clara Louisa Penney, *The Book called Celestina in the Library of the Hispanic Society of America*, Nueva York, 1954, libro de la mayor importancia

tituyen las ediciones de 1500[4] (Toledo) y de 1501[5] (Sevilla) —conservadas también en ejemplares únicos—, las cuales contienen una Carta de "El autor a un su amigo", once octavas acrósticas de arte mayor, el argumento de la obra, los dieciséis actos con sus argumentos, y unas coplas del corrector Alonso

---

para el estudio de las primeras ediciones de La Celestina. F. Vindel —El arte tipográfico en España durante el siglo XV, tomo VII, Madrid, 1951, págs. XXV y ss.—, sostiene que esta edición no fue impresa en 1499 sino entre 1501 y 1503, y que la edición de Toledo de 1500 es la princeps. J. Homer Herriott, en su reciente investigación Towards a Critical Edition of the 'Celestina'. A Filiation of Early Editions, Madison-Milwaukee, 1964, acepta la hipótesis de una edición anterior a la primera conocida; considera la supuesta princeps como la más antigua conservada por el momento —contra el parecer de Vindel, por lo tanto—, pero duda respecto al lugar y fecha que se le atribuyen. En cuanto a la Tragicomedia cree en la existencia de una edición impresa en Salamanca en 1500, opinión sostenida por Krapf y Menéndez y Pelayo, discutida por diversos investigadores y defendida nuevamente —aparte de Herriott— por Vindel —El arte tipográfico..., cit., tomo IV, Madrid, 1946, pág. 207— y por Emma Scoles en "Note sulla prima traduzione italiana della Celestina", Studi Romanzi, XXXIII, 1961, págs. 157-217. Dicha edición habría sido reproducida por la de Valencia de 1514, que es la editada por Krapf y Menéndez y Pelayo, cit. luego. Cfr. además: Foulché-Delbosc, en la tercera parte de sus "Observations sur La Célestine", en Revue Hispanique, LXXVIII, 1930, págs. 544-599. Jules Horrent, "Cavilaciones bibliográficas sobre las primeras ediciones de la Celestina", en Annali dell'Istituto Universitario Orientale. Sezione Romanza, Nápoles, V, 1963, págs. 301-309.

A punto de ser enviadas estas páginas a la imprenta llega a nuestra noticia la existencia del libro de F. J. Norton, Printing in Spain —1501-1520—. With a Note on the Early Editions of the "Celestina", Cambridge University Press, 1966, pero sólo a través de la recensión publicada por Edward M. Wilson en Bulletin of Hispanic Studies, XLIV, 1967, págs. 291-293. La importancia del Apéndice, o Nota, mencionado, que anula —de ser ciertas sus conclusiones— buena parte de las noticias admitidas sobre las primeras ediciones de La Celestina, exige reproducir el último párrafo de Wilson sobre el libro de Norton: "Las tres primeras ediciones de la Comedia fueron impresas con seguridad respectivamente por Basilea de Burgos hacia 1499, por Hagenbach de Toledo en 1500 y por Polono de Sevilla en 1501. La edición, recién descubierta, de la Tragicomedia, de Zaragoza 1507, fue impresa efectivamente en Zaragoza en dicho año. Las ediciones de Valencia de 1514 y 1518 fueron impresas realmente en dichos años. Pero las dificultades comienzan con las seis diferentes ediciones que se dicen impresas en 1502. La edición de 'Sevilla 1502', del Museo Británico, fue impresa en Sevilla pero hacia 1511; el ejemplar de Michigan, de otra edición, es situado en Sevilla, hacia 1513-1515; el Libro de Calisto y Melibea y de la puta Celestina, reproducido en facsímil por Don Antonio Pérez Gómez en 1958, y que se supone también de 'Sevilla 1502', es efectivamente de Sevilla pero de 1518-1520. La edición de Toledo no puede ser anterior a 1510 ni posterior a 1514. Otra edición de Sevilla, que también se supone de 1502, fue impresa en realidad por Marcellus Silber de Roma, probablemente hacia 1514-1516. El descubrimiento de Sir Henry Thomas de que la edición de Salamanca fue impresa también en Roma, resulta ahora confirmado; fue llevada a cabo por Antonio Blado para Antonio de Salamanca de Roma hacia 1520. Por lo tanto, 'ninguna de las seis ediciones de la Tragicomedia que se suponen de 1502 es realmente de dicho año, y como mucho fueron impresas a seis años de distancia de dicha fecha'. Esta observación tomada de las afirmaciones de la Dra. Emma Scoles en Studi Romanzi XXXIII (1961), debería poner

de Proaza, que explican cómo debe leerse el acróstico y dan el lugar y la fecha de impresión. El tercer estado lo representan las cinco ediciones de 1502 —Salamanca, Toledo y tres de Sevilla—, las cuales llevan ya el nombre, definitivo, de *Tragicomedia,* excepto una de las sevillanas que se titula *Libro de Calisto y Melibea y de la puta vieja Celestina*[6]: en todas ellas se añade un prólogo después de las octavas acrósticas y otras tres octavas antes de las coplas de Proaza bajo este epígrafe: "Concluye el Auctor, aplicando la obra al propósito por que la acabó"; se intercalan algunos nuevos pasajes y se suprimen otros y se agregan —con el nombre de *Tratado de Centurio*— cinco actos más, pero no al final sino a continuación del XIV, con lo que los actos XV y XVI pasan a ser el XX y el XXI. Todavía en la edición de Toledo de 1526 apareció un nuevo acto, llamado "el de Traso", intercalado como número XIX, epílogo tardío del cual se prescinde generalmente por su falta de calidad literaria[7].

Como hemos visto, los nombres de Calisto y de Melibea figuran en todas las primeras ediciones, tanto bajo la denominación de *Comedia* como de *Tragicomedia,* y sólo en la mencionada edición sevillana se añade el nombre de Celestina. Este personaje, con el que venía designándose popularmente el libro desde fecha muy temprana, no se incorporó al título de las ediciones castellanas hasta la de Alcalá de 1569, pero los traductores extranjeros iniciaron muy pronto la costumbre de rotular la obra con el nombre de su protagonista principal, y así aparece ya en la traducción italiana de 1519.

---

a los investigadores textuales a trabajar de nuevo; y nos pone en guardia a todos los demás. Todavía necesitamos una edición definitiva de una de las más grandes obras maestras españolas" (págs. 292-293).

[4] Ed. facsímil con introducción de Daniel Poyán, "Bibliothèque Bodmer", Colonia-Ginebra, 1961.

[5] Ed. de Foulché-Delbosc, "Bibliotheca Hispanica", I, Barcelona-Madrid, 1900.

[6] Esta edición es la que sirve de base a la *crítica* de M. Criado de Val y G. D. Trotter, *Tragicomedia de Calixto y Melibea. Libro también llamado La Celestina,* "Clásicos Hispánicos", 2.ª ed., Madrid, 1965. Ed. facsímil de A. Pérez Gómez, Valencia, 1958.

[7] Lo incluyen, como Apéndice, C. Ortega y Mayor en su edición de la de Valencia de 1514, Madrid, 1907; y Criado-Trotter en su ed. cit.

Otras ediciones modernas de *La Celestina*: ed. Eugenio Krapf y M. Menéndez y Pelayo (con estudio de éste último), Vigo, 1899-1900. Ed. de Fritz Holle, "Biblioteca Románica", Estrasburgo, 1911. Ed. y prólogo de Julio Cejador, "Clásicos Castellanos", 2 vols., Madrid, 1913. Ed. y prólogo de E. Díez-Canedo, "Biblioteca Calleja", Madrid, 1917. Ed. y notas de A. Millares Carlo y J. I. Mantecón, México, 1947. *La Celestina y Lazarillos,* ed., prólogo y notas de Martín de Riquer, "Clásicos del Mundo", Barcelona, 1959. Cfr.: D. W. McPheeters, "The Present Status of *Celestina* Studies", en *Symposium,* XII, 1958, págs. 196-205. El *Anuario de Estudios Medievales* tiene anunciada la publicación de un estudio de J. Homer Herriott sobre el estado actual de los estudios sobre *La Celestina,* pero hasta el momento presente no tenemos noticia de que haya salido a luz.

En la mencionada carta de "El autor a un su amigo" se afirma que el primer acto es de distinta mano que los quince restantes. Según se lee en el acróstico de los versos que figuran a continuación de la carta, y de acuerdo con lo que sugiere en las coplas finales el corrector de la edición Alonso de Proaza, el autor de la obra fue el Bachiller Fernando de Rojas, que "acabó la Comedia de Calysto y Melybea y fue nascido en la Puebla de Montalbán". En la carta se dice que el Bachiller conoció el primer acto de la obra, que andaba manuscrito, y que la continuó y acabó, añadiéndole los quince actos restantes, durante quince días de vacaciones; y por considerar esta tarea poco en consonancia con su condición de jurisconsulto, calló su nombre, lo que no le impidió revelarlo, como hemos visto, en el acróstico citado.

En las ediciones de la *Comedia* se aludía a aquel primer acto como anónimo, pero en la *Tragicomedia* —así en la carta como en los acrósticos— se insinúa la posibilidad de que se debiera a Juan de Mena o Rodrigo de Cota. Y al final de la carta dice el autor que con el fin de que los lectores puedan conocer "dónde comiençan mis mal doladas razones, acordé que todo lo del antiguo auctor fuesse sin división en un acto o cena incluso, hasta el segundo acto, donde dize: 'Hermanos míos...', etc."[8]. En el nuevo prólogo que figura en las ediciones de la *Tragicomedia*, de 1502, el autor explica que se vio obligado a "meter segunda vez la pluma" para satisfacer a los lectores "que querían que se alargasse en el processo de su deleyte destos amantes, sobre lo qual fuy muy importunado"[9]; y a su requerimiento compuso los actos del "Tratado de Centurio", convirtiendo en veintiuno los dieciséis de la primera versión.

El problema fundamental que todos estos hechos plantean concierne a la unidad o pluralidad de autores. Hoy está fuera de duda que fue Fernando de Rojas el autor parcial o total de la obra. Se había dudado incluso de la existencia del Bachiller Rojas, o por lo menos de su identificación con el autor de *La Celestina*; a comienzos de siglo, Foulché-Delbosc[10], que dedicó largos esfuerzos al estudio y edición de la obra, rechazaba la atribución a Rojas y hasta negaba que éste hubiera existido realmente[11]. Pero, poco después de

---

[8] Ed. Criado-Trotter, cit., págs. 4-5.

[9] Idem, íd., pág. 17.

[10] En sus "Observations sur *La Célestine*", cit. Hay que advertir que en la segunda parte de su estudio, bajo el mismo título, en *Revue Hispanique*, IX, 1902, págs. 171-199, publicada después que M. Serrano y Sanz dio a conocer los documentos sobre Rojas que luego se indican, Foulché rectificó su actitud y admitió la identificación del Bachiller con el autor de *La Celestina*.

[11] Todavía en nuestros días F. Romero supone, sin aducir ninguna prueba, que la *Comedia* es obra de Rodrigo Cota, y todos los añadidos de la *Tragicomedia* son de Alonso de Proaza bajo el seudónimo de "Fernando de Rojas", mientras que el Fernando de Rojas real es un sujeto sin escrúpulos que se aprovechó de la homonimia para beneficiarse con la fama de escritor (F. Romero, *Salamanca, teatro de "La Celestina": con algunos apuntamientos sobre la identidad de sus autores*, Madrid, 1959, págs. 34 y ss.).

las afirmaciones de Foulché-Delbosc, el investigador Serrano y Sanz [12] descubrió el proceso instruido en 1525 por la Inquisición de Toledo contra Álvaro de Montalbán, el cual afirma bajo juramento que su hija Leonor Álvarez es la "muger del Bachiller Rojas, que compuso a Melibea, vecino de Talavera". Posteriormente, Fernando del Valle Lersundi dio a conocer el testamento de Rojas, con el inventario de su biblioteca, y diversos documentos referentes a los descendientes del Bachiller [13]. Otros textos y documentos han confirmado la identificación de nuestro autor; así, en las *Relaciones geográficas* compuestas durante el reinado de Felipe II a partir de 1574 se informa que "de la dicha villa Puebla de Montalbán fue natural el Bachiller Rojas, que compuso a Celestina" [14]; también, con motivo de la probanza de hidalguía del licenciado Hernando de Rojas, varios testigos en 1584 identifican al Bachiller Rojas, abuelo del litigante, como el autor de "el libro llamado Celestina"; en la *Historia de Talavera*, escrita a comienzos del siglo XVI por Gómez Tejada de los Reyes, se afirma asimismo que "Fernando de Rojas, autor de *La Celestina*, fábula de Calisto y Melibea, nació en la Puebla de Montalbán...", y se añaden algunos otros detalles biográficos. Stephen Gilman, comentando los datos contenidos sobre la familia Rojas en diversas probanzas y expedientes, menciona también algunos textos que confirman la paternidad de Rojas sobre *La Celestina*, uno de ellos de cierta gracia; dos licenciados, que testimonian en un expediente de limpieza, informan que fueron en Salamanca compañeros de pupilaje de Fernando de Rojas, nieto del escritor, al cual llamaban "Celestina", "por ser descendiente del Bachiller Rojas, que la compuso, y tener el rostro afeminado" [15].

Lo que hoy se sabe de Rojas permite afirmar que nació, efectivamente, en la Puebla, fue bachiller en Leyes, poseyó una importante biblioteca, se estableció desde 1517 en Talavera de la Reina, donde ejerció por breve tiempo de alcalde mayor, y era de origen converso. La ascendencia judía de Rojas está probada por el mencionado proceso contra Álvaro de Montalbán; éste, acusado de judaizante, nombró "por su letrado al bachiller Fernando de Rojas, su yerno, vecino de Talavera, que es converso", pero la Inquisición lo

---

[12] Manuel Serrano y Sanz, "Noticias biográficas de Fernando de Rojas, autor de *La Celestina*, y del impresor Juan de Lucena", en *Revista de Archivos, Bibliotecas y Museos*, abril-mayo 1902, págs. 245-299. Cfr.: Stephen Gilman, "The Case of Álvaro de Montalbán", en *Modern Language Notes*, LXXVIII, 1963, págs. 113-125.

[13] Fernando del Valle Lersundi, "Testamento de Fernando de Rojas, autor de *La Celestina*", en *Revista de Filología Española*, XVI, 1929, págs. 366-388. Del mismo, "Documentos referentes a Fernando de Rojas", en *Revista de Filología Española*, XII, 1925, págs. 385-396.

[14] Cit., con los textos que siguen, por Menéndez y Pelayo en su estudio sobre *La Celestina*, en *Orígenes de la novela*, vol. III, "Nueva Biblioteca de Autores Españoles", Madrid, 1910, págs. XVII-XIX.

[15] Stephen Gilman y Ramón Gonzálvez, "The Family of Fernando de Rojas", en *Romanische Forschungen*, tomo 78, cuaderno 1, 1966, págs. 1-26.

rechazó diciendo que no había lugar y le pidió que nombrara a otra persona "syn sospecha". Esta recusación ha sido interpretada de diversos modos. Lida de Malkiel —es también la tesis defendida insistentemente por Américo Castro y Stephen Gilman— la justifica por la precaria ortodoxia que se suponía en un converso como Rojas [16]; Otis H. Green [17] sostiene, por el contrario, exigiendo que no se valore torcidamente el hecho, que Rojas nunca fue sospechoso de judaísmo y que fue recusado simplemente porque el tribunal no podía admitirle como abogado de su suegro; el hecho cierto es que Rojas fue aceptado como testigo de descargo en el proceso de otro converso, Diego de Oropesa. Lida de Malkiel atribuye "el máximo peso" al rechazo de la Inquisición, "pues a Montalbán —dice— le importaba reducir y no aumentar el judaísmo de su defensor". Pero, según subraya Green, la interpretación de los hechos debe ser bien distinta: Montalbán trataba de mejorar su causa haciendo ver que su yerno, a pesar de ser un converso como él mismo, y por eso precisamente lo destaca, era persona de excelente reputación y autor, por añadidura, de un libro famoso. No obstante su condición de converso, que Rojas no ocultó en ninguna ocasión, no consta en parte alguna que fuera molestado por esta circunstancia; Rojas, además, alegó siempre el rango de hidalguía, según había de hacer años más tarde su nieto del mismo nombre exigiendo en 1584 la "Probanza" correspondiente. La doble condición de "converso" y de "hidalgo" no es contradictoria, como aclara Otis H. Green [18], pues los Rojas de la Puebla de Montalbán habían emparentado probablemente con los señores de aquel lugar, según costumbre bien frecuente entre los judíos, aunque Rojas se había mantenido unido a los de su linaje, como lo demuestra su matrimonio con la hija de un converso sospechoso. Por otra parte, según explica Gilman en el artículo mencionado, los Rojas pretendían descender de un hidalgo venido de Asturias; el escritor se decía hijo de un Garci González de Rojas, hidalgo asturiano. La práctica de enredar y falsificar linajes, y sobre todo de acreditar "limpieza" aduciendo ascendientes asturianos, estaba tan extendida entonces, que es sospechosa una vez más. A propósito de otro pleito sostenido por otro miembro de la familia a finales del siglo XVI, y al reconstruir el árbol genealógico, el fiscal afirmó que el Bachiller Rojas no había sido hijo del mencionado Garci González, sino de un Hernando de Rojas condenado por judaizante en 1488. Gilman, supone, aunque por el momento no puede pasar de una aventurada hipótesis, que al ser condenado el padre del Bachiller, éste, niño de

---

[16] María Rosa Lida de Malkiel, *La originalidad artística de La Celestina*, Buenos Aires, 1962, nota 11, pág. 22.
[17] Otis H. Green, "Fernando de Rojas, *converso* and *hidalgo*", en *Hispanic Review*, XV, 1947, págs. 384-387.
[18] La propia Lida de Malkiel aclara que no había incompatibilidad alguna entre el origen judío de Rojas y su pretensión nobiliaria, y cita como prueba los casos del rey Fernando el Católico, de remoto origen judío por su madre, doña Juana Enríquez, y del padre y tíos de Santa Teresa.

doce años entonces, fue recogido por un pariente que huyó a la Puebla, lo que vendría a indicar que el autor de *La Celestina* no nació en dicha villa sino en Toledo.

Como una rama de los Rojas, dentro de los pleitos que estudia Gilman, ponía el mayor esfuerzo en demostrar que pertenecía a distinto linaje que el Bachiller, Gilman concluye como evidente que "el mero hecho de estar asociado a la familia del Bachiller ocasionaba grandes sospechas"[19]. Pero la deducción nos parece tendenciosa en este caso. Si lo que aquellos Rojas trataban precisamente de probar, para sus personales conveniencias, era la pretendida "limpieza de sangre", era natural que rechazaran en particular su parentesco con la rama del Bachiller, no porque de ello se les siguiera ningún peligro de persecución, sino porque el origen judío de aquél era notorio —ya sabemos que Rojas no lo había negado jamás— y su nombre harto conocido por la fama de que gozaba como escritor. Mientras no aparezca la anunciada *Vida de Fernando de Rojas* de Gilman, con las pruebas que pueden esperarse, deben admitirse las conclusiones de Otis H. Green de que Rojas y sus descendientes —no importa cuales fueran las circunstancias de sus antepasados y algunos familiares— "vivieron como cristianos viejos", a pesar del matrimonio de aquél con la hija del "sospechoso" Montalbán[20].

Rojas otorgó testamento en Talavera el 3 de abril de 1541 y debió de morir casi inmediatamente, ya que su mujer comienza el inventario de sus bienes el día 8 del mismo mes. Fue enterrado en la "yglesia del monesterio de la Madre de Dios", en Talavera, de cuya Congregación era miembro. Sus restos fueron localizados en marzo de 1936 por el diplomático Careaga[21] en la pequeña iglesia de dicho monasterio, y exhumados en marzo de 1968 en presencia de don Fernando del Valle Lersundi.

Si la paternidad de Rojas sobre la parte mayor, al menos, de *La Celestina* es, pues, incuestionable, continúa en pie la duda de si es también el autor del Acto I y de los cinco añadidos en la versión de la *Tragicomedia*. Limitémo-

---

[19] "The Family...", cit., pág. 9.
[20] Marcel Bataillon, cuya autoridad en estas materias no necesita encarecerse, sostiene los mismos puntos de vista que Green: "Según los hechos conocidos —dice— nada nos autoriza a pensar que Fernando de Rojas fuera tenido por mal católico, a pesar de la creciente hostilidad contra los *cristianos nuevos* que cristalizaba en medidas de discriminación cada vez más numerosas durante la época de Carlos V" (*La Célestine selon Rojas*, luego cit., pág. 216). A este ambiente —añade— alude en 1584 uno de los testigos para las pruebas de hidalguía solicitadas por el nieto de Rojas, cuando explica que el Bachiller se trasladó de la Puebla de Montalbán a Talavera porque el señor de la Puebla "tratava mal a los hijosdalgo y les hacía malos tratamientos". Ha de entenderse aquí —explica Bataillon— que se refería a los *cristianos nuevos,* que se tenían por hidalgos y querían ser reconocidos como tales: pero "nada de esto —resume— contradice el sentimiento cristiano mantenido por el autor de *La Celestina*" (ídem, íd., pág. 217).
[21] Cfr.: Luis Careaga, "Investigaciones referentes a Fernando de Rojas en Talavera de la Reina", en *Revista Hispánica Moderna*, IV, 1938, núm. 3, págs. 193-208.

nos de momento al primer problema, harto complejo de por sí, dejando el segundo para exponerlo por separado.

La atribución del primer acto a Cota o Mena está hoy generalmente descartada. Que no pertenecía al mismo autor que los restantes actos fue, sin embargo, cosa aceptada durante los siglos XVI y XVII, y puede valer como voto más importante, según propone Menéndez y Pelayo, el de Juan de Valdés, que escribe en su *Diálogo de la Lengua*: "Celestina, me contenta el ingenio del autor que la comenzó, y no tanto el del que la acabó". Pero el concepto varió radicalmente con el triunfo de la crítica neoclásica. La "iniciativa de esta revolución" pertenece a un español transplantado a Inglaterra, el famoso Blanco-White; éste escribía en el *Periódico trimestral, intitulado Variedades o Mensajero de Londres*, en abril de 1824, que "toda la Celestina era paño de la misma tela", y que "ni en lenguaje, ni en sentimiento, ni en nada de cuanto distingue a un escritor de otro, se halla la menor variación"[22]. Por su parte, Leandro Fernández de Moratín, en sus *Orígenes del teatro español*, afirma: "El que examine con el debido estudio el primer acto y los veinte añadidos, no hallará diferencia notable entre ellos, y si nos faltase la noticia que dio acerca de esto Fernando de Rojas, leeríamos aquel libro como producción de una sola pluma"[23]. Las ideas de Blanco-White adquirieron difusión europea al ser acogidas hacia mediados de siglo por Germond de Lavigne y Ferdinand Wolf, y la mayoría de los hispanistas las aceptó, entre ellos doña Carolina Michaëlis. La tesis del autor único fue calurosamente defendida por Menéndez y Pelayo, cuya opinión ha dominado durante bastantes años los estudios celestinescos. En un primer trabajo sobre *La Celestina*[24] escribió las palabras que había de repetir después —veinte años más tarde— en sus *Orígenes de la novela*: "El bachiller Rojas —dice— se mueve dentro de la fábula de la *Celestina*, no como quien continúa obra ajena, sino como quien dispone libremente de su labor propia. Sería el más extraordinario de los prodigios literarios y aun psicológicos el que un continuador llegase a penetrar de tal modo en la concepción ajena y a identificarse de tal suerte con el espíritu del primitivo autor y con los tipos primarios que él había creado. No conocemos composición alguna donde tal prodigio se verifique; cualquiera que sea el ingenio del que intenta soldar su invención con la ajena, siempre queda visible el punto de la soldadura... Pero ¿quién será capaz de notar diferencia alguna entre el Calisto, la Celestina, el Sempronio o el Pármeno del primer

---

[22] Tomo I, núm. 3, pág. 228 (citado por Menéndez y Pelayo en *Orígenes de la novela*, cit., pág. XXVI).

[23] *Obras de D. Leandro Fernández de Moratín*, ed. de la Real Academia de la Historia, tomo I, Madrid, 1830, pág. 88.

[24] Publicado primeramente en *Estudios de Crítica Literaria*, 2.ª serie, Madrid, 1895, y corregido y aumentado para la edición de *La Celestina* de Vigo, cit., 1899; reimpreso en *Estudios y discursos de crítica histórica y literaria*, ed. nacional, II, Santander, 1941, págs. 237-258.

acto y los personajes que con iguales nombres figuran en los actos siguientes? ¿Dónde se ve la menor huella de afectación o de esfuerzo para sostenerlos ni para recargarlos? En el primer acto está en germen toda la tragicomedia, y los siguientes son el único desarrollo natural y legítimo de las premisas sentadas en el primero" [25]. Páginas antes había tratado de explicar la razón de que Rojas "inventara" la historia de haber encontrado el acto primero: "A nuestro juicio, todas las dificultades del preámbulo tienen una solución muy a mano. El bachiller Fernando de Rojas es único autor y creador de la *Celestina*, la cual compuso íntegramente, no en quince días, sino en muchos días y meses, con toda conciencia, tranquilidad y reposo, tomándose luego el ímprobo trabajo de refundirla y adicionarla, con mejor o peor fortuna, que esto lo veremos luego. Y la razón que tuviese para inventar el cuento del primer acto encontrado en Salamanca no parece que pudo ser otra que el escrúpulo, bastante natural, de no cargar él solo con la paternidad de una obra impropia de sus estudios de legista y más digna de admiración como pieza de literatura que recomendable por el buen ejemplo ético, salvas las intenciones de su autor, que tampoco están muy claras... Si no se acepta esta explicación... dígase que la invención del primer acto fue un capricho análogo al que solían tener los autores de libros de caballerías, que rara vez declaran sus nombres verdaderos, y en cambio fingen traducir sus obras del griego, del caldeo, del armenio, del húngaro y de otros idiomas peregrinos" [26]. En nota al pie añade Menéndez y Pelayo que pudo tratarse también de un rasgo de timidez literaria, propia de un escritor novel; la edición de 1499, en su estado actual, no tiene los versos acrósticos y no es de suponer que los tuviera porque no habrían cabido en la hoja primera que falta, ni tampoco los lectores hubieran advertido su artificio sin la clave que lo revela. Tampoco es creíble, añade, que en esa hoja, que hacía las veces de frontis, hubiese algún indicio sobre el autor, porque hubiera pasado a alguna de las ediciones posteriores. Posiblemente, alentado Rojas por el éxito de la obra, se descubrió a medias en el acróstico de 1500 y 1501 en connivencia con Proaza, que dio la clave para descifrarlo [27].

Durante estas décadas, señoreadas por la opinión de Menéndez y Pelayo, Bonilla y San Martín es prácticamente el único que defiende la doble autoría de *La Celestina* [28]. Pero en 1924 publicó Castro Guisasola un estudio [29], que todavía continúa siendo fundamental, sobre las fuentes de *La Celestina*, y señaló el hecho "harto significativo de la existencia de una diferencia profundísima en cuanto a las fuentes utilizadas en el acto primero ¡y principios del

---

[25] *Orígenes de la novela*, tomo III, cit., pág. XXVII.
[26] Ídem, íd., págs. XXV-XXVI.
[27] Ídem, íd., pág. XXVI, nota 2.
[28] Adolfo Bonilla y San Martín, "Algunas consideraciones acerca de la *Celestina*", en sus *Anales de la Literatura Española*, Madrid, 1904, págs. 7-24.
[29] Florentino Castro Guisasola, *Observaciones sobre las fuentes literarias de La Celestina*, Anejo V de la *Revista de Filología Española*, Madrid, 1924.

segundo! y los demás actos"; "por todo lo cual —concluye Castro Guisasola—, entiendo que el autor del primer acto es distinto de Rojas, autor de los demás y de las adiciones"[30]. En 1928, prosiguiendo el trabajo iniciado por Ralph E. House, Margaret Mulroney e Ilse G. Probst[31] en un seminario de la Universidad de Iowa, Ruth Davis reunió en una monografía[32] el resultado de su investigación sobre las diferencias existentes entre el Acto I y los quince restantes de la *Comedia* en cuanto a las construcciones sintácticas, estructura de las frases, variedad de expresión, orden de las palabras, ortografía y arcaísmos, y llegó a la conclusión de que Rojas no había escrito el acto primero; pudo haberlo dejado como lo encontró o lo modificó según sus propósitos, pero la lengua del primer acto había permanecido básicamente la misma, con sus característicos arcaísmos.

Podría decirse que Menéndez Pidal encamina la nueva etapa en el problema de la autoría de *La Celestina* al apoyar con su autoridad la tesis del autor doble. El acto primero es, para él, obra de un autor anónimo de fines del siglo xv, y todo lo restante, incluso las interpolaciones de la *Tragicomedia*, fue redactado después de 1497 por Fernando de Rojas. "Es una arbitrariedad hipercrítica —dice— el seguir hoy negando la diversidad de autor para el primer auto, cuando está declarada en el prólogo de Rojas, cuando se halla confirmada por un experto en estilos tan fino como Juan de Valdés, contemporáneo y coterráneo de Rojas, y cuando se ve reafirmada modernamente por el examen comparativo de las fuentes literarias y del lenguaje. El autor del primer acto tenía otras preocupaciones estilísticas que Rojas y usaba ciertas formas de lenguaje que se iban anticuando, empleadas todavía por algunos en los primeros decenios del siglo xvi, pero extrañas a los actos segundo y siguientes de la *Celestina*". "De igual modo —añade luego— que la idea directriz, el autor anónimo del primer auto impone un estilo al autor medio anónimo de los autos restantes. El encubierto Rojas admira el auto primero por su 'estilo elegante, jamás en nuestra castellana lengua visto ni oído', y esa elegancia guía al continuador para reflejar, aunque muy literatizada, el habla conversa-

---

[30] Ídem, íd., pág. 188.
[31] Ralph E. House, "The Present Status of the Problem of Authorship of the *Celestina*", en *Philological Quarterly*, II, 1923, págs. 38-47. Ralph E. House, Margaret Mulroney, Ilse G. Probst, "Notes on the Authorship of the *Celestina*", en *Philological Quarterly*, III, 1924, págs. 81-91. En apoyo de las conclusiones de House y sus colaboradores, J. Vallejo publicó unas "Notas sobre La Celestina. ¿Uno o dos autores?" —*Revista de Filología Española*, XI, 1924, págs. 402-412—, de muy corto interés, puesto que se limitan a resumir lo dicho por aquéllos. Las "Notas" de Vallejo van seguidas de un fragmento del libro de Castro Guisasola y de otras "notas" de Miguel Herrero García sobre la localización de la fábula y la dualidad de autor, que no aportan nada esencial.
[32] Ruth Davis, *New Data on the Authorship of Act I of the 'Comedia de Calisto y Melibea'*, University of Iowa Studies in Spanish Language and Literature, núm. 3, 1928.

cional de los varios círculos de una sociedad entre cortesana y universitaria cual era la de la docta Salamanca" [33].

Entre los pocos que por dichas fechas sostienen la tesis del autor único debe destacarse a Giulia Adinolfi [34], que en 1954 rechaza los resultados aducidos en la monografía de Ruth Davis. Pero al año siguiente la pluralidad de autores recibe un capital refuerzo cuando Criado de Val publica su *Índice verbal de La Celestina* [35]. Siguiendo el método de House y Davis —pero no sin subrayar lo imperfecto de su técnica—, Criado estudia las peculiaridades lingüísticas del acto primero y de los restantes y resume sus conclusiones con estas terminantes palabras: "Si añadimos las acusadas diferencias estilísticas en el campo semántico de las formas verbales y la evidente diferencia en el grado de arcaísmo, llegamos a la conclusión rotunda de que no puede ser el autor del acto I el mismo de los siguientes" [36].

La exposición de Criado ha provocado, como veremos, reacciones muy diversas, pero muchos comentaristas se han adherido a su tesis. Martín de Riquer dice que el análisis de Criado demuestra la duplicidad de autor "de modo que casi podríamos calificar de matemático", y añade con verdadero entusiasmo: "Los partidarios de la unidad total de *La Celestina*, que atribuían a Rojas desde el principio del acto I hasta el final del XXI, solían argumentar que el escritor se hubiera manifestado excesivamente genial en el caso de amoldarse tan perfectamente a un primer acto escrito por otra persona. Después del estudio lingüístico de Criado de Val lo que resultaría inverosímilmente *genial* sería que Fernando de Rojas, autor único, hubiese confirmado su patraña respecto al acto I a base de darle una tan hábil y constante diferenciación lingüística respecto a los demás" [37]. Entre los más notables investigadores recientes de *La Celestina*, partidarios del autor doble, otros varios deben citarse todavía. Lida de Malkiel, aunque apunta reparos sobre el valor

---

[33] R. Menéndez Pidal, "La lengua en tiempo de los Reyes Católicos (Del retoricismo al humanismo)", en *Cuadernos Hispanoamericanos*, núm. 13, enero-febrero 1950, páginas 9-24; las citas en págs. 13 y 15.

[34] Giulia Adinolfi, "La *Celestina* e la sua unità di composizione", en *Filologia Romanza*, I, 1954, págs. 12-60.

[35] M. Criado de Val, *Índice verbal de "La Celestina"*, Anejo LXIV de la *Revista de Filología Española*, Madrid, 1955.

[36] Ídem, íd., pág. 213. Fernando González Ollé ha estudiado el uso de los diminutivos en *La Celestina* —"El problema de la autoría de *La Celestina*. Nuevos datos y revisión del mismo", en *Revista de Filología Española*, XLIII, 1960, págs. 439-445— y llega a la conclusión de que es diverso su empleo en el Acto I y en los veinte restantes. Su posición es favorable, pues, a la doble autoría; pese a lo cual, no oculta sus reservas respecto a la infalibilidad del método lingüístico, y acaba por afirmar la existencia de "argumentos sólidos en uno y otro sentido".

[37] Martín de Riquer, "Fernando de Rojas y el primer acto de *La Celestina*", en *Revista de Filología Española*, XLI, 1957, págs. 373-395; la cita en pág. 377.

absoluto del criterio lingüístico, acepta resueltamente los dos autores [38]; digamos, sin embargo, que este problema es el que ocupa menor espacio en su voluminoso estudio sobre *La Celestina*. Stephen Gilman fluctúa entre ambas opiniones, pero aunque acepta lo afirmado por Rojas en su carta, admite también la posibilidad de que el Bachiller volviera sobre un trabajo de juventud para corregirlo y completarlo; preocupado con otra índole de problemas, considera de menos interés el de la autoría material para concentrarse en la fundamental unidad del libro desde el punto de vista artístico [39]; actitud pareja había sido mantenida bastantes años antes por Benedetto Croce, para quien, aunque hubiera físicamente dos autores, ideal y poéticamente no había más que uno [40]. Pedro Bohigas, en un estudio de gran ponderación [41], analiza las distintas razones aducidas en favor de la unidad o pluralidad de autor; considera, y admite, las diferencias señaladas sobre las fuentes y el estilo, pero no las considera tan decisivas ni terminantes: "si bien existe diferencia —dice— en las fuentes utilizadas por el primer acto y los restantes de la *Celestina*, incluidas las adiciones, ésta no es absoluta; y hay, asimismo, identidad en la manera de aprovechar dichas fuentes a lo largo de la primitiva versión y en las interpolaciones y actos añadidos" [42]; sobre las diferencias lingüísticas subraya el hecho, incuestionable, de que *La Celestina* no se compuso de una vez, sino que media cierto espacio de tiempo entre ambas partes, y esta solución de continuidad puede explicar, aun siendo el mismo autor, no sólo las diferencias que se han notado en las fuentes utilizadas, sino también las de lengua, "propias de quien, andando el tiempo, se dedica con mayor intensidad al estudio de ciertos autores y varía sus propios medios expresivos, hecho ordinario en cualquier artista y en el escritor. La lengua de éste, su estilo, son resultado de estudio y trabajo, y por consiguiente susceptibles de cambiar y evolucionar con el tiempo, máxime en época como la de la *Celestina*, en que la lengua experimentó un cambio tan decisivo" [43]. Respecto al Acto I queda siempre en pie la declaración expresa de Rojas, difícil de destruir sin prueba irrefragable, y la existencia de las diferencias señaladas; con todo, "la lectura atenta de la *Celestina* revela que a lo largo de ella reaparecen formas de diálogo y de estilo de las que dan fisonomía al primer acto" [44]. "No es difícil imaginar —resume— una primera etapa —o un primer autor— que con el tipo de Celestina crea el mundo pintoresco y depravado en que aquélla

---

[38] Véase su "Introducción" a *La originalidad artística...*, cit.
[39] Stephen Gilman, *The Art of "La Celestina"*, The University of Wisconsin Press, Madison, 1956; véase especialmente "Appendix A", págs. 209-211.
[40] Benedetto Croce, *Poesia antica e moderna*, Bari, 1930.
[41] Pedro Bohigas, "De la *Comedia* a la *Tragicomedia de Calisto y Melibea*", en *Estudios dedicados a Menéndez Pidal*, VII, Madrid, 1957, págs. 153-175.
[42] Ídem, íd., pág. 167.
[43] Ídem, íd., pág. 169.
[44] Ídem, íd., pág. 174.

actúa; una segunda etapa —Fernando de Rojas— que con estos antecedentes plasma la tragedia, y una tercera etapa en que se completa el carácter de Melibea. Lo admirable no es esto, sino la extraordinaria compenetración de Fernando de Rojas con lo que dice que encontró escrito, y el conocimiento y arte profundos con que llevó adelante una acción que dice no haber inventado" [45].

Especial importancia debe concederse al amplio estudio dedicado a este problema por Marcel Bataillon en su libro *La Célestine selon Fernando de Rojas* [46], sobre el que habremos de volver repetidamente. Bataillon es partidario decidido del doble autor, y podría decirse que toda su argumentación descansa sobre el asentimiento que pide se conceda a las declaraciones del propio Rojas. De hecho, el gran investigador francés parece necesitar este asentimiento para poder otorgárselo igualmente respecto a la declarada intención moral que atribuye Rojas a su libro; parecería ilógico aceptar en un punto la palabra del escritor y negársela en los demás. No obstante, pensamos, el carácter de una y otra cuestión es tan diverso, y tan distinta la transcendencia entre la intención rectora de la obra y el juego retórico —si es que existe— de suponer un autor desconocido para el acto primero, que no advertimos la dificultad de fiarnos de Rojas cuando trata de sus propósitos —que pueden constatarse además en el curso de la obra— y no creerle cuando enreda sobre la autoría, cosa que pudo haber callado sin mayores complicaciones. Cierto que no pocos investigadores —no es este el caso de Bataillon, entiéndase bien—, amantes de las exégesis retorcidas y tenebrosas, necesitan el misterio del doble autor para poder aventurar cualesquiera interpretaciones *pro domo sua*; pero, como ya sugirió Bonilla y confirma Lida de Malkiel —aunque ambos para probar, ciertamente, la autoría doble— no se comprende qué género de cautela obligaba a Rojas a celar la paternidad del Acto I, ya que "tan comprometedor era haber escrito quince actos como dieciséis" [47]. Queremos decir que, no existiendo motivos para ocultar la paternidad del primer acto, lo mismo puede aceptarse que lo encontró efectivamente, como admitir la existencia de una mera superchería literaria, que en nada modifica las condiciones de la obra.

Martín de Riquer, en el artículo mencionado, sostiene, como vimos, la doble autoría, basándose en razones de innegable ingeniosidad. Según Riquer, la actitud de Rojas frente al acto primero semeja a la del "editor de un texto" ajeno, y como tal es posible que en algún momento no haya entendido bien el contenido de lo que editaba. Señala Riquer, efectivamente; varios pasajes, modificados en sucesivas ediciones, que no parecen meras erratas de imprenta "sino el esfuerzo de una persona culta que quiere restablecer la verdadera lec-

---

[45] Ídem, íd., pág. 175.
[46] Marcel Bataillon, *La Célestine selon Fernando de Rojas,* París, 1961.
[47] Lida de Malkiel, *La originalidad...,* cit., pág. 19, nota 7.

tura de un texto que no entiende"[48], pues a veces las rectificaciones se alejan cada vez más de la forma correcta. Examina luego Riquer la circunstancia de que en el "argumento" del acto primero se habla de la búsqueda del halcón como ocasión de penetrar en el huerto de Melibea, pero, en cambio, ni en el acto primero ni en la primera mitad del segundo se alude en absoluto al halcón, ni al huerto, ni a nada que apoye la localización que se supone. Riquer sugiere que la acción del acto primero no sucedía originariamente en el huerto de Melibea, sino en una iglesia, según trata de demostrar basándose en ciertos aspectos del diálogo; luego, cuando la nueva concepción de Rojas ya se ha impuesto a la obra —dice— se vuelve a hablar del halcón y de la entrada en el jardín: Rojas no ha advertido que en la primera escena de la obra Calisto no ha saltado ninguna pared. "Ello se debe —piensa Riquer— a que, al empezar la lectura de *La Celestina* primitiva, no se dio cuenta de la rápida y casi cinematográfica mutación de escenas de la obra, técnica a la que tan bien se asimiló luego"[49]. Riquer refuerza su argumentación señalando que Rojas en la versión de 1502 procuró introducir los menos cambios posibles en el acto primero y parte del segundo —tan sólo veinte variantes y en los pasajes de aparentes malentendidos, que son en los que se apoya Riquer—, como quien respeta un texto ajeno en el que no quiere introducir modificaciones personales, mientras que rehace y pule copiosamente los actos de su propia pluma.

Lida de Malkiel, que comenta en una nota[50] el artículo de Riquer, no cree que los pasajes del acto primero que parecen mal interpretados lo fueran por ignorancia de Rojas, sino por causa de los impresores que leyeron mal el original y trataron en sucesivas ediciones de dar un sentido correcto; puede afirmarse casi con seguridad que Rojas no vigiló sus ediciones, pues ya en el prólogo se lamenta del celo indiscreto de los impresores. En cuanto al dato del jardín y del halcón se nos hace duro admitir que Rojas no advirtiera la mutación de escenas, porque Rojas —en el supuesto de que exista el "antiguo autor"— debió de leer el acto primero muchas veces y muy detenidamente; ningún comentarista —ni el más persuadido de la doble autoría— ha dejado de señalar la perfección con que Rojas se asimiló la parte que había encontrado y completó la obra como cosa propia, hasta el punto de hacer tan difícil, si no imposible, la solución de este problema. Tan asombrosa asimilación, que es justamente el argumento capital de los defensores del autor único, exige un estudio muy atento. A lo largo de la obra, en la parte de Rojas, existen tam-

---

[48] "Fernando de Rojas y el primer acto...", cit., pág. 381. Sobre algunos de estos pasajes cfr. además: R. Menéndez Pidal, *Antología de prosistas castellanos*, Madrid, 1917, págs. 68-70. Otis H. Green, "*Celestina*, auto I: Minerua con el can", en *Nueva Revista de Filología Hispánica*, VII, 1953, págs. 470-474. Joseph E. Gillet, "'Comedor de huevos' (?) (*Celestina*, Aucto I)", en *Hispanic Review*, XXIV, 1956, págs. 144-147.
[49] Ídem, íd., pág. 390.
[50] *La originalidad...*, cit., págs. 203-205, nota 5.

bién algunas incongruencias, que escaparon a la vigilancia del autor, y que no son menores que las señaladas entre el acto primero y los restantes.

En un riguroso estudio, fundamental en muchos aspectos, Alan D. Deyermond[51] examina el influjo de Petrarca en *La Celestina* y extrae importantes consecuencias para la valoración de los rasgos estilísticos de la obra, su contenido doctrinal y sus propósitos; también —y es lo que en este instante nos interesa— sobre el problema de la autoría. Las deducciones de Deyermond a este respecto, nada dogmáticas, son de gran cautela y ponderación. En el acto primero y las cinco primeras páginas del segundo (Deyermond se basa en la conocida edición de Cejador) no aparece ningún préstamo comprobado de Petrarca, mientras que el total en el resto de la obra asciende a noventa y nueve. No existe —dice Deyermond— razón alguna para aquella ausencia si esta parte de *La Celestina* hubiera sido escrita por Rojas al mismo tiempo que todo lo demás. No puede afirmarse que el autor del Acto I desconociera a Petrarca, pero sí que no experimentó el profundo influjo que los otros actos revelan. No es esto una prueba de que Rojas no fuese el autor del acto primero, pero, si lo escribió, debió de hacerlo bastante antes que el resto de *La Celestina*. Las diferencias respecto a la utilización que se hace de Petrarca en los actos II-XVI y las adiciones de 1502 son las propias de un escritor cuya mentalidad no ha variado esencialmente, pero que no quiere repetir en detalle sus métodos de trabajo de unos años antes. En cambio, las divergencias existentes entre el acto primero y los demás reflejan o bien la paternidad de dos autores o bien la de uno solo que escribe en tiempos distantes, después de haber experimentado una poderosa influencia literaria. Lo cual —recordémoslo de paso— había sido ya sugerido por numerosos comentaristas, para los cuales las diferencias existentes entre las dos partes en litigio de *La Celestina* pueden explicarse perfectamente por haber sido escritas en distintas etapas de la vida de un solo autor. Aunque la cauta conclusión de Deyermond podría dejarnos indecisos sobre su parecer, parece evidente, sin embargo, en el conjunto de su estudio, que el erudito inglés se inclina por la tesis del doble autor.

La precedente enumeración —podrían multiplicarse tediosamente las referencias porque apenas hay comentarista que no se haya pronunciado sobre el problema de la autoría— que incluye, a nuestro entender, las más sobresalientes opiniones, revela cuál es el parecer que predomina en estas últimas décadas: el concepto del autor único, preferido durante el siglo XIX y asociado en particular a la autoridad de Menéndez y Pelayo, ha sido sustituido por la autoría doble, grata a la interpretación colectivista de Menéndez Pidal; María Rosa Lida, por ejemplo, alude incluso, refiriéndose a la *Tragicomedia*, a varios "colaboradores", hoy desconocidos, que habían ya intervenido en me-

---

[51] Alan D. Deyermond, *The Petrarchan Sources of "La Celestina"*, Oxford University Press, 1961. Cfr., del mismo, "The Index to Petrarch's Latin Works as a Source of *La Celestina*", en *Bulletin of Hispanic Studies*, XXXI, 1954, págs. 141-149.

nor medida en la *Comedia*[52]. Criado de Val registra como situación definitiva que a la antigua creencia en un autor único "ha sucedido la convicción de que se superponen en el texto diversas épocas y autores. Para nuestro concepto actual, *La Celestina*, lejos de ser una creación improvisada y personalista, es el resultado de larga y accidentada elaboración, en la que aparece reunida una extensa suma de elementos medievales y renacentistas"[53].

Pero la aceptación del autor múltiple dista mucho de ser tan general como podría inferirse de las palabras de Criado, y la reacción, o vuelta, hacia la tesis del autor único, cuenta con defensores de la máxima autoridad. En su recensión de la obra de Criado, Joseph Gillet[54] se muestra absolutamente escéptico respecto de la "conclusión rotunda" a que Criado de Val supone haber llegado. Las diferencias señaladas —dice— entre el acto primero y los restantes no constituyen una prueba del doble autor. Rojas pudo muy bien escribir el acto primero en sus años mozos y continuar la obra años más tarde cuando su madurez artística, preparación intelectual y, en consecuencia, su estilo podían haber evolucionado muy sustancialmente. La historia del misterioso primer acto parece un claro subterfugio, propio de un autor novel temeroso de la opinión pública, y repetido mil veces, en una u otra forma, antes y después de Rojas. Por otra parte —añade Gillet— las diferencias estilísticas señaladas no son tan importantes; en varios de los gráficos aducidos por Criado, que basa fundamentalmente su estudio estadístico en los pretéritos de indicativo *amé-he amado-amaba*, la oscilación entre los porcentajes es mínima. La uniformidad en el empleo de *amé* y de *amaba* es casi absoluta, hecho que no comenta el investigador para hacer, en cambio, hincapié en las diferencias de *he amado*; pero, ¿supone una real diferencia lingüística —pregunta Gillet— un porcentaje del 5,2 por ciento en el Acto I contra el 7,4 en los restantes actos y el 6,6 en los añadidos de la *Tragicomedia*? Gillet concluye que semejante examen lingüístico no permite demostrar ninguna de las dos tesis, y que tan sólo la prueba documental de la existencia del "antiguo autor" puede ser concluyente.

A su vez, en un extenso y meditado comentario sobre los métodos seguidos por Criado en su análisis lingüístico, John W. Martin[55] impugna la legitimidad de sus conclusiones, dado que cuando dos formas verbales encierran distinto contenido —y así son en su mayoría las utilizadas por Criado— no denotan

---

[52] *La originalidad...*, cit., pág. 26. P. E. Russell, en un artículo luego citado —"Literary Tradition and Social Reality in *La Celestina*"—, ironiza sobre esta opinión de Lida de Malkiel, con lo cual queda definida también su propia opinión sobre el problema; dice así: "Es bastante difícil aceptar la posibilidad de que hubo dos autores distintos en la *Comedia*; se atrevería uno, pues, a pedir una evidencia más convincente antes de aceptar *La Celestina* como el producto de una especie de taller literario" (pág. 231).
[53] Introducción a su edición cit., págs. VII-VIII.
[54] En *Hispanic Review*, XXV, 1957, págs. 130-132.
[55] John W. Martin, "Some Uses of the Old Spanish Past Subjunctive (With Reference to the Authorship of *La Celestina*)", en *Romance Philology*, XII, 1958, págs. 52-67.

preferencias individuales que permitan identificar al autor, pues dependen de una exigencia gramatical. Martín sostiene que ningún estudio de una sintaxis individual puede aportar pruebas concluyentes sobre problemas de autoría mientras no se posean conocimientos más perfectos que los actuales sobre la sintaxis histórica de su época.

Por otra parte, las diferencias señaladas en el número y calidad de las fuentes en ambas partes así como el modo de su empleo pueden conducir al mismo escepticismo. J. Homer Herriott, uno de los más calificados estudiosos de *La Celestina* en este momento, impugna las deducciones de Deyermond apoyadas sobre el caso concreto de las fuentes petrarquistas [56]. Herriott, con razones y datos que es imposible reproducir aquí, discute la supuesta ausencia de préstamos petrarquistas en el acto primero; sirviéndose de las conclusiones del propio Deyermond, hace ver que el modo cómo Rojas utiliza los textos de Petrarca depende de la situación, el tema y las circunstancias, distintas en el acto primero, y que, en todo caso, bien pudo —como el propio Deyermond admite— experimentar un mayor influjo de Petrarca cuando le fueron asequibles en 1496 sus *Obras* completas y se decidió a concluir la obra. El mismo Herriott en un estudio muy reciente dedicado al estudio de la selectividad del lenguaje en *La Celestina*, y aunque no se propone discutir en él los problemas de la autoría, escribe como al paso: "A pesar de la ortografía arcaica, estilo, sintaxis, etc., no estamos convencidos de que Fernando de Rojas no sea el autor del Acto I" [57]. Y más adelante añade que siempre que se refiere al *autor* de cualquier parte de la obra, piensa en una persona tan sólo: Fernando de Rojas.

El problema de las interpolaciones y de los actos añadidos en la versión de la *Tragicomedia* ha sido objeto de menos discusión, y puede afirmarse que el reconocimiento de la paternidad de Rojas sobre toda esta parte conoce escasas excepciones. Foulché-Delbosc planteó el problema [58] al descubrirse los primeros ejemplares de la *Comedia*, desconocida hasta entonces. El erudito francés estimaba que los añadidos eran de calidad artística muy inferior y los suponía de mano distinta. Cejador ha hecho célebre esta misma argumentación por la petulante contundencia de sus afirmaciones. Según él, los añadidos son tan torpes que sólo podrían atribuirse a Rojas en el supuesto de que hubiera perdido el juicio [59], y afirma "redondamente" que fueron obra de Proa-

---

[56] J. Homer Herriott, "The Authorship of Act I of *La Celestina*", en *Hispanic Review*, XXXI, 1963, págs. 153-159.

[57] J. Homer Herriott, "Notes on Selectivity of Language in the *Celestina*", en *Hispanic Review*, XXXVII, 1969, págs. 77-101; la cita en pág. 77.

[58] En la primera parte de sus "Observations...", cit.

[59] Prólogo a su edición cit., pág. XVIII (en la reimpresión de 1966). Parecidos conceptos han sido defendidos en tiempos más recientes por G. Delpy, "Les profanations du texte de *La Célestine*", en *Bulletin Hispanique*, XLIX, 1947, págs. 261-275.

za, autor asimismo del "Prólogo" y de todo lo que no aparece en la edición de 1499. Menéndez y Pelayo estudió la cuestión y dio su parecer con muy equilibradas razones que, en sustancia, no han sido desmentidas [60]: la versión de la *Tragicomedia* es obra de Rojas indiscutiblemente, aunque no todas las adiciones sean igualmente felices y algunas hasta puedan empeorar el texto; pero Menéndez y Pelayo justifica incluso el supuesto desacierto de varias de ellas y destaca con gran encomio la subida belleza de gran número de los nuevos pasajes, como, por ejemplo, la segunda escena del jardín.

Quienes han aplicado los métodos estilísticos o la comparación de fuentes para el problema del Acto I, convienen —con la excepción de House y sus colaboradores— [61] en que los actos añadidos son de mano del propio Rojas; en el *Índice verbal de "La Celestina"*, de Criado, los gráficos correspondientes a los actos II-XVI y a las adiciones son casi coincidentes, y, en consecuencia, Criado-Trotter acogen en su edición el llamado "Tratado de Centurio" dentro del campo auténtico del libro, según la sevillana de 1502 en que aparece el texto en su estado definitivo de veintiún actos, aunque no desdeñan las variantes de los estados anteriores. Menéndez Pidal, en el artículo mencionado, asegura categóricamente, sin detenerse siquiera a discutirlo, que "Rojas mismo añadió cinco actos más en 1502" [62]. Deyermond [63], comparando el modo de usar las fuentes petrarquistas en los Actos II-XVI y en los interpolados en la *Tragicomedia*, afirma que proceden todos de la misma mano, y que tanto los fallos como los aciertos de las interpolaciones hay que ponerlos a la cuenta de Rojas; con ello, rechaza como *indefendibles* las teorías de Cejador y de Delpy.

La estima literaria sobre las adiciones varía, sin embargo. Sin llegar ni remotamente a los juicios extremos de Foulché-Delbosc y mucho menos a los de Cejador y Delpy, Pedro Bohigas señala también "algunos desaciertos": alterar una obra tan bien terminada y con tan intenso final; abuso aún mayor de la erudición; acumulación de sentencias donde ya las había y lo mismo de los elementos pintorescos extraídos del habla del pueblo, con lo que se hacen más lentas ciertas escenas y se destruyen algunos efectos dramáticos al retardar la acción; adición de situaciones dobles o paralelas a las primitivas, etc.; pero, fallos como éstos, dice, "en modo alguno bastan para hacer sospechar un autor distinto del de las anteriores escenas" [64]. Por otra parte,

---

[60] *Orígenes de la novela*, cit., págs. XXVII-XXXVII.
[61] House-Mulroney-Probst —"Notes on the Authorship...", cit.—, admiten la existencia de tres autores, pero sus conclusiones han sido desautorizadas; Manuel Seco, por ejemplo, en su recensión del libro de Gilman afirma que "el método de House es equivocado... por haber elegido mal su material de investigación y por haberlo interpretado equivocadamente. Compárese con el resultado contrario obtenido por Criado de Val" (*Revista de Filología Española*, XLI, 1957, pág. 437).
[62] "La lengua en tiempo de los Reyes Católicos...", cit., pág. 13.
[63] *Petrarchan Sources...*, cit., págs. 89-90.
[64] "De la *Comedia* a la *Tragicomedia*...", cit., pág. 172.

señala mejoras igualmente evidentes: la pintura de la transformación de Melibea es menos abocetada y se ahonda más en su carácter; se explica con mayor lógica los acontecimientos que siguen a la muerte de Celestina y se prepara mejor la tragedia final. La apreciación de conjunto para Bohigas es, sin embargo, favorable a la versión de la *Comedia*, como lo prueba el hecho de haber editado el texto de aquélla, "lo cual significa —dice— la gran estima en que tengo a la *Comedia*, que me parece versión más genuina de la *Celestina* que la *Tragicomedia*, a pesar de ser ésta el último estado de su elaboración y la forma en que más se ha divulgado"[65]. Para Marcel Bataillon, en cambio, la *Tragicomedia* es muy superior a la *Comedia*, porque en ella se amplían y profundizan los rasgos capitales que definen a cada personaje y aparece mucho más de relieve el propósito del autor; las adiciones de 1502, aunque pueden contener, en ciertos momentos, fallos artísticos, representan en conjunto un desarrollo lógico y necesario, una maduración y plenitud de la versión primera[66]. Tal es también, en conjunto, la opinión de Lida de Malkiel y la de Rafael Lapesa[67].

Todavía existen otros diversos problemas relativos al texto de *La Celestina*. Uno de ellos es la intervención del corrector Proaza; ya hemos visto hasta qué punto la hacía extensiva Cejador, siguiendo a Foulché-Delbosc, que había formulado también sus sospechas respecto a la "Carta del autor" y el "Prólogo" e incluso los acrósticos. Anna Krause[68] no ve razones convincentes para atribuir estos últimos a Proaza, aunque admite que pudo escribirlos persona distinta de Rojas, quizás un amigo o colega; sugiere, en cambio, que tanto los acrósticos como la carta fueron escritos a instigación de Proaza, humanista familiarizado con las convenciones literarias de la época, que había que respetar. D. W. McPheeters, que ha estudiado en detalle este problema[69], se pregunta a propósito de las modificaciones introducidas en los acrósticos en las ediciones de 1502: "¿Cuándo fueron hechos estos cambios y por quién —el autor, Proaza, el autor y Proaza, o un impresor—? No hay ninguna manera de resolver el problema, pero una atribución del primer Auto a Cota o a Mena en la nueva versión del acróstico sugiere una tentativa mercenaria para atraer todos los lectores posibles; por lo tanto, un impresor hizo estos cam-

---

[65] Ídem, íd., pág. 154. Favorable también a la versión de la *Comedia* se muestra Moreno Báez en su artículo luego cit.

[66] Marcel Bataillon, *La Célestine selon Rojas*, cit., passim.

[67] En su comentario al libro de Lida de Malkiel, "La originalidad artística de *La Celestina*", en *Romance Philology*, XVII, 1963, págs. 55-74; alude al tema mencionado en págs. 64-65.

[68] Anna Krause, "Deciphering the Epistle-Preface to the *Comedia de Calisto y Melibea*", en *The Romanic Review*, XLIV, 1953, págs. 89-101.

[69] D. W. McPheeters, "The Corrector Alonso de Proaza and the *Celestina*", en *Hispanic Review*, XXIV, 1956, págs. 13-25; este artículo figura como capítulo VII y último de su libro *El humanista español Alonso de Proaza*, Valencia, 1961.

bios. No sería la primera vez que un impresor intervino en la obra, como sabemos por alusiones del prólogo a los 'argumentos' " [70]. Admite McPheeters que Proaza pudo retocar además el prólogo, pero le supone ajeno a todos los otros elementos a *La Celestina*. Por su parte Lida de Malkiel, después de enumerar abundantes ejemplos de semejantes preliminares en obras renacentistas, escribe: "A la luz de tales paralelos, la declaración de 'El auctor a un su amigo' no parece mentira del editor —cuyo fin, por lo demás, no es nada claro—, antes bien coincide con una postura convencional que se propone rebajar modestamente el valor de la obra. Por modo análogo, el hecho de callar Fernando de Rojas su nombre y dejarlo asomar luego en el acróstico, lejos de constituir la ocurrencia insólita y casi siniestra que se ha antojado a los críticos de nuestros días, es una práctica medieval frecuente en imitadores y refundidores para dar a conocer su incompleta autoría y frecuente también en autores que escriben para un estrecho círculo literario a quien su nombre no es desconocido, circunstancias ambas que cuadran notablemente con lo que se sabe de Rojas" [71].

De no pequeño interés es también el problema de los "argumentos", sobre los que Gilman [72] ha hecho sugestivas indagaciones. En el "Prólogo", que, como sabemos, aparece por vez primera en la versión de la *Tragicomedia*, Rojas rechaza la responsabilidad de los "argumentos", que resumen la acción de cada acto, atribuyéndolos a la mano del impresor: "Que aun los impressores —dice— han dado sus pinturas, poniendo rúbricas o sumarios al principio de cada acto, narrando en breve lo que dentro contenía: una cosa bien escusada, según lo que los antiguos escritores usaron" [73]. Gilman señala que los "argumentos" que encabezan los diez y seis actos de la *Comedia*, tratan de resumir meramente la *acción*, es decir, lo más anecdótico y superficial, mientras pasan por alto la *reacción* de los personajes, sus sentimientos y experiencias tal como emergen del diálogo; que son precisamente los más importantes aspectos de *La Celestina*. Según esto, los autores de los "argumentos", aunque aciertan por lo común a compendiar los hechos, desorientan al lector encauzando su atención hacia lo menos valioso del libro, que queda así torcidamente interpretado. En cambio, dice Gilman, los "argumentos" de los actos añadidos en la *Tragicomedia* son de muy diferente especie: ya no es la mera *acción*, sino la intimidad intencional de los personajes lo que al menos en cierta medida, se trata de iluminar. Gilman sugiere que fue el propio Rojas el autor de esta segunda serie de "argumentos"; como quiera que los anteriores

---

[70] Ídem, íd., pág. 182, nota 3 (citamos por el volumen mencionado).
[71] *La originalidad artística...*, cit., pág. 15.
[72] Stephen Gilman, "The *Argumentos* to *La Celestina*", en *Romance Philology*, VIII, 1954, págs. 71-78.
[73] Ed. Criado-Trotter, cit., pág. 16.

"La Celestina" 553

formaban ya parte aceptada de la obra y había que contar con ellos, Rojas quiso ser él quien los redactara esta vez, y añadió sus propios resúmenes al enviar el manuscrito de la nueva versión: Rojas, consciente de sus propósitos, pudo escribir entonces unos "argumentos" más acordes con el contenido de los actos.

Hasta aquí la hipótesis de Gilman es clara y aceptable, pero otros aspectos lo son menos. Gilman pretende destacar el valor *dialógico* de *La Celestina* —a este fin, justamente, se encamina su exposición— según conceptos que expondremos luego, y el problema de los "argumentos" le permite suponer a Rojas atento a subrayar este carácter de su obra. Pero, dejando aparte dicha interpretación, oportunamente tratada, creemos que la comparación de las dos series de "argumentos" permite llegar a diferentes resultados. Lo que Rojas destaca en los "argumentos" de su mano no es el carácter *dialógico* de *La Celestina* —aspecto que, según parece, tan sólo Gilman ha sido capaz de ver—, sino la significación moral de los hechos, precisamente en la dirección señalada en el *Argumento* general de la obra. Gilman se refiere a este último como escrito por un "autor anónimo", pero con casi absoluta seguridad es obra de Rojas; pues cuando éste se queja de los impresores, que "han dado sus pinturas", menciona inequívocamente las "rúbricas o sumarios al principio de cada acto, narrando en breve lo que dentro contenía", pero nada dice del *Argumento* general, al que se hubiera referido también, sin duda alguna, en el caso de serle ajeno. Rojas considera estos argumentos particulares, pero no el general, "cosa bien escusada, según lo que los antiguos escritores usaron". El propio Gilman señala, siguiendo una sugestión de Lida de Malkiel, que el modelo más verosímil para este género de argumentos eran las ediciones de Terencio multiplicadas en toda Europa durante las últimas décadas del siglo XV; pero en ninguna de dichas ediciones existen argumentos para cada acto, sino tan sólo el general para toda la obra. Rojas pudo, por tanto, siguiendo los modelos consagrados, escribir aquél último y excusar los demás; su brevedad hace perfectamente posible que cupiera incluso en el folio perdido de la primera edición. Ahora bien: lo que el *Argumento general* subraya con mucha claridad es el propósito didáctico-moral que guía al autor; Gilman reconoce que el "anónimo escritor" que lo compuso —pero que ya sabemos quien es— "parece sinceramente convencido" de ello y escribe "adjetivos de valoración moral", que no pasaron a los "argumentos" de la *Comedia* redactados por otra mano; luego —ésta es nuestra opinión—, cuando Rojas escribió los nuevos "argumentos" de la *Tragicomedia* quiso destacar otra vez aquel aspecto que el "anónimo escritor" de los primeros había descuidado, atento tan sólo a compendiar la trama anecdótica, y no sólo sugirió la reacción *moral* de los personajes ante los hechos y su actitud íntima, sino que descendió incluso, en ocasiones, a subrayar la *moraleja*, como en el "argumento" del Acto XIX, donde al dar cuenta de la caída de Calisto, añade: "la qual salida fue causa que sus días pereciessen, porque los tales este don resciben por galardón, y por esto han de saber desamar los amadores"[74]. Reténgase este dato, del mayor interés, cuando llegue el momento de examinar el sentido y propósito de *La Celestina*.

EL GÉNERO DE 'LA CELESTINA'

Aunque el carácter de obra dramática de *La Celestina* parece imponerse sin dificultad debido a su estructura y a la total ausencia de partes narrativas, el género literario a que pertenece ha sido objeto de diversas estimaciones, basadas sobre todo en el hecho de su gran longitud —que la hace prácticamente irrepresentable en su forma original— y de su peculiar utilización del tiempo, que hace pensar en formas novelescas; de aquí, los nombres de *novela dramática* o de *novela dialogada* con que ha sido calificada en muchas ocasiones. Su condición esencialmente dramática no parece haber sido discutida durante los siglos XVI y XVII, a lo largo de los cuales sirvió de modelo de obras exclusivamente dramáticas[75]. El problema del género en *La Celestina* se planteó, sin embargo, dentro y fuera de España, en el siglo XVIII, dado que sus evidentes peculiaridades no permitían encajarla cómodamente en ninguno de los moldes conocidos de la preceptiva neoclásica. Moratín contribuyó con su autoridad a clasificar *La Celestina* como *novela dramática* al llamarla así en sus *Orígenes del Teatro Español*[76], movido sobre todo por no estimarla escenificable. Buenaventura Carlos Aribau incluyó *La Celestina* en el volumen de la *Biblioteca de Autores Españoles* dedicado a los *Novelistas anteriores a Cervantes*[77], definiéndola como *novela dialogada*; para Aribau, las denominaciones de "comedia" y "tragedia", que se mencionan en el prólogo de la obra, hacían referencia al desenlace pero no a su naturaleza. La crítica e historiadores literarios de toda Europa durante el siglo XIX continuaron sirviéndose del mismo rótulo, aunque sin dejar de encarecer su carácter dramático y ponderar incluso su gran influjo sobre todo el teatro europeo. Menéndez y Pelayo definió con gran precisión la naturaleza dramática de *La Celestina*: "El título de *novela dramática* —dice— que algunos han querido dar a la obra del bachiller Rojas, nos parece inexacto y contradictorio en los términos. Si es drama, no es novela. Si es novela, no es drama. El fondo de la novela y del drama es uno mismo, la representación estética de la vida humana; pero la novela la representa en forma de *narración*, el drama en forma de *acción*. Y todo es activo, y nada es narrativo en la *Celestina*"[78]. Me-

---

[74] Ídem, íd., pág. 275.
[75] Esto, al menos, es lo que afirma Lida de Malkiel; *La originalidad artística...*, cit., págs. 55-57.
[76] Ed. cit., pág. 88..
[77] Nueva edición, Madrid, 1944.
[78] *Orígenes de la novela*, cit., págs. II-III.

néndez y Pelayo se pregunta a continuación cómo puede, sin embargo, prescindirse de *La Celestina* en una historia de la novela española, habida cuenta de la gran lección que había de ser también para los novelistas, como "primer ejemplo de observación directa de la vida". Lida de Malkiel, con su habitual inquina contra Menéndez y Pelayo, le reprocha ásperamente que, después de tan acertada definición, llevara el estudio de *La Celestina* a las páginas de sus *Orígenes de la novela* y le acusa de haber contribuido así a difundir la fórmula de *novela dramática* que él mismo había condenado [79]. El hecho cierto es que una larga serie de obras de vulgarización, y aun de especialistas, que la propia Lida enumera, ha continuado hasta nuestros días definiendo a *La Celestina* de idéntico modo; en un conocedor tan profundo de la obra como Deyermond, hallamos todavía las palabras "novel in dialogue", en la primera página de su libro citado.

Lida de Malkiel rechaza en detalle las razones aducidas para negar a *La Celestina* el estricto carácter de obra dramática. No es obstáculo, dice, su longitud excesiva y, consecuentemente, la dificultad práctica de su representación. La poca o mucha longitud es un criterio variable, pensamos, que puede afectar a las prácticas seguidas en un teatro comercial, pero que nada significan para la esencia de una obra; Lida menciona los larguísimos misterios franceses del siglo XV, con más de sesenta mil versos, que no por eso dejan de ser teatro; y podríamos añadir, en nuestros días, diversas obras de O'Neill, de desusada longitud. Tampoco importan las frecuentes mutaciones escénicas, pues eran bien numerosas en las comedias del Siglo de Oro español y del teatro inglés. Ni tampoco es válido el criterio de la obscenidad, igualmente relativo, pensamos, como es bien obvio por las representaciones dramáticas que

---

[79] *La originalidad artística...*, cit., págs. 63 y ss. La generosa y prudente moderación del mencionado comentario de Lapesa no le impide sugerir lo que las palabras de Lida de Malkiel encierran de injusto contra el criterio de Menéndez y Pelayo; al glosar el comentario de Lida, escribe: "Ella misma, tras insistir en que 'los autores de *La Celestina* encauzan su visión integral de la realidad en la olvidada forma de la comedia humanística', añade: 'Éste fue el germen desarrollado en la *Tragicomedia* bajo la forma de realismo verosímil —para dar algún nombre a la observación atenta de la realidad y su recreación evocativa— y transmutado en un ser artístico nuevo, positivamente original... Contraprueba de esta originalidad es el no haberse dado cosa parecida en las letras occidentales hasta el surgimiento de las grandes novelas del siglo pasado' (página 729). Después de leer estas palabras no parecen tan injustificadas las de Menéndez Pelayo: 'Pero ¿cómo prescindir de ella en una historia de la novela española?... La corriente del arte realista fue única en su origen, y a ella deben remontarse así el historiador de la dramaturgia como el que indague los orígenes de la novela'. Nótese que el crítico santanderino no afirma que *La Celestina* sea novela; pero la necesidad de no omitirla al historiar este género hubo de parecerle tanto mayor cuanto que Galdós, su gran amigo, insistía en llamar novelas a cinco obras totalmente dialogadas, cuatro de ellas anteriores al t. III de los *Orígenes de la novela*, y proclamaba que 'el Teatro no es más que la condensación y acopladura de aquello que en la novela constituye acciones y caracteres'" ("La originalidad artística...", cit., pág. 58, nota 4).

pueden hoy presenciarse en muchos teatros del mundo. De menos peso aún es la objeción propuesta por Ticknor y Amador de los Ríos, y recordada por Lida de Malkiel, de la falta de intriga compleja y ritmo acelerado, escasa acción, largos parlamentos y minuciosos análisis, pues existe teatro de los más variados ritmos y especies sin que por eso se le discuta su condición de tal.

Aunque el carácter, pues, estrictamente dramático de *La Celestina* no puede ser impugnado, es preciso, sin embargo, reconocer que no es tan simple la cuestión como para calificar despectivamente a todos los críticos anteriores que algo muy peculiar o de problemática definición hallaron en el género de *La Celestina*. Gilman, tras un sutil estudio [80] que requeriría largo comentario, aquí imposible, llega a la conclusión de que la obra de Rojas es *agenérica*, algo distinto, y anterior, a la cristalización de la novela y el drama propiamente dichos. Rojas —sostiene Gilman— creaba tiempo y espacio cada vez que lo necesitaba, evadiéndose frecuentemente de las convenciones dramáticas de escena y acto y ensachándolas con el propio fluir del diálogo de los personajes en un escenario dinámico que nos permite pasar del modo más natural de un punto a otro; lo cual conduce a Gilman a reconocer que Rojas, en cierto modo se sirve del tiempo en forma novelística. Lida de Malkiel ha rechazado, en conjunto, esta interpretación de Gilman, tendente a subrayar el mencionado carácter dialógico de la obra y a disminuir el valor de la acción y de los personajes en *La Celestina*. Pero siempre queda en pie el libérrimo tratamiento que Rojas hace del tiempo y del lugar y que la propia Lida expone luego como uno de sus logros capitales: la multitud de escenarios que fluyen de la conversación así como la ausencia —dice— "de correspondencia estricta en la duración de las distintas acciones"[81] permiten a la *Tragicomedia* superar "kalidoscópicamente las mutaciones de la comedia del Siglo de Oro y del teatro isabelino"[82], que resultan pobres y artificiosamente esquematizados junto a la audacia técnica de *La Celestina*.

Séanos, pues, permitido preguntar: salvo la indicación explícita del desarrollo cronológico y las concretas descripciones de lugar, que serían lo inequívocamente novelesco, ¿no se sirve Rojas también de libertades novelísticas para multiplicar, sin límite, la variedad de escenarios y facilitar, cronológicamente, el proceso psicológico de sus personajes? Semejante libertad —y más particularmente la espacial— sólo es posible porque Rojas, que no pensaba en la representación de su obra, es decir, en su concreta materialización sobre un escenario, prescinde de las exigencias de éste para volar sobre él con la aérea libertad que constituye el fuero de la novela (lo cual no niega, en abso-

---

[80] Stephen Gilman, "El tiempo y el género literario en *La Celestina*", en *Revista de Filología Hispánica*, VII, 1945, págs. 147-159. Véase también el cap. VII, "The Art of Genre", de su libro, cit., *The Art of La Celestina*, págs. 194-206.

[81] *La originalidad artística...*, cit., pág. 174.

[82] Ídem, íd., pág. 153.

luto —es distinto problema—, el arte supremo con que la sola palabra de los personajes crea en cada momento la concreta localización, lo mismo la casa de Calisto o de Celestina que el huerto de Melibea o los barrios o calles de la ciudad).

La idea de que el tiempo transcurre sin interrupción en el proceso de la obra contribuye al concepto de *La Celestina* como producción inequívocamente dramática; pero semejante continuidad no existe. Gilman ha sido el primero, creemos, en señalar la existencia del mencionado tiempo implícito, mucho más dilatado que la acción propiamente dicha insertada en él. Para explicar este carácter —pues no se trata de cortes cronológicos bien delimitados entre las varias escenas dramáticas, sino de un modo sutil de ensanchar la acción, como si el tiempo, diríamos, se dilatara y replegara como en un fuelle, del que sólo vemos los cantos del doblez—, Gilman ha ideado teorías no menos sutiles en los dos trabajos aludidos. Puede parecer más convincente, sin embargo, por más lógica y natural, al menos en un punto, la propuesta por Manuel J. Asensio[83], que se ha ocupado minuciosamente de este problema. Asensio sostiene que entre la primera escena del jardín, con que se abre la obra, y la siguiente, en que aparece Calisto dialogando con Sempronio, transcurre un lapso indeterminado de días, durante los cuales fermenta la pasión de Calisto; una larga serie de pasajes acotados por Asensio hace muy verosímil su hipótesis. Habría, pues, como un prólogo, la escena del jardín, "en el que nace un amor; y, pasado algún tiempo, tres días de acción continua, en los cuales se desarrollan sus consecuencias"[84]. Esta explicación, que permite aclarar algunos puntos oscuros, justifica sobre todo la intervención de Celestina, inverosímil si Calisto la llama al poco rato de haber visto por vez primera a Melibea, pero perfectamente natural si se produce después de largo tiempo de amor atormentado "sin que le valga ni aproveche"; y podría también servir para la entrega de Melibea, "que resultaría inconcebible —dice Lida de Malkiel— si, rechazando airadamente a Calisto a la mañana del primer día, se le rinde ciega a la tarde del día siguiente. La evolución psicológica de la doncella requiere el servicio amoroso de 'muchos y muchos días' que van madurando su ánimo hasta el momento en que la habilidad de Celestina remata la ya resuelta partida"[85]. (Luego veremos, sin embargo, el grave error de esta interpretación que ignora por entero la eficacia de *las artes* de Celestina para doblegar el ánimo de la joven.)

---

[83] Manuel J. Asensio, "El tiempo en *La Celestina*", en *Hispanic Review*, XX, 1952, págs. 28-43. Gilman, en defensa de su propia interpretación, ha rechazado los argumentos de Asensio en una nota: "A propos of 'El tiempo en *La Celestina*' by Manuel J. Asensio", en *Hispanic Review*, XXI, 1953, págs. 42-45; a la que Asensio ha replicado a su vez con "A Rejoinder", en ídem, íd., págs. 45-50.
[84] "El tiempo en *La Celestina*", cit., pág. 42.
[85] *La originalidad artística...*, cit., pág. 177.

El lapso, pues, existente en el primer acto puede explicar con facilidad algunos puntos, para los que han sido propuestas en más de una ocasión soluciones desaforadas. Pero los repliegues cronológicos no se reducen a solo aquél, y Lida de Malkiel ha señalado, en efecto, muchos de ellos [86] hasta el punto de estimar este tratamiento como una peculiaridad de la obra. Lida explica: "por demorada que sea, la acción de la *Tragicomedia* no representa compactamente lo que pasa desde que el neblí de Calisto penetra en el jardín de Melibea. Otras pruebas confirman el hecho de que los autores no se propusieron representar una secuencia naturalísticamente completa, por más que el comer, dormir, anochecer o amanecer que sirven de jalones den la ilusión de que todo se desarrolla a la vista del espectador ideal. Cada vez que un personaje narra una escena, agrega detalles indicativos de que la representación no es sino una selección. Hay toda una serie de hechos que se dan por acontecidos aunque no se han desarrollado a la vista del lector-espectador" [87]. Y resume, en palmaria contradicción con unas palabras anteriores [88]: "La acción representada en *La Celestina* no es, pues, la secuencia ininterrumpida de la realidad, sino una muestra típica de su serie" [89]. Lida se debate, evidentemente, para dar una explicación satisfactoria de estos hechos; más adelante escribe: "No puede negarse, en vista de los casos aducidos, que la libre concepción del tiempo en *La Celestina* y los resortes para su representación —tan inexplicables dentro del drama de los siglos modernos— son herencia de los medievales, y es oportuno recordar que, si bien en forma menos destacada, se encuentran también en el drama shakespiriano. Lo peculiar de *La Celestina* consiste en adoptar flexiblemente la práctica de la comedia humanística, conciliación de la estructura orgánica y cerrada de la 'terenciana obra' con la estructura episódica y abierta del teatro medieval, y trasformarla en una compleja maestría, emanada de esa conciencia del paso del tiempo que no comparte con ninguno de sus antecedentes, antiguos o medievales" [90]. Esta estructura *episódica y abierta* —pero, ¿no habíamos quedado en que Rojas dramatiza *completamente* el argumento?— ¿nada debe a la libre manipulación del tiempo según la técnica novelesca? En su libro *Dos obras maestras españolas. El "Libro de Buen Amor"* y *"La Celestina"*, donde condensa mucho de lo expuesto en *La originalidad...*, escribe Lida de Malkiel: "*La Celestina* no fue escrita para representarse en un teatro, por la sencilla razón de que no había entonces teatros en Europa. Fue escrita para recitarse, según se infiere del Prólogo y de una copla que

---

[86] Véase ídem, íd., pág. 173 y ss.
[87] Ídem, íd., pág. 178.
[88] A propósito del género de la obra, y después de enumerar las diversas "tentaciones" que hubo de vencer el autor, había escrito Lida de Malkiel: "Rojas se decidió por la dramatización completa del argumento conforme a la tradición de la 'terenciana obra'" (pág. 76).
[89] *La originalidad...*, cit., pág. 179.
[90] Ídem, íd., págs. 189-190.

recomienda leerla expresivamente, variando la voz para denotar las diferencias de afectos y personajes. El hecho negativo de no estar destinada a materializarse en las tablas, más la lectura del drama antiguo (leído sin trabas arqueológicas) y la lectura y conocimiento del drama medieval explican la libertad de su escenificación imaginaria, libertad que conduce a una asombrosa verosimilitud" [91]. Es decir: que lo que otorga a *La Celestina* su libertad y, con ella, su *asombrosa verosimilitud* depende en muy buena parte de la medida en que se evade de las limitaciones del género dramático y adopta las ventajas y posibilidades de la novela. Sin tener que someterse a las exigencias de un escenario real, *La Celestina* bien puede disponer de "tantos lugares como los requiere el desplazamiento de los personajes, y no sólo como puede proporcionarlos el escenógrafo; transcurre tanto tiempo como verosímilmente lo exigen para cada acción los hechos indicados en el diálogo, sin que entre en cuenta para nada la duración del espectáculo ni los preceptos de los críticos" [92]. Y más tarde añade: "La representación dinámica del lugar en *La Celestina* no tiene paralelo en ningún género dramático, que yo sepa, y como ya se ve, ni siquiera en el cinematógrafo, que se ha evadido de las limitaciones del tablado por artificio mecánico" [93]. La candorosa puerilidad del paralelo es harto perdonable, porque Lida de Malkiel no debía de estar muy familiarizada con el cine.

La estructura básicamente dramática que presenta *La Celestina* hace quizá exagerada la fórmula de Gilman cuando la califica de *obra agenérica*; pero no es menos cierto que su inclusión cerrada dentro del género dramático es problemática también. Como el *Libro de Buen Amor*, que el propio Gilman aduce, *La Celestina* rebasa moldes por los que pueda ser definida y juzgada. En este sentido, es necesario, como reclama la misma Lida, ensanchar nuestro concepto del drama porque sólo dentro de límites muy amplios puede acogerse su irreductible singularidad.

LAS RAÍCES LITERARIAS DE 'LA CELESTINA'

Aunque el mérito capital de *La Celestina* hay que situarlo en la espléndida captura de la realidad y, dentro de ella, en la textura humana de sus personajes, son a su vez abundantísimas sus deudas con la literatura de la Antigüedad y de sus imitaciones medievales y renacentistas, así como con obras y autores coetáneos de nuestra propia literatura; y ello no sólo en la trama argumental sino también en personajes y situaciones, frases y sentencias; importa siempre tener presente que "los orígenes de la *Celestina* no son populares sino literarios, y de la más selecta literatura de su tiempo" [94]. Menéndez

---

[91] María Rosa Lida de Malkiel, *Dos obras maestras españolas. En "Libro de Buen Amor" y "La Celestina"*, Buenos Aires, 1966, pág. 80.
[92] Ídem, íd., pág. 84.
[93] Ídem, íd., pág. 86.
[94] M. Menéndez y Pelayo, *Orígenes de la novela*, cit., pág. LXXXI.

y Pelayo primeramente y luego con mayor amplitud Castro Guisasola han estudiado las fuentes de *La Celestina* en lo que afecta con preferencia al bagaje ideológico. Rojas incorpora a su libro toda la herencia recibida en su tiempo de las letras clásicas, bien conocidas en las aulas frecuentadas por el escritor: Heráclito, Aristóteles, Horacio, Persio, Juvenal, Virgilio, Séneca, Publio Siro, Boecio; la Biblia; escritores religiosos como Orígenes y San Pedro Crisólogo; los grandes renacentistas italianos Petrarca y Boccaccio; y diversos escritores españoles, como Alfonso el Sabio, Juan Ruiz, el Canciller Ayala, el Arcipreste de Talavera, Mena, Rodrigo Cota, Manrique, los Carvajales y otros muchos. Por lo que atañe a Petrarca, Deyermond ha profundizado, como sabemos, en el estudio de su influjo y extraído valiosas consecuencias para la interpretación de *La Celestina*.

Con ser, sin embargo, de tan alto interés el análisis de todos estos préstamos, quizá sea mayor el derivado del examen de la tradición literaria en que se inserta la *Tragicomedia*, tradición minuciosamente estudiada por Lida de Malkiel. En la novena de las coplas acrósticas el autor se refiere a su creación como "terenciana obra", y, en efecto, la comedia de Terencio, como prototipo del "teatro de amores" es el modelo básico, directa o indirectamente, de gran número de recursos técnicos, categorías de personajes, el amor como tema esencial, y hasta muchas frases concretas [95]. Pero las diferencias son no menos profundas, pues así como la comedia romana atiende con preferencia al enredo, apenas cuida del ambiente y de los caracteres, prodiga las escenas cómicas aunque apenas se integren en la fábula y más que el amor mismo le interesan los ardides para lograrlo, en *La Celestina*, como hemos de ver, lo que importa primordialmente es el estudio demorado de las pasiones de los personajes con todo su desarrollo lógico y fatal, y, en consecuencia, la creación de caracteres individuales.

Durante los siglos XII y XIII aparece un género de *comedias*, compuestas preferentemente en Italia y Francia, llamadas *elegíacas* por servirse del dístico de exámetro y pentámetro de las elegías de Ovidio, a quien deben, en efecto, mucho más que a la comedia romana, de la que toman, sin embargo, también nombres, situaciones y sentencias. Algunas de estas obras están completamente dialogadas, como el *Pamphilus* o *de Vetula*, la joya del género, núcleo, como sabemos, del episodio más extenso y conocido del *Libro de Buen Amor*; otras alternan el diálogo con la narración, y más que comedias son relatos en verso. A pesar de sus préstamos de la comedia romana, la *elegíaca* se evade del marco clásico para situar la acción en el mundo coetáneo, modifica los tipos convencionales, reduce la intriga de los criados, y la enamorada —simple meta, en aquélla, del joven libertino— adquiere más directa participación en la trama amorosa; por otra parte, los servidores se distinguen por su egoísmo y deslealtad, dejando de ser instrumentos del protagonista para con-

---

[95] Lida de Malkiel, *La originalidad...*, cit., pág. 30.

vertirse en personajes autónomos, innovación de excepcional importancia "que *La Celestina* lleva a sus extremas consecuencias artísticas" [96].

En la primera mitad del siglo XIV aparece en Italia, y, según se cree, iniciada por Petrarca con varias obras perdidas, una nueva forma dramática: la *comedia humanística*. Ésta recoge la herencia de la *comedia romana*, la *elegíaca* y el teatro religioso medieval, adquiriendo una riqueza y diversidad desconocidas por cualquiera de sus acreedoras. La *comedia humanística*, que, en opinión de Lida, es el verdadero y más próximo modelo de la obra de Rojas, repite situaciones en busca del matiz; la trama, generalmente sencilla, se demora en introspecciones y en episodios no imprescindibles pero muy valiosos para la motivación de los sucesos. "Gracias a este enfoque pormenorizador —dice Lida de Malkiel— campea en todas las comedias humanísticas, aun las más aferradas a la imitación externa de Plauto y Terencio, la realidad presente, la vida cotidiana en las ciudades de Italia, sus clases sociales, sus magistrados, sus ceremonias y diversiones, su forma de trabajo y de devoción" [97]. En cuanto a los personajes —añade—, la *comedia humanística* introduce muchos tomados de la realidad inmediata, elimina convencionalismos en las relaciones familiares sobre todo entre padres e hijos, desarrolla la independencia personal de la heroína, ya iniciado por la *comedia elegíaca*: "las enamoradas muestran pasión vehemente, y protestan contra las convenciones sociales que aherrojan sus afectos en términos que se remontan al *roman courtois*" [98], rasgos que habían de culminar en la pasión de Melibea; y el demorado enfoque "permite una novedad trascendental: la de conceder la misma atención, la misma simpatía artística a todos los personajes, cualquiera sea su condición moral o social" [99]: ejemplo de las mayores consecuencias en la génesis de *La Celestina*.

Pero no son tan sólo estas corrientes de tradición literaria, dentro del género dramático, las que en aquélla confluyen. Diversos investigadores han destacado los puntos de contacto que ligan a *La Celestina* con la literatura coetánea y la de los siglos inmediatos, las ideas comunes, la adaptación a convencionalismos literarios de la época. Rachel Frank [100] ha puesto de relieve la semejanza que guarda Melibea con las heroínas de la novela sentimental, sobre todo con Laureola, la protagonista de la *Cárcel de Amor*, en la que ve, con su resuelta entrega a la pasión, un nuevo tipo de mujer amante, defensora de su libertad frente a las normas morales y sociales; así como observa en la deificación que hace Calisto de Melibea una versión del amor neoplatónico

---

[96] Lida de Malkiel, *Dos obras maestras...*, cit., pág. 66.
[97] Ídem, íd., pág. 67.
[98] Ídem, íd.
[99] Ídem, íd., pág. 68.
[100] Rachel Frank, "Four Paradoxes in the *Celestina*", en *The Romanic Review*, XXXVIII, 1947, págs. 53-68.

que hace al amante masculino inferior a la mujer amada. Inez MacDonald [101] subraya asimismo las abundantes raíces medievales de *La Celestina*, mostrando su dependencia respecto de muchos supuestos literarios antiguos o puestos entonces de moda por las más recientes producciones: el concepto del *loco amor* de Juan Ruiz, los héroes y heroínas de los libros de caballerías y de las novelas sentimentales, la interpretación neoplatónica del amor, la tradición del amor cortés; con la multitud de consecuencias que todo esto entraña respecto al matrimonio entre los amantes, la intervención de la medianera, los excesos de amor y su resultado catastrófico, etc., etc. Por su parte, Edwin J. Webber [102] ha relacionado *La Celestina* con diversas obras producidas en el siglo XV y que él engloba, a pesar de su diversidad genérica, bajo el título común de *arte de amores*. Este *arte* deriva especialmente de Ovidio y de Terencio, considerados en la Edad Media como ejemplarios inagotables de *loco* y de *buen amor*; se expresa en los géneros más variados, desde el *Pamphilus* hasta las novelas sentimentales, y adopta formas muy distintas y de varia extensión: monólogos, escenas dialogadas, epístolas, novela, prosa o verso, o hace con todo ello las combinaciones más heterogéneas. Según Webber, Rojas tuvo el propósito de escribir un *arte de amores*, pero no en el molde novelesco-epistolar, entonces tan en boga, sino en forma dramática bajo el influjo y ejemplo de la *comedia humanística*. Digamos finalmente que Deyermond [103] ha señalado la dependencia casi literal que la escena primera de *La Celestina* guarda respecto de ciertos diálogos del Libro I de *Amore*, de Andrés el Capellán; esta dependencia no sólo puede instruirnos sobre la vigencia de conceptos inspirados en el *amor cortés*, sino explicar incluso los rasgos del carácter de Calisto, moldeado en parte sobre un esquema tradicional [104].

Este encuadre de *La Celestina* en el marco literario de su tiempo no pretende aumentar caprichosamente la nómina de fuentes ni mucho menos limitar su portentosa originalidad, sino tan sólo sugerir que muchas oscuridades de

---

[101] Inez MacDonald, "Some Observations on the *Celestina*", en *Hispanic Review*, XXII, 1954, págs. 264-281.

[102] Edwin J. Webber, "The *Celestina* as an *Arte de Amores*", en *Modern Philology*, LV, 1958, págs. 145-153.

[103] Alan D. Deyermond, "The Text-Book Mishandled: Andreas Capellanus and the Opening Scene of *La Celestina*", en *Neophilologus*, XLV, 1961, págs. 218-221.

[104] Además de los autores mencionados, cfr. también sobre fuentes de *La Celestina*: A. Bonilla y San Martín, "Antecedentes del tipo celestinesco en la literatura latina", en *Revue Hispanique*, XV, 1906, págs. 372-386. Amado Alonso, "Sobre antecedentes de *La Celestina*", en *Revista de Filología Hispánica*, IV, 1942, págs. 266-268. Marcial José Bayo, "Nota sobre *La Celestina*", en *Clavileño*, 1950, septiembre-octubre, págs. 48-53. Stephen Gilman y Michael J. Ruggerio, "Rodrigo de Reinosa and *La Celestina*", en *Romanische Forschungen*, tomo 73, cuadernos 3-4, 1961, págs. 255-284. G. D. Trotter, "The *Coplas de las comadres* of Rodrigo de Reynosa and *La Celestina*", en *Studia Philologica. Homenaje a Dámaso Alonso*, III, Madrid, 1963, págs. 527-537. P. Groult, "Une source méconnue de *La Celestina*", en *Les Lettres Romanes*, XXII, 1968, págs. 207-227.

la obra como también pretendidas arbitrariedades o paradojas pueden explicarse de modo satisfactorio observándola desde el plano cultural en que se produce. Sucede que *La Celestina* posee tales valores de intemporalidad y universalidad y puede de tal manera entenderse cada reacción de sus personajes en la casi totalidad de la obra, que su lectura nos hace olvidar como ninguna otra que nos hallamos frente a un libro del pasado; entonces, cuando surge uno de esos momentos que parece desentonar del tono lógico y humanísimo que campea en todas sus páginas, se tiende a interpretarlo como una arbitrariedad del autor o a ver en él oscuras y rebuscadas intenciones. En cualquiera de estos pasajes, la atención a los mencionados supuestos literarios puede ser muy valiosa para iluminar no pocos ángulos oscuros; aun así, creemos de mucho riesgo, sin embargo, a pesar de los copiosos préstamos de toda índole, literarios e ideológicos, que cabe rastrear en cada pasaje de *La Celestina*, atribuirles una excesiva transcendencia; las deudas parciales —tal es, al menos, nuestro parecer— afectan muy levemente a la concepción total de Rojas, que construye su propia casa con materiales de muy diverso origen y a los que, con notable frecuencia, hace servir para distinto uso de donde habían sido tomados. Queremos decir que, sin menospreciar el valor de las fuentes de *La Celestina*, es desde dentro de ella donde hay que enfrentar sus dos aspectos capitales: la motivación de sus personajes y la intención o propósito que pudo dirigir la mente del autor.

LOS PERSONAJES DE 'LA CELESTINA'; SUS MOTIVACIONES

Quizá la más curiosa y discutida cuestión de *La Celestina* consista precisamente en la intervención de la tercera, señalada como una incongruencia por numerosos críticos [105]. Parece extraño que un joven como Calisto, "a quien la natura dotó de los mejores bienes", necesite recurrir a una alcahueta de reconocida infamia en lugar de acudir a la solución normal del matrimonio. Se ha supuesto que la desigualdad social de los amantes hacía imposible la unión lícita; pero semejante desigualdad no consta en parte alguna de la obra. Para Lida de Malkiel, el rechazo de Melibea en la escena primera es una reacción tradicional, prescrita por el *amor cortés* y repetida en todo trato amoroso durante siglos [106]; las manifestaciones de humildad de Calisto son,

---

[105] Alberto Lista, Juan Valera, Menéndez y Pelayo, Azorín, Ramiro de Maeztu, Franz Rauhut, Salvador de Madariaga, Anderson Imbert, Rachel Frank, Inez MacDonald han planteado y discutido este problema.

[106] Para Otis H. Green —"La furia de Melibea", en *Clavileño*, IV, núm. 20, 1953, páginas 1-3— la actitud de Melibea es debida, por el contrario, a que Calisto atropella impulsivamente las reglas de conducta del *amor cortés* y se deja llevar de su impaciencia amorosa. G. D. Trotter rechaza la explicación de Green como demasiado reglamentada —"Sobre 'La furia de Melibea', de Otis H. Green", en *Clavileño*, V, núm. 25, 1954,

por su parte, exageraciones de enamorado, propias también del *amor cortés*, que se complace en rebajarse ante la amada. Tres comentaristas, casi simultáneamente —Emilio Orozco [107], Garrido Pallardó [108] y Serrano Poncela [109]— han sugerido que Melibea califica de *ilícito* el amor de Calisto por ser él cristiano viejo y ella cristiana nueva, circunstancia que hacía imposible el matrimonio y justificaba la intervención de Celestina. Lida de Malkiel, después de afirmar categóricamente que "no merecen tomarse en serio las fantasías racistas" [110] de dichos escritores, puntualiza que "aparte no haber nada en el texto que respalde tal hipótesis (lo mismo podría argüirse que es Calisto el converso y Melibea la cristiana vieja), cabe observar que el casamiento entre cristianos viejos y cristianos nuevos siempre fue lícito", y añade: "De todos modos, si por puro afán especulativo admitiésemos un momento que el amor de Calisto y Melibea es ilícito por diferencia 'racial' (no religiosa), siempre queda en pie la falla artística, ya que dicha ilicitud no está integrada en la acción y desarrollada ante el lector en la forma clara y obligatoria en que lo están los demás móviles del drama" [111]. Lida de Malkiel, tras estudiar las condiciones sociales de la época y examinar cuidadosamente la posición y actitudes de los amantes —ambos ajenos por entero a cualquier propósito matrimonial sin que exista ninguna traba social o religiosa para ello—, señala que la intención del autor fue pintar simplemente una pasión amorosa avasalladora y trágica, para la cual la literatura de la Edad Media disponía de un solo arquetipo, la historia amorosa moldeada según la concepción del amor cortés, que excluye como desenlace el matrimonio. Y tratando ahora de resolver el problema dentro de encuadres literarios, según el criterio interpretativo que predomina en su investigación, afirma concretamente: "Para *La Celestina*, que aspiraba al planteo trágico del amor y a una pintura muy demorada de caracteres y situaciones dentro de un mínimo de acción y lances externos, era infinitamente

---

págs. 55-56— y sugiere que el rechazo de Melibea es la actitud normal de toda mujer al ser requerida por primera vez. Posiblemente no era necesario tener tan en cuenta las "cuatro etapas" que había de seguir el fino amador, pero, en conjunto, creemos que la interpretación de Green —restándole algo del complicado protocolo cortés— está mucho más cerca de la verdad que la de Trotter, según trataremos de explicar en las páginas que siguen. Si todo es tan "normal" como Trotter pretende, las cosas de mayor gravedad que van a suceder en *La Celestina*, carecen de sentido.

[107] Emilio Orozco Díaz, "*La Celestina*: hipótesis para una interpretación", en *Ínsula*, CXXIV, 1957, págs. 7 y 10.

[108] Fernando Garrido Pallardó, *Los problemas de Calisto y Melibea y el conflicto de su autor*, Figueras, 1957.

[109] Segundo Serrano Poncela, "El secreto de Melibea", en *Cuadernos Americanos*, C, 1958, págs. 488-510; reproducido en el libro del mismo título, Madrid, 1959.

[110] *La originalidad...*, cit., pág. 207, nota 7. Lida de Malkiel rebate en varias partes de su libro diversos puntos derivados de esta interpretación, pero su número y amplitud hace imposible recoger aquí todas sus razones.

[111] *La originalidad...*, cit., pág. 208.

más difícil sustraerse a la convención del *roman courtois*. Bajo el peso de esa tradición literaria, Calisto procede *como si* entre él y Melibea mediase una distancia social infranqueable que exigiese la intervención de una tercera, y ambos —en particular Melibea en el acto XVI— proceden *como* si la posibilidad de matrimonio les fuese denegada en principio. No es ésta una situación humana general y ya se ha visto que no es la situación de la sociedad castellana del siglo XV: es un esquema de marcado carácter literario que no llega a armonizar con la admirable representación realista del ambiente social coetáneo, y con la motivación natural, basada en lógica interna, esencial en *La Celestina* y no tiene justificación plena dentro del drama, sino fuera de él, en los supuestos culturales de sus autores y lectores"[112]. Luego veremos el grave error de interpretar "literariamente" tan capital aspecto de *La Celestina*.

Parejas raíces literarias se han atribuido al encuentro casual que pone en relación a los amantes, y que ha desazonado a numerosos investigadores. Suele subrayarse la diferencia entre el tono caballeresco del comienzo y el realismo de todo lo demás, donde cada acción está justificada con riguroso encadenamiento de causas y efectos. Martín de Riquer[113] supone poco verosímil la fácil entrada de Calisto en el huerto de Melibea tras su perdido halcón, siendo así que luego necesita la ayuda de una escalera y de criados —la pared era bastante alta como para matarse el galán en la caída—, y cree por ello que la escena debe situarse en una iglesia, donde el encuentro era más llano, y no en el jardín de Melibea. Pero, aparte el hecho de que la circunstancia descrita tampoco sería imposible en la vida real, es innegable que el episodio del halcón perdido tiene sabor de *roman courtois*, y había sido muy repetido en obras caballerescas y cortesanas. Que Calisto hallase sola a Melibea en su jardín no es más inverosímil, dentro de las costumbres de la época, que hallarla sola en una iglesia sin padres, dueñas o criados que la acompañasen. La altura de los muros puede ser un obstáculo *realista*, pero el autor no se propuso en este punto la descripción de circunstancias minuciosas que no le interesaban para el caso; bastaba que en una ocasión cualquiera —iglesia, jardín, plaza o sarao— se hubieran conocido los dos jóvenes (¿acaso todo primer encuentro no es siempre casual?) y recurrió al auxilio de una acreditada tradición literaria para encuadrar, muy adecuadamente además, el comienzo avasallador de sus amores. Buena prueba de que era su desarrollo y no la ocasional circunstancia del inicio lo que importaba al autor, es la escasa atención y espacio que dedica a esta escena. En cuanto a la rapidez e intensidad con que esta hoguera amorosa se produce tras un primer encuentro, nada se opone a la posibilidad del famoso "flechazo"[114]; por otra parte, si admitimos, como

---

[112] Ídem, íd., págs. 216-217.
[113] "Fernando de Rojas y el primer acto...", cit.
[114] Puede admitirse también perfectamente, como han propuesto varios comentaristas, que Calisto y Melibea se conocían con anterioridad, circunstancia muy verosímil en

propone Manuel J. Asensio, que entre la primera escena del jardín y sus consecuencias transcurre un tiempo más o menos largo, durante el cual fermenta con la dificultad la pasión de Calisto, ni siquiera existe la más leve inverosimilitud. Al autor, repetimos, no le preocupó poner en marcha las circunstancias de un amor dentro de las más aceptadas situaciones literarias, atento sólo a su proceso y desenlace.

Lida de Malkiel señala un tercer aspecto que estima necesario justificar mediante convenciones literarias, fuera de la rigurosa concatenación humana que preside toda la obra: es el empleo de la magia que hace Celestina. Los críticos alemanes [115], en particular, han definido a la alcahueta como "figura demoníaca" y admitido la necesidad de las artes mágicas para explicar lo que se tiene por brusco cambio de Melibea; parecida interpretación aceptaron Bonilla y Cejador. Menéndez y Pelayo, que se ocupó largamente de este punto, escribe que "la verdadera magia que [Celestina] pone en ejercicio es la sugestión moral del fuerte sobre el débil, el conocimiento de los más tortuosos senderos del alma, la depravada experiencia de la vida luchando con la ignorancia virginal, condenada por su mismo candor a ser víctima de la pasión triunfante y arrolladora" [116]; más adelante añade, sin embargo, que "el autor quiso que Celestina fuese una hechicera de verdad y no una embaucadora" [117], y puntualiza que ciertos rasgos de la *Tragicomedia*, como el comentado, sorprenden y pueden parecer faltos de arte, sobre todo en la rápida conversión del ánimo de Melibea, pero explica a continuación: "Ciertamente que nada de esto era necesario: todo lo que pasa en la *Tragicomedia* pudo llegar a término sin más agente que el amor mismo, y quizá hubiera ganado este gran drama realista con enlazarse y desenlazarse en plena realidad. Pero el bachiller Rojas, aunque tan libre y desenfadado en otras cosas, era un hombre del siglo XV y escribía para sus coetáneos. Y en aquella edad todo el mundo creía en agüeros, sortilegios y todo género de supersticiones, lo mismo los cristianos viejos que los antiguos correligionarios de Rojas..." [118]. Lida de Malkiel, dejándose llevar una vez más de su pasión contra don Marcelino, tergi-

---

una ciudad castellana de la época. El hecho es que Calisto se dirige a Melibea con naturalidad, y la joven responde a Calisto por su nombre sin preguntarle quién es ni cómo se llama. Véase Lapesa, "La originalidad artística...", cit., pág. 63.

[115] Cfr., entre otros: H. Petriconi, "Trotaconventos, Celestina, Gerarda", en *Die Neueren Sprachen*, XXXII, 1924, págs. 232-239. Del mismo, "Lo demoníaco en la *Celestina*", en *Boletín del Colegio de Graduados de la Facultad de Filosofía y Letras*, Buenos Aires, XVIII, 1936, págs. 1-4. Franz Rauhut, "Das Daemonische in der *Celestina*", en *Festgabe zum 60. Geburtstag Karl Vosslers*, Munich, 1932, págs. 117-148. W. Küchler, "Die erste bekannte Ausgabe der *Comedia de Calisto y Melibea*", en *Romanistisches Jahrbuch*, VI, 1953-1954, págs. 315-323. Margot Kruse, "Stand und Aufgaben der *Celestina*-Forschung", en ídem, íd., págs. 324-341.

[116] *Orígenes de la novela*, cit., pág. XXXII.

[117] Ídem, íd., pág. XCV.

[118] Ídem, íd.

versa sus palabras: "Menéndez y Pelayo —dice— tras sentar que Celestina *es* 'hechicera de verdad y no embaucadora' y explicar por su conjuro 'la rápida y súbita conversión del ánimo de Melibea'..." [119]. Menéndez y Pelayo no dice, como hemos podido ver, que Celestina *es* "hechicera de verdad", sino que Rojas *quiso que lo fuera,* es decir, no se propuso que la alcahueta hiciera histrionismo de aquella profesión sino que quiso presentarla, con todo su dramatismo, como una hechicera auténtica, tal como la gente de su tiempo, y casi seguramente el mismo Rojas, la imaginaba. Lida de Malkiel vuelca su acostumbrado torrente de razones para confundir a don Marcelino, y aduce que "en España la creencia en las brujas y su persecución fue mucho menos intensa que en otros países de Europa" [120]; afirmación, que aun siendo cierta, nada prueba: la creencia en las brujas ha tenido larguísima vigencia, y basta, para comprobarlo hasta en el día de hoy, con preguntárselo a cualquier gallego [121].

Diversos investigadores han valorado recientemente las artes mágicas como elemento capital de la *Tragicomedia,* en forma que Menéndez y Pelayo no hubiera imaginado y, por descontado, no se atrevió a admitir. José Antonio Maravall ha estudiado, a propósito de *La Celestina,* el papel que la magia desempeña en la sociedad contemporánea de Rojas, la difusión de la creencia en tales artes, su valor dentro de los conocimientos de la época como dotado de eficacia sobre las fuerzas ocultas de la Naturaleza y, consecuentemente, su significado en la vida moral y social de los personajes de la *Tragicomedia.* "Muchos, en ese tiempo —dice Maravall—, se negaron a admitir la real existencia de brujas —de sus reuniones sabáticas, sus vuelos nocturnos, sus cópulas con el demonio, etc.—, pero nadie dejó de prestar aquiescencia al poder de los hechizos. No era éste producto de misteriosas iniciaciones satánicas, sino de un aprendido arte, algo así como una técnica en el manejo de ciertos recursos, entre los cuales podía entrar el diablo como un agente subordinado" [122]. Celestina, añade luego, practica en efecto la magia: "son medios naturales, a los que todos, en ese tiempo, atribuyen una positiva y real influencia, comprobada empíricamente, para lograr ciertos efectos sobre la naturaleza... El proceder de Celestina no consiste en desplegar un conjunto de ritos

---

[119] *La originalidad...,* cit., pág. 221.
[120] Ídem, íd., pág. 223, nota 22.
[121] Sobre la aceptación y difusión de las artes mágicas en Castilla, cfr. Julio Caro Baroja, "La magia en Castilla durante los siglos XVI y XVII", en su libro *Algunos mitos españoles,* Madrid, 1941. Del mismo, *Las Brujas y su mundo,* Madrid, 1961. Russell en su artículo mencionado —"Literary Tradition...", pág. 236— rechaza categóricamente la afirmación de Lida y recuerda que en los días en que fue escrita *La Celestina* la persecución de las brujas estaba todavía en manos de los tribunales civiles y que las leyes contra ellas eran inhumanas; señala Russell a su vez que es incorrecta la observación de Lida de que la ortodoxia entrañaba la incredulidad en la brujería.
[122] José Antonio Maravall, *El mundo social de La Celestina,* Madrid, 1964, pág. 130.

de una monstruosa religión satánica, tal como, en cambio, consideraban la brujería alucinadas mentes inquisitoriales, sino que practica un arte al que pudiéramos llamar fisicoquímico, aunque realice sus operaciones empleando el catalizador de potencias infernales, con cuya acción sobre la tierra hay que contar naturalmente. Celestina no participa en aquelarres, ni se entrega a transportes histéricos, sino que trabaja como en laboratorio y emplea plantas y otros objetos que pueden tener propiedades reales, que se creía entonces que las poseían, y de los que un análisis ulterior positivo demostrará tal vez que no las tienen, pero que de alguna manera pueden provocar trastornos y aparentar efectos fuera de lo ordinario" [123].

Por su parte, P. E. Russell ha dedicado un estudio [124], que estimamos fundamental, al papel de la magia en *La Celestina*, y afirma que ella es "elemento integral de la *Tragicomedia*, del cual no se puede prescindir sin dañar la significación moral y estética de la obra tal como Rojas la concibió" [125]. Después de leer el trabajo de Russell y examinar cuidadosamente los pasajes que subraya en apoyo de su tesis, tenemos por evidente que Rojas, al insistir en las hechicerías de la alcahueta, no pretendió dar una simple nota de ambiente costumbrista, como lo hubiera hecho un novelista del XIX, ni muchísimo menos —según pretende Lida de Malkiel— yuxtaponer este elemento como un homenaje "a la más prestigiosa tradición literaria de la Antigüedad" [126]. El natural escepticismo del hombre moderno ante tales prácticas explica sobradamente que toda esta parte de *La Celestina* resbale sobre la atención del lector, atraído por el vigor humano y realista de las criaturas de Rojas; es decir, el lector, vulgar, instalado en sus propios supuestos, no ve en la obra, contemplándola desde fuera, lo que supone, distraídamente, que es un rasgo de época. Pero resulta asombroso que críticos inteligentes, cegados por idéntico prejuicio, hayan leído *La Celestina* en este punto con espíritu igualmente miope. Los pasajes subrayados por Russell ponen luminosamente de relieve no sólo que Celestina cree de hecho en la eficacia de sus prácticas mágicas sino que la arrebatada pasión de Melibea, que la arrastra por encima de todos los obstáculos y la ciega para todo género de escrúpulos íntimos y sociales, hasta llegar a la locura del suicidio por no poder resistir la pérdida de su amante, es presentada muy seriamente por Rojas como producto de los conjuros mágicos de Celestina que han perturbado la razón de la doncella como podría

---

[123] Ídem, íd., pág. 131. Cfr.: Félix Martí-Ibáñez, "The Medico-pharmaceutical Arts of *La Celestina*. A Study of Fifteenth Century Spanish Sorceress and Dealer in Love", en *International Record of Medicine and General Practice Clinics*, Nueva York, 1956, páginas 233-249. M. Laza Palacios, *El laboratorio de Celestina*, Málaga, 1958.

[124] P. E. Russell, "La magia como tema integral de la *Tragicomedia de Calisto y Melibea*", en *Studia Philologica. Homenaje a Dámaso Alonso*, III, Madrid, 1963, páginas 337-354.

[125] Ídem, íd., pág. 352.

[126] *La originalidad...*, cit., pág. 225.

hacerlo en nuestros días una droga afrodisíaca. Precisamente, en la intención de Rojas, entraba el propósito de dar la alarma contra todo ese mundo secreto y subterráneo, ministrador del placer vicioso, encarnado en las prácticas de Celestina, inoperante y casi grotesco ahora para nosotros en la forma en que allí se exhibe, pero real y activo en los días de la *Tragicomedia*. Russell no extrae las consecuencias inevitables de su exacta investigación para el significado global de la obra, pero a ellas tendremos que referirnos luego; queden ahora sugeridas.

La interpretación de Celestina como *figura demoníaca*, entendida en su legítima perspectiva, no da por tanto, en modo alguno, esa imagen desorbitada que Lida de Malkiel se propone ridiculizar con su aplastante sapiencia. Lo humano en Celestina —y de ahí su profundísima universalidad— es que lo *demoníaco* de sus recursos lo pone al servicio de sus intereses más positivos. Celestina medra de las pasiones, los vicios y la miseria moral del prójimo, y así lo proclama en varias ocasiones; sabe que "la naturaleza huye lo triste y apetece lo deleitable", y a procurarlo se dedica, y de lograrlo vive. En su estudio sobre *La Celestina*, Maeztu [127] ha definido profundamente al personaje: Celestina no sirve al mal por el mal; es capaz de servir lo mismo al bien si le rinde provecho. Nada le importa fuera de la utilidad, sin que le muevan otras consideraciones; va a lo suyo, que es a lo que todo el mundo se aplica; es, en una palabra, "un tipo listo"; sabe lo que le conviene y cómo conseguirlo. Medieval en su pergeño, en sus prácticas y palabras, Celestina es la voz inequívoca de la nueva —de la eterna— moral utilitaria, la victoria del interés y del dinero sobre el honor y la religiosidad. Cuando Celestina le propone a Pármeno que le ayude, ofreciéndole dinero, aquél duda, asustado: "No sé qué haga, perplexo estoy. Por una parte, téngote por madre, por otra, a Calisto por amo. Riqueza desseo; pero quien torpemente sube a lo alto, más ayna cae que subió. No querría bienes mal ganados". A lo que Celestina responde tajantemente: "Yo sí. A tuerto o a derecho, nuestra casa hasta el techo" [128]. Cuando Sempronio, momentos antes de asesinar a la vieja, le reprocha lo que él estima entonces como malas artes —aunque, claro es, tan sólo en la medida en que se oponen a la satisfacción de su inmediata codicia—, Celestina declara inequívocamente la importancia y calidad de su papel y, por tanto, su derecho a la mayor porción en el reparto: "Más herramienta se me ha embotado en su servicio [el de Calisto] que a vosotros, más materiales he gastado; pues aveis de pensar, fijos, que todo me cuesta dinero, y aun mi saber, que no lo he alcançado holgando" [129]. Y poco después añade: "¿Quién so yo, Sempronio? ¿Quitásteme de la putería? Calla tu lengua, no

---

[127] Ramiro de Maeztu, *Don Quijote, Don Juan y la Celestina*, 2.ª ed., Buenos Aires, 1939, págs. 138-156.
[128] Ed. Criado-Trotter, cit., pág. 54.
[129] Idem, íd., págs. 221-222.

amengues mis canas. Que soy una vieja qual Dios me fizo, no peor que todas. Bivo de mi oficio, como cada qual oficial del suyo, muy limpiamente. A quien no me quiere no lo busco. De mi casa me vienen a sacar, en mi casa me ruegan. Si bien o mal bivo, Dios es el testigo de mi coraçon" [130]. Celestina, haciendo jugar los resortes de su experiencia, desatando los poderes de la magia, poniendo en danza al mismísimo diablo, si es que existe y algo puede aportar, está dispuesta a satisfacer por todos los medios las pasiones de quien le pague, sin que le importe su calidad ni consecuencias: ¿no desean placeres? Yo puedo procurarlos, sea cualquiera el resultado, y aquí están. Si Celestina hubiera vivido en 1969, en lugar de almacenar aceite serpentino, pellejos de gato y sangre de murciélago en el sobrado alto de su solana, hubiera tenido una oficina en Los Ángeles y abundantes enlaces con traficantes en drogas y "doncellas". Si Rojas la hiciera vivir ahora en su propio ambiente, la describiría también como una figura *diabólica*, "ministradora de deleites", sólo que más experta en química y negocios que en hechicerías; y conduciría a la gran alcahueta y sus sirvientes, por idénticos motivos de codicia en el reparto de las ganancias, al mismo "amargo y desastrado fin", sin tener que variar siquiera los procedimientos del asesinato. Insistimos: las artes mágicas de Celestina —con todo su mundo turbio y corrompido y las consecuencias que de ello se producen—, en las cuales Rojas y sus contemporáneos creían en grado mayor o menor, no son mero aderezo costumbrista ni tributo literario a la Antigüedad [131], sino "elemento integral de la *Tragicomedia*", esencial para

---

[130] Ídem, íd., págs. 223-224.

[131] Es curioso que la propia Lida en otro pasaje de su estudio confirme el convencimiento de Celestina en sus poderes mágicos: "Los rezos y devociones —dice— no impiden que en un lance apurado Celestina invoque al diablo y *examine muy en serio* los agüeros que su modelo en este pasaje, el 'servus fallax' de la 'Asinaria' observa por pura broma. Y, a su vez, *la fe de Celestina en su magia* no le quita de estremecerse de terror antes de la entrevista con Melibea" (*La originalidad...*, cit., págs. 511-512). Dejemos de momento a la *Asinaria* —no podía faltar la cita erudita, que en nada modifica lo demás— y retengamos las dos afirmaciones que hemos subrayado: Celestina examina *muy en serio* los agüeros y *tenía fe en su magia*. Su temor de que falle no excluye, por supuesto, la fe, según Russell ha observado muy bien; la crisis de ansiedad que sufre Celestina caminando hacia la casa de Melibea "artísticamente —dice— ensancha y humaniza la personalidad de la vieja. Teme que el intento de *philocaptio* urdido contra Melibea sea descubierto y que ella sufra los duros castigos que reservaba la ley para los condenados por hechicerías... Pero la ansiedad de la vieja no dura. Su conocimiento de la magia adivinatoria le hace reconocer que los agüeros son favorables [éstos son los aludidos por Lida]. Tiene además sensaciones físicas de estar dotada de poderes sobrenaturales; las adiciones hechas al texto en 1502 sirven para subrayar aún más la base sobrenatural de estas sensaciones. La vieja no sólo se siente libre de los achaques físicos de la edad; parece que los muros se le abren para facilitar su llegada a la casa de Pleberio. Es de notar, también, que, una vez llegada allí, las adiciones de 1502 sirven para poner fuera de duda el hecho de que Celestina cree que el demonio está realmente presente mientras ella habla con Melibea y con su madre" ("La magia como tema integral...", cit., pág. 350).

entender la obra y medir las intenciones del autor, según veremos luego [132].

Quizá valga la pena añadir todavía que esta misma interpretación de la *Tragicomedia* ha sido también captada desde otros observatorios. Inez MacDonald [133] reclama, a propósito de la brujería en *La Celestina*, que este aspecto no sea interpretado de acuerdo con nuestros prejuicios modernos, y señala en varios pasajes de su estudio el lugar esencial que las artes mágicas de la alcahueta ocupan en el contexto de la obra y siempre, claro está, desde dentro de ella. Señala MacDonald la importancia de que el amor de Melibea sea captado mediante desaprensivos procedimientos, que es justamente lo que Rojas pretende subrayar; para él, dice MacDonald, la hechicería, habitualmente aliada a la alcahuetería, representaba una efectiva y seria amenaza contra las gentes honestas, y no hay que pensar —añade concretamente— que Rojas cediera aquí a ninguna tradición literaria. Rojas advertía estos hechos con verdadero temor —lo mismo que hoy contemplaría, añadimos, los equivalentes antes mencionados—, como un peligro para la sociedad, y quiso retratar en toda su crudeza la doble fuerza que la amenazaba: el *loco amor* sin freno de Calisto, volcado a la sola satisfacción de placeres culpables, y la corruptora actividad del bajo mundo representado por Celestina. Por esto mismo, Inez MacDonald no admite la existencia del tiempo implícito defendida por Asensio y Gilman, dado que, de acuerdo con el propósito del autor, cuanto más corto fuese el tiempo transcurrido entre el comienzo de la acción y su dramático desenlace, más eficaz parecería la intervención de Celestina y más ejemplar sería la tragedia; Rojas, dice MacDonald, debió de concebir su obra como desarrollada en el espacio de tres días.

Aunque Celestina señorea la escena de la *Tragicomedia* justificando sobradamente la apropiación del título que no se le había dado en su origen, lo más notable en esta genial producción es que todos los demás personajes, dentro de su nivel correspondiente, están trazados con idéntica verdad. "Entre todas las composiciones dramáticas escritas en castellano —dice Lida de Malkiel— la *Tragicomedia de Calisto y Melibea* es primera y única en cuanto a

---

[132] Cfr.: Daniel Devoto, "Un ingrediente de Celestina", en *Filología*, Buenos Aires, VIII, 1962, págs. 97-104. Aunque el artículo de Devoto parece limitarse a una pequeña curiosidad erudita sobre el "laboratorio" de Celestina, encierra en realidad gran interés, pues demuestra cómo entre sus ingredientes estaba éste de que se ocupa, el "mantillo de niño", al que tradicionalmente se atribuía en muchos países un poder talismánico "para remediar amores y para se querer bien". Reproducimos al menos las líneas finales del "P. S." con que cierra Devoto su trabajo: "El carácter *técnico* del *mantillo de niño*, así como la eficacia tradicional que para otros ingredientes de Celestina señala P. E. Russell en su excelente artículo del homenaje a Dámaso Alonso, contribuirán, quizá, a consolidar la opinión de que la magia de la vieja no es un mero ornamento, sino una característica esencial de la *algebrista de voluntades*".

[133] "Some Observations...", cit.

creación de caracteres". "El rasgo sobresaliente de los personajes de *La Celestina* —añade luego— frente a los de la comedia romana y la elegíaca, frente al teatro medieval, con caracteres prefijados, y frente al teatro de la Edad Moderna en Italia, España y Francia, de personajes fuertemente tipificados, es su individualismo. Son criaturas singulares, no tipos, y como para realzar esta intención artística, la *Tragicomedia* no escatima las referencias al tipo, que sirve de pauta y de contraste a la variación individual". Por ser individuos y no tipos, no se definen de una vez, sino que van surgiendo matizadamente con sus hechos y sus palabras, variando incluso a lo largo de la obra, aunque siempre dentro de su propia órbita individual. Es imposible, sin dilatar estas páginas desmesuradamente, examinar en detalle esa riquísima galería humana, por lo que sólo apuntaremos algunos rasgos capitales.

Dos aspectos deben, quizá, ser subrayados en Calisto: su condición de enamorado absorbido por su pasión, y su egoísmo para satisfacerla que le hace vivir de espaldas a otros sucesos y personas.

Rachel Frank [134], entre las "cuatro paradojas" que descubre en *La Celestina,* menciona el carácter de Calisto, que en algunos momentos puede llegar a parecer grotesco: sus criados ridiculizan la afectación de su lenguaje y su desolación al sentirse desamado; el autor le reserva una muerte por accidente que ni siquiera tiene grandeza dramática; Calisto carece de heroísmo y se mueve obsesivamente en la adoración de Melibea. Rachel Frank, que sitúa, como vimos, *La Celestina* dentro de la tradición de la novela sentimental, sugiere que la conducta de Calisto corresponde al papel que los héroes masculinos desempeñan en dichas creaciones literarias. Inez MacDonald [135] subraya atinadamente que el propósito de Rojas, con actitud mucho más medieval que renacentista, fue el de encarnar en Calisto el *loco amor,* el mismo *loco amor* de Juan Ruiz, o el *amor mundano* del Arcipreste de Talavera o el del *Diálogo de mujeres* de Castillejo. Dentro de ese mundo, Calisto es la víctima de aquella concepción del amor, según la cual la pasión desciende sobre su víctima como una fiebre arrebatadora, produciendo los síntomas descritos en su *De reprobatione amoris* por Andrés el Capellán. El amor, así interpretado, no es una fuerza benéfica, divinamente inspirada, sino locura que puede llevar a los mayores extravíos. La imprudente conducta de Calisto es el resultado natural de su pasión, y sólo como su víctima que es, resulta una figura trágica. Calisto no es un héroe, efectivamente, como Amadís, ni puede tener, por tanto, una muerte heroica. Rojas, dice MacDonald, trata de presentar el amor con el menor atractivo posible, porque eso forma parte de la lección moral que desea infundir en su obra, es decir, que el placer es por esencia vano y transitorio y que el amor, que enloquece y hace ridículos a quienes domina, no es deseable en realidad.

---

[134] "Four Paradoxes...", cit.
[135] "Some Observations...", cit.

Consecuencia de su pasión es el egoísmo de Calisto. Prodiga oro y lisonjas sobre Celestina, pero no la considera sino como mero instrumento a su servicio. Cuando Pármeno se lamenta de que su señor se ponga en manos de aquella trotaconventos, "después de tres vezes emplumada", responde Calisto: "Cumpla comigo e emplúmenla la quarta"[136]. Al recibir la noticia de la muerte de sus criados y de Celestina se lamenta de primera intención, pero enseguida los condena a todos, atento sólo a proseguir su empresa amorosa: "Que más me va en conseguir la ganancia de la gloria que espero, que en la pérdida de morir los que murieron. Ellos eran sobrados y esforzados: agora o en otro tiempo de pagar avían. La vieja era mala y falsa, según paresce que hazía trato con ellos, y assí que riñeron sobre la capa del justo. Permissión fue divina que assí acabasse, en pago de muchos adulterios que por su intercessión o causa son cometidos"[137]; y se apresura a reemplazar a los criados muertos para que le ayuden y hagan con él "tan esperado camino".

Tan inseguro como egoísta, Calisto desconfía de sí mismo, encarece con exceso la calidad y linaje de Melibea con detrimento de los propios, espera casi pasivamente los esfuerzos de los demás para lograrle su amor y queda por eso mismo a merced de sus servidores; es, justamente, esta circunstancia la que explica la activa intervención de sus criados y de Celestina, que con otro género de protagonista no tendrían el alto papel dramático que desempeñan en la obra.

Aunque Lida de Malkiel nos ofrece un retrato de Calisto de considerable objetividad, se contagia también en buena medida de la imagen tradicional del amador de Melibea, que lo convierte en un enamorado sentimental, casi al modo romántico; y así puede hablar de él como entregado a su "dulce imaginación" y describir su "bajo tono vital" de soñador ensimismado[138]. Lo cierto es —como trataremos de exponer más tarde— que Calisto posee muy escasas cualidades de amante idealista y harto numerosas de epicúreo aprovechado, egoísta y cínico; acabamos de oír sus palabras ante el riesgo, primero, y la muerte de Celestina después, a pesar de haberle dedicado las más rastreras adulaciones, y de ver cómo reacciona al saber que sus criados han sido ajusticiados. Mientras le acucia el deseo de lograr a Melibea, se olvida de su muerte; luego, satisfecha por el momento su lujuria tras la primera noche de amor, piensa en la ejecución de aquéllos y se avergüenza de no haber tratado de vengarla pues la interpreta como una mengua hecha a su

---

[136] Ed. Criado-Trotter, cit., pág. 66.
[137] Ídem, íd., pág. 233.
[138] Pensando en la descripción de Calisto, seguramente, P. Heugas, en su recensión del libro de Lida de Malkiel, escribe: "Los personajes renacen bajo su pluma con una vida nueva y seductora. Analizados frecuentemente fuera de la significación global de la tragicomedia, se convierten en creaciones que es preciso admirar, pero que, a veces, no se dejan fácilmente reconocer" (*Bulletin Hispanique*, LXVI, 1964, págs. 405-418; la cita en pág. 411).

honor, dado que el juez que había dictado la sentencia, había sido criado de su padre, y contaba, si era necesario, poder con su favor "matar mil hombres sin temor al castigo" [139]: tal es la moral de Calisto. De igual condición es su trato amoroso con Melibea; toda la primera entrevista delata la índole meramente carnal de su pasión; cuando Melibea, ante la inminencia de la posesión, le pide a Lucrecia que se aleje, Calisto, que no siente delicadezas de ningún género, ataja jactancioso: "¿Por qué, mi señora? Bien me juzgo que estén semejantes testigos de mi gloria" [140]. Y cuando en la segunda escena del jardín que precede a su muerte, Melibea le reprocha a Calisto que en su impaciencia le rasgue los vestidos, contesta éste cínicamente: "Señora, el que quiere comer el ave quita primero las plumas" [141]. Razón sobrada tiene Bataillon al irritarse con los críticos románticos que forjaron la falsa imagen idealizada de Calisto y lo convirtieron en prototipo del amador ideal, descarriando así la recta interpretación de la *Tragicomedia*.

En contraste con la inseguridad de Calisto, Melibea posee una activa resolución que le permite actuar de modo práctico y preciso. El autor ha matizado agudamente el proceso de la pasión femenina, desde su primer rechazo a Calisto hasta su entrega en las escenas del jardín. Desde los días de Juan de Valdés ha sido censurada la rápida transformación de la joven, pero ya conocemos las diversas razones propuestas por los estudiosos para justificarla. No obstante, aceptada o no la existencia de un tiempo más dilatado del que es visible en la obra, o admitida —según nuestra opinión— la eficacia de las artes mágicas de Celestina, la pasión de Melibea se describe de modo magistral. Tras las primeras zozobras, Melibea cede resueltamente a su pasión sin atormentarse con imaginaciones ni escrúpulos; y una vez gustado el amor, se rinde a su deleite con aquella enajenación que conocía bien Celestina: "Catívanse del primero abraço, ruegan a quien rogó, penan por el penado, házense siervas de quien eran señoras, dexan el mando y son mandadas, rompen paredes, abren ventanas, fingen enfermedades, a los cherriadores quicios de las puertas hazen con azeyte usar su oficio sin ruýdo. No te sabré dezir lo mucho que obra en ellas el dulçor que les queda de los primeros besos de quien aman. Son enemigas del medio; contino están posadas en los estremos" [142]. En medio de su amorosa exaltación, Melibea conserva el sentido femenino de las realidades inmediatas, y ella es la que dispone los encuentros, atiende al ruido de la calle, advierte a Calisto cuándo tiene que entrar y salir. En su trato con los criados y con la misma Celestina se muestra imperiosa y arrogante; para ocultar su pasión, pregunta y responde con mentiras y disimulos reveladores de que Melibea no es una muchacha ingenua, a la

---

[139] Ed. Criado-Trotter, cit., pág. 241.
[140] Idem, íd., pág. 238.
[141] Idem, íd., pág. 280.
[142] Idem, íd., pág. 75.

manera convencional, sino resuelta y apasionada, que sabe bien lo que es el amor y arde en ansias de experimentarlo.

Aunque sin el relieve de Celestina y de la pareja de enamorados, es mucha la importancia que alcanzan dentro de la *Tragicomedia* los criados de Calisto y las pupilas de Celestina. Lida de Malkiel ha puesto de relieve, como uno de los puntos de mayor originalidad en la obra de Rojas, el papel desempeñado por el mundo bajo, que está muy lejos de intervenir en función exclusiva de la pareja noble. Los sirvientes actúan aquí con toda su personalidad y aportan al drama sus propios conflictos, no secundan a Calisto por su vínculo con él sino tan sólo por sus propios intereses. Estos aspectos de la vida del sirviente, que no habían interesado a los dramaturgos de la Antigüedad ni habían de interesar a los de la Edad Moderna en ninguna literatura, contribuyen tan decisivamente en *La Celestina* al conflicto dramático, que sin ellos ni siquiera es imaginable. Es necesario comparar estos criados y muchachas con los convencionales y siempre repetidos de la *comedia* del Siglo de Oro para medir la posición impar de *La Celestina*. Lida de Malkiel ha estudiado muy al detalle la espléndida matización de todos estos caracteres: Sempronio, Pármeno, los dos criados menores Sosia y Tristán, Lucrecia —la doncella de Melibea—, las dos cortesanas Elicia y Areúsa [143], Centurio, el único personaje "diáfanamente risueño" de toda la *Tragicomedia*. Pero su primordial atención al carácter le hace descuidar la significación social de todos estos seres tan prodigiosamente individualizados. Rachel Frank señala el carácter trágico de Pármeno y de Celestina; la tragedia, desde Aristóteles hasta el Renacimiento, había sido un privilegio de la aristocracia; cuando en el teatro de Shakespeare o en el del Siglo de Oro español el criado desliza ironías, con más o menos atrevimiento, sobre la conducta de su señor, se burla pero no sufre, como no sea para hacer reír, y mucho menos intenta nada contra su amo. ¿Cómo es, pues —se pregunta Rachel Frank—, que Rojas da este paso gigante, y no menos audaz, de permitir al pueblo bajo que sienta, piense, hable y actúe como si fuera *alguien*? La respuesta no es otra sino que para Rojas eran *alguien*, y hasta tal punto que con sus mismas ruindades están sirviendo unos propósitos incluso ideales y heroicos. Rojas —dice— simpatiza tan profundamente con Pármeno, Sempronio y Celestina como para persuadir al lector de que son tan buenos como sus señores; así le consiente a la prostituta Areúsa mirar a Melibea como a una rival y decir que sólo su riqueza le permite sobresalir en hermosura. Areúsa tiene una buena razón para en-

---

[143] Sobre la supuesta inversión de caracteres entre estas dos mujeres, que Lida de Malkiel les atribuye en la versión de la *Tragicomedia*, cfr.: Jacqueline Gerday, "Le caractère des *rameras* dans *La Célestine*, de la *Comédie* a la *Tragicomédie*. À propos d'une hypothèse de M. R. Lida de Malkiel", en *Revue des Langues Vivantes*, 33, 1967, págs. 185-204.

frentarse con una hija de la aristocracia: "al fin somos hijos de Adán y Eva". Concepto igualatorio que no son meras frases en *La Celestina*, pues en ella criados y señores comparten el nivel dramático, como comparten también las frases elevadas y las nobles y bajas actitudes.

También Américo Castro destacó hace ya tiempo el sentido de rebelión contra sus amos que alienta en los criados del libro de Rojas y la audacia desvergonzada con que exhiben su radical carencia de heroísmo o, más aún, su baja condición; y todo ello lo señaló como fuente y ejemplo de la picaresca [144]. José Antonio Maravall, en su libro mencionado, ahinca especialmente en la panorámica social de que es reflejo *La Celestina*, haciendo resaltar cómo en el mundo de los criados se encarna la profunda crisis de la sociedad señorial del siglo XV y hierve aquel espíritu de rencor que Castro mencionaba; en estos criados, dice Maravall, "su desvinculación moral del señor llega a ser radical: es enemigo suyo; no pretende ayudarle, sino conseguir su propio provecho, aun perjudicando a aquél, y hasta procurando sistemáticamente su daño; no es fiel, por tanto, sino aprovechado; no estima por encima al señor más que, a lo sumo, en algún aspecto de linaje; y, lejos de ser benévolo con sus faltas, le califica duramente de ruin y destaca su mala condición moral, como eximente, si no justificante, de su proceder contra él" [145].

Aunque en tono menor y con mucho más breve intervención, dentro de la obra, poseen también gran importancia los padres de Melibea: Pleberio y Alisa. Pleberio, que no aparece hasta el acto XII, no tiene punto alguno de semejanza con lo que habían de ser los padres de la *comedia* áurea, celosos defensores del honor de la familia. Pleberio es un padre amante, preocupado por la seguridad de su hija en la cual confía a su vez; cuando piensa en su matrimonio, consulta con su esposa y con la propia Melibea, a la que concede libertad de elección, mostrándose en una llana intimidad familiar casi inexistente en la literatura española. La principal intervención de Pleberio consiste en las palabras con que cierra la obra, y de las cuales, por su posible significado, nos ocuparemos después.

La madre, Alisa, es aún, si cabe, menos convencional, pues es bien conocida la casi total ausencia de la madre en todo nuestro teatro posterior. Alisa,

---

[144] Américo Castro, "Perspectiva de la novela picaresca", *Semblanzas y estudios españoles,* Princeton, 1956, págs. 73-92; reproducido en *Hacia Cervantes,* Madrid, 1957, págs. 83-105.

[145] *El mundo social de La Celestina,* cit., págs. 87-88. El libro de Maravall despliega un ancho panorama de sugerencias sobre la significación social de todos los personajes de la obra, que, a través de su estudio, se nos muestra como profundo exponente de la crisis espiritual de aquel tiempo y de sus transformaciones sociales y económicas. Semejante interpretación abre de rechazo reveladoras claridades sobre el ser de los personajes, sobre las nuevas actitudes vitales de la época y hasta sobre los mismos valores esteticoliterarios de la obra. Imposible, por su riqueza, hacer aquí siquiera un resumen de las páginas de Maravall, a cuya lectura invitamos al lector.

más autoritaria que Pleberio, pagada de su riqueza y posición social, ama a su hija con menos ternura que el padre pero con más orgullo de madre satisfecha, hasta el punto de sostener que no habrá marido proporcionado para ella; en cambio, es la que menos sabe de su hija en realidad, y su confiada ceguera, producto, en el fondo, de su propio orgullo —"que yo sé bien lo que tengo criado en mi guardada hija"— [146] hace posibles los manejos de Celestina con todo el sesgo trágico consiguiente.

De gran interés es Centurio personaje incorporado en la *Tragicomedia*, y del cual afirma Lida de Malkiel que es el más original de toda la obra. Centurio es un desuellacaras o bravo profesional, que alardea de los setecientos setenta géneros de muerte que ejecuta, vive mantenido por una meretriz cuyas ayudas derrocha, y se embriaga con sus propias fantasías de valentón que ni siquiera él mismo toma en serio, aunque está tan orgulloso de su oficio como Celestina del suyo. El trazado de su carácter es un prodigio de ironía y, como llevamos apuntado, es el único personaje cómico de toda la *Tragicomedia*. Lida de Malkiel sostiene que Centurio nada debe, contra lo proclamado por casi todos los investigadores, al *leno* de la comedia romana, con el que sólo tiene en común la cobardía y la fanfarronería, aunque enfocados también de distinta manera; "en rigor —dice— el original de Centurio no se halla en la literatura latina sino en la realidad española de los tiempos de su autor, de acuerdo con el creciente desvío de la tradición erudita para retratar el mundo bajo" [147].

Tras esta esquemática enumeración de los principales personajes puestos en pie prodigiosamente por Rojas, resta aclarar si puede afirmarse legítimamente la existencia de dichos caracteres en *La Celestina*, tal como han sido reconocidos por la crítica tradicional y estudiados con especial cuidado por Lida de Malkiel, pero que han sido puestos en duda en fecha reciente. La propia Lida recuerda a este propósito que la atención prestada en nuestros días a lo estructural antes que a lo histórico y la afición al símbolo y a la alegoría han determinado en la crítica literaria "la reacción contra el realismo psicológico y el rechazo de la interpretación de los personajes dramáticos como caracteres, a favor de su interpretación como alegorías teológicas, como actitudes emanadas de cada situación o como esquematizaciones didácticas" [148]. Gilman, en su libro repetidamente mencionado, ha inaugurado este género de crítica en *La Celestina*. Según Gilman, Rojas no se propuso crear personajes con carácter realista sino tan sólo escribir "diálogo"; es decir, crear "situaciones dialógicas" entre interlocutores, que no son caracteres sino "vidas" dilatadas en imprevisibles trayectorias individuales, frecuentemente contradictorias y que se exteriorizan solamente en palabras; la existencia de cada perso-

---

[146] Ed. Criado-Trotter, cit., pág. 259.
[147] *La originalidad...*, cit., pág. 707.
[148] Ídem, íd., pág. 283.

naje está en función del diálogo, y no son las acciones, sino las palabras, o mejor dicho, las conciencias expresadas en palabras, las que tienen verdadera significación en la obra. No cabe, pues, someter dichos personajes a un análisis psicológico, dado que no hay retrato objetivo; así, por ejemplo, Melibea no es sino la visión idealizadora que de ella tiene Calisto o la peyorativa expuesta por las pupilas de la alcahueta. ¿Es posible —pregunta Gilman— hablar en este caso de reacciones o conducta *características*? Esta interpretación de los personajes de *La Celestina* no como caracteres creados con plena conciencia por el autor sino como vidas manifestadas en el diálogo, es decir, tan sólo en cuanto se sienten a sí mismas, es la aplicación de ciertos dogmas existencialistas al campo de la crítica literaria. Lida de Malkiel ha refutado con admirable contundencia la interpretación de Gilman, rechazada también, antes y después de su estudio, por la mayoría de investigadores [149]. La exposición detallada de dicha interpretación no puede tener aquí lugar; nos limitamos a dar cuenta de su existencia y a puntualizar que por estimarla también errónea nos hemos atenido a la valoración de los personajes de la *Tragicomedia* según el criterio prácticamente unánime. Como juicio global sobre la referida interpretación de Gilman podríamos repetir las palabras con que concluye Russell su comentario: "*The Art of La Celestina* pertenece a esa clase de obras de crítica que, para citar de nuevo a Miss Elen Gardner, 'nos hacen sentir que el autor y su obra han desaparecido y que es la insistente compañía del intérprete con la que nos hemos quedado a solas'".

INTENCIÓN Y SENTIDO DE 'LA CELESTINA'

Ningún aspecto revela tanto la riqueza de *La Celestina* y la variedad de facetas que pueden solicitar al lector como la contradictoria diversidad de opiniones que en todo tiempo ha suscitado; acordes todos —con la excepción, apenas, de un Gracián— en valorar la calidad impar de la *Tragicomedia*, cuando se trata, en cambio, de fijar el propósito que movió al autor, los criterios son irreconciliadamente dispares. Las grandes obras son ambiguas, según

---

[149] Cfr., entre otros: Leo Spitzer, "A new Book on the Art of *The Celestina*", en *Hispanic Review*, XXV, 1957, págs. 1-25. P. E. Russell, "The Art of Fernando de Rojas", en *Bulletin of Hispanic Studies*, XXXIV, 1957, págs. 160-167. A. D. Deyermond, *The Petrarchan Sources of La Celestina*, cit.; véase cap. VII, "Conclusión", y en particular págs. 113-115. Otis H. Green, "The Artistic Originality of *La Celestina*", en *Hispanic Review*, XXXIII, 1965, págs. 15-31 (aunque este artículo, dedicado en particular al libro de Lida de Malkiel, se ocupa muy brevemente del de Gilman, el rechazo de su teoría es contundente: "Gilman is *wrong* —dice— in his application of existentialist concepts to *La Celestina* and in his insistence on the work's exclusively *dialogic* character", pág. 26). Véanse también los reparos aducidos por D. W. McPheeters en "The Present Status of *Celestina* Studies", cit. Gilman contestó a la dura crítica de Spitzer con "A Rejoinder to Leo Spitzer", en *Hispanic Review*, XXV, 1957, págs. 112-121.

se ha dicho tantas veces; pero la natural y rica ambigüedad de *La Celestina* ha sido complicada, como en el caso del *Quijote*, por el torrente de exégesis que han volcado sobre las páginas de Rojas cuanto sea posible imaginar. Bataillon, en su gran libro sobre *La Celestina*, ya mencionado, pide que la obra sea leída e interpretada según fue escrita por su autor; invitación casi impracticable en el estado actual de la crítica *celestinesca*, pero a la cual nos proponemos acudir.

Algunos conceptos deben ser previamente establecidos. Lida de Malkiel subraya una y otra vez, a lo largo de su compacto estudio, la escasa importancia del argumento de la obra; a diferencia, como vimos, de la comedia romana, atenta sobre todo a las peripecias anecdóticas y al enredo y desenlace de la acción, en *La Celestina*, dice Lida, la *hystoria* ocupa "el mínimo necesario para desplegar elementos artísticos que le tienen más cuenta: la plástica evocación del ambiente (que, como en varias comedias humanísticas, se complace en la sátira de las mujeres y de la Iglesia) y la pintura de caracteres"[150]. Pero entendemos que esta afirmación debe ser matizada cuidadosamente y rechazada en gran parte. El *argumento* de *La Celestina* no es, efectivamente, lo capital en el sentido de que el autor haya pretendido enhebrar una mera intriga dinámica para entretener a los lectores sin mayor consecuencia; es decir, el argumento no es aquí un fin en sí mismo, sino soporte necesario de un ulterior propósito. Ahora bien: el argumento de *La Celestina* es *esencial* para la concepción y sentido de la obra tal cual es, de tal manera que cualquier variación en su proceso o desenlace afectaría al conjunto de manera absoluta. Si la trama de *La Celestina* sirviera tan sólo para describir plásticamente un ambiente o pintar caracteres con pleno desinterés artístico —según Lida—, su *hystoria* podría ser modificada sin consecuencias apreciables; pero lo que en *La Celestina* tiene lugar, no puede acontecer más que de esa manera, so pena de que en lugar de *La Celestina* tengamos "otra cosa". El hecho de que el argumento de la obra se pueda referir en cuatro palabras, según dice Lida, y se demore, en cambio, su exposición con minucioso análisis de los personajes, no indica que el desarrollo argumental carezca de importancia, sino que el autor se propuso dar a la trama la mayor eficacia posible haciendo consistentes, humanamente verídicos, psicológicamente verosímiles a los seres que viven aquellas peripecias y les dan el sentido que se pretende; para lo cual el escritor se tomó todo el tiempo que estimó necesario. La intriga, pues, podrá no ser compleja, pero sí es fundamental e irreemplazable: trama y caracteres están hipostasiados; aunque el autor, inevitablemente, haya llamado en ocasiones al azar, para lograr con su auxilio la necesaria ensambladura. Suponer, en resumen, que el argumento de *La Celestina* es mero pretexto para cualquier otra cosa, nos parece un sustancial error[151].

---

[150] *La originalidad...*, cit., pág. 48.
[151] Es curioso que Lida de Malkiel, tras haber sostenido repetidas veces el aludido carácter subsidiario del argumento, se contradiga después para fijar, con afortunada defi-

El estudio de Lida de Malkiel —en el que viene a culminar la ruta emprendida por Menéndez y Pelayo y proseguida por Castro Guisasola, Deyermond y muchos otros que hemos mencionado— tiende, según ya insinuamos, a estudiar *La Celestina* en relación con una copiosa tradición literaria y el caudal de fuentes que la nutren; Lida de Malkiel analiza con tanta minuciosidad como agudeza los personajes de la obra, para hacer hincapié en su realismo psicológico, pero llega al máximo —no alcanzado, sin duda, por ningún otro investigador— en el prurito de descubrir un precedente, un modelo escrito y literario para cada acontecimiento, cada tipo humano, cada situación, aun la más leve, cada matiz. P. E. Russell en un comentario [152] tan apretado como sagaz al libro de Lida, subraya este rasgo con palabras que hacemos nuestras porque representan exactamente nuestro criterio en este punto: "Posiblemente —dice— un genio capaz de crear innovaciones radicales en la literatura es también a veces capaz de descubrir por sí mismo, sin auxilio de la tradición, lo que otros habían descubierto. Es preciso recordar que la alcahuetería, la prostitución, la hechicería, la magia y cosas semejantes abundaban en la tradición literaria porque abundaban también en la vida diaria antes y cuando fue escrita *La Celestina*. Quizá la Sra. Malkiel considera este aspecto como demasiado obvio para mencionarlo, pero parece que ocupa escaso lugar en su valoración de la originalidad de la obra" [153]. Y añade luego: "Con una sola excepción, la Sra. Malkiel estudia la originalidad artística de *La Celestina* en términos de un mundo cerrado, absolutamente literario. Resulta extraño que, aunque frecuentemente señala el acierto de *La Celestina* en procurar un sentido de la realidad, nunca siente la necesidad de referir el libro a la vida social contemporánea y a las realidades históricas del mundo en que fue escrito. La originalidad de *La Celestina* es estudiada sobre todo como resultado del contacto entre la tradición literaria y un genio individual

---

nición, el criterio que consideramos exacto y que, sin duda, representa su pensamiento definitivo en este punto: "No puede concebirse —dice— más hondo y sugestivo trazado de caracteres que el que ofrece *La Celestina*. Pero a la vez *La Celestina* es más que un estudio de caracteres como lo son, pongo por caso, las tragedias de Marlowe y de Byron. En ella, la sencilla acción es básica e indisociable de los personajes: el hecho ya señalado de que los autores motiven en peculiaridades de los personajes los lances decisivos del argumento prueba esta interrelación, piedra de toque que separa la tragedia del melodrama. Unas cosas, muy pocas y triviales, acaecen en *La Celestina*. Y acaecen de esta y no de otra manera porque los personajes, en fuerza de su carácter singular, reaccionan a los estímulos externos del azar de esta y no de otra manera: acción y reacción recíproca y continua como en el mejor drama, como en la vida misma" (*La originalidad...*, pág. 346). Lo que no podemos admitir, en cambio, de ninguna manera, es que las cosas que ocurren en *La Celestina* sean "muy pocas y triviales"; la muerte de los cinco personajes más importantes de la obra —aparte las otras muchas cosas que allí suceden— no nos parece una trivialidad.

[152] P. E. Russell, "Literary Tradition and Social Reality in *La Celestina*", en *Bulletin of Hispanic Studies*, XLI, 1964, págs. 230-237.

[153] Ídem, íd., págs. 233-234.

que maneja esta tradición sin estímulos exteriores. Así, Celestina, por ejemplo, ha de ser explicada fundamentalmente por una fuente literaria: Trotaconventos... Sin duda alguna, es perfectamente posible que la vigilante observación del mundo que le rodeaba le haya permitido a Rojas en gran manera el tratamiento original de los tipos literarios preexistentes" [154].

Llamar la atención sobre esta fuente capitalísima de la obra de Rojas —la observación de la realidad— no supone en manera alguna rechazar la parte que en su creación pudo ocupar el nutrido saber literario que poseía el escritor, ni negar el magisterio de acreditados modelos, ni desconocer la necesidad de que cediese a convenciones literarias de su época, modas, tópicos consagrados, situaciones convenidas. Pero la estima hipertrofiada de estos componentes conduce a valorar *La Celestina* como un producto de estufa y obstruir el camino para entenderla según Rojas la concibió y quiso que fuera: la pintura de un mundo vivo, retratado en toda su verdad para potenciarlo artísticamente ante los ojos del lector y exigirle a éste que dedujera las consecuencias. Rojas vivía en la Puebla de Montalbán y en Talavera, y sin duda conocía también palmo a palmo Salamanca, y Toledo, detalle que olvidan fácilmente los investigadores embriagados en su propio jugo erudito, pero que no han visto quizá en todos sus días un solo pueblo español y desconocen cómo es la vida allí. Si se atiende a este hecho, resulta casi divertido imaginar a Rojas asiéndose a un pasaje de la *Asinaria* para poner una invocación al diablo en boca de Celestina, cuando la vida de la alcahueta —lo mismo que la de sus pupilas y rufianes, y la de los señoritos ociosos como Calisto y de las enamoradas Melibeas— debía de serle tan familiar. Lida de Malkiel afirma, según vimos, que el original del rufián Centurio —cuyo modelo venía siendo tradicionalmente localizado en la comedia clásica por otros eruditos menos expertos— no se halla en la literatura latina, sino en la realidad española de los tiempos del autor; ¿por qué, en cambio, hay que buscar necesariamente en textos literarios el patrón de Celestina y sus muchachas? ¿Es que, acaso, había más rufianes que prostitutas y alcahuetas? ¿De quién vivían entonces? Lida concluye, según vimos, sosteniendo que el tomar el modelo de Centurio de la realidad y no de los textos se debía al "creciente desvío de la tradición erudita para retratar el mundo bajo"; afirmación peligrosísima que, tomada con todas sus consecuencias, podría comprometer de un golpe buena parte de la copiosa cosecha de fuentes literarias amontonadas en su volumen; porque Centurio no es el único personaje del mundo bajo que vive en *La Celestina*: lo son todos; y si el creciente desvío de lo erudito hizo volver los ojos al Centurio de la realidad, ¿por qué los mantenía cerrados para la fauna restante, toda del mismo pelaje y condición, que puebla la *Tragicomedia* de Rojas? [155].

---

[154] Idem, íd., págs. 235-236.
[155] Nuevamente, y en una de sus frecuentes contradicciones —inevitables en tan largo y complejo estudio—, Lida de Malkiel nos brinda más adelante el apoyo de su

Queremos decir, en resumen, que el Bachiller —según han precisado los fuentistas— pudo tomar innumerables préstamos de la tradición literaria para vestir y aderezar su libro, y así pueden hallarse muchos de ellos en su envoltura; pero lo capital de él lo observó y tomó de la sociedad en que vivía, no como mero soporte de un ambiente ni con el artístico desinterés de hacer vivir unos personajes, ni muchísimo menos con el deseo de crear *situaciones dialógicas*, sino con el claro propósito de mostrarle al lector la existencia y el riesgo de una parcela de la realidad contemporánea.

Con estos dos supuestos básicos que hemos establecido: 1.º, que el argumento de *La Celestina* es eje capital de la obra, y 2.º, que a Rojas se lo inspiró la presencia de un mundo observado y vivido, cualesquiera fuesen los elementos accesorios con que literariamente lo vistiera, podemos ya declarar que la interpretación sustancial de *La Celestina* que juzgamos válida es la defendida por Marcel Bataillon: *La Celestina* —dice el gran investigador francés— fue escrita por su autor para que fuera entendida y leída como una *moralidad*. Esta interpretación, que sólo la gran autoridad de Bataillon ha permitido reanimar en nuestros días, se enfrenta, como es bien sabido, con una resistencia casi general. Gilman, por ejemplo, confiesa con llana naturalidad [156], que parece ofrecida además como argumento probatorio, que hoy tendemos a no dar importancia a la intención moral y didáctica proclamada por Rojas en sus piezas preliminares. Pero no se trata, claro es, de hacer valer lo que hoy pensamos nosotros, sino de averiguar lo que Rojas pretendió concretamente hacer a fines del siglo XV. Las expresas declaraciones de Rojas sobre su propósito, contenidas en las partes preliminares y finales que acompañan al texto desde la edición de 1500, son estimadas por muchos como una hipócrita declaración con que ocultar las verdaderas intenciones y enmascarar el contenido irreligioso pesimista y negativo que se supone en toda la obra. Pero esta hipótesis se apoya sobre supuestos indemostrables; en el estado actual de los conocimientos sobre Rojas, reducidos a poco menos que nada, sólo contamos de hecho con su libro, y a él hay que atenerse. Especular sobre la supuesta hipocresía ajena es jugar con ventaja porque se dispone del ancho campo que ofrece la imaginación. El argumento capital que se esgrime inevitablemente es el origen judío de Rojas; se supone —también en un te-

---

autoridad para confirmarnos en lo que tenemos por cierto; dice así: "Dentro de la literatura castellana, Elicia y Areúsa son tan nuevas como la palabra que las designa: mochachas. Por primera vez penetra la meretriz, no en el plano mitificador de la leyenda (como en el poema de *Santa María Egipciaca*) o de la novela de aventuras (*Libro de Apolonio*) ni en el plano verista de la poesía satírica (como en las *Coplas de bienvenida a Fernando el Católico*)" (*La originalidad...*, pág. 676). Resulta, pues, que no es sólo Centurio el único personaje que toma el Bachiller de la realidad, sino que podemos aumentar la nómina de las "invenciones" de Rojas por lo menos con las dos pupilas de Celestina.

[156] En su artículo "The *Argumentos* to *La Celestina*", cit., pág. 73.

rreno hipotético— que su radical insatisfacción de converso insincero y perseguido, con su secuela inevitable de escepticismo religioso y moral, se encarna en la cautelosa ambigüedad de *La Celestina*; y para precaverse de todo posible ataque urdió la farsa de sus declaraciones moralizadoras, desmentidas después insistentemente a lo largo de la obra. Luego volveremos sobre este problema en particular.

La resistencia a reconocer la intención didacticomoral declarada por Rojas se apoya también en razones literarias. Lida de Malkiel rechaza la tesis de Bataillon con su acostumbrada prolijidad y despliegue erudito que hace imposible en estas páginas cualquier comentario detallado. Un aspecto nos interesa, en cambio, especialmente. Afirma Lida de Malkiel —punto 5.º de su refutación— que si *La Celestina* fuera una "fábula moral, no contendría caracteres sino personificaciones ejemplares" [157]; como quiera que la docta comentarista demuestra hasta la saciedad, y muy brillantemente, que los personajes de *La Celestina* son todos ellos caracteres de primera magnitud, la tesis de Bataillon se refuta por sí sola. Pero ni *La Celestina* es una *fábula moral* ni creemos que el crítico francés haya sostenido en realidad tal cosa. La diferencia existente entre Rojas y Samaniego, o entre Rojas y cualquier dama americana responsable del último best-seller es la que existe entre *La Celestina* y *La zorra y el busto* o entre aquella creación genial y un melodrama cualquiera. Rojas era demasiado gran artista para convertir a sus personajes en meros esquemas parlantes —esto sería una *fábula*— o en marionetas manejadas por él como un ventrílocuo al servicio de sus propósitos. Lo que da su grandeza a *La Celestina* es que Rojas consigue comunicar la gran lección que se propone sin moralizar jamás expresamente ni hablar por boca de sus personajes desde los bastidores ni falsificar su más genuina tensión vital ni, consecuentemente, su personalidad y trayectoria inapelable. No precisaba tampoco recurrir a ninguna falsificación porque los caracteres que crea llevan a cuestas su propio significado y ejemplo moral —por eso precisamente los incorpora a su obra— y al retratarlos en toda su dimensión humana, hablaban por sí mismos; bastaba —nada menos— saber escoger de la realidad viviente los ejemplares humanos necesarios y darles cuerpo en sus páginas. Es curioso que la propia Lida de Malkiel, páginas antes del texto citado, escriba estas palabras: "para mí, la censura moral de la conducta de los personajes está implícita en la realización dramática" [158]; lo cual es, justamente, la más exacta verdad. ¿A qué, pues, tanto esfuerzo para refutar la tesis *moralizadora* de Bataillon? Lida desfigura la posición del gran investigador francés con este comentario a renglón seguido: "Pero me temo que el Profesor Bataillon ha exagerado el papel de la lección moral al concebirla como clave exclusiva de la concepción y ejecución de la obra en conjunto y en detalle y, a la vez,

---

[157] *La originalidad...*, cit., pág. 311.
[158] Ídem, íd., pág. 294.

ha empequeñecido el mensaje moral al reducirlo a la advertencia bastante mezquina y trillada que repiten las piezas editoriales justificatorias" [159]. Precisamente Bataillon dedica la mayor parte de su gran libro a examinar escena tras escena y a comprobar sobre ellas la efectiva realización dramática de aquellas declaraciones, es decir, de la lección moral que rebosa de la misma obra y que es la prueba irrecusable de los propósitos enunciados en las piezas preliminares [160].

Bataillon —según dejamos ya sugerido— pone muy justamente en la cuenta de los críticos románticos, que resucitaron el interés por *La Celestina*, la fuente de todos los errores sobre su correcta interpretación. Para el Romanticismo y sus continuadores, Calisto y Melibea representaban, con su pasión arrebatada y trágica, el triunfo del amor todopoderoso cuyos mismos excesos lo hacían más auténtico y admirable; vieron en ellos la exaltación del amor por encima de toda cortapisa y establecieron el equivocado paralelo de los amantes castellanos con los no menos trágicos amadores del drama shakespeariano; o, lo que es mucho peor todavía, tomaron a Calisto y Melibea —según la idea difundida por Martinenche— como representantes de la *galantería* española y prototipos del *galán* y la *dama*, que había de popularizar más tarde la *comedia* áurea. Pero ya hemos visto que no es este el género de amor que aquí se nos presenta, sino el *amor culpable* o *loco amor* que encenaga a sus víctimas y las conduce a su ruina, según el concepto señalado por Inez MacDonald, y que es punto de enfoque insoslayable para entender la *Tragicomedia*.

Examinemos ahora, en la sola medida aquí posible, algunos aspectos donde queda de manifiesto, a nuestro juicio, la concepción de Rojas. Ya hemos visto cómo ha desazonado a los comentaristas la ausencia de proyectos matrimoniales entre Calisto y Melibea y la variedad de soluciones propuestas para

---

[159] Ídem, íd.

[160] En realidad, Lida de Malkiel no toma en cuenta el libro de Bataillon, que no tuvo tiempo sin duda de conocer, sino tan sólo sus dos artículos, "La *Célestine* primitive" y "Gaspar von Barth interprète de *La Célestine*", incorporados luego a su libro como Capítulo II y "Apéndice" respectivamente; esto puede excusar la parcial interpretación hecha por Lida de las ideas del investigador francés. Pero un aspecto debe ser aclarado. De hecho Bataillon insiste en su libro en negar a *La Celestina* el carácter de arte realista, e incluso naturalista —atribuido a la creación de Rojas por Menéndez y Pelayo y otros críticos del siglo XIX—, para hacer resaltar su condición didáctica, lo que exige una cierta inevitable estilización de los personajes al ser adaptados al fin moralizador que se pretende; lo cual es a su vez el aspecto que Lida exagera en su interpretación para buscar el paralelo extremo con una *fábula*. Discrepando ligeramente de Bataillon en este punto, creemos no obstante —según acabamos de exponer en el texto—, que Rojas acertó genialmente a fundir intención moral y copia objetiva. Ahora bien: esta *objetividad* no debe confundirse con un *costumbrismo realista* prisionero del detalle ambiental —que sería completamente anacrónico—, sino que apunta esencialmente a la verdad psicológica del personaje compatible siempre con cualquier adobo literario y retórico.

explicarla: diversidad social o religiosa, imitación de modelos *corteses,* etc., etc. Pero lo que sucede, simplemente, es que Calisto, rico y ocioso gozador, no se propone en absoluto la coyunda matrimonial, no busca ligaduras sino el placer tan sólo; si hubiera pretendido la posesión legítima de su amada, hubiera pedido su mano en la forma usual —según ha venido sugiriéndose desde Alberto Lista—; pero Calisto no desea obligaciones. Para lograr a su dama en la forma que pretende [161], recurre sin escrúpulo alguno a Celestina, porque ésta

---

[161] La obra entera de Rojas es la palpable demostración de los propósitos de Calisto, pero quizá no esté de más hacer una sugerencia. En la breve escena inicial, Melibea califica de *ilícito* el amor que le propone Calisto. Los buscadores "cueste lo que cueste" de explicaciones racistas a cada coma de *La Celestina* han decidido, según ya sabemos, que aquella palabra de la joven aludía a sus diferencias raciales o religiosas; pero, demostrado hasta la saciedad —véanse de nuevo las contundentes pruebas aducidas por Lida de Malkiel— que aquella supuesta disparidad, nunca mencionada en el texto, no hacía ilícito su amor aunque existiera, es preciso buscar su causa en otra parte. El desarrollo de la obra, en todos sus detalles, otorga la máxima verosimilitud a la sospecha de que Calisto hace a Melibea proposiciones de agresiva deshonestidad, que son las que irritan a una joven de su calidad y educación. Claro que nadie impide imaginar la repulsa de Melibea como una práctica del amor cortés y otras lindezas; pero su rechazo es demasiado tajante para admitirlo así. Por otra parte, en una obra como *La Celestina,* donde no hay palabra ni matiz que no se razone y justifique, Melibea habría dado alguna explicación plausible si la pretensión de Calisto hubiera sido objetable por algún otro motivo. De hecho, esta primera escena es la más desconcertante de la obra, la más floja, sin duda; da la impresión de algo fragmentario, y bien pudo haber sido mutilada o añadida luego como una introducción convencional para sugerir levemente lo que queda luego bien explícito; porque una proposición deshonesta, como la que imaginamos, no podía ponerla Rojas en boca del galán para alzar el telón, y con calificar de *ilícita* la pretensión del amador, los lectores tenían de sobra para saber a qué atenerse. Melibea dice además muy claro que aquel *ilícito amor* de Calisto pretendía *comunicar* con ella *su deleyte.*

Queda otro detalle. Cuando Celestina, en su primera entrevista con Melibea, le aclara al fin de parte de quién va, estalla la joven con estas palabras: "¡Jesú! No oyga yo mentar más esse loco, saltaparedes, fantasma de noche, luengo como cigüeña, figura de paramento mal pintado; si no, aquí me caeré muerta. Éste es el que el otro día me vido y començó a desvariar conmigo en razones, haziendo mucho del galán" (ed. Criado-Trotter, cit., págs. 93-94). Acostumbrados, como estamos, a imaginar a Calisto como un galán a la moda, se pasa por alto esta descripción física del personaje, que es la única, aunque bien explícita, que Rojas nos da de él; el no mucho respeto que con él se gastan sus criados y su bien demostrada inseguridad nos dan a entender también que Calisto no era un varón que se acreditara por sí mismo. ¿Será, pues, temerario imaginar que Calisto era no más que un galancete rijosillo, zanquilargo a medio construir, sin otra ocupación ni pensamiento que dedicarse a la caza de doncellas? A Melibea no le produce de primera impresión ningún entusiasmo (quizá por eso —llevemos hasta el límite nuestra sospecha— le parecía su audacia *ilícita);* y es bien posible que su desatado apasionamiento de después sirva para poner más de relieve la eficacia de Celestina desde el momento en que su conjuro entra en acción. Con el auxilio de la alcahueta, aquella *figura de paramento mal pintado* podía conducir a Melibea hasta el suicidio.

puede intentar un *affaire* de tal naturaleza. En la obra de Rojas no se mencionan bajo ningún concepto posibles dificultades para la legítima unión de los amantes; ninguno de estos impedimentos está siquiera aludido —y mucho menos desarrollado— en la obra, por lo que toda hipótesis sobre ellos es una gratuita especulación. Calisto, insistimos, no quiere casarse sino gozar a Melibea; cuando se hastíe, se dedicará a cazar, que para eso tiene halcones y caballos. Cuando Sempronio le propone la intervención de Celestina, sabe lo que ofrece: "A las duras peñas promoverá y provocará a luxuria si quisiere"[162]. A *luxuria*, entiéndase bien, no a ningún género de amor matrimoniable. Calisto acababa de describir los encantos de Melibea en términos bien explícitos: "...la boca, pequeña; los dientes, menudos y blancos; los labrios, colorados y grossezuelos; el torno del rostro, poco más luengo que redondo; el pecho alto; la redondez y forma de las pequeñas tetas, ¿quién te la podría figurar? Que se despereza el hombre cuando las mira... Aquella proporción que ver no puedo, no sin duda, por el bulto de fuera, juzgo incomparablemente ser mejor que la que Paris juzgó entre las tres deesas"[163]. Sempronio, que sabe a dónde va todo aquello a parar, dice momentos después al ofrecerle Calisto el regalo del jubón: "Si destos aguijones me da, traérgela he hasta la cama"[164].

Si un novelista "objetivo" de nuestros días, con menos inhibiciones y retórica que en los de Rojas, reprodujera el diálogo entre estos dos hombres, sabemos bien cómo sería el tono de la conversación. Y todavía hay críticos que se preguntan por qué Calisto no pide la mano de Melibea. Para llevársela "hasta la cama" —o sobre las hierbas del jardín— Calisto pone el asunto en manos de Celestina, no a pesar de su fama y habilidades, que le habían sido claramente descritas por Sempronio y Pármeno —"hechizera, astuta, sagaz en quantas maldades hay"[165], había ponderado el primero; "maestra de hazer afeytes y de hazer virgos, alcahueta y un poquito hechizera"[166], había advertido el segundo—, sino precisamente a causa de ellas, porque sólo de ellas puede esperar el remedio. Y entonces entra en acción la vieja, poniendo en juego las *artes* que posee; tras de lo cual hemos de enfrentarnos con uno de los más debatidos puntos de *La Celestina*: las *artes* de la hechicera y su eficacia. Declaramos abiertamente que no se nos alcanza cómo puede entenderse la *Tragicomedia* si se supone que la magia de Celestina no desempeña sino un mero papel de pintoresquismo ambiental. Lida de Malkiel, según dijimos, se burla sarcásticamente de los críticos alemanes, y por supuesto de Menéndez y Pelayo, por haber tomado en serio la magia de la alcahueta. En el caso de Menéndez y Pelayo ya vimos que sólo era cierto a medias, porque precisamente don Marcelino, que intuía la verdad del caso, no se atrevió a llegar hasta el

---

[162] Ed. Criado-Trotter, cit., pág. 35.
[163] Ídem, íd., pág. 34.
[164] Ídem, íd., pág. 35.
[165] Ídem, íd.
[166] Ídem, íd., pág. 41.

final y aceptar resueltamente que Rojas creía en las artes mágicas de Celestina. Russell ha demostrado con evidencia incuestionable que así es, aunque, como vimos, no extrae luego las consecuencias insoslayables. Celestina, claro está, moviliza también todos los recursos normales de su experiencia profesional para ganar el ánimo de la joven, pues nunca están de más, pero su empeño mayor, que al fin consigue, es hacer funcionar, por medio del hilado, el maleficio que ha de hechizar a Melibea. Y que actúa, en efecto, de modo fulminante, llevando en pocas horas a la joven, apasionadamente enajenada, a los brazos de Calisto. Sería ocioso recordar que no ha de confundirse la objetiva realidad del sortilegio con su *realidad dramática* desde dentro de la *Tragicomedia*, es decir, según Rojas la admite y hace funcionar como resorte de su obra; no es el lector de hoy quien ha de creer en los hechizos, sino Rojas quien lo creía. La confusión sería muy grosera; y, sin embargo, ha venido repitiéndose hasta hoy, a pesar de la perspicacia de tantos críticos. Cierto es que el laboratorio y las artes de Celestina nos parecen hoy tan pintorescos que la tentación de tomarlos a broma obstruye la mente para su recta interpretación —es la única excusa— [167]; pero los hechizos en 1500 *funcionaban* tal como Rojas dice. Si *La Celestina* se escribiese hoy, en lugar de hacerle comprar el hilado, la vieja hubiera llevado a Melibea a un club secreto donde se fuma marijuana y se toman drogas con cuyo auxilio habría encendido la concupiscencia de la joven para llevarla enloquecida hasta su amante. La propia Melibea, según subraya Russell, advierte que hay algo anormal en un amor que califica de "mi terrible pasión" [168], y preguntada luego por Celestina confiesa sentir "que me comen este coraçón serpientes dentro de mi cuerpo" [169], es decir: Melibea se siente arrebatada por un deseo irrefrenable que le lleva a entregarse con toda su ansia amorosa, sin pensar —¿cómo va a ser?— en casamientos. La doncella de Melibea intuye, de hecho, lo extraño de la situación, y sus palabras lo confirman: "El seso tiene perdido mi señora. Gran mal ay. Cativádola ha esta fechizera" [170]. Cuando los padres de Melibea planean, su matrimonio, ignorando lo que sucede, la joven confiesa a Lucrecia sin ningún rebozo, con palabras que deben leerse atentamente, la audacia de que se siente poseída: "¿Quién es el que me ha de quitar mi gloria? ¿Quién

---

[167] Es curioso, por modo extremo, que el propio Bataillon apenas mencione en su libro la magia de la tercera, cuando tanto partido hubiera podido sacar de ella para su tesis didacticomoral, presentándola —según es— como la forma extrema y más peligrosa del celestinaje, que Rojas se propone poner descarnadamente ante los ojos del lector. O bien el propio Bataillon se ofusca aquí como la mayoría, o quizá, diplomáticamente, no ha querido comprometer su tesis apoyándose en un aspecto que sabe muy bien que "tiene mala prensa". En cualquier caso es una laguna. También Lapesa, en su comentario mencionado, se lava un poco las manos sobre este tema, y lo suelta a todo correr, tras limitarse a resumir el parecer de Lida, mas sin decir siquiera cuál es el suyo.

[168] Ed. Criado-Trotter, cit., pág. 182.
[169] Ídem, íd., pág. 183.
[170] Ídem, íd., pág. 187.

apartarme mis plazeres?... Todas las deudas del mundo resciben compensación en diverso género; el amor no admite sino solo amor por paga. En pensar en él me alegro, en verlo me gozo, en oyrlo me glorifico. Haga y ordene de mí a su voluntad... No piensen en estas vanidades ni en estos casamientos: que más vale ser buena amiga que mala casada. Déxenme gozar mi mocedad alegre si quieren gozar su vejez cansada; si no, presto podrán aparejar mi perdición y su sepultura... ¡Afuera, afuera la ingratitud, afuera las lisonjas y el engaño con tan verdadero amador, que ni quiero marido, ni quiero padre ni parientes! Faltándome Calisto, me falte la vida, la qual, porque él de mi goze, me aplace"[171]. ¿Es necesario todavía más para saber por qué Calisto no necesita pedirle a Pleberio la mano de Melibea? Ya conocemos las soluciones propuestas para explicar esta violenta transformación de la joven modesta y recluida en una furia arrebatada: tiempo implícito, modelos literarios... Es, simplemente —como verá el lector si lee con una mínima atención lo que escribió Rojas en su libro—, la magia de Celestina, capaz de encender a la joven en delirios de amor y destruir así, fulminantemente, una casa honesta. Son estas turbias realidades las que Rojas pretende mostrar descarnadamente al lector; digamos, con lenguaje contemporáneo, *denunciar*[172].

---

[171] Ídem, íd., págs. 257, 258, 259.

[172] El propio Lapesa, que, como hemos visto, no parece haber valorado la significación de la magia en *La Celestina*, ha percibido, en cambio, claramente la total enajenación que experimenta la voluntad de Melibea; y al comentar la incontrolable pasión que la lleva hasta el suicidio, escribe: "Es cierto que una larga tradición exegética ha interpretado este suicidio como un acto libérrimo de voluntad individual que se afirma disponiendo de la propia vida; pero no es así lo que Fernando de Rojas pone en labios de la enamorada, a punto ya de arrojarse desde la torre: 'Tú, Señor, que de mi habla eres testigo, *vees mi poco poder,* vees *quán cativa tengo mi libertad, quán presos mis sentidos* de tan poderoso amor del muerto cavallero'. No proclama aquí la autonomía de su resolución; al contrario, confiesa su impotencia para resistir el impulso que la lleva a seguir a Calisto en su trágico fin; declara expresamente la pérdida de su libertad, y por sentirse presa de su pasión, desvalida para obrar de otro modo, puede encomendar su espíritu a Dios al tiempo que le usurpa el supremo derecho sobre vida y muerte" ("La originalidad...", cit., pág. 70). ¿De dónde, en cambio, procede esta irresistible pasión que anula su voluntad en pocas horas, sino del hechizo de que la hace víctima Celestina?

Permítasenos sumar todavía a la nuestra una opinión más. En su penetrante "Meditación sobre *La Celestina*" —*Archivum*, VIII, 1958, págs. 206-214— escribe Enrique Moreno Báez: "Muy discutido ha sido el influjo de los hechizos sobre la de ella [la pasión de Melibea]. Para apreciarlo hay que darse cuenta de que en el XV todo el mundo aceptaba la realidad de la magia y hasta los teólogos más enemigos de supersticiones creían que el demonio podía ayudar a los hechiceros que le conjuraban, no por poder que realmente tuvieran, sino porque Dios lo permitía en castigo de ellos y de sus clientes, a quienes el éxito hundía en su pecado cada vez más. El preguntarse, cómo ha hecho algún crítico, qué falta hace el demonio para que un gallardo mancebo de veintitrés años y una hermosísima doncella de veinte se vean arrastrados el uno hacia el otro, es sólo soslayar el problema, *que no consiste en saber si el demonio sería*

Con la ayuda de la tercera y de sus artes Calisto puede ya saltar provechosamente el muro del jardín. Nada tan equivocado, en efecto, como comparar estos amantes con los de la *comedia*, y mucho más equiparar a Calisto con un don Juan según algunos críticos han hecho. Calisto no conquista con su propia arrogancia o decisión, sino pagando a quien le adobe la presa. Cuando acude a encontrarse con su amor, este gozador epicúreo, charlatán retórico, que siempre duda de sí, se hace acompañar de criados que le guarden la espalda, arrimen la escala a la tapia y esperen luego pacientemente diciendo desvergüenzas por supuesto, al pie, mientras su amo, al otro lado de la pared, procrea.

Otis H. Green, en uno de los más precisos comentarios [173] que conocemos sobre el libro de Lida de Malkiel y al mismo tiempo sobre la obra de Rojas, acepta también el carácter incuestionable de la intervención de la tercera, en el sentido que hemos dicho, y el papel esencial que desempeñan sus artes mágicas. La intervención de Celestina, dice Green, define el propósito deseado por el autor: la descripción de un *amor culpable*. Calisto y Melibea desean un *amour*, pero no crear un hogar; ninguna intención honorable existe aquí, como en el Amadís, ningún matrimonio secreto. Si Calisto y Melibea hubieran pensado de otro modo, no tendríamos el *amor culpable* que se nos presenta en *La Celestina*. Lida de Malkiel —comenta Green— insiste en que, siendo así que ninguna razón —puesta de manifiesto en la obra— impide la unión de los protagonistas, su amor furtivo no se justifica; lo que le lleva a calificarlo de "descorcentante" y a suponer la existencia —solución de erudito— de un "esquema literario" y, en consecuencia, convencional; el artista —sostiene Lida— debió hacer la intervención de la tercera absolutamente necesaria "sin dejar resquicio a la solución honesta", y hasta llega a afirmar —esto no lo menciona Green— que "falsea el punto de arranque de la *Tragicomedia*". Mas, justamente, lo que pretende Rojas a todas luces es mostrar que la ruptura de todas las leyes del decoro, religioso y social, que allí se muestra, y de la cual es eje capital la intervención de la tercera, produce la culpabilidad de los amantes, —destinados por esto mismo a ser castigados—, y encadena fatalmente toda la acción.

---

necesario en la realidad, sino si interviene en la 'Celestina' [el subrayado es nuestro]... Sin fe en la magia resultan ridículos sus conjuros del acto III, su invocación entre dientes del IV, reforzada en la refundición, lo que prueba la importancia que le daba Rojas, y su gratitud al demonio a comienzos del V; sin los hechizos no puede explicarse por qué al sentir sus efectos arde Melibea en el fuego de la pasión, de la que hasta entonces se había defendido, y pide remedio a la vieja, dispuesta ya al sacrificio de su honra y fama. El que Lucrecia en el acto IX y Pármeno en el XII atribuyan tal cambio a los hechizos prueba que el autor así lo explicaba y que echó mano de ellos para precipitar la acción..." (págs. 209-210).

[173] Otis H. Green, "The Artistic Originality of *La Celestina*", en *Hispanic Review*, XXXIII, 1965, págs. 15-31.

En cuanto a la magia, Green defiende en sustancia los mismos puntos de vista que hemos mantenido; rechaza el error de Lida de Malkiel, según la cual el empleo de la magia equivale a "construir la obra artística desde un punto de vista ajeno a ella", cuando es precisamente la magia —tomada, claro está, desde dentro de la obra— la que provoca la tensión pasional que lleva a la catástrofe. La obstinación de Lida en *no querer ver* esta clave de la *Tragicomedia* y tomarla como accesorio adorno costumbrista "vistosamente aderezado a la antigua", "demasiado literario y arcaico", hace sospechar fundadamente que aspectos muy sustanciales de la obra de Rojas han escapado a su penetración.

Desde el momento en que Calisto pone en manos de Celestina el logro de su amor, entra en actividad, como un derivado inevitable, el tropel del mundo bajo que tan decisiva intervención ha de tener en la obra. Deyermond, refiriéndose precisamente a la tesis didacticomoral defendida por Bataillon y sugerida anteriormente con menor amplitud por Inez MacDonald, reconoce que Rojas ve, efectivamente, el amor como un poder de efectos desastrosos, pero esto —dice— es sólo parte del cuadro: es la avaricia la que destruye a Sempronio; la avaricia y el afán de dominio psicológico los que destruyen a Celestina; la avaricia, el amor y la amistad quienes destruyen a Pármeno [174]. Esto es rigurosamente cierto, pero no niega en absoluto la desastrosa obra del *amor culpable* como causa inicial y responsable de toda la tragedia; sin el vicioso deseo de Calisto, egoísta, falto de todo escrúpulo, dispuesto a servirse de cualquier medio para lograr a Melibea, aunque haya que embrujar su voluntad, ninguno de los acontecimientos de la *Tragicomedia* hubiera sucedido. Luego, una vez puesto en movimiento, cada personaje actúa desde su propio centro y movido por sus propias pasiones. Esto forma también parte del cuadro, efectivamente, pero el mostrar en acción a cada una de estas figuras, como piezas inseparables de él, es tan fundamental para el propósito de Rojas como el hacer vivir el *amor culpable* de Calisto, motor de todos los demás.

Porque ponerse a merced de Celestina y sus manejos —quiere decirnos Rojas en su *Tragicomedia*— es entregarse a la indiscreción peligrosísima de unos criados corrompidos, a quienes claro está que no interesa la lujuria de su amo sino el provecho que de ella puedan obtener. La incomparable penetración de Rojas le hizo advertir que incluso uno de los criados de Calisto había de ser el temeroso y honrado Pármeno, porque hasta sus mismos escrúpulos se van al traste enseguida minados por las palabras de su encanallado colega y la corruptora presión de Celestina que se lo gana con muy poco esfuerzo recordándole la condición de su madre, llevándole al lecho de una de sus pupilas y ofreciéndole parte en el negocio. Ponerse en manos de Celestina es tirar de la manta y meter en ronda a sus muchachas, daifas a su vez, de los criados de Calisto, y al inevitable corro de sus rufianes, todos los cuales

---

[174] *Petrarchan Sources...*, cit., págs. 118-119.

en inextricable revoltijo, desencadenan luego los sucesos. Las descarnadas escenas en el burdel de Celestina, que muchos juzgan como incompatibles con el propósito ejemplar de la obra, desempeñan a maravilla la función que Rojas les encarga. Se trataba de mostrar en toda su crudeza, dentro de su propio nido, viéndoles vivir y oyendo sus palabras, la índole de gente en cuyos hilos se estaba enredando la aventura amorosa de Calisto. El talento de Rojas le hacía ver que una leve alusión discreta a esta canalla, velada con pudibundas precauciones, hubiera sido del todo ineficaz. Lo que toda esta gente hace y dice sobre el amo y la alta doncella que le aguarda dentro del jardín, revelado con implacable desnudez, debía de golpear sonoramente en la atención de los lectores contemporáneos de Rojas [175].

La radical verdad de estos retratos es la que engendra justamente esa que llaman *ambigüedad* de la obra de Rojas y origina gran parte de las torcidas interpretaciones de que es objeto. La gran hazaña literaria del Bachiller es conceder la palabra a cada una de sus criaturas —con ausencia total de *subrayados* sobre sus propios fines— y dejar que juzgue el lector. Sucede así que cada personaje se expresa como quien es, desde su propia raíz humana mostrada al desnudo. Pero el lector, sobre todo cuando está dispuesto a encontrar detrás de cada palabra de Rojas las más retorcidas intenciones, decide que lo que dicen los personajes, lo dice Rojas por su boca y toma como opinión del escritor la que es de aquéllos [176]. Se supone, por ejemplo, que el Bachiller

---

[175] Produce asombro ver que Lida de Malkiel estima este acto IX —uno de los momentos cruciales de la obra, en que Rojas nos conduce al cubil de Celestina para que contemplemos en su propia salsa el mundo que envuelve a la alcahueta— como "el episodio más inorgánico de la obra", "sólo externamente anudado a la acción mediante el recado de Lucrecia". Rafael Lapesa, con la concisión y mesura que exige el tono de su comentario, rechaza inequívocamente el parecer de Lida y fija con toda justeza el valor y carácter de este pasaje: "Este acto IX —dice— obedece al propósito de pintar la degradación y hostilidad de las gentes con quienes Calisto y Melibea han ligado la suerte de sus propios amores: una vez que el galán acude a Celestina y la doncella no la rechaza, el lodo del ambiente prostibulario salpica a los nobles enamorados, aunque en su ceguera o ignorancia no se den cuenta de ello" ("La originalidad artística...", cit., pág. 62).

[176] Aunque Lida de Malkiel, como la mayoría de los críticos, carga también en ocasiones a la cuenta de Rojas muchas "filosofías" que lo son de sus personajes y que están puestas en su boca con el primordialísimo y estudiado propósito de caracterizarlos, vuelve muy a lo justo cuando llega la ocasión de sentar los principios de este problema; así, a propósito del reparo que, en el acto VIII, hace Sempronio al lenguaje culto de su amo, escribe: "¿es legítimo ver en la réplica de Sempronio un manifiesto literario del autor? A igual título podría inferirse de la diatriba contra las mujeres (I, 47 y ss.) que el 'antiguo auctor' era misógino, o del elogio que del vino hace Celestina (IX, 29 y s.) que Rojas era borrachín; de la tirada de Areúsa (IX, 42 y ss.) que a sus ojos valía más ser ramera que criada; de las protestas de la alcahueta (XII, 108), que su oficio era tan honorable como cualquier otro; de los soliloquios de Calisto y Melibea (X, 54 y s.; XIII, 119 y ss.; XIV, 137 y ss.; XVI, 159 y ss.), que aprobaba con todas veras satisfacer el amor a costa de hacienda, fama y vida. *No: éstas son las opiniones*

está persuadido de que las pupilas de Celestina son *alguien*; y así es, en efecto. Pero un *alguien* que cuando, desde su condición de meretriz, se compara audazmente con la alta Melibea o maldice su propia condición servil o la supuesta excelencia de los señores, cuya ruina planea, no provoca la adhesión de Rojas, sino su temor; desde su conciencia de letrado, de hidalgo y de hombre de dinero —de burgués, en suma— Rojas tiene vivísima intuición de la quiebra que amenaza al entramado social en que él vive [177] por la rebelde actitud de aquel mundo "de abajo", en cuyas manos, para satisfacer su lujuria, se ponen los señores: unos señores que no le merecen, por eso mismo, mayor respeto; y la descarnada pintura de Rojas no pretende dignificar a las prostitutas —sí, psicológicamente, por supuesto— sino ponerlas bajo el foco para que entienda quien debe entender. A propósito, precisamente, de la famosa escena del Acto IX en que Elicia y Areúsa desprestigian con groseras frases la belleza de Melibea, y del no menos famoso parlamento de Areúsa sobre las muchachas de servir, dice Bataillon que sería un error tremendo tomar estas palabras como un "manifiesto libertario" que Rojas aprueba más o menos; la verdad es que todo el acto precedente ha dejado ya bien definida a Areúsa como una *marcada ramera,* y este juicio descalifica de raíz, sin posible duda, el empleo fraudulento que la galante joven hace de bellas máximas filosóficas para justificar su resentida explosión de baja envidia [178].

Es lo mismo que sucede con Celestina. Cuando la alcahueta, que vive ante el lector en toda su robusta plenitud, hace alarde de su profesión y se jacta de tener clientes en toda la ciudad y en todos los niveles y que los mismos clérigos le derribaban sus bonetes cada vez que entraba en una iglesia, claro está que hace indirectamente sátira antieclesiástica, pero no es éste el particular propósito del escritor, sino el de exhibir hasta qué extremo y en qué am-

---

de *los personajes de 'La Celestina', no las de sus autores"* (*La originalidad...,* cit., página 343; el subrayado, nuestro).

[177] Lida de Malkiel (*La originalidad...,* pág. 36) recuerda que los servidores de la comedia elegíaca se caracterizan, en oposición a los de la romana, por su egoísmo y deslealtad, y afirma que al retratarlos de ese modo se refleja la reacción hostil del letrado medieval hacia el villano, reacción —dice— que dentro de su uniforme malignidad puede ser no menos falsa que la uniforme fidelidad del esclavo del teatro antiguo. Rojas, "letrado medieval", judío adinerado, hidalgo más o menos legítimo y alcalde mayor accidental de Talavera de la Reina tenía que sentir esa actitud burguesa hacia el villano que describe Lida de Malkiel, aunque no por "imitación" de la comedia elegíaca, suponemos, sino por razones menos literarias y más arraigadas en su circunstancia vital; actitud pareja a la que sienten hoy todavía nuestras burguesas amas de casa respecto a sus sirvientas, a las que denuestan constantemente, retratándolas de modo muy parecido a como hace Rojas en *La Celestina,* pero de las que no pueden prescindir. Por lo menos, es a esa luz como nos retrata el Bachiller el mundo servil de la *Tragicomedia;* con mayor o menor justicia, lo cual no hace al caso para los propósitos del retrato y su función dentro de la obra.

[178] *La Célestine selon Fernando de Rojas,* cit., pág. 104.

plitud penetra y corrompe la actividad de esta mujer, que es una institución. La alcahueta trae hasta máximas de moralistas y filósofos —y hechos concretos de la vida real— en defensa de su "trabajo", porque la vieja hace flechas de toda astilla, pero el lector no puede tener dudas sobre la calidad moral de quién las maneja, y para qué; es en los propios pertrechos intelectuales de la alcahueta donde reside la tremenda ironía del autor y la eficacia del retrato. De idéntica manera, es imprescindible entender a cada personaje dentro del conjunto y tomar cada una de sus palabras dentro de la circunstancia y ocasión en que se pronuncia y más todavía a la luz en que las sitúa el autor para que sean entendidas y juzgadas; ningún error más grave que extraer parlamentos del contexto y querer valorarlos en sí mismos, cuando casi siempre están allí para acentuar irónicamente la turbia intención o la baja calidad moral de quien los dice [179]. El comienzo del Acto II es inapreciable a este respecto. Sempronio aduce toda la sabiduría moral de Aristóteles y de Petrarca para encarecer la generosidad de su amo porque acaba de darle cien monedas a la alcahueta, y hacerle ver que la verdadera nobleza no

---

[179] El procedimiento viene siendo repetidísimo, y dicho queda que sirve a maravilla para las más arbitrarias exégesis. Gilman, por ejemplo —es un caso entre mil—, escribe estas palabras: "Incluso en *La Thebayda* y la *Comedia Ypolita* repetidas referencias a Cristo y a los preceptos cristianos aparecen en marcado contraste con el sardónico tratamiento que hace Rojas de la rutina y fe supersticiosa de sus personajes, personajes que ni una vez siquiera mencionan el nombre del Salvador" ("Fernando de Rojas as Author", cit., pág. 262). Como se ve, se barajan aquí, como si fueran la misma cosa, las opiniones de los personajes y las de Rojas, quien dicho sea de paso no opina nunca, naturalmente, a lo largo del texto, sino sólo en las piezas liminares, que son justamente las que a Gilman no le merecen a priori crédito alguno quizá porque en ellas abundan las afirmaciones de intencionalidad moral y las menciones al Salvador. A lo largo del texto las menciones al Salvador no pueden prodigarse demasiado, porque todos los personajes —con excepciones levísimas— son de lo más florido del hampa, incluso el propio Calisto que, de hecho, pertenece al "hampa aristocrática". Presentar a sus personajes como son, en toda su desgarrada verdad, es el propósito de Rojas, y si se entregaran a arrebatos místicos o a cantar alabanzas al Salvador es cuando serían ridículamente falsos. Celestina hace repetidos sarcasmos de la religión y de todo cuanto se le ofrece, con lo cual lo que queda de manifiesto es la radical desvergüenza de la tercera, que no renuncia a ningún agua con tal de llevarla a su molino, y va a la iglesia cuando se tercia para "hacer parroquia" entre los curas, o lleva una carga de estampas para engañar a los incautos, o se vale de mil fingimientos para entrar en las casas honestas. Es absurdo imaginar que el pensamiento de Celestina es el del autor, siendo así que aquélla se retrata desde la primera a la última frase como la mujer despreciable en que le convierten su propia profesión e índole moral de "puta vieja", y el autor no ahorra detalle para poner de relieve en toda su crudeza hasta el último repliegue de su astucia y sus arterías; sus hipocresías y habilidades rinden homenaje a su capacidad, pero no a su virtud. La gran ironía de Rojas, y la gran eficacia del retrato, consiste en hacernos ver a la vieja sirviéndose de todo género de sabiduría religiosa y profana para justificar y sostener el andamiaje de sus "artes"; lo cual no condena a aquella sabiduría sino al hipócrita y retorcido empleo que Celestina hace de ella.

consiste sino en la propia liberalidad, con la cual se gana la honra, y no en la heredada de los padres. Sin duda alguna, Rojas compartiría en abstracto esta doctrina, pero sería ridículo suponer que ha sido formulada en esta ocasión para expresar el pensamiento de Rojas sobre la auténtica nobleza, sino para subrayar la astucia del criado, que halaga hipócritamente la "noble generosidad" de su señor en caso tan vergonzoso y cuando va a servirle justamente para llevarlo a su ruina.

Lo que produce —repetimos— la compleja *ambigüedad* de la *Tragicomedia* es que Rojas no hace melodrama; deja que cada palo aguante su vela como es; ni traza caricaturas de grueso perfil, que hubieran ayudado al lector poco inteligente a penetrar mejor sus intenciones, pero con mengua de la verdad del personaje. Como cada palo aguanta su vela, encontramos en *La Celestina* los puntos de vista más dispares, las más encontradas actitudes y justificaciones; pero el autor, inequívocamente, las construye como radios de una circunferencia de cuyo centro manan; centro que es su propósito adoctrinador de mostrar las cosas como están "en aviso de los engaños de las alcahuetas e malos e lisonjeros sirvientes": sirvientes y alcahuetas, rufianes y prostitutas que invaden y destruyen la vida del señor, cuando el señor deja de serlo y se entrega a ellos temerariamente, codicioso tan sólo de su placer culpable.

La objetividad en el trazado de los personajes de *La Celestina* hace posibles estudios como el de Maravall que hemos mencionado. Maravall, sin más que escuchar a los personajes de Rojas, ha podido reconstruir en muchos puntos el estado de aquella sociedad, pulsar el espíritu de sus diversas clases y auscultar su crisis; y de modo muy particular la posición del mundo servil, representado por Celestina y sus muchachas y los varios criados de Calisto, frente a la vieja clase señorial. Rojas pretende —y de ahí que les deje expresarse tan sin rebozos— hacer ver al lector cómo pensaban y actuaban a sus espaldas aquellos que imaginaba tener a su servicio en dócil obediencia. "Comamos y folguemos, que nuestro amo ayunará por todos"[180], dice Sempronio a sus colegas cuando no los oye Calisto, pero sí les está escuchando el lector.

A su vez, los padres de Melibea están allí para servir de aldabonazo a la confiada despreocupación de las gentes de su clase. Pleberio, tal como Rojas lo hace vivir, es un pobre señor, que no huele las cosas que le pasan por sus narices; a quien su hija puede engañar con boberías; que le propone ingenuamente el matrimonio cuando lleva ya un mes —sin que él se entere, por supuesto— retozando por las noches con Calisto; que no sospecha siquiera los peligros que acechan a su casa; y que se lamenta luego en un pedante y retórico discurso —echando la culpa al Amor, al mundo y a la Fortuna— de todos los percances que no ha sido capaz de evitar. La necia confianza de Alisa, a la que no es ajeno cierto sentimiento de su propia superioridad social, es todavía más grave, y mucho más grotesca. Conoce la condición de Celestina,

---

[180] Ed. Criado-Trotter, cit., pág. 158.

pero le permite entrar en su casa y tratar con Melibea, y las deja a solas en un par de ocasiones, que son decisivas, porque no imagina siquiera los riesgos que pueden sobrevenir, aunque no ignora que la vieja "sabe con sus trayciones, con sus falsas mercadurías, mudar los propósitos más castos. Daña la fama. A tres vezes que entra en una casa engendra sospecha" [181]. Cuando en el Acto XVI se trata entre ambos cónyuges el matrimonio de la "doncella", Rojas dispone cuidadosamente cada palabra para poner de relieve la suicida despreocupación de estos incautos señores y mostrar con cruel lección la parte que en la tragedia les va a corresponder; toda la escena es un prodigio de ironía, y la repetida alusión a la virginidad de Melibea habla por sí sola: "No ay cosa —dice Pleberio— con que mejor se conserve la limpia fama en las vírgenes, que con temprano casamiento. ¿Quién rehuyrá nuestro parentesco en toda la ciudad? ¿Quién no se hallará gozoso de tomar tal joya en su compañía? En quien caben las quatro principales cosas que en los casamientos se demandan, conviene a saber: lo primero, discreción, honestidad y virginidad..." [182]. Alisa responde dejando la decisión en manos de su esposo, porque "nuestra hija obedescerá, según su casto bivir y honesta vida y humildad" [183]. La criada, Lucrecia, que está oyéndoles, hace el más oportuno comentario, que recalca inequívocamente la lección que nos está mostrando Rojas: "¡Aun si bien lo supiesses rebentarías! ¡Ya, ya!, ¡Perdido es lo mejor! ¡Mal año se os apareja a la vejez! Lo mejor Calisto se lo lleva. No ay quien ponga virgos, que ya es muerta Celestina. ¡Tarde acordáys! ¡Más avíades de madrugar!..." [184]. Al final de la escena, la ironía de Rojas deriva ya en sarcasmo; Pleberio pide a su mujer que le hable a Melibea de matrimonio, a lo que Alisa responde: "¿Qué dizes? ¿En qué gastas tiempo? ¿Quién ha de yrle con tan grande novedad a nuestra Melibea que no la espante? ¿Y cómo piensas que sabe ella qué cosa sean hombres? ¿Si se casan o qué es casar, o que del ayuntamiento de marido y muger se procrean los hijos? ¿Piensas que su virginidad simple le acarrea torpe deseo de lo que no conoce ni ha entendido jamás? ¿Piensas que sabe errar aun con el pensamiento?... Que yo bien sé lo que tengo criado en mi guardada hija" [185].

¿Necesita el lector mayores aclaraciones para entender, tras oír a esta necia dama, lo que se proponía decir Rojas al escribir *La Celestina*? ¿Qué peligros se proponía *denunciar*? ¿Qué vicios en los jóvenes, qué tolerante ceguera en los padres, qué mundo subterráneo de delincuencia en los bajos fondos de la sociedad?

---

[181] Ídem, íd., pág. 193.
[182] Ídem, íd., pág. 256.
[183] Ídem, íd., pág. 257.
[184] Ídem, íd.
[185] Ídem, íd., pág. 259.

Resumamos, con frase de Otis H. Green, que lo que el Prólogo de la obra promete desde fuera del drama, la *Tragicomedia* lo cumple enteramente, desde dentro de él, escena por escena.

Multitud de aspectos ambiguos o problemáticos de *La Celestina* se están pretendiendo descifrar, según hemos dicho, por la peculiar actitud que había de provocar en Rojas su condición de judío *converso*. Es la tesis de moda, aunque había sido ya planteada por Menéndez y Pelayo. Éste encontraba en *La Celestina* un escepticismo religioso y moral que parecía contradecir los principios ortodoxos afirmados por Rojas, judío quizá mal convertido, en las piezas preliminares y finales. Ramiro de Maeztu [186] y Giulia Adinolfi [187], más tarde, han explicado también las pretendidas oscuridades de la obra, las supuestas "precauciones" que parecen envolver su publicación, su amargo pesimismo, como resultado del drama personal del *converso* Rojas. Luego han aparecido, aplicando la *tesis judaica* a diversos problemas concretos de *La Celestina*, los trabajos ya mencionados de Emilio Orozco, Serrano Poncela y Garrido Pallardó; finalmente Américo Castro ha publicado su libro *La Celestina como contienda literaria (castas y casticismos)* [188], de dudosa eficacia —por el tono de su exposición— y escasa novedad [189].

Lida de Malkiel, cuya posición respecto a todos estos problemas no puede estimarse en modo alguno como tendenciosa, ha rechazado, con ásperos sarcasmos a veces, la actitud de quienes recurren al carácter judío de Rojas como clave interpretativa de la *Tragicomedia*. Es imposible, porque serían precisas abundantes páginas, enumerar siquiera los numerosos pasajes de *La Celestina*, caprichosamente interpretados por uno u otro de los mencionados autores, sobre los cuales se ejerce la contundente refutación de Lida de Malkiel, a cuya lectura detallada hemos de remitir. Como actitud general, no obstante, podemos traer aquí unos breves juicios: "Nada autoriza —dice— a echar mano de la extracción judía de Rojas para desembarazarse de cuanto resulte hoy oscuro en su conducta o en el texto de *La Celestina*" [190]. "El origen judío de Rojas —añade luego— puede aclarar algunas modalidades que se vislumbran en la obra, así como en la de otros cristianos nuevos, y que contrastan con la de

---

[186] *Don Quijote, Don Juan y La Celestina*, cit.

[187] "*La Celestina e la sua unità di composizione*", cit.

[188] Madrid, 1965.

[189] En la primera parte de su libro, Américo Castro refunde o resume sus conocidas teorías sobre "la pugna entre las castas españolas desde fines del siglo xv"; en la segunda, dedicada en particular a *La Celestina*, expone en sustancia las mismas ideas de Gilman en su *The Art of "La Celestina"*, denominando "contienda literaria" a lo que éste califica de "situaciones dialógicas", aplicando parecido criterio existencialista y subrayando la supuesta técnica del perspectivismo literario. Dados sus evidentes paralelismos, creemos que lo expuesto sobre las teorías de Gilman por Spitzer, Lida de Malkiel, Green, Russell, etc., puede servir para enjuiciar esta reciente interpretación de Américo Castro.

[190] *La originalidad...*, cit., pág. 23, nota 11.

los cristianos viejos, pero no sirve de panacea para resolver de un golpe todos los problemas de la *Tragicomedia*" [191]. Al ocuparse, entre otros muchos, de cierto aspecto concreto defendido por Serrano Poncela en su interpretación, escribe Lida de Malkiel: "No vale la pena discutir el paralelo (!) entre la desesperación de Pleberio por la muerte lamentable de su hija y la resigna-

---

[191] Ídem, íd., pág. 24, nota 11. El ponderado criterio que encierran estas palabras parece inatacable; nadie, por lo demás, podría negar a estas alturas el reflejo, de cualquier intensidad e índole, que la circunstancia personal de un escritor puede llevar a su obra. Américo Castro pretende, sin embargo, explicar *básicamente* el libro de Rojas por su condición de judío converso; pese a lo cual, con ocasión de comparar a Rojas con el Padre Las Casas, escribe unas palabras que no dudamos en calificar de sensacionales: "En otros lugares he demostrado —dice— que Las Casas era un converso. Mas lo que en Rojas se transmutó en una creación de arte genial, se vuelve en Fray Bartolomé un relato a ras de tierra... El propósito de emparejar yo aquí a Las Casas y a Rojas, es hacer ver la insuficiencia de las motivaciones psíquicas y sociológicas. Ambos pertenecían a la casta de los españoles judíos; darse cuenta de ello, es útil, sin duda alguna. Pero lo importante es que en *La Celestina* floreció en arte problemático, delicioso y fecundo, lo que en el fraile dominico fue gesticulación de odio, generadora de odio, inválido como expresión de humanidad. Algo más que el libro de Las Casas hizo falta para que la población indígena no fuera totalmente destruida. Pero no es eso ahora lo que quiero acentuar, sino que el hecho de ser converso dio origen a muy diferentes resultados. La calidad de sus obras es lo que, en último término, cuenta para la historia" (*La Celestina como contienda...*, págs. 109-110, nota 1). Tal aseveración parece encerrar el más rotundo mentís al propio libro de Américo Castro y hasta a gran parte de su obra; porque resulta ahora —atiéndase bien— que *el hecho de ser converso* pudo dar *origen a muy diferentes resultados*, y que son *estos resultados* los que, en último término, *cuentan para la historia*. Como creemos que en esta fórmula se encierra la regla de oro y nadie más calificado que el propio Castro para desautorizar su propia tesis y desmentir que el hecho de ser converso contenga la llave ganzúa del cuarto de los secretos, nos atenemos a la fórmula mencionada como norma interpretativa.

Deseamos, en este punto, señalarle al lector la existencia de un valiosísimo trabajo de Eugenio Asensio —"La peculiaridad literaria de los conversos", en *Anuario de Estudios Medievales*, 4, 1967, págs. 327-351—, que confiamos sea ocasión y estímulo de futuros estudios sobre tema tan apasionante como apasionador. Eugenio Asensio somete a examen los principios en que se basa Américo Castro para deducir la peculiaridad espiritual de los conversos, y subraya —junto a sus positivas, e innegables, aportaciones— la caprichosa arbitrariedad de que se deja conducir tan frecuentemente y que parece desbocarse en sus últimos escritos. Las interpretaciones de Castro, fértiles a veces aun en su misma exageración, van a verse además inevitablemente comprometidas por la turba de sus discípulos, que acuden diligentes a cosechar en el nuevo predio; riesgo que el propio Asensio denuncia: "Los seguidores —dice— contentos de seguir adalid tan famoso, han remedado —y frecuentemente extremado— las demasías de Castro. Se ha rehabilitado, con signo inverso, el racismo inquisitorial, orientado ahora contra la 'sangre de los godos' y el hijo de la tierra. Van madurando los tiempos para que, redivivo Torrejoncillo y vueltas las tornas, se escriba un *Centinela contra cristianos viejos*. La prisa por embarcarse en la flota de los conquistadores, el alborozo de explorar un asunto todavía no esquilmado y prometedor, disculpan las chapuzas abundantes de los nuevos *linajudos*".

ción de Jorge Manrique por la muerte ejemplar de su padre ni la interpretación del reproche de Pleberio al Amor ("No pensé que tomavas en los hijos la vengança de los padres") como la confesión del converso que reconoce en la muerte de Melibea el castigo de su apostasía. Pocas veces el biografismo sensacionalista ha fantaseado con más irresponsabilidad sobre una obra de arte" [192].

Por su parte, Marcel Bataillon, que se ocupa de este problema en numerosos pasajes de su libro, defiende los mismos puntos de vista. Refiriéndose en particular a los trabajos de Orozco, Garrido y Serrano Poncela, que pretenden explicar la ausencia de proyectos matrimoniales entre Calisto y Melibea por ser ésta conversa y cristiano viejo aquél, afirma que esta interpretación no sólo no descansa sobre ningún dato explícito de la obra, sino que está en contradicción con muchos; y añade: "Es preciso ver en esto el encarnizamiento de nuestros contemporáneos para descubrir cueste lo que cueste en *La Celestina* algún misterioso reflejo de la posición personal de Rojas" [193]. Rechaza categóricamente después, con largo apoyo de razones, la hipótesis de quienes pretenden ver en las declaraciones preliminares y finales del autor la sutil mixtificación de un judío mal convertido, y que está tratando de sortear los peligros [194]. Puesto que la forma de *comedia humanística* adoptada por Rojas, dice Bataillon [195], no supone la intervención del autor entre sus personajes, se sirve del *Prólogo* a la manera del "introductor" de la comedia romana o del "explicador" del teatro de feria, y dentro de una bien conocida tradición, para explicar y defender ante el público el sentido de su obra:

[192] Ídem, íd., pág. 476, nota 4.
[193] *La Célestine selon Fernando de Rojas,* cit., pág. 173.
[194] Ídem, íd., pág. 201. Américo Castro en un pasaje de su libro citado, que puede ejemplificar este género de interpretación, escribe: "No deja de ser sorprendente, que el noble empeño de adoctrinar castamente a sus compatriotas expusiese a tantos riesgo a Fernando de Rojas, a unos riesgos que procedían de tres sectores: de una opinión ya predispuesta en contra ('los que me arguyen..., a mí están cortando reproches..., envidia y murmuros'); del mismo contenido del libro (un '*dulce* cuento' en el que Rojas ha metido 'píldora *amarga*'). En fin, el autor se precave contra quienes juzguen 'mi limpio motivo', porque él mismo se siente 'cercado de dudas y antojos'. No caben más titubeos y no pedidas excusas" (*La Celestina como contienda...,* pág. 78). Es perfectamente posible que Rojas hubiera corrido todos los riesgos imaginables, físicos y morales, antes y después de escribir su libro, pero parece necesaria muy buena voluntad para deducir estos hechos del texto de La Celestina. En todo caso, Américo Castro no ha sido muy afortunado esta vez en ponerlos de relieve; porque ser objeto de *reproches, envidia y murmuros* y sentirse *cercado de dudas y antojos* por haber metido en lo escrito una píldora más o menos amarga, es lo mínimo que le sucede a cualquier mortal que publica un libro —y hasta un vulgar artículo— en cualquier época o lugar, aunque no sea un judío mal convertido. Es de suponer que los riesgos que angustiaban a Rojas, y en los cuales basa Américo Castro su exégesis, sean mucho más graves de los que señala en esta ocasión.

[195] Ídem, íd., págs. 208 y ss.

es el papel tradicional, y casi obligado, del autor. La actitud asumida por este autor en su último Prólogo, después de la adición de cinco actos y numerosos pasajes sueltos, está, dice Bataillon, en perfecta consonancia con las otras piezas liminares, aunque Rojas haya copiado por extenso a Petrarca sobre el tema del antagonismo universal antes de ocuparse de los encontrados juicios provocados por su libro y explicar las razones de la nueva versión. Quienes desean a todo trance interpretar estos pasajes de Rojas como manifestación de un pensamiento metafísico antirreligioso atribuyen, dice Bataillon, a esta "excrecencia retórica" el valor de una afirmación de tal filosofía. Pero, según aclara el investigador francés, Rojas con la serie de imágenes sobre las discordias entre los hombres y sus juicios contradictorios se está refiriendo simplemente a las que ha despertado su libro; es la actitud de un escritor discretamente satisfecho de su obra, que evoca no sin complacencia a los críticos de las "nocibles lenguas", sin que se pueda determinar tampoco hasta dónde llega lo convencional en estos casos y dónde la sinceridad. Al presentar su obra revisada y aumentada, el escritor se goza aludiendo a las opiniones encontradas, que prueban que su libro *está allí*, como algo nuevo ofrecido a la disputa de los hombres.

Ninguno de los críticos a los cuales alude Rojas —sigue explicando Bataillon— discute la ortodoxia moral y religiosa de la comedia o del autor (Rojas pensamos, hubiera salido al paso en inmediata defensa, si es que aquella pieza liminar estaba sirviendo efectivamente de pantalla para disimular la verdadera intención de la obra); lo que realmente le inquietaba, según el último *Prólogo* pone de relieve, era el valor artístico de la *Tragicomedia*. Las dudas sobre su valor moral podían afectar en todo caso a su habilidad para destacarlo, pero no sobre la autenticidad de su propósito. Por eso Rojas se dirige a quienes juzgan oscura la obra pidiéndoles que atiendan al detalle de su ejecución, a los pensamientos expresados o sugeridos, en donde está el meollo aprovechable, en lugar de quedarse con el simple "cuento de la historia para contar" royendo "los huessos que no tienen virtud" y "haziéndola cuento de camino".

Otis H. Green, en el artículo mencionado y remitiéndose a más amplia exposición en su *Spain and the Western Tradition*, acepta íntegramente estos mismos puntos de vista. El Prólogo de 1502, asegura tajantemente Green [196], con su referencia al tema de Heráclito sobre la armonía y la discordia tan sólo utilizado en su mitad, no refleja una filosofía de la vida, sino que alude sin posible duda a la discordia que imagina entre sí mismo y los críticos de su obra; *genus irritabile vatum*, recuerda Green.

También en la lamentación final de Pleberio se han señalado rasgos de judaísmo y la expresión de pensamientos desolados, propios —se dice— del *converso* Rojas, inaccesible a los consuelos de la religión. Lida de Malkiel,

---

[196] "The Artistic Originality...", pág. 17.

que recoge en esto el criterio más difundido, insiste en el carácter pesimista de *La Celestina* en la cual el mundo es presentado "como acontecer no regido por una providencia moral", "lucha caótica", supuestos que demuestran la irreligiosidad y escepticismo del autor. Como Pleberio habla el último, dice con fina ironía Bataillon, se atribuye especial significado a su largo discurso, relleno de retórica, como expresión de aquella amarga filosofía. La tremenda desproporción existente entre el insignificante papel de Pleberio en la obra y su larga parrafada final, puede inspirar dudas de que Rojas quisiera investirlo de tan alta responsabilidad; pero debemos olvidar esta sospecha. El hecho es que entre los pocos que quedaban vivos, nadie más adecuado para llorar la tragedia consumada que el padre de Melibea. Arguyendo contra la supuesta falta de intención moral en la obra, Otis H. Green aclara, tras el análisis estilístico, que el *mundo* al que Pleberio se refiere, no es el universo, sino el mundo *enemigo del alma*, el mundo inmediato de los hombres pecadores y locos; dentro de él, Pleberio se lamenta de haber sido abandonado por la Fortuna —la de "tejas abajo"— y por el Amor, "enemigo de toda razón"; él ha buscado la felicidad en este mundo de los hombres y descubre ahora que no se encuentra allí; quienes la esperan de la Fortuna, del Amor y de este *mundo traidor*, no encuentran sino lágrimas "in hac valle" [197].

La Celestina, como puntualiza Bataillon, no es un poema metafísico, sino una tragicomedia moral [198]. La idea del dolor como castigo contra el pecado era común a los cristianos y a los judíos, y, según define Lida de Malkiel, "el loco amor era tan condenable para cristianos viejos como para cristianos nuevos" [199]. ¿En qué se apoya, pues, la supuesta raíz judaica de las palabras de Pleberio, que serían la proyección de lo sentido íntimamente por el *converso* Rojas? ¿Y en donde, además, radica el sentido antirreligioso de este pesimismo? El ascetismo más ortodoxo había dicho y había de repetir hasta el exceso —y en español especialmente— idénticos conceptos sobre la vanidad del mundo, la banalidad de lo terreno, los peligros del loco amor. Cierto —pero aquí radica, a nuestro entender, el error interpretativo— que Pleberio no aduce la contrapartida de la vida futura como consuelo de ésta miserable, pero es así porque la finalidad de Rojas no era consolar el espíritu al modo de un asceta religioso, sino dejar vibrando en el ánimo del lector las graves consecuencias de un desorden social, de una conducta culpable. El más allá puede consolar de este *mundo* como *universo*, porque sus males no dependen del humano poder, o de la miseria común a todo el humano linaje, inseparable de su condición y, por lo tanto, carga obligada en esta tierra; pero jamás

---

[197] Ídem, íd., pág. 18. Véase también, del propio Green, "Did the 'World' 'Create' Pleberio?", en *Romanische Forschungen*, LXXVII, 1965, págs. 108-110. Cfr. asimismo, Bruce W. Wardropper, "Pleberio's Lament for Melibea and the Medieval Elegiac Tradition", en *Modern Language Notes*, LXXIX, 1964, págs. 140-152.

[198] *La Célestine selon Fernando de Rojas*, cit., pág. 126.

[199] *La originalidad...*, cit., pág. 316, nota 26.

puede consolar del *mundo* como pecado concreto de la voluntad que debe ser remediado y combatido. *La apelación al consuelo religioso hubiera quitado a 'La Celestina' toda su significación. ¿Cómo no se ha comprendido esto?* [200]. La corrupción que encarna Celestina y su círculo y el *loco amor* de Calisto que lo alimenta, eran desórdenes morales y sociales que había que reprimir *en este mundo*; cuando se les dejaba florecer, no quedaba lugar sino para las impotentes y estériles lamentaciones de Pleberio, que ni siquiera sabía de dónde le había venido el golpe, porque su propia ceguera había contribuido a desencadenarlo. En este sentido, nadie como el padre de Melibea podía cerrar el drama, y una vez más queda con ello de manifiesto la genial agudeza de Rojas.

Se ha dicho muchas veces —Gilman, por ejemplo— [201] que el lamento de Pleberio es heterodoxo, porque sostiene que el mundo es regido sin orden ni concierto, y también el desenlace de la obra porque, de hecho, el mismo Pleberio es el más castigado de todos sin ser culpable de nada. Pero esta última afirmación es insostenible; con excepción de Calisto, cuya pasión tensa el resorte que mueve la tragedia, nadie es tan culpable como Pleberio, culpable de omisión, naturalmente, pero de una omisión gravísima por lo decisiva, que, según dejamos ya explicado, subraya Rojas con gran vigor en unas es-

[200] Deyermond puede ejemplificar la más difundida posición frente a este problema cuando dice, para demostrar el pesimismo final de Rojas, que en el discurso de Pleberio "la actitud estoica es rechazada explícitamente, mientras que la cristiana no es tenida en cuenta en absoluto" (*The Petrarchan Sources...*, cit., pág. 117). Aquellos "sabios" de la Antigüedad que cita Pleberio en su discurso —Paulo Emilio, Pericles, Xenofonte, etc.— podían invocar la ayuda de la filosofía estoica como consuelo contra la pérdida de unos hijos arrebatados en las más dignas circunstancias y contra cuya muerte, ajena por entero a la culpa de sus padres, nada quedaba sino la heroica resignación; sabios, que de haber vivido después de Cristo, hubieran apelado del mismo modo al consuelo de la vida ultraterrena. Pleberio, en cambio, rechaza la "actitud estoica" porque su hija —lo dice claramente— no ha muerto como aquéllos por "complir con la fama" (ed. Criado-Trotter, pág. 298), sino en culpable suicidio y por causa de aquella "fuerza de amor" que Pleberio denuesta ahora. Aunque Pleberio, como diremos enseguida, ignora las causas de la tragedia y la grave culpa que le corresponde, intuye claramente que las circunstancias en que ha muerto Melibea no son para exhibir ninguna actitud estoica, orgullosa de su propia entereza, sino para llorar a oscuras su dolor: "yo no lloro triste a ella muerta —dice—, pero la causa desastrada de su morir" (ed. cit., pág. 298); por eso precisamente rechaza todo paralelo con los héroes mencionados. En cuanto a la actitud cristiana, insistimos en que hubiera carecido de todo sentido invocar el consuelo del más allá para unos desórdenes morales del que todos los personajes de la *Tragicomedia* son culpables, desórdenes que exigían el arrepentimiento y remedio dentro de ese concreto marco social, pues de dicho remedio podía depender la vida, presente y futura, de otras gentes.

[201] En "Fernando de Rojas as Author", en *Romanische Forschungen*, tomo 76, cuaderno 3-4, 1964, págs. 268 y ss. (el artículo comprende págs. 255-290). Véase también Charles F. Fraker, "The Importance of Pleberio's Soliloquy", en *Romanische Forschungen*, LXXVIII, 1966, págs. 514-529.

cenas inequívocamente intencionadas. El lamento a estilo de palo de ciego de Pleberio es la más clara revelación de su falta de carácter para regir y vigilar su casa en lo que más le debiera importar. Pleberio, buen comerciante, sin duda, y atento como el que más al acrecentamiento de su dinero, se jacta de haber edificado torres, adquirido honras, plantado árboles, fabricado navíos, para mimar la existencia de su heredera única, su "bien todo", la compañía y abrigo de su vejez cansada; pero se descuidó en cerrar la puerta a Celestina y se dejó convencer muy pronto de que su hija salía de su cuarto durante la noche en busca de agua para beber. Después del desastre, que le coge tan desprevenido como un terremoto, ya nada queda sino echarle la culpa a la Fortuna. ¿Puede impartirse más contundente lección? [202].

La imprecación de Pleberio al Amor tampoco carece de significado. Hemos visto cómo en las palabras de Pleberio: "No pensé que tomavas en los hijos la vengança de los padres", ha querido verse la confesión del converso que admite en la muerte de su hija el castigo de su apostasía, y otras fantasías semejantes. A lo que alude claramente Pleberio es a sus propios deslices amorosos, que le vienen a la memoria cuando ve muerta a Melibea a causa de su amor, y piensa que quizá reciben entonces su castigo: "¡O amor, amor! —dice Pleberio— ¡Que no pensé que tenías fuerça ni poder de matar a tus subjectos! Herida fue de ti mi juventud, por medio de tus brasas passé. ¿Cómo me soltaste, para dar la paga de la huyda en mi vejez? Bien pensé que de tus lazos me había librado quando los quarenta años toqué, quando fui contento con mi conjugal compañera, quando me vi con el fruto que me cortaste el día de hoy. No pensé que tomavas en los hijos la vengança de los padres" [203]. Es

---

[202] Algunos comentaristas se han ejercitado en la tarea de descifrar el lugar que ocupa la Fortuna en *La Celestina* y el sentido que encierra la apelación que Pleberio le dirige. Según nuestro entender, Deyermond deja resuelto el problema sin más que enunciarlo correctamente. "Rojas —dice— no da importancia a la idea de la Fortuna, y no concede de hecho ninguna atención a su significado alegórico; lo que le interesa es la gente real y la expiación de su destino. Al arrojar a la Fortuna del centro de la escena tiene en su apoyo el precedente del *De Remediis*. Petrarca explica en *Rerum senilium*, VIII, 3, que él no cree en la Fortuna, pero le da este título a su libro para que la gente se interese en su lectura. La Fortuna no es para él sino una mera serie de sucesos externos, sin ningún poder sobre los hombres a no ser que ellos mismos se le sometan por su equivocada conducta en la vida" (*Petrarchan Sources...*, cit., pág. 115). Esta conducta, es decir, las propias pasiones de los hombres son, de acuerdo con el concepto de Petrarca, su principal agente destructor, y Rojas toma de Petrarca este sentido de la vida, que es el que incorpora a *La Celestina*; de aquí esa rigurosa causalidad que gobierna todos los sucesos y les da su exacto sentido —como repetidamente hemos tratado de explicar—. Cuando Pleberio, pues, apela a la Fortuna, que nada significa para Rojas, no hace, según dejamos dicho en el texto, sino dejar patente, con su vana llamada, cómo ha perdido pie de la realidad; sus reproches a la mudable Fortuna encierran un tremendo sentido irónico, porque todas las cosas han llegado por sus pasos contados, sin que Pleberio se enterara ni hiciera nada para detenerlas.

[203] Ed. Criado-Trotter, cit., pág. 299.

decir: que a los cuarenta años sentó Pleberio la cabeza y se recluyó en su hogar, limitándose por fin a su sola mujer legítima, sin preocuparse hasta entonces —Pleberio hubo de ser otro Calisto en su juventud, si es cierto lo que dice— de las posibles consecuencias de sus aventuras; pero sucede ahora que aquel Amor, del que ya no hacía memoria en su confortable, egoísta y seca vejez, parece que viene a pasarle la cuenta en donde más cruelmente le podía herir. No imaginamos, sin embargo, en manera alguna, que en la intención de Rojas entrara el hacer pagar a Pleberio, con la muerte de su hija, los delitos amorosos de su juventud; esto es lo que Pleberio piensa, y dice, en medio de su angustia, pero que sirve tan sólo para acentuar la total ignorancia en que se encuentra de lo que acaba de acontecer. Pleberio no sabe nada de lo ocurrido hasta que su hija se lo revela momentos antes de morir, nada de los sucios manejos de que su sangre y casa han sido objeto, nada del hechizo que tiene enloquecida a Melibea y del cual tampoco ésta le informa porque ella misma no lo sabe. Los eruditos han ponderado las supuestas profundidades del discurso de Pleberio con sus denuestos a Mundo, Amor y Fortuna, cuando el hecho es que el pobre padre no hace sino culpar a inasibles abstracciones porque ignora los sucesos bien concretísimos y reales que han tenido lugar ante sus barbas, y que hubiera podido remediar, de estar en su papel, con una sola voz o un ademán. De haberlo procurado al menos así, podría echarles ahora la culpa a cosas mucho más inmediatas. Creemos, en resumen, que todo el retórico *planto* de Pleberio, después de veinte actos de realidades en carne viva, no sirve sino para mostrar abrumadoramente la ineficacia y el fracaso de su imprevisora paternidad; que es la lección de Rojas.

Parecería innecesario mencionar también la patente significación que tiene para el autor la muerte de Calisto y por qué le conduce a ella. Pero se ha repetido tantas veces que la caída de Calisto es accidental —así, Gilman— [204] y forma parte, en consecuencia, de ese caos sin orden ni concierto que es la vida humana, que se hace indispensable aludir a ello. También Lida de Malkiel —por citar a otro conspicuo comentarista— escribe esta asombrosa afirmación: "Porque tampoco ha acertado la *Comedia* en la elección del azar que pone fin a los días de Calisto: ese azar, inconexo con la obra, no sólo es ajeno a su estructura dramática, sino que merma lamentablemente su resonancia moral, propia de toda tragedia. Como tropezar y caer de una escalera puede sucederle al más virtuoso, nos hallamos con el viejo chiste del fumador empedernido a quien su vicio lleva a la muerte... en un accidente de tránsito" [205]. Pero claro está que Calisto no muere en un accidente de tránsito, sino saltando atropelladamente las tapias del jardín de Melibea para acudir al alboroto provocado por unos rufianes puestos en danza a su vez por la propia aventura de Calisto. Es evidente que si este joven galán hubiera entrado a corte-

---

[204] "Fernando de Rojas...", cit., pág. 269.
[205] *La originalidad...*, cit., pág. 231.

jar a Melibea por la puerta grande de su casa y con la venia de la familia, no habría tenido que salir corriendo ni se hubiera matado al caer de la escalera. ¿Cómo es posible parangonar este suceso, lógicamente enlazado a toda una sucesión de causas férreamente encadenadas, con un casual accidente de tránsito, y afirmar que es inconexo con la obra? Puede argüirse que la caída no era necesaria y que Calisto pudo penetrar furtivamente mil veces en el huerto de Melibea sin perder pie; en la vida normal suele acontecer casi siempre así, pero no en *La Celestina*; precisamente el hecho de que Rojas se sirva de este azar no rigurosamente necesario —¿cómo iba a serlo?— pero sin duda alguna perfectamente verosímil, para desenlazar la aventura de los amantes, revela la inequívoca intención del autor, que quiso castigar el amor culpable con trágico final [206]. Setenta páginas más adelante, y en otra nueva contradicción, que debemos calificar de afortunada, Lida de Malkiel admite, en cambio, que la muerte de los amantes es un desenlace fatal, volviendo así a la recta interpretación, aunque no sin espolvorearla a veces de algunos comentarios —tal, otra vez, la valoración del texto de Heráclito— que no cabe aceptar: "A mi juicio —dice Lida— *La Celestina*, como otras obras maestras de la literatura, no fue compuesta con el exclusivo fin de inculcar tal o cual lección, pero es parte de su grandeza la grave visión total del hombre

---

[206] Lapesa ha precisado también la incuestionable significación que tiene en *La Celestina* la muerte de Calisto: "El accidente de Calisto —dice— ocurre precisamente al *saltaparedes* —como le ha llamado Melibea en el acto IV— que se ha valido de la escala para gozar furtivamente de un amor culpable; y ocurre en el momento y junto al lugar en que acaba de satisfacerlo. Con justicia ha insistido Bataillon en la ejemplaridad de esta muerte, pensada por Rojas como castigo específico a una culpa específica [*La Célestine selon Fernando de Rojas*, cit., págs. 130-134]. La diferencia entre la *Comedia* y la *Tragicomedia* en cuanto al fin de Calisto es que en aquélla la justicia suprema actúa desnuda y sin auxiliares, mientras que en la segunda prepara su cumplimiento por vías indirectas. ¿Es *grotesco* ese fin, como admite la autora [alude a Lida de Malkiel] (págs. 231-232, nota)? Puede haber parecido así a lectores modernos que hayan olvidado el sentido tradicional de la justicia divina; para Rojas y sus contemporáneos cristianos y judíos hubo de ser no ya serio, sino escalofriante" ("La originalidad artística...", cit., pág. 65). También Deyermond sostiene inequívocamente la significación que encierra la muerte de Calisto. Comentando las afirmaciones de Gilman, según el cual las muertes de personajes en la *Tragicomedia* carecen de significado y se deben a meros accidentes, escribe Deyermond que si se desestima el enfoque global de Rojas, para quien las faltas de la persona, es decir, su sometimiento a las pasiones, son el motivo del desastre, la mayoría de la obra se queda sin sentido (*Petrarchan Sources*..., cit., pág. 115). A tan curioso fin, es decir, a dejar a *La Celestina* vacía de sentido, parecen encaminarse algunas interpretaciones; porque si el amor de Calisto es *ilícito* por puro convencionalismo imitado del amor cortés, y la intervención de Celestina es un mero esquema literario sin apoyo en la inmediata realidad, y la magia es un simple efecto pintoresco y decorativo, y se mueren los personajes porque sí, por pura casualidad, como en un accidente de tránsito, ¿qué sucede, pues, en *La Celestina*? Meras *situaciones dialógicas*, como diría Gilman, es decir: hablar por hablar. No podemos imaginar al Bachiller Fernando de Rojas ocupado en tan vana tarea.

y del mundo infusa en ella y expresada (con nimio pretexto, prueba quizá de su urgencia) mediante la enumeración con que Petrarca parafrasea un fragmento de Heráclito: una visión de desgarramiento y conflicto dentro y fuera del hombre... La *Comedia* exteriorizó las consecuencias morales de esa visión, acabado el drama, en la queja de *Pleberio*, y con mayor exigencia artística, la *Tragicomedia* las destacó dentro del drama, mostrando la muerte de los amantes como la consecuencia no puramente casual de su abandono al placer. Y claro es que ni el desenlace fatal ni la peroración introducen por vez primera la moral, lo que hubiera sido grotesco; como el *Edipo rey* o como *Hamlet*, *La Celestina* insinúa desde las primeras escenas el desequilibrio de los personajes, inherente a su carácter, y que ha de llevarles naturalmente a su desastrado fin. No dudo, pues, de la sinceridad de las mencionadas advertencias, pero para merecer el papel de clave de la *Tragicomedia* debieran estar confirmadas de modo inequívoco por el texto. Y el texto, lejos de ceñirse a confirmar la asendereada moraleja, sugiere una lección infinitamente más grandiosa y menos ortodoxa, tanto para judíos como para cristianos" [207].

Que el texto no confirma de modo inequívoco lo que se anticipa en las advertencias es un patente error que ya hemos señalado y sobre el que no necesitamos insistir. Ahora bien: es igualmente indudable que la obvia intención didacticomoral —o, si se prefieren términos más modernos, la denuncia social— que campea en *La Celestina*, no agota la interpretación y sentido de la obra ni explica los infinitos repliegues, las incontables sugerencias y matices que pueden extraerse del menor de sus personajes; tal es su riqueza. Pero tampoco esta asombrosa diversidad, tantas veces ambigua y problemática, puede negar el eje sobre el cual gira sustantivamente la obra. Sucede, según ya dijimos, que Rojas ha transportado a su *Tragicomedia* un puñado de seres humanos, respetándolos en su más esencial verdad; al expresarse cada uno de ellos en toda su plenitud, refleja puntos de vista, pasiones, actitudes, intereses, ideas y opiniones que tienen la variedad de la vida misma y, consecuentemente, sus complejas contradicciones. Pero el autor —tal es nuestro

---

[207] *La originalidad...*, cit., pág. 303. A propósito precisamente de la "asendereada moraleja", que es tan fácil de ridiculizar, escribe Lapesa: "Si por *moraleja* se entiende que los locos amadores, si acuden a criados infieles y alcahuetas, pueden tener como éstos triste suerte, o que las criadas como Lucrecia deben prevenirse contra el atractivo de la prostitución, habrá que rechazar tal capitidisminución de la obra; pero si en el concepto de *moraleja* entra también la presentación de una justicia superior en acto, será preciso reconocer que existe, y no estaría de más quitar a "moraleja" el sufijo despectivo. Hay sin duda en *La Celestina* una condenación contra el amor que rompe las barreras éticas y sociales; hay una moral de pecado y castigo, no ya formulada en "advertencias externas", sino en el fin trágico de los personajes. ¿Sincera? ¿Por qué no? Nada impide pensar que Rojas creyese en la existencia de un Dios justo, pero inmisericorde" ("La originalidad artística...", cit., pág. 66). Cfr. D. W. McPheeters, "The Element of Fatality in the *Tragicomedia de Calisto y Melibea*", en *Symposium*, VIII, 1954, págs. 331-335.

juicio— los ha escogido y ensamblado con un propósito fundamental, que es el norte de la obra. En un artículo mencionado [208] Russell afirma que Rojas fue capaz de mirar a la gente tal como es; y había dicho poco más arriba que Rojas siente compasión por todos sus personajes aunque no ve posibilidad de ofrecerles esperanza. Es innegable la afirmación primera, mas no creemos que Rojas dirigiera a dichos personajes su objetiva mirada porque le merecieran compasión, sino más bien temor, es decir, el máximo interés; precisamente porque estaba bien persuadido de que *eran alguien* —según la expresión de Rachel Frank—, es decir, *alguien* tan peligroso como real, que estaba allí y con el que había que contar, como siempre se ha de contar con cualquier peligro que acecha, les asestó su más implacable observación para llevarlos a su libro tal como eran en la realidad. Su excepcional capacidad artística hizo posible el milagro de reproducirlos según los veía, y no es de extrañar que sintiera luego el orgullo de su exacta captura. Pero ni este orgullo de creador y mucho menos la generosa atención dedicada a desentrañar la urdimbre humana de cada personaje destruyen la capital motivación que estimuló su pluma.

Unas palabras finales para aludir a una objeción. Lida de Malkiel al tratar de refutar el propósito didáctico de *La Celestina* defendido por Bataillon, aduce el testimonio de diversos escritores —Vives, Guevara, Venegas, Fray Luis de Alarcón, Fray Juan de Pineda, Lope, Cervantes— que se pronuncian contra el contenido moral de la obra; de donde infiere Lida que *La Celestina* presentaría el raro caso de un libro cuya intención fundamental está de tal manera encubierta, que ha podido ser contrariamente interpretada por los lectores a lo largo de varios siglos [209]. A esto debe responderse que la relación aducida por Lida carece de valor, pues —aparte la tendenciosa interpretación de alguno de aquellos testimonios— tan larga a lo menos como la lista de detractores es la de quienes proclamaron en todo tiempo la moralidad de la *Tragicomedia*. Herrero García, al estudiar la estimación literaria de que fue objeto *La Celestina* durante el Siglo de Oro [210], cita de pasada —pues no es éste el objeto de su trabajo— algunas opiniones inequívocas sobre el juicio moral que merecía la obra de Rojas. Véase, sólo a guisa de ejemplo, lo que escribe Salas Barbadillo: "La *Celestina*... es de tanto valor, que entre todos los hombres, doctos y graves, aunque sean los de más recatada virtud, se ha hecho lugar, adquiriendo cada día venerable estimación, porque entre aquellas burlas, al parecer livianas, enseña una doctrina moral católica, amenazando con el mal fin de los interlocutores a los que les imitaren en los vicios" [211]. O lo que, de modo mucho más explícito todavía, dice Ulloa y Pe-

---

[208] "The Art of Fernando de Rojas", pág. 160.
[209] *La originalidad...*, cit., pág. 296.
[210] Miguel Herrero García, "La Celestina", en *Estimaciones literarias del siglo XVII*, Madrid, 1930, págs. 9-60.
[211] Cit. por Herrero García en íd., íd., págs. 12-13.

reira: "Si algunas hipérboles se ponen en boca de los amantes, nunca es con ánimo de aplaudirlos ni aprobarlos, de manera que por esto puedan parecer idólatras, aunque más se desordenan. Frenético Calixto con la pasión amorosa y reprendido de Sempronio, dice: ¿Qué se me da a mí? Y replicándole: ¿Pues tú no eres cristiano? Responde: Yo, Melibeo soy, y prosigue con desatinados encarecimientos, que justa y santamente se mandaron borrar en el último expurgatorio, no queriendo fiar más tiempo a la especulación de los vulgares lo que muchos años se había disimulado, en consideración de la moralidad que se envolvía en aquellos delirios, advirtiéndose en ellos la fuerza del afecto amoroso, que turbando el juicio, ocasiona semejantes locuras; para que todos estén prevenidos sin dejar portillo por donde pueda introducirse enemigo tan poderoso. Y permitióse lo demás del libro, en que no faltan tropiezos, por ser su intento mostrar los malos fines que tienen cuantos tratan amores deshonestos y sus solicitadores y terceros; que escarmentar en males ajenos, es prudencia; tenerlos a la vista, medicina; usar mal de ellos, ignorancia o malicia."[212]. No puede darse más explícita declaración ni mayor claridad en los términos. Por otra parte, los reparos opuestos sobre la moralidad de *La Celestina*, hasta por los críticos más severos, no aluden a la intención capital, que es lo que en todo caso importa, sino al detalle de las crudezas en ciertas escenas; tal es el sentido de los famosos versos de Cervantes: "libro en mi opinión divino — si encubriera más lo humano"; y la verdadera intención que quiere expresar el tan traído texto de Luis Vives, que condena la desenvoltura de ciertos pasajes, con su peculiar intransigencia para con toda la literatura, pero reconoce y aprueba el fin último de la obra con el trágico desenlace que castiga a los amantes y sus ministradores: "Sapientior —dice— fuit qui nostra lingua scripsit Celestinam tragicomoediam; nam progressui amorum et illis gaudiis voluptatis exitum annexuit amarissimum; nempe: amatorum, lenae, lenorum casus et neces violentas"[213].

Escrúpulos como los que atormentaban a Luis Vives tenían que afligir necesariamente a unos moralistas capaces de encontrar pecaminoso a Garcilaso, cuando pensaban que el picante atractivo de algunas escenas de *La Celestina*

---

[212] Idem, íd., págs. 13-14. Sobre la expurgación a que alude Ulloa y Pereira cfr.: Otis H. Green, "The *Celestina* and the Inquisition", en *Hispanic Review*, XV, 1947, págs. 211-217. Según explica Green, *La Celestina* circuló ciento cuarenta y un años sin que la censura tocara una sola palabra. Cierto que la Inquisición no ejercía la censura de libros en la época de Rojas, pero el primer Índice apareció ya en 1541, y hasta el de Sotomayor en 1640 no hubo corrección alguna; entonces se suprimieron en *La Celestina* siete pasajes, con un total de cincuenta líneas de texto, todos ellos de carácter doctrinal o que se temía fueran torcidamente interpretados, como los mencionados por Ulloa, pero se dejaron íntegras todas las escenas supuestamente inmorales que habían condenado por cuenta propia algunos —no todos— de los moralistas que menciona Lida.

[213] Cit. por Herrero García en *Estimaciones...*, pág. 12.

sería más sugestivo que la lección encerrada en el cuerpo de la obra. Lo que sucede, en suma, es que la obra de Rojas no era lectura para espíritus angostos, capaces de escandalizarse por ciertas crudezas; a lo que debe añadirse que la exposición de semejantes realidades apenas tenía entonces precedentes. En conjunto, las críticas contra la inmoralidad de *La Celestina* no tienen mayor significación que las formuladas —todavía ayer mismo— por ciertos críticos religiosos sobre la novela y el teatro en masa, o las que hoy se prodigan de manera indiscriminada sobre el espectáculo cinematográfico por gentes de parecido criterio moral.

PROSA Y ESTILO DE 'LA CELESTINA'

Se ha repetido muchas veces —y nosotros mismos habíamos cedido a esta interpretación— que *La Celestina* reúne en síntesis dos concepciones o mundos diferentes: alto o heroico y bajo o prosaico, seres nobles, bellos y entusiastas y criados prácticos, malévolos y codiciosos; idealismo y realismo, en suma, por decirlo con fórmula elemental, a los cuales corresponderían dos distintas formas de expresión: estilo culto, retórico y elevado, y lenguaje del pueblo [214].

La interpretación actual de *La Celestina* dista mucho de aceptar este simple esquema, que se limita a yuxtaponer estos dos mundos encontrados, para destacar, en cambio, la interpenetración de ambos, que se funden y abrazan en una común humanidad. Por lo que se refiere a la calidad y tono de los personajes ya hemos podido ver cuán poco distantes quedan las pasiones de los personajes altos y bajos; ni el amor de Calisto es mucho más ideal que el de sus servidores ni sus propósitos más heroicos y desinteresados que los de éstos. Lo mismo, como vamos a ver, sucede con el lenguaje.

La crítica decimonónica convino en censurar a *La Celestina* por el exceso de su erudición; hay en la obra una multitud de citas, sentencias y alusiones históricas y mitológicas, que suelen desagradar al lector moderno como inadecuadas en una obra dramática. Se piensa además que esa erudición es irreconciliable con el *realismo verosímil* que preside toda *La Celestina,* pues si semejante profusión de citas aún sería admisible en boca de Melibea o de

---

[214] A esta interpretación, bastante difundida y que algunos repiten todavía hoy, no ha sido ajeno sin duda el ya distante comentario de Américo Castro, "El problema histórico de *La Celestina*", incluído en *Santa Teresa y otros ensayos,* Madrid, 1929, páginas 195-215. La idea central de Américo Castro descansa sobre el supuesto de un "compás binario, de dos épocas, de dos planos de vida (Calisto-Melibea de una parte; Celestina-criados de otra)..." (pág. 205); o, como insiste luego: "frente al exquisito Calisto está Sempronio; lo mismo que Areusa, la ramera, se opone a Melibea, tan señoril de cuerpo como de ánimo" (pág. 214). Sin duda alguna, estas páginas no representan —al menos, en su concepción global— el pensamiento actual de Américo Castro; el hecho es que no han sido acogidas en *Hacia Cervantes,* su más reciente colección de trabajos sobre literatura medieval y renacentista.

Calisto, parece que no lo es cuando hacen uso de ellas sus criados, las pupilas de la alcahueta o la propia Celestina; porque el hecho cierto, según dejamos sugerido, es que todos los personajes de la obra, y no sólo los altos, se sirven en abundancia de erudición libresca.

Para justificar este flujo erudito, Lida de Malkiel recuerda la interpretación de Benedetto Croce, para quien el lenguaje refinado de todos los personajes de *La Celestina* con su abundante condimento culto no es sino una convención artificiosa y placentera, análoga a la de que todos los personajes de la *comedia* del Siglo de Oro hablen en verso. "Cada edad —dice Lida de Malkiel— tiene su lengua noble, más o menos alejada de la usual, determinada por sus condiciones de cultura, y que resulta convencional e inadecuada al lector de otras edades cuando la examina sin ajustar su visión cronológica"[215]. "La singularidad, realísticamente inverosímil, de que todos los personajes (menos Crito y sus cuatro palabras), hablen con copia de sentencias y refranes, y muchos con citas y ejemplos, históricos y mitológicos, prueba de manera irrefutable que se trata de un fenómeno estilístico especial —no 'pedanterías accidentales que pueden borrarse mentalmente'—, por el que *La Celestina* enlaza orgánicamente con la tradición retórica medieval y su culto de la amplificación"[216]. O, como resume Benedetto Croce, "la erudición de *La Celestina* es un aspecto de su estilo"[217].

Debe advertirse, sin embargo, que dentro de esa predominante amplificación, el estilo de *La Celestina* representa un esfuerzo de moderación y de equilibrio. Según admite Lapesa, los párrafos elocuentes donde se busca el estilo elevado, ofrecen bastante amaneramiento; domina en ellos la colocación del verbo al final de la frase, no faltan consonancias, abundan, en efecto, las amplificaciones, el léxico está salpicado de latinismos, resaltan las construcciones latinas de infinitivo o participio de presente. No obstante —añade— todos estos rasgos cultos no se prodigan con tanta cargazón pedantesca como en los prosistas de la época anterior, y el hipérbaton no existe casi; junto al período amplio aparece la frase cortada, esmaltada de máximas y refranes; el lenguaje llano incurre, como el del Arcipreste de Talavera, en verbosidad prolija, pero el diálogo le imprime dramatismo y variedad; "la charla de Celestina, tesoro de dichos populares, se entretiene en digresiones, pero no pierde el hilo sinuoso con que su malicia le conduce al fin propuesto"[218]. Se comprende, pues, que Juan de Valdés, que hace la apología del estilo sobrio y mesurado, considere la prosa de *La Celestina* como la más natural, propia y elegante, aunque no deje de censurarle el demasiado amontonamiento de vo-

---

[215] *La originalidad...*, cit., pág. 334, nota 39.
[216] Ídem, íd., pág. 334.
[217] Cit. por Lida en ídem, íd.
[218] Rafael Lapesa, *Historia de la Lengua Española*, 6.ª ed., Madrid, 1965, págs. 187-188.

cablos, a veces fuera de propósito, y el uso de palabras latinas en ocasiones en que las hay muy propias castellanas.

Por otra parte, según explica Lida [219], el entronque de *La Celestina* con el estilo popular, recreado por primera vez en el *Corbacho*, se realiza también en forma muy sujeta a mesura; pues aunque presenta los más bajos ambientes y apunta en ocasiones los modismos del hampa, los evita de hecho, precisamente cuando —entonces o poco después— Rodrigo de Reinosa y el autor de la *Comedia Thebayda* introducían la germanía en la literatura. Del mismo modo, prescinde *La Celestina* del uso de dialectos y de formas de ambientación localista, procedimientos que habían proporcionado fáciles elementos de comicidad al teatro de Juan del Encina y habían de proporcionarlo a varias imitaciones de la propia *Tragicomedia*.

Comentando las consecuencias estilísticas de los préstamos tomados a Petrarca, Deyermond afirma [220] que, en muchas ocasiones, cuando estos préstamos suenan pomposos y retóricos es porque Rojas pretende efectivamente que lo sean, pues se avienen con la situación dramática o con el estado emocional del personaje. Por otra parte, un hombre como Calisto tenía necesariamente que estar educado en la tradición retórica de su tiempo y ésta había de manifestarse en los rasgos de su lenguaje culto; consecuentemente, dice Deyermond, el uso de *ejemplos* y *sentencias* es casi siempre una presentación realista del habla usual. Los personajes bajos —añade el comentarista— cuya facundia se califica por lo común de pedantería, suelen esforzarse instintivamente por ajustar su habla a la del oyente, como lo hacen en efecto Celestina y Sempronio; éstos, además, podían retener muchas noticias de cultura por el simple trato con gentes instruidas.

Aludiendo al mencionado estudio de Samonà, Deyermond sostiene [221] con el crítico italiano que la mayoría de los artificios retóricos usados por Rojas debían de provenirle del habla culta y de la literatura de su propio tiempo y país, aunque el influjo del habla popular es notable también, pues Rojas no se limita, evidentemente, a seguir el camino literario de sus predecesores, sino que lo varía según sus propósitos. Deyermond destaca como muy importante la observación directa que hace el autor del lenguaje hablado en todas las clases sociales y situaciones; hecho que subrayamos con especial interés, pues apoya nuestro criterio personal sobre la creación de Rojas, es decir, la preferente valoración de todo lo que es en él realidad observada que pretende comunicar, por encima de lo que es herencia o préstamo literario, por mucho que esto sea. Deyermond acepta, sin embargo, que el habla real observada es influida, naturalmente, por los modos estilísticos de su tiempo, aunque no condicionada por ellos. De hecho, dentro de la dominante "zona culta", el éxito

---

[219] *La originalidad...*, cit., pág. 337.
[220] *Petrarchan Sources...*, cit., págs. 99-100.
[221] Ídem, íd., págs. 105-106.

de Rojas en materia de expresión literaria consiste en la riqueza y diversidad de estilos, es decir, en la proteica capacidad para amoldar su técnica a las necesidades de cada situación.

A esta capacidad de adaptación y variación hay que atribuir también las diferentes formas de diálogo que usa Rojas en su obra. Lida de Malkiel ha estudiado sus diversas especies: diálogo *oratorio*, que procede por largas réplicas, aunque también de ritmo muy vario de acuerdo con la situación y el contenido: didáctico, narrativo, descriptivo, introspectivo; diálogo de largos parlamentos y réplicas breves; diálogo a base de sólo estas últimas, etc. Estas variadas formas de diálogo, que *La Celestina* introduce en la literatura castellana, no sólo están pensadas —dice Lida— en vista de la acción y situaciones, sino también, y casi sobre todo, en vista del trazado de caracteres. Y añade luego que a la peculiar tendencia de Rojas al "demorado estudio de la realidad —tendencia adoptada por *La Celestina* como pauta dramática— se deben los nuevos usos, la diversificación, la importancia otorgada al coloquio de corte 'normal', la riqueza y vida del diálogo, que constituyen una de las excelencias indiscutidas de *La Celestina*" [222].

Muy digno de mención en *La Celestina* es la abundancia de refranes, según gusto muy común en la literatura de la época. Homer Herriott señala [223] más de doscientos cincuenta, de los cuales unos treinta y cinco se encuentran en el acto primero. Gran número de estos refranes no habían sido recogidos anteriormente, aunque la mayoría de ellos estaban sin duda en uso en tiempo de Rojas. Las excepciones, dice Herriott, son ciertas máximas que Rojas tomó de escritores cultos, y que en su mayor parte entraron enseguida en el campo del folklore. Deyermond ha explicado [224] el origen de muchos de estos "falsos refranes" a propósito de los préstamos tomados por Rojas a Petrarca. Resulta que Rojas toma de éste diversos *ejemplos* y *sentencias*, pero los pone en boca de sus personajes en tono coloquial y con tal propiedad que suenan como proverbios o refranes populares, y como tales comenzaron a circular inmediatamente. Esto sucede de modo especial con Celestina; según la cuenta de Deyermond, treinta y siete de los noventa y nueve préstamos petrarquistas registrados se expresan por su boca, y la mayoría de ellos producen el efecto de frases peculiares de las viejas mujeres castellanas.

Marcel Bataillon ha señalado [225] el uso cínico y sofístico que los personajes de *La Celestina* hacen frecuentemente de las máximas y proverbios; esta utilización exige agudo discernimiento por parte del lector, pues con frecuencia dichas máximas están arrancadas de su recto sentido o se aplican como lecciones de sabiduría y virtud para justificar una causa inmoral, como cuando

---

[222] *La originalidad...*, cit., pág. 118.
[223] "Notes on Selectivity of Language...", cit., pág. 98.
[224] *Petrarchan Sources...*, cit., pág. 98.
[225] *La Célestine selon Fernando de Rojas*, cit., págs. 101-102.

Celestina, con el fin de separar a Pármeno de la lealtad a su amo, aduce máximas en elogio de la amistad y del respeto que se debe a los padres.

Este modo de que se vale Rojas para convertir frases o sentencias ajenas —lo mismo de origen culto que de carácter paremiológico— en componentes vivos de sus personajes y haciéndolas servir para sus propósitos, encierra insospechadas consecuencias, a las que ya nos hemos referido y que podemos resumir ahora. He aquí, según nuestro criterio, la más importante. Para valorar el pensamiento de Rojas nos parece de escaso interés el estudio de las fuentes de que se sirve; es decir, reunir, por ejemplo, los pasajes tomados a Petrarca y pretender deducir de ellos una ideología coherente podría ser un sustancial error. Lo que Rojas toma de sus modelos —nos referimos ahora no a los específicamente literarios sino a los ideológicos— es una provisión de filosofía moral o de sabiduría práctica que usan luego sus personajes en las más diversas circunstancias y para los fines que les convienen. De aquí, como decíamos arriba, que nada más inaceptable que extraer pasajes de *La Celestina* y tratar de valorarlos independientemente del contexto. Las alabanzas a la generosidad, por ejemplo, pueden servir en un episodio concreto —como el mencionado de Sempronio— para halagar el despilfarro más inoportuno e inmoral. Del mismo modo, cuando en el Acto IV Celestina se extiende en comentarios sobre la vejez y la pobreza, repite casi textualmente frases de Petrarca, y sin embargo no se propone en manera alguna razonar sobre estos temas con finalidad adoctrinadora, como sucede en el texto de aquél, sino atraer la atención y captarse arteramente la benevolencia de Melibea para su negocio. Asimismo, Celestina trae a cuento sentencias de Petrarca a propósito de que la muerte puede llegar en cualquier momento y de que el hombre, en consecuencia, debe estar preparado para ella; pero las utiliza en sentido opuesto para encarecerle a Melibea la necesidad de aprovechar la breve vida e incitarla al amor carnal.

Esto podría inducirnos a pensar que Rojas baraja las máximas de sabiduría moral con espíritu de sofista, es decir, sin creer en ellas en absoluto y usándolas en apoyo de cualquier causa, buena o mala. Sería un error, porque —una vez más— no es Rojas quien habla sino sus personajes. Lo que Rojas toma de sus fuentes es un venero de materia prima, diríamos, cuyo uso, correcto o cínico, queda a merced de aquéllos. Esto permite a los propios personajes definirse a sí mismos por la peculiar utilización que hacen de aquella sabiduría; y a Rojas, como autor, le ofrece un caudal de saber autorizado, troquelado en exactas máximas, garantizado por el mismo prestigio de su origen y hasta literariamente brillante y limpio, como sin duda él mismo no se sentía capaz de acuñar.

Este uso de la sabiduría ajena es el mismo que hace de otros préstamos literarios —como muchos de los señalados por Lida de Malkiel— para autorizarse con moldes y formas consagradas o incluso con frases concretas tomadas de otros autores contemporáneos o clásicos.

Mas toda esta dependencia de la materia ajena, lo mismo ideológica que decorativa, no merma un ápice la observación personal de las criaturas y del mundo descrito; Rojas toma piezas innumerables de mosaicos preexistentes pero los dispone y encaja luego con total libertad para formar su propio dibujo. De aquí el equívoco carácter de su dependencia a los modelos; Rojas debía de trabajar teniendo muy a la mano los autores que le ofrecían el tesoro de sus máximas, de sus citas cultas, de sus fórmulas literarias; pero no se somete a ninguno de ellos en nada sustancial y utiliza el saber recibido para dar vida a sus personajes, aunque éstos hayan de retorcerlo, modificarlo o dispararlo en sentido opuesto. En una palabra: Rojas, creador genial de vida y caracteres pero mero artesano del lenguaje, acepta de sus acreedores la frase en sí, no su sentido; el sentido se lo da él —sus criaturas, entiéndase bien— en cada caso concreto.

Al hacer especial hincapié en este aspecto de la obra de Rojas nos proponemos destacar lo que en ella venimos estimando como esencial; la multitud de fuentes registradas por diligentes eruditos atestiguan que la prosa de Rojas en su aspecto formal, se alimenta ampliamente de todo género de préstamos, pero la raíz vital de *La Celestina* brota de la experiencia inmediata del autor y es estructurada con una voluntad original, con un sentido y para un propósito independiente de todos sus modelos.

"LA CELESTINA" Y LA POSTERIDAD

Pocas obras de cualquier literatura han conocido un éxito tan grande como *La Celestina*; las ediciones se sucedieron en gran número, dentro y fuera de España, pues casi enseguida se hicieron traducciones a casi todas las lenguas de Europa [226]. La repercusión de *La Celestina* en la literatura española fue muy amplia; aparte las continuaciones (la *Segunda Celestina*, de Feliciano de Silva, la *Tragicomedia de Lisandro y Roselia*, de Sancho de Muñón, y la *Tercera Celestina*, de Gaspar Gómez de Toledo) y las numerosas imitaciones directas, dentro y fuera de España (entre las que sobresalen la de Pedro Manuel de

---

[226] J. Homer Herriott, en su estudio citado —*Towards a Critical Edition of the "Celestina". A Filiation of Early Editions*—, pág. VI, asegura tener registradas hasta 187 ediciones antes de 1600; y aunque muchas de ellas no han podido ser localizadas y son muy probables las confusiones bibliográficas, queda patente de todos modos la excepcional difusión de que gozó en toda Europa *La Celestina*. Cfr.: P. Mazzei, "Per la fortuna di due opere spagnole in Italia: *La Celestina, Pepita Jiménez*", en *Revista de Filología Española*, IX, 1922, págs. 384-389. G. J. Brault, "English Translations of the *Celestina* in the Sixteenth Century", en *Hispanic Review*, XXVIII, 1960, págs. 301-312. Emma Scoles, "Note sulla prima traduzione italiana della *Celestina*", en *Studi Romanzi*, XXXIII, 1961, págs. 157-217. De la misma, "La prima traduzione italiana della *Celestina*: repertorio bibliografico", en *Studi di Letteratura Spagnuola*, 1964, págs. 209-230. D. W. McPheeters, "Una traducción hebrea de *La Celestina* en el siglo XVI", en *Homenaje a Rodríguez-Moñino*, I, Madrid, 1966, págs. 253-260.

Urrea y la del portugués Jorge Ferreira de Vasconcelos), merece destacarse el influjo de *La Celestina* sobre Juan del Encina en sus últimas églogas, en la *Barca do Inferno*, de Gil Vicente, en la comedia *Himenea*, de Torres Naharro, así como en diversas obras de Lope de Rueda y de Juan de la Cueva. La *Dorotea*, de Lope de Vega, muestra numerosos contactos con *La Celestina*, que está también presente en varias novelas ejemplares y en algunos entremeses de Cervantes. De modo más o menos difuso influye asimismo en incontables comedias de la época áurea, así, por ejemplo, en las de Lope: *El anzuelo de Fenisa, El arenal de Sevilla* y *El rufián Castrucho* [227].

Pero más aún que en obras concretas, el influjo de *La Celestina* se deja sentir en una difusa serie de posibilidades que provocan corrientes variadísimas, lo mismo en el campo de la temática que en la actitud frente a estos temas, viejos o nuevos. Américo Castro ha señalado, según vimos, el ejemplo que pudo ejercer sobre la picaresca la audacia desvergonzada que exhiben los criados de Rojas. José Antonio Maravall, en su estudio citado, al ahincar en la panorámica social de que es reflejo *La Celestina*, discute la afirmación, generalmente aceptada desde Menéndez y Pelayo, de que los criados celestinescos son el precedente de los criados y graciosos de la comedia áurea. Maravall hace notar que los graciosos de las comedias son siempre amigos de sus amos, benévolos con sus flaquezas y con harta frecuencia sus terceros, y ponen al servicio de su señor su astucia y experiencia. Por el contrario, los criados de *La Celestina* encarnan la mencionada crisis de la sociedad señorial del siglo XV y alienta en ellos aquel espíritu de rencor descrito por Castro; ya vimos con palabras del propio Maravall cuál es la actitud de estos criados de Rojas para con sus señores. El magisterio de *La Celestina* parece, pues, en este campo harto discutible; el criado gracioso del teatro áureo deriva cada vez más hacia un tipo convencional, mientras que en la obra de Rojas encarna una situación social y humana profundamente verídica. El esquema, sin embargo, en una forma muy amplia, como patrón literario podría estimarse aproximadamente válido, aunque no va más allá; los graciosos de la comedia, social y humanamente, corresponden a un recrudecimiento de la sociedad señorial, a la que se acomodan o doblegan.

Pero, si la *comedia* llena el molde de los criados celestinescos con distinto significado, la picaresca sí recoge, en efecto —según la idea de Castro—, buena parte de la herencia de Rojas, no sólo en sus matices literarios sino en su plena dimensión humana: "Esas posibilidades de manifestación —dice Maravall—, tan férreamente reducidas, del rencor antisocial producirá en la literatura española el fenómeno de la novela picaresca. Los criados de *La*

---

[227] Cfr.: José F. Montesinos, "Dos reminiscencias de *La Celestina* en comedias de Lope", en *Revista de Filología Española*, XIII, 1926, págs. 60-62. Jaime Oliver Asín, "Más reminiscencias de *La Celestina* en el teatro de Lope", en *Revista de Filología Española*, XV, 1928, págs. 67-74.

Celestina no son pícaros, porque en la sociedad más libre, menos esclerótica, de fines del XV y comienzos del XVI, hay todavía lugar para la protesta, aunque sea dentro de un alcance reducido. Los pícaros no son criados al modo de los de *La Celestina*, pero derivan de un espíritu emparentado con el de aquéllos, contorsionado, eso sí, bajo la ley de crueldad social que preside sus vidas, y adaptado a las nuevas circunstancias de una sociedad que ha vuelto a ser mucho más cerrada" [228].

Concretándose más a la seducción y magisterio literario, Eugenio Asensio, en su libro sobre el entremés, ha señalado la larga descendencia dejada por el libro de Rojas: "La obra de Rojas —dice— ha influenciado el teatro y la novela doblemente. Primero como cantera de tipos, situaciones y motivos, como realidad privilegiada que se ambicionaba remedar y variar. Segundo —y es la lección más trascendental— como acicate de creaciones análogas, como prueba fehaciente de que el roto y el maleante podían ser materia de una brillante literatura· cuyos repertorios se encontraban no en las librerías, sino en la plaza y el mercado, aguardando al observador que los cogiese y transfigurase. El antihéroe valía tanto como el héroe. Del mundo inferior, del subsuelo de la sociedad saltaban a plena luz del arte criaturas amasadas de vileza, concupiscencia y engaño, no como mero coro de los amos, sino ocupando con aplomo el centro del tablado. Esta incitación ha sido más fértil en resultados que la simple imitación". Y añade luego: "Mucho menos explotable en el corto espacio del entremés era el tipo de la alcahueta cuya complejidad reclamaba una vasta intriga. Y a pesar de eso, con el censo de las tías y terceras emparentadas con Celestina se podría poblar una plazuela" [229].

---

[228] *El mundo social de "La Celestina"*, cit., pág. 89.

[229] Eugenio Asensio, *Itinerario del entremés desde Lope de Rueda a Quiñones de Benavente*, Madrid, 1965, pág. 30.

Como complemento de la bibliografía mencionada, cfr.: Stephen Gilman, "Rebirth of a Classic: *Celestina*", en *Varieties of Literary Experience*, ed. por Stanley Burnshaw, New York University Press, 1962, págs. 283-305. Edwin S. Morby, "*La Celestina* viewed as a Morality Play", en *Romance Philology*, XVI, 1963, págs. 323-331. Erna Ruth Berndt, *Amor, muerte y fortuna en "La Celestina"*, Madrid, 1963. Gustavo Correa, "Naturaleza, religión y honra en *La Celestina*", en *PMLA*, LXXVIII, 1963, págs. 8-17. Pierre Groult, "Une actualité d'autrefois et d'aujourd'hui: *La Celestina*", en *Les Lettres Romanes*, XVIII, 1964, págs. 329-341. Cándido Ayllón, "Petrarch and Fernando de Rojas", en *The Romanic Review*, LIV, 1963, págs. 81-94. Del mismo, *La visión pesimista de "La Celestina"*, México, 1965, Michael J. Ruggerio, *The Evolution of the Go-between in Spanish Literature through the Sixteenth Century*, "University of California Publications in Modern Philology", vol. 78, University of California Press, 1966 (interesan en particular los capítulos —III-V— dedicados al estudio de la magia y de la hechicería de Celestina). Higinio Ruiz y Carmen Bravo-Villasante, "Talavera de la Reyna (1478-1498), ¿lugar de acción de *La Celestina*?", en *Actas del Segundo Congreso Internacional de Hispanistas*, Instituto Español de la Universidad de Nimega, 1967, páginas 525-541. Dorothy Clotelle Clarke, *Allegory, Decalogue, and Deadly Sins in "La Celestina"*, "University of California Publications in Modern Philology", vol. 91, University of California Press, 1968.

SIGLO DE ORO. SIGLO XVI

CAPÍTULO XIV

APOGEO DEL RENACIMIENTO. DIVISIÓN Y CORRIENTES PRINCIPALES

LA ÉPOCA DE ORO DE LA LITERATURA ESPAÑOLA Y SU DIVISIÓN

Con el final de la Edad Media se inicia rápidamente para España la ascensión hacia su época de plenitud. La serie de causas de tipo político y social que desde el advenimiento de los Reyes Católicos habían hecho de España la primera potencia indiscutible de Europa, empujan en el orden de la literatura, del pensamiento y de las artes el movimiento ascensional que bajo el influjo del Renacimiento italiano había ya comenzado con los albores del siglo xv. Los Reyes Católicos son el pórtico del gran momento de España, y, al sucederles en el trono su nieto Carlos V, comienza el período de esplendor de nuestras letras que se conoce con el nombre de "Siglo de Oro".

Las centurias anteriores pueden considerarse como una época de formación y de tanteos. Aunque una y otra vez aparecen obras de gran valor, no se dan sino de manera esporádica y en géneros aislados. Con el siglo xvi, en cambio, asistimos a una floración que alcanza todos los géneros y que se produce de una manera orgánica, coherente, ininterrumpida, como manifestación de una pujante plenitud nacional. España se encuentra ya en su madurez y todas las posibilidades antes esbozadas se amplían, desarrollan y funden para cuajar en los productos más notables y originales en toda la historia de nuestra cultura.

Tradicionalmente ha venido llamándose a este período con el nombre de "Siglo de Oro", por estimar que su momento culminante se encerraba entre los últimos cincuenta años del siglo xvi y los primeros cincuenta del siglo xvii. Hoy se tiende, sin embargo, a considerar incluidos en esta etapa de esplendor los dos siglos prácticamente completos: desde el advenimiento de Carlos V hasta la muerte de Calderón, en 1681; por lo que la denominación de "Siglo" debería ser sustituida por la de "Época áurea".

Estos dos siglos, a su vez, ofrecen, aunque dentro de una unidad esencial, caracteres bien distintos que obligan a una diferenciación: el siglo XVI corresponde a la plenitud del Renacimiento: el XVII a la época barroca, que puede denominarse "nacional". Durante el primero, España sigue las corrientes universalistas del Renacimiento y marcha a la par, en cuanto a las direcciones generales, con el resto de las naciones europeas; en el segundo, se dan los caracteres más típicos y personales de nuestras letras y nuestras artes.

El Renacimiento a su vez debe ser subdividido en dos mitades que corresponden exactamente a los dos monarcas entre quienes se reparte el siglo: período de Carlos V y período de Felipe II. Durante el primero nuestro Renacimiento sigue la directriz paganizante que predomina en toda Europa (es el momento de "recepción" de los influjos extranjeros, predominantemente italianos, comenzado ya, como sabemos, bien adentro del siglo XV, pero que sólo ahora llega a su plenitud con Garcilaso y sus seguidores); bajo Felipe II, período de "asimilación", las tendencias renacentistas se cristianizan, y aunque en el aspecto puramente artístico y formal siguen las normas precedentes, España se encierra dentro de sí misma preparando la época "nacional" que ha de venir en seguida: es el momento de la Contrarreforma, de la ascética y de la mística, de los grandes poetas religiosos, de afirmación proselitista y apologética, sin picaresca ni sátira religiosa ni apenas literatura frívola.

Debe advertirse, sin embargo, que a pesar de la verdad incuestionable que encierra esta esquemática división cuando contemplamos cada uno de dichos períodos como en visión panorámica, la realidad es bastante más compleja vista en detalle; y no deben olvidarse —insistiremos sobre ellas— ni las porciones menores que tienen su propio carácter dentro de cada etapa, ni mucho menos la irreductible peculiaridad que, sin dejar de ser hombres de su tiempo, ofrecen algunas personalidades, tanto mayor cuanto que vamos a enfrentarnos con las cumbres de nuestras letras. Del riesgo de creer en una demasiado cómoda uniformidad nos advierte Menéndez Pidal cuando, después de estudiar los diversos momentos del lenguaje del siglo XVI, escribe: "El lenguaje, la vida cultural del siglo XVI, no es como una llanura donde el caminante, al amanecer, ve en el horizonte el campanario a cuya sombra va a pernoctar: el camino serpea por valles y cimas, que es necesario señalar en la guía del viajero" [1].

EL HOMBRE DEL RENACIMIENTO

La frecuencia con que, a lo largo del siglo XV y mucho más a partir de este instante, se alude al mundo del Renacimiento, al hombre renacentista y a sus

---

[1] "El lenguaje del siglo XVI", en *Mis páginas preferidas. Estudios Lingüísticos e Históricos,* Madrid, 1957, pág. 45. Cfr.: Guillermo Díaz-Plaja, "Dos Siglos de Oro", prólogo al vol. II de su *Antología Mayor de la Literatura Española,* Barcelona-Madrid, 1958, págs. VII-XVII.

productos culturales tanto en el campo artístico como en el político o en el de las ideas, exige concretar en lo posible los rasgos más característicos de este movimiento capital, donde se gestan las grandes directrices que forjan el mundo moderno [2].

Repetidamente hemos venido aludiendo a la admiración por la Antigüedad clásica como principal motivo determinante de la gran revolución cultural que provoca el paso de la Edad Media a la Moderna. Pero debe entenderse que este volver a la cultura antigua, este "renacer" de aquel mundo pretérito, no se limita a la admiración por unas determinadas formas de arte, por unas bellezas literarias que se estimaban superiores (por muy importante que pueda ser este estímulo), sino que tiene un alcance de mucha mayor profundidad; de no ser así, no podría imaginarse una transformación tan radical de todo el cuerpo de Europa. Lo que el hombre del Renacimiento busca en el antiguo es un nuevo concepto de la vida, una distinta estimación del hombre que le hace contemplarse a sí mismo de acuerdo con una nueva escala de valores.

Mientras el hombre de la Edad Media había situado a Dios en el centro de su Universo y considerado la existencia terrena como una estación de paso para conquistar la vida eterna, el hombre del Renacimiento trastrueca los valores y se coloca en el centro de un mundo que considera digno de ser vivido por sí mismo. La tierra ya no es el valle de lágrimas del hombre cristiano-medieval, sino un lugar de goce; la inteligencia no es una débil lucecilla que nada vale sin la Revelación, sino faro potente que puede descubrir todos los arcanos; el cuerpo no es el mal, sino la fuente del placer que justifica y hace hermoso el vivir. El descubrimiento de la Antigüedad entrañaba la plena revelación del hombre con sus instintos y su razón omnipotente y de la vida

---

[2] Cfr.: Jacobo Burckhardt, *La Cultura del Renacimiento en Italia*, trad. española, Madrid, 1941. K. Burdach, *Riforma, Rinascimento, Umanesimo*, trad. italiana, Florencia, 1935. J. Camón Aznar, "Teoría del Renacimiento", *Revista de Occidente*, IX, 1930. Giuseppe Toffanin, *Che cosa fu l'Umanesimo*, Florencia, 1929. Del mismo, *Historia del Humanismo*, trad. española, Buenos Aires, 1953. Giovanni Gentile, *Il pensiero italiano del Rinascimento*, Florencia, s. a. Benedetto Croce, *España en la vida italiana del Renacimiento*, trad. española, Madrid, 1925. V. Cian, *Umanesimo e Rinascimento*, Florencia, 1941. F. Chabod, *Il Rinascimento nelle recenti interpretazioni* (Memoria presentada al VI Congreso Internacional de Ciencias Históricas), Varsovia, 1933. Johan Nordström, *Moyen Âge et Renaissance*, París, 1933. R. Arnold, *Cultura del Renacimiento*, trad. española, Barcelona, 1927. G. W. Knight, *The Christian Renaissance*, Londres, 1933. P. F. Palumbo, *Stato e cultura nel Rinascimento*, Roma, 1943. P. Félix G. Olmedo, "Humanismo", en *Humanidades* (Revista de la Universidad Pontificia de Comillas), 1949. Walter Pater, *El Renacimiento*, trad. española, Barcelona, 1946. J. A. Symonds, *El Renacimiento en Italia*, trad. española, 2 vols., México, 1957. Will Durant, *El Renacimiento*, trad. española, 2 volúmenes, Buenos Aires, 1958. Funk Brentano, *El Renacimiento*, trad. española, Buenos Aires, 1944. Ralph Raeder, *El hombre del Renacimiento*, trad. española, Buenos Aires, 1946. José Luis Romero, *Maquiavelo*, Buenos Aires, 1943. Orestes Ferrara, *Maquiavelo*, Madrid, 2.ª ed., sin año. Del mismo, *El Siglo XVI a la luz de los embajadores venecianos*, Madrid, 1952. J. Huizinga, *Erasmo*, trad. española, Barcelona, 1946.

material con sus placeres y bellezas, que había desterrado la concepción ascética y cristiana del Medio Evo; porque el mundo de la Antigüedad descansaba precisamente sobre esta concepción antropocéntrica y materialista, sin dogmas ni vida de ultratumba, en la que el hombre y su razón constituían la medida de todas las cosas.

De esta nueva valoración del hombre nació la palabra "humanismo". Y aunque esta denominación se da corrientemente a los meros estudiosos del latín o del griego, interesados en problemas de filología o erudición, su significado tiene un alcance mucho mayor, pues los textos antiguos se estimaban no sólo por sí mismos o en razón de su belleza o excelencias literarias, sino porque conducían a la nueva concepción del *hombre*, centro y finalidad de todas las cosas, de la que aquellos textos eran depositarios.

Una serie de causas materiales impulsó este orgullo humanista: la invención de la imprenta que facilitó la difusión del saber; el aumento de la riqueza nacida de la creciente pujanza del comercio; el descubrimiento de América que abrió horizontes insospechados a la actividad humana, duplicó el mundo y ofreció la posibilidad de recursos inconmensurables. Movido por estos estímulos, el hombre del Renacimiento investigó la naturaleza, realizó portentosos descubrimientos científicos, creó maravillosas obras de arte, trató de hacer el mundo confortable y bello y se lanzó a vivir con la furia incontenible de quien acaba de descubrir el paraíso. Ninguna otra época en la historia ha ofrecido un ejemplo de plenitud, de energía, de audacia creadora, de anhelo de vivir como el que dieron los hombres de aquel tiempo.

Mientras el hombre medieval había despreciado el cuerpo en beneficio del espíritu, el renacentista busca la plenitud en un desarrollo armónico de todas las facultades, tanto espirituales como físicas, buscando la satisfacción de todas las posibilidades del ser humano. A esta concepción responde la figura ideal del *cortesano* creada por Baltasar de Castiglione. El hombre de la Edad Media se había polarizado en una actividad: era un hombre de armas, un clérigo, un burgués. El *cortesano* debe ser tan experto en las armas como en las letras, ha de saber conjugar las maneras más refinadas con el valor en el combate, cortejar a las damas y tañer los instrumentos con que acompañar su propio canto, estar tan preparado para el riesgo como para el placer.

EL IDEAL POLÍTICO DEL RENACIMIENTO

La imitación de la Antigüedad trajo también en lo político un cambio radical. El ejemplo del Imperio Romano con su unificación lingüística y legislativa y el poder absoluto de sus emperadores impulsó el deseo de imperios nacionales en los que toda la autoridad estuviese concentrada en los monarcas. Tampoco en este aspecto, como en el pensamiento y en las letras, se produce el cambio a la manera de una caída vertical, sino que viene preparándose desde antiguo. En medio del fraccionamiento y la diversidad feudal, que es el rasgo esencial de la Edad Media, con su multiplicidad de legislación, tributos, normas y poderes, fueros y exenciones, algunos monarcas van tratando de realizar la unidad política inspirándose en las concepciones absolutistas y uniformadoras del Derecho Romano, que poco a poco van siendo conocidas. En pleno siglo XII el emperador alemán Federico Barbarroja había ya tratado de reducir el feudalismo y establecer un imperio a la romana. Su nieto Federico II luchó tenazmente por estas mismas ideas, y en las famosas *Constituciones de Sicilia* organizó este reino en un sentido centralista que hace pensar en las modernas concepciones estatales. Alfonso el Sabio en nuestra patria es el ejemplo más patente de esta dirección que trató de encarnar en *Las Partidas*. Felipe IV el Hermoso, de Francia, y Pedro el Ceremonioso, de Aragón, se inspiran también en estos principios centralizadores. Dichos monarcas se apoyan en la escuela jurídica llamada de los "legistas", formada en las aulas de la Universidad de Bolonia, donde adquiere especial cultivo el Derecho Romano. Todos los intentos de estos reyes, que parecieron descabellados a los hombres de su tiempo, se estrellaron contra la resistencia feudal y fracasaron por prematuros, pero fueron abriendo el surco de lo que había de ser el ideal político del hombre renacentista. En el reinado de Juan II de Castilla, como ya hemos visto, mientras el abúlico monarca es juguete de las ambiciones de la nobleza, su favorito don Álvaro de Luna encarna el ideal de absolutismo y unidad en el que los nobles contemporáneos no vieron sino una personal ambición de poder. Juan de Mena, sin embargo, auténtico espíritu renacentista, comprendía el alcance de aquella política; de ahí su lealtad hacia el Condestable y su visión de una futura España unificada y fuerte bajo la autoridad de los monarcas.

La revolución que supone el salto del predominio feudal al poder omnipotente de la realeza es tal, que ella sola justifica y define el paso a una nueva edad. Sin la caída de Constantinopla, fecha convencional adoptada como final de la Edad Media y que no es más que un accidente, sin el descubrimiento de América incluso, la Edad Moderna hubiera comenzado desde el momento en que la nobleza feudal cedía su milenario poder a la nueva autoridad estatal resucitada bajo el ejemplo del viejo Imperio Romano. Con esto sólo nacía un mundo nuevo.

Este predominio del poder central, que se orienta exclusivamente hacia el interés del estado, tuvo en el Renacimiento su mayor expresión teórica en el famoso tratado de Maquiavelo titulado *El Príncipe*. Según las teorías de este famoso escritor florentino, el "príncipe" o jefe de un país debe desentenderse de la moral para poner el interés de su estado por encima de todas las consideraciones idealistas. El "maquiavelismo" ha sido desde entonces la gran enfermedad de Europa. Al recabar para el Estado la misma plenitud de vida sin barreras de que se investía el individuo, ha sido el padre de todos los nacionalismos desbordados y, por tanto, de todas las ambiciones y de todas las guerras de conquista.

LA FILOSOFÍA

El Renacimiento no creó una filosofía positiva, sino que se limitó a ejercer una severa crítica racionalista de la escolástica medieval y a resucitar algunos aspectos de la filosofía clásica. Gozaron de especial aceptación las corrientes filosóficas que atendían a la vida moral, como el *escepticismo,* que encajaba perfectamente con la posición crítica y negativa respecto a la dogmática escolástica; el *estoicismo* (siempre latente en la entraña hispánica, por lo que se refiere a nuestro país), renacido ahora porque se avenía muy bien con la exaltación de la dignidad moral del hombre, con su sometimiento a las leyes de la naturaleza, y su varonil aceptación del sufrimiento; y, sobre todo, el *epicureísmo* porque respondía al nuevo concepto hedonista de la vida que tenía como norte el placer, si bien equilibrado por la inteligencia.

De los dos grandes filósofos de la Antigüedad, Platón y Aristóteles, el Renacimiento prefirió con mucho al primero, si bien se realizaron intentos de fusión entre las dos tendencias: el idealismo y el realismo racionalista. En la difusión de Platón influyó poderosamente la Academia Florentina, en cuyas teorías se inspiraron dos obras que contribuyeron a dilatar su repercusión: los *Diálogos de amor,* del judío español León Hebreo (Judas Abravanel) y el citado *Cortesano,* de Castiglione. Según éstos, la belleza de los seres materiales es un reflejo de la divina, por lo que el amor y la admiración por aquéllos puede conducirnos a la divinidad. La mujer, el arte y la naturaleza son las tres fuentes principales para llevarnos hasta Dios. Así se limpió y dignificó de las adherencias más groseras el amor por lo material, y se idealizó el sentimiento amoroso. Adviértase, sin embargo, que semejante idealización si bien atenuó por un lado el paganismo imperante, revistiéndolo de delicadezas artísticas, hizo más por acercar a Dios hacia la materia que por acrecer una religiosidad que, con la llegada del Renacimiento, se precipita a su época de crisis. El amor a la mujer, a medida que se divinizaba, multiplicaba aún más la eficacia de su humana condición.

LA LITERATURA

La llegada del Renacimiento produjo una cierta uniformidad en los distintos países europeos puesto que todos se inspiraban en los mismos ideales y modelos clásicos, bien directamente, bien a través de los escritores italianos, originándose así ese universalismo o europeísmo a que hemos aludido como característico de la época de Carlos V. Lo que no impide, en absoluto, la manifestación de los caracteres nacionales, producidos, en el caso concreto de España, por la pervivencia y fusión de poderosas corrientes medievales.

La forma, que durante la Edad Media había sido considerada como un elemento accesorio, al servicio de la intención didáctica o moral (recuérdese la definición de la poesía dada por el Marqués de Santillana y la preocupación de don Juan Manuel por no aparecer como un autor de fábulas meramente divertidas), adquiere ahora la importancia de algo valioso por sí mismo. La belleza, reflejo de Dios, es desde ahora la meta capital del artista, y la Naturaleza, ya directamente observada, ya asimilada a través de los clásicos, la fuente principal de inspiración.

Pero adviértase que esta aceptación de la belleza como una categoría esencial trae aparejadas diferencias radicales respecto al concepto de la Edad Media. El escritor medieval que cultiva la belleza sin propósitos didácticos, lo hace como motivo de diversión y se vale de recursos de índole popular: es, en realidad, el espectáculo bajo formas literarias. El Renacimiento, por el contrario, se recrea en las más exquisitas delicadezas formales, y dentro de una comedida elegancia, aprendida también en la clásica serenidad de los antiguos ("ne quid nimis", de nada demasiado), cultiva un arte selecto para minorías, artificioso y auténticamente *literario*. Diríase que busca, en la cuidada excelencia de la forma, la justificación de su quehacer y la diferencia que ha de separarle del poeta popular, todavía en la raya (y para mucho tiempo aún) del despreciable bufón, divertidor de multitudes.

Con este afán de selección renacen los principales temas de la antigüedad pagana: los relatos mitológicos, que se convierten en fuente imprescindible de poéticas comparaciones; el bucolismo pastoril, predilecto escenario de artificiosos y refinados mundos poéticos; y las preceptivas de Aristóteles y Horacio considerados como maestros imprescindibles. El hombre del Renacimiento, que ha redescubierto la belleza exquisita con que expresó sus ideales el mundo grecolatino, ha de considerar por mucho tiempo que no existe arte posible fuera de los cauces trazados por los viejos maestros.

Al lado de los autores antiguos, los literatos italianos fueron los modelos indiscutibles con tanta o mayor influencia que aquéllos. Dante, que había sido preferido por los escritores del siglo xv, cede ahora su puesto a Petrarca, en quien se inspiran los poetas más notables de la centuria. De él adoptan el cultivo del endecasílabo, la alambicada artificiosidad de los conceptos amorosos, la preocupación formal, el gusto por el paisaje, las sutiles introspecciones de la pasión amorosa, y el tono delicado y sentimental, no siempre exento de cierta afectación.

EL IDIOMA

Ya hemos visto de qué modo la preocupación por el Imperio Romano y el estudio profundo del latín habían traído de rechazo el cultivo del castellano y la estima creciente por la lengua vulgar. Pero, pese a lo mucho que en este sentido se había realizado durante la época de los Reyes Católicos y del influjo notabilísimo de Nebrija, la gran ascensión del castellano no había hecho sino comenzar. Todavía Garcilaso se lamenta del escaso cultivo del idioma de Castilla ("Yo no sé qué desventura ha sido siempre la nuestra que apenas ha nadie escrito en nuestra lengua, sino lo que se pudiera muy bien excusar", escribía en 1533), y en parecidos términos se expresa dos años más tarde Juan de Valdés, cuando escribe: "...como sabéis, la lengua castellana nunca ha tenido quien escriva en ella con tanto cuidado y miramiento quanto sería menester para que hombre, quiriendo o dar cuenta de lo que scrive diferente de los otros, o reformar los abusos que ay oy en ella, se pudiese aprovechar de su autoridad"[3]. Pero a partir de entonces la gran legión de poetas y prosistas procedentes de todas las tierras de España que llena el primer período áureo hace perder al idioma su rudeza y lastre medieval y lo levanta a la perfección, poniéndole a la par de los idiomas clásicos.

Alcanza entonces nuestra lengua una extraordinaria difusión por todos los países de Europa y salta al Nuevo Mundo en la boca de nuestros conquistadores. Papel importantísimo tuvo en esta difusión el propio Carlos V, que vino a España sin conocer nuestra lengua y fue luego tan apasionado de ella. El castellano se convierte en el idioma de las cancillerías, se imprimen libros españoles en toda Italia, en Francia, en Bélgica y en Inglaterra, se enseña el español en numerosas Universidades de Europa, se componen gramáticas y diccionarios de español en diversas lenguas vulgares, y Castiglione proclama en su *Cortesano* como ideal del perfecto caballero el poseer el español. La lista de los grandes escritores de todos los países que proclaman la excelencia del español, sería inacabable.

Dentro de nuestra propia patria el castellano gana la batalla al latín, hasta para aquellas materias en que el empleo de la lengua vulgar se consideraba inadecuado; aunque no siempre sin prolongadas luchas. La defensa que hace Bembo en Italia de la lengua vulgar, siguiendo por otra parte las huellas de Nebrija, la recoge nuestro Juan de Valdés en su *Diálogo de la Lengua*, diciendo: "Todos los hombres somos más obligados a ilustrar y enriquecer la lengua que nos es natural y que mamamos en las tetas de nuestras madres, que no la que nos es pegadiza y que aprendemos en libros"[4]. Y Cristóbal de Villalón escribía: "La lengua que Dios y naturaleza nos han dado, no nos debe ser menos apacible que la latina, griega y hebrea"[5].

En cuanto al estilo, durante la época del Emperador, se considera como ideal, no sin notables excepciones, la naturalidad, aunque siguiendo la fórmula de *La Celestina* de combinar la lengua popular con "aquella otra de artificio, ingenio, invención, propia más bien de los hombres de letras", dando, sin embargo, frecuentemente mayor preferencia a la vulgar pero seleccionando siempre lo mejor. La tendencia del Renacimiento por seguir en todo a la naturaleza según las sentencias de Platón y de Cicerón, favorecía el cultivo del

---

[3] *Diálogo de la Lengua*, edición de José F. Montesinos, Madrid, 1928, pág. 8.
[4] Ídem, íd., pág. 7.
[5] *Gramática castellana*, 1558, Proemio.

lenguaje en su forma más llana y natural. Valdés, uno de los principales defensores de esta tendencia, escribía: "El estilo que tengo me es natural, y sin afetación ninguna escrivo como hablo: solamente tengo cuidado de usar vocablos que sinifiquen bien lo que quiero dezir, y dígolo cuanto más llanamente me es posible, porque, a mi parecer, en ninguna lengua está bien el afetación"[6]. "¡La afectación! —escribe Menéndez Pidal comentando las palabras de Valdés—, latinismo ya muy usado por Castiglione, y que entonces también se propagaba por Francia; voz nueva del defecto vitando, del escollo peligrosísimo en que naufragaba toda elegancia y cortesía. No es enrubiando los cabellos y pelándose las cejas —dice Castiglione—, no es cubriéndose el rostro de afeites y colores como las mujeres parecen más hermosas, porque descubren la *afectación,* esto es, el desordenado deseo de parecer mejor. Para el Renacimiento, tan altamente sentido por Castiglione, la belleza suprema es la natural (per natura), y no la que depende del esfuerzo: a cada paso se loa 'aquella descuidada sencillez, gratísima a los ojos y a los entendimientos humanos, los cuales siempre temen ser engañados por el arte'"[7].

Semejante estima por lo natural no quiere decir que se aceptase lo que se consideraba plebeyo. Gozaron, en cambio, de gran aceptación los refranes, de los cuales se benefició el idioma en dos notas que los distinguen: la claridad y la concisión[8]. Para lograr lo cual aconsejaba también Valdés: "Todo el bien hablar castellano consiste en que digáis lo que queréis con las menos palabras que pudiéredes"[9].

Con el avance del siglo disminuye, sin embargo, rápidamente el gusto por la sencillez y naturalidad, y comienza a "afirmarse —según dice Menéndez Pidal— el valor artístico de la afectación", dirigido por "una norma *literaria* de grandes individualidades"[10]. Así, concretamente, la artificiosidad inherente a las formas italianas y petrarquistas de Garcilaso conduce a una intensificación del idioma culto, sobre todo en poetas como Herrera, que progresa notablemente en el camino del rebuscamiento y la complicación, en apresurado proceso hacia el barroco. Pero aunque alguna de estas personalidades, las menos, rechacen

---

[6] *Diálogo de la Lengua,* ed. citada, pág. 150.

[7] *El lenguaje del Siglo XVI,* ed. cit., págs. 31-32.

[8] Comentando "la asombrosa habilidad y destreza con que los escritores del Siglo de Oro acertaban a unir las oposiciones extremas del estilo más elevado y el más ínfimo", escribe Carlos Vossler esta aguda definición del refrán: "Son fórmulas o sentencias que oscilan entre concepto e imagen, abstracción o imprecisión. En todos ellos se encuentra algo indeciso, cortado y multívoco, que tiene que recibir su sentido entero y preciso por la aplicación a una situación concreta. Una ley peculiar de oposición y acuerdo impera aquí, en virtud de la cual un refrán situado en el seno de un argumento esencialmente prosaico hace resaltar la fuerza poética que en él alienta, mientras que situado en el curso del pensamiento poético se alza como una isla de prosa" (*Introducción a la literatura española del Siglo de Oro.* Buenos Aires, 1945, págs. 27-28).

[9] *Diálogo de la Lengua,* ed. citada, pág. 155.

[10] *El lenguaje del Siglo XVI,* ed. cit., pág. 45.

de plano todo elemento popular, éste subsiste, sin embargo, como componente característico de nuestra literatura, hasta en aquellos escritores de más artificiosa expresión. Adviértase bien que en nuestras letras no debe nunca confundirse la sencillez de estilo con el popularismo; ambos pueden coincidir, pero no necesariamente. Con gran frecuencia las formas más inequívocamente populares, y tal es el caso, entre muchas más, de los refranes citados, pueden servir, con su peculiar concisión, para el conceptismo más rebuscado. Sobre esta tenaz pervivencia del popularismo escribe Vossler: "Tanto en la literatura como en el uso idiomático del Siglo de Oro pueden distinguirse tres grados estilísticos: el popular, el clásico y el artificioso o culterano. Los tres existían simultáneamente, pero, sin embargo, el tercero no alcanzó plena validez hasta la última época, hasta el barroco, mientras que el estilo clásico desempeñó tan sólo un papel de duración relativamente breve y, por así decirlo, de segunda categoría. El estilo popular, en cambio, permaneció ininterrumpidamente en vigor tanto en el primero como en el segundo siglo de la época de oro, haciendo acto de presencia hasta en las últimas cimas del culteranismo, gracias a su constante impulso ascendente. En la suntuosa construcción literaria del idioma español, el piso intermedio, que hubiera podido representar el grado de la moderación y de la pureza, ocupa el espacio más modesto. Toda la arquitectura lingüístico-literaria del Siglo de Oro español se distingue de las construcciones coetáneas de los italianos y franceses por la masa y firmeza de sus cimientos populares, cuyos muros se elevan hacia lo alto como un sistema de pilares, que sustenta en su parte superior la obra exquisitamente labrada de una cornisa delicadísima"[11].

EL RENACIMIENTO EN ESPAÑA. LUIS VIVES

Renacimiento español. Se ha discutido extensamente acerca de si ha existido o no el Renacimiento en España. Considerándolo como una ruptura radical con el espíritu de la Edad Media y estimándolo tan sólo bajo el aspecto de una paganización de la vida, ha podido negarse su existencia en nuestro país, puesto que después de la etapa correspondiente al reinado del Emperador la cultura española se orienta en un sentido religioso y cristiano que, para muchos, contradice las direcciones esenciales del Renacimiento. Y así lo han sostenido diversos historiadores de la cultura, la literatura y las artes, hasta elaborar un concepto que ha venido gozando de amplia aceptación.[12]

---

[11] *Introducción...*, citada, págs. 20-21.
[12] Entre los que más han contribuido, directa o indirectamente, a levantar esta teoría deben destacarse William Prescott, Enrique Morf, Hipólito Taine, Gobineau, Jacobo Burckhardt, y de manera más concreta Victor Klemperer en su trabajo "Gibt es eine spanische Renaissance?", en *Logos*, XVI, 1927, págs. 129-161.

Pero después de estudios minuciosos, cuya exposición no cabe en este lugar, en los que han participado, tanto o más que nuestros propios investigadores, notables escritores de diversos países, hoy ya no puede sostenerse la opinión negativa sin una tendenciosidad manifiesta [13]. El Renacimiento español no sólo estuvo a la altura de sus más brillantes manifestaciones en otros países, sino que todavía los sobrepujó en muchos aspectos. Más aún: consiguió resultados de manifiesta originalidad precisamente por la fusión de la tradición medieval con las nuevas aportaciones europeas. En repetidas ocasiones hemos destacado esta característica de nuestra literatura que se hace patente no sólo en los aspectos más específicamente literarios sino también en lo que concierne a su contenido y significación ideológica. Ya sabemos que mientras el resto de las naciones europeas rompe con su pasado, España lo recoge y renueva consiguiendo una síntesis peculiarísima en que se funde lo mejor y más duradero de ambas vertientes. Hacer ahora el recuento de nuestros humanistas es tarea innecesaria porque muchos han sido ya estudiados y las páginas siguientes tienen que permitirnos asistir al desfile de nuestras grandes personalidades renacentistas.

Otro rasgo de originalidad de nuestro Renacimiento, que, en el aspecto descrito, podría definirse como una cristianización de la Antigüedad, es también la coexistencia de lo popular y típicamente local e hispánico con la cultura universal, recibida de la herencia clásica. La persistencia de nuestra tradición épica, tantas veces aludida, que los demás países olvidan, es una muestra importantísima de la capacidad española para la armonización de los elementos más contrarios. Concretando estos rasgos en breves palabras que, por lo precisas, tienen todo el valor de una fórmula, escribe Dámaso Alonso: "Lo esen-

---

[13] Entre los escritores que han realizado aportaciones más valiosas para la adecuada valoración del Renacimiento español deben mencionarse, sobre todo, Ludwig Pfandl, *Cultura y costumbres del pueblo español en los siglos XVI y XVII. Introducción al estudio del Siglo de Oro,* trad. española, Barcelona, 1929, e *Historia de la Literatura Nacional Española en la Edad de Oro,* trad. española, Barcelona, 1933. Helmut Hatzfeld, "Italienische und spanische Renaissance", en *Literaturwissenschaftliches Jahrbuch der Görres-Gesellschaft,* 1926, I. Carlos Vossler, *Introducción a la literatura española del Siglo de Oro,* citada. A. Morel-Fatio, A. Farinelli, y sobre todo Aubrey F. G. Bell ("Notes on the Spanish Renaissance", en *Revue Hispanique,* LXXX, 1930; *Luis de León. Un estudio del Renacimiento español,* Barcelona, 1927; *El Renacimiento español,* Zaragoza, 1944). Cfr. además: R. Trevor Davies, *The Golden Century of Spain, 1501-1621,* London, 1937, 2.ª ed., 1954, François Piétri, *La España del Siglo de Oro,* Madrid, 1960. D. Rubio, "Notes on Spanish Renaissance", en *Revue Hispanique,* LXXX, 1930. R. Vilches Acuña, *España en la Edad de Oro,* Buenos Aires, 1946. Francesco Vian, *Introduzione alla letteratura spagnola del Siglo de Oro,* Milán, 1946. Adolfo Bonilla y San Martín, "El Renacimiento y su influencia literaria en España", en *España Moderna,* Madrid, 1902. Federico de Onís, "El concepto del Renacimiento aplicado a la literatura española", en *Ensayos sobre el sentido de la cultura española,* Madrid, 1932, págs. 195-223. Ángel González Palencia, *La España del Siglo de Oro,* Nueva York, 1939. Ángel Valbuena Prat, *La vida española en la Edad de Oro,* Barcelona, 1943.

cialmente español, lo diferencialmente español en literatura es esto: que nuestro Renacimiento y nuestro Post-renacimiento barroco son una conjunción de lo medieval hispánico y de lo renacentista y barroco europeo. España no se vuelve de espaldas a lo medieval al llegar al siglo XVI (como lo hace Francia), sino que, sin cerrarse a los influjos del momento, continúa la tradición de la Edad Media. Ésta es la gran originalidad de España y de la literatura española, su gran secreto y la clave de su fuerza y de su desasosiego íntimo. Hay como una veta de literatura medieval (romancero y cancionero popular, etc.), que entra en el siglo XVI, pasa, adelgazándose, al siglo XVII, y llega soterrañamente hasta nuestros días"[14].

Resumiendo las más importantes características de nuestro Renacimiento, podríamos concretarlas de este modo: unidad política y religiosa; armonización de tendencias contrapuestas —tradición religiosa con el humanismo pagano; popularismo y cultismo, idealismo y realismo; tradición local y temática universal europea—; nacionalización de temas extranjeros; universalismo (el drama español lo abarca todo: lo nacional y lo extranjero, lo religioso y lo profano, lo histórico y lo legendario); finalidad ética y didáctica junto a la más exigente preocupación estética; espíritu constructor y realista.

Luis Vives. Por su importancia capital en este momento de ascensión de nuestro Renacimiento, debe ser incluida aquí, pese a no haber escrito ninguno de sus libros en español, la figura de Luis Vives, "el genio más universal y sintético que produce el siglo XVI en España", según palabras de Menéndez y Pelayo. Nació en Valencia en 1492 y estudió en París. Residió mucho tiempo en Brujas, donde casó con su compatriota Margarita Valldaura, y fue profesor de clásicos latinos en la Universidad de Lovaina. Allí conoció a Erasmo, por el que iba siempre a sentir particular admiración y a quien llama "mi señor, mi maestro, mi padre". Bajo su influjo escribió una vibrante invectiva, *In pseudodialecticos* (1519), contra los métodos escolásticos que habían dirigido su educación en París; censura en ella a los filósofos que continúan cultivando las sutilezas dialécticas de la vieja Escolástica mientras abandonan los problemas fundamentales. Por su espíritu renovador puede esta obra de Vives colocarse a la par de la actitud de Nebrija contra los rutinarios y anticuados gramáticos.

Por encargo de Erasmo, que trabajaba entonces en la publicación de los Santos Padres, preparó Vives una edición comentada de *La Ciudad de Dios*, de San Agustín, obra que por su sabor erasmista fue llevada al "Índice" después de la muerte de Vives.

En busca de una posición económica más desahogada pasó luego a Inglaterra, donde por recomendación de Tomás Moro y de otros humanistas ingle-

---

[14] Dámaso Alonso, *Poesía española. Antología. Poesía de la Edad Media y poesía de tipo tradicional*, Madrid, 1935, pág. 9.

ses fue nombrado lector de la reina Catalina, esposa de Enrique VIII; preceptor de la princesa su hija (la futura María de Inglaterra), para cuya educación escribió su libro *De ratione studii puerilis*; y catedrático en el Colegio del Corpus Christi de Oxford. Con motivo del divorcio de los reyes abandonó Inglaterra y volvió a Brujas donde pasó los últimos años de su vida. Murió en 1540. Había sido propuesto para cubrir la vacante de Nebrija en la Universidad de Alcalá, pero no aceptó.

Luis Vives escribió, siempre en latín, sobre las más diversas materias: filosofía, educación, moral, cuestiones sociales, problemas de gramática; pero le preocupó sobremanera la pedagogía y estudió con preferencia las disciplinas que podían ayudarle en este camino. Merecen citarse entre sus obras *De veritate fidei christianae, De anima et vita, De causis corruptarum artium, De tradendis disciplinis, De artibus, De institutione feminae christianae, Exercitatio linguae latinae, De subventione pauperum, Introductio ad sapientiam*, etc.

Vives no creó ningún sistema filosófico auténticamente original, pero supo captar como ninguno el alcance y significación de las nuevas corrientes. Examinó las causas por las que habían decaído los estudios filosóficos en la Edad Media y propuso los nuevos métodos precisos para revigorizarlos. Adelantándose a Bacon, señaló la importancia de la observación y la experiencia, distinguiendo entre la observación externa como más apropiada para el estudio de los fenómenos naturales, y la interna para adquirir el conocimiento de los fenómenos psicológicos. En este campo es asimismo el precursor indiscutible de la psicología moderna (*De anima et vita*), como lo es de la pedagogía por sus métodos reformadores de la enseñanza. Supo advertir el peligro tanto del predominio individualista como del comunista, y llevado de su sentido práctico, muy de raíz española y levantina, mostró su disconformidad con toda literatura que no encerrase una finalidad docente y trató de basar la ciencia en su utilidad [15].

---

[15] *Obras Completas*, traducidas al español por Lorenzo Riber, 2 vols., Madrid, 1948. Cfr.: M. Menéndez y Pelayo, "Humanistas españoles del siglo XVI", en *Estudios y discursos de crítica histórica y literaria*, ed. nacional, vol. II, Santander, 1941, págs. 3-23. Foster Watson, *Vives and the Renaissance Education of Women*, Londres, 1912. Del mismo, *Luis Vives, el gran valenciano (1492-1540)*, Oxford, 1922. Adolfo Bonilla y San Martín, *Luis Vives y la filosofía del Renacimiento*, 3 vols., Madrid, 1929. Marcel Bataillon, "De nouveau sur Juan Luis Vives", en *Bulletin Hispanique*, XXXII, 1930, páginas 97-113; véase además, del mismo, *Erasmo y España*, cit. luego, passim. M. E. Valentini, *Erasmo y Vives. Contenido educativo del Humanismo*, Buenos Aires, 1934. Mariano Puigdollers, *La filosofía española de Luis Vives*, Madrid, 1941. Gregorio Marañón, *Luis Vives. Un español fuera de España*, Madrid, 1942. J. M. Millás Vallicrosa, "La Apologética de Luis Vives y el Judaísmo", en *Sefarad*, II, 1942, págs. 293-323. Eugenio d'Ors, "Juan Luis Vives", en *Estilos del pensar*, Madrid, 1945, págs. 81-117. J. B. Gomis, "Ascética y Mística de Juan Luis Vives", en *Revista de Espiritualidad*, Madrid, V, 1946, págs. 246-271. Del mismo, *Criterio social de Luis Vives*, C. S. I. C., Madrid, 1946. F. de Urmeneta, "Introducción a la Estética de Luis Vives", en *Revista de Ideas*

EL ERASMISMO

Entre las grandes corrientes de pensamiento que tuvieron mayor influjo en la Europa del Renacimiento, merece destacarse la impulsada por Erasmo de Rotterdam, que de él tomó su nombre. Erasmo de Rotterdam (1465-1536) entró a los catorce años en el convento de los agustinos de Stein, de donde salió para seguir sus estudios en París y Bolonia. Fue protegido por eminentes personajes (León X, Tomás Moro), profesor de griego de Oxford y Cambridge y consejero de Estado de Carlos V. Llegó a ser rector de la Universidad de Basilea y colaboró con los dos impresores más famosos de su tiempo: Aldo Manucio, de Venecia, y Froben, de Basilea.

Hombre de enciclopédico saber, Erasmo publicó numerosos libros sobre los temas más diversos, pero debió su fama especialmente a los *Adagia* o *Apotegmas*, al *Elogio de la locura* y al *Enchiridion* o *Manual del caballero cristiano*. Erasmo propugnaba un cristianismo interior, sin liturgia ni aparato de culto ni fórmulas externas, es decir, una actitud que preludiaba la reforma protestante. Defendía una mayor pureza de costumbres y censuraba, con su finísima ironía característica y su habilidad dialéctica, las supersticiones y abusos que se habían introducido en la religión y la relajación de los clérigos. La resonancia de los escritos de Erasmo fue extraordinaria, porque la mayor parte de los excesos denunciados por el humanista holandés eran evidentes, y a corregirlos precisamente habían tendido en España los avances reformadores de Pedro Ciruelo y del Cardenal Cisneros y posteriormente la legislación definitiva del Concilio de Trento. Erasmo no se separó nunca dogmáticamente de la Iglesia, pero sus doctrinas prepararon indirectamente el camino para la reforma protestante.

España fue uno de los países donde el influjo de Erasmo fue mayor. Erasmo llegó a decir: "Debo a España más que a los míos ni a otra nación alguna". No solamente siguieron sus ideas gran parte de los escritores de la época del Emperador, según veremos luego, y numerosos humanistas, sino incluso destacados hombres de la Iglesia, como el mismo inquisidor general Manrique. Con el triunfo de la Contrarreforma en España la influencia de Erasmo quedó reducida a brotes aislados. La oposición al protestantismo traía aparejada la repulsa de los libros de Erasmo, cuyo recuerdo sirvió para estimular el ardor apologético de la gran literatura religiosa de la época de Felipe II [16].

Estéticas, V, 1947, págs. 437-450. B. Manzoni, *Vives, umanista spagnolo*, Lugano, 1960. B. G. Monsegú, *Filosofía del Humanismo en Juan Luis Vives*, C. S. I. C., Madrid, 1961, M. de la Pinta Llorente y J. M. del Palacio, *Procesos inquisitoriales contra la familia judía de Juan Luis Vives*, vol. I, Madrid, 1964.

[16] Cfr.: R. B. Drummond, *Erasmus, his Life and Character*, 2 vols., Londres, 1873 (estudio fundamental). P. S. Allen, *Opus Epistolarum Desiderii Erasmi*, Oxford, 1906 y ss. (van aparecidos once volúmenes), con estudio fundamental. Adolfo Bonilla y San Martín,

"Erasmo en España", en *Revue Hispanique,* XVII, 1907, págs. 379-548. R. H. Murray, *Erasmus and Luther: their Attitude to Toleration,* Londres, 1920. J. B. Pineau, *Érasme, sa pensée religieuse,* París, 1924. Américo Castro, "Erasmo en tiempo de Cervantes", en *Revista de Filología Española,* XVIII, 1931, págs. 329-389. Del mismo, "Lo hispánico y el erasmismo", en *Revista de Filología Hispánica,* II, 1940, págs. 1-34, y IV, 1942, págs. 1-66. *El Enquiridion o Manual del caballero cristiano,* edición de Dámaso Alonso, con prólogo de Marcel Bataillon, Madrid, 1932. Eugenio Asensio, "El erasmismo y las corrientes espirituales afines", en *Revista de Filología Española,* XXXVI, 1952, págs. 31-99. M. de la Pinta Llorente, "Doble significación del erasmismo", en *La Inquisición española y los problemas de la Cultura y de la Intolerancia,* Madrid, 1953, págs. 59-99. M. Menéndez y Pelayo, *Historia de los heterodoxos españoles,* ed. nacional, III, 2.ª ed., Madrid, 1963, caps. I-IV, págs. 7-258. Dámaso Alonso, "El crepúsculo de Erasmo", en *De los siglos oscuros al de Oro,* 2.ª ed., Madrid, 1964, págs. 199-217. Marcel Bataillon, *Erasmo y España. Estudios sobre la historia espiritual del siglo XVI,* trad. española, 2.ª ed., México, 1966 (fundamental e imprescindible para el estudio del erasmismo español).

ÉPOCA DE CARLOS V

CAPÍTULO XV

LA LÍRICA. BOSCÁN Y GARCILASO. LA POESÍA ITALIANISTA

EL TRIUNFO DEL ITALIANISMO EN ESPAÑA

A la época del Emperador corresponde la definitiva introducción en España de la poesía italianista, que había sido intentada sin éxito en el siglo XV por el Marqués de Santillana. Ahora, mejor preparado el ambiente para acoger y valorar lo que entrañaba este cambio de dirección poética, en medio del fervor renacentista y después que habían tenido ya lugar brillantes manifestaciones de la nueva cultura de la época, la escuela italianista se aclimata, pese a leves reservas, como un fenómeno natural y maduro de aquel momento literario. Anticipemos que encontró, para acreditarlo, la voz de uno de los más excelsos poetas de toda nuestra historia: Garcilaso de la Vega.

Adviértase bien que el triunfo del italianismo poético fue un hecho general en todas las grandes literaturas de Europa, como general estaba siendo la difusión del complejo cultural del Renacimiento, del que el italianismo en poesía venía sólo a representar una de sus manifestaciones. En España, sin embargo, el italianismo llegó a su triunfo y plena madurez antes que en otra cualquiera de las naciones europeas, quizá, aparte la especial preparación de nuestro suelo literario, por el contacto más prolongado y estrecho con Italia en virtud de la actividad política iniciada ya en el siglo XIII por la monarquía aragonesa e intensamente activada desde los días del Magnánimo. En Francia, en cambio, no se aclimata el italianismo sino con Ronsard y los poetas de la Pléyade, dentro ya de la segunda mitad del siglo XVI; en Inglaterra la primera manifestación no tiene lugar hasta 1557 con la publicación de las poesías de Wyatt y de Surrey, experimentos, por lo demás, de limitada trascendencia, puesto que hay que penetrar bien adentro en la segunda mitad de la centuria para hallar en Spenser un espíritu auténticamente renacentista, y aun llegar hasta Milton, en el siglo XVII, para encontrar la fina musicalidad de la poesía italiana.

Por lo demás, era históricamente necesario que fuese Italia la maestra de la renovación renacentista en poesía. Los grandes genios italianos, desde Dante y Petrarca, habían encontrado la expresión más genuina de la nueva sensibilidad mediante la utilización de formas métricas insustituibles y la perfección a que habían llevado su cultivo.

La poesía italianista entrañaba a la vez una renovación de contenido, de métrica y de estilo. Frecuentemente se habla de la introducción del endecasílabo como de un aspecto capital, como si todo el cambio consistiera tan sólo en esta novedad métrica. Pero el endecasílabo es importante sobre todo en cuanto supone la adquisición de un instrumento que hacía posible una nueva *sustancia poética*. En esencia la nueva lírica representa la sustitución de la poesía tradicional, de carácter popular, ligero, entretenido, de ritmo ágil y fácil comprensión, por un estilo artificioso, culto, cuajado de expresiones metafóricas, elaborado cuidadosamente dentro de una comedida y severa elegancia y servido por un ritmo de graves y reposadas armonías.

Para dar cauce a este nuevo sentir poético no era adecuado el octosílabo, demasiado ligero, ni el dodecasílabo, excesivamente pesado y monótono —"torpe avutarda de cuatro aletazos por renglón", como ha dicho de él Dámaso Alonso—, falto de la cadencia y flexibilidad de que el endecasílabo estaba dotado. Con la introducción, en cambio, de este metro —"divino instrumento, perfeccionadísimo, de maravillosas voces, registros y potencias, que unía en sí gravedad, matiz, flexibilidad, fuerza y siempre, siempre, elegancia"[1]—, encuentra sus posibilidades de expresión todo un mundo de ideas y de temas nuevos, de sensibilidad poética, que no hubiera podido hallar su cauce dentro de los populares ritmos tradicionales. En esto consiste sobre todo su importancia y su trascendente novedad.

Los enemigos, pues que los hubo, como veremos, de la revolución italianista, recordaban, para rebajar el interés de la innovación, que el endecasílabo

---

[1] Dámaso Alonso, "Elogio del endecasílabo", en *De los siglos oscuros al de Oro*, 2.ª ed., Madrid, 1964, pág. 180. Desearíamos poder reproducir aquí todo este hermoso canto lírico al "divino" endecasílabo, pero queden al menos estas líneas: "¿Qué ángel matizó la sabia alternancia de los acentos, la grave voz recurrente de la sexta sílaba, o los dos golpes contrastados de la cuarta y la octava, en el modo sáfico? ¿Quién le dio la magia proteica de ser siempre uno y siempre vario, nuevo y cambiante en cesuras y libres cuasihemistiquios, concertado a las siete sílabas o las cinco, lánguida criatura ondulante, en sí mismo valle y colina?... Pero de la música del endecasílabo no nos cansaremos, no nos saciaremos nunca. Manejado por un Góngora cincela lo infinitamente complicado. Cargado de la pasión de un Quevedo, desgarra, o esculpe, apretada, la sentencia de granito. Y en Lope es variedad vital y salada donosura. Como en Garcilaso fue sedeña nostalgia, trémolo de la voz que las lágrimas apenas si empañaron. Y en San Juan de la Cruz, ya lleno y luminoso de naturaleza, ya apagado en el aniquilamiento del sentido, frontera o linde con la Divinidad" (págs. 179 y 181).

italiano había sido ya utilizado, de forma más o menos consciente, por algunos escritores del siglo XV —Juan de Mena, Imperial—, y con premeditada intención innovadora por el propio Marqués de Santillana en sus *Sonetos fechos al itálico modo*. Además, en España había tenido largo cultivo el endecasílabo llamado de "gaita gallega", acentuado en las sílabas 4.ª, 7.ª y 10.ª, lo que le daba un ritmo como de baile o corro que le distinguía esencialmente del italiano, cuyos acentos racaían en la sílaba 6.ª o en la 4.ª y 8.ª Pero en estas variaciones había la misma diferencia de ritmo que puede existir entre un "fox" y una sonata de Beethoven. Así pues, en unos casos por su carácter accidental y falta de sistematización, en otros —Santillana— por lo prematuro y frustrado del intento, en otros —endecasílabos gallegos— por su diferencia radical con el verso de once que llegaba de Italia, es sólo ahora, y en virtud de la obra poética de Boscán y de Garcilaso de la Vega, cuando se produce la trascendental innovación poética que representa el triunfo del endecasílabo italiano.

En sustitución del romance y de la copla de arte mayor, las estrofas preferidas por la poesía italianista fueron el soneto, la octava real, el terceto y, combinado el endecasílabo con el heptasílabo, la silva y la lira. En cuanto a los temas el italianismo se polariza en torno al amor, a la naturaleza y a los mitos grecolatinos:

El *amor*, entendido a la manera petrarquista; es decir, según la concepción platónica que idealizaba la realidad material y resolvía la antinomia entre los sentidos y la razón, entre el espíritu y la carne (que había constituido el sentido trágico de la Edad Media) mediante la espiritualización del sentimiento amoroso. El hombre, contemplando la belleza de las criaturas ejemplificada sobre todo en la hermosura de la mujer amada, podía ascender a la suprema belleza de la Divinidad a través del amor, fuerza que penetra y comprende. En esta corriente platónica influyó, al lado de Petrarca, el *Cortesano*, de Castiglione, el gran poeta valenciano Ausías March, y los *Diálogos de Amor*, de León Hebreo.

La *naturaleza*, marco obligado de toda acción amorosa, se describe, de forma bellamente estilizada, como un remanso de armonía y de paz, símbolo de la perfección del mundo natural, reflejo también de la Belleza divina, que se opone a su vez a la agitación de la vida ciudadana. Es un mundo convencional y figurado, con su nostalgia de la "edad de oro", que tomó sus modelos en la poesía pastoril de Teócrito, Virgilio y Horacio o en las manifestaciones contemporáneas como *La Arcadia*, de Sannazaro. Constituye un problema del más amplio interés el precisar por qué el Renacimiento, que hizo de la Naturaleza un culto casi religioso, la quiso contemplar a través de esta idealización que caracteriza a la poesía bucólica. Sucede —según ha explicado luminosamente Pedro Salinas— [2] que esta tendencia hacia lo natural como fuente de

---

[2] Pedro Salinas, "The Idealization of Reality. Garcilasso de la Vega", en *Reality and the Poet in Spanish Poetry*, Baltimore, The Johns Hopkins Press, 1966, págs. 67-93; la referencia en pág. 79.

perfección y de bondad, se contrapone a otra fuerza no menor del hombre renacentista, que es el culto de las ideas como suprema expresión de la dignidad humana, y el cultivo de la porción intelectual del hombre con su capacidad de conocimiento y abstracción. El Renacimiento es, por esencia, una tarea de cultura. Por esto, cuando el hombre de aquella época se enfrenta con la naturaleza, lo hace con ojos de hombre cultivado y a través de una complicada red de reflexiones; entre su mente y la naturaleza real se interpone la lente de sus ideas; y cuando compone un poema pastoril, está tratando de combinar el arte y la naturaleza, las dos verdades que se reparten su espíritu. Y añade Salinas bellamente, refiriéndose ya en concreto a Garcilaso: el Renacimiento cincelaba mármoles y adoraba los cuerpos, pero sin preferir la carne palpitante ni la estatua, sin escoger entre el mármol y la carne, sino que trataba de resolver este dilema eternizando la carne mortal en la perenne blancura de las ideas y del mármol[3]. El bucolismo, según dice por su parte Margot Arce[4], responde al anhelo humanístico de una vida perfecta dentro del estado natural; por otro lado, la vida de reposo y de tranquilo aislamiento que ofrece el marco pastoril concuerda "con el deseo de libertad, de descuido, de pura contemplación"[5]: allí el poeta puede sentirse a salvo de todo aquello que embaraza al alma, de las inquietudes y turbulencias que destruyen la serena intimidad del yo. Finalmente, el poeta —añade Margot Arce— quiere "manifestar su dolor, pero desea objetivarlo al mismo tiempo: huye de sinceridades absolutas y de estridencias sentimentales"[6]; su confesión ha de ser contenida, sin exteriorizar el sentir más íntimo; y el cañamazo de lo pastoril sirve maravillosamente a este propósito, pues los pastores revelan y esconden a un tiempo la personalidad del poeta, que puede así dar esa sensación de equilibrio, de emocionada sobriedad.

En cuanto a los *mitos* grecolatinos toda la literatura de la antigüedad proporcionaba materia inacabable, pero de modo especial las *Metamorfosis* de Ovidio.

Se cita siempre como causa determinante de la introducción de la poesía italianista en España la invitación hecha a Boscán, en la primavera de 1526, por el embajador veneciano Andrea Navagero, que le indujo a ensayar la métrica y los temas italianos. Fue la manzana de Newton. Pero nos inclinamos a creer que sin esta anécdota el italianismo hubiera triunfado igualmente. Era un componente esencial del nuevo mundo renacentista y en una u otra forma

---

[3] Ídem, íd., pág. 81.

[4] Margot Arce de Vázquez, *Garcilaso de la Vega. Contribución al estudio de la lírica española del siglo XVI*, Anejo XII de la *Revista de Filología Española*, Madrid, 1930; nueva ed., Universidad de Puerto Rico, Río Piedras, 1961 (citamos por esta última ed.; la referencia, en pág. 20).

[5] Ídem, íd., pág. 23.

[6] Ídem, íd., pág. 27.

tenía que haber hecho su aparición. Es casi un tópico, pero necesario, o a lo menos curioso, reproducir en este punto la relación hecha por el propio Boscán de su histórica entrevista con Navagero[7]:

"Estando un día en Granada con el Navagero... tratando con él en cosas de ingenio y de letras y especialmente en las variedades de muchas lenguas, me dixo por qué no provava en lengua castellana sonetos y otras artes de trobas usadas por los buenos authores de Italia, y no solamente me lo dixo assí livianamente, mas aún me rogó que lo hiziesse. Partíme pocos días después para mi casa, y con la largueza y soledad del camino, discurriendo por diversas cosas, fuý a dar muchas vezes en lo que el Navagero me havía dicho. Y assí comencé a tentar este género de verso, en el cual al principio hallé alguna dificultad por ser muy artificioso y tener muchas particularidades distintas del nuestro. Pero después, pareciéndome quiçá con el amor de las cosas propias que esto començaba a sucederme bien, fuý paso a paso metiéndome con calor en ello. Mas esto no bastara a hazerme passar muy adelante, si Garcilasso con su juizio, el qual no solamente en mi opinión, mas en la de todo el mundo, ha sido tenido por regla cierta, no me confirmara en esta mi demanda. Y assí alabándome muchas vezes este mi propósito y acabándomele de aprovar con su exemplo, porque quiso él también llevar este camino, al cabo me hizo ocupar mis ratos ociosos en esto más fundadamente"[8].

JUAN BOSCÁN

Juan Boscán de Almogaver nació en Barcelona, a fines del siglo XV —entre 1487 y 1492, según precisa Martín de Riquer—, de acomodada familia burguesa y no carente de tradición literaria. Como sus abuelos, tanto paternos como maternos, habían favorecido la causa de Juan II durante la guerra de Cataluña, la familia gozó de importantes privilegios que encauzaron la posición cortesana del poeta. Estudió con Lucio Marineo Sículo y pasó después a la corte de los Reyes Católicos. Fue preceptor del duque de Alba, y en la corte de Carlos V anudó entrañable y ejemplar amistad con Garcilaso de la Vega, cuyo consejo, como hemos visto, contribuyó a que siguiera las indica-

---

[7] Forma parte de la famosa "Carta a la duquesa de Soma", que figura como introducción a la segunda parte de sus poesías. Menéndez y Pelayo califica esta carta de verdadero manifiesto de escuela, puesto que en ella descubre el poeta las razones que le movieron a la adopción de los metros y combinaciones italianas y revela la inequívoca conciencia que tenía de la trascendencia de su innovación. Aludiendo al hecho concretísimo de la entrevista entre Boscán y Navagero, que provocó las nuevas direcciones poéticas, escribe José F. Montesinos: "El alumbramiento de la nueva literatura es uno de los pocos fenómenos históricos que pueden fecharse con precisión casi absoluta" ("Centón de Garcilaso", en *Ensayos y Estudios de Literatura Española*, México, 1959, pág. 29).

[8] En *Obras poéticas de Juan Boscán,* ed. crítica de Martín de Riquer, luego cit., página 89.

ciones de Navagero. Tomó parte en la expedición a la isla de Rodas y figuró entre los caballeros que acudieron con Carlos V a levantar el cerco de Viena. Casó en Barcelona con doña Ana Girón de Rebolledo, dama valenciana, "sabia, gentil, y cortés", según opinión de don Diego Hurtado de Mendoza. Doña Ana fue compañera inapreciable del poeta, le inspiró sus mejores y más sinceros versos de amor y editó las obras de su esposo después de la muerte de éste [9]. Boscán, luego de casado, vivió en Barcelona, en un ambiente familiar retirado y tranquilo, y falleció en su ciudad natal en 1542, al regreso de un viaje en que había acompañado al duque de Alba para inspeccionar la frontera con Francia [10].

Las poesías de Boscán, según fueron publicadas por primera vez un año después de su muerte, constan de tres libros: el primero recoge sus obras de la primera época, todavía a la manera tradicional, de no demasiado valor; el segundo contiene su principal producción italianista —noventa y dos sonetos y diez canciones—; el tercero consta de la *Epístola a Mendoza*, en tercetos, del poema alegórico titulado *Octava Rima* y de la *Historia de Hero y Leandro*, en verso libre, paráfrasis de la historia de Museo [11].

---

[9] Se había supuesto que la edición fue proyectada por la viuda del poeta; esto hizo pensar a Menéndez y Pelayo que algunas imperfecciones del texto podían ser debidas al descuido de los editores. Pero Martín de Riquer ha probado documentalmente que fue el propio Boscán, en unión de su esposa, quien, cinco meses antes de su muerte, contrató con el librero Joan Bages la impresión de sus poesías, llevada a cabo, efectivamente, en Barcelona por Carles Amorós y acabada en marzo de 1543. Es, pues, de suponer que la edición reproduce un original preparado para la imprenta por el propio poeta y seleccionado entre toda su producción. Se conservan otras muchas poesías de Boscán no incluidas en la edición citada, pero su ausencia, dice Riquer, puede explicarse bien porque el poeta no conservara copia de ellas o bien por un criterio selectivo. Cfr.: Martín de Riquer, *Juan Boscán y su cancionero barcelonés*, Barcelona, 1945; y la "Nota preliminar" a su edición de *Obras poéticas*..., cit. luego. Sobre el estudio de Riquer véase la nota bibliográfica de J. M. Alda Tesán, en *Revista de Filología Española*, XXXI, 1947, págs. 266-271.

[10] M. Menéndez y Pelayo dedicó a Boscán un volumen completo —el X y último— de su *Antología de poetas líricos castellanos*, ed. nacional, Madrid, 1945, que es el más importante y amplio estudio compuesto hasta la fecha sobre el poeta catalán. El primero de los cuatro capítulos de que consta está dedicado preferentemente a la biografía del escritor. Cfr. además: Ángel Salcedo Ruiz, "El ayo y preceptor del Gran Duque de Alba", en *Revista de Archivos, Bibliotecas y Museos*, XVI, 1907, págs. 370-378. Carola Reig, "Doña Ana Girón de Rebolledo, musa y editora de Boscán", en *Escorial*, XV, 1944, págs. 289-302.

[11] Ediciones: "Sonetos varios de Juan Boscán", ed. de Adolfo de Castro, en *Poetas líricos de los siglos XVI y XVII*, en *Biblioteca de Autores Españoles*, vol. XLII, Madrid, nueva edición, 1950. *Obras de Juan Boscán*, en tres libros, ed. de William I. Knapp, Madrid, 1875. *Juan Boscán*, selección y prólogo de Eugenio Nadal, Barcelona, 1940. *Poesías*, selección y prólogo de Jorge Campos, Valencia, 1940. *Coplas, sonetos y otras poesías*, selección y prólogo de Manuel de Montoliu, Barcelona, 1946. *Obras poéticas de Juan Boscán*, ed. crítica por Martín de Riquer, Antonio Comas y Joaquín Molas, vol. I, Barcelona, 1957. Cfr.: Antonio Gallego Morell, "Bibliografía de Boscán", parte final de su

Boscán fue un poeta mediano, aunque no tan escaso de calidad como se afirma habitualmente. No tenía ninguna de las características del escritor de genio, y ni una sola de sus composiciones representa un logro total; pero son, en cambio, abundantes sus aciertos aislados. Poseía Boscán un ingenio de cierta tosquedad, al que no era ajena su condición de buen burgués, moderado y práctico. En relación con los intentos de Santillana su avance es gigantesco, pero su expresión frecuentemente desmadejada y trivial, consecuencia de aquel carácter, se queda todavía a gran distancia de la flexible y exquisita musicalidad de Garcilaso. Su versificación es dura y áspera en numerosas ocasiones, cosa excusable, por lo demás, en quien tenía que vencer las dificultades de toda iniciación, y aun se le escapan a veces versos de gaita gallega. Pero su mérito como introductor de la métrica y los temas italianos en nuestra lírica le otorga un puesto de importancia capital en toda historia literaria, y es aquí donde tiene que emplazarse la singularidad de su producción. Probablemente el hecho de que su nombre vaya unido tan estrechamente al de Garcilaso ha perjudicado la fama de Boscán. Emparejados ambos en la fortuna de la poesía italianista en nuestras letras, la comparación es inevitable, y de ella sale disminuido sin remedio el poeta barcelonés; Garcilaso es una de esas cumbres líricas incomparables, y Boscán distaba mucho de su genio. Pero si se estudia en sí mismo, fuera de la gigantesca sombra del toledano que, a un mismo tiempo, le glorifica y le empequeñece, el valor propio de Boscán, y no sólo el relativo, puede estimarse muy superior. Menéndez y Pelayo, que no exime a Boscán de ninguna de sus imperfecciones, afirma a la vez que, a pesar de sus muchas asperezas y desigualdades, tiene con más frecuencia de lo que se cree versos intachables, llenos y sonoros, y no sólo versos aislados sino períodos poéticos muy felices, octavas perfectamente construidas y sonetos nada despreciables [12]. Y hace notar que si en la poesía de Boscán faltan las exquisiteces petrarquistas, tan sutiles como artificiosas, que él trataba por otra parte de imitar, encontramos en cambio una honrada y sincera gravedad, infrecuente en aquellos poetas, manifestada sobre todo cuando se ocupa de la felicidad de su hogar, del amor a su esposa y a sus hijos, de las tranquilas emociones de su honesta y dorada medianía; poesía burguesa y llana, pero sentida.

Al ocuparse de las innovaciones métricas, afirma Menéndez y Pelayo que nadie puede disputar a Boscán el lauro de haber introducido en España la canción de estancias largas, "que es la más noble y artificiosa composición de la poesía toscana" [13], de ser el primer autor de tercetos castellanos, de haber incorporado a nuestra lírica la *octava rima* "enteramente desconocida en todas

---

"Bibliografía de Garcilaso", luego cit. J. P. Wickersham Crawford, "Notes on the Chronology of Boscan's Verses", en *Modern Philology*, XXV, 1927-1928, págs. 29-36. R. Osuna, "Unas coplas de Boscán publicadas en vida", en *Hispanic Review*, XXXI, 1963, págs. 103-108.

[12] Estudio cit., pág. 188.
[13] Ídem, íd., pág. 202.

las literaturas de la Península antes de Boscán"[14], y de haberse servido por primera vez del *verso suelto*, "la más generosa y libre forma de la poesía moderna y la que puede dar más aproximado trasunto de la belleza antigua"[15]. Por su parte, Arnold G. Reichenberger recuerda que el *Hero y Leandro* de Boscán es el primer poema épico español que trata de temas legendarios clásicos —Menéndez y Pelayo había ya dicho que este poema, métricamente considerado, tiene en nuestro Parnaso una representación análoga al lugar que ocupa en la poesía toscana la *Italia Liberata*—, y que la *Epístola a Mendoza* introduce en España la *epístola de cosas familiares* como un género poético, imitado de Horacio[16].

Poeta más dotado para imitar que para la verdadera creación, Boscán consigue notables aciertos en sus adaptaciones de poetas clásicos o italianos: Virgilio, Catulo, Tibulo, Bembo, Poliziano, Bernardo Tasso. Pero el modelo más admirado por Boscán fue Petrarca, según declara expresamente en su citada carta a la duquesa de Soma; refiriéndose al endecasílabo, escribe: "Petrarcha fue el primero que en aquella provincia lo acabó de poner en su punto, y en éste se ha quedado y quedará, creo yo, para siempre"[17]. Así pues, Boscán se propone ahincadamente la imitación de Petrarca, llevado no sólo por su personal admiración sino por la corriente general de la literatura de la época[18]; no obstante, las condiciones de su numen realista y llano no eran las más adecuadas para apropiarse la artificiosa poesía del cantor de Laura. Posiblemente consiguió imitar con mayor fortuna a su segundo gran modelo, el poeta valenciano Ausías March, debido quizá, como sugiere Menéndez y Pelayo[19], a su afinidad de raza o de talento poético. Boscán coincide con el valenciano en la desnuda expresión de los afectos, aunque éstos, que son profundos y apasionados en Ausías, quedan casi siempre en Boscán al nivel de su habitual tonalidad moderada y prosaica.

Por esto, justamente, logra Boscán uno de sus momentos más altos en la *Epístola a Mendoza*, contestación a la que de éste había recibido. En ella re-

[14] Ídem, íd., pág. 206.

[15] Ídem, íd.

[16] Arnold G. Reichenberger, "Boscán and the Classics", en *Comparative Literature*, III, 1951, págs. 97-118; la referencia en pág. 117.

[17] Ed. Martín de Riquer, cit., pág. 90.

[18] Cfr.: J. P. Wickersham Crawford, "Notes on three Sonnets of Boscán", en *Modern Language Notes*, XLI, 1926, págs. 102-105. Margherita Morreale, "*Claros y frescos ríos*: Imitación de Petrarca y reminiscencias de Castiglione en la segunda canción de Boscán", en *Thesaurus*, Bogotá, VIII, 1952, págs. 165-173. Joseph G. Fucilla, "Boscán", en *Estudios sobre el petrarquismo en España*, Anejo LXXII de la *Revista de Filología Española*, Madrid, 1960, págs. 1-7. Amos Parducci, *Saggio sulla poesia lirica di Juan Boscán*, "Memorie della Academia delle Scienze di Bologna. Classe di Scienze Morali", vol. III, serie V, Bolonia, 1952. Véanse además, del estudio cit. de Menéndez y Pelayo, las páginas 232-252.

[19] Est. cit., pág. 266. Cfr.: Amedée Pagès, *Auzias March et ses prédécesseurs*, París, 1912.

vela el poeta, con sencillez naturalísima, su intimidad y sus costumbres, nos habla de sus gustos y preferencias, de sus amigos y de su vida cotidiana. Siguiendo preferentemente las huellas de Horacio en sus *epístolas,* expone el ideal del sabio estoico con su prudente moderación y su equilibrio, y aunque baraja constantemente máximas y doctrinas de los moralistas antiguos el tono general de la composición "es enteramente personal y sincero". Esta lisa espontaneidad doméstica se hace a veces desaliñada, pero en muchos pasajes, según hace notar Menéndez y Pelayo, se acuñan versos tan felices y sentenciosos que anuncian, por el pensamiento y la forma, los bellísimos de la *Epístola moral* [20]. La *Epístola a Mendoza,* dice Reichenberger, es el testimonio más revelador del humanismo de Boscán; en ella no sólo maneja con habilidad composiciones de Horacio, Tibulo y Propercio, sino que funde felizmente la herencia clásica con un delicioso realismo y una simpática franqueza biográfica; los clásicos —añade— le revelaron su propio contorno a una luz más realista y más humana y le llevaron a descubrir la poesía de la vida vulgar [21].

Boscán tradujo *El Cortesano* de Castiglione de manera tan afortunada que representa uno de los mejores ejemplos de la prosa en los días del Emperador [22]. Por este solo libro dice Menéndez y Pelayo que merece ser contado Boscán entre los grandes artífices innovadores de la prosa en este período: "todo lo anterior —afirma—, excepto la *Celestina,* parece arcaico y está adherido aún al tronco de la Edad Media" [23]. Y después de mencionar a otros maestros coetáneos de la prosa didáctica —Villalobos, Guevara, Pedro de Rúa, Hernán Pérez de Oliva, Juan de Valdés— añade: "No compararé a Boscán, que en prosa es mero traductor, con ninguno de estos escritores originales, ni menos le daré la palma sobre ellos. Sólo digo que Boscán, sostenido en las alas de Castiglione y haciendo suyas con enérgico esfuerzo todas las ventajas adquiridas por la prosa italiana desde los tiempos de Boccaccio, se pone de

---

[20] Ídem, íd., pág. 274.
[21] Arnold G. Reichenberger, "Boscán's *Epístola a Mendoza*", en *Hispanic Review,* XVII, 1949, págs. 1-17; véase además, del mismo, "Boscán and the Classics", cit. Cfr. asimismo, sobre distintas composiciones y problemas de la lírica de Boscán: Francesco Flamini, "La *Historia de Leandro y Hero* e l'ottava rima di Giovanni Boscán", en sus *Studi di Storia letteraria italiana e straniera,* Livorno, 1895, págs. 385-417. R. M. de Hornedo, "Boscán y la célebre estrofa XI del *Cántico Espiritual*", en *Razón y Fe,* CXXVIII, 1943, págs. 270-286. Otis H. Green, "On *Natura* in Boscán", en *Hispanic Review,* XVII, 1949, págs. 71-73. Arnold G. Reichenberger, "Boscán and Ovid", en *Modern Language Notes,* LXV, 1950, págs. 379-383. Del mismo, "An Emendation of Text of Boscán's *Historia de Leandro y Hero*", en ídem, íd., pág. 493. Margherita Morreale, "Desenvoltura, suelto y soltura en Boscán", en *Revista de Filología Española,* XXXVIII, 1954, páginas 257-264. Rafael Lapesa, *La trayectoria poética de Garcilaso,* Madrid, 1948, passim, pero en especial págs. 34-42.
[22] Ed. de Antonio M. Fabié, Madrid, 1873. Ed. de Ángel González Palencia, C. S. I. C., Madrid, 1942.
[23] Est. cit., pág. 101.

un salto al nivel de ella, la reproduce sin flaquear en nada, y llega a una perfección de estilo más constante que los autores citados, sin más excepción acaso que el autor del *Diálogo de Mercurio* y del *Diálogo de la Lengua*, que con propio y original brío saca del fondo español su riqueza. Entendidas así las cosas, no es hipérbole decir que *El Cortesano*, prescindiendo de su origen, es el mejor libro en prosa escrito en España durante el reinado de Carlos V" [24]. Margherita Morreale [25], que ha dedicado una minuciosa monografía a la versión del *Cortesano* hecha por Boscán, subraya el tacto con que el traductor atrae la lengua del original hacia la suya propia, ateniéndose "no al rigor de la letra sino a la verdad de las sentencias", como había ya dicho Garcilaso, huyendo de la rigidez de equivalencias rutinarias y buscando diversas soluciones en los distintos casos, o sirviéndose de diferentes palabras españolas para traducir un mismo vocablo italiano, o vertiendo en términos familiares todo lo que sin demasiada violencia se deja hispanizar; a veces simplifica o aclara, o intercala incisos, o subraya el papel particular de los interlocutores. Gracias a esta libertad de elección, escribe Morreale, "el *Cortesano* español, si no es obra de creación, a lo menos lo es de re-creación, hasta el punto de quedar inadvertido, u olvidado, el original" [26]. O, como resumía don Marcelino, "traducir de este modo es hacer obra de artista, es crear una forma nueva dentro de la lengua en que se traduce" [27].

GARCILASO DE LA VEGA

Vida y personalidad. Garcilaso de la Vega, genial continuador y perfeccionador de la obra de Boscán, nació en Toledo (1501?) del ilustre linaje de los Santillana y Pérez de Guzmán. Se educó en la corte (probablemente junto a los mismos príncipes y de la mano de los más importantes humanistas, como Pedro Mártir) y entró desde muy joven, como contino, al servicio del Emperador, que le distinguió con sus preferencias y le honró con delicadas misiones, y por quien él luchó en numerosos hechos de armas. Combatió contra los comuneros, siendo herido en la batalla de Olías; tomó parte en la expedición en defensa de la isla de Rodas contra los turcos y en la campaña de Francia de 1522, y estuvo en Italia para asistir en Bolonia a la coronación del Empe-

---

[24] Ídem, íd., pág. 102.
[25] Margherita Morreale, *Castiglione y Boscán: El ideal cortesano en el renacimiento español (Estudio léxico-semántico)*, 2 vols., Anejo I del *Boletín de la Real Academia Española*, Madrid, 1959.
[26] Ídem, íd., pág. 19.
[27] Est. cit., pág. 108. Cfr.: Antonio Marichalar, "El Cortesano. En el centenario de Boscán", en *Escorial*, IX, 1942, núm. 26, págs. 377-409. Otis H. Green, "Boscán and Il Cortegiano: the *Historia de Leandro y Hero*", en *Boletín del Instituto Caro y Cuervo*, IV, 1948, págs. 3-14. J. A. Molinaro, "Boscán's Translation of *Il Cortegiano* and his Linguistic Devices", en *Quaderni Ibero-Americani*, Turín, III, 1959, págs. 584-591.

rador. Irritado éste porque Garcilaso había actuado como testigo en un matrimonio contra sus órdenes expresas lo desterró a una isla del Danubio. Por mediación del duque de Alba, su gran amigo, fue perdonado y enviado a Nápoles, donde desempeñó algunas misiones importantes y trabó amistad con grandes ingenios residentes en aquel reino (estancia de incalculables consecuencias para la maduración de la obra poética de Garcilaso). Reanudada su actividad militar, fue herido por los turcos en la campaña de Túnez de 1534; y en el asalto de la fortaleza de Muy, cerca de Fréjus en Provenza, cuando ante la impaciencia de Carlos V porque no se rendía la plaza se lanzó sin casco ni coraza al frente de sus soldados, fue herido en la cabeza por una piedra de los sitiadores y murió pocos días después en Niza, en octubre de 1536, a los treinta y cinco años de edad.

Garcilaso casó en 1525 con doña Elena de Zúñiga, matrimonio prematuro que no le trajo la felicidad y que el poeta nunca recuerda en sus versos. Un año después conoció a doña Isabel Freyre, dama portuguesa de la emperatriz, de quien se enamoró perdidamente y que había de tener gran influencia en su obra poética. Es la Elisa de sus versos.

Garcilaso de la Vega es, en lo humano, la más perfecta encarnación del ideal del "cortesano" renacentista, tal como lo había definido Castiglione. Según las descripciones de sus contemporáneos debió de ser hombre de gran atractivo personal, tanto por sus prendas físicas como por su carácter, su inteligencia y sus condiciones de hombre de mundo. Fue la cabal fusión del hombre de armas y de letras; la fama de su arrojo pudo llegar hasta inspirar leyendas, y como escritor realizó la obra poética que mayor trascendencia ha tenido dentro de la lírica castellana. Poseía a la perfección el griego, el latín, el toscano y el francés. Hombre universal, abierto a todas las inquietudes espirituales de su tiempo, vivió en su corta vida toda una carrera de amores, de heroísmos, de creación intensa, de acción real y de platónicos idealismos [28].

---

[28] Cfr.: E. Fernández de Navarrete, *Vida del célebre poeta Garcilaso de la Vega*, en "Colección de Documentos inéditos para la Historia de España", XVI, 1850, págs. 9-287. Benedetto Croce, "Intorno al soggiorno di Garcilaso de la Vega in Italia", en *Rassegna Storica Napolitana di Lettere ed Arti*, I, 1894, págs. 1-5. Emilio Cotarelo, "El retrato de Garcilaso", en *Boletín de la Real Academia Española*, I, 1914, págs. 582-585. Marqués de Laurencín, "El poeta Garcilaso de la Vega no vistió el hábito de Alcántara. Errónea atribución de su retrato", en *Boletín de la Real Academia de la Historia*, LXV, 1914, págs. 532-556. Del mismo, *Documentos inéditos referentes al poeta Garcilaso de la Vega*, Madrid, 1915 (public. por la Real Academia de la Historia). Francisco de B. San Román, "Documentos de Garcilaso en el Archivo de Protocolos de Toledo", en *Boletín de la Real Academia de la Historia*, LXXIII, 1918, págs. 515-536. Del mismo, "Garcilaso desterrado de Toledo", en *Boletín de la Real Academia de Bellas Artes y Ciencias Históricas de Toledo*, I, 1919, págs. 193-199. Verardo García Rey, "Nuevas noticias referentes al poeta Garcilaso de la Vega", en *Boletín de la Sociedad Española de Excursiones*, Madrid, XXXIV, 1926, págs. 287-302, y XXXV, 1927, págs. 71-90. Manuel Altolaguirre, *Garcilaso de la Vega*, Madrid, 1933. Camille Pitollet, "Sur la mort de Garcilaso au Muy, en Provence", en *Bulletin Hispanique*, XXXVIII, 1936, págs. 129-150.

Transmisión y ediciones de los textos de Garcilaso. Las obras poéticas de Garcilaso fueron publicadas por vez primera siete años después de su muerte, formando un IV libro en la edición barcelonesa de Boscán de 1543. En la nota preliminar "A los lectores" que puso a esta edición la viuda de Boscán, escribe que "en el quarto [libro], quería [Boscán] poner las obras de Garcilasso de la Vega, de las quales se encargó Boscán por el amistad grande que entrambos mucho tiempo tuvieron, y porque después de la muerte de Garcilasso le entregaron a él sus obras para que las dexasse como devían de estar. Ya que ponía la mano en adereçar todo esto y querría, después de muy bien limado y polido, como él sin falta lo supiera hazer, dar este libro a la señora duquesa de Soma, y le tenía ya escrita la carta que va en el principio del segundo libro, plugo a Dios de llevárselo al cielo y ansí huvo de parar todo con tan gran causa; después á parescido passar adelante lo que él dexava enpeçado, digo la impresión, que en la enmienda de sus obras y de las de Garcilaso no es cosa que nadie la avía de osar emprender, y si algún yerro o falta se hallare en estos libros, duélase el que los leyere de la muerte de Boscán, pues que si él viviera hasta dexallos enmendados, bien se sabe que tenía yntención de mudar muchas cosas, y es de creer que no dexara ninguna o pocas que offendieran a los buenos juyzios, que con éstos se á de tener cuenta; y assí se á tenido por menor inconveniente que se imprimiessen como estavan y que gozássedes todos d'ellas, aunque no estén en la perfición en que estuvieran como Boscán las pusiera..." [29]. Consta, pues, que al morir Garcilaso en 1536 sus manuscritos fueron a parar a manos del poeta de Barcelona, y debe suponerse que estos versos eran autógrafos, por lo menos en su mayoría, aunque quizás en ocasiones, como se desprende de las palabras citadas, necesitaban lima o corrección. Sólo en 1569, después de diecinueve ediciones de la obra conjunta de los dos introductores del italianismo, se publicó en Salamanca la primera edición aparte de la obra poética de Garcilaso. En 1574, el famoso catedrático de Retórica de Salamanca, Francisco Sánchez, el Brocense, publicó su primera edición anotada de las obras del toledano, convertido en un clásico indiscutible. El Brocense se plantea ya el problema de la crítica textual; añade diversas composiciones no incluidas en la edición de 1543, reproducida hasta entonces, y corrige o enmienda el texto de acuerdo, según dice, *con un*

Gregorio Marañón, "Garcilaso, natural de Toledo", en *Elogio y nostalgia de Toledo*, Madrid, 1941, págs. 119-146. Del mismo, "El destierro de Garcilaso de la Vega", en *Españoles fuera de España*, Buenos Aires, 1947, págs. 63-90. Guillermo Díaz-Plaja, "Garcilaso de la Vega. Prosopografía y etopeya", en *Finisterre*, II, 1948, págs. 239-247. Antonio Gallego Morell, "Pleito de Doña Elena de Zúñiga, viuda de Garcilaso, con la Ciudad de Badajoz", en *Revista de Estudios Extremeños*, 1950, págs. 5-50. Del mismo, "Lugares garcilasianos: Garcilaso en Muy", en *Clavileño*, 1951, núm. 10, págs. 55-57. Antonio Marichalar, "Lares de Garcilaso: Batres", en *Clavileño*, 1951, núm. 7, págs. 13-22. Del mismo, "Una variante en la vida de Garcilaso", en *Clavileño*, 1953, págs. 16-20. Véase además el estudio, fundamental, de Keniston, cit. luego.

[29] En *Obras poéticas de Juan Boscán*, ed. de Martín de Riquer, cit., págs. 3-4.

original de mano muy antiguo. En 1580 publica Herrera una nueva edición comentada, de especial importancia y de la cual trataremos oportunamente; aunque la parte fundamental de esta edición reside en sus famosos *Comentarios*, es muy interesante el hecho de que Herrera enmienda de nuevo el texto de Garcilaso de acuerdo con personales apreciaciones. En 1622 el erudito toledano Tomás Tamayo de Vargas hace imprimir otra nueva edición comentada de Garcilaso, en la que introduce nuevas correcciones al texto, basándose, según afirma, en antiguos manuscritos, entre ellos uno que había pertenecido a Mendoza. Finalmente, en 1765, el diplomático aragonés José Nicolás de Azara publica su edición comentada de las obras del poeta de Toledo con nuevas enmiendas, que apoya asimismo en un texto manuscrito "de 150 años de antigüedad", del que no ofrece más detalles.

Tomás Navarro Tomás editó en 1911 las obras de Garcilaso[30], basándose textualmente en la de Herrera de 1580, y esta edición, reimpresa numerosas veces, ha proporcionado el texto más comúnmente utilizado.

El hispanista norteamericano Hayward Keniston publicó en 1925 la primera edición crítica de las obras de Garcilaso[31], volviendo como base a la primera edición barcelonesa de 1543 en cuanto al texto, pero adoptando, en cambio, la ortografía de una edición posterior, la de Amberes de 1544; según el editor, la ortografía de la edición princeps es tan irregular y tan distinta a veces de la usual en Castilla en aquellos años, que aceptó —dice— la sugerencia de don Ramón Menéndez Pidal de seguir la mencionada de Amberes, más uniforme[32].

Precisamente aquella irregularidad hacía sospechar que el texto de la edición barcelonesa, fiel en cuanto se refiere a la obra de Boscán, había de serlo mucho menos en la de Garcilaso, ya que esta parte del volumen —aparte las dudas mencionadas respecto al texto— ni siquiera pudo ser cuidada por el propio Boscán, fallecido, como sabemos, en el curso de la impresión. Tal es todavía, en fecha muy reciente, la opinión de Antonio Gallego Morell[33], que edita nuevamente el texto de la edición de Herrera. Elias L. Rivers había ya pu-

---

[30] *Obras de Garcilaso de la Vega*, "Clásicos Castellanos", Madrid, 1911 (reimpresión corregida en 1924 y 1935).

[31] *Garcilaso de la Vega. Works. A Critical Text with a Bibliography*, Hispanic Society of America, Nueva York, 1925. Esta edición, agotada durante mucho tiempo, ha sido reimpresa por Kraus Reprint Corporation, Nueva York, 1967.

[32] Ídem, íd., págs. XII-XIII.

[33] *Garcilaso de la Vega y sus comentaristas. Obras completas del poeta. Acompañadas de los textos íntegros de los comentarios de el Brocense, Fernando de Herrera, Tamayo de Vargas y Azara. Edición, introducción, notas, cronología y bibliografía*, Universidad de Granada, 1966; la referencia en pág. 29. La edición de Gallego Morell ofrece, entre otros, el evidente interés de reunir en un volumen los comentarios que se indican, todos ellos difícilmente asequibles en otras ediciones.

blicado, sin embargo, su nueva edición crítica [34], volviendo, como Keniston, a la edición princeps, pero siguiéndola en toda su integridad de acuerdo con la opinión de Alfred Rüffler [35], según el cual es aquella, efectivamente, la que refleja mejor que ninguna otra, no sólo la sustancia del texto sino también ciertos rasgos ortográficos y prosódicos del propio Garcilaso puestos de manifiesto en escritos autógrafos. "No existiendo hoy —dice Rivers— ningún manuscrito poético de mano del mismo poeta, sólo a través de la primera edición es posible acercarnos a la ortografía que usara él al escribir sus versos italianizantes. Así es que no ha parecido ser esfuerzo inútil el rehacer del todo el texto garcilasiano, basando exclusivamente en el de la primera edición el texto de todas las poesías que en ella se encuentran y considerando de nuevo cada dificultad de lectura y de métrica" [36]. Rivers acepta que en los textos de Garcilaso que pasaron a manos de Boscán pudiera haber imperfecciones de borrador y tal vez la intervención mal acertada de mano ajena. "Mas, a pesar de tales imperfecciones de detalle —dice—, no tenemos fuente más fidedigna que la primera edición, basada en manuscritos que tuvo Boscán directa o indirectamente de su amigo Garcilaso; los manuscritos de donde decían tomar a veces variantes el Brocense, Tamayo de Vargas y Azara son siempre de un valor mucho más hipotético y discutible. Rüffler ha demostrado la inferioridad de las variantes introducidas por estos editores antiguos y de los manuscritos que manejaban" [37]. E insiste más abajo: "Lo evidente es que, excepto las ediciones del Brocense, de Herrera, de Tamayo de Vargas, y de Azara, no hay ninguna edición posterior a la príncipe que pretenda aportar nuevas fuentes textuales; y ya hemos visto con Rüffler lo discutible que es la autoridad de los manuscritos en que, de vez en cuando, se basaban estos editores" [38].

---

[34] Elias L. Rivers, *Garcilaso de la Vega. Obras Completas,* Madrid, 1964. Esta edición ha sido publicada conjuntamente por "Castalia", Madrid, y "The Ohio State University Press".

[35] Alfred Rüffler, "Zur Garcilaso-Frage", en *Archiv für das Studium der neueren Sprachen und Literaturen,* CLIII, 1928, págs. 219-230 (cit. por Rivers, pág. IX, nota 1).

[36] Ed. cit., pág. X.

[37] Ídem, íd., pág. XII.

[38] Ídem, íd., pág. XIV.

Además de las ediciones mencionadas, que son las fundamentales, existen otras muchas de carácter más o menos popular, entre las cuales pueden señalarse: *Obras de Garsilaso de la Vega, Príncipe de los Poetas Castellanos,* edición facsímil de la de Lisboa de 1626, "The Hispanic Society of America", Nueva York, 1903. *Las obras de Boscán y algunas de Garcilaso de la Vega repartidas en cuatro libros,* edición facsímil de la de Barcelona de 1543, con epílogo de Miguel Artigas, San Sebastián, 1936. *Poesías de Garcilaso de la Vega* ordenadas por Adolfo de Castro, en *Poetas líricos de los siglos XVI y XVII,* "Biblioteca de Autores Españoles", vol. XXXII, Madrid, 1854; nueva ed. en 1950. *Boscán y Garcilaso de la Vega,* ed. de José Rogerio Sánchez, "Biblioteca Clásica", Madrid, 1916. *Garcilaso y Boscán. Obras poéticas,* ed. de E. Díez Canedo, "Biblioteca Calleja", Madrid, 1917. *Poesías varias de Garcilaso de la Vega,* ed. de J. Fitzmaurice-Kelly, Oxford University Press, Londres, 1918. *Garcilaso de la Vega. Poesías,* "Colección

Su obra poética. A pesar de su enorme importancia la obra poética de Garcilaso es de reducida extensión. Consta de tres *Églogas*, dos *Elegías*, una *Epístola*, cinco *Canciones*, treinta y ocho *Sonetos*, y unas pocas composiciones breves a la manera tradicional [39]. Escribió también tres odas en latín.

Las tres *Églogas* representan lo más perfecto de la poesía de Garcilaso, ("Por natural predilección de su temperamento —escribe Navarro Tomás— fue más afortunado en la llaneza de las *églogas* que en el petrarquismo de los sonetos"). Las tres fueron compuestas durante la estancia del poeta en Nápoles —circunstancia, como dijimos, de la mayor importancia para la evolución de su obra—, aunque no en el orden en que se numeran en el texto. En la llamada *Égloga I*, escrita, sin embargo, en segundo lugar, intervienen dos pastores: Salicio, que lamenta los desdenes de Galatea, y Nemoroso, que llora la muerte de Elisa. El poeta se desdobla en dos personajes: en el primero, encarna el despecho del enamorado que asedia a su amada infructuosamente; en el segundo, se resume la honda ternura producida por su pérdida ya definitiva. Mediante un feliz proceso de idealización, descrito bellamente por Salinas, el poeta ha transformado la realidad, tal como tuvo lugar, en una creación de arte que eterniza los sucesos y los salva de su destrucción. Algunos críticos, como Entwistle [40], han supuesto que la *Égloga* fue compuesta en dos etapas: la primera, cuando Garcilaso se alejó de Toledo, dejando allí a Isabel Freyre; la segunda, como un añadido, al producirse la muerte de la portuguesa. Rafael Lapesa sostiene, en cambio, la unidad de composición; las querellas

---

Universal", núms. 83-84, Madrid-Barcelona, 1919. *Garcilaso de la Vega. Obras*, ed. de Antonio Marichalar, "Colección Austral", núm. 63. *Garcilaso de la Vega. Poesías*, selección y estudio de José Manuel Blecua, "Biblioteca Clásica Ebro", Zaragoza, 1941; 7.ª ed., 1965. *Garcilaso de la Vega y Juan Boscán. Obras Completas*, ed. de F. C. Sáinz de Robles, "Crisol", Madrid, 4.ª ed., 1964. *Garcilaso. Edition of the Poems*, ed. de Audrey Lumsden, "Publications of the Modern Language Association of America", Nueva York, 1948. Cfr.: Antonio Gallego Morell, "Bibliografía de Garcilaso", en *Revista Bibliográfica y Documental*, III, 1949, págs. 53-92; también, del mismo, la que incluye en *Garcilaso de la Vega y sus comentaristas*, cit., págs. 667-692.

[39] Dámaso Alonso en un estudio sobre el poeta, titulado "El destino de Garcilaso", incluido en *Cuatro poetas españoles*, Madrid, 1962, en la nota 6, pág. 182, afirma que una brevísima bibliografía sobre Garcilaso podría condensarse en los siguientes libros: *Garcilaso de la Vega. A critical study of his life and works*, de Hayward Keniston, cit., *Garcilaso de la Vega. Contribución al estudio de la lírica española del siglo XVI*, de Margot Arce, cit., *La trayectoria poética de Garcilaso*, de Rafael Lapesa, cit.; y el estudio del propio Dámaso Alonso, "Garcilaso y los límites de la estilística", en *Poesía Española. Ensayo de métodos y límites estilísticos*, 4.ª ed., Madrid, 1962. Pero la bibliografía sobre Garcilaso es copiosísima, según puede quedar de manifiesto por la aducida —sólo una parte de ella— en las presentes páginas.

[40] William J. Entwistle, "The First Eclogue of Garcilaso", en *Bulletin of Spanish Studies*, II, 1925, págs. 87-90. Véase también, del mismo, "La date de l'Egloga Primera de Garci-Laso de la Vega", en *Bulletin Hispanique*, XXXII, 1930, págs. 254-256. "The Loves of Garci-Laso", en *Hispania*, XIII, 1930, págs. 377-388.

de Salicio y de Nemoroso —dice— reflejan circunstancias y estados de ánimo que se dieron en tiempos diferentes, pero la memoria de lo pasado y la hiriente actualidad se compenetran y completan en un proceso de sublimación no interrumpida; el sentimiento se va purificando y espiritualizando progresivamente, "hasta culminar en la melancólica esperanza con que sueña Nemoroso el amor entre los bienaventurados"[41]; o, como dice Salinas, el poeta afirma su fe en una última realidad ideal, en un cielo poético por donde *ella* camina y en el que él espera acompañarla en un día sin fin, a su lado, salvada para siempre de todo lo caduco[42]:

> *Divina Elissa, pues agora el cielo*
> *con inmortales pies pisas y mides,*
> *y su mudança ves, estando queda,*
> *¿por qué de mí te olvidas y no pides*
> *que se apresure el tiempo en que este velo*
> *rompa del cuerpo y verme libre pueda,*
> *y en la tercera rueda,*
> *contigo mano a mano,*
> *busquemos otro llano,*
> *busquemos otros montes y otros ríos,*
> *otros valles floridos y sombríos*
> *donde descanse y siempre pueda verte*
> *ante los ojos míos,*
> *sin miedo y sobresalto de perderte?*[43].

Sentimiento que expresa también el poeta en un maravilloso soneto —el XXV, aducido luego también por Dámaso Alonso—, en el que, olvidando —dice Lapesa— la esquivez que la dama le mostró en vida, sólo tiene presente lo que ella había representado para él y aspira a la visión perdurable de la belleza femenil glorificada[44]:

> *Las lágrimas que en esta sepultura*
> *se vierten oy en día y se vertieron*
> *recibe, aunque sin fruto allá te sean,*
> *hasta que aquella eterna noche escura*
> *me cierre aquestos ojos que te vieron,*
> *dexándome con otros que te vean*[45].

---

[41] *La trayectoria poética de Garcilaso*, cit., pág. 126.
[42] "The Idealization of Reality...", cit., pág. 92.
[43] Ed. Rivers, cit., pág. 81.
[44] *La trayectoria poética...*, cit., pág. 121.
[45] Ed. Rivers, cit., pág. 29.

"La égloga primera —escribe Lapesa— marca la más alta cima de la poesía garcilasiana. Otras creaciones posteriores la aventajarán acaso en perfección técnica y en riqueza sensorial; pero ninguna ha llegado a tan estrecha unión del sentimiento y la forma. Los versos fluyen sueltos, límpidos, hontanar que transparenta el suelo de emociones de que mana. A cada instante brotan, con lozanía incomparable o con inmenso poder de irradiación afectiva, expresiones que suponen la creación de un lenguaje y un mundo poético nuevos... Al terminar la égloga, creemos volver, como los pastores, de un sueño en que la belleza y el dolor se hubieran eternizado" [46].

La *Égloga II* consta de dos partes: en la primera, el pastor Albanio refiere sus amores por Camila, y en la segunda, Nemoroso hace una apología, bajo forma alegórica, de la casa de Alba. Esta composición —primera en orden de redacción de las tres *Églogas*—, escrita al año o año y medio de su residencia en Nápoles, es la más extensa de las de Garcilaso —casi mil novecientos versos— y también la de estructura más compleja. Se ha discutido, como en el caso de la *Égloga I*, la unidad de composición y también la identificación de los pastores con personajes reales: Albanio representaría al duque de Alba y la égloga referiría sus amores con su esposa, doña María Enríquez. Pero esta hipótesis, que es la tradicional [47], ha sido rechazada [48]. Lapesa, a su vez, duda de que Albanio pueda identificarse con el poeta, aunque podría pensarse —admite— en un desdoblamiento similar al de la *Égloga I*: aquí, Albanio encarnaría la pasión desesperada, y Nemoroso la libertad conseguida tras dura lucha [49]. Queda la posibilidad de que Albanio sea el hermano menor del duque, don Bernardino de Toledo, muerto prematuramente, y que la obra, fundiendo

---

[46] *La trayectoria poética...*, cit., pág. 143. Cfr.: Eugenio Mele, "Las poesías latinas de Garcilaso de la Vega y su permanencia en Italia", en *Bulletin Hispanique*, XXV, 1923, págs. 108-148 y 361-370; XXVI, 1924, págs. 35-51. Del mismo, "In margine alle poesie di Garcilaso", en *Bulletin Hispanique*, XXXII, 1930, págs. 218-245. María Rosa Lida, "El ruiseñor de las *Geórgicas* y su influencia en la lírica española de la Edad de Oro", en *Volkstum und Kultur der Romanen*, XI, 1939, 3-4. De la misma, "Transmisión y recreación de temas grecolatinos en la poesía lírica española", en *Revista de Filología Hispánica*, I, 1939, págs. 23-31. Gregorio Marañón, "Garcilaso, natural de Toledo", cit. Alexander A. Parker, "Theme and Imagery in Garcilaso's First Eclogue", en *Bulletin of Spanish Studies*, XXV, 1948, págs. 222-227. Margot Arce, "La Égloga primera de Garcilaso", en *La Torre*, I, 1953, págs. 31-68. Otis H. Green, "The Abode of the Blest in Garcilaso's *Égloga primera*", en *Romance Philology*, VI, 1953, págs. 272-278. Juan Loveluck, "Una nota para la *Égloga I* de Garcilaso", en *Atenea*, Chile, CXIII, 1953, páginas 69-75. Joseph G. Fucilla, "Una versione sconosciuta dell'*Égloga Primera* di Garcilaso", en *Quaderni Ibero-Americani*, 1959, núm. 24, págs. 595-600.

[47] Fue aceptada por Menéndez y Pelayo —"Biografía de Boscán", cit., pág. 49—, Keniston —*Garcilaso de la Vega. A critical study...*, cit., pág. 246—, y Navarro Tomás —en la Introducción a su ed. cit.—.

[48] Cfr.: Audrey Lumsden, "Problems Connected with the Second Eclogue of Garcilaso de la Vega", en *Hispanic Review*, XV, 1947, págs. 251-271.

[49] *La trayectoria poética...*, cit., pág. 103.

lo pastoral y lo heroico, esté protagonizada por los dos varones de la casa de Alba: el duque, cantado como guerrero victorioso, y el joven, compadecido en sus desventuras de amor. La *Égloga II* representa para Lapesa la transición entre las composiciones anteriores a la estancia en Nápoles y las otras dos *Églogas*, donde se condensan los valores más altos de la lírica garcilasiana [50]

La *Égloga III*, posiblemente la última composición escrita por el poeta, describe un paisaje del Tajo, bellamente idealizado, al que acuden diversas ninfas que tejen en ricas telas algunas escenas mitológicas. La *Égloga* termina con un diálogo de los pastores Tirreno y Alcino, que cantan la belleza de Flérida y de Filis, a las que aman respectivamente. Lapesa pone de relieve que Garcilaso ha aprendido a refugiarse en el arte y que la *Égloga III* es un camino para escapar de la realidad. El poeta se muestra en esta obra dueño de sus más altos recursos artísticos, no igualados en ninguna otra composición, pero el sentimiento personal no posee ya la intensidad de la Égloga I; la emoción se expresa en forma más convencional y "en los versos de los pastores no hay recuerdos doloridos, sino exclusivo deleite artístico" [51].

Los *Sonetos* (desiguales, aunque algunos de ellos son "de lo más perfecto y luminoso que salió de la pluma de Garcilaso") se desenvuelven, por lo común, en torno al tema del amor, y a través de ellos podrían seguirse algunas vicisitudes de las pasiones amorosas del poeta. Merecen destacarse los que comienzan: "O dulces prendas, por mi mal halladas...", "Si quexas y lamentos pudieron tanto...", "En tanto que de rosa y d'açucena...", "Estoy contino en lágrimas bañado...", "Pensando qu'el camino yva derecho...", "De aquella vista pura y excellente...", "A Daphne ya los braços le crecían...", etc. [52]

---

[50] Ídem, íd., pág. 117. Cfr.: Mario Casella, "Il monaco Severo nella *Égloga II* di Garcilaso de la Vega", en *Bolletino Storico Piacentino*, XXXII, 1925, fasc. 2. Margot Arce, "La Égloga segunda de Garcilaso de la Vega", en *Asomante*, 1949, núm. 1, páginas 57-73; núm. 2, págs. 60-78. Royston O. Jones, "The Idea of Love in Garcilaso's Second Eclogue", en *The Modern Language Review*, XLVI, 1951, págs. 388-395.

[51] *La trayectoria poética...*, cit., pág. 169. Cfr.: Tomás Navarro Tomás, "El endecasílabo en la Tercera Égloga de Garcilaso", en *Romance Philology*, V, 1951-1952, páginas 205-221. Leo Spitzer, "Garcilaso, Third Eclogue, Lines 265-271", en *Hispanic Review*, XX, 1951, págs. 243-248. Elias L. Rivers, "Las Églogas de Garcilaso: ensayo de una trayectoria espiritual", en *Actas del Primer Congreso Internacional de Hispanistas*, Oxford, 1964, págs. 421-427.

[52] Cfr.: Audrey Lumsden, "Two Sonnets by Garcilaso de la Vega", en *Bulletin of Spanish Studies*, XXI, 1944, págs. 114-116. De la misma, "Garcilaso de la Vega: Sonnet XXXII", en *Bulletin of Spanish Studies*, XXI, 1944, págs. 168-170. Joseph G. Fucilla, "Sobre dos sonetos de Garcilaso", en *Revista de Filología Española*, XXXVI, 1952, páginas 113-117. Elias L. Rivers, "The Sources of Garcilaso Sonnet VIII", en *Romance Notes*, II, 1961, págs. 96-100. Marcel Bataillon, "Glosa americana al Soneto II de Garcilaso", en *Varia lección de clásicos españoles*, Madrid, 1964, págs. 24-26. Oreste Macrí, "Un testo inedito del sonetto XXXIII di Garcilaso", en *Studi di Lingua e Letteratura Spagnola*, Turín, 1965, págs. 245-252.

Entre sus cinco *Canciones* sobresale la dirigida a *La Flor de Gnido*[53], dama hermosísima de este barrio de Nápoles, de quien se había enamorado su amigo Mario Galeota; como la dama se mostrase esquiva, Garcilaso trató de interesarla en favor de su amigo. Es una composición llena de alusiones mitológicas. La palabra con que termina el primer verso —"Si de mi baja lira..."— ha dado nombre a este tipo de estrofas, utilizadas entonces por primera vez en castellano. También es notable la canción que escribió durante su destierro en Alemania, "Danubio, río divino..."[64].

Menor importancia tienen la *Epístola* en versos libres, dirigida a Boscán, y las dos *Elegías*, a Boscán y al duque de Alba[55].

Temática. La obra de Garcilaso gira preferentemente, como llevamos repetido, en torno al amor. La pasión inspirada por doña Isabel Freyre motivó los más bellos y sentidos versos del poeta, referidos a dos circunstancias principales: el casamiento y la muerte de Isabel. Junto a este amor fundamental existen también, sobre todo en los sonetos, otras varias alusiones a diversos amores. Sentimiento también muy característico de Garcilaso, afín al amoroso, es el de la amistad que le inspiró bellas composiciones dedicadas a Boscán y al poeta napolitano Mario Galeota.

La poesía de Garcilaso supone la aceptación plena y el triunfo indiscutible, en las letras españolas, de la sensibilidad, del arte, de la lírica petrarquista en su significado más completo; por lo que casi es vano afirmar cuán manifiesta es la influencia de Petrarca[56] sobre Garcilaso en el modo de expresar el tema

---

[53] "...uno de los poemas garcilasianos —dice Lapesa— que tuvo más influencia sobre la literatura posterior" (*La trayectoria poética de Garcilaso,* citada, pág. 151). A pesar de que —según comenta por su parte Dámaso Alonso— no representa, con toda su belleza formal, el momento mejor de Garcilaso: "Hablaba por un amigo, y su voz no tiene aquí esa suave y melancólica veladura que tiembla cuando habla de doña Isabel Freyre". (*La poesía de San Juan de la Cruz,* Madrid, 3.ª ed., 1958, pág. 142).

[54] Cfr.: Joseph S. Pons, "Note sur la *Canción* IV de Garcilaso de la Vega", en *Bulletin Hispanique,* XXXV, 1933, págs. 168-171. E. M. Wilson, "La estrofa sexta de la canción *A la flor de Gnido*", en *Revista de Filología Española,* XXXVI, 1952, páginas 118-122. Margot Arce, "Cerca el Danubio una isla...", en *Studia Philologica. Homenaje a Dámaso Alonso,* vol. I, Madrid, 1960, págs. 91-100.

[55] Para las *Odas latinas* de Garcilaso, cfr.: P. Savi-López y Eugenio Mele, "Una oda latina de Garcilaso de la Vega", en *Revista crítica de Historia y Literatura,* Madrid, II, 1897, págs. 248-251. Eugenio Mele, "Una oda latina inédita de Garcilaso de la Vega y tres poesías a él dedicadas por Consimo Anisio", en *Revista crítica de Historia y Literatura,* III, 1898, págs. 362-368. Del mismo, "Las poesías latinas de Garcilaso...", cit. Adolfo Bonilla y San Martín, "Oda latina de Garci-Laso de la Vega", en *Revista crítica de Historia y Literatura,* IV, 1899, págs. 362-371. Audrey Lumsden, "Garcilaso de la Vega as a Latin Poet", en *The Modern Language Review,* XLII, 1947, págs. 337-341. Joaquina Gutiérrez Volta, "Las odas latinas de Garcilaso de la Vega", en *Revista de Literatura,* II, 1952, págs. 281-308.

[56] Cfr.: Joseph G. Fucilla, "Two Generations of Petrarchism and Petrarchists in Spain", en *Modern Philology,* XXVII, 1930, págs. 277-295. Del mismo, "Garcilaso", en

de la pasión: profunda melancolía, delicada ternura, sutil análisis de los estados afectivos. A uno y a otro les mueven idénticos motivos: el amor no correspondido, la muerte de la mujer amada. Sin embargo, mientras Petrarca se entrega con frecuencia a una trabajada sutileza que hace más bien pensar en rebuscados juegos de la mente, en Garcilaso campea una mayor emoción que da a sus versos un temblor de auténtico sentimiento; no importa que sus damas estén más desfiguradas y escondidas tras el velo artificioso de la ficción bucólica que la Laura de Petrarca. Más todavía: aunque Garcilaso suele contener con viril dignidad los arrebatos a que le mueve su amor no correspondido, no deja en ocasiones de ceder incluso a la exaltación, expresándose en entrañados versos, más próximos al apasionamiento de Ausías March que a las meditadas elucubraciones del petrarquismo. Débese esto a la autenticidad de su pasión que comunica a los versos la realidad de su temblor humano. Nunca antes de Garcilaso se había cantado el amor en nuestra lengua con pareja sinceridad, con elementos poéticos tan puros, tan equilibrados, tan perfectos y al mismo tiempo tan conmovedores.

Por su acertada precisión, y no menos por su belleza, es preciso reproducir (aunque la cita sea larga) las palabras de Dámaso Alonso sobre este aspecto de la lírica de Garcilaso: "¡Maravilloso instrumento el endecasílabo! ¿Para expresar discreteos conceptuales como en los Cancioneros? ¿Para la parte más externa del petrarquismo? No. Del petrarquismo Garcilaso beberá en la más sincera veta humana. El nuevo verso le va a servir para expresar hondas emociones. Para ser cauce de esto que hoy llamamos poesía... Este ser que habla está a nuestro lado, es un contemporáneo, participa con nosotros en la lengua del tiempo moderno. Su habla es nuestra habla. El castellano ha llegado con él a su máxima flexibilidad, a su máxima capacidad de expresión. Pero hay más aún: eso es sólo belleza, y el fin último de la literatura moderna es la emoción: también aquí es Garcilaso un contemporáneo nuestro. Porque hay otro Garcilaso, hay otros pasajes de Garcilaso en donde, con esa misma capacidad de condensación y de virginal intuición, se junta algo prodigioso que es nuevo, creo, en la literatura europea: es que sentimos que por detrás de las palabras hay un desgarro de emoción, un borboteo represado como de lágrimas que quieren salir; y sentimos ese querer brotar, en algo como un temblor, como una vibración íntima del verso. Y esto ocurre, precisamente, cuando la presencia de doña Isabel Freire, de la dama que pasó tan rápidamente por la vida del poeta, está en el poema, cuando el poeta nos la evoca en sus versos. Hay que leer, para esto, algunos de los sonetos que Garcilaso le dedicó a ella, ya muerta, y que con algunos del portugués Camoens, constituyen, a mi juicio, la superación europea de todo el petrarquismo. Una infinita nostalgia

---

Estudios sobre el petrarquismo en España, cit., págs. 8-14. Alonso Zamora Vicente, "Sobre petrarquismo", en *De Garcilaso a Valle Inclán,* Buenos Aires, 1950, págs. 15-62. Y los estudios, repetidamente citados, de Keniston, Margot Arce y Lapesa.

y una dulce esperanza late en el corazón del poeta, que deposita flores y vierte lágrimas sobre la tumba de la amada, teniéndose que consolar con eso, hasta aquel día en que —nos dice—:

> *aquella eterna noche oscura*
> *me cierre aquestos ojos que te vieron,*
> *dejándome con otros que te vean.*

...Garcilaso encontró en la nueva técnica que le venía de Italia, en el endecasílabo, el instrumento, el molde formal que la poesía española había estado buscando inútilmente durante la Edad Media. Y por eso logra, por primera vez, someter la palabra castellana a la dulce violencia de la más exacta belleza formal. Pero hay algo en el verso de Garcilaso que excede toda la belleza renacentista. Hay algo que es espíritu y que tiembla, que es dolor y nos arrasa todavía hoy los ojos, que es emoción, que es alma, en una palabra, que es lo que hoy todavía llamamos poesía. Y así no solamente creó el modelo de la expresión formal del castellano para los siglos venideros, y en este sentido es el primer poeta de los modernos moldes de la lírica, sino mucho más moderno aún, infundió en su verso un hálito de emoción, un alma. Y en este otro sentido inaugura la nueva sensibilidad en la poesía española y europea" [57].

Hemos mencionado, a propósito del tema del amor, la profunda melancolía que impregna tantos versos de Garcilaso, melancolía que nace en buena parte del sentir general del hombre de su época, del conflicto entre el ideal soñado y las impurezas y sinrazones de la realidad; también, señala Margot Arce [58], brota de la conciencia de las flaquezas y debilidades del propio espíritu, con frecuencia imposibles de vencer. Pero, en el caso de Garcilaso, se suma la desventura de su amor no logrado; a su vez, el poeta desea libertarse de lo que estima una vergonzosa esclavitud, y se debate entre la rebeldía y la aceptación. Con todo, lo que predomina en sus versos es la actitud de estoica superioridad; lo más genuinamente garcilasiano en la expresión del sentimiento —dice Margot Arce— [59] es esa firmeza que acepta el dolor con todas sus consecuencias como fatalidad ineludible y que encierra tan bellamente en los conocidos versos de la *Égloga I*:

> *no me podrán quitar el dolorido*
> *sentir si ya del todo*
> *primero no me quitan el sentido* [60].

"El dolor de Garcilaso —añade la mencionada investigadora— no participa del alambicamiento y del exceso con que la poesía contemporánea subraya

---

[57] *El destino de Garcilaso*, citado, págs. 33 y 37-40.
[58] *Garcilaso de la Vega...*, cit., pág. 42.
[59] Ídem, íd., pág. 49.
[60] Ed. Rivers, cit., pág. 79.

las expresiones sentimentales. No alardea de lágrimas copiosas ni de suspiros continuados. Es un dolor pudoroso que quiere recatarse, y que en muchas ocasiones se escuda bajo la máscara pastoril. El poeta huye de la exageración; su exquisita elegancia repugna la sinceridad descarnada. Quiere objetividad, medida, equilibrio; nada de palabrería inútil... Estoica serenidad frente al dolor, estoica sumisión ante lo inevitable, sentimiento contenido y profundo, expresión sobria e inmóvil; tal la melancolía de Garcilaso. El poeta, siempre fiel a su ideal de belleza clásica, sacrifica el arrebato apasionado, y canta sus dolores con la mansa y resignada ternura que convenía al ambiente luminoso de las églogas y la visión de un mundo ordenado y armonioso" [61].

Al lado del amor, el sentimiento de la naturaleza llena los versos de Garcilaso, sobre todo en las *Églogas*. Aquí, junto al influjo de Petrarca, está patente la tradición bucólica recogida en los clásicos grecolatinos a través sobre todo del italiano Sannazaro. Se trata de una naturaleza convencional, artificiosa, poéticamente estilizada, en la que todo tiende a producir una impresión de armonía y serenidad según el concepto renacentista de que la Naturaleza es el modelo de toda perfección. El viento será "fresco, manso y amoroso"; el río "dulce y claro"; el suelo "verde prado de fresca sombra lleno", las aguas "corrientes aguas, puras, cristalinas"; la ribera "verde y deleitosa"; el enamorado Salicio se encuentra "recostado al pie de un alta haya en la verdura por donde un agua clara con sonido atravesaba el fresco y verde prado". Y en torno de esta fina belleza campestre, gira una rueda de doradas y sutiles ninfas que, como en la *Égloga Tercera*, triscan en las aguas y tejen con hilos de oro delicados tapices.

Sin embargo, pese a todas las reminiscencias, italianistas o virgilianas, y al tópico de fondo de este paisaje tan esencialmente "literario", Garcilaso refleja una asombrosa sensibilidad ante la naturaleza, una finísima intuición para expresar en delicados versos las más variadas bellezas sensoriales que sus ojos habían captado de la realidad directamente. El paisaje de España, y más concretamente el de su Toledo natal, constituye el fondo de todas sus descripciones bucólicas, y en las orillas del Tajo, presente también en otros muchos pasajes de sus versos, suceden las "divinas lamentaciones" de sus *Églogas*. "Sí: el río, la soledad —escribe Dámaso Alonso—, unos sauces en la soledad, junto al agua. No dice río, dice Tajo; es decir, su río patrio, su río natal, porque toda esta égloga, donde tanta mitología se ha de meter, va polarizada, dirigida a un sentimiento familiar, dolorosamente íntimo" [62]. Y preguntándose por qué este paisaje garcilasiano, donde convergen vientos de tan diversas latitudes, se nos comunica tan entrañablemente, escribe el citado crítico: "Habría una razón [luego habrá de decirnos que existen más, aunque quizá esta sola bastaría]. El paisaje de Garcilaso, que viene de Italia (Sannazaro, etc.), era ya en Italia conven-

---

[61] *Garcilaso de la Vega...*, cit., pág. 51.
[62] *Garcilaso y los límites de la estilística*, citado, pág. 55.

cional. En Italia, cansa. En España tiene la virtud fecundante y vivificante que al injerto arrancado del árbol viejo le infunde la savia del arbolillo reciente. Y hay un factor geográfico: en España, en la meseta seca y ardiente, este paisaje cobra un nuevo encanto: es una delicia para los sentidos atormentados, hostigados por el ventarrón árido de la paramera" [63]. Mas por encima de cualquier otro motivo está el intenso, fresco y espontáneo sentimiento del poeta ante la naturaleza y el don divino de comunicarlo, servido por los mayores aciertos expresivos: entre los cuales sobresale su maravillosa elegancia, humedecida de melancolía y suavidad, de intensa gracia lírica:

> Movióla el sitio umbroso, el manso viento,
> el suave olor d'aquel florido suelo;
> las aves en el fresco apartamiento
> vio descansar del trabajoso buelo;
> secaba entonces el terreno aliento
> el sol, subido en la mitad del cielo;
> en el silencio sólo se 'scuchava
> un susurro de abejas que sonava [64].

El paisaje en sí mismo es ya materia de belleza, tema esencial, protagonista, en la poesía de Garcilaso. "Las montañas, los bosques, los ríos, el mar —escribe Azorín—, aparecen por primera vez en la poesía española con Garcilaso, no incidental, sino deliberadamente" [65].

Estilo. Garcilaso eleva a definitiva perfección lo que en Boscán no había pasado de unos tanteos primerizos. Desde que Garcilaso escribe sus versos, la poesía castellana se abre a otro paisaje, se asoma a un nuevo mundo, resuena con otra distinta voz. La poesía de Garcilaso se caracteriza por su musicalidad, su elegancia, su rica al par que delicada tonalidad de matices, sobre todo en los cromáticos y auditivos, la suave cadencia de sus versos, la claridad, el arte de la selección de vocablos, la mesura y sobriedad con que se mantiene lejos de

---

[63] Ídem, íd., pág. 52.
[64] *Égloga III*, estrofa X, edición Rivers, cit., pág. 142.
[65] *Los dos Luises y otros ensayos*, Madrid, 1921, pág. 141. Sería, sin embargo, grave error exagerar la relación de intimidad existente entre el poeta y su visión literaria del paisaje; no cabe equiparar el sentido bucólico de la naturaleza en Garcilaso con la "captación subjetiva y humanizada", que había de lograr, a distancia de siglos, la sensibilidad romántica. Sobre este punto véanse atinadas sugerencias en el ensayo, de gran riqueza temática, de Segundo Serrano Poncela, "Garcilaso el inseguro", en *Formas de vida hispánica (Garcilaso-Quevedo-Godoy y los ilustrados)*, Madrid, 1963, págs. 7-63. Cfr.: Emilio Orozco Díaz, "De lo humano a lo divino. Del paisaje de Garcilaso al de San Juan de la Cruz", en *Revista de la Universidad de Oviedo*, 1945, págs. 99-123. Alonso Zamora Vicente, "Observaciones sobre el sentimiento de la naturaleza en la lírica del siglo XVI", en *De Garcilaso a Valle Inclán*, cit., págs. 65-84.

toda afectación y toda retórica, dentro siempre del arte culto a que pertenece su poesía.

Pese a la múltiple herencia clásica e italianista que recoge, y a que, a veces, casi traduce directamente a sus modelos, infunde a sus creaciones un acento personalísimo merced al hondo sentido con que sabe intensificar lo esencial y asimilárselo perfectamente; y hasta los mismos tópicos, mil veces utilizados por todos los poetas de la época, del universal patrimonio de la cultura renacentista, se elevan en las manos de Garcilaso al nivel de nueva creación. Desde los comentarios de Herrera y del Brocense hasta nuestros días los eruditos han tratado de puntualizar los préstamos tomados por Garcilaso; pero apenas existe una sola ocasión en que éste no haya vencido a sus modelos.

Sobre este tan debatido tema de la originalidad y la imitación dice Dámaso Alonso a propósito de Garcilaso: "Ahora podríamos releer los supuestos modelos de este pasaje [está tratando de la estrofa octava de la égloga tercera] y veríamos que no hay en ellos nada, absolutamente nada, de estos valores expresivos. Y vamos comprendiendo lo que era el arte de imitación en el Renacimiento y por qué era verdaderamente arte: era tomar un excipiente, una materia común, pasarla por los obradores, por las oficinas secretas del temperamento y de la intuición, y alzarla a un nuevo cielo estético, criatura ella también recién creada, nueva, original. ¡Advertencia a los fuentistas!: descubrir la "fuente" sirve, a veces, para realzar la originalidad"[66]. Por su parte, Lapesa, comentando algunos pasajes de la *Égloga Segunda,* después de enumerar los posibles acreedores de sus versos, escribe: "El número de versos derivados de todas estas fuentes viene a ser aproximadamente la cuarta parte del poema. A pesar de todo, la égloga II muestra notable originalidad en la relativa movilidad dramática y llaneza de los diálogos, en la interpretación del amor, en el auténtico, no libresco, sentimiento de la naturaleza y en el poder de una inspiración que fácilmente, como en un juego, infunde vida y lozanía a cuanto toca"[67]. Y más abajo: "No importa ya que estos u otros versos tengan su origen en otros autores. Garcilaso no copia, sino que reelabora y vivifica. Lo creado totalmente por él y los elementos ajenos que transforma y recrea se funden en belleza selecta, armonía, ritmo suave y poesía halagadora"[68].

El problema de la mayor o menor proyección intimista, es decir, de la intensidad del subjetivismo que encierra la obra lírica de Garcilaso, plantea cuestiones importantes que no pueden tener cabida, inevitablemente, en un libro de esta índole, pero que deseamos dejar al menos apuntadas. Insistentemente hemos indicado, apoyándonos con preferencia en la autoridad de Dámaso Alonso, que lo que salva esencialmente a Garcilaso de la estudiada imitación

---

[66] *Garcilaso y los límites de la estilística,* cit., pág. 67.
[67] *La trayectoria poética de Garcilaso,* cit., pág. 108.
[68] Ídem, íd., pág. 112. Cfr.: Georges Cirot, "À propos des dernières publications sur Garcilaso de la Vega", en *Bulletin Hispanique,* XXII, 1920, págs. 234-255.

del petrarquismo es la autenticidad de la emoción que sirve de núcleo cordial a su poesía; su sinceridad y calor humano. Y lo mismo hemos repetido sobre su sentimiento de la naturaleza, liberado del tópico literario de la época por su directa experiencia de un paisaje entrañablemente querido y familiar. Algunos comentaristas llegan a destacar sobremanera esta proyección íntima; así, por ejemplo, José F. Montesinos escribe: "La gran enseñanza que Garcilaso aprendió de Petrarca iba mucho más allá de los meros logros técnicos; el descubrimiento de la propia conciencia fue mucho más importante que la importación del endecasílabo" [69].

Sin embargo, la acumulación de retórica petrarquista y el aluvión de herencia clásica, en que la poesía del Renacimiento y el Barroco ahoga la espontánea creación del poeta, han sido puestos mil veces de relieve; en casos extremos —Góngora, por ejemplo—, el pulso humano del poeta queda absolutamente velado por su artificiosa maestría de orfebre técnico y cerebral. En su estudio sobre "El epíteto en Garcilaso", escribe Gonzalo Sobejano: "La revolución que opera la poesía renacentista estriba, por su parte, mucho más en el cambio de rumbo de lo ético, didáctico, pedagógico y pragmático hacia lo puramente estético que en la conversión a lo subjetivo" [70]. Aserción que, contraria como es a la cita anterior, parece a su vez incuestionable si comparamos lo que de auténtica intimidad lírica o, para evitar equívocos, de afirmación de puros sentimientos individuales, existe en un poeta del Renacimiento-Barroco al lado de otro cualquiera de los últimos ciento cincuenta años. El crítico citado lo especifica claramente así: "Es cierto que el poeta renacentista habla ya libremente de sí mismo y analiza con demora y sin recato sus sentimientos, y que esto puede considerarse, en contraste con la falta de mostración de sí que al poeta medieval caracteriza, como una revolución de la perspectiva lírica. Sin embargo, el lector moderno, que desde el Romanticismo hasta hoy ha ido viendo desarrollarse una poesía verdadera y directamente personal, subjetiva, confidencial, no puede por menos de reconocer, con mirada ya justa, la constante veladura del yo que en el poeta clásico se da, y no por coacción, sino por actitud innata. Este encubrimiento del poeta bajo su poesía no parte de una voluntad, sino de una concepción de la profesión literaria desde la premisa humanística de la imitación de los antiguos, con todo lo que ello comporta de atenimiento a la autoridad, de adquisición del arte, de formación humanista, tecnicismo, sabiduría retórica y aceptación de género, mitos, fábulas y recursos heredados" [71].

---

[69] *Centón de Garcilaso,* cit., pág. 31. Cfr.: Marcel Carayon, "Le monde affectif de Garcilaso", en *Bulletin Hispanique,* XXXII, 1930, págs. 246-253.

[70] "El epíteto en Garcilaso", en *El epíteto en la lírica española,* Madrid, 1956, páginas 216-254; la cita, en pág. 216.

[71] Ídem, íd., pág. 217.

E insiste luego: "El poeta renacentista, llamémosle clásico desde el punto de vista de la historia literaria nacional, varía la brújula de lo pragmático a lo estético y se atreve incluso a mostrar que es él el poeta, y no un portavoz. Pero su concepción de la realidad no es todavía directamente personal, sino que se halla mediatizada por los modelos que más bellamente ya la hubieron reflejado: por los poetas de la Antigüedad greco-latina. Si el poeta medieval vertía sus modelos sin el prejuicio de la originalidad, el poeta renacentista imita a los suyos con fervorosa emulación de buen discípulo. Pero un mundo de expresividad inmediatamente personal no se da ni en aquél ni en éste. No será extraño, hecha esta consideración, que el epíteto, índice de expresividad, aparezca investido en la poesía renacentista de un sentido predominantemente estético, sujeto a un *apriori* tipificador que no revela la directa imagen, la reacción afectiva directa del propio poeta, sino la imagen o la reacción típicas, consagradas en el modelo o en el ideal estético del poeta, educado en el modelo" [72].

Tras estas consideraciones, la lírica emoción de la poesía de Garcilaso que hemos afirmado parece quedar en entredicho. Sin embargo, el mismo Sobejano cierra su estudio sobre el cantor de Elisa, afirmando la cálida verdad de sus versos: "Al lado de ese mundo de la naturaleza, visto y sentido como un mundo de tipos sobre el cual el poeta no opera más que destacando bellezas, guiado por una preferencia estética que selecciona las cualidades estéticamente positivas, apenas contraponiéndoles las negativas, se nos abre el mundo interior de Garcilaso en múltiples y variadas vertientes, que, sin embargo, se dejan fácilmente reducir a tres motivos: la dulzura que su alma presta a todo, la tristeza amorosa que su alma padece y la gravedad, es decir, la seriedad, la sinceridad de su sentimiento" [73].

Lo que, en resumen, nos permite afirmar: que si el aderezo retórico de su tiempo no permitió a Garcilaso la proyección desnuda de su yo en la medida a que ha llegado la lírica contemporánea, se evadió, como apenas nadie en sus días, de la maraña imitativa del mundo clásico-italianista, para dar la nota más auténtica que la lírica hasta entonces había conocido.

En un reciente estudio Luis Rosales ha vuelto sobre el tema para destacar sagazmente la especial importancia que en la lírica de Garcilaso, por encima de los valores estéticos y del peso de los convencionalismos recibidos de la imitación petrarquista y clásica, adquiere la entrañable sensibilidad del poeta, o, lo que es lo mismo, su sinceridad afectiva y emocional. Es cosa indiscutible que la tradición de nuestra poesía culta arranca inequívocamente de Garcilaso para prolongarse a través de la escuela granadina y antequerana y de Fernando de Herrera hasta la cima, ya irrebasable, de la obra lírica de Góngora. Rosales subraya, en cambio, que junto a esta corriente culta nace también de Garcilaso, para correr paralela a la anterior, lo que él denomina "la línea de conti-

---

[72] Ídem, íd., pág. 217.
[73] Ídem, íd., pág. 251.

nuidad de la sensibilidad garcilasiana", prolongada a través de Camoens, el conde de Salinas, Villamediana (en sus poemas amorosos, no en los mitológicos) y Lope de Vega. Estos problemas serán tratados en su lugar oportuno; baste ahora destacar este "empañamiento de ternura que hay en la voz lírica de Garcilaso" y la "actitud sentimental" de su poesía de amor, "la gran poesía de amor de la literatura clásica española"[74].

El carácter artístico de su lenguaje no le impidió a Garcilaso admitir vocablos y expresiones populares, que sabe engarzar en la delicada armonía de sus versos. Precisamente Herrera, que fue años más tarde uno de sus más diligentes comentadores, le reprochaba algunas de estas voces ("escurrir —dice, por ejemplo— es verbo indigno de la hermosura de los cabellos de las Náyades"); en donde bien puede verse la mayor intensificación que de uno a otro poeta había de experimentar el lenguaje poético. Pero tomaba ejemplo a su vez de Garcilaso para la introducción de neologismos.

Comentando el estilo de Garcilaso de la Vega, dentro del proceso lingüístico-literario del castellano, escribe Menéndez Pidal: "La norma lingüística de Garcilaso, expuesta en su epístola a doña Gerónima Palova de Almogávar, consiste en emplear términos *no nuevos ni desusados de la gente,* pero a la vez *muy cortesanos y muy admitidos de los buenos oídos.* Es decir: *naturalidad y selección:* criterio bien diferente del de *cultismo y afectación* que Ronsard habrá de propagar en Francia entre la generación siguiente a Garcilaso. Y, gracias a aquella norma selectiva, el habla de Garcilaso reviste ese aire de elegancia perdurable, ese sabor de modernidad para todas las épocas, debido a la atinada elección de lo más usual, de lo más popular, de lo más natural, que al fin y al cabo es lo más permanente del idioma, lo más sustraído a los influjos efímeros de la moda. Para repetir la expresión isabelina, es el *buen gusto* el que da carta de recomendación a Garcilaso cerca de las generaciones futuras. Ese buen gusto del poeta era patente para sus contemporáneos, aun cuando no se había impreso ninguna de sus poesías. Cuando Juan de Valdés, allá en Italia, exponía sus principios sobre el idioma español, por los mismos días del discurso imperial ante el Papa y pocos meses antes del trágico fin de Garcilaso, toma a éste como juez supremo del buen lenguaje cortesano..."[75].

Dos rasgos más suelen ser destacados en la personalidad de Garcilaso. Primero la ausencia de resonancias bélicas en su obra, a pesar de su carácter militar, de su intensa dedicación a la tarea de las armas. Salvo leves alusiones, nada más contrapuesto al héroe militar que él fue, que su dulcísima, bucólica

---

[74] Luis Rosales, "La poesía cortesana", en *Studia Philologica. Homenaje ofrecido a Dámaso Alonso,* vol. III, Madrid, 1963, págs. 287-335. La denominación de "poesía cortesana", dada por Rosales a la "corriente emocional" de Garcilaso, no nos parece afortunada por el vocablo en sí mismo y porque induce a confusión con la lírica "de cancionero" de la centuria precedente.

[75] "El lenguaje del siglo XVI", en *Mis páginas preferidas. Estudios lingüísticos e históricos,* cit., págs. 29-30.

y estilizada poesía [76]. El segundo es su carácter esencialmente laico, su "laicismo absoluto", escribe Azorín. Y añade: "De todos los poetas españoles de los siglos XVI y XVII, Garcilaso es el único que no haya escrito ni un solo verso de asunto religioso. No estaba la poesía religiosa dentro de su temperamento" [77].

Presencia de Garcilaso en la lírica española. Hemos aludido repetidamente a la gran trascendencia que para toda la historia de la lírica española ha tenido la renovación italianista contenida en la obra de Garcilaso. Su personalidad literaria impuso la aclimatación definitiva en nuestra literatura de todas las innovaciones métricas traídas por él o por Boscán: la canción, el soneto, el terceto, la lira [78]; ésta —adviértase especialmente— fue la estrofa en que se escribieron después las obras más elevadas de nuestra lírica: las poesías de fray Luis de León y las de San Juan de la Cruz. Para algunos poetas de su tiempo Garcilaso pudo ser todavía, momentáneamente, el jefe de una *escuela*, pero inmediatamente se le consideró como a un maestro, cuya gloria no ha conocido ya eclipses, cualesquiera que hayan sido los gustos o tendencias predominantes. Garcilaso, señala Gallego Morell [79], no tuvo, como Lope, un discípulo entusiasta que redactara su *Fama póstuma*, pero conoció los mencionados comentarios del Brocense y de Herrera, que casi al día si-

---

[76] Lapesa, al referirse al panegírico del duque de Alba, en la *Égloga II*, señala el interés que ofrece este episodio por ser una de las contadas ocasiones en que Garcilaso abordó la nota heroica; "su delgada voz —dice— tenía en la avena campestre mejor acompañamiento que en la trompa bélica" (*La trayectoria poética...*, cit., pág. 113). No obstante, advierte a su vez que la poca frecuencia con que se ocupa del tema guerrero no autoriza a suponer una actitud refractaria a la vida militar, y recuerda a este propósito unos versos de sus *Elegías*, traducidos de Fracastor, que pueden denunciar un momento de cansancio y escepticismo, fomentado por los celos que entonces le atormentaban, pero que no parece que representen "una postura durable, ni, menos aún, doctrinal" (nota 138, pág. 216). De hecho, la expedición a Túnez le inspiró el soneto XXXV, a Boscán, lleno de entusiasmo por la empresa guerrera, que renueva la hazaña de Scipión (Lapesa, pág. 155), y la oda latina a Juan Ginés de Sepúlveda, calificada de "briosa" por Lapesa (nota cit.).

[77] *Los dos Luises y otros ensayos*, cit., pág. 140.

[78] "Como es sabido —recuerda Lapesa al ocuparse de esta estrofa— nuestro poeta se valió de un paradigma ensayado por Bernardo Tasso; pero mientras en Italia no prendió en este caso concreto aquel intento ocasional de acercarse en algún modo a los ritmos horacianos, en España la lira introducida por su imitador logró arraigo inmediato y definitivo; y el nombre de la estrofa quedó ligado al primer verso de la obra en que hizo su aparición. Para los españoles del siglo XVI el poema dedicado a doña Violante Sansevernino significó que la oda horaciana, con su marmórea perfección, no pertenecía a un pasado inasequible; su imitación podía ser fecunda, y la lengua vulgar era susceptible de moldearse hasta alcanzar en ella la forma precisa y cincelada de que había hecho gala el protegido de Mecenas" (*La trayectoria poética...*, cit., pág. 151). Cfr.: Dámaso Alonso, "Sobre los orígenes de la lira", en *Poesía Española. Ensayo de métodos y límites estilísticos*, 4.ª ed., Madrid, 1962, págs. 611-618.

[79] *Garcilaso de la Vega y sus comentaristas*, cit., pág. 11.

guiente de su muerte le convertían en el primer clásico de nuestra literatura nacional; se le otorgaba el máximo honor de hacer servir sus textos para ejemplificar los problemas de la expresión literaria, haciéndolos objeto de los mismos métodos de estudio que habían sido aplicados a los grandes poetas de la antigüedad, como Homero y Virgilio. Al estudiar las estimaciones literarias del siglo XVII, Miguel Herrero ha puntualizado con gran acopio de datos que en dicha centuria Garcilaso brillaba con fulgores de ídolo y que era el único poeta español que había alcanzado las cumbres de la inmortalidad: "todos los demás valores —dice—, incluso Lope, incluso Góngora, estaban sujetos a contradicción y a crítica; Garcilaso, en cambio, era cosa fallada, consagrada por todo el mundo"[80].

La *claridad* de su poesía, condición la más generalmente encarecida, fue contrapuesta a la oscuridad de los poetas *cultos* y exaltada por los enemigos del culteranismo como un antídoto contra sus excesos. Lope de Vega adujo repetidamente la autoridad de Garcilaso, juntamente con la de Boscán, para enfrentarla a los secuaces del gongorismo, como en aquel gracioso soneto que comienza:

—*Boscán, tarde llegamos. ¿Hay posada?*
—*Llamad desde la posta, Garcilaso...*

Otro tanto tenía que hacer Quevedo, quien repetidamente se sirvió de la poesía del toledano contra Góngora; así, en los versos con que termina la *Aguja de navegar cultos*:

...Mientras por preservar nuestros pegasos
de mal olor de culta jerigonza,
quemamos por pastillas Garcilasos.

O en la composición en que sarcásticamente da cuenta de que hubo de limpiar la casa de Góngora que había comprado:

...que de tu habitación quedó de modo
la casa y barrio todo...
...que para perfumarla
y desengongorarla
de vapores tan crasos,
quemó como pastillas Garcilasos... [81].

---

[80] Miguel Herrero García, *Estimaciones literarias del siglo XVII*, Madrid, 1930, páginas 61-62.

[81] Véase nuestro vol. II, págs. 215-218 y 522-524. Cfr.: Guillermo Díaz-Plaja, *Garcilaso y la poesía española*, Publicaciones del Seminario de Estudios de la Universidad de Barcelona, II, Barcelona, 1937. Del mismo, "Garcilaso el múltiple", en *Ensayos escogidos*, Madrid, 1944.

Sin perjuicio de que el propio Góngora rindiera a su vez emocionado homenaje al gran poeta del Tajo.

Por su parte, Azara editó a Garcilaso en el siglo XVIII para proponerlo, a un mismo tiempo, como modelo frente a la degeneración de la peor herencia culterana y los excesos de los innovadores galicistas.

A través de Bécquer, Garcilaso llega a nuestros poetas contemporáneos, que le hacen objeto de apasionada admiración. Pedro Salinas titula uno de sus libros con una de las más felices expresiones garcilasianas: *la voz a ti debida;* Alberti proclama su vasallaje poético con estos bellos versos de su *Marinero en tierra:*

> *Si Garcilaso volviera,*
> *yo sería su escudero;*
> *que gran caballero era...*

Y cuando, ya en nuestros días, José García Nieto pretende orientar la poesía española bajo el signo de un nuevo clasicismo, lo hace bajo el nombre y advocación de Garcilaso, y elige justamente el nombre del poeta para titular la revista que funda para ello.

No menos significativo de la gloria literaria de Garcilaso es el hecho de que, todavía en el siglo XVI, fueran vueltas sus poesías *a lo divino*. Prescindamos ahora de comentar las curiosas interpretaciones de que hicieron objeto al cantor de Elisa algunos moralistas exaltados, como Malón de Chaide. Lo que nos importa en este punto es hacer notar cómo la poesía de Garcilaso, con su peculiar sentimentalidad amorosa, podía estimarse nociva por la general estima que se le tributaba, y estimuló por ello mismo el propósito de convertir sus versos "en materia cristiana y religiosa"; tal fue la declarada intención de Sebastián de Córdoba, que en 1575 vertió por primera vez *a lo divino* la obra de Garcilaso. Y, precisamente, esta peregrina versión tenía que canalizar en buena parte las delicadezas garcilasianas nada menos que hacia las cumbres místicas de San Juan de la Cruz, según ha estudiado Dámaso Alonso con su peculiar sagacidad y veremos oportunamente.

LOS POETAS ITALIANISTAS

Las innovaciones de Garcilaso prendieron inmediatamente y fueron seguidas por la gran mayoría de los poetas españoles, hasta el punto de que la Edad de Oro, entonces comenzada, se entroniza con el incuestionable triunfo del italianismo. Esta general aceptación de la nueva poesía no supone, sin embargo, la desaparición de las formas tradicionales, e incluso los poetas que pueden considerarse como discípulos o seguidores de Garcilaso, escriben a la vez poesía tradicional, de notable calidad a veces y hasta, en ocasiones, mejor que cuando intentan la de tipo italianista, según vamos a ver en cada caso particular. Lo característico es que la nueva poesía no sólo predomina sobre la otra en cantidad, sino que es cualitativamente superior en su conjunto por cuanto en ella escriben los poetas sobresalientes de la época. Este fenómeno prosigue todo a lo largo del siglo XVI. Al llegar el XVII, los grandes escritores del Barroco cultivan con igual maestría ambas corrientes, o realizan en otros casos la fusión o el equilibrio de las dos mediante una feliz simbiosis: lo italianista se nacionaliza en múltiples aspectos, relajando su anterior dependencia de los modelos clásicos; mientras la poesía tradicional se apropia buena parte de la refinada exquisitez culta traída por los maestros del Renacimiento. Una forma métrica característicamente medieval desaparece ahora por entero: la copla de "arte mayor"; pero el octosílabo prosigue su nunca extinguida vigencia en coplas y canciones de todos los estilos.

Varios son los poetas que deben destacarse dentro del grupo italianista.

Diego Hurtado de Mendoza (1503-1575). Tipo quizá el más representativo del hombre renacentista español, diplomático y hombre de armas, poeta, bibliófilo y erudito, nació en Granada en 1503, por las mismas fechas que Garcilaso, a quien sobrevivió cuarenta años. Estudió en su ciudad natal y luego en Salamanca y en Italia. Apasionado del saber, adquirió una vastísima cultura ("Estudiemos, señor Juan Páez", solía repetirle a su gran amigo Páez de Castro), y dominaba, además de los idiomas clásicos, el árabe y el hebreo. Ocupó importantes cargos y desempeñó capitales misiones como embajador en Inglaterra, Venecia y Roma, y representante del Emperador en el Concilio de Trento. Ya en el reinado de Felipe II un incidente provocado en palacio motivó su destierro al castillo de la Mota por orden del monarca. De allí salió para tomar parte en las guerras de Granada desatadas por el alzamiento de los moriscos. A su muerte legó al propio rey su selecta y copiosa biblioteca, que aquél incorporó a la que estaba reuniendo en El Escorial. Por su relato de la guerra de Granada ocupa Mendoza un puesto muy importante en la historiografía de su tiempo, y como tal será estudiado en su lugar. Como poeta alterna las formas tradicionales con las innovaciones italianistas. Su obra es extensa y en ella se mezclan las composiciones idealistas y graves, amorosas y filosóficas, propias de un humanista, con otras de tipo caricaturesco y satírico, de gusto popular, que llegan a veces a la procacidad. En sus obras italianistas es poeta imperfecto y desigual, de verso duro y áspero con frecuencia. Merecen destacarse, sin embargo, la epístola a Boscán, la *Fábula de Adonis, Hipómenes y Atalanta* que es la mejor de sus obras de asunto clásico, y algunas canciones como la que comienza "Ya el sol revuelve con dorado freno...". Mucho mejores son sus obras a la manera tradicional, en especial sus redondillas que fueron alabadas por Lope de Vega ("¿Qué cosa iguala a una redondilla de Garci-Sánchez o don Diego de Mendoza?") y que se distinguen por su soltura y agilidad [82].

---

[82] Ediciones: "Poesías de Diego Hurtado de Mendoza", ordenadas por Adolfo de

Hernando de Acuña (1520-1580?). Prototipo del poeta soldado, actuó al servicio del Emperador en numerosas empresas militares (Italia, Alemania y Flandes) y en tiempo de Felipe II en la batalla de San Quintín. Gozaba Acuña de gran acceso a la persona del Emperador, que le encargó poner en verso la traducción al español que él mismo había realizado del poema de Olivier de la Marche *Le Chevalier Déliveré,* en el que se cantaban, bajo forma caballeresca, los hechos de Felipe el Hermoso. Acuña versificó la traducción imperial con singular fortuna en quintillas dobles, y no fue ésta la única ocasión en que se sirvió de los metros y ritmos tradicionales. Sin embargo, el resto de su producción le acredita como uno de los mayores representantes del italianismo. Enamorado de la Antigüedad, tanto de sus héroes como de sus escritores, así como de los grandes poetas italianos, toda la obra de Acuña, espíritu profundamente renacentista, acusa el influjo de los clásicos, sobre todo de Ovidio y de Virgilio. Escribió bellas canciones, madrigales y sonetos de fino espíritu garcilasista, y algunas composiciones de mayor extensión como la *Fábula de Narciso* y la *Contienda de Ayax Telamonio y de Ulises sobre las armas de Aquiles.* Debe su fama principalmente al soneto en que define los ideales del Imperio: "Ya se acerca, señor o ya es llegada...", y que contiene el conocido verso "Un Monarca, un Imperio y una espada" [83]

Castro, en *Poetas líricos de los siglos XVI y XVII,* vol. XXXII de la *Biblioteca de Autores Españoles,* Madrid, nueva edición, 1950. *Poesías satíricas y burlescas de Hurtado de Mendoza,* Madrid, 1876. *Obras poéticas de Diego Hurtado de Mendoza,* edición Knapp, Madrid, 1877 (reimpresión de la primera edición), vol. XI de "Colección de libros españoles raros o curiosos". *Epístolas y otras poesías de Don Diego Hurtado de Mendoza,* edición de Pedro Bohigas, Barcelona, 1944. Cfr.: A. Rodríguez Villa, *Noticia biográfica y documentos históricos relativos a don Diego Hurtado de Mendoza,* Madrid, 1873. E. Señán y Alonso, *Don Diego Hurtado de Mendoza; apuntes biográficos,* Granada, 1886. R. Foulché-Delbosc, "Les oeuvres attribuées à Mendoza", en *Revue Hispanique,* XXXII, 1914, págs. 1-86. A. Morel-Fatio, "À propos de la correspondance diplomatique de D. Diego Hurtado de Mendoza", en *Bulletin Hispanique,* XVI, 1914, págs. 133-176. J. P. W. Crawford, "Notes on the Poetry of Diego Hurtado de Mendoza", en *The Modern Language Review,* XXIII, 1928, págs. 346-351. A. González Palencia y Eugenio Mele, *Vida y obras de D. Diego Hurtado de Mendoza,* Madrid, Instituto de Valencia de Don Juan, 1941-1943, 3 vols. Ángel González Palencia, "Don Diego Hurtado de Mendoza, varón de letras", en *Del Lazarillo a Quevedo,* Madrid, 1946, págs. 159-164. I. P. Rothberg, "Hurtado de Mendoza and the Greek Epigrams", en *Hispanic Review,* XXVI, 1958, págs. 171-187.

[83] Ediciones: *Varias poesías compuestas por Don Hernando de Acuña,* Madrid, imprenta de Sancha, 1804. *Varias poesías de Hernando de Acuña,* edición de Elena Catena de Vildel, C. S. I. C., Madrid, 1954. Cfr.: Narciso Alonso Cortés, *Don Hernando de Acuña. Noticias biográficas,* Valladolid, 1913. Del mismo, "Algunos datos sobre Hernando de Acuña y Francisco de la Torre", en *Hispanic Review,* IX, 1941, págs. 41-47. José M.ª de Cossío, "Imperio y Milicia", en *Cruz y Raya,* núm. 22. J. P. W. Crawford, "Notes on the Poetry of Hernando de Acuña", en *The Romanic Review,* 1916, págs. 314-327. Carlos Clavería, "*Le Chevalier déliveré*" de Olivier de la Marche y sus versiones españolas del siglo XVI, Zaragoza, 1950.

Gutierre de Cetina. Natural de Sevilla (1520-1557), también poeta y soldado, acompañó a la corte por España, Italia y Alemania y pasó después a las Indias donde, según parece, murió a consecuencia de un lance de amor. Compuso madrigales, canciones, sonetos y epístolas. Herrera lo consideraba falto de espíritu y vigor, y Saavedra Fajardo dijo de él que era "afectuoso y tierno, pero sin vigor ni nervio", mengua explicable —de admitirla— por el carácter juvenil de su producción, escrita toda entre los veinte y los veintiséis años, antes de su paso a las Indias, y por su demasiado sometimiento a los modelos clásicos. Pero, a pesar de estas reservas, Cetina es un poeta de muy estimables cualidades. Escribió sonetos perfectos, en su mayor parte de asunto amoroso, tema casi único en que se polariza su producción, y son también notables sus canciones por la fluidez de sus versos y la belleza de sus pensamientos. Su nota más personal la dio en los madrigales, en los que excedió a todos los poetas de su tiempo. Es particularmente famoso el que comienza: "Ojos claros, serenos..." [84].

---

[84] Ediciones: "Poesías de Gutierre de Cetina", ordenadas por Adolfo de Castro, en *Poetas líricos de los siglos XVI y XVII*, vol. XXXII de la *Biblioteca de Autores Españoles*, Madrid, nueva edición, 1950. *Obras de Gutierre de Cetina*, edición de Joaquín Hazañas y la Rúa, Sevilla, 1895, 2 vols. *Poesías de Gutierre de Cetina*, selección de Salvador Pérez Valiente, Valencia, 1942. *Madrigales, sonetos y otras composiciones escogidas de Gutierre de Cetina*, selección de Juan Bautista Solervicens, Barcelona, 1943. Rafel Lapesa, "Tres sonetos inéditos de Cetina y una atribución falsa", en *Revista de Filología Española*, XXIV, 1937, págs. 380-383. José Manuel Blecua, "Otros poemas inéditos de Gutierre de Cetina", en *Nueva Revista de Filología Hispánica*, IX, 1955, págs. 37-44. Cfr.: P. Savj-López, *Un petrarchista spagnuolo. Gutierre de Cetina*. Trani, 1896. J. Moreno de Guerra, "Datos para la biografía del poeta Gutierre de Cetina", en *Revista de Historia y Genealogía Española*, XIII, 1914, págs. 49-60. F. A. de Icaza, "Gutierre de Cetina y Juan de la Cueva", en *Boletín de la Real Academia Española*, III, 1916, páginas 315-335. Del mismo, "Gutierre de Cetina", en *Sucesos reales que parecen imaginados*, Madrid, 1919, págs. 23-75. F. Rodríguez Marín, "Documentos sobre Gutierre de Cetina", en *Boletín de la Real Academia Española*, vol. VI, 1919, págs. 54-115 y 235-250. Lucas de la Torre, "Algunas notas para la biografía de Gutierre de Cetina", en *Boletín de la Real Academia Española*, XI, 1924, págs. 388-407 y 601-626. A. M. Withers, *The sources of the Poetry of Gutierre de Cetina*, Publications of the University of Pennsylvania. Series in Romanic Languages and Literatures, núm. 9, Filadelfia, 1923. Del mismo, "Two Additional Borrowings from Petrarch by Gutierre de Cetina", en *Hispanic Review*, II, 1934, págs. 158-161. A. F. G. Bell, "Cetina's Madrigal", en *The Modern Language Review*, XX, 1925, págs. 179-183. Narciso Alonso Cortés y Eugenio Mele, *Sobre los amores de Gutierre de Cetina y su famoso madrigal*, Valladolid, 1930. Narciso Alonso Cortés, "Datos para la biografía de Gutierre de Cetina", en *Boletín de la Real Academia Española*, XXXII, 1952, págs. 73-118. J. P. W. Crawford, "Gutierre de Cetina: Notes on the date of his birth and the identity of Dorida", en *Studies in Philology*, XXVIII, 1931, págs. 309-314. José Manuel Blecua, "Poemas menores de Gutierre de Cetina", en *Estudios dedicados a Menéndez Pidal*, V, 1954, págs. 185-199. Joseph G. Fucilla, "Sobre un soneto de Gutierre de Cetina", en *Nueva Revista de Filología Hispánica*, VIII, 1954, págs. 315-318. Rafael Lapesa, "La poesía de Gutierre de Cetina", en *Hommage à Ernest Martinenche*, París, 1939, págs. 248-261. Del mismo, "Gutierre de Cetina. Disquisiciones biográficas", en *Homenaje a Archer M. Huntington*, Wellesley, 1952, págs. 311-326.

Francisco Sá de Miranda. Nacido en Coímbra (1485-1558), estudiante en Lisboa, viajero por Italia, aunque portugués, tiene un puesto en nuestra literatura, como poeta italianista principalmente, por sus 75 composiciones escritas en castellano. Introdujo en Portugal las mismas innovaciones poéticas que entre nosotros Garcilaso, de quien fue ferviente admirador y a quien lloró en su égloga titulada *Nemoroso*. Entre sus obras españolas deben recordarse también la *Fábula del Mondego*, poema lírico en que narra el origen mítico del famoso río de Coímbra, varias églogas a la manera de Garcilaso, pero a gran distancia de éste en cuanto a calidad, y algunos sonetos de mayor mérito que aquéllas. Si como poeta en portugués ocupa un destacado lugar por haber aclimatado el italianismo en su patria, por su aportación española no tiene entre nosotros sino un puesto muy secundario [85].

LA REACCIÓN TRADICIONAL

La poesía de Garcilaso no dejó de tener sus contradictores, que se mostraban aferrados a las tendencias tradicionales, en especial a las de fines del siglo XV. En líneas generales la reacción antiitalianista fue, sin embargo, débil, pues prácticamente todos los poetas acabaron por cultivar, en mayor o menor medida, las formas italianas. Tan sólo un poeta, Cristóbal de Castillejo, merece especial mención por el carácter de su resistencia, práctica y teórica a la vez, y por la calidad de su poesía.

Cristóbal de Castillejo. Nació en Ciudad Rodrigo (1490-1550) y fue monje del Císter en San Martín de Valdeiglesias después de haber vivido algunos años en la corte del rey Católico. Salió del convento para ser secretario del hermano de Carlos V y futuro emperador, don Fernando de Bohemia. Viajó mucho por España, recorrió también buena parte de la Europa Central (Francia, Italia, Polonia, Flandes y Alemania), murió cerca de Viena. Anduvo casi siempre alcanzado por estrecheces económicas, nacidas más de su modo de vivir que de la falta de ingresos, ya que obtuvo diversos beneficios, que luego rechazó o permutó, y algunas pensiones de la casa real. Aunque monje, fue de costumbres disolutas al modo que se atribuye a Juan Ruiz, con quien frecuentemente se le ha comparado en este aspecto; pero de hecho, si no siempre en sus versos, le sacó ventaja Castillejo, pues consta que en Viena vivió amancebado y tuvo un hijo.

Sus composiciones suelen dividirse en tres partes, según el criterio adoptado en la más antigua edición completa de sus obras que es la de 1573; de amores, de conversación y pasatiempo, y morales y de devoción. Todas ellas están

---

[85] Ediciones: *Poesías de Sa de Miranda*, edición de Carolina Michaëlis, Halle, 1881. Cfr.: Carolina Michaëlis, "Novos estudos sobre Sa de Miranda", en *Bol. da Seg. Classe*, de la Académia das Sciéncias de Lisboa, vol. V, 1912.

escritas en versos cortos, según el estilo de los poetas de cancionero, pero sus octosílabos son siempre ágiles y desenfadados, de gran facilidad y gracejo [86].

Entre las obras de amores destacan las coplas dirigidas a varias mujeres, en especial a doña Ana de Schaumburg de quien anduvo enamorado, aunque esta vez no correspondido, al parecer; la composición titulada "Un sueño"; varios romances y villancicos, sobre todo el que comienza "No pueden dormir mis ojos - no pueden dormir..."; y el *Canto de Polifemo*, traducción de Ovidio, uno de sus mayores aciertos. Mención aparte merece el *Sermón de amores*, en que se trata con extraordinaria libertad de la vida relajada de los conventos, y el *Diálogo de las condiciones de las mujeres*, sátira antifeminista de tan prolongada y acreditada tradición medieval desde los días de Boccaccio. Entre las obras de conversación y pasatiempo es notable el *Diálogo entre el autor y su pluma;* y en las morales el *Diálogo entre la memoria y el olvido*, de profunda intención filosófica.

Su protesta teórica contra el italianismo está contenida en su famosa composición *Represión contra los poetas españoles que escriben en verso italiano*, que dentro de su copiosa producción ocupa muy escaso lugar y que, además, poéticamente es inferior a todas las obras citadas; pero importa, sin embargo, y esto explica la insistencia con que se la comenta, porque define la posición estética del autor y aclara no pocas cuestiones en torno a la significación del italianismo.

Castillejo evoca a numerosos poetas pretéritos (Jorge Manrique, Garci-Sánchez de Badajoz, Juan de Mena) a los que hace participar en el debate contra las innovaciones italianas. Jorge Manrique, por ejemplo, habla de este modo:

> *Don Jorge dixo: No veo*
> *Nescesidad ni razón*

---

[86] Ediciones: *Poesías*, en *Biblioteca de Autores Españoles*, vol. XXXII, cit. *Obras Completas de Castillejo*, edición y estudio de J. Domínguez Bordona, en "Clásicos Castellanos", 4 vols. Madrid, 1926-1928. "Deux Oeuvres de Cristóbal de Castillejo", ed. de R. Foulché-Delbosc, en *Revue Hispanique*, XXXVI, 1916, págs. 489-620 (contiene un fragmento de la comedia *Constanza* y el *Sermón de amores*). *Diálogo de mujeres*, ed. de Ludwig Pfandl, en *Revue Hispanique*, LII, 1921, págs. 361-428. Cfr.: Clara Leonor Nicolay, *The life and works of Cristóbal de Castillejo*, Publications of the University of Pennsylvania, Filadelfia, 1910. Juan Menéndez Pidal, "Datos para la biografía de Cristóbal de Castillejo", en *Boletín de la Real Academia Española*, II, 1915, págs. 4-20. J. Domínguez Bordona, "Cuatro notas sobre Castillejo", en *Homenaje a Menéndez Pidal*, III, 1925, págs. 545-549. E. Bullón, "Cristóbal de Castillejo y la influencia renacentista en la poesía castellana", en *Revista de Segunda Enseñanza*, Madrid, III, 1925, págs. 496-501. Eugenio Mele, "Postille a tre poesie del Castillejo", en *Revista de Filología Española*, XVI, 1929, págs. 60-65. J. P. W. Crawford, "Castillejo's Ana", en *Hispanic Review*, II, 1934, págs. 65-68. Del mismo, "The relationship of Castillejo's 'Farsa de la Constanza' and the 'Sermón de amores'", en *Hispanic Review*, IV, 1936, págs. 373-375. G. I. Dale, "The Ladies of Cristóbal de Castillejo's Lyrics", en *Modern Language Notes*, LXVII, 1952, págs. 173-175.

De vestir nuevo deseo
De coplas que por rodeo
Van diciendo su intención [87].

Donde cabe advertir perfectamente la diferencia esencial entre la forma directa y clara de los versos tradicionales y la poesía renacentista a lo Petrarca que se adelgazaba en sutilezas y se remansaba en metáforas, en antítesis conceptistas, en "rodeos", en ese poético "eludir el nombre cotidiano de las cosas", según tenía que definir siglos más tarde Ortega. La poesía tradicional marchaba recta a las cosas, buscaba el impacto directo sobre la sencilla inteligencia del oyente y confiaba su eficacia en esta fácil comprensión. La poesía amorosa, por ejemplo, había estado al servicio de las más eficaces y prácticas declaraciones de los amantes. La lírica durante buena parte de la Edad Media, dijimos ya anteriormente, había sido mucho menos una creación con pretensiones estéticas que letra de canciones con destino a la diversión más llana y vulgar, al espectáculo, al halago de enamorados, al alivio del tedio o del trabajo. Por esto mismo Castillejo, buen amador, que dudaba de la eficacia, sobre el gusto de sus presuntas destinatarias, de unos versos abstrusos que sólo un erudito sería capaz de entender, hace decir a Cartagena:

Cartagena dixo luego
Como plático en amores:
"Con la fuerza d'este fuego
No nos ganarán el juego,
Estos nuevos trovadores..." [88].

Castillejo, en efecto, no teme que le roben a sus amadas recitándoles esas trovas

...Enfadosas de leer,
Tardías de relación
Y enemigas de placer... [89].

o, como le hace afirmar también a Torres Naharro.

...Que corren con pies de plomo
Muy pesadas de caderas... [90].

Con todo, y pese al esencial carácter tradicional de toda su producción, Castillejo no deja de absorber también innumerables elementos del espíritu

---

[87] Edición Domínguez Bordona, vol. II, págs. 233-234.
[88] Ídem, íd., págs. 234-235.
[89] Ídem, íd., pág. 235.
[90] Ídem, íd., pág. 235.

renacentista que él imaginaba rechazar tan completamente. Menéndez y Pelayo insistía precisamente en destacar ese aspecto, llegando a sostener que la obra de Castillejo pertenecía al Renacimiento con el mismo derecho que la de Boscán, a pesar de la engañosa apariencia de sus formas métricas y su teórica oposición. Tal opinión podría estimarse como exagerada, pero nos conduce a comprobar la incuestionable penetración del espíritu renacentista hasta en los hombres más resistentes a la nueva sensibilidad. Margot Arce hace suya también esta opinión, que todavía intensifica: "El hecho —dice— de que Garcilaso utilizara los metros italianos y Cristóbal de Castillejo permaneciera fiel a la tradición castellana, no es suficiente, a mi entender, para que se trace una divisoria tan acusada entre ambos... La poesía de Garcilaso y la de Castillejo se nutren del espíritu de la época, y sería difícil precisar por qué el uno adoptó las formas italianas y el otro prefirió los viejos metros de Castilla... La resistencia de Castillejo se deberá, más que a un pueril sentimiento reaccionario —¿o patriótico?—, a que su poesía es menos intelectual que la de Garcilaso. Éste es renacentista en el ideal de belleza; aquél lo es, sobre todo, en el ímpetu vital. El tradicionalismo de Castillejo se limita a la técnica; en el contenido, su poesía es gemela de la de Garcilaso... La resistencia de Castillejo debe considerarse como un fenómeno de natural oposición a lo nuevo, pero nunca deberá servir para que se base en ella una clasificación de la poesía de principios del siglo XVI" [91].

---

[91] *Garcilaso de la Vega...*, cit., págs. 11-12.

CAPÍTULO XVI

EL TEATRO. TORRES NAHARRO Y GIL VICENTE

El teatro durante la primera mitad del siglo XVI experimenta, sobre la época anterior, un avance inconmensurable que se encarna en dos ingenios de la mayor importancia: Torres Naharro y Gil Vicente. Todavía, sin embargo, estamos lejos de la plenitud de nuestro gran teatro y, con ser tan notable su significación, no representan tampoco estos autores una conquista tan definitiva y trascendental como la que supone en la novela *El Lazarillo* o en el campo de la lírica la revolución poética de Garcilaso. Uno y otro, en mayor o menor medida, enraízan en la tradición inmediatamente anterior, encarnada sobre todo en Juan del Encina, que perfeccionan y completan llevándola a su punto de madurez, al tiempo que absorben capitales elementos renacentistas y logran con ello realizar una síntesis de la mayor importancia y novedad, tanto en el plano de la dramática como en el orden cultural e ideológico. Pero aunque algunos aspectos, sobre todo en la obra de Gil Vicente, no han de ser luego fácilmente superados ni siquiera en los momentos culminantes de nuestro teatro áureo, esta pareja de ingenios no puede compararse en su conjunto, ni por la perfección ni por la intensidad, variedad y extensión de su obra, con la gigante construcción que más tarde han de levantar Lope de Vega y sus discípulos.

Sin embargo, representan en su momento una cima. Del mismo modo que España se adelanta a todos los otros países europeos en el triunfo del italianismo, consigue también anticiparse a todos ellos en el descubrimiento de las primeras formas auténticamente modernas de la dramática. Ni Inglaterra, que no ha de dar con sus moldes genuinamente nacionales hasta los precursores de Shakespeare a fines del siglo XVI, ni Francia, que ha de tardar más todavía en producir los primeros grandes representantes de su teatro, ni mucho menos Italia que, maestra en todos los géneros, no encuentra en absoluto el camino de una dramática de calidad, conocen durante este período algo comparable a las realizaciones vicentinas.

Con la obra de estos autores el teatro español amplía y complica la acción dramática, multiplica los temas y las fuentes de inspiración, los recursos y las formas expresivas. Al mismo tiempo se enriquece con las posibilidades materiales que le ofrece el creciente interés de los reyes y de la nobleza, los cuales le abren las puertas de sus salones. Y comienzan también por entonces a organizarse, aunque rudimentarios, los primeros "corrales" o lugares públicos de representación, donde el teatro avanza en el camino de su emancipación respecto a la tradicional dependencia de la Iglesia.

Al lado de estos dos escritores la dramática de la época nos ofrece también considerables muestras de un teatro humanista, directamente imitado de los latinos Plauto y Terencio, sin vinculación alguna con la realidad popular. Y sigue cultivándose igualmente, a la manera tradicional, el teatro religioso como complemento obligado de las festividades litúrgicas, al mismo tiempo que por su aparato espectacular.

BARTOLOMÉ DE TORRES NAHARRO

Vida. Obra poética. Poco se sabe de la vida de este escritor, y aun muchas de las noticias, que tradicionalmente se aceptan, se deducen de algunos pasajes de sus obras donde parece que alude el autor a sucesos de su propia vida. Es muy probable que estudiara en Salamanca como capigorrón; sentó plaza de soldado y recorrió Andalucía y Valencia, regiones con las que se muestra muy familiarizado; embarcó para Italia, y se viene admitiendo —aunque es dudoso— que fue apresado por los piratas; al ser rescatado, se encaminó a Roma en fecha que no puede precisarse. Allí se ordenó de sacerdote [1] y entró al servicio del cardenal Julio de Médicis, el futuro Clemente VII; fue luego protegido por el turbulento y cismático cardenal extremeño Bernardino de Carvajal y por el papa León X que le llamaba "dilectus filius". Durante esta etapa de cortesano cardenalicio más o menos oscura compuso la mayor parte de sus obras, que fueron representadas ante eminentes dignatarios de la Iglesia y en alguna ocasión con asistencia del propio papa. Sin que se sepan las razones, abandonó Roma y marchó a Nápoles, donde entró al servicio de don Hernando Dávalos, marqués de Pescara, el futuro vencedor de Pavía, a quien dedicó la colección de sus obras, que hizo imprimir en dicha ciudad, en 1517, con el nombre de *Propalladia* [2]: "primeros dones a Palas". En fecha

---

[1] Joseph Gillet —*Torres Naharro and the Drama of the Renaissance,* luego cit., páginas 402-403— sugiere la posibilidad de que ya lo fuera en España, pero quizá trocó los hábitos por la espada, como hace uno de los personajes en su comedia *Soldadesca*.

[2] Ediciones: *"Propalladia" de Bartolomé de Torres Naharro,* edición Manuel Cañete-M. Menéndez y Pelayo, vols. IX y X de "Libros de antaño", Madrid, 1880 y 1900. Edición facsímil de la príncipe de Nápoles de 1517, por la Real Academia Española, Madrid, 1936. *Propalladia and other works of Bartolomé de Torres Naharro,* edición de Joseph E.

también desconocida regresó a España y se estableció probablemente en Sevilla, donde compuso otras dos comedias. Se ha supuesto que falleció hacia 1530, pero Gillet, tras detenida discusión, adelanta la fecha a 1520 [3].

En la citada *Propalladia* agrupó Torres Naharro, con las seis comedias escritas hasta entonces y un *Diálogo del Nascimiento,* un conjunto de poesías, profanas y religiosas. Aunque la importancia de su obra dramática suele reducir a segundo plano estas poesías, no están carentes de interés. No lo tienen muy grande sus composiciones religiosas, porque la índole del escritor, tan poco dado a misticismos, se avenía mal con este género de temas. Tampoco son mucho mejores las poesías amatorias, en las que el torrente de lugares comunes ahoga su mediana inspiración; son, sin embargo, más afortunadas, entre ellas, sus *Lamentaciones* y *Epístolas,* en las que destaca la soltura y agilidad con que maneja, como sin esfuerzo, los metros tradicionales. Pero la gran cuerda poética de Torres Naharro está representada por la sátira, género que tan perfectamente cuadraba con su temperamento desenfadado y mordaz, realista y observador, más agudo y sensible para el espectáculo de la ruindad y corrupción humanas que delicadamente lírico. Algunas de sus sátiras han merecido en todo tiempo apasionados elogios, en particular sus dos tremendas invectivas contra Roma. La primera de ellas [4], calificada por Mayáns y Siscar como la más notable de toda la literatura española, está compuesta en tradicionales versos de arte mayor, de doce sílabas, a los que el poeta supo, sin embargo, comunicar la contundente y ágil andadura de los yambos clásicos. La segunda [5], escrita en coplas de pie quebrado —metro preferido por el escritor, lo mismo en sus composiciones líricas que en las dramáticas—, es la que comienza:

> *Como quien no dize nada*
> *me pedís qué cosa es Roma...*

Gillet, 3 vols., 1943, 1946 y 1951, Bryn Mawr, Pennsylvania (edición cuidadísima; contiene además las comedias *Calamita* y *Aquilana,* y algunas composiciones sueltas, no incluidas en la edición princeps). *Torres Naharro and the Drama of the Renaissance,* vol. IV de la obra anterior, Philadelphia, University of Pennsylvania Press, 1961 (este volumen, por haber fallecido Gillet, fue transcrito y completado en su parte final por Otis H. Green). *Bartolomé de Torres Naharro. Tres comedias,* ed. de Humberto López Morales, Nueva York, 1965 (contiene la *Soldadesca, Ymenea* y *Aquilana*). Cfr.: Joseph E. Gillet, "Une édition inconnue de *La Propalladia* de Bartolomé de Torres Naharro", en *The Romanic Review,* XI, 1920, págs. 26-36. Del mismo, "The Original Version of Torres Naharro's *Comedia Tinellaria*", en *The Romanic Review,* XIV, 1923, págs. 265-275. Antonio Rodríguez-Moñino, "El teatro de Torres Naharro (1517-1936) (Indicaciones bibliográficas)", en *Revista de Filología Española,* XXIV, 1937, págs. 37-82.

[3] *Torres Naharro and the Drama...,* cit., págs. 414-417. Véase también, del mismo, "The Date of Torres Naharro's Death", en *Hispanic Review,* IV, 1936, págs. 41-46.

[4] Ed. Gillet, cit., vol. I, págs. 155-158.

[5] Ídem, íd., págs. 161-165.

Allí se encuentran los versos tantas veces citados:

> ...digo que Roma es lugar
> do para el cuerpo ganar
> havéis de perder el alma.

Cuando la Inquisición expurgó la *Propalladia*[6], esta composición fue suprimida por entero. También escribió Naharro algunas poesías de circunstancias, como el *Psalmo en la gloriosa victoria que los españoles ovieron contra Venecianos*, y el atrevido *Concilio de los galanes y cortesanas de Roma, convocado por Cupido*, publicados los dos aparte de la *Propalladia*[7].

En toda su obra lírica Torres Naharro, según hizo constar Menéndez y Pelayo, permaneció apegado a la tradición de los versos cortos y de las coplas de pie quebrado que manejaba con gran soltura, sin desviarse de los cauces poéticos del siglo anterior. Cuando en una ocasión —en la primera de las sátiras mencionadas— se aventuró al empleo del verso heroico, no se sirvió del endecasílabo sino del verso de "arte mayor" de Juan de Mena. Nunca escribió endecasílabos sino en italiano —lengua que manejaba como la propia—, en los únicos tres sonetos que nos son conocidos y que compuso en dicho idioma. El espíritu del Renacimiento, observa Gillet[8], y su largo contacto con Italia apenas alcanzaron a este hijo de Extremadura, en parte por la aspereza de su personalidad, parte también por su falta de receptividad; esencialmente continuó siendo un español, viviendo con gentes españolas, cantando las victorias españolas y manteniendo lejos de su patria la tradición poética de su país.

Sus teorías dramáticas. Al frente de su *Propalladia* puso Torres Naharro un breve *Prohemio*, que contiene las más antiguas indicaciones de preceptiva dramática escritas en nuestro idioma; "tampoco en italiano las conozco anteriores", añade Menéndez y Pelayo[9]; y Gillet dilata aún esta supremacía afirmando que es el más antiguo tratado sobre dramaturgia impreso en Europa durante el Renacimiento[10]. A diferencia de Encina, que compuso su *Arte de la poesía castellana* sin ocuparse para nada de la dramática, Naharro se des-

---

[6] La *Propalladia* fue condenada por primera vez en el *Indice* del inquisidor Valdés publicado en 1559 en Valladolid. La primera edición expurgada se publicó en Madrid en 1573. Véase M. Menéndez y Pelayo, "Bartolomé de Torres Naharro y su *Propaladia*", estudio antepuesto al segundo volumen de su ed. cit., reproducido en *Estudios y discursos de crítica histórica y literaria*, vol. II, ed. nacional, Santander, 1941, págs. 269-377; la referencia, en págs. 322-325 (citamos siempre por esta segunda edición). Cfr. asimismo: Gillet, ed. cit., vol. I, págs. 66-71.

[7] Ambos incluidos en la ed. Gillet, I, págs. 233-241 y 241-255.

[8] *Torres Naharro and the Drama...*, cit., pág. 426.

[9] Est. cit., pág. 327.

[10] *Torres Naharro and the Drama...*, cit., pág. 427.

entiende de su obra lírica para decirnos lo que pensaba sobre el teatro y de "las leyes que se había impuesto".

Siguiendo a Horacio, acepta la división de las comedias en cinco actos, a los que él llama, sin embargo, *jornadas* "porque más me parescen descansaderos que otra cosa"[11]. Pero, después de unas breves alusiones a los preceptos y autores de la antigüedad, corta desdeñosa y abruptamente esta exposición, diciendo: "Todo lo cual me paresce más largo de contar que necessario de oýr". Gillet subraya esta decidida actitud, que había de ser tan peculiar de los dramaturgos españoles, y que revela el propósito de prescindir de eruditas pedanterías para absorber y renovar, más que imitar, la herencia de los clásicos. Naharro pasa enseguida a exponer su propio "parescer, pues el de los otros he dicho", y define la comedia como "un artificio ingenioso de notables y finalmente alegres acontecimientos por personas disputado". Esta última condición, dice Gillet[12], es fundamental y dista mucho de ser un pleonasmo, porque en 1517 la idea de que una comedia tenía que ser representada, y no meramente declamada o leída, distaba mucho de ser unánime; se aceptaba implícitamente —y la observación, que habría de profundizarse, nos parece cargada de sugerencias— la distinción entre las formas dramáticas populares, forjadas según la tradición de cada país y esencialmente representables, y las obras literarias de los clásicos, con su especial terminología.

En las palabras *artificio ingenioso* encuentra Gillet lo que califica felizmente de "fórmula profética", puesto que en ella se definen los rasgos del futuro drama español: es decir, el predominio de la invención sobre los caracteres y la ingeniosa manera de enredar la fábula, al modo que había de entronizar Lope de Vega y habían de elogiar nuestros tratadistas, desde el Pinciano hasta Carvallo. Esta fórmula —dice Gillet—, que es ahora evidente para cualquier conocedor de la *comedia* española, no carecía de mérito en 1600, y en 1517 constituía una profética intuición[13].

---

[11] El texto del *Prohemio* en Gillet, I, págs. 141-143. Naharro, según atestigua Gillet (*Torres Naharro and the Drama...*, pág. 455), introdujo en nuestro teatro el término "jornada", probablemente de origen italiano. Fue el primero también que utilizó sistemáticamente para sus comedias la división en cinco partes. Hasta entonces no existía criterio alguno para dividir las obras dramáticas; la *Celestina*, como sabemos, está dividida en 16 y 21 actos; Encina y Lucas Fernández no habían dividido en actos sus obras, sino tan sólo en escenas desiguales, sin numeración. Después de Naharro se siguieron diversos criterios: la *Costanza* de Castillejo se divide en siete actos, la *Santa Orosia* de Palau en seis, la *Comedia Florinea* de Rodríguez Florián en cuarenta y tres, la *Josefina* de Carvajal en cinco; pero en los años inmediatos a Lope prevaleció la división en cuatro, medida de que aún se sirvió el propio Lope en sus primeras comedias. Francisco de Avendaño, Virués y Cervantes se jactaban de haber introducido la división en tres actos, que fue adoptada por Lope y que se impuso al fin como criterio único.

[12] *Torres Naharro and the Drama...*, cit., pág. 430.

[13] Ídem, íd., págs. 433-434.

Por otra parte, la fusión de *alegres* y *notables* acontecimientos se enfrentaba también con la definición clásica, que separaba rígidamente la tragedia de la comedia en virtud de su tema, calidad social de los personajes, solución trágica o feliz, excepcionales acciones o sucesos cotidianos, alto o bajo estilo; sobre todo, el final feliz venía siendo estimado como consustancial a la comedia. La asociación de *alegres* y *notables* acontecimientos encerraba, pues, una contradicción, que Naharro resuelve anulando la distinción clásica de los géneros y fundiéndolos ambos al modo de lo que luego iba a llamarse por antonomasia la *comedia* española. *No conozco*, dice Gillet [14], *ninguna definición de esta índole anterior a la de Torres Naharro*. Esto concede al extremeño la máxima independencia y originalidad y lo convierte en un adelantado —en el campo de la dramática— de lo que Américo Castro ha definido como el *integralismo español*; un integralismo que, en este caso, concede idéntica validez literaria a lo alto y a lo bajo, a la observación y a la imaginación, y que, anulando distinciones y reglas abstractas, concibe la obra teatral en términos de exigencias concretas y de acuerdo con la capacidad perceptiva del espectador. *La gran originalidad del 'Prohemio'*, resume Gillet [15], *consiste en que no es la obra de un teorizador, sino que está concebida en términos experimentales*. Así, por ejemplo, a propósito del número de personas dice Naharro: "Es mi voto que no deben ser tan pocas que parezca la fiesta sorda ni tantas que engendren confusión", es decir: el criterio para decidir es eminentemente práctico, pocos personajes, excesivos soliloquios, diálogos entre dos solas personas pueden producir sensación de vacío y privar a la comedia de la necesaria animación; un número excesivo hace, en cambio, difícil reconocerlos y puede confundir a los espectadores. El número oportuno le parece a Naharro que oscila entre seis y doce, pero luego, a propósito de su comedia *Tinellaria* explica que introdujo más de veinte personas "porque el sujeto d'ella no quiso menos". Así pues, el autor no duda en rechazar su propia norma cuando el caso concreto lo requiere.

Trata después en breves frases del *decoro*, es decir, de la propiedad y concordancia de los personajes consigo mismos —"de manera qu'el siervo no diga ni haga actos del señor, et e converso"— y de la autenticidad de las situaciones y ambientes en que han de aparecer.

Pasa luego a ocuparse de los géneros de la comedia y la divide en dos: *a noticia* y *a fantasía*. Las primeras se basan en la observación de la vida real: "s'entiende de cosa nota y vista en realidad de verdad"; las segundas tratan "de cosa fantástiga o fingida, que tenga color de verdad aunque no lo sea".

De los ejemplos, que el autor escoge entre sus propias obras, puede advertirse que más que de una oposición entre realismo y fantasía se trata de diferencias en la complicación del hilo argumental: las comedias "a noticia" son

---

[14] Ídem, íd., pág. 434.
[15] Ídem, íd., pág. 444.

preferentemente sencillos cuadros de costumbres en los que la verdad del ambiente o de los personajes lo es todo; mientras que en las "a fantasía" existe una mayor intriga anecdótica, un suceso más "novelesco", diríamos, en cuyo desarrollo y solución descansa el verdadero interés dramático de la pieza. Naharro no excluye en estas obras los elementos inverosímiles, pero son muy escasos, y los personajes pertenecen a la realidad normal contemporánea del escritor. El hecho de que éste exija que tengan "color de verdad aunque no lo sean" demuestra su atención a la verosimilitud esencial, con la que no está reñida, por descontado, una mayor libertad poética para urdir los lances de la trama. En esencia, pues, la obra dramática de Torres Naharro queda encerrada, tanto en una como en otra de sus vertientes, dentro de los cánones genéricos del realismo.

Importa ahora precisar de dónde pudo llegarle a Torres Naharro la inspiración de este realismo. Menéndez y Pelayo subraya oportunamente [16] que antes de 1517 había muy pocas comedias italianas; durante su estancia en Roma, Torres apenas pudo ver otras obras que la *Mandrágora* de Maquiavelo y la *Calandria* de Bibbiena, representadas probablemente entre 1513 y 1515. Gillet [17] se refiere también a estas dos únicas comedias, aunque sugiere a la vez alguna otra de índole más clásica, como la *Cassaria* de Ariosto; pero añade que, si Italia podía mostrar estos pocos ejemplos prácticos de *comedia a noticia*, de hecho no mostró plena conciencia de ella hasta muchos años más tarde con las *commedie osservate* de Giovan Maria Cecchi. Menéndez y Pelayo admite, no obstante, y Gillet aprueba y desarrolla esta observación, que Naharro pudo aprender mucho de la comedia italiana en cuanto que ésta tendía a retratar y a convertir en tema dramático las costumbres contemporáneas, aunque sirviéndose para ello de los esquemas que ofrecían las entonces admiradas comedias de Plauto y de Terencio. La inclinación realista del poeta extremeño —dice— se nutrió y fortificó sin duda con el estudio de este teatro, que debía sus mayores aciertos a la reproducción del natural, aunque abultándolo a veces hasta la caricatura para compensar con este elemento vivo la frialdad de los modelos clásicos. Gillet señala además el gran ejemplo que hubo de representar para Naharro la *Celestina*. En cualquier caso, los asuntos de sus comedias le pertenecen esencialmente, como tomados que están de la realidad observada o de sencillos enredos novelescos que estaban a la mano. Gillet afirma rotundamente, refiriéndose en concreto a la comedia *Ymenea*, que Torres Naharro "fue mucho más allá de lo que la embrionaria y estéril tradición italiana podía mostrarle. Sus obras —dice— representan un gran modelo dramático que anuncia asombrosamente el florecimiento del drama español de fines de siglo, y que se convierte en realidad décadas antes de

---

[16] Est. cit., págs. 340-341.
[17] *Torres Naharro and the Drama...*, cit., pág. 441.

que en el resto de Europa se lograra algo parecido"[18]. Sentado esto, es necesario situar a Torres Naharro entre los más destacados iniciadores de la comedia moderna, no sólo dentro del teatro español sino del europeo.

Lugar muy importante ocupa en el teatro de Naharro lo que él denomina *introito*, y que junto con el *argumento* forma la parte preliminar de cada obra. Naharro recoge los precedentes que podía ofrecerle la comedia antigua, las farsas medievales y los dramas litúrgicos, pero los desarrolla en una forma muy distinta, cuya invención, según Gillet [19], debe serle atribuida a nuestro extremeño. No es el *introito* mera anticipación del tema dramático o presentación de los personajes o apología del propio autor; sustancialmente consiste en un monólogo, independiente de la obra, escrito en una jerga rústica, pronunciado por un pastor de rudos modales, que sería el equivalente del *bobo* tradicional o del *gracioso* del teatro posterior, pero que tras su aparente necedad, o, mejor, aprovechándose de ella, hace una descarada y jactanciosa relación de sus proezas sexuales con las mozas de su pueblo, sin rehuir los más obscenos detalles. Algo, pues, como un picante aperitivo, pero que de hecho es un plato fuerte, y que, unido al *argumento*, suele tener más extensión que uno de los actos. Tan sólo en dos de las comedias —*Soldadesca* y *Tinellaria*—, por respeto a la índole del auditorio, se recata aquella desenvoltura pero se da entrada, en cambio, a ciertas *pullas* satíricas, disparadas contra los propios espectadores, que en más de un pasaje asombran por su audacia. Así, por ejemplo, dice en el *introito* de *la Soldadesca*:

> *...Todo quanto presumís*
> *es un ayre loco y vano.*
> *Veis, aquí todos venís*
> *ascuchar este villano...*
> *Por provar,*
> *ora os quiero preguntar:*
> *¿Quién duerme más satisfecho,*
> *yo de noche en un pajar,*
> *o el Papa en su rico lecho?*
> *Yo diría*
> *qu'él no duerme todavía,*
> *con mil cuydados y enojos;*
> *yo rrecuerdo a medio día,*
> *y aún no puedo abrir los ojos.*

---

[18] Idem, íd., pág. 565. Cfr.: Pilade Mazzei, *Contributo allo studio delle fonti italiane del teatro di Juan del Enzina e Torres Naharro*, Lucca, 1922.

[19] Idem, íd., pág. 452. Cfr.: Joseph A. Meredith, *Introito and Loa in the Spanish Drama of the Sixteenth Century*, Filadelfia, 1928; cap. II, "The Introito in Torres Naharro and his Followers", págs. 25-56.

*Mas verán
que dais al Papa un faysán
y no come d'él dos granos;
yo tras los ajos y el pan
me quiero engollir las manos.
Todo cabe;
mas aunque el Papa me alabe
sus vinos de gran natío,
menos cuesta y mejor sabe
el agua del dulce rrío.
Yo, villano,
bivo más tiempo, y más sano
y alegre todos mis días,
y bivo como christiano,
por aquestas manos mías.
Vos, señores,
bivís en muchos dolores
y sois ricos de más penas,
y coméis de los sudores
de pobres manos agenas.
Y anfenitos
que tenéis los apetitos
tan buenos como palabras,
no comeriedes cabritos
si yo no criase cabras...* [20].

El poeta, por boca del pastor, no se recata de confesar a sus oyentes que aprovecha la oportunidad, llovida del cielo, de tenerlos allí reunidos para cantarles las verdades:

*Y estos daños
y todos vuestros engaños
ora los quige contar,
que quiçá d'estos diez años
no terné tanto lugar* [21].

Después del *introito* sigue el *argumento* en el que se anticipan las líneas fundamentales de la acción, que se va a representar, y el carácter de los personajes.

---

[20] Ed. Gillet, cit., II, págs. 142-143.
[21] Ídem, íd., pág. 143.

El teatro de Torres Naharro. Hay en la obra de Naharro una etapa previa, de tanteo y formación, representada por el *Diálogo del Nascimiento* —pieza bastante elemental e inhábil, imitada de Encina, pero sin su fresca gracia popular— y por la comedia *Trophea*, obra de circunstancias, basada en la embajada que el rey don Manuel de Portugal envió al papa León X con regalos procedentes de la India, y que probablemente fue representada como uno más de los entretenimientos ofrecidos a los visitantes portugueses. Tras esta iniciación, Torres Naharro encuentra su mejor camino con las dos comedias *a noticia, Soldadesca* y *Tinellaria*.

En la *Soldadesca* confluyen todas las corrientes que llevó a su obra el escritor: la herencia clásica recibida de las obras dramáticas de Plauto y Terencio [22], la experiencia adquirida por propia contemplación del teatro italiano de la época y su saber traído desde España. Pero todos estos elementos quedan resellados por su personal observación que toma la realidad de primera mano. *Soldadesca* es un magnífico entremés amplificado en que intervienen varios soldados del ejército papal, unos "pláticos" y otros bisoños, un capitán de la recluta, dos rústicos italianos y un fraile, que sólo habla para pedir de comer, que cuelga los hábitos y se mete a soldado, invitado por el "atambor" con estas razones:

>...*Y os aviso*
> *que Dios no quiere ni quiso*
> *que biváis vos de donayres.*
> *¿O pensáis qu'el paraýso*
> *fue hecho para los flayres?*
> *Yo os prometo*
> *qu'el soldado más pobreto*
> *de quantos podéis hallar*
> *es oy a Dios más acepto*
> *qu'el flayre más rregular.*
> *Ya sabéis*
> *que, dondequiera que estéis,*
> *entre vuestras religiones*
> *nunca vimos ni veréis*
> *sino embidias y questiones.*
> *¿Queréis ver*
> *cómo dais a conocer*
> *que rrezáis de mala gana?*

---

[22] Cfr.: A. Lenz, "Torres Naharro et Plaute", en *Revue Hispanique*, LVII, 1923, págs. 99-107. R. L. Grismer, "Another Reminiscence of Plautus in the Comedias of Torres Naharro", en *Hispanic Review*, VIII, 1940, págs. 57-58. Del mismo, *The Influence of Plautus in Spain before Lope de Vega*, Hispanic Institute, Nueva York, 1944; cap. VI, "Torres Naharro", págs. 142-165.

*Tomáis el ábito ayer
y rrenunciáislo mañana...*

*¿Para qué es andar aquí
con haldas de panadera?
Será mejor, juri a mí,
que apañéis una bandera
si os la dan...* [23].

No existe hilo argumental propiamente dicho, sino sólo una serie de escenas; no importa lo que sucede, que es apenas nada, sino lo que se dice, que es mucho. Aparte de algunas noticias circunstanciales que aluden a sucesos políticos o militares coetáneos, lo principal consiste en la pintura de la sociedad romana de la época, sobre todo de la que bullía en torno a la corte pontificia, retratada en los atrevidos y chispeantes comentarios de los soldados. Afirma Gillet [24] que si buscamos en nuestra dramática escenas de la vida militar, a través de Cervantes, Vélez de Guevara, Jerónimo de Alcalá y Calderón, hasta llegar al duque de Rivas, en ninguna parte las encontramos tan briosamente conseguidas como en la *Soldadesca*. Para Moratín, la obra, cuyo valor como cuadro de costumbres no puede menos de encarecer, estaba desprovista de intención moral; pero Gillet [25], contra tal opinión, puntualiza el propósito satírico contra la corrupción de Roma que movía al autor, bien manifiesto desde el mismo *introito*, donde, como hemos visto, confiesa atrevidamente que aprovecha la oportunidad de tener ante sí tan alta concurrencia para lanzárselo a la cara.

De la misma especie es *Tinellaria*, constituida por una sucesión de diálogos entre los criados de cocina —cada uno de los cuales, en revuelta Babel, habla su propio idioma— de un cardenal de la curia. Pero mucho más aún que en la *Soldadesca*, abundan aquí los tipos y las situaciones cómicas y las escenas picarescas, y el autor da rienda suelta a su sátira antieclesiástica, puesta también de manifiesto en muchas de sus poesías sueltas y en otras varias comedias, pero que tiene en *Tinellaria* su principal y más atrevido escenario. Los personajes de más elevada condición son puestos en ridículo por estos cocineros que se conocen bien los entresijos de los altos dignatarios a quienes sirven; y el autor los deja hablar con una crudeza y desenvoltura soez y tabernaria en ocasiones, de desgarro muy español, que no se detiene ante ningún escrúpulo, cualquiera que sea la calidad del personaje, ni se asusta por el tono de los vocablos [26].

---

[23] Jornada II, ed. Gillet, cit., II, págs. 160-161.
[24] *Torres Naharro and the Drama...*, cit., pág. 508.
[25] Ídem, íd,. pág. 509.
[26] La obra, sin embargo, fue representada por primera vez, y con gran éxito, en presencia del propio Papa León X y de toda la corte romana. A ruegos, precisamente del

He aquí un ejemplo. muy comedido, de su sátira. Un pretendiente español llega a Roma en busca de una sinecura:

> ...—*Vengo por un beneficio*
> *que me dé que vista y coma.*
> —*Bien será.*
> *Pero, ¿quién os lo dará?*
> *Que trabajos se requieren.*
> —*El Papa diz que los da*
> *a todos quantos los quieren.*
> —*Con favor*
> *havréis en Campo de Flor*
> *un par de canonicatos.*
> —*Mía fe, no vengo, señor,*
> *a buscar canes ni gatos.*
> —*Con razón.*
> *Queriendo, Papa León*
> *vos puede sacar de mal,*
> *y aun con un santo bastón*
> *hazeros un cardenal.*
> —*Gran prazer.*
> —*¿Y no lo sabrías ser?*
> —*A la fe que rresabría.*
> —*¿De qué manera?*
>   —*En comer*
> *más de diez vezes al día.*
> —*Por tu vida*
> *¿qué sería tu comida?*
> —*Mucha carne con mostaza*
> *y cada pascua frolida*
> *una gorda gallinaza...* [27].

Cardenal de Santa Cruz se decidió Torres Naharro a dar a la imprenta la comedia, que, dedicada al pontífice, fue publicada aparte, años antes (se desconoce la fecha exacta) de la edición princeps de la *Propalladia*.

[27] Jornada IV, ed. Gillet, cit., II, págs. 251-252. Sobre la posible escenificación de la *Tinellaria*, N. D. Shergold hace una interesante sugerencia *(A History of the Spanish Stage,* Oxford, 1967, pág. 147): la obra, representada a los postres de un banquete, pudo serlo en la misma sala, quedando los comensales en sus puestos, y utilizando la parte de aquélla donde quedaban las puertas de servicio. Shergold supone que el efecto de la representación sería mucho más vivo si los propios criados reales, protagonistas de la obra teatral, y a quienes alcanza buena parte de sátira, estaban presentes o acechando desde las puertas entreabiertas. Adviértase que el poeta había anunciado a sus oyentes en el *Introito* que si escuchaban la obra, podrían enterarse, entre otras cosas, "de cómo sus servidores / piensan otro que en servir". Aquella situación podía ser, efectivamente,

Señala Gillet que si la *Soldadesca* es la primera pintura literaria de la vida militar, la *Tinellaria* es la primera obra de teatro que describe la vida de escaleras abajo en la Roma del Renacimiento. La crudeza de algunos momentos y el tono pesimista predominante que cruza la escena están más cerca del naturalismo amargo que del gozoso realismo del cuadro de costumbres. Bajo el punto de vista de la composición dramática es admirable la habilidad —que aún sorprendería en un autor moderno— con que maneja Naharro la algarabía y turbulencia de tan crecido número de personajes como invade la escena, así como es asombroso el dominio del diálogo. Naharro se manifiesta aquí como un experto hombre de teatro, a gran distancia de lo que cualquiera de sus predecesores había conseguido.

La primera, cronológicamente, de las comedias *a fantasía* —compuesta quizá, según Gillet, antes que la *Soldadesca* y la *Tinellaria*— es la *Serafina*, trasunto del tema del *Conde Alarcos*, aunque transportado al plano menor de la burguesía valenciana. Según práctica frecuente del autor, cada personaje habla su propia lengua, de donde resulta una curiosa mezcolanza lingüística; la protagonista se sirve del valenciano durante toda la comedia [28]. La pieza ha sido juzgada muy diversamente. Menéndez y Pelayo la calificaba de "puro disparate, bastante divertido, que tiene más de bufonesco que de trágico"; pero afirma también que es la obra de Torres Naharro "que indica mayor fuerza cómica y una fantasía más libre" [29]. Frente al severo juicio de Signorelli y de Moratín, a quienes irritaban las libertades de la *Serafina*, sostiene don Marcelino que hay que tomarla como lo que es: una farsa paródica, escrita tan sólo para mover a risa. La sátira antieclesiástica se encarna aquí en un fraile, personaje caricaturesco, y en su criado lego, que se expresan en un latín macarrónico para acentuar los efectos cómicos. La comedia ofrece un aspecto de especial interés, que es la aparición por vez primera del "gracioso", germen del personaje luego inevitable en todas las comedias de nuestro gran teatro nacional; ya no se trata aquí del chocarrero pastor "bobo" a la manera de las églogas de Encina o de los "autos" tradicionales sino del criado "maligno y sentencioso, valentón de fingidas pendencias, astuto confidente de las empresas amatorias de su señor", interesado y egoísta, antihéroe, prosaico reverso de los levantados idealismos del galán.

Pero entre las comedias "a fantasía" destaca la *Ymenea*, su pieza mejor construida, que puede considerarse como un precedente de las comedias de

---

de gran comicidad; pero quizá, por otro lado —piensa Shergold— quitaba acerbidad a las mordacidades de la obra, lo cual explica en parte que los atrevimientos del autor pudieran ser aceptados regocijadamente, tomada la obra en su conjunto como una farsa carnavalesca

[28] Cfr.: Hermenegildo Corbató, "El valenciano en la *Propalladia* de Torres Naharro", en *Romance Philology*, III, 1950, págs. 262-270.

[29] Est. cit., págs. 354 y 360.

capa y espada y del motivo, tan típicamente español, del "punto de honra". El galán Himeneo ama a Febea. El hermano de ésta los sorprende, y quiere salvar su honor dando muerte a Febea; pero todo termina satisfactoriamente con el regreso de Himeneo y el matrimonio de los jóvenes. Valbuena Prat subraya así la importancia de esta obra del extremeño: "Torres Naharro se anticipó realmente a la comedia del seiscientos creando en la *Himenea* un perfecto croquis de la pieza de capa y espada del porvenir. En este sentido, el autor es casi un prelopista o precalderoniano, más que un primitivo". Y luego: "El dramaturgo extremeño ha creado la dualidad de escenas entre criados y galán y dama, las canciones de ronda, el "punto de honra", anticipándose al tipo que Calderón, especialmente, repite en tantas comedias "de capa y espada". Naharro, como siempre, llega a una extraordinaria rotundidad de expresión, que también hace pensar en la escueta y recortada estrofa del conceptista y condensado autor de *La dama duende*" [30]. Repetidamente se ha puesto de relieve la deuda de la comedia *Ymenea* con la *Celestina;* la señaló primero Alberto Lista, la confirmó Menéndez y Pelayo y la ha estudiado en detalle Miguel Romera-Navarro [31]. Moratín, a quien entusiasmaba la *Ymenea* por lo animado de las situaciones y los efectos tan naturales y oportunos, ponderaba también, cediendo a su concepto neoclásico de la comedia, que se acomodaba a las unidades, pues la escena es invariable y el tiempo no excede de veinticuatro horas. Encerrada, efectivamente, en marco tan sencillo, la *Ymenea* es un acierto de composición, que acredita, como ninguna otra de sus obras, la habilidad de Naharro como hombre de teatro. Gillet destaca el primor de las escenas nocturnas, llenas de misterio y expectación, las palabras apasionadas cabe la ventana silenciosa, la ronda de los cantores, y hasta el feliz empleo de efectos escénicos, como las luces de las antorchas. Todo el movimiento teatral que había de caracterizar a la futura *comedia* áurea, está ya conseguida en esta obra del extremeño.

Entre las otras comedias, inferiores en conjunto a las mencionadas, aunque nunca faltan en ellas deliciosas escenas y muchos aciertos de detalle, cabe destacar la *Jacinta* y la *Aquilana*. En la *Jacinta,* basada en un tema folklórico muy repetido en la Edad Media, una dama retiene a los peregrinos que pasan junto a su castillo, les pregunta nuevas de sus países y al fin casa con uno de ellos. Los personajes tienen un carácter simbólico [32] y de hecho el autor expresa por medio de ellos sus pensamientos de hombre desengañado y un tanto al margen en una sociedad que le desagradaba y en la que no consiguió encon-

---

[30] *Historia de la Literatura Española*, vol. I, Barcelona, 7.ª ed., 1964, págs. 423-424.
[31] "Estudio de la *Comedia Himenea* de Torres Naharro", en *The Romanic Review*, XII, 1921, págs. 50-73.
[32] Sobre el valor simbólico de estos personajes y sus posibles implicaciones, cfr. Stephen Gilman, "Retratos de conversos en la *Comedia Jacinta* de Torres Naharro", en *Nueva Revista de Filología Hispánica*, XVII, 1963-1964, págs. 20-39.

trar su puesto. En la obra, la curiosa y compasiva castellana recompensa, escogiéndolo para marido, al peregrino —es el propio autor— que parece más próximo a la desesperación.

La *Aquilana* es una comedia "de ruido y teatro" —y también por esta parte preludia las comedias áureas de intriga—, en la que el autor no rehuye cualquier género de libertad. Contra la opinión de algunos críticos, para los cuales la *Aquilana* se le escapó de las manos al autor, defiende Gillet el consciente propósito de Naharro de escribir una farsa caricaturesca, menos interesado esta vez en el *decoro* de los personajes que en conseguir un caprichoso y "carnavalesco" juego escénico.

El teatro de Torres Naharro está aún lleno de imperfecciones y rudezas, pero revela un avance notabilísimo sobre la dramática precedente. El autor carece del genio poético de Gil Vicente, pero domina ya la técnica teatral, tiene gracia y soltura en el diálogo, es conciso y expresivo en el lenguaje y maneja el octosílabo con enorme facilidad; traza con arte los personajes y sabe ser eficaz en los momentos cómicos, aunque, para lograrlos, eche mano a veces de recursos muy simples como el empleo de varias lenguas entre los distintos interlocutores. Mas por encima de todas sus otras cualidades destaca su capacidad para captar el dato realista y gráfico, condición que le permitió trazar la gran variedad de cuadros de costumbres, vivos y pintorescos, que animan, y distinguen, sus comedias. Traída por su directa y personal observación, la limitada fauna humana del teatro precedente se amplía hasta abarcar los más variados tipos y clases sociales, aunque con claro predominio del mundo apicarado y bajo, que se avenía mejor con su realismo temperamental. Sobre este rasgo tenía que decir luego Valdés, en su *Diálogo de la Lengua*, que "así como escrivía bien aquellas cosas baxas y plebeyas que pasavan entre gentes con quien él más ordinariamente tratava, así se pierde quando quiere scrivir lo que passa entre gente noble y principal"[33].

Sobre las condiciones de Torres Naharro como hombre de teatro, dice Menéndez y Pelayo: "No menos que la sensatez de [sus] preceptos pasma la cuerda aplicación que de ellos hizo el vate extremeño en la mayor parte de las obras de su exiguo repertorio, donde en medio de los tanteos inevitables en los comienzos de cualquier arte, hay un sentido tan enérgico de la vida, una consistencia tan grande en las figuras dramáticas, una verdad en la expresión, y a veces una combinación tan diestra de peripecias y efectos escénicos, que verdaderamente maravillan en autor tan principiante e inexperto. Bartolomé de Torres Naharro, inferior a otros contemporáneos suyos en dotes poéticas, había nacido hombre de teatro, y en esta parte los aventaja a todos"[34].

Al estudiar la trascendencia que pudo tener la obra de Naharro, Gillet sostiene que la *comedia* impuesta por Lope no fue sino la consumación de la

---

[33] Ed. Montesinos, Madrid, 1928, pág. 160.
[34] Est. cit., pág. 331.

fórmula creada por el extremeño[35]. Su desventura consistió —dice el citado crítico— en no haber tenido seguidores suficientemente dotados; de haberlos tenido, podría establecerse una sólida tradición entre las obras de Naharro y las primeras comedias del Fénix; o si hubiera vivido en tiempo de Rueda, habría sido el iniciador, y no sólo el profeta, de la comedia española. Faltaban también aún los lugares permanentes de representación y no hay que olvidar tampoco el obstáculo que para un teatro como el de Naharro supuso la Contrarreforma, aunque Menéndez y Pelayo trataba de quitar importancia a la prohibición de la *Propalladia*[36], justamente en los años en que su ejemplo hubiera podido ser más eficaz. De todos modos, Gillet puntualiza un hecho importante: cuando la *Propalladia* expurgada fue reeditada en Madrid en 1573, cumplía Lope once años; es inconcebible —dice Gillet—[37] que Lope, insaciable lector, que se jactaba de haber escrito comedias a los diez, no hubiera conocido y aprovechado aquel teatro. El salto entre los dramaturgos de los días del Emperador y la eclosión del Fénix puede que sea menos abrupto de lo que viene imaginándose. Refiriéndose específicamente al tema del honor y aludiendo en concreto a la comedia *Ymenea*, Américo Castro, después de recordar que dicho tema apareció por primera vez en la mencionada comedia de Naharro, puntualizó hace ya muchos años el notable influjo que pudo ejercer la obra del extremeño en la dramática prelopista: "La opinión de Stuart —dice— de que la *Himenea* es poco menos que un caso esporádico dentro del siglo XVI y que la influencia de Torres Naharro fue escasa, no tiene base sólida. La influencia de Torres Naharro, en efecto, debió ser grande en el teatro del siglo XVI; he aquí algunos ejemplos que interesan a mi asunto"[38]; y cita a continuación diversos casos en que la huella de Naharro parece patente.

Aun suponiendo, sin embargo, que la descendencia dramática de la *Propalladia*, a causa de las razones dichas, no ejerciera un influjo de particular eficacia o quedara enmascarado durante varias décadas por las otras varias corrientes y tanteos de que hablaremos en su lugar[39], queda patente el hecho,

---

[35] Gillet expresó sus ideas sobre este punto en dos artículos: "Torres Naharro and the Spanish Drama of the Sixteenth Century", en *Homenaje a Bonilla y San Martín*, II, Madrid, 1930, págs. 437-468; y una segunda parte, con el mismo título, en *Hispanic Review*, V, 1937, págs. 193-207. Sirviéndose de comunicaciones leídas posteriormente por Gillet en Detroit (1947) y Nueva York (1948) y de las notas dejadas para la redacción de la parte final de su *Torres Naharro and the Drama...*, Otis H. Green ha completado en las últimas páginas del libro lo que hubo de ser el pensamiento del autor.

[36] Est. cit., pág. 323.

[37] *Torres Naharro and the Drama...*, cit., pág. 578.

[38] "Algunas observaciones acerca del concepto del honor en los siglos XVI y XVII". El artículo fue publicado primeramente en la *Revista de Filología Española*, III, 1916, págs. 1-50 y 357-386; reproducido en *Semblanzas y estudios españoles*, Princeton, 1956, págs. 319-382. La cita, en esta última ed., págs. 332-333.

[39] De hecho, es imposible llegar a conclusiones de cierta precisión en el estado actual de los estudios sobre esta materia; la dramática del siglo XVI, en las décadas que me-

puntualizado por Gillet, de que Naharro, en unión de Gil Vicente y otros dramaturgos de su tiempo, como Sánchez de Badajoz, representa a comienzos de siglo el primer intento de crear la *comedia* española, así como el de Lope supone, a finales del XVI, el segundo y definitivo impulso. El valor representativo de Naharro, aparte los méritos intrínsecos y aportaciones positivas de su teatro, es, pues, incuestionable en la historia y proceso de nuestra dramática.

GIL VICENTE

Vida y personalidad. Gil Vicente, en quien se da la culminación del teatro de su época, nació entre 1465 y 1470 probablemente en Lisboa, aunque también Guimarais y Barcelos se disputan su cuna. Se ha discutido repetidas veces la identidad de este escritor con un orfebre de su mismo nombre [40] y que hoy parece poder admitirse como cierta. De ser así, habría que sumar esta profesión a su condición de músico, actor y autor y quizá también, aunque es poco probable, a la de Licenciado en Derecho.

Gil Vicente ocupó cargos en la corte portuguesa: fue nombrado intendente de los tesoros del Monasterio de Belén y del Monasterio de la Orden de Cristo, de Tomar; en 1512 fue elegido Veinticuatro del gremio de orfebres, y en 1513 director de la Casa de la Moneda, con asiento en el Consejo de Lisboa. Durante casi treinta años fue oficialmente el poeta, músico y autor dramático de la corte real; en presencia de la reina María se representó su primera obra con motivo del nacimiento del príncipe, futuro Juan III; en la corte compuso la mayor parte de sus obras, y las representó, o las hizo representar, en los salones de palacio, en diversas residencias reales o en casas de nobles [41]. Casó

---

dian entre la desaparición de Naharro y de Gil Vicente y el comienzo de Lope, está explorada de manera muy imperfecta; gran parte de los autores de este período están aún sin estudiar debidamente, o sin estudiar en manera alguna, y es imposible, en consecuencia, trazar con cierta objetividad las líneas fundamentales que presiden el desarrollo de nuestra dramática en dicha época, momento de fermentación y quizá de la mayor transcendencia para la gestación del teatro áureo.

[40] Como orfebre, Gil Vicente forjó la famosa custodia que se conserva en el Museo Nacional de Arte Antiguo, de Lisboa, construida para el Monasterio de los Jerónimos de Belén con el primer oro traído de las Indias por Vasco de Gama.

[41] Sobre el influjo que ejerce este hecho en la obra dramática vicentina, comenta Thomas R. Hart: "Fue algo así como el dramaturgo oficial de la corte. Su tarea principal parece haber sido la preparación de diversiones para las fiestas religiosas o simplemente para el recreo de los palaciegos. Esto nos explica, sin duda, por qué muchas de sus piezas apenas pueden juzgarse como composiciones dramáticas autónomas; se escribieron para ser representadas en una festividad determinada y no pretendieron ser más que uno de los elementos constituyentes de una fiesta palaciega. Buen ejemplo... es el *Auto de las gitanas*. Muchas de las particularidades del teatro vicentino se explican a causa del público ante el cual se representaron las piezas. Empero no debemos creer que Gil Vicente se viera forzado a traicionar su propia conciencia, ni parece que haya razón

dos veces. Fuera de esto, y de algunas noticias referentes a la representación de sus obras, muy poco más se sabe de su vida. Murió, probablemente, en 1536 [42]. Dos hijos de su segundo matrimonio, Luis y Paula (ésta había ayudado ya a su padre a recoger y corregir los textos de sus escritos) prepararon la primera edición de sus obras completas, que, con el nombre de *Copilação*, vio la luz en Lisboa en 1562 [43].

Aunque nacido en Portugal, Gil Vicente es un escritor bilingüe que tiene su puesto indistintamente en ambas literaturas. Buena parte de sus obras están escritas en castellano, y en otras varias alternan el castellano y el portugués, según el personaje. De las cuarenta y cuatro piezas dramáticas de Gil Vicente de atribución segura, once están en castellano, dieciséis en portugués, y en las restantes se usan ambos idiomas. Por lo demás, su castellano está empedrado de portuguesismos y de leonesismos, como lo está de castellanismos su portugués. No debemos, sin embargo, pensar que esta mezcla idiomática representara una dificultad para los espectadores de su tiempo; Gil Vicente creó su obra en un momento presidido por la universalidad de la cultura renacentista, y los públicos cultos de toda Europa podían entender perfectamente las distintas lenguas romances, menos diferenciadas entonces que al presente. Por otro lado, la vida portuguesa y la castellana, trabadas en constante relación política, todavía no habían levantado sus convencionales barreras, y sus culturas nacionales eran poco menos que un patrimonio común [44]. Esto solo

---

suficiente para afirmar, como hace Saraiva, que el autor 'satisfacía gustos ajenos' cuando predicaba la Cruzada o celebraba las hazañas guerreras o amorosas de los héroes de los libros de caballerías" (Introducción a las *Obras dramáticas castellanas* de Gil Vicente, "Clásicos Castellanos", Madrid, 1962, págs. XIV-XV).

[42] Para la biografía de Gil Vicente y los problemas referentes a su lugar de nacimiento, fecha, identidad con el orfebre, etc., cfr.: Teófilo Braga, *Gil Vicente e as origens do teatro nacional*, Oporto, 1898. José Leite de Vasconcelos, *Gil Vicente e a linguagem popular*, Lisboa, 1902. Aubrey F. G. Bell, *Four Plays of Gil Vicente*, Cambridge, 1920. Del mismo, *Gil Vicente*, Oxford, 1921. Anselmo Braamcamp Freire, *Vida e obras de Gil Vicente "Trovador, mestre da Balança"*, 2.ª ed., Lisboa, 1944. António José Saraiva, *Historia da cultura em Portugal*, vol. II, Lisboa, 1955. Antonio Lopes de Carvalho, *Gil Vicente: Guimarães, sua terra natal*, Guimarães, 1959. Amandio Marques, *Gil Vicente, beirão. Nasceu em Guimarães de Tavares*, Oporto, 1966.

[43] Sobre las posibles correcciones hechas por Luis en la obra de su padre, cfr.: I. S. Révah, introducción a sus *Édition critique du premier 'Auto das Barcas'*, y *Édition critique de l'Auto de Inês Pereira'*, cits. luego. También, Stephen Reckert, "El verdadero texto de la *Copilaçam* vicentina de 1562", cit., luego.

[44] "Portuguesismo, leonesismo y arcaísmo castellano —escribe Dámaso Alonso— tienen con frecuencia una frontera borrosa, y a quien haya leído literatura medieval española muchas de estas irregularidades no le han de producir embarazo. Lo esencial es que la belleza y la emoción de la obra anulan por completo esas imperfecciones y, dulcemente, mágicamente, nos las hacen olvidar". Y más abajo: "Si el lector siente —y no necesita para ello un sentido nítido, filológico— las relaciones entre las lenguas peninsulares, los portuguesismos de Gil Vicente no le han de repeler, no pueden sonar a extranjería. Porque por encima o por debajo de su no castellanidad está su evidente hispanismo.

bastaría para explicar el bilingüismo de Gil Vicente, que manejaba ambos idiomas casi por igual [45]. Sus imperfecciones métricas en castellano, no mayores que las existentes en sus obras portuguesas, no deben suponerse provocadas por su deficiente conocimiento de aquel idioma, sino nacidas de algunas peculiaridades de su versificación (Gil Vicente, como observa Dámaso Alonso en la nota preliminar de su edición citada del *Don Duardos*, no utilizaba muchas veces la sinalefa como hoy se hace, y usaba, en cambio, con frecuencia de la diéresis) o de fallos que no se preocupa por remediar. "Debemos —dice Valbuena Prat— tomar su obra tal cual es: como la de un gran poeta descuidado en el estilo y la versificación, en un devenir constante de metros y géneros dramáticos, que hay que juzgar comprendiendo la floración impetuosa de su obra y sin aplicar a ella el criterio meticuloso de una etapa académica" [46].

Parece que van a unirse, a enraizarse en el milenario tronco peninsular, antes de la fragmentación de los dialectos hispánicos. No se hallan, pues, enquistados en un medio hostil, sino tan próximo que sin repugnancia los acoge. Para mí hasta llegan a realzar ese regusto agraz del arte dramático vicentino; refuerzan tantas proyecciones medievales como van a caer sobre el teatro del gran dramaturgo y orfebre, aun sobre sus obras aparentemente más renacentistas" ("Nota preliminar" a su edición de la *Tragicomedia de Don Duardos*. C. S. I. C. Madrid, 1942, págs. 11 y 16).

[45] Apoyándose en las opiniones de diversos estudiosos de la obra de Gil Vicente y sobre todo en las de Paul Teyssier, Thomas R. Hart resume en tres los principios que parecen guiar al escritor en la elección de una u otra lengua: "Primero, la tradición literaria. Cuando Gil Vicente se inspira directamente de un texto tiende a utilizar la lengua de su modelo. Así, sus primeras piezas, donde sigue muy de cerca las de Juan del Encina y Lucas Fernández, están en castellano, o, más exactamente, en sayagués, el dialecto rústico estilizado que emplearon los maestros salmantinos. De la misma manera están en castellano el 'Don Duardos' y el 'Amadís de Gaula', que proceden de libros de caballerías españoles. El segundo principio que parece seguir Vicente es el de la verosimilitud. Todos los innumerables tipos humanos que figuran en el teatro vicentino tienen su propio lenguaje; todos hablan como si fueran efectivamente figuras de carne y hueso... El tercer principio es el de la jerarquía de las dos lenguas. A principios del siglo XVI la literatura castellana fue incomparablemente más rica que la portuguesa... Es natural, pues, que tanto a Vicente como a la mayor parte de sus contemporáneos les pareciera el portugués menos elegante que el castellano, menos conveniente para la expresión de temas o sentimientos nobles" (Introducción a la edición citada, págs. XVI-XVII). Cfr.: Paul Teyssier, *La Langue de Gil Vicente*, París, 1959. Albin Eduard Beau, "Sobre el bilingüismo en Gil Vicente", en *Studia Philologica. Homenaje a Dámaso Alonso*, I, Madrid, 1960, págs. 217-224.

[46] *Historia de la Literatura Española*, cit., vol. 1, págs. 426-427. Interpretando, en cambio, las irregularidades de Gil Vicente con un criterio de carácter más positivo y otorgándoles incluso una trascendencia estético-filosófica, fuese o no consciente en el autor, escribe Eugenio Asensio: "En Gil Vicente hay que contar, además, con una irregularidad radical, producto, más que de la rapidez con que escribía, de una complacencia en la disimetría. Cultivaba la discontinuidad y el salto brusco de la fantasía como recurso estético y dramático, acaso como parte de una concepción de la vida. Los dramaturgos de la llamada escuela vicentina regularizaron la estrofa y el verso, reduciendo a un mínimo los esquemas métricos y las licencias. Pero no son fieles al espíritu del maestro los que encajan en rígidos moldes cantigas de libre fluir y flexible estructura. La ganancia

La obra y su clasificación. Han sido propuestas diversas clasificaciones. El propio autor, al preparar la que fue después su edición princeps, reproducida en la de Hamburgo de 1834, dividió sus escritos en "obras de devoción", "comedias", "tragicomedias", "farsas" y "obras varias" (poesías, epístolas, romances)[47]. Marques Braga, último editor de la obra vicentina completa, la divide en cuatro épocas cronológicas, que Fidelino de Figueiredo[48] condensa en tres y Valbuena reduce a dos tan sólo; distinguiendo siempre por géneros en cada uno de los períodos. Así establece este último una primera etapa de mayor sencillez y más visibles influencias, que se prolonga desde 1502 hasta 1510, y una segunda de evolución y creación plenamente personales, desde 1511 a 1536. En ésta pueden distinguirse: obras de predominio religioso, obras fantástico-populares, comedias caballerescas, alegorías y farsas de costumbres.

Pero la rigurosa cronología de las obras vicentinas no se ha podido establecer, pese a todos los estudios efectuados hasta el momento; y, por otra parte, en lo que atañe a los géneros son bastantes las obras —podría decirse que casi todas— de muy difícil clasificación por la diversidad de características que se mezclan en cada pieza. António José Saraiva[49] ha llegado a proponer en la obra de Gil Vicente diez géneros distintos: misterios, moralidades, fantasías alegóricas, milagros, piezas novelescas, farsas, églogas, sermones burlescos, monólogos y juegos de palacio; y Thomas Hart, en su edición española, adopta la división en cinco partes: piezas tempranas —escritas en el estilo pastoril de Encina y Lucas Fernández—, moralidades, farsas, fantasías alegóricas y comedias románticas. En consecuencia, y visto lo problemático de todas las clasificaciones propuestas, nos atendremos, tan sólo para mayor comodidad, y con plena conciencia de lo arbitrario de esta esquematización, a la siguiente división en tres grupos y dos épocas fundamentales[50]:

---

para la poesía tampoco justifica estas restauraciones". "Gil Vicente y las cantigas paralelísticas 'restauradas'. ¿Folclore o poesía original?", en *Poética y realidad en el Cancionero peninsular de la Edad Media*. Madrid, 1957, pág. 152.

[47] Hoy se supone, sin embargo, después de los recientes estudios de I. S. Révah (cfr. la bibliografía de la edición Hart), que la mencionada división no fue obra del poeta, sino de su hijo.

[48] "Gil Vicente", en *História da Literatura Clásica Portuguesa*, I, Lisboa, 1922.

[49] *Gil Vicente e o Fim do Teatro Medieval*, Lisboa, 1942. Para los problemas de clasificación de la obra vicentina, cfr. también: Carolina Michaëlis de Vasconcelos, "Notas vicentinas", en *Revista da Universidade de Coimbra*, I, 1912 y IX, 1925; en volumen, Lisboa, 1949. Jack E. Tomlins, "Una nota sobre la clasificación de los dramas de Gil Vicente", en *Duquesne Hispanic Review*, III, 1964, págs. 115-131 y IV, 1965, págs. 1-16.

[50] Ediciones de obras de Gil Vicente: *Obras Completas*, edición facsímil de la de 1562, dirigida por J. M. Rodríguez, Lisboa, 1928 (consúltese sobre esta edición; Stephen Reckert, "El verdadero texto de la 'Copilaçam' vicentina de 1562", en *Studia Philologica. Homenaje ofrecido a Dámaso Alonso*, vol. III, Madrid, 1963, págs. 53-68). *Obras Completas*, ed. de Marques Braga, 6 vols., Lisboa, 1942-1944; 3.ª ed. Lisboa, 1958. *Obras (Completas) de Gil Vicente*, Lello e Irmao editores, Oporto, 1965. *Obras dramáticas castellanas*, ed. de Thomas R. Hart, "Clásicos Castellanos", Madrid, 1962. Aubrey F. G.

a) **Obras religiosas.** Las pertenecientes a la primera época son piezas muy sencillas, reducidas a meros diálogos de pastores, de escasa acción (*Auto pastoril castellano, Auto dos Reis Magos, Auto de San Martinho*). Sus temas están tomados de los textos bíblicos, y es manifiesta la influencia de Juan del Encina, y también de Lucas Fernández, de los que Gil Vicente toma todos los rasgos distintivos del género, con el empleo del *sayagués* —del cual extrae eficaces recursos cómicos— y los juegos rústicos de los pastores. Pero avanza bastante más allá que sus maestros salmantinos en el camino de secularizar los temas litúrgicos y compite ya con el mismo Encina en la gracia y delicadeza de sus villancicos navideños. Sirvan de ejemplo los dos siguientes, tomados del *Auto pastoril castellano*:

> *Aburramos la majada,*
> *y todos con deboción*
> *vamos ver aquel garzón.*
> *Veremos aquel niñito*
> *d'agora rezién ñacido.*
> *Asmo que es el prometido*
> *ñuestro Mexía bendito.*
> *Cantemos a boz en grito:*
> *Con hemencia y devoción*
> *veremos aquel garzón.*
>
> ....
>
> SILVESTRE. *¡Norabuena quedes, Menga!*
> *¡A la fe, que Dios mantenga!*
> GIL. *¿Qué dezís de la doncella?*
> *¿Ño es harto prellozida?*
> SILVESTRE. *Ñunca otra fue ñascida*
> *que fuesse muger y estrella*
> *sino ella.*

Bell, *Four Plays of Gil Vicente*, Cambridge, 1920. *Auto da embarcação da Glória*, edición, traducción portuguesa, estudio y notas de Paulo Quintela, Coímbra, 1941. *Auto de Moralidade da Embarcação do Inferno*, edición de Paulo Quintela, Coímbra, 1946. *Tragicomedia de don Duardos*, ed. de Dámaso Alonso, Madrid, 1942. *Auto da Barca do Inferno*, ed. de C. David Ley, C. S. I. C., Madrid, 1946. *Tragicomedia de Amadís de Gaula*, ed. de T. P. Waldron, Manchester, 1959. I. S. Révah, "Édition critique du 'romance' de don Duardos et Flérida", en *Bulletin d'Histoire du Théâtre Portugais*, III, 1952, páginas 107-139. Del mismo, *Recherches sur les oeuvres de Gil Vicente. I. Édition critique du premier 'Auto das Barcas'*, Lisboa, 1951. *II. Édition critique de l'Auto de Inês Pereira*, Lisboa, 1955. *Poesías*, ed. de Dámaso Alonso, México, 1940, y Madrid, 1943. Cfr.: I. S. Révah, "L'Attribution du *Jubilé d'Amour* à Gil Vicente", en *Bulletin des Études Portugaises et de l'Institut Français au Portugal*, nouvelle série, XII, 1948, págs. 273-278. Del mismo, *Deux autos méconnus de Gil Vicente. Première édition moderne*, Lisboa, 1948. Del mismo, *Deux autos de Gil Vicente restitués à leur auteur*, Lisboa, 1949.

GIL.	Pues, ¿sabes quién es aquella?
Es la zagala hermosa
que Salomón dize esposa
quando canticava de ella [51].

....

Esta primera etapa es para Gil Vicente un período de experimentación en el tema pastoril y no posee especial importancia en sí misma, pero prepara al autor para sus futuras empresas dramáticas. Gil Vicente, según afirma Wardropper [52], no sigue un camino único, ni se propone un objetivo concreto, sino que explora posibilidades, pronto alcanzadas, en torno a los eternos temas de la Encarnación y la Redención.

A la segunda época corresponden obras de mayor complicación argumental y algunas figuran entre las más importantes creaciones de Gil Vicente. Al tema del "Nacimiento" pertenece el *Auto dos quatro Tempos* (de las cuatro estaciones) en el que el autor añade ya motivos de creación muy personal a los componentes tradicionales. Intervienen elementos del Antiguo y del Nuevo Testamento, divinidades paganas y las cuatro estaciones del año, a las que Júpiter, que reconoce el fin de su poder, invita para que acudan a adorar al Redentor. Las estaciones recitan bellos cantares populares:

Malhaya quien los enbuelve
los mis amores.
¡Mal haya quien los enbuelve!
Los mis amores primeros
en Sevilla quedan presos,
los mis amores.
¡Mal haya quien los enbuelve!...
En Sevilla quedan presos
per cordón de mis cabellos
los mis amores.
¡Mal haya quien los enbuelve! [53].

O este otro:

En la huerta nasce la rosa.
Quiérome ir allá
por mirar al ruiseñor
cómo cantava... [54].

---
[51] Edición Hart, págs. 18 y 20.
[52] "Approaching the Metaphysical Sense of Gil Vicente's Chivalric Tragicomedies", en *Bulletin of the Comediantes*, XVI, 1, 1964, págs. 1-9.
[53] Ed. Hart, cit., 74.
[54] Ídem, íd., pág. 76.

En esta pieza, Gil Vicente se liberta casi por entero de la tradición de Encina y Lucas Fernández y se inspira directamente en los salmos litúrgicos, sobre todo en el *Laudate dominum* y en el *Benedicite* del Libro de Daniel. La mitología y el calendario se subordinan al pensamiento de la liturgia y "se combinan armoniosamente para formar una vasta perspectiva del universo que corre a rendir vasallaje y aclamar al divino infante"[55]. Los espectadores tomarían parte también recitando o cantando fragmentos del mencionado Oficio. El *Auto,* dice Eugenio Asensio, es una *laude* escenificada, "la más bella quizá de las laudes", género lírico y musical antes que dramático, lo cual no impidió que de ellas nacieran las *reppresentazioni sacre* italianas, con las cuales el *Auto* de Vicente mantiene una remota afinidad. Pero la obra, afirma Asensio, "no ha dejado sucesión conocida en el teatro religioso. Ha sido una tentativa aislada, una aventura poética"[56].

En el *Auto da Sibila Casandra,* Gil Vicente retorna al tema navideño, pero tratándolo, sin embargo, de una manera profundamente nueva y mucho más compleja, a gran distancia de las sencillas piezas de Encina y Lucas Fernández; se funden nuevamente elementos paganos y renacentistas con temas del Antiguo Testamento, y aparecen personajes bíblicos danzando y cantando, con graciosa desenvoltura, como los pastores de la época. Lo mismo que en el *Auto dos quatro Tempos,* personajes bíblicos y paganos se juntan aquí otra vez para dar fe del Nacimiento del Redentor. La Sibila Casandra, que el poeta hace sobrina de Moisés y Abrahán, no quiere casarse porque se cree la virgen de quien ha de nacer Cristo. Situación que el poeta aprovecha, según su peculiar estilo, para intercalar bellas canciones:

> *Dizen que me case yo:*
> *no quiero marido, no.*
> *Madre, no seré casada*
> *por no ver vida cansada,*
> *o quiçá mal empleada*
> *la gracia que Dios me dio.*
> *Dizen que me case yo:*
> *no quiero marido, no.*
> *No será ni es nacido*
> *tal para ser mi marido;*
> *y pues que tengo sabido*
> *que la flor yo me la so,*
> *dizen que me case yo:*
> *no quiero marido, no*[57].

---

[55] Eugenio Asensio, "El *Auto dos quatro Tempos* de Gil Vicente", en *Revista de Filología Española,* XXXIII, 1949, págs. 350-375; la cita en la pág. 357.

[56] Ídem, íd., pág. 375.

[57] Ed. Hart, citada, pág. 50.

El poeta lleva luego la acción ante el portal de Belén donde está la verdadera Virgen, Madre de Dios; un coro de ángeles adormece al niño cantándole una delicada canción de cuna inspirada en Gómez Manrique:

> *Ro, ro, ro...*
> *nuestro Dios y redemptor,*
> *¡no lloréis que dais dolor*
> *a la Virgen que os parió!*
> *Ro, ro, ro...*
> *Niño, hijo de Dios padre,*
> *padre de todas las cosas,*
> *cessen las lágrimas vuessas:*
> *no llorará vuestra madre,*
> *pues sin dolor os parió,*
> *ro, ro, ro...*
> *¡no le deis vos pena, no!*
> *Ora, niño, ro, ro, ro..*
> *nuestro Dios y redentor,*
> *¡no lloréis que dais dolor*
> *a la Virgen que os parió!*
> *Ro, ro, ro...* [58].

Pero el más bello engarce poético en esta obra está representado por una cantiga, puesta en música por el propio poeta, que Menéndez y Pelayo calificaba como la perla del "Auto" y que Dámaso Alonso pondera como "la más sencillamente bella de la poesía española":

> *Muy graciosa es la donzella,*
> *¡cómo es bella y hermosa!*
> *Digas tú, el marinero*
> *que en las naves bivías,*
> *si la nave o la vela*
> *o la estrella es tan bella.*
> *Digas tú, el cavallero*
> *que las armas vestías,*
> *si el cavallo o las armas*
> *o la guerra es tan bella.*
> *Digas tú, el pastorzico*
> *que el ganadico guardas,*
> *si el ganado o los valles*
> *o la sierra es tan bella* [59]

---

[58] Ídem, íd., pág. 64.
[59] Ídem, íd., pág. 67. Cfr.: Georgiana Goddard King, *The Play of the Sibyl Cassandra*, Bryn Mawr, 1921. Thomas R. Hart, "Gil Vicente's *Auto de la Sibila Casandra*"

El *Auto da Sibila Casandra* ofrece además el interés de ser un remoto precedente del simbolismo de los autos sacramentales de Calderón. Afirma Wardropper que en esta armonización alegórica de los patriarcas bíblicos con las sibilas clásicas dentro de un mundo en el que ha sido expresamente abandonado el tiempo cronológico, se establece un precedente del que no dejaron de aprovecharse los futuros artífices de los autos sacramentales [60].

Pero la obra de mayor importancia dentro de este grupo —auto religioso también, aunque no de tema navideño—, que es a su vez la más notable de toda la obra vicentina ("obra capital en los orígenes del teatro peninsular", según Valbuena) es la *Trilogía de las Barcas* (el escritor construye su alegoría dramática basándose en el mito clásico del barquero Caronte, que transporta las almas a las regiones de ultratumba). Estas *Barcas*, que son tres, del *Infierno*, del *Purgatorio* y de la *Gloria*, son, como decía Menéndez y Pelayo, "una especie de transformación clásica de las antiguas *danzas de la muerte*, no en lo que tenían de lúgubre y aterrador, sino en lo que tenían de sátira general de los vicios, estados, clases y condiciones de la sociedad humana" [61]. En la *Barca do Inferno*, escrita en portugués, el diablo va llamando a diversos personajes —"vos me veniredes a la mano - vos me veniredes"—, y pasando revista a sus conductas, lo que le permite trazar una aguda sátira de las costumbres, de manera especial contra los eclesiásticos. El poeta clama una vez más por la rectitud de intención y denuesta las prácticas religiosas meramente externas; así, el diablo le dice al zapatero estafador: "Ouvir missa, entao roubar, he caminho pera aquí"; un fraile entra danzando con una moza de la mano; y una vieja celestina, Bizida Vaz, trata de halagar al ángel de la nave del cielo diciéndole por lo bajo que ella era "a que criava as meninas pera os conegos da Se". La *Barca del Purgatorio*, también en portugués, se basa en la leyenda de que en la noche de Navidad la barca del Infierno está encallada para que nadie en aquel día pueda llegar a él. Los personajes carecen del vigor de la primera parte y también la sátira es menos mordaz, pero el interés recae ahora en la intervención de gentes sencillas y de figuras infantiles y, sobre todo, en la abundancia de elementos líricos: cantares populares, romances y coplas, mediante los cuales la gracia poética de Gil Vicente se eleva a uno de sus mejores momentos, difícilmente igualados en ningún teatro. En la *Barca de la Gloria*, escrita en castellano, la propia muerte es quien convoca a los pasajeros, y es esta parte la

---

en *Hispanic Review*, XXVI, 1958, págs. 35-51. María Rosa Lida de Malkiel, "Para la génesis del *Auto de la Sibila Casandra*", en *Filología*, Buenos Aires, V, 1959, páginas 47-63. Leo Spitzer, "The Artistic Unity of Gil Vicente's *Auto da Sibila Cassandra*", en *Hispanic Review*, XXVII, 1959, págs. 56-77. I. S. Révah, "L'*Auto de la Sibylle Cassandre* de Gil Vicente", en *Hispanic Review*, XXVII, 1959, págs. 167-193.

[60] Bruce W. Wardropper, *Introducción al teatro religioso del Siglo de Oro (La evolución del Auto Sacramental: 1500-1648)*, Madrid, 1953, pág. 166.

[61] "Gil Vicente", en *Antología de poetas líricos castellanos*, ed. nacional, III, Santander, 1944, págs. 347-395; la cita, en pág. 365.

que tiene más relación con la forma tradicional de las "danzas" medievales. Va, pues, la muerte llamando a los mayores potentados de la tierra —un papa, un emperador, un rey, un cardenal, un duque, un arzobispo, etc.—, que se aproximan recitando oraciones, aterrados por la presencia de la muerte y temblando por su condenación. El juego satírico corre esta vez a cargo del demonio que se extraña de que tarden tanto en llegarle aquellos ilustres personajes, que le son entregados al fin. Mientras imploran su salvación desde la barca del diablo, la del cielo, conducida por ángeles, se aleja poco a poco; pero inesperadamente aparece Cristo con el atavío de la Resurrección, entrega a los condenados unos remos con las insignias de las llagas, y los lleva consigo. Esta oportuna salvación de los más altos jerarcas, cargados de pecados, ha provocado diversas interpretaciones. Parece que, delante de la corte y de todos los dichos dignatarios, hubiera sido muy arriesgado, o quizá imposible, proceder con ellos de otra manera; el hecho de que, para salvarlos del infierno, fuera precisa una "segunda venida" del propio Cristo, sugería bien claramente la intención satírica del autor, sin contar con los cargos concretos que poco antes se les hacen. Jack Horace Parker anota que la presentación en tales circunstancias de tan elevadas jerarquías de todas las especies, eclesiásticas en particular, y el modo cómo las retrata el dramaturgo, demuestran suficientemente que éste gozaba en la corte de posición muy sólida; y el evidente arrojo de su pintura, sirviéndose de las reacciones de los propios personajes, en forma tan felizmente dramática, justifica sobradamente al escritor [62].

La caracterización de los personajes es, en conjunto, acertadísima, pero se trata inevitablemente de personajes-tipo más que de seres individualizados; en el instante en que los presenta el autor, su vida está ya acabada y no cabe pensar en procesos dramáticos ni en una posible evolución de sus caracteres. La habilidad del escritor consiste en retratar a cada uno de ellos con los rasgos que más inequívocamente le definen por su situación personal, las deformaciones de su oficio, los vicios inherentes a su estado; todo ello dentro de la estructura o clase social a que pertenecen. Consciente de la necesidad de esta peculiar caracterización, el dramaturgo hace desfilar a sus personajes con los atributos que revelan su condición o sus pasiones; así, el caballero, en la *Barca del Infierno*, llega acompañado de su paje portador de una silla, o el fraile, según vimos, llevando a una moza de la mano.

Se ha discutido si la *Trilogía de las Barcas* —representadas en tiempos diferentes: 1516, 1518 y 1519— constituye, en efecto, el tríptico dramático, concebido como tal por el autor con perfecta unidad de plan, que se viene admitiendo tradicionalmente. Révah, que niega la autenticidad de la declaración existente en la edición de 1562, sostiene que Gil Vicente ni pensó siquiera en escribir una "trilogía", y que sólo el éxito de la primera parte le movió a componer las dos siguientes; para él no existe verdadera unidad de plan en el

---

[62] Jack Horace Parker, *Gil Vicente*, Nueva York, 1967, pág. 64.

conjunto. Otros (Albin Eduard Beau) defienden que las tres *Barcas* son inequívocas partes integrantes de una sola obra. Más eclécticamente Hart, aun admitiendo la posibilidad de que el poeta no concibiese al principio las tres partes, afirma que al escribir las dos últimas hubo de tener en cuenta lo ya escrito y que trató de armonizar perfectamente la totalidad. Y añade este juicio sobre los rasgos diferenciales de las tres *Barcas*: "Esta unidad de estructura, de que habla Beau, no implica, sin embargo, que haya unidad de tono. La nota cómica, por ejemplo, tan acusada en la *Barca do Inferno,* apenas se deja oír en la de la *Gloria.* En ésta también falta el colorido nacional de la primera *Barca.* Le falta asimismo la sensación de vida, que, en las otras *Barcas* y sobre todo en la del *Infierno,* resulta de la diversidad de tipos humanos que les da su nota característica de desfile animado de personajes pintorescos y graciosos. Es menester confesar que los personajes de la tercera *Barca* están mucho menos individualizados que los de la primera y segunda; por eso, sin duda, suele considerarse inferior a ellas en interés dramático"[63].

b) Comedias. Pertenecen todas a la segunda época del escritor. Destacan de modo principal *Don Duardos* y *Amadís,* las dos composiciones de Gil Vicente mejor escritas en castellano. La primera desarrolla los amores del príncipe don Duardos y la infanta Flérida, episodio tomado del *Primaleón,* novela de caballerías que constituye el segundo libro de la familia de los *Palmerines.* El príncipe Don Duardos de Inglaterra se enamora de la princesa Flérida, hija del emperador Palmerín, y para lograr su amor sin que influya en ella su condición social se asienta entre los hortelanos de la princesa a la que enamora al cabo. Mejor que en cualquiera otra de sus obras, según afirma el entusiasta editor del *Don Duardos,* Dámaso Alonso, puede advertirse en ésta "lo gigantesco del esfuerzo que tuvo que realizar Gil Vicente para levantarse hasta aquí desde el punto de donde arrancó: desde las rudimentarias "églogas" del Juan del Encina de Alba de Tormes"[64]. Pese a las inevitables imperfecciones técnicas nacidas de la novedad de la empresa a que se atrevía y de sus habituales versos defectuosos y frecuentes lusismos, el *Don Duardos* es una joya de la poesía dramática española "en el sentido riguroso de esta expresión". La concentración —de "escueta desnudez dramática" la califica Dámaso Alonso— en el tema principal del amor de los protagonistas (con la excepción de un episodio tangencial —el de Maimonda y Camilote—, imperfectamente

---

[63] Introducción a la ed. cit., págs. XXXV-XXXVI. Cfr.: Eugenio Asensio, "Las fuentes de las *Barcas* de Gil Vicente. Lógica intelectual e imaginación dramática", en *Bulletin d'Histoire du Théâtre Portugais,* IV, 1953, págs. 1-32. Celso Láfer, *O Judeu em Gil Vicente,* Conselho Estadual de Cultura, São Paulo, 1963. Celso Ferreira da Cunha, "Regularidade e irregularidade na versificação do primeiro *Auto das Barcas* de Gil Vicente", en *Studia Philologica. Homenaje a Dámaso Alonso,* I, Madrid, 1960, págs. 459-479.

[64] Nota preliminar a la citada edición del *Don Duardos,* pág. 17.

soldado al núcleo [65] le permite al autor una "lenta matización psicológica" de los sentimientos, que no había de ser alcanzada sino muy pocas veces en las vertiginosas peripecias montadas por los futuros grandes dramaturgos. En esto, y en la delicada frescura poética que alcanza lo mismo al ritmo de la acción que a los elementos expresivos, y en el intenso sentido de la naturaleza que alienta en toda la obra no como paisaje de fondo, sino como un componente esencial, descansa el encanto de esta gran realización vicentina, a caballo entre el medioevo y lo renacentista [66], entre la agridulce imperfección de un primitivo y la madura sazón de un gran clásico. "Es posible que en toda la literatura española —afirma Dámaso Alonso— no haya habido un solo creador que haya sentido la naturaleza de un modo a la par tan directo y tan intenso. Por estos años, Garcilaso, en versos de entredormida transparencia, nos va a dejar, perfectas criaturas de su arte, sus aguas límpidas donde somormujan, con frío bullir de tembloroso cristal, las ninfas; sus prados, de flores ya perennes; o los verdes sotos, impenetrables al sol, donde, al sesteo, zumban sonorosamente las abejas. Pero esta naturaleza que nos da Garcilaso es, en primer lugar, muy limitada, y, además, es una consecuencia (aunque consecuencia admirable) de una tradición literaria conocida. Gil Vicente, no. Gil Vicente, hombre del pueblo, en contacto entrañable con los hombres y la tierra de su Portugal, reproduce una naturaleza variada, de la que no esquiva ni aun lo desagradable y duro, y nos la da, directamente, con todo su corazón, con una verdad y nitidez de artista mágico, con una pasión, con una vehemencia de enamorado correspondido". Y luego: "La huerta es más: es esencial a la concepción vicentina del *Don Duardos*; es un personaje mudo, que está en las mentes y en los corazones de

---

[65] Para la interpretación de este episodio, cfr.: Elias L. Rivers, "The Unity of *Don Duardos*", en *Modern Language Notes*, LXXVI, 1961, págs. 759-766. Rivers acepta, en cierta medida, el fallo en la estructura de la obra por la demasiada extensión del episodio de Camilote, aun admitiendo que Vicente pudo hacerlo a propósito para conseguir mayor variedad y mantener el interés del espectador, al modo como Cervantes intercaló sus novelas cortas en el *Quijote*. Pero estima que el citado episodio es una ilustración del milagroso poder del amor, tema central de la obra, y consecuentemente, parte integral de este poema dramático sobre las variedades y vicisitudes de la pasión amorosa.

[66] "Uno de los mayores encantos del *Don Duardos* —escribe Dámaso Alonso sobre este aspecto de la obra— es su renacentismo revuelto con medievalidad. El mismo origen de su trama novelesca lo atestigua procedente del 'Primaleón', novela de caballerías que forma el segundo libro de la familia de los Palmerines... Atendamos ahora a su fecha: los linderos de la aclimatación del endecasílabo en España y Portugal, con Boscán y Sa de Miranda. Momento de cruce. Aún no se han difundido por el mundo ni *El Cortesano* ni los *Diálogos de Amor*. Pero ¡qué amor cortesano e idealista ese de Don Duardos!". Y luego: "La unión de Edad Media y Renacimiento, ya implícita en la novela de caballería origen de la 'Tragicomedia', se refuerza una y otra vez con múltiples nexos. La forma poética viene de la poesía del siglo XV, y gran parte de esta filosofía del amor es la de los cancioneros de esa misma época... ¡Cómo van a juntarse en esta obra —y en el arte de Gil Vicente— en nudo de coincidencias, lo antiguo y lo moderno, la más esquisita artificialidad y la más sincera expresión de la pasión humana, lo aristocrático y lo popular, lo cómico y lo serio!" (Ídem, íd., págs. 18-19 y 20).

todos, que preside la acción, y, muy lejos de candilejas y tramoyas, o, si queréis, de la tela del vestuario, transforma la escena en encantada y encantadora criatura de arte" [67].

Parecida reducción de elementos dramáticos, desarrollados en el más fino encaje poético, tiene lugar en el *Amadís* (1533), basado, naturalmente, en la novela de Montalvo. El autor concentra toda su atención, casi sin episodios, en los amores de Amadís y de Oriana, en los celos de ésta, en la penitencia de aquél y en la prueba final de su lealtad. La bella Oriana, a quien no parecen interesar las fantásticas hazañas de Amadís, o por lo menos desea manifestar que no le seducen éstas, sino tan sólo el amor del hombre, es un carácter estudiado por el poeta con aguda penetración psicológica. Perfectamente matizados —mucho mejor, afirma J. H. Parker [68], de lo que están en la novela—, los sentimientos de los amantes se desenvuelven en una delicada atmósfera, en la que algunos críticos —T. P. Waldron [69], Thomas R. Hart— [70] han visto, sin embargo, por lo que a las hazañas del héroe se refiere, una acusada nota de ironía, o incluso de parodia, emparentadas con las epopeyas burlescas del Renacimiento. Parker y Wardropper rechazan, en cambio, esta opinión. Para el primero, no se produce aquí ningún tratamiento antiheroico del personaje, propósito que sólo había de aparecer más tarde con las parodias de las novelas de caballerías; en los días de Gil Vicente, Amadís era el héroe por excelencia y como tal gozaba de general, y apasionada, aceptación; el *Amadís* de Gil Vicente, como su *Don Duardos*, sostiene Parker [71], es una genuina comedia romántica. Para Wardropper [72], la obra, presentada con toda seriedad, está incluso imbuida de trágicas imágenes.

Refiriéndose en conjunto a estas dos "comedias de caballerías", que cuentan inequívocamente entre las más altas producciones teatrales del portugués, dice Menéndez y Pelayo [73] que en pocas cosas se advierte tanto su genio dramático como en no haberse perdido en la enmarañada selva de aventuras de los dos libros que le sirven de fuente ni haber caído en la tentación de dialogar una tras otra sus escenas; ateniéndose con maravillosa sobriedad a una

---

[67] Ídem, íd., págs. 20-21 y 22. Cfr.: Elza Fernandes Paxeco, "Da *Tragicomedia de Dom Duardos*", en *Revista da Facultade de Letras da Universidade de Lisboa*, V, 1938, págs. 193-203. Thomas R. Hart. "Courtly Love in Gil Vicente's *Don Duardos*", en *Romance Notes*, II, 1960-1961, págs. 103-106. Dámaso Alonso, "El hidalgo Camilote y el hidalgo don Quijote", en *Del Siglo de Oro a este siglo de siglas*, Madrid, 1962, páginas 20-28. Bruce W. Wardropper, "Approaching the Metaphysical Sense...", cit.
[68] *Gil Vicente*, cit., pág. 103.
[69] En su edición de la *Tragicomedia de Amadís de Gaula*, cit.
[70] Introducción a sus *Obras dramáticas...*, cit.
[71] *Gil Vicente*, cit., págs. 103-104. Véase también, del mismo, su reseña de la mencionada ed. de Waldron, en *Hispania*, XLIV, 1961, págs. 197-198.
[72] "Approaching the Metaphysical Sense...", cit.
[73] "Gil Vicente", cit., pág. 374.

sola situación interesante, dramatizó algunos incidentes novelescos "pero no escribió la comedia a manera de novela", y prescindiendo de fábulas tan embrolladas e insistiendo en la parte humana dotó a sus dos obras de la profunda verdad que está ausente en sus modelos.

c) **Farsas costumbristas.** Tienen éstas también gran importancia en el teatro de Gil Vicente por la variedad de tipos, tomados lo mismo de la realidad que de la tradición literaria, la abundancia de elementos cómicos, caricaturescos o satíricos, el lenguaje popular y la animación de sus escenas. Son esbozos breves de comedias, sin precedentes en el teatro peninsular y sin posibles rivales en la producción posterior del mismo tipo como no sea en algunos entremeses de Cervantes. Según dejamos dicho, Gil Vicente, a lo largo de su carrera literaria, fue algo así como el dramaturgo oficial de la corte, para la cual hubo de componer piezas de entretenimiento. Podría afirmarse que todas las obras que cabe rotular de *farsas costumbristas*, poseen esta finalidad esencial; pero Vicente va casi siempre más allá de dicho propósito, y por debajo de los tipos y situaciones desliza con gran frecuencia una intención satírica, social o antieclesiástica principalmente, que les infunde, disfrazada de comicidad, un grave fondo ideológico. Esta faceta del escritor se dilata a lo largo de toda su carrera dramática, alternando con obras de todas las otras especies; pero su mayor actividad parece corresponder al reinado de Juan III, quien, desde su advenimiento al trono en 1521, procuró disuadir al dramaturgo de más serios propósitos con insistentes encargos de obras de diversión. El nombre de *farsas* les corresponde con propiedad pues su carácter cómico, sin evadirse de un realismo genuino, se manifiesta habitualmente con rasgos caricaturescos, dentro de la tradición de las farsas medievales.

Tan sólo unas pocas, entre la veintena de estas piezas, podemos mencionar aquí. La primera de ellas, *Quem Tem Farelos? (Quién tiene salvado?)* parece corresponder a 1508 y está escrita en portugués y en español; en ella, un ridículo enamorado canta a la puerta de su amada con acompañamiento de perros, gatos y gallos de la vecindad, e interrumpido por los irónicos comentarios de su criado, a quien el amo no le paga la soldada. En el *Auto da India,* representado en 1509, el autor se sirve por vez primera de sólo el portugués; una mujer se lamenta de la partida de su marido para las Indias, pero le engaña enseguida con dos amantes, aunque, habiendo regresado aquél inopinadamente porque el barco retorna al puerto, le pondera en forma espectacular su fidelidad. En la *Farsa dos físicos,* probablemente de 1512, dos médicos incapaces de curar con remedios materiales el mal de amor de un clérigo enamorado, llaman a un fraile que le confiesa y le asegura que está justificado porque no hay pecados de amor. La sátira se encamina a la vez contra los médicos, con su ridícula ciencia, y contra los clérigos. Esta farsa ha sido puesta a la par de las mejores de Molière, y Jack Horace Parker afirma que por sus caracteres, situaciones, humanidad y autenticidad puede colocarse al lado de las más notables de su género en toda la historia de la literatura [74]. En la farsa de *O Velho da Orta*, un viejo se siente rejuvenecido por el amor de una moza, a la que pretende por medio de una alcahueta, Branca Gil, y que al cabo lo abandona por otro galán más joven [75].

Tras las *farsas* anteriores, Gil Vicente estuvo ocupado durante varios años con obras de mayor profundidad —las *Barcas* entre ellas—, pero en 1521 retornó a dicho género con la *Comedia do Viuvo* [76], en español, obra clasificada por varios críticos como comedia y no como farsa; de hecho, como en tantas otras obras vicentinas, es muy difícil deslindar caracteres genéricos, que en este caso oscilan entre la comedia "romántica" y la farsa caricaturesca. En la segunda mitad, el plano romántico lo encarna un príncipe, disfrazado de rústico, Rosvel Tenorí, que se enamora de las dos hijas del viudo, sin decidirse por ninguna de las dos; duda que se resuelve cuando un hermano de Rosvel, que aparece de pronto, se casa con una de las mujeres.

La *Comedia de Rubena*, también de 1521, en portugués y en español, podría estimarse como nuestra más antigua comedia de magia, con sus fantasías populares y elementos folklóricos, brujas y demonios. También se combina en ella la farsa humorística con episodios novelescos. Pero, de hecho, su más destacado ingrediente es la sátira anticlerical, muy desenvuelta; por ello, prohibió enteramente la *Comedia* el Índice de 1624.

La *Farsa de Inés Pereira*, de 1523, ha sido generalmente estimada como una de las mejores creaciones de Vicente por la verdad de los caracteres y el perfecto desarrollo de la acción. Inés, cansada de sus tareas domésticas, desprecia a un pretendiente modesto para casar con un caballero, que la tiraniza y la deja encerrada en casa, al cuidado de un escudero, cuando parte para la guerra. Afortunadamente, el caballero muere e Inés puede casar con su antiguo pretendiente, que la hace feliz, según aquella máxima que le sirve de tema: "mais quero asno que me leve, que cavalo que me derrube" [77].

Gran importancia tiene el *Auto da Feira*, de 1528, en portugués, que puede incluirse igualmente entre los *Autos* o piezas religiosas; Parker afirma que, aunque la obra posee un contenido de la mayor gravedad, está tratado a la

---

[74] *Gil Vicente*, cit., pág. 79.

[75] *O Velho da Horta*, ed. y estudio de João de Almeida Lucas, Lisboa, 1943. Joaquim de Oliveira, "Humanidade e grandeza do *Velho da Horta*", *Revista de Occidente*, Lisboa, 1963-1964. Véase abajo, nota 77.

[76] Cfr.: Alonso Zamora Vicente, ed. y prólogo de la *Comedia del Viudo*, Lisboa, 1962. I. S. Révah, "La *Comedia* dans l'oeuvre de Gil Vicente", en *Bulletin d'Histoire du Théâtre Portugais*, II, 1951, págs. 1-39 (véase en particular, págs. 24-25).

[77] Cfr.: Marques Braga, *Atividade dramática de Gil Vicente e 'Farsa de Inês Pereira'*, Lisboa, 1941. Paulo Quintela, *Gil Vicente. Auto de Inês Pereira*, Coímbra, 1953. I. S. Révah, *Édition critique de l'Auto de Inês Pereira*, Centre d'Histoire du Théâtre Portugais, Lisboa, 1955. Segismundo Spina, *Gil Vicente. A Farsa de Inês Pereira*, São Paulo, 1965 (el mismo volumen contiene *O Velho da Horta* y el *Auto da Barca do Inferno*).

manera de farsa cómica, y la incluye entre ellas. La obra es una dura sátira antieclesiástica, en la que pinta Vicente la corrupción de Roma, que quiere comprar la gloria eterna con las riquezas de este mundo en la "feria" para la que el Tiempo convoca a todas las clases sociales de la tierra. Por boca de sus personajes el autor clama por la pureza de la Iglesia primitiva y pide que sus pastores cambien sus lujos por los pobres vestidos de los Apóstoles. Mercurio amenaza a la Ciudad Eterna con un terrible castigo, si no cambia de conducta. Y pocos meses después, efectivamente, tuvo lugar el saqueo de Roma, estimado por los contemporáneos como un castigo providencial.

En ninguna de estas farsas es posible señalar caracteres sobresalientes, que puedan incorporarse a la galería de las creaciones universales, y de muy pocas de ellas cabe afirmar que sean una obra maestra. Pero, tomadas en conjunto, componen un cuadro inigualable de aquella sociedad, con su riquísima variedad de tipos y especies sociales, sus groserías y refinamientos, pasiones ridículas, vulgares egoísmos; y en cada resquicio el autor incrusta su sátira, y entre las burlas de sus personajes hace vivir problemas de su tiempo, desde los más prosaicos y domésticos hasta los más dramáticos, engendrados por la inquietud religiosa, el criticismo humanista, la fiebre de las aventuras coloniales, la corrupción nacida de la misma prosperidad [78].

Importancia y carácter de Gil Vicente. Su lirismo. Gil Vicente rebasa la condición de ingenio nacional para convertirse en un valor europeo. Así lo reconocen los estudiosos de todos los países. Dámaso Alonso (hemos podido advertirlo), y con él diversos líricos de su generación, han calificado muchos aspectos de la obra vicentina con elogios casi apasionados. Un historiador de la literatura como Richard Garnett ha escrito al trazar el panorama del teatro europeo en aquel tiempo: "Sólo un pequeño rincón de Europa poseía en los comienzos del siglo XVI un teatro vivo, nacional y admirable como literatura a un tiempo. Nada en la historia literaria es más sorprendente que la distancia entre Gil Vicente y sus contemporáneos". Pero antes que todos ellos había di-

---

[78] Además de las obras mencionadas, cfr. sobre aspectos diversos de la dramática de Gil Vicente: Agostinho de Campos, "Gil Vicente: Un précurseur de Lope de Vega et de Molière", en *Biblos*, XII, 1936, págs. 421-435. William C. Atkinson, "*Comedias, tragicomedias* and *farças* in Gil Vicente", en *Boletim de Filologia*, Lisboa, XI, 1950, págs. 268-280. I. S. Révah, "Gil Vicente a-t-il été le fondateur du théâtre portugais?", en *Bulletin d'Histoire du Théâtre Portugais*, I, 1950, págs. 153-185. Del mismo, "La Comedia dans l'oeuvre de Gil Vicente", en *Bulletin d'Histoire du Théâtre Portugais*, II, 1951, páginas 1-39. Gino Saviotti, "Gil Vicente, poeta cómico", en *Bulletin d'Histoire du Théâtre Portugais*, II, 1951, págs. 181-211. Ann Livermore, "Gil Vicente e Shakespeare", en *Revista da Faculdade de Letras*, Universidade de Lisboa, XVII, 1951, págs. 140-149. Laurence Keats, *The Court Theatre of Gil Vicente*, Lisboa, 1962. Holger Sten, "Gil Vicente et la théorie de l'art dramatique", en *Études dédiées à Andreas Blinkenberg*, Copenhague, 1963, págs. 209-219.

cho ya Menéndez y Pelayo que, como escritor dramático, Gil Vicente "no tiene quien le aventaje en la Europa de su tiempo" [79].

En su obra recoge el gran escritor hispano-portugués los más diversos influjos, que su genio asimila y reelabora con tan potente como inconfundible personalidad. Hemos dicho que en Gil Vicente se da la perfecta fusión del mundo medieval con el renacentista, lo que quiere decir que desembocan en él corrientes de los más distantes manantiales: influencia religioso-litúrgica y del teatro de Juan del Encina en los comienzos, de los libros de caballerías, del teatro clásico latino y del renacentista italiano, de los misterios y "moralidades" franceses del último período medieval, de las "danzas de la muerte" y de las sátiras sociales afines, y muy probablemente de Torres Naharro, si bien es difícil precisar quién precede a quién en la redacción de algunas obras de evidentes concomitancias. Producto de tan diversos influjos es el variado caudal de elementos que se combinan en la obra vicentina y que Valbuena Prat resume de este modo: "Misterios de Edad Media y crítica erasmista; poesía popular castellana y portuguesa, seleccionada e incorporada al teatro con máxima oportunidad; tipos llenos de vida de todas las clases sociales; maravillas de hadas y buenaventuras gitanescas; caballeros orgullosos y *parvos* rústicos y socarrones; mitología seria y burlona; villancicos y romances; supersticiones y devoción, todo se agita vivo y luminoso en el mundo integral poético de Gil Vicente" [80].

Actuando como fondo esencial de toda esta sinfonía de motivos destaca su peculiar lirismo, que por sí solo caracteriza su teatro. Este lirismo, del que hemos reproducido algunos leves momentos, brota unas veces de la importancia que adquiere el paisaje, personaje mudo pero presente en toda una acción, como sucede especialmente en el *Don Duardos*; o en la delicada forma poética de la expresión; o en la gracia retozona de su impetuosa vitalidad renacentista; pero se apoya sobre todo en la utilización de cantares tradicionales, de villancicos, de romances o de glosas más o menos estilizadas de temas populares, perfectamente fundidos en la acción dramática, con una gracia y finura que no volveremos a encontrar hasta llegar al teatro de Lope. Casi nunca se puede precisar exactamente en estos encajes líricos cuándo proceden por entero del numen del autor o cuándo los modifica a su capricho o cuándo los toma, sencillamente, del acervo tradicional. "Gil Vicente, como Lope —escribe Dámaso Alonso en la introducción citada—, sentía genialmente lo popular, y unas veces lo imitaba, otras lo glosaba, otras su intervención se reducía a salvarlo del olvido". O, como afirma Eugenio Asensio: "Gil Vicente, manejando con señorío y libertad igual la cantiga áulica y la callejera de su tiempo, obraba no como folclorista meticuloso, sino como poeta innovador que moldea y utiliza los más diversos materiales para sus fines estéticos" [81].

---

[79] "Gil Vicente", cit., pág. 349.
[80] *Literatura Dramática Española*, Barcelona, 1937, pág. 51.
[81] *Gil Vicente y las cantigas paralelísticas...*, citada, pág. 136.

íntimamente emparentada con su lirismo característico está la abundancia de elemento folklórico, incluso de prácticas supersticiosas y diabólicas, que Vicente recoge con claro instinto de su valor poético. Comentando este aspecto vicentino escribe Menéndez y Pelayo: "Es claro que un espíritu tan culto, tan maligno y aun escéptico como el de Gil Vicente no había de participar de la credulidad del vulgo, pero se complace en las supersticiones como curioso y como artista, las recoge con pasión de coleccionador, las explota como un elemento poético-fantástico, y parece que su poderoso instinto le hace penetrar hasta el fondo de esas reliquias del paganismo ibérico, y sentir cómo hierven confusamente en el alma popular" [82].

Hemos aludido sólo de pasada a la utilización de los romances en el teatro de Gil Vicente, pero la importancia de este rasgo merece una mayor detención. Y por tratarse de la primera autoridad en la materia, queda justificada la extensión de la siguiente cita de Menéndez Pidal que hace ya inútil cualquier otro comentario: "En estos orígenes del teatro español se distingue Gil Vicente por ser el poeta que con más profunda emoción sintió la sencilla e inefable liricidad del villancico y del romance como elementos dramáticos. El villancico ya lo había empleado Juan del Encina; y el romance, Torres Naharro, pero ninguno con la frecuencia ni con el valor e inspiración que Gil Vicente. El auto de la *Barca do Purgatorio*, representado ante la reina de Portugal en 1518, comienza cantando los ángeles, al son de los remos de su barca, un romance introductor de la acción. Y desde entonces hasta 1533, Gil Vicente representó ante la corte portuguesa ocho obras en que se incluyen sendos romances; dos de ellos están en portugués y los seis restantes en castellano, unos y otros obra del poeta, salvo uno que es tradicional. Sólo éste va en asonantes, todos los otros son romances aconsonantados, como eran los romances que se componían en la capilla de los Reyes Católicos. A veces el romance sirve para iniciar la obra escénica, otras veces va como remate final, a modo de recapitulación de todo lo representado. Tal es el caso en la tragicomedia de *Don Duardos* (1525). Su lindísimo romance para final del auto tiene la particularidad de llevar sus versos repartidos entre tres de los personajes de la obra:

>   *En el mes era de Abril,*
>   *de Mayo antes un día,*
>   *cuando lirios y rosas*
>   *muestran más su alegría...;*

en todo él espira ese perfume de liricidad tradicional que Gil Vicente supo captar como nadie, y está tan dentro del estilo oral, que tuvo la envidiable fortuna de haberse popularizado en pliegos sueltos, en los Cancioneros de Amberes y hasta en la tradición moderna. Ni el mismo Lope de Vega alcanzó

---

[82] *Antología...*, cit., vol. III, pág. 372.

un éxito semejante; no logró Lope tal perfección en reflejar la difícil sencillez del estilo acendrado por el pulimento de la tradición, porque si bien conocía mejor que nadie el romancero viejo, sus evocaciones propendían a giros arcaizantes y a añadidos narrativos y descriptivos, mientras, por el contrario, Gil Vicente llevaba el lirismo del romancero entrañado en su propia sensibilidad artística. Así, aunque la presencia del romance en el teatro logró con el tiempo efectos más variados y valiosos, sobre todo en su aspecto heroico, nunca halló interpretación más genuina de su límpida desnudez, de su profunda emotividad, que en este momento inicial por obra de Gil Vicente" [83].

Gil Vicente se mantuvo siempre al margen de la poesía italianista en cuanto a las formas métricas, y la estructura de sus versos es siempre de tipo tradicional. Igualmente tradicional es la sencillez de su técnica y el elemento lírico de que hemos hablado. Pero a la par, en la utilización de temas clásicos, en su concepto de la naturaleza y en el júbilo vital derramado por toda su producción, está de manifiesto el hombre renaciente. No obstante, aunque representa, tanto como Torres Naharro, la fusión de los dos mundos, en Gil Vicente hay un arraigo mucho mayor en la tradición peninsular. La mayoría de los críticos conviene, efectivamente, en destacar el aspecto tradicional, medieval, de la obra vicentina. Parker sostiene [84] que Vicente es sólo un humanista en el sentido de su profundo interés por todo lo humano y en su actitud de comprensión hacia sus semejantes, tal como puede observarse en su teatro.

Un elemento que se acepta como característico de la filiación renacentista de Gil Vicente es la sátira antieclesiástica que, como hemos ido haciendo notar, está presente en toda su obra. Sus censuras contra la corte de Roma y los abusos de los clérigos son tan frecuentes como acerbas. Se ha discutido mucho, sin embargo, si Gil Vicente recibió un influjo directo de Erasmo a través de la lectura y asimilación premeditada de los escritos del holandés, o si su sátira antieclesiástica es producto tan sólo del ambiente general de la época. Sus

---

[83] *Romancero Hispánico. (Hispano-portugués, americano y sefardí)*. Madrid, 1953, vol. II, págs. 104-105. Cfr.: Joaquim Mendes dos Remédios, "Versos líricos ou Fragmentos de canções dispersos nas Obras de Gil Vicente", en *Obras de Gil Vicente*, vol. III, Coímbra, 1914, págs. 263-293. Agostinho de Campos, "O elemento lírico nos autos de Gil Vicente", en *Gil Vicente. Vida e obra*, Lisboa, 1939, págs. 123-157. Anselmo Braamcamp Freire, "Canto, dança e música nos Autos de Gil Vicente", en *Vida e obras de Gil Vicente...*, cit., págs. 499-516. Pierre Le Gentil, "Notes sur les compositions lyriques du théâtre de Gil Vicente", en *Mélanges d'Histoire du Théâtre du Moyen-Âge et de la Renaissance offerts à Gustave Cohen*, París, 1950, págs. 249-260. Cecil M. Bowra, "The Songs of Gil Vicente", en *Inspiration and Poetry*, Londres, 1955, págs. 90-111. Albin Eduard Beau, "A música na obra de Gil Vicente", en *Estudos*, Universidade de Coimbra, I, 1959, págs. 219-249. Thomas R. Hart, *Gil Vicente. Poesía*, Salamanca, 1965.

[84] *Gil Vicente*, cit., pág. 144. Cfr.: Albin Eduard Beau, "Gil Vicente: O aspecto *medieval* e *renascentista* da sua obra", en *Estudos*, Universidade de Coimbra, I, 1959, págs. 73-158.

sátiras estaban de tal manera compenetradas con el pensamiento de Erasmo que, según se cuenta, cuando Damián de Goes le dio a conocer a éste las obras de Gil Vicente, mostró Erasmo deseos de aprender el portugués para leerlas en su idioma original. Pero Carolina de Michaëlis ya desmintió esta anécdota [85], y, a su vez, según sostiene Bataillon, es muy improbable que Vicente leyera a Erasmo, o, en todo caso, si lo leyó, nada sacó de él para su teatro; para el gran investigador francés, Gil Vicente, al igual que Torres Naharro, no era sino el portavoz de un aticlericalismo enraizado desde mucho tiempo atrás en el pueblo; no tenía —dice— necesidad de Erasmo ni de Lutero "para mofarse de las bulas, de los jubileos, de todas las gracias y beneficios con que Roma traficaba"[86]. Bataillon niega el influjo de Erasmo concretamente señalado en varios pasajes por Marques Braga, y no encuentra en ellos sino "una vaga afinidad de espíritu"[87]. Zamora Vicente[88], que acepta en conjunto la tesis de Bataillon, sugiere, sin embargo, alguna posible deuda con Erasmo en la *Comedia del Viudo*, escrita después de las *Barcas* y de otras sátiras anticlecales. João R. Mendes[89] rechaza también la tesis del erasmismo de Gil Vicente, y Parker sostiene idéntica opinión e insiste repetidamente sobre ella a propósito de diversas obras vicentinas, tales como las *Barcas*, la *Comedia de Rubena*, el *Auto da Feira*, la *Frágoa de Amor*, en donde Vicente satiriza el exceso de frailes, que formaban una población improductiva y parásita cuando más necesitada de hombres estaba la nación para sus empresas colonizadoras, políticas y guerreras[90].

TEATRO RELIGIOSO: EL "CÓDICE DE AUTOS VIEJOS"

La persistencia en esta época del teatro religioso de tipo medieval está atestiguada por el llamado *Códice de Autos Viejos* (*Colección de Autos, Farsas y Coloquios del siglo XVI* es su título completo)[91]. Contiene este códice

---

[85] *Notas vicentinas*, cit., IV, "Cultura intelectual e nobreza literaria".
[86] *Erasmo y España*, trad. esp., 2.ª ed., México, 1966, pág. 613.
[87] Ídem, íd., pág. 612, nota 7.
[88] Introducción a su ed. de la *Comedia del Viudo*, cit., págs. 13-16.
[89] João R. Mendes, "Do erasmismo de Gil Vicente", en *Brotéria*, XXIII, 1936, páginas 303-319.
[90] Cfr.: Júlio Dantas, "Gil Vicente e a reforma", en *Gil Vicente. Vida e obra*, Lisboa, 1939. Del mismo, "O espirito da reforma religiosa na obra de Gil Vicente", en *Boletín de la Real Academia Española*, XXIII, 1936, págs. 267-281.
[91] Ediciones: Edición parcial de E. González Pedroso, en *Autos sacramentales desde su origen hasta fines del siglo XVII*, en *Biblioteca de Autores Españoles*, vol. LVIII, Madrid, nueva edición, 1952. "Colección de Autos, Farsas y Coloquios del siglo XVI", edición completa del *Códice*, por Leo Rouanet, 4 vols., Barcelona-Madrid, 1901. Cfr.: Manuel Cañete, *Teatro español del siglo XVI*, Madrid, 1885 (estudio sobre Ferruz). A. A. Parker, "Notes on the Religious Drama in Medieval Spain and the Origins of the *Auto Sacramental*", en *Modern Language Review*, XXX, 1935, págs. 170-182. Bruce W. Wardropper, *Introducción al teatro religioso del Siglo de Oro (La evolución del auto sacramental: 1500-1648)*, Madrid, 1953.

conservado en la Biblioteca Nacional de Madrid, 96 piezas dramáticas con un total aproximado de cincuenta mil versos. Tres de ellas están en prosa. Todas son anónimas, excepto una firmada por el maestro valenciano Jaime Ferrús y otra que se atribuye a Lope de Rueda. En su mayoría proceden de la primera mitad del siglo XVI, aunque alguna pertenece a la segunda. Lo más probable es que se representaran en el interior de las iglesias. En esta colección la palabra "auto" debe seguir entendiéndose no en el sentido que tuvo después el "auto sacramental" de tipo alegórico, sino con la significación tradicional de pieza en un acto; no obstante, se encuentran motivos alegóricos e ideas abstractas en el grupo de las llamadas "farsas", referidas generalmente al Sacramento de la Eucaristía, por lo cual se las denomina comúnmente "farsas del Sacramento" o "farsa sacramental", nombre que vendría a ser equivalente del posterior "auto sacramental" del teatro barroco.

Por sus temas —único criterio posible en el estado actual de los estudios sobre la colección— las piezas del *Códice* pueden clasificarse en dos grandes grupos: *historiales*, que son los denominados propiamente "autos", y *alegóricas* o "farsas". Entre las primeras deben distinguirse las que pertenecen: *a*) al Antiguo Testamento (*Auto del pecado de Adán, Auto de Caín y Abel* —éste es el de Ferrús—, *Auto de los desposorios de Isaac, Auto de Naval y Abigail*); *b*) al Nuevo Testamento (*Degollación de San Juan Bautista, Auto del hijo pródigo, Auto de la prisión de San Pedro*); *c*) a los ciclos del Nacimiento y de la Pasión (*Auto de la Circuncisión, de la huida a Egipto, de la entrada de Cristo en Jerusalén, de la Resurrección*); *d*) asuntos hagiográficos (*Auto de Santa Elena, del martirio de Santa Eulalia, de San Jorge cuando mató la serpiente, del martirio de San Justo y San Pastor*); y *e*) temas marianos (*Auto de la Asunción*). Entre las farsas, de índole alegórica, que desarrollan un tema religioso a base de abstracciones y reflexiones y muy escasa acción, las hay que versan sobre motivos históricos (*Auto del maná, Auto de los Triunfos del Petrarca, Auto de la justicia divina contra los pecados de Adán*), mientras que otras tienden ya a construir el simbolismo de la Redención y de la Eucaristía, en forma que puede estimarse como precedente del "auto sacramental". No faltan tampoco, sin embargo, las abstracciones alegóricas en las obras del primer grupo —en particular, personificaciones de las virtudes y los vicios—, sobre todo en las piezas sobre el Antiguo y Nuevo Testamento. Las "farsas" son de asunto bastante variado y existe en ellas una considerable evolución: las más sencillas toman un tema histórico de carácter simbólico, referido a la Eucaristía, a la que sólo se alude particularmente en la "loa" y en el villancico final; pero algunas piezas algo más complejas introducen ya auténticas abstracciones, que preludian inequívocamente los "autos" calderonianos.

Bajo el punto de vista literario las piezas del *Códice* tienen escaso valor; su técnica y recursos dramáticos son muy sencillos y representan escasos avances sobre sus precedentes medievales. Pero precisamente porque conservan gran parte de la herencia medieval del teatro religioso y son la más antigua colección de esta índole que poseemos, permiten intuir con cierta exactitud —a falta, como sabemos, de piezas de la época— los caracteres de aquel teatro, del que las versiones del *Códice* podrían estimarse como una fosilizada supervivencia.

Interés especial tienen en todas estas obras los elementos populares, muchas veces degenerados en auténtica vulgaridad, que se mueven frecuentemente —con peculiar anacronismo— entre personajes bíblicos y seres legendarios. De entre estos tipos alcanza especial relieve el del "bobo" —elemento de gracia y de contraste—, heredero del "pastor" ignorante de las viejas églogas y precedente del "gracioso" de las comedias del teatro nacional. Son característicos los rasgos acentuadamente realistas, sobre todo en las escenas de la Pasión de Cristo o en el martirio de los santos; y es posible encontrar aisladas porciones de delicada poesía, especialmente en torno a los temas de Nacimiento o de la infancia de Jesús.

EL TEATRO HUMANISTA

Durante casi todo el siglo XVI el entusiasmo por la cultura grecolatina inspiró una serie de obras directamente imitadas de los clásicos Plauto y Terencio, o consistentes muchas veces en meras refundiciones. Este teatro no aspiraba a ser representado, sino leído por un corto número de estudiosos. Tampoco hubiera logrado, ni aun proponiéndoselo, este público mayoritario, pues ni por los temas, exclusivamente clásicos, ni por la forma, largos parlamentos y profundas reflexiones morales, podía interesar al pueblo. Este teatro más que durante la época de Carlos V, fue cultivado en la de Felipe II (donde lo habremos de estudiar con más detenimiento), y desapareció cuando Lope de Vega creó el teatro nacional, capaz de agrupar en un común interés al espectador popular y al culto.

Destacan entre los cultivadores de dicha forma dramática durante esta época Fernán Pérez de Oliva, famoso humanista y catedrático de Salamanca y Alcalá, autor de *La venganza de Agamenón,* derivada de la *Electra,* de Sófocles, y de *Hécuba triste,* inspirada en Eurípides; y el doctor Francisco López de Villalobos, médico del Rey Católico y de Carlos V, traductor del *Anfitrión,* de Plauto

CAPÍTULO XVII

LA PROSA DIDÁCTICA Y LA HISTORIA

ESCRITORES DIDÁCTICOS

A la misma altura, y en plano de parecida importancia que en los géneros de creación imaginativa, se manifiesta la literatura ideológica durante la época del Emperador. Dentro de las peculiares características que distinguen, como sabemos, a nuestro Renacimiento, España entra resueltamente de lleno en las corrientes de pensamiento de Europa y acoge con universal curiosidad y atención las principales inquietudes del momento. Ninguno de los campos de la actividad intelectual deja de tener entre nosotros cultivadores de primera línea: filósofos, moralistas, teólogos, juristas, escriturarios, pensadores políticos, eruditos, tratadistas de estética, traductores y comentaristas de textos clásicos, así como estudiosos de las más diversas ramas del humanismo, se multiplican asombrosamente y publican sus libros en todas las prensas de Europa. Las exigencias de belleza estimuladas en todos los órdenes por los ideales renacentistas explican que hasta las obras más inequívocamente didácticas no se sientan ajenas a las preocupaciones de índole estética; por lo que frecuentemente es difícil separar los campos específicos del pensamiento de los más genuinamente literarios. En multitud de casos, aquellos escritores utilizaron todavía el latín, y entonces su deslinde es evidente; pero, en todos los demás, y justamente por su número, se hace preciso dejar para la historia de las ideas a los escritores de intención predominantemente erudita o doctrinal y reservar tan sólo para la historia de la literatura a los que se muestran más afines con el carácter de la creación artística o poseen un interés literario semejante al de los autores de esta especie.

Lo que tampoco va a suponer que sean ajenos, a veces, a un contenido de orden doctrinal. En el período siguiente —época de Felipe II—, esto quedará de manifiesto en los escritores ascéticos y místicos, en quienes se conjuga la profundidad del pensamiento con las realizaciones más perfectas de la prosa castellana. En el período que ahora nos ocupa, estos escritores en prosa, que se sirven inequívocamente de moldes literarios, dan entrada también a los problemas capitales de su tiempo, de manera particular a la ideología erasmista, recogida asimismo por el teatro y la novela. Junto a este motivo capital, con todas las implicaciones que supone en el terreno religioso-moral y también en el social y en el político, ocupan importante lugar los problemas del idioma, que apuntan a la defensa y afirmación de la lengua vulgar y a fijar sus características.

Los dos escritores, en quienes se encarnan de manera peculiarísima las tendencias ideológicas mencionadas, son los hermanos Alfonso y Juan de Valdés. Olvidados durante largo tiempo o poco favorecidos al menos por la atención de los estudiosos, mal conocida su biografía y hasta discutida la paternidad de sus escritos, los hermanos Valdés han provocado al fin en los últimos cien años una apasionada curiosidad, cristalizada en copiosas investigaciones. Como resultado de ellas, los hermanos Valdés ocupan hoy en nuestras letras un primordial lugar —Bataillon ha calificado a Juan de "uno de los más auténticos genios religiosos de su siglo"— [1], que aun en el orden del pensamiento lleva camino de acrecentarse, porque abundantes aspectos de su ideología, considerada comúnmente como representante de tendencias residenciadas en un momento histórico, pueden cobrar inesperada actualidad ante las más recientes inquietudes del pensamiento religioso.

ALFONSO DE VALDÉS

Valdés, hombre de su época. Las dos obras principales. Nació Alfonso de Valdés en Cuenca hacia fines del siglo XV, probablemente en 1490, y, según parece, estudió en Alcalá, aunque el hecho no es muy seguro. Entró muy joven en la Cancillería Real al servicio de Mercurino Gattinara y llegó, en 1526, a Secretario y latinista oficial del Emperador, para quien redactó numerosos documentos oficiales. Debió de figurar durante sus años mozos en el grupo de caballeros nobles a quienes Pedro Mártir de Anghiera enseñó humanidades en la corte española; lo que explica la solidez de su cultura clásica. Actuó de parte del Emperador como uno de los principales intermediarios con los protestantes en la Dieta de Augsburgo (1530), y como tal tuvo conversaciones con Melanchton. Al morir Gattinara aquel mismo año, dirigió Valdés las negociaciones, y aunque no consiguió la apetecida reconciliación de los protestantes con Roma, puso en ello su mejor voluntad y dejó, entre los alemanes, fama por su moderación y afable trato. Asistió más tarde a la Dieta de Ratisbona y fue luego nombrado Archivero de Nápoles; cargo que no llegó a desempeñar, porque murió de la peste en Viena en 1532.

---

[1] *Erasmo y España*, luego cit., pág. 361.

Dos son las obras principales de Alfonso de Valdés: el *Diálogo de Lactancio y un Arcediano* o *De las cosas ocurridas en Roma*, y el *Diálogo de Mercurio y Carón* [2], inspirados ambos por los dos motivos dominantes en la vida y el pensamiento de Alfonso: la lealtad al Emperador y la devoción por las ideas erasmistas. Y, consecuentemente, se plantea en ellos Valdés dos problemas fundamentales: la defensa de Carlos V con motivo del saqueo de Roma por las tropas imperiales en 1527 y la sátira contra la Iglesia, de acuerdo con las ideas del famoso humanista de Rotterdam. En 1527 había comenzado la correspondencia de Valdés con Erasmo, de quien tenía que ser tan entusiasta seguidor que sus contemporáneos lo llamaban "más erasmista que Erasmo". Cuando aquel mismo año, por la presión de las órdenes religiosas, tuvieron lugar las Juntas de Valladolid para examinar ante el Inquisidor Manrique las posibles proposiciones heréticas de los escritos del holandés, Valdés, aunque no intervino en ellas, era ya entonces generalmente considerado como el jefe del grupo erasmista español. Según explica Montesinos, Alfonso agrupó las haces erasmistas, acudió a los poderes públicos en demanda de auxilio e inspiró en ocasiones la conducta del mismo Erasmo, no siempre mesurado en sus actitudes. Valdés se esforzó en mantener la favorable actitud del Emperador hacia Erasmo y hasta logró para éste subsidios económicos. El memorable

---

[2] Ediciones: Alfonso de Valdés, *Diálogo de las cosas ocurridas en Roma*, edición de José F. Montesinos, "Clásicos Castellanos", Madrid, 1928. Alfonso de Valdés, *Diálogo de Mercurio y Carón*, ed. José F. Montesinos, "Clásicos Castellanos", Madrid, 1929. *Alphonsi Valdesii litteras XL ineditas*, ed. de Eduard Boehmer, en *Homenaje a Menéndez Pelayo*, I, Madrid, 1899, págs. 385-412. Giuseppe Bagnatori, "Cartas inéditas de Alfonso de Valdés sobre la Dieta de Augsburgo", en *Bulletin Hispanique*, LVII, 1955, págs. 353-374.

Estudios: la vida y la obra de Alfonso de Valdés ha sido siempre estudiada conjuntamente con la de su hermano Juan (incluso fueron confundidas durante mucho tiempo y atribuidos a éste parte de los escritos de aquél), por lo que pueden utilizarse para Alfonso todos los estudios citados más abajo, en la nota correspondiente, sobre Juan, así como las referencias bibliográficas en ellos contenidas. Deben, sin embargo, consultarse especialmente sobre Alfonso: los fundamentales estudios preliminares de Montesinos a las ediciones citadas de ambos *Diálogos*. Del mismo, "Algunas notas sobre el 'Diálogo de Mercurio y Carón'", en *Revista de Filología Española*, XVI, 1929, págs. 225 y ss. (reproducido en *Ensayos y Estudios de Literatura Española*, México, 1959, págs. 36-74). M. Menéndez y Pelayo, "Los erasmistas españoles. Alfonso de Valdés", en *Historia de los Heterodoxos Españoles*, ed. nacional, 2.ª ed., Madrid, 1965, págs. 123-163. Marcel Bataillon, *Erasmo y España*, trad. esp., 2.ª ed., México, 1966; aparte las múltiples referencias esparcidas por todo el libro dedica un extenso capítulo en particular a Alfonso de Valdés —VIII, págs. 364-431—. Cfr. además: J. Zarco Cuevas, "Testamento de Alonso y Diego de Valdés", en *Boletín de la Real Academia Española*, XIV, 1927, págs. 679-685. Amalio Huarte, "Para la biografía de los hermanos Valdés", en *Revista de Filología Española*, XXI, 1934, págs. 167-168. José Simón Díaz, "Los papeles de Alfonso de Valdés", en *Aportación documental para la erudición española*, 1.ª serie, C. S. I. C., Madrid, 1947, págs. 9-10. J. Meseguer Fernández, "Nuevos datos sobre los hermanos Valdés: Alfonso, Juan, Diego y Margarita", en *Hispania*, Madrid, XVII, 1957, págs. 369-394.

suceso del saqueo de Roma puso a Valdés "en el caso de sacar consecuencias de su doctrina" y le movió a escribir su *Diálogo de Lactancio*, en el cual "pudo cumplir una tarea que no es siempre posible a todos los diplomáticos: encadenar con sinceridad principios fervientemente profesados y consecuencias favorables a su partido" [3]. "Nunca —escribe Bataillon— el pensamiento religioso, moral y político del erasmismo de España se abrió paso con mayor resolución" [4].

El "Diálogo de Lactancio y un Arcediano". Lactancio, que representa la ideología del autor, se encuentra en una plaza de Valladolid con un Arcediano que llega de Roma y le cuenta los sucesos derivados de la conquista de la ciudad por las tropas de Carlos V. Frente a las lamentaciones del Arcediano, Lactancio disculpa al Emperador, sin cuya voluntad se había producido el asalto, y echa la culpa sobre el pontífice y sus consejeros, acusándoles de provocar con su equivocada hostilidad hacia el Emperador, con sus intrigas y sus alianzas militares, la división de la Cristiandad; en el preciso momento de la mayor amenaza de los turcos. Tras exaltar elocuentemente los beneficios de la paz, subraya Valdés el escándalo monstruoso de un papa guerrero y plantea los derechos y deberes del pontífice en materia de política europea; en el fondo, escribe Bataillon [5], se trata de la significación del mismo papado, que está en la tierra para continuar a Cristo y encarnar el espíritu evangélico y no para defender sus posesiones materiales con las armas en la mano. Frente al Arcediano, para quien la Iglesia es el gobierno pontificio, con su colegio de cardenales y los estados en que gobierna el papa, sostiene Lactancio que "el señorío y auctoridad de la Iglesia más consiste en hombres que no en governación de ciudades" [6]; y añade luego refiriéndose al principio mismo del poder temporal: "Si es necesario y provechoso que los sumos Pontífices tengan señorío temporal o no, véanlo ellos. Cierto, a mi parescer, más libremente podrían entender en las cosas espirituales si no se ocupassen en las temporales. Y aun en esso que dezís estáis engañado; que yo os prometo que cuando el Papa quisiesse vivir como Vicario de Jesu Cristo, no solamente no le quitaría nadie sus tierras, mas le darían muchas más. Y veamos: ¿cómo tiene él lo que tiene, sino desta manera?" [7].

En la segunda parte del *Diálogo* asegura Valdés que Dios ha permitido aquellos sucesos para castigar la relajación y corrupción de costumbres de la corte papal y de la mayoría de los eclesiásticos; el saqueo de la ciudad, según Lactancio, es un castigo providencial contra una Iglesia corrompida. Valdés, por boca de su personaje, siguiendo las doctrinas de Erasmo, de cuyos libros

---

[3] Montesinos, "Introducción" a su ed. cit., del *Lactancio*, págs. 35-36.
[4] *Erasmo y España*, cit., pág. 368.
[5] Ídem, íd., pág. 371.
[6] Ed. Montesinos, cit., pág. 100.
[7] Ídem, íd., pág. 101.

utiliza algunos pasajes, preconiza una religiosidad de tipo íntimo, con auténtica pureza de costumbres y caridad evangélica, y rechaza las meras formalidades del culto externo. A cada profanación de los soldados imperiales que aduce el Arcediano, Lactancio replica con una inmoralidad del clero pontificio o una prueba de su venalidad. Reprueba, sobre todo, el tráfago que hace la corte pontificia de todas las cosas santas, vendiéndolas como si fueran un privilegio de la riqueza: "Al baptismo, dineros; a la confirmación, dineros; al matrimonio, dineros; a las sacras órdenes, dineros; para confesar, dineros; para comulgar, dineros. No os darán la Estrema Unción sino por dineros, no tañerán campanas sino por dineros, no os enterrarán en la iglesia sino por dineros, no oiréis missa en tiempo de entredicho sino por dineros; de manera que parece estar el paraíso cerrado a los que no tienen dineros. ¿Qué es esto, que el rico se entierra en la iglesia y el pobre en el cimenterio? ¿Quel rico entre en la iglesia en tiempo de entredicho y al pobre den con la puerta en los ojos? ¿Que por los ricos hagan oraciones públicas y por los pobres ni por pensamiento? ¿Jesu Cristo quiso que su Iglesia fuesse más parcial a los ricos que no a los pobres? ¿Por qué nos consejó que siguiéssemos la pobreza? Pues ellende desto, el rico se casa con su prima o parienta, y el pobre no, aunque le vaya la vida en ello; el rico come carne en quaresma, y el pobre no, aunque le cueste el pescado los ojos de la cara; el rico alcança ocho carretadas de indulgencias, y el pobre no, porque no tiene con que pagallas, y desta manera hallaréis otras infinitas cosas. Y no falta quien os diga que es menester allegar hazienda para servir a Dios, para fundar iglesias y monesterios, para hazer dezir muchas missas y muchos trentenarios, para comprar muchas hachas que ardan sobre vuestra sepultura..."[8]. Protesta Lactancio contra el exceso de fiestas de guardar, con las exigencias formales de que se las reviste, provechosas por las ofrendas que son mayores en tales días: "Mas ¿vos no vedes que se offenden essos sanctos más con los vicios y vellaquerías que se acostumbran hazer los días de fiesta, que no en que cada uno trabaje en ganar de comer? Si todas las fiestas se empleassen en servir a Dios querría yo que cada día fuesse fiesta; mas, pues assí no se haze, no ternía por malo que se moderassen. Si un hombre se emborracha, o juega todo el día a los naipes o a los dados, o anda embuelto en murmuraciones, o en mujeres o en otras semejantes vellaquerías, parécenos que no quebranta la fiesta; y si con estrema necessidad cose un çapato para ganar de comer, luego dizen que es herege. Yo no sé qué servicios son éstos. Pésame que los ricos tomen en aquellos días sus passatiempos y plazeres, y todo carga sobre los desventurados de los officiales y labradores y pobres hombres"[9]. Larga y apasionada atención merecen a Lactancio los motivos que andan mezclados con el culto de las reliquias, de las cuales existen multiplicadas copias, y son

---

[8] Ídem, íd., págs. 134-135.
[9] Ídem, íd., págs. 136-137.

tenidas además en auténtica idolatría como objeto de superstición o de interesada piedad; "¿Para qué pensáis vos que da ell otro a entender que una imagen de madera va a sacar cautivos y que quando buelve buelve toda sudando, sino para atraer el simple vulgo a que offrescan a aquella imagen cosas de que él después se puede aprovechar?... Y desta manera os dan otros a entender que si hazéis dezir tantas missas, con tantas candelas, a la segunda angustia hallaréis lo que perdiéredes o perdistes... En esta misma cuenta entran las nóminas que traéis al quello para no morir en fuego ni en agua, ni a manos de enemigos, y encantos, o ensalmos que llama el vulgo, hechos a hombres y a bestias... ¿Queréis ver otra semejante gentilidad, no menos clara que ésta? Mirad cómo havemos repartido entre nuestros santos los officios que tenían los dioses de los gentiles. En lugar de dios Mars, han succedido Sanctiago y Sanct Jorge; en lugar de Neptuno, Sanct Elmo; en lugar de Baco, Sanct Martín; en lugar de Eolo, Sancta Bárbola; en lugar de Venus, la Madalena. El cargo de Esculapio havemos repartido entre muchos: Sanct Cosme y Sanct Damián tienen cargo de las enfermedades comunes; Sanct Roque y Sanct Sebastián, de la pestilencia; Sancta Lucía, de los ojos; Sancta Polonia, de los dientes; Sancta Águeda, de las tetas; y por otra parte, Sanct Antonio y Sanct Aloy, de las bestias; Sanct Simón y Judas, de los falsos testimonios; Sanct Blas, de los que esternudan... Y de aquí viene que piensan otros, porque rezan un montón de salmos o manadas de rosarios, otros porque traen un hábito de la Merced, otros porque no comen carne los miércoles, otros porque se visten de azul o naranjado, que ya no les falta nada para ser buenos christianos, teniendo por otra parte su invidia y su rencor y su avaricia y su ambición y otros vicios semejantes, tan enteros, como si nunca oyessen dezir qué cosa es ser christiano" [10]. Frente a todas las corrupciones de la Iglesia, Carlos V es presentado por Valdés, de acuerdo con el concepto político que ha de quedar mucho mejor expuesto en el *Diálogo de Mercurio y Carón*, como el hombre providencial, destinado a restaurar el verdadero Cristianismo, ayudado por el Concilio General.

Valdés, que conocía bien todos los detalles de lo que cuenta en el *Lactancio* (él mismo había redactado en la Cancillería el documento oficial dirigido a los príncipes cristianos para explicar y justificar la política del Emperador), recargó las tintas de su requisitoria contra la corte romana; pero luego, por indicación de algunos amigos, atenuó diversos pasajes de su obra, que circulaba profusamente en copias manuscritas. Castiglione, nuncio entonces del pontífice en España, pidió a Valdés que retirara el *Diálogo*, y aún advirtió al Emperador de que había en él conceptos heterodoxos. Carlos hizo que varios teólogo examinaran la obra de su secretario, pero aquéllos no hallaron nada

---

[10] Ídem, íd., págs. 205-206. Cfr.: Margherita Morreale, "Comentario de una página de Alfonso de Valdés: el tema de las reliquias", en *Revista de Literatura*, XXI, 1962, págs. 67-77.

grave que reprender, y habiendo muerto a poco Castiglione, Valdés hizo imprimir su libro. Aunque Valdés hizo repetidas protestas de su fe católica y afirmó que en materia dogmática estaba dispuesto a acatar el juicio de la Iglesia ("si alguna falta en este Diálogo hallaren, interpretándolo a la mejor parte —dice en las breves palabras "Al lector" que antepuso al texto del *Lactancio*—, echen la culpa a mi ignorancia y no presuman de creer que en ella intervenga malicia, pues en todo me someto a la corrección y juicio de la santa Iglesia, la cual confiesso por madre") [11], su sátira de las costumbres eclesiásticas resultó tan a lo vivo en el *Diálogo* que años más tarde, en marcha ya el movimiento de la Contrarreforma, la Inquisición lo incluyó en el primer Índice español de libros prohibidos, en 1547. Antes, sin embargo, desde su publicación en 1530 ó 1531, se hicieron por lo menos cinco ediciones, todas sin indicación de lugar ni año.

Bajo el aspecto literario, el *Diálogo de Lactancio y un Arcediano,* escrito en una prosa sencilla y elegante, contundente y gráfica, de gran fuerza polémica, ha sido considerado como "un tesoro de la lengua" por Menéndez y Pelayo, que le reprocha, sin embargo, la extremosidad de sus juicios. Por su parte Montesinos, que, en su extensa y bien documentada "Introducción" a la edición citada, se ocupa muy preferentemente de la posición religiosa, moral y político-social de Alfonso de Valdés, resume en pocas palabras su opinión sobre el valor literario del *Lactancio:* "Son muchas las cualidades —dice— que hacen de esta obra un libro original. Una es su actualidad; otra su elocuencia. Este escritor castellano, tan mesurado y suave otras veces, pero capaz de odiar, como hemos visto, podía entusiasmarse y apasionarse, y el *Lactancio* fue un oportuno desfogue de la indignación contenida largos años. Valdés tuvo la cualidad, un poco femenina, de llegar a las convicciones a través de las personas. Su pasión por Erasmo y por el Emperador hicieron de él un combativo, y dieron a su voz tonos que una simple contemplación espiritual no hubiera conseguido. El tema se prestaba a que un espíritu de esta naturaleza lograra una expresión elocuente". Y añade a continuación: "Es una prosa finamente matizada esta del *Lactancio*. Algún momento declamatorio —la lamentación sobre la paz deshecha— recuerda otros igualmente declamatorios de *La Celestina:* es la prosa literaria del tiempo. Otras veces Valdés prodiga las fórmulas familiares que han de aligerar el diálogo. Pero el entusiasmo de Lactancio arrastra al lector sin dejarle reparar en el detalle literario o el detalle vulgar, y en el ataque, colérico o irónico, el lenguaje se ciñe maravillosamente al concepto. La cólera o la ironía son las que dan vida a ese mozo cortesano frente a su débil antagonista, que comete el yerro de dejarse convencer demasiado pronto" [12].

---

[11] Edición Montesinos, citada, pág. 72.
[12] Ídem, íd., págs. 60-61. Cfr.: Margherita Morreale, "El *Diálogo de las cosas ocurridas en Roma,* de Alfonso de Valdés. Apostillas formales", en *Boletín de la Real Aca-*

El "Diálogo de Mercurio y Carón"[13]. Aquí ya no parte Valdés de un hecho concreto como era el "saco de Roma" en el diálogo anterior: sirviéndose ahora de elementos más complejos, y haciendo intervenir personajes de la mitología dispone su obra de manera alegórica, en forma que recuerda las "danzas de la muerte" y las *Barcas*, de Gil Vicente[14]. La fábula se basa en el mito clásico de Carón que transporta las almas en su barca hacia la vida de ultratumba a través de la laguna Estigia.

En este *Diálogo* se interfieren repetidamente dos órdenes de ideas. El primero, de tipo político, se ocupa de las rivalidades existentes entre Carlos V y los reyes de Inglaterra y Francia que habían desafiado al primero a comienzos de 1528; el autor, a través de las conversaciones de Mercurio y Carón, informa con detalle de todos estos hechos (para lo cual se sirve incluso de documentos de la Cancillería que habían pasado por sus manos) y, como en el *Lactancio*, traza una entusiasta defensa del Emperador y de su política al tiempo que denuncia la doblez y mala voluntad de los otros dos monarcas. Valdés actuaba, y escribía, movido por un coherente y bien meditado conjunto de doctrinas, entre las cuales contaba el papel preponderante que había de re-

---

demia Española, XXXVII, 1957, págs. 395-417. G. C. Rossi, "Aspectos literarios del *Diálogo de las cosas ocurridas en Roma*", de Alfonso de Valdés, en *Cuadernos Hispano-Americanos*, núm. 107-108, 1958, págs. 365-372.

[13] El *Diálogo de Mercurio y Carón* ha sido atribuido a Juan durante mucho tiempo, a pesar de que, como subraya Montesinos —"Algunas notas...", cit., pág. 37— había indicios muy interesantes que hubieran debido orientar convenientemente a la crítica valdesiana; como de Juan lo publicó Luis Usoz y Río —*Dos diálogos escritos por Juan de Valdés, ahora cuidadosamente reimpresos*, "Reformistas antiguos españoles", tomo IV, Madrid, 1850— y Eduard Boehmer —en *Romanische Studien*, VI B., 1895, Heft XIX, págs. 1-104—. Menéndez y Pelayo, movido por los múltiples puntos de contacto que descubría entre el *Lactancio* y el *Carón*, suponía que este último no podía adjudicarse *exclusivamente* a Juan, y sugería la posibilidad de una activa colaboración de Alfonso en el *Diálogo* "a lo menos para apuntar ideas y suministrar materiales" —*Heterodoxos*, vol. cit., pág. 191—; de hecho, Menéndez y Pelayo dudaba íntimamente de la atribución a Juan, pero una nota de Gallardo, que la afirmaba terminantemente por documentos que había visto en el Archivo de la Inquisición, le impidió rectificar la autoría tradicional. Finalmente, Marcel Bataillon ha demostrado, sin posibles dudas, que el *Mercurio y Carón*, lo mismo que el *Lactancio*, es obra de Alfonso: "Alonso de Valdés, auteur du *Diálogo de Mercurio y Carón*", en *Homenaje a Menéndez Pidal*, I, Madrid, 1925, páginas 403-415.

[14] La semejanza es sólo remota, de mera reminiscencia satírica. Montesinos ha negado rotundamente toda concomitancia real con las obras citadas: "Las danzas de la muerte, poema o autos, nada tienen que ver con este libro, ni es posible que un humanista como Valdés encontrara nada utilizable en la *Danza* impresa por entonces (Sevilla, 1520). Las semejanzas con Gil Vicente —ya señalamos algunas— y con la *Tragicomedia alegórica del paraíso y del infierno*, refundición castellana de las *Barcas*, son inesenciales; esta última hasta puede que sea posterior al diálogo. Las fuentes de Valdés, salvo algún detalle, son la Cancillería y Erasmo —un Erasmo sentido a la castellana, un Erasmo que ha perdido su ecuanimidad y su sonrisa—." ("Algunas notas"..., citada, pág. 58).

presentar el Emperador en la total reforma de la comunidad cristiana, de acuerdo con las ideas erasmistas. Por eso, aun en esta parte de su *Diálogo* en que se ocupa de acontecimientos muy concretos, Valdés trata de dar universalidad y vigencia permanente a sus argumentos, superando lo que, de otro modo, hubiera consistido en una mera defensa de interesado patriotismo. El Emperador, para Valdés, es quien ha de encauzar y dirigir a la Cristiandad. "Polidoro —dice Montesinos interpretando la significación de este personaje del *Diálogo*— es encarnación de la idea de un príncipe político cristiano que Erasmo expuso con mucho menos maquiavelismo que Saavedra Fajardo; y es, sobre todo, reflejo ideal del Carlos V que Valdés hubiera querido: un monarca que supiera instaurar, sin sangre, sin terrores, la monarquía universal cristiana. Es el rey capaz de imponer la disciplina cristiana a todo el mundo que, maravillado de sus virtudes, viene a ofrecérsele. En el sueño de Valdés pervive, cristianizado, el ideal de Hernando de Acuña: Un monarca, un imperio y una espada" [15]. "El estado ideal según Valdés —ha precisado Bataillon— es una monarquía patriarcal, que se esfuerza en respetar al trabajador y en no abusar de los contribuyentes. Es una monarquía autoritaria cuando sea preciso. Pero es todo lo contrario de un absolutismo no regulado sino por el capricho... Monarquía templada, si se quiere, por la virtud, o, mejor dicho, dirigida por la gracia divina. No despotismo ilustrado a la manera del siglo XVIII, sino realeza iluminada. El *pacto* que lo une a sus súbditos no es lo que funda su autoridad: ese pacto expresa, y no más, la reciprocidad necesaria de los buenos y de los malos procedimientos entre el príncipe y el pueblo. Lo cierto es que la autoridad se legitima por el bien del pueblo, y por él solo" [16]. Edmondo Cione comenta por su parte [17] que el autor del *Carón* lejos de ser el precursor del *Contrato social* y la soberanía popular que algunos han supuesto, está, por el contrario, en cuanto pensador político, entre el anacrónico concepto medieval de la monarquía universal cesareopapista y el de la monarquía católica de la Contrarreforma, dispuesta, como lo estaba la española, a combatir por la Iglesia y por la fe. Alfonso —añade Cione— habla todavía del Emperador como del alto señor del orbe, y, así, tiene palabras de desdén para las nacientes monarquías absolutas y nacionales. Es necesario, sin embargo, tener en cuenta en qué medida estaba condicionado el pensamiento político de Valdés, formado en el círculo del Emperador y en la apasionada devoción a su persona. El mismo Cione admite a continuación que en el tiempo en que el *Carón* fue escrito no puede decirse que el ideal de Valdés fuera enteramente utópico, pues con la coronación de Carlos V en Bolonia en muchas mentes españolas había renacido el sueño de la monarquía universal, sólo destrozado

---

[15] Introducción a la edición citada, pág. XI.
[16] *Erasmo y España*, cit., pág. 402.
[17] Edmondo Cione, *Juan de Valdés. La sua vita e il suo pensiero religioso*, 2.ª ed., Nápoles, 1963, pág. 36.

por el fracaso final de las guerras sostenidas por Francia tenazmente. El segundo elemento, que va interrumpiendo una y otra vez el hilo del primero, lo constituye una implacable sátira religioso-social mucho más amplia que la del *Lactancio*, puesto que no se limita a la curia romana y sus jerarcas, sino que se extiende a los diversos "estados". Las almas de los que llegan a la barca de Carón interrumpen el diálogo de éste con Mercurio; aquél les hace preguntas o les dirige acusaciones e ironías, mediante lo cual van quedando trazados los retratos de numerosos personajes con tremenda fuerza satírica. Valdés expone aquí ampliamente sus ideas, inspiradas en Erasmo, en demanda de una profunda reforma político-religiosa de la sociedad: no sólo los príncipes y los jefes de la Iglesia, sino todos los hombres deben caminar en el sentido de una perfección verdaderamente cristiana. Una vez más, Valdés desarrolla una sátira inmisericorde de las prácticas externas con detrimento de la verdadera caridad, del catolicismo formulario y de sus servidores, más atentos a las galas y a los esplendores del culto y a su propio provecho que a procurar una conducta moral ajustada a las normas de un cristianismo sincero.

La exposición de toda esta doctrina se realiza frecuentemente en animada forma dramática en torno a los personajes que intervienen. El lenguaje es expresivo y dinámico, y todo el *Diálogo* compone una verdadera obra maestra de lenguaje, de observación y de agudeza intencionadísima. Menéndez y Pelayo lo estima como "monumento clarísimo del habla castellana" y la obra en prosa mejor escrita del reinado de Carlos V, después de la traducción del *Cortesano*, de Castiglione, hecha por Boscán. Montesinos, parco también esta vez en sus juicios literarios, dice en su introducción al *Carón*: "Cuando Valdés es más personal es cuando tiene que comunicar algo directamente, y también cuando dialoga. Como diálogo, el *Carón* es muy superior al *Lactancio*, más libre de retórica, más libre de fórmulas vulgares e infinitamente más variado". Y luego: "Ésta es la prosa matizada y vivaz, que se adorna de despojos clásicos sin perder por ello una cierta familiaridad ligera, grata siempre a los españoles; la prosa ágil, dúctil, apta, que propugna el *Diálogo de la lengua*, la que hasta bien entrado el siglo XVII —Góngora, Quevedo— fue instrumento de nuestra cultura" [18].

JUAN DE VALDÉS

Vida, formación y obras. Si Alfonso de Valdés representa la tendencia moralizadora del erasmismo español, su hermano Juan encarna las inquietudes místicas de aquella ideología.

Juan de Valdés, que nació también en Cuenca, en fecha no conocida [19], pasó su juventud en la corte y entró después al servicio del marqués de Villena en

---

[18] Ídem, íd., pág. XVIII. Cfr.: Margherita Morreale, "Sentencias y refranes en los Diálogos de Alfonso de Valdés", en *Revista de Literatura*, XII, 1957, págs. 3-14.

[19] Se ha supuesto que Alfonso y Juan de Valdés fueron mellizos, basándose en una

su residencia de Escalona, donde, bajo el influjo de algunas personas que rodeaban al marqués en su pequeña corte, adquirió, probablemente, su afición por las cosas espirituales y su inclinación hacia una religiosidad puramente interior. En sus años mozos, según él mismo dice, había sido apasionadísimo de los libros de caballerías, lectura que trocó más tarde por los libros de Erasmo, con quien se relacionó epistolarmente por mediación de su hermano Alfonso.

Durante algunos años estudió en Alcalá, aunque no se sabe qué materias ni por cuanto tiempo. Su libro *Diálogo de doctrina cristiana,* publicado en 1529, despertó las suspicacias de la Inquisición por sus ideas erasmistas, y Juan, no sintiéndose muy seguro, marchó entonces a Italia donde fue gentilhombre del Papa Clemente VII y actuó como agente del Emperador. En 1535 se trasladó a Nápoles con un cargo cerca del Virrey y allí conoció los libros de Lutero y de Melanchton. Sin romper abiertamente con la Iglesia, Valdés abrazó un cristianismo de tipo iluminista y se convirtió en el mentor —"tranquilo y sonriente", dice Montesinos— de una brillante sociedad de espíritus inquietos y exquisitos que se reunían con él en torno a la bellísima Julia Gonzaga. Valdés, "misionero de capa y espada, catequizador de augustas princesas y anacoreta de buena sociedad", como le llama Menéndez y Pelayo, "evangelizador cortesano —según Menéndez Pidal— que parecía puesto por Dios como guía de aquel selecto círculo de espíritus fervorosos, ardientemente empeñados en la pureza y en la salvación" [20], preconizaba una religión tolerante, de tipo íntimo, basada en la fe y en el amor, que confiaba la salvación del alma no a las obras, sino a la fe y a la intervención de la Gracia. En suma: una aproximación al luteranismo del que se le tiene como el principal introductor en Italia ("Todo el negozio cristiano consiste en confiar, creer y amar", dice Valdés en sus *Consideraciones*), aunque su neta filiación protestante haya sido, y siga siéndolo, objeto de discusión. Montesinos apunta que la premura con que los escritores protestantes han procurado hacerlo suyo no está justificada, pero tampoco son legítimos los esfuerzos de algunos católicos por reivindicar su memoria. La incertidumbre reside en el mismo carácter de la doctrina valdesiana: una doctrina que no impone dogmas y señala sólo un camino hacia la renovación interior. La religiosidad, según la entendía Valdés, era una inquietud

---

carta de Erasmo que los llama *gemelli*; tal es el parecer de Usoz, Wiffen y Boehmer. Caballero, por el contrario, interpreta aquella palabra en el mero sentido de "semejantes". Montesinos y Bataillon se inclinan a creer que fueron realmente gemelos, opinión a la que también se adhiere Cione (véase *Juan de Valdés...,* cit., pág. 42, nota 1). La diferente carrera de ambos, admite Montesinos, y también la actitud de Juan respecto de Alfonso en los primeros años así como el distinto tono de las cartas de Erasmo parecen favorecer la opinión de Caballero, pero tampoco es imposible que Alfonso fuera más precoz que Juan.

[20] "El lenguaje del siglo XVI", en *España y su historia,* vol. II. Madrid, 1957, págs. 145; reproducido en *Mis páginas preferidas. Estudios lingüísticos e históricos.* Madrid, 1957, págs. 9-45. Cfr.: Ángel González Palencia, "Julia Gonzaga, Carlos V y Juan de Valdés", en *Del Lazarillo a Quevedo,* Madrid, 1946, págs. 167-174.

sólo sentida por los más selectos, y nada tenía que ver con las agitaciones religiosas de la época ni, concretamente, con las que entonces se dejaban sentir en Nápoles. Por esto rechaza Montesinos la opinión de algunos historiadores, que han pretendido hacer un movimiento popular de lo que siempre había sido cenáculo aristocrático.

Domingo Ricart, otro de los estudiosos entusiastas de Juan de Valdés en nuestros días, afirma que no poseía temple de corifeo y que su obra religiosa, como la de otros reformadores de su tiempo, "por su carácter esencialmente individualista, intelectual, aristocrático, reformista y moderado, nunca pudo ser popular ni inspirar la adhesión fanática y resuelta de las masas que caracteriza a las dos alas extremas de la Reforma y la Contrarreforma. En realidad, la *tercera fuerza espiritual*, más que un movimiento, era una tendencia cuyos seguidores, aunque conscientes de la existencia en sus países respectivos y en el resto de Europa de otros hombres animados por los mismos ideales, y de hecho en constante comunicación epistolar mutua, nunca poseyeron ni cohesión, ni disciplina, ni organización. No fueron ni una Iglesia, ni siquiera una secta. Eran sólo una fuerza"[21]. Dentro de esa *fuerza*, que ha permitido hablar de los *herejes de la Reforma*, Ricart, en otro pasaje de su estudio, sitúa encomiásticamente la personalidad religiosa de Valdés: "Es la originalidad de su pensamiento —dice—, y la forma dulcemente persuasiva con que sabe revestirlo, lo que explica la atracción que ha ejercido y su validez a través de los siglos. Con intuición genial se anticipó muchas veces a su tiempo y supo expresar ideas que, aunque impopulares en la primera mitad del siglo XVI, iban a imponerse más tarde. Hombre esencialmente de su generación, y producto genuino de su medio intelectual y religioso, percibe con intuición certera algunos de los principios que, en siglos venideros, actuarán sobre sectores extensos e influyentes del mundo cristiano. Valdés, con algunos pocos pensadores contemporáneos suyos, acierta a recoger lo más puro y refinado del Renacimiento humanístico cristiano puesto en peligro por la estrechez de miras que prevalece en la Reforma y en la Contrarreforma, y trata de salvarlo. Nadie duda ahora de que Valdés se halla vinculado, y en forma inspiradora, a una de las corrientes más innovadoras y ricas de potencialidad del pensamiento religioso europeo del siglo XVI. Es más, con las de Miguel Servet e Ignacio de Loyola, representa la contribución más original y fecunda del pensamiento hispano a la vida religiosa europea de su tiempo"[22].

Refiriéndose al estilo literario de las obras religiosas de Valdés, entre las que hay que destacar —aparte el mencionado *Diálogo*— el *Alfabeto cristiano* y las *Ciento y diez consideraciones divinas*, afirma Montesinos que "suele distar bastante de la agilidad que exigimos en una buena prosa"[23], y esto por la

---

[21] Domingo Ricart, *Juan de Valdés y el pensamiento religioso europeo en los siglos XVI y XVII*, El Colegio de México — The University of Kansas, 1958, pág. 22.
[22] Ídem, íd., págs. 13-14.
[23] Introducción a su ed. del *Diálogo de la Lengua*, luego cit., pág. XLIV.

despreocupación literaria del autor en estos escritos, en los que no le mueve ningún propósito artístico sino tan sólo el deseo de ser claro y de llegar eficazmente al ánimo del lector. Por eso Ricart ha podido calificar a Juan de Valdés de escritor *funcional,* y en esa sencillez y claridad, desnuda de retórica, que nos permite además asistir al proceso de la búsqueda y maduración intelectual del propio escritor, se encuentra precisamente la permanente atracción de su estilo [24].

Cualquiera que sea, no obstante la importancia de Juan de Valdés por sus ideas y escritos religiosos, hoy en creciente proceso de valorización, nos importa aquí sobre todo por su famosísimo *Diálogo de la Lengua,* al que tantas veces hemos ya aludido: primer tratado especial escrito en nuestro idioma sobre nuestro idioma.

---

[24] Para las ediciones de las obras religiosas de Juan de Valdés y estudios sobre ellas véase especialmente la completísima bibliografía recogida por Edmondo Cione en su *Juan de Valdés...,* cit., con un resumen crítico de cada trabajo, así como la copiosísima aducida por Marcel Bataillon en su *Erasmo y España* y por Domingo Ricart en su *Juan de Valdés...,* cits. Los autores —y obras capitales— que damos a continuación, componen, con Luis Usoz y Río, el grupo promotor de los estudios valdesianos en el siglo XIX: Benjamin B. Wiffen, *Life and Writings of Juan de Valdés,* Londres, 1865. Eugène Stern, *Alphonso et Juan de Valdés,* Estrasburgo, 1869. Eduard Boehmer, *Spanish Reformers of two centuries, from 1520. Their lives and writings,* 3 vols., Estrasburgo-Londres, 1874-1904. Fermín Caballero, *Alfonso y Juan de Valdés, Conquenses ilustres,* tomo IV, Madrid, 1875. M. Menéndez y Pelayo, "Protestantes españoles del siglo XVI. Juan de Valdés", en *Historia de los Heterodoxos Españoles,* ed. cit., vol. III, págs. 187-258. (Para el resto de sus trabajos y ediciones cfr. las bibliografías cits.). Pero, en conjunto, la aportación de estos investigadores ha quedado del todo superada por los más recientes estudios. Entre ellos, aparte los fundamentales, repetidamente mencionados, de Bataillon, Montesinos, Cione y Ricart, véanse también: Marcel Bataillon, introducción a su edición del *Diálogo de doctrina cristiana,* Coímbra, 1925. José F. Montesinos, *Cartas inéditas de Juan de Valdés al cardenal Gonzaga,* con introducción y notas, Anejo XIV de la *Revista de Filología Española,* Madrid, 1931. Alfredo Casadei, "Juan de Valdés", en *Religio,* XIV, 1938, págs. 110-131. Antero Meozzi, "Studi su Juan de Valdés. I. Le fonti della ideologia cristiana di Juan de Valdés. II. Posizione dogmatica di Valdés", en *La Rassegna,* XLVII, 1939, págs. 200-215. Ernesto Pontieri, *I movimenti religiosi del secolo XVI e l'Italia,* Nápoles, 1949 (caps. VIII al XI). J. E. Longhurst, *Erasmus and the Spanish Inquisition: The Case of Juan de Valdés,* Albuquerque, University of New México Press, 1950. Margherita Morreale, "La antítesis paulina entre la letra y el espíritu en la traducción y comentario de Juan de Valdés (Rom. 2, 29 y 7, 6)", en *Estudios bíblicos,* Madrid, XIII, 1954, págs. 167-183. De la misma, "Juan de Valdés as Translator and Interpreter of St. Paul: The Concept of *Gnosis*", en *Bulletin of Hispanic Studies,* XXXIV, 1957, págs. 89-94. Fray Domingo de Santa Teresa, *Juan de Valdés, 1498-1541. Su pensamiento religioso y las corrientes espirituales de su tiempo,* Roma, Universidad Gregoriana, 1957. Nello Caserta, *Juan de Valdés ed i valdesiani di Napoli,* Nápoles, 1959. Ignacio Tellechea Idígoras, "Juan de Valdés y Bartolomeo Carranza. La apasionante historia de un papel", en *Revista española de Teología,* XXI, 1961, págs. 289-324. Del mismo, "Juan de Valdés y Bartolomeo Carranza. Sus normas para leer la Sagrada Escritura", en *Revista española de Teología,* XXII, 1962, págs. 373-400.

El "Diálogo de la lengua" [25]. En el *Diálogo* intervienen junto a Valdés tres interlocutores: dos italianos y un español. Uno de ellos, Marcio, le invita a entrar en el estudio del castellano, cuyo conocimiento desea perfeccionar, y que merece ser tan estimado como el latín, no sólo por su propia importancia y la madurez que había ya alcanzado, sino porque "todos los hombres somos más obligados a ilustrar y enriquecer la lengua que nos es natural". Valdés aborda entonces numerosos problemas: habla de los orígenes del idioma y de su gramática; de su fonética y ortografía; de las sílabas y de las palabras; sobre las normas del estilo; y trata, finalmente, de los autores principales, con un juicio exacto que, en general, ha confirmado la posteridad.

Pero los dos aspectos capitales del *Diálogo* son: 1.º, la defensa de la lengua vulgar considerándola, a la par de la latina, como instrumento digno de servir a una gran literatura; en lo cual sigue Valdés el camino iniciado en Italia por Bembo y Castiglione, de acuerdo con aquella corriente de ideas renacentistas sobre los idiomas nacionales que ya dejamos expuesta anteriormente. 2.º, una serie de normas sobre el estilo, que se resumen en el encarecimiento de la concisión, la sencillez y la naturalidad; idea también genuina del Renacimiento, para el que la belleza suprema es la natural, y las cosas mayores las que hace la Naturaleza, puesto que el arte no consigue sino imitarla imperfectamente. Y así dice Valdés: "El estilo que tengo me es natural, y sin afetación ninguna escribo como hablo; solamente tengo cuidado de usar vocablos que signifiquen bien lo que quiero dezir, y dígolo quanto más llanamente me es posible, porque a mi parecer en ninguna lengua está bien el afetación". Y en otra parte: "Todo el bien hablar castellano consiste en que digáis lo que queréis con las menos palabras que pudiéredes" [26]. Con· esta sencillez y naturalidad busca también Valdés, por encima de una mera cualidad literaria, el rigor y

---

[25] Edición de José F. Montesinos, "Clásicos Castellanos", Madrid, 1928, con una Introducción fundamental. Esta edición hace innecesaria toda referencia a cualesquiera otras, anticuadas o incompletas —como la de Mayáns en sus *Orígenes de la Lengua Española*— o de muy difícil hallazgo, como la de Boehmer (en *Romanische Studien*, VI, 1895, págs. 339-508), que Montesinos reproduce fundamentalmente (para todas ellas véase la Introducción, cit., de éste último). Aunque el *Diálogo de la lengua* fue publicado como anónimo por Mayáns en 1737, la paternidad de Juan de Valdés fue plenamente demostrada por diversos investigadores durante el siglo pasado: Pedro Pidal, Usoz, Fermín Caballero, Boehmer. Recientemente, sin embargo, fue negada por el P. Miguélez, que atribuye la obra al secretario de Felipe II, Juan López de Velasco: "Sobre el verdadero autor del *Diálogo de la Lengua* según el códice escurialense", en *La Ciudad de Dios*, El Escorial, CXII, 1918, págs. 107-126; y "Sobre el verdadero autor del *Diálogo de la Lengua*. Contestación al académico Sr. Cotarelo", en *La Ciudad de Dios*, CXVI-CXVIII (tirada aparte, Madrid, 1919). Emilio Cotarelo refutó la tesis del P. Miguélez en dos trabajos: "Una opinión nueva acerca del autor del *Diálogo de la lengua*", en *Boletín de la Real Academia Española*, V, 1918, págs. 121-150; y "Cuestión literaria. ¿Quién fue el autor del *Diálogo de la lengua*?", en *Boletín de la Real Academia Española*, VI, 1919, págs. 473-523 y 671-698; VII, 1920, págs. 10-46 y 269-289.

[26] Edición Montesinos, págs. 150 y 155.

la precisión que debe exigírsele a la prosa como vehículo del pensamiento. Comentando la frase "escribo como hablo", dice Montesinos: "No hay que tomar estas palabras al pie de la letra; así destacadas significan otra cosa que en el contexto. Estas palabras presuponen todo lo que precede en el diálogo: la fijación de una lengua de cultura. Lo que sí queremos notar es que Valdés habla aquí otra vez como prosista y como pensador... Otros vendrán después que pidan al lenguaje número, melodía y dulzura, lenguaje de poetas; Valdés quiere un lenguaje de expositores y teóricos. Más que las cualidades de exorno, le interesa la precisión. Preción y sencillez sobre todo; su estilo y el de sus mejores contemporáneos nace en cierto modo de una reacción contra los frívolos latinizantes del siglo XV. Valdés rechaza expresamente los torpes intentos de imitación del hipérbaton latino, que tan cómico hacen hoy el estilo de un Villena. Nada hay que odie tanto como la afectación. Dígase todo con las menos palabras posibles y estará lo mejor del mundo. Enemigos mortales de esta claridad que Valdés desea son los equívocos, los dobles sentidos, que deben evitarse. Cierto, esta prosa inteligente, precisa, apta para comunicar verdades, tiene también su estética. Deben evitarse las consonancias (¿se había dicho esto alguna vez?), los choques de vocales, las pesadeces motivadas por repetición de partículas superfluas. Esa es la prosa en que cabe toda la cultura intelectual moderna. El problema artístico quedaba fuera y sólo los artistas podían resolverlo, y lo resolvió Garcilaso en sonetos y églogas, no en diálogos..." [27].

De aquel mismo principio de la sencillez derivan también otras consecuencias importantes: la gran estima que tenía Valdés por los refranes —en los cuales, según explica Bataillon, encuentra como un esbozo de estilo, la realización popular de un ideal de sobriedad, de nítida plenitud, que es la más elevada perfección a que puede llegar un escritor naturalmente dotado y de seguro juicio—; la simplificación que propugna de los grupos de consonantes latinas en los cultismos (así "sinificar", "dino", "acetar" por "significar", "digno", "aceptar": formas que había defendido Nebrija), pronunciación que la autoridad de Valdés hizo prevalecer por mucho tiempo; y su oposición a la afectada costumbre latinizante de colocar el verbo al final.

Valdés encarece igualmente una cuidadosa selección: deben rechazarse los vulgarismos, porque hay gran diferencia entre lo popular y lo plebeyo; y también los neologismos innecesarios, nacidos de la afectada pretensión de apartarse de lo corriente. Pero deben aceptarse siempre las formas populares expresivas y todos los neologismos que sean oportunos, y necesarios para acrecer las posibilidades científicas del idioma. "Valdés —dice Montesinos— justifica el neologismo por necesidades de pensamiento; se trata de hacer del castellano, no lo olvidemos, una lengua de cultura, y la cultura importada trae consigo propias designaciones. El neologismo no viene a aumentar los medios

---

[27] Introducción, ídem, íd., págs. LXVIII-LXIX.

retóricos; no es frivolidad, como fue en Mena, ni es todavía consecuencia del planteamiento de un problema artístico, como en Herrera y Góngora. No puede pasar desapercibida la calidad de las palabras cuyo uso quisiera ver generalizado Valdés. Son palabras de prosa, y de prosa severa y doctrinal" [28].

Al tener que escoger entre las diferentes modalidades del lenguaje en la península, Valdés se decide por el habla de Toledo, corte y centro político de la España imperial, y rechaza tajantemente las formas lingüísticas propugnadas por Nebrija, basándose en el criterio de que éste era andaluz y en Andalucía "la lengua no stá muy pura". En este aspecto, llevado de su opinión cerradamente uniforme, si acertó al rechazar algunas formas propuestas por el famoso gramático, se equivocó al repudiar otras muchas de aquél, superiores a las toledanas, preferidas ya entonces por el lenguaje literario y que han sido definitivamente aceptadas por todos [29].

El *Diálogo de la Lengua* es una obra maestra del estilo y un monumento capital en la historia de nuestra literatura y nuestro idioma. Valdés no era, ciertamente, un técnico de la lengua, cuyos problemas trata más bien como un inteligente aficionado de gran cultura y exquisito gusto. Comete errores inevitables, dados los conocimientos de la época. La parte correspondiente a los orígenes del castellano está tratada someramente y con manifiesta imprecisión; lo concerniente a la gramática es débil; muchos contenidos doctrinales de la obra fueron muy pronto superados por la filología científica, y ya no conservan más que un valor documental. Pero los aciertos, las intuiciones profundas, las fecundas sugerencias son constantes a lo largo de estas páginas, donde se plantean por primera vez los más importantes problemas de nuestro idioma. En su conjunto, el *Diálogo*, "espléndida improvisación", como lo llama Monte-

---

[28] Ídem, íd., pág. LXI.

[29] Sobre la actitud de Valdés respecto de Nebrija, escribe Montesinos: "Sólo con un gran contemporáneo comete una injusticia que no deja de entristecernos: es injusto con Nebrija. Lo que más nos duele es que aunque el dialogista aduce buenas razones para justificar objetivamente su disidencia, en el fondo de todo late una antipatía localista, de campanario; la aversión del castellano por el andaluz. Nos resistimos a creerlo en el hombre que ha escrito: 'aquél es de mi tierra cuyas virtudes y suficiencias me contentan, si bien sea nacido y criado en Polonia', y quisiéramos dar más valor del que tienen a los reparos expuestos. Es lástima que Valdés no viera hasta qué punto las tentativas de Nebrija podían ser fecundas; que él y el aborrecido andaluz coincidían al forjar para el imperio español la nueva arma del idioma. Valdés arremete sobre todo contra el Vocabulario, no siempre de buena fe, como puede verse en las notas al texto, que debemos a Boehmer con tantas otras cosas. Algunas veces, cierto, Valdés tiene razón. Debía molestarle la liberalidad con que Nebrija acogía formas varias de una misma palabra, cuando la tarea era 'fijar', optar por una forma literaria". Introducción, ídem, íd., págs. LXVII-LXVIII. Cfr.: Eugenio Asensio, "Juan de Valdés contra Delicado. Fondo de una polémica", en *Studia Philologica. Homenaje ofrecido a Dámaso Alonso*, vol. I, Madrid, 1960, págs. 101-113.

sinos, es una producción capital, tanto por lo que contribuyó a la definitiva valoración del castellano como por su influjo en las corrientes estilísticas de su tiempo [30].

CRISTÓBAL DE VILLALÓN: OBRAS ATRIBUIDAS. EL DOCTOR LAGUNA

El arte del diálogo tiene en la época del Emperador otro cultivador notable en la persona de Cristóbal de Villalón, o, al menos, en la discutida personalidad que se designa con este nombre. Porque se han señalado nada menos que cuatro homónimos, autores, reales o supuestos, de libros bien diferentes: un primer Cristóbal de Villalón de Salamanca, autor de la *Tragedia de Mirrha* (1536), inspirada en las *Metamorfosis*, de Ovidio, de *El Scholástico*, imitación de *El Cortesano*, de Castiglione, y de algunos escritos más; un segundo Villalón, natural de Valladolid, profesor de Lógica en su Universidad, maestro de latín de los hijos del conde de Lemos, autor de la *Ingeniosa comparación entre lo antiguo y lo presente* (1539); un tercero, gramático y teólogo, autor de una *Gramática castellana;* y un cuarto, de Alcalá, a quien se han venido atribuyendo el *Viaje de Turquía, El Crotalón* y el *Diálogo de las transformaciones de Pitágoras, en que se entroduce un zapatero llamado Micyllo e un gallo en quya figura anda Pitágoras.*

La identificación de estos personajes ha creado problemas complejísimos, no resueltos todavía satisfactoriamente. Marcel Bataillon los ha simplificado en gran medida, deslindando campos y precisando algunos puntos básicos. Según sus conclusiones, es uno solo el Villalón autor de la *Tragedia de Mirrha* [31], del *Scholástico* [32], de la *Ingeniosa comparación* [33] y de la *Gramática*

---

[30] H. Ch. Berkowitz, "The *Quaderno de refranes castellanos* of Juan de Valdés", en *The Romanic Review*, XVI, 1925, págs. 71-86. M. Romera-Navarro, "La defensa de la lengua española en el siglo XVI", en *Bulletin Hispanique*, XXXV, 1933, págs. 204-255. Rita Hamilton, "Juan de Valdés and Some Renaissance Theories of Language", en *Bulletin of Hispanic Studies*, XXX, 1953, págs. 125-133. George Zucker, *Índice de materias citadas en el "Diálogo de la lengua" de Juan de Valdés,* University of Iowa Studies. Spanish Language and Literature, núm. 13, Iowa City, 1962.

[31] Ed. de R. Foulché-Delbosc en *Revue Hispanique*, XIX, 1908, págs. 159-183. Reimpresión de Victoriano Suárez, Madrid, 1926.

[32] Ed. de M. Menéndez y Pelayo, Sociedad de Bibliófilos Madrileños, t. V, Madrid, 1911, según el manuscrito conservado en la biblioteca de la Academia de la Historia; un segundo volumen, que debía contener el final del texto, no fue publicado. Cfr.: R. J. A. Kerr, "El 'Problema Villalón' y un manuscrito desconocido del *Scholástico*", en *Clavileño*, núm. 31, 1955, págs. 15-22. Del mismo, "Prolegomena to an Edition of Villalón's *Scholástico*", en *Bulletin of Hispanic Studies*, XXXII, 1955, págs. 130-139 y 204-213.

[33] Ed. de M. Serrano y Sanz, Sociedad de Bibliófilos Españoles, t. XXXIII, Madrid, 1898. Cfr.: A. Giannini, "Il libro X dei *Pensieri diversi* di A. Tassoni e la *Ingeniosa comparación de lo antiguo con lo presente* di Cristóbal de Villalón", en *Revue Hispanique*, XLI, 1917, págs. 634-672.

castellana [34]; un Villalón que fue, en efecto, profesor en la Universidad de Valladolid, preceptor de los hijos de Lemos con quien hubo de pleitear porque no le pagaban su salario, humanista de tono menor y más ajeno a la influencia de Erasmo que la mayor parte de los escritores españoles de su tiempo [35].

Las otras tres obras, a las cuales debería Villalón toda la gloria literaria que merece, no pueden serle atribuidas en modo alguno, a criterio del gran investigador francés. *El Crotalón* [36] y el *Diálogo de las transformaciones* [37] son anónimos, pero de autores diferentes: para el primero sugiere Bataillon alguno de los italianos naturalizados en España y residentes en Valladolid; el segundo no lo supone tampoco compuesto por un erasmista español, dado que dicho diálogo, lo mismo que *El Crotalón*, está, dice, "desprovisto de sabor castellano" [38]. En cuanto al *Viaje de Turquía* [39] Bataillon lo atribuye, con seguridad casi absoluta, al doctor Andrés Laguna, famoso médico y botánico, viajero infatigable, catedrático de Alcalá, que llegó a ser médico del Emperador y del papa Julio III.

Los dos diálogos, *El Crotalón* y el de *las transformaciones*, pertenecen a aquel género satírico-moral, imitado de Luciano y de Erasmo, al que Menéndez y Pelayo calificaba de "importantísimo en la literatura del Renacimiento y que fue, a no dudarlo, la expresión más avanzada del libre espíritu aplicado a la

---

[34] Impresa en Amberes en 1558.
[35] Marcel Bataillon, *Erasmo y España*, ed. cit., págs. 655 y ss. Cfr.: Narciso Alonso Cortés, "Cristóbal de Villalón. Algunas noticias biográficas", en *Boletín de la Real Academia Española*, I, 1914, págs. 434-448; reproducido en *Miscelánea vallisoletana*, 3.ª serie, Valladolid, 1921. Del mismo, "La patria de Cristóbal de Villalón", en *Miscelánea vallisoletana*, 4.ª serie, Valladolid, 1926. Del mismo, "Acervo biográfico. Cristóbal de Villalón", en *Boletín de la Real Academia Española*, XXX, 1950, págs. 221-224. S. Rivera Manescau, "Cristóbal de Villalón. Nuevos datos para su biografía", en *Revista Castellana*, Valladolid, abril 1922, págs. 21-24. Arturo Farinelli, *Dos excéntricos: Cristóbal de Villalón, el Dr. Juan Huarte*, Anejo XXIV de la *Revista de Filología Española*, 1936. José Fradejas Lebrero ha tratado de demostrar que los cuatro Villalón propuestos son uno solo: "Tres notas acerca del *Crotalón*", en *Revista de Literatura*, IX, 1956, páginas 143-147.
[36] Ed. del Marqués de la Fuensanta del Valle, Sociedad de Bibliófilos Españoles, t. IX, Madrid, 1871. Ed. de M. Menéndez y Pelayo en *Orígenes de la novela*, vol. II en la ed. de "Nueva Biblioteca de Autores Españoles", VII de esta colección, Madrid, 1905, págs. 119-250; la ed. nacional incluye sólo los estudios pero no los textos. Ed. en "Colección Austral", núm. 264.
[37] Ed. de Menéndez y Pelayo en ídem, íd., págs. 99-118.
[38] *Erasmo y España*, cit., pág. 668.
[39] Ed. de M. Serrano y Sanz en *Autobiografías y memorias*, "Nueva Biblioteca de Autores Españoles", vol. II, Madrid, 1905, págs. 1-149. Ed. de Antonio G. Solalinde, "Biblioteca universal", 2 vols., núms. 38-43, Madrid, 1919. Ed. de J. García Morales, Madrid, 1946. Ed. en "Colección Austral", núm. 246. Cfr.: Marcel Bataillon, *Le Docteur Laguna auteur du Voyage en Turquie*, París, 1958. También, *Erasmo y España*, cit., páginas 669-692.

crítica de la sociedad, y el arma predilecta de todos los innovadores teológicos, políticos y literarios" [40].

En *El Crotalón*, Micyllo habla con el gallo dentro del marco literario proporcionado por Luciano; el procedimiento permite agrupar las historias más heterogéneas, porque el gallo ha pasado por incontables encarnaciones y puede referir aventuras de las que ha sido héroe o testigo, míticas o históricas, antiguas o contemporáneas, sin privarse además de profetizar el porvenir. El autor que, según precisa Bataillon, saquea cínicamente a los autores más diversos, zurce con no excesiva habilidad tan varios materiales en un estilo descuidado y sin gracia, más que espontáneo, apresurado, que da en todo momento la impresión de estar traduciendo. Con todo, *El Crotalón* encierra positivo interés por diversas razones. Su contenido ideológico lo sitúa plenamente dentro de la corriente erasmista; el gallo que, entre otras cosas, ha sido "rico eclesiástico", abad de un monasterio de bernardos y residente —femenino— de un convento aristocrático de monjas, aprovecha su experiencia para alimentar su sátira anticlerical con implacables alusiones a la simonía, a la riqueza de los clérigos, a sus costumbres relajadas, a la credulidad y supersticiones populares, y se extiende en reflexiones sobre el carácter de la oración y la invocación a los santos. No resulta extraño que, en uno de los dos manuscritos que se conocen de *El Crotalón*, un lector del siglo XVI, a quien debieron de escandalizar aquellas libertades, escribiera al margen, a propósito de una de aquellas, que era una "desvergüenza luterana". Bajo el aspecto literario, *El Crotalón* ocupa importante lugar en la historia de la ficción española. Su desconocido autor ha barajado en sus páginas elementos novelescos de la más diversa extracción, desde los libros de Luciano hasta los narradores italianos más recientes: "en verdad —dice Bataillon—, no le falta al *Crotalón* más que un episodio pastoril para reunir todos los géneros de relato que cultivó el siglo XVI al hastiarse por fin de los libros de caballerías. En esta singular producción, el espíritu puritano del erasmismo ha hecho alianza, por una vez, con el espíritu de las fábulas milesias. De ello ha resultado un monstruo que no deja de presentar algunos rasgos de semejanza con el *Lazarillo* y su posteridad; su mirada brilla con la misma malicia satírica, pero está muy lejos de tener la robustez y la gracia de los auténticos pícaros" [41].

---

[40] *Orígenes de la novela*, ed. nacional, vol. I, 2.ª ed., Madrid, 1962, págs. 5-6.
[41] *Erasmo y España*, cit., pág. 667. Cfr.: F. A. de Icaza, "Miguel de Cervantes Saavedra y los orígenes de *El Crotalón*", en *Boletín de la Real Academia Española*, IV, 1917, págs. 32-46. E. S. Morby, "*Orlando furioso* y *El Crotalón*", en *Revista de Filología Española*, XXII, 1935, págs. 34-43. Margherita Morreale, "Imitación de Luciano y sátira social en el cuarto canto de *El Crotalón*", en *Bulletin Hispanique*, LIII, 1951, págs. 301-317. De la misma, "Luciano y las invectivas antiescolásticas en *El Scholástico* y en *El Crotalón*", en *Bulletin Hispanique*, LIV, 1952, págs. 370-385. De la misma, "Luciano y *El Crotalón*. La visión del más allá", en *Bulletin Hispanique*, LVI, 1954, págs. 388-395.

En el *Diálogo de las transformaciones* también, como sabemos por el título, dialoga Micyllo con el gallo, semejanza que explica la común atribución a Villalón, "padre putativo de todos los diálogos huérfanos dejados por el humanismo español de mediados de siglo"[42]; pero nada prueba, en opinión de Bataillon, que sean ambos diálogos de la misma mano, aunque es posible que uno de los dos haya inspirado al otro, o que ambos, independientemente, hayan aprovechado el mismo tema lucianesco. El *Diálogo de las transformaciones* alberga el mismo espíritu erasmista que *El Crotalón*, pero su arquitectura novelesca es bastante menos variada y compleja.

El *Viaje de Turquía* es un largo diálogo que, a juicio de Bataillon, "iguala los mejores coloquios de Erasmo por su riqueza de observación y de pensamiento, por su viveza y su naturalidad"[43]. Intervienen en él tres personajes: Pedro de Urdemalas, "el Ulises español", fecundo en artimañas, de quien Cervantes había de hacer uno de los héroes de su teatro, Juan de Votadiós, versión española del Judío errante[44], y Matalascallando, acreditado personaje, cínico y aprovechado, de nuestro folklore. Urdemalas cuenta a sus compañeros, a quienes ha encontrado en Valladolid, sus aventuras de galeote, cautivo y médico de ocasión en Turquía, su huida y andanzas por el Archipiélago y su regreso a través de Italia y de Francia. El libro tiene tal aire de verdad que resulta explicable que Serrano y Sanz lo tomara por un cumplido relato autobiográfico y lo incluyera en su colección de *Autobiografías y memorias*, y no cabe dudar que acoge muchas de las experiencias del autor —en el supuesto de que lo sea efectivamente el doctor Laguna—, aunque las combina con episodios inventados al modo como Cervantes había de servirse de sus recuerdos de soldado y de cautivo. Bataillon, que declara repetidamente su entusiasmo por este libro, destaca en él la valiente objetividad crítica con que se ocupa de muchos aspectos de su propio país y el arte con que se ensamblan los relatos amenos con el propósito serio e instructivo que los erasmistas habían adoptado como ideal literario. Porque el *Viaje de Turquía* es, sobre todo, la obra de un fervoroso seguidor de Erasmo; el escritor satiriza con sobria eficacia el dogmatismo supersticioso, a los predicadores ridículos incapaces de cumplir su misión esencial, a los confesores que se vuelven de miel para no espantar a la clientela rica, se burla de las falsas reliquias, según el tono que hemos visto en los escritos de los Valdés, y de las provechosas falsificaciones, de los ritos externos desprovistos de toda piedad interior. Laguna, muy conocido en la corte, dedicó su libro, y puede que se lo ofreciera en persona, a Felipe II, pero Bataillon duda que fuera realmente destinado a la imprenta: "nosotros —dice— nos inclinamos más bien a pensar que el prefacio se escribió, como el libro mismo, para placer del autor y de unos cuantos amigos

---

[42] *Erasmo y España*, cit., pág. 668.
[43] Ídem, íd., pág. 671.
[44] Cfr.: Marcel Bataillon, "Peregrinaciones españolas del Judío errante", en *Varia lección de clásicos españoles*, Madrid, 1964, págs. 81-132.

muy íntimos. Fue una luz puesta bajo el celemín. Pero si la influencia del *Viaje de Turquía* fue nula, su valor es de primer orden y su significación histórica grandísima. Es, en estos momentos críticos en que España se encierra en sus fronteras, la *Odisea* del erasmismo español, que tanto había vagado por los caminos del mundo en la época de Carlos V; es su canción de regreso, su adiós a Europa"[45]. Y compendiando su juicio sobre el *Viaje,* escribe: "Es una obra tan sabrosamente española como el *Crotalón* lo es poco, una obra que, por la agilidad del diálogo, por lo ingenioso de la ficción, por la amplitud de espíritu y la experiencia del mundo que demuestra, es, sin contradicción la obra maestra de la literatura a la vez seria y de pasatiempo que España debe a sus humanistas erasmianos"[46].

FRAY ANTONIO DE GUEVARA

Vida y obras. Antonio de Guevara nació hacia 1480, probablemente en Treceño, de familia procedente de las Asturias de Santillana. Fue paje del príncipe don Juan, y a la muerte de Isabel la Católica abandonó la vida mundana e ingresó en la orden de San Francisco, aunque no se sabe del todo si por motivos sinceramente religiosos o por buscar en el prestigio de la orden y en el cultivo de las letras el medro que la corte no parecía prometerle, muertos sus protectores. Intervino en la guerra de las Comunidades al servicio del Emperador, aunque puede que con bastante menos eficacia de la que él luego alardeaba. Tenía fama de orador y Carlos V le nombró su predicador oficial y más tarde su cronista. Con su énfasis habitual da cuenta Guevara de cómo estando "asaz descuidado de tornar al mundo", lo hizo salir del convento el Emperador, nueva vida a la que finge entrar como a disgusto y sólo obligado por la voluntad del César. Fue nombrado más tarde Inquisidor de Valencia para convertir o reducir a los moriscos de aquel reino, y luego obispo de Guadix, de donde salió para acompañar al Emperador en la campaña de Túnez y en un viaje a Italia. Debió de ejercer gran predicamento sobre Carlos V, alguno de cuyos discursos lleva el sello de Guevara, quien no debió tampoco de ser ajeno a ciertas directrices de la política imperial[47]. En 1536 fue nombrado obispo de Mondoñedo, cargo que desempeñó hasta su muerte, en 1545[48].

---

[45] *Erasmo y España*, cit., pág. 692.
[46] Ídem, íd., pág. 669. Cfr.: Luis Gil y Juan Gil, "Ficción y realidad en el *Viaje de Turquía*. Glosas y comentarios al recorrido por Grecia", en *Revista de Filología Española*, XLV, 1962, págs. 89-160.
[47] Cfr.: Ramón Menéndez Pidal, "Idea imperial de Carlos V", en *Mis páginas preferidas* (Estudios lingüísticos e históricos), Madrid, 1957, págs. 232-253. Del mismo, "Fray Antonio de Guevara y la idea imperial de Carlos V", en el número especial dedicado a Guevara, en el IV centenario de su muerte, por *Archivo Iberoamericano*, VI, 1946, págs. 331-338.
[48] Cfr.: Barón de la Vega de la Hoz, "La patria del obispo de Mondoñedo Fray Antonio de Guevara", en *Boletín de la Real Academia de la Historia*, LXV, 1914, págs. 188-

Tres son las obras más importantes de Guevara: *Relox de príncipes y Libro de Marco Aurelio, Menosprecio de corte y alabanza de aldea* y las *Epístolas familiares,* conocidas también por el nombre de *Cartas áureas* [49].

El *Relox de príncipes,* versión muy ampliada de un *Marco Aurelio* anterior, publicado sin autorización del autor, es una obra didáctico-moral escrita en forma de novela histórica, que incluye una historia imaginaria de Marco Aurelio y unas supuestas cartas suyas, pero que nada tienen que ver con la obra filosófica de dicho emperador, no conocida entonces por lo demás. Expone Guevara las condiciones que deben adornar al príncipe cristiano en su vida y gobierno, mezclando sus propias experiencias de corte con multitud de ideas tomadas de lecturas de la antigüedad, en especial de Jenofonte, Plutarco, Valerio Máximo y Diógenes Laercio; fundido todo sobre un fondo de hechos, o de imaginaciones, libérrimamente aderezados. Su interpretación de ese mundo pretérito carece de consistencia y todo cuanto toma de él está destinado más que otra cosa a dotar a su libro de elementos amenos y curiosos. Los eruditos contemporáneos de Guevara le reprocharon que había inventado, o falseado, buena parte de los hechos, ideas y personajes que da como producto de su investigación; los humanistas de su tiempo, y muy en particular los erasmistas, no le recataron su desprecio, y nada quizá más significativo que el silencio de Luis Vives y de los Valdés; cuando Alfonso le hace en una sola ocasión el honor de nombrarlo, en una carta a Dantisco, es en estos términos: "Nuestro amigo Suárez te manda saludar tantas veces como mentiras hay en el *Marco*

---

230. Renè Costes, *Antonio de Guevara. Sa vie. Son oeuvre,* "Bibliothèque de l'École des Hautes Études Hispaniques", 2 vols., París-Burdeos, 1925-1926. Lino G. Canedo, "Guevara, Obispo de Mondoñedo", en *Archivo Iberoamericano,* VI, 1946, págs. 283-330. P. Ángel Uribe, "Guevara inquisidor del Santo Oficio", en *Archivo Iberoamericano,* VI, 1946, págs. 185-281. J. Gibbs, "The Birthplace and Family of Fray Antonio de Guevara", en *Modern Language Review,* XLVI, 1951, págs. 253-255. Del mismo, *Vida de Fray Antonio de Guevara (1481-1545),* Valladolid, 1960. M. Menéndez y Pelayo, *Orígenes de la novela,* ed. nacional, vol. II, 2.ª ed., Madrid, 1962, págs. 109-127.

[49] Ediciones: *Epístolas familiares,* en *Biblioteca de Autores Españoles,* vol. XIII, Madrid, nueva edición, 1945, ed. Eugenio de Ochoa. *Fragmentos escogidos,* en *Biblioteca de Autores Españoles,* vol. LXV, Madrid, nueva edición, 1953, ed. de Adolfo de Castro. *Menosprecio de corte y alabanza de aldea,* ed. de M. Martínez de Burgos, "Clásicos Castellanos", Madrid, 1915, 2.ª ed., 1928. *Libro áureo de Marco Aurelio* (manuscrito de El Escorial), ed. de R. Foulché-Delbosc, en *Revue Hispanique,* LXXVI, 1929, págs. 1-319. *Relox de Príncipes y Libro de Marco Aurelio,* selección de A. Rosemblatt, Madrid, 1936. *Prosa escogida de fray Antonio de Guevara,* selección de Martín de Riquer, Barcelona, 1940. *Epístolas familiares,* selección de A. Cortina, Buenos Aires, 1945. *Epístolas familiares,* ed. de José M. de Cossío, "Biblioteca Selecta de Clásicos Españoles", vol. X y XII, Madrid, 1950-1952. Cfr.: R. Foulché-Delbosc, "Bibliographie espagnole de fray Antonio de Guevara", en *Revue Hispanique,* XXXIII, 1915, págs. 301-384. Lino G. Canedo, "Las obras de Fray Antonio de Guevara. Ensayo de un catálogo completo de sus ediciones", en *Archivo Iberoamericano,* VI, 1946, págs. 441-603.

Aurelio" [50]. Pero la obra conquistó una repentina popularidad y durante mucho tiempo fue en toda Europa el libro de moda. Se editó innumerables veces y fue traducido a multitud de idiomas, incluso al armenio [51]. Un episodio, titulado *El villano del Danubio*, se hizo particularmente célebre y fue recogido después en una fábula de Lafontaine: un germano protesta ante el senado romano por la esclavitud de su pueblo, y clamando por los derechos naturales del hombre pone de manifiesto la superioridad del hombre natural sobre el civilizado. La idea, que tiene ya precedente en Tácito, estaba llamada a tener gran resonancia en la obra de Gracián y en las teorías rousonianas [52]. Menéndez y Pelayo, que no regatea a Guevara los elogios que se merece, pero que toma poco en serio la teatralidad, humana y literaria, de este "predicador parlerista", como le llamaba don Francesillo, comenta así el éxito del *Marco Aurelio*: "La aparición de este su primer libro fue uno de los grandes acontecimientos literarios de aquella corte y de aquel siglo, tanto en España como en toda Europa. Fue tan leído como el *Amadís de Gaula* y *La Celestina*, y es cuanto puede encarecerse... Tuvo panegiristas excelsos y encarnizados detractores. Fue la biblia y el oráculo de los cortesanos, y el escándalo de los eruditos. Hoy yace en el olvido más profundo. En realidad, ni una cosa ni otra merecía. El *Marco*

---

[50] Citado por Marcel Bataillon en *Erasmo y España*, cit., pág. 620. Cfr.: F. Zamora Lucas, "El Bachiller Pero de Rúa censor de Guevara", en *Archivo Iberoamericano*, VI, 1946, págs. 405-440.

[51] Para la fortuna y difusión de las obras de Guevara por toda Europa, cfr.: H. Vaganay, "Antonio de Guevara et son oeuvre dans la littérature italienne. Essai de bibliographie", en *La Bibliofilia*, Florencia, XVII, 1916, págs. 335-358. J. M. Gálvez, *Guevara in England*, Berlín, 1916. H. Thomas, "The English Translations of Guevara's Works", en *Estudios eruditos in memoriam de A. Bonilla y San Martín*, II, Madrid, 1930, páginas 565-582. L. Karl, "Note sur la fortune des oeuvres d'Antonio de Guevara à l'étranger", en *Bulletin Hispanique*, XXXV, 1933, págs. 32-50. J. A. van Praag, "Ensayo de una bibliografía neerlandesa de las obras de fray Antonio de Guevara", en *Homenatge a A. Rubió i Lluch*, I, Barcelona, 1936, págs. 17 y ss. Del mismo, "La primera edición italiana del *Relox de Príncipes* de Guevara", en *Colección de estudios ofrecidos a Rafael Altamira y Crevea*, Madrid, 1936, págs. 340-351. Carlos Clavería, "Guevara en Suecia"; en *Revista de Filología Española*, XXVI, 1942, págs. 22-48. Del mismo, "Más sobre Guevara en Suecia", en *Revista de Filología Española*, XXVIII, 1944, págs. 83-84. F. F. Lopes, "Traduçoes portuguesas de fray Antonio de Guevara", en *Archivo Iberoamericano*, VI, 1946, págs. 605-607. Ch. Schweitzer, "Antonio de Guevara in Deutschland", en *Romanisches Jahrbuch*, Hamburgo, XI, 1960, págs. 328-375. Para más amplia información véase la bibliografía aportada por Carlos Clavería en "Humanistas creadores", *Historia General de las Literaturas Hispánicas*, dirigida por G. Díaz-Plaja, vol. II, Barcelona, 1951, pág. 484.

[52] Sobre la fábula de *El villano del Danubio* y su difusión por Europa, véase Guillermo Díaz-Plaja, *Introducción al estudio del Romanticismo español*, Barcelona, 1936, páginas 185-194, y los estudios, citados, de Costes y Menéndez y Pelayo. Véase en el estudio de Américo Castro, luego citado, su interesante interpretación al episodio del "villano", en relación con la expansión imperial de España en América. Cfr. además: Stephen Gilman, "The Sequel to *El Villano del Danubio*", en *Revista Hispánica Moderna*, XXXI, 1965, págs. 175-185.

Aurelio no es la mejor obra de Guevara: vale mucho menos que sus epístolas tan graciosas y tan embusteras, según frase del Padre Isla; vale menos que sus tratados cortos de moral mundana, como el *Menosprecio de corte* y el *Aviso de privados*. Pero Guevara es un escritor de primer orden, uno de los grandes prosistas anteriores a Cervantes, y no hay rasgo de su pluma que no merezca atención, cuanto más este libro que era el predilecto suyo, el que trabajó con más esmero y el que más ruido hizo entre sus contemporáneos"[53].

Menosprecio de corte y alabanza de aldea es un breve tratado de "moral mundana", encaminado a destacar las ventajas de la vida retirada sobre la palatina. La vida cortesana que llevó realmente el autor y en cuyas descripciones se regodea, pese a sus teorías, hace pensar en la insinceridad de las preferencias expuestas en el libro. Éste ha sido considerado por mucho tiempo como una típica manifestación de las corrientes renacentistas que preconizaban el retorno a la naturaleza y encarecían la paz de la vida campestre; pero muchos de los argumentos de Guevara se inspiran más en razones de egoísta comodidad y ventajas materiales que en filosóficas motivaciones del pensamiento clásico. Lo que conduce, en fin de cuentas, a deducir que el humanismo de Guevara era más bien barniz superficial que formación profunda. El *Menosprecio*, sin embargo, gozó también de gran popularidad porque en él, como en el *Relox de príncipes*, Guevara demostraba poseer una pintoresca inventiva y amenidad innegable[54].

Las *Epístolas familiares* están dirigidas a diversos personajes importantes y tratan de los más variados asuntos. A pesar de su título, son verdaderas creaciones literarias y están muy lejos del tono despreocupado y natural de las auténticas cartas familiares; aunque Guevara asegura explícitamente que lo eran y que nunca pensó, al escribirlas, que hubieran de ser publicadas, la mayoría de los investigadores modernos dudan de la sinceridad del autor y aún de que hubieran sido enviadas realmente a los destinatarios que se indican (todos ellos ya muertos cuando la colección fue publicada). Algunas de estas cartas nos muestran un animado cuadro de la sociedad de aquel tiempo; las más, le sirven a Guevara para desplegar sus aficiones didácticas y da en ellas consejos a todas las clases y edades de la vida —casi siempre de orden muy general y teórico— o vacía su pintoresca y variada erudición. Las *Epístolas* fueron aún, si cabe, más populares que las otras obras de Guevara; se tradujeron a todos los idiomas de Europa y han seguido reimprimiéndose hasta nuestros días. Constituyeron lectura predilecta de Montaigne en cuyos *Ensayos* influyeron, y hasta merecieron ser objeto de supuestas continuaciones publicadas como del propio autor.

---

[53] *Orígenes de la novela*, ed. nacional cit., vol. II, págs. 112-113.
[54] Cfr.: E. Correa Calderón, "Guevara y su invectiva contra el mundo", en *Escorial*, XII, 1943, págs. 41-70.

Su estilo. El estilo de Guevara difiere enormemente de la naturalidad preconizada por Valdés y practicada por la mayoría de los escritores de la época. Su prosa, objeto de numerosos estudios, ha sido considerada como un anticipo del barroquismo por su propensión a utilizar antítesis, paralelismos, series de sinónimos y a caer en la amplificación y ampulosidad; gusta también de las contraposiciones conceptistas y toda ella está aderezada y elaborada con gran cuidado. Menéndez y Pelayo que, como vimos, estima en conjunto grandemente la prosa de Guevara por su riqueza y jugosidad, no deja de censurarle sus excesos: "Aunque el estilo de Fr. Antonio de Guevara —dice— sea por lo común más deleitoso que enérgico, y abuse en extremo de todos los artificios retóricos, que le enervan, recargan y debilitan, alguna vez se levanta con ímpetu desusado y descubre una genialidad oratoria poderosa, pero intemperante. Puede decirse que ninguna condición de buen escritor le faltó, salvo la moderación, el tino para saber escoger, el buen gusto para saber borrar. Es un autor terriblemente *tautológico*, y Cicerón mismo puede pasar por un portento de sobriedad a su lado. Anega las ideas en un mar de palabras, y siempre hay algo que se desearía cercenar, aun en sus mejores páginas" [55].

Quizá estas palabras de Menéndez y Pelayo puedan parecer sospechosas por su conocida hostilidad a toda demasía barroca, pero su opinión ha sido sustancialmente aceptada por otros muchos críticos. Américo Castro es todavía más explícito: "Su obra y su escribir —afirma— serán en adelante un esfuerzo continuo para llenar la vasta oquedad de su aspiración, buscando en las letras lo que otros alcanzaban con las armas, la riqueza y el poderío... Darse importancia era para Guevara una compensación de no sentirse importante" [56]. Y luego: "Su genialidad consistió en representar su vivir auténtico en un estilo no menos auténtico, labrado a su medida, no falso ni engañoso, puesto que virtualmente es lo que Guevara es, a saber, un intento de existir buscando sustitutivos a sueños de gloria malograda, y reflejando a la vez las fracturas insondables de su alma. De ahí que le embriagase la oratoria, arte espectacular y muy para vanidosos. Se ensancha de gusto al hablar de sus éxitos de elocuencia" [57]. Y más abajo: "Lo que se siente en Guevara es la conciencia del autor de estar escribiendo, algo así como si estuviera mirándose en el espejo de sus palabras y frases" [58].

Pero quizá ninguno de los críticos de Guevara ha trazado un balance tan implacablemente negativo de su obra como María Rosa Lida de Malkiel. En

---

[55] Ídem, íd., pág. 118.
[56] "Antonio de Guevara. Un hombre y un estilo del siglo XVI", en *Boletín del Instituto Caro y Cuervo*, I, 1945, págs. 46 y ss.; reproducido en *Semblanzas y estudios españoles*, Princeton, 1956, págs. 53-72, y en *Hacia Cervantes*, Madrid, págs. 59-81. Citamos por esta última ed.; la cit. en pág. 61.
[57] Ídem, íd., págs. 63-64.
[58] Ídem, íd., pág. 65.

un macizo ensayo [59], de cuya apasionada elocuencia no está ausente cierta irritación producida por las pullas antifeministas del franciscano, desmenuza Lida la vaciedad ideológica de sus libros y desmonta el aparatoso andamiaje de sus recursos estilísticos: "esta lengua —dice— nace cuando es poco lo que urge decir y son muchas las palabras, y mucho el goce en disponerlas en esquemas fáciles y llamativos" [60]. Para Lida, la estructura esencial de las obras de Guevara se encuadra dentro de una tradición medieval, a la cual superpone elementos del ideario erasmista en boga; elementos enteramente ajenos a lo más íntimo de su personalidad, porque nadie más distante, y aun hostil, que Guevara de las auténticas inquietudes religiosas, morales y políticas planteadas por las más selectas mentes de su tiempo. Una nutrida selección de pasajes, hábilmente escogidos por la investigadora, perfilan además la imagen humana, a la que es muy difícil no asentir, de un genial petulante que podía escribir de sí mismo frases como ésta: "Los largos años, los continuos estudios y los muchos trabajos que he pasado han hecho en mí tal impresión, que se cansan ya los ojos de leer, los pulgares de escribir, la memoria de retener y aun el juicio de notar y componer"; o estampar en las portadas de sus libros tan modestas recomendaciones como la que sigue: "Van en esta obra grandes doctrinas para religiosos, muchos avisos para virtuosos, notables consejos para mundanos, elegantes razones para curiosos y muy subtiles dichos para hombres sabios... Es obra en que el autor más tiempo ha gastado, más libros ha rebuelto, más sudores ha passado, más sueño ha perdido y la que él en más alto estilo ha compuesto...".

Cierto que no todos los comentaristas han valorado del mismo modo la prosa de este escritor; Menéndez Pidal ha expuesto juicios mucho más favorables. "Aun el estilo —dice— que más nos puede parecer artificioso, el de Fray Antonio de Guevara, es, sin duda, el de la lengua hablada de entonces, la hablada por un cortesano de extrema facilidad verbal, y dirigida a oyentes en reposo, que renuncian a toda reacción mental, suavemente aprisionados por aquella irrestañable y envolvente fluidez de palabras vivas y coloreadas, por aquel desarrollar hasta el agotamiento las ideas y las imágenes". Y después de comentar en detalle diversos aspectos concretos de esta prosa, escribe más abajo: "El estilo de Guevara, pues, no representa un abuso de los artificios retóricos, como muchos dicen. Es ejemplo de moderación, comparado en el uso de los sinónimos con Pero Mejía; no va en las similicadencias más allá que los cortesanos retratados por D. Luis Millán. Es el habla corriente de un orador de entonces, mezcla de sencillez y complicación, que marca en el desarrollo de la prosa literaria un decidido paso hacia la simplicidad; es como el brillante traje de la corte imperial, mezcla de ceñida sobriedad y desbordado

---

[59] María Rosa Lida, "Fray Antonio de Guevara. Edad Media y Siglo de Oro español", en *Revista de Filología Hispánica,* VII, 1945, págs. 346-388.
[60] Ídem, íd., pág. 379.

ornato, que prepara la austera indumentaria de la corte filipina. Y la manera de escribir, o de hablar, Guevara, respondía tan bien al espíritu de su tiempo, que halló repercusión y éxito en todas partes" [61]. Los libros de Guevara influyeron, en efecto, notablemente en la literatura europea coetánea, particularmente en el primer barroquismo inglés llamado "eufuismo", de la obra *Euphues*, de John Lily [62].

En cuanto a su tan discutible bagaje cultural, debe concederse que Guevara, bien dotado, por lo demás, para la habilidosa utilización de todos los recursos que pudieran aprovechar a su persona y sus escritos, no era, en manera alguna, un científico, y en realidad los clásicos no le importaban sino como estímulo —o decoración— de sus propias opiniones; quizá por esto mismo, se tomaba con ellos aquellas desaforadas libertades, que hacían decir a Menéndez y Pelayo: "Todos los libros profanos de Fr. Antonio de Guevara, sin excepción alguna, están llenos de citas falsas, de autores imaginarios, de personajes fabulosos, de leyes apócrifas, de anécdotas de pura invención, y de embrollos cronológicos y geográficos que pasman y confunden. Aun la poca verdad que contienen está entretejida de tal modo con la mentira, que cuesta trabajo discernirla. Tenía, sin duda, el ingeniosísimo fraile una vasta y confusa lectura de todos los autores latinos y de los griegos que hasta entonces se habían traducido, y todo ello lo baraja con las invenciones de su propia fantasía, que era tan viva, ardiente y amena. Lo que no sabe, lo inventa; lo que encuentra incompleto, lo suple, y es capaz de relatarnos las conversaciones de las tres famosas cortesanas griegas Lamia, Laida y Flora, como si las hubiese conocido" [63]. Aun a pesar de todo, Guevara es, a todas luces, un ejemplar humano interesante y un prosista personalísimo, de pintoresco y brillante estilo, lleno de vida y de color. Le gusta demorarse en la sátira de aquella sociedad cortesana que conocía perfectamente; pero en el fondo de todo se ve al buen clérigo, pagado de su persona, persuadido de su importancia, que se encuentra satisfecho en el mismo tráfago que censura, aunque finja sentirse atraído por una vida retirada que no se había esforzado en buscar.

En un reciente estudio [64], Francisco Márquez Villanueva ha dirigido su atención hacia los libros religiosos de Guevara —*Oratorio de religiosos, Libro llamado Monte Calvario, Las siete palabras* (Valladolid, 1542, 1545 y 1549)—

---

[61] "El lenguaje del siglo XVI", en *España y su Historia*, vol. II, Madrid, 1957, páginas 141 y 143. Véase además, Juan Marichal, "La originalidad renacentista en el estilo de Guevara", en *Nueva Revista de Filología Hispánica*, IX, 1955, págs. 113-128; reproducido en *La voluntad de estilo*, Barcelona, 1957, págs. 79-101.

[62] Cfr.: Arturo Farinelli, "John Lyly, Guevara y el eufuismo en Inglaterra", en *Divagaciones hispánicas*, II, Barcelona, 1936, págs. 87 y ss.

[63] *Orígenes de la novela*, cit., pág. 114.

[64] "Fray Antonio de Guevara o la ascética novelada",. en *Espiritualidad y literatura en el siglo XVI*, Madrid-Barcelona, 1968, págs. 17-66.

prácticamente ignorados del lector moderno [65] y aun apenas aludidos por sus críticos más atentos, con la casi única excepción del P. Fidèle de Ros [66]. Basándose en el estudio de éste, que le sirve de punto de partida, Márquez Villanueva admite que las mencionadas obras religiosas de Guevara "vencen, incluso, a las otras en materia de falsificaciones, plagios y erudición apócrifa, implacablemente sacado todo ello a la picota por la maciza crítica de Ros, cuyo catálogo asume proporciones de verdadero escándalo" [67]. Márquez Villanueva avanza todavía en el camino recorrido por Fidèle de Ros, para despojar a Guevara de toda condición de escritor ascético, y aun siquiera de moralista; nada digamos de cualquier experiencia contemplativa de carácter místico. Los textos espigados por Márquez nos muestran a un Guevara para quien cualquier pasaje bíblico podía ser objeto de comentarios chabacanos y hasta las mismas escenas de la Pasión son contempladas desde el lado más burgués, prosaico y antiheroico, siempre movido por una frívola curiosidad y sin otro propósito que divertir al lector con las más grotescas deformaciones.

Pero tras este análisis, que no escamotea ninguna faceta negativa, el comentarista trata de valorar lo que, según él, es positivo en la obra de Guevara: "por el lado literario —dice— todo es nuevo y fecundo" [68]. Para Márquez, Guevara es antes que nada un espíritu creador en plena libertad, un revolucionario que rompía con la cultura literaria de la clerecía medieval en la misma medida en que se alejaba de las ideas oficiales del humanismo renacentista. Su propósito no era enseñar, sino entretener a los lectores; la irresponsabilidad de Guevara ante lo que no fuera su propio arte le sitúa en la línea donde se perfilan las formas de la modernidad literaria: el ensayo y la novela. Guevara, inventando desaforadamente, multiplica los rasgos novelescos, los detalles pintorescos, las pinceladas humanas, convirtiéndose de este modo —dice Márquez— en "arsenal y libro de texto de los novelistas legítimos en una medida que sólo empezamos a sospechar" [69]. Guevara escribe para la inmensa caterva de lectores creada por la imprenta reciente, para el "gran público" que acaba de nacer y que se aburre con lo que escriben los auténticos sabios; y Europa entera consume por docenas las ediciones de sus libros. Complaciéndose, por otro lado, en los detalles ridículos, y aun morbosos, y en el léxico soez, practica con frecuencia una estética degradadora, aplicada casi siempre con maligno regocijo, en la que "aflora a trechos la caudalosa vena hispánica de la estilización pesimista" [70] y que vendría a ser una de las raíces capitales de la novela picaresca.

[65] Según Márquez, sólo del *Oratorio de religiosos* se ha hecho edición moderna: *Místicos franciscanos*, ed. de fray Juan Bautista Gomis, "Biblioteca de Autores Cristianos", Madrid, 1948, II, págs. 443-760.
[66] "Guevara, auteur ascétique", en *Archivo Iberoamericano*, VI, 1946, págs. 338-404.
[67] Est. citado, pág. 18.
[68] Idem, íd., pág. 55.
[69] Idem, íd., pág. 60.
[70] Idem, íd., pág. 37.

Todo esto es cierto, sin duda; quizá la difusa herencia novelesca de Guevara sea más caudalosa de lo que hoy podemos apreciar. Pero, con todo, hay una doble farsa en la obra y la persona de este escritor, de tal magnitud que difícilmente se cohonesta con sus escasas gotas de positiva sátira, social o religiosa, y sobre todo con su prodigiosa habilidad para servir los gustos del "gran público" (cualidad, por otra otra parte, dudosamente elogiable, puesto que permitiría justificar hasta las más degradadas especies literarias): la gran mentira de su ciencia de pacotilla, que encarece, sin embargo, como valiosa con el mayor impudor y en la que funda, precisamente, su gigantesca vanidad, y la distancia insalvable que media entre la pretendida gravedad de sus enseñanzas y su absoluta irresponsabilidad personal, según el propio comentarista declara. A vuelta de logros positivos en la mera envoltura literaria, la herencia de Guevara se perfila en dos direcciones igualmente nocivas: de un lado, la palabra vana, la aparatosa oquedad; de otro, el de la mera literatura que pretende justificarse por sí misma sin un respaldo de responsabilidad moral y de arriesgado compromiso en el escritor. Cierto que mucha literatura es así, pero no nos parece la más valiosa.

LA HISTORIA EN LA ÉPOCA DE CARLOS V

La incontenible actividad a que se había lanzado España desde los días de los Reyes Católicos como factor primordialísimo de todos los acontecimientos de Europa, la epopeya inenarrable de la conquista y colonización americana, y el estallido consecuente de tan numerosas como extraordinarias personalidades en todos los campos de la acción, explican sobradamente la abundancia y variedad de aspectos con que es cultivada la Historia durante todo el siglo XVI. La curiosidad española que durante la centuria siguiente tenía que replegarse con preferencia sobre sí misma, se siente ahora abierta a todas las incitaciones, internacionales y nacionales, religiosas y profanas, inmediatas y exóticas, y se manifiesta en una historiografía que no reconoce límites de asuntos. El interés renacentista por el hombre y por su pasado encuentra campo amplísimo para manifestarse en este género literario.

Durante la primera mitad del siglo XVI la Historia se polariza, sin embargo, en torno a dos temas principales: la conquista y colonización de América y la política del Emperador. Pese al fermento humanista y culto de la época, son numerosos los historiadores, sobre todo de la gesta americana, que se lanzan a su tarea sin bagaje cultural alguno, o muy escaso. Esto hace que la producción historiográfica de entonces adquiera caracteres muy diferentes según las condiciones de cada escritor, y oscile entre las obras de manifiesta influencia clásica y la prosa desaliñada, pero llena de fuerza y espontaneidad, de algunos soldados historiadores. Por otro lado, la mezcla de elementos fantásticos o

La prosa didáctica y la historia 735

legendarios con los puramente históricos, no permite deslindar muchas veces, durante este período, las fronteras de la poesía y la realidad, de la novela y de la historia, mundos parejos muchas veces para los ideales humanistas del escritor del Renacimiento.

LOS HISTORIADORES DE CARLOS V

Pedro Mexía (1499-1551). Es uno de los hombres representativos de la época renacentista por sus grandes conocimientos en letras y en ciencias y su afición a todas las ramas del saber. Mantuvo estrecha relación con los mayores ingenios de su tiempo y se le consultaba sobre las más diversas materias. Ocupó varios cargos de importancia y fue nombrado cronista del Emperador a la muerte de Guevara. Había compuesto primeramente la *Historia Imperial y Cesárea,* a modo de resumen de Historia Universal, pero que estudia con preferencia la vida de los emperadores de Roma, y los de Alemania hasta Maximiliano I. Al ser nombrado cronista se aplicó inmediatamente a escribir la *Historia del Emperador Carlos V* [71], que dejó sin acabar por haber muerto antes, y sólo llegó hasta su coronación en Bolonia. Es un panegírico del reinado del César en su concepción fundamental, pero escrito con ecuanimidad y exigencia crítica y perfecto sentido de la responsabilidad del testimonio histórico que estaba construyendo. Utiliza con buena técnica las fuentes y documentos de que se sirve para los numerosos hechos que no había presenciado, pues por su delicada salud apenas había salido de su ciudad natal, Sevilla. Su libro aborda de manera muy completa los hechos del reinado de Carlos, por lo que fue repetidamente aprovechado por los historiadores posteriores.

Mexía fue también autor de una famosa *Silva de varia lección* [72], curiosa miscelánea donde recoge multitud de relatos históricos y fantásticos, casos ex-

---

[71] Ediciones: *Historia de Carlos Quinto,* ed. de J. Deloffre, en *Revue Hispanique,* XLIV, 1918, págs. 1-564; *Historia del Emperador Carlos V,* ed. de Juan de Mata Carriazo en "Colección de Crónicas Españolas", VII, Madrid, 1945 (primera edición crítica y completa, con importante estudio preliminar acerca de la obra y la persona del autor). Cfr.: René Costes, "Pedro Mexía, chroniste de Charles-Quint", en *Bulletin Hispanique,* XXII, 1920, págs. 1-36 y 256-268; XXIII, 1921, págs. 95-110. J. Deloffre, "Note bibliographique sur Pero Mexía", en *Revue Hispanique,* XLIV, 1918, págs. 565 y ss.

[72] Edición de Justo García Soriano, "Sociedad de Bibliófilos Españoles", 2 vols., Madrid, 1933-1934. Cfr.: M. Menéndez y Pelayo, "El magnífico caballero Pedro Mexía", en *Estudios y discursos de crítica histórica y literaria,* ed. nacional, vol. II, págs. 25-38. Del mismo, "La *Silva de varia lección,* de Pedro Mexía, considerada bajo el aspecto novelístico", en *Orígenes de la novela,* ed. cit., vol. III, págs. 47-58. J. A. van Praag, "Sobre la fortuna de Pedro Mexía", en *Revista de Filología Española,* XIX, 1932, páginas 288-292. Don Cameron Allen, "Jacques *Seven Ages* and Pedro Mexía", en *Modern Language Notes,* LVI, 1941, págs. 601-603. M. Romero Martínez, "Pedro Mexía, el sevillano imperial y ecuménico", en *Archivo Hispalense,* 1944, págs. 5 y ss. C. Castillo, "Cervantes y Pedro Mexía", en *Modern Philology,* XLIII, 1945-1946, págs. 94-106. J. Meseguer, "Sobre el erasmismo de Pedro Mexía, cronista de Carlos V", en *Archivo*

traordinarios, observaciones personales, disquisiciones filosóficas, noticias científicas, etc. Es libro de amena lectura que revela la amplia curiosidad del escritor. Fue muy leído y repetidas veces editado en toda Europa. Menéndez y Pelayo menciona 26 ediciones en lengua castellana, sin contar las numerosas traducciones a diversas lenguas. Si creemos el testimonio del propio Mexía, su *Silva de varia lección* introduce en nuestras letras un género llamado a tener gran difusión y popularidad. Valbuena dice, no sin gracia, a propósito de este libro y aludiendo a los muchos de su especie, que "hay algo de *nuevos ricos de la literatura* en estas actitudes de los escritores de esta generación"[73] en su afición a mezclar motivos históricos con legendarios y fantásticos, y advierte la diferencia entre aquéllos y el "sedimento cultural de los talentos maduros del tiempo de Felipe II"; Menéndez y Pelayo habla, también con gracejo, de "*este nuevo y holgado sistema* de componer con especies sueltas un libro útil y deleitable. Los capítulos se suceden en el más apacible desorden, única cosa en que el libro se asemeja a los *Ensayos*, de Montaigne"[74]. Nosotros diríamos que Mexía y su larga fila de imitadores no eran sino periodistas "avant la lettre"; la creciente difusión de la imprenta les permitía —porque resultaba provechoso para los editores— reunir estos centones de diversas materias en que se mezclaba lo humano y lo divino, lo cierto y lo fantástico, lo histórico con lo contemporáneo, sin otra exigencia insoslayable que la amenidad, con que llenar gustosamente los ocios del lector. En nuestros días, Mexía y los suyos hubieran escrito crónicas y reportajes sobre el primer tema que brincara o sobre todo género de curiosidades, para nutrir periódicos y semanarios: sólo que entonces, a falta de hojas efímeras, los agrupaban en volúmenes, con lo que se alzaban a mayor duración y gloria literaria. También la Edad Media había estimado estos conjuntos enciclopédicos, y la Antigüedad tuvo sus mejores modelos en las *Noches áticas*, de Aulo Gelio, y las *Saturnales*, de Macrobio; el Renacimiento, sobre todo en Italia, los puso de moda. Mexía —y sus palabras lo sitúan entre los panegiristas de nuestra lengua— deseó extenderlos al español: "y pues la lengua castellana no tiene (si bien se considera) por qué reconozca ventaja a otra ninguna, no sé por qué no osaremos en ella tomar las invenciones que en las otras..."[75]. Dadas las aficiones del autor, lo que más abunda en la *Silva* son los temas históricos, a base, sobre todo, de biografías y

---

Iberoamericano, VII, 1947, págs. 394-413. Juan Bautista Avalle-Arce, "Los *errores comunes*: Pedro Mexía y el P. Feijoo", en *Nueva Revista de Filología Hispánica*, X, 1956, págs. 400-403. Karl Ludwig Selig, "Pedro Mexía's *Silva de varia lección* and Horapollo", en *Modern Language Notes*, LXXII, 1957, págs. 351-356. F. Pues, "Les sources et la fortune de la *Silva* de Mexía", en *Les Lettres Romanes*, XII, 1959, págs. 272-292. Del mismo, "Du Verdier et Guyon, les deux imitateurs français de Mexía", en *Les Lettres Romanes*, XIV, 1960, págs. 15-40.

[73] *Historia de la Literatura Española*, vol. I, 7.ª ed., Barcelona, 1964, pág. 440.
[74] *Orígenes de la novela*, cit., vol. III, pág. 47.
[75] Citado por Menéndez y Pelayo, en ídem, íd., pág. 48.

sucesos curiosos o dramáticos, que, por el modo con que se narran y su carácter dominante, interesan en especial a la novelística de la época. En una de estas historias, según recuerda Menéndez y Pelayo, se inspiró Marlowe para su *Tamburlaine*, y añade: "No fue esta la única vez que el libro del cronista sevillano hizo brotar en grandes ingenios la chispa dramática. Lope de Vega lo tenía muy estudiado, y de él procede (para no citar otros casos) toda la erudición clásica de que hace alarde en su comedia *Las mujeres sin hombres* (*Las Amazonas*)". Por la índole de su prosa, dice también Menéndez y Pelayo que es "ameno como Guevara, pero nada semejante a él en los procedimientos de su estilo, que es inafectado y aun desaliñado con cierto dejo de candidez sabrosa..." [76]. Marcel Bataillon manifiesta escaso aprecio por la *Silva* de Mexía, en la que apenas encuentra ningún destello de reflexión personal sobre cuestiones de vital interés; y a pesar del supuesto erasmismo del autor no ve tampoco, en el fárrago de su revuelta erudición, el menor reflejo de las inquietudes religiosas de su época. Erasmo —dice Bataillon— interesa a Mexía cuando es menos Erasmo, cuando por azar se ocupa de fenómenos naturales en vez de ocuparse del hombre; pero, aun en este caso, la distancia es inmensa. "Ni por el espíritu crítico —añade luego—, ni por la calidad de la erudición, ni por la penetración psicológica, brilla con un destello lo bastante vivo en esta literatura *verídica* que los humanistas discípulos de Erasmo querían dar a España. El lector, como el autor, nada en el océano de una curiosidad sin preferencias, sin ideas, asiéndose sucesivamente a los despojos más heterogéneos" [77]. También escribió Mexía *Coloquios* o *Diálogos* [78], de influencia lucianesca; recoge problemas y preocupaciones de la época, sobre todo en materia de Meteorología e Historia Natural a las que era muy aficionado.

Luis de Ávila y Zúñiga. Fue un buen estilista y muy dado a la imitación de los historiadores clásicos. Pertenecía a la casa del Emperador a quien acompañó en sus campañas, y después en su retiro de Yuste hasta su muerte. Escribió el *Comentario de la Guerra de Alemania* [79] que comprende las campañas en este país de los años 1546 y 1547. El Emperador lo estimaba en mucho; afirmaba que si sus hechos no igualaban a los de Alejandro, éste, en cambio, no había tenido un cronista como el suyo. El juicio de Ávila sobre Carlos es altamente elogioso, pero sin parcialismos manifiestos; refleja más bien la admiración por la idea y la persona imperial propia del hombre de su tiempo.

---

[76] Ídem, íd., pág. 57.

[77] *Erasmo y España*, cit., págs. 637-638.

[78] Edición de Margaret L. Mulroney, *Diálogos o Coloquios of Pedro Mexía. Edited with Introduction and Notes*, "University of Iowa Studies Spanish Language and Literature", I, Iowa City, 1930.

[79] Edición en *Historiadores de sucesos particulares*, en *Biblioteca de Autores Españoles*, vol. XXI, nueva edición, Madrid, 1946. Cfr.: Eugenio Mele, "Don Luis de Ávila, su *Comentario* y los italianos", en *Bulletin Hispanique*, XXIV, 1922, págs. 97-119. A. González Palencia, *Don Luis de Ávila y Zúñiga, gentilhombre de Carlos V*, Madrid, 1931.

Francesillo de Zúñiga. El reinado de Carlos V tuvo también su crónica satírica, escrita por este curioso personaje, que era bufón del Emperador, quien se divertía oyéndole contar maledicencias sobre los personajes de su corte. Era de origen judío, sastre remendón de Béjar, y del servicio del duque de este nombre pasó al del Emperador. Para divertirle escribió la *Corónica istoria*[80], donde se recogen todas las anécdotas picantes y escandalosas de la vida cortesana desde la muerte del rey Católico hasta las bodas de Carlos V. Don Francesillo, con su estilo vivo y pintoresco, aunque monótono en sus recursos, hizo objeto de cínicas y atrevidas caricaturas incluso a los más elevados personajes, a quienes gusta de comparar con animales o con objetos vulgares. Sus burlas le acarrearon trágico final. Primeramente fue en una ocasión abofeteado y apaleado por sus víctimas, y al fin asesinado de orden de algún noble ofendido.

LOS HISTORIADORES DE INDIAS

El descubrimiento, conquista y colonización de América dieron origen a un tipo de historia que, en su conjunto, constituye uno de los monumentos más notables de nuestra literatura. La novedad del escenario, el exotismo de las costumbres y lo portentoso de los hechos produjeron una historiografía de singular originalidad, cargada de posibilidades, con casi tanto valor novelesco y descriptivo como histórico. La mayoría de estos escritores fueron testigos presenciales de los hechos que relatan, lo que confiere a sus escritos espontaneidad y fuerza inigualables. Generalmente adolecen de falta de sentido crítico para separar lo legendario de lo auténtico, pero téngase en cuenta que aquellos historiadores —como los hombres que son objeto de sus libros— caminaban por un mundo de maravillas en el que muchas veces semejaban palidecer las más increíbles fantasías de los libros caballerescos, de los cuales, por lo demás, estaban impregnados. Nada de extraño tiene, pues, que se sintieran propicios muchas veces a creer en mitos y leyendas que con harta frecuencia se encontraban en la línea de sus deseos. La falta de preparación de muchos de estos historiadores y la ausencia de propósitos literarios aumenta su originalidad y sinceridad, raras veces mediatizadas por las galas retóricas[81].

---

[80] Edición de Adolfo de Castro, *Curiosidades bibliográficas*, en *Biblioteca de Autores Españoles*, XXXVI, nueva edición, Madrid, 1950; contiene también el "Epistolario del mismo famoso cronista don Francés, y con cartas enviadas a diversas ilustres personas". "Cartas inéditas", edición de J. Menéndez Pidal, en *Revista de Archivos, Bibliotecas y Museos*, XX y XXI, 1909. Cfr.: A. Morel-Fatio y H. Léonardon, "La *Chronique* scandaleuse d'un bufon du temps de Charles Quint", en *Bulletin Hispanique*, 1909. Ángel González Palencia, "El Mayorazgo de don Francés de Zúñiga", en *Del Lazarillo a Quevedo*, Madrid, 1946, págs. 43-51.

[81] Cfr.: Como trabajos de conjunto, ambos inapreciables, Benito Sánchez Alonso, *Historia de la historiografía española*, vol. I, Madrid, 1941, págs. 432-459. Francisco Esteve Barba, *Historiografía Indiana*, Madrid, 1964.

Colón. Fue, a la vez que el Descubridor, el iniciador de esta historiografía con sus *Cartas* a los Reyes y el *Diario* de sus viajes, de los que da información completa. Aparte de las noticias, expuso también las impresiones que recibían —él y los suyos— de aquel fantástico mundo nuevo, y dio puntuales detalles de los indios: todo ello en un sabroso y personal estilo, encendido por su insaciable curiosidad y aquella su característica exaltación de iluminado, que le llevaba a suponer el Paraíso terrenal en las tierras que había descubierto. Del *Diario* de la primera travesía escribe Esteve Barba: "Lo que queda del *Diario* del primer viaje es, desde un punto de vista literario, uno de los más bellos trozos de prosa que sea dable leer; sencilla expresión de una inconmensurable aventura, admirable relato de una maravilla no imaginada, sino vivida y real... Todo ello sin adobo literario, ni retórica ni envaramiento, contado con la misma claridad y sencillez con que fue visto"[82].

El primer historiador en sentido estricto fue, sin embargo, el milanés residente en España, Pedro Mártir de Anglería, que compuso sus *Decades de Orbe Novo* sirviéndose de los informes y noticias de los propios descubridores, con muchos de los cuales mantuvo estrecho contacto o correspondencia. Pero su obra, escrita en latín, no pertenece a nuestras letras.

Hernán Cortés. Fue también historiador de su propia conquista en sus *Cartas de Relación*[83] dirigidas en número de cinco al Emperador. No era Cortés, como suele afirmarse, hombre lego en instrucción, puesto que conocía las humanidades y, aunque no por largo tiempo, había estudiado en Salamanca. Cortés aplica su observación y su curiosidad no sólo a los hechos de armas, sino a todo cuanto concierne a sus propias medidas de gobierno, a las riquezas de las tierras conquistadas, sus habitantes, sus costumbres, religión, fiestas, construcciones, instituciones, etc. En este aspecto Cortés, que sabe alternar muy hábilmente la narración de los sucesos con los fragmentos descriptivos o informativos, aventaja indiscutiblemente al mismo Julio César con cuyos *Comentarios*

---

[82] *Historiografía Indiana*, cit., pág. 22. *Diario. Libro de la primera navegación y descubrimiento de las Indias*, ed. facsímil por C. Sanz, 2 vols., Madrid, 1962. Cfr.: F. Maldonado de Guevara, *El primer contacto de blancos y gentes de color en América. Estudio sobre el Diario del primer viaje de Cristóbal Colón*, Valladolid, 1924. S. E. Morison, "Texts and Translations of the Journal of Columbus' First Voyage", en *The Hispanic American Historial Review*, Durham, XIX, 1939, págs. 235-261. Ramón Menéndez Pidal, "La lengua de Cristóbal Colón", en *La lengua de Cristóbal Colón y otros estudios*, Colección "Austral", núm. 280. J. Balaguer, "Colón, precursor literario", en *Boletín del Instituto Caro y Cuervo*, V, 1949, págs. 372-385. Emiliano Jos, "El libro del primer viaje. Algunas ediciones recientes", en *Revista de Indias*, Madrid, 1950, págs. 719-751. J. F. Guillén, *La parla marinera en el Diario del primer viaje de Cristóbal Colón*, Instituto Histórico de la Marina, Madrid, 1951. Carlos Sanz, "La carta de Colón. Su actualidad. Algunas consideraciones críticas histórico-bibliográficas", en *Boletín de la Real Academia de la Historia*, CXXXIX, 1956, págs. 473-496.

[83] Edición en *Historiadores primitivos de Indias*, en *Biblioteca de Autores Españoles*, XXII, nueva edición, Madrid, 1946. Véase amplísima bibliografía en el libro de Esteve, cit.

revelan sus *Cartas* cierta afinidad, aun no existiendo, en absoluto, propósito de imitación. Glosando el paralelo entre ambos escritores, propuesto por Menéndez y Pelayo, escribe Esteve: "Ambos son sobrios, pero César busca la sobriedad y Cortés, sin propósito literario, la emplea porque escribe sencillamente, como habla, sin rebuscamiento. César corta continuamente, nerviosamente, la frase; Cortés se recrea en ella y conduce lentamente la acción; no hay ni un solo rastro en sus cartas de un estilo entrecortado, ni le hace falta, para dar a entender la perentoriedad, la sorpresa, la actividad de la batalla. César habla en tercera persona, porque ni siquiera se incorpora cordialmente a su escrito; Cortés aplica el yo espontáneamente, y así no habla de sí mismo como si fuera otro. César no siente amor por la Galia, a la que conquista duramente; Cortés sí lo siente por Méjico, y aunque se vea arrastrado, por la necesidad de la guerra, a actuar con dureza, sabe que le lleva allí una misión de tipo cristiano, y describe al pueblo vencido, sus costumbres, sus edificios, con una complacencia y un cariño que por ninguna parte aparecen en la *Guerra de las Galias*. Muchos escritores han pretendido hacernos sentir artificialmente, con recursos literarios, la grandeza de la gesta de Cortés; pero si exceptuamos el caso de Bernal Díaz, nadie como él la ha dado tan naturalmente a entender, escribiendo sin ningún adorno, sencillamente, lo que ha hecho y lo que con sus propios ojos ha visto" [84].

Gonzalo Fernández de Oviedo. A este escritor y aventurero se debe, sin duda alguna, la mejor de nuestras historias sobre el descubrimiento y conquista de América. En este hombre puede hallarse uno de los ejemplares humanos más típicos de lo que fue la excepcional explosión de vitalidad y energía nacionales durante aquella etapa de nuestra historia. Nació en Madrid (1478-1557), fue paje del príncipe don Juan y servidor del rey de Nápoles y del duque de Calabria. Asistió a la conquista de Granada, combatió en las guerras de Italia y fue testigo de la prisión de Francisco I en Pavía. Pasó por primera vez a las Indias en 1513, intervino en explotaciones metalúrgicas, dirigió empresas de conquista, fue regidor de varios cabildos en América, veedor de las fundiciones de oro del Darién, gobernador de Cartagena de Indias y alcaide de la fortaleza de Santo Domingo de la Española. Cruzó el Atlántico doce veces y aún tuvo tiempo para escribir su extensa *Historia general y natural de las Indias* [85] en veinte libros, aparte de otras obras menores.

---

[84] *Historiografía Indiana*, cit., págs. 141-142.

[85] Ediciones: José Amador de los Ríos, Madrid, 1851-1855. Juan Pérez de Tudela y Bueso, en *Biblioteca de Autores Españoles*, vols. CXVII-CXXI, Madrid, 1959. Cfr.: el estudio preliminar de Pérez de Tudela a su edición citada. Del mismo, "Rasgos del semblante espiritual de Gonzalo Fernández de Oviedo: la hidalguía caballeresca ante el Nuevo Mundo", en *Revista de Indias*, Madrid, 1957, págs. 391-444. José de la Peña y Cámara, "Contribuciones documentales y críticas para una biografía de Gonzalo Fernández de Oviedo", en *Revista de Indias*, núms. 69-70, págs. 603-705. Manuel Ballesteros-Gaibrois, "Fernández de Oviedo, etnólogo", en *Revista de Indias*, núms. 69-70, págs. 445-467.

La primera parte de la *Historia* comprende la descripción natural de las nuevas tierras y con ella creó la "historia natural" del Nuevo Mundo. Aunque sus informaciones no corresponden al espíritu que animaría a un científico, poseen gran valor por su asombrosa exactitud. Oviedo no era un hombre culto (Las Casas, su enemigo, decía que no sabía lo que era el latín, cosa que a Oviedo no parece importarle demasiado), pero suplía su falta de instrucción con una innata agudeza y una enorme experiencia de las cosas americanas. A semejanza de la obra de Mártir, también la de Oviedo carece de un plan metódico; el autor va incorporando a su libro un cúmulo de noticias a medida que las adquiere, pero su obra representa el conjunto de datos y de informes más completo que pueda apetecer un historiador. Su capacidad de observación, su curiosidad y su memoria eran ilimitadas. Respecto de los conquistadores no adoptó la actitud intransigente del Padre Las Casas, sino más bien una postura de tolerante comprensión. A los indios los estudia con fría objetividad, a la manera de un etnógrafo. Oviedo no era un exaltado idealista como Las Casas, sino un hombre avisado que, por haber vivido y tenido en su mano las más diversas riendas de la conquista, de la colonización y la administración, poseía de las cosas una visión real; no le eran, en absoluto, indiferentes las consideraciones morales, pero no se hacía ilusiones sobre la natural bondad humana, y no miraba el mundo americano, indio o conquistador, con soñadores ojos de místico, sino de político práctico y avisado. Sobre sus cualidades como etnólogo, basten estas indicaciones de Esteve Barba: "Oviedo excede de los límites impuestos al observador fiel de tal o cual detalle para teorizar, en algún pasaje, con la amplitud de visión con que un moderno antropólogo lo haría. Por ejemplo, cuando considera a la Naturaleza guía y promotora de las artes humanas que no hacen, por consiguiente, sino adaptarse a sus exigencias, de donde proviene la unidad que se observa entre procedimientos utilizados por los indios y los vistos o leídos en relación con otros países de Europa u otras partes del mundo de avanzada cultura... O cuando prescinde de los criterios de *atraso* o de *adelanto* para juzgar las elaboraciones indígenas, valorándolas simplemente por su resultado en relación con el objeto que persiguen, posición ésta a que la antropología cultural no ha llegado posteriormente sino después de grandes esfuerzos en la renuncia a inveterados prejuicios"[86]. Por lo que respecta a Colón, Oviedo no figura en la línea apologética de Mártir, sino que lo hace objeto de una severa crítica.

Bartolomé de las Casas. Ningún historiador tuvo la difusión del Padre Las Casas, dentro y fuera de España, merced a sus ideas y al alboroto que produjeron. Nació en Sevilla (1474), estudió en Salamanca, y en 1502 embarcó para La Española donde su padre, que había figurado en el segundo viaje de Colón, poseía ricas tierras. Impresionado por un sermón del dominico Pedro de Cór-

---
[86] *Historiografía Indiana*, cit., págs. 74-75.

doba, se hizo sacerdote, se desprendió de sus bienes y fundó en Cumaná una colonia para convertir a los indios, por medios pacíficos, en buenos cristianos y agricultores. Fracasó su ensayo y entonces se hizo dominico. Más tarde, fue nombrado obispo de Chiapa, diócesis que rigió de modo ejemplar hasta que, en 1547, regresó a España. Murió en 1566.

Escribió Las Casas diversas obras sobre América, entre ellas la *Historia General de las Indias*, que dejó sin acabar, y la *Apologética Historia de las Indias*, en la que describe a los indios como seres de idílica bondad. Pero su obra más famosa fue la *Brevísima relación de la destruición de las Indias*, en que ataca violentamente a los conquistadores y colonos españoles, a quienes culpa de la desaparición de pueblos enteros de indígenas [87]. La emprende, sobre todo, con los encomenderos, y para remediar los daños propone el envío de labradores españoles, a fin de efectuar sólo con ellos la colonización, y la traída de negros para que, como más resistentes, trabajen en las minas. Las acusaciones del Padre Las Casas promovieron inmediatas polémicas y a su gestión se debió la promulgación de las Nuevas Leyes de Indias, que trataron de corregir los abusos que había denunciado.

Fuera de España la obra de Las Casas tuvo una resonancia sin medida, pues las naciones enemigas de nuestra política o codiciosas de nuestros territorios ultramarinos tuvieron ocasión en los escritos del dominico para atacar la obra de nuestra conquista y colonización. La *Destruición* fue reeditada innumerables veces en todos los idiomas de Europa y utilizada con la peor parcialidad no sólo en aquel siglo, sino hasta en los tiempos más recientes, habiendo servido para nutrir en buena medida la "leyenda negra" contra España. No parece posible dudar de la buena intención del dominico, cuyos excesos —aún por serlo— tuvieron la virtud de crear un clima de alerta en defensa de la justicia, gracias al cual se remediaron muchos de los evidentes abusos. Pero la desmesura y arbitrariedad de las acusaciones de Las Casas no puede hoy ponerse en duda. En su reciente libro sobre el dominico, Menéndez Pidal hace sobre su obra y personalidad un estudio tan riguroso como todos los suyos, pero no exento de cierta actitud polémica y hasta diríamos irritada, provocada muy justamente por el fanatismo intemperante, la exaltación utópica y la teatralidad y soberbia del fraile, cualidades que el gran investigador pone de relieve y que quitan toda autoridad a sus palabras y actitudes.

---

[87] Ediciones: *Historia General de las Indias*, ed. de José Sancho Rayón y el marqués de la Fuensanta del Valle, "Colección de Documentos Inéditos para la Historia de España", Madrid, 1875. *Apologética Histórica*, ed. de Serrano y Sanz, en *Nueva Biblioteca de Autores Españoles*, XIII. Juan Pérez de Tudela y Bueso, *Obras escogidas de Fray Bartolomé de las Casas*, en *Biblioteca de Autores Españoles*, vols. XCV, XCVI, CV, CVI y CX, Madrid, 1957-1958. Cfr.: Ramón Menéndez Pidal, *El P. Las Casas y Vitoria con otros temas de los siglos XVI y XVII*, Madrid, 1958. Del mismo, *El Padre Las Casas. Su doble personalidad*, Madrid, 1963. Marcel Bataillon, *Études sur Bartolomé de las Casas*, París, 1965. Bibliografía detallada, en Esteve Barba, cit.

López de Gómara. Entre los historiadores de la conquista de Méjico se destaca Francisco López de Gómara (1512-1572), capellán y panegirista de Cortés, que escribió la *Historia general de las Indias... Con la conquista de México y Nueva España*[88]. La obra consta de dos partes: una general y otra dedicada especialmente a narrar la conquista de su señor. A su regreso de Roma, donde había vivido largo tiempo, Gómara entró como capellán de Cortés cuando éste había regresado ya de Nueva España. A diferencia de Oviedo, Gómara era escritor de gran cultura literaria. El historiador, que nunca había pisado el Nuevo Mundo, se valió para componer su obra de los informes del propio Cortés y también de otros conquistadores y cronistas, a los que cita. En la primera parte a la narración de cada conquista sigue un estudio etnográfico de cada pueblo. Trata objetivamente a los indios, pero tiende siempre a idealizar la figura de los conquistadores.

Respecto a Cortés, Gómara recoge siempre la versión más favorable, y aquí reside el punto débil de su *Historia*, pues no sólo la figura del conquistador está exaltada con exceso, sino que disminuye con evidente injusticia la participación de todos los demás. Gómara refiere la conquista como si se tratara de una empresa personal de Cortés, a quien convierte, según dice Esteve, en un héroe de Plutarco, a lo cual contribuye evidentemente su concepto de la historia que se inspira en los moldes del humanismo y tiende a exaltar la figura del héroe, a cuyo lado poco importan los detalles pequeños y las figuras secundarias. Su concepto humanista e imperial le lleva también a ponderar la misión providencial de España, de la que Gómara se siente orgulloso. Pese a su exclusivismo y ciertos errores nacidos de no conocer directamente los sucesos y países de que trata, la obra de Gómara, que posee gran valor literario, contribuyó poderosamente a difundir el conocimiento de nuestras conquistas.

Bernal Díaz del Castillo. Representa la posición contraria a la de Gómara y es uno de los cronistas que gozan hoy de mayor estima. Bernal Díaz nació en Medina del Campo (1492-1581) y pasó a las Indias en 1514 en compañía de Pedrarias Dávila, gobernador del Darién. Fue luego a Cuba, gobernada entonces por Diego Velázquez, y tomó parte en las dos expediciones a Méjico que precedieron a la de Cortés, y, finalmente, en la de éste, siendo uno de los poquísimos supervivientes. En la conquista de Méjico intervino en 119 combates, y en recompensa a sus servicios recibió una encomienda en Guatemala.

Cuando Gómara publicó su historia, la leyó Bernal Díaz, y creyendo equivocada su orientación decidió escribir la suya que tituló *Historia verdadera de la conquista de Nueva España*[89], y que Bernal, ya viejo, no consiguió ver

---

[88] Edición en *Historiadores primitivos de Indias*, cit.
[89] Edición en ídem, íd., II, *Biblioteca de Autores Españoles*, XXVI. Cfr.: Carmelo Sáenz de Santa María, "Bernal Díaz del Castillo. Historia interna de su Crónica", en *Revista de Indias*, Madrid, 1956, págs. 585-604.

publicada. Después ha conocido un éxito tan extraordinario que quizá hubiera sorprendido al propio autor.

Bernal Díaz era hombre de escasos conocimientos y él mismo lo proclama con insistencia manifestando su temor, ante la empresa que acomete. A tono con esto su prosa es ruda y áspera, pero enérgica y expresiva. Lo que destaca, sobre todo, es su evidente sinceridad, que no se amaña con adornos ni galas que le son ajenos. A veces, desanimado, interrumpió su obra, pero le estimuló el deseo de refutar los falsos relatos de los demás, pensando que el decir la verdad era la "verdadera pulicía". "Su portentosa memoria —dice Esteve— sólo tropezaba con la cronología. *Esto de los años no se me acuerda bien*. En efecto, a veces los trastrueca. Pero en lo demás, relata con asombrosa visión de lo pasado, con una visión plástica, luminosa. Dijérase que lo está viviendo otra vez y que lo hace vivir al lector *sin torcer ni a una parte ni a otra, porque la verdad es cosa bendita y sagrada, y cuanto contra ella se dijere, va maldito*" [90]. Aunque a Bernal le mueve, sobre todo, el rebatir a Gómara, no regatea los elogios a Cortés, pero quiere al mismo tiempo hacer patentes los méritos de los demás, que no aparecen en la obra del capellán del conquistador. La misma sencillez y elementalidad de su prosa, que preocupaba al propio autor, es estimada en nuestros días como una manifestación de espontaneidad y lozanía que añade méritos a la obra, y todos los críticos están de acuerdo en estimarla como una producción capital. Menéndez y Pelayo consideraba a Bernal Díaz como el prototipo del escritor-soldado, y Roberston asegura que es un libro único como no lo posee ninguna literatura. "En su estilo la frase es corta, la narración llana, el habla la de Castilla la Vieja, sin *razones hermoseadas* ni *afeiterías*; la descripción, rápida y penetrante, con lo que da sensación de claridad y movimiento. Por eso consigue cuadros tan vivos, breves, directos, impresionantes en su naturalidad, mucho más poderosa en él que en otros la retórica... Bernal Díaz del Castillo es de los que, sin proponérselo, llegan a la emoción épica por los caminos de la naturalidad" [91].

Entre los historiadores de Pizarro destacan Francisco de Jerez y Pedro Cieza de León.

Francisco de Jerez. Secretario y cronista de Pizarro, acompañó al conquistador en sus dos primeros viajes al Perú (1524 y 1526), y con él fue a dar a la isla del Gallo después de los primeros reveses. No figuró, sin embargo, entre los "trece de la fama", sino que regresó a Panamá; pese a lo cual, en 1530 se alistó de nuevo en las tropas de Pizarro, a cuyo lado, como secretario, asistió a toda la campaña. Aunque no, pues, como soldado, fue testigo de todos los sucesos que refiere en su *Verdadera relación de la conquista del Perú y*

---

[90] *Historiografía Indiana*, cit., pág. 143.
[91] Ídem, íd., pág. 145.

provincia del Cuzco llamada la Nueva Castilla [92]. Aunque de título tan parecido a la historia de Bernal Díaz, muchos rasgos le separan de él: Jerez nunca habla de sí mismo, ni da los nombres de sus compañeros de armas, ni relata en primera persona; parece limitarse a cumplir con la mayor puntualidad y rigor la misión para la que su jefe lo había escogido: "hacer la relación y verdadera averiguación de lo que pasare". Su historia obtuvo gran aceptación: "La crónica de Xerez —dice Esteve— se reprodujo varias veces, pasó a la obra de Oviedo, se tradujo con insistencia, fue el fundamento de todas las historias de la conquista del Perú, desde Herrera hasta Prescott. Se lo merece, porque su autor, Francisco de Xerez, a pesar de su concisión, es el más preciso, detallado, objetivo e importante de todos los cronistas, aunque posiblemente peque de frío, lejano y oficial. Es la antítesis del cálido y verboso Bernal Díaz..." [93]. Pese a su sequedad, Jerez perfila y compone con maestría su relación, que, aparte su importancia historiográfica, tiene también gran mérito literario.

Pedro Cieza de León. Nació en Llerena y pasó a las Indias a la edad de trece años. Estuvo en ellas como soldado por espacio de diecisiete y regresó a su patria donde murió todavía muy joven. En su obra *La guerra de Quito*, que historía las luchas civiles del Perú, se muestra como el primer geógrafo del Nuevo Mundo tanto como diligente historiador. "En él se aúnan con feliz resultado —dice Sánchez Alonso— el soldado que escribe sus propios recuerdos y el historiador que concibe una obra de grandes vuelos y pone todo su esfuerzo en realizarla. La doble personalidad asoma con frecuencia, hallándose, junto a citas de erudita apariencia, candorosas reflexiones de tipo popular". Cieza escribió también, con iguales méritos y características, una *Crónica del Perú* [94] que no se conserva completa. Tiene gran importancia en esta obra el elemento descriptivo así como numerosos datos sobre las costumbres de los indígenas. Recogió no solamente la historia coetánea, sino cuantos datos pudo lograr de la época prehispánica, siendo, por tanto, el primer historiador que traza de la historia del Perú un cuadro de conjunto de excepcional importancia.

Entre los otros muchos historiadores de la época, merece también citarse Álvar Núñez Cabeza de Vaca, que nos da en sus *Naufragios* [95] una crónica de sus numerosas e increíbles aventuras, con gran acopio de observaciones y una prosa enérgica y concisa de traza picaresca.

---

[92] Ediciones: en *Historiadores primitivos de Indias*, II, cit. Ed. de Carlos A. Romero, en "Colección de libros y documentos referentes a la historia del Perú", V, 1917.
[93] *Historiografía Indiana*, cit., pág. 397.
[94] Ediciones: Alberto Mario Salas, Buenos Aires, 1943. Julio Le Riverend, en *Crónicas de la Conquista del Perú*, México, 1946. Cfr. Raúl Porras Barrenechea, *Los cronistas del Perú, 1528-1650*, Lima, 1944.
[95] Edición en *Historiadores primitivos de Indias*, II, cit.

CAPÍTULO XVIII

LA NOVELA PICARESCA. EL "LAZARILLO DE TORMES"

APARICIÓN DE LA PICARESCA. SU SIGNIFICACIÓN

La literatura de la época del Emperador se completa en los finales de su reinado con la publicación, en 1554, del *Lazarillo de Tormes*, libro que significa a la vez la aparición y el triunfo de la novela picaresca, uno de los géneros más representativos, genuinos y populares de nuestra historia literaria.

Rasgos distintivos. Aunque con el tiempo evolucionó —o varió, más bien— en muchos de sus rasgos, en su traza esencial el *pícaro*, protagonista de estos relatos y de quien el género tomó su nombre, es un personaje nacido en los bajos fondos de la sociedad, sin oficio determinado, criado de muchos amos, hombre de cortos escrúpulos y vida irregular. Dado a la holganza y al vagabundaje, para proveer a sus necesidades más inmediatas prefiere con frecuencia mendigar, o aplicarse a pequeñas raterías y a ingeniosas tretas, que someterse a la molesta tiranía de un trabajo fijo. De hecho, sin embargo, no vive por entero al margen de la ley, ya que para enfrentársele abiertamente anda tan falto de ambiciones como sobrado de cautela. Su bajo origen y la estrechez de su vivir le convierten en un desengañado irremediable frente a todas las excelencias y valores de la vida social; la necesidad de soportar las desventuras de su condición determina su filosofía pesimista no menos que su estoica resignación para aguantar los daños que vinieren; y la intimidad con que trata a las gentes a quienes sirve le hace ver las miserias de la supuesta grandeza humana y le apareja el dardo de su sátira.

No puede decirse, en cambio, que el pícaro sea lo que en lengua de nuestros días se llamaría un hombre materialista y práctico, puesto que sus tretas jamás le llevan a ningún puesto de provecho; es un "realista" tan sólo en el sentido de ver la vida fríamente, sin románticas exaltaciones, pero carece de toda ambición y hasta de codicia. En el fondo, es un asceta injertado de cínico, convencido de que las cosas de este mundo no valen lo que cuestan, si hay que luchar por conseguirlas, y que nada es tan cómodo como vivir —a lo que salga— de parásito de una sociedad en cuyas excelencias no cree ("si es de buena sangre el rey - de tan buena es su piojo", diría más tarde Quevedo), esforzándose lo indispensable para subsistir, sin las trabajosas inquietudes que desazonan a los demás.

En un reciente estudio, fundamental, al que habremos de referirnos muy extensamente, Alexander A. Parker [1] modifica esta silueta tradicional del *pícaro* —que parece subrayar los aspectos más bien pintorescos y su carácter de ocioso vagabundo cínico-estoico— para poner de relieve otros rasgos más positivos. Frente al *rogue* inglés y los *romances of roguery* —novelas de picardía—, que traducen en especial aquellos caracteres, Parker propone el calificativo de *delinquent* como más apropiado para definir lo que el pícaro vino a significar en la literatura española del siglo XVII; *delincuente* quiere decir aquí, sostiene Parker, un trasgresor de las leyes civiles y morales: no un malhechor depravado, tal como un *gangster* o un asesino, pero sí una persona infamada y antisocial, aunque en forma menos violenta. La revalorización, en nuestros días, de la novela picaresca puede encontrar apoyo si descubrimos la *actualidad* del pícaro, oscurecida, dice Parker, por la tradicional interpretación del género; la proliferación actual de jóvenes "desarraigados", así como de la literatura que los describe, puede revelarnos por analogía el carácter del personaje *picaresco*, que hace su entrada por primera vez en la literatura de Europa a través de las novelas a que da su nombre.

Aunque el *Lazarillo* como creación literaria —y la picaresca con él— es el resultado de una inspiración genial, su alumbramiento estaba implícito en la propia entraña de nuestra literatura precedente. Gentes de este carácter realista y antiheroico las hemos visto aparecer repetidamente en la obra de ambos Arciprestes [2], en *La Celestina*, en los personajes caricaturescos de las far-

---

[1] Alexander A. Parker, *Literature and the Delinquent. The Picaresque Novel in Spain and Europe, 1599-1753*, Edimburgo, 1967. Traducción española, Gredos, 1969.

[2] Menéndez y Pelayo decía del libro del Arcipreste de Hita —como oportunamente vimos— que estaba formado esencialmente por "una novela picaresca, de forma autobiográfica", que sirve de hilo conductor, o de soporte, a todas las demás partes del relato; pero, aunque el autor no puede ser considerado como un pícaro en la acepción habitual, son incontables los elementos inequívocamente picarescos de su obra, dentro del amplio concepto que hoy puede atribuirse a tal palabra. En el estudio que precede a su edición de *La novela picaresca española*, recuerda Valbuena Prat el retrato de Don Furón, mozo del Arcipreste, que parece la exacta descripción del pícaro clásico:

> *Era mintroso, bebdo, ladrón e mesturero,*
> *tafur, peleador, goloso, refertero,*
> *reñidor e adevino, sucio e egorero,*
> *necio, perezoso: tal es mi escudero.*

sas teatrales, tanto profanas como religiosas; igualmente podemos encontrarlas en las comedias de Gil Vicente y Torres Naharro. En 1528, había aparecido *La lozana andaluza*, de Francisco Delicado, novela dialogada, abundante en personajes —rufianes, alcahuetas, rameras— de inequívoca estirpe picaresca [3].

Pero lo que en todos estos autores se manifiesta de modo aislado y ocasional, adquiere en la novela picaresca un especial carácter, una acumulación de aspectos y rasgos tan definidos que la convierten en algo radicalmente distinto de todo lo anterior, en un género nuevo; de tal manera que siempre que se alude a la literatura picaresca, se piensa inequívocamente en la serie de producciones novelescas de esta especie que comienza con el famoso libro de los últimos días del Emperador. Así mismo sabemos que producciones literarias con más o menos componentes de la picaresca han aparecido en todas las literaturas de Europa [4]. Pero sólo en España adquiere aquélla el carácter de un géne-

---

[3] Manuel Criado de Val, en la nueva edición de su *Teoría de Castilla la Nueva*, —Madrid, 1969—, sugiere una fuente literaria, apenas estudiada todavía, pero que juzga de capital importancia para la génesis de la novela picaresca. Lo que Criado califica de "contorno picaresco" surge en primer lugar en la *Celestina*, sobre todo en el *Tratado de Centurio*, "fundamental nacimiento de la picaresca", pero crece aún en las continuaciones de Silva, de Muñón y de Gómez de Toledo, donde el género picaresco tiene, según dicho investigador, la fuente inmediata: "A lo largo de las cuatro obras celestinescas —dice— podemos seguir todo el enorme desarrollo que adquiere en la literatura castellana el argot, la clave erótica y popular que va extendiéndose y culmina precisamente en las obras celestinescas y picarescas del siglo XVI... La audacia, la desenvoltura erótica de algunas de estas obras, incomprensible en épocas que parecen tener una fuerte censura inquisitorial, es asombrosa. Las continuaciones superan en este aspecto a la *Primera Celestina* hasta el extremo de que solamente *La Lozana Andaluza* podría superar las escenas de burdel que aparecen en la obra de Gómez de Toledo" (págs. 323-324). En la *Segunda Celestina*, compuesta por Feliciano de Silva —libro puesto en el *Índice* de 1559 por su carácter anticlerical—, más que el drama de los amantes, que queda trivializado, "interesa el mundo cortesano y picaresco que los rodea" (pág. 326). Gaspar Gómez de Toledo, en su *Tercera Celestina*, "conoce y describe con todo lujo de detalles los tipos picarescos que cada vez se desarrollan con mayor vigor en la sociedad española. Muchas de sus frases y de sus escenas están tomadas del natural" (pág. 327). En *Lisandro y Roselia*, de Sancho de Muñón, última cronológicamente de las continuaciones de la *Celestina*, se vuelve a la tradición celestinesca del *Libro de Buen Amor*, que, aunque siempre está en el fondo de toda literatura de esta especie, nunca como en la obra de Muñón aparece en forma directa (pág. 328).

[4] Al tratar de encontrar las posibles fuentes literarias de la picaresca española, se han señalado —junto a los mencionados antecedentes de nuestra propia literatura— otras muchas de diverso origen, que pueden hacerse remontar hasta las mismas literaturas clásicas. Así, por ejemplo, existe una indudable afinidad con el ambiente picaresco en el *Satiricón*, de Petronio, sobre todo en los dos mozalbetes, vagabundos y ociosos, que viven de aprovechar los ostentosos festines de Trimalción y sus congéneres. *El Asno de Oro*, de Apuleyo parece contener también gérmenes picarescos en la peculiar sucesión de sus aventuras.

Parentescos más íntimos pueden hallarse durante la Edad Media en todas las literaturas de Europa. El *Roman de Renart*, con su sátira social y las incesantes trapacerías y

ro inconfundible, genuinamente nacional, y —lo que casi es más importante— la significación de una actitud vital, de una especial "categoría humana": no importa que, en cualesquiera otros libros, sean parecidos los ambientes, los tipos y hasta el procedimiento narrativo o la intención satírica. Aspecto este último —por otra parte— que la novela picaresca acoge como elemento capital; el mismo recurso técnico de que el pícaro sirva a distintos amos no es sino medio para hacer desfilar diversas clases sociales a las que el pícaro pone en evidencia. Dentro de esta sátira ocupa lugar preponderante, propio de la época del Emperador, el erasmismo que, como veremos, tiene en el *Lazarillo* una de sus manifestaciones más notables.

En general, todas las novelas picarescas poseen una misma estructura o disposición: son relatos autobiográficos. El héroe caballeresco había tenido siempre su biógrafo, pero, dentro de la ficción novelesca, parece que nadie puede ocuparse, según la mentalidad de su tiempo, de un personaje de tan escasa importancia social como es el pícaro, por lo que sólo él puede historiar su propia vida. "Una vida insignificante, el reverso de la proeza, que se cuenta a sí misma. Es éste un hallazgo genial —escribe Américo Castro comentando este carácter esencial de la picaresca, introducido por el *Lazarillo*—. Porque si no hubiera sido así, ¿quién iba a reparar en aquella vida? Audazmente, las pobres experiencias de Lázaro se deciden a tomar forma, y para compensar tamaña avilantez, el autor verdadero se queda en la sombra. Autobiografía de Lazarillo y anonimato, dos caras de un mismo hecho"[5]. Ampliando esta misma idea dice en otro lugar: "Olvidando la España magnífica y conquistadora de tiempos de Carlos V, el interés se concentra ahora sobre una figurilla humilde, vacía de valores estimables para aquel mundo, aunque llena de la conciencia de su desnuda persona y de la voluntad de sostenerla frente a los más duros contratiem-

---

astucias del zorro, nos muestra un mundo picaresco, bien que esta vez bajo la forma de animales, como apólogo que es. Aspectos de astucia y picardía se dan profusamente en los "fabliaux" franceses, como en el *Richeut,* caricatura de la vida nobiliaria, o en el "cuento de los tres ladrones, Travers, Haimet y Barut", cuyos ardides ponen a prueba la sagacidad de las autoridades; en el "jeu" francés del siglo XIII *Le garçon et l'aveugle* encontramos al mozo de ciego, antecedente del Lazarillo, incluso con el ardid de sorberse por medio de una paja el vino de su amo; sátira, picardías y astucia existen en muchos relatos del *Decamerón,* y en Chaucer, y en numerosas narraciones de todos los países, sin olvidar las avisadas cautelas de tantos "ensiemplos" de don Juan Manuel en el *Libro de Patronio*. También han sido recordadas las aventuras del alemán Till Eulenspiegel, y el también alemán *Liber vagatorum,* de 1510, donde se definen los rasgos del personaje picaresco. Sobre todos estos posibles antecedentes de nuestra novela picaresca, véanse: Frank Wadleigt Chandler, *Romances of Roguery: an Episode in the History of the Novel, Part I, The Picaresque Novel in Spain,* Nueva York, 1899; reimpresión, Nueva York, 1961 (traducción española, Madrid, 1913). Fonger de Haan, *An Outline of the History of the Novela Picaresca in Spain,* La Haya-Nueva York, 1903. J. D. M. Ford, *Possible foreign sources of the spanish novel of Roguery,* Boston, 1913.

[5] "Perspectiva de la novela picaresca", en *Semblanzas y estudios españoles,* Princeton, N. J., 1956, pág. 74.

pos. Pero como una biografía de tan minúsculo personaje habría carecido de toda justificación (estaba muy lejos el Romanticismo del siglo XIX), el autor hubo de inhibirse y ceder la palabra a la criatura concebida en su imaginación. El estilo autobiográfico resulta así inseparable del mismo intento de sacar a la luz del arte un tema hasta entonces inadvertido o desdeñado. La persona del autor (¿un descendiente de judíos?) se retrajo tanto, que ni siquiera quiso revelar su nombre. El autobiografismo del *Lazarillo* es solidario de su anonimato"[6]. Y explicando la parte que este carácter autobiográfico pudo incluso tener en el gran éxito del libro, escribe: "Un primer motivo para tanta popularidad fue la forma audazmente autobiográfica, no usada antes, pues en los relatos de Boccaccio y de otros narradores las vidas de los personajes eran sostenidas y llevadas por las palabras del autor. Estas narraciones referían los actos humanos como el dibujo o la pintura representan la imagen de una persona o un trozo de naturaleza; en el *Lazarillo*, a diferencia de eso, sentimos la ilusión de contemplar la vida misma sin ningún intermediario: aparece así un individuo que nos invita, sin más, a penetrar en su intimidad, a contemplarla desde el interior de su propia experiencia"[7]. Este protagonista —comenta en unas bellas páginas Francisco Ayala— ya no es un puro nombre, un tipo esquemático y convencional, del que se cuelgan, como de una percha, tales o cuales historietas, sino el sujeto de un destino humano individual, en función del cual los hechos que se refieren adquieren su sentido; con esto se han transtornado todos los valores y lo que ahora importa ya no es aquello que acontece sino a quién le acontece; los hechos se sitúan en la perspectiva única de un individuo concreto "para hacernos contemplar el mundo a través de su conciencia activa". Al referir, además, esta experiencia propia, tan distante de las proezas de los héroes, afirma el valor de los acontecimientos vulgares y de la prosa que les cuadra, con lo cual queda asentada la dignidad de la vida humana por encima de cualquier diferencia social y, consecuentemente, los fueros artísticos de la novela[8].

Otro rasgo esencial de las novelas picarescas es que se desenvuelven siempre en forma lineal, como una sucesión —generalmente inconexa— de episodios; el pícaro no tiene plan ni proyectos definidos para vivir, por lo que también su biografía parece que se va componiendo al azar de los acontecimientos. "La persona del pícaro —dice Pfandl— constituye el solo lazo de unión, el resto es un constante ir y venir de figuras episódicas. Aunque llegue-

---

[6] Prólogo a la edición del *Lazarillo*, de Hesse y Williams, Madison, Wisconsin, 1948; reproducido en el volumen citado, págs. 94-95.

[7] Idem, íd., pág. 93.

[8] Francisco Ayala, "Formación del género novela picaresca: El *Lazarillo*", en *Experiencia e invención (Ensayos sobre el escritor y su mundo)*, Madrid, 1960, págs. 127-147. Para Parker, en cambio, la forma autobiográfica, aunque adoptada por la mayoría de las novelas picarescas, no es esencial; "el rasgo fundamental del género —dice— es la atmósfera de delincuencia" (*Literature and the Delinquent*, cit., pág. 6).

mos a la conclusión de una aventura, nunca termina definitivamente la relación de la vida del protagonista, siempre cabe una continuación, y la lectura de la obra puede empezarse por la mitad y por el capítulo que se quiera. La falta de limitación y de verdadera trabazón interior son ciertamente defectos esenciales de la novela picaresca, pero es innecesario acentuarlos, porque estas historias no son ni pueden ser otra cosa que autobiografías. La vida, tanto la real como la imaginada (y esta última mucho más en cuanto menos se aparte de la realidad) corre ordinariamente en zigzag, y no según un esquema fijado de acuerdo con la crítica literaria"[9].

Causas que provocan su aparición. Dijimos al comienzo que la novela picaresca representa uno de los géneros más genuinos de nuestra historia literaria. Esto exige explicar las razones que provocaron su aparición, precisamente entre nosotros y en aquellas circunstancias concretas. Las causas aducidas son muy variadas, y si a veces pueden resultar confluyentes, son irreconciliables en otros casos, por lo que el problema sigue atrayendo la atención de los investigadores. Partiendo del supuesto —encarecido por la crítica y la historiografía positivistas del pasado siglo, al producirse el renovado interés por este género literario— de que la picaresca debe ser interpretada esencialmente como un *documento social*, se han estudiado las condiciones existentes en nuestro país en el período de su florecimiento, atendiendo en particular a dos planos fundamentales: el literario y el sociológico; bien entendido que al referirnos al literario no aludimos aquí a los posibles antecedentes o fuentes concretas, que son objeto de otro estudio. He aquí, esquematizadas, las razones de índole literaria. La exaltación del idealismo renacentista se había manifestado en la lírica y la novela pastoril, las novelas caballerescas y de aventuras, en las que sólo parecían tener cabida los altos sentimientos, el honor, la gloria, el amor ideal, mientras quedaban sistemáticamente ausentes las vulgares realidades de la vida ordinaria así como las bajas pasiones, la necesidad o el dolor. Para muchos comentaristas la picaresca se originó, en consecuencia, como una reacción que oponía al pastor idealizado y al héroe caballeresco un personaje antiheroico y ásperamente real: el pícaro. Así, por ejemplo, Américo Castro, que, sin dejar de subrayar vigorosamente otros aspectos fundamentales para la génesis de la picaresca —que luego indicaremos—, escribe: "Según vengo diciendo tiempo ha, el pícaro es el antihéroe, y la novela picaresca nace sencillamente como una reacción antiheroica, en relación con el derrumbamiento de la caballería y de los mitos épicos. La originalidad española consistió en oponer a la tradición popularizada de lo heroico, de la aventura tensa, una crítica vulgar, de 'filosofía vulgar'. Visto así de abajo arriba, el espectáculo del mundo iba a ser de gustoso solaz. Lo insignificante

---

[9] *Historia de la Literatura Nacional Española en la Edad de Oro*, trad. española, Barcelona, 1933, pág. 300.

entra en escena con audacia desvergonzada —por mucho que se excuse— y exhibiendo únicamente su carencia radical de heroísmo" [10].

Pero no resulta sencillo determinar si lo picaresco nació de esta reacción o fue, por el contrario, este género de novela el que secó a la larga el gusto por las demasías bucólico-caballerescas: diferencia muy importante. Pfandl afirma resueltamente: "De todas las causas que contribuyeron al nacimiento y desarrollo de la novela picaresca, las de menor peso me parecen ser las influencias puramente literarias. Se suele decir que aquel género no es más que una protesta y una reacción contra la novela caballeresca y la pastoril y toda la ilusión del amor idealista y las historias de aventuras. Cansados de los gestos heroicos y, sobre todo, del amor, quiso el público ver pintada la vida tal cual era. No lo creo, porque, de haber sido así, no se hubieran entregado tanto las gentes, en la misma época, a la novela caballeresca morisca de Pérez de Hita, y todavía más y durante más tiempo a la novela de aventuras amorosas de Persiles y Segismunda. En realidad no se trata de algo puramente literario ni tampoco de una cuestión de simple moda en la lectura, relacionada con la fatiga del lector. La causa radica más profundamente. El picarismo en la novela creció sin aditamento de caballeros, pastores y demás ilusiones románticas, porque nacía con tal naturalidad y casi diría tan necesariamente del ambiente espiritual, material y social, que por fuerza hubiese alcanzado el mismo desarrollo, aunque antes no hubiera habido Dianas y Amadises" [11].

Este ambiente material y social a que Pfandl alude, y que ha sido proclamado como determinante capital de la picaresca por numerosos comentaristas, con Morel-Fatio [12] y Fonger de Haan [13] a la cabeza, podría resumirse en los aspectos siguientes. Primeramente, y como fondo general del cuadro, en el carácter inquieto y aventurero de todo el pueblo hispano, provocado por las innumerables empresas nacionales en Europa y en el Nuevo Mundo; la vida de cualquier español de entonces podría inspirar una biografía de excepción. Innumerables soldados y aventureros de toda índole, al regresar de sus campañas, arruinados e inválidos las más veces, engrosaban las filas de los desarraigados incapaces de someterse a una existencia ordenada y a un trabajo sedentario; a lo cual contribuía además el tradicional menosprecio por esta clase de actividades, ejercidas durante siglos por moriscos y judíos. Por otra parte, la decadencia de la economía, pronto iniciada, y la pobreza de los campos empujaban hacia las ciudades a masas de gentes, dispuestas a buscar acomodo al servicio de cualquier señor o a vivir como se pudiera; de donde arrancaba una creciente tendencia —¿o necesidad?— al parasitismo y la holgazanería, tan

---

[10] "Perspectiva"..., cit., pág. 75.
[11] *Historia*..., cit., pág. 299.
[12] A. Morel-Fatio, "Recherches sur Lazarille de Tormes", en *Études sur l'Espagne*, primera serie, París, 1888; 2.ª ed., 1895.
[13] Fonger de Haan, *An Outline*..., cit.; también, del mismo, "Pícaros y ganapanes", en *Homenaje a Menéndez Pelayo*, II, Madrid, 1899, págs. 149-190.

peculiares de lo picaresco, de los que hay testimonios innumerables en documentos de la época y en obras de finalidad no específicamente literaria. El cansancio de la vida heroica, tan largamente sostenida ya, y el comienzo de los reveses hacía preguntarse si todo aquel esfuerzo sería de algún provecho; y surgía un sentimiento de desengaño cínico frente a los viejos entusiasmos. Por otros caminos se llegaba también a parecidas consecuencias: el hondo sentido individualista aliado a un concepto mitad estoico, mitad religioso-moral que menospreciaba los bienes y las comodidades materiales y estimaba la vida como mera apariencia y vanidad, hacía preferir a muchos la libertad andariega y despreocupada —no exenta de riesgos, sin embargo—, bohemia y mendicante incluso, a cualquier esfuerzo remunerador, pero sostenido y exigente.

Dentro, y fuera, de la novela picaresca pueden hallarse ejemplos tan abundantes como inequívocos de este desprecio, cínico y antisocial, del pícaro por la vida industriosa y materialmente fructífera, y de su gusto por la vagancia despreocupada y libre de cuidados. "Florida picardía" y "almíbar picaresco" llama a su vida Guzmán de Alfarache. Y hablando de sus excelencias, dice: "¡Qué linda cosa era y qué regalada! Sin dedal, hilo ni aguja, tenaza, martillo ni barrena ni otro algún instrumento más de una sola capacha, como los hermanos de Antón Martín —aunque no con su buena vida y recogimiento—, tenía oficio y beneficio. Era bocado sin hueso, lomo descargado, ocupación holgada y libre de todo género de pesadumbre. Poníame muchas veces a pensar la vida de mis padres y lo que experimenté en la corta mía, lo que tan sin propósito sustentaron y a tanta costa. ¡Oh —decía—, lo que carga el peso de la honra y cómo no hay metal que se le iguale! ¡A cuánto está obligado el desventurado que della hubiere de usar!"[14]. Pocas palabras más expresivas al respecto que éstas que siguen de Estebanillo González: "Con el provecho de estos percances, ración y salario que ganaba, comía con sosiego, dormía con reposo, no me despertaban celos, no me molestaban deudores, no me pedían pan los hijos ni me enfadaban las criadas, y así no se me daba tres pitos que bajase el Turco, ni un clavo que subiese el Persiano, ni que se cayese la torre de Valladolid. Echaba mi barriga al sol, daba paga general a mis soldados y me reía de los puntos de honra y de los embelecos del pundonor, porque a pagar de mi dinero, todas las demás son muertes y sólo es vida la del pícaro"[15]. Y más jugosa aún es quizá la declaración de Lázaro de Tormes en la continuación o "Segunda Parte" de H. de Luna: "Si he de decir lo que siento, la vida picaresca es vida, que las otras no merecen este nombre; si los ricos la gustasen, dejarían por ella sus haciendas, como hacían los antiguos filósofos, que por alcanzarla dejaban lo que poseían; digo por alcanzarla, porque la vida filósofa y pícaral es una misma; sólo se diferencian en que los filósofos dejaban lo que poseían

---

[14] Edición Valbuena Prat en *La novela picaresca española*, Madrid, 4.ª ed., 1962, página 300.

[15] Edición Valbuena Prat, íd., íd., pág. 1.752.

por su amor, y los pícaros, sin dejar nada, la hallan. Aquéllos despreciaban sus haciendas para contemplar con menos impedimento en las cosas naturales, divinas y movimientos celestes; éstos, para correr a rienda suelta por el campo de sus apetitos; ellos las echaban en la mar, y éstos en sus estómagos; los unos, las menospreciaban como caducas y perecederas; los otros no las estimaban por traer consigo cuidado y trabajo, cosa que desdice de su profesión; de manera que la vida picaresca es más descansada que la de los reyes, emperadores y papas. Por ello quise caminar como por camino más libre, menos peligroso y nada triste" [16]. Los ejemplos de esta actitud podrían multiplicarse fácilmente. El mismo Lope alude a las ventajas de la vida picaresca en este pasaje:

> ¡Ay, dichosa picardía!
> ¡Comer provechoso en pie!
> ¿Cuándo un pícaro se ve
> que muera de apoplejía?
>
> ¡Ay, dormir gustoso y llano,
> sin cuidado y sin gobierno,
> en la cocina el invierno
> y en las parvas el verano... [17].

Pero quizá el testimonio más interesante, por haber sido compuesto exprofesamente con este fin, sea *La vida del pícaro*, poema en tercetos, publicado por primera vez en 1601 y atribuido a varios escritores:

> ...¿Qué gusto ay como andar desabrochado,
> con anchos y pardillos zaraguelles,
> y no con veynte çintas atacado?...
>
> Tú, pícaro, de gradas haçes sillas,
> y, sin respeto de la justa media,
> a tu plaçer te asientas y arrodillas...
>
> ¡O pícaros cofrades! ¡quién pudiese
> sentarse qual vosotros en la calle
> sin que a menos valer se le tubiese!
>
> ¡Quién pudiese vestir a vuestro talle,
> desabrochado el cuello y sin petrina,
> y el corto tiempo a mi savor goçalle!...

---

[16] Capítulo VIII, edición Valbuena Prat, íd., íd., pág. 127.
[17] *El Gran Duque de Moscovia*, acto II; ed. de la Academia, vol. VI, pág. 627.

*¡O pícaros, amigos desonrrados,
cofrades del plaçer y de la hanchura
que libertad llamaron los pasados!...*

*¡O vida picaril, trato picaño!
confieso mi pecado: diera un dedo
por ser de los sentados en tu escaño...*

*Sólo el pícaro muere bien logrado,
que, desde que nació, nada desea,
y ansí lo tiene todo acaudalado...* [18].

De cómo el pícaro lo era a veces sin verse constreñido a ello y sólo por absoluta decisión de su libérrima voluntad, testimonia Cervantes en *La ilustre fregona*: "Trece años, o pocos más, tendría Carriazo cuando, llevado de una inclinación picaresca, sin forzarle a ello algún mal tratamiento que sus padres le hiciesen, sólo por su gusto y antojo, se desgarró, como dicen los muchachos, de casa de sus padres, y se fue por ese mundo adelante, tan contento de la vida libre, que en la mitad de las incomodidades y miserias que trae consigo, no echaba menos la abundancia de la casa de su padre, ni el andar a pie le cansaba, ni el frío le ofendía, ni el calor le enfadaba; para él todos los tiempos del año le eran dulce y templada primavera; tan bien dormía en parvas como en colchones; con tanto gusto se soterraba en un pajar de un mesón como si se acostara entre sábanas de Holanda. Finalmente, él salió tan bien con el asunto del pícaro, que pudiera leer cátedra en la facultad al famoso de Alfarache" [19].

Resulta curioso comprobar cómo este aspecto de la renuncia cínico-estoica a la vida ordenada, posible determinante del mundo picaresco y esencial componente de sus novelas, coincide con la literatura ascética en su desprecio por los bienes materiales y, consecuentemente, en su preocupación por moralizar.

Todos los autores de la picaresca, como veremos, con la notoria excepción del *Lazarillo*, prodigan las disertaciones morales, a veces enfadosas; la trama novelesca parece ser muchas veces un pretexto para capturar el interés mientras se le asesta al lector la enseñanza práctica. Como muchas veces se ha dicho, toda novela picaresca es "ejemplar". Casi siempre el protagonista-autor escribe

---

[18] *La vida del pícaro, compuesta por gallardo estilo en tercia rima*, ed. crítica de Adolfo Bonilla y San Martín, en *Revue Hispanique*, IX, 1902, págs. 295-330 (los tercetos reproducidos hacen los números 78, 83, 93, 94, 96, 101 y 106; págs. 316-320). *La vida del pícaro* ha sido atribuida a Pedro Liñán de Riaza, a Lupercio Leonardo de Argensola y a Diego Hurtado de Mendoza. La primera edición, Valencia, 1601, daba como autor al Capitán Longares de Angulo, un seudónimo, evidentemente; Bonilla sugiere que puede tratarse de cierto Gallegos, criado del primer Duque de Feria, el mismo que compuso *La vida de palacio*.

[19] Edición Valbuena Prat, íd., íd., pág. 150.

curtido ya por los años, y su propia experiencia escarmentada da valor al desengaño ascético. Por eso ha podido discutirse también, como veremos, si la realidad española daba motivos tan abundantes y justificados para el intenso florecimiento de la picaresca, o respondía más bien a una actitud vital de sus cultivadores —sólo objetiva a medias, puesto que cerraba los ojos a las realidades nobles de la vida— que aprovechaba unos hechos para nutrir sus fines satíricos a la vez que ascéticos y moralizadores.

Por su riqueza de sugerencias en relación con el carácter religioso-moral y alcance filosófico de la picaresca, merece transcribirse este párrafo de César Barja: "Para nosotros no es dudosa la afinidad psicológica del pícaro y del místico. No queremos decir que el pícaro sea un místico, sino sólo que en su manera de ver el mundo hay algo de místico. Como el místico, el pícaro no ve en la vida más que algo pasajero, algo finito, que no vale la pena de tomarlo muy en serio, y menos aún de dedicarle un gran esfuerzo. Se dirá que es vagancia la suya. Sí, pero una vagancia altamente filosófica: una vagancia de la que muy pocos españoles se han librado. La inquietud del pícaro nos parece responder a un vacío sentido dentro del alma, aunque el pícaro mismo no se dé cuenta de ello. Es la insatisfacción eterna de algo que nada satisface y que nada puede satisfacer. Esa insatisfacción, ese 'querer' sin objeto determinado, hizo de los unos conquistadores, de los otros guerreros, de los otros místicos, de los otros pícaros, de algunos don Quijote. En el fondo todos coinciden. Hay quizá por eso mismo algo de trágico en toda la novela picaresca, que el ingenio y la gracia del pícaro no pueden borrar. Por debajo de sus gracias y de sus burlas, de sus tretas y de sus mañas, se ve siempre descubrirse un fondo negro y triste, que la sombra del hambre hace aún más negro y más triste. Por otra parte, al mismo tiempo que esa inquietud, el pícaro posee en alto grado la virtud mística de la 'conformidad', de esa conformidad tan española, expresada en más de cien refranes bien conocidos de Sancho Panza, especie de 'senequismo', que consiste en 'aceptar las cosas como vienen, distraerse y consolarse'. Es por todo eso por lo que nosotros vemos en la picaresca un producto genuinamente español. En el carácter del pícaro reconocemos algunos de los rasgos fundamentales del carácter nacional: una cierta cantidad de egoísmo y de sentido material; la vida considerada como una aventura o como una experiencia; la ironía, no de un creyente, sino de un desilusionado y de un escéptico; cierta perversión del sentido moral y cierta complacencia en la contemplación del bajo fondo de las cosas y de las personas; una sensibilidad algo embrutecida para el dolor; el gusto por los contrastes violentos; la astucia como arma de defensa; la inquietud, la indolencia, la imprevisión, la afirmación del amor propio, afirmación individualista, la desorientación ante la vida, la resignación ante la suerte adversa" [20].

---

[20] "Novela picaresca", en *Libros y autores clásicos,* Brattleboro, Vermont, 1922, páginas 219-220. Sobre la actitud moral del pícaro véanse las agudas sugerencias de José

Américo Castro atribuye a la picaresca una intención social, más allá de su mero contenido satírico generalmente admitido; y esta intención sería parte principal para provocar su nacimiento. Recuerda Castro, a tal propósito, la significación de algunos pasajes de *La Celestina*; ésta dice en cierta ocasión a sus criados: "Dejaos morir sirviendo a ruines e hacé locuras en confianza de su defensión. Vedlos a ellos alegres e abrazados, e sus servidores con harta mengua degollados" "Hay, por consiguiente, mucho antes del *Lazarillo* —comenta Castro— una tradición de rebeldía popular, un alzamiento moral de los siervos, que cínica y agresivamente arrojan a la faz del mundo su genealogía antihonrosa"[21]. Lázaro escribe, al final de su introducción, que se ha decidido a contar su propia vida para que "consideren los que heredaron nobles estados cuán poco se les debe, pues Fortuna fue con ellos parcial; y cuánto más hicieron los que siéndoles contraria, con fuerza y maña remando, salieron a buen puerto". "Desde fines del siglo xv —dice Castro—, venían usándose los personajes de las clases más bajas como una especie de proyectil para ser lanzado contra la gente aristocrática y los valores encarnados por ellos secularmente. Quienes carecían de dignidad social comenzaron a adquirir entonces una posible significación literaria, merced, además, a circunstancias históricas, de índole política y religiosa, que no cabe analizar en este momento"[22]. Sería causa decisiva para esta actitud —que luego tendría que resumir Cervantes al afirmar que cada cual es hijo de sus obras— el mismo peso de las doctrinas humanistas, que lo mismo desde el ángulo religioso que del profano afirmaban los derechos del individuo, hijo de sus obras, sin cuenta de su heredada condición o posición en la sociedad. "Cristianismo humanista o humanismo cristianizado es lo que preparará los ánimos a la rebeldía, lo que hace erguirse al humilde, que dice 'aquí estoy yo', y se lanza a otear el panorama de su tiempo y a enjuiciarlo y a sentenciarlo ásperamente. Todos esos pastores, esos rústicos, esos criados de *La Celestina* que reniegan de sus señores, son antecedentes de Lázaro de Tormes, no sólo porque sean tipos inferiores, audaces y truhanescos, sino porque 'son rebeldes, con conciencia de que tienen derecho a ser rebeldes', porque se sienten en un nuevo clima moral y jurídico. Y ése es el sentido de las reprimendas al Clero y a su vida antievangélica y desmesurada"[23]. El pícaro desprecia ya los viejos valores que había ensalzado la caballería, porque sabe que siempre son vanos y con gran frecuencia mendaces; y afirma frente a ellos su cínica pobreza vagabunda con actitud no exenta de resentimiento. Tardará todavía —era obra de siglos— en poder desmontar de hecho a sus señores y

---

F. Montesinos, "Gracián o la picaresca pura", en *Ensayos y Estudios de Literatura Española,* México, 1959, págs. 132-145; y el bello artículo de J. Frutos Gómez de las Cortinas, cit. luego, "El antihéroe y su actitud vital".

[21] "Perspectiva...", cit., pág. 77.
[22] Prólogo al *Lazarillo,* cit., pág. 94.
[23] "Perspectiva...", cit., págs. 90-91.

colocarse en su lugar; pero entretanto puede desahogar su disconformidad rumiando el placer divino de la sátira [24].

Pero, sin desmentir esta intención social, Américo Castro ha sostenido después que no la considera suficiente para justificar el nacimiento de la picaresca ni definir sus propósitos y contenido; ni tampoco la explica por entero la sátira erasmista, de la cual trataremos luego. Su tesis última consiste en atribuir la aparición de la novela picaresca, y concretamente del *Lazarillo*, al pensamiento de los conversos, que reaccionaban "con desesperada indignación al no verse protegidos por los principios humanos en que se fundaba el cristianismo adoptado por ellos" [25]; desde esta "posición marginal" se expresan en la forma agresiva que predomina en dichas novelas. En estos libros, viene a decirnos Castro, se defiende el concepto de que la honra depende de la conducta personal, no del linaje ni de lo decidido por la opinión del vulgo; en cambio, "para los conversos, el confundir la honra con la opinión venía siendo la fuente de todos sus males" [26]. Este enfoque conduce a Castro a rechazar, para el alumbramiento de la picaresca, las otras razones aducidas preferentemente por la crítica positivista y por él mismo: "Hasta no hace mucho —escribe— habíamos interpretado la novela picaresca desde estos puntos de vista: 1.º Abundancia de pícaros y vagabundos en España —explicación que satisfará al materialismo histórico, y que al historiador de literatura le deja indiferente. 2.º Erasmismo anticlerical, actitud que no cubriría la totalidad del *Lazarillo*, ni siquiera lo que tiene de anticlerical. 3.º Gusto hispánico por el realismo, idea imprecisa que se limitaría a aludir a la preferencia de la picaresca por las realidades de tipo menor o insignificante, excluidas antes de la zona del arte. Real es, empero, tanto lo alto como lo bajo; el anhelo místico

---

[24] En su libro *El mundo social de La Celestina*. Madrid, 1964, José Antonio Maravall desarrolla y sistematiza con gran precisión los caracteres de ese "nuevo clima moral y jurídico" sugerido aquí por Américo Castro. Maravall, centrado en el estudio de la crisis de fines del siglo XV, que tiene su más profunda manifestación literaria en *La Celestina*, no prolonga —por ser ajeno a su trabajo— la proyección de dicha realidad hasta las páginas de la futura picaresca. Pero el cuadro de las clases sociales que llenan los "planos bajos" de la obra de Rojas, tal como queda iluminado por Maravall, explica perfectamente el carácter de rebeldía aludido por Castro (véanse especialmente los capítulos IV, V y VI de la obra citada).

[25] "Perspectiva de la novela picaresca", en *Hacia Cervantes*, 3.ª ed., "considerablemente renovada", Madrid, 1967, pág. 139. Hemos conservado los anteriores textos de Castro —incluidos ya en nuestra primera edición de este libro— tal como aparecen en *Semblanzas y estudios españoles*, cit. Pero, dado que Castro ha corregido, modificado y ampliado notablemente estos dos estudios citados —desde la 1.ª ed. en *Hacia Cervantes*, Madrid, 1957— para acoger sus nuevas ideas sobre la picaresca y los conversos, nos atenemos, a partir de este punto, a la edición mencionada, donde las ideas de Castro reciben, por el momento, su última versión.

[26] "Perspectiva...", ed. cit., pág. 121.

tanto como las hambres mortales de Lázaro de Tormes. La sobada frase 'realismo de la novela picaresca', en última instancia, no significa nada"[27].

En el reciente libro aludido, de interés capital para el estudio de la picaresca —desde las causas que la originan hasta su influjo en el proceso de la moderna novela europea—, Alexander Parker sistematiza su posición, que intentaremos resumir. Según Parker, existen cuatro supuestos básicos —cuatro prejuicios, vale decir— que impiden la adecuada valoración del género que nos ocupa: primero, la creencia de que la picaresca surge en España en aquel momento porque sus condiciones sociales eran las más apropiadas para la producción en gran escala de pícaros desarraigados[28]; segundo, la idea de que las novelas picarescas son por esencia cómicas, dado que sus autores se vuelven hacia la captura de la vida real y en especial del mundo bajo como reacción contra la literatura idealista; tercero, el convencimiento de que, puesto que estas novelas se oponen a las condiciones dominantes en la sociedad, esta sociedad que retratan es más importante que los personajes individuales presentados como protagonistas; y, cuarto, que, supuesto que estas novelas son esencialmente festivas y tratan del mundo ínfimo, carecen de propósito moralizador, o, si lo manifiestan, es pura hipocresía o convencionalismo, mero respeto al decoro social. El primero de estos prejuicios, dice Parker[29], es casi general; los otros tres proceden del libro de Chandler. Es evidente, dice el comentarista, que pueden aducirse abundantes testimonios desfavorables sobre las condiciones sociales y económicas de la vida española durante los siglos XVI y XVII; pero tales descripciones, todo lo exactas que se quiera, escogidas en un solo sector, sólo poseen valor comparativo, y es evidente que pueden hallarse iguales en todos los países de Europa en la misma época. Por lo que afecta al caso concreto de la proliferación de pícaros desarraigados en otras naciones Parker aduce testimonios elocuentes y curiosa bibliografía, que demuestran la universalidad del hecho, con preciosos detalles en que no podemos extendernos aquí[30]. Está fuera de duda, resume Parker, que si la nueva novela realista del siglo XVI sobre los pícaros y delincuentes necesitaba una sociedad adecuada para florecer, pudo hacerlo con la misma facilidad en cualquier otro país de Europa; lo que obliga a reconocer que si España sintió la necesidad de crear dicha novela, las razones hubieron de ser de índole cultural más que económica.

Entre estas causas no económicas se han aducido dos principalmente. La primera es el carácter nacional, compuesto de tendencias caballerescas, místicas

---

[27] Ídem, íd., pág. 122.
[28] Para un cuadro de conjunto —con abundante información y la bibliografía pertinente— de las condiciones sociales españolas que, según dichas teorías, explican el nacimiento de la novela picaresca, véase José Deleito Piñuela, *La mala vida en la España de Felipe IV*, 3.ª ed., Madrid, 1959, tercera parte "La vida picaresca", págs. 111-244.
[29] *Literature and the Delinquent*, cit., pág. 9.
[30] Ídem, íd., págs. 10 y ss.

y picarescas (recuérdese, por ejemplo, el concepto que transparentan en buena parte las palabras que hemos reproducido a César Barja); todas ellas, se dice, conducen al prurito de rehuir las responsabilidades. Esto, comenta Parker, no significa sino que los españoles son humanos; pero, en todo caso, habría que explicar, si tales rasgos son consustanciales al español, por qué la novela picaresca se produjo tan sólo en un período limitado —muy corto, por cierto— y no antes ni después. La segunda razón es la defendida por Américo Castro, que ya conocemos: el resentimiento de los judíos conversos contra una sociedad hostil.

Sería necio negar, admite Parker, que los problemas sociales, económicos y religiosos, cualesquiera que fuesen, se reflejaran en la literatura [31]; pero es ya menos fácil explicar por qué tales fenómenos habían de provocar el nacimiento de un *nuevo género literario:* el problema, afirma Parker, pertenece esencialmente a la historia de la literatura. Alude luego a continuación a la teoría expuesta por Gómez de las Cortinas [32], según el cual la novela picaresca es la promulgación de la *filosofía de la libertad:* al igual que la novela pastoril, la picaresca hereda del Renacimiento el ideal del retorno a la Naturaleza, a la vida simple y feliz, libre de los cuidados y preocupaciones exigidas por la vida social; pero, así como los pastores de la literatura se refugian en una Arcadia donde la libertad y sencillez pueden ser imaginariamente conseguidas, el pícaro rompe con una sociedad dentro de la cual vive realmente. La diferencia proviene de que lo pastoral deriva del Humanismo italiano, mientras la picaresca procede del *Elogio de la locura,* de Erasmo, a través de movimientos reformistas que postulan una religión sencilla, libre de complicadas observancias, y proclaman el desprecio del mundo y sus honores. El pícaro recoge este ideal, pero rechazado por la sociedad, lo transforma en un cinismo amargo y resentido, vacío de moral, que se expresa en la literatura negativa de la picaresca.

Parker comenta —y aquí se inserta el eje de su tesis— que al suponer a la novela picaresca provocada por la nostalgia de libertad social se comete un error si se considera esta libertad fuera del contexto en que, invariablemente, se produce: este contexto supone *no su aprobación sino su condena.* Los españoles del 600, dice Parker, conocían bien cuán atractiva era la libertad anárquica, sobre todo para los jóvenes; pero advertían también la diferencia entre la libertad responsable, que se somete a la disciplina, y la licencia que la rechaza. En el caso concreto del *Guzmán de Alfarache,* arquetipo del género, un hombre penetra en el mundo por el camino de la libertad tan sólo para descubrir al cabo que no conduce sino a la esclavitud de las pa-

---

[31] Por lo que afecta al *Lazarillo* concretamente cfr.: Margherita Morreale, "Reflejos de la vida española en el *Lazarillo*", en *Clavileño,* año V, núm. 30, nov.-dic. 1954, páginas 28-31.

[32] J. Frutos Gómez de las Cortinas, "El antihéroe y su actitud vital (Sentido de la novela picaresca)", en *Cuadernos de Literatura,* VII, enero-junio 1950, págs. 97-143.

siones y al fracaso. La picaresca, afirma Parker, surge como una exposición del tema de la libertad, incluyendo el concepto de libertad moral; pero no se produce como una anti-novela en el sentido de ser una parodia de las ficciones idealistas: éste es el propósito del *Quijote* pero no de la picaresca. Los humanistas del Renacimiento, como Luis Vives o Juan de Valdés, inspirados por el clima de la reforma religiosa o del erasmismo, habían atacado las novelas pastoriles y de caballerías por su ausencia de realidad y, consecuentemente, por su irresponsabilidad, es decir, por ser lo que hoy llamaríamos *literatura de evasión*. Son los mismos juicios que merecen a los escritores religiosos —Luis de Granada, Malón de Chaide—, sobre todo cuando, tras el Concilio de Trento, urge reemplazar las fantasías irresponsables y estimular la literatura de valores morales basada en el conocimiento y aceptación de la vida real a través del examen de la debilidad consustancial a la naturaleza humana. Este propósito estaban tratando de cumplirlo muchos escritores religiosos, combinando lo doctrinal con elementos narrativos, y de él es ejemplo inequívoco *La conversión de la Magdalena*, de Malón de Chaide. Cuando en 1599 publica Mateo Alemán la parte primera de su *Guzmán de Alfarache*, no hace otra cosa sino satisfacer las demandas de la Contrarreforma con un libro que, por ser realista, era verdadero y responsable; en forma novelesca relata el proceso del pecado, el arrepentimiento y la salvación de un héroe que había corrido hacia la libertad sin freno para caer en la mayor degradación. Tan sólo en este sentido, dice Parker, surge la picaresca como una reacción contra las novelas anteriores; pero no como sátira o parodia sino —y la diferencia es fundamental— como una *alternativa*. Al servirse del realismo narrativo, indispensable para sus fines, Alemán se acoge al único ejemplo disponible, el *Lazarillo*, pero desarrolla su estructura en forma casi irrecognoscible; el propósito de Alemán explica la estrecha fusión de novela y de tratado moralizador. Pero en este aspecto no toma como modelo al *Lazarillo*, sino a los escritores religiosos de la época y en especial a las vidas de santos, al modo y estilo de la mencionada *Conversión de la Magdalena*. La novela picaresca, resume Parker (entiéndase la picaresca más genuina, a partir del *Guzmán*), tiene su raíz en el movimiento de reforma religiosa. Por lo que se refiere al *Lazarillo*, al que Parker califica de precursor del género, responde asimismo a la finalidad de reforma que ha quedado descrita. El *Lazarillo*, nacido, como veremos luego, en los medios del erasmismo reformista, es la expresión satírica de estos deseos reformadores durante la primera parte del siglo XVI, lo mismo que el *Guzmán* lo es del movimiento de restauración religiosa a fines de la centuria. "*El nacimiento del género picaresco en España* —concreta Parker— *se explica muchísimo mejor por este fondo literario-cultural, que por razones económicas, judíos conversos o cualidades del carácter nacional*"[33].

---

[33] *Literature and the Delinquent*, cit., pág. 24. Parker se opone decididamente a la opinión de Castro, que atribuye la génesis de la picaresca al resentimiento de los judíos.

Por otra parte —añade el comentarista— ni el humanismo erasmista ni la Contrarreforma española inventaron la técnica que hace de la novela picaresca un género más vivo y más natural que los otros que suplantaba. La técnica no era nueva: había sido ejemplificada en forma insuperable por la *Celestina*. Lo que el movimiento religioso —erasmismo y Contrarreforma— dio a la nueva novela fue el sentido de verdad y responsabilidad que precisaba, el propósito de retratar al hombre tal cual es para abrir los ojos del lector a la debilidad de la naturaleza humana y su mente a los remedios para corregirla. Éste es el *realismo* —y no el de la fotográfica reproducción que encareció la crítica ochocentista y todavía encarecen sus fosilizados herederos— que caracteriza y se ejemplifica en la picaresca.

Adviértase además que el realismo como técnica era exigido por las convenciones de la teoría literaria, que no consentía que un hombre como el pícaro o el delincuente fuera presentado de otra manera; del plano de la cotidiana realidad quedaba excluida la nobleza, el heroísmo y los valores ideales. Pero, además, las reglas clásicas exigían la separación de estilos; la vida ordinaria y vulgar no podía ser expuesta sino en *bajo estilo,* lo que quiere decir que no podía tratarse sino en forma *cómica.* Los caracteres cómicos y extravagantes y las astutas marrullerías se convirtieron, pues, en componentes esenciales del género. Esto ha conducido al error, muy arraigado, de suponer que la comicidad de estas novelas era incompatible con los serios propósitos; pero esto, precisamente, es lo que de modo felicísimo y en forma arquetípica lleva a cabo el *Buscón*. Numerosos críticos, dice Parker, son incapaces de comprender que las mejores novelas picarescas españolas, lo mismo que el *Quijote,*

"La justificación de esta tesis —dice en otro pasaje— es que Mateo Alemán era descendiente de judíos; y Castro da por supuesto que el autor del *Lazarillo* era un judío también, aunque no existe evidencia alguna, en absoluto. Tales especulaciones no sólo son temerarias, sino que no conducen a ninguna parte; no existe nada en el *Guzmán de Alfarache* que requiera ser explicado por la condición judía del autor" (págs. 13-14). Parker destruye implacablemente las arbitrarias afirmaciones de van Praag —"Sobre el sentido del *Guzmán de Alfarache*", en *Estudios dedicados a Menéndez Pidal,* V, Madrid, 1954, págs. 283-306— sobre las "hipocresías" de Mateo Alemán y su supuesta heterodoxia, y además de los comentarios esparcidos a lo largo de su obra (véanse, en particular, págs. 31 y ss.) dedica un "Apéndice" a este tema (págs. 138-142). Naturalmente, rechaza también la opinión de otros críticos, que se han adherido a dicha interpretación, antes o después de van Praag: Sherman Eoff, "The Picaresque Psychology of Guzmán de Alfarache", en *Hispanic Review,* XXI, 1953, págs. 107-119; Alberto del Monte, *Itinerario del Romanzo Picaresco Spagnolo,* Florencia, 1957; Gonzalo Sobejano, "De la intención y valor del *Guzmán de Alfarache*", en *Romanische Forschungen,* LXXI, 1959, págs. 266-311, etc.

Por lo que se refiere a la mencionada interpretación de van Praag, nos complace haber coincidido totalmente, y con entera independencia, con los juicios de Alexander Parker, al escribir nuestras páginas sobre Mateo Alemán en el 2.º volumen de esta *Historia* (véanse págs. 462-471), aparecido en las mismas fechas que el libro del ilustre investigador inglés.

estaban empeñadas en el común propósito de derribar la barrera que separaba lo grave de lo cómico; empresa que acometieron porque todas ellas eran producto de una cultura que exigía a la literatura ser, a la vez, verdadera y moralmente responsable.

De hecho, esta exposición de Parker, sustancialmente inatacable, no hace sino sistematizar y puntualizar las ideas sostenidas por Moreno Báez [34] a propósito del *Guzmán*, y las teorías propuestas por Miguel Herrero García [35]. Herrero rechaza las razones tópicas, comúnmente aducidas para explicar el origen de la picaresca: su paralelo con la mística, la fiebre emigratoria, el prurito aventurero de los españoles seiscentistas, el vagabundaje propio de los tiempos; porque todos estos factores podían encontrarse idénticos en cualquier otra nación. Y afirma, en el mismo sentido desarrollado ahora por Parker, que la génesis de la novela picaresca "hay que buscarla en el movimiento de reforma que sacudió a España después del Concilio de Trento" [36]. La picaresca, dice, arranca de los ejemplarios ascéticos y de los sermones morales, en todos los cuales se prodigan las descripciones de gentes prevaricadoras, aderezadas con multitud de anécdotas, sucesos y escarmientos, rasgos burlescos y caricaturescos, observaciones naturalistas de la comedia humana, derroche de elementos narrativos, reales e imaginados, para dar plasticidad y viveza a la lección moral. Aumentando la proporción del componente narrativo y desarrollando con técnica novelesca la semilla contenida en aquella literatura religiosa, las novelas picarescas se presentan "como autobiografías o confesiones de pecadores escarmentados: los pícaros" [37]; "las situaciones de la vida picaresca van, por un lado, secundando y plegándose positivamente a la preceptiva ascética; por otra parte, van dándole la razón y comprobándola de un modo negativo, por vía de escarmiento" [38]. Así, por ejemplo, la ascética reprueba la manía genealógica de los españoles, y los pícaros se burlan cínicamente de su propia honra, refiriendo las mayores atrocidades de sus mismos padres; la ascética reprende los galanteos ilícitos, y los pícaros que los cometen salen burlados y quebrantados con el mayor ridículo. Puede parecer contradictorio que las ideas y la conducta que practican los pícaros marchen por distintos caminos; pero está claro que los pícaros "escriben" sus biografías al cabo de su experiencia escarmentada, cuando el fracaso de sus vicios les permite comunicarnos la lección.

Miguel Herrero señala un hecho del mayor interés, que es la existencia en casi todas las naciones de Europa de una copiosa producción pictórica, coetá-

---

[34] Enrique Moreno Báez, *Lección y sentido del Guzmán de Alfarache*, Anejo XL de la *Revista de Filología Española*, Madrid, 1948.

[35] Miguel Herrero García, "Nueva interpretación de la novela picaresca", en *Revista de Filología Española*, XXIV, 1937, págs. 343-362.

[36] Idem, íd., pág. 353.

[37] Idem, íd., pág. 350.

[38] Idem, íd., pág. 351.

nea de nuestra picaresca, con la misma temática truhanesca y hampona, que llevaron a la novela nuestros escritores. Esta constatación permite asegurar que el mundo picaresco se extendió por igual en todo el ámbito europeo; la diferencia consiste en que en España fue literatura lo que en el resto de Europa fue pintura y dibujo. La razón de que una misma fauna humana resultara expresada en formas distintas se explica, según Herrero, por la finalidad didáctico-moral de la novela picaresca: lo que tratado literariamente puede amonestar, censurar y corregir, expuesto pictóricamente seduce, halaga y regocija; "los pícaros en la literatura son escarmiento, en pintura son diversión" [39]. Una literatura aliada a la ascética tenía que prescindir de lo que pudiera convertirse en incentivo para pecar; por el contrario, en Flandes, en Holanda, en Alemania, en Francia, en la misma Italia, donde el proceso religioso fue distinto, la pintura, sin restricciones ni escrúpulos de conciencia, reprodujo las deformidades morales, los vicios, los personajes jocosos, los desmanes y francachelas, los excesos eróticos, como objeto de regocijo. Herrero menciona —aparte los consabidos maestros de la llamada "pintura de género" flamenca— la colección de dibujos del francés Lagniet, que califica de "verdadera novela picaresca al lápiz" [40], con su exhibición de escenas tabernarias, atracos callejeros, aventureros, hijos "desgarrados", y todo ello con su buena parte también de intención moral y correctiva.

En un reciente trabajo, Francisco Márquez Villanueva [41], al estudiar el erasmismo en el *Lazarillo* —carácter capital de que hemos de ocuparnos después— hace constar, llegando a una conclusión pareja a la de Herrero, que el influjo de Erasmo produjo la aparición en los Países Bajos de una pintura de intención satírica y temática picaresca. Basándose en el libro del historiador del arte Georges Marlier, *Erasme et la peinture flammande de son temps*, comenta: "La tesis de la obra de Marlier es que el contenido iconográfico de la pintura flamenca experimenta a principios del siglo XVI una renovación radical que se debe a una honda penetración del pensamiento de Erasmo. El efecto más inmediato es la abundancia de cuadros en que la intención moralizadora se alía con el humor y la sátira. Piloto del nuevo rumbo y estilo es el pintor de Amberes, Quentin Metsys, que trató personalmente a Erasmo, de quien nos ha legado un excelente retrato. En sus manos y en las de sus seguidores el mensaje de cordial intimismo religioso que caracterizaba a la pintura flamenca del XV se transforma en crítica de la moral al uso, en la definición de tipos sociales, sin perdonar los más bajos, y éste es el camino por donde pronto se llegará al *cuadro de género*, tradicionalmente considerado como típico de la pintura nórdica. El sondeo de los bajos fondos sociales y el reflejo de lo popu-

---

[39] Ídem, íd., pág. 348.
[40] Ídem, íd., pág. 361.
[41] Francisco Márquez Villanueva, "La actitud espiritual del *Lazarillo de Tormes*", en *Espiritualidad y literatura en el siglo XVI*, Madrid, 1968, págs. 69-137.

lar se vuelven ocupación favorita de los pintores; éstos no la ejercen, sin embargo, con impasibilidad, sino que se proponen el logro del efecto cómico mediante una exageración deliberada de lo característico" [42]. Y añade luego: "Digámoslo ahora con toda claridad: Erasmo originó en los Países Bajos un brote de *pintura picaresca* bastante paralelo a lo que entre nosotros es el cuajar de una *literatura picaresca*" [43]. Esto último permite confirmar una de las conclusiones expuestas por Parker y que señala también el propio Márquez, es decir: que bajo el influjo del reformismo se hace posible la existencia de una plástica y "de una literatura en que las finalidades ideológicas más serias se vistan de risueñas apariencias" [44].

Etimología de la palabra "pícaro". Sobre la etimología de *pícaro* han sido propuestas soluciones diversas, ninguna de las cuales ha conseguido el asentimiento general. Sostiene Corominas [45] que de todas ellas sólo dos "pueden detener largamente la atención del etimologista avezado". La primera es la que supone derivado el vocablo *pícaro* del francés *picard*, de donde *picardo* que desplazó luego el acento convirtiéndose en la palabra proparoxítona *pícaro* (Corominas explica con varios ejemplos la perfecta posibilidad de este cambio fonético). Según Nykl [46], que propuso esta etimología, las guerras con Francia durante el reinado de Carlos V debieron de familiarizar a los españoles con los soldados de Picardía, muy abundantes entre los enemigos; estos picardos tenían renombre de ladrones y alborotadores, sucios y andrajosos, amigos de pendencias pero no de exponerse en luchas de verdad; "vivir a lo picardo" —como surgió también "vivir a lo bohemio" por parecidas razones— se hizo sinónimo de esquivar peligros y trabajos, y es bien fácil —supone Nykl— que los españoles aplicaran tal calificativo a las gentes que más o menos encajaban en esta definición. T. E. May [47] se ha preguntado, sin embargo, por qué el *pícaro* español es con tanta frecuencia criado —condición que no tenía el *picardo* francés— y de dónde proceden, en cambio, las implicaciones religiosas tan peculiares de nuestra picaresca. May recuerda que *picardos* —corrupción de *begardos*— fueron llamados también unos herejes de Bohemia durante el siglo XV; estos *picardos* fueron identificados con gentes de la baja sociedad, no conformistas religiosos, así como luego los pícaros de nuestra novela vinieron a ser los no conformistas sociales, es decir, gentes desarraigadas. La

---

[42] Ídem, íd., pág. 88.
[43] Ídem, íd., pág. 91.
[44] Ídem, íd., págs. 87-88.
[45] Joan Corominas, *Diccionario crítico etimológico de la lengua castellana*, artículo *Pícaro*.
[46] A. R. Nykl, "Pícaro", en *Revue Hispanique*, LXXVII, 1929, págs. 172-186.
[47] T. E. May, "*Pícaro*: A Sugestion", en *The Romanic Review*, XLIII, 1952, páginas 27-33.

semejanza de conceptos, piensa May, pudo influir en la difusión y significación del vocablo.

Corominas cree más verosímil la etimología de *picar*, en sus varios significados; pudo proceder de los mozos de cocina, ocupados, como los *pinches*, en *picar* la carne, y en otros bajos menesteres como esportilleros o mozos de recados; o derivar, como propone Sanvisenti [48], no de *picar* viandas sino bolsillos, ocupación casi inevitable en estos ganapanes, que solían trabajar sin salario y habían de *picar* donde podían para vivir. De esta acepción de *pícaro de cocina*, ayudante de cocinero o pastelero, que puede documentarse en fecha relativamente temprana, se debió de extender a designar actividades menos honestas, "que también *picaban* o *mordían* a su manera". Corominas aduce en defensa de esta etimología el sinónimo de *pícaro*, "perfecto y frecuentísimo", *picaño*, documentado ya desde el *Libro de Buen Amor* y hasta mucho después de estar en uso frecuente el vocablo *pícaro*, para designar cosas y personas equivalentes a las calificadas con este último.

Fonger de Haan [49] y Bonilla [50] propusieron etimologías árabes, hoy generalmente rechazadas (Corominas opina que son imposibles "por obvias razones fonéticas y de toda clase"); Cejador [51] sugirió un origen vasco, y no falta quien ha propuesto un origen gitano.

La primera obra fechada con certeza, donde se emplea la palabra *pícaro* en el sentido de mozo de cocina, es la *Carta del Bachiller de Arcadia*, de E. de Salazar; y aparece también en la *Farsa Custodia*, de Bartolomé Palau, escrita, según Bonilla [52], entre 1541 y 1547 [53].

---

[48] Bernardo Sanvisenti, "Alcune osservazioni sulla parola Picaro", en *Bulletin Hispanique*, XVIII, 1916, págs. 237-246. Del mismo, "Pícaro", en *Bulletin Hispanique*, XXXV, 1933, págs. 297-298.

[49] Fonger de Haan, "Pícaros y ganapanes", en *Homenaje a Menéndez y Pelayo*, II, Madrid, 1899, págs. 149-190.

[50] Adolfo Bonilla y San Martín, "Etimología de pícaro", en *Revista de Archivos, Bibliotecas y Museos*, V, 1901, págs. 374-378.

[51] Julio Cejador, *La lengua de Cervantes*, Madrid, 1906, págs. 857-858.

[52] Adolfo Bonilla y San Martín, "Las más antiguas menciones de *ganapán* y de *pícaro*", en *Revista Crítica Hispano-Americana*, I, 1915, pág. 172.

[53] Cfr. además: Rafael Salillas, *El delincuente español. Hampa. (Antropología picaresca)*, Madrid, 1898. Leo Spitzer, "Español pícaro", en *Revista de Filología Española*, XVII, 1930, págs. 181-182. Vicente García de Diego, "Notas etimológicas. Picardía", en *Revista de Filología Española*, XVIII, 1931, págs. 13-14. H. Peseux-Richard, "À propos du mot pícaro", en *Revue Hispanique*, LXXXI, 1933, págs. 247-249. F. Maldonado de Guevara, "Para la etimología pícaro < picar", en *Boletín de la Biblioteca Menéndez y Pelayo*, XXI, 1945, págs. 524-525. A. de Hoyos, "Sobre la etimología de pícaro", en *Anales de la Universidad de Murcia*, 1949-1950, págs. 393-397.

EVOLUCIÓN Y ÉPOCAS DE LA PICARESCA

Aunque puede afirmarse que con el *Lazarillo* la picaresca aparece ya definitivamente fijada en sus rasgos esenciales, se produce en su descendencia una diversificación de aspectos y matices, propia, lógicamente, de la personalidad de cada autor, pero también de la natural evolución del género. Precisamente por la perfección con que el *Lazarillo* establece el tipo y el ambiente de la picaresca, los continuadores han de recurrir, para dar originalidad a sus relatos, a complicar y multiplicar los lances y peripecias y, en consecuencia, a dilatar el escenario de la acción. Así, mientras el *Lazarillo* se localiza casi exclusivamente en Toledo, sus seguidores viajan ya por diversas regiones de la península y aun por varios países de Europa, con lo que la novela picaresca evoluciona de modo manifiesto hacia la novela de aventuras.

Paralelamente, en la medida en que se acrecienta la acción, disminuye la intensidad de los caracteres. En el *Lazarillo* lo más importante es la pintura de los personajes, mientras que en el *Estebanillo González*, novela que representa el polo opuesto, lo principal es la variedad de las aventuras, que corren parejas con el constante cambio de escenarios. Las restantes novelas picarescas oscilan entre una y otra modalidad, aunque siempre acercándose más a la segunda; el *Buscón* de Quevedo, por su condensación en torno al protagonista, puede estimarse como más próximo al *Lazarillo*, mientras que el *Guzmán de Alfarache* equilibra la narración y los elementos descriptivos. Cuando estos últimos adquieren manifiesto predominio, se llega a una modalidad de la picaresca, casi sin acción, afín a las novelas de costumbres.

Admitida la diversificación y evolución de la picaresca, se ha tratado de establecer en ella una división. El norteamericano F. W. Chandler distingue en su obra citada dos grandes grupos: al primero, constituido por las dos novelas primeras en el tiempo —el *Lazarillo* y el *Guzmán*— y una de las últimas —el *Estebanillo González*— pertenecen aquellos libros cuyos protagonistas son más bien juguete pasivo de las circunstancias que sujeto determinante de ellas; en las novelas del segundo grupo, los héroes protagonizadores endurecen su voluntad y escogen libremente su vida como pícaros profesionales, o se evaden de esta condición para convertirse en sus observadores y jueces. Pero, sin desconocer las agudas observaciones sobre la picaresca que la división de Chandler entraña, no parece que este distinto carácter moral basado en la voluntad del pícaro suponga nada fundamental para diferenciar los rasgos artísticos del género, y mucho menos para afirmar la superioridad del segundo grupo, como pretende su autor.

Por su parte Pfandl (que asegura haberle "resultado inaprovechable la división de Chandler") distingue tres grupos, según que predomine la intención satírica y acusadora con su consecuente propósito moralizador ("forma idealista satírica", Mateo Alemán, Quevedo), o se complazcan sus autores en la pintura del mundo picaresco cuyos caracteres celebran como elementos naturales y hasta agradables de la vida contemporánea ("forma realístico-optimista", *La Pícara Justina,* Salas Barbadillo, *Estebanillo González*), o se detengan con preferencia en la mera descripción de ambientes picarescos, buscando lo pintoresco y costumbrista ("forma novelesco-descriptiva", Espinel, Castillo Solórzano). Pero tampoco la división de Pfandl es convincente, ya que los rasgos que señala como caracteres diferenciadores andan mezclados, bien que en diversas proporciones, en todas las obras del género.

De hecho, la división de la picaresca resulta tan arriesgada como innecesaria, y diríase que este problema interesa cada vez menos a los investigadores. Prescindiendo momentáneamente de la aparición solitaria del *Lazarillo* a mediados de la centuria y de la distancia de medio siglo que le separa de su inmediato seguidor, el *Guzmán,* la plenitud de la picaresca propiamente dicha se concentra, sin lugar para verdaderas etapas, en el corto lapso de cincuenta años, y puede considerarse acabada con la publicación del *Estebanillo González* en 1646. Dentro de este período es imposible establecer ningún proceso evolutivo, debido a la inseguridad existente sobre la fecha de composición de cada novela, alguna de las cuales, como el *Buscón,* debió de ser publicada bastantes años después de haber sido escrita. Prescindiendo, pues, de cualesquiera divisiones —cronológicas o formales— parece que debemos atenernos a los matices propios de cada escritor estudiando cada novela como una unidad peculiar y subrayando, en todo caso, su mayor o menor fidelidad al molde que se estime más representativo [54].

De todos modos, ha venido admitiéndose comúnmente la necesidad de señalar una diferencia global entre el *Lazarillo,* creador del género, y las restantes producciones que caminan por la ruta novelesca que él abre. Esto ha permitido hablar de *dos períodos* y atribuir a cada uno de ellos diversos caracteres, entre los que andan mezcladas las apreciaciones ciertas con abundantes tópicos puestos en circulación por la vieja crítica positivista. En el primer período —viene repitiéndose— representado de manera prácticamente exclusiva por el *Lazarillo,* la visión pesimista de la vida, característica del género, es

---

[54] Tal es, al menos, la opinión de Parker. Puntualiza éste que es muy común la tendencia a ver el *pícaro* español como un tipo o carácter de cualidades fijas; pero no existe —afirma— un tipo único sino gran variedad de ellos, y toda pretensión, por tanto, de establecer generalizaciones es errónea. Particularmente peligroso —dice— es el prurito de deducir una *filosofía picaresca,* que pueda ser ilustrada por todas las novelas; y, así, rechaza el comentario de R. Benítez Claros —*Existencialismo y picaresca,* Madrid, 1958—, que ve todas las novelas de este género como una anticipación del existencialismo de Kierkegaard y de Sartre, y el de D. Pérez Minik —"Sentido vigente de la novela picaresca", en *Novelistas españoles de los siglos XIX y XX,* Madrid, 1957—, que extrae deducciones parecidas. "Tales generalizaciones —dice Parker— están acompañadas por una total ausencia de análisis literario y de todo propósito de ver o interpretar cualquier novela como una entidad en sí misma" (nota 8 al cap. I, págs. 143-144).

menos insistente. Lázaro es un pillo, pero simpático y desenfadado. Él mismo parece que se burla de sus desventuras, y en el fondo de su relato alienta incluso algo de aquella alegría de vivir propia del momento renacentista. La amargura está atenuada por un sentido de comprensión y hasta de afecto, o de lástima más bien, hacia los mismos amos que le hacen sufrir. Lázaro no es todavía un malvado endurecido, entre otras razones porque sus años no lo permiten, sino un bribonzuelo escéptico sin demasiada maldad. Le gusta moralizar a veces, aunque en corta medida; las glorias de su país por las que los hombres de su tiempo se afanan, le dejan indiferente; pero tampoco la sociedad parece tenerle a él demasiado en cuenta.

El segundo período, que habría de sobrevenir después del lapso de medio siglo que llena el reinado de Felipe II, se produce en el momento en que la gloria del imperio español camina hacia su ocaso. El pícaro ya no es un accidente al margen de lo cotidiano, sino que se ha convertido entretanto, por aquellas complejas realidades descritas, en una clase social, casi en una institución nacional, perfectamente admitida y sancionada por la conciencia pública; es una parte de la sociedad, considerada como un mal tan necesario como la pobreza o el dolor. El pesimismo es ahora, consecuentemente, mucho mayor porque las glorias que antes justificaban los ímpetus idealistas, se han desmoronado. La alegre sátira anterior se ha convertido en desengaño amargo y la visión desoladora se acentúa, recargada con los recursos barrocos de la época. "Es la desilusión de un pueblo que lo puso todo en su honor, en sus altos ideales, en el sueño de su misión universal, y siente crujir los pilares del orgulloso edificio de su existencia nacional". El pesimismo descorazonado tiene, pues, ancho campo en que cebarse y las ligeras insinuaciones del *Lazarillo* se dilatan en esas largas requisitorias que con frecuencia interrumpen ahora el hilo del relato novelesco.

Pero los más recientes estudios dejan casi sin valor aquella imagen de un *Lazarillo* optimista y travieso, gozosamente impregnado de la alegría renacentista. Después de los comentarios de Américo Castro, Manuel Asensio, Márquez Villanueva, Stephen Gilman, entre otros varios, sobre la dramática gravedad de sus intenciones y significación, carece de sentido seguir hablando del jovial desenfado de una novela cuya transcendencia y alcance ideológico parecen cada día más profundos. Por otra parte, si los supuestos *documentos sociales* ofrecidos por la picaresca deben ser interpretados a la luz de otro concepto, menos fotográfico, del realismo, y ha de buscarse en estos libros la voluntad selectiva y creadora del autor de acuerdo con sus propósitos estéticos y doctrinales, resulta improcedente hablar, como reflejados en ellos, de la "institución nacional" del pícaro y hasta quizá del "pesimismo nacional" y del socorrido "desengaño barroco". Las *dos etapas* propuestas para la picaresca, contempladas desde la más honda raíz que la sostiene, parecen, pues, vacías de sentido.

Indudable interés ofrece, sin embargo, el problema de si el *Lazarillo* responde al módulo de la picaresca esencial o debe serle negado este carácter, para reservarle tan sólo la calidad de *precursor*. Parker lo afirma así tajantemente en varias ocasiones: "esta no es, en manera alguna, una novela picaresca en el pleno sentido de la palabra"[55]; "Lázaro no es un pícaro en absoluto"[56]. Para Parker, Lázaro no es un pícaro propiamente porque no recorre el camino de la delincuencia que es esencial para la estructura humana y literaria del *Guzmán*, pícaro arquetípico; por otra parte, la obra —dice— carece de la positiva intención adoctrinadora que caracteriza al *Guzmán*, igualmente representativo en este aspecto; Parker señala además que el *Lazarillo* no produjo ninguna sucesión durante medio siglo, mientras que el *Guzmán* desarrolla plenamente las posibilidades del género y lo convierte en una realidad literaria mediante los numerosos imitadores que inmediatamente provoca; recuerda asimismo el hecho de que el término *pícaro* ni existe en el *Lazarillo* ni le fue atribuido nunca después, mientras que Guzmán fue designado enseguida con él y con él se le calificaba por antonomasia; aduce, finalmente, el testimonio del grabado que encabeza la primera edición de *La pícara Justina*, en 1605: Celestina, Guzmán y la Pícara van embarcados en la "nave de la vida picaresca", mientras Lázaro navega solo en un pequeño bote arrastrado por la nave. También Miguel Herrero había negado taxativamente la calidad de pícaro al *Lazarillo*; pero sus razones son contradictorias o, al menos, no es posible ensamblarlas con el sentido esencial del género que nos parece más congruente. Herrero, que coincide, según vimos, con Parker sobre el carácter ejemplar de la picaresca "por vía de escarmiento", afirma ahora que la vida picaresca supone el "triunfo de la rebeldía individual contra las categorías sociales; un triunfo de la depravación moral sobre las bases éticas y jurídicas de la sociedad"[57]. Desde este supuesto, Lázaro, que es una "víctima de la sociedad" y su vida una "calle de amargura", queda lejos de la agresiva actividad rebelde de los pícaros propiamente dichos, a partir del *Guzmán*; lo que le lleva a Herrero a distinguir entre la "vida lazarillesca" y la "vida picaresca"; diríamos, pues, entre el sufrir y el hacer sufrir. Afirma también Herrero, como Parker, que, sin la aparición del *Guzmán*, el género picaresco como tal no se habría constituido y el *Lazarillo* habría subsistido como una novela solitaria.

También para Bataillon al pícaro propio le distingue una complacencia activa en sus bajas ocupaciones y en su vida desarraigada y un cinismo consciente que equipara la vida picaresca con la filosófica. Lazarillo queda lejos de las reflexiones que caracterizan a Guzmán. Lázaro, además, no penetra en un mundo picaresco como el de éste; las gentes entre las que vive Guzmán son indignos simuladores; pero, al cabo, el ciego de Lázaro es un ciego autén-

---

[55] *Literature and the Delinquent*, cit., pág. 2.
[56] Ídem, íd., pág. 4.
[57] "Nueva interpretación...", cit., pág. 355.

tico que ejerce una profesión reconocida, el clérigo avariento no es un falso clérigo, y el alguacil se deja golpear en defensa del orden; tampoco podemos dudar de que el hidalgo sea verdadero. Media, pues, un abismo entre todos éstos y los desarrapados caballeros de industria que pueblan el *Buscón*[58]. "Así como para explicar la novela picaresca (su técnica, más que su espíritu) —dice en otra parte— es necesario tener en cuenta al *Lazarillo*, así es arbitrario interpretarlo proyectando en él todos nuestros recuerdos de la literatura picaresca a partir de Mateo Alemán. No caigamos en esta tentación"[59].

Creemos que a pesar de todas estas argumentaciones, que no dejan de ser a veces un tanto escolásticas, el *Lazarillo*, tal como ha quedado incorporado a la historia literaria, encarna el tipo humano, el ambiente, las situaciones, los propósitos y el contenido de lo que en forma global, y sin duda alguna, inequívoca, se designa como novela picaresca. Claro está que no existe *maestro* ni *iniciador* si carece de seguidores ni discípulos; pero, como dijimos a propósito de la *novela sentimental* del siglo XV, crear un género es como partir para la Guerra de los Treinta Años; lo cual no impide que, al cabo de la contienda, se la pueda contemplar y definir como entidad de muy precisos contornos. El hecho cierto es que el *Lazarillo* es inseparable de la novela picaresca, que quedaría decapitada sin él; y es el caso que hasta los mismos que le discuten dichas condiciones, con él inician su estudio y en él enraízan su formación, proceso y caracteres[60].

---

[58] Marcel Bataillon, "Introduction" a *La vida de Lazarillo de Tormes*, edición bilingüe con traducción al francés de Alfred Morel-Fatio, nueva ed., París, 1968, págs. 65 y ss.
[59] Marcel Bataillon, *El sentido del Lazarillo de Tormes*, París-Toulouse, 1954, pág. 22.
[60] Claudio Guillén aporta unos datos del mayor interés —"Luis Sánchez, Ginés de Pasamonte y los inventores del género picaresco", en *Homenaje a Rodríguez-Moñino*, I, Madrid, 1966, págs. 221-231— al estudiar el influjo del *Lazarillo* en la formación de la novela picaresca. Resulta que, contra la opinión rutinariamente difundida, el *Lazarillo* circuló escasamente hasta la aparición de la primera parte del *Guzmán* en 1599. Después de la llamarada inicial, con las tres ediciones de 1554, la novela se imprimió tan sólo cinco veces durante la segunda mitad del siglo. No vale esgrimir la prohibición inquisitorial o el poco interés que pudiera despertar el texto expurgado, publicado en las dos ediciones españolas de 1573 (Madrid) y 1586 (Tarragona), pues fuera de España el texto completo se publicó tan sólo tres veces: Milán (1587), Amberes (1595) y Bérgamo (1597); y todavía esta última —precisa Guillén siguiendo a A. Rumeau ("Notes au *Lazarillo*. Des éditions d'Anvers, 1554-1555, à celles de Milán, 1587-1615", en *Bulletin Hispanique*, LXVI, 1964, págs. 272-293)— se hizo para despachar los ejemplares restantes de la edición milanesa, que no se acababan de vender. En cambio, apenas aparecido el *Guzmán*, se estampan nueve ediciones en cuatro años (1599 a 1603). El *Guzmán* no sólo sirve para provocar el renacimiento del *Lazarillo*, sino para crear la conciencia del género picaresco, según se pone de relieve en aquel pasaje del *Quijote* (I, cap. XXII), en que Ginés de Pasamonte da noticia de él por vez primera; al declarar que está escribiendo su propia vida, comenta: "mal año para Lazarillo de Tormes y para todos cuantos de aquel género se han escrito o escribieren". La descendencia daba, pues, sentido y realidad al precursor, evidentemente; lo cual no modifica, pensamos, su fisonomía peculiar.

EL "LAZARILLO DE TORMES"

Problemas bibliográficos. De la *Vida de Lazarillo de Tormes y de sus fortunas y adversidades* se conocen tres ediciones fechadas en 1554 y aparecidas en Burgos, Alcalá y Amberes. Morel-Fatio [61] sostuvo que la edición de Burgos debía ser tenida como princeps, pero Foulché-Delbosc [62], que por primera vez cotejó ejemplares de las tres ediciones, rechazó aquella hipótesis y demostró que ni la de Alcalá ni la de Amberes se habían preparado sobre la de Burgos; supuso, en cambio, que la de Alcalá, acabada de imprimir a fines de febrero, se había hecho sobre otra edición desconocida, probablemente del año anterior, de la que no se conoce por el momento ningún ejemplar [63]. Es de advertir que la de Alcalá, que se presenta como "corregida y de nuevo añadida en esta segunda impresión", incluye, sobre las otras dos, algunos fragmentos más; uno de ellos —el más extenso— es el segundo episodio del capítulo del buldero [64].

Las primeras ediciones del *Lazarillo* aparecieron anónimas, y el problema de la autoría de tan famoso libro sigue sin resolver. La primera referencia a un autor determinado data de 1605, fecha en que el P. José de Sigüenza en su *Historia de la Orden de San Jerónimo* [65] lo atribuyó a fray Juan de Ortega, general de la Orden, que lo escribió, según dice, en su juventud, siendo estudiante en Salamanca; y asegura que el manuscrito autógrafo de la obra se había hallado en su celda. Dos años más tarde, el belga Valerio Andrés Taxandro en su *Catalogus clarorum Hispaniae scriptorum* atribuyó por vez primera el *Lazarillo* a don Diego Hurtado de Mendoza, que lo habría escrito asimismo siendo estudiante de Derecho en Salamanca; noticia que le había comunicado seguramente, piensa Bataillon [66], su compatriota, el jesuita André Schott, que había residido cierto tiempo en España.

La atribución a fray Juan de Ortega mereció escasa atención; en cambio, la paternidad de Hurtado de Mendoza fue generalmente aceptada, y la mayoría de las ediciones, hasta tiempos recientes, fueron apareciendo a su nombre.

---

[61] En "Recherches sur *Lazarille de Tormes*", cit.

[62] R. Foulché-Delbosc, "Remarques sur *Lazarille de Tormes*", en *Revue Hispanique*, VII, 1900, págs. 81-97.

[63] Sobre la hipotética existencia de esta edición y las diversas referencias existentes acerca de ella, cfr.: A. Rumeau, "Notes sur les *Lazarillo*. L'édition d'Anvers, 1553, in-16", en *Bulletin Hispanique*, LXVI, 1964, págs. 57-64.

[64] Se ignora, naturalmente, de qué mano proceden las interpolaciones de la edición de Alcalá; Bataillon no las considera indignas del estilo del primer autor ("Introduction" cit., pág. 53).

[65] En *Nueva Biblioteca de Autores Españoles*, tomo XII, Madrid, 1909; el pasaje de referencia en pág. 145.

[66] "Introduction", cit., pág. 12.

Morel-Fatio [67] fue el primero que rechazó decididamente la atribución a Mendoza; algunas de sus razones son evidentemente débiles —como el suponer que un aristócrata tuviera que ignorar el género de realidad que se describe en el *Lazarillo*—, pero otras son más convincentes; a don Diego, que había adquirido buena fama de escritor atrevido y panfletario, se le atribuyeron —como había de suceder un siglo más tarde con Quevedo— numerosas obras jocosas y aun obscenas (pueden servir de ejemplo *La vida del pícaro*, que ya hemos mencionado, y las *Cartas de los Catarriberas*, de Eugenio de Salazar), porque su nombre aseguraba el éxito a cualquier libelo que su autor no se atreviera o no quisiera firmar. Marcel Bataillon dice por su parte que la paternidad de don Diego siempre tendrá en su contra el haber surgido medio siglo después del libro, como una hipótesis sin asomo de prueba y cuando ya tenía Mendoza la leyenda a que hemos aludido [68]. González Palencia, que ha publicado estudios fundamentales sobre el famoso escritor y diplomático, ha sido el gran defensor de su candidatura, consiguiendo darle nueva actualidad en estas últimas décadas [69], pero su boga parece haber ya caído por entero [70]. Márquez Villanueva puntualiza que los esfuerzos de González Palen-

---

[67] "Recherches...", cit.
[68] *El sentido del Lazarillo de Tormes*, cit., pág. 8.
[69] Cfr.: Ángel González Palencia, "Leyendo el *Lazarillo de Tormes*", en *Del Lazarillo a Quevedo (Estudios histórico-literarios, 4.ª serie)*, Madrid, 1946, págs. 1-39. Del mismo, "Introducción" a su edición del *Lazarillo* en "Clásicos Ebro", Zaragoza, 1940. Ángel González Palencia y Eugenio Mele, *Vida y obras de Don Diego Hurtado de Mendoza*, 3 vols., Madrid, 1941-1943.
[70] La candidatura de Mendoza ha sido propuesta nuevamente, sin embargo, por Erika Spivakovsky —"¿Valdés o Mendoza? (Compáranse Juan de Valdés y Diego Hurtado de Mendoza como potenciales autores del *Lazarillo de Tormes*)", en *Hispanófila*, 1961, número 12, págs. 15-23—, pero parece que con escasa fortuna. Como sucede tantas veces en este género de controversias, se pone mayor esfuerzo en desautorizar la tesis del contrario que en aportar razones positivas. En este caso, Spivakovsky trata de rebatir la atribución a Juan de Valdés hecha por Asensio —véase luego—, para lo cual sigue su artículo punto por punto, afirmando que los datos cronológicos, circunstancias biográficas y rasgos estilísticos que Asensio atribuye a Valdés pueden convenir igualmente a Mendoza; pero en ningún momento va más allá de meras conjeturas y vagas apreciaciones. En un segundo artículo —"The *Lazarillo de Tormes* and Mendoza", en *Symposium*, XV, 1961, págs. 271-285—, Spivakovsky trata de probar la paternidad de Mendoza con razones más "evidentes". Supone ahora que el *Lazarillo* es una novela de clave y que sus varios personajes y sucesos corresponden exactamente a sucesos y personajes de la vida de Mendoza, que había escrito la novela como una especie de memorias "secretas": en el tratado primero, Mendoza es el Lazarillo y el ciego representa a Paulo III; en el segundo, Mendoza es el clérigo avaro y los habitantes de Siena hacen de Lazarillo, robando al clérigo en forma de ratones y culebras; en el tercero, el escudero es el Emperador, de quien Mendoza, Lazarillo otra vez, se compadece. Hacemos gracia al lector de lo demás. El artículo de Spivakovsky es un ejemplo espléndido de los excesos a que puede llegar un género de crítica, cada día más abundante, empeñada en hallar en toda obra significaciones simbólicas, interpretaciones alegóricas, arcanas intenciones.

cia tienden más a deshacer las objeciones de Morel-Fatio que a presentar pruebas positivas [71].

En cambio, la paternidad de fray Juan de Ortega ha sido apoyada recientemente por Marcel Bataillon. Éste que la había rechazado en un principio [72], sostiene ahora su verosimilitud: "la atribución de un libro divertido a un fraile jerónimo no es cosa que se invente fácilmente", dice Bataillon [73]; y queda bien claro el referido testimonio del P. Sigüenza. Cierto que fray Juan no es conocido como escritor, "pero fue todo un personaje": general de los jerónimos, obispo electo de Chiapas —cargo que rehusó y para el cual fue propuesto entonces el Padre Las Casas—, encargado de la instalación de Carlos V en Yuste. Las noticias que se poseen sobre sus talentos y carácter, dice Bataillon, no se oponen a su candidatura; "el aspecto anticlerical de la obra no es obstáculo para atribuirla a un clérigo, y menos a un fraile" [74]; el capítulo sobre el de la Merced es incluso natural, dado el desprecio que las Órdenes reformadas sentían por los semilaicos mercedarios; y hay que añadir que el Padre Sigüenza no sólo no hace reserva alguna sobre el contenido de la novela sino que hasta recomienda su lectura. En nota al pie de la última edición española de su *Erasmo y España,* Bataillon reitera que no puede aducir pruebas concretas, pero sigue creyendo más verosímil la atribución del *Lazarillo* a fray Juan de Ortega que a Hurtado de Mendoza [75].

Morel-Fatio, al rechazar la candidatura de don Diego, había propuesto buscar al autor del *Lazarillo* entre los erasmistas del círculo de los Valdés. En nuestros días ha recogido esta sugerencia Manuel J. Asensio, que rechaza la hipótesis de Bataillon y sostiene que "valdrá la pena seguir investigando en torno a Escalona y Toledo, hacia 1525, y en busca de alguien que si no es Juan de Valdés ha de parecérsele mucho" [76].

En 1914, Julio Cejador, en su edición del *Lazarillo* [77], lanzó la candidatura de Sebastián de Horozco, recogiendo una indicación del erudito sevillano José María Asensio, que en 1867 había publicado una selección de las obras de aquél y editó su *Cancionero* en 1874. Cejador se apoya especialmente en un pasaje de Horozco que refiere las picardías de un mozo de ciego llamado La-

---

Sin decidirse por ningún candidato, Olivia Crouch —"El autor del *Lazarillo*. Sobre una reciente tesis", en *Hispanófila,* 1963, núm. 19, págs. 11-23— examina las tesis de Spivakovsky y de Asensio y puntualiza o corrige detalles de ambos, estudiando en particular la vida de Mendoza.

[71] Francisco Márquez Villanueva, en el artículo citado luego, pág. 256.
[72] En *Le roman picaresque,* París, 1931.
[73] *El sentido del Lazarillo...*, cit., pág. 8.
[74] Ídem, íd., pág. 12. Véase además la "Introduction", cit., págs. 16-18.
[75] *Erasmo y España,* trad. española, 2.ª ed., México, 1966, pág. 611, nota 5.
[76] Manuel J. Asensio, "La intención religiosa del *Lazarillo de Tormes* y Juan de Valdés", en *Hispanic Review,* XXVII, 1959, págs. 78-102; la frase citada, en pág. 102.
[77] En "Clásicos Castellanos", Madrid, 1914.

zarillo, en ciertas semejanzas temáticas, sobre todo en la sátira anticlerical, y en algunas coincidencias de léxico. La mención del Lazarillo no es dato concluyente, porque si, como demuestra Bataillon, el *lazarillo* era un motivo folklórico muy difundido, bien pudieron utilizarlo por separado ambos escritores. La hipótesis de Cejador, que, según él afirma, fue bien acogida por Bonilla y por Rodríguez Marín, fue rechazada por Emilio Cotarelo en 1915 en el prólogo a su edición de los *Refranes glosados* de Horozco [78]; Cotarelo, por razones que veremos después, coloca la redacción del *Lazarillo* en 1525 ó 1526, cuando Horozco no tenía arriba de 16 años, lo que le excluye de plano como posible autor de la novela. Recientemente, Márquez Villanueva [79] ha vuelto, sin embargo, a proponer la candidatura de Horozco, desprestigiada, según dice, por la inadecuada defensa que de ella hizo Cejador —muy lejos, contra lo que opinaba González Palencia, de haber *agotado* todos los argumentos—, pero en la cual encuentra una idea fecunda. Márquez examina muy a lo largo semejanzas temáticas, ideológicas y lexicográficas entre el *Lazarillo* y la obra de Horozco, sobre todo en su refranero glosado, y llega a la consecuencia de que los puntos de contacto son demasiado numerosos e importantes para proceder de una mera coincidencia ambiental: "apenas —dice— si hay en el *Lazarillo* un tema literario, un tópico, un pensamiento, un recurso expresivo que no pueda encontrarse también en Horozco" [80]. Pero la hipótesis de Márquez no parece haber despertado gran adhesión. Bataillon asegura que la paternidad de Horozco no le convence más que la de Hurtado de Mendoza [81]; Manuel J. Asensio, por su parte, niega el valor, precisamente, a las *coincidencias* señaladas por Márquez, "explicables —dice— en dos autores que, con poca diferencia de años, escriben por Toledo o sus alrededores, interesados en la lengua y en las tradiciones populares y que reflejan la lectura de *La Celestina*; mas, apenas se analizan esas coincidencias, destácanse obvias discrepancias en sensibilidad, preocupaciones artísticas, morales y religiosas, poder creador y hasta en lengua —limpia y casta en el *Lazarillo*, sucia y desvergonzada con demasiada frecuencia en Horozco—; en resumen, no nos dan la menor muestra que eleve a Horozco de su medianía como artista a las cimas del genio" [82].

Añadamos, finalmente, que también han sido presentadas otras candidaturas a la paternidad del *Lazarillo*, aunque apenas tenidas en cuenta. Fonger de Haan [83], sugestionado por el supuesto *realismo documental* de la novela, defiende que se trata de un relato auténticamente autobiográfico y da el nombre

---

[78] En *Boletín de la Real Academia Española*, II, 1915, págs. 646-706.
[79] Francisco Márquez Villanueva, "Sebastián de Horozco y el *Lazarillo de Tormes*", en *Revista de Filología Española*, XLI, 1957, págs. 253-339.
[80] Ídem, íd., pág. 338.
[81] *Erasmo y España*, ed. cit., pág. 612, nota 5.
[82] "La intención religiosa...", cit., págs. 246-247.
[83] *An Outline...*, cit., pág. 13.

de un pregonero de Toledo, que lo era en 1538, llamado Lope de Rueda, lo que plantearía a su vez el problema de su identidad con el famoso autor de los *Pasos*; pero la hipótesis ha sido unánimemente rechazada. Arturo Marasso [84] insinúa por su parte, tan sólo como una posibilidad más, el nombre del humanista soriano Pedro de Rúa.

Problema del mayor interés es también el de la posible fecha de redacción del *Lazarillo*. El autor dice, al final del libro, que lo acabó el año en que el Emperador fue a Toledo y celebró Cortes en la ciudad, acontecimiento que sólo tuvo lugar dos veces: en 1525 y en 1538-1539. Emilio Cotarelo dio por seguro que se aludía a las primeras, y sobre esta base rechazó, como vimos, la paternidad de Horozco. Pero los datos que al respecto pueden extraerse de la novela son tan tenues, que la sutileza de los comentaristas ha podido ejercitarse a sus anchas. Sin malicia ninguna, podría afirmarse que cada uno apoya la fecha que hace más verosímil la atribución al candidato predilecto. Manuel J. Asensio acepta la fecha más temprana, que permite situar la redacción de la novela en el círculo de los Valdés; Márquez Villanueva defiende la data más tardía, con lo cual puede rechazar el parecer de Cotarelo y sostener la atribución a Horozco. Bataillon adoptó primeramente la data temprana, pero se muestra luego partidario de una fecha que puede situarse a partir de 1539. Tan sólo Américo Castro —porque a converso, de todos modos, va a salir— parece haberse despreocupado del problema cronológico. La lengua del *Lazarillo* presenta caracteres que se avienen mejor con los últimos años del Emperador que con los primeros; y lo mismo puede afirmarse respecto de su probable contenido erasmista, que precisaba mayor tiempo para adquirir tal grado de madurez. Aun suponiendo que las Cortes aludidas en la novela fueran las primeras, nada exige tampoco que el autor la escribiera a continuación —es sólo un término *post quem*—; pudo, de propósito, alejar los hechos en el tiempo, como sugiere Márquez, y referirlos a las primeras Cortes, puesto que hace alusiones personales tan concretas como la del Arcipreste de San Salvador.

La data del *Lazarillo* sigue siendo un problema tan oscuro, quizá tan insoluble, como el de su autor.

La sátira antieclesiástica, que encerraba el *Lazarillo*, hizo que fuera incluido en el *Índice* de libros prohibidos del inquisidor Valdés en 1559. Diez años más tarde se produjo una reacción contra medidas tan extremas, y un grupo de teólogos reunidos en Amberes en torno de Arias Montano redactó el *Índice expurgatorio* de 1571, señalando las supresiones que habían de hacerse en muchas obras para dejarlas circular de nuevo. Según este criterio, el Cosmógrafo Mayor del Consejo de Indias, Juan López de Velasco, preparó la edición expurgada del *Lazarillo* que fue publicada en Madrid en 1573. Se suprimieron los capítulos del buldero y del fraile de la Merced y algunas fra-

---

[84] Arturo Marasso, "La elaboración del *Lazarillo de Tormes*", en *Estudios de literatura castellana*, Buenos Aires, 1955.

ses en el del clérigo de Maqueda. Este texto es el que siguió reimprimiéndose en España hasta la abolición definitiva de la Inquisición en el pasado siglo, aunque las ediciones extranjeras daban el texto íntegro. La primera edición del *Lazarillo* no expurgado se imprimió en Barcelona en 1834, un mes después de ser abolida la Inquisición, pero sobre un texto defectuoso importado de Francia. Al fin, en 1844, casi tres siglos después de las primeras ediciones, el *Lazarillo* fue impreso en Madrid en una edición de lujo, acompañado por vez primera de la segunda parte de Amberes y de la continuación de H. de Luna [85].

Contenido, personajes y estructura de la novela. Lázaro cuenta en primera persona sus aventuras comenzando por su nacimiento, en una aceña de las riberas del río Tormes, de padres poco recomendables. Siendo todavía muy niño, su madre lo entrega a un ciego para que, acompañándole, se gane la vida. Para aplacar el hambre, pues el ciego le daba poco de comer, el muchacho le hace objeto de repetidas tretas, hasta que al fin le abandona para servir a un clérigo; "pero al cambiar de señor escapé del trueno y di en el relámpago". Muerto de hambre, porque la avaricia del clérigo era tal que Lázaro tenía que robarle para comer, pasa a servir a un escudero de Toledo, prototipo del hidalgo megalómano, falto de lo más necesario, pero tan orgulloso de su clase que antes está dispuesto a perecer que a ocuparse en algún trabajo útil. Perseguido por sus acreedores huye el hidalgo y Lázaro entra a servir entonces a un clérigo de la Merced, de livianas costumbres, luego a un buldero que engañaba a los fieles en la venta de bulas en combinación con un alguacil, después

---

[85] Cfr.: A. Rumeau, "Notes sur les *Lazarillo*...", cit., pág. 61.
Ediciones del *Lazarillo*: Reproducción facsímil de las tres ediciones de 1554, con una noticia bibliográfica de E. Moreno Báez, Cieza, 1959. Ed. de Buenaventura Carlos Aribau en *Biblioteca de Autores Españoles*, III, Madrid, 1846; nueva ed., Madrid, 1944. Ed. de R. Foulché-Delbosc, Madrid, 1900. Ed. de Julio Cejador, en "Clásicos Castellanos", Madrid, 1914. Ed. de Adolfo Bonilla y San Martín, Madrid, 1915. Ed. de Camille Pitollet, París, 1928. Ed. de A. González Palencia, "Clásicos Ebro", Zaragoza, 1940. Ed. de bibliófilo, "Aeternitas", Valencia, 1942. Ed. de Luis Jaime Cisneros, Buenos Aires, 1946. Ed. de José Trelles Graíño, en "Serie escogida de Autores Españoles", Madrid, 1947. Ed. de Alfredo Cavaliere, Nápoles, 1955. "Colección Austral", núm. 156; con prólogo de Gregorio Marañón desde la ed. de 1958. Ed. de Martín de Riquer en *La Celestina y Lazarillos*, Barcelona, 1959. Ed. de R. O. Jones, Manchester University Press, 1963. Ed. de C. Castro, "Ser y Tiempo", Madrid, 1964. Ed. de Ángel Valbuena Prat, en *La novela picaresca española*, 5.ª ed., Madrid, 1966. Ed. de Francisco Rico, en *La novela picaresca española*, vol. I, Barcelona, 1967. Edición bilingüe, en español y francés, con la traducción de Morel-Fatio e Introducción de Marcel Bataillon, París, 1958; nueva ed., París, 1968. Para las ediciones antiguas del *Lazarillo*, cfr.: E. Macaya Lahmann, *Bibliografía del Lazarillo de Tormes*, San José de Costa Rica, 1935. Joseph L. Laurenti, "Ensayo de una bibliografía del *Lazarillo de Tormes* (1554) y de la *Segunda Parte de la vida de Lazarillo de Tormes* de Juan de Luna (1620)", en *Annali*, Instituto Universitario Orientale, Sezione Romanza, Nápoles, VII, 1965, págs. 265-317. Ed. de José Caso González, Anejo XVII del *Boletín de la Real Academia Española*, Madrid.

a un capellán, a cuyo servicio estuvo cuatro años vendiendo cántaros de agua por la ciudad, y finalmente a un alguacil, al que dejó por parecerle oficio peligroso; hasta que encuentra acomodo más estable, consiguiendo ser nombrado pregonero de Toledo y casar con la barragana de un Arcipreste.

La novela, de acuerdo con la técnica ya descrita, está desarrollada en forma lineal, como una sucesión de episodios de muy desigual extensión. Los correspondientes al ciego, al escudero, al clérigo y al buldero son los más extensos; mientras que el fraile de la Merced y al capellán que sigue al capítulo del buldero dedica apenas unas breves líneas. El final parece precipitarse igualmente, con el solo remanso de las consideraciones del Arcipreste y el comentario de Lázaro sobre su situación y "buena fortuna", desde la cual contempla su vida y escribe su relato.

Esta aparente irregularidad en la estructura de la novela ha preocupado desde hace mucho a los críticos. F. Courtney Tarr [86], el primero probablemente que estudió con rigor la construcción del libro, recoge ya diversas opiniones que habían denunciado sus anomalías. Según Chandler [87], sólo los tres primeros capítulos del libro están completos, mientras el resto diríase un esquema que habría de ser posteriormente elaborado; Bonilla [88] considera muy superior los tres primeros tratados y piensa que a partir del cuarto la narración se atropella y el interés decae notoriamente; Chaytor [89] opina que sólo cuatro capítulos fueron trabajados con detalle, mientras el resto produce la impresión de una obra inacabada; Reynier [90] califica de desproporcionada a la novela y supone que el autor abandonó a su personaje cuando dejó de divertirle; Northup [91], preocupado sobre todo con la Inquisición, malicia que los cuatro tratados finales son sospechosamente cortos y hacen pensar en la mano podadora. Albert A. Sicroff [92] conviene también en aceptar el carácter embrionario de la segunda mitad y sugiere que quizá la conciencia de no haber realizado plenamente su proyecto literario impidió al autor publicar su libro; éste, que circulaba en copias manuscritas como versión provisional, debió de ser impreso después de muerto el autor, ya sin posibilidad de redacción definitiva. Sicroff supone esta teoría más plausible para explicar la demora en la publicación y el ano-

---

[86] F. Courtney Tarr, "Literary and Artistic Unity in the *Lazarillo de Tormes*", en *Publications of the Modern Language Association of America*, XLII, 1927, págs. 404-421.
[87] *Romances of Roguery...*, cit., pág. 198.
[88] Introducción a su ed. del *Lazarillo*, cit., pág. VI.
[89] H. J. Chaytor, *La vida de Lazarillo de Tormes*, Manchester-Londres, 1922, página XIII.
[90] Gustave Reynier, *Le roman réaliste au XVIIe siècle*, París, 1914, pág. 17.
[91] G. T. Northup, *An Introduction to Spanish Literature*, Chicago, 1925, pág. 174 (los cinco autores, citados por Tarr, pág. 404).
[92] Albert A. Sicroff, "Sobre el estilo del *Lazarillo de Tormes*", en *Nueva Revista de Filología Hispánica*, XI, 1957, págs. 157-170.

nimato del libro que la sugerida por Wagner[93], es decir, su carácter anticlerical y la hostilidad de la Inquisición: carece de sentido que después de permanecer inédito varios años por tales razones, se publicara precisamente cuando las restricciones inquisitoriales se habían agravado. Francisco Ayala[94], además de aceptar también lo imperfecto de la construcción de la novela, señala la inconsistencia del protagonista; el Lazarillo de los tres primeros capítulos, "inocente, maltratado, pero al fin sensible y caritativo muchacho", no se compagina con su posterior corrupción moral, no justificada en el atropellado proceso de los otros capítulos; en cambio, dice Ayala, el prólogo sí casa muy bien con el tratado séptimo y último, ya que "ambos suponen, como situación vital, la perspectiva del antihéroe, del pícaro consumado"; la trayectoria, por el contrario, dista de hallarse completa y hace pensar en una versión inacabada.

Frente a tales juicios, diversos críticos han encarecido la perfecta arquitectura de la novela y rebatido sus posibles fallos. Courtney Tarr, en el artículo mencionado, desarrolla una sugerencia de Wagner: evidentes incongruencias del título con el contenido en los tratados primero y séptimo y el hecho de estar escritos todos en tercera persona a pesar del carácter autobiográfico del relato, hacen sospechar que fueron puestos precipitada y descuidadamente después de escrito el libro y quizá no por la mano del autor; de este modo, lo que no eran sino párrafos de transición entre las partes capitales de la novela, adquieren el carácter de capítulos separados, creando el espejismo de su irregularidad; pero el autor se demora tan sólo en los personajes que son necesarios para su propósito. Según Tarr, en la medida en que el tema del hambre, predominante en los tres capítulos primeros, evoluciona hacia el de la hipocresía en la segunda parte de la novela, se produce también el cambio de perspectiva en el protagonista: Lázaro deja de ser el muchacho que lucha activamente contra la crueldad y avaricia de sus amos, para plegarse cada vez más a ellos; en esta misma medida se aleja del centro de la escena para reducirse a mero testigo y narrador. Al final del libro, Lázaro se vuelve a erguir por un momento como protagonista, cuando, adiestrado por la experiencia de su vida, acepta cínicamente su deshonrosa situación, convirtiéndose en un hipócrita como todos los demás, que es el único medio de vivir acomodado y tranquilo; y en esta misma aceptación forzada se asienta la piedra angular de la novela. Como su propia madre, según se dice en el comienzo, *Lázaro determinó de arrimarse a los buenos,* es decir, a los que tienen el mango de la sartén y saben sacar provecho de las cosas. Por otra parte, según precisa Tarr, ni aun en su misma transformación moral existe inconsistencia en el carácter de Lázaro: no se convierte en un bergante activo; ni directa ni indirectamente

---

[93] Ch. Ph. Wagner, en su prólogo a la traducción del *Lazarillo* por Louis How, Nueva York, 1917.

[94] "Formación del género *novela picaresca...*", cit., págs. 144-145.

saca provecho de la pillería y vicio de los demás; y al plegarse, desilusionado, a la sucia protección del Arcipreste —dame pan y llámame tonto—, continúa siendo el mismo Lázaro maltratado y corrompido por la malicia de los "buenos". Si advertimos las palabras del prólogo, escritas para que "consideren los que heredaron nobles estados cuán poco se les debe, pues Fortuna fue para ellos parcial, y cuánto más hicieron los que, siéndoles contraria, con fuerza y maña remando salieron a buen puerto", y las relacionamos con las frases finales de Lázaro, llegado ya "a buen puerto", "estando en mi prosperidad y en la cumbre de toda buena fortuna", no podemos sino entender esta afirmación de victoria como la más intencionada de las ironías.

Otros varios comentaristas, en fechas más recientes, han estudiado también el problema de la estructura del *Lazarillo* y enriquecido la exposición básica de Tarr. Claudio Guillén [95] ha hecho agudas observaciones sobre la función del tiempo y del narrador y su valor en la novela. Como sabemos, Lázaro no dirige su relato al lector, sino a un *vuestra merced,* personaje de rango superior, del que sólo sabemos que es protector de su protector, el Arcipreste. Lázaro escribe como en un acto de obediencia: "pues vuestra merced escribe se le escriba y relate el caso muy por extenso...". "¿Conocería el amigo del Arcipreste de San Salvador —se pregunta Guillén— la indigna relación que con éste tenía Lázaro?". El hecho es que éste no parece que cuenta por contar, sino para incorporar estos hechos a su propia persona; si se sumerge en los sucesos capitales de su vida pasada, es porque ellos son el fundamento de su realidad presente, que está intentando explicar o justificar; es el hombre maduro, Lázaro, quien resume las conclusiones que el muchacho, Lazarillo, había sacado de su experiencia. Lo primordial, entonces, es el *término* de un proceso educativo; el narrador es un hombre hecho, maduro y desengañado: "Lázaro, más que Lazarillo, es el centro de gravedad de la obra" [96]. Considerado el *Lazarillo* como una *relación,* sus aparentes discontinuidades dejan de ser torpezas "propias, según pensaba la crítica del siglo XIX, de un arte más o menos esquemático"; el narrador muestra tan sólo lo que le importa para su objeto: los rasgos capitales de su persona, pero tal como quedan incorporados a su conciencia actual. Los tres primeros capítulos constituyen el período de su básico adiestramiento en la vida, pero a partir de la mitad de la novela Lázaro *ya es,* ya ha adquirido su forma definitiva, y pone en práctica las lecciones de su adolescencia con la rapidez y decisión —diríamos también nosotros, con la endurecida indiferencia de cosa habitual que ya no sorprende— características del ritmo de los capítulos finales [97].

---

[95] Claudio Guillén, "La disposición temporal del *Lazarillo de Tormes*", en *Hispanic Review,* XXV, 1957, págs. 264-279.

[96] Ídem, íd., pág. 271.

[97] Parecidos aspectos ha estudiado también Raymond S. Willis, "Lazarillo and the Pardoner: The Artistic Necessity of the Fifth *Tractado*", en *Hispanic Review,* XXVII, 1959, págs. 267-279. Sobre estos problemas de estructura de la novela pero en conexión ade-

Lázaro, pues, sin reparo posible, es un tipo humano trazado impecablemente, desde sus días de mozo confiado y sencillo hasta su dramática aceptación final, forjada a golpes de experiencia por la maldad, la avaricia o la hipocresía de sus distintos amos. A su lado se yerguen con pareja intensidad casi todos los otros personajes, hasta los más someramente trazados, aunque de modo muy especial los tres amos primeros. La figura del escudero, sobre todo, representa, según ha dicho Bataillon, "la parte auténticamente genial del *Lazarillo*"[98]. El propósito, iniciado por Morel-Fatio y seguido por numerosos comentaristas, de ver sólo en el escudero un personaje típico, no consigue empañar su humanísima individualidad. Todo el tratado es un prodigio de gracia narrativa desde el mismo instante en que Lázaro topa con el escudero y lo acepta como amo; el inútil deambular por las calles toledanas, el descanso en la iglesia mayor para oír misa, la desazonada espera del muchacho mientras las horas pasan y crece el hambre y con él la esperanza de una mesa dispuesta la llegada a la casa vacía donde no se veían más que paredes, el descubrimiento acongojante de la extrema pobreza del hidalgo. Son admirables las escenas en que se le describe caminando erguido por la ciudad, "papando aire", o pretendiendo alternar con las damas "hecho un Macías"; y aquélla sobre todo en que Lázaro le invita a comer del producto de su mendicidad. Al fin, el hidalgo, después de haber yantado un día razonablemente, le habla a Lázaro de su fantástica "hacienda" y le explica "las cosas de la honra", en donde "está todo el caudal de los hombres de bien". La ridícula y hueca altivez de este hombre sin bienes, capaz de dejar su tierra por no quitar el bonete a un caballero, puede provocar nuestro desprecio de primera intención, pero, al fin, sacrifica su bienestar a unos valores menos interesados y bajos que la avaricia o la bellaquería de los otros; así lo entiende Lázaro, y por eso siente despertársele la compasión por él: única ocasión, según dice Américo Castro[99], en que Lázaro no se siente solo y encuentra posibilidad de diálogo; aun con tener que alimentarlo "le quería bien —comenta Lázaro—, con ver que no tenía ni podía más. Y antes le había lástima que enemistad... Éste, decía yo, es pobre y nadie da lo que no tiene; mas el avariento ciego y al malaventurado mezquino clérigo, que, con dárselo Dios a ambos, al uno de mano besada y

---

más con el proceso moral del héroe y el contenido doctrinal del libro, véanse asimismo: Bruce W. Wardropper, "El trastorno de la moral en el *Lazarillo*", en *Nueva Revista de Filología Hispánica*, XV, 1961, págs. 441-447. Alan D. Deyermond, "The Corrupted Vision: Further Thoughts on *Lazarillo de Tormes*", en *Forum for Modern Language Studies*, vol. I, n. 3, julio 1965, págs. 246-249. Del mismo, "Lazarus and Lazarillo", en *Studies in Short Fiction*, II, n. 4 (Summer Term), págs. 351-357. Stephen Gilman, "The Death of Lazarillo de Tormes", en *Publications of the Modern Language Association of America*, LXXXI, 1966, págs. 149-166.

[98] "Introduction", cit., pág. 26.
[99] "El *Lazarillo de Tormes*", ed. cit., pág. 163.

al otro de lengua suelta, me mataban de hambre, aquéllos es justo desamar y aquéste de haber mancilla".

Al comentar el significado a que puede enderezarse este episodio de la novela, afirma Bataillon que la implícita protesta de Lázaro contra la superstición del honor llevada a tales extremos no tiene raíz religiosa o filosófica; brota de un instinto vital profundo al observar "un ideal de vida tan contrario a la vida"; Lázaro no niega nunca los prestigios sociales y no comprende cómo el escudero es tan reacio a quitarse el bonete ante un caballero que "era más y tenía más". Desde su tierna infancia Lázaro venera a las gentes ricas y bien vestidas; toda su ambición consiste en crecer a la sombra de los que tienen más, que son los *buenos* del proverbio: cuando ahorra suficiente dinero para vestir el traje de los *honrados,* compra uno enseguida, aunque sea de segunda mano, y una espada de Cuéllar y deja el oficio de aguador. "El humorismo del autorretrato —dice Bataillon— nos da la certeza de que el autor anónimo no se identifica más con Lázaro que con el escudero, así como Cervantes no había de identificarse más con Sancho que con D. Quijote. Nada impide adivinar, tras las caricaturas del ultrahonor y del antihonor, la sonrisa de un escritor que profesa sobre el honor una opinión ortodoxa. Pero el vigoroso moralismo español queda aquí sobrio, escondido. Basta que sean primorosos los retratos para que sugieran todo un universo moral, como pueden evocar a toda una sociedad" [100].

Realismo y ficción en el "Lazarillo". Las fuentes folklóricas. La opinión predominante sobre el *Lazarillo,* herencia de la crítica del pasado siglo, consiste en valorarlo como un reflejo de la realidad, una novela de costumbres en la que Lázaro no hace más que servir de aglutinante a una sucesión de cuadros y personajes representativos de la sociedad española de la época. Así lo definió Morel-Fatio: "¿Qué representa —dice— esta trilogía —retratos del ciego, del clérigo y del hidalgo— sino, en síntesis, la sociedad española del siglo XVI, cuyas variedades todas se reducen con bastante facilidad a estos tres tipos del pícaro, del hombre de iglesia y del hombre de espada?". Concepto que ha venido repitiéndose hasta el propio Valbuena Prat: "Las tres estampas principales —escribe éste—, el ciego, el cura, el escudero, caricaturas de tres órdenes vivos y dominadores de España: el mendigo, el sacerdote avaro, el vanidoso pobre, ofrecen un valor de época y perenne, que se destaca entre la literatura retórica coetánea" [101].

---

[100] *El sentido del Lazarillo...,* cit., pág. 26.
[101] *Historia de la Literatura Española,* I, 7.ª ed., Barcelona, 1964, pág. 490. "Lo interesante en la novela picaresca —escribe también Barja—, más aún que el tipo del pícaro, es la descripción que en ella se hace de las costumbres de las diferentes clases sociales. La novela picaresca es, ante todo, novela de costumbres, y lo que el pícaro hace es servir de centro de unidad a la serie de cuadros sociales presentados, los cuales él trata de animar con sus artes y gracias" ("Novela picaresca", cit., pág. 221).

No obstante, ya desde antiguo, al estudiar las fuentes del *Lazarillo* se había puesto de relieve la deuda de la novela con relatos y personajes folklóricos de larga tradición [102]. El propio Morel-Fatio y Foulché-Delbosc aportaron interesantes datos sobre esta herencia. El primero, no sin cierta contradicción con las palabras reproducidas más arriba, afirmaba: "La imaginación juega tan sólo aquí un papel muy secundario, y muchos capítulos de esta novela, que parece tan original y que lo es efectivamente en muchos aspectos, han sido tomados de otra parte". Morel-Fatio suponía que el capítulo del ciego procedía de un viejo cuento divulgado ya en las farsas francesas medievales y que reaparece en el teatro español del siglo XVI; el vendedor de indulgencias y sus supercherías están tomados, a su juicio, de un *novellino* de Massuccio de Salerno de finales del siglo XV. Foulché-Delbosc reproduce siete dibujos [103], ejecutados en la primera mitad del siglo XIV en un manuscrito de las *Decretales* de Gregorio IX, en los que un ciego va acompañado por un *lazarillo*; en el primero de ellos el joven le está sorbiendo el vino a su amo con una paja, como en la novela española, y los restantes pueden muy bien consistir en parecidas tretas. Alusiones a un *lazarillo*, como mozo de ciego, las hay en *La lozana andaluza*, de Francisco Delicado —la más antigua mención impresa antes de 1550—, en *Los Menechmos* de Timoneda y en la *Historia evangélica del capítulo nono de Sant Joan* de Sebastián de Horozco; estas últimas pueden ya proceder de la misma novela, pero es igualmente posible que todas ellas se inspiren en una común tradición popular, en la que el ciego aparece asociado con el *lazarillo*, tradición que, a su vez, sobrevive a la aparición del libro y que puede rastrearse hasta nuestros días.

La dependencia cierta de nuestro autor respecto de aquellas y otras fuentes parecidas ha sido discutida para cada caso en minuciosas investigaciones que no podemos detallar aquí [104]. Marcel Bataillon puntualiza que hasta el mis-

---

[102] El mismo nombre de *Lázaro* debió de ser escogido por ser sinónimo de desdicha y pobreza, como resonancia de San Lázaro, patrono de las leproserías, o, según Covarrubias, del mendigo Lázaro del Evangelio de San Lucas. Con dicho sentido formaba parte de expresiones proverbiales y de refranes, que trae Correas, y de él derivan los verbos *lazrar, lazdrar, lacerar,* y los sustantivos *laceria* y *lazareto*. Bataillon supone que Lázaro, el pobre diablo por excelencia, se convirtió en héroe de historietas con el nombre en diminutivo, Lazarillo, que confiere al personaje un carácter suplementario de ingenuidad infantil ("Introduction", pág. 21).

[103] En "Remarques sur *Lazarille*...", cit., entre las págs. 94 y 95.

[104] María Rosa Lida de Malkiel ha estudiado el problema de las fuentes del *Lazarillo* —"Función del cuento popular en el *Lazarillo de Tormes*", en *Actas del Primer Congreso Internacional de Hispanistas*, Oxford, 1964, págs. 349-359— y llega a la conclusión de que el Tratado primero se desgrana en motivos independientes extraídos de fuentes folklóricas o cuentos populares, tales como el vago tema del mozo de ciego y algunos de sus lances tradicionales, aunque todo ello elaborado con gran libertad por el autor para acomodarlo a su propósito; en cambio, los restantes tratados son ajenos a tal procedimiento, por lo que juzga que describir el *Lazarillo* como una serie de motivos narrativos

mo escudero, orgulloso y famélico, que suele estimarse como la creación más original, existe ya en el folklore anteriormente, acompañado de su criado, sirviendo de cabeza de turco de regocijadas historietas; y aduce varias farsas de Gil Vicente en las que el personaje aparece con rasgos que prefiguran los del amo de Lázaro [105].

Lo que en todo esto importa, sin embargo, es decidir en qué medida tales préstamos tradicionales afectan al realismo de la novela. La solución ha sido dada, como es inevitable, de acuerdo con la intención que cada comentarista pretende atribuirle. González Palencia concede una importancia primordial al elemento literario en la gestación del *Lazarillo*; no en el sentido —entiéndase bien— de que fuese mera reacción contra la literatura idealizante, según dejamos dicho, sino refiriéndose a los numerosos temas literarios que el autor recoge e incorpora a la narración. "No vayamos —dice— a incurrir en la candidez de pensar que el pícaro no es otra cosa que el antihéroe, y que el desarrollo de su figura literaria se ha limitado a copiar de la realidad estos tipos de las clases humildes. El autor del *Lazarillo* no pinta seres reales, sino que adapta varios temas literarios... con tal habilidad engarzados en su relato, que dan la sensación de copia de escenas vividas" [106]. González Palencia niega, pues, el realismo de la picaresca —por ende, su valor como observación y cuadro de costumbres— tanto del *Lazarillo* como de sus descendientes, suponiéndola adaptación de motivos literarios —caso del *Lazarillo*— o ficción de sus creadores, que inventaban un mundo inexistente; literatura, a fin de cuentas: "no son tales novelas —dice— el reflejo fiel y exacto de una sociedad, que vivía y se movía por más altos ideales que los vistos en la mezcla de la baja humanidad de venteros, mendigos, mozas del partido, rufianes, valentones, estudiantes y vagos que pueblan el mundo fantástico de tales ficciones" [107]. Al examinar en su lugar correspondiente la evolución de la picaresca, veremos cómo, en efecto, el llano realismo del *Lazarillo* se contorsiona en deformaciones caricaturescas que, en propiedad, no pueden llamarse realistas. Pero tales deformaciones afectan mucho más a los procedimientos estilísticos que a la verdad que late en el fondo, aunque para llegar a ella tengamos que extraer la raíz cúbica de la expresión literaria en que se envuelve. Indudable-

---

es generalizar indebidamente la impresión del comienzo. "El folklore, pues —dice—, puso en movimiento la invención del *Lazarillo,* como los romances caballerescos pusieron la del *Quijote,* pero a partir del Tratado II, el autor abandonó el folklore, y fue creando libremente, no sin cambios de enfoque, sin que nada permita conjeturar la existencia de un *Ur-Lazarillo,* rigurosamente popular (y rigurosamente desconocido) del que el nuestro sería simple selección" (pág. 355). Al rebajar la relación del *Lazarillo* con cualesquiera fuentes posibles, Lida tiende a desautorizar las tesis —que luego exponemos— de Bataillon y González Palencia y acentuar el carácter realista de la novela.

[105] Véase el cap. II, "Les sources folkloriques", de la "Introduction" cit., págs. 20-32.
[106] *Del Lazarillo a Quevedo,* cit., pág. 11.
[107] Ídem, íd., pág. 3.

mente, nos hemos venido sirviendo de la palabra *realismo* con excesiva imprecisión; pero se corre ahora el riesgo de caer en otros extremos y confundir el *realismo literario*, que puede adoptar formas muy varias y consistir en cosas muy distintas, con la verdad histórica. En este caso concreto, el enfoque de González Palencia, movido más que por razones literarias "por consideraciones patrióticas, para reivindicar del supuesto ataque la sociedad española del siglo XVI" —como le reprocha, sin declararlo, pero con evidente intención peyorativa, Lida de Malkiel [108]— ha restado autoridad a su interpretación [109].

---

[108] "Función del cuento popular...", cit., pág. 349.

[109] Sin duda que el patriotismo no es instrumento adecuado para hacer crítica histórica ni literaria, pero tampoco es peor que cualquier especie de sectarismo, sea el que fuere, ni que las malévolas y tendenciosas deformaciones, tan frecuentes. Por fortuna, y aunque el muro de prejuicios es harto sólido, la adecuada interpretación de la picaresca y la distinción entre lo que es documento social y creación de arte se van abriendo camino. Emilio Carilla traza muy claramente esta separación: "Si la difusión de la novela picaresca fuera de España —escribe— se hizo a veces en detrimento de otros géneros o formas españolas de mayor contenido espiritual, esto no es culpa suya. Como tampoco es culpa suya que fuera de España se identificara al país con mucho de lo que en la novela picaresca era sólo intencionada deformación literaria. La verdad es que, en este sentido, sería ingenuo pretender regular derivaciones de la obra artística, aunque es sensible que no se sepa distinguir entre realidad y ficción". Admite luego la evidente realidad social que el pícaro literario delata, pero esto, aclara, "no supone afirmar que los pícaros existen a partir del siglo XVI. Se trata de uno de esos conceptos de carácter universal, extendidos en el espacio y en el tiempo, aunque la palabra sirvió para precisar y aferrar el concepto a particulares condiciones históricas. De tal manera, hasta es válido hablar de una nueva idea. Pero si la voz *pícaro* triunfó y adquirió el relieve conocido no se debió tanto a la proliferación del tipo social como a la difusión de la literatura que lleva su nombre". Más abajo, y dentro del apartado que titula "Picaresca y sociedad", escribe: "¿Debe deducirse una relación entre el pueblo español y esta literatura? En otras palabras: ¿Su brillo se explica porque en esa sociedad que reflejaba con mayor o menor justeza estaban ya los gérmenes de su éxito? Es cierto que algunos críticos han intentado derivaciones ceñidas entre sociedad y novela picaresca, pero —a lo más— no han hecho sino descubrir frágiles bases, ligereza e incomprensión. Se olvidan que la sociedad que pinta la novela picaresca ha existido en todas partes y en toda época... Por otra parte la época de brillo de la novela picaresca española es época de brillo de toda la literatura española. El género contribuye a él pero no puede ocultar ni mucho menos, obras y géneros de carácter bien diferente a lo esencial picaresco, aun en el realismo e infrarrealismo que lo particulariza". Y resume: "El *Lazarillo* es libro singular que impone por la fuerza de su arte una nueva concepción del héroe literario: variación fundamental con respecto al héroe clásico, precisamente en una época de culto amplio hacia ideales grecorromanos. Lo impone y se impone: crea un público y extiende un género *nacional*. Nacional en cuanto al brillo; no por las miserias que presenta. El *Lazarillo* nace en pleno siglo XVI español: precisamente en su momento de mayor brillo político. Es así buen desmentido a aquellos que buscan en toda obra, sin más ni más, la visión completa de una época. El *Lazarillo* no la presenta. Es la obra de arte y no el documento histórico, aunque en su trama entren sutiles hilos de la época en que nace" ("La novela picaresca española (Introducción al *Lazarillo de Tormes*)", y "El Lazarillo de Tormes", en *Estudios de literatura española*, Rosario, República Argentina,

Desde un ángulo distinto Marcel Bataillon se ha enfrentado también con el problema del realismo en el *Lazarillo* y ha escrito bellas y generosas páginas para explicar la novela como "un *tour de force* de creación artística", "un esfuerzo victorioso en el arte del relato y del retrato". Resumamos su exposición [110]. El *Lazarillo* representa el nacimiento de una variedad de novela realista, según un proceso mal estudiado, del que el siglo XIX, inventor del naturalismo y la fotografía, no podía formarse idea. Para nuestros abuelos, si un escritor contemporáneo de Carlos V nos habla de un mendigo, de un clérigo avaro, de un caballero famélico, de un vendedor de indulgencias, no hace sino copiar la realidad circundante, porque lo esencial es la pintura de tipos y costumbres; como se advierte que el narrador siente deseos de hacer reír, se dice que este realismo es satírico; y como se siente piedad por aquellos tiempos lejanos sin libertad de prensa, se supone que la sátira es más violenta en intención que en palabras y se rastrean las "prudencias", las transposiciones, las intenciones escondidas. Pero nosotros, que hemos superado el realismo fotográfico y somos en cambio más exigentes en el análisis de la creación artística, pensamos de otro modo. El *Lazarillo* es un libro *para hacer reír*, un libro *de burlas*; por eso, precisamente, incorpora toda una literatura preexistente de historietas y anécdotas cómicas. El error consiste en creer que la inmersión en el plano histórico es el fin del autor, cuando no es más que un medio. La *forma autobiográfica* es aquí el único factor del *realismo*; una forma autobiográfica y un realismo que habían sido el del *Libro de buen amor* del Arcipreste y era el de su contemporáneo Andrés Laguna en su *Viaje de Turquía*. Lo que lleva a cabo el *Lazarillo*, siguiendo una técnica de estilización realista ya practicada en las obras maestras de la Edad Media española, es situar los pasos del héroe en un camino que es familiar a los lectores; son los nombres cercanos; están ahí esperándonos desde hace siglos: Lazarillo nace en Tejares, en un molino del Tormes; las uvas son de Almorox; la venganza contra el ciego sucede en la plaza de Escalona y el vengador huye después hasta Torrijos; el clérigo avaro es de Maqueda; la casa sin ajuar está en Toledo, cuya topografía nos hace sentir el novelista en sus más vivos detalles. Y sabe, con tan genial intuición, agrupar los sucesos en torno a su persona y dar a todos ellos tal coherencia interna, que estamos persuadidos de haber asistido al proceso de un personaje histórico y real tras sus mismas pisadas [111]. Enton-

---

1958, págs. 55-103; las citas, en las págs. 55-56, 57, 59-60 y 102-103. El segundo trabajo mencionado ha sido sustancialmente reproducido, bajo el título de "Cuatro notas sobre el *Lazarillo*", en *Revista de Filología Española*, XLIII, 1960, págs. 97-116).

[110] "Introduction", cit., cap. III, "Des historiettes au roman autobiographique", páginas 33-38.

[111] Criado de Val, comentando este realismo topográfico del *Lazarillo*, escribe: "La precisión geográfica del *Lazarillo* es tan extremada, que nos permite reconstruir algunas de sus escenas sobre el sitio mismo en que su autor las imagina". Y reconstruye, efectivamente, a continuación, a guisa de ejemplo —con la menuda exactitud de un arqueólogo

ces, dice Bataillon, "el breve prólogo cobra un acento sobriamente triunfal. Se convierte en una glorificación del arte y del artista. Respira la satisfacción de haber inaugurado en lengua castellana un género de ficción divertido y verdadero, de haber competido en naturalidad con los antiguos (y en un tema tanto más nuevo cuanto que es más humilde), de haber descubierto tierras nuevas en el mundo de la representación de la vida humana. El autor nos recuerda su presencia un poco como Cervantes en aquel principio de la segunda parte del Quijote donde los personajes critican a su autor, un poco como Velázquez que pinta su propia imagen, paleta en mano, en el primer término de las Meninas. Sólo que, en el caso del *Lazarillo*, la afirmación de la conciencia del propio genio queda paradójicamente contradicha por el anonimato"[112]. Para Bataillon, muchas de las ironías de la novela son un "humorismo clerical de tipo perfectamente inofensivo"[113]. Se pregunta, a propósito del hidalgo hambriento, si puede hablarse aquí de sátira social, que, en todo caso, califica de indulgente, "impregnada de amor por la compasión de Lázaro"[114]. Pide que no prestemos arbitrariamente nuestras ideas a un contemporáneo de Carlos V, e insiste en destacar los valores de la novela por su "intención y valor de arte"[115].

El sentido del "Lazarillo". Su erasmismo. Como vemos, la valoración del *Lazarillo* en lo que atañe a su realismo oscila entre asignarle un carácter casi documental como retrato de una sociedad —y, consecuentemente, una intención satírica— o ver en él una pura obra de arte. Evidentemente, la utilización de motivos folklóricos no se opone en manera alguna a que la novela pueda dar testimonio de la sociedad de su tiempo ni a que encierre el sentido y la intención satírica o doctrinal que quiera atribuírsele. Lo que importa en un libro no es la materia prima de que se nutre, sino el producto que elabora con ella; y, precisamente, lo que más sobresale en el *Lazarillo* es la capacidad de su autor para transfigurar los elementos que toma en préstamo e integrarlos en el conjunto de su obra como si fueran debidos a su experiencia más personal. En este sentido, creemos que no son aceptables las conclusiones de González Palencia; el hecho de que el autor del *Lazarillo* recoja en su libro

---

que examinara el emplazamiento de un suceso histórico— el lugar preciso de la plaza de Escalona, donde Lázaro hace saltar al ciego para estrellarlo contra un pilar. Y añade luego: "Al llegar a la ciudad de Toledo, la precisión topográfica del autor toma nuevos bríos, confirmando su más probable toledanismo. La estampa de la vieja ciudad inalterable se hace viva, enteramente actual en las páginas del Tratado tercero y en las del Tratado sexto, que describe el definitivo asiento de Lázaro con el Arcipreste de San Salvador" (*Teoría de Castilla la Nueva*, 2.ª ed., Madrid, 1969, págs. 249 y 252).
[112] *El sentido del Lazarillo...*, cit., pág. 29.
[113] Ídem, íd., pág. 12.
[114] Ídem, íd., pág. 24.
[115] Ídem, íd., pág. 28.

temas literarios tradicionales para tejer la trama anecdótica de su relato, no es argumento para negar la realidad del cuadro como visión global. Pero tampoco —claro es— permite afirmarla; los criterios para decidir en tal cuestión deben ser de otra índole (ya vimos, al estudiar la génesis de la picaresca, el papel que podía atribuirse a las condiciones sociales existentes en el país).

Cosa distinta es el propósito que pueda albergar el autor al componer su relato y que nada tiene que ver, a nuestro juicio, con el problema del realismo. El novelista puede perseguir una determinada intención sirviéndose, indistintamente, del retrato más objetivo, o falsificando la realidad, o fantaseándola, o estilizando, deformando o caricaturizando hechos y personajes —el *Buscón* es arquetipo de esta especie última—; el más grave error, a nuestro entender, consiste en identificar la objetividad de la materia novelesca con la intención que se persigue —si es que la hay— al convertirla en un relato literario [116].

Que el *Lazarillo* posee un contenido e intención moral, didáctica, irónica o satírica, es un concepto que tiene larga fecha. La tesis del erasmismo del *Lazarillo* fue planteada desde las investigaciones de Morel-Fatio, que señaló

---

[116] La interpretación del *Lazarillo*, y de la picaresca en general, como un producto artístico, construido tan sólo en parte con materiales de la realidad aunque dotado de intenciones doctrinales o satíricas, atrae a un número cada vez mayor y más autorizado de comentaristas. La soledad con que el héroe picaresco se enfrenta al mundo —comenta, por ejemplo, Félix Brun— "corresponde menos a una realidad social de la época que a una intención literaria. Sería absurdo pensar que los vagabundos españoles de los siglos XVI y XVII hubiesen recorrido sus caminos en solitario, cuando todos sabemos que lo que ha distinguido siempre al pueblo español es su sociabilidad". "Creo —añade luego— que es preciso relacionar la soledad del héroe picaresco con la de Robinson. Este personaje me parece como la elaboración, llevada a sus últimas consecuencias, del mismo concepto literario: mostrar al individuo reducido a sus solas fuerzas y en lucha contra un mundo hostil. Sólo que Robinson pertenece a un estadio más desarrollado de la sociedad individualista, empujada por la ilusión de que el individuo puede apropiarse el mundo por sus solas fuerzas. En lugar de la jungla social de la España del XVI, Defoe lleva a su héroe a la jungla natural del Atlántico Sur". "La pobreza real —escribe más abajo—, tal como existía en España en los siglos XVI y XVII, no es el verdadero tema de la novela picaresca, sino tan sólo su pretexto, del mismo modo que el *Robinson* no contiene el caso, bien excepcional, de un náufrago que consigue sobrevivir, sino el mito del individuo autónomo" ("Pour une interprétation sociologique du roman picaresque", en *Littérature et Société. Problèmes de méthodologie en sociologie de la littérature*, Université Libre de Bruxelles, 1967, págs. 127-135. Cfr., en el mismo volumen, Charles Aubrun, "La gueuserie aux XVIe et XVIIc siècles en Espagne et le roman picaresque", págs. 137-145). Consúltese además el inteligente y ponderado artículo de Jacques Joset, "Le *Lazarillo de Tormes* témoin de son temps?", en *Revue de Langues Vivantes*, XXXIII, núm. 3, 1967, págs. 267-288. Se examinan en este trabajo los más debatidos problemas del *Lazarillo* en relación, sobre todo, con su condición de obra de arte, intención satírica, posible origen converso del autor, etc. Sobre este último punto, Joset opone serias reservas a la tesis de Castro, y, sin negar la posibilidad de que fuera un converso el novelista, considera desmesuradas las deducciones extraídas por Castro en su interpretación.

el parentesco de la obra con el círculo de los discípulos e imitadores de Luciano y de Erasmo a que pertenecían los hermanos Valdés. Esta tesis fue aceptada por Menéndez y Pelayo [117] y proclamada por Cejador [118]; aunque es posible que a este último —como supone Carilla— [119] más que el erasmismo en sí, le interesara para inclinar hacia su candidato Horozco la paternidad de la novela. No obstante, Marcel Bataillon, autoridad sin par en la materia, ha negado insistentemente la tesis de un *Lazarillo* erasmista. Para Bataillon, el anticlericalismo de la novela procede de la tradición medieval y nada nuevo añade que pueda relacionarse con la crítica de Erasmo: "la sátira erasmiana —dice— está animada de otro espíritu; no reprocha a los sacerdotes vivir mal, *sino creer mal*... Ni una sola vez, ni a propósito de las oraciones del ciego, ni a propósito del tráfico de las bulas, hay el menor asomo de un erasmismo que oponga el espíritu a las ceremonias, el alma al hábito" [120]. No niega, sin embargo, Bataillon que el erasmismo contribuyera a crear la atmósfera en que surge el *Lazarillo* y a preparar su enorme éxito. "El anticlericalismo popular de la novela picaresca —afirma—, su falta de respeto para con los poderosos, encontraban apoyo, en fin de cuentas, en el nuevo anticlericalismo de los letrados, en su afán de poner el cristianismo del corazón por encima de las jerarquías de toda especie. Y si se considera, no ya el espíritu de la nueva novela, sino su forma, se observa que el *Coloquio* erasmiano abría muchísimos caminos al arte literario, inclusive al de la autobiografía aventurera" [121].

La tesis de Bataillon ha sido aceptada, con más o menos salvedades, por buen número de estudiosos: Américo Castro, Alfredo Cavaliere, Martín de Riquer, Emilio Carilla, Zamora Vicente. Su propósito de reducir al mínimo la intención realístico-satírica del *Lazarillo* y afirmar su condición de *libro de burlas* queda justificado como una reacción indispensable contra los excesos del *realismo testimonial*; del mismo modo que la actitud "patriótica" de González Palencia fue provocada por la intención depresiva de ciertos comentaristas, empeñados en deducir de la picaresca cuantas consecuencias les acomodan.

Pero la presencia en el *Lazarillo* de profundas intenciones doctrinales es incuestionable y la tesis de Bataillon está encontrando una resistencia cada vez mayor. Manuel J. Asensio, en el artículo mencionado, insiste en la voluntad satírica que penetra por todas las páginas de la novela: "con solo considerar —dice— el número y la calidad de los amos que tuvo Lázaro, salta a

---

[117] En "Cultura literaria de Miguel de Cervantes y elaboración del *Quijote*", en *Estudios y discursos de crítica histórica y literaria*, ed. nacional, vol. I, Santander, 1941, pág. 381.
[118] "Introducción", a su ed. cit.
[119] "El Lazarillo de Tormes", en *Estudios...*, cit., pág. 87.
[120] *Erasmo y España*, ed. cit., pág. 610.
[121] Idem, íd., pág. 611.

la vista el propósito de hacer sátira religiosa al concebirse la obra; cinco pertenecen a la Iglesia"[122]. El episodio del ciego, sigue explicando Asensio, plantea problemas religiosos de vital interés en la época: la caridad, la oración, el ejemplo. El ciego explota la fe religiosa y la superstición del pueblo; gráfica y burlescamente se nos indica el valor y el espíritu que encerraban sus oraciones. El clérigo de Maqueda, mientras celebra la misa, está más pendiente de que Lázaro no le birle las blancas que del Sacrificio que celebra. Lázaro, maltratado por la falta de caridad, comenta: "porque ya la caridad se subió al cielo". "Los erasmistas —dice Asensio— darían a la caridad un papel capitalísimo, considerándola como la manifestación de la fe viva y el signo del cristiano"[123]. Las breves líneas dedicadas al fraile de la Merced dan la más clara idea de su falta de vocación monástica, al modo de los religiosos descritos por Alfonso de Valdés en su *Diálogo de Mercurio*. Nada se diga del episodio del buldero, y bien patente es el materialismo tanto del capellán que ocupa a Lázaro vendiendo agua como el del Arcipreste que le hace pregonar sus vinos y le casa con su barragana haciendo escarnio del Sacramento del matrimonio. La novela demuestra al cabo de qué manera los amos de Lázaro, con su conducta y mal ejemplo, siembran en él el desengaño religioso, fomentan en forma progresiva su deformación moral y espiritual, le inclinan a la práctica de la hipocresía y el disimulo, y acaban por convertirle en un redomado bellaco.

Por su parte, Márquez Villanueva[124] ha rastreado minuciosamente estas mismas intenciones satíricas en el *Lazarillo*, señalando en particular los diversos planos en que se pone de relieve el influjo erasmista. Márquez admite que el *Lazarillo* no puede definirse simplemente con el rótulo exclusivo de erasmismo ni con el de otra cualquiera doctrina, pero es innegable la presencia decisiva de motivos inconfundiblemente erasmistas; tales motivos no están expuestos en forma de prédicas o comentarios teóricos, puesto que el *Lazarillo* —tan diferente en esto del *Guzmán*— no los hace, sino implícitos en los sucesos y personajes de la novela, en la actitud del protagonista, y sobre todo en su desesperanzada aceptación final: Lázaro ha de abandonar "los valores absolutos de la moral cristiana para identificarse con la relatividad de lo que realmente cuenta para la sociedad en cuyo seno vive"[125].

A su vez, Américo Castro, como ya conocemos, ha subrayado enérgicamente la actitud de protesta que alienta en todo el *Lazarillo*: "El *Lazarillo* es obra de ataque, nace en una atmósfera de mordacidad". Mas para Castro esta actitud no se origina en raíces erasmistas, sino en la reacción de los conversos contra la casta dominante y su portavoz, el Santo Oficio: "Característico

---

[122] "La intención religiosa del *Lazarillo*...", cit., pág. 83.
[123] Ídem, íd., pág. 84.
[124] "La actitud espiritual del *Lazarillo*...", cit.
[125] Ídem, íd., pág. 95.

del Lazarillo —dice— es que los temas eclesiásticos estén vistos por quien está situado al margen de ellos, crítica y mordazmente, en estilo *cristiano-nuevo*" [126]. Castro relaciona el alcance de la postura crítica del *Lazarillo* con obras de otros autores coetáneos, caracterizados también, dice, por la actitud cristiano-nueva: Vasco Díaz Tanco, Antonio Porras, Fr. Felipe de Meneses, Diego Sánchez de Badajoz, Miguel de Carvajal y, sobre todo, Sebastián de Horozco. También Márquez Villanueva señala la existencia de otros muchos escritores coetáneos, en los cuales se señala la misma "convicción atormentada de que los ideales cristianos son traicionados por sus propios guardianes" [127], lo que le lleva a concluir que "la aparición del *Lazarillo* no supone, como suele decirse, el nacimiento de la literatura picaresca" —entiéndase, claro es, en el sentido ideológico y no en el novelesco—, "sino su llegada a la mayoría de edad en virtud de un proceso que se deja observar desde el ángulo espiritual mejor que desde ningún otro. En su paso del entusiasmo con la idea cristiana a la total desesperanza en su realización, desplazamiento general de la picaresca, el autor del *Lazarillo* no se distingue sino por el rigor con que traduce el conocido estado de ánimo a un orden de finalidades en el plano literario" [128].

El *Lazarillo*, resumimos, aparece cada vez más, a la luz de las recientes investigaciones, como un libro cargado de contenido ideológico. "Es un libro tan sobresaliente como *La Celestina*" [129], ha podido decir de él recientemente Otis H. Green, al señalar que sólo en estos años últimos se ha penetrado por debajo de la superficie de esta historia de un muchacho corrompido por las imposturas sociales.

Lengua, estilo y valor literario. La lengua del *Lazarillo* contribuye a reforzar el particular realismo que caracteriza a la novela; un realismo —también aquí— que no pretende la reproducción fotográfica de la realidad sino que la elabora, fundiendo estrechamente el tono del relato con el vehículo lingüístico [130]. El autor se disculpa en el prólogo de su *grosero estilo*, afirmación que puede interpretarse en prueba de modestia, aparente o real, pero que importa referir a otros estilos de gran aceptación en la época, como el florido de Guevara. Por *grosero estilo* hemos de entender *estilo llano*, lengua viva y natural, frase breve, sin digresiones, diálogo animado, pero, con todo, no lengua hablada tomada en crudo, sino trasmutada en lengua literaria; naturalidad y vigor que son el esfuerzo consciente de un extraordinario maestro

---

[126] "Perspectiva de la novela picaresca", ed. cit., pág. 130.
[127] "La actitud espiritual del *Lazarillo*...", cit., pág. 129.
[128] Ídem, íd., pág. 136.
[129] Otis H. Green, "Imaginative Authority in Spanish Literature", en *Publications of the Modern Language Association of America*, LXXXIV, 1969, págs. 209-216; la cita en pág. 211.
[130] Seguimos básicamente en este punto la exposición de Emilio Carilla en su apartado "Lengua" de "El Lazarillo de Tormes", cit., págs. 90-98.

de la prosa. Cuenta Lázaro que el ciego le enseñó la jerigonza de los vagabundos, pero —según recuerda Bataillon— [131] no encontramos ni uno solo de estos vocablos en toda la novela, porque el autor rehuye todo manierismo, ese fácil mechado de sabor local o clase social, que había de hacer las delicias del costumbrismo decimonónico. La mayor virtud del *Lazarillo* es su sobriedad; una sobriedad que afecta no sólo a la lengua, sino a la arquitectura toda de la novela. Asombra la impresión de densidad que nos produce tan pequeño libro, esa sensación de haber recorrido una larga y maciza historia siendo el relato tan leve y tan corto el número de personajes y episodios. Y es que el autor se atiene prodigiosamente a lo esencial y no se diluye en sucesos ni palabras vanas; las terceras personas, innecesarias para el relato, no juegan sino el papel indispensable: el dador de limosna es una simple mano que da [132]; prácticamente Lázaro está solo con el ciego, solo con el clérigo y el escudero, con una desnudez de fábula, convencional si se quiere, pero que aligera cada figura y cada situación con una agilidad insuperable.

Volviendo a la lengua, cabe decir que la novela responde a los ideales lingüísticos que caracterizan al siglo XVI, y en especial al período de mediados del siglo. En gran manera le convienen los principios expuestos por Juan de Valdés —pocos años antes, sin duda—, que recomienda hablar y escribir en el estilo natural, huyendo de toda afectación, pero cuidando al mismo tiempo de escoger cuidadosamente los vocablos que expresan con toda justeza el pensamiento; y siempre con las menos palabras posibles. También, como Valdés, el *Lazarillo* se sirve abundantemente de refranes y de sentencias populares; no sólo citándolas a lo largo del libro, sino —según subraya Carilla— usándolas "como semilla valiosa de fecundidad lingüística" [133]. La sobriedad no impide, sin embargo, el uso de parejas de sinónimos, redundancia precisa para intensificar determinados rasgos. Los neologismos son muy escasos; el autor del Lazarillo "se caracteriza más por la selección que por la invención". Al comparar el *Lazarillo* con la *Celestina,* con su retórica y sus complejas formas sintácticas, destaca la peculiar contención del primero y su ceñido y magro lenguaje. "El *Lazarillo de Tormes* —dice Criado de Val— representa la reacción frente a la cortesanía y a la retórica renacentista introducida en el diálogo por *La Celestina*. Todo es, en este libro, sobrio, escueto y directo; pocas palabras pero precisas y naturales. Apenas cambia la entonación; el diálogo alterna con la narración sin que se advierta preocupación por el paso de uno a otro esquema" [134]. Y definiendo el prodigioso equilibrio de la novela, que crea un nuevo mundo literario y una lengua narrativa nueva, resume por su parte Carilla: "En el *Lazarillo* se aproximan lo culto y lo popular. Proximi-

---

[131] "Introduction", cit., pág. 47.
[132] Ídem, íd., pág. 42.
[133] "Lengua", cit., pág. 93.
[134] *Teoría de Castilla la Nueva,* cit., pág. 262.

dad para ser fiel, por una parte, al ámbito propicio en que la órbita se desarrolla, y, por otra, al espíritu culto que es el que, sin lugar a duda, habla a través de la visión particularísima del pícaro. Es decir, obra de arte que procura, a través de la lengua, resolver el problema del especial personaje autobiográfico, personaje que no es, por supuesto, el autor" [135].

Hemos aludido anteriormente a la verdad topográfica del *Lazarillo* y a la precisa localización en lugares concretos. Añadamos que el novelista consigue empaparnos de esa realidad ambiental sin ningún prurito descripcionista, con la misma sobriedad informativa que caracteriza a su lenguaje. El autor conoce muy bien lo que describe, desciende hasta la realidad minúscula, pero su ojo avizor elige y selecciona, para encontrar "la media distancia que acerca esa realidad efímera y el arte que no muere" [136]. La selección alcanza aún más profundamente a la frase y al gesto de los personajes; no es necesaria ninguna aclaración sobre su ser más íntimo, porque lo definen exactamente sus propias palabras y hasta sus mismas actitudes y movimientos físicos. Refiriéndose a la maravillosa presentación del escudero, comenta Zamora Vicente: "Con esos detalles se va asomando hacia afuera la verdad interior. Ese es el realismo de nuestros libros, el de la actitud del espíritu, condicionado por los demás espíritus y por las cosas. Desdichadamente, la palabra realismo aún sigue despertando en muchas gentes una idea puramente fotográfica. En ese sentido, no busquemos realismo en nuestros grandes libros, sino esa delicada interpretación de la verdad, circunstancial y cambiante, asida en uno de sus trances de fluencia" [137].

Nota esencial en el *Lazarillo* es la constante presencia del humor: un humor retozón a veces, melancólico y escéptico en otras, pero siempre humano y comprensivo hasta para las mismas gentes que le hacían mal. Nada tan prodigioso como ese entrecruzamiento de amoralismo escéptico y de infantil ingenuidad con que se disfraza su cinismo de fondo; roce sutil de ambos planos en el que está el secreto de su humorismo y su mordacidad. El autor matiza sin ensañamiento sus intenciones satíricas, que podemos —ya lo hemos visto— suponer profundas, con lo cual logra decir mucho y hacer eficaz su propósito, sin violencias ni retorcimientos que podrían desautorizarlo.

El humor suaviza también la amargura, que con tal aderezo hasta llega a parecer divertida. En el *Lazarillo* madura, si no se inicia, ese gusto estético del español por los ambientes realistas y pintorescos e incluso por los personajes del hampa, como dice Criado de Val. Habla éste en esta ocasión de todos los pícaros, o del pícaro como categoría abstracta; pero es evidente que en el caso del *Lazarillo* el pícaro acaba "apoderándose de la simpatía tanto

---

[135] "Lengua", cit., pág. 97.
[136] Idem, íd.
[137] Alonso Zamora Vicente, *Qué es la novela picaresca*, Buenos Aires, 1962, pág. 34.

del lector como del propio autor, y queda, al fin, indecisa la frontera entre crítica y apología"[138].

Con el *Lazarillo*, se ha dicho muchas veces, ya se puede hablar de novela española. Claro está que había antes novelas, como las de caballerías y la sentimental, sin contar los viejos apólogos y las obras satíricas con rasgos novelescos, al modo del *Corbacho*; pocos años más tarde iba también a hacer su aparición la novela pastoril, y la morisca. Pero en todas estas novelas, con todas sus excelencias indudables, "el hombre aun no está"[139], como dice muy agudamente Zamora Vicente. Nada de lo que desborda en el *Lazarillo* —desde el principio al fin— había existido hasta entonces en la novela de ninguna parte. Y no se trata tan sólo de haber introducido un nuevo género literario, lo cual quizá no sería demasiado, sino de haber creado una perspectiva nueva, de haber descubierto un continente nuevo dentro de la historia de la novela. "El *Lazarillo* —dice Zamora— abre un camino que lleva directamente al *Quijote* por muchos sentidos, y el principal, quizás el de hacer perspectiva de la propia vida, para, sin desconectarse de ella, narrándola, hacer una dimensión universal de lo que aparentemente no tiene más trascendencia que su propia fugacidad. Lo de menos es la crítica, sino el haber hecho de la criatura literaria algo que habla, y se ve y se oye, y anda, y todo eso se hace a cada instante, sin olvidarse de los demás"[140]. O como más concretamente aún dice Criado de Val: "La fuente inmediata del Quijote está probablemente en el 'Tratado tercero' del *Lazarillo de Tormes*; en el diálogo entre el Escudero y Lázaro. En él pudo ya recoger Cervantes los dos componentes principales de su libro: la controversia entre idealismo y realismo y la síntesis cordial entre amo y señor, entre pícaro y caballero. En el *Lazarillo de Tormes* aparece por primera vez la atmósfera afectiva dominando al seco criticismo erasmista, invirtiendo los planos sociales y haciendo de Lázaro el protector y amigo de su amo"[141].

---

[138] *Teoría de Castilla la Nueva,* cit., pág. 332.
[139] *Qué es la novela picaresca,* cit., pág. 29.
[140] Ídem, íd., págs. 36-37.
[141] *Teoría de Castilla la Nueva,* cit., pág. 262.

Como complemento de la bibliografía mencionada, cfr.: Joseph E. Gillet, "A Note on the *Lazarillo de Tormes*", en *Modern Language Notes,* LV, 1940, págs. 130-134. Alonso Zamora Vicente, "Lázaro de Tormes, libro español", en *Presencia de los clásicos,* Buenos Aires, 1951, págs. 13-29. Mariano Baquero Goyanes, "El entremés y la novela picaresca", en *Estudios dedicados a Menéndez Pidal,* VI, Madrid, 1956, págs. 215-246. F. Maldonado de Guevara, *Interpretación del Lazarillo de Tormes,* "Publicaciones de la Facultad de Filosofía y Letras de la Universidad de Madrid", 1957. Enrique Tierno Galván, "¿Es el *Lazarillo* un libro comunero?", en *Boletín Informativo del Seminario de Derecho Político de la Universidad de Salamanca,* núms. 20-23, 1957-1958, págs. 217-220. A. Rumeau, *Le Lazarillo de Tormes. Essai d'interprétation. Essai d'attribution,* París, 1964. Robert Alter, "Lazarillo and the Picaresque Code", en *Rogue's Progress. Studies in the Picaresque Novel,* Harvard Studies in Comparative Literature, núm. 26, Cam-

CONTINUACIONES DEL "LAZARILLO"

La peculiar índole episódica del *Lazarillo* y la rápida fama que alcanzó, explican la aparición de diversas continuaciones; fenómeno que tenía que repetirse luego con todas las novelas picarescas principales. Ya en 1555 se publicó en Amberes una *Segunda parte del Lazarillo*[142], de dudosa atribución y escasa calidad, en la que se da cabida a episodios fantásticos, como la conversión del protagonista en pez después de un naufragio. Menéndez y Pelayo condenó inapelablemente esta segunda parte, sin dedicarle apenas atención[143]. Pero Valbuena Prat se aparta de este juicio despectivo y apunta que se trata "de un género diverso. Aunque hay en la nueva narración puntos de realismo y de sátira, corresponde a un tipo de alegoría social, en la que seguramente hay alusiones políticas, casi imposibles hoy de descifrar"[144]. También Marcel Bataillon ha valorado la *Segunda parte del Lazarillo* en forma más positiva. Estima que el libro se inspira en las "novelas de transformaciones", de las cuales es el mejor ejemplo el *Crotalón*, que el autor conoció probablemente en manuscrito. Supone significativo el tono novelesco adoptado por esta continuación, pues permite intuir la índole de las gracias literarias que los contemporáneos habían apreciado en el *Lazarillo* primitivo. En conjunto, no supone que esta *Segunda parte* merezca el desprecio en que se la tiene, y cree que se encamina hacia un tipo de ficción divertida, completamente "irrealista". Algunos han querido ver en las aventuras submarinas de Lázaro una novela de clave en relación con las andanzas de los *marranos* españoles. Bataillon no considera improbable la relación entre este segundo *Lazarillo* y algunas nuevas formas de invención novelesca, que surgieron como una literatura semiclandestina entre 1550 y 1555, escritas algunas por exiliados españoles; y supone que la continuación, más que el *Lazarillo* original según afirma Castro, puede de-

---

bridge, Massachusetts, 1964. Alberto del Monte, *Narratori picareschi spagnoli del cinque e seicento* (traducción al italiano de las principales novelas picarescas), 2 vols., Milán, 1965; introducción y bibliografía en el vol. I, págs. 3-50. Francisco Rico, "Problemas del Lazarillo", en *Boletín de la Real Academia Española*, XLVI, 1966, págs. 277-296. Frank Durand, "The Author and Lázaro: Levels of Comic Meaning", en *Bulletin of Hispanic Studies*, XLV, 1968, págs. 89-101.

[142] Ed. en "Novelistas anteriores a Cervantes", *Biblioteca de Autores Españoles*, vol. III, Madrid, nueva ed., 1944.

[143] "Es de todo punto necia e impertinente —dice—, y el anónimo continuador dio muestras de no entender el original que imitaba. Convirtióle en una alegoría insulsa, cuya acción pasa en el reino de los atunes. Lo que había empezado por novela de costumbres, acababa por novela submarina, con lejanas reminiscencias de la *Historia verdadera*, de Luciano" (*Historia de los heterodoxos españoles*, ed. nacional, 2.ª ed., vol. IV, Madrid, 1965, pág. 206).

[144] Introducción a la ed. cit., pág. 39.

mostrar los contactos entre este movimiento literario y el mundo de los conversos [145].

Más como imitación que como pretendida continuación puede estimarse el *Lazarillo de Manzanares*, de Juan Cortés de Tolosa, libro farragoso y de rebuscada comicidad.

En 1620 se publicó en París *La segunda parte del Lazarillo de Tormes, sacada de las crónicas antiguas de Toledo,* que su autor, H. de Luna, intérprete y profesor de español en aquella capital, hizo imprimir a continuación del *Lazarillo* auténtico. Pero de esta obra, tanto por su importancia como por la fecha de su publicación, habremos de ocuparnos al estudiar la evolución de la novela picaresca.

---

[145] "Introduction", cit., págs. 53-59. Cfr.: R. H. Williams, "Notes on the anonymous continuation of Lazarillo de Tormes", en *Romanic Review,* XVI, 1925 y XVII, 1926. José María de Cossío, "La continuación del Lazarillo", en *Revista de Filología Española,* XXV, 1941, págs. 514-523.
Sobre el influjo del *Lazarillo* en las literaturas extranjeras, y sus continuaciones y traducciones, pueden verse, aparte la citada obra de Chandler, los estudios siguientes: H. Rausse, *Zur Geschichte des spanischen Schelmenromans in Deutschland,* Munster, 1908. E. Vles, *Le roman picaresque hollandais et ses modèles espagnols et français,* La Haya, 1926. E. R. Sims, "An Italian Translation of *Lazarillo de Tormes*", en *Hispanic Review,* III, 1935, págs. 331-337. E. H. Hespelt, "The First German Translation of *Lazarillo de Tormes*", ibid., IV, 1936, págs. 170-175. A. Marcu, "Une traduction roumaine du *Lazarillo de Tormes*", en *Revista de Filología Española,* XXIV, 1937, págs. 88-91. E. R. Sims, "Four Seventeenth Century Translations of *Lazarillo de Tormes*", en *Hispanic Review,* V, 1937, págs. 316-332. Gabriel Laplane, "Les anciennes traductions françaises du *Lazarillo de Tormes*", en *Hommage à Ernest Martinenche,* 1939, págs. 143-155. Franz Rauhut, "Influencia de la picaresca española en la literatura alemana", en *Revista de Filología Hispánica,* I, 1939, págs. 237-256. Gabriel H. Lovett, "*Lazarillo de Tormes* in Russia", en *The Modern Language Journal,* XXXVI, 1952, págs. 166-174. H. Schneider, "La primera traducción alemana del *Lazarillo de Tormes*", en *Clavileño,* núm. 22, 1953, págs. 56-58. Marcelino C. Peñuelas, "Algo más sobre la picaresca. Lázaro y Jack Wilton", en *Hispania,* XXXVII, 1954, págs. 443-445. D. S. Keller, "A Curious Latin Version of *Lazarillo de Tormes*", en *Philological Quarterly,* XXXVII, 1958, págs. 105-110. R. Guise, "La fortune de *Lazarille de Tormes* en France au XIXe siècle", en *Revue de Littérature Comparée,* XXXIX, 1965, págs. 337-357. Monique Lambert, "Filiation des éditions françaises du *Lazarillo de Tormes* (1560-1820)", en *Revue des Sciences Humaines,* CXX, 1965, páginas 587-603. Véase además, de modo especial, el cit. libro de Parker, *Literature and the Delinquent,* gran parte del cual estudia el influjo de la picaresca española en la novela europea.

ÉPOCA DE FELIPE II

CAPÍTULO XIX

FRAY LUIS DE LEÓN Y LA LÍRICA CASTELLANA

CARÁCTER DE LA ÉPOCA. EL SEGUNDO RENACIMIENTO

La segunda mitad del siglo XVI representa en lo espiritual —comparada con la mitad primera— un radical cambio de frente. La época de Carlos V había estado inspirada por los hombres de armas, por el humanismo europeo, por la influencia italiana, por la sátira erasmista, por el entusiasmo pagano y por los ideales de universalidad. El reinado de Carlos V había sido un período de acción en lo político, y gozosamente receptivo —abierto a todos los ángulos de Europa— en el dominio de la cultura. Pero la retirada del Emperador al monasterio de Yuste —advierte Valbuena— "iniciaba virtualmente, simbólicamente, el triunfo de la ascética sobre el mundo heroico. Felipe II, el monarca de El Escorial, iba a dejar en España señales bien diversas a las del momento guerrero, erasmista y pagano del tiempo del César".

En el reinado de Felipe II, que cubre casi exactamente la segunda mitad del siglo XVI, España se orienta por entero hacia la preocupación religiosa, impulsada por la Contrarreforma; la necesidad de oponerse a los avances del protestantismo condiciona la política real de defensa y aislamiento, y España se concentra en sí misma para producir una cultura esencialmente nacional y católica. Las corrientes renacentistas no se pierden en absoluto —como algunos pretenden con manifiesto error—, sino que se funden armónicamente con las tradiciones nacionales, para forjar —como dijimos anteriormente— la síntesis personalísima que constituye la originalidad del Renacimiento español. Un tono de severa gravedad preside desde entonces toda la vida española, extendiéndose tanto a la literatura como a las artes y a la misma vida social.

En esta época es cuando hacen su aparición las grandes figuras de la ascética y de la mística; la novela pastoril, inspirada en el ideal amoroso de las teorías platónicas, reemplaza la boga de las novelas de caballerías; el crudo realismo de la novela picaresca queda interrumpido, así como el teatro renacentista, erasmista y paganizante; renace la filosofía escolástica tras los rudos ataques promovidos por los primeros humanistas de la época del César; la filología se dedica con preferencia a los estudios bíblicos y escriturarios; la poesía se hace más severa y elevada en su contenido, y aparece la épica culta de tema nacional y religioso.

Junto al predominio del ideal platónico en el fondo de las creaciones literarias, "que significaba la solución de la severa oposición medieval entre el amor divino, purificador y dispensador único de la bienaventuranza, y el vulgar amor carnal" (Pfandl), renace también la autoridad de la *Poética* de Aristóteles en lo que concierne a la disposición formal de las obras, y con ella el cultivo de la tragedia grecolatina, de las formas clásicas y de las figuras arquetípicas que buscan no lo real inmediato, sino la encarnación de lo ideal ejemplar.

A esta fusión del espíritu religioso con los moldes de la antigüedad pagana, a los que puede decirse que se somete a un intenso proceso de cristianización, es a la que se denomina *segundo Renacimiento* o *Renacimiento cristiano* [1].

El idioma sigue en la época de Felipe II un proceso ascendente. A pesar de las repetidas apologías de los tratadistas y de la aparición de grandes ingenios que habían acreditado ya con su obra la calidad literaria del castellano, éste seguía teniendo un adversario formidable en el latín, considerado todavía como lengua universal de la ciencia; por esta razón, tanto los teólogos como los escritores científicos en general se resistían al empleo del español en sus escritos. Pero en la época de Felipe II consigue al fin el castellano la categoría de lengua de la ciencia gracias sobre todo al esfuerzo de la Universidad de Salamanca. El latín era allí, como en todas las Universidades, no sólo la lengua de la cátedra, sino también la que se imponía a los estudiantes; hasta que éstos acabaron por oponerse a su empleo dirigidos por su maestro de Retórica, Sánchez de las Brozas, "el Brocense", y por el gran humanista y traductor de los clásicos, Pedro Simón Abril. Alegaban que todos los pueblos antiguos habían utilizado su propio idioma para escribir hasta las materias más elevadas. Numerosos escritores les secundaron, entre ellos Huarte de San Juan en su *Examen de Ingenios*. Fray Luis de León lidió su batalla en defensa del castellano para conseguir que fuera admitido como lengua de Teología; y Santa Teresa de Jesús, San Juan de la Cruz, Fray Luis de Granada y otros muchos —varios de los cuales habían precedido al mismo Fray Luis de León— escribieron en castellano sus maravillosas producciones de ascética y mística, primer caso en que se utiliza para temas de esta naturaleza un idioma vulgar.

---

[1] Consúltese: Ludwig Pfandl, *Historia de la Literatura Nacional Española en la Edad de Oro* (todo el capítulo primero). Véanse además las obras citadas anteriormente, cap. XIV, nota 13.

Como ideal del estilo sigue manteniéndose la naturalidad y la sobriedad clásica, pero con un mayor propósito de selección y depuración que le levantan notablemente sobre la despreocupada naturalidad, frecuente en la época anterior. No falta ésta en algunos casos, como en la prosa de Santa Teresa, ni tampoco el gusto por una acentuada artificiosidad, como en la poesía de Herrera, que avanza largo trecho en el camino hacia el Barroco.

LA LÍRICA Y SUS ESCUELAS

La lírica refleja a la perfección las nuevas direcciones de la época. Las formas italianas, importadas por Boscán y Garcilaso, se nacionalizan y empapan de contenido español, dando entrada a los temas religiosos y patrióticos desconocidos en la lírica pagana y humanista de aquellos poetas. El tema amoroso, que se continúa plenamente en gran parte de la poesía de Herrera, se espiritualiza merced al influjo de las corrientes platónicas. En general, toda esta lírica, cualquiera que sea su contenido temático, se distingue por su tono elevado, riguroso y erudito. Junto a ella también persiste, sin embargo, el cultivo de la poesía popular y prosigue la difusión y el gusto por los romances.

Tradicionalmente se ha venido distinguiendo en la lírica de esta época una doble escuela o corriente: la sevillana y la salmantina. De la primera, caracterizada por el predominio de la forma y por su carácter brillante, enfático y sonoro, es el representante principal Fernando de Herrera; la segunda, que se distingue por el armónico equilibrio clásico entre expresión y contenido, más íntima y honda, y preferentemente preocupada por los temas morales, religiosos o filosóficos, tiene por jefe indiscutible a fray Luis de León.

Actualmente algunos eruditos tienden a restar importancia a esta división —o, mejor dicho, a la denominación tradicionalmente aplicada a dichos grupos— por estimar que sus diferencias se deben más al carácter de sus respectivos representantes que a la presencia de cualquier influjo regional.

FRAY LUIS DE LEÓN

Vida de Fray Luis. La más excelsa y representativa figura del segundo Renacimiento hispano nació en Belmonte (Cuenca), en 1527, de una familia procedente de la Montaña, pero establecida en aquella tierra desde el siglo anterior. Hizo sus primeros estudios en Madrid y Valladolid (ciudades a las que acompañó a su padre, quien, por ser abogado de la Corte, tenía que seguirla) y pasó a los catorce años a Salamanca, en cuya Universidad estudió luego bajo la dirección de Melchor Cano y otros famosos maestros. Al poco tiempo de llegar a dicha ciudad había ingresado en la orden de San Agustín en la que profesó en 1544. A partir de esta fecha quedó estrechamente vinculado, y de por vida, a la ciudad y a la Universidad de Salamanca, de las cuales es inseparable su nombre y la historia de sus obras y de su actividad personal; no obstante estudió también, aunque por breve tiempo, en la Universidad de Alcalá (a la que asistió para oír al famoso escriturario Cipriano de la Huerga) y en la de Toledo donde obtuvo el grado de Bachiller.

A sus 32 años se le confió su primera cátedra en la Universidad salmantina y desempeñó después otras dos. La rivalidad existente entre las órdenes religiosas que ocupaban los más importantes puestos de la Universidad, los encontrados puntos de vista sobre distintos problemas teológicos y escriturarios y las enconadas diferencias personales (pues Fray Luis con su incansable actividad, que le llevaba a intervenir en los más variados problemas universitarios, estaba desplazando de su tradicional preeminencia a otras órdenes, sobre todo a los dominicos) desembocaron en un proceso inquisitorial del que fue víctima Fray Luis en 1572. Se le acusaba sobre todo de defender el texto hebreo del Antiguo Testamento frente a las versiones latinas de la Vulgata (actitud que relacionaban sus enemigos con ciertos antecedentes judíos en su ascendencia materna, de los que trataron de sacar buen partido) y de haber efectuado una versión al castellano del *Cantar de los Cantares*, a pesar de las prohibiciones de Trento de traducir los textos sagrados a un idioma vulgar.

El proceso se prolongó, no obstante las reclamaciones de Fray Luis para que se le activase, a lo largo de casi cinco años, durante los cuales estuvo preso en las cárceles de Valladolid, donde sufrió todo género de privaciones. La historia de este capítulo lamentable es una buena prueba de cómo pueden combinarse estrechamente las incomprensiones más obtusas, las rivalidades y celos personales y las discrepancias ideológicas; y de cómo todos estos motivos se sirvieron con celo hipócrita, del recelo inquisitorial y de su maquinaria formidable para perder al hombre con el pretexto de su doctrina. Y es a la vez, en su conjunto, un hecho que aclara luminosamente muchos aspectos de la vida y el pensamiento españoles durante el siglo XVI. Al fin se declaró inocente a Fray Luis y fue devuelto a su cátedra, que, por estar entonces regentada por otro catedrático, se negó a ocupar. Cuando le fue concedida otra, comenzó su clase, según cuenta una tradición muy discutida, con las palabras de la fórmula escolar: "Decíamos ayer...". Todavía desempeñó más tarde otras dos cátedras —de filosofía y de estudios bíblicos— y murió en 1591 —pocos días después de haber sido elegido provincial de su orden en Castilla— en Madrigal de las Altas Torres, donde se había celebrado el capítulo [2].

---

[2] Cfr.: *Proceso contra fray Luis de León*, en los vols. X y XI de la *Colección de Documentos inéditos para la Historia de España*, por Miguel Salvá y Pedro Sáinz de Baranda, Madrid, 1847. *Segundo proceso instruido por la Inquisición de Valladolid contra fray Luis de León*, con prólogo y notas del P. Francisco Blanco García, Madrid, 1896. P. Francisco Blanco García, "Fray Luis de León. Rectificaciones biográficas", en *Homenaje a Menéndez y Pelayo*, I, Madrid, 1899, págs. 153-160. Del mismo, "Fray Luis de León y los dominicos de Salamanca", en *La Ciudad de Dios*, LX, 1903. Del mismo,

Su formación y temperamento. Fue Fray Luis de León hombre de profundísima cultura: "antes sabio que poeta" —con serlo tan excelso—, como dice Pfandl. Gozó en su tiempo de renombre extraordinario, y cultivaron su amistad los hombres más ilustres. Alcanzó entre sus alumnos un enorme prestigio por la

---

Fray Luis de León. Estudio biográfico del insigne poeta agustino, Madrid, 1904. Fray L. G. Alonso Getino, "La causa de fray Luis de León ante la crítica y los nuevos documentos históricos", en *Revista de Archivos, Bibliotecas y Museos*, IX, 1903, págs. 148-156, 268-279 y 440-449; XI, 1904, págs. 288-306 y 380-397. Del mismo, *La autonomía universitaria y la vida de fray Luis de León. (Fe de erratas al estudio que escribió el P. Blanco)*, Salamanca, 1904. Del mismo, *El proceso de fray Luis de León*, Salamanca, 1906. Del mismo, *Vida y procesos del Maestro Fr. Luis de León*, Salamanca, 1907. Aubrey F. G. Bell, "Luis de León and the Inquisition", en *Revista de Historia*, Lisboa, 1914, págs. 202-211. Del mismo, *Un estudio del Renacimiento español. Fray Luis de León*, trad. española, Barcelona, 1927. Adolphe Coster, "Luis de León", en *Revue Hispanique*, LIII, 1921, págs. 1-468, y LIV, 1922, págs. 1-309; tirada aparte en 2 vols., Nueva York-París, 1921-1922. Q. Tavera Hernández, "Datos documentales para la vida académica de fray Luis de León en la Universidad de Salamanca", en *Revista de Archivos, Bibliotecas y Museos*, XXXV, 1931, págs. 422-445. P. Gregorio de Santiago Vela, numerosos artículos sobre la vida y escritos de fray Luis y personajes con él relacionados, en *Archivo Histórico Agustiniano*, desde 1916 a 1923. P. Ángel Custodio Vega, *Documentos autógrafos de Fr. Luis de León de gran interés para su biografía*, separata de *La Ciudad de Dios*, El Escorial, 1946. Narciso Alonso Cortés, "Fray Luis de León en Valladolid", en *Miscelánea Vallisoletana*, 5.ª serie, Valladolid, 1930. Del mismo, "Acervo biográfico. Fray Luis de León", en *Boletín de la Real Academia Española*, XXX, 1950, págs. 209-210. P. Miguel de la Pinta Llorente, "Un documento inédito de fray Luis de León sobre el P. Báñez", en *Revista de la Biblioteca, Archivo y Museo del Ayuntamiento de Madrid*, X, 1933, págs. 106-112. Del mismo, "Un documento inédito de fray Luis de León. Aportaciones para el proceso inquisitorial", en *Religión y Cultura*, XXVII, 1934, págs. 231-240. Del mismo, "En torno al proceso de fray Luis de León", en *Archivo Agustiniano*, XLIV, 1950, págs. 53-66 y 189-204. Del mismo, "Unas referencias inéditas sobre fray Luis de León. Las Regencias de Gramática de Salamanca", en *Archivo Agustiniano*, XLV, 1950, págs. 409-412. Del mismo, "Fray Luis de León en las cárceles inquisitoriales", en *Archivo Agustiniano*, XLVIII, 1954, págs. 5-44. Del mismo, "Los restos mortales de fray Luis de León", en *Archivo Agustiniano*, XLVIII, 1954, págs. 153-177. Del mismo, *Estudios y polémicas sobre fray Luis de León*, C. S. I. C., Madrid, 1956. Deben consultarse también los varios procesos inquisitoriales publicados por el mismo Padre de la Pinta Llorente, porque proporcionan importantes noticias sobre el caso del propio fray Luis de León e informan luminosamente sobre los problemas religiosos de la época: *Procesos Inquisitoriales contra los catedráticos hebraístas de Salamanca: Gaspar de Grajal, Martínez de Cantalapiedra y Fray Luis de León. I. Gaspar de Grajal*, Madrid, 1935. *Procesos Inquisitoriales contra Francisco Sánchez de las Brozas*, Madrid, 1941. *Causa criminal contra el biblista Alonso Gudiel, catedrático de la Universidad de Osuna*, Madrid, 1942. *Proceso criminal contra el hebraísta salmantino Martín Martínez de Cantalapiedra*, Madrid-Barcelona, 1946. Cfr. además, del mismo, *La Inquisición española y los problemas de la cultura y de la intolerancia*, vol. I, Madrid, 1953; vol. II, Madrid, 1958.

Para la bibliografía de fray Luis de León, cfr.: Adolphe Coster, "Bibliographie de Luis de León", en *Revue Hispanique*, LIX, 1923, págs. 1-104. P. Julián Zarco, "Bibliografía de Fr. Luis de León", separata de la *Revista Española de Estudios Bíblicos*, Má-

profundidad de sus explicaciones y por su carácter llano, modesto y asequible a todos. Era el suyo, sin embargo, un temperamento vivo, polémico y apasionado, poco dispuesto al silencio y la transigencia cuando creía tener razón. Batalló incansablemente contra personas e instituciones —siempre que, a su juicio, andaban equivocadas—, con una agresividad a veces, que exacerbaba a sus enemigos. Su resistencia denodada frente a todo cuanto estimaba injusto o arbitrario, rayaba en pasión. Con frecuencia Fray Luis defendíase atacando, y a las suspicacias o acusaciones que provocaban en sus contradictores la novedad o audacia de muchas de sus ideas, respondía Fray Luis con otras acusaciones de herejía, no menos directas y comprometedoras que las que luego tuvo que sufrir él mismo durante su proceso. La hostilidad con que le distinguieron los dominicos, en especial León de Castro, fue alimentada en gran medida por los mismos ataques que les dirigió repetidamente Fray Luis; no importa que su posición fuera casi siempre muy meditada y fundada en poderosas razones y que el tiempo confirmara luego la mayoría de sus ideas, en las que él se anticipaba clarividentemente, pero que entonces se presentaban como peligrosas novedades a muchos de sus colegas, anticuados e intransigentes, de la Universidad de Salamanca.

Durante la época de su encarcelamiento se defendió con una tenacidad, dignidad y valentía admirables, sin arredrarse en ningún momento, y hasta puede decirse que en no pequeña parte agravó su situación con sus réplicas a los jueces, propias de su carácter arriscado y viril. A este respecto, Aubrey F. G. Bell cuenta una anécdota divertida. El dominico Fray Vicente Hernández atacó a Fray Luis porque apenas —dijo— encontraba diferencia entre la versión castellana que éste había hecho del *Cantar de los Cantares* y las poesías eróticas de Ovidio; a lo que respondió Fray Luis que su acusador no debía de entender el texto bíblico en latín —ofensa máxima para un religioso de cualquier época— ya que su traducción decía exactamente lo mismo que el original y hasta entonces no le había sorprendido.

La silueta humana de fray Luis de León ofrece todos los rasgos de una figura ejemplar. Ninguna de las pasiones —las más nobles y dignas— que pueden calificar a un hombre auténtico, le fueron ajenas; y siempre las colo-

---

laga, 1928. José Revuelta, "Fr. Luis de León y sus bibliógrafos", en *Archivo Agustiniano*, XV, 1928. Véase además la bibliografía reunida por Aubrey F. G. Bell en su libro *Un estudio del Renacimiento español...*, cit.; por el P. Ángel Custodio Vega, en su estudio sobre "Fray Luis de León", en *Historia General de las Literaturas Hispánicas*, dirigida por G. Díaz-Plaja, II, Barcelona, 1951; y por el P. Félix García en su edición de las *Obras Completas Castellanas de Fray Luis de León*, 2 vols., 4.ª ed., Madrid, 1967.

Para la historia de la crítica y estudios sobre fray Luis véase el útil resumen de Pedro Sáinz Rodríguez, "Introducción al estudio de fray Luis de León", al frente del libro de Alain Guy, *El pensamiento filosófico de fray Luis de León*, trad. española, Madrid, 1960, págs. 13-72; reproducido, con el título de "La figura y la espiritualidad de fray Luis de León", en *Espiritualidad Española*, Madrid, 1961, págs. 259-331.

có al servicio de lo que honradamente consideraba la verdad. Sus mismas frecuentes extremosidades, su intransigencia a veces, su irritabilidad, su desnuda y sincera rudeza, no eran sino la natural reacción de un temperamento vigoroso que amaba exacerbadamente la justicia en la misma medida en que no podía sufrir la presunción, la necedad, la hipocresía y la santurronería, y mucho menos cuando se hallaban aliadas.

No existe contradicción alguna entre su natural apasionado y batallador y aquel equilibrio clásico, aquel ideal de moderación, de armonía y de paz que declara —y que resplandece— en toda su obra, tanto en su producción en prosa como en sus versos. Fray Luis combatió denodadamente todas las batallas de su tiempo que fue necesario afrontar, sin provocarlas, pero sin rehuirlas, porque ninguna cosa le parecía cobardía mayor que el silencio, cuando se debe hablar. Pero su auténtico ser estaba, efectivamente, no en sus afanes ocasionales, sino en el permanente anhelo de serena moderación que campea en sus escritos, en la tranquila contemplación y goce de la naturaleza y en el dominio de sus potencias y pasiones, que él sabía prontas a encresparse, y que por eso mismo trataba de amansar en el retiro de su celda o en el sosiego de su amado huerto de la Flecha, entregado a la elaboración de sus escritos. Por lo demás, nunca, ni sus enemigos más mezquinos y empecinados, tuvieron nada que reprocharle contra la austeridad de sus costumbres o la observancia de sus deberes religiosos. Con bellas palabras ha resumido Rafael Lapesa estas dramáticas contradicciones del carácter de Fray Luis, que constituyen su torcedor y su grandeza: "Amante del mundo clásico, abrigó la ilusión de una serenidad que pugnaba con la vehemencia de su propio temperamento; y si en vez de apartarse de las luchas universitarias se dejaba arrastrar por su torbellino, a esa misma impulsividad debió los acentos más personales de su creación poética. Era intelectual por vocación, demasiado intelectual para ser místico; por eso no concibió una contemplación superior a las actividades racionales y exenta de ellas; por eso no pudo su alma abismarse en el Amado y descubrir en Él, como San Juan de la Cruz, un universo nuevo. Pero su torrencial emotividad le hacía desear el rapto místico jamás cumplido, y su humanidad nobilísima, a tirones de la tierra y el cielo, quedaba casi en volandas, sin despegar del todo, dolorosamente distendida"[3].

Hemos dicho que Fray Luis fue la figura más excelsa y el más exacto resumen del Renacimiento hispano, porque nadie como él logró fundir en síntesis perfecta las principales corrientes de la cultura de su tiempo: la herencia clásica, la influencia italiana, la sustancia española tradicional y el contenido religioso; en el que habría que distinguir a la vez el legado medieval

---

[3] "Las odas de fray Luis de León a Felipe Ruiz", en *Studia Philologica. Homenaje ofrecido a Dámaso Alonso*, vol. II, Madrid, 1961; reproducido en *De la Edad Media a nuestros días. Estudios de historia literaria*, Madrid, 1967, págs. 172-192 (la cita en página 189; citamos por esta última edición).

y castellano junto a la constante presencia del elemento bíblico, que, en Fray Luis, como gran escriturario y teólogo que era, representa un componente fundamental. Parte también muy importante de las variadas corrientes que él armoniza es el influjo agustiniano, propio de su orden, del que recibe —al mismo tiempo que el rigor intelectual— el sentido místico, apasionado y contemplativo, tan característico de la persona del fundador.

Aunque tradujo a numerosos escritores clásicos, tanto griegos como latinos, sus dos modelos preferidos fueron Virgilio y Horacio, éste sobre todo. De ellos aprendió su sentido de la proporción y de la medida, su sentimiento poético de la naturaleza y su afición a la vida retirada y a la "dorada medianía" (aspectos que veremos con mayor detalle al ocuparnos en concreto de su obra lírica). No menos importante es el influjo de las ideas platónicas —siempre visible en su pretensión de elevarse de la naturaleza a los supremos arquetipos de las cosas—, así como de la filosofía de Pitágoras en su concepto de la armonía del mundo natural.

De las corrientes italianistas tomó Fray Luis la forma, la belleza armoniosa de sus versos, su serena y reposada gravedad. Con reducidas excepciones, toda su obra poética está compuesta en metros italianos. Pero le fue ajeno —como correspondía, naturalmente, a su época y a su carácter religioso— el sentido pagano que alentaba en las composiciones de los primeros italianistas.

Fray Luis de León y el castellano. Aludimos más arriba al papel principal que corresponde a Fray Luis en la definitiva aceptación del castellano como vehículo de la ciencia teológica. Toda su obra escrita en lengua vulgar es un argumento vivo. No fue el primero en usarla para dicho fin, y así lo reconoce el propio Fray Luis en la dedicatoria de *Los Nombres de Cristo*: "Y aunque es verdad que algunas personas doctas y muy religiosas han trabajado en aquesto bien felizmente, en muchas escripturas que nos han dado, llenas de utilidad y pureza, mas no por esso los demás que pueden emplearse en lo mismo se deven tener por desobligados ni deven por esso alançar de las manos la pluma..."[4]. No sólo esto, sino el *deber* de escribir en lengua vulgar lo había ya sostenido en un párrafo anterior: "...a mi juyzio todos los buenos ingenios en quien puso Dios partes y facultad para semejante negocio tienen obligación a ocuparse en él, componiendo en nuestra lengua, para el uso común de todos, algunas cosas que, o como nascidas de las sagradas letras, o como allegadas y conformes a ellas, suplan por ellas, cuanto es posible, con el común menester de los hombres, y juntamente les quiten de las manos, succediendo en su lugar dellos, los libros dañosos y de vanidad"[5].

---

[4] Dedicatoria al Libro Primero de *Los Nombres de Cristo*, ed. de Federico de Onís, "Clásicos Castellanos", vol. I, Madrid, 1914, pág. 12.
[5] Ídem, íd., pág. 12.

Si no fue, pues, el primero, el ejemplo de fray Luis fue decisivo, no sólo por la significación de su persona —como catedrático que era de la Universidad salmantina—, sino por el carácter más rigurosamente científico de sus escritos, dada la base escrituraria y teológica que los informa totalmente. A más de esto, fray Luis convirtió en teoría su propósito, dándole así la fuerza de una premeditada y consciente intención. En la dedicatoria citada recuerda que las Sagradas Escrituras fueron escritas en lengua que era entonces vulgar y, por tanto, asequible a todos; y que la posterior prohibición de trasladar los libros sagrados a las nuevas lenguas vulgares hacía que las gentes descuidaran cada vez más la lectura de aquellos libros, que no podían entender en latín, y se aficionaran "sin rienda a la lición de mil libros, no solamente vanos, sino señaladamente dañosos; los cuales, como por arte del demonio, como faltaron los buenos, en nuestra edad, más que en otra, han crecido" [6].

Los que juzgaban equivocado el empleo de la lengua vulgar para los textos y comentarios teológicos, atacaron a fray Luis, y éste volvió sobre el tema mucho más explícitamente en la dedicatoria del Libro Tercero: "...Unos se maravillan que un teólogo, de quien, como ellos dizen, esperavan algunos grandes tratados llenos de profundas cuestiones, aya salido a la fin con un libro en romance; otros dizen que no eran para romance las cosas que se tratan en estos libros, porque no son capaces dellas todos los que entienden romance; y otros ay que no los han querido leer porque están en su lengua, y dizen que si estuvieran en latín los leyeran..." [7]. A los cuales replica fray Luis que "es engaño común tener por fácil y de poca estima todo lo que se escrive en romance" [8]; y luego: "...una cosa es la forma del dezir, y otra la lengua en que lo que se escrive se dize. En la forma del dezir la razón pide que las palabras y las cosas que se dizen por ellas sean conformes, y que lo humilde se diga con llaneza, y lo grande con estilo más levantado, y lo grave con palabras y con figuras cuales convienen; mas, en lo que toca a la lengua, no ay differencia, ni son unas lenguas para dezir unas cosas, sino en todas ay lugar para todas. Y esto mismo, de que tratamos, no se escriviera como devía por sólo escrivirse en latín, si se escriviera vilmente; que las palabras no son graves por ser latinas, sino por ser dichas como a la gravedad le conviene, o sean españolas o sean francesas; que si, porque a nuestra lengua la llamamos vulgar, se imaginan que no podemos escrevir en ella sino vulgar y baxamente, es grandísimo error; que Platón escrivió no vulgarmente ni cosas vulgares en su lengua vulgar, y no menores ni menos levantadamente las escrivió Cicerón en la lengua que era vulgar en su tiempo; y por dezir lo que es más vezino a mi hecho, los sanctos Basilio y Crisóstomo y Gregorio Nazianzeno y Cirillo,

---

[6] Ídem, íd., pág. 10.
[7] Dedicatoria al Libro Tercero de *Los Nombres de Cristo*, ed. citada, vol. III, Madrid, 1921, pág. 5.
[8] Ídem, íd., pág. 7.

con toda la antigüedad de los griegos, en su lengua materna griega, que, cuando ellos bivían, la mamavan con la leche los niños y la hablavan en la plaça las vendedoras, escrivieron los misterios más divinos de nuestra fe, y no dudaron de poner en su lengua lo que sabían que no avía de ser entendido por muchos de los que entendían la lengua; que es otra razón en que estriban los que nos contradizen, diziendo que no son para todos los que saben romance estas cosas que yo escrivo en romance, como si todos los que saben latín, cuando yo las escriviera en latín, se pudieran hazer capaces dellas, o como si todo lo que se escrive en castellano fuese entendido de todos los que saben castellano y lo leen. Porque cierto es que en nuestra lengua, aunque poco cultivada por nuestra culpa, ay todavía cosas, bien o mal escritas, que pertenecen al conoscimiento de diversas artes, que los que no tienen noticia dellas, aunque las lean en romance, no las entienden" [9].

A su vez, con plena conciencia literaria del espaldarazo que para la creciente dignidad del idioma estaba teniendo su empleo en materias religiosas, había escrito un poco más arriba: "Assí que no piensen, porque veen romance, que es de poca estima lo que se dize; mas, al revés, viendo lo que se dize, juzguen que puede ser de mucha estima lo que se escrive en romance, y no desprecien por la lengua las cosas, sino por ellas estimen la lengua, si acaso las vieron; porque es muy de creer que los que esto dizen no las han visto ni leydo" [10]. Claro está que la calidad del contenido exigía al mismo tiempo que la lengua se levantara y aderezara convenientemente; así lo hizo con escrupuloso cuidado de artista fray Luis. Y con ello venimos a dar en el otro aspecto del problema, que es el avance inconmensurable que el idioma iba a experimentar al ser sometido a la exigente elaboración que la sutileza y novedad de los temas requerían. Fray Luis declara las condiciones que él cree precisas al lenguaje y que definen lo que fue la norma de su estilo: "...piensan que hablar romance es hablar como se habla en el vulgo, y no conoscen que el bien hablar no es común, sino negocio de particular juyzio, ansí en lo que se dize como en la manera como se dize; y negocio que de las palabras que todos hablan elige las que convienen y mira el sonido dellas, y aun cuenta a veces las letras, y las pesa y las mide y las compone, para que, no solamente digan con claridad lo que se pretende dezir, sino también con armonía y dulçura. Y si dicen que no es estilo para los humildes y simples, entiendan que, assí como los simples tienen su gusto, assí los sabios y los graves y los naturalmente compuestos no se aplican bien a lo que se escrive mal y sin orden; y confiessen que devemos tener cuenta con ellos, y señaladamente en las escripturas que son para ellos solos, como aquesta lo es" [11].

---

[9] Idem, íd., págs. 8-10.
[10] Idem, íd., págs. 7-8.
[11] Idem, íd., págs. 10-11.

"Con fray Luis —resume el padre Vega— el castellano se hace teología y biblia (como con San Juan de la Cruz y Santa Teresa se hace mística y amor divino) y se viste de hermosura y luz no usada y sube hasta el trono de Dios y cobra dignidad y grandeza para servir como la lengua romana y griega con esplendor y armonía en el adorno y expresión fiel de las ideas más altas y sublimes..."[12].

Teología y mística en fray Luis. Los conocimientos bíblicos y teológicos de fray Luis eran profundísimos, según dejamos dicho; posiblemente lo que de veras importaba en la estimación del propio escritor y de la mayoría de sus contemporáneos era el teólogo y el escriturario profesional. Refiriéndose a los elementos de belleza que fray Luis extrae de la cantera clásica, afirma el padre Vega que no eran en sus manos más que "un instrumento precioso para el montaje de sus ideas y elucubraciones. Nunca en fray Luis se dio esa inversión absurda de valores, sometiendo el pensamiento a la palabra y el contenido al continente. Aún como simple esteta, nuestro insigne vate prefiere siempre la idea a la expresión. La belleza principal y más penetrante de un escrito radica ante todo en su concepción. Un pensamiento grandioso y bello derrama luz intensa y fascinante que cautiva las inteligencias aunque no halague el oído. Fray Luis ha aprendido este secreto de las divinas Letras, donde las ideas e imágenes más sublimes están con frecuencia vestidas de las expresiones más humildes"[13]. Todo su saber científico en materia religiosa lo vació fray Luis tanto en sus obras castellanas como en las latinas; lo que sucede es que estas últimas, que constituyen parte muy extensa en la producción de fray Luis, han quedado oscurecidas para la posteridad por la excepcional importancia del autor como escritor castellano; pero deben tenerse muy en cuenta para estimar debidamente su compleja personalidad científica y, consecuentemente, la constante gravitación de aquel fondo bíblico-teológico en todas sus obras castellanas, lo mismo en su prosa que en sus versos. "La Biblia —escribe Federico de Onís— es siempre el punto de partida y la fuente de toda la actividad mental de fray Luis; es el rico cañamazo donde borda la originalidad de su espíritu lírico, cristiano y moderno"[14].

Con todo, a pesar de su absoluta preferencia por los temas religiosos, no es fray Luis un escritor propiamente místico, pese a que en varios pasajes de sus obras alude a las levantadas experiencias de esta índole. Lo que en él predomina siempre es la posición del intelectual. Fray Luis no aspira a la unión con Dios con aquel ímpetu amoroso que distingue a Santa Teresa y a San Juan de la Cruz; cuando ansía dejar los lazos terrenales y gozar del cielo, no piensa en la saciedad del amor, sino en la posibilidad de alcanzar junto

---
[12] Padre Ángel Custodio Vega, *Fray Luis de León*, cit., pág. 608.
[13] Ídem, íd., pág. 608..
[14] Onís, ed. citada, vol. II, Madrid, 1917, pág. IX.

al Creador el total conocimiento de las cosas por el que se afanaba. Es ésta la "bienaventuranza del estudioso", como dice Vossler [15]. Sumamente significativas resultan a este respecto sus primeras estrofas de la segunda oda *A Felipe Ruiz*:

¿Cuándo será que pueda,
libre desta prisión, volar al cielo,
Felipe, y en la rueda
que huye más del suelo
contemplar la verdad pura, sin velo?

Allí, a mi vida junto,
en luz resplandeciente convertido,
veré, distinto y junto,
lo que es y lo que ha sido,
y su principio propio y ascondido.

Entonces veré cómo
la soberana mano echó el cimiento
tan a nivel y plomo,
do estable, eterno asiento
posee el pesadísimo elemento.

Veré las inmortales
columnas do la tierra está fundada,
las lindes y señales
con que a la mar airada
la Providencia tiene aprisionada;

por qué tiembla la tierra,
por qué las hondas mares se embravecen;
dó sale a mover guerra
el cierzo, y por qué crecen
las aguas del Océano y descrecen;

de dó manan las fuentes;
quién ceba y quién bastece de los ríos
las perpetuas corrientes;
de los helados fríos
veré las causas, y de los estíos;

---

[15] Carlos Vossler, *Fray Luis de León*, 3.ª ed., Madrid, 1960, pág. 108.

> *las soberanas aguas*
> *del aire en la región quién las sostiene;*
> *de los rayos las fraguas;*
> *dó los tesoros tiene*
> *de nieve Dios, y el trueno dónde viene...* [16]

La pasión del saber se sobrepone al amoroso sentir, aunque éste encienda también cada palabra del agustino.

La atribución a fray Luis de rasgos místicos ha sido, y sigue siendo, no obstante, objeto de discusión, y hay razones sin duda para encontradas interpretaciones. En sus *Studies of the Spanish Mystics* [17], Allison Peers sostuvo que fray Luis debía ser incluido entre los grandes místicos españoles; opinión rechazada por algunos investigadores —Coster entre ellos— pero a la que el crítico mencionado retorna en un nuevo trabajo [18]. Para Allison Peers sólo una vez, en su poesía *Morada del cielo* —"Alma región luciente"—, nos da el escritor algo que puede ser calificado como experiencia de la vida mística, pero, en cambio, se sirve con gran frecuencia del lenguaje místico, y buena parte de su obra está impregnada de espíritu místico. Lo que sucede —dice Peers— es que existen también otros muchos elementos en la rica y polifacética creación de fray Luis, aparte el misticismo; y, si no es posible compartir algunas opiniones extremas sobre este punto, no cabe tampoco negar el místico fervor que traspasa y eleva a las altas cumbres los escritos del Maestro León. Por su parte, R. Trevor Davies coloca a fray Luis en el tercer lugar de los místicos españoles, después de Santa Teresa y San Juan de la Cruz [19]. Y más recientemente, el Padre Vega ha dedicado un penetrante libro [20] al estudio del misticismo de fray Luis, ampliando y profundizando en el camino abierto por otros varios trabajos aparecidos poco antes [21]. Refiriéndose a ellos, escribe: "A través de estos tres estudios, una cosa parece clara: Fray Luis es un gran místico, tal vez el último gran místico de nuestra Edad de Oro. ¿Experimental o doctrinal? Doctrinal, ciertamente. Experimental, es cosa no tan clara. Él afirma en varios pasajes de sus escritos que no gozó del

---

[16] Estrofas I-VII. Edición del Padre Ángel Custodio Vega, luego cit., págs. 484-486.
[17] Londres, 1927, págs. 318-339.
[18] "Mysticism in the Poetry of Fray Luis de León", en *Bulletin of Spanish Studies*, XIX, 1942, págs. 25-40.
[19] *El Siglo de Oro español*, trad. española, Zaragoza, 1944, pág. 292.
[20] Padre Ángel Custodio Vega, *Cumbres místicas. Fray Luis de León y San Juan de la Cruz (Encuentros y coincidencias)*, Madrid, 1963.
[21] Citados por el Padre Vega en ídem, íd., págs. 51-52: Padre Crisógono de Jesús Sacramentado, "El misticismo de Fray Luis de León", en *Revista de Espiritualidad*, I, 1942, págs. 30-52. Padre Roberto Welsh, *Introduction to the Spiritual Doctrine of Fr. Luis de León, O. S. A.*, Washington, 1951. Padre Gustavo Vallejo, *Fray Luis de León, su ambiente: su doctrina espiritual: huellas de Santa Teresa*, Roma, 1959.

éxtasis y arrobo místicos. Con todo, en la *Exposición del Salmo XXVI*, hecha en la cárcel de la Inquisición, parece dejar entrever algo más que un simple fervor de oración. Y algunos pasajes de los *Nombres de Cristo*, como el transcrito precedentemente [alude a una página perteneciente al nombre *Esposo*] nos hacen un poco difícil creer plenamente en tal afirmación"[22].

Obras en prosa. Aparte de sus aludidas obras en latín —comentarios a la Escritura y distintos tratados teológicos—[23], su producción en prosa está representada por los cuatro libros siguientes: *Traducción literal y declaración del Cantar de los Cantares, La perfecta casada, Exposición del Libro de Job* y *De los Nombres de Cristo*.

La traducción y comentario del *Cantar de los Cantares* fueron compuestos por fray Luis a sus treinta y tres años de edad, a petición de una monja del Convento de Sancti Spiritus, de Salamanca —Isabel Osorio, prima del escritor—, para que los leyera ella solamente. Fray Luis, que conocía muy bien, y respetaba, las decisiones del Concilio de Trento y de la Inquisición Española sobre las traducciones de los libros sagrados, guardó luego el manuscrito, que no deseaba divulgar. Pero un criado del convento sacó una copia de la obra, que se difundió después sin conocimiento del autor, y que fue utilizada por sus enemigos en el famoso proceso inquisitorial.

No se ven claras las razones de que fray Luis tradujese para una monja un texto de contenido tan encendidamente amoroso, y más aún porque el escritor, en su "declaración" o comentario, se ciñe casi exclusivamente a la letra del original sin adentrarse apenas en la interpretación mística, que hubiera sido más propia del caso. "La traducción de fray Luis de León —dice el padre Vega— está hecha además con todo el rigor de un técnico y filólogo, y su exposición es más científica, más de hombre sabio, que de piadoso y espiritual. No cuadra en realidad con el fin de su destinataria, una sencilla y fervorosa

---

[22] *Cumbres místicas...,* cit., pág. 52. Cfr. además, Olimpia Bertalia, "Fray Luis de León, escritor y poeta místico", en *Revista de Espiritualidad,* VI, 1961, págs. 149-178. De la misma, "Fray Luis de León, místico", en *Revista de Espiritualidad,* VIII, 1961, págs. 381-409, y XI-XII, 1962, págs. 308-340. Alain Guy, *El pensamiento filosófico de fray Luis de León,* cit., págs. 308-320.

[23] Sobre esta parte de la producción de fray Luis pueden consultarse: A. M. Cayuela, "Las grandes perspectivas cristianas en Fray Luis de León", en *Razón y Fe,* LXXXVIII, 1928. Rafael García de Castro, *Fray Luis de León, teólogo y escriturario,* Granada, 1928. Padre Marcelino Gutiérrez, *Fray Luis de León y la filosofía española del siglo XVI,* nueva ed., El Escorial, 1929; véase su Apéndice II, "Las obras latinas de Fray Luis de León", págs. 567-634. Padre U. Domínguez del Val, "Fray Luis de León. Su doctrina mariológica", en *La Ciudad de Dios,* CLIV, 1942. Del mismo, "La teología de Fr. Luis de León", en *La Ciudad de Dios,* CLXIV, 1952, págs. 163-178. Salvador Muñoz Iglesias, *Fray Luis de León, teólogo,* C. S. I. C., Madrid, 1950. Alain Guy, *El pensamiento filosófico de fray Luis de León,* cit.

monja del Carmelo"[24]. El mismo padre Vega sugiere la posibilidad de que fray Luis hubiera escrito su obra movido por el deseo de emular el comentario al *Cantar* hecho por su amigo el famoso Arias Montano, que éste le había dado a conocer privadamente, pidiéndole que se lo tradujera al latín. Fray Luis debió de quedar desde entonces sugestionado por aquel texto.

En su trabajo, fray Luis traduce literalmente los versículos de cada capítulo y añade a continuación una glosa o comentario del texto. En estos comentarios se atiene en sustancia a la letra del *Cantar*, extendiéndose en consideraciones sobre el amor de los esposos con un cálido entusiasmo juvenil, un arrebato apasionado y tierno, que convierten estas páginas en un verdadero epitalamio; es el amor humano el que aquí parece glosado y del que fray Luis se muestra afortunado intérprete, pero sin que el color y la urgencia de las imágenes amorosas, fuertemente expresivas, desdigan de la severidad del escritor, que trata exquisitamente tan delicado tema.

En cuanto al estilo, está aquí ya, en esta obra primera, toda la perfección y madurez de la prosa del maestro León, con el rasgo, además, de una alegría primaveral, gozosa y entusiasta, que aún no habían trocado en severidad austera las penalidades de las persecuciones y el encierro. Del acierto interpretativo de fray Luis en esta obra escribe el padre Vega: "Como traducción y comentario, el *Cantar de los Cantares* es una maravilla de exactitud y claridad, de penetración y elegante sencillez. En ellas el insigne hebraísta, sin dejar de ser literal, acertó a trasladar al castellano con arte maravilloso no sólo el sentido, sino también hasta el concierto, y el arte y colorido de las palabras originales, transfundiendo a nuestra lengua en toda su pureza e integridad el aroma oriental de ese libro inimitable, y su sabor de vino añejo"[25].

Fray Luis tradujo al latín el comentario del *Cantar* después de libertado de su prisión y por encargo de sus superiores. Esta versión latina, *Explanatio in Cantica Canticorum*, se publicó por vez primera en 1580; una segunda edición apareció en 1582, y una tercera en 1589, para la cual añadió fray Luis a la interpretación literal otras dos exposiciones del sentido místico y espiritual del *Cantar*. La *Exposición* en lengua castellana, origen de las persecuciones sufridas por fray Luis, no vio, sin embargo, la luz hasta 1798, en Salamanca; el padre Merino la llevó a su edición de las *Obras* de fray Luis, incluyéndola en el volumen V, impreso en 1806.

Además de esta versión y comentario en prosa del *Cantar*, se le han atribuido a fray Luis otras dos traducciones parafrásticas en verso: una en octava rima y otra en liras. La primera de ellas fue publicada ya por el Padre Me-

---

[24] P. Ángel C. Vega, *Fray Luis de León*, cit., pág. 610.
[25] Ídem, íd., pág. 611. Cfr.: Fray Gregorio de Santiago Vela, "El Libro de los Cantares comentado por fray Luis de León", en *Archivo Histórico Agustiniano*, XII, 1919. P. Mariano Arconada, "*El Cantar de los Cantares* y Fr. Luis de León", en *Revista Española de Estudios Bíblicos*, 1928. Jorge Guillén, *Fr. Luis de León. Cantar de Cantares*, ed. y prólogo de..., Madrid, 1936.

rino en el citado volumen V de sus *Obras* (págs. 258 y ss.), y era, por tanto, conocida desde entonces; la segunda, que ha constituido una de las más sensacionales revelaciones de textos de fray Luis en las últimas décadas, fue dada a conocer por José Muñoz Sendino [26], que la descubrió en un manuscrito del Wadham College de Oxford, perteneciente a fines del siglo XVI o principios del XVII. El Padre Vega, que ha estudiado ambas traducciones [27] con su peculiar minuciosidad y rigor, ha llegado a la conclusión de que la versión en octava rima, cuya atribución había sido generalmente rechazada, pertenece, en efecto, a fray Luis [28]; mientras que la segunda, cuyo hallazgo había sido saludado con gran alborozo por varios críticos, es inequívocamente apócrifa.

La perfecta casada trata de los deberes de la mujer en dicho estado y expone el ideal de la esposa cristiana. La obra fue dedicada a su sobrina María Varela Osorio, con motivo de su boda, y publicada en Salamanca en 1583.

Cierto que no poseía fray Luis ningún conocimiento íntimo del estado matrimonial, pero no le faltaba la natural experiencia proporcionada por su poderosa observación, aparte los recuerdos de su hogar paterno. Como en todos sus otros libros, fray Luis utiliza aquí fuentes religiosas —sobre todo la Biblia y algunos Santos Padres, como San Basilio y Tertuliano—, y autores clásicos, griegos y latinos; pero también algunos escritores más próximos, como Luis Vives, Guevara en su *Letra para los recién casados,* y el libro de otro agustino, Alonso Gutiérrez de la Vera Cruz, titulado *Speculum Coniugorum* ("Espejo de casados"), publicado en 1562 en la misma Salamanca. (El padre Vega, sin embargo, niega el influjo de estos tres últimos, poniendo de relieve las diferencias de materia y enfoque con el libro del maestro León.) El Padre Félix García señala, por su parte, en *La perfecta casada* huellas de *La Celestina* "en el boceto que hace de la vieja insidiosa, preparadora de ocasiones, alcahueta e insinuadora" [29], y vestigios también de Cristóbal de Castillejo,

---

[26] "Los Cantares del rey Salomón en versos líricos, por Fray Luis de León", en *Boletín de la Real Academia Española,* XXVIII, 1948, págs. 411-461, y XXIX, 1949, páginas 31-98.

[27] En su edición crítica de las *Poesías de Fray Luis de León,* luego cit., págs. 83-117.

[28] En apoyo de sus razones de crítica interna, el Padre Vega aduce un importante dato descubierto por el Padre Olmedo en el Índice de libros prohibidos publicado en Lisboa en 1581, en el cual se prohiben expresamente la exposición en prosa del *Cantar de los Cantares* y la *traducción en octava rima* "que se dicen compuestos por fray Luis de León"; el Padre Olmedo admite, en consecuencia, la atribución a fray Luis de la versión en octavas, mientras rechaza la descubierta por Muñoz Sendino; véase su comentario en "Una nueva traducción del *Cantar de los Cantares* atribuida a Fr. Luis de León", en *Razón y Fe,* CXL, 1949, págs. 52-70. A las mismas conclusiones que el Padre Olmedo, si bien con algunas reservas respecto a la atribución de las *octavas,* llega el Padre Rafael M. de Hornedo, "¿Tradujo Fr. Luis de León en verso castellano el *Cantar de los Cantares?*", en *Razón y Fe,* CXLV, 1950, págs. 163-178; asimismo, rechaza la autoría de fray Luis sobre las liras el Padre de la Pinta Llorente, en su artículo "Autores y problemas literarios en torno a Fr. Luis de León", luego cit.

[29] *Obras...,* cit., I, pág. 235.

de la lírica popular y hasta del Romancero; en general, pueden rastrearse igualmente de toda la literatura feminista castellana, fuese favorable u hostil a la mujer, como el *Libro de las virtuosas e claras mujeres* de don Álvaro de Luna, el famoso *Corbacho* del Arcipreste de Talavera, y el *Triunfo de las donas* de Rodríguez del Padrón. El Padre Félix apunta en particular el posible parentesco con el libro del también agustino Fr. Martín de Córdoba, *Jardín de las nobles doncellas,* escrito en el siglo XV a instancias de doña Isabel de Portugal como breviario de educación para la infanta Isabel, que fue luego la Reina Católica.

Pero, exégeta y escriturario por esencia, es en la Biblia donde fray Luis encuentra el modelo de la Mujer Fuerte, sobre todo en el capítulo XXXI del *Libro de los Proverbios,* que él comenta detenidamente, exponiendo el contenido de cada versículo. San Ambrosio había comentado este mismo libro en sentido alegórico, viendo en la esposa una prefiguración de la Iglesia, de la que se ocupa como de mujer casada; pero fray Luis comenta el texto en su sentido literal.

Fray Luis expone las virtudes que deben adornar a la esposa, descendiendo a detalles muy concretos de orden práctico en todo lo referente a la vida del hogar; y al mismo tiempo ridiculiza costumbres y tipos de mujeres con un gracejo que llena su pintura de animación y adquiere en muchos casos el sabor de un cuadro de época en el que el autor, pese a su sátira, parece solazarse. En este aspecto, según subraya el Padre Félix García, está justamente lo más notable de *La perfecta casada* y lo que permite afirmar a dicho crítico que más que de fuentes de influencia en las obras que se ocupan de la mujer no cabe hablar sino de precedentes [30], ya que la originalidad de fray Luis reside en sus personales y lúcidas intuiciones del alma femenina y en las descripciones vivísimas de la vida de hogar de su tiempo; por estos cuadros, tan animados y deliciosos, buena parte de *La perfecta casada* se inscribe por derecho propio dentro del costumbrismo feminista más permanente y lozano. Azorín ha señalado, en efecto, como recuerda el Padre Félix, la serie de retratos femeninos que pueblan y animan las páginas de fray Luis: el de "la mujer entremetida y frecuentadora intempestivamente de iglesias y sacristías; el retrato de la hacendosa y de la gastadora; el de la ociosa y el de la diligente; el de la mujer honesta y el de la casquivana; el de la perezosa y el de la madrugadora; el de la habladora e impertinente y el de la arisca y malhumorada; el de la mujer casera y el de la trotacalles; el de la limosnera y de la aseada; el de la vieja dada al celestineo; y el del clérigo que se dedica a desgobernar, más que a gobernar, casas ajenas; y, en fin, de la mujer entregada a las industrias minuciosas del acicalamiento y del afeite, y al derroche del lujo y de la vanidad, con detrimento del buen gusto, de la higiene

---

[30] *Obras...,* cit., I, pág. 234.

y de la moral"[31]. Por esta animación descriptiva y la maravillosa calidad del estilo *La perfecta casada* sigue siendo la obra clásica en la materia, literariamente viva, y no anticuada ni siquiera en muchos aspectos en que lógicamente lo debería ser, según ha señalado Marañón a propósito de ciertas funciones de la maternidad, clarividentemente intuidas por fray Luis.

Algunos críticos han visto en la obra resonancias de la corriente antifeminista tan difundida durante el siglo XV [32], afirmación rechazada por el Padre Félix García, para el cual *La perfecta casada* "resulta todo lo contrario, es decir, una espléndida apología de la mujer, cuya misión y excelencias canta Fr. Luis con verbo exaltado de poeta; y cuando recrimina y censura sus industrias y recursos para el mal, sus deformaciones y vicios, su exagerado afán decorativo, es porque lamenta su descenso y la pérdida de su ser y condición y le muestra en cierto modo el ideal esclarecido de su vida, del que ha degenerado"[33].

A semejanza del *Cantar de los Cantares*, en la *Exposición del Libro de Job* fray Luis traduce primero literalmente cada capítulo del texto bíblico y añade luego un comentario en prosa, seguido a su vez de una paráfrasis del mismo texto en tercetos [34].

La *Exposición del Libro de Job*, obra eminentemente escrituraria, es la más extensa de las escritas en castellano por fray Luis. Trabajó en ella, aunque con prolongadas y frecuentes interrupciones, a lo largo de veinte años, y los capítulos postreros fueron compuestos en los últimos meses de su vida;

---

[31] Ídem, íd., pág. 231.

[32] Cfr., José Rogerio Sánchez, *La perfecta casada según fray Luis de León*, Madrid, 1912.

[33] *Obras...*, cit., I, pág. 228.

[34] Según explica el Padre Félix García —*Obras...*, II, págs. 20-21—, el códice de la *Exposición del Libro de Job* que se conserva en la biblioteca de la Universidad de Salamanca, comprende sólo los comentarios en prosa y la traducción directa del texto hebreo hecha por fray Luis. La traducción parafrástica en tercetos a los cuarenta y dos capítulos de Job, con el argumento de cada capítulo, se conserva en un autógrafo separado, que se guarda en la Academia de la Historia. Parece que fray Luis pensó publicar aparte esta versión en forma poética, escrita quizá antes que la *Exposición* en prosa, o incluirla entre las versiones sagradas de sus poesías. La separación de ambos textos ha dado lugar a muchos errores; ni Nicolás Antonio ni Mayáns y Siscar tuvieron noticia de la *Exposición* en prosa. Quevedo recogió en su edición de las poesías de fray Luis tan sólo trece de los capítulos en tercetos, lo que dio origen a la especie, repetida hasta nuestros días, de que el maestro León había traducido únicamente estos trece capítulos. La mencionada versión parafrástica es, pues, toda suya, aunque es cierto que el autor la dejó incompleta en cuatro capítulos; cuando el padre Merino publicó su edición de 1779, luego mencionada, el Padre Diego González, conocido poeta del grupo salmantino, suplió los tercetos de los dichos capítulos con evidente maestría y completó también algunos de los argumentos —veinticuatro, concretamente— que encabezan la respectiva traducción parafrástica.

Fray Luis de León y la lírica castellana

por ser, pues, una obra que abarca casi toda su trayectoria de escritor, pueden precisarse en la *Exposición* diversos períodos bien definidos: "entre sus capítulos iniciales —dice el Padre Félix García—, más próximos a la manera pintoresca y vivaz de los comentarios al *Cantar de los Cantares,* escritos posiblemente de 1570 a 1572, y los capítulos terminales, rematados en vísperas de su muerte, 1591, existe una notable diferencia de tono, de pensamiento y de estilo"[35]. El libro está dedicado a la madre Ana de Jesús, sucesora de Santa Teresa al frente de la Orden del Carmelo, a cuyas instancias —según dice el autor— lo había compuesto; si bien la afirmación no parece cierta, por evidentes dificultades cronológicas, salvo en cuanto a la parte final, y esto sólo en cierta medida. Probablemente, dice el Padre Félix García, cuando la Madre Ana de Jesús, en momentos de grandes tribulaciones, conoció y trató personalmente a fray Luis con motivo de tener éste que intervenir en los problemas de los Descalzos, le habló de la obra que llevaba entre manos, y la Madre, tan necesitada entonces de aliento en trance de ver destruida la obra de la Santa de Ávila, le rogó a fray Luis que acabara la obra y la diera a la imprenta cuanto antes. Es muy posible —sigue diciendo el Padre Félix— que fray Luis, tan reacio siempre a la publicación de sus libros, y escarmentado además por los conflictos que le acarreaban sus comentarios escriturísticos, tuviera el propósito de no sacar a luz su *Exposición del Libro de Job,* pero las instancias de la Madre Ana le decidieron probablemente a mudar de intención, lo cual explica el hecho de la dedicatoria, aunque resultaba inexacto —si bien entraba dentro de las convenciones literarias de la época— que el libro hubiera nacido originariamente de los ruegos de la Madre Ana.

La obra no fue impresa hasta casi dos siglos más tarde, por razones todavía no bien conocidas, entre las que deben contarse probablemente ciertas dificultades con las autoridades eclesiásticas, en relación con el texto hebreo utilizado y traducido por fray Luis. Al morir éste, la obra estaba preparada para la imprenta, aunque a falta de los últimos, pero muy pequeños, retoques El convento de Salamanca comisionó poco después al sobrino de fray Luis, el Padre Ponce de León, para que la sacara a luz, y fue extendida la censura y autorización oportuna; pese a lo cual, no fue publicada. Se ha aducido la probable falta de dinero, pero es lo cierto que la Madre Ana tan interesada en la aparición del libro —aunque insistía encarecidamente que se suprimiera la dedicatoria—, había obtenido fondos para ello. Tras diversos intentos, inexplicablemente fallidos a lo largo de los siglos XVII y XVIII, la *Exposición del Libro de Job* fue impresa al fin por el Padre Merino en 1779 y reeditada por el mismo en las *Obras Completas* de 1804 [36]. La licencia definitiva para la

---

[35] *Obras...*, cit., II, pág. 3.
[36] La edición de estas *Obras Completas* se prolongó desde 1804 a 1816, pero la *Exposición del Libro de Job,* que comprende los dos primeros volúmenes, fue publicada en la primera de dichas fechas.

edición exigía que se adoptara la versión castellana de Job del texto de la Vulgata en lugar de la directa de fray Luis, o que se tradujera al latín todo el texto castellano, pero los agustinos de Madrid consiguieron que se publicara toda la obra tal como había salido de las manos de su autor.

La *Exposición del Libro de Job,* menos difundida y popular que los otros libros de fray Luis, es una obra maestra tanto de la exégesis bíblica como del arte literario. Compuesta entre fechas tan dilatadas, puede decirse que refleja toda la trayectoria literaria, humana y espiritual del autor; lo que justifica que el padre Vega la defina como una "autobiografía disimulada". Toda la amarga experiencia acumulada por los años con sus problemas, persecuciones, encierro y controversias incesantes, se transparenta en estos comentarios, donde las aflicciones del escritor buscan su espejo y su consuelo en la sabiduría pesimista del texto bíblico. En la primera parte de la *Exposición* —comenta el Padre Félix García— abundan las referencias a su situación y los desahogos de su ánimo atribulado; en el *Libro de Job* encuentra fray Luis la interpretación de su propio estado, sobre todo en el abandono por parte de sus amigos y en la saña cruel con que sus enemigos le persiguen; numerosos versículos del *Libro* parecen cuadrar exactamente con la situación en que se encuentra, y el escritor, en esta parte compuesta sin duda en la prisión, no puede reprimir la insistencia y amargura de sus recriminaciones. Luego, a partir del capítulo XXXIII, el comentario se hace más resignado aunque el dolor ha dejado en el alma una impresión profunda, y hasta la misma prosa se hace más sobria y apretada, de una sencillez cada vez más desnuda, sobre todo en los últimos capítulos. Es posible, dice el Padre Félix, que en esta sobriedad, que dista de los acordes oratorios de los *Nombres de Cristo,* influyera la lectura de las obras de Santa Teresa, que fueron la gran revelación de los últimos años de su vida [37].

Unánimemente se considera *Los Nombres de Cristo* como la obra maestra de la prosa de fray Luis. En la dedicatoria a Don Pedro Portocarrero —del Consejo Real y del de la Inquisición—, que había sido su protector en los difíciles momentos del proceso, dice el autor que escribió esta obra en la cárcel. Sin embargo, la serenidad de estilo y de concepto que resplandece en todo el libro hace apenas creíble que tan equilibradas páginas fueran compuestas efectivamente durante aquellos tiempos tormentosos; y, en consecuencia, se viene admitiendo que sólo en parte es cierta la afirmación de fray Luis.

---

[37] *Obras...,* cit., II, págs. 6-8. Cfr.: José Ignacio Valentí, *Apología sobre la exposición que hizo el gran poeta lírico fray Luis de León acerca del Libro de Job,* Madrid, 1892. Fray Gregorio de Santiago Vela, "El libro de Job, del Padre Maestro Fr. Luis de León", en *Archivo Histórico Agustiniano,* XII, 1919. P. Diosdado Ibáñez, "La versión del *Libro de Job* de Fray Luis de León", en *Revista Española de Estudios Bíblicos,* 1928. Jean Baruzi, *Luis de León, interprète du Livre de Job,* Presses Universitaires de France, París, 1966.

El problema se enlaza con otro relacionado con las fuentes de la obra. *De los Nombres de Cristo* ha sido siempre estimada como la creación más original entre todas las de su autor. Pero en 1888 fue encontrado entre los papeles del agustino beato Alonso Orozco, contemporáneo y amigo de fray Luis, un breve opúsculo, anónimo y manuscrito, titulado *De los nueve Nombres de Cristo*, que se suponía lógicamente como de aquél [38]. Parecía, pues, muy probable que fray Luis hubiese tomado como base de su libro el opúsculo del Beato, aunque otros críticos sugirieron, por el contrario, que el manuscrito del padre Orozco no era sino un extracto de la obra de fray Luis de León [39]; pero esta segunda hipótesis ofrecía grandes problemas críticos y no parecía verosímil. Federico de Onís, que publica —aunque no completa— la supuesta obra del Beato como apéndice a su edición de *Los Nombres de Cristo*, admitiendo la posibilidad de la fuente, defiende, sin embargo, la originalidad esencial de fray Luis, dada la enorme distancia que, como creación literaria, existe entre las de ambos escritores. "Siendo ésta una obra —escribe Onís sobre el libro del maestro León— cuyo carácter es tan personal y cuyo valor es esencialmente lírico y estético, se comprenderá el escaso interés que tiene el señalar las fuentes directas de la doctrina en ella contenida" [40]. Y añade luego: "Pero, en todo caso, aunque este papel de Orozco —según se dice, autógrafo— hubiera sido conocido por fray Luis de León, y éste se hubiera apoyado en él al trazar la arquitectura didáctica de su obra, esto no significaría nada respecto de la originalidad esencial de fray Luis, por lo mismo que la doctrina en ambas obras contenida era, por lo general, común y conocida, mientras que el gran valor de la de Luis de León es, como tantas veces hemos dicho, personal y literario. La fuerza del estilo y la emoción original no las pudo tomar fray Luis de ninguna otra parte; ellas constituyen el valor y la unidad no sólo de *Los Nombres de Cristo*, sino de todo el resto de su obra" [41].

El padre Vega, que ha dedicado tan entusiasta afán al estudio de la obra luisiana, sostiene, sin embargo, que el "papel" a que al principio de *Los Nombres de Cristo* alude Sabino, uno de los interlocutores, y que iba a servirles como de guión o plan para su diálogo, es, en efecto, el opúsculo atribuido al beato Orozco, pero que no fue éste su autor, sino el propio fray Luis: fue éste —dice— quien lo escribió, efectivamente, en la cárcel, como esquema previo de un trabajo más amplio, que luego, llegados los días de su serenidad

---

[38] Lo publicó por primera vez el P. Conrado Muiños: "De los *Nombres de Cristo* de fray Luis de León y del beato Alonso Orozco", en *La Ciudad de Dios*, XVII, 1888, págs. 464-474 y 543-550. El Padre Muiños defendió la autoría del beato Orozco sobre el opúsculo y, consecuentemente, su influjo sobre el libro de fray Luis.
[39] Tal es la opinión sostenida por el Padre Gregorio Santiago Vela: "De nueve nombres de Cristo", en *Archivo Histórico Agustiniano*, XVII, 1922, págs. 137-149.
[40] Onís, "Introducción" a la ed. citada, vol. II, pág. XX.
[41] Idem, íd., págs. XXI-XXII.

y paz, pasadas las borrascas de la persecución, convirtió en la redacción definitiva de *Los Nombres de Cristo* [42].

La obra, según acabamos de sugerir, está compuesta en forma de diálogo. Tres frailes agustinos, Marcelo (que encarna al propio autor), Sabino y Juliano, retirados durante unos días del comienzo del verano en una finca de la orden, conversan —en el deleitoso marco de un encantador paisaje— sobre los distintos nombres que dan a Cristo las Sagradas Escrituras: Pimpollo, Faces o Cara de Dios, Camino, Pastor, Monte, Padre del Siglo Futuro, Brazos de Dios, Rey de Dios, Príncipe de Paz, Esposo, Hijo de Dios, Amado, Jesús y Cordero. Primeramente se aducen los pasajes bíblicos en que aparece cada nombre, y a continuación se exponen y discuten los problemas que cada nombre suscita.

Como es característico en fray Luis, convergen en estas páginas las fuentes del más diverso origen, y junto a los textos bíblicos y las exégesis de los Padres, que constituyen naturalmente el principal bagaje, se dan cita numerosos escritores griegos y latinos, profundamente asimilados según aquel ideal de síntesis armonizadora que es el carácter predominante del pensamiento renacentista español y que tiene en fray Luis uno de los más afortunados intérpretes. De hecho, fray Luis no construye en esta obra ningún sistema teológico especial, sino que recoge las ideas fundamentales, escriturarias y patrísticas, sobre la teología de Cristo; cuanto allí se dice, pertenece al patrimonio común de la teología tradicional, pero la originalidad de fray Luis —dice el Padre

---

[42] P. Ángel Custodio Vega, obra citada, págs. 624-626. El Padre Vega había defendido ya este punto de vista en un trabajo anterior: "Los *Nueve nombres de Cristo* ¿son de Fr. Luis de León?", separata de *La Ciudad de Dios*, 1945. A la opinión del Padre Vega se adhiere también el Padre Félix García —*Obras...*, cit., I, págs. 392-394— que publica el discutido "Opúsculo", como de fray Luis —ídem, íd., págs. 831-864— con una "Advertencia" preliminar del Padre Vega. No obstante, el Padre Manuel de la Pinta Llorente —"Autores y problemas literarios en torno a Fr. Luis de León", en *Revista de Literatura*, VI, julio-diciembre 1954, págs. 31-68— rechaza taxativamente la argumentación del Padre Vega, pero también la atribución al Beato Orozco, afirmando que el mencionado opúsculo fue compuesto por un desconocido que redactó simplemente un resumen de la obra de fray Luis con algunas aportaciones de su propia minerva. El Padre Vega ha publicado recientemente otro trabajo —"Los *Nueve nombres de Cristo* son de Fr. Luis de León. Otras notas luisianas", en *Archivo Agustiniano*, 1965, págs. 183-216— que nos ha sido inasequible, pero que suponemos respuesta al artículo del Padre de la Pinta Llorente. Cfr. Edward James Schuster, "Alonso de Orozco and Fray Luis de León: *De los nombres de Cristo*", en *Hispanic Review*, XXIV, 1956, págs. 261-270. Schuster estudia el posible influjo que algunas de las *Declamationes decem et septem...* del Beato Orozco pudieron ejercer sobre los *Nombres de Cristo* de fray Luis de León, argumento que presenta en confirmación de la tesis del P. Muiños respecto al precedente de *De nueve nombres de Cristo*, cuya atribución al Beato Orozco da por supuesta. Al parecer, Schuster desconoce los trabajos citados del Padre Vega y del Padre de la Pinta Llorente. De todos modos, la posible influencia de las *Declamationes...* ofrece una pista interesante.

Félix García— "no consiste tanto en el hallazgo intelectivo cuanto en la invención formal, en el modo de ver. Y sobre todo en el arte supremo de armonizar, de construir" [43]. En estos diálogos de *Los Nombres de Cristo*, que "sólo con los de Platón admiten paralelo por lo artísticos y armoniosos", según decía Menéndez y Pelayo, se da —añade el famoso polígrafo— "la fórmula más alta de la conciliación entre la unidad y la diversidad". (Adviértase, sin embargo, por lo que al tono dialogístico de la obra se refiere, que más que con los de Platón —de superior movimiento y dramatismo— tienen semejanza los de fray Luis con los ciceronianos. Existe mucho mayor platonismo en la doctrina de fray Luis que en la disposición externa de la obra).

Los Nombres de Cristo representa dentro de la obra toda de fray Luis el punto más alto, la plenitud y madurez tanto en su forma literaria como en la profundidad del pensamiento. La prosa alcanza en estas páginas la armonía, la serena belleza, la sencillez elegante que hace de fray Luis uno de nuestros grandes maestros del idioma; sencillez no reñida con el más exigente cuidado, puesto que el escritor no llega a ella dejándose llevar de su natural espontaneidad, sino mediante tenaz labor de lima, de depuración y de esforzado equilibrio. Aquí, más aún que en sus otras obras, mide y pesa y compone sus palabras fray Luis para alcanzar aquel su ideal de armonía y dulzura que representan la meta de su estilo [44]. Es ésta, pues, una prosa elaborada y exquisita, de "cláusula larga, amplificada, de ritmo solemne e hipérbaton latino, rica en miembros, admirablemente articulados, y en matices y claroscuros" [45],

---

[43] *Obras...*, cit., I, pág. 368.

[44] Tratando del cuidado y artificio que definen el estilo de fray Luis, escribe Menéndez Pidal: "La identificación del hablar y el escribir, que en Santa Teresa se cumple con excelsa plenitud de abandono, viene a depurarse en Fray Luis de León con la intervención de un arte tan acendrado que inicia ya una renuncia del principio de la naturalidad. Nombro a Fray Luis sólo para hacer esta observación. / Fray Luis empieza, de acuerdo con Valdés, diciendo que hablar romance no es hablar como el vulgo, sino 'negocio de particular juicio'; ya sabemos que 'juicio' significa selección. Mas para Fray Luis la selección va guiada por un trabajo artístico mucho más complejo que el de los primores cortesanos a que Valdés se atenía". Y luego: "Con esto quiere 'levantar la lengua de su decaimiento ordinario', y afirma que es éste un camino nuevo que él abre a los demás, con lo cual implícitamente condena, como Valdés condenaba explícitamente, toda la literatura anterior. Nos consta que él admiraba a algunos escritores, por ejemplo, a Santa Teresa, cuya prosa le parecía dictada por Dios mismo; pero no quiere que baste sólo la inspiración, sino que ha de intervenir además un arte muy exigente y meditado. Así da en el terreno de la selección un paso de gigante, y puede permitirse la creencia de que él es quien empieza a tratar la lengua española como una lengua clásica, dignificándola lo mismo que los autores griegos y latinos hicieron con las suyas maternas". Menéndez Pidal añade luego, sin embargo, un importante distingo: "Pero notemos bien que el arte esmerado de Fray Luis opera todavía sobre 'las palabras que todos hablan', las que nos transmitieron los antiguos". Por lo que "...a pesar de gran estudio y compostura, la lengua de Fray Luis se mantiene aún dentro del principio de la naturalidad". "El lenguaje del Siglo XVI" en *España y su Historia*, vol. II, Madrid, 1957, págs. 154-156.

[45] Padre Félix García, *Obras...*, cit., I, pág. 371.

mas no por eso menos hondamente arraigada en la auténtica personalidad del escritor. "Fray Luis de León —escribe Onís— posee en alto grado la dignidad y sinceridad literarias, que consisten precisamente en rehuir la expresión fácil de los falsos movimientos espontáneos del ánimo, producto de reacciones superficiales y pasajeras, pretendiendo en cambio dar siempre la verdad de sí mismo mediante la expresión más cabal de su íntima sensibilidad" [46].

Cien veces se ha insistido en el valor poético de las obras en prosa de fray Luis de León, y sobre todo de *Los Nombres de Cristo*, y es bien cierto que —hecha abstracción del metro y de la rima— no existe diferencia esencial entre los versos y la prosa del agustino, y esto no tanto por lo que a la belleza externa se refiere como por el espíritu que la informa. El sentimiento de la naturaleza, tan peculiar de su obra lírica, se manifiesta con intensidad y belleza igual en muchos pasajes de *Los Nombres de Cristo*. Definiendo este poético sentir que es alma de todos sus escritos, y no sólo de sus versos, escribe Onís: "*Los Nombres de Cristo* es la obra armónica en que está recopilado y resumido el espíritu poético de fray Luis de León, expresado fragmentariamente en otras partes. En torno a la emoción cardinal de Cristo se agrupan todas sus otras emociones. Aunque él dijera que sus poesías se le habían caído como de entre las manos en su mocedad y casi en su niñez y que no había gastado en componerlas más tiempo del que tomaba para olvidarse de otros trabajos, no hay duda de que en ellas vertió fray Luis de León lo mejor y lo más hondo que había en su alma, y que no puede haber, por tanto, contradicción entre ellas y esta otra obra grave y doctrinal *De los Nombres de Cristo*, cuyo valor decimos que es esencialmente poético. No sólo no la hay, sino que un atento estudio muestra bien que sólo a la luz de las poesías puede descubrirse la verdadera unidad y sentido de esta obra. Los mismos temas contenidos en aquellas breves y exquisitas poesías líricas son los que aparecen como núcleos que se desarrollan más ampliamente en la prosa elegante y numerosa de *Los Nombres de Cristo*. Por debajo de la arquitectura didáctica de la obra hay otra más honda y esencial, cuyas líneas coinciden exactamente con las de su lirismo original, contenido, de modo maravillosamente conciso, en un cortísimo número de poesías" [47].

Obras en verso. La obra en verso de fray Luis ha gozado en todo tiempo de particular estima, y constituye, sin disputa, la parte más difundida y popular de toda su producción; innumerables lectores que nunca se han enfrentado con sus libros en prosa conocen perfectamente sus versos. "Si yo os dijese —escribe Menéndez y Pelayo— que fuera de las canciones de San Juan de la Cruz, que no parecen ya de hombre sino de ángel, no hay lírico

---

[46] Onís, ed. citada, vol. I, pág. XIII.
[47] Onís, ídem, íd., vol. II, págs. XVIII-XIX..

castellano que se compare con él, aún me parecería haberos dicho poco". Y el padre Vega, con su habitual entusiasmo cuando trata de fray Luis, lo proclama nada menos que el primer lírico del mundo. Claro está que es imposible fijar con tan matemática exactitud un orden de excelencias en cosas del espíritu, no sujetas, por tanto, a medidas materiales; pero el hecho de que tan rotunda afirmación pueda ser hecha, da por sí mismo idea del alto valor de fray Luis como poeta lírico.

Sin embargo, es posible que el propio fray Luis tuviera por su producción en verso menor estima que por sus obras en prosa. Es bien sabido que los versos del Maestro León no se publicaron en vida de su autor, y sólo se difundieron en copias manuscritas, aunque abundantísimas. Corriendo éstas de mano en mano, se corrompieron con todo género de incorrecciones, por lo que al fin el poeta, aunque fue siempre tan reacio a la publicación de sus escritos, se decidió a corregir y preparar el texto de sus poesías con el propósito de editarlas. Parece que un primer intento tuvo lugar antes de su prisión, pero en el tiempo que pasó en la cárcel se perdió dicha colección junto con otros papeles. Como las copias manuscritas se multiplicaron aún más durante los años de su cautiverio, de nuevo, al salir de él, trató fray Luis de agrupar sus poesías dispersas y las dispuso para publicarlas bajo el seudónimo de *Luis Mayor*, recurso que ha dado mucho que discutir pues sus poesías eran sobrado conocidas y la pretendida simulación nada podía ocultar. Al frente de esta colección antepuso un prólogo o carta, dirigida a don Pedro Portocarrero, que era quizá quien más le había estimulado a reunirla y a cuyo amparo la colocaba no se sabe si para su publicación o sólo para su custodia. En este prólogo explica que se había decidido a coleccionar sus versos para limpiarlos de errores y separar de ellos atribuciones indebidas: "Y recogiendo —dice— a este mi hijo perdido, y apartándole de mil malas compañías que se le habían juntado, y enmendándole de otros tantos malos siniestros que había cobrado con el andar vagueando, le vuelvo a mi casa y recibo por mío" [48].

Pero la colección reunida por fray Luis no fue publicada por motivos difícilmente aclarables; el sobrino de fray Luis, encargado, como sabemos, de preparar y publicar sus obras, nada hizo por sus poesías y, lo que es todavía peor, no dejó referencia alguna que permita saber cuál fue el último manuscrito que había manejado su tío. Semejante descuido ha planteado la serie de problemas que se agolpan en torno a la transmisión de los textos poéticos de fray Luis [49]. Al no disponerse de una redacción autógrafa de sus poesías, al

---

[48] Ed. Vega, cit., págs. 434-435.
[49] Cfr.: Federico de Onís, "Sobre la transmisión de la obra literaria de fray Luis de León", en *Revista de Filología Española*, II, 1915, págs. 217-257. Aunque los procedimientos de crítica textual seguidos por Onís en este estudio —dedicado en particular a la llamada "copia de Palacio" de la *Oda a la vida retirada*— han sido rechazados por

modo como poseemos la del *Libro de Job,* se ignora si fray Luis se limitó a reunir y ordenar copias dispersas o las limpió y corrigió de los "malos siniestros" que se les habían adherido, y en dicho caso cuáles fueron las enmiendas y modificaciones que introdujo, pues lo mismo cabe que respetara —caso de conservarlo— el texto primitivo, como que depurara sus versos de sus propios defectos o inexperiencias de juventud y los amoldara al gusto de su época de madurez. La aparente negligencia con que en el prólogo mencionado se refiere fray Luis a sus poesías como obrillas de juventud no autoriza a pensar que las dejara tal como nacieron, sin someterlas a posterior retoque o elaboración. En tal caso, la aludida falta de autógrafos impide precisar cuáles son las copias anteriores a la redacción definitiva, si es que la hubo, revisada y aprobada por el poeta, y cuál de ellas es con certeza esta última.

En 1631, cuarenta años después de la muerte de fray Luis, Quevedo editó en Madrid las poesías del gran agustino como un antídoto contra los excesos de los culteranos, y les antepuso un prólogo elogiosísimo que era a la vez dedicatoria al Conde-Duque de Olivares. Quevedo se sirvió para su edición de un manuscrito que le prestó el canónigo de Sevilla don Manuel Sarmiento de Mendoza, y que el gran satírico reprodujo, al parecer, con la mayor fidelidad, sin enmendar siquiera los pasajes evidentemente corrompidos e ininteligibles. El mismo año se publicó en Milán otra edición de mejor formato pero "sin apenas modificaciones sensibles en el texto". En 1761 Mayáns y Siscar imprimió de nuevo las poesías de fray Luis, acompañadas de una *Vida* del poeta, compuesta por él, en la que utilizaba por vez primera noticias del proceso inquisitorial, con inteligentes y oportunos juicios. Mas, para mejorar la edición de Quevedo, se limitó a su solo criterio y gusto literario sin acudir a nuevas fuentes manuscritas.

Manejando los materiales acumulados durante las últimas décadas del siglo XVIII por el Padre Francisco Méndez, más los manuscritos que él mismo pudo hallar, el Padre Antolín publicó las poesías de fray Luis de León en el último volumen de sus *Obras Completas,* que apareció en 1816. Los eruditos han discutido, apasionadamente a veces, el valor de las dos ediciones que pueden estimarse básicas: la de Quevedo y la de Merino. Se han pronunciado por la primera Federico de Onís, Astrana Marín, el Padre José Llobera, el Padre Félix García y Adolphe Coster; mientras Menéndez y Pelayo, Miguel Artigas, el Padre Getino y, sobre todo, el Padre Ángel Custodio Vega han defendido la superioridad de la edición de Merino; la de Quevedo, dice el Padre Vega, "resulta al lado de la edición de Merino un texto deficientísimo"[50].

---

los críticos su publicación fue de gran importancia pues actualizó la necesidad, olvidada desde la edición del Padre Merino, de acudir nuevamente a la tradición manuscrita para fijar el texto de la obra poética del Maestro León. Véanse los comentarios del Padre Vega sobre el artículo de Onís en su *Edición crítica,* luego cit., págs. 212-229.

[50] Ídem, íd., pág. 263.

El Padre Vega ha clasificado en cuatro familias todos los códices conocidos hasta el día de hoy: la *primitiva*, la de *Quevedo*, la del *Códice de San Felipe el Real* y la de *Jovellanos*, y tras un riguroso estudio ha llegado a la conclusión de que la de *Jovellanos* recoge una versión posterior a la de *Quevedo* y *San Felipe* y, por lo tanto, un texto más próximo al definitivo y de mayor pureza y valor. Es de advertir que ni el códice de *Jovellanos* ni los otros dos de su misma familia —el llamado de *Lugo* y el *Nacional* 3698— son autógrafos y no consta que fueran revisados y aprobados por su autor; los tres son copias de otras manos. Cabe, pues, la posibilidad de malas transcripciones. No obstante, es tal la superioridad del *Jovellanos*, según deduce de su examen el Padre Vega, que éste es el que debe ser tomado como texto básico, sirviéndose de los otros —incluso de los de la familia *Quevedo*, si es necesario— para corregir los escasos lugares en que aparece corrompido o mal transcrito. Con este criterio ha preparado el Padre Vega su *edición crítica* de las poesías de fray Luis [51]. Esto permite llegar a una estabilización crítica, todo lo perfecta posible en el estado actual del problema, evitando la adopción arbitraria de variantes según el gusto particular de los editores, que no siempre sería el del autor, pues, según advierte el Padre Vega, fray Luis no parece seguir siempre una trayectoria rectilínea en la corrección de un verso, puesto que, en ocasiones, después de modificarlo varias veces, torna a la versión primitiva. Hay que señalar, igualmente, que en los tres códices de la familia *Jovellanos* falta el prólogo-dedicatoria, circunstancia que hizo pensar equivocadamente, según el Padre Vega, que eran anteriores a los de la familia *Quevedo*. El Padre Vega supone que habiendo desistido nuevamente fray Luis de la publicación de sus poesías, por misteriosas razones que no es posible determinar por el momento, suprimió en la última recensión aquella dedicatoria que ya no tenía razón de ser.

En tres partes agrupó fray Luis su obra poética: la primera comprende las poesías originales; la segunda, las traducciones profanas; y la tercera, las versiones de textos sagrados.

Las fechas a que corresponden estas producciones en verso de fray Luis —en particular las originales— plantean por su parte complicados problemas,

---

[51] *Poesías de Fray Luis de León*. Edición crítica por el P. Ángel C. Vega, prólogo de D. Ramón Menéndez Pidal, epílogo de D. Dámaso Alonso, Madrid, 1955. Además de las ediciones de las poesías de fray Luis mencionadas en el texto, deben también citarse: *Poesías originales de Fray Luis de León*, ed. de Federico de Onís, San José de Costa Rica, 1920. *Poesías de Fray Luis de León*, ed. de la Real Academia Española, con anotaciones inéditas de D. Marcelino Menéndez y Pelayo, 2 vols., Madrid, 1928. *Obras poéticas del Maestro Fray Luis de León de la Orden de San Agustín*, Tomo I, *Poesías Originales*; tomo II, *Traducciones del Latín, Griego y Toscano e Imitaciones*, ed. del Padre José M. Llobera, S. J., Cuenca, 1932. *Fray Luis de León. Poesie. Introduzione, testo criticamente riveduto, versione metrica, note, bibliografia*, ed. de Oreste Macrí, Florencia, 1950; nueva ed. con versión italiana, Florencia, 1964. Sobre las ediciones de Llobera y Macrí véase el Padre Vega, *Edición crítica*, cit., cap. VIII y IX.

que han dado también mucho que hacer a los eruditos. Fray Luis, en el citado prólogo, escribe: "Entre las ocupaciones de mis estudios en mi mocedad, y casi en mi niñez, se me cayeron de entre las manos estas obrecillas, a las cuales me apliqué más por inclinación de mi estrella que por juicio y voluntad... Por esta causa nunca hice caso desto que compuse... ni puse en ello más estudio del que merescía lo que nacía para nunca salir a luz, de lo cual ello mismo y las faltas que en ello hay dan suficiente testimonio" [52].

Estas palabras se han aceptado muchas veces como justificación de algunas imperfecciones y descuidos, admitidos como tales, en las poesías de fray Luis. Y, sin embargo, no parece que las afirmaciones del propio autor deban ser tomadas demasiado al pie de la letra [53]. Pues si bien puede ser muy cierto que parte al menos de las poesías originales correspondan a los años de juventud de fray Luis, también parece evidente, como dejamos ya sugerido, que, con su característico afán de perfección, volvió sobre ellas una y otra vez para corregirlas y limarlas. El manuscrito autógrafo, indiscutible, de la traducción de Job, materialmente acribillado de correcciones demuestra la insistente labor de lima que fray Luis dedicaba a sus obras. La siempre ponderada sencillez y equilibrio de sus escritos no son, pues, producto —según ya apuntamos— de una espontánea y natural facilidad, sino el resultado de un esfuerzo tenaz de contención y de medida, con las que fray Luis disciplinaba tanto su sentimiento y pensar como la envoltura de sus creaciones.

Los supuestos descuidos en los versos de fray Luis —ciertos prosaísmos, empleo de rimas fáciles, asonancias entre diferentes grupos de rimas o el uso

---

[52] Edición Vega, cit., págs. 431-432.

[53] Nos hemos ya referido al escaso interés que mostró siempre fray Luis por la publicación de sus escritos; tenía ya cincuenta y tres años cuando apareció su primer libro —la versión latina del *Cantar*, editada por orden de sus superiores— y cincuenta y seis cuando vio impresas sus dos primeras obras castellanas: *La perfecta casada* y *De los nombres de Cristo*. No obstante, es imposible dejar de ver en la aparente displicencia con que alude a sus poesías cierto asomo de coquetería literaria y una no bien disimulada complacencia en su propia creación; lo cual no obsta para la radical y viril modestia del gran agustino. "Es evidente —escribe a tal propósito al Padre Vega— que en este alegato hay algo de ficción poética en medio de un gran fondo de verdad. Cierto que las poesías de fray Luis en su mente 'habían nacido para no ver la luz nunca'. El hecho real y positivo de no imprimirlas en vida lo prueba suficientemente. No creemos que fray Luis sea enteramente sincero, en cambio, al afirmar que 'nunca hice caso de esto que compuse'. No le dio importancia, es verdad; pero si de algo se preció siempre fue de ser y sentir en poeta. Los elogios que hace por boca de Juliano en los *Nombres de Cristo* de las traducciones de los salmos que allí estampa, indican, más que de sobra, que fray Luis estimaba su producción poética en algo más que en un juguete literario. Cierto también que 'no gastó en ello más estudio ni tiempo del que tomaba para aliviarse u olvidarse de otros trabajos'; pero, en realidad, no era tampoco baladí lo que necesitaba para distraerse de tales trabajos y empeños" (*Edición crítica*, cit., pág. 255).

para éstas de nombres equívocos o unívocos, repeticiones de palabras, etc.— [54], no lo eran para él, que no cuidaba de estas minucias externas, tan fácilmente corregibles, y que buscaba sobre todo, incluso como recurso estilístico, la sobriedad extrema, la concentrada expresividad, la simplicidad de tonos: todo lo cual contribuye a forjar la admirable severidad clásica de sus obras en verso.

Porque debe tenerse en cuenta que es en éstas —más que en sus libros en prosa, en los que el gusto clásico se alía con un razonamiento mucho más complejo y minucioso, de períodos encadenados— donde alcanza toda su intensidad el estilo recortado y preciso, la concentración del pensamiento y la rapidez y movilidad de las imágenes [55]. Lo que distingue a la poesía de fray Luis y le da su innegable superioridad es el genio con que dispone las transiciones y cómo, por medio de abruptos saltos líricos y asociaciones imprevistas, sugiere dilatados horizontes poéticos y dispara a lo lejos la imaginación del lector con muy reducidos elementos materiales.

Para esta expresión poética, de tan afortunada condensación, fray Luis se sirvió genialmente de la lira como forma métrica en casi todas sus composiciones. Garcilaso de la Vega había introducido la lira, según ya sabemos, en la poesía castellana con su canción a *La flor de Gnido*, pero no había vuelto a utilizarla. Fray Luis encontró y desarrolló todas las posibilidades de esta estrofa hasta el punto de convertirla en la envoltura natural y como insustituible

---

[54] Sobre la conocida —y discutida— fragmentación de los adverbios en *mente*, que fray Luis de León utiliza dos veces (en la penúltima estrofa de la *Vida retirada*: "Y mientras miserable / mente se están los otros abrasando..."; y en la traducción de la Oda XIV del Libro I de Horacio: "No tienes vela sana, / no dioses a quien llames en tu amparo, / aunque te precies vana / mente de tu linaje noble y claro...") cfr. Antonio Quilis, "Los encabalgamientos léxicos en *mente* de fray Luis de León y sus comentaristas", en *Hispanic Review*, XXXI, 1963, págs. 22-39. Según Quilis, la libertad poética de fray Luis se explica por "un fuerte deseo de expresión que debía violentar hasta cierto punto la estructura de la estrofa" (pág. 36), y justifica el atrevimiento del poeta español en el ejemplo de Horacio, que se sirve de semejantes recursos en varias ocasiones.

[55] "Es el hecho —comenta el Padre Vega— que mientras en los citados *Nombres de Cristo* o en el *Cantar de los Cantares*, o en cualquiera de sus escritos en prosa castellana, abundan los recursos literarios, y su verbo es exuberante y pletórico, al pasar a sus poesías, que debiera ser la parte más florida y deslumbrante de su producción, nos encontramos con un cambio de tono totalmente diverso, hasta ser tachado por muchos de extremadamente pobre y sencillo; y, lo que es más, de abandonado y descuidado en su estilo y lenguaje... Hay en los cuadros de sus poemas infinitamente más movimiento y rapidez de ideas y de imágenes, que en sus prosas; y esta misma movilidad reclama un estilo sobrio y concentrado, ligero y sencillo, que no impida sus movimientos y saltos líricos. Porque no es ya el discurso o razonamiento, siempre largo y circunstanciado, lo que ha de penetrar en la mente del lector, sino la imagen, rápida, fulgurante, aguda como una flecha, que va directa al alma. Sencillez. Sobriedad. Cantidad mínima de recursos literarios. Diafanidad estilística. Transparencia. Tales son las notas esenciales de la forma externa, de la fermosa cobertura de las poesías de fray Luis de León" (*Edición crítica*, cit., págs. 305-306).

de su decir poético; gracias a él adquiere la lira toda su perfección, y hasta puede decirse que por él conquista definitiva carta de naturaleza en nuestra lengua esta novedad métrica de Garcilaso, que quizá sin fray Luis no hubiera conocido sino aquella utilización esporádica [56].

En su estudio sobre el poeta, Dámaso Alonso define exactamente la gran importancia que tiene la lira como vehículo expresivo del lirismo luisiano: "Para una poesía de contención y de refreno la lira era, pues, una medida apropiada. La larga estrofa petrarquesca es una invitación a la palabrería, y si el poeta se encuentra en un mal momento, fácilmente se deja rodar por el largo camino que se le ofrece delante. La lira, en cambio, es una constante advertencia al refreno, una invitación a la poda de todo lo eliminable. La lira, con sus cinco versos, no permite los largos engarces sintácticos: la frase se hace enjuta, cenceña, y el verso tiende a concentrarse, a nutrirse, apretándose, de materia significativa. Y como el fin de una estrofa es, dentro de la unidad musical del poema, una pausa mayor, todo el movimiento melódico se entrecorta, como en respiraderos o intervalos, facilitando el juego de las transiciones. Para los propósitos de arte de Fray Luis, la lira iba a ser un instrumento exacto" [57]. Y añade más abajo: "La canción de tradición petrarquista —lo decíamos antes— tiene un desarrollo totalmente distinto. No busca la concisión, se desenvuelve en largas estrofas; no muestra, en general, tan deliberado propósito de la variación de enfoque estilístico; va montada en una trama lógica, conceptual, o en una fórmula artificiosa; no ofrece las quiebras abruptas, de estrofa a estrofa, que en la poesía de Fray Luis ha de salvar el lector, cuajando así, por esa necesidad del salto, la ley íntima que, oculta, ha presidido la obra. Es ese hiato, esa falta de continuidad interestrófica la que, avivando la imaginación del lector, excita en ella un zumo estético, que no hallaríamos en la canción petrarquesca" [58].

Siempre se ha insistido en el influjo que sobre la lírica de fray Luis tiene el latino Horacio, de quien aquél es considerado como el equivalente en nuestra literatura. "El sentimiento de la sobriedad, de la elegancia y de la dignidad en la vida habitual del hombre —escribe Onís— es una nota horaciana que ha llegado a formar parte del sentimiento propio de fray Luis de León, tan

---

[56] La estrofa de fray Luis es muy poco variada; se limitó casi exclusivamente a la lira, aunque modificándola a su gusto. En sus poesías originales, fuera de la décima *Al salir de la cárcel*, y la elegía que comienza "¡Huid, contentos, de mi triste pecho!", en tercetos, todas las demás composiciones están en liras de diversa forma: de cuatro, cinco, seis y siete versos. Usó dos o tres veces la canción italiana, por imitación de Petrarca, y sólo nos dejó cinco sonetos. En las traducciones, además de la lira, se sirve con preferencia de tercetos y octavas reales.

[57] Dámaso Alonso, "Forma exterior y forma interior en fray Luis", en *Poesía Española. Ensayo de métodos y límites estilísticos*, 4.ª ed., Madrid, 1962, págs. 121-198; la cita en pág. 130.

[58] Ídem, íd., pág. 160.

suyo como el más suyo" [59]. A lo que podría añadirse el anhelo de paz, el goce de la soledad en el retiro de la naturaleza, su amor a la "dorada medianía", su desprecio por los honores públicos y los afanes de la vana ambición. De Horacio también aprendió fray Luis la perfección de la forma lírica, y en particular aquel arte aludido del salto sugerente, de la ruptura brusca, de los contrastes y de la repentina contención. "El secreto del anticlímax —escribe Dámaso Alonso en el estudio citado— es enteramente clásico. Es el saber cómo es más eficaz una reducción que un estruendo, es el límite a la palabra que disminuye y calla para dejar vibrando una atmósfera de emoción, un ambiente silencioso y tiernamente conmovido. Es el gran secreto de Horacio; y el gran secreto de fray Luis. Es lo que carga de trémula significación los finales de casi todas sus odas" [60]. Y luego, comentando en particular la oda a la *Vida retirada*, añade: "Ningún vínculo exterior, ninguna partícula, ninguna cadena de raciocinio liga esa descripción del huerto, que dura cuatro estrofas... Esa delicia inesperada se abre con la misma sencillez con que en una habitación se abre de repente una ventana hacia la luz del sol y la brisa, hacia el paisaje. Sí, en el centro de la oda, con ocho liras antes y cinco después, se rompe súbitamente esta ventana (que nunca olvidaremos) hacia el huerto, la ladera del monte, la fuente, el arroyuelo, el meneo, con la brisa, de unos esbeltos álamos. Es exactamente un cuadro presentado ahí como una pura intuición: nada le liga, ni lógica ni gramaticalmente, a lo que antecede. Pero una chispa sublógica es lo que lleva desde el estado psicológico de las estrofas sexta-octava a esta visión objetiva" [61].

Pero si el influjo horaciano es tan manifiesto en lo que atañe a los caracteres técnicos y estilísticos y al sabor lírico difuso en toda su obra, por su contenido es fray Luis un poeta personalísimo y de espíritu honda y fundamentalmente cristiano y castellano; nada tiene en común el Horacio desenfadado y cínico, gustador epicúreo de todos los placeres, con la poesía profundamente religiosa, apasionada, grave, austeramente moralizadora de fray Luis, que rebasa en profundidad lo que en el lírico latino es tantas veces intranscendente y desenvuelto juego. "Si se estudiasen detenidamente las poesías de fray Luis de León —escribe Onís—, hasta llegar a fijar aproximadamente su cronología, creo que se vería muy claro que la influencia directa y formal de Horacio, que de un modo tan palmario se encuentra en varias de ellas, corresponde seguramente a la primera época de su labor poética, mientras que en la madurez y plenitud de ella esa influencia o desaparece o adquiere un nuevo

---

[59] Onís, ed. citada, vol. II, pág. XIV.
[60] Dámaso Alonso, "Forma exterior...", citada, pág. 154.
[61] Ídem, íd., págs. 155-156. Cfr. además, del propio Dámaso Alonso y en el mismo volumen: "Ante la selva (con Fray Luis)", págs. 111-117; "Sobre los orígenes de la lira", págs. 611-618; y "Sobre la *inmensa cítara* de Fray Luis", págs. 619-621.

valor y sentido, plenamente cristiano y moderno, con el que Horacio no pudo soñar siquiera" [62].

Avanzando, podría decirse, por esta ruta que señala Onís, Rafael Lapesa, en su bello estudio citado sobre las odas del Maestro León a Felipe Ruiz, ha seguido, en efecto, el proceso espiritual que experimenta el poeta, tomando como jalones estas tres odas a su amigo. Al principio —explica Lapesa— la idea rectora es la de una moderación amable entendida a la manera horaciana; apenas se trasluce ningún rasgo religioso; las reflexiones del poeta se limitan al plan humano, y de orden terreno son también los males acarreados por la codicia que el autor aconseja reprimir; dorada medianía, cómodo goce de la vida, serenidad epicúrea grata también a los estoicos. El autor, en esta primera composición, discurre desde una posición teórica, doctrinal, intelectualmente concebida, sin sentirla entrañada en su experiencia personal o quemador anhelo. Pero en la oda segunda a Felipe Ruiz, de la amable serenidad epicúrea pasamos, dice Lapesa, "a una exasperada versión del héroe estoico, grandioso en su enfrentamiento a las amenazas exteriores" [63]; en las estrofas finales ya no es Horacio, sino Prudencio, el cantor de los mártires, quien inspira a fray Luis. Tras la patética alusión a la encina ñudosa, que se crece ante la agresión del hacha —amada imagen de donde había tomado el escritor su lema predilecto: *ab ipso ferro*— [64], el poeta salta de la convencional insensibilidad frente a los bienes o males de la vida a la resistencia activa del mártir como prototipo del héroe que desafía incluso los tormentos de los tiranos:

> *Bien como la ñudosa*
> *carrasca en alto risco desmochada*
> *con hacha poderosa,*
> *del ser despedazada*
> *del hierro, torna rica y esforzada;*
> *querrás hundille, y crece*
> *mayor que de primero; y, si porfía*
> *la lucha, más florece;*
> *y firme, al suelo envía*
> *al que por vencedor ya se tenía.*

---

[62] Onís, ed. citada, vol. II, pág. XII.
[63] "Las odas de Fray Luis de León a Felipe Ruiz", ed. cit., pág. 181.
[64] Fray Luis desarrolló y explicó esta imagen en varias ocasiones. En su *Exposición del Libro de Job* la vertió en una estrofa muy semejante a la de esta oda; dice así:

> *Bien como la ñudosa*
> *carrasca en alto monte desmochada*
> *con hacha poderosa*
> *que de ese mismo hierro que es cortada*
> *cobra vigor y fuerza renovada.*

> Exento a todo cuanto
> presume la fortuna, sosegado
> está y libre de espanto
> ante el tirano airado,
> de hierro, de crudeza y fuego armado.
>   "El fuego —dice— enciende;
> aguza el hierro crudo; rompe y llega;
> y, si me hallares, prende,
> y da a tu hambre ciega
> su cebo deseado, y la sosiega".
>   "¿Qué estás? ¿No ves el pecho
> desnudo, flaco, abierto? ¡Oh, no te cabe
> en puño tan estrecho
> el corazón que sabe
> cerrar cielos y tierra con su llave!".
>   "Ahonda más adentro;
> desvuelva las entrañas el insano
> puñal; penetra al centro.
> Mas es trabajo vano:
> jamás me alcanzara tu corta mano" [65].

"Terminada la lucha —dice Lapesa— la oda acaba con una estrofa que es un canto de victoria: el poeta, con su avidez de siempre por romper la cárcel del cuerpo, se identifica con el alma triunfadora que, en vuelo impetuoso, sube hasta la morada de Dios" [66]:

> "Rompiste mi cadena
> ardiendo por prenderme; al gran consuelo
> subido he por tu pena;
> ya, suelto, encumbro el vuelo,
> traspaso sobre el aire, huello el cielo" [67].

"Esta segunda oda de Fray Luis de León a Felipe Ruiz —resume Lapesa— nos hace presenciar el gradual acercamiento del poeta a su yo auténtico, hasta que, encontrándose a sí mismo, halla también el rumbo definitivo de su inspiración. Iniciada como ecuánime razonamiento de moralista, sólo empieza a vibrar cuando el tema del varón fuerte despierta la fogosidad del autor, exacerbada por el reciente proceso. Desde este momento el poeta ya no repite en forma elegante las recetas de las filosofías admitidas, sino que da suelta a

---

[65] Ed. Vega, cit., págs. 493-494.
[66] "Las odas de Fray Luis...", cit., pág. 182.
[67] Ed. Vega, cit., pág. 495.

lo que le sale del corazón: y la oda termina como violenta llamarada, como liberación ascendente: entusiasta, posesa de Dios. Fray Luis de León, que en lo más íntimo de su ser no era filósofo, sino alma de profeta, se sueña, como Elías, arrebatado hasta los cielos" [68].

A este deseo ascensional hacia Dios se refiere el Padre Vega cuando dice que la primera impresión que se recibe al leer atentamente las odas de fray Luis "es de que predomina en ellas el elemento estelar, celeste, etéreo, sobre el terrestre" [69]. A diferencia de San Juan de la Cruz, enamorado de la naturaleza en la cual descubre la hermosura del Amado, fray Luis, contra lo que es común imaginar, cuando contempla la tierra "desde las altas esferas" no la ve sino como "cárcel baja, oscura", "bajo y torpe suelo", lugar donde se producen "la inútil avena, la grama y el enemigo cardo, la sinrazón y el falso amigo". En fray Luis aparece frecuentemente la visión del mar con sus tormentas y borrascas, pero nunca como elemento de belleza ni objeto de contemplación, como lo es el cielo estrellado, sino como motivo de contraste para hacer resaltar la idea de sosiego y de paz o sugerir las luchas y peligros de la vida. En toda su producción poética, dice el Padre Vega, se advierte inequívocamente una predilección especialísima, aparte los temas morales, por los mundos celestes; su temperamento reconcentrado y contemplativo, pesimista en realidad, le inspira su nostalgia de las altas esferas, y ella le inspira a su vez sus mejores composiciones: la oda a Salinas —"El aire se serena / y viste de hermosura y luz no usada..."—, la tercera a Felipe Ruiz —"¿Cuándo será que pueda, / libre de esta prisión, volar al cielo..."—, la *Morada del cielo* —"Alma región luciente / prado de bienandanza, que ni al hielo..."—, o las admirables estrofas de la *Noche serena* —"Cuando contemplo el cielo / de innumerables luces adornado...". "El sentimiento intenso del desterrado, la angustia y anhelo por el más allá; la nostalgia honda, insaciable, de cielo, de Dios, que le aqueja y persigue sin cesar, son elementos clave en el pensamiento poético de fray Luis, sin los cuales no se comprenderá... el arranque y vuelo altísimo de su numen eminentemente contemplativo y místico. No se celebra en ellos la unión y goce del Amante con el Amado, como en San Juan de la Cruz; pero suspira ardientemente por ella con gemidos y ayes inenarrables, y, como el ciervo, herido, y en ansias de Dios inflamado, bien así clama por ser restituido a su centro y dulce nido. Siempre la nostalgia de Dios, la nostalgia del cielo, la nostalgia de la patria soberana, el gemido del prisionero, el ¡Ay! eterno del cautivo" [70].

De las poesías originales de fray Luis —muy escasas en número, puesto que apenas si pasan de treinta— deben destacarse, entre las pertenecientes a la

---

[68] "Las odas de Fray Luis...", cit., pág. 182.
[69] Ed. cit., pág. 351.
[70] Idem, íd., págs. 356-357.

primera época (de más visible imitación de los modelos clásicos), la oda *A Santiago* ("Las selvas conmoviera..."), la *Profecía del Tajo* ("Folgaba el rey Rodrigo..."), en la que imitando el *Vaticinio de Nereo*, de Horacio, recoge el tema épico tradicional de la pérdida de España a manos de los musulmanes, como consecuencia del pecado de amor del rey Don Rodrigo; la primera de las tres dedicadas *A Felipe Ruiz* ("En vano el mar fatiga..."), y, por encima de todas, la famosísima oda a la *Vida retirada* ("¡Qué descansada vida..."), profunda proyección de su espíritu, quizá la poesía más popular de fray Luis.

A su período de plenitud corresponden, entre otras, la segunda oda *A Felipe Ruiz* ("¿Cuándo será que pueda..."), donde tiene su más intensa manifestación aquel sentimiento *intelectualmente místico* de que hemos hablado; *Noche serena* ("Cuando contemplo el cielo..."); la oda *A Francisco Salinas* ("El aire se serena..."), de clara concepción platónica; la tercera oda *A Felipe Ruiz* ("¿Qué vale cuanto vee..."), cuyo subtítulo —"Del moderado y constante"— indica claramente su contenido; la *Morada del cielo* ("Alma región luciente..."); *En la Ascensión* ("¿Y dejas, Pastor santo..."); y la canción *A nuestra Señora* ("Virgen que el sol más pura..."), esa "flor única de la religiosidad española", como la llama Dámaso Alonso [71].

Muy notables son también las traducciones que hizo fray Luis de autores clásicos. De Virgilio tradujo las diez *Églogas*, en versos endecasílabos agrupados en tercetos o en octavas reales, y los dos primeros libros de las *Geórgicas*. De Horacio tradujo unas veinticinco *Odas*, algunas con tal perfección que igualan, si no aventajan, al original. Las traducciones de otros poetas son escasas: pueden tenerse como seguras el *Rura tenent*, de Tibulo; el *Collige rosas*, de Ausonio, y versos sueltos de otros autores, dispersos por sus obra en prosa. Del griego tradujo solamente la *Olímpica primera*, de Píndaro, y fragmentos de la *Andrómaca*, de Eurípides.

De los libros sagrados vertió el Maestro León al castellano parte de los *Salmos*, del *Libro de Job* y de los *Proverbios* (algunas de estas traducciones se encuentran entre el texto de sus libros en prosa) y el *Cantar de los Cantares*. Pocas cosas se avenían tan perfectamente con el espíritu de fray Luis como la poesía bíblica, de cuyas bellezas y contenido era tan profundo conocedor. Sin embargo, es bastante desigual el mérito de estos trabajos, que van desde la belleza insuperable del *Cantar* hasta las traducciones imperfectas y descuidadas de algunos salmos. Pero debe tenerse en cuenta la incorrección de los textos que han llegado hasta nosotros de estas versiones y el largo número de atribuciones inseguras, todavía no bien discriminadas, a pesar de los esfuerzos de algunos eruditos [72].

---

[71] Dámaso Alonso, "Tres poetas en desamparo", en *De los siglos oscuros al de Oro*, 2.ª ed., pág. 123, Madrid, 1964.
[72] Además de las obras mencionadas, cfr. para la obra poética de fray Luis de León: M. Menéndez y Pelayo, "La poesía mística en España", en *Estudios y discursos*

OTROS POETAS DE LA ESCUELA CASTELLANA

Por caminos poéticos afines a los de fray Luis de León, estimulados por su obra y tratando más o menos directamente de imitarle, encontramos un crecido número de poetas, que justificarían lo que viene denominándose escuela castellana o salmantina. Casi todos ellos son filólogos y religiosos —el Brocense, Jerónimo Cantón, Pedro Uceda, Alfonso de Mendoza, fray Hernando Camargo, fray Juan Márquez, fray Luis Agustín Antolínez, el sobrino del propio fray Luis, fray Basilio Ponce de León—, y como tales, se mueven dentro de un círculo que tiende a la imitación —tras las huellas del Maestro— no sólo de los poetas de la antigüedad grecolatina, sino de los libros sagrados; sin que

---

de crítica histórica y literaria, ed. nacional, II, Santander, 1941. Del mismo, *Horacio en España*, ed. nacional. Zacarías Acosta Lozano, "Crítica de las obras poéticas de Fray Luis de León", en *Archivo Agustiniano*, XV, 1921, págs. 291-302. Aubrey F. G. Bell, "Notes on Luis de León's Lyrics", en *Modern Language Review*, XXI, 1926, págs. 168-177. Del mismo, "The Chronology of Luis de León's Lyrics", en *Modern Language Review*, XXIII, 1928, págs. 56-60. W. J. Entwistle, "Luis de León's Life in his Lyrics: A New Interpretation", en *Revue Hispanique*, LXXI, 1927, págs. 176-224. Del mismo, "Additional Notes on Luis de León's Lyrics", en *Modern Language Review*, XXII, 1927, págs. 44-60 y 173-188. P. Rafael M. de Hornedo, "Algunos datos sobre el petrarquismo en Fray Luis de León", en *Razón y Fe*, LXXXV, 1928. Diosdado Ibáñez, "El genio lírico de Fray Luis de León y sus traducciones de los Salmos", en *Religión y Cultura*, II, 1928, págs. 424-436. Ángel González Palencia, "Fray Luis de León en la poesía castellana", en *Miscelánea Conquense*, I, Cuenca, 1929, págs. 1-30; reproducido en *Historias y Leyendas*, Madrid, 1942, págs. 175-213. José Feo García, "Influencia de Tibulo en la *Vida retirada* de Fray Luis de León", en *Boletín de la Universidad de Santiago de Compostela*, 1943, núms. 41-42, págs. 139-147. Leo Spitzer, "Fray Luis de León's Profecía del Tajo", en *Romanische Forschungen*, XLIV, 1952, págs. 225-240. M. Fernández Galiano, "Notas sobre la versión pindárica de Fray Luis de León", en *Revista de Filología Española*, XXXVI, 1952, págs. 318-321. Manuel de Montolíu, "Un tema estoico en la lírica de Fray Luis de León", en *Estudios dedicados a Menéndez Pidal*, IV, Madrid, 1953, págs. 461-467. Emilio Orozco Díaz, "Sobre una posible fuente de Fray Luis de León. Nota a la estrofa quinta de la Oda a Salinas", en *Revista de Filología Española*, XXXVIII, 1954, págs. 133-150. T. E. May y Edward Sarmiento, "Fray Luis de León and Boethius", en *Modern Language Review*, XLIX, 1954, págs. 183-192. Arturo Marasso, "Interpretaciones y variantes de las poesías de Fray Luis de León", en *Estudios de literatura castellana*, Buenos Aires, 1955, págs. 35-46; otros trabajos sobre Fray Luis en la misma obra. J. M. Millás Vallicrosa, "Probable influencia de la poesía sagrada hebraico-española en la poesía de Fray Luis de León", en *Sefarad*, XV, 1955, págs. 261-286. L. J. Woodward, "*La Vida retirada* of Fray Luis de León", en *Bulletin of Hispanic Studies*, XXXI, 1954, págs. 17-26. Del mismo, "Fray Luis de León's Oda a Francisco Salinas", en *Bulletin of Hispanic Studies*, XXXIX, 1962, págs. 69-77. Gareth A. Davies, "Notes on Some Classical Sources for Garcilaso and Luis de León", en *Hispanic Review*, XXXII, 1964, págs. 202-216. Del mismo, "Luis de León and a Passage from Seneca's *Hippolytus*", en *Bulletin of Hispanic Studies*, XLI, 1964, págs. 10-27.

falte tampoco, junto a la preferencia por estas imitaciones y paráfrasis, la nota lírica personal.

Algunos de los poetas de este grupo no carecen de importancia, pero la supremacía de fray Luis es, en conjunto, tan manifiesta, que apenas merecen ser puestos a su lado más que con una sucinta mención. De todos ellos, deben ser destacados los que siguen.

Francisco de la Torre. Se conocen pocos datos de este poeta, que, según se cree, nació en Torrelaguna, estudió en Alcalá, fue soldado en Italia y se ordenó de sacerdote en los últimos años de su vida (un programa de vida española, tantas veces repetido en su época, que carece de toda originalidad). Quevedo publicó sus poesías poco después de haber editado las de fray Luis, también para combatir con un ejemplo más la boga del culteranismo; pero equivocó su nombre y dio ocasión para una controversia erudita, hoy desvanecida.

Francisco de la Torre imitó sobre todo a Petrarca, a Garcilaso y a otros poetas italianos de su tiempo, como el Tasso, y también en ocasiones a Virgilio y a Horacio, aunque mucho menos a éste. Sus notas distintivas son la ternura y una delicadeza melancólica, con las que trata los temas pastoriles y amorosos tan exprimidos en todos los tonos por sus contemporáneos; pero, precisamente por la insistencia en aquellos rasgos, adolece frecuentemente de falta de movimiento y de vigor. Lo mejor de sus producciones son los sonetos. También escribió endechas y ocho églogas con el nombre de *La Bucólica del Tajo*[73].

Francisco de Figueroa. Nació en Alcalá de Henares (1536) y pasó gran parte de su vida en Italia al servicio de Carlos V y de Felipe II. Llegó a dominar de tal manera el italiano que pudo escribir bellísimas composiciones en este idioma, o alternándolo con el castellano en una misma composición.

---

[73] Ed. facsímil de la de Quevedo por Archer M. Huntington, Hispanic Society of America, Nueva York, 1903. *Francisco de la Torre. Poesías,* ed. y estudio de Alonso Zamora Vicente, "Clásicos Castellanos", Madrid, 1944. Cfr.: J. P. W. Crawford, "Sources of an Eclogue of Francisco de la Torre", en *Modern Language Notes,* XXX, 1915, págs. 214-215. Del mismo, "Francisco de la Torre y sus poesías", en *Homenaje a Menéndez Pidal,* II, Madrid, 1925, págs. 431-446. Del mismo, "Francisco de la Torre and Juan de Almeida", en *Modern Language Notes,* XLII, 1927, págs. 365-371. Adolphe Coster, "Sur Francisco de la Torre", en *Revue Hispanique,* LXV, 1925, págs. 74-133. E. Terzano, "Un poeta no identificado: Francisco de la Torre", en *Nosotros,* Buenos Aires, XIII, 1940, págs. 93-98. Narciso Alonso Cortés, "Algunos datos sobre Francisco de la Torre", en *Hispanic Review,* IX, 1941, págs. 41-47. Agustín del Campo, "Plurimembración y correlación en Francisco de la Torre", en *Revista de Filología Española,* XXX, 1946, págs. 385-392. Manuel Alvar, "Don Francisco de la Torre, amigo de Calderón", en *Revista de Filología Española,* XXXI, 1947, págs. 155-161. O. M. Carpeaux, "La Torre", en *Realidad,* Buenos Aires, I, 1947, págs. 214-228.

Al final de su vida se retiró a su ciudad natal, donde trocó la poesía por trabajos más en consonancia con la "madurez de su edad". Sus contemporáneos le llamaron "el Divino"; pero el poeta, que no sentía demasiada estima por sus versos, los mandó quemar a la hora de su muerte. Los que se salvaron fueron editados en Lisboa, en 1626, por Luis Tribaldos de Toledo, biógrafo también de Figueroa; pero, en nuestros días, algunos investigadores (Foulché-Delbosc, Menéndez Pidal) han podido añadir a la reducida colección de Tribaldos otras varias composiciones halladas en manuscritos de la Biblioteca Nacional de Madrid.

Figueroa entronca mucho más directamente con Garcilaso de la Vega que con fray Luis, por lo que muchos tratadistas suelen incluirlo entre los poetas garcilasistas; no obstante, por su emplazamiento cronológico (murió probablemente en 1617) y por su claro proceso hacia una expresión cada vez más concentrada y sobria, bien puede considerarse también como de la escuela que denominamos castellana.

Sobresale Figueroa por la musicalidad y la armonía de sus versos. Dominó como pocos el verso libre, que utilizó en afortunadas composiciones, como la égloga que comienza "Tirsi, pastor del más famoso río...". Sus sonetos, cuidadosamente construidos, son de exquisita belleza y cuentan entre lo más perfecto de su obra lírica. También escribió elegías, églogas y canciones en todos los metros de la poesía italianista. Su tema preferido, prácticamente único, es el amor, casi siempre tratado como sentimiento nostálgico, atormentado de ausencias, o pasión imposible o no correspondida. Esta insistencia en una temática trillada hasta la saturación por los poetas de su época, llegaría a empalagarnos, a no ser por la delicadeza y gracia, igualmente sostenidas, de sus versos [74].

---

[74] Ediciones: *Obras* de Francisco de Figueroa, facsímil de la edición de Lisboa de 1626, por Archer M. Huntington, Nueva York, 1903. *Poesías inéditas,* ed. de R. Foulché-Delbosc, en *Revue Hispanique,* XXV, 1911, págs. 327-344. *Varias composiciones inéditas,* ed. y estudio bibliográfico de Ángel Lacalle, en *Revista Crítica Hispano-Americana,* Madrid, V, 1919, págs. 122-168. *Poesías,* ed. de Ángel González Palencia, "Bibliófilos Españoles", Madrid, 1943. Cfr.: R. Menéndez Pidal, "Observaciones sobre las poesías de Francisco de Figueroa, con varias composiciones inéditas", en *Boletín de la Real Academia Española,* II, 1915, págs. 302-340 y 458-496. J. P. W. Crawford, "The Source of a Pastoral Eclogue Attributed to Francisco de Figueroa", en *Modern Language Notes,* XXXV, 1920, págs. 438-439. R. Schevill, "Laínez, Figueroa and Cervantes", en *Homenaje a Menéndez Pidal,* I, Madrid, 1925, págs. 425-441. Jorge Guillén, "La poesía de Figueroa", en *Revista Cubana,* XIV, 1940, págs. 100-109. E. Mele y A. González Palencia, "Notas sobre Francisco de Figueroa", en *Revista de Filología Española,* XXV, 1941, págs. 333-382. J. G. Fucilla, "Fuentes italianas de Francisco de Figueroa", en *Clavileño,* núm. 16, 1952, págs. 5-10. Del mismo, "Otra versión de 'Sobre nevados riscos levantado...'", en *Nueva Revista de Filología Hispánica,* X, 1956, págs. 395-400. Juan Bautista Avalle-Arce, "Figueroa, 'El Divino', and Suárez de Figueroa", en *Modern Language Notes,* LXXI, 1956, págs. 439-441. Joaquín de Entrambasaguas, "Un texto desconocido de la *Égloga Pastoral* de Francisco de Figueroa, 'El Divino'", en *Miscelánea Erudita,* Madrid, 1957, págs. 47-50.

Francisco de Medrano. Aunque nacido en Sevilla, puede considerarse Medrano como de la escuela castellana por el carácter predominante en su obra lírica; pero también es visible en él el influjo de la poesía herreriana, de donde toma la elevación y elegancia de sus períodos, y esto permite al mismo tiempo estimarlo como puente o lazo de unión entre las dos escuelas. Lo que no recoge Medrano, sin embargo, pese a su prolongada estancia en Italia, es el influjo de la poesía italianista con su gusto por el amor y el paisaje convencional de la bucólica de su tiempo.

Medrano es un poeta serio y reflexivo, que gusta de la expresión severa y sobria y de los sentimientos dignos y elevados, por lo que su poesía es fundamentalmente realista y humana. Su gran maestro, cuyo espíritu se asimiló profundamente, fue Horacio, de quien escribió numerosas imitaciones, paráfrasis y traducciones, tan perfectas algunas de ellas que pueden colocarse a la misma altura de las de fray Luis de León. Como éste, a quien sigue de cerca en muchas ocasiones, escribió también una *Profecía del Tajo*, igualmente imitada del horaciano *Vaticinio de Nereo*. Otras composiciones, como el soneto *A las ruinas de Itálica*, descubren su preferencia por la poesía moral y filosófica. El escaso número de sus poesías originales conocidas, está a la par, en la perfección, de sus imitaciones horacianas, y revela idénticas tendencias de contenido y expresión [75].

---

[75] Cfr.: Dámaso Alonso, *Vida y obra de Medrano*, I, Madrid, 1948; Dámaso Alonso y Stephen Reckert, *Vida y obra de Medrano*, II, edición crítica, Madrid, 1958. Cfr. además: C. B. Beall, "Francisco de Medrano's Imitations from Tasso", en *Hispanic Review*, XI, 1943, págs. 76-79. B. M. H. Payne, "Notes on Francisco de Medrano", en *Hispanic Review*, XVI, 1948, págs. 68-70. Francisco López Estrada, "Literatura sevillana (I). Medrano en su sitio", en *Archivo Hispalense*, XXXI, 1959, págs. 9-35. Dámaso Alonso, "Un soneto de Medrano imitado de Ariosto", en *Del Siglo de Oro a este siglo de siglas*, Madrid, 1962, págs. 55-74. Al estudiar Dámaso Alonso el carácter de las imitaciones horacianas de Medrano, escribe en la obra citada: "Toda la poesía de los siglos XVI y XVII es de imitación. La de Medrano también. Imitación significa seguimiento, ya más de lejos, ya más de cerca. Y estos dos matices se encuentran en la obra de Medrano; aunque la gran cercanía a Horacio, en las odas, resalte más a primera vista, para nosotros. Pero se puede ser original en la imitación: Medrano es un imitador de una enorme originalidad" (I, págs. 123-124).

Más abajo, en el capítulo "Medrano y Fray Luis", compara Dámaso Alonso la calidad de las versiones horacianas en ambos poetas; y en uno de sus apartados, titulado "En qué supera Medrano a Fray Luis", escribe "¿En qué consiste la diferencia? A mi juicio, sencillamente en que la obra de Medrano es mucho más acabada: Fray Luis (salvo aciertos geniales como la traducción del *Beatus ille*) frecuentemente se enreda en la versión; no quiere perder pormenor alguno, y se hace verboso, diluido, inexpresivo... Fray Luis lo traduce todo; todo lo que se encuentra en el dechado latino lo va embutiendo como puede. Medrano procede, desde el primer momento, por eliminación: quita todo lo que no tiene un valor expresivo (es cierto que a veces esta poda se lleva consigo algún elemento de belleza): en general su gusto es tan seguro, que no da un corte en falso" (pág. 158).

Francisco de Aldana. Destacada mención debe concederse a Francisco de Aldana, nacido en 1537, probablemente en Nápoles, donde su padre tenía a su mando varias fortalezas. De ilustre familia extremeña, que había dado santos, políticos y militares, Aldana fue también militar y político; combatió en San Quintín, participó durante largos años en las luchas de Flandes a las órdenes del duque de Alba siendo herido gravemente en el sitio de Alkmaar, fue enviado por Felipe II como consejero militar del rey don Sebastián de Portugal, y peleando a su lado murió en el desastre de Alcazarquivir en 1578. Alternando con estas y otras importantes misiones, Aldana residió bastante tiempo en la corte de los Médicis de Florencia, donde se formó para las letras y la política, y luego en Madrid donde llega a madurez su personalidad. A su muerte, algunas de sus poesías fueron publicadas por su hermano Cosme; una primera parte en Milán, en 1589, y una segunda en Madrid, en 1591, pero en forma muy descuidada; Quevedo, que sentía gran admiración por el poeta, escribía en su *Anacreón castellano* que, si alcanzaba reposo alguna vez, trataría de corregir las obras de este escritor español tan maltratado por la imprenta. La favorable opinión de Quevedo la compartía Gil Polo, que dedicó a Aldana unos versos del "Canto de Turia" de su *Diana enamorada*; Cervantes, que le menciona en *La Galatea* junto a Boscán y Garcilaso, y recuerda su sobrenombre de "Divino" en la "Adjunta" al *Viaje del Parnaso*; y también Lope de Vega, que lo ensalza en la Silva VI del *Laurel de Apolo*. No obstante, Aldana cayó en olvido casi total durante siglos, y sólo desde hace apenas tres décadas ha comenzado a ser estudiado y valorado [76].

---

[76] Contadas fueron las menciones dedicadas a Aldana hasta estas fechas recientes. Juan Nicolás Böhl de Faber incluyó algunas poesías en su *Floresta de rimas antiguas castellanas* (Hamburgo, 1821-1825) y Longfellow tradujo al inglés dos de sus sonetos religiosos. Menéndez y Pelayo señaló en su *Historia de las ideas estéticas* los valores místicos y neoplatónicos de Aldana, sobre todo en su *Epístola a Arias Montano*, que al fin fue reeditada por José María de Cossío en *Cruz y Raya*, núm. 13, 1934. Desde entonces se han sucedido las ediciones y estudios sobre el poeta extremeño. Cfr.: Karl Vossler, "Francisco de Aldana", en *La poesía de la soledad en España*, trad. esp., Buenos Aires, 1946, págs. 216-234 (la primera ed. alemana es de 1936). J. P. W. Crawford, "Francisco de Aldana; a Neglected Poet of the Golden Age in Spain", en *Hispanic Review*, VII, 1939, págs. 48-61. Antonio Rodríguez-Moñino, "Francisco de Aldana (1537-1578)", en *Castilla*, II, 1943, núms. 3-4, págs. 57-137. *Francisco de Aldana. Epistolario poético completo*, con una noticia preliminar por Antonio Rodríguez-Moñino, Badajoz, 1946. Luis Cernuda, "Tres poetas metafísicos", en *Bulletin of Spanish Studies*, XXV, 1948, págs. 109-118. Alfredo Lefebvre, *La poesía del capitán Aldana*, Universidad de Concepción, Chile, 1953. M. Moragón Maestre, *Obras completas de Francisco de Aldana*, Madrid, 1953 (reedición de las ediciones de Madrid de 1591 y 1593). Elias L. Rivers, "A New Manuscript of a Poem Hitherto Attributed to Fray Luis de León", en *Hispanic Review*, XX, 1952, págs. 153-158. Del mismo, "New Biographical Data on Francisco de Aldana", en *Romanic Review*, XLIV, 1953, págs. 166-184. Del mismo, *Francisco de Aldana: el Divino Capitán*, Badajoz, 1956. *Francisco de Aldana. Poesías*, ed., prólogo y notas de Elias L. Rivers, "Clásicos Castellanos", Madrid, 1957. Otis H.

Genuino representante del momento renacentista y, a la vez, de la España imperial y heroica de su tiempo, Aldana escribió composiciones amorosas y patrióticas. Entre estas últimas, superiores a las primeras, deben destacarse las *Octavas dirigidas al Rey don Felipe, nuestro señor*, en las que el denodado luchador por la fe que había en Aldana, hace una exposición casi alarmante de los peligros que acechaban a la católica monarquía española y urge al rey para que combata con todo su poder a los enemigos de la Iglesia enviando contra ellos a don Juan de Austria. No obstante, en medio del incesante tráfago de milicia y de acción, que parece constituir la vida de Aldana, había en él un filósofo ascético y meditativo, de índole profundamente religiosa, que ansiaba refugiarse en la soledad y entregarse a la vida del espíritu; "por curioso modo —dice Vossler— se juntan en Francisco de Aldana el guerrero, el humanista y el ermitaño" [77], aunque esta última aspiración nunca pudo hacerla realidad y la llevó siempre consigo como un nostálgico anhelo. Dentro de este mundo de ansias religiosas, casi místico a veces, que es donde su lírica alcanza el punto más alto de inspiración, merecen destacarse varios sonetos, como los que comienzan "En fin, en fin tras tanto andar muriendo..." y "El ímpetu cruel de mi destino...", y sobre todo la *Epístola a Arias Montano sobre la contemplación de Dios y los requisitos della*, que constituye, según afirma Díaz-Plaja, "su autobiografía espiritual" y en la que desarrolla "un curso completo de filosofía del amor en tercetos bellísimos" [78], cuajados de bizarras imágenes. "Esta epístola —dice Elias Rivers— se diferencia de otras horacianas en que va más allá de lo humanístico, procurando alcanzar la unión divina. No es un repudio del humanismo, sino su superación cristiana. Esenciales son el tono de humildad, que depende de la gracia de Dios, y el concepto de la vida interior del espíritu. Con brillante diluvio de imágenes poéticas se describen la metafísica neoplatónica y el proceso psicológico de la contemplación. Pero no se pierde de vista al que recibe la carta; la presencia de Arias Montano hace que la epístola no sea un tratado abstracto, sino un poema concreto y personal" [79].

La obra conservada de Aldana quizá da apenas idea de su compleja personalidad. Su hermano Cosme da cuenta de la gran cantidad de escritos que se perdieron a su muerte —tratados sobre el Santísimo Sacramento, sobre la Verdad de la Fe, sobre el Amor Platónico; un diálogo en prosa y verso entre varios caballeros que hacían vida solitaria en Chipre; octavas sobre el Génesis y sobre la Virgen; una traducción de las *Epístolas* de Ovidio; una *Obra de*

Green, "On Francisco de Aldana: Observations on Dr. Rivers' Study of *El Divino Capitán*", en *Hispanic Review*, XXVI, 1958, págs. 117-135. Alonso Zamora Vicente, comentario al libro de Rivers, en *Nueva Revista de Filología Hispánica*, XIV, 1960, págs. 135-138.

[77] "Francisco de Aldana", cit., pág. 216.
[78] *La poesía lírica española*, Barcelona, 1937, pág. 106.
[79] Prólogo a la ed. de *Poesías*, cit., pág. XXXIX.

Amor y Hermosura a lo sensual; muchas epístolas, etc., etc.—, porque el autor los llevaba siempre consigo; "por estos datos —dice Vossler— y por el sobrenombre de 'el Divino', que, como a Herrera y a Francisco de Figueroa, daban a nuestro poeta sus contemporáneos, podemos formarnos una idea aproximada del mundo de pensamientos y sentimientos que solía frecuentar su espíritu: platonismo cristiano, humanismo italianizante, mística española, humor realista, ingenio conceptista... Y aun quedó lugar, según lo prueban las *Obras* que han llegado a nosotros, para los motivos bélicos"[80]. Por esta rica combinación de elementos, tanto en su vida como en su obra poética, Aldana, en opinión de Rivers, se nos presenta como uno de los personajes más universales del Renacimiento en España[81].

El "Soneto a Cristo Crucificado". Lugar aparte merece el famosísimo *Soneto a Cristo Crucificado*, unánimemente definido como una joya de la literatura religiosa de cualquier época y país. Su importancia y belleza exige reproducirlo entero:

No me mueve, mi Dios, para quererte
El cielo que me tienes prometido,
Ni me mueve el infierno tan temido
Para dejar por eso de ofenderte.

Tú me mueves, Señor; muéveme el verte
Clavado en una cruz y escarnecido;
Muéveme ver tu cuerpo tan herido;
Muévenme tus afrentas y tu muerte.

Muéveme, al fin, tu amor, y en tal manera,
Que aunque no hubiera cielo, yo te amara,
Y aunque no hubiera infierno, te temiera.

No me tienes que dar porque te quiera;
Pues aunque lo que espero no esperara,
Lo mismo que te quiero te quisiera[82].

Como sucede con tantas obras capitales de la literatura castellana, se desconoce el autor del soneto y la fecha en que pudo ser escrito. De las diversas

---

[80] "Francisco de Aldana", cit., pág. 222.
[81] Prólogo, cit., pág. XLII.
[82] El *Soneto* ha sido transmitido con bastantes variantes, aunque ninguna supone una diferencia esencial. Reproducimos la versión dada por Menéndez y Pelayo en su antología *Las cien mejores poesías*, que escoge también Eugenio Asensio en el artículo luego citado.

atribuciones que han sido propuestas —Santa Teresa, San Ignacio, San Francisco Javier, fray Pedro de los Reyes, Lope de Vega— ninguna tiene fundamento suficiente ni posible comprobación. El investigador mejicano Alberto María Carreño [83] propuso en 1915 la autoría del agustino, también mejicano, fray Miguel de Guevara que en 1638 —o quizá en 1634— agregó el soneto a su obra manuscrita *Arte doctrinal para aprender la lengua matlaltzinga*; Carreño ha insistido posteriormente en esta atribución [84], aceptada por otros críticos como Víctor Adib [85] y Alfonso Méndez Plancarte, que ha llevado el *Soneto*, como de Guevara, a su antología de *Poetas Novohispanos* [86]. Hay que señalar que el *Soneto* aparece impreso por primera vez en Madrid, en 1628 —diez años, pues, antes de ser copiado en el manuscrito de Guevara—, entre un manojo de "poesías místicas" que van como apéndice al libro de Antonio de Rojas, titulado *Vida del espíritu*. En fecha relativamente reciente, el famoso *Soneto* ha merecido un amplio estudio de Sister Mary Cyria Huff [87], que trata el tema, con valiosas noticias y comentarios, dentro de la tradición española y su difusión en otras lenguas, aunque sus conclusiones sobre la génesis de la obra son poco convincentes.

La atribución de Carreño a fray Miguel de Guevara se considera hoy inadmisible. López Estrada ha dado cuenta [88] de un escritor, Cristóbal Cabrera, que vivió largos años en Méjico, donde fue notario apostólico en 1535, amigo del arzobispo Zumárraga, y que en su libro *Instrumento espiritual* reunió varios centenares de sonetos religiosos; tal cosecha de poesía religiosa, recogida a mediados del siglo XVI y difundida por Méjico de manos de Cabrera, casi un siglo antes de que Guevara llevara el *Soneto* anónimo a su *Arte doctrinal*, exige admitir que su inclusión "no ha de ser considerada sino como un afortunado testimonio de la conservación de la obra" [89]; resultado al que llega también Bataillon por otros caminos, en su artículo luego citado.

Pareciendo imposible de momento aceptar la atribución a ningún autor con cierta probabilidad, los eruditos han tratado al menos de investigar la tradición ideológica o fuentes doctrinales de la famosa composición. Leo Spit-

---

[83] *Joyas literarias del siglo XVII encontradas en México: Fray Miguel de Guevara y el célebre soneto castellano 'No me mueve, mi Dios, para quererte...'*, México, 1915.

[84] "No me mueve, mi Dios, para quererte". *Consideraciones nuevas sobre un viejo tema*, México, 1942.

[85] "Fray Miguel de Guevara y el Soneto a Cristo Crucificado", en *Abside*, México, XIII, 1949, págs. 311-326.

[86] *Poetas Novohispanos: Primer Siglo (1521-1621)*, México, 1942.

[87] Sister Mary Cyria Huff, *The Sonnet "No me mueve, mi Dios..."*. *Its Theme in Spanish Tradition*, The Catholic University of America Press, "Studies in Romance Languages and Literatures", vol. XXXIII, Washington, 1948.

[88] Francisco López Estrada, "En torno al soneto *A Cristo Crucificado*", en *Boletín de la Real Academia Española*, XXXIII, 1953, págs. 95-106.

[89] Idem, íd., pág. 105.

zer [90], que rechaza la supuesta *sencillez* del *Soneto*, señala en él una estructura tripartita: intelectual en su comienzo y final, emocional en el centro. Según esto, el anónimo autor no había pretendido escribir una mera "cancioncilla piadosa", sino "el sobrio y riguroso carácter de un ejercicio espiritual en el sentido de San Ignacio de Loyola" [91]. Describe Spitzer el paralelismo que descubre entre el *Soneto* y "el cuádruple ejercicio espiritual de San Ignacio", y llega a la conclusión de que la obra fue compuesta dentro de un ámbito jesuítico. El hecho, dice, de que el *Soneto* a pesar de su estructura poética pudiera *hacerse tan popular*, se debe a que el espíritu popular español, debido a su peculiar educación religiosa, se había hecho más sensible que el de otras naciones tanto al elemento intelectual y dogmático como al aspecto sentimental de la religión; "y, justamente porque el 'ejercicio' ignaciano está destinado a abarcar toda la experiencia religiosa en sus diversas etapas, el soneto *No me mueve, mi Dios...*, que parafrasea todas esas etapas en sólo catorce versos, ha logrado llegar a esa totalidad o 'exhaustividad' que caracteriza a los grandes poemas de la literatura universal" [92].

Marcel Bataillon, en un ceñido estudio [93], señala que la doctrina del amor desinteresado de Dios, que es el tema cardinal del *Soneto*, había sido formulada por el Beato Juan de Ávila en su *Audi, filia* y en otros de sus *Tratados*. "En el Soneto —dice— es rasgo notable que el amor incondicional del hombre sea correspondencia al infinito amor divino *manifestado en la Redención. Es amor al Crucificado*" [94]. "La doctrina del puro amor —añade— unida con el sentimiento de la Pasión redentora es característico del siglo XVI, tan empeñado en hacer sentir a los cristianos su relación con Cristo. Culmina en Italia, entre los *spirituali* influidos por Juan de Valdés, en lo que no sin razón se da en llamar la escuela del Beneficio de Cristo [95]. El *Soneto*, pues, pertenecería a esa *espiritualidad de vanguardia* [96] profesada desde distintas trincheras por Juan de Valdés, evangelista de la aristocracia napolitana, y por Juan de Ávila, apóstol de Andalucía; "la exigencia del puro amor era común a místicos y alumbrados" [97], lo que explica que ambos fueran objeto de idéntico recelo como culpables de heterodoxia. "Quédese el famoso soneto en su anó-

---

[90] Leo Spitzer, "No me mueve, mi Dios...", en *Nueva Revista de Filología Hispánica*, VII, 1953, págs. 607-617; reproducido en *Sobre antigua poesía española*, Buenos Aires, 1962, págs. 131-141 (citamos por esta última ed.).

[91] Ídem, íd., pág. 134.

[92] Ídem, íd., págs. 140-141.

[93] "El anónimo del soneto *No me mueve, mi Dios...*", en *Nueva Revista de Filología Hispánica*, IV, 1950, págs. 254-269; reproducido en *Varia lección de clásicos españoles*, Madrid, 1964, págs. 419-440 (citamos por esta última ed.).

[94] Ídem, íd., pág. 422.

[95] Ídem, íd., pág. 423.

[96] Ídem, íd., pág. 426.

[97] Ídem, íd., pág. 427.

nimo —resume Bataillon—, con tal que entendamos bien lo que significa. Es un momento de la espiritualidad *cristocéntrica*, un eslabón aviliano de la cadena que une la escuela italiana de los *spirituali* y del Beneficio de Cristo con la escuela del Puro amor que florece en la Francia de Luis XIII". Y añade: "Es anónimo adrede, pero sin segunda intención"[98], es decir: el autor no celó su nombre por ninguna especie de recelo; composiciones de esta índole no nos remiten a ninguna personalidad de escritor, sino que pertenecen a una corriente de espiritualidad "sin más ambición literaria que la de dar fuerza comunicativa a un extremo de amor de Dios"[99]. Evidentemente, Antonio de Rojas, en 1628, echó mano de esta y otras poesías, como de bienes mostrencos, "porque la juzgaba a propósito para hacer brotar la chispa del amor divino"[100].

Por su parte, Eugenio Asensio[101] ha señalado cómo el concepto de amor desinteresado, que tan intensamente se define en el *Soneto,* deriva sobre todo de San Bernardo y de las cartas de Santa Catalina de Siena, que lo glosa insistentemente. Es de advertir, nos dice Asensio, que la *Obra de las epístolas y oraciones* de Santa Catalina fue publicada en 1512 en Alcalá, traducida por un anónimo, en edición costeada por el cardenal Cisneros, y hubo de ser leída con avidez a juzgar por la estela que la doctrina y retórica de dicha obra dejan en los libros castellanos de devoción. Esto supuesto, Asensio describe la semejanza existente entre la epístola 77 de la citada *Obra* y el *Soneto,* que sólo en el último terceto se separa un tanto del texto de la Santa. Y al definir la originalidad, pese a todo, del poeta castellano, escribe bellamente: "El anónimo poeta, que por la versificación —endecasílabos acentuados exclusivamente en la sexta sílaba— parece cercano a la generación de Garcilaso, o poco ducho en la técnica, arrancando de un pensamiento ajeno, ha logrado crear una obra personal. Lo que en Catalina era enunciación impersonal de un principio religioso, 'se debe amar', se ha convertido en un diálogo directo con Cristo, en una ferviente comunicación con la divinidad. Plegaria en que nada se pide, todo se espera. Esencia de la plegaria es la repetición. Nuestro poeta no se ha contentado con la enérgica anáfora 'tú me mueves', 'muéveme', sino que ha coronado su soneto con aquella atinada repetición en que paladea los vocablos de *querer* y *esperar.* Lo que en Santa Catalina era regla de

---

[98] Ídem, íd., pág. 440.
[99] Ídem, íd.
[100] Ídem, íd., págs. 434-435. A lo largo de su estudio Bataillon refuta la atribución a fray Miguel de Guevara, así como la de Lope de Vega propuesta por Manuel de Montolíu; y rechaza también la posibilidad de que el soneto sea obra de Antonio de Rojas, quien hubo de limitarse a recoger diversas composiciones piadosas y llevarlas a su libro con fines de edificación.
[101] Eugenio Asensio, "El soneto *No me mueve, mi Dios...* y un auto vicentino inspirados en Santa Catalina de Siena", en *Revista de Filología Española,* XXXIV, 1950, págs. 125-136.

conducta, principio genérico, gracias a la dramatización del diálogo y la reiteración final, se ha elevado al cielo en catorce versos de fuego que constituyen acaso la más bella oración y una de las más acabadas poesías de nuestra lengua. Porque oración y poesía son hermanas" [102].

---

[102] Ídem, íd., págs. 135-136. Cfr. además: Fray Ismael de Santa Teresita, "El soneto *No me mueve, mi Dios, para quererte*, a la luz de Trento y de los documentos postridentinos", en *Revista de Espiritualidad,* V, 1946, págs. 288-304. E. Esparza, "Sobre el soneto *No me mueve, mi Dios*", en *Príncipe de Viana,* Pamplona, XI, 1950, págs. 105-110. Ignacio Elizalde, "Sobre el autor del soneto *No me mueve, mi Dios, para quererte* y su repercusión en el mundo literario", en *Revista de Literatura,* XIII, 1958, págs. 3-29. Elias L. Rivers, "Soneto a Cristo Crucificado, line 12", en *Bulletin of Hispanic Studies,* XXXV, 1958, págs. 36-37. En su nota 1, pág. 419, del art. cit., Marcel Bataillon cita, sobre el *Soneto,* el estudio de los Padres Georgius Schurhammer y Iosephus Wicki en el Apéndice II de su nueva edición de *Epistolae S. Francisci Xaverii aliaque eius scripta,* t. II, vol. 68 de *Monumenta Historica Societatis Iesu,* Roma, 1945, págs. 526-535.

CAPÍTULO XX

FERNANDO DE HERRERA Y LA LÍRICA SEVILLANA

SEVILLA Y LA ESCUELA LÍRICA SEVILLANA

Aunque no sea conveniente conceder demasiada transcendencia al influjo del factor regional en la formación de las dos escuelas poéticas de la época, no puede desconocerse tampoco la presencia de realidades de ambiente y circunstancia que contribuyen a forjar la personalidad de lo que llamamos escuela o grupo sevillano y a diferenciarla de la escuela castellana. Más aún: si en esta última existe menor cohesión y contacto personal entre sus componentes, la relación directa y mutuo influjo es notoriamente mayor en el grupo sevillano, merced a las especiales condiciones de la vida artística y literaria de la capital andaluza a lo largo de estas décadas.

En Salamanca la vida intelectual giraba de modo casi exclusivo en torno a su Universidad y a los problemas religiosos; si todavía durante el Plateresco y el primer Renacimiento pudo inspirar Salamanca las paganizantes "églogas" de Juan del Encina y pareció por algún tiempo que iba a convertirse en el centro impulsor del nuevo arte dramático, al entrar en la segunda mitad del siglo XVI se acentúa el carácter tradicional teológico y conservador del mundo salmantino, al tiempo que la ciudad del Betis va tomando la iniciativa en muchos campos. En ésta, por ejemplo, se inicia entonces el proceso de formación de una dramática nacional inspirada en temas y gustos nuevos, y se desarrolla con caracteres peculiares la escuela poética que toma nombre de la ciudad.

Vivía Sevilla por aquellos tiempos el momento de su mayor esplendor, en todas las actividades profesionales y comerciales, por el hecho de ser el centro financiero y organizador de cuantas expediciones de comercio y conquista partían para las Indias. Sevilla era a un tiempo mismo la gran oficina rectora, el almacén y el banco de toda la empresa ultramarina; y, consecuentemente, la ciudad estallaba de vida, de movimiento, de gentes de toda condición que se afanaban por realidades muy concretas y sentían a la vez el orgullo patriótico —forjado, a medias, de intereses y de ideal— de ser parte de la nación entonces más poderosa. Un incesante ir y venir de escuadras de guerra y de comercio persuadían a sus habitantes de que Sevilla era la verdadera capital del mundo. Esto sería suficiente para explicar que la literatura nacida en esta ciudad tuviese un contenido nacional mucho más intenso y actual que en la remota Salamanca, y que —dentro de él— el sentimiento de la patria predominara sobre el religioso.

La vida intelectual sevillana corría a la par de su actividad mercantil y era no menos floreciente. Sevilla no tenía entonces Universidad, pero sí, en cambio, numerosos cenáculos culturales en los que se reunían escritores, artistas, eruditos y gentes destacadas de profesiones diversas: médicos, juristas, navegantes, clérigos y magistrados; y había además en la ciudad escuelas o centros de estudio particulares, como la famosísima de Gramática y Humanidades de Juan de Mal Lara —pieza fundamental en el Renacimiento sevillano— en la que se formaron notables escritores, o el Colegio de Maese Rodrigo de Santaella donde el mismo Herrera estudió probablemente.

El maestro Mal Lara había creado en su casa —donde tenía reunida una selecta colección de antigüedades— a modo de una academia literaria a la que concurrían los más destacados ingenios en todos los saberes que entonces albergaba la ciudad. Allí acudía Herrera y allí dio a conocer, sin duda, sus primeras composiciones, que le conquistaron rápida fama de excepcional poeta y el sobrenombre de "el Divino". En este ambiente y en cenáculos de esta índole, protegidos, o albergados a lo menos en sus salones, por magnates de la nobleza sevillana, fue desarrollándose la escuela poética de este nombre, que bien pronto consideró a Fernando de Herrera como su principal representante e inspirador [1].

---

[1] Sobre la escuela sevillana en general y el importante papel desempeñado por los humanistas y cenáculos mencionados, consúltese: Francisco Pacheco, *Libro de descripción de verdaderos retratos de ilustres y memorables varones,* edición fototípica de José María Asensio, Sevilla, 1886. Rodrigo Caro, *Varones insignes en letras naturales de la ilustrísima ciudad de Sevilla,* edición, con estudio biográfico-crítico, de S. Montoto, Sevilla, 1915. A. Lasso de la Vega y Argüelles, *Historia y juicio crítico de la escuela poética sevillana en los siglos XVI y XVII,* Madrid, 1871. José María Asensio, *Don Juan de Arguijo, estudio biográfico,* Madrid, 1883. J. Gestoso y Pérez, *Nuevos datos para ilustrar las biografías de Juan de Mal-Lara y Mateo Alemán,* Sevilla, 1896. F. Rodríguez Marín, *Luis Barahona de Soto. Estudio biográfico, bibliográfico y crítico,* Madrid, 1903. Del mismo, "Una sátira del Licenciado Francisco Pacheco", en *Revista de Archivos,* 1908. Del mismo, "Juan de Mal Lara", en *Boletín de la Real Academia Española,* V, 1918, págs. 202-213. Del mismo, *Miscelánea de Andalucía,* Madrid, 1927. M. Méndez Bejarano, *Diccionario de escritores, maestros y oradores naturales de Sevilla y su actual provincia,* 3 vols., Sevilla, 1922-1925. Américo Castro, "Juan de Mal-Lara y su *Filosofía vulgar*", en *Homenaje a Menéndez Pidal,* III, 1925, págs. 563-592. F. Sánchez y Escribano, *Juan de Mal-Lara. Su vida y sus obras,* Nueva York, 1941. Antonio Palma Chaguaceda, *El historiador Gonzalo Argote de Molina,* C. S. I. C., Madrid, 1947. Alberto Sánchez,

FERNANDO DE HERRERA

Perfil humano y literario. Fernando de Herrera nació en Sevilla, en 1534 (?). Nada cierto se sabe de sus padres y no parece demostrado que fuera el suyo un modesto cerero o vendedor de candelas, ni un noble de escasa hacienda, según afirma José Maldonado de Ávila que editó algunas de sus poesías en 1637. Probablemente fue su padre un hildalgo de pocos bienes, lo que no fue obstáculo para que Herrera pudiera recibir una esmerada educación en alguno de los aludidos colegios particulares de su ciudad natal. Aunque se ignora este detalle son, en cambio, abundantes los testimonios de sus contemporáneos sobre los profundos conocimientos del poeta en lenguas clásicas y modernas, sus grandes saberes humanísticos y sus dilatadas y variadísimas lecturas, que hicieron de él uno de los hombres más doctos de su tiempo. Contribuyó posiblemente a la solidez de esta formación su temprana amistad con el sabio humanista Juan de Mal Lara, que compartió con él aquella ambición de saber enciclopédico, característica del hombre del Renacimiento. Si la afirmación de quienes conocieron a Herrera no fuera bastante, declaran de sobra la solidez de su cultura la índole de su obra lírica y, sobre todo, la erudición poética encerrada en sus famosas *Anotaciones* a la obra de Garcilaso.

Con escasa afición cursó también Herrera en su juventud estudios eclesiásticos. Recibió las órdenes menores, y aunque no llegó a ser ordenado "in sacris" pudo con sólo aquéllas desempeñar un puesto como beneficiado en la parroquia sevillana de San Andrés. Con las escasas rentas de tan modesta prebenda —única a que le daban derecho las órdenes que poseía— se sustentó el poeta toda su vida sin apetecer mayores honores ni ingresos; cuando el arzobispo de Sevilla, Rodrigo de Castro, deseó tenerlo en su casa y "acrecentalle en dignidad y hacienda", ni sus amigos más íntimos pudieron persuadirle a que se entrevistara siquiera con el arzobispo, y aún estuvo a punto de romper con ellos por lo que insistían.

Esta absoluta falta de ambición por el provecho material, que podría de primer intento parecer ascética, era más bien manifestación del altivo espíritu de independencia del poeta; Herrera renunciaba gustoso a cualquier merced que pudiera encadenarle de algún modo, y deseaba a toda costa mantener la libertad de su persona y de su trabajo. Algunos contemporáneos —movidos por la envidia o la incomprensión— acusaban a Herrera de retraído y orgulloso. No cabe duda de que el poeta tenía plena conciencia de su valer y sen-

---

Poesía sevillana en la Edad de Oro, Madrid, 1948 (en especial los dos primeros capítulos: "Panorama de Sevilla en la Edad de Oro" y "¿Puede hablarse de una escuela poética sevillana en la Edad de Oro?"). Dámaso Alonso, "Crítica de noticias literarias transmitidas por Argote", en *Boletín de la Real Academia Española*, XXXVII, 1957, págs. 63-81. José Sánchez, *Academias literarias del Siglo de Oro español*, Madrid, 1961.

tía escasa afición a comunicarse con las gentes vulgares; era un espíritu refinado que no se abría fácilmente a la intimidad —sólo concedida a pocos— y se reducía al trato de un selecto círculo de humanistas, poetas o escritores. No puede negarse la altanera reserva con que el poeta se cerraba a todo aquello —cosa o persona— que no juzgara digno de aprecio. Pero su trato era siempre afable y cortés con las personas de su elección, y sus elevadas cualidades le granjearon el afecto y la amistad de distinguidos ingenios como el maestro Francisco de Medina, el pintor y poeta Pablo de Céspedes, el pintor Pacheco y el canónigo del mismo nombre, el maestro de Humanidades Diego Girón, y los poetas Juan de la Cueva, Baltasar del Alcázar, Barahona de Soto, Cristóbal de Mesa y Cristóbal Mosquera de Figueroa. Según testimonio de Pacheco, era Herrera enemigo de lisonjas, que no se avenía a dar ni a recibir; rehusó en toda ocasión los favores de los grandes con quienes trataba, para no incurrir en servilismo; rehuía discretamente toda murmuración sobre vidas ajenas, aborrecía la mezquindad, fue siempre severo en sus costumbres y proverbial su parquedad en la mesa.

En perfecto acuerdo con estos rasgos personales está su carácter como escritor. Herrera representa el arquetipo del poeta culto, entregado con celo casi religioso a su vocación intelectual, a sus creaciones poéticas y al acrecentamiento de su saber. Esta absorbente dedicación explica bien lo retraído de su carácter, el orgullo por su obra y su amor al silencio y la soledad. Pulía y corregía sus trabajos escrupulosamente, en busca de una perfección que nunca le parecía lograda; modificaba una y otra vez sus composiciones y llegaba hasta a rehacer por completo una obra entera si no le satisfacía, o cuando la opinión de los pocos, en quienes confiaba, no resultaba favorable. Esta implacable severidad con su propia obra le hacía ser igualmente severo con las obras ajenas, lo que contribuía a acrecentar la opinión de altanero de que gozaba. Profundamente revelador de su personalidad literaria era su método de trabajo; según atestigua el famoso poeta sevillano Francisco de Rioja, Herrera a lo largo de sus muchas lecturas anotaba pacientemente en cuadernos "las palabras i modos de dezir que tenían o novedad o grandeza... para que le sirviessen cuando escribía". Lo que delata que el poeta andaluz había sustituido casi en su totalidad la inspiración gozosa por una atormentada manipulación de laboratorio literario. En este sentido es definitoria la frase de Oreste Macrí según la cual es Herrera el "primer literato puro de Europa".

Reducida a su quehacer intelectual y al marco sevillano, la vida de Herrera carece de anécdotas interesantes. Conoció, sin embargo, una pasión intensa que no sólo dio calor a sus frías jornadas de escritor ensimismado, sino que inspiró la parte más íntima y humana de sus poesías. En 1559 fijó su residencia en Sevilla un biznieto del Descubridor, don Álvaro Colón y Portugal, segundo conde de Gelves, y en su palacio de este nombre, levantado a orillas del Guadalquivir y en las afueras de la ciudad, agrupó bien pronto a toda una corte de escritores sevillanos entre los cuales se contaba Herrera.

Éste se enamoró enseguida de la joven condesa, doña Leonor de Milán, con pasión tan encendida como duradera, y toda su lírica amorosa gira en torno a este amor y a sus torturadoras vicisitudes.

Ni una sola vez descubre el poeta en sus versos el nombre de su amada, a la que celebra con los exaltados epítetos de Luz, Estrella, Lumbre, Lucero, Sirena, Aglaya y Eliodora; pero los íntimos de Herrera conocían perfectamente su secreto. No lo descubre Rioja en el prólogo que antepuso a la edición de las poesías de Herrera de 1619, pero el pintor Pacheco en su *Libro de Retratos* al hacer el elogio del poeta afirma explícitamente que su amada no era otra sino doña Leonor de Milán. La reserva de Herrera impide conocer cuál fue el carácter de estos amores, que no pasaron sin duda de una pasión platónica; probablemente el mismo conde tuvo conocimiento de ella y hasta permitió, según testimonio de Pacheco, que su esposa fuera "celebrada de tan gran ingenio". Tan sólo a través de la misma obra poética de Herrera pueden aventurarse arriesgadas hipótesis sobre el nacimiento, desarrollo y alcance de su pasión; y algunos eruditos se han ejercitado en esta tarea. Pero resulta muy difícil precisar lo que en las composiciones amorosas de Herrera corresponde a la realidad, a la ficción idealizada e incluso a los lugares y recursos comunes de la poesía petrarquista, dentro de cuyas líneas fundamentales se desenvuelve la lírica herreriana, como veremos[2]. Parece, en cambio, cierto que después de la muerte de la condesa en 1581 Herrera renunció totalmente a la poesía y trabajó tan sólo en obras de preceptiva literaria y de historia.

Las poesías de Herrera y sus ediciones. Herrera sólo publicó en vida una pequeña parte de sus poesías bajo el título de *Algunas obras de Fernando de Herrera*, editadas en Sevilla en 1582. Al parecer, tenía preparado para la imprenta un manuscrito de todas sus obras cuidadosamente corregidas por su ma-

---

[2] A propósito de unas composiciones amorosas de Quevedo, alude Dámaso Alonso a las de Herrera: "...¿era una verdadera pasión de amor? ¿Era un culto en el que al sentimiento amistoso se sobreponía un imaginado y no real apasionamiento? ¿Era una muestra de galante vasallaje a una gran dama, a la que la respetuosa pasión que los versos expresaban nunca podía ofender, sí siempre halagar? No sabemos; lo último, sin embargo, parece lo más posible. Creo que hay una serie de amores cantados en literatura española en los siglos XVI y XVII que fueron de este tipo: el de Herrera por la condesa de Gelves, alguno de los de Medrano, que un manuscrito del poeta nos reveló, etc. Galanteos sociales que no solían inquietar a los familiares de la dama, ni aun, si era casada, a su esposo. ¿Pero quién aquilataría los mil matices posibles entre servidumbre social y literaria, puro amor y deseo del sentido?". Dámaso Alonso, "El desgarrón afectivo en la poesía de Quevedo", en *Poesía española. Ensayo de métodos y límites estilísticos*, 4.ª ed., Madrid, 1962, págs. 514-515. Consúltese además el penetrante estudio de Gabriel Celaya —"La poesía pura en Fernando de Herrera", en *Exploración de la poesía*, Barcelona, 1964, págs. 15-88—, que a la vez que examina la significación literaria de Herrera en la historia de nuestra lírica, indaga en la compleja personalidad humana del poeta.

no; pero pocos días después de su muerte desaparecieron en el mayor misterio sus papeles y manuscritos, sin que haya sido posible hasta el momento dar con su paradero ni determinar el autor de la sustracción. No fue un secreto, sin embargo, para todos sus contemporáneos. El licenciado Enrique Duarte en su prólogo a la edición de las obras de Herrera de 1619, aludiendo a la citada desaparición, escribe: "I es cierto que su memoria uviera quedado sepultada en perpetuo olvido, si Francisco Pacheco, célebre pintor de nuestra ciudad i afectuoso imitador de sus escritos, no uviera recogido con particular diligencia i cuidado algunos cuadernos i borradores que escaparon del naufragio, en que pocos días después de su muerte perecieron todas sus obras poéticas; que él tenía corregidas de última mano i encuadernadas para darlas a la emprenta. Dexo en silencio la culpa de esta pérdida, porque soi enemigo de sacar en público agenas culpas, i juzgo por merecedor de gran premio al que con tantas veras a procurado restaurarla, hurtando muchas oras de su más forçosa í precisa ocupación".

Como se afirma en las palabras citadas, fue en efecto el pintor Pacheco, gran admirador de Herrera, el que salvó parte de sus escritos, y con las copias —propias y ajenas— de composiciones que consiguió reunir pacientemente, preparó una edición que con el nombre de *Versos de Fernando de Herrera* fue publicada en 1619 y que representa, con sus 365 composiciones, el cuerpo más amplio hasta ahora conocido de la poesía herreriana.

Francisco de Rioja en prólogo que antepuso también, con el de Duarte, a esta edición, asegura que Pacheco había salvado además otras obras que se editarían más tarde, y que no se sabe por qué no se publicaron ya entonces con las demás; pero el hecho es que nunca lo fueron, ni se ha sabido de ellas hasta hoy. El propio Pacheco afirma la pérdida definitiva de otras producciones, que quizá por su mayor extensión no se habían divulgado tanto en copias manuscritas y que él no consiguió hallar luego; corresponden aquéllas, probablemente, a la época de juventud de Herrera y son en general de tema épico, género en que el poeta se ejercitó al comienzo y en el que había puesto gran ambición. Pero tampoco puede asegurarse con absoluta certeza si todas estas obras llegaron efectivamente a término completo, o fueron escritas sólo en parte, o no pasaron —en algunos casos— de meros proyectos. Son estas obras: la *Gigantomaquia*, poema mitológico; las *Gestas de Españoles Valerosos*, poema épico (no se sabe si concluido) dedicado a cantar los grandes héroes hispanos: *El rapto de Proserpina*, traducción o imitación del poema del mismo nombre de Claudiano; *El Amadís*; y *Los amores de Lausino y Corona*, probablemente una fábula pastoril de tipo italiano. Se perdieron asimismo dos obras en prosa: la *Istoria general del Mundo* y *El Arte Poética*. Sobre la existencia de la primera, en la que Herrera trabajó largo tiempo, existen varios testimonios aunque discrepan respecto al contenido (Rioja afirma que era no una historia del Mundo sino de España y que había llegado hasta el reinado de Carlos V) y en el hecho de su terminación (Pacheco asegura haber visto acabada la obra, mientras que Duarte dice que no la concluyó). En cuanto al *Arte Poética* se sabe positivamente que Herrera acumuló material durante varios años, pero se ignora si fue escrita.

A las obras poéticas de Herrera publicadas en la edición propia de 1582 y en la de Pacheco de 1619, han podido añadirse otras composiciones, posteriormente halladas, con las que se ha acrecentado notablemente el caudal conocido de su obra lírica. En 1870 José María Asensio publicó en Sevilla un manuscrito de la Biblioteca Colombiana de dicha ciudad, titulado *Obras de Fernando de Herrera, natural de Sevilla. Recogidas por D. Josep Maldonado de Ávila y Saavedra. Año 1637*, que contiene veinticinco poesías inéditas, escritas en metros tradicionales castellanos: parte de las numerosas composiciones de metro corto cuya existencia atestiguaba también Pacheco: "Hizo muchos romances, glosas i coplas castellanas, que pensaba manifestar". En 1948 José Manuel Blecua publicó en Madrid bajo el título de *Rimas inéditas* un manuscrito de 1578, encontrado por él en la Biblioteca Nacional, que contiene 130 composiciones; de las cuales 43 no figuraban en ninguna de las recopilaciones anteriores; las demás habían sido ya publicadas en 1582 ó en 1619 aunque frecuentemente con importantes variantes. El descubrimiento de Blecua, aparte el enriquecimiento general que supone para la poesía herreriana, en el que destaca el hallazgo de cuatro de sus églogas, ha permitido estudiar aspectos fundamentales de su lírica y conocer matices de interés para la biografía —bien que muy hipotética— de los amores del poeta [3].

Las diferencias existentes entre el texto de las distintas ediciones reseñadas y la de Pacheco ha planteado el problema de decidir de parte de cuál de ellos queda la superioridad; cuestión que se remonta ya al prólogo puesto por Quevedo a la edición de las poesías de Francisco de la Torre. Para Quevedo que, como sabemos, publicó las poesías de Torre con el fin de oponerlas a los excesos culteranos, las obras publicadas por el propio Herrera en 1582 estaban "limpias de las más destas vozes peregrinas que se leen en la impresión que después se hizo por Francisco Pacheco", quien, al decir del famoso polígrafo, había tratado de incluir en su edición hasta lo que Herrera "desechó escrupuloso". En los prólogos respectivos puestos al frente de la edición de Pacheco por Francisco de Rioja y Enrique Duarte, el primero se muestra reservado

---

[3] Ediciones modernas de Herrera: Adolfo Coster: *Algunas obras de Fernando de Herrera*, edición de 1582, edición crítica, París, 1908. Del mismo, *Versos de Fernando de Herrera*, edición de 1619, "Bibliotheca Romanica", Estrasburgo, 1914. Del mismo, "Poésies inédites de Fernando de Herrera", en *Revue Hispanique*, XLII, 1918, págs. 557-563. José Manuel Blecua, *Rimas inéditas*, C. S. I. C., anejo XXXIX de la "Revista de Filología Española", Madrid, 1948. "Dos nuevos sonetos de Herrera", en *Revista de Filología Española*, XXXIII, 1949, págs. 385-8. Vicente García de Diego, "Poesías", en "Clásicos Castellanos", Madrid, 1914 y 1941. Arturo Zabala, *Poesías*, Valencia, 1941. P. Bohigas, *Poesías*, Barcelona, 1944. *Herrera. Algunas obras. Sevilla, 1582*, ed. facsímil de Antonio Pérez Gómez, Cieza, 1967.

hacia las complicaciones herrerianas con las que "se oscurece la oración"; mientras que el segundo alaba, en cambio, la artificiosidad del poeta "porque los modos de dezir en las obras poéticas an de ser escogidos y retirados del hablar común".

El francés Coster, en su estudio fundamental sobre la lírica de Herrera [4], aceptando a la letra el hecho declarado por Pacheco de la pérdida de los manuscritos herrerianos, supuso que éste había formado su edición con textos anteriores, que no habían recibido la última mano del poeta; lo que le llevó a subestimar decididamente la edición de Pacheco y a considerar inequívocamente superiores los textos de la edición publicada por Herrera, siempre que figurasen en ambos. Vicente García de Diego en su edición de las "Poesías" de Herrera aceptó la opinión de Coster, contribuyendo a difundirla.

El parecer de Coster se apoyaba también en razones eruditas —más o menos discutibles—, pero venía condicionado esencialmente por el criterio de Quevedo (no se olviden los orientadores comentarios de Rioja y Duarte sobre el culteranismo herreriano) según el cual Herrera habría limado sus escritos, limpiándoles de cultismos, siguiendo un proceso de simplificación y no de complicada artificiosidad; aquélla y no ésta representaba, pues, el momento más perfecto del poeta. Valbuena Prat en la primera edición de su *Historia de la Literatura Española* (1937) fue el primero que, a tono con la nueva estimación de los valores formales del barroco, defendió la superioridad de la edición de Pacheco, que habría recogido la complicación final y no la primitiva sencillez de la lírica herreriana; con la que venía a situarse, por tanto, en posición contraria a la defendida por Quevedo. El problema ha continuado discutiéndose por diversos eruditos, casi siempre en sentido favorable a la opinión Quevedo-Coster, hasta que últimamente Oreste Macrí, en su fundamental estudio sobre Herrera [5], cree haber rechazado con poderosas razones aquella valoración tradicional.

Pero el problema dista mucho de haber quedado resuelto. José Manuel Blecua, que califica éste de los textos poéticos de Herrera como "uno de los más apasionantes que conozco" [6], lo ha situado en otro terreno que, según él mismo admite, todavía complica más la cuestión. La duda de Blecua, apoyada también en minuciosas observaciones, consiste en dilucidar si Pacheco publi-

---

[4] Adolfo Coster, *Fernando de Herrera,* París, 1908.
[5] Oreste Macrí, *Fernando de Herrera* (traducción española), Madrid, 1959. Véase también, del mismo: "La lingua poetica di Fernando de Herrera (Preliminari e lessico)", en *Studi Vrbinati,* XXIX, nuova serie B, núm. 2, 1955; "La lingua poetica di Fernando de Herrera (Sintassi e metrica)", en *Rivista di Letterature Moderne,* Florencia, 1955 (tirada aparte); "Autenticidad y estructura de la edición póstuma de *Versos* de Herrera", en *Filologia Romanza,* VI, 1959, págs. 1-26 y 151-184. Cfr. asimismo: Salvatore Battaglia, "Per il testo di Fernando de Herrera", en *Filologia Romanza,* I, 1, 1954, págs. 51-89.
[6] José Manuel Blecua, "De nuevo sobre los textos poéticos de Herrera", en *Boletín de la Real Academia Española,* XXXVIII, 1958, págs. 377-408.

có las poesías del "Divino" en la forma en que llegaron a sus manos, o las retocó y corrigió a su gusto de acuerdo con lo que imaginaba que hubiera sido el criterio del propio Herrera; el colector, en un soneto puesto al frente de la edición, escribe:

> *Goza, ô Nacion osada, el don fecundo*
> *que t'ofresco, en la forma verdadera*
> *que imaginé, d'el culto y grave Herrera...*

Lo que, en opinión de Blecua, no puede interpretarse sino de este modo: "ofrezco la edición de los versos de Herrera, pero en la forma que imaginé como más verdadera"[7]. Blecua, como conclusión de su estudio, se inclina a creer en una considerable intervención del pintor sevillano, que al editar en 1619, "en pleno furor culterano", las obras del "Divino", las modificó siguiendo el gusto literario del momento, que era también el suyo.

A. David Kossoff, al confeccionar el vocabulario de la obra herreriana[8], ha tenido que plantearse inevitablemente la autenticidad de los diversos textos del poeta, y al tener que adoptar una decisión ha colocado en último lugar la edición de Pacheco de 1619, que sólo con dificultad, opina, "se puede creer enteramente de mano de Herrera"[9]. El colector, y ambos prologuistas, afirman que las poesías reunidas lo fueron de muy distinta procedencia y condición, pese a lo cual todas las composiciones muestran una estricta uniformidad ortográfica, que no es precisamente la de Herrera —tan exigente y minucioso en este punto—, pero sí la de Pacheco y los prologuistas. Kossoff se pregunta si la intervención de Pacheco se limitó a esta evidente manipulación ortográfica o se extendió también al texto, hipótesis a la que se inclina, de acuerdo con Blecua. "Con todo —resume prudentemente— no se debe descartar el texto de Pacheco. Muchas poesías son idénticas, otras muchas muy parecidas, y sabemos que Herrera corregía sus poesías varias veces. Sencillamente, no sabemos hasta qué punto otro u otros han intervenido en la edición póstuma. Para la historia del idioma esto quita alguna utilidad a Pacheco, pero no toda"[10]. El problema sigue, pues, efectivamente, en pie, según el propio Kossoff avanza en las primeras líneas de su estudio preliminar: "a pesar de los críticos que han pensado resolverlo desde Quevedo acá, es un problema que no se ha podido resolver, por lo menos de un modo suficientemente claro como para convencer a todos los estudiosos del poeta"[11].

---

[7] Ídem, íd., pág. 383. Cfr. también, del mismo Blecua: "Los textos poéticos de Fernando de Herrera", en *Archivum*, Oviedo, IV, 1954, págs. 247-263.
[8] A. David Kossoff, *Vocabulario de la obra poética de Herrera*, Reàl Academia Española, Madrid, 1966.
[9] Ídem, íd., pág. VI.
[10] Ídem, íd., pág. VIII.
[11] Ídem, íd., pág. V.

La obra lírica de Herrera. Sintetizando en breve fórmula la posición de Herrera dentro de la lírica castellana podría decirse que representa la total nacionalización del petrarquismo y del italianismo introducidos en España por Boscán y Garcilaso durante el primer Renacimiento, y que son llevados ahora en el segundo a su estadio de mayor enriquecimiento y madurez. La obra de Herrera supone sobre la de Garcilaso una esencial ampliación temática al dar entrada a los motivos patrióticos y religiosos al lado de los eróticos y pastoriles, únicos que tienen cabida en la lírica de aquél. Mas aunque tal ampliación de temas —que puede explicarse tanto por el influjo de la época como por las propias preocupaciones del autor— sea un factor de gran importancia, el aspecto de mayor novedad desde el punto de vista esencialmente estilístico y formal introducido por Herrera consiste en la intensificación de los recursos poéticos, en el enriquecimiento idiomático, en la multiplicación de los cultismos latinos, en la mayor complicación sintáctica y en la tendencia —que supone y potencia todos los demás— hacia el énfasis retórico, la grandilocuencia y suntuosidad, la opulencia verbal y la acumulación y brillantez de las metáforas [12].

---

[12] Cfr.: Dámaso Alonso, *La lengua poética de Góngora* (parte primera, corregida), anejo XX de la *Revista de Filología Española*, Madrid, 1950. Del mismo, *Estudios y Ensayos gongorinos* 2.ª ed., Madrid, 1960. Del mismo, *Poesía Española. Ensayo de métodos y límites estilísticos*, 4.ª ed., Madrid, 1962. Del mismo, *Seis calas en la expresión literaria española*, 3.ª ed., Madrid, 1963. (En ninguno de estos libros de Dámaso Alonso se trata particularmente de Herrera, pero son numerosísimos los pasajes en que se alude a la significación de su obra lírica). G. R. Ceriello, "Imitazioni petrarchesche di Herrera", en *Rassegna critica della Letteratura italiana*, XVIII, 1913. F. Blasi, *Dal classicismo al secentismo in Spagna (Garcilaso-Herrera-Góngora)*, L'Aquila, 1929. Arturo Marasso, "La oscuridad poética en Fernando de Herrera", en *Nosotros*, Buenos Aires, LXXIV, 1932, págs. 128-133. A. Bertaux, "L'ode de Herrera *La Soledad*", en *Bulletin Hispanique*, XXXIV, 1932, págs. 235-250. José María de Cossío, *Notas y estudios de crítica literaria*, Madrid, 1936. Pedro Lemus y Rubio, "Fernando de Herrera (1534-1597)", en *Boletín de la Real Academia Española*, XXVIII, 1948, págs. 381-392. Alberto Sánchez, "Fernando de Herrera", en *Poesía sevillana en la Edad de Oro*, cit., págs. 51-89. E. Segura Covarsí, *La canción petrarquista en la lírica del Siglo de Oro*, C. S. I. C., Madrid, 1949. A. Gallego Morell, "Dos ensayos sobre poesía española del siglo xvi (La escuela de Garcilaso. El andaluz Herrera)", en *Ínsula*, 1951. Del mismo, "Una lanza por Pacheco, editor de Fernando de Herrera", en *Revista de Filología Española*, XXXV, 1951, págs. 133-138. Jorge Guillén, "The Poetical Life of Herrera", en *The Boston Public Library Quarterly*, III, 1951. E. Orozco Díaz, "Realidad y espíritu en la lírica de Herrera. Sobre lo humano de un poeta 'divino'", en *Boletín de la Universidad de Granada*, XXIII, 1951, págs. 3-35. J. G. Fucilla, "Nuove imitazioni di Fernando de Herrera", en *Quaderni Ibero-Americani*, II, 1953, págs. 241-249. Oreste Macrí, "Poesia e pittura in Fernando de Herrera", en *Paragone*, Florencia, mayo 1953. Del mismo, "L'eroismo nella poesia di Herrera", en *Filologia Romanza*, I, 2, 1954. Del mismo, "Petrarchismo spagnuolo; Gli affetti nella vita di Fernando de Herrera", en *Letteratura*, Roma, III, 1955, págs. 15-16. José María Gutiérrez Irízar, "La naturaleza en Herrera", en *Revista de Literatura*, VII, 1955, págs. 82-98. Gonzalo Sobejano, *El epíteto en la lírica española*, Madrid, 1956 ("El epíteto en Herrera", págs. 254-294). C. C. Smith, "Fernando de Herrera and Argote de Molina", en

Si comparamos estos rasgos de la lírica herreriana con la equilibrada armonía y la clásica serenidad de Garcilaso, las diferencias parecen extraordinarias, y se diría que es imposible situar a Herrera en relación con la trayectoria poética iniciada por aquél en el primer Renacimiento. Se comprende que algunos críticos lo hayan afirmado así —viendo en el cultismo herreriano la antítesis de la claridad garcilasista[13]— y se explica asimismo que, más tarde, el propio Quevedo editara a Garcilaso como "antídoto contra los excesos de los cultos". Pero la lírica de Garcilaso, dentro de su indudable sencillez, llevaba en sí el germen inevitable de toda futura complicación desde el momento en que introducía un mundo lírico compuesto de artificios, de belleza quintaesenciada, de exquisiteces y elegancias, elaboradas en los moldes de la poesía petrarquista. Una poesía de tal modo refinada y cuya excelencia se hacía consistir precisamente en este refinamiento, exigía de los continuadores una intensificación cada vez mayor para dejarse oír en una esfera tan levantada ya por el maestro. Así pues, cuando tras el primer período renacentista, cede el ejemplo de la mesura clásica y comienza a manifestarse la peculiar tendencia española —particularmente dentro de la escuela andaluza— al énfasis, a la abundancia imaginativa y a la belleza sensorial, elementos todos de nuestro característico espíritu barroco, los artificios del petrarquismo italianizante tenían que desembocar inevitablemente en la opulencia culta y difícil de la poesía herreriana. Herrera, pues, representa el puente que enlaza el mundo lírico de Garcilaso —sencillo en su dificultad— con la intrincada selva barroca de Góngora; intensificación a que conduce, por su parte, como un proceso lógico, todo el acrecentamiento poético de Herrera. No existe, por lo tanto, de Garcilaso a Góngora desviación de camino sino una gradual ascensión, una condensación creciente, reforzada por momentos, de los gérmenes esparcidos por la lírica garcilasista. Entre Garcilaso, Herrera y Góngora no se dan esenciales diferencias de cualidad sino de cantidad y de grado[14].

Al comparar a Herrera con Garcilaso se advierte que aquél supone un retroceso respecto a éste en orden a la equilibrada perfección a que hemos aludido. Garcilaso representa una cima que se yergue sobre todos los cambios de época y las disputas de escuela, un milagro lírico de los que se producen

---

Bulletin of Hispanic Studies, XXXIII, 1956, págs. 63-77. A. David Kossoff, "Algunas variaciones de versos de Herrera", en *Nueva Revista de Filología Hispánica*, XI, 1957, págs. 57-63. Del mismo, "Algo más sobre 'largo-luengo' en Herrera", en *Revista de Filología Española*, XLI, 1957, págs. 401-410.

[13] Consúltese Margot Arce Blanco, "Garcilaso de la Vega. Contribución al estudio de la lírica española del siglo XVI", Anejo XIII de la *Revista de Filología Española*, Madrid, 1930.

[14] En todos sus magistrales estudios sobre Góngora y la poesía del Barroco Dámaso Alonso ha definido en cien ocasiones, y a propósito de los múltiples aspectos que caracterizan la obra del cordobés, el papel de Herrera como cauce inequívoco que amplifica y conduce hasta el autor de *Las Soledades* todo el caudal del cultismo renacentista. Consúltense las obras de Dámaso Alonso citadas en nuestra nota núm. 12.

tan contadas veces en la historia literaria. Garcilaso no ha sido nunca discutido en su significación y valor global (no importan ligeras apreciaciones de detalle), cualquiera que haya sido el gusto del momento; jamás ha sido objeto de esas "incomprensiones" contra las que se suele protestar, pero que nunca se producen sin alguna importante razón. Herrera, en cambio, ha sufrido en su valoración el flujo y reflujo propios de quien cabalga sobre una peligrosa cima de demasías de muy difícil equilibrio [15].

Sin embargo, en esas demasías está precisamente su significación y valor poético y lo que aporta de original sobre la lírica de Garcilaso. Herrera introduce innovaciones de tanta transcendencia como las traídas por los primeros renacentistas, y la expresión poética se enriquece en sus manos con fecundas posibilidades. Toda la obra de Herrera es un esfuerzo en el acrecentamiento de la belleza por la belleza misma; para este fin el poeta se sirve de un vocabulario del que excluye implacablemente todo asomo de vulgaridad al tiempo que trata de enriquecerlo con el empleo multiplicado de cultismos; recurre a las más brillantes y atrevidas metáforas, en cuya forja había adquirido una habilidad de auténtico virtuoso; escoge con riguroso cuidado los adjetivos más sugerentes, buscando con particular fruición los de índole cromática y todos aquellos que revelen matices de belleza sensorial; introduce atrevidas innovaciones sintácticas y hace uso de hipérbatos latinos desconocidos hasta entonces en nuestra lengua o, al menos, nunca usados en semejante proporción; adelgaza las sutilezas líricas y refuerza la entonación retórica de sus períodos, sobre todo en sus obras épico-patrióticas [16]. Barajados todos estos elementos con la más rigurosa técnica, la obra de Herrera cristaliza en un conjunto de elaborada perfección, en una taracea exigente y en buena parte hermética, que por su rebuscada complejidad y su profusión de elementos de color, de movimiento y de contraste aportan la mayoría de los fermentos generadores del gongorismo y anticipan el espíritu del barroco.

---

[15] Después del estudio de Coster, anticuado ya en muchos aspectos, pero que fue fundamental para la renovación de los estudios herrerianos, Herrera sufrió un eclipse prolongado en la atención de los eruditos, sin beneficiarse apenas de la fervorosa revalorización de la lírica barroca provocada por el Centenario de Góngora. En estos últimos lustros, sin embargo, la poesía de Herrera ha vuelto a ser objeto de una atención cada vez más amplia. Comentando estos hechos escribe Oreste Macrí: "Son comprensibles las reservas acerca de nuestro poeta en los tiempos de Menéndez y Pelayo, que insistió en el manierismo y la afectación de Herrera frente a la sinceridad y grandeza de Fray Luis de León, pero es inexplicable el escaso interés y poca simpatía que demostró al cantor de Luz la Generación del 25, que ha reconocido en Góngora los mayores valores renacentístico-barrocos. Creemos que la estimación por parte de tan competentes poetas y críticos fue alterada por la sicología y el patriotismo herrerianos, tan sumamente evidentes, y tan lejanos del hermetismo gongorino". *Fernando de Herrera*, ed. citada, pág. 63.

[16] Para el estudio minucioso de todas estas peculiaridades consúltese especialmente la obra de Macrí, *Fernando de Herrera*, cit.

Importa destacar que Herrera tuvo al comienzo la ambición de llegar a ser un gran poeta épico. Sus primeras obras, hoy perdidas, fueron, como sabemos, la *Gigantomaquia* imitada de Claudiano y el *Amadís*, escrito, o proyectado al menos, cuando la publicación en 1560 del *Amadigi*, de Bernardo Tasso. Herrera aspiraba entonces a convertirse en el poeta épico español que emulase los poemas de la antigüedad clásica, o los, entonces tan de moda, de la Italia renacentista. Pero su apasionado enamoramiento de la condesa de Gelves varió el rumbo de su obra al despertar su vena lírica y sentimental.

Herrera, sin embargo, no trocó al principio su musa sin cierto remordimiento. La intensidad de su pasión le robaba la serenidad necesaria para entregarse a la redacción de sus trabajadas construcciones épicas en las cuales había entrevisto su gloria. Algunas de sus composiciones descubren el pesar de haber abandonado su anterior tarea:

> *Yo entonces, en mis males ofendido,*
> *puse'n olvido al belicoso Marte,*
> *i los fieros gigantes fulminados...* [17]

y en otro pasaje:

> *La memoria, los hechos valerosos,*
> *las colunas d'el fiero armado Marte,*
> *los trofeos alçados qu'en rocío*
> *sangriento manan, la destreza i arte*
> *de los ínclitos pechos generosos*
> *que bañó Betis, Tajo i Duero frío,*
> *a qu'aspiraba el rudo canto mío,*
> *oscurecidos yazen en olvido:*
> *sólo es Amor mi canto* [18].

Las creaciones épicas fueron al fin abandonadas para volcarse en su absorbente pasión; aunque quizá no deba silenciarse que también pesó en su ánimo la estima que a sus amigos merecieron sus nuevos versos líricos, con los cuales pensó que podría compensar, en la balanza de la fama, la renuncia a sus ambiciones épicas; el hombre enamorado no podía ahogar del todo al poeta profesional que él era:

> *Mas tal bien i tal onra vi ofrecida*
> *a los trabajos míos que, contento,*
> *justamente la di por bien perdida.*
> *D'alli el soberviο i animoso intento*

---

[17] Libro III, canción III, versos 14-16.
[18] Canción II al duque de Arcos, versos 31-39.

> oscuro de mi canto quedar pudo,
> que sólo dio lugar a mi tormento.
> I aquel rayo de Iupiter sañudo,
> i los fieros Gigantes derribados,
> principio de mis versos grande i rudo,
> i el valor d'Españoles, olvidados
> fincaron, que pudieron en mi pena
> más mis nuevos dolores i cuidados [19].

A partir de este momento la lírica de Herrera puede estimarse como la biografía sentimental de sus amores. Ligada estrechamente su poesía a su pasión, suelen los comentaristas herrerianos distinguir en aquélla tres fases o períodos, de acuerdo con el desarrollo de ésta: de esperanzada ilusión; de gozo, cuando cree haber sido correspondido; y de doloroso desengaño al comprobar el desvío de la amada. No nos interesa aquí seguir el proceso anecdótico de estos hechos (por muy detalladamente que se reflejen en su obra lírica), que algunos exégetas tratan de indagar con una curiosidad que más parece tener de fisgonería erótica que de estudio literario. La importancia de esta proyección sentimental consiste en comprobar que, pese a la tupida red de retórica petrarquista —y, por tanto, de sostenido esfuerzo intelectual de literato virtuoso, artífice enamorado de su obra—, existe en la lírica amorosa de Herrera un elemento hondamente sentido, que le defiende en buena parte de los habituales convencionalismos de la época y le comunica un latido humano, íntimo y cordial; hay, en suma, una realidad vivida, que no consiguen ahogar las elaboradas exquisiteces de la técnica. Si bajo el aspecto meramente estilístico y retórico es imposible prescindir de la huella constante de Petrarca, la presencia de una auténtica pasión, sexual incluso, determina la vibración personal —original, por tanto— que traspasa toda la poesía de Herrera.

Composiciones patrióticas. Junto a la lírica amorosa tienen pareja importancia en la producción poética herreriana sus composiciones patrióticas, con las que pudo el poeta compensar la frustración de sus ambiciosos poemas épicos de juventud. Exceden estas obras a las amorosas en el énfasis retórico y en la suntuosa grandilocuencia del conjunto, por lo que avanzan un trecho todavía mayor en el camino hacia el barroco. Al escribir estas composiciones Herrera tiene ante sí los grandes modelos clásicos —Píndaro, Horacio—, los italianos del Renacimiento, y más aún el gran ejemplo de los libros bíblicos de los que se muestra profundo conocedor. Apenas si en todas estas obras escribe Herrera una estrofa "en tono menor" o de índole más llanamente narrativa; por el contrario, es constante el uso del apóstrofe, de la prosopopeya y la imprecación, debido a lo cual se mantienen en una constante entonación

---

[19] Ídem, íd., versos 97-108.

heroica, vibrante y emotiva, de peculiar grandiosidad. Una retórica de acento épico sustituye en estas odas a la otra retórica de preciosistas sutilezas que constituye el tejido de sus composiciones amorosas. Y aunque debajo del énfasis grandilocuente de este Herrera inspirado por los motivos históricos alienta un intenso sentimiento patriótico, parece evidente también que aquí se intensifica todavía la condición intelectual, es decir, el virtuosismo técnico artificiosamente sostenido y que predomina sobre la cálida emoción cordial del poeta.

Como se ha notado muchas veces, mientras Garcilaso, el soldado heroico del Emperador, embebido en su mundo pastoril, no escribe un solo verso para cantar las glorias militares de su tiempo, Herrera, el clérigo sedentario, encarna poéticamente el ideal imperial de la España guerrera y religiosa y la interpretación providencialista de su monarquía, convertida en brazo de Dios para la lucha armada contra los enemigos de la Cristiandad.

Una notable evolución puede advertirse dentro de las composiciones herrerianas de índole épico-patriótico. En la *Canción al Señor don Juan de Austria vencedor de los moriscos en las Alpujarras,* escritas probablemente en 1571 a la terminación de esta guerra, Herrera toma todo el aderezo retórico de sus versos del caudal de la mitología pagana, que dispone a su vez dentro del marco de una alegoría clásica: la victoria de don Juan es comparada a la de Júpiter sobre los titanes, y Apolo predice la aparición de un joven héroe que al vencer a los turcos emulará la gloria de los dioses. Pese a la predicción de esta victoria sobre el Islam, nada apenas existe en esta *Canción* del espíritu cristiano a que hemos aludido. Don Juan de Austria es considerado como un perfecto héroe mitológico, y mitológicos son también el marco y las metáforas. El poeta renacentista apenas si se ha cristianizado y nacionalizado aquí.

La posición intermedia en este proceso, pese a no corresponder exactamente en la cronología, es la *Canción al Santo Rey don Fernando,* escrita en 1579. En ésta existe todavía una decoración mitológica y pagana con alusiones frecuentes a los gigantes, a Marte, a la Medusa o a Perseo, pero el acento principal recae sobre la figura del Santo Rey; al que se ensalza con entusiastas imprecaciones y majestuoso énfasis como a gran caudillo cristiano vencedor del Islam.

Pero la obra más perfecta del estro heroico de Herrera y la que supone a su vez el punto más alto de su inspiración cristiano-patriótica es la *Canción en alabanza de la Divina Magestad por la victoria del Señor Don Juan,* más conocida por el nombre de *Canción a la Batalla de Lepanto,* escrita, sin embargo, años antes (probablemente en 1571) de la *Canción al Santo Rey.* Los motivos mitológicos han desaparecido por completo para ser sustituidos por otros religiosos tomados de la Biblia. El poeta se inspira en pasajes muy diversos, pero particularmente en el *Himno al paso del Mar Rojo,* de Moisés, en el Libro de los Reyes, en las profecías de Isaías y de Jeremías, en el Libro de los Jueces y en los Salmos. La composición que comienza con un himno triunfal y execra a continuación la osadía de los seguidores del Islam que, como los ángeles rebeldes, se habían atrevido contra los ejércitos de Cristo, es toda ella un canto de patética grandiosidad al Dios de las Batallas, que había otorgado a la Cristiandad la victoria contra el infiel.

Herrera se había servido de la *lira* para la oda a Don Juan de Austria, pero escogió acertadamente para la *Canción a la batalla de Lepanto* la estancia de diez versos endecasílabos con un solo heptasílabo, combinación métrica que resulta mucho más adecuada para la entonada majestad de la composición. De ella dice Valbuena Prat: "...el tono declamatorio realzado a verdadera calidad estética, en la fuerza expresiva, en la riqueza verbal, en la misma sonoridad externa de las palabras, llega a cimas de perfección". Y más abajo: "Las hipérboles... la sensación de lo colosal e imponente... la bellamente melancólica y vaga alusión al mundo de los vencidos... y los magníficos versos finales en que un no sé qué de amenaza terrible, de sugerencias, de inquisición remata el canto de triunfo, dan un valor de época y a la vez de belleza universal a este poema grandioso"[20]. Como ninguna otra probablemente, esta *Canción* de Herrera encarna el espíritu patriótico y religioso de la España tridentina; son el tono y la idea justos sentidos por los españoles de su siglo.

De parecida importancia es la canción *Por la pérdida del rey don Sebastián*, escrita en 1578 con motivo de la famosa derrota portuguesa en Alcazarquivir, en la que pereció su monarca. Pero lo que era un himno jubiloso en la composición anterior, se convierte ahora en "voz de dolor y canto de gemido", con los que llora el poeta el desastre de las armas cristianas. Como en la oda a Lepanto, la Biblia ofrece al poeta todos sus motivos de inspiración, tomados con preferencia de las lamentaciones de Jeremías. El mismo sentido providencialista de la oda anterior reaparece en ésta para explicar la derrota como un castigo divino contra la arrogancia de los envanecidos lusitanos. El poeta contrapone la tragedia presente a las pasadas glorias cantadas en el gran poema de Camoens; y sus doloridas lamentaciones ante la caducidad de las cosas humanas se atenúan tan sólo por la esperanza de que sea España la que vengue la triste derrota portuguesa.

Esta faceta heroica de la poesía herreriana se completa con un breve número de sonetos dedicados a cantar las glorias militares del Emperador. Contemporáneo de Felipe II, Herrera dedica, sin embargo, preferente atención a la persona de aquél, en quien encuentra los más brillantes momentos de la lucha contra los infieles y la herejía luterana. Destacan entre dichos sonetos el dedicado *A la expedición a Argel, A Carlos Quinto Emperador* en el que

---

[20] *Historia de la Literatura Española*, vol. I, 7.ª ed. Barcelona, 1964, págs. 550-551. Cfr.: "*L'hymne sur Lépante*", publié et commenté par A. Morel-Fatio, París, 1893. F. Araujo, "La canción de Herrera a la victoria de Lepanto", en *La España Moderna*, CCLX, 1910, págs. 186-192, y CCLXI, págs. 191-197. Luis Rosales y Luis Felipe Vivanco, *Poesía heroica del Imperio*, estudio y antología, Madrid, 1940. José López de Toro, *Los poetas de Lepanto*, C. S. I. C., Madrid, 1950.

recapitula todas las gestas del monarca, y *En la abdicación de Carlos*. Otros sonetos dedicados a personajes ilustres del Imperio, con ocasión de distintas efemérides (así, el compuesto a la memoria de Antonio de Leiva o a la muerte de don Álvaro de Bazán) son no menos significativos para definir la personalidad de Herrera como el poeta más representativo de la España imperial de la Contrarreforma.

Obras didácticas. Las "anotaciones" a Garcilaso. Hemos aludido ya a las obras de contenido didáctico o erudito escritas por Herrera, entre las cuales destaca la conocida por el nombre de *Anotaciones* a Garcilaso [21], publicada en Sevilla en 1580. Tres años antes había publicado el Brocense en Salamanca una edición semejante de las obras del poeta toledano [22]; pero Herrera, que tenía que conocerla forzosamente, no alude a ella ni en una sola ocasión. Este orgulloso silencio no era impropio de Herrera, dado su carácter, pero puede explicarse esta vez por otras causas sin recurrir a mezquinas interpretaciones. Herrera venía trabajando en sus *Anotaciones* desde muchos años atrás (probablemente desde antes de 1571, fecha de la muerte de Mal Lara, quien, según afirma, fue uno de los que más le persuadieron a que prosiguiera su trabajo). Herrera, pues, deseaba hacer constar que aquella obra suya, tan significativa dentro de su producción global, nada debía al libro del Brocense, que sólo por azar se le había adelantado en la publicación.

Herrera se jacta de la diligencia con que había depurado y corregido las poesías de Garcilaso, y de que él había sido el primero que había puesto la mano en ello; de tal forma, que su edición aventajaba en mucho a todos los que le habían precedido. Por lo demás, su obra se diferencia notablemente de la del Brocense. Éste había atendido de modo principal a determinar las fuentes y modelos seguidos por Garcilaso; mientras que Herrera se remonta muy por encima de aquella mera búsqueda erudita. Tomando como guía los tra-

---

[21] El título completo de la obra es: *Obras de Garci-Lasso de la Vega con anotaciones de Fernando de Herrera*, y sigue luego la dedicatoria a Don Antonio de Guzmán, Marqués de Ayamonte, Gobernador del Estado de Milán y Capitán General de Italia. El libro de Herrera no ha sido reeditado en su totalidad. Al frente de la obra figura un importante prólogo del Maestro Francisco de Medina, reimpreso en *Las apologías de la lengua castellana en el Siglo de Oro*, selección y estudio de José Francisco Pastor ("Los Clásicos Olvidados", VIII, Madrid, 1929, págs. 107-119). El prologuista Francisco de Medina, clérigo sevillano, insigne humanista, profesor de latín en la Universidad de Osuna, escribió también numerosas composiciones poéticas, entre ellas una oda a Garcilaso, y notables versiones de Propercio y Ausonio. Cfr.: José Manuel Blecua, "Las obras de Garcilaso con anotaciones de Fernando de Herrera", en *Estudios Hispánicos. Homenaje a Archer M. Huntington*, Wellesley College, 1952, págs. 55 y ss.

[22] "Obras del excelente Poeta Garci-Lasso de la Vega. Con anotaciones y enmiendas del maestro Francisco Sánchez, Catedrático de Rhetórica en Salamanca". Existe una segunda edición, también en Salamanca (1581), reproducida en las *Francisci Sanctii Brocensis Opera Omnia*. Genevae, 1766, v. IV, preparadas por Gregorio Mayans y Siscar.

bajos de exégesis literaria llevados a cabo por los humanistas del Renacimiento sobre los clásicos griegos y latinos, Herrera examina la obra de Garcilaso con procedimientos muy semejantes. Tarea de la que se envanece a su vez, puesto que si aquellos exégetas anduvieron por caminos en gran parte trillados, su materia era nueva.

Por esta ruta llega Herrera a dos resultados capitales. De un lado "atendió juntamente a ilustrar y poner en lugar debido la dignidad, hermosura y excelencia de nuestra lengua y comparar con los versos de Garcilaso los de los escritores más celebrados de la antigüedad"; de otro, apoyándose en la obra de aquél, expone todo un conjunto de teorías estéticas personales y traza un amplio cuadro sobre la historia de los géneros poéticos, el valor de las formas métricas, las preceptivas clásicas y las italianas de la época, y numerosos juicios críticos sobre escritores italianos y españoles. Con lo primero contribuye Herrera notablemente a sancionar la definitiva mayoría de edad de la lengua y la literatura castellanas; mientras que con lo segundo no sólo escribe uno de los más importantes tratados de preceptiva literaria de nuestro Renacimiento, sino que elabora la exposición y sistematización más cumplida de su propia estética, es decir, de los principios que dirigían sus creaciones líricas, de acuerdo con el ideal poético que ya ha quedado expuesto.

Las *Anotaciones* a Garcilaso pudieron haber sido un tratado mucho más fundamental todavía (lo es, pese a todo, gracias a la densidad de ciencia literaria que atesoraba el escritor); pero se echa de menos alguna mayor sistematización expositiva, y Herrera se limita además a un solo género literario, la lírica, único campo que a él, por ser fundamentalmente el suyo, le interesaba.

Las *Anotaciones* de Herrera provocaron lo que, sin mucha exageración, podría calificarse de escándalo literario: don Juan Fernández de Velasco, conde de Haro y Condestable de Castilla, "mozo despierto y de muchas letras", discípulo del Brocense, publicó un vehemente panfleto titulado *Observaciones del Licenciado Prete Jacopín vecino de Burgos. En defensa del Príncipe de los Poetas Castellanos Garci Lasso de la Vega, vecino de Toledo, contra las Anotaciones que hizo a sus Obras Fernando de Herrera, Poeta Sevillano;* al que Herrera replicó ásperamente en forma de carta que un anónimo amigo suyo dirigía al Prete Jacopín bajo el título de *Al muy Reverendo Padre Jacopín, Secretario de las Musas.* En esta polémica había mucho más que una mera animosidad personal, al modo tan frecuente en las rencillas literarias del Siglo de Oro; el silencio que había mantenido Herrera sobre los comentarios del Brocense irritó a los amigos de éste y excitó la rivalidad regional, pues los poetas de Castilla estimaron como un sacrílego atentado que el andaluz Herrera se atreviera a juzgar y hacer reparos al incomparable lírico de Toledo. Por otra parte, la defensa de la nueva escuela poética, con la afirmación de otro gusto artístico, que hacía Herrera en sus *Anotaciones* lo enfrentaba con el clasicismo tradicional de los castellanos, por lo que en esta controversia se inicia de hecho la gran polémica del culteranismo, que había de llegar a su máxima tensión algunos años después con ocasión de la obra lírica de Góngora [23].

Entre la producción didáctico-erudita de Herrera se conserva además la breve relación en prosa de la *Guerra de Chipre y batalla naval de Lepanto*, y el *Elogio de la vida y muerte de Tomás Moro*, apología del famoso canciller inglés y polémico ataque contra las violencias de los protestantes [24].

OTROS POETAS DE LA ESCUELA SEVILLANA

Luis Barahona de Soto. Aunque la obra más conocida de Barahona de Soto (nació en Lucena en 1548, estudió humanidades, ejerció la medicina en varios pueblos andaluces, frecuentó los cenáculos literarios de Granada, Sevilla y Madrid, y vivió en estrecho contacto con los principales ingenios de su tiempo) es un poema épico que gozó de considerable estimación, *Las lágrimas de Angélica*, es también notable poeta lírico. Escribió composiciones a la manera tradicional y a la italiana y fue feliz imitador de Ovidio y de Virgilio. Aparte de algunos buenos sonetos, es autor de dos elegías: *A la pérdida del rey don Sebastián en África*, que alcanza a veces entonaciones herrerianas, y *A la muerte de Garcilaso*, en tercetos. A pesar de ser amigo de Herrera, le dedicó un famoso soneto satírico —al que replicó "el Divino"—, en el que incluye numerosos vocablos, predilectos de aquél, que Barahona encontraba exagerados, tan novedosos entonces como hoy vulgares. Por estos versos se considera a Barahona como antecedente de la disputa culterana. Escribió también Barahona los *Diálogos de la Montería*, en prosa, uno de los más notables libros de caza de la literatura española [25].

Baltasar del Alcázar. Nacido en Sevilla en 1530, fue soldado en las galeras de Santa Cruz, alcalde mayor de los Molares y administrador de los condes

---

[23] El panfleto del *Prete Jacopín* junto con la respuesta de Herrera y las poesías del códice de Maldonado fueron publicados por José María Asensio con el título de *Fernando de Herrera. Controversia sobre sus Anotaciones a las Obras de Garcilaso de la Vega. Poesías inéditas*, Sevilla, 1870, pero en forma bastante imperfecta. Cfr.: Oreste Macrí, "Revisión crítica de la *Controversia* herreriana", en *Revista de Filología Española*, XLII, 1958-1959, págs. 211-227. Antonio Alatorre, "Garcilaso, Herrera, Prete Jacopín y don Tomás Tamayo de Vargas", en *Modern Language Notes*, LXXVIII, 1963, págs. 126-151.

[24] Cfr.: Francisco López Estrada, "Las fuentes históricas del *Tomás Moro* de Fernando de Herrera", en *Revista Bibliográfica y Documental*, Madrid, III, 1949, págs. 237-243. R. O. Jones, "El *Tomás Moro* de Fernando de Herrera", en *Boletín de la Real Academia Española*, XXX, 1950, págs. 423-438.

[25] Consúltese la obra (ya citada) de F. Rodríguez Marín, *Luis Barahona de Soto. Estudio biográfico, bibliográfico y crítico*, Madrid, 1903. Amplio estudio preliminar, seguido de la obra lírica del poeta. Edición de los *Diálogos de la Montería*, en "Bibliófilos Españoles", Madrid, 1890.

de Gelves. Sufrió reveses de fortuna y vivió muchos años aquejado de la gota, de la que murió en Sevilla en 1606. Feliz imitador de Horacio y —en sus epigramas— de Marcial, escribió bellas poesías amatorias y composiciones religiosas de hondo sentimiento. Pero destaca sobre todo por sus poesías festivas que son las más numerosas y mejor conocidas de sus obras. Alcázar no es un poeta de primer orden, y el humorismo de sus versos festivos ni se eleva a intenciones transcendentes ni apunta a satirizar capitales aspectos de la vida; su risa no pasa de ser la travesura divertida, algo pícara a veces, de la buena gracia andaluza, que se burla hasta de su propia desventura, como hace él mismo con su enfermedad. Pero en este campo, de tono menor, Alcázar se mueve con inimitable soltura y donaire. Su *Cena jocosa* no puede faltar en ninguna antología de la lírica castellana [26].

[26] *Poesías de Baltasar del Alcázar,* Madrid, 1910, edición de F. Rodríguez Marín, con extenso estudio preliminar. Cfr.: Alberto Sánchez, *Poesía sevillana...,* cit., págs. 229-241.

CAPÍTULO XXI

LA LITERATURA ASCÉTICA Y MÍSTICA

LA MÍSTICA ESPAÑOLA

Al reinado de Felipe II corresponde una de las manifestaciones literarias de mayor importancia que han conocido nuestras letras, tanto por su elevada calidad como por el número, casi abrumador, de las producciones que la constituyen: aludimos a la literatura ascético-mística. Según el índice bibliográfico de Nicolás Antonio, que recuerda Menéndez y Pelayo, fueron más de tres mil los libros publicados sobre dichas materias en menos de dos siglos; y aunque "en esta inmensa y popular literatura ha de abultar, como en todas partes, mucho más el fárrago que las obras dignas de vivir"[1], el valor de sus obras capitales y el volumen global han hecho de la literatura ascético-mística, según apreciación indiscutida, uno de nuestros géneros más genuinos y representativos.

LA MÍSTICA ESPAÑOLA, FRUTO TARDÍO

Dejando para luego fijar las diferencias entre la literatura ascética y la mística, y considerándolas de momento en su conjunto, es evidente que su florecimiento se produce en las letras españolas como un hecho tardío. La mística es un fenómeno peculiar de los siglos medios en todas las literaturas de Europa; España, en cambio, que no había poseído un solo escritor místico

---

[1] M. Menéndez y Pelayo, "La estética platónica en los místicos de los siglos XVI y XVII", capítulo VII de la *Historia de las Ideas Estéticas,* ed. nacional, vol. II, Santander, 1940, pág. 78. El pensamiento completo, a que pertenecen las palabras transcritas, es como sigue: "Claro es que en esta inmensa y popular literatura ha de abultar, como en todas partes, mucho más el fárrago que las obras dignas de vivir, aun sin tener en cuenta la insufrible monotonía, a la cual, ora por esterilidad de ingenio, ora por la condición de estas materias espirituales, siempre las mismas, aunque sean las más altas que puede abarcar el entendimiento humano, se veían condenados los escritores".

durante toda la Edad Media —con excepción del catalán Raimundo Lulio y las manifestaciones de la mística musulmana— crea en la Edad Moderna una literatura de esta especie, que es por añadidura la más perfecta y profunda.

Este retraso de su aparición, la escasez de precedentes medievales y la ausencia a su vez de escritores místicos después del gran momento de su floración, suscita la sospecha de si la mística —pese a toda su brillantez— es tan peculiar de nuestras letras como generalmente se afirma, o se trata más bien de un fenómeno provocado por determinadas condiciones históricas y enmarcado esencialmente dentro de ellas. En las primeras páginas de su *Introducción a la historia de la literatura mística en España*, Sáinz Rodríguez se propone concretamente esta cuestión como punto de arranque de su estudio: "...el hecho de su desaparición viene a plantear un hondo y sugestivo problema, si relacionamos el misticismo con las características psicológicas y artísticas del pueblo español. Es evidente la carencia de escritores místicos en España desde el siglo XVIII hasta nuestros días; también escasean los autores místicos cristianos durante nuestra Edad Media, y, sin embargo, en esas frecuentes y fáciles generalizaciones sobre psicología y características del pueblo español, España es llamada por muchos el país de los místicos. ¿Cuáles son las causas de que toda la floración fecundísima de nuestra literatura místico-ascética se produzca en un determinado y corto período de años, teniendo muy escasos antecedentes y no mayor sucesión? ¿Es exacto que sea la propensión al misticismo una nota típica del genio de nuestra raza?... Encontramos, en primer lugar, un hecho: la existencia de nuestra literatura mística, y un problema histórico: el de explicar por qué esa maravillosa floración literaria se produce casi exclusivamente en un período máximo de siglo y medio. Resuelta esta cuestión, habrá que comprobar si las notas sustantivamente místicas informan nuestra producción filosófica y literaria, o si, por el contrario, son las características *permanentes* de nuestro genio artístico las que han teñido y conformado con rasgos propios las doctrinas y la técnica de expresión habituales de la mística tradicional. Y si así fuere, resta aún el explicar el éxito formidable de nuestra literatura mística en el mundo, hasta el punto de que la producción de esos ciento cincuenta años haya resaltado de un modo hipertrófico en el cuadro general de nuestra historia literaria"[2].

---

[2] Pedro Sáinz Rodríguez, *Introducción a la historia de la literatura mística en España*, Madrid, 1927, págs. 14-15. En un agudo artículo —"The Historical Problem of Castilian Mysticism", *Hispanic Review*, VI, 1938, págs. 93-103— recuerda Otis H. Green que la idea de considerar a España como el país de la mística es un prejuicio sostenido por una vaga apreciación muy difundida pero también por incontables investigadores y escritores de todas las especies; Green menciona entre éstos últimos a Ganivet y a Galdós, para los cuales lo místico es genuinamente español, algo que se respira en el aire y vive en el lenguaje, como fruto espontáneo de la tierra. Green refuta este tópico, recordando la limitada duración del misticismo en nuestra literatura y señala a su vez la habitual confusión entre misticismo y ascetismo: éste sí, como veremos luego, muy arraigado en nuestro pueblo y nuestras letras.

Quede bien sentado que al referirnos a la casi inexistencia de precedentes medievales en la mística castellana no aludimos en absoluto al problema de sus fuentes (después hemos de verlas) que confluyen en la gran mística del Siglo de Oro, y de las cuales beben nuestros escritores; nos preguntamos tan sólo por las causas —históricas y psicológicas conjuntamente— que provocan la eclosión de esta literatura (no importa de momento dónde vaya a nutrirse luego), apenas existente con anterioridad entre nosotros.

SU APARICIÓN. CAUSAS DETERMINANTES

Diversas razones han sido propuestas para explicar su aparición. De un lado, el fermento semítico acumulado durante siglos de estrecha convivencia con los árabes, y que en el siglo XVI —al producirse la gran tensión espiritualista de la lucha contra el protestantismo— se manifiesta bruscamente; piensan algunos que se trata de la manifestación literaria —favorecida por el momento ascensional de todos los otros géneros y del mismo instrumento lingüístico— de una energía religiosa acumulada durante ocho siglos de reconquista, hipótesis que explicaría su esencial carácter medieval y lo tardío de su florecimiento; suponen otros que pudo determinarla el contacto, en los comienzos de la Edad Moderna, con los países germánicos, donde se habían dado las más altas figuras del misticismo medieval; otros, finalmente, ven en el misticismo del siglo XVI la vía de escape, dentro de la religiosidad ortodoxa, del fervor intimista provocado por el erasmismo y otras corrientes afines, así como por el creciente individualismo de la época renaciente, al quedar aquél refrenado por el espíritu de Trento y de la Contrarreforma [3].

Ninguna de estas causas, aisladas, puede considerarse suficiente; pero todas ellas confluyen para explicar diversos aspectos del fenómeno que nos ocupa. Por estimarla como una exposición muy coherente y comprensiva de los distintos factores que provocan la gran literatura religiosa de nuestro siglo XVI, vamos a resumir el conjunto de los expuestos por Pedro Sáinz Rodríguez en el estudio arriba citado:

El comienzo de nuestra literatura mística coincide con la terminación de la Reconquista. Al quedar sin ocupación activa el sentimiento religioso que —pese a sus frecuentes claudicaciones— la había inspirado, quedó preparado "el terreno para la manifestación de nuestro misticismo clásico, lleno también del mismo generoso espíritu de proselitismo y de actividad" [4].

El evidente estado de corrupción en que la Iglesia se encontraba al finalizar la Edad Media, provoca —mucho antes de Trento— la enérgica reforma

---

[3] Sobre todos estos problemas pueden hallarse muy fértiles sugerencias en Américo Castro, "La mística y humana feminidad de Teresa la Santa", en *Santa Teresa y otros ensayos*, Madrid, 1929; en el epígrafe "Supuestos históricos", págs. 16-31.

[4] Obra cit., págs. 190-191.

de Cisneros apoyada por los reyes, y se traduce en un cambio radical de las costumbres eclesiásticas que "encuentra su nueva manifestación en una literatura ascética"[5].

A estas razones religiosas se suman otras de índole profana —"corrientes ideológicas y sentimentales"—, en particular las teorías neoplatónicas sobre el amor, el ideal social de *El Cortesano* y la romántica exaltación encerrada en los libros de caballerías. El neoplatonismo, que había renovado profundamente las fuentes del sentimiento de lo absoluto, penetra en España con la famosa obra de León Hebreo, *Diálogos de Amor*. Sus exquisitas teorías sobre el amor no sólo influyen —como sabemos— en las creaciones de los más notables poetas del italianismo, sino que llegan a constituir una difundida sensibilidad de gran transcendencia social. Al mismo tiempo cunde el influjo de *El Cortesano*, creando el ideal del perfecto caballero; "hoy no podemos formarnos idea —escribe Sáinz Rodríguez— del apasionamiento y convicción con que seguían las normas de este código de la cortesía caballeresca los galanes distinguidos". "En las fórmulas cortesanas, en la vida social de entonces y en todas las manifestaciones del espíritu se percibe el mismo ambiente —añade, después de recordar el caso de aquel caballero, citado por Zapata, que se sometía a auténticas torturas para adelgazar y no separarse del arquetipo ideado por Castiglione—. *El Cortesano* fue algo semejante a lo que el *Emilio* o la *Nueva Eloísa* de Rousseau en el siglo XVIII, y el estado de ánimo platonizante de la sociedad de entonces una moda tan profunda y general en Europa y en España como el filantropismo rousseauniano"[6]. Finalmente, el quimérico espíritu encerrado en los libros de caballerías, cuya lectura —según vimos en su lugar— fue goce apasionado de los hombres de toda condición en aquella época, encendía las mentes de ideales apasionados, presto a dispararse enérgicamente en cualquier dirección, religiosa o profana, no siempre diferenciadas en la práctica. "El ambiente de exaltación religiosa, mezclado con estas corrientes de la galantería neoplatónica y del espíritu caballeresco, produjo en España un tipo 'sui generis' de caballero católico, galante y guerrero, que en sus notas fundamentales recoge estas influencias extrañas y las características permanentes de activismo y energía de nuestra tradición racial. Las vidas de algunos grandes españoles de entonces nos proporcionan ejemplos abundantes de este hecho. Santa Teresa, lectora de vidas de santos y de libros de caballerías... La vida de San Ignacio de Loyola es un buen ejemplo de cuán fácilmente pasaban estos hombres de la disipación galante y caballeresca a la mortificación de la vida ascética y religiosa y de cómo en el fondo no eran tan diversos los gérmenes que podían dar lugar a una u otra vida. Sin llegar a las exageraciones de algún autor, es evidente la influencia concreta de los libros de caballerías en nuestro misticismo. El lenguaje típico de Amadís, sus metáforas amorosas,

---

[5] Ídem, íd., pág. 193.
[6] Ídem, íd., págs. 200-201.

su preciosismo, se encuentran en Francisco de Osuna, en Bernardino de Laredo, en Malón de Chaide y en Santa Teresa, en sus *Exclamaciones* y en el *Castillo interior*. Los místicos y los predicadores, por conformarse con el ambiente de la época, adoptan en sus obras y sus sermones ejemplos y metáforas sacados de la vida caballeresca y guerrera..."[7].

En resumen, el choque de todo un conjunto de influencias, de doctrinas místicas y filosóficas, de ideales sociales y caballerescos, de exacerbada actividad y proselitismo "en un ambiente de gran exaltación de la cultura y fe religiosas convertidas en ideal político"[8], se plasma en aquella literatura religiosa, una de las más poderosas síntesis de todos los rasgos humanos, sociales, artísticos y espirituales del hombre español del siglo XVI. "Después de la extraordinaria vitalidad de los cincuenta años anteriores —sintetiza Del Río— el alma española va a volverse hacia adentro; su cultura entra en un proceso de involución. Nótese que aquella vitalidad no había tomado sólo el camino de la acción, aunque sea en este terreno donde se muestra más visible. Se muestra con el mismo ímpetu, por ejemplo, en la creación de los géneros literarios; en la asimilación de las formas de la cultura moderna; en la obra de sus humanistas. Incapaz al iniciarse la crisis del humanismo de ir más lejos en el terreno de la acción y de entrar en las vías del racionalismo moderno siente el español la necesidad de renunciar a la posesión de lo fugitivo. Se dispone entonces a conquistar su propia alma, después de aceptar intelectualmente como única explicación valedera de la vida la de la doctrina católica. Todo su dinamismo aún vivo, todo lo que le queda aún de voluntad combativa lo va a aplicar a la defensa de esa doctrina con la espada y con la letra". Y luego: "La literatura mística no es por tanto algo aislado o especial, sino la expresión cimera de un estado colectivo. Traduce un complejo estado del alma nacional con una sensibilidad artística, una espiritualidad y un lenguaje —prosa y verso— igualado por muy pocos escritores profanos"[9].

Parece, pues, incuestionable que el ubérrimo florecimiento de literatura religiosa es el resultado de una serie de causas, que concurren en un momento histórico y determinan la proliferación y madurez de un género, luego extinguido cuando se apagan las condiciones favorables. Pero este "estado colectivo" no debe ocultarnos, sin embargo, lo que aquel caudal literario debe al influjo decisivo de unas figuras sobresalientes; aspecto frecuentemente olvidado. Otis H. Green ha subrayado la capacidad impulsora de aquéllas; podemos preguntarnos —dice—[10] lo que hubiera sido de los escritos de Osuna, de Estella, de Laredo, de Granada, de Alcántara, si Teresa de Jesús no los hubiera recogido en busca de ayuda con que analizar y expresar su propia expe-

---

[7] Ídem, íd., págs. 201-202.
[8] Ídem, íd., pág. 283.
[9] *Historia de la Literatura Española*, vol. I, nueva edición, Nueva York, 1962, páginas 180-181.
[10] "The Historical Problem...", cit., págs. 102-103.

riencia mística. Ella y San Juan de la Cruz fueron los fundadores y maestros de la escuela mística carmelitana, jesuitas y dominicos destacados estuvieron en estrecho contacto con ellos, fray Juan de los Ángeles se inspiró ampliamente en sus escritos místicos, fray Luis de León, que no conoció a Santa Teresa en vida, editó sus obras, a través de las cuales creía verla como si fuera una imagen viva. Si la *Teología mística* —resume Green— ocupó tan amplio lugar en lo que fue un movimiento general de la época, se debió al influjo de unas pocas personalidades eminentes, cuyo genio fue capaz de imprimir en ella su sello. Tenemos aquí todos los elementos necesarios para lo que llamamos una generación literaria: un grupo de contemporáneos formados por unas mismas influencias intelectuales y emocionales, en estrecho contacto unos con otros, rodeados de unas comunes circunstancias y dirigidos por ese elemento decisivo que es la fuerza de un genio.

CARÁCTER DE NUESTRA MÍSTICA.
SU IMPORTANCIA Y POPULARIDAD

Siguiendo igualmente la exposición de Sáinz Rodríguez en su *Introducción* citada, trataremos de resumir los rasgos fundamentales que caracterizan a nuestra literatura mística.

1.º La mística castellana carece —como dijimos— de una efectiva tradición medieval, a excepción del contacto con la obra de Raimundo Lulio y de la posible influencia semítica recibida principalmente a través de la obra de éste. Todavía Menéndez y Pelayo se mostraba reacio a la admisión del influjo semítico ("Ni necesitaron los escolásticos que moros y judíos viniesen a revelarles las dulzuras de la contemplación y de la unión extáticas..." [11]), pero los modernos estudios de los arabistas —en particular Julián Ribera y Asín Palacios— han puntualizado (no sin que falten los criterios opuestos) la realidad de dicho influjo.

2.º Aparecida en plena Edad Moderna, y en las favorables circunstancias que hemos descrito, la mística española es cronológicamente la última de las grandes manifestaciones colectivas de la mística teológica.

3.º La tendencia más genuina de la mística española es de carácter ecléctico, armonizador entre tendencias extremas.

4.º En nuestra literatura religiosa predomina lo ascético sobre lo místico. La ascética sí que posee, efectivamente, una ininterrumpida tradición nacional que se remonta hasta la ingente figura de Séneca; sus doctrinas informan tan perfectamente los rasgos del hombre español, que ha venido a constituirse toda

---

[11] "La poesía mística en España", Discurso de ingreso en la Real Academia Española reproducido en *Estudios y discursos de crítica histórica y literaria,* vol. II, ed. nacional, Santander, 1941, pág. 82.

una constante línea de pensamiento y norma moral, manifestada incluso en obras no religiosas de carácter filosófico o literario. La producción mística española es, por el contrario, breve y transitoria. Consecuencia de estos hechos —o más bien causa, si se quiere— es el carácter profundamente "moralista" de nuestra literatura religiosa, "concordando así con la índole de nuestra filosofía nacional, en la que ha predominado siempre la ética sobre la metafísica". "El misticismo abstracto no es típicamente español", siempre es "más psicológico que ontológico, más experimental que doctrinal"; no sólo no está reñido con la acción, sino que es hasta raíz y motor de ella [12].

5.º Son primordiales en nuestra mística la calidad literaria de su exposición y sus valores estéticos: condiciones que han contribuido esencialmente a su gran difusión y general estima. Y al lado mismo de sus excelencias literarias, la claridad y sentido popular de la inmensa mayoría de sus producciones. "El misticismo nuestro, producido en un ambiente propicio —escribe Sáinz Rodríguez—, no es como el misticismo de las filosofías decadentes (el pitagórico o el alejandrino), exotérico y misterioso, sino que aspira a influir en la educación moral del pueblo, nutriéndose, a su vez, de aquel ambiente de preocupación y ardor religioso. Por esto, nuestros místicos utilizan el lenguaje vulgar en sus obras, y precisamente, una de sus altas cualidades estéticas consiste hoy en que muchos de ellos reflejan en su obra el idioma adulto, limpio y lleno de vigor del pueblo castellano del siglo XVI". Y luego: "Este hecho de dirigirse al pueblo, comprobado por el idioma que emplean, influye también hasta en la técnica de su exposición doctrinal. Todos ellos saben que es preciso, para hacer comprender lo abstracto de ciertos conceptos místicos, el empleo de metáforas y alegorías plásticas y gráficas". "En el pueblo individualista de los aventureros conquistadores y de las libertades regionales nacen los místicos que afirman la personalidad humana y sostienen el libre albedrío; el pueblo de la filosofía de Séneca produce unos místicos moralistas y activistas; el pueblo que engendra la gran literatura realista del siglo XVII lleva esta misma técnica artística a las metáforas y a las alegorías de sus místicos; el pueblo en el que imperan el conceptismo y todo el casuismo minucioso de los manuales de confesión y de las leyes del honor es el que produce unos místicos llenos de finura exquisita para la observación y el análisis psicológico" [13].

---

[12] Comentando el estado de éxtasis escribe Sáinz Rodríguez: "El éxtasis produce efectos muy distintos, según el valor espiritual de cada místico. En unos se manifiesta una especie de estupor o debilidad tal, que llegarían a perecer sin la ayuda ajena. Otros, en cambio, reaccionan, extrayendo de estas revelaciones una energía extraordinaria; tal ocurre con los místicos y santos españoles: San Ignacio, San Juan de la Cruz, Santa Teresa son ejemplos de formidable energía, de actividad maravillosa y de tantas excelsas cualidades *humanas*, que por sus obras, aún cuando no hubiesen sido místicos, aparecerían en la Historia como seres verdaderamente extraordinarios" (*Introducción...*, pág. 61). Véase también el trabajo de Oliveira Martins, citado en la nota 34.

[13] *Introducción...*, cit., págs. 283-289. Cfr.: P. José María de la Cruz, "Valores literarios de nuestra mística", en *El Monte Carmelo*, Burgos, LXVI, 1958, págs. 362-407.

DURACIÓN Y ETAPAS

Cuatro períodos distingue Sáinz Rodríguez en la historia de nuestra mística: uno primero, de "importación e iniciación", que comprende desde los orígenes medievales hasta 1500, durante el cual se traducen y difunden las obras de la mística extranjera; uno segundo, de "asimilación", que puede considerarse prolongado hasta 1560, en el que las doctrinas importadas son por primera vez expuestas "a la española" por los escritores que vienen estimándose como "precursores": fray Hernando de Talavera; fray Alonso de Madrid (*Arte para servir a Dios*); fray Francisco de Osuna (*Abecedario Espiritual*), que ejerció gran influjo sobre Santa Teresa; fray Bernardino de Laredo (*Subida del Monte Sión por la vía contemplativa*); fray Juan de Dueñas (*Remedio de pecadores*); fray Pablo de León (*Guía del cielo*) y el Beato Juan de Ávila (*Epistolario Espiritual y Audi, Filia, et vide*) son los principales representantes de esta etapa. El tercer período es el de "plenitud" y de intensa producción nacional; a él corresponde la gran floración de nuestros místicos, y su duración —exactamente encajada en el reinado de Felipe II— puede considerarse terminada en 1600. Todavía admite Sáinz Rodríguez un cuarto período, de "decadencia o compilación doctrinal", prolongado hasta mediados del siglo XVII, cuyos representantes no son ya creadores, sino que se limitan a ordenar y sistematizar la doctrina del período anterior, con gran aparato teológico y escolástico, y vienen a ser como los *retóricos* del misticismo [14].

Sáinz Rodríguez concede, pues, a nuestra mística una época de producción que abarca alrededor de siglo y medio; posición intermedia entre Menéndez y Pelayo, que afirmaba el "constante vigor de producción" de nuestra literatura ascético-mística durante dos siglos completos —XVI y XVII—, y Ludwig Pfandl, que sólo reconoce la etapa de plenitud —segunda mitad del siglo XVI— como de auténticas características nacionales.

DIVISIÓN DOCTRINAL O POR ESCUELAS

La necesidad de establecer una división que ayude al estudio de nuestro ingente cuerpo de escritores religiosos, ha conducido a criterios diferentes. Menéndez y Pelayo, en un primer intento de sistematizar esta literatura, sugirió su clasificación por órdenes religiosas, habida cuenta de los peculiares influjos que cada una de ellas recibe y que conforman su respectivo carácter: "Para ordenar tan gran muchedumbre de autores —escribe— no hay en el estado presente otro principio que uno muy empírico: clasificarlos por órdenes

---

[14] *Introducción...*, cit., págs. 218-219.

religiosas. Pero si atendemos a la fidelidad con que en el seno de cada una de éstas se iban heredando las tradiciones de virtud y de ciencia, y hasta de escuela filosófica y de formas literarias, no dejará de reconocerse un fundamento real a estas agrupaciones". "Así, y no de otra manera —añade— podría tejerse ordenadamente la historia del pensamiento místico; investigando ante todo el estado intelectual de cada Orden en el siglo XVI, los doctores y maestros que prefería, las nociones filosóficas a que prestaba acatamiento; cuáles estaban por Santo Tomás, cuáles por Escoto o San Buenaventura; en cuáles influía la cultura profana y en cuáles no; en cuáles predominaba la esfera del sentimiento y en cuáles la de la razón; quiénes eran los que prestaban mayor atención a las bellezas de la palabra... y otras infinitas cuestiones de este tenor..." [15].

Siguiendo este criterio admite la existencia de cinco escuelas: "ascetas *dominicos,* cuyo prototipo es Fr. Luis de Granada; ascéticos y místicos *franciscanos,* serie muy numerosa, en la cual descuellan los nombres de San Pedro de Alcántara, Fr. Juan de los Ángeles, Fr. Diego de Estella; místicos *carmelitas,* de cuyo cielo son estrellas esplendorosísimas San Juan de la Cruz, Santa Teresa, Fr. Jerónimo Gracián, Fr. Miguel de la Fuente, etc.; ascéticos y místicos *agustinos,* tales como Fr. Luis de León, Malón de Chaide, el venerable Orozco, Cristóbal de Fonseca, Márquez, etc.; ascéticos y místicos *jesuitas*: San Francisco de Borja, Luis de la Puente, Alonso Rodríguez, Álvarez de Paz, Nieremberg. En otro grupo complementario habría que poner los clérigos seculares y los laicos. Valdés y Molinos merecen capítulo aparte, como místicos heterodoxos".

Se ha reprochado a Menéndez y Pelayo lo poco científico de esta clasificación; él mismo reconocía, como hemos visto, su carácter evidentemente empírico. Pero resulta difícil establecer otra mejor. "Analizando el contenido doctrinal de nuestra mística —admite Sáinz Rodríguez— se ve que dicha clasificación es más exacta de lo que a primera vista parece. Es notorio que cada Orden religiosa tiene una tradición teológica y doctrinal; por tanto, se puede hablar, con propiedad absoluta, del misticismo franciscano, agustino o jesuita; pero lo que ya no parece posible es abarcar las discrepancias individuales que se ofrecen dentro de cada Orden en esta clasificación" [16].

Creemos, pues, que pueden aceptarse perfectamente peculiares caracteres de "escuela" u Orden, que cristalizan en diferentes tipos de literatura religiosa, bien diferenciados; esto no obsta, naturalmente, para los rasgos personales de cada autor, ni tampoco para que alguno de ellos se conforme mejor con las directrices de otro grupo que con aquellas que teóricamente le son propias, según veremos en algunos casos concretos.

---

[15] "La estética platónica...", cit., págs. 83-84.
[16] *Introducción...,* cit., págs. 225-226.

Sáinz Rodríguez considera, sin embargo, demasiado amplia la división de Menéndez y Pelayo: "La clasificación en cinco grupos: franciscanos, agustinos, carmelitas, dominicos y jesuitas, puede reducirse con bastante exactitud y con una denominación más científica y exacta a tres grupos, que abarquen las tres grandes corrientes que los tratadistas de teología mística coinciden en señalar y que hemos visto acusarse a través de la tradición cristiana medieval... Estas tres corrientes podían denominarse:

Primera. *Afectiva*, que dentro de la Teología se caracteriza por el predominio de lo sentimental sobre lo intelectual y, sobre todo, por tener siempre presente la imitación de Cristo y la Humanidad de Cristo, del Cristo hombre como vía por donde nosotros podemos llegar a la Divinidad.

Segunda. *Intelectualista o escolástica*, que busca el conocimiento de Dios mismo por la elaboración de una doctrina metafísica.

Tercera. *Escuela ecléctica o española*, representada por la mística carmelita".

A los "místicos afectivistas" pertenecen con preferencia los franciscanos y agustinos; a los "intelectualistas", los dominicos y jesuitas en general; a la "escuela ecléctica española", los carmelitas y otros procedentes de distintas órdenes, "nutridos con la doctrina teresiana"[17].

A esta clasificación nos atendremos en nuestra breve exposición por autores.

POSIBLES INFLUJOS SOBRE LA MÍSTICA ESPAÑOLA

En sus *Estudios literarios sobre mística española*[18] Helmut Hatzfeld ha fijado en cinco grupos principales los métodos de investigación con que se han tratado de explicar los caracteres literarios de nuestra mística y el problema de sus fuentes: teoría ahistórica, sintética, secular, árabe y germánica.

El método ahistórico, representado por Jean Baruzi[19], sostiene la originalidad de nuestros místicos, que "descubren sus símbolos decisivos independientemente de las condiciones históricas". Para Baruzi, la *Noche oscura del alma* constituye la gran creación personal de San Juan de la Cruz, que dio así forma literaria a una experiencia espiritual, vivida sin duda por otros místicos, pero que no quisieron o no pudieron expresarla de manera satisfactoria. Comenta Hatzfeld que esta interpretación psicológica parece estar de acuerdo con las propias ideas de algunos místicos, así, por ejemplo, Santa Teresa, que cree a veces descubrir sus "sorprendentes símiles" merced a una gracia par-

---

[17] Idem, íd., págs. 226-227. Véase también Francisco de P. Canalejas, "Escuelas místicas españolas", en *Estudios críticos de filosofía*, XIII, Madrid, 1872.

[18] Helmut Hatzfeld, *Estudios literarios sobre mística española*, Madrid, 1955, páginas 33-43.

[19] Jean Baruzi, *Saint Jean de la Croix et le problème de l'expérience mystique*, 2.ª ed., París, 1931.

ticular. Mas como la misma Santa declara en otras ocasiones sus dudas sobre si ha leído en alguna parte los conceptos que expresa, deduce Hatzfeld que el filólogo no debe creerse dispensado de indagar el origen de la materia literaria utilizada por el escritor místico. Opinión, por lo demás, común a todos los otros grupos de comentaristas, y que había expresado ya Menéndez y Pelayo, aunque Hatzfeld no la traiga a colación. "No se injuria [a la mística] considerándola como una filosofía popular, que dio a nuestra raza el pasto de vida intelectual durante muchas generaciones. No es pecado investigar sus orígenes, ni mostrarla racional, aunque no racionalista, en sus procedimientos" [20]. Y en otro pasaje: "Por eso no dudo en afirmar que, además de ser rarísima flor la de tal poesía [—habla de la mística naturalmente—] no brota en ninguna literatura por su propia y espontánea virtud, sino después de larga elaboración intelectual, y de muchas teorías y sistemas, y de mucha ciencia y libros en prosa..." [21].

En el extremo opuesto de Baruzi, Gaston Etchegoyen [22] —representante, para Hatzfeld, de la posición sintética— supone que toda producción de la mística española "puede explicarse como una fusión sintética de diferentes formas más antiguas. De esta manera, se supone que todas las metáforas de Santa Teresa son exclusivamente resultados de símiles españoles o latinos más antiguos, provenientes de escritos ascéticos, que Santa Teresa conocía, bien por lectura directa, bien por medio de sus confesores, pues no sabía latín". Etchegoyen —y aquí está el fallo de su método, según recuerda Hatzfeld— no distingue entre símbolos esenciales de las experiencias místicas y adornos accesorios. Añádase a esto que, para Etchegoyen, ningún elemento fuera de la tradición occidental puede haber influido sobre el lenguaje de la Santa que particularmente estudia.

Dámaso Alonso, en su magnífico libro sobre *La poesía de San Juan de la Cruz* [23], encarna típicamente la llamada por Hatzfeld posición "secular". Basándose en la larga tradición española de tratar "a lo divino" temas profanos, sostiene Dámaso Alonso el criterio de que elementos numerosos del simbolismo —o simplemente estéticos— de los místicos españoles, se derivan de la poesía profana, popular o culta; y estudia con singular sagacidad la estrecha deuda que las altas creaciones místicas de San Juan de la Cruz tienen con la poesía de Garcilaso —adquirida directamente o a través de otro intérprete "a lo divino"— y con el romancero o los cancioneros populares.

---

[20] "La estética platónica...", cit., pág. 113.
[21] *La poesía mística en España*, ed. cit., pág. 73.
[22] Gaston Etchegoyen, *L'amour divin. Essai sur les sources de Sainte Thérèse*, Burdeos-París, 1923.
[23] Dámaso Alonso, *La poesía de San Juan de la Cruz*, Madrid, 1942; 3.ª ed., Madrid, 1958. Cfr.: P. Emeterio G. Setién de Jesús María, *Las raíces de la poesía sanjuanista y Dámaso Alonso*, Burgos, 1950. E. Allison Peers, "The Alleged Debts of San Juan de la Cruz to Boscán and Garcilaso de la Vega", en *Hispanic Review*, XXI, 1953, págs. 1-19 y 93-106.

Los grandes maestros del arabismo español, Julián Ribera [24] y Miguel Asín Palacios [25] —en particular este último— han sostenido el influjo de la mística arábigo-española sobre los místicos españoles de la Edad de Oro; Asín ha demostrado la existencia de estrechas afinidades entre los escritos de San Juan de la Cruz y el místico mahometano Abenarabí, natural de Murcia, que floreció en la primera mitad del siglo XIII. El mayor problema consiste en explicar por qué caminos ha podido llegar a San Juan de la Cruz el influjo del místico murciano. Está comprobada por las investigaciones de los arabistas la influencia que el misticismo musulmán ejerció sobre los escritos del gran Raimundo Lulio, y es un hecho, a su vez, que los libros de éste tuvieron gran difusión por Castilla en las primeras décadas de nuestro Renacimiento: las doctrinas lulianas fueron enseñadas en la Universidad de Alcalá por Nicolás de Pax; Cisneros —que declaró su afición por el gran mallorquín— costeó ediciones de sus obras; y todavía Felipe II se interesaba vivamente por adquirir ejemplares de ellas para su biblioteca de El Escorial. Pese a todo, parece que sigue siendo discutible el influjo directo de la mística arábiga, o incluso a través de Lulio, cuyas doctrinas —más probablemente— pudieron llegar a nuestros místicos del XVI a través del caudaloso torrente de la mística franciscana producida en Europa a lo largo de la Edad Media, y a la que aquéllas se habían incorporado.

Finalmente los defensores de la tesis germánica han sostenido que el influjo mayor recibido por los místicos españoles proviene de los místicos germanos: Eckart, Taulero, Suso, el flamenco Ruysbroeck, Gerson, y la última generación —ya en el siglo XV— formada por Enrique Harth, Dionisio el Cartujano y Tomás de Kempis; a través de los cuales llega a su vez la co-

---

[24] Julián Ribera, "Orígenes de la filosofía de Raimundo Lulio", en *Homenaje a Menéndez y Pelayo*, vol. II, Madrid, 1899, págs. 191-216 (reproducido en *Disertaciones y Opúsculos*, vol. I, págs. 151 y ss., Madrid, 1928).

[25] Consúltese especialmente: "El averroísmo teológico de Santo Tomás de Aquino", en *Homenaje a Codera*, Zaragoza, 1904; "Mohidín", en *Homenaje a Menéndez y Pelayo*, vol. II, Madrid, 1899, págs. 217-256; *Abenmassarra y su escuela*, Madrid, 1914; *La escatología musulmana de la Divina Comedia*, Madrid, 1.ª ed., 1919; 2.ª ed., 1943; *El murciano Abenarabí*, Madrid, 1925-1926; *El Islam cristianizado*, Madrid, 1931; *La espiritualidad de Algacel y su sentido cristiano*, Madrid, 1939, y *Huellas del Islam*, Madrid, 1941, que contiene diversos trabajos, entre los cuales importan en particular sobre este tema: "La teoría de las dos verdades según Ibn Arabi de Murcia" y "Un precursor hispano-musulmán de San Juan de la Cruz". La bibliografía completa de M. Asín Palacios puede verse en "Al-Andalus", IX, 2, 1944. Véanse también: Louis Massignon, *Essai sur les origines du lexique technique de la mystique musulmane*, París, 1922, nueva ed., 1954, y Père Élisée de la Nativité, "L'expérience mystique d'Ibn Arabi est-elle surnaturelle?", en *Études Carmélitaines*, 17, 1931, II, págs. 136-168; ambos impugnan las teorías de Asín. P. Nwyia, "Ibn'Abbad de Ronda et Jean de la Croix. À propos d'une hypothèse d'Asín Palacios", en *Al-Andalus*, XXII, 1957, págs. 113-130. Cfr. asimismo, Reinold Alleyne Nicholson, *Poetas y Místicos del Islam*, traducción española, México, 1945.

rriente mística medieval que canaliza la tradición cristiana desde los orígenes, en su doble vertiente: la intelectualista o racional —que tiene su expresión culminante en la figura de Tomás de Aquino— y la puramente mística, caracterizada por el predominio del sentimiento amoroso, encarnada en la escuela franciscana [26]. Esta posición, que podríamos llamar ecléctica, puesto que no excluye ninguna de las posibles fuentes mencionadas, incluso la arábiga —que a través de la filosofía escolástica medieval influye en la mística de toda Europa— puede quedar resumida en las siguientes palabras de Sáinz Rodríguez: "Nuestra mística del Siglo de Oro es la expresión definitiva de la tradición mística cristiana y se enlaza directamente y sin solución de continuidad con los místicos medievales y con la tradición patrística, aunque otras corrientes de pensamiento (el neoplatonismo renacentista, por ejemplo) hayan influido *directamente* en ella" [27]. A parecidos resultados, igualmente eclécticos, llega en su análisis Hatzfeld, de quien reproducimos sus dos primeras conclusiones: "1.ª Tanto el Oriente como el Occidente han contribuido con su parte a la formación del lenguaje de los místicos españoles, como ha sido el caso prácticamente con todos los fenómenos de la civilización española. 2.ª Ambas influencias se pueden concretar en dos autores místicos, a quienes conocían realmente los españoles, sin que sea preciso ir a buscar remotas fuentes árabe (Ibn Arabí) o germánica (el Maestro Eckart): esos dos autores son Raimundo Lulio y Juan van Ruysbroeck" [28].

---

[26] Consúltese: Pierre Groult, *Les mystiques des Pays-Bas et la littérature espagnole du seizième siècle*, Lovaina, 1927. Del mismo, "Un disciple espagnol de Thomas à Kempis: Diego de Estella", en *Les Letres Romanes*, V, 1951, págs. 287-304 y VI, 1952, págs. 23-56 y 107-128. L. Reypens, "Ruysbroeck en San Juan de la Cruz", en *Ons geestelijk erf*, 5, 1931, págs. 143-185. Dom J. Huijben, "Ruysbroeck et Saint Jean de la Croix", en *Études Carmélitaines*, 17, 1932, págs. 234 y ss. Fr. Joaquín Sanchís Albentosa, *La escuela mística alemana y sus relaciones con los místicos de nuestro siglo de oro*, Madrid, 1946. B. García Rodríguez, "Taulero y San Juan de la Cruz", en *Vida Sobrenatural*, L, 1949, págs. 349-362 y 423-436. P. Enrique del Sagrado Corazón, O. C. D., "Jan van Ruysbroeck como fuente de influencia posible en San Juan de la Cruz", en *Revista de Espiritualidad*, IX, 1950, págs. 288-309 y 422-442; y todo el capítulo segundo —"Influencia de Raimundo Lulio y Jan van Ruysbroeck en el lenguaje de los místicos españoles"— del citado libro de Helmut Hatzfeld. Véase finalmente el riguroso estudio de Jean Orcibal, *Saint Jean de la Croix et les Mystiques Rhéno-flamands*, Brujas, 1966. Aunque no se extiende de modo particular en el problema, también Menéndez y Pelayo se muestra defensor de la "tesis" germánica. Después de mencionar la gran escasez de libros místicos españoles, alude a la gran difusión entre nosotros de las obras espirituales producidas por la latinidad eclesiástica de la Edad Media, especialmente por los escritores alemanes, y resume: "Quien trabaje para la historia de nuestra mística tendrá, pues, que fijar ante todo sus miradas en esta remota época de influencia alemana y de incubación de la escuela española; período muy oscuro, y que discrecionalmente podemos alargar hasta el año 1550". ("La estética platónica...", cit., pág. 81).

[27] *Introducción...*, cit., pág. 99.
[28] *Estudios...*, cit., pág. 143.

Parece necesario repetir ahora que la determinación de las fuentes de que se hayan nutrido nuestros místicos no explica sustancialmente el hecho histórico de su aparición, es decir: nuestra mística no es el resultado de una corriente imitativa, provocada por una previa difusión de la mística extranjera. En el artículo mencionado, Otis H. Green —poco propicio, por lo demás, a aceptar con exceso aquellos influjos— señala que los primeros místicos: Bernardino de Laredo, Granada, San Pedro de Alcántara, fueron los más originales y espontáneos; los que vinieron luego, utilizaron toda la literatura religiosa de que disponían, así antigua como moderna, alemana, flamenca o italiana; pero, según afirma Green con palabras que nos parecen de gran exactitud, "no en busca de inspiración sino de autoridad"[29]; tan sólo —añade— en el período post-teresiano, aparecieron los compiladores y codificadores de los sistemas místicos derivados de la experiencia ajena.

DIFERENCIAS ENTRE LA ASCÉTICA Y LA MÍSTICA

La palabra "mística" procede del verbo griego μυεῖσθαι o μυεῖν, que significa "cerrar", de donde aquel vocablo vendría a tener un sentido como de "oculto" o "secreto"; así, de acuerdo con su etimología, sería la mística como una vida espiritual *secreta* y distinta de la ordinaria de los cristianos. Ya, sin embargo, desde el comienzo los padres de la Iglesia no utilizaron la palabra con un alcance tan estricto, sino que "designaron con ella el conjunto de las vidas espirituales, lo mismo las comunes que las más extraordinarias de santificación"[30]. No obstante, en su más propio sentido debe aplicarse a las "manifestaciones de la vida religiosa sometida a la acción extraordinariamente sobrenatural de la Providencia". O, según definición que el citado autor añade luego: "La palabra *Mística* estrictamente sólo deberá aplicarse para designar las relaciones sobrenaturales, secretas, por las cuales eleva Dios a la criatura sobre las limitaciones de su naturaleza y la hace conocer un mundo superior, al que es imposible llegar por las fuerzas naturales ni por las ordinarias de la Gracia"[31]. También, con más breve definición: "Misticismo es el conocimiento experimental de la presencia divina, en que el alma tiene, como una gran realidad, un sentimiento de contacto con Dios"[32].

Pero si la Mística es el punto más alto de la vida espiritual y representa un regalo extraordinario de la Gracia, el alma puede colaborar por todos los medios a su alcance para aproximarse a tal estado de perfección y hacerse digna de él. Esta variada serie de esfuerzos o ejercicios del espíritu se designa con

---

[29] "The Historical Problem...", cit., pág. 97.
[30] Sáinz Rodríguez, *Introducción...*, cit., pág. 20.
[31] Ídem, id.
[32] Hatzfeld, *Estudios...*, cit., pág. 13 (definición que toma de Donald Attwater, en *A Catholic Dictionary*).

el nombre de *Ascética,* que podría definirse "como la propedéutica o pedagogía humana que conduce hacia el misticismo". La ascética depende, pues, exclusivamente de la voluntad y actividad humanas; deriva esta palabra del verbo griego ἀσκεῖν, que significa *ejercitarse,* pues que se trata del "período de la vida espiritual en que, por medio de ejercicios espirituales, mortificaciones y oración, logra el alma purificarse, purgarse o desprenderse del afecto a los placeres corporales y a los bienes terrenos" [33].

Tres vías o momentos distinguen los tratadistas en el camino hacia la unión con la Divinidad: la de los que comienzan, o *vía purgativa,* en la que el alma se liberta poco a poco de sus pasiones y purifica de sus pecados; la de los que van aprovechando, o *vía iluminativa,* durante la cual el alma se ilumina con la consideración de los bienes eternos y de la pasión y redención de Cristo; y finalmente, la de los perfectos, o *vía unitiva,* en la que se llega a la unión con Dios, según el modo definido por San Juan de la Cruz como "matrimonio espiritual". La ascética está, pues, en el camino de la mística, y de los tres momentos dichos, los dos primeros son comunes a ambas, quedando el último reservado para la segunda. En lo que atañe a su contenido, la ascética se basa en el ejercicio racional, mientras que la mística es puramente intuitiva.

Si difícil resulta precisar en la práctica el límite entre las tres etapas de la vida religiosa, igualmente imprecisas vienen a ser frecuentemente en sus manifestaciones literarias las diferencias entre lo ascético y lo místico. Aunque de hecho, como hemos visto, no puede llegarse a la cima de la perfección espiritual sin pasar por el camino de la ascética, no es necesario que un escritor nos deje testimonio de esta última, sino que puede limitarse a manifestarnos las encumbradas experiencias de sus estados de excepción; de la misma manera puede entregarse a la exposición de los ejercicios ascéticos, sin dejar constancia de sus momentos más altos, en el caso de que los alcance. De hecho, en la literatura ascético-mística española es frecuente que anden mezcladas —salvo casos contados— ambas formas, a consecuencia del carácter eminentemente moralizador, práctico y activo de nuestros escritores místicos, que consideran la caridad y las obras como el camino más seguro para llegar a Dios. Por esta interferencia constante —y sin perjuicio de puntualizar en cada caso los rasgos particulares— designamos indistintamente (a plena conciencia de su inexactitud) con el nombre de *místicos* a todos nuestros escritores religiosos de la Edad de Oro, aunque sea, por el contrario, la ascética su carácter predominante, cual corresponde a los rasgos y tradición de nuestra literatura y nuestro pensamiento.

Fundida así la doble corriente místico-ascética, nuestros escritores al mismo tiempo que ahincaban en las normas más puras de la conducta humana,

---

[33] Sáinz Rodríguez, *Introducción...,* cit., pág. 29. Véase, del mismo, "Evolución histórica de los conceptos de ascética y mística", en *Espiritualidad española,* Madrid, 1961, págs. 35-71.

revelaron insondables profundidades psicológicas, con penetración pareja a la de las grandes creaciones literarias de todos los tiempos.

Sobre sus caracteres literarios en general, escribe con síntesis feliz Ángel del Río: "Literaria y poéticamente, para expresar esos estados inefables, crearon [nuestros místicos] una nueva expresión figurada, conceptual a veces y a veces realista. Es sabido que bastantes metáforas de la lengua literaria moderna fueron concebidas por Santa Teresa u otros místicos españoles y pasaron más tarde a casi todas las lenguas. En los escritores místicos y ascéticos recibe el español clásico su forma definitiva, fundiendo lo vivo de la lengua hablada con lo culto del latinismo renacentista y lo poético del estilo bíblico. De la lengua de los místicos nace también uno de los caracteres primordiales del barroco literario: la tendencia a expresar lo real por símbolos espirituales y lo simbólico-espiritual por medio de imágenes reales. Esto, que la literatura posterior exagera, está en los grandes místicos, contenido por el sentido de equilibrio humanístico que es la nota artística dominante en todos ellos" [34].

---

[34] *Historia de la Literatura Española,* citada, pág. 184. Además de las obras ya mencionadas, pueden consultarse —sobre la literatura ascético-mística en general o sobre aspectos particulares de la misma— los estudios siguientes: P. Rousselot, *Les mystiques espagnols,* París, 1867. Oliveira Martins, *O mysticismo, princípio de energia do caracter peninsular,* Lisboa, 1879. Fr. Marcelino Gutiérrez, *El misticismo ortodoxo en sus relaciones con la Filosofía,* Valladolid, 1886. Henri Delacroix, *Études d'histoire et de psychologie du mysticisme: les grands mystiques chrétiens,* París, 1908. Blanca de los Ríos, *Influencia de la mística, de Santa Teresa singularmente, sobre nuestro gran arte nacional,* Madrid, 1913. H. Collet, *Le mysticisme musical espagnol au XVIe siècle,* París, 1913. P. Jerónimo Seisdedos Sanz, *Principios fundamentales de la mística,* 5 vols., Madrid-Barcelona, 1913-1917. J. Domínguez Berrueta, "Valor representativo de la mística española", en *Basílica Teresiana,* IV, 1918. P. Joseph Maréchal, "L'intuition de Dieu dans la mystique chrétienne", en *Recherches de science religieuse,* París, 1914. Del mismo, *Études sur la psychologie des mystiques,* París, 1924. Evelyn Underhill, *The Essentials of Mysticism and Other Essays,* Londres, 1920. E. Allison Peers, *Spanish Mysticism,* Londres, 1924. Del mismo, *Studies on the Spanish Mystics,* Londres, 1926. Reginald Garrigou-Lagrange, *Mystik und christliche Vollendung,* Augsburgo, 1927. Del mismo, *Las tres edades de la vida interior* (traducción española), Buenos Aires, 3.ª ed., 1944. J. G. Arintero, *Cuestiones místicas,* Salamanca, 1916. Del mismo, *La evolución mística,* Madrid, 1952. P. Francisco Naval, *Curso de Teología ascética y mística,* 4.ª ed., Madrid, 1926. A. Gardeil, O. P., *La structure de l'âme et l'expérience mystique,* 2 vols., 3.ª ed., París, 1927. Louis Massignon, "L'expérience mystique et les modes de stylisation littéraire", en *Roseau d'or,* XX, 1927, págs. 169 y ss. J. Brouwer, *De psychologie der Spaansche Mystiek,* Amsterdam, 1931. J. Domínguez Berrueta, *Filosofía mística española,* C. S. I. C., Madrid, 1947. Jean Chuzeville, *Les mystiques espagnols,* París, 1952. Wolfgang Stammler, *Von der Mystik zum Barock: 1400-1600,* Stuttgart, 1950. J. Monchanin, *De l'Esthétique à la Mystique,* París. Jean Baruzi, "Introducción al estudio del lenguaje místico", en *Boletín de la Academia de Letras,* Buenos Aires, 10, 1942, págs. 7-30. P. Bruno de Jésus Marie, *L'Espagne mystique au XVIIe siècle,* París, 1946. José María de la C. Moliner, *Historia de la literatura mística en España,* Burgos, 1961. F. Pagés, *La vivencia en la mística,* Barcelona, 1962. *Corrientes espirituales en la España del siglo XVI,* Trabajos del II Congreso de Espiritualidad, Universidad Pontificia de Salamanca, Barce-

Dado el inmenso número de los escritores religiosos de esta época, nos limitaremos al estudio de los más sobresalientes, y más representativos a su vez de los distintos grupos o escuelas que han quedado indicados. Prescindimos en este capítulo de Fray Luis de León, cuya gigante figura, por su importancia excepcional en el cuadro de conjunto de la literatura de su tiempo, ha quedado estudiada aparte.

LOS ESCRITORES DOMINICOS

FRAY LUIS DE GRANADA

Vida y personalidad. Cronológicamente el primero de nuestros grandes escritores religiosos, que representa la transición o puente entre el período asimilativo y el de genuina producción nacional, fray Luis de Granada, nació en la ciudad de su nombre en 1504. Llamábase en el siglo Luis de Sarria, y sus padres, oriundos de Galicia, eran de modestísima posición. Quedó huérfano de padre a los cinco años, y su madre hubo de trabajar como lavandera en el convento de dominicos de Santa Cruz de Granada. El conde de Tendilla, movido por la vivacidad del muchacho, lo protegió y nombró paje de sus hijos. En 1525 profesó Luis de Sarriá en el convento mencionado y estudió luego en el de San Gregorio de Valladolid, donde fue compañero de fray Bartolomé Carranza y Melchor Cano. En Córdoba, donde contribuyó activamente a la restauración del convento de Scala Coeli, conoció y trató al Beato Juan de Ávila, de quien recibió notable influjo. Marchó más tarde a Portugal, donde residió gran parte de su vida; ocupó importantes cargos, llegando a Provincial de su orden en dicha nación después de haber rechazado el obispado de Viseo y el arzobispado de Braga, para dedicarse a la predicación, en la que destacó sobremanera, siendo estimado como uno de los mayores oradores de su tiempo. De carácter ingenuo y sencillo, se dejó engañar por una monja milagrera del convento de la Anunziata de Lisboa, que fingía llagas y otras supercherías; pero descubierto su error, lo reconoció al punto, y su rectificación le inspiró uno de sus más famosos sermones, llamado "de las caídas públicas", sobre el pecado de escándalo. Murió poco después, ya octogenario (1588), rodeado de la general admiración [35].

---

lona, 1963. B. Jiménez Duque, "Espirituales españoles", en *Salmanticensis*, X, 1963, págs. 339-362. Fray Nazario de Santa Teresa, *Filosofía de la Mística. Análisis del pensamiento español*, Madrid, 1953.

[35] Cfr.: E. Caro, *El tercer centenario del M. Fr. Luis de Granada. Relación de su vida, sus escritos y sus predicaciones*, Madrid, 1888. José Ignacio Valentí, *Fray Luis de Granada. Ensayo biográfico y crítico*, Palma de Mallorca, 1888. Fray Justo Cuervo, *Biografía de Fray Luis de Granada*, 2.ª ed., Madrid, 1896. Del mismo, "Fray Luis de

Compuso fray Luis numerosas obras en latín y en portugués, lenguas que dominaba. De sus escritos en castellano, igualmente abundantes, destacan el *Libro de la oración y meditación,* la *Guía de pecadores,* la *Introducción del Símbolo de la Fe,* el *Memorial de la vida cristiana, Trece sermones en castellano* y *Meditaciones muy devotas.* Escribió también varias biografías (del maestro Juan de Ávila, de fray Bartolomé de los Mártires, etc.), y algunas traducciones, como la del Kempis [36].

Habíanse caracterizado los dominicos desde los días de su fundador, Domingo de Guzmán, por la severidad de su formación teológica, a la que Santo Tomás había venido a incorporar —cual patrimonio inalienable— la gigantesca construcción de su Escolástica, convirtiéndose a la vez en símbolo de toda una actitud intelectual. De acuerdo con ella, los dominicos representaban una tradición de filosofía racional, nutrida en la herencia aristotélica. Este carácter tuvieron siempre sus grandes teólogos; y así fueron los dominicos españoles del siglo XVI, Melchor Cano, Domingo Báñez, Domingo de Soto, Francisco de Vitoria, como también los famosos enemigos de fray Luis de León, León de Castro y Bartolomé de Medina. La primordial finalidad de su orden, como su nombre justifica, les hacía dedicarse con celo combativo a la predicación y a la enseñanza que en muchos momentos casi monopolizaron; y la índole y rigor de sus estudios teológicos conducíales al empleo prácticamente exclusivo del latín en todas sus cátedras y escritos; a diferencia de

---

Granada y la Inquisición", en *Homenaje a Menéndez Pelayo,* I, Madrid, 1899, páginas 733-743. L. Serrano, "Carta inédita del Padre Granada", en *Boletín de la Real Academia de la Historia,* LXXX, 1922, págs. 255-262. O. Velado Graña, "Dos cartas inéditas del V. P. Fray Luis de Granada", en *Revista de Espiritualidad,* VII, 1948, páginas 339-356. A. Huerga, "Fray Luis de Granada en Escalacoeli. Nuevos datos para el conocimiento histórico y espiritual de su vida", en *Hispania,* Madrid, IX, 1949, páginas 434-480, y X, 1950, págs. 297-335. R. Robres, "La Monja de Lisboa según nuevos documentos romanos con una carta de Fray Luis de Granada", en *Boletín de la Sociedad Castellonense de Cultura,* XXVIII, 1952, págs. 520-532; XXIX, 1953, págs. 346-353; XXX, 1954, págs. 198-213. A. Huerga, "Fray Luis de Granada y San Carlos Borromeo", en *Hispania Sacra,* Madrid, XI, 1958, págs. 299-347. Del mismo, "El proceso inquisitorial de *la monja de Lisboa* y fray Luis de Granada", en *Hispania Sacra,* XII, 1959, págs. 333-356. M. D. Mateu Ibars, "Iconografía de Fray Luis de Granada en Valencia", en *Boletín de la Sociedad Castellonense de Cultura,* XXXVIII, 1962, páginas 163-167.

[36] Ediciones de las obras de Fray Luis de Granada: Ed. de Antonio de Sancha, 18 volúmenes, Madrid, 1781-1782. *Biblioteca de Autores Españoles,* vols. VI, VIII y IX, Madrid, nueva ed. 1944-1945, con prólogo y biografía de Fray Luis por José Joaquín de Mora. Ed. de Fray Justo Cuervo, 14 vols., Valladolid-Madrid, 1906-1908. *Guía de pecadores,* ed. de Matías Martínez de Burgos, "Clásicos Castellanos", Madrid, 1929. *Obra Selecta,* en "Biblioteca de Autores Cristianos", Madrid, 1952. *Guía de Pecadores,* con introducción de Fr. L. A. Getino, Madrid, 1962. *Historia de Sor María de la Visitación y sermón de las caídas públicas,* con estudio preliminar de A. Huerga, Barcelona, 1962. Cfr.: M. Llaneza, *Bibliografía de Fray Luis de Granada,* 4 vols., Salamanca, 1926-1928.

los agustinos, carmelitas y franciscanos, que abrazaban abiertamente la causa del romance.

De acuerdo con esta tradición de su orden fray Luis de Granada se entregó ardientemente a la predicación; y ya hemos aludido al sobresaliente lugar que en ella tuvo. Destacó asimismo por la profundidad de sus conocimientos lo mismo teológicos que clásicos, lo ardiente de su fe y la intensidad de su celo religioso. A pesar de ello, el padre Granada no representa ni doctrinal ni literariamente la tradición racionalista y escolástica de su orden. El influjo de las doctrinas platónicas y agustinianas es manifiesto en todos sus escritos, así como el recibido de León Hebreo; hombre de ingenua bondad, confiado y presto a todos los entusiasmos, imaginativo y sensible, predominaba en él todo lo sentimental y afectivo sobre lo puramente intelectual. Es, pues, el suyo realmente, como hacen notar todos sus exégetas, un espíritu franciscano que no correspondía al carácter seco y razonador de los dominicos. Conocido es el enorme influjo que éstos tenían en la Inquisición; ésta, sin embargo, prohibió por algún tiempo —suponiéndolos influidos por la doctrina de los iluminados— los dos libros capitales de fray Luis: la *Guía de pecadores* y el *Libro de la oración y meditación,* movida sobre todo por la opinión adversa de su compañero de orden Melchor Cano, que dedicó al padre Granada mortificantes cuando no comprometedores juicios. Las dificultades que de todo ello se le originaron con sus hermanos de religión, revelan sus profundas diferencias de carácter y espíritu, y justifican la calificación de "franciscanismo" a que aludimos. El sentido popular, la índole práctica y la intención divulgadora de sus libros, unidos al empleo de la lengua vulgar, irritaban a Cano, para quien era gravemente reprensible "enseñar al pueblo lo que a pocos dél conviene"[37].

No es fray Luis de Granada un escritor místico sino ascético, como bien se deduce de estos últimos rasgos dichos. El estilo de su prosa revela en todo momento sus grandes dotes de orador; Granada lo era por gracia natural, y hasta feliz improvisador, y esta fibra oratoria la lleva a sus páginas escritas. Es la suya una elocuencia abundante, de entonación y armonía ciceronianas, florida, llena de movimiento, de color y de descripciones realistas, pero a la vez precisa y matizada con delicado sentido poético. Su formación tomista —indudable también— se echa de ver en el rigor de las definiciones, la ordenada disposición de los argumentos, las escrupulosas divisiones y subdivisiones del discurso; pero su espíritu franciscano traspasa todo el conjunto ideológico con ardorosa pasión sentimental que arrastra el ánimo del lector —como a sus oyentes desde el púlpito— con mayor fuerza de lo que la verdad pueda persuadir al entendimiento. Con ser profunda y rigurosa su exposición, Granada —artista imaginativo y brillante— debe más su fama y su importancia

---

[37] Citado por Menéndez y Pelayo en "La estética platónica"..., citada, pág. 82. Cfr.: Marcel Bataillon, *Erasmo y España,* 2.ª ed., México, 1966, passim.

a la belleza y seducción de su estilo. Leyéndole aprendieron en buena parte casi todos los místicos posteriores; su prosa ha sido siempre modelo de rico y abundoso decir castellano, y su influjo se echa de ver en la oratoria religiosa y profana hasta períodos muy recientes.

En ningún otro aspecto se revela tanto la fogosa y a la vez delicada belleza de su palabra y su abrasada religiosidad franciscana como en sus descripciones —numerosísimas— de la naturaleza, así en sus maravillas estelares como en la vida minúscula de las flores del campo, o de los animales, o de cualesquiera bellezas del mundo físico. Sobre todo ello había aprendido Granada muchas cosas —pintorescas a veces— en los tratadistas de su tiempo, o en los autores clásicos como Plinio, y hasta en los libros de curioso y ameno pasatiempo como los de Mexía y Torquemada; pero mucho más era lo que había observado por sí mismo en su fervorosa y paciente contemplación de los seres naturales de los que fue insaciable amador. Como inimitables han sido siempre ponderadas sus delicadas descripciones de las frutas, de las menudas hierbas, de los pájaros familiares, de las pacientes hormigas cuya tarea y movimientos observaba amorosamente en su huerto conventual. Discurre Granada sobre todas estas bellezas con franciscano y poético fervor, pero sobre todo porque la maravilla de la creación es no sólo el espejo de la belleza divina, sino el camino que mejor nos lleva hasta el conocimiento y el amor de Dios [38].

Sus obras principales. La *Guía de pecadores* (fue publicada en Lisboa en 1556), libro ascético por excelencia, es un extenso tratado —menos literario que las restantes obras de Fray Luis de Granada por su persistente intención moralizadora— sobre las virtudes cristianas; discurre sobre los doce motivos que nos obligan a la virtud —creación, redención, providencia, etc.—, las doce ventajas o privilegios que nos proporciona (no sólo la conquista de la gloria eterna, sino la única felicidad y tranquilidad posibles durante la vida terrenal), las excusas que contra el cambio de vida alegan los pecadores, las tentaciones del mundo y lo caduco de las glorias mundanas; propone remedios contra los pecados e invita finalmente a la mortificación de los sentidos, al ejercicio de la caridad y al cumplimiento de los deberes para consigo mismo, con el prójimo y con Dios.

De parecido contenido ascético es otra obra de Granada, el *Libro de la oración y meditación*, publicada en Salamanca dos años antes que la *Guía de pecadores* y no tan importante como ésta. Consta de catorce meditaciones

---

[38] Cfr.: M. B. Bretano, *Nature in the Works of Fray Luis de Granada*, Washington, 1936. Pedro Laín Entralgo, *La Antropología en la obra de Fray Luis de Granada*, C. S. I. C., Madrid, 1946. Del mismo, "El mundo visible en la obra de Fray Luis de Granada", en *Revista de Ideas Estéticas*, IV, 1946, págs. 149-180. A. Huerga, "Plinio en la ascética de Fray Luis de Granada", en *Helmántica*, Salamanca, I, 1950, págs. 186-213.

sobre las partes de la oración, las tentaciones, la práctica de la virtud, el ayuno, la limosna, etc. Se ha discutido la relación entre esta obra de fray Luis y la del mismo título de San Pedro de Alcántara [39]. Pero aunque exista identidad en numerosos aspectos de la exposición —sobre todo en las consideraciones sobre la muerte y la miseria de la humana naturaleza o sobre las excelencias de la Gloria; temas, por lo demás, inevitables en obras de esta índole— a fray Luis pertenecen los inconfundibles aderezos de esta cálida prosa, llena de colorido gráficamente realista, patéticamente humana, particularmente cuando se demora en los tormentos de la Pasión de Cristo o en la descomposición de nuestro cuerpo.

La *Introducción del Símbolo de la Fe* es a la vez la obra maestra y la más extensa de fray Luis: "enciclopedia de la religión cristiana a la luz de la concepción española del mundo", según la llama Pfandl. Consta la obra de cuatro partes esenciales: en la primera se extiende en comentarios sobre las bellezas de las cosas creadas —el firmamento, los elementos, los animales, las plantas, el hombre con sus potencias y sentidos—, para elevarnos por su contemplación hacia el conocimiento y el amor de Dios (y ésta es la parte de toda su producción donde abundan especialmente las maravillosas descripciones de la naturaleza que hemos mencionado); en la parte segunda canta las excelencias de la fe, exponiendo los fundamentos de la doctrina cristiana y las diez y seis preeminencias del Cristianismo, y refiere la historia de diversos mártires con cuya fortaleza se entroniza el triunfo de la religión de Cristo sobre la idolatría; la parte tercera explica el misterio de la Redención, con los veinte frutos del árbol de la Cruz, las figuras alegóricas del misterio de Cristo en el Antiguo Testamento y las enseñanzas de los profetas, representando en su conjunto un tratado de divulgación bíblico-teológica; en la parte cuarta torna al misterio de la Redención, pero explicándolo a través de las profecías, siendo aquí donde alcanza la obra una mayor profundidad doctrinal, que no

---

[39] Cfr.: P. Michel Ange, "Le véritable et unique auteur du *Tratado de la oración*", en *Revista de Archivos, Bibliotecas y Museos*, XXXV, 1916, págs. 139-222; XXXVI, 1917, págs. 145-199 y 321-368. Fray Justo Cuervo, "Fray Luis de Granada verdadero y único autor del *Libro de la oración*", en *Revista de Archivos, Bibliotecas y Museos*, XXXVIII, 1918, págs. 293-350; XL, 1919, págs. 1-68 y 355-417. L. Pérez, "Información sobre el *Tratado de la Oración y Meditación* de San Pedro de Alcántara", en *Archivo Ibero-Americano*, 1917. Del mismo, "Cuestionario histórico. ¿Está resuelta la cuestión de quién sea el verdadero y único autor del *Tratado de la Oración y Meditación*, atribuido por unos a San Pedro de Alcántara y por otros a Fray Luis de Granada?", en *Estudios Franciscanos*, 1920. P. Paul Dudon, S. J., "Dans son Traité de l'Oraison Saint Pierre d'Alcántara a-t-il démarqué Louis de Granada?", en *Revue d'Ascétique et de Mystique*, octubre 1921, págs. 384-401. A. Huerga, "Génesis y autenticidad del *Libro de la oración y meditación*", en *Revista de Archivos, Bibliotecas y Museos*, LIX, 1953, págs. 135-183. M. Ledrus, "Grenade et Alcántara. Deux manuels d'oraison mentale", en *Revue d'Ascétique et de Mystique*, Toulouse, XXXVIII, 1962, págs. 439-460 y XXXIX, 1963, págs. 32-44.

impide las frecuentes bellezas, aunque tengan éstas mayor lugar en la primera parte. Expone en ésta, como idea fundamental, la estimación que debemos hacer de la hermosura de las criaturas como reflejo de Dios y camino hacia El: "El justo —dice— ha de mirarlas como a unas muestras de la hermosura de su Criador, como a unos espejos de su gloria, como a unos intérpretes y mensajeros que le traen nuevas dél, como a unos dechados vivos de sus perfecciones y gracias, y como a unos presentes y dones que el esposo envía a su esposa para enamorarla y entretenerla hasta el día que se hayan de tomar las manos y celebrarse aquel eterno casamiento en el cielo. Todo el mundo le es un libro, que le paresce que habla siempre de Dios, y una carta mensajera que su amado le envía, y un largo proceso y testimonio de su amor". Comentando este párrafo, escribe Menéndez y Pelayo: "A desarrollar esta idea ha consagrado el venerable granadino una parte muy considerable de su traducción del *Símbolo de la fe,* obra para la cual le dieron la primera inspiración y muchos materiales los dos *Hexaemerones* de San Basilio y de San Ambrosio, y los *Sermones de la Providencia,* de Teodoreto. Esta hermosísima descripción de las maravillas naturales bajo el aspecto de la armonía providencial, debe citarse como uno de los primeros ensayos de la parte que hoy llamamos *física estética,* aunque aparezca infestada por todos los errores dependientes del atraso de las ciencias naturales en el siglo XVI. Pero si falta muchas veces exactitud, y el autor se deja ir con nimia credulidad a tener por cosa cierta cuanto ve escrito en Plinio y en Solino, jamás pierde las ventajas de su magnífica elocuencia, empapada en un amoroso sentimiento de la naturaleza, muy raro en nuestra literatura, y más en la del Siglo de Oro"[40].

La *Retórica Eclesiástica* la escribió Fray Luis en latín (*Libri sex ecclesiasticae rhetoricae*), y fue traducida al castellano en el último tercio del siglo XVIII; en ella se proponía definir el arquetipo del perfecto orador cristiano. En sus ideas sigue a los dos grandes maestros de la oratoria clásica, Quintiliano y Cicerón, particularmente al segundo. Un poco en contradicción con sus propias características, define como ideal el estilo sencillo y natural frente a la demasiada redundancia de palabras; pero encarna perfectamente su propio arquetipo cuando afirma que el orador debe sentir y conmoverse él mismo en la medida en que desea mover y emocionar a sus oyentes y, sobre todo, cuando —según la definición de Quintiliano: "vir bonus dicendi peritus"— exige para el orador no sólo condiciones de ciencia y elocuencia, sino, sobre todo, cualidades morales, rectitud de intención, integridad y bondad[41].

---

[40] "La estética platónica...", cit., pág. 87.
[41] Cfr.: Alejandro Pidal y Mon, "Fray Luis de Granada como orador sagrado del Siglo de Oro de la civilización española", en *Discursos y artículos literarios,* Madrid, 1887, págs. 75-198. Rebecca Switzer, *The Ciceroniam Style in Fray Luis de Granada,* Nueva York, 1927. Marcel Bataillon, "De Savonarole à Louis de Grenade", en *Revue de Littérature Comparée,* París, XVI, 1936, págs. 23-39. N. González-Bardallana, "El

Estilo. Hay en toda la obra de Granada una gran abundancia verbal, producida evidentemente por sus condiciones oratorias aludidas; con frecuencia diríase que esta misma fecundidad desborda el plan y da a sus escritos algo como un sabor de improvisación; a veces, también un exceso de retórica; y aquí y allá desigualdades de estilo que en unos pasajes se muestra escrupulosamente trabajado y muy descuidado en otros. Pero estos defectos frecuentes están siempre compensados por mucho más abundantes bellezas, por lo vivo y original de su lenguaje, por su colorido y variedad, por el sugerente poder de sus metáforas; con todo lo cual dotó al idioma de nuevos recursos expresivos al mismo tiempo que profundizaba sagazmente en el análisis del alma.

A diferencia de su homónimo fray Luis de León, amador igualmente entrañable de la naturaleza, ésta tiene para el padre Granada una realidad más inmediata y tangible, más corpórea y sensorial, más sentimental y afectiva; fray Luis de León veía los seres que amaba más en función de ideas, con visión más sintética y abstracta, más intelectual. Para Granada, en cambio, existen los seres vivos, individuales y concretos sobre los que ejerce su observación directa y en los que se recrea con un deleite que parece nacer tanto del alma como de los sentidos [42].

LA MÍSTICA FRANCISCANA

CARÁCTER E INFLUENCIA

No parece necesario extenderse aquí sobre la conocidísima significación que tiene en la religiosidad universal, en el concepto de la vida y de las cosas, en la vida moral y hasta en el sentimiento artístico la entrañable figura del Pobre de Asís, en quien se encarna el más encendido y puro amor de Dios y —por él— el de los hombres y los seres todos de la naturaleza. Una sostenida tradición conduce la esencia del espíritu de San Francisco a través de todos los escritores de la Orden, desde Jacopone de Todi, Raimundo Lulio y San

---

ministro de la palabra según la doctrina de Fray Luis de Granada", en *Revista Española de Teología,* Madrid, XXIII, 1963, págs. 61-75.

[42] Además de los estudios mencionados, cfr.: A. F. G. Bell, "Some Notes on the Works of Fray Luis de Granada", en *Bulletin of Spanish Studies,* XVI, 1939, págs. 181-190. Fidèle de Ros, "Los místicos del Norte y Fray Luis de Granada", en *Archivo Iberoamericano,* Madrid, VII, 1947, págs. 145-167. Marcel Bataillon, "Genèse et métamorphoses des oeuvres de Louis de Grenade", en *Annuaire du Collège de France,* XLVIII, 1948, págs. 194-201. Raphael-Louis Oechslin, *Louis de Grenade ou la rencontre avec Dieu,* París, 1954. Dámaso Alonso, "Sobre Erasmo y Fray Luis de Granada", en *De los siglos oscuros al de Oro,* Madrid, 1958, págs. 218-225. Azorín, *Los dos Luises y otros ensayos,* y "Granada y la Retórica", en *De Granada a Castelar,* diversas ediciones.

Buenaventura, para constituir la escuela mística franciscana, de tendencia profundamente afectiva, "ciencia de amor", en la que apenas si el discurso y la inteligencia tienen parte [43].

La participación de los franciscanos en la literatura religiosa de nuestro Siglo de Oro es importantísima. Franciscanos como fray Alonso de Madrid, fray Francisco de Osuna, fray Bernardino de Laredo y, sobre todo, San Pedro de Alcántara, preparan el camino de Santa Teresa, a todos los cuales cita expresamente la Santa. "Casi todas las metáforas sobre el amor divino tomadas de la Naturaleza —dice Sáinz Rodríguez resumiendo las investigaciones de Etchegoyen sobre este punto— proceden del Padre Osuna, y por eso tienen un gran matiz franciscano". De la *Subida del Monte Sión por la vía contemplativa*, de fray Bernardino de Laredo, afirma el mismo autor: "Esta obra, como los *Abecedarios* de Osuna, es una de las claves indispensables para entender la mística española. Fray Bernardino de Laredo es un alma lírica llena de entusiasmo, y la exaltación casi panteísta (sin serlo doctrinalmente) de sus descripciones de la Naturaleza son páginas admirables no superadas quizá por ningún prosista posterior" [44]. De su deuda con San Pedro de Alcántara, como escritora, como estímulo para su vida de oración y en sus actividades religiosas, habla Santa Teresa en diversos pasajes de su *Vida*; y ya aludimos a las posibles relaciones de su *Tratado de la oración* con la obra homónima de fray Luis de Granada.

Debe advertirse, sin embargo, que a pesar de tan poderosa tradición, no dieron los franciscanos del Siglo de Oro una figura literaria de la importancia de los dos Luises, o de Santa Teresa o de San Juan de la Cruz; y también que la característica nota líricamente afectiva no es la que predomina de manera especial en los escritores franciscanos de la época, preocupados más bien por la lección y el ejemplo moral, que les lleva a escribir obras preferentemente ascéticas de sostenida intención didáctica (lo que vendría a contradecir en parte la división de los escritores místicos propuesta por Menéndez y Pelayo). Tan sólo la noble figura de fray Juan de los Ángeles responde fielmente a la tradición afectiva franciscana y es, a la vez que el escritor más excelso de su orden, uno de los más altos de nuestra literatura religiosa.

FRAY DIEGO DE ESTELLA

Nacido en el pueblo que tomó para su nombre religioso, Diego Ballesteros (1524-1578) estudió en Salamanca donde fue amigo del príncipe de Éboli, Ruy Gómez de Silva, y allí tomó el hábito de San Francisco. Su ascetismo y su fama como orador sagrado le ganaron la confianza de altas personalida-

---

[43] Cfr.: D. Dobbins, *Franciscan Mysticism*, Nueva York, 1927. St. Grunwald, *Franziskanische Mystik*, Munich, 1932.

[44] *Introducción...*, citada, pág. 224.

des, como el cardenal Granvela de quien fue confesor, y ser nombrado predicador del rey. Vivió algún tiempo en Portugal y se retiró luego al convento de su ciudad natal, donde escribió sus obras principales. Son éstas el *Tratado de la vanidad del mundo* y las *Cien meditaciones del amor de Dios*[45]. El primero es un libro puramente ascético —de prosa seca y austera, pero notable por la claridad y rigor expositivo—, cuyo título revela inequívocamente su línea fundamental; en él recoge los habituales motivos religiosos en obras de esta índole y a la vez inspirados en la tradicional corriente ascética española. Más importante —con haber sido siempre bastante menos popular— es su segundo libro, de carácter místico, donde el autor expone una verdadera teoría del amor inspirada en la mística franciscana, y los tres grados por los que asciende el alma hacia la Divinidad, hasta que "es arrebatada y transformada en su Dios", "porque la gran dignidad del hombre —según resume Pfandl— sobre todas las criaturas se muestra en que, por el amor, puede transfigurarse y transformarse en cualquier objeto, más alto o más bajo que él"[46].

Hay en el libro de Estella un profundo fervor y una indudable llama mística, pero contenida por sus propias limitaciones: "El afectivismo de Estella —dice Valbuena Prat— es más intelectual que sentido emocionadamente, por lo cual en esta obra se nota un cierto choque brusco, externamente disimulado, entre la tradición de San Francisco y el temperamento áspero del navarro, que corría en cauce más natural por el seco ascetismo"[47].

Menéndez y Pelayo, que no parecía apreciar mucho el *Tratado de la vanidad del mundo*, al que califica de "obra árida y prolija, más de edificación que de literatura, erizada de textos y lugares comunes, que la hacen útil en extremo para los predicadores", tiene, en cambio, mucha mayor estima por las *Cien meditaciones*, "que son —dice— un braserillo de encendidos afectos, cuyo poder y eficacia para la oración reconoce y pondera San Francisco de Sales, que le imitó mucho en su tratado sobre la misma materia"[48].

---

[45] Ediciones: *Obras escogidas de Fray Diego de Estella*, ed. Eugenio de Ochoa, en "Colección de los mejores autores españoles", Madrid, vol. XII, 1841, y XLIV, 1847. *Meditaciones del amor de Dios*, ed. R. León, Madrid, 1920. Cfr.: José Zalba, *Fray Diego de Estella. Estudio histórico*, Pamplona, 1924. Justo Pérez de Urbel, "Fray Diego de Estella", en *Revista Eclesiástica*, XXIX, 1924, págs. 217-223. S. de Tudela, "¿Fue místico fray Diego de Estella?", en *Verdad y Caridad*, Pamplona, I, 1924, págs. 189-200. A. Andrés, "Fray Diego de Estella (1525-1578). Causas, incidentes y fin de un proceso", en *Archivo Iberoamericano*, II, 1942, págs. 145-158. P. Sagüés Azcona, *Fray Diego de Estella (1524-1578). Apuntes para una biografía crítica*, Pamplona, 1950. Fidel de Legarza, "Nuevos estudios sobre Fr. Diego de Estella", en *Archivo Iberoamericano*, XI, 1951, págs. 359-377. Pierre Groult, "Un disciple espagnol de Thomas à Kempis: Diego de Estella", cit. (en nota 26). Del mismo, "Orozco et Estella", en *Les Lettres Romanes*, Lovaina, XVII, 1963, págs. 223-240.

[46] *Historia de la literatura nacional española en la Edad de Oro*, Barcelona, 1933, página 199.

[47] *Historia de la literatura española*, vol. I, 7.ª ed., Barcelona, 1964, págs. 651-652.

[48] "La estética platónica...", cit., págs. 93-94.

FRAY JUAN DE LOS ÁNGELES

Su vida y su obra. Nacido en 1536 en un pequeño lugar próximo a Oropesa, provincia de Toledo, ocupó altos cargos en su orden, fue confesor de las Descalzas Reales de Madrid y predicador de la emperatriz doña María, hermana de Felipe II, que al volver de Alemania se había retirado a dicho convento. Las obras principales de Fray Juan de los Ángeles son: los *Triunfos del amor de Dios* que refundió y mejoró después en la *Lucha espiritual y amorosa entre Dios y el alma;* los *Diálogos de la conquista del espiritual y secreto reino de Dios* con su segunda parte *Manual de vida perfecta;* las *Consideraciones espirituales sobre el Cantar de los Cantares de Salomón;* el *Tratado de los soberanos misterios de la misa* y el *Vergel espiritual del ánima religiosa.* Murió el escritor en 1609 [49].

Plenamente enraizado —como dijimos— en la tradición mística franciscana, poseía a la vez una extensa cultura renacentista, que utiliza en todos sus escritos, citando abundantemente a filósofos y poetas clásicos —Pitágoras, Séneca, Platón, Plotino, Aristóteles— e incluso a Ovidio. Dentro de su formación teológica, además de la doctrina y autores tradicionales en su orden, como San Dionisio Areopagita, San Buenaventura y los místicos de la Escuela de San Víctor, es manifiesto el influjo de los místicos alemanes, en especial Taulero y Ruysbroeck. Todos estos influjos, ampliamente aprovechados, si por una parte hacen de fray Juan "el menos original de entre los mejores" en opinión de Pfandl, le permiten a su vez la gran perfección constructiva de sus libros "que parecen tratados doctrinales hechos por un profesional de la Filosofía", según afirma Sáinz Rodríguez. Y añade: "Por esto, aunque en el fondo y

---

[49] Ediciones: *Obras místicas del M. R. P. Fray Juan de los Ángeles,* ed. del P. Jaime Sala, en *Nueva Biblioteca de Autores Españoles,* Madrid, vol. XX, 1912, y XXIV, 1917. *Diálogos de la conquista del espiritual y secreto reino de Dios,* ed. Miguel Mir, 2.ª ed., Madrid, 1926. *Lucha espiritual y amorosa entre Dios y el alma,* ed. Razón y Fe, Madrid, 1930, 2 vols. *Diálogos de la conquista del reino de Dios,* ed. de A. González Palencia, en "Biblioteca Selecta de Clásicos Españoles", Madrid, 1946. Cfr.: F. Torres y Galeote, *La mística española y los Triunfos del Amor de Dios,* Sevilla, 1907. P. Fr. Antonio Torró, *Estudios sobre los místicos españoles. Fray Juan de los Ángeles, místico-psicólogo,* 2 vols., Barcelona, 1924. J. Domínguez Berrueta, *Fray Juan de los Ángeles,* Madrid, 1927. Ángel González Palencia, "El P. Fray Juan de los Ángeles y sus 'Diálogos de la conquista del reino de Dios'", en su libro *Del Lazarillo a Quevedo,* Madrid, 1946 (se trata del mismo estudio antepuesto a su edición de los *Diálogos,* citada). P. Groult, "L'influence des mystiques des Pays-Bas sur Juan de los Ángeles", en *Les mystiques des Pays-Bas...,* cit., págs. 186-265. J. B. Gomis, "El amor social en Fray Juan de los Ángeles", en *Verdad y Vida,* Madrid, V, 1947, págs. 309-335. Fidèle de Ros, "La vie et l'oeuvre de Jean des Anges", en *Mélanges offerts au R. P. Ferdinand Cavallero,* Toulouse, 1948, págs. 405-423. Cfr., además, *La escuela mística alemana...,* de Joaquín Sanchís Albentosa, cit., en la nota 26.

forma de su doctrina arda una gran pasión y predomine el elemento afectivo, no vacila en utilizar la doctrina de autores profanos tan diversos de su temperamento como Aristóteles en la Filosofía y Taulero en la Mística, el más metafísico de los místicos alemanes... Fray Juan de los Ángeles es el místico que, conservando las notas de su escuela, sirve para unir el franciscanismo con la tradición alemana" [50].

Fray Juan, para quien el amor es el móvil supremo, siente una especial predilección por Platón y de él toma su concepción del amor y de la belleza, la idea de que la ciencia del amor comprende por entero la moral y la doctrina del alma, y que además transforma a los que aman en el objeto amado. Y se sirve de la misma teoría platónica para explicar la doctrina del amor divino en todos sus grados.

Psicólogo y estilista. Dos aspectos destacan sobremanera en la obra de fray Juan de los Ángeles: primero su penetrante estudio de la vida interior, del alma y sus pasiones; y en segundo lugar la peculiar delicadeza de su estilo.

Tenía fray Juan en muy escaso aprecio las prácticas externas del culto que no fueran acompañadas de una perfección íntima, y decía que el verdadero camino de la Gracia estaba en "andar dentro de sí mismo" y en "componer el hombre interior"; aquello que él llama el "hondón" o "ápice" de la conciencia, que sólo puede saciarse con la grandeza del Señor, y donde éste reside "como en el mismo cielo". Enteramente vuelto hacia estas delicadas interioridades, casi incomunicado —en su silencio— con el mundo externo cuyos lazos y amores desea destruir para fundirse con Dios estrechamente, hace fray Juan el más admirable análisis de la vida mística del alma, de los afectos y pasiones, en particular del amor propio que considera raíz de todas las demás. Comparando esta intimidad de fray Juan con la mirada abierta al mundo de fray Luis de Granada, dice Menéndez y Pelayo que, "Si el ingenio oratorio y expansivo de fray Luis de Granada busca a Dios en el espectáculo de la naturaleza, y se dilata en magníficas descripciones de la armonía que reina entre las cosas creadas, el ingenio psicológico de fray Juan de los Ángeles le busca en la silenciosa contemplación del íntimo retraimiento de la mente, a la cual ninguna cosa creada puede henchir ni dar hartura. 'Al fin, es admirable cópula la que se hace de lo alto de Dios y de la nada del hombre' " [51].

Esta cerrada vida interior, en la que alcanza su mayor altura Fray Juan, es también la causa de sus limitaciones. La vida de acción no se aúna como sucede en nuestros místicos más altos, Santa Teresa y San Juan de la Cruz, con sus deliquios íntimos; y ni siquiera en el plano de la más recogida intimidad deja fray Juan de ser un teórico sutil. Pfandl comenta así este carácter: "En el último capítulo de la 'Lucha espiritual' discute con elocuente erudición

---

[50] *Introducción...*, citada, pág. 229.
[51] "La estética platónica...", citada, pág. 93.

sobre visiones y éxtasis, pero en ninguna parte se trasluce el fuego de la propia experiencia, dulce y dolorosa a la vez. Es mucho más equilibrado, más concentrado que aquéllos. En este maestro de la contemplación todo se realiza sin combate y sin dolor. Por esto no alcanzó sobre sus contemporáneos la poderosa influencia que nace de la fuerza de la palabra y de la acción, y la posteridad le ha olvidado casi por completo..." [52].

En lo que toca al estilo, conocida es la admiración que Menéndez y Pelayo tenía por el de fray Juan, de quien decía que era "uno de los más suaves y regalados prosistas castellanos, cuya oración es río de leche y miel. Confieso que es uno de mis autores predilectos: no es posible leerle sin amarle y sin dejarse arrastrar por su maravillosa dulzura, tan angélica como su nombre. Después de los 'Nombres de Cristo' que yo pongo, en la relación de arte y en la relación filosófica, sobre toda nuestra literatura piadosa, no hay libro de devoción que yo lea con más gusto que los *Triumphos del amor de Dios* y los *Diálogos de la conquista del espiritual y secreto reino de Dios*, libros donde la erudición profana se casa fácil y amorosamente con la sagrada; libros donde asombra la verdad y la profundidad en el análisis de los afectos; libros que deleitan y regalan por igual al contemplativo, al moralista y al simple literato" [53].

Esta gustosa suavidad y regalo que encantaban a Menéndez y Pelayo en la prosa de Fray Juan proceden de sus altas dotes poéticas con las que descubre fluidamente, y como sin esfuerzo, las más delicadas y claras imágenes; de su noble elegancia, que no rehuye la comparación o el dato vulgar, pero que sabe ennoblecerlos sin afectación; de su serena emotividad, que sin complacerse jamás en descripciones patéticas —como tantos otros escritores religiosos de su tiempo— envuelve de amorosa ternura cada pasaje de sus libros, y finalmente de su ordenada y clara exposición, rigurosa sin sequedad, porque la gracia del estilo —sostenida sin apenas desmayos— quita toda aridez a la construcción ideológica.

LOS MÍSTICOS AGUSTINOS

Considerada aparte la gigantesca personalidad de Fray Luis de León, deben estudiarse todavía en la orden agustiniana algunas otras figuras del mayor interés, con personalidad tan alta como inconfundible.

EL BEATO OROZCO

Conocido sobre todo en la historia de la literatura por la controversia en torno a *Los Nombres de Cristo*, de Fray Luis de León, no parece despertar

---

[52] *Historia...*, cit., pág. 202.
[53] "La estética platónica...", págs. 90-91.

hoy el padre Orozco el interés que merece por lo notable de su persona y de su obra; y, sin embargo, creemos que bien podría darse a cambio de ellas la producción de muchas docenas de escritores religiosos de su siglo.

Alonso de Orozco nació en 1500 en Oropesa, donde su padre residía como alcaide del castillo. Se ejercitó en la música como seise de la catedral de Toledo, y estudió después en Salamanca donde tomó el hábito de San Agustín de manos de Santo Tomás de Villanueva, prior entonces del convento de aquella ciudad. Nombrado predicador de Carlos V en 1554, frecuentó desde entonces —a lo largo de cuarenta años— el palacio real, y actuó como consejero de innumerables personas de toda condición (incluso del propio Felipe II), que le buscaban afanosamente; de lo que testificó el propio Quevedo, a quien de muchacho, enviaban sus padres con frecuencia a la celda del agustino en demanda de piadosa instrucción. Predicó innumerables veces en las iglesias de Madrid, y dedicaba cuanto tiempo le quedaba a visitar hospitales y cárceles y al cuidado de los pobres. Con todo ello se convirtió en una de las personas más populares de la capital, y cuando murió en 1591 —el mismo año que Fray Luis de León y San Juan de la Cruz— las gentes de la corte acudieron en tropel para ver el cadáver de aquél a quien llamaban familiarmente "el Santo de San Felipe" por el nombre de su monasterio.

Fue Orozco un sacerdote del pueblo, y para él —para los hombres sencillos y sin especial instrucción— escribió preferentemente sus obras. Por esto mismo se sirvió con sostenida convicción del idioma vulgar, siendo de los primeros en defender enérgicamente su uso para las obras de religión, al lado de sus hermanos de orden Fray Luis de León y Malón de Chaide.

Aborrecía Orozco la milagrería y los casos maravillosos; en una ocasión envió al manicomio a una supuesta posesa que le llevaron para que la exorcizara, y fue de los primeros en desautorizar a la famosa priora de Lisboa que engañó a Granada. Expresamente declara sus opiniones sobre este punto en la *Victoria del mundo,* con palabras que deberían bastar para su fama: "Dios no quiere que ahora se den milagros, porque no son necesarios; lo que quiere son cristianos humildes, pacientes y llenos de amor, por que la vida perfecta de un cristiano es un continuo milagro aquí en la tierra".

Es el Beato Orozco un verdadero escritor místico. Generalmente se viene considerando a Juan de Ávila como el iniciador de nuestra mística con su tratado del *Audi, Filia,* pero diez años antes habían sido ya publicadas las primeras obras místicas de Orozco. A tono con su carácter llano y popular antes descrito, el camino hacia la Divinidad resulta en sus libros de especial sencillez, incluso en la última etapa de la "unión". El estadio primero, o de la "purgatio", no se alcanza —según Orozco— por medio de la ascesis o la purificación íntima, sino mediante el activo ejercicio de la caridad, aplicado al más inmediato y material servicio a los necesitados. "Quien en esta forma —resume Pfandl— se ha despojado de sí mismo y se ha vencido a sí propio, está bien armado para el camino de la contemplación. La lectura, la meditación y la plegaria pueden fortificar y profundizar por intuición la perfección activamente conseguida. La señal y eficacia de esta "purgatio" está en que el alma siente una facilidad y amplitud bienhechoras en todo lo que se refiere al servicio de Dios y del prójimo" [54].

Parece incuestionable que el Beato Orozco gozó frecuentes veces de los más elevados favores de la unión con Dios; y, sin embargo, sólo merced a los testimonios ajenos —en especial de sus hermanos de religión que lo sorprendieron repetidamente en su celda, arrobado, mientras improvisaba música en su espineta— nos son aquéllos conocidos. Llevado de su extraordinaria modestia y a la vez de su criterio sobre las experiencias místicas, no nos ha dado ninguna descripción ni comentario de sus momentos de éxtasis, pues evidentemente los estimaba como algo íntimo, secreto y personal, que no debía ser pregonado. ¡Formidable virtud, doblemente admirable, porque, quien tan humildemente callaba, además de un santo públicamente aclamado, era un escritor!

Orozco lo fue de extraordinaria fecundidad. Entre sus obras deben destacarse: *Las siete palabras que la Virgen Santísima nuestra Señora habló*, el *Memorial de amor santo*, el *Vergel de oración y monte de contemplación*, *De la suavidad de Dios* y el *Desposorio espiritual*, fundamentales para estudiar su mística; el *Epistolario cristiano para todos los estados*, y el *Examen de conciencia*. En este último, donde analiza con singular profundidad los estados del alma y encarece la importancia del conocimiento de sí mismo, da normas para el perfecto examen y arrepentimiento, a los que debe llegarse —dice— no con amenazas ni temor al infierno ni por el daño temporal o posible afrenta, sino por reflexiva persuasión y "porque el amor se siente culpable ante la Divinidad ofendida" [55].

FRAY PEDRO MALÓN DE CHAIDE

Una sola obra —el *Libro de la conversión de la Magdalena*— ha bastado para la fama de este escritor, que nació en el pueblo navarro de Cascante en fecha desconocida aunque algunos dan la de 1530; fue discípulo de Fray Luis

---

[54] *Historia...*, cit., pág. 193.

[55] Ed.: *Obras*, 2 vols., Salamanca, 1895-1896. Cfr.: P. Tomás Cámara, *Vida y escritos del B. Alonso de Orozco*, Valladolid, 1882. P. Gregorio de Santiago Vela, *Ensayo de una biblioteca Ibero-Americana de la Orden de San Agustín*, El Escorial, 1931. P. Bruno Ibeas, O. S. A., *Los ascéticos agustinos españoles*, Madrid, 1925. P. Ignacio Monasterio, O. S. A., *Místicos agustinos españoles*, 2 vols. 2.ª ed., El Escorial, 1929. Ángel Lasso de la Vega, "Influencia de los Agustinos en la literatura española", en *La Ciudad de Dios*, IX. Conrado Muiños, "Influencia de los agustinos en la poesía castellana", en *La Ciudad de Dios*, XVII y XVIII. P. F. Blanco García, "Información de Lope de Vega sobre las virtudes del Beato Alonso de Orozco", en *La Ciudad de Dios*, XXXIV. F. A. Farina, *Doctrina de la oración del Beato Orozco*, Barcelona, 1927. P. Groult, "Orozco et Estella", cit.

de León, en Salamanca, donde profesó, ocupó altos cargos en su orden, desempeñó cátedras en las Universidades de Huesca y Zaragoza, y gozó de gran estima como predicador y teólogo. Murió en 1589 en Barcelona, donde un año antes se había publicado su famoso libro. De él dijo Menéndez y Pelayo que era el "más brillante, compuesto y arreado, el más alegre y pintoresco de nuestra literatura devota; libro que es todo colores vivos y pompas orientales, halago perdurable para los ojos"[56]. Y en tan cortas palabras lo definió a la perfección[57].

En el prólogo de su obra Malón de Chaide escribe, según llevamos ya indicado, una de las más brillantes apologías de la lengua castellana, y expone las razones por las que cree necesario que las obras de lectura piadosa se escriban en el habla vulgar. Era éste por entonces, como sabemos, uno de los problemas más debatidos y espinosos. Seguía vigente la prohibición de verter al romance los libros sagrados, por el peligro que se suponía de poner en las manos del lector sin especial preparación aquellos textos que requerían escrupulosos comentarios y exégesis de altos teólogos; comentarios que no debían tampoco dejarse al alcance del vulgo, por lo que hasta los libros de divulgación religiosa tenían que ser defendidos con el latín. Contra esta opinión, sostenida especialmente por los dominicos, pelearon los agustinos la gran batalla del idioma vulgar; hemos ya visto la actitud de Fray Luis de León y del Beato Orozco, a los que secundó con tanta decisión como eficacia Malón de Chaide. Insiste éste en las razones que abonaban por el uso de la lengua castellana en los libros de teología y religión; al no llegar éstos al lec-

---

[56] "La estética platónica...", pág. 96.

[57] Ediciones: Eugenio de Ochoa, en *Biblioteca de Autores Españoles*, vol. XXVII, Madrid, nueva ed., 1948; ed. del P. Félix García, en "Clásicos Castellanos", 2 vols., Madrid, 1930; ed. Justo García Morales, Madrid ("Crisol"), s. a. Cfr.: Pedro José Pidal, "El Padre Malón de Chaide", en *Estudios críticos y literarios,* vol. II, Madrid, 1890. Ricardo del Arco, "El Padre Malón de Chaide. Nuevos datos para su biografía", en *Estudio*, Barcelona, XXVIII, 1919, págs. 342-362. M. Allué Salvador, "Malón de Chaide y su obra 'La Conversión de la Magdalena'", en *Universidad. Revista de cultura y vida universitaria*, Zaragoza, VII, 1930, págs. 1005-1068. A. Langenegger, *Des P. Pedro Malón de Chaide, "Conversión de la Magdalena"*, Zurich, 1933. José María San Juan Urmeneta, *Fray Pedro Malón de Chaide*, Pamplona, 1957. Joseph Vinci, "Vida y obras de Pedro Malón de Chaide", en *Religión y Cultura*, II, 1957, págs. 262-282. Del mismo, "Pedro Malón de Chaide, dentro y fuera de la tradición literaria augustiniana", en *Religión y Cultura*, V, 1960, págs. 212-241. Del mismo, "The Neoplatonic Influence of Marsilio Ficino on Fray Pedro Malón de Chaide", en *Hispanic Review*, XXIX, 1961, páginas 275-295. Del mismo, "Las ideas eclécticas sobre la filosofía del amor y de la hermosura. A propósito de *La conversión de la Magdalena* de Malón de Chaide", en *Religión y Cultura*, VIII, 1963, págs. 539-562. Helmut Hatzfeld, "San Juan de la Cruz y Malón de Chaide. Proximidad y lejanía del misterio", en *Estudios...*, citado, págs. 331-349. Del mismo, "The style of Malón de Chaide", en *Studia Philologica. Homenaje ofrecido a Dámaso Alonso*, vol. II, Madrid, 1961, págs. 195-214; reproducido, en español, en *Estudios sobre el Barroco*, Madrid, 1964, págs. 241-263.

tor común, era natural que se aficionara —sin rival que los combatiese— por los libros de "lascivo" entretenimiento. Malón ataca, como nocivos, los libros pastoriles y de caballerías, y hasta a poetas profanos como Garcilaso y Boscán. Para reemplazarlos en el deleite y gusto populares pretende él escribir su libro sobre la Magdalena en el más atrayente y seductor estilo, robándole sus galas a los mismos escritos que trataba de combatir. En esta intención se encuentra explicado el carácter de la obra [58].

---

[58] Sobre dos puntos se apoyan las razones de Malón de Chaide. Recuerda primeramente cómo los libros sagrados se escribieron en la lengua que era entonces vulgar y conocida de todos: "A los que dicen que es poca autoridad escribir cosas graves en nuestro vulgar, les pregunto: ¿la ley de Dios era grave? La Sagrada Escritura que reveló y entregó a su pueblo, a donde encerró tantos y tan soberanos misterios y sacramentos, y a donde puso todo el tesoro de las promesas de nuestra reparación, su encarnación, vida, predicación, doctrina, milagros, muerte y lo que su Majestad hizo y padeció por nosotros; todo eso junto y lo demás que con esto iba, pregunto a estos tales, ¿en qué lengua lo habló Dios, y por qué palabras lo escribieron Moysés y los Profetas? Cierto está que en la lengua materna en que hablaba el zapatero y el sastre, y el tejedor y el cavatierra, y el pastor y todo el mundo entero. El santo Profeta Amós pastor era criado en varear bellota, en apacentar ganado por los montes y sierras, y profetizó y dejó sus profecías escritas, pues cierto es que no aprendió en Atenas ni en Roma otro lenguaje que el que se hablaba en su tierra. Pues si misterios tan altos y secretos tan divinos se escribían en la lengua vulgar con que todos a la sazón hablaban, ¿por qué razón quieren estos envidiosos de nuestro lenguaje que busquemos lenguas peregrinas, para escribir lo curioso y bueno que saben y podrían divulgar los hombres sabios?... Si dicen que aquella lengua hebrea era muy misteriosa y que por eso la Escritura Sagrada se escribió en ella, pregunto: ¿No se tradujo en griego por muchos traductores y, después, no se escribió en latín, que era la lengua ordinaria en Roma, como ahora lo es para nosotros la castellana? Sí; pues si nuestro español es tan bueno como su griego y como el lenguaje romano, y se sabe mejor hablar que aquellas lenguas peregrinas, y por poco bien que se escriba en el nuestro, se escribiría con más propiedad que en el ajeno, ¿por cuál razón les ha de parecer a ellos que es bajeza escribir en él cosas curiosas y graves? Escribió Tulio en la lengua que aprendió en la leche, y Marco Varrón y Séneca, y Plutarco, y los santos Crisóstomo, Cirilo, Atanasio, Gregorio Nacianzeno y todos los de aquel tiempo, cada uno en la suya y materna, e hicieron bien, y estúvoles bien, y pareció a todos bien; y Platón, Aristóteles, Pitágoras, y todos los filósofos escribieron su filosofía en su castellano, porque lo digamos así, de suerte que la moza de cántaro y el cocinero, sin estudiar más que los términos que oyeron y aprendieron de sus madres, los entendían y hablaban de ello, y ahora les parece a estos tales que es poca gravedad escribir cosa buena en nuestra lengua, de suerte que quieren más hablar bárbaramente la ajena y con mil impropiedades y solecismos e idiotismos, que en la natural y materna con propiedad y pureza, dando en esto que reir y burlar y mofar a los extranjeros que ven nuestro desatino". (Edición P. Félix García, págs. 69-72 del vol. I).

Después, frente a los que creen que el castellano carece todavía de la suficiente calidad para ser vehículo expresivo de profundas doctrinas, escribe su encendida apología de nuestro idioma: "No se puede sufrir que digan que en nuestro castellano no se deben escribir cosas graves. ¡Pues cómo! ¿Tan vil y grosera es nuestra habla que no puede servir sino de materia de burla? Este agravio es de toda la nación y gente de España, pues no hay lenguaje, ni le ha habido, que al nuestro haya hecho ventaja en abundancia de términos, en dulzura de estilo, y en ser blando, suave, regalado y tierno y muy aco-

Malón se sirve de todo género de expresiones y comparaciones de la vida común, anacronismos y descripciones pintorescas, pero no con palabra vulgar, sino en la prosa más florida, colorista, rica, jugosa, plástica y engalanada que pueda imaginarse. Es la suya —como acertadamente escribe Valbuena— una "religiosidad de galas pomposas y de sangre y de lágrimas, como en un paso procesional, que habla a los sentidos, que conmueve, que excita como el florido y retorcido sermón de un jesuita... Jesuitismo como el de los cuadros de Rubens y de parte del teatro de Calderón, pero, como en estos artistas, con algo más poético y creacional que en la mayoría de los secos tratadistas de la Compañía". Y luego: "Malón es, sobre todo, un lujoso artista, un creador, un pródigo expandidor de imágenes y giros populares. Pocos casos pueden darse como el suyo, de tratadistas de un orden teórico, que sepa dar tal calor de vida, tal alma a cuanto dice y comenta"[59].

Los más varios recursos literarios y un sostenido ritmo de acción que puedan comunicar a su relato novedad e interés son utilizados por el escritor con profusión desbordante, hasta el extremo de dar a sus páginas un carácter casi novelesco y profano, que contribuyó más aún a poner dificultades a la edición del libro. La inagotable imaginación del escritor navarro se goza en descripciones de minucioso y patético realismo, llenas de intensidad y vigor, con sabor a polícroma imaginería española, sembradas de aciertos plásticos aunque a veces demasiadamente tremebundas y gesticulantes.

Consiste la obra en una extensa paráfrasis de la conversión de la pecadora Magdalena, según el relato evangélico, dividida en cuatro partes, correspon-

---

modado para decir lo que queremos, ni en frases ni rodeos galanos, ni que esté más sembrado de luces y ornatos floridos y colores retóricos, si los que tratan quieren mostrar un poco de curiosidad en ello. Ésta no puede alcanzarse si todos la dejamos caer por nuestra parte, entregándola al vulgo grosero y poco curioso. Y, por salirme ya de esto, digo que espero en la diligencia y buen cuidado de los celosos de la honra de España y en su buena industria que, con el favor de Dios, habemos de ver muy presto todas las cosas curiosas y graves escritas en nuestro vulgar, y la lengua española subida en su perfección, sin que tenga envidia a alguna de las del mundo, y tan extendida cuanto lo están las banderas de España, que llegan del uno al otro polo; de donde se seguirá que la gloria que nos han ganado las otras naciones en esto, se la quitamos, como lo hemos hecho en lo de las armas. Y hasta que llegue este venturoso tiempo, que ya se va acercando, habremos de tener paciencia con los murmuradores, los que somos de los primeros en el dar la mano a nuestro lenguaje postrado" (Ídem, íd., págs. 72-73).

Debe observarse el estrecho parecido que guardan estas doctrinas —y casi palabras— con las escritas por fray Luis de León sobre idéntico problema en sus *Nombres de Cristo*. Malón asegura en el mismo prólogo, que él se había adelantado en escribirlas; pero que habiendo transcurrido varios años sin que su libro pudiera ser acabado y sacado a luz, viéronla primeramente las razones de fray Luis de León. Malón recaba para sí la primacía, no sin cierta jactancia, y explica la coincidencia porque "siendo verdad la que tratamos, y tan fundada en buena razón, no es milagro que topen dos con ella y con los fundamentos en que apoya y estriba" (Ídem, íd., pág. 67).

[59] *Historia...*, cit., vol. I, págs. 626-627.

dientes a los cuatro estados de la santa: inocencia original, pecado, penitencia y arrepentimiento, y reconciliación con Dios; tomados como símbolo de la ascensión del alma desde el pecado hasta la cumbre de la unión mística.

Si la existencia de este paralelismo simbólico no impide que la figura de la pecadora posea consistencia como viva figura humana, tampoco la abundancia de elementos brillantemente profanos, o de episodios anecdóticos y hasta de cuadros costumbristas de toda índole, de que está sembrado el libro, perjudica su contenido doctrinal. El autor se extiende —sobre todo en la segunda mitad— en delicadas consideraciones sobre la omnipotencia del amor, desarrolladas siguiendo el hilo de las teorías platónicas, o sobre la íntima unión con Dios a que llega el alma purificada. Aunque Malón de Chaide no poseyó, sin duda alguna, directa experiencia del estado místico, recoge un vasto conjunto de conocimientos sobre él con aguda sensibilidad interpretativa y la habitual vivacidad de su estilo [60].

LA MÍSTICA CARMELITA

La cima más alta de toda la mística española, y aún de la universal, fue alcanzada por dos escritores de la Orden del Carmelo: Santa Teresa y San Juan de la Cruz. Ambos representan el punto más encumbrado a que la mente humana ha conseguido llegar en su ascensión hacia lo divino. Su aparición fue preparada, como vimos, por los ascetas de tendencia mística de otras órdenes religiosas, en especial de los franciscanos Pedro de Alcántara, Osuna

---

[60] No todos los comentaristas admiten estos juicios sobre el libro de Malón. Helmut Hatzfeld en un capítulo (mencionado en nuestra nota 57) de sus *Estudios...*, enfrenta, para compararlos, a San Juan de la Cruz y a Malón de Chaide. El paralelo es arriesgado para el navarro, evidentemente, y Hatzfeld extrae consecuencias poco favorables para él. Malón debía de ser —creemos intuirlo leyendo las páginas de la *Magdalena*— uno de esos frailes que se las da de entre sarcástico y simpaticón, y de quien no están ausentes cierta desenvoltura chocarrera y notable proclividad hacia el "tremendismo"; sus pintoresquismos bordean alguna vez la peligrosa divisoria en que la gracia se convierte en vulgaridad. Hatzfeld también ha percibido este efluvio, y apurando la nota dice del lenguaje de aquél que es "pretencioso, fantástico, alegórico" (pág. 339); de su mística que no lo es "de pensador, sino de imaginativo" (pág. 344); como comentarista, "se convierte en un *predicador* fantástico, más aún, grotesco, que violenta, malentiende y descoyunta el lenguaje bíblico" (págs. 334-5); y entre otras muchas afirmaciones, igualmente severas, escribe: "Cuando encontramos *divertidos* a los escritores espirituales es porque están lejos del misterio. Retórica alegórica frente a sustancias simbólicas son, en definitiva, términos equivalentes a incomprensión o comprensión de un problema" (pág. 340). Véase también el estudio crítico que precede a la edición citada de la *Biblioteca de Autores Españoles* (págs. XIX-XXI), donde al lado de las más elogiosas palabras pueden leerse también acres censuras contra las "vulgaridades que empañan y manchan sus mejores páginas", cuando "por el deseo de parecer grande, se hacía pueril y hasta ridículo".

y Laredo, y por el dominico Fray Luis de Granada. Pero ni en estas Órdenes, ni tampoco en los agustinos, todos ellos tradicionalmente ligados al cultivo de la mística, se dio ninguna figura comparable a los dos colosos carmelitas. En ambos se realiza a la vez, con perfección idéntica, la característica fusión —ya mencionada—, común a casi todos nuestros escritores religiosos, entre la más elevada, íntima y delicada vida espiritual, y la dinámica vida de acción; entre las cosas de Dios y las de la tierra; entre el éxtasis sobrenatural y el cuidado de lo cotidiano. Así se abrazan estrechamente —en sus vidas y en sus escritos— las opuestas corrientes de la mística especulativa y la empírica, de lo ideal y de lo real, en síntesis nunca tan perfectamente lograda. Por otra parte, su condición de excepcionales escritores —aunque tan diversos entre sí— les hizo posible expresar maravillosamente sus altas experiencias, que en otros místicos fueron secretos no compartidos o inhábilmente comunicados. "Este genio literario —dice Ricard— que coloca a dos grandes genios místicos entre los mayores escritores de una gran literatura, me parece un hecho realmente único y uno de los más notables privilegios de la espiritualidad carmelitana. No veo en ninguna otra literatura autores propiamente místicos que tengan el mismo genio literario" [61].

SANTA TERESA DE JESÚS

Su vida y su obra. Teresa de Cepeda y Ahumada nació en 1515 en Ávila. Es un tópico ya consagrado, y no menos necesario, hablar del influjo que la amurallada ciudad natal —símbolo de vida religiosa y caballeresca— y la austera llanura en que se asienta (tierra de santos y de cantos) pudieron ejercer sobre la conformación espiritual de la escritora. Cuando sólo contaba siete años de edad, enfebrecida por la lectura de las vidas de Santos, trató de huir de su casa a tierra de infieles en busca del martirio. Aficionada luego a los libros de caballerías comenzó a escribir uno en colaboración con su hermano Rodrigo. Recibió educación por algún tiempo en el convento de Agustinas de su ciudad natal, y antes de cumplir los veinte años ingresó como novicia en las Carmelitas de la Encarnación, movida por la lectura de las *Confesiones* de San Agustín, y los consejos de una monja y un tío suyo.

Los extremados ejercicios ascéticos a que se sometió entonces quebrantaron su salud poniéndola al borde de la muerte; con su peculiar fuerza de voluntad pudo reponerse, pero siempre le quedaron huellas de aquella enfermedad en su propensión a la fiebre, los dolores de cabeza y el insomnio. Durante largos años de intensa vida interior pasó por épocas de vacilaciones, inquietudes y sequedades de espíritu, pero gozó también los más delicados regalos de la experiencia mística; a esta época corresponde el episodio de la transverberación, tan vivamente descrito por la Santa en su *Vida*.

---

[61] Robert Ricard, *Estudios de literatura religiosa española,* Madrid, 1964, pág. 10.

Una visión que tuvo de las penas del infierno le estimuló a emprender la reforma de su Orden, tornándola a la severidad y pureza primitivas: proyecto concebido ya mucho antes. Comienza entonces la época de su incesante actividad, y con ella la de sus trabajos, sufrimientos y persecuciones de todo género. En 1562 fundó el primer convento, el de San José de Ávila, con arreglo a la nueva regla, llamada de los Carmelitas Descalzos. Pero los carmelitas de la antigua observancia recibieron con gran hostilidad a la reformadora, denunciaron a la Inquisición el *Libro de su Vida* que había escrito a requerimientos de su director espiritual Francisco de Soto y Salazar, y consiguieron incluso que fuera procesada. Al ser nombrado nuncio de España Monseñor Sega, enemigo de la reforma teresiana, la persecución se intensificó. Los enemigos de la Santa, que habían intentado deportarla a las Indias, consiguieron confinarla en Toledo para impedirle fundar nuevos conventos. Pero su espíritu indomable logró vencer la oposición. Contó con la ayuda de su nuevo director espiritual, el famoso Domingo Báñez, de Fray Luis de León, de su hermano de Orden Fray Juan de la Cruz, y sobre todo de los jesuitas, unidos a la Santa en su lucha contra la Reforma protestante. El conde de Tendilla, que gozaba de gran influjo en la Corte, interesó a Felipe II, quien consiguió del Papa la organización de los carmelitas descalzos como provincia independiente; con lo cual quedaba asegurada la reforma del Carmelo.

En incesantes viajes, y sobreponiéndose a todo género de esfuerzos y fatigas, fundó diez y siete nuevos conventos, sobre todo en Castilla y Andalucía, sin contar otros muchos que reformó. Yendo de Burgos a Ávila, a fines de septiembre de 1582, se detuvo en el convento de Alba de Tormes; allí se sintió enferma y le sorprendió la muerte el día 4 de octubre. Tres años más tarde su cuerpo fue trasladado a Ávila, pero reclamado por el convento de Alba de Tormes, fue devuelto allí después de pleito ruidoso. Santa Teresa fue beatificada en 1614 y canonizada en 1622.

Era la Santa de carácter abierto y comunicativo, viva y alegre por temperamento, de gran simpatía personal. Mujer de extrema sensibilidad, muy femenina, tenía a la vez un temple enérgico y varonil que le permitía enfrentarse sin desmayo con las más espinosas dificultades. Era el suyo un espíritu de fundadora, de mujer de acción, forjada de intrepidez y voluntad, apasionada y entusiasta. Transportada frecuentemente a las más altas cimas de la vida espiritual, no pierde nunca el sentido de la realidad inmediata, ni de las vulgares y prosaicas necesidades. Solícita para todo, idealista y práctica en difícil equilibrio, ha sido siempre el símbolo de la mujer castellana en su más excelso sentido [62].

---

[62] Cfr.: P. Francisco de Ribera, *Vida de Santa Teresa de Jesús*, ed. del P. Jaime Pons, Barcelona, 1908 (la obra de Ribera es la primera biografía de la Santa; 1.ª ed., Salamanca, 1590). G. Cunninghame Graham, *Santa Teresa: Her Life and Times*, 2 vols., Londres, 1894 (trad. esp., Madrid, 1927). P. Juan Antonio Zugasti, *Santa Teresa y la Compañía de Jesús*, Madrid, 1914. P. Miguel Mir, *Santa Teresa de Jesús. Su vida, su*

Ascética y mística

La producción literaria en prosa de Santa Teresa puede dividirse en dos grupos: libros autobiográficos, y obras propiamente ascéticas y místicas; aunque ambos caracteres andan frecuentemente mezclados, y admitimos la división más por deseo de sistematizar que por creerla rigurosamente exacta. Los primeros están estrechamente ligados a su actividad como reformadora o a sus propias experiencias místicas, por lo que todos ellos ofrecen un carácter eminentemente subjetivo. Pertenecen a este grupo el *Libro de su Vida*, el *Libro de las Fundaciones*, el *Libro de las Relaciones* y sus *Cartas*. Componen el segundo el *Camino de Perfección* y el *Castillo Interior o Las Moradas*, aparte otros escritos menores [63].

Las obras autobiográficas. La primera de ellas, el *Libro de su Vida*, llamado también por la escritora *Libro grande*, o *Libro de las misericordias de Dios*, fue compuesto probablemente entre 1562 y 1565 a instancias —como dijimos— de su director espiritual, que le había animado a referir el proceso de su vida religiosa y las gracias sobrenaturales que había recibido. Constituye, pues, a modo de unas memorias de su camino de ascensión en el misticismo,

---

espíritu, sus fundaciones, 2 vols., Madrid, 1917. A. Risco, *Santa Teresa de Jesús*, Bilbao, 1925. Louis Bertrand, *Sainte Thérèse*, París, 1927 (trad. esp., Madrid, 1927). Maurice Legendre, *Sainte Thérèse d'Avila*, Marsella, 1929. P. Gabriel de Jesús, *Vida gráfica de Santa Teresa de Jesús*, 4 vols., Madrid, 1929-1935. C. Bayle, *Santa Teresa de Jesús*, Madrid, 1932. J. Domínguez Berrueta, *Santa Teresa de Jesús*, Madrid, 1934. P. Crisógono de Jesús Sacramentado, *Teresa de Jesús. Su vida y su doctrina*, Madrid, 1935. P. Silverio de Santa Teresa, *Vida de Santa Teresa de Jesús*, 5 vols., Burgos, 1935-1937. Edgar Allison Peers, *Madre del Carmelo. Retrato de Santa Teresa de Jesús*, trad. esp., C. S. I. C., Madrid, 1948. Marcelle Auclair, *La vie de Sainte Thérèse d'Avila, la dame errante de Dieu*, París, 1950 (trad. esp., Buenos Aires, 1954). William Thomas Walsh, *Santa Teresa de Ávila*, trad. esp., Madrid, 1951. R. Hoornaert, *Sainte Thérèse d'Avila. Sa vie et ce qu'il faut avoir lu de ses écrits*, Brujas, 1951. *St. Teresa of Avila. Studies in her life, doctrine and times*, edited by Father Thomas, O. D. C. and Father Gabriel, O. D. C., Dublín, 1963. P. Enrique Jorge Pardo, S. J., *Estudios Teresianos*, Universidad Pontificia de Comillas, Santander, 1964. Consúltese además el prólogo biográfico de la edición del P. Efrén de la Madre de Dios, cit. en la nota siguiente. La bibliografía sobre Santa Teresa de Jesús es copiosísima; cfr.: María Jiménez Salas, *Santa Teresa de Jesús: Bibliografía fundamental*, C. S. I. C., Madrid, 1962.

[63] Ediciones: "Obras", ed. de V. de la Fuente, 6 vols., Madrid, 1881; ed. del mismo en *Biblioteca de Autores Españoles*, vols. LIII y LV, Madrid, nueva ed. 1952; ed. del "Apostolado de la Prensa", Madrid, 1916; ed. del P. Silverio de Santa Teresa, 9 vols., Burgos, 1915-1924 (ed. fundamental); ed. de Luis Santullano, Madrid, 1957 (reproduce el texto del P. Silverio de Santa Teresa); ed. de Efrén de la Madre de Dios y Otilio del Niño Jesús, en "Biblioteca de Autores Cristianos", Madrid, 1951-1953. *Las Moradas*, ed. de T. Navarro Tomás, en "Clásicos Castellanos", Madrid, 1916 (nueva ed., 1922). *Camino de Perfección*, ed. de José María Aguado, en "Clásicos Castellanos", Madrid, 1929. *Libro de las Fundaciones*, ed. de José María Aguado, en "Clásicos Castellanos", 2 vols., Madrid, 1940. *Libro de su vida*, ed. del P. Isidoro de San José, Madrid, 1963. *Epistolario*, ed. del P. Isidoro de San José, Madrid, 1963.

y alcanza hasta el año 1562, fecha en que comenzó su gran tarea reformadora. Doce de los cuarenta capítulos de que consta la obra son un verdadero tratado sobre la oración; esto y otras frecuentes digresiones de índole doctrinal confieren un especial carácter a esta autobiografía, aunque es en tal aspecto donde se encuentra lo más notable del libro. Muchas de las frecuentes visiones, éxtasis, y favores extraordinarios de que gozó la Santa son descritos con potente plasticidad que parece dar realidad corpórea a lo sobrenatural; así, por ejemplo, cuando refiere el famoso episodio de la transverberación: "Veía un ángel cabe a mí hacia el lado izquierdo en forma corporal... No era grande, sino pequeño, hermoso mucho, el rostro tan encendido que parecía de los ángeles muy subidos, que parecen todos se abrasan. Deben ser los que llaman querubines... Veíale en las manos un dardo de oro largo, y al fin del hierro me parecía tener un poco de fuego. Éste me parecía meter por el corazón algunas veces, y que me llegaba a las entrañas. Al sacarle, me parecía las llevaba consigo, y me dejaba toda abrasada en amor grande de Dios. Era tan grande el dolor, que me hacía dar aquellos quejidos; y tan excesiva la suavidad que me pone este grandísimo dolor, que no hay desear que se quite, ni se contenta el alma con menos que Dios. No es dolor corporal, sino espiritual, aunque no deja de participar el cuerpo algo, y aun harto. Es un requiebro tan suave que pasa entre el alma y Dios, que suplico yo a su bondad lo dé a gustar a quien pensare que miento"[64].

Esta misma plasticidad revela el rasgo más notable de este libro de Santa Teresa: la extrema sencillez y naturalidad con que describe las más difíciles experiencias de su elevada vida interior. Estados inefables son materializados —con felices hallazgos poéticos— mediante imágenes sensoriales referidas a realidades cotidianas. Especulaciones de mística teórica se funden y aclaran con lo anecdótico y pintoresco. Aproximados así el cielo y la tierra, la *Vida de Santa Teresa* tiene un sabroso encanto de intimidad, de voz confidencial que debe no poco al magisterio de las *Confesiones* de San Agustín —lectura capital en la vida y la obra literaria de la Santa— pero que, a diferencia de aquéllas, corre por un camino de menor tensión intelectual aunque mucho

---

[64] Capítulo XXIX, edición Santullano, pág. 180. Comentando este pasaje escribe Américo Castro: "Dentro del mundo cristiano habría parecido inadmisible deleitarse en tales descripciones de la emoción erótica, en serio y gravemente. Hizo falta la revelación humanista para que surgiese *La Celestina*, cuyo detalle psicológico y lírico, aun siendo maravilla, no alcanza adonde los místicos. Sobre todo, el autor nos cuenta lo que acontece a sus personajes, no a él. Santa Teresa, con el privilegio que le confiere el ser cronista de fenómenos divinos, va lejos en ese punto; en su pluma, el subjetivismo adquiere violencia y acuidad exquisitas...". Y luego: "El fenómeno descrito es el conocido con el nombre de transverberación; pero la violencia lírica y romántica de la descripción hará que éste y muchedumbre de análogos pasajes se incorporen a la historia del arte puro y desinteresado" (*Santa Teresa*..., cit., págs. 52-53). Cfr.: Tomás de la Cruz, "Pleito sobre visiones. Trayectoria histórica de un pasaje de la Autobiografía de Santa Teresa", en *Ephemerides Carmeliticae*, VIII, 1957, págs. 3-43.

más próxima al temblor desnudamente humano. Santa Teresa analiza y desnuda el alma sencillamente, delicadamente, en tono de confiada naturalidad; pero penetra como nadie en los secretos del mundo interior y llega a parajes del espíritu nunca hasta entonces explorados [65].

"Santa Teresa y San Juan de la Cruz —dice Ricard—, gracias a su santidad por un lado y a su poder de introspección por otro —bajo este último aspecto no veo más que a San Agustín que pueda igualárseles—, han constituido de modo casi definitivo, si no la teología mística, a lo menos la psicología mística ortodoxa. Ellos han sido los primeros que han logrado discernir lo más claramente posible los estados místicos, interpretarlos, clasificarlos y establecer su jerarquía. Después se ha añadido poco a esta elaboración suya... Si, por un imposible, viniéramos a perder el conocimiento y el recuerdo de sus doctrinas, no resulta exagerado decir que había que reinventar y reelaborar toda la psicología mística. No quiero afirmar, claro está, que Santa Teresa y San Juan de la Cruz hayan sido los únicos santos que han experimentado los estados místicos que nos describen. Pero han elaborado su interpretación y teoría, y los teólogos, cuando desean discernir, explicar y caracterizar los estados místicos de tal o cual espiritual que estudian, no pueden por menos de referirse a ellos" [66].

El *Libro de las Fundaciones* es como una continuación o complemento del *Libro de su Vida*. Escrito a ruegos del padre Ripalda que le pidió que reuniera todas las noticias posibles sobre su actividad de reformadora, como un servicio a su Orden y a la posteridad, describe, en efecto, la fundación de los diez y ocho conventos, siguiendo paso a paso su vida desde 1567 a 1572. Santa Teresa debió de componer la obra entre 1573 y 1582, pocos meses antes de su muerte. Posee un carácter menos íntimo que la *Vida*, pero, siendo su última obra, el estilo es más cuidado que en cualquier otro escrito de la Santa, aunque persiste la misma gracia y donaire que hace inconfundible su prosa. Especial interés —histórico y psicológico— tienen los numerosos retratos de personas eclesiásticas y seglares que ella trató y que andan relacionadas con su vida y labor de fundadora.

Compuesto en diferentes períodos, desde 1560 a 1579, el *Libro de las Relaciones* es a la vez un complemento y comentario de los dos anteriores, y también de otros libros suyos. Consta de un conjunto de cartas dirigidas a San Pedro de Alcántara y a varios de sus confesores que le estimularon y aconsejaron en su trabajo, para referirles los especiales favores que había recibido de Dios.

De sus *Cartas*, numerosísimas, se conservan unas cuatrocientas, pero son muchísimas más las perdidas, entre ellas las dirigidas a San Juan de la Cruz,

---

[65] Cfr.: Robert Ricard, "Notas y materiales para el estudio del 'socratismo cristiano' en Santa Teresa y en los espirituales españoles", en *Estudios de literatura religiosa española*, cit., págs. 22-147.

[66] *Estudios...*, cit., págs. 12-13.

debido a la rivalidad entre carmelitas calzados y descalzos. Tratan estas *Cartas* de los temas más varios —personales generalmente— como variados también son los destinatarios, familiares algunos, y personajes importantes otros: el Beato Juan de Ávila, Domingo Báñez, Fray Luis de Granada, Fray Jerónimo Gracián, el rey Felipe II, etc. Diversos a su vez, dentro de su peculiarísimo estilo, son los estados de ánimo de la escritora que se reflejan en estas cartas, de acuerdo con las circunstancias, el propósito y el momento de su vida, aunque todos ellos revelan por igual aspectos importantísimos de su personalidad y aportan innumerables datos de interés sobre gentes de su tiempo [67].

Obras ascéticas y místicas. Aunque en las obras mencionadas abundan los comentarios de toda índole —y hasta partes extensas, como vimos— sobre problemas de ascética y experiencias místicas, estos temas son sistemáticamente tratados en los dos libros capitales de la Santa.

El *Camino de Perfección* es una obra puramente ascética. Comenzó a escribirla en 1565 (para acabarla, rehaciéndola, cinco años después) a ruegos de Fray Domingo Báñez y con el fin de mostrar a sus monjas el camino de perfección de la vida monástica, pero a la vez para mover a todos hacia un programa de acción, a la lucha contra la Reforma: "reparar y proteger el Evangelio de Cristo siguiéndole fielmente", salvar la propia alma, pero también todas las posibles con el ejemplo, la oración y las obras, son sus objetivos. El camino para ello, que es el de la perfección, se basa en la humildad, en la pobreza, la obediencia, la mortificación y la oración. La parte última del libro es una exposición del Padrenuestro, cada una de cuyas peticiones es glosada con comentarios sobre la oración en sus diversos grados [68].

Toda la doctrina mística y ascética esparcida en los diversos libros de la Santa sin rigor sistemático, se organiza en la más perfecta exposición de la experiencia mística en *Las Moradas o Castillo Interior,* obra cumbre de Santa Teresa y una de las más importantes de la literatura religiosa universal. Había ya gozado la escritora durante diez años de las gracias místicas más excelsas y estaba por entonces retirada en el convento carmelita de Toledo, cuando le encargaron sus superiores que escribiera alguna obra piadosa. Cansada por la enconada hostilidad de sus adversarios no se sentía con fuerzas para ello, pero de pronto —según refiere el P. Ribera en su biografía de la Santa— tuvo una visión que le sugirió el tema de la obra y el motivo de la alegoría que había

---

[67] Cfr.: José Ignacio Valentí, *Santa Teresa y el género epistolar,* Burgos, 1912. E. Espert, "Para el epistolario de Santa Teresa", en *Razón y Fe,* CLV, 1957, págs. 388-397.

[68] Cfr.: Manuel Gárate, "Un punto de Teología mística: Análisis de los capítulos XXVIII y XXIX del *Camino de Perfección*", en *Razón y Fe,* XIX-XXI, 1907-1908. Gabriel de Santa María Magdalena, *Oração e vida mística,* Lisboa, 1959 (comentario al *Camino de perfección*). J. Domínguez Berrueta, "El estilo de Santa Teresa en su *Camino de Perfección*", en *Revista Nacional de Educación,* XI, 1951, págs. 52-62.

de darle el título. Concibe Santa Teresa la vida espiritual del hombre como "un castillo todo de diamante y muy claro cristal, adonde hay muchos aposentos, ansí como en el cielo hay muchas moradas". El alma tiene que recorrer los siete aposentos del castillo en su camino de perfección y antes de alcanzar la unión con Dios. Las tres primeras moradas corresponden a la vía purgativa; en ellas, el alma que todavía en la primera no está libre de pecado, se va desligando de los lazos terrenales y ha de vencer duras pruebas de sequedad y aridez de espíritu y graves trabajos interiores. La doctrina expuesta en estas tres primeras moradas es puramente ascética —"compendio de lo que más extensamente declara en el *Camino de Perfección*, verdadero doctrinal ascético de la Santa" [69]—.

Las tres siguientes pertenecen ya a la vía iluminativa y en ellas comienza la verdadera vida espiritual y los favores del Señor; en la sexta, en donde "el alma ya queda herida del amor del Esposo", los sufrimientos se tornan placer, "dolor sabroso", y se llega al "desposorio del alma con Cristo". En la séptima morada se realiza la verdadera y perfecta unión mística con Dios.

De la gran construcción de *Las Moradas,* cima y compendio de toda la tradición mística cristiana, ha dicho terminantemente Sáinz Rodríguez: "Por sus excepcionales cualidades de análisis interno y de exposición exacta y positiva, su obra representa el mejor inventario y estudio de todos los estados y matices de las almas en este gran camino y lucha de su unión con Dios. Toda la mística universal no ha mostrado un fenómeno de esta índole que no esté estudiado, observado y encasillado en la gran obra teresiana. En cierto modo, la doctrina mística de Santa Teresa es algo semejante en el misticismo a lo que fue la gran obra de organización y observación del mecanismo del entendimiento humano realizado por Aristóteles en su lógica. *Las Moradas* vienen a ser el *Órganon* del misticismo cristiano" [70].

---

[69] Sáinz Rodríguez, *Introducción...*, citada, pág. 35.

[70] Ídem, íd., pág. 240. Cfr.: Antonio María de la Presentación, *El Castillo interior de Santa Teresa de Jesús,* trad. esp., Valencia, 1929. Juan G. Arintero, "Unidad y grados de la vida espiritual según las *Moradas* de Santa Teresa", en *La Vida Sobrenatural,* Salamanca, mayo 1923. Del mismo, "Influencia de Santa Teresa en el progreso de la Teología mística", en *La Ciencia Tomista,* Salamanca, XXVIII, 1923, págs. 48-70. Claudio de Jesús Crucificado, "Unidad de la vida espiritual y grados de la misma, según el libro de las *Moradas*", en *El Mensajero de Santa Teresa,* I, 1923, págs. 67-76, 102-108 y 140-143. Fray Gabriel de Santa Magdalena, *Santa Teresa di Gesù maestra di vita spirituale,* Milán, 1935. Martín de Jesús María, "El concepto del alma humana en *Las Moradas* de Santa Teresa", en *Revista de Espiritualidad,* I, 1942, págs. 203-214. Robert Ricard, "Quelques remarques sur les *Moradas* de Sainte Thérèse", en *Bulletin Hispanique,* XLVII, 1945, págs. 187-198. M. Asín Palacios, "El símil de los castillos y moradas del alma en la mística islámica y en Santa Teresa", en *Al-Andalus,* XI, 1946, págs. 263-274. Luis Martín, *Las Moradas de Santa Teresa y el misticismo literario,* Buenos Aires, 1946. M. Lepee, *Sainte Thérèse mystique. Une divine amitié,* París-Brujas, 1951.

Personalidad y estilo. Durante mucho tiempo fue opinión general considerar a Santa Teresa como una monja iletrada, sin otra fuente de doctrina que la inspiración del Espíritu Santo. Morel-Fatio, en un artículo que marca una fecha en las investigaciones sobre la Santa [71], acabó con esta creencia llevando a cabo el inventario de sus lecturas y precisando sus influencias; otros estudiosos, en especial Gaston Etchegoyen [72], han completado las conclusiones de aquél. De algunos escritores que leyó cuidadosamente la Santa y de quienes recibió notable influjo hemos hecho ya mención en páginas anteriores. Sistematizando ahora este punto, podemos decir que sus lecturas comprobadas son las siguientes: los libros bíblicos del Antiguo y Nuevo Testamento; vidas de Santos; San Jerónimo, especialmente sus cartas; San Agustín, en particular las *Confesiones*; las *Morales* de San Gregorio Magno; la *Vita Christi* del Cartujano; el Kempis; Alonso de Madrid; los *Abecedarios* de Osuna; Fray Bernardino de Laredo; las obras ascéticas de Fray Antonio de Guevara; el *Tratado de la oración y meditación* de San Pedro de Alcántara; y las obras todas de Fray Luis de Granada. En su *Vida*, dice Santa Teresa de los buenos libros que leía, que ellos "eran toda mi recreación"; y en las *Constituciones* dadas a sus conventos puntualiza la necesidad de la lectura: "Tenga en cuenta la Priora con que haya buenos libros; en especial, *Cartuxanos, Flos Sanctorum, Contemptus mundi, Oratorio de religiosos*, los de Fray Luis de Granada y los del Padre Fray Pedro de Alcántara; porque es en parte este mantenimiento tan necesario para el alma como el comer para el cuerpo".

Pero tampoco aquella relación de lecturas, mejor escogidas que abundantes, debe llevarnos a la opinión opuesta de una escritora erudita, no menos falsa que la antigua leyenda ya desvanecida. Colocándose en un punto medio, probablemente exacto, comenta Pfandl: "Claro está que, dada su labor incansable, estas lecturas y su aprovechamiento no pudieron ser nunca sistemáticos, y lo mismo podemos decir de su actividad literaria. Teresa no tuvo nunca tiempo ni reposo para trabajar reflexivamente en la disposición y plan de sus obras. A la luz de la vela en la silenciosa celda, disputó a la fatiga del día la mayor parte de aquellas horas que podía emplear con el papel y la pluma. Escribía de mala gana y a vuela pluma; pero una vez en marcha, era tanta la fuerza con que la inspiración la dominaba, que hubiera querido tener muchas manos para escribir. Si se veía obligada a interrumpir su trabajo, no volvía a releer lo escrito al continuarlo. Por esto la obra escrita de Teresa está muy lejos de aparecer bien planeada y completa. Obras como las *Fundaciones* y la *Vida* no llevan ningún título en el manuscrito original, y la dispo-

---

[71] A. Morel-Fatio, "Les lectures de Sainte Thérèse", en *Bulletin Hispanique*, X, 1908, págs. 17-67. Consúltese además: Eduardo Juliá Martínez, *La cultura de Santa Teresa y su obra literaria*, Castellón, 1922.

[72] Gaston Etchegoyen, *L'amour divin. Essai sur les sources de Sainte Thérèse*, París, 1923. Cfr. además: Jean Orcibal, *La rencontre du Carmel thérésien avec les mystiques du Nord*, París, 1959.

sición exterior de la materia se limita en todas (exceptuando las *Moradas*) a la división en capítulos". Y añade: "Teresa no levantó tampoco ningún edificio de doctrina teológica, aunque en España es a menudo venerada como Doctora y su imagen no rara vez es adornada con las insignias de esta dignidad. Se funda en los artículos de la fe y en la moral, en la forma que le eran familiares a ella y a las gentes de mediana cultura de su tiempo; con concisa brevedad asienta encima las piedras fundamentales de la ascética y sobre ellas levanta, con atrevido impulso, el plan de su mística. Pero este edificio no es de una pieza, no es un conjunto completo y terminado, sistemáticamente pensado y conducido según sabios principios; no tenía para ello suficiente preparación filosófico-teológica, y las preocupaciones y dificultades de sus fundaciones la ocupaban y distraían demasiado" [73].

Habrá, pues, que pensar en una excepcional inteligencia, capaz de aprovechar hasta el prodigio sus limitadas lecturas —intensamente saboreadas, por lo demás—, y sobre todo la fuente principal de su saber que es su rica experiencia personal: experiencia aguzada por una constante tensión de esfuerzos, de excepcionales estados del espíritu, de quijotesca exaltación; pero que tiene también a su servicio la milagrosa gracia de la palabra. Pfandl, comparando a Teresa con todos los otros místicos que le preceden y a los que supera, habla de su excepcional "capacidad definidora" "para traducir sus pensamientos y sentimientos sobrenaturales con las comparaciones más sencillas e inteligibles"; y cierra sus palabras con esta tajante afirmación: "en iguales condiciones, no tiene igual en la historia".

"Por obediencia fue escritora", dice de la Santa Navarro Tomás [74]. Nunca tuvo, sin duda, pretensiones de serlo, y esto puede explicarnos muchos de sus rasgos. Aun en sus libros más importantes y de difícil contenido, como *Las Moradas*, no pierde nunca de vista a sus monjas, para quienes escribía, sin otro fin que ayudarlas y conducirlas por la senda de la piedad. El *Camino de Perfección* que, como vimos, no fue llamado así por la escritora, lleva en uno de los manuscritos autógrafos conservados el sencillo título de *Avisos y consejos que da Teresa de Jesús a las hermanas religiosas e hijas suyas* [75]; y en el prólogo de la obra afirma que iba a escribirla sin plan, al azar de lo que pensara que debía decirles a sus monjas: "Pienso poner algunos remedios para tentaciones de religiosas... y lo que más el Señor me diere a entender como fuere entendiendo y acordándoseme. Que, como no sé lo que será, no puedo decirlo con concierto. Y creo es lo mejor no le llevar, pues es cosa tan desconcertada hacer yo esto" [76].

Pensando, pues, al componer sus libros en sus monjas y en gentes semejantes sin especial preparación en materia teológica, escribe con ingenua sen-

---

[73] *Historia...*, cit., págs. 209-210.
[74] "Introducción" a la ed. cit., pág. X.
[75] Véase la "Introducción" a la edición citada de José María Aguado, pág. XVI.
[76] Ed. Aguado, pág. 6.

cillez esforzándose por hallar las más claras imágenes y sirviéndose de comparaciones de la vida diaria. Es la suya como una religión popular, apoyada más en el sentimiento que en elevadas especulaciones, humilde y delicada, y sus libros tienen su mayor significación en haber divulgado y como allanado, conduciéndolas prodigiosamente hasta las mentes sencillas, las alturas inaccesibles de la mística.

No despreciaba la ciencia, como hemos visto, pero estimaba Teresa sobre todo la caridad y las obras, y prefería con mucho el corazón limpio y la intención recta a toda la ciencia sin amor. Por esto dice que el aprovechamiento del alma no está "en pensar mucho, sino en amar mucho, y ansí lo que más os dispertare a amar, eso haced"[77]. Ni pensaba tampoco —habiendo escrito tanto sobre la oración y la contemplación— que éstas bastaran para la vida de piedad: "¿Y piensan que allí [en la contemplación] está todo el negocio? Que no, hermanas, no; obras quiere el Señor: y que si ves una enferma a quien puedes dar algún alivio, no se te dé nada de perder esa devoción, y te compadezcas de ella, y si tiene algún dolor, te duela a ti, y si fuere menester lo ayunes porque ella lo coma"[78]. Con su ya aludido sentido práctico y realista, que no descuida las más triviales cosas, insiste repetidamente en la necesidad de que Marta y María vayan siempre juntas "para hospedar al Señor y tenerle siempre consigo".

Lo que precede nos puede llevar mejor a precisar ahora los rasgos de su estilo literario. Es el de la Santa particularmente llano, espontáneo y natural, el habla común de las gentes de Castilla la Vieja, pura y castiza, con ciertos arcaísmos que todavía seguían vivos entre el pueblo". "El principio renacentista, 'escribo como hablo' —dice Menéndez Pidal—, sigue imperando en Santa Teresa, pero hondamente modificado, ya que en ella el sentimiento religioso la lleva a descartar toda selección de primor para sustituirla por un atento escuchar las internas inspiraciones de Dios"[79]. Con frecuencia su misma despreocupación hace incurrir a la escritora en descuidos gramaticales, en imperfectas construcciones; o coloca un inciso que deja cortado el hilo del discurso y que se olvida luego de volver a tomar. Fray Luis de León, que prologó las obras de la Santa y dedicó a su estilo encendidos elogios, alaba incluso aquellas incorrectas subordinaciones, puesto que "hace con tan buena gracia la mezcla, que ese mismo vicio le acarrea hermosura y es el lunar del refrán".

A esta espontaneidad popular debe añadirse la graciosa desenvoltura, la riqueza del léxico, el instinto expresivo para plegar el lenguaje a sus matizados sentimientos: "lenguaje emocional", dice Menéndez Pidal, "siempre removido

---

[77] *Las Moradas*, ed. Navarro Tomás, pág. 70.
[78] Ídem, íd., pág. 133.
[79] R. Menéndez Pidal, "El lenguaje del siglo XVI", en *España y su Historia*, vol. II. Madrid, 1957, pág. 150.

por la sensibilidad", "lenguaje férvido, enajenado, no ya más hablado que escrito, sino más sentido que hablado" [80].

Utiliza Santa Teresa con notable abundancia los diminutivos, que son parte esencial de la expresividad, gracia y delicadeza de su prosa. "Atraía a la autora la blandura de esta forma gramatical, sin que le arredrasen las dificultades morfológicas de los derivados más rebeldes al sufijo: 'agravuelos', escribió una vez; mas luego que tuvo que copiar lo escrito, juzgó demasiado difícil aquel caso y corrigió: 'unas *cositas* que llaman agravios', sin poder prescindir del diminutivo. Sin los diminutivos no se alzaría su lenguaje a muy matizadas delicadezas; nos retendría en un dejo de insatisfacción, como el que experimentamos al eliminar el sufijo en aquella frase suya: 'queda el alma con un *desgustillo* como quien va a saltar y le asen por detrás'. Sobre el idioma que Herrera definía ha esparcido Santa Teresa una sutil gracia, y esa no se perderá ya en adelante" [81].

Son excepcionales en la prosa de Santa Teresa las expresiones de tipo culto. En cambio asoman en ocasiones los rebuscamientos conceptuosos: "En su esfuerzo por declarar lo que los libros no acertaban a declarar, el arrobamiento, la unión del alma con Dios, agotada al fin la eficacia de los símiles, sus palabras no caben en sí, embriagadas de amor celeste; desbordan y se derraman del molde habitual, queriendo expresar lo inefable de la erótica mística. Ha llegado el momento de las expresiones paradójicas, de los adjetivos en antítesis, de las anomalías pugnantes con la habitual llaneza de la Santa, para dar a entender de algún modo aquel *desasosiego sabroso* del alma, la *gozosa pena* en que se anega, mil *desatinos santos* en alabanza del Señor que la posee, dichos con 'palabras sin concierto que sólo Dios concierta'; *borrachez divina, glorioso desatino* otra vez, *celestial locura* donde se aprende la verdadera sabiduría... Hasta que desahogado su deífico furor de bacante, exclama segura de haberse superado: 'No soy quien lo dice, que ni lo ordeno con el entendimiento, ni sé después cómo lo acerté a decir' " [82].

---

[80] Ídem, íd., págs. 152, 153 y 154.
[81] Ídem, íd., pág. 153.
[82] Ídem, íd., págs. 153-154. Cfr.: Antonio Sánchez Moguel; *El lenguaje de Santa Teresa de Jesús. Estudio comparativo entre sus escritos con los de San Juan de la Cruz y otros clásicos de su época*, Madrid, 1915. Fray Claudio de Jesús Crucificado, "Algunos rasgos literarios de Santa Teresa", en *El Monte Carmelo*, Burgos, XVI, 1915, páginas 756-762. Fray Sabino de Jesús, "Clasicismo literario de Santa Teresa", en *El Monte Carmelo*, XV-XVI, 1914-1915. Del mismo, *Santa Teresa de Ávila a través de la crítica literaria*, Bilbao, 1949. R. Hoornaert, *Sainte Thérèse écrivain. Son mileu, ses facultés, son oeuvre*, París, 1922; nueva ed., Bruselas, 1940. Fray Luis Urbano, *Las analogías predilectas de Santa Teresa de Jesús*, Madrid, 1924. Louis Oechslin, "Recherches sur le vocabulaire affectif de Sainte Thérèse", en *L'intuition mystique de Sainte Thérèse*, París, 1946. P. Nazario de Santa Teresa, *La música callada. Teología del estilo*, Madrid, 1953. Guillermo Termenón y Solís, "El estilo de Santa Teresa", en *Bolívar*, Bogotá, 41, 1955, págs. 81-105. Juan Marichal, "Santa Teresa en el ensayismo hispánico", en *La voluntad*

Vale la pena recordar ahora, como resumen sobre la prosa de Santa Teresa, las palabras de Fray Luis de León, antepuestas a su edición citada: "...en la forma del decir, y en la pureza y facilidad del estilo, y en la gracia y buena compostura de las palabras, y en una elegancia desafeitada, que deleita en extremo, dudo yo que haya en nuestra lengua escritura que con ellos se iguale".

La obra en verso de Santa Teresa. Implícitamente ha quedado ya declarada la gran capacidad poética de Santa Teresa; pero ésta hay que buscarla en su prosa. En verso escribió muy pocas composiciones —siete en total, y aun de discutible atribución— en los metros tradicionales del cuatrocientos. La más celebrada es *Vivo sin vivir en mí*, de la que sólo es suya la glosa, pues el tema se encuentra casi idéntico en los cancioneros del siglo XV; el verso "que muero porque no muero" se halla en Torres Naharro. Distínguense estas composiciones por la delicadeza de sentimiento y el fervor religioso [83].

SAN JUAN DE LA CRUZ

Su vida accidentada. Si Santa Teresa de Jesús representa la cima de la prosa mística española, San Juan de la Cruz —el otro gigante carmelita— eleva la poesía mística a la más intensa y sublime expresión a que ha llegado el misticismo universal. Culminación y superación a la vez de las más diversas corrientes, es cronológicamente el último de los grandes místicos y en él se acendran y agotan las posibilidades de la poesía religiosa. Incluso humanamente considerado, es una de las voces líricas más puras que jamás hayan existido.

Llamado en el siglo Juan de Yepes y Álvarez, nació en 1542 en Fontiveros, provincia de Ávila, aunque su vinculación al espíritu de la tierra nativa se muestra menos intensamente que en la Santa reformadora. Era de familia noble, pero arruinada, y al morir su padre tuvo que trabajar como enfermero durante varios años de su mocedad en el Hospital de Medina del Campo. Estudió entretanto con los jesuitas de dicha ciudad, y a los diez y nueve años ingresó de novicio en el Colegio de Carmelitas con el nombre de Fray Juan

---

de estilo, Barcelona, 1957, págs. 103-115. G. G. Mancini, *Espressioni letterarie dell'insegnamento di Santa Teresa de Ávila*, Módena, 1961.

[83] Cfr.: Carmelo Palumbo, *Teresa di Gesù. Liriche con versione italiana e studio introduttivo*, Palermo, 1939. Véanse además: el estudio del P. Silverio de Santa Teresa que acompaña a su edición citada de las obras de la Santa; las páginas (247-254) que Dámaso Alonso dedica a la poesía de Santa Teresa en su estudio sobre San Juan de la Cruz (*Poesía Española. Ensayo de métodos y límites estilísticos*, 4.ª ed., Madrid, 1962); y el ensayo de Emilio Orozco, "Poesía tradicional carmelitana", en *Poesía y Mística. Introducción a la lírica de San Juan de la Cruz*, Madrid, 1959.

Ascética y mística

de Santo Matías. Después de profesar continuó sus estudios en Salamanca, y ordenado de sacerdote en 1567 regresó a Medina. Aquel mismo año tuvo lugar el famoso encuentro con Santa Teresa que tanto había de representar para su futuro. Estaba San Juan animado de los mismos deseos reformadores de la Santa de Ávila y había conseguido permiso de sus superiores para mantenerse personalmente en la vieja y austera observancia de su Orden, de la que ésta se había desligado en virtud de especiales disposiciones papales. Es muy probable que sin el estímulo de Santa Teresa, que en carta al padre Gracián tenía que llamarle una vez "aquel santico", San Juan de la Cruz, tan tímido y delicado de espíritu como débil de constitución corporal, no hubiera ido muy lejos en sus propósitos reformadores; pero la energía de la Santa le decidió a emprender, de acuerdo con ella, la reforma del Carmelo en su rama masculina.

Con reducidísimos medios fundó el primer monasterio de Carmelitas reformados o Descalzos en Duruelo, y tomó desde entonces el nombre de Fray Juan de la Cruz. Siguieron luego las fundaciones de Mancera, Pastrana y Salamanca, a cuyo convento agregó un seminario de novicios que estudiaban en la Universidad. En 1572, al ser elegida Santa Teresa como abadesa de la casa madre de Ávila, San Juan fue designado director espiritual de aquel convento. Pero inmediatamente comenzó la hostilidad de los calzados que decidieron acabar con la reforma. Una noche de diciembre de 1577 un grupo de frailes acompañado de gente armada se apoderó de la persona de San Juan en su celda de Ávila, lo trasladó a Toledo y lo encerró en un subterráneo del convento carmelita, donde el Santo sufrió todo género de humillaciones, privaciones espirituales y materiales y violencias físicas. Al cabo de ocho meses de prisión consiguió evadirse, y con auxilio de Santa Teresa encontró asilo en el monasterio de Almodóvar del Campo. Por entonces fue reconocida, según vimos, la existencia de los Descalzos como provincia independiente; esto, que representó para San Juan el fin de la persecución, le permitió entregarse a la organización y dirección de sus fundaciones y a sus tareas literarias. Fue elegido prior de diversos conventos y visitador de Andalucía donde vivió sus últimos años. Todavía, sin embargo, le aguardaban graves contratiempos: por diferencias de opinión sobre los problemas de la reforma, en el Capítulo de la Orden de 1591 se le depuso de sus cargos y tuvo que sufrir penosas humillaciones, a las que vino a sumarse una grave enfermedad. Por algún tiempo estuvo prácticamente confinado en Peñuela; de allí marchó a Úbeda, y en esta ciudad, víctima de unas "calenturillas", murió el 13 de diciembre de 1591. Su cuerpo fue trasladado a Segovia, donde descansa en un imperdonable mausoleo de estridentes colores, que no puede ofrecer mayor contraste con el espíritu del Santo. [84]

---

[84] Cfr.: David Lewis, *Life of St. John of the Cross*, Londres, 1897. Juan Domínguez Berrueta, *Santa Teresa de Jesús y San Juan de la Cruz. Bocetos psicológicos*, Madrid, 1915.

Las obras de San Juan. La obra poética de San Juan de la Cruz es tan intensa como breve ("Es el gran poeta más breve de la lengua española, acaso de la literatura universal", dice Jorge Guillén)[85]. Puede dividirse en dos partes: la primera comprende una corta serie de composiciones en las que utiliza el metro de romance y de cantares de forma tradicional; otras varias se vierten ya en el molde de la lírica renacentista y entonces utiliza la lira de Garcilaso y Fray Luis de León o nuevas combinaciones métricas; suman en total 5 canciones, 10 romances y 2 "glosas a lo divino". El segundo grupo, en el que se encierra su poesía puramente mística y que representa la cumbre suprema de toda su obra, consta de solas tres composiciones, llamadas *Noche obscura del alma* ("Canciones del alma que se goza de haber llegado al alto estado de la perfección, que es la unión con Dios, por el camino de la negación espiritual"), *Cántico espiritual* ("Canciones entre el alma y el Esposo") y *Llama de amor viva* ("Canciones del alma en la íntima comunicación de unión de amor de Dios"), de ocho, cuarenta, y cuatro estrofas respectivamente. Las dos primeras en liras garcilasianas y la tercera en estrofas de seis versos. Estas tres composiciones forman una estrecha unidad y son como un tratado poético de la ascensión mística. En la *Noche* canta el poeta la huida del alma, en medio de la noche, de la prisión de los sentidos, y al fin, libre de ellos, la unión con el Amado. El *Cántico* expone el proceso místico del camino hacia Dios; en las doce primeras estrofas, el de la vía purgativa; en las nueve centrales, el de la iluminativa; y en las restantes, el de la unitiva, dedicando las cuatro finales a exponer el estado de unión. En las cuatro estrofas de la *Llama* el poeta canta jubiloso y enamorado su goce supremo.

En diversos momentos de su vida —pero siempre pasada ya la época de las persecuciones, durante la cual parece que compuso lo principal al menos de su obra lírica— escribió San Juan unos comentarios en prosa, aunque emi-

---

P. Bruno de Jesús-Marie, *Saint Jean de la Croix*, con introducción de J. Maritain, París, 1929; nuevas ediciones en 1938 y 1948; trad. inglesa, Londres, 1932; trad. esp., Madrid, 1943; trad. italiana, Milán, 1963. P. Silverio de Santa Teresa, *Historia del Carmen Descalzo en España, Portugal y América;* vol. V, *San Juan de la Cruz (1542-1591),* Burgos, 1936. Bede Frost, *St. John of the Cross, Doctor of Divine Love,* Londres, 1937. Robert Gordon George, *Carmelite and Poet. A Framed Portrait of St. John of the Cross, with the Poems in Spanish,* Nueva York, 1944. Edgar Allison Peers, *St. John of the Cross,* Londres, 1946. Del mismo, *San Juan de la Cruz, espíritu de llama,* trad. esp., Madrid, 1950. H. Chandebois, *Portrait de Saint Jean de la Croix,* París, 1947. P. Crisógono de Jesús Sacramentado, *San Juan de la Cruz* (col. "Pro Ecclesia et Patria"), Madrid, 1946. Del mismo, *Vida y obras de San Juan de la Cruz,* B. A. C., Madrid, 1946; 3.ª ed. revisada y completada por el P. Matías del Niño Jesús, Madrid, 1955; traducciones de ésta última: italiana, Milán, 1955; inglesa, Londres-Nueva York, 1958. Hildegard Waach, *Johannes vom Kreuz,* Munich, 1954. Edith Stein, *The Science of the Cross. A Study of St. John of the Cross,* Chicago, 1960. Rudolf Mosis, *Der Mensch und die Dinge nach Johannes vom Kreuz,* Würzburg, 1964.

[85] "San Juan de la Cruz o lo inefable místico", en *Lenguaje y Poesía,* edición española, Madrid, 1962, pág. 97.

nentemente poética también, para glosar sus propias composiciones en verso. A la *Noche* dedicó dos tratados; uno que lleva el nombre de *Subida del monte Carmelo* y otro con el mismo título del poema, pero que quedó sin acabar, pues sólo comenta dos estrofas y parte de la tercera; los tratados correspondientes a los otros dos poemas llevan su mismo título respectivo [86].

---

[86] Ediciones: P. Gerardo de San Juan de la Cruz, *Obras del Místico Doctor San Juan de la Cruz. Edición crítica*, 3 vols., Toledo, 1912-1914. P. Silverio de Santa Teresa, *Obras de San Juan de la Cruz, Doctor de la Iglesia*, 5 vols., Burgos, 1929-1931. P. José Vicente de la Eucaristía, *San Juan de la Cruz. Obras Completas*, Madrid, 1957. P. Simeón de la Sagrada Familia, *San Juan de la Cruz. Obras Completas*, Burgos, 1959. P. Lucinio del Santísimo Sacramento, *Vida y Obras de San Juan de la Cruz, Doctor de la Iglesia Universal*, en la *Vida y Obras...*, del P. Crisógono de Jesús, cit., 4.ª ed., Madrid, 1960. Ediciones parciales: *El Cántico Espiritual* (según el manuscrito de las Madres Carmelitas de Jaén), ed. de M. Martínez de Burgos, "Clásicos Castellanos", Madrid, 1924. *Poesías*, ed. de J. Hurtado y A. González Palencia, Madrid, 1925. *Poesías*, ed. de E. A. Peers, Liverpool, 1933. *Poesías Completas. Versos comentados, avisos y sentencias, cartas*, ed. de Pedro Salinas, Madrid, 1936; reedición en Santiago de Chile, 1947. *Poesías completas*, ed. de Luis Guarner, Valencia, 1941. *Poesías completas*, ed. de A. Valbuena Prat, Barcelona, 1942. *Poesías completas y otras páginas*, ed. de José Manuel Blecua, Zaragoza, 1946. *Poesías completas*, ed. de Dámaso Alonso en *La poesía de San Juan de la Cruz*, cit. luego, en su 2.ª ed., Madrid, 1946. Dom Chevallier, *Le Cantique Spirituel de Saint Jean de la Croix, Docteur de l'Église. Notes historiques, Texte critique. Version française*, Brujas, 1930. Del mismo, *Les Avis, Sentences et Maximes de Saint Jean de la Croix, Docteur de l'Église*, Brujas, 1933. Del mismo, *Saint Jean de la Croix. Le texte définitif du Cantique Spirituel*, Abadía de Solesmes, 1951.

Para los problemas textuales, cfr.: Dom Chevallier, "Le Cantique Spirituel de Saint Jean de la Croix a-t-il été interpolé?", en *Bulletin Hispanique*, XXIV, 1922, págs. 307-342. I. MacDonald, "The Two Versions of the *Cántico Espiritual*", en *Modern Language Review*, XXV, 1930, págs. 165-184. Dámaso Alonso, "Sobre el texto de 'Aunque es de noche'", en *Revista de Filología Española*, XXVI, 1942, págs. 490-494. D. Fernández Zapico, "¿Las anotaciones del códice de Sanlúcar, son de San Juan de la Cruz?", en *Ephemerides Carmeliticae*, Roma, I, 1947, págs. 134-162. J. Krynen, "Un aspect nouveau des annotations marginales du Borrador du *Cantique Spirituel* de Saint Jean de la Croix", en *Bulletin Hispanique*, XLIX, 1947, págs. 400-421. J. A. Sobrino, *Estudios sobre San Juan de la Cruz y nuevos textos de su obra. El manuscrito inédito tardonense granadino*, Anejo núm. 6 de la *Revista de Literatura*, C. S. I. C., Madrid, 1950. Dom Chevallier, "Le texte définitif du *Cantique Spirituel*", en *Quaderni Ibero-Americani*, Turín, II, 1953, páginas 249-253. Eulogio de la Virgen del Carmen, "El texto crítico del *Cántico Espiritual*", en *Monte Carmelo*, Burgos, LXXIII, 1955, págs. 245-256. Del mismo, "La cuestión crítica del *Cántico Espiritual*. Nota bibliográfica", en *Monte Carmelo*, LXV, 1957, páginas 309-323. Fray Federico de San Juan de la Cruz, "Avisos falsamente atribuidos a San Juan de la Cruz", en *Revista de Espiritualidad*, Madrid, XXII, 1963, págs. 137-168.

Bibliografía: Fray Matías del Niño Jesús, "La bibliografía de San Juan de la Cruz en la exposición de la Biblioteca Nacional", en *Revista de Espiritualidad*, II, 1943, páginas 51-74 y 283-321. Luis María Soler, *Homenaje a San Juan de la Cruz en el IV Centenario de su nacimiento*, Biblioteca Central, Barcelona, 1945; bibliografía en las páginas 3-40 y 81-110. Benno à S. Joseph, "Bibliographiae S. Joannis a Cruce, specimen (1891-1940)", en *Ephemerides Carmeliticae*, I, 1947, págs. 163-210 y 367-381; II, 1948, págs. 584-602; III, 1949, págs. 407-424. Véase también el "Guión bibliográfico" incluido

La poesía de San Juan de la Cruz. La poesía de San Juan es puramente mística. Como destaca Sáinz Rodríguez, San Juan prescinde de toda preparación ascética —tarea ya realizada por Santa Teresa— "para entrar de golpe en las más hondas profundidades del misticismo"[87]. Diríase que arranca del límite a que los otros místicos se habían remontado, y aunque toda su ciencia mística es el complejo resultado de una integración en que se funden, como diremos, los más diversos influjos lo mismo literarios que ideológicos, San Juan se eleva como en un milagroso salto hacia cumbres personalísimas que constituyen una región aparte en el reino de la mística.

Hay en San Juan un místico especulativo y empírico a la vez. Dicho se está que, en lo que a este segundo aspecto se refiere, toda su experiencia mística es independiente de cualquier conocimiento anterior, fruto exclusivo de su arrebatada pasión amorosa, íntima y subjetiva, hacia la divinidad. Pero ni ideas ni palabras, con que aquella experiencia se expresa, pueden proceder de su absoluta invención. San Juan posee profundo conocimiento de la mística histórica y teórica; en su utilización de las "tres vías" sigue las ideas de la más antigua tradición cristiana, en particular de San Bernardo; de éste toma también la utilización del *Cantar de los Cantares* para simbolizar la vida mística, pero, sobre todo, la peculiaridad de ver en la Esposa no a la Iglesia o a la Madre de Dios —según norma tradicional de los expositores—, sino al alma humana. De la Teología de Santo Tomás proceden sus ideas sobre la esencia y actividad de los sentidos y, sobre todo, acerca del valor de las virtudes teologales en el camino de la mística. A santa Teresa debe su teoría de los cuatro grados de la oración; y no menos profundo es el influjo recibido de San Agustín.

Pero mucho más que el examen de su contenido doctrinal interesa, naturalmente, a nuestro propósito el estudio de su expresión literaria. Hemos visto cómo San Juan se sirve de formas poéticas tradicionales —romances y cantares— así como de metros y estrofas renacentistas para verter su poesía espiritual. Pero la dependencia de moldes ajenos es aún mucho más estrecha. A Dámaso Alonso debemos la puntualización más completa de este fundamental aspecto de la poesía de San Juan de la Cruz. En 1942 publicó Dámaso Alonso su libro, ya citado, *La poesía de San Juan de la Cruz*[88], en el que demostró la deuda del místico incomparable con la poesía de Garcilaso y la lírica de los cancioneros. Ha insistido posteriormente sobre sus principales puntos de vista en un estudio titulado "El misterio técnico de la poesía de San Juan de

---

en la edición citada del P. Lucinio del Santísimo Sacramento, págs. 1179-1215. P. P. Ottonello, "Una bibliografia della letteratura comparativa su San Juan de la Cruz", en *Revue de Littérature Comparée*, París, XXXVIII, 1964, págs. 638-652.

[87] *Introducción...*, citada, pág. 241.

[88] Ha sido reeditado en 1946 y de nuevo en 1958; esta última edición contiene ligeras variaciones en el texto, pero bastante mayores en las notas (nuestras citas corresponden a esta edición última).

la Cruz"[89]. En él afirma taxativamente que "todo lo que en su obra no viene del *Cantar de los Cantares* (cuya 'divinización' es un proceso exegético muy antiguo) deriva de la conversión a fin religioso de dos procedencias amatorias profanas: 1) La poesía de tipo tradicional. 2) La poesía pastoril italianizante"[90]. Alude Dámaso Alonso a la difundida práctica en la lírica española de "divinizar" obras profanas: "lo más popularizado y sabido —dice— de esa poesía tradicional se puede decir que fue sistemáticamente vuelto a lo divino"[91], tanto en su forma como en los temas. Pues bien: como quedó apuntado en el caso de la poesía de Santa Teresa, San Juan fue un caso típico de sistemático divinizador de poesía profana; así hace, al igual que la Santa, con la copla popular *Vivo sin vivir en mí*; con la coplilla del "no sé qué..." ("Por sólo la hermosura / nunca yo me perderé / sino por un no sé qué / que se halla por ventura"); con la composición de "la caza cetrera de amor" ("Tras de un amoroso lance, / y no de esperanza falto, / volé tan alto, tan alto, / que le di a la caza alcance"); con el poema —éste en endecasílabos— del Pastorcico ("Un pastorcico solo está penado, / ajeno de placer y de contento..."). Por lo que toca a la poesía renacentista, Dámaso Alonso ha insistido por extenso en ambos trabajos (y a ellos remitimos, insustituiblemente, al lector) sobre la "divinización" de Garcilaso, bien directamente, bien —y sobre todo— a través de la previa "divinización" efectuada por Sebastián de Córdoba. Y resume sus conclusiones de este modo: "En casi toda la obra poética de San Juan de la Cruz, elementos de poesía amatoria han sido divinizados. En sus coplas castellanas toma composiciones amatorias conocidas y las vierte al sentido espiritual mediante nuevas glosas y retoques a los núcleos iniciales. En la poesía en endecasílabos, toma de Garcilaso y de su divinizador, Córdoba, elementos fragmentarios: giros, versos, expresiones, temas. Sólo en una ocasión un poema endecasilábico (el "Pastorcico") procede casi totalmente de otro profano; para divinizarlo le basta agregar un elemento que viene del libro de Córdoba"[92].

---

[89] Incluido en *Poesía Española. Ensayo de métodos y límites estilísticos*. 4.ª ed., Madrid, 1962, págs. 217-305.

[90] Ídem, íd., págs. 219-220.

[91] Ídem, íd., pág. 225. Cfr.: Bruce W. Wardropper, "Hacia una historia de la lírica a lo divino", en *Clavileño*, núm. 25, 1954, págs. 1-12; y, sobre todo, la obra del mismo autor *Historia de la poesía lírica a lo divino en la Cristiandad occidental*, Madrid, 1958. Wardropper estudia el hecho de la "divinización" no sólo en la lírica española, sino en todas las grandes literaturas europeas, e incluso en Estados Unidos, como un fenómeno general en todas ellas. "Podemos afirmar —resume— que las versiones a lo divino, en general, son un fenómeno de la cristiandad entera, tanto protestante como católica, y que parecen haber existido en todos los siglos, incluso en el primer milenario. A juzgar sólo por los textos descubiertos, sin embargo, conviene declarar que la Edad de Oro de los 'contrafacta' ha sido en Francia el siglo XIII, en España, Alemania e Italia a fines del siglo XV y todo el XVI, mientras en Inglaterra hay ejemplos esporádicos a través de toda su historia literaria, de modo que difícilmente se puede señalar para ellos una época de mayor auge" (*Historia*..., págs. 7-8).

[92] Ídem, íd., pág. 263.

Digamos primero cuál es la significación de este hecho en la poesía de San Juan. El propio Dámaso Alonso lo precisa con palabras que no requieren ulterior comentario: "Su causa es la inefabilidad de la experiencia mística. Por ser inexpresable, la vivencia mística es sólo pintada, mentada, a través de imágenes, en especial de imágenes del amor profano. Situado dentro de esta gran corriente, San Juan de la Cruz toma el máximo poema de amor, divinizado, que la tradición le ofrece: *El cantar de los cantares*. Cuando él echa mano de los elementos de amor profano que la poesía de su siglo (ya italianizante, ya tradicional) le brinda, no hace sino continuar el sentido de este proceso" [93].

Pero algo, quizá todavía más importante, debe ser notado. San Juan de la Cruz, el inimitable poeta, aprovecha con tan entera despreocupación el caudal ajeno porque la creación estética como tal no le importaba en absoluto; escribía movido por exclusivos afanes religiosos, a veces por fines tan modestos como proporcionar a sus hermanos de Orden canciones y coplas que cantar en los oficios o actos de piedad; toda aquella poesía profana, refinada y culta o tradicional y popular, pero en cualquier caso ampliamente difundida, podía servirle al Santo para mover las almas en el servicio de la Divinidad: "Digámoslo sin miedo: el arte, en sí mismo, no era nada, no significaba nada para él; Dios lo llenaba todo" [94]. En esta extraña contradicción entre el hombre que no para atención en el arte y llega a las cumbres más inaccesibles del arte, se encuentra lo que Dámaso Alonso llama tan bellamente "el ala del prodigio": "Entre todos estos artistas en frenesí se adelanta sereno, imperturbable, un hombre, que avanza recto: no burila, no le importa la perfección formal, ni quizá sabe qué es; no se detiene ni aun a coger una flor de su camino. Avanza irremisiblemente atraído por el centro obsesionante. Este hombre no es un artista, pero supera —aun en el arte que no se propuso— a esos grandes artistas. Porque he aquí que entre todos los artistas en agonía de perfección no han creado nada, nada, que más secreta, que más exquisitamente nos perturbe que estos tres poemas, que estas dos coplas con su glosa. Su autor —ese hombre que avanza indiferente— es un frailecico pequeño, casi "medio fraile", al que, digámoslo sin rebozo, le tenía sin cuidado el arte por el arte y aun el arte a secas. Lo único que le importaba era el amor de Dios. Esos poemas (el *Cántico espiritual*, la *Noche* y la *Llama*), esas coplas (*Aunque es de noche* y *Tras de un amoroso lance*) son tales, que la literatura mundial no ha producido nada de una emanación más nostálgicamente perturbadora, donde cada palabra parece haber recibido plenitud de gracia estética, con una transfusión tal que nuestra alma, virginalmente oreada, impelida abrasadoramente, no ha sentido nunca más próximas las extremas delicias" [95].

---

[93] Ídem, íd., pág. 264.
[94] Ídem, íd., pág. 255.
[95] Ídem, íd., págs. 267-268. Parecidos conceptos expresa también Jorge Guillén (estu-

Esta interpretación del gran crítico parecería contradecir la opinión, antes admitida comúnmente, de que en San Juan de la Cruz coexistía junto al místico enamorado que escribía como en pleno rapto o arrobo, el técnico expertísimo capaz de afinar hasta la minucia los recursos artísticos de su instrumento lírico. Dámaso Alonso, que ha sometido la poesía de San Juan al más exigente estudio estilístico, se siente más inclinado cada vez, en su segundo estudio citado, a afirmar la "total despreocupación estética" del poeta y, en consecuencia, a "creer en el prodigio". En forma más o menos premeditada y consciente (dejemos ahora un margen de indecisión ante el misterio creador del poeta) es evidente el hecho de que San Juan extrae un partido inconcebible de todos los recursos técnicos tanto tradicionales como de la nueva poesía italianista. Así, la reiteración de un vocablo:

*En soledad vivía
y en soledad ha puesto ya su nido,*

---

dio citado, pág. 98): "La poesía [en San Juan de la Cruz] no llegó a ser nunca la tarea eminente, sino algo superabundante, surgido de una vida consagrada al afán religioso, cuyo nombre pleno no es otro que *santidad*. A la cumbre más alta de la poesía española no asciende un artista principalmente artista sino un santo, y por el más riguroso camino de su perfección; y la 'Noche Oscura', el 'Cántico Espiritual', la 'Llama de amor viva' se deben a quien jamás escribe el vocablo *poesía*. Es curioso: a menudo San Juan recurre a términos procedentes de los oficios y las artes, y emplea 'retórica', 'metáfora', 'estilo', 'versos' y otras palabras del menester literario. En un pasaje, 'poeta' se aplica al autor del 'Libro de los Proverbios'. *Poesía* no aparece jamás". En su conjunto de ensayos, *Poesía y Mística. Introducción a la lírica de San Juan de la Cruz*, cit., también Emilio Orozco apunta ideas semejantes en diversos pasajes: "Cuando compone sus poemas, aunque los cree como poeta, lo hace, no como algo aparte de su actividad de religioso carmelita, ni desligado de la intimidad de su vida mística. Sus versos son expresiones del sentir de su Orden y son, sobre todo, una huella del paso del Amado, aunque retenida por la voz del poeta" (pág. 21). "En general, su norma, criterio y guía para todo lo artístico que ha dejado consignados en sus escritos nos permite deducir fácilmente su posición ante la poesía. Lo centra la intención puramente devocional. De la estatuaria afirma 'que es bueno gustar de tener aquellas obras que ayudan al alma a más devoción'; por esto, de las imágenes 'siempre se ha de escoger lo que más mueve'". Esto mismo dice de la música: 'poco importa oír una música sonar mejor que otra, si no me mueve más ésta que aquélla a hacer obras'. Se comprende bien cuál sería su posición ante toda la lírica profana, e igualmente el por qué, a pesar de haber leído a Garcilaso, pudo preferir inspirarse en un libro tan desigual y con tantas caídas como la versión a lo divino hecha por Sebastián de Córdoba" (págs. 161-162). "San Juan de la Cruz compondría su poesía, sí, por una íntima y profunda necesidad expresiva, incluso como una inevitable consecuencia de sus experiencias místicas; pero también para ser cantada en su Orden por monjas y novicios. Su pensamiento poético espontáneamente le llevaría a concebir como canto sus versos, y con seguridad, dentro de los ritmos musicales a que estuviesen hechos sus oídos de monje del Carmelo. Sabemos, así, que los novicios tenían costumbre de cantar 'los versos de la Noche oscura' en las recreaciones, después de las comidas o en otros ratos de esparcimiento" (págs. 164-165).

> *y en soledad la guía*
> *a solas su querido,*
> *también en soledad de amor herido* [96].

o de giros afectivos:

> *¡Oh cauterio suave!*
> *¡Oh regalada llaga!*
> *¡Oh mano blanda! ¡Oh toque delicado!* [97].

o el repetido empleo de la antítesis —recurso estilístico de todas las épocas—, rompiendo todos los esquemas lógicos "ante los estados inefables de las alturas místicas": "cauterio suave", "llaga delicada", "que tiernamente hieres", "con llama que consume y no da pena", "matando muerte en vida la has trocado", "¡oh vida!, no viviendo donde vives", "me hice perdidiza y fui ganada", "que muero porque no muero", "vivo sin vivir en mí", "entréme donde no supe / y quedéme no sabiendo, / toda ciencia trascendiendo", "y abatíme tanto, tanto, / que fui tan alto, tan alto...".

Junto a todo ello la combinación, felicísima, de léxico popular y rústico —ejido, majadas, manida, adamar, compañas— con palabras de sentido hierático, tomadas del *Cantar de los Cantares* —ciervo, cedros, almena, azucena, granadas, palomicas— y voces cultas —vulnerado, nemoroso, bálsamo, aspirar—, dialectalismos —fonte—, palabras del vocabulario amoroso trovadoresco —esquiva— y frecuentes diminutivos, a semejanza de Santa Teresa, aunque en menor cantidad que ella —pastorcico, palomica, tortolica, avecica, etc.—.

Pero todos estos recursos estilísticos, precisamente por haber sido antes y después de San Juan constantemente utilizados, apenas dicen nada especial para caracterizar sin equívoco su excelsitud poética. El mismo Dámaso Alonso lo admite así cuando, a seguido de su análisis minucioso, añade que en todo lo dicho hay apenas nada, o muy poco, "que explique esa sensación de frescura, de virginidad y originalidad que nos produce su obra y que es como un delicioso oreo cuando a ella pasamos desde las de otros poetas aun de los mayores de nuestro Siglo de Oro". Más abajo añade: "Pensemos ahora en dónde podrá residir, por lo que a lenguaje se refiere, esa impresión de novedad, de infinita llanura, virginal, cencida, sobre la que corren brisas recién creadas, que nos da el arte de este poeta". Y trata de apresar el valor de la poesía sanjuanista con estas palabras: "Su expresión es más fuerte, más impregnante, más sintética que la de los otros que tanto hemos saboreado. Hay en él una rapidez, una condensación, una intensidad abrasadas y penetran-

---

[96] *Cántico espiritual*, estrofa 35.
[97] *Llama de amor viva*, estrofa 2.

tes"[98]. Intensidad —nos explica luego— conseguida por la función predominante del sustantivo —que recobra así "su original fuerza intuitiva"— a expensas de la función verbal y, sobre todo, a expensas del adjetivo, que había perdido su poder sugerente por el intenso desgaste a que lo había sometido la poesía renacentista. Siguiendo, en cambio, lo que el crítico llama "un sistema ondulatorio" entre extrema escasez y extrema frecuencia, el poeta inunda de repente otros períodos con verdaderos torrentes adjetivales o verbales. "Y ahora sí que creo —sintetiza— que hemos obtenido algún hallazgo: hemos llegado, tal vez, a determinar cuál es la principal diferencia que separa la magia suave, sedosa, prolongada, del estilo de Garcilaso, de la llama rauda, veloz, dulcemente heridora, a ratos remansada en perfume y pausada música, del estilo de San Juan de la Cruz. Sí; hemos comprendido el estilo de San Juan de la Cruz como el de una hoguera, con intervalos pausados o un saltar frenético de las llamas, como una hoguera bajo el viento"[99].

Debemos añadir que el lenguaje poético de San Juan de la Cruz realiza una auténtica depuración de la lírica iniciada por Garcilaso y los italianistas; no en el sentido de intensificar los cultismos y complicar el hipérbaton, por el camino que conduce de Herrera a Góngora, sino simplificando la estructura sintáctica y devolviendo a cada palabra, sencilla y clara, algo así como su pureza matinal. Pero claro está que aquí entra ya el milagro del poeta [100].

---

[98] "El misterio técnico"..., pág. 292.
[99] Ídem, íd., 305.
[100] La todavía insoluble antinomia entre el poeta técnico y el poeta inspirado —lo que justamente llama Dámaso Alonso "El misterio técnico de San Juan de la Cruz"— ha sido siempre el gran problema del arte lírico sanjuanista. Como hemos dicho, Dámaso Alonso, que en su primer estudio había tratado de penetrar, por la vertiente humana, en las raíces de su creación, ha acentuado en el segundo muchas de sus primeras conclusiones en favor ahora del *artista instintivo*. En *La poesía de San Juan de la Cruz* había dicho, por ejemplo: "No excluyo el portento... Mas no lo recibiré mientras haya explicación humana. Miro a los elementos humanos, y encuentro que este poeta es... un consumado artífice, dueño del estilo, apreciador del matiz, sabio ordenador de la armonía y contraposición de las partes en el desarrollo del poema. Y todo en él transciende a inspiración divina, sí, pero también a técnica humana" (3.ª ed., págs. 73-74). "Mas lo que nos interesa ahora es que San Juan de la Cruz, no sólo no nos aparece ajeno a los problemas técnicos de la forma poética, sino que lo vemos en su breve obra endecasilábica diríamos que más preocupado por ellos que la mayor parte de nuestros poetas del Siglo de Oro, en este punto muy bien avenidos con lo existente y bastante rutinarios... No aparece el artífice minucioso; pero tampoco resulta comprobada la leyenda del poeta natural que canta como un pájaro" (ídem, págs. 125-126). "La estructura de cada uno de estos poemas muestra tal dominio del desarrollo, una tan intuitiva, pero también tan sabia ordenación, gradación y contraposición de las partes, que, del lado humano, San Juan de la Cruz se nos prueba consumado técnico, un refinado artista de la palabra como instrumento literario" (ídem, pág. 177). La valoración del "artista instintivo" es ahora, en cambio, tan creciente, que Dámaso Alonso ha podido cerrar una página intensamente lírica —una de las más bellas que se han escrito sobre la poesía de San Juan— con estas fervorosas palabras: "—¡Por San Juan de la Cruz, creo; creo en el

San Juan ha llevado a un punto no igualado lo que puede calificarse de "poesía erótica a lo divino". De manera particular en sus tres poemas capitales el poeta trata de expresar su tema único de la unión mística con Dios; pero siendo ésta una experiencia inefable, ha de valerse de símbolos —ya lo hemos dicho— tomados en parte de la inagotable fuente del *Cantar*, en parte de imágenes amatorias de los poetas profanos. La intensidad y delicadeza amorosa —hecha de suaves y exquisitas insinuaciones, de tembloroso fervor, de sublimada entrega— es en los versos de San Juan tan viva, que llega a cimas no alcanzadas por ninguna otra poesía de erótica humana; el plano humano es elevado milagrosamente al más alto simbolismo religioso, pero a la vez cada metáfora humana tiene tan hondo y poético significado por sí misma, que el lector profano puede olvidar —y aún desconocer— el "erotismo a lo divino" ante aquella pasión de amor tan encendidamente expresada. Por eso dijimos que, aun prescindiendo de toda significación religiosa, la poesía de San Juan de la Cruz representa una cima de la poesía amorosa universal. "Aquí tenemos tres magníficas expresiones del amor humano en ausencia y presencia, en inquietud y en plenitud —dice Jorge Guillén—. Los poemas, si se los lee como poemas —y eso es lo que son— no significan más que amor, embriaguez de amor, y sus términos se afirman sin cesar humanos. Ningún otro horizonte 'poético' se percibe. Pues bien, estos poemas ¿son algo más? Entendámonos: ¿algo más extrapoético? No lo sabríamos si a los versos, tan autónomos, el autor no les hubiese agregado sus propias disertaciones"[101]. No sería legítimo, sin duda, ante la obra de quien logró tan perfecta fusión de vida, poesía y doctrina, prescindir ni de su biografía ni de sus propios comentarios tan circunstanciados y valiosos. Pero tampoco puede negársenos el goce del poema, en su esencial valor autónomo, que es admirable, aún haciendo abstracción de lo alegórico y lo biográfico. Sin embargo —y he aquí el milagro poético; poéticamente divino de San Juan—, basta un ligero soplo de religiosa insinuación, para que toda su poesía se nos transforme en armonía celeste. Así lo reconoce, con bellísimas palabras, el propio Guillén: "Basta saber que

---

prodigio!" ("El misterio técnico...", pág. 268). Los testimonios del propio San Juan nos dejan también en la misteriosa incertidumbre de su arte. Emilio Orozco en el primero de los ensayos de su libro citado, recuerda una preciosa anécdota de excepcional valor: "Ese enlace y fusión de lo 'dado' y de lo 'buscado' por el alma del místico poeta, quedó significativamente expresado en una espontánea frase del propio San Juan de la Cruz. Cuando la madre Magdalena del Espíritu Santo, asombrada de las palabras de las estrofas del 'Cántico', que 'tanto comprendían y tanto adornaban', le preguntó interesada si se las había dado Dios, el Santo le contestó con naturalidad y sencillez: 'Hija, unas veces me las daba Dios y otras las buscaba yo'. En cierto modo, lo que decía de su expresión poética lo hubiera podido decir de su experiencia mística" (págs. 24-25). Jorge Guillén viene a definir perfectamente la misteriosa fórmula cuando escribe que "San Juan de la Cruz acierta con el equilibrio supremo entre la poesía inspirada y la poesía construida" (ob. cit., pág. 105).

[101] Obra. cit., pág. 107.

el autor está queriendo manifestar otra cosa, y que este propósito se basa en una profunda experiencia para que se forme como un acompañamiento espiritual, no conceptual. Se insinúa un aire entre los versos, que los dota de una transcendencia a la vez humana y divina. Todo queda aureolado, y una misteriosa realidad se mantiene en comunicación con el primer horizonte nocturno o diurno, y siempre humanísimo. A los tres poemas envuelve entonces una atmósfera que sería muy difícil despejar, y una resonancia valiosa se añade al canto de amor" [102].

Digamos, finalmente —para mejor puntualizar su alto valor de poesía—, que estas místicas experiencias de amor no son referidas, sino directamente proyectadas sobre un luminoso plano poético del que toda anécdota o introducción circunstancial ha sido desterrada. "¿Quiénes son estos amantes? —dice Guillén—. Sólo tienen un nombre genérico: Esposa, Amado. ¿Dónde viven? Aquí mismo, en estos poemas, dentro del mundo creado por estas palabras. Los sucesos —a lo largo del *Cántico* y la *Llama*— se presentan ante nosotros en el más efectivo presente. No se trata de un pasado ya concluso que el poeta reconstruye. Nada es ajeno a esta ardiente actualidad que ahora y aquí —en el ámbito del poema— desliza sus presentes actos de amor". "La acción —añade— no puede avanzar más limpia de adherencias aclaratorias", y de ella sólo se nos comunican —desnuda ya de todo peso material— "los sentimientos y sus modulaciones, pero no su asunto" [103]. Poesía pura, por lo tanto, vibración espiritual apuntada directamente al sentimiento, música inefable más allá de los sentidos, puesto que sus palabras —tan vivas, tan concretas, tan sugerentes— no aluden a realidades inmediatas, sino que son símbolos —símbolos, decimos, e imágenes de absoluto valor en sí mismas, que no retóricas alegorías— de lo que está más allá de la realidad. Así, la "noche", por ejemplo; que si para Fray Luis de Granada es una directa y concreta visión real desde la que se eleva, como por una escala lógica, a la presencia del creador, para San Juan no es más que el símbolo de un estado de espíritu [104].

---

[102] Ídem, íd., pág. 137.
[103] Ídem, íd., págs. 105, 121.
[104] Consúltense, además de las obras citadas. P. Garrigou-Lagrange, *Perfection chrétienne et contemplation selon St. Thomas et St. Jean de la Croix*, 2 vols., Saint Maximin, 1926. P. Sabino de Jesús, *San Juan de la Cruz y la crítica literaria*, Santiago de Chile, 1942. P. Crisógono de Jesús Sacramentado, *San Juan de la Cruz. Su obra científica y su obra literaria*, Madrid-Ávila, 1929. Del mismo, "Relaciones de la Mística con la Filosofía y la Estética en la doctrina de San Juan de la Cruz", en *Escorial*, núm. 25, 1942, págs. 353-366. P. François de Sainte Marie, *Initiation à Saint Jean de la Croix*, París, 1945. Max Milner, *Poésie et vie mystique chez Saint Jean de la Croix*, París, 1951. P. Luciano María de San José, *Les poèmes mystiques de Saint Jean de la Croix*, Brujas, 1947. Jean Vilnet, *Bible et Mystique chez Saint Jean de la Croix*, Brujas, 1949. José M. de Cossío, "Rasgos renacentistas y populares en el *Cántico Espiritual* de San Juan de la Cruz", en *Escorial*, núm. 25, 1942, págs. 205-228. Gerardo Diego, "Música y ritmo en la poesía de San Juan de la Cruz", en *Escorial*, núm. 25, 1942, págs. 163-186. M. García

Con igual intensidad de simbolismo e idéntico fervor líricamente emotivo compone San Juan de la Cruz sus ya aludidos comentarios en prosa. No interesando a nuestro propósito la exposición detallada de su contenido doctrinal, diremos solamente que en su conjunto representa un completo tratado de teología mística, lleno de sutiles explicaciones, de bellas alegorías para aclarar los más difíciles conceptos, de agudos análisis psicológicos de la experiencia mística. San Juan amplía y desmenuza sus propios versos con meditada precisión, al mismo tiempo que penetra en el significado espiritual y estético de cada palabra o imagen que había utilizado. Pero con toda su belleza, estas exposiciones, difícilmente superables también, no alcanzan la intensidad de lo que sólo sus luminosas intuiciones poéticas habían podido expresar.

La distancia entre poema y comentario no afecta sólo a matices de índole literaria, sino que nos enfrenta de nuevo con el problema del misterio de la

---

Blanco, "San Juan de la Cruz y el lenguaje del siglo XVI", en *Castilla*, Valladolid, 1941-1943, págs. 139-159. J. M. Alda Tesán, "Poesía y lenguaje místicos de San Juan de la Cruz", en *Universidad*, Zaragoza, XX, 1943, págs. 577-600. Agustín del Campo, "Poesía y estilo de la, *Noche oscura*", en *Revista de Ideas Estéticas*, I, 1943, págs. 33-58. R. M. de Hornedo, "Fisonomía poética de San Juan de la Cruz", en *Razón y Fe*, CXXVII, 1943, págs. 220-242. H. Chandebois, "Lexique, grammaire et style chez St. Jean de la Croix. Notes d'un traducteur", en *Ephemerides Carmeliticae*, III, 1949, págs. 543-547, y IV, 1950, págs. 361-368. Helmut Hatzfeld, "Ensayo sobre la prosa de San Juan de la Cruz en la *Llama de amor viva*", en *Clavileño*, núm. 18, 1952, págs. 1-10. R. M. Icaza, *The Stylistic Relationship between Poetry and Prose in the 'Cántico Espiritual' of San Juan de la Cruz*, Washington, 1957. R. Hoornaert, *L'âme ardente de Saint Jean de la Croix*, Brujas-París, 1947. Henry Sanson, *St. Jean de la Croix entre Bossuet et Fénelon*, París, 1953. Del mismo, *El espíritu humano según San Juan de la Cruz*, trad. esp., Madrid, 1962. P. Ángel Custodio Vega, "En torno a los orígenes de la poesía de San Juan de la Cruz", en *La Ciudad de Dios*, CLXX, 1957, págs. 661 y ss. Del mismo, "Fray Luis de León y San Juan de la Cruz", en *Studia Philologica. Homenaje ofrecido a Dámaso Alonso*, vol. III, Madrid, 1963, págs. 563-572. Jean Mouroux, "Note sur l'affectivité sensible chez Saint Jean de la Croix", en *Mélanges Jules Lebreton*, t. II, París, 1952, págs. 408-425. Pierre Mesnard, "La place de saint Jean de la Croix dans la tradition mystique", en *Bulletin de l'Enseignement public du Maroc*, julio-septiembre, 1942, págs. 191-233. P. Augusto A. Ortega, C. M. F., *Razón teológica y experiencia mística. En torno a la mística de San Juan de la Cruz*, Madrid, 1944. J. Baruzi, "Le problème des citations scripturaires en langue latine dans l'oeuvre de Saint Jean de la Croix", en *Bulletin Hispanique*, XXIV, 1922, págs. 18-40. Arturo Marasso, "Aspectos del lirismo de San Juan de la Cruz", en *Boletín de la Academia Argentina de Letras*, XIV, 1945. Robert Ricard, "Sobre el poema de San Juan de la Cruz 'Aunque es de noche'", en *Estudios de literatura religiosa española*, cit., págs. 173-180. Del mismo, "'La Fonte' de San Juan de la Cruz y un capítulo de Laredo", en ídem, íd., págs. 181-193. Marcel Bataillon, "La tortolica de 'Fontefrida' y del 'Cántico Espiritual'", en *Varia lección de clásicos españoles*, Madrid, 1964, págs. 144-166. Del mismo, "Sobre la génesis poética del 'Cántico Espiritual' de San Juan de la Cruz", en ídem, íd., págs. 167-182. Fray Eulogio de la Virgen del Carmen, "La crítica sanjuanista en los últimos veinte años", en *Salmanticensis*, VIII, 1961, págs. 195-246. Sobre el posible influjo en San Juan de los místicos arábigo-españoles y germanos véase bibliografía en las notas 25 y 26.

creación poética del santo. Porque, si éste escribía sus poemas incomparables en virtud de profundas intuiciones poéticas, vibrante aún la jubilosa exaltación de la altísima experiencia gozada, ¿cómo podía luego reducir a tan rigurosa y escolástica exposición aquellas cimas inalcanzables del amor divino, o avenirse siquiera a encerrar en fríos conceptos lo inefable? ¿Precedía, por el contrario, al arrebato lírico la estudiada consideración de los motivos doctrinales? [105]. Dámaso Alonso ha profundizado esta disyuntiva, con lo que hubo de tener además de agudo torcedor para el propio poeta: "Produce extrañeza —dice— cómo el puro goce estético de las bellísimas estrofas, no diré que se derrumba, pero sí que rudamente queda sacudido con la interpretación. Y aquí surge un problema que, por principio, apenas si he de tocar: el de las relaciones mutuas entre comentarios y poemas. No puedo hacer más que señalar su existencia y su gravedad. Porque si volvemos a mirar la primera de estas estrofas [106], encontramos en ella una curiosa ordenación que va elevándose desde las alimañas hasta lo aéreo y lo espiritual. Esta ordenación, ¿estaba ya exigida por un sustrato doctrinal en el momento de la creación lírica? Generalizando el problema, los comentarios, ¿son una interpretación *a posteriori*, para ajustar el ímpetu lírico a rigurosas líneas doctrinales, o es que su sentido concreto estaba presente al poeta en el momento de la creación? Tal vez sea imposible dar una contestación general. Quizá el proceso creativo haya sido distinto en las diferentes poesías. Por lo que respecta al *Cántico*, es muy significativo ese enfriamiento que la explicación en prosa algunas veces nos produce. No podemos dudar del ya inicial sentido místico de este poema. Pero yo creo que su alegoría nació seguramente, ordenada, sí, según los grados de la escala mística, más sólo con la vaguedad alusiva del ámbito lírico en

---

[105] A esta cuestión, que con mayor o menor visión de su importancia se han planteado también otros exégetas, apunta una glosa de Eugenio d'Ors, formulada, por cierto, con sorprendente irreverencia: una irreverencia meramente artística, o literaria, queremos decir: "El hecho —escribe— de que, sobre el misticismo, formulara San Juan de la Cruz toda una doctrina, y hasta una técnica, y de sus propios cantos, una teórica exégesis, reduce mucho la posibilidad de incluirle entre los embriagados por este misticismo. De la 'Noche oscura del alma', San Juan de la Cruz no es noctámbulo, sino el sereno" *(El valle de Josafat,* Buenos Aires, 1944, págs. 31-32).

[106] Alude a las estrofas 29-30 del *Cántico,* que dicen:

A las aves ligeras,
leones, gamos, ciervos saltadores,
montes, valles, riberas,
aguas, aires, ardores
y miedos de las noches veladores:

por las amenas liras
y canto de sirenas os conjuro
que cesen vuestras iras
y no toquéis al muro
porque la Esposa duerma más seguro.

el momento del impulso creador. La interpretación concreta y pormenorizada fue, sin duda, un razonador y lento trabajo *a posteriori*" [107].

Volviendo luego sobre el tema, y también a propósito del *Cántico*, escribe: "Léanse las cinco últimas estrofas, que versan sobre la unión más alta. Váyase luego a los comentarios correspondientes. Bellos son. Mas siempre el poema está más cerca de la experiencia indecible. En este sentido, los admirables comentarios son una obra fracasada; pero en el más gigantesco, generoso, genial empeño" [108]. San Juan de la Cruz conocía la imposibilidad de encerrar en palabras lo inexpresable; por esto recurrió al único medio humano, la poesía, que podía aproximarse, aunque de forma también imperfecta y balbuciente, a los misterios de la Divinidad; y por esto mismo, sin duda, dejó inacabados los dos comentarios al poema de la *Noche* —la *Subida del monte Carmelo* y la *Noche obscura del alma*— al llegar el momento de la unión, y lo mismo sucede al comentar los últimos versos de la *Llama*, en que lo dice expresamente: "En aquel aspirar de Dios yo no querría hablar; porque veo claro que no lo tengo de saber decir, y parecería menos si lo dijese... Y por eso, aquí lo dejo" [109]. Y Dámaso Alonso comenta finalmente "esta indudable lucha, este torcedor del escritor doctrinal": "Este drama interno, cuya acción se desarrolla entre la experiencia, el rapto lírico y el comentario, es frecuentemente desconocido por los expositores de la doctrina de San Juan de la Cruz. Es más cómodo el empeñarse en guiar falsamente al lector por un paraíso de facilidades, ya bobo, de tan claro. Para mí, admirables son los comentarios, pero más bella aún la lucha desigual en que enviscadamente se afanan. Ni ciencia ni experiencia sirven. El santo lo sabía. Por eso en los comentarios de la *Llama* echó mano de la jaculación, del balbuceo recordador de la extraña ventura. Pero nunca más cercano a la 'confusa y oscura noticia', nunca más claro el divino balbucir, que en el poema. ¡Alta gloria haberse acercado oscuramente hasta el misterio, como nunca con voz de hombre, en el poema; haber intentado escudriñar claridades, como nadie, como nunca, en el comentario!" [110].

---

[107] *La poesía de San Juan de la Cruz*, ed. cit., págs. 151-152. Consúltese el agudo estudio de Gabriel Celaya, "La poesía de vuelta en San Juan de la Cruz", en *Exploración de la poesía*, Barcelona, 1964, págs. 179-230.
[108] *La poesía de San Juan de la Cruz*, cit., pág. 162.
[109] Citado por Dámaso Alonso, ídem, íd., pág. 116.
[110] Ídem, íd., pág. 163.

CAPÍTULO XXII

NOVELA Y ÉPICA CULTA

LA NOVELA PASTORIL

Origen y caracteres. Con la aparición de la *Diana* de Montemayor, en 1558 ó 1559 se inicia en España la popularidad —casi diríamos, la moda— de otro género de novela, la pastoril, que, en cierto modo, viene a reemplazar la boga, ya declinante, de los libros de caballerías. Pese a su difusión, la novela pastoril no debió, sin embargo, alcanzar a públicos tan amplios; sin las maravillosas peripecias de los relatos caballerescos, mucho más remansadas en su acción y pulidas en su envoltura, las novelas pastoriles debieron de limitarse a círculos más cultos. De todos modos, en su breve y mejor momento, merecieron la seria atención de los moralistas, prueba inequívoca de su dilatada popularidad [1].

---

[1] "En los setenta años que van desde la aparición de la *Diana* de Montemayor, ¿1559?, hasta la publicación de *La Cintia de Aranjuez* de Gabriel del Corral, Madrid, 1629, lanzaron las prensas más de 40 novelas bucólicas. Una larga lista de ellas, aunque no figuran todas, se encuentra en el erudito prólogo de don Juan Antonio Mayáns y Siscar a *El pastor de Fílida*, de L. Gálvez de Montalvo, Valencia, 1792, pág. LXI" (nota al pie de página, de Rafael Ferreres, en el prólogo a su edición de la *Diana enamorada*, de Gaspar Gil Polo, "Clásicos Castellanos", Madrid, 1953, pág. XIII). Sobre el influjo de la novela pastoril en las costumbres y las razones que movieron contra ella a los moralistas escribe López Estrada breves, pero sustanciosas palabras en el prólogo a su edición de la *Diana*, de Montemayor (véase luego): "...en la *Diana* fue la repercusión social en las costumbres, su moralidad, lo que se discutía. Examinada filosóficamente, como cuerpo de doctrina, nada hay de reprochable en la novela cuyos protagonistas tienden siempre al amor puro. El solo título es garantía. Pero la *Diana* conducía a un negativismo en la acción, bordeaba estados de quietismo amoroso. Luego se verá cómo el tópico pastoril sirvió para la expresión mística. Era un derroche de imaginación, de sentimiento, que se deshacía en un nihilismo espiritual y que acababa precisamente donde la Iglesia había instituido el sacramento del Matrimonio. Hubo, pues, el ataque directo a la *Diana* y el indirecto. El uno fue la represión mediante los sermones y libros de moralidad, y el otro fue la versión a lo divino de esas mismas obras" (pág. XXXVII).

El género bucólico o pastoril constituye, como sabemos, una genuina manifestación literaria del Renacimiento, que había tenido hasta entonces su principal campo en la lírica; representaba una más —quizá la más notable— de las resurrecciones renacentistas de la Antigüedad clásica, que había creado el género y le había dado con Teócrito y Virgilio los modelos supremos. La Edad Media continuó la tradición bucólica por diversos caminos y con varia intensidad; las pastorales de Provenza y muchas formas de la lírica gallego-provenzal la habían conservado en cierto modo, hasta que Petrarca con su *Carmen Bucolicum* modificó y modernizó la gran corriente, sobre todo la virgiliana, preparando su florecimiento durante el siglo XVI en todas las literaturas de Europa. En España lo pastoril tiene famosas manifestaciones en las serranillas —populares— del Arcipreste, y en las de Santillana, más artificiosas. Pero su línea más constante hay que perseguirla en las piezas teatrales, sobre todo en las Representaciones del Nacimiento, donde los pastores constituyen un elemento imprescindible, de preferencia como parte cómica; lo que les distingue esencialmente de la tradición —lírica y grave— de la bucólica clásica. Al llegar el Renacimiento, los pastores castellanos sin perder sustancialmente su rusticidad, adquieren superior valoración literaria en la dramática de Lucas Fernández, de Juan del Encina y de Gil Vicente. Sin embargo, y precisamente por las profundas diferencias dichas, estos pastores castellanos, populares y de índole dramática, no conducen evidentemente hacia la novela pastoril renacentista; su espíritu es diverso.

La veta pastoril, potenciada por Petrarca, es orientada hacia la novela por su contemporáneo Boccaccio en dos de sus obras: el *Ninfale d'Ameto* y el *Ninfale Fiesolano*. En el primero sobre todo, escrito en prosa y con versos intercalados (el segundo es un poema aunque de disposición novelesca), crea un género; no importa que luego sus continuadores —los españoles en particular— hayan de modificarlo bastante. En los primeros años del siglo XVI otro italiano, el napolitano Jacopo Sannazaro, publicó la más famosa novela pastoril del Renacimiento, *La Arcadia*, que amplía y fija el género definitivamente en todos sus rasgos esenciales, y que fue el modelo más estrecho y próximo de la *Diana*, de Montemayor. La primera traducción castellana de *La Arcadia* se publicó en Toledo en 1549 y obtuvo una resonancia inmediata; aparte el conocimiento directo que pudieron tener muchos españoles de las ediciones originales [2].

La novela bucólica, tal como queda constituida por Sannazaro, es un género paralelo, en la prosa, de la poesía pastoril italianizante; lo que casi nos evita extendernos demasiado en su caracterización. Digamos, sin embargo, que se trata de un tipo de novela poética, refinadamente literaria; los pastores —sus protagonistas— no lo son a la manera que llamamos realista, sino cultos

---

[2] Cfr. F. Torraca, *Gli imitatori stranieri di J. Sannazaro*, Roma, 1882. E. Carrara, *La Poesia Pastorale*, Milán, s. a.

y delicados seres idealizados —como en Virgilio y Garcilaso— entregados a devanar sus cuitas de amor, generalmente frustrado o no correspondido; la naturaleza, igualmente idealizada por lo común, es componente capital, más que mero fondo del cuadro; es frecuente la intervención de personajes mitológicos, y premeditada la intención artística de imitar el arte culto de los modelos clásicos; los sentimientos están teñidos de suave y melancólica tristeza, y alienta siempre la misma nostalgia de pretéritas edades áureas, que inspiró la bucólica alejandrina y romana. Debe añadirse, para caracterizar el género, que en general se trata en estos libros de amores honestos; se pretendía crear un medio de amor virtuoso donde encajaran los platónicos ideales de la época, difundidos sobre todo por León Hebreo (no importa que la realidad diaria fuese bastante menos platónica); y, finalmente, que hay con frecuencia en toda novela pastoril un fondo de suceso real (personajes cortesanos, gentes notables), a veces autobiográfico (como en la poesía bucólica de la época) que intensifica el peculiar lirismo de su prosa.

En resumen, pues, diríamos, que es la transvasación al cauce novelesco de la lírica bucólica italianista, algo así como su prosificación; para explicar lo cual podría admitirse o bien la saturación producida ya por aquellas tendencias poéticas, o bien la tendencia a popularizar y vulgarizar un género que variaba la envoltura en busca de públicos más amplios.

Suele decirse que así como los libros de caballerías representaron la idealización de la vida guerrera y la novela sentimental la de la pasión amorosa, la pastoril significaba la idealización de la naturaleza, o, más bien, la de la vida natural. Como contraste o reacción, aquella época furiosamente activa sentía la nostalgia de la paz idílica; los elogios —a medias tópico literario de la antigüedad clásica, a medias aspiración real de descanso y quietud— a la vida retirada, son frecuentísimos entonces, y no sólo Guevara se había aplicado a menospreciar la corte y alabar la aldea. Es expresivo que Don Quijote, descalabrado en sus aventuras y próximo a la muerte, caiga en la idea de hacerse pastor y componerle versos a Dulcinea. De todos modos existe un hecho positivo y seguro en la novela pastoril: la desviación que los ideales activistas experimentan hacia la intimidad. Pese a todos sus convencionalismos, su artificiosidad retórica, su idealización, la novela pastoril se entrega por primera vez —no siempre sin eficacia— al análisis del mundo interior de los personajes.

No deja de ser significativo también —para comprender el nuevo espíritu de delicada intimidad lírica que la novela bucólica venía a traer— el hecho de que las dos primeras novelas de su especie en la península vengan de tierras portuguesas. Unos pocos años antes que Jorge de Montemayor, un portugués, Bernardim Ribeiro, publicó su novela *Menina e Moça*; novela no puramente pastoril, puesto que en buena medida trátase de una novela de caballerías, aunque dulcificada por la suave melancolía del paisaje en que quedan las aventuras como aprisionadas, pero que debe, en todo caso, ser estimada como el puente entre el mundo heroico-caballeresco y el bucólico. Detrás de Ribeiro, otro portugués, aunque castellanizado, Jorge de Montemayor, convertía en éxito popular la nueva forma literaria [3].

Jorge de Montemayor. Nació en Montemor-o-Velho, cerca de Coímbra, probablemente hacia 1520. De su lugar natal tomó, castellanizándolo, el apellido, pero se desconoce el suyo. Portugués de nacimiento, se hizo castellano por propia voluntad; decisión que molestó a sus compatriotas hasta el punto de que en una ocasión llegaron a prohibir sus obras "por haber dado a reinos extraños lo que debía a aquel en que naciera". Fue un hombre aventurero y universal, como correspondía al estilo de los días del Emperador, mas no por eso perdió el espíritu de su país nativo. "Montemayor, como Gil Vicente y Sâ de Miranda —dice López Estrada— mantiene vivo en sus obras el sentimiento de su patria y da forma en español a valores poéticos, genuinos del alma lusitana, a los que corresponde una peculiar expresión, creadora de un estilo en la literatura española" [4].

Aficionado a la música, fue cantor de capilla de la infanta doña María y después de la de doña Juana, hijas ambas de Carlos V. Cuando esta última casó con el príncipe portugués don Juan, Montemayor pasó a Portugal con el cargo de aposentador de doña Juana, y a la muerte del príncipe regresó con ella a Castilla. Por entonces se dedicó a reunir sus poesías en un *Cancionero* que hizo publicar luego en Amberes en 1554 [5]. Contiene esta colección poesías religiosas y profanas. Las primeras las prohibió la Inquisición por contener errores y graves confusiones teológicas. De las últimas, aunque no sobresalen de manera especial, se hicieron hasta siete ediciones en lo que quedaba de siglo. Montemayor cultiva a la vez las corrientes italianistas y las tradicionales, pero es en los metros cortos donde se muestra más afortunado. Le distingue la fusión que logra en muchas de estas composiciones entre el verso tradicional y la temática italianista.

---

[3] Cfr.: W. Atkinson, "Studies in literary decadence. III. The pastoral novel", en *Bulletin of Hispanic Studies*, IV, 1927, págs. 117-126 y 180-186. M. Menéndez y Pelayo, "Orígenes de la novela pastoril y desarrollo del género hasta la 'Galatea'", en *Orígenes de la Novela*, vol. I, págs. CCCLXXXV-CDLXXXIII, Madrid, 1925 (en la edición nacional —2.ª ed., Madrid, 1962—, vol. II, págs. 185-346). Hugo H. Rennert, *The Spanish Pastoral Romances*, Filadelfia, 1912. Pablo Cabañas, "La mitología latina en la novela pastoril. Ícaro o el atrevimiento", en *Revista de Literatura*, I, 1952, págs. 453-460. Francisco López Estrada, "Las bellas artes en relación con la concepción estética de la novela pastoril", en *Anales de la Universidad Hispalense*, XIV, 1953, págs. 65-89. José Caso González, "Las principales corrientes de la literatura bucólica", en *Archivum*, mayo-agosto, 1953. J. B. Avalle-Arce, *La novela pastoril española*, Madrid, 1959. Mia I. Gerhart, *La Pastorale*, Assen, 1950. José María de Cossío, *Fábulas Mitológicas en España*, Madrid, 1952. Marcial J. Bayo, *Virgilio y la pastoral española del Renacimiento*, Madrid, 1959.

[4] Prólogo a su edición de *Los siete libros de Diana* (véase luego), pág. IX.

[5] Edición de Ángel González Palencia, Bibliófilos Españoles, Madrid, 1932. (El prólogo de esta edición reproducido en *Del 'Lazarillo' a Quevedo*, Madrid, 1946, págs. 55-76).

Estuvo Montemayor en Flandes, y probablemente en Inglaterra, formando parte del séquito de Felipe II cuando éste marchó a desposarse con la reina María Tudor. Intervino en la campaña de Flandes durante la guerra contra Francia, regresó a España en 1559, y dos años más tarde murió en el Piamonte en una reyerta provocada, según se cree, por una cuestión de celos.

En fecha que se ignora, había publicado Montemayor en Valencia una traducción de los *Cantos de Amor* del gran poeta valenciano Ausías March; versión de escaso mérito, que Lope de Vega censuró acremente en *La hermosura de Angélica*. Escribió también en los últimos años de su vida otras composiciones, como *Los trabajos de los Reyes* y la *Epístola a Peña*, a las que su experiencia desengañada [6] comunica una reposada y madura gravedad.

Toda la importancia literaria de Montemayor descansa, en cambio, en su famosa novela titulada *Los siete libros de la Diana*, cuya primera edición apareció en Valencia en 1558 ó 1559 [7]. El propio autor nos da el resumen del argumento al frente de su libro: "En los campos de la principal y antigua ciudad de León, riberas del río Ezla, uvo una pastora llamada Diana, cuya hermosura fue extremadíssima sobre todas las de su tiempo. Esta quiso y fue querida en extremo de un pastor llamado Sireno, en cuyos amores uvo toda la limpieza y honestidad possible. Y en el mismo tiempo, la quiso más que a sí otro pastor llamado Sylvano, el qual fue de la pastora tan aborrecido que no avía cosa en la vida a quien peor quisiesse. Sucedió, pues, que como Sireno fuesse forçadamente fuera del reyno, a cosas que su partida no podía escusarse, y la pastora quedasse muy triste por su ausencia, los tiempos y el coraçón de Diana se mudaron; y ella se casó con otro pastor llamado Delio, poniendo en olvido al que tanto avía querido. El qual, viniendo después de un año de absencia, con gran desseo de ver a su pastora, supo antes que llegasse cómo era ya casada. Y de aquí comiença el primero libro y en los demás ha-

---

[6] Se ha tratado de penetrar en la razón de esa melancolía que parece empapar toda la obra de Montemayor. Venía admitiéndose que alguna desgracia cortesana la había originado; pero Américo Castro cree explicarla —dentro de su tesis favorita— por ser el escritor descendiente de una familia de conversos: atenazados éstos por la pública odiosidad "ansiaban huir —dice— a donde no fuesen conocidos como conversos; refugiarse en una orden religiosa, o en la apartada irrealidad de alguna fantasía bella y melancólica. No es un azar que el converso Jorge de Montemayor escribiese la *Diana*, y encaminara así las letras españolas por la lírica narrativa de la novela pastoril". Y algunas páginas más adelante insiste: "El haber sido Jorge de Montemayor y Mateo Alemán descendientes de conversos es inseparable del sentido de estas y otras obras, en las cuales transparece el intento de representar la vida humana como soñada idealidad o como materialidad carente de sentido —idealidad negativa—" (*La realidad histórica de España*, México, 1954, págs. 538 y 544).

[7] Ediciones: M. Menéndez y Pelayo, en *Orígenes de la Novela*, vol. II, Madrid, 1931, págs. 305-407. Francisco López Estrada, en "Clásicos Castellanos", Madrid, 1946. E. Moreno Báez, en "Biblioteca Selecta de Clásicos Españoles", Madrid, 1955.

llarán muy diversas hystorias, de casos que verdaderamente an sucedido, aunque van disfraçados debaxo de nombres y estilo pastoril"[8].

La acción se complica, en efecto, con la intervención de nuevos personajes, Félix y Felismena, la sabia Felicia, etc., y una buena corte de ninfas, gigantes y pastores de menor cuantía.

Si atendemos al desarrollo argumental, a las incidencias de amor —con harta frecuencia empalagosas—, a los sucesos inverosímiles y a la profusión de elementos maravillosos con sus magnificencias deslumbrantes, la *Diana* ofrece muchos ángulos de escasa consistencia humana y de corto interés para el lector actual. Pero estas consideraciones serían ajenas al intrínseco valor del libro; la novela pastoril —que queda fijada, como género, en la *Diana*, de Montemayor— era precisamente así. Su mundo es artificioso, imaginativo y sentimental[9], pero el autor no se propuso ser realista; todo aquí descansa sobre una convención literaria, completamente cerrada y armoniosa dentro de su propia estructura, en donde la fantasía y la verosimilitud se combinan estrechamente sin temor a la arbitrariedad: convención compuesta para recreo de públicos curiosos, amantes de la belleza desinteresada, del discreteo conceptuoso, de la palabra tersa y brillante. En este ambiente tiene cabida todo el refinamiento cortesano; las sutilezas amorosas e intelectuales de los falsos pastores, bajo cuya apariencia rústica se cobijan los más agudos pensamientos; la delicia de unos paisajes, despojados de toda molestia natural. El conjunto no es más absurdo que las convencionales decoraciones que pueblan invariablemente los espacios de la arquitectura renacentista, o que las composiciones pictóricas de todos los grandes maestros de la época, con su libérrima fusión de mitología y retrato, de vida real y caprichosa estilización. En este sentido, la novela pastoril es un fenómeno del Renacimiento tan genuino como todas sus otras manifestaciones de arte, desde la plástica a la poesía.

---

[8] Edición López Estrada, pág. 7.

[9] Este último aspecto es tan esencial a la novela de Montemayor que casi por sí solo bastaría para definirla. Bataillon, comentando precisamente el pasaje de Américo Castro, antes citado (nota 6), sobre la ascendencia judía del escritor, afirma que la melancolía "es la gran novedad de la *Diana*". Cierto que este mismo sentimentalismo, tierno y emocionado, parece también consustancial a toda la lírica italianista derivada de Petrarca, y lo hemos visto florecer en Garcilaso con vibración particularmente intensa; es igualmente patrimonio de toda la lírica bucólica, clásica y moderna, y por lo tanto de toda novela pastoril. Pero el inevitable paralelo entre la novela de Sannazaro y la de Montemayor, traído bajo tantos aspectos, exige aclarar una diferencia, que ha sido bien puntualizada por Bataillon: mientras el italiano —dice— sigue por la senda del bucolismo antiguo, "de ambiente idílico y luminoso", en la *Diana* del hispano-portugués se injerta la égloga moderna, elegíaca y melancólica, patética en ocasiones, mantenida aún en clásico equilibrio por Garcilaso, pero acentuada por Montemayor —quizá por las razones que Castro aduce— con una peculiar sensibilidad: "En la *Diana* impera, con el amor a la música, *el deleite de las lágrimas*" (Marcel Bataillon, "¿Melancolía renacentista o melancolía judía?", en *Varia lección de clásicos españoles*, Madrid, 1964, páginas 39-54; las citas en págs. 39 y 40).

Lo que importa, para el juicio crítico, es determinar si la *Diana* llena su papel. Bajo tal aspecto la obra de Montemayor encierra positivos valores. Su prosa ha sido siempre ponderada —pese a leves reservas— como de gran belleza, elegancia, tersura, ritmo y armonía, condiciones que explica quizá la dedicación musical del escritor; de esta prosa afirma Menéndez y Pelayo que "es algo lenta, algo muelle, tiene más agrado que nervio, pero es tersa, suave, melódica, expresiva, más musical que pintoresca, sencilla y noble a un tiempo, culta sin afectación, no muy rica de matices y colores, pero libre de vanos oropeles, cortada con bastante habilidad para el diálogo; prosa mucho más novelesca que la prosa poética y archilatinizada de Sannazaro... La dicción de Montemayor es purísima, sin rastros de provincialismo, sin que en parte alguna se trasluzca que el autor no hubiese tenido por lengua familiar la castellana desde la cuna. Y esta prosa no está crudamente forjada sobre un tipo latino o italiano, sino dictada con profundo sentimiento de la armonía peculiar de nuestra lengua". Condiciones que le permiten afirmar, como conjunto, que la *Diana*, de Montemayor, "es la mejor escrita de todas las novelas pastoriles, sin exceptuar la de Gil Polo"[10]. Si la monotonía propia del género deja muchos momentos faltos de interés en el relato, sus méritos son igualmente numerosos; su acción, en opinión del mismo crítico, es mucho más novelesca que la *Arcadia* de Sannazaro, y mucho más original; el paisaje, tan importante en la combinación sinfónica de la novela pastoril, si en la *Diana* se resiente con frecuencia de frío amaneramiento académico, despierta también en muchas páginas al recuerdo afectivo de la mocedad portuguesa del autor y se abre, cálido, hacia la verdad directamente observada. "La *Diana* se salva e inaugura un género —escribe López Estrada— por el difícil equilibrio de sus elementos. Es como la receta justa: ni la concisión del cuento ni la abundancia excesiva de una *Cárcel de Amor*. Medievalismo y Renacimiento. Italia, España y Portugal. León Hebreo y Ausías March. Metros antiguo y moderno, cancioneril e italiano; popularismo y nuevo estilo. Contacto de diversos sistemas expresivos que se funden por la necesidad expositiva: extravasación del conceptismo cancioneril al verso italiano y a la prosa. Formación de una prosa de premeditada lentitud en la exposición, distribuida con preferencia en elementos ternarios o paralelos; un avance más allá de Guevara, en las inmediaciones de Cervantes"[11].

Aparte los atractivos literarios, con que pudiera cautivar al lector, la *Diana* respondía con plenitud y fortuna a todo un conjunto de apetencias de índole social, o de mera curiosidad novedosa, mucho más allá de cualquier interés estético; "En la falta de sentimiento —dice Menéndez y Pelayo— Montemayor está a la altura de Sannazaro, aunque la disimule mejor con el arte de galantería en que era consumado maestro. Y esto explica en parte su éxito: refle-

---

[10] Estudio cit., pág. 276.
[11] Prólogo a la edición citada, pág. LXX.

jaba el mejor tono de la sociedad de su tiempo, era la novela elegante por excelencia, el manual de la conversación culta y atildada entre damas y galanes del fin del siglo XVI, que encontraban ya anticuados y brutales los libros de caballerías, y se perecían por la metafísica amorosa y por los ingeniosos conceptos de los petrarquistas. Montemayor los transportó de la poesía lírica a la novela, y realizó con arte y fortuna lo que prematuramente habían intentado los autores de narraciones sentimentales; es decir, la creación de un tipo de novela cuya única inspiración fuese el amor o lo que por tal se tenía entre los cortesanos" [12].

El éxito de la *Diana* fue, en consecuencia, inmediato: el mayor, dice Menéndez y Pelayo, que se había visto en libros de entretenimiento, después del *Amadís* y *La Celestina*. Antes de acabar el siglo conoció 17 ediciones en su lengua original. En poco tiempo fue traducida cuatro veces al francés, al inglés, al italiano y al alemán. Honorato d'Urfé imitó muy de cerca a la *Diana* en su novela *Astrée*, la obra más representativa de la novela cortesana francesa del siglo XVII. Sobre su mismo patrón escribió Florián la *Estela* casi en los días de la Revolución francesa; y, según se cree, el episodio de Félix y Felismena inspiró a Shakespeare el argumento de *Los dos hidalgos de Verona* [13].

---

[12] Estudio cit., pág. 267. Afirma Menéndez y Pelayo que "con Montemayor penetró en la novela española el recurso dramático de disfrazar a una mujer ofendida o celosa en hábito de varón; tema que repitió Cervantes en la historia de Dorotea y en *Las dos doncellas*, y que también entró, como entraron todas las invenciones dramáticas posibles, en el inmenso río del teatro de Lope de Vega y sus discípulos. Esta situación es frecuentísima, sobre todo en las obras de Tirso, y sugiere a su malicia más situaciones y efectos cómicos que a ningún otro poeta" (ídem, íd., pág. 272).

[13] Cfr.: G. Schönherr, *Jorge de Montemayor, sein Leben und sein Schäferroman*, Halle, 1886. M. Menéndez y Pelayo, *Orígenes de la Novela*, cit., vol. I, págs. CDXX y ss. (en la ed. nacional, vol. II, págs. 244-279). W. Fischer, "Honoré d'Urfé's *Sireine* and the *Diana* of Montemayor", en *Modern Language Notes*, XXVIII, 1913, págs. 166-169. J. P. W. Crawford, "Analogues to the Story of Selvagia in Montemayor's *Diana*", en *Modern Language Notes*, XXIX, 1914, págs. 192-194. T. P. Harrison, Jr., "Concerning *Two Gentlemen of Verona* and Montemayor's *Diana*", en *Modern Language Notes*, XLI, 1926, págs. 251-252. Del mismo, "The *Faerie Queene* and the *Diana*", en *Philological Quarterly*, IX, 1930, págs. 51-56. H. Genouy, *L'Arcadia de Sidney dans ses rapports avec l'Arcadia de Sannazaro et la Diana de Montemayor*, París, 1928. Narciso Alonso Cortés, "Sobre Montemayor y la *Diana*", en *Boletín de la Real Academia Española*, XVII, 1930, págs. 353-362. Del mismo, "En torno a Montemayor", en *Revista da Universidade de Coimbra*, XI, 1933, págs. 192-199. Marcel Bataillon, *Une source de Gil Vicente et de Montemayor. La Méditation de Savonarole sur le Miserere*, Lisboa, 1936. B. W. Wardropper, "The *Diana* of Montemayor: Revaluation and Interpretation", en *Studies in Philology*, XLVIII, 1951, págs. 126-144. A. Oquendo, "Sobre un tema de Montemayor", en *Boletín del Instituto Riva-Agüero*, Lima, 1951-1952, págs. 367-383. Francisco López Estrada, "La Epístola de Jorge de Montemayor a Diego Ramírez Pagán. Una interpretación del desprecio por el cortesano en la *Diana*", en *Estudios dedicados a Menéndez Pidal*, VI, Madrid, 1956, págs. 387-406. A. Sole-Leris, "The Theory of Love in the Two

Los imitadores y continuadores de Montemayor fueron en España numerosos, aunque de mérito, en general, escaso. El médico salmantino Alonso Pérez publicó en Valencia (1564) la *Segunda Parte de la Diana*, libro indigesto, tejido de inverosímiles aventuras y lleno de pedanterías clásicas. El cisterciense Fray Bartolomé Ponce, que trató a Montemayor, escribió una versión a lo divino. Pero la única continuación verdaderamente importante, superior incluso en muchos aspectos a su modelo, fue la *Diana enamorada*, del valenciano Gaspar Gil Polo.

Gaspar Gil Polo. Pocas noticias se poseen sobre la vida de Gaspar Gil Polo. Nació en Valencia, en fecha que se ignora, y trocó el orden de sus apellidos (su padre se llamaba Jerónimo Polo) —al igual que Góngora y otros escritores— para mayor sonoridad. Se ha supuesto que fue profesor de griego en la Universidad levantina; ocupó algunos cargos administrativos y murió, probablemente en Barcelona, en 1585[14]. Aparte de su novela sólo se conocen de él algunas poesías sueltas; no obstante, debía de ser conocido como poeta antes ya de la publicación de aquéllas, pues Timoneda lo cita en un romance de 1561.

La *Diana enamorada* fue publicada en la misma Valencia en 1564[15]. En cuanto a su trama la obra de Gil Polo continúa la novela de Montemayor, siguiendo las aventuras amorosas en el punto en que éste las había interrumpido, y conduciéndolas hacia un desenlace feliz. Los amantes Diana y Sireno, que Montemayor había separado por el matrimonio de la pastora con Delio, consiguen al fin unirse, pues Delio, enamorado a su vez de otra pastora, muere oportunamente cuando iba en su persecución. El agua milagrosa y los filtros de la maga Felicia, que aquí también reaparece, logran —armonizando voluntades— el remedio de otras varias parejas de enamorados; y acaba todo con el regocijo de las bodas y alegres fiestas.

Nada nuevo, pues, respecto al cuadro novelesco aporta Gil Polo sobre la narración anterior, si exceptuamos un sentido más optimista, menos dramático; el ritmo de su relato es menos movido y la intensidad de su acción, menor. La superioridad de Gil Polo hay que buscarla, sin embargo, en dos aspectos: en su sentido de la naturaleza y en las poesías intercaladas.

Dianas: A Contrast", en *Bulletin of Hispanic Studies*, XXXVI, 1959, págs. 65-79. Gustavo Correa, "El templo de Diana en la novela de Jorge de Montemayor", en *Thesaurus*, Bogotá, XVI, 1961, págs. 59-76.

[14] Cfr.: Francisco B. de San Román, "La fecha de la muerte de Gaspar Gil Polo", en *Revista de Filología Española*, XXIV, 1937, págs. 218-220.

[15] Ediciones: M. Menéndez y Pelayo, en *Orígenes de la Novela*, vol. II, Madrid, 1931, págs. 408-481. Rafael Ferreres, en "Clásicos Castellanos", Madrid, 1953. Cfr.: J. Fitzmaurice-Kelly, "The Bibliography of the *Diana Enamorada*", en *Revue Hispanique*, II, 1895, págs. 304-311.

Si en la *Diana,* de Montemayor, asoma en ocasiones, directamente sentido, el paisaje de Portugal, todavía predomina la convención de la naturaleza vista a través de los modelos literarios clásicos e italianos. Gil Polo, en cambio, gran poeta bucólico, enamorado de su tierra levantina, se deja llevar de la emoción vivida ante el paisaje y lleva a su libro bellas descripciones, lírica y fervientemente interpretadas, de sus campos mediterráneos; el paisaje deja de ser en la novela mero fondo decorativo de la acción, para convertirse en atmósfera que se palpa, que condiciona y envuelve a los personajes; casi como un personaje más. La obra es así más lírica, al tiempo que gana en realidad natural dentro de un marco que —si nunca está exento por entero de la artificiosidad del bucolismo literario— encierra inequívocamente la frescura, el color y la luminosidad de la tierra y las costas levantinas. Tanto por el carácter tan peculiar de este paisaje como por el intenso modo de sentirlo, el "valencianismo" de Gil Polo llega a ser una de las características de su novela. Así puede decir Menéndez y Pelayo: "Tanto por las cualidades nativas de su ingenio tan fácil, ameno y gracioso, como por el amor a la tierra natal, Gil Polo es uno de los poetas más valencianos que han existido... En este carácter local, en este valencianismo de Gil Polo encuentro la mayor originalidad de su obra, que tiene algo de poema panegírico en que van entalladas las glorias de la que él llama la más deleitosa tierra y la más abundante de todas maneras de placer..." [16].

Las poesías intercaladas por Gil Polo, a semejanza de sus predecesores, tienen en su novela una importancia particular. Tanto es así, que Menéndez y Pelayo aseguraba que la novela no había sido escrita por su autor sino como "un pretexto que le permitió intercalar, entre elegantes y clásicas prosas, la colección de versos líricos más selectos que hasta entonces hubiese compuesto" [17]. Pero la afirmación del gran polígrafo no parece exacta; los versos de la *Diana enamorada,* aparte su mérito intrínseco, constituyen partes esenciales de la novela; ocupan un lugar natural y son consecuencia lógica del desarrollo argumental. Asombra sobre todo en estas composiciones líricas la gran soltura del poeta, su gracia y sencillez. Utiliza en ellas una gran variedad de metros y estrofas; así, se sirve de las formas tradicionales españolas y de las nuevas italianistas, pero introduce además rimas provenzales y metros franceses. Para las primeras combina endecasílabos con pentasílabos en estancias de canción —forma desconocida en castellano—; los "versos franceses" consisten en una nueva adaptación del alejandrino (que combina con heptasílabos), no según el ritmo de la vieja "cuaderna vía", sino siguiendo la escuela de Ronsard, con lo que logra originales efectos de robusta sonoridad y varonil armonía. De gran belleza son también sus sonetos, y merecen asimismo recordarse otros audaces intentos como el empleo del verso esdrújulo imitado de

---

[16] Estudio citado (nota 17), pág. CDLI-II (ed. nac., págs. 295-296).
[17] Ídem, íd., pág. CDL (ed. nac., pág. 293).

Sannazaro. "Posiblemente —dice Rafael Ferreres— en toda la literatura española son Boscán, Gil Polo y Rubén Darío los que han usado más variados metros y estrofas. No inventándolas, sino reviviéndolas o tomándolas de otras literaturas: de la italiana y de la francesa" [18].

Por su temática dos cuerdas vibran sobre todo en la lírica de Gil Polo: el paisaje, que canta con jubilosa exaltación, y el amor que también en sus versos se evade casi siempre del formulismo convencional para encenderse con resplandores y calor de pasión auténtica. De la *Diana enamorada* ha podido decir Hugo Rennert que "es una de las pocas obras de este género literario que todavía pueden leerse con verdadero placer".

La popularidad de la novela de Gil Polo fue extraordinaria. Fue traducida al francés, al alemán y al inglés; Gaspar Barth la vertió al latín considerándola digna de figurar entre las obras pastoriles de los mejores clásicos grecolatinos [19].

Después de Gil Polo la descendencia, que aún fue larga, de la novela pastoril, no es ya sino una penosa decadencia del género. La misma *Galatea* de Cervantes, y *La Arcadia* de Lope de Vega (que estudiaremos en sus capítulos correspondientes) tienen escaso valor y sólo ofrecen interés por las manos a que se deben. Sólo merecen citarse *El pastor de Fílida*, de Luis Gálvez de Montalvo (1582), de trabajada y opulenta prosa [20], y *La constante Amarilis*, de Cristóbal Suárez de Figueroa, aparecida ya en el siglo siguiente (Valencia, 1609), de escasa acción, pero notable por algunas buenas descripciones y los bellos versos intercalados [21].

---

[18] Prólogo a la edición citada, pág. XXXIX. Cfr.: Rafael Ferreres, "Estructura de las canciones de Gil Polo", en *Revista de Filología Española*, XLIII, 1960, págs. 429-437. J. G. Fucilla, "Gil Polo y Sannazaro", en *Boletín del Instituto Caro y Cuervo*, V, 1949, págs. 284-292.

[19] Cfr.: M. Menéndez y Pelayo, *Orígenes de la Novela*, citado, vol. I, págs. CDXLVIII y ss. (ed. nacional, vol. II, págs. 290-306).

[20] Edición, M. Menéndez y Pelayo, en *Orígenes de la Novela*, ed. citada, vol. II, páginas 482-583. Cfr.: M. Menéndez y Pelayo, *Orígenes*..., citado, vol. I, págs. CDLXVI y ss. (ed. nac., vol. II, págs. 305 y ss.). F. Rodríguez Marín, *La Fílida de Gálvez de Montalvo*, Discurso, Real Academia de la Historia, Madrid, 1927. J. G. Fucilla, "Sannazaro's *Arcadia* and Galvez de Montalvo's *El Pastor de Fílida*", en *Modern Language Notes*, LVII, 1942, págs. 35-39. Juan Bautista Avalle-Arce, "Gutierre de Cetina, Gálvez de Montalvo y Lope de Vega", en *Nueva Revista de Filología Hispánica*, V, 1951, págs. 411-414.

[21] Cfr.: J. P. W. Crawford, *Vida y obras de Cristóbal Suárez de Figueroa* (trad. de Narciso Alonso Cortés), Valladolid, 1911. Del mismo, "Some notes on 'La Constante Amarilis'", en *Modern Language Notes*, XXI, 1906. María Z. Wellington, "La Constante Amarilis and its Italian pastoral sources", en *Philological Quarterly*, Iowa, XXXIV, 1955, págs. 81-87.

LA NOVELA MORISCA

El panorama de la prosa narrativa en la época de Felipe II se completa con la llamada "novela morisca", manifestación dentro del género novelesco de aquel mismo espíritu que describimos a propósito de los romances de igual nombre. Dos de dichos relatos ofrecen particular interés.

La *Historia del Abencerraje y de la hermosa Jarifa* es una narración corta que fue interpolada en la *Diana*, de Montemayor, muerto éste, a partir de la edición de Valladolid de 1561. Se encuentra también en el libro de miscelánea titulado *Inventario*[22], de Antonio de Villegas, impreso en 1565, pero con aprobación fechada en 1551; se conservan otras dos versiones, de menos importancia, una de ellas incompleta[23]. Se desconoce el autor de esta bellísima narra-

---

[22] Edición de F. López Estrada, Colección "Joyas Bibliográficas", Madrid, 1955.

[23] Francisco López Estrada ha reunido y publicado las cuatro versiones en un volumen —*El Abencerraje y la hermosa Jarifa. Cuatro textos y su estudio*. Publicaciones de la *Revista de Archivos, Bibliotecas y Museos*, Madrid, 1957—, acompañándolas de un extenso y fundamental estudio. Para la información bibliográfica de cada uno de dichos textos véase la referida edición, págs. 307-309, 347, 375 y 415. En opinión de López Estrada, el texto de Villegas "ofrece la versión más equilibrada y armónica" (página 19); es muy posible que Villegas se sirviera de alguna otra anterior, oral o incluso escrita, pero en todo caso, dice el citado crítico, "consiguió rehacer esta forma en la creación universal del *Abencerraje* contenido en el *Inventario*. Esto basta, a mi juicio, para que quede como un escritor de primer orden" (pág. 40). En cambio, la versión de la *Diana*, como más conocida, es la que ha servido para la difusión universal de la leyenda del *Abencerraje*, y casi siempre ha sido preferida en colecciones antológicas de novelas moriscas o cuentos españoles antiguos; con este texto, hábilmente enlazado al relato pastoril, "puede decirse que comienza una interpretación colorista de Andalucía" (página 46). Cfr. además: *El 'Abencerraje' de Toledo, 1561*, ed. de F. López Estrada, en *Anales de la Universidad Hispalense*, XIX, 1959, págs. 1-60. M. Menéndez y Pelayo, "El *Abencerraje* de Antonio de Villegas", en *Orígenes de la Novela*, cit., vol. I, págs. CCCLII y ss. (ed. nac., vol. II, págs. 129 y ss.). Henri Mérimée, "El *Abencerraje* d'après l'*Inventario* et la *Diana*", en *Bulletin Hispanique*, XXI, 1919, págs. 143-166. Del mismo, "El *Abencerraje* d'après diverses versions publiées au XVIe siècle", en *Bulletin Hispanique*, XXX, 1928, págs. 147-181. G. D. Dale, "An Impublished Version on the *Historia de Abindarráez y Jarifa*", en *Modern Language Notes*, XXXIX, 1924, págs. 31-33. Georges Cirot, "La maurophilie littéraire en Espagne au XVIe siècle", en *Bulletin Hispanique*, XL, 1938, págs. 150-157, 281-296, 433-447; XLI, 1939, págs. 65-68, 345-451; XLII, 1940, págs. 213-227; XLIII, 1941, págs. 265-289; XLIV, 1942, págs. 96-102; XLVI, 1944, páginas. 5-25. J. P. W. Crawford, "Un episodio de *El Abencerraje* y una *novella* de Ser Giovanni", en *Revista de Filología Española*, X, 1923, págs. 281-287. Harry Austin Deferrari, "Trocho in *El Abencerraje*", en *Modern Language Notes*, XLII, 1927, págs. 529-530. Del mismo, *The Sentimental Moor in Spanish Literature before 1600*, University of Pennsylvania Publications, Series in Romanic Languages and Literatures n. 17, Philadelphia, 1927. Marcel Bataillon, "Salmacis y Trocho dans l'*Abencérage*", en *Hommage*

ción, que inspiró a Lope su comedia *El remedio en la desdicha*, y que prolongó su influjo y popularidad hasta los días del Romanticismo. El asunto consiste en el caballeresco episodio de amor del moro Abindarráez, apresado por el alcaide de Antequera y Alora, Rodrigo Narváez; éste le deja marchar, para que case con su enamorada Jarifa, bajo palabra de volver; movido después por la pasión de ambos y la belleza de la joven, les da la libertad. El hecho es probablemente histórico. Rodrigo Narváez existió y figura entre los *Claros varones de Castilla* de Hernando del Pulgar; la anécdota se cuenta a su vez en la *Crónica del Infante don Fernando, el que ganó Antequera*. La *Historia* del ignorado autor, narrada con encantadora sencillez, delicadeza y naturalidad, ha merecido repetidos elogios. Menéndez y Pelayo dijo de ella que "apenas hay en nuestra lengua novela corta de su género que la supere"; López Estrada afirma que es "la más hermosa manifestación que produjo el ambiente de frontera", y aparte sus méritos intrínsecos, que pondera repetidamente, puntualiza que este relato, a pesar de su corta extensión, "es de importancia fundamental en la Literatura por ser la obra que encabeza el género del relato *morisco*, y fija el tipo del moro sentimental".

La novela morisca encuentra su expresión más amplia y característica en la obra de Ginés Pérez de Hita, de quien se conocen escasos datos biográficos; nació en Mula y vivió largo tiempo en Murcia como zapatero. A las órdenes del marqués de los Vélez tomó parte en la guerra de las Alpujarras contra los moriscos sublevados en tiempo de Felipe II. En 1595 publicó en Zaragoza su *Historia de los bandos de Zegríes y Abencerrajes*, más conocida con el nombre de *Guerras civiles de Granada*[24], en la que narra los últimos tiempos del reino granadino hasta su conquista por los Reyes Católicos en 1492, combinando la realidad histórica con episodios novelescos, en particular de tema amoroso, basados preferentemente sobre los romances moriscos. En 1619 publicó en Cuenca una segunda parte, dedicada a referir la

---

à Ernest Martinenche, París, 1939, págs. 355-363; reproducido en español en *Varia lección de clásicos españoles*, Madrid, 1964, págs. 27-38. A. Rumeau, "L'*Abencerraje*. Un texte retrouvé", en *Bulletin Hispanique*, LIX, 1957, págs. 369-395. Barbara Matulka, "On the European Diffusion of the *Last of the Abencerrajes* Story in the Sixteenth Century", en *Hispania*, XVI, 1933, págs. 369-388. E. Moreno Báez, "El tema del Abencerraje en la literatura española", en *Miscelánea Filológica en memoria de Amado Alonso, Archivum*, IV, 1954, págs. 310-329.

[24] Edición de Paula Blanchard-Demouge, 2 vols., Madrid, 1913-1915. Cfr.: M. Acero Abad, *Ginés Pérez de Hita. Estudio biográfico y bibliográfico*, Madrid, 1889. J. Espín Rael, *De la vecindad de Pérez de Hita en Lorca desde 1568 a 1577*, Lorca, 1922. E. Ruta, "L'Ariosto e Pérez de Hita", en *Archivum Romanicum*, XVII, 1933, págs. 665-680. P. Festugière, "Ginés Pérez de Hita. Sa personne, son oeuvre", en *Bulletin Hispanique*, XLVI, 1944, págs. 145-183. M. Menéndez y Pelayo, "Las *Guerras Civiles de Granada* de Ginés Pérez de Hita", en *Orígenes de la Novela*, citado, vol. I, págs. CCCLVI y ss. (ed. nac., vol. II, págs. 134 y ss.). Giorgio Valli, "Ludovico Ariosto y Ginés Pérez de Hita", en *Revista de Filología Española*, XXX, 1946, págs. 23-53.

rebelión de las Alpujarras contra la que él había combatido. Tiene distinto carácter, es más histórica y dramática, más directa, pero a su vez menos literaria y poética y con apenas intervención de elementos novelescos. Las *Guerras civiles* en su parte primera son un espléndido retablo imaginativo, lleno de color, en el que se describen las brillantes fiestas, los juegos, los torneos y las costumbres cortesanas de la corte granadina, y las sangrientas luchas que la debilitaron. Pérez de Hita acuñó, siguiendo y ampliando la línea peculiar de los romances el prototipo del árabe valiente y caballeresco, galante y noble, en forma que, si no falseaba esencialmente el carácter del ambiente y los personajes del crepúsculo musulmán en la península, lo idealizaba de modo parecido a como habían hecho con sus héroes la novela caballeresca o la pastoril.

La descendencia de esta idealización ha sido prolongada y abundantísima tanto en las letras españolas como en las extranjeras. Estos árabes de Pérez de Hita inspiraron a Lope, a Calderón, a Moratín, a Martínez de la Rosa, a Fernández y González, a Pedro Antonio de Alarcón, a Villaespesa; en Francia, a Mademoiselle de Scudéry, a Madame de Lafayette, a Florian, y se desbordaron sobre todo, al llegar el Romanticismo, con Chateaubriand y Víctor Hugo; el norteamericano Washington Irving contribuyó a divulgar el tema con una de sus obras más populares: los *Cuentos de la Alhambra*[25].

Pérez de Hita intercaló en su narración varios romances moriscos de los que ya nos ocupamos en su lugar.

LA ÉPICA CULTA

La épica en España. Se designa con el nombre de "épica culta" la que fue compuesta en nuestra lengua durante el Renacimiento y el Barroco. Con el término "culta" se trata de distinguirla esencialmente de la vieja epopeya medieval, y también de la ingente producción romancística —popular, como aquélla— que tiene su gran momento de difusión —y de recreación— al mismo tiempo que la épica que nos ocupa. No es necesario puntualizar de nuevo el alcance que encierra el término "popular", aplicado a los grandes poemas de la Edad Media; y mucho menos todavía al Romancero. Importa, en cambio, precisar que la épica de este período es obra de escritores concretos y conocidos, que elaboran sus poemas con premeditada intención artística y para un público no de oyentes sino de lectores; con lo que sus productos no quedan entregados a la constante reelaboración propia de la "épica tradicional" (según las teorías de Menéndez Pidal, expuestas oportunamente), sino fijadas en el libro. Al mismo tiempo su condición de culta se acrecienta por

---

[25] Cfr.: María Soledad Carrasco Urgoiti, *El moro de Granada en la literatura (Del siglo XV al XX)*. Madrid, 1956. R. Menéndez Pidal, "Romancero nuevo y maurofilia", en *España y su historia*, vol. II. Madrid, 1957, págs. 253-279.

la pretendida imitación de los modelos clásicos de la antigüedad o de los maestros italianos del género durante el Renacimiento; lo que trae como consecuencia la utilización —a larga escala— de elementos mitológicos, paganos, eruditos y librescos de la más variada condición, si no como fondo —salvo contadas excepciones—, al menos como motivo decorativo y aderezo literario.

Por su tema, sin embargo, la mayoría de esta épica hubiera podido vaciarse en el cauce popular. Exceptuando un corto número de poemas imitados de la épica renacentista italiana, los más se ocupan de famosos personajes nacionales contemporáneos, de sucesos o héroes de la conquista americana, o de temas religiosos no menos conocidos y populares para cualquier español de entonces. Pero la intención, dijimos, de todos estos autores era escribir obras épicas en el elevado tono heroico que el Renacimiento había difundido y con su mismo ropaje de artificio y erudición.

La más generalizada opinión de los críticos conviene en calificar a la épica culta española como un género fallido. Por de pronto, queda a distancia inconmensurable de todos los otros géneros, de la novela, el teatro y la lírica en particular. Pero además ofrece caracteres propios que denuncian su propia quiebra. Nuestra épica culta —se dice— no produjo una sola obra de genio; imitó servilmente a los modelos; estuvo, por tanto, falta de fuerza y originalidad; se ahogó en la hojarasca de la arqueología mitológica; fue difusa y pesada en su construcción; y se sirvió de un metro inadecuado, por su rigidez, para darle el brío y la elasticidad que requería su andadura [26].

Dando por admitidos estos rasgos, síguese la pregunta inevitable: ¿por qué España, cuya epopeya medieval y cuyo incomparable Romancero proclaman su altísima capacidad para la épica; que supo erigir sobre temas épicos también la gigantesca construcción de su teatro nacional; que vivió durante dos siglos en el más favorable ambiente épico —guerras, conquistas, aventuras, navegaciones asombrosas, descubrimiento y colonización de mundos— no alumbró el gran poema nacional que encerrase su gran momento histórico?

El motivo nunca es otro en definitiva sino que el genio no surgió, sin más; pero tampoco puede eludirse la búsqueda de algunas causas más razonables. Para encontrarlas, podría orientarnos el carácter esencialmente popular —ya reiteradamente aludido— de las manifestaciones capitales de nuestra litera-

---

[26] Cfr.: Arturo Farinelli, "Tasso in Spagna", en *Italia e Spagna,* vol. II, Turín, 1929. G. M. Bertini, "Torquato Tasso e il rinascimento spagnolo", en *Torquato Tasso,* Milán, 1957. Georges Cirot, "Coup d'oeil sur la poésie épique du Siècle d'Or", en *Bulletin Hispanique,* XLVIII, 1946, págs. 249-329. María Rosa Lida, "El amanecer mitológico en la poesía narrativa española", en *Revista de Filología Hispánica,* VIII, 1946, págs. 77-110. Oreste Macrí, "Ariosto e la letteratura spagnuola", en *Letteratura moderna,* III, 1952, págs. 515-542.

tura. Nuestro pueblo sentía la épica en caliente, hecha emoción directa a través del romance alado, breve, fragmentario y sugeridor, o plasmada en acción trepidante sobre los escenarios por obra y gracia de la recién creada maravilla del gran teatro nacional. Precisamente porque la épica era una necesidad popular no podía ser entendida ni gustada más que a través de formas populares. Puesto a leer, el pueblo sorbió los abundantes relatos históricos de la época, y sobre todo, las páginas impresionantes de los cronistas de Indias, cuyo conjunto encierra, sin disputa, la más gigantesca creación épica que se haya escrito jamás, y en cuya comparación las eruditas construcciones de la epopeya culta —aun las de sus maestros— son delicadas taraceas al lado de una pirámide. Podría, pues, afirmarse que la literatura española no tuvo la épica renacentista que compuso Italia, por ejemplo, porque sus tres gigantes manifestaciones épicas —romances, teatro y crónicas— la hacían completamente innecesaria.

Cuando se dice, por ejemplo, que nuestros escritores épico-cultos no supieron desprenderse de la imitación de los grandes modelos y que por eso no pudieron crear la gran obra del género, no se dice nada en realidad. Por de pronto, se aduce como causa lo que no parece sino el efecto: fue precisamente la ausencia de una profunda necesidad nacional que pugnara por salir a flor en ese campo literario, lo que les mantuvo servilmente sobre la huella ajena. De haber existido aquella necesidad de creación, hubieran abierto su propio cauce, como el teatro o la novela hicieron genialmente.

Pese a todo lo dicho, importan, sin embargo, algunas consideraciones complementarias. La crítica contemporánea —y con ella la generalidad del público lector de hoy— manifiesta un notorio desvío por la épica culta del Siglo de Oro en su conjunto, de la que salva apenas dos o tres producciones capitales; la obra de estos poetas va quedando arrumbada incluso para la crítica erudita, y la escasa estima en que hoy se les tiene, se proyecta de rechazo sobre su mismo momento de creación. Un diligente investigador —Frank Pierce— a quien se debe el único estudio, serio y documentado, sobre *La poesía épica del Siglo de Oro*, ha llegado, sin embargo, a muy distintas conclusiones, con las que es forzoso contar en cualquier consideración actual sobre dicho género [27].

Dejando aparte el natural entusiasmo de quien ha consagrado sus mejores esfuerzos a replantear los problemas críticos de esta subestimada parcela literaria, el trabajo de Pierce permite comprobar: 1.º, que la producción de poemas épico-cultos durante el Siglo de Oro —época de Felipe II y período barroco— fue cuantitativamente muy importante, hasta el punto de representar

---

[27] Frank Pierce, *La poesía épica del Siglo de Oro*, 2.ª edición, Madrid, 1968. Pierce ha publicado también una Antología de nuestra poesía épica, con el título de *The heroic Poem of the Spanish Golden Age*, Oxford, 1947.

un activísimo campo de la creación literaria. Pierce enumera y detalla hasta un total de doscientas obras de épica culta en dicho período, casi todas ellas de notable —a veces abrumadora— extensión ("la poesía narrativa —afirma— fue una de las formas literarias españolas más prolíficas"); 2.º, que la aceptación general fue manifiesta, a juzgar por el número de ediciones registradas (Pierce recuerda que el poema la *Universal Redención...* de Hernández Blasco alcanzó doce ediciones hasta 1629; la *Araucana* de Ercilla tuvo dieciocho hasta 1632; y el *San Joseph* de Valdivielso, veintinueve hasta 1696; en cambio, las poesías de Garcilaso sólo se reimprimieron trece veces durante los siglos XVI y XVII); 3.º, que la crítica no sólo nacional sino extranjera —más ésta que aquélla— ha dedicado, hasta fechas recientes, sostenida atención a nuestros poetas épico-cultos; y, aun en medio de apreciaciones encontradas, abundan los juicios de alta estima, algunos incluso hiperbólicos, lo que conduce a preguntar si el desvío contemporáneo se justifica en buenas razones literarias o descansa tan sólo sobre una cómoda rutina.

Replanteado el problema sobre estas nuevas bases y después de atentos estudios de dichas obras poéticas, Pierce revaloriza el lugar ocupado en su momento —como también en el juicio de épocas posteriores— por nuestra épica culta dentro del general panorama literario español, y reclama para los más afortunados de sus cultivadores una estimación muy superior a la que se les viene otorgando en nuestros días. Así, por ejemplo: "Hablar de Ercilla —dice— es hablar de una figura inmortal de la literatura española... A Ercilla hay que aceptarlo de una vez, de la misma manera que se acepta el *Poema del Cid*, Jorge Manrique, Garcilaso, *La Celestina*, Lope de Vega. Por ello, constituye una presencia permanente en la conciencia poética española". "Balbuena es uno de los grandes poetas del Siglo de Oro".

Evidentemente, el replanteamiento propuesto por Pierce puede llevar en el futuro a nuevos puntos de vista y a más justas valoraciones. No estamos seguros, sin embargo, de que las rectificaciones de detalle —muy numerosas quizá— modifiquen sensiblemente la opinión de conjunto sobre la épica culta. Las excelencias del Renacimiento produjeron, como gigante escoria inevitable, la mayor acumulación de pedantería que el mundo ha conocido. Cierto que cada época histórica engendra su pedantería especial: el siglo XVIII, por ejemplo, destiló a raudales la engendrada por la Razón recién descubierta, y el XIX conoció el torrente de suficiencia cientifista que provocaba el triunfo del positivismo. Pero probablemente la del Renacimiento fue más inútil, porque —polarizada en lo literario— apenas si tenía contrapartida de otras ventajas. La lírica, mucho más recortada y precisa, exprimió con mejor fortuna —aunque también hasta la saciedad— toda la herencia posible del mundo clásico y de su reflejo italianista, utilizando y aguzando primores artificiosos, otros veneros de expresiones poéticas, tesoros de cultura que, en parcas gotas, abrían al verso nuevos caminos de belleza.

Pero la épica culta, en sus desmesuradas, abrumadoras producciones, recogía —como pescador de red más amplia— demasiada carga de pedantesco saber de toda especie para poder sacar siquiera la red. Veinte cantos, veinticinco cantos, cuarenta cantos inacabables de octavas reales, no podían ser colmados sin vaciar en su insaciable vientre todo lo que pudiera rebañarse en la mitología, la teología, la filosofía, la ciencia, la historia, la leyenda, la geografía del mundo entero; o se embutían de prosa rimada... que no siempre era peor. Es muy difícil que una vez pasado el momento de su incondicional aceptación, pueda ser nuevamente tolerada tamaña explosión de retórica, amasada en sudores de poeta, chorreante de libresca erudición, rabiosamente insincera.

El hecho de que la crítica haya ido cediendo progresivamente en sus elogios hasta llegar a casi un total olvido, es un hecho importante —quizá un proceso de liberación— que puede contradecir las opiniones de Pierce. El que varias generaciones de lectores prefiriesen a las delicias de Garcilaso la *Universal Redención, Passión, Muerte y Resurrección de nuestro Redemptor Jesu Christo, y angustias de su santísima Madre, según los cuatro Evangelistas, con muy devotas contemplaciones. Compuesto por Francisco Hernández Blasco, Clérigo Presbýtero, natural de Sonseca, jurisdición de la imperial Toledo*, con cerca de sesenta cantos en octavas reales, es un argumento de doble filo contra la supuesta importancia de la épica culta, deducida de su gran difusión. Un público innumerable de gente piadosa, que no acabaría de entender las exquisitas páginas de nuestros grandes místicos, podía agotar las ediciones de aquellas "devotas contemplaciones" y de otros poemas religiosos semejantes, sin lograr convencernos de sus excelencias literarias. De modo parecido, un público letrado, curtido por su largo ejercicio en el manejo de la más libresca mitología, podía también preferir a un ágil romance o a cualquier amena comedia otros cuarenta cantos dedicados a ensalzar las glorias de don Pelayo o la santidad del patriarca San José, de quien tan sólo dicen los Sagrados libros que "era un varón bueno".

Un olvido, en buena medida injusto, se ha vengado después de todos estos excesos. Y, sin embargo, la épica culta de nuestro Siglo de Oro encierra porciones de innegable belleza que, brevemente, trataremos de exponer.

Por su temática pueden establecerse en la épica cuatro apartados esenciales: poemas históricos —sobre personajes contemporáneos o antiguos—; poemas religiosos; poemas imaginativos; y poemas de asunto americano.

Respecto al ámbito de su composición ya hemos dejado dicho que la producción épica culta cubre la segunda etapa renacentista —época de Felipe II— y el período barroco. Los caracteres, propios de ambos estilos, que diferencian las obras de los dos períodos son probablemente menos profundos en este género literario que en todos los demás. Sirviéndonos de esta ventaja, y con el fin de no prolongar innecesariamente nuestra exposición dedicando un nuevo capítulo a la épica culta barroca, englobaremos la producción de ambos períodos en este solo capítulo.

Poemas históricos. El primer poema que hemos de mencionar se anticipa cronológicamente a la época que hemos delimitado y tiene por objeto las hazañas del Gran Capitán. Su autor es Alonso Hernández, clérigo sevillano, y el título de su obra *Historia Parthenopea*, publicada en 1516. No se había producido aún el triunfo de la poesía italianista, y el poema de Hernández, escrito en coplas de arte mayor, respira todavía espíritu medieval. Imita a Virgilio y al Dante entre los clásicos, pero más a Mena y Santillana. El poema, casi rigurosamente histórico con incrustaciones alegóricas, tiene escaso valor poético [28].

Al fin precisamente del período de producción, el Gran Capitán inspiró el poema de Francisco Trillo y Figueroa, la *Napolisea*, aparecida en Granada en 1651. La obra, que sigue con bastante rigor también el orden de los sucesos, pertenece ya por entero al gusto culterano. En una *Razón de la obra*, que sirve de introducción, Trillo traza a modo de una historia crítica del género épico hasta sus propios días, llena de severos juicios que apenas dejan autor en pie, pero que no le sirven para librarse a sí mismo de la mediocridad.

La gran figura del Emperador Carlos V inspiró varios poemas, aunque ninguno digno de sus hechos. El más conocido es el *Carlo Famoso* de Luis Zapata (Valencia, 1566), que fue paje de la emperatriz Isabel y acompañó al Emperador y al príncipe Felipe en sus viajes por Europa. Encerrado durante veinte años en una prisión por no haber vivido "con la debida honestidad" después de recibir el hábito de Santiago, tuvo tiempo de componer los veinte mil versos —repartidos en cincuenta cantos— de su poema, "inmensa crónica rimada", según la llama Pierce, dedicada a cantar las glorias del monarca. Zapata se atiene al orden histórico de los acontecimientos, desde 1522 hasta la muerte de Carlos, en forma tan precisa "que a ningún historiador en prosa daré ventaja", asegura el propio autor; pero "entre la verdad de esta historia —dice también— mezclé muchos cuentos fabulosos, y muchas fábulas, por deleytar y cumplir con la poesía". Y cita luego en su apoyo el ejemplo de Homero, Lucano y Sannazaro que también hicieron lo propio. Sólo que no como Zapata. Éste, que advertía la monotonía de su poema, trató —en efecto— de aliviarla con visiones, escenas mitológicas, digresiones sobre sucesos ajenos a su héroe, relatos de la conquista de Méjico y Perú, aventuras más o menos extrañas y un episodio de la guerra entre gatos y ratones, que es la primera manifestación de épica burlesca en nuestra literatura. En ocasiones aparece el "mago Torralba" que, montado en su caballo volador, cruza sobre los escenarios de las batallas y otros sucesos del poema. Pierce estima que "los experimentos de Zapata con la historia y la invención, aun cuando resultan tediosos en obra tan larga como la suya, no carecen de interés"; aunque líneas más

---

[28] Cfr.: Benedetto Croce, "Di un poema spagnuolo sincrono alle imprese del Gran Capitano nel regno di Napoli" (se refiere a la *Parthenopea* de Hernández), en *Archivo Storico per la provincia Napolitana*, año XIX, fasc. II.

arriba, tratando de esta combinación de tema histórico con fábulas, alegorías y profecías, admite que "la mezcolanza parece ser aquí más bien yuxtaposición" [29].

Seis años antes que Zapata, publicó Jerónimo Sempere su *Carolea* también dedicada a enaltecer la figura de Carlos siguiendo igualmente el curso histórico de los hechos, aunque sólo comprende una parte del reinado. Un patriotismo desmedido quita verdadera grandeza humana a la persona del Emperador. Hay también elementos maravillosos en el poema, aunque en menor proporción que en el de Zapata. De su lenguaje dice Pierce que "es fluido, un español bastante florido, y deja que su narración discurra con la ayuda de sencillas figuras narrativas. Sin embargo, alguna que otra vez, la torpeza del poeta es causa de franca monotonía" [30].

Don Juan de Austria, el popular héroe español, fue cantado en uno de los más interesantes poemas de nuestra épica por el cordobés Juan Rufo, hombre inquieto, de múltiples actividades, mezcla de aventurero y pícaro, soldado en las Alpujarras y en Lepanto. En su *Austríada* (1584) [31], recoge el poeta los dos famosos episodios bélicos en que había intervenido Don Juan y él mismo: la rebelión de los moriscos y la memorable batalla contra el turco. El poema —siempre suele decirse— consta de dos partes diversas que el autor trata esforzadamente de soldar; pero es lo cierto que la unidad de protagonista salva en gran parte la supuesta mengua. Rufo sigue también el hilo histórico —y de ello da seguridades al lector en un jactancioso prólogo— hasta el punto de haber suscitado la cuestión de su deuda con la historia de Diego Hurtado de Mendoza [32]. Rufo es bastante parco en el empleo de recursos maravillosos; y, sin embargo, se eleva a mayor altura que todos sus predecesores en el tema histórico, merced a la soltura y movimiento de su versificación, a la pasión que acierta a dar a muchos pasajes y a cierto pintoresquismo colorista con que alivia, intermitentemente, la general monotonía de su obra. "Rufo —escribe

---

[29] Obra citada, pág. 231. Cfr.: J. Toribio Medina, *El primer poema que trata del descubrimiento del Nuevo Mundo* (reproduce sólo la parte del *Carlo Famoso* que se refiere al descubrimiento de América), Santiago de Chile, 1916. Juan Menéndez Pidal, *Vida y obras de don Luis de Zapata*. (Discurso de ingreso en la Real Academia Española), Madrid, 1915.

[30] Obra cit., pág. 281.

[31] Edición Cayetano Rosell, en *Biblioteca de Autores Españoles*, vol. XXIX, Madrid, nueva edición, 1948. Cfr.: R. Ramírez de Arellano, *Juan Rufo, jurado de Córdoba. Estudio biográfico y crítico*, Madrid, 1912. José López de Toro, *Los poetas de Lepanto*, Madrid, 1950 (trae breves juicios sobre Rufo y otros poetas épicos).

[32] Pierce, en nota al pie, pág. 283, resume el estado de este problema, suscitado ya por Quintana; al parecer, fue mutuo el influjo entre ambos escritores: "Rufo, Pérez de Hita y los últimos editores de Hurtado de Mendoza —concluye Pierce— nos ilustran sobre un caso interesantísimo de interacción entre la prosa y el verso del Siglo de Oro, verdadera supervivencia de una antigua tradición española". Cfr.: Georges Cirot, "La Guerra de Granada et l'*Austriada*", en *Bulletin Hispanique*, XXII, 1920, págs. 149-159.

Pierce— no se acerca tanto al lector como Ercilla; adopta más bien la actitud de un pintor de grandes lienzos que la de un testigo presencial. Su crónica poética es obra sólida y amena"[33]. El poema, al que Góngora, Cervantes y Lupercio de Argensola antepusieron sonetos elogiosos, tuvo, en efecto, gran aceptación y alcanzó tres ediciones en tres años consecutivos, fama a la que contribuyó en gran parte la personalidad, entonces popularísima, del héroe, y la índole de los sucesos. Pero la gloria literaria fue para Rufo bastante efímera y poco productiva. Cuando murió su padre, teniendo el poeta casi cincuenta años, heredó la casa y la tintorería paternas, renunció a la poesía y al apellido que se había inventado, y volvió a llamarse desde entonces Juan Gutiérrez. En sus momentos mejores el poema de Rufo es, pese a todo, uno de los pocos que el lector moderno todavía puede tolerar. Rufo publicó además *Los seiscientos Apotegmas* (Toledo, 1596), primera colección original de esta especie en la literatura española[34].

Entre los que cultivaron el tema histórico no contemporáneo existe algún otro nombre que debe mencionarse. Cristóbal de Mesa, extremeño, buen humanista que residió bastante tiempo en Roma, fue el más consciente imitador de Tasso, cuya amistad cultivó en la Ciudad Eterna. Siguiendo sus teorías sobre la épica y buscando a la vez temas todo lo afines posible con la *Gerusalemme Liberata*, compuso tres obras de las que Pierce llama genéricamente "poemas de liberación", es decir, aquellos en que, al hilo de la historia medieval o moderna, se referían hechos donde se hermanaban el heroísmo y la religión en lucha contra algún enemigo nacional: como en la *Gerusalemme* del Tasso, vibraba el espíritu de cruzada. Los tres poemas de Mesa son *Las Navas de Tolosa* (1594), *La Restauración de España* (1607) dedicado a Pelayo y al comienzo de la Reconquista, y el *Patrón de España* (1612), donde recoge las leyendas relacionadas con Santiago, su viaje a España y el redescubrimiento de su tumba en el reinado de Alfonso II. "No vamos a decir —escribe Pierce— que Mesa es un poeta excepcional. Pero no le falta amenidad ni fluidez, y debió de ser un autor de segunda fila muy agradable para quienes no podían leer en el original al gran poeta italiano. Dicho de otro modo: a Mesa, como a tantos escritores de todo tiempo, le tocó satisfacer una necesidad de su generación"[35].

Poemas religiosos. Dada la finalidad heroico-nacional y religiosa que estimulaba fundamentalmente la poesía épico-culta, y la justificaba, dicho se está que los temas específicamente religiosos habían de ocupar en ella un gran

---

[33] Obra cit., pág. 284.
[34] Edición González de Amezúa, en "Sociedad de Bibliófilos Españoles", Madrid, 1924. El estudio preliminar de Amezúa está reproducido en sus *Opúsculos histórico-literarios*, I, Madrid, 1951, págs. 128-193. Cfr.: J. A. Moreno, "Juan Rufo o la agudeza", en *Escorial*, VI, 1942, págs. 122-123.
[35] Obra cit., pág. 308.

espacio. Su número es larguísimo, en efecto, pero de sólo tres de estos poemas vamos a ocuparnos.

El primero, cronológicamente, es *El Monserrate* (1587)[36] del valenciano Cristóbal de Virués, de quien volveremos a tratar a propósito de su dramática. Cervantes decía que sólo este poema con *La Araucana* y *La Austríada* merecían recordarse. *El Monserrate* es una mezcla de novela bizantina y de leyendas piadosas entre las que se incluye la tradición de la Virgen de Monserrat, que da nombre al poema. Un ermitaño, Juan Garín, deshonra y mata a la hija del Conde de Barcelona, Wifredo. En demanda de perdón marcha a Roma, a donde llega tras novelescas peripecias, cuenta sus delitos al pontífice y éste le ordena que regrese a España a cuatro pies, como los animales; dantesco castigo que cumple Garín atravesando Italia y Francia. Al llegar a Cataluña es apresado por el conde, a quien confiesa su doble crimen. Al desenterrar a la joven —hecho que la recién descubierta imagen de la Virgen inspira a Garín— la encuentra viva, y el conde perdona al pecador.

La excesiva acumulación de episodios perjudica al poema, del que dice Pierce que "pese a su estrambótica estructura, tiene pasajes dignos de memoria y es uno de los seis más destacados poemas menores de la época"[37]. La versificación de Virués es fluida y sonora, y en muchos pasajes se mueve con auténtica inspiración; aunque la misma facilidad del poeta le lleva frecuentemente al prosaísmo. Gusta Virués de las descripciones fuertes y conmovedoras que degeneran también en lo melodramático y trágicamente efectista.

La gran obra de nuestra épica religiosa es *La Cristíada*[38], de Fray Diego de Hojeda, de quien afirma Pierce que, junto con Balbuena "amenaza(n) cada

---

[36] Edición Cayetano Rosell, en *Biblioteca de Autores Españoles*, vol. XVII, nueva ed., Madrid, 1945, Cfr.: Francisco Rodríguez Marín, "Cristóbal de Virués", en *Boletín de la Real Academia Española*, X, 1922.

[37] Obra cit., pág. 290. Cfr.: Ángel González Palencia, "Precedentes islámicos en la leyenda de Garín", en *Al-Andalus*, I, 1933, págs. 335-354.

[38] Ediciones: ed. Cayetano Rosell, en *Biblioteca de Autores Españoles*, vol. XVII, Madrid, nueva ed., 1945; edición y estudio de Sister Mary Helen Patricia Corcoran, Washington D. C., 1935. Cfr.: M. Menéndez y Pelayo, *Historia de la poesía Hispano-Americana*, ed. nacional, vol. II, Santander, 1948, págs. 96-99. F. J. Cuervo, *El maestro Fr. Diego de Ojeda y la Cristíada*, Madrid, 1898. P. Quirós, "Nuevos datos biográficos del gran poeta teólogo fray Diego de Hojeda", en *La Ciencia Tomista*, Salamanca, IV, 1911-1912, págs. 388-404. P. J. Rada y Gamio, *La Cristíada*, Madrid, 1917. Arturo M. Cayuela, "Nuestro poema de la Redención", en *Razón y Fe*, CIII, 1933, págs. 99-127. J. de la Riva Agüero, "Nuevos datos sobre el Padre Hojeda", en *Revista de la Universidad Católica del Perú*, Lima, V, 1936, págs. 1-39. Frank Pierce, "Hojeda's *La Christiada*: A Poem of the Literature Baroque", en *Bulletin of Hispanic Studies*, XVII, 1940, págs. 203-218. Del mismo, "The poetic hell in Hojeda's 'La Cristíada': imitation and originality", en *Estudios dedicados a Menéndez Pidal*, IV, Madrid, 1953, págs. 469-508. Mary Edgar Meyer, *The sources of Hojeda's Christiada*, Universidad de Michigan, Ann Arbor, 1953. Luis Alberto Sánchez, "Fray Diego de Hojeda", en *Escritores representativos de América*, I, Madrid, 1957, págs. 63-69.

vez más la antes solitaria superioridad de Ercilla". Hojeda, sevillano, nacido en 1570, era un espíritu profundamente religioso. Ante la oposición paterna a su ingreso en la Orden dominicana, marchó a América y profesó en el convento del Rosario, de Lima. Fue prior de los conventos de Cuzco y de Lima, donde murió en 1605. Hojeda dedicó los mejores años de su intensa vida de piedad a la composición de su poema. Pese a su título, no abarca aquél toda la vida de Cristo, sino que comienza con la Cena, sigue con las escenas culminantes de la Pasión y acaba en la sepultura del Redentor. El poeta se sirvió como fuentes de los relatos evangélicos, de los escritos apócrifos de ambos Testamentos, de exégesis patrísticas, de libros piadosos contemporáneos y de numerosas creencias populares, aparte algunos poetas latino-cristianos, como Claudiano, que es, junto con Tasso y Virgilio, modelo a quien imita. Con el calor de su fervor religioso que estimula su discreta capacidad imaginativa, Hojeda llena su poema de brillantes descripciones, de profundos sentimientos, de delicado realismo, convirtiendo "la más contada de las historias" en un retablo de impresionante fuerza y novedad. "Hojeda —dice Pierce—, como muchos de los épicos coetáneos, no se contentaba con narrar de nuevo un tema por augusto que fuese, sino que lo convirtió en epopeya *religiosa* (aunque sin apartarse en lo esencial de los textos sagrados), mediante visiones, escenas infernales y sus derivaciones consiguientes (inspiradas en Tasso, pero con clara originalidad), sermones y profecías, la mayor parte de las cuales tenían su justificación explícita o tácita en el texto evangélico; además, todo ello ayuda a sugerir la significación fundamental de la Pasión, recordando las grandes figuras del Antiguo Testamento, la misión de Jesucristo y las venideras glorias de la Iglesia" [39]. Quintana, que redescubrió y revalorizó el poema de Hojeda en 1833, le censura la excesiva llaneza del lenguaje. Pero Pierce se opone a este juicio, que viene repitiéndose: "Que Hojeda se valga del lenguaje vulgar es argumento que puede volverse en su favor si se demuestra, como bien puede hacerse, que el mejor modo de atraerse al lector de su tiempo era pulsar las cuerdas verbales de la más común experiencia; después de todo, lo esencial de la verdad religiosa es la universalidad de su destino, y si el Hojeda predicador se confundía con el Hojeda poeta, ello redundaba en beneficio de ambos" [40].

Menéndez y Pelayo puntualiza el especial valor del poema de Hojeda con estas palabras: "No hay en la *Cristíada*, ni cuadraba al sublime y tremendo asunto que el religioso poeta eligió, la fantasía intemperante y deslumbradora, el lujo oriental o tropical del *Bernardo*, ni tampoco la novedad de materia y color que realzan la *Araucana*; pero es, sin disputa, el mejor compuesto de nuestros poemas, el más racional en su traza y distribución de partes, el que penetra en esferas más altas del sentimiento poético, el más lleno de calor, de

---

[39] Obra cit., pág. 271.
[40] Ídem, íd., pág. 272.

elocuencia patética, de afectos humanos, de viva y penetrante efusión, que en ciertos pasajes, como el cuadro de los azotes, es capaz de arrancar lágrimas al lector menos pío" [41].

Evidentemente, no poseía Hojeda ni la fuerza de Ercilla ni la brillante imaginación que permitió a Balbuena multiplicar el lujo de sus galas poéticas. La importancia de Hojeda hay que buscarla en la sobria solemnidad de su lenguaje y en la emoción digna y profunda —conmovedoramente sencilla— con que subraya, trágicamente a veces, los momentos culminantes del drama sacro. Pfandl destaca, sin embargo, los elementos barrocos que se adhieren "a la simple línea de la historia sagrada" en el poema del dominico: elementos que no consisten —ya lo hemos visto— en lujos de imágenes ni en esplendores de ornamentación, sino más bien en aspectos de construcción diríamos, y en motivos de índole ideológica o temática: "Es barroca ante todo —escribe— la amplitud de horizontes, el abrir proféticas perspectivas hacia la futura grandeza de la Iglesia cristiana, sus dolores y persecuciones, sus victorias y triunfos. Cuando Cristo cae desfallecido en la columna de los azotes, unos coros invisibles de ángeles cantan para consolarle en guitarras celestiales, y San Miguel, un *juglar divino*, entona la profética canción heroica de todos los grandes mártires que vendrán más tarde a sufrir y morir por la fe. De igual modo, cuando Jesús arrastra la cruz por las calles de Jerusalén ve en espíritu, alrededor y detrás de Él, la multitud de santos que le seguirán a través de los siglos. Barrocos son también los símbolos y alegorías destinados a profundizar, haciéndola materialmente visible, la impresión de determinadas ideas y sucesos. Véase un ejemplo. Cuando empiezan los días de la Pasión, es preciso estar convencido de que se realiza porque Cristo tomó sobre sí el peso entero de los pecados del mundo. El poeta hace esta idea sensible en el manto simbólico de la culpa, que envuelve a Jesús en siete pesados pliegues y sobre el cual son visibles los vicios y pecados de los hombres. Barroca es también la humanización del cielo y del infierno y la estrecha relación que existe entre estos dos dominios del más allá y la escena del mundo... Barrocos son finalmente los cuadros, tan naturalistas, del infierno, a cuya pintura muy especialmente se entrega el poeta" [42].

Suele siempre ponerse en parangón el poema de Hojeda, para deducir consecuencias en su demérito, con las otras grandes creaciones de la poesía religiosa afines a la suya. Pfandl sale al paso de este paralelo, aunque no para rechazar la superioridad de aquéllas, admitida generalmente: "Quien... no se empeñe en comparar cualquier poema de esta clase con Dante, Milton y Klopstock, convendrá en que la *Cristíada* del autor barroco español, tan firme en la fe, tan reflexivo, noble y de tan rica fantasía, es una agradable lectura" [43].

---

[41] *Historia de la poesía Hispano-Americana*, citada, pág. 97.
[42] *Historia de la literatura nacional española en la Edad de Oro*, Barcelona, 1933, página 570.
[43] Ídem, íd.

José de Valdivielso, delicado poeta lírico y discreto autor dramático, publicó en 1604 una *Vida, excelencias y muerte del gloriosísimo Patriarca y esposo de nuestra Señora san Joseph* [44], que fue de los libros más populares de su siglo. A tono con el carácter del autor hay en su poema constante mezcla de elementos épicos y líricos. El poeta pule sus versos con delicadeza de miniaturista, atento más a los detalles que a la concepción global, punto por donde quiebra precisamente su poema. "Todo ello —explica Pierce, aludiendo a la diversidad de episodios enhebrados con la historia de San José— está contado con estilo ágil y apasionado, que recuerda la tendencia al detallismo pictórico en el arte sacro de su tiempo. Valdivielso resulta un tanto palabrero, como cierta clase de predicadores; pero su ternura y sus inclinaciones dramáticas pueden explicar las veintiocho ediciones que su cálida versión del importante tema logró en el siglo XVII". El poema de Valdivielso es una obra del más puro barroco, que en su facundia imaginativa, la prolijidad de sus descripciones, la musicalidad de su versificación, el lujo y novedad de las imágenes, recoge los más genuinos rasgos de la poesía de su tiempo.

Poemas imaginativos. Junto a los temas históricos y religiosos, ambos de profunda raíz nacional, tuvieron también importante cultivo los de índole novelesca, inspirados en los temas clásicos y mitológicos, o en leyendas medievales tomadas preferentemente de los libros de caballerías. La obra de Ariosto ejercía sobre los cultivadores de este campo épico una fascinadora seducción; era el modelo inimitable, que se pretendía, sin embargo, imitar.

Entre los muchos que en nuestra lengua lo intentaron merece citarse, durante la época de Felipe II, Luis Barahona de Soto, nacido en Lucena en 1548. Fue Barahona, a la vez, notable poeta lírico de la llamada "escuela sevillana", buen prosista en sus *Diálogos de la montería* [45] —uno de los mejores libros españoles sobre el tema— y poeta épico en *Las lágrimas de Angélica* [46], libro que —bastante incomprensiblemente— salvó Cervantes, por boca del cura, en el escrutinio de la biblioteca de Don Quijote. En él se propone el poeta nada menos que continuar el *Orlando Furioso* de Ariosto, a través de la más fantástica y enmarañada selva de aventuras. Barahona poseía ingenio, gracia y facilidad, con las cuales logró brillantes descripciones, armoniosos versos y hasta pasajes completos de seductora animación; pero no le bastaron

---

[44] Edición Cayetano Rosell, en *Biblioteca de Autores Españoles*, vol. XXIX, Madrid, nueva edición, 1948.
[45] Edición en "Bibliófilos Españoles", Madrid, 1890.
[46] Edición facsímil de la de 1586, por A. M. Huntington, Nueva York, 1904. Cfr.: F. Rodríguez Marín, *Luis Barahona de Soto. Estudio biográfico, bibliográfico y crítico*, Madrid, 1903. J. M. Molinaro, "Barahona de Soto and Aretino", en *Italica* (Chicago), XXXII, 1955, págs. 22-26. Alfred Triolo, "Barahona de Soto's *Lágrimas de Angélica* and Ariosto's 'Cinque canti'", en ídem, íd., XXXV, 1958, págs. 11-20. Véase además el trabajo de Oreste Macrí citado en la nota 26.

aquellas dotes para continuar dignamente a su modelo. Un doble fárrago —de episodios y de ornato exterior, con su buena profusión de italianismos— ahoga las bellezas aisladas de su poema.

La gran obra del género es *El Bernardo* o *La victoria de Roncesvalles*, de Bernardo de Balbuena, creación que en el campo de la poesía caballeresca representa la verdadera epopeya del Barroco. Los poemas de esta índole aparecidos en los años de Felipe II —tales como el citado de Barahona, los de Lope, que veremos en su momento, y otros varios de oscuros autores que apenas como arqueología literaria valdría la pena mencionar— representan ya la pervivencia del espíritu caballeresco que había tenido su ápice en los días del Emperador, y que sólo merced a la nueva vestidura poética —tan del gusto de los lectores cultos de aquel tiempo— adquiriría cierto remozamiento y vigencia. De todos modos, era un género poético paralelo en cierta manera —pese al ligero retraso— de las novelas de caballerías. Cuando éstas, en cambio, se extinguieron por natural consunción —sea o no cierta la influencia mortífera del golpe de Cervantes— el tema caballeresco ya no podía vivir sino como un "tardío florecimiento académico", tema propicio por su enciclopédica diversidad para servir de soporte a los virtuosismos poéticos que exigía el gusto barroco. Tal, en esencia, es la significación literaria del *Bernardo*.

Nació Balbuena en Valdepeñas en 1568, estudió algún tiempo en Granada y marchó a Méjico donde prosiguió sus estudios y se ordenó de sacerdote; fue abad de Jamaica y obispo de Puerto Rico, donde murió en 1627 [47]. Dos años antes fue saqueado el palacio episcopal por los piratas holandeses y se perdieron algunos manuscritos literarios de Balbuena, probablemente importantes. Aparte *El Bernardo*, se conservan de este escritor la *Grandeza Mexicana* [48]

---

[47] Cfr.: M. Menéndez y Pelayo, *Historia de la poesía Hispano-Americana*, cit., vol. I, págs. 47 y ss. M. Fernández Juncos, *Don Bernardo de Balbuena, obispo de Puerto Rico: estudio biográfico y crítico*, Puerto Rico, 1884. Mario Méndez Bejarano, *Poetas españoles que vivieron en América*, Madrid, 1929. John van Horne, *Bernardo de Balbuena. Biografía y crítica*, Guadalajara (México), 1940. Del mismo, "Bernardo de Balbuena y la literatura de Nueva España", en *Arbor*, 1945. G. Porras Muñoz, "Nuevos datos sobre Bernardo de Balbuena", en *Revista de Indias*, Madrid, X, 1950. Valentín de Pedro, *América en las letras españolas*, Buenos Aires, 1954. G. Mireles Malpica, *La significación de Balbuena, Alarcón y Altamirano dentro de la evolución de la cultura literaria mejicana*, México, 1954. Luis Alberto Sánchez, "Bernardo de Balbuena", en *Escritores representativos...*, cit., vol. I, págs. 41-51. J. Rojas Garcidueñas, *Bernardo de Balbuena. La vida y la obra*. Universidad Nacional Autónoma, México, 1958.

[48] Edición facsímil de la "Sociedad de Bibliófilos Mexicanos", México, 1927. La *Grandeza Mexicana*, junto con *El Siglo de Oro en las selvas de Erífile*, edición de la Real Academia Española, Madrid, 1821. *La 'Grandeza Mejicana' de Balbuena*, ed., con estudio y notas de J. Van Horne, en *Illinois Language*, XVI, 1930, págs. 319-486. Cfr.: Francisco M. Zertuche, "Bernardo de Balbuena y la *Grandeza Mexicana*", en *Armas y Letras*, Monterrey, XI, 1954. Joseph G. Fucilla, "Bernardo Balbuena's *Siglo de Oro* and its sources", en *Hispanic Review*, XV, 1947, págs. 101-119. Del mismo, "Bernardo de Balbuena", en *Estudios sobre el petrarquismo en España*, Madrid, 1960, págs. 258-259. J. I.

—poema descriptivo de la capital de México, lleno de movimiento y color— y *El Siglo de Oro en las selvas de Erífile* —colección de doce églogas inspiradas en la mejor tradición bucólica—. *El Bernardo*[49], que Balbuena compuso probablemente en su juventud y corrigió después durante sus años en América, tiene la desmesurada extensión de 40.000 versos, encerrados en cinco mil octavas reales, repartidas en 24 cantos. El cúmulo de aventuras, fuerzas misteriosas, personajes extraordinarios, sucesos diversísimos, elementos reales, históricos, legendarios o caballerescos —repartidos por todos los planos del mundo mitológico, medieval y contemporáneo, y sembrados por toda la geografía conocida— que se encierran en tan larga cabalgata de estrofas, forman un conjunto dificilísimo de resumir. El tema —diríamos, aproximadamente, central— es, desde luego, la lucha de Bernardo del Carpio contra los franceses, hasta vencerlos y matar en Roncesvalles a su famoso paladín Roldán. Pero Balbuena reúne en su poema todos los elementos imaginables de procedencia caballeresca —recibidos sobre todo de los *Amadises* y *Palmerines* y del *Orlando*, de Ariosto, con toda su corte de escenas de magia, encantamientos y aventuras—, de la herencia clásica —fundiendo libérrimamente la mitología con héroes y asuntos medievales— y de la tradición histórica de España. Pierce afirma que Balbuena refunde "el lenguaje y las fábulas novelescas de todo un siglo en el horno flamígero de su imaginación". Pero el poeta, que poseía, en efecto, esta facultad en cantidades increíbles, consigue dar un aire de novedad a las más gastadas materias. Los caracteres humanos son lo más inconsistente del poema, pero la catarata de elementos decorativos, de todo género de recursos poéticos, de brillantes imágenes plásticas, de sonora musicalidad que se desborda en el poema de Balbuena, ofrece un conjunto que, si abrumador como tal, muestra bellezas sorprendentes en numerosísimos pasajes. Todos los componentes de la estética barroca se han dado cita aquí para ser manejados por Balbuena con el virtuosismo de un extraordinario artista de la palabra. Pero al *Bernardo* le perjudica el exceso de las mismas cualidades que contribuyen a sus excelencias y se ahoga en la selva de su propia lujuriante fecundidad.

Rubio Mañé, "Bernardo de Balbuena y su *Grandeza Mexicana*", en *Boletín del Archivo General de la Nación*, México, 2.ª serie, I, 1960, págs. 87-100.

[49] Ediciones: ed. de Cayetano Rosell, en *Biblioteca de Autores Españoles*, vol. XVII, Madrid, nueva ed., 1945; edición ilustrada por A. Saló, San Feliú de Guixols, 1914. Cfr.: A. Cioranescu, "La première édition de 'El Bernardo'", en *Bulletin Hispanique*, XXXVII, 1935. Joseph G. Fucilla, "Glosses on 'El Bernardo' de Balbuena", en *Modern Language Notes*, XLIX, 1934, págs. 20-24. John Van Horne, *"El Bernardo" of Bernardo de Balbuena. A Study of the Poem with particular attention to its relations to the Epics of Boiardo and Ariosto and to its significance in the Spanish Renaissance*, Urbana, Illinois, 1927. Frank Pierce, "L'Allégorie poétique au XVIe siècle. Son évolution et son traitement par Bernardo de Balbuena", en *Bulletin Hispanique*, LI, 1949, págs. 381-406 y LII, 1950, págs. 191-228. Del mismo, "El 'Bernardo' de Balbuena, a baroque fantasy", en *Hispanic Review*, 1945, págs. 1-23.

Balbuena tenía ideas precisas sobre el género que cultivaba. En la épica era partidario de la total libertad de imaginación: historia y poesía son para él cosas incompatibles; y el autor sabía perfectamente que el tono del *Bernardo*, pese a su apariencia histórica, era un asunto legendario presto para recibir todas las fantasías que él era capaz de inventar. Claramente lo dice en su prólogo: "La historia verdadera... no es sugeto de poesía, que ha de ser toda pura imitación y parto feliz de la imaginativa... y así, para mi obra no hace al caso que las tradiciones que en ella sigo sean ciertas o fabulosas; que cuanto menos tuvieran de historia y más de invención verosímil, tanto más se habrá llegado a la perfección que le deseo" [50]. Este cultivo de lo fantástico provoca a su vez el total desplazamiento del poeta del escenario de sus imaginaciones, es decir, la eliminación de toda presencia lírica, y lleva consecuentemente al terreno de la épica pura. "Procuré —dice— que la persona del autor hablase en él lo menos que fuese posible, con que también se pudo añadir a la fábula más deleite; siéndole por esta vía permitido el extenderse a cosas más admirables sin perder la verisimilitud; porque, si la persona del poeta contara los monstruos de Creta o el origen de la ciudad de Granada, careciera lo uno y lo otro de apariencia de verdad; mas referidos estos casos por tercera persona, queda con todo lo admirable, y el autor no fuera de lo verisímil" [51].

La mano poética del autor es, pues, aquí mera destreza de virtuoso que, en un alarde técnico, borda el encaje de su arabesco verbal. ¿No podría explicarse por esta condición —que el poeta promete y cumple— la sensación de oquedad que dejan al cabo tan sonoras bellezas, y —en consecuencia— la superioridad innegable de Ercilla con la robusta sequedad de sus viriles héroes humanos? Una sola cuerda de emoción —única, pero real— parece vibrar en el *Bernardo*: es el acento patriótico. Pfandl lo destaca perfectamente: "Si bien el asunto del *Bernardo* y su desarrollo es tan antihistórico y fantástico como sea posible, y aunque Balbuena se considera convencido partidario de la épica no histórica, era demasiado español y buen patriota para que el entusiasmo por su heroico pueblo, por su España tan grande en todos los tiempos, no brotara por todos sus poros, como la perfumada resina en un pletórico abeto. El *Bernardo* es un fantástico canto triunfal sobre la historia y la grandeza de España, penetrado del paisaje español en todas las descripciones de tierras fabulosas, impregnado de ideas españolas de dominación universal en todos sus personajes y episodios fantásticos y legendarios" [52].

Poemas de asunto americano. Ya dijimos que la auténtica epopeya escrita de la incomparable gesta española sobre tierras americanas hay que buscarla en los relatos en prosa de nuestros cronistas. Aunque muchos de ellos

---

[50] Edición C. Rosell, cit., pág. 141.
[51] Ídem, íd., pág. 142.
[52] *Historia de la literatura nacional...*, citada, pág. 575.

acogieron también inevitablemente buenas porciones de la retórica del tiempo, los más asestaron sus ojos vírgenes a la virgen América —gesta y paisaje— y escribieron admirables relatos con tan espontánea como robusta personalidad.

Sobre la épica, en cambio, pesaba la opresora losa de los modelos, de cuyo ejemplo no se podía prescindir, ni se intentaba siquiera, porque, según los conceptos literarios de la época, la-imitación de los mejores no sólo no constituía un demérito sino que casi encerraba un ideal.

Con todo, la épica culta de tema americano —que no está exenta de los generales fallos apuntados— proporcionó el mejor de nuestros poemas, según juicio por nadie discutido: *La Araucana* de Alonso de Ercilla[53]. Nació Er-

---

[53] Ediciones: ed. de Cayetano Rosell, en *Biblioteca de Autores Españoles*, vol. XVII, Madrid, nueva ed., 1945; ed. de J. Toribio Medina, Santiago de Chile, 1910-1918, 5 vols. (edición monumental, con importante estudio y documentos sobre Ercilla); ed. de Concha de Salamanca, Madrid, 1946 (Colección "Crisol"); ed. de A. Undurraga, Colección "Austral", núm. 722; ed. de F. Grau, Barcelona, 1962; ed. de A. Souto, Universidad Nacional Autónoma, México, 1962; edición facsímil por A. M. Huntington, Nueva York, 1902. Cfr.: M. Menéndez y Pelayo, *Historia de la poesía Hispano-Americana*, cit., vol. II, págs. 220 y ss. Andrés Bello, "*La Araucana* por don Alonso de Ercilla y Zúñiga. Juicio crítico", en *Anales de la Universidad de Chile*, XXI, 1862, págs. 3-11; reeditado en sus *Obras Completas*, vol. IX. Jean Ducamin, *L'Araucana, poème épique par Don Alonso de Ercilla y Zúñiga. Morceaux choisis. Précédés d'une étude biographique, bibliographique et littéraire, suivis de notes grammaticales et de versification et de deux lexiques*, París, 1900 (estudio fundamental, que hizo posibles los posteriores trabajos de J. T. Medina). J. Vargas Ponce, "Estudio sobre la vida y obra de don Alonso de Ercilla", en *Memorias de la Real Academia Española*, VIII, 1902, págs. 1-135. A. Bórquez-Solar, "La epopeya de Chile. *La Araucana* de Ercilla", en *Anales de la Universidad de Chile*, CXXVIII, 1911, págs. 309-338. J. L. Perier, "Don García de Mendoza in Ercilla's *Araucana*", en *The Romanic Review*, IX, 1918, págs. 430-440. J. I. Dale, "The Homeric Simile in the *Araucana* of Ercilla", en *Washington University Studies*, IX, 1921, págs. 233-244. F. Rodríguez Marín, "Un estudio inédito de Alonso de Ercilla", en *Unión Iberoamericana*, Madrid, 1920. S. A. Lillo, "Ercilla y *La Araucana*", en *Anales de la Universidad de Chile*, 1928, págs. 59-116 y 529-598. Arturo M. Cayuela, "En el IV Centenario del nacimiento de don Alonso de Ercilla", en *Razón y Fe*, CII, 1933, págs. 433-456. A. Edwards, "Viajes de Ercilla", en *Anales de la Universidad de Chile*, 1933, págs. 28-39. L. Galdamés, "El carácter araucano en el Poema de Ercilla", en *Anales de la Universidad de Chile*, 1933, págs. 40-53. M. Latorre, "Ercilla, aventurero de la conquista", en *Anales de la Universidad de Chile*, 1933, págs. 54-68. J. Llobera, "*La Araucana* de Ercilla. Caracteres" en *Razón y Fe*, CIII, 1933, págs. 477-494; CIV, 1934, págs. 58-70. C. Bermúdez Plata, "Sobre el lugar del nacimiento de Ercilla", en *Revista de Indias*, Madrid, VI, 1945, págs. 667-669. G. Highet, "Classical Echoes in *La Araucana*", en *Modern Language Notes*, LXII, 1947, págs. 329-331. José Toribio Medina, *Vida de Ercilla*, México, 1948. Salvador Dinamarca, *Los estudios de Medina sobre Ercilla*, Nueva York, 1953 (Hispanic Institute). P. T. Manchester, "Criticism of *La Araucana* by Ercilla's contemporaries", en *South Atlantic Studies for Strugis E. Leavitt*, Washington D. C., 1953, págs. 39-54. Fernando Durán, "Lo lírico y lo ascético en Alonso de Ercilla", en *Finisterre*, Santiago de Chile, 1954. Francisco Márquez Villanueva, "Sobre Ercilla y su épica", en *Archivo Hispalense*, Sevilla, XXII, 1955. Luis Morales Oliver, *Raíz vascongada en la vida y la obra del poeta Ercilla*, Bilbao, 1955. Luis Alberto Sánchez, "Alonso de

cilla en Madrid (1533), de noble familia procedente de Vizcaya. Como paje de Felipe II recorrió buena parte de Europa, y al estallar en Chile la rebelión de los indios araucanos marchó allá con el Adelantado Alderete. A las órdenes después de don García Hurtado de Mendoza, marqués de Cañete, jefe de la campaña, peleó valerosamente en numerosos combates y asistió a la fundación de varias ciudades. A causa de una reyerta con otro oficial, fue condenado a muerte en la horca e indultado estando ya al pie del cadalso. Vuelto a España, cuando contaba 28 años, ocupó cargos en palacio, viajó nuevamente por Europa y fijó al fin su residencia en Madrid, donde pasó sus últimos años en honrosa y desahogada posición.

El hecho cantado por Ercilla es quizá de los menos espectaculares y notables de la conquista americana, puesto que se limita a la lucha por la posesión del pequeño valle de Arauco. La resistencia de sus habitantes, cuyo desesperado heroísmo conmovió a Ercilla, mantuvo a raya por largo tiempo a los españoles, hasta que al cabo fueron aquéllos vencidos. No hay aquí un héroe central —según tradicional exigencia de la epopeya—, sino todo un pueblo; ni son tampoco los españoles vencedores —según podía esperarse—, quienes dominan épicamente la escena, sino los caudillos araucanos, como Colocolo, Lautaro y, sobre todo, Caupolicán, que casi se eleva al rango de auténtico protagonista. Ambas cosas han sido de siempre censuradas a Ercilla, pero la crítica más reciente tiende a modificar este criterio. Ercilla, aunque no pierde nunca de vista a los modelos clásicos, concebía la epopeya —a diferencia de Balbuena— como algo próximo y real —"historia verdadera", dice modestamente en su dedicatoria—, hechos que el poeta recoge para legar su recuerdo a la posteridad. Esta proximidad y esencial sujeción al hecho histórico (que ya hemos visto en tantos otros poemas de la época) si cohibe por un lado el vuelo épico del escritor, le lleva a considerar a sus personajes no como semidioses, sino como seres a escala humana, y son entonces los valores humanos los que adquieren toda su tensión. Los araucanos, resistiendo con increíbles esfuerzos a un invasor mucho más fuerte y pertrechado, tenían que parecerle al poeta más asombrosamente heroicos. Sin contar con que —al margen ya de los factores meramente poéticos— la peculiar sensibilidad humana del escritor, su nobleza de espíritu queremos decir, exaltaba su estima por aquel pequeño pueblo que al cabo defendía su libertad con dignidad y esfuerzo ini-

---

Ercilla y Zúñiga", en *Escritores...*, citado, vol. I, págs. 9-22. Ch. V. Aubrun, "Poesía épica y novela: el episodio de Glaura en la *Araucana* de Ercilla", en *Revista Iberoamericana*, XXI, 1956, págs. 261-273. José M. de Cossío, "Romances sobre *La Araucana*", en *Estudios dedicados a Menéndez Pidal*, V, Madrid, 1954, págs. 201-229. J. van Horne, "El mérito de *La Araucana*", en *Revista Iberoamericana*, Iowa, XXII, 1957, págs. 339-344. Frank Pierce, "Ercilla's Irish Translator, Henry Boyd", en *Studia Philologica. Homenaje a Dámaso Alonso*, II, Madrid, 1961, págs. 609-619. H. Montes, "El héroe de *La Araucana*", en *Cuadernos Hispano-Americanos*, LX, 1964, págs. 258-268.

gualables. Pierce admite, naturalmente, este aspecto, pero creemos que sin subrayarlo como se merece.

Consta *La Araucana* de tres partes: la primera, publicada en 1569, y parte de la segunda fueron compuestas, según afirma el propio autor, "en la misma guerra y en los mismos pasos y sitios, escribiendo muchas veces en cuero por falta de papel, y en pedazos de cartas, algunos tan pequeños que apenas cabían seis versos; que no me costó después poco trabajo juntarlos" [54]. Si el autor escribía, pues, al hilo de los sucesos, puede afirmarse que no pudo planear su obra con un sentido global. La parte primera es, con mucho, la mejor del poema; las más altas cualidades de Ercilla son su fuerza descriptiva y su agudeza de visión, que le permiten trazar vivísimos y animados cuadros de los sucesos o del paisaje americano, y acertadas caracterizaciones de los personajes, indios o españoles. Estas cualidades le fallan al poeta en las otras partes, escritas ya probablemente en su retiro de Madrid. Al comienzo de la segunda, aparecida en 1578, escribe Ercilla que "por haber prometido de proseguir esta historia, no con poca dificultad y pesadumbre la he continuado"; preocupábale a Ercilla la monotonía de su obra, y para remediarla embute entonces episodios ajenos al asunto clave del poema, como las batallas de San Quintín y de Lepanto, o la historia de la reina Dido, entre los temas de la antigüedad, o descripciones del paisaje de otros países. Cuando torna, sin embargo, al campo de sus directas experiencias y las refiere "con la feliz intensidad de sus recuerdos", Ercilla es nuevamente un gran poeta; así, por ejemplo, al describir con épica grandeza la trágica muerte del caudillo Caupolicán, que es uno de los más intensos y bellos pasajes del libro.

La Araucana, que representa la incorporación a la poesía épica del tema americano, es "el poema castellano que canta la guerra, el valor, el patriotismo. Concede una importancia poco corriente al aspecto militar de la conquista... Se inspira Ercilla en los mismos cánones descriptivos de Virgilio y Lucano, a veces en sus imágenes mismas, pero la sostenida narración de la guerra, con sus horrores y su fuego, la exaltación y sublimación del heroísmo convierten su obra en un nuevo tipo de poema" [55]. No podían faltar en la obra de un poeta épico del Renacimiento ni los episodios —ya aludidos— de tema clásico, ni descripciones de la naturaleza vista a través de los paisajes virgilianos o italianistas; también los episodios amorosos, centrados en alguna figura de mujer, reflejan los convencionalismos de las novelas pastoriles. Pero el rasgo directamente observado, tanto en los hombres como ante el paisaje, es el que predomina en el poema; y por supuesto es el mejor y el que le da a la obra toda su importancia. Pierce describe y comenta así este "realismo" esencial de *La Araucana*: "El realismo de Ercilla no es, como el que vino después, amigo del detalle pintoresco (aunque, como dice Medina, pinte fielmente ciertos

---

[54] Edición C. Rosell, cit., pág. 3.
[55] Pierce, *La poesía épica...*, cit., pág. 266.

aspectos de la vida india); es más bien el realismo que inspira las escenas bélicas de Virgilio, pero con la diferencia de que el español sabe comunicar a sus pinturas, a sus impresiones, mayor valentía y vigor que el latino al contar la guerra con Turno. *La Araucana*, pues, es poema realista de cepa añeja, y no por eso menos veraz, menos atractivo para el lector moderno. Además, Ercilla fue el primero que llamó la atención sobre elementos de tipo autobiográfico en su obra, procedimiento éste muy comentado por otros. En su caso nos es más fácil comprenderlo que en el caso de Garcilaso, por ejemplo; ello da a *La Araucana* ese matiz de aproximación directa a lo representado, incluso a muchas acciones en las que el poeta no pudo tomar parte" [56].

En la obra de Ercilla tiene muy escasa participación lo maravilloso; intenso y dramático, es siempre sencillo y veraz, con un lenguaje "sobrio, contenido, vigoroso, sin un exceso, antes, a lo sumo, con moderadas hipérboles periódicas, si se nos admite la expresión". Su versificación es, en cambio, desigual y se mueve entre una trabajada perfección y descuidos inexplicables; en ocasiones es demasiado prolijo en el pormenor. Pero éstas son caídas ocasionales; sus más constantes aciertos como poeta están en su briosa animación, en el vigor de los epítetos, en la variedad y matización de los adjetivos, en la viveza de las gradaciones. Y por encima de cualquier otra cualidad, sobresale en la obra de Ercilla "su limpia, austera y elegante actitud épica" [57].

Menéndez y Pelayo, que no anda escaso en el inventario de los fallos de *La Araucana*, pondera, en cambio, cualidades que son ya suficientes para calificarlo de gran poema. "¿Osaré decir que con todas estas razones de inferioridad, todavía en la narración de Ercilla, lenta, pausada, rica de pormenores expresivos, ingenua y aun trivial a veces, pero grandiosa por la sencillez misma con que el autor se entrega a los altos y bajos de su argumento, sin pretender alterar sus proporciones ni realzarle con artificios literarios, encuentro una plena objetividad, una evidencia humana, una vena épica abundante y majestuosa, que no descubro en la rápida y brillante ejecución de *Os Lusiadas,* que parecen una fantasía lírica sobre motivos épicos, o más bien una galería de cuadros históricos que van pasando con la misma rapidez que las vistas de un estereoscopio? La lectura del poema de Camöens es tan fácil y amena, como dura y penosa la de *La Araucana*; pero la impresión poética que ésta última deja, gana en intensidad lo que pierde en variedad y extensión. No hay poema moderno que contenga tantos elementos genuinamente homéricos como *La Araucana*, y no por imitación directa, puesto que Ercilla, cuando imita deliberadamente a alguien, es al Ariosto, o a Virgilio, o a Lucano, sino por especial privilegio, debido en parte a la índole candorosa y sincera del poeta, que era él propio un personaje épico, sin darse cuenta de ello, y vivía dentro de la misma realidad que idealizaba; y en parte a la novedad de las costumbres bárbaras

---

[56] Ídem, íd., pág. 269.
[57] Ídem, íd., pág. 269.

que él describe y que no podían menos de tener intrínseco parentesco con las de las edades heroicas". Y más abajo: "Tres cosas hay, capitales todas, en que Ercilla no cede a ningún otro narrador poético de los tiempos modernos: la creación de caracteres (entendiendo por tales los de los indios, pues sabido es que los españoles no tienen en sus versos fisonomía propia, y el mismo caudillo de la expedición aparece envuelto en una celosa penumbra); las descripciones de batallas y encuentros personales, en que probablemente no ha tenido rival después de Homero, las cuales se admiran una tras otra y no son idénticas nunca, a pesar de su extraordinario número; las comparaciones tan felices, tan expresivas, tan varias y ricas, tomadas con predilección del orden zoológico, como en la epopeya primitiva, que tan hondamente aferradas tenía sus raíces en la madre naturaleza" [58].

El éxito de *La Araucana* suscitó buen número de imitadores, sobre todo en América, no sólo para cantar la conquista de Chile, sino también de otros territorios. A *La Araucana* le salieron en poco tiempo cinco continuadores o imitadores, de los cuales tan sólo merece interés *El Arauco domado* [59] de Pedro de Oña, nacido en Chile, hijo de un capitán español que había muerto en las guerras de aquel país. Ercilla había dejado muy en segundo término la figura del marqués de Cañete, y Oña lo convierte ahora en el personaje central de su poema y se lo dedica además. Si la obra no fue encargada expresamente por el marqués, fue escrita, al menos, con la intención de agradar al magnate, que recompensó al poeta con un buen cargo administrativo.

Oña no disimula su propósito de imitar a Ercilla, aunque no pasa de ser un buen poeta menor. Tiene sobre su modelo la ventaja de disponer los hechos en torno a un héroe central, pero también el grave inconveniente de volver sobre el mismo tema y tener que andar sobre las mismas huellas de su predecesor. Oña poseía una considerable cultura clásica, que le perjudica como poeta porque se excede en su exhibición; aparte sus numerosos cultismos y doctas consideraciones filosóficas, siembra el poema de personajes mitológicos de toda laya y hasta hace que los indios araucanos invoquen a los dioses del Olimpo en lugar de implorar a sus propias divinidades. También las descripciones del paisaje se alejan de la realidad inmediata del suelo americano para calcar la

---

[58] *Historia de la poesía Hispano-Americana*, citada, vol. II, págs. 225-228 y 228-231.

[59] Ediciones: ed. de Cayetano Rosell, en *Biblioteca de Autores Españoles*, vol. XXIX, nueva ed., Madrid, 1948; ed. crítica de la Academia Chilena, anotada por J. T. Medina, Santiago de Chile, 1917; ed., con minucioso estudio, de Salvador Dinamarca, Nueva York, 1952. Cfr.: Enrique Matta Vial, *El licenciado Pedro de Oña. Estudio biográfico crítico*, Santiago de Chile, 1924. J. Caillet-Bois, "Dos notas sobre Pedro de Oña", en *Revista de Filología Hispánica*, IV, 1942, págs. 269-274. Rodolfo Oroz, "Reminiscencias virgilianas en Pedro de Oña", en *Atenea*, Concepción, 1954, págs. 278-286. Del mismo, "Pedro de Oña, poeta barroco y gongorista", *Acta Salmanticensia*, Facultad de Filosofía y Letras de la Universidad de Salamanca, X, 1956, núm. 1, págs. 69-90. Luis Alberto Sánchez, "Pedro de Oña", en *Escritores representativos de América*, citado, vol. I, págs. 52-62. M. Menéndez y Pelayo, en *Historia...*, citada, vol. II, págs. 238-248.

retórica de las convenciones clásicas. El poeta no carece, sin embargo, de buenas cualidades; narra y describe con viveza y posee soltura para la versificación. Por su fácil frondosidad está en la línea de Balbuena, pero sin su esmaltada brillantez. Aunque había prometido en los comienzos de su obra ser sencillo, su natural facundia le permite amontonar diez y seis mil versos en sola la primera parte de *El Arauco domado*, única que fue publicada, en Lima, en 1596, donde el protagonista de su poema era entonces virrey [60].

La épica burlesca. Aunque no puede ser incluida propiamente en ninguno de los apartados anteriores, merece siquiera una breve mención la épica de tipo paródico o burlesco, no muy cultivada en España, pero que tiene por lo menos dos manifestaciones de interés: *La Gatomaquia* de Lope y *La Mosquea* de José de Villaviciosa, en que se narra la guerra de las moscas y las hormigas.

A pesar de la seriedad de los cargos que Villaviciosa ocupó en la Inquisición de Murcia y Cuenca, su única obra es este poema burlesco que rebosa ironía y travieso humor, pero al mismo tiempo una desengañada intención satírica de la que salen bastante mal parados —bajo el disfraz de los insectos— los dioses y los héroes. En *La Mosquea*, publicada en 1615, Villaviciosa adapta libremente un poema en latín macarrónico del mismo título de Teófilo Folengo pero toma también múltiples préstamos a Homero, Dante y Virgilio. El poeta tenía un ingenio fértil y gran sentido de la comicidad, y era a la vez un gran artífice del verso. "Villaviciosa —al decir de Pierce— posee lo que hoy tenemos por rara cualidad épica, es decir, una vena sostenida y fácil; usó todos los recursos con justeza y levedad, sin excesos, y la originalidad del tema sigue hoy deleitándonos naturalmente. Su gran chuscada lo es, como corresponde, tanto de expresión como de concepción... La extensión de *La Mosquea* es buena prueba de los recursos de su autor, pero pone en peligro toda la construcción si el lector se cansa o desfallece su simpatía. Sin embargo, el espíritu de Villaviciosa es original y vívido como pocos. Las limitaciones del género que cultivó, son obvias: al apoyarse sólo en lo jocoso, puede movilizar muchos artificios épicos para provocarlo, pero no le está permitida la auténtica emoción, ni el hondo sentimiento de la piedad o el patriotismo, ni elevar a su héroe a los honores supremos. En esencia, la épica burlesca vive y se justifica por la existencia de la épica seria" [61].

---

[60] Pedro de Oña escribió también en Chile, hacia 1635, otro poema heroico, *El Vasauro*, con el propósito de glorificar el linaje de los condes de Chinchón. La obra quedó inédita y ha sido publicada en tiempos recientes —Santiago de Chile, 1941— por Rodolfo Oroz, según un manuscrito conservado en la Biblioteca Nacional de Santiago. Los últimos cantos del poema están dedicados a la conquista de Granada, en donde el poeta encuentra ocasión de referir hazañas de su héroe y también de su esposa doña Beatriz, presentada como una intrépida amazona. Cfr. también, Fernando Alegría, *La poesía chilena*, Berkeley, University of California Press, 1954.

[61] Obra cit., pág. 318.

Así es, en efecto, pero el empacho de engolada seriedad provocado por la épica heroica, bien merecía el fresco enjuague de *La Mosquea*, que, por mala fortuna, no gozó de excesivos imitadores [62].

---

[62] Edición Cayetano Rosell, en *Biblioteca de Autores Españoles,* vol. XVII, Madrid, nueva ed., 1945. Cfr. A. González Palencia, "José de Villaviciosa y 'La Mosquea'", en *Historias y leyendas,* Madrid, 1942, págs. 483-627. J. P. W. Crawford, "Folengo's Mosquea and Villaviciosa's Mosquea", *Publications of the Modern Language Association,* XXVII, 1912, págs. 76-97.

CAPÍTULO XXIII

EL TEATRO PRELOPISTA

SU SIGNIFICACIÓN. TENDENCIAS DRAMÁTICAS

El reinado de Felipe II es un período decisivo para la historia del teatro español. Si en su primera mitad fluctúa todavía en una encrucijada de tendencias, de viejas formas y de nuevas posibilidades, en sus últimos lustros encuentra el rumbo definitivo gracias al genio creador de Lope de Vega, que, fundiéndolas todas ellas, crea la fórmula de la dramática nacional del Siglo de Oro.

Dicho se está que en un sentido lato todo el teatro anterior a Lope de Vega podría llamarse "prelopista". Sin embargo, designamos bajo tal nombre la producción que inmediatamente le precede, es decir, la que sigue a la desaparición de Gil Vicente y Torres Naharro, las dos figuras capitales en la dramática de los años del Emperador.

El avance que la obra de ambos escritores —muy en particular la del primero— había supuesto sobre el teatro elemental de la Edad Media, no encuentra la adecuada continuación durante más de medio siglo. En realidad, su teatro delimitaba una época: había remozado profundamente la herencia dramática medieval con el nuevo espíritu renacentista —gozosa alegría de vivir, sátira erasmista, refinamiento del popularismo— pero no abarcaba la proteica realidad nacional que pedía ser dramatizada. Los cincuenta años que median entre la muerte de Gil Vicente y los comienzos de Lope constituyen un indeciso período de tanteos, que no aportan valores permanentes ni conquistas definitivas, pero que siembran y agitan los fermentos que van a cristalizar muy pronto en el gran teatro nacional. Siguiendo una vez más la general tendencia que preside la historia de nuestra literatura, las nuevas formas dramáticas exigidas por la sensibilidad —artística y político-social, conjuntamente— propia de la época, no rechazan la herencia anterior, sino que la salvan y revitalizan fundiéndose con ella y llevándola como a una nueva encarnación. Tal ha de suceder, concretamente, con el teatro religioso y los elementos de carácter popular.

Aunque en forma muy imperfecta bajo el aspecto de la realización dramática, en estas décadas se forjan las ideas y temas dominantes que han de informar el gran teatro áureo: la exaltación religiosa y patriótica; el cultivo del tema épico-histórico nacional; la erección de la monarquía como símbolo de la nación y brazo de la justicia; la pintura de las costumbres propias en toda su variedad; y los conceptos básicos —sentido igualitario, dignidad personal, nacionalismo— que caracterizan el sentido vital del español de entonces.

Importantes factores de índole material contribuyen también poderosamente a preparar la nueva dramática, que iba a convertirse en el espectáculo de todo un pueblo. Durante el primer Renacimiento, el teatro literario —Encina, Gil Vicente, Torres Naharro— fue recreo exclusivo de la nobleza, y sólo se representó en los palacios de ésta o en los de los reyes; los actores solían ser, con frecuencia, miembros de aquellas clases. Pero al mediar el reinado de Felipe II, comienzan a abrirse, al menos en las ciudades más populosas, locales públicos —los llamados "corrales"— destinados exprofesamente a las representaciones dramáticas y para todos en general; y se crean a la vez las primeras compañías profesionales de actores que empiezan a recorrer el país.

En esta transformación tuvo parte decisiva la presencia en España —al menos desde 1535— de compañías italianas. Su influjo fue doble. De un lado por su ejemplo, como proveedoras de un espectáculo abierto que llegaba a públicos más amplios; de otro, por la índole de sus temas. El teatro italiano de la época puede definirse, en conjunto, como una dramática de intriga, preocupada esencialmente por mantener el interés a base de lances novelescos, de sucesos extraordinarios, de situaciones imprevistas, de enredos que se resuelven de la más inesperada manera. No es difícil imaginar el impacto que semejante novedad debió ejercer sobre el asombrado espectador de entonces. Ello explica, a su vez, el deseo de imitar aquel teatro —sinónimo del éxito y la perfección— y, consecuentemente, la existencia de una corriente dramática basada en la imitación de la comedia "novelesca" italiana: es decir, en el predominio de la acción sobre el análisis de caracteres y la verosimilitud, que ha de tener largo influjo sobre nuestra comedia nacional [1].

---

[1] "Por España andaban, lo menos desde 1535 —escribe Emilio Cotarelo— compañías de farsantes italianos que introdujeron o extendieron entre nosotros el gusto por las representaciones, no sólo de la comedia clásica, sino de la improvisada o 'dell'arte', como ellos decían. Posteriormente vinieron varias de aquellas compañías que, con nombres muy singulares, como los 'Gelosi', los 'Confidenti', etc., llevaron sus farsas por toda Europa, y entre los españoles se hizo célebre, poco después de Lope de Rueda, Alberto Naseli, apodado 'Ganasa'. Por eso no es de extrañar que el primer impulso de nuestros dramáticos posteriores fuese el de imitar un arte que creían y era más perfecto que el pastoril, único usado hasta entonces, y que respondía al general movimiento en busca de grandezas y aventuras que poseía a todos los españoles. El teatro italiano le suministraba lances estupendos, pero que en aquel tiempo no eran imposibles: humildes hidalgos o artesanos que se despiertan un día marqueses o príncipes y dueños de inmensos territorios; jóvenes desheredados que se casan con ricas y nobles herederas; muchachas

Debido precisamente a ese carácter de encrucijada a que hemos aludido, se marcan en este período muy diversas tendencias dramáticas. El teatro religioso prosigue con variadas orientaciones que veremos luego. Por su parte, el profano se escinde en tres corrientes principales: la clasicista, que pretende hacer arraigar en nuestra literatura una dramática calcada sobre los grandes maestros del teatro grecolatino; la de influencia italiana, inspirada en la especie de teatro a que acabamos de aludir; y una tercera que podría denominarse de orientación nacional por la índole de sus temas, pero que sigue vaciándose todavía prácticamente dentro de los moldes clasicistas.

EL TEATRO CLASICISTA

En medio de la general imitación de la Antigüedad greco-latina que traía el Renacimiento en todos los órdenes de la cultura, era inevitable que los humanistas del siglo XVI pretendieran la creación en nuestra lengua de un teatro basado sobre los principios y modelos de la tragedia y la comedia del mundo antiguo. Este intento fue obra sobre todo de profesores y humanistas, y tuvo su apoyo principal en las mismas universidades o en círculos

---

al parecer de baja extracción y que resultan hijas de mercaderes opulentos; robos de niños y ataques de corsarios que sirven para preparar situaciones de alto interés dramático. Nada de esto sucedía en la árida y pobre tierra de Castilla; pero sí en la que baña el Mediterráneo y más allá del Atlántico; y los que no podían llegar a tales lugares, se contentaban oyendo referir semejantes maravillas a los que volvían, leyéndolas en las historias novelescas o viéndolas representadas en la escena". (Prólogo a la edición —luego citada— de las obras de Lope de Rueda, vol. I, pág. LVI). Cfr.: Emilio Cotarelo y Mori, *Estudios sobre la historia del arte escénico en España*, 3 vols., Madrid, 1896-1902. Del mismo, "Noticias biográficas de Alberto Ganassa, cómico famoso del siglo XVI", en *Revista de Archivos, Bibliotecas y Museos*, XIX, 1908, págs. 42-61. Casiano Pellicer, *Tratado histórico sobre el origen y progreso de la comedia y del histrionismo en España*, 2 vols., Madrid, 1804. C. Pérez Pastor, *Nuevos datos acerca del histrionismo español en los siglos XVI y XVII*, Madrid, 1901; segunda serie en *Bulletin Hispanique*, VIII-XVII, 1906-1915, con un índice onomástico, en el último volumen, por Georges Cirot. Narciso Díaz de Escovar y Francisco de P. Lasso de la Vega, *Historia del teatro español. Comediantes, escritores, curiosidades escénicas*, Barcelona, 1924, 2 vols. Francisco Rodríguez Marín, "Nuevas aportaciones para la historia del histrionismo español en los siglos XVI y XVII", en *Boletín de la Real Academia Española*, I, 1914, págs. 60-66, 171-182 y 321-349. John Vincent Falconieri, "A History of Italian Comedians in Spain. A Chapter of the Spanish Renaissance", *Dissertation Abstracts*, University of Michigan, XII, 1952. Del mismo, "Historia de la *Commedia dell'arte* en España", en *Revista de Literatura*, XI, 1957, págs. 3-37, y XII, 1957, págs. 69-90 (contiene abundante información sobre los cómicos italianos en España, y en especial sobre Ganassa). K. M. Lea, *Italian Popular Commedy. A Study of the Commedia dell'arte 1500-1620*, Oxford, 1934. Vito Pendolfi, *La Commedia dell'Arte*, 6 vols., Firenze, 1957. María de la Luz Uribe, *La Comedia del Arte*, Santiago de Chile, s. a.

intelectuales [2]. A una primera etapa de traducciones y adaptaciones, siguió el período de producciones más originales. El esfuerzo no produjo, sin embargo, más que obras de muy mediana calidad y que sólo interesan hoy al historiador de la literatura como un valor de época. Su fracaso demostró la incapacidad del genio hispano para adaptarse a la severa sencillez de la tragedia antigua, a las rígidas unidades —tiempo, lugar y acción— de la preceptiva aristotélica, y a la lenta andadura de una trama sencilla sostenida por pocos personajes y basada más en el minucioso análisis de caracteres que en la agitada sucesión de peripecias. El teatro clasicista en nuestro país no encontró ni los hombres que lo crearan ni el espectador dispuesto a presenciarlo; y arrastró una corta vida de estufa literaria, de escaso influjo sobre la dramática nacional [3].

Entre los imitadores o adaptadores del primer momento merece citarse el doctor López de Villalobos, que, ya en 1515, tradujo el *Amphitruo* de Plauto. Esta obra interesó igualmente al gran humanista cordobés Fernán Pérez de Oliva, que la arregló y modificó con mayor libertad, y la dio a la imprenta en 1526. Oliva escribió también otras dos adaptaciones: una de Sófocles, *La venganza de Agamenón*, basada en la *Electra*; y otra de Eurípides, *Hécuba triste*. Estas dos versiones, objeto de juicios muy contradictorios en épocas posteriores,

---

[2] Cfr.: A. Bonilla y San Martín, "El teatro escolar en el Renacimiento español", en *Estudios dedicados a Menéndez Pidal*, vol. III, Madrid, 1925, págs. 143-155. Justo García Soriano, "El teatro de colegio en España", en *Boletín de la Real Academia Española*, XIV, 1927, págs. 235-277, 374-411, 535-565 y 620-650; XV, 1928, págs. 62-93, 145-187, 396-446 y 651-669; XVI, 1929, págs. 80-106 y 223-243; y XIX, 1932, págs. 485-498. Del mismo, *El teatro universitario y humanístico en España*, Toledo, 1945.

[3] Cfr.: A. de Montiano y Luyando, *Discurso sobre las tragedias españolas*, Madrid, 1750. Del mismo, *Discurso II sobre las tragedias españolas*, Madrid, 1753. M. Menéndez y Pelayo, "Cuatro palabras acerca del teatro griego en España", en *Comedias de Aristófanes, traducidas por F. Baráibar y Zumárraga*, vol. I, Madrid, 1942. Del mismo, *Historia de las Ideas Estéticas en España*, ed. nacional, Santander, 1940, vol. II, cap. X. J. E. Gillet, "A Note on the Tragic Admiratio", en *Modern Language Review*, XIII, 1918, págs. 233-238. H. B. Charlton, *The Senecan Tradition in Renaissance Tragedy*, Manchester, 1946. H. J. Chaytor, *Dramatic Theory in Spain*, Cambridge, 1925. Lane Cooper, *The Poetic of Aristotle: Its Meaning and Influence*, Ithaca, Cornell University Press, 1956. José María Díaz Regañón, "Los trágicos griegos en España", *Anales de la Universidad de Valencia*, vol. XXIX, cuaderno III, 1955-56. Gilbert Highet, *The classical tradition. Greek and Roman influences on Western literature*, Nueva York-Londres, Oxford University Press, 1949 (trad. española, México, 1954, 2 vols.). F. L. Lucas, *Tragedy in relation to Aristotle's Poetic*, Londres, 1949. María Rosa Lida de Malkiel, "La tradición clásica en España", en *Nueva Revista de Filología Hispánica*, V, 1951, págs. 183-223. Ofrece todavía múltiples aspectos de interés la obra, ya clásica, de Moratín, *Orígenes del teatro español*, nueva edición, Buenos Aires, 1946. Recientemente Alfredo Hermenegildo ha sistematizado en un importante estudio, *Los trágicos españoles del siglo XVI*, Madrid, 1961, el estado actual de todos estos problemas, con juicios de primera mano y originales puntos de vista. Aunque su trabajo se limita al campo de la tragedia, es de interés general para el estudio del teatro clásico en España durante dicha época.

tuvieron apenas repercusión en el ambiente popular, pero contribuyeron al evidente auge que alcanzó por entonces el teatro clásico en el círculo de las Universidades y Colegios. Alfredo Hermenegildo recuerda que Oliva "sería el primer intérprete de las tragedias griegas en idioma moderno, si no se le hubiera anticipado el italiano Giovanbattista Gelli, que tradujo en verso la misma *Hécuba*". Pero la importancia de Oliva más que en el proceso de nuestra dramática hay que buscarla en la historia del idioma. "La intención principal de Oliva en estas tragedias —dice Hermenegildo— parece que fue hacer una defensa del uso del romance castellano para asuntos serios. El trágico cordobés corre parejas con Juan de Valdés... La idea de Oliva fue demostrar que el castellano podía ascender hasta las cumbres de la tragedia clásica, y si no influyó en España, fue porque había en el teatro otra semilla más arraigada y con más potencia para germinar. Quiso hacer de las tragedias griegas unas obras fácilmente inteligibles para cristianos del renacimiento español, y como no aspiraba a la originalidad, tomó de los antiguos sólo el fondo y parte de la forma..." [4].

El erudito aragonés Pedro Simón Abril, profesor de retórica y latín en la Universidad de Zaragoza, tradujo las seis comedias de Terencio, la *Medea* de Eurípides, y algunas comedias de Aristófanes. El sevillano Mal Lara, cuya importancia vimos en el desarrollo intelectual de su ciudad, fundador de una famosa escuela de Humanidades, escribió la *Comedia locusta*, en la que imitaba muy de cerca a Plauto. Fuera ya de los temas clásicos compuso la *Tragedia de San Hermenegildo*, sobre la muerte de este príncipe visigodo [5], obra mucho mejor concebida que desarrollada. Más abajo volveremos especialmente sobre la significación, en la dramática de la época, del cultivo de estos temas histórico-nacionales.

Una relativa perfección consiguió dentro del molde de la tragedia clásica el dominico gallego Fray Jerónimo Bermúdez (¿1530?-1599) en su dos obras *Nise lastimosa* y *Nise laureada* (publicadas en Madrid en 1577) sobre el tema de los amores y muerte de doña Inés de Castro [6]. Se ha discutido con pasión (más parece que por motivos nacionales, y aun regionales, que estrictamente literarios) si las obras del dominico son anteriores o posteriores a la tragedia del portugués Antonio Ferreira sobre el mismo asunto, pero parece resuelta la prioridad a favor del portugués. De ser así, disminuye notablemente la importancia de Fray Jerónimo, que en la mayor parte de su primera obra se habría limitado a traducir o, todo lo más, a adaptar, aunque también amplía algunos pasajes con rasgos originales de verdadero acierto, poético y humano. En cual-

---

[4] *Los trágicos españoles...*, cit., págs. 99-100.
[5] Cfr.: M. Gasparini, *Cinquecento Spagnolo. J. de Mal Lara*, Florencia, 1943. Véase la bibliografía citada en el capítulo XIX, nota 1.
[6] Edición de Eugenio de Ochoa, en *Tesoro del teatro español*, vol. I, París, 1839.

quier caso, la obra de Bermúdez alcanza auténtica grandeza trágica, lograda con sobriedad que no excluye la más sentida emoción. El autor maneja con habilidad el coro y encierra con no menos tino la dinámica de su asunto dentro del marco de las unidades clásicas. Para el diálogo emplea Fray Jerónimo el verso endecasílabo suelto —forma métrica que había de quedar como característica de la tragedia clásica en nuestra lengua— y para los coros la estrofa sáfico-adónica. La *Nise laureada*, desligada ya por su asunto de la obra de Ferreira, escenifica la venganza de don Pedro sobre los asesinos de doña Inés, y el triunfo póstumo de ésta, que es coronada reina de Portugal. El patetismo de la situación lleva ahora al poeta a frecuentes exageraciones melodramáticas y truculentas, que destruyen la sobria intensidad de la *Nise* primera. Sobran además parlamentos moralizadores y pasajes vacíamente retóricos. En conjunto, la *Nise laureada* queda en un plano notablemente inferior[7].

Cultivador también de la tragedia clásica fue el famoso poeta (como tal lo veremos en su lugar) Lupercio Leonardo de Argensola (1559-1613), muy influido por el teatro de Séneca, de quien tomó la tendencia moralizadora, tan grata a sus más arraigadas convicciones artísticas, y el gusto por los hechos sangrientos, de los cuales aspira a deducir los terribles efectos del mal. En su *Alejandra* trató el exótico tema de la historia de Acoreo y Mariana, y en su *Isabela* un asunto cristiano-morisco, de origen nacional. Cervantes, devoto entonces de este tipo de teatro clásico, les dedicó en el Quijote grandes elogios, pero las obras dramáticas de Argensola no pasan de ser una sucesiva acumulación de violentos efectos trágicos, dispuestos por su autor con muy escaso acierto[8]. Argensola, escritor de elevadas dotes, imita con fortuna el patético

---

[7] Cfr.: Leandro de Saralegui y Medina, "Jerónimo Bermúdez", en *Diario del Ferrol*, 1887 (el estudio va acompañado del texto de las dos *Nises*). Del mismo, *Estudios sobre Galicia*, La Coruña, 1888 (contiene un artículo sobre Bermúdez, págs. 5-38). A. Apraiz, *Doña Inés de Castro en el teatro castellano*, Vitoria, 1911. J. P. Wickersham Crawford, "The influence of Séneca's Tragedies on Ferreira's 'Castro' and Bermúdez's 'Nise Lastimosa' and 'Nise Laureada'", en *Modern Philology*, XII, 1914, págs. 171-186. Aureliano Pardo Villar, "El poeta Fray Jerónimo Bermúdez (Estudio crítico-biográfico)", en *Boletín de la Comisión de Monumentos de Orense*, XI, 1936-38, págs. 272-287. Antonio Rey Soto, *Galicia en el tricentenario de Lope de Vega. Una apostilla al 'Laurel de Apolo' (Fray Jerónimo Bermúdez y Antonio Ferreira)*, Madrid, 1935. M. Nozick, "The Inez de Castro Theme in European Literature", en *Comparative Literature*, Eugene (Oregon), III, 1951, págs. 330-341. H. G. Whitehead, "Antonio Ferreira: Inés de Castro, 1587", en *Atlante*, III, 1955, págs. 205-206. M. L. Freund, "Algunas observaciones sobre *Nise lastimosa* y *Nise laureada* de Jerónimo Bermúdez", en *Revista de Literatura*, XIX, 1961, págs. 103-112. Mitchell D. Triwedi, "Notes on Bermúdez's *Nise laureada* and Dolce's Paraphrase of Séneca's *Thyestes*", en *Philological Quarterly*, XLII, 1963, páginas 97-102.

[8] Cfr.: *Obras sueltas de Lupercio y Bartolomé Leonardo de Argensola*, Coleccionadas e ilustradas por el Conde de la Viñaza, en "Colección de Escritores Castellanos", Madrid, 1889, 2 vols. *Rimas de Lupercio y Bartolomé Leonardo de Argensola*, edición, prólo-

y noble estilo de los trágicos griegos, pero queda muy lejos de su dinámico dramatismo; los personajes de sus obras son con frecuencia sombras imprecisas que no dialogan, sino que declaman inacabables parlamentos sin acción.

Sin género de duda fue Cervantes quien logró en su *Numancia* la más perfecta muestra de lo que pudo ser el no logrado intento de tragedia clásica española. La *Numancia* escrita por Cervantes en la primera época de su producción dramática —antes de experimentar el influjo del teatro lopista— es una nueva manifestación del propósito de verter los temas nacionales en el cauce de los modelos y teorías grecolatinos. Pero de esta obra nos ocuparemos más detenidamente en el capítulo especial sobre su autor.

Dentro de esta corriente del teatro clásico, y, aun en general, en el proceso formativo de nuestra dramática nacional, ocupa un puesto importante lo que puede denominarse el "grupo valenciano". La ciudad de Valencia, que tuvo uno de los más famosos "corrales" de la época en el de la *Olivera* o *Vallcubert*, mantuvo durante todo el siglo XVI por su emplazamiento geográfico y la actividad comercial de su puerto, amplio contacto con Italia, y fue por ende la puerta de buena parte del influjo recibido desde allí, muy en particular en lo que atañe al género dramático, que tuvo en Valencia gran acogida y cultivo [9].

De especial interés —dentro de este grupo— es el polifacético Juan de Timoneda (¿1520?-1583), citado ya como colector y editor de romances. Se sabe poco de su vida, pero bastante de su actividad literaria. Como prosista es autor de tres volúmenes —*El Sobremesa y Alivio de Caminantes, Buen aviso y portacuentos* y *El Patrañuelo* (este último el más famoso)— en los que agrupa sucesos y dichos agudos, cuentos, y relatos novelescos de varia extensión, tomados en su mayoría de novelistas italianos, a cuyo conocimiento y difusión en nuestra patria contribuyó poderosamente. Editó también Timoneda las obras de Lope de Rueda, de quien fue amigo, y diversas obras del teatro grecolatino, entre ellas dos comedias de Plauto: el *Anfitrión* y los *Menemnos*. Timoneda las adaptó con mucha libertad, tratando de hacerlas más asequibles al público de su tiempo y llenándolas incluso de alusiones a hechos contemporáneos. Publicó asimismo una colección de obras teatrales llamada *La Turiana*, donde reunió entremeses y pasos directamente influidos por Rueda, farsas y comedias a la manera italiana y la *Tragicomedia llamada Filomena*. En ésta funde elementos cómicos y trágicos y recurre a cambios de lugar, en lo que es ya visible el deseo de romper con las cerradas normas clásicas y de acercarse al gusto del espectador; tendencia paralela a la seguida en sus versiones de

---

go y notas por José Manuel Blecua, C. S. I. C., Zaragoza, 2 vols., 1950-51. J. P. Wickersham Crawford, "Notes on the Tragedies of Lupercio Leonardo de Argensola", en *Romanic Review*, V, 1914, págs. 31-44. O. H. Green, *The life and works of Lupercio Leonardo de Argensola*, Filadelfia, 1927 (traduc. española, Zaragoza, C. S. I. C., 1945).

[9] Cfr.: H. Mérimée, *Spectacles et comédiens à Valencia*, Toulouse, 1913. Del mismo, *L'art dramatique à Valencia, depuis les origines jusqu'au commencement du XVIIe siècle*, Toulouse, 1913.

Plauto y que representan notable avance en el camino del teatro popular que llevaba a Lope de Vega. No ha sido fácil para los investigadores precisar en qué medida las obras contenidas en *La Turiana* son originales de Timoneda o adaptaciones tan sólo de piezas ajenas. Agrupó asimismo Timoneda obras de tipo religioso en su *Ternario Sacramental* del que publicó tres series: una en 1558, y las dos últimas en 1575, sin que tampoco pueda delimitarse su papel de autor o adaptador. Timoneda demuestra de manera particular en estas piezas religiosas un agudo sentido para extraer las posibilidades dramáticas de elementos líricos tradicionales y folklóricos, en lo que también anticipa y preludia aspectos capitales de la dramática de Lope. Sin ser un ingenio de primer orden, Timoneda representa un papel de importancia muy peculiar como difundidor de obras y tendencias, receptor y trasmisor de muy varios influjos, estimulador de inquietudes literarias y captador de nuevos vientos teatrales, que si él dista mucho de aprovechar en su plenitud, iban a ser fértil semilla en manos de más geniales herederos [10].

El grupo valenciano que se movía en torno a Timoneda iba a intensificar en la tragedia clásica uno de sus más persistentes caracteres: el del exagerado

---

[10] Ediciones: *Autos Sacramentales*, edición Eduardo González Pedroso, en *Biblioteca de Autores Españoles*, vol. LVIII, nueva ed., Madrid, 1952. "Teatro profano", en *Obras Completas*, edición M. Menéndez y Pelayo, vol. I (único publicado) que contiene *Tres comedias* y la *Turiana*, "Sociedad de Bibliófilos valencianos", Valencia, 1911. *Obras*, edición de E. Juliá Martínez, 3 vols., "Sociedad de Bibliófilos Españoles", Madrid, 1947-1948. The '*Aucto del Castillo de Emaus*' and the '*Aucto de la Iglesia*', edición (con estudio y traducción inglesa) de Mildred Edith Johnson, "Studies in Spanish Language and Literature", University of Iowa, 1933. *Tres comedias*, edición facsímil de la de 1559 por la Real Academia Española, Madrid, 1936. *Turiana*, edición facsímil de la de 1565 por la Real Academia Española, Madrid, 1936. *Ternario Espiritual*, edición de Eloy Díaz-Jiménez y Molleda, Valencia, 1944. *Buen aviso y portacuentos*, edición de R. Schevill, en *Revue Hispanique*, XXIV, 1911, págs. 171-254. *El Patrañuelo*, edición de Ruiz Morcuende, en "Clásicos Castellanos", Madrid, 1929. *El Patrañuelo, El Sobremesa y Alivio de caminantes*, edición de Buenaventura Carlos Aribau, en *Biblioteca de Autores Españoles*, vol. III, Madrid, nueva ed., 1944. *El Patrañuelo*, ed. y estudio de Alberto Sánchez, Madrid, 1948. Cfr.: J. P. Wickersham Crawford, "Notes on the 'Amphitrion' and 'Los Menemnos' of Juan de Timoneda", en *Modern Language Review*, IX, 1914, págs. 248-251. J. E. Gillet, "A note on Timoneda", en *Modern Language Notes*, XLIV, 1929, págs. 385-389. Del mismo, "Timoneda's 'Auto de la Quinta Angustia'", en ídem, íd., XLVII, 1932, págs. 7-8. F. G. Olmedo, "Un nuevo Ternario de Juan de Timoneda", separata de *Razón y Fe*, Madrid, 1917. S. Eof, "On the sources of Juan de Timoneda's Apollonius of Tyre Story", en *Romanic Review*, XXII, 1931, págs. 304-311. Enrico Cerulli, *Il 'Patrañuelo' di Juan Timoneda e l'elemento arabo nella novella italiana e spagnola del Rinascimento*, Roma, 1955. G. Valli, "Las fuentes italianas de la Patraña IX de Timoneda", en *Revista de Filología Española*, XXX, 1946, págs. 369-381. A. Gasparetti, "Sulla fonte italiana della Patraña VI di Juan de Timoneda", en *Letterature Moderne*, Milán, II, 1951, págs. 70-81. E. Juliá Martínez, "Originalidad de Timoneda", en *Revista Valenciana de Filología*, V, 1955-1958, págs. 91-151. Pilar Delgado Barnés, "Contribución a la bibliografía de Juan de Timoneda, en *Revista de Literatura*, XVI, 1959, págs. 24-56,

patetismo y las violencias dramáticas, conducidas hasta límites extremos. Es fácil cosa —según se hace a veces— definir este rasgo como consecuencia del peculiar temperamento levantino, dado a la demasía y la exaltación. Pero recordemos que idénticos excesos acabamos de atribuir al severo aragonés Lupercio de Argensola e incluso al trágico gallego Fray Jerónimo Bermúdez cuyo lirismo vernáculo no detuvo las truculencias de su segunda *Nise*. Las razones se basan mucho menos en motivos de carácter regional que en problemas generales, suscitados por las condiciones de transición en que se debate el teatro de la época. La dificultad de hacer gustar el drama clásico antiguo al público español del siglo XVI, no podía pasar inadvertida a ninguno de sus cultivadores, muchos de los cuales debían abrigar también grandes reservas acerca de su absoluta validez. El teatro que el humanismo erudito quería hacer triunfar, fallaba —cuando se le mostraba al español de entonces— tanto por razones de técnica como de contenido; paralizado por el triple freno de las unidades, no interesaba debido a su carácter razonador, fríamente intelectual, de escaso movimiento, y mucho menos aún porque los asuntos tomados de la Antigüedad o imitados estrechamente de ella, tan sólo podían ser comprendidos por el público letrado de las Universidades; pero este público no existía en absoluto fuera de sus recintos. Los ingenios de aquellas décadas, formados en los principios del humanismo renacentista, intuyeron la existencia de dos caminos para inyectarle a la tragedia clásica el interés que no lograba cuando se limitaba a consistir en una reconstrucción erudita: uno, la intensificación pasional, la acumulación de carga dramática con que ganar el ánimo del espectador (para lo cual el teatro senequista proporcionaba un peligroso ejemplo); y así vinieron a dar en los excesos burdamente trágicos a que venimos refiriéndonos. Otro, la sustitución del tema clásico por asuntos y héroes de la cantera nacional, siempre familiares y seductores para el español de cualquier época. Esta última solución apuntaba hacia el norte justo; pero al ser desarrollada dentro de los moldes estéticos del clasicismo, mantenidos con mayor o menor pureza, perdía la mayor parte de su eficacia ya que seguía siendo un teatro de escasa acción, lento y discursivo. En la combinación de ambos intentos —acentuación de la truculencia dramática y tema nacional— cabían infinitas proporciones que tanto los escritores ya citados como los que hemos de mencionar aún, ensayaron repetidamente; cada nuevo intento abría una brecha en la fortaleza del teatro clásico, pero ninguno acertaba en la proporción feliz, con la fórmula mágica que lo hiciera saltar del todo e instalara sobre sus ruinas el nuevo alcázar del teatro nacional. El milagro estaba reservado al genio de Lope de Vega, después que le fueron mostrados por los demás los callejones sin salida que enseñaban una lección en cada nuevo fracaso. El "grupo valenciano", educado en las excelencias de un humanismo culto que florecía espléndidamente en su Universidad, no podía pensar aún en romper el vaso sagrado del clasicismo, y sólo trató de hacerlo viable acrecentando los "grados" de la carga que en él vertía. Esto, y el hecho de ser tan crecido el número de escritores que lo compone, hace más visible los efectos. Tan sólo el ágil ingenio de Timoneda ensayó sus tiros por más diversos ángulos.

Veamos ahora los principales dramaturgos de este grupo.

Cristóbal de Virués (1550-1609), estudiado ya como épico por su poema *El Monserrate*, cultivó la tragedia heroica en su *Elisa Dido*, "escrita toda —dice el propio autor— por el estilo de griegos y latinos, con cuidado y estudio". El cauce clásico queda, pues, señalado. Incapaz luego de comunicar a su obra la grandeza trágica necesaria dentro de las tres unidades, que guarda fielmente, y con los recursos escénicos que sus modelos le brindaban —coro incluido— recurre a la multiplicación de incidentes catastróficos y a las violencias efectistas. En estos ingredientes pensaba, sin duda alguna, cuando en el prólogo de sus obras alude a las exigencias "de la moderna costumbre", con las que cree haber cumplido prudentemente, toda vez que sus recursos dramáticos "parece que llegan al punto de lo que en las obras de teatro de nuestros tiempos se debería usar". En el quehacer teatral de Virués existe, a no dudarlo, plena conciencia del camino que pretendía seguir, y no mero influjo del medio ambiente local; sí, en cambio, y muy claro, de la circunstancia escénica del momento, según se deduce inequívocamente del proceso seguido en su producción. Aunque *Elisa Dido* ocupa el último lugar en la edición de sus obras, los estudiosos de su teatro están de acuerdo en admitir que debió de ser aquélla la primera que compuso. Ahora bien: la estricta imitación clásica desciende progresivamente en cada una de sus piezas dramáticas; los coros utilizados en *Elisa Dido* ya no vuelven a aparecer; la deuda con los trágicos griegos cede el lugar a la imitación del teatro senequista, y con ello la también progresiva acumulación de horrores, crímenes y violencias sangrientas; se complica la acción con episodios y personajes secundarios; y acaba incluso por dar entrada a los elementos cómicos. Virués se nos presenta así como un caso representativo del problema que definíamos arriba: intuía perfectamente las exigencias del gusto popular y se encaminaba hacia su captura (no importa que en el fondo de su cultura humanística le despreciase), agrietando el molde clásico en la medida que permitía su audacia innovadora, nada escasa, y sobre todo sirviéndose de lo que pensaba que era el anzuelo más tentador: la complicación de la peripecia argumental y la intensificación de ingredientes violentos. Equivocándose en todas las medidas —puesto que no consentía mayores aciertos su discreta personalidad dramática— apuntaba inequívocamente hacia la meta que había de conquistar Lope de Vega. En buena parte recorrió el mismo camino de Juan de la Cueva, menos truculento, y si éste goza de superior estima como precursor del Fénix, débese sobre todo al mayor aprovechamiento del tema heroico-nacional y a que sus obras precedieron, según parece, a las creaciones de Virués. Las otras obras incluidas en la edición, ya tardía, de 1609, cuando constituían un flagrante anacronismo, son: *La Gran Semíramis*, en que da ya de lado a las unidades, según expresa declaración del autor en el prólogo de la tragedia; *La cruel Casandra*, donde las truculencias y complicación de acciones llegan al colmo; *Atila furioso*, en la que el moderado respeto por la ambientación histórica de las obras anteriores cede el paso a la más fantástica novelería; y *La infelice Marcela*, remanso final en la carrera de Virués, mucho menos sangrienta que todas las anteriores, de corte también más popular, más bien comedia de aventuras que auténtica tragedia [11].

De Rey de Artieda (1544-1613), autor de varias piezas dramáticas de las que sólo nos ha llegado el título (*El príncipe vicioso, Amadís de Gaula y Los encantos de Merlín*), conservamos únicamente la tragedia *Los amantes*, sobre el mismo tema que, con el nombre de *Los amantes de Teruel*, tenían que tratar posteriormente Tirso de Molina, Pérez de Montalbán y Hartzenbusch. Artieda respeta casi estrictamente las unidades clásicas, y, siguiendo igualmente los cánones antiguos, hurta a la vista del público los momentos culminantes de la tragedia, sustituyéndolos por un relato; necesidad, también, impuesta por las exigencias técnicas a que se sometía. Su aproximación al gusto popular, que estaba ya en el aire de la época, se realiza ahora nuevamente por la elección de un tema nacional, difundido en crónicas y romances. El mismo camino, en una palabra, seguido por varios de los escritores mencionados. Artieda, pues, sigue respetando el molde técnico y la sobriedad de elementos dramáticos, pero adivina ya perfectamente que sólo un motivo popular, desarrollado dentro de un mundo comprendido y amado por el espectador, puede excitar su curiosidad. Estamos, por tanto, frente a una de las proporciones de la anhelada fórmula, que sigue equivocando las medidas justas [12]. Añadamos, como especial mérito de Artieda, que su tragedia *Los Amantes* fue muy probablemente escrita antes que las obras de Juan de la Cueva de parecido tema nacional.

Por ser evidentemente de importancia menor, no nos detendremos en el estudio de otros autores del "grupo valenciano", como el canónigo Francisco Agustín Tárrega, Gaspar de Aguilar y Carlos Boyl. Una consideración minuciosa de sus obras conservadas nos permitiría ver las tentativas realizadas para aprovechar igualmente asuntos de la tradición nacional, hechos notables

---

[11] Edición de E. Juliá Martínez, en *Poetas dramáticos valencianos*, vol. I, Madrid, 1929 ("Biblioteca Selecta de Clásicos Españoles" de la Real Academia Española). Cfr.: F. Rodríguez Marín, "Cristóbal de Virués", en *Boletín de la Real Academia Española*, IX, 1922, págs. 103-104. Cecilia Vennard Sargent, "A Study of the Dramatic Works of Cristóbal de Virués", Hispanic Institute, Nueva York, 1930. W. C. Atkinson, "Séneca, Virués, Lope de Vega", en *Homenatje a Antoni Rubió y Lluch*, vol. I, Barcelona, 1936, págs. 111-131.

[12] Edición de E. Juliá Martínez, en *Poetas dramáticos valencianos*, citada, vol. I. Cfr.: E. Juliá Martínez, "Nuevos datos sobre Micer Andrés Rey de Artieda", en *Boletín de la Real Academia Española*, XX, 1933, págs. 667-686. Emilio Cotarelo, "Sobre el origen y desarrollo de la leyenda de 'Los Amantes de Teruel'", en *Revista de Archivos, Bibliotecas y Museos*, Madrid, VIII, 1903, págs. 347-377. J. G. Fucilla, "Una scena in Los Amantes di Rey de Artieda e un sonetto petrarchesco", en *Quaderni Ibero-Americani*, Turín, III, 1951, núm. II, pág. 100.

de la historia más o menos próxima, vidas de santos locales, familiares al espectador, y buena porción de costumbrismo; todo lo cual se aderezaba con tramas accesorias de índole novelesca, al modo que la comedia italiana había difundido [13].

Los elementos fundamentales que habían de informar el teatro nacional quedaban ya, en esencia, descubiertos, y estaban sólo a la espera del genio que acertara a fundirlos en las proporciones necesarias. Pero antes de enfrentarnos con él, hemos de ver aún a los cultivadores más afortunados —en esta etapa prelopista— de los dos componentes básicos de la futura dramática: Lope de Rueda con su teatro popular y Juan de la Cueva cultivador del tema épico-histórico.

LOPE DE RUEDA. EL TEATRO POPULAR Y LOS TEMAS ITALIANOS

De Lope de Rueda, cuya persona y producción han sido siempre estimadas como jalones esenciales en la historia de nuestro teatro, se tienen escasas noticias seguras. Nació en Sevilla, hacia 1510, y fue de oficio "batihoja" o batidor de panes de oro. Debió de ver en su mocedad alguna de las compañías teatrales italianas que andaban por el país y con ello nació su vocación dramática. Formó una compañía propia y con ella recorrió España representando las piezas que él mismo componía. En los años 1551 y 1552 estaba en calidad de cómico a sueldo del Ayuntamiento de Valladolid. En 1554 el conde de Benavente le contrató para que amenizara las fiestas que daba en honor del príncipe Felipe, de paso por su ciudad camino de Inglaterra. En 1559 representaba en Sevilla durante las fiestas de Corpus y dos años más tarde en Toledo con ocasión de la misma festividad. Cervantes y el famoso secretario Antonio Pérez recordaban haberlo visto actuar, probablemente en Madrid. Vivió algún tiempo en Valencia, donde hizo amistad con Timoneda, editor más tarde de sus obras. Casó Rueda dos veces: la primera con la actriz Mariana, mujer de gran ingenio y hermosura, que había entretenido con sus donaires la enfermedad y vejez del tercer duque de Medinaceli; y la segunda con la valenciana Ángela Rafaela, a quien nombró heredera de sus bienes al morir en Córdoba en 1565 [14].

---

[13] Edición citada de E. Juliá Martínez, *Poetas dramáticos valencianos*; las obras de Tárrega en el vol. I; las de Aguilar y las de Boyl en el vol. II, Madrid, 1929.

[14] Cfr.: M. Ferrer Izquierdo, *Lope de Rueda. Estudio histórico-crítico de la vida de este autor*, Madrid, 1899. R. Ramírez de Arellano, "Lope de Rueda y su testamento", en *Revista Española de Literatura, Historia y Artes*, I, 1901. Narciso Alonso Cortés, "Lope de Rueda en Valladolid", en *Miscelánea Vallisoletana*, 5.ª serie, Valladolid, 1930, págs. 27-63. Francisco Carreres y de Calatayud, "Lope de Rueda y Valencia", en *Anales del Centro de Cultura Valenciana*, VII, 1946, págs. 128-138. Ismael García Rámila, "Una incógnita estancia del gran Lope de Rueda en la ciudad de Burgos", en *Boletín de la Real Academia Española*, XXXI, 1951, págs. 121-125.

Lope de Rueda tuvo la excepcional fortuna de merecer un generoso elogio de Cervantes, que éste escribió en el prólogo de sus propias comedias, y que es necesario reproducir porque ha de mostrarnos mucho de la personalidad del batihoja: "...Los días pasados me hallé en una conversación de amigos, donde se trató de comedias y de las cosas a ellas concernientes, y de tal manera las subtilizaron y atildaron, que, a mi parecer, vinieron a quedar en punto de toda perfección. Tratóse también de quién fue el primero que en España las sacó de mantillas y las puso en toldo, y vistió de gala y apariencia; yo, como el más viejo que allí estaba, dixe que me acordava de aver visto representar al gran Lope de Rueda, varón insigne en la representación y en el entendimiento. Fue natural de Sevilla, y de oficio batihoja, que quiere dezir de los que hacen panes de oro; fue admirable en la poesía pastoril, y en este modo, ni entonces ni después acá ninguno le ha llevado ventaja; y aunque, por ser muchacho yo entonces, no podía hazer juyzio firme de la bondad de sus versos, por algunos que me quedaron en la memoria, vistos agora en la edad madura que tengo, hallo ser verdad lo que he dicho... Las comedias eran unos coloquios como églogas entre dos o tres pastores y alguna pastora; adereçávanlas y dilatávanlas con dos o tres entremeses, ya de negra, ya de rufián, ya de bobo y ya de vizcaíno; que todas estas quatro figuras y otras muchas hazía el tal Lope con la mayor excelencia y propiedad que pudiera imaginarse... Murió Lope de Rueda, y por hombre excelente y famoso le enterraron en la iglesia mayor de Córdoba (donde murió), entre los dos coros, donde también está enterrado aquel famoso loco Luys López".[15]

Timoneda editó tres volúmenes de las obras de Rueda; el primero, que contenía cuatro "comedias", dos "coloquios pastoriles" y un "diálogo", apareció en 1567; los otros dos, bajo el nombre de *El Deleitoso* y *Registro de Representantes* vieron la luz en 1570, conteniendo los "pasos" y "entremeses". Las obras de Rueda pudieron ser bastantes más. Las que se conservan, reunidas en la edición de la Academia de 1908, son las siguientes: cinco comedias (en prosa: *Eufemia, Armelina, Los engañados* y *Medora;* en verso: *Discordia y Cuestión de Amor*); tres coloquios pastoriles (en prosa: *Camila* y *Tymbria;* en verso: *Prendas de amor*); diez pasos todos en prosa (*Los criados, La Carátula, Cornudo y contento, El convidado, La tierra de Jauja, Pagar y no pagar, Las aceitunas, El rufián cobarde, La generosa paliza* y *Los lacayos ladrones*); un diálogo (*Diálogo sobre la invención de las calzas,* en verso); y un auto (*Auto de Naval y Abigaíl*), aparte algunas obras de dudosa atribución [16].

---

[15] "Prólogo" de sus *Ocho comedias y ocho entremeses nuevos nunca representados,* ed. Francisco Ynduráin, en *Biblioteca de Autores Españoles,* vol. 156, Madrid, 1962, página LXXXIII.

[16] *Obras de Lope de Rueda,* edición de Emilio Cotarelo, en "Biblioteca Selecta de Clásicos Españoles", de la Real Academia Española, 2 vols., Madrid, 1908. Otras ediciones: *Registro de representantes,* edición de Bonilla y San Martín, Madrid, 1917. *Teatro,* ed. de J. Moreno Villa, en "Clásicos Castellanos", Madrid, 1924. Cfr.: Emilio

Las comedias de Rueda representan el triunfo de la influencia italiana en el teatro español de la época. Rueda tomó de comedias italianas temas y procedimientos para las suyas, siguiéndolas a veces muy de cerca y sin preocuparse demasiado, por lo demás, de escoger asuntos muy variados. La mayoría de sus comedias consisten en lances novelescos basados en el parecido de personajes, reconocimiento de familiares, calumnias que se descubren al final. Rueda trataba simplemente de encadenar el interés del espectador con el enredo de la fábula, y el teatro italiano de su tiempo era el mejor filón para proveerse. Su comedia *Eufemia* tiene estrecho contacto con un cuento de Boccaccio (novena novela de la jornada segunda del *Decamerón*), fuente aprovechada también por Timoneda para su "patraña" 15, por Shakespeare en su *Cimbelino* y por otros escritores menores. Pero sus otras comedias se enlazan íntimamente con sendas piezas italianas; así, *Armelina* con *Il servigiale* de Juan María Cechi y *L'Altilia* de Antón Francisco Rainieri; *Medora* con *La Cingana* de Luis Arthemio Giancarli, de la que toma incluso detalles del diálogo; a la comedia *de los Engañados* pueden asignársele con probabilidad dos modelos del mismo título: una comedia de Cechi y otra anónima, inspiradas a su vez en el tema tratado por Plauto en sus *Menechmos* y después por Shakespeare en su *Comedia de las equivocaciones*[17].

Pero ni siquiera los argumentos, bastante parecidos en el fondo, le importaban a Rueda con exceso. La malla argumental de sus comedias, por lo común incoherentes y deshilvanadas, es un mero pretexto para intercalar diversas escenas sueltas, ajenas al hilo principal, en las cuales reside precisamente todo el valor y la importancia de su teatro. Estas escenas son los llamados "pasos", varios de los cuales fueron editados, según vimos, como entidades separadas, pero de los que puede reunirse un número mucho mayor desprendiéndolos de las comedias[18]. El "paso", en sustancia, es una breve anécdota, cómica o sa-

---

Cotarelo, *Lope de Rueda y el teatro español de su tiempo*, Madrid, 1898. J. Sánchez Arjona, *El teatro en Sevilla en los siglos XVI y XVII*, Madrid, 1887. Del mismo, *Noticias referentes a los anales del teatro en Sevilla, desde Lope de Rueda hasta fines del siglo XVII*, Sevilla, 1898. S. Salazar, *Lope de Rueda y su teatro*, Santiago de Cuba, 1911. C. López Martínez, *Teatros y comediantes sevillanos del siglo XVI*, Sevilla, 1940. J. Warshaw, "The Popular *Riña* in Lope de Rueda", en *Modern Language Notes*, LI, 1936, págs. 363-369. R. C. Stephenson, "A Note on Lope de Rueda's *Paso Sexto*", en *Hispanic Review*, VI, 1938, págs. 265-268. E. Veres d'Ocón, "Juegos idiomáticos en las obras de Lope de Rueda", en *Revista de Filología Española*, XXXIV, 1950, págs. 195-237. P. Russel-Gebbett, "Valencian in the Sixth *Paso* of Lope de Rueda's *Deleitoso*", en *Hispanic Review*, XXI, 1953, págs. 215-218.

[17] Para el detalle de estas influencias, cuya mayor o menor intensidad es también materia de discusión, véase el capítulo V del prólogo de Cotarelo en su edición citada, págs. LV-LXXVII, particularmente las notas. Cf. además: L. Stiefel, "Lope de Rueda und das italienische Lustspiel", en *Zeitschrift für romanische Philologie*, XV, 1901.

[18] No sabemos si la práctica de desglosar los "pasos" de las comedias para representarlos como entidades autónomas fue ideada por el propio Rueda o sugerida por su editor Timoneda; probablemente fue intuida por el instinto del autor. En todo caso, es

tírico-burlesca, de trama muy sencilla, con intervención de personajes grotescos o bufos del pueblo bajo —recordemos aquellos papeles de "negra", "rufián", "bobo" o "vizcaíno" de que habla Cervantes— propicios al empleo de toda suerte de gracias y picardías [19].

También para los "pasos" se sirve a veces Rueda de argumentos no originales; así, por ejemplo, en el más famoso de todos llamado *de las aceitunas* (una muchacha, Mencigüela, sufre la ira de sus padres que disputan sobre el precio de unas aceitunas, cuyos árboles aún han de plantar), versión del "cuento de la lechera", de remoto abolengo oriental, utilizado por don Juan Manuel en su "exemplo de dona Truhana"; o en *Cornudo y contento,* también inspirado en un cuento de Boccaccio. De todos modos, aunque la originalidad de Rueda es en esta parte de su obra muchísimo mayor, no hay que buscarla tampoco en sus asuntos, "sino en el arte del diálogo, que es un tesoro de dicción popular, pintoresca y sazonada... Es lo que admiró, y en parte imitó, Cervantes, no sólo en sus entremeses, sino en la parte picaresca de sus novelas. Lope de Rueda, con verdadero instinto de hombre de teatro y de observador realista, transportó a las tablas el tipo de la prosa de *La Celestina,* aligerándole mucho de su opulenta frondosidad, haciéndole más rápido e incisivo, con toda la diferencia que va del libro a la escena" [20].

En estos pasos emplea Rueda el habla de la calle, sin ningún género de elaboración literaria, incorrecta frecuentemente, con toda su sencillez y rudeza realista. Pero esto en cuanto a la palabra; pues los personajes, más que realistas en su recto sentido, son por lo común caricaturas abultadas, tipos cómicos de rasgos exagerados con los que trata Rueda de provocar la risa del espectador; no la sonrisa irónica, sino la franca y ruda carcajada. Esta preocupación por el efecto cómico es capital en los "pasos" del batihoja, y sólo por ella se puede comprender lo más esencial de éstos. Se dice siempre,

---

el segundo quien nos ha legado el testimonio. Al final de los coloquios pastoriles, Timoneda agregó una "Tabla de los pasos graciosos que se pueden sacar de las presentes comedias y colloquios y poner en otras obras" (*Obras de Lope de Rueda,* ed. Cotarelo, cit., tomo II, págs. 137-138), y en ella hace mención de catorce "pasos" que, como se ve, aunque incrustados como partes de obras mayores, podían gozar de absoluta autonomía dramática. Por el contrario, en la portada de *El Deleitoso* (ed. Cotarelo, tomo II, pág. 143), anuncia que "se contienen muchos passos graciosos del excellente Poeta y gracioso representante Lope de Rueda, para poner en principios y entre medios de Colloquios y Comedias". La independencia de los "pasos" y su evidente importancia quedaban registradas sin posible equívoco.

[19] Sobre el origen y desarrollo de este género teatral, cfr.: William Shapper Jack, *The early 'entremés' in Spain: the Rise of a Dramatic Form,* Filadelfia, 1923. William S. Hendrix, *Some Native Comic Types in the Early Spanish Drama,* Columbus, 1925. J. P. W. Crawford, "The Braggart Soldier and the Rufián in the Spanish Drama of the Sixteenth Century", en *The Romanic Review,* II, 1911, págs. 186-208.

[20] M. Menéndez y Pelayo, "Tres comedias de Alonso de la Vega", reproducido en *Estudios y discursos de crítica histórica y literaria,* edición nacional, Santander, 1941, vol. II, pág. 388.

un poco instintivamente o por rutina, que Rueda tomaba los tipos y situaciones de sus "pasos" de la vida que veía en derredor; pero la afirmación sólo es exacta en sus líneas más generales, en cuanto que Rueda encajaba aquellas situaciones dentro del marco genérico de las costumbres y lenguaje de su país. Acabamos de ver que algunas de sus piezas proceden de remotas fuentes y, en buena parte, estaban ya incorporadas al acervo folklórico tradicional; después de Rueda, y siguiendo siempre su ejemplo, los entremesistas tomaron sus temas muy frecuentemente de colecciones anecdóticas, de chistes, de cuentecillos jocosos de las más diversas procedencias, repetidamente editados; la tarea del autor dramático consistía en darles movimiento sobre las tablas, acomodando el suceso al ambiente y habla de la época, pero disponiéndolo todo para el efecto cómico final. Así componía Rueda sus "pasos"; si los animó con tipos pintorescos, rústicos o apicarados, no era tanto por pretensiones realistas (tendemos siempre, equivocadamente, a no ver "realismo" sino en el plano bajo y popular) cuanto porque en ellos, a costa de ellos, podía más fácilmente hacer estallar la risa. Pero Rueda, actor y autor, tenía plena conciencia de que estaba realizando un *espectáculo* cómico y divertido y no un *retrato* social. Por esto mismo, los límites humanos de sus personajes no le importan, y puede contorsionarlos y abultarlos, amparado en el privilegio de la comicidad [21].

Rueda hizo triunfar la prosa en el teatro, utilizándola en casi todas sus piezas, y desterrando todo aderezo literario, todo adorno retórico, toda palabrería vana que no sirviera directamente para sostener la acción y sobre todo para provocar la hilaridad. Si todavía en sus comedias queda algún elemento —en la palabra o el contenido— emparentado con el mundo clásico y so-

---

[21] En el interesante estudio de Eugenio Asensio, *Itinerario del entremés desde Lope de Rueda a Quiñones de Benavente. Con cinco entremeses inéditos de D. Francisco de Quevedo*, Madrid, 1965, hallamos las palabras siguientes, que autorizan, y amplían, nuestras conclusiones: "Suele incluirse el entremés, y con justicia, entre los géneros que de cerca describen tipos y costumbres. No cabe, sin embargo, afirmar que constituya un género radicalmente verista, trasegado del natural, una "tajada de vida". Lejos están los tiempos en que don Francisco Rodríguez Marín, para ensalzar la novela de *Rinconete y Cortadillo*, escribía que "todo lo que hay en ella está tomado directamente de la realidad". La crítica actual propende a encomiar primores diferentes: la intensidad de la visión imaginativa, la síntesis de observación y creación. Sólo con infinitas cautelas puede afirmarse que el entremés sea un tipo de teatro realista, archivo de la vida de una época. A pesar de su mayor adherencia al lenguaje cotidiano, de sus personajes vulgares, goza desde su nacimiento de una amplia libertad imaginativa que en los días de Felipe III y IV crece hasta acoger las más desaforadas fantasías. A los hábitos del entremés pertenece la convención por la cual todo lo que halla una adecuada representación escénica posee una ciudadanía artística, basada no en la existencia callejera de los personajes o en la historicidad de los incidentes, sino en su verdad imaginativa reveladora de la condición del hombre. Basta para acercarlo al público e integrarlo en el teatro cómico darle una atmósfera robusta: color local, habla de todos los días. La acción da corporeidad a las más desenfrenadas invenciones" (págs. 32-33).

metido a las convenciones librescoeruditas, en los "pasos" el autor toma exclusivamente situaciones y personajes de su tiempo y de su país, llevándolos a la escena con total despreocupación de toda herencia literaria.

Sería vano tratar de hallar en las obras de Rueda —pasos o comedias— complejidades psicológicas, o problemas intelectuales, o siquiera la intencionada sátira, erasmista o social, que tanta importancia había alcanzado en los escritores de la época precedente. La risa que provoca Rueda es pura comicidad de situación, gracia espontánea y popular, chiste divertido sin ulteriores intenciones.

Todos estos rasgos pueden bastarnos ya para definir la personalidad y el papel de Lope de Rueda en la historia de nuestro teatro. Según todas las probabilidades no era Rueda un hombre de formación intelectual. Su saber era producto de la sola experiencia, y no poseía más conocimientos literarios sobre el arte del teatro que los que había ido obteniendo al correr de su vida de farándula. Y precisamente esta falta de bagaje libresco hizo posibles las audacias de sus innovaciones teatrales. En medio del empacho literario de su tiempo, Rueda era lo suficientemente inculto para no sentirse atenazado por ninguna índole de consideraciones pedantescas; comprendió la eterna verdad de que el teatro —para la inmensa mayoría— era sencillamente un espectáculo, un motivo de diversión, y que la risa era su nervio. Se dedicó al teatro como un oficio que le gustaba y que podía darle para vivir; no ambicionaba gloria literaria ni pensaba que su trabajo le pudiera inmortalizar. Escribió piezas sencillas de enredo novelesco "a la italiana" y chascarrillos escénicos para solazar no sólo a públicos populares —como a veces se dice—, ya que representó ante el rey y la nobleza, en solemnes festividades profanas o religiosas, sino a gentes de toda condición, igualmente sugestionadas por su gracia. Fue, en sustancia, un divertidor público, cuya presencia se solicitaba en cualquier parte siempre que se trataba de preparar algún espectáculo entretenido. Si fuéramos capaces de desprendernos de toda preocupación libresca y erudita y de enfrentarnos con Rueda en toda su realidad, habríamos de admitir que más que un hecho literario era un fenómeno social, un hombre que estaba descubriendo para la sociedad de su tiempo la posibilidad de divertirse en el teatro. Con toda la fresca gracia —que no han perdido, en absoluto, con el tiempo— de sus "pasos", éstos son poco menos que nada sin la participación del cómico que les daba vida; de hecho son el sucinto guión escrito sobre el que se apoyaba la personalísima actuación viva del escritor-autor [22]. De resu-

---

[22] Timoneda en la breve epístola al lector que precede a la edición de *Las dos segundas comedias* de Rueda escribe unas palabras que nos parecen sobrado expresivas para apoyar esta opinión nuestra. Ponderando Timoneda los trabajos que hubo de vencer para dar aquellas comedias a la imprenta, afirma: "El primero fue escrebir cada una dellas dos veces, y escribiéndolas (como su autor no pensase imprimirlas) por hallar algunos descuidos, o gracias, por mejor decir, en poder de simples, negras o lacayos reiterados, tuvo necesidad de quitar lo que estaba dicho dos veces en alguna dellas y

citar en nuestros días, Rueda sería uno de esos innumerables "animadores" —el mejor quizá— que invaden hoy todos los dominios del espectáculo y que —pegados a su micrófono— cantan canciones de moda, cuentan anécdotas intencionadas, esbozan parodias, hacen alusiones a gentes o sucesos recientes, presentan artistas o personajes, y que —indispensables ya en toda fiesta de cualquier estrato social— sostienen su popularidad sobre su gracia y desparpajo personales, sin que el texto de lo que dicen se vaya a recoger en ninguna historia de la literatura.

Con semejante desenfado hizo Rueda por el teatro de su tiempo más que ningún otro escritor: hizo estallar con sus bromas la apelmazada pedantería del teatro de molde clásico y dio el ejemplo incomparable de perderle el respeto. Así señaló inequívocamente uno de los caminos posibles para el arte escénico si quería convertirse en un espectáculo nacional: el camino de la gracia popular y de la vida circundante. No podía pedirse más.

Menéndez y Pelayo en el mismo estudio citado más arriba, escribe: "La importancia histórica de Lope de Rueda en los anales de la comedia española ha sido algo exagerada por haberse tomado al pie de la letra los recuerdos personales de Cervantes, Juan Rufo y Agustín de Rojas, que apenas se remontaban más allá del batihoja sevillano ni conocían a sus precursores. Por otra parte, los méritos del actor, cuyo recuerdo quedó vivo en la generación que fue espectadora de sus farsas, se sumaron con los del poeta, y así llegó la tradición a los historiadores literarios cada vez más abultada y engrandecida por el tiempo y la distancia"[23]. Pero la reserva del gran maestro es significativa. Menéndez y Pelayo examinaba la obra literaria de Rueda con ojos de erudito, y la encontraba corta para su fama. Debió sopesar también aquellas condiciones de actor que poseía Rueda y que quintuplicaban la calidad de su teatro escrito, para ver que su obra más que un producto literario era la "realidad espectacular" a que hemos aludido; Rueda era el "hombre espectáculo" que se servía de la literatura tan sólo como un medio y no como un fin. Precisamente en ese tirón —exagerado, si se quiere— hacia lo popular, hacia el teatro con poca letra pero con la presencia insustituible del actor, que es donde está la verdadera esencia del teatro, radica la profunda significación de Rueda. Para él —en sus "pasos" se entiende— la palabra se convertía en movimiento.

---

poner otros en su lugar" (edición Cotarelo, vol. I, pág. 159). La ausencia de toda preocupación literaria en el batihoja es evidente; no sólo no pensaba en imprimir sus comedias, sino que no le importaban las imperfecciones y las reiteraciones de un mismo chiste o gracia, porque esto que, escrito, hacía resaltar su fallo, podía servir todavía en la representación para acrecentar la comicidad; y hasta puede presumirse que el actor modificaría las palabras según la vena del momento y aun cargaría la mano allí donde sabía que sus gracias eran de efecto seguro. No sabemos en qué medida tuvo que retocar Timoneda los textos de Rueda, pero si le dieron tantos "trabajos", los ajustes y arreglos no serían leves.

[23] *Tres comedias de Alonso de la Vega*, edición citada, pág. 387.

JUAN DE LA CUEVA Y LOS TEMAS NACIONALES

Los temas nacionales tratados también, como hemos visto, por distintos ingenios de la época, adquieren un cultivo más notable en manos de Juan de la Cueva —también, como Rueda, sevillano—, nacido hacia mediados de la centuria. Juan de la Cueva está muy lejos de ser un escritor de primer orden, pero sus aportaciones teatrales contribuyen evidentemente a preparar la sazón del teatro nacional que estaba ya para producirse.

Cueva fue un escritor polifacético. Cultivó la lírica en su juventud —primero en la línea petrarquista, después dentro de un cauce más tradicional al que pertenece su *Coro febeo de romances historiales* publicado en 1587—; vivió algún tiempo en Méjico, y a su regreso se dedicó a la dramática durante varios años; en los últimos de su vida —ya comenzado el nuevo siglo— publicó un poema épico, *Conquista de la Bética,* sobre la conquista de su ciudad natal por San Fernando, y compuso una interesante obra de preceptiva, el *Ejemplar poético,* sobre el arte dramático, cuando llevaba ya precisamente bastante tiempo alejado de la escena.

Como dramaturgo Cueva es un caso más de incertidumbre y titubeos en aquella etapa de transición que intuía las nuevas formas del arte escénico nacional, sin acertar a desprenderse de la herencia clásica; era ya mucho, sin embargo, lo intentado, faltos todos sus cultivadores de la robusta genialidad precisa para romper sin temor por las dos únicas rutas fecundas: el tema nacional y la desenvoltura popular, que tuvo —ésta sí— en Lope de Rueda, un potente impulso. Cueva comenzó inevitablemente por el cultivo del tema clásico, aunque también con una diferencia importante; que no tomó sus asuntos directamente de la dramática que imitaba, sino de otras fuentes que permitían un tratamiento más dinámico y novelesco, con mayor anécdota y hasta animado con aderezos pintorescos, fuesen o no apropiados. Así compuso la *Tragedia de Ayax Telamón,* inspirándose en los novelescos relatos mitológicos de las *Metamorfosis* de Ovidio, y la *Tragedia de la muerte de Virginia* (versión no desacertada de este tema heroico que había de interesar a varios dramaturgos hasta días muy recientes), que, junto con la *Comedia de la libertad de Roma por Mucio Cévola,* tomó de la historia romana de Tito Livio, y también de las *Metamorfosis.*

Pero el mayor interés de Cueva radica en sus producciones de asunto nacional, en cuya elección y tratamiento fue bastante más allá que todos sus contemporáneos, preludiando con bastante aproximación la dramática épico-histórica de Lope. Como éste, era Cueva también un improvisador, pero carecía del genio de aquél para llegar a los resultados que, en cierta manera, parecía entrever. "Tuvo un poderoso instinto de los asuntos dramáticos —escribe Valbuena— pero careció de cualidades dramáticas esenciales. La sima que separa a los dos autores no puede ser más honda. Lope aún en las comedias más superficiales se ve arrastrado por una poderosa corriente de poesía que acierta en los momentos culminantes de la acción y deja huellas geniales en escenas episódicas, en detalles aislados. Cueva carece de la dignidad dramática, de la contención inteligente, del soplo de poeta..." [24].

Con todas estas menguas, y aunque es bastante discutible que Cueva realizase aquella tarea con plena conciencia de su alcance, llevó a la escena asuntos épicos en la *Tragedia de los siete infantes de Lara,* la *Comedia de la libertad de España por Bernardo del Carpio,* y *La muerte del rey don Sancho y reto de Zamora,* y acontecimientos notables de la historia reciente en la *Comedia del saco de Roma* [25]. Así descubrió el tesoro dramático que aguardaba en los romances y en las viejas crónicas, mostrando a Lope la cantera riquísima que éste y sus continuadores habían de explotar con la mayor fortuna. Juan de la Cueva no sabe hacerlo así; por lo que su teatro carece de un valor absoluto y "sólo toma relieve —según dice Icaza— comparándolo con el arte que le precedió y con las formas nuevas a que dio origen" [26]. Pero su importancia como precursor, "como iniciador y en cierto modo el maestro de Lope" [27], según palabras del mismo crítico, no necesita ser subrayada.

Mucho más explícita y concretamente enumera Alfredo Hermenegildo los aspectos del teatro de Juan de la Cueva que importan sobre todo para el proceso de nuestra dramática. "Cueva —dice— intuyó la urgencia de los motivos nuevos e introdujo en su teatro orientaciones de gusto romántico con el quebranto de todo lo establecido... En las obras del sevillano están, por lo menos en germen, todas las características fundamentales del teatro español. Por este motivo, sus tragedias están aún más alejadas del clasicismo que las de Virués; puso en juego una serie de resortes que hicieron saltar la complicada legislación de los preceptistas rígidos... La primera gran aportación de Juan de la Cueva es haber introducido en la escena española personajes históricos muy representativos... estribando aquí el principal mérito de su invención...". Y, finalmente: "Uno de los mayores méritos de Cueva, si no el mayor, ya apuntado antes, es haber llevado al teatro grandes hechos de la historia reciente y las leyendas nacionales. Dio a su escena una particular visión de los hombres y de las cosas, propias de la España de su tiempo. Separó su teatro del rigorismo técnico clasicista para infundirle la vida, los gustos y las exigencias espirituales de su tiempo. Los temas escogidos, fundidos con el idealismo del

---

[24] Ángel Valbuena Prat, *Historia de la literatura española,* 7.ª ed., vol. I, Barcelona, 1964, págs. 789-790.

[25] Ediciones: *Comedias y tragedias de Juan de la Cueva,* ed. y estudio de Francisco A. de Icaza, "Bibliófilos Españoles", Madrid, 1917, 2 vols. Del mismo, *El Infamador, Los siete Infantes de Lara y el Ejemplar Poético,* en "Clásicos Castellanos", Madrid, 1924.

[26] Introducción a la edición citada de "Clásicos Castellanos", pág. 50.

[27] Ídem, íd., pág. 55.

siglo XVI, adquieren unas características especiales, basadas en el sentimiento del honor, el orgullo nacional, la hidalguía caballeresca, la religión, el amor e incluso algún personaje cómico junto a los caracteres más trágicos que pueden imaginarse. Cueva no dudó en mezclar en sus obras el idealismo de su siglo y un realismo, a veces excesivo, en la determinación de pequeñas circunstancias de la vida. No cabe duda que fue una orientación del teatro nuevo el fundir la realidad más pequeña de la tragedia con los mayores motivos trágicos" [28].

Cueva carece de talento para planear dramáticamente los temas épicos, cuyas fuentes se limita muchas veces a parafrasear con torpeza; no acierta tampoco a desprenderse de su erudición e incrusta intempestivamente personajes y motivos clásicos. Pero aunque imperfecto en la realización, fue capital su ejemplo. En su libro *La leyenda de los infantes de Lara*, comentando las innovaciones temáticas de Juan de la Cueva dice Menéndez Pidal: "Una emoción extraña y nunca sentida en el teatro debió de apoderarse de todos los espectadores, cuando se dejó oir aquella voz leal de un leonés que gritaba al rey castellano:

Rey don Sancho, rey don Sancho - no dirás que no te aviso
que del cerco de Zamora - un traidor había salido.

Eran los mismos versos del romance que todos sabían y recitaban desde tiempo inmemorial y que, repetidos ahora aquí, anunciaban una nueva fuente de vida para el teatro cuyo manantial comenzaba a gotear antes de desatarse en copiosos raudales" [29]. El solo hecho de poner directamente ante los ojos del espectador la acción del texto épico, sin recurrir —como en las obras de tipo clásico— a los relatos y referencias, representaba ya en aquellos momentos una conquista teatral de consecuencias incalculables.

Cultivó también Juan de la Cueva la comedia de tipo novelesco: *La constancia de Arcelina*, *El viejo enamorado* y la *Comedia del Infamador*. Esta última ha merecido especial atención porque se ha señalado repetidamente como antecedente de *El Burlador de Sevilla* y, por tanto, del tipo de Don Juan. Icaza lo niega categóricamente: "De una frase aislada de Moratín, a la que cierto vulgarizador mal informado dio una interpretación y alcance que no tenía, salió la arbitraria conseja de que el Leucino del *Infamador* es el modelo primitivo del *Burlador de Sevilla* y del *Don Juan Tenorio*. Años ha que esta infundada invención se viene repitiendo, y amenaza perpetuarse como verdad reconocida; pero es lo cierto que no hay en el *Infamador* un solo rasgo que le asemeje al Don Juan en ninguna de sus formas tradicionales. El mismo nombre de la obra lo dice: Leucino es un difamador, y nada más que un difamador. Es un rico necio y fanfarrón. Imagina que el dinero pone en sus

---

[28] *Los trágicos españoles...*, cit., págs. 285, 287 y 290.

[29] R. Menéndez Pidal, *La leyenda de los Infantes de Lara*, Madrid, 1896, págs. 121-122.

manos las voluntades ajenas, sin excepción alguna, y ni siquiera sabe usar del arma poderosa de sus riquezas. Nada logra si no es el castigo de sus intentos, y no es *Burlador*, sino burlado. Por tanto, lo menos 'donjuanesco posible'. Al antiguo error se ha añadido recientemente el de suponer que en la obra de Cueva se inicia la comedia de capa y espada. El *Infamador* es una farsa mitológica, sin época ni ambiente nacional. Si los glosadores de Moratín hubieran seguido leyendo, aún sin haber leído la obra de Cueva, habrían visto que, como el mismo Moratín dice, 'la pieza es toda mitológica, interviniendo en ella Némesis, el dios del sueño, el río Betis, Diana y Venus', personajes a quienes difícilmente habría asignado Cueva ya la capa o ya la espada, como no fuera en grotesca parodia" [30].

Valbuena, en cambio, tan buen conocedor de nuestro teatro, estima que los argumentos de Icaza son "demasiado estrechos", y admite ciertos rasgos de semejanza, a pesar incluso de sus engastes clasicistas: "Especialmente —dice— tiene relación con el motivo del *Convidado de piedra*, la lucha del personaje con los poderes sobrenaturales, la intervención de las divinidades en el castigo del difamador. Como Cueva está aun en una línea dramática de influjo grecolatino, en vez de la estatua de don Gonzalo de Ulloa, caballero cristiano, actuará la figura de Némesis, diosa de la venganza" [31]. Y en nota al pie: "Icaza niega el ambiente 'de capa y espada' teniendo en cuenta los personajes mitológicos que intervienen, pero la época, aun en estos casos, daba un color costumbrista al desarrollo del tema, como en las comedias mitológicas de Lope y de Calderón, sin ningún sentido de parodia" [32].

En el *Ejemplar poético*, más de un cuarto de siglo posterior a la redacción de sus "comedias y tragedias" —según recuerda Icaza—, trazó Juan de la Cueva a modo de una preceptiva literaria (consta de tres epístolas: la primera se ocupa del poeta, la segunda de los versos, la tercera de los géneros), interesante sobre todo por lo que dice del teatro. Anticipándose al *Arte Nuevo* de Lope, escribe Cueva una defensa del teatro español de su tiempo —tal como el Fénix lo había hecho ya triunfar—, ponderando la amplitud de sus artificios, lo nacional de sus asuntos, su independencia de las unidades clásicas, la abundancia, libertad, novedad y belleza de sus enredos, la gracia de sus burlas y la diversidad de sus temas. Olvidándose un tanto de lo que había creado él mismo casi treinta años atrás y seducido por lo que veía entonces en la escena, se atribuye amplias intenciones e innovaciones que no le pertenecen. Cueva debía de admirar en Lope —con la secreta envidia del precursor frustrado— aquellas realizaciones que él había entrevisto, pero que sólo en pequeña parte fue capaz de plasmar. Sus teorías van más allá de su propia

---

[30] Introducción a la edición citada de "Clásicos Castellanos", págs. 48-49.
[31] Valbuena Prat, obra citada, págs. 791-792.
[32] Ídem, íd., pág. 791. Cfr.: J. E. Gillet, "Cueva's *Comedia del Infamador* and the Don Juan Legend", en *Modern Language Notes*, XXXVII, 1922, págs. 206-212.

obra, pero creemos que no sería justo decir que porque hubiese variado de opinión, sino porque su fuerza creadora había sido escasa para seguirle en sus propósitos. Cuando vio, en cambio, logrado por mano ajena lo que él hubiera deseado hacer, tuvo a lo menos la sinceridad de ponderar el valor de aquellas comedias que:

> *En sucesos de historia son famosas,*
> *en monásticas vidas ecelentes,*
> *en afectos de amor maravillosas* [33].

El precedente comentario sobre la obra de Juan de la Cueva, en el sentido que creemos justo, debe completarse con la enunciación de algunos problemas planteados por la crítica en torno al significado de este autor. En 1935 Marcel Bataillon, en unas breves pero muy sugerentes notas [34], puso en duda la tradicional valoración comúnmente atribuida a la obra dramática de Cueva. Tomando pie en el silencio casi absoluto de sus contemporáneos —hay que exceptuar la sola mención, levísima, de Agustín de Rojas en su *Viaje entretenido*— y muy especialmente el de Lope, deduce Bataillon que las supuestas innovaciones del sevillano en el teatro de tema nacional no produjeron efecto alguno en aquéllos, porque la obra de Cueva era probablemente una manifestación más dentro de lo que estaba ya convirtiéndose en una general tendencia, favorecida por la creciente boga del *Romancero* desde 1550. Lo que sucede, piensa Bataillon, es que en medio del casi total naufragio de la producción dramática del último tercio del XVI —recuérdense, por ejemplo, las *infinitas tragedias* de Juan de Mal Lara, de que habla el propio Cueva, perdidas sin dejar rastro— se salvó tan sólo la obra de Cueva por haber sido prácticamente el único que la dio entonces a la estampa; no sería, pues, su valor intrínseco ni, consecuentemente, la significación que alcanzó en el teatro de su época, apenas conocido hoy en vestigios fragmentarios, sino la circunstancia material de su excepcional supervivencia la que ha llevado a los historiadores de la literatura a concederle el puesto de que goza; un prestigio, por tanto, sólo relativo, dado que la obra dramática de Cueva permite rellenar, a falta de otros nombres, una laguna irremediable.

En respuesta a las páginas de Bataillon, Edwin S. Morby publicó en 1940 otras "Notas sobre Juan de la Cueva" [35], en las que se pregunta si el teatro del sevillano no sale ganando realmente si lo consideramos como *típico* y no como *excepcional*. Morby subraya la importancia de las opiniones críticas de

---

[33] *Ejemplar Poético*, edición Icaza, citada, pág. 242.
[34] Marcel Bataillon, "Simples réflexions sur Juan de la Cueva", en *Bulletin Hispanique*, XXXVII, 1935, págs. 329-336; reproducido, en versión española, en *Varia lección de clásicos españoles*, Madrid, 1964, págs. 206-213.
[35] Edwin S. Morby, "Notes on Juan de la Cueva: Versification and Dramatic Theory", en *Hispanic Review*, VIII, 1940, págs. 213-218.

Cueva, que no se limitan al *Ejemplar poético,* sino que están esparcidas también por todos sus escritos anteriores y que afectan no sólo a la interpretación de sus propias *Comedias y tragedias,* sino a la historia de toda la crítica española. En el prólogo de la primera edición de su teatro —1583, no 1588 como repiten erróneamente algunos estudiosos—, en su poema alegórico *Viaje de Samio,* de 1585, en su *Coro febeo,* impreso en 1587, Cueva defiende el nuevo teatro español que ha roto con las reglas tradicionales, de modo que la tragedia y la comedia ya no se diferencian; y en una composición de su segundo *Coro febeo,* inédito, presenta su propio teatro como una innovación personal y se duele de que sus aportaciones no hayan sido reconocidas ni aun por aquellos

> ...*que las imitan*
> *y siguen sus propios pasos*
> *y, aprovechándose dellas,*
> *son a su invención ingratos* [36].

Ello no empece, sin embargo, para que en otros momentos repita los preceptos clásicos, en curiosa contradicción, que no sólo se encuentra en el *Ejemplar poético* sino hasta en su obra más temprana. "Cueva —resume Morby— fue realmente un microcosmos de la lucha española entre Antiguos y Modernos, no sólo en el *Ejemplar,* sino a través de toda su carrera de la cual el *Ejemplar* no es sino la última manifestación" [37].

Bastantes años más tarde Bruce Wardropper vuelve sobre el teatro de Juan de la Cueva [38], tratando de encontrar el mérito intrínseco de sus dramas, más allá de la mera innovación; y ciñéndose en especial a la *Comedia del rey don Sancho y reto de Zamora* subraya la eficacia de su técnica dramática y el hecho de que bosqueja una concepción nacional del teatro histórico. Por su manera de servirse del *Romancero* y de los temas populares, Wardropper señala el esfuerzo de Cueva por conciliar humanismo y romancismo, y en esta convergencia de dos tendencias, la clásica y la popular, debe verse "un drama perfectamente integral y representativo del pleno Renacimiento español" [39].

---

[36] Cit. por Morby, de un manuscrito existente en la Biblioteca Nacional de Madrid, en ídem, íd., pág. 218.

[37] Ídem, íd., pág. 218.

[38] Bruce W. Wardropper, "Juan de la Cueva y el drama histórico", en *Nueva Revista de Filología Hispánica,* IX, 1955, págs. 149-156.

[39] Ídem, íd., pág. 156. Cfr. además: F. Wulff, "De las *Rimas* de Juan de la Cueva. Primera parte", en *Homenaje a Menéndez Pelayo,* II, Madrid, 1899, págs. 143-148. E. Walberg, *Juan de la Cueva et son "Exemplar Poético",* Anales de la Universidad de Lund, Suecia, 1904. F. A. de Icaza, "Juan de la Cueva", en *Boletín de la Real Academia Española,* IV, 1917, págs. 469-483 y 612-626. Del mismo, *Sucesos reales que parecen imaginados, de Gutierre de Cetina, Juan de la Cueva y Mateo Alemán,* Madrid, 1919. J. P. W. Crawford, "A Sixteenth Century Spanish Analogue of *Measure for measure*", en *Modern Language Notes,* XXXV, 1920, págs. 300-334 (sobre la *Comedia del degollado*). Del

En resumen, creemos que los tres trabajos mencionados no se excluyen ni neutralizan. Bataillon apunta muy bien a la realidad de un período teatral muy imperfectamente conocido y sólo en pequeños trechos explorado, que exige por el momento restringir muy cautamente las conclusiones. El problemático equilibrio que encuentra Wardropper en el teatro de Juan de la Cueva no niega por otra parte la existencia de la enorme tensión, descrita por Morby, que sólo habría de resolverse con la desgarrada aceptación de lo popular genialmente lograda por Lope de Vega. En este proceso, Cueva, a la vez que es un representante típico de su momento histórico, anticipa, en la medida que permitía su talento, la senda del futuro.

TEATRO RELIGIOSO

El panorama de la dramática anterior a Lope de Vega queda completo con el teatro religioso, que sigue cultivándose en esta época continuando sus directrices tradicionales; aunque más que de su cultivo debiera hablarse en este período del solo hecho —aunque frecuentísimo— de su representación, a base casi siempre de antiguos textos más o menos modificados. Por otra parte apenas encontramos en éste campo autor o tendencia alguna que suponga avances fundamentales sobre el teatro religioso de las épocas anteriores. Más bien, por el contrario, asistimos al agotamiento de muchos de sus temas, exprimidos en siglos de cultivo, y que tan sólo encontrarán su remozamiento, bajo formas nuevas, en mano de los grandes autores del teatro nacional.

La manifestación más representativa de este teatro religioso puede encontrarse en el llamado *Códice de Autos Viejos*, del que ya tratamos al ocuparnos de la dramática de la primera mitad del siglo XVI. Aunque en el estado actual de los estudios sobre esta importante colección es muy aventurado cualquier propósito de precisión cronológica, parece seguro que varias, al menos, de estas piezas fueron compuestas o rehechas durante el período que nos ocupa. Por otra parte, la actividad, ya mencionada, de Timoneda en el teatro religioso, así como la producción de otros dramaturgos que veremos en las páginas siguientes, acreditan igualmente la vigencia de esta dramática bajo formas

---

mismo, "The 1603 Edition of Juan de la Cueva's *Comedia del saco de Roma*", en *Modern Language Notes*, XLIV, 1929, pág. 389. A. Hämel, "Juan de la Cueva und die Erstausgabe seiner *Comedias y Tragedias*", en *Zeitschrift für romanische Philologie*, XLIII, 1923, págs. 134-153. Del mismo, "Sobre la primera edición de las obras dramáticas de Juan de la Cueva", en *Revista de Filología Española*, X, 1923, págs. 182-183. Camillo Guerrieri Crocetti, *Juan de la Cueva e le origini del teatro nazionale spagnuolo*, Turín, 1936. Edwin S. Morby, "The Influence of Senecan Tragedy in the Plays of Juan de la Cueva", en *Studies in Philology*, Chapel Hill, XXXIV, 1937, págs. 383-391. L. L. Barrett, "The Supernatural in Juan de la Cueva's *Homer*", en *Studies in Philology*, XXXVI, 1939, págs. 147-168. H. Capote, "La epístola de Juan de la Cueva", en *Anuario de Estudios Americanos*, Sevilla, IX, 1952, págs. 597-616. N. D. Shergold, "Juan de la Cueva and the Early Theatres of Sevilla", en *Bulletin of Hispanic Studies*, XXXII, 1955, págs. 1-7.

muy variadas. De todas ellas, la que muestra ya en estas décadas mayor grado de fermentación es la que ha de desembocar en el "auto sacramental" de la época barroca. Con el propósito de resumir más adecuadamente el proceso, sinuoso y complejo, de este género, reservamos la exposición de conjunto para el momento de su plenitud en los días de Calderón [40].

LA "DANZA DE LA MUERTE" EN EL TEATRO

El viejo tema de la "danza de la muerte", tan difundido en todas las literaturas de la Europa medieval, y del que vimos una notable muestra, en forma poemática, en la literatura satírica de nuestro siglo XV, llega al teatro en la plenitud del siglo XVI en distintas versiones. En todas ellas se combinan motivos de ascetismo religioso con aceradas intenciones de crítica social y también, en bastantes casos, de sátira antieclesiástica.

La más literal versión del poema del siglo XV es la *Farsa llamada Danza de la Muerte* ("En que se declara cómo a todos los mortales, desde el papa hasta el que no tiene capa, la muerte hace en este mísero suelo ser iguales y a nadie perdona"), escrita por el tundidor segoviano Juan de Pedraza, en estrofas de arte mayor. La obra, dinámica y ceñida (puesto que consta de sólo diez breves escenas y una loa), de tono eminentemente popular, presenta cuatro personajes: un papa, un rey, una dama y un pastor, todos los cuales son sorprendidos por la Muerte que da razón de su implacable actividad [41].

Una versión igualmente sencilla se debe al áspero ingenio del clérigo extremeño Diego Sánchez de Badajoz, cuya variada producción dramática corresponde todavía a los días del Emperador, pero que siendo posterior a la obra de Gil Vicente, encaja en el período prelopista que hemos delimitado. Badajoz escribió alegorías, "moralidades" y farsas de índole costumbrista, de tema bíblico o de intención satírica, tales como la *farsa de Tamar*, la *del rey David*, la *del Santísimo Sacramento*, la *de la hechicera*, la *del matrimonio*, la *del colmenero*, la *farsa militar*, la *del molinero*, la *de la Fortuna* y la *farsa de la Muerte*, que aquí más concretamente nos interesa. Toda esta producción, que suma treinta y ocho piezas, fue reunida, muerto su autor, y publicada en Sevilla en 1554 con el título de *Recopilación en metro* [42]. Américo Castro ha puntualizado especialmente la mordaz sátira antieclesiástica que asoma en muchas de las páginas de este escritor y que le emparenta estrechamente con las tendencias erasmistas de aquel momento, aunque en las obras de Badajoz

---

[40] Véase vol. II, cap. XII, "Calderón de la Barca".
[41] Edición Eduardo González Pedroso, en *Biblioteca de Autores Españoles*, volumen LVIII, Madrid, nueva ed., 1952. Cfr. A. Bonilla y San Martín, "Cinco obras dramáticas anteriores a Lope de Vega", en *Revue Hispanique*, XXVII, 1912, págs. 390-497.
[42] Edición V. Barrantes, en "Libros de Antaño", vol. XI y XII, Madrid, 1882-1886. Cfr.: J. López Prudencio, *El Bachiller Diego Sánchez de Badajoz*, Madrid, 1915.

tiene sabor muy peculiar y rasgos nacionales[43]. Badajoz maneja un lenguaje rudo, con frecuentes expresiones populares, a veces groseras, y voces arcaicas afines también al mismo léxico popular; todo lo cual armoniza perfectamente con la desenvuelta crudeza de sus sátiras, que —aunque dotadas de alguna mayor complejidad— no andan lejos a veces de los "juegos de escarnio" medievales. La *Farsa de la Muerte*, dedicada por su autor a los canónigos de Badajoz a quienes lanza en el introito una severa reprimenda, consta sólo —aparte de la Muerte— de tres personajes: un pastor, un viejo y un galán. El personaje mejor trazado es el del viejo, hombre de firme fe cristiana, que aunque conoce que la muerte es la puerta de la Gloria, se aferra desesperadamente a la vida hasta que tiene al fin que sucumbir.

En la obra dramática de Sánchez de Badajoz encierran especial importancia las diez piezas, compuestas para la fiesta del Corpus, en que trata el tema de la Eucaristía; su habilidad en el empleo de la técnica alegórica y la acertada dramatización de conceptos abstractos le convierten en uno de los precedentes más sazonados del "auto sacramental" del Barroco, según veremos oportunamente al estudiar la evolución de este género[44]. En conjunto, el teatro de Sánchez de Badajoz, aunque muy próximo todavía por un lado a las formas más elementales de Encina y Lucas Fernández, de quienes toma muchos elementos, representa un notable avance por la mayor complicación dramática, la variedad de los personajes —bíblicos, contemporáneos, personificaciones alegóricas—, la discreción para fundir momentos cómicos con la enseñanza teológica y, sobre todo, por el contenido de sus sátiras, en las cuales puede encontrarse un índice valioso de muchas de las inquietudes sociales y religiosas de su tiempo.

La más interesante y movida "danza" del grupo es el "auto" o "farsa" de *Las Cortes de la Muerte*, de Micael de Carvajal, acabada por Luis Hurtado de Mendoza, que la dedicó a Felipe II[45]. Fue ésta una de las obras más famosas

---

[43] Américo Castro, "Perspectiva de la novela picaresca", en *Semblanzas y estudios españoles*, Princeton, N. J., 1956, págs. 73-92; reproducido en *Hacia Cervantes*, Madrid, 1957, págs. 83-105. Marcel Bataillon no acepta, sin embargo, el carácter erasmista de las sátiras anticlericales de Sánchez de Badajoz, del mismo modo que ha puesto en duda dicho carácter en el teatro de Torres Naharro y de Gil Vicente, particularmente en el primero; "El anticlericalismo de Diego Sánchez de Badajoz —escribe— no suena a cosa distinta del de Torres Naharro y Gil Vicente, aun en caso de admitir que en el monólogo inicial de la *Farsa de la Muerte* haya una reminiscencia del título del *Enchiridion* y una alusión a la pobreza de los prelados de la Iglesia primitiva: el sentimiento que en este pasaje se expresa es la rebelión del pobre contra los canónigos que viven sin trabajar con sus manos, es decir, el sentimiento anticlerical en su forma más popular" (*Erasmo y España*, trad. española, 2.ª ed., México, 1966, pág. 614).

[44] Véase vol. II, cap. XII, "Los autos sacramentales".

[45] Edición Justo de Sancha, en *Biblioteca de Autores Españoles*, vol. XXXV, Madrid, nueva ed., 1950. Ed. facsímil por Ortega del Álamo, Valencia, 1963. Cfr.: Manuel Cañete, *Teatro Español del siglo XVI*, ed. citada. J. A. Ortega y Medina, "El indio absuelto

y representadas en la segunda mitad del siglo XVI, especialmente recordada porque, al parecer, es la aludida por Cervantes en *El Quijote*, en el episodio de la carreta de las Cortes de la Muerte. La obra tiene considerable extensión y variedad. La Muerte convoca cortes para oir a todos los humanos que se lamentan del rigor con que los trata, y numerosas clases sociales envían un representante suyo para darle sus quejas. Con ello desfilan por la escena personajes de toda condición en abigarrada mezcolanza, a los que se suman algunos santos, filósofos de la Antigüedad, ángeles, las Parcas, seres abstractos como la vejez y la juventud, y los tres enemigos del alma: mundo, demonio y carne. Se suceden animadas escenas —en número de veintitrés— con inclusión de motivos populares a base, sobre todo, de gentes picarescas —ladrones, rufianes, cortesanas— y tipos de tradición cómica como el del portugués y los judíos. Dentro de los recursos de la época la obra de Carvajal se servía de abundante tramoya escénica que debía hacer las delicias y provocar la admiración de los espectadores; a la entrada de cada nuevo personaje suenan las trompetas, y existen acotaciones como éstas: aparecen las "señales del juicio" (escena IX); "acabado el pregón, bajará una nuve con dos ángeles y dos trompetas..." (escena I); y hay numerosas partes que habían de ser cantadas.

Pero la obra dista mucho de ser un mero espectáculo divertido; la sátira brota a raudales desde la primera a la última escena, con una intención y claridad que habrán de asombrar a los lectores de nuestros días. Los motivos ascéticos y las reflexiones religioso-morales alternan con muy valientes razones de índole social, impregnadas de radical sentido democrático; pero deben ser particularmente destacados los repetidos pasajes de sátira antieclesiástica. La muerte, por ejemplo, dirige acres reproches al obispo que se presenta como procurador de toda la clerecía:

Muerte.

¿Por ventura, reverendo,
Sois perlado?

Obispo.

Sí, señora.

Muerte.

Sin duda que no os entiendo;
Paresce venís haciendo

---

y las Indias condenadas en las *Cortes de la Muerte*", en *Historia Mexicana*, IV, 1954-1955, págs. 477-505.

> Burla del hábito agora.
> Decid: ¿no os avergonzáis
> De parescer ante mí
> Hecho monstruo, como andáis?
> ¡Y por ventura, rezáis
> En ese traje y ansí!
>   Contadme qué imperfición
> Y variedad es aquesta;
> Así ternéis a razón
> La vivienda y corazón
> Como aquí se manifiesta;
> Vuestro puñalico al lado,
> El roquete tan vistoso,
> El gorsalico labrado...
> Pues ¿la barba? - De un soldado
> Es más que de religioso.
>   Por ventura, ¿andaba así
> Sant Pedro, vuestro mayor?
> Decí, padre, me decí,
> ¡Cierto, enviaron aquí
> Un galán procurador!
> Y ¿anda ansí todo el ganado
> Eclesiástico vestido,
> Tan a punto repicado?
> Papagayo tan pintado
> De la India no ha venido... [46].

Las excusas con que el dicho obispo responde luego a las requisitorias de la Muerte, encierran una ironía mucho mayor aún, que recuerda la cantiga de los clérigos de Talavera de Juan Ruiz. Así, cuando la Muerte le pregunta en qué se ocupa

> ....esa clerecía
> con tantas rentas cargada...

dice el obispo:

>   En el remedio y amparo
> De los pobres y viüdas,
> Y en el alivio y reparo
> De otros muchos, que muy claro
> Padescen pasiones crudas;

---

[46] Escena IV. Edición citada, pág. 6.

Teatro prelopista

> *Y en buscar secretamente*
> *Muchas huérfanas doncellas*
> *Y en casallas largamente,*
> *Y en pagar entre la gente*
> *Muy muchas deudas por ellas.*
>   *Inquirir con diligencia*
> *Parientas necesitadas,*
> *Y como hombres de prudencia,*
> *Dotallas en mi presencia,*
> *Porque vivan más honradas.*
> ....
>   *Si por ventura hay baraja*
> *Entre ellos, grande o pequeña*
> *Es por ver cuál más trabaja*
> *En comprar dote o alhaja*
> *Para alguna pobre dueña...* [47].

En la escena X la abadesa de un convento hace una cruda descripción de la vida de muchas monjas:

> *...En fin, fin, y en conclusión,*
> *Y hablando la verdad*
> *Pocas o ninguna son*
> *A quien dentro el corazón*
> *No escarbe la libertad.*
>   *Porque niñas y muchachas*
> *Nos metieron; que no vimos*
> *Tantos daños, tantas tachas;*
> *Mas estábamos borrachas*
> *Cuando tal yerro hicimos.*
> *Que nuestros padres, por dar*
> *A los hijos la hacienda,*
> *Nos quisieron despojar,*
> *Y sobre todo encerrar*
> *Donde Dios tanto se ofenda.*
>   *Porque allí nos maldecimos*
> *Cada hora y cada rato,*
> *Desde el día en que nacimos,*
> *E que tristes entendimos*
> *La negra clausura y trato.*

---

[47] Idem, íd.

> *Y ¡pluguiera a mi gran Dios*
> *Que al más pobre guillote*
> *Que se hallara entre nos,*
> *Padre, me diérades vos,*
> *Y no a tal yugo y azote!*
>   *Y ¡ojalá que yo criara*
> *Los mis hijos a docenas,*
> *Que al fin, fin, Dios los repara,*
> *Y que nunca me obligara*
> *A tal prisión y cadenas!*
> ....
>   *Hétenos ya despenseras,*
> *Que valer no nos podemos,*
> *Sacristanas, campaneras,*
> *Ya torneras, ya enfermeras,*
> *¡Negra enfermedad tenemos!*
> *Y en sufrir a una abadesa*
> *Necia, loca y desgraciada,*
> *Y que como una condesa*
> *De todas y muy apriesa*
> *Quiere ser reverenciada...* [48].

Carvajal es también autor de una bella tragedia bíblica, *La Josefina*, basada sobre la historia de José [49]. El autor acierta a recrear con tan delicada gracia poética como habilidad dramática las conocidas anécdotas de este relato y consigue —en opinión de Valbuena Prat— "la más bella muestra del teatro de tema del Antiguo Testamento en la época prelopista" [50].

Una manifestación más del tema de la "danza" se debe al escritor toledano Sebastián de Horozco —padre del famoso Sebastián de Covarrubias, autor del *Tesoro de la lengua castellana*—, nacido hacia 1510 y fallecido en 1580. Horozco, que se graduó de Derecho en Salamanca, compuso un *Coloquio de la Muerte con todas las edades y estados,* de construcción mucho más sencilla que las *Cortes* de Carvajal. Su *Cancionero* [51] contiene además tres obras dramáticas religiosas: *Representación de la parábola de San Mateo a los veinte capítulos de su sagrado Evangelio, Representación de la Historia evan-*

---

[48] Escena X. Edición citada, pág. 16.

[49] *Tragedia llamada Josefina*, edición de Manuel Cañete, "Sociedad de Bibliófilos Españoles", Madrid, 1870. *Tragedia Josefina*, edición de Joseph Gillet, Princeton-París, 1932.

[50] Obra citada, vol. I, pág. 641. Cfr.: V. Paredes, "Micael de Carvajal, el Trágico", en *Revista de Extremadura*, I, 1899, págs. 366-372.

[51] *Cancionero de Sebastián de Horozco*, "Sociedad de Bibliófilos Andaluces", Sevilla, 1874.

gélica del capítulo nono de San Juan, y *Representación de la famosa historia de Ruth* —en las que mezcla con los motivos bíblicos personajes de su invención y escenas cómicas, de tipo costumbrista, semejantes a los "pasos" de Rueda—, y un *Entremés* "que hizo el autor a ruego de una monja parienta suya, evangelista", representado efectivamente en su monasterio el día de San Juan.

El nombre de Sebastián de Horozco ha adquirido particular resonancia literaria desde que Julio Cejador le atribuyó la paternidad del *Lazarillo*, atribución rechazada por diversos investigadores y nuevamente propuesta por Márquez Villanueva [52]. Horozco es poeta al antiguo modo castellano y de escaso mérito literario, aunque es valiosa su profunda veta popular. Dentro de ella es muy importante su colección de *refranes glosados*, en número de 3.145, comentados en décimas —muy anterior al *Vocabulario de refranes* del Maestro Gonzalo Correas—, y que lleva por título *Teatro Universal de los Proverbios, Adagios, o comúnmente llamados Refranes Vulgares, que más ordinariamente se usan en nuestra España* [53].

Cejador señaló en todos los escritos de Horozco abundantes rasgos erasmistas, pero, como en el caso de Sánchez de Badajoz, Marcel Bataillon rechaza este carácter: "El erasmismo atribuido por Cejador a Sebastián de Horozco —escribe— me parece tan sujeto a dudas como la atribución del *Lazarillo* a este autor. También aquí se trata de un anticlericalismo que lanza sus dardos contra la mala vida de los clérigos, pero sin enfrentarles el cristianismo en espíritu" [54].

---

[52] Véase cap. XVIII.
[53] Ed. de Emilio Cotarelo, en *Boletín de la Real Academia Española*, II y III, 1915 y 1916, con estudio preliminar.
[54] *Erasmo y España*, cit., págs. 613-614, nota 12.

CAPÍTULO XXIV

LA PROSA HISTÓRICA Y DIDÁCTICA

RASGOS GENERALES

La plenitud literaria de la época tiene también su correlativo en la historiografía, puesto de relieve —según resume Sánchez Alonso— en tres aspectos principales: en el rigor científico de algunos investigadores; en el primor literario con que componen otros sus obras; y, sobre todo, en la profusión con que se cultivan todos los géneros [1].

La historia general de España no había sido objeto de nueva investigación desde la *Primera Crónica General* de Alfonso el Sabio; todas las obras de este carácter, compuestas luego, habían sido refundiciones o compendios de aquélla. Al llegar esta época, se intenta ya escribir una historia general de acuerdo con las nuevas directrices de la ciencia historiográfica; y aunque para los siglos primeros todavía se siguen utilizando, y aun ampliando, las fábulas con que se solían rellenar los largos períodos vacíos de informaciones fidedignas, para las edades siguientes se aprovechan ya con rigor moderno todas las fuentes disponibles. La historia de Aragón, apenas estudiada en su conjunto, queda incorporada en estos años a la historiografía general en la obra de Zurita, modelo de exigente investigación. Se multiplican las relaciones de sucesos bélicos, narrados casi siempre por testigos, y las informaciones de sucesos nacionales —fiestas, conmemoraciones, hechos políticos—, que aun no siendo importantes cada una de por sí, componen un conjunto inapreciable para conocer la vida de la época. Sigue teniendo gran desarrollo la historia de las Indias, concediéndose cada vez mayor extensión a las noticias sobre las costumbres e historia prehispánica de los indígenas; y se acrecienta el cultivo de la historia no política, en particular la religiosa y la genealógica. Al mismo tiempo comienza a adquirir importancia la publicación de materiales auxilia-

---

[1] Benito Sánchez Alonso, *Historia de la historiografía española*, vol. II, Madrid, 1944, págs. 1 y ss.

res del saber histórico, y aparecen las primeras exposiciones de preceptiva historiográfica, entendida ya como rama independiente, elemental aún, pero notable como inicio del nuevo rumbo que había de transformar la historia.

De todo ese inmenso campo de tan crecido interés para el historiador, sólo podemos, lógicamente, traer aquí a los escritores de particular importancia por sus valores literarios [2].

DON DIEGO HURTADO DE MENDOZA

En la época del Emperador puede decirse que había ya logrado su plena madurez la compleja personalidad de don Diego Hurtado de Mendoza, uno de nuestros más eminentes humanistas, además de gran político, embajador, hombre de armas, cortesano y poeta; bajo este último aspecto nos ocupamos de él entre los seguidores de la lírica de Garcilaso. Superviviente de la época de Carlos V, Hurtado de Mendoza alarga su existencia durante los días del *Prudente*, tan ajenos a su carácter y formación, en casi permanente inactividad; sin embargo, durante estos años pudo todavía desplegar una de las facetas que dormía en él inédita: la de historiador y reflexivo meditador.

Como dijimos en su lugar, fue Hurtado de Mendoza desterrado por Felipe II a Medina del Campo, después del incidente con don Diego de Leiva a la puerta de la cámara donde agonizaba el príncipe don Carlos. Pocos meses después se le ordenó incorporarse al ejército que hacía la guerra contra los moriscos sublevados en las Alpujarras, y en él sirvió Mendoza hasta el fin de la campaña, a las órdenes del marqués de Mondéjar, su sobrino. Siguió después desterrado en Granada, y allí aprovechó la forzada ociosidad para escribir el libro de que vamos a ocuparnos. En 1574 se le permitió residir en la corte, pero sin poder entrar en palacio ni en sus pertenencias. Mendoza se trasladó a Madrid, pero murió a los pocos meses de la llegada, en agosto de 1575.

Su *Historia de la guerra de Granada* se publicó medio siglo después, en 1627: la editó Luis Tribaldos de Toledo, quien, según dice, manejó diversos manuscritos, bastante diferentes, y escogió el que estimó más original. Tribaldos explica la no edición de la *Historia* en vida del autor, por su temor de herir a varios personajes, entre ellos a los Mondéjar, dado que Mendoza había escrito su libro con independiente y severo criterio. Pero no es muy probable que don Diego terminara su obra con tiempo para pensar en editarla antes de morir; más bien parece que la *Historia* ya no recibió la última mano del autor, que le hubiera sido necesaria, y ello explica algunos defectos y desigualdades. En todo caso, el libro corrió profusamente en copias manuscritas, y después de ser plagiado con regular descaro en varias historias extensas,

---

[2] Cfr.: E. Fueter, *Histoire de l'historiographie*, París, 1914. M. Menéndez y Pelayo, "La historia considerada como obra artística", en *Estudios y discursos de crítica histórica y literaria*, ed. nacional, vol. VII, Santander, 1942, págs. 3-30.

apareció en Lisboa la edición de Tribaldos, en la forma muy incorrecta que las ediciones posteriores han mejorado apenas [3].

Escribió Mendoza en su *Guerra de Granada* un "verdadero prototipo de historia humanística —dice Sánchez Alonso— al que sólo falta el empleo del latín para cumplir todos los cánones de la escuela. Pero si el idioma usado no es el latino, es lo más parecido posible" [4]. La cultura humanística de don Diego se revela aquí, efectivamente, como en ninguna de sus otras obras; sigue tan al hilo los pasos de Tácito y Salustio en particular, que pudo provocar aquel juicio de Fueter, según el cual en la *Guerra de Granada* parece leerse una mala traducción de los *Anales* de Tácito; juicio injusto, puesto que ignora todas sus otras cualidades, pero que da a entender lo apretado de la imitación. Ésta le lleva a veces a cierta afectación y amaneramiento, pero el fenómeno estaba en la misma entraña de la época, y no cabe aducirlo como demérito; el historiador, en este caso, podía dirigir su más limpia atención al hecho que observaba, y referirlo luego con palabras usadas por los grandes maestros en narraciones de casos semejantes. De esta manera, Mendoza vacía en el cauce clásico su personal observación y logra una obra del más fuerte sabor humanista sin mengua de su potente originalidad.

La *Guerra de Granada,* por su tema y carácter, entra de lleno en las nuevas corrientes historiográficas; refiere un episodio que podemos considerar pequeño, marginal dentro de las grandes líneas políticas del país, poco brillante, sin grandes héroes ni sucesos famosos. El autor examina los hechos con rigurosa atención, reflexiona sobre los motivos que mueven a los personajes y las causas que provocan los acontecimientos, y expone todo con minuciosa exactitud, deteniéndose en los detalles que importan para apresar la verdad en la forma más expresiva.

En el aspecto moral es particularmente destacable la severa crítica con que enjuicia el autor sucesos y personas; con insobornable sinceridad expone las causas de la rebelión y descubre los fallos políticos y militares que hubo en la campaña. Muchos de sus juicios son inequívocamente duros, lo que puede explicar la demora en la publicación de la obra, no sólo en vida del autor, como dijimos, sino muchos años después, mientras vivieron quienes podían sentirse vejados.

En torno a la *Guerra de Granada* se ha planteado un curioso problema bibliográfico. En 1914, Lucas de Torre trató de demostrar que el libro de Mendoza no era sino la prosificación de los primeros diez y ocho cantos de la *Austríada* de Juan Rufo, hecha por un tal Juan Arias [5]; hecho que no resul-

---

[3] Ed. Cayetano Rosell, en *Biblioteca de Autores Españoles,* vol. XXI, nueva ed., Madrid, 1946. Ed. M. Gómez Moreno, Academia de la Historia, Madrid, 1948.

[4] *Historia de la historiografía española,* cit., vol. II, pág. 62.

[5] Lucas de Torre, "Don Diego Hurtado de Mendoza no fue el autor de la 'Guerra de Granada' ", en *Boletín de la Academia de la Historia,* LXIV, 1914, págs. 461-501 y 557-596; LXV, págs. 28-47, 273-302 y 369-415.

ta imposible, en principio, pues son frecuentes los casos de estas simbiosis literarias. Foulché-Delbosc rebatió, sin embargo, esta teoría, sosteniendo que lo sucedido era precisamente lo contrario, es decir, que fue la *Austríada* la que se inspiró en la *Guerra de Granada* y también en otras *relaciones* en prosa [6]. Lo que sucede, según Foulché, es que Tribaldos, para llenar en su edición ciertas lagunas del manuscrito que utilizaba, redactó o hizo redactar algunos pasajes complementarios tomándolos de Rufo, de Ginés Pérez de Hita y quizá de otros autores. Fuera de estos fragmentos, la obra es enteramente original de Hurtado de Mendoza. La documentada exposición de Foulché no parece tener hoy contradictores, y la paternidad de Mendoza es generalmente aceptada.

LA "CRÓNICA" NACIONAL DE AMBROSIO DE MORALES

Ambrosio de Morales (1513-1591) es el primer gran representante en este tiempo del aludido propósito de componer historia nacional. Nació en Córdoba, de ilustre familia, estudió en Salamanca con su tío el humanista Pérez de Oliva, fue monje jerónimo en la Sierra de Córdoba, sacerdote, estudiante —ya ordenado— en Alcalá, donde fue discípulo de Melchor Cano, y maestro luego, como catedrático de Retórica, de famosos discípulos, entre ellos don Juan de Austria.

Morales —dice Sánchez Alonso— parece el hombre predestinado para la tarea de historiador. En el prólogo de su *Crónica*, según recuerda dicho historiógrafo, asegura que no recordaba tiempo de su vida, desde que comenzó a saber algo de humanidades, que no tuviera el deseo y propósito de escribir la historia y antigüedades de España. A este quehacer dedicó su vida, desde mucho antes de haber sido nombrado cronista oficial en 1563.

En su *Crónica* continúa Morales la de Ocampo, en el punto en que éste la dejó, lo que le libra de tener que enfrentarse con los siglos sembrados de leyendas, de que aquél se había ocupado. Morales actúa como el más exigente historiador, dentro de las posibilidades de su tiempo, y rechaza toda afirmación que carezca de prueba suficiente: "opera siempre —dice Sánchez Alon-

---

[6] R. Foulché-Delbosc, "L'authenticité de 'La Guerra de Granada'", en *Revue Hispanique*, XXXV, 1915, págs. 476-538. Cfr. además: del mismo, "Étude sur 'La Guerra de Granada' de Diego Hurtado de Mendoza", en *Revue Hispanique*, I, 1894, págs. 101-165. G. Cirot, "La Guerra de Granada et La Austríada", en *Bulletin Hispanique*, XXII, 1920, págs. 149 y ss. A. Morel-Fatio, "Quelques remarques sur la *Guerra de Granada*", en *École pratique des Hautes Études. Section des sciences historiques et philologiques*, París, 1914. J. Michels, "Sobre la 'Guerra de Granada' de don Diego Hurtado de Mendoza", en *Revista de Filología Española*, XXIII, 1936, págs. 304-305. "Huit lettres de Charles-Quint à Mendoza" y "Documents relatifs à la *Guerra de Granada*", ed. de Foulché-Delbosc, en *Revue Hispanique*, XXXI, 1914, págs. 132 y ss. y 486 y ss. (véanse las obras citadas en la bibliografía del autor, cap. XV, nota 82.

so— con la paciente investigación del erudito de buena ley, no omitiendo esfuerzo, por penoso que fuere, para documentarse. Cuando le pareció necesario, visitó los lugares mismos, como hizo, por ejemplo, con Covadonga, donde completó su inspección ocular con las noticias que las gentes del país sabían por tradición. Por completar cualquier dato soportaba las mayores molestias"[7]. Tuvo la suerte, además, de poder disponer de muchos materiales reunidos por Ocampo, y que éste no llegó a utilizar, y de los archivos públicos que acababan de abrirse a la consulta de los cronistas. Felipe II, que fue capaz de valorar las condiciones de Morales, le encargó un viaje de investigación por los reinos de León, Galicia y Asturias, para que inventariase las reliquias, sepulcros reales, libros y manuscritos de las iglesias y monasterios. A lo largo de este viaje, del cual informó al rey en la minuciosa relación titulada *Viaje Sacro*[8], tuvo ocasión de consultar abundantes fuentes, transcribió numerosas inscripciones antiguas, e hizo trasladar a El Escorial preciosos manuscritos, que salvó así de una probable destrucción. Con las observaciones y noticias adquiridas en este viaje pudo escribir también el *Discurso sobre las Antigüedades de Castilla*, y las *Antigüedades de las ciudades de España*, que son como *ilustraciones* o complemento de su *Crónica*; la segunda, en particular, es a modo de una historia arqueológica de las poblaciones de que en la *Crónica* se ocupa.

Morales tiene de la historia un concepto de gran amplitud, lo que le permite acoger en la suya aspectos muy diversos —aparte de la vida política—: lenguas, derecho, costumbres, antigüedades, vida religiosa, noticias literarias, anécdotas de personajes no políticos ni militares, monumentos, administración, informaciones sobre botánica y hasta datos económicos; todo lo cual da a su *Crónica* un carácter de modernidad, que supone un enorme avance sobre toda la historiografía anterior. Morales sigue rindiendo tributo a ciertas exigencias de la escuela humanista, como el inventar arengas y el cuidado literario del estilo; pero se evade de aquélla, dice Sánchez Alonso, en dos aspectos capitales: en no servirse del latín y en "no evitar los detalles que se opongan a la *nobleza* de la obra literaria"[9]. Es decir: que aunque el escritor compone con esmero su prosa, nunca sacrifica a sus bellezas la primordial condición de historiador; es, precisamente, el exceso de minuciosidad, tras el prurito de ser exacto y completo, lo que le impide el dominio del conjunto, que es el más grave fallo de su obra. En cambio, merece ponderarse la claridad en la disposición del texto, incluso en lo material, puntual anotación de fuentes y fechas, transcripción y traducción de inscripciones, etc. La *Crónica* de Morales ha sido siempre, por todo ello, depósito inapreciable de noticias de toda índo-

---

[7] *Historia...*, cit., vol. II, pág. 27.
[8] Cfr.: A. Andrés, "Ambrosio de Morales. Apuntes sobre el *Viaje Sacro* en 1572", en *Boletín de la Real Academia de la Historia*, CLIII, 1963, págs. 295-300.
[9] Ídem, íd., pág. 28.

le, habida cuenta sobre todo de haberse perdido, en el correr del tiempo, buena parte de los documentos allí copiados [10].

JERÓNIMO DE ZURITA

El nuevo estilo de la Historia como ciencia rigurosa tiene su más alto exponente en Jerónimo de Zurita (1512-1580), cuyos *Anales de la Corona de Aragón* son "una de las obras capitales de la historiografía española", en opinión de Sánchez Alonso, y el más veraz depósito de noticias del período hispano-árabe, es decir, desde la invasión musulmana hasta la conquista de Granada. Al igual que Morales, también Zurita parecía predestinado para escribir la historia de su pueblo, y todas las circunstancias se unieron para favorecerle.

Nació Zurita en Zaragoza y estudió en Alcalá con Hernán Núñez, "el Comendador griego", alcanzando gran dominio del griego, del latín y de varias lenguas vivas. Su padre fue médico del rey Católico y de Carlos V, por lo que éste le confió muy pronto cargos en palacio y luego en diversas poblaciones. En las Cortes de 1548 fue designado cronista oficial del Reino aragonés, cargo creado el año antes en las Cortes de Monzón. Felipe II le nombró secretario de su Consejo y Cámara; fue también secretario del Santo Oficio. Por exigencias de estos cargos hizo viajes por toda España, Italia y los Países Bajos y tuvo ocasión de manejar gran cantidad de libros y documentos; adquirió muchos para sí, con lo que reunió una importante colección de monedas y manuscritos, y llegó a poseer una biblioteca de gran valor, que luego de su muerte fue a engrosar la de El Escorial.

Por su valor estrictamente literario, apenas sería injusto que silenciásemos a Zurita; no solamente escribe con muy escasa habilidad, sino que ni siquiera acierta con frecuencia a poner el necesario orden en la exposición de sus materiales. Con todo, su interés como historiador, según ya ha quedado indicado, es de primer orden.

Conocedor de la dificultad, invencible para su tiempo, de investigar los siglos primitivos, prescinde de ellos y comienza su historia desde la entrada de los musulmanes. Zurita lleva al límite la probidad documental, aventajando en rigor a todos cuantos historiadores le habían precedido; no compone una crónica más o menos literaria y verídica a la manera tradicional, sino

---

[10] Edición de la *Crónica General*, Madrid, 1791, 10 volúmenes; el último comprende las *Antigüedades* y el *Viaje*. Cfr.: E. Redel, *Ambrosio de Morales, estudio biográfico*, Córdoba, 1908. G. Cirot, "De codicibus aliquot ad historiam Hispaniae pertinentibus olimque ab Ambrosio de Morales adhibitis", en la "Bibliotheca latina medii aevi", vol. II, Burdeos, 1924. Del mismo, "De auctoribus ab Ambrosio de Morales adhibitis ad scribendam historiam, praesertim de Sebastiano, Sampiro, Isidoro 'el de Beja'", en *Estudios in memoriam de A. Bonilla*, II, 1930, págs. 135-152. Narciso Alonso Cortés, "Sobre Ocampo y Morales", en *Estudios dedicados a Menéndez Pidal*, I, 1950, págs. 197-219.

historia auténtica, aunque de enorme aridez; y con razón pudo decir de sí mismo que jamás había afirmado nada que fuese invención suya. Aunque muchos de los hechos de que se ocupa habían sido ya tratados en obras anteriores, no se sirve de ellas, ni les da crédito, sino que acude a buscar directa información sobre los documentos originales. Por todo ello, los *Anales*, según Sánchez Alonso, son "la expresión de todo lo que en el siglo XVI podía investigarse sobre un reino medieval, comprendiendo junto a la historia política, noticias de los ricos hombres, la institución del Justicia, heráldica, concilios, fundaciones de monasterios, etc." [11].

Aunque su obra se ocupa esencialmente de la historia de Aragón, dadas las constantes relaciones de este reino con los otros de la península, son abundantísimas las noticias acerca de todos ellos, hasta el punto de que en muchos pasajes adquiere "proporciones de historia nacional".

En los *Anales* trabajó Zurita treinta años, y sus seis volúmenes aparecieron en Zaragoza entre 1562 y 1580, año de su muerte. El cosmógrafo mayor Alonso de Santa Cruz, a quien se confió el examen de la obra para autorizar su impresión, la atacó duramente acusándola de parcialidad a favor de Aragón contra Castilla, de exagerar la importancia de sucesos y personajes aragoneses, y de alargar la obra ocupándose innecesariamente de cosas de otros reinos; aparte también muchas cuestiones de detalle en que el censor discrepa —a propósito de un hecho concreto— del parecer del cronista. Ambrosio de Morales salió en su defensa poniendo justamente de relieve las grandes cualidades de los *Anales* y refutando la acusación de parcialidad, que, caso de existir, sería, en opinión de Morales, favorable para Castilla. El parecer de Santa Cruz fue remitido al cronista Juan Páez de Castro, que informó igualmente en el sentido más favorable para el aragonés [12].

---

[11] *Historia...*, cit., vol. II, págs. 33-34.

[12] Cfr.: F. Ustárroz y D. Dormer, *Progresos de la Historia en el reino de Aragón y elogio de Zurita*, Zaragoza, 1878. Conde de la Viñaza, *Los cronistas de Aragón*, Discurso, Madrid, 1904. Pedro Aguado Bleye, "La librería del historiador Zurita", en *Idearium*, II, 1917, págs. 77 y ss. J. Rubio, "Jerónimo de Zurita y la unidad peninsular", en *Revista Histórica*, Valladolid, II, 1925, págs. 79-88. A. Canellas López, "El testamento de Jerónimo de Zurita y otros documentos a él relativos", en *Revista Zurita*, Zaragoza, I, 1933, págs. 301-320. Eduardo Ibarra y Rodríguez, "Fuentes de Zurita. Papeles de Zurita conservados en el antiguo Archivo de la Diputación del Reino de Aragón, hoy Archivo de la Diputación de Zaragoza", en *Universidad*, Zaragoza, X, 1933, págs. 265-278. P. Rassow, "Fuentes de Zurita. La Colección Salazar y el Ms. B. N. 917", en *Universidad*, X, 1933, págs. 741-780. Georges Cirot, "Los *Anales de la Corona de Aragón* de Jerónimo Zurita", en *Bulletin Hispanique*, XLI, 1939, págs. 126-141. Xavier de Salas, "Fuentes de Zurita. Inventarios del fondo documental que perteneció a Gerónimo Zurita", en *Universidad*, XVII, 1940, págs. 517-527. Carlos Riba García, *Gerónimo Zurita, primer cronista de Aragón*, discurso, Real Academia de Nobles y Bellas Artes de San Luis, Zaragoza, 1946.

LA COMPLEJA PERSONALIDAD DEL PADRE MARIANA:
SU HISTORIA Y SUS TRATADOS DOCTRINALES

Pocos historiadores no ya de su época, sino de toda nuestra historia literaria, han gozado por tanto tiempo de la popularidad del padre Mariana, autor de nuestra primera historia auténticamente nacional.

Vida y carácter. El padre Juan de Mariana (1535-1624) nació en Talavera, hijo del Deán de su Colegiata. Entró muy joven en la Compañía, hizo el noviciado en Simancas con San Francisco de Borja, estudió en Alcalá, enseñó Teología en Roma, Sicilia y París, y viajó por gran parte de Europa dedicado a los ministerios de su Orden. En 1574 se retiró enfermo a Toledo, donde pasó casi todo el resto de su vida. Por lo relevante de su personalidad literaria fue llamado a intervenir en la censura de la *Políglota* de Amberes, en la redacción del *Índice* de libros prohibidos ordenado por el cardenal Quiroga, en la edición de las obras de San Isidoro aparecida en 1599 y en el concilio de Toledo de 1582 [13].

Era Mariana hombre de carácter independiente, de gran entereza, presto para dar su opinión, sin sentirse coaccionado por calidades de personas ni estrechos patriotismos. Este modo de ser le atrajo el recelo de muchas gentes, pese a no haber ocupado nunca puestos destacados, y le enredó en disputas e incluso procesos; no es de extrañar que abunden las referencias sobre él y que sea dado encontrar los pareceres más opuestos, desde el de Lope, que lo califica de "insigne honor de nuestra nación", hasta el de Saavedra Fajardo que lo describe como "cabezudo, que por acreditarse de verdadero y desapasionado con las demás naciones, no perdona a la suya y la condena en lo dudoso". Antonio Hurtado de Mendoza lo atacó duramente porque en su *Historia* había ofendido a ciertas casas ilustres y lo acusó de baja intención y de estar mal dispuesto hacia lo regio y noble y hacia su propia patria, recordándole ruinmente su nacimiento irregular y que su padre era francés (patraña difundida como explicación del antipatriotismo del que le acusaba). Al aparecer la *Historia* se produjeron las opiniones más encontradas; Pedro Mantuano, secretario del Condestable de Castilla, publicó un escrito adverso, *Adver-*

---

[13] Cfr.: F. Araújo, "El Padre Juan de Mariana en la Sorbona", en *La España Moderna*, Madrid, CC, 1905, págs. 188-191. Georges Cirot, "La famille de Juan de Mariana", en *Bulletin Hispanique*, VI, 1904, págs. 309-331. Del mismo, "Quelques lettres de Mariana et nouveaux documents sur son procès", en *Bulletin Hispanique*, XIX, 1917, págs. 1-25. Del mismo, "Le roman du Padre Mariana", en *Bulletin Hispanique*, XXII, 1920, págs. 269-294. Del mismo, "Mariana jésuite. La Jeunesse", en *Bulletin Hispanique*, XXXVIII, 1936, págs. 272-294. M. Ballesteros-Gaibrois, *El Padre Juan de Mariana. La vida de un sabio*, Barcelona, 1944. Félix Asensio, "El profesorado de Juan de Mariana y su influjo en la vida del escritor", en *Hispania*, Madrid, XIII, 1953, págs. 581-639.

tencias a la *Historia del Padre Juan de Mariana*, al que respondió Tomás Tamayo de Vargas en forma tan destemplada, a juicio de Mantuano, que dio ocasión a un ruidoso y largo pleito [14].

La personalidad de Mariana a través de su obra política. En 1609 publicó Mariana en Colonia sus *Tractatus septem*. En uno de ellos, *De monetae mutatione*, censuraba ciertas medidas económicas y financieras, como la acuñación de moneda de baja ley, condenaba los excesos de la burocracia y denunciaba a la vez las corrupciones de la administración, por donde se ve que no pasaban inadvertidas para Mariana las grietas por donde se escapaba la sangre del Estado: "Yo no soy de parecer —escribe en el *De monetae*— que el rey se muestre miserable ni que deje de remunerar a sus vasallos y sus servicios; pero débense mirar dos cosas: que no hay en el mundo reino que tenga tantos premios públicos, encomiendas, pensiones, beneficios y oficios; con distribuirlos bien y con orden, se podría ahorrar de tocar tanto en la hacienda real o en otros arbitrios de que se podrían sacar ayudas de dinero..." [15]. "Vemos a los ministros —dice en otro pasaje del mismo tratado— salidos del polvo de la tierra en un momento cargados de millares de ducados de renta; ¿de dónde ha salido esto sino de la sangre de los pobres, de las entrañas de negociantes y pretendientes?" [16]. Algunas de sus observaciones son de asombrosa audacia y novedad para formuladas en el alborear del siglo XVII: "¿Cómo no se advierte —dice— que por el atraso de la industria nos despojamos del oro que viene de América para pagar una gran cantidad de productos extranjeros?" [17].

La reacción, del más castizo sello español, era presumible: el doctor Fernando de Acevedo denunció los *Siete Tratados*; el presidente del Consejo de Castilla, obispo de Osma y Arzobispo luego de Burgos, acusó al padre Mariana ante el duque de Lerma —valido entonces omnipotente— de difamador, de libelista, y de procurar el descrédito patrio en el extranjero; y como responsable de lesa majestad, patria y religión fue procesado. Lerma recabó del papa la intervención del Nuncio en Madrid, y Mariana fue encerrado en una celda del convento de San Francisco de dicha ciudad. Vale la pena recordar que un aragonés, fray Francisco Peña, consejero de la Rota, detuvo en Roma el proceso que trataba de sustanciar ante el papa nuestro embajador, haciéndole ver a éste los gravísimos defectos de fondo y forma de que aquél adolecía, y que merecerían la repulsa del pontífice. Un año más tarde, en 1610, el padre

---

[14] Cfr.: Ángel González Palencia, "Polémica entre Pedro Mantuano y Tomás Tamayo de Vargas, con motivo de la *Historia* del padre Mariana", en *Boletín de la Real Academia de la Historia*, 1924, LXXXIV, págs. 331-351; reproducido en *Del Lazarillo a Quevedo*, Madrid, 1946, págs. 205-229.

[15] Cap. XIII.

[16] Ídem, íd.

[17] Ídem, íd.

Mariana fue absuelto; el padre Aliaga, confesor del rey, trató entonces de que le cogiera por su cuenta la Inquisición, pero Mariana logró eludir el nuevo riesgo.

En 1599 había publicado Mariana en Toledo su tratado *De rege et de regis institutione*, calificado por Cirot del libro "más notable y audaz que posee la literatura política de España"; de él iban a provenirle nuevas preocupaciones. Mariana se ocupa en su tratado de las formas de gobierno, dando ventaja a la monarquía, estudia las condiciones que debe reunir el rey, distingue entre éste y el tirano, expone la posición del príncipe ante las leyes, y da abundantes normas sobre los más variados problemas de gobierno. Pese a la valentía y contundencia de su exposición, la doctrina de Mariana sobre los deberes del rey y su necesaria subordinación al interés común, así como sobre los derechos de los ciudadanos cuya voluntad debe ser atendida incluso en materia de impuestos, se ajustaba a los principios más ortodoxos; al ocuparse del tirano, no sólo había sentado el principio de que éste puede ser depuesto por sus súbditos, sino que justificaba el tiranicidio en caso de necesidad; pero esta misma doctrina había sido llevada a la escena por varios de nuestros dramaturgos y a nadie preocupaba. No obstante, cuando en 1610 fue asesinado el rey francés Enrique IV por el católico Ravaillac, se creyó que éste había sido inducido por la lectura del padre Mariana; y aunque el asesino declaró que ni siquiera conocía la existencia de la obra, el verdugo de orden del Parlamento de París quemó solemnemente el *De rege* ante la iglesia de Notre Dame, y se entabló larga controversia entre el Parlamento y la Universidad, de cuyo claustro formaban parte los jesuitas. Éstos desautorizaron la doctrina del padre Mariana y su enseñanza fue prohibida por orden del general de la Compañía, pero el autor del libro no fue objeto de sanción.

Otra obra más nos es indispensable para acabar de perfilar la personalidad del escritor: el *Discurso de las cosas de la Compañía*. No se sabe exactamente si este escrito fue compuesto para ser publicado o sólo como informe particular que se elevaba a los superiores de la Orden, y también se discute la autenticidad de algunas partes del libro; de todos modos, parece estar fuera de duda que al menos en su estructura esencial es de Mariana. En estas páginas expone el padre su opinión, muy desenvuelta y claramente, sobre la marcha interna de la Compañía, los defectos en el gobierno, los partidismos, la parcialidad en la provisión de cargos, la proliferación de confidentes; censura además el género de educación de los novicios, demasiado retirados del mundo para lo que luego han de menester; lamenta la decadencia entre los suyos de los estudios, sobre todo de las humanidades; y reprende algunas prácticas de sus miembros, como el demasiado trato con gentes, a quienes acompañan, sirviéndoles en sus intereses o negocios. El *Discurso* cayó muy mal entre sus superiores y le enfrentó con algunos de ellos; el padre General lo desautorizó.

Todo lo que antecede nos permite comprender al padre Mariana como hombre de firmes actitudes personales, independiente y seguro de sí mismo; no precisamente un rebelde y ni siquiera un indisciplinado dentro de su orden, pero sí un agudo espíritu crítico, y por supuesto dotado de gran entereza para defender su opinión sin hacer cuenta de los riesgos. En el siglo pasado la crítica tendió a convertirlo poco menos que en un liberal al gusto de la época, y en esta línea trazó Pi y Margall la semblanza del jesuita, que antepuso a la edición de sus obras en la *Biblioteca de Autores Españoles*. No deja de ser muy significativo que así fuese, porque a pesar del esencial anacronismo de tales juicios, es evidente que el padre Mariana sustentaba conceptos político-sociales de singular audacia para su tiempo, y si distaba aún mucho de ser un demócrata a la moderna, no dejaban de serlo muchas de sus ideas sobre la finalidad y los límites del poder real, sobre el asentimiento del pueblo a las leyes y los tributos, sobre el origen de la sociedad, etc. Ya dijimos que el padre Mariana prefiere la monarquía a otros regímenes y no silencia sus reparos hacia los gobiernos de carácter popular, pero reconoce también las ventajas que en muchos aspectos puede ofrecer la democracia; así, en este pasaje, que no carece de gracejo: "Mas no son tampoco escasos los que se presentan en favor de las formas democráticas. La prudencia y la honradez en que estriba la salud pública y por las cuales se gobiernan fácilmente los Estados son indudablemente más fáciles de encontrar en muchos que en uno solo, pues cabe suplir lo que a uno falta por lo que a otros sobra, como suele acontecer en una comida en que se reúnan muchos para pagar a escote" [18].

En resumen podemos afirmar que el padre Mariana, sin dejar de ser un hombre de su orden y de su tiempo, canalizado en la más exigente tradición de la España del siglo XVI, representa un fermento de independencia y novedad, que da a su persona y a su obra un permanente interés.

Otro aún de sus escritos debe ser mencionado: el *De spectaculis* incluido en sus *Tractatus septem*. Es un comentario sobre los espectáculos de su tiempo, y de modo especial sobre las comedias, entonces en su momento de mayor furor popular. La opinión del padre Mariana es la de un moralista riguroso, que parece desconocer en absoluto lo que el teatro encerraba de contenido literario, para no ver en él sino una escuela de lascivia. Estos juicios han servido para tirar de la cuerda hacia la banda opuesta y presentar al autor como enteramente desprovisto de aquella supuesta independencia y amplitud de criterio. Pero la extremosidad es también aquí injusta; el teatro en los días del padre Mariana era una realidad social bastante más compleja de lo que se suele admitir, y su consideración bajo la sola vertiente literaria es una deformación libresca en la que no suele pensarse, sin embargo. Mariana no podía ignorar lo que el teatro suponía como hecho literario, pero su preocupación de moralista atendía sólo a otros aspectos no menos evidentes, que eran los que

---

[18] *De rege*, I, II.

le importaban. Sus palabras a este respecto, no pueden servir para la valoración intelectual de su personalidad [19].

Su Historia de España. La obra a la que el padre Mariana ha debido su mayor popularidad durante siglos es su *Historia General de España*. La publicó primero en latín con el nombre de *Historiae de rebus Hispaniae libri XXX*; la primera edición apareció en Toledo en 1592, pero sólo contenía los libros I al XXV, y aun la mayoría de los ejemplares —no se sabe por qué— del I al XX; los XXX libros aparecieron completos en la edición de Maguncia, de 1605. La primera edición castellana vio la luz en Toledo en 1601. Los libros XXVI-XXX, aunque aparecieron primero en castellano, fueron, como todos, escritos antes en latín, según Cirot ha demostrado [20].

La gran compilación latina de Mariana obliga a recordar un precedente de interés, el *Chronicon rerum memorabilium Hispaniae* (1552), del flamenco Juan Vaseo, nacido en Brujas y estudiante en Lovaina. En 1531 fue contratado por tres años por Fernando Colón para trabajar en su biblioteca y, acabado el plazo, se dedicó a la enseñanza en Salamanca hasta 1538, luego permaneció doce años en Portugal y regresó a Salamanca donde pasó el resto de su vida y obtuvo en propiedad una cátedra. Por amor a su patria adoptiva, Vaseo se entregó al estudio de su historia en el que invirtió largos años. Pensó que las crónicas en castellano no podían tener la difusión de las obras escritas en latín,

---

[19] Cfr.: C. Labitte, *De iure politico quid senserit Mariana*, París, 1841. José Joaquín de Mora, "Opiniones políticas del Padre Juan de Mariana", en *Revista de España, de Indias y del Extranjero*, VI, 1846, págs. 258-301. Francisco de Paula Garzón, *El Padre Juan de Mariana y las escuelas liberales*, Madrid, 1889. A. de Valbuena, "El liberalismo del Padre Mariana", en *La España Moderna*, Madrid, IV, 1889, págs. 137-146. Antonio de Zayas, "El Padre Juan de Mariana", en su libro *Ensayos de crítica histórica y literaria*, Madrid, 1907, págs. 155-189. Urbano González de la Calle, "Ideas político-morales del Padre Juan de Mariana", en *Revista de Archivos, Bibliotecas y Museos*, XXIX a XXXII, 1913-1915; tirada ap., Madrid, 1915. Del mismo, "Algunas notas complementarias acerca de las ideas morales del Padre Juan de Mariana", en *Revista de Archivos, Bibliotecas y Museos*, XXXIX-XL, 1918-1919. A. Pérez Goyena, "Mariana considerado como teólogo", en *Estudios Eclesiásticos*, Madrid, III, 1924, págs. 396 y ss.; IV, 1925, págs. 74 y ss. J. Laurés, "Ideas fiscales de cinco grandes jesuitas españoles", en *Razón y Fe*, LXXXIV, 1928, págs. 200 y ss. Del mismo, *The Political Economy of Mariana*, Nueva York, 1928. A. Pasa, *Un grande teorico della politica nella Spagna del secolo XVI: il gesuita Giovanni Mariana*, Nápoles, 1939.

[20] Edición de F. Pi y Margall, en *Biblioteca de Autores Españoles*, vols. XXX y XXXI, Madrid, nueva ed., 1950. Cfr.: Georges Cirot, *Études sur l'historiographie espagnole. Mariana historien*, Burdeos, 1905. Zacarías García Villada, "El Padre Juan de Mariana, historiador", en *Razón y Fe*, LXIX, 1924, págs. 455-462. Antonio Ballesteros Beretta, *Discurso en elogio del Padre Juan de Mariana*, Academia de la Historia, Madrid, 1925. J. Cepeda Adán, "Una visión de América a fines del siglo XVI. Las Indias en la *Historia* del Padre Mariana", en *Estudios Americanos*, Sevilla. VI, 1953, páginas 397-421.

instrumento universal de cultura entonces, y de aquí la ignorancia que de las cosas de España se tenía fuera de sus fronteras. Para remediarla escribió su *Chronicon* latino con fines manifiestamente divulgadores; sin embargo, utilizó con rigor un crecido número de fuentes, precisando la que le sirve de base en cada ocasión; se sirvió asimismo de abundantes inscripciones y agrupó con método las materias.

La tarea de Vaseo fundía, pues, el propósito divulgador mediante el empleo de la lengua latina, con las nuevas exigencias críticas de la ciencia historiográfica, aunque la extensión de su obra no rebasaba todavía el carácter de un compendio o resumen.

Con idéntica pretensión de difundir la historia de su país en todo el ámbito culto europeo escribió su *Historia* latina el padre Mariana, según hace constar en la dedicatoria a Felipe II, consciente no sólo de que llenaba una laguna, sino de que estaba llevando a cabo una tarea que bajo el aspecto patriótico era transcendental. La diferencia con la obra de Vaseo consiste en la muy superior amplitud que Mariana consigue darle; entre el *Chronicon* de aquél y la *Historia* del jesuita mediaban los serios trabajos de investigación realizados durante varias décadas con arreglo a los nuevos métodos, y de manera muy particular en las obras de Morales y de Zurita; la mayor parte del pasado español había sido ya investigado en forma eficaz y "el nuevo autor —dice Sánchez Alonso— pudo dispensarse en gran escala de indagar por su cuenta, porque encontró amplias zonas lo suficientemente elaboradas para no más aplicarse a ordenar y embellecer la expresión" [21].

Mariana, según recuerda el historiógrafo citado, pondera, inevitablemente, el respeto a la verdad como condición primordial del género; sin embargo, en este sentido su obra no sólo no supone un avance en la investigación, sino un retroceso con relación a historiadores como Morales y Zurita. Mariana se sirvió de todo el material que estaba ya a su disposición, pero se mostró bastante indulgente al seleccionarlo y disponerlo. Se aduce siempre en su disculpa aquella frase de Quinto Curcio, por él citada: *plura transcribo quam credo*, pero no cabe duda que a Mariana le interesaba poco la mayor o menor exactitud de algunos detalles; su obra, a través del vehículo del latín, estaba pensada para lectores no españoles, a los cuales Mariana deseaba dar de la historia de España una visión esencial, en que se pusiera de manifiesto el proceso de su grandeza, de modo parecido a como había compuesto el gran maestro Tito Livio su historia Romana: para aceptar una leyenda o fábula le basta con que tenga verosimilitud, porque la verdad para el padre Mariana no es de pormenor, sino de sentido global. Por esto, según dice Godoy Alcántara, "transigió con las ideas recibidas, y de esta transacción resultó la historia más nacional que tenga ninguna literatura, más española que es romana la de Tito Livio, la más verdadera que hasta ahora poseemos; verdadera no en el

---

[21] *Historia...*, cit., vol. II, pág. 171.

sentido de exacta, sino en el de reproducción fiel de los sentimientos, de las pasiones, de las creencias, de los instintos, de los amores y de los odios, que marcan enérgicamente en la historia del mundo la individualidad de nuestra nación" [22]. Mariana, en una palabra, escribe su historia con finalidad patriótica y criterio de humanista, haciendo abundante uso de los ornatos literarios, como el repetidísimo recurso de las arengas, cartas, discursos, reflexiones morales, o el animar escenas en forma dramática: "Para apreciar fácilmente —dice Sánchez Alonso— cómo concibe Mariana la historia, basta cotejar algún capítulo de Morales con el suyo correspondiente. En tanto que el puntual cordobés se muestra pendiente de sus fuentes, sopesando cuidadosamente sus datos, advirtiendo de la menor vacilación que la inspiran, nuestro jesuita se desentiende de la procedencia de las noticias, traza simplemente con ellas un impecable relato en buen latín, toma pie de cualquier ocasión para ingerir un discurso y compone así un texto de indudable atractivo y fácil asimilación" [23].

La *Historia* latina del padre Mariana llenaba perfectamente su propósito fuera de España, pero privaba, en cambio, de su lectura a los propios compatriotas, no familiarizados suficientemente con aquella lengua, que no disponían todavía de una historia nacional completa. Para atender a esta necesidad Mariana se aplicó muy pronto a traducir su obra al español, que quedaba con ello incorporada al acervo de las producciones originales en nuestra lengua. Como escribe en calidad de autor, no traduce literalmente, sino que introduce las modificaciones que estima oportunas, habida cuenta del público al que ahora se dirige. No obstante, los cambios no son sustanciales, pues se conserva íntegra la arquitectura de la obra.

El patriotismo y el propósito capital de escribir su libro para contar al mundo los grandes hechos de España, no impiden que Mariana se muestre censor severo de los hombres y los hechos de su país, hasta el punto de que muchos juzgaron que, en algunos pasajes, su lectura podía resultar contraproducente; recuérdense las palabras de Saavedra Fajardo, arriba transcritas. Para poder escribir con libertad y no molestar a algunas personas si decía la verdad, o faltar al deber si la callaba, detiene la obra en la época de los Reyes Católicos.

Aunque los sucesos políticos y, de modo particular, los hechos de los reyes ocupan preferentemente su atención, el padre Mariana recoge motivos muy diversos, sobre todo de índole religiosa y cultural. Su sentido nacional, encarnado en Castilla, no mengua la importancia que concede a los restantes reinos peninsulares, pero todo queda englobado en un conjunto, presidido por el concepto de la unidad de España.

Escribe Mariana en una robusta prosa ligeramente arcaica, que se corresponde con el tono de su primera versión latina y con la gravedad de refle-

---

[22] Citado por Sánchez Alonso, en ídem, íd., pág. 172.
[23] Ídem, íd., pág. 173.

xión moral que pretende dar a su libro. La exposición es clara y ordenada, esmaltada frecuentemente —aparte los recursos retóricos dichos— por agudas sentencias y reflexiones de carácter político o doctrinal, que se combinan con las escenas dramáticas, las semblanzas de personajes y las descripciones de pueblos y ciudades; apenas hay pueblo de cierto interés histórico en España, al que el padre Mariana no haya dedicado un vívido apunte.

El éxito de la *Historia* fue inmediato y general, aunque muchos escritores le formulasen reparos de detalle; las ediciones se sucedieron, y durante varias generaciones —hasta que la moderna historiografía la arrumbó— la obra del padre Mariana ha sido el libro en que los españoles han aprendido la historia de su patria.

EL PADRE RIBADENEYRA Y SUS BIOGRAFÍAS

En algunos aspectos el padre Pedro de Ribadeneyra (1527-1611) parece ofrecer cierta semejanza con el padre Mariana por su inquietud, su impetuosidad, su independencia de carácter; pero en Ribadeneyra son éstas más de índole temperamental que ideológica; por esto, tras su aparente rebeldía está el jesuita inconfundible, característico representante de su orden, de cuyos grandes hombres vino a ser biógrafo entusiasta.

El padre Ribadeneyra, toledano, conoció a Íñigo de Loyola en Roma, merced a una visita casual que hizo a su residencia, cuando servía al cardenal Farnesio como paje. De tal manera quedó sugestionado por la personalidad de aquél, que decidió ingresar en la Compañía pocos días antes de haber sido aprobada por el papa. San Ignacio tuvo siempre a Ribadeneyra entre sus discípulos preferidos, y por esto y sus modales desenvueltos y traviesos le trataba con gran familiaridad y le llamaba *Perico*. Fue eficacísimo colaborador de San Ignacio y estableció la Compañía en Bélgica [24].

Ribadeneyra escribió algunas obras en latín, buscando, como vimos en el caso del padre Mariana, la mayor difusión que a sus escritos podía darle aquel vehículo lingüístico; pero él mismo tradujo también varios de sus escritos al castellano. Tres aspectos deben distinguirse en su producción: como biógrafo, como historiador propagandista de la Iglesia, y como escritor ascético [25].

Como biógrafo escribió la *Vida de San Ignacio,* primero en latín (1572), y luego en castellano (1583). Esta obra ha sido siempre considerada como una

---

[24] Cfr.: C. Delplace, *L'établissement de la Compagnie de Jésus dans les Pays-Bas et la mission du P. Ribadeneyra à Bruxelles en 1556,* Bruselas, 1886.

[25] Ediciones: *Obras escogidas,* en *Biblioteca de Autores Españoles,* vol. LX, nueva ed., Madrid, 1952. *Obras completas,* en *Biblioteca de Autores Cristianos,* Madrid, 1945. Cfr.: D. Restrepo, "Ribadeneyra y sus escritos inéditos", en *Razón y Fe,* LX, 1921, páginas 264-270.

de las más interesantes en su género; el íntimo conocimiento que tuvo el biógrafo de su personaje, la estrecha comunidad de vida y de ideales dan a sus páginas un particular tono de verdad y de animación, de cosa vivida y sentida [26]. Lo mismo esta biografía que la de *San Francisco de Borja* y la del *Padre Diego Laynez* no son profundos estudios psicológicos, y ni siquiera podríamos decir que frías y objetivas exposiciones de hechos; no es que falseen: lo que queremos decir es que están dictadas por el entusiasmo que al escritor le inspiran sus protagonistas y la misión que desempeñan; son obras escritas desde una posición apologética y militante; lo que no apuntamos como demérito, sino para señalar el sentido desde el que deben ser justamente valoradas.

En 1599 publicó Ribadeneyra su *Flos Sanctorum* o *Libro de las vidas de los Santos*, colección de breves biografías ordenadas al hilo de las fechas del calendario católico. Tuvo un enorme éxito y sus ediciones se han repetido sin cesar. Refiriéndose a este libro especialmente dijo Menéndez y Pelayo del padre Ribadeneyra que era "uno de los prosistas más dulces, halagadores y amenos de nuestro siglo de oro. En su estilo todo es apacibilidad, discreta llaneza, perfume de beatitud, sabor del cielo, e ingenua y no aprendida elegancia [27].

No menos popular en su tiempo fue la *Historia eclesiástica del Scisma del Reino de Inglaterra* (1588), obra que representa especialmente su labor como propagandista de la Iglesia. Se sirve en ella Ribadeneyra de otros autores que habían tratado el tema desde el lado católico, como Nicolás Sendero, Polidoro Virgilio y el cardenal Polo, pero añade mucho de su parte, pues conocía bien Inglaterra, donde había estado en tiempo de María Tudor, y había además tratado en Bélgica a muchos emigrados ingleses. Como en los otros libros mencionados, es imposible prescindir en esta *Historia* de la postura confesional del escritor, que comenta los hechos con el entusiasmo de su fe y denuesta a sus enemigos que la combaten. Pero fuera de este carácter inevitable —como que viene implícito en la finalidad del libro que se escribe—, la *Historia* es todo lo objetiva que permite su condición; los principales personajes, en especial el monarca Enrique VIII, están trazados con los rasgos que la más desapasionada investigación posterior ha establecido.

En otro plano muy distinto debe colocarse la obra que define a Ribadeneyra como escritor ascético, el *Tratado de la tribulación*. El hondo españolismo y la pasión del celoso defensor de la fe católica tenían que afligirse ante las derrotas que al correr del reinado del rey Prudente abrían las primeras brechas dramáticas en el bastión de la Cristiandad. En 1588 sobrevenía el

---

[26] Cfr.: E. del Portillo, "El original manuscrito de la primera edición castellana de la *Vida de Nuestro Padre San Ignacio* por el Padre Ribadeneyra", en *Razón y Fe*, XLII, 1915, págs. 289-298. Rafael Lapesa, "*La Vida de San Ignacio* del Padre Ribadeneyra", en *Revista de Filología Española*, XXI, 1934, págs. 29-50; reproducido en *De la Edad Media a nuestros días. Estudios de historia literaria*, Madrid, 1967, págs. 193-211.

[27] M. Menéndez y Pelayo, "El Manual de Oraciones del Padre Ribadeneyra", en *Estudios y discursos...*, ed. cit., vol. II, pág. 65.

desastre de la Invencible, y al año siguiente aparecía el *Tratado* del padre Ribadeneyra para mostrar a sus lectores las enseñanzas de la adversidad, llevar consuelo a los ánimos afligidos y hacer ver cómo Dios prueba a los que elige permitiendo su derrota. El autor recoge los habituales motivos religiosos de las grandes páginas de la Biblia, pero al mismo tiempo aprovecha la profunda veta senequista, nunca agotada en nuestra literatura, en su perenne lección de estoica dignidad ante el sufrimiento. Las páginas del *Tratado* están escritas con una emoción que supera a todos sus otros libros, con mayor vigor y espontaneidad, con una tristeza no siempre velada que hace vibrar a veces las cuerdas de un patético dramatismo.

El padre Ribadeneyra cultivó también la política teórica en un *Tratado de la religión y virtudes que debe tener el príncipe cristiano para gobernar y conservar sus estados. Contra lo que Nicolás Machiavelo y los políticos deste tiempo enseñan* (Madrid, 1595), en el que se inscribe dentro de la ya larga tradición del príncipe cristiano contra las teorías del famoso florentino.

FRAY JOSÉ DE SIGÜENZA Y LA HISTORIA DE EL ESCORIAL

La historia de santos y, muy en particular, la de las órdenes religiosas, tiene un cultivador de primer rango en el monje jerónimo Fray José de Sigüenza, nacido en la ciudad de su nombre, probablemente en 1544. Del monasterio segoviano de El Parral pasó al de El Escorial para suceder al famoso Arias Montano en el cargo de bibliotecario. Ocupó los más altos puestos de su orden y murió siendo prior de dicho monasterio.

En 1595 publicó su *Vida de San Jerónimo,* y en 1600 la *Historia de la Orden de San Jerónimo,* cuya segunda parte apareció en 1605. La *Historia de la Orden* excede con mucho a la vida del Santo, por lo mismo que rebasa también muy ampliamente el marco de lo que su título parece ofrecer. Muy extendida entonces la orden por toda la península y titular de los tres monasterios más ligados con los grandes Habsburgo —los de Guadalupe, Yuste y El Escorial—, escenarios todos de transcendentales acontecimientos, centros de historia y de leyenda, depósitos de arte, el libro de Sigüenza, sólo con historiarlos, casi llega a tener proyección de historia nacional [28].

Con todo, lo que le confiere la nota de más permanente interés es la extensa parte que el escritor dedica a la construcción de El Escorial, seguida

---

[28] Edición: *Historia de la Orden de San Jerónimo,* en *Nueva Biblioteca de Autores Españoles,* vol. VIII (1907) y XII (1909). Cfr.: L. Villalba Muñoz, "El P. José de Sigüenza, sus obras poéticas", en *Ciudad de Dios,* XCIX, 1915. R. González, "El Padre Sigüenza considerado como poeta", en *Ciudad de Dios,* CXIX, 1919. J. Zarco Cuevas, "El proceso inquisitorial del Padre Sigüenza", en *Religión y Cultura,* I, 1928, págs. 38 y ss. F. J. Sánchez Cantón, *Fuentes literarias para la historia del arte español,* vol. I, Madrid, 1923, págs. 319 y ss.

con minucioso detalle, y a la descripción del monasterio en todas sus partes con las riquezas, reliquias, objetos de arte y hasta ornamentos que atesora; y al lado de la tarea humana, de la que va surgiendo la enorme fábrica del edificio, el ambiente del momento histórico y la belleza del paisaje próximo. Presidiendo todo el afanoso quehacer y su vario marco, el escritor sitúa la figura de Felipe II, definido con sus rasgos más característicos, animado en bello desfile de anécdotas.

Con su prosa severa y elegante, que es el más exacto equivalente del estilo y sentido del edificio que describe, y a la vez del espíritu de su fundador, el padre Sigüenza se convierte en el noble admirador y el más impecable intérprete de todo un período histórico, que parece hallarse allí simbolizado. "Su obra histórica —dice Pfandl— aparece impregnada hasta lo más íntimo de clasicismo, tal como lo entendía la época de Felipe II. Nada de adornos barrocos, ni en el lenguaje ni en el sentimiento, todo son líneas nobles, rigurosa calma, sagrada severidad y elevada emoción del más allá"[29]. Unamuno, apasionado admirador de El Escorial, extendía su estima a la prosa del padre Sigüenza, de la que decía: "Apenas se encontrará en castellano estilo que mejor convenga al del Monasterio que el estilo literario de la obra del P. Sigüenza, obra que es una especie de Escorial de nuestra literatura clásica —modelo de sencillez, de sobriedad, de majestad y de limpieza—"[30].

LA HISTORIOGRAFÍA AMERICANA.
GARCILASO DE LA VEGA, EL INCA

En los días de Felipe II la historiografía americana ofrece un nombre de muy particular interés en la persona de Garcilaso de la Vega, el Inca, primer escritor americano de raza indígena que hacía su aparición en la literatura castellana. Garcilaso era mestizo, hijo de india y español. Su padre, el capitán Garcilaso de la Vega, descendía de los Vargas de Hinestrosa, linaje extremeño al que habían pertenecido famosos escritores como el marqués de Santillana, los dos Manrique y el gran poeta toledano, homónimo del Inca[31].

---

[29] *Historia de la literatura nacional española en la Edad de Oro*, Barcelona, 1933, página 230.
[30] Miguel de Unamuno, "En El Escorial", en *Andanzas y visiones españolas*, 2.ª ed., Madrid, 1929, pág. 54 (el artículo mencionado es de 1912).
[31] Para historiar su genealogía paterna escribió el Inca la *Relación de la descendencia de Garci Pérez de Vargas*, famoso guerrero que intervino al lado de San Fernando en la conquista de Andalucía, y de quien descendía su padre. Garcilaso firmó el manuscrito de la *Relación* en Córdoba, en 1596, pero ha permanecido inédita hasta hace poco; véase edición y estudio preliminar de Raúl Porras Barrenechea, en *Revista del Archivo Histórico del Cuzco*, 1959, págs. 378-406. Cfr.: Guillermo Lohman Villena, "La ascendencia española del Inca Garcilaso de la Vega. Precisiones genealógicas", en *Hidalguía*, Madrid, 1958, págs. 681-700.

Su madre, Isabel Chimpu Ocllo, pertenecía a la casa real de los Incas del Perú; el padre de Isabel, Huallpa Tupac, era hermano de Huayna Capac, y a la muerte de éste, durante la guerra entre Huáscar y Atahualpa, Chimpu Ocllo, que era prima de ambos, siguió el partido del primero, quedando luego, por tanto, del lado de los vencidos. De la unión, no del matrimonio, del capitán Garcilaso y de la india Chimpu Ocllo, bautizada con el nombre de Isabel, nació en el Cuzco el escritor en 1539; su nombre primero fue el de Gómez Suárez de Figueroa, pero adoptó más tarde el que le había de inmortalizar.

Con los hijos de otros conquistadores se educó Garcilaso esmeradamente en su ciudad natal con preceptores españoles, pero absorbió a la vez al lado de su madre, de sus propios parientes y amigos que con frecuencia visitaban su casa, la cultura indígena; así, su formación, como su sangre, fue producto del cruce de dos mundos. En un conocidísimo pasaje de sus *Comentarios* el escritor alude a sus recuerdos de la niñez, cuando en casa de su madre pudo conocer a sus deudos, que hablaban sin cesar de la perdida grandeza del imperio incaico, de sus reyes y sus conquistas, de sus costumbres y de la pasada prosperidad; al mismo tiempo alcanzó a tratar todavía, entre los compañeros de su padre, a muchos de los protagonistas de las guerras civiles peruanas [32].

Siendo él aún niño, su padre abandonó a la india Isabel y casó con una dama española; y tendría unos veinte años el futuro escritor cuando murió su padre, que había sido nombrado Corregidor y Justicia Mayor del Cuzco. El joven Garcilaso recogió entonces la herencia paterna y decidió trasladarse a España. Se enroló en la milicia, luchó en las Alpujarras y luego en las campañas de Italia [33]. Debido a la amistad que había unido a su padre con el rebelde Gonzalo Pizarro, no obtuvo las mercedes que esperaba por sus servicios, y pensó por algún tiempo regresar al Perú, pero al cabo se afincó en Sevilla, a donde hizo trasladar los restos de su padre. Más tarde se retiró a Córdoba, donde murió en 1616, casi octogenario; fue enterrado en la Capilla de las Ánimas de la Catedral.

La vocación literaria del Inca Garcilaso fue tardía, quizá porque —según él mismo dice— gustaba en su juventud más de las armas y los caballos que de los libros. Su primer trabajo, publicado en 1590, cuando pasaba ya de los cincuenta años, fue la traducción de los famosos *Diálogos de Amor* de León Hebreo, "mejorando en gran manera —dice Menéndez y Pelayo— la forma

---

[32] Cfr.: Raúl Porras Barrenechea, "El imperio incaico y el Cuzco en los recuerdos del Inca Garcilaso", en *Boletín cultural peruano,* Lima, 1959.

[33] Aurelio Miró Quesada, "Italia y el Inca Garcilaso", en *Mar del Sur,* Lima, número 28, 1953, págs. 1-24 (sobre la influencia italiana en la formación literaria del Inca). *El Inca Garcilaso en Montilla (1561-1614). Nuevos documentos hallados y publicados por Raúl Porras Barrenechea,* Lima, 1955. M. E. Cuadros, "Documentos en el Archivo Histórico Provincial de Córdoba (España) relacionados con el Inca Garcilaso de la Vega" en *Revista del Instituto Americano de Arte,* Cuzco, IX, 1959, págs. 73-76.

desaliñada del texto italiano, que es traducción, al parecer, de un original español perdido"[34]. En el prólogo de los *Diálogos* hablaba ya de sus deseos de escribir la historia del Adelantado Hernando de Soto y también la de la conquista de su tierra; cumplió ambos propósitos y a ello debe su fama.

La primera se titula *La Florida del Inca o Historia del Adelantado Hernando de Soto*. Se basó en el relato oral que de sus recuerdos le hizo un capitán, Gonzalo Silvestre, amigo de su padre, que vivía retirado cerca de Córdoba; recuerdos que el escritor animó con novelesca libertad[35].

Su obra capital está representada por los *Comentarios Reales*, publicados en Lisboa en 1609, y su segunda parte, *Historia general del Perú*, que consiguió acabar pero no ver impresa; apareció, a poco de su muerte, en la misma ciudad de Córdoba. Los títulos completos nos informan del contenido de cada libro: *Comentarios Reales que tratan del origen de los Incas, reyes que fueron del Perú; de su idolatría, leyes y gobierno en paz y en guerra, de sus vidas y conquistas y de todo lo que fue aquel Imperio y su República antes que los españoles pasaran a él; Historia general del Perú, que trata del descubrimiento de él y cómo lo ganaron los españoles; las guerras civiles que hubo entre Pizarros y Almagros sobre la partija de la tierra; castigo y levantamiento de los tyranos, y otros sucesos particulares*[36].

---

[34] M. Menéndez y Pelayo, *Orígenes de la novela*, edición nacional, 2.ª ed., vol. II, Madrid, 1962, pág. 152. Cfr.: Germán Arciniegas, "El Inca Garcilaso y León Hebreo o los cuatro Diálogos del Amor", en *Cultura Peruana*, Lima, núm. 45, 1960, págs. 5-11.

[35] Edición del Fondo de Cultura Económica, México, 1956, con prólogo de Aurelio Miró Quesada. Cfr.: del mismo, "Creación y elaboración de *La Florida del Inca*", en *Revista del centro de estudios histórico-militares del Perú*, VIII, Lima, 1954-1955, páginas 172-193.

[36] *Obras Completas del Inca Garcilaso de la Vega*, edición del P. Carmelo Sáenz de Santa María, en *Biblioteca de Autores Españoles*, vols. CXXXII, CXXXIII y CXXXIV, Madrid, 1960. *Comentarios reales de los Incas*, ed. de Ángel Rosemblat, 3 vols., Buenos Aires, 1943-1944; 2.ª ed., 2 vols., 1945. *Comentarios reales de los Incas*, ed. de J. Durand, 3 vols., Universidad Nacional de San Marcos, Lima, 1959. *Historia general del Perú*, ed. de Ángel Rosemblat, 3 vols., Buenos Aires, 1944. *Comentarios reales*, selección y prólogo de Augusto Cortina, Colección "Austral", núm. 324. *Antología de los "Comentarios Reales"* con una introducción crítica por don José de la Riva Agüero, en "Biblioteca Histórica Iberoamericana", Madrid, 1929. Juan Bautista Avalle-Arce, *El Inca Garcilaso en sus "Comentarios" (Antología vivida)*, Madrid, 1964. Traducción inglesa de los *Comentarios* por H. W. Livermore, 2 vols., Austin, University of Texas Press, 1966. Cfr.: José de la Riva Agüero, *La historia en el Perú*, Lima, 1910, págs 33-214. Del mismo, "Examen de la primera parte de los 'Comentarios Reales'", en *Revista Histórica*, Lima, I, 1906, págs. 515-561; II, 1907, págs. 5-49 y 129-162. C. M. Cox, "Interpretación económica de los *Comentarios* del Inca Garcilaso", en *Cuadernos Americanos*, México, LXX, 1953, págs. 205-220. R. Falke, "'Otra Roma en su imperio'. Die *Comentarios Reales* des Inca Garcilaso de la Vega", en *Romanisches Jahrbuch*, Hamburgo, VII, 1955-1956, págs. 257-271. D. Valcárcel, "Tupac Amaru y la prohibición de los *Comentarios reales*", en *Revista Nacional de Cultura*, Caracas, XXIII, 1961, págs. 101-105. A. Escobar, *Lenguaje e Historia en los "Comentarios Reales"*, Universidad Nacional de San Marcos, Lima, 1960.

Para los *Comentarios* se sirvió como fuente, en buena parte, de un texto del padre Blas Valera; estaba éste escribiendo en latín la historia del Perú, pero sus papeles se perdieron en el saqueo de Cádiz que llevaron a cabo los ingleses en 1596; lo que de ellos se salvó, se lo entregó otro padre a Garcilaso, que lo utiliza citando textualmente. También se sirvió el escritor de otras varias relaciones de diversas provincias del Perú y de los cronistas conocidos, a todo lo cual añade cuanto él había recogido de sus amigos y parientes por conducto oral. En la *Historia general del Perú* se vale de los cronistas para la conquista y colonización; pero al llegar a las guerras civiles da entrada a los recuerdos personales de su infancia.

Dos aspectos diversos tienen que considerarse en estos libros: su calidad literaria y su valor histórico. Sobre la primera no existe discrepancia; las muy subidas dotes narrativas del Inca estaban servidas por su bien cimentada cultura humanística, que le habían familiarizado con los mejores modelos, y sobre todo por una cálida imaginación, muy india, que le permite animar sus páginas con todos los recursos que podrían pedirse a una novela. Como juicio global sobre el escritor, del que nadie disiente, valga por todos el muy breve, pero terminante, de Menéndez y Pelayo: "Como prosista —dice— es el mayor nombre de la literatura americana colonial"; y asegura líneas más arriba que es "uno de los más amenos y floridos narradores que en nuestra lengua pueden encontrarse" [37].

Como historiador fue, sin embargo, el mismo Menéndez y Pelayo quien rebajó sus méritos, o más bien diríamos que le negó esta condición; es muy revelador que el gran crítico se ocupara de los libros del Inca en sus *Orígenes de la novela*, pues como tal los considera esencialmente. Garcilaso había salido muy mozo todavía de su tierra, como vimos; prescindiendo de su manifiesta afición por lo extraordinario y maravilloso, escribe guiado por recuerdos de su infancia a muchos años de los sucesos, de la mayoría de los cuales tampoco había sido testigo; una doble nostalgia le mueve, empapándose de cierta dulce melancolía que representa uno de sus mayores encantos: la de su propia tierra, y la del fenecido mundo incaico, cuya sangre llevaba, y cuya memoria había nutrido su niñez de boca de los suyos: "Así se formó —dice Menéndez y Pelayo— en el espíritu de Garcilaso lo que pudiéramos llamar la novela peruana o la leyenda incaica, que ciertamente otros habían comenzado a inventar, pero que sólo de sus manos recibió forma definitiva, logrando engañar a la posteridad, por lo mismo que había empezado engañándose a sí mismo, poniendo en el libro toda su alma crédula y supersticiosa". Y añade luego: "Los *Comentarios Reales* no son texto histórico: son una novela tan utópica como la de Tomás Moro, como la *Ciudad del Sol* de Campanella, como la *Océana* de Harrington; pero no nacida de una abstracción filosófica, sino de tradiciones oscuras que indeleblemente se grabaron en una imaginación rica,

---

[37] Obra cit., págs. 152 y 153.

pero siempre infantil. Allí germinó el sueño de un imperio patriarcal y regido con riendas de seda, de un siglo de oro gobernado por una especie de teocracia filosófica. Garcilaso hizo aceptar estos sueños por el mismo tono de candor con que los narraba, y la sinceridad, a lo menos relativa, con que los creía, y a él somos deudores de aquella ilusión filantrópica que en el siglo XVIII dictaba a Voltaire su *Alzira* y a Marmontel su fastidiosa novela de *Los Incas...*"[38].

Los modernos historiadores y comentaristas han tratado de rebatir estos juicios, pero, de hecho, más que reivindicar para Garcilaso la condición de puntual historiador, han conseguido sólo formular una interpretación o justificación de su peculiaridad historiográfica. Así, por ejemplo, José de la Riva Agüero[39] explica que la tradición cuzqueña recogía tan sólo los hechos gloriosos de los Incas; había como una historia oficial, que dejaba cuidadosamente en el olvido derrotas y maldades. Según esto, Garcilaso no había oído sino aquellos relatos áureos de labios de sus antepasados, que ya no conocían tampoco más que el pretérito idealizado, al que sumaban su propia nostalgia de vencidos (faltaría añadir que a todo ello, en el momento de escribir sus libros, acumulaba Garcilaso la suya). Parecidas ideas defienden otros historiadores, como Aurelio Miró Quesada[40] y J. Durand[41], para los cuales es visible en la obra del Inca la influencia de los analistas quechuas, los *quipucamayus*, que suprimían en sus cuentas los reinados de los malos soberanos. Otros escritores, en cambio, niegan esta interpretación. Para Juan Bautista Avalle-Arce[42] las supresiones, los silencios, así como la general idealización que imprime el Inca a todos sus relatos, se deben al concepto ético y ejemplar —por él estrechamente compartido— que distingue a la historiografía europea desde los clásicos y que se intensifica en el Renacimiento.

A nuestro juicio, semejantes aclaraciones, cuya matización —influjo indígena, mentalidad renacentista— no nos importa ahora, eximen a Garcilaso de cualquier deliberado propósito de falsificar, pero no modifican en sustancia el carácter de su historia. El mismo Avalle-Arce, después de recomendar en páginas anteriores que se olviden ya las opiniones de Menéndez y Pelayo, escribe: "El invencible utopismo del Renacimiento, desde Tomás Moro hasta Tomás Campanella, había condicionado al hombre a aceptar la realidad subjetiva de una sociedad ideal.... Visto desde este punto de mira, lo que el Inca se lanza a hacer en sus *Comentarios*... es dar objetividad a esa imagen subjetiva, a crear una utopía localizable y concreta, que disfraza a la realidad

---

[38] Ídem, íd., pág. 153.
[39] Véase *La historia en el Perú*, citada.
[40] *El Inca Garcilaso*, Madrid, 1948; *Mito, tradición e historia del Perú*, Lima, 1951.
[41] "La idea de la honra en el Inca Garcilaso", en *Cuadernos Americanos*, X, noviembre-diciembre, 1951, págs. 200 y ss.
[42] Véase la "Introducción" a la *Antología vivida*, citada.

empírica con las galas del ideal" [43]. Y después de explicar que Garcilaso idealiza más el pasado remoto de los Incas que los sucesos inmediatos, añade: "Con todo, el Inca no resulta convincente como historiador científico, ya que demasiado a menudo se interponen sus vivencias entre realidad histórica y conciencia. Esto se debe, en mi opinión, al hecho de que el reactivo con que vitaliza la historia el Inca es su sensibilidad" [44] (juraríamos que se trata de las mismas ideas expuestas por Menéndez y Pelayo, que se habían mandado retirar).

Según nuestro entender, al rebajar el valor historial de los libros de Garcilaso, no se menoscaban sus méritos mayores; los *Comentarios* del Inca valen más a la postre por haber salvado la esencia, poéticamente perfumada, de una civilización desaparecida, que por el detalle exacto de los hechos. Quede para otros el seco rigor del dato; el Inca nos ha conservado, sin duda, la parte más valiosa. Al fin, es lo que había dicho Menéndez y Pelayo, su aparente detractor (así se repite por rutina), cuando afirmaba de los *Comentarios* que era el libro "más genuinamente americano que en tiempo alguno se ha escrito, y quizás el único en que verdaderamente ha quedado un reflejo del alma de las razas vencidas" [45].

LA INVESTIGACIÓN PSICOLÓGICA DEL DOCTOR HUARTE DE SAN JUAN

La prosa didáctica durante los años de Felipe II tiene una manifestación de especial importancia en la obra del Doctor Juan Huarte de San Juan. Se poseen escasas noticias de su vida, lo que explica que se repitan rutinariamente algunos errores. En un reciente estudio el Padre Iriarte ha conseguido ampliar la biografía del escritor y establecer datos seguros [46].

Nació Huarte en la villa de San Juan de Pie de Puerto, en la Navarra hoy francesa, probablemente en el año 1529. A consecuencia del problema de límites entonces existente con Francia y de las inquietudes de todo orden que de ello se seguían, los padres de Huarte emigraron de la región y se establecieron

---

[43] Ídem, íd., págs. 29-30.
[44] Ídem, íd., pág. 30.
[45] Obra cit., pág. 152. Además de las obras mencionadas en notas anteriores, cfr.: Eugenio Asensio, "Dos cartas desconocidas del Inca Garcilaso", en *Nueva Revista de Filología Hispánica*, VII, 1953, págs. 582-593. Enrique Moreno Báez, "El providencialismo del Inca Garcilaso", en *Estudios americanos*, Sevilla, VIII, 1954, núms. 35-36, páginas 143-154. Raúl Porras Barrenechea, *El Inca Garcilaso de la Vega*, Lima, 1946. Luis Alberto Sánchez, "El Inca Garcilaso escritor", en *Revista Nacional de Cultura*, Caracas, 1955, págs. 36-47. L. A. Arocena, *El Inca Garcilaso y el humanismo renacentista*, Buenos Aires, 1949. Aurelio Miró Quesada, "El Inca Garcilaso y su concepción del arte histórico", en *Mar del Sur*, Lima, V, 1951, págs. 1-12 y VI, págs. 55-71.
[46] M. de Iriarte, S. I., *El Doctor Huarte de San Juan y su Examen de Ingenios. Contribución a la historia de la psicología diferencial*, 3.ª ed., Madrid, 1948.

en la ciudad andaluza de Baeza. En la recién fundada Universidad de esta ciudad hizo Huarte sus estudios de humanidades, artes y filosofía, invirtiendo bastante tiempo en ellos, puesto que no se licenció hasta los veintidós o veintitrés años de su edad; Iriarte supone que el futuro escritor alternó sus estudios con algunos viajes por Europa, durante los cuales debió probar fortuna en las armas en Milán y en Nápoles. A fines de 1553 se matriculó Huarte en la escuela de Medicina de la Universidad de Alcalá, donde estudió cinco cursos, y obtuvo el grado de doctor, en diciembre de 1559. Siguen luego diez años oscuros en su vida; contrajo matrimonio con doña Águeda de Velasco, descendiente también de vascos emigrados, y debió de ejercer su profesión por algún tiempo en tierras de la Mancha, dado que poseía una casa en Tarancón y lazos económicos con vecinos de Corral de Almaguer y Villarejo de Salvanés. El matrimonio, con sus hijos, fue a establecerse luego en Linares, donde el doctor estuvo avecindado hasta su muerte, aunque conservando a su vez su casa de Baeza. En 1571 el municipio de esta última le ofreció un puesto de médico titular por dos años, pero no parece probable que, al expirar el plazo, se le renovase el contrato; quizá hasta su muerte no vivió sino de su clientela particular.

Puede suponerse que el Doctor Huarte no poseía grandes dotes para la práctica de la medicina. Aunque a sus estudios y ejercicio debe gran parte de su base científica y campo de observación, que es en él capital, su verdadera personalidad es la de un filósofo, que ha convertido la naturaleza del ser humano en el objeto de sus investigaciones. No obstante su profesión, nunca se llama médico, sino *filósofo natural*, para distinguirse, sin embargo, de los morales y metafísicos, y en dicho apelativo pone su orgullo. No era, en modo alguno, un practicón de la medicina, y de esta especie de colegas habla con despego y como de cosa ajena a su interés. Sus preocupaciones eran las de un científico, un investigador como ahora se diría, y en él se da la típica antinomia entre la dedicación profesional de la medicina aplicada y el saber teórico. A lo largo de su libro habla de las cualidades necesarias a los médicos prácticos, cualidades que él llama *imaginativas*, es decir, la capacidad intuitiva para llegar a un rápido diagnóstico; y afirma que él se hallaba desprovisto de ella en beneficio de su condición intelectual. No es, pues, improcedente imaginar que sus éxitos profesionales entre sus clientes de Baeza no fuesen excesivos; y ello explica también que su hacienda fuera bastante magra cuando murió en dicha ciudad en los últimos días de 1588 o primeros de 1589.

El único libro del Doctor Huarte se titula *Examen de ingenios para las ciencias. Donde se muestra la diferencia de habilidades que hay en los hombres, y el género de letras que a cada uno responde en particular* [47]. Fue el re-

---

[47] Ediciones: de Adolfo de Castro, en *Biblioteca de Autores Españoles*, vol. LXV, Madrid, nueva edición, 1953. Ed. de Rodrigo Sanz, en "Biblioteca de Filósofos Españoles", 2 vols., Madrid, 1930; incluye y compara la edición príncipe con la segunda, corregida por el autor.

sultado de largos años de *filosofar por su cuenta* y de observar al ser humano, servida su aguda perspicacia por los recursos de que le proveía su doble condición de médico y filósofo.

La primera edición del *Examen de ingenios* apareció en Baeza, costeada por el propio autor, en 1575. El haberse publicado la obra en población de tan escasa actividad editorial, retrasó evidentemente su difusión inmediata; con todo, a los tres años se reimprimía en Pamplona, dos años después en Valencia y Bilbao al mismo tiempo, y al año siguiente en Huesca. En 1580 se había publicado ya la primera edición francesa en Lyon, y en 1582 aparecía la primera italiana en Venecia, a la que siguieron otras tres en breve tiempo, mientras salía otra nueva edición francesa en París. El éxito no podía ser más halagador, tratándose sobre todo de un libro de tal índole. Su camino en España fue detenido, sin embargo, por un tropiezo con la Inquisición. La obra, en su edición primera, había obtenido la plena aprobación de los censores; el del reino de Castilla —pues hubo aprobación por separado para el de Aragón— fue el famoso teólogo y escriturario Fray Lorenzo de Villavicencio, quien después de declarar la limpia ortodoxia del libro pondera su contenido diciendo que "es doctrina muy grave y nuevo ingenio, fundada y sacada de la mejor filosofía que puede enseñarse", y añade luego que "su principal argumento es tan necesario de considerar de todos los padres de familias, que si siguieran lo que este libro advierte, la Iglesia, la República y las familias tendrían singulares ministros y sujetos importantísimos".

A pesar de todo, y no obstante tan terminantes pareceres, se produjo la dificultad. El libro de Huarte fue sorbido inmediatamente por los profesores de la Universidad local de Baeza: "El título —dice Iriarte— provocaba curiosidad; y cada lector se echó a buscar la descripción de su ingenio... y del de los demás. A poco comenzó el disgusto de quienes no se sentían halagados por las caracterizaciones y reparto de ingenios; después, los dedos índices se extendían, desde las páginas del *Examen*, hacia diversas personas conocidas, moviendo el enojo de los señalados. Y los catedráticos de la Universidad se alteraban ante la audacia de aquel Galeno reformador de estudios, que ponía cátedra de *nuevo modo de filosofar* a las puertas de la Universidad constituida y titulada. Y para los despechados, obra tal tenía que ser mala por fuerza. Y el celo de la casa de Dios, que tantas veces disfraza el de la casa propia, llevó al *Examen* al Tribunal de la Fe" [48]. En la nueva edición corregida, que vio la luz bastantes años más tarde, Huarte al comienzo del capítulo II explica lo que había sucedido con la primera: "...al *positivo* dijo que su facultad pertenecía a la memoria (de lo cual se sintió grandemente)...". En efecto, el Doctor Alonso Pretel, catedrático de Teología positiva de la Universidad local y Comisario en la ciudad del Santo Oficio, irritado por la atribución de Huarte, elevó un informe a la Inquisición de Córdoba denunciando ciertas proposi-

---

[48] *El Doctor Huarte...*, cit., pág. 55.

ciones peligrosas del *Examen*, para que aquélla lo cursara al Consejo de Madrid. La ofendida susceptibilidad del "positivo" acabó en una prohibición del libro, incluida en el *Índice* de 1583; al año siguiente el *Índice Expurgatorio* precisaba las proposiciones que debían ser corregidas. El Doctor Huarte enmendó los puntos señalados; pero modificó además otros muchos pasajes, de acuerdo con sus nuevas observaciones, e introdujo algunas ampliaciones, pues desde el mismo día en que apareció su obra, había proseguido trabajando en ella, lo que prueba la rectitud e insatisfacción de su espíritu científico, siempre abierto a nuevos conocimientos.

La nueva versión estaba a punto, pero le sorprendió la muerte sin verla publicada. No lo fue hasta 1594, también en Baeza; constaba de 22 capítulos, frente a los 15 que había tenido la primera. Entretanto, la continua demanda de ejemplares fue satisfecha por nuevas ediciones del texto primitivo, que vieron la luz en las prensas de los Países Bajos, sin contar las versiones a otros idiomas. En total, se conocen hasta el presente 25 ediciones en español, otras 25 en traducción francesa, siete en italiano, seis en inglés, dos en alemán, una en holandés y tres en latín.

Aun prescindiendo de las positivas aportaciones de la obra de Huarte —y son valiosísimas, como veremos—, interesa sobremanera destacar su importancia bajo el punto de vista del método, es decir, de su nueva actitud científica frente a las cosas y, por tanto, del lugar que le corresponde en el proceso de la ciencia moderna. A semejanza de Luis Vives, de quien pueden señalarse en el *Examen* huellas muy concretas, lo que éste aporta sobre todo es el "viraje de la atención hacia la observación sistemática, hacia el examen descriptivo de los fenómenos psíquicos"[49]. La crítica de Vives había denunciado la ciega adhesión que se prestaba a las palabras del maestro y clamado por un nuevo filosofar, libre, independiente, en el que ya no cabe la autoridad humana como base. Sobre la misma ruta, el Doctor Huarte es un sistemático seguidor de los métodos positivos e inductivos, y con esta herramienta construye todo su trabajo. No son, por cierto, escasas en su libro las referencias a diversos autores, pero de ellos no toma sino ideas casi siempre accesorias, y de cuyo apoyo las más de las veces hubiera podido excusarse; en cierto modo cabría decir que recurre a ellas con el fin de moderar ante el lector la demasiada impresión de audacia, precisamente por su aguda evidencia de la novedad del campo que rotura. Huarte ejercita por encima de todo su actividad crítica, y las ideas capitales de su libro no poseen otra fuente que su personal observación, siempre estimulada por su inquieta y audaz curiosidad.

Con mucho gracejo (en tono doctrinal lo trata en otros muchos pasajes) habla de las gentes borreguiles y enaltece el riesgo y la libertad de opinión: "A los ingenios inventivos —dice— llaman en lengua toscana caprichosos *(capriciosi)*, por la semejanza que tienen con la cabra en el andar y pascer.

---

[49] Ídem, íd., pág. 93.

Ésta jamás huelga por lo llano: siempre es amiga de andar a sus solas por los riscos y alturas, y asomarse a grandes profundidades por donde no sigue vereda alguna ni quiere caminar con compañía. Tal propiedad como ésta se halla en el ánima racional cuando tiene un celebro bien organizado y templado; jamás huelga en ninguna contemplación, todo es andar inquieta buscando cosas nuevas que saber y entender. De esta manera de ánima se verifica aquel dicho de Hipócrates: *animae deambulatio, cogitatio hominibus*. Porque hay otros hombres que jamás salen de una contemplación ni piensan que hay más en el mundo que descubrir. Éstos tienen la propiedad de la oveja, la cual nunca sale de las pisadas del manso, ni se atreve a caminar por lugares desiertos, y sin carril, sino por veredas muy holladas y que alguno vaya delante. Ambas diferencias de ingenio son muy ordinarias entre los hombres de letras. Unos hay que son remontados y fuera de la común opinión; juzgan y tractan las cosas por diferente manera; son libres en dar su parescer; y no siguen a nadie. Otros hay recogidos, humildes y muy sosegados, desconfiados de sí y rendidos al parescer de un autor grave a quien siguen, cuyos dichos y sentencias tienen por ciencia y demostración, y lo que discrepa de aquí juzgan por vanidad y mentira" [50].

Dicho se está que Huarte no realizó, para sus observaciones psicológicas, experimentos en el sentido de la ciencia actual, que en su tiempo no eran imaginables, pero, como recuerda el P. Iriarte, aplicó métodos auténticamente modernos, como el de las correlaciones y variaciones, tan eficaces para el estudio de la psicología diferencial; y nunca recurre a causas sobrenaturales mientras exista una posible explicación de orden natural. Toda la construcción de Huarte se orienta en la dirección de la *vuelta a la Naturaleza*, que era en sus días el grito de toda la ciencia europea, y que él, como auténtico precursor, aplica al campo de la psicología; en oposición a Aristóteles, propone una nueva clasificación de las ciencias basándose en la triple división de las facultades humanas: memoria, imaginación y entendimiento; clasificación que coincide con la famosa de Bacon y que éste, muy probablemente, tomó a Huarte.

Aunque en su *Examen* no descuida en manera alguna la importancia de la educación, pues no en vano abundan los certeros consejos pedagógicos, defiéndese en él cierto determinismo biológico, o, mejor dicho, *temperamental*, dado que son los temperamentos el soporte básico de toda la psicología humana. Diríase, con fórmula muy simple, que para Huarte "cada uno es quien es" por misteriosa decisión de la naturaleza; y también aquella conocidísima máxima de que "quod natura non dat, Salamantica non praestat". "Todo esto se entiende —dice Huarte— supuesto que el hombre tenga buen ingenio y habilidad, porque si no, quien bestia va a Roma, bestia torna; poco aprovecha que el rudo vaya a estudiar a Salamanca, donde no hay cátedra de entendimiento ni de prudencia, ni hombre que la enseñe" [51].

---
[50] Edición Sanz, cit., pág. 146.
[51] Ídem, íd., pág. 65.

He aquí, en síntesis, las ideas básicas de Huarte. Los individuos son portadores de evidentes diferencias, que rigen su diversa aptitud para aprender y para el ejercicio de las profesiones; estas diferencias no dependen, salvo en muy corta medida, de la voluntad y aplicación del sujeto o de la dirección pedagógica, sino de una condición subjetiva, primaria y natural; siendo iguales todas las almas, es preciso atribuir aquellas diferencias a la diversidad de *temperamentos*: en una palabra, existen ciertas idiosincrasias somáticas a las que corresponden determinadas idiosincrasias psíquicas o temperamentales, que regulan toda actitud del hombre ante la vida, tanto en el pensar como en el sentir y en el actuar. Huarte divide los temperamentos en tres categorías fundamentales: *memoriosos, imaginativos* e *intelectuales*, entre los que caben combinaciones y matices múltiples, aunque siempre se advierta una tónica predominante.

De todo ello derivan importantísimos problemas a los que Huarte dedica consideraciones de excepcional agudeza y novedad; tales son, por ejemplo, la presión que puede ejercer el ambiente, la educación, la herencia, etc., sobre el individuo. Para Huarte todo esto actúa no directamente sobre las facultades específicas, sino a través del temperamento, que, como se ve, es para él la piedra angular de la psique: unos mismos estímulos afectan de distinta manera a cada ser humano; importa, pues, menos la calidad objetiva del estímulo que la índole temperamental —misteriosa, difícilmente modificable— del ser humano que lo recibe: lo que equivale, en una palabra, al viejo, pero siempre profundísimo, chiste del optimista y el pesimista. Otro problema era el de la mutua interacción entre las cualidades somáticas y las actividades superiores, con el correspondiente influjo de aquéllas sobre la libertad moral; aquí fue donde la Inquisición anduvo más sobresaltada.

Establecida esta parte, digamos *teórica*, atiende Huarte a sus consecuencias prácticas, con una finalidad en que se conjugan intenciones a la vez pedagógicas y sociales. Se impone entonces investigar a qué aplicaciones de orden práctico, profesiones, actividades, estudios, cargo o función, convienen los distintos temperamentos —es el *examen de ingenios para las ciencias*, que el autor lleva a cabo detenidamente— para que, de acuerdo con ello, atine el individuo con el camino que debe escoger y sea también mayor, consecuentemente, el provecho de la sociedad, cuya organización no debe dejarse al azar o al puro capricho de los particulares, todos los cuales tienen el deber de cooperar lo mejor posible al bien común.

En este camino Huarte formula proposiciones que debieron parecer a muchos en su tiempo sobremanera audaces, y que son asombrosamente modernas. Propone, por ejemplo, que se constituyan comisiones oficiales de hombres sabios y prudentes para determinar la capacidad de los estudiantes, desde su primera edad escolar, y especialmente antes de iniciar sus años universitarios, con el fin de orientarlos en sus aptitudes y profesiones que tantas veces se eligen caprichosamente o por cualquier circunstancia familiar o de interés. Son, en una palabra, los modernos *tests*, y la institución de los *consejeros*, establecidos hoy en muchos centros universitarios del mundo. "¡Oh, quién entrara hoy día en las escuelas de nuestros tiempos —dice Huarte—, haciendo cata y cala de los ingenios! ¡a cuántos trocara las ciencias, y a cuántos echara al campo por estólidos e imposibilitados para saber, y cuántos restituyera de los que por tener corta fortuna están en viles artes arrinconados, cuyos ingenios crió naturaleza sólo para las letras!"[52]. Huarte llevaba la aplicación de sus teorías hasta la elección de cónyuges y la determinación de cualidades necesarias —y señales que las manifiestan— para ejercer el *oficio de rey*; pretensión que no debe de parecer excesiva, si se piensa que en el capítulo último de la primera redacción del *Examen* había intentado la descripción del temperamento de Jesucristo.

Es imposible ni aludir aquí siquiera a las miles de sugerencias esparcidas por todo el libro, discutibles muchas pero agudísimas las más, que descubren la capacidad del autor para calar ingenios y actitudes, caracteres y conductas, y que hacen del *Examen,* aun prescindiendo de su estructura doctrinal, depósito inagotable de observaciones siempre vigentes sobre el ser humano. De otra parte, la mencionada posición científica de libertad y criterio personal frente a los problemas se alía siempre con una desenvuelta y viril actitud de franqueza, que no se cohibe ante las categorías oficiales ni los valores convenidos. Muchos de sus juicios debieron herir a sus colegas y a catedráticos de Universidad, que no sólo al *positivo* de Baeza; véase, por ejemplo, cómo alude a un profesor universitario de leyes: "Aunque es verdad que en la cátedra se ha de distinguir, inferir, raciocinar, juzgar y elegir, para sacar el sentido verdadero de la ley; pero en fin, pone el caso como mejor le parece, y trae los dubios y opuestos a su gusto, y da la sentencia como quiere y sin que nadie le contradiga, para lo cual basta un mediano entendimiento. Pero cuando un abogado ayuda al actor, y otro defiende al reo, y otro letrado ha de ser juez, es pleito vivo y no se parla tan bien como esgrimiendo sin contrario"[53].

Del estilo del Doctor Huarte afirmaríamos que es el propio de un científico, si no temiéramos que se entendiera como pedante o pretencioso; digamos, pues, que es *funcional*, es decir, que se adapta con precisión y economía a la exposición rigurosa del pensamiento; quien dedicó un capítulo completo a demostrar *que la elocuencia y policía en el hablar no puede estar en los hombres de grande entendimiento*, no podía perderse en vanas hojarascas. Sin embargo, su sencillez no es árida, sino de clásica elegancia, y tiene sobre todo la virtud de hacer asequibles y llanos los muchos temas de ciencia que se tratan, y que requerían no menos rigor en el pensar que seguridad y arte en el decir.

El influjo ejercido por el *Examen de ingenios* ha sido tan intenso como duradero, y sus repetidas ediciones en las principales lenguas de Europa son

---

[52] Ídem, íd., pág. 62.
[53] Ídem, íd., pág. 263.

bien elocuentes. En la historia de la psicología moderna es, sin posible discusión, uno de los más destacados precursores; las conclusiones del *Examen* siguen siendo la base de la moderna caracterología, y muchas de sus ideas sobre el influjo de la constitución somática y de los factores del medio físico y social en las facultades superiores, continúan estando en vigor después de haber inspirado numerosas teorías más o menos extremas [54].

---

[54] Cfr.: J. M. Guardia, *Essai sur l'ouvrage de J. Huarte: Examen des aptitudes diverses pour les sciences*, París, 1855. Jaime Salvá, "Observaciones sobre la obra titulada 'Examen de ingenios' por don Juan Huarte", en *Revista de Madrid*, 3.ª serie, I, 1841, páginas 266-276. Mariano de Rementería, *Reflexiones sobre la obra de Juan de Dios Huarte, titulada 'Examen de Ingenios'*; discurso pronunciado en la Universidad Central, Madrid, 1860. Rafael Salillas, *Un gran inspirador de Cervantes. El doctor Juan Huarte y su 'Examen de Ingenios'*, Madrid, 1905 (en relación con este tema véase la citada obra de Iriarte, cap. VII, apart. 3, titulado "El *Examen de Ingenios* y *El Ingenioso Hidalgo*", págs. 311-332). Anton Klein, *Juan Huarte und die Psychognosis der Renaissance*. Inaugural-Dissertation zur Erlangung der Doktorwürde, Bonn, 1913. Antonio Simonena y Zabalegui, *Un precursor de la orientación profesional: El Doctor Juan Huarte*. Cuarto Congreso de Estudios Vascos, San Sebastián, 1927. C. A. Figuerido, *La orientación profesional y el médico navarro Juan de Huarte*, Bilbao, s. a. Miguel Artigas, "Notas para la bibliografía del Examen de Ingenios", en *Homenaje a don Carmelo de Echegaray*, San Sebastián, 1928, págs. 579 y ss. Gregorio Marañón, "Examen actual de un Examen antiguo", en *Cruz y Raya*, noviembre de 1933. Arturo Farinelli, *Dos excéntricos: Villalón y Huarte*, anejo de la *Revista de Filología Española*, 1936.

ÍNDICE DE NOMBRES Y OBRAS

Abadal, R. de, 82 n.
Abdalá Ben Almocaffa, 151.
Abele spelen, 207.
Abenarabí, 874 y n.
Abén Guzmán, 88, 90.
   Cancionero, 88 y n., 91.
Abén Házam de Córdoba, 90, 255 y n.
   Collar de la paloma, El, o *Tratado sobre el amor y los amantes,* 255.
Abenmassarra, 874 n.
Abravanel, Judas, vid. Hebreo, León.
Abril, Pedro Simón, 798, **962**.
   Traducción de las comedias de Aristófanes y Terencio, y de la *Medea* de Eurípides, 962.
Abu Beker, 59.
Abul Beka, 376, n.
Abu Nuwas, 97 n.
Acero Abad, M., 935 n.
Acevedo, Fernando de, 998.
Acosta Lozano, Zacarías, 832 n.
Acuña, Diego de, 391.
Acuña, Hernando de, **662,** 714.
   Contienda de Ayax Telamonio y de Ulises sobre las armas de Aquiles, **662**.
   Fábula de Narciso, **662**.
   Adaptación en verso de *Le Chevalier Déliberé,* de Olivier de la Marche, **662**.
Acuña, M. de, 390.
Adib, Víctor, 839.
Adinolfi, Giulia, 543 y n., 596.
Aguado, José María, 245 n., 258, 357 n., 358, 899 n., 905 n.
Aguado Bleye, Pedro, 36, 170 n., 996 n.
Aguilar, Gaspar de, 968, 969 n.
Aguiló y Fuster, M., 434 n.
Agustín, San, 183, 184, 627, 901, 904, 912.

Ciudad de Dios, 184, 627.
Confesiones, 897, 900, 904.
Aita, Nella, 170 n.
Alarcón, Juan Ruiz de, 439, 948 n.
   Cueva de Salamanca, La, 439.
Alarcón, Luis de, 606.
Alarcón, Pedro Antonio de, 30, 936.
Alarcos Llorach, Emilio, 97 n., 133 n., 134 y n., 139 n., 143, 308 n.
Alas, Leopoldo, 30.
Alatorre, Antonio, 861 n.
Alba, duques de, 497, 498, 635, 636 y n., 641, 647, 648, 649, 658 n., 836.
Albéniz, G., 345 n.
Alberti, Rafael, 433, 660.
   Marinero en tierra, 660.
Alcalá, J. de, vid. Jerónimo de Alcalá.
Alcántara, San Pedro de, vid. Pedro de Alcántara, San.
Alcázar, Baltasar del, 846, **861-862**.
   Cena jocosa, 862.
Aldana, Cosme de, 836, 837.
Aldana, Francisco de, **836-838**.
   Epístola a Arias Montano sobre la contemplación de Dios y los requisitos della, 836 n., **837**.
   Obra de Amor y Hermosura a lo sensual, **837-838**.
   Octavas dirigidas al Rey don Felipe, nuestro señor, **837**.
   Traducción de las *Epístolas* de Ovidio, 837.
Alda-Tesán, J. M., 369 n., 636 n., 920 n.
Alderete, Adelantado, 952.
Alegría, Fernando, 956 n.
Aleixandre, Vicente, 22.
Alejandro VI, papa, 493.

Alejandro de Bernay o de París, vid. Lambert le Tort.
Alemán, Fadrique, 411.
Alemán, Mateo, 761, 762 n., 767, 768, 844 n., 927 n., 981 n.
  Guzmán de Alfarache, 753, 755, 760, 761, 762 n., 763 y n., 768, 770, 771 y n., 790.
Alemany Bolufer, J., 151 n.
Alfonso, infante don, 367, 394, 475, 484, 485.
Alfonso II, 943.
Alfonso IV de Portugal, 464 n.
Alfonso V de Portugal, 485.
Alfonso V el Magnánimo, 264, 326, **327**, 337 y n., 345, 346, 397 n., 518, 631.
Alfonso VI, 56, 64, 71, 72, 81, 162, 187, 200.
Alfonso VII, 61 n., 162.
Alfonso VIII, 153, 154.
Alfonso X el Sabio, 14 n., 16, 39, 50 y n., 53 y n., 80, 86, 116 n., 130 n., 145, 148, 150, 151 y n., **153-172**, 174 190, 191 y n., 192, 199, 206, 223, 224, 261, 280, 283, 284, 285 n., 288, 290, 293, 299, 300, 303, 304, 305, 326, 340, 397 n., 560, 620, 990.
  Cantigas de Santa María, 86, 158, **170-172**, 327.
  Estoria de España, vid. *Primera Crónica General*.
  Grande e General Estoria, 158, **166-168**.
  Lapidario, 156 n., 168, **169**.
  Libro de la Ochava Esfera, 155.
  Libro de las armellas, 157 n.
  Libro de las cruces, **169**.
  Libros de açedrex, dados e tablas, 156, **169-170**.
  Libros del Saber de Astronomía, 157 n., **168-169**.
  Primera Crónica General, 50, 53 y n., 77, 80, 81, 82, 139 y n., 153 n., **160-166**, 175, 281, 303, 304, 305, 314 315, 380 n., 405 n., 413, 416, 990.
  Partidas o Libro de las Leyes, 39, 156, **158-160**, 164, 169, 174, **189-193**, 198, 199, 202, 210, 317, 400, 620.
  Setenario, 168, **169**.
  Tablas Alfonsíes, 168, **169**.
Alfonso XI, 161, 191 n., 280, 281, 304, 308, 314, 315, 316.

Ordenamiento de Alcalá, 191 n.
Alfonso Álvarez, vid. Álvarez, A.
Al(f)onso de Cartagena, vid. Cartagena, Alfonso de.
Alfonso de Fonseca, arzobispo de Sevilla, 519.
Al(f)onso de Palencia, 368, 389, 390, 391, **475-476**.
  Décadas, 389, 476 n.
  Gesta hispaniensia ex annalibus suorum dierum, **476**.
  Universal vocabulario en latín y romance, 475-476.
Alfonso de Paradinas, vid. Paradinas, Alfonso.
Algacel, 874 n.
Algazi, L., 436 n.
Aliaga, Luis de, 999 n.
Almagro, A., 35.
Almeida, Juan de, 833 n.
Almeida Lucas, João, 698 n.
Almogávar, Gerónima Palova de, 657.
Alonso, Amado, 521 n., 562 n.
Alonso, D., 22, 23, 25, 32, 33, 44 y n., 45 n., 68, 69 y n., 77 y n., 78 n., 81 n., 87, 92 y n., 93, 94, 95, 97 n., 119 y n., 149 y n., 196 y n., 227 y n., 250, 251 n., 252, 253 n., 254, 308 n., 339, 349 n., 366, 424 n., 447 n., 448, 469 n., 472, 473 y n., 481 n., 526, 562 n., 568 n., 571 n., 626 n., 627 n., 630 n., 632 y n., 645 n., 646, 649 n., 650, 652, 654, 657 n., 658 n., 660, 685 n., 686 y n., 687 n., 688 n., 691, 694 y n., 695 y n., 696 n., 699, 700, 721 n., 803 n., 823 n., 826 y n., 827 y n., 831 y n., 835 n., 845 n., 847 n., 852 n., 853 n., 873 y n., 885 n., 893 n., 908 n., 911 n., 912, 913, 914, 915, 916, 917 n., 920 n., 921, 922 y n., 952 n.
Alonso Cortés, Narciso, 31, 390 n., 395 n., 433 n., 464 n., 471 n., 483 n., 485 n., 662 n., 663 n., 723 n., 801 n., 833 n., 930 n., 933 n., 969 n., 995 n.
Alonso de Madrid, 870, 886, **904**.
  Arte para servir a Dios, 870.
Alonso Getino, L. G., vid. Getino, L. G. A.
Altamira y Crevea, Rafael, 36, 728 n.
Altamirano, Ignacio Manuel, 948 n.
Alter, Robert, **794 n.**

Altercatio Phyllidis et Florae, 103.
Altolaguirre, Manuel, 641 n.
Alvar, Manuel, 34, 100 n., 106 y n., 107 y n., 108, 109 n., 420 n., 435 n., 833 n.
Álvarez, Alfonso, 374.
Álvarez, Leonor, 537.
Álvarez Beigbeder, G., 433 n.
Álvarez Delgado, J., 476 n.
Álvarez de Toledo, Fadrique, duque de Alba, 493.
Álvarez de Villasandino, Alfonso, 324, 328 y n., **331-332**, 393, 464.
Álvarez Gato, Juan, 373, 392, **394-398**.
Álvaro de Luna, 324, 329, 336, 340, 349, 356, 357, 358, 359, 363, 453, 474, 475, 477, 478, 484, 620, 813.
  Libro de las virtuosas e claras mujeres, 356, 358, 813.
Allen, C. G., 151 n.
Allen, P. S., 629 n.
Allen, Don Cameron, 735 n.
Allué Salvador, M., 893 n.
Amades, J., 434 n.
Amadís de Gaula, 19, 28, 450, 455, **463-471**, 472, 502, 728, 866, 930, 949.
Amador de los Ríos, J., 31, 78, 112 n., 173, 198, 210, 230 y n., 235, 317, 321 n., 329, 334, 345 n., 346 n., 347 n., 349 n., 384, 388 n., 395, 485 n., 556, 740 n.
Ambrosio, San, 813, 884.
Anderson, J. O., 81 n.
Amezúa, A. G. de, 322 n.
Amorós, Carles, 411, 636 n.
Amós, profeta, 894.
Ana de Jesús, 815.
Andrés, Alfonso, 125 n., 126 n., 887 n., 994 n.
Andrés Castellanos, M. S. de, 1007 n., 1009.
Andrés el Capellán, 244 n., 562 y n., 572.
  Liber de arte honeste amandi et de reprobatione inhonesti amoris, 244, 562, 572.
Andrews, J. Richard, 496 n., 506 n.
Andújar, Juan de, vid. Juan de Andújar.
Angarita Arvelo, R., 437 n.
Ange, Michel, 883 n.
Ángela Rafaela, segunda esposa de Rueda, 969.
Anglés, Higinio, 170 n., 403 n., 442 n.
Anisio, Consimo, 649 n.

Antolín, Guillermo, 384 n.
Antolínez, Luis Agustín, 832.
Antón de Montoro, 324, 384, 390, **392-394**.
  A la muerte de los dos hermanos Comendadores, 393.
Antonio, Nicolás, 173, 395 n., 863.
Antonio de Salamanca, 534 n.
Antonio M.ª de la Presentación, 903 n.
Antuna, Melchor M., 165 n.
Appel, C., 88, 386 n.
Apraiz, A., 963 n.
Apuleyo, 748 n.
  Asno de Oro, El, 748 n.
Aragone, Elisa, 529 n., 530 y n., 531 n.
Araujo, F., 858 n., 997 n.
Arcayos, vid. Chaves de Arcayos, Juan.
Arce, A., 436 n.
Arce de Vázquez, Margot, 634 y n., 645 n., 647 n., 648 n., 649 n., 650 n., 651, 667, 853 n.
Arciniegas, Germán, 1009 n.
Arcipreste de Talavera, 278, 359, 438, **442-448**, 502, 560, 572, 609, 747, 813.
  Atalaya de las crónicas, **442** y n. — **443** y n.
  Corbacho, El, o Reprobación del amor mundano, 278, 438, **443-448**, 610, 794, 813.
  Vida de San Ildefonso, 442.
  Vida de San Isidoro, 442.
Arcipreste de Hita, 14 n., 19, 28, 83, 104, 115, 125, 136, 138, 222, 223, **224-279**, 280, 283, 292, 293, 297 n., 298, 300, 301, 303, 308, 309, 310 y n., 316, 321, 352, 353, 374, 386, 388, 396 n., 400, 444, 445, 447, 448, 499, 560, 562, 572, 664, 747 y n., 790, 924, 986.
  Libro de Buen Amor, 19, **224-279**, 303, 310, 558, 559 y n., 560, 748 n., 766, 786.
Arco, Ricardo del, 893 n.
Arconada, Mariano, 811 n.
Areopagita, San Dionisio, vid. Dionisio Areopagita, San.
Argensola, Bartolomé Leonardo de, 963 n.
Argensola, Lupercio Leonardo de, 755 n., 943, **963**, 966.
  Alejandra, **963**.
  Isabela, **963**.
Argote de Molina, Gonzalo, 282 n., 844 n., 845 n., 852 n.

Arias, Juan, 992.
Arias Dávila, Pedro, 394, 743.
Arias Montano, Benito, 470, 776, 811, 837, 1006.
　Índice expurgatorio, 776.
Aribau, Buenaventura Carlos, 554, 777 n., 965 n.
Arintero, Juan G., 878 n., 903 n.
Ariosto, Ludovico, 470, 473 n., 674, 835 n., 935 n., 937 n., 947 y n., 949, 954.
　Cassaria, 674.
　Orlando Furioso, 470, 724 n., 947, 949.
Aristófanes, 961 n., 962.
Aristóteles, 160, 169, 174, 232, 233, 248, 279 n., 560, 593, 621, 622, 798, 888, 889, 894 n., 903, 961 n., 1016.
　Órganon, 903.
　Política, 174, 279 n., 798.
Armistead, Samuel G., 10, 142 y n., 155 n., 162 n., 312 y n., 417 n., 420 n., 436 n.
Arnold, Harrison Heikes, 113 n., 116 n., 131 n., 135 n., 258.
Arnold, R., 618 n.
Arocena, F., 139 n.
Arocena, L. A., 1012 n.
Artigas, Miguel, 308 n., 392 n., 483 n., 644 n., 822, 1019.
Artiles, Joaquín, 124 n., 130 n., 529 n.
Artiles Rodríguez, Jenaro, 394, 395 y n., 396, 398.
Asenjo Barbieri, Francisco, vid. Barbieri, F. Asenjo.
Asensio, Eugenio, 98 n., 144, 145 y n., 146, 396 n., 397 n., 402 n., 424 n., 521 n., 597 n., 615 y n., 630 n., 686 n., 690 y n., 694 n., 700, 721 n., 838 n., 841 y n., 973 n., 1012 n.
Asensio, Félix, 997 n.
Asensio, José María, 774, 844 n., 849, 861 n.
Asensio, Manuel J., 557 y n., 566, 571, 769, 773 n., 774 y n., 775, 776, 789, 790.
Asín Palacios, Miguel, 90, 128, 868, 874 y n., 903 n.
Asís, A. E. de, 521 n.
Astorga, marqués de, 529.
　Coplas a su amiga, **529**.
Astrana Marín, Luis, 822.
Atahualpa, 1008.
Atanasio, San, 894 n.

Atkinson, William C., 342 n., 400 n., 403 n., 699 n., **926 n.**, **968 n.**
Attias, M., 436 n.
Attwater, Donald, 876 n.
Aub, Max, 14 n., 31, 98 n.
Aubrun, Charles V., 52 n., 82 n., 221 n., 325 n., 350 n., 358, 396 n., 454, 475 n., 482 n., 788 n., 952 n.
Auclair, Marcelle, 899 n.
Aulo Gelio, 736.
　Noches áticas, 736.
Ausías March, 347 n., 633, 638 y n., 650, 927, 929.
　Cantos de Amor, 927.
Ausim, Juan de, 443 n.
Ausonio, 358, 831, 859 n.
　Collige rosas, 831.
Auto de la Asunción, 704.
Auto de la Circuncisión, 704.
Auto de la entrada en Jerusalén, 704.
Auto de la huida a Egipto, 704.
Auto de la justicia divina contra los pecados de Adán, 704.
Auto de la prisión de San Pedro, 704.
Auto de la Resurrección, 704.
Auto del hijo pródigo, 704.
Auto del Maná, 704.
Auto del martirio de San Justo y San Pastor, 704.
Auto del martirio de Santa Eulalia, 704.
Auto de los desposorios de Isaac, 704.
Auto de los Reyes Magos, 188, 189, 190, **198-202**, 207, 213, 261, 484, 489, 490.
Auto de los Triunfos del Petrarca, 704.
Auto del Pecado de Adán, 704.
Auto de Naval y Abigail, 704.
Auto de San Jorge cuando mató la serpiente, 704.
Auto de Santa Elena, 704.
Avalle-Arce, Juan Bautista, 329 n., 466 n., 736 n., 834 n., 926 n., 933 n., 1009 n., 1011.
Avenary, H., 436 n.
Avendaño, Francisco de, 672 n.
Averroes, 874 n.
Ávila, J. de, vid. Juan de Ávila.
Ávila, Martín de, vid. Martín de Ávila.
Ávila y Zúñiga, Luis de, **737** n.
　Comentario de la Guerra de Alemania, **737**.
Ayala, Francisco, 750 y n., 779.

Índice de nombres y obras 1025

Ayala, Pero López de, vid. López de Ayala, P.
Ayamonte, marqués de, vid. Guzmán, Antonio de.
Ayllón, Cándido, 615 n.
Azáceta, José María, 326 n., 327 y n., 328 n., 329 y n., 330 n., 336 y n., 345 n., 347 n., 348 n.
Azara, José Nicolás de, 643 y n., 644, 660.
Azorín, 130 n., 131, 376, 563 n., 653, 658, 813, 885 n.
Azurara, Gómez Eannes de, 465.

Bacon, 628, 1016.
Bach y Rita, P., 337 n.
Badía Margarit, A. M., 34, 77, 164 n.
Baena, Juan Alfonso de, 326 y n., 327, **328-330**, 335, 336, 337, 351 n.
Bages, Joan, 636 n.
Bagnatori, Giuseppe, 708 n.
Bahret, R. A., 282 n.
Bailiff, Laurence D., 266 n.
Baist, G., 133 y n., 198 n., 282 n., 454, 530.
Baker, A. T., 109 n.
Balaguer, Joaquín, 521 n., 739 n.
Balaguer, Víctor, 337 n.
Balbín, R. de, 34.
Balbuena, Bernardo de, 944, 946, **948-950**, 952, 956.
  Bernardo o *Victoria de Roncesvalles, El*, 945, **948**.
  Grandeza Mexicana, **948**, 949 n.
  Siglo de Oro en las selvas de Erífile, El, 948 n., 949.
Baldensperger, F., 34, 166 n.
Balenchana, José Antonio de, 411 n., 476 n.
Balperron, P., 91 n.
Ballesteros, Diego, vid. Diego de Estella.
Ballesteros Beretta, Antonio, 35, 166 n., 281 n., 1001 n.
Ballesteros-Gaibrois, Manuel, 516 n., 740 n., 997 n.
Bandello, Matteo, 473 n.
Bandera Gómez, C., 59 n.
Bansani, A., 98 n.
Báñez, Domingo, 801 n., 880, 898, 902,.
Baquero Goyanes, Mariano, 794 n.
Baradat, A., 443 n.

Barahona de Soto, Luis, 844 n., 846, **861, 947-948.**
  A la muerte de Garcilaso, **861.**
  A la pérdida del rey don Sebastián en África, **861.**
  Diálogos de la Montería, **861, 947.**
  Lágrimas de Angélica, Las, **861, 947.**
Baráibar y Zumárraga, F., 961 n.
Barbarroja, Federico, vid. Federico Barbarroja.
Barberá, R. E., 79 n.
Barbieri, Francisco Asenjo, 403 n., 494, 495.
  Cancionero musical de los siglos XV y XVI o *Cancionero de Palacio,* 344, 351 n., 494.
Barcelos, Pedro de, 53 y n., 153 n., 161 n.
  Crónica General de 1344, 53 y n., 77, 80, 139, 153 n.
Barclay, Robert, 460 n.
Barja, César, 31, 756, 760.
Barlaam y Josafat, 289, 291 y n.
Barra, E. de la, 198 n.
Barrantes, V., 983 n.
Barrau-Dihigo, L., 33.
Barrera, Cayetano Alberto de la, 113 n., 496 n.
Barrett, L. L., 982 n.
Barrientos, Lope de, 439, 441, 442 n., 475.
  Tractado de las especies de adivinanzas, 439.
Barrington, M., 169 n.
Barth, Gaspar von, 584 n., 933.
Bartholomaeis, V. de, 182 n.
Bartolomé de los Mártires, 880.
Baruzi, Jean, 816 n., 872 y n., 873, 878 n., 920 n.
Basilio, San, 805, 812, 884.
  Hexaemeron, 884.
Bassols de Climent, M., 521 n.
Bataille de Caresme et de Carnage, 249.
Bataillon, Marcel, 357, 358, 396 n., 527 n., 539 n., 545 y n., 551 y n., 574, 579, 582, 583, 584 y n., 587 n., 590, 592, 598, 599, 600, 604 n., 606, 611, 628 n., 630 n., 648 n., 703, 707, 708 n., 709, 713 n., 714, 716 n., 718 n., 720, 722, 723 n., 724, 725 y n., 728 n., 737, 742 n., 770, 771 n., 772 y n., 773, 774, 775, 776, 777 n., 781, 782, 783 n., 786, 787, 789, 792, 795, 839, 840, 841 y n.,

LIT. ESPAÑOLA. — 65

842 n., 881 n., 884 n., 885 n., 920 n., 928 n., 930 n., 934 n., 980, 982, 984 n., 989.
Batiouchkof, Th., 99 n.
Battaglia, Salvatore, 226 y n., 238, 279 n., 850 n.
Baudouin de Sebourg, 68.
Bayle, C., 899 n.
Bayo, Ciro, 437 n.
Bayo, Marcial José, 129 n., 506 n., 562 n., 926 n.
Bazán, Álvaro de, 859.
Beall, C. B., 835 n.
Beau, Albin Eduard, 694, 702 n.
Beauvais, Vicente de, 117, 167, 172, 290.
  Speculum Historiale, 117, 164 n., 167, 172.
Bécquer, G. A., 17, 377 n., 660.
Becker, R., 117 y n.
Bédier, J., 42 y n., 44, 45, 408.
Beethoven, 633.
Béjar, duque de, 738.
Bell, Aubrey F. G., 31, 170 n., 443 n., 626 n., 663 n., 685 n., 687 n. - 688 n., 801 n., 802 y n., 832 n., 885 n.
Bellido, José, 521 n.
Bello, A., 78, 951 n.
Beltrán de Heredia, V., 357 n.
Beltrán de la Cueva, 394.
Bembo, Pietro, 623, 638, 719.
Ben-Alcama, 164.
Ben-Alfaray (pseudo), 161.
Benavente, conde de, 969.
Benavides, A., **282** n.
Benedicto XIII, papa, 478.
Beneyto, J., 293 n.
Benicio Navarro, Felipe, 440 n.
Bénichou, Paul, 409, 410, 417 n., 420 n., 435 n.
Benítez Claros, R., 768 n.
Benito Durán, Ángel, 297 n.
Benno à S. Joseph, 911 n.
Benvenuto de Imola, 345.
Berceo, G. de, 83, 106, 111 y n., 112 n., 113 n., 114, **115-131**, 133, 135 n., 139, 140, 141, 143, 172, 223, 260, 261, 275, 313 n., 375, 386, 400.
  Loores de Nuestra Señora, 106, 115, 120 n., 121 n., **129**, 400.
  Martirio de Sant Laurençio, 111, 116 **y** n., **129**.

Milagros de Nuestra Señora, 115, **116-125**, 126, 128, 129, 130, 172.
Planto o Duelo que fizo la Virgen el día de la Passión de su Fijo Jesu Christo, 115, **129**.
Sacrificio de la Misa, El, 111, 116, **129**, 400.
Signos que aparesçerán antes del Juicio, 116, 121 n., **129**.
Vida de San Millán de la Cogolla, 115 y n., 116 n., 120 n., **126-128**, 140, 141, 142.
Vida de Santa Oria, 115, 116 n., 118 n., 120 n., 123, **126**, **127-128**.
Vida de Santo Domingo de Silos, 111, 115 y n., 116 n., 118 n., 120 n., 121 n., 123, **125-126**, 127 n.
Bergara, E. P., 375 n.
Bergua, J., 33.
Berkowitz, H. Ch., 722 n.
Bermúdez, Jerónimo, **962-963**, 966.
  Nise lastimosa, **962-963**.
  Nise laureada, **962-963**, 966.
Bermúdez Plata, C., 521 n., 951 n.
Bernáldez, Andrés, **477**.
  Historia de los Reyes Católicos don Fernando y doña Isabel, **477**.
Bernaldo de Quirós, C., 270 n.
Bernardino de Laredo, 867, 870, 876, 886, 897, 904, 920 n.
  Subida del Monte Sión por la vía contemplativa, 870, 886.
Bernardino de Toledo, 647.
Bernardo de Claraval, San, 129, 174, 841, 912.
Bernardo de Sahagún, 180, 200.
Bernat de Ribagorça, 82 n.
Bernays, M., 518 n.
Berndt, Erna Ruth, 527 n., 615 n.
Bertalia, Olimpia, 810 n.
Berteaux, A., 852 n.
Bertini, G. M., 243, 343 n., 437 n., 937 n.
Bertolucci, V., 116 n.
Bertoni, G., 79 n.
Bertrand, Louis, 899 n.
Berzunza, J., 138 n.
Bessarion, cardenal, 475.
Bezzola, R. R., 98 n.
Biancolini, L., 32.
Bibbiena, Bernardo Dovizi, 674.
  Calandria, 674.

Índice de nombres y obras 1027

Biblia, 140, 166, 167, 234 n., 335, 350, 560, 812.
Biblia Políglota Complutense, 519.
Biblia Políglota de Amberes, 997.
Blado, Antonio, 534 n.
Blanco García, Francisco, 800 n., 801 n., 892 n.
Blanco-White, 540.
Blanchard-Demouge, Paula, 935 n.
Blasco Ibáñez, Vicente, 30.
Blasi, Ferruccio, 266 n., 331 n., 354 n., 852 n.
Blecua, J. M., 33, 282 n., 356 n., 358, 359, 361 n., 362 y n., 364, 395 n., 645 n., 663 n., 849 y n., 850 y n., 851 y n., 859 n., 911 n., 964 n.
Bleiberg, G., 33.
Blinkenberg, Andreas, 699 n.
Bodel, Jean, 197, 462 n.
  Milagro de San Nicolás, El, 197.
Boccaccio, J., 21, 223, 238, 253, 285, 295, 299, 321 y n., 322 n., 345, 347 n., 363 n., 443, 447, 448, 449 y n., 450, 451 n., 454, 528 n., 560, 639 n., 665, 750, 924, 971, 972.
  Corbaccio, 448.
  Decamerón, 21, 238, 295, 322 n., 448, 449 n., 749 n., 971.
  De casibus virorum illustrium, 299.
  De claris mulieribus, 363 n.
  Fiammetta, 449, 450, 451 n., 454, 461.
  Ninfale d'Ameto, 924.
  Ninfale Fiesolano, 924.
Boecio, 174, 299, 364, 375, 560, 832 n.
  De Consolatione philosophiae, 299, 375.
Boehmer, Eduard, 708 n., 713 n., 716 n., 718 n., 719 n., 721 n.
Bofarull y Sans, F. de, 337 n.
Bohigas Balaguer, Pedro, 386 n., 463 n., 533 n., 544 y n., 550, 551, 662 n., 849 n.
Böhl de Faber, J. N., 496 n., 501, 836 n.
Bonet, Carmelo M., 248 n.
Bolaño e Isla, Amancio, 34, 116 n., 125 n., 126 n., 245 n.
Bonifacio, G., 38 n.
Bonilla y San Martín, Adolfo, 30, 32, 139 n., 152 n., 203, 248 n., 327 n., 392 n., 466 n., 471 n., 477 n., 525, 541 y n., 545, 562 n., 566, 626 n., 628 n., 629 n., 649 n., 683 n., 728 n., 755 n., 766 y n., 775, 777 n., 778, 961 n., 970 n., 983, 995 n.
Bonium o Bocados de Oro, 151.
Borghini, V., 383 n.
Borja, San Francisco de, vid. Francisco de Borja, San.
Bórquez-Solar, A., 951 n.
Borello, R. A., 98 n.
Boscán, J., 32, 334 y n., 348, 517, 633, 634, **635-640**, 642 y n., 643, 644, 645 n., 647 n., 649, 653, 658 y n., 659, 667, 695 n., 715, 799, 836, 852, 873 n., 894, 933.
  Epístola a Mendoza, **636**, 638, 639 y n.
  Historia de Hero y Leandro, **636**, 638, 639 n., 640 n.
  Octava Rima, **636**.
  Traducción del *Cortesano* de Castiglione, 639, 640, 715.
Bossuet, Jacques-Bénigne, 920 n.
Bourland, B. P., 311 n.
Bourland, C. B., 449 n.
Bowra, Cecil M., 54 n., 702 n.
Boyl, Carlos, 968, 969 n.
Braamcamp Freire, Anselmo, 685 n., 702 n.
Braga, Teófilo, 434 n., 685 n.
Branciforte, F., 300 n.
Braulio, San, 126, 127 n.
  Vida de San Millán, 127 n.
Brault, G. J., 613 n.
Bravo-Villasante, Carmen, 615 n.
Brenan, G., 31, 73 y n.
Brentano, Funk, 618 n.
Bretano, M. B., 882 n.
Brey Mariño, María, 245 n., 258 n.
Brocense, el (Francisco Sánchez), 358, 642. 643 n., 644, 654, 658, 798, 801 n., 832, 859 y n., 860.
Brouwer, J., 878 n.
Brown, Carleton, 187 n.
Brun, Félix, 788 n.
Bruni de Arezzo, Leonardo, 341.
Bruno de Jésus Marie, 878 n., 910 n.
Buceta, Erasmo, 116 n., 130 n., 279 n., 296 n., 317 n., 331 n., 332 n., 361 n., 383 n., 392 n., 420 n., 458 n., 471 n., 527 n.
Buelna, conde de, vid. Niño, Pero.
Buenas y loables costumbres, Las, 186.
Buenaventura, San, 871, 886, 888.
Buendía, Felicidad, 317 n., 466 n., 471 n.
Bühler, J., 321 n.

Bullón, E., 665 n.
Burckhardt, Jacobo, 618 n., 625 n.
Burdach, K., 618 n.
Burger, A., 82 n.
Burguillos, 315.
Burkart, Rosemarie, 374 n.
Burnshaw, Stanley, 615 n.
Byron, Enrique Jacobo, 580 n.

Caballero, Fermín, 716 n., 718 n., 719 n.
Caballero del Cisne, El, 175, 176 y n.
Cabañas, Pablo, 131 n., 132, 926 n.
Cabeza de Vaca, Álvar Núñez, vid. Núñez Cabeza de Vaca, Álvar.
Cabrera, Cristóbal, 839.
  Instrumento espiritual, 839.
Cabrol, F., 182 n.
Cadalso, José, 17, 298.
Caillet-Bois, J., 955 n.
Caix, Napoleone, 529 n.
Calabria, duque de, 740.
Calderón de la Barca, Pedro, 29, 100, 297, 388, 616, 678, 681, 692, 833 n., 895, 936, 983.
  Dama duende, La, 681.
  Pleito matrimonial del Cuerpo y el Alma, El, 100.
  Vida es sueño, La, 297.
Calderón y Tejero, Antonio, 521 n.
Calila e Dimna, Libro de, **151-152**, 174, 257, 289, 297.
Cámara, Tomás, 892 n.
Camargo, Hernando, 832.
Camoens, L. de, 14 n., 518, 650 657, 858, 954.
  Os Lusiadas, 364, 954.
Camón Aznar, J., 79 n., 618 n.
Campa, Arthur L., 437 n.
Campanella, Tomás, 1010, 1011.
  Ciudad del Sol, 1010.
Campo, Agustín del, 117 n., 833 n., 920 n.
Campo Alange, 411 n.
Campos, Agostinho de, 699 n., 702 n.
Campos, Jorge, 636 n.
Canalejas, Francisco de P., 872 n.
Canales Toro, C., 266 n.
Cancioneiro Geral de Garcia de Resende, 330.
Cancionero catalán, 330.
Cancionero de Ajuda, 85.

Cancionero de Baena, 83, 86, 278, **326-337**, 338, 351 n., 374, 375, 454, 463, 464.
Cancionero de Colocci Brancutti, 85.
Cancionero de Estúñiga, vid. *Cancionero de Stúñiga*.
Cancionero de Gallardo, 330 n.
Cancionero de Ixar, 361 n.
Cancionero de la Vaticana, 85, 336.
Cancionero de Palacio, vid. Barbieri, F. Asenjo.
Cancionero de Ramón de Llavia, 384.
Cancionero de San Román, 330 n.
Cancionero de Stúñiga, 326, 330, **337**, **339**, 454, 518.
Cancionero General, vid. Castillo, Hernando del.
Cancionero Musical, vid. Barbieri, F. Asenjo.
Canedo, Lino G., 727 n.
Canellada, M. Josefa, 412 n.
Canellas López, A., 996 n.
Canello, Ugo Angelo, 529 n.
Cangiotti, Gualtiero, 380 n.
Cano, J. L., 14 n.
Cano, Melchor, 470, 799, 879, 880, 881, 993.
Cantar de la condesa traidora y del conde Sancho García, 53, **80**.
Cantar de la Jura de Santa Gadea, **81**.
Cantar de la mora Zaida, **82**.
Cantar de la muerte del rey don Fernando, **81**.
Cantar de las Mocedades de Rodrigo, vid. *Mocedades de Rodrigo*.
Cantar del rey Rodrigo y de la pérdida de España, 52, 53, **80** y n.
Cantar de los Siete Infantes de Lara, 53, **81** y n., 165.
Cantar de Rodrigo, vid. *Mocedades de Rodrigo*.
Cantar de Roncesvalles, **82**.
Cantar de Sancho II de Castilla y Cerco de Zamora, 53, **81**, 165.
Cantera Burgos, Francisco, 79 n., 91 n., 98 n., 475 n., 481 n.
Canto de la Sibila, 184, 186, 187, 188.
Cantón, Jerónimo, 832.
Cañete, marqués de, vid. Hurtado de Mendoza, García.
Cañete, Manuel, 197 n., 198, 496 n., 499 n., 500 n., 501 n., 502, 503 n., 504,

Índice de nombres y obras 1029

505 n., 509, n., 669 n., 703 n., 984 n., 988 n.
Capecchi, Fernando, 279 n.
Capellán, Andrés el, vid. Andrés el Capellán.
Capmany, Antonio de, 78.
Capote, H., 982 n.
Carayon, Marcel, 655 n.
Carballo Picazo, Alfredo, 34, 356, 358.
Carbonell, Miquel, 386.
  Dança de la mort, 386.
Cardenal Iracheta, Manuel, 282 n.
Cardona, Juan de, 451 n.
  Tratado notable de amor, 451 n.
Careaga, Luis, 539 y n.
Carewe, Elisabeth, 455 n. - 456 n.
Carilla, Emilio, 171 n., 785 n., 789, 791 n., 792.
Carlomagno, 180.
Carlos, príncipe, 991.
Carlos V, 28, 390, 413 n., 517, 539 n., 616, 617, 621, 623, 625, 629, 635, 636, 639, 640, 641, 661, 662, 664, 683, 705, 706, 708, 709, 711, 712, 713, 714, 715, 716 y n., 723, 726, 735, 737, 738, 739, 746, 748, 749, 765, 773 n., 774, 776, 786, 787, 797, 798, 833, 848, 857, 858, 891, 926, 941, 948, 958, 983, 991, 993 n., 995.
Carlos VI de Francia, 298.
Carlos VII de Francia, 482.
Carlos Borromeo, San, 880 n.
Carmina Burana, 229.
Carmona, J. P., 173 n.
Caro Baroja, Julio, 455 n., 567 n.
Caro, E., 879 n.
Caro, Rodrigo, 844 n.
Carpeaux, O. M., 833 n.
Carranza, Bartolomé, 718 n., 879.
Carrara, E., 924 n.
Carrasco, M. S., 420 n.
Carrasco Urgoiti, M.ª Soledad, 936 n.
Carré Alvarellos, L., 434 n.
Carreño, Alberto M.ª, 839 .
Carreres y Calatayud, Francisco, 331 n., 969 n.
Carreter, Fernando Lázaro, vid. Lázaro Carreter, Fernando.
Carrillo, Alfonso, 481, 485.
Carrillo de Albornoz [Huete], Pedro, 475.
  Crónica del Halconero, 475.

Cartagena, Alfonso de, 359, 374, 481 n., 529, 666.
Cartagena, Juana de, 523.
Carter, H. H., 85 n.
Cartujano, el, vid. Padilla, Juan de.
Carvajal, Bernardino de, 669.
Carvajal, Micael de, 672 n., 791, **984-988**.
  Cortes de la Muerte, Las, **984-988**.
  Josefina, La, 672 n., **988**.
Carvajal[es], 264, 338, 339, 560.
Carvallo, 672.
Casa, Giovanni della, 469.
  Galateo, 469.
Casadei, Alfredo, 718 n.
Casares, Julio, 521 n.
Casas, Bartolomé de las, vid. Las Casas, B.
Casella, Mario, 333, 648 n.
Caserta, Nello, 718 n.
Caso González, José, 412 n., 496 n., 777 n., 926 n.
Castañeda, Vicente, 411 n.
Castelar, Emilio, 885 n.
Castiglione, Baltasar de, 457 y n., 468, 469, 517 n., 619, 621, 623, 624, 633, 638 n., 639, 640 n., 641, 711, 712, 715, 719, 722, 866.
  Cortesano, El, 457 y n., 468, 469, 621, 623, 633, 639, 640 y n., 695 n., 715, 722, 866.
Castillejo, Cristóbal de, 384, 572, **664-667**, 672 n., 812.
  Canto de Polifemo, **665**.
  Constanza, 665 n., 672 n.
  Diálogo de las condiciones de las mujeres, 572, **665**.
  Diálogo entre el autor y su pluma, **665**.
  Diálogo entre la memoria y el olvido, **665**.
  Diálogo contra los poetas españoles que escriben en verso italiano, **665**.
  Sermón de Amores, **665**.
Castillo, C., 735 n.
Castillo, Diego Enríquez del, vid. Enríquez del Castillo, Diego.
Castillo, Hernando del, 384, 411, 528.
  Cancionero General, 384, **411**, 412, 518, **528-531**.
Castillo, Luis del, 482.
Castillo Solórzano, Alonso de, 768.
Castro, Adolfo, 636 n., 644 n., 661 n., 662 n., 663 n., 727 n., 738 n., 1013 n.

Castro, Américo, 12, 13 y n., 21 n., 24, 25, 35, 60, 69, 77, 98 n., 121 n., 128, 150 n., 155 y n., 156 n., 157 n., 159 n., 171, 232 y n., 234 n., 235, 236, 237, 243, 244, 245 y n., 248 n., 249, 251 n., 255 y n., 256, 267, 268, 274 n., 278, 286 n., 289, 294 n., 302 n., 309 y n., 310, 356, 382 y n., 383 n., 423 n., 436 n., 538, 576 y n., 596 y n., 597 n., 598 n., 608 n., 614, 630 n., 673, 683, 728 n., 730, 749, 751, 757, 758 y n., 760, 761 n., 762 n., 769, 776, 781, 788 n., 789, 790, 791, 795, 844 n., 865 n., 900 n., 927 n., 928 n., 983, 984 n.
Castro, C., 777 n.
Castro, Guillén de, 314.
Castro, Inés de, 962, 963 n.
Castro, León de, 802, 880.
Castro, Páez de, vid. Páez de Castro.
Castro, Rodrigo de, arzobispo de Sevilla, 845.
Castro Guisasola, Florentino, 245 n., 279 n., 541 y n., 542 y n., 560, 580.
Castro y Calvo, José María, 281 n., 282 n., 288 n., 293 n.
Catalán Menéndez Pidal, Diego, 53 n., 153 n., 161 y n., 162, 174, 314 y n., 315 y n., 316, 402 n., 412 n., 420 n., 422 n.
Catalina de Aragón, 628.
Catalina de Siena, Santa, 841 y n.
  Obra de las epístolas y oraciones, 841.
Catena de Vildel, Elena, 662 n.
Catulo, 638.
Cavaliere, Alfredo, 777 n., 789.
Cavallero, Ferdinand, 888 n.
Cayuela, Arturo M., 810 n., 944 n., 951 n.
Cecchi, Juan María, 674, 971.
  Servigiale, Il, 971.
Cejador y Frauca, Julio, 31, 32, 245 n., 257, 271, 535 n., 547, 549, 550, 551, 566, 766 y n., 774, 775, 777 n., 789, 989.
Cela, C. J., 78.
Celaya, Gabriel, 847 n., 922 n.
Cepeda Adán, J., 1001 n.
Cepeda y Ahumada, Rodrigo de, 897.
Ceriello, G. R., 852 n.
Cernuda, Luis, 377 n., 836 n.
Cerulli, Enrico, 965 n.
Cervantes de Gaeta, Gaspar, 453.

Cervantes, Alonso de, 384.
Cervantes, Juan de, 356.
Cervantes, M. de, 17, 23, 29, 133, 237, 270, 287, 297, 413, 432, 457, 470, 472, 473 y n., 606, 607, 614, 630 n., 672 n., 678, 695 n., 697, 724 n., 725, 729, 730 n., 735 n., 755, 757, 758 n., 766 n., 782, 787, 789 n., 794, 795 n., 834 n., 836, 929, 930 n., 933, 943, 944, 947, 948, 963, 964, 969, 970, 972, 975, 984 n.
  Dorotea, 930 n.
  Dos doncellas, Las, 930 n.
  Galatea, La, 457, 836, 926 n., 933.
  Gitanilla, La, 133.
  Ilustre fregona, La, 755.
  Novelas ejemplares, 457.
  Numancia, 963.
  Persiles, 22, 471 n.
  Quijote, El, 19, 214, 278, 279, 388, 457, 466 n., 471 n., 532, 579, 695, 756, 761, 762, 771 n., 784 n., 787, 789 n., 794, 963, 985.
  Retablo de las maravillas, El, 297.
  Rinconete y Cortadillo, 973 n.
  Viaje del Parnaso, 836.
César, Julio, 363, 474, 739, 740.
  Comentarios a la guerra de las Galias, 739, 740.
Césped, Irma, 279 n.
Céspedes, Pablo de, 846.
Cetina, Gutierre de, **663**, 933 n., 981 n.
Cian, V., 618 n.
Cicerón, Marco Tulio, 350, 478, 623, 730, 805 884, 894 n.
Ciego de Tudela, 97.
Cieza de León, Pedro, 744, **745**.
  Crónica del Perú, **745**.
  Guerra de Quito, La, **745**.
Cillero, R., 134 n.
Cione, Edmondo, 714 y n., 718 n.
Cioranescu, A., 949 n.
Cirilo, San, 885, 894 n.
Cirot, Georges, 80, n., 112 n., 122 y n., 125 n., 138 n., 139 n., 165 n., 177 y n., 178 n., 248 n., 297 n., 303 n., 352, 403 n., 406 n., 420 n., 442 n., 476 n., 496 n., 513 n., 654 n., 934 n., 937 n., 942 n., 960 n., 993 n., 995 n., 996 n., 997 n., 999, 1001 y n.
Ciruelo, P., vid. Pedro Ciruelo.

Cisneros, Francisco Jiménez de, 519, 522, 629, 841, 865-866, 874.
Cisneros, Luis Jaime, 777 n.
Ciullo d'Alcamo, 197.
Contrasto, 197.
Clark, J., 385 n., 387 n.
Clarke, Dorothy Clotelle, 34, 171 n., 300 n., 331 n., 342 n., 400 n., 406 n., 496 y n., 522 n., 615 n.
Claudiano, 848, 855, 945.
Rapto de Proserpina, El, 848.
Claudio de Jesús Crucificado, Fray, 907 n.
Claudio de Jesús Sacramentado, Fray, 903 n.
Clavería, Carlos, 246 n., 479 n., 662 n., 728 n.
Clemente VII, papa, 669, 716.
Clissold, S., 59.
Closs, Hannah M. M., 324 n.
Cluzel, I. M., 98 n.
Coci, Jorge, 410, 411 n.
Codera, 874 n.
Códice de Autos Viejos (Colección de Autos, Farsas y Coloquios del siglo XVI), 703-705, 982.
Cohen, Gustave, 178 n., 204, 214, 702 n.
Coincy, G. de, 117, 118, 170 n., 172.
Les Miracles de la Sainte Vierge, 117, 170 n., 172.
Colin, G. S., 94 y n.
Colón, Cristóbal, 477, 516, **739, 741.**
Cartas, **739.**
Diario, 477, **739.**
Colón, Fernando, 1001.
Colón y Portugal, Álvaro, conde de Gelves, 846.
Colona, E., vid. Egidio de Colona.
Collet, H., 170 n., 878 n.
Comas, Antonio, 636 n.
Comedia llamada Thebayda, 593 n., 610.
Comedia llamada Ypólita, 593 n.
Coméstor, Pedro, 166.
Historia Scholastica, 166.
Comparetti, D., 152.
Conquista de Ultramar, La Gran, **175-176,** 463.
Consueta de Santa Ágata, 219.
Consueta de Sant Jordi, 219.
Consultatio Sacerdotum, 229 n.
Contreras y López de Ayala, Juan de, marqués de Lozoya, 300 n., 303 n.

Cooper, Lane, 961 n.
Cooper, Louis, 153 n.
Coplas de ¡Ay, panadera!, **392.**
Coplas de bienvenida a Fernando el Católico, 582 n.
Coplas del Provincial, **388-390.**
Coplas de Mingo Revulgo, **391.**
Corcoran, Mary Helen Patricia, 944 n.
Corbató, Hermenegildo, 78 n., 217 n., 218 n., 680 n.
Córdoba, Martín de, vid. Martín de Córdoba.
Córdoba, Pedro de, vid. Pedro de Córdoba.
Córdoba, Sebastián de, vid. Sebastián de Córdoba.
Córdova y Oña, S., 433 n.
Corneille, Pedro, 314.
Corominas, J., 98 n., 225 n., 227-228, 239, 245 n., 246 n., 251 n., 253 n., 257, 258 y n., 259, 260 y n., 261, 765 y n., 766.
Coronel, María, 361.
Corral, Gabriel del, 928 n.
Cintia de Aranjuez, La, 923 n.
Corral, Pedro del, 415.
Crónica Sarracina, 415.
Correa, Gustavo, 64 n., 615 n., 931 n.
Correa Calderón, E., 139 n., 416 n., 729 n.
Correas, Gonzalo, 783 n., 989.
Vocabulario de refranes, 989.
Corso, J. J., 245 n.
Cortés, Hernán, **739-740,** 743, 744.
Cartas de Relación, **739-740.**
Cortés de Tolosa, Juan, 796.
Lazarillo de Manzanares, 796.
Cortina, Augusto, 369 n., 370 n., 376 n., 380 n., 381 n., 485 n., 529 n., 530, 727 n., 1009 n.
Cosroes I, 151.
Cossío, José M.ª de, 300 n., 354 n., 383 n., 420 n., 423 n., 433 n., 527 n., 662 n., 727 n., 796 n., 836 n., 852 n., 929 n., 926 n., 952 n.
Coster, Adolphe, 801 n., 809, 833 n., 849 n., 850 y n., 854 n.
Costes, René, 727 n., 728 n., 735 n.
Cota, Rodrigo de, 193, 330, 390, 391, 393, 491, 502, **529,** 536 y n., 540, 551, 560.
Diálogo entre el Amor y un viejo, 193, 330, 491, **529-531.**
Cotarelo y Mori, Emilio, 392 n., 395, 442 n., 454 n., 455 n., 459 n., 471 n., 494

y n., 496 n., 502 n., 506, 509 n., 510 n., 529 n., 641 n., 719 n., 775, 776, 959 n., 960 n., 968 n., 970 n., 971 n., 972 n., 975 n., 989 n.
Cotarelo Valledor, Armando, 170 n.
Courtney Tarr, F., vid. Tarr, F. Courtney.
Covarrubias, Sebastián de, 783 n., 988.
  Tesoro de la lengua Castellana, 988.
Cox, C. M., 1009.
Craig, Hardin S., 182 n., 422 n.
Crame, Tomás, 442 n.
Crawford, J. P. W., 221 n., 279 n., 489 y n., 496 n., 502 n., 513 n., 525, 637 n., 638 n., 662 n., 663 n., 665 n., 833 n., 834 n., 836 n., 930 n., 933 n., 934 n., 957 n., 963 n., 964 n., 965 n., 972 n., 981 n.-982 n.
Criado de Val, Manuel, 225 n., 245 n., 254 n., 269, 270 y n., 278, 533 y n., 535 n., 536 n., 543 y n., 548, 550 y n., 552 n., 569 n., 570 n., 573 n., 574 n., 577 n., 585 n., 586 n., 587 n., 588 n., 594 n., 595 n., 601 n., 602 n., 748 n., 786 n., 792, 793, 794.
Crisógono de Jesús Sacramentado, Fray, 809 n., 899 n., 910 n., 911 n., 919 n.
Cristóbal de Fonseca, 871.
Cristóbal de Villalón, vid. Villalón, C. de.
Croce, Benedetto, 337 n., 402 n., 544 y n., 609 n., 618 n., 641 n., 941 n.
Cromberger, Jacobo, 411 y n.
Cronan, Urban, vid. Foulché-Delbosc.
Crónica castellana del Impotente, 477.
Crónica de Alfonso XI, o Gran Crónica, 304, 314, 316.
Crónica de Castilla, 53, 77, 163, 311, 312.
Crónica de don Álvaro de Luna, **482**.
Crónica del Condestable Miguel Lucas de Iranzo, **482**, 492.
Crónica del Infante don Fernando, el que ganó Antequera, 935.
Crónica de los Reyes de Castilla, vid. *Crónica de Castilla*.
Crónica del Toledano, vid. Jiménez de Rada, Rodrigo.
Crónica de Veinte Reyes, 53, 55, 81, 163.
Crónica general de 1344, vid. Barcelos, Pedro de.
Crónica Manuelina, vid. *Crónica Abreviada, de don Juan Manuel*.
Crónica Najerense, 80, 81, 139.

Crónica particular del Cid, 53, 77, 81, 416.
Crónica rimada del Cid, vid. *Mocedades de Rodrigo*.
Crotalón, El, vid. Villalón, C. de.
Crouch, Olivia, 774 n.
Cruz, Tomás de la, 900 n.
Cuadros, M. E., 1008 n.
Cuervo, Justo, 879 n., 880 n., 883 n., 944 n.
Cueva, Beltrán de la, vid. Beltrán de la Cueva.
Cueva, Juan de la, 314, 614, 663 n., 846, 967, 968, 969, **976-982**.
  Comedia de la libertad de España por Bernardo del Carpio, 977.
  Comedia de la libertad de Roma por Mucio Cévola, 976.
  Comedia del Infamador, 977 n., 978, 979 n.
  Comedia del saco de Roma, 977, 982 n.
  Conquista de la Bética, 976.
  Constancia de Arcelina, La, 978.
  Coro febeo de romances historiales, **976**, 981.
  Ejemplar poético, **976**, 977 n., 979, 981 y n.
  Homero, 982 n.
  Muerte del rey don Sancho y reto de Zamora, 977, 981.
  Rimas, 981 n.
  Tragedia de Ayax Telamón, 976.
  Tragedia de la muerte de Virginia, 976.
  Tragedia de los Siete infantes de Lara, 977 y n.
  Viaje de Sannio, 981.
  Viejo enamorado, El, 978.
Cummins, J. G., 324 n.
Cummins, James S., 455 n.
Curtius, E. R., 78 n., 379 y n., 380 n.

Chabás, J., 31, 32.
Chabod, F., 618 n.
Chacón, Gonzalo, **482**.
Chacón y Calvo, J. M., 437 n.
Chambers, Edmund, 178 y n., 181 n.
Chandebois, H., 910 n., 920 n.
Chandler, Frank Wadleigt, 749 n., 759, 767, 778, 796 n.
Chandler, R. R., 31.
Chanson d'Antioche, 175 n.
Chanson de Jérusalem, 175 y n.

Índice de nombres y obras 1033

Chanson de Roland, 42, 43 y n., 44, 45 n., 54 n., 60 y n., 68, 70, 78, 126 n., 140.
Chaplin, M., 107 n.
Chapinan, J. A., 246 n.
Charlton, H. B., 961 n.
Chasca, Edmund de, 41, 57 n., 64, 65 y n., 71, 72 y n., 73, 75, 79 n.
Chateaubriand, François René, 420, 936.
  Aventuras del último Abencerraje, Las,
Chaucer, Geoffrey, 223, 253, 749 n.
Chaves de Arcayos, Juan, 187, 188, 212.
Chaytor, H. J., 778 y n., 961 n.
Cherezli, Salomon Israel, 436 n.
Chétifs, 175.
Chevallier, Dom, 911 n.
Chiarini, Giorgio, 227 y n., 245 n., 246 n.
Chimpu Ocllo, Isabel, 1008.
Chuzeville, Jean, 878 n.

Dale, G. D., 934 n.
Dale, G. I., 665 n.
Dale, J. I., 951 n.
Damas Hinard, 78.
Daniel, 183.
  Libro de Daniel (Benedícite, Laudate Dominum), 690.
Danielson, John David, 266 n.
Danon, A., 435 n.
Dantas, Júlio, 703 n.
Dante, 78, 128, 158, 160 n., 223, 224, 256, 285, 301, 321 y n., 322 n., 325, 332, 333 y n., 334 y n., 335, 344 y n., 345, 346, 348, 361 y n., 362, 363, 364, 365 n., 440, 521 n., 527, 528 n., 622, 632, 941, 946, 956.
  Divina Comedia, 128, 223, 332, 333, 361, 363, 441, 442 y n., 874 n.
  Vita nuova, 256, 348.
Dantisco, 727.
Danza general de la muerte, 193, 274, 376 n., 381, **385-388**, 491, 713 n., **983-989.**
Darbord, Michel, 522 y n., 523, 524, 526, 527.
Darío, Rubén, 130, 433, 933.
Dávalos, Hernando, marqués de Pescara, 669.
Dávalos, Lorenzo, 361, 362.
Davenson, H., 98 n.
Davies, Gareth A., 832 n.
Davies, R. Trevor, 626 n., 809 n.

Davis, Gifford, 138 n., 142 n., 165 n., 316.
Davis, Ruth, 542 y n., 543.
Débat du Corps et de l'Ame, 99 y n.
De Buskenblaser, 207.
Decembri, P. C., 341.
Deferrari, Harry Austin, 420 n., 934 n.
Defoe, Daniel, 788 n.
  Robinson Crusoe, 788 n.
Defourneaux, M., 82 n.
Degolla, La, vid. *Misteri del Rei Herodes.*
Degollación de San Juan Bautista, 704.
Delacroix, Henri, 878 n.
De lamentatione, 129 n.
Delbouille, Maurice, 54 n., 76 n., 246.
Deleito Piñuela, José, 759 n.
Delgado Barnés, Pilar, 965 n.
Delicado, Francisco, 721 n., 748, 783.
  Lozana andaluza, La, 748 y n., 783.
Delmas, F., 109 n.
Deloffre, J., 735 n.
Delplace, C., 1004 n.
Delpy, G., 549 n., 550.
Del Río, Ángel, 31, 32, 149 y n., 158 n., 867, 878.
Del Río, Amelia de, 32.
Denomy, Alexander J., 244 y n.
Denuestos del agua y el vino, **100-102.**
De Vito, Maria, 182 n.
Devoto, Daniel, 116 n., 130 n., 402 n., 403 n., 409, 413 n., 424 n., 571 n.
Deyermond, A. D., 67 n., 139 n., 236 n., 240 y n., 273 n., 312, 313 y n., 547 y n., 549, 550, 555, 560, 562 y n., 578 n., 580, 590, 601 n., 602 n., 604 n., 610, 611, 781 n.
Diablerie de Chaumont, 220.
Diálogo de las transformaciones..., vid. Villalón, C. de.
Diálogo o Disputa del cristiano y el judío, 150.
Diario de los Literatos, 29.
Díaz, Juan, 471.
Díaz de Arcaya, M., 300 n.
Díaz de Escovar, Narciso, 960 n.
Díaz del Castillo, Bernal, 469 n., **743-744,** 745.
  Historia verdadera de la conquista de Nueva España, 743.
Díaz [Días] de Mendoza, Ruy, 335, 374.
Díaz de Toledo, Pero, 340.

Díaz-Jiménez y Molleda, Eloy, 493 n., 965 n.
Díaz-Plaja, Guillermo, 13 n., 31, 32, 35, 85 n., 101 y n., 104 y n., 193, 202, 300 n., 435 n., 525 n., 617 n., 642 n., 659 n., 728 n., 802 n., 837.
Díaz Regañón, José M.ª, 961 n.
Díaz Tanco, Vasco, 791.
Diccionario hispano-árabe, 518.
Diego, Gerardo, 433, 919 n.
Diego de Estella, 871, 875 n., **886-887.**
  Cien meditaciones del amor de Dios, **887.**
  Tratado de la vanidad del mundo, **887.**
Diego de Oropesa, 538.
Diego de San Pedro, 324 n., 396 n., 450, 452, **454-460,** 502.
  Cárcel de Amor, 450, 452, 453 n., **454-458,** 561, 929.
  Desprecio de la fortuna, 456, 459.
  Passión Trobada, La, 456 n., **459-460.**
  Sermón de amores, **458.**
  Tractado de amores de Arnalte y Lucenda, 456 n., 457, 458 y n.
Diego de Valencia, 335.
Díez-Canedo, Enrique, 433, 535 n., 644 n.
Díez de Games, Gutierre, 481-482.
  Crónica de don Pero Niño, conde de Buelna o *El Victorial,* 138, 456, **481-482.**
Díez-Echarri, Emiliano, 31.
Dihigo, J. M., 158 n.
Dimier, L., 385 n.
Dinamarca, Salvador, 951 n., 955 n.
Diógenes Laercio, 727.
Dion Casio, 164.
Dionís de Portugal, 464 n.
Dionisio Areopagita, San, 888.
Dionisio el Cartujano, 874.
Disputa del alma y el cuerpo, **99-100,** 193.
Dittamondo (F. degli Uberti), 235.
Dobbins, D., 886 n.
Domingo de Guzmán, Santo, 880.
Domingo de Santa Teresa, Fray, 718 n.
Domingo Perés, R., vid. Perés, R. Domingo.
Domínguez Berrueta, J., 878 n., 888 n., 899 n., 902 n., 909 n.
Domínguez Bordona, Jesús, 168 n., 341 n., 439 n., 478, 479, 480 n., 481 y n., 665 n., 666 n.

Domínguez del Val, U., 810 n.
Donald, Dorothy, 164 n.
Donovan, Richard B., 177, 178 y n., 179, 180 y n., 181, 182, 183, 184 n., 185 y n., 186, 188 y n., 189, 198, 199, 201, 212, 213, 221 n.
Dormer, Diego José, 996 n.
Doussinague, J. M., 516 n.
Doyagüe, Manuel, 509 n.
Dozy, 73.
Drummond, R. B., 629 n.
Duarte, Enrique, 848, 849, 850.
Duarte de Portugal, 278.
Dubler, C. E., 165 n.
Ducamin, Jean, 224 n., 245 n., 246 n., 951 n.
Duccio, 128.
Dudon, Paul, 883 n.
Dueñas, J. de, vid. Juan de Dueñas.
Duns Escoto, Juan, vid. Escoto, J. Duns.
Duparc-Quioc, S., 175 n.
Durán, Agustín, 45, 210, 311 n., 312, 412 n.
Durán, Fernando, 951 n.
Durán, Manuel, 341 n.
Durand, Frank, 795 n.
Durand, J., 1009 n., 1011.
Durant, Will, 618 n.
Dutton, Brian, 98 n., 112 n., 115 n., 126 n., 127 n.-128 n., 142, 240 y n.
Du Verdier, Antonio, 736 n.
Duriez, G., 182 n.

Éboli, príncipe de, vid. Gómez de Silva, Ruy.
Eckhart, Juan, 874, 875.
Eclesiastés, 375.
Echegaray, Carmelo de, 466 n., 1019 n.
Echevarría Bravo, P., 433 n.
Eddy, Nelson W., 333.
Edwards, A., 951 n.
Efrén de la Madre de Dios, Fray, 899 n.
Egidio de Colona, 464.
  De regimine principum, 464.
Egidio Romano, 173.
  Regimiento de príncipes, 173.
Elena y María, 99 n., **102-104,** 193.
Élisée de la Nativité, 874 n.
Elizalde, Ignacio, 842 n.
Elliot, A. Marshall, 300 n.

Ellis, Havelock, 35.
Emmons, G., 165 n.
Encina, Juan del, 28, 177, 195, 344, 406, **492-508**, 509 y n., 510, 511, 512, 514, 515, 517, 526, 530, 531, 610, 614, 668, 671, 672 n., 675 n., 677, 680, 686 n., 687, 688, 690, 694, 700, 701, 843, 924, 959, 984.
   Arte de la Poesía castellana, 495, 671.
   Auto del repelón, 497, **501-502**.
   Cancionero, 494, **495-496**, 498, 499, 501, 502 y n., 505.
   Cristino y Febea, 494, 502, **505-506**, 531.
   Égloga de Carnaval o *de Antruejo*, 497, **498-499**, 500.
   Égloga de las grandes lluvias, **501**.
   Égloga de Mingo, Gil y Pascuala, 497, **499-500**, 503, 508, 511.
   Églogas (de Navidad), 497.
   Fileno, Zambardo y Cardonio, 494, **502-503**.
   Plácida y Victoriano, 493, 494, 502, **503-505**.
   Representaciones (de la Pasión y Resurrección), **497-498**.
   Triunfo del Amor, El, 497, **500-501**, 506, 530-531.
   Trivagia, 494, **495**.
   Traducción de las *Églogas* de Virgilio, 497 y n.
Eneas Silvio, vid. Piccolomini, Eneas Silvio.
Enrique, infante, 345, 474.
Enrique II de Trastamara, 298, 303, 305, 314, 320, 328, 336, 439, 464.
Enrique III, 298, 303, 306, 328, 332, 333, 440, 479, 483.
Enrique IV, 320, 323, 366-367, 388, 391, 394, 398, 419, 442, 475 y n., 476 y n., 477, 480, 481, 482, 484, 486, 516, 523, 525.
Enrique IV de Francia, 999.
Enrique VIII de Inglaterra, 628, 1005.
Enrique del Sagrado Corazón, Fray, 875 n.
Enríquez, Juana, 538 n.
Enríquez, María, duquesa de Alba, 647.
Enríquez del Castillo, Diego, **475**, 476.
   Crónica, **475**.
Entrambasaguas, Joaquín de, 369 n., 834 n.
Entwistle, William J., 34, 82 n., 303 n., 317 y n., 402 n., 403 n., 422 n., 423 n., 463 n., 478 n., 645 n., 832 n.

Eoff, Sherman, 762 n., 965 n.
Epístola moral a Fabio (Andrés Fernández de Andrada), 639.
Epitoma Imperatorum, 140.
Erasmo, 521 n., 618 n., 627, 628 n., **629-630**, 702, 703, 707 n., 708 y n., 709 y n., 712, 713 n., 714 y n., 715, 716 y n., 718 n., 723 y n., 725 y n., 726 n., 737 y n., 760, 764, 765, 774 y n., 775 n., 789 y n., 885 n., 984 n., 989 n.
   Adagia o *Apotegmas*, 629.
   Elogio de la locura, 629, 760.
   Enchiridion o *Manual del caballero cristiano*, 629, 630 n., 984.
Ercilla y Zúñiga, Alonso de, 17, 939, 945, 946, 950, **951-955**.
   Araucana, La, 939, 944, 945, **951-955**.
Errandonea, Ignacio, 521 n.
Errante, G., 91 n.
Escavias, Pedro de, 482.
Escobar, A., 1009 n.
Escoto, Juan Duns, 871.
Escrivá, comendador, 529.
Esparza, E., 842 n.
Espéculo, 159 n.
Espert, E., 902 n.
Espinel, Vicente, 768.
Espinosa, Aurelio M., 81 n., 198 n., 402 n., 433 n., 437 n.
Espinosa Maeso, Ricardo, 493 n., 509 n.
Espín Rael, J., 935 n.
Esquilo, 513.
Essarts, Herberay de, vid. Herberay des Essarts.
Esteban de Nájera, 412.
   Silva de varios romances, 412.
Estebanillo González, Vida y hechos de, 753, 767, 768.
Estella, D. de, vid. Diego de Estella.
Esteve Barba, Francisco, 738 n., 739 y n., 740, 741, 742 n., 743, 744, 745.
Estoria de los Godos, vid. *De rebus Hispaniae*, de Jiménez de Rada.
Estoria de Merlín, 463 n.
Etchegoyen, Gaston, 873 y n., 886, 904 y n.
Etelvedo, San, 183.
   Regularis Concordia, 183.
Eteria, 182 y n.
   Peregrinatio Aetheriae, 182 y n.
Eulogio de la Virgen del Carmen, 911 n., 920 n.

Eurípides, 705, 831, 962.
 Andrómaca, 831.
Evangelio de San Lucas, 783 n.
Evangelios, 129 n., 291 n.
Evangelios apócrifos, 105, 107.
Évangile de l'Enfance, 199.
Evans, J., 169 n.
Evans, P. G., 483 n.
Eximenis, Francisco, 447.

Fabié, Antonio María, 476 n., 639 n.
Fadrique, almirante, 481.
Fadrique, hermano de Alfonso X, 152.
Fadrique, hermano de Pedro I, 303 n.
Fadrique de Basilea, 533, 534 n.
Falconieri, John Vincent, 960 n.
Falke, R., 1009 n.
Faral, E., 38 n., 90 n., 205, 463 n.
Farina, F. A., 892 n.
Farinelli, Arturo, 22, 35, 321 n., 333, 348 n., 448 n., 626 n., 723 n., 732 n., 937 n., 1019.
Farnesio, cardenal, 1004.
Farsa racional del libre albedrío en que se representa la batalla entre el espíritu y la carne, 100.
Federico I Barbarroja, 620.
Federico II, 620.
 Constituciones de Sicilia, 620.
Federico de San Juan de la Cruz, Fray, 911 n.
Fehse, M., 385 n., 386 y n.
Feijoo, Benito Jerónimo, 29, 298, 736 n.
Feito, J. M., 434 n.
Felipe II, 28, 522 n., 537, 617, 629, 661, 662, 705, 706, 719 n., 725, 736, 769, 797, 798, 833, 836, 837, 858, 863, 870, 874, 891, 898, 902, 927, 934, 935, 938, 940, 941, 947, 948, 952, 958, 959, 969, 984, 991, 994, 1002, 1005, 1007, 1012.
Felipe III, 973 n.
Felipe IV, 973 n.
Felipe IV el Hermoso, rey de Francia, 620, 662.
Fénelon, François Salignac de la Mothe, 920 n.
Feo García, José 832 n.
Feria, duque de, 755 n.
 Vida de palacio, La, 755 n.
Fernandes Paxeco, Elza, 696 n.

Fernández, Lucas, 195, 493, 501, **508-515**, 672 n., 686 n., 687, 688, 690, 924, 984.
 Auto de la Pasión, 509, 510 y n., **512-515**.
 Auto o farsa del Nascimiento, **512**.
 Comedia en lenguaje y estilo pastoril, 510 n., **511**.
 Diálogo para cantar, **509**.
 Égloga o farsa del Nascimiento, 510 n., **512**.
 Églogas (de Navidad), **512**.
 Farsa o cuasi comedia, 510 n., **511**.
 Farsas y églogas al modo y estilo pastoril castellano, **509**.
Fernández de Moratín, vid. Moratín, Leandro y Nicolás Fernández de.
Fernández de Navarrete, E., 641 n.
Fernández de Oviedo, Gonzalo, 357, **740-741**, 743, 745.
 Historia general y natural de las Indias, **740-741**.
Fernández de Velasco, Juan, conde de Haro, 860.
 Observaciones del Prete Jacopín..., 860.
Fernández Galiano, Manuel, 832 n.
Fernández Juncos, M., 948 n.
Fernández Llera, Víctor, 153 n.
Fernández Merino, A., 388 n.
Fernández Montana, J., 169 n.
Fernández Montesinos, José, vid. Montesinos, José Fernández.
Fernández Núñez, M. F., 433 n.
Fernández Suárez, Á., 35.
Fernández Vallejo, Felipe, 187 y n., 188, 198, 212.
 Memorias i disertaciones..., 187, 198.
Fernández y González, 936.
Fernández Zapico, D., 911 n.
Fernando I, 162, 307.
Fernando III el Santo, 143, 148, 150 y n., 153, 159, 161, 280, 291 n., 293, 376 n., 857, 976, 1007 n.
Fernando IV, 280, 282 n.
Fernando de Antequera, 346, 441, 474.
Fernando de Bohemia, 664.
Fernando el Católico, 386 n., 477 y n., 485, 497, 516 n., 517 n., 518 y n., 523, 538 n., 582 n., 664, 705, 738, 995 (vid. también Reyes Católicos).
Férotin, M., 115 n.
Ferrara, Orestes, 618 n.

Índice de nombres y obras 1037

Ferreira, Antonio, 962, 963 n.
Ferreira da Cunha, Celso, 694 n.
Ferreira de Vasconcelos, Jorge, 614.
Ferrer, J., 116 n.
Ferrer Izquierdo, M., 969 n.
Ferreres, Rafael, 369 n., 923 n., 931 n., 933 y n.
Ferrús, Jaime, 703 n., 704.
  Auto de Caín y Abel, 704.
Ferrús, Pero, 464.
Festugière, P., 935 n.
Ficino, Marsilio, 893 n.
Figueiredo, Fidelino de, 35, 687.
Figuerido, C. A., 1019 n.
Figueroa, Francisco de, **833-834**, 838.
  Égloga Pastoral, 834 n.
Filgueira Valverde, J., 85 n., 170 n., 434 n.
Filhol, Francisco, 42.
Filón, 375 n.
Fiore, S., 98 n.
Fischer, W., 930 n.
Fita, Fidel, 170 n.
Fitz-Gerald, John D., 125 n., 126 n., 130 n.
Fitzmaurice-Kelly, J., 30, 32, 644 n., 931 n.
Flamini, Francesco, 639 n.
Floranes, Rafael, 300 n.
Flor de romances nuevos, 414.
Florence et Blancheflour, 103.
Flores, Juan de, **460-461**.
  Breve tratado de Grimalte y Gradisa, 460, 461.
  Historia de Grisel y Mirabella, 460, 461.
Flores de Filosofía, 150.
Florián, 930, 936.
  Estela, 930.
Folengo, Teófilo, 956.
Fonseca, Alfonso de, vid. Alfonso de Fonseca.
Fonseca, Cristóbal de, vid. Cristóbal de Fonseca.
Ford, J. D. M., 31, 32, 99 n., 198 n., 749 n.
Foresti Serrano, Carlos, 117 n., 130 n.
Forum Judicum, **153**.
Foscolo Benedetto, L., 54 n.
Fotitch, T., 32, 67 n.
Foulché-Delbosc, R., 33, 107 n., 130 n., 174 y n., 331 n., 341 n., 343 y n., 345 n., 346 n., 347 n., 349 n., 358, 360 n., 361 n., 369 n., 384 n., 388 n., 390 y n., 395, 402 n., 442 n., 455 n., 458 n., 466 n., 471 n., 478 n., 485 n., 487 n., 523 n., 528 n., 529 n., 533 n., 534 n., 535 n., 536, 537, 549, 550, 551, 662 n., 665 n., 722 n., 727 n., 772 y n., 777 n., 783, 834 y n., 993 y n.
Fourneaux, M. de, 416 n.
Fradejas Lebrero, José, 81 n., 130 n., 298 n., 307 y n., 723 n.
Fraker, Charles F., 601 n.
Fraker, Charles F., Jr., 337.
Fracastor(o), Jerónimo, 658 n.
Francisco I, rey de Francia, 465, 469, 740.
Francisco de Asís, San, 122, 128 n., 522, 885, 887.
Francisco de Borja, San, 871, 997, 1005.
Francisco de Jerez, **744-745**.
  Verdadera relación de la conquista del Perú y provincia del Cuzco llamada la Nueva Castilla, **745**.
Francisco de Osuna, 867, 870, 886, 896, 904.
  Abecedario Espiritual, 870, 886, 904.
Francisco de Sales, San, 887.
Francisco Javier, San, 839, 842 n.
  Epístolas, 842 n.
Franco, Alberto, 151 n.
François de Sainte Marie, 919 n.
Frank, Grace, 182 n.
Frank, Rachel, 561 y n., 563 n., 572, 575, 606.
Franklin, A. B., 82 n., 416 n.
Frappier, J., 211 n.
Frenk Alatorre, M., 33, 98 n., 355 n., 413 n., 436 n.
Freund, M. L., 963 n.
Freyre, Isabel, 641, 645, 649 y n., 650.
Friederich, W. P., 34.
Frings, T., 97 n., 98 n.
Froben, Juan, 629.
Froissart, Juan, 304.
Frost, Bede, 910 n.
Fucilla, Joseph G., 638 n., 647 n., 648 n., 649 n., 663 n., 834 n., 852 n., 933 n., 948 n., 949 n., 968 n.
Fuensanta del Valle, marqués de la, 337 n., 723 n., 742 n.
Fuente, Miguel de la, 871.
Fuente, V. de la, 899 n.
Fuentes, Alonso de, 315, 405 n., 470.
Fueter, E., 991 n., 992.

Gabriel de Jesús, Fray, 899 n.
Gabriel de Santa María Magdalena, Fray, 902 n., 903 n.
Gaibrois de Ballesteros, Mercedes, 281 n., 333.
Gaiferos y Melisenda, 49.
Galante, A., 435 n.
Galba, Martí Joan de, 471.
 Tirant lo Blanc, **471-473** (vid. también Martorell, J.).
Galdamés, L., 951 n.
Galdós, Benito Pérez, 16, 18, 30, 35, 555 n., 864 n.
Galeota, Mario, 649.
Galindo, Beatriz, 417.
Galindo, Pascual, 182 n., 520 n.
Galmés de Fuentes, A., 150 n., 402 n., 412 n.
Gálvez, J. M., 728 n.
Gálvez de Montalvo, L., 923 n., 933 y n.
 Pastor de Fílida, El, 923 n., 933 y n.
Gallardo, Bartolomé José, 138 n., 391 y n., 392 n., 395, 451 n., 496 n., 500, 713 n.
Gallego Morell, Antonio, 636 n., 642 n., 643 y n., 645 n., 658, 852 n.
Gallegos, 755 n.
 Vida de palacio, La, 755 n.
Gallo, U., 31.
Ganasa, vid. Naseli, Alberto.
Ganivet, Ángel, 864 n.
Ganz, P. F., 97 n.
Gárate, Manuel, 902 n.
García, Félix, 802 n., 812, 813, 814 y n., 815, 816, 818 n., 819 y n., 822, 893 n., 894 n.
García Blanco, Manuel, 100 n., 131 n., 164 n., 226 n., 246 n., 324 n., 402 n., 496 n., 521 n., 919 n.-920 n.
García de Castro, Rafael, 810 n.
García de Castrojeriz, Juan, 464.
García de Diego, Vicente, 340 **350 n.**, 766 n., 849 n., 850.
García de la Fuente, A., 174 n.
García de Navarra, 139.
García de Santa María, Alvar, 474, 475 n.
 Crónica de don Juan II, **474-475,** 482.
García de Valdeavellano, L., 159 n.
García Gallo, A., 159 n.
García Gómez, E., 79 n., 87, 88, 90 y n., 91 n., 92 n., 94, 96, 97 y n., 136 y n., 255 y n.

García López, J., 31, 369 n.
García Lorca, Federico, 35, 379, 432.
 A la muerte de Sánchez Mejías, 379.
García Matos, M., 434 n.
García Morales, Justo, 723 n., 893 n.
García Nieto, José, 660.
García Ordóñez, conde, 57.
García Rámila, Ismael, 969 n.
García Rey, Verardo, 443 n., 641 n.
García Rodríguez, B., 875 n.
García Solalinde, Antonio, 99 n., 115 n., 116 n., 125, 129 n., 130 n., 138 n., 151 n., 153, 155 n., 156 y n., 157, 158 n., 159 n., 164 n., 165 n., 166 y n., 168 n., 170 y n., 171 n., 191 n., 278 n., 412 n., 723 n.
García Soriano, Justo, 735 n., 961 n.
García Villada, Zacarías, 1001 n.
Garcilaso de la Vega, capitán, 1007, 1008.
Garcilaso de la Vega, 17, 22, 334, 348, 349, 367, 377 n., 503, 517, 607, 617, 622, 624, 631, 632 n., 633 y n., 634 y n., 635 y n., 637 y n., **640-660,** 661, 664, 667 y n., 668, 695, 720, 799, 825, 832 n., 833, 834, 836, 841, 852 y n., 853, 854, 857, 859-861 y n., 873 y n., 893, 910, 912, 913, 915 n., 917, 925, 928 n., 939, 940, 954, 991, 1007.
 Canciones, 645, **649.**
 Églogas, **645-648,** 651, 652, 654.
 Elegías, 645, **649,** 658 n.
 Epístola, 645, **649.**
 Flor de Gnido, La, **649,** 825.
 Odas latinas, 649 n.
 Sonetos, 645, **648.**
Garcilaso de la Vega, el Inca, **1007-1012.**
 Comentarios reales..., 1008, **1009-1012.**
 Florida del Inca, La o *Historia del Adelantado Hernando de Soto,* **1009.**
 Historia del Perú..., **1009-1010.**
 Relación de la descendencia de Garci Pérez de Vargas, 1007 n.
 Traducción de los *Diálogos de Amor* de León Hebreo, **1008-1009**
Garçon et l'aveugle, Le, 749 n.
Gardeil, A., 878 n.
Gardner, Elen, 578.
Gargoline, P. J., 116 n.
Gariano, Carmelo, 73 y n., 119 n., 120 n., 124 y n., 125 y n., 229 n., 268, 271, **272,** 275, 276.

Garnett, Richard, 699.
Garrido, E., 437 n.
Garrido Pallardó, Fernando, 564 y n., 596, 598.
Garrigou-Lagrange, Reginald, 878 n., 919 n.
Garzón, Francisco de Paula, 1001 n.
Gasparetti, A., 965 n.
Gasparini, M., 962 n.
Gaspar y Remiro, M., 420 n.
Gattinara, Mercurino, 707.
Gautier, L., 54 n., 182 n., 183 n., 205.
Gautier de Metz, 157.
Gavel, Henri, 423 n., 443 n.
Gayangos, Pascual de, 30, 151 n., 173, 174, 175, 281 n., 307 n., 308 n., 316 n., 317, 466 n., 482 n.
Gazdaru, D., 98 n.
Geers, G. J., 402 n.
Gelves, condes de, 861-862; vid. también Colón y Portugal, Álvaro, y Milán, Leonor de.
Gelli, Giovanbattista, 962.
Traducción de *Hécuba,* de Eurípides, 962.
Genouy, H., 930 n.
Gentile, Giovanni, 618 n.
Geofroy de Monmouth, 463 n.
George, Robert Gordon, 910 n.
Gerardo de San Juan de la Cruz, Fray, 911 n.
Gerday, Jacqueline, 575 n.
Gerhardt, Mia I., 263 n., 926 n.
Germond de Lavigne, A., 540.
Gerson, Juan de, 874.
Gesta Apollonii, 132.
Gesta del Abad don Juan de Montemayor, 77, **82 y n.**
Gesta de Ramiro y García hijos de Sancho el Mayor, 53, **81 y n.**
Gesta Romanorum, 132.
Gestoso y Pérez, J., 884 n.
Getino, L. G. A., 442 n., 801 n., 822, 880 n.
Giancarli, Luis Arthemio, 971.
Cingana, La, 971.
Giannini, A., 457 y n., 722 n.
Gibbs, J., 727 n.
Gicovate, B., 122 y n.
Gifford, D. J., 32.
Gil, B., 433 n., 434 n.
Gil, Ildefonso Manuel, 79 n.
Gil, Juan, 726 n.
Gil, Luis, 726 n.

Gil, Rodolfo, 435 n.
Gil de Albornoz, 225, 226.
Gili Gaya, Samuel, 34, 76 n., 170 n., 279 n., 324 n., 449 n., 455 y n., 456 n., 458 n., 459 y n., 466 n., 471 n.
Gilman, Stephen, 75 n., 76 n., 279 n., 380, 381, 469 n., 537 y n., 538, 539, 544 y n., 550 n., 552 y n., 553, 556 y n., 557 y n., 559, 562 n., 571, 577, 578 y n., 582, 593 n., 596 n., 601, 603, 604 n., 615 n., 681 n., 728 n., 769, 781 n.
Gil Polo, Gaspar, 836, 923 n., 929, **931-933.**
Diana enamorada, 836, 923 n., **931-933.**
Gil Vicente, 14 n., 23, 388, 470, 518, 526, 614, 668, 682, **684-703,** 713 y n., 748, 784, 924, 926, 930 n., 958, 959, 983, 984 n.
Auto da Feira, **698-699,** 703.
Auto da India, **697.**
Auto da Sibila Casandra, **690-692.**
Auto de las gitanas, 684 n.
Auto de San Martinho, **688.**
Auto dos quatro Tempos, **689-690.**
Auto dos Reis Magos, **688.**
Auto pastoril castellano, **688.**
Comedia de Rubena, **698,** 703.
Comedia do Viuvo, **698,** 703 y n.
Copilação, **685.**
Farsa de Inés Pereira, 685 n., 688 n., **698.**
Farsa dos físicos, **697.**
Frágoa de Amor, **703.**
Quem Tem Farelos?, **697.**
Tragicomedia de Amadís de Gaula, 470, 686 n., 688 n., 694, **696.**
Tragicomedia de Don Duardos, 686 y n., 688 n., **694-696,** 700, 701.
Trilogía de las Barcas, 388, 685 n., 688 n., **692-694,** 698, 703, 713 y n.: *Barca de la gloria,* 688 n.; *Barca do Inferno,* 614, 688 n., 698 n.; *Barca do Purgatorio,* 701.
Vello da Orta, O, **698.**
Gillet, Joseph E., 187 y n., 246 n., 507 n., 529 n., 546 n., 548, 669 n., 670 y n., 671 y n., 672 y n., 673, 674, 675, 676 n., 678, 679 n., 680, 681, 682, 683 y n., 684, 794 n., 961 n., 965 n., 979 n., 988 n.
Giménez Caballero, Ernesto, 435 n., 493 n.

Giménez Soler, Andrés, 281 n., 282 n., 284 y n., 285 n., 287 n., 291 n., 296.
Gimeno, J., 528 n.
Gimeno Casalduero, José, 79 n., 361 n.
Giner de los Ríos, F., 198 n.
Giotto, 128.
Giovio, 473 n.
Girón, Pedro, 454 n.
Girón de Rebolledo, Ana, 636 y n.
Givanel y Mas, J., 471 n.
Glaser, Edward, 424 n.
Glosas Emilianenses, 149 y n.
Glosas Silenses, 149 y n.
Gobineau, 625 n.
Godoy, 653 n.
Godoy Alcántara, 1002.
Goes, Damián de, 703.
Gómara, Francisco López de, vid. López de Gómara, F.
Gómez de Castro, Alvar, 279.
Gómez de las Cortinas, J. Frutos, 757 n., 760 y n.
Gómez de Silva, Ruy, príncipe de Éboli, 886.
Gómez de Toledo, Gaspar, 613, 748 n.
 Tercera Celestina, 613, 748 n.
Gómez de Zamora, Alfonso, 341.
Gómez Galán, Antonio, 383 n.
Gómez Moreno, M., 992 n.
Gómez Pérez, José, 153 n., 161 n., 176 n.
Gomis, Juan Bautista, 628 n., 733 n., 888 n.
Góngora, Luis de, 22, 23, 97, 108, 361 n., 366, 377 n., 388, 413, 432, 632 n., 655, 656, 659, 660, 715, 721, 852 n., 853 y n., 854 n., 861, 917, 931, 943.
 Soledades, Las, 853 n.
Gonzaga, cardenal, 718 n.
Gonzaga, Isabel de, 456 n.
Gonzaga, Julia, 716 y n.
González, Alonso, 509 n.
González, Diego, 814 n.
González, R., 1006 n.
González-Bardallana, N., 884 n.
González Dávila, Gil, 394 n., 395 n.
González de Amezúa, 943 n.
González de Clavijo, Ruy, 483.
 Historia del Gran Tamorlán, **483.**
González de Escandón, B., 420 n.
González de Eslava, Fernán, 507 n.
González de la Calle, Urbano, 441, 521 n., 1001 n.
González de Lucena, Martín, 341.
González de Mendoza, Pedro, 340, 342 n.
González de Rojas, Garci, 538.
González López, E., 31, 191.
González-Llubera, I., 109 n., 166 n., 266 n., 308 y n., 309 y n., 314 n., 343 n., 435 n., 520 n.
González Muela, Joaquín, 446 n.
González Ollé, Fernando, 543 n.
González Palencia, Ángel, 31, 91, 152 n., 414 n., 477 n., 481 n., 626 n., 639 n., 662 n., 716 n., 737 n., 738 n., 773 y n., 775, 777 n., 784 y n., 785, 787, 789, 832 n., 834 n., 888 n., 911 n., 926 n., 944 n., 957 n., 998 n.
González Pedroso, Eduardo, 703 n., 965 n., 983 n.
Gonzalo de Córdoba, 941 y n.
Gonzálvez, Ramón, 537 n.
Goode, Teresa Clara, 129 n.
Gorra, E., 198 n.
Gossart, A.-M., 211 n.
Gotti, Ettore Li, vid. Li Gotti, E.
Goyri de Menéndez-Pidal, M., 59 n., 282 n., 297 n., 412 n.
Gracián, Baltasar, 16, 296 n., 384, 578, 728, 757.
Gracián, Diego, 470.
Gracián, Jerónimo, 871, 902, 909.
Graefenberg, 282 n.
Graf, Arturo, 199.
Graham, G. Cunninghame, 898 n.
Grajal, Gaspar de, 801 n.
Granada, Luis de, vid. Luis de Granada.
Gran Capitán, el, vid. Gonzalo de Córdoba.
Gran Crónica, vid. *Crónica de Alfonso XI.*
Granvela, cardenal, 887.
Grau, F., 951 n.
Grau, Jacinto, 433.
 Conde Alarcos, El, 433.
Green, O. H., 35, 227 y n., 240 y n., 241, 271 y n., 323 n.-324 n., 349 n., 364-365, 538 y n., 539 y n., 546 n., 563 n., 564 n., 578 n., 589 y n., 590, 596 y n., 599, 600 n., 607 n., 639 n., 640 n., 647 n., 670 n., 683 n., 791 y n., 836 n.-837 n., 864 n., 867 n., 868 n., 876 n., 964 n.
Gregorio IX, papa, 783.
 Decretales, 783.

Índice de nombres y obras 1041

Gregorio Magno, San, 299, 303, 375, 904.
  Morales, 299, 303, 375, 904.
Gregorio Nacianceno, San, 805, 894 n.
Griera, Antonio, 246 n., 521 n.
Grimaldo, abad, 125-126.
Grimm, 45.
Grismer, Mildred B., 282 n.
Grismer, Raymond L., 34, 282 n., 677 n.
Groult, Pierre, 562 n., 618 n., 875 n., 887 n., 888 n., 892 n.
Groussac, Paul, 173 y n., 174, 175, 358, 361 n.
Grunwald, St., 886 n.
Gualterio de Chatillon, 134 n., 136.
  Alexandreis, 134 n., 136.
Guardia, J. M., 1019 n.
Guarner, Luis, 78, 911 n.
Gudiel, Alonso, 801 n.
Guerrero Lovillo, J., 171 n.
Guerrieri Crocetti, Camillo, 54 n., 122 n., 130 n., 982 n.
Guevara, Antonio de, 373, 606, 639 n., 726-734, 735, 791, 812, 904, 925, 929.
  Aviso de privados, 729.
  Epístolas familiares o *Cartas áureas,* 727 y n., 729.
  Letra para recién casados, 812.
  Libro llamado Monte Calvario, 732-733.
  Menosprecio de corte y alabanza de aldea, 727 y n., 729.
  Oratorio de religiosos, 732-733, 904.
  Relox de príncipes y Libro de Marco Aurelio, 727 y n.-729.
  Siete palabras, Las, 732-733.
Guevara, Miguel de, 839 y n., 841 n.
  Arte doctrinal para aprender la lengua matlaltzinga, 839.
Guiette, Robert, 266 n.
Guillén, Claudio, 771 n., 780 y n.
Guillén, Jorge, 22, 123 y n., 124, 433, 811 n., 834 n., 852 n., 910, 914 n., 918 y n., 919.
Guillén, J. F., 739 n.
Guillén de Castro, vid. Castro, Guillén de.
Guillermo de Poitiers, 84 y n., 88, 90, 92, 98 n.
Guillermo de Tiro, 175.
  Historia rerum in partibus transmarinis gestarum, 175.
Guiomar de Castañeda, 368.
Guise, R., 796 n.

Gutiérrez, F., 32.
Gutiérrez, Juan, vid. Rufo, Juan.
Gutiérrez, Marcelino, 810 n., 878 n.
Gutiérrez de la Vega, José, 282 n., 306 n.
Gutiérrez de la Vera Cruz, Alonso, 812.
  Speculum Coniugorum, 812.
Gutiérrez Irízar, José M.ª, 852 n.
Gutiérrez Lasanta, F., 116 n.
Gutiérrez Volta, Joaquina, 649 n.
Guy, Alain, 802 n., 810 n.
Guyon, 736 n.
Guzmán, Antonio de, marqués de Ayamonte, 859 n.
Guzmán, Jorge, 241 y n., 242, 243.
Gybbon-Monypenny, G., 112 n., 122 n., 224 n., 225 n., 240 y n., 246 n., 255 y n., 256.

Haan, Fonger de, 749 n., 752 y n., 766 y n., 775.
Hagenbach, 534 n.
Hallam, 78.
Halle, Adam de la, 207.
Hämel, Adalbert, 139 n., 982 n.
Hamilton, Rita, 75 n., 246 n., 722 n.
Handor, T. H., 101 n.
Hanssen, Federico, 34, 113 n., 126 n., 130 n., 131 n., 133, 135 n., 138 n., 139 n., 168 n., 170 n., 258 n., 265 n., 361 n.
Hardison, O. B., Jr., 182 n., 206, 207, 213.
Haro, conde de, vid. Fernández de Velasco.
Harrington, James, 1010.
  República de Océana, La, 1010.
Harrison, T. P., Jr., 930 n.
Harth, Enrique, 874.
Hart, Thomas R., 279 n., 424 n., 684 n., 686 n., 687 y n., 689 n., 690 n., 691 n., 694, 696 y n., 702 n.
Hart, Thomas R., Jr., 73 y n.
Hartmann, K. A. M., 198 n.
Hartzenbusch, Juan Eugenio, 314, 439, 968.
  Amantes de Teruel, Los, 968.
  Redoma encantada, La, 439.
Haskins, Ch. H., 303 n.
Hatzfeld, Helmut A., 34, 67 n., 166 n., 626 n., 872 y n., 873, 875 y n., 876 n., 893 n., 896 n., 920 n.
Hauptmann, O. H., 166 n.
Hazañas y la Rúa, Joaquín, 663 n.

Hebreo, León, 621, 633, 866, 881, 925, 929, 1008, 1009 n.
  Diálogos de amor, 621, 633, 695 n., 866, 1008.
Heger, K., 98 n.
Heinermann, T., 82 n.
Hemsi, A., 435 n.
Hendrix, William S., 972 n.
Henríquez Ureña, P., 32, 34, 52 n., 113 n., 134, 257, 261 y n., 266 n., 321 n., 403 n., 437 n.
Heráclito, 560, 599, 604, 605.
Herberay des Essarts, Nicolás, 465, 469.
Hergueta, N., 115 n.
Hermenegildo, Alfredo, 509 y n., 510, 961 n., 962, 977.
Hernáez Tobías, L., 433 n.
Hernán Cortés, vid. Cortés, Hernán.
Hernández, Alonso, 941 y n.
  Historia Parthenopea, 941 y n.
Hernández, J., 469 n.
Hernández, Vicente, 802.
Hernández Blasco, Francisco, 939, 940.
  Universal Redención, 939.
Hernando de Talavera, arzobispo de Granada, 394, 518, 520, 870.
Herrera, Fernando de, 22, 624, 643 y n., 644, 654, 656, 657, 658, 663, 721, 745, 799, 838, 844, **845-861**, 907, 917.
  A Carlos Quinto Emperador, 858.
  A la expedición de Argel, 858.
  Algunas obras de Fernando de Herrera, **847-848.**
  Al muy Reverendo Padre Jacopín, Secretario de las Musas, **860-861.**
  Amadís, El, **848,** 855.
  Amores de Lausino y Corona, Los, **848.**
  Anotaciones a Garcilaso (Obras de Garcilaso de la Vega con anotaciones de Fernando de Herrera), 643, 645, **859-861,** 859.
  Arte Poética, El, 848, **849.**
  Canción a la Batalla de Lepanto o Canción en alabanza de la Divina Magestad por la victoria del Señor Don Juan, **857-858.**
  Canción al Santo Rey don Fernando, **857.**
  Canción al Señor don Juan de Austria vencedor de los moriscos en las Alpujarras, **857.**
  Elogio de la vida y muerte de Tomás Moro, **861.**
  En la abdicación de Carlos, 859.
  Gestas de Españoles Valerosos, **848.**
  Gigantomaquia, **848,** 855.
  Guerra de Chipre y batalla naval de Lepanto, 861.
  Istoria general del Mundo, **848.**
  Obras de Fernando de Herrera... Recogidas por D. Josep Maldonado de Avila y Saavedra..., **849.**
  Por la pérdida del rey don Sebastián, **858.**
  Rapto de Proserpina, El, **848.**
  Rimas inéditas, **849.**
  Soledad, La, 852 n.
  Versos de Fernando de Herrera (ed. por Pacheco), **848.**
Herrero García, Miguel, 528 n., 542 n., 606 y n., 607 n., 659 y n., 763 y n., 764, 770.
Herrero, J. J., 509 n.
Herriot, James Homer, 153 n., 534 n., 535 n., 549 y n., 611, 613 n.
Hese, 750 n.
Hespelt, E. H., 796 n.
Heugas, P., 573 n.
Highet, Gilbert, 951 n., 961 n.
Hill, John M., 476 n.
Hills, E. C., 52 n., 78 n.
Hinojosa, E. de, 46, 79 n.
Hipócrates, 248, 1016.
Historia Apollonii regis Tyri, 132.
Historia del Abencerraje y de la hermosa Jarifa, 419, **934-935.**
Historia Roderici, 55.
Historia Troyana Polimétrica, 260.
Hita, Arcipreste de, vid. Arcipreste de Hita.
Hodcroft, F. W., 32.
Hoenerbach, W., 97 n.
Hofmann, C., 412 n.
Hofmannsthal, H. von, 70 n.
Hojeda, Diego de, **944-946.**
  Cristíada, La, **944-946.**
Holle, Fritz, 535 n.
Homer Herriott, J., vid. Herriott, J. Homer.
Homero, 48 n., 136, 358, 365 n., 659, 941, 951 n., 955, 956.
  Ilíada, 340, 356.
  Odisea, 132, 725.
Hoornaert, R., 899 n., 907 n., 920 n.

Horacio, 345 y n., 560, 622, 633, 638, 639, 672, 804, 825 n., 826, 827, 828, 831, 832 n., 833, 835 y n., 856, 862.
  Odas, 825 n., 831 *(Beatus ille,* 835 n.).
  Vaticinio de Nereo, 831, 835.
Horne, John van, 948 n., 949 n., 952 n.
Hornedo, Rafael M. de, 227 n., 639 n., 812 n., 832 n., 920 n.
Horozco, Sebastián de, 774, 775 y n., 776, 783, 789, 791, **988-989.**
  Cancionero, **988.**
  Coloquio de la Muerte con todas las edades y estados, 988.
  Entremés, 989.
  Representación de la famosa historia de Ruth, 989.
  Representación de la Historia evangélica del capítulo nono de San Juan, 783, **988-989.**
  Representación de la parábola de San Mateo..., **988-989.**
  Teatro Universal de los Proverbios..., que se usan en nuestra España, 775, **989.**
Horrent, Jules, 54 n., 57 n., 79 n., 81 n., 82 n., 126 n., 421 n., 422 n., 534 n.
Hottinger, A., 151 n.
House, Ralph E., 542 y n., 543, 550 y n.
How, Louis, 779 n.
Hoyos, A. de, **766 n.**
Hroswitha, 181.
Huallpa Tupac, 1008.
Huarte, Amalio, 411 n., **708 n.**
Hueline et Eglantine, 103.
Huerga, Cipriano de la, 800.
Huarte de San Juan, Juan, 723 n., 798, **1012-1019.**
  Examen de ingenios, 798, 1012 n., **1013-1019.**
Huáscar, 1008.
Huayna Capac, 1008.
Huerga, A., 880 n., 882 n., 883 n.
Huerta, E., 78 n.
Huerta y Tejadas, F., 281 n.
Huff, Mary Cyria, 839 y n.
Hugo, Victor, 133, 936.
  Nuestra Señora de París, 133.
Huijben, Dom J., 875 n.
Huizinga, J., 321 n., 618 n.
Hunningher, Benjamín, 204 y n., 205, 206, 207, 209, 211 n., 213.

Huntington, Archer Milton, 54 n., 300 n., 311 n., 349 n., 411 n., 414, 483 n., 533 n., 663 n., 833 n., 834 n., 859 n., 947 n., 951 n.
Hurtado, J., 31, 911 n.
Hurtado de Mendoza, Antonio, 997.
Hurtado de Mendoza, Diego, 299, 314, 315, 339, 374, 636, **661-662 n.,** 755 n., 772, 773 y n., 774 y n., 775, 942 y n., **991-993.**
  Fábula de Adonis, Hipómenes y Atalanta, **661-662 n.**
  Historia de la Guerra de Granada, **991-993.**
Hurtado de Mendoza, García, marqués de Cañete, 952, 955.
Hurtado de Mendoza, Juan, 384.
Hurtado de Mendoza, Luis, 984.
  Cortes de la Muerte, Las, 984.

Ibáñez, Diosdado, 816 n., 832 n.
Ibarra y Rodríguez, Eduardo, 996 n.
Ibeas, Bruno, 892 n.
Ibn'Abbad de Ronda, 874 n.
Ibn al-Jatib, 94.
Ibn Arabí, 875.
Ibn Baqi, 97 y n.
Ibn Bushrà, 94.
Ibn Quzman, 94.
Icaza, Francisco A. de, 388 n., 663 n., 724 n., 977 n., 978, 979, 981 n.
Icaza, R. M., 920 n.
Idacio, 163.
Iglesia, E. de la, 422 n.
Ignacio de Loyola, San, 469, 717, 839, 840, 866, 869 n., 1004.
Imola, Benvenuto de, vid. Benvenuto de Imola.
Imperial, Francisco, 325, **332-335,** 464, 633.
  Dezir a las siete virtudes, 332, **333-334.**
  Dezir de los siete planetas, 334.
Infantes de Salas, Cantar de los, vid. *Cantar de los Siete Infantes de Lara.*
Inocencio III, 308, 375.
  De contemptu mundi, 308, 375, 904.
Iriarte, M. de, 1012 n., 1013, 1014, 1016, 1019 n.
Irving, Washington, 420, 936.
  Conquista de Granada, La, 420.
  Cuentos de la Alhambra, 420, 936.

Isaac ben Cid [Rabí Çag], 157 n.
Isabel, emperatriz de España, 941.
Isabel, hija de los Reyes Católicos, 464 n.
Isabel de Portugal, 813.
Isabel la Católica, 367, 392, 394, 454 n., 456 n., 477 n., 480, 484, 485, 516 n., 517 n., 520, 521, 523, 556, 726, 813. (Vid. también Reyes Católicos).
Isaías, 857.
Isidoro de San José, Fray, 899 n.
Isidoro de Sevilla, San, 12, 16, 49, 140, 160, 997.
　Historia Gotorum, 140.
　Institutionum disciplinae, 49.
Isla, Francisco José de, 729.
Ismael de Santa Teresita, Fray, 842 n.
Ísola, D. L., 293 n.
Italia Liberata (G. G. Trissino), 638.

Jack, William Shapper, 972 n.
Jacob, A., 101 n.
Jacopone de Todi, 885.
Jaime, infante, 474.
Jaime de Xérica, 283, 284 y n.
Jameson, A. K., 465 n.
Janer, Florencio, 105 n., 107 n., 116 n., 125 n., 126 n., 131 n., 133 n., 138 n., 245 y n., 300 n., 307 n., 308 n., 314, 388 n.
Jeanroy, A., 84 y n., 88, 197 y n., 263, 323 n.
Jaume de Olesa, 423 n., 424 n.
Jenofonte, 601 n., 727.
Jeremías, 183, 857, 858.
Jerez, F. de, vid. Francisco de Jerez.
Jerónimo, San, 181, 365 n., 904.
Jerónimo de Alcalá, 678.
Jeu d'Adam, 199, 206.
Jiménez, Juan Ramón, 22, 433.
Jiménez de Cisneros, Francisco, vid. Cisneros, F. Jiménez de.
Jiménez de la Espada, M., 483 n.
Jiménez de Rada, Rodrigo, 81, 82, 153 y n., 157, 162, 163.
　De rebus Hispaniae, 81, 153, 162.
Jiménez Duque, B., 879 n.
Jiménez Salas, María, 899 n.
Johnson, J., 32.
Johnson, Mildred Edith, 965 n.

Jones, Royston O., 496 n., 648 n., 777 n., 861 n.
Jordanes, 48, 49.
Jordi de Sant Jordi, 347 n.
Jorge Pardo, Enrique, 899 n.
Jos, Emiliano, 739 n.
José Antonio de San Sebastián, Fray, 435 n.
José M.ª de la Cruz, Fray, 869 n.
José Vicente de la Eucaristía, Fray, 911 n.
Josefo, 166 y n., 476.
　Antigüedades judaicas, 166.
Joset, Jacques, 788 n.
Jovellanos, 823.
Juan, príncipe, 726, 740.
Juan I de Castilla, 298, 303, 306, 328, 442.
Juan II de Aragón, 441, 635.
Juan II de Castilla, 195, 320, 321 n., 322, 323, 324, 326, 327, 328, 338, 339, 340, 342, 355, 356, 361, 367, 392, 394, 438, 439, 442, 447, 453, 474, 475 y n., 477, 478, 479, 480, 483, 491, 516, 517, 620.
Juan III de Portugal, 684, 697.
Juan Alfonso, 159.
Juan Alfonso de Baena, vid. Baena, J. A. de.
Juan Crisóstomo, San, 805, 894 n.
Juan de Andújar, 330, 339.
　Visión de Amor, 330.
Juan de Austria, 837, 857, 858, 942, 993.
Juan de Ávila, 526, 840, 870, 879, 880, 891, 902.
　Audi, filia, et vide, 840, 870, 891.
　Epistolario Espiritual, 870.
Juan de Dueñas, 339, 341, 870.
　Nao de Amor, 339.
　Pleyto que ovo..., El, 339.
　Remedio de Pecadores, 870.
Juan de la Cruz, San, 17, 22, 23, 632 n., 649 n., 653 n., 658, 660, 798, 803, 807, 809 y n., 820, 830, 868, 869 n., 871, 872 y n., 873 y n., 874 y n., 875 n., 886, 889, 891, 896 y n., 898, 901, 907 n., **908-922.**
　Aunque es de noche, 914.
　Cántico espiritual, **910-911**, 914, 916 n., 919, 920 n., 921 y n., 922.
　Llama de amor viva, **910-911**, 914, 916 n., 919, 920 n., 922.
　Noche oscura del alma, 872, **910-911**, 914, 920 n., 922.

Subida del Monte Carmelo, 911, 922.
Tras de un amoroso lance, 914.
Juan de los Ángeles, Fray, 868, 871, 886, **888-890.**
　Consideraciones espirituales sobre el Cantar de los Cantares de Salomón, **888.**
　Diálogos de la conquista del espiritual y secreto reino de Dios, **888,** 890.
　Lucha espiritual y amorosa entre Dios y el alma, **888.**
　Manual de vida perfecta, **888.**
　Tratado de los soberanos misterios de la misa, **888.**
　Triunfos del amor de Dios, **888,** 890.
　Vergel espiritual del ánima religiosa, **888.**
Juan de Lucena, 341, 357 y n., 359.
　Tratado de Vita Beata, 341, 357.
Juan de Navarra, 365 n.
Juan de Valladolid, 324, 337 n., 393, 487.
Juan de Villalpando, 339.
Juan Lorenzo de Astorga, 112 n., 133, 134.
Juan Manuel, don, 17, 21, 22, 28, 278, **280-297,** 299, 342, 438, 440, 446, 464 n., 622, 749 n., 972.
　Conde Lucanor o *Libro de Patronio,* 236, 281, **282** y **n.,** 283, 284, 286 y n., 289 y n., **293-296,** 297 y n., 298 n., 749.
　Crónica Abreviada, 163, 281.
　Crónica Cumplida, 281.
　Libro de la Caza, 281, **282,** 285 n.
　Libro de las armas, 281, **282.**
　Libro del Caballero et del Escudero, 281, 282 n., 283, 287 n., **290,** 293, 440.
　Libro de los Cantares o *de las Cantigas,* 281.
　Libro de los castigos o consejos que fizo don Johan Manuel para su fijo o *Libro Infinido,* 281, **282,** 283, 285 n., 286 n., 287 n., 317.
　Libro de los Estados, 281, 282 n., 283, 284 y n., **290-293,** 296, 297, 440.
　Libro de Patronio, vid. *Conde Lucanor.*
　Libro Infinido, vid. *Libro de los castigos.*
　Reglas como se debe trovar, De las, 281.
　Tractado, 281, 282 n.
Juan Martín, Marcelino de, 130 n.
Juan Poeta, vid. Juan de Valladolid.
Juana, madre de D. Enrique de Villena, 439.
Juana de Austria, hija de Carlos V, 926.

Juana la Beltraneja, 485.
Juana la Loca, 517.
Jubilé d'Amour, 688 n.
Judá Ha-Leví, 92.
Jugement d'Amour, Le, 103.
Juliá Martínez, Eduardo, 216, 282 n., 284 n., 286 n., 525, 904 n., 905 n., 968 n., 969 n.
Julio II, papa, 493.
Julio III, papa, 723.
Julio César, vid. César, J.
Justiniano, 160.
Jusuf-Aben-Almoul, 420 n.
Juvenal, 518, 560.

Kane, Elisha K., 253 n., 271, 279 n.
Kany, Ch. E., 449 n.
Karl, L., 728 n.
Kasten, Lloyd A., 151 n., 166 n., 169 n.
Kastner, Leon E., 99 n., 422 n.
Katz, Israel J., 403 n., 436 n.
Keats, Laurence, 699 n.
Keller, A., 198 n.
Keller, D. S., 796 n.
Keller, John Esten, 31, 118 n., 151 n., 152 n., **171 n.**
Keller, John P., 140 y n., 141, 143.
Keller, Julia, 138 n.
Kellermann, Wilhelm, 227 y n., 231 y n., 235, 251 n.
Kelly, Edith L., 130 n.
Kempis, Tomás de, 874, 875 n., 887 n., 904.
Keniston, Hayward, 521 n., 642 n., 643, 644, 645 n., 647 n., 650 n.
Kenyon, H. A., 402 n.
Ker, W. P., 402 n.
Kerr, R. J. A., 722 n.
Kessel Schwartz, 31.
Kiddle, Lawrence R., 166 n., 169 n.
Kierkegaard, 768 n.
King, Georgiana Goddard, 691.
Klein, Anton, 1019.
Klemperer, Victor, 625 n.
Kling, Hjalmar, 130 n.
Klopstock, Friedrich Gottlieb, 946.
Knapp, William I., 636 n., 662 n.
Knight, G. W., 618 n.
Knust, Hermann, 150 n., 151 n., 282 n.
Koberstein, Gerhard, 126 n.
Kohler, Eugen, 32, 496 n., 530.

Kossoff, A. David, 851 y n., 853 n.
Krapf, Eugenio, 282 n., 534 n., 535 n.
Krappe, A. H., 80 n., 297 n., 317 n.
Krause, Anna, 375 n., 396 n., 443 n., 449 n., 455 n., 456 y n., 457, 458, 551 y n.
Kruger, Fritz, 200 n.
Kruse, Margot, 566 n.
Krynen, J., 911 n.
Küchler, W., 566 n.
Kuersteiner, Albert F., 300 n.
Kumayt, 97.
Kundert, H., 434 n.
Kurth, G., 54 n.
Kurtz, Leonard P., 385 n., 386 y n.

Labitte, C., 1001 n.
Lacalle, Ángel, 834 n.
Lafayette, 936.
Láfer, Celso, 694 n.
Lafontaine, Jean de, 728.
Lafuente y Alcántara, M., 477 n.
Lagniet, 764.
Laguna, Andrés, 723, 725, 786.
  Viaje de Turquía, vid. Villalón, C. de.
Laín Entralgo, Pedro, 882 n.
Laínez, Diego, 1005.
Laínez, Pedro, 834 n.
Lambert, Monique, 796 n.
Lambert le Tort, 136.
  Roman d'Alexandre, 134 n., 136.
Lançarote, 463 n.
Lanchetas, Rufino, 130 n.
Lando, Ferrán Manuel de, 333 n., 337.
Landulfo de Sajonia, 526.
  Vita Christi, 526.
Lang, Evelyne, 279 n.
Lang, H. R., 46, 126 n., 266 n., 326 n., 327 n., 330 n., 388 n.
Lange, C., 177 y n.
Langenegger, A., 893 n.
Langford, W. M., 416 n.
Langlois, E. H., 385 n.
Lapesa, R., 34, 74 y n., 75, 76 y n., 77, 98 n., 187, 200 y n., 201 n., 227 y n., 251 n., 255, 274 y n., 300 n., 321 n., 324 y n., 328 y n., 332 y n., 333, 334 y n., 335, 340, 343 n., 344 y n., 345 n., 347 n., 348 y n., 349 y n., 350, 351 n., 353, 354 n., 355, 358, 364 y n., 412 n., 429, 465 y n., 551, 555 n., 566 n.,

587 n., 588 n., 591 n., 604 n., 605 n., 609 y n., 639 n., 645 y n., 646, 647, 648, 649 n., 650 n., 654, 658 n., 663 n., 803, 828, 829, 1005 n.
Laplane, Gabriel, 796 n.
Laredo, Bernardino de, vid. Bernardino de Laredo.
Larra, 298, 331.
  Doncel de don Enrique el Doliente, El, 331.
  Macías, 331.
Larrea Palacín, Arcadio de, 435 n.
Las Casas, Bartolomé de, 597 n., **741-742**, 774.
  Apologética Historia de las Indias, **742**.
  Brevísima relación de la destruición de las Indias, **742**.
  Historia General de las Indias, 742.
Lasso de la Vega, A., 388 n., 892 n.
Lasso de la Vega, Francisco P., 960 n.
Lasso de la Vega y Argüelles, A., 844 n.
Latorre, M., 951 n.
Laurencín, marqués de, 641 n.
Laurenti, Joseph L., 777 n.
Laurés, J., 1001 n.
Laza Palacios, M., 57 n., 568 n.
Lazarillo de Tormes, 19, 21 n., 279, 446, 662 n., 668, 716 n., 724, 738 n., 746, 747, 749, 750 y n., 752 n., 755, 757 y n., 758, 760 n., 761, 762 n., 764 y n., 767, 768, 769, 770, 771 y n., **772-796**, 888 n., 926 n., 989, 998 n.
Lázaro Carreter, Fernando, 165 n., 178 n., 179 y n., 185 n., 187, 190, 193, 195, 196 y n., 197, 198, 201, 202, 211 n., 217, 218 n., 248 n., 387, 388 n., 489 y n., 490, 507, 530.
Lea, K. M., 960 n.
Leal, M.ª Teresa, 485 n.
Leavit, E., 246 n.
Lecoy, Félix, 227 y n., 238, 248, 249, 251, 252, 258, 266 n., 271.
Ledesma, D., 433 n.
Ledrus, M., 883 n.
Lefebvre, Alfredo, 836 n.
Leforestier, A., 354 n.
Legarza, Fidel de, 887 n.
Legendre, Maurice, 899 n.
Le Gentil, P., 54 n., 98 n., 266 n., 321 n., 324 n., 325 n., 347 n., 350 n., 351 n., 395 n., 396 n., 397 n., 702 n.

Leighton, Ch. H., 529 n.
Leite de Vasconcellos, José, 434 n., 685 n.
Leiva, Antonio de, 859.
Leiva, Diego de, 991.
Lemos, conde de, 722.
Lemus y Rubio, Pedro, 521 n., 852 n.
Lenz, A., 677 n.
Leo, Ulrich, 279 n.
León X, papa, 493, 629, 669, 677, 678 n.
León, Fray Luis de, vid. Luis de León, Fray.
León, Pablo de, vid. Pablo de León.
León, R., 887 n.
Leonard, Irving A., 469 n.
Léonardon, H., 738 n.
Leonís, Tristán de, vid. Tristán de Leonís.
Lepee, M., 903 n.
Lepine, J. E., 34.
Lerma, duque de, 998.
Le Riverend, Julio, 745 n.
Letsch-Lavanchy, A., 165 n.
Levi, Ezio, 331 n., 337 n., 423 n.
Lévi-Provençal, E., 97 n.
Levy, I., 436 n.
Lewis, C. S., 324 n.
Lewis, David, 909 n.
Ley, C. David, 688 n.
Liber Regum, **153**.
Liber vagatorum, 749 n.
Libre dels tres Reys d'Orient, vid. *Libro de la infancia y muerte de Jesús*.
Libro de Alexandre, 41 n., 112 n., 113 y n., 115 n., **133-138**, 139 y n., 143, 166 n., 275, 316 y n.
Libro de Apolonio, 113, **131-133**, 135 n., 136, 143, 400, 582 n.
Libro de Calila e Dimna, vid. *Calila e Dimna, Libro de*.
Libro de Job, 303, 335, 342, 831.
Libro de Josep Abarimatia, El, 463 n.
Libro de la infancia y muerte de Jesús, **105-107**, 108, 131.
Libro del Cavallero Zifar, **316-319**, 463.
Libro de los buenos proverbios, 150-151.
Libro de los cien capítulos, El, 150.
Libro de los doce sabios, o Tratado de la nobleza y lealtad, 150.
Libro de los Jueces, 857.
Libro de los Proverbios, 813, 831.
Libro de miseria de omne, 307, **308**.
Libro de los Reyes, 856.

Lida de Malkiel, María Rosa, 126 n., 135 n., 138 n., 139 n., 166 n., 167 y n., 227 y n., 228 n., 234, 235, 236, 237, 240, 241, 244, 245 n., 246 n., 248, 249, 251 n., 255, 256 y n., 258 n., 272, 275, 278, 279 n., 285 n., 286 n., 287, 288, 292, 317 y n., 333, 356, 358, 359, 360, 361 n., 375 n., 380, 395 n., 396 n., 423 n., 435 n., 449, 453 y n., 454 y n., 458, 468 y n., 471 n., 481 n., 528 n., 538 y n., 543, 545 y n., 546, 547, 548 n., 551 y n., 552, 553, 554 n., 555 y n., 556, 557, 558 y n., 559 y n., 560 y n., 561 y n., 563, 564 y n., 566, 567 y n., 568, 569, 570 n., 571, 573 y n., 575 y n., 577, 578 y n., 579 y n., 580, 581 y n., 583, 584 n., 585 n., 586, 589, 590, 591 n., 592 n., 596, 597, 599, 600, 603, 604 y n., 606, 607 n., 609 y n., 610, 611, 612, 647 n., 692 n., 730, 731 y n., 783 n., 784 n., 785, 937 n., 961 n.
Lidforss, V. E., 198 n.
Li Gotti, Ettore, 79 n., 97 n., 300 n.
Lihani, John, 507 n., 510 n., 511 n.
Lily, John, 732 y n.
Euphues, 732.
Lindley Cintra, Luis Filipe, 19 n., 34, 53 n., 153 n., 161 n.
Lillo, S. A., 951 n.
Liñán de Riaza, Pedro, 414, 755 n.
Lipsius, Justus, 470.
Lista, Alberto, 563 n., 585, 681.
Livermore, Ann, 699 n.
Livermore, H. W., 1009 n.
Lobeira, Vasco de, vid. Vasco de Lobeira.
Lohman Villena, Guillermo, 1007 n.
Lollis, C. de, 170 n.
Lomas Barrett, L., 32.
Lomba y Pedraja, José R., 305.
Longares de Angulo, 755 n.
Longfellow, E. W., 384, 836 n.
Longhurst, J. E., 718 n.
Lope Blanch, J. M., 130 n.
Lope de Rueda, 614, 683, 704, 776, 959 n., 964, **969-975**, 976, 989.
Aceitunas, Las, 970, 972
Armelina, 970, 971.
Auto de Naval y Abigaíl, 970.
Camila, 970.
Carátula, La, 970.

Convidado, El, 970.
Cornudo y contento, 970, 972.
Criados, Los, 970.
Deleitoso y Registro de Representantes, El, 970, 971 n., 972 n.
Diálogo sobre la invención de las calzas, 970.
Discordia y Cuestión de Amor, 970.
Engañados, Los, 970, 971.
Eufemia, 970, 971.
Generosa paliza, La, 970.
Lacayos ladrones, Los, 970.
Medora, 970, 971.
Pagar y no pagar, 970.
Pasos, 776.
Prendas de amor, 970.
Rufián cobarde, El, 970.
Tierra de Jauja, La, 970.
Tymbria, 970.
Lope de Stúñiga, vid. Stúñiga, L. de.
Lope de Vega, 16, 17, 18, 19, 20 n., 23, 29, 45 n., 97, 98 n., 172, 198, 221 n., 234 n., 264, 314, 331, 384, 388, 393, 413, 419, 432, 435 n., 470, 489 n., 504, 517, 606, 614 y n., 632 n., 657, 658, 659, 661, 668, 672 y n., 681, 682, 683, 684 y n., 699 n., 700, 701, 702, 705, 737, 754, 836, 839, 841 n., 892 n., 927, 930 n., 933 y n., 935, 936, 939, 948, 956, 958, 963 n., 965, 966, 967, 968, 976, 977, 979, 982, 983 n., 997.
Anzuelo de Fenisa, El, 614.
Arcadia, La, 272, 933.
Arenal de Sevilla, El, 614.
Arte nuevo de hacer comedias, 979.
Buena guarda, La, 172.
Comendadores de Córdoba, Los, 393.
Dorotea, 614.
Gatomaquia, La, 956.
Gran Duque de Moscovia, El, 754 n.
Hermosura de Angélica, La, 927.
Laurel de Apolo, 836, 963 n.
Mujeres sin hombres, Las (Las Amazonas), 737.
Porfiar hasta morir, 331.
Remedio en la desdicha, El, 935.
Lopes, F. F., 728 n.
Lopes de Carvalho, Antonio, 685 n.
López, Atanasio, 453 n.
López, Gregorio, 158 n.
López, Luis, 970.

López de Ayala, Pero, 17, 28, 83, 115, 222, 278, 280, 292, 293 y n., **298-307**, 321, 328, 335, 342, 375, 388, 438, 463, 464, 474, 478, 560.
Crónicas, 299, **303-306**, 474.
Libro de las aves de caza o de la caza de las aves, **306-307**.
Linaje de Ayala, 306.
Rimado de Palacio o De las maneras de Palacio, 278, 299, **300-303**, 336, 375, 464.
López de Gómara, Francisco, **743**, 744.
Historia general de las Indias... Con la conquista de México y Nueva España, 743.
López de Mendoza, Íñigo, vid. Santillana, marqués de.
López de Meneses, Amada, 300 n.
López de Toro, José, 858 n., 942 n.
López de Velasco, Juan, 719 n., 776,
López de Vergara, M.ª Jesús, 422 n., 434 n.
López de Villalobos, Francisco, 705, 961.
Traducción del Anfitrión de Plauto, 705, 961.
López Estrada, F., 40, 50, 78, 358, 361 n., 420 n., 479 n., 483 n., 835 n., 839 y n., 861 n., 923 n., 926 y n., 927 n., 928 n., 929, 930 n., 934 n., 935.
López Martínez, Celestino, 521 n., 971 n.
López Morales, Humberto, 179 y n., 191, 192, 193 n., 201 n., 496 n., 670 n.
López Pinciano, Alonso, vid. Pinciano, Alonso López.
López Prudencio, J., 529 n., 983 n.
Lorca, Federico García, vid. García Lorca, F.
Lord, A. B., 67 n.
Lorenzo de Sepúlveda, 405 n., 413 n.
Romances nuevamente sacados de historias antiguas de la Crónica de España, 413 n.
Loveluck, Juan, 116 n., 647 n.
Lovett, Gabriel H., 796 n.
Loyola, San Ignacio de, vid. Ignacio de Loyola, San.
Lozoya, marqués de, vid. Contreras López de Ayala, Juan de.
Lucano, 12, 156, 164 y n., 165, 356 n., 362 y n., 941, 953, 954.
Farsalia, La, 61 n., 165, 363.
Lucas, F. L., 961 n.

Lucas de Iranzo, Miguel, 359.
Lucas de Tuy, vid. Tudense, el.
Lucena, Juan de, vid. Juan de Lucena.
Luciano, 723, 724 n., 737, 789, 795 n.
  Historia verdadera, 795 n.
Luciano M.ª de San José, Fray, 919 n.
Lucinio del Santísimo Sacramento, Fray, 911 n., 912 n.
Luis XIII de Francia, 841.
Luis XIV de Francia, 220, 491.
Luis de Granada, Fray, 470, 761, 798, 867. 871, 876, **879-885**, 886, 889, 897, 902, 904, 919.
  Biografías, 880.
  Guía de Pecadores, 880 y n., 881, **882**.
  Historia de Sor María de la Visitación y sermón de las caídas públicas, 880 n.
  Introducción del Símbolo de la Fe, 880, **883-884**.
  Libro de la oración y meditación, 880, 881, **882-883**.
  Meditaciones muy devotas, 880.
  Memorial de la vida cristiana, 880.
  Retórica Eclesiástica (Libri sex ecclesiasticae rhetoricae), **884**.
  Trece sermones en castellano, 880.
  Traducción del *Kempis*, 880.
Luis de León, Fray, 626 n., 658, 798, **799-832 n.**, 833, 835, 836 n., 854 n., 868, 871, 879, 880, 885, 886, 890, 891, 892-893, 895 n., 898, 906, 908, 910, 920 n.
  A Francisco Salinas, 830, 831, 832 n.
  Al salir de la cárcel, 826 n.
  A Santiago, 831.
  A nuestra Señora, **831**.
  De los Nombres de Cristo, 804 y n., 805 n., 806 n., 810, **816-820**, 824 n., 825 n., 890, 895 n.
  En la Ascensión, 831.
  Explanatio in Cantica Canticorum, 811.
  Exposición del Libro de Job, 810, **814-816**, 822, 828 n., 831.
  Exposición del Salmo XXVI, 810.
  Morada del Cielo, 809, 830, 831.
  Noche serena, 830, 831.
  Odas a Felipe Ruiz, 808, **828-830**, 831.
  Perfecta casada, La, 810, **812-814**, 824 n.
  Profecía del Tajo, **831**, 832 n.
  Traducción literal y declaración del "Cantar de los Cantares", 800, 802, **810-812**, 815, 825 n., 831.

Vida retirada, 821 n., 825 n., 827, **831**, 832 n.
  Otras traducciones: *Andrómaca*, de Eurípides, 831; *Collige rosas*, de Ausonio, 831; *Églogas y Geórgicas*, de Virgilio, 831; *Libro de los Proverbios*, 831; *Odas*, de Horacio, 825, 831, 835; *Olímpica primera*, de Píndaro, 831; *Rura tenent*, de Tibulo, 831; *Salmos*, 831.
Lulio, Raimundo, 290, 864, 868, 874 y n., 875 y n., 885.
  Llibre del ordre de cavalleria, 290.
Lumsden, Audrey, 645 n., 647 n., 648 n., 649 n.
Luna, papa, vid. Benedicto XIII.
Luna, H. o Juan de, 310, 753, 777 y n., **796**.
  Segunda parte del Lazarillo de Tormes, sacada de las crónicas antiguas de Toledo, 310, 753, 796.
Lunardi, E., 116 n.
Luquiens, F. B., 321 n.
Lutero, Martín, 630 n., 703, 716.
Luzán, I. de, 29.
  Poética, 29.
Lynn, C., 518 n.

Llaguno Amírola, E., 303 n.
Llaneza, M., 880 n.
Llibre de les solemnitats de Barcelona, 218.
Llobera, José, 822, 823 n., 951 n.

Macandrew, Ronald M., 497 n.
Macaya Lahmann, E., 777 n.
MacCurdy, R. R., 435 n.
MacDonald, Inez, 358, 360 n., 562 y n., 563 n., 571, 572, 584, 590, 911 n.
Macías, 328 y n., **330-331**, 361, 453 y n., 529.
MacMillan, D., 266 n.
Macrí, Oreste, 648 n., 823 n., 846, 850 y n., 852 n., 854 n., 861 n., 937 n., 947 n.
Macrobio, 736.
  Saturnales, 736.
Machado, Antonio, 120, 124, 432.
  Tierra de Alvargonzález, La, 432.
Machado, Manuel, 78, 130, 433.
Machado, J. P., 85 n.

Machau[l]t, Guillermo de, 256.
Madariaga, Salvador de, 35, 563 n.
Madoz y Moleres, José, 442 n.
Madrazo, P. de, 169 n.
Madrid, Alonso de, vid. Alonso de Madrid.
Madrid, Francisco de, 193, 491.
  Égloga, 193, 491.
Madrigal, Alfonso de, vid. Tostado, el.
Madurell, José María, 521 n.
Maeztu, Ramiro de, 35, 563 n., 569 y n., 596.
Magariños, S., 33.
Magoun, F. P., Jr., 67 n.
Maíllo, A., 33.
Mainete o Mocedades de Carlomagno, 175, 176 y n., 200.
Maldonado de Ávila, José, 845, 861 n.
Maldonado de Guevara, F., 739 n., 766 n., 794 n.
Mâle, É., 115 n., 385 n.
Mal Lara, Juan de, 844 y n., 845, 859, **962**, 980.
  Comedia Locusta, **962**.
  Tragedia de San Hermenegildo, 962.
Malón de Chaide, Pedro, 470, 660, 761, 867, 871, 891, **892-896**.
  Conversión de la Magdalena, La, 761, **893-896**.
Mallorquí Figuerola, J., 350 n.
Mancini, Guido, 31.
Mancini, G. G., 908 n.
Manchester, P. T., 951 n.
Manfredi, Lelio, 456 n.
Manrique, inquisidor general, 629, 708.
Manrique, María, 487.
Manrique, Gómez, 177 n., 324, 367, 374, 375, 380 n., 384, 394, **484-492**, 497, 498, 506, 560, 691, 1007.
  Batalla de amores, 487.
  Cancionero, **485-486**.
  Coplas para el señor Diego Arias de Ávila, 375, **486**.
  Defunción, 374.
  En nombre de una mula, 487.
  Exclamación o querella de la gobernación, La, **486**.
  Lamentaciones fechas para Semana Santa, 487, **488-489**.
  Planto, 374, 380 n., 486.
  Razonamiento de un rocín a su paje, 487.
  Regimiento de príncipes, 485 n., **486**.
  Representación del Nacimiento de Nuestro Señor, **487-488**, **489-491**, 506.
Manrique, Jorge, 17, 323, 324, 335, 349, **367-385**, 379 n., 485, 523, 524 n., 598, 665, 939, 1007.
  A la Fortuna, 372.
  Castillo de amor, 371.
  Coplas, 367, 368, 370, **373-383**, 384, 385, 486.
Manrique, Rodrigo, 367, 485.
Manrique de Lara, M., 435 n.
Mantecón, J. I., 535 n.
Mantuano, Pedro, 997, 998 y n.
  Advertencias a la Historia del Padre Juan de Mariana, 997-998.
Manucio, Aldo, 629.
Manuel, infante don, 280.
Manuel de Portugal, don, 677.
Manuel Rodríguez, Miguel de, 150 n.
Manzoni, B., 629 n.
Map, Gualterio, 229 y n.
Maquiavelo, 296, 477 n., 517 n., 618 n., 620, 674, 1006.
  Mandrágora, 674.
  Príncipe, El, 296, 620.
Marañón, Gregorio, 476 n., 628 n., 642 n., 647 n., 777 n., 1019 n.
Marasso, Arturo, 33, 113 n., 776 y n., 832 n., 852 n., 920 n.
Maravall, José Antonio, 13 n., 567 y n., 576 y n., 594, 614, 758 n.
Marcabru[n], 91 n.
Marcial, 12, 862.
Marcu, A., 796 n.
March, Ausías, vid. Ausías March.
Marden, Charles Carroll, 116 n., 129 n., 131 n., 138 n., 139 y n.
Maréchal, Joseph, 878 n.
María, hija de Carlos V, 888, 926.
María de Castilla, 440.
María de Inglaterra, 628, 927, 1005.
María de Portugal, 518, 684.
Mariana, esposa de Lope de Rueda, 969.
Mariana, Juan de, 153, 391, **997-1004**.
  De monetae mutatione, **998**.
  De rege et de regis institutione, **999**, 1000 n.
  De spectaculis, **1000-1001**.
  Discurso de las cosas de la Compañía, **999**.

Índice de nombres y obras 1051

Historia General de España (*Historiae de rebus Hispaniae libri XXX*), 997, **1001-1004**.
Marías, Julián, 33.
Marichal, Juan, 481 n., 732 n., 907 n.
Marichalar, Antonio, 640 n., 642 n., 645 n.
Marín, Diego, 32, 288 n., 289, 291.
Marín, P., 433 n.
Marineo Sículo, Lucio, 518 y n., 519, 635.
Marín Ocete, Antonio, 521 n.
Maritain, J., 910 n.
Maritano, Giovanna, 126 n., 128.
Marlier, Georges, 764.
Marlowe, Christopher, 580 n., 737.
Tamburlaine the Great, 737.
Marmontel, 1011.
Incas, Los, 1011.
Marques, Amandio, 685 n.
Marques Braga, 85 n., 687 y n., 698 n., 703.
Márquez, Juan, 832, 871.
Márquez Villanueva, Francisco, 243 y n., 244 y n., 245, 394, 395 y n., 396, 397 n., 398, 732, 733 y n., 764 y n., 765, 769, 773, 774 n., 775 y n., 776, 790, 951 n., 989.
Marquina, Eduardo, 78.
Hijas del Cid, Las, 78.
Martí-Ibáñez, Félix, 568 n.
Martín I, 442 n.
Martin, John W., 548 y n., 549.
Martín, Luis, 903 n.
Martín de Ávila, 341.
Martín de Córdoba, 813.
Jardín de las nobles doncellas, 813.
Martín de Jesús María, Fray, 903 n.
Martín Jiménez, José, 529 n.
Martinenche, Ernest, 221 n., 297 n., 584, 663 n., 796 n., 935 n.
Martínez, Fernando, colaborador de Alfonso X, 159.
Martínez, Fernando, arcediano de Écija, 333.
Martínez, Ferrán, 317.
Martínez Barbeito, Carlos, 330 n., 453 n.
Martínez de Barros, 391.
Martínez de Burgos, M., 727 n., 911 n.
Martínez de Cantalapiedra, Martín, 801 n.
Martínez de Medina, Gonzalo, **336**, 374.
Desir, 336.

Martínez de la Rosa, Francisco de P., 78, 936.
Martínez de Toledo, Alfonso, vid. Arcipreste de Talavera.
Martínez Marina, F., 158 n.
Martínez Ruiz, J., 436 n.
Martínez Torner, E., 403 n.
Martínez Villada, Jorge, 383 n.
Martins, M., 466 n.
Mártir de Anglería, Pedro, 518 y n., 519, 521 n., 640, 707, **739**, 741.
Decades de Orbe Novo, **739**.
Martorell, Joanot, 471, 473.
Tirant lo Blanc, **471-473**.
(Vid. también Galba, M. J. de).
Marullo, Teresa, 170 n.
Massignon, Louis, 874 n., 878 n.
Massuccio de Salerno, 783.
Mata Carriazo, Juan de, 420, 475 n., 477 n., 480 n., 481 n., 482 n., 735 n.
Mateo, San, 199.
Evangelium Infantiae, 199.
Mateu Ibars, M. D., 880 n.
Mateu Llopis, F., 79 n.
Matías del Niño Jesús, Fray, 910 n., 911 n.
Matta Vial, Enrique, 955 n.
Matulka, Bárbara, 449 n., 460 n., 466 n., 935 n.
Maximiliano I, 735.
May, T. E., 765 y n., 766, 832 n.
Mayáns y Siscar, Gregorio, 670, 719 n., 814 n., 822, 859 n.
Orígenes de la Lengua española, 719 n.
Vida de Fray Luis de León, 822.
Mayáns y Siscar, Juan Antonio, 923 n.
Maza Solano, T., 433 n.
Mazorriaga, Emeterio, 176 n.
Mazzei, A., 298 n.
Mazzei, Pilade, 308 n., 496 n., 613 n., 675 n.
McPheeters, D. W., 535 n., 551 y n., 552, 578 n., 605 n., 613 n.
Médicis, Julio de, vid. Clemente VII.
Medina, Bartolomé de, 880.
Medina, Francisco de, 846, 859 n.
Medina, J. Toribio, 942 n., 951 n., 953, 955 n.
Medinaceli, duque de, 969.
Medina Sidonia, duque de, 393.
Medrano, Francisco de, **835**, 847 n.,

A las ruinas de Itálica, **835.**
Profecía del Tajo, **835.**
Meier, John, 408.
Mejía Sánchez, E., 437 n.
Melanchton, 707, 716.
Mele, Eugenio, 337 n., 647 n., 649 n., 662 n., 663 n., 665 n., 737 n., 773 n., 834 n.
Meléndez Valdés, Juan, 432.
Melgar, S. de, 477 n.
Melior et Idoine, 103.
Melo, 299.
Mena, Juan de, 22, 145, 146, 324, 330, 339, 344, **355-367**, 373, 393, 396 n., 439, 440, 453, 454, 458, 475, 485, 486, 521, 524, 527, 528 y n., 536, 540, 551, 560, 620, 633, 665, 671, 721, 941.
  Claro-escuro, **360.**
  Comentario a la Coronación, 358, 359.
  Coronación del marqués de Santillana, La, 356 n., 359, **360**, 361 n., 363 n.
  Laberinto de Fortuna, El, 330, 344, 345, 356 y n., 357, 358, 360, **361-365**, 439, 528.
  Omero romançado, 356, **358**, 359.
  Trescientas, Las, vid. *Laberinto de Fortuna.*
Mendes, João R., 703 y n.
Mendes dos Remédios, Joaquim, 702 n.
Méndez, Francisco, 822.
Méndez Bejarano, Mario, 844 n., 948 n.
Méndez Plancarte, Alfonso, 839.
Méndez Rayón, D., 441 n.
Mendoza, Alfonso de, 832.
Mendoza, Íñigo de, 324, 330, 384 y n., 391, 507, **523-525**, 526, 528.
  Cancionero, 523 n., 524 n.
  Coplas... en vituperio de las malas hembras... E doze en loor de las buenas mugeres, **523.**
  Dechado... a la muy escelente reyna doña Ysabel, **523.**
  Vita Christi por coplas, 330, 384, 507, **523-525.**
Mendoza, V. T., 437 n.
Menéndez y Pelayo, Marcelino, 12, 16, 32, 45, 59, 78, 79 n., 81 n., 83, 84 n., 85, 100 n., 101 n., 106, 109, 116 n., 117, 127 n., 130, 131 y n., 132, 136, 137 y n., 139 n., 170 n., 202, 210, 229, 230 y n., 246, 247, 248, 249, 255, 263, 281 n., 295, 299, 300 n., 301 y n., 302 n., 304, 305 y n., 306, 308 n., 312, 315 y n., 317 y n., 321 n., 324 n., 326 n., 329, 330 n., 331, 333, 334 n., 336, 337 n., 338, 339, 345 n., 349, 358, 359, 362 n., 363, 368, 371, 372, 376 n., 377 n., 379, 384, 387, 388 y n., 389, 390, 391 y n., 392 n., 393, 395, 396, 397 n., 401, 406, 412 n., 416 n., 421, 434 n., 436 y n., 437 n., 439, 441 n., 442 n., 443 n., 446, 447, 449 y n., 450, 454 y n., 455 n., 457, 459 y n., 466 n., 467, 468, 472 y n., 474 n., 485 y n., 493 n., 498, 523 n., 525, 527 n., 528 n., 529 n., 530, 532, 534 n., 535 n., 537 n., 540 y n., 541, 547, 550, 554, 555 y n., 559 n. 560, 563 n., 566, 567, 580, 584 n., 586, 596, 614, 627, 628 n., 630 n., 635 n., 636 n., 637, 638 y n., 639, 640, 647 n., 667, 669 n., 671 y n., 674, 680, 681, 682, 683, 691, 692, 696, 700, 701, 708 n., 712, 713 n., 715, 716, 718 n., 722 n., 723 y n., 727 n., 728 y n., 730, 732, 735 n., 736 y n., 737, 740, 744, 747 n., 752 n., 766 n., 789, 795, 819, 822, 823 n., 831 n., 832 n., 836 n., 838 n., 854 n., 863 y n., 868, 870, 871, 872, 873, 874 n., 875 n., 880 n., 881 n., 884, 886, 887, 889, 890, 893, 926 n., 927 n., 929, 930 y n., 931 n., 932, 933 n., 934 n., 935 y n., 944 n., 945 n., 948 n., 951 n., 954, 955 n., 961 n., 965 n., 972 n., 975, 981 n., 991 n., 1005 y n., 1008, 1009 n., 1010, 1011, 1012.
Menéndez Pidal, Gonzalo, 116 n., 150 n., 151 n., 155 n., 171 n., 227 y n., 270 n., 403 n., 412 n.
Menéndez Pidal, J., 80 n., 433 n., 665 n., 738 n., 942 n.
Menéndez Pidal, Ramón, 12, 13 y n., 14 n., 15, 16, 18, 19 y n., 20, 21, 22 n., 23, 24, 25, 26 n., 27, 32, 33, 34, 35, 38 n., 39, 42, 43 n., 44 y n., 45, 46, 47 y n., 48 y n., 49, 50 y n., 51, 52 y n., 53 y n., 54 y n., 55, 56, 57, 58 n., 59 y n., 60, 61, 70, 72, 73, 74 n., 75 n., 77 n., 78 y n., 79 n., 80 n., 81 y n., 82 y n., 85, 87, 88, 89, 90 y n., 91, 92 y n., 94, 96, 97 n., 98 n., 99, 100 n., 101 y n., 102, 103,

Índice de nombres y obras 1053

105 y n., 108 y n., 111 n., 112 n., 113 y n., 122, 128 n., 133, 134 n., 135, 138 n., 139 y n., 147, 148 n., 149 y n., 150 n., 153 n., 157, 160 y n., 161 n., 163 y n., 165 y n., 168 n., 170 n., 171 n., 175 y n., 187, 191, 192 y n., 194, 196 n., 198 y n., 205 y n., 209, 210, 211 y n., 212, 220, 224 n., 226 n., 227 y n., 229 y n., 230, 231, 235, 237, 246 y n., 248, 249, 250 y n., 251 y n., 260 y n., 261, 262, 263 y n., 264, 267, 285 n., 297 n., 307 n., 308, 311 y n., 312, 313, 315 y n., 316, 324 n., 325 n., 327 n., 348 n., 355, 399 n., 400, 401 y n., 402 n., 403 y n., 404 y n., 405 y n., 406, 407, 408, 410, 412 y n., 413 y n., 414, 415, 416 y n., 417 y n., 418, 420 n., 421, 422 n., 423 n., 425, 426, 427, 428 n., 429 n., 432 n., 434 n., 435, 436, 437 y n., 442 n., 443 n., 454, 458, 460 n., 471 n., 507 n., 517 n., 520 y n., 521, 521 n., 542, 543 n., 544 n., 546 n., 547, 550, 617, 624, 643, 657, 663 n., 665 n., 701, 713 n., 716, 726 n., 731, 739 n., 742 y n., 762 n., 819, 820, 823 n., 832 n., 833 n., 834 y n., 844 n., 906 y n., 930 n., 936 y n., 952 n., 963 n., 978 y n.
Menino, Pero, 307.
Mengod, V., 116 n.
Meozzi, Antero, 718 n.
Meredith, Joseph A., 675 n.
Meregalli, Franco, 54 n., 300 n., 413 n., 483 n.
Mérimée, Ernest, 30.
Mérimée, Henri, 216 n., 934 n., 964 n.
Mérimée, Próspero, 306 y n.
  Crónica de Don Pedro, 306.
Merino, A., 811, 812, 814 n., 815, 822 y n.
Merlín, *Estoria de*, vid. *Estoria de Merlín*.
Mesa, Cristóbal de, **943**.
  Navas de Tolosa, Las, 943.
  Patrón de España, 943.
  Restauración de España, La, 943.
Mesa, Enrique de, 130.
Meseguer Fernández, J., 708 n., 735 n.
Mesnard, Pierre, 920 n.
Metge, Bernat, 347 n., 481 n.
Metsys, Quentin, 764.
Mettman, Walter, 170 n., 279 n.

Mexía, Hernán, 394.
Mexía, Pedro, 470, 731, **735-737**, 882.
  Coloquios o *Diálogos*, **737**.
  Historia del Emperador Carlos V, **735**.
  Historia Imperial y Cesárea, **735**.
  Silva de varia lección, **737**.
Meyer, Mary Edgar, 944 n.
Meyer, P., 205.
Michael, Ian, 135 y n.
Michaëlis de Vasconcelos, Carolina, 85 n., 91 n., 100 n., 327 n., 395 n., 402 n., 471 n., 504 n., 540, 664 n., 687 n., 703.
Michel, F., 311 n., 326 n.
Michels, J., 993 n.
Mier, Eduardo de, 190, 192 n.
Migir, Fr., 374, 375.
Mignani, Rigo, 246 n.
Miguélez, P., 719 n.
Milán, Leonor de, condesa de Gelves, 847 y n., 855.
Milá y Fontanals, M., 35, 45, 78, 84, 106, 217 n., 282 n., 305, 324 n., 387, 401, 406 n., 415, 421, 434 n.
Miles, Guillermo de, 412.
Milner, Max, 919 n.
Milton, John, 632, 946.
Mil y una noches, Las, 152, **257**.
Millán, Luis, 731.
Millás Vallicrosa, José M., 91 n., 92, 168 n., 442 n., 628 n., 832 n.
Millares Carlo, Agustín, 465 n., 535 n.
Millé Giménez, J., 297 n.
Miola, A., 529 n.
Miquel y Planas, R., 447 n.
Mir, Miguel, 888 n., 898 n.
Mira de Amescua, Antonio, 172, 384, 388.
  Lo que puede el oír misa, 172.
Mireles Malpica, G., 948 n.
Miró Quesada, Aurelio, 1008 n., 1009 n., 1011, 1012 n.
Miró Quesada Garland, Alejandro, 248 n.
Misteri d'Adam i Eva, 216, 217.
Misteri del Rei Herodes, 217.
Misteri de Sant Cristófor, 216, 217.
Misterio de Elche, 216, 220.
Mitjana, Rafael, 493 n.
Mocedades de Carlomagno, vid. *Mainete*.
Mocedades de Rodrigo (*Cantar de Rodrigo*, *Crónica rimada del Cid*, o *Refundición de las Mocedades*), 82, 210 n., **311-314**, 416.

Moffat, Lucius Gaston, 227 y n., 246 n., 278, 279 n.
Moisés, 183, 857, 894 n.
 Himno al paso del Mar Rojo, 857.
Molas, Joaquín, 35, 636 n.
Moldenhauer, G., 291 n.
Molho, M., 435 n., 436 n.
Molière, Jean-Baptiste Poquelin, 697, 699 n.
Molinaro, J. A., 640 n.
Molinaro, J. M., 947 n.
Moliner, José M.ª de la C., 878 n.
Molinos, Miguel de, 871.
Moll, R. I., 133.
Monaci, E., 85 n., 100 n., 198 n.
Monchanin, J., 878 n.
Mondéjar, marqués de, 991.
Monge, L. de, 78.
Monroe, J. T., 98 n.
Monsegú, B. G., 629 n.
Montaigne, Michel de, 729, 736.
 Ensayos, 729, 736.
Montalbán, Álvaro de, 537 y n., 538, 539.
Montalvo, Garci Rodríguez de, 464 y n., **465-466**, 467, 468, 470 y n., 471, 696 n.
 Sergas de Esplandián, 466, 468, 471 y n.
Monte, Alberto del, 762 n., 795 n.
Montemayor, Jorge de, 384, 923 y n., 924, 925, **926-931**, 932.
 Cancionero, 926.
 Epístola a Peña, 927.
 Siete libros de Diana, 923 y n., 924, **927-931**, 932.
 Trabajos de los Reyes, Los, 927.
 Traducción de *Cantos de Amor,* de Ausías March, 927.
Montes, H., 952 n.
Montesino, Ambrosio, 324, 523, 524 n., **525-527**.
 Cancionero, **526**.
 Coplas al destierro de Nuestro Señor para Egipto, **526**.
 Coplas del árbol de la Cruz, **526**.
 Noche santa, La, **526**.
 Traducciones: de la *Vita Christi,* de Landulfo de Sajonia, 526; de las *Epístolas* y de los *Evangelios,* 526.
Montesinos, José F., 432 n., 614 n., 635, 655, 682 n., 708 y n., 709 n., 712 n., 713 n., 714, 715, 716 y n., 717, 718 n., 719 n., 720, 721 y n.-722, 756 n.- **757 n.**

Montgomery, T., 76 n., 79 n., 116 n.
Monti, A. M., 109 n.
Montiano y Luyando, A. de, 961 n.
Montiel, I., 151 n.
Montolíu, Manuel de, 31, 35, 138 y n., 636 n., 832 n., 841 n.
Monumenta Germaniae Historica, 164 n.
Montoro, Antón de, vid. Antón de Montoro.
Montoto, S., 844 n.
Mora, José Joaquín de, 880 n., 1001 n.
Moraes, Francisco de, 471.
 Palmerín de Ingiaterra, 471.
Moragón Maestre, M., 836 n.
Morales, Ambrosio de, **993-995**, 996, 1002, 1003.
 Antigüedades de las ciudades de España, **994**.
 Crónica, **993-995**.
 Discurso sobre las Antigüedades de Castilla, **994**.
 Viaje Sacro, **994**.
Morales, Mercedes, 422 n., 434 n.
Morales, R., 33.
Morales Oliver, Luis, 951 n.
Moralium Dogma Philosophorum, 317 n.
Moratín, Leandro Fernández de, 386 n., 387, 530, 540 y n., 554, 678, 680, 681, 936, 978, 979.
 Orígenes del teatro español. 530, 540, 554, 961 n.
Moratín, Nicolás Fernández de, 432.
Mora Zaida, 53.
Morbecq, marqués de, 411 n.
Morby, Edwin S., 615 n., 724 n., 980 y n., 981 y n., 982 y n.
Morel-Fatio, Alfred, 100 y n., 133 n., 134 n., 136 n., 150 n., 348 n., 358, 512 n., 626 n., 662 n., 738 n., 752 y n., 771 n., 772, 773, 774, 777 n., 781, 782, 783, 788, 858 n. 904 y n., 993 n.
Moreno, J. A., 943 n.
Moreno Báez, Enrique, 32, 82 n., 282 n., 551 n., 588 n., 763 y n., 777 n., 927 n., 935 n., 1012 n.
Moreno de Guerra, J., 663 n.
Moreno García, C., 466 n.
Moreno Villa, J., 970 n.
Morf, Enrique, 625 n.
Morison, S. E., 739 n.

Morley, S. Griswold, 30, 300 n., 403 n., 406 n., 413 n., 417 n., 423 n., 435 n., 525 y n.
Moro, Tomás, 627, 629, 1010, 1011.
Moros, Lope de, 100.
Morreale, Margherita, 166 n., 246 n., 386 n., 388 n., 395 n., 440 n., 638 n., 639 n., 640 y n., 711 n., 712 n., 715 n., 718 n., 724 n., 760 n.
Mosé ben Ezra, 92.
Mosis, Rudolfo, 910 n.
Mosquera de Figueroa, Cristóbal, 846.
Mouroux, Jean, 920 n.
Mucáddam ben Muafa el Cabrí, 87, 88, 89.
Muiños, Conrado, 817 n., 818 n., 892 n.
Mulertt, Werner, 386 n., 387, 466 n., 483 n.
Mulroney, Margaret L., 737 n., 542 y n., 550 n.
Müller, E., 133.
Munio, 126.
Muñón, Sancho de, vid. Sancho de Muñón.
Muñoz Iglesias, Salvador, 810 n.
Muñoz Sendino, José, 812 y n.
Muñoz Vázquez, M., 357 n.
Murray, R. H., 630 n.
Mussafia, Adolfo, 117 n., 448 n.
Myers, Oliver T., 76 n., 502 y n.
Mystère d'Adam, vid. *Jeu d'Adam.*

Nadal, Eugenio, 636 n.
Naharro, Bartolomé de Torres, vid. Torres Naharro, Bartolomé de.
Nájera, Esteban de, vid. Esteban de Nájera.
Narváez, Luis, 406.
Narváez, Rodrigo, 935.
Naseli, Álberto, 959 n., 960 n.
Navagero, Andrea, 634, 635 y n., 636.
Naval, Francisco, 878 n.
Navarra, Juan de, vid. Juan de Navarra.
Navarro Tomás, Tomás, 34, 53 n., 113 n., 266 n., 373 n., 403 n., 643, 645, 647 n., 648 n., 899 n., 905, 906 n.
Naylor, Eric W., 225 n., 245 n.
Nazario de Santa Teresa, Fray, 879 n., 907 n.
Nebrija, Elio Antonio de, 28, 52, 357, 384, 406, 458, 475, 480, 492, 495, 496, 518, **519-521,** 622, 623, 627, 628, 721 y n.
Antigüedades de España, **519.**
Arte de la lengua castellana, vid. *Gramática Castellana.*
De liberis educandis, **519,** 521 n.
Dictionarium Latino-hispanicum et Hispanico-latinum, **520.**
Gramática castellana o *Arte de la lengua castellana,* 357, **520.**
Introductiones in latinam grammaticam, **520.**
Lexicon iuris civilis, **519.**
Orthografia castellana, **520.**
Quinquagenae, **519.**
Nerón, 389, 409.
Neuman, A. A., 308 n.
Newman, M., 33 n.
Newton, Isaac, 634.
Nibelungos, Los, 70.
Nicholson, B. Adams, 31.
Niebla, conde de, 361, 362, 365.
Nieto, J., 383 n.
Nicolay, Clara Leonor, 665 n.
Nicholson, Reinold Alleyne, 874 n.
Nieremberg, Juan Eusebio, 871.
Niño, Pero, conde de Buelna, 481 y n., 482.
Nordström, Johan, 618 n.
Northup, George Tyler, 31, 72 y n., 73, 175 y n., 778 y n.
Norton, F. J., 534 n.
Nota Emilianense, 44, 45 n.
Noto, G., 518 n.
Novaciano, 174.
Nozick, M., 963 n.
Nucio, Martín, 412.
Cancionero de romances, 412.
Nunemaker, J. H., 169 n.
Núñez, Hernán, 356, 357, 995.
Núñez Cabeza de Vaca, Álvar, **745.**
Naufragios, **745.**
Nuño de Guzmán, 341.
Nwgia, P., 874 n.
Nykl, A. R., 87, 88, 90, 289 n., 307 n., 324 n., 765 y n.

Ocampo, Florián de, 314, 315, 413 n., 993, 994, 995 n.
Crónica general de España, 993.

Ochoa, Eugenio de, 105 n., 107 n., 116 n., 125 n., 126 n., 131 n., 133 n., 312, 496 n., 727 n., 887 n., 893 n., 962 n.
Oechslin, Raphael-Louis, 885 n., 907 n.
Oelschläger, V. R. B., 166 n., 293 n.
Officium Pastorum, 183, 185.
Officium Stellae, vid. *Ordo Stellae.*
Olesa, Jaume de, vid. Jaume de Olesa.
Olivar, M., 341 n.
Olivares, conde-duque de, 822.
Oliveira, Joaquim de, 698 n.
Oliveira Martins, 869 n., 878 n.
Oliver Asín, Jaime, 34, 246 n., 255 y n., 614 n.
Olivier de la Marche, 662 y n.
  Chevalier Déliveré, Le, 662 y n.
Olmedo, Félix G., 466 n., 521 n., 618 n., 812 n., 965 n.
Olmsted, R. H., 34.
O'Neill, Eugene Gladstone, 555.
Onís, Federico de, 24, 35, 626 n., 804 n., 807 y n., 817, 820 y n., 821 n., 822 y n., 823 n., 826, 827 y n., 828 y n.
Oña, Pedro de, **955-956.**
  Arauco domado, El, **955-956.**
  Vasauro, El, 956 n.
Oquendo, A., 930 n.
Orcibal, Jean, 875 n., 904 n.
Ordo Prophetarum, 183, 184.
Ordo Stellae, 184.
Ordóñez, Garci, 464 y n.
Orduña, Germán, 129 n.
Orduña, G. R., 300 n.
Orígenes, 560.
Oropesa, Diego, vid. Diego de Oropesa.
Orosio, 163.
Oroz, Rodolfo, 955 n., 956 n.
Orozco, Alonso de, 817 y n., 818 n., 871, 887 n., **890-892,** 893.
  Declamationes decem et septem..., 818 n.
  De la suavidad de Dios, 892.
  De los nueve Nombres de Cristo, 817.
  Desposorio espiritual, 892.
  Epistolario cristiano para todos los estados, 892.
  Examen de conciencia, 892.
  Memorial de amor santo, 892.
  Siete palabras que la Virgen Sacratísima nuestra Señora habló, 892.
  Vergel de oración y monte de contemplación, 892.

  Victoria del mundo, 891.
Orozco Díaz, E., 79 n., 564 y n., 596, 598, 653 n., 832 n., 852 n., 908 n., 915 n., 918 n.
Oroz Reta, J., 129 n.
Orr, J., 76 n.
Ors, Eugenio d', 628 n. 921 n.
Ortega, Augusto A., 920 n.
Ortega, Juan de, 772, 774.
Ortega, M. L., 435 n.
Ortega, Teófilo, 373 n., 485 n.
Ortega del Álamo, 984 n.
Ortega y Gasset, José, 35, 90 n., 366, 666.
Ortega y Mayor, C., 535 n.
Ortega y Medina, J. A., 984 n.
Ortiz Muñoz, Luis, 520 n.
Osorio, Isabel, 810.
Osuna, Francisco de, vid. Francisco de Osuna.
Osuna, R., 637 n.
Otilio del Niño Jesús, Fray, 899 n.
Otonello, P. P., 912 n.
Ovejas, Manuel, 130 n.
Ovidio, 136, 156, 164, 167, 229, 247, 248 y n., 356 n., 441, 449 n., 560, 562, 634, 662, 665, 722, 802, 837, 861, 888, 976.
  Ars amandi, 233, 247, 248.
  Epístolas, 837.
  Fastos, 167.
  Metamorfosis, 167, 356 n., 634, 722, 976.
Oviedo, Gonzalo Fernández de, vid. Fernández de Oviedo, G.

Pablo, San, 718 n.
Pablo de León, 870.
  Guía del cielo, 870.
Pablo de Santa María, 523.
Pacheco, Francisco, canónigo, 846.
Pacheco, Francisco, pintor, 844 n., 846, 847, 848, 849, 850, 851.
  Libro de Retratos, 847.
Padilla, Juan de, 384, 523, **527-528,** 904.
  Los doce triunfos de los doce Apóstoles, **528.**
  Retablo de la Vida de Cristo, **528,** 904.
Páez de Castro, Juan, 661, 996.
Páez de Ribera, 471.
Pagès, Amédée, 321 n., 324 n., 638 n.
Pagés, F., 878 n.
Palacio, J. M. del, 629 n.

Índice de nombres y obras 1057

Palacio Valdés, A., 30.
Palau, Bartolomé, 672 n., 766.
 Farsa Custodia, 766.
 Santa Orosia, 672 n.
Palau Dulcet, A., 34.
Palencia, Alonso de. vid. Al(f)onso de Palencia.
Palencia Flores, C., 485 n.
Palma Chaguaceda, Antonio, 844 n.
Palmerín de Oliva, 471.
Palumbo, Carmelo, 908 n.
Palumbo, P. F., 618 n.
Pamphilus, 242, 247, 248.
Panchatantra, 151, 285 n.
Paradinas, Alfonso de, 226 y n.
Pardo, I. J., 437 n.
Pardo, Madeleine, 443 y n.
Pardo Bazán, Emilia, 30.
Pardo Villar, Aureliano, 963 n.
Parducci, Amos, 638 n.
Paredes, V., 988 n.
Pares, J. Tomás, 434 n.
Paris, Gaston, 43, 45, 46, 48 n., **175** y n., 205, 210 n., 214, 323 n.
Parker, Alexander A., 221 n., 647 n., 703 n., 747 y n., 750 n., 759, 760, 761, 762 y n., 763, 765, 768 n., 770, 796 n.
Parker, Jack Horace, 693 y n., 696, 697, 698, 702, 703.
Parry, M., 38 n.
Pasa, A., 1001 n.
Pasamonte, Ginés de, 771 n.
Pasión de Olesa, 216.
Pasión juglaresca, 460.
Pastor, A. R., 342 n.
Pastor, José Francisco, 521 n., 859 n.
Pater, Walter, 618 n.
Pattison, W. T., 32.
Paulo III, 773 n.
Paulo Emilio, 601 n.
Paulo Orosio, 156.
Pax, Nicolás de, 874.
Paxeco Machado, E., 85 n.
Payne, B. M. H., 835 n.
Paz y Meliá, A., 449 n., 453 n., 476 n., 485 n.
Pedrarias Dávila, vid. Arias Dávila, Pedro.
Pedraza, Juan de, 983.
 Farsa llamada Danza de la Muerte, **983**.
Pedro I de Aragón, 185.

Pedro I de Portugal, 963.
Pedro I el Cruel, 298, 303 y n., 304, 305 y n., 306 y n., 308, 320, 328, 361.
Pedro IV el Ceremonioso, 620.
Pedro, Valentín de, 948 n.
Pedro Alfonso, 159 n.
 Disciplina clericalis, 159 n.
Pedro Crisólogo, San, 560.
Pedro Ciruelo, 629.
Pedro de Alcalá, 518.
Pedro de Alcántara, San, 867, 871, 876, 883 y n., 886, 896, 901, 904.
 Libro de la oración y meditación, 883 y n., 886, 904.
Pedro de Córdova, 741-747.
Pedro de los Reyes, 839.
Pedro de Portugal, condestable, 324.
Pedro de Rúa, 639.
Pedro de Villena, 439.
Pedro Lombardo, 174.
Pedro Pascual, San, 400.
Peers, Edgar Allison, 32, 809, 873 n., 878 n., 899 n., 910 n., 911 n.
Peláez, M., 170 n.
Pèlerinage de Charlemagne, 68.
Pellegrini, S., 98 n.
Pellicer, Casiano, 960 n.
Pendolfi, Vito, 960 n.
Penna, Mario, 348 n., 443 n., 477 n.
Penney, Clara Louisa, 34, 533 n.
Pensado, J., 151 n.
Pentateuco, 167.
Penzol, Pedro, 151 n.
Peña, Francisco, 998.
Peña y Cámara, José de la, 740 n.
Peñuelas, Marcelino C., 796 n.
Per Abbat, 54 n., 55, 73, 77, 134, 165.
Pero Menino, vid. Menino, P.
Pereda, José María de, 30.
Peregrinus, 183.
Pérès, Henri, 90, 324 n.
Perés, R. Domingo, 31.
Pérez, Alonso, **931**.
 Segunda Parte de la Diana, **931**.
Pérez, Antonio, 969.
Pérez, L., 883 n.
Pérez, Raúl M., 151 n.
Pérez Bayer, Francisco, 106.
Pérez Clotet, P., 433 n.
Pérez de Ayala, Ramón, 130, 433.

LIT. ESPAÑOLA. — 67

Pérez de Guzmán, Fernán, 333 n., 359, 374, 439 y n., 440, 442, 464, 475, **478-480,** 481.
   Generaciones y Semblanzas, 357, 439 n., 442, **478-479.**
   Loores de los claros varones de España, **478.**
   Mar de historias, **478-479.**
Pérez de Hita, Ginés, 419, 752, **935-936,** 942 n., 993.
   Historia de los bandos de Zegríes y Abencerrajes, **935.**
   Historia de las guerras civiles de Granada, 419, **935,** 942 n.
Pérez de Montalbán, Juan, 470, 968.
   Amantes de Teruel, Los, 968.
Pérez de Oliva, Fernán, 639, 705, **961-962,** 993.
   Hécuba triste, 705, **961-962,**
   Venganza de Agamenón, La, 705, **961-962.**
   Traducción del *Amphitruo,* de Plauto, 961.
Pérez de Urbel, Justo, 115 n., 139 n., 887 n.
Pérez de Vargas, Garci, 1007 n.
Pérez de Tudela y Bueso, Juan, 740 n., 742 n.
Pérez Galdós, Benito, vid. Galdós, B. Pérez.
Pérez Gómez, Antonio, 349 n., 358, 360 n., 361 n., 384 n., 459 n., 524 n., 534 n., 535 n., 849 n.
Pérez Goyena, A., 1001 n.
Pérez King, Ester, 266 n.
Pérez Minik, D., 768 n.
Pérez Mozún, D., 158 n.
Pérez Pastor, Cristóbal, 443 n., 960 n.
Pérez Valiente, Salvador, 663 n.
Pérez Vidal, J., 131 n., 434 n.
Pericles, 601 n.
Perier, J. L., 951 n.
Perott, J. de, 422 n.
Persio, 560.
Pescador del Hoyo, M.ª del Carmen, 144 y n.
Pescara, marqués de, vid. Dávalos, Hernando de.
Peseux-Richard, H., 766 n.
Pestana, Sebastião, 198 n.
Petit Caro, C., 433 n.

Petraglione, G., 100 n.
Petrarca, 223, 224, 301, 321 y n., 347 n., 348 y n., 440, 528 n., 547, 549, 560, 561, 593, 599, 602 n., 605, 610, 611, 612, 615 n., 622, 632, 633, 638 y n., 649, 650, 652, 655, 663 n., 666, **704,** 826 n., 833, 856, 924, 928 n.
   Cancionero, 348.
   Carmen Bucolicum, 924.
   De Remediis, 602 n.
   Rerum senilium, 602 n.
Petriconi, H., 248 n., 306 n., 566 n.
Petronio, 389, 748 n.
   Satiricón, 748 n.
Pfandl, Ludwig, 130 n., 626 n., 665 n., 750, 752, 767, 798 y n., 801, 870, 883, 887, 888, 889, 891, 904, 905, 946 n., 950, 1007.
Pícara Justina, La, 768, 770.
Piccolomini, Eneas Silvio, 449, 450, 454, 457.
   Historia de duobus amantibus Eurialo y Lucretia, 449, 454.
Piccus, Jules, 319 n., 330 n., 341 n.
Picot, M. Émile, 422 n.
Pidal, Pedro José, 99 n., 105 y n., 107 n., 131 n., 326 n., 453 n., 719 n., 893 n.
Pidal y Mon, Alejandro, 884 n.
Pierce, Frank, 938 y n., 939, 940, 941, 942 y n., 943, 944 y n., 945, 947, 949 y n., 952 n., 956.
Piero, R. A. del, 443 n.
Piétri, François, 626 n.
Pietsch, K., 463 n.
Pincus, M. S., 98 n.
Pinciano, Alonso López, 470, 672.
Píndaro, 831, 856.
   Olímpica primera, 831.
Pineau, J. B., 630 n.
Pineda, Juan de, 606.
Pinta Llorente, Miguel de la, 629 n., 630 n., 801 n., 812 n., 818 n.
Pinto, M. di, 100 n., 102 n., 104 n.
Pío II, vid. Piccolomini, Eneas Silvio.
Pistolesi, Lucia, 135 n.
Pitágoras, 804, 888, 894 n.
Pitollet, Camille, 641 n., 777 n.
Pi y Margall, F., 1000, 1001 n.
Pizarro, Francisco, 744.
Pizarro, Gonzalo, 1008.

Índice de nombres y obras

Place, Edwin B., 333, 464 n., 465, 466 n., 469, 470 n.
Planctus Mariae, 489.
Planto por la caída de Jerusalén, **144-147.**
Platón, 248, 621, 623, 805, 819, 888, 889, 894 n.
Plauto, 181 n., 342 n., 561, 669, 674, 677 y n., 705, 961, 962, 964, 965, 971.
  Anfitrión (Amphitruo), El, 705, 961, 964.
  Asinaria, 570 n., 580.
  Menechmos, 964, 971.
Plinio, 156, 167, 882, 884.
Plotino, 888.
Plutarco, 476, 727, 743, 894 n.
Poema de Alfonso Onceno, 138, 142 n., **314-316.**
Poema de Bernardo del Carpio, 53, **82 y n.,** 165.
Poema de Fernán González, 53, 77, 80 y n., 107, 136, **138-143,** 313, 316 y n.
Poema de Mío Cid, 11, 12, 37, 41 n., 42, 43, 44, 46, 47 n., 52 y n., 53, **54-78,** 79, 81, 82, 83, 89, 92, 134, 135 y n., 140, 161 n., 165 y n., 196, 198 y n., 210 y n., 270, 277-278, 279, 939.
Poema de Yuçuf, **307-308.**
Polidori, Erminio, 139 n.
Polidoro Virgilio, 1005.
Poliziano, 638.
Polo, cardenal, 1005.
Polo, Jerónimo, 931.
Polono de Sevilla, 534 n.
Pompeyo Trogo, 164.
Ponce, Bartolomé, 931.
Ponce de León, Basilio, 815, 832.
Poncelet, A., 117 n.
Poncet, C., 437 n.
Pons, Jaime, 898 n.
Pons, Joseph-Sébastien, 279 n., 423 n., 649 n.
Pons, Pere, 215.
  Pasión de Cervera, 215.
Pontano, Juan, 337 n.
Pontieri, Ernesto, 718 n.
Pope, Isabel, 403 n.
Poridat de poridades (Secreto de los secretos), 151.
Porras Barrenechea, Raúl, 745 n., 1007 n., 1008, 1012 n.
Porras Muñoz, G., 948 n.
Portillo, E. del, 1005 n.

Portocarrero, Pedro, 816, 821.
Post, Chandler R., 321 n., 333, 347 n., 358, 361 n., 362.
Poyán, Daniel, 535 n.
Praag, J. A. van, 460 n., 728 n., 735 n., 762 n.
Prades, Violante, 364.
Prado, Germán, 185.
Prado, M. A., 81 n.
Prescott, William, 625 n., 745.
Prestage, E., 342 n.
Pretel, Alonso, 1014.
Primaleón, 471, 694.
Primicerio, E., 420 n.
Proaza, Alonso de, 534-535, 536 y n., 541, 551 y n., 552.
Probst, Ilse G., 542 y n., 550 n.
Procesión de los Profetas, vid. *Ordo Prophetarum.*
Procter, E. S., 155 n.
Propercio, 639, 859 n.
Prudencio, 12, 129 n., 828.
Pseudo-Catón, 248.
Ptolomeo, 164, 168, 248.
Publio Siro, 560.
Puente, Luis de la, 871.
Puertocarrero, 491.
  Coplas, 491.
Puértolas, Julio Rodríguez, vid. Rodríguez-Puértolas, J.
Pues, F., 736 n.
Puig Campillo, A., 434 n.
Puigdollers, Mariano, 628 n.
Pulgar, Hernando del, 341, 359, 390, 391, 394, 478, **480-481,** 935.
  Claros varones de Castilla, 341, 357, **481.**
  Crónica de Enrique IV, **480.**
  Crónica de los señores Reyes Católicos don Fernando y doña Isabel, **480.**
  Glosa a las Coplas de Mingo Revulgo, 480 n., **481,** 935.
  Letras, **480.**
Purser, W. E., 471 n.
Puymaigre, Th. de, 116 n., 117, 230 y n., 252, 312, 321 n., 358, 396, 442 n.
Puyol y Alonso, Julio, 81 y n., 279 n., 475 n., 476 n.

Quem queritis, 183, 185.
Quevedo y Villegas, Francisco de, 20 n., 21, 23, 69, 298, 384, 388, 396, 432, **439,**

512, 632 n., 653 n., 659, 662 n., 715, 716 n., 738 n., 747, 767, 768, 773, 784 n., 814 n., 822, 823, 833 y n., 836, 847 n., 849, 850, 851, 853, 888 n., 891, 926 n., 973 n., 998 n.
　Aguja de navegar cultos, 659.
　Anacreón castellano, 836.
　Buscón, El, 762, 767, 768, 770, 773 n., 788.
　Mundo por dedentro, El, 439.
　Sueños, Los, 388.
Quilis, Antonio, 825 n.
Quintana, Manuel José, 78, 278, 362 n., 377 n., 942 n., 945.
Quintana, Jerónimo, 394 n.
Quintela, Paulo, 688 n., 698 n.
Quintiliano, 884.
Quinto Curcio, 136, 1002.
Quiñones, Suero de, 338, 483.
Quiñones de Benavente, Luis, 973 n.
Quiroga, cardenal, 997.
　Índice, 997.
Quirós, Pedro de, 384.
Quirós, P., 944 n.

Rabelais, François, 230.
Rabí Moseh Sephardí, vid. Pedro Alfonso.
Rada y Gamio, P. J., 944 n.
Raeder, Ralph, 618 n.
Raimundo Lulio, vid. Lulio, R.
Rainieri, Antón Francisco, 971.
　Atilia, L', 971.
Rajna, Pío, 46, 51, 54 n., 205, 402 n., 422 n., 454.
Ramírez de Arellano, R., 392 n., 483 n., 942 n., 969 n.
Ramírez Pagán, Diego, 930 n.
Ramiro el Monje de Aragón, 153.
Ramón Berenguer III, 59.
Ramsden, H., 79 n.
Rand, Edward K., 248 n.
Rassoro, P., 996 n.
Rauhut, Franz, 563 n., 566 n., 796 n.
Rausse, H., 796 n.
Ravaillac, François, 999.
Ray, M. L., 282 n.
Razón de amor, 100-102, 193.
Real de la Riva, C., 476 n.
Reckert, Stephen, 165 n., 246 n., 685 n., 687 n., 835 n.

Redel, E., 995 n.
Rees, J. W., 109 n.
Refundición de las Mocedades, vid. *Mocedades de Rodrigo.*
Reichenberger, Arnold G., 638 y n., 639 y n.
Reig, Carola, 81 n., 636 n.
Reinhardt, Max, 216 n.
Reinosa, Rodrigo de, vid. Rodrigo de Reinosa.
Rementería, Mariano, 1019 n.
René, Louis, 38 n., 74.
Renier, Rodolfo, 266 n.
Rennert, Hugo A., 330 n., 454, 926 n., 933.
Representació de l'Assumció de Madona Sancta Maria, 216.
Resnick, Seymour, 79 n.
Restrepo, D., 1004 n.
Révah, I. S., 424 n., 685 n., 687 n., 688 n., 692 n., 693 n., 698 n., 699 n.
Revelación de un ermitaño, 100.
Revuelta, José, 802 n.
Rey, Agapito, 117 n., 170 n., 173 y n., 174, 175 y n.
Rey de Artieda, Andrés, 470, **968**.
　Amadís de Gaula, 968.
　Amantes, Los, 968.
　Encantos de Merlín, Los, 968.
　Príncipe vicioso, El, 968.
Reyes, A., 78, 245 n., 422 n., 463 n.
Reyes Católicos, 323, 364, 394, 419, 458, 464 n., 475, 476, 494, 516, 517 y n., 518, 519, 522 y n., 523, 526, 528, 543 n., 550 n., 616, 622, 635, 701, 734, 935, 1003, vid. también Fernando, Isabel.
Reypens, L., 875 n.
Reynier, Gustave, 449 n., 778 y n.
Rey Soto, Antonio, 963 n.
Riaza, Liñán de, vid. Liñán de Riaza.
Ribadeneyra, Pedro de, **1004-1006**.
　Flos Sanctorum o Libro de las vidas de los Santos, 904, **1005**.
　Historia eclesiástica del Scisma del Reino de Inglaterra, **1005**.
　Manual de Oraciones, 1005 n.
　Tratado de la religión y virtudes... y los políticos deste tiempo enseñan, **1006**.
　Tratado de la tribulación, **1005-1006**.
　Vida del Padre Diego Laýnez, **1005**.

Vida de San Francisco de Borja, **1005.**
Vida de San Ignacio, **1004-1005.**
Riba García, Carlos, 996 n.
Ribeiro, Bernardim, 925.
  Menina e Moça, 458 n., **925.**
Riber, Lorenzo, 628 n.
Ribera, Francisco, 898 n., 902.
Ribera, Julián, 49, 50, 86, 88, 92, 95, 96, 170 n., 868, 874 y n.
Ribera, Suero de, 355 y n.
Ricard, Robert, 897 y n., 901 y n., 903 n., 920 n.
Ricart, Domingo, 717 y n., 718 y n.
Rico, Francisco, 384 n., 777 n., 795 n.
Rico y Sinobas, M., 168 n.
Richardson, Henry B., 245 n.
Richardson, S., 417 n.
Richeut, 749 n.
Richthofen, E. von, 54 n., 443 n.
Rioja, Francisco de, 846, 847, 848, 849, 850.
Ríos, Blanca de los, 878 n.
Ripalda, Jerónimo, 901.
Riquer, M. de, 34, 35, 54 n., 214 y n., 215, 216, 217, 220, 221 n., 245 n., 282 n., 316 n., 324 n., 347 n., 358 y n., 422 n., 442 n., 443 n., 451 n., 463 n., 471 n., 473 n., 481 n., 535 n., 543 y n., 545-546, 565, 635 y n., 636 n., 638 n., 642 n., 727 n., 777 n., 789.
Risco, Alberto, 899 n.
Riva Agüero, José de la, 944 n., 1009 n., 1011.
Rivas, duque de, 432.
Rivera Manescau, S., 723 n.
Riverend, Julio le, vid. Le Riverend, Julio.
Rivers, Elias L., 643, 644 y n., 646 n., 648 n., 651 n., 653 n., 695 n., 836 n., 837, 838, 842 n.
Rixa animae et corporis, 99.
Roca Franquesa, J. M., 31.
Robertson, 744.
Robres, R., 880 n.
Roda, C., 509 n.
Rodrigo Jiménez de Rada, vid. Toledano, el.
Rodrigues Lapa, M., 88, 90, 463 n.
Rodríguez, Alonso, 871.
Rodríguez, C., 485 n.
Rodríguez, J. M., 687 n.

Rodríguez de Almella, D., 82.
  Compendio Historial, 82.
Rodríguez de Castro, J., 173.
Rodríguez de la Cámara, Juan, vid. Rodríguez del Padrón, J.
Rodríguez de Lena, Pero, **483.**
  Libro del Paso honroso de Suero de Quiñones, 338, **483.**
Rodríguez del Padrón o de la Cámara, Juan, 330, 359, 449 y n.,-450, **453-454,** 475, 813.
  Cadira del honor, 330, **454.**
  Compendio de los linajes de Galicia, **454.**
  Estoria de dos amadores, Ardanlier y Liesa, **453-454.**
  Oriflama, 454.
  Romances: Conde Arnaldos, 454; *de la Infantina,* 454; *de Rosa Florida,* 454.
  Siervo libre de amor, El, 330, 450, **453-454.**
  Triunfo de las donas, 330, **454,** 813.
Rodríguez de Montalvo, Garci, vid. Montalvo, Garci Rodríguez de.
Rodrigo de Reinosa, 562 n., 610.
Rodríguez Florián, Juan, 672 n.
  Comedia Florinea, 672 n.
Rodríguez Marín, Francisco, 663 n., 775, 884 n., 861 n., 862 n., 933 n., 944 n., 947 n., 951 n., 960 n., 968 n., 973 n.
Rodríguez-Moñino, A., 20 n., 67 n., 327 n., 411 n., 412 y n., 413 n., 414 n., 436 n., 465, 468, 613 n., 670 n., 771 n., 836 n.
Rodríguez-Puértolas, Julio, 391, 523 n., 524 y n., 525 n.
Rodríguez Villa, A., 662 n.
Rodríguez y Rodríguez, M., 153 n.
Rodrigo, rey don, 143.
Rogerio Sánchez, José, 349 n., 443 n., 520 n., 644 n., 814 n.
Rohlfs, G., 34.
Roig, Jaume, 447 y n.
  Llibre de les dones o Espill, 447 n.
Rojas, Agustín de, 196, 197 n., 975, 980.
  Viaje entretenido, 196, 980.
Rojas, Antonio de, 186, 839, 841 y n.
  Vida del espíritu, 839.
Rojas, Fernando de, 344, 458, 531, 536 y n., **537-539,** 540-556, 563, 565 n., 567-

572, 577-579, 581-595, 597-599, 601-606, 608, 610-615 y n.
Celestina, La, 19, 23, 28, 256 n., 268, 277, 278, 279, 438, 446, 455, 457, 460, 502, 517, 531, **532-615**, 623, 639, 672 n., 674, 681, 712, 728, 747, 748 n., 757, 758 n., 762, 775, 777 n., 791, 792, 812, 900 n., 930, 939, 972.
Rojas, Hernando de (nieto de Fernando de Rojas), 537.
Rojas Garcidueñas, J., 948 n.
Rojas Zorrilla, Francisco de, 439.
Lo que quería ver el marqués de Villena, 439.
Roldán (el Maestro), 159.
Román y Zamora, Jerónimo, 524 n.
Romancero, 17, 18, 20, 25, 279, 294 n., **399-437**, 980, 981.
Roman d'Eracle, 175.
Roman de Renart, 748 n.
Roman de la Rose, 335.
Roman de Thèbes, 166 n.
Romanz dell Infant García, 53, **81 y n.**
Romera Navarro, Miguel, 31, 32, 681, 722 n.
Romero, Carlos A., 745 n.
Romero, E., 437 n.
Romero, F., 536 n.
Romero, José Luis, 474 n., 478 n., 481 n., 618 n.
Romero Martínez, M., 735 n.
Romeu, J., 216.
Romeu Figueras, J., 434 n.
Roncaglia, A., 98 n.
Roncesvalles, 52 y n., 54 n., 67 n., 175.
Ronsard, 631, 657, 932.
Ros, Fidèle, 733, 885 n., 888 n.
Roques, Mario, 422 n.
Rosales, Luis, 656, 657 n., 858 n.
Rosenblat, Ángel, 446 n., 727 n., 1009 n.
Rosenfeld, H., 385 n., 386 n.
Rosell, Cayetano, 303 n., 475 n., 477 n., 478 n., 942 n., 944 n., 947 n., 949 n., 950 n., 951 n., 953 n., 955 n., 957 n., 992 n.
Rossi, G. C., 713 n.
Rothberg, I. P., 662 n.
Rouanet, Leo, 220, 703 n.
Rousseau, Jean Jacques, 866.
Contrato social, El, 714.

Emilio, 866.
Nueva Eloísa, 866.
Rousselot, P., 878 n.
Rúa, Pedro de, 728 n., 776.
Rubens, Pedro Pablo, 895.
Rubio, D., 626 n.
Rubio, J., 996 n.
Rubió, J., 463 n.
Rubio Álvarez, F., 166 n., 341 n.
Rubió i Balaguer, J., 321, 455 n.
Rubió i Lluch, Antoni, 166 n., 728 n., 968 n.
Rubio Mañé, J. I., 948 n.-949 n.
Rudel, J., 42.
Rueda, Lope de, vid. Lope de Rueda.
Ruffini, Mario, 281 n., 395 y n.
Rüffler, Alfred, 644 y n.
Rufo, Juan, **942-943**, 975, 992, 993.
Austríada, **942-943**, 944, 992, 993 y n.
Seiscientos Apotegmas, 943.
Ruggerio, Michael J., 562 n., 615 n.
Ruggieri, Iole, 522 n.
Ruiz, Felipe, 803 n., 828.
Ruiz, Higinio, 615 n.
Ruiz, Jacobo, 159.
Ruiz, Juan, vid. Arcipreste de Hita.
Ruiz Conde, Justina, 318 n., 471.
Ruiz de Alarcón, Juan, vid. Alarcón, J. Ruiz de.
Ruiz Morcuende, F., 965 n.
Ruiz Ramón, Francisco, 508 y n.
Ruiz y Ruiz, L., 116 n.
Rumeau, A., 761 n., 772 n., 777 n., 794 n., 935 n.
Runcini, R., 340 n.
Russell, P. E., 548 n., 567 n., 568 y n., 569, 570 n., 571 n., 578 y n., 580 y n., 587, 596 n., 606.
Russell, P. S., 79 n.
Russel-Gebbett, P., 971 n.
Ruta, E., 935 n.
Rutebeuf, 197, 207.
Milagro de Teófilo, El, 197.
Ruy Días de Mendoza, vid. Días de Mendoza, R.
Ruy Yáñez, 315.
Rychner, J., 38 n., 54 n.
Ruysbroeck, Juan de, 874, 875 y n., 888.

Saavedra, Ángel, vid. Rivas, duque de.
Saavedra Fajardo, Diego de, 663, 714, 997, 1003.

Índice de nombres y obras 1063

Saavedra Molina, Julio, 113 n., 258 n.
Sabino de Jesús, Fray, 907 n., 919 n.
Sá de Miranda, Francisco, **664,** 695 n., 926.
   Nemoroso, **664.**
   Fábula del Mondego, **664.**
Sáenz de Santa María, Carmelo, 743 n. 1009 n.
Safī al-Dīn Hillī, 97 n.
Sagués Azcona, P., 887 n.
Sáinz de Baranda, Pedro, 800 n.
Sáinz de Robles, F. C., 32, 33, 645 n.
Sáinz Rodríguez, Pedro, 802 n., 864 y n., 865, 866, 868, 869 y n., 870, 871, 872, 875, 876 n., 877 n., 886, 888, 903 y n., 912 n.
Sala, Jaime, 888 n.
Salas, Alberto Mario, 745 n.
Salas, Xavier de, 996 n.
Salas Barbadillo, Alonso Jerónimo de, 606, 768.
Salazar, Eugenio de, 766, 773.
   Carta del Bachiller de Arcadia, 766.
   Cartas de los Catarriberas, 773.
Salazar, S., 971 n.
Salcedo Ruiz, Ángel, 31, 636 n.
Sales, San Francisco de, vid. Francisco de Sales, San.
Salillas, Rafael, 762 n., 1019 n.
Salinas, conde de, 657.
Salinas, Francisco de, 406.
Salinas, Juan de, 413.
Salinas, Pedro, 33, 64 y n., 71 y n., 78, 370, 374, 375, 376, 378, 379, 380 n., 381 n., 396 n., 397, 633 y n., 634, 645, 646, 660, 911 n.
   Voz a ti debida, La, 660.
Saló, A., 949 n.
Salomón, 812 n.
   Cantar de los Cantares, 800, 802, 810-812, 831, 912, 913, 915, 916, 918.
Salomonski, E., 79 n.
Salustio, 298, 474, 478, 992.
Salvá, Jaime, 1019 n.
Salvá, Miguel, 800 n.
Samaniego, 583.
   Zorra y el busto, La, 583.
Samonà, Carmelo, 450 y n., 453 n., 458 n., 460 n., 610.
Sampedro y Folgar, C., 434 n.
Sampiro, 995 n.

Sança, Baltasar, 215.
   Pasión de Cervera, 215.
Sancha, Antonio de, 880 n.
Sancha, Justo de, 391, 526 n., 527 n., 984 n.
Sancha de Navarra, 140.
Sánchez, Alberto, 469 n., 844 n.-845 n., 852 n., 862 n., 965 n.
Sánchez, Francisco, vid. Brocense, el.
Sánchez, Tomás Antonio, 54, 77, 105 n., 116 n., 125 n., 126 n., 130, 131 n., 133 n., 277.
Sánchez, José, 845 n.
Sánchez, Luis, 771 n.
Sánchez, Luis Alberto, 944 n., 948 n., 951 n., 955 n., 1012 n.
Sánchez, María, 509 n.
Sánchez-Albornoz, Claudio, 13 n., 35, 91 n., 121 n., 148 n.-149 n., 231, 232 n., 238 n., 249, 255, 303 n., 310 y n.
Sánchez Alonso, Benito, 153 n., 303 n., 305 n., 314, 443 n., 474 n., 476, 482, 521 n., 738 n., 745, 990 y n., 992, 993, 994, 995, 996, 1002, 1003 y n.
Sánchez Arce, Nellie E., 384 n.
Sánchez Arjona, J., 971 n.
Sánchez Cantón, Francisco Javier, 245 n., 281 n., 282 n., 441 n., 1006 n.
Sánchez Castañer, F., 171 n.
Sánchez de Arévalo, Ruy, 359.
Sánchez de Badajoz, Garci, 330, **529,** 661, 665, 684.
   Infierno de Amor, 330, **529.**
   Lamentaciones de amores, 529.
   Liciones de Job, **529.**
Sánchez de Badajoz, Diego, 791 n., **983-984,** 989.
   Farsa de la Fortuna, 983.
   Farsa de la hechicera, 983.
   Farsa de la Muerte, 983, **984.**
   Farsa del colmenero, 983.
   Farsa del matrimonio, 983.
   Farsa del molinero, 983.
   Farsa del rey David, 983.
   Farsa del Santísimo Sacramento, 983.
   Farsa de Tamar, 983.
   Farsa militar, 983.
   Recopilación en metro, 983.
Sánchez de Calavera, vid. Sánchez de Talavera, Ferrán.

Sánchez de las Brozas, Francisco, vid. Brocense, el.
Sánchez de Talavera, Ferrán, **335-336**, 374, 375.
  Desir, 335, 374.
Sánchez Fraile, A., 433 n.
Sánchez Mejías, Ignacio, 379.
Sánchez Moguel, Antonio, 435 n., 907 n.
Sánchez Ruipérez, M., 130 n.
Sánchez y Escribano, Federico, 343 n., 844 n.
Sanchís Albentosa, Joaquín, 875 n., 888 n.
Sancho II, 162.
Sancho IV de Castilla, 154, 161, **173-176**, 463.
  Castigos e documentos, **173-174**, 175 n.
Sancho de León, 140.
Sancho de Muñón, 613, 748 n.
  Tragicomedia de Lisandro y Roselia, 613, 748 n.
Sancho Rayón, José, 337 n., 742 n.
Sandmann, M., 75 n.
San Juan Urmeneta, José M.ª, 893 n.
Sannazaro, Jacopo, 633, 652, 924 y n., 928 n., 929, 930 n., 933 y n., 941.
  Arcadia, La, 924, 929, 930 n., 933 n.
San Román, Francisco de B., 641 n., 931 n.
Sanseverino, Violante, 658 n.
Sanson, Henry, 920 n.
Santa Cruz, cardenal de, 679 n.
Santa Cruz, Alonso de, 996.
Santaella, Rodrigo de, 844.
Santillana, marqués de, 17, 22, 264, 266 n., 278, 310, 321 n., 322, 324, 326 n., 327, 331, 334 y n., **339-355**, 356 n., 358, 364, 365 n., 374, 375, 393, 400, 440, 441, 442, 454, 474, 478, 481, 485, 486, 500, 523, 622, 631, 633, 637, 640, 924, 941, 1007.
  Canciones y deçires, **350-351**.
  Carta prohemio, 278, 310, **342-343**.
  Comedieta de Ponça, **345-346**, 349, 364.
  Coronaçión de Mosén Jordi, 347.
  Defunssión de Don Enrique de Villena, 347, 374.
  Diálogo de Bías contra Fortuna, **349**, 364, 375.
  Doctrinal de privados, **349**.
  Infierno de los enamorados, 330, 345, **346-347**.
  Planto de la reina Margarida, El, 374.
  Proverbios de gloriosa doctrina e fructuosa enseñanza, 344, **349-350**.
  Refranes que dicen las viejas tras el fuego, 341, **343-344**.
  Serranillas, **350**, **352-355**.
  Sonetos fechos al itálico modo, **348-633**.
  Sueño, 345.
  Triunfete de amor, 345.
Sant Jordi, Jordi de, vid. Jordi de Sant Jordi.
Santoli, Vittorio, 402 n.
Santos Neves, G., 437 n.
Santullano, Luis, 412 n., 899 n., 900 n.
Sanvisenti, Bernardo, 321 n., 528 n., 766.
Sanz, Carlos, 739 n.
Sanz, Rodrigo, 1013 n., 1016 n.
Sanz y Díaz, José, 270 n.
Sarabia, J. M., 293 n.
Saraiva, António José, 685 n., 687.
Saralegui y Medina, Leandro de, 963 n.
Sargent, Cecilia Vennard, 968 n.
Sarmiento, Edward, 832 n.
Sarmiento, Martín, 391.
Sarmiento de Mendoza, Manuel, 822.
Saroïhandy, J., 82 n., 307 n., 422 n.
Sarria, Luis de, vid. Luis de Granada.
Sartre, Jean-Paul, 768 n.
Savj-López, P., 649 n., 663 n.
Saviotti, Gino, 699 n.
Savonarola, 884 n., 930 n.
  Meditación sobre el Miserere, 930 n.
Scarpa, R. E., 33.
Scipión, 658 n.
Scoles, Emma, 534 n., 613 n.
Scudéry, Georges de, 460 n., 936.
Scudieri Ruggieri, J., 451 n.
Schack, Adolfo Federico, conde de, 190 y n., 192 n., 194, 204, 205.
Schaumburg, Ana de, 665.
Schevill, Rudolph, 248 n., 449 n., 834 n., 965 n..
Schiaffino, Rafael, 471 n.
Schiff, M., 340 n., 442 n.
Schindler, K., 403 n.
Schirmann, J., 99 n.
Schlegel, F., 78.
Schmit, J., 361 n.
Schneider, H., 796 n.
Schneider, M., 434 n.
Scholberg, K. R., 318 n.
Schönherr, G., 930 n.

Schott, André, 772.
Schug, H. L., 129 n.
Schurhammer, Georgius, 842 n.
Schutz, A. H., 279 n.
Schuster, Edward James, 818 n.
Schweitzer, Ch., 728 n.
Sears, Helen L., 300 n.
Sebastián de Córdoba, 660, 913, 915 n.
Sebastián de Portugal, rey, 836, 858.
Seco, Manuel, 550 n.
Seco de Lucena, L., 420 n.
Sega, nuncio, 898.
Segalá, Manuel, 348 n., 350 n.
Segunda parte del Lazarillo, **795.**
Segura Covarsí, E., 387 n., 852 n.
Seinte Resurreccion, La, 206, 207.
Seisdedos Sanz, Jerónimo, 878 n.
Selig, Karl Ludwig, 736 n.
Sempere, Jerónimo, 942.
   Carolea, 942.
Sem Tob, Rabí Don, 114, 307, **308-311.**
   Proverbios morales, 114, 307, **308 y n.-310.**
Sendebar o Libro de los engaños et los asayamientos de las mugeres, **152,** 290.
Sendero, Nicolás, 1005.
Séneca, 13 y n., 160, 174, 350, 478, 560, 832 n., 868, 869, 888, 894 n., 963 y n., 968 n.
   Hippolytus, 832 n.
   Thyestes, 963 n.
Señán Alonso, E., 662 n.
Sepet, Marius, 182 n.
Sepúlveda, Juan Ginés de, 315, 658 n.
Sepúlveda, Lorenzo de, vid. Lorenzo de Sepúlveda.
Serís, Homero, 34, 321 n., 325 n.
Seronde, Joseph, 350 n.
Serrano, Luciano, 138 n., 880 n.
Serrano de Haro, Antonio, 368, 369, 371, 372, 373 n., 376 n., 377, 380 n., 384, 397 n.
Serrano Poncela, Segundo, 13 n., 308 n., 458 n., 564 y n., 596 n., 597, 598, 653 n.
Serrano y Sanz, M., 153 n., 173 n., 442 n., 483 n., 536 n., 537 y n., 722 n., 723 n., 725, 742 n.
Servet, Miguel, 717.
Setién de Jesús M.ª, Emeterio, 873 n.
Sevilla, A., 433 n.

Sexto Pompeyo, 363.
Shakespeare, William, 258, 558, 584, 668, 699 n., 930, 971.
   Cimbelino, 971.
   Comedia de las equivocaciones, 971.
   Dos hidalgos de Verona, Los, 930 n.
   Fierecilla domada, La, 297.
   Hamlet, 605.
Shergold, N. D., 218 n., 219 n., 221 n., 679 n., 680 n., 982 n.
Shoemaker, W. T., 216 n.
Siciliano, Italo, 54 n.
Sicroff, Albert A., 778 y n.
Sidney, Philip, 930 n.
   Arcadia, La, 930 n.
Signorelli, 680.
Sigüenza, José de, 772, 774 **1006-1007,**
   Historia de la Orden de San Jerónimo, 772, **1006.**
   Vida de San Jerónimo, **1006.**
Silber, Marcellus, 534 n.
Silva, Feliciano de, 471 y n., 613, 748 y n.
   Amadís de Grecia, 471.
   Don Florisel de Niquea, 471.
   Don Rogel de Grecia, 471.
   Segunda Celestina, 613, 748 n.
Silva, P., 458 n.
Silverio de Santa Teresa, Fray, 899 n., 908 n., 910 n., 911 n.
Silverman, Joseph H., 312 n., 417 n., 420 n., 436 n.
Silvestre, Gonzalo, 1009.
Silvestre, Gregorio, 330, 384.
   Residencia de Amor, 330.
Simeón de la Sagrada Familia, Fray, 911.
Simmons, M. E., 437 n.
Simón Abril, Pedro, vid. Abril, P. Simón.
Simón Díaz, J., 34, 325 n., 330 n., 477 n., 521 n., 527 n., 708 n.
Simonena y Zabalegui, Antonio, 1019 n.
Simposio, 132.
Simpson, Lesley Byrd, 443 n., 445 n.
Sims, E. R., 796 n.
Singleton, Mack, 78 n.
Smieja, F. L., 460 n.
Smith, C. Colin, 403 n., 413 n., 852 n.
Sneyders de Vogel, K., 139 n.
Sobejano, Gonzalo, 124, 239, 240, 279 n., 655, 656, 762 n., 852 n.
Sobrino, J. A., 911 n.
Sófocles, 705, 961.

Edipo rey, 605.
Electra, 705, 961.
Sofronio, obispo, 107.
Solalinde, vid. García Solalinde, Antonio.
Solá-Solé, J. M., 387 n., 424 n.
Sole-Leris, A., 930 n.
Soler, J., vid. Foulché-Delbosc.
Soler, Luis M.ª, 911 n.
Solervicens, Juan Bautista, 663 n.
Solino, 884.
Soma, duquesa de, 635 n., 638, 642.
Soneto a Cristo Crucificado, **838-843.**
Sorrento, Luigi, 342 n., 382 n.
Soto, Domingo de, 880.
Soto, Hernando de, adelantado, 1009.
Sotomayor, 607 n.
Soto y Salazar, Francisco de, 898.
Southey, Robert, 78.
Souto, A., 951 n.
Souvirón, J. M., 32.
Spaulding, R. K., 34.
Spenser, Edmundo, 631.
Faerie Queene, The, 930 n.
Spina, Segismundo, 698 n.
Spitzer, Leo, 72, 73, 98 n., 100 n., 102, 129 n., 226-227 y n., 234, 235, 237, 240, 241, 251 n., 272, 273, 282 n., 396 n., 402 n., 420 n., 424 n., 428 n., 578 n., 596 n., 648 n., 692 n., 766 n., 832 n., 839-840 y n.
Spivakovsky, Erika, 773 n., 774 n.
Sponsus, 199.
Stammler, Wolfgang, 385 n., 386 y n., 387, 878 n.
Stanley, D. D., 435 n.
Stefano, Luciana, 292, 293 n.
Steiger, Arnald, 169 n., 446 n., 460 n.
Stein, Edith, 910 n.
Sten, Holger, 699 n.
Stephenson, R. C., 971 n.
Stern, Charlotte, 525 y n.
Stern, Eugène, 718 n.
Stern, S. M., 91, 92 y n., 94.
Stiefel, L., 871 n.
Stratman, Carl J., 221 n.
Street, Florence, 342 n., 355, 356 y n., 358, 361 n., 363 y n., 365 n.
Strong, E. B., 300 n.
Stuart, 683.
Stúñiga, Lope de, 338.
Sturdevant, Winifred, 199.

Suárez, Victoriano, 722 n.
Suárez de Figueroa, Cristóbal, 834 n., 933 y n.
Constante Amarilis, La, 933 y n.
Suárez de Figueroa, Gómez, vid. Garcilaso de la Vega, el Inca.
Suárez Fernández, L., 300 n.
Suetonio, 164 n., 474.
Summer Lobingier, Ch., 158.
Surrey, Enrique Howard, conde de, 631.
Suso (Susón), Enrique, 874.
Switzer, Rebecca, 884 n.
Symonds, J. A., 618 n.
Szertics, Joseph, 429.

Tácito, 48, 728, 992.
Anales, 992.
Tacke, Otto, 231 y n.
Tafur, Pero, 483 y n.
Andanzas e viajes de Pero Tafur por diversas partes del mundo avidos, **483.**
Taine, Hipólito, 625 n.
Talavera, Arcipreste de, vid. Arcipreste de Talavera.
Talavera, Hernando de, vid. Hernando de Talavera.
Tallgren, O. J., 168 n.
Tamayo de Vargas, Tomás, 643 y n., 644, 861 n., 998 y n.
Tamayo Rubio, J. A., 308 n.
Tapia, Juan de, 339.
Tarr, F. Courtney, 778 y n., 779, 780.
Tarré, J., 528 n.
Tárrega, Francisco Agustín, 968, 969 n.
Tasso, Bernardo, 470, 638, 658 n., 855.
Amadigi, 855.
Tasso, Torcuato, 470, 833, 835 n., 937 n., 943, 945.
Jerusalén Libertada, La, 470, 943.
Tassoni, A., 722 n.
Tate, B., 478 n.
Tate, R. B., 304, 522 n.
Taulero, Juan, 874, 875 n., 888, 889.
Tavera Hernández, Q., 801 n.
Taxandro, Valerio Andrés, 772.
Catalogus clarorum Hispaniae scriptorum, 772.
Tebaldeo, Antonio, 502 n.
Tejada de los Reyes, Gómez, 537.
Historia de Talavera, 537.

Índice de nombres y obras

Tellechea Idígoras, Ignacio, 718 n.
Tello, obispo, 115 n.
Teócrito, 633, 924.
Tendilla, conde de, 879, 898.
Teodoreto, 884.
  Sermones de la Providencia, 884.
Tercera crónica general, 81.
Terencio, 181 y n., 342 n., 345, 553, 558, 560, 561, 562, 669, 674, 677, 705, 962.
Teresa de Jesús, Santa, 17, 469, 526, 538 n., 608 n., 798, 799, 807, 809 y n., 815, 816, 819, 839, 865 n., 866, 867, 868, 869 n., 870, 871, 872, .873 y n., 878 y n., 886, 889, 896, **897-908,** 909, 912, 913, 916.
  Camino de Perfección, 899 y n., **902,** 905.
  Cartas, 899 y n., **901-902.**
  Castillo Interior o *Las Moradas,* 899 y n., **902-903,** 905, 906 n.
  Constituciones, 904.
  Exclamaciones, 867.
  Libro de las Fundaciones, 899, **901,** 904.
  Libro de las Relaciones, 899, **901.**
  Libro de su Vida, Libro grande o *Libro de las misericordias de Dios,* 886, 897, 898, **899-901,** 904.
  Vivo sin vivir en mí, **908,** 913.
Termenón Solís, Guillermo, 907 n.
Terracini, Lore, 246 n., 475 n.
Terrero, José, 354 n.
Tertuliano, 812.
Terzano, E., 833 n.
Teyssier, Paul, 507 n., 686 n.
Thomas, Henry, 34, 317 y n., 411 n., 469 y n., 470 y n., 534 n., 728 n.
Thomas, L.-P., 199.
Tibulo, 638, 639, 831, 832 n.
  Rura tenent, 831.
Ticknor, G., 30, 78, 308 n., 556.
Tierno Galván, Enrique, 794 n.
Tilander, G., 130 n.
Timoneda, Juan de, 413, 783, 931, **964-967,** 969, 970, 971 y n., 972 n., 974 n., 975 n., 982.
  Aucto del Castillo de Emaús, 965 n.
  Aucto de la Iglesia, 965 n.
  Auto de la Quinta Angustia, 965 n.
  Buen aviso y portacuentos, **964.**
  Patrañuelo, El, 964, 965 n.

  Sobremesa y alivio de caminantes, El, **964,** 965 n.
  Tragicomedia llamada Filomena, **964.**
  Ternario Sacramental, **965** y **n.**
  Turiana, La, **964,** 965 y n.
  Ediciones de *Rosa de Amores, Rosa Española, Rosa Gentil, Rosa Real,* 413.
  Traducciones de *Menemnos* y *Anfitrión,* de Plauto, 964, 965 n.
Tirso de Molina, 20 n., 97, 930 n., 968.
  Amantes de Teruel, Los, 968.
  Burlador de Sevilla y Convidado de Piedra, El, 978, 979.
Tito Livio, 298, 299, 304, 321, 474, 480, 976, 1002.
  Décadas, 299.
Toffanin, Giuseppe, 618 n.
Toledano, el, vid. Jiménez de Rada, Rodrigo.
Tomás de Aquino, Santo, 158, 160 n., 871, 874 n., 875, 880, 912, 919 n.
Tomás de Villanueva, Santo, 891.
Tomlins, Jack E., 687 n.
Torner, E. M., 20 n.
Torquemada, 882.
Torraca, F., 924 n.
Torre, Antonio de la, 521 n.
Torre, Alfonso de la, 359.
Torre, Francisco de la, 662 n., **833,** 849.
  Bucólica del Tajo, La, 833.
Torre, Lucas de, 442 n., 663 n., 992 y n.
Torre y Franco-Romero, L. de, 477 n.
Torrellas, Pere, 330, 337 n., 339.
  Desconort, 330.
  Coplas de las calidades de las donas, 339.
Torres Fernández, A., 481 n.
Torres Fontes, J., 420 n.
Torres López, M., 293 n.
Torres Naharro, Bartolomé de, 195, 496 n., 614, 666, 668, **669-684,** 700, 701, 702, 703, 748, 908, 958, 959, 984 n.
  Aquilana, 670 n., 681, **682.**
  Calamita, 670 n.
  Concilio de los galanes y cortesanas de Roma, convocado por Cupido, 671.
  Diálogo del Nascimiento, 670, **677.**
  Epístolas, **670.**
  Jacinta, **681-682.**
  Lamentaciones, **670.**
  Prohemio, **671-676.**
  Propalladia, **669-671,** 679 n., 683.

Psalmo en la gloriosa victoria que los españoles ovieron contra Venecianos, 671.
Serafina, **680.**
Soldadesca, 669 n., 670 n., 675, **677-678,** 680.
Tinellaria, 670 n., 673, 675, 677, **678-680.**
Trophea, **677.**
Ymenea, 614, 670 n., 674, **680-681,** 683.
Torres y Galeote, F., 888 n.
Torri, J., 31.
Torró, Antonio, 888 n.
Toscano, S., 437 n.
Tostado, el, 341, 365 n.
Tragicomedia alegórica del paraíso y del Infierno, 713 n.
Tratado de la nobleza y lealtad, vid. *Libro de los doce sabios, El.*
Tratado sobre el amor y los amantes, vid. Abén Házam.
Trebisonda, Jorge de, 475.
Trelles Graíño, José, 777 n.
Trend, J. B., 32, 129 n., 130 n., 169 n., 342 n., 343 n., 348 n., 350 n., 353 n., 403 n.
Trésor des livres d'Amadís, Le, 469, 470.
Tribaldos de Toledo, Luis, 834, 991, 992, 993.
Trillo y Figueroa, Francisco, 941.
Napolisea, **941.**
Triolo, Alfred, 947 n.
Tristán de Leonís, 461 n.
Triwedi, Mitchell D., 963 n.
Trotter, G. D., 533 n., 535 n., 536 n., 550, 552 n., 562 n., 563 n., 564 n., 569 n., 570 n., 577 n., 585 n., 586 n., 587 n., 588 n., 594 n., 595 n., 601 n., 602 n.
Tudela, J., 341 n.
Tudela, S. de, 887 n.
Tudense, el, 53, 81, 82, 140, 157, 162, 163, 416.
Chronicon Mundi, 53, 140.
Tupac Amaru, 1009 n.
Turí, R. A., 308 n.
Turnbull, E. L., 33.
Turpin, Crónica de, 140.

Ubieto Arteta, A., 79 n.
Uceda, Pedro, 832.
Uhland, 45.

Ulman, Pierre L., 246 n.
Ulrico de Lichtenstein, 256.
Ulloa, Alonso de, 470.
Ulloa y Pereira, Luis de, 606-607 y n.
Unamuno, Miguel de, 35, 433, 1007 y n.
Underhill, Evelyn, 878 n.
Undurraga, A., 951 n.
Un Noch, 207.
Urban Cronan, vid. Foulché-Delbosc.
Urbano, Luis, 907 n.
Urfé, Honorato d', 930 y n.
Astrée, 930.
Sireine, 930 n.
Uribe, Ángel, 727 n.
Uribe, María de la Luz, 960 n.
Urmeneta, F. de, 628 n.
Urrea, Pedro Manuel de, 613-614.
Usoz y Río, Luis de, 455, 529 n., 713 n., 716, 718 n., 719 n.
Ustárroz, F., 996 **n.**

Vaganay, H., 728 n.
Valbuena Prat, A., 31, 35, 119, 120 n., 137-138 n., 358, 387, 489, 504, 530, 626 n., 681, 686, 687, 692, 700, 736, 747 n., 753 n., 754 n., 755 n., 777 n., 782, 795, 797, 850, 858, 887, 895, 911 n., 976, 977 n., 979, 988, 1001 n.
Valcárcel, D., 1009 n.
Valdecantos García, P., 139 n.
Valdés, inquisidor, 671 n., 776.
Índice, 671 n., 776.
Valdés, Alfonso de, 388, **707-715,** 716 y n., 718 n., 727, 774, 776, 789, 790.
Diálogo de Lactancio y un Arcediano o De las cosas ocurridas en Roma, 708 y n., **709-712,** 713 n., 715.
Diálogo de Mercurio y Carón, 388, 640, 708 y n. 711, **713-715,** 790.
Valdés, Diego de, 708 n.
Valdés, Juan de, 384, 470, 502, 540, 542, 574, 609, 623, 624, 639, 657, 682, 707, 708 n., 713 n., 714 n., **715-722,** 727, 730, 761, 773 n., 774 y n., 776, 789, 792, 819 n., 840, 871, 962.
Alfabeto cristiano, 717.
Ciento y diez consideraciones divinas, 716, 717.
Diálogo de doctrina cristiana, **716,** 718 n.

Índice de nombres y obras 1069

Diálogo de la Lengua, 470, 502, 540, 623 y n., 624 n., 640, 682, 715, 717 n., 718, **719-722.**
Valdés, Margarita, 708 n.
Valdivielso, José de, 264, 939, **947.**
  Vida, excelencias y muerte del gloriosísimo Patriarca y esposo de nuestra Señora San Joseph, 939, **947.**
Valentí, José Ignacio, 816 n., 879 n., 902 n.
Valentini, M. E., 628 n.
Valera, Blas, 1010.
Valera, Diego de, 475, **476-477.**
  Crónica abreviada de España o Valeriana, **477.**
  Crónica de los Reyes Católicos, **477.**
  Doctrinal de Príncipes, **477.**
  Epístolas, **476.**
  Memorial de diversas fazañas, 476 n., **477.**
  Providencia contra Fortuna, **476-477.**
Valera, Juan, 30, 376 n., 563 n.
  Pepita Jiménez, 613 n.
Valerio Máximo, 727.
Valmar, Marqués de, 170 n., 326 n.
Valverde, J. M., 33.
Valla, Lorenzo, 520.
Valladolid, Juan de, vid. Juan de Valladolid.
Valldaura, Margarita, 627.
Valle-Inclán, Ramón M. del, 650 n., 653 n.
Vallejo, Felipe Fernández, vid. Fernández Vallejo, F.
Vallejo, Gustavo, 809 n.
Vallejo, José, 130 n., 285 n., 542 n.
Valle Lersundi, Fernando del, 537 y n., 539.
Valli, Giorgio, 935 n., 965 n.
Vance, J., 158 n.
Vanderford, Kenneth H., 159 n., 169 n., 330 n.
Vanutelli, Evelina, 348 n.
Varela, José Luis, 451 y n., 452.
Varela Hervías, E., 341 n.
Varela Osorio, María, 812.
Vargas Ponce, J., 951 n.
Varrón, Marco, 894 n.
Várvaro, Alberto, 360.
Vasco de Gama, 684 n.
Vasco de Lobeira, 465.
Vaseo, Juan, **1001-1002.**

Chronicon rerum memorabilium Hispaniae, **1001-1002.**
Vasiliev, A., 483 n.
Vázquez de Parga, Luis, 279.
Vedia, Enrique de, 30, 308 n.
Vega, Alonso de la, 975 n.
Vega, Ángel Custodio, 801 n., 802 n., 807 y n., 809 y n., 810, 811 y n., 812 y n., 816, 817, 818 n., 821 y n., 822, 823 y n., 824 n., 825 n., 829 n., 830, 920 n.
Vega de la Hoz, barón de la, 726 n.
Vegue y Goldoni, Ángel, 348 n.
Vela, Gregorio de Santiago, 801 n., 811 n., 816 n., 817 n., 892 n.
Velado Graña, O., 880 n.
Velasco, Águeda de, 1013.
Velázquez, Diego de, 787.
Velázquez, Diego, gobernador de Cuba, 743.
Vélez, marqués de los, 935.
Vélez de Guevara, Luis, 172, 264, 678.
  Abadesa del Cielo, La, 172.
  Devoción de la misa, 172.
Vendrell de Millás, Francisca, 325 n., 337 n., 351 n., 354 n., 396 n.
Venegas del Busto, 470, 606.
Vera, Francisco de, 321 n., 442 n.
Veres d'Ocón, E., 971 n.
Verrua, Pietro, 518 n.
Vian, Cesco, 116 n.
Vian, Francesco, 626 n.
Vicens Vives, Jaime, 516 n.-517 n.
Vicente, Gil, vid. Gil Vicente.
Vicente, Luis, 685 y n.
Vicente, Paula, 685.
Vicente de Beauvais, vid. Beauvais, V.
Vicuña Cifuentes, J., 437 n.
Vida del pícaro, La, 754, 773.
Vida de San Eustaquio, 141.
Vida de Santa María Egipciaca, 105, **107-109,** 131, 582 n.
Viejo Testamento, 207, 216, 217.
Vilá, C., 116 n.
Vilches Acuña, R., 626 n.
Vilnet, Jean, 919 n.
Villaespesa, 936.
Villalba, L., 170 n.
Villalba Muñoz, L., 1006 n.
Villalobos, 639.
Villalón, Cristóbal de, **722-726,** 1019 n.

Crotalón, El, 623 n., 722, 723 y n., 724, 725, 726, 795.
Diálogo de las transformaciones..., 722, 723, **725.**
Gramática castellana, 623 n., 722.
Ingeniosa comparación entre lo antiguo y lo presente, 722.
Scholastico, El, 722 y n., 724 n.
Tragedia de Mirrha, 722.
Viaje de Turquía, 722, 723, **725-726,** 786.
Villalón, Fernando, 433.
Villalpando, J. de, vid. Juan de Villalpando.
Villamediana, conde de, 657.
Villani, Mateo, 304.
Villasandino, vid. Álvarez de Villasandino, Alfonso.
Villavicencio, Lorenzo de, 1014.
Villaviciosa, José de, **956.**
Mosquea, La, **956-957.**
Villegas, Antonio, 934 y n.
Inventario, 934 y n.
Villegas Morales, J., 354 n.
Villehardouin, Geoffroy de, 157.
Villena, Alfonso de, 439.
Villena, Enrique de, 341, 344 n., 348, 361, 365 n., 367, 394, **438-442,** 481, 720.
Arte de trovar, 348, **441.**
De la consolación, 442 n.
De lepra, 442 n.
Doce trabajos de Hércules, Los, **440- 441.**
Libro de aojamiento o fascinología, **441,** 442 n.
Libro de la guerra, 442 n.
Tractado del arte del cortar del cuchillo o Arte cisoria, **440.**
Tratado de astrología, 442 n.
Traducciones: *Eneida,* 441; *Divina Comedia,* 441, 442 y n.
Villon, Francisco, 331, 374 n.
Vinaver, E., 122 n.
Vinci, Joseph, 893 n.
Vindel, F., 534 n.
Viñaza, conde de la, 441 n., 963 n., **996 n.**
Virgilio, 344 n., 356 n., 362 y n., 423 n., 441 y n., 493, 497, 506 y n., 560, 633, 638, 652, 659, 662, 804, 831, 833, 861, **924, 925,** 926 n., 941, 945, 953, 954, **956.**

Bucólicas, 506.
Églogas, 497, 831.
Eneida, 362 y n., 365 n., 441 y n.
Geórgicas, 235, 362, 831.
Virués, Cristóbal de, 672 n., **944 y n., 967- 968,** 977.
Atila furioso, **968.**
Cruel Casandra, La, 968.
Elisa Dido, **967.**
Gran Semíramis, La, **967.**
Infelice Marcela, La, 968.
Monserrate, El, **944.**
Vitoria, Francisco, 742 n., 880.
Vivanco, Luis Felipe, 858 n.
Vives, J., 483 n.
Vives, Luis, 606, 607, **627-628,** 727, 761, 812, 1015.
De anima et vita, 628.
De artibus, 628.
De causis corruptarum artium, 628.
De institutione feminae christianae, 628.
De ratione studii puerilis, 628.
De subventione pauperum, 628.
De tradendis disciplinis, 628.
De veritate fidei christianae, 628.
Exercitatio linguae latinae, 628.
In pseudodialecticos, 627.
Introductio ad sapientiam, 628.
Comentario a *La Ciudad de Dios,* de San Agustín, 627.
Visitatio Sepulchri, 185.
Vivian, Dorothy Sherman, 456 y n., 459, 460.
Vles, E., 796 n.
Voltaire, François de Marie, 1011.
Alzira, 1011.
Vorágine, J. de la, 117.
Leyenda Áurea, 117.
Vossler, K., 19 n., 21 n., 26 n., 35, 70, 71, 72, 150 n., 624 n., 625, 626 n., 808 y n., 836 n., 837, 838.
Vuolo, Emilio P., 385 n.

Waach, Hildegard, 910 n.
Wagner, Charles Philip, 176, 316 n., 317 y n., 318, 779 y n.
Lohengrin, 176.
Walberg, E., 520 n., 981 n.
Waldron, T. P., 688 n., 696 y n.
Waley, P., 461 n.

Walia, 442.
Walker, Roger M., 240 y n., 318 y n., 319.
Walsh, William Thomas, 516 n., 899 n.
Walter el Inglés, 248.
Ward Olmsted, E., 460 n.
Wardropper, Bruce W., 129 n., 202 n., 324 n., 452, 453 n., 458 n., 496 n., 600 n., 689, 692 y n., 696 y n., 703 n., 781 n., 913 n., 930 n., 981 y n., 982.
Ware, Niall J., 138 n.
Warnant, L., 76 n.
Warshaw, J., 971 n.
Watson, Foster, 628 n.
Webber, Edwin J., 181 n., 248 n., 342 n., 345 n., 562 y n.
Webber, R. H., 428 n.
Weber de Kurlat, Frida, 126 n., 507 y n., 530.
Weiss, A. H., 354 n.
Welsh, Roberto, 809 n.
Wellington, María Z., 933 n.
Whinnom, Keith, 455 n., 457, 458 n., 459 y n., 524 y n.
White, J. G., 169 n.
Whitehead, H. G., 963 n.
White Linker, Robert, 151 n., 171 n.
Whyte, Florence, 386 y n.
Wickersham Crawford, vid. Crawford, J. P. W.
Wicki, Iosephus, 842 n.
Wiener, L., 435 n.
Wiffen, Benjamin B., 716 n., 718 n.
Wilson, Edward M., 402 n., 534 n., 649 n.
Williams, Grace S., 466 n.
Williams, Ronald Boal, 496 n., 510 n.
Williams, R. H., 750 n., 796 n.
Willis, Raymond S., 112 n., 133 n., 134 y n., 136 y n., 137, 248 n., 268 n., 780 n.
Wipo, 208.
Withers, A. M., 663 n.
Wolf, Fernando, 45, 47 n., 64, 78, 210 n., 311 n., 467, 540.
Wolf, F. J., 412 n.
Wolfe, B. D., 437 n.
Woodford, Archer, 333.
Woodward, L. J., 832 n.
Wulff, F., 981 n.
Wyatt, 631.

Yepes y Álvarez, Juan, vid. Juan de la Cruz, San.
Yndurain, F., 33, 970 n.
Yoná, Yacob Abraham, 436 n.
Yosef ben Meir ibn Sabarra, 256.
 Libro de delicias, 256.
Yo Ten Cate, 314 n.
Young, Karl, 177 y n., 178, 179, 182 n., 183 n., 184.
Yósef el Escriba, 92.
Yúsub ben Texufin, 59.

Zabala, Arturo, 849 n.
Zahareas, Anthony N., 79 n., 236 y n., 237, 255, 266 n., 271, 272, 273, 279 n.
Zalba, José, 887 n.
Zamora, Antonio de, 172.
 Por oír misa y dar cebada nunca se perdió jornada, 172.
Zamora Lucas, F., 728 n.
Zamora Vicente, Alonso, 138 n., 140, 142, 143, 650 n., 653 n., 698 n., 703 n., 789, 793 y n., 794 y n., 833 n., 837 n.
Zapata, Luis, 454 n., 866, 941, 942.
 Carlo Famoso, 941, 942 n.
 Miscelánea, 454 n.
Zarco Cuevas, J., 708 n., 801 n., 1006 n.
Zardoya, C., 125 y n.
Zavala, P., 36.
Zayas, Antonio de, 1001 n.
Zertuche, Francisco M., 948 n.
Zorita, Antón, 341.
Zorrilla, José, 172, 898 n., 978.
 Don Juan Tenorio, 978.
 Margarita la tornera, 172.
Zucker, George, 722 n.
Zugasti, Juan Antonio, 898 n.
Zumárraga, arzobispo de Méjico, 839.
Zúñiga, Elena de, 641, 642 n.
Zúñiga, Francesillo de, **738**.
 Corónica istoriá, **738**.
Zúñiga, Juan de, 519.
Zurita, Jerónimo de, 173, 303 n., **315**, 990, **995-996**, 1002.
 Anales de la Corona de Aragón, **995-996**.

ÍNDICE GENERAL

Págs.

Nota preliminar a la segunda edición   9

INTRODUCCIÓN. — CARACTERES Y DIVISIÓN DE LA LITERATURA ESPAÑOLA.   11

Literatura española, literatura castellana   11

Caracteres peculiares de la literatura española   14

    Sobriedad, espontaneidad, improvisación. — Verso amétrico, asonancia. — Arte para la vida, pragmatismo. — Colectivismo, colaboración, refundiciones, variantes en la transmisión de las obras literarias. — Austeridad moral. — Realismo. — Capacidad de síntesis y originalidad. — Los frutos "tardíos".

División cronológica de la literatura española   26

    1) Edad Media. — 2) Renacimiento y Época Barroca. — 3) El siglo XVIII. — 4) El siglo XIX. — 5) La época contemporánea.

Bibliografía general   28

    Historias generales de la literatura española. — Antologías. — Diccionarios de literatura española. — Repertorios bibliográficos. — Historia de la lengua. Métrica. — Sobre caracteres generales y sentido de la literatura y cultura españolas.

EDAD MEDIA

CAPÍTULO I. — ÉPICA MEDIEVAL. LOS CANTARES DE GESTA. EL "POEMA DE MÍO CID"   37

La épica primitiva   37

    Los juglares. — Los "cantares de gesta". — Las gestas perdidas. — Formación de los poemas. — Origen de la épica castellana. — Caracteres de la épica española.

	Págs.
Cronología	53
El "Poema de Mío Cid"	54

Fecha y autor del Poema. — División. — Historicidad y realismo del Cantar. — Los valores humanos del Poema. — Los valores artísticos del Poema. — Valor nacional del Poema. — La lengua en el "Poema de Mío Cid". El lenguaje épico. — Difusión y éxito del Poema.

Otras gestas castellanas	79
CAPÍTULO II. — LA PRIMITIVA LÍRICA CASTELLANA	83
El problema de los orígenes	83
La lírica gallego-provenzal	84
La teoría de los orígenes arábigos. El "Cancionero" de Abén Guzmán.	86
El descubrimiento de las "jarchas" romances	91
El género de los "debates"	98

La *Disputa del alma y el cuerpo*. — La *Razón de amor* y los *Denuestos del agua y el vino*. — La disputa de *Elena y María*.

Poemas hagiográficos de carácter juglaresco	105

El *Libro de la infancia y muerte de Jesús* (*Libre dels Tres Reis d'Orient*). — La *Vida de Santa María Egipciaca*.

CAPÍTULO III. — EL MESTER DE CLERECÍA	110
Caracteres generales	110

Los clérigos y su "mester". — Métrica, lenguaje y temática.

Los poetas de clerecía: Gonzalo de Berceo	115

Vida y obras. — Los *Milagros de Nuestra Señora*. — El arte literario de Berceo. — Las vidas de santos de Berceo. Otras obras de Berceo.

Otras obras de clerecía	131

El *Libro de Apolonio*. — El *Libro de Alexandre*. — El *Poema de Fernán González*.

Otros poemas: El *Planto por la caída de Jerusalén*	144
CAPÍTULO IV. — LOS COMIENZOS DE LA PROSA. ALFONSO X EL SABIO	148
La prosa antes de Alfonso el Sabio	148

Los primeros vagidos de la prosa romance. — Primeras manifestaciones literarias.

	Págs.

Alfonso X el Sabio   153
> El monarca. — Importancia y carácter de su obra. — Obras jurídicas. *Las Partidas.* — Obras históricas. La *Crónica General* y la *Grande e General Estoria.* — Tratados científicos. Obras de recreo. — La obra lírica de Alfonso el Sabio.

La prosa en el reinado de Sancho IV   173
> Los *Castigos e documentos.* — *La gran conquista de ultramar.*

CAPÍTULO V. — LOS ORÍGENES DEL TEATRO MEDIEVAL. EL "AUTO DE LOS REYES MAGOS"   177

El teatro en la Edad Media   177
> Los orígenes del teatro medieval: sus problemas. — Los orígenes litúrgicos. — El drama litúrgico en Castilla. — Un decreto de las *Partidas.* — Posibles elementos concomitantes de la dramática. La lírica dialogada. — Los juglares y el teatro.

El *Auto de los Reyes Magos*   198

El teatro profano. Los "juegos de escarnio"   202

Conclusiones e hipótesis   208

CAPÍTULO VI. — EL SIGLO XIV Y LA APARICIÓN DE LAS PRIMERAS PERSONALIDADES. EL ARCIPRESTE DE HITA   222

Las nuevas tendencias literarias   222

Juan Ruiz, Arcipreste de Hita   224
> El Arcipreste. Vida y personalidad. — El *Libro de Buen Amor.* — Métrica del poema. — El arte de Juan Ruiz.

CAPÍTULO VII. — DON JUAN MANUEL Y EL CANCILLER AYALA. OTRAS MANIFESTACIONES LITERARIAS   280

Don Juan Manuel   280
> Su vida y sus escritos. — Carácter, estilo y significación de su obra. — Las obras principales.

El Canciller Pero López de Ayala   298
> Su personalidad. — Su obra poética: el *Rimado de Palacio.* — Su obra histórica: las *Crónicas.*

Últimos poemas del mester de clerecía   307

Los últimos poemas épicos	311

Las *Mocedades de Rodrigo*. — El *Poema de Alfonso Onceno*.

La literatura caballeresca	316

El *Libro del Cavallero Zifar*.

SIGLO XV

Capítulo VIII. — La lírica en el siglo XV	320
Caracteres del siglo XV y su división	320
Cancioneros del siglo XV	323
La poesía cortesana y los "cancioneros"	323
Los grandes cancioneros	326

El *Cancionero de Baena*. — El *Cancionero de Stúñiga*.

Los grandes poetas de la corte de Juan II	339
El Marqués de Santillana	339

Su personalidad. — Obras en prosa. — Obras en verso.

Juan de Mena	355

Obras en prosa. — Obras en verso. — Estilo.

La poesía en el reinado de Enrique IV	367
Jorge Manrique	367

Biografía y perfil humano. — Las poesías amorosas. — Las *Coplas*. — La fama de Manrique.

La sátira social	385
La sátira política	388
Otros poetas	392

Antón de Montoro. — Juan Álvarez Gato.

Capítulo IX. — La épica popular. El Romancero	399
Caracteres y formación del Romancero	399

Definición. Historia de la palabra "romance". — Origen. Evolución. — Métrica.

Su transmisión y variantes	407

Transmisión y tradición romancística. — Primeras ediciones.

Págs.

Clasificación de los romances ... 414
<blockquote>a) Históricos. — b) Fronterizos. — c) De los ciclos carolingio y bretón. — d) Romances novelescos y líricos.</blockquote>

Estilo, importancia y difusión del Romancero ... 424

Capítulo X. — La didáctica, la novela y la historia ... 438

Rasgos generales ... 438

La didáctica durante el reinado de Juan II ... 438
<blockquote>Don Enrique de Villena. — El Arcipreste de Talavera.</blockquote>

La novela sentimental ... 449
<blockquote>Rodríguez del Padrón. — Diego de San Pedro. — Juan de Flores.</blockquote>

Los libros de caballerías. El *Amadís de Gaula* ... 461
<blockquote>El ideal caballeresco. — Origen y precedentes. — El *Amadís de Gaula*. — El *Tirant lo Blanc*.</blockquote>

La historia ... 473
<blockquote>Cronistas. — Biógrafos (Fernán Pérez de Guzmán. — Hernando del Pulgar). — Historiadores de hechos particulares.</blockquote>

Capítulo XI. — El teatro en el siglo XV ... 484

Gómez Manrique ... 484
<blockquote>Vida. — Obra poética. — Obra dramática.</blockquote>

Juan del Encina ... 492
<blockquote>Vida y formación. — Poeta y músico. — El dramaturgo.</blockquote>

Lucas Fernández ... 508

Capítulo XII. — La época de los Reyes Católicos (I). Nebrija. La Poesía ... 516

Carácter de la época ... 516

El humanismo y el idioma ... 517

Nebrija ... 519

La poesía ... 522
<blockquote>Fray Íñigo de Mendoza. — Fray Ambrosio Montesino. — Juan de Padilla. — El *Cancionero General*.</blockquote>

Págs.

Capítulo XIII. — La época de los Reyes Católicos (II). "La Celestina" ... 532

La Celestina ... 532
Primeras ediciones. Los problemas de la autoría ... 533
El género de *La Celestina* ... 554
Las raíces literarias de *La Celestina* ... 559
Los personajes de *La Celestina*; sus motivaciones ... 563
Intención y sentido de *La Celestina* ... 579
Prosa y estilo de *La Celestina* ... 608
La Celestina y la posteridad ... 613

SIGLO DE ORO. SIGLO XVI

Capítulo XIV. — Apogeo del Renacimiento. División y corrientes principales ... 616

La Época de Oro de la literatura española y su división ... 616
El hombre del Renacimiento ... 617
El ideal político del Renacimiento ... 619
La filosofía ... 621
La literatura ... 621
El idioma ... 622
El Renacimiento en España. Luis Vives ... 625
   Renacimiento español. — Luis Vives.

El erasmismo ... 629

ÉPOCA DE CARLOS V

Capítulo XV. — La lírica. Boscán y Garcilaso. La poesía italianista ... 631

El triunfo del italianismo en España ... 631
Juan Boscán ... 635
Garcilaso de la Vega ... 640
   Vida y personalidad. — Transmisión y ediciones de los textos de Garcilaso. — Su obra poética. — Temática. — Estilo. — Presencia de Garcilaso en la lírica española.

Índice general   1079

Págs.

    Los poetas italianistas 660
        Diego Hurtado de Mendoza. — Hernando de Acuña. — Gutierre de Cetina. — Francisco Sá de Miranda.

    La reacción tradicional 664
        Cristóbal de Castillejo.

Capítulo XVI. — El teatro. Torres Naharro y Gil Vicente 668

    Bartolomé de Torres Naharro 669
        Vida. Obra poética. — Sus teorías dramáticas. — El teatro de Torres Naharro.

    Gil Vicente 684
        Vida y personalidad. — La obra y su clasificación. — a) Obras religiosas. — b) Comedias. — c) Farsas costumbristas. — Importancia y carácter de Gil Vicente. Su lirismo.

    Teatro religioso: El *Códice de Autos Viejos* 703

    El teatro humanista 705

Capítulo XVII. — La prosa didáctica y la historia 706

Escritores didácticos 706

    Alfonso de Valdés 707
        Valdés, hombre de su época. Las dos obras principales. — El *Diálogo de Lactancio y un Arcediano*. — El *Diálogo de Mercurio y Carón*.

    Juan de Valdés 715
        Vida, formación y obras. — El *Diálogo de la Lengua*.

    Cristóbal de Villalón: Obras atribuidas. El doctor Laguna 722

    Fray Antonio de Guevara 726
        Vida y obras. — Su estilo.

La historia en la época de Carlos V 734

    Los historiadores de Carlos V 735
        Pedro Mexía. — Luis de Ávila y Zúñiga. — Francesillo de Zúñiga.

    Los historiadores de Indias 738
        Colón. — Hernán Cortés. — Gonzalo Fernández de Oviedo. — Bartolomé de las Casas. — López de Gómara. — Bernal Díaz del Castillo. — Francisco de Jerez. — Pedro Cieza de León.

	Págs.
Capítulo XVIII. — La novela picaresca. El *Lazarillo de Tormes* ...	746
Aparición de la picaresca. Su significación ...	746

Rasgos distintivos. — Causas que provocan su aparición. Etimología de la palabra "pícaro".

Evolución y épocas de la picaresca ...	767
El *Lazarillo de Tormes* ...	772

Problemas bibliográficos. — Contenido, personajes y estilo de la novela. — Realismo y ficción en el *Lazarillo*. Fuentes folklóricas. — El sentido del Lazarillo. Su erasmismo. — Lengua, estilo y valor literario.

Continuaciones del *Lazarillo* ...	795

ÉPOCA DE FELIPE II

Capítulo XIX. — Fray Luis de León y la lírica castellana ...	797
Carácter de la época. El segundo Renacimiento ...	797
La lírica y sus escuelas ...	799
Fray Luis de León ...	799

Vida de Fray Luis. — Su formación y temperamento. — Fray Luis de León y el castellano. — Teología y mística en Fray Luis. — Obras en prosa. — Obras en verso.

Otros poetas de la escuela castellana ...	832

Francisco de la Torre. — Francisco de Figueroa. — Francisco de Medrano. — Francisco de Aldana. — El *Soneto a Cristo Crucificado*.

Capítulo XX. — Fernando de Herrera y la lírica sevillana ...	843
Sevilla y la escuela lírica sevillana ...	843
Fernando de Herrera ...	845

Perfil humano y literario. — Las poesías de Herrera y sus ediciones. — La obra lírica de Herrera. — Composiciones patrióticas. — Obras didácticas. Las "anotaciones" a Garcilaso.

Otros poetas de la escuela sevillana ...	861

Luis Barahona de Soto. — Baltasar del Alcázar.

Capítulo XXI. — La literatura ascética y mística ...	863
La mística española ...	863
La mística española, fruto tardío ...	863
Su aparición. Causas determinantes ...	865

Índice general 1081

	Págs.
Carácter de nuestra mística. Su importancia y popularidad	868
Duración y etapas	870
División doctrinal o por escuelas	870
Posibles influjos sobre la mística española	872
Diferencias entre la ascética y la mística	876

Los escritores dominicos 879

    Fray Luis de Granada 879
        Vida y personalidad. — Sus obras principales. — Estilo.

La mística franciscana 885

    Carácter e influencia 885
    Fray Diego de Estella 886
    Fray Juan de los Ángeles 888
        Su vida y su obra. — Psicólogo y estilista.

Los místicos agustinos 890

    El Beato Orozco 890
    Fray Pedro Malón de Chaide 892

La mística carmelita 896

    Santa Teresa de Jesús 897
        Su vida y su obra. — Las obras autobiográficas. — Obras ascéticas y místicas. — Personalidad y estilo. — La obra en verso de Santa Teresa.

    San Juan de la Cruz 908
        Su vida accidentada. — Las obras de San Juan. — La poesía de San Juan de la Cruz.

CAPÍTULO XXII. — NOVELA Y ÉPICA CULTA 923

    La novela pastoril 923
        Origen y caracteres. — Jorge de Montemayor. — Gaspar Gil Polo.

    La novela morisca 934
    La épica culta 936
        La épica en España. — Poemas históricos. — Poemas religiosos. — Poemas imaginativos. — Poemas de asunto americano. — La épica burlesca.

	Págs.
Capítulo XXIII. — El teatro prelopista	958
Su significación. Tendencias dramáticas	958
El teatro clasicista	960
Lope de Rueda. El teatro popular y los temas italianos	969
Juan de la Cueva y los temas nacionales	976
Teatro religioso	982
La "Danza de la muerte" en el teatro	983
Capítulo XXIV. — La prosa histórica y didáctica	990
Rasgos generales	990
Don Diego Hurtado de Mendoza	991
La *Crónica* nacional de Ambrosio de Morales	993
Jerónimo de Zurita	995
La compleja personalidad del Padre Mariana: su historia y sus tratados doctrinales	997

Vida y carácter. — La personalidad de Mariana a través de su obra política. — Su Historia de España.

El Padre Ribadeneyra y sus biografías	1004
Fray José de Sigüenza y la historia de El Escorial	1006
La historiografía americana. Garcilaso de la Vega, el Inca	1007
La investigación psicológica del Doctor Huarte de San Juan	1012
Índice de nombres y obras	1021